中国优秀企业文化

（2022~2023）

上 册

朱宏任 主编

企业管理出版社
ENTERPRISE MANAGEMENT PUBLISHING HOUSE

图书在版编目（CIP）数据

中国优秀企业文化：2022～2023年．上／朱宏任主编．—北京：企业管理出版社，2023.12

ISBN 978-7-5164-3029-3

Ⅰ.①中… Ⅱ.①朱… Ⅲ.①企业文化－中国－2022-2023 Ⅳ.①F279.23

中国国家版本馆CIP数据核字（2024）第027447号

书　　名：	中国优秀企业文化（2022～2023）上册
书　　号：	ISBN 978-7-5164-3029-3
作　　者：	朱宏任
责任编辑：	徐金凤　宋可力　田　天　李雪松　张艾佳
出版发行：	企业管理出版社
经　　销：	新华书店
地　　址：	北京市海淀区紫竹院南路17号　邮　编：100048
网　　址：	http://www.emph.cn　电子信箱：emph001@163.com
电　　话：	编辑部（010）68701638　发行部（010）68414644
印　　刷：	河北宝昌佳彩印刷有限公司
版　　次：	2023年12月第1版
印　　次：	2023年12月第1次印刷
开　　本：	880mm×1230mm　1/16
印　　张：	40.5
字　　数：	1061千字
定　　价：	350.00元（全两册）

版权所有　翻印必究　·　印装有误　负责调换

《中国优秀企业文化（2022~2023）》编委会

主　编：朱宏任
副主编：刘　鹏
编　委：王建军　李德洁　陈顺义
　　　　蓝传仿　陈瀚舟　蔡　芸
　　　　肖钰哲

编辑说明

为深入学习贯彻习近平新时代中国特色社会主义思想和党的二十大精神，认真学习贯彻习近平文化思想，坚定道路自信、理论自信、制度自信、文化自信，积极培育和践行社会主义核心价值观，激发企业文化创新创造活力，中国企业联合会、中国企业家协会开展了2022～2023年度全国企业文化优秀成果发布活动。这项活动是经中央九部委清理整顿评比达标表彰后批准保留的评选表彰项目，也是全国企业文化领域唯一保留的表彰项目，每两年举办一次。通过企业申报，各地、各行业企业联合会（企业家协会）和主管部门推荐，按照公开、公正的原则，坚持严谨、科学、规范的评审程序，经专家评审委员会审定，共有347项成果分别获得"2022～2023年度全国企业文化优秀成果"特等奖、一等奖、二等奖。这些优秀成果涵盖了不同行业、不同所有制企业在文化战略、文化体系、文化落地、文化管理等方面富有特色的创新实践，从不同的侧面和角度，反映和展示了我国企业文化建设理论研究和实践探索取得的成效，代表了我国企业文化建设的发展趋势。

为了总结、宣传、推广优秀企业文化建设经验，我们将"2022～2023年度全国企业文化优秀成果"进行了编辑修改，并结集出版。希望我国广大企业在借鉴和学习优秀企业文化建设成功经验的基础上，结合企业自身实际，进一步拓展我国企业文化建设的新思想、新机制、新模式，不断丰富和完善我国企业文化建设的内容和方法，全面提升新时代我国企业文化建设水平，引领和支撑企业高质量发展。

《中国优秀企业文化（2022～2023）》编写和出版过程中，得到了有关方面的大力支持和帮助。为了保证本书的质量并增加本书的可读性，我们组织有关同志对本书内容进行了改编。参与改编工作的同志包括王建军、李德洁、陈顺义、蓝传仿、陈瀚舟、蔡芸、肖钰哲等。在此期间，他们联系企业，详细核实有关情况，付出了辛勤劳动。同时，各申报企业领导和有关同志积极配合，补充和完善了内容，为本书的出版做出了贡献。企业管理出版社为本书的编辑、出版、发行付出了艰辛劳动，使本书得以顺利出版，在此一并致以谢意！

受篇幅所限，并根据编辑需要，我们对企业成果中的标题、文字、图表等内容进行了修改或删减，望有关企业予以谅解。

由于我们的经验和水平有限，本书疏漏之处在所难免，恳请各界人士批评指正。

编　者
2023 年 12 月

学习贯彻习近平文化思想，聚焦企业文化工作新方向

——在全国企业文化年会（2023）上的讲话

中国企业联合会、中国企业家协会党委书记、常务副会长兼秘书长　朱宏任

第十四届全国企业文化年会今天在这里召开，来自全国企业的代表和企联组织的同志们齐聚一堂，深入学习贯彻习近平文化思想，交流全面推进企业文化工作的经验，很有意义。我代表中国企业联合会、中国企业家协会，就"学习贯彻习近平文化思想，聚焦企业文化工作新方向"谈几点看法，与大家分享。

一、以习近平文化思想为指南，把握企业文化工作方向

党的十八大以来，习近平总书记把文化工作摆在治国理政的重要位置，围绕新时代文化建设发表一系列重要讲话、做出一系列重要指示批示，创造性提出一系列富有中国特色、体现时代精神、引领人类文明发展的新思想、新观点、新论断。2023年10月7日至8日，在北京召开的全国宣传思想文化工作会议正式提出并系统阐述了习近平文化思想，在党的文化事业发展史上具有里程碑意义，为企业一线的同志们做好新时代新征程企业文化工作、担负起新的文化使命提供了强大思想武器和科学行动指南。这次年会以"塑造优秀企业文化，凝聚企业发展力量"为主题，就是强调要以习近平新时代中国特色社会主义思想为指导，全面贯彻党的二十大精神，深入学习贯彻习近平文化思想，把握新时代企业文化工作的新方向，探讨全面推进企业文化建设的新思路、新方法，增强企业文化软实力，实现企业更高质量、更高水平的发展。

二、以习近平文化思想铸精神，增添企业文化工作动力

面对当今中国和世界的深刻复杂变化，企业作为经济社会发展的主体，无时无刻不在经受着淬炼与考验。历史和现实都表明，一个领先企业的发展，一定要有思想文化上的引领和支撑；一个百年企业的壮大，一定要有思想文化上的坚守和完善。习近平同志指出，在5000多年文明发展中孕育的中华优秀传统文化，在党和人民伟大斗争中孕育的革命文化和社会主义先进文化，积淀着中华民族最深层的精神追求，代表着中华民族独特的精神标识。习近平总书记的指示深刻阐释了思想文化的重要作用与意义，对于成长中的企业是保持前进的强劲动力。历经磨砺形成的企业文化，必将铸造一流企业支撑发展永葆活力的强大精神。

中国核工业集团有限公司大力弘扬"两弹一星"精神和"四个一切"核工业精神，积极践行"强核报国 创新奉献"的新时代核工业精神，坚持主动作为、创新优化，总结提炼了"同心、同向、同行"的中核特色巡视文化工作理念，努力以文化磨砺好巡视"利剑"，服务保障国家核事业的稳定发展。中国华电集团有限公司将所属企业中蕴含的红色资源、红色传统作为宝贵的精

神财富，建好红色阵地，开展红色教育，讲好革命故事，唱响时代主旋律，使红色基因、革命文化在中国华电新一代建设者中得到传承和发扬，进而凝聚成企业实现高质量发展的独特政治优势和重要精神资源。国家电网有限公司在全系统开展"旗帜领航·文化登高"企业文化实施工程和"文化铸魂、文化赋能、文化融入"专项行动，确保文化成为从总部传递到省、市、县公司及基层班组的强劲动力，涌现出天津电力、江苏电力等一大批企业文化先进典型，有力促进了企业高质量发展。

三、以习近平文化思想明定位，提升企业文化工作作用

习近平总书记指出，文化兴国运兴，文化强民族强。没有中国特色社会主义文化的繁荣兴盛，中华民族伟大复兴是不完全的。遵循习近平总书记的要求，企业文化工作一定要明确新时期的定位，就是必须始终服从服务于实现"两个一百年"奋斗目标和中华民族伟大复兴的中国梦。要把企业文化作为企业软实力的重要体现，打造成企业长期健康发展的重要保证。要充分提升企业文化在促进企业高质量发展中的作用，就要坚定文化自信，深刻洞悉企业历史渊源、发展脉络和基本走向，深入挖掘企业文化的思想精髓、独特创造和鲜明特色，总结提炼和构建符合企业自身发展和行业特点的企业核心价值体系，并以之作为引领企业高质量发展的行动指南。要使企业文化成为企业发展的竞争力，就要增强文化自觉，主动把企业文化融入经营管理，努力营造浓厚氛围，促进文化落地深植。要大力推动企业文化理念与企业发展和经营管理的各个方面有效融合，成为广大员工自觉遵守的价值观与行为准则，最终有效地转化为企业的凝聚力和战斗力。

中国中铁股份有限公司坚持传承弘扬"开路先锋"文化，逢山开路，遇水架桥，当好服务国家战略、全面深化改革、科技自立自强、打造卓著品牌和"一带一路"建设的开路先锋，在促进我国经济高质量发展上发挥好大国重器"顶梁柱"和"国家队"作用。京东方科技集团股份有限公司通过以"三心五气"为内核的企业文化体系，坚持发挥文化的内驱力、生产力、价值力，打造了以文化凝聚力量、以文化催生动力、以文化促进高质量发展的生动局面，奋力谱写中国式现代化"屏之物联"篇章。奇瑞汽车股份有限公司在26年发展历程中，确立"为民造好车、为国创名牌、为伙伴筑梦想"的使命，坚守"自立、自强、自尊、自信"理念，不断融入新时代的互联网思维、开放协作的生态思维和精益敏捷的组织思维，形成了以"小草房精神"为核心的创新创业文化体系，引领和支撑企业快速健康发展，为我国汽车强国战略的实现贡献力量。西部矿业集团有限公司以提升我国国有企业竞争力为目标，以激发广大职工积极性、主动性、创造性为核心，在长期开发建设历程中孕育出"坚信、坚持、坚守"的新时代"三坚"企业精神文化，激励着全体干部职工不断自我提升、自我超越，向着建设国内一流现代化企业目标阔步前行。

四、以习近平文化思想塑品牌，拓展企业文化工作影响

习近平文化思想是企业坚守初心、敢于拼搏、不断发展壮大的内在保证，是滋养企业的精神沃土，是提高企业竞争力、影响力、品牌力的重要因素。企业文化工作要聚焦高质量发展核心任务，紧跟时代脉搏、紧扣企业实际、紧贴员工需求，创新发展具有企业特色、彰显时代精神的企

业文化，全力打造企业品牌，为加快建成世界一流企业提供坚强思想保证、强大精神力量和有利文化条件。

品牌是企业文化的载体，文化是凝结在品牌中的企业精华。提高企业文化的影响力，要善于把文化注入品牌，积极塑造企业文化的品牌形象，围绕企业的核心价值观及使命愿景，对历史文化、区域文化、行业文化和企业文化资源进行挖掘整理和研究转化，塑造出特色鲜明、内涵深刻的品牌文化。提高企业文化的影响力，要善于进行品牌传播，讲好企业故事，弘扬时代强音，特别是企业在国际化经营中，要始终坚守中华文化立场，传播好中国声音和中华优秀传统文化，展示中国企业和品牌所体现出的中国精神、中国价值、中国力量和中国形象。

五粮液集团有限公司持续丰富五粮液企业价值理念体系的时代内涵，将中华优秀传统文化和现代商业文明相结合，提炼具有当代价值、世界意义的"和美"理念，厚植品牌文化底蕴，深挖品牌文化内容，沉淀形成独具特色的"和美文化"，全力打造"生态、品质、文化、数字、阳光"五位一体持续稳健高质量发展的五粮液。中国南方电网有限责任公司积极建设"知行"文化，着力打造文化管理强、价值共识深、传播影响广的文化强企，为加快建设世界一流企业提供强大价值引导力、文化凝聚力和精神推动力。王府井集团股份有限公司进一步发掘赋予王府井"一团火"精神以新的时代内涵，构建适应新发展格局的企业文化体系，加大企业文化推广和传播力度，提升品牌美誉度和影响力，努力打造具有国际水准、国内一流水平的大型商业集团。

五、以习近平文化思想树理念，坚持企业文化工作底色

理论的价值在于指导实践，习近平文化思想是指导企业文化工作的有力武器。要围绕在新的历史起点上继续推动企业文化建设的新使命，坚定文化自信，秉持开放包容，坚持守正创新，不断巩固加快新型工业化建设的共同思想基础，不断提升企业文化软实力和文化影响力。企业不仅是经济的基本细胞，也是社会发展的重要力量。新时代对企业文化工作提出的新要求集中体现在，不仅要承担做强做优做大、服务经济发展的引领责任，还要承担履责担当、服务社会的保障责任。企业承担应有的社会责任，体现了企业的价值追求，凸显了企业文化的核心职能和责任。企业文化工作要把促进社会和谐发展作为首要责任，坚持社会效益、经济效益协调统一，在企业文化建设中嵌入构建和谐地企关系、社企关系、劳动关系的因素和机制，营造和谐社会氛围，促进企业健康发展。企业文化建设工作要始终将绿色作为发展的底色，勇于承担促进绿色发展的责任，在企业文化建设中倡导践行绿色理念，前瞻把握、主动适应绿色低碳发展要求，因地制宜、因企制宜，积极探索适合企业实际、符合产业规律、绿色低碳的高质量发展道路，为实现"双碳"目标做出贡献。

河钢集团有限公司实施"五力文化"领航工程，带头落实国家"双碳"目标，率先发布低碳绿色发展行动计划，建成全球首个120万吨氢冶金示范工程，成为中国钢铁史乃至世界钢铁史上由传统"碳冶金"向新型"氢冶金"转变的里程碑，引领钢铁行业迈入"以氢代煤"冶炼"绿钢"的时代。山东鲁泰控股集团有限公司在"德兴"文化的引领下，积极践行绿色循环生态发展模式，深耕循环经济，打造绿色低碳园区，培育形成以盐基、煤基两链并举的循环经济产业体，实现绿色低碳循环发展，推动了企业高质量发展。

同志们，党的二十大发出了为全面建设社会主义现代化国家、全面推进中华民族伟大复兴而团结奋斗的动员令。广大企业要坚持以习近平新时代中国特色社会主义思想为指导，全面贯彻党的二十大精神，深入学习贯彻习近平文化思想，增强文化自觉，坚定文化自信，在企业文化战线上砥砺奋发、笃行不息，扎扎实实做好企业文化工作，为企业健康持续发展贡献力量。

全国企业文化年会是中国企业联合会适应经济社会发展形势和广大企业需要而开展的一项品牌活动。年会自创办以来，已经表彰推出了1700多项优秀企业文化成果，成为我国企业文化交流与对话的重要平台，为推进我国企业文化建设发挥了桥梁纽带作用。我们愿意与有志于文化兴企的企业、热心于企业文化建设的企联组织和社会力量一道携手，做优全国企业文化年会、全国企业文化最佳实践现场会等交流平台，不断探索我国企业文化建设的新模式，推动企业发展向更高水平迈进，为全面建设社会主义现代化国家、全面推进中华民族伟大复兴而不懈奋斗！

目　录

上册

特等奖

以"三同"巡视文化锻造核之"利剑"
　　中国核工业集团有限公司 3

践行"知行"文化，以文化强企建设助推世界一流企业建设
　　中国南方电网有限责任公司 7

传承红色基因、弘扬革命文化的探索与实践
　　中国华电集团有限公司 11

传承弘扬"开路先锋"文化，加快建设世界一流企业
　　中国中铁股份有限公司 16

弘扬和美文化，谱写高质量发展新篇章
　　四川省宜宾五粮液集团有限公司 21

以"小草房精神"为核心的创新创业文化建设
　　奇瑞汽车股份有限公司 26

以人单合一创物联网时代卓越生态文化
　　海尔集团 30

以文化融合提升推动企业发展行稳致远
　　山东能源集团有限公司 34

以"五力文化"助推企业高质量发展
　　河钢集团有限公司 38

赓续血脉，使命惟新——以文化软实力擎起改革发展硬担当
　　山东省港口集团有限公司 42

大型零售集团企业文化体系的构建与实施
  王府井集团股份有限公司 46

以"三心五气"文化助推企业高质量发展，奋力谱写中国式现代化"屏之物联"篇章
  京东方科技集团股份有限公司 50

培育新时代"三坚"企业精神文化，为实现高质量发展赋能增效
  西部矿业集团有限公司 55

以"电力精神"为内核的企业文化建设
  国网天津市电力公司 58

是钢铁就要成脊梁——企业文化引领企业高质量转型发展
  杭州钢铁集团有限公司 62

以中华优秀传统文化为根基的中国式现代企业管理模式
  宁波方太厨具有限公司 65

地方国有资本投资运营公司以"融"文化为核心的创新文化建设实践
  青岛西海岸新区融合控股集团有限公司 69

弘扬"四种精神"，做实"四个环节"，闯出"成事"之路
  黑龙江省农业投资集团有限公司 73

中华优秀传统文化"两创"的企业实践
  山东鲁泰控股集团有限公司 77

高科技企业以人为本为核心的"双尊"文化的构建与实施
  武汉长盈通光电技术股份有限公司 82

追求持续发展超越的"有道"文化
  安徽安利材料科技股份有限公司 87

一等奖

创建"东方心"党建品牌，以高质量党建为加快打造世界一流装备制造集团赋能
  中国东方电气集团有限公司 93

以社会主义核心价值观引领企业文化建设
  中国人寿保险（集团）公司 97

打造 3C 公众沟通品牌模式，持续创造核能事业高质量发展的良好环境
  中国核能电力股份有限公司 101

培育绿色文化品牌，引领企业高质量发展
  中国石油化工股份有限公司镇海炼化分公司 105

打造具有新兴产业特色的企业文化宣贯传播体系
  国网信息通信产业集团有限公司 109

以添翼文化凝心铸魂、塑形强企，创建世界一流专业领军示范企业
  中铁电气化局集团有限公司 113

实施文化引领战略举措，建设"六位一体"营销文化的探索实践
  中国石油天然气集团有限公司四川销售分公司 117

五位一体大党建总布局下的"圆桌式"三级思想指导员体系建设
  杭州娃哈哈集团有限公司 122

对外以客户为中心、对内以员工为中心的服务文化建设实践
  陕西鼓风机（集团）有限公司 125

"培—鉴—竞—用"一体化培育工匠文化，助力新材料产业科技型企业迈向一流
  南京玻璃纤维研究设计院有限公司 129

"三化四抓"文化管理模式推动文化融合
  潍柴动力股份有限公司 133

以"人为本"为核心的企业安全文化构建
  天津港（集团）有限公司 137

"四铸四有"塑造红豆特色"情文化"
  红豆集团有限公司 141

以"龙马躬行"为核心构建"一核三维"企业文化生态体系
  青岛海发国有资本投资运营集团有限公司 144

"大党建、大文化、大宣传"工作体系赋能企业高质量发展
  新疆广汇实业投资（集团）有限责任公司 148

激扬企业元气，成就快乐人生
  浙江吉利控股集团有限公司 152

用文化融合赋能企业高质量发展
  陕西煤业化工集团有限责任公司 157

从产业融合到文化融合的创新实践
  北京能源集团有限责任公司 161

"因爱卓越"文化之光点亮企业踔厉奋进之路
　　重庆医药（集团）股份有限公司 165

担当新使命，提升软实力，以一流文化支撑世界一流企业建设
　　广西投资集团有限公司 169

以文化软实力构筑高质量发展硬支撑
　　陕煤集团神木红柳林矿业有限公司 173

基于"四讲"模式的企业文化价值传播体系建设
　　国网山东省电力公司青岛供电公司 177

以一流企业文化引领世界一流企业建设
　　厦门国贸控股集团有限公司 181

以"文化综合体"赋能矿山高质量发展
　　江西铜业股份有限公司德兴铜矿 185

以责任为核心的企业文化传承与创新
　　新华锦集团 189

以和谐文化建设智库高质量发展"幸福家园"
　　国网能源研究院有限公司 193

基于"三个结合"的学雷锋志愿服务体系建设
　　国网山东省电力公司莱芜供电公司 197

以企业文化为创建世界一流企业凝心聚力
　　中国能源建设股份有限公司 201

先行示范区南网文化建设路径研究和实践
　　南方电网深圳供电局有限公司 205

"寻百年路，铸济铁魂"，打造百年胶济铁路历史文化品牌
　　中国铁路济南局集团有限公司 209

首都交通企业服务文化的构建与实施
　　北京市首都公路发展集团有限公司 213

以企业文化凝聚数字化创新共识
　　国能（北京）商务网络有限公司 217

构建"139"企业文化工作模式，凝心聚力推动企业高质量发展
　　广州越秀集团股份有限公司 220

守正创新敢为先，奋楫扬帆踏歌行
  新疆金风科技股份有限公司 224

"百年电力"文化遗产保护工程实践
  国网江苏省电力有限公司 228

碧罗映日月，双珠耀沧江
  华能澜沧江水电股份有限公司黄登·大华桥水电厂 232

"三三理念、四四方略"引领高质量发展
  青岛董家口发展集团有限公司 236

打造"三色花"工程，赋能高质量发展
  大唐环境产业集团股份有限公司 240

党建引领打造"七位一体"企业文化建设新矩阵
  山东送变电工程有限公司 244

以文化和品牌融合提升为主线的创新文化建设
  中铁建工集团第二建设有限公司 248

推动党建凝聚人心、融入日常的企业文化建设
  国网冀北电力有限公司唐山供电公司 252

能动创新铸造新能源装备智造"大国重器"
  明阳新能源投资控股集团有限公司 256

人本文化激发创新动力，助力企业高质量发展
  软控股份有限公司 261

以"自我管理"提升企业"文化力"
  江苏黑松林粘合剂厂有限公司 265

"福"文化引领高质量发展
  中国华电集团有限公司福建分公司 269

以"三大特色实践"助推公司战略落地"示范窗口"建设
  国网浙江省电力有限公司 273

核安全文化下的工程师文化建设及推广
  中广核研究院有限公司 277

弘扬工匠精神，培育工匠文化，助推企业高质量发展
  国投新疆罗布泊钾盐有限责任公司 281

以企业文化融合提升赋能企业高质量发展
　　北京建工集团有限责任公司 285

"家文化"引领，铸就绿色健康高质量发展
　　宁波家联科技股份有限公司 289

打造"富有竞争活力的共同体"文化，助推企业高质量发展的实践与探索
　　东华工程科技股份有限公司 293

以"四融"文化赋能企业高质量发展
　　开滦能源化工股份有限公司 297

红色基因凝聚高质量发展力量，开创世界一流企业建设新局面
　　红太阳集团有限公司 301

打造硬核工业母机品牌，赋能企业高质量发展
　　秦川机床工具集团股份公司 305

以"双向赋能"开展文化创新，为企业高质量发展注入"心"动力
　　中国航发南方工业有限公司 309

构建"五位一体"先锋文化实践体系，强化文化引领，助推企业跨越发展
　　国网河北省电力有限公司正定县供电分公司 313

以领先文化助力基层煤电转型发展
　　华能国际电力股份有限公司邯峰电厂 318

"有温度的党建"引领人民电业／电网企业高质量发展
　　国网吉林省电力有限公司吉林供电公司 322

以融合聚焦为核心的党建文化建设
　　中安华力建设集团有限公司 326

守正创新文化助推企业生生不息
　　湖南电广传媒股份有限公司 330

"真不二价"打造诚信的金字招牌
　　日春股份公司 334

"党建＋科创"三态融合下的能源型智库企业创新文化建设
　　国网浙江省电力有限公司经济技术研究院 338

传承铁军薪火，弘扬开拓精神
　　中建八局第三建设有限公司 342

以文化聚力赋能，筑牢企业发展基石
　　河南鑫安利安全科技股份有限公司 346

以党旗红为核心的大型国有企业党建助推高质量发展探索与实践
　　山东海化集团有限公司 350

坚持企业文化赋能，助推白酒老字号高质量发展
　　江西李渡酒业有限公司 354

以"四化一体"工作格局提升"县所"企业文化质效的研究与实践
　　国网湖南省电力有限公司 358

打造媒体传播平台，铸就大国重器品牌
　　中车青岛四方机车车辆股份有限公司 362

和聚力、合创富，文化铸魂谱写高质量发展新篇章
　　西部证券股份有限公司 366

以"秉器执礼，时代包装"为使命引领民营制造企业高质量发展
　　奥瑞金科技股份有限公司 369

"六位一体"打造"六好四高"企业文化管理创新实践
　　山东电力交易中心有限公司 373

以人为本的"中国结"企业文化建设
　　宏胜饮料集团有限公司 378

企业文化赋能用电营商环境优化提升实践新范式
　　国网浙江省电力有限公司衢州供电公司 382

发展全过程人民民主，实现共同幸福不断幸福
　　石家庄高新技术产业开发区供水排水公司 386

坚守匠心打造五星服务，传承经典服务旅居生活
　　湖北文旅酒店集团有限公司 390

突出"四个着力"，打造党建引领下的中国式现代化企业文化
　　中车株洲电机有限公司 394

"宿电精神"引领基层发电企业绿色低碳智慧化发展
　　国家能源集团宿迁发电有限公司 398

构建企业安全"五维"智文化，助推平安地铁建设与美好同行
　　南昌轨道交通集团有限公司地铁项目管理分公司 402

以"四型一化"班组文化建设助力能源上市公司高质量发展
　　广西桂冠电力股份有限公司 406

构建"聚能之道"文化体系，赋能企业高质量发展
　　天津能源投资集团有限公司 410

以基于"一核心两坚持三维度五工程"的特色文化体系引领企业高质量发展
　　中国电子科技集团公司第五十三研究所 414

向上文化引领电梯制造企业实现业绩改善
　　日立电梯（天津）有限公司 418

构建"四六"安全文化体系，助推企业安全稳定发展
　　华能扎赉诺尔煤业有限责任公司 422

"活态双国宝"浓香国酒品牌文化塑造
　　泸州老窖股份有限公司 426

厚植家国情怀，构建"五位一体"文化体系
　　中交四航局第二工程有限公司 430

深耕红色沃土，展示"国家名片"实力
　　中车南京浦镇车辆有限公司 434

党建引领强文化，励精尚实创一流
　　青岛宏大纺织机械有限责任公司 438

以四大"文化讲堂"为主体推动文化融入、文化润泽、文化赋能
　　国网山东省电力公司滨州供电公司 442

兴家和之风，建人本宁东
　　国家能源集团宁夏电力宁东电厂 445

"红蕴"企业文化推动企业高质量发展
　　中国华电集团资本控股有限公司 449

打造"红帆正扬"特色党建品牌，以文化活水浇灌业务发展之花
　　中国工商银行辽宁省分行 453

"丝路通途、美美与共"文化建设，实现中老铁路社会经济双效益
　　中国铁路昆明局集团有限公司 457

弘扬科学家精神，打造电力科研特色文化名片
　　中国电力科学研究院有限公司 461

打造与时俱进的企业文化谱系，赋能国际一流企业建设新征程
　　牡丹江恒丰纸业集团有限责任公司 465

以"卓悦"文化助推企业高质量发展
　　龙建路桥股份有限公司 469

以"领·聚"文化推动国家科技重大专项高质量建设
　　华能山东石岛湾核电有限公司 473

创新驱动发展，永葆中国速度，永创中国水平
　　沈阳新松机器人自动化股份有限公司 477

构建特色文化体系，实现企业高质量发展
　　建华控股有限公司 481

打造"刘三姐"服务文化品牌，提升国铁企业经营服务品质
　　中国铁路南宁局集团有限公司 485

以诚信文化筑实企业高质量发展之基
　　海亮集团有限公司 489

工作室机制助推企业文化破圈
　　江南造船（集团）有限责任公司 493

以文化建设推动企业转型发展的探索实践
　　华能（浙江）能源开发有限公司 497

思想铸魂，文化聚心，为成为世界一流的供应链服务企业注入精神动能
　　厦门象屿股份有限公司 501

以"五个一"传播工程推动国有军工企业文化建设
　　内蒙古北方重工业集团有限公司 505

深耕文化建设，助推核工业企业实现"四个一流"
　　三门核电有限公司 509

以"精品"文化助推企业走向卓越的质量文化建设
　　中车时代电动汽车股份有限公司 513

培育先进航空文化，凝聚提质增效合力
　　中航西安飞机工业集团股份有限公司 517

基于创用户极致体验为中心的创新文化建设
　　青岛海尔洗涤电器有限公司 521

先行文化引领企业转型升级
　　华电江苏能源有限公司 525

聚力"四心融合"，以优秀企业文化赋能高质量倍增发展
　　江苏省盐业集团有限责任公司 529

"红色引擎"推升服务文化
　　国网重庆市电力公司 533

以"智行者"文化软实力赋能企业高质量发展硬支撑
　　陕西陕煤榆北煤业有限公司 537

"四维落地法"推动集团文化落地落实
　　贵州乌江水电开发有限责任公司 542

文化融合视野下高铁企业的海外形象建构
　　中车长春轨道客车股份有限公司 545

以"五匠"质量文化助推企业高质量发展
　　贵州茅台酒股份有限公司 549

以党建文化为引领，推动企业高质量发展
　　中国邮政集团有限公司上饶市分公司 554

"一体两翼四驱动"推动文化创新赋能
　　江苏核电有限公司 558

以"正心正念"为指引的电网企业合规文化体系建设探索与实践
　　国网福建省电力有限公司 562

以本质安全为目标的"六安工程"企业文化建设
　　北京京能高安屯燃气热电有限责任公司 566

以文化与管理深度融合为重点，以软硬实力系统提升为目标的"实"文化建设
　　泰安市烟草专卖局（公司） 570

以创新文化赋能碳纤维产业发展
　　中国石化上海石油化工股份有限公司 575

党建引领聚力助残，微光汇成"仁爱天下"的阳光
　　重庆市远大印务有限公司 579

打造党建与企业文化建设相结合的长效运行机制
　　上海印钞有限公司 583

深化宣传思想文化大格局，建设特色宣传文化，增强企业软实力
  北京首钢股份有限公司 587

以"实干文化"助推企业多元跨界发展
  陕西建材科技集团股份有限公司 591

传承"带电精神"，守护万家灯火
  国网辽宁省电力有限公司鞍山供电公司 595

以人为本，昂扬奋进，自我革新，追求卓越——市政建设企业的"家"文化体系构建
  南昌市政建设集团有限公司 599

以奋斗者文化带动企业持续成长
  江西赣锋锂业集团股份有限公司 603

以质量凝聚企业发展命脉
  云南曲靖呈钢钢铁（集团）有限公司 607

承担企业社会责任，助力企业高质量发展
  上海海怡建设（集团）有限公司 611

"物智仓实·凤起潮越"企业文化品牌的创新与实践
  国网浙江省电力有限公司物资分公司 614

务实创新文化助推企业转型升级高质发展
  中铁四局集团安装工程有限公司 618

奋斗文化铸就钢铁领军企业
  湘潭钢铁集团有限公司 622

特等奖

以"三同"巡视文化锻造核之"利剑"

中国核工业集团有限公司

企业简介

中国核工业集团有限公司（以下简称中核集团）是经国务院批准组建、中央直接管理的国有重要骨干企业，是我国战略技术领域拥有自主知识产权、创新能力突出、核心竞争力强的国有特大型高科技企业集团，是国内唯一业务覆盖核科技工业全产业链的企业，也是全球少数几家拥有完整核科技工业体系的企业之一。作为全球率先进入世界500强的核工业企业，中核集团拥有1400余家成员单位，现有职工约16万人，中国科学院和中国工程院院士13人，资产规模超万亿元，连续17年国资委考核A级，党建责任制考核、脱贫攻坚考核、董事会建设考核等均名列央企前列。

在我国核工业创建60周年之际，习近平总书记对中核集团做出重要批示指出："核工业是高科技战略产业，是国家安全重要基石。要坚持安全发展、创新发展，坚持和平利用核能，全面提升核工业的核心竞争力，续写我国核工业新的辉煌篇章。"面对新时代强核强国新使命，中核集团以习近平新时代中国特色社会主义思想为指导，大力弘扬"两弹一星"精神和"四个一切"核工业精神，积极践行"强核报国、创新奉献"的新时代核工业精神，完整准确全面贯彻新发展理念，秉持"责任、安全、创新、协同"的核心价值观，推动核工业高质量发展，加快建设核工业强国，为全面建设社会主义现代化国家、实现中华民族伟大复兴做出新的更大贡献！

实施背景

党的二十大报告强调，经过不懈努力，党找到了自我革命这一跳出治乱兴衰历史周期率的第二个答案。并从完善党的自我革命制度规范体系的战略高度，对巡视工作提出"发挥政治巡视利剑作用，加强巡视整改和成果运用"的明确要求，为新时代新征程巡视工作高质量发展指明了方向。2021年11月中央巡视办将中核集团作为党的二十大后第一家调研单位，王鸿津主任在肯定工作的同时指出："这次来调研，有一个期盼，就是把中核集团内部巡视作为中管企业第一梯队来打造，发挥示范引领作用。也希望集团党组进一步强化主体责任，用好巡视这把利剑，在促进企业内部治理体系、推进企业全面从严治党、实现企业高质量发展方面，更好发挥巡视政治保障作用。"

面对党的二十大对坚定不移全面从严治党、深入推进新时代党的建设新的伟大工程做出的战略部署。面对王鸿津主任在新时代新征程上对中核集团巡视工作提出的更高要求，中核集团党组坚持以习近平新时代中国特色社会主义思想为指导，紧扣"强核强国，造福人类"职责使命和

"三位一体"奋斗目标，以新时代核工业精神为文化引领，坚持主动作为、创新优化，经实践总结提炼了"同心、同向、同行"的中核特色巡视文化工作理念，作为中核集团开展巡视巡察工作过程中倡导的思想观念和行为规范，努力锻造好巡视这把"利剑"，自觉服务保障推动国家核事业发展行稳致远。

体系内涵

"同心、同向、同行"的中核特色巡视文化工作理念，是中核集团党组认真落实习近平总书记关于巡视工作重要论述，全面贯彻中央巡视工作方针，精准落实政治巡视要求，历经多年实践提炼总结形成的"三同"文化理念，旨在统筹协调各方的协同关系，做到思想同心、目标同向、行动同行，以高质量巡视巡察工作推动集团公司高质量发展。

同心，是思想要求，即巡视巡察工作在初心使命上要同心向党，坚持政治巡视定位，深刻领悟"两个确立"的决定性意义，增强"四个意识"、坚定"四个自信"、做到"两个维护"，聚焦"国之大者"加强政治监督，推动党中央大政方针和上级党组织决策部署贯彻落实。

同向，是目标要求，即巡视巡察工作在奋斗方向上要同向发力，坚持"发现问题、形成震慑，推动改革、促进发展"巡视方针，让巡视利剑高悬、震慑常在，充分发挥监督保障执行、促进完善发展作用，助推集团公司"三位一体"奋斗目标实现。

同行，是行动要求，即巡视巡察工作在组织实施中要携手同行，巡视巡察机构、有关部门（机构）及被巡视巡察党组织同频共振、同题共答；加强巡视巡察上下联动，强化巡视巡察整改和成果运用，共同完成好巡视巡察任务。

主要做法

经过不断探索实践、创新发展、丰富完善，中核集团党组把"三同"巡视文化工作理念，贯穿巡视巡察工作始终，巡视文化定位越来越清晰、巡视文化作用越来越突出、巡视文化品牌越来越响亮，有效地推动了中核集团巡视巡察工作质量的提升，并成为中核集团企业文化建设体系中不可或缺的重要组成部分。

同心向党，强化政治引领，着力健全完善政治巡视工作领导和管理体系。一是坚持以上率下，切实履行政治巡视主体责任。中核集团党组深入学习贯彻习近平总书记关于巡视工作重要论述，集中开展政治巡视理论学习。自2017年以来，党组书记主持召开党组会、专题会研究巡视工作，每年出席巡视巡察启动会并做动员讲话，针对巡视工作批示43次，听取汇报点具体人37次、具体问题395个；全部党组成员多次参加巡视启动或反馈会议。党组巡视工作领导小组召开会议25次研究巡视巡察工作。二是坚持系统思维，着力构建规范高效的巡视机构职能体系。成立以党组书记任组长的巡视工作领导机构；建立党组全面领导、领导小组指挥调度、巡视办统筹协调、巡视组具体实施、被巡视党组织和其他部门密切配合的"协同联动"巡视组织体系；独立设置党组巡视办公室为总部部门；选优配强专职巡视组组长。三是坚持强基固本，持续加强巡视规范化建设。为推动中核集团巡视巡察工作规范化、制度化、正规化建设，中核集团党组巡视办创新将质量管理理念引入巡视巡察管理体系中，以"PDCA"循环法构建系统高效的巡视巡察管理体系，坚持"边巡边改，边巡边创新"，不断优化现行巡视巡察制度、程序及模板，共建立了37份程序文件，不断推动集团公司巡视巡察工作实现"有形覆盖"与"有效覆盖"的高度融合。

同向发力，强化政治监督，着力推进落实政治巡视全覆盖。一是准确把握政治巡视内涵及监督要点。紧扣习近平总书记对核工业和中核集团重要指示批示精神与党中央决策部署，聚焦服务保障国家战略的核心职能职责开展政治监督，建立并持续优化8个领域巡视监督重点，促使被巡视党组织围绕职责使命和政治责任推动改革促进发展。二是准确把握政治巡视全覆盖目标。坚持分类推进，党的十九大以来，累计开展15轮巡视，完成了对110家单位党组织的常规巡视和"回头看"两个全覆盖，共发现问题6234个，形成专题报告1021份，推动立行立改事项545个；围绕国企改革和采购招投标领域对12家单位党委开展专项巡视。三是准确把握巡视监督创新做法。围绕政治巡视理论、实践和方法，持续开展课题研究；深度实施"组办一体化"运作机制，以"巡前研讨、巡中督导、巡后复盘"的机制提升"组办融合"成效，运用"组内小复盘"和"组办大复盘"的研讨成果提升工作质效。四是着力做好巡视"后半篇文章"。强化标本兼治，通过"以巡促改""以巡促建""以巡促治"，建立系统整改体制机制，并督促做好自查自纠、举一反三、系统改进，进一步提升企业治理能力与治理水平。

携手同行，强化系统思维，着力构建巡视巡察上下联动格局。一是加强统筹谋划，压实各级责任。注重统筹衔接，发布实施《巡视机构与有关部门（机构）协作配合办法》，加强巡视监督与其他监督贯通融合；创新搭建"五方联动，三级一体"的上下联动管理体系，推动104个二级及以下成员单位党组织开展巡察工作，明确巡察对象1109个并实现巡察全覆盖。二是加强分类指导，提升巡察质量。以念好"研、定、建、督、促"五字诀，探索组织开展"交叉巡察"新路子，着力破解"熟人社会"监督难题；开展"提级巡察"选派巡视办同志全程参与部分单位内部巡察，推动巡察工作质量进一步提升。三是加强沟通交流，推动经验共享。积极搭建沟通交流平台，持续开展巡视座谈会、巡察座谈会、巡察片区推进会；策划编发《中核巡视巡察》电子期刊25期，有效推动政策传导和经验交流。四是强化能力建设，打造巡视巡察铁军。突出政治标准，积极选优配强巡视巡察骨干，加强巡视巡察"人才池"建设；强化巡视培训课程体系建设，切实提高巡视巡察干部工作能力；加强文化建设，坚持党建理论学习和实践，自觉把党的初心使命、巡视工作初心使命、被巡视党组织职责使命贯通起来理解和落实，以"三同"巡视文化建设进一步统一巡视巡察队伍的思想观念和行为规范，确保巡视巡察队伍作风过硬，步调一致。

实施效果

自党的十九大以来的五年，中核集团巡视巡察工作，积极践行"三同"巡视文化工作理念，坚持强基固本与深化创新同步推进，在进取中突破、在总结中提高，取得了一定的成果。中核集团党组巡视工作领导小组坚持以文化凝聚人心，以理念引领发展，将五年来的巡视巡察工作进行了全面系统的梳理，编制形成了"中核巡视（2017～2022）"系列丛书作品，简称"九个一"：一套巡视巡察工作理论体系汇编、一套巡视巡察工作必备制度（法规）汇编、一套基于实践的巡视工作流程汇编、一套五年来巡视巡察工作经验体会汇编、一套五年来巡视巡察工作典型成效汇编、一套五年来巡视巡察工作总结报告汇编、一部五年来巡视巡察工作总结回顾视频片、一本五年来巡视巡察工作大事记、一套巡视巡察培训课程体系汇编，旨在为今后五年巡视巡察工作提供相对完整系统的、可资借鉴的理论体系、制度规范、工作流程、经验做法、发展脉络等，以推动集团公司巡视巡察工作更加科学、更加规范、更加有效。

聚焦"国之大者"，把准政治巡视"定盘星"，确保党中央重大决策部署落实到位。中核集团党组始终坚持把贯彻落实习近平总书记对核工业和中核集团重要指示批示精神，以及党中央决策部署情况作为巡视监督的重中之重和衡量成员单位党组织政治偏差的关键标尺，进一步聚焦被巡视单位支撑中核集团服务国家战略能力建设、核安全治理、核能可持续发展、核技术应用等核心职能职责开展监督检查，共发现相关问题2000余个。经巡视整改，被巡视党组织政治站位进一步提升，落实重大决策部署更加坚决，重点工作有序推进，重大项目取得阶段性成果。

紧盯关键少数，擦亮巡视监督"显微镜"，推动政治生态持续向上向好。聚焦"一把手"和领导班子成员，围绕权力运行的重点领域和关键环节，坚持严的主基调，对领导班子及成员进行"画像"，形成"一把手"监督专项报告91份，为干部选、育、管、用工作提供重要参考，为党组精准把握被巡视党组织领导班子履职能力提供重要依据。党的十九大以来，巡视发现违反中央八项规定精神和"四风"方面问题和部分领导干部问题线索，均按规定进行处置，多人被立案查处并给予党纪政务处分。经巡视整改，被巡视党组织纪律意识、规矩意识进一步提升，抓全面从严治党的意识进一步增强。

回应群众期盼，清除群众身边"绊脚石"，确保党的执政根基更加坚实。充分发挥巡视联系群众纽带作用，把干部职工和人民群众反映强烈的问题作为监督重点，通过解决群众身边的"小问题"，赢得民心向背的"大政治"。畅通反映问题渠道，每一轮巡视、每一个巡视组、对每一个被巡视党组织，都把巡视信访作为规定动作。通过巡视巡察共与党员干部谈话2.7万余人次，受理群众来信来电来访1350余件，着力发现侵害干部员工权益的突出问题，督促解决职工群众身边的"微腐败"和不正之风问题501个，厚植了党的执政根基，密切了党群关系。经巡视整改，被巡视党组织提升了服务意识和服务能力，赢得了职工群众的满意和普遍好评。

注重系统施治，提高成果运用"含金量"，不断把监督优势转化为企业治理效能。坚持以巡促改、以巡促建、以巡促治，建立由党组成员牵头负责，业务主管部门具体承办的督促落实巡视整改工作机制。党的十九大以来，通过巡视巡察共形成专题报告1300余份，巡视移交总部相关部门有关意见建议302条；把解决系统性、领域性问题与完善制度、深化改革结合起来，通过巡视巡察完善制度1.6万余个；根据巡视发现的普遍性问题，建立巡视问题大数据库、共性问题清单和分类通报机制，推动有关部门开展选人用人、采购招投标、安全生产等专项整治，一批重点难点问题取得重要突破。

新征程承载新使命，新使命呼唤新担当。中核集团巡视巡察人，肩负"强核报国"的历史使命，扛起锻造巡视"利剑"的职责重任，在新的巡视巡察五年规划起步年，始终贯彻巡视工作方针，积极践行"三同"巡视文化，以坚定的信念、饱满的热情、创新的勇气、开拓的精神、实干的决心，同心向党，同向发力，携手同行，矢志为铸就保障我国核事业高质量发展的"核之利剑"而全力进发！

主要创造人：余剑锋　顾　军

参与创造人：陈　烨　刘德国　田雅君　高　鑫

践行"知行"文化，以文化强企建设
助推世界一流企业建设

中国南方电网有限责任公司

企业简介

作为电力改革的"试验田""示范田"，中国南方电网有限责任公司（以下简称南方电网公司）成立于2002年12月29日，是中央管理的国有重要骨干企业，由国务院国资委履行出资人职责。公司负责投资、建设和经营管理南方区域电网，参与投资、建设和经营相关的跨区域输变电和联网工程，为广东、广西、云南、贵州、海南五省区和港澳地区提供电力供应服务保障，从事电力购销业务，负责电力交易与调度，从事国内外投融资业务，自主开展外贸流通经营、国际合作、对外工程承包和对外劳务合作等业务。集团下设24家分子公司，员工总数近28万人。供电面积100万平方千米，供电人口2.72亿人，2022年售电量12626亿千瓦时，西电东送量2156亿千瓦时，营业收入7642亿元。截至2022年，连续16年在国务院国资委经营业绩考核中位列A级，连续18年入围世界500强企业，目前名列第89位。

一直以来，南方电网公司认真学习贯彻习近平总书记关于文化建设的重要讲话和重要指示批示精神，坚持把企业文化建设作为引领保障企业战略实施落地的重要工作进行谋划和推进，大力弘扬国企先进精神，积极建设"知行"文化，着力打造文化管理强、价值共识深、传播影响广的文化强企，为加快建设世界一流企业提供强大价值引导力、文化凝聚力和精神推动力，使南方电网公司既是一种物理、资产和机构意义上的存在，又成为一种文化、价值和精神的存在。

把握工作规律建机制，建立健全文化管理体系

研究制定《关于深化企业文化建设的意见》，完整构建了企业文化建设的基本架构，以"强化四个管理系统、坚持四入转化方法、发挥四种角色作用"为实施路径推进企业文化建设。

强化"四个管理系统"，即用好文化识别、传播、转化、评价系统，规范文化日常管理。强化文化识别系统，与时俱进完善公司文化理念，提升文化感召力。强化文化传播系统，组织全覆盖培训、全媒体宣传、全员化活动、多形式文艺创作、多矩阵文化展示、多渠道国际传播，提升文化影响力。强化文化转化系统，深植专业文化和班站所文化建设，提升文化生产力。强化文化评价系统，探索开展员工与企业文化匹配度测量评估，每三年开展一次文化示范单位、示范点评选，提升文化引领力。

坚持"四入转化方法",即将公司文化理念导入战略、融入管理、切入业务、植入行为,层层递进推动文化进思想、进业务、进行为,不断健全完善文化全链条落地机制。导入战略,就是将公司文化理念作为制定政策措施的重要指引。融入管理,就是推进公司文化理念与管理制度、管理工具和管理实践深度融合。切入业务,就是将公司文化理念作为设计业务流程、推进业务发展的准则。植入行为,就是打造"知行合一"的执行力文化,使"知行合一"成为公司的工作作风、员工的行为习惯、团队的精神风貌。

发挥"四种角色作用",即发挥好各级领导人员、管理人员、专业人员、全体员工的作用,形成领导带头、全员参与的良好格局。各级领导人员发挥设计者作用,在"导入战略、植入政策"上下功夫、作谋划。各级管理人员发挥管理者作用,在"融入管理、植入日常"上下功夫、强统筹。各级企业文化专业人员发挥辅导者作用,在"专业管理、方法指导"上下功夫、促落地。全体员工发挥践行者作用,在"融入工作、植入行为"上下功夫、见实效。

关注员工思想求共鸣,凝聚知行合一价值共识

积极培育与公司发展战略相匹配、与公司改革发展中心任务相适应的公司文化理念,着力打造"知行"文化,将沟通企业愿景、传递文化价值与关注员工感受、尊重员工表达紧密结合,使文化理念更好地得到员工的理解、认同和支持。

培育企业文化理念。2006年,南方电网公司发布了第一版公司文化理念,随后不断与时俱进进行丰富完善。在传承社会主义核心价值观、弘扬国企先进精神和电力精神的基础上,2023年我们修订完善了公司文化理念,具体包括"人民电业为人民"的企业宗旨、"国家队地位,平台型企业,价值链整合者"的企业定位、"勇于变革,乐于奉献"的南网精神、"万家灯火,南网情深"的品牌形象等12条文化理念。

建设"知行"文化。以公司文化理念为引领,着力打造"以知促行、知行合一"的"知行"文化,使之成为全体南网人的内在品质和行动准则。通过每月举办一期"知行大讲堂",每两月编发一期《南网知行》文化内刊、建设"知行书屋"、开展知行教育帮扶、开展"知行文化周"活动、推广入职礼、拜师礼、凯旋礼、退休礼"文化四礼"等方式,持续构建"以知促行、知行合一"的南网文化生态。

深化全员文化认同。每年开展管理人员文化建设能力提升培训,推动各级管理人员成为公司文化理念落地的倡导者、推动者和引领者。组织开展全员文化理念宣贯,将文化纳入新员工"入企第一课"必学内容,确保公司文化理念传达到每一位员工,推动全体员工成为公司文化理念实践的执行者、传承者和弘扬者。制定实施60项加强和改进思想政治工作的重点举措,坚持解决思想问题和实际问题相结合,推动员工在思想意识上达成共识,"知行"文化建设案例入选国务院国资委《新时代中央企业思想政治工作创新案例选编》。

做实文化传播展形象,彰显南网文化独特魅力

建强文化传播载体,多位一体打造文化使者、文化展厅、文化故事、文艺作品等文化传播矩

阵，整体提升文化传播效能。

内外兼修培育文化使者。在公司内部，打造南网劳模、南网工匠、感动南网人物"三南"品牌，每年开展员工记功工作，涌现出"最美电力人"龙福刚、党的二十大代表吴长碧、"大国工匠"王其林、贵州"天眼供电服务队"等"立得住、传得开、叫得响"的先进典型。在公司外部，联合中国乡村发展基金会成立"南网知行教育发展基金"，依托南网知行教育帮扶对象，培育"南网文化代言人"，用心用情讲好南网故事。

点面结合打造文化地标，深入开展文化标杆创建活动，先后评选187个文化示范单位、示范点，所属广东电网中山供电局荣获"全国企业文化最佳实践企业"[①]，是全国供电行业中获此殊荣的第一家企业。认定广州华安楼、海南灯博物馆等一批公司文化展厅，梳理形成公司文化展厅（展馆）名录，作为公司文化的展示窗口。依托国企开放日等活动邀请利益相关方走进南网，打造"南网文化之旅"特色实践。

多措并举擦亮文化形象，编发《南网知行文化手册》，打造"小赫兹"等一批文创作品，创作《变革者》《万家灯火 为我鼓掌》等一批高质量文化宣传片和文艺作品，充分彰显公司文化自信。开展深圳供电局"璀璨盒子"[②]等品牌推广，连续15年发布社会责任报告，连续两年获得"五星佳"最高评级，在海外项目编制实施《企业文化融合手册》，为公司产品和服务注入文化价值，在国内外广泛、深入塑造"万家灯火，南网情深"品牌形象，将公司文化转化为社会大众的情感认同和良好口碑，助力打造"中国的南网、世界的南网"。

服务中心工作促融合，形成改革发展强劲动力

坚持围绕中心、服务大局，推动文化建设融入公司发展各领域全过程各方面，为公司加快建设世界一流企业、扎实推进中国式现代化南网新实践提供了坚强的文化支撑和思想保障。

用文化引领战略实施。聚焦培育壮大企业核心竞争力，制定文化强企建设重点举措，明确文化强企的关键特征和核心举措，推动形成具有世界眼光、中国底蕴、央企风范、南网特色的文化软实力。以公司文化理念为引领，滚动修编《公司发展战略纲要》和各级支撑规划，每年明确重点任务和具体举措，推动公司战略实施落地，公司连续16年在国务院国资委经营业绩考核中位列A级，连续18年入围世界500强企业，目前名列第89位。

用文化推动业务发展。深植安全、服务、廉洁、法治等专业文化和班站所文化，推动公司生产经营提质增效。比如我们在安全生产领域制定《安全文化原则》，通过理念系统、制度系统、行为系统、物态系统开展安全文化建设，助力本质安全型企业建设。在市场营销领域践行"解放用户"理念，基本建成现代供电服务体系，深圳、广州、佛山、东莞入选"获得电力"标杆城市，粤港澳大湾区供电可靠性国际领先，更好地满足人民美好生活需要。在纪检监察领域印发实施《关于加强新时代廉洁文化建设的重点举措》，聚焦植入思想、融入业务、培养自觉、形成风尚，着力建设干部清正、企业清廉、政治清明、风气清朗的"清廉南网"。在法治领域积极打造

---

① 全国企业文化最佳实践企业：由中国企业联合会、中国企业家协会授予。
② "璀璨盒子"项目：对户外电力设施进行围栏及空间美化升级，将电力设备和公共空间串联起来，既宣传南网品牌，又起到美化空间的效果，助力城市品质提升，为市民提供美好的文化体验。

"粤律之声"等特色普法品牌，引导干部员工知法于心、守法于行，首创并全面推广7种不同治理结构公司治理范本，公司被中国共产党中央委员会组织部、国务院国资委树立为中国特色现代企业制度央企标杆。

用文化破解发展难题。以基层班站所为着力点打通公司党组决策部署落地的"最后一公里"，印发实施《公司规范和加强班站所文化建设工作方案》，以文化统一基层员工的思想和行动，倡导员工"做起而行之的行动者"，培育"不放过任何可以改进提高规范工作的机会"习惯，推动文化建设与基层基础基本技能建设相融互促。

站在新起点上，面对建设中华民族现代文明这一新的文化使命，南方电网将充分发挥好央企骨干作用，持之以恒加强企业文化建设，促进公司内质与外形兼备、硬实力与软实力均衡发展，以文化强企建设助推南方电网行稳致远！

主要创造人：瞿佳兵　姚恩敏
参与创造人：江　龙　杨　柳

传承红色基因、弘扬革命文化的探索与实践

中国华电集团有限公司

企业简介

中国华电集团有限公司（以下简称中国华电）是国务院国资委监管的特大型中央企业、中央直管的国有重要骨干企业。控股6家上市公司，现有职工9.3万人，资产总额10272亿元。主要业务有发电、煤炭、科工、金融四大产业板块。发电总装机2亿千瓦，清洁能源装机占比48.35%，是国内最大的天然气发电运营商，拥有同类型企业中最多的水电和分布式发电装机。煤炭产业产能5428万吨/年，拥有4个千万吨级煤矿。科工产业拥有国家级火力发电检测、分布式能源技术等科技创新平台，在国内率先构筑起覆盖火电、水电、风电的华电"睿"系列电力自主可控工控产品系列。近年来，中国华电深入贯彻落实党中央、国务院各项决策部署和国家能源战略，加快结构调整，着力提质增效，深化改革创新，加强党的建设，综合实力不断增强，行业地位明显提升。

实施背景

红色基因是我们党在长期革命奋斗中淬炼的先进本质、思想路线、光荣传统和优良作风，革命文化是国有企业独特的精神禀赋，是国有企业内在的精神聚集力量，是"国企之魂"，已经成为企业转型发展的独特政治优势和精神资源。中国华电主营业务：电力生产、热力生产和供应；与电力相关的煤炭等一次性能源开发以及相关专业技术服务。伴随着党的百年奋斗历程，中国华电所属企业秉承永不磨灭的红色基因，从历史深处一路走来，以顽强拼搏的时代力量，在共和国电力发展史上写下了辉煌灿烂的篇章。本成果详细介绍了中国华电在传承红色基因、弘扬革命文化方面的实践做法：一是总结归纳了红色基因在中国华电的禀赋特征，如，历史性久、分布面广、生命力强、认同度高、时代感浓等；二是深入挖掘公司系统红色资源，如，云南首批成立地下党支部的中国第一座水电站石龙坝电厂；企业改革奖励制度曾受到毛主席肯定并写入《工作方法六十条（草案）的戚墅堰电厂；歌曲《咱们工人有力量》诞生地佳木斯电厂；赵一曼曾领导工人大罢工和新中国第一批人民电影《光芒万丈》故事发生地哈尔滨发电公司；解放战争中在党组织领导下开展"护厂运动"，多次粉碎国民党反动派炸毁电厂阴谋的青岛公司；1935年1月中央红军长征强渡乌江的渡口所在地构皮滩电厂等六家华电所属基层企业；三是建好红色阵地开展红色教育，如，开展系列红色教育活动、命名六家集团公司红色教育基地等；四是讲好革命故事唱响时代主旋律，如，集团公司党组书记、董事长参加中央广播电视台纪录片《信物百年》录制，亲自讲述《咱们工人有力量》歌曲诞生背后的故事。最后，对近年来所取得的社会成效进行了概

括总结。红色基因、革命文化在中国华电一代代革命和建设者中得到了传承和发扬，已凝聚成企业实现高质量发展的独特政治优势和重要精神资源，优良的革命传统历久弥新，成为企业的生长之源、壮大之本。该成果既是对电力企业红色历史的回顾和缅怀，更是激励干部员工"不忘初心、牢记使命"，从红色基因、革命文化中汲取智慧力量的生动教材。

主要做法

一是总结归纳红色基因在中国华电的禀赋特征。红色基因、革命文化在中国华电一代代革命和建设者中得到了传承和发扬，已凝聚成企业实现高质量发展的独特政治优势和重要精神资源，优良的革命传统历久弥新，成为企业的生长之源、壮大之本。通过近些年来对公司系统中具有红色历史、红色传统、红色故事的企业进行调研和梳理，总结归纳出了红色基因在中国华电的精神禀赋特征，主要表现为以下几点。①历史性久。自中国共产党诞生之日起，红色基因、革命文化在中国华电许多基层企业的培育和发展贯穿"五四运动"、北伐战争、抗日战争、解放战争、社会主义建设、改革开放整个过程。红色资源展现了一定历史时期形成的革命精神，这种精神是中华民族传统精神与时代精神相结合的产物，是对历史文化传统、民族精神的丰富和发展。②分布面广。红色基因、革命文化在中国华电系统分布面广，涵盖了我国东北、华北、西南等区域的许多基层企业，在中国共产党领导下，经过长期革命斗争和建设实践，形成了优良的革命文化传统，积淀着丰富的红色资源，拥有鲜明的红色基因。③生命力强。中国华电企业所蕴含的丰富的革命精神、厚重的历史文化，并以此为载体承载着中国工人阶级的阶级意识、政治信仰、精神追求和思想道德，是一种先进的革命文化，具有与时俱进的品质和强大的生命力。④认同度高。在中国华电，红色基因、革命文化始终与工人群众的根本利益和要求紧密相连的，始终代表和体现工人群众的意志和情感，广大工人群众既是红色基因的缔造者，又是红色基因的传承者，对革命文化具有高度的认同和理解。⑤时代感浓。中国华电基层企业的红色基因根植于中国电力工业发展的不同历史阶段，在不同历史时期和社会实践中得到丰富和发展，注入了许多新的时代内涵，充分体现了中国政治、经济发展的主流和方向，具有鲜明的时代特征。

二是深入挖掘中国华电的红色资源。伴随着党的百年奋斗历程，中国华电所属企业秉承永不磨灭的红色基因，从历史深处一路走来，以顽强拼搏的时代力量，在共和国电力发展史上写下了辉煌灿烂的篇章。华电云南发电有限公司石龙坝发电厂1910年开工建设至今已有100多年历史，是"中国第一座水电站"。1927年4月在石龙坝电站建立了云南电力系统第一个党支部——石龙坝党支部，也是云南省最早的15个支部之一。抗日战争时期，石龙坝电厂作为中国大后方唯一的电源点，成为日军飞机轰炸的重要目标，电厂职工在云南地下党组织领导下，积极开展护厂运动，为云南解放做出不可磨灭的贡献，是"全国重点文物保护单位""云南省爱国主义教育基地"。江苏华电戚墅堰发电有限公司（以下简称戚电公司）始建于1921年，与党同龄，1927年建立江苏电力系统第一个党支部；1958年，戚电公司大胆改革奖励制度的做法受到毛泽东主席称赞并把戚电公司的改革事例写入《工作方法六十条（草案）》，后被编入《毛泽东文集》第七卷。江苏电力系统的革命先驱王寿生为戚电公司前身震华电厂的职工，1927年1月，王寿生在震华电厂秘密建立了江苏电力系统第一个党支部并担任支部负责人，他组织广大工友开展对敌斗争，1945年10月在执行任务时不幸牺牲，年仅39岁。中华人民共和国成立后被追认为革命烈士。华电能源股份有限公司佳木斯热电厂始建于1938年，抗战期间，佳木斯热电厂一直有地下党员活动。1946年佳木斯解放。1947年，音乐家马可到佳木斯热电厂体验生活，创作的经典红歌《咱们工人有力量》被广为传唱。该厂被授予全国红色文化教育基地、佳木斯市爱国主义教育基地。华电青岛发电有限公司是山东电力的发源地，其前身是1903年建立的青岛电灯厂，企业发展史贯穿抗日战争、解放战争、新中国建设、改革开放等历史时期。青岛解放前，该厂职工在党组织领导下开展"护厂运动"，多次粉碎国民党妄图炸毁电厂的阴谋。中国华电集团哈尔滨发电有限公司1927年建厂，1933年赵一曼曾在此组织电业工人大罢工。作为中国近代史上一次早期大规模罢工运动，这次针对日伪当局的哈尔滨电业工人大罢工，取得全面胜利，极大鼓舞了中国人民的抗战士气。哈尔滨解放后，电厂工人克服种种困难修复设备，根据老模范刘英源的真实故事拍摄的我国第一批人民电影《光芒万丈》，1949年9月在全国上映后引起了极大的反响。贵州乌江水电开发有限责任公司构皮滩发电厂2003年开工建设。电厂库区是1935年1月中央红军长征强渡乌江的渡口。近年来，构皮滩发电厂在扶贫、支教等方面积极履行社会责任，带动地方经济社会发展，树立了国有企业的良好形象，被命名为贵州省爱国主义教育基地、中央企业爱国主义教育基地。

三是建好红色阵地开展红色教育。中国华电积极组织开展红色教育系列活动，把红色资源优势转化为广大党员干部理想信念教育阵地，召开集团公司红色教育专题报告会，命名华电云南发电有限公司石龙坝电厂、江苏华电戚墅堰发电有限公司、华电能源股份有限公司佳木斯热电厂、华电青岛发电有限公司、中国华电集团哈尔滨发电有限公司、贵州乌江水电开发有限责任公司构皮滩发电厂六家单位为集团公司"红色教育基地"，其中，石龙坝发电厂、戚电公司、佳木斯热电厂被中国红色文化研究会命名为"中国红色文化教育基地"并进行了授牌。组织创作30万字的报告文学《红色品格》，征集红色故事404篇、企业好传统326个。充分发挥中国华电六大红色教育基地功能，组织广大党员干部用好企业红色资源开展红色教育；集团公司党建部支部以红色教育为主题开展主题党日活动，组织支部党员分赴集团红色教育基地青岛电厂、构皮滩发电厂重温红色历史，开展党支部联建共建活动。各级党组织结合"清明祭英烈"活动，组织党员干部和团员青年到烈士陵园、烈士公墓祭奠英烈，接受红色教育，开展形式多样的网上祭扫活动，在缅怀英烈、崇敬英雄中接受精神洗礼、凝聚奋进力量。博物馆、展览馆是铭记历史的地方，是革命文化的物质载体，一座座红色博物馆、一件件红色物件，赋予了中国华电厚重的红色基因。在庆祝中国共产党成立100周年之际，华电所属云南石龙坝水电博物馆、江苏华电戚墅堰公司红色展馆、华电青岛公司红色教育基地、构皮滩发电厂红色教育基地入选首批中央企业爱国主义教育基地。石龙坝水电博物馆以石龙坝电厂为基础，形成了集水电博物馆、红色文化教育基地、爱国主义教育基地、科普教育基地等功能为一体的综合性电站，馆中保存着1914年刻立的功建名垂碑、永垂不朽碑、中国第一座水电站纪念碑、炮楼、革命遗址、烈士纪念碑、衣冠冢等，该博物馆入选2021年首批中央企业红色资源网络展览。戚墅堰电厂红色展馆，馆内共展示、收藏具有历史和研究价值的实物、图片资源500多件。如今，该展馆组建了一支电声讲解队，继续传承企业好声音，被国资委命名为第一批国资委党性教育现场教学基地，入选2021年首批中央企业红色资源网络展览。青岛公司红色展馆共分为"峥嵘岁月""红色基因""激扬时代"三大板块，既有历史纪实，也有故事描述，馆中还保存着中华人民共和国成立前夕，青电地下党组织"护厂运动"为原型的《青电档案》，该档案荣获"2020年全国经济科技档案推广价值案例奖"。

四是讲好革命故事唱响时代主旋律。红色故事孕育和承载着共产党人的理想信念，讲好红色故事在加强理念信念教育中具有独特优势。在庆祝中国共产党成立百年之际，中国华电以"红色信物"为切入点，组织开展了"讲述信物故事、传承红色信仰、坚定理想信念"活动，参加了中央广播电视总台《信物百年》节目录制，讲述由音乐家马可创作的歌曲《咱们工人有力量》背后的故事，这首脍炙人口的红色经典歌曲，诞生在华电佳木斯热电厂车间里，歌曲表现出工人们为支援新中国建设，日夜紧张劳动的战斗生活场景，塑造了获得解放的中国工人顶天立地的英雄形象，成为中国工人建设祖国的豪迈之歌；组织开展"中国梦·华电梦·我的梦"职工思想教育，以"征集一批老照片、组织一系列职工主题创意大赛、传播一批先模人物事迹"等"七个一"活动内容，引导干部职工把党和国家美好前景、企业美好愿景与个人美好向往紧密联系起来，唱响"共产党好、社会主义好、改革开放好"的时代主旋律；组织开展"庆华诞、谱新篇、筑梦想"为主题的职工思想教育活动，开展"永远跟党走、奋进新时代——庆祝中国共产党成立100周年主题作品创作展播活动"，开展"红色放映月""探秘华电传家宝"系列媒体报道，及时宣传展播"大国顶梁柱·永远跟党走"——庆祝中国共产党成立100周年主题作品展播100余部，引发公司系统内外热烈反响，得到中央领导同志肯定；连续12年每年一个主题开展形势任务教育，被国资委连续5年推荐经验做法；广泛开展"永远跟党走·奋进新时代"等主题活动，集中展示中华人民共和国成立以来、中国共产党成立100周年以来的发展成果，唱响时代主旋律；紧紧围绕"五三六战略"、锚定"5318"发展目标，以党员突击队、党员先锋岗、党员责任区为载体，组织开展"党旗在基层一线高高飘扬"等主题实践活动，引导各级党组织和广大党员干部在企业改革发展中勇挑重担、勇争一流，为迎接宣传贯彻党的二十大营造氛围。结合集团公司2022年品牌宣传暨公众开放日、社会责任月活动安排，"中国华电"微信公众号围绕"传承红色基因""勇担大国重器""致力美好生活""争做大国工匠"四个主题，对公司系统优秀品牌故事进行展播，集中展示中国华电一心一意跟党走，凝心聚力促发展的生动实践。中国华电在传承红色基因、弘扬革命文化的实践过程中，以社会主义核心价值观引领企业文化建设，总结提炼了"求实、创新、和谐、奋进"的核心价值和"马上就办、办就办好"的工作作风，把红色文化内化于心，外化于行，不断增强干部职工战胜困难的信心和决心，助力创建世界一流能源企业。

实施效果

中国华电的红色教育，经过一段时间的持续推进，取得了多方面的积极成效，主要体现在以下几个方面。

一是进一步营造了学习贯彻党的二十大的良好氛围。干部职工在回顾红色历史中更加坚定了坚持党的领导、加强党的建设的思想和行动自觉；在回顾党的十八大以来辉煌成就中更加增强了"四个自信"，坚定了"四个意识"；在对企业的全景式展现中更加认清了央企姓党为国的基本定位、巩固党执政兴国重要物质基础和物质基础的重要使命。干部职工表示，坚决拥护以习近平同志为核心的党中央决策部署，以实际行动学习贯彻党的二十大精神。

二是进一步坚定了党员干部的理想信念。中国华电开展的红色教育，用感性的激励促进理性的思考。在瞻仰当地革命遗迹、了解华电自身红色历史、聆听先辈先进英雄事迹，以及体味企业当代实践之后，党员干部都反映深受震撼、深受教育，有的说"不仅震撼一瞬间、激动一阵子，而且会铭记一辈子、影响一辈子"，有的谈到作为国企职工就"应当做红色基因的传承者，牢记责任和使命，兢兢业业、甘于奉献"。

三是进一步凝聚了职工队伍的士气人心。中国华电的红色教育，基层党组织发挥了基础性作用。基层党支部开展的红色讲堂，大多用身边人说身边事，讲述党史创业史、回顾优良传统、追问创业初心，组织职工讨论新时期如何弘扬国企精神，对于增强光荣感使命感、增强凝聚力向心力起到良好的促进作用。今年组织的企业文化调研座谈会中，干部职工结合亲身经历讲述了许多永跟党走、团结一心，奋勇争先、攻坚克难的鲜活案例和典型人物，很多受访者在回忆创业、发展的经历时，把成功的主要原因归于忠诚不渝、创新精神和奋斗精神。

四是进一步推动了生产经营发展工作。中国华电的红色教育对职工队伍的积极影响，反映到推动中心工作的完成上。当前，发电企业面临新能源转型的巨大压力和严峻的市场挑战，生产经营发展压力很大，在红色教育工作中，中国华电不少基层企业都针对新时期如何传承红色基因和优良传统、发扬以改革创新为核心的时代精神和国企精神、为新能源发展做贡献组织职工讨论。职工表示，过去条件那么艰苦，电厂职工都能建成管好发电机组，创造出那么多好经验，现在更应当有战胜困难的信心、更应当有解决问题的好办法。将"红色基因"化为"红色力量"，中国华电连续12年上榜《财富》世界500强，名列第323位；连续9年荣获"联合国全球契约最佳实践奖"；连续四年入选中国500最具价值品牌榜，以1256.85亿元的品牌价值名列第56位；连续11年荣获"国资委业绩考核A级企业"，获评"2022年度中央企业党建工作责任制考核A档""2022年度中央企业改革三年行动重点任务考核A级"。

主要创造人：聂向阳　伊建伟

参与创造人：田　玮　李　建　陈石磊

传承弘扬"开路先锋"文化，加快建设世界一流企业

中国中铁股份有限公司

企业简介

中国中铁股份有限公司（以下简称中国中铁）是一家有着百年红色基因的特大型建筑央企，拥有50多家二级企业、近30万名员工，业务覆盖基础设施建设全产业链，为全球90多个国家和地区提供服务。作为全球最大建筑工程承包商之一，中国中铁连续17年进入世界企业500强，2022年在《财富》世界500强排名第34位，在中国企业500强排名第5位。

1950年6月，在中华人民共和国第一条铁路成渝铁路开工典礼上，邓小平、贺龙等领导人将"开路先锋"大旗授予中国中铁建设者。此后，中国中铁大力传承弘扬"开路先锋"文化，逢山开路、遇水架桥，累计参建的工程占中国铁路总里程的三分之二，占中国电气化铁路的90%，占中国高铁总里程的55%，占中国高速公路总里程的八分之一，占中国城市轨道工程总里程的五分之三，建造跨江跨海大桥1万多座，建造长大隧道2万多千米，18次赴南极承担建设维护任务。

中国中铁"开路先锋"文化是中国中铁企业文化的总称，其理念体系简称为"四梁八柱一面旗"。"四梁"是指企业使命、企业愿景、企业核心价值观、企业精神四大核心价值理念。"八柱"是指经营理念、管理理念、安全理念、质量理念、环保理念、人才理念、廉洁理念、品牌理念八项具体工作理念。"一面旗"是指企业品牌宣传语。自2021年以来，中国中铁接续开展企业文化宣贯年、推进年、深化年活动，制定印发了《"开路先锋"企业文化实施纲要》《企业文化建设"十四五"规划》《VI手册》，不断推动"开路先锋"文化深入人心、落地见效，为加快建设世界一流企业提供了强有力的精神动力和文化支撑。

实施背景

弘扬"开路先锋"文化是践行为民族复兴筑路初心使命的必然要求

中国中铁拥有120多年的历史渊源，以1894年山海关机器厂的成立为标志，被称为中华民族工业的先行者和铁路建设的开拓者。1909年参与建成了京张铁路，1912年建成了京奉铁路，开启了中国铁路建设事业的先河。1922年，党的一大代表王尽美在中铁山桥建立了冀东地区第一

个党组织，开启了中国中铁坚定不移听党话跟党走的光荣历程。百年来，一代代中国中铁人用生命、鲜血和汗水接续铸就了一座座工程丰碑，孕育出"逢山开路、遇水架桥"的开路先锋文化，映照着为民族复兴筑路的初心使命。党的二十大报告提出"以中国式现代化全面推进中华民族伟大复兴"，这就要求进一步坚定文化自信自强，大力传承弘扬"开路先锋"文化，勇当国家基础设施建设特别是铁路建设事业的开路先锋，为强国建设、民族复兴做出新的更大贡献。

弘扬"开路先锋"文化是牢记老一辈革命家殷殷嘱托的必然要求

1950年6月15日，中华人民共和国第一条铁路成渝铁路举行盛大开工典礼，邓小平同志在讲话中勉励中国中铁人要"逢山开路、遇水架桥"，贺龙同志亲手将"开路先锋"旗帜授予中国中铁所属企业的前身西南铁路工程局。20世纪五六十年代，中国中铁积极响应党的号召，以极大的爱国热忱和奉献精神，全面投身新中国建设，毛泽东主席多次亲笔题词勉励。老一辈革命家的谆谆嘱托言犹在耳，不仅为我们照亮来时的路，更将继续给我们以指引。在新的征程上，必须始终牢记老一辈革命家的殷殷嘱托，高擎"开路先锋"文化旗帜，拼搏再拼搏，挑战再挑战，超越再超越，在祖国大地上不断创造新的人间奇迹。

弘扬"开路先锋"文化是贯彻习近平总书记重要指示精神的必然要求

党的十八大以来，以习近平同志为核心的党中央对国资央企做出一系列重大部署，特别是习近平总书记先后19次到中国中铁所属企业、重点工程项目考察指导工作，对本行业本企业相关工作做出一系列重要指示批示，为我们履行责任使命、做好各项工作提供了根本遵循和强大动力。2019年1月，习近平总书记在视察京雄城际铁路时，勉励中国中铁建设者："你们正在为雄安新区建设这个'千年大计'做着开路先锋的工作，功不可没。"这是崇高政治关怀和珍贵政治殊荣，给予了中国中铁莫大的鼓舞和激励；这是殷切期望和行动指南，赋予了中国中铁光荣的责任和使命，也赋予了"开路先锋"文化新的时代内涵。因此要将坚定拥护"两个确立"、坚决做到"两个维护"铭刻于心、见之于行，与时俱进发扬光大"开路先锋"文化，在促进我国经济高质量发展上发挥好大国重器"顶梁柱"和"国家队"作用。

弘扬"开路先锋"文化是加快建设世界一流企业的必然要求

中国中铁立足新发展阶段、贯彻新发展理念、融入新发展格局，企业高质量发展水平持续迈上新高，建设世界一流企业的根基不断得到夯实，但也清醒认识到，船到中流浪更急、人到半山路更陡。我们的宏伟目标绝不是轻轻松松、敲锣打鼓就能实现的，全公司广大干部职工必须准备付出更为艰巨、更为艰苦的努力，同时比以往任何时候都更加需要坚定的信心、统一的意志，更加需要文化的引领、精神的支撑。必须把"开路先锋"文化建设摆在企业改革发展全局工作的突出位置，不断增强广大员工团结一心的精神纽带、自强不息的精神动力，不断增强广大员工克服任何艰难险阻的信心、勇气与力量，迎难而上、敢闯敢干、较真碰硬，挑最重的担子、啃最硬的骨头、接最烫的山芋，竭力闯难关、蹚新路、出成果，在推进高质量发展、加快建设世界一流企业道路上继续走在前列。

主要做法

坚持文化引领，当好服务国家战略的"开路先锋"

一是大力宣传"开路先锋"文化理念。通过教育培训、媒体传播、大讨论等形式，广泛深入宣传企业使命、愿景、价值观、企业精神等核心理念，引导广大员工不断深化理解"我们是干什么的""我们要干到什么程度""我们要怎么干""我们要有什么样的精气神"等问题，切实增强了广大员工服务国家战略的使命感。二是总结概括"开路先锋"精神谱系。多年来，中国中铁在重点工程建设中，先后锻造出一系列精神丰碑，成为企业薪火相传的精神血脉和广大员工奋发进取的精神支撑。通过梳理企业发展史，总结概括了"开路先锋"精神谱系，包括成渝精神、宝成精神、成昆精神、京九精神、南昆精神、青藏铁路建设精神、南极建设精神、抗震救灾精神、高铁建设精神，培塑丰厚精神滋养，大大提振了广大员工服务国家战略的荣誉感。三是积极开展"开路先锋"主题活动。党史学习教育期间，举办"永远的开路先锋"红色故事会，开展了"开路先锋杯"劳动竞赛，隆重表彰了141名为企业改革发展做出突出贡献的"开路先锋"卓越人物；围绕迎接党的二十大，在京张高铁、拉林铁路等重点工程广泛开展"奋斗圆梦有我""效益提升有我""开路先锋有我""强国复兴有我""为党争光有我"系列行动，有力激发了广大员工服务国家战略的责任感。

坚持文化赋能，当好全面深化改革的"开路先锋"

一是抓引导凝聚改革共识。依托各级"开路先锋"文化展览馆暨企业精神教育基地，广泛深入开展企业发展史教育，以实物、雕塑、图文并茂，并应用现代声光电技术，生动展示了中国中铁"实现从路内到路外、从国内到国外、从建筑业中低端到建筑全产业链一体化的转变，实现由传统的、相对封闭的国有老企业向国有控股的公众公司的转变，实现由中国的大企业向具有国际竞争力的大企业集团转变"的改革历程，强化了广大员工对改革必然性、方向性、关键性的共识。二是抓融入深化改革成果。在国企改革三年行动中，着力将改革成果固化为相关制度，以制度建设巩固改革成果。通过梳理和完善各项管理制度，从战略、团队、采购、生产、服务、营销及品牌、创新等方面深度植入"开路先锋"文化理念，实现企业文化与企业经营管理的全面融合，推动文化建设向文化管理迈进，有力提升企业治理体系和治理能力现代化水平。三是抓疏导提供改革保障。随着改革的深入推进，各类矛盾集中凸显，利益调整频繁，员工诉求激增。对此，一方面大水漫灌，形成强烈的文化气势和氛围，弘扬主旋律、传播正能量；一方面细水深流，加强人文关怀和心理疏导，引导职工群众正确对待困难、挫折和荣誉，理性表达和维护自身利益，塑造自尊自信、理性平和、亲善友爱的积极心态，为企业改革发展营造了和谐稳定环境。

坚持文化激励，当好科技自立自强的"开路先锋"

一是以创新的精神文化滋养创新品格。深刻把握中华民族伟大复兴战略全局和世界百年未有之大变局，深入结合企业业务性质和发展战略，把创新精神有机融入企业文化理念体系，将创新观念内化为广大员工自觉行动，充分认识高水平科技自立自强的重大意义，坚持巩固优势、补上短板、紧跟前沿，着眼于打造更多国之重器、锻造国家战略科技力量，布局新赛道、培育新优势，充分发挥科技领军企业主体作用。二是以创新的制度文化强化创新动力。坚持以激励和支持创新为导向，以良好的制度凝聚人、激励人、规范人，制定了《中国中铁专家管理办法》《中国中铁首批专业研发中心优化整合方案》《中国中铁实用技术成果内部转化管理规定》《中国中铁国家级实验室支持政策建议方案》等制度办法，建立健全有利于创新的管理体制、运行机制和评价体系，充分调动各方面积极性、主动性和创造性。三是以创新的环境文化激发创新活力。编印出版《开路先锋——中国中铁典型人物故事汇（新时代篇）》，讲好创新故事，弘扬创新精神，激励广大科技人才潜心研究、团结协作、勇攀高峰，形成尊重知识、尊重劳动、尊重人才、尊重创造的浓厚氛围；依托国家重点实验室和在建重点工程，鼓励支持科技人才和工匠标兵大展身手、建功立业，攻克了一批"高大难新"关键核心技术。

坚持文化支撑，当好打造卓著品牌的"开路先锋"

一是扛起"三个转变"责任担当。2014年5月10日，习近平总书记考察中铁装备时做出"推动中国制造向中国创造转变、中国速度向中国质量转变、中国产品向中国品牌转变"重要指示，中国品牌日由此而来。作为"三个转变"重要指示首倡地、中国品牌日发源地，坚持以创新驱动砥砺"中国创造"，以品质为本炼铸"中国质量"，以价值导向升华"中国品牌"。目前"中国高铁""中国大桥""中国隧道""中国电气化""中国装备"已成为耀眼的"国家名片"。二是深入实施统一品牌战略。严格执行《中国中铁企业文化VIS手册》，规范使用企业标识和文化标识，在施工现场、办公场所、办公用品、对外宣传、企业形象展示中统一使用"中国中铁"品牌。在做强做优"中国中铁"品牌的基础上，着力强化在铁路、公路、城轨、大桥、隧道、电气化、房建、工业制造等相关业务领域的品牌建设，大力推广房地产、资源开发、公路运营、物贸、环境工程、水利水电、金融投资等新业务板块的品牌形象，不断提升企业市场竞争优势。三是加大品牌形象宣传力度。聚焦企业重大事件、重点工程、重要典型和海外工程等"三重一外"，加强新闻策划，定期组织中央和地方主流媒体进行集中报道，充分展示企业形象、扩大企业品牌影响力。大力宣传中国中铁"开路先锋"精神，大力宣传企业改革发展和精神文明创建成果，大力宣传履行央企社会责任成效，大力宣传企业先进典型，积极传播企业价值理念。

坚持文化融合，当好"一带一路"建设的"开路先锋"

一是讲述好中国故事。坚持发掘和讲好企业参与"一带一路"建设中的典型人物和故事，以理服人、以情动人、以我为主，在境外区域总部、境外重点项目建设"中国书架"等文化传播平台，搭建中国节、文化月、汉语比赛、文化沙龙等文化交流载体，办好"美好中国年""中华之美"等文化活动品牌，组织外方员工练习书法、学习中文、诵读国学经典，潜移默化传播中华传统文化，讲好中国梦和中国故事。二是构建好中国话语体系。因地制宜建立文化融合机制，定期组织中外员工共同开展各类文体活动，加深外方员工对企业的认同感、参与感与使命感。将中国与沿线国家的已有合作成效、现有合作基础和未来合作规划作为文化传播的重要切入点，充分尊重当地宗教信仰、理解文化差异，依托沿线各国的民族风情、文化特点、重要节日开展文化展览活动，用国际社会乐于接受的话语表达中国观点、反映中国视角、提出中国方案。三是展示好中国形象。将中华文化元素深度融入中国中铁境外项目的驻地、现场和形象标识展示，通过企业属地化发展大力吸收本土劳动力，提供各种技能培训和岗位培训，提升项目周边就业率和社区幸福指数。积极开展扶危济困、捐款捐物、捐资助学、建桥修路等海外公益事业，帮助改善当地民生问题，赢得当地政府和社会信赖，在推动共同发展中传播好中华文化。

实施效果

在"开路先锋"文化的引领支撑下，企业改革发展各项事业取得新成效、再上新台阶。

一是生产经营业绩再创新高。2022年，公司新签合同额30323.9亿元，同比增长11.1%，营业总收入11543.6亿元，同比增长7.6%，净利润349.7亿元，同比增长14.8%；实现中央企业年度业绩考核"9连A"和任期经营业绩"5连A"。

二是企业改革活力有效增强。国企改革三年行动圆满收官，总部层面221项、所属各级企业2.8万余项改革任务全部完成；所属"科改""双百"企业在国资委考核中获"标杆""优秀"评级；荣获"全国企业管理现代化创新成果一等奖"。

三是科技创新能力快速提高。盾构机核心零部件具备国产化替代能力和持续性创新能力，研发的世界首台桩梁一体架桥机入选"央企十大国之重器"；2022年荣获鲁班奖19项、国家优质工程奖54项，两项工程分获国际桥梁大会和国际隧协最高奖。

四是企业品牌形象深入人心。2022年，公司排名《财富》世界500强第34位、《财富》中国500强第5位；"中国中铁"品牌荣获"华谱奖"，获评"叱咤全球的国家名片"；连续三年举办中国智造品牌论坛暨中央企业装备制造创新成就展，入选中央企业品牌建设能力TOP30排行榜。

五是人才队伍建设持续加强。自主培养中国工程院院士2位、全国工程勘察设计大师7位；聘任首批中国中铁首席科学家2人、高级专家9人、专家34人。

六是文明和谐程度明显提升。荣获"全国交通运输行业精神文明建设先进集体"、全国"最美职工"先进集体、"感动交通十大年度人物"、"全国向上向善好青年"等荣誉；广泛开展员工普惠关爱，2022年发放"两节"送温暖慰问资金1.56亿元、走访慰问36.9万人次，员工安全感、获得感、幸福感不断增强。

主要创造人：王士奇

参与创造人：陈宝华　尚宪鹏　续海龙　李巍巍　何俊冶

弘扬和美文化，谱写高质量发展新篇章

四川省宜宾五粮液集团有限公司

企业简介

四川省宜宾五粮液集团有限公司（以下简称五粮液）是一家以酒业为核心，涉及智能制造、食品包装、现代物流、金融投资、健康产业等领域的特大型国有企业集团。其主导产品五粮液酒历史悠久，文化底蕴深厚，是中国浓香型白酒的典型代表与著名民族品牌，多次荣获"国家名酒"称号，并首批入选中欧地理标志协定保护名录。五粮液2022全年实现营业收入739.69亿元，同比增长11.72%。五粮液品牌价值逐年攀升，名列2023年"中国最具价值品牌500强""Brand Finance 2023全球品牌价值500强"。当前，在新的奋斗征程上，作为和美文化的集大成者，五粮液积极弘扬"和美五粮"主张，坚持聚焦主业，做强主业，讲好中国白酒故事，持续满足消费者对美好生活的向往需求，进一步擦亮"大国浓香、和美五粮、中国酒王"金字招牌，加快建设产品卓越、品牌卓著、创新领先、治理现代的世界一流酒企，全力打造"生态、品质、文化、数字、阳光"五位一体持续稳健高质量发展的五粮液。

实施背景

弘扬践行和美文化是企业高质量发展的必由之路。和美文化是五粮液建设世界一流企业和品牌的重要动力和关键路径。在当前我国高质量发展全面推进，不断向价值链、产业高端迈进，产业发展正由制造导向转向品牌导向的大背景下，五粮液深入贯彻落实习近平新时代中国特色社会主义思想，认真学习贯彻党的二十大精神、习近平总书记来川来宜视察重要指示精神，坚持品质为基、文化铸魂、守正创新，实心干事、科学作为，围绕"产品卓越、品牌卓著、创新领先、治理现代"主攻方向持续补短强弱固优，实现质的有效提升和量的合理增长。

弘扬践行和美文化是厚植企业品牌价值观的创新表达。和美文化是五粮液品牌的深厚滋养和源头活水，也是五粮液品牌的独特魅力和突出优势。五粮液始终坚守中华文化立场，将中华优秀传统文化和现代商业文明相结合，提炼具有当代价值、世界意义的"和美"理念，践行"和美种植""和美酿造""和美勾调""和美营销""和美文化"，持续厚植品牌文化底蕴，举办"和美文化节"、打造酒文化圣地，不断深挖品牌文化内容，实现人与自然、人与社会、物质与精神的和谐共生。

体系内涵

传承发展、与时俱进、自我革命是五粮液发展的内驱力。现阶段五粮液立足新发展阶段，贯彻新发展理念，融入新发展格局，形成了独具特色的"1+1234"企业文化体系，即把握一个文化铸魂总要求，搭建一个和美理念体系，完善两种和美制度体系，实现三个和美实践路径，突出四个和美形象展示，保障了企业文化建设的先进性、系统性、创新性和有效性，为五粮液高质量发展蓄势积能。

搭建一个和美理念体系，即坚持以"为消费者创造美好，为员工创造幸福，为投资者创造良好回报"为使命，以"致力于基业长青的美好愿望，努力打造产品卓越、品牌卓著、创新领先、治理现代的世界一流企业"为愿景，以"忠诚干净担当，感恩知足奋斗"为核心价值观，持续丰富五粮液企业价值理念体系的时代内涵。为消费者创造美好，即从提供美酒向提供服务和体验延伸，不断助益人民日益增长的对美好生活的向往；为员工创造幸福，五粮液致力于为员工搭建广阔的事业与职业舞台，助力员工实现人生价值；为投资者创造良好回报，五粮液坚持维护股东和投资者利益，增强为投资者创造长期良好回报的能力。

完善两个和美制度体系，即强化平台建设和文化制度体系建设。第一，五粮液拥有融媒体中心、五粮液文化研究院、学术委员专家智库等文化研究及传播平台，旨在通过文化赋能，群策群力推动五粮液企业和品牌文化建设迈上新台阶。第二，五粮液积极推进"五粮液历史文化保护领导小组"等企业文化相关领导小组制度建设，并拥有一支五粮液企业文化专员队伍，压实企业文化建设的岗位责任，细化企业文化建设的工作责任，统筹部署和有序推进质量、营销、生产、安全等各项子文化建设，坚持规范管理，完善制度保障。

实现三个和美实践路径，即细化行为规范、加强团队建设、强化社会责任。五粮液通过编制《五粮液文化简本100条》《五粮液员工日常行为规范100条》等行为准则，形成和美文化的行动标尺和依据，并制定了年度先进个人、集体表彰制度，充分发挥模范典型的示范作用。加强团队建设就是努力建设一支"忠诚干净担当，感恩知足奋斗"的高素质干部员工队伍，在五粮液公司内部通过"和美"联动，构建"和美"氛围，提升部门之间的协调性与整体性。强化社会责任就是要继承和发扬优良传统，坚守五粮液传统酿造工艺和精益求精的匠心，为社会担当国企责任。

突出四个和美形象展示，即五粮液拥有品牌产品展示、视觉形象展示、听觉形象展示、丛书出版展示四个方面的鲜明符号，体现了五粮液企业文化的寓意性、直观性、表达性和传播性。五粮液一直坚守传承中国传统文化的精髓，将和美文化融入品牌内涵和产品设计，经过持续多年的产品酝酿和品牌锻造，五粮液文化酒矩阵已然成型。视觉体系方面，五粮液制定并修订了视觉识别系统（VIS）和《五粮液集团视觉识别系统手册》，并制作策划了一批以《由和而至美》等为代表的企业宣传片；听觉体系方面，五粮液集中打造了40余首企业歌曲，涉及企业精神、社会担当、和美表达、员工风貌和园区建设等方面；丛书出版方面，相继推出《探秘五粮液》等系列文化图书，以及《大国之酿》企业刊物。从不同的维度展现和美文化的内涵和外延，实现对企业理念和品牌形象的快速识别，推进文化落地，彰显文化品质。

主要做法

五粮液深刻弘扬"和而不同，美美与共"的和美文化理念，立足于五粮液悠久的历史文化、丰富的酿造工艺，用新时代价值观和国际视野，挖掘传播五粮液物质层、精神层、文化层的独特内涵，构建五粮液和美文化的核心理念体系、价值表达体系、文化传播体系，用实际行动诠释"和美"的新时代文化内涵，打造文化五粮液的实践路径。

构建核心理念体系，凝心聚力促和美发展。为更好地建构五粮液文化体系，不断提升五粮液企业文化软实力，近年五粮液公司开展"历史、当下、未来"三位一体的文化理论建设。一是回溯历史，五粮液持续深入推进"考古五粮液"项目第一期成果梳理与转化运用，发布《从元代古窖池看中国白酒起源》《遗存里的2200年》《三星堆文明遇到酒都宜宾》《环境考古中的自然科学与社会科学》《中国白酒老作坊以传承敬文明》等理论成果，同时计划启动"考古五粮液"项目第二阶段"展示、保护、利用"相关工作。二是立足当下，五粮液公司积极研究诠释"和美文化"，五粮液文化研究院首批研究课题共计立项20项，通过征集、筛选，新增启动《五粮和美文化》《八大古窖池文化IP》《五粮液历史文化元素挖掘》等方向研究课题共11项，致力于从理论层面夯实和美文化内涵，丰富企业文化理论成果。三是面向未来，随着世界百年未有之大变局加速演进，品牌在推进高质量发展、构建新发展格局中的作用更加凸显。建设世界一流企业、打造与中国式现代化建设相匹配的品牌，既是中国企业乘势而上的战略选择，又是责无旁贷的时代使命。五粮液不断擦亮"大国浓香、和美五粮、中国酒王"的金字招牌，胸怀国之大者，赓续传统文化精髓；弘扬和美文化，酿造美好生活；树立行业标杆，争创世界一流。

构建价值表达体系，传承创新塑和美形象。近年来，五粮液积极对内对外塑造和美形象，传递和美价值表达。一是为员工创造幸福，坚守和美使命。五粮液积极开展2022年五粮液"和美家庭"评选，充分发挥和美家庭文明的时代风尚。此外，持续丰富线下活动品牌，2022年顺利开展"长江守护者联盟"志愿活动、"青春有你，青春有我"团建联谊活动、"玫瑰课堂"女职工活动等各类文体活动70余场，兴趣联盟活动500余场，参与1万余人次，将和美关怀落实到每一名员工的日常工作生活中。二是聚焦和美平台建设，实现资源集约。为更好地展示五粮液历史文化和核心优势，2019年成立五粮液文化研究院，旨在从更高站位推动民族品牌，保护文化遗产，传承优秀传统，构建和美价值表达；2022年成立融媒体中心，进一步提升文化研究及传播的专业化和规范化水平，致力于全方位布局、落实五粮液文化战略。五粮液成功创建酒知识普及基地并入选第九批四川省社会科学普及基地，成为省内首个酒文化、酒知识普及基地；成功与杜甫草堂合作共建"中华诗酒文化研究传播中心"项目。此外，五粮液与中国人民大学、四川大学、英国帝国理工学院等高校保持密切合作，通过跨学科交叉研究，汇聚高端人才，组建外部五粮液文化研究智库，切实推进产学研用深度融合。三是积极开展公益慈善活动、保护生态环境活动，展示国企和美担当。2023年3月，全国两会上，谈及长江生态的保护工作，董事长曾从钦表示："想方设法保护好长江上游水质，不仅是筑牢五粮液基业长青的绿色根基，也是五粮液永续发展的价值逻辑。"五粮液始终以高度的政治责任感和历史使命感，积极投身于乡村振兴事业，定点帮扶甘孜州理塘县、宜宾市屏山县。4年多来，五粮液慈善基金会在乡村振兴、奖教助学、赈灾救助、扶老助孤等方面，先后开展、跟踪50余个项目，惠及近百万人，连续两届获得四川省人民政府颁发的"四川慈善奖——最具影响力慈善组织"。

构建文化传播体系，文化传播树和美品牌。经过多年的积厚成势，五粮液已形成方向性、格局性的高质量发展势头，拥有了全方位的传播矩阵。一是完善传播矩阵，以全媒体形式构建以"和美"为核心的文化输出体系。近年来，五粮液公司积极参与文化图书、宣传片、自媒体等各项传播载体的建设工作，相继推出《煮酒论史》《图说五粮液》《诗酒五粮液》《写意五粮液》《东方的魔术——中外诗人笔下的五粮液》《探秘五粮液》系列文化图书，以及《大国之酿》企业刊物和《五粮液文化简本100条》企业内部读本；制作并发布《由和而至美》《大国浓香·和美五粮》《百味一盅》等企业宣传片；持续优化企业微信公众号、抖音号、头条号等自媒体矩阵；创新开展以和美IP为核心的"5·20和美文化节""五粮液《中华文脉·经典围读会》"等文化品牌活动，传递和美主张。二是立足本土，守正创新。近年来，五粮液持续推进"考古五粮液"成果转化运用，推动中国白酒联合申报世界文化遗产，开展文化遗产保护工作。在窖池保护方面，五粮液以探索工业遗产活化保护利用为重要抓手，率先在业内开展老窖池遗址保护规划建设，修编《五粮液老窖池遗址保护规划》，五粮液国保老窖池保护性修缮计划获国家立项批准。在非物质文化遗产保护方面，五粮液酒传统酿造技艺代表性传承人赵东入选四川省申报第六批国家级非遗传承人推荐名单公告。在充分保护文物本体的前提下，五粮液先后完成了元明古窖池群、明代古窖泥活态保护群落、五粮液酒文化博览馆、安乐神泉、五粮液环保生态湿地公园等主要景点的升级改造，积极打造以白酒文化和"五粮液酒传统酿造技艺"为核心体验内容的文旅产业链，五粮液景区成功入选第一批"全国非遗与旅游融合发展优选名录"。2023年，五粮液旅游景区被授予工业旅游创新发展领域"优秀工业遗产保护利用示范案例"称号，是四川省唯一获此荣誉的景区。未来，五粮液拟重点规划501酿酒车间片区，建设中国白酒文化圣地，进一步凸显五粮液酒文化的特征。此外，为致敬中华酒文化的源远流长与博大精深，五粮液已连续举办26届"祭祀大典"，承继酒史文脉，引领和美新篇。三是走向世界，美美与共。近年来，五粮液紧抓共建"一带一路"高质量发展的战略机遇，在全球市场分类分级推进六大渠道建设，集中优势资源打造核心市场，拓展空白市场，构建海外市场高质量销售体系，丰富完善海外全媒体传播矩阵，深度融入世界产业链、创新链、价值链。五粮液将持续强化品牌宣传推广，强化主流媒体和新兴传媒资源协同，持续深化与APEC（亚太经济合作组织）、博鳌亚洲论坛、中国东北亚博览会、中国国际进口博览会等高端平台的合作，更好融入国际高端场景，高位塑造企业和品牌形象。

实施效果

企业文化底蕴持续增强。五粮液通过弘扬中华优秀传统文化，以历史文化赋能品牌高质量成长，以文化研究实践促进企业文化发展。以国家文物局"指南针计划——中国古代酿酒技术的价值挖掘与展示研究"之"考古五粮液"项目为契机，五粮液对元明古窖池群落进行活态保护和利用，打造中国白酒文化圣地，丰富了五粮液文化资源的积累；通过深入挖掘五粮液文化资源，形成以一系列五粮液企业文化图书、企业歌曲、企业宣传片、自媒体平台等载体为渠道的传播矩阵，将和美文化化作春风细雨浸润到企业文化建设的细微之处，进一步提升了企业文化内涵。

企业文化形象稳步提升。五粮液近年来积极参与乡村振兴，荣获"2022中国农业·乡村振兴卓越贡献奖""四川省定点帮扶工作先进集体";积极践行长江流域源头保护,获世界品牌实验室颁发的"2022年(第十九届)'中国绿色生态十大影响品牌'"。2022年至2023年,五粮液连续两年入选由新华社民族品牌工程办公室、中国经济信息社联合多家机构推出的"外国人喜爱的中国品牌",在酒类品牌中获得最多投票点赞。随着建设开放型世界经济深入推进,五粮液置身于双循环新发展格局,深度融入中国国际进口博览会、APEC(亚太经济合作组织)、博鳌亚洲论坛等国际大平台,向世界展示新时代的中国白酒名片,引领带动中国白酒持续香飘海外。

企业品牌价值日益彰显。迄今为止,五粮液荣获"百年世博百年金奖"等国际荣誉60余项,"中国酒业大王"等国家级荣誉数百项,并且是白酒行业唯一四度荣获国家质量殊荣的企业。近三年,五粮液品牌美誉度和品牌价值进一步提升。在全球、亚洲、中国品牌价值500强等榜单,五粮液品牌价值排名增速、价值增速均居烈酒品牌首位,在"全球品牌价值500强"中排名提升46位,在"亚洲品牌价值500强"中排名提升9位。Brand Finance在瑞士达沃斯发布"Brand Finance 2023年全球品牌价值500强"榜单,五粮液以302.9亿美元的品牌价值名列第59位,品牌强度评级(Brand Rating)达到AAA+(全球最高级别);同时,五粮液成功入选首批"中欧地理标志产品协定"。

主要创造人:曾从钦

参与创造人:邹 涛 蒋文格 肖 浩

以"小草房精神"为核心的创新创业文化建设

奇瑞汽车股份有限公司

企业简介

奇瑞汽车股份有限公司（以下简称奇瑞公司）位于安徽省芜湖市，1997年3月创立，是一家自主品牌汽车企业。自成立以来，奇瑞公司始终坚持自主创新和艰苦创业，国内、国际市场同步开发，业务遍布全球80多个国家和地区。奇瑞公司迄今累计实现汽车销量1200万辆，其中出口超过280万辆，连续20年蝉联中国品牌乘用车出口第一，连续五次获评"中国企业海外形象20强"。奇瑞公司已获得专利授权17000余项，先后承担180多项国家重大科研专项，5次荣获国家科技进步一、二等奖，3次被授予国家级"创新型企业"，是国家第一批"海外高层次人才创新创业基地"。自2020年以来，在中国汽车行业连续负增长的情况下，奇瑞公司连年保持快速增长，三年实现销量翻番，创造利税264亿元，营业收入、净利润复合增长率分别达到26%和35%。2022年奇瑞公司销售汽车123万辆，其中出口45万辆，实现营业收入2086亿元。

实施背景

1997年3月18日，奇瑞公司在芜湖市北郊一片荒滩上打下第一根桩，在四面漏风的"小草房"里开始了创业之路。尽管遭遇到自主造车的各种困难，但奇瑞公司上下凝心聚力，充满乐观主义精神，1999年第一辆轿车下线，2001年第一辆轿车出口，2007年销量名列全国第四，仅次于南北大众、上汽通用。伴随着企业从无到有、从小到大、从弱到强的发展，"小草房"逐步成为奇瑞人创新创业的文化图腾，并演变成奇瑞独有的"小草房精神"。

体系内涵

有骨气，敢担当；不惧困难，永不放弃；用有限的资源，创造无限的梦想；永远保持忧患意识。在26年发展历程中，奇瑞公司的文化建设始终坚持党委领导与基层实践相结合，在"小草房精神"基础上，不断融入新时代的互联网思维、开放协作的生态思维和精益敏捷的组织思维，形成了以"小草房精神"为核心的创新创业文化体系。

发扬艰苦奋斗优良传统，勇担实现"中国梦"的使命要求

奇瑞公司创业初期，不仅缺少专业人才、关键技术和流动资金，甚至连基本的供应链都没有，这一方面需要"能吃苦"，发挥吃苦耐劳的工作作风，凝心聚力谋发展；另一方面也需要

"敢奋斗",善于整合各类资源,用创新手段实现不同阶段的创业目标。进入大变局时代后,复杂的国际国内环境,叠加汽车行业自身处于新旧赛道的剧烈切换,奇瑞公司唯有坚持长期奋斗,持续创新创业,才能保持自我变革的内驱力,实现国内外的综合竞争力,以产业崛起助力伟大复兴的"中国梦"。

抢抓国内国际双循环机遇,践行"汽车强国"战略的通达之路

中国汽车产业已深度融入全球产业链,技术水平和市场认可度快速提升,逐渐成为中国出口商品的新主力。自主品牌车企面临两大历史性机遇:一是国内外汽车技术变革与消费升级的机遇,需要面向新能源与智能网联,打造兼具高科技与人性化的产品族群,这有赖于技术创新体系的重构;二是依托"一带一路"倡议,中国车企面临出口发展的机遇,需要通过管理创新提升全球市场的业务发展能力。要把握住这些机遇,奇瑞公司需要把创业期的优秀文化基因,持续渗透到组织业务发展之中,并与时俱进,迭代出有竞争力的创新创业文化体系。

勇担"三为四自"历史责任,打造世界一流品牌的具体体现

创业至今,强烈的使命感一直是奇瑞人的特色标签。奇瑞公司曾用珠峰登顶做过类比,强调相对于"以合资谋发展"的"南坡"登顶道路,更需要坚守"自立、自强、自尊、自信"理念,誓从掌握自主核心技术的"北坡"登顶。奇瑞公司还确立了"为民造好车、为国创名牌、为伙伴筑梦想"的使命和"匠心打造卓越品牌"的愿景,全面指导企业各项决策。以"小草房精神"为核心的创新创业文化在奇瑞公司内部蔓延渗透、长期扎根,已发展到枝繁叶茂,在帮助企业业务增长的同时,也克服了规模变大后的系列问题,如官僚习气、奢靡之风、领导员工沟通不畅等,持续压减干部身上的"骄娇"二气和"躺平"心理,不断驱动着新时代的奇瑞人万众一心、接续奋斗。

主要做法

构建技术创新文化,强化开放协作和迭代创新

一是坚持自主创新理念。奇瑞公司从创业至今,始终坚持"再难不省研发,再忙不减培训"的理念,每年投入不少于营业收入的7%用于技术研发,重点解决受制于人的"卡脖子"技术。从过去的发动机、变速箱到现在的芯片、电芯、软件等,奇瑞公司始终保持全赛道技术的迭代创新优势。在此基础上,奇瑞公司规划建立300个以上的瑶光实验室,五年研发总投资1000亿元,两年培养研发人才2万人,全面推动面向汽车行业"新四化"的创新链建设。

二是创新研发合作模式。为缩小中国汽车工业与西方汽车强国的差距,奇瑞公司在自主研发的基础上,不断探索开放合作和协作创新模式,打造"没有围墙的研究院"。在协同创新上,奇瑞公司与国际一流研发机构奥地利AVL公司合作,开发出中国第一个完全正向研发、拥有自主知识产权的ACTECO系列发动机。在产学研合作上,奇瑞公司与高校科研机构共建联合实验室,围绕概念车、智慧座舱、轮毂电机等30余类前瞻技术,开展协同研发。在跨界联合上,奇瑞公司与海尔、华为、宁德时代等跨行业一流企业合作,打造出一批融合创新的"跨界联盟"。

构建管理创新文化,以用户为中心激活敏捷反应

一是划小组织放大能量。奇瑞公司长期以创业解决发展的难题,特别注重对基层和新业务人员自主性的激发,具体做法上是划小经营核算单元,让一线员工全面参与经营,自主制订工作计

划,积极响应用户需求,打造出一批奇瑞特色的"阿米巴"。奇瑞公司按产品线和用户群组,组建了15个一级阿米巴、37个二级阿米巴,建立了合理的内部交易结算机制,全面培养各个"阿米巴"的创业意识和经营能力。目前月销突破2万辆的3款爆款产品,均是"阿米巴"模式实践的直接成果。

二是以"创业体"拓展国际市场。奇瑞公司围绕产品、品牌、网络、服务、运营、财务六大职能,建立国际化开发的前后台服务体系,将前台由过去的"大区综合管理"转变成"以国别为创业体、后台赋能化管理"的机制,"国家总监"作为创业体负责人,总部基地持续为其前台工作进行精益化赋能。奇瑞公司还将海外总代理商变成创业合作伙伴,共同投资、共同决策、协同开发海外市场。奇瑞公司依托在海外建立的10个生产基地和1500家经销商网点,按照奇瑞公司"为伙伴筑梦"的使命,建立起全价值链盈利模型,合理分配利润,全面强化了对客户需求的深度把握和敏捷响应。

构建产业创新文化,深化平台赋能和产业生态

一是招才引智,打造创业平台。奇瑞公司秉承"引进一个团队、打造一个企业、做活一个产业"的方式,吸引高端人才归国创业,不仅给予资金支持,更通过优先采购方式给予市场支持。奇瑞公司引进高端人才创办的企业涉及电子电器、动力总成等关键零部件,以及轻量化、智能化、自动驾驶等核心技术领域,一方面解决了奇瑞自身配套难题,另一方面孵化的企业快速成长为国内主流供应商,也成为IPO主力军。目前,奇瑞公司创业孵化企业已有3家成功上市,"待上市梯队"近20家,孵化中的企业超过100家。

二是以商招商,构建产业生态。奇瑞公司通过建立国家级企业技术中心、国家级工程技术研究中心和院士工作站、博士后工作站等形式,以重大科技项目为载体,吸引高端人才创新创业。同时围绕汽车产业链,吸引合作伙伴到芜湖总部发展,建立协同共赢的生态化产业圈。目前,奇瑞公司周边已集聚各类合作企业1000余家,吸引世界500强企业建立独资或合资公司32家,创造就业岗位20余万个。依托产业集聚,芜湖市陆续衍生出新能源、智能网联、工业机器人、通用航空、农业装备、房车露营、跨境电商等新兴产业,打造出生机勃勃的"产业生态圈"。

三是平台赋能,升级国际合作。奇瑞公司建立了面向海内外业务的供应链平台,全面整合供应商、经销商和海关、航运、金融等机构,通过信息系统和金融保理手段,建立平台化合作机制,在加速汽车业务流转的同时,立体化赋能海外合作伙伴。例如奇瑞公司为海外经销商提供标准化运营解决方案,向资金不足的合作伙伴提供金融扶持,在部分通用外汇不足的特殊市场创新推出"易货贸易",通过大宗贸易公司的创业,用整车出口换回中国亟须的物产,如贵金属、矿产、木材、坚果等。

在以上文化建设过程中,奇瑞公司坚持党管文化,以党建引领文化,成立了企业文化委员会和企业文化中心两级管理机构。其中,企业文化委员会负责企业文化的顶层设计,丰富拓展以"小草房精神"为核心的创新创业文化体系;企业文化中心负责文化落地,制订专项工作规划,统一开展特定专题的宣贯。奇瑞公司依托党工群体系,以党建工作为牵引,常态化开展企业文化建设,并将成果纳入年终考核和评奖评优;各部门对照企业文化理念,定期检核管理制度和激励体系,接受员工建议和质询,总结发布典型案例;企业文化中心持续推动"员工成长赋能""幸福奇瑞"等工程,促进文化落地生根。

实施效果

弘扬了艰苦奋斗精神，助力中国汽车"扬帆出海"，实现为国创名牌

以"小草房精神"为核心的创新创业文化，驱动着奇瑞公司不惧强敌、无畏短缺，敢于放手参与全球市场竞争。早在2001年，奇瑞公司就在中国汽车企业中率先走出国门，如今产品销往全球80多个国家和地区。创新精神的品牌内涵和过硬的产品质量相得益彰，不断刷新海外市场对"中国制造"的认知。在俄罗斯市场，奇瑞公司连续6次获得"最受欢迎中国汽车品牌"；在巴西市场，奇瑞瑞虎8被评为年度最佳中型SUV。在中央宣传部、国务院国资委等部门主办的"中国企业海外形象20强"评选中，奇瑞公司连续5年入选，并蝉联装备制造业第1名。以"小草房精神"为核心的创新创业文化助力奇瑞实现了"北坡"攀登，实现了自主名牌梦，助力中国从汽车进口大国成为世界第一汽车出口大国。

推动了汽车产业提质增效，营造了"开放共赢"生态圈，实现为伙伴筑梦想

奇瑞公司在多领域、多层次发展生态中，与相关企业共建了长期合作关系并帮助他们实现了成长梦想。奇瑞在创业之初没有供应链体系的情况下，自主培养了一大批本土零部件供应商，从研发、品控、成本、管理等方面帮助他们与奇瑞共同成长，目前已带动核心供应商668家，其中50多家已成为上市公司。同时围绕汽车产业链，吸引上下游配套企业在安徽、河南、四川等奇瑞基地聚集，建立协同共赢的产业生态圈。依托奇瑞主机厂集聚的供应链和多元产业合作伙伴，引领了当地战略性新兴产业的发展，带动产值超过2000亿元。在安徽省政府规划的14个战略性新兴产业中，有3个来源于奇瑞生态体系的创业孵化。

促进了企业管理全面提升，有力保障"向上突破"，实现为民造好车

依托技术创新和管理创新，奇瑞公司打造出系列高品质产品，真正实现了技术突破、品牌突破和消费者满意度同步提升。依据国际权威测评机构J.D.Power的2022年度中国新车客户满意度调研数据，奇瑞公司多款车型在细分市场名列第一。奇瑞先后获安徽省政府质量奖、全国质量先进集体、首批中国出口质量安全示范企业等荣誉，连续6年获得国际ICQCC质量大赛金奖。奇瑞公司以"小草房精神"为核心的创新创业文化吸引全球优秀人才慕名而来，通过创新事业发展平台和股权激励机制，凝聚了全球6万多名员工，其中海内外知名专家等高层次人才1500多人，"国务院政府特殊津贴"9人，国家级"海外高层次人才计划"18人，并打造出一批芯片、无人驾驶、算力算法等领域的"首席科学家"团队，为企业高质量发展注入不竭动力。

站在"两个一百年"的历史交汇点，奇瑞公司将始终坚持产业报国梦想，永远艰苦创业、坚持自主创新，计划到2025年实现年销量500万辆，跻身全球汽车集团前八。面向未来，以"小草房精神"为核心的奇瑞创新创业文化，将继续驱动奇瑞人在新的复杂环境下攻坚克难，挑战极限，不断实现跨越式发展。

主要创造人：尹同跃　李从山

参与创造人：罗　彪　奚家志　张逸潇　孟祥正

以人单合一创物联网时代卓越生态文化

海尔集团

企业简介

海尔集团（以下简称海尔）创立于1980年，是全球领先的美好生活和数字化转型解决方案服务商。

海尔始终以用户为中心，在全球设立了10大研发中心、35个工业园、138个制造中心，全球的网络遍布200多个国家和地区，服务全球10亿+用户家庭。海尔连续4年作为全球唯一物联网生态品牌蝉联"BrandZ最具价值全球品牌100强"，连续14年稳居"欧睿国际全球大型家电零售量"第一名，2022年全球营业收入达3506亿元，品牌价值达4739.65亿元。

海尔作为实体经济的代表，持续聚焦实业，布局智慧住居和产业互联网两大主赛道。目前海尔旗下有4家上市公司，子公司海尔智家位列《财富》世界500强。海尔拥有海尔、卡萨帝、Leader、GE Appliances、Fisher & Paykel、AQUA等全球化高端品牌和全球首个智慧家庭场景品牌三翼鸟，构建了全球引领的世界级工业互联网平台卡奥斯COSMOPlat和物联网大健康产业生态盈康一生，旗下创业加速平台海创汇已孵化7家独角兽企业、102家瞪羚企业和120家专精特新"小巨人"。

实施背景

当今世界正处于百年未有之大变局，中国发展也进入了新时代。对每个企业来说，当下都是机遇与挑战并存。企业要在大变局中更好地识别风险、抓住机遇，需要更充分释放每位员工的潜能，增强其创新活力。

海尔始终将企业文化定位为集团战略的推动器，将企业文化与时代变化节拍、企业战略、组织变革紧紧扣在一起。为更好"应变局、开新局"，海尔不断加强企业文化建设，推动文化治企、文化兴企。

当下，已经进入生态品牌战略阶段的海尔，以"智慧让生活更美好"为使命，以"创世界一流企业"为愿景，以人单合一为导向，发展出具有全球普遍适用性的卓越生态文化。

内涵体系

"永远的创业创新精神"是海尔文化不变的基因。靠着双创精神，海尔人不断挑战自我，从无到有，创出一个全球化的企业，一个世界级的品牌，一种引领物联网时代的人单合一模式，谱写了一曲激动人心的奋斗之歌。

从1980年海尔创立以来，海尔双创精神不断演进：在第一个十年，海尔人凭"要冰箱不要命"的"八五精神"创出中国家电第一品牌；在第二个十年，海尔人胸怀"敬业报国"的使命，创出世界级的中国品牌；在第三个十年，海尔首创人单合一模式，创出全球用户喜爱的本土化品牌；在第四个十年，海尔以链群合约诠释量子组织，首创物联网时代引领的生态品牌。

海尔人能始终保持创业创新精神的关键在于，海尔坚持以用户为是，自以为非，对利益攸关各方真诚到永远。

双创精神推动海尔形成了与传统企业单纯追求股东价值最大化有本质区别的宗旨：人的价值最大化。

人的价值最大化的主线贯穿海尔发展历程。在品牌战略阶段，海尔坚持高质量的产品是高质量的人干出来的；在多元化战略阶段，海尔强调盘活资产，先盘活人；在国际化战略阶段，海尔提出了出口创牌是倒逼人才的国际化；在全球化品牌战略阶段，海尔提出"世界是我的人力资源部"；在网络化战略阶段，海尔从出产品的企业转变为一个出创客的平台；在生态品牌战略阶段，海尔又提出了"创客生增值、增值生创客"的理念。

正是通过这以人为本的理念，海尔为每位员工提供了机会公平的舞台，激励、赋能员工围绕用户需求去创新、创造，持续创造用户体验迭代价值，并在此过程中实现自身价值最大化。

主要做法

海尔认真学习贯彻落实习近平新时代中国特色社会主义思想和党的二十大精神，从实际工作出发，打造卓越生态文化，推动企业高质量发展。

与时俱进，推动海尔文化数字化，提升海尔文化体系建设能力

随着数字经济时代的到来，海尔与时俱进，积极推动企业文化建设数字化转型。海尔文化数字化不是单纯使用数字化工具，而是从企业文化传播、评估、搭建荣誉体系、组织文化活动等各个维度进行数字化，以文化数字化，保障文化与集团战略深度融合，保障海尔文化真正能让员工"看得见，听得懂，用得上"。

在传播企业文化方面，海尔打通新媒体与传统媒体的界限，建设涵盖企业内刊、电视新闻、网络平台等多渠道一体的"海尔人交互社区"。同时，为了进一步推动党员积极学习党的路线、方针、政策和决议，在"海尔人交互社区""学海"板块，海尔还专门建立针对党员的学习交互内容。

在评估企业文化方面，海尔不仅拥有"组织行为模型、领导力发展模型、员工行为模型"等一系列海尔文化评估工具，还开放引进全球一流组织文化专家，通过线上问卷调查、线下访谈等形式，进行例如"员工幸福感"等调研与评估，保障海尔文化始终充满活力。

在搭建荣誉体系方面，海尔设立了"人单合一勋章""最美海尔人""海尔集团道德模范""集团三金奖"等一系列荣誉，对不同岗位不同类型的集团优秀创客予以表彰，激励集团创客不断开拓创新，创造价值，成为海尔的创业合伙人。

在组织文化活动方面，海尔集团通过举办人单合一模式引领论坛、海尔创业纪念会、创客宣讲大赛、书画大赛等丰富多元的线上线下文化活动进行企业文化宣传，引导员工沉浸式体验海尔文化。

海尔文化体系中各环节紧密衔接、相互支撑，让广大员工能切实感受到企业文化建设的目的与意义，并自发凝聚在创世界一流企业的愿景下，团结奋斗。

全员参与，共建卓越生态文化，缔造和谐劳动关系

为给员工提供更好的工作体验，不断提升海尔创客价值感、成就感、幸福感，海尔在2023年年初，发起全员参与的企业文化大讨论活动。通过文化大讨论，集团对现有海尔文化中不符合时代要求的主动摒弃，对符合时代要求和自身发展诉求相一致的文化予以彰显。借助活动公开透明的沟通机制，海尔畅通了员工心声的反馈渠道，从薪酬激励、员工健康关爱、办公环境等方面不断提升员工工作体验，迭代出更和谐的劳动关系。

链群合约，完善全员创客制，激发全员创业活力

企业发展的关键在于创新，创新的关键在于人才，人才的关键在于机制。

"人单合一、链群合约"既是海尔作风，也是"人的价值最大化"企业文化观念在当下具体的机制体现。链群合约约定了不同利益主体的小微及利益攸关方的权责关系。集团员工通过签订链群合约，可以事先确定自己为用户创造价值后可以拿到多少增值分享。在链群合约机制驱动下，每位员工都有机会拿到1.5倍、2倍的甚至更高的增值分享，实现了"我的价值我创造，我的发展我做主"。链群（生态链上的创业小微群）也因员工自主管理，可以做到"自运转、自裂变、自进化"。

除了链群合约机制，海尔还以全员创客制激发全员创业活力。海尔的创客制不同于上市公司的股权激励和委托代理的激励机制。创客制体现了海尔"人人是人才，赛马不相马"的人才理念，它追求的不是结果的公平，而是机会的公平。它让每个人都拥有劳动所得、资本利得和超利分成的机会。创客制推动海尔实现事业吸引人才、人才成就事业、事业激励人才的正循环。目前海尔的创客合伙人已经有近1.5万人。

实施效果

在"人的价值最大化"的宗旨下，海尔创立人单合一模式，打破科层制壁垒，将企业转型成开放的创业生态，并发展出卓越生态文化。海尔文化也正激发员工创业活力，助力海尔创世界一流企业。

自主创新，创全球白电第一品牌

凭借自主创新和全球创牌，海尔已经连续14年稳居"欧睿国际全球大型家电零售量"第一名。如今，海尔在全球布局了10+N创新生态体系、35个工业园、138个制造中心、108个营销中心，全球的网络遍布200多个国家和地区，服务全球10亿+用户家庭。中国家电领域80%的国际标准制修订提案来自海尔，80%的国际标准专家均来自海尔。海尔旗下子公司海尔智家连续五年进入《财富》世界500强榜单。

换道超车，创世界唯一生态品牌

面对互联网和物联网时代机遇，海尔把物联网新技术与实体经济相融合，首创生态品牌的新品牌范式。2022 年 BrandZ 最具价值全球品牌榜发布，海尔连续四年作为唯一物联网生态品牌上榜。

当下，海尔不但为员工搭建了创业平台，还为社会创造了"有根"创业的双创基地。目前在海尔生态中，共孵化了 7 个上市公司，7 个独角兽公司，102 家瞪羚企业，120 个专精特新企业，平台上的中小企业有 4700 多家。2019 年，海尔生物医疗成功登陆科创板，成为科创板物联网生态第一股；2022 年，海尔"人单合一"模式下投资孵化的明星创客公司雷神科技在北交所成功挂牌上市，这是对海尔创业创新"双创文化"及"人的价值最大化"的佐证。

海尔卡奥斯工业互联网平台，不仅实现了大规模定制模式的国际引领，还赋能全球中小企业转型升级。国际三大标准组织先后选择海尔牵头制定和研究大规模定制模式的国际标准，海尔代表中国企业开始在大规模定制领域赢得了全球行业主导权和话语权。截至目前，卡奥斯已赋能 15 个行业，并在 20 多个国家复制推广。

人单合一成为具有全球普遍适用性的组织文化

当下，中国式现代化为所有中国企业带来更广阔的市场空间、更丰富的人才资源、更强劲的发展动能，海尔是在中国式现代化的发展过程中成长起来的，中国式现代化过程中的一系列生动实践，也推动海尔茁壮成长，对海尔文化的发展产生了重要影响。

如今，以人单合一为导向的海尔文化，不但推动海尔自身发展，而且在全球范围内也正开花结果。

海尔 2016 年并购美国通用电气家电（以下简称 GEA）后，GEA 通过学习人单合一，并购后成为美国增长最快的家电公司。GEA 首席执行官凯文·诺兰说，"人单合一不是说明书，而是一种哲学"。

除了 GEA 外，全球有越来越多企业主动学习人单合一。意大利数字营销公司糖果工厂，在落地人单合一模式后，仅用了 6 个月的时间便扭亏为盈；法贾尔伯努瓦集团学习人单合一后，不到一年时间公司收入增长 50%。截至目前，人单合一模式已赋能全球 15 大行业、74 个国家和地区，共计 30 多万家企业。2021 年 9 月 17 日，欧洲管理发展基金会向富士通（西欧）颁发了人单合一认证的全球首张认证证书。这张证书的签订，标志着中国企业创造了全球首个管理模式国际标准，并开创了中国企业从接受西方管理模式到输出中国管理模式的新时代。

人单合一能在全球普遍适用，皆因其"人的价值最大化"的宗旨。正如马克思所说，能给人以尊严的是在自己的领域内独立地进行创造。人单合一把人从科层制组织的束缚中解放出来，让每个人都能获得尊严，实现自身价值。

但时事万变，正如海尔一直所坚信的，"没有成功的企业，只有时代的企业"。对海尔人而言，创业创新永无止境，对海尔卓越生态文化的探索和建设也永无止境。

主要创造人：汲广强　宋百杰

以文化融合提升推动企业发展行稳致远

山东能源集团有限公司

企业简介

山东能源集团有限公司（以下简称山东能源集团）是山东省委、省政府于 2020 年 7 月联合重组原兖矿集团、原山东能源集团，组建成立的大型能源企业集团，以矿业、高端化工、电力、新能源新材料、高端装备制造、现代物流贸易为主导产业；煤炭产业国内外产能 3.4 亿吨 / 年，产量位居全国煤炭行业第三，矿井智能化生产水平居行业前列。拥有兖矿能源、新矿集团、枣矿集团等 20 多个二级企业，境内外上市公司 10 家，从业人员 22 万人；被国务院国资委评为"公司治理示范企业"，居中国能源企业 500 强第 5 位、中国企业 500 强第 23 位、世界 500 强第 69 位。在企业做强做优做大的过程中，山东能源集团把企业文化建设摆在与战略、管控并重的突出位置，始终坚持以优秀文化引领和支撑企业高质量发展。

坚持守正创新，在"三个维度"中不断融合提升

把握历史维度，做好传承和提纯

联合重组前的原兖矿集团、原山东能源集团同为省属特大型煤炭企业，在长期的管理实践中赓续煤炭人特别能吃苦、特别能战斗、特别能奉献的"三特"精神，继承煤炭人艰苦创业、乐于奉献、创新进取的优良传统，形成了"团结务实、开拓创新、伸展双翼、搏击世界"的企业精神，确立了以"为党分忧、为国争光、为行业争气"、争创"中国第一、世界一流"为主要内容的"三为两一"核心价值观为代表的企业文化理念体系。

把握行业维度，平衡个性和共性

随着煤炭行业"黄金十年"的到来，企业跨越发展、创新发展，迅速做大做强，山东能源集团把企业文化与发展战略、集团管控作为实现企业规范高效运营和长期持续发展的"三驾马车"来抓，提炼了"超越资源，多元发展；超越地域，开放发展；超越历史，创新发展；超越自我，和谐发展"为核心内涵的"超越文化"，开发企业文化"三大系统"，融合提炼了"实、新、严、细、精、和"六个文化特质。

把握时代维度，做好继承和创新

2020 年，山东能源集团重组整合后，产业布局、发展方式及干部职工思想观念等都发生了深刻变革，迫切需要对原有企业文化进行融合提升。山东能源集团从历史沿革、地域人文、产业方向、发展目标、时代趋势、利益相关方等方面分析，认真传承企业文化基因，"创造绿色动能，引领能源变革"使命的确立，"建设清洁能源供应商和世界一流企业"愿景的提出，"安全、创

新、绿色、担当、卓越"核心价值观的提炼，企业文化理念和Logo的发布，成为企业文化守正创新的重要成果。"以企业文化变革助推高质量发展"实践成果，入选《"十三五"中国企业文化建设优秀成果集》；《以文化融合保障企业高质量发展行稳致远》被评为全省、全国企业文化优秀成果一等奖。

完善管理体系，在"四位一体"中落地成势

注重价值引导

一是制定企业文化宣传文本。编印《企业文化大纲》《企业文化读本》《VI手册》和《企业文化感言集》，广泛宣传阐释企业文化理念体系，为广大干部职工了解掌握企业文化内涵、践行文化理念提供纲领性文件。编辑出版《山东能源史话》《山东能源红色文化故事》等系列文化成果，广泛组织学习宣讲，持续提升员工对企业文化的认同感。二是采取多种宣贯形式。制定《企业文化融合提升三年行动计划》，提出"1345"基本思路。精心打造"文化讲师团"，组织开展"企业文化巡回宣讲"，举办"企业文化内训师训练营""企业文化大讲堂"，综合运用理论讲解、实战演练、团队建设等方法，分期分批做好领导干部、中层管理人员、业务骨干、职工群众、新入职员工等不同层面的培训工作。三是营造浓厚氛围。定期出版企业文化期刊，固化包括文化理念、文化品牌等宣传内容。充分利用各类媒体平台，宣传文化理念，刊播践行文化理念的案例故事，引导干部职工准确把握集团公司文化理念的基本内涵。

深化理念实践

紧紧围绕集团中心任务，着力践行"安全、创新、绿色、担当、卓越"核心价值观。一是认真践行以人为本、预控为先的安全理念。适应集团多产业经营、多区域布局、国际化发展的新形势，着力构建独具特色的"153"安全管控模式，启动安全生产攻坚行动，深化重大灾害源头治理，在全国矿山智能化建设推进会、全国煤矿瓦斯和冲击地压重大灾害防治现场会上作经验介绍，获得上级领导和行业部门的赞誉。二是认真践行颠覆传统、转型突破的创新理念。围绕建设世界一流企业发展愿景，以新体制、新技术赋能企业高质量发展，被国务院国资委评为"公司治理示范企业"。投入研发费用70亿元，坚持产学研一体推进，新增高新技术企业15家、省级研发平台8个，被评为国家知识产权示范企业。大刀阔斧改变与市场化要求不适应的体制机制，实现优者上、能者奖、劣者汰，实施"31789"人才工程，优化中级人才库，实施煤炭主体专业人才库公开选拔，柔性引进院士、长江学者等高层次人才90人，对3个考核不合格的领导班子进行重组，对101名中层副职以上人员予以调整，激活了事争一流、唯旗是夺的进取意识。三是认真践行绿色发展、引领变革的绿色理念。编制实施"碳达峰、碳中和"行动方案，投入63亿元实施智能矿井建设，煤炭产业实现增量转型。化工产业向价值链高端迈进，4000吨水煤浆气化技术开发及示范达到国际领先水平。渤中海上风电首批机组并网发电，创造了国内单体规模最大、首次实施海缆与油气管道交越等多项第一，绿色发展蓄势加速突破。四是认真践行"一保障、两优化"的担当理念。认真担负起山东省保障能源安全、优化能源结构、优化能源布局"一保障、两优化"的职责使命，在新冠疫情防控中率先实现复工复产，提前完成迎峰度夏、迎峰度冬政治任务，保供让利100多亿元，在煤炭供给偏紧中保持了稳定供应。五是认真践行"走在前、开新

局"的卓越理念。制定《全面对标一流质效提升工程实现高质量发展的指导意见》,对标国际一流企业拉升发展标杆,2022年集团整体工作实现"六个提升""八大突破"。

做好教育示范

持续宣树典型引领文化建设风尚,探索了"有好的观念指引、有好的路径实践、有好的典型引领"的文化建设路径。一是齐动联动推典型人物。常态化开展"山东好人""身边的感动""感动山能"人物(事件)推荐评选和宣传活动,建立涵盖33个团体、74名个人的重大典型库。目前,山东能源集团共有中国好人6名,山东好人52名,全省道德模范及提名奖5名,省属企业道德模范及提名奖37名。二是建好阵地讲典型故事。组织先模人物事迹巡回宣讲报告会,设立道德讲堂、文化广场、文化"一条街"80余处,三级单位到区队班组建设"好人榜",图文并茂讲好典型故事。爱岗敬业的全国劳模于宝兴、精业专业的"大国工匠"高兴亮、见义勇为的山东省道德模范张则祥、扶贫第一书记楷模刘建光等先进典型人物成为干部职工争相学习的榜样。三是选点切入塑典型品格。隆重召开庆祝外部开发20周年大会,表彰杰出贡献单位20家,特别贡献、杰出人物等4605名,提炼弘扬"六种精神品格",编印《这20年我的奋斗故事》,评选20周年最具影响力事件,唤起了干事创业、不畏艰险、做大做强的情感共鸣和价值认同。

严格成效考评

将文化建设这个大命题细化为可操作、可考评的行为方法,以硬手段推动软管理。一是建立全面覆盖的责任考核体系。印发《企业文化运行管理办法》,将企业文化工作纳入党建责任制、纳入党委巡察内容、纳入年度领导干部党建述职评议;建立分析报告制度、责任落实制度、联席会议制度、检查考核制度;明晰党委责任清单、负面清单、联席会议工作清单、党委职能部门责任清单,形成横向到边、纵向到底责任落实体系。二是创新"文化要素"标准化管理。将文化发展过程中沉淀下来的、被建设实践检验有效的理念、规范、准则、方法、工具、载体等,从要素内涵、工作要求、表述形式等方面固化下来,制定《视觉识别系统(VIS)手册》和标准管理规定,形成4个层面的20项文化建设要素,让文化要素成为文化建设的重点,让标准化成为文化建设的规范。三是强化推进情况绩效考核。下发《党建工作责任制考核办法》,把企业文化建设作为党建考核的重点内容,明确32项考核标准,坚持动态考评与年终考评相结合,评分权重达到30%,考评结果与领导班子薪酬直接挂钩,激发了各级领导班子主动抓好企业文化工作的内生动力。

灵活方式方法,在"三项创新"中保持激情活力

实践路径的创新

在不断深化的实践活动中,将企业文化建设落地工作引向深入,内植于心,外化于行,行固于用。用观点评论引"共振",针对企业改革中干部职工存在的困惑、疑虑等问题,连续推出"总部机关改革系列谈""安全工作专论""艰苦奋斗、勤俭兴企"等系列笔谈和言论文章;推出360余篇,发挥了析事明理、解疑释惑、凝聚人心的重要作用。用争创活动引"共为",开展"六比六争""两珍惜、两保持""三个忠诚"教育实践活动,召开务虚会,开展大讨论,组织对标提升和各层面比争竞赛,设计开展"劳动者故事大会""青年成长分享会",进一步增强各级组织和干部职工比先进、争一流、站排头的实践定力和敬业、精业、竞业的工作担当。

文化传播的创新

随着干部员工的年轻化,思想的多元化和媒体技术的更新迭代,传统的文化说教方式面临巨大冲击。山东能源集团攥指成拳,制定"1246"新闻系统整合工作思路,关停权属单位三大类229个自办媒体,启动建设分中心内网、三级单位网站13个、二级公司App(客户端)21个,形成了能源集团"一个电视新闻、一张山东能源报、一个融媒体平台、两个媒体集群、N个传播渠道"的现代传播体系,构筑多层级、多种类新媒体矩阵,实现全媒体共享、跨媒体联动、多媒介传播。

文化载体的创新

在吸引力、使用率、影响力上发挥文化载体教育示范作用,充分利用革命老区红色资源,挂牌成立企业精神教育基地,淄博煤矿博物馆、东华建设党史学习教育展馆(日照)被评为第一批省属企业爱国主义教育基地。建设新时代文明实践中心,设立信仰驿站、文化驿站、书香驿站、心灵驿站等7个板块,灵活运用短平快"微宣讲"、巡回式的"文艺讲",以及"小板凳宣讲""大喇叭宣讲"等方式传播文化理念。编写50余万字的《山东能源百年党建史》,成为全国煤炭企业时间跨度最长的党建类史书,被中央党史研究院、国家博物馆、山东党史研究院等近百家单位收藏。探索形成的"双入双创"党建工作新模式作为唯一企业创新成果,荣获"山东组织工作创新奖",入选"全国企业党建十佳优秀案例"和新时代企业党建实践创新优秀成果。

彰显文化力量,在管理升级中展现强力支撑

经济规模效益实现新跃升,竞争实力和社会影响力显著增强

2022年营业收入8270亿元,资产总额9500亿元,利润总额420亿元以上,收入、利润、税金居省属企业首位。20家重点增收创效企业利润同比增长39%。2022年实现社会贡献总额1370亿元,上缴税金520亿元。品牌价值居中国品牌价值榜能源化工领域第6位、山东省企业首位。

融合发展态势得到新深化,高效协同集团管控体系初步形成

实施机构精简化、产业专业化、区域集约化、资源协同化、文化融合化整合,减少二级公司23个,6家矿业集团减少机关机构47个、三级单位49个。整合成立鲁西矿业、西北矿业、新疆能化和新矿内蒙古能源公司,形成"一个区域一个管理主体、一个投资主体"格局。开展"团结一致向前看、凝心聚力谋发展"主题教育,集团上下呈现团结、紧张、严肃、活泼的良好局面。

产业转型升级迈出新步伐,新旧动能转换走在全省全行业前列

煤炭产业向智能高效转型,建成133个智能化采掘工作面、24个5G+智能矿山应用场景,9处首批国家级智能化示范矿井具备验收条件,圆满承办了全国煤矿智能化建设现场推进会,并做了典型发言。新能源新材料产业高点起势,高端装备制造产业提速加力,现代物流贸易产业做实做优,新旧动能实现接续有效转换、蓄势加速突破,有力推动了产业链、价值链跃升,为建设清洁能源供应商和世界一流企业打下了坚实基础。

主要创造人:岳宝德　皮光灿

参与创造人:张恒亮　李全强

以"五力文化"助推企业高质量发展

河钢集团有限公司

企业简介

河钢集团有限公司（以下简称河钢）是世界最大的钢铁材料制造和综合服务商之一。截至2022年，河钢在全球拥有员工近10万人，其中海外员工1.3万人，实现年营业收入4007亿元，总资产达5396亿元；连续14年位列世界500强，2022年居第189位；2023年4月，荣获世界钢铁工业可持续发展领域最高荣誉"可持续发展优胜者企业"。

近年来，河钢坚持以习近平新时代中国特色社会主义思想为指导，牢牢把握高质量发展首要任务，始终与国家战略同向同行，秉持"理念的领先优于资源的领先"，以"建设最具竞争力钢铁企业"为愿景，按照"高端化、智能化、绿色化"的发展定位，纵向推进钢铁产业链条向高端制造延伸，横向推进同类业务归集和结构性重组，加快推动"钢铁向材料、制造向服务"转型，致力于为客户提供高端材料技术解决方案，持续引领行业低碳绿色发展，矢志成为具有世界品牌影响力的跨国工业集团，为推进中国式现代化建设担当河钢角色、贡献河钢力量。目前，河钢是中国第一大家电用钢、第二大汽车用钢制造商，世界第二大钒钛材料制造商，海洋工程、建筑桥梁用钢领军企业。

实施背景

自2018年以来，河钢坚决落实习近平总书记"坚决去、主动调、加快转"的重要指示精神，历经4年时间，推进实施了唐钢、邯钢、石钢的区位调整和张宣科技的转型升级。2022年，河钢区位调整和转型升级进入全面收官期，唐钢新区、石钢新区全面投产，邯钢新区一期即将全线贯通，张宣科技全球120万吨氢冶金示范工程建设正酣，河钢迈出了优化产业结构、培育经济增长新动能的坚实步伐，全面进入"钢铁向材料、制造向服务"转型的高质量发展阶段。

面对新的形势任务，河钢秉持"理念的领先优于资源的领先"，在"建设最具竞争力钢铁企业""为人类文明制造绿色钢铁""做世界的河钢"等文化理念的基础上，以全球化视野、全产业链思维，创新性提出"与强者为伍、与时代同行""产品的高度决定企业的高度""渠道为王""由技术跟跑向创新领跑转变""厚植绿色就是厚植未来"等一系列契合时代、引领发展的文化理念，把企业文化建设与高端化、智能化、绿色化转型升级深度融合，探索引领企业发展、凝聚全员共识、激发奋进合力的企业文化体系，为推动新时代国有企业高质量发展提供坚实的文化支撑和文化动能。

体系内涵

自 2022 年以来，河钢坚持以习近平新时代中国特色社会主义思想为指导，深入学习宣传贯彻党的二十大精神，以社会主义核心价值观为引领，把企业文化建设融入企业高质量发展实践，突出经济行为和文化建设相得益彰、经济效益和社会效益有机统一，探索实施以提升政治引领力、品牌影响力、队伍战斗力、企业凝聚力、价值创造力为核心内容的"五力文化"领航工程，以钢铁报国的坚定志向、与时俱进的发展理念、人才强企的价值导向、锐意进取的"铁军精神"和共创共享的责任担当，为河钢高质量发展提供了强有力的思想保证、舆论支持、精神动力和文化支撑。

主要做法

报国文化——坚定理想信念，厚植使命情怀，提升政治引领力

河钢始终胸怀"国之大者"，坚持不懈用习近平新时代中国特色社会主义思想凝心铸魂，强化党的创新理论武装，深入开展理想信念教育，引导全员深刻领悟"两个确立"的决定性意义，不断增强"四个意识"、坚定"四个自信"、做到"两个维护"，自觉在思想上、政治上、行动上同以习近平同志为核心的党中央保持高度一致。

坚持抓住"关键少数"与覆盖"绝大多数"同向发力，将发挥党委理论学习中心组示范作用和实施"百千万"宣讲工程（百名党员干部、先模人物带头宣讲，组织上千次宣讲场次，覆盖数万名党员学习）作为理论武装和宣传教育的重要抓手，做到理论学习制度化规范化、基层宣讲对象化分众化，切实用党的创新理论统一思想、统一意志、统一行动，在全体干部职工中巩固团结奋斗的思想基础，厚植钢铁报国的使命情怀。自 2022 年以来，河钢两级党委理论学习中心组组织集体学习和专题研讨 468 次；围绕学习宣传贯彻党的二十大精神，组织开展专题宣讲 2500 多场次，覆盖 3.8 万名党员、近 10 万名职工。

创新文化——紧跟国家战略，更新文化理念，提升品牌影响力

企业文化理念反映了视野的高度和思维的广度。河钢致力于让中国因为钢铁更强大、让世界因为钢铁更美好，紧跟国家发展战略，与时俱进创新文化理念，在先进理念的引领下高定战略目标、笃定发展路径，"高端化、智能化、绿色化、国际化"品牌形象持续光大。

担当中国钢铁工业"国家队"角色，全面落实习近平总书记"坚决去、主动调、加快转"的重要指示精神，完成了唐钢、邯钢、石钢的区位调整和张宣科技的转型升级，打造了四个顺应时代大势、极具竞争优势的现代化钢铁产业示范区，综合竞争实力得到全面提升。与浦项控股合作实施汽车板合资项目、与美国 TMS 公司合资建设废钢加工中心、与宝马携手打造绿色低碳钢铁供应链，为奋力谱写中国式现代化建设河北篇章贡献了河钢力量。带头落实国家"双碳"目标，率先发布低碳绿色发展行动计划，建成全球首例 120 万吨氢冶金示范工程，标定了中国钢铁史乃至世界钢铁史上由传统"碳冶金"向新型"氢冶金"转变的重要里程碑，引领钢铁行业迈入"以氢代煤"冶炼"绿钢"的时代。坚决贯彻落实习近平总书记视察河钢塞钢时"言必信、行必果"的重要指示精神，把河钢塞钢打造成中国与中东欧国际产能合作和"一带一路"建设样板工程，

成为我国钢铁行业国际化发展的领军企业。2022年,河钢高质量发展成果90次登上《人民日报》、新华社、央视三大头部媒体。河钢获评"2022年度钢铁行业全球影响力品牌"。

人本文化——坚持人才强企,激发创造活力,提升队伍战斗力

强化"员工是企业不可复制的竞争力"的人本理念,把深化队伍建设纳入战略发展规划,畅通"经营管理、专业技术、操作技能"三支人才发展通道,营造尊重劳动、尊重人才、尊重创新的浓厚氛围,以"干部队伍年轻化、专业人才市场化、产线员工技能化"的高素质员工队伍,彰显"河钢行、河钢人行"的强大自信心和创造力。

深植创新制胜理念,将企业发展和人才创新紧密联系在一起,多元化人才队伍成为科技创新、管理创新、市场创新的有力推手。明确定位技术升级新发展阶段,聘任全球炼钢领域顶尖人才担任首席科学家,让广大科技工作者走到技术升级前列,实现由服务向引领的角色转变。把"创最佳的业绩,做最好的自己"作为全体员工的事业追求和价值导向,聚焦生产经营主战场,结合不同时期确定的战略重心和工作任务,瞄准重点难点问题和关键瓶颈环节,在全集团107个生产线单元设计开展"钢铁先锋"系列主题先锋赛,充分释放党员攻坚克难的创先争优活力,让职工在比武竞技的舞台上争创一流业绩。"新时代河钢人"典型唐笑宇成为中央宣传部选定的党的二十大代表中38名重点宣传对象之一,树起钢铁行业新标杆。继四名河钢职工先后夺得世界模拟炼钢大赛总冠军之后,2023年4月,韩鹏龙代表中国、代表河钢第五次站上世界模拟炼钢大赛最高领奖台。在2023年4月举办的第十届全国钢铁行业职业技能竞赛中,河钢职工包揽四个工种的冠军。

"铁军"文化——做强主流舆论,典型示范引领,提升企业凝聚力

坚持团结稳定鼓劲、正面宣传为主,统筹内宣外宣、网上网下媒体阵地资源,内聚合力、外塑形象,构建起高扬主旋律、传播正能量的思想舆论场,巩固意识形态领域向上向好态势。以河钢塞钢管理团队"时代楷模"精神为高地,锤炼了担当实干、攻坚克难、与时俱进、锐意创新的河钢"铁军精神",十万河钢"铁军"团结成为具有强大向心力、凝聚力的"一块坚硬的钢铁"。

以社会主义核心价值观引领文化建设,建立健全文明创建与价值引育相结合的长效管理机制,形成全方位、多层次的文明创建体系。充分发挥先进典型有形正能量、鲜活价值观的作用,在河钢内部10家报纸党建版常态化开设"每期一先锋"专栏,报道400余名一线先锋典型事迹,通过职工身边可识、可感、可学的榜样示范,带动全体河钢人拼搏进取、奋发有为,推动企业不断迈上新高度。坚持理论联系实际,把思想政治理论研究同企业改革发展和生产经营实践相结合,突出时代性、引领性和有效性,形成一批有理论深度、有启示意义、有借鉴价值的政研成果,不断提升理论指导实践的能力。2022年,河钢90项政研成果被上级政研会评为优秀案例。

责任文化——共享发展成果,彰显国企担当,着力提升价值创造力

坚持以人民为中心的发展思想,在创造经济效益的同时高度重视社会责任,与职工共享发展成果,为社会贡献河钢价值,在服务职工、奉献社会、报效国家的发展实践中强信心、聚民心、暖人心、筑同心。

贯彻党中央决策部署,将助力脱贫攻坚和乡村振兴作为重要政治任务,帮扶贫困户全部脱贫出列,驻村帮扶工作得到广泛肯定。坚持共创共享理念,把员工视为企业最宝贵的财富,把关爱职工、成就职工作为最大的社会责任,全面改善一线职工生产生活条件,健全完善关爱帮扶长效

机制，每年投入 2000 万元用于冬送温暖、夏送清凉、特困帮扶、金秋助学等活动，让职工成为"本地区最受尊敬的企业职工"。热心参与公益事业，组建党员、青年、女工、医护人员、离退休老同志 5 支常设性志愿服务队，用暖心善举传递无私大爱。代表省国资委系统参加河北省"迎盛会、讲文明、树新风"知识竞赛冬奥专场赛，包揽一等奖、最佳组织奖和最佳选手奖。职工鲍守坤入选全国学雷锋志愿服务"四个 100"先进典型、获评"最美志愿者"，李小双家庭入选 2023 年"全国最美家庭"，李光伟荣获"全省岗位学雷锋标兵"，10 名女职工荣获钢铁行业"最美钢花"。

实施效果

河钢"五力文化"领航工程的创新实践在钢铁行业得到认可和推广。在 2023 年 2 月 8 日召开的 2022 年度中国冶金政研会理事大会上，河钢集团党委以"实施'五力文化'领航工程助推企业高质量发展"为题作经验交流；河钢宣传思想文化成果《以"五力文化"助推企业高质量发展》分别在 2023 年 2 月 21 日《中国冶金报》二版和 2023 年第 2 期《冶金企业文化》刊登推广。

主要创造人：于　勇　李炳军

参与创造人：杨海霞　陈琳洁　闫夏萌

赓续血脉，使命惟新

——以文化软实力擎起改革发展硬担当

山东省港口集团有限公司

企业简介

山东省港口集团有限公司（以下简称山东港口）成立于2019年，现拥有青岛港、日照港、烟台港、渤海湾港四大港口集团，经营投控、物流、航运、贸易等13个业务板块，共有21个主要港区、360余个生产性泊位，集装箱航线320余条，遍及全球180多个国家和地区，努力建设"港通四海、陆联八方、口碑天下、辉映全球"的世界一流的海洋港口。2022年，山东港口货物吞吐量突破16亿吨、集装箱量突破3700万标准箱，同比分别增长7.7%、9.4%，稳居世界第一位、第三位；总收入超1370亿元，增幅达到63.6%；利润超90亿元，纳税总额超65亿元，经营绩效大幅跃升，跻身"中国企业500强""中国服务业企业500强"。

实施背景

2018年3月，习近平总书记参加十三届全国人大一次会议山东代表团审议时，强调"要更加注重经略海洋"，要求山东发挥自身优势，努力在发展海洋经济上走在前列，加快建设世界一流的海洋港口。这也对山东港口在服务和融入新发展格局、推动高质量发展中赋予了新的重要使命。

全省港口一体化改革成为山东的必答题，但改革涉及7个地市、21个港区、6万职工，既存在定位重合、腹地交叉、重复建设、无序竞争等问题，也必将激发在思想、观念、文化等更加频繁、活跃的交流、碰撞。曾有领导评价"山东的国企改革最复杂的是港口"。要通过港口一体化改革，实现深层次的融合耦合，加快建设世界一流海洋港口，是一个"浴火重生"的过程，最重要的是搞好思想文化工作。

为深入贯彻落实习近平总书记重要指示精神，稳步推进一体化改革，山东港口坚持把加强和改进企业文化建设作为"加快建设世界一流的海洋港口"的题中之义，作为关乎生存和长远发展的"灵魂"工程，作为驱动转型发展、高质量发展的战略部署，狠抓文化认同，促进思想凝聚，确保一体化改革顺利推进，推动山东港口这艘航船行稳致远。

主要做法和实施效果

山东港口坚决贯彻落实习近平总书记重要指示精神,坚持合作、合力、合心,将文化建设贯穿于一体化改革发展的全过程、全领域、全维度,厚植"一家人、在一起"磅礴合力,打造独具特色的山东港口文化,让7个地市的6万职工"像石榴籽一样紧紧抱在一起",推进一体化改革高效完成整合,全面开启融合发展新阶段,企业整体竞争力和综合影响力明显提升。

牢记使命,赓续血脉,熔铸山东港口文化体系

山东港口汲取百年港史中涌动的红色血脉、文化基因,与时俱进赋予新的使命、内涵,熔铸形成企业核心价值观,构筑起山东港口独具特色的文化体系。

牢记初心使命,拥有文化格局。山东港口以"国之大者"挺起文化担当。将文化建设的落脚点放到"服务国家发展战略、服务山东高质量发展、服务客户和员工"的企业使命当中,厚植家国情怀,挺起勇担使命的文化"脊梁"。以"世界一流"提升文化高度。将文化建设根植于对"港通四海、陆联八方、口碑天下、辉映全球的世界一流的海洋港口"企业愿景的实践追求中,将家国情怀转化为报国之行,以实干担当崇高文化高度。以"人民至上"共筑家和业兴。践行"人民至上"发展思想,坚持职工的心、企业的根,厚植"一家人、在一起"家和业兴理念,以家港同梦提升文化温度。

坚持守正创新,熔铸文化特性。山东港口围绕一体化改革发展中心任务,将凝聚文化认同作为核心工作,塑造契合实践需要、特性突出的山港文化体系。根植百年港史,继承"革命+拼命""干就干第一,争就争一流"等红色基因,凝练"同心同德、忠诚奉献、创新开拓、追求卓越"核心价值观,构建起一体化改革发展精神航标。立足新时代新征程新使命,坚持守正不守旧、尊古不复古,在改革实践中凝练形成"省思"文化、"赶考"文化、"融合"理念,与时俱进充实新时代基因,激活山东港口文化旺盛生命力。把文化融合作为一体化改革的结果体现,以更高站位、系统思路统一规划文化建设,深入开展"守正创新,解码基因,内塑山东港口精神"等活动,保持工作原则、核心理念、管理内涵高度一致。坚持对内"统筹发展、协同发展、特色发展"的思路,形成"以青岛港为龙头,日照港、烟台港为两翼,渤海湾港为延展,各板块集团为支撑,众多内陆港为依托"的一体化协同发展格局。坚持对外"与所在市党委政府关系更加密切、融入地方发展大局程度更加深入、助力腹地经济增长贡献更加突出"的发展思路,与沿黄九省区城市、全省16地市、全国10个重要港口缔结战略合作,努力提升在服务全国大局中的作用和势能。

因时因势、全面覆盖,畅通文化认同实现路径

山东港口把企业文化建设作为凝心聚力的"灵魂工程",坚持"合作合力合心",特别是抓住"合心"这个关键,因时因势、由内及外、创新形式、丰富载体,畅通文化认同的实现路径,坚定文化自信,强化合心践行。

筑牢共同价值理念。扎实开展党的创新理论学习,以党的创新理论滋养初心、引领使命。倡树山东港口"五种精神""四种文化"等核心价值理念,构筑起"十位一体"文化体系,以核心价值引领文化建设。组建由党组织书记、宣传干部、劳模工匠、科技标兵、优秀青年、退休老同志等组成的"百人宣讲团",创新"多层次讲团、多主题菜单、多样化形式"宣讲模式,以形势

任务教育推动"学宣讲践"。全面落实意识形态工作责任制，完善制度、健全预案、建强队伍、坚守阵地，做到"六个纳入"，牢牢掌握意识形态工作领导权、主动权、话语权。

形成统一的行为规范。深入开展"守正创新，解码基因，内塑山东港口精神"等活动，不断提升企业文化的"参与度、深入度、认同度、广泛度、转化度"。对标国企领导人员"二十字"要求，对班子建设提出"八个勇于、八个自觉"要求，对总部部室提出"三宽""四不""五有""六种思维"，在全港领导干部中开展"九月省思"活动，坚持自我反省、自我革命。以新时代文明实践中心建设（试点）为平台，在经营管理方面，推进"文明生产、文明服务、文明装卸、文明施工、文明环境""五个文明"管理；在职工行为方面，提出对港口、工作、同事、客户、社会的"五个对待"礼仪规范，推动现代文明礼仪与港口实践相结合，讲文明树新风。

展示良好的山港形象。创办《山东海港》报，推出微博、微信公众号、视频号，建立中英文网站，形成集团公司、直属单位、基层单位三级联动机制，唱响山港文化最强音。创新构建视听觉识别系统，设计企业标志、旗帜、港徽、卡通形象等标识，精心打造文化手册、港歌组歌、丛书等文化作品，制定港口现场大型设备设施、工装、印刷品"三个体系"设计导则，发力一体化文化内塑。聚焦党建引领、国之大者，讲好有高度的爱党爱国故事；聚焦港口中心工作，讲好有力度的改革发展故事；聚焦员工幸福生活，讲好有温度的烟火人生故事。

打造丰富的文化载体。建设山东港口展馆、警示教育馆、青岛港自动化码头科技创新教育基地、日照港展馆、威海港"图强馆"等展馆群，创新构建线上VR展馆系列，打造全国、省级爱国主义教育示范基地。创新开展职工艺术节、运动会等系列活动，打造"爱在山港"青年联谊会、"书香山港"读书活动等文化品牌，搭建思想文化交流融合的平台，丰富职工精神文化生活。

以人为本、家和业兴，激活文化认同内生动力

坚持依靠职工，增强主体地位。加强民主管理，坚持紧紧依靠员工办企业，落实职工代表大会等民主管理制度，提升企务公开的制度化、标准化水平，充分保障职工知情权、参与权、表达权、监督权，激发员工参与企业管理的主观能动性。畅通民主渠道，常态化开展建言献策、"夏练三伏、冬练三九"劳动调研等活动，设置"董事长总经理信箱"，征集意见建议近10万条，一大批"金点子"转化成改革发展"金果子"。增强主人翁意识，每年举办技能大赛，设立"山港工匠日"，搭建职工创新平台，涌现出"五小"创新成果5274项，一线员工技术钻研、岗位创新蔚然成风。向490名老职工颁发"光荣在港40年"纪念章，彰显对老码头的尊重之心、关爱之情。

坚持典型引路，倡树榜样文化。注重挖掘港口各行业、各战线上工作业绩一流、创新成果突出、职工评价优秀、示范作用显著的先进团队和个人，激励全港职工见红旗就扛、见第一就争，创造了一批世界领先的科研成果，为全球港口提供可借鉴、可复制的"山港方案"。注重发掘立得住、过得硬、经得起检验的身边典型，让广大干部职工学有榜样、行有示范。"连钢创新团队"被授予"时代楷模"，团队带头人张连钢被授予"全国道德模范"，并光荣当选党的二十大代表，作为"全省唯一、中国港口唯一"亮相"党代表通道"，许振超获评"最美奋斗者"等，共有300个集体、近千人获得国家、省级表彰，用行动诠释"平凡铸就伟大，英雄来自人民"。

坚持不忘初心，办好造福实事。坚持发展依靠职工、发展为了职工、发展成果由职工共享。在省属企业率先发布《关于关心关爱职工、构建和谐家庭的十条意见》，成立职工关爱基金，建立"七个一"联系帮扶机制，走访慰问帮扶对象近2000人次。坚持真心实意、真金白银、真招

实措、真实效果,办结办好民生实事5453项。完善补充养老及职工健康保障体系,补充医疗和企业年金实现全覆盖,完善职工节日福利、生日蛋糕、疗休养等福利体系。建立经营管理、专业技术、操作技能三大职业发展通道,启动80后、90后、国际化干部人才"三百"工程,实施"第一队长"历练等职业成长机制,开展学历提升工程,自主培养国务院政府特殊津贴专家2人,泰山、齐鲁系列人才13人,省级以上技术能手42人。

围绕中心、服务大局,放大文化认同实践意义

塑造同心同德的团结文化,凝聚改革发展的强大合力。山东港口一体化改革发展,同心是精神基石,同德是内在动力,万众一心,步调一致,是成功的关键。坚持发展依靠职工、为了职工、惠及职工,真心实意关爱职工,不断提升广大职工获得感、幸福感、安全感,赢得了6万职工衷心拥护。把思想引领作为人心向背的关键性因素,融入改革发展全过程,统一思想、凝聚共识、鼓舞斗志。

厚植忠诚奉献的使命文化,勇挑矢志报国的时代担当。全面贯彻落实《山东省沿海港口改革方案》,高效完成整合迈向全面融合,实现港口与板块相互间同心携手、互促共赢,释放更大融合效能。全面服务国家重大发展战略、区域经济高质量发展,强化与省内16市战略合作,加快打造覆盖全省的"三区互融"百亿产业基金集群。新冠疫情防控期间,创新防疫举措600余项,全心全力保稳保供。积极参与社会公益,对外捐赠近5000万元,"生态援疆""希望小屋"等彰显大爱,社会贡献突破600亿元,连续三年获评"山东社会责任企业"。

熔铸创新开拓的奋斗文化,打造向海图强的强劲引擎。永葆"闯"的精神、"创"的劲头、"干"的作风,公司吞吐量突破16亿吨、集装箱突破3700万标箱,稳居世界第一位、第三位。原油、铁矿石、铝矾土、粮食等年进口量分别占全国总量的三分之一、四分之一、五分之三、五分之一,保持全国领先。"创新"推动新兴业务蓬勃兴起,2022年新兴业务投资占比达到42%,贸易、物流、航运、产融、金融业务收入占比达到77.76%,新兴主业成为持续优化盈利结构、稳步提升发展质量,助推传统主业高位发展的"关键一招"。

砥砺追求卓越的一流文化,建设辉映全球的港口企业。围绕建设世界一流海洋港口、世界一流企业,山东港口追求卓越、创新发展,让"四个一流"成为靓丽文化名片。建有全球最大铁矿石、原油码头、效率最高的自动化集装箱码头,数量和密度均居北方沿海港口之首,以"一流的设施"构建起服务经济发展的"万能接口"。高质量通过交通强国"智慧港口建设"试点验收,加快筹建国家级智慧港口技术创新中心,成功研发上线新一代码头智能管控系统,第9次打破自动化码头装卸效率世界纪录,让"一流的技术"成为港口变革的新动力。重视发挥文化管理作用,用"一流的管理"强基固本,构筑起战略文化、安全文化、内控文化、廉洁文化等专业文化,进一步丰富现代企业治理体系。坚持"客户至上、服务至上",举办陆海联动研讨会、贸易大会等,组织召开港航交流恳谈会,推出"提升港口服务质效、助力口岸营商环境优化16项措施",进一步提升平台服务能级和效能。在2022年集装箱口岸营商环境测评中,青岛口岸获最优评价,以山东港口"一流的服务"口碑天下。

主要创造人:霍高原

参与创造人:刘中国 韩蕾 田莹娟 姜明

大型零售集团企业文化体系的构建与实施

王府井集团股份有限公司

企业简介

王府井集团股份有限公司（以下简称王府井集团）前身——北京市百货大楼创建于1955年9月25日，是中华人民共和国历史上第一座由国家投资建设的大型百货商店。迄今，王府井集团由单体百货成长为A股上市的连锁企业集团，形成涵盖现代百货、购物中心、奥特莱斯、免税品经营多业态的全生活零售平台，销售网络覆盖中国七大经济区域，在40余个城市已开业近百家零售门店，业已成为全国规模最大、经营业态最全、经济效益最好的大型零售集团之一，是深受广大消费者青睐的民族商业品牌。目前，王府井集团正全力构建多业务发展新格局，加快"有税+免税"双轮驱动，加快业态融合发展，着力提升自营业务、线上业务两大经营能力。建立由大量优秀供应商合作伙伴组成的网络体系，与"2000+"国际国内一线品牌、功能服务商形成良好的深度合作关系，与"300+"重点品牌结成战略合作伙伴。未来，王府井集团将主动适应国内外宏观经济环境，牢牢把握国家构建双循环发展格局的新机遇，紧抓消费转型升级新机遇，坚持连锁化、专业化、市场化发展，不断深化体制机制改革，加快数字化建设，进一步提升企业核心竞争力，努力打造具有国际水准、国内一流水平的大型商业集团。

实施背景

外部市场环境压力

近年来，零售领域市场竞争日渐白热化，王府井集团经历了多次大规模企业并购与重组，企业文化的导向作用、凝聚作用、激励作用、约束和协调作用日益显著。作为处于对市场变动反应极为敏感的零售领域企业集团，王府井集团需要进一步构建和完善具有自身特色的企业文化体系，在集团范围内统一共识、统一方向、统一目标、统一行动，于危机中育新机，于变局中寻破局，以深厚的企业文化为导向与动力，创造性地开展工作，推动企业稳健发展。

企业发展的内在要求

企业文化是企业的灵魂。企业竞争是商品与服务的竞争，更是管理与制度的竞争，归根结底是企业文化的竞争。王府井集团要在激烈的市场竞争中立稳脚跟，保持战略定力、经营韧性和发展态势，必然要求进一步强化企业文化治理功能，发挥企业文化资源配置与开发效能，为集团良性运行与健康发展提供坚强保障。

王府井集团企业文化的再认知

20世纪50年代中期，作为立意高远的国家级大型综合商业运作项目，王府井百货大楼落成运营，至今已逾半个多世纪，期间多少风云际会、沧桑变化，不变的是王府井零售人的初心与使命担当，是王府井零售人的光荣与梦想。回望过往风雨历程，从筚路蓝缕开疆辟土到再次创业渐入辉煌，王府井集团留下了艰辛的跋涉足迹和清晰的发展轨迹，成就了一批批优秀企业管理者和员工楷模，积累了丰盈的文化资源，形成了丰厚的文化历史内蕴和精神财富。百货大楼全国劳模张秉贵在30余年柜台服务生涯中，练就售货绝技，接待、服务顾客近400万人次，被誉为"燕京第九景"，2009年入选"100位新中国成立以来感动中国人物"，2019年获新中国成立70周年全国"最美奋斗者"称号。人们将他的服务思想和精神，归纳为"一团火"精神，成为王府井集团的企业精神与全国商业经济领域服务精神。"一团火"精神，是王府井集团企业之魂，是零售服务追求自我完善的象征，成为中国商业服务的旗帜与标杆。进入21世纪以来，王府井集团企业规模逐渐扩大，由单一百货业态向购物中心、奥莱等多业态综合发展，在传承"一团火"企业精神的基础上，进一步发掘赋予新时代中国特色的企业文化内容，构建适应新发展格局的企业文化体系，同时加大企业文化推广和传播力度，进一步培养职工使命感、责任感，增强企业凝聚力，激发企业发展活力，提升品牌美誉度和影响力。

主要做法

统一共识，组建复合团队

在日常经营管理中，王府井集团注重加强思想引导，使集团上下逐步认识到，企业文化凝聚着企业的灵魂，体现着企业的核心价值，决定着企业的发展方向与经营质量；集团要发展壮大、历久弥新，就要加强文化建设，要把企业文化融入集团发展战略、经营管理、营销服务等各个环节，使企业在长期发展过程中生成的强大文化基因切实发挥作用，不断提升企业文化建设水平。2020年，王府井集团组建由党委书记、总经理为组长，党委副书记为副组长，集团党委宣传部、战略研究部、全渠道中心等部门负责人为成员的企业文化行动小组。通过专项行动小组的成立与运行，形成跨部门团队，整合集团管理资源，推动企业文化体系建设切实体现到集团经营管理工作中。集团党委宣传部负责人及两名管理人员直接负责集团企业文化日常管理与行动小组日常工作。

确定步骤，制定行动方案

通过深入调研，汇集各方面力量和智慧，集思广益，提交集团党委会、总裁办公会集体研究，制定《王府井集团企业文化建设三年行动方案（2020—2022）》，明确企业文化体系建设思路，确定工作步骤，细化任务内容，提出时间要求，确保企业文化体系建设分阶段落地实施。

条分缕析，梳理文化体系

王府井集团在长期的历史延宕过程中，形成了透彻犀利的发展远见、执着专注的专业取向、持续创业的迭代创新、自我革命的勇气胆识、开放包容的融合能力、知行合一的文化品格、清晰流畅的文化传承等企业文化特点，培养出独特的王府井集团企业文化气质和文化形态。企业文化行动工作小组开展了多个环节的工作，解析企业文化内涵，条分缕析，鞭辟入里，由表及里，运用抽象思维进行认真的逻辑归纳与推理，最终梳理出较为完整科学的企业文化体系。

强化推广，多方协同落地

企业文化体系构建是基础，文化推广是关键。王府井集团专门编写企业文化文本，制定《企业文化推广活动实施方案》，采取一系列举措，深入宣讲，提升全体员工对企业文化理念的认知，努力将文化治理融入企业管理实践，并注重加强对外传播，为企业改革发展提供有力有效的文化支撑。王府井集团经过近一年的努力，将企业文化体系编纂成书，印制《王府井集团企业文化》手册。全书共计25000余字，收入照片近百幅，分理念、制度文化、业态文化、行为文化、形象和历史演进六个篇章，力求体现集团经营管理与文化创建的历史厚重感、现实丰富度、未来开放性，体现较强的思想性、理论性、历史性、系统性、专业性、时尚性、艺术品质与情感共鸣。2021年，在集团年度工作会上，集团领导对企业文化进行详细解读，使全体员工充分了解领会企业文化精髓与体系内容。2022年，拓展企业文化传播渠道，在集团"火龙果"微信平台、《一团火时报》上开辟专栏，报道企业文化有关信息；在集团官网开设企业文化窗口，及时反映企业文化动态；编印《王府井集团企业文化》1万余册，发放给员工，赠送给顾客会员、合作商、品牌商及党政管理部门。集团召开媒体交流沟通会，邀请新华社、中国商报、中国证券报、中新网、证券时报、国际商报、北京电视台、北京人民广播电台、北京日报、北京青年报、上海证券报、千龙网等40余家媒体记者，发布集团企业文化创建情况，媒体纷纷刊发集团文化建设的典型做法，进一步扩大企业文化的传播性与辐射面。集团所属各门店利用宣传橱窗、板报等。

设立企业文化景观，制作形式多样的企业文化园地，举办各类宣讲会学习企业文化。2022年4—7月，集团党委、工会、团委联合开展了企业文化艺术作品大赛，以内容丰富、形式多样的艺术作品诠释企业文化，征集作品314个，其中书法类56个、绘画类61个、摄影类69个、诗歌类54个、短视频类72个、原创歌曲类2个。

实施效果

王府井集团以搭建和实施企业文化体系为契机，把总结提炼出的经营思想和文化理念应用于集团改革发展实践，使企业文化成为凝聚集团上下的根和魂，成为推动集团经营发展的动力源泉。

增强凝聚力

王府井集团始终注重把企业文化体系建设作为带领员工奋发向上的不竭动力，作为增强员工队伍凝聚力和战斗力的有效途径。以集团周年庆、新门店开业和一系列推广活动为契机，发挥企业文化优势，开展"一团火"火炬立体形象设计征集选型与火炬传递仪式及业务推广、文化宣传、劳动竞赛，组织推出丰富的商品资源、营销资源、异业合作资源、媒体资源，主题突出、热度持续、高潮迭起。所属业态门店务实经营、创新营销，实现全国联动、全员参与、业态协同、双线融合，多措并举、内外发声，创意频出、亮点纷呈，增强企业文化养习与传承的仪式感，营造热烈向上的文化氛围，达成营销预期效果，凝聚集团发展合力，取得多方面的综合效应。

扩大传播力

王府井集团以企业文化手册作为便捷有效的介质和载体，开展对外宣传和推广活动，不断扩大企业文化传播力和影响力，提高集团的知名度和美誉度，与品牌供应商、地产开发商、功能合作商形成良好的沟通与互动，深化长期战略合作关系。集团以独特的商业文化魅力和"一团火"精神底蕴，在瞬息万变、蓬勃发展的中国商业领域赢得广泛赞誉。

提高经营力

王府井集团通过加强企业文化体系建设，实现了社会效益与经济效益双赢。在新冠疫情反复、市场跌宕的大环境面前，王府井集团秉持企业文化，不断激发内生活力，勇毅前行，以昂扬向上的"一团火"精神和舍我其谁的奉献精神，积极迎接挑战，打出了一场漂亮的疫情防控阻击战，实现了集团经营规模与效益水平的跨越式跃升。2021年集团营业收入127.5亿元，与2020年相比增加55.1%；利润达19亿元，与2020年相比增加194.7%。在与首商战略重组过程中，集团全员遵循远见、包容的企业核心理念，上下同心、克服曲折困难，推动重组工作圆满高效完成，大大提升了集团在北京地区乃至全国的市场地位与市场份额。新布局的商业项目筹备团队克服工程滞后、招商难度增加等困难，全力以赴，加快推进新店筹备及开业工作，两年内共有10家大规模购物中心、奥特莱斯项目破茧而出、精彩亮相；免税工作积极推进，业务体系建设与项目选址齐头并进；自营业务渐成体系，保免跨一体化线上平台基本搭建，线上线下进一步融合。2021年、2022年，集团还成功亮相中国国际进口博览会、中国国际服务贸易交易会、中国国际日用消费品博览会，展现了王府井集团崭新形象。2023年，集团获批海南离岛免税经营权，4月海南万宁王府井国际免税港盛大开业。同时，在北京地区，环球影视城东侧购物中心项目、北京饭店北侧"王府井喜悦"项目、西单商场、南四环世界之花等大型商业体建设升级正积极推进，即将高光亮相。

提升服务力

王府井集团始终致力传承"一团火"精神，确立"人文购物、人性服务"的服务文化理念，建立现代服务体系，不断推进服务标准的完善与服务管理创新，规范接待与导购用语及服务礼仪，拓展会员服务、售后服务、增值服务、双语服务、强化服务引流功能。2021年开展集团星级服务示范标杆梯队评比，在所属门店引起强烈反响，进一步提升了顾客经营力和服务力，使顾客获得超值享受与美好购物体验，在广大会员和消费者中赢得了良好口碑。

王府井集团管理团队和广大职工群众以搭建企业文化体系为契机，通过梳理完善企业文化体系，加强制度建设，付诸具体行动，使学习内化企业文化、积极践行企业文化、传续弘扬企业文化真正成为整个集团的认知自觉和行动自觉，进一步提高企业文化软实力，营造良好的企业外部环境和内部文化生态，将集团文化优势转化为竞争优势、市场优势，不负时代、不负韶华，踔厉奋发、砥砺前行，有力地推动了集团健康运行与长远发展。

主要创造人：李荣忠　胡梦瑶

参与创造人：白　凡　尚喜平　张劲松

以"三心五气"文化助推企业高质量发展，奋力谱写中国式现代化"屏之物联"篇章

京东方科技集团股份有限公司

企业简介

京东方科技集团股份有限公司（BOE）（以下简称京东方）创立于1993年4月，是一家行业领先的物联网创新企业，为信息交互和人类健康提供智慧端口产品和专业服务，形成了以半导体显示为核心，物联网创新、传感器及解决方案、MLED（Mini/Micro LED）、智慧医工融合发展的"1+4+N+生态链"业务架构。截至2022年，京东方累计自主专利申请已超8万件，在年度新增专利申请中，发明专利超90%，海外专利超33%，覆盖美国、欧洲、日本、韩国等国家和地区。美国专利服务机构IFI Claims发布2022年度美国专利授权量统计报告，京东方全球排名第11位，连续第五年跻身全球TOP20；世界知识产权组织（WIPO）2022年全球国际专利申请排名中，京东方以1884件PCT专利申请量位列全球第七，连续7年进入全球PCT专利申请TOP10。京东方在北京、合肥、成都、重庆、福州、绵阳、武汉等地拥有多个制造基地，子公司遍布美国、加拿大、德国、英国、法国、瑞士、日本等20个国家和地区，服务体系覆盖欧洲、美洲、亚洲、非洲等全球主要地区。

实施背景

2023年，是全面贯彻落实党的二十大精神的开局之年，也是历经30年发展的京东方以"屏之物联"发展战略开启新征程的关键之年。回溯30年的笃行，京东方带领中国显示产业实现了从0到1的全新突破，解决了国家"缺芯少屏"的"少屏"困境，改变了全球半导体显示产业的格局，打开了物联网交互的智慧之门，为全球人类提供了优质的显示产品。总结京东方的奋斗历程，是持续"凝心、聚气、发力"的过程——"凝心"是凝感恩、敬畏、超越立世三心，"聚气"是聚骨气、志气、勇气、士气、底气同心五气，"发力"是勃发信念驱动力、目标牵引力、路径开拓力、组织竞争力、价值创造力五种力量。"三心五气"是京东方历经苦难辉煌，最核心的精神支撑。

这些优秀文化形成一种基因特质，透过京东方员工日常行为表现出来、散发出去，成为京东方的精气神，这种精气神是打开通往事业成功、创造美好生活的大门，也是一家极具企业家精神与社会责任的企业实现高质量永续发展、奋力谱写中国式现代化"屏之物联"篇章的应有之义。

体系内涵

"三心五气"模型采用国际通用的、标准的企业文化理念同心圆模型,从"三心五气"开始,愿景、使命、核心价值观、应用理念、行为指引五环由内向外依次展开,代表京东方文化在"三心五气"文化内核驱动下层层落地。

"三心五气"包括"立世三心"和"同心五气"。立世三心:感恩之心、敬畏之心、超越之心。同心五气:骨气、志气、勇气、士气、底气。

"三心五气"文化回答了"京东方是谁"的问题。京东方人内心对事业、梦想都有着极为清晰的认知——京东方是一家有情怀、有担当、有创新的全球物联网创新企业:情怀体现在企业愿景,即"成为地球上最受人尊敬的伟大企业";担当体现在企业使命,即"显示无处不在,用心改变生活";创新体现在核心价值观,即"诚信担当、倾情客户、以人为本、开放创新",使命、愿景、核心价值观是京东方勇立智慧物联潮头浪尖的稳固基石。

"三心五气"文化回答了"京东方去向哪里"的问题。秉承感恩、敬畏、超越的立世三心,京东方以客户价值为依归,让BOE所释放的科技力量融入人们生活的方方面面,无处不在;京东方不仅追求商业成功,更重视自己对社会、行业等各方的影响和责任,让科技普惠生活,造福社会;同时,通过深化中国特色现代企业制度,京东方全面助力员工成长和价值创造,培养具有工匠精神、创造精神及奉献精神的追梦人,努力让员工在干事创业的奋进中收获丰厚的回报。

"三心五气"文化回答了"京东方如何去"的问题。2019年6月至今,京东方新一届管理团队传承创新发展宝贵精神财富,在京东方创立30周年的重要节点串珠成链、增珠成链,更新并提出与企业创新转型相适配的经营理念、管理理念、人才理念、工作理念,特别是号召全体干部员工凝聚"骨气、志气、勇气、士气、底气"同心五气,践行"平时看得见,关键时刻站得出来,危机来临时豁得出去"的京东方人才观,为实现极高志向奠定了坚实的思想和文化基础。

主要做法

心怀感恩,以"化不可能为可能"的骨气,坚定高质量发展信念

感恩之心位于京东方"立世三心"之首,30年来,京东方人感恩祖国、感恩伟大时代,始终以"胸怀理想、创业创新、强企富民"为基本文化精神,坚持胸怀"国之大者",将企业发展与国家民族进步融为一体,把企业愿景融入"中国梦"的实践中。在这一过程中,京东方曾经历无数艰难险阻和数次重大的生存危机,但凭借着"化不可能为可能"的骨气,京东方人坚定理想信念不动摇,补强短板、积极变革,坚定从容、化危为机,最终在高质量发展的道路上一次次挑战自我、突破自我:在产业发展上,破解"少屏无魂"之痛,推动构建产业新格局变革性实践;在产业布局上,融入国家"一带一路"倡议,助力中西部地区崛起;在产业链生态建设上,逐个击破行业发展瓶颈,并发挥龙头作用,助力业务融通带动和梯次提升;在创新发展上,围绕首都国际科技创新中心建设,为国家科技自立自强贡献力量。

心怀感恩,以"冲刺双千亿美元"的志气,熔铸高质量发展引擎

坚守感恩之心促使京东方人不忘立身之本,肩负起为中国式现代化和人类文明进步作贡献

的使命担当。2021年，京东方重磅发布"屏之物联"发展战略，旨在通过给屏集成更多功能、衍生更多形态、植入更多场景，让屏融入各个细分市场和应用场景，提供服务，创造价值，赋能增长，自此开启了探索中国式现代化"屏之物联"的生动实践，为高质量发展激发了主动精神力量。为将极高志向扎实落地，京东方确立了2030年营业收入和市值实现"双千亿美元"的战略目标，并通过坚持走市场化、国际化、专业化的发展道路，正道经营、竞争进取；通过确立"1+4+N+生态链"事业架构，明确企业业务发展的原点、赛道和着力点；通过平台化组织设计，建立起"三横三纵"运营管理机制；通过明确"一个、数字化、可视的京东方"数字化变革总体目标，加快数字化、智能化、平台化转型；通过提出"打赢半导体显示决胜战和物联网转型攻坚战"战略举措，致力于推动企业更高阶段的高质量发展。

心怀敬畏，以"创业创新创未来"的勇气，拓宽高质量发展路径

心怀敬畏，是认真勤勉、精益求精对待工作，日有所进；是与时俱进，深刻理解行业规律，主动求变；是深入一线，深度洞察市场本质，专心专注专业；是敬畏科学，秉持对技术的尊重、对创新的坚持，不断突破。而创业奋斗、开放创新、持续变革是京东方追求事业成功的常态路径。为此，京东方坚持"听党的话，走创新发展之路"，坚持不懈开拓高质量发展的最优路径：坚持以产品和技术创新推动企业发展，建立确保企业三十年持续领先的技术创新管理体系；坚持对产品和技术创新的高强度资源投入，强力激发创新活力；强化高价值专利发展规划和布局，护航主营业务行稳致远；2021年，京东方正式对外发布了中国半导体显示领域首个技术品牌，这不仅是中国半导体显示产业发展的重要里程碑，更开创了"技术＋品牌"双价值驱动的新纪元；同时，京东方坚持与行业伙伴协同创新，全力以赴解决产业链供应链安全问题，为科技自强做出更大贡献。

心怀敬畏，以"打赢两场仗"的士气，激活高质量发展动能

为了打赢半导体显示决胜战和物联网转型攻坚战，全体京东方人敬畏未知、敬畏规律，时刻保持空杯心态和归零心态，坚持开放吸收、全球视野，不断加深对行业规律和市场需求的洞察，不断以理论和实践的相互促进激发组织活力，提振组织士气。在物联网创新转型的新阶段，面对国际国内复杂的新形势，京东方充分利用五年、十年为期限的滚动战略管理机制，包括技术创新路线图和市场拓展路线图，以龙腾计划为载体，将短、中、长、远四个不同时间阶段的不同研究方向和业务实践有机连接起来，为企业正确地制定战略打下坚实基础。同时，通过持续学习，有针对性地从单点、局部突破，逐步扩大已知圈层的范围，实现企业和个人认识的迭代超越。在此基础上，充分总结提炼企业在新产业、新行业、新市场和新阶段经营管理的实践经验，形成科学的、系统的思想和理论，指导企业进一步地实践。经过不断地循环迭代，最终实现企业的经营管理由必然王国向自由王国的过渡，进而实现企业的基业长青和永续经营。

心怀超越，以"成为地球上最受人尊敬的伟大企业"的底气，厚植高质量发展沃土

底气是一种价值创造力，价值创造的主体和客体都是人。京东方坚持以人为本，就是秉持"英雄辈出、万马奔腾"的人才理念，就是坚持全力以赴推动客户成功的价值创造，就是实现"干事业，交朋友，长本领，练胸怀"的人生意义，就是持续推动京东方事业成功的底气所在和根本保障。一是通过深入理解和挖掘客户需求，以超越期望之心，将科学技术转化为生产力，提

供最佳用户体验，为客户创造价值，为全人类服务；二是坚持开发人才，激发团队的超越之心，设计鼓励自我变革、自我迭代的机制，营造自驱、自觉的人才成长环境，打造一支能参与全球竞争并获得胜利的战斗队伍；三是坚持在创业创新实践中选人用人，在人才标准方面，坚持"平时看得见，关键时刻站得出来，危机来临时豁得出去"的人才观；在人才使用方面，坚持"市场化、国际化、专业化"用人和"功名只向马上取""功成不必在我，功成必定有我"的能力导向和担当导向；在开发人才方面，坚持强力激发、系统赋能、快速成长，从制度上确保"有为才有位"，从激励上确保"有功才有赏"，从任用上确保"有能上，无能下"，形成全员创业创新的主人翁精神，以"英雄辈出、万马奔腾"之势，助推实现"成为地球上最受人尊敬的伟大企业"愿景，创造事业价值，成就人生意义。

实施效果

京东方通过以"三心五气"为内核的企业文化体系，坚持发挥文化的内驱力、生产力、价值力，打造了以文化凝聚力量、以文化催生动力、以文化促进高质量发展的生动局面。

文化铸魂，大企担当持续彰显

自创立以来，京东方坚守初心使命，按照"扎根北京、辐射全国、运营全球"的战略推动企业产业布局，持续重视产业生态韧性建设，为我国科技自立自强和北京市"四个中心"建设提供了重要支撑。历经30年专业深耕，京东方已发展成为半导体显示行业龙头，全球每4个智能显示终端就有1块显示屏来自京东方；在中华人民共和国成立70周年、中国共产党成立100周年庆典、北京2022冬季冰雪盛会等国家级重大活动中，京东方更以极高的政治站位和领先的创新科技，向世界展示了中国技术的实力和大国文化自信；同时，京东方积极发挥产业链链主作用，依托强大的数字化基础和工业互联网平台赋能上下游企业，全力推动显示行业从周期性向成长型转变，引领产业健康发展。

文化支撑，战略目标扎实落地

京东方是一家战略导向型的企业，并将企业文化、价值观作为京东方战略规划制定、执行和有效发挥作用的重要支撑。当前，京东方紧密围绕"屏之物联"发展战略，进一步完善发展模式，构建了"1+4+N+生态链"业务发展架构。"1"为半导体显示，是京东方所积累沉淀的核心能力与优质资源，是公司转型发展的策源地和原点；"4"为基于京东方核心能力和价值链延伸所选定的发力方向，是公司在物联网转型过程中布局的物联网创新，传感、MLED及智慧医工四条主战线；"N"为京东方不断开拓与耕耘的物联网细分应用场景，是公司物联网转型发展的具体着力点；"生态链"为京东方协同众多生态合作伙伴，聚合产业链和生态链优质资源，构筑的产业生态发展圈层。未来，京东方将坚定落实物联网转型战略方向不动摇，向着"成为物联网创新领域全球领先者"不断迈进，推动企业自身乃至数字经济的高质量发展。

文化内驱，核心能力迅速提升

京东方始终坚持弘扬"尊重技术、持续创新"的文化氛围，以此驱动技术与产品创新，以科技服务大众。2021年，京东方研发投入首次突破百亿元，同比增长31.72%。同时，坚持"以质为主、量质并举"的全球专利布局策略，目前已累计自主申请专利超8万件，其中累计自主申请

OLED（有机发光二极管）相关专利超2.8万件，有力强化了核心专利布局，并持续完善专利攻防体系。2022年，京东方排名IFI Claims美国专利授权量全球第11位，已连续5年排列全球前20名；并以1884件PCT专利申请量排列世界知识产权组织PCT专利申请全球第7位，连续7年进入全球PCT专利申请TOP10。此外，京东方深入推进ADS PRO、f-OLED、α-MLED三大技术品牌在客户端推广，实现了"技术+品牌"双轮驱动，目前已实现在8个品牌客户端产品落标，多款产品实现全球首发，持续引领行业以技术话语权与技术影响力打造领先优势。

文化赋能，企业发展提速换挡

在"三心五气"文化赋能下，京东方始终积极探索商业模式与企业架构的创新与优化，致力于以最优的发展模式实现经营效益最大化，回馈股东，回报社会。自2013年起，持续探索物联网转型道路，2016年提出"开放两端·芯屏气/器和"的物联网发展战略，2021年进一步确立"屏之物联"发展战略，充分发挥多年来在半导体显示领域积累的核心能力，抓住数字化时代"屏"无处不在的产业机遇，在不断赋能万千场景的同时，持续提升企业的价值创造能力。2021年，京东方全年营业收入2193.1亿元，同比增长61.79%，树立新里程碑，归属于上市公司股东净利润258.31亿元，同比增长412.96%，创历史新高；2022年，京东方在智能手机、平板电脑、笔记本电脑、显示器、电视五大应用领域出货面积继续稳居全球第一，拼接、车载等创新应用领域出货量位列全球第一，柔性AMOLED持续保持增长势头，出货量同比增长超三成，综合实力持续攀升，企业发展提速换挡。

文化聚力，人才队伍更加强健

30年来，京东方人将优秀企业文化薪火相传，牢固树立了永葆艰苦奋斗的实干精神，不断增强干事创业的责任心、使命感和对企业的认同感、归属感，最大限度凝聚了京东方人的智慧和力量。在此基础上，京东方不断强化人才管理与激励机制，通过职业经理人制度、契约化考核、股权激励、创新孵化等机制，充分调动各级人才的积极性、主动性和创造性；同时，始终放眼全球，坚持汇聚行业优秀人才，通过体系化培养项目，将人才培养贯穿于每一个京东方人职业生涯全周期，并通过不断强化人才的选、育、用、留体系，坚持打造高水平的人才队伍，推进公司长期稳定高质量发展。京东方秉承"市场化、国际化、专业化"发展原则，坚持全球化运营，目前外籍专家近400人，海外工作人员2600余人，这些人才为京东方的高质量发展做出了重要贡献。

近年来，京东方和其员工个人得到了相关方的高度肯定：2016年，京东方荣获"全国先进基层党组织"；2017年，荣获"北京市思想政治工作优秀单位"；2019年，荣获"全国五一劳动奖状"和"全国工人先锋号"等重要荣誉；2020年，荣获全国劳模模范3名，荣获省部级劳动模范5名；2021年，荣获"全国优秀党务工作者"1名；2022年，京东方董事长陈炎顺当选党的二十大代表。

主要创造人：陈炎顺　冯　强

参与创造人：郭华平　崔建凯　燕　军　周　虹

培育新时代"三坚"企业精神文化，为实现高质量发展赋能增效

西部矿业集团有限公司

企业简介

西部矿业集团有限公司（以下简称西部矿业集团）成立于2000年，总部位于青海省西宁市，由中国有色金属工业总公司锡铁山矿务局改制而来。2007年西部矿业集团旗下西部矿业股份有限公司在上海证券交易所挂牌上市。经过多年发展，西部矿业集团由单一的铅锌资源开发企业拓展成为集矿山冶炼、盐湖化工、文化旅游、建筑地产、金融贸易、科技信息六大产业为一体的大型企业集团，在全国11个省市区拥有40余家分公司、子公司。截至2022年年底，西部矿业集团资产总额690亿元，营业收入551亿元，保有有色金属资源储量1215万吨，贵金属资源储量黄金22.76吨、白银3365吨，黑色金属资源储量2.60亿吨，盐湖资源储量12亿吨，总资源量潜在价值突破1.2万亿元。西部矿业集团连续18年蝉联青海企业50强榜首，成为青海省唯一连续16年入围中国企业500强的企业，先后获得"全国脱贫攻坚先进集体""全国抗震救灾英雄集体""全国创建和谐劳动关系模范企业""国家技能人才培育突出贡献奖"等荣誉。

新时代国有企业先进精神要以伟大建党精神为引领，以振兴我国民族产业为使命，以提升我国国有企业竞争力为目标，以激发广大职工积极性、主动性、创造性为核心。西部矿业集团从祖国柴达木盆地启航，始终坚持以"矿业报国、振兴民族经济"为使命，历经多年发展培育形成"信念、忍耐、严实、奋进"的企业精神。奋进新时代，建功新征程。面对二次创业再铸辉煌的使命任务，紧紧锚定高质量发展首要任务，西部矿业集团新一届领导班子将西藏玉龙铜矿改扩建工程这个工业和信息化部有色行业规划重点项目作为再造一个新西矿的关键工程，面对新冠疫情突发等重重不利因素，仅用20个月时间便完成了这项投资近百亿的项目，在海拔4600米以上的藏东高原创造了高原工程项目建设的奇迹，也在这座国内品位最高的露天铜矿开发建设历程中孕育出"坚信、坚持、坚守"的新时代"三坚"企业精神文化，激励着全体干部职工不断自我提升、自我超越，向着建设国内一流现代化企业目标阔步前行。

坚信党对国有企业的领导，奏响高质量发展强音

习近平总书记在全国国有企业党的建设工作会议上指出，坚持党的领导、加强党的建设，是我国国有企业的光荣传统，是国有企业的"根"和"魂"，是我国国有企业的独特优势。

西部矿业集团深入贯彻习近平总书记关于国有企业改革发展和党的建设的重要论述，坚持党对国有企业的领导不动摇，狠抓国有企业党的建设不放松，以"两个一以贯之"为指南，以深化改革为主线，以作风建设为抓手，着力推动党建工作与生产经营深度融合，始终把提高企业效益、增强企业竞争实力、实现国有资产保值增值作为国有企业党组织工作的出发点和落脚点，坚持党建工作与生产经营同谋划、同部署、同推进、同考核，做到目标同向、措施同定、工作同步，全力推动党建工作与生产经营深度融合，按照"生产经营出题、党建工作破题"的思路，推进基层党建理念创新、机制创新、手段创新，以高质量党建工作推动各项生产经营任务落实，以改革发展成果检验党组织工作成效。

实践证明，坚持党的领导是国有企业高质量发展的根本保证。"十三五"以来，西部矿业集团总资产从448亿元增长到690亿元，增长54%；营业收入从331亿元增长到551亿元，增长66.5%；经营利润从亏损到持续保持高水平盈利，全员劳动生产率从90万元/人提高到389万元/人，达全国同行业一流企业水平。西部矿业集团旗下西部矿业股份有限公司、锡铁山分公司"绿色矿山"管理项目分别入选国务院国资委国有重点企业管理标杆创建行动"标杆企业、标杆项目和标杆模式"名单，"茶卡盐湖·天空之镜"入选国务院国资委国有企业品牌建设典型案例，青海西部镁业有限公司入选国务院国资委"创建世界一流专精特新示范企业"，均为青海省唯一入选的地方国有企业，真正成为全省国企改革发展的"排头兵"，奏响了高质量发展的西矿强音。

坚持矿业报国使命，勇担振兴民族经济重任

国有企业作为中国特色社会主义的重要物质基础和政治基础、我们党执政兴国的重要支柱和依靠力量，在为实现中华民族伟大复兴提供坚实物质基础方面具有不可替代的重要作用。西部矿业集团认真学习贯彻习近平新时代中国特色社会主义思想，胸怀"国之大者"，始终坚持把履行社会责任融入自身发展血脉，始终坚持以人民为中心的发展理念，着力探索企业与地方共融共建共享发展路径，用担当诠释"矿业报国，振兴民族经济"的初心使命。

坚持把保障和改善民生作为做好民族团结工作的出发点和落脚点，坚持"以产业促进就业，以就业改善民生，通过就业推动民族团结进步事业"的工作思路，每到一处投资开发，都聚焦驻地基础设施落后的短板，整合资金、创新举措，大力改善驻地道路、电力、饮水等情况，帮助解决实际困难问题，持续加强基础设施建设落实力度，各族群众的获得感、幸福感、安全感不断增强。仅在西藏玉龙铜矿改扩建工程中，以运输队的形式组织当地村民车辆参与工程建设，就为村民带来经济收益2.65亿元。自2015年以来，西部矿业集团已在少数民族地区投资超154.7亿元，少数民族地区各单位累计上缴税费67.25亿元，累计投入资金超4亿元帮就业、帮基建、帮振兴，真正擦亮了"国企姓党"的政治本色。

深入贯彻党中央关于推进乡村振兴战略的决策部署，坚决扛起国企履行社会责任的政治责任，把乡村振兴工作作为一项重要的政治任务抓紧抓实，结合自身优势和帮扶村自然禀赋，探索"产业扶贫"与"乡村振兴"有机衔接，全面有效推进农机产业帮扶，创新农业产业化帮扶模式，5个精准扶贫联点村全部如期脱贫走向致富路，一排排农家院落干净整齐、一条条水泥路穿村而过，见证了"精准扶贫"带来的巨变，向党和人民交出了一份满意答卷。

坚守奉献高原的赤子之心，共筑伟大复兴中国梦

家国情怀，映照着奋斗者的赤子之心、彰显着奋斗者的顽强意志、体现着奋斗者的奉献精神。20世纪80年代，7000多名青年从祖国各地不远万里来到锡铁山，在"地上不长草、风吹石头跑"的茫茫戈壁，从零起步，白手起家，历经数十年"与世隔绝"，怀揣奉献高原的赤子之心，坚守在高原戈壁、奉献在大山深处，默默无闻地在这座大山上用铁锹撬开沉寂了千年的宝藏，让铅锌矿石源源不断地运往国内一些大型有色金属冶炼厂，出口到美国、德国、澳大利亚、法国、瑞士、日本等国。到20世纪90年代末，锡铁山铅锌矿已成为全国最重要的两个铅锌矿山之一，为国民经济发展提供了重要的基础原材料。

一代人有一代人的使命，但西矿产业工人奉献高原的赤子之心却从未改变。"再造一个新西矿"，凝聚着几代西矿人的梦想，正是有了共同的理想，才有一致的追求和一致的行动。

随着我国经济社会发展对铜资源需求量的急剧攀升，西部矿业集团工人沿着先辈的足迹，怀揣着与他们一样奉献高原的赤子之心，逆势而上"问鼎"玉龙，从一无所有到铸出西藏自治区第一块电积铜，再到建成年产2000万吨铜采选规模的大型矿山……"拿下玉龙铜矿是我们矿业报国的担当，我们从锡铁山起步，我们有优势，我们必须上！"从荒漠戈壁到茫茫雪域，无不见证着西部矿业集团工人报效祖国的铿锵誓言。

玉龙铜矿所处位置气候极其恶劣，高寒缺氧，常年风雪，含氧量低，极端气温能达到零下40摄氏度，一次感冒或超负荷的体力劳动，都有可能诱发肺水肿，严重时威胁生命，在海拔4600米的高原进行投资规模大、安全技术要求高、环境保护标准严的项目，难度可想而知。可是最艰苦的工作却激发出向上生长的蓬勃力量，连续数十月不休假、无数个夜以继日、与家人常年分居两地、吃住都在建设现场、不按期完工不睡觉，嘴唇紫了坚持、手脚肿了坚持、头痛欲裂了坚持……狂风暴雪中，一次次声震云霄的拼搏呐喊，唤醒了沉睡万年的宝藏。2013年1月16日玉龙铜矿一选厂投产，开创了我国在4600米以上高原地区发展有色金属工业的先例；2020年12月18日玉龙铜矿改扩建工程竣工投产，2022年实现盈利35.36亿元，上缴税收8亿元，"再造一个新西矿"从梦想照进现实。

"坚信、坚持、坚守"，从锡铁山出发到分布全国11个省市区，西部矿业新时代传承孕育而生的"三坚"精神已成为最具优势的传承，指引着西矿人向着新目标、奋楫再出发，在同心共筑中国梦的伟大征途中留下自己闪亮的足迹。

主要创造人：张永利

参与创造人：李青云 刘 鹏 李广建

以"电力精神"为内核的企业文化建设

国网天津市电力公司

企业简介

国网天津市电力公司（以下简称国网天津电力）是国家电网有限公司（以下简称国家电网）的子公司，负责天津电网规划、建设、运营和供电服务，致力于为天津经济社会发展提供清洁低碳、安全高效的电力能源供应。供电面积1.19万平方千米，供电户数735.9万户。国网天津电力坚持以习近平新时代中国特色社会主义思想为指导，以钉钉子精神抓工作落实，以行动作无声的命令担当发展使命，努力在建设具有中国特色国际领先的能源互联网企业中站排头、作表率。国网天津电力党委获评"中央企业先进基层党组织"，公司连续六届获评"全国文明单位"，获评国务院国资委"创建世界一流示范企业"管理标杆，入选国务院国资委"双百企业"，获评"国家技能人才培育突出贡献单位"。

实施背景

"电力精神"是电网企业弘扬伟大建党精神的生动实践

伟大建党精神是中国共产党的精神之源，对我们在新的征程上传承红色基因、践行初心使命、创造新的历史伟业，具有重要指导意义。电力人必须将蕴含其中的理论真理、价值取向和实践伟力转化为精神动能，以忠诚担当、求实创新、追求卓越、奉献光明的具体行动，诠释伟大建党精神，践行国家电网人的初心使命。

"电力精神"是电网企业贯彻党中央决策部署的现实需求

国家电网是关系国家能源安全和国民经济命脉的特大型国有重点骨干企业，其优秀的企业文化是推动党中央决策部署落地落实的重要力量，必须以党内政治文化为引领，塑造出良好的先进的具有中国特色、行业特征、队伍特性的精神特质，使其成为国有企业胸怀"国之大者"、践行"六个力量"的内在追求和应有之义，成为国家电网人推动战略落地、干出精彩业绩的思想认同和价值取向。

"电力精神"是电网企业实现公司和职工队伍持续先进的内生动力

电网企业作为国有企业的重要组成力量，必须坚持聚焦政治属性，以共同的精神追求凝聚起团结奋进的动力、汇聚起高质量发展的势能，在成风化人、潜移默化中积善成德、积厚成势，将精神动能和先进特质内化为践行伟大建党精神的思想自觉，外化推动新时代党和国家事业发展的行动自觉。

主要做法

牢记领袖嘱托，坚定忠诚担当

坚持党的领导、加强党的建设，是国有企业的"根"和"魂"。国网天津电力始终坚持旗帜鲜明讲政治，弘扬先进文化、淬炼政治品格、传承红色基因，以"事事有回音、件件有落实"的实际行动坚决贯彻落实习近平总书记来津视察重要指示批示精神，引导广大职工坚定捍卫"两个确立"、坚决做到"两个维护"。

坚持党内政治文化引领。优秀企业文化的建设必须坚持以党内政治文化为引领。国网天津电力将企业文化建设纳入党建工作总体部署，制定《关于强化党内政治文化引领建设优秀企业文化的实施方案》，制订"旗帜领航·文化登高"行动计划，压紧压实各级党组织企业文化建设责任，形成党委统一领导、党建部门抓文化管理、业务部门抓文化承载、各党组织抓文化宣贯实践、全员共建企业文化的工作格局。

赓续百年电力红色基因。对光明的渴望是革命的原动力，也是电力事业执着发展的精神动力。国网天津电力充分利用地域和公司丰富的红色资源，成功培育全国爱国主义教育基地——天津电力科技博物馆，绘制红色文化阵地图谱，开展"文化融城"主题实践，形成覆盖全面的"红色教育阵地网格"。创新实施"红色基因、电力传承"特色主题实践，联动系统内6家基地线上联展"红色云展厅"，为广大职工追忆峥嵘岁月、感悟家国情怀提供"云端课堂"。

把握文化理念时代内涵。优秀文化的沁润能够让统一的精神追求成为员工内化于心、外化于行的价值认同。国网天津电力紧跟时代步伐，传承弘扬"电力精神"，在攻坚"煤改电"中站稳人民立场、在突破"老大难"电网工程建设中坚守公司使命，在"双碳"落地实践中解析文化密码，锻造凝练出"干在实处、走在前列""推土机精神"等队伍特质，为全面构筑国网精神、国网价值、国网力量注入新鲜动能。

强化融入融合，坚守求实创新

创新是一个民族进步的灵魂，也是一个企业实现跨越发展的动力源泉。国网天津电力挖潜企业文化价值创造能力，深化跨文化融合，锻造与一流企业相适应的创新文化软实力，为公司发展注入新力量。

培育守正创新的人才队伍。创新说到底是"人"的创新，"人"才是创新的源头活水。国网天津电力注重以文育人、以文化人，实施分层分众宣贯策略，精准化轮训专训、常态化宣讲辅导、广泛化知识竞赛，推动企业文化进基层、进班组、进站所。倡导精益求精、精耕细作的"工匠"精神，优化职工实践基地、创新成果孵化基地等多样化的工作阵地，鼓励职工在技术革新、创新创效等方面主动锤炼、提升能力，成为助推公司高质量发展的强劲力量。

塑造固本培新的价值观念。创新的本质就是突破，必须打破固有的思维定式，形成新的价值观念。国网天津电力创新企业文化"示范项目、重点项目、储备项目"三级项目化管控模式，有序推进安全、服务、创新、法治等专业领域文化建设，累计立项160个，打造"时光里的电力故事"等一批实践品牌。坚持培植创新思维，主动识变、应变、求变，开展一系列"双碳"创新实践，投运电力"双碳"中心，开展"文明润心 双碳赋能"文明实践，推动创新文化融入工作一线、赋能专业管理。

形成变中求新的行为共识。调动创新所需的各类资源，才能提高企业整体创新能力和创新效率。国网天津电力推动内外协同，聘请院士专家为高级顾问，与知名高校共建院士工作站、博士后工作站，推动形成"小创意"到"大项目"、"好成果"到"好效果"的创新闭环。打造"共生"政企关系，主动对接天津区域发展，建立市、区两级新时代文明实践基地17个，电力"双碳"先行示范区建设等20余项工作写入政府工作报告，创新成果如"雨后春笋"层出不穷。

推进群体先进，坚持追求卓越

伟大时代呼唤伟大精神，崇高事业需要榜样引领。国网天津电力将典型示范融入企业文化，培树践行"电力精神"的人格化典范，内化形成文化基因、思想共识和行为规范。

以先进精神感召人。先进典型为伟大建党精神做出生动而具体的诠释，树立起鲜明并充满人文个性的示范标杆。国网天津电力在培育出"时代楷模""改革先锋"张黎明的同时，注重分层分类分阶段选树先进典型，形成"看旗争优·对标黎明"等学习、实践、激励长效机制，营造"老典型常树常新、新典型层出不穷"良好氛围。近年来，培育省部级及以上先进典型近300人，形成点亮一盏灯、照亮一大片的辐射效应，将群体先进的势能积累转化为企业先进的源源动力，连续11年获得国家电网公司业绩考核A级。

以榜样力量鼓舞人。榜样是鲜活的价值观、有形的正能量。国网天津电力持续开展"身边最美、心中榜样""百名青马·百场宣讲"等主题宣讲，举办"劳模故事分享会""榜样直播间"，故事化、人格化地演绎榜样事迹，以身边事教育身边人。跨专业、跨单位开展"优秀人才师带徒""技术党课""标兵论坛"，学习优秀品质、传承高超技能，促进全体职工树立正确的思想和行为导向。

以伟大事业激励人。责任和使命是激励中国共产党不断前进的动力，也是中华民族精神的宝贵财富。国网天津电力以"功成不必在我"的境界育队伍、严作风、干事业，连续6年以干部作风大会开局全年工作，创新实施"1001工程"、变革强企工程、9100行动计划，积极创建世界一流企业，在干事创业中淬炼队伍品质，推动"个体先进"向"群体先进"拓展升级，相关经验获"央企党建优秀研究成果一等奖"，出版《从个体先进到群体先进》《电靓津沽》等图书。

践行初心使命，坚实奉献光明

强有力且深入人心的文化，能够将组织凝聚成一个团结的、具有极大吸引力和向心力的整体。国网天津电力聚焦履行"三大责任"，深度挖掘企业文化价值创造能力，推动企业文化价值理念转化为干事创业实际行动。

在大战大考中彰显政治担当。国有企业是中国特色社会主义的重要物质基础和政治基础，落实好"六个力量"是基本定位。国网天津电力围绕重大政治保电、急难险重任务，成立党员服务队、突击队，创建党员责任区、示范岗，鼓舞职工投身电力保供主战场、抗洪抗疫第一线、脱贫攻坚最前沿，不断增强基层党组织党员宗旨意识和责任意识，展现"顶梁柱、顶得住"的国企担当。

在攻坚克难中淬炼精神品格。企业发展实绩能够激励全体党员干部员工与企业同呼吸共命运。国网天津电力推动国家电网公司与天津市7次会谈、4次签署战略合作协议，鼓励职工在落实习近平总书记重要指示批示精神中、在推动能源革命先锋城市建设中，实现个人和公司发展同频共振。发布电力赋能天津高质量发展36项举措、出台"电十条""双十条"等百余项电力服务，实行"电等项目""限时办电"，以服务实践彰显使命初心。

在为民服务中点亮万家灯火。国有企业属于全民所有，是保障人民共同利益的重要力量。国网天津电力始终践行"人民电业为人民"的企业宗旨，打造"心连心"共产党员服务队品牌，128支共产党员服务队、2592名"红马甲"队员广泛开展文明实践。全国学雷锋示范点"黎明出发·点亮万家""大山里的红马甲"带动形成"旭日东升·点亮心灯""扶贫之花向阳开"等基层志愿服务品牌，深入企业、乡村、社区、学校等，开展惠民行动、扶助弱势群体、助力乡村振兴。

实施效果

国网天津电力推动以"电力精神"为驱动的优秀企业文化融入专业管理、基层工作、员工行为，驱动公司管理水平和发展质量不断跃升，将企业文化软实力转化为基业长青的硬实力。

公司高质量发展再上新台阶

在"电力精神"感召下，国网天津电力经营业绩逐年逆势提升，建成首个省级综合能源服务中心、国内首批挂牌城市能源大数据中心，建成零能耗智慧建筑，投运首批智慧能源小镇、全球首个零碳码头，津门湖新能源车综合服务中心获评国家级能源数字化示范工程，市委主要领导肯定国网天津电力树立了改革创新、奋发奋斗的样板，被中国工业经济联合会授予"全国首家企业可持续发展创新实践基地"，被政府誉为"城市名片"，创新"第一动力"加速成为"第一实力"，高质量发展态势基本形成。

电网高质量发展再现新突破

坚定不移走电网高质量发展之路，"十三五"期间，完成天津电网史上最大规模投资建设，历时三年竣工"1001工程"，35千伏及以上输电线路、变电容量分别增长120%、70%，500千伏双环网基本形成，新能源消纳率保持100%，供电可靠性等指标达到世界一流，电网智慧化水平国内领先。建设以"雪花网"结构为主体的国际领先型城市配电网，政府授权成立全国首家负荷管理中心。促成全国首个能源电力"双碳"先行示范区落户津门，争做能源清洁低碳转型的先行者、引领者、推动者。

员工高质量发展再添新动能

在"时代楷模"张黎明的示范带动下，"中国好人"王娅、"全国劳动模范"黄旭等一批先进模范大量涌现，呈现"人人学先、人人争先"喜人态势。以"事业不等人"的责任感和紧迫感，大力选拔敢于负责、勇于担当、善于作为、实绩突出的干部，专业齐备、梯次递进、充满活力的干部梯队基本成型，"有为者有位、能干者能上、优秀者优先"成为全员共识。广大干部员工只争朝夕、克难攻坚、奋发奋斗的劲头越来越足，"三个不相信"成为"口头禅"，实现"个体先进"向"群体先进"进而向"全体先进"拓展升级。

主要创造人：赵　亮　施学谦　赵东来
参与创造人：李统焕　赵　璐　周　楠

是钢铁就要成脊梁

——企业文化引领企业高质量转型发展

杭州钢铁集团有限公司

企业简介

杭州钢铁集团有限公司（以下简称杭钢集团）创建于1957年，是浙江历史上第一个现代化钢铁企业。杭钢集团风雨兼程66年，历经三次创业，现已发展成为一家以钢铁智造、现代流通为战略优势产业，以节能环保、数字科技为战略性新兴产业的"2+2"产业格局的大型现代企业集团。2022年杭钢集团首次入围世界500强，排名第336位。

实施背景

从填补浙江冶金空白，到书写浙江半部工业制造史；从曾经中国钢铁工业的"十八小"企业，到跨入世界500强行列；从昔日的"黑金刚"到今天的"绿巨人"，从"炼铁成钢"到"炼数成金"，66年来，杭钢集团形成了艰苦创业、自强不息的拼搏精神，敢闯敢干、敢为人先的创新精神，顾全大局、甘于奉献的担当精神，励精图治、百折不挠的奋斗精神的杭钢精神谱系，激励着杭钢人永不停息，在各个不同的历史时期不断超越自我、踔厉奋发。

主要做法

用党的理论创新成果统领企业文化建设

深入贯彻新时代党的建设总要求。坚持把政治建设摆在首位，全面落实"第一议题"和党委理论学习中心组学习巡听旁听制度，常态长效扎实开展党史学习教育。多措并举打造形成了一批主题特色鲜明、工作内涵深刻、创建措施具体、活动载体丰富、社会影响广泛的"锻钢铸魂、强链融合"党建品牌矩阵，一项党建课题被评为全国企业十大党建课题成果，三项党建品牌被评为全国企业优秀党建品牌，二项党建案例被评为全国企业党建创新优秀案例。落实清廉浙江、清廉国企建设部署要求，大力实施清廉杭钢建设"七大工程"，全力打造清廉国企建设高地。

深入学习习近平新时代中国特色社会主义思想。坚持不懈用习近平新时代中国特色社会主义思想特别是关于文化强国、文化建设的重要论述指导企业文化建设，推进学思用贯通、知信行统一，凝聚起坚定理想、锤炼党性和指导实践、推动工作的强大力量。坚持把政治监督摆在首位，巩固风清气正的政治生态。总结运用"四融八化"工作方法开展政治监督，构建亲清新型政商关系。构建组织人力、纪检监察、宣传、财务、综合监督、审计、风控、监事等部门工作协同联动机制，形成协作配合、信息共享、监督作用互补的大监督体系。

深入推进"全企一体、双融共促"工程。以实施国企改革三年行动和数字化改革为重要抓手，把党的领导落实到公司治理各环节，加快完善现代企业制度，推动制度重构、流程再造、系统重塑，逐步构建起权责清晰、管理科学、治理完善、运行高效、监督有力的治理体系，切实把中国特色现代企业制度优势转化为企业治理效能。

胸怀"国之大者"谋划企业文化建设

紧紧围绕国家重大战略推动企业文化建设。20世纪50年代初，浙江缺钢少铁的矛盾十分突出，在省委省政府"勒紧裤腰带，定要建个钢铁厂"的号召下，1957年，来自五湖四海的第一代杭钢人，抱定钢铁雄心、坚定产业报国之路，开始建设浙江省第一个钢铁联合企业。进入新时代，杭钢集团胸怀"国之大者""省之大计"，全面贯彻落实"一带一路"、长三角一体化、"重要窗口"和共同富裕示范区建设等战略要求，组织开展对标管理提升、"走出半山，发展杭钢""杭钢有什么，山区需要什么，我们能干什么"等大讨论，引导广大干部职工全面、准确、完整贯彻新发展理念。

紧紧围绕社会主义核心价值观推动企业文化建设。大力宣传践行社会主义核心价值观、浙里国资国企新风尚与开展杭钢精神再教育紧密结合起来，切实将主流价值融入职工思想政治教育之中，渗透到企业的生产经营方方面面，统一思想、凝聚共识，全面提升党员干部职工干在实处、走在前列、勇立潮头的精气神，推动习近平新时代中国特色社会主义思想在杭钢落地生根、开花结果，在忠诚拥护"两个确立"、示范引领"两个维护"上争当先锋、争做表率。

紧紧围绕创新驱动战略推动企业文化建设。"没有创新就没有思路，没有思路就没有举措，没有举措就没有出路。"20世纪90年代中期以来，杭钢相继提出"钢铁主导、适度多元""跳出杭州、发展杭钢"等重大战略思路。近年来，杭钢集团以科技创新引领全面创新，以数字经济引领现代化产业体系建设，努力推动杭钢加快新旧动能转换，激发企业创新发展的内在活力。2022年研发经费投入12.88亿元，同比增长20%。自2016年以来，建成33个省市级以上创新平台，获得国家和省级科技进步奖7项，国内外授权专利3111件。深入实施数字经济"一号工程"，聚焦数字基础设施构建者、数字应用开拓者、数字安全赋能者的定位，加快数字产业化、产业数字化步伐，积极打造半山基地"一镇两园三区"数字经济小镇，谋划建设以"十朵云"，着力打造智能制造、智慧水务、智慧环保、智慧供应链体系，企业发展动能进一步增强。

创新载体抓手巩固企业文化建设成效

整合内部文化资源。坚持职工主人翁地位，策划开展具有自身特色的各类文体活动，满足广大职工日益增长的精神需求。做精做好职工体育运动会、杭钢大讲堂、职工学堂、文体协会等平台，举办以"铸钢铁脊梁 扬时代新风"为主题的杭钢文化节，以及微党课大赛、"千个班组万名职工读好书"等活动，最大限度地满足不同职工群体的文化需求，不断增强企业文化的吸引力和感召力。

拓展文化宣传平台。建设浙江省党员教育示范基地暨杭钢文化展示中心、数字杭钢展示中心，办好"今日杭钢"公众号、《杭钢报》《杭钢》杂志，开展劳动模范、"最美杭钢人"等先进典型选树宣传活动，推出《涅槃》《蝶变》《杭钢价值》等文化产品，打造宁钢3A级工业旅游景区，同时加强与社会主流媒体、社会活动平台的交流合作，组织"媒体眼中的新杭钢"系列采访报道，承办"中国信息化百人会2022年峰会""2023全国企业文化现场会"等大型论坛活动，讲好杭钢故事、唱响杭钢声音。

培育清廉文化品牌。构建实施"清廉178"工作体系，形成了1个目标、7条路径、8个方面有效提升的"清廉178"清廉杭钢文化品牌，推动清廉文化深入人心。加强廉政风险防范，扎实推进清廉单元建设，以点带面推动清廉建设基础更加巩固，风清气正的干事创业氛围更加浓郁。教育引导广大党员干部职工坚定"干事且干净、干净加干事、干事能成事"的勤廉追求。

实施效果

文化引领产业转型升级阔步前行

杭钢集团积极响应中央供给侧结构性改革号召，打好转型升级"加减乘除"组合拳。2015年，以破釜沉舟的决心和勇气，用150天时间，壮士断腕全面安全关停半山钢铁基地，平稳有序分流安置1.2万人，同时，大力培育拓展节能环保、数字科技产业，退出房地产、医院、酒店餐饮业，剥离企业办社会职能，化解大量历史遗留问题，为杭州市提升城市发展能级做出巨大贡献，成为全国去产能的典范，被业界誉为"杭钢奇迹""中国形象"。

文化引领国企改革走在全国前列

全面完成国企改革三年行动10大类关键重点任务，杭钢集团的改革案例入选全国国企改革三年行动综合典型。近年来，杭钢集团在国有资产得到有效的保值增值的同时，积极承担好国有企业责任，全方位参与生态浙江、共同富裕示范区建设，与山区26县合作项目共计77个，总投资432亿元。《"双碳"引领，国企与山区共建生态产品价值实现共富快车道》入选全省共富最佳实践（第一批）。

文化引领企业综合实力显著提升

"十三五"期间，杭钢集团累计实现利润是"十二五"的5倍，实现了产能压缩、结构优化、平稳转型、效益倍增的目标。2022年杭钢集团首次入围世界500强，排名第336位。2022年杭钢集团全体干部职工经受住新冠疫情和市场两个严峻复杂形势的考验，实现营业收入2484.85亿元，其中战略性新兴产业营业收入同比增长56%。

新时代新使命新征程，杭钢集团将以习近平新时代中国特色社会主义思想为指导，秉承"以钢铁意志做人、建业、报国"的杭钢精神、"创造财富、贡献社会、造福员工"的企业宗旨、"是钢铁就要成脊梁"的企业文化，按照省委省政府和省国资委助力"两个先行"、建设"三个一号工程"的总体部署，聚焦高质量发展、竞争力提升、现代化先行，着力实施"十大落地工程"，力争到2027年实现"2346"发展目标，即拓展新能源、新材料两大新赛道，运作好杭钢股份、菲达环保、亚通新材三大上市平台，实现营业收入4000亿元、利润总额60亿元，为加快杭钢高质量发展、建设世界一流企业提供坚强保障！

主要创造人：张利明　陈文波
参与创造人：戚雄伟　廖桂雄　屠江　杨萃

以中华优秀传统文化为根基的中国式现代企业管理模式

宁波方太厨具有限公司

企业简介

宁波方太厨具有限公司（以下简称方太）于1996年在浙江宁波创建，作为一家以健康智能厨电为核心业务的幸福生活解决方案提供商，现拥有集成烹饪中心、吸油烟机、水槽洗碗机、嵌入式洗碗机、净水机、嵌入式灶具、嵌入式消毒柜、嵌入式微波炉、烤箱、蒸箱、燃气热水器等多条产品线，方太包括厨电、柏厨家居和海外三大业务，拥有FOTILE方太、米博、柏厨等品牌。

方太目前在全国已有员工超17000人。截至2023年3月，方太拥有国内授权专利超10000件，其中发明专利超2400件；上榜2022上半年全球智慧家庭发明专利TOP20；荣登中国民企发明专利授权量TOP10。2013年被国家知识产权局评为第一批国家级知识产权示范企业，2019年位居浙江省专利申请量10强企业前三名，并于2020年斩获省政府颁发的"浙江省专利金奖"。方太作为全国吸油烟机标准化工作组组长单位，引导行业标准制定，已参与修订、制定各项标准130余项，已发布的标准90余项。

实施背景

党的十八大以来，习近平总书记深刻把握新时代历史方位，以坚定的文化自觉、宏阔的历史视野、深远的战略考量，就文化建设提出了一系列新理念新思想新战略，引领中华文化创造性转化、创新性发展，推动中华文脉绵延繁盛、中华文明历久弥新。改革开放初期，中国的第一代企业家做企业的目的大多还停留在"追求利润"的阶段，但40多年过去，"怎样才能让中国企业长期发展"则成为当代企业家需要解答的新问题。

2008年，方太开启了全面导入中华优秀传统文化的学习和践行之路，逐步解决了中西文化之间的冲突，构建了中西合璧的文化体系。2018年至今，方太不断完善自己的企业文化体系，除了核心理念、践行体系，还提炼出成为伟大企业的基本法则，它们共同形成了方太文化的管理体系。在践行中，方太还沉淀了组织修炼、三大剑法、三大行为、方太领导力等具有方太特色的管理方法，并通过方太文化研究院等平台助力企业学习中华优秀传统文化，迈向伟大企业。

主要做法

方太自 2008 年开始导入中华优秀传统文化，至今已有 16 年。在此过程中，方太形成了独具特色的"中学明道、西学优术、中西合璧、以道御术"的方太文化管理体系，掌握了高质量发展的主动权，为企业长期发展注入了勃勃生机。

方太文化体系分为三部分，即核心理念、基本法则、践行体系。

方太认为，伟大的企业有四大特征：即顾客、员工、社会责任和企业经营，对应企业长期发展的四个关键词，这是方太文化管理体系的"干法"，也是方太"文化即业务"的呈现和结果。

顾客得安心

顾客得安心要求方太视顾客为亲人，让亿万家庭幸福安心。方太要打造无与伦比的顾客体验，让顾客动心（打动人心）、放心（没有忧虑）、省心（不用操心）、舒心（令人愉悦）、安心（幸福安心）。为了达成上述目标，方太以创新立美、品质立信、成本立惠、品牌立义四个维度延展出不同的文化和落地干法。

创新立美是为顾客创立美好生活的第一动力。方太提出了"创新三论"，即创新的源泉是仁爱，创新的原则是有度，创新的目标是幸福。从"使命型思维"出发，将聚焦人性关怀的"仁爱之心"作为创新的源泉和驱动力，捕捉顾客需求，激发创新活力，驱动真正的创新，最终带来业务上的突破，真正"改善"世界，是中国商业智慧＋产品理念＋顾客洞察的最佳聚合点。

品质立信是为顾客建立无限信任的根本保障。方太用仁爱之心，造中国精品，包括产品品质、服务品质、流程品质、工作品质四大内容。由此，方太建立了独特的品质方针：视顾客为亲人，视品质为生命，坚持零缺陷信念，人人担责，环环相扣，把事情一次做对，用仁爱之心和匠心精神，造中国精品。

成本立惠是为顾客确立高性价比的重要根基。方太坚持推行"至诚服务"的理念，倡导"及时、专业、用心"的服务方针和"顾客永远是对的""以顾客感动为第一标准"的服务原则，面向顾客推出了特色的服务项目和专业的服务产品，面向员工落实服务战略并建立服务文化。

品牌立义是为顾客铸立价值意义的强大拉力。2015 年，方太提出了"因爱伟大"的主张，无论是品牌短片、广告宣传片，还是明星代言，品牌主张不仅融入其中，同时也向顾客展现了品牌的文化魅力。

员工得成长

方太视员工为家人，让全体方太人幸福成长，实现物质与精神双丰收，事业与生命双成长。幸福成长归根是心灵的成长，主要通过以下四个维度展开，即关爱感化、教育熏化、制度固化、才能强化。

关爱感化，即通过营造四感——安全感、归属感、尊重感、成就感环境，超越员工期望，激发员工自主意识。方太建有全面薪酬福利体系，包括环境＆发展、薪资、福利和分红，充分考虑了员工的物质获得及心理感受，从生活和援助、健康和安全、娱乐和关怀、学习和假期等方面给予员工全面保障，有近 50 项关怀福利，关注员工心理健康，坚持"礼乐文化"传承，坚持尊重和激励员工。

教育熏化，即通过教以道德因果，培养行为习惯，唤醒员工自主行为。教育熏化包含领导垂范、人文教育、行为落地、分享宣传四方面。方太秉承"为政以德"的管理思想，强调文化在管理中的影响力，干部要做"四铁四前"干部；从方太理念、道德/因果/政治/师徒教育、中医文化、明师讲堂、幸福人生、方太春晚、党建文化工作来实现人文教育；"五个一"行为、价值观行为、关键业务行为，与"心、道、德、事"上的修炼实现行为落地；通过多种形式的分享、会议、考核等达到教育熏化的目标。在方太，党建工作不断地在实践中探索，在探索中创新，在创新中规范，形成方太红色密码——"12355"党建体系。即，"1"个核心理念：党建工作核心是服务员工、服务企业、服务社会；"2"大功能定位：让党建成为企业的"助推器"和"润滑剂"；"3"项基本重点：企业思想建设、干部队伍建设、党员作风建设；"5"结合"5"服务：党建文化与企业命运教育、企业文化、干部队伍建设、企业生产经营和工会工作相结合，为明确方向鼓舞斗志服务。

才能强化，即通过培训知识技能，实施双线发展，培养员工自主能力，主要通过才能培训、岗上实战、师徒传承、知识管理四方面落实。才能强化更多关注的是员工管理技能和专业技能的提升。方太学校开发并优化了诸多文化课程，提升员工心灵品质的提升，并设计了系统化的五大人才培养项目，包含阳光计划、群星计划、起航计划、飞翔计划、巅峰计划，针对五个不同层级的员工，依靠文化来修己、安人、理事。方太的"五级双通道"任职资格体系，每个员工都可以根据自身特长和意愿，选择向管理通道或专业通道方向发展，员工只要努力，就能晋升。

制度固化，通过约以制度规范，激以激励机制，养成员工自主行为，包含礼乐规范、行为规范、政策制度、激励机制四方面，约以制度规范，激以奖励惩罚，帮助员工养成自主行为习惯。方太制定了《方太员工手册》，将员工的行为过错分为ABC三类，并对界定和处分形式进行了详细的规定，在C类过错中，坚持"不强调经济处分，强调教育作用，激发违纪者羞耻心"及"不贰过"，重大违纪违规行为也大幅减少。

社会得正气

自2006年起，方太开始发布第一份企业社会责任报告，并确立了方太的企业社会责任方针：遵守法纪、弘扬道义、诚信经营、和谐发展。围绕企业使命、愿景和价值观，方太不断升华企业社会责任的内涵，并扩大实践深度和广度，形成了方太社会责任观：法律责任、发展责任、伦理责任、慈善责任。

经营可持续

方太形成了经营管理的"四要素"，即战略管理、运营管理、人文管理、风险管理。方太倡导"中西合璧"的管理方法。方太认为，企业高效执行有四个要素：领导、战略、运营、人文。其中，根在领导、源在战略、要在运营、本在人文。

方太通过"三大战略"进行落地，即定位战略、发展战略和竞争战略。基于"企业三观"，方太始终坚持"高端化""专业化""精品化"的定位。

方太通过开展"工匠文化节"，以技能比武、标杆学习、好师徒评选、文艺晚会等形式打造"工匠精神"；通过卓越绩效管理体系通过从日常6S管理、QCC（品管圈）管理、提案改善、现场管理等基础管理开始，到进一步参照评价标准制定管理目标并找出差距，最后参照质量奖评审要求，持续进行改善，达到运营管理的要求。

方太创建了"文化作用显著加大、精细与空间并存、复杂与简单平衡、自利与利他统一"的人文管理系统。在组织管理方面，方太则通过组织修炼实现可持续性增长。在干部管理方面，方太提出了一套极具特色的干部管理体系，从确立干部"三观"、建立干部选拔标准、培养"火车头"干部等人才队伍等，落地人文管理。

方太建立了比较完善的风险管理制度，成立了企业风险管理委员会。委员会下设企业风险管理办公室。方太在发展过程中建立了完善的合规体系，全方位监督企业的行为是否符合各项法律法规；做到领导垂范，创始人严守法律底线；把合规文化融入企业文化，融入管理的每个环节，内化于员工心中；财务与业务辩证统一，财务融入业务中。

落地"文化即业务"

方太文化管理体系的落地，主要通过抓住"人"和"事"两条线，以实现高层次的文化即业务。文化和业务是"一"不是"二"，文化是业务的发心和方式，业务是文化的呈现和结果。在"人"方面，主要在修炼内功，提升心性水平；在"事"方面，业务流程和行为上遵循"时常洞察和调整业务的发心和方式，使之符合文化的要求"的原则和方法。方太从中提炼出文化落地"1+3"模型：一个目标——实现更高层次的"文化即业务"；三项重点工作——分层级的识别发心和方式；建立和运作文化落地虚拟组织；通过一"五"（五个一）一"十"（十个法）提升组织能量。

实施效果

从经营成果与竞争能力来看，方太在厨电领域深耕 27 年，保持健康持续稳定发展，2017年，成为"厨电行业首家百亿企业"。2022 年实现营业收入 162.43 亿元，同比增长 4.86%，新冠疫情三年集团累计增长 48%。方太市场份额 2022 年占比 25%，中高端市场占比约 35%。方太员工素质逐年提升，前四年员工违纪行为每年下降 50%，在内部形成了良好和谐的共事氛围。义工、公益活动、日行一善等良善行为在方太蔚然成风。此外，在孝敬父母方面，员工在问候父母、带父母旅游、回家看望父母、倡导父母中医养生等方面都成为十分普遍的现象。

在社会效益方面，方太已累计纳税 111 亿元，每年捐赠超千万元。方太与 3000 多名志同道合的公益同行者，跨越 13 个省市，建成 26 所国学图书室。"我陪孩子读经典"项目已在全国 31 个城市建立超过 45 个国学推广基地，开展 500 余场活动，使 3500 多组家庭受益，线上线下辐射人数超过 230 万；方太联合社区发展公益组织、权威学术机构等共同起草了《幸福社区共建指导意见书》，联合首批 13 家共建单位正式构建"幸福社 45 区共建公益计划"，并推动幸福社区共建公益联盟成立。2021 年方太开展"母亲暖心邮包"公益项目，对慈溪地区的 567 名困境儿童连续 3 年提供帮扶；分 3 年完成对布拖县 3959 名困境儿童的帮扶。2022 年，该项目共计发放邮包 1789 份，共计金额 94 万元。

方太通过向顾客提供高品质的产品和服务，打造健康环保有品位的生活方式，传播中华优秀传统文化，让亿万家庭享受更加美好的生活，实现幸福圆满的人生。方太将继续坚守打造中国高端品牌的初心，以中华优秀传统文化为基，在探索中国式现代管理经验的道路上，贡献更多方太力量，与更多企业一起，迈向伟大企业的宏伟愿景！

主要创造人：茅忠群

地方国有资本投资运营公司以"融"文化为核心的创新文化建设实践

青岛西海岸新区融合控股集团有限公司

企业简介

青岛西海岸新区融合控股集团有限公司（以下简称融控集团）成立于2018年11月，是山东省青岛市积极实施国家战略和区域发展战略，西海岸新区深入推进国资国企改革的践行者。从成立伊始，融控集团便扛起了战略性新兴产业集聚、对外开放合作交流、城市开发建设、国企高质量发展"四个主力军"的时代任务，深度践行经略海洋、融合创新国家战略。融控集团总资产从成立之初的660亿元增长到2437亿元（截至7月底）；营业收入、利税始终保持30%速度增长，连续三年位列中国服务业企业500强（2022年列216位）、山东省百强企业（2022年列83位）、山东服务业企业50强（2021年列16位），连续两年获评"山东社会责任企业"，荣获"2022年度山东省首批总部企业"等荣誉称号。

"融"文化体系构建与落地

"融"文化体系内涵：四个文化内核——使命（R）、融合（O）、创新（N）、卓越（G）。

使命驱动——R（Responsibility）。融控集团是顺应数字化潮流和国资国企改革而诞生的一家国有企业，一个天然的使命型组织，一手托"发展之责"，一手托"社会之责"。坚持市场化经营。围绕推动战略性新兴产业集群融合发展，推动国有资本优化和布局调整，主动扛牢产业报国、产业兴市的使命担当，助力青岛市打造中国北方半导体及光电显示产业集聚区和发展新高地，以及为青岛市突破攻坚实体经济、推动新旧动能转换贡献了国资国企力量。勇担社会责任。在城市建设、民生保障、乡村振兴、社会公益等方面以实际行动展现国有企业的特殊社会价值。

融合发展——O（Open）。融控集团自诞生起就肩负着军民融合、产业融合、城乡融合等战略使命，融合发展天然地成为融控集团的战略思想和文化要素。融控集团充分运用平台思维，在全球范围内整合汇聚资源，充分利用股权直投、产业基金等方式，项目总投资千亿元，培育出集成电路产业园、光电显示新材料产业园两个青岛市重点建设的新兴产业"千亩园区"，推进重点项目37余个，多项技术自主研发水平国内第一、居国际领先水平，解决关键核心技术的"卡脖子"问题。融控集团创新发展"政府引导、企业主导、市场化运作"招才引智模式，打造地方国有企业、服务型政府双招双引工作的创新经验。融控集团党委坚持以习近平新时代中国特色社主义思想为指导,切实发挥党委把方向、管大局、保落实的政治领导和政治核心作用,构建了党建共建新模式。党委坚持"国有资本投资到哪里,党的建设就覆盖到哪里"的理念,先后与37家合作单位共同搭建从党委到党总支、党支部、党小组、党员的五级共建体系。

创新未来——N（New）。融控集团作为服务国家战略、肩负重要领域创新任务的主体,在科技创新、商业模式创新、运营模式创新、管理创新等方面走出自己独特的路子。在科技创新方面,推动产业"国产替代",维护了我国半导体产业链供应链安全;在招商引资方面,将过去供地招商转变为标厂招商,首先为项目企业"量身定制"厂房、办公用房和配套公寓等,再以不高于市场价格租赁给项目企业使用,最后项目企业通过收购股权或其他形式收购代建的工厂和设施,开启"筑巢引凤"运营新模式;在商业模式创新方面,打造新旧动能转换消费新业态,实现了国有资本优势和民营机制优势的完美叠加和互利共赢。管理创新方面,全面实施"一线工作法",搭建"战时"总部,机关部室全部"移师"一线办公;领导班子成员每天巡视现场,基层项目负责人就地述职;集团资金财务、招投标等部门现场办公,打通项目建设"最后100米"。"一线工作法"助力重大项目提速,被40余家媒体相继报道。

追求卓越——G（Great）。追求卓越,就是努力做到更好。"100分只是及格,倍增才是优秀",这是融控集团始终追求卓越、实现快速发展的座右铭。2022年,融控集团实施"目标倍增工程",集团本部超额完成倍增计划目标,其中固定资产投资完成111.6亿元,是年度目标任务的223.2%（产业类固投占比85.5%）；完成地方税源1.06亿元,是年度目标任务的426.8%；招引落地重点产业链20亿元以上大项目6个,完成内资额70亿元；完成外资额2.8亿美元,是年度目标任务的140%。融控集团围绕产业链布局创新链,建立"科创委＋研究院＋科创平台"的科技创新体系,主攻芯屏科技、高端装备、生命健康和新经济等方向。目前拥有专利、软件著作权等知识产权210项,参加制定国家、地方和行业标准18项,实施科技攻关项目35项。在资本运营领域,组建总规模270亿元11只基金,战略投资双星集团、复旦大学国家大学科技园、转转科技、青岛保税物流中心等项目,培育独角兽、高新技术及专精特新、新旧动能转换重点企业40余家,其中拟上市企业11家,蹚出了一条国有资本投资运营公司的创新路径。

坚持党建引领、文化赋能的工作理念

打造党建引领的企业文化体系。融控集团始终坚持党的领导和加强党的建设是国有企业"根"与"魂",笃行"产业报国初心",打造以"忠诚担当,融合创新"为内核的"融"党建品牌,坚持政治统领、思想强基、组织协同、阵地示范、反腐倡廉,把党建基因融入文化,引领广大干部职工始终以"时刻心中有党、始终肩上有责、奋力作中有为"的思想自觉和行动自觉投入日常工作中,做到忠诚、干净、担当,做到靠得住、拉得出、冲得上、打得赢。

树立文化赋能的高质量发展目标。国有企业的性质和使命决定了国有企业的企业文化必须讲政治、有党性。融控集团的"融"文化,就是党建工作与企业文化建设同向融合发展的创新,是以党建为引领、以实干为支撑、源于新时代国有企业特质的使命型文化。其中的忠诚、担当、实干、使命、融合、创新、卓越等文化内核,激励着融控集团坚持党的领导、加强党的建设,把先进文化的基因嵌入公司治理结构,深入公司决策、执行和监督各环节,以文化的先进性指引方向、凝聚人心、鼓舞干劲,赋能企业内涵式高质量发展。

"融"文化融入管理，赋能企业高质量发展模式

"融"文化融入战略，为企业高质量发展擘画蓝图

发展战略性新兴产业是国家战略，也是山东省青岛市产业高质量发展的客观要求，还是融控集团经济效益新的增长点，而赛道的精准选择对于投资结构优化、产业升级发展至关重要。融控集团作为国有企业，始终融入国家战略，精准选择"芯屏"等战略性新兴产业赛道，勇担"使命"、"融合"发展、"创新"开拓、追求"卓越"，"融"文化的核心理念在融控集团的战略实施中得以很好的体现和落实，并深深地打上了"融"文化的烙印。

"融"文化融入选人用人，为企业高质量发展提供智力支持

人才是企业的第一资源，企业应在核心价值观的指导下科学合理地选育用留各类人才，建立公平合理、有效激励的考核体系和薪酬体系，着力于用优秀的企业文化营造鼓励人才干事业、支持人才干成事业、帮助人才干好事业的良好环境和氛围，不断加强员工的认同感和归属感。

融控集团践行"有为就有位，有为才有位"人才理念，从责任担当和未来发展战略高度规划谋划人才发展工作，突出市场化、专业化和国际化，拓展公开选聘机制、创新柔性引才机制。推进实施"思想淬炼、政治锻炼、实干锤炼"和"专业训练、导师带练、市场历练"双重锻造计划，培育企业家队伍、高层次人才队伍、技能型人才队伍"三支队伍"。在选人用人机制方面，融控集团有不少创新之举：以"库"聚才，坚实智力支撑；以"产"引才，促进产才融合；以"业"育才，实现人企共生。

"融"文化融入创新变革，为企业高质量发展注入活力

一个企业的文化基因中如果没有创新基因，领导者和员工就会陷入孤芳自赏、闭门造车，不会有与时俱进、保持对外界变化敏感的思维，企业自身的不足与劣势就会被忽视，使企业停滞不前甚至被淘汰，而具有创新意识的企业会永远充满活力。

融控集团从成立开始就自带创新基因，推动高水平开放创新，聚焦以科创引领下的国有资本投资运营，建立科学规范的项目投融资机制和投融资体系。在融入国内国际双循环发展格局中抢抓机遇，在参与战略性新兴产业中实现和提升企业价值，资产规模、营业收入、利税年均增长30%以上，成为引领和助推青岛市新旧动能转换和经济社会高质量发展的重要力量，打造出一系列创新的"融控"模式，在青岛市、山东省乃至全国推广。在科技创新、管理创新、文化创新、商业模式创新、投融资机制创新等方面开展大胆尝试并成绩斐然。

"融"文化融入制度建设，为企业高质量发展提供软硬约束

大家都知道，制度也是生产力，好的制度让人向好向善，而坏的制度能让好人变恶。企业要坚持把企业文化核心理念植入企业管理机制，在制度中体现文化内涵，实现制度刚性约束与文化柔性导向的优势互补。一方面，建章立制的背后需要精神、价值和主张的认同；另一方面，先进理念背后需要制度的支撑，两者相辅相成。

融控集团作为国有资本投资运营平台，大力推动制度建设向体系建设升级，在党建、战略、生产经营、人力资源、科技管理、品牌建设等方面制定了一系列制度，以完善的制度保障企业高质量发展。比如，在党建方面，出台了意见、制度及方案71项，涵盖组织网络、学习教育、目标责任、廉政作风、文化精神五大制度体系，形成汇编类、流程类、指引类成果100余项。这些

制度在不同层面、不同领域体现了"融"文化的内涵，同时，以激励与约束的方式，有效促进"融"文化的协同高效落地。

"融"文化融入品牌塑造，为企业高质量发展树形象赢口碑

一个知名品牌的背后一定有优秀的企业文化来支撑。文化是品牌的灵魂，只有文化融入品牌塑造全过程，品牌才能在精神层面上达到与合作者、消费者的情感共鸣并满足其精神需求，品牌的竞争力才会越强。

融控集团在国际国内范围整合资源，开展跨区域、跨行业合作，不断输出优质品牌和创新管理，获得社会各界的广泛认可和好评。成立4年多来，各项工作被市级以上媒体报道400余篇次。此外，还通过举办2022年黄河流域跨境电商博览会、工商企业峰会、青岛创新之夜、高端装备制造产业招商推介会、海工创新论坛、生物医药产业专题推介会和打造海上嘉年华城市新地标、启用上海城市会客厅、承办"中国美食节"、举办融合之夜品牌文化活动等，不断提升企业品牌形象和知名度。

"融"文化融入社会责任，为企业高质量发展打造命运共同体

天人合一，达则兼济天下，是中国文化精神的独有追求。国有企业除了政治责任和经济责任外，应该同时关注对社区的贡献、对弱者的扶助、对生态的积极影响等，为实现共同富裕助力，"社会效益"也是现代社会评价企业的重要标准。

近年来，融控集团主动投身产业发展和乡村振兴，交出了一张张高分民生答卷，彰显了国企社会责任。

资本力量助力乡村振兴。投资控股乡村治理德育模式运营公司，让乡村善治样本走向全国；建设融合富民行动运营中心，搭建青岛西海岸新区农村资金、资产、资源交易平台"富民通"；派驻"第一书记"联镇帮村，为村庄修路打井改善环境，建设文化驿站助力乡村非遗传承。为民情怀保障民生工程。在重点基础设施项目G204国道改扩建工程中，为保护约2600年历史的"长城之父"齐长城，宁可投资多花4亿元，工期拉长一倍至两年半，舍与得之间，折射出国企的使命担当；承担竹岔岛生态保护与修复、灵山岛陆岛码头改扩建、双积路整治等一系列民生工程。感恩之心彰显家国情怀。新冠疫情中累计减免小微企业和个体工商户房租4000余万元；连续多年开展东西部协作对口帮扶、城乡文明共建等，连续两年获评"山东社会责任企业"，企业主要负责人荣获"2022山东社会责任企业家"荣誉。

主要创造人：高树军
参与创造人：任永贵　王辉娟　张　栋　丁　瑜

弘扬"四种精神",做实"四个环节",闯出"成事"之路

黑龙江省农业投资集团有限公司

企业简介

黑龙江省农业投资集团有限公司(以下简称农投集团)自组建以来,集团党委一直高度重视从思想、思路层面破题,不断地推进创新发展,从党建、文化、经营和管理全领域以创新优化顶层设计、提升战略布局,集团党委坚持以企业文化创新发展来促进思想政治工作的扎实开展,进而助推企业大发展、快发展。企业文化是一个企业的灵魂,是成功企业凝聚思想、形成共识、打造核心竞争力的重要支撑。一个成功的企业,不只是实现业绩上的成功,更要实现经济与文化一体化发展的成功。

实施背景

欲事立,须是心立。健康的思想价值体系、优良的企业文化能够为企业提供文化引导、凝聚员工集体意识,促进企业与员工形成发展的利益共同体,提升企业核心竞争力,树立企业良好形象,助推企业高质量发展。

农投集团成立于2019年1月,是黑龙江省委省政府成立的七大产业投资集团之一,是黑龙江省农业产业投融资服务平台和对外合作承载平台,是实施"农业强省""生态强省"战略的重要抓手,保障国家粮食安全的重要工具。面对众多新划转企业组建成的新集团,聚集人心统一思想、迅速形成战斗力的客观需要,培育和塑造属于农投集团自己的企业文化成为迫切之需。农投集团自2019年成立伊始,集团党委就高度重视企业文化的功能作用,全力打造企业文化软实力,集团党委坚持把打造具有自身特色的企业文化作为思想政治工作创新发展的切入点和着力点,大力弘扬长征、亮剑、三牛、工匠"四种精神",努力践行"成事"文化。农投集团党委在尊重历史沿革、大力倡导市场观念和现代企业意识的工作方针指导下,结合集团地域和行业属性,不断提炼培塑的"创新""敢""干""成事"为核心的农投文化,为集团量身创制一套完整、具有农投特色的企业形象识别系统(CIS),以企业形象识别系统(CIS)为基本结构,分别从理念识别系统(MI)、行为识别系统(BI)和视觉识别系统(VI)完成了农投企业文化体系的构建,为农投集团在生产、经营中树立传播品牌形象、企业形象奠定了坚实基础。以"立即就干,马上就办,干就干好,办就办成""干事成事"和高效执行力为鲜明特征的农投文化成为传播企业理念、展示企业形象、规范企业行为、凝聚企业力量的重要载体,使集团从起步之初就打破了传统老国企的思想桎梏,形成了农投人共同的精神追求和鲜明的企业性格,为践行"四个农业"助力龙江振兴的光荣使命提供了有力保证。

主要做法

用长征精神凝聚思想，营造"想干"的氛围

"想干事"的意愿是"干成事"的前提，唯有"想事"的激情，才能催生"干事"的闯劲、收获"成事"的业绩。工作中，我们始终把营造"想干"氛围摆在前面，以信仰、坚韧、战斗的"长征精神"践行使命。农投集团以"让龙江农民更幸福、让龙江农业更强大、让龙江农产品更有市场竞争力"为使命，省内对标北大荒、全国对标中粮、全球对标"ABCD"四大粮商，用远景目标、远大志向来凝聚合力、激发动力。农投人每天在成事文化环创的熏陶之中，每季度以"成事"为主题开展系列宣讲活动，每年企业日都重温使命、牢记初心，以此焕发"领跑意识"、培育"抢跑精神"。农投集团上下主动谋事干事蔚然成风，勤勉敬业、只争朝夕已经成为习惯。

农投集团创新考评机制文化，激发"干事成事"动能。农投集团将能力作风建设作为干事成事企业文化的重要手段，通过建立"四个体系"落实能力作风建设，制定集团《"亮旗评豆"考核评价办法》，"旗"管过程，"豆"看结果，根据月度工作完成与否"亮旗"，根据年度工作完成总量"评豆"。落实"以结果为导向，以成事论英雄"的成事文化。建立限时推进机制，坚持月调度、季通报，倒排工期、挂图作战，确保按时完成任务。为集团总部各部门、各权属企业列出工作清单，量化工作指标，明确进度要求和时间节点，细化考核评价办法，对不同部门和不同企业科学划分"赛道"。实施"亮旗"考核机制，以业绩评"黑豆（不合格）、蓝豆（合格）、橙豆（良好）、红豆（优秀）"，公开晾晒，形成了加快发展、高质量发展、跑起来发展、换道发展的良好氛围。农投集团以"55555目标体系"和"44321治企方略"开新局，推动"保险+期货"模式上升为全省高度、"农业大数据平台"和助力县域经济高质量发展取得重要成果，农投方案被写入"农业强省"规划，彰显了农投人在"新长征"路上"除了成事、别无选择"的坚定信仰。

用工匠精神提升能力，练就"会干"的本领

日日行，不怕千万里；常常做，不怕千万事。集团组建初期，就立足于打造一个有梦想、有信仰的企业，力求把每位员工培养成为企业家、成为各自领域的"工匠"。在员工选聘上，坚持年轻化、专业化、市场化原则多渠道选配干部，着力打造汇聚公务员、海归、大型央企和上市公司高管的人才队伍。农投集团坚持人才兴企。自组建4年以来，共吸引企业家人才53人，培养专业技术技能人才501人。实行首席科学家制度，聘请我省水稻专家潘国君为首席科学家，解决种子"卡脖子"问题。聘请股权投资协会会长刘国超为首席资本运作专家，解决"金豆子"企业上市问题。聘请清华大学博士陈林为首席乡村振兴顾问，解决资源资产化问题。在员工管理上，通过"三项制度"改革激发内生动力，实行员工绩效薪酬与企业经济效益、部门考核、个人考核三挂钩，有效提高管理效能。这一切都是为了造就一批能成就农投未来的"工匠"。正是"工匠精神"赋予了农投人专注敬业、精益求精的内在特质，潜心铺就着企业高质量发展之路。

用亮剑精神锤炼作风，激发"敢干"的气势

成事就要有"敢干"的担当。农投集团始终以"立即就干、马上就办"的执行观为内在驱动，在"六大板块"构建、产业项目扶贫、加强对外合作等方面取得了显著成效，而每一次变革

的背后，无不与"敢于直面挑战、永不退缩"的"亮剑精神"充分契合。农投集团坚持打铁先要自身硬，为成事敢于刀刃向内锻造过硬人才队伍，把企业文化建设与人才队伍建设相结合，以"三项制度"改革为抓手，以营造干事创业氛围为导向，深化干部人才鼓励激励改革，完善绩效薪酬分配体系，实现全员绩效考核，绩效考核人员覆盖率为100%，并逐年提高浮动工资占比，充分体现了激励和公平的原则，浮动工资与公司利润总额和个人绩效考核结果相挂钩，严格兑现奖惩，打破平均主义，实行"差异化薪酬"，形成了人员"能进能出"、干部"能上能下"、薪酬"能增能减"的良性选人用人机制。

积力之所举，则无不胜也。在处理历史问题上，农投集团毅然剑锋内指，借力作风整顿把定利上缴、贸易占款、消灭亏损企业等问题盯紧压实，成立专班、集中办公、建立台账、销号管理，要求各级领导干部"说真话、干真事、出真招""不迈四方步、不当老好人、不做老油条"，应收尽收、锱铢必取。发挥巡察"利剑"作用，扎实开展内部巡查、形式主义官僚主义整治，深化运用监督执纪"四种形态"，形成利剑高悬的高压态势。发扬啃硬骨头作风，下决心开展扭亏增盈专项行动，一些困扰集团发展的顽疾逐步解决。正是"亮剑精神"赋予了农投人干事成事的勇气，在困难与挑战面前从容不迫、有效应对。

用"三牛精神"坚定信念，实现"干成"的目标

育新机、开新局，离不开知难而进的勇气。回望农投集团发展之路，本质上就是不断攻坚克难的过程。四年来，农投人以孺子牛、拓荒牛、老黄牛的"三牛精神"服务"三农"，在"简简单单、干干净净"的氛围中奋力奔跑，把"不要口号，要结果"作为成事之要。2020年，农投集团组建不足一年的时候，在突如其来的新冠疫情面前，集团一边严密部署疫情防控、一边抢抓疫情带来的新机遇。农投集团召开所属企业经营分析汇报会，对各权属企业经营情况逐一问诊把脉，提前布局抢抓"后疫情时代"新机遇，发力线上营销，激活线下配送，为百姓提供粮油等生活物资送货上门服务；开辟"老总直播带货"新路径，引入网红直播带货新营销模式，着力提升农投集团"金谷农场"品牌影响力。正是"三牛精神"赋予了农投人乐观、执着的精神品格。

实施效果

农投集团在省委省政府和省国资委的坚强领导下，积极探索和践行"成事"文化，并取得了一定成效。农投集团成事文化在省国资系统做了典型经验分享，荣获"新中国成立70周年·新时代企业文化标杆70强""2020年度新时代企业品牌文化先进单位"，以及"小康路上一起走！"脱贫攻坚国企在行动图片微故事征集活动"优秀组织单位"等荣誉称号，由农投集团选送的企业宣传片被评为"第七届最美企业之声"最美形象之声优秀代言作品。农投集团被中国文化管理协会授予2021年度"新时代企业文化建设先进单位"，农投集团企业宣传画册获评"最美企业品牌代言作品"。

当"成事文化"与企业发展同轨并进，大批干事成事典型事例在农投集团沃土中涌现。农投大数据科技有限公司积极探索"农业大数据+金融科技"模式，成功开发了"黑龙江省农村金融服务平台"，并在全省53个试点县上线运行，成效明显。截至2023年，服务各类涉农经营主体累计达100万个，农民贷款年利率由7.5%降至信用贷款年利率5.4%、抵押贷款年利率5.004%，

累计发放涉农贷款总量超过 1400 亿元，累计节约利息达 50 亿元。受到中华人民共和国农业农村部高度肯定，受到国务院第七次大督查通报表扬，在全省乃至全国范围内产生了良好的反响，2022 年该平台已经走出黑龙江，为山西省农民进行服务。2022 年 8 月 15 日，农投集团发起并承办的黑龙江大农业投资交流会暨农业品牌发布会在哈尔滨举办。这是近年来，全国农业产业领域规格最高、规模最大的投资交流盛会，是构建全国粮食统一交易大市场、助推建设全国统一大市场的开拓创新之举。会上，共签约项目 87 个，签约总额 1516.5 亿元，硕果累累！

企业文化的生命力在于落地，引领力在于践行。一件件在"成事"文化带领下完成的农投实践，正在证明农投集团以踏石留印的力度推进企业文化与生产经营融合。

农投集团以成事文化引领企业发展，用扎实业绩践行习近平总书记"中国粮食，中国饭碗"的殷殷嘱托。自 2019 年成立至今，农投集团营业收入四年四大步站稳了百亿企业新台阶。2022 年实现营业总收入 144.3 亿元，连续三年超百亿元，利润总额 1.298 亿元，连续四年超亿元；农投集团居全省百强企业第 22 名，中国农业企业 500 强第 96 名。2022 年，以智慧财务、共享财务为核心的集团财务信息化建设成效显著，5 个单位和个人获全国荣誉称号，3 个单位和个人受到省级表彰；农投集团旗下"金谷农场"以品牌价值 408.13 亿元荣登 2023 年中国 500 最具价值品牌榜第 243 位；2022 年 11 月 21 日，黑龙江省委书记、省人大常委会主任许勤到集团数字农业产业园宣讲党的二十大精神时，对集团迅速落实省委省政府建设"四个农业"总体部署，高标准建设"好粮油"展厅，全方位展示"四个农业"取得的成果给予高度肯定。

农投集团自组建四年来，从集团组建之初的步履维艰，到一路奔跑跃升为百亿级企业，农投人以企业发展实绩诠释了"创新""敢""干"的"成事文化"，把奔跑姿态作为工作常态，把迈出的每一步都当成关键的一步，让农投集团的发展定格在驰而不息奔跑的道路上。农投集团将继续坚持"以结果为导向、以成事论英雄"，推动企业提质增效、转型升级和高质量发展，用优异成绩助力黑龙江农业强省建设。

主要创造人：常玉春　郝雪岩
参与创造人：侯庆雄　樊成博　赵博言　张玉彬

中华优秀传统文化"两创"的企业实践

山东鲁泰控股集团有限公司

企业简介

山东鲁泰控股集团有限公司（以下简称鲁泰控股）位于儒家文化发源地山东省济宁市，是一家集化工、能源、新材料、供应链物流、管理输出、资源开发于一体的国有大型现代化企业集团。鲁泰控股成立于2002年7月，现有员工6000余人，拥有21家分子公司。扎根孔子故里，犹有洙泗遗韵，鲁泰控股始终坚持在企业改革发展过程中传承弘扬以儒家文化为代表的中华优秀传统文化，实施"文化强企"战略，构建"德兴"文化体系，探索了中华优秀传统文化创造性转化、创新性发展的"鲁泰实践"。

实施背景

中华优秀传统文化是中华文明的智慧结晶，是中华民族的独特精神标识。鲁泰控股认真汲取中华优秀传统文化的思想精华和道德精髓，将文化从"用"提升为"体"、从强企手段提升为立企根本，明确以传承弘扬中华优秀传统文化为企业文化特色。

齐鲁大地深厚文化底蕴为传承弘扬好中华优秀传统文化提供了沃土

作为中华优秀传统文化重要组成部分的齐鲁文化，源远流长。儒家"兼济天下""经邦济世""为天地立心，为生民立命"的责任意识和担当精神；道家"人法地，地法天，天法道，道法自然"的人生智慧；《易经》"天人合一""生生不息""通变致久"的哲学思维是中华传统文化的思想精髓。鲁泰控股历来重视这种独特地缘文化的传承与吸收，将传统文化的精髓融入企业文化管理，特别是企业"德兴"文化建设中，成为"德兴"文化的灵魂和思想依据。

企业高质量发展历程为传承弘扬好中华优秀传统文化奠定了基础

鲁泰控股《2013～2020年中长期发展规划》，确立了煤基和盐基两链并举、打造循环经济体的"一体两翼、循环发展"战略，提出建设"百亿鲁泰、千万吨鲁泰"发展目标，科学编制实施了"十三五""十四五"发展规划和新旧动能转换"34436"重大工程规划。2013～2022年，鲁泰控股累计实现营业收入401.72亿元，年均增长13.92%；实现利润23.91亿元，年均增长28.28%；实现利税54.48亿元，年均增长13.65%，企业高质量发展的丰硕成果为传承弘扬好中华优秀传统文化奠定了坚实物质基础。

主要做法

文化"两创"方针是文化自信和文化自觉的充分体现。鲁泰控股深入挖掘中华优秀传统文化"富矿",多措并举,有的放矢,推动文化"两创"既能"登峰"有亮点,又能"落地"可化人,在实践中华优秀传统文化"两创"新标杆中走出一条国有企业"鲁泰路径"。

把中华优秀传统文化内涵融入企业发展战略

中华优秀传统生态文化积淀丰厚、博大精深,对于建设生态文明、推进人与自然和谐共生的现代化具有重要启示和借鉴意义。鲁泰控股集团按照"一体两翼、循环发展"总战略,积极践行绿色循环生态发展模式,让低碳成为最鲜明的特质,让绿色成为最亮丽的底色。深耕循环经济,打造绿色低碳园区,培育形成以盐基、煤基两链并举的循环经济产业体,实现绿色低碳循环发展,鲁泰化学被山东省列为重点培育的循环经济示范企业。推行绿色开采,建设绿色矿山,实现矿区环境生态化、开采方式绿色化、资源利用高效化;鹿洼煤矿获评国家级"绿色工厂""绿色矿山";太平煤矿厚煤层分层膏体充填开采技术达到国际先进水平。打造绿色工厂,推行清洁生产,实现废水零排放、大气无污染、固废再利用,鲁泰化学获评市级"绿色工厂",鲁泰热电获评市级生态环保先进企业,鲁泰建材获评国家级"绿色工厂"。

把中华优秀传统文化内涵融入企业安全生产

我国勤劳智慧的古代先贤,在征服和利用自然,追求人类文明发展的进程中,不断探索并积累了宝贵的安全经验。这些安全智慧是中国传统文化的重要组成部分。春秋以后,重视人的价值、人的生命和人的生存,逐渐成为中国传统文化的主流。《周易·系辞传下》说:"安而不忘危,存而不忘亡,治而不忘乱,是以身安而国家可保也。"《三国志》也说:"明者防祸于未萌,智者图患于将来。知得知失,可与为人;知存知亡,足别吉凶。"鲁泰控股认真汲取中华民族居安思危、思患预防的优秀传统,总结提炼"33320"安全管理模式(三预:预想、预警、预防;三严:严查、严惩、严控;三重:重树、重奖、重用,实施精准培训和全过程考核两个机制,实现安全零事故),安全管理基础稳固提升,推动安全生产管理由防事故向控风险、由"人盯人"管理向科学化、精益化管理转变。"33320"安全管理模式获评"山东省煤炭企业管理现代化创新成果二等奖",为山东省煤炭企业安全管理提供了可学习和借鉴的成功经验。

把中华优秀传统文化内涵融入企业经营管理

中华优秀传统文化蕴含着丰富的道德理念和规范,如天下兴亡、匹夫有责的担当意识,精忠报国、振兴中华的爱国情怀,崇德向善、见贤思齐的社会风尚,体现着评判是非曲直的价值标准,潜移默化地影响着中国人的行为方式,对企业管理极具借鉴意义。鲁泰控股充分挖掘优秀传统文化蕴含的经营之道、管理智慧与治世得失,使企业更好地迈向"义利统一、德福一致"的良性发展轨道。鲁泰控股秉持着"以人为本""约束与激励"共存的思想文化理念,建立起企业生产经营、绩效管理的制度体系,为职工建立了"六险二金"保障体系,保障职工的合法权益;落实工效联动考核制度,积极推进宽带薪酬管理制度,建立全员企业年金制度和在岗职工团体补充医疗保险;建立管理、专业、技能三通道职位发展体系,把个人的成长道路与企业的发展需要紧密结合起来,多通道努力发展自己的职业生涯。举贤任能作为传统文化中选拔人才的重要思想。鲁泰控股严格执行领导干部任用"四重四不"(重品德、重知识、重能力、重业绩;四不,即不分籍贯、不讲关系、不论从何单位调入、不搞以人划线)、"四个不唯"(不唯学历、不唯职称、不唯资历、不唯身份)的公平的选人用人机制,实现"以人选人"向"以制度选人"的转变,让员工人尽其才、才尽其用,在企业发展中实现梦想、精彩人生。鲁泰控股坚持"言而有信"理念,把以信用立企、制度治企作为企业的立身之本和发展之基,坚持以诚相待、重信守诺;在队伍合作中,坚持互相尊重、包容并蓄,取长补短、精诚合作,做到集团与合作方合作发展、互利共赢。实施"走出去"战略,积极在新疆收购煤炭资源,煤炭储量新增10亿吨以上,年生产能力突破千万吨;创新"轻资产"运营,走出去托管煤矿,输出"管家式"管理技术服务,年创边际收益近亿元。以鲁泰化学为"链主",延链、补链、强链,与七彩化学、山东亘元实施强强联合。

把中华优秀传统文化内涵融入企业文化建设

中华优秀传统文化具有永不褪色的时代价值。鲁泰控股充分挖掘"鲁""泰"优秀传统文化元素,形成了具有鲁泰特色,集"弘扬齐鲁文化、传承泰山精神"于一体的鲁泰控股德兴文化体系。儒家崇尚的"修、齐、治、平"理念,丰富了"德兴"文化的定位;道家"道法自然"遵"天时"、得"地利"、谋"人和"的人生智慧,提升了鲁泰控股的文化品格。博大精深的传统文化,成为德兴文化的灵魂和思想依据。鲁泰控股出资1500万元,率先在济宁市管企业中建设了党性教育基地、廉政教育基地、传统文化教育基地,三个基地总面积近3000平方米。"三大基地"全部纳入济宁市党员教育现场教学基地、入选"灯塔——党建在线"教育资源库;党性教育基地获评"山东省党建文化宣教方式创新示范基地"、济宁市"爱国主义教育基地"、济宁市党史教育基地;传统文化教育基地获评"山东省企业文化建设示范基地""全省石化医药系统职工传统文化教育基地""中国文化管理协会企业文化创新实践教学站"。

把中华优秀传统文化内涵融入企业和谐发展

主张和谐,是儒家文化一向强调的中庸方法论于现代管理艺术中的重要启示,它提倡大同稳定、和谐相处。和谐是企业发展的至高境界,和谐是员工群众幸福之源,人与企业、社会相融相合、共生共荣才是和谐的真谛。以"人心和善、家庭和睦、生活和美、人际和顺、人企和谐"为和谐理念,是"基业长青、幸福鲁泰"的出发点和落脚点。鲁泰控股先后获评"山东省劳动关系和谐企业""济宁市AAAAA劳动关系和谐企业""济宁市五一劳动奖状""济宁市十佳职工信赖职工之家"、首届全省能源系统"十佳职工信赖职工之家"称号,成为国有企业和谐建设的一张名片。

把中华优秀传统文化内涵融入企业党建提升

鲁泰控股将传统文化中"志道忠诚""礼法合治""和而不同""崇德尚廉"等思想应用于国有企业党的建设,是推进中华优秀传统文化创造性转化、创新性发展的重要抓手。鲁泰控股认清"两创"的本质要求和内在规律,着力创新融入政治建设、思想建设、组织建设、作风建设、纪律建设和制度建设,使党员和党组织成为忠实继承和弘扬中华优秀传统文化的先锋模范和坚强堡垒。一是融入党的政治建设和思想建设。以履行党建工作责任制为抓手,充分发挥领导责任,将习近平总书记对于优秀传统文化的重要论述,尤其是强调党员干部学传统文化的重要论述纳入党委理论学习中心组学习计划,写入党员年度教育培训要点。推动企业党员干部在学习中国古代政德楷模的过程中,深化对理想信念和国家责任的理解,进一步坚定马克思主义信仰。二是融入党的组织建设和作风建设。在组织建设上,严格落实党委前置程序,发挥党委政治核心和领导核心作用。党委会前的充分沟通、会上研究讨论的民主集中、会后的严格执行和有效监督,党委领导作用有效发挥,更加强化"促落实"作用。三是融入党的纪律建设和制度建设。在纪律建设上,一方面，必须始终坚持严格政治生活这个根本，通过用好中心组学习、述职述廉、报告个人重大事项等抓手，严明党的政治纪律和政治规矩，规范党内政治生活。另一方面，强化廉洁修身文化理念，通过文件学习、案例分析、课题研究等多种形式教育实现党规党纪教育全覆盖、廉洁教育全覆盖、警示教育全覆盖，在企业职工中形成崇德尚廉的共识，使廉正之风在职工心底扎根。同时，制定贯彻执行党内监督条例实施办法，深化巡视整改"回头看"，强化审计内控监督，规范企业经营秩序，严格财务纪律，避免违法现象。在制度建设上，坚持不懈做好民主生活会、组织生活会、民主评议党员等基本制度的建立与完善，建立健全经常性督查指导机制，加大监督检查力度，通过自查自纠、集中抽查、专项检查、日常督查等方式，定期督查党建工作，保证党建工作常抓常实。目前，鲁泰控股根据驻地济宁深厚的传统文化底蕴，在"红色领航、赋能发展"党建品牌引导下，呈现出党员政治信仰更加坚定、党员理论武装更加坚固、党员组织力量更加强大、党员作风形象更加积极、党员纪律规矩更加完善、党员制度执行更加有力的良好局面。

实施效果

"两创"领航，企业扬帆。文化"两创"在鲁泰控股的深入实践，产生了巨大的"化学反应"，有效提升了企业的凝聚力、竞争力和社会影响力，企业发展建设再上新台阶。

企业整体传统文化意识明显提升

文化"两创"方针在鲁泰控股的生动实践，为国有企业发展建设注入源源不断的精神动力。鲁泰控股着眼以文化人、以文育人、成风化俗，将优秀传统文化落在企业精神文明建设上、落在职工群众的心坎上、落在日常工作行为习惯养成上，擦亮了"鲁泰人"文化名片。现在，企业全体干部职工安全意识、安全行为、安全素质不断巩固加强，安全管理实现"要我安全向我要安全"的转变。"德兴文化"外具匠心、内有乾坤，形成了文化品牌，传播更多承载齐鲁文化、中国精神的价值符号，对于提升鲁泰控股文化软实力、助推文化强企建设，具有深远意义。通过多措并举践行文化"两创"，切实发挥企业得天独厚的人文地理优势，自觉承担起举旗帜、聚民心、育新人、兴文化、展形象的使命任务，为企业高质量发展建设夯实了文化基础。

企业竞争发展优势更加凸显

化工新材料产业，拥有自主知识产权的石墨烯PVC注塑料、硬质导电料、高抗冲料、软质导电料4个系列7种产品的中试工作，并逐步推向市场。能源产业，"资源+"实现重大突破，成功收购矿井总资源储量8.25亿吨、可采储量5.08亿吨的新疆白杨河煤矿，奠定了未来100多年的发展基础。供应链物流稳步推进，供应链金融、供应链物流、供应链增值服务逐步展开。控股上市公司黄山胶囊，加快国有经济布局优化和结构调整，推动国有资本和国有企业做强做优做大，提升企业核心竞争力。2022年，鲁泰控股经营业绩取得历史性突破，营业收入、利税、上交税费分别同比增长20.71%、52.02%、69.02%。对标全国国资系统大型企业绩效评价28项指标，11项高于优秀值。净资产收益率、资本增值保值率、应收账款周转次数分别高于全国大型国有企业优秀值4.79个百分点、7.52个百分点和28.7次。

企业品牌形象显著提升

2022年鲁泰控股名列中国煤炭产量50强第49位、中国石油和化工企业500强第236位、中国能源（集团）500强第330位。外部信用评级达到AA，入选2022年度第一批省级总部企业，被山东省国资委确定为省国有企业现代企业制度建设示范企业。获评"中国煤炭职工思想政治工作研究会思想政治工作先进集体""山东省企业文化建设示范基地""2021年度山东省企业党建文化典范单位"、中国文化管理协会"新时代党建+企业文化示范单位"等荣誉称号。"德兴"文化成果荣获"中国煤炭职工思想政治工作研究会优秀企业文化成果二等奖""山东省思想政治工作研究会优秀成果三等奖""山东省企业文化学会新时代最具竞争力企业品牌"。《人民日报》《经济日报》《中国产经新闻》《中国改革报》《中国煤炭报》《大众日报》，以及人民网、新华社客户端、山东电视台、"学习强国"等对集团公司改革发展和党建工作进行宣传报道，提升了企业知名度和美誉度。

主要创造人：李合军　张新华

参与创造人：张敬民　王来文　于　涛　霍瑞芬

高科技企业以人为本为核心的"双尊"文化的构建与实施

武汉长盈通光电技术股份有限公司

企业简介

武汉长盈通光电技术股份有限公司（以下简称长盈通）是一家成立于2010年的民营企业，专业从事特种光纤光缆、特种光器件、新型材料、高端装备和光电系统五大类产品的研发、生产和销售，产品广泛应用于航空航天、智能电网和海洋监测等行业，服务于各大军工企业与科研院所。

创业13年来，长盈通在董事长兼总裁皮亚斌的带领下，由创业初期的9人发展到现在的500多人，共同筑造初具规模的特种光纤器件产业园，总资产由635万元增长到14亿元，近三年复合增长率超过20%。

长盈通是国内光纤陀螺惯导系统核心器件领域的龙头企业，是湖北省支柱产业细分领域隐形冠军培育企业。2022年12月12日，长盈通成功登陆上交所科创板，被市场誉为"光纤环第一股"。

实施背景

长盈通自2010年成立后不久，根据民营企业的体制、人员结构、担负的使命任务、生产经营的产品、面临的形势和机遇及所处环境，特别是针对西方对核心关键技术制裁"设卡"、对关键原材料和生产设备封锁"禁运"而带来的风险和挑战，由董事长兼总裁皮亚斌的提议，从企业高质量发展的战略高度，集体讨论确定了以人为本的"双尊"文化，即以"尊重员工，让员工有尊严"为核心的"尊重"和"尊严"文化。

"双尊"文化是长盈通"服务军工、产业报国"的"进军号"

早在长盈通创建前夕，现任长盈通董事长兼总裁的皮亚斌，根据自己创业前在国内多年从事光纤到户工作的实践，敏锐地判断光纤陀螺是国家战略发展的方向。

创业初期，长盈通只有9位员工、600万元资金、300平方米的租赁厂房，一缺资金、二缺设备、三缺市场，而且，当时的光纤环是"四无"定制化产品，即，无国际标准、无国家标准、无军用标准、无行业标准。

面对技术难攻关、设备难突破、材料难掌握，前无标杆、后无退路的严峻形势，长盈通人依靠"双尊"文化的激励，发扬艰苦奋斗、自力更生和不畏艰险、顽强拼搏的精神，进一步坚定"服务军工、产业报国"的理念，坚持战略自信、文化自信、技术自信、产品自信、服务自信，为完成"为光传递信号和传输能量提供最佳解决方案"的使命，实现"致力于成为光纤环行业领导者"愿景而努力奋斗。

"双尊"文化是长盈通"聚集精英人才、锻造核心竞争力"的"集结号"

作为一家服务军工的民营企业，长盈通深知企业生存发展靠人才、科技创新靠人才，攻克"卡脖子"核心技术更需要人才。但是，初创时期的长盈通，由于基础差、底子薄，资历浅、名气小，不仅人才招聘难，保住人才也难。

为了有效地解决"人才荒"难题，长盈通经过审时度势，分析研究，认准只有运用以人为本的"双尊"文化这一法宝，满足马斯洛人才需求层次理论中第四层的尊重需求，激发员工的主人翁精神、以厂为家无私奉献的精神、与企业同命运共成长精神，以此吸引人才、聚集人才、管理人才和激活人才，打造出一支德才兼备、能征善战的精英人才队伍，不断提高企业的核心竞争力，同心同德、群策群力攻克"卡脖子"难题，促进长盈通高质量发展。

"双尊"文化是长盈通"创新驱动发展、攻克'卡脖子'难关"的"冲锋号"

长盈通创建初期，主导产品军用惯性导航系统中光纤陀螺的核心敏感器件——保偏光纤环，在惯导系统应用中占比不足10%。其主要原因，一是决定光纤环品质的绕环用保偏光纤的性能、绕环设备的精度、绕环胶水的特性，以及光纤环的设计和绕制工艺被西方制裁"卡脖子"；二是关键原材料和生产设备被封锁"禁运"。加之国内的光纤环绕制技术不成熟，成品率低，使之无法满足军方对精度和工程化应用的要求。

为了攻克"卡脖子"难关，撕开"禁运"封锁，长盈通加大了"双尊"文化的力度，引导员工明确关键核心技术是要不来、买不来、讨不来的，必须依靠自力更生、自主创新的道理，激励员工树立不畏艰险、顽强拼搏和科技创新、永攀高峰的精神，实施创新驱动发展战略，踔厉奋发、奋起直追，展开了一场群众性的突破"卡脖子"关键核心技术的攻坚战。

主要做法

党建引领，定向"双尊"文化

长盈通党支部经常组织党员及全体员工进行党史、党章和党的重大会议精神学习，参观红色教育基地、祭扫烈士陵园，瞻仰领袖故居。2021年7月1日，组织全体高管和党员在党员活动室开展主题党日活动，庆祝中国共产党诞辰100周年，重温过去100年中国共产党带领全国人民，走向独立、民主、富强的奋斗之路；2022年10月，组织党员和员工学习领会党的二十大精神；2023年5月，组织党员和员工开展学习贯彻习近平新时代中国特色社会主义思想主题教育……从而，使党员及全体员工进一步筑牢了信仰之基、补足了精神之钙、把稳了思想之舵，坚定了"双尊"文化建设的正确方向，促进"双尊"文化建设深入发展。

领导垂范，置顶"双尊"文化

立法定规。长盈通将"尊重员工，让员工有尊严"的"双尊"文化作为企业的核心价值观，写入了"宪法式"的《员工手册》，使"双尊"文化成为长盈通全员必须遵循的法规。并纲举目张，制定出实施推进"双尊"文化的各项制度和计划。

健全机制。长盈通建立了党支部、职能部门和工会共青团等群团组织三位一体、分工合作、齐抓共管的"双尊"文化建设机制，即，由党支部挂帅，总裁办、人力资源部等职能部门统管，工会、共青团等群团组织负责实施抓落实。并根据分工分别制订"双尊"文化建设责任制，通过职代会、员工意见箱、员工恳谈会等形式监督反馈，使"双尊"文化建设贯穿到生产、经营和管理的各个环节及全过程。

严格制度。长盈通在实施"双尊"文化的实践中，逐渐摸索总结出一套行之有效的推进"双尊"文化建设的管理模式和制度。一是周例会议事制度，将其视为推进"双尊"文化建设的平台，该制度自长盈通成立起，十几年来从未间断；二是持续开展各类总结与表彰工作，总结经验、表彰先进，在荣誉墙上大力宣传优秀员工及事迹；三是开展年度"长盈通杯"竞赛，评选一年里在生产、技术和管理上实施"双尊"文化所取得的成效，对成效优异者予以嘉奖；四是在经营活动中引入联想的"复盘"工具，总结得失，不断提升实施"双尊"文化水平；五是重视流程制度建设的重要性，强调完善的流程制度是企业基业长青的财富。

宣传推广，普及"双尊"文化

一是对内加强灌输和引导。长盈通将"双尊"文化写入《员工手册》，印刷在《长盈通》内刊、笔记本等资料上；制作成标语牌、橱窗树立在厂区显眼处，悬挂在车间、食堂和活动中心等公共场所，让员工随时随地能学习、感知和理解"双尊"文化。长盈通将"双尊"文化的宣贯工作与周例会、月度评优、季度团队建设、年度总结表彰、员工访谈、业余文化健身等活动结合起来，引导员工融入"双尊"文化，进一步增强责任感和使命感。

二是对外加强宣传和沟通。通过《公司简介》《产品手册》《长盈通》内刊、接待宣讲PPT、网站和微信公众号等宣传媒介，以及利用召开股东大会，参加专业展会和学术交流活动与客户、供应商、合作伙伴、政府的拜访接待等活动的机会，宣传推介长盈通"双尊"文化，扩大长盈通的影响力，提升长盈通的美誉度。

三是高管以身作则言传身教。在实施"双尊"文化中，长盈通高管层以各种活动为契机，通过座谈、探访、演讲、研讨等形式与员工进行双向沟通，宣贯"双尊"文化，有力地推进了"双尊"文化建设。

重视人才，赋能"双尊"文化

一是引进人才。长盈通以"在光电领域具有持续创新能力"为研发战略，将"研发是企业的明天"定为企业的经营理念之一，将自主创新作为企业发展的核心竞争力和驱动力。为实现技术自主创新，长盈通在"双尊"文化指引下，不拘一格引进各类人才。先后从湖北省化学研究所、英国南安普顿大学、英国诺丁汉大学等高等学府和科研院所引进了大批高分子、光电、高端装备以及管理等多领域多学科的高级专业人才。

二是培养人才。长盈通不仅注重从外部引进人才，更重视内部人才的培养与成长，立足自主，借助外力，打造一支能战、善战、胜战的人才铁军。长盈通在企业内部建立核心技术人才培养计划，推动技术人才的跨学科学习与提升；鼓励员工脱产学习，提升自身的理论水平；开展格物讲堂，分享学习与工作心得；每年与专业培训机构签订培训协议，全面提升员工的技术和管理能力。

三是重用人才。长盈通根据"双尊"文化中关于"尊重"的关键在"重用"的理念，把人才安排到最能发挥才能的工作岗位上去，让人才有施展才华的舞台；为人才提供成功的机会、适宜的工作条件和良好的资源支持；除了提供具有行业竞争力的薪酬水平，长盈通还启动了特殊人才政策，并建立了中长期股权激励体系，真正做到人尽其才，才尽其用。

关爱员工，深化"双尊"文化

长盈通根据"双尊"文化的要求，不仅在精神上尊重、关爱员工，而且在物质上尊重、关爱员工。不仅关爱每一位员工，也关爱员工身边的人。

长盈通根据自身发展程度和实力，在各个阶段增加员工关怀上的投入，已经形成了对员工关怀PDCA循环，积少成多，持续提升员工的荣誉感、获得感和幸福感。

长盈通倾力为员工解除后顾之忧，除五险一金外，长盈通为全体员工购买补充医疗保险、重疾保险、员工未满18岁子女的补充医疗保险和重疾保险；考虑到员工因工作不能常伴父母身边尽孝道，长盈通设立了按月发放给员工父母的孝心基金，每年支出员工的孝心基金100余万元；长盈通结合参与国防建设的责任，别出心裁地制定了特色政策并给予特色津贴，优先录用退伍军人就业，退伍军人每月享有国防津贴；若员工家庭发生重大变故，如员工或其亲属生病住院，长盈通工会均组织上门慰问，将关爱送到每一个员工家庭；长盈通为增强外地员工在公司的归属感，为员工提供两人间三星级酒店标准拎包入住的暖心宿舍，配套建设了咖啡吧、母婴室、理发室、图书室、篮球场等场所，多方位为员工提供暖心服务。

长盈通对员工的各种关怀，在同类型企业中覆盖面更广、更深、更全，犹如细雨绵绵，润物无声。在多方举措之下，员工幸福感大大提升，员工把长盈通当作自己的家来经营和建设。2020年新冠疫情期间，长盈通以青年突击队为先锋，在不到三个季度的工作时间里，完成了全年任务的125%，完美诠释了长盈通"双尊"文化的强大感召力，企业凝聚力和战斗力进一步提升。2021年，长盈通被评为武汉市"劳动关系和谐企业"。

实施成效

成功登陆上交所科创板成为"光纤环第一股"

以人为本的"双尊"文化使长盈通收获了数量可观的荣誉：2017年被认定为"湖北省特种光纤工程技术研究中心"；2019年入选湖北省首批科创板种子企业；2020年入选湖北省第四批支柱产业细分领域隐形冠军培育企业；2021年荣获"光谷质量奖—卓越奖"第一名，光纤环产业链产业化能力建设项目入选国防科工局生产能力建设项目，并入选湖北省专精特新"小巨人"企业；2022年，入选第三批国家级专精特新重点"小巨人"企业，光纤环器件产品入选湖北省制造业单项冠军产品。

培养造就了一批德才兼备的精英人才

长盈通以人为本的"双尊"文化充分尊重了每一位员工，打造了长盈通的卓越雇主品牌，工作氛围开放轻松，点燃了员工的创新创业激情，培养造就了一批德才兼备的精英人才。其中，有享受国务院政府津贴的人才、有国家科技部万人计划——科技创新创业人才、有全国优秀企业家、有全国电子信息优秀企业家、有湖北省百人计划人才、有武汉市技术能手和技能大师、有东湖新技术开发区3551光谷人才，等等。

攻克了重点项目"卡脖子"核心技术

为了破解"卡脖子"难题，长盈通人在"双尊"文化的激励下，制定了以光纤环为核心的

"光纤环、特种光纤、高端装备、新型材料和光电系统"的同心圆产业发展战略，分别解决光纤环绕制技术、保偏光纤制备和性能优化、绕环设备自研自足、绕环胶水研发及光纤环系统测试等关键问题。

经过十多年的努力，长盈通已全面掌握高、中、低精度光纤环的绕制技术，系列保偏光纤从制棒到拉丝的制备技术，开发出第五代多极对称绕环设备，研制成功系列保偏光纤内外涂层材料、绕环粘环系列胶水和高精度光纤环测试系统，昔日光纤环产业链的"卡脖子"问题已得到全面解决。

目前，长盈通已建成国内技术最先进、规模最大的光纤环生产基地，是全国唯一一家打通保偏光纤环器件上下游全产业链的高科技企业，系列保偏光纤、光纤环产品市场占有率居于领先地位，并已通过航天科技、航天科工、兵器集团、中航工业、中船重工、中国电子等多家军工单位产品鉴定，在多种武器装备中定型列装。国庆70周年阅兵式上，长盈通产品随东风**、长剑**等多达18款武器装备共同接受了检阅。同时，长盈通超细径保偏光纤已通过多个高精度、小型化光纤陀螺的预研型号验证。

自主科技创新发明专利硕果累累

长盈通人在"双尊"文化的启迪下，明确提出"研发是企业的明天"和"在光电领域具有持续创新能力"的研发战略，始终将自主创新作为长盈通发展的核心竞争力和驱动力。

长盈通陆续建立了光纤环、特种光纤、新型材料、高端装备、光电系统等多领域研究中心，形成了以光纤环为核心的"5+1"同心圆产业布局，在公司内部打造了光纤环全产业链，实现了光纤环主要生产设备和核心原材料的全面自给自足。

长盈通积极响应国家需要，组织技术人员承担、参与了多项军委和各级政府的各类重大研发及科技攻关项目，包括863项目、国家创新基金项目、重大科技专项、"十三五"预研项目等，并圆满完成各项任务。

经过十多年不断努力，长盈通在各个技术领域取得了累累硕果。从成立至今已申报特种光纤、保偏光纤环、新型材料等各类产品相关的192项自主知识产权，其中发明专利120项。多款产品经各级主管部门鉴定达到国内国际先进水平，实现国产替代。

积极履行社会责任贡献业绩斐然

长盈通人在"双尊"文化的熏陶下，主动承担社会责任。2018年，长盈通参加武汉市"结亲结对、江城有我家"活动，资助西藏女孩益西康卓直至其考取大学；2018年、2020年，长盈通工会走进孝感市闵集中学、小学，开展"传递正能量，爱心助栋梁"助学活动……

主要创造人：皮亚斌

参与创造人：邝光华　郭　淼　陈功文

追求持续发展超越的"有道"文化

安徽安利材料科技股份有限公司

企业概况

安徽安利材料科技股份有限公司（以下简称安利股份）成立于1994年，于2011年5月在深交所公开上市。安利股份主要生产经营生态功能性聚氨酯合成革和复合材料，产品广泛应用于功能鞋材、沙发家居、汽车内饰、电子产品、体育装备、工程装饰、手袋箱包等领域，现有员工2795人。

安利股份是目前全国专业研发生产生态功能性聚氨酯复合材料规模最大的企业，是中华人民共和国工业和信息化部认定的"全国制造业单项冠军示范企业"，是国家重点高新技术企业、国家认定企业技术中心。

实施背景

弘扬优秀传统文化促进现代企业发展的需要

企业是中国式现代化发展的重要力量，现代企业管理需要继承发扬优秀传统文化，筑牢企业文化的坚实根基。"有道"文化继承传统文化精华中"道"的理念，打开了传统与现代连接通道，推动文化的现代化转型。在经营管理中强调价值理念的引领作用，以文化为魂、使命聚众，增强企业凝聚力、感召力。

转型升级实现高质量发展的需要

20世纪90年代后期，行业发展迅速。当时安利股份拥有设备、技术、资金等优势，但内部管理混乱、人心涣散、脱离市场、濒临倒闭。严峻形势下，安利股份通过"有道"文化，倡导"守正创新"的理念，明确"走正道、修正心、得正果"，提出市场导向、客户至上、创造价值，坚持经济效益、社会效益与环境效益和谐统一，努力创造企业价值最大化，实现从小到大、从弱到强的发展，为企业高质量发展，提供了有益的管理实践。

以国际先进方法建设现代企业的需要

随着经济全球化的发展，中国企业面临全球化环境下的市场竞争问题。企业提高自身竞争力，需要将国际先进方法融入企业文化，明确正确的道路与方法。

安利股份在传承优秀传统文化的基础上提出，要以国际先进的方法，建设现代化企业，提高企业核心竞争力，符合社会化生产和社会主义市场经济的要求，充分体现先进性和时代性。

"有道"文化内涵

安利股份在经营管理过程中,对中华优秀传统文化吸收、借鉴和创新,采取扬弃的方法,赋予新的时代内涵,形成了具有安利特色的追求持续发展超越的"有道"文化。"有道"文化内涵包含三个层面。

一是价值理念。《孙子兵法》提出"五事七计",将"道、天、地、将、法"作为衡量制胜的重要因素,把"道"放在第一条阐述。"主孰有道?将孰有能?天地孰得?法令孰行?兵众孰强?士卒孰练?赏罚孰明?""道者,令民于上同意也"。"道"在组织中是第一性的。用兵者,首要为"道"。孔子说"朝闻道,夕可死矣""道不同,不相为谋"。孟子认为"得道多助,失道寡助"。从企业角度来看,"道"首要是经营理念、管理思想;是使命、愿景与核心价值观、企业精神等共同意愿和追求。理念目标高尚、远大和一致,就能"上下同欲者胜"。

二是原理规则。《易经》表示"形而上者谓之道,形而下者谓之器"。老子认为"万物之始,大道至简""道生一,一生二,二生三,三生万物""道可道,非常道""道法自然"。"道"是自然规律、万物之源,是制约、主宰世界万物从"无"到"有"的基本规律和法则。从企业角度来看,企业经营规律是服务市场和客户,实现企业价值最大化。

三是道路方法。《增广贤文》中"君子爱财,取之有道"。《孙子兵法》中"兵者,诡道也",这个"道"指方法手段。企业要明确"走什么路、干什么事、怎么干事";既"做正确的事",又"正确地做事"。

主要做法

在价值理念上贯彻"有道"文化

"道"是使命、愿景、核心价值观等理念,是企业发展根基。解决好"为谁当兵、为谁打仗,举什么旗,走什么路,到什么地方去"的问题。

使命解释"为何存在"的问题,是发展的内核和驱动力。安利股份的使命是"为员工创造机会,为客户创造价值,为股东创造回报,为社会创造财富"和"美好材料,造福社会"。

愿景明确"去往何处"的问题。根据发展阶段,安利股份将目标动态化调整,从"领先国内、赶超国际",到"国内争第一、国际争一流",再到"力争成为全球最优秀的聚氨酯复合材料企业"的愿景。愿景成为全体员工共同奋斗目标。

核心价值观说明"将以什么样的行动赢得未来"的问题,是企业共同信仰和行为准则。安利股份确立以"市场导向、敏捷高效、持续创新、追求卓越、团队制胜"的核心价值观。

战略解决"做什么"与"不做什么"的问题。只有战略领先,才能战术精彩、战斗制胜。面对当年定位不清晰的矛盾,安利股份制定"专业化、特色化、品牌化、规模化"的"四化"发展战略。

企业精神是员工共鸣的价值追求。安利股份的企业精神是"追求进步,奋斗超越"。只有永不自满,永远向着前方,争先进位,追求发展,才能将企业做大、做强、做优、做久。"有道"文化追求持续超越,奋力让安利股份成为全球行业领跑企业。

在服务客户上体现"有道"文化

过去的安利股份夜郎自大、故步自封、小富即安、自满懈怠。安利股份认为,"有道"需要围绕市场和客户办工厂,要把握市场动态,贴近客户,尊重客户,坚持"市场导向、客户至上",坚持"三个一切"即"一切以市场为导向,以客户为中心,为客户创造价值;一切以绩效为目标,围着盈利效益转;一切致力于企业长期稳定、持续健康发展"。在市场聚集地建立开发室;推行 48 小时开发复样制度,加快响应速度;设立客户驻厂点,核心客户专员全程服务;努力提升产品质量水平。

在发展路径上彰显"有道"文化

在道路方法上,通过坚持"品牌引领、创新驱动、智能制造、智慧管理、绿色生态、员工幸福、诚信经营、关系和谐"的发展路径,将"有道"文化贯彻落实在经营环节中。

品牌引领,提升影响。坚持品牌引领,追求品牌高知名度、高美誉度、高信任度,以全球行业领导品牌作为追求目标。采用品牌培育发展、研发创新提升品牌价值、提升产品质量等举措,推行卓越绩效模式、精益管理,追求魅力质量,创造品牌价值。构建多维度文化传播矩阵,通过官网、微信、微博、抖音等平台及中央电视台、新华网等媒体,塑造全球行业专家的品牌形象。

创新驱动,增强动力。科技是第一生产力,创新是第一动力。通过引进消化吸收再创新、集成创新、自主创新,坚持"生产一代、研发一代、储备一代、构思一代"的"四代同堂"思想,积极开发应用高性能、多功能和水性、无溶剂、硅基、生物基等国际领先的工艺技术,努力占领全球技术和市场高地。

安利股份的创新,是产品、工艺、技术、观念、组织、管理、营销、机制等方面的综合创新,是持续和系统创新,建立了科学的创新机制。一是从人才规划、环境优化入手,制定宽带多元复合的激励制度体系;二是通过聘请专家、出国交流等,营造奋发向上的创新氛围;三是重视产学研交流与合作,与中国科学院合肥院、中国科学技术大学、合肥工业大学等,合作探索产业技术创新机制;四是与德国、美国、日本、韩国等先进企业合作,提高市场竞争力。

智慧管理,敏捷高效。坚持以信息化技术推动管理变革,加强业务重组、流程再造。一是近年来投资 3000 余万元,开发应用领先的信息管理系统,实施升级 MES(制造执行系统)、CRM(客户关系管理系统)、SRM(供应商关系管理)等信息系统,实现高效协同与集成;二是流程再造,构建柔性智能的生产经营方式;三是推行移动办公,提高工作效率;四是促进组织扁平化、无边界化,实现敏捷管理、高效运营。

生态环保,绿色发展。坚持"以义为先、义在利上、义利兼顾、以义取利",打造一流环境友好型企业。近年来,投入 2 亿多元推动绿色生产、节能减排。一是通过领先的规划布局和工艺技术设备设计,从源头和本质加强环保节能;二是采用先进设备工艺,实现绿色生产;三是应用水性无溶剂等先进工艺技术,开发绿色产品;四是加强节能减排和循环发展,建设雨水 RO(反渗透)膜超滤回用系统等环保设备。

凝心聚力,员工幸福。人力资源是第一资源。将为员工创造机会作为使命,以员工金钱、精神、知识"三个小富翁"为目标,推进"口袋""脑袋"两袋双增长,"钱途""前途"两途双促进,"面子""里子"两子双提升,积极推行"员工满意五大工程",即宽带多元的薪酬福利、优良工作环境、员工素质提升、职业生涯发展规划和员工关爱,让员工"薪"满意足,企业与员工心"薪"相印。

加强绩效考核，将综合奖励和专项奖励相结合；规范岗位职务体系，让员工有干头、有奔头；推行员工持股计划和股权激励；实行免息借款和贴息住房资助政策；创先争优和评奖；开展多种培训。打造员工关爱工程，提供班车、免费午餐、宿舍，建设阅览室、健身房、咖啡吧等设施。丰富精神文化生活，制定《企业文化手册》《月刊》等，定期开展公开述职、民主评议、团建等。多措并举营造"思想上同心同德，目标上同心同向，行动上同心同行"的氛围。

诚信经营，关系和谐。努力做品行端正的经营典范。坚持依法经营、规范运作，积极促进技术进步、加强环境保护，通过扶贫济困、抗洪救灾、乡村振兴等形式，累计捐资捐赠1000余万元。新冠疫情防控期间，给予中小供应商及客户约3000万元融资支持。

实施效果

行业发展的领跑者

"有道"文化促进安利股份由小到大、由弱变强、发展壮大。20多年来，从濒危倒闭的中小企业，发展成深交所上市企业，成为中华人民共和国工业和信息化部认定的"全国制造业单项冠军示范企业"，是全球专业研发生产生态功能性聚氨酯复合材料规模最大的企业。

经济发展的骨干者

安利股份连续八年蝉联"中国轻工业塑料行业（人造革合成革）十强企业"且综合排序第一；是安徽省政府表彰的安徽省制造业综合实力50强企业，是安徽省民营百强企业、安徽省制造业百强企业。2018年至2022年，营业收入由16.79亿元增长至19.53亿元，净利润从2165.89万元增长至1.56亿元，年复合增长率达63.72%，净资产收益率由2.06%增长至11.61%，累计纳税近23亿元。

环保节能的优秀者

安利股份成为全球聚氨酯合成革行业环保水平最高的企业之一，荣获中华人民共和国工业和信息化部评定的国家绿色工厂、全国工业产品绿色设计示范企业和全国工业领域电力需求侧管理示范企业，拥有两项"国家绿色设计产品"。

卓越品牌的打造者

安利股份品牌影响力和市场占有率提高，成为中华人民共和国工业和信息化部认定的全国工业品牌培育示范企业，是中国驰名商标企业、中国名牌企业，是中国出口质量安全示范企业，获安徽省政府质量奖。

社会责任的践行者

安利股份社会关系和谐，连续17年获评"安徽省A级纳税信誉企业"；被中华全国工商业联合会、中华人民共和国人力资源和社会保障部、中华全国总工会表彰为"全国双爱双评先进企业工会"，安徽省人力资源和社会保障厅等表彰为"安徽省劳动保障诚信示范单位"，是安徽省劳动竞赛先进集体、安徽省工人先锋号，是安徽省和谐劳动关系示范企业。

主要创造人：姚和平
参与创造人：刘松霞　陈永志　陈丽婷

一等奖

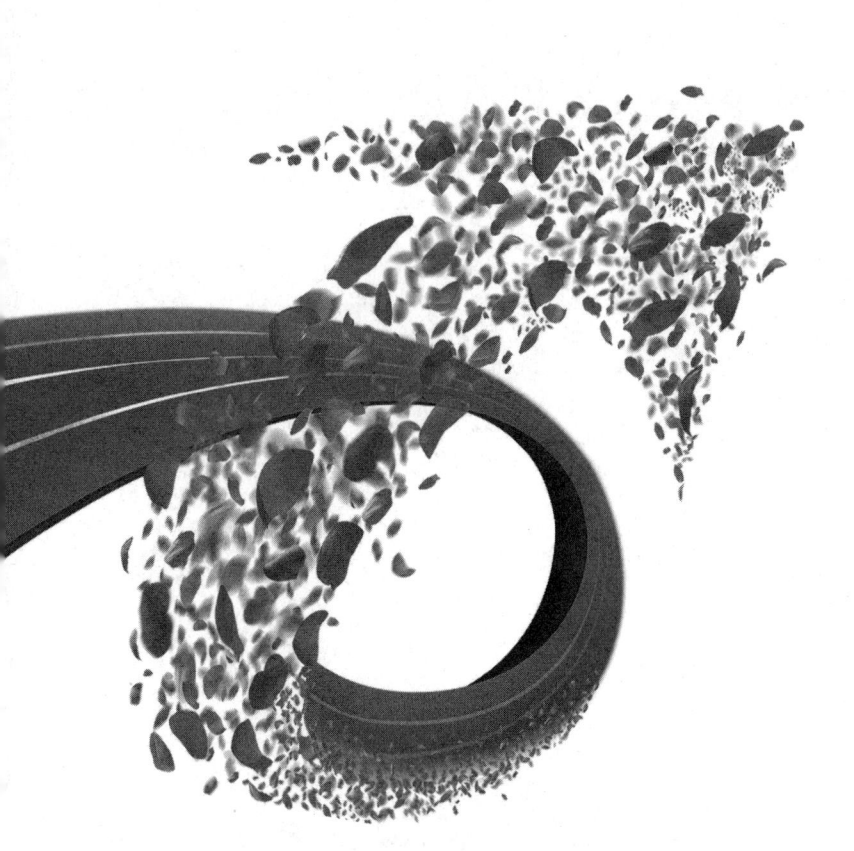

创建"东方心"党建品牌，以高质量党建为加快打造世界一流装备制造集团赋能

中国东方电气集团有限公司

企业简介

中国东方电气集团有限公司（以下简称东方电气集团）创立于1958年，是中央管理的涉及国家安全和国民经济命脉的国有重要骨干企业，肩负保障国家能源安全的重大责任，为我国提供了大约三分之一的能源装备，是全球最大的能源装备制造企业集团之一。东方电气集团是国家首批创新型企业、国家技术创新示范企业，拥有国家重点实验室、国家级企业技术中心、国家能源大型清洁高效发电设备研发中心、海外高层次人才创新创业基地、院士工作站、博士后科研工作站，建立了面向市场的企业产品研发多级创新体系，助推企业可持续稳定发展，助力国家建设"创新型国家""制造强国""数字中国"。

创建"东方心"党建品牌的必要性

从深刻理解提高党的建设质量与实现高质量发展的内在逻辑关系来看

国有企业具有与生俱来的"红色基因"，肩负着发挥国有经济战略支撑作用的重任。必须坚持围绕发展抓党建、抓好党建促发展，将党建与生产经营中心工作深入融合，才能为企业高质量发展提供有力保证，进一步筑牢国有企业作为党和国家最可信赖的依靠力量的根基。

从切实以党建引领保障集团公司争创世界一流企业新要求来看

实现公司"11256"战略目标、加快打造世界一流装备制造集团，需要有科学的治理体系、较强的技术影响力和领先的科技创新力，有世界一流竞争力的产品和卓著的品牌，但最重要的还是要有一个坚定捍卫"两个确立"、坚决做到"两个维护"坚强有力的领导班子，一支忠诚干净担当、争先奋进的领导人员队伍，以及能够充分动员团结广大党员职工群众的基层党组织，确保公司在争创世界一流企业的道路上沿着正确方向不断前进，引领和保障企业高质量发展。

从全面提升党建工作质量来看

从"面上"来看，公司在党建工作有形覆盖基础上推进有效覆盖还需持续发力；从"点上"来看，党建制度执行力度需要持续提升。这就迫切要求通过强化系统意识、制度意识、质量意识、责任意识，持续把"短板"尽快补齐，并逐步打造成工作亮点，推动党建工作质量持续全面提升，党建与生产经营深度互融互进、同频共振，为实现高质量发展、争创世界一流企业提供坚强保证。

塑造"东方心"党建品牌的做法和成效

"东方心"党建品牌内涵为：红色东方，一心向党。具体释义是：一心向党永葆初心，打造红色引擎。坚守红色根脉，赓续红色基因，筑牢红色基石，矢志不渝听党话、跟党走，以科技强国、制造强国的实际行动彰显初心使命，当好实现中国梦"助推器"。一心向党勇于创新，铸就大国重器。勇挑"重担子"，敢啃"硬骨头"，善接"烫山芋"，坚持不懈观念更新、管理创新、技术革新，把党的政治优势、组织优势转化为加快建设世界一流企业的竞争优势、发展优势，当好高质量发展"排头兵"。一心向党勠力同心，彰显六种力量。传承伟大建党精神，弘扬"东汽精神"，践行"同·创"文化，众志成城凝聚全体干部职工同心、同力、同行，奋进拼搏争先、共绘美好蓝图，当好服务国家战略"顶梁柱"。

实施"硬核"工程，筑牢政治根基

严格落实"第一议题"要求。始终将习近平总书记重要讲话和重要指示批示精神作为根本遵循，作为党组（党委）会"第一议题"和中心组学习首要任务，全面实施"传达学习有载体、研究部署有措施、贯彻落实有成效、督办考核有抓手"的"四有"工作机制，确保学习深入、落地有力。健全制度体系。坚持制度治党、依规治党，制定实施《党组规范性文件管理办法》，明确工作要求，制定修订各类制度7类168个，不断构建完善党建制度体系。在完善公司治理中加强党的领导，坚持把企业党组织内嵌到公司治理结构之中，为现代公司治理体系立柱架梁，推动党的领导融入公司治理制度化、规范化、程序化。全面实现治理结构上"党建入章"、领导体制上"双向进入"、决策程序上党组织"前置研究"三个"全覆盖"；在中央企业率先探索建立具有人财物重大事项决策权的独立法人单位党支部（党总支）对重大事项集体研究把关的体制机制，进一步推动制度优势更好地转换为治理效能。横向厘清公司内部治理主体权责，党组织决定、党组织前置研究、董事会决策、董事会授权、董事长（专题会）决策、经理层决策六个事项清单及决策流程实现"一表覆盖"。通过实施"硬核"工程，让忠诚核心成为全体党员干部最鲜明的政治品格、成为东方电气集团政治生态最鲜明的政治底色，筑牢"红色东方、一心向党"的政治根基。

实施"熔炉"工程，筑牢思想根基

高举思想旗帜。坚持用习近平新时代中国特色社会主义思想武装头脑、指导实践、推动工作，将贯彻落实习近平总书记重要指示批示精神作为坚定政治信仰、发挥政治引领的重中之重，不断筑牢理想之基、信念之魂。构建以习近平新时代中国特色社会主义思想为核心的学习主题，集团党组、所属企业党委、基层党组织三级联动，领导人员、党支部书记、党务工作者、党员、职工五个维度学习对象全覆盖的"135"理论学习体系。扎实开展党内教育。党的十八大以来，按照党中央和国务院国资委党委部署，扎实开展党的群众路线教育实践活动、"三严三实"专题教育、"两学一做"学习教育、"不忘初心、牢记使命"主题教育、党史学习教育，不断用党的创新理论武装头脑，从党的历史中汲取精神力量，强化紧跟习近平总书记的思想自觉。加强思想政治工作。创建"三化、四定、五必谈、六必访"工作法，深植东方电气集团"同·创"文化，明确对象全员化、管理精准化、载体信息化，加强统筹谋划；定性设置问卷、定量分析结果、定点发现问题、定向反馈处置，找准关键抓手；按"常态化＋机动化"方式，做到职工伤病住院、重大困难、婚丧嫁娶、长期驻外、无故缺勤必访;按"集体座谈+个别交流"方式做到职工岗位变动、员工入职、思想波动、违章违纪、表扬奖励、矛盾纠纷必谈心谈话。通过深入实施"3456"思想政治工作法,引导广大干部职工自觉将企业发展融入党和国家事业发展大局之中,牢牢按照政治要求准确把握企业发展的道路和方向。通过实施"熔炉"工程,每个党组织和每名党员都在常学常新常悟常进党的创新理论中锤炼坚强党性,永葆初心如磐,把稳思想之舵,筑牢"红色东方、一心向党"的思想根基。

实施"星光"工程,筑牢堡垒根基

严密组织体系,夯实党建工作基础。以"制度化"定规范,形成全面从严治党制度体系,确保党建工作有规可依,实现集团各级党组织步调一致、一体推进。以"标准化"塑质量,编写党支部工作标准化规范化手册、全面推进基层党支部标准化规范化建设工作指引、基层党建工作"负面清单",对全集团基层党支部进行动态达标验收,着力解决"沙滩流水不到头"问题。以"体系化"扶后进,构建基层党建"传帮带"机制,建立传帮带专家库,开展经验方法"传",专家"入驻式"指导"帮",党支部"1+N"共建引领"带",以先进带后进,着力推动基层党建工作全面进步、全面过硬。推进深度融合,发挥战斗堡垒作用。坚持服务生产经营不偏离,建立党建融入生产经营中心工作机制,每年确定一个主题,充分应用重点任务"挂牌出题"、党组织"揭榜破题"、党员"亮牌解题"工作模式,分层开展创先争优活动;构建"创先争优"创新载体库、优秀案例库和闭环管理机制;明确集团党组、各二级党委、基层党组织、党员四个层级,立项、审核、推动、总结、评比五个环节步骤的"四级五步"工作机制;推出党员示范岗、党员责任区、党员先锋队、党员突击队等"N个载体",为基层党建融入生产经营中心工作提供"参考书"和"工具箱"。通过实施"星光"工程,不断夯实基层基础,让每个党组织的战斗堡垒作用和党员的先锋模范作用得到充分彰显,形成推动企业高质量发展的强大力量,筑牢"红色东方、一心向党"的堡垒根基。

实施"聚力"工程,筑牢人才根基

突出政治标准选贤任能。按照国有企业领导人员"20字"标准,严把政治关、能力关、廉洁关,实施年轻干部"领航、领才、起航"培养计划,开展集团公司党组管理的年轻副职领导人员竞争性选拔,注重把经过重大工程、急难险重任务历练和基层经历丰富、实绩突出的优秀干部选拔到领导岗位上。坚持人才是第一资源。坚持"高精尖缺"导向,编制发布高层次人才引才计划。统筹推进高端财务管理人才、高素质法律风控合规人才、战略规划及投资管理人才、精益人才等"六大人才"培养工程。加强科技人才队伍建设,落实技术序列总师管理规定。完成集团公司特级技师评聘试点备案,获取自主评聘特级技师资格,持续拓展技能人才发展通道。党的十八大以来,集团各类别各层次专家人才总量增幅207%,劳动生产率累计提高172.14%,人工成本投入产出指标达到历史最好水平。通过实施"聚力"工程,建设一支具有较强创新力、冲击力,具有执着信念、无畏气魄、勇争一流的干部人才队伍,筑牢"红色东方,一心向党"的人才根基。

实施"汇流"工程,筑牢群众根基

通过四个建强,推动党建带团建焕发新活力。建强思想建设,推动青马工程在二级企业全面开展,常态化开展团员青年思想动态调研,扎实推进青年素养提升工程。建强组织建设,各级团组织严格开展"三会两制一课",扎实开展团员青年日常教育管理工作。建强干部队伍建设,选优配强团干部，全面落实团委书记享受同层级正职待遇，扎实推进"推优入党""推优荐才"工作。建强团青作用发挥，组织开展创新创效、职工职业技能大赛，深入开展"青年文明号""青年岗位能手"等系列"青"字号品牌创建活动，引导团员青年在服务企业改革发展中建功立业。凝心聚力，扎实做好群众工作。抓好思想"稳"人心，制定思想政治工作责任清单，逐条逐项落实，确保在改革发展中讲细形势任务、讲明政策要求。办好实事"暖"人心，切实推进"我为群众办实事"长效常态化，健全三级验收机制，常态、动态建立三层次办实事清单，把实事办好、把好事办实。开展活动"聚"人心，开展"同·创"系列文体活动和"国企开放日"活动，弘扬"东汽精神"，践行"同·创"文化，激发干部职工干事创业精气神。通过实施"汇流"工程，在集团公司跨越发展的征途中，汇聚群团统战各方力量，画出最大同心圆，为企业高质量发展聚势赋能，筑牢"红色东方，一心向党"的群众根基。

实施"清风"工程，筑牢廉政根基

构建业务监督、职能监督、执纪监督"三道防线"。业务监督防线重点是"防"，项目单位、业务部门按照"业务谁主管、监督谁负责"的要求强化过程监督，在每个环节都严格执行制度、严格监督管理，从源头上防控廉洁风险；职能监督防线重点是"控"，各部门把握职能分工要求，对相关投诉举报和违规问题组织核实，提出处理意见，并运用通报批评、经济处罚、考核、组织处理等手段，强化问责，敢于"亮剑"；执纪监督防线重点是"查"，各级纪检监察、巡视巡察和审计监督部门发挥"监督的再监督"作用，加大对违纪问题线索的核查力度。一体推进"三不"机制。强化"不敢腐"的震慑，始终保持惩治腐败高压态势。扎牢"不能腐"的笼子。扎实推进七个专项治理行动，按照"四全""四查"的标准，有序组织企业制定问题排查清单、模板、台账，通过"三会一督导"，研究解决共性问题，总结推广优秀做法。筑牢"不想腐"的防线。

红色东方，一心向党。东方电气集团各级党组织和广大党员深入学习贯彻党的二十大精神，以"东方心"党建品牌为引领，争当忠诚担当的排头兵，心怀"国之大者"，勇担"国之重器"，以科技强国、制造强国的实际行动彰显初心使命，以攻坚克难、勇攀高峰的出色业绩擦亮党员底色，坚决捍卫"两个确立"，时刻对党绝对忠诚。争当勇于创新的领头雁，敢为人先打造原创技术"策源地"和现代产业链"链长"，主动担当转型跨越的开路先锋、攻坚克难的中流砥柱，把党的政治优势、组织优势转化为竞争优势、发展优势，形成建设世界一流企业的强大力量。

主要创造人：柯俊雄　周文婷
参与创造人：王福荣　李昀昊　王　媛

以社会主义核心价值观引领企业文化建设

中国人寿保险（集团）公司

企业简介

中国人寿保险（集团）公司（以下简称中国人寿）属国家大型金融保险企业。2022年，中国人寿合并营业收入站稳万亿平台，合并总资产突破6万亿元大关。中国人寿已连续20年入选《财富》世界500强企业，排名由2003年的第290位跃升为2022年的第40位；连续16年入选世界品牌500强，2022年品牌价值达4525.39亿元。

目前，中国人寿下设中国人寿保险股份有限公司、中国人寿资产管理有限公司、中国人寿财产保险股份有限公司、中国人寿养老保险股份有限公司、中国人寿电子商务有限公司、中国人寿保险（海外）股份有限公司、国寿投资保险资产管理有限公司、国寿健康产业投资有限公司及保险职业学院等公司和机构。2016年，中国人寿入主广发银行，开启保险、投资、银行三大板块协同发展新格局。

中国人寿秉持"成己为人，成人达己"的企业文化核心理念，坚持稳中求进的工作总基调，坚持高质量发展，扎实推进保险主业价值和规模协调发展，努力提升投资板块贡献，积极做好银行金融服务，有序开展综合化经营、科技化创新、国际化布局，全面推进世界一流金融保险集团建设。

社会主义核心价值观的重大意义

文化兴国运兴，文化强民族强。文化，对一个民族而言，是血脉的传承、复兴的源泉；对一个企业而言，是价值的引领，是不可复制的核心竞争力和护城河。

企业文化是企业在长期的经营发展实践中凝聚、积淀起来的一种文化氛围、精神力量和经营境界，是企业不可复制的核心竞争力。企业文化是基业长青的动力源。麦肯锡公司和兰德公司曾对全球增长最快的30家公司进行了跟踪考察，得出的结论是：这些世界500强公司胜出其他公司的根本原因，在于他们善于给自己的企业文化注入新的活力，正是凭借这种不断创新的企业文化力，这些一流公司才得以百年不衰。中外企业的发展实践都证明，文化积淀越深厚、优势越明显的公司越具有持续发展的后劲和潜力。相反，如果文化根基动摇了、精神支柱坍塌了，再强的企业也会垮掉。企业文化是凝心聚力的强纽带。企业文化看似无形却无处不在，它能在潜移默化中使广大员工接受企业的共同理想信念和价值追求，能确保员工自觉地将个人与企业融为一体，把大家凝结成上下齐心、荣辱与共、愿意与企业同呼吸、共命运，同甘苦、共成长的"命运共同体"。企业文化是协同发展的黏合剂。文化融合是协同发展的先导，企业文化的认同作用是实现公司资源整合内在的、深层次的精神和情感基础,只有实现各成员单位对于集团统一的企业文化的高度认同,形成共同的价值理念和国寿情怀,才能促进各公司高效协作、发挥好我们的综合金融优势。

社会主义核心价值观是兴国之魂,是民族复兴精神之钙,也是引导企业可持续发展之魂。社会主义核心价值观作为对全体社会成员在国家、社会、公民三个层面要求的高度概括,体现在我国精神文化建设的全过程和各个方面。一家企业要构建有生命力、有灵魂的文化理念体系,就是要把践行社会主义核心价值观和企业文化建设紧密联系起来,用社会主义核心价值观为企业文化培根塑魂,从而更好地确保企业正确的发展方向,激发职工创新创业热情,推动企业健康持久发展。

中国人寿的企业文化建设在国内金融保险行业起步较早,一代代国寿人接续奋斗,为公司积淀了优秀的企业文化。在分业经营之初,形成了"憋足一口气、拧成一股绳"的积极进取、敢打敢拼的创业文化;在重组上市前夕,专门研究推出了以"成己为人,成人达己"为核心理念的"双成"文化。这些文化理念是一脉相承的,都是我们非常宝贵的精神财富,对于公司不同时期的发展都起到巨大的推动作用。基于以上原因,我们立足于党中央要求及公司发展具体实际,对现行企业文化体系进行了更新丰富,形成了与社会主义核心价值观相匹配的新时期中国人寿企业文化体系。

构建与社会主义核心价值观相匹配的中国人寿企业文化体系

调研修订

成立企业文化专项工作组,对现行企业文化体系与社会主义核心价值观融合情况进行梳理分析,查摆问题,并展开理论研究、对标调研等,在几经修改形成初步方案后,为确保工作的严谨性与专业性,多次面向各部门和相关单位征求意见,组织系统内外相关专家和基层代表召开了专题论证研讨会,同时还向全系统下发了调查问卷,对收集到的意见建议做了充分吸收,修改完善后形成最终版本并下发全系统。

宣导推广

为更好地发挥社会主义核心价值观对公司企业文化体系建设的引领作用,全力做好宣导推广和践行转化等工作,制作并下发五类企业文化宣传物料。一是《中国人寿企业文化手册》,内容包括《理念篇》和《视觉形象篇》两部分,用于指导全系统对新体系的标准化认识,明确相关视觉形象在不同场景下的应用展示和规范;二是设计系列海报6款,通过图形和文字搭配组合,艺术性地表达,用于内外部宣传推广场景及营销职场;三是设计职场挂图6款,主要凸显新体系文字信息,简洁明了、易学易记,用于公司内部办公区域;四是拍摄制作《逐梦新征程·奋斗向未来——中国人寿文化宣传片》,主要通过采访中国人寿具有代表性的先进人物,用视觉语言展现70多年来公司承国之重诺、担民之安乐的责任担当和践行"双成"企业文化核心理念的生动实践,联合新华网拍摄制作《践诺"双成"》企业文化核心理念宣传片,展现中国人寿站稳人民立场、坚守为民情怀,以客户为中心,在更高水平满足人民对美好生活的向往中厚植发展根基,以国寿力量不断助力增强人民群众的获得感、幸福感和安全感的鲜活案例;五是开发微信表情包16款，用生动形象的国寿牛形象呈现企业文化理念，主要适用在社交网络场景中，用年轻人更易于接受的方式去触达。同时，还结合新版企业文化体系对集团职场的环境设置进行了更新。

入脑入心

以"心怀'国之大者'情系民之关切"为主题，面向系统内广大干部员工和营销人员，广泛征集在践行社会主义核心价值观和新版企业文化体系过程中产生的感人故事和典型案例，集中展现和生动刻画国寿人坚守金融央企政治性、人民性和专业性，为国分忧、为民奉献的生动事迹，征集到文字内容以宣传稿件形式、视频内容通过二次创作加工、图片内容通过组图集中形式在官方自媒体矩阵展示充分营造出"讲奉献、讲情怀"的积极氛围，推动企业文化体系入脑入心。

还完成了新版企业文化的配套培训课程开发，制作培训课件和配套测试题，并将课程纳入系统干部员工培训的必修课，将企业文化体系、内容体系完整地传达至全系统广大员工和销售人员。

中国人寿新版企业文化体系的核心内容

增加了"企业使命"。使命、愿景、核心理念是企业文化体系的三个最核心要素，分别回答了一家企业最应该关注的三个问题，"企业为什么而存在""企业要去哪里""企业应该怎么做"。长期以来，一直没有明确提出公司的"企业使命"。在本次修订中，立足于充分凸显中国人寿作为金融央企的政治性和人民性，挖掘中国人寿持续健康发展过程中的内在驱动力，将"服务国家发展大局，守护人民美好生活"明确为中国人寿存在的目的和价值，使得体系更加完整、逻辑更加严密。

调整了"企业愿景"。党的十九大报告中首次提出培育具有全球竞争力的世界一流企业，2022年2月底召开的中央全面深化改革委员会第二十四次会议审议通过了《关于加快建设世界一流企业的指导意见》，明确提出世界一流企业"产品卓越、品牌卓著、创新领先、治理现代"的16字标准。从"培育"到"加快建设"，一词之变凸显了新形势下建设世界一流企业的重要性、紧迫性，这是对央企在新时代发展新方向提出的新要求，更是赋予了中国人寿在新时代国际化征程中的新使命，因此将"企业愿景"相应调整为"建设世界一流金融保险集团"。

丰富了"核心理念"。核心理念"双成"一方面蕴含中华传统文化渊源，同时又经过创造性转化、创新性发展，富有独特性和辨识度，是全体国寿人共同创造的具有国寿特色的文化基因与精神财富，已扎根国寿20年。为体现文化的稳定性和继承性，又体现出时代性和创新性，决定继续保留"双成"，但通过大幅度修订释义重塑了它的内涵和诠释：重点的变化在于其中对于"人"的阐释，不再简单像过去那样主要指我们的客户，而是上升到了国家、社会和广大人民群众的高度，充分体现出中国人寿为国尽责、为民造福的初心使命和崇高追求。同时，为了进一步丰富扩大"双成"内涵的层次和覆盖范围，还首次梳理出"双成"的七种基本关系（包括员工与企业、企业内部成员单位、股东与企业、客户与企业、行业与企业、社会与企业及党和国家与企业），这七种关系从微观到宏观、从内部到外部、从个体到行业再到国家社会，极大地延伸拓展了"双成"的内涵和外延，也更能增进不同受众对"双成"的认识和理解，进一步强调了"双成"理念的核心，就是要把个人理想追求融入为国家分忧、为人民服务的大局中，实现对社会主义核心价值观的践行和传扬，充分彰显金融央企鲜明的政治性、坚定的人民性和高度的专业性。

简化了相关内容。为了使得企业文化整个体系内容精练，适用性和拓展性更强，同时在后续传播过程中更加简洁易记、一目了然，将"企业精神""服务理念""人才理念"相关内容和阐释一并浓缩到"经营理念"中，将经营理念优化调整为"诚信·创新·人本·价值"。虽然只有短短8个字，但是内涵非常丰富，"诚信"是社会主义核心价值观在公民个人层面的重要价值准则和行业经营的基本原则与生存基础，"诚信"和"创新"都涵盖在党中央《关于加快建设世界一流企业的指导意见》中明确提出的"塑造优秀企业文化"9个标准中（包括爱国、诚信、创新、拼搏、奋斗、担当、奉献、绿色、共赢），"人本"既涵盖了"客户至上"的服务理念，也包含"以人为本"的人才理念，"价值"则充分体现了推动高质量发展的经营思路。

进一步以社会主义核心价值观引领中国人寿企业文化建设

充实完善后的新版企业文化体系全面总结提炼了中国人寿全系统上下在努力践行社会主义核心价值观过程中所体现出的价值导向和精神风貌，深入阐释了企业的存在意义、发展方向、行为操守和精神境界，更好地发挥了社会主义核心价值观对公司企业文化体系建设的引领作用，彰显出金融央企鲜明的政治性、坚定的人民性和高度的专业性。围绕新版企业文化体系，中国人寿进一步贯彻落实好中央要求，更好地发挥社会主义核心价值观对公司企业文化建设的引领作用，结合工作实际，创新开展各类企业文化建设活动，在全系统快速形成学习推广新版企业文化体系的浓厚氛围。一是加强对企业文化体系的宣传推广，进一步发挥全系统各级自有媒体和信息发布平台，以及办公场所、营销职场、客服大厅等不同载体的作用，多形式、多角度对企业文化体系内容和视觉形象进行广泛宣传，借助重大品牌项目巧妙植入企业文化体系的理念和阐释，使全系统广大员工和销售人员熟知企业文化体系核心内涵，做到烂熟于胸、恪守于行；二是进一步做好企业文化主题宣传，拍摄企业文化专题宣传片、系列短视频、平面海报等宣传物料，策划企业文化主题宣传活动，持续推动优秀企业文化案例传播推广；三是进一步优化和推广培训课程，探索建设企业文化体系兼职讲师队伍，推动各成员单位不断丰富完善自身培训课件，使与社会主义核心价值体系相匹配的企业文化体系落地生根、深入人心，强化敬业奉献的浓厚氛围。

打造 3C 公众沟通品牌模式，持续创造核能事业高质量发展的良好环境

中国核能电力股份有限公司

企业简介

中国核能电力股份有限公司（以下简称中国核电），由中国核工业集团有限公司作为控股股东，联合中国长江三峡集团有限公司、中国远洋海运集团有限公司和航天投资控股有限公司共同出资设立。中国核电经营范围涵盖核电项目的开发、投资、建设、运营与管理，清洁能源项目的投资、开发，输配电项目投资、投资管理，核电运行安全技术研究及相关技术服务与咨询业务，售电等领域。中国核电投资控股秦山核电、江苏核电、福清核电、海南核电、三门核电、漳州能源、辽宁核电七大核电在运、在建核电基地，控股中核汇能负责风电、光伏等可再生能源开发，受托管理建设霞浦核电基地。

截至 2023 年 3 月 27 日，中国核电拥有控股子公司 28 家，合营公司 1 家，参股公司 12 家，总资产超过 4000 亿元，中国核电市值超过 1200 亿元，员工总数超过 18000 人。控股在役核电机组数达到 25 台，控股装机容量 2375 万千瓦；控股在建核电机组 9 台，装机容量 1012.9 万千瓦；累计发电量超过 1.35 万亿千瓦时，安全运行累计超过 240 堆年。中国核电曾荣获"国有企业公司治理示范企业""中央企业先进集体""国有重点企业管理标杆创建行动标杆企业""全国电力行业企业文化建设示范单位""中国证券金紫荆奖'十四五最具投资价值上市公司'"等荣誉称号。

实施背景

随着我国经济持续平稳健康发展、营商环境不断改善，中国品牌正向着世界一流品牌目标坚定前行。中核集团作为中央企业全面贯彻落实党的二十大精神，承担经济社会发展的"压舱石""顶梁柱"的作用，贯彻落实国务院国资委关于品牌专项提升行动的要求，积极发挥品牌引领作用，着力提升品牌管理水平，不断形成品牌竞争新优势，为增强国家文化软实力和中国文化影响力做出贡献。

核电作为推动我国能源结构调整的重要支柱，负责任的核电企业运营管理不仅影响到企业自身的可持续发展，更影响一个国家的国际形象。中国核电承载着我国从核电大国到核电强国的历史使命，在当前"双碳"目标约束下，其清洁、低碳、经济高效的优势日益凸显。与此同时，随着公众环保意识水平不断提高、关注核电高质量发展的参与热情持续提升，公众对核电项目的接

受度日渐成为影响核电工业落地的重要因素。这就需要中国核电进一步贯彻落实中核集团品牌建设"十四五"专项规划，转变以往只注重与政府、监管机构沟通的模式，以更透明、更开放的方式，加强与政府、合作伙伴、社区公众等多利益相关方的全方位的交流互动，创新公众沟通理念与实践，努力树立公众对中国核电乃至核电行业的信心，搭建起与公众连接的桥梁，携手公众为核电健康持续发展共创良好的发展环境。

体系内涵及主要做法

中国核电重视公众沟通工作，将其作为影响公司核心竞争力和发展战略实现的重点任务，牢固树立以透明、公开、平等、广泛、便利为原则的"3C"沟通理念，即Confidence（信心）、Connection（联结）、Coordination（协同），持续提高社会公众对核电的认同感和接受度，以及对中国核电的信任度，为核电事业高质量发展提供良好的舆论氛围和社会环境。

强化顶层设计，激发品牌建设领导力

中国核电从理念升级、规划引领、工具指南等方面，自上而下推动，强化管理基础和保障。

创新提出公众沟通3C理念。3C沟通理念是指中国核电以卓越的安全业绩、完善的环境管理和监督系统坚定社会公众的信心，以开放、透明的沟通渠道增强核电与公众之间的联结，以互利合作为原则增强与政府部门、核电企业、行业协会、媒体等力量的协同，共同打造核电持续健康发展的美好未来。在核电项目全生命周期中，充分考虑政府、社会、用户、员工、伙伴、股东等利益相关方的诉求和期望，以更透明、更开放的方式，加强与利益相关方的全方位交流互动，为核电健康持续发展共创良好的环境。这里的C，一般意义上指的是客户（Customer），在这里泛指政府、社会、客户、员工、伙伴、股东等不同的公众群体。

中国核电坚持"文化引领、责任担当、价值提升"三位一体建设，试点成立了党建宣传文化中心，积极构建"本部统筹、上下联动、横向协同、专业支持"的宣传文化品牌一体化工作机制。

创建"魅力之光"核电科普全国性品牌。科普知识竞赛及夏令营、讲解大赛等作为体验性、知识性、互动性强的活动，既有听的环节，也有看的环节，还有做的环节及与身边人积极分享——教的环节。从2013年开始，中国核电联合中国核学会连续11年举办了全国核电科普品牌活动。2023年，"魅力之光"首次携手全民国家安全教育日，开展活动启动仪式。"魅力之光"依托知识竞赛、夏令营、云直播、科普讲解大赛等形式开展，着力打造核科普品牌，提升公众对核电接受度和满意度。

主动倾听回应，提升品牌沟通信服力

中国核电敏锐捕捉公众关注热点，在多平台、多领域倾听公众声音，并通过多渠道及时主动做出回应。

形成常态化信息披露机制。重视回应监管机构、投资者、社会公众等利益相关方对公司信息披露的需求，通过发布社会责任报告、ESG（环境、社会、公司治理）报告、专题报告，以及开设官网社会责任专版等形式，加强信息披露。2017年，率先发布国内首部核电企业公众沟通白皮书，2022年、2023年连续两年发布"核谐之美、万物共生"为主题的生物多样性保护实践报

告，针对性回应利益相关方以公司信息披露的要求。

主动接受公众监督。公开运行指标、环境监测、三废管理、辐射防护等关键信息，并确保信息披露及时、真实、准确、完整。

主动披露涉核信息。2023年6月，中国核电出席首届全球核能沟通论坛并作经验分享，发布英文版《魅力核能赋能靓丽人生》宣传片。发挥上市公司优势，主动披露涉核信息；拍摄《核能是个好东西》主题宣传片，直接回应公众疑虑；定期举行投资者反向路演、媒体见面会，沟通敏感问题。

坚持多方深度参与，提升品牌传播影响力

中国核电加强与利益相关方之间的互动沟通，全面提升中国核电科普品牌知名度和美誉度。

建设核电科普展厅，获评科普教育基地称号。各核电项目均建有常设型科普展厅，邀请公众现场参观体验。多家单位创建"全国科普教育基地""全国核科普教育基地""全国爱国主义教育基地"等，增强与社会公众的沟通交流渠道。

依托"魅力之光"平台，形成科普传播合力。联合中国核学会，持续11年举办"魅力之光"杯全国核科普活动，多次邀请院士、安全大咖、影视明星、专家学者等知名人士出席活动，面向社会公众、学生开放参与的平台，开展夏令营活动等，让更多社会公众深度亲密接触核电站。

聚焦生物多样性，开展"核谐之美"杯生物多样性保护活动。2022年举行首届"核谐之美"杯生物多样性保护实践摄影大赛，吸引数十名顶尖摄影师参加；2023年将深化"核谐之美"品牌内涵，推出一部《"核"谐之美》品牌宣传片，组织一场生物多样性作品展览，发布一份共同发展倡议书，从而展示核电科技与生物多样性之美，为落实共建生命共同体提供核能力量，更好助力推动美丽中国建设。

文化创新融合，提升品牌形象亲和力

中国核电积极拉近同公众的距离，创造性开发贴近大众生活和社会热点的文创产品，让中国核电"可靠、可亲、低碳、赋能"的品牌形象走进公众内心。

打造创意卡通IP，拉近公众距离。抢抓联合国《生物多样性公约》第十五次缔约方大会（COP15）在中国召开的契机，为了更好地参与、贡献地球家园建设，中国核电将关注焦点进一步扩展到地球上所有生命体，将所属的在运在建核电基地和风电、光伏基地周边具有代表性的动物如白鹭、黑脸琵鹭、中华白海豚等，打造以电厂周边珍稀动物为原型的"双C"萌宠团（Colourful CNNP）卡通形象。借助电站周边鲜明活泼的小动物，通过卡通动画的流行元素让核电站的形象更加生动可爱、有亲和力，也使得核电站环境友好的特点深入人心，并在2022年冬奥线高铁亮相。

创新传播方式，视觉传播更具影响力。2022年，中国核电以"双C"萌宠团动物形象制作了动画短片——《核力出奇迹》。《核力出奇迹》是中国核电原创的国内首部"双碳"主题动物萌宠动画片，视频短片突破传统的文字形式，以更加直观灵活的方式促进了核电知识传播。同时，中国核电结合"六一"国际儿童节和"六五"世界环境日，于2022年5月31日上线发布《核力出奇迹》。

紧跟潮流热点，推出"出圈"文创品。制定中国核电通用文化宣传品清单，从核电（华龙）

宝宝公仔、钥匙扣、套装杯子、音箱、文具盒等维度推出文创产品。"双十一"期间，上线国内首个核电文创网店，开展直播卖货，销售额突破10万元，拉近与公众的距离。

实施效果

企业品牌价值持续提升

中国核电创新3C公众沟通理念，为企业提供品牌建设新思路，推动中国核电不断夯实品牌管理工作基础，提高品牌管理水平，从而助力中国核电提升品牌影响力。

2019年12月18日，中国核电首次荣获"国际组织技术转化成果奖"，入选国家品牌100强。2020年9月，在品牌联盟发布"2020年中国品牌500强"榜单中，中国核电以130.72亿元的品牌价值位居能源行业品牌排名榜单第一名。2021年3月发布的"首届世界品牌价值900强"榜单上，中国核电品牌价值被评估为272.03亿元，品牌的价值和影响力持续增强。

负责任品牌形象获得广泛认可

中国核电持续开展公众沟通管理，推进品牌建设工作，围绕品牌工作重点，集中展现其在科技创新、发展清洁能源、履行社会责任等领域的先进理念和卓越实践，让公众能够接收到中国核电的品牌信息，获得更广领域和更多利益相关方的支持和认可。近年来，中国核电获得了"中国证券'金紫荆'奖""金圆桌奖""《福布斯》全球最佳雇主""WANO核能卓越奖""金蜜蜂优秀企业社会责任报告•长青奖"等奖项，塑造了良好的股东形象、员工形象、公众形象。

核电公众沟通品牌效应初具成效

中国核电以"魅力之光"为核电科普宣传的平台，连续十年举办"魅力之光"杯全国中学生核电科普知识竞赛和核电科普夏令营活动，向社会公众普及核电科普知识，展现核能魅力，吸引受众的持续关注，建立阳光正面的品牌形象。自2013年首届科普知识竞赛活动举办以来，累计参赛人数超过360万人，参赛人员涵盖了全国34个省（自治区、直辖市），人民日报、新华网、人民网、新浪网、中国环境报、中国能源报、科普中国等进行了关注报道，"魅力之光"话题新媒体网络阅读量超过1亿。获得了国家核安全局、国家能源局等的高度评价，并荣获《环境保护》杂志颁发的"绿坐标"奖，荣登了"科普中国"科普好活动年度榜单，纳入中国科学技术协会"绿色核能科普"品牌系列活动。"魅力之光"公众沟通品牌传播初具成效，已成为我国核电科普领域一个响亮品牌，助力中国核电品牌的认知度、美誉度、影响力、忠诚度、号召力和支持度持续增强。

主要创造人：张国华　许　佳

参与创造人：罗路红　胡依婷　刘　雨　田洪达

培育绿色文化品牌，引领企业高质量发展

中国石油化工股份有限公司镇海炼化分公司

企业简介

中国石化镇海基地是以中国石油化工股份有限公司镇海炼化分公司为龙头，以中石化宁波镇海炼化有限公司等25家合资合作及托管企业为主体，带动N家产业链上下游企业一体发展的"1+25+N"管理格局的绿色石化基地，总面积约23.1平方千米。其中，中国石化镇海炼化分公司是中国石化旗下重点骨干炼油化工企业，前身是始建于1975年的浙江炼油厂。中石化宁波镇海炼化有限公司由中国石化与宁波市按股比85∶15于2018年合资设立，管理职能全部依托镇海炼化分公司（合称中国石化镇海炼化公司，以下简称镇海炼化）。目前，镇海炼化拥有2700万吨/年原油加工能力、220万吨/年乙烯生产能力，管理码头吞吐能力约1.2亿吨/年、罐储能力约1700万立方米，资产总额近1000亿元。镇海炼化扎实推进企业绿色低碳可持续发展转型，全方位深育企业绿色文化，并以绿色文化为底蕴建立起了I-egret（爱白鹭）绿色品牌，目前初步建成"世界级、高科技、一体化"绿色石化基地，成为我国石化工业高质量发展的代表。

实施背景

以习近平生态文明思想为指引，镇海炼化牢固树立创新、协调、绿色、开放、共享的新发展理念，积极推进企业绿色低碳可持续发展。党的十八大以来，"绿水青山就是金山银山"的理念深入人心，绿色发展越来越成为企业高质量发展的底色。在党的二十大报告中，习近平总书记指出，推动绿色发展，促进人与自然和谐共生。尊重自然、顺应自然、保护自然，是全面建设社会主义现代化国家的内在要求。必须牢固树立和践行绿水青山就是金山银山的理念，站在人与自然和谐共生的高度谋划发展。新时代新征程，在生态文明建设大局中，企业培育绿色文化，持续推进企业绿色低碳转型，是作为社会公民义不容辞的责任。

镇海炼化长期坚持"能源与环境和谐共生"的绿色追求。自建厂以来，镇海炼化积极构建以"高利用型内部产业链""废弃物零排放"为基本构架的内部循环经济模式，2004年成为首批八家"全国环境友好企业"之一。坚持"让白鹭告诉你"环保理念，扎实开展对标世界一流HSE管理提升行动，大力推进"无废无异味绿色示范工厂"建设，环保水平一直保持行业领先。

石化标杆企业探路引航的责任。2010年前后，化工"邻避效应"席卷全国，石化企业被贴上"不安全、不环保、不开放"的标签，甚至被"妖魔化"，曾引起社会广泛关注。作为国资央企的标杆企业，理应提高站位，当好绿色发展示范，给利益相关方带去更好的体验。

生物监测具有说服力。生物监测是指利用生物个体、种群或群落对环境污染或变化所产生的反应阐明污染状况，从生物学角度为环境质量监测和评价提供依据，在国内外越来越受到重视。

生产区自然形成一片"白鹭园"。镇海炼化长期坚持绿色发展，企业生态环境优良。自2007年起，厂区液化气装瓶站边上有一片小树林，春来秋回，自然形成了鹭鸟生息繁衍的栖息地。这片小树林面积约2200平方米，距离航煤储罐只有160米。高峰时鹭鸟多达上千只，在装置上空飞翔，成为厂区一景。

主要做法

生物是真正用脚来投票的，用白鹭这种生态语言来监测、评价、管控区域生态环境，需要该区域的生态环境系统切实适宜这一生物物种繁衍生息，需要企业对这一区域的环境养护、环境塑造付出长期不懈的努力。作为城市石化产业链的"链长"，镇海炼化高度重视培育企业绿色文化，率先打造绿色文化品牌，在带动下游产业链协同发展的同时，以I-egret（爱白鹭）绿色文化品牌引领宁波石化经济技术开发区高标准实现绿色低碳可持续发展，实现高质量发展。

绿色企业生产经营实践夯实绿色文化基石、文化源自实践。多年来，镇海炼化建成了国内首屈一指的全加氢流程，构建了以"高利用型内部产业链""废弃物零排放"为基本构架的内部循环经济模式，走出了一条"代价小、效益好、低排放、可持续"的发展之路。

全生命周期绿企行动。镇海炼化坚持凡是影响安全环保的事情一件不干、凡是牺牲安全环保的效益一分不要、凡是涉及安全环保的投资，不仅一分不省，而且按更高标准投入。100万吨/年乙烯工程环保投入高达18亿元，约占工程总投资的10%。镇海炼化是中国石化"绿色企业行动计划"首批承诺的十家企业之一，也是首批获中国石化绿色企业认证的企业之一。

"无废无异味绿色示范基地"建设。镇海炼化融入地方"无废城市"创建，持续推进废弃物源头减量和资源化利用，坚持"能减则减""可用尽用""应分尽分""应烧尽烧""长效常治"，2021年基本建成"无废无异味工厂"，基本实现产废无增长、资源无浪费、环境无异味；2023年起升级打造"无废无异味绿色示范基地"。

推动全产业链绿色转型。作为宁波市绿色石化产业链"链长"，"镇海炼化打造零碳产业链"项目被评为宁波市绿色低碳十大典型案例。自2009年起，镇海炼化应用中国石化自主研发技术，持续推进生物航煤生产，让地沟油"飞天"，使中国成为继美国、法国、芬兰之后第四个拥有生物航煤自主研发生产技术的国家。2022年5月，中国首套10万吨/年生物航煤工业装置在镇海炼化实现规模化生产，并获亚洲首张全球RSB证书。12月，加注中国产的生物航煤国际货运航班首次开启可持续燃料绿色航空。2021年6月，镇海炼化建成宁波首座加氢示范站，加氢能力每天可达500千克，并搭建了宁波首个氢能应用场景"氢能大巴"上路；2022年11月，2辆"氢能重卡"从镇海炼化加氢站驶出。按一棵树一年可以吸收18.3千克CO_2，镇海炼化加氢站满负荷运行相当于每年植树十万棵。

全方位深育绿色文化铸就绿色品牌底蕴。镇海炼化眼睛向内，使绿色文化成为企业价值取向、内在基因、道德标准和行为方式，进而成为企业的优良传统，潜移默化主导规范员工的行为。

理念成共识。镇海炼化从建厂之初就定下了"要保护好附近的舟山渔场，保护好我们的生存环境，对子孙后代负责"的发展基调。此后，不管企业名称如何变更，但是"能源与环境和谐共生""保护生物多样性"等这些理念，成为镇海炼化人的共识，刻在了历代镇海炼化人的血液里，落在了员工的行动中。"让白鹭告诉你"成为企业的环保理念，更表明了企业建设绿色文化的决心和意志。

以制度来规范、以机制来保障、以行为来养成。镇海炼化建立健全环保管理制度，把环保管理的要求融入企业各项经营管理活动之中，贯穿企业生产经营全过程，明确该干什么、由谁来干、该怎么干，理念引领，责任落实，流程规范。

背后有"故事"。近年来，面对厂区周边白鹭的生存空间，特别是白鹭的食物链不断收缩的实际，以维护白鹭的生存环境为切入点，镇海炼化积极推动企地共建，以小生态改善带动大生态建设。

输油管道为白鹭"让路"。2014年前后，因生产需要，公司需要在白鹭园附近新建一条输油管道。技术人员从经济技术层面考虑，拿出了最便捷最经济的方案。但在审议过程中，公司发现，管架要穿过"白鹭园"，因为两点间之间直线最短。最终，为了不"打扰"白鹭，公司决策，重新设计方案，管道绕着"百鹭园"走。管道拐3个弯，光是工程费用就增加了约300万元。

项目施工为白鹭"让路"。项目敲定，可是施工时噪声阵阵，人听了都烦，鸟儿肯定也受不了。为了不影响白鹭繁衍生息，炼化人特意让项目施工时间避开3~9月，安排在了白鹭南飞越冬的秋冬季节。因此，原定一年的工期也延迟到了三年后完工。

厂区用地为白鹭"让路"。自2020年起，公司分两期改造白鹭园，构建核心区、拓展区与辐射区等"三区"生态。核心区面积从2200平方米增加到15000平方米，挖掘大面积水体，投放本地野生鱼种，通过自然繁殖逐步形成生态系统，丰富白鹭食物来源；拓展区对厂区塘下河、雨水沟清污分流综合治理；辐射区通过厂区绿色管廊带连通石化区，河流、湿地、滩涂，进一步丰富白鹭食物来源，融入宁波市国家级生态示范区建设。如今，镇海炼化白鹭自然保护地业已成为"镇海炼化之路"的重要组成部分，成为中央企业首批爱国主义教育基地、中国石化十大红色教育基地和浙江省35家习近平新时代中国特色社会主义思想研究基地之一的核心站点。

打造周边文化。围绕"白鹭"，镇海炼化环保文化手册的扉页是白鹭；明信片里有"白鹭"；职工原创歌曲唱"白鹭"，职工绘画作品画"白鹭"；结合江南青瓷文化，公司还开发了青瓷茶具小套件，杯体刻有"I-egret" Logo；拍摄"青瓷白鹭"微视频，使中国传统文化与新时代生态文明建设有机结合。

全方位品牌开发运营托举绿色品牌形象。

确立品牌定位及品牌内涵。品牌口号：让白鹭告诉你。品牌内涵：秉承中国石化"能源至净　生活至美"的品牌承诺，镇海炼化追求更洁净的生产方式扎实向碳的"净零"迈进，矢志成为行业绿色发展标杆，实现企业、社会与自然的和谐共融。让白鹭在这里安"家"，请"白鹭"见证，洁净能源化工正在以自己独有的方式塑造世界级高科技一体化绿色石化基地，推动行业进步。

策划设计品牌标识。镇海炼化建立了原创绿色文化品牌VI和I-egret（爱白鹭）品牌。通过白鹭与爱心的写意组合构成独特的图形标识，并与I-egret文字、绿色底色一起，强烈地传导出企业追求绿色发展的价值取向，与绿色生态共存共融的价值承诺。

打造 I-egret 白鹭慢直播平台。镇海炼化在白鹭自然保护地在建设第二阶段就着手策划建设慢直播平台。在硬件选配上，选用 11 路高清摄像头和配套网络；在软件开发上，开发慢直播网站，开通 6 个视窗，让受众可以全天候 24 小时零距离观看白鹭原生态的筑巢、下蛋、孵化、破壳、哺育、飞翔全过程，沉浸式地体验到人与自然、能源与环境和谐共生的生态之美。2022 年 5 月，中国石化镇海炼化白鹭自然保护地慢直播平台 I-egret 全球成功上线，成为展示生态文明，展示美丽石化、美丽中国的全球窗口。

"立体"传播 I-egret 品牌。据不完全统计，白鹭慢直播平台全球上线以来，CCTV 直播中国、光明网首页推送直播；中华人民共和国生态环境部"中国环境"客户端专题直播；中国青年报连续 14 期直播；新华网、央视频、环球网、凤凰网、中国石化报、江苏电视台荔枝新闻、浙江日报及宁波等全媒体纷纷报道，累计观看上亿人次。并有相关报道 4000 余篇次，海外阅读量超过 100 万人次，实现"破圈"传播；还成为全球生态文明建设"洱海论坛"的经典案例；入选联合国 COP15 浙江省生物多样性保护展示案例。

实施成效

为"两山"理论提供成功的实践佐证。以习近平生态文明思想为指引，镇海炼化增强思想自觉和行动自觉，坚定实施绿色低碳战略，培育企业绿色文化品牌，传播"让白鹭告诉你"的环保理念，正是追求金山银山与绿水青山兼得，实现发展与生态"双赢"的具体实践。

破解石化企业妖魔化形象，白鹭成为企业与公众沟通的"使者"。白鹭连续十多年在镇海炼化安家落户就是对企业环保工作的最好褒奖。周边社区（村）公众代表到访镇海炼化参观白鹭园之后，也都大为赞叹。因此，在企业扩建项目推进过程中，也都表示理解和支持。

为美丽石化、美丽中国塑造绿色"金名片"。积十五年耕耘，镇海炼化让白鹭安心安家，这背后是企业在绿色生态发展上坚定不移的努力；持之以恒的付出。是全生命周期绿企行动孕育了企业绿色文化，最终托举起绿色品牌，为美丽石化、美丽浙江、美丽中国提供了坚实支撑。

"镇海白鹭"绿色文化品牌传播实现破界破圈。以文化为媒介，以白鹭为媒介，凝聚各路受众。镇海炼化"跳出界外"推进文化品牌传播，特别是搭建 I-egret 慢直播平台，设置微博超话等，"全媒体"出击，都不按常理出牌，很好地实现了"叙事方式"的创新，实现了与受众的正向沟通和交流，成为我们在新时代、新征程推进全球文明共存文明互鉴过程中的有益探索。

主要创造人：莫鼎革　黄仲文

参与创造人：林旭涛　庄美琦　张凌志

打造具有新兴产业特色的企业文化宣贯传播体系

国网信息通信产业集团有限公司

企业简介

国网信息通信产业集团有限公司（以下简称国网信通产业集团）成立于2015年2月，注册资金150亿元，是国家电网有限公司直属产业单位，是中国能源行业主要的信息通信技术、产品及服务商。集团设7个职能部门、6个业务部门和1家支撑机构，拥有53家分子公司（含1家上市公司国网信通），分布在北京、成都、天津、厦门、合肥、福州、兰州等地。目前员工总量6877人，其中科研人员占比49.1%。成立以来，坚持战略引领，强化文化驱动，确立建设世界一流能源数字化、智能化创新企业战略目标，弘扬"精诚团结、精益求精、创新突破、勇当排头、甘于奉献"的企业精神，企业文化优势不断转化为企业创新优势和发展优势，集团连续五年获评中国软件和信息服务业十大领军企业，在2022中国软件百强企业中排第2名，2022软件和信息技术服务竞争力百强企业中排第9名。

文化是根，根深才能叶茂。文化是本，本固才能枝荣。国有企业是中国特色社会主义的重要物质基础和政治基础，是我们党执政兴国的重要支柱和依靠力量，在为实现中华民族伟大复兴提供坚实的物质基础方面具有不可替代的重要作用。在过去的几年里，国网信通产业集团坚持打造具有新兴产业特色的企业文化宣贯传播体系，在方法上创新，在细节上落实，在过程中管控，切实解决了问题、提升了效率、强化了能力、凝聚了合力，实现了文化理念认知、认同、践行的正向循环，为持续支撑和驱动集团高质量可持续发展奠定了基础。

坚持守正创新，弘扬党内政治文化

近年来，国家电网有限公司不断强化以马克思主义为指导、以中华优秀传统文化为基础、以革命文化为源头、以社会主义先进文化为主体、充分体现中国共产党党性的党内政治文化。国网信通产业集团贯彻落实公司要求，以党内政治文化引领优秀企业文化建设，坚持党的全面领导，将企业文化建设纳入党建工作责任制，突出各级党组织抓企业文化建设的政治责任，特别是落实基层党支部文化建设重要职责，切实把党支部建设成为弘扬党内政治文化的坚强战斗堡垒。领导班子带头讲授文化党课，党委书记、副书记自觉扛起文化建设第一责任人、直接责任人职责，"深入理解中国特色社会主义文化的内在逻辑和丰富内涵，准确把握企业精神的核心内容和实践要求，全力推动集团企业文化落地实践和全面深植"；深入阐述中国特色社会主义文化核心要义，讲述国家电网有限公司、国网信通产业集团文化内涵，明确企业文化建设的实践要求，以领导垂范作为文化建设的第一推动力和持续推动力，让文化建设事半功倍。党支部集中开展文化主题党日活动，以"学文化、聚共识、谋发展"为主题，118个党支部集中开展大学习、大研讨，开展四史学习教育，深挖企业文化内涵，畅谈存在的问题和努力方向，推动党支部和党员在文化建设、品牌打造上走在前、作表率。团组织深入推进青年精神素养提升工程，引导团员青年聚焦"三个问题"（同先辈比，我们身上少了什么；同先辈比，我们身上多了什么；同习近平总书记对新时代中国青年的期望和时代与企业展要求比，我们还需要充实什么），通过集中学习、传统教育、对标讨论、岗位建功，不断增强做中国人的志气、骨气、底气，争做优秀文化的创造者、传播者、践行者。

深度诊断分析，摸清企业文化现状

当前，国有企业面临的发展环境更为严峻，市场竞争更为激烈，员工队伍思想观念、利益诉求和精神文化需求更加多元多样，迫切需要摸清文化现状，建设适应战略目标的优秀企业文化，以凝聚共识、促进和谐。企业文化是企业与生俱来，伴随企业生存发展全过程的重要财富，无论企业规模大小，都拥有独具特点的文化。正向的文化，与企业自身条件和外部环境相适应，能够助力企业物质价值增长；负向的文化，容易造成企业物质财富的损失和消耗，对企业有负面消极影响。

国网信通产业集团按照每1~2年为一个周期，以深度访谈、问卷调查、实地考察、标杆对比、文献研究等调研方法，对集团企业文化状况进行跟踪式动态调研。重点采用多样化专业分析方法（企业文化理念矩阵分析、奎因企业文化导向分析、丹尼森企业文化特征分析等），科学系统总结集团企业文化现状与优势，全面梳理集团企业文化建设存在的问题，明确应当持续传承的精神和行为，以及当前较为缺失、后续需要强化的精神和行为。

调研发现，国网信通产业集团企业文化应该在保持"层级规范"优势的同时，大力加强"团队支持"文化要素，适当引入"市场绩效"以及"灵活变革"等相关文化要素，同时充分发挥战略目标的引领性。具体从精神、制度、行为、形象四个层面来看，集团企业文化的优势主要表现在：一是精神层面，优势主要指集团从战略层面提出了清晰的发展定位，具有较强的引领性，并已形成了部分优良的历史传统，如"科技引领、专业高效、安全第一、追求卓越、品牌意识、忠诚正直"等文化理念；二是制度层面，优势主要指集团注重等级和规范，内部已经建立了较为完善的规章与制度体系，且执行有力、纪律严明；三是行为层面，优势主要指集团在客户需求满足及响应速度方面表现较好，员工普遍乐意通过学习来改善工作质量，部分员工敢于承担责任且具有较强的主人翁精神；四是形象层面，优势主要指集团通过使命文化特征、良好的客户服务能力，对外塑造和传播了良好的社会形象。

构建理念体系，培育共同文化认知

国网信通产业集团在全面深入的调研分析基础上，按照国家电网公司企业文化建设要求，基于集团作为数字化服务这一朝阳产业中的佼佼者、员工高知低龄、以大云物移智链等高新技术为客户提供高附加值服务等实际和未来发展需要，总结凝练出由"发展使命、企业定位、企业精神、企业理念"构成的集团价值理念体系,并面向中层及以上管理人员征求多轮意见建议,经党委会研究审议后,通过年度工作会议正式发布。其中,发展使命"互联·共享,让能源更智慧,让生活更美好"回答了"为什么"的问题;企业定位"能源互联网建设的中坚力量和数字化转型发展的主力军"回答了"做什么"的问题;企业精神"精诚团结、精益求精、创新突破、勇当排头、甘于奉献",企业理念"以客户为中心,以质量为根本,以卓越为目标,树牢'一盘棋'思想,坚持集团化运作,根植国网,服务社会",经营理念、管理理念、人才理念、创新理念、市场理念、服务理念、安全理念、廉洁理念这八个专业理念,共同回答了"怎么做"的问题。

国网信通产业集团价值理念体系是集团面对新形势、新要求、新战略进行的一次企业文化理念全面升级,富有时代性、继承性、融合性、系统性、创新性等特点,科学回答了集团在新的发展阶段所要遵循的价值追求、坚持的奋斗方向、肩负的重要责任、秉承的精神理念,表明了集团对社会、对国家、对行业、对国家电网公司、对客户、对合作伙伴、对员工所坚持的价值判断和庄严承诺,使企业文化更具生命力和持续性。

创新载体手段,提升文化传播质效

企业文化理念要转化为全体员工的行为习惯,转化为企业各相关利益者的信任,第一步要做到的就是善用载体,让企业文化理念得到广泛传播,做到干部精通、员工熟悉、客户知晓。

国网信通产业集团积极构建"3+5"企业文化分层分众传播机制,落实"5+N"重点工作。在责任落实上分层,压紧压实三级传播责任,以集团党委为决策主体,以二级单位党委为推进主体,以专业部门、党支部为执行主体,健全党建部门抓文化传播、业务部门抓文化承载、全员共建企业文化的工作体系。在传播对象上分众,针对五类群体实施个性化传播,对各级领导人员、中层管理人员、一般员工、新员工、企业文化工作人员分类开展专项传播,确保横向到边、纵向到底,形成多形式、多载体、多渠道的企业文化传播格局。在重点工作上着力,推进"五个一"企业文化传播专项行动,创新拓展"N"项多元化传播内容,全力打造思极文化品牌。

其中,"五个一"企业文化传播专项行动,包括一支文化讲师团、一场文化辩论赛、一部文化宣传片、一个新媒体文化栏目、一首企业之歌。其中,文化讲师团以选拔培养一支高度认同、积极践行、乐于分享企业文化的讲师团队伍,系统宣讲传播企业文化为目标,通过自下而上遴选推荐、集中培训、试讲演练,6名荣誉讲师、30名讲师脱颖而出,通过"线上+线下"相结合的方式,从讲理论、讲文化、讲榜样三大方向切入,第一阶段面向各单位中层干部、技术骨干、重大项目组成员等,完成了9场巡回宣讲活动,累计覆盖近2000名员工,第二阶段面向全员分层分类开展宣讲,完成宣讲覆盖100%的目标,企业文化得到快速系统的传播。文化辩论赛以促进集团广大员工更好理解、践行思极文化,进一步统一思想、汇聚共识为目标,组建14支辩论队,以赛促学、以辩促行,辩手和员工在思辨碰撞和讨论热潮中进一步增进了对企业文化的认知认同。文化宣传片聚焦企业文化内涵和精神的弘扬彰显,综合运用视听语言手法,着力讲述集团干部员工在重大任务、重点项目中的担当与贡献,展现企业文化的历史传承、内涵意蕴和时代价值,对内激发广大员工的使命感、荣誉感、自豪感,对外传播企业文化火种,塑造集团品牌。"我与思极大家谈"新媒体文化栏以新媒体平台为依托,以主题活动为牵引,邀请党组织书记、文化榜样、青年骨干、企业文化讲师等重点人群，交流分享，带头学习、传播、践行文化的文化故事和心得体会，企业文化的辐射作用有效激发。企业之歌以传唱国家电网公司司歌为主线，让员工和客户在优美的旋律和吟唱中熏陶情操、升华情感、引发共鸣，"以文教化""以文化成"的价值有效彰显，企业文化和品牌的传播影响力更大、效果更好。

"N"项多元化传播内容方面，成功打造了在国家电网公司系统内深受喜爱的"思小极"系列文创产品，兼顾文化内涵的艺术呈现、文化理念的准确传递、企业青年的审美诉求，有力塑造和传播了文化品牌。培育选树了一批政治过硬、道德高尚、业绩突出、员工认可的"最美思极人"，成为率先实现思极文化从理念到行为突破的文化榜样，为持续传播思极故事、凝聚精神力量提供了可靠载体。组织开展了一系列文化成果展，以书画诗歌、篆刻剪纸、原创歌曲、歌舞表演、情景短剧等形式，集中展示集团及各单位文化建设系列成果，为广大员工提供丰盛的文化大餐和精神盛宴的同时，潜移默化传播了思极文化品牌。

探索文化评估，加快文化改进提升

2023年，国网信通产业集团探索建立具有能源数字化智能化创新企业特色、科学合理的企业文化评估体系和工作机制，实施开展具体有效的评估实践，实现企业文化"传播—落地—评价"的闭环，持续以文化促进战略共识、战略协同、战略管控，为集团创建世界一流专精特新示范企业提供精神动力和文化支撑。一是构建企业文化评估模型。基于奎因竞争性文化模型、CEMS企业文化效能评估系统等，结合集团实际开发专项评估模型，确定评估指标，为评估工作准确反映文化建设成果和工作绩效奠定基础。二是实施开展企业文化评估。结合评估模型和具体指标，形成评估问卷，进一步把握集团发展整体态势，了解集团现有价值观与所倡导价值观、员工价值观与集团价值观的契合度，诊断企业文化的健康度；分析集团优势文化与劣势文化，发现影响和阻碍集团高质量发展的文化"短板"，研究提出下一步企业文化建设工作思路，为集团经营管理工作提供决策参考；总结集团企业文化的动力源泉和形成机制，分析文化与经营战略、组织绩效之间的作用机制，形成能够指导集团长远发展的建议。三是完善集团企业文化评估办法。明确由集团主要领导担任组长的评估组织机构，建立企业文化评估人才库，设立3~5家试点单位，研究出台集团级管理制度，对于工作突出的单位和个人给予荣誉表彰，推动企业文化评估工作常态化，完善企业文化工作PDCA的闭环，促进企业文化建设成果和工作水平螺旋提升。四是建立企业文化评估数据库。将评估过程中的相关文件进行归类，形成问卷库；将研究标杆单位的成果归类，形成知识库；将问卷调查的数据归类，形成评估数据库；将评估的分析报告与同类企业对比，不断提升工作的水平。

经过几年的努力，国网信通产业集团企业文化建设取得了一定的成效，正在逐渐成为推动集团高质量发展不可或缺的重要力量。我们也认识到，越是复杂的形势，越是爬坡过坎的关键时期，越要加强企业文化建设，把价值理念转化为推进高质量发展的动力，转化为克服困难的勇气，转化为应对挑战和机遇的智慧。

主要创造人：李　强　张立军

参与创造人：赵建保　于海波　穆艳梅　贾赛赛

以添翼文化凝心铸魂、塑形强企，创建世界一流专业领军示范企业

中铁电气化局集团有限公司

企业简介

中铁电气化局集团有限公司（以下简称中铁电气化局）于1958年伴随我国第一条电气化铁路宝成铁路建设而成立，现已发展成为集工程建设、勘察设计、科研开发、工业制造、试验检测、工程监理、物贸物流、运营维管、房地产开发、投融资"十位一体"的大型企业集团。累计承担了全国70%以上的电气化铁路工程、60%以上的高速铁路工程、44个城市的轨道交通建设任务和超过2.2万运营千米的铁路运营维管业务。中铁电气化局在电气化铁路和高铁建设中创造了诸多中国或世界第一，始终将引领行业技术进步的使命责任担在肩上，推动实现我国轨道交通机电关键技术从国外引进到中国制造、再到中国创造的历史跨越，成为轨道交通机电建设运营的引领者，新型城市建设的生力军，轨道交通机电智慧产品的领跑者，"一带一路"建设的行业排头兵。

"添翼文化"创建的背景

企业贯彻新发展理念、融入新发展格局、推动高质量发展的重要保障

"十四五"时期，交通强国战略加速实施，轨道交通产业也将迎来大有可为的历史机遇期，中铁电气化局比历史上任何时期都更接近实现"建设享誉全球的轨道交通系统集成企业集团"这个伟大"电化梦"的目标，比历史上任何时期都更有信心、更有能力实现这个目标。这要求企业对标"产品卓越、品牌卓著、创新领先、治理现代"的世界一流企业标准，聚焦轨道交通机电主业发展，推动产业链、价值链关键业务的迭代升级，而这一切的前期是要继承精神传统，坚定文化自信，勇扛历史担当，牢记使命追求，把建设先进企业文化摆在更加突出的位置，为企业高质量发展举旗定向，凝心聚力，化制育人，塑形强企，保障企业创新能力持续增强，为接续奋斗推进实施企业"1234"发展战略保驾护航。

提升企业软实力，加快创建世界一流专业领军示范企业的现实需要

"十四五"时期是推进高质量发展、加快建设世界一流企业的关键时期，比以往任何时候都更加需要坚定的信心、统一的意志，更加需要文化的引领、精神的支撑。企业必须建设先进企业文化，构筑好广大员工共有的精神家园，增强员工队伍的凝聚力、向心力、创造力，在攻坚克难中争当添翼先锋，在改革创新中踔厉奋发，把企业文化建设与企业管理深度融合，把企业核心价

值理念融入企业管理制度，推动企业管理创新和科技创新，提升企业经营管理水平，切实把企业文化优势转化为创建世界一流专业领军示范企业的强大动力。

"添翼文化"的核心要素和时代内涵

核心要素

"添翼文化"高擎"开路先锋"文化旗帜，包含四大核心理念，九项践行理念，指引电气化人始终继承"勇于跨越、追求卓越"的企业精神，传承"守正创新、行稳致远、向上向善、勇争一流"的企业核心价值观，践行"提供绿色智能轨道交通产品和服务、为品质生活提速"的电气化使命，发扬"促创干、争一流"的电气化传统，弘扬"立于信、成于品"的电气化风尚，在"成为享誉全球的轨道交通系统集成企业集团"电气化愿景新征程上，不忘初心、牢记使命，不负重托、接续奋斗，为巨龙添翼，做开路先锋。

文化寓意

"添翼"，寓意插上腾飞的翅膀、增添发展动力。"添翼文化"的核心要义：敢为人先争一流、勇于担当做先锋。这是60多年来中铁电气化人淬炼而成的以"促创干，争一流"为内涵的优良传统和作风的集中展现，寓意中铁电气化局始终保持领跑中国轨道交通机电行业的战略定力，始终心怀"国之大者"，始终保持敢想敢干的创业状态，始终坚持争创一流的价值目标，主动服务国家战略，自觉担当"交通强国"时代使命，充分发挥企业全产业链优势，为构建现代化基础设施体系，全面建设社会主义现代化国家贡献中铁电气化的智慧和力量。

时代内涵

添翼交通强国。电气化铁路建设是"交通强国，铁路先行"的"开路先锋"，是中国现代化铁路建设的动力之源。努力提升牵引供电设计建设运维现代化水平，推动中国铁路高质量发展，是中铁电气化局在新的历史时期的崇高使命。通过大力发展智能牵引供电技术，实现牵引供电建设、运维全过程、全生命周期的高度信息化、自动化、智能化，引领轨道交通"安全高效、经济便捷、绿色智能"发展方向，保持中国高铁、中国牵引供电系统在世界上的领先地位。

添翼高质量发展。坚定不移贯彻新发展理念，实施创新驱动战略，突破更多关键技术，掌握更多"撒手锏"式技术，站上科技创新的制高点，做优产业链、提升价值链、畅通供应链，不断提高企业的核心竞争力。勇当轨道交通建设的开路先锋，在构建现代化基础设施体系的新征程上迎难而上，担当作为，构建"六大体系""七大平台"，打造"一流三商"，推动"四个转变"，实现"三项第一"，致力建设享誉全球的轨道交通系统集成企业集团。

添翼高品质生活。始终坚守"为品质生活提速"的行业使命，深入践行技术改变生活的价值追求，不断地创新与探索，拓展生活半径，拓宽发展空间，提高生活品质，提升幸福指数。贯彻落实绿色发展理念，助力实施"双碳"目标，走好可持续发展之路。坚持职工群众的主体地位，顺应职工群众对美好生活的向往，不断实现好、维护好、发展好职工群众的根本利益。

"添翼文化"的创建路径

实施三项文化落地工程

实施理念阐释工程，使"添翼文化"凝心铸魂。汇聚和凝练企业领导层所倡导的、被广大员工所共享的核心价值理念体系——"添翼文化"，形成并不断巩固全体员工为企业科学发展团结奋斗的共同理念基础，凝铸起中铁电化之魂。组织开展企业文化节系列活动，制作系列文化展板、海报、文化手册、文化产品和视频专题片等，系统开展添翼文化宣贯，让企业文化元素在企业无处不在、无时不有，促进全员对添翼文化理念体系耳熟能详，入脑、入心，落实到企业的经营实践和员工的自觉行为之中。

实施落地转化工程，使"添翼文化"化制育人。将企业核心价值理念融入"十四五"发展战略，明确企业发展定位和使命责任，并指导制定人才、科技、工业、运维等业务发展战略，为企业高质量发展举旗定向。把文化核心理念制度化，并融入企业治理的方方面面，实现企业文化全面融入企业经营管理之中，即融入生产、融入经营、融入管理、融入改革等。

实施推广传播工程，使"添翼文化"塑形强企。将企业积淀的丰厚的传统文化融入重大工程建设，实现了中国电气化铁路从无到有、由学习到引领的历史性跨越，在电气化铁路和高铁建设中创造了诸多中国或世界第一；通过开展"理想信念情怀·爱党爱国爱企"主题活动，弘扬开路先锋精神和"促创干，争一流"的电气化传统，建设电气化人共有精神家园，在广大员工中形成奋发向上、崇德向善的强大力量；通过举办两届企业文化节，传承精神血脉，营造了凝心聚力谋发展的浓厚氛围；通过大力推进"功臣榜"和"业绩榜"建设，评选企业重点工程项目和建设功臣，推进"道德讲堂"和"中铁电化讲堂"常态化建设，形成了崇德向善，和谐奋进的浓厚氛围；通过举办行业技术论坛、企业开放日等活动，极大提升了"中国中铁电化"品牌的美誉度和影响力。

建设九大"添翼文化+"专项文化

将"添翼文化"九大践行理念与企业战略、党建引领、安全生产、工程建设、经营管理等工作有机结合，与各级管理制度深度融合，实现理念与制度的对接，建设独具特色的创新文化、效益文化、安全文化、质量文化、环保文化、人才文化、廉洁文化、品牌文化、党建文化九个专项文化。修订《企业文化管理办法》，明确专项文化建设责任分工，重点量化指标和重点事项、管理流程和考核标准，将核心价值理念分解到各业务系统，筹划开展行为系统建设，确保广大干部职工自觉践行企业核心价值理念，打造企业核心软实力。

推动特色鲜明"1+N"基层文化建设

落实一切工作到项目的管理理念，在宣贯"添翼文化"这"1"个主体文化的基础上，深入推进特色基层文化建设，打造"N"个特色子文化。落实"六统一"要求，严格执行企业文化手册、企业视觉识别系统和员工行为准则，建设"开路先锋"文化墙、"添翼文化"形象墙、"晓林精神"文化墙，各单位、项目部建设富有"添翼文化"元素的文化活动室、文化驿站等场所，开展喜闻乐见、生动活泼、健康向上的群众性基层文化活动。

"添翼文化"实施的效果

传承电气化精神谱系，共筑"企强工富"电化梦

通过"添翼文化"建设，系统梳理了"促创干，争一流"的电气化作风、"建设优质铁路，勇当开路先锋"的南昆精神、"拼搏奉献、创先争优"的京九精神、"挑战极限、超越自我、创造之最"的大秦精神、"挑战极限、勇创一流"的青藏精神、"为荣誉而战、建时代精品"的京沪电气化改造精神等一座座精神丰碑，形成了中铁电气化局的"精神谱系"。通过文化故事征集、文艺作品创作、精神宣讲会等形式，进行系统宣贯，让这些精神坐标，激励新一代电气化人在实现伟大梦想的征程上永做开路先锋。广泛践行社会主义核心价值观，加强爱国主义、集体主义、社会主义教育，营造"尊重劳动、尊重创造"的浓厚氛围，引导干部职工凝心聚力、争创一流，齐众心、汇众力、聚众智，形成同心共圆"企强工富"电化梦的强大合力。先后荣获改革开放40年中国企业文化优秀单位、新中国70年企业文化建设典范案例、"十三五"企业文化建设典范组织奖等荣誉称号。

坚定创新驱动发展战略，引领行业技术发展方向

通过大力实施创新驱动发展战略，开展创新链和产业链协同布局，自主研发了模块化恒张力放线车、智能化装配线、智能立杆车、巡检机器人等一大批工程装备。深入开展基于大数据、互联网、5G、北斗导航等新技术的研发和应用，推进智能建造实践和智慧工地建设。建设世界最大的铁路电气化和城市轨道交通接触网专业生产基地，生产的悬挂产品占全国已开通轨道交通线路的70%以上，中国标准"简统化"接触网装备首次应用在"一带一路"标志性工程雅万高铁，助力中国高铁首次全系统、全要素、全产业链落地海外。《高速铁路4C视觉智能分析系统》摘得2022年IDC未来运营领军者中国区卓越奖，中国高铁电气化技术装备成果亮相"奋进新时代"主题成就展，时速400千米电气化铁路用接触网导线工艺研究与开发样品完成试制。在领跑轨道交通机电行业发展的基础上，推动柔性牵引供电系统等原创技术应用，研制世界首套具有我国自主知识产权的频率50赫兹、容量20兆伏安的单相柔性牵引供电"贯通式同相供电系统"，彻底解决了制约电气化铁路发展的电分相、电能质量、谐波、负序等一系列"卡脖子"难题，填补了我国在新型牵引供电技术领域的空白。

践行"三个转变"，打造"中国电气化"品牌形象

以"三个转变"为指引，始终心怀"国之大者"，自觉担当"交通强国"时代使命，充分发挥企业全产业链优势，大力实施"四电+相关多元"发展战略，大力推进"六大体系""七大平台"建设，围绕企业发展目标，打造特色的工程施工、运营维管、工业制造等品牌，形成相互支持、协同发展的"中国电气化"品牌架构，建设享誉全球的轨道交通系统集成企业集团。近年来，建成我国第一条智能高速铁路京张高铁，西藏首条电气化铁路——拉林铁路等，为我国电气化铁路和高速铁路跃居世界第一做出巨大贡献；参建"一带一路"标志性工程——中老铁路、"一带一路"倡议在东南亚落地的标志性项目——雅万高铁等，助推中国高铁标准走向海外。

主要创造人：豆保信　涂勇烈

参与创造人：周　绩　张立超　焦宏涛　张林强

实施文化引领战略举措，建设"六位一体"营销文化的探索实践

中国石油天然气集团有限公司四川销售分公司

企业简介

中国石油天然气集团有限公司四川销售分公司（以下简称四川销售）自1952年成立以来，坚持扎根天府大地、全力服务治蜀兴川，在保障全川油气稳定供应的同时，实现了高质量发展，成长为中国石油最大的成品油销售企业，连续5年高质量站稳"千万吨"，榜列2022年四川企业百强第10位。作为党和国家在能源领域的经济部队，四川销售始终胸怀"国之大者"、心系"省之大计"、竭尽"企之所能"，认真践行"中国石油是党的中国石油、国家的中国石油、人民的中国石油"的企业定位，秉持"绿色发展、奉献能源，为客户成长增动力，为人民幸福赋新能"的价值追求，全力保民生、提量效、抗大灾、促发展，切实担起能源保供"顶梁柱"作用，加快推进世界一流企业建设，以实干实绩书写"我为祖国献石油"的新时代答卷。

实施背景

培育营销文化是深耕文化强企战略、助推文化强国建设的必然要求。企业兴则国家兴，企业强则国家强，国家的繁荣和企业的进步紧密关联，大国的崛起必然伴随伟大企业的诞生。文化强企是文化强国在企业的体现和要求。对于销售企业而言，落实文化强企，必须要用企业在长期营销活动中形成的营销文化，推动企业不断做强做优做大，为企业实现基业长青注入源源不断的力量。

培育营销文化是适应市场变革、巩固竞争优势的必然要求。营销观念对营销行为起指导作用，正确的营销观念可帮助企业在市场变革中确立科学的经营目标、任务、方向。企业是市场的主体，市场是企业生存发展的根基。近年来，随着国际国内、政治经济文化等方面的变化，企业面对的市场变革风起云涌。新形势下，应对激烈的市场之变，需要干部员工集体转变营销观念，更新营销价值追求，不断增强营销软实力，铸造强大的营销文化，确保在市场浪潮中勇立潮头、行稳致远。

培育营销文化是提高核心竞争力、增强核心功能的必然要求。市场是一种经济现象，又是一种文化现象。市场的竞争不仅是商品、价格的竞争，更是文化、形象的竞争。营销活动中有一种现象，同样的商品放在不同的地方价格不一样。仔细分析会发现，价格不一的背后，有场景的不同、服务的不同，也有营销策略等方面的不同，而这些归结起来，就是营销文化的不同。提高企

业核心竞争力、增强核心功能，要求企业从营销文化建设入手，赋予商品以附加值，把文化优势转化为竞争优势和发展优势。

培育营销文化是提升品牌价值、塑造金字招牌的必然要求。企业品牌形象是由产品、服务、文化等组成的复合体。好的品牌形象既提供优质产品，也给客户带去良好的消费体验。优秀的营销文化正是通过优质的产品和服务向客户展示企业形象，传播企业核心价值观和理念，赢得客户、获得支持。现实生活中，一件有着丰富文化内涵、品位高雅的商品，常常会令人爱不释手。同质化的商品，也会因为品牌的不一样而导致价格的不一样。品牌的影响力就是文化的魅力，就是企业实现价值增值的关键所在。只有加强企业营销文化建设，不断赋予品牌新的文化内涵，才能保持品牌独特魅力，才能实现价值增值、品牌溢价。

主要做法

发挥企业文化凝聚功能，构建以"苦干实干、雄起加油"为主要内涵的坚韧文化

始终牢记"中国石油是党的中国石油、国家的中国石油、人民的中国石油，一切工作、一切奋斗都要为党为国为人民"，始终把保障成品油供应、服务地方经济社会发展作为责任使命，始终把党的领导作为企业发展的根本所在，大力弘扬石油精神、大庆精神、铁人精神，在每一次重大机遇、重大挑战中砥砺奋进，在每一次市场挑战、逆市而上的冲锋中雄起加油，在服务治蜀兴川、推动区域发展、深化改革开放、保障能源安全的事业中，淬炼了四川销售人特有的坚韧品格。伴随着成品油体制改革跌宕和社会主义市场经济浪潮，四川销售人用坚韧品格焕发战斗激情，企业持续不断做强做优做大，2018年成功跃上千万吨大关，孕育形成了以"万众一心、团结协作、攻坚克难、奋勇争先"为主要内容的破千精神。在抗击"5·12"汶川特大地震中，四川销售人把坚韧品格转化为"山塌路断油不断、保供责任大于天"的实际行动，凝结为"为祖国加油，为生命加油，为希望加油的爱国精神；舍小家为大家，以库站为家的奉献精神；技能过硬，临危不惧，忠诚石油的敬业精神；一方有难，八方支援，万众一心的协作精神"。2008年10月8日，中共中央、国务院、中央军委联合授予四川销售"全国抗震救灾英雄集体"荣誉称号。在基层，坚韧文化绽放出多彩之花，推动精准营销、精益管理、精确服务，实现企业高质量发展。泸州龙马加油站在市场炮火中，把坚韧文化转化为以"进取、共赢、友爱、创新"为主要内容的龙马精神，龙马加油站成为中国石油集团首批"石油精神教育基地"。在甘孜色达加油站，站经理泽仁娜姆带领藏族员工，把坚韧文化转化为"缺氧不缺精神，艰苦不降标准"的高原精神，驻守高原、攻坚克难，把色达加油站建成了美丽的"高原明珠"。广元油库基于油库奋斗史，通过精神、库训、小故事、小格言、工作法5个篇章，全面培育、全景展示广元油库艰辛创业发展历史，凝练形成以"艰苦奋斗、埋头苦干、同甘共苦、苦中作乐、苦尽甘来"为核心的吃苦文化，形成油库干部员工干事创业的精神支撑。

发挥企业文化激励功能，构建以"市场为先、携手前行"为主要内涵的共赢文化

把市场作为可持续发展的生命线，将市场领先作为公司的战略发展先导，坚持网格化、责任制、全覆盖，最大限度巩固提升市场份额。为了做到守土负责，一直以来，四川销售将成品油销售市场、相对市场、零售市场和营销网络"四个市场份额"作为KPI（关键绩效指标）考核指标，周检测，月考核，硬兑现，形成了"人人关注市场、人人抢抓市场"的集体意识。把准市场脉搏，就掌握了市场的"晴雨表"。加大市场分析研判，建立了成品油零售市场竞争态势感知体系，实现对全省 5000 座加油站竞争市场态势的实时感知和对市场竞争对手竞争状况的单向透明把控，抢占市场竞争制高点。美人之美、美美与共。四川销售发挥区域市场主体优势，牵头成立四川省石油流通协会，为开展行业共赢合作、共同维护市场奠定基础。紧盯"双碳"目标，紧跟行业发展态势，与四川各市州党委政府、事业单位及大企业大集团签署战略合作协议，采取合资合作、品牌输出等举措，扩展发展领域、拓展市场空间。近年来，四川销售累计发展股权企业 100 余家，低成本开发网络数百座。合作发展的共赢文化，是四川销售人开拓奋进的重要理念，已成为引领市场、拓展营销、取得效益、赢得尊重的重要基石。

发挥企业文化辐射功能，构建以"客户至上、精准卓越"为主要内涵的服务文化

四川销售应服务而生、因服务而兴，以服务而胜、靠服务而强。作为面向市场前沿的服务型企业，公司致力于"做客户首选的品牌"，把"绿色发展、奉献能源，为客户成长增动力，为人民幸福赋新能"作为价值追求，把"打造强大现场，服务创造价值""为快乐加油、创美好生活"等理念贯穿经营管理全过程、客户服务全链条，根据客户需求，着眼"精准卓越"，着力推进服务供给侧改革，实现服务增值、服务创效。持续推进"厕所革命"，推出"暖心候车室"，建设客服中心，打造"人·车·生活"温馨驿站，用服务硬件的提升改善客户观感、提升客户体验。坚持发展加油站实体平台与打造线上平台同步发力，建立"中油直批"和"中油优途"两大平台，依托移动端、PC 端的移动互联，打通线上消费、线下体验等关键环节，用服务软件的迭代提升客户满意度。基层员工是销售企业的中坚力量，是孕育淬炼企业文化的主力军。目前，四川销售把服务作为擦亮品牌的关键一招，基层员工把服务作为成长进步的阶梯。数以百计基层员工通过优质服务取得优异业绩、走上重要岗位，涌现出了一大批"服务明星"，泸州公司龙马加油站经理陈小玲首创的"服务+"工作法，写入大学 MBA 教案，成长为党的十九大代表、全国劳动模范、全国三八红旗手。"服务客户就是服务自己"，这句孕育诞生于泸州公司龙马加油站的服务格言，已经成为四川销售人的集体性格。

发挥企业文化导向功能，构建以"滴滴好油、满满诚信"为主要内涵的诚信文化

坚持以信用立企，把抓好油品数量、质量作为企业生产经营的命脉，秉持"诚招天下客、誉从信中来，有诚才有信、有信才有客"理念，坚守"质量达标、数量准确"底线，积极营造"滴滴好油入油箱、满满诚信进万家"的集体意识。把数量、质量管理作为品牌建设的重中之重，严把入口关、存储关、配送关、检测关、出口关"五个关口"，把"质量至上、数量精准"转变为一道道严密的程序，兑现为一步步精细的操作，做到以诚相待、重信守诺、言真行实。扎实开展质量提升和计量管理提升专项行动，常态开展品牌体验日、中国石油开放日及"3·15"消费者权益日品牌宣传，邀请媒体及客户代表进库站，全力亮服务、精计量、优质量、展形象，擦亮中国石油金字招牌。

发挥企业文化约束功能，构建以"依法治企、合规经营"为主要内涵的合规文化

把遵纪守法意识渗透到营销活动各环节，树立合规创造价值、合规人人有责的理念，始终在依法合规前提下开展业务、实现效益，坚守底线、不触红线，不做违规之事，不谋违规之利。着力构建"全员参与、全员防控、事前控制、齐抓共管"的合规管理和风险防控机制，建立"责

任+制度+执行+考核"于一体的管控体系，营造"人人合规、事事合规、时时合规"的良好氛围。

发挥企业文化牵引功能，构建以"科技创新、数字赋能"为主要内涵的创新文化

坚持把创新作为引领营销工作的第一动力，紧跟时代发展，紧扣市场和客户需求变化，不断更新营销理念、机制及举措，加快信息化、数字化、智慧化赋能。开启配送中心改革先河，在全系统内建立首家"营销调度指挥中心"，并将系统内部ERP（企业资源计划）系统、加管系统、加油卡系统、油库管理系统、二次配送系统"五大系统"数据进行有效打通集成，打造销售系统首家集数据集成、分析、展示、检测、分析、研判等一体的综合业务支撑平台，全面彰显企业创新张力。紧跟能源革命和数字经济步伐，坚持需求导向，贴近市场思考，以创新思维开辟发展新领域新赛道、塑造发展新动能新优势，巩固提升油气产业，前瞻部署未来产业，形成油气能源、新能源、非能源三大业务，坚持用数智支撑贯穿三大业务，构建了"三横一纵"的"丰"字形发展新格局。

实施成效

在70年的市场摸爬滚打中，四川销售传承主基因、唱响主旋律、打响主动仗、坚守主渠道，铸就了坚韧、共赢、服务、诚信、合规、创新为特质的"六位一体"营销文化，不遗余力把营销文化优势转化为企业发展胜势，以文化引领企业基业长青，推动企业高质量发展。

经营规模迈上新台阶

营销文化内驱力作用于风云变化的市场，推动企业经营规模由小变大，经营机构从最初的6个，发展壮大到今天的运营油库21座、加油加气站2290座、便利店1600余座，2018年汽柴油销售历史性跨越1000万吨大关，并连续5年高质量站稳千万吨，成为中国石油首个跨越千万吨级的销售企业，在实现中国石油产业链价值最大化中做到"大要有大的样子，大要做大的贡献"，为保障能源安全、建设能源强国、奋力谱写四川发展新篇章做出积极贡献。

经营效益取得新发展

在营销文化助力下，四川销售形成了一套"科学营销、精准营销"工作体系，推动公司实现由弱到强、高效发展。尤其是成建制上划中国石油以来，营销业务跑出了新的加速度，1998~2022年，营业收入从不足50亿元增加到超过900亿元，营业税金从不足1000万元增加到超过1亿元，资产总额从不足30亿元增加到近200亿元，负债从84%降低到45%左右。非能源价值贡献持续增强，2022年店销收入、毛利分别突破22亿元、4亿元，两项指标位居中国石油销售企业首位。

服务质量实现新提升

在营销文化浸润下，四川销售基层油站升级为"人·车·生活"驿站，成为顾客和社会公众的"巴适之地""安逸之所"。近年来，围绕服务网点建设，尤其是针对高原藏区和秦巴山区，完成投资计划近8亿元，新增加油加气站77座，有效保障了"镇镇有站点"，成为村民加油、购物、休息的最佳目的地。围绕"人的生活"和"车的需求"，打造线上线下于一体，集加油、购物、餐饮、汽服于一体的服务套餐，让客户尊享全过程、全路途、全天候服务。"司机之家""文旅驿站""户外劳动者服务站点""全域免费厕所"，全面提升了广大客户、社会公众的感知度触摸感。2022年，四川销售榜列四川服务业企业百强第3位、四川企业社会责任百强第6位。

转型升级迈出新步伐

用在企业营销文化建设中养成的全球视野、未来眼光、战略思维来观大势、谋全局，充分认识国内外市场环境深刻变化，精准研判市场竞争新态势新格局，准确认识市场营销新趋势新要求，全力推进转型升级高质量发展。坚定践行绿色发展理念，扎实推进公司"十四五"时期新能源发展规划，率先发布《践行"碳达峰""碳中和"行动白皮书》，统筹推进新能源站点建设，公司首座加氢站、首座站外充电站、首座"油、气、重卡换电"综合能源站相继投运，截至2022年年末，新开发充换电终端75座、投运46座、年售电量531万度，新开发光伏项目45座、投运26座、累计发电11.4万度，降碳超60吨，并被评为"集团公司2022年度绿色企业"。聚焦数字化转型、智能化发展，精耕"中油优途""中油直批"两大互联网营销平台，创新打造"去惠购"团购线上专用平台，新增营运车专区、惠农专区、智慧洗车、智能充电等功能模块，有效提升平台吸引力。"中油优途"注册会员突破1300万人、电子加油卡发卡量380万张，"中油优途""中油直批"年交易额分别达260亿元、330亿元。

坚韧为魄、共赢为帆、服务为根、诚信为本、合规为先、创新为魂，"六位一体"营销文化，全面推动理念升级、产品升级、服务升级，进一步深化了四川销售企业文化建设，劲推企业高质量发展，为加快建设世界一流企业注入磅礴文化动力。

主要创造人：陈　清　张学梁

参与创造人：张晋松　邹照松　祝秋雨　蔡青山

五位一体大党建总布局下的"圆桌式"三级思想指导员体系建设

杭州娃哈哈集团有限公司

企业简介

杭州娃哈哈集团有限公司（以下简称娃哈哈）创建于1987年，在党的改革开放政策的指引下，娃哈哈白手起家，现已发展成为中国企业500强、中国制造业500强、中国民营企业500强。三十多年累计销售额8601亿元，利税1740亿元，上缴税金742亿元，企业规模和效益连续20多年处于行业领先地位。

截至2022年年底，娃哈哈在全国各地建有81个生产基地、187家子公司，拥有员工近3万人。其中有72家分公司位于老少边穷地区，投资总额86亿元，通过产业扶贫培育当地"造血"功能，促进共同富裕。娃哈哈秉承"产业报国、泽被社会"的经营理念，积极回馈社会，履行社会责任。娃哈哈专注于精准扶贫的同时，也积极投身公益慈善事业，捐资助学、扶危济困，累计慈善捐赠约7.3亿元。娃哈哈先后被授予"全国厂务公开民主管理先进单位""全国模范劳动关系和谐企业""全国模范职工之家""全国非公有制企业双强百佳党组织"等荣誉。

和谐是企业发展过程中永恒的主题和旋律，健康、稳定、积极向上的工作氛围可以提高企业的运作效率，明确企业的发展方向，激发员工的工作潜能，增强团队的凝聚力和向心力。娃哈哈在三十多年的发展历程中，通过五位一体大党建的总布局，不断弹拨党政工团纪的"五弦琴"，通过"圆桌式"三级思想指导员体系建设，建立防范化解了生产经营中可能存在的风险，建立健全企业管理的体制机制，培育企业的核心竞争力，推动企业管理水平的优化提升，奏响企业高质量发展的"和谐曲"。

弹好和谐"五弦琴"，制度建设有举措

娃哈哈企业文化是在长期企业经营实践中形成的，是以宗庆后董事长为主的广大干部、员工共同创造的，是指导企业发展，凝聚员工队伍的精神财富。娃哈哈企业文化吸收了中国传统文化，革命红色文化及现代企业管理文化等先进因子，是一个以和谐、发展和责任为根本导向的文化，是一个比较完整的系统，具有丰富的内涵。董事长宗庆后讲道："我们企业的任何工作都是靠人去做的，党建、工建、团建及企业文化建设这些组织虽然组织形式、工作方式略有不同，但最终的目的，就是做好人的工作，温暖人、服务人、教育人、凝聚人，最终为企业发展服务。"

娃哈哈以"凝聚小家、发展大家、报效国家"作为核心价值观，多措并举推进"家文化"建设，为弹好"和谐曲"提供了坚实的制度保障。

面对职工群众多层次、多元化的思维方式和利益需求，娃哈哈坚持职工代表大会制度，每年召开职工代表大会，在落实职工代表提案的基础上，职工权益得到了有效的保障。1992年，娃哈哈召开首届职工代表大会后，员工开始享受午餐津贴、节日慰问、高温补贴、健康体检、集体旅游、廉租房等各项福利；2008年，签订第一份《工资集体协议》，实施新的《劳动合同法》，员工劳动合同签订率100%；2010年，全面推行二级职工代表大会制度，指导外地分公司开展工资集体协商，并每年签订集体合同及修订工资集体协议；2019年，在40个省级销售市场成立了由党、工、团代表组成的"关心下一代工作委员会"，通过开展员工集体生日会、季度文化主题活动等向销售一线人员送去"家"的关怀、"家"的温暖；2020年，全面推广"思想指导员"优秀案例，初建思想指导员网络体系；2021年，在广泛征求意见的基础上不断完善思想指导员体系，成立三级管理网络，以"小事不出车间，大事不出厂区，矛盾不上交"为目标，积极构建和谐稳定的劳动关系；2022年，在思想指导员三级网络的基础上，进一步拓展建立每月员工关心关怀度、后勤服务保障满意度等民主问卷调查测评制度，真正让每位员工成为"家园"的主人。这些实实在在的举措，让职工民主权利切切实实地"落地"，确保了职工队伍的稳定。

弹好和谐"五弦琴"，思想引导有方法

2015年，娃哈哈工会借鉴人大代表接待日和听证会的形式，首次尝试举行职工代表提案听证会，邀请相关职能部门负责人现场汇报提案的落实情况，对于有疑问或不满意的地方，职工代表现场进行提问。

为防止和避免"听证会"流于形式，更加务实高效地落实解决职工代表提案提出的各项问题。2016年，娃哈哈工会在充分调查研究和广泛征求意见的基础上，选取大家集中关注的热点、焦点问题，要求各位职工代表带着问题和思考，有针对性地分批召开质询会，娃哈哈各职能部门负责人走进基层与一线员工进行面对面的质询，通过会上的问答交流及会后的跟踪落实，"工作服透气性不佳、夏季舒适性较差""特殊工种专业防护工作服夏季更换不方便"等员工切实关心的问题得到了彻底解决。从听证会"你说我听"到质询会"我问你答"的坦诚交流，娃哈哈逐步形成了职工民主监督管理的良好氛围。

为进一步及时全面了解企业内部员工中的意见建议，做到早发现、早报告、早处置，变"被动调处"为"主动防范"。2021年，娃哈哈搭建了三级思想指导员管理网络体系，让员工的意见建议都能第一时间得到解决，积极构筑和谐劳动关系。

三级思想指导员管理网络体系依托娃哈哈"五位一体"大党建组织架构优势，在员工中选派思想作风过硬、乐于助人、人际关系好、具有较高威信的老员工兼职担任三级思想指导员，通过层层推荐、选拔，按每10～20人设置1名的原则（共计由1080名成员组成），开展"圆桌"访谈、意见收集等工作，充当知心"家人"及时发现组内员工思想波动及相互帮助和困难问题解决等；二级思想指导员由能够解决事情、协调事情的党支部书记、分工会主席组成（共计125名），每月25日开展三级思想指导员的"圆桌"会议，解决三级思想指导员没有办法解决的问题

并制定解决方案进行内部协调上报一级思想指导员；一级思想指导员为各单位行政一把手（共计72名），每月召开大"圆桌"全员大会，进行厂务公开，并对收集的问题进行公示和告知解决方案及进度。

三级思想指导员工作机制，明确了各级思想指导员的工作流程和各种职责，三级思想指导员由每月通过内部问卷调查、总经理访谈日、现场座谈会等形式开展"员工访谈日"工作，认真倾听员工心声，收集意见建议后分级分类进行认真讨论并制定解决方案，跟踪考核落实解决进度，并张榜公布。

从搭建三级思想指导员管理网络体系以来，娃哈哈平均每月来自员工的收集意见建议312余条，平均解决305余条，平均解决率达到了97.76%。员工从最初"我不说"，到"我想说"，再到"我要说"，思想指导员们得到了员工的认可与信任，员工关注的热点问题、存在的倾向性问题也得到了及时回应，员工也以更加积极的工作态度与公司共谋发展、共话未来。

弹好和谐"五弦琴"，矛盾化解有载体

不同部门不同岗位的员工在不同工作生活压力下均有不同的矛盾，特别是面对90后、00后的个性化诉求，如何通过科学、合理的手段进行化解与疏导，将娃哈哈"家"文化精髓继续传承，凝聚员工力量，助推企业发展，为国家和社会做出更大的贡献，则显得尤为重要。

2022年，娃哈哈利用公司内网、快销网、嗨娃哈哈App等原有的系统平台进行开发，创新打造了一套360度+24小时在线的"我有话说"沟通平台，让员工的矛盾、诉求随时都能找到反馈途径。自"我有话说"沟通平台上线以来，平均每月收集到280项来自员工的反馈，公司及时地了解、倾听到了员工的呼声。与此同时，娃哈哈建立了反馈机制，对于员工的矛盾、诉求落实责任部门、责任人及时进行答复、解决，建立起企业与员工良性的双向沟通机制。

为持续加强员工与公司上下级之间的沟通交流，娃哈哈进一步将"我有话说"与公司各条业务线工作紧密结合，员工自身矛盾、诉求得以解决的同时，也可以通过"我有话说"向公司进言献策，员工结合公司发展和业务工作实际，从生产经营、制度完善、人效提升等方面多角度为公司发展出谋划策，不仅调动广大干部员工参与公司发展的积极性与主动性，也进一步通过集思广益汇聚了员工的智慧和力量，公司和谐发展和长远发展蓄积了新能量，增添了新动能。

娃哈哈的成长充分说明，只有做到以人为本，思想上尊重员工，感情上贴近员工，工作上依靠员工，切实保障员工的利益，不断加强企业民主管理，才能构建和谐的劳动关系。员工与企业同成长、共发展，员工的荣誉感、幸福感、获得感才能不断得到提高，主人翁意识才能进一步增强，而由此输出的强大动力也推动着企业朝着高质量发展之路阔步前行。

主要创造人：宗庆后

参与创造人：蒋丽洁　陈美飞　洪忠义　岑颖颖

对外以客户为中心、对内以员工为中心的服务文化建设实践

陕西鼓风机（集团）有限公司

企业简介

陕西鼓风机（集团）有限公司（以下简称陕鼓）始建于1968年，是分布式能源领域系统解决方案商和系统服务商，是首批被中华人民共和国工业和信息化部授予"服务型制造试点示范企业"的单位，并入选国务院国资委"创建世界一流专精特新示范企业"。旗下有陕鼓动力、标准股份两家上市公司，已在海外布局了5个海外研发中心，28个海外公司和服务机构，37个运营工厂；陕鼓节能环保产品和智慧绿色系统解决方案及系统服务广泛应用于石油、化工、能源、冶金、空分等领域，覆盖俄罗斯、印度、印度尼西亚共和国、韩国等100多个国家和地区。近年来，陕鼓坚持以习近平新时代中国特色社会主义思想为指导，战略聚焦分布式能源，深化现代服务型制造转型，构建了以分布式能源系统解决方案为圆心，集设备、EPC（设计采购施工）、服务、运营、产业增值链、智能化、金融七大增值服务为一体的"1+7"智慧绿色系统解决方案。

实施背景

贯彻"以人民为中心"发展思想，是把牢中国式现代化国企实践政治方向的需要。

"以人民为中心"是中国共产党的初心，是中国特色社会主义道路的根本遵循。坚持以人民为中心的发展思想是我国经济发展的根本立场，是推动中国式经济现代化的题中应有之义。在坚持以人民为中心的发展思想中推进中国式经济现代化，既是马克思主义唯物史观的内在要求，又是中国共产党百余年奋斗的历史经验，更是贯彻党的二十大精神的重要体现。落实"以人民为中心"发展思想，是国有企业推进中国是现代化发展实践的政治要求和责任担当。

强健国企高质量发展根基的需要

国有企业要全面贯彻"以人民为中心"的发展思想，以习近平新时代中国特色社会主义思想为指导，围绕绿色发展目标，坚持以推动高质量发展为主题、加快实现高水平科技自立自强、扎实推进全体人民的共同富裕，从而推进中国式现代化国企实践不断深入，这是国企高质量发展的时代使命。

体系内涵

对外就是"以客户为中心",陕鼓各业务团队立足产业端、市场端"双向发力",持续为客户找产品,创新开发的一系列低碳节约智慧能源互联岛系统解决方案在石化、新能源、新材料、冶金等领域遍地开花;陕鼓承接的亚洲最大碳捕集项目压缩机组成功投运;"陕鼓方案"正提速曲靖打造新能源电池材料产业链基地;陕鼓造全球单线最大顺酐装置轴流压缩机组服务"东北振兴"战略;陕鼓承接的亚洲最大火电二氧化碳捕集利用封存(CCUS)项目成功投产;陕鼓智慧绿色技术方案亮相德国汉诺威工业博览会,向世界展示和传递中国制造和中国方案的节能、低碳的绿色价值;等等。

对内就是"以员工为中心",推进人才战略,关注员工的成长和发展,关注员工的健康和安全,建立健全包含11种补充福利、17种带薪年休假、员工培训培养、陕鼓情员工互助会等全方位的福利体系,在企业转型实践和高质量发展中与员工共创共享。

主要做法

对外"以客户为中心",用心用情为客户创造价值

新时期绿色低碳的发展目标下,陕鼓的转型就是帮助客户更好地实现绿色低碳转型。随着"双碳"目标下引导制造业碳排放指标的陆续出台,加速了能源产业的变革,使分布式能源成为能源产业革命的主力军。陕鼓人紧跟趋势,持续聚焦所服务细分领域市场用户需求及需求变化,结合自身在能量转换领域的专业优势,创新思维,战略聚焦分布式能源,提出了为人类文明创造智慧绿色能源的伟大使命,笃定"打造世界一流智慧绿色能源强企"的战略目标,以清晰的战略定位找准"以人民为中心:对外以客户为中心、对内以员工为中心"落脚点,并沿着"战略文化引领,市场开拓为纲,能力建设为基,打造一机两翼,实现千亿市值"的新时代陕鼓发展总路径,以分布式能源系统解决方案为核心,为全球客户和经济社会的高质量发展助力。

锚定双碳目标强化创新,夯实"以客户为中心"系统解决方案能力。陕鼓以"为人类文明创造智慧绿色能源"为使命,坚持新发展理念,发力"双碳"目标,深入研究当前城市和工业领域低碳环保、节能减排、能效提升需求,依靠在服务型制造和分布式能源领域的专业优势,创新研究了陕鼓基于多能互补、梯级利用、余能回收的"专业化+一体化"的能源互联岛系统解决方案。成功打造了全球行业内万元产值能耗最低、排放最少的智能制造基地,万元产值能耗仅为3.71千克标准煤。陕鼓"能源互联岛"技术和方案已获得第六届"中国工业大奖"。

结合国家"双碳"目标,陕鼓紧跟绿色发展趋势,持续加分布式能源先进技术的研发创新力度,将世界一流的储能技术与获得中国工业大奖的能源互联岛技术结合,创新形成了全球领先的低碳节约智慧能源互联岛方案,正在助力压缩空气储能领域实现储能规模世界第一、单机功率世界第一、转换效率世界第一,助力能源全面转型,为人类的生活与生产降本、降碳、增盈。目前,陕鼓已针对不同行业需求,形成了钢铁、石化、城市、电力、数据中心、工业园区等一系列新型能源互联岛方案,正赋能产业新发展。陕鼓低碳节约智慧能源互联岛方案入选2022年全国十大碳中和示范典型案例,获得行业高度认可。

完善全球产业链布局，为客户"量体裁衣"。面对分布式能源市场客户需求及需求变化，陕鼓通过组织机构变革，全面构建支持市场的组织体系，专门成立系统解决方案中心和金融方案中心，并整合全球资源，通过并购捷克EKOL汽轮机公司，完善了陕鼓全产业链布局，同时夯实了陕鼓全球研发、市场、人才、金融、产业增值链体系。借助陕鼓EKOL公司（捷克）平台，陕鼓在德国成立了陕鼓欧洲研究发展有限公司，并在捷克成立了陕鼓欧洲服务中心，形成了快速响应全球市场的陕鼓系统方案和系统服务核心竞争力，在加快推进分布式能源系统解决方案和高端前沿技术创新研究的同时，建立本土化系统服务基地，快速、稳定、低成本地为全球客户提供陕鼓方案和系统服务，为客户"量体裁衣"低碳绿色节约的陕鼓"1+7"分布式能源系统解决方案的能力进一步增强。

目前，陕鼓已在全球布局了5个研发中心，28个海外公司和服务机构，服务于全球客户的能力持续增强。

打造"四个全球化"创新体系，与世界共享陕鼓方案。围绕"对外以客户为中心"，陕鼓与全球合作伙伴"互为资源、互为市场、互为股东"，通过持续打造全球市场创新体系、全球研发创新体系、全球产业增值链创新体系、全球金融创新体系，不断提升自身"走出去、走进去、走上去"国际化发展能力，与世界共享陕鼓方案。

打造全球市场创新体系。陕鼓节能环保产品和系统解决方案、系统服务方案已经覆盖俄罗斯、印度、土耳其、巴西、韩国、西班牙、波兰、乌克兰等100多个国家和地区。

打造全球研发创新体系。陕鼓组建了欧洲研发公司、国家技术中心、分布式能源技术装备创新中心、院士专家工作站等一系列科技创新"智囊"及国际资源创新平台，聚合国际研发资源，不断开发分布式能源领域前沿技术，并设立美国和日本研发中心，加快钢铁新工艺与氢能冶金工艺技术，生物质等新能源与清洁环保的工艺技术，以及智慧能源和能源互联岛的核心技术等国际研发体系。陕鼓研制的轴流压缩机等主导产品和技术已荣获国家科学技术进步奖6项，轴流压缩机获中国制造业"单项冠军产品"，冶金余热余压能量回收同轴机组BPRT、SHRT应用技术荣获联合国"十大节能技术和十大节能实践"奖，BPRT产品荣获捷克布尔诺国际展览会金奖和2019年世界制造业大会创新产品金奖。聚焦"双碳"目标，陕鼓还在积极开展超临界CO_2、CCUS碳捕集、压缩空气储能等分布式能源前沿技术的创新，取得了积极成效。

全球产业增值链创新体系。陕鼓充分利用自身产业优势，结合"打通上下游、贯通产业链、构筑生态圈"的发展思路，打造陕鼓特色供应链产业，通过设立华采中心、欧采中心、印采中心，进行全球供应链采购，实现去代理化，向全球工业领域上下游产业企业提供多领域、一站式综合服务解决方案。

全球金融创新体系。陕鼓成立陕鼓基金公司、租赁公司、保理公司和香港、卢森堡离岸公司，对接国际与国内金融资源，为客户提供融资租赁、产业基金、信托等13种定制化的金融方案。与捷克等国家海外金融平台建立起广泛合作，为资本的国际化拓宽了渠道；与73家金融机构合作，银行授信约560亿元。截至2022年年末，陕鼓管理的金融类资产占总资产的60%以上，持续向用户提供更加优质的金融方案。

对内"以员工为中心"，与员工共创共享发展成果

推进人才战略。人才是企业发展最宝贵的资源。陕鼓秉承"企业、平台、学校"的愿景，推

进人才战略，关注人才培养，形成了人才辈出的良好生态环境。

陕鼓高度重视专业技术人才队伍建设，实施人才双通道建设，出台了《科技创新项目和高级技术专家评聘管理办法》等激励政策，为科技创新和科技人才选拔建立了良好的制度环境。

积极培育大国工匠。陕鼓已连续两届组织参加全国性的班组长大赛，加强班组建设。并举办大国工匠培训班，投入经费30万元/人，选拔了20名焊接领域优秀产业工人，推荐工人劳模成为大国工匠。

全方位的员工关怀。陕鼓建立了员工多层次的福利保障体系，给员工创造良好环境，通过人性化关怀弥补制度的刚性。一是发挥保障兜底作用，成立陕鼓情员工互助会，由企业、工会、员工三方筹集资金，用于困难救助、医疗救助、奖学助学、见义勇为奖励等，携手帮助遇到困难的陕鼓人；二是建立员工紧急救助体系，员工一旦遇到紧急事件，只要拨打紧急救助电话，企业都会在最短的时间内动用一切可利用的资源为其提供帮助；三是实行工间操与工间休息制度，保证员工身体健康；实施全员健康计划，全员进行健康体检，发放健身器材，每月组织文体活动；四是企业为员工缴纳企业年金，持续推进骨干员工限制性股票激励计划，发放采暖费、降温费、生日补贴等十余项补贴，设置女工卫生假等特色带薪年休假，实行海外疫情补贴，落实薪酬倍增计划，持续提升干部职工的获得感和幸福感；五是企业为员工支付国内外培训费用，鼓励员工创新研发管理和技术等方面的课题，鼓励员工取得公司业务发展和运营需要的职业资格证，并根据重要性给予不同标准的奖励或学费报销。

实施效果

近六年，陕鼓主要经营指标均呈两位数、三位数同比增长；人均主要指标接近或超过国际标杆企业；人均绩效连续十多年全行业第一；2022年，陕鼓集团销售合同额同比增长55.42%，营业收入突破300亿元，主要经营指标均创历史之最。

陕鼓坚持向客户传递正能量，客户与陕鼓不仅在业务上形成长期稳定合作关系，还专门派遣团队前往陕鼓学习党建、文化、管理等方面的先进经验。多年来，陕鼓能量回收及输出总功率为24.13吉瓦，是三峡总装机容量的107%，每年可节约原煤5984万吨、减排二氧化碳1.57亿吨，为节能减排和社会经济绿色生态发展提供了有力支撑。员工个人价值不断提升，近5年共有332人获得岗位晋升；员工收入逐年增长；2016年至今，累计为困难员工补助及困难助学370.26万元，累计帮助154名员工解决子女上学问题、帮助2502人解决住房改善问题；对于退休员工，每月发放企业年金，实施看病住院兜底，提供比在岗员工更多的福利品。

陕鼓两次荣获"中国工业大奖"，同时荣获"国际十大节能技术和十大节能实践奖""世界制造业创新产品金奖"；已入选国务院国资委"创建世界一流专业领军示范企业"名单，上榜"中国新经济企业500强"。陕鼓高质量经营发展已得到社会各界广泛认可。

主要创造人：李宏安

参与创造人：刘金平　牛东儒　陈党民　王建轩　朴海英

罗克军　常　虹　李婧妍　赵江浦

"培—鉴—竞—用"一体化培育工匠文化，助力新材料产业科技型企业迈向一流

南京玻璃纤维研究设计院有限公司

公司简介

南京玻璃纤维研究设计院有限公司（以下简称南京玻纤院）为配合"两弹一星"战略于1964年成立，是我国唯一从事玻璃纤维及其制品研究、设计、制造和测试评价"四位一体"的综合性科研院所，是中国玻璃纤维工业技术策源地和辐射源，为我国国防军工配套领域和新材料领域的核心单位、重要力量，现隶属于中国建材集团。现有中国工程院院士1名，国家杰出工程师2名，拥有包括国家新材料测试评价平台、复合材料行业中心、三个全国标准化技术委员会（碳纤维、玻璃纤维、绝热材料）在内的10个国家级、9个行业级、11个省级创新服务平台，是全国首批"知识产权试点单位""国防科技工业协作配套先进单位"，国家高新技术企业。先后获"全国文明单位""全国五一劳动奖状""全国模范职工之家""中国质量奖提名奖""全国企业文化示范基地""江苏省文明单位""江苏省省长质量奖"等一系列荣誉和称号，并取得"全国企业文化优秀成果一等奖"等一批企业文化成果。

实施背景

满足制造强国发展需要，实现"中国梦"

在党的二十大召开前夕，中共中央办公厅、国务院办公厅联合印发《关于加强新时代高技能人才队伍建设的意见》，再次强调高度重视技能人才工作，加强高技能人才队伍建设。面对加快实施创新驱动发展战略、全面推动高质量发展的新时代要求，弘扬"工匠精神"，培养技能人才，推动中国制造向中国创造转变、中国速度向中国质量转变、中国产品向中国品牌转变，增强我国核心竞争力和创新力。

推动新材料行业创新发展，实现产业升级

当前，我国经济已由高速增长阶段转向高质量发展阶段，正处在转变发展方式、优化经济结构、转换增长动力的攻关期，新材料行业发展面临的内外部环境发生深刻变化，关键核心技术受制于人已成为制约发展的瓶颈，面对产业创新发展大趋势，推动经济由量大转向质强，既需要尖端技术和先进设备，更要有一大批能把蓝图变为现实的能工巧匠。打造一支高素质的产业工人队伍，培养更多具备融合性、创新性、动态性和适应性特征的技能型人才，为新材料产业转型升级提供基础保障和有效支撑。

实施人才强企战略，实现高质量发展

南京玻纤院作为中国玻璃纤维工业技术的重要辐射源和策源地，推动江苏省率先建立了完备玻纤产业链。构建新材料产业"培—鉴—竞—用"技能型人才管理体系，助力实现"数字化、智能化、绿色化、高端化"，应用"新技术、新工艺、新材料、新设备"，打造科技攻关重地、原创技术策源地、科技人才高地。技能人才培养，推动"科学技术化、技术工程化、工程产业化、产业规模化、规模价值化、价值资本化"，为实现企业创新发展、转型发展、和谐发展提供强有力人才支撑。

主要做法

南京玻纤院立足建设新材料领域一流科技型企业，将高技能人才培养与发展战略、经营管理、体制机制探索、人文精神相结合，以一线员工获得更高水准的职业素养、更高层次的创新成果、更高地位的荣誉待遇为目的，着眼国家重大战略需求、瞄准技术变革和产业优化升级方向，将技能型人才培育作为服务行业发展、推动新材料产业转型升级重要抓手，从"培育、鉴定、竞赛、任用"四个维度，构建培训有目标、过程有方法、激励有措施、成长有通道的四位一体技能型人才管理体系。

以"培"促能力提升，构建多方参与、资源充足的学习平台

一是企业培育平台。建体系，搭建"院士、专家、工程师、工匠"四层级人才体系。从技术序列设计、技术职场评审、科研项目管理等方面，完善人才技术序列评价体系。立机制，树立"优者上、庸者下、劣者汰"的选人用人导向，注重文化认同与价值趋同；大力推进员工能进能出、职位能上能下、薪酬能增能减的"三能"工作机制，设立专家顾问和责任导师"双培养"机制。强制度，建立《技能人才管理办法》《岗位能手评选办法》《项目收益分红办法》等制度，签订集体合同、专项技术创新合同，打通工人向管理、技术岗位互转通道，提高技能人才地位，激发创新活力，促进技高者多得、多劳者多得。拓平台，推广新型学徒制，建立合理化建议、青年创新平台、多岗多能工、校企共建、联合创新五大平台。强监督，成立由科研、生产、安全、经济等方面专家组成的职工经济技术活动委员会，建立事前、事中、事后的监督评价闭环体系，确保工匠型技能人才培育体系稳步推进。

二是行业培育平台。立足玻纤产业体系，聚焦技能教育，积极探索推进校企联合、产教科融合，会同江苏省教科工会、江苏省硅酸盐学会玻纤玻钢专委会共建"江苏玻纤产业工匠学院"。学院系统搭建五个工作平台。①学习平台：成立培训委员会，建立线上线下互动式学习模式，与江苏南通、如皋等地方职业院校合作，建设特色品牌专业，推进校企共建，开展产教融合。②竞赛平台：成立竞赛委员会，举办全省玻璃纤维及制品工职业技能大赛。③选树平台：成立专家委员会，制定评选奖励激励办法，将提高技术工人技能素质与培养高技能创新领军人才相结合，开展江苏玻纤行业工匠、十大专利、十大成果、十大操作法、合理化建议等评选。④联合创新平台：建立行业劳模和工匠人才创新工作室联盟，建立定期培训交流、学术研讨、联合创新等工作机制，吸纳高技能人才参与攻关项目。⑤学术交流平台：依托中国硅酸盐学会玻纤分会学术年会，全国玻璃纤维专业情报信息网年会、江苏省高性能纤维及预制体学术年会等，搭建专业学术交流平台。

以"鉴"促技能完善，构建形式科学、程序合理的认证体系

一是建立职业技术评价基地。依托国家建筑材料行业职业技能鉴定043站、江苏省第三方职业认定资质，开展"玻璃纤维及制品工"等10个工种五个等级职业技能鉴定，包括学徒工、初级工、中级工、高级工、技师、高级技师、特级技师、首席技师八个等级。在此基础上，延伸产业链，探索建立"复合材料制品工"技能认定平台。

二是制定国家职业技能标准。召集中国巨石、泰山玻纤、重庆国际等行业龙头企业制定的《玻璃纤维及制品工》国家职业技能标准已正式发布，该标准不仅体现玻纤行业技术发展趋势，也为行业技能人才培训、能力等级认定提供可靠依据。

三是促进区域化人才培养。打造区域性科技服务平台，依托院技能鉴定站，与四川省宣汉县政府共建"宣汉微玻纤新材料研究院"，将玻纤专业列入当地职业学校新增科目，与地方职业学校共同培养、培训当地产业技术工人队伍，推动行业培训和职业鉴定走进地方产业集群。

以"竞"促比学赶超，构建以赛促训、以赛促评的激励机制

一是搭建多载体竞赛平台。搭建从省级一级竞赛到行业到单位基层的多层级竞赛平台，制度化和规范化组织开展地区、行业、企事业单位和车间班组等不同层级、不同工种的劳动技能竞赛。创造性开展比管理、比创新、比效能、比技能、比知识的"五比"劳动技能竞赛。"以考促学，以赛促培"，常态化开展职工劳动素质和技能提升活动，实现职工全方位全过程培训。

二是落实多元激励举措。物质激励提升获得感，按照五级技能人才激励体系，各级工匠人才对应享受相应职级薪酬待遇，人才待遇随岗位岗级动态调整。精神激励提升荣誉感，在公司内外网、专栏、公众号等阵地全方位、多角度宣传工匠型技能人才先进事迹，营造劳动光荣和精益求精的敬业风气。成长激励提升成就感，对符合条件的技能人才，在职级晋升方面优先推荐，在各类评先推优和人才评比中予以加分政策。

以"用"促考核评价，构建面向实务、专业多元的人才梯队

一是"梯级"选拔，匹配用。通过基层推荐、竞赛考试等方式优选代表公司最高水平的技能精英，初步构建后备技能人才"蓄水池"。落实操作能手、技术能手、岗位能手、首席工人、首席技师等"梯级选拔机制"，每三年评选一次，各级工匠从下一级工匠人才中择优推荐产生。

二是"一带一、一带N"，重点用。按照"一带一、一带N"模式，发挥劳模创新工作室示范引领，组建劳模、技能精英、资深专家课题团队，通过思想帮带、技术帮带和科技创新帮带相结合，发掘有能力、有创意、有干劲的技术骨干，实现培育理念和培训成果层层传递。

三是"双师""两总"，灵活用。明晰"双师型"人才培养路径，完善技能人才与工程技术人才职称互转与职业贯通实施办法，建立相应的保障激励机制，培养既懂理论又懂实操的"双师型"人才。搭建"两总"培养平台，围绕项目建设，设立"总指挥和总工程师"分工负责的"两总"机制，"总指挥"项目总负责人，对项目的建设进度、成本负责，"总工程师"是专业技术总负责人，对项目建设技术、质量负责。

实施效果

技能人才队伍强化，为新材料产业迈向一流提供支撑

近年来，南京玻纤院培养技工537名，新增高技能人才240人，其中高级技师1人、技师40人、高级工199人，培养"双师型"人才26名，评选创新能手、技术能手、操作能手29人，高技能人才占比由2%提升至30%。为行业培养技能人才410余人，其中高技能人才166人；为地方企业鉴定高级技师7人、技师2人、高级工73人。先后涌现出"全国技术能手""全国建材工匠""五一创新能手""技术能手""全国纺织行业技术能手"等一系列工匠人才，形成以院士、全国杰出工程师、科技部与工业和信息化部入库专家、地方杰出科技工作者、企业家、高技能人才、工匠的高水平人才队伍体系，为新材料产业迈向一流提供坚实人才支撑。

高水平技术成果突出，为新材料产业迈向一流强势赋能

先后建立先进纤维材料测试评价工作室等3个省级劳模创新工作室，完成各类技术革新成果近20项，申请专利32项，节约成本约3000万元。近年来，累计实施合理化建议项目120多项，获授权专利近100件，获江苏省职工"十大先进操作法""十大发明专利"2项、获省总工会、教科工会"金点子"、优秀合理化建议等奖项7项，获建材行业技术革新奖10项。先后获科技进步奖一等奖1项，国家技术发明二等奖1项，国家科技进步奖二等奖1项、国防科技进步奖一等奖1项、教育部科技进步特等奖1项、中国专利金奖1项、中国专利银奖1项，获批江苏省委"企业技术创新奖""江苏省十大创新企业""首届江苏精品""工信部单项冠军产品"等一系列荣誉称号。

高质量管理效益提升，为新材料产业迈向一流提供活力

近三年，南京玻纤院资产总额、营业收入分别增长36%、68%，利润总额、净利润分别增长138%、144%，累计社会贡献30亿元，以高质量高标准、自主可控的玻纤成套技术与装备推进国家重大战略落实，助力中国玻纤工业技术达到世界领先水平，并一跃成为世界玻纤第一制造强国，产能约600万吨，产生了巨大的经济和社会效益。此外，南京玻纤院以新技术、新工艺、新产品推动绿色发展，履行央企担当，为打赢"蓝天保卫战"、为我国环保事业发展做出积极贡献，先后荣获"全国文明单位""全国五一劳动奖状""全国模范职工之家""全国企业文化最佳实践企业""中国环保协会特等奖""中国质量提名奖""江苏省省长质量奖"，取得了一大批优异的国家及省部级管理现代化创新成果。

主要创造人：张文进　朱云青

参与创造人：王　屹　张　帆　王　婷　王　蒙　糜雅斐

"三化四抓"文化管理模式推动文化融合

潍柴动力股份有限公司

企业简介

潍柴动力股份有限公司（以下简称潍柴动力）成立于2002年，由潍柴控股集团有限公司（以下简称潍柴集团）作为主发起人、联合境内外投资者创建而成，是中国内燃机行业首家在香港H股上市的企业，也是由境外回归内地实现A股再上市的公司。潍柴动力成功构筑起了动力总成（发动机、变速箱、车桥、液压）、整车整机、智能物流等产业板块协同发展的格局，拥有"潍柴动力发动机""法士特变速器""汉德车桥""陕汽重卡""林德液压"等品牌。潍柴动力高度重视科技创新，拥有内燃机与动力系统全国重点实验室、国家燃料电池技术创新中心、国家内燃机产品质量检验检测中心、国家内燃机产业计量测试中心、国家商用汽车动力系统总成工程技术研究中心、国家工业设计中心、国家认定企业技术中心、国家专业化众创空间等国家级研发平台，设有"博士后工作站"等研究基地，建有国家智能制造示范基地。在潍坊、上海、西安、重庆、扬州等地建立研发中心，并在全球设立十大前沿创新中心，搭建起了全球协同研发平台，确保企业技术水平始终紧跟世界前沿。

实施背景

文化融合是潍柴动力与雷沃强强联合，发挥资源协同优势的必然要求

2021年1月6日，潍柴集团正式完成对雷沃重工的战略重组。雷沃重工是中国农业装备品牌的龙头企业之一，也是国内唯一能够为现代农业提供全程机械化整体解决方案的自主品牌。潍柴集团是一家国际化跨国集团，近年来，做出了进军农业装备的战略部署，并且在农业装备CVT（无级变速器）动力总成关键核心技术方面一举打破国外垄断，实现中国制造CVT动力总成零的突破。双方重组完成后，如何实现强强联合、发挥资源协同优势，需要从组织化、行动化、体系化等方面实施文化管理，强化价值认同，形成上下合力，从而推动农业装备智能化、打造智慧农业建立核心竞争力。

文化融合是潍柴动力与雷沃业务整合发展的内在需求

潍柴动力、雷沃重组后，新的潍柴雷沃智慧农业成为集团发展新的战略单元和业务增长点。但不可否认，雷沃从民营企业转型为国有企业，无论是价值观念、管理制度还是运营方式都存在较大差异。如何有效实现发展步调一致、目标统一？从组织结构到制度流程，从人事管理到安全管理，从厂区环境到员工行为都需要进行整合、融合，从而提升员工凝聚力和企业竞争力。

文化融合是潍柴集团企业文化建设水平提升的迫切需要

战略重组之前，作为民营企业，潍柴动力和雷沃对党建、企业文化建设工作不够重视，文化建设基础薄弱，缺乏文化建设体系，也尚未建立系统的文化导入规划。员工对企业文化认知度较低，文化导入停留在理念标识统一层面，不够深入，更难以建立统一的行为认知和文化认同。这是潍柴集团文化建设迫切需要解决的问题，也是提升文化建设水平的新契机。

主要做法

潍柴雷沃文化融合的过程，也是文化管理的过程。在这一过程中，潍柴动力实施"三化四抓"文化管理模式，从组织化、行为化、系统化出发，抓组织重构、抓管理变革、抓业务协同、抓文化体系建设，推动文化融合和价值观统一，促进潍柴雷沃开创发展新格局。

抓组织重构，文化管理有保障

有什么样的组织状态就有什么样的管理状态，组织化建设是文化管理的基础和保障。潍柴雷沃对标潍柴集团本部，重新构建党建和企业文化建设组织体系，为文化管理提供了组织保障。

完善党组织建设，强化党建引领。一是由潍柴集团派驻党委书记、纪委书记，将党委会研究讨论作为董事会、经理层决策重大问题的前置程序，确保党的领导地位。二是梳理结构，健全完善党的基层组织，确保发挥基层党组织战斗堡垒作用；针对异地分公司、子公司党委班子，同步落实属地与公司党委双重管理。三是夯实基础，加强党务知识培训和"三会一课"（定期召开支部党员大会、支部委员会、党小组会，按时上好党课）组织制度落实。

建立文化建设组织架构，打造文化融合主力军。潍柴雷沃对标潍柴集团，建立了企业文化建设组织架构，明确了职能主责部门，并在此基础上建立了企业文化专兼职队伍。潍柴集团与潍柴雷沃联合，分企业文化建设推进、企业文化内训、企业文化故事宣讲三个专业方向，制定队伍建设计划和选拔、培养标准，培养了一批企业文化专兼职人员。从2021年开始，每年组织开展"百场宣讲下基层"活动，年度累计开展企业文化宣讲140多场，在推动文化理念宣贯的同时，锻炼了文化内训师队伍，成为文化融合主力军之一。

建立文化建设考核标准，推动责任层层落实。结合实际，潍柴集团指导潍柴雷沃制定《企业文化管理办法》和企业文化考核评分细则，从组织领导、营造氛围、践行理念、文化交流、树立形象等方向设置考核内容，建立企业文化管理体系和考评机制。

抓管理变革，文化管理有抓手

转化为行为的文化才是真正的文化。企业制度与价值观互相匹配才能够起到激励和约束的作用。以"四条文化理念"为指导，潍柴集团大力推动潍柴雷沃进行管理变革，有效促进了经营状况和整体风貌的改观，使公司焕发出前所未有的活力。

进行三项制度改革，激发组织活力。一是领导干部重新竞聘上岗。最终领导干部由860多人调整到不足600人，领导干部结构向年轻化、知识化转变。二是重新定岗定编，优胜劣汰。在全公司管理、研发、工程技术、营销、采购、后勤辅助、一线辅助等序列所有岗位组织公开竞聘，优化将近350人，并建立常态化的优胜劣汰机制。三是调整薪酬政策，发挥考核"指挥棒"作用。对薪酬进行套改，充分发挥KPI（关键绩效指标）考核、预算体系"指挥棒"作用，体现业绩导向，将薪酬和个人的价值创造相结合，进一步提升了薪酬竞争力。

业务与组织模式调整，经营轻装上阵。潍柴集团"心无旁骛攻主业"，将雷沃重工物业、餐厅、蔬菜基地等非主营业务实施外包，并坚决控制业务出血点，关闭亏损业务，经营上"轻装上阵"，盈利能力大幅提高。

办公生态改革，打造干事创业生态。潍柴雷沃重工开展"办公室生态"改革运动，一天之内，取缔办公区域沙发、茶几，后又陆续开展了取消领导专车、更换透明玻璃门的思想解放、作风整顿、管理提升大变革。通过一系列变革，改变了原来舒适、封闭的办公环境，让领导干部"坐不住"、跳出"舒适圈"。

抓业务协同，文化管理有行动

贯彻企业"战略统一、资源共享、独立运营、协同发展"十六字运营方针，潍柴与潍柴雷沃全面协同发展，发挥资源协同优势。

研发协同，链合创新。潍柴动力与雷沃迅速搭建起技术对接平台，对项目开发过程实际问题及时解决，大大提升了产品开发效率。双方主要领导及技术、营销等强相关人员参加了技术营销对接会，会上所有问题都得到了解答，所有难点都得到了讨论和解决，所有安排都得到了落实。

生产协同，资源互补。农机行业有着较为明显的淡旺季划分，每当生产旺季，潍柴动力安排产业工人对雷沃进行帮扶，并借助潍柴动力供应链对雷沃供应商体系进行升级。

海外营销协同，渠道共享。潍柴集团负责海外业务的公司领导多次带队到雷沃调研，就海外业务开展交流，逐步搭建起海外业务协同交流机制，对具体的市场开发、办事处与配件库共建、信息资源共享进行深入交流讨论，并达成共识。

抓文化体系建设，文化落地有共识

文化管理需要造钟而非报时。潍柴集团协同潍柴雷沃将企业文化传播载体、文化培训、沟通渠道、文化仪式、文化活动、荣誉激励、案例挖掘、机制建设、考核评估等进行综合管理，形成了一套文化建设计划、组织、实施、评估、改进的闭环文化管理体系。

建机制，系统推进文化融合。重组后，潍柴集团建立了从文化融合到业务交流系统化互动机制，从高层、中层到业务骨干，强化与潍柴雷沃对接交流，共同推动文化融合。一是高层指导，率先垂范。董事长谭旭光先后6次带队到潍柴雷沃重工视察工作，公司高层定期开展业务交流，推动潍柴动力、雷沃业务与文化进一步融合。2021年10月29日，潍柴集团在雷沃组织召开了2021年度企业文化推进交流会，为雷沃文化推进提供具体参考模式与示范。二是对口交流，强化互动。除前文所述，对口业务部门交流外，潍柴集团与潍柴雷沃企业文化建设部门定期沟通，指导建立了文化建设工作机制，制定实施标准，建立月度交流机制，推动文化工作推进系统化。三是系统导入，互通共建。将潍柴集团文化理念全面导入潍柴雷沃，大力推广"客户满意是我们的宗旨"的价值观，"不争第一就是在混"的激情文化，"一天当两天半用"的效率文化和"干就负责，做就到位"的执行力文化，"这是我生产的产品，我向客户保证"的岗位责任文化。

定规划，协同推进。在潍柴动力指导下，潍柴雷沃制定了文化导入及融合方案，从队伍建设、文化培训、文化传播、工作推进等方面，推动潍柴动力文化导入与融合。尤其是自2021年以来，结合潍柴雷沃实际，指导制定潍柴雷沃文化融合硬仗、潍柴雷沃党群融合计划，并行推动实施。

抓培训，深入宣贯文化理念。潍柴动力指导搭建雷沃企业文化培训体系，从高管、中层干部、基层干部及班组长，形成层次化培训课程规划，全面推进潍柴动力文化理念在雷沃的宣贯。同时，潍柴动力派出专业内训师团队，面向潍柴雷沃海外营销人员、潍柴雷沃研发人员累计开展19场专题培训，培训人次达2100人次。

搭平台，丰富文化传播载体。搭建文化传播网络，并以文化活动为载体，通过组织群团互动活动，加强潍柴动力与雷沃员工文化交流，实现文化传播平台化。一是开展潍柴雷沃重工企业文化活动30余次；在专业工厂建设党建文化长廊，打造3个企业文化样板间，推动文化快速融合。二是以"五一""五四""七一"等重要节点为契机，组织文化交流活动，增进员工了解和交流。三是潍柴雷沃依托党史学习教育等主题教育，开展系列党建活动。

实施效果

"三化四抓"文化管理模式的实施，大大推动了潍柴动力与雷沃的文化融合，不仅实现了业务优势互补、资源协同共享，而且激发了全体干部员工的激情和干劲。

组织变革释放发展活力

通过三项制度改革和组织机构重构，进一步精简机构，减轻负担，实现轻装上阵，释放了发展活力；实现了"干部能上能下、员工能进能出、工资能高能低"，激发干部员工奋斗激情，使公司焕发出前所未有的活力。

资源协同实现优势互补

一方面重点业务市场占有率均大幅提高。潍柴动力为雷沃补齐动力总成严重缺失的短板，特别是依托潍柴动力大马力发动机方面的天然优势，有效促进了雷沃占据市场主动地位，重点业务市场占有率均大幅提高。另一方面科技创新成果显著。自重组以来，潍柴集团与雷沃的协同效应逐步显现。潍柴集团发挥自身在液压、电控、CVT动力总成、无人驾驶等新科技领域的优势，与雷沃高效协同，助力雷沃取得多项科技创新成果。

文化建设全面接轨，实现全新突破

一是文化建设队伍从无到有。潍柴动力协助雷沃培养50名企业文化兼职骨干，实现了潍柴雷沃企业文化建设机制和队伍从无到有的改变，并且逐渐走向专业化。

二是文化培训课程体系从无到有。搭建了从文化理念宣贯到文化建设实操，从企业文化专业素质提升到相关能力提升的课程体系。全面开放Wei Learning学习平台，协助搭建企业文化专题精品课程，完成专题培训。

三是文化建设评估从无到有。指导建立了文化评估机制，实现了文化认知度和认同度的同步提升。潍柴动力与雷沃组织20多场互动活动，培育两个达标基层单位，文化理念认知度提升20%。

战略重组以来，潍柴雷沃的销量、收入、利润等主要经营数据均创新高。2022年，得益于"潍柴+雷沃"强强联合效应持续释放、双向赋能，潍柴雷沃业绩一路飘红。全年农业装备产品总销量突破14万台，销售收入达160亿元，同比增长37%，摘得"总销量第一""销售收入第一""200马力及以上大拖（大品牌拖拉机销量）销量行业第一""小麦机销量第一""玉米机销量第一"五项桂冠。

主要创造人：张正强　王跃军
参与创造人：孙　锐　王善美　杜媛媛

以"人为本"为核心的企业安全文化构建

天津港（集团）有限公司

企业简介

天津港（集团）有限公司（以下简称天津港集团公司）是我国重要的现代化综合性港口、世界等级最高的人工深水大港，码头等级达30万吨级，拥有各类泊位213个、集装箱航线140条，每月航班550余班，同世界上180多个国家和地区的500多个港口保持贸易往来，货物吞吐量和集装箱量连续多年居于世界十大港口行列。2022年，完成货物吞吐量4.71亿吨，集装箱吞吐量突破2100万标准箱，排名第八。天津港集团公司是市属特大型国有企业，资产总额超过1400亿元，在香港联交所和上海证券交易所拥有两家上市公司。

实施背景

2019年10月17日，在天津新港重新开港67周年纪念仪式上，天津港集团公司发布了以"人为本、质为先、客为尊"为企业核心价值观的新版企业文化。其中"人为本"生动地诠释了集团公司安全管理工作的核心，为安全文化建设指明了方向。安全是发展的前提，发展是安全的保障。一直以来，天津港集团公司高度重视安全生产工作，坚持人民至上、生命至上，将安全发展理念贯穿企业生产作业全过程，致力于以高水平安全助力高质量发展。建设企业安全文化，正是践行安全发展理念，打造特色安全管理模式，更好争当建设中国式现代化港口排头兵的必然要求。

体系内涵和主要做法

天津港集团公司秉承"人为本"的理念，全面构建企业安全文化理念体系，以安全理念推进、安全意识提升、安全行为固化、强化班组建设、安全文化精品"五大工程"为重要核心，围绕安全观念文化、安全管理文化、安全行为文化和安全物态文化四个层面，广泛动员开展安全文化落地活动，促进各级人员安全意识、安全行为和安全管理水平的提升，形成了具有集团公司特色的安全文化品牌。

构建文化体系，科学筹划落地路径方法

安全文化是天津港集团公司企业文化不可或缺的重要组成部分，与企业文化一脉相承，始终坚持"人民至上、生命至上"的具体实践；安全文化是集团公司企业文化在安全生产领域的具体

延伸，是安全环保工作先进经验的总结，更是集团公司胸怀"国之大者"，承载建设世界一流港口使命，对"安全、绿色发展"和"大安全观"理念的工作结晶。2021年，经过广泛调研，并紧密结合实际，天津港集团公司安全文化创新性地将安全、环保、消防、应急等各项工作融合在一起，打造了《天津港集团公司安全文化调研报告》《天津港（集团）有限公司安全文化理念体系手册》、安全文化宣传片，建立了以核心价值观、愿景、使命、目标、精神、形象宣传语6个方面为重点的安全文化体系，并以安全文化为引领，全面打造了集团公司"1661"安全环保管理体系，发布《天津港（集团）有限公司"1661"安全环保管理体系实施纲要》等文件。

全面推进"五大工程"，促进文化理念落地

天津港集团公司以安全理念推进工程为引领，以安全意识提升工程、安全行为固化工程、强化班组建设工程为抓手，以打造安全文化精品工程为导向，着力构建新安全格局，为集团公司高质量发展提供坚实安全保障。

安全理念推进工程。在深度挖掘、凝练安全管理核心、亮点基础上，天津港集团公司紧密结合实际情况，全面建立了以"人民至上、生命至上、安全健康、环境友好"为核心价值观的安全文化理念体系。为促进文化理念落地，着力打造集团和基层单位两级安全文化宣传队伍，纵深推进安全文化宣传教育工作，深入开展安全文化推广动员活动、理念宣贯活动、中高层领导人员安全文化讲座等系列活动，引导各级人员互动式参与安全文化活动。充分利用天津港集团公司新媒体平台，采取"线上＋线下"模式，设计制作主题海报、视频、动画等特色宣传产品，发布天津港集团公司《安全文化手册》《安全文化一本通》《"1661"安全环保管理体系手册》，不断丰富宣传展示材料等方式，将安全文化理念以物态化、生动化、形象化的表现形式，生动直观地融入员工安全生产工作中，深入贯彻安全核心价值观、安全愿景、安全精神、安全目标，推动各级人员树牢安全理念。

安全意识提升工程。天津港集团公司不断营造良好安全文化氛围，多措并举持续提升各级人员安全意识。深入开展安全生产承诺活动，全面明确安全生产三个第一位工作标准，即安全工作是第一位的工作、第一位的责任和检验领导干部工作第一位的标准，紧盯领导干部这个少数群体，不断提升关键岗位安全意识。在制定落实天津港集团公司全员安全生产责任制基础上，制定印发《安全环保管理工作标准考核办法》，进一步严密严格各级安全责任标准，持续压实各级人员安全责任。通过广泛举办安全生产分享沙龙、设计发布津港安全趣味棋、"青安漫画"主题作品等形式，将安全文化理念以物态化、生动化、形象化的表现形式，将企业特色、安全规章制度生动直观地融入日常宣传活动中，以"润物细无声"的方式，不断提升全员安全意识。

安全行为固化工程。天津港集团公司深入践行"零疏忽、零缺陷、零容忍、零事故、零污染"的工作目标。零疏忽，即人员零疏忽，强调要强化人在意识上要敬畏生命、敬畏安全，从自我做起改变粗心大意的坏毛病，在安全生产方面不可有一丝丝大意，不断规范从业人员的安全行为。为此，天津港集团公司先后组织制定《重点部位、重点环节安全管控要点》《重点场所动火作业安全管控十条规定》《动火作业十不准管理规定》等系列规定，通过清单化、细致化的方式，围绕重点部位、重点环节明确管理要求，规范人员行为。在工作落实方面，通过安全生产金点子等活动，广泛组织一线员工全面梳理安全、生产、操作、维修、装卸、施工等环节的工作要点，以顺口溜、口诀等方式，以更为直白、直接的形式促进各岗位员工更快速、正确地掌握岗位安全要点，不断固化员工安全行为。同时，天津港集团公司全面加强外来人员、车辆安全管理，通过信息化系统，实现了外来人员预约、登记、核验、离场全过程管理，通过视频智能识别系统、现场检查等方式，不断规范外来人员安全行为，有效制止和减少人员违章问题发生。

强化班组建设工程。班组是企业从事生产经营活动的最基层组织，是企业各项工作的最终落脚点，是企业管理的根本立足点。天津港集团公司以安全阵地为重点，着力推进"五个阵地"建设，即"生产阵地、安全阵地、创新阵地、学习阵地、服务阵地"，不断提升职工队伍素质、夯实班组安全管理基础，推动企业高质量发展。

天津港集团公司重点强化班组长安全素质提升，每年对班组长开展全覆盖式安全培训，不断提升班组长安全意识，通过领导干部"四个一"（即要求各单位领导干部每天一次现场巡查、每周一次现场走查、每月一次值夜班进三班、每季一次进班组座谈）、安全文化沙龙等形式，贯通自上而下的直接沟通体系，构建班组长间横向交流机制，促进互学互进。天津港集团公司连续多年举办孔祥瑞杯职工技能比武大赛、员工消防安全比武大赛，广泛推行"日训、周练、月演"，常态化组织应急演练，不断提升职工特别是一线班组员工的安全技能。天津港集团公司严格工前会、工间会、工后会安全管理，积极推行准军事化管理要求，多方位提升基层管理面貌、提振员工精神，以"严、细、实、全、优"的精神，推动班组安全管理规范化、标准化。天津港集团公司以班组为重点，大力推进目视化建设，建立班组文化栏、文化墙，试点打造安全文化体验展馆、实训基地，持续营造浸入式安全文化环境氛围。2022年，天津港集团公司发布"12345"杂货舱内作业工作法、手指口述安全工作法、"小红帽"安全检查等典型成果，基层班组安全阵地建设持续走深走实。

安全文化精品工程。天津港集团公司持续深入推动企业安全文化建设，以安全文化建设核心架构全方位打造特色安全体系，推进安全管理特色品牌建设，并以安全文化为引领，努力实现安全管理长效化。

天津港集团公司以安全文化为引领，以安全环保责任体系、"三基"管理、风险管控和隐患排查治理、科技创新保障、重点管控和应急管理6大管理体系为支撑基础，以一票否决考核制度、企业负责人责任事故事件追究考核制度、安全管理工作标准考核制度、隐患排查考核奖励制度、违章处罚制度、月度安全绩效考核制度6大考核体系为依托，以激励体系为导向，全面构建了"1661"安全环保管理体系，实现安全管理系统化、过程化、规范化和实效化的管理目标。天津港集团公司广泛推动开展安全文化示范企业、示范班组、示范岗位创建活动，着力打造典型成果。截至2022年，天津港集团公司所属企业中获得国家级安全文化示范企业称号单位两家、天津市级安全文化示范企业两家、滨海新区级安全文化示范企业两家，同时年内有一个集体获得全国青年安全生产示范岗荣誉，两个集体获得天津市青年安全生产示范岗荣誉，在天津市交通运输行业居于领先水平。

实施成效

通过安全文化建设落地和有效发挥安全文化引领作用，天津港集团公司在文化创新、技术创新、管理创新等方面逐步取得了一些进步和收获。

一是坚持压实责任，打造一流安全环保全管理体系。天津港集团公司以安全文化为引领，秉承"人民至上、生命至上、安全健康、环境友好"的安全环保核心价值观，深度融合国内外先进的安全环保管理理念，继承和发展了集团公司优秀的安全环保管理经验和先进做法，凝练集团公司安全环保管理核心，构建了"1661"安全环保管理体系，全面压实各级安全环保主体责任，夯实基层、基础、基本功，连续多年未发生统计上报的生产安全责任事故，为天津港集团世界一流港口建设保驾护航。

二是坚持技术创新，打开科技兴安工作新局面。天津港集团公司以"看得见、管得住"为目标，通过"管理+技术"的手段，持续加大智慧安防、数字孪生、周界报警、智能识别等技术化管理在汽车、杂货堆场实现烟火检测和火灾预警功能全覆盖，大力推行24小时视频巡控机制，辅以无人机航空巡查，对海陆空实现全时域、全领域、无死角的管控。2022年，天津港集团公司以数字化转型为契机，开展安全环保领域创新项目立项300余项。

三是坚持管理创新，实现基层基础管理再提升。天津港集团公司以推进安全生产风险和隐患排查双重预防机制建设为抓手，规范建立排查清单和责任清单，实现"标准化、数字化"建设全覆盖。以网格化、目视化管理为着力点，明确网格员、网格要素、网格职责、工作任务，辅以技术手段，实现全时域、全过程、全覆盖的管控。以安全生产"十严格"规定和标准作业程序（SOP）工作法为抓手，有效规范每个作业环节的安全生产管理工作。天津港集团公司通过持续深化"十严格""网格化""目视化""SOP工作法"的应用，安全管理水平得到持续提高。

四是坚持结果导向，助力集团公司高质量发展。通过安全文化建设和落地，天津港集团公司安全管理水平和效果得到了持续巩固提升，连续3年未发生统计上报的生产安全事故，并通过天津市交通运输行业安全生产综合考核，考核成绩始终居于行业前列。天津港集团公司全面落实党的二十大精神，始终以高质量安全保障集团公司高质量发展，助力集团公司吞吐量、集装箱量连续3年保持了增长，2022年集装箱吞吐量超过2100万标箱，达到历史新高，排名全球第八，通过高质量的安全为争做建设世界一流现代化港口排头兵提供了坚实保障。

主要创造人：褚　斌　焦广军
参与创造人：杨杰敏　王　健　董席亮　李长月

"四铸四有"塑造红豆特色"情文化"

红豆集团有限公司

企业介绍

红豆集团有限公司（以下简称红豆集团）是江苏省重点民营企业，产品涉及服装、轮胎、制药、园区开发四个领域，居中国民营企业500强前列。红豆集团拥有十多家子公司，员工近三万人，其在柬埔寨王国联合中柬企业共同开发的11.13平方千米的西哈努克港经济特区，成为"一带一路"的样板。红豆集团致力于把党建工作深度融入企业运行管理，首创了"企业党建＋现代企业制度＋社会责任"三位一体的中国特色现代企业制度，以高质量党建引领高质量发展。2011年，中组部授予红豆集团党委"全国先进基层党组织"称号。2012年，中央组织部向全国发文推广红豆集团党建工作经验。

实施背景

十年企业靠品牌，百年企业靠文化。以复兴传统文化、彰显文化自信为己任，红豆的文化扎根于中华文化、吴文化和锡商文化，以"情"为核心，对内包含了对员工的关爱、热爱，对外包括亲情、友情、爱情、乡情和爱国之情。经过66年的发展，红豆形成了以"情文化"为特色的企业文化体系，衍化出"共同富裕、产业报国、八方共赢"的使命，"打造世界一流企业"的企业愿景和"诚信、感恩、创新、卓越"的核心价值观。

坚持"以人为本、以情感人、以文化人"，在企业经营过程中，"情文化"在红豆集团与员工的关系上的体现就是要关爱员工，与员工共享企业发展成果，实现共同富裕，打造长久和谐的关系，主要表现为"四铸四有"。

主要做法或成效

以思想引领铸魂，确保政治有方向

红豆集团是全国先进基层党组织，以党建引领企业先进文化，创造了"一核心三优势"党建经验、"一融合双培养三引领"党建工作法、"五个双向"的党建工作机制，首创了"企业党建＋现代企业制度＋社会责任"三位一体的中国特色现代企业制度。

深化党建创新，强化思想引领。在红豆集团，最醒目的牌子是悬挂于车间的"党员示范岗"，最敬业的团队是"党员责任区"。在红豆集团每年评选的优秀工作者中，党员占2/3以上；在集团各级管理岗位中，党员占九成，形成了"党员当家最放心"的格局。把高级人才、技术能手、优秀员工吸引到党组织中来，增加党代表和工会委员中一线工人比例。近三年来，红豆集团共将312名一线优秀员工发展成为党员，将10名优秀党员培养成为厂长经理，技术人才中的党员达18%。越来越多的企业骨干成为党员，党员成为企业骨干，党员骨干成为企业核心人才。

弘扬传统文化，打造红豆经典。"孝父母，尊师长，和为贵，德为上""创事业，须实干，有担当，显忠诚；勇创新，敢争先，求卓越，比贡献"……红豆集团把党建文化转化为群众文化，推出民营企业首部企业版的《弟子规》——《红豆弟子规》。通过新入职员工学习、老员工持续传诵、员工家庭传承好家风、开展《红豆弟子规》朗诵比赛等形式，让员工"愿意听、听得懂、记得牢、有实效"，进而实现思想提升，是员工教育方法、弘扬优秀传统文化、强化企业文化建设的新举措。

以素质提升铸匠，确保事业有希望

制度选人，打通员工成长通道。以"情文化"团结员工，就是要让每个员工对未来充满希望、获得发展。对基层员工，获评"三星级员工"有机会到红豆大学免费深造，优先安排担任基层管理人员，从"蓝领"成长为"白领"；对中层员工，广泛实施"竞争上岗"机制，5年累计有700多名员工走上不同的管理岗位；对高层员工，采取给股份、给产权的办法，使其与企业经营实绩融为一体。近些年，红豆集团将股权激励从中高层延伸到基层，1000多个优秀的一线店面班组长参与虚拟股权激励。通过不断提高员工待遇和收入，从而实现员工"共同富裕"。

培训育人，提升员工素质素养。培训是企业给员工的最好福利。红豆集团深化红豆大学建设，推行学分制培训，每年修满36个学分的员工可参与年终加薪晋职。强化车间、工厂、一级公司、集团工会四位一体的员工技能培训，常态化举办培训练兵、技能竞赛，着力提升一线操作、管理和检验人员技能水平。目前红豆集团拥有高级工1446人、技师以上146人，建成市级以上大师工作室3个。2013年11月，红豆集团被全国总工会评为全国员工教育培训示范点。

挖潜增效，实现企业员工共赢。红豆集团充分营造创新的企业文化环境，设置每年3月为"挖潜月"，9月为"科技质量月"。红豆集团每年申请专利超300项，累计申报超4000件，大部分来源于员工。对于申报专利成功的，给予奖励；在使用中创收的，给予销售提成，依靠员工的创新创造，助推企业发展。进一步落实党的二十大精神，红豆集团充分部署"三自六化"（即"自主创新、自主品牌、自主资本和数智化、绿色化、在线化、高端化、国际化、规范化"）总体要求及"五个一流"（即"一流的人才、一流的平台、一流的投入、一流的机制和一流的产品"），2023年年初正式成立红豆集团研究院，以科技创新推进高质量发展。

以精致服务铸爱，确保生活有保障

精准实施困难帮扶，提供贴心关爱。红豆集团倡导并践行与股东、员工、顾客、供方、合作伙伴、政府、环境、社会"八方共赢"理念，让员工共享企业发展成果。红豆集团出资2500万元成立"红豆慈善基金"，建立长效化、制度化困难救助机制，先后救助困难员工近900人次，发放救助款1012.5万元。对新婚、生育、乔迁、住院、有丧事的员工家庭开展"五必到"慰问工作，近5年来共走访慰问3000多户；为全体一线员工提供食宿补贴，并建造了20幢宿舍楼，还特别设置了夫妻楼，确保每一名红豆员工住有所居。

关注员工合法权益，保障员工合法权益。红豆集团坚持落实以员工代表大会为基本形式的民主管理制度，推进厂务公开、业务公开，在重大决策前注重听取员工意见，涉及员工切身利益的重大问题必须通过职代会审议。红豆集团积极开展工资集体协商，企业内部分配透明，工资增长机制健全，监督沟通机制到位，构建集团、一级子公司、三级企业"三位一体"的劳动保护机制，形成红豆共建共管共守的全员安全保障管理体系，有效维护了员工的安康权益。

设立"职工心理咨询疏导室"，维护职工身心健康。红豆集团设立了"职工心理咨询疏导室"，并与专业机构合作，提供线上线下心理健康服务。定期组织职工健康体检，举办各类健康课堂，制作职工健康手册，广泛宣传和普及健康知识，切实维护职工健康权益。

以身心关爱铸家，确保情绪有释放

重视民主化、情感化的企业文化管理方式。红豆集团在厂区设置"书记信箱"和"工会信箱"，畅通员工诉求表达渠道。其中"书记信箱"只能由集团党委书记周海江指定专员定期开箱收信，信件只能由书记本人亲自拆阅。工厂每个车间都设置了"回音壁"，员工对集团、对领导有什么意见、建议甚至怨言都可以写个纸条，随时贴在回音壁上。这些意见经过收集后交由"回音壁"所在单位"一把手"处理且必须在 24 小时内予以回复，被员工称为"服务板、和谐板"。

创设文化品牌节日，丰富员工生活。以文化先觉之姿，复兴传统节日，增强文化自信，红豆集团连续 20 多年每年举办"红豆七夕节"，通过诗歌朗诵会、民俗论坛、笔会、晚会、征集最美爱情故事等形式，已形成独具企业文化、深入人心的特色品牌工程。红豆集团还以青年员工联谊会、传统文化阅读分享、红豆树下的婚礼等形式，为广大红豆青年员工搭建相识相知的平台。活动的成功举办，不仅传递了正确的婚恋观念，还加深了红豆员工对优秀传统文化的理解和对红豆企业文化的认知认同。

以党建引领企业文化，以"四铸四有"支撑塑造"情文化"，在红豆集团内部营造出一个公正公平、诚信友爱、充满活力、奋发向上的企业环境。66 年来，红豆集团的员工保持了极高的忠诚度，这是内部和谐关系最好的佐证。红豆集团相继荣获"全国五一劳动奖状""全国工人先锋号""全国和谐劳动关系建设创建示范企业""全国企业文化示范基地"等荣誉。

从 2001 年开始，红豆集团隆重推出了以弘扬中华民族传统文化为宗旨的"红豆七夕节"，通过笔会、诗歌朗诵会、民俗论坛、晚会、情歌赛、征集最美爱情故事、游园、综艺活动等形式载体，借助文娱大咖的广泛社会影响力，弘扬传统文化，倡导国人过七夕。

红豆集团推出民营企业首部企业版的《弟子规》——《红豆弟子规》，集纳了红豆集团先进企业文化理念，凝聚了现代社会的文明成果，融入了社会主义核心价值观。

红豆集团首创了"企业党建＋现代企业制度＋社会责任"三位一体的中国特色现代企业制度，并正式出版了《中国特色现代企业制度》专著。

主要创造人：周海江　王竹倩

参与创造人：钱文华

以"龙马躬行"为核心构建"一核三维"企业文化生态体系

青岛海发国有资本投资运营集团有限公司

企业介绍

青岛海发国有资本投资运营集团有限公司（以下简称海发集团）是青岛市委、市政府批准成立的市直大型国有企业，注册资本金100亿元，下设10家一级子公司和6家控股或参股上市公司，集聚东方影都、青岛电影学院、南京同仁堂、澳柯玛等一批品牌资源，跨入资产总额、营业收入"双千亿级"企业行列，跻身2022"中国企业500强"第297位，排名山东省综合百强企业第18位、青岛100强企业第3位。海发集团成立于2012年，从成立之日起就高度重视企业文化建设，把企业文化作为企业核心品牌锻造，立足于全市国有资本市场化运作专业平台的企业定位，厘清符合集团实际的企业文化基因，以"龙马躬行"核心文化为引领，以"实干家"人才文化、"清廉海发"廉洁文化、"破局思维"创新文化三个践行维度促企业文化落地深植，形成"一核三维"企业文化生态体系。

"龙马躬行"立根基，厚植企业文化底蕴

党建文化是企业文化的基础、底色，企业文化是党建文化的具体体现。海发集团深入贯彻落实习近平总书记关于国有企业改革发展和党的建设的重要论述，始终把坚持党的领导、加强党的建设作为企业的"根"和"魂"，不断创新党建工作和企业文化建设思路、打法，让党建文化成为企业文化的坚实基础、最亮底色、最强引领。

淬炼企业文化

汲取传统文化精髓，结合社会主义核心价值观要求，在企业的改革发展实践中形成了"龙马躬行"企业文化，既是海发集团的党建品牌，也是企业的核心文化体系。"龙"志存高远，"马"脚踏实地，"龙马"既是奋斗不止、自强不息的中华民族精神象征，又是海发集团加快建设世界一流企业时期的文化象征物，代表着志存高远、昂扬向上、腾飞跨越；"躬行"则体现着海发人的勠力同心、忠诚担当、脚踏实地。"龙马躬行"让党建与企业文化变得形象、具体、生动，成为集团党组织和全体员工的行动指引。

力促落地生根

以企业文化建设为着力点，积极创新形式载体，开展多维度、情景化、体验式文化宣贯，做到既走"新"又走"心"，促进"龙马躬行"入脑入心、践行见效。制作企业文化手册画册和

宣传片，举办发布会和专场演出，统一企业标识、服装、工号牌等视觉识别要素，精心打造企业文化和党建教育两个展厅，设立职工健身房、书屋和休闲吧等文化活动场所，深入策划构建立体化、全方位的企业文化品牌形象，形成了一套完整有力的文化建设标准打法。如今，"党建引领、龙马躬行"已成为大家的共识，已经渗透到每位海发员工的骨子里面、行为当中。

强化融合互促

坚持用习近平新时代中国特色社会主义思想凝心铸魂，推进党建工作和企业文化建设深融互促，把党的领导融入企业战略文化、管理文化、组织文化、行为文化，全方位推动实施党建与业务"双品牌"战略、"双融合"机制，紧紧抓住有机结合、全程贯穿、要素渗透、优势转化等关键环节，以突出"一条主线"、优化"五大体系"、创新"六项机制"、巩固拓展"N"个载体平台的"156+N"双向融合模式，积极探索"党建＋企业文化"赋能高质量发展的新路径，全面塑造"龙马躬行"党建品牌。集团连续四年在市属企业党委书记履行全面从严治党和抓基层党建述职评议中获优秀等次，市直企业领导班子综合考核连续两年被评定为"好"等次，荣获山东省"五一劳动奖状"和社会责任企业称号。

"实干家"引活水，倡树"人才强企"文化

选人用人风气是一个企业的重要文化，海发集团求贤若渴、人才强企，树立起鲜明的"凭本事吃饭、用能力竞岗、靠业绩取酬"的导向，当新时代"伯乐"，用好用活人才，真正实现"聚天下英才而用之"，营造了以"实干家"为核心的人才文化，为干事创业提供坚强人才保障。

用好"实干家"

坚持党管干部、党管人才原则，深入实施"创新驱动＋人才战略"，抢抓人才"第一资源"，大力优化人才发展环境，吸引人才、用好人才、留住人才，把人才团队打造成企业最宝贵的财富。聚焦"关键少数"，建立市场化选人用人机制，做好人才的"选""用""育""留"，搅动激活人才"一池活水"。抓住三项制度改革这个"牛鼻子"，从经理层入手求解改革难题，组织118家子公司122名经理层成员签订聘任协议、业绩责任书，实现任期制契约化、组织和全员绩效考核管理全覆盖。先后荣获2021中国年度最佳雇主青岛地区十强雇主、2022中国年度最具发展潜力雇主30强、全国校园招聘案例100强。

锻造"实干家"

大力弘扬"企业家"精神，注重营造积极正向、公平公正的人才环境，以干成事论英雄、以解决实际问题论能力、以"一利五率"经营指标和高水平产业发展成果论业绩，激励引导做担当有为的"实干家"，"崇尚实干、注重实绩、不务虚功"在集团上下蔚然成风。坚持以"实干家"标准识别干部、发现干部，建立综合比选机制，一切从岗位需要出发，打破论资排辈、条条框框，常态化开展"亮绩""赛绩"，通过"摘星夺旗"擂台比武、"揭榜挂帅"公开选聘、"上兵伐谋"战略培训"三步走"锻造选用产业领域的"实干家"，面向社会选聘5名行业领军人才担任产业集团CEO，以领军团队推动产业板块创新突破。打造"海发英才"干部人才品牌，擂台比武遴选年轻后备干部，将有发展潜力和培养前途的年轻干部放到不同层级、岗位、职务上锻炼，储备了一支符合企业高质量发展需要的优秀年轻干部队伍。

培育"实干家"

海发集团在招引选用"实干家"的同时,创设了"蔚蓝学院"自主培训品牌,大力培育和发展"实干家",让人才发挥出更大潜力和效能。创建面向新员工的"扬帆计划"、针对管培生的"启航计划"、服务管理层的"领航计划"、服务集团战略发展的"上兵伐谋战略重塑项目"、普及行业新趋势新动态的"西海岸讲坛"等10余个培训品牌项目,做到培训不间断、员工全覆盖,高效传递企业文化及业务技能,共同服务建设多层次差异化的人才梯队,员工培训平均满意度高达97.7分。自2021年5月启用以来,党建教育基地累计接待集团及社会学习培训超过28000人次,被评为青岛市职工思想政治教育实践基地、驻青国企党建研究会教育培训基地。

"清廉海发"树新风,大力涵养廉洁文化

海发集团依托"龙马躬行"党建文化,创建了"清廉海发"廉洁文化品牌,坚持以高质量监督护航高质量发展,"清廉"成为海发人最鲜明的底色。

拓展文化载体

强化廉洁文化的思想引领作用,不断创新思路方法、深化工作举措,切实将"廉洁因子"深度植入企业文化。设计发布"清廉海发"Logo、提炼廉洁文化理念、编制廉洁文化手册、开发系列微党课,促进廉洁从业思想入脑入心。持续做好"清廉海发"微信公众号的维护提升工作,提高宣传质量,传递"风清气正"好声音。创新形式、丰富载体,策划组织作风宣誓、演讲比赛、辩论赛、知识竞赛、爱廉日、廉洁案例宣讲等系列特色活动,让廉洁文化"活"起来。

完善制度机制

始终把"清廉海发"建设放在工作大局中定位谋划、同频共振,坚持机制一体设计,健全"清廉国企"监督体系,将廉洁风险防控嵌入企业运营管理体系全流程、各环节,同步构建制度机制,加强源头防范和过程防控。现如今,在海发集团公司治理和经营发展的各个领域,随处可见清廉建设的影子。在市属企业中率先开展综合监督,构建"7+1"监督模式,典型做法市纪委在全市国有企业推广;依托"数字海发"推进科技监督,加强全过程、全要素、全时段监管;坚持内部巡察和专项审计"双轮"驱动,实现全资、控股子公司内部巡察和派驻监督全覆盖,集团纪委在市属国企中唯一被授予全市纪检监察系统先进集体。

坚持严管厚爱

清廉建设必须嵌入"三不腐"的理念、思路、方法,将正风肃纪反腐与企业深化改革、完善制度、促进治理贯通起来,充分释放"三不腐"一体推进的综合效应。没有反腐败高压态势作为强大后盾,不能腐、不想腐就是一纸空谈。不能始终保持震慑常在,清廉建设就无从谈起。海发集团坚持全面从严、一严到底,严格执行党的纪律规定和规章制度,严格落实违规经营投资责任追究制度,对以权谋私、靠企吃企等各类腐败问题,发现一起坚决查处一起,让干部职工重视、警醒、知止。倡树干事创业新风正气,研究制定持续深化强作风、树新风推动企业高质量发展的"二十条意见",深入落实"三个区分开来",加大容错纠错、澄清正名、关爱回访等工作力度,积极营造有利于干事创业的良好环境,敢于为担当者担当、为负责者负责、为干事者撑腰。

"破局思维"促变革，培育卓越创新文化

创新是企业发展的不竭动力，抓创新就是抓发展，谋创新就是谋未来。海发集团始终把创新作为引领发展的第一动力，牢固树立破局思维、不走寻常路，用好创新这个"关键变量"，让创新的基因嵌入高质量发展的脉络，以跨越式发展实践不断验证和发展着创新文化。

深植创新基因

建设创新文化，需要从精神层面、制度层面和物质层面等层面开展工作，其中最为重要的就是要解放思想，树立与创新相适应的一系列思想观念，特别是牢固确立以创新为荣的价值观，大力培育创新意识，弘扬创新精神。而在一个组织中，集体性观念的养成与核心人物推动密切相关。海发集团董事长刘鲁强就是一位极富创新思维、不走寻常路的新时代国企掌舵人。他常说"走老路永远到不了新地方，走好市场化改革的新路，才是海发的出路"，鼓励干部职工敢闯敢试、敢为天下先，事争一流、唯旗是夺。通过以上率下、示范带动，海发集团干部职工逐渐养成了创新主人翁意识，也在企业内形成了勇于创新、宽容失败的良好氛围。

激发创新动力

创新文化需要有完善的制度保障、健全的创新激励机制，才能行稳致远。海发集团抓牢抓实破局创新和谋划重大产业项目两项中心工作，抓住关键点和措施强力突破，实施破局创新"六大攻坚提升行动"，设立突击队和党员先锋队，发挥好考核"指挥棒"和"风向标"作用，建立"月亮旗、季分析、年擂台"考核机制，破局创新总成绩按35%计入各子公司年度经营业绩考核。鼓励创新、宽容失败、成功重奖，设立"龙马躬行"创新突破奖励基金，对重大破局性、开拓性的创新成果予以重奖，连续三年每年评选1人、获评奖励10万元，以"关键少数"带动"绝大多数"破局发展。

引领创新模式

海发集团成立十年间，不仅创出山东省企业主导功能区市场化开发典型模式，还实现了由功能区开发向战略性新兴产业、国有资本投资运营集团的三轮转型跨越发展，形成了"两类公司"改革试点的海发模式，各项经营指标翻番式增长。近三年时间资产总额、营业收入、利润总额分别增长4倍、40倍、10倍，跻身"中国企业500强"行列，获批国务院国资委公司治理示范企业、国企改革专项行动"双百企业"和"科改企业"，获评山东省改革尖兵和"山东品牌价值企业"，"数字海发"入选2022年中国数据管理"百项优秀案例"。聚焦战略性新兴产业攻坚实体经济，紧扣城市产业链优化布局，坚持"以投带引"导入产业，构建"功能区开发+现代产业园区建设运营+金融投控+上市平台+供应链体系"五位一体商业模式，打通"融投建管运"全链条体系。以"科技影都"为核心高标准建设青岛影视基地，东方影都成为中国电影的"国家队"。海澳芯科债转股支持芯恩项目建设，以"三个一"模式搭建青岛市集成电路控股平台。与国药集团共建国内一流的生物医药产业园，推动组建青岛市健康产业控股集团。投资引进青岛市首个世界500强总部项目欧力士中国区域总部，组建环保集团抢跑绿色产业"新赛道"。

主要创造人：刘鲁强

参与创造人：张 浩 李爱国

"大党建、大文化、大宣传"工作体系赋能企业高质量发展

新疆广汇实业投资(集团)有限责任公司

企业简介

新疆广汇实业投资(集团)有限责任公司(以下简称广汇集团)创建于1989年,是在新疆维吾尔自治区党委、人民政府领导下成长起来的新疆本土"世界500强"企业集团,历经34年创业发展,现已形成"能源开发、汽车服务、现代物流、置业服务"四大产业板块并进的格局,拥有广汇能源、广汇汽车、广汇宝信、广汇物流、合金投资5家上市公司,业务遍及全国、延伸海外,员工近10万人。广汇集团荣获"全国纳税先进企业""西部大开发突出贡献集体""全国敬老文明号""全国抗击疫情先进民营企业""新疆维吾尔自治区脱贫攻坚先进集体"等荣誉。

2017年至2022年,广汇集团连续六年进入"世界500强",目前居"世界500强"榜单第453位。2002年至2022年,广汇集团连续21年进入"中国企业500强",目前居"中国企业500强"榜单第130位,居"中国民营企业500强"榜单第29位。

广汇集团始终秉承"产业报国、实业兴疆"的初心使命,近年来提出"大党建、大文化、大宣传"的工作思路并形成工作体系,为广汇集团凝心聚力、创造价值奠定了良好基础,也为集团"全面提升发展质量,争创国际一流企业"形成了内生动力,企业发展呈现"经济效益稳中向好、发展质量稳中有升"的良好态势,企业韧性逐步显现。2022年,广汇集团实现营业收入2080.07亿元、净利润65.25亿元、缴纳税费101.74亿元;2023年第一季度,广汇集团实现营业收入542.97亿元,同比增长15.66%,实现净利润32.46亿元,同比增长28.55%。

实施背景

广汇集团经过34年的创业发展,始终沐浴着改革开放的春风,实现了从事业广汇到战略广汇、再到愿景广汇的嬗变。企业发展收获丰硕的成果,离不开集团持之以恒地扎实开展党建工作。1993年,广汇集团充分认识到建立党组织在企业中的重要性,率先在新疆维吾尔自治区民营企业中建立了党组织。随着企业的发展壮大,经营工作拓展到哪里,党的组织就覆盖到哪里,党建、文化、宣传工作就开展到哪里。目前,广汇集团共有29个党委、238个党支部、6329名党员,党组织规模和党员数量高居新疆维吾尔自治区非公企业前列。

广汇集团始终从党的光辉历程中汲取奋进力量。为不断强化企业文化与价值观，重塑全体广汇人的使命感、责任感，坚定同舟共济、共克时艰的信心与信念，激活全体员工持续奋斗的状态，激发全体员工"第三次创业"的激情，围绕"全面提升发展质量，争创国际一流企业"工作主线，以"大党建、大文化、大宣传"为指引的工作理念应运而生，为促进企业党建工作与生产经营深度融合，助力企业高质量发展提供了有力支撑。

体系内涵

"大党建"工作理念紧扣广汇集团生产经营这个中心，以"大党建"工作理念为引领，以"广汇党建有力量"为目标，以"五力建设"（政治引领力、责任担当力、文化凝聚力、纪律监督力、工作创新力）为重点，坚持问题导向找差距、聚焦基层基础抓落实，不断加强基层党组织建设，全面提升党建工作质量和水平，努力形成"党建+"工作新格局，为实现集团高质量全面发展、推进"第三次创业"新征程提供坚强政治保障和组织保障。

"大文化"工作理念以"产业报国、实业兴疆"企业使命为主线，聚焦生产经营，聚焦"认真、用心、激情、信念、决心"广汇坐标，梳理企业文化脉络，挖掘企业文化内涵，构建有传承、有内涵、有载体、有形式的具有广汇特色的高质量企业文化体系，通过文化塑魂、精神铸梦，让全体广汇人发自内心认同广汇文化，弘扬广汇精神，唤起广汇人的激情与梦想，为推动集团第三次创业、全面提升企业发展质量贡献力量。

"大宣传"工作理念紧紧围绕集团生产经营中心工作，讲好广汇故事、传播广汇声音，构建上下互通、横向联合、齐抓共管的"大宣传"工作格局，努力形成媒体牵动、产业联动、企媒互动的良性工作机制，为企业发展营造良好的舆论氛围，提高企业影响力和美誉度，提振市场信心，增强企业的凝聚力和战斗力，为推动企业全面高质量发展、助力集团"第三次创业"、实现五年奋斗目标贡献力量。

近年来，企业进入高速发展期，广汇集团自党委提出"大党建、大文化、大宣传"的工作理念后，形成了具有广汇特色的民企集团党建工作模式，有力推动党的创新理论融入企业经营管理全过程。在企业发展过程中，全面落实党中央把握新发展阶段、贯彻新发展理念、构建新发展格局的战略部署，引领企业把高质量发展体现到各个领域、各个环节，推进党建与企业经营深度融合。

主要做法

广汇集团始终秉承"产业报国、实业兴疆"的企业使命，始终扎根新疆、建设新疆，"大党建、大文化、大宣传"工作体系的建立，正是集团在谋求自身不断发展的同时，积极践行社会责任和担当的体现。广汇集团找准抓手，将"大党建、大文化、大宣传"工作理念落到实处，为稳增长、促就业、惠民生做出重要贡献，谱写了民营企业回馈社会的时代交响曲。

加强党的建设，"大党建"有广度，更有深度

一是深入开展主题教育。2019年，广汇集团各级党组织高标准开展"不忘初心、牢记使命"主题学习教育3049场次，举办实践活动539场次，办实事好事167件；2021年，围绕庆祝建党

100周年，广汇集团广泛深入开展党史学习教育，把学习党史与企业发展史相融合，积极创新形式、深入学习宣讲，上专题党课371场次，组织参观红色场馆、教育基地等131次，为群众办实事363件，全体党员坚守初心使命的信念更加坚定；2022年，集团及各产业深入学习贯彻党的二十大精神，累计开展学习讨论300余场次，撰写学习心得1640余篇，党的二十大精神宣传到各企业，覆盖到10万员工。

二是深度融合生产经营。各级党组织持续丰富"党建+"工作载体，让党建工作与企业生产经营同频共振、相互促进。广汇集团领导班子共14人，其中党员12人，党员占比86%；旗下四大产业经营班子共计37人，其中党员27人，党员占比73%；在各级子公司经营班子中，党员占据绝对多数。各级党组织充分发挥引领作用，班子的凝聚力和向心力不断增强，决策民主化、科学化程度不断提升，使广汇集团经营业绩连续取得新突破，企业发展韧性不断增强。

三是积极履行社会责任。广汇集团近六年社会贡献总额1551.75亿元，缴纳税费539.68亿元。积极助力脱贫攻坚。广汇集团在伊吾县淖毛湖镇建成了新疆维吾尔自治区重要的煤化工产业基地，作为当地纳税龙头企业，助力伊吾县率先在新疆维吾尔自治区脱贫摘帽，人均GDP和人均财政收入均位于全疆前列；深入开展"民族团结一家亲"活动，结对认亲300余户；投入近3000万元支持对口帮扶村，引进合作企业投资1.3亿余元在和田县、洛浦县建设10家"扶贫工厂"，解决了2000余名当地群众就业问题，对口帮扶的4个村实现整体脱贫；主动组织"温暖包"公益捐赠、困难大学新生资助活动，为209名困难家庭儿童、69名困难家庭学生送上爱心。

丰富文化内涵，"大文化"是根基，也是动力

一是丰富深化企业精神。广汇集团旗下广汇能源20多年在荒无人烟的戈壁中艰苦创业，形成了"艰苦奋斗、敬业奉献、踏实勤奋"的淖毛湖创业精神，丰富和发展了"认真、用心、激情、信念、决心"的广汇坐标，是企业攻坚克难文化底蕴的真实写照。广汇集团连续24年投资中国篮球事业，累计投资24亿元，建设了新疆广汇篮球俱乐部。"勇于拼搏、永不言败、勇争第一"的飞虎精神从广汇集团走出新疆维吾尔自治区、走向全国，成为一张亮丽文化名片。广汇集团多年来持之以恒地倾情投入，建成广汇美术馆。广汇美术馆由贝聿铭弟子林兵设计，以超大跨度架设"漂浮的盒子"，将东方意境与现代主义建筑相融合，彰显了"天人合一"的审美情趣。以传承弘扬优秀传统文化和近现代水墨艺术为使命，广汇美术馆搭建了国内领先的中国近现代水墨艺术收藏体系。依托馆藏的500余幅中国近现代水墨画精品，秉承"广育汇美，艺术为民"的精神理念，积极开展学术研究、教育推广、文献建设、对外交流和公共文化服务。不仅丰富了广汇集团的文化谱系，成为广汇集团又一文化名片，更成为传承中华文化、沟通东西方艺术的重要桥梁。

二是擎牢关键文化抓手。积极宣传先进典型。广汇集团及各产业自主表彰和获政府表彰的各类先进单位和个人累计6000余人次，其中包括新疆维吾尔自治区劳动模范获得者钱学文、国务院政府特殊津贴获得者吕海庆等先进典型，通过积极宣传先进典型事迹，持续弘扬广汇精神，传递了企业正能量。打造品牌活动。广汇集团持续加大"最美广汇人"评选宣传力度，通过开设宣传专栏、开展网络评选，营造学先进、当先进、扛红旗、争第一的良好氛围，累计表彰155人，他们在企业各条战线上发挥着典型引领、模范标杆作用，成为企业发展征程中的亮丽风景。

三是持续打造特色氛围。结合国家重大事件、重要节日、广汇集团"五二"企业节等重大活动，举办歌咏、体育比赛和文艺汇演等主题文体活动，开展诗情画意抒党恩、广汇随手拍等主题

活动,员工参与18.7万余人次。

联动内宣外宣,"大宣传"有影响,更有形象

广汇集团统筹联动内宣外宣,内聚人心、外树形象,"大宣传"理念彰显广汇特色,开创了舆论宣传新局面。

一是建设宣传阵地。广汇集团近两年累计投资超2200万元,运用全息投影、互动多媒体等"声光电"现代科技,在新疆维吾尔自治区的乌鲁木齐市、哈密市和四川省成都市分别建设企业文化展厅,累计培训专兼职讲解员共41名,每年接待上百批次政企领导、合作伙伴和企业员工参观,文化展厅成为企业文化宣贯和对外宣传的高地。

二是打造宣传矩阵。广汇集团紧跟时代发展步伐,以外宣为重点,以内宣为支撑,树立全媒体概念,打通内外宣传渠道,构建起集团总牵头、各产业响应、主流平台覆盖的新媒体宣传矩阵,联动企业官网和内网OA(办公自动化)、工作群聊,实现了企业宣传的立体传播,构建了多角度、全方位、立体化的品牌宣传格局。

三是做好品牌宣传。巩固与67家国内主流媒体及一线财经媒体的合作关系,组织国内主流媒体记者到新疆维吾尔自治区的哈密市伊吾县淖毛湖煤化工产业基地、江苏省启东海上综合能源基地等生产一线实地采访,增加媒体对企业的了解。

四是建强宣传队伍。自2019年以来,广汇集团组建了约120人的通信员骨干队伍,建立了信息直报点制度,坚持每季度至少组织一次培训,定期评选"五好稿件"。近年来累计培训通信员5000余人次,评选"五好稿件"600余篇。

实施效果

"大党建、大文化、大宣传"已成为广汇集团高质量发展的"助推器"。作为新疆维吾尔自治区的本土首家连续6年入围世界500强的企业集团,10万广汇人勠力同心,不断刷新历史最佳业绩:2021年,广汇集团营业收入首次突破2000亿元大关,达到2032.23亿元;2022年,广汇集团实现营业收入2080.07亿元、净利润65.25亿元、缴纳税费101.74亿元。"大党建、大文化、大宣传"工作体系还有效提升了广汇集团人才建设水平,为企业的发展增势蓄能,在员工干事创业中发挥出强大的向心力,形成拴心留人、激发干劲的软环境,员工思想积极向上,员工队伍保持稳定,在广汇工龄超过10年的员工近1万人,已经形成一支"以企为家、爱岗敬业、忠诚担当"的中坚力量。

党的二十大以来,广汇集团继续以习近平新时代中国特色社会主义思想为指引,认真学习贯彻党的二十大精神,紧贴生产经营中心工作,夯基固本有定力、锚定目标有信心,用高质量党建助推企业高质量发展,认真贯彻落实"大党建、大文化、大宣传"工作理念,始终把企业的发展融入国家的发展大局中,坚定不移践行"产业报国、实业兴疆"的企业使命,埋头苦干、不懈奋斗,一如既往地履行好企业社会责任,继续以初心如磐的使命担当,以信念如钢的奋斗精神,按下"快进键",跑出"加速度",战胜前进路上的一切困难和挑战,为社会经济发展创造更大的价值,创造无愧于时代、无愧于社会的骄人成绩,奋力谱写更加出彩的高质量发展新篇章!

主要创造人:韩士发　梁　逍
参与创造人:杨　琛　冯　涛　张晨暄

激扬企业元气，成就快乐人生

浙江吉利控股集团有限公司

企业简介

浙江吉利控股集团有限公司（以下简称吉利）始建于1986年，1997年进入汽车行业。吉利一直专注实业，专注技术创新和人才培养，不断打基础、练内功，坚定不移地推动企业转型升级和可持续发展。现资产总值超5100亿元，员工总数超过12万人，连续11年进入《财富》世界500强（2022年排名第229位）。

吉利致力于成为具有全球竞争力和影响力的智能电动出行和能源服务科技公司，业务涵盖汽车及上下游产业链、智能出行服务、绿色运力、数字科技等，集团总部设在杭州。

实施背景

吉利从创业之初就十分重视企业文化建设，在37年的发展历程中逐步形成了具有自身特色的文化体系。吉利倡导"人人是老师，人人是学生"的学习文化，坚持"尊重人、成就人、幸福人"的人力资源理念，实施元动力工程，构建快乐工作、快乐生活的和谐劳动关系。

什么是元动力？员工的积极态度，忘我工作的自驱力及由此释放的工作能量，是工作中最激动人心的力量，是企业发展中最强的战斗力。千千万万的"自驱力"汇聚在一起，就凝聚为推动企业迅速前进的强大的元动力，这种力量是永恒的，也是无法阻挡的！

主要做法

元动力工程的内涵，创新管理聚元气

元动力工程颠覆了传统的企业管理思想，倡导"领导为员工服务，部门为一线服务；员工考核领导，一线考核部门"。吉利经过长期实践，逐步摸索和沉淀出一整套独具特色的元动力管理理论——元动力工程。

第一，管理思想，从"领导发号施令，员工被动执行"转变为"领导为员工服务、部门为一线服务、员工考核领导、一线考核部门"，颠覆传统管理机制，扎实解决企业生产经营过程中的实际问题。

第二，管理方法，从"领导指挥员工，分派任务"转变为"领导为员工搭建发展通道，提供公平竞争平台"，激发员工主人翁意识，让员工主动参与公司的经营。

第三，管理目标，从"员工把工作当成谋生和赚钱的工具"转变为"员工能从工作中找到人生目标，愿意为企业成功和用户快乐做出贡献的合作伙伴"，实现企业和员工的双赢。

元动力工程的建设，改善创新激活力

2007—2011年，元动力激发小改善。2007年，吉利把"质量战略"摆到了核心位置，要求全体员工都参与到质量改善中，用"干毛巾也能拧出水来"的创新与改善的精神，持续提出改善公司生产经营及业务发展的革新方案、改进办法和发明创造，实现"上质量、降成本、反浪费、提效率、强士气"的目标。

管理的过程就是解决问题的过程。员工在生产经营过程中发现的问题是自己不能解决的，可以通过问题解决票的方式把发现的问题描述出来，放到车间或者部门的问题看板上，相关部门看到问题看板上的问题解决票，经现场对员工提出的问题进行确认，必须在规定的时间给予答复和解决；问题解决的效果要得到提出问题的员工确认，以使问题得到根本性的解决才可以闭环；如果在规定的时间没有解决问题，或者员工不认可问题解决的效果，拒绝在问题解决票上签字，这样就实现了一线考核部门、员工考核领导。同时，问题解决票的实施让更多的专业人才有了施展才华的舞台，有了实现价值的平台。问题解决票体现了吉利的问题文化，成为元动力思想的载体。

吉利除了鼓励员工发现问题和提出问题，更倡导员工积极解决问题，以此实施了员工提案，引导和鼓励员工积极主动找出有利于改善公司生产经营的问题点，并进行改进，让制作产品或工作变得更好、更快、更方便。同时，根据提案质量设置差异化的激励机制，让员工在解决问题的过程中不断激发创新的潜能，提升解决问题的能力，引导员工通过自己的努力提升个人收入。员工改善提案的实施极大地增强了员工主人翁意识和激发了员工更大的学习热情、工作积极性、创造性，并持续地推动企业的发展。

在以问题文化为基础上，吉利探索和实践了系列元动力工程方法论。问题解决票是员工最先采用的方式，通过问题的提出、跟进、解决与反馈推动元动力工程的落地；为进一步提升员工解决问题的能力，利用"金点子"的方式，鼓励员工在发现问题的同时能自主创新进行问题的解决；经过不断的实践积累，从组织层面形成相应的制度及流程，将改善工作体系化，形成了覆盖面更广的"合理化建议"的方式；为了在更大范围内分享和推广优秀的实践经验，就有了"员工改善提案"的方式。

2012—2014年，元动力转向大创新。元动力工程开始从小改善逐步转向大创新，从"寻找并解决身边的具体问题"转向"系统化问题"的发现、思考与解决，要求员工不提重复问题、不提低效问题，要透过现象看本质，跨团队、跨部门甚至跨组织去解决问题。

吉利相继开展了"现场大比武"和"优秀创新提案发布会"等元动力工程实践的创新活动，进一步营造氛围，激发创造力，挖掘、分享和推广优秀案例，在公司间横向拓宽了元动力工程的学习与交流渠道，形成良性竞争机制。同时为提升问题改善举措的专业深度，由业务部门牵头成立了四大工艺协会，通过开展"白手帕工程"，由一把手深入一线检验现场管理水平，从现场改善出发，推动管理进步。

2014年，吉利创新管理模式，打造快乐经营体，以"自主经营，自负盈亏"的市场化经营为理念，不断激发员工的积极性和创造性，实现企业和员工双赢。快乐经营体建设就是要打造快乐

引擎，共同推动企业的发展。

打造快乐经营体，一是推动管理下沉，充分授权，责权利匹配，让一线员工有更大的权利，让听得到炮火的人来向后台呼唤炮火；二是营造公平、公正、透明、阳光的工作环境，以业绩为导向，凭结果说话，让高能力、高业绩的员工获得高收入；三是培养后备干部，各经营体负责人自己当老板，对管辖区域统筹规划，自负盈亏，通过这种赛马机制锻炼队伍，挖掘更多吉利全球化发展的中坚力量。

吉利快乐经营体不仅在内部推行，也走出了海外，赋能吉利收购的马来西亚宝腾汽车。宝腾汽车将一些要降成本的组织，或者较难创造收益的或者较难协同的跨部门的组织，参照吉利的做法，建立了十几个快乐经营体，充分激发了员工积极性，让宝腾焕发新机，成为中国车企出海新标杆。

快乐经营体的打造激发了员工的主人翁意识，全员参与企业经营，形成事事有人管、人人都管事的局面。

2015—2019年元动力赋能大创新。2015年，"吉利精品车3.0战略"开始发力，吉利加快了从传统汽车制造向新能源汽车制造转型的步伐，元动力工程开始关注"问题带来的创新触发思考"，员工实现元动力工程的目标转为"拓宽视野、增长技能、挑战自我"。

在原有"优秀创新提案发布会"的基础上，多部门联动、共同打造了"吉智改善大赛"，组建专家联合互诊小组，深入一线做诊断，识别问题改善点，建立生产和制造系统的内部对标机制，搭建问题解决的平台，帮助子公司培养优秀人才；同时，将优秀创新提案发布与分享活动创造性地升级为"4+N"的快乐经营体模式，打通不同公司之间的问题解决渠道，实现跨组织的问题联合攻关机制，逐步搭建具有吉利特色的跨组织专业领域共享平台；再次，公司搭建起星级员工发展通道和转岗轮岗机制，重点建设大师工作室和工匠工作室，开展合理化建议大王和革新标兵的评优评奖，让优秀人才脱颖而出。

元动力工程的实施，让企业与员工实现双向奔赴

员工关爱工程是实现元动力的途径之一，员工元气充盈，企业才能充满生命力。"让吉利充满爱"才能"让世界充满吉利"，遵循尊重人、成就人、幸福人的人力资源理念。吉利为员工构建了一套全过程生命周期关爱体系，守护员工的元气，开展"企业爱员工，员工爱企业"的双爱活动，全生命周期体验体系从员工入职到退休有一系列的幸福计划，围绕员工职业发展、结婚生育、子女入学、住房购车、体检看病等人生大事给予全方位帮助；严格按照国家规定为员工提供年假、病假、婚嫁、产假、陪产假等各项假期福利；将每年的6月26日设为"员工关爱日"，开展与领导面对面、领导一线慰问、家属"吉利日"等系列关爱活动，加强对困难职工家庭的援助和帮扶，将亲情融入文化，用真诚换来忠诚；为每位员工发放季度福利、节日福利、生日福利，每年不定期组织健康讲座、专家义诊及各类健康专题培训；为丰富员工的业余生活，建立员工活动室和健身房，定期组织各项文娱活动，包括迎春晚会、歌手大赛、金牌讲师大赛、品牌故事大赛、机器人大赛等多项文体活动，促进员工身心健康和才能才艺发展；在司庆时举办集体婚礼、接力跑、家属游园会，为入职吉利满一定年限的员工颁发"忠诚奖"；每年花费数亿元为员工及家属购买涵盖意外、疾病身故、重大疾病、住院津贴等项目的商业保险，建立生命风险屏障。

员工的需求是多层次的，但最基本的也是最迫切的需求就是生活上的便利和满足。为了让员工生活好，工作安心，吉利打出了一套组合拳。每家公司修建食堂并规范食堂运营管理，改善员工伙食，提高员工满意度；有条件的公司设立幼儿园，并与当地最好的幼儿园合作办学，在学校开学前指定人员与当地教育部门协调员工子女入学难问题，解决员工的后顾之忧；为使更多的优秀员工扎根吉利，积极启动"吉家"住房的建设项目，最大限度满足员工的住房需求；为了解决单身员工的个人大事，积极组织单身青年与企业周边的单位、社区开展形式多样的联谊活动，为员工寻找知己牵线搭桥。通过多样并举的员工关爱计划，守护员工的元气，最大限度赋能员工，激发员工巨大创造力，从而推动企业可持续发展。

元动力，也是持续向新的创新力

吉利的快速成长与发展，吸引了来自全球的优秀人才，他们带来的全球先进实践经验如何与吉利元动力文化相融合？吉利如何应对数字化技术带来的新挑战？年轻人涌入职场，如何激发他们的工作热情，守护元气？

2021年6月，元动力线上践行平台——回响社区正式上线，将元动力工程的实践阵地从线下拓展到线上，既广开言路，让每一位员工有同等机会表达心声、发表观点、提出建议，又通过"权威回复，权威解答"的运营机制，充分调动全集团资源，快速响应和解决问题。

2021年11月5日，吉利35周年司庆期间，控股集团董事长李书福、控股集团CEO李东辉等高管与员工进行互动交流，解答员工在回响社区中提出的问题。同时通过回响平台宣布正式启动吉利感恩基金。感恩基金是吉利为践行共同富裕计划设立的专属基金。感恩基金从细微处入手改善员工的工作和生活环境，助力员工子女教育，提升员工收入水平，提升员工的安全感和幸福感，激发员工的元动力，使其共享企业发展成果。回响平台上线运营近两年里，解决了员工提出的1万余个问题，发布了10万篇帖子，访问量达到了1亿次，已经成为吉利元动力工程实践的重要平台。

元动力让企业充满创新力。成立才一年多的浙江极氪智能科技有限公司（以下简称极氪），为了让新的MPV车型既舒适又安全，在员工和用户广泛参与共创下，仅用8个月的时间，于2021年创造了行业的新纪录：打造出了全球尺寸最大的一体化压铸车身部件。通过一体化压铸，车身减少了近80个零件和近800个焊接处，车身重量大幅减轻，整车刚度极大提升，为乘客构筑起更加坚固的安全防线。

2023年，李书福在吉利CEO见面会上，再次强调了控股集团及各业务集团要持续开展"元动力工程"，通过激发员工的元动力，进一步调动员工的积极性，使员工在工作中获得成就感、荣誉感，对公司有归属感、使命感，并发自内心地热爱公司。

至此，吉利元动力工程也从最初的一种做法、一种措施，到出台一系列制度和规定，再到形成一个体系，变得越来越完善了。

实施效果

元动力工程的推行，大大激发了广大员工的使命感和自豪感，让吉利元气十足。首先，在吉利，员工不再只是为了谋生、赚钱的企业雇员，而是有着一定人生目标的、愿为用户快乐、行业发展自觉做出贡献的劳动者。吉利涌现出了一批有理想、有追求、有技能、有本领的新型工程技术人员、工匠和学科带头人。

其次，元动力工程的实践使内部的基础管理变规范了，员工心情变得舒畅了，带给企业的是生产效率、产品品质的日益提高，生产成本的显著下降和效益的稳步提升。吉利元动力工程尊重员工的首创精神，为员工搭建了实现自我价值的平台，激发了员工参与创新改善的活力。

最后，不断深入开展的"双爱工程"，让企业关爱员工、员工热爱企业，解决员工实际困难，帮助员工不断成长，实现了企业与员工双向奔赴。

主要创造人：潘雷方　金亚平
参与创造人：陈晓浩　余焱军

用文化融合赋能企业高质量发展

陕西煤业化工集团有限责任公司

企业简介

自"奋进者"文化体系发布以来，陕西煤业化工集团有限责任公司（以下简称陕煤集团）坚持以集团"奋进者"文化为引领，用大文化统揽子文化，用子文化支撑母文化，不断丰富"奋进者"文化内容，释放出包容兼顾、互生共赢的管理理念和企业文化气息。并积极探索在现代企业制度下，重组类集团公司如何构建企业文化体系的方法、途径，坚持以优秀的文化引领改革发展、凝聚智慧力量、塑造员工队伍，使企业文化建设贯穿企业生产经营管理、作风建设全过程。企业凝聚力和核心竞争力不断增强，为企业高质量发展提供了坚强有力的文化和智力支持。

陕煤集团是陕西省委、省政府为落实"西部大开发"战略，充分发挥陕西煤炭资源优势，从培育壮大能源化工支柱产业出发，按照现代企业制度要求，经过重组发展起来的国有特大型能源化工企业，是陕西省能源化工产业的骨干企业，也是省内煤炭大基地开发建设的主体。陕煤集团经过19年的改革发展，通过投资新建、收购兼并、资产划转、内部重组等途径，形成了"煤炭开采、煤化工、燃煤发电、钢铁冶炼、机械制造、建筑施工、铁路投资、科技、金融、现代服务"等相关多元互补、协调发展的产业格局。旗下二级全资、控股、参股企业60多个，上市公司6家，员工总数13万余人，资产总额达到7250亿元。2022年，集团全年煤炭产销量达到2.3亿吨，各类化工产品产量接近2000万吨，发电量突破500亿度，粗钢产量保持在1200万吨水平，水泥和骨料生产稳中有进。2022年实现营业收入5102亿元，实现利润总额603亿元。连续两年获得省国资委国企改革三年行动A类第一名，2015年首次进入《财富》世界500强，连续8年入榜，排名稳步提升，2022年居世界500强榜单第209位。

实施背景

陕煤集团"奋进者"文化富有时代特点和产业特征，其既总结、继承和弘扬本单位在长期实践中培育和积淀的企业文化基因，又在实践中不断丰富，用文化引领管理，用管理提升企业经济效益。"奋进者"文化内容丰富，其托生于传统煤炭行业"特别能吃苦、特别能战斗、特别能奉献"的优良传统，成长于企业改制重组初期的交融交锋，淬炼于企业战略北移进程中的传奇探索，升华于新时代陕煤集团创建世界一流企业的"六个争做"精神（争做高质量发展的开路人、争做科技创新驱动的先行军、争做绿色协同发展的领跑者、争做践行社会责任的带头人、争做全面从严治党的排头兵、争做引领时代发展的弄潮儿）。主要内容为"奋进者"具有勇于拓荒的奋斗精神，具有攻坚克难的奋发意志，具有舍我其谁的奋勇情怀，具有面向未来的奋飞视野，具有争创一流的奋起意识。在"奋进者"文化的引领下，陕煤集团不断探索企业文化与企业生产经营、改革发展、人才队伍、党的建设的融合发展，积极推进成果转化，形成推动企业高质量发展的强大生产力。

主要做法

强化企业文化与经营管理的融合

企业文化必须坚持以发展为中心，一旦脱离了企业的安全生产和经营管理实际，企业文化建设也就失去了存在的意义。因而，在文化与生产管理的融入过程中，必须突出与企业改革、创新发展、经营管理工作相结合。陕煤集团发展的19年，不仅见证了煤炭"黄金十年"的喜悦，也经历了行业寒冬的考验。尤其是近年来，陕煤集团突出文化引领，将文化与管理不断融合，紧紧抓住全面深化改革发展机遇，开启了创建世界一流企业的新征程。一是从体制机制入手，全面推进管理人员竞争上岗、末等调整和不胜任退出及全员绩效考核管理工作机制。实施"板块化、专业化"管理，实现财务、销售、投资、人力、科技、采购的集中统一和协同共享。推动"归位总部、做实板块、压减层级、放活实体"管理体制变革，明确集团总部的战略决策中心定位、板块公司的产业发展中心定位、厂矿实体企业的生产经营中心定位。二是抓住创新这个"牛鼻子"，在西安研究总院的基础上，组建了北京、上海、深圳等研究院，加快科研创新平台建设，推动研究机构多点布局，构建从实验室到产业化全流程七大基地平台，建成30条中试及以上试验生产线，在煤热解多联产、煤制化学品、高端聚合物、新能源材料与器件等10个方向，形成了单体及关联产品百余种，构建起"东西南北协同、辐射国际海外"的自有科研机构布局。三是紧盯数字化转型新机遇，全面加强煤炭产业全价值链数据互联，超前布局"智能矿井、智慧矿区"建设，在国内煤炭行业率先推进生产方式变革，积极构建"智能系统化、系统智能化"发展格局，使智能化建设成为"改变陕煤形象、奠定陕煤地位、保持陕煤领先"的有力保障。

强化企业文化和管理创新的融合

优秀的企业文化就像定心石，可以牢牢吸引着员工为企业思考和奋斗。员工在良好企业文化的吸引下，把自己摆在企业主人翁的地位，时刻想着为企业节约生产成本，创造经济效益。企业文化健全的管理机制可以带动企业良性发展，文化和管理的结合增强了企业可持续发展的能力，促进企业健康有序发展。陕煤集团在发展过程注重对文化吸引力和管理创造力的塑造，在集团"奋进者"文化的引领下，各级子文化不断创新，引领企业高质量发展。神南产业创新提出并实施以"勤业、勤学、勤俭、勤勉"为核心要素的"勤"文化，以"精益管理"为出发点，以"三提一降两保"为路径，开发N+2收入支出系统、全面预算模块化管理+"红绿灯"督办考核系统、鹏云班组管理系统等10余项软件，实施五位一体、单项目管理、"双平台+235"全员提素，完善"神南鲲腾"卓越管理体系，形成"3356蜂巢赋能"智慧党建体系、"神南一张图"班组管理模式，建立管理制度与流程体系相融合的"一张图"模式，为神南产业高质量发展赋能。红柳林矿业公司结合企业实际，提出"红柳文化"，实现文化力促生产力、生产力强文化力的良性循环，在智慧矿山、智能化矿井建设方面走在行业前列。张家峁矿业公司深化公司"五和"文化品牌,从多方面、多角度加强企业文化建设工作,让员工对企业文化理念内化于心、外化于行。柠条塔矿业公司全面落实"11766"企业文化建设工作思路,精心打造了"'柠萌萌'女工安全协管员"安全文化品牌,并在井口信息站设立了"家属协管助安全"和"亲情帮扶促生产"两面照片墙,引导职工通过观看全家福唤醒安全意识,起到警醒作用。从集团到子企业,陕煤集团的精神谱系不断丰富,以文化凝聚着陕煤人同心同向的磅礴力量。

强化企业和人才管理的融合

人才是企业兴盛之基、发展之本。在"奋进者"文化的引领下,陕煤集团始终坚持"党管干部""党管人才"原则,不断打造具有陕煤特质的高素质专业化干部队伍、人才队伍,建立完善选人用人制度体系,认真履行干部选拔任用程序,规范和改进选人用人工作,实施综合考评、精准考评,突出业绩、实干的用人导向。坚持人才是企业发展的第一资源,有效推动选、育、用、留一体化人才发展战略。制订了"万人行动计划",利用2018~2022年的5年时间,招录行业主体专业及管理类专业一类本科及以上学历高校毕业生1万人以上,极大优化了集团的人才结构。创新性开办了陕煤思创学院,通过兴办企业大学,"以培养'知行兼备,谋断合一'的高素质企业家为主旨",在为陕煤集团发现、培养、输送优秀管理人才的同时,为陕煤集团高层出谋划策,提供政策战略导向与管理咨询。截至目前,思创学院已经开班24期,培养学员1200余人。正在成为陕煤集团决策的"智囊团"和"策源地",成为具有双重功能的复合型企业大学。文化吸引人才,人才助推文化。近年来,在集团党委的支持下,陕煤集团成立了陕煤职工作家协会、书法协会、绘画协会,开展了"陕煤扶贫英雄"和"奋进中的陕煤"等一系列采风创作活动,出版发行了《待到山花烂漫时》《从三秦走向世界》等一批员工原创文艺作品。与陕西省戏剧家协会联合出品《唱支山歌给党听》话剧。一系列平台的搭建、活动的开展,有效树立了陕煤集团良好的品牌效应。

强化企业文化与党建管理的融合

陕煤集团充分发挥国有企业独特优势,以党建牵引文化融合,以党建把牢文化融合的政治方向。在前进的道路上,陕煤坚持把党的领导融入公司治理、集团发展,探索加强国有企业包括混合所有制企业党的建设,党的领导力、融合度高质量提升。一是把握发展方向。主动把企业发展融入国家、全省经济发展大局,围绕创建世界一流企业愿景,构建了由企业年度目标、"十四五"阶段目标和"十五五"规划组成的战略目标体系,较好地引领了企业发展。二是管好战略大局。注重抓大事、议大事,对涉及企业战略、发展理念、风险防控等全局性工作,通过党委前置研究把关,实现了不缺位、管到位。顺应绿色低碳发展大势,坚定不移地推动企业转型升级,全力推进"以煤为基、能材并进、技融双驱、零碳转型,矢志跻身世界一流企业"的新战略落地生根。三是促进决策落实。始终把谋创新、抓落实作为工作的重中之重,将文化理念和特征融入企业安全生产、经营管理、科技创新等企业管理的方方面面,有力解决文化和管理"两张皮"的问题,全力推动中央和省委、省国资委党委和集团党委决策部署落地落实。一系列工作擦亮了陕煤集团党建高质量品牌,为集团高质量发展奏响了恢宏壮丽的灿烂乐章,集团资产总额从10年前的3485亿元到7200亿元,营业收入从1500亿元到5100亿元,利润总额从13.7亿元到603亿元,增长44倍,利润水平居于全国地方国有企业及煤炭行业第二位。

实施成效

企业凝聚力大幅增强

多年来，从"三特"精神到"北移"精神，再到陕煤集团奋进新时代、创建世界一流企业的"六个争做"精神，陕煤集团用实践丰富精神，用精神指引实践，陕煤集团的精神谱系不断丰富，"争第一、创唯一"在集团内蔚然成风，陕煤集团上下干劲十足，正气充盈，员工干事创业氛围浓厚，企业凝聚力大幅增强，走出一条党建领航、文化强企的高质量发展新路。

企业经济效益不断提升

多年来，陕煤集团经济持续快速增长，连续8年跻身世界500强，经济规模增长和经济质量发展在省属企业中的"顶梁柱"作用更加凸显，经济效益增长"压舱石"分量更重。从2004年到现在，陕煤集团的资产总额从114亿元到7200亿元，增长63.16倍。营业收入从59.7亿元到5100亿元，增长85.43倍，利润总额从0.52亿元到603亿元，增长1160倍，大多数指标已经远高于世界500强平均水平，企业迈上了高质量发展的快车道。

企业党建品牌越来越亮

多年来，陕煤集团认真学习贯彻习近平总书记关于国有企业改革发展和党的建设的一系列重要讲话精神，继承党建光荣传统，夯实党建基层基础，率先开展党建质量管理体系建设，让标准化、规范化党建工作成为现实。坚持"一年一药方、一步一夯实"，让规范整合、质量提升、体系形成、对标领航、融合深化成为陕煤集团党建科学化水平提升的阶梯。系统提炼出基础标准化、运行系统化、功能融合化、成果实效化的陕煤集团党建"四化"工作体系，联合省委组织部制作发布了34集党支部标准化规范化教育视频，收到来自各个方面的肯定，党建成效与经营成果已然成为打开陕煤集团品牌的金钥匙。

科技创新不断凸显

陕煤集团构建了国内外6大研究院和7大产业示范化基地联合搭建的"7个国家级+50个省级"科研平台，吸引了150个以上科技经纪人团队参与合作，组建引进了6支"科学家＋工程师"队伍，积极推进150项基础研究项目和10个工业化示范项目，全力打造原创技术"策源地"。科技创新产业化工作体系。榆林化学120万吨粉煤热解工业化试验装置打通全流程，出油率达到18%；神木煤化工产业有限公司煤基航天煤油通过了120吨级液氧煤油发动机长程热试车；非光气法制聚氨酯等30多项原创性、突破性、革命性先进技术开始转化示范，将催生一批千亿元级企业。

文化兴国运兴，文化强民族强。在全面建设社会主义现代化国家新征程上，陕煤集团将按照党的二十大报告绘制的转型发展路线图，以"奋进者文化"引领企业高质量发展，坚持"以煤为基，能材并进，技融双驱，零碳转型，矢志跻身世界一流企业"的发展战略，开新图强，改革制胜，全面推进世界一流企业建设。

主要创造人：张文琪　王俐俐

参与创造人：梅方义　任郭英　贺　飞

从产业融合到文化融合的创新实践

北京能源集团有限责任公司

企业简介

北京能源集团有限责任公司（以下简称京能集团）是北京市国资委管理的国有企业，是一家综合性能源服务集团，成立于2004年，由原北京国际电力开发投资公司和原北京市综合投资公司合并而成，2011年、2014年先后又与北京市热力集团有限责任公司、北京京煤集团有限责任公司实施合并重组，实现了产业链条融合互补。经过多年的资源整合，京能集团由单一能源产业发展为热力、电力、煤炭、健康文旅等多业态产业格局。

截至2022年年底，京能集团资产规模达到4211亿元，净资产1527亿元；运营装机容量3868万千瓦；煤炭产能1930万吨/年；供热面积5.59亿平方米。集团全资及控股企业600余家，拥有员工3.4万余人，投资区域遍布全国31个省、区、市及海外，控股京能清洁能源、京能电力、昊华能源、京能置业、北京能源国际、京能热力六家上市公司，盈利水平长期稳居北京市属企业前列。2022年在中国企业500强中排名第259位，在中国服务企业500强中排名第98位。

实施背景

京能集团最早由1913年中比裕懋煤矿、1919年京师华商电灯公司石景山发电分厂发展而来，历经百年风雨与几代人的艰苦创业，其资产质量持续提升，盈利能力显著提高，社会知名度和影响力不断扩大，也孕育出了亮点纷呈、复杂多元的文化基因。如何将这些文化基因整合优化，转化为推动其事业发展壮大的不竭动力，是亟须解决的问题。

文化融合是落实国企责任担当的时代要求

作为保障首都能源供应、服务京城百姓生活的大型国有企业，京能集团肩负着重要的政治责任和社会责任。新时代赋予了京能集团新的时代使命，必然要求京能集团在原有企业文化基础上，更新外在形象，注入新鲜内涵，加强文化建设，推动文化融合，打造京能品牌，提升企业文化软实力。

文化融合是推动京能全面融合的发展要求

随着融合改革的深入推进，京能集团面临各产业、各板块间子文化基因多元、融合难度大及广大员工思想认识重新凝聚等难题。因此，京能集团需要以文化融合为抓手，以文化聚人，增强企业凝聚力，以文化引领企业高质量发展。

文化融合是提升企业核心竞争力的必然要求

经多次重组，京能集团已拥有较为完整的产业链优势，但各子公司依然保留自身的企业文化体系，不同企业文化共存带来了文化壁垒，文化融合需求迫在眉睫。因此，京能集团亟须大力推进企业文化建设，建立统一的企业文化体系，丰富京能品牌内涵，以文化融合提升企业核心竞争力。

主要做法

品牌强基，文化铸魂。京能集团通过加快企业文化建设，着力推动从产业融合到文化融合。

以"三个明确"谋篇布局企业文化建设

2018年年底，京能集团正式启动企业文化建设工作，将企业文化建设全面融入集团战略规划总体布局，以及融合改革、党建管理、创新创效等各项工作中，明确了指导思想、总体目标和建设脉络，逐步构建起完备的企业文化体系。

明确京能企业文化建设指导思想。以习近平新时代中国特色社会主义思想为指导，以构建集团统一文化理念为主线，以促进集团高质量发展为主题，推广集团统一的品牌形象，落实落地文化传播体系，融合集团文化相关管理制度，推进集团统一的文化理念与全体员工的行为有机结合，建立具有京能特色的企业文化体系。

明确京能企业文化建设总体目标。从产业融合到文化融合，建成特色鲜明、理念先进、员工认同、执行到位、适应新时代要求的企业文化体系，使企业文化凝聚力、影响力显著增强，对京能集团生产经营的助推力显著增加，助力京能集团成为给社会带来光明和温暖的使者，为建设成为具有中国特色国际一流的首都综合能源服务集团提供强大的精神动力。

明确京能企业文化"13363"建设脉络。京能企业文化"13363"建设脉络即一个总体思路、三个体现、三个服务、六个坚持、三个阶段。一个总体思路：从京能企业文化理念、形象和行为三个层面深度分析梳理，建立一整套企业文化体系，体现京能文化的领先性、影响力，提升京能文化的开放性、融合度，凸显京能文化的差异性、特色化，将京能品牌转化为强劲的、无可替代的企业竞争力。三个体现：体现原有文化精髓、体现集团发展外部环境要求、体现集团发展内在需求。三个服务：服务战略转型、服务业务发展、服务企业核心竞争力的塑造。六个坚持：坚持党建引领；坚持继承与创新；坚持统一与包容；坚持理念与实践相结合；坚持文化自觉与制度约束相结合；坚持全员与全集团、全系统共建原则。三个阶段：企业文化调研评估阶段、企业文化体系建设阶段、企业文化实施和落地阶段。

以"三个阶段"统筹推进企业文化建设

企业文化调研评估阶段（前期）。2019年，京能集团建立起企业文化管理诊断流程，通过四个步骤开展诊断分析：一是深入访谈，与集团总部、所属企业领导及员工258人次深入访谈。二是问卷调研，根据访谈反馈分析，精心设计问卷，进行验证式调研，对回收的25561份问卷进行分析。三是对标提升，对标德国意昂集团、法国电力集团等大型能源集团企业文化建设，并对电、热、煤等行业发展趋势、文化特征等进行研究分析。四是文化梳理，内部梳理集团战略发展规划及领导、员工对文化的诉求，外部梳理北京市功能定位及行业发展等有关领域对文化的诉求。

企业文化体系建设阶段（中期）。构建京能集团企业文化理念体系。探索建立了京能集团企业文化建设模型，通过对历史文化分析、文化现状梳理、文化未来期望三方面进行提炼总结，凝练出了由企业使命、企业愿景、核心价值观组成的核心理念，以及由管理理念、发展理念等组成的七大应用理念，形成了以核心理念和应用理念为一体的企业文化理念体系，以核心理念引领集团战略的落实，以应用理念指导集团各项具体工作和管理实践，保障集团战略措施的落地见效，实现以企业文化提升经营管理效率。

企业文化实施和落地阶段（中长期）。编发《京能集团企业文化建设规划（2021～2025）》，通过实施"三项品牌工程"，推动企业文化落实落地。一是实施"文化铸魂"工程（2021～2022）。二是实施"文化塑形"工程（2023～2024）。三是实施"文化提升"工程（2025）。

以"五个统一"着力推动文化全面融合

统一行动，落实责任。京能集团党委将"文化融合"纳入集团重点工作内容，对企业文化建设工作进行总体谋划。集团和各级企业均建立企业文化建设领导小组和办公室，组建率达100%；编发《京能集团企业文化管理办法》《企业文化建设"一本通"》等5个制度文件；推出《企业文化建设工作半月谈》36期，宣传推广好经验、好做法；录制讲解视频、开展线上答疑，服务指导各单位有序推进企业文化建设工作。

统一理念，宣贯文化。2022年，广泛开展"一全三层四进"企业文化培训，120余家单位、6000余人次参加；集团领导、各企业领导及基层宣讲团成员线上线下200余次进企业、进班组、进车间、进值队，层层开展企业文化宣讲，实现企业文化培训覆盖率达100%。同时，深入开展"九个一"文化宣贯活动，月月有活动、月月有重点，通过开展员工喜闻乐见的活动，引导各企业将文化宣贯引向深入，文化宣贯活动开展率达100%。

2023年3月，召开了以"文化引领·赋能未来"为主题的企业文化建设现场观摩暨阶段总结会，总结工作，表彰优秀，谋划部署。编发《集团2023年企业文化建设工作方案》，明确年度重点工作，以及每项工作的目标、方式、实施单位和时间安排。重点开展"企业文化宣贯阵地"建设，实现文化视觉传达"有形有色"。创新开展"九位一体"工作任务，以文化引领集团高质量发展。

统一品牌，换新标识。统一标识是文化融合的重要环节。2022年，集团所属各级企业高标准完成了6项48类应用场景20余万处标识换新，实现了品牌标识应用的高度统一。同时聚焦标识换新过程中的"疑难杂症"，做好问题收集，针对各单位4类20余项问题，进行答疑解惑，确保品牌标识正确运用率达100%。

统一核心价值观，建设子文化。2022年，京能集团党委指导18家二级企业在集团母文化的指导下，对原有文化进行梳理完善，培育出了既符合自身实际又符合集团文化总体要求的特色文化。各单位广泛开展企业使命、企业愿景征集活动，搭建子文化体系，丰富子文化内涵，使集团企业文化体系得到了进一步丰富和完善、继承和发展。同时，各单位不断加强对子文化的宣贯，有效推动集团上下文化融合，助力企业高质量发展。

统一执行，文化落地。各单位把企业文化渗透到企业经营管理的方方面面，以文化促管理、以管理促提升，推进企业阔步前进，取得了累累硕果。

实施效果

通过几年的探索实践，京能集团建立起了与企业发展战略相匹配、干部职工群众普遍认同、具有京能特色的"理念体系、视觉体系、行为体系"三套体系，成功破解了各产业、各板块间文化基因多元、标识多样的问题，以企业文化建设"五统一"全面推动集团从产业融合到文化融合，企业发展、企业形象和员工行为实现了"三个新"。

在统一的理念体系引领下，企业发展万象更新

通过一系列宣贯活动的深入开展，"传递光明·温暖生活"家喻户晓，"建设成为具有中国特色国际一流的首都综合能源服务集团"的企业愿景深入人心，"以人为本，追求卓越"的核心价值观得以践行。融合改革的五年来，京能集团坚持文化建设与融合改革发展同频共振，文化引领与经营管理同步推进、同步发展，集团总资产增长了57%，净资产增长了40%；利润以每年10亿元的速度递增，年均增长率超过17%；资产规模、营业收入、利润总额连续四年实现大幅增长，集团2022年居中国企业500强第259位，国企改革三年行动居市属国企首位，蝉联市国资委经营考核A级企业序列。京能集团发展日新月异、蒸蒸日上，企业文化作为集团一路以来改革发展的精神财富，是推动集团事业不断发展壮大的不竭动力。

在统一的视觉体系引领下，企业形象耳目一新

目前，京能集团已形成了统一的具有品牌影响力的文化标识。通过广泛宣传宣贯，一方面，广大员工对集团新标识的认知度和认同感得到全面提升，企业文化从外在形式上的统一深化到内在思想的统一；另一方面，通过各类主流媒体广泛宣传京能集团的新Logo、新形象，以及在服务新时代首都发展、推动能源绿色转型、加强民生保障和助力全国文化中心建设所做出的突出贡献中，彰显了京能集团的社会责任和国有企业的担当精神。

在统一的行为体系引领下，员工风貌焕然一新

通过制定领导人员行为规范、员工行为规范，以及广泛开展各类文化宣贯活动，统一了思想、规范了行为，一方面，有效促进京能文化与企业发展全面融合，党员干部的示范带头作用得到充分彰显；另一方面，广大员工行为统一，对京能的文化认同感、自豪感全面提升，做到了"认识、认知、认可、认同、认定"的文化践行，从"知的一致"到"行的统一"，形成了"京能一家人，集团一盘棋"的思想共识，充分调动起员工干事创业的极大热情和浓厚氛围，凝聚起助力京能集团发展的强大奋进力量。

主要创造人：姜　帆　阚　兴
参与创造人：孟文涛　刘瑞红　李东霞　黄　蓉

"因爱卓越"文化之光点亮企业踔厉奋进之路

重庆医药(集团)股份有限公司

企业简介

重庆医药(集团)股份有限公司(以下简称重药集团)是服务于医药全产业链的大型国有控股现代医药流通企业,同时从事医药研发、医疗器械生产及投资参与医药工业的协同发展,是重药控股股份有限公司旗下控股子公司。文化是企业基业长青的重要基因。"因爱卓越"重药文化是全体干部职工的实践积淀和智慧凝结,是每一位重药人的精神图腾。重药集团坚持党的领导,以"爱"作为鲜明的符号指导企业的价值追求和发展方向,将"爱"的内涵融入企业工作的方方面面。"因爱卓越"重药文化助力企业实现国有资本净值、营业收入、利润逐年稳步增长,促进企业"有生命力的发展",构建起可持续、有担当、享活力的核心竞争优势。

文化建设与文化管理并重,确立重药文化管理"三条主线",抓好文化管理"十个重点"

重药集团坚持文化建设与文化管理并重,一方面致力于文化建设,在弥补全级次企业文化建设基础短板的同时,通过文化上墙统一全级次文化场景、打造重药文化展厅、1950艺术空间、发布重药文化宣传大使"小爱"和"康康"等途径,持续打造具有特色鲜明的重药文化场,分布在全国各地的子企业统一标识形象,来自五湖四海的重药人统一思想认识。另一方面,同步开展文化管理,创新提出文化管理"三条主线",以"精细化管理"为根本,打造高质量的"精益文化",通过精细管理、精准服务、规范运作,持续提升企业管理水平和企业经营效益;以"从爱出发、回到爱里"为主题,打造重药"爱的文化",让全体干部职工在大爱担当里奉献爱、感受爱、收获爱,做善良的人,传递爱心,回馈社会;以"深度融合、兼容并蓄"为原则,打造高黏性的"融合文化",搭建沟通交流、协同协商的平台,引领五湖四海的重药人心系一处、向上向善。通过文化管理"三条主线",将文化贯穿于企业生产经营管理的方方面面。注重抓好文化管理的"十个重点",管好理念、管好阶段、管好需求、管好人性、管好资源、管好典型、管好仪式、管好节奏、管好士气、管好期望。通过"三条主线""十个重点",在企业的制度、行为、决策中充分践行重药文化,不断促进企业文化与经营管理的深度融合。

以党工团工作为抓手,探索重药文化转换落地方法路径接地气、有实效

重药集团坚持将企业文化建设作为党建、工会、共青团的重要范畴,将做好党建工作、工会工作、共青团工作作为企业文化落地的重要路径和阵地。开创独具特色的文化品牌,打造高效集

约的集团化管控力，激发职工干事热情和工作活力。

三大工会品牌和一个主题活动为企业高质量发展注入活力、聚集力量

重药集团不断强化工会四项基本职能，创建"提素建功""知心大姐""缘聚重药"三大工会品牌，与企业文化管理"三条主线"一一对应，针对企业女职工占多数的实际情况，开创"爱和美让你熠熠生辉"主题活动；围绕打造智慧工会"智工汇"平台，建设全国"提升职工生活品质"试点企业，带领全国158家工会组织"齐步走"，实现企业发展与职工获得双突破，为企业持续健康高质量发展提供源源动力。

"提素建功"，践行劳动精神、劳模精神、工匠精神，建设知识型、技能型、创新型职工队伍，组织动员广大职工积极投身企业建设。

"知心大姐"，传递企业正能量，提升职工动能，打造职工信任的"爱的重药大家庭"。精建"职工食堂""职工活动中心""爱心妈咪屋""重药健康角"等职工关爱场域，从细微之处改善职工生产生活条件；设立"重药爱心资金"、用好工会经费，全方位解决职工的急难愁盼问题；巩固职工身心健康服务体系，推广"八段锦"工间操，关注职工8小时外的生活情况，定期组织职工免费健康体检、心理咨询。立足"五结合、三提升、两传递"工作原则，在全国各地的集团旗下药房建设700余家"重药健康小站"，服务户外劳动者，助力改善职工工作环境。

"缘聚重药"，以"缘"为纽带，以"聚"为载体，打造具有高黏性的职工融合文化，凝聚企业力量、展示企业形象、助推企业发展、传播企业文化。

"爱和美让你熠熠生辉"，聚焦集团近8000名女职工，以"爱是关心关爱，爱是信任认同；美是真挚善意，美是柔韧奋斗"为主题思想贯穿工作日常，以三八妇女节、母亲节等为契机组织多场"爱和美让你熠熠生辉"主题活动，多层次、多角度展现重药女职工工作之美、劳动之美、学习之美，关注女职工成长和进步，发挥女职工构建和谐企业的积极作用，书写了"巾帼不让须眉"的美丽篇章。

共青团三大品牌和一个主题活动用青春的能动力和创造力激荡起企业振兴的澎湃春潮

重药集团团委深入学习贯彻落实习近平总书记关于青年工作的重要思想，积极践行"因爱卓越"企业文化，结合青年的特性，打造"重药青年成长讲堂""重药青年优选计划""重药青年志愿者服务队"三大品牌和"爱正青春"主题活动，不断丰富重药青年的文化内涵，让企业文化融入青年心底，凝聚向上向善的重药青年力量。

"重药青年成长讲堂"，坚持党建带团建，以企业文化为指引，注重用好集团全国所在地红色资源，深化拓展集团青年党史学习教育成果，持续开展讲党课、看展览、听报告等活动，开启"五四耀青春""百年正青春"等爱党爱国、青春担当话题，办好"我与国旗合个影""清明祭英烈"等爱国主题教育实践活动，进一步增强团员青年听党话、感党恩、跟党走的信心决心。

"重药青年优选计划"，坚持"党旗所指就是团旗所向"，围绕集团"十四五"战略规划，找准结合点、切入点、着力点，深入发掘"号手岗队"，连续选树四届"重药好青年"，积极参与"重药劳模和工匠人才创新工作室"的创建、实践，带动广大重药青年岗位建功，发挥生力军和突击队作用，在决战决胜国企改革三年行动中建功立业。重药集团多个团组织荣获"重庆市优秀青年文明号""重庆市十佳青年安全生产示范岗"等荣誉，多名团员青年荣获"重庆市优秀共青团员""重庆市青年岗位能手""重庆市向上向善好青年"荣誉称号。

"重药青年志愿者服务队"，以"兼善社会"为主线，扩大志愿者队伍覆盖面，加强"重药志愿者"队伍建设，持续开展青年志愿服务。2022年，参与由重庆市委宣传部、腾讯公益联合举办"一块走"活动，捐赠"步数"6.36亿步。近年来持续开展"以爱点燃爱，以爱传递爱""雷锋精神代代传""河小青""洁小青"等300余次"因爱卓越，志愿有我"志愿者服务活动。

在品牌创建中以实为先、做为本，切实抓好"四个注重"

一是注重选树身边典型，发挥榜样力量。在重药集团内部，组织开展寻找"重药工匠"、挖掘"重药好青年""身边最美同事"，对外推荐参评"全国优秀企业家""全国五一巾帼标兵""五一劳动奖状""劳动模范""两优一先""向上向善好青年"等先进个人和先进集体，强化树立榜样形象，总结、提炼和推广榜样行为和经验，激励职工在各项工作中当好中流砥柱、展示先锋形象。

二是注重从细微之处关心关注职工。从"你的手握住我的生命"为困难女职工冯晓莉捐款到建立重药爱心资金，从"煮好一枚鸡蛋""为抗疫一线职工增加一盒牛奶"，到设立工会主席接待日，推进"爱心妈咪屋"共建共享，开展"女职工维权行动月"系列活动，从点滴细微之处着力，让职工群众真正感受到重药爱的文化。

三是注重搭建学习平台，助力职工成长。重药集团将文化工作转化为人才强企战略的生动实践，党建、工会、共青团多品牌联动，依托"重药商学院"，承办重庆市医药行业药师、中药师技能竞赛等劳动竞赛活动；以"世界读书日"为契机，开展"书香重药"系列读书活动，形成"鼎康大课堂""数智建功""青心匠心劳动光荣""粤工之声""因爱而美'皖美'示范""晋善晋美"等众多职工文化子品牌，打造学习型组织，让浓浓书香伴随企业高质量发展。

四是注重营造温暖幸福的企业氛围。加强仪式管理，以端午、中秋、国庆等重要节日为契机，聚焦同一个主题，开展系列活动，丰富职工文化生活，促进理解认同，促进深度融合；用好庆祝重药建司70周年、中国共产党成立100周年等重大时点，通过系列庆祝活动，凝聚五湖四海重药人的心，营造"重药爱的大家庭"温暖氛围。

重药文化创新改革发展取得新突破

重药集团聚焦企业创新改革发展，增强文化价值认同，多种"组合拳"推动企业转型升级、再上台阶。一是弘扬"三种精神"，为企业经营发展聚才聚势。重药集团发起寻找"重药工匠"活动，评选出4名"重药工匠"，其中推选1人获得重庆市化医农林水利系统"金牌工匠"荣誉称号，发挥榜样力量，号召全司员工将工匠精神融入企业生产经营管理全过程；有效整合"因爱卓越"文化优势，弘扬"三种精神"，转化为竞争优势、发展优势，创建了数字化转型突击队、先锋岗、责任区，紧紧围绕医药产业数字化、信息化、智能化综合发展进行探索，持续输出了以"耗材SPD系统""耗材OMS系统"为代表的多项高质量创新成果，探索出了一条"文化赋能、业务互动、机制互融"的融合发展新路子。二是强化精细化管理，提升企业内控水平。"认真，于平凡细微之处；专注，在岗位职责之上"，这是重药集团推进精益文化的箴言。面对市外企业点多面广、管理幅度大的情况，重药集团为提升管理能力和管理效率，多措并举创新管理模式。集中开展财务共享服务，全覆盖实现全司业财流程统一化、标准化；建立全国采购中心、全国分销中心和集团营销中心的统购分销营销体系；创新销售体系矩阵式管理组织架构，各细分业态之间创新采用矩阵式"实线、虚线"销售管控模式；开发审计预警系统，成为重庆市国资系统唯一、国内内审部门为数不多的开展线上风险预警的企业；确立投后管理"七个到位"，加强对并购企业的管理规范。三是坚持创新驱动，推动企业数字化转型创新发展。聚焦企业改革发展中数字化转型重点攻坚，推动"互联网＋医药"、信息化建设、大数据分析和企业经营管理深度嫁接，成为中国同行业业务数字化领先企业；互联网医院项目合作医院累计达21家；C端平台初见成效，打通和平到家、在线找药等线上平台，为患者提供包括在线问诊、患教直播、在线找药购药等一站式健康服务体验，精准引流患者79万人，2023年实现药品线上销售1057万元；自建B2B医药电商平台"重药云商"商品交易总额近11亿元，注册客户突破10万且覆盖30个省市，并通过电商深化与上游客户合作。重药集团与国内外知名医药研发机构合作推进医药研发项目，立项10余个具有临床和市场需要的新产品，形成科学的研发梯队。四是发挥党建工团的纽带作用，架起上下游客户协同的桥梁。搭建共建、共享、共融、共进的党建联盟平台，与知名企业阿斯利康等国内政府机构、银行、国有企事业单位共建党建联盟；用好"缘聚重药""重药青年志愿者服务队"等工会、共青团品牌，整合政策资源，联通政企渠道，为企业经营拓展注入活力。

重药文化力凝聚巨大发展动能，谱写企业高质量发展新篇

"因爱卓越"重药文化形成强大的文化力，凝聚起企业发展动能，营造了信任、协同、拼搏的组织氛围，构建起可持续成长的制度体系和内在活力，助力重药集团更高质量发展。全体职工的幸福感、获得感不断提升，所属全级次企业由2018年的117户增长至2023年的228户，职工总数由7740人增长至14342人，集团直接管理的中层干部由195名增长至310名；职工综合满意度逐年稳步提升，在企业文化、宣传、人际关系和职业道德方面职工满意度最高，企业干事创业氛围显著增强。"重药"品牌形象显著提升，2020年年底企业行业排名由"十三五"初期的第12位上升至第5位，2023年集团位列中国企业500强第340位；分布在全国各地的"重药志愿者"积极开展各类公益活动百余次；多次开展送医送药送健康行动保障医疗救助，有效帮扶金溪镇脱困攻坚，妥善解决"两不愁三保障"突出问题，得到当地政府高度认可与评价。实现经营业绩持续提升，营业收入从2018年的258亿元增长至2022年的678亿元，累积增长162.79%，年均复合增长率21.32%；利润总额从8.53亿元增长至2022年的14.72亿元，累积增长72.56%，年均复合增长率11.53%；2018年到2022年集团年均国有资本增值保值率110.24%，累积纳税48.8亿元。实现"全国布局"战略目标，2020年集团实现"一张地图"战略目标，2023年布局全国30个省、区、市，重庆市外公司的收入和利润贡献从10年前占比10%，双双增加到65%左右，真正实现从一家地方性医药企业向全国性医药集团的跨越式迈进。

主要创造人：袁　泉　杨玉兰
参与创造人：何彦瑾

担当新使命，提升软实力，以一流文化支撑世界一流企业建设

广西投资集团有限公司

企业简介

广西投资集团有限公司（以下简称广投集团）成立于1988年，注册资本230亿元，是广西首家国有资本投资公司试点企业、广西首家"世界500强"本土企业，2020年以来连续三年上榜"世界500强"，在充分参与市场竞争的同时，承担着广西战略性重大投资任务，推动传统产业转型升级，培育发展新兴产业，引领广西产业高质量发展。广投集团发挥国有资本投资公司的功能和作用，实施"产业为基础、金融为保障、投资为引领"的产融投协同发展战略，形成了以能源、铝业、医药健康、数字经济、金融、资本投资为主，以及盐业、现代服务、产业链服务等业务发展的格局。

广投集团参控股企业超300家，控股上市公司4家，在职员工近3.3万人，资产总额超7800亿元，2022年贡献利税超百亿元。居世界500强第445位，中国企业500强第128位、连续6年居广西百强企业第一位。2022年成为首批国务院国资委国有企业公司治理示范企业；连续19年成为中国—东盟博览会战略合作伙伴，连续八年获AAA主体信用评级，获穆迪、惠誉两大国际评级机构广西区内企业最高主体评级，荣获"全国脱贫攻坚先进集体"。

理念体系升级完善，以先进文化培根铸魂

新时代提出新要求，新要求催生新作为。广投集团在"十三五"收官之际、面向"十四五"高质量发展，贯彻新发展理念，践行社会主义核心价值观，弘扬新时代企业家精神，迎接建设世界一流企业的新使命，深入推进"产融投"协同发展战略，一方面继承自身企业文化的优良传统，一方面大刀阔斧改革创新，对企业文化重构升级，2020年构建起新的广投文化核心理念体系，以"担当、创新、开放、共赢"为核心价值观，以"活力广投、百年广投"为愿景，赋予"创造价值、服务社会、成就员工"这一使命新内涵。2022年，广投集团转向结构更优、效益更好、质量更高的发展阶段，提出"以效益为中心的高质量发展"经营理念，着力打造"务实、科学、开放、文明"的广投集团新形象。

强化广投使命，为高质量发展提供强大精神支撑。以创造价值为企业天职，促进国有资产保值增值。以服务社会为重要使命，扛起国企"顶梁柱"责任，发挥"压舱石"作用。以成就员工为立

企之本，为员工提供成就事业、实现价值的广阔平台，实现"个人梦"与"广投梦"相统一。

擘画广投愿景，为高质量发展引领前进航向。建设"活力广投"，以改革释放活力，以创新激发活力。建设"百年广投"，实现可持续发展，到2035年，把广投初步建成具有全球竞争力的世界一流企业。

铸牢核心价值观，为高质量发展构建厚实思想基础。以担当为精神基石，勇挑重担，争当排头兵，成为壮大综合国力、促进经济社会发展、保障和改善民生的重要力量。以创新为第一动力，拥抱变化，追求卓越，加大产品创新、科技创新、体制机制创新，实现新旧动能转换，推动质量变革、效率变革、动力变革。以开放为发展引领，放眼世界，对标一流，实现更高质量"引进来"、更大步伐"走出去"。以共赢为发展要求，坚持合作互惠，共创共享，推进产业链、创新链协同发展，实现集团系统内部及外部企业共享成果，实现国有资本和社会资本共创共赢。

坚持"以效益为中心的高质量发展"经营理念，为高质量发展明确评价标准。持续优化国有资本布局，加强体制机制改革，加强投资管理，深入实施创新驱动战略，加强精细化管理，提高发展的质量和效益，增强竞争力、创新力、控制力、影响力和抗风险能力。

打造广投新形象，为高质量发展塑造行为准则。倡导务实的作风，实干兴企；倡导科学的精神，创新驱动；倡导开放的胸怀，合作共赢；倡导文明的追求，引领风尚。

文化理念落地生根，以思想之旗引领航向

广投集团学习贯彻习近平新时代中国特色社会主义思想，把文化软实力提升作为打造世界一流企业的关键一环，深化对企业文化建设的规律性认识，更好担负起新的企业文化使命，坚定文化自信自强，强化企业文化标准体系建设，打造企业文化建设阵地，擦亮广投母品牌，为广投集团高质量发展提供强大价值引导力、文化凝聚力、精神推动力。

优化企业文化建设顶层设计

自2023年以来，广投集团大力实施"对标世界一流企业，提升文化软实力工程"，构建了"集团企业文化建设领导小组—企业文化建设办公室—各级企业文化建设机构"三级文化建设组织，为文化强企战略提供强有力的保障。一是强化顶层设计，完善组织保障。成立以党委书记、董事长为组长的企业文化建设领导小组，是企业文化建设的决策中心，下设企业文化建设办公室作为企业文化建设的执行机构，同时要求主要子企业均成立相应机构，为企业文化建设提供组织支撑。二是构建党建引领齐抓共管机制。集合各部门、各板块、各层级力量推动广投文化建设工作，坚持党建引领，将企业文化与党建工作深度融合，互促互进；发挥工会和团青职能，强化企业文化落地的抓手；建成"四轮驱动"的企业文化建设协同机制。三是抓好制度健全与考核闭环。修订完善《企业文化建设管理办法》《企业文化建设考评办法》等相关制度，对文化建设工作进行规范管理。加强考核督查，将企业文化考核融入集团年度党建考核、意识形态专项检查中，进一步压实所属企业开展文化落地的责任。定期开展内部评先评优和外部推先推优工作，对表现突出的个人和单位进行奖励，择优推荐参评外部单位的各类奖项。

构建企业文化标准化体系

广投集团加强企业文化建设标准建设，打造管理统一、步调一致的文化落地管控体系。一是

统一内容标准。对集团简介、发展历程、母文化体系内涵等进行高度总结提炼和规范化表述，优化企业文化手册，指导所属企业按照"党中央要求—母文化宣贯—子文化宣传"三级层次展示和推广介绍，确保所有场景、场合母文化不缺失。二是统一视觉标准。细化广投集团视觉识别系统应用场景，对会务系统及形象墙等展示礼仪文化的重要场合统一规范标准；编印《广投文化同心圆建设工作方案》，从办公楼宇、办公场所、生产场所、工余场所等区域场景对企业文化建设做出详细要求，推动集团上下同心同向、同频共振。三是统一培训标准。加强分片区、分众化的企业文化工作培训，坚持党对思想文化建设的全面领导。

加强企业文化载体建设

一是打造定位清晰、内容丰富，具备综合功能作用的广投国企书院。全面整合各企业现有的各类空间资源和功能需求，将广投国企书院打造成为党员活动室、国企书院、青年之家、统战之家、文化之家"五位一体"的综合性书院，作为开展学习贯彻习近平新时代中国特色社会主义思想的重要阵地、作为传承发展企业文化的重要载体、作为创新创效和人才培养中心、作为建设学习型组织的重要载体。按照节约高效的原则，"宜建则建、宜改则改"，分步骤推进广投国企书院建设。同时探索线上书院建设，扩大职工普惠性和使用效率。二是推进文化落地工作。充分发挥各地市协同工作组的作用，将文化落地工作融入区域协同工作，组织各地市企业举办集团系统文化活动，加强不同板块员工之间的交流，以文化协同促进业务协同，以业务协同增强文化认同。

全力塑造"广投系"品牌

文化塑造品牌，品牌承载文化。企业文化和品牌都是滋养企业价值创造的土壤。广投集团将品牌建设作为打造世界一流企业的重要抓手，着力构建品牌优势转化为发展优势、竞争优势，实现广投产品向广投品牌转变，切实打造"做得亮、立得住、叫得响"的广投品牌。一是制定"1+N"母子品牌体系。明晰母子品牌定位、品牌属性及品牌形象，根据品牌知名度、市场覆盖率、消费者分布等特点，构建差异化母子关系。全盘厘清集团与产业、产业与产品、产品与产品之间的关系脉络，构建复合型多元品牌战略。在着力打造"广投"母品牌的同时，积极培育和打造一批具有较强市场竞争力的差异化特色子品牌，全方位提升子品牌竞争力。二是塑造广投优势品牌。加快推进各企业品牌协同发展，深化品牌战略，重点打造以统一标识为规范的"广投""广西能源""广西铝业""广西金融""数字广西"等企业品牌；"桂盐""广投石化""广投燃气""广银铝材""华银""双钱""田七""云宝宝"等产品品牌；"国海证券""国富人寿""北部湾银行""北部湾保险""广投咨询"等公众服务品牌。三是打造积极履行社会责任的广投品牌形象。广投集团在服务区域经济发展、服务国计民生坚持可持续发展上坚定履行社会责任，全力推动产业链高端化、智能化、绿色化转型，落实 ESG 负责任投资理念，连续 11 年发布企业社会责任报告，彰显新时代国企担当。

企业文化融入发展，为一流企业聚势赋能

广投集团将企业文化理念融入广投人的灵魂和血液，转化为干事创业的执行力、战斗力和创造力，激发创造辉煌的使命感、责任感和荣誉感；将企业文化建设充分融入生产经营，激发企业改革发展内生动力与发展活力，夯实"稳"的基础，凝聚"进"的力量，奋力打造世界一流企

业，推动"活力广投，百年广投"愿景变成现实。

经营质量效益持续向好

广投集团全面贯彻落实习近平总书记"五个更大"重要要求，在奋进高质量发展中推动新发展理念落地生根，迈入高质量发展快车道，形成了以能源、铝业、医药健康、数字经济、金融、资本投资为主，以及盐业、现代服务、产业链服务等业务发展格局，成为广西首家营业收入超2000亿元的国有企业，资产总额连续跨越6000亿元、7000亿元两个台阶，连续三年入围《财富》世界500强。

全面深化改革稳步推进

广投集团持续与世界一流企业深入对标，坚持"以效益为中心的高质量发展"理念，纵深推进企业改革系统集成、落地见效，企业竞争力、创新力、控制力、抗风险能力显著提升。中国特色现代企业制度更加成熟定型，把党的领导融入公司治理各环节，完善三级管控体系，落实董事会职权，优化授权管理。国有经济布局结构更加优化。聚焦主责主业，提升发展质量，探索打造了一批边界清晰、主业精锐、具有产业链控制力的产业平台，改革成立广西能源集团、产业链服务集团、广西铝业集团。市场化经营机制更加系统健全。深化"三项制度"改革，率先制定职业经理人制度，全面完成任期制和契约化改革目标，中长期激励应推尽推，混合所有制企业占比达75%。

重大项目支撑作用逐步显现

广投集团将"担当"刻在文化基因中，坚持真抓实干，以项目建设之"进"支撑经济发展之"稳"，统筹推进重大项目16个，总投资超1600亿元，项目全部投产后，预计带动就业超3万人次，拉动地区生产总值超千亿元。争当广西能源清洁低碳化发展的引领者，2023年，启动防城港海上风电示范项目、广西首个页岩气项目，布局大藤峡水利枢纽、防城港核电等关键民生工程，为优化广西能源结构、保障广西能源安全打下坚实基础。以数字技术赋能壮美广西建设，发挥广西数字经济龙头企业优势，推动数字政府建设见新效；建设中国—东盟数字经济产业园，重点布局信创产业，全力打造"中国信创第一园"；在全国范围内首创建设运营"智桂通"移动开放生态平台，开启了数字广西建设新征程。

新时代国企活力充分彰显

广投集团将"创新"理念摆在企业发展全局的突出位置，构建完备的人才梯次结构，企业管理活力竞相迸发，发展面貌焕然一新。一是科技创新体系建设取得新成效，打造产、学、研创新合作生态圈。二是关键核心技术攻关实现新跨越，南南铝加工先后突破行业关键技术难题，首台（套）国产自主可控辊底炉、气垫炉先后点火试车成功。三是人才队伍建设展现新气象，集中引进一批关键岗位领军人才，对近600名青年人才跟踪培养，"80后"集团党委管理干部占比提升至31%，干部人才队伍形成青蓝相继的生动局面。

殷殷初心如磐，时代答卷常新。面向"十四五"后半程，广投集团将勇担新时代文化使命，塑造国企优秀企业文化，以更高水平更高质量的文化建设成果，推动企业文化软实力持续向经营发展硬实力有效转换，助力建设更具市场竞争力、品牌影响力和社会感召力的世界一流企业。

主要创造人：焦　明　任洪正
参与创造人：陶罗生　王梓谊　韦力萍

以文化软实力构筑高质量发展硬支撑

陕煤集团神木红柳林矿业有限公司

企业简介

陕煤集团神木红柳林矿业有限公司（以下简称红柳林矿业公司）是落实陕西能源结构向北转移战略部署，按照现代企业制度要求，由陕西煤业（51%）、神木市国有资本投资运营集团有限公司（25%）和陕西榆林能源集团煤炭运销有限公司（24%）共同组建的大型国有股份制企业。

红柳林矿业公司井田面积有138平方千米，地质储量为19.54亿吨，设计可采储量为14.03亿吨。2006年9月开工建设，2009年4月试生产，2011年11月通过国家能源局项目竣工验收，核定生产能力1800万吨，配套年洗选能力1800万吨的选煤厂。煤炭产品具有低灰分、特低硫、特低磷、高发热量、高挥发分、高含油量的特点，是优质的动力、气化、液化、水煤浆和制备超纯煤原料，远销华东、华北、华南等电力、化工企业，被誉为得天独厚、世界罕见的"环保煤"。

红柳林矿业公司先后荣获"全国五一劳动奖状""国家首批智能化示范建设煤矿""全国绿色矿山""全国煤炭工业先进集体""中国著名品牌""能源创新先锋企业"等荣誉称号。

实施背景

企业文化只有与时俱进才能成为企业发展的强大动力。建设具有鲜明特色和时代特征的先进企业文化，是红柳林矿业公司打造世界一流企业、推动企业高质量发展的战略举措之一。

为深入贯彻习近平新时代中国特色社会主义思想，紧跟企业高质量改革创新发展的一系列重要理念，加快创建"行业第一、世界一流"现代化煤炭企业的步伐，红柳林矿业公司全面准确把握立足新发展阶段，贯彻新发展理念，构建新发展格局的"三新"逻辑主线，承继陕煤集团"奋进者文化"，坚定红色信仰，秉承绿色希望，肩负国有企业的使命担当和社会责任，紧抓新一轮科技革命和产业变革机遇，围绕九大指标体系创建和三个示范引领，构筑起新时代红柳林人的精神信仰高地——"红柳文化"。

体系内涵

"红柳文化"是红柳林矿业公司企业文化的冠名，是践行陕煤集团"奋进者文化"的特色成果，是丰富生产经营管理实践的产物，是以沙漠植物"红柳"所具有扎根漠北、耐寒抗风、坚韧不拔、积极向上的强大生命力和坚强品格，形象表现红柳林人坚守塞北、顽强拼搏、超越自我、勇创一流的崇高品格和奋进精神。

"红柳文化"内涵丰富、意义深远，归结起来，最本质、最核心的就是"红"和"柳"二字。

"红"就是红色的信仰：在习近平新时代中国特色社会主义思想指导下，认真贯彻落实党中央重大决策部署和陕煤集团发展战略，红心向党，传承红色基因，弘扬奋斗精神，一颗红心，感党恩、听党话、跟党走，捍卫"两个确立"，树牢"四个意识"，坚定"四个自信"，做到"两个维护"，不忘初心、牢记使命。

"柳"就是绿色的希望：树牢"绿水青山就是金山银山"理念，围绕"五碳发展"，积极实现"双碳"目标，立足零碳转型，坚持生态文明建设，践行绿色发展，在煤炭开采过程中尊重自然、顺应自然、保护自然，还大自然美丽与价值，建成新时代中国智能绿色煤矿示范基地。

"红柳文化"体系分为文化演进、文化释义、核心理念、重要理念、特色子文化、行为识别系统、视觉识别系统、企业地标和企业荣誉九大板块。

提炼出的14个重要理念（安全、环保、创新、管理、发展、人才、学习、成本、营销、节点、质量、工作、责任、廉洁）与红柳林矿业公司"九大指标体系"紧密契合，是打造"行业第一、世界一流"现代化煤炭企业的内在需求。

具有的8个特色子文化，即"红柳强根"党建文化、"红柳铸安"安全文化、"红柳绿茵"生态文化、"红柳新枝"创新文化、"红柳摇篮"人才文化、"红柳逐梦"管理文化、"红柳成林"共享文化、"红柳清风"廉洁文化，是扎根"红柳文化"丰沃土壤中孕育出的八朵璀璨花朵。

主要做法

有了企业文化，如何让它保持鲜活，使其能够自动地、持续地发挥作用，指引正确方向，释放强大动力，提供可靠保障？红柳林矿业公司立足自身实际，结合行业特点、突出地域特色，在以文化人、以文通心上下功夫、做文章。

一是以宣贯为支撑，坚持文化浸润，形成人人应知、人人皆知、人人熟知的文化氛围。企业文化理念在主次干道、办公楼、学习室、楼梯间、宣传橱窗等场所抬眼可见、举足即观；通过定制化笔记本、鼠标垫、雨伞、台历等文创产品，使文化传播实现可视化、移动化、生活化；运用内外部媒体，宣传企业文化建设中的新举措、新经验、新亮点，唱响文化盛歌；编印出版《红柳》内刊、企业文化丛书，持续不断为文化蓬勃发展注入"源头活水"。

二是以活动为抓手，坚持文化演绎，培养文化自信，在多元碰撞融合中激发文化创新创造活力。举办"红柳花开正当时"企业文化发布盛典、"我眼中的红柳林"主题艺术展、"因爱相聚·红柳花开"I♥HLL青年交友联谊活动、I♥HLL主题拍照打卡活动、"绿满红柳林·绿秀新征程"主题新闻采风活动、"太阳石"主题雕塑落成仪式、"同心庆七一、喜迎二十大、永远跟党走"主题党日活动等，努力营造浓厚的企业文化环境，着力打通文化传播与认同的"最后一公里"。

三是以阵地为依托，坚持文化外延，形成覆盖全矿区的文化资源共享，让文化的触角伸得更远。大如党建文化园、廉洁文化园、家庭家教家风文化园、安全宣传教育文化园、绿色生态文化园、企业文化展厅、党建文化展厅陆续建成，小如红柳大道、乌金大道、"太阳石"雕塑、"腾飞"雕塑、如意亭、"劳动光荣、矿工伟大"立体牌遍地开花，一个个"文化载体"不仅成为红柳林矿业公司企业文化建设中一道道亮丽风景，也起到重要的文化支撑和文化创收作用，更充分展示了文化惠民新成果和一流建设新水平。

实施效果

在红柳林矿业公司发展的每一个时期，企业文化都发挥着不可替代的重要作用。特别是从"十三五"时期转向高质量发展到"十四五"时期开启新征程，在保障能源安全、智慧矿山建设等方面树起了"红柳林典范"；在促进诚信经营、培育优秀品牌、履行社会责任等方面彰显了"红柳林担当"，其中，企业文化发挥了至关重要的作用，大幅增强发展的信心和底气。

一是文化兴企，走出结构优化的转型之路。红柳林矿业公司始终以文化管理为依托，坚持实干争先，提升赋能企业高质量发展的文化力量。牢牢把握高质量发展首要任务，大力弘扬"锐意进取、担当尽责、追求卓越"的企业作风，圆满完成国企三年改革行动任务，推动"双碳"目标落地，做实生产经营管理，坚持数字蓄势管理提升，携手华为煤矿军团打造的矿山工业互联网平台成功入选"2022特色专业工业互联网50佳"榜单，形成了智能化升级、数字化管理的发展新格局，实现了转型发展、效益倍增的目标。2022年，红柳林矿业公司产值利润突破"双百亿"，创造了历史最好成绩，其中"红柳文化"发挥了不可或缺的作用。在"红柳文化"的引领下，红柳林矿业公司积极拓展智能、绿色两大新赛道，为企业实现高质量发展注入了澎湃动能。

二是文化赋能，实现"三个示范"的标杆引领。近年来，红柳林矿业公司坚持把"三个示范"创建作为推动"红柳文化"创新实践的重要内容。所开展的"智能协同""绿色立体生态""井下空气质量革命"三个示范，既是实现企业高质量发展的重要支撑，也是"红柳文化"围绕企业发展战略，以文化力推动生产力的重要体现。其中，"绿色立体生态"示范矿井创建更是对"绿色希望"的最好诠释。通过积极践行绿色发展理念，建成"立体生态修复示范园"，打造集煤炭科普、生态大棚、疏林草地、雨水花园等于一体的多重生态区，集中展示现代化矿井绿色发展成果。构建以现代工业反哺现代农业新体系，实现煤炭工业与生态农业双向联动，以"绿色+"贯穿矿井全要素生产环节，实现井下与井上绿色联动，为建设新时代中国智能绿色煤矿示范基地提供了关键支撑。所开展的"井下空气质量革命"示范矿井创建，突破了陕北矿区矿井空气净化的理论瓶颈，项目研究成果以96.68分的高分成绩通过中国煤炭工业协会鉴定，达到国际领先水平，填补了行业空白。

三是文化传情，培育铸魂聚力的发展动能。近年来，红柳林矿业公司坚持在"红柳文化"落地深植中充分发挥塑形、铸魂、育人的文化功能，不断增强"红柳文化"的吸引力和感召力，"劳动光荣、矿工伟大"成为新时代红柳林人的精神传承。人才动能不断显现，组织开展的"百十一"青年英才开发培养训练营项目被评为2022年度省级企业高层次人才培养项目，培养出的60余名青年英才均已走上管理岗位，成为推动企业高质量发展的中流砥柱。责任担当不断践行，正在筹建的"红柳家园"、智慧大楼、中心广场等民生项目，让高质量发展成果更多更好地惠及职工。近三年，累计投入1600余万元，通过产业帮扶和消费帮扶助力乡村振兴，形成了良好的社会示范效应，践行了国有企业助力地方发展的"陕煤责任"和"红柳林担当"。安全动能持续释放，形成了"文化铸魂、管理铸能、红心铸安"的浓厚安全文化氛围。创新实践"二安八个一"安全管理法、"90123"安全管理法、"双危"辨识安全管理法等九大安全管理模式。在推进NOSA（南非国家职业安全协会）安健环体系建设过程中，形成了NOSA安健环"11365"管理新模式并获评NOSA白金三星，安全生产形势稳中向好，截至目前安全生产周期5200余天。

　　文化软实力亦是核心竞争力。红柳林矿业公司在创造性转化、创新性发展中打造特色企业文化，在应对变局、开拓新局中找准企业文化建设发力点，在打造"行业第一、世界一流"现代化煤炭企业中选好企业文化建设突破口，把红色的信仰融入企业文化建设体系，把绿色的希望作为企业文化建设追求，把"931"高质量发展战略作为企业文化建设目标，与安全生产、经营管理、人才培养、民生福祉等相融相生，引领广大干部职工勇争第一、勇扛红旗、勇创一流，以文化软实力构筑高质量发展硬支撑，带来的是一座矿山、一家企业自内而外的"容光焕发"。

　　坚守传承、不断创新的红柳林矿业公司，必将在未来赋予企业文化多样发展更加广阔的空间，不断提升新时代煤炭行业的气质内涵和人文精神，为中国式现代化建设提供强有力的文化支撑。

主要创造人：张　宏
参与创造人：常波峰　谭淇华　拓国帅

基于"四讲"模式的企业文化价值传播体系建设

国网山东省电力公司青岛供电公司

企业简介

国网山东省电力公司青岛供电公司（以下简称国网青岛供电公司）是国网山东省电力公司直属供电企业，是国家电网公司大型供电企业之一，担负着青岛市七区（市南、市北、李沧、崂山、黄岛、城阳、即墨）三市（胶州、平度、莱西）的供用电服务，供电面积1.13万平方千米，服务552万用电客户（其中居民489万户）。国网青岛供电公司设14个职能部门、15个业务机构，管辖胶州市、即墨区、黄岛区、平度市、莱西市5个县供电公司，员工7268人。近年来，国网青岛供电公司先后荣获"全国一流供电企业""全国文明单位""全国五一劳动奖状""全国基层理论宣讲先进集体""全国模范职工之家""中央企业先进集体""富民兴鲁劳动奖状""国网先进集体""国网文明单位标兵""国网优秀共产党员服务队"等荣誉称号。

实施背景

国家电网公司秉承"人民电业为人民"的企业宗旨，在服务经济社会发展的过程中孕育了优秀企业文化。但在企业文化价值传播方面还有较大的不足，主要体现为传播载体不规范、传播队伍不专业、传播效果不明显，呈现出碎片化、随机性的价值传播，没有形成完整规范的价值传播体系。因此，亟需创新企业文化价值传播方法的载体和路径，建立组织完备、管理规范、执行有力的文化传播机制，在全社会形成"人民电业为人民"的思想共识，为高质量发展营造良好的内外部环境。

体系内涵

基于"四讲"模式的企业文化价值传播体系依托"电力彩虹"宣讲团，从传播主题、队伍建设、载体应用、机制创建入手，创新构造出"宣传+实践"联合传播模式，形成了"领导人员带头讲、党务干部专题讲、先进典型示范讲、青马学员辐射讲"的"四讲"模式，构建起完整规范、层次分明、高效有序、活力迸发的价值传播体系，推动价值传播与中心工作深度融合，提高企业文化价值传播的渗透力与贯穿度。

主要做法

突出传播主题，解决"讲什么"的问题

始终把习近平新时代中国特色社会主义思想作为传播主题，重点做实"四个集中"传播。

集中传播习近平新时代中国特色社会主义思想。通过内外部宣讲辅导、纳入党委理论学习中心组和党支部组织生活、"进基层、进社区"主题宣讲等方式，引导全体员工和电力客户准确把握习近平新时代中国特色社会主义思想的核心要义，不断增强做到"两个维护"的行动自觉。

集中传播社会主义核心价值观。通过"抓理论学习、抓环境熏陶、抓典型选树、抓实践养成、抓宣讲传播"五项引领行动，编发企业内部专刊，挖掘、提炼、宣讲先进典型，并组织开展以"先模、经验、成果"为主题的"典范"宣讲，鼓励职工弘扬传统美德，加强良好家风建设。

集中传播能源改革与电力政策。学习宣讲习近平总书记关于"四个革命、一个合作"能源安全新战略、"双碳"及新型电力系统建设重要论述、电力改革政策，对内增强员工推进能源清洁低碳转型发展的积极性、主动性，对外增强推进电力改革的社会认同，提升改革落地的成效。

集中传播服务为民举措。主动上门、实地走访电力客户，收集客户用电需求，把脉接电难题，宣讲安全用电、快捷办电、智能缴费、"电e贷"个性化交费等服务措施，建立支部联动、书记联络、党员联系的"党建+网格化"制度，用更优质的服务展示电力企业服务为民的良好形象。

强化队伍建设，解决"谁来讲"的问题

聚焦队伍建设，从人员选聘、能力提升等方面入手，打造一支听党话、跟党走、政治过硬、素质优良的宣讲队伍。

精心选拔队伍。突出"善研究、善策划、善讲授"的选人标准，统筹企业内部党务工作者、先模典型、优秀员工和离退休老同志等人才资源，并借助外部专家力量，精心设置理论政策、法规制度、先模事迹等专业类别，打造由外部红色导师、宣讲专家、职工宣讲员组成的宣讲团队。定期开展主持人大赛、微党课大赛等活动，选拔优秀人员充实"宣讲团"队伍，逐渐形成成员梯次更新的良好生态。

深化课程研发。坚持贴近时代、贴近基层、贴近职工，宣讲团队集思广益，在课程研发上精准把脉、靶向施策，深入调研基层干部职工理论需求，开发教程式课堂，围绕"优化电力营商环境""坚持大抓基层的鲜明导向"等课题，推出小而美的课件，力求准确、通俗、易懂，讲出百姓味道、时代味道，确保理论宣讲有吸引力，打造形成精品课程库，供宣讲员随时选用。

提升宣传水平。围绕提升讲师宣讲水平，实施内外联动，对内强化实战演练，搭建党建讲坛、党建管理创新课题、党建理论落地应用研究三大平台，培养一批接地气、有人气的金牌讲师和兼职培训师；对外加强沟通交流，邀请地方党委宣传部、宣讲团、党校等知名专家前来示范教学，突出宣讲的针对性、权威性。

深化机制建设，解决"怎么讲"的问题

构建"领导人员带头讲、党务干部专题讲、先进典型示范讲、青马学员辐射讲"的宣讲机制，推动形成价值传播新业态。

领导人员带头讲。对内依托"三会一课"等组织生活载体，落实领导班子党建联系点制度，领导人员除所在支部宣讲外，每年通过参加联系点组织生活、实地调研开展专题宣讲。对外通过书面汇报、调研座谈、邀请参加活动等方式，定期向市委、市政府汇报国网青岛供电公司贯彻落实党中央决策部署、服务经济社会发展的重要举措与落地成效，展现在落实党中央决策部署、服务重点项目、承担社会责任等方面的央企担当。

党务干部专题讲。推进"三述"常态化宣讲模式，围绕政治理论、专业理论"述理论"，围绕政策规定和国网青岛供电公司党委部署要求"述政策"，围绕在急难险重任务和专业工作中的先进集体和个人等"述典型"，真正把理论讲透、政策说清、典型对准。集中开展党务干部理论宣讲进基层、班组和工地行动，每年组织一期"党建讲坛"，党务干部人人上讲台，提升理论联系实际工作的成效。

先进典型示范讲。将劳动模范、道德模范、文明市民等纳入"电力彩虹"宣讲团，在重大节日录制宣讲视频在内部网站和楼宇电视循环播放。通过专题视频片、宣讲报告会、现场访谈等方式，为基层一线典型集体和个人搭建宣讲展示平台，以点带面，展现电力人服务民生保供电的努力和贡献。

青马学员辐射讲。将"青马工程"作为青年宣传党的创新理论的重要任务，策划开展"青马讲党史"活动，用"青年语言"、用青年容易接受的方式阐述党的主张，以青年视角、青马之声，组织打通青年理论武装工作"最后一公里"，引领青年做合格的新时代青年主义者，做党的创新理论传播者、实践者。

创新载体应用，解决"讲出成效"问题

创新传播载体，拓展传播阵地，丰富传播形式，内通外联搭建价值传播平台，提升价值传播渗透性。

对内打造价值传播宣传阵地。打造党建创新实践中心、新时代文明实践中心和融媒体中心，"三位一体"融合互促，形成对内价值传播的主阵地。发挥党建创新实践中心宣传教育作用，通过专业提升传播展现国网青岛供电公司的发展成效，搭建线上党性教育室，坚持不懈用党的创新理论武装全党、教育职工。发挥新时代文明实践中心宣传引导作用，依托以"一个中心、六条主线"为核心的新时代文明实践工作体系，常态化开展文明实践活动，增强员工自觉参与新时代文明实践工作的自觉性，彰显在服务人民美好生活需要、参与社会基层治理等方面发挥的重要作用。发挥融媒体中心价值赋能作用，搭建《"党建+"面对面》访谈栏目、《旗帜领航·电靓青岛》专刊、"基层在线"、"一线风采"等价值传播阵地，广泛宣传国网青岛供电公司在服务经济社会发展实践中涌现出的代表人物和感人故事，用身边人带动人、用身边故事激励人，形成干事创业强大合力。

对外构建价值传播交流平台。创新开展政企共建、供用共建、军民共建、社区共建、校企共建五种共建联创特色实践，通过共建联创更好地服务地方经济社会发展需求，更好地服务客户群众用电需求，在平等交流中推进价值理念的隐性传播，在合作共赢中展现"顶梁柱"的责任与担当。将价值传播融入对外服务工作，依托彩虹共产党员服务队"总队—分队—彩虹驿站"三级服务网络，设立"旗帜领航·电靓青岛"彩虹驿站宣传点，向电力客户宣讲党的创新理论、国家能源战略和电力改革政策，形成常态化"宣传+实践"联合传播模式。围绕不同客户类型、结合地域特色，开展"一队一品牌"建设，针对"一老一小"特殊群体开展"彩虹守望"特色实践，针对重点企业、广大市民、落实乡村振兴战略开展"电管家""电小二""电保姆"特色服务，用实际行动将"以人民为中心"的工作理念传播给用电客户。

实施效果

国网青岛供电公司"电力彩虹"宣讲团已成为国网青岛供电公司贯彻落实党的创新理论和传播国网价值理念的具体举措，激发领导干部和党务工作者学习动力和潜能的重要形式，以及改进工作作风、密切联系群众的重要载体。典型做法先后在央视《新闻联播》《焦点访谈》等栏目，以及《人民日报》、"学习强国"等中央媒体刊发报道。

把价值传播融入形势宣传中，锻造宣传思想工作行家里手。通过聘请"红色导师"、打造精品课程、邀请专家学者开展专题讲座等方式，宣讲团成员既学理论知识，提升理论素养，也学习政策法规，增强知识储备，队伍能力素质整体提升。通过开展理论课题研讨，聚焦宣讲难点、重点，定思路、找措施、强落实，以理论推动实践、以实践检验理论成效，宣讲队伍实践能力不断提升。通过充实宣讲骨干、加强素质提升，宣讲团成为职工成长成才、展示才华的平台，培养了一批优秀的党的创新理论宣讲的行家里手，为党的创新理论在基层落实落地提供了坚强支撑。

把价值传播融入典型宣传中，凝聚昂扬向上的正能量。坚持"打基础、抓思想、立长远"，将价值传播与企业文化建设结合起来，充分发挥"三个中心"作用，通过"党建+面对面""讲述身边的好党员"等方式，为先进集体和先进个人搭建展示平台，通过访谈、宣讲，挖掘任务背后的故事，增强先进典型的荣誉感、获得感和价值感，丰富舆论引导、先模展示、弘扬正能量的传播阵地，营造"学习先进、争当先进"的良好氛围，凝聚主动服务新发展格局的正能量，为践行社会主义核心价值观营造良好的内外部环境。

把价值传播融入政策宣传中，彰显"国之大者"的央企担当。坚持价值传播与企业中心工作同步推进，把服务人民对美好生活的向往作为奋斗目标，把宣讲团成员作为"彩虹共产党员服务队"的骨干队员，结合"四进大走访"、疫情防控、电力保供等工作，主动进社区、进企业千余人次，根据不同客户的差异化需求，将国家最新电力政策和国网青岛供电公司的发展理念向客户有针对性地讲清楚，帮助客户做好用能分析，主动提供技术帮扶，做客户的服务员、辅导员、参谋员、助理员，用实际行动践行"网格化管理、一对一服务、全天候在线、面对面帮办"的服务理念，彰显央企的良好形象。

主要创造人：姜思卓　庄晓峰
参与创造人：陈业飞　单长星　韩玉臣　邱　扬

以一流企业文化引领世界一流企业建设

厦门国贸控股集团有限公司

企业简介

厦门国贸控股集团有限公司（以下简称国贸控股集团）为厦门市属国有企业集团，系《财富》世界500强企业、世界品牌500强、全国脱贫攻坚先进集体、全国守合同重信用企业、中国内部审计示范企业、中国企业教育先进单位百强、福建企业100强、福建省文明单位、厦门市诚信示范企业、厦门市企业文化示范单位。2022年第六次蝉联《财富》世界500强，居第106位；同时居"中国企业500强"第36位。品牌价值687.72亿元，入选《财富》首届中国ESG影响力榜及国务院国资委国企改革"双百行动"企业名单。

实施背景

国贸控股集团业务布局供应链、先进制造、城市建设运营、消费与健康、金融服务五大赛道，全资、控股企业有厦门国贸集团股份有限公司（上市公司）、厦门信达股份有限公司（上市公司）、厦门海翼集团有限公司（子公司厦工股份上市）、厦门国贸地产集团有限公司、厦门国贸资本集团有限公司、厦门国贸教育集团有限公司、厦门国贸会展集团有限公司、中红普林集团有限公司（子公司中红医疗上市）、中国正通汽车服务控股有限公司（上市公司）等。

国贸控股集团坚持以"引领优势产业，创造美好生活"为使命，秉承"一流引领、真实担当、奋斗为本、共创共享"的核心价值观，弘扬创先文化，致力于成为"引领优势产业和美好生活的世界一流企业"。

主要做法和成效

聚焦战略规划，推动企业文化与经营管理深度融合

党的领导把方向，巩固思想主阵地。坚持党的领导、加强党的建设，是国有企业的"根"和"魂"，是我国国有企业的独特优势，也是国有企业建设世界一流企业的必然要求。国贸控股集团坚持不懈用习近平新时代中国特色社会主义思想凝心铸魂，始终胸怀"两个大局"，把党中央赋予国有企业的历史使命、政治责任和社会责任深度融入企业使命，凝练出更符合新时代国贸控股集团特色和时代要求的企业文化理念体系，为建设世界一流企业注入强大精神动能。

使命在肩担重任，系统建设布蓝图。国贸控股集团的企业文化应不同时期的发展特点，反

映不同的时代要求和战略需要。作为厦门市属国有企业的国贸控股集团使命在肩，从顶层设计着手，积极推进企业文化体系的迭代升级，于2022年形成以"一流引领、真实担当、奋斗为本、共创共享"为核心价值观的"创先文化"体系，并完成新版《企业文化大纲》《企业文化管理体系》《企业文化五年落地规划》《创先主题文化建设方案》等一系列顶层设计和专题方案，于2022年10月正式举办企业文化成果发布会。

统筹推进建体系，长效机制促落地。国贸控股集团及二级投资企业成立企业文化建设领导小组，由国贸控股集团高管及各二级投资企业经营班子组成，牵头负责研究制定企业文化建设规划，统筹企业文化建设，持续推进"十四五"公司企业文化体系建设。企业文化建设领导小组下设办公室，由国贸控股专职党委副书记兼任主任，国贸控股人力资源管理部、品牌管理部作为对接协调部门，成员由各投资企业负责党建、企业文化、品牌工作的分管领导组成，负责组织编制公司企业文化建设规划，协调推进企业文化建设各项工作的落实，构建企业文化建设的长效机制。

聚焦组织能力，推动企业文化与组织进化深度融合

锚定战略强执行，传导压力抓落实。全面推进经理层任期制和契约化管理，制定职业经理人管理制度，落实聘任协议、经营责任书应签尽签；国贸控股集团总部实行全员绩效考核机制，各职能部门科学分解战略目标及重点任务，签订部门管理责任书，考核结果实行强制分布，落实"赛马"机制，并将核心价值观考核明确列入绩效考核维度，促使上下同欲，遵循统一核心价值观；各投资企业实现绩效考核全员覆盖，实施"人才赛马""业绩赛马""文化赛马"机制，通过"树标杆、立典型"，营造干部职工"比学赶超、争创一流"的浓厚氛围。

价值创造促增长，强化动力增动能。开展薪酬绩效体系优化项目，通过"创先文化"的引领，建立"以客户为中心"的价值创造机制，促进业务发展、业绩增长；坚持"以结果为导向"的价值评价机制，坚持以"奋斗者为本"的价值分配机制，实现个体与组织之间的相互成就，最终真正地实现共创共享；各投资企业针对性检视、优化薪酬绩效和职业发展制度，真正做到"能者上、优者奖、庸者下、劣者汰"；将工资总额、人员配置、评优评先、晋级提拔等激励资源向绩优的一线业务单元倾斜，真正实现差异化激励；全面实行干部考评、能上能下，以业绩能力、价值贡献论英雄，让优秀干部脱颖而出、施展才华；坚持业绩为先、典型引路，围绕企业文化核心价值观持续开展年度评优、"五比五看"评选活动，表彰先进，充分营造干事创业氛围。

共创共享聚合力，激发活力创一流。开展企业文化讲师训练营，系统性地培养与聘任一批"高度认同创先文化、积极践行企业文化"的国贸控股企业文化讲师；研发《创先，只为一流》企业文化系列标准课程，让全体员工完整、准确地理解"创先文化"的内涵与要求；以"弘扬创先文化·凝聚奋斗力量"为主题，采用"多形式、分层次、全覆盖"的形式，开展《企业文化大纲》全员宣贯，累计组织培训宣贯100场，覆盖员工29544人，在岗员工覆盖率100%；全年持续组织"创先"主题建设系列活动，举办国贸控股集团企业文化讲师大赛、"创先文化"线上知识竞赛，"创先之歌"歌词征集大赛等系列主题活动，活动内容精彩纷呈；开展优秀企业文化案例故事征集活动，评选出金故事奖63篇，并在公司内网创建"见先思齐"企业文化专栏，发布27期优秀企业文化案例故事；借鉴"阿米巴经营管理模式"，创新举办"共创共享"主题分享活动，分享降本增效、提升盈利、转型创新等方面的优秀组织经验，并在"攻山头、抢地盘、打硬仗"等具体经营管理场景中,发挥全体干部员工"独立经营意识",切实解决经营管理难点、痛点,持续激发思想碰撞、凝聚协同合力、爆发无限活力。

勤于学习重实干,提升能力善作为。构建以"创先文化"为内核,以"一流结果、一流协同、一流人才"为支撑的"国贸控股领导力模型",并广泛应用于招聘、晋升、人才盘点、培养发展、选拔等"选育用留"人才全链条场景,使公司战略、文化与人力资源管理紧密连接,打造匹配战略与文化要求的干部队伍;国贸人才开发院以"赋能战略与产业,培育一流人才与组织"为使命宗旨,以"共生赋能,让优秀成就优秀"为价值理念,成为承接国贸控股集团战略的价值型赋能平台,协同二级投资企业产业分院持续打造文化力、领导力及专业力三大支柱赋能体系,形成覆盖全员的"创先计划"企业文化赋能项目、各层级干部的五大"航"系列领导力培养项目、"引擎计划""火焰计划"等专业力提升项目,2021年至2022年,员工培训总时长为596521小时。从学习到实践,全方位培育企业人才,持续赋能组织与业务,斩获"2022年中国人才管理文化典范奖""绩效改进杰出贡献奖""第四届云图奖金奖"等荣誉;建立员工交流轮岗的体系机制,引导、培养专业领域"专精型人才"成长为高素质"复合型人才",激发人才潜力和内在驱动力,推动赋能培育国贸控股一流人才,自2021年起,累计开展员工轮岗892人次,提高人才"出苗率"。

聚焦国企使命,推动企业文化与服务大局深度融合

坚定战略不动摇,五大赛道开新局。伴随着"十四五"战略规划深入实施,国贸控股集团更加聚焦主责主业。重组海翼集团,打造厦门市先进制造业投资平台,整合成立国贸地产、国贸资本,推进国有资本布局优化和结构调整;已拥有国贸股份、信达股份、厦工股份、中红医疗和正通汽车五家上市公司,系统内多家企业再融资和上市筹备稳步推进,证券化水平持续提升;积极推进国企改革三年行动各项改革举措落实落地,聚焦供应链、先进制造、城市建设运营、消费与健康、金融服务"五大"赛道,做实做强做优实体经济,全面服务地方经济社会发展。2022年3月,国贸控股集团再次入选国务院国资委国企改革"双百行动"企业名单,并获评"优秀"等级。

贯彻新发展理念,推动改革新突破。坚持发挥公司业务优势与厦门产业禀赋相结合,主动对接央企和"头部企业",以资引资、强强联手,在招商引资工作中"冲在一线",走前列、做表率,助力厦门高质量发展。2022年7月,国贸控股集团发布厦门市属国有企业首份ESG报告,一方面不仅将国有企业的改革成效体现在经济层面,更体现在实现经济、社会、环境综合价值的创造能力层面,另一方面也是贯彻新发展理念,发挥国企表率作用,积极履行全球企业公民责任,认真遵从联合国可持续发展目标的要求,更是践行公司"成为引领优势产业和美好生活的世界一流企业"的愿景,推动公司深化改革的创新探索。

发挥优势稳大局,志愿服务齐参与。牢牢把握"疫情要防住、经济要稳住、发展要安全"的要求,主动服务地方社会稳定大局,践行国企使命担当。新冠疫情期间,国贸控股集团多次组织战"疫"志愿服务队,助力一线防疫,2022年累计组织496人次志愿者积极投身支援疫情防控工作,累计服务时长13000个小时,并发挥大健康产业板块优势,调配"蓝鲸号"移动实验室支援核酸检测。二级投资公司通过物资捐赠、协助保障核酸检测等形式积极参与地方疫情防控。全年持续开展各种志愿服务活动,2021年至2022年累计组织7225人次开展1031场志愿服务活动。

国贸控股集团从七人的小公司起步，到如今的名列世界500强106位，经历了波澜壮阔的42年，始终与时代同行，用优秀的企业文化引领变革创新。从创业初期的"守信高效"，到20世纪90年代的"争创一流"，再到21世纪的"激扬无限""止于至善"，国贸人骨子里"要做就做一流"的文化基因，在改革开放快速变迁的时代中，碰撞交融、延续至今，最终凝铸成了"要做就做一流"的企业精神。国贸控股集团胸怀国之大者，积极响应国家号召，立足新发展阶段、贯彻新发展理念、构建新发展格局，引领优势产业，勇立改革潮头，为实现人民对美好生活的向往勇毅前行，为中国企业迈向世界一流奋勇争先！国贸人积极践行"一流引领、真实担当、奋斗为本、共创共享"的核心价值观，大胆试、全力拼、踏实干，让国贸精神迸发出无穷力量，推动国贸事业奋力前行。

主要创造人：许晓曦　郭聪明
参与创造人：张金龙　孔繁星　雷　蒙

以"文化综合体"赋能矿山高质量发展

江西铜业股份有限公司德兴铜矿

企业简介

江西铜业股份有限公司德兴铜矿(以下简称江铜德铜)成立于1958年,在岗员工近7000人,是世界500强企业江西铜业股份有限公司(以下简称江铜)的主干矿山。产能稳定在13万吨/日,年产铜金属近16万吨,占全国自产铜的1/10。

江铜德铜自成立以来,始终紧扣时代脉搏,与国家发展同频共振,形成了"传统文化有底蕴、文化创新有特色、精神文明有高度、文化服务有精品"四大文化优势,凝心铸魂、奋发有为,担当起振兴中国铜工业的使命。

进入新时代,江铜德铜始终坚持守正创新,以习近平新时代中国特色社会主义思想为指导,深入实施"文化综合体"项目,不断推动中华优秀传统文化创造性转化、创新性发展。

实施背景

当前,江铜德铜文化建设的使命和员工的文化需求均发生了深刻变化,员工思想活跃,文化需求持续增长,尤其是江铜德铜提出了"建设安全绿色高效的智能矿山"的高质量发展目标,需要强有力的文化软实力作为支撑。然而,文化宣贯存在的"上热下冷",部门与部门、单位与单位之间存在的文化交流壁垒,基层文化需求得不到更好的满足,文化服务"最后一公里"落地难等问题,亟须构建一套高质高效的企业文化运行体系。

2021年,江铜德铜党委开始探索实施具有矿山特色的文化模式,通过党建双首席、宣传思想文化人员、广大员工多维推动,以文化体系建设、文化活动开展、文化项目创建为载体,打造集文化引领、文化服务、文化体验、文化传播于一体的"文化综合体",为企业高质量发展蓄力赋能。

目前,逐渐形成了点(矿党委)—线(党建双首席)—面(宣传思想文化人员)—体(广大员工)360°全覆盖的文化建设新模式。

主要做法

"文化综合体"的有效运转涉及层级多、人员多,江铜德铜通过上下联动、左右协同、内外互动,打通壁垒建机制、链集群、创载体,全力提升企业文化影响力。

建机制，强保障，搭建"文化综合体"工作体系

围绕"党委领航"核心点，绘制文化体系"同心圆"。将"文化综合体"建设纳入矿山宣传思想文化工作大格局，突出党委领航优势，精准发力，形成了党委统一领导、党政齐抓共管、相关部室分工负责、宣传部门组织协调、全矿文化从业人员共同参与的工作机制。江铜德铜党委通过"建章立制"——制定《宣传思想文化工作要点》和《文化创新项目实施方案》，"组织活动"——组织开展企业文化"八个一"主题实践活动（开展一轮理念学习、实施一次视觉提升、开展一个主题宣传、组织一轮专题培训、举办一场知识竞赛、举办一场辩论赛、组织一次微视频大赛、组织一场文化故事会），"成果转化"——开展企业文化建设创新项目等方式，构筑起具有矿山特色的文化体系"同心圆"。

发挥"党建双首席"典型示范线，构筑文化人才"孵化池"。"党建双首席"是一项人才激励和培育机制。2021年，江铜德铜创新实施了"首席政工师、首席党建专家"选聘机制，在全矿300多名党务人才中选聘7名"党建双首席"，开启"精英铸造精英，人才培养人才"的探索尝试，实现项目建设与人才培养的"良性互动"。

江铜德铜党委通过打通"选、聘、用"各个环节，通过建立内容全面、指标合理、方法科学的测评体系，把"软指标"变为"硬约束"，以最优政策、最强保障、最大力度激发"双首席"的工作热情。选聘出来的7位"双首席"在各自擅长的领域，建立以"企业文化"为核心的文化育人课程体系，打造微党课、技术党课、青年说、工人讲座等文化课堂，每年培训支部书记400余人次、党务工作者2000多人次，为矿山快速培养锻造出一支政治觉悟高、情怀深、思维新、视野广的文化宣教队伍，使之成为文化创新的中流砥柱、青年政工人才成长的"孵化器"。

扩大"专兼职人员"主动参与面，集聚文化创新"能量源"。江铜德铜从事宣传思想文化工作的专兼职人员达400人，他们分散在基层各级党组织及相关的党群职能部门，平时各司其职，缺乏有效的设施和场所将其形成"合力"。江铜德铜以"双首席工作室"为基地，由双首席牵头，常态化对党务人才培训班、写作大本营培训班的近百名学员开展有计划、有步骤的学习培训。党史学习教育、"三年创新倍增"专题教育、"学习强国"学习竞赛、企业文化故事分享等，吸纳了一大批青年党务人才加盟。固定的文化创新场所聚人气，创新的文化思维动人心，各种文化团队和志愿者队伍蓬勃兴起，集聚起矿山草根文化创新的"能量源"。

链集群，强联动，提升"文化综合体"运行效率

在全矿"一盘棋"思路下，江铜德铜合纵连横"破壁垒"、服务员工"零距离"，连点成线、聚线成面、面动成体，推动"文化综合体"高效运转。

连点成线，打造企业文化创新"策源地"。江铜德铜党委高位布局，统筹宣传、组织、工会、纪委、团委等党群部门资源，把全矿的5个"劳模创新工作室"、2个"技能大师工作室"、4个"青年工作室"、5处"廉洁文化墙"和"党员八小时以外教育培训基地""党员创新中心""职工训练基地""职工活动中心""乡村振兴联点村"等各类"阵地"连在一起，着力建设文化实践"三平台三基地"（三平台指理论宣讲平台、党史矿情宣教平台、员工教育平台；三基地指技能培训基地、生态实践基地、健身运动基地），并组织相应的文化实践活动，不断满足矿山职工群众对文化生活的需求。同时，将矿山新时代文化实践活动嵌入《德铜宣传》企业号、《大美德铜》公众号等融媒体传播平台，实现了大型活动有直播，重要活动有宣传，特色活动有展示的全程融合。

聚线成面，打造企业文化项目"枢纽站"。江铜德铜党委通过组建文化工作队，以问卷调查、实地调研、召开座谈会等形式，围绕矿山中心工作的重点难点，结合"行动纲领落地""文化宣讲队伍""班组文化"等课题，主动认领项目、开展攻关。以课题攻关带动难点热点问题的解决，也让文化建设工作向基层一线延伸。同时，文化工作队坚持开展每周一次基层服务、每月一次交流研讨、每季一次主题宣讲等活动，将文化服务向一线员工覆盖。

创载体，强功能，激发"文化综合体"创新潜能

聚焦"举旗帜、聚民心、育新人、兴文化、展形象"的时代使命，创新载体建设，发挥"文化综合体"优势功能，实施"四大行动"，打造"四大文化区"。

实施铸魂行动，打造文化引领示范区。新思想引领新征程。江铜德铜党委实施"以文铸魂"行动，争当学习践行习近平新时代中国特色社会主义思想的模范生，以"大宣讲、大宣传、大讨论"为主要形式，开展形势与任务教育。2021～2022年，在矿层面开展集中宣讲8次，参加宣讲人数达到4000人，二级单位开展专题学习近500次，基层各党支部开展专题学习3000余次，实现学习全员全覆盖。首次举办了"永远跟党走"理论宣讲大赛，讲述了一系列"听党话、跟党走，用勤劳建设德铜"的精彩故事，营造了良好舆论氛围，努力打造思想文化引领示范区。

实施提质行动，打造文化服务品质区。全力推进公共文化服务提质行动，提升员工高品质文化生活。聚焦职工群众急难愁盼问题大兴基层调研，广泛收集整理基层意见。2020～2023年，江铜德铜党委共办好了"实事"286项，其中涉及加强文体娱乐设施建设项目12项，新增室内网球馆一个，翻新篮球场两个，新建和修缮多个气排球场，惠及全矿3万多名员工家属。每年定期开展的"企业文化故事分享""女工班组故事分享""红色经典诵读活动"等系列特色文化品牌活动，提升员工文化品质生活。

实施精品行动，打造文化体验样板区。由"双首席"组织策划、创作了一大批高质量的文创产品，让江铜德铜成为省属国有企业文创产品的"高产田"和样板区。《不负绿水青山》获中华人民共和国生态环境部举办的"我是生态环境讲解员"大赛一等奖；《绿色江铜》入选2021年度国有企业品牌建设典型案例和优秀品牌故事；《誓言》获"江西省党员教育电视宣传片一等奖"；四名员工成为全国书法协会会员，多部作品荣获国家级书法创作奖项；德铜摄影协会荣获全国职工摄影协会"先进集体"。

实施提升行动，打造文化传播先行区。上线运营"德铜宣传"企业微信号，推行"新闻+业务+服务"模式，充分发挥企业号融合性好、覆盖面大、互动性强的特点，不断拓宽传播渠道，推动矿山全媒体转型升级。运行一年来，共推送新闻资讯1050条，江铜德铜电视47期，江铜德铜风采18期，其他各种资讯385条，知识答题8期，总阅读量超过200万。其中新闻资讯、电视新闻较传统传播方式分别同比提升了5倍、10倍，发出了德铜好声音、传播了德铜正能量。

实施效果

2022年8月，江铜德铜选送的《以"双首席"争创新时代"第一等"思政工作》案例，荣获"全国基层思想政治工作优秀案例"。这是江铜德铜思想政治文化工作实践探索的创新成果，也

进一步推动了江铜德铜党委以"文化综合体"多维企业文化实践活动的开展，员工认同感、凝聚力、战斗力进一步增强，汇聚成为企业高质量发展的强大精神动力和文化支撑。

以文铸魂，增强奋进一流信心。围绕集团公司"打造具有全球核心竞争力世界一流企业"目标，江铜德铜从战略目标、实质内涵、实现路径等方面，聚焦"怎么看""怎么办""怎么干"，开展面对面宣讲、讨论，增强了"做示范、勇争先"的底气和信心。在加快推进文化强省建设中，江铜德铜全体员工以"宽"的眼界、"钻"的劲头、"实"的作风推动各项工作提速、提质、提效，一茬接着一茬干、一棒接着一棒跑、一事接着一事成，为奋力开创赣鄱文化繁荣发展新局面贡献力量。

以文搭台，点燃改革创新引擎。"责任、专注、创新、包容、务实"等企业文化理念在员工心中不断深植，内部活力持续释放。2021～2022年，江铜德铜精简机构16个；2021年、2022年年末全矿在册职工人数分别较上年同期减少262人、549人。2022年高级技师增加23人，比业务、提技能、创一流氛围更加浓厚。

以文化人，提升员工幸福感、获得感。始终坚持"以人为本"，发扬"同心、同创、同进"的江铜精神，实现企业与员工共同成长、共享发展成果。2021～2022年，建立职工补充医疗保险，为职工看病就医提供多重保障；完善帮扶送温暖制度，开展职工子女高考优秀生奖励、金秋助学、医疗互助等工作；依托15个文体协会的力量，分月分批开展各类群众喜闻乐见的文体类项目，先后举办了"七一文艺晚会""唱支山歌给党听"等综合性文艺演出，满足"文化有场地，活动有创新"的需求，增强了职工群众文化获得感。

以文聚力，助推矿山高质量发展。企业文化作用充分发挥，文化赋能效果不断凸显，为企业安全生产、提质增效、平安德铜、数字矿山等工作提供了内生动力。近三年，江铜德铜的世界一流技经（技术经济）指标从7项增至10项，荣获省级以上科技进步奖5项、国家授权专利72项，其中发明专利5项；圆满完成两个"三年行动"；生态复垦技术国际领先，荣获"绿色矿山突出贡献奖"，不断增强铜产业链、供应链的安全稳定。

主要创造人：李建国　吴启明

参与创造人：曾　芳　蒋晓平　曾黄林　潘爱冰

以责任为核心的企业文化传承与创新

新华锦集团

企业简介

新华锦集团（以下简称新华锦）是按照山东省政府"推进省属外贸企业改革重组"的战略部署，由新华锦联合多家省级外贸企业组建，成立于2002年6月。2005年9月新华锦实现国有资本一次性全部退出，成为山东省属外贸企业中首家完成产权制度改革的企业。现拥有直属和控股企业百余家，经营领域涉及国际贸易、医养健康、新材料等产业。2022年新华锦实现销售收入448.92亿元。

新华锦深耕国际贸易主业，实现山东外贸企业上市零的突破，创建北方首家外贸综合服务平台，承担国家级服务业标准化试点任务，帮助超过1.5万家中小企业拓展海外市场，通过打造"新金航"外贸互联网平台赋能传统外贸。作为国内最早进入养老产业的企业，新华锦创建新华锦·长乐居，建设具有国际水平的医养健康产业集团。新华锦大力发展石墨新材料全产业链，在等静压石墨等领域突破国外技术垄断，实现进口替代。

实施背景

深化外贸企业改革的必然选择

2002年6月，按照山东省政府"推进省属外贸企业改革重组"的战略部署，由新华锦联合省纺织、工艺品等5家省级外贸企业共同组建了新华锦集团。时任省长韩寓群曾在新华锦工作报告上批示："希望集团在体制创新、机制创新、工作创新、管理创新等方面下功夫，为全省外贸企业的改革开创一条光辉大道。"

在重组整合前，各成员单位作为国有企业在思想政治和企业文化工作方面具备良好的基础，积累了丰富的经验。在改革发展过程中，新华锦很好地继承了这些优良的传统，将企业文化建设作为重要抓手，通过不断融合创造，让企业文化成为深化改革发展的重要推动力量。

推动企业一体化发展的必然要求

在组建过程中面对各个成员单位都有自己的文化，如何实现企业整合发展，是摆在新华锦面前的突出问题。在实践过程中，新华锦以企业文化为纽带，逐步摸索出来一套适合企业特色的文化体系，通过发挥企业文化在聚人心、激活力、促发展方面的积极作用，很好地统一思想观念、达成目标共识，实现了企业握指成拳一体化发展。

体系内涵

对新华锦而言，任何一种产品、一项业务，甚至一个产业都会有从兴起到衰落的更迭，但优秀的企业文化将会世代相传。经过不断地完善升级，新华锦在继承了原有国有企业优秀基因的基础上，与民营企业的机制优势相融合，培育形成了以责任为核心的企业文化体系。

新华锦成立至今，始终贯穿了对责任的思考和实践。经过持续升级，责任文化已经成为新华锦企业文化的精神内核，并延伸出对股东的责任、对合作伙伴的责任、对社会的责任、对员工的责任……董事长张建华明确提出，新华锦的企业文化，归根结底是一种责任文化，责任担当见证了企业的发展历程。

新华锦以责任文化为基石，将企业文化体系不断充实细化，形成了系统科学的责任文化体系。新华锦将"成为一家受人尊敬的百年强企"作为愿景，将"追求卓越·奉献社会"作为企业宗旨，将"正直做人·用心做事"作为企业核心价值观，将"以持久卓越的产品和服务，用心为社会创造价值"作为企业使命。这些理念的体悟与践行，使新华锦在培养一流员工、创造一流业绩、打造一流企业的同时，积极履行社会责任，参与公益慈善事业，践行绿色发展理念，为员工谋求福利，为客户创造价值，与合作伙伴共赢，实现了与社会的共同发展进步。

主要做法

坚持与党建相结合，以系统合力推动企业文化入脑入心

加强党的基层组织建设。新华锦自上而下，坚持党组织与经营班子同配备，实施"双向进入、交叉任职"，形成上下贯通、执行有力的严密组织体系。坚持不懈实施党支部标准化建设，通过"支部评星定级"，激发广大党员干部干事创业的热情，对先模表彰建章立制，增强先锋模范的获得感和归属感。

坚持领导干部率先垂范。在日常工作中，新华锦强调各级领导要时刻践行企业文化理念，通过一言一行，让大家知道企业秉承的是什么样的文化。新华锦董事长张建华率先垂范，不仅带头领学企业文化，作为十二届、十三届全国人大代表，以实际行动履职尽责，践行责任，积极建言献策，先后提交建议近30件，涵盖医养产业、外贸供给侧改革、跨境电商等领域。

持续推动企业文化宣贯。新华锦一直高度重视宣贯阵地建设，企业报《新华锦》已经坚持连续出版近20年，在企业报、官方网站、OA（办公自动化）系统都开设了企业文化专栏，将企业文化宣贯融入日常工作。同时还组织开展了企业文化体会征文、主题演讲比赛、企业文化知识在线答题等丰富多样的主题活动，营造了宣传贯彻企业文化的热潮。

坚持与管理相结合，以机制建设保障企业文化落地生根

企业文化和管理机制都是作用于企业，落实到人，是共生相依的关系。企业文化是深化机制建设的土壤，机制建设是落地企业文化的保障。通过对人力资源、绩效考核、法人治理结构等各项机制不断完善，确保了企业文化落地生根，企业发展行稳致远。

人才选拔增加了价值观测评。在人力资源体系建设中，特别提升了企业文化认同在人才选拔中的权重，确定了"合适比优秀更重要"的人才理念。通过价值观测评体系，将文化价值观的认

同和匹配作为人才培养、评优、晋升的前提。

引入行为绩效目标评价。在员工每月的绩效自评中，新华锦加入了行为绩效目标评价项目。从企业文化践行及日常行为表现两方面对员工进行考核，引导和督促广大员工自觉落实和践行企业文化的各方面要求。

强化继任者管理体系建设。企业文化需要传承，愿景需要一代代接续奋斗。为了确保不因人员变动、岗位变动而导致的企业文化传承割裂等问题，新华锦将继任者管理体系建设作为一项长期系统工程，建立完善配套的甄选、培养、评价和价值分配体系，落实"扶上马送一程""抓班子、带队伍是更大的业绩"等人才理念，实施"导师制"等特色做法，确保了企业文化能够在实践当中有序落地和传承。

坚持与实践相结合，以传承创新推动企业文化与时俱进

企业文化源于实践，将企业发展过程中的典型经验做法及时总结、升华、沉淀为企业文化的重要内容，持续推进责任文化的创新和完善，让企业文化与时俱进。

新华锦成立之初，就确立了"正直做人，用心做事"的核心价值观和"追求卓越、奉献社会"的企业宗旨，以此为价值导向和行为准则，以责任为核心的企业文化体系不断丰富和完善。

2008年，新华锦在对企业成立以来改革改制、创新发展历程进行反复思考和深入总结的基础上，张建华董事长提出了"12条创业发展体会"，涵盖了新华锦的责任观、创新观、发展观、人才观等理念。2020年，新华锦确立了打造"受人尊敬的百年强企"的目标。

2022年，新华锦正式推出新版企业文化手册，发布企业文化的2.0版。在文化手册中，对企业文化的核心理念进行全面梳理，从"责任、诚信、创新、共赢、发展、人才、知行"七个部分对企业文化基本理念进行深入阐释。

坚持与发展相结合，以责任文化引领产业转型升级

服务企业经营发展是企业文化建设的最终目的，经营发展也是检验企业文化建设的试金石。新华锦在实践中充分发挥责任文化的引领作用，借助国际贸易企业的独特优势，以责任文化引领产业转型升级，形成国际贸易、医养健康、新材料三大产业协同发展的态势。

新华锦作为山东外贸龙头企业，在自身国际贸易快速发展的同时，有责任带动更多的中小微企业发展。为此，针对广大中小微企业面临融资难、融资贵、不熟悉出口流程等问题，新华锦在2012年联合商务、税务、中信保和进出口银行等创建了北方首家外贸综合服务平台"青岛市中小微企业外贸供应链服务平台"，提供一站式全流程的专业服务，帮助广大中小企业降低融资和运营成本，开拓海外市场。

在与日本企业合作的过程中，新华锦了解了许多日本在养老方面先进的理念和做法，面对国内日益加剧的老龄化趋势，其早在2008年就开始涉足养老产业，引进日本先进的经营理念和管理经验，创办了"青岛市五星级养老机构"——新华锦·长乐居，让更多老人享受到具有国际标准的医养健康服务，有尊严、幸福、愉快地度过晚年。

同样在发展国际贸易过程中，新华锦发现中国是石墨产品出口量最大的国家，出口的初级石墨产品最低价格每吨不到3000元，同时中国还是精炼石墨进口的第一大国，进口的精炼特种石墨制品每吨的价格最高可以达到10万美元。本着要"为地方留下一方好石墨，做成一个好产

业"的初心，新华锦从2009年开始进入石墨新材料产业，通过全产业链深加工保护矿产资源提升产业附加值，已经具备发展石墨全产业链的能力。

实施效果

实现党建赋能，践行了产业报国的初心

以党建引领企业文化建设的方向，以企业文化建设激发党建活力，实现了党建与业务有机融合，党建赋能高质量发展，践行了产业报国的初心。

新华锦党委下属基层党组织26个，其中党委两个，党总支两个，党支部22个。党员正在成为落实践行企业文化、推动产业转型发展的"先锋队"，党员的先锋模范作用得到进一步释放，党组织的战斗堡垒作用得到进一步强化。新华锦党委先后被授予"先进基层党组织""青岛市两新组织党建工作示范点"等荣誉称号。

引领合作共赢，构建了协同发展的产业生态

秉承责任创新及合作共赢的理念，新华锦与世界150多个国家的5000余个国外客户建立了稳定密切的合作关系，构建起遍布全球的营销网络，为企业提供货品的供应商则达到了7000余家。

在此基础上，新华锦变"输血"为"造血"，通过产业协作、产业帮扶等形式，构建起协同发展的产业生态，通过国际贸易+产业联动，每年拉动就业近120万人。其外贸综合服务平台服务超过1.5万家中小微企业，被认定为"国家级服务业标准化试点企业"，国家连续三年在政府工作报告中都提出要大力支持和推广外贸综合服务平台这种外贸新模式。

文化凝聚合力，夯实了建设百年强企的基础

发展是检验企业文化建设的试金石，在企业文化的引领下，新华锦的综合实力稳步提升。其打造了一支充满活力和凝聚力的团队，企业员工多人次获得"全国五一劳动奖章""富民兴鲁劳动奖章""山东省劳动模范""山东省五一劳动奖章""齐鲁工匠""青岛市拔尖人才"等荣誉；品牌影响力不断增强，形成了以新华锦品牌为引领，锦贸通、即墨老酒、丽晶、京华珠宝、新华锦长乐居等一系列子品牌为支撑的品牌集群，先后获评了"中华老字号""好品山东""山东驰名商标"等荣誉；秉承"追求卓越，奉献社会"的企业宗旨，在追求一流业绩的同时，新华锦热心参与社会公益慈善事业，回馈社会，累计向社会捐款捐物价值上千万元，"新华锦西部助学项目"已经累计资助了1933名贫困在校学生，持续传递爱心和正能量。

以发展践行文化，以文化促进发展，新华锦多年以来保持了健康高质量发展，多次入围中国500强，列2022中国服务业500强第186位，中国民营企业500强第295位。面向未来，新华锦集团将锚定"成为受人尊敬的百年强企"的目标，传承创新好以责任为核心的企业文化，为推进中国式现代化贡献智慧与力量。

主要创造人：张建华

以和谐文化建设智库高质量发展"幸福家园"

国网能源研究院有限公司

企业简介

国网能源研究院有限公司（以下简称国网能源院）是国家电网有限公司智库建设的主体单位，是国家电网有限公司系统唯一从事软科学研究的科研机构，主要承担理论创新、战略创新和管理创新的研究职责，为国家电网公司战略决策和运营管理提供智力支撑，为政府政策制定和能源电力行业发展提供咨询服务，在国家电网有限公司党组织的坚强领导下，完善形成了落实国家电网有限公司战略的"12248"体系。

国网能源院于2009年正式成立，前身可追溯至1980年电力部成立的动能经济研究所。经过多年积累，研究实力在国内能源电力软科学研究机构中名列前茅，一些研究成果得到上级领导批示，许多政策建议被政府部门采纳。国网能源院入选国家能源局首批研究咨询基地，是中央企业智库联盟首届理事长单位支撑机构。

实施背景

"幸福家园"的建设是落实国家人才强国战略、建设中国特色新型智库的必然要求。实施"幸福家园"建设，促进职工全面成长发展，有助于智库育人留人，是深入落实国家人才强国战略、积极响应建设中国特色新型智库、完善创新智库人才机制的重要举措。

"幸福家园"的建设是服务国家电网公司战略目标的客观需要。国家电网有限公司贯彻落实党中央、国务院决策部署，锚定建设中国特色国际领先的能源互联网企业的奋斗目标，坚定不移走中国式现代化电力发展之路，走"一体四翼"高质量发展之路。"幸福家园"建设有助于增强职工对企业文化和使命的认同，更好发挥智库作用，服务于国家电网有限公司的战略目标。

实施国网能源院"12248"体系[①]，是建设世界一流高端智库的根本保障。广大职工是智库建设的主力军，决定智库建设的成效。国网能源院"幸福家园"建设是践行以人民为中心发展思想的生动体现，是落实国家电网有限公司党组关心关爱职工的具体举措，有利于全面建设"12248"体系，以及加快建设世界一流高端智库。

---

① "12248"体系：锚定"一个目标"，即建设世界一流高端智库；"两个立足"，即立足国家电网有限公司，立足能源电力行业；打造"两个硬核"，即不断增强"人才""工具"的核心竞争力；发挥"四个角色"，即智库的"智囊团""千里眼""预警机""人才库"；实施"八项工程"，即党建引领工程、业务聚优工程、人才培优工程、绩效促优工程、质量提升工程、效率提升工程、数智提升工程、合规提升工程。

体系内涵

"幸福家园"建设是国网能源院深入学习贯彻习近平新时代中国特色社会主义思想，进一步巩固党史学习教育成果，深化"我为群众办实事"长效机制，建设智库和谐文化的重要举措。国网能源院立足于满足职工对美好生活的向往，解决事关职工切身利益的实际问题，力争建设职工工作生活"幸福家园"、专家人才成长"幸福家园"、智库合力发展"幸福家园"。

建设职工工作生活"幸福家园"。在工作生活方面为职工解难题、办实事，提供良好的工作环境和福利待遇，及时帮助职工解决在生活中遇到的困惑和问题，提升职工的工作舒适度和生活满意度。

建设专家人才成长"幸福家园"。助力科研人员成长成才，为世界一流高端智库建设提供人才保障。为职工提供广阔的发展空间和良好的发展平台，创造开放、自由、创新的学术氛围，帮助职工不断提升专业素养和综合能力。

建设智库合力发展"幸福家园"。以和谐文化建设广泛凝聚职工共识，倡导正面的价值观念，营造良好的道德风尚，提升职工的认同感和归属感，凝聚智库发展强大合力。

主要做法

坚持以人为本，把实现职工的全面发展作为国网能源院工作的出发点和落脚点。坚持问题导向，把解决职工最关心、最困难、最突出的矛盾和问题作为着力点和突破口。坚持统筹兼顾，与世界一流高端智库建设相结合，做到统筹规划，稳步推进，尽力而为，量力而行。其主要做法为"五行动一保障"。

文化引领行动。坚持以习近平新时代中国特色社会主义思想为指导，巩固党史学习教育成果，引导职工感党恩、听党话、跟党走，保持智库发展的正确方向。一是深入学习贯彻党的二十大精神，弘扬以伟大建党精神为源头的中国共产党人精神谱系，以社会主义核心价值观引领智库文化建设。二是深化智库文体活动品牌建设，自实施"幸福家园"建设以来已组织三届运动会、三届家庭日，每年组织植树节活动、智库青年文艺节、女职工读书活动、国学拓展等文体活动共28种。三是充分发挥新兴媒体在文化引领方面的重要作用，丰富国网能源院网站和微信公众号内容，弘扬主旋律，传播正能量。四是做实做细思想动态分析，落实各级党组织和领导干部与职工定期、常态化谈心谈话制度，深入细致地了解职工的思想动态，针对问题及时出台解决措施。

成长成才行动。统筹企业发展与职工发展，多措并举促进员工成长成才。一是实施人才培优工程，聚焦选、用、育、留四个环节，健全完善智库激励机制，加快人才梯队建设，形成人才雁阵。二是健全领导职务、职员职级、专家人才三条通道，完善国网能源院发展的职工成长体系，畅通职工发展通道。三是大力实施青年人才托举工程，优化完善青年英才工程，推行科技攻关揭榜挂帅制，鼓励优秀员工脱颖而出。四是健全职工教育培训体系，开展科研业务系列培训，创新职工交流培养机制，输送青年职工到国家电网有限公司实习，加强其对电网生产一线的了解，探索建立长期交流和培养机制。

安全健康行动。统筹发展和安全，采取有效措施促进职工安全健康。一是开展丰富多样的体育活动,举办健步走活动,普及推广工间操,组织参加职工工间操大赛,征集工间操创意。二是组织开展职工体检,体检保障率达到100%。三是健全职工心理健康服务体系,畅通便捷化服务渠道,常态化开展心理健康讲座。四是常态化做好疫情防控工作,加强防疫宣传,结合流行病和疫情变化等新情况为职工及时配备防疫用品。五是加强职工劳动保护,改善职工工作环境,保障职工健康。

权益维护行动。认真听取职工呼声,积极回应职工关切,依法维护职工合法权益。一是深化企业民主管理,完善职代会管理制度,建立院长联络员管理办法,常态化开展合理化建议,开展职工满意度测评,维护职工知情权、参与权、表达权和监督权。二是完善职工诉求中心运作机制,主动下沉了解职工诉求。三是统筹安排职工疗休养和年休工作,确保应疗尽疗、应休尽休,杜绝长期超负荷工作。四是强化职工福利保障,用足用好职工福利费。五是加强智库作风建设,落实"放管服"要求,为基层减负,为职工减压。

关心关爱行动。树立"五心"(爱心、喜悦心、包容心、同理心、赞美心)服务理念,用心用情关爱员工。一是坚持"三必贺、三必访"(职工生日必贺,送上生日蛋糕,发送祝福短信;职工结婚必贺、生育必贺,发放一定标准的慰问品;职工生病住院、退休离岗、家庭困难、家庭发生变故必访,发放一定标准的慰问品或慰问金;每年对长期驻外职工、援派干部、扶贫干部、交流干部、劳模先进必访;每年对因公殉职的职工家属或因公致残职工必访,发放一定标准的慰问品或慰问金),常态化开展关怀慰问活动。二是组织开展重大节假日职工慰问工作。三是关心关爱女职工,开展女职工专项体检,实现"两癌"筛查全覆盖,加强女职工"四期"保护。四是关心单身青年职工,推广"爱予电"App,组织积极健康线上线下交友活动。五是关心关爱困难职工,健全完善困难职工补助制度,为困难职工提供力所能及的帮助。六是组织职工育儿教育专业辅导,协助做好子女入园入学工作。

坚强组织保障。一是成立国网能源院"幸福家园"建设领导小组。领导小组办公室每季度召开幸福家园建设联席会议,专题汇报年度行动计划中各项工作的阶段性落实情况,编制印发"幸福家园建设行动季报"。二是组织院工会季度工作座谈会,讨论听取会员代表对季报的反馈情况,及时优化举措,进一步保障工作取得实效。

实施效果

"幸福家园"建设的过程也是国网能源院建设和谐文化、推动高质量发展的过程。以"幸福家园"建设为代表的和谐文化在推动国网能源院落实国家电网公司战略的"12248"体系落地的过程中发挥着不可或缺的支撑作用,是推动智库高质量发展的动力源泉,也是集聚全体职工进取的勇气、焕发职工创新活力的重要力量。

凝聚发展合力,智库价值进一步彰显。实施"幸福家园",建设和谐文化,对落实国网能源院"12248"体系起到极大的凝聚引领作用。职工认同和谐文化所倡导的价值,在思想上融为一体,在实践中共同发力,将个人目标与国网能源院的目标相结合,产生强大的凝聚力和向心力,将国网能源院塑造为一个充满和谐性和协同性的组织。职工之间相互帮助、相互关爱,职工对国网能源院充满热情与忠诚,各部门之间能够高效协作,资源的协同效应也得以充分发挥,有力推进了"12248"体系的部署实施。

自"幸福家园"建设以来，国网能源院承接政府委托研究任务近300项，重大决策咨询建议被政府采纳60余项，支撑国家能源局、国务院国资委等开展"十四五"规划前期研究等工作，有力服务能源电力科学发展，支撑国家电网公司重点任务落地，获得高度肯定。决策支撑能力显著增强，智库价值更加彰显。

激发人才活力，发展动能进一步增强。"幸福家园"建设通过以人为本、关爱人才的理念培养人、教育人、陶冶人，使职工从内心产生一种情绪高昂、奋发进取的效应，同时通过硬性的制度要求和软性的文化感染，在国网能源院中构建形成人人受重视、受尊重的文化氛围，从而调动起职工的精神力量，并产生强大、深刻、持久的激励与约束效果，使职工能够根据国网能源院文化所倡导的价值理念激发自身成长成才动能。

自"幸福家园"建设来，国网能源院累计3个集体荣获国家电网公司"电网先锋党支部"，13个集体分获国家电网公司"先进集体""科技工作先进集体""环保工作先进集体"和"营销工作先进集体"等，4个集体荣获国家电网有限公司"先进班组"称号，5名职工荣获国家电网有限公司"劳动模范"称号，9名职工荣获国家电网有限公司"优秀共产党员""优秀党务工作者"等称号。

提升智库美誉，社会影响进一步扩展。通过"幸福家园"建设，国网能源院积极向外部传播和谐文化内涵与智库品牌形象，促使外界了解国网能源院的文化特色与背后深层次的价值观念，对社会的整体文化氛围产生了正面导向作用，也提升了国网能源院的知名度与美誉度。

近年来，国网能源院多次入选中国社科院、上海社科院、《光明日报》、美国宾夕法尼亚大学等发布的核心智库名单，业内知名度不断提升。针对社会关注的问题，自2020年以来，国网能源院接受主流媒体采访200余次，围绕电力保供、从用电量数据看经济、新能源发展、电力体制改革、新型电力系统构建等，协调中央电视台、新华社、人民日报、科技日报、经济日报等中央媒体，中国电力报、中国能源报等行业权威媒体开展深度报道，输出智库专业观点，树立智库品牌形象。

主要创造人：欧阳昌裕　仇文勇

参与创造人：王　庆　程佳旭　林　骋　张　钰

基于"三个结合"的学雷锋志愿服务体系建设

国网山东省电力公司莱芜供电公司

企业简介

国网山东省电力公司莱芜供电公司（以下简称莱芜供电公司）成立于1993年，是国家电网公司所属供电企业，负责济南市莱芜区、钢城区共70余万客户的供电服务任务。改革开放以来，莱芜钢铁冶炼行业迸发新活力，涌现出莱钢、九羊、泰钢等一批钢铁企业，深耕厚植了"百炼成钢"的地域文化。国网山东省电力公司素有"善小"道德实践品牌，取自古语"勿以善小而不为"，倡导全体干部职工"善小而为、小善常为"，厚植了向善向好的道德沃土。莱芜供电公司将优秀传统文化、红色文化、地域文化和行业文化，内嵌融入公司治理全过程，形成了独具莱电特色的学雷锋志愿服务体系，以实际行动践行着"人民电业为人民"的企业宗旨。

实施背景

党的十八大以来，以习近平同志为核心的党中央高度重视学雷锋志愿服务，为推进中国特色志愿服务事业发展提供了根本指引、注入了强大动力，对于培育和弘扬社会主义核心价值观、凝聚新发展阶段攻坚奋进的强大精神力量，具有十分重要的现实意义。中共中央、国务院印发的《新时代公民道德建设实施纲要》，突出强调深入推进学雷锋志愿服务，对全民"学雷锋"发出了动员号召。

对于国有企业而言，常态化开展学雷锋志愿服务是企业文化建设的重要载体，更是义不容辞的社会责任，但是对照新形势、新要求，部分企业仍存在一些问题。一是"如何参与"的问题。没有良好的组织保障，缺乏学雷锋志愿服务的参与渠道，导致职工"想参与却不知道怎么参与"，自觉性、积极性逐渐淡化。二是"如何开展"的问题。学雷锋志愿服务组织形式不符合实际需求，甚至在很多时候达不到预期效果，导致志愿者参与度不高、受助者获得感不强。三是"如何出成效"的问题。缺乏一套行之有效的管理机制，没有科学的约束措施和评价标准，影响了学雷锋志愿服务的质量。为此，莱芜供电公司立足组织形式、载体创建、机制保障三个方面，着力构建基于"三个结合"的学雷锋志愿服务体系，增强学雷锋志愿服务的目的性、组织性和系统性，根植了"善小而为、小善常为"的文化底蕴。

体系内涵

莱芜供电公司坚持以德育企，大力弘扬践行社会主义核心价值观，秉持"善小"理念，深入推进基于"三个结合"的学雷锋志愿服务体系建设，有效打通了国有企业学雷锋志愿服务的"最后一公里"。在组织形式方面，突出个体行为与集体行为相结合的方式，既注重引导职工以个体形式学雷锋，又注重发挥学雷锋集体组织的合力，着力解决学雷锋志愿服务"如何参与"的问题。在载体创建方面，突出集中开展与常态开展相结合的方式，既注重营造声势，大力开展形式统一、时间统一的"雷锋月"活动，又注重创建日常活动载体，避免"一阵风"现象，着力解决学雷锋志愿服务"如何开展"的问题。在机制保障方面，突出过程导向与结果导向相结合的方式，一方面严格学雷锋志愿服务的硬约束，另一方面强化职工参与其中的软动力，保障学雷锋志愿服务常态长效化开展，着力解决学雷锋志愿服务"如何出成效"的问题（见图1）。

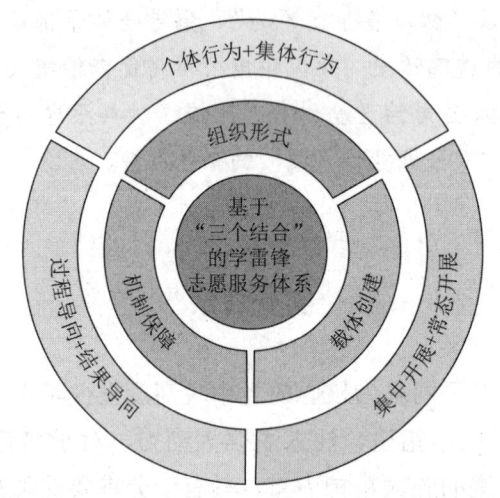

图1 基于"三个结合"的学雷锋志愿服务体系

主要做法

在组织形式上，注重个体行为与集体行为相结合

鼓励个体学雷锋志愿服务行为。莱芜供电公司支持个体自发的学雷锋志愿服务行为，教育引导职工个人积极参与各类社会公益活动，践行"人民电业为人民"的企业宗旨。为树立典型，营造浓厚的见贤思齐氛围，自1997年开始，莱芜供电公司启动"身边的雷锋·好人好事"评选活动，通过"组织推荐、群众评荐、个人自荐"三重渠道，每月评选职工身边的"好人好事"，26年来，选育出了一大批爱岗敬业、无私奉献、孝老爱亲、见义勇为的道德模范、好人群体。相关事迹刊登于内部网站、张贴在生活小区，让职工上班、下班都能看得见、读得到，激励全体干部员工从身边事做起，力所能及地开展学雷锋志愿服务。

规范集体学雷锋志愿服务行为。一方面突出党员的先锋模范作用，成立彩虹共产党员服务队，将其作为学雷锋志愿服务的主要依托组织，设立总队1支、专业分队6支，并在供电所延伸建立彩虹驿站，构建形成了覆盖全地域、全专业的党员学雷锋志愿服务网络体系。另一方面聚焦非党员职工群众，于2007年，立足行业实际、地方特色，建立"爱心彩虹"志愿服务队，广泛吸纳各级职工参与活动，配套建立"爱心积分"制度，实施"夺旗创星"竞赛，为职工群众参与学雷锋志愿服务提供组织保障。

在载体创建上，注重集中开展与常态开展相结合

以"自助选择"模式促进集中开展。每年3月，按照"N+X"模式，集中组织开展"雷锋月"系列活动。其中，"N"是指N项统一部署的必选活动，包括结对帮扶孤寡老人、关爱留守儿童等；"X"是指X项自选活动，3月是全年公益活动日最为密集的月份，除学雷锋日外，还包括植树节、消费者权益日、世界水日、世界气象日、全国中小学生安全教育日等。这些公益活动日由莱芜供电公司精神文明指导委员会办公室统筹，设计护林植树、义务环卫等服务项目，由职工自主选择参与，有效提升学雷锋志愿服务的"贴合性"。

以"固定主题"模式促进常态开展。打造"善小·莱电志愿"文明实践系列载体，印发实施方案，统一规范五项行动流程、标准。一是"入户入心"走访行动。全覆盖走进政府部门、省市重点项目、重点物业（居委会）、高压客户、低压非居民客户、低压居民客户六类客户，征求客户群众意见建议，全力解决用电难题。二是"情暖夕阳"帮扶行动。选取属地范围内特别困难的孤寡老人，组织各党支部与之结成帮扶对子，建立服务档案，结合"春节""中秋"等节点，常态开展走访慰问活动，捐赠必要生活物资，予以精神慰藉和心理关怀。三是"温暖寒冬"关爱行动。结对帮扶困难留守儿童，给予物质与精神"双重"帮扶。走进中小学校园，开展安全用电宣传和讲座等活动，传播安全用电知识。四是"文明城市"争创行动。全力配合做好全市文明创建工作，组织志愿者深入社区、街头，开展义务护绿、清理环卫、疏导交通等工作，打造整洁、有序的城市环境。五是"电靓乡村"公演行动。组建成立青春文艺公演服务队，深入乡镇村落开展公益演出，以小品、相声、舞台剧等群众喜闻乐见的形式，宣讲党的创新理论、解读电力惠民政策。

在机制保障上，注重过程导向与结果导向相结合

在过程管控上突出"两级联评联考"。以党支部、党员"两级联评联考"抓实过程管控，防止学雷锋志愿服务出现"走过场、形式化"等问题。一是评价党支部的作用，公司主页设立专栏，要求各党支部及时公开活动开展情况，解决"有没有"的问题。建立学雷锋志愿服务反馈调研机制，通过电话沟通、调查问卷、实地走访等形式，不定期收集受助群众意见反馈，并将反馈情况纳入党支部党建绩效考评。二是评价党员的作用，每次学雷锋志愿服务至少安排一名党员参加，担好"三重身份"：当好"服务员"，全力满足活动开展的合理需求、创造良好条件，做好活动的支撑保障工作；当好"指导员"，协调解决活动策划、进展过程中遇到的实际困难，确保活动顺利开展；当好"监督员"，确保不出任何问题，同时，将"三重身份"作用的发挥情况纳入党员量化积分评价。

在结果运用上突出"三个机制建设"。在扎实做好学雷锋志愿服务过程管控的基础上，高度重视活动的结果运用。一是建立定期记录机制，针对涌现出的"好人好事"，每年编印集锦图册、书籍，以图文影音等形式，记录莱芜供电公司学雷锋志愿服务的点点滴滴，并在内部广泛印发传阅，不断厚植道德沃土。二是建立道德讲堂机制，在公司层面，适时开展主题道德讲堂，组

织各级道德模范走上台，分享先进经验、倡导道德行为，通过身边人、身边事，推动"雷锋"身边再出"雷锋"。三是建立典型推广机制，深入基层一线，精心挖掘"身边的雷锋"，借助中央媒体、省级媒体、行业媒体等开展系列报道，生动讲述道德模范的感人事迹和优秀品质。

实施效果

自觉有效激发职工"学雷锋"的思想

广大干部员工在耳濡目染中培塑了无私奉献的精神品质，促使职工从思想上、情感上、价值上充分认知、认同雷锋精神，凝聚了"积小善成大德"的思想共识，引领形成了崇德向善的良好风尚，进一步吸引更多的职工参与进来、争做"雷锋"。近年来，莱芜供电公司先后涌现出"身边的雷锋·好人好事"1325件、"济南好人"13名、"山东好人"11名及"中国好人"2名。

自觉有效激发职工"做雷锋"的行动

以制度化的组织、规范化的管理、科学化的运作，建立了一套完善的学雷锋志愿服务管理机制，进一步提高了学雷锋志愿服务的参与感、获得感，增强了志愿者的积极性和主动性。截至目前，累计开展学雷锋志愿服务活动2万余人次，受助人员3000余人。彩虹共产党员服务队荣获山东省学雷锋"四个100"最佳志愿服务组织，"爱心彩虹"志愿服务队获评"中国好人"、山东省"学雷锋活动示范点"。

自觉有效激发职工"学做雷锋"的文化

在雷锋精神的感召下，构筑了"善小而为、小善常为"的优良企业文化。莱芜供电公司先后荣获"全国文明单位"、"全国诚信维权单位"、山东省"富民兴鲁劳动奖状"、首批山东省"诚信企业"、首批山东省"德耀齐鲁"道德示范基地、首批山东省"厚道鲁商"品牌形象榜等荣誉称号。典型经验先后荣获"山东省思想政治工作优秀研究成果""山东省企业文化优秀成果""山东省企业管理现代化创新优秀成果""山东省青年志愿服务项目大赛金奖"。

主要创造人：曾　帅　齐云雷

参与创造人：曹　冉　张　伟　李奉顺　王　睿

以企业文化为创建世界一流企业凝心聚力

中国能源建设股份有限公司

企业简介

中国能源建设股份有限公司（以下简称中国能建）是一家为中国乃至全球能源电力、基础设施等行业提供整体解决方案、全产业链服务的综合性特大型集团公司，主营业务涵盖能源电力、水利水务、铁路公路、港口航道、市政工程、城市轨道、生态环保和房屋建筑等领域，具有集规划咨询、评估评审、勘察设计、工程建设及管理、运行维护和投资运营、技术服务、装备制造、建筑材料为一体的完整产业链。中国能建连续9年进入世界500强，在ENR（《工程新闻记录》）全球工程设计公司150强、国际工程设计公司225强、全球承包商250强和国际承包商250强排名中位居前列，在80多个国家和地区设立了200多个境外分支机构，业务遍布世界140多个国家和地区，是践行国家战略、推动能源革命、保障能源安全、加快"走出去"的主力军和排头兵。

实施背景

新冠疫情突袭而至后，中国能建党委闻令而动，全面部署和开展"六个一"行动，以湖北疫区职工为重点，面向12万干部职工开设"职工关爱热线""中国能建人文关怀大讲堂"，起到稳人心、暖人心、聚人心的重要作用。疫情防控进入常态化以后，中国能建系统总结"六个一"行动的经验做法，以人文关怀和心理疏导为主题，以宣传科学与人文精神为主线，以"人文"理念为核心，坚持生理与心理、物质与文化双轮驱动，突出精神文明建设、员工健康保障、文艺事业发展，持续将人文能建建设向纵深推进。

体系内涵

人文能建建设聚焦"人文"二字，以精神为魂，以健康为骨，以文艺为脉，全面塑造多元、厚重、创新、包容、进取的能建价值观体系和"有精神内核、有文化底蕴、有价值追求、有人文情怀、有社会责任"的能建品牌形象，其体系内涵主要体现在三个方面。

一是探寻红色基因，共筑中国能建人的精神家园。开展企业精神文化谱系重大课题研究，提炼形成了"许党报国、忠诚担当"的政治本色、"敢为人先、勇于超越"的精神特质、"艰苦奋斗、臻于至善"的境界品格、"发展企业、奉献社会"的价值追求的能建精神，多维度、多视角构建起富有能建特色的企业精神文化谱系。

二是实施健康能建，打造中国能建人的健康文化。以健康中国行动为指引，以员工生理健康、心理健康和良好的社会适应性为宗旨，深入实施健康能建行动，强化健康文化引领作用，使"能建人，能奋斗，能健康"成为全体能建人的思想自觉和行动自觉，员工健康水平持续提升。

三是创新文化载体，建设中国能建人的文化高地。以中国能建各类文体协会为基础，以人文能建微信平台为载体，开设"我的经营观""走南闯北""艺海拾贝""博览群书"等专栏，为不同兴趣、不同特长的职工提供"人人皆可出彩"的文化平台。

主要做法

在全面践行国家重大战略部署中推进人文能建建设

中国能建始终恪守"央企姓党、央企为国"的政治初衷和"发展企业、创造价值"的经济初衷，将企业文化建设的各项工作全面融入党和国家重大战略部署中。

一是在弘扬伟大建党精神中梳理中国能建精神文化谱系。伟大建党精神是中国革命精神链条的历史渊源和逻辑起点，是伟大建党实践的辉煌原点。中国能建深入学习贯彻伟大建党精神，落实挖掘国有企业先进精神有关要求，全面回顾企业七十余载与国同行的改革史、发展史、奋斗史，梳理提炼形成中国能建精神文化谱系。中国能建精神文化谱系是伟大建党精神在中央企业的生动实践，伴随着中国电力能源事业的发展、孕育、成长、传承，是中国能建在践行初心使命、勇担历史之责的进程中形成的宝贵精神财富，是在不同历史阶段形成的价值追求、精神文化和实践创新。

二是在落实"健康中国"战略中打造"健康能建"。尊重员工的主体地位，把"健康能建"行动纳入"构建和谐社会""健康中国""爱国卫生运动"总体要求中加以推动。坚持将员工健康管理融入企业管理体系，强化健康文化引领，做实职业健康防护，做好身体健康保障，做优心理健康服务，发挥文体活动的重要作用。

三是在坚定文化自信中推动中国能建文艺事业发展。文化是一个企业、一个民族、一个国家的灵魂。文化兴则企业兴，文化强则企业强。中国能建坚持围绕中心、服务经营，抓好文体协会管理，创新搭建创作、展示和交流的平台，鼓励广大干部职工立足国情、行情、企情，不断推出讴歌典型、讴歌企业、讴歌党、讴歌祖国的精品力作，为企业高质量发展汇聚强大正能量；坚持鼓励文艺创新、发扬艺术民主，满足职工对文艺作品的新期待、新追求，用基层职工喜闻乐见的方式讲故事、谈管理、说文化，讲好中国故事，讲好能建故事，讲好职工故事，向世界展现真实、立体、全面的中国能建。

完善企业精神谱系是推进人文能建建设的灵魂核心

为什么中国能建能够在七十余载的风浪搏击中生存、发展、壮大？很重要的一个原因就是中国能建薪火相传的精神追求、精神特质和精神脉络。而这也正是中国能建推进人文能建建设的文化之魂。

一是在寻根溯源中把握企业精神的脉络。中国能建作为一家新集团、老企业，发展历史久、成员单位多、业务形态广，文化基因存在很强的多元性。中国能建以伟大建党精神为源头，以共产党人精神谱系为主线，坚持将企业实践作为活的精神文化谱系，面向34家重点所属企业开展企业精神文化重大课题研究，在全面回顾企业在不同历史阶段形成的价值追求、精神文化和实践创新的基础上，多维度、多视角构建起富有特色的企业精神文化谱系。

二是在指引实践中发挥企业精神的价值。中国能建的精神文化谱系高度凝练概括，主要包括四维度内容："许党报国、忠诚担当"的政治本色，"敢为人先、勇于超越"的精神特质，"艰苦奋斗、臻于至善"的境界品格，"发展企业、奉献社会"的价值追求。这四方面的内容不仅深刻回答了中国能建为什么能冲破技术封锁，奠定新中国电力能源事业基础与方向的根本原因，也诠释了中国能建为什么能开拓进取、接续奋斗，不断实现突破与跨越的内在逻辑，更为新时代中国能建在建设社会主义现代化强国的伟大进程中不断攀登新高峰、取得新成果，提供了牢固的精神文化根基，指明了未来前进方向。

三是在改革创新中丰富企业精神的内涵。经过一段时间的教育引导、舆论宣传、文化熏陶、实践养成等，中国能建精神文化谱系正在逐步成为全体中国能建人的共同价值追求、独特精神支柱、日用而不自觉的行为准则。而在百年未有之大变局的时代背景下，在中国能建新一轮重塑再造的改革发展中，在所属各级企业解放思想、解放人、解放生产力的生动实践里，中国能建精神文化谱系的外延正在不断更新迭代。

坚持以人民为中心是推进人文能建建设的根本导向

中国能建推进人文能建建设，从源头处就抓紧抓牢抓实"以人民为中心"这个基本点，持续唱响人文关怀与心理疏导的主旋律。

一是在传播科学理念中提高健康意识。持续开展员工健康素养促进行动，积极传播健康理念，移风易俗、倡树新风，促进健康公司、健康项目、健康家庭建设。全面普及健康知识，定期开展"健康大讲堂"、健康管理大会等活动，办好"人文能建"公众号"能健康"专栏，邀请中西医权威专家进行专题讲座，将健康管理纳入有关员工培训计划。依托文体协会，组织创作更多群众喜闻乐见的健康文化作品，把健康知识转化为广大员工能够接受、容易践行的良好习惯。

二是在打造五维营地中改善居住环境。着眼改善一线职工生产生活环境，以中国能建葛洲坝集团为先行先试主战场，根据项目特性、项目级别、环境特点，打造集"绿色、智慧、标准、安全、人文"五位一体的标准化营地，建好"职工书屋"、境外项目"中国馆"和基础健身娱乐设施。设置烟感报警装置，配备齐全有效的消防器材，强化营地安全管理，完善降温、取暖、洗浴、网络、娱乐、自动售货等配套设施，提升住宿品质和生活质量，努力将营地打造成富有现代生活要素和气息的"职工之家"，切实解决项目所处艰苦环境与现代社会脱节的难题，大力满足项目员工，特别是项目青年员工的物质文化需求。

三是在做好心理疏导中保障身心健康。实施"心灵港湾计划"，建立健全职工动态思想分析例会机制，定期开展员工思想状况分析，及时掌握员工心理和思想状况。构建员工心理危机预警机制，将心理危机干预纳入各类突发事件应急预案和技术方案。设立员工关爱热线，为国内外员工提供常态化心理健康服务。实施"百人计划"，对能建系统内群团骨干人员进行定期培训，培养出100名具有一定专业知识的兼职咨询师。推进所属企业因企施策，有针对性地了解、化解员工心理困扰。推进员工帮助计划（EAP），既提高员工在组织中的工作绩效，又保障员工身心健康。

繁荣文艺创作是推进人文能建建设的活力源泉

中国能建以人文能建平台为载体，针对不同群体职工的文艺诉求，陆续开设八大栏目，通过更多有筋骨、有道德、有温度的文艺作品，书写和记录中国能建人二次创业实践，弘扬能建之魂、凝聚能建之力、彰显能建之美。

一是我的经营观。向中国能建所属各单位主要负责同志征集理论文章，阐述其多年经营管理实战中学思践悟的凝练，以及来自经营管理一线的真情、真言、真知，用思想说经营，以文化讲管理，直击企业经营管理的热点、难点、焦点。

二是走南闯北。依托海内外项目，以项目说文化，以职工所见所闻为素材，介绍所在地历史文化、风土人情、景色风光等，依托项目、贴近基层、贴近一线，宣传人文精神，展现中国能建作为一家全球工程企业的良好形象。

三是能建纪事。回顾企业历史，挖掘中国能建创业史、改革史、奋斗史，讲述企业故事和职工故事，传播报国、先行、专业、创业、奋斗等精神文化和价值追求。

四是微党课。贯彻"大党建"思维，贯通历史和现实，用生动、鲜活、接地气的党课，常态化开展"四史"宣传教育，及时解读上级精神、重要文件和制度，为开展好党员经常性教育提供学习便利。

五是能健康。作为健康能建行动的重要文化载体，展示员工健康保障机制体系化、员工营地建设标准化、突发公共卫生事件预防与处置规范化、心理疏导与人文关怀常态化、能建版健康文化建设长效化"五化"成果，同时围绕企业、职工需要，科普健康知识，为广大职工提供健康服务。

六是艺海拾贝。刊发中国能建广大干部职工群众原创的诗词、散文、随笔、绘画、摄影、书法、书评、文艺赏析等各类作品，展现公司深厚的文化底蕴。

七是安德路65号。以中国能建设计大师、管理与技术精英、所属各单位专家与博士为主体，探讨交流前沿技术、分享个人观点，是公众走进科学、获取科普知识的平台。

八是博览群书。坚持以书会友，在分享阅读的快乐中，碰撞新的思考、新的启迪、新的想象，礼赞人类的智慧，跨越时空与先贤对话，是属于能建人自己的"半亩方塘"。

实施效果

中国能建探寻企业之根，重塑文化谱系，讲好能建故事，筑牢文化之魂，广大干部职工凝聚力、向心力、战斗力显著增强，其成效具体体现在三个方面。一是持续推动企业生产经营。五年来，新签合同额、营业收入、利润总额年均分别增长16.1%、6.6%、8.7%，资产总额突破5200亿元，4次获评国务院国资委经营业绩考核A级，世界500强排名提升至301位。二是持续塑造思想文化立心铸魂形象。梳理提炼能建精神特质和文化谱系，系统推动品牌形象和文化再造重塑，人文能建建设丰富多彩，企业根基底蕴更加厚重，主流媒体传播度、社会公众关注度、企业品牌知名度大幅提升。三是持续擦亮健康能建特色品牌。员工健康管理体系更加完善，健康危险因素得到有效控制，有益身心健康的文体活动丰富多样，员工健康水平持续提升。

主要创造人：阚 霆 刘光义
参与创造人：宋 旸 张 婧 周 凡 邢 雯

先行示范区南网文化建设路径研究和实践

南方电网深圳供电局有限公司

企业简介

南方电网深圳供电局有限公司（以下简称深圳供电局）成立于1979年，2012年分立为南方电网直接管理的子公司，是南方电网系统中唯一具备省级电网公司和城市供电局双重定位的分子公司，供电面积2421平方千米，供电客户347万户。

作为全国领先的超大型城市电网，深圳电网具有"三最三领先"的特点。一是营商环境全国最优。深圳"获得电力"指标自2019年国家营商环境评价启动以来始终保持全国第一；供电服务连续12年位居深圳市40项政府公共服务满意度第一。二是停电时间全国最佳。三是供电密度全国最大。深圳是全国第五个最高负荷突破2000万千瓦及供用电量双双突破1000亿千瓦时的城市电网，负荷密度达1.07万千瓦/平方千米，位居全国大中城市首位。四是价值创造全国领先。深圳电网的全员劳动生产率人均每年226.9万元，行业领先；年人均售电量2019万度，全国最高；度电产值达30.16元/度，全国领先。五是绿色发展全国领先。清洁能源装机比重78.3%，非化石能源发电量占全社会用电量的59.8%，电力占终端能源的消费比重达47%，均高于全国及全省平均水平。六是改革创新全国领先。深圳电网是全国首个输配电价改革试点、首个增量配电网混合所有制改革试点，全国"双百企业"中唯一供电企业。

实施背景

2019年，中共中央、国务院明确将"城市文明典范"作为深圳五大战略定位之一，要求率先塑造展现社会主义文化繁荣兴盛的现代城市文明。同年，南方电网陆续制定了《南方电网企业文化理念》《关于深化企业文化建设的指导意见》等一系列纲领性文件，标志着南方电网企业文化建设的蓝图已清晰、思路已明确、体系已形成。

作为南方电网（以下简称南网）的驻深单位，深圳供电局必须抢抓机遇，借力和助力深圳市"城市文明典范"定位，以更高标准、更严要求抓好企业文化这一"为员工立心、为企业立魂"的基础工程。为此，深圳供电局按照企业文化"导入战略、融入管理、切入业务、植入行为"的"四入"标准，将南网文化建设融入深圳市"城市文明典范"创建，寻找南网文化与深圳这座先锋之城的价值共鸣，体系化推进先行示范区南网文化实践。

体系内涵

深圳供电局瞄准建设"文化强企"目标，构建先行示范区南网文化实践体系，围绕"导入战略、融入管理、切入业务、植入行为"标准，提出加强文化引领、促进文化转化、深化文化传播、拓展文化交流的实施路径，推进10项具体工作举措，并取得了一系列卓有成效的工作成果。

建设目标：推进先行示范区南网文化实践，建设"文化强企"。深圳供电局借力和助力深圳市"城市文明典范"建设，立足更高标准，推进南网"知行"文化在深圳的高质量实践和落地，持续营造感恩奋进、改革创新的文化氛围，为高质量建成具有全球竞争力的世界一流企业厚植文化土壤，推动公司成为"文化强企"。

"四入"标准：导入战略、融入管理、切入业务、植入行为。从现代管理学的角度来看，企业文化分为精神层、制度层、行为层、物质层。

导入战略是指将南网文化作为价值目标导入战略，使《南方电网企业文化理念》构成的企业文化精神内核成为企业共同的价值追求和战略导向，形成强大的凝聚力和向心力。

融入管理是指将南网文化作为价值取向融入管理，推进企业文化深层次融入制度流程，对企业运行和员工行为形成约束力。

切入业务是指将南网文化作为价值追求切入业务，推进企业文化全方位贯穿业务领域，指导员工开展具体工作。

植入行为是指将南网文化作为价值准则植入行为，持续在公司各层级营造感恩奋进、改革创新的文化氛围，激励广大干部员工自觉立足岗位，践行南网文化。

主要做法

加强文化引领，推进南网文化导入公司战略，实现"文化强企"的价值驱动

深圳供电局通过加强文化引领，推进南网文化与深圳城市精神的融合，一方面将《南方电网企业文化理念》中的企业宗旨、企业定位、企业愿景等核心内容作为公司制订战略、规划的价值指导；另一方面建立常态化宣传发动机制，在公司重大战略部署和重大改革举措出台及实施过程中常态化开展思想发动和价值引导活动，切实发挥企业文化凝心聚力、推动工作的作用。

比如形成常态化文化引领机制。深圳供电局针对企业文化建设跨部门的工作特性，成立由公司主要负责人任主任的精神文明、企业文化和品牌建设委员会，常态化研究和推进企业文化建设重点工作。在此机构领导下，深圳供电局建立起常态化文化引领机制，推动企业文化建设与各领域重大工作任务、重大改革举措同筹备、同部署。

2018年，深圳供电局年度工作的主题是"决胜世界一流，加快全面转型"，彼时深圳供电局改革工作进入深水区，一些干部员工表现出畏难情绪，需要进一步统一思想、振奋精神。于是，深圳供电局把文化建设工作聚焦在"勇于变革、乐于奉献"的南网精神上，通过全员大讨论的形式，充分发挥南网文化引领价值、凝聚共识的作用，激励员工不断攻坚克难。2020年，是深圳经济特区建立40周年，也是深圳先行示范区全面铺开的关键一年，全年工作主题是融入和服务

深圳先行示范区建设。于是，深圳供电局把文化工作聚焦在"成为具有全球竞争力的世界一流企业"的企业愿景上，强调加强文化转化，充分推进南网文化与特区精神的融合，建设与深圳市"文明城市典范"目标相匹配的南网文化先行示范，以一流文化建设，支撑一流企业建设。

促进文化转化，推进南网文化融入管理实际、切入业务实践，实现"文化强企"的价值落地

企业文化建设不是"空中楼阁"，需要使其全方位贯穿业务领域、深层次融入制度流程，将企业文化转化为可执行的制度流程、可操作的业务规范，并最终成为推进管理提升和业务优化的有力抓手。深圳供电局成立企业文化管理委员会，建立跨部门协同机制，形成党政工团齐抓共管的工作格局，常态化推进法治文化、廉洁文化等文化建设，形成百花齐放的多矩阵文化建设体系。同时，学习和借鉴"新时代文明实践中心"建设，探索在基层单位建设"知行文化实践中心"。

2020年，以深圳福田供电局为首个试点，建设"知行文化实践中心"，2021年，在试点经验的基础上进一步推广，印发《关于建设知行文化实践中心的指导意见》。知行文化实践中心建设，遵循"知信行合一、以学促知、以信促行、以行践知"的建设路径：围绕"四传"（传思想、传道德、传文化、传技能）目标，深化文化文明宣教，提升全员文化素养，坚定文化自信；用好"四入"（入眼、入脑、入心、入行）路径，促进文化价值转化，提升文化认同，促进文化落地；聚焦"四有"（有制度机制、有特色活动、有榜样示范、有实践成效）标准，通过丰富基层文化实践和员工文化生活，切实发挥企业文化凝心聚力、推动工作的作用；通过"知信行"的有机结合，达到基层文化成风化人、强化全员行动自觉的目的。

深化文化传播、拓展文化交流，促进南网文化植入员工行为，实现"文化强企"的价值共鸣

深圳供电局充分利用深圳先锋城市和窗口城市的资源禀赋，紧抓深圳市"双区"建设机遇，不断创新形式、创新载体，深化南网文化的内外部传播，拓展南网文化交流渠道，提升南网文化的影响力，实现南网文化与利益相关方的价值共鸣。对内，打造"知行文化周"活动载体，提升广大干部员工的文化获得感、幸福感；对外，创作高质量的文化传播产品，屡获国际国内多项殊荣，同时，充分利用深圳电网先进的电力基础设施资源，充分整合企业展厅、智慧营业厅、智慧生活馆等自有资源，以及深圳本地红色旅游资源和本土先进企业资源，整合打造"南方电网四个自信（深圳）宣传阵地"，在高质量展现深圳改革开放重大成果的同时，充分展示和宣传南网先进的企业文化。

深圳供电局连续三年打造"知行文化周"活动载体，每年聚焦公司中心工作主题，通过"4+N"的形式组织开展系列主题突出、形式多样的文化活动，打造文化活动品牌，提升广大干部员工的文化获得感、幸福感。

2021年，深圳供电局围绕庆祝建党100周年，以"辉煌100年，颂赞新时代"为主题，组织开展第二届"知行文化周"，以"颂"为主线，组织"诗颂、礼颂、歌颂、传颂"四大主题文化活动，并组织基层单位开展"线上红歌会""红色印记·朗读者"等10余场基层文化活动。此外，深圳供电局还在活动中整理经典红色影视作品、专题片、文学著作和深圳当地的红色主题演出等资源，编制发布"知行·红色文化菜单"，引导全员融入举国同庆氛围，共飨文化文艺盛宴。

深圳供电局聚焦《南方电网企业文化理念》，紧扣融入和服务深圳"双区"建设主题，历年来创作了一批卓有影响的文化传播产品，既高质量展示了企业形象，也高水平传播了南网文化，引起了利益相关方的价值共鸣。

比如，2018年，围绕公司"决胜世界一流，加快全面转型"年度工作主题，聚焦"勇于变革，乐于奉献"的南网精神，拍摄了《变革者》形象片。2019年，围绕优化用电营商环境主题，聚焦"为客户创造价值"的服务理念上，拍摄了《深圳来电故事》宣传片。2020年，围绕庆祝深圳经济特区建立40周年主题，聚焦"成为具有全球竞争力的世界一流企业"的企业愿景，充分推进南网文化与特区精神的融合，拍摄了《窗口宣言》文化宣传片。

实施效果

深圳供电局自推进先行示范区南网文化实践以来，取得了一系列卓越的效果。一是建立了成熟的文化落地体系。在公司层面，建立了以"四入"为核心的先行示范区南网文化实践体系；在基层单位层面，探索出"知行文化实践中心"建设模式，使宏观的企业文化建设变得充分聚焦，在显著提升自身企业文化建设水平的同时，为央企企业文化建设提供南网范本。二是提升了员工的文化获得感、幸福感。成功打造了"知行文化周"活动载体，进一步丰富员工文化生活，为公司持续营造感恩奋进、改革创新的文化氛围。三是高质量展示南网形象，传播南网文化。围绕文化传播和交流，紧扣深圳市"双区"建设主题，历年来创作了一系列高水平的文化传播产品，获得多项国家级殊荣，对内提升文化认同，对外展示南网形象。四是形成了一批优秀的基层文化建设案例，以多矩阵文化示范单位、示范点创建为抓手，历年来培育了"知行·梦田""知行·安心"等一批优秀的基层文化示范单位，荣获了一批电联企业文化建设示范单位、南网企业文化示范单位等殊荣，在基层文化建设中营造了"比学赶帮超"的良好氛围。

主要创造人：李 坚　邝 妍
参与创造人：尹 扬　侯慧梅　张夕佳

"寻百年路，铸济铁魂"，打造百年胶济铁路历史文化品牌

中国铁路济南局集团有限公司

企业简介

中国铁路济南局集团有限公司（以下简称中济局）是中国国家铁路集团有限公司管理的18个全资铁路局集团公司之一，济南局集团公司注册资本1416.9亿元。截至2023年年底，管内铁路营业里程达到6921.3千米，其中高铁达到2841.5千米。下设35个运输站段、17个非运输企业、8个其他单位，代管铁道战备舟桥处。设有鲁南高铁、郑济铁路、综合改造3个工程建设指挥部，对邯济铁路、胶济客专、中铁渤海铁路轮渡等合资铁路公司履行出资人权责。现有从业人员8.7万人。设有党组织2242个，其中党委62个、党总支213个、党支部1967个，在职党员3.4万名。

实施背景

打造百年胶济铁路历史文化品牌是加强胶济铁路优秀历史文化传承的必然要求。胶济铁路在百年发展过程中，积淀形成的珍贵铁路文物和优秀历史文化资源，是中国铁路发展变化的历史见证，是铁路历史文化传承的重要载体。

百年胶济铁路和"五四运动"等许多重要历史事件密切相关，胶济铁路历史文化遗存是中国铁路历史文化资源的重要组成部分，胶济铁路传承百年的奋斗精神是中济局企业文化的精髓，需要持续加强保护和传承，企业高质量的文化需要以百年胶济铁路历史文化品牌建设为抓手，深入挖掘和传播以"听党话、跟党走"为主要特征的"百年胶济铁路之魂"，传承和弘扬百年胶济铁路百折不挠、自强不息的奋斗精神，引导干部职工学局史、爱企业、聚力量、促发展，不断从胶济铁路百年发展历程中汲取文化营养、促进企业发展。

主要做法

立足胶济铁路历史文化保护，启动百年胶济铁路历史文化品牌建设

胶济铁路历史文化资源丰富，19世纪末德国靠武力侵占胶州湾，强迫清政府签订不平等条约，攫取了胶济铁路的修筑权。胶济铁路先后经历了日德战争、"五四运动"、"五三惨案"、胶济铁路大罢工、胶济铁路解放战役等重大历史事件，饱经风雨，历经磨难，见证了中国近代史的沧桑变化。中华人民共和国成立后，中济局励精图治、奋发图强，各项工作日新月异，见证了中国铁路快速发展、领跑世界的辉煌成就。为了更好地传承胶济铁路的红色文化和奋斗精神，中济

局党委研究决定以"寻百年路,铸济铁魂"为主题,以胶济铁路历史文化保护传承为牵引,启动百年胶济铁路历史文化品牌建设。

定位济南、青岛、潍坊,建设胶济铁路博物馆集群

立标打样,首建胶济铁路济南博物馆。坚持"保护为主、抢救第一、合理利用、加强管理"的文物保护方针,成立博物馆建设工作专班,建成全国唯一建于百年德式老建筑内、山东省第一座铁路博物馆——胶济铁路济南博物馆。博物馆室内外展区面积6500平方米,陈列展品2073件,集中展示了胶济铁路的修建背景、建设发展历程、新时代发展成就及胶济铁路对山东社会经济发展的重要影响,通过一段段曲折辉煌的历史,追寻传承百年胶济铁路的根与魂。

一体两翼,再建胶济铁路青岛博物馆。按照在胶济铁路起点站和终点站各建设一座铁路博物馆的工作思路,在青岛火车站站钟表楼建成胶济铁路青岛博物馆。博物馆展区面积1960平方米,陈列展品1714件,以青岛元素、新时期铁路发展成就、百年胶济精神文化脉络为展示重点,从铁路视角展现百年来山东人民反抗殖民侵略、争路权、求解放、谋发展的历史进程。

一线多点,构建胶济铁路博物馆集群。在胶济铁路沿线积极推进档案史志馆、专题展馆、站段史馆等30余个文博场馆建设工作,构建山东省规模最大的行业博物馆集群。立足胶济铁路申报世界文化遗产的工作设想,修缮胶济铁路坊子站区95栋约1.7万平方米老建筑,使世界唯一的蒸汽时代铁路站区德日建筑群得到抢救性保护,受到国家文物局主要领导高度评价。以坊子站区百年建筑为主体,建设胶济铁路坊子博物馆、机车车辆展示馆,同步规划建设"胶济铁路工业遗产保护研究基地、文化影视艺术基地"等文博文化设施。与潍坊市签署协议,协调地方政府规划投入28亿元资金对坊子站区及周边市政设施升级改造,联合打造国内一流铁路工业遗产保护利用示范站区。

围绕百年胶济铁路历史文化品牌建设,加强七项重点工作

共建共管,加强胶济铁路文物保护和利用。建立健全胶济铁路文物实物管理数据库,开展文物实物普查,对2639件实物文物登记造册,并将其纳入动态管理。常态化开展铁路文物实物征集,使胶济铁路百年德制钢轨钢枕、胶济铁路全图、德文版《中国》等3000余件重要文物实物得到有效保护。与山东省文物局签署博物馆共建共管协议,构建铁路文物征集、调拨、定级、馆藏、修缮、展陈合作机制,先后争取地方政府文保专项资金9155万元用于文物保护。

口述历史,加强胶济铁路非物质文化遗产传承。对胶济铁路各历史时期形成的管理制度、生产技法、优秀传统等存在于人们记忆和习惯中的非可视化历史文化信息进行调查摸底,挖掘梳理1000余条重要线索,组织了解胶济铁路历史文化信息的老党员、老职工、劳模典型人物开展"千人口述历史"活动。在全媒体平台推送口述历史的视频资料,将视频资料作为铁路非物质文化遗产的重要内容建表建档,在即将建成的山东铁路史志档案馆永久保存,并开辟专区进行展示。

深化阐释,加强胶济铁路历史文化研究。邀请路内外专家学者开展百年胶济铁路历史文化研究,编纂出版《胶济铁路》等4本学鉴史料计120万字,全面呈现胶济铁路建设发展历程和重大成就。组织近百名铁路文学骨干编纂刊印《文韵济铁》系列丛书计151万字,讲好铁路历史故事、红色故事和先进先模故事。会同山东大学、山东师范大学和全国知名纪实文学作家,研究编写《大胶济》纪实文学和《胶济铁路》故事读本,组织拍摄《胶济铁路》纪录片,通过图书和影视作品对百年胶济铁路文化研究成果进行创新转化和固化物化,打造胶济铁路历史文化

品牌新载体。

传承发展，加强胶济铁路红色基因挖掘。在"五四运动"、"五三惨案"、胶济铁路大罢工等近现代重大历史事件中，深入挖掘传承百年胶济铁路的红色基因和奋斗精神，广泛传播党的一大代表王尽美、邓恩铭在胶济铁路沿线组织领导铁路工人反压迫、干革命、求解放的动人事迹，建成王尽美、邓恩铭烈士塑像，以胶济铁路红色基因传承为主要内容，设计开发"行走的党课"等8个党史学习教育模块，组织党员参观研学，砥砺初心使命，赓续红色基因，受到路内外广大党员群众好评。

联学联动，提升胶济铁路文化影响力。坚持胶济铁路所有文博资源面向社会公益性开放，加强与地方政府、企业院校开展联学联动，组织中小学生和各界群众到胶济铁路博物馆参观，累计接纳观众16万人次，获评山东省和中国国家铁路集团爱国主义教育基地。创作《百年胶济》舞台剧等节目，打造铁路和地方主题党日活动的亮点节目。

提升品质，加强文明实践最美铁路风景线建设。与胶济铁路沿线地市联动合作，加强胶济铁路沿线环境整治，一体化推进车站广场、沿线老旧低矮建筑改造和绿化亮化工程，着力打造以铁路车站为中心，四季常绿、三季有花、现代都市与绿水青山相互映衬的最美铁路景观带。在胶济铁路沿线开展铁路新时代文明实践活动，以"加强理论传播、优化志愿服务、推动移风易俗"为主要内容，建设三级铁路文明实践中心，不断提升胶济铁路文明单位、文明车站、文明列车创建水平。

路地共建，推动胶济铁路文化传承传播。联合山东省委宣传部、教育厅等共同举办沿胶济铁路文化体验线暨"行走百年胶济、高铁环游齐鲁"宣传推介活动，签订战略合作框架协议，聘请20位名人名家担任宣传大使，开行"行走百年胶济、高铁环游齐鲁"冠名列车。成立由中央驻鲁媒体等30余家新闻机构160名记者组成的行进式采访报道团，全方位宣传胶济铁路历史文化品牌。发挥国铁企业优势，依托胶济铁路客运专线、济青高铁等，实现山东省内高铁环形贯通，串珠成链，贯通山东传统文化片区和红色文化片区等铁路沿线文化资源，打造"高铁环游齐鲁"文化体验圈，让广大旅客沿着百年胶济铁路和齐鲁高铁环线沉浸式体验齐风鲁韵的文化魅力。随着胶济铁路文化影响力和美誉度的不断提升，胶济铁路逐步从交通工具升华为中国铁路历史文化品牌。

实施成效

促进了胶济铁路文旅产业融合发展

成立了山东16地市文旅联盟，建成了研学基地、机车公园、火车营地等一大批文旅设施，推出了"高铁+"旅游套票和工业旅游、红色旅游产品，设计生产文创产品370多个品类，打造了铁路文创产业新标杆。实施胶济铁路等站区文化提升项目76个，制作发布《大道致远》形象宣传片和《爸爸的纸飞机》网络电影，以文化品牌建设助力文旅融合发展，2022年文化文博产业创效3500余万元，文旅综合创效2.92亿元，实现社会效益和经济效益双丰收。

促进了胶济铁路沿线乡村振兴

在胶济铁路支线山区开行"一元钱一站"的7053次公益慢火车，在列车上设立"惠民助农"农副产品展示区,为山村土特产品"带流量"。开发"美丽乡村一日游"等乡村游线路,实施"美丽乡村上高铁"等惠民公益措施。在车站和列车设置"好品山东""山东手造"展示区,加强公益宣传,擦亮胶济铁路历史文化品牌的"公益名片"。

促进了企业中心工作发展

提炼形成了百年胶济铁路历史文化品牌内涵,传承和弘扬了听党话、跟党走的红色文化及百折不挠、自强不息的奋斗精神。在品牌建设过程中完成的270万字图书、8个教育模块、6部影视作品,为开展知局爱局兴局教育、党史学习教育提供了学习素材,营造了接续奋斗、拼搏进取的良好文化氛围。以品牌建设为载体,深入挖掘百年胶济精神之根,塑造企业文化之魂,凝聚职工奋勇拼搏之力,为企业高质量发展提供了有强力的文化支撑和深厚的精神滋养,在文化层面为促进企业中心工作发展发挥了积极作用。2022年,中济局完成货物发送2.45亿吨,超计划942.9万吨;旅客发送量在山东客运市场的占比较五年前翻了一番;高速铁路营业里程2446千米,跃居全国前列;安全生产取得近十年最好成绩,在全国18个铁路局中位列第一。

主要创造人:王新春 贯昌奉

参与创造人:张志强 叶晓天 李 进 陈子溦

首都交通企业服务文化的构建与实施

北京市首都公路发展集团有限公司

企业简介

北京市首都公路发展集团有限公司（以下简称首发集团）为北京市国有独资公司，成立于1999年9月，负责北京市高速公路、城市道路和配套设施的投融资、建设及运营管理。截至2022年年底，首发集团共建成高速公路759.95千米（不含PPP项目）、城市道路968.83千米，建成6个综合交通枢纽、两个P+R（停车换乘）停车场、4个停车场。负责管理养护高速公路880.68千米，共计19条高速公路。负责养护城市道路634千米，包括三环路、四环路等城市快速路、主干路及部分公路共计97条；运营管理8座综合交通枢纽、4座省际客运站、10处P+R停车场及全市1014处停车场（其中路侧停车385处）。首都高速公路与城市道路网络基本建成，为推动首都经济社会发展发挥了重要作用。

实施背景

开展企业文化建设是当好中国式现代化主力军的基础支撑

党的二十大绘就了以中国式现代化全面推进中华民族伟大复兴的宏伟蓝图，交通企业应自觉肩负起中国式现代化开路先锋的职责使命，为加快建设交通强国、全面建成社会主义现代化强国提供有力支撑。奋力加快建设交通强国、努力当好中国式现代化的开路先锋，迫切需要创新创造新时代交通强国文化。

开展企业文化建设是建设社会主义文化强国的战略任务

党的二十大报告进一步明确中国式现代化的发展道路，对新时代文化创新提出更高要求，具体体现在要有更加自觉的文化自强意识、要有更加综合的文化创新能力、要有更加科学的文化治理水平。中国特色社会主义文化依托企业文化建设，将其引入企业文化建设，才能实现二者同向同步协调发展，用组织的聚合力和文化的融合力把国有企业的党员队伍和员工队伍凝聚起来，形成相互促进、协同发展的工作格局。

开展企业文化建设是促进企业高质量发展的必然要求

当前，国有企业正处于改革发展的关键时期，首发集团在未来面临的内外部环境也更加复杂。从外部看，交通管理企业面临着深化行业改革、新技术创新应用等带来的机遇，也面临管理体制机制改革、安全形势严峻、信息化管理水平不足等带来的挑战。首都公路路网趋于完善，未来整体新建增长将进一步放缓，高速公路通行收入增长较为困难。从内部看，首发集团产业发展短板存在隐忧，在发展战略、经营思路等方面需要做出调整，并确保能在全体员工中得到贯彻执行。开展企业文化建设，对思维方式、行为准则、管理方法等实施全面升级，将核心价值理念融入企业文化，提高员工对企业发展的关注度和参与度，才能保证不同岗位、不同角色信仰一致、目标一致、步调一致。

首都交通企业"1+3+N"服务文化模式

"1"即明确一个发展目标

围绕新时代国有企业发展要求，结合首发集团发展实际，明确了以"百年首发"发展战略为目标。一是从长期性着眼，注重全面协调可持续发展。二是从生命力着眼，注重健康安全发展。三是从时代性着眼，注重动态建设企业文化。

"3"即坚持聚焦三个重点

一是聚焦企业使命，把握时代脉搏。二是聚焦企业发展，锻造企业精神。三是聚焦思想共识，淬炼企业特色。

"N"即坚持多维度系统建设

一是在核心价值体系方面，传承、凝练历史文化品格和企业特色，形成包括企业使命、企业愿景、企业精神、核心价值观、企业作风、发展战略、工作目标在内的核心理念体系。二是在经营管理理念支撑方面，提炼形成包括管理、人才、廉洁、安全、服务、生态、和谐、科技、"家"9个方面的管理理念。三是在工作行为规范方面，提出全体人员、领导人员、管理人员和基层员工的行为规范，为践行核心价值理念提供了明确的行为衡量尺度。

主要做法

文化引领，与时俱进推动企业发展战略转变

随着首发集团主要业务和涉足领域的不断变化，在企业文化中融入首发精神和创新、合规、合作、责任四个新理念，以新理念引导员工在"十四五"发展规划实施推进中围绕首发集团发展定位和新时期发展目标，立足岗位，服务发展，主动求新求变。

文化带动，挖掘潜能推动管理机制不断创新

将"科学、规范、协调、求精"的企业文化管理理念融入企业各领域、各环节，以公司章程、议事决策规则为基本制度，围绕党建工作、经营业务、安全运行、监督激励等内容，建立健全与企业发展战略匹配的规章制度体系，促进践行企业文化理念成为员工规范动作、自觉行为。通过闭环管理，不断优化工作流程和管理方法，提高工作质效。按年度组织开展制度修订完善工作，在管理实践中不断调整管理体制机制与企业发展的适配度。对企业内部管理层级、管辖范畴进行"合并同类项"，优化资源和结构配置，以扁平化促进企业管理现代化，形成了分工明确、规范有序、科学先进的运行体系。

文化聚力，"家文化"推动员工与企业共同成长

坚持"学习育才，创新促才，岗位成才，尽其用才"的人才理念，倡导"同心同德，共同发

展"的"家理念",为企业改革发展提供人才支撑。以需求为导向,持续优化人才队伍结构,营造人才发展的良好环境。通过集中学习研讨、专家讲学、专题调研等形式,提升经营管理人员综合素质和管理能力,建设一支理念先进、素质过硬、纪律严明的经营管理人才队伍。实施专业技术人员继续教育,定期举办专业技术培训,建设一支理论扎实、经验丰富、能力超群的专业技术人才队伍。开展岗位练兵、技能竞赛、工匠评选等活动,建设一支爱岗敬业、技能精湛、一专多能的复合型人才队伍。通过规划员工的发展路径,形成企业为员工、员工为企业的发展共同体,使首发集团真正成为员工的靠山和港湾。

文化践行,全员参与推动服务社会水平提高

围绕提升服务能力和服务水平,结合精神文明建设、社会主义核心价值观教育、司庆二十周年主题活动,开展"铭记·爱家""聆听首发·一路成长""众志成城共抗疫·决战决胜正扬帆"等宣讲宣传活动,展示企业改革发展成果,激发员工干事创业热情。开展企业文化月活动,实现工会、共青团、纪检监察机构、安全应急联动宣传实践,全方位提升员工服务能力和水平。挖掘选树个人典型,组织参与、开展全国劳模、先进工作者、岗位标兵等评比活动。激发团队能量,开展文明单位、青年文明号、先进收费站所队创建和选树。

文化塑造,品牌示范推动企业社会形象提升

通过建设"适需服务,畅行高速"文化品牌,推动企业与员工、客户、社会建立和谐关系。制定《首发集团文化品牌建设管理办法》,明确文化品牌体系建设内容,为文化品牌建设提供制度保障。通过《中国交通报》、"首发集团"微信公众号、企业报等对企业文化理念和内涵、文化品牌建设进行重点宣传,提升文化品牌知名度。

实施效果

在服务文化建设方面展现强劲动能

构建交通服务文化与时俱进的理念体系、特色鲜明的视觉体系、形式多样的实践体系和协调融合的管理体系,推动企业文化与中心工作有机融合,培育、弘扬新时代企业新风貌,在提升服务质效方面展现强势带动作用。"适需服务,畅行高速""秋子服务"文化品牌获交通运输优秀文化品牌"企业类十佳文化品牌","一路有我"文化品牌获得"榜样品牌"荣誉称号,"田迎技师创新工作室""红窗口"等获得"优秀文化品牌"荣誉称号,"艳华窗口"先后获得"企业类十佳文化品牌""创新力文化品牌"荣誉称号。

在担当政治责任方面做出积极贡献

"十三五"期间,高速公路建设投资超过558亿元(含PPP项目),城市道路、交通枢纽(含停车楼场)、综合管廊建设投资超过288亿元。首都环线高速、延崇高速相继建成,广渠路二期、运河东大街如期顺利通车。首发集团建设的高速公路总里程达到745千米,城市道路达到917千米,城市交通框架"内联外达"功能更加凸显。

在服务社会方面取得可喜成绩

有序推进收费系统升级改造工作,平稳实现收费新旧系统切换,助力全国高速公路"一张网"运营。成功应对新冠疫情和恶劣天气等不利因素影响,服务保障、道路抢险养护和现场救援

能力不断提升。高速 ETC 电子不停车收费系统建设全面提速,用户安装数量突破 744 万,专用 ETC 车道覆盖率 67%。积极推动城市智能停车业务发展,路侧停车管理系统成功落地应用。

在企业管理方面实现更高效益

推进实施全面预算管理,加强科学管控,为落实战略规划和经营计划提供有效支撑。持续提高人力资源管理能力,开展总部管理人员竞聘上岗,提升员工队伍专业化水平。完善《信息化总体建设规划》,信息化基础设施统筹共享集约化效应显著。完善首发集团法务管理体系,法治国企建设取得新进展。稳步推进全员安全生产责任制落实,应急处突和安全保障能力得到进一步提高。

在拓展市场方面迈出坚实步伐

以投资为引领,带动产业发展,参与四川、贵州、江苏等省份 PPP 项目,逐步实现外埠市场投资战略和产业布局。"十三五"期间,所属控股子公司实现主营业务收入 303 亿元,净利润超 25 亿元。与华为等企业开展深度合作,共同推进智能交通产业发展。目前,首发集团各产业间渗透性、互补性、共促性优势显现,盈利能力不断提升,产业反哺主业的作用日益显现。

在改革发展方面收获重要成果

坚定不移落实国企深化改革要求,聚焦"百年首发"这一战略目标,及时调整"十三五"发展规划,出台所属企业融合发展总体实施方案和一系列措施。合理配置优质资源,实施内部企业合并重组,逐步完善融合发展经营格局,在资产、资本、资源、信息、管理、文化融合上取得了重要成果,新"首发集团"呈现出一片欣欣向荣、蒸蒸日上的发展前景。

主要创造人:陈卫东 涂术通
参与创造人:关 华 郝文丽 刘 静

以企业文化凝聚数字化创新共识

国能（北京）商务网络有限公司

企业简介

国能（北京）商务网络有限公司（以下简称商务网公司）是国家能源集团下属物资公司的全资控股企业，专业从事电子商务平台的建设与运维工作。商务网公司建设的"国能e购"平台是国家能源集团的电商平台，平台分设电力、煤炭、运输、化工、IT、电子超市等主要板块，服务于2300余家国家能源集团内部企业与288家外部企业，以及31.6万家供应商，实现采购订单超过210万单，累计采购金额超过3300亿元，居于国内外行业领先地位。

商务网公司锚定"互联网科技公司"定位，深化研发、勇于创新，获得"国家高新技术企业""专精特新企业"和"电子商务示范企业"资质认定，自主研发项目多次获得"国家能源集团奖励基金特等奖""科技进步奖一等奖"等奖项，公司先后荣获国家能源集团"社会主义是干出来的"岗位建功先进集体、"首届文明单位"、"先进基层党组织"、"五四红旗团支部"、"国家能源集团第二届文明单位标兵"等荣誉称号。

实施背景

近年来，随着数字经济的蓬勃发展，迎接数字时代、加快数字化发展成为全社会共识，党的二十大报告中关于数字经济、新一代信息技术、人工智能、科技创新的重要部署，为商务网公司（电子商务中心）积极推进数字化转型、建设数字化、智能化的采购应用平台提供了根本遵循。为响应实施数字经济战略，培育数字经济新业态，深入推进物资采购数字化转型，在物资公司的坚强带领下，商务网公司（电子商务中心）基于大数据、云计算等技术，于2017年11月上线"国能e购"，打造了以"智能采购""循环经济""联储共备""智能协同""员工关怀"为主的智能化采购应用，真正做到全集团供应链管控的集约化、智能化、透明化。

商务网公司（电子商务中心）作为"国能e购"的建设和运维单位，深入贯彻落实国家能源集团"一个目标、三型五化、七个一流"发展战略，紧密围绕"云评数驱、平台赋能"发展思路和"数转数驱数智"发展理念，深耕平台规划、功能研发等主责主业，以创新思维破题，用担当精神求解，扛起了"国能e购"建设的责任使命，为物资公司打造平台型科技示范企业提供了有力支撑。

体系内涵

企业文化建设是一个文化传承和不断创新的过程。为此商务网公司既一脉相承国家能源集团的企业文化核心价值理念体系，同时也在继承中创新、在弘扬中升华，探索于"国能e购"创建发展过程之中，凝结出独具互联网特色的"云智数创·e连你我"——以云端化、智能化、数字化、创新化打造"国能e购"，以"国能e购"为核心打造链接上下游的能源供应链体系，助推物资公司争当供应链链长。同时"国能e购"是商务网公司赖以生存的发展基石，公司上下为建设"国能e购"而齐心协力、众志成城，形成敢闯敢拼、唯实唯干、奋斗奋进、创新创优的精神。

主要做法

融入大局，找准企业文化建设出发点

坚持把企业文化作为公司发展的重要内容，纳入整体经营发展战略，利用月度例会、培训会、专题会等形式，对国家能源集团及物资公司企业文化内涵进行深度宣贯学习，在学深悟透上级企业文化体系的基础上，聚焦公司主责主业，着眼公司发展需要，通过多轮研究讨论，最终明确了围绕数字化创新开展企业文化建设的目标，并把企业文化建设工作与其他管理工作同部署、同检查、同考核、同奖罚，确保真正落到实处。

以人为本，抓好企业文化建设落脚点

坚持把人本文化融入创建工作之中，着力于提高员工主人翁意识，深化员工对企业文化的理解与认识。商务网公司党政工团全面联手，通过突击队、先锋队等形式，积极鼓励干部员工投身"国能e购"平台建设与数字化创新之中，其中组建37支岗位建功突击队，"国能e购"平台自主研发岗位建功突击队荣获集团公司"青年文明号"称号，"国能e购"商城建设项目部荣获国资委"中央企业先进集体"称号。创新采取"揭榜挂帅"模式推进项目研发，近两年共计揭榜数字人民币、智能云评审等22个项目，激发干部职工干事创业的热情。自发形成44个兴趣小组，聚焦改革发展、科技研发开展创新创效，兴趣小组申报的科技项目获得集团公司"ERP创新创效大赛一等奖"。在圆满完成平台建设任务的同时，员工参与公司管理的热情日益高涨，对于公司企业文化的认同感与归属感日益增强。

立足平台，做强企业文化建设发力点

坚持将"云智数创"（即"云端化、智能化、数字化、创新化"）企业文化理念融入"国能e购"平台建设，以平台建设丰富企业文化内涵，以企业文化建设打响"国能e购"平台品牌。一是以云端化促振兴，打造"数商兴农"新模式。深入贯彻落实习近平总书记关于巩固拓展脱贫攻坚成果的重要指示批示精神，依托"国能e购"平台优势，以"互联网＋云销售"模式助力巩固拓展脱贫攻坚成果同乡村振兴有效衔接。二是以智能化促融合，实现供应体系全链条产业协同。平台发展秉持为供应链企业控成本、降造价、提效能、防风险的理念，发挥能源行业专业化优势，提升资源掌控能力，大力促进产业链企业间的融合贯通。三是以数字化促发展，赋能供应体系企业创新升级。建设科技创新产品专区，为中小型科技创新企业及内部专业化单位有针对性地

提供搜索推荐、商品结构、供应链等全方位的商品营销策略，提供科技创新向市场化转化的绿色通道，有效降低企业研发成本，为中小科技企业发展壮大和巩固品牌地位、民族地位做出了有益探索。四是以创新化促环境，推动供应体系全链条绿色合规发展。积极响应"双碳"行动号召，遵循"依法合规、绿色低碳、厉行节约、价值创造"理念，创新物资管理模式，建立循环物资在线交易平台，充分发掘废旧物资的再利用价值，为能源行业大型集团公司内部物资积压闲置问题提供了有效解决方案。

实施效果

一是企业创新优势持续增强。截至目前，商务网公司共申请发明专利5项、外观专利3项、软件著作权40余项。商务网公司所负责建设的"国能e购"，于2021年和2022年连续入选工信部工业互联网平台创新领航应用案例，入选2021年工信部大数据产业发展试点示范项目，先后荣获"全国电力行业物资管理创新成果一等奖""全国企业管理现代化创新成果二等奖""第四届工业互联网全国总决赛最佳服务能力奖"，成为中央工业互联网、智慧供应链研究应用的"风向标"。

二是品牌影响力持续扩大。参与编制《两化融合管理体系供应链数字化管理指南》《工业互联网平台企业应用水平与绩效评价》《工业互联网平台应用实施指南数字化管理》等国家标准，与中国电力联合会联合编制《涉电力领域市场主体信用评价规范》《电力行业供应商信用评价指标体系分类及代码》等行业标准，大力促进行业健康发展。参加第四届数字中国建设峰会、第三届中国工业电子商务大会等展会，以"国能e购"数字化创新为主题两次搭建"国能e购"专属展区，并在有关会议上开展主题发言，全面提升了"国能e购"品牌形象，获评央企电商新锐产品、数字化转型创新奖等20余个奖项，2023年中国品牌价值评价信息榜中获评96.68亿元，成为央企电商采购的标杆平台。

三是社会效益稳步提升。"国能e购"在国家能源集团之外，推广应用于外部企业288家。以内蒙古能源集团为例，接入"国能e购"平台后，实现了采购业务提质增效，年采购金额已超10亿元，为蒙能集团价值创造贡献重要力量。数字化创新帮助"国能e购"平台实现监管智能化，有效防范国有资产流失。实施源头采购，确保了原厂品质、原厂服务。通过现代化技术手段将国家法规、集团制度固化于系统，防止人情采购、暗箱操作、指定采购等违规行为，有效防控廉洁风险。数字化、电商化采购，践行低碳环保理念。平台实现全程无纸化、专家评审云端化，可节约印刷用纸、降低供应商和评审专家的差旅频次，带来显著的绿色低碳效益。公司以光伏项目物资采购为基础，探索出一条标准化选型、集中化采购、电商化铺货、专业化运营之路，为新能源项目物资供应保驾护航。

四是人才活力竞相迸发。通过构建市场化、专业化、年轻化的人才队伍，人才梯队建设更加合理，截至2023年5月，商务网公司35岁以下中层人员占比30.4%，干部队伍综合素质和生机活力大大提高，为公司实现管理水平和经营业绩跨越式提升提供了坚实保障。同时，在企业文化的熏陶下，涌现出大批专业、尽责、奉献的模范，激励全体员工见贤思齐、向上向善，在全公司树立了榜样。

主要创造人：杨艳丽　毛建新

参与创造人：范亚国　李　曦　弓　晨　宁志刚　孙莎莎

构建"139"企业文化工作模式，凝心聚力推动企业高质量发展

广州越秀集团股份有限公司

企业简介

广州越秀集团股份有限公司（以下简称越秀集团）于1985年在中国香港成立。经过38年的改革发展，越秀集团已形成以金融、房地产、交通基建、食品为核心产业，以及造纸等传统产业和未来可能进入的战略性新兴产业在内的"4+X"现代产业体系，是国务院国企改革"双百企业"。2022年越秀集团统计口径总资产约9652亿元；营业收入1125.1亿元，同比增长20%；利润总额169.9亿元；控有越秀资本、越秀地产、越秀交通基建、越秀房托基金、越秀服务、华夏越秀高速REIT 6家上市平台。

越秀集团企业文化工作以坚持党的领导、加强党的建设为引领，不断创新思想政治工作内容、方法和载体，努力培育和践行社会主义核心价值观，厚植"不断超越，更加优秀"的企业精神，通过发挥企业文化的导向、凝聚、激励、约束功能和作用，把党的思想政治工作和企业文化植入员工内心，转化为职工的自觉行动，使党的思想政治工作和企业文化成为凝聚力量、推动改革的重要动力。

伴随越秀集团经营管理水平的持续提升和改革发展成就的不断突破，企业文化也在传承和创新中得到不断沉淀、升华，逐渐形成了完善且独具特色的"信之道"企业文化理念体系，探索打造了"139"企业文化工作模式（即紧扣"充分发挥文化纽带作为集团管控核心的价值和作用"这一目标，大力实施文化建设"三步走"战略，扎实推进企业文化九个规范管理体系落地），持续提升企业文化建设水平和企业文化管理效能，不断增强企业文化软实力，为企业高质量发展新征程凝聚起不懈奋进的力量。

紧紧围绕"文化纽带"作为管控核心的工作定位，高维度、高标准谋划企业文化建设工作

越秀集团ARS管控模式（基于"战略引领"功能定位和"强总部管控"的管控定位，建立"一个纽带（文化纽带），两重角色（经营价值、服务价值），三种属性（权力、责任、监督）"管控模型），把文化纽带作为管控核心，发挥连接、牵引其他管控职能的作用。伴随企业的改革发展壮大，文化纽带作为管控核心的价值日益凸显，在内部逐步形成了广泛共识。从文化纽带作为管控核心定位出发，越秀集团锚定"5个聚焦"，高标准、高维度谋划企业文化建设工作。

聚焦战略导向，科学全面构建互相支撑的管理体系，实现整体工作有管控、有规范、有指引、有赋能，确保企业文化建设工作有高度。聚焦经营管理，推动文化与经营管理深度融合，充分发挥文化的导向作用，促进经营管理水平不断提升，确保文化建设工作有深度。聚焦理念引领，把握越秀集团的整体性及多行业、多业务体系的特点，以文化为纽带开展多元实践，强化内部组织融合，促进文化生态建设的创新，确保文化建设工作有强度。聚焦长期主义，打造企业文化长效机制，在实践中不断提升，形成持续改进的闭环管理系统，塑造独有的"越秀"范式，确保文化建设工作有长度。聚焦全员参与，推动各级领导干部的文化共识与垂范践行、各职能部门协同联动、全员参与共创共践行，让文化管理融入企业经营的方方面面，确保文化建设工作有广度。

深入实施企业文化建设"三步走"战略，持续提升企业文化建设质量和管理水平

为培育、塑造与企业高质量、快速发展相适应的文化，越秀集团制定了"短期实现传承文化基因，坚定文化自信；中期构建核心竞争力，达成'十四五'战略目标；长期实现文化治企、文化兴企、文化强企"的工作目标，明确了"优化提升企业文化理念体系，健全完善企业文化管理体制机制，持续提升企业文化管理效能"的"三步走"战略。

广泛深入调研和系统科学检视，优化提升企业文化理念体系

站在"十四五"开局之年，越秀集团在战略上开辟了新的格局，在发展上也面临新的机遇，管理半径越来越大，产业跨度越来越广，人员规模也快速增长。2021年，越秀集团完成企业文化理念优化升级，出台了企业文化理念3.0版本——"信之道"企业文化理念。

"信之道"企业文化理念在充分了解企业发展现状、战略安排、标杆企业做法的基础上，依据"四元锁定模型"，从时间维度、战略维度、环境维度和管理维度进行了综合考量和论证，实现了对原有文化理念的传承、细化和升华。

构建企业文化规范管理体系，健全完善企业文化体制机制

越秀集团的文化工作以充分发挥文化纽带作为管控核心的价值和作用为出发点，以驱动战略、长期主义、链接业务、协同高效等为导向，基于卓越文化实践评价准则，系统、全面、科学构建文化管理工作体系，出台《"信之道"企业文化管理办法》及其实施指引"1+9"系列文件，并深化落地实施，确保文化工作取得实效。

"信之道"企业文化管理体系从客户、团队、员工三个维度，系统化构建了企业文化的理念、制度、行为、品牌、组织、传播、教育、评估、激励九个管理模块，包括企业文化理念管理体系、制度与企业文化匹配性检视体系、企业文化行为规范和价值观提升体系、企业文化与品牌协同体系、企业文化组织领导体系、企业文化传播体系、企业文化培训管理体系、企业文化诊断评估体系、企业文化表彰激励体系，打造卓越文化管理模式，引领企业从优秀走向卓越，实现可持续发展。

内化于心、外化于行、固化于制，持续提升企业文化管理效能

面向"十四五"，越秀集团制定了"拓资源、优结构、强能力"的工作主题，努力实现"12345"战略目标，把企业文化能力作为核心能力打造，不断深化"信之道"文化体系建设，使之融入管理体制、激励机制、经营策略、品牌建设，乃至运用于产品与服务创新之中，进一步

塑造更加坚强有力、使命驱动的组织，持续激发企业改革动力和发展活力，更好保障高质量迈向世界500强的战略目标的达成，朝着"成为受人尊敬的优秀企业"的愿景坚定前行。

越秀集团在推进企业文化管理体系落地过程中，采取统筹兼顾、突出重点、分步实施、滚动调整、长期推进策略，持续培育更大格局、整体性、系统性的文化土壤，推动"信之道"内化于心、外化于行、固化于制，真正使"信之道"企业文化成为越秀集团上下共同的价值取向和自觉的精神追求，实现企业文化与发展战略的统一、企业发展与员工发展的统一、企业文化优势与竞争优势的统一，达到文化支撑战略、整合团队、提升绩效的工作目的，助力越秀集团在更宽领域和更高层次参与市场竞争，并推动企业文化管理体系真正落地见效。

扎实推进"信之道"企业文化九个规范管理体系落地实施，持续提升企业文化管理效能

深化落实企业文化理念管理体系，建立理念共识，强化身份认同

围绕"两个延展、三个统一、一个自主"的理念管理目标（延续和拓展企业愿景，统一核心价值观、企业精神、企业风格，鼓励各单位根据业务特点和经营需要提出自身的应用理念体系），按照"一核多元"的管控模式，对各单位的企业文化理念体系做到规范化管理，确保集团上下形成"既能共性特征明显，又能百花齐放"企业文化理念体系，最大限度激发企业活力。

深化落实制度与企业文化匹配性检视体系，以文化赋能制度，打造共同事业平台

从存量制度检视、增量制度评审两个方面，采取"制度"和"文化"两条线路并进的思路，通过文化解码、制度自查、制度复核、制度调整与发布、制度培训与宣贯，以及建立长效机制等方面着手，实现把文化的倡导与制度的设计思路、框架、机制匹配起来，与管理流程统一起来的目的。2022年，越秀集团指导下属单位越秀资本探索、推动、开展制度体系的文化适应性检视，通过专题培训、实操赋能等方式，完成板块内201项制度的梳理审视检视，完成19项涉及文化理念元素的制度修订与完善。

深化落实企业文化行为规范和价值观提升体系，规范关键行为，提升全员文化胜任力

通过建立践行"信之道"企业文化的行为标准与规范体系，探索开展价值观考核和价值观复盘等活动，并尝试把有关行为标准融入人员选聘、培训、考评、晋升和奖罚等人力资源管理制度和流程之中，引导员工正确理解、切实认同和有效践行企业文化，形成越秀人共同的工作方式和行为模式。2022年，围绕"四信"及其内涵探索价值观行为分级，明晰价值观行为要求，推动制定职业经理人价值观测评优化方案，并将其应用于人才盘点和选拔任用过程之中。属下越秀交通同步推进价值观行为分级工作，创新性提出文化落地的组织保障。

深化落实企业文化与品牌协同体系，文化赋能企业产品和服务，推动经营管理创新

通过构建文化与品牌的联动机制，以企业使命为牵引，以文化价值为内涵，用文化赋能企业产品和服务、推动经营管理创新，推动建立越秀品牌的身份认同感，形成客户、员工、股东和社会对"信之道"企业文化内涵一致的文化与品牌认知。构建了从客户、员工、股东、社会四个维度加强组织品牌建设的工作机制，通过对有关利益相关方需求研究和管理实践，聚焦企业中心工作，从"创新产品和服务""优化队伍管理机制""增强企业效益""服务国家、省市发展"四个

方面，推动各单位结合业务需求提出组织价值提升实践项目（课题）并组织评审，以评奖带动组织品牌建设和实践创新，旨在突破企业难点、解决企业痛点、创新企业增长点，助力企业创造价值，实现经营突破。2023年，围绕年度经营中心工作，聚焦"精益管理"，从"一降两提"（降成本、提效率、提效益）入手，深挖业务痛点、难点，开展组织价值提升实践课题征集评选活动。

深化落实企业文化组织领导体系，夯实文化落地组织基础，打造文化落地力量

通过构建上下贯通、执行有力的组织管理体系，引导各级管理者投入时间和精力，带领团队模范践行"信之道"，为企业文化践行提供组织资源保障。遵循全员参与、人人有责的工作原则，推动形成党政工团齐抓共管、集团各部门和下属企业分工负责的工作格局和组织体系。目前，越秀集团已成立企业文化工作领导小组及其办公室，推动各级各单位建立企业文化组织领导机构。在专业线方面，配备企业文化特使、信使。在荣誉线方面，建设企业文化大使、企业文化代言人。

深化落实企业文化传播体系，创新文化传播形式，提升文化传播效能

从传播内容、传播渠道、传播形式三方面加强企业文化传播管理，推动各利益相关方（员工、客户、合作伙伴、投资者、社会受众等）了解、认知"信之道"企业文化，使之成为越秀集团上下一致的精神内核，增强利益相关方的认同感，推动"信之道"被有效接收接受、被有效理解及所倡导的行为发生。

深化落实企业文化教育培训管理体系，推动文化融入全职业链，赋能人才培养

通过把企业文化培训纳入各层级、各班次教育培训课程，系统化提升各级管理者的文化领导力、全体员工的文化胜任力，使"信之道"企业文化成为引领干部、员工成长成才的标准。开展自上而下的"信之道"宣贯培训，推动全员知晓、理解和践行"信之道"；开展多渠道"信之道"培训活动，赋能干部和员工，切实改善企业经营管理、促进业绩提升；健全和完善"信之道"培训与践行的长效机制，保障"信之道"企业文化教育培训持续深入开展。

深化落实企业文化诊断评估体系，查摆问题和差距，推动文化闭环管理

通过文化测评，及时发现组织文化中的差距和问题，制定纠偏、改进和预防等措施，为科学开展企业文化管理提供决策依据；通过企业文化建设评价，以推动企业文化示范基地建设为抓手，开展企业文化建设成熟度评价，推动企业文化建设工作持续改善。

深化落实企业文化荣誉激励管理体系，发挥典型示范作用，树立正确文化导向

在个人层面，根据在推动企业文化建设过程中担任的角色、践行"信之道"所取得的不同成果，给予"企业文化大使""企业文化特使""奋进越秀人"等不同称号；在团队层面，开展"企业文化示范基地"评选；针对具体的企业文化建设优秀案例，授予"企业文化和品牌风尚奖"称号。此外，汇编企业文化模范人物集、企业文化故事集、企业文化和品牌赋能经营管理创新案例集等，通过各类媒介广泛宣传报道，充分发挥先进模范的典型示范作用。

下一步，越秀集团将持续巩固深化"139"企业文化工作模式，推动形成组织健全、责任明确、领导有力、运转有序、保障到位的工作机制，推动企业文化工作融入党的建设、改革发展和经营管理各项工作之中，通过扎扎实实的工作，让企业文化建设和管理工作不断取得新进步，持续激发改革动力和发展活力，铸造长青基业。

主要创造人：张招兴　林昭远

参与创造人：韦黎明　胡　柳　张玉贵　杨喆子

守正创新敢为先，奋楫扬帆踏歌行

新疆金风科技股份有限公司

企业简介

新疆金风科技股份有限公司（以下简称金风科技）成立于1998年，业务深度聚焦能源开发、能源装备、能源服务、能源应用四大领域，是新疆土生土长的风电装备制造内资企业。金风科技作为中国风电事业蓬勃发展的亲历者和推动者，以强大科研创新和最佳业务实践，致力于推动能源变革，业务遍及全球6大洲、38个国家。金风科技已连续十二年排名中国风电整机制造商市场第一，连续七年排名全球风电整机制造商市场前三，2022年成为首个新增装机容量登顶世界第一的中国整机制造商。荣获《财富》中国500强、"助力碳中和·能源行业年度十大领军企业"、"'中国益公司'绿色发展杰出企业奖"等奖项。

实施背景

金风科技作为一家以科技制造起家，从新疆走向世界的企业，深知自我突破、不断创新的重要性。金风科技长期坚持"创新是引领金风科技高质量发展的核心动力"，始终将"敢为天下先""创新引领"等理念定义为企业的核心价值观和战略导向之一，坚持客户价值导向和技术创新引领的双轮驱动，以创新引领发展，不断推进理论创新、科技创新、管理创新、文化创新等全方位创新。强调相信科学、尊重专业，同时将自主创新与全球协同创新相结合，让创新理念贯穿一切工作。贯彻"为创新者赋能，与长跑者共赢"的经营理念，始终以领先的科学技术、可持续的发展哲学、遍布全球的网络，为全球愿意参与"碳中和"的长跑者赋能；始终以科技创新为驱动力，打造"新能源+"模式，通过提供个性化的清洁能源解决方案，为国家和地区、为客户和政府提供智能化碳中和解决方案，培育金风科技值得长期依赖的战略客户。

以企业文化体系铺就创新文化道路

企业文化是一个企业的灵魂，是企业持续发展的原动力。当创新成为企业文化的一个组成部分，就给企业的基因里面注入了创新的元素，创新也就和企业融为一体。企业文化体系作为企业的核心管理体系，也能将创新的文化元素全面系统地贯彻到组织的每一个环节和流程中。

金风科技企业文化核心理念里蕴涵着"敬畏自然、成就客户、创新引领、合规守约、健康长久"的核心价值观，寄寓了"为人类奉献碧水蓝天，给未来留下更多资源"的企业使命和"成为全球可信赖的清洁能源战略合作伙伴"的美好愿景。

金风科技在企业文化孕育和发展的过程中，形成了一套完整的企业文化建设体系，通过对内外部环境的审视分析，导入金风科技的企业文化核心理念体系，通过将文化建设体系落实到组织的经营活动中实现对员工和组织行为的指引，再通过内外部的测量评估去动态优化校准，以体系支撑、保障企业文化核心内涵的稳定性、一致性和先进性。

"创新引领"文化的提出，首先是源于对外部行业趋势、客户需求及技术发展的研判，源于对过往金风科技成长发展历程的总结沉淀，进而形成了对"创新引领"文化的深厚理解，也强化了创新文化的必要性和有效性。在创新文化落地过程中，通过从理念到管理原则的共识，以流程、制度与机制做牵引，以人才队伍与能力建设为基础，通过管理干部以身作则来强化，以仪式、活动和文化故事来营造氛围，最终实现了文化落地。最后通过外部市场和客户的反馈，内部的组织及员工的调研去识别和测量创新文化在组织内外展开过程中的效果和偏差，再持续通过体系去优化改善，进一步强化创新文化对企业发展的长期稳定的作用。

高层领导以身作则，坚持贯彻创新文化

金风科技筚路蓝缕的创业史、追求卓越的创新路，正是一部靠企业精神推动辉煌事业的奋斗史。在能源革命的探索中，引领金风科技创业与发展的历届领导人始终坚持敢为天下先、实事求是、尊重市场、重视科技的理念，鼓励员工超越常规、勇于突破、大胆探索。老一辈金风人以"求实、创新、拼搏、奉献"的伟大精神，奏响了艰苦创业的青春之歌，铸就了金风科技的立企之魂。

在铭记艰苦创业的辉煌历史，传承拼搏奉献的伟大精神，继承优良传统的同时，企业站在新起点更要展示新作为。为积极响应政府发起的科技创新号召，金风科技领导人秉持"化繁为简、全面敏捷"的管理理念，坚持以开放和与时俱进的精神不断丰富企业文化内涵，力求实现产品、商业模式及内部管理的创新，以捕捉市场变化，抓住市场机遇，谋求企业发展。武钢董事长坚定信念，积极探索管理创新，通过引入不同背景经验的高层领导加入管理团队，在坚持统一文化理念的同时，又允许不同风格共存，互相学习、互相碰撞。

以制度、流程、机制做牵引，为创新文化落地提供支撑

制度、流程与机制也是属于企业文化的内容范畴，文化核心理念正是通过制度、流程与机制去落实贯彻到组织的各项业务活动中，也是保障文化理念持续稳定在组织中继承发扬的基础。

为此，金风科技通过颁布《技术创新管理办法》《技术创新成果评估管理办法》，为创新文化落地形成制度保障；设计《创新项目激励方案和实施措施》，对于创新项目在结项时及后续3年内两个阶段给予适量创新激励，激发员工的创新热情；完善创新合伙制模式，聚焦业务一线的"小微创新"，使创新项目负责人与项目建立利益共享，激活人员投入度，提升项目成功率和商业转化效率；通过线上流程设计，为创新项目提供从立项、评审、关键节点验收优化、费用核算、结项的流程化管理模式，优化创新项目管理水平。

创新文化的不断夯实，需要好的机制来保障持续不断地投入和强化员工的认知共识。金风科技将创新文化嵌入公司的技术和产品管理的流程中，以流程的确定性牵引创新的不确定性。在技术创新方面，金风科技形成了以MTI（管理技术创新）流程为核心的管理技术创新流程，通过对

技术预研、技术创新规划、技术创新过程、转化技术创新成果、技术支持五个方面进行流程化的管控，实现了对技术创新的有效管理。在产品方面形成了以MP+IPD流程为核心的产品开发流程，从客户需求、产品规划、Charter开发、产品开发、产品发布、生命周期等几个方面进行流程化管理，确保了从客户需求出发，到客户满意的实现。

金风科技设立创新基金，旨在对企业内部创新项目提供资金支持，承接公司战略，响应业务单元创新需求，保障创新项目顺利开展。其资金的使用具备灵活、自主、高效等优点，同时通过创新项目，可为项目组提供创新赋能，解决各业务单元工作中的瓶颈点，促进跨业务单元协同与合作。创新基金项目的立项主要集中在创意、创新、能力建设和新业务四大类型，主要围绕创意和方案的验证、新技术新模式的推广、战略性创新业务落地、各已有业务的创新突破和创新能力提升等方向。

以人才队伍和能力建设为抓手，孕育持续创新驱动力

创新驱动的核心根本，是人才的驱动。金风科技始终坚持人才第一资源、创新第一动力，着力营造良好的创新氛围，力求在高质量发展中展现更大担当作为。

为了建设新时代先进的创新文化，培育思想过硬、技术过硬、作风过硬的创新型人才队伍，金风科技大力推广创新方法在企业中的应用落地与成果转化工作，依托创新方法培训业务管理体系和企业运行机制，激发全员创新意识的提升，推动形成创新生态。强调专业工具赋能，引进先进的TRIZ（发明问题的解决理论）创新理论和方法体系，面对不同人群进行创新能力打造，助力创新人才成长。

金风科技专门成立了创新管理团队，聚焦于创新支撑能力提升、创新项目开发和创新体系建设。团队现有6名成员，分别负责创新管理方法应用推广、创新活动组织策划、新业务开发、当前业务赋能管理、优化创新管理体系等相关工作，确保创新工作有规划、有闭环地开展。团队同时积极拓展与高校、科研院所、咨询机构、初创公司、政府机构、供应链伙伴等外部资源链接，加强与高校、科研院所产学研协同创新，吸收外部成熟经验，结合外部有效资源共同解决内部课题，实现创新资源共建共享。

此外，金风科技还在人才评价方面有更清晰的评价标准，金风科技在任职资格模型中把"开放创新"的文化主张嵌入人才培养和评价体系，以行为标准的管理手段，不断强化员工的日常行为动作，即开放创新——开放心态、拥抱变化，将创新应用于实践，并创造价值。

丰富传播手段，营造良好的创新文化氛围

金风科技利用企业文化多重传播载体，通过公众号、内刊、短视频等形式突出创新工作和先进事迹；开展科技创新月活动，在当月高频展示全年创新成果；设置"基础创新奖"的荣誉称号，表彰在创新领域做出突出贡献的个人和团队，营造公司浓厚的创新氛围，培养创新文化土壤；召开技术创新与应用大会、可再生能源技术创新研讨会，交流与探讨行业内最新的技术创新实践与趋势，促进员工之间面对面的思想碰撞，拓宽产品技术开发和创新思路。

为激发一线员工的实践智慧，2022年金风科技强调"创新项目要深入一线，强调小微创新"的工作指导方针，针对业务流程或生产工艺、安全等方面的"五小"活动（小发明、小改造、小革新、小设计、小建议），发现问题，解决问题，达到降成本、提效率、降低劳动强度、消除安全隐患等目的。

以产品为载体，铸造创新文化价值

产品和服务持续创新是企业品牌的基础，也是企业由大变强的核心驱动力。金风科技最初接触风机制造，是1989年在新疆达坂城利用丹麦政府赠款购买的13台Bonus 150kW机组，此后便奠定了让风机国产化的梦想。20多年来，金风科技循风而行，履践致远，以创新追求卓越，视创新为发展的不竭动力，坚定不移地进行自主创新，坚持客户导向、创新引领，攻克关键核心技术，突破一个个技术难题，使产品持续保持行业领先。

金风科技开放性地接纳新鲜事物和创新想法，把创新思维和承担风险作为企业文化的重要内涵，视创新为企业发展的不竭动力，鼓励前瞻性和冒险行为，鼓励员工勇于尝新、敢于试错。为更好满足市场需求的变化，金风科技采用"直驱永磁＋中速永磁"的技术路线，为不同客户量身定制解决方案。

文化引领，成效显著

金风科技向风而生，勇攀不息，以奋斗超越自我。在良好的创新文化沁润之下，金风科技始终探索和延伸产品边界，重视技术创新和实践积累，产品性能不断迭代优化升级，自立自强突破"卡脖子"难题，一次又一次实现跨越式突破，树立行业领先标杆。

2022年下线全球最大单机容量和最大叶轮直径的GWH252-16MW海上风电机组。除了以风机机组产品作为创新能力输出的载体之外，金风科技各类创新技术也取得成果，包括自主整机仿真软件GTSim获TÜV NORD认证，通过CMMI5全球最高等级认证，为中国风电产业数字化发展树立全新标杆；"风储联合运行控制系统开发""风光与制氢系统商业化运行及分析研究"等10个创新项目已实现营业收入，总计签订合同额为8935.39万元。此外，在知识产权领域也取得了巨大发展，截至2022年年底，金风科技共拥有国内外专利6535项，其中国内发明专利申请3192项，发明专利占比48.84%；国内授权专利3918项，其中授权发明1737项，发明专利占比44.33%；拥有海外专利申请1066项，软件著作权1159项。

金风科技自成立以来，始终以创新增动力，以初心展毅力，以成果显实力，将自身发展融入行业发展，引领中国风电跨上一个又一个高峰、创造一个又一个起点。金风科技斐然成绩的取得，优秀的文化软实力起到重要的支撑作用。在"理论创新、科技创新、管理创新、文化创新"的道路上，金风科技始终脚踏实地，不断用制度流程、行为标准、激励方式、科学方法、产品呈现等多元化的方式，持续培育公司的创新文化土壤，让"创新引领"的文化价值观深入每个员工的行为习惯，成为公司日常工作的一部分，助力金风科技迎接更有挑战的未来。迎风而行，敢勇当先，金风科技将继续以实干精神挺立潮头，矢志不渝地坚持"创新引领"的企业精神，为实现高质量发展增势赋能。

主要创造人：武　钢　周云志

参与创造人：李天楷　王亦戈　韩文婷　宋保华

"百年电力"文化遗产保护工程实践

国网江苏省电力有限公司

企业简介

国网江苏省电力有限公司（以下简称江苏电力）是国家电网有限公司系统规模最大的省级电网公司之一。江苏电力现有13个市、58个县（市）供电分公司和17个业务单位，服务全省4823万电力客户。江苏电力荣获"全国脱贫攻坚先进集体""国资委国有重点企业管理标杆企业"荣誉称号。

近年来，江苏电力坚持以习近平新时代中国特色社会主义思想为指导，坚定落实"四个革命、一个合作"能源安全新战略。聚焦服务"双碳"目标，围绕国家电网有限公司和省委省政府各项决策部署，以保障能源电力可靠供应为底线，以建设能源供应清洁化、能源消费电气化、能源配置智慧化、能源利用高效化、能源服务多元化"五化"率先引领的能源互联网为基础，加快推动以供给新体系、配置新格局、消费新形态、存储新模式、技术高水平、机制高效能"四新两高"为特征的江苏新型电力系统建设，努力成为具有中国特色国际领先的能源互联网企业。

实施背景

"百年电力"文化遗产是不可再生的文化资源，是我国电力工业发展的有效见证，是民族复兴、国家发展的重要承载。党的十八大以来，以习近平同志为核心的党中央以高度的文化自信和文化自觉，大力推进文化遗产的保护、发掘和利用。实施"百年电力"文化遗产保护工程，有利于弘扬伟大建党精神，践行社会主义核心价值观。

坚持党的领导、加强党的建设是我国国有企业的光荣传统，是国有企业的"根"和"魂"。"百年电力"文化遗产承载着党领导下的电力工业从无到有、从弱到强的珍贵记忆。通过开展"百年电力"文化遗产保护工程，可以清晰地展现党领导下的电力行业的发展历史脉络，为公司员工提供追忆峥嵘岁月、感悟家国情怀的"文化课堂"，从中感悟党的百年成就，汲取奋进力量。

文化遗产承载历史记忆，维系民族精神，是弘扬中华优秀传统文化的重要根脉。加强历史文化遗产保护日益成为增强文化自信和传承文化基因的重要内容。随着城市化进程不断加速及技术飞速进步，部分电力文化遗产也面临被废弃、被拆除的命运，亟待实施认定和保护。实施"百年电力"文化遗产保护工程，有利于持续积淀电力文化底蕴，传承电力精神，为建设具有中国特色国际领先的能源互联网企业持续提供精神文化动力。

主要做法

江苏电力分析了关于工业文化遗产保护的相关政策，系统研究了国内外工业遗产保护模式，提出了"百年电力"文化遗产特点，从管理层面提出了保护利用的工作思路、工作体系，从实践层面提出了保护利用的模式和样式，从宣传层面提出了显性化表达的举措。

剖析"百年电力"文化遗产特点

从地域分布看，首批征集的"百年电力"文化遗产遍布全国24个省、直辖市，近45%分布在西藏、新疆等边陲区域。

从时间跨度来看，可追溯到1882年，横跨139年，超过百年的文化遗产有5个，60年以上的文化遗产有5个，50年以上的文化遗产有16个，40年以上的文化遗产有16个。

从文化遗产类别看，电力文化遗产分为五类。一是单一装置装备类，指独立的单台单套的物理设备，包括电力的硬件装置和硬件装备，如中国第一盏灯复刻模型。二是输变配设施类，指输、变、配电网环节形成的成套设施，属于此类的有阳泉110千伏马家坪变电站等。三是能源设施类，指历史形成的发电端设施、调峰错谷端设施和未来的储能设施，如羊八井地热发电试验设施、丰满水电站等。四是基础建筑类，指具有代表性的生产厂房、办公室大楼等基础设施，如天津电力科技博物馆、福州电气股份有限公司旧址等。五是档案资料类，指在电力发展过程中形成的珍贵档案资料，如温州百丈漈水力发电站的历史照片、史料原件、领导批示、重大荣誉等。

从文化遗产的优势看，其具有五个特点。一是覆盖领域全，覆盖了电力系统发电、输电、变电、配电和用电等电能生产消费全过程。二是时间跨度长，跨越了从中国人民反帝反封建、新民主主义革命、社会主义革命和建设等各个历史阶段。三是历史价值高，是中国近现代民族发展的实物见证，承载着中国革命重要的红色记忆，具有不可替代的特殊意义。四是呈现形态多，既有传统文物或工业遗产范畴内的建筑、设施装置等实物形态，也包括工业遗存档案，以及红色记忆、革命精神等精神形态。五是文化价值大，不仅记录着不同历史阶段的生产面貌，还蕴藏着丰富的艺术价值，在新时代依然是城市发展的魅力名片。

从文化遗产的制约分析，江苏电力提出了制约利用保护的四个短板。一是不可移动的文化遗产占比高，主要属于单一装置、输变配设施、能源设施、基础建筑四大类物质类文化遗产。二是设施类文化遗产改造难度大，很多位于西藏、甘肃、新疆、宁夏等边远地区，即使在城镇区域，保护利用受政策条件、物理条件等因素影响较大。三是文化遗产保护利用存在政策限制，地上建筑物规划等均有严格政策限制，实施改造并进行二次开发利用的政策限制更加严格。四是文化遗产保护利用基础弱，整体保护意识不强，对文化遗产保护的重要性认识不足，保护规范和保护机制还亟待加强，存在"不想用""不敢用""不会用"思维。

明晰"三四三"工作思路

借鉴地方政府和其他行业的保护经验，结合江苏电力现有的管理架构、管理职责分工，项目组提出"百年电力"文化遗产保护需遵循"三四三"的工作思路。坚持"三个结合"指导思想：坚持保护利用与文化传承相结合，坚持保护利用与提升品牌美誉度相结合，坚持保护利用与创新实践相结合。明确四项工作原则：内外结合统筹考虑，循序渐进有序推广，多元创新激发活力，步调一致工作协同。把握三个工作要求：加强价值导向，坚持问题导向，坚持目标导向。

提出"三个五"工作体系

一是加强顶层设计，建设五项规章制度体系，包括形成完善的保护制度、出台系统的文化遗产保护规划、制定科学的认定标准、发布约束性负面清单、建立标准化的选录流程。

二是加强过程管理，建设五条管理体系，包括明晰职责分工、建立普查机制、建立台账管理、加强活动管理、建立项目管理。

三是立足常态长效，建设五个保障体系，包括建立资金保障、加强人力支持、加强队伍培训、加强宣传引导、加强科技支撑等。

提出3大模式10个保护样式

基于首批"百年电力"文化遗产的特点，江苏电力提出以原真展示为主要模式，迭代重构和转译再现为重要补充的电力文化遗产保护方案，3大类模式共计包含10个样式。

文博综合，原真展示包含4个样式。一是博物馆，典型案例包括天津电力科技博物馆、秦皇岛电力博物馆等。二是科普教育基地，如湖北省电力博物馆，被中国电机工程学会评为电力科普教育基地，被武汉市委、市政府评为武汉市科普教育基地。三是爱国主义和红色教育基地，如镜泊湖水电厂，被授予牡丹江爱国主义教育基地和红色教育基地。四是工业遗址，如甘肃刘家峡水电厂，已入选国家第二批工业遗产。

文旅结合，迭代重构也包含4个样式。一是工业旅游线路，如铁门关水电厂，已作为国家4A级旅游风景区的核心部分。二是后工业景观，典型的项目如中国第一盏路灯点亮地及第一盏灯复刻模型。三是电力实训基地，西安110千伏地下变电站最具代表性，改造成为变电运检实训基地。四是在役电力园区，如阳泉110千伏马家坪变电站，在保持生产不停的基础上，建设1+7电力文化园区。

文创融合，转译再现包含两个样式。一是文创IP，如台州大陈发电厂，跨界制作微电影《大陈薪火》、广播剧《大陈岛上点灯人》等，展现电力文化遗产的魅力。二是数字创新，以湖北省电力博物馆的创新成果最具代表性——线上VR展厅。

构建显性表达方案

挖掘电力文化遗产蕴含的精神理念，通过宣传的"有载体、有故事、有符号、有活动、有行动"，增强文化遗产的价值信号传递，以文化遗产宣传"火起来"推动文化遗产利用保护"活起来"，提出五个方面的宣传举措，包括以多媒体载体提高信息充裕度，以故事化传播提高情感共鸣度，以符号化应用提高物体辨识度，以多元化活动提高影响渗透度，以多通道展示提高传播覆盖度，推动百年电力文化遗产利用。

形成了"九个一"宣传成果

根据项目理论研究和实践探索相互支撑、双向输出成果的目标，在充分对比和研究国内外工业遗产各类宣传展示方式的基础上，积极探索适合江苏电力实际的文化遗产显性化表达路径。以线上（电子地图、抖音、微信、视频）、线下（画册、折页、展板、文创产品）相结合的方式，重点针对首批20个电力文化遗产资料，形成了"九个一"宣传成果，全方位、立体化展现"百年电力"首批文化遗产的亮点和特色。

"九个一"的宣传成果包括：一份25000字的"百年电力"文化遗产保护利用研究报告；一本"百年电力"文化遗产保护利用专著（已由中国电力出版社出版）；一个"百年电力"文化遗

产电子云地图,在线展示了国家电网公司首批20个"百年电力"文化遗产信息(PC版和移动版两个版本);一本"百年电力"文化遗产画册;一个"百年电力"文化遗产视频集锦(1分钟、5分钟两个版本宣传视频和抖音视频);一本"百年电力"文化遗产宣传折页;一组"百年电力"文化遗产保护展板(已在国网公司本部展示);一套"百年电力"文化遗产保护微信推文;一系列"百年电力"文化遗产保护文创产品(笔记本、储物包、定制U盘等)。

实施效果

注重保护利用,传承遗产价值

国家电网有限公司2021年首批发布的20个电力文化遗产项目单位遵循"三四三"电力文化遗产保护利用工作思路,多个项目单位获评国家级称号,其中有全国爱国主义教育示范基地3个、中央企业爱国主义教育基地5个,同时入选国家工业遗产5个,每年多批次接待学校学生、社区居民等不同类人群,充分挖掘电力遗产背后的深层价值,彰显了电力文化遗产的社会效用,推动了"百年电力"文化财产遗存以多样化形式更好地延续与发展。

提炼项目经验,输出保护范式

江苏电力首次提出文化遗产"保护、利用、传承"三位一体建设内容,创新提出"规章制度、过程管理、支撑保证"齐抓共建的体系化建设框架,率先提出"全面普查、建档立卡"和"负面清单管理、项目管理"的物质类遗产保护操作指引。这些集约式做法降低了文化遗产保护的过程成本,综合勾勒出了遗产保护的"道"和"术",为中央企业文化遗产专项工作实践提供了扎实的管理框架和决策参照。

传承红色基因,增添内生动力

江苏电力通过深入挖掘电力文化遗产蕴含的思想内涵和时代价值,把电力文化遗产打造成坚定理想信念、赓续红色基因、强化使命担当的样板工程。通过深入推进融合发展,把用好红色资源同贯彻落实重大任务、做好中心工作结合起来,特别是电力供应存在缺口的情况下,充分发挥电力文化遗产的宣教引导和传播展示作用,激发员工敬业奉献、爱企爱岗的工作热情,为企业发展不断注入文化动力。

主要创造人:张 寒 施天明

参与创造人:吉俊峰 唐国祥 辛志斌 杜志刚

碧罗映日月，双珠耀沧江

华能澜沧江水电股份有限公司黄登·大华桥水电厂

企业简介

华能澜沧江水电股份有限公司黄登·大华桥水电厂（以下简称电厂）是华能澜沧江水电股份有限公司下属二级单位，成立于2016年12月8日，位于云南省怒江州境内，运营装机总容量282万千瓦，是国家实施"西电东送""云电外送"和云南省打造"绿色能源牌"的骨干电源点和华能集团第三大水电厂，采用"一厂两站"模式，负责黄登水电站、大华桥水电站和沿江公路（表碧段）生产运营管理工作。电厂先后荣获"全国文明单位""全国安全文化建设示范企业""云南省五一劳动奖状""云南省建功澜沧江标兵单位""澜沧江公司先进基层党组织""怒江州扶贫明星企业"等荣誉称号。

主要做法

党建引领，打造"效益领先型"电厂

勇立时代潮头，敢于争创一流。电厂始终坚持顶格标准、满格状态，凡事想在前、想别人所没想，凡事干在前、干别人所没干，保持专业专注、精益求精，建设卓越企业、成为卓越员工，实现能力领先、业绩一流。

举旗铸魂，永葆红色央企政治本色。电厂坚持以习近平新时代中国特色社会主义思想为指导，深入贯彻党的二十大及历次全会精神，深入开展主题教育，落实"第一议题"制度，党委会常态化学习贯彻习近平总书记重要指示批示精神，班子成员对贯彻落实工作亲自研究部署、督导推动，汇聚起电厂高质量发展的强劲势能。

强基固本，筑牢坚强战斗堡垒。电厂建立和完善党建工作责任制考核评价体系，常态化自主开展专兼职党务干部培训，党建工作能力和水平得到大幅提升，支部标准化、规范化建设成效显著。以"三会一课"为载体，在生产现场开展讲授式、互动式、实践式教学活动，先后赴红军长征过丽江纪念馆、怒江州廉政教育基地、剑川县红色教育基地、兰坪"红旗渠"等开展特色主题党日，通过耳濡目染增强学习实效。

守正创新，讲好电厂创业故事。班子成员以身作则宣讲党的创新理论，多篇中心组发言、调研报告、典型案例等获得公司表彰推广，唱响全员奋进创一流的主旋律。精心策划《黄登水电站创优》《首机投产发电五周年》《机组检修》《电力保供》等专题宣传，拍摄《筑梦澜上树丰碑》《我们都是追梦人》等微视频，新华网、云南新闻联播等主流媒体多次报道电厂发展经验成果，生动展现干部员工精益求精的工匠精神和奋战一线的劳动风采。加强党风廉政宣教，建设"互廉

网""廉心道""倡廉栏"廉洁警示教育阵地，打造"碧罗雪韵、德蕴清风"廉洁文化品牌，建设"政治生态涵养好、主体责任落实好、监督责任履行好、作风建设坚持好"的"四好"党风廉政建设示范企业。

创新驱动，打造"创新发展型"电厂

创新驱动发展，科技引领未来。始终坚持创新引领、管理提升，服务电厂"二次创业"，推进数字化转型和智慧电厂建设，着力打造原创技术策源地，全面推行"六化"管理（工作项目化、项目目标化、目标清单化、清单责任化、责任跟踪化、督导常态化）。

竣工创优，打造"工程样板"新成就。电厂以打造"国优精品"为目标，面对竣工创优时间紧、任务重的局面，坚持"标准不降""力度不减"，组织党员干部带头集中力量破解难题做减法，在机组投产发电不到3年，"两站"均完成5大专项验收。黄登水电站首创高碾压混凝土重力坝全过程数字化智能建造新模式，先后荣获"国际里程碑工程奖""中国电力优质工程""国家优质工程金奖"等荣誉称号，成为一座新的水电丰碑。大华桥水电站利用河床砂砾石和开挖料首次在大江大河上建造胶凝砂砾石全断面过水围堰，国内首创"多进口短鱼道＋垂直升鱼机"系统，解决了下游水位变幅大带来的集鱼难题，先后荣获"中国电力优质工程""中国建设工程鲁班奖"等荣誉称号。

无人值班，实现"一厂两站"运行管理新篇章。大华桥电厂成为澜沧江水电股份有限公司首个在"一厂两站"管理模式下同步实现无人值班的电厂。机组投产时即实现"远程集控、运维合一"，投产后累计完成117项无人值班技术改造，完善了水淹厂房、拦污栅差压大、导轴承油槽温度异常等26项非电量保护，设备可靠性和自动化水平大幅提升，编制发布了适应无人值班工作模式的多项管理制度。积极采用工业互联网技术助推"运维检"大数据分析，完成各类专利授权共116项，21项科技创新成果获得省部级、行业级表彰，成为澜沧江水电股份有限公司首家实现1千伏厂用电系统全自动一键倒闸功能电厂，大大降低了人力成本且杜绝了人员误操作风险。黄登水电站4号机组、大华桥水电站2号机组成为澜沧江水电股份有限公司首批精品机组，黄登水电站2号机组成为澜沧江水电股份有限公司水电装机突破2000万千瓦标志性机组。

安全环保，打造"本质安全型"电厂

电厂始终坚持以人为本，安全第一，以"六零"为目标（管理零漏洞、作业零违章、设备零故障、生产零事故、人员零伤亡、环保零处罚），推动安全管理水平全面提升。

"花园式电站"。工程建设经过3次重大设计优化，黄登大坝建基面共计减少土石方开挖14.45万立方米，减少混凝土施工所需的建材用量，节地节材又环保。电厂建立了全面的陆生生态、水生生态、施工环保生态保护体系，让电厂成为鸟语花香的"花园式电站"，自投产发电以来，电厂年均减少二氧化碳排放970万吨，有效助力"碳达峰、碳中和"目标的实现，被评为"云南省建筑业绿色施工示范工程"。

"鱼儿坐电梯"。"鱼儿坐电梯"已成为电厂一块靓丽的名片，而鱼儿坐的"电梯"，正是黄登水电站的升鱼机，创新建成提升高度世界第一（152米）的过坝升鱼机系统，首创了高坝鱼类过坝技术，填补了国内空白。建成澜沧江流域最大的鱼类增殖放流站，成功攻克灰裂腹鱼、澜沧裂腹鱼等土著鱼人工繁殖难题（国内首次），累计增殖放流后背鲈鲤、澜沧裂腹鱼、灰裂腹鱼、光唇裂腹鱼等205万尾。

以"一失万无"的警醒确保"万无一失"的安全。电厂常态化学习习近平总书记关于安全生产重要论述,以"大学习、深反思"活动开启每年安全生产工作。系统学习《中华人民共和国安全生产法》提出的新要求,层层深化对安全生产"政治责任、法律责任、全员第一责任"的认识,筑牢安全生产思想根基。严格落实"党政同责、一岗双责、齐抓共管、失职追责"的责任体系,按照"三管三必须"规定建立和强化"一把手"总负责,班子成员亲自抓,各部门具体抓的多级联动机制,确保安全保障体系和监督体系有效运转。

培育"共保安全、共享安全"文化。"一把手"宣讲安全生产法,开展安全生产法知识竞赛、"安全我来讲"演讲比赛等,编制安全文化理念手册,营造"共保安全、共享安全"浓厚氛围,以根植于干部员工心中的安全文化促进本质安全型电厂建设。开展"党建引领+安全生产"品牌创建,让安全生产理念落实到每名干部员工的工作岗位上,把安全生产中的各个"点"穿成"线"形成"网",使干部员工在安全生产中各得其所、各尽其能、各有所获。

履行责任,打造"和谐幸福型"电厂

构建和谐电厂,建设幸福家园。电厂始终坚持企地和谐、江河安澜,深化人才双通道建设,构建人才发展"雁阵格局",加强精神文明和企业文化建设,巩固提升企地和谐水平,提升员工幸福指数。

人才强企建功澜沧江。电厂践行"以奋斗者为本、以奋斗者为荣"的人才理念,大力建设"对党忠诚、勇于创新、治企有方、兴企有为、清正廉洁"的领导人员队伍,深入推进产业工人队伍建设,在急难险重一线锤炼干部队伍,在工程建设和生产运营一线用活用好各类人才,在正向激励中释放人才创新活力。

华能大爱助力脱贫攻坚和乡村振兴。电厂地处我国"三区三州"之一的怒江州境内,这里自然条件差、经济基础弱、贫困程度深。自工程建设以来,电厂积极履行中央企业社会责任,累计投入3000多万元实施"百千万工程",改善少数民族村寨医疗卫生、农田水利、人居环境、村容村貌等条件;累计缴纳税费30余亿元,成为当地稳定的财税来源。电厂采取多种方式接续助力怒江州巩固拓展脱贫攻坚成果,全面助力推进乡村振兴。

主要特点

坚持围绕中心、服务大局。紧紧围绕"四个革命、一个合作"能源安全新战略,把华能集团"三色文化"、澜沧江公司"三色水文化"融入电厂改革发展、生产运营全过程,找准切入点和着力点,不断为绿色发展、科技创新、运营管理、安全生产赋能,奋力推动电厂实现更高质量、更有效率、更可持续、更为安全的发展。

坚持以人为本、以文化人。全心全意依靠员工办企业,充分尊重员工价值、维护员工尊严、激发员工潜能、强化员工关怀,积极用企业文化吸引人、培养人、塑造人、发展人。充分发挥员工在企业文化建设中的主体作用,真正做到文化发展为了员工、文化发展依靠员工、文化发展成效由员工评判、文化发展成果由员工共享。

坚持守正创新、与时俱进。坚定历史自信、文化自信,继承和发扬华能优良传统,传递精神火炬,以历史经验启迪智慧,以光荣传统锤炼作风,不断汇聚实现高质量发展的奋进力量。把握

时代脉搏，紧跟时代步伐，积极借鉴国内外、流域兄弟单位优秀企业文化成果，在继承中创新、在创新中发展，与时俱进地丰富电厂企业文化的时代内涵。

实施效果

打造高质量发展新引擎。深化"党建引领+"品牌创建，克服生产筹备时间短、人员结构年轻化、机组接管任务重等困难和挑战，投产时即实现"运维检合一"管理模式，2021年10月18日开启了新型生产管理无人值班模式，向着建设世界一流现代化水电厂阔步前进。

跨越精益生产新高度。坚持"共保安全、共享安全"的安全理念，促进安全文化引领电厂安全的可持续发展，荣获"全国安全文化建设示范企业"荣誉称号。坚持"生态优先，在开发中保护、在保护中开发"的方针，建成澜沧江流域规模最大的鱼类增殖站，首创高坝鱼类过坝技术，创新建成提升高度世界第一（152米）的过坝升鱼机系统，分层取水、建立德庆河鱼类保护区和尖叶木樨榄保护区等创造了极大的生态价值。

塑造追求卓越新品牌。蹄疾步稳深化世界一流现代化水电厂创建工作，成功攻克黄登水电站高水头下蜗壳取水机组振动大、大华桥水电站集电环温度高、"两站"全厂无结露、黄登水电站实现自然通风等"硬骨头"，设备技术指标、运行工况显著提升，将科技创新优势转化为经营发展效益，现场设备健康水平实现质的飞跃。

谱写企地和谐新篇章。认真履行中央企业政治责任和社会责任，在澜沧江两岸播撒华能大爱，荣获"怒江州扶贫明星企业"称号。累计投入3000多万元实施"百千万工程"，员工累计捐资助学60多万元，消费扶贫900多万元，吸纳50多名建档立卡户参与工程建设和生产运营辅助工作，支援剑兰二级公路1亿元，投入25亿元建设澜沧江上游沿江公路、2.7亿元改造沿江四乡镇街道道路，累计缴纳税费30余亿元，以真心真情、真金白银的投入，全面助力"三区三州"之一的怒江州"一步越千年"，与全国人民一道全面建成小康社会。

主要创造人：李吉波　郑雪筠
参与创造人：蔡荣刚　邵光涛　卢　刚　张　俊

"三三理念、四四方略"引领高质量发展

青岛董家口发展集团有限公司

企业简介

青岛董家口发展集团有限公司（以下简称董发集团）成立于2008年7月，是隶属于全国排名前三的"国家级新区"——青岛西海岸新区人民政府的国有独资企业，是立足于青岛董家口经济区的功能性开发公司。董发集团总资产200亿元，年营业收入超过20亿元，主体信用评级AA+，下属40家全资、控股、参股子公司，主要负责青岛董家口经济区290平方千米范围内的基础设施投资建设和产业运营，主营业务包括园区开发运营、供应链服务、节能环保三大板块。董发集团先后获得"全国化工园区优秀服务商""全国乡村振兴突出贡献单位""山东省企业文化成果一等奖""山东省社会责任企业""山东省诚信示范企业""山东省健康企业"等30余项荣誉。

体系内涵

董发集团致力于打造为全国一流园区运营商和具有区域影响力、市场竞争力的城市综合运营商，公司企业文化体系可以概括为"三三理念、四四方略"。

"三三理念"

遵循"三讲"处事原则，实现"三好"工作目标。

讲团结，聚合力，实现同志团结好。在干事创业过程中做好内部团结，在工作中不断磨合，形成创业合力，坚持"不说不团结的话，不做不团结的事"。

讲程序、守规矩，确保工作推进好。进一步规范集团日常运营管理、决策程序，严格监管部门要求和内部规章制度流程，确保集团管理运营科学规范、决策程序合法合规。

讲风格、顾大局，力促干事业绩好。加快健全企业管控体系，要求全体员工牢固树立"一盘棋"的观念，大事讲原则，小事讲风格，共同促进集团和谐、稳定、有序、健康发展。

践行"三严格"工作原则。

严格工作标准。树立一流的工作标准，努力做到把追求完美当成一种职业操守，从严落实工作规范，把握时序进度，把一流工作标准全面落实到行动上、处处体现在工作中。

严格工作程序。干事创业要不折不扣履行工作程序，提高思想认识，严格把关，做到履行程序不走样、遵循步骤不减少、执行流程不改变，实现业务工作程序化、条理化、规范化。

严格工作考核。完善督查管理工作，建立全面客观的员工考核体系，发挥绩效考核"指挥棒"和"风向标"作用，坚持"以实绩论英雄"，既看过程，更看结果，既看工作量，更看完成

工作的效果。

"四四方略"

践行"四位一体"的安全观。

生产安全。严格贯彻落实生产经营单位安全生产主体责任，坚持"党政同责、一岗双责、齐抓共管"的原则，坚持"安全第一、预防为主、综合治理"方针，落实安全生产"四个责任"。

运营安全。以科学决策制度为基础，构建投资管理规范、成本控制严细、决策执行高效的投资管控工作体系，提高投资的安全程度和资金使用规范性，促进国有资产保值增值。

廉政安全。落实党风廉政建设主体责任和监督责任，组织签订《党风廉政建设责任书》，坚持党委统一领导，纪检监察室组织协调，部门各负其责，员工参与。

决策安全。严格贯彻落实集团《"三重一大"集体决策制度实施办法》，规范公司领导班子和领导干部的决策行为，保证公司决策的科学化、民主化，实现科学决策、民主决策。

完善"四大管理体系"。

投资管控。积极建立科学严谨的投资管控体系，严格《招标投标管理办法》《所属项目施工总承包企业分包（供应商）管理办法》等系列规章制度，严把投资决策关和工程审计关，狠抓规划建设关。

绩效考核。积极建立科学高效的绩效考核体系，坚持正向激励与反向鞭策相结合，实施绩效与薪酬挂钩制度，树立正确的用人导向。

党风廉政。积极建立廉洁公正的党风廉政体系，严格《党风廉政建设责任制实施办法》《廉政谈话实施方案》等，落实党风廉政建设主体责任和监督责任，坚持从严治企。

企业文化。积极建立昂扬向上的企业文化体系，以提高企业核心竞争力为目标，增强团队凝聚力和向心力，创新多元人才培养模式。

实施"四大管理方法"。

建机制。进一步优化调整组织架构，科学设置部门职能，通过建立投资管控机制、策划规划与规划建设等，全力打造科学高效的运营管控体系。

搭平台。形成以区域开发为核心、以供应链金融和节能环保为战略支撑的"一核两翼"产业格局，向集区域开发、供应链金融、节能环保等板块业务于一体的集团性企业转变。

育人才。健全、完善"给舞台"和"靠边站"制度，通过实行挂职锻炼、轮岗交流、导师带徒、绩效考核，拓宽员工晋升渠道，激发员工干事创业的热情，让能者有其位、尽其才。

筑文化。推进企业治理体系与治理能力现代化，形成以党建带团建，党委、工会、共青团等群团组织齐头并进的发展格局，着力构建凝心聚力的企业文化体系。

塑造"四大管理品牌"。

努力塑造"先锋董发，筑梦港城"的党建品牌。以"建一流班子，带一流队伍"为目标，坚持政治素质与业务素质同步，将政治理论、工作作风与业务工作有机结合。

全力打造"管理规范、科学高效"的企业管理品牌，引导干部员工爱岗敬业、在岗成才，激情奋进、勇争一流。

奋力开创"实干担当、激情创业"的企业文化品牌。着力塑造"勇于担当，乐于奉献"的干事创业理念，以及"干部能上能下，员工能进能出，薪酬能升能降"的绩效考核理念。

着力培育"多元健康、持续发展"的转型发展品牌。实现集团由单一的开发建设类企业向集区域开发、供应链金融、节能环保板块业务于一体的集团性企业转变。

主要做法

企业文化建设是一项系统工程，董发集团成立企业文化建设常态化工作专班，五大举措并举，坚持党建品牌塑造引领，切合工作主题，依托宣传工作，探索形成了运行高效的企业文化建设举措，巩固和完善"三三理念、四四方略"文化体系。

坚持党建引领，筑牢企业文化的根和魂

董发集团坚持以高质量党建引领高质量发展，将党建品牌文化融入企业治理体系和生产经营全过程，从党建品牌和作风建设助力企业文化内核的形成。塑造"先锋董发·筑梦港城"的党建品牌，在集团五大攻坚战、财源、化工园区封闭等重点项目一线，设立"党员先锋岗""党员攻坚队""青年突击队"，使党建工作真正成为企业文化建设的重要载体。

加强队伍建设，为企业文化提供有力组织保障

组织建设是企业文化建设的"牛鼻子"，董发集团企业文化建设坚持"以人为本"，聚焦企业文化。以提高企业核心竞争力为目标，增强团队凝聚力和向心力，营造激情奋进、勇争一流的干事创业浓厚氛围，奋力开创集团高质量发展新局面。董发集团于2020年组建企业文化建设工作专班，工作专班以高度责任感切实扛起企业文化建设的职责和使命，准确把握企业文化建设工作要求，发挥好牵头抓总、统筹协调作用，确保企业文化建设工作高质量推进。

优化管控机制，为企业文化夯实体系基础

自2019年以来，围绕"管理提升和转型发展"，董发集团着力培育"党的建设、企业管理、转型发展、企业文化"四大品牌，建立"两办六部一中心"的高效管控体系，使工作流程更加顺畅高效；实施制度流程再造，根据主营业务及部门职责分工，重新修订完善了集团财务管理、投资管理、工程管理、招投标等35项规章制度，以及合同审批、工程招投标等15项工作流程，践行以决策安全、运营安全、生产安全、廉政安全为核心的"四位一体"安全发展观；实施督查考核再造，按分级分类管理原则，全部纳入工作督查调度，发挥绩效考核"指挥棒"和"风向标"作用，坚持"以实绩论英雄"，确保各项工作齐头并进。

构建全方位宣传平台，丰富企业文化传播途径

一方面，构建具有园区特色的30余家企业在内的企业文化交流平台，吸取园区内各大龙头企业的优秀文化理念，促使企业文化更适合化工园区发展，提高企业文化实效。另一方面，打造全媒体矩阵，加强对外宣传，与《大众日报》、人民网、青岛电视台等近20家媒体建立密切合作关系，累计发表新闻稿件700余篇、刊播40余次，全面激发内部宣传活力，高质量推进《筑梦港城》企业月刊编辑刊发，提高企业文化的认同度和影响力，精心建设全网络宣传平台。

推动氛围建设，塑造企业文化的实践载体

董发集团举办形式多样的主题培训活动，宣传深化企业文化。组织开展新员工培训、全员运动会、志愿者服务、演讲比赛等近百场活动，将企业文化深入融合。与此同时，组织开展富有创意的节日活动。积极举办"端午节"包粽子、"中秋节"做月饼等特色传统节日活动，在宣传传

统文化的同时增强凝聚力、向心力，真正让"三三理念、四四方略"的企业文化深入人心。

实施效果

助力党的建设，党建引领作用全面彰显

董发集团着力打造"勇立潮头、奋楫者先"的企业精神和"充满激情、勇于创新、富于创造、忠诚干净担当"的企业作风，通过建机制、搭平台、育人才、筑文化四大管理方法，以文化聚人心、凝合力，支撑党建与队伍建设，打造和谐型企业。打造"先锋董发，筑梦港城"党建品牌，积极创建"红旗党组织"，将党的建设、"清廉国企"建设推向深入；开展乡村振兴工作调研，重点支持海青镇茶产业发展，创新"国企+村集体+茶农"联建模式，努力探索党建引领乡村振兴的国企路径，打造乡村振兴"董发"样板。

助力品牌建设，企业社会影响力大幅提升

"三三理念、四四方略"的企业文化体系助力塑造了董发集团"干事创业、勇于担当"的品牌形象，董发集团先后获得"全国化工园区优秀服务商""全国乡村振兴突出贡献单位""山东省企业文化成果一等奖""山东省社会责任企业""山东省诚信示范企业""山东省健康企业""山东省档案管理先进单位"等30余项国家级、省市级荣誉。

助力转型发展，企业经营业绩逐年攀升

在企业文化助力下，董发集团规模持续壮大，业务板块持续拓展，布局40家全资、控股、参股子公司。截至2022年年底，集团总资产205亿元，较2018年增长200%；负债率63%，较2018年下降12%，累计营业收入80亿元，企业综合实力显著增强。

助力队伍建设，企业管理水平显著提升

董发集团积极建立昂扬向上的企业文化体系，以提高企业核心竞争力为目标，增强团队凝聚力和向心力，创新多元人才培养模式，着力培育充满激情、富于创造、忠诚干净、有担当的高素质干部队伍，塑造"勇于担当，乐于奉献"的干事创业理念。建机制、搭平台、助成才，树立正确的用人导向，拓宽员工晋升渠道，激发员工干事创业的热情。

助力社会责任，打造港产城融合发展新标杆

承担"城市开发的主导者"使命，奋力开创"实干担当、激情创业"的企业文化品牌，聚焦港产城融合发展战略主线，集融资、开发、建设、服务于一体，勇担重任、回馈社会，高标准完善董家口经济区基础设施配套。董发集团自成立至今，累计承担董家口经济区内道路、绿化、桥梁、管线、电力配套、电力迁改、河道治理等基础设施配套项目202个，推动城市功能完善，港产城高度融合、宜居宜业宜游的高品质湾区城市的蓝图正加速变成实景图。

主要创造人：张栋国

参与创造人：曲耕和　丁　扬　涂淑娜　刘芙蓉

打造"三色花"工程，赋能高质量发展

大唐环境产业集团股份有限公司

企业简介

大唐环境产业集团股份有限公司（以下简称大唐环境）成立于2004年5月，是中国大唐集团有限公司旗下发展环保业务的唯一平台，主营业务包括环保设施投资与运营管理、脱硝催化剂制造处置再生及检测、环保项目开发与设计施工、环保业务咨询、水处理工程及运营、风力发电、光伏发电、光热发电等新能源发电及相关储能项目的开发、投资、建设与管理、低碳技术的研发、应用与推广等。

实施背景

在"创新、协调、绿色、开放、共享"的新发展理念下，大唐环境提出了"绿色低碳、多能互补、高效协同、数字智慧"的发展战略。作为全国"双百"改革和中国大唐集团有限公司改革双试点单位，大唐环境以"打造国内一流生态环境综合治理服务商"为目标，认真履行央企的政治责任、经济责任和社会责任。

大唐环境"三色花工程"包含了以下三个内容：打造"红色康乃馨工程"，深植责任友爱，以人为本，在"三色花"志愿服务中激发热情、开发潜能、体现价值，实现个人价值升华与企业发展、责任担当的和谐统一；打造"绿色常青藤工程"，深植绿色发展理念，树立大局观、长远观、整体观，不断破解发展难题，聚焦提质增效，推动绿色低碳环保企业转型升级，主动担当保护环境、建设美丽中国的重任；打造"蓝色满天星工程"，深植科技创新理念，树牢科技创新是环保企业发展命脉的思想，激发科技创新动能，赋能企业高质量发展。

主要做法

打造"红色康乃馨"工程，在志愿服务中展现央企大爱

大唐环境组建"三色花"志愿服务协会，依托"中国志愿服务网""志愿北京"新时代文明实践平台，打造精准化志愿服务，广大党员、团员踊跃争当志愿服务者，以"奉献、友爱、互助、进步"的志愿服务精神出色践行央企社会责任，"三色花"志愿者服务协会成功入选2021年度全国学雷锋志愿服务"四个100"先进典型名单。

开展文化助学，点亮祖国未来自信之光。大唐环境连续五年与农民工子弟学校——北京市石景山华奥学校结对开展文化助学，针对学校基础设施陈旧，运营资金紧张，文艺课老师流动性

大，学生课余生活单一，文体教学质量远低于北京公立学校水平的状况，开展了一系列文化助学志愿服务活动。以文化人，悉心点亮孩子们的艺术梦想。大唐环境为学校修缮文艺训练室，购买舞蹈镜、把杆、音响等训练设施；每年更新各教学楼层"社会主义核心价值观"系列展板共计413块。组织文艺志愿服务队为孩子们开设艺术课堂，陶冶孩子们的情操。以书为乐，潜心开启孩子们的心灵家园。大唐环境为学校捐建"红色悦读亭"，在全校23个班级设立"大唐华奥手拉手"图书角。创新开展"同声悦读"活动，志愿者与学生结成一对一阅读伙伴，利用课余时间在喜马拉雅FM的"大唐环境"公众号上快乐地朗读并上传分享作品511集，听众突破20000多人次。志愿者与孩子们在"红色悦读亭"里诵读，录制100个党史小故事。孩子们在快乐诵读中学习红色文化、传承红色基因，培养了阅读兴趣和习惯，提升了文化自信。以教见学，真心放飞孩子们成长的希冀。连续五年开展"大唐环境启明星"课堂，每年都精心设计不同主题，科普电力安全、环保节能、疫情防控等知识，架起孩子们探索科学、快乐成长的桥梁，为孩子们放飞梦想插上了羽翼。志愿者们把课堂搬到校外，邀请华奥学校的孩子们走进大唐环境参观，为他们讲述电力环保知识，共同动手做节能环保小实验，绘制"我的美丽家园"手掌画。以德铸魂，用心激活孩子们一池春水。为庆祝共和国70华诞和中国共产党成立100周年，大唐环境精心设计千人音乐课，将学校操场、所有教室的广播系统更换一新，安装音频教学设施，组织教唱红色经典歌曲。组建"红色映像"放映队，精选《小兵张嘎》《地道战》等经典电影，傍晚在学校的操场上为在校住宿的学生播放露天电影。孩子们在感受露天观影快乐的同时，爱党爱国的种子深深植入心田。

参与社会公益，展示央企家国情怀之美。精心选送优秀志愿者服务全国两会，严格按照管理规范、服务礼仪和注意事项有序开展会场服务工作，以饱满的精神面貌和认真的工作态度，通过文明接待和优质服务，充分展现大唐环境志愿者积极参与、乐于奉献的青春风采。组织近百名志愿者，为"一带一路"贸易投资论坛暨"大唐之夜"外事活动提供高质量的翻译和礼仪服务。承担清洁高效发电技术协作网年会的后勤志愿保障工作，成为年会上一道引人关注的亮丽风景。组织文艺志愿者走进清河敬老院进行慰问演出，弘扬"敬老、爱老、助老"的传统美德。大唐环境被中国扶贫基金会授予"荣誉队伍""最佳后援团"和"最佳传播队伍"等奖项。通过"善行者"活动，充分展现大唐环境勇于担当、回报社会的央企形象，成为对外交流的一张名片，为大唐环境经营发展创造了良好的外部环境。

助力美丽中国，照耀环保初心使命之路。北京冬奥会、冬残奥会是我国重要历史节点的重大标志性活动。大唐环境严格落实冬奥会期间环境保护工作要求，及时分析空气质量变化情况，切实增强大气环境治理的针对性和有效性，加强在线监测设备管理，多措并举保障环保安全，以"环保绿"护航"冬奥蓝"。地处京津唐等地的特许运营、工场建设项目将脱硫、脱硝、废水处理系统纳入点检定修管理范围，加大污染源巡排查力度，提高环保设施的可靠性运行，确保达标排放；盘山、蔚县、神头项目部加大CEMS（烟气自动监控系统）等重要设备的储备，并加强石灰石料场、石膏运输道路管理，为冬奥会、残奥会环境保护提供生产运营保障。

打造"绿色常青藤工程"，在胸怀"国之大者"中彰显央企担当

大唐环境秉持"创新、协调、绿色、开放、共享"的新发展理念，积极践行"绿水青山就是金山银山"，作为全国"双百"改革和中国大唐集团有限公司改革双试点单位，大唐环境紧紧围

绕打造国内一流生态环境综合治理服务商这一目标，以深化市场化改革为"驱动力"，以不破不立的勇气、善破善立的作为，依托国家政策、集团战略、产业规划和优势项目，认真履行央企政治责任、经济责任和社会责任，不断破解发展和生产难题，积极推动向绿色低碳环保企业转型。

抢抓机遇，主动应对超低排放和节能改造大变革。作为国内脱硫、脱硝特许经营装机规模最大、管理质量最优的企业，大唐环境积极响应国家"打赢蓝天保卫战"号召，投资建成3万立方米流量的超低排放试验基地，编制《打赢蓝天保卫战三年行动计划》，加大节能减排投资力度，从节能、经济、环保方面对机组进行全面深入的改造，使中国大唐集团有限公司系统内改造后的机组经济指标、能耗指标保持行业先进水平，先后完成千余台机组节能减排改造，踏上了全新的清洁发展征程。

转型发展，深入谋划"二次创业"大调整。大唐环境聚焦环境深度治理、资源循环利用和综合智慧能源，推进企业布局优化和结构调整。大唐环境的主要领导带头开展外部调研、研究国家政策、联系外部发展机遇、确定发展思路；基层单位主要负责人第一时间组织发展团队，确立发展目标，动员全体员工寻找外部资源和机遇，新业态、新方向频现；成立19个市场团队探索"分门类、小团队"的新业态开发模式，招募精英人才，健全制度，压实责任，强激励、硬约束，引领广大干部职工开拓资源，以时不我待、奋勇争先的精神加速逆势突围。

精准发力，全面跟进市场化改革大发展。大唐环境加强清洁能源产业布局，在烟气治理方面，获取华润集团、浙能集团、河北建投集团、国家能源集团等多个液氨改尿素EPC（工程项目总承包）项目。三门峡10万吨石膏再利用项目已开工，抚州10万吨石膏再利用项目已列为公司2022技改项目，年产10000立方米蜂窝催化剂，20000立方米再生催化剂项目稳步推进。获取新能源总包项目4个，合计金额同比大幅增长。大唐环境不仅在中资企业间合作、所在国伙伴间合作，还积极开展第三方合作，通过合作共赢，优化外部生态环境，进一步提升了国际资源整合能力和国际竞争力。

打造"蓝色满天星工程"，在"双碳"目标中不断增强科技创新动能

借助数字化、信息化的强劲东风，大唐环境乘势而上，大力培育和开展技术革新、技术攻关、工艺升级、科技研发等创新工作，持续激发职工创新热情和创造活力，不断构建职工创新工作新格局，为企业发展创造了显著经济效益。

机制优化，建立完善的科技创新体系。大唐环境积极建立具有大唐环境特色的责任主体科技管理体系，明确体系中各级各类人员的科技管理责任，建立有效的运作机制，保证各项科技工作的职责落实到位，进而推动公司整体的科技创新工作，提升公司科技管理水平和科技创新能力。成立"科技创新领导小组"，确定"废水旋转雾化蒸发"等5个技术攻关专项工作小组，对技术研究和示范应用进行专项推进。完善、修订包括《科学技术项目管理办法》在内的一系列管理办法，以系列管理办法为根据，以人才为对象，建立起科技创新型人才的有效激励机制。建立产学研联动机制，注重成果转化。

人才为本，营建良好的科技创新环境。大唐环境系统内各企业根据各自实际情况成立职工创新工作室，从机制创立、团队组建、项目遴选到成果诞生，蹚出一条全体员工创新创业之路。"燃煤过程中砷、硒、铅等重金属控制技术"等三项国家重点研发计划项目，全部通过中华人民共和国科学技术部验收。与北京化工大学、清华大学等近10家科研机构及高校建立良好的合作

关系，合作领域包括燃煤电厂烟气脱硫、脱硝等多个领域。大唐环境投入的科技研发经费占公司销售收入的比例逐步提高，研发投入强度逐年攀升。

科技支撑，培育丰厚的科技创新成果。大唐环境累计获得专利授权1478项，其中发明157项，累计在编国内、国际标准35项，其中主编国际、国内标准8项。创新发明包括SCR（可控硅整流器）总量智能控制技术在内的多项环保改造革新技术。自主开发的"超低排放背景下智慧脱硝技术开发及工程示范""催化剂化学成分分析（压片法）研究"获得"中国电力技术市场协会技术进步奖一等奖"，"SCR脱硝喷氨优化控制系统及方法"获得"中国电力技术市场协会专利一等奖"，ISO国际标准"工业废水处理回用技术评价方法"获得"大唐集团科技创新贡献奖"。大唐环境自主研发的国家重点研发计划课题——"'铁氧微晶体'燃煤电厂脱硫废水重金属处理技术"完成在阳城电厂的示范工程建设与调试运行，系统出水水质达到预期目标；自主开发的"楼宇综合智慧能源系统集成技术"在公司办公大楼进行集成示范，目前光伏发电系统已并网发电，为企业提质增效、优化发展提供了有效助益。

实施效果

大唐环境"三色花工程"自实施以来，物质文明、精神文明双丰收，荣获"全国文明单位""首都文明单位标兵""全国模范职工之家""中央企业青年文明号""中国电力企业文化建设示范单位""全国电力行业思想政治工作优秀单位""中国最具社会责任感环保企业""2020中国环境企业50强""2020年度企业绿色发展典型案例企业"等荣誉百余项。

大唐环境扎实履行大型央企减排社会承诺、践行国家绿色发展的战略理念。在役脱硫、脱硝特许经营装机容量全国第一，36个特许运营项目遍布全国15个省份，共有脱硫机组95台、脱硝机组69台，全部执行超低排放标准。加快新产业布局，在长江、黄河流域开展固体垃圾、废物、淤泥等生物质掺烧发电业务。开展分布式能源业务，在全国范围内抢抓优质屋顶光伏资源。加快推进资源循环利用业务，脱硫石膏再利用项目取得突破。

"三色花"志愿者服务协会成功入选2021年度全国学雷锋志愿服务"四个100"先进典型名单。文化助学事迹获评中国企业文化研究会"中国企业品牌经典故事"，入选全国电力行业企业社会责任优秀案例集。

主要创造人：黄　源　宋云鹏
参与创造人：赵国庆　王　密　陈闻皓　陈　曦

党建引领打造"七位一体"企业文化建设新矩阵

山东送变电工程有限公司

企业简介

山东送变电工程有限公司（以下简称山东送变电公司）成立于1958年，是隶属于国网山东省电力公司的全资子公司，坐落于山东济南，现有员工1173人，其中党员570人。该公司专业从事电力输变电工程施工、调试、检修、应急抢修等业务，具有电力工程施工总承包及承装（修、试）电力设施一级资质，各种规模输变电调试甲级资质，港口与海岸工程专业承包二级资质，以及房屋建筑、市政公用、建筑智能化工程等专业承包资质。先后参与特高压电网、西电东送、青藏联网、外电入鲁等重大电力工程建设，参与北京冬奥会、党的二十大等重大保电任务，是助推山东电网建设蓬勃发展的先锋军。相继荣获"全国五一劳动奖状""全国优秀施工企业""全国工人先锋号""国家电网抗灾救灾恢复重建功勋集体""国网公司先进集体"。2020年被中央文明委授予"第六届全国文明单位"，2021年荣获中国电力企业联合会"2021年度全国电力行业党建品牌影响力企业"，2022年荣获国家电网公司"北京冬奥会和冬残奥会电力保障先进集体"。

实施背景

党的十八大以来，以习近平同志为核心的党中央高度重视文化建设，紧紧围绕社会主义文化强国目标，推动文化建设取得重大历史性成就。山东送变电公司历经65年发展历程，在全面支撑电网建设跨越式发展的过程中，形成以"特别能吃苦、特别能战斗、特别能奉献、特别负责任"的"鲁电铁军"精神为内核的企业精神。如何发挥党建引领优势，在推进各项工作中打通文化落地"最后一公里"？对此，山东送变电公司通过打造文化阵地，开展职工宣传、教育、培训、实践等活动，最大限度地统一员工意志、规范员工行为、凝聚员工力量，让文化有阵地、活动有场所，铸造共有精神家园。

体系内涵

山东送变电公司党委坚持"党委抓统领、专业抓融合、支部抓落实"的企业文化建设机制，探索建立了以党建为引领的企业文化"七位一体"阵地，把阵地创建重点渗透到企业管理全过程，推动企业文化建设工作规范化、制度化、常态化，对新时代企业文化建设落地进行了一次创新实践探索,创造了党建工作、企业文化与企业融合发展,党务与业务融合提升,党员与员工融合成长的良好局面,以一流党建文化引领保障一流企业发展。

主要做法

党建文化阵地:建成电网先锋之家、党员活动室、党性教育长廊,打造先锋堡垒

电网先锋之家重点围绕党员政治理论学习、教育阵地、创新阵地和宣传阵地"四个阵地"建设,按照"一室多用、统一标准、因地制宜、规范建设"原则,设立入党宣誓、创新实践、服务承诺、党建群团、学习教育"五大区域",展示国网山东省电力公司"两图一清单"党建工作创新实践,山东送变电公司"13654"党建联动工作模式的内在逻辑内涵。在基层党支部,标准化建设基层党员活动室11处、项目临时党支部党员活动室50余处,上下联动打造助推电网工程建设的先锋堡垒。党性教育长廊作为该公司党史学习教育的沉浸式园地,全面展示中国共产党从"一大"到"二十大"以来的光辉历程,时刻提醒、教育、激励广大党员立足新时代、展现新担当、争创新业绩。

传承示范文化阵地:建成企业文化展室、企业文化示范点,铁军文化的呈现立体化、形象化

电网先锋文化展厅通过砥砺前行、点亮齐鲁、光耀华夏、特高压先锋等11大部分,利用图文影像声等技术手段,全面展现了山东送变电公司65年披荆斩棘、开拓创新的发展历史。立足新时代山东送变电公司当好电网建设铁军、电网抢险主力军,争当电网安全运行守护者、新型电力系统的建筑师的目标定位,开展沉浸式文化体验,增强职工文化浸润认同。通过党委统一领导、基层党组织落实、班组执行"三级同心联动",认知—认同—践行"三级梯次推进",践行国网山东电力"12"字——"讲政治、精业务、敢斗争、勇争先"精神特质,建成各级企业文化示范点27个。定期开展"弘扬'12字'精神特质·求实担当干最好"主题实践活动,按季度评选山东送变电公司"卓越之星",建设和谐奋进的项目班组文化,将企业文化建设根植一线。

安全文化阵地:建成安全文化长廊、现场安全督查中心,"党建+基建"铸牢安全根基

学习贯彻习近平总书记关于安全生产的重要论述,安全文化长廊全流程展现了山东送变电公司"标本兼治重点下沉、本质安全重在分包、专业提升备战打赢"三大安全管理工作思路的落地实施情况。实施山东送变电公司"三控两到位"安全管理重心下沉举措,签订分公司安全生产责任书7份,开展党员"亮身份、践承诺、做表率"反违章专项行动,"党员身边无隐患、无违章、无事故"等系列实践活动,建立党员安全文化责任区43个、示范岗173个,广泛开展"谈体会、落职责、保安全"大讨论,每季度评选表彰党员安全先锋30名,"党建+安全"效能持续彰显。建成现场安全督查中心,发挥"两体系一平台"现代安全管控措施,"远程+现场"发挥安全监督效能,把安全管理重心下沉工作做到实处。引导全员树牢"饭碗意识","同频共振"用文化的聚合力把安全生产的自觉"聚起来",促进安全行为的自觉养成。

创新文化阵地:建成金环、银线创新工作室,发挥"造血"功能,激发创新活力

按照山东送变电公司两大专业,建设输电专业"银线创新工作室"、变电专业"金环创新工作室"。按区域分为形象展示区、创新引领区、大跨越施工区、学习研讨区、视频播放区、技术创新大事记等八个区域。紧紧围绕输电和变电专业施工、检修中的技术难点，组织党员带头践行工匠精神，制定严格的创新流程，从需求调研到可研分析再到过程实施，直至改进提升、现场应用，让工作室充分发挥"造血"功能，激发创新活力。

法治文化阵地：建成法治文化示范点、"尚法"网上阵地，合规管理入脑入心

建设"德行天下，送法有方"法治文化示范阵地，按照全员、全业务、全流程、全方位、全维度、全覆盖的"六全"要求，将法治工作与业务深度融合。立足中国特色社会主义法治实践，展现法律形式和内容的完善发展。针对一线施工项目部借助信息化手段，通过移动的课堂、格物堂、二维码口袋书等活动，打造线上法律共享平台，形成了全员大普法、共学法的浓厚氛围，打造法治建设新高地。

团队建设文化阵地：建成腊山基地培训中心，开展"三学"活动，构建人才培养新格局

建设腊山基地培训中心，秉承"来有所学、学以致用"的培训理念，以职业素质和职业技能提升为核心，以培养"工程师+技师"的"双师型"人才队伍为己任，构建"一站、两场、一楼"的空间布局，服务支撑国网山东省电力公司人才评价、国网公司基建施工实训业务，打造电力行业人才培训与技能等级评价工作新高地。建设"三个率先"型党员队伍，加强安全、生产、经营、行政、党务、纪检等人才培养。加大"互联网+职业技能培训"在一线的应用，总结提炼业务技能体系课程库，定期公布各单位学习成果转化情况，结合"党建+"活动，对员工学习效果进行指导检查。

和谐文化阵地：建成职工诉求服务中心、职工之家，开展当季退休人员座谈会，架起"直通车"和"连心桥"

建成职工诉求服务中心，以促进队伍和谐稳定和企业健康发展为根本出发点，坚持"一切围着一线转，职工服务到一线"的工作原则，建立领导接待日机制，认真做好职工诉求、合理化建议的受理确认、转办跟踪、督办反馈工作。扩宽民主管理渠道，逐步建立起了覆盖全面、机制健全、功能完备、保障有力的职工服务体系，增强职工"家"的归属感。建设组织健全、机制完善、阵地巩固、职工信赖的三级"职工之家"，达到100%职工之家全覆盖。山东送变电公司建设"职工书屋""职工健康活动室""职工健身活动室"，分公司建立"职工之家"10处，开展丰富多彩的职工文化活动，满足职工精神需求。

实施效果

山东送变电公司开展的以党建为引领"七位一体"企业文化建设，做到了让文化建设内化于心、外化于行，实现了打通文化落地"最后一公里"的建设目标，最大限度地统一员工意志、规范员工行为、凝聚员工力量，实现企业高质量发展。

创新创效实现价值，工程建设屡创佳绩。山东送变电公司始终把高水平科技自立自强摆在电力工程建设突出位置，最大限度地加大技术创新力度，建成螺山大跨越特高压"第一高、第一重、第一跨"，作为国网唯一单位，荣获中华人民共和国水利部"全国水土保持工作先进集体"

称号，承建的 4 项国家重点工程荣获中国建筑行业最高奖项"鲁班奖"。

团队建设队伍养成，先进典型脱颖而出。人才培养渠道畅通，不断提升公司技术人员人、岗、证的匹配度，队伍人员综合素质稳中有升，管理型、技术型、技能型专家人才辈出。发挥专家人才示范引领作用，近年来培养出一二级建造师 174 人，拥有中高级职称人员 350 人。7 名党员先后荣获"中央企业技术能手""山东省劳动模范""国网公司优秀共产党员""山东省抗击新冠疫情先进个人"等省部级称号。

守法固安内化于心，企业发展和谐稳定。安全文化、法治文化、合规管理渗入员工内心，全体员工自觉强化红线意识和底线思维，以守住安全红线的绝对忠诚，守护好职工的幸福安康，杜绝了人身伤亡事故的发生。法律共享平台建在职工身边，依法合规深入人心，职工违法犯罪率为零，使企业成为让省公司放心、业主满意、兄弟单位认可、职工好评的现代化企业。

以文化人成效显著，赢得社会各界好评。山东送变电公司作为山东省委直属机关工委的党建工作示范点，自 2018 年以来，先后承办山东省省直机关党组织书记现场教学、抗击疫情事迹报告会、庆祝建党 100 周年党史知识竞赛等重大活动。先后有 110 余家省外内厅局级、县处级单位和行业单位先后到山东送变电公司进行参观学习、观摩指导，山东送变电公司逐步成为一处展示电力行业党建工作成绩、展示地方和全国电网发展历程、展示企业管理水平的现场教学基地。

党建联动促发展，文化建设添动能。企业文化建设"七位一体"新矩阵发挥了党建引领优势，推动了企业文化建设工作规范化、制度化、常态化。对内形成了文化传承的阵地矩阵和精神家园，对外成为企业形象展示的窗口和招牌，是新时代企业文化建设工作的一次重要创新实践。

主要创造人：康文明　刘中涛

参与创造人：朱　强　郭安宁　王文峰　邓　宇

以文化和品牌融合提升为主线的创新文化建设

中铁建工集团第二建设有限公司

企业简介

中铁建工集团第二建设有限公司（以下简称中铁建工二公司）是世界双500强企业中国中铁股份有限公司的骨干工程公司，是中国中铁专业工程公司20强排头兵。中铁建工二公司总部位于山东青岛，是山东区域最具影响力的建筑施工企业之一，为山东省建筑企业综合实力30强，连续两年为青岛建筑业贡献产值位居驻青央企首位。先后荣获"全国文明单位""中央企业先进集体""国家高新技术企业""山东省'省级技术中心'""山东省富民兴鲁劳动奖状""山东省全员创新企业""青岛市最具影响力企业"等重大荣誉称号，多次荣获"中国土木工程詹天佑大奖""鲁班奖""国家优质工程奖"等奖项。

实施背景

坚持先进文化引领，为企业创新发展开路。近年来，中铁建工二公司始终坚持"文化强企"战略，始终坚持以习近平新时代中国特色社会主义思想为指导，以践行社会主义核心价值观为指引，不断创新企业文化建设新思路、新方法，持续推动企业文化在基层落地生根。

坚持文化创效，发挥文化多重属性优势。中铁建工二公司切实将企业文化与企业发展紧密融合，形成了相互指导、互为增强的良好局面。目前，随着企业规模的扩大，稀释掉既有文化的传播能力和创效动能，文化建设需要品牌力加以巩固并且释放新的动能。

打造世界一流的国有品牌是国有企业面向未来竞争的必然选择。品牌同样是企业塑造形象、知名度和美誉度的基石，在产品和服务高度同质化的今天，品牌所包含的价值、个性、品质等特征都能给企业带来重要价值。

"十三五"期间，中铁建工二公司虽然实现了新签合同额年均增长69%、营业额年均增长41%的行业一流发展速度，但还存在着品牌形象与企业规模不匹配、品牌建设工作机制未成体系、品牌战略引领力发挥不充分等问题，因此需要加强品牌管理，为企业高质量发展积蓄更多更大力量。

主要做法

以坚守国企担当为导向，做好文化建设和品牌战略的顶层设计

将企业文化和品牌融合提升写入公司"十四五"发展规划。为全面推进企业高质量发展，中铁建工二公司在充分研判企业内外部环境，深入分析机遇与挑战、优势与劣势后，科学严谨地编

制了《中铁建工集团第二建设有限公司"十四五"发展规划》,并将企业文化和品牌建设工作及相应的战略发展目标作为独立的章节和板块进行规划。"十四五"期间,中铁建工二公司在继承和发扬中国中铁"开路先锋"文化的基础上,以坚守国企担当为导向,以对标世界一流为目标,结合企业发展历史,持续梳理企业文化发展脉络,深度提炼企业品牌特性特质,形成标准化、系统化、系列化的文化成果和品牌理念,通过文化传承和品牌传播推动公司高质量发展。

形成特色鲜明的文化体系并转化为具体实践。"十三五"期间,中铁建工二公司以骄人业绩书写了高质量发展的精彩答卷,这背后离不开文化的引领作用。在充分总结文化传承的基础上,公司在四届六次职代会暨2021年工作会上,发布中铁建工二公司全新文化理念,确定"明德守正、价值创造"为企业核心价值观、"敢想敢为、善作善成"为企业作风,为进一步传承开路先锋文化、开创建功新篇奠定了坚实的文化基础。同时,把文化和品牌建设与年度重点任务结合起来,通过战略解码实施工作分解、责任落实、绩效推动,将文化和品牌建设转化为涵盖全业务领域的具体实践,转化为员工可理解、共执行、易落地的自觉行为。

注重文化浸润"程""果"。在企业文化引导、融入、执行、落地的过程中,以实施主题文化工程为抓手,以品牌形象提升为重点,以文化践行落地为目标,推动线上线下载体结合,对内对外媒体联动,着力提升文化引领力和品牌传播力。

以赋能经营生产为前提,铸造文化和品牌融合提升的战略根据地

建立文化和品牌传媒中心。中铁建工二公司组建文化和品牌传媒中心,全力打造内外宣传"两个平台"。一是丰富形式平台:持续丰富健全宣传媒体矩阵,通过搭建企业官方微信公众号、官方网站、官方抖音号、视频号、头条号等"融媒体"宣传矩阵,全方位展示企业形象。二是强化内容平台:创建"攀登者"典型宣传文化品牌,制作《攀登者》原创MV,发挥典范示范作用;拍摄建党百年主题MV《星辰大海·建工筑梦》《牵手关爱七彩假期》小候鸟爱心暑托班纪录片,受到社会各界广泛关注。

打造文化和品牌管理团队。中铁建工二公司设置独立运行的企业文化部,专门负责文化和品牌管理工作;在二级分公司的综合办公室设有专职文化和品牌管理岗;建立了公司总部机关各部门—分公司机关各部门—项目部三级的信息通信员体系;在重点党支部设置党群专员岗,协助党支部书记开展文化和品牌管理工作;公司现有各级文化和品牌管理人员合计超200人。为全面提升文化和品牌管理岗位人员的综合素质,中铁建工二公司制定定期培训制度,定期开展内训和专家外训。

建立管理办法和考核激励机制。明确工作方向,完善管理办法。中铁建工二公司先后印发《新媒体运营管理办法》《舆情管理办法》《门户网站管理办法》《宣传报道奖励办法》等管理制度;规范工作流程,先后印发《关于进一步规范项目大型活动组织流程的通知》《关于统筹组织公共关系类会议活动的通知》《关于进一步规范荣誉奖项归口管理的通知》《综合创优管理办法》等流程规范。

加强考核激励力度,强化人才建设。对于在文化和品牌管理宣传方面表现优秀的先进单位和先进个人,中铁建工二公司进行大力表彰和奖励。

以国企三大属性为核心,充分发挥文化力量和品牌效应的积极作用

围绕政治属性,强化国有企业政治本色。坚持党建引领文化建设,推动党建和文化建设、品牌提升相互融合、互相促进，将文化建设纳入党建目标责任制，协同推进文化创新品牌创效。

围绕经济属性，推动实现国有企业做大做强。中铁建工二公司大力开展创先争优、企地共建、品牌宣传、属地化管理等工作，强化文化与品牌的链接。

围绕社会属性，通过公益事业助推企业文化和品牌价值提升。近年来，中铁建工二公司通过成立志愿者服务队，不断投身公益事业，持续培育志愿服务品牌，用心打造志愿服务队伍，企业文化和品牌通过公益事业在社会层面广泛传播。

一是与共青团青岛市委和青岛市住房和城乡建设局联合打造"牵手关爱，七彩童年——建设工地小候鸟驿站"志愿服务品牌，开展关爱农民工子女行动。

二是创新设立"'益'路'童'行，结对帮扶——建设工地暖心驿站"志愿服务项目，开展关爱青年成长行动。

三是成立"筑梦志愿服务队"，积极投身抗疫救灾和扶贫济困等公益事业。

以铸魂、育人、塑形为内涵，依托"文化为魂，品牌致胜"促基业长青

中铁建工二公司继承和发扬中国中铁"开路先锋"文化，与源远流长、醇厚持重的齐鲁文明融会贯通，孕育出"明德守正、价值创造"的企业文化，逐步形成了"1245"品牌文化体系，通过品牌文化竞争力提升企业发展竞争力。

"1"：打造一套企业文化理念。在总结公司多年来积累的优秀文化基础上，提炼形成了以企业愿景、文化理念、领导文化、管理理念为主要内容的企业文化理念，并形成《企业文化手册》指导员工行为。

"2"：打造内外两个文化"共同体"。对内发挥企业文化凝聚作用，强化员工的使命感与责任感，增强员工的幸福感与获得感，让员工真正与企业成为共建共享、共生共荣的命运共同体；对外发挥品牌传播作用，在助力企业经营与信誉提升的同时，积极投身公益事业，持续为社会创造价值，彰显国企责任与担当。

"4"：打造四个文化品牌。一是打造"家文化"职工品牌。通过"职工之家""暖心驿站""冬送温暖、夏送清凉""三让、三不让"，不断改善员工生活条件，提高员工幸福感。二是打造"先锋杯"活动品牌。三是打造"攀登者"先模品牌。开创发扬"开路先锋"原创线上宣传阵地《攀登者》，拍摄《攀登者》原创MV，发挥典范示范作用。四是打造"筑梦"志愿服务品牌。"建设工地小候鸟驿站""希望小屋""'益'路'童'行，结对帮扶"等志愿活动。

"5"：打造五项文化竞争力。一是无与伦比的团队合作文化。中铁建工二公司的领导班子风清气正，主要领导之间互相欣赏、认可、尊重和包容，形成了"形象清新、身先士卒、勇于改革"的领导文化。二是敢想敢为的集体奋斗文化。中铁建工二公司的发展经历了长期艰苦奋斗的过程，从早期的艰难生存，到中期的迅速崛起，再到当前的行业一流，所有光鲜业绩的背后都浸透着奋斗的汗水。三是优胜劣汰的内部竞争文化。在市场竞争中，中铁建工二公司始终保持强烈的危机感，高度重视公司内部组织和管理的活性。四是勇争第一的开路先锋文化。中铁建工二公司凭着"敢打必胜、勇争第一"的拼劲，一跃跻身集团公司第一方阵，连续4年荣登中国中铁三级专业工程公司20强，连续两年贡献建筑业产值位列驻青央企第一名，在各个领域均全面展现开路先锋的风采。五是共建共享的开放包容文化。中铁建工二公司多年来坚持以更为广阔的视野正视发展环境，坚决反对故步自封，坚持与企事业单位、社会组织、地方政府共建共享发展成

果，全面属地化管理为企业发展营造了良好的商业生态，企业品牌形象得到迅速提升。

实施效果

经济效益方面

通过以对标世界一流为目标的品牌文化体系构建，中铁建工二公司在全面规划企业发展战略、制定企业改革方案等重大问题上，坚持以企业经营工作需要作为出发点和落脚点，企业市场占有率、社会影响力和综合实力逐年提高，各项指标大幅攀升。

管理效益方面

综合实力不断攀升，中铁建工二公司自"十三五"以来荣获鲁班奖3项、国家优质工程3项、泰山杯12项、山东省优质结构20项。在施工主战场，济青高铁淄博北站、潍坊北站成为施工质量好、工期控制好、现场管理好的标杆，鲁南高铁2标项目在鲁南高铁公司的检查中屡次名列第一，展示出了中铁建工二公司王牌军的风采。

社会效益方面

"十三五"以来，中铁建工二公司共计获得包括国家精神文明类最高荣誉——全国文明单位、中央企业最高荣誉——中央企业先进集体、中央企业先进基层党组织等在内的各类综合奖项49项。在公益事业和志愿服务方面，先后荣获"第五届中国青年志愿服务项目大赛银奖"、山东省2019年度志愿服务"四个100"先进典型最佳志愿服务项目、"山东省第三届志愿服务项目大赛项目类银奖"等各类荣誉9项。

社会影响力方面

"十三五"以来，中铁建工二公司微信公众号共计编发稿件1882篇，视频抖音号累计更新111条，头条号累计更新94条，其影响力稳居建工集团分公司、子公司前列。建筑工人就地过年、工地"六一"、"建设工地小候鸟驿站"、绿色发展大会等重大活动得到国家级媒体的聚焦报道，极大提升了企业社会影响力。

主要创造人：贾　伟
参与创造人：葛均艳

推动党建凝聚人心、融入日常的企业文化建设

国网冀北电力有限公司唐山供电公司

企业简介

国网冀北电力有限公司唐山供电公司（以下简称国网唐山供电公司）隶属于国网冀北电力有限公司，是国家电网有限公司34家大型重点供电企业之一。国网唐山供电公司成立于2003年，是国有控股有限责任公司分公司，供电面积13184平方千米，供电人口771.8万。目前，国网唐山供电公司拥有35千伏及以上变电站657座，容量9373万千伏安，拥有35千伏及以上输电线路904条，总长10182千米，2022年售电量为779.32亿千瓦时，在国家电网有限公司34家大型供电企业中排名第四。

实施背景

文化是最深沉、最持久的力量，也是一个企业战胜困难挑战的精神动力和制胜法宝，国家电网有限公司在《企业文化建设工作指引》中提出"构建以党内政治文化为引领的企业文化建设体系"的具体任务。国网唐山供电公司坚决贯彻国网冀北电力有限公司党委决策部署，坚持"党建是日常""党建是人心"的工作思路，将基层党组织作为推动企业文化建设的主体，破解当前企业文化建设存在的基层参与不强、融入专业不足、推动发展不够等问题，引导各级党组织和广大党员争做党内先进政治文化的传播者、倡导者、实践者，推动党建凝聚人心、融入日常，驱动提升业务工作和管理水平。

主要做法

坚持一条主线，明确建设思路

国网唐山供电公司党委坚持"党建是日常""党建是人心"的工作思路，构建以党内政治文化为引领的优秀企业文化，营造人心思齐、人心思进的良好氛围，引导全体干部员工在争创新型电力系统示范标杆、争创高质量发展标杆中"作表率、当排头"。

把握"党建是日常"，融入公司治理各环节。将政治建设"抓"在日常，以党的创新理论凝心铸魂，引导党员干部忠诚捍卫"两个确立"，坚决做到"两个维护"。将专业领域"融"在日常，引导专业领域运用党建思维、党建载体推动新型电力系统建设。将服务示范"显"在日常，主动担当央企责任，高质量服务地方经济发展，谱写建设美丽唐山的绚丽华章。

把握"党建是人心"，涵养正风正气。以优秀作风得人心，深入检视整改日常工作中存在的

不良风气，打造有信念、勇担当的干部职工队伍。以和谐氛围暖人心，创新手段开展职工思想动态调研，做好人文关怀、心理疏导，及时解决职工急难愁盼问题。以标杆引领聚人心，开展先进典型储备、培育，让广大干部职工学有榜样、干有方向、赶有目标。

建好"三个载体"，筑牢基层阵地

以星级党支部建设为载体，打造基层文化聚合节点。示范"亮星"，打造标杆模板。聚焦基层党支部标准化、规范化建设过程中的痛点、难点问题，综合研判支部中心工作业绩、党建工作质量、群众满意程度、企业文化建设等情况，评选三星、四星、五星级党支部。

全面"争星"，推动整体提升。总结提炼星级党支部建设的先进做法，组织"争星"支部现场观摩、交流座谈、结对共建，将"示范点"打造成提升基层党建水平、建设基层战斗堡垒的"教学点"。

动态调整，建立长效机制。对"亮星"成功的党组织定期复查，做好"升星、降星、摘星"调整，指导未"亮星"党支部补齐工作短板、找准特色亮点，通过竞争提升基层党建、企业文化建设活力。

以共产党员服务队建设为载体，当好电力"先行官"。强内功，打造高素质队伍。开设"党组织＋服务队"双重课堂，开展队内理论政策二次宣贯、二次学习，坚持边学习、边对照、边检视、边整改，确保全队"弹药库"持久充盈，"精气神"持久提振。

强外力，架起"五心"红桥。精心服务进企业，提供问题联络员、信息宣传员、发展规划员、办电服务员、用电指导员"五员"服务。爱心服务进校园，上好"开学第一课"安全用电宣讲，邀请师生代表走进企业参观，增进社会对供电企业文化的了解。暖心服务进社区，创新开展"三色社区"服务，根据住户构成、配电设备运维情况精准分类，有针对性地提供服务。倾心服务进乡村，入户排患处缺护航乡村百姓生活用电，对接农业生产用户护航乡村产业振兴。热心服务助公益，30年不间断帮扶震后"康复村"，主动上门为福利院等重点机构和属地孤寡老人等特殊群体提供帮扶，架起党群"连心桥"。

促发展，聚焦主责主业。发挥服务队跨专业协同优势，在电网建设、新型电力系统建设中当先锋。主动对接利益相关各方，建立电力设施保护政企联动体系，在重大保电等急难险重任务中风雨无阻。加强"供电＋能效服务"，培育综合能源服务和重点项目，推广绿电入唐政策和重卡充换电、分布式新能源、电动汽车等业务。

以文明实践矩阵建设为载体，弘扬时代新风。建立"三级体系"，覆盖各个层级。在本部建成新时代文明实践中心，在10家县公司、9个直属单位建立实践基地（所），在市区22个营业厅、县区93个供电所成立实践站（点），打通宣传群众、教育群众、关心群众、服务群众"最后一公里"。

打造"五大平台"，弘扬时代新风。构建理论宣讲平台，对内进班组、进一线，对外进社区、进乡村开展理论宣讲，营造处处是课堂、时时受熏陶的浓厚氛围。构建教育服务平台，建设党员教育"工作坊"，选拔培育讲师，开发精品课程，破解基层理论学习、教育培训时间碎片化难题。构建文化服务平台，建设职工书屋及各级图书角、小书吧的"阳光书屋"矩阵，开展"送文化到基层"文艺会演，潜移默化地激发职工爱企、爱国、爱党热情。构建科技与科普服务平台，深化创新工作室建设，确定创新引领发展重点任务，培育适应数字化转型需求的职工队伍。

构建健康推进与体育服务平台，广泛开展体育培训、竞赛，建设心理健康工作室，对职工心理健康问题及时干预。

把牢"五个抓手"，根植员工内心

抓沉淀，凝聚唐供特色精神品质。大力弘扬以伟大建党精神为源头的中国共产党人精神谱系，传承发扬电力精神和电网铁军精神，将唐山红色历史与电力事业发展历程深度结合，开展"红色基因、电力传承"实践，举办"红色记忆——革命遗址巡回展"，策划传承"大钊精神"等7条实景学习路线，开展"阅党史、忆往昔、说发展、献良策"活动，把广大党员干部职工团结成"一块坚硬的钢铁"。

抓学习，提升基层理论学习积极性。开展"百名书记讲党课""送党课进班组"等系列活动，组织基层书记、班组负责人结合实际工作讲党课，将大理论细化为小选题，用贴心话讲清大道理。构建线上教育矩阵，依托融媒平台开发系列微党课44期，便捷基层学习。按需施教开展针对性培训，针对基层书记、党员、团员青年等不同群体特点设计课程，破解培训内容不解渴、重点不突出的问题。

抓氛围，开展党建主题辩论。举办"强党建、聚人心、提正气、促发展"主题辩论赛，提升队伍凝聚力、向心力，实现转变作风大比拼、人心力量大凝聚、落实能力大提升。

抓调研，掌握职工思想动态。创新职工思想动态调研手段，探索运用大数据手段、标准化思维、心理学理论将调研无缝"嵌入"中心工作。广泛征集基层存在的问题、对企业发展的建议，充分了解群众的烦心事、操心事、揪心事，推动解决发展所需、改革所急、基层所盼、民心所向的重点问题。

抓宣传，广泛凝聚人心。建设融媒体分中心，推进管理融合、业务融合、资源融合、队伍融合，实现"一体策划、一次采集、多种生成、多元传播"。开展重点主题传播，深入宣传电网高质量发展、服务地方经济的典型经验和创新亮点。挖掘基层奋斗经历、一线感人瞬间，"以小见大"讲好唐供故事，搭建电力企业与社会良好沟通的桥梁，增强电力客户对电力企业的情感认同。

坚持"四位一体"，"党建+"助推企业发展

党委统筹抓总，把稳"风向标"。充分发挥党委"把方向、管大局、保落实"关键作用，对"党建+"工程进行统筹谋划、统一推进，合理配置全局资源，通过定期会商、现场督导帮助基层找差距、理思路，引导基层弄清"党建+"为什么融合、融合什么，破解责任落实难、末端融合难、精准创效难等突出问题。

专业细化把控，做优"夺旗项目"。综合上级要求和工作实际，制定国网唐山供电公司"党建+"10项重点工程实施方案，明确任务清单和评价标准，开展过程管控和督导评价，做到党建与专业工作同部署、同落实、同检查、同考核。选树、培育、推广"党建+"示范项目，建立标杆项目数据库、典型场景示范库。推进安全、服务、法治、廉洁等专项文化建设，推动企业文化在各业务领域、专业条线全面落地生根。

支部落实落地，筑牢"战斗堡垒"。主动承接任务，根据专业工作实际实施对应"党建+"工程方案，打通落实落地"最后一公里"。坚持"一面旗，一片苗，一腔热血，一勋章"先进典型培育理念，建立"先进典型储备库"，培育先进典型，在急难险重任务中经风雨、壮筋骨，让职工群众学有目标、干有方向。

党建联动宣传，激发全员干劲。强化纵横联动，积极沟通上级单位与兄弟单位，为专业部门、基层党支部拓展沟通渠道，提升推进效率。强化多元互动，开展"党建+安全"主题活动月等系列活动，调动职工群众干事创业积极性。

实施效果

凝聚人心，营造良好氛围

党员干部理论学习更加积极，政治认同、思想认同、情感认同显著增强，人心齐、人心稳、人思进的良好局面得到巩固提升，国网唐山供电公司获评"全国电力行业党建品牌影响力企业"。党员教育"工作坊"首批培育30名党建讲师，《"工作坊"赋能党员教育，锻造过硬党员"五支队伍"》分别获评"河北省宣传思想文化工作创新案例"和"中国电力思想政治工作研究会基层优秀案例"。实施一流文化铸魂工程，《发扬电力精神以先进文化基因铸魂育人》入选国家电网有限公司管理创新项目计划。

融入日常，提升管理水平

党建工作质效稳步提升，国网唐山供电公司党委获评国家电网有限公司"红旗党委"。新时代文明实践矩阵覆盖各个层级，建强基层思想文化阵地，《以文明实践之力夯实思想引领之基》获评"中国电力思想政治工作研究会基层优秀案例"。共产党员服务队各项服务得到社会各界广泛认同，服务队获评全国学雷锋志愿服务"四个100"最佳志愿服务组织，帮扶震后"康复村"项目获评全国学雷锋志愿服务"四个100"最佳志愿服务项目。党建带动团建高质量发展，国网唐山供电公司团委获评"全国五四红旗团委"。

推动发展，争创"两个标杆"

争创新型电力系统示范标杆。积极服务能源转型，加速推进绿电入唐，换电重卡投运量位居全国第一，零碳检储配基地成为中国仓储与配送协会首家认证的零碳库区。创新驱动激发活力，2022年获评"全国电力巡检技术创新应用'金巡奖'"，获评一项"全国管理创新二等奖"、3项"省部级科技进步奖"，一项"QC成果获评国际质量管理小组大会金奖"。

争创高质量发展标杆。全员加压奋进提升供电服务质量，2022年用户平均停电时间同比下降20.14%，客户投诉同比下降73.59%。电网建设有序推进，获评"国家电网有限公司2022年度重大电网工程建设先进集体"。"党建+提质增效"成果显著，累计增效9.59亿元。国网唐山供电公司获评"国家电网有限公司管理提升标杆企业"。

主要创造人：陈建军　梁　吉

参与创造人：王学志　李建洲　孙耀威　张　刚

能动创新铸造新能源装备智造"大国重器"

明阳新能源投资控股集团有限公司

企业简介

明阳新能源投资控股集团有限公司（以下简称明阳集团）成立于1993年，总部位于中国广东中山，专注于新能源高端装备的研发与制造。业务涵盖风力发电、海洋能源、太阳能、氢能、智能电气、空间能源和可再生润滑油等清洁能源开发运营、装备研制与工程技术服务领域，是全球新能源装备行业的领军企业和智慧能源整体方案提供商，位居中国企业500强第385位和全球新能源500强第15位。2019年1月，明阳智慧能源集团股份公司在上交所主板上市，并于2022年成功发行中国新能源领域首单全球存托凭证，实现上海、伦敦两地挂牌上市；2023年6月，广东明阳电气股份有限公司在深交所上市；明阳集团已形成两个上市公司。明阳集团先后荣获"全国五一劳动奖状""全国和谐劳动关系创建示范企业""全国劳动与社会保障先进民营企业"等荣誉。

核心价值，铸就文化基因

在明阳集团的创业、创新、发展过程中，萌芽、成长和积淀了"地蕴天成·能动无限"的企业文化基因，能动理念、能动精神的凝聚、碰撞、融合，汇集成一种强大的厚积薄发的放射性的能量和活力，充满激情与创意，表现出高度的主观能动性和追求卓越的进取精神。

坚持以产业报国为己任，让中国制造在世界上有尊严。明阳集团始终把国家利益、民族利益放在第一位，积极响应党中央提出的"创新、协调、绿色、开放、共享"发展理念，坚持创新驱动，不断加大新能源技术创新力度，通过三次转型升级，践行绿色创新发展。

积极培育向上的企业精神。确立利国利民的产业发展方向，把"发展清洁能源，造福人类社会"作为企业发展的宗旨，把"铸造负责任、重诚信、有尊严、受尊敬的国际知名品牌"作为企业发展愿景。

家国情怀，推动文化传承

作为具有社会责任感的企业，明阳集团从创新和集约发展角度，将绿色基因和理念植入产品设计、制造、销售、运营维护全链条，打造绿色智能风场，实现绿色能源的智慧、互联与高效利用，打造绿色电力消费主体，推动构建促进绿色电力消费的长效机制，持续为我国绿色电力的健康稳定发展贡献力量。

让新能源普惠老百姓，是张传卫董事长最大的梦想。明阳集团积极响应党中央"打赢脱贫攻坚战，实施乡村振兴"的号召，以新能源制造商的优势，开展特色扶贫工作。目前，明阳集团已在甘肃、吉林、青海、新疆、云南、广西、贵州、河南等地区投资建设产业基地或新能源项目，通过产业链集聚效应，提升当地产业吸纳就业的能力，实现了绿水青山的保护和风光储资源一体化开发融合发展，为当地及其周边地区的发展发挥了积极的推动作用。同时，明阳集团连续多年坚持通过就业扶贫、教育扶贫、向慈善机构定向捐款等形式，助力乡村发展。

2016年12月，在广东始兴县红梨村，明阳集团为当地建设的"光伏发电扶贫示范项目"并网发电，年均发电量约3万度，可带来70余万元的发电收入，帮助近30个贫困农民家庭实现长久脱贫，并改变他们延续千年的燃柴燃煤生活方式。

2022年9月，由明阳集团作为投资建设主体的"千乡万村驭风行动"试点工程在河南省信阳市淮滨县开工建设，这是"千乡万村驭风行动"全国率先编制实施方案、全国率先开工建设的首批试点工程。该工程分布在淮滨县15个乡镇，容量为78万千瓦，项目并网后，每年可提供绿电量约21.5亿度，同等条件下相当于火电机组节约75.5万吨标准煤，减排二氧化硫327万吨、二氧化碳180万吨。该县每年增加村（社区）集体经济收入850万元以上，实现年税收收入0.75亿元，提供就业岗位50个左右。该项目建成后，将成为全国首个村村覆盖风电的县，真正让群众增收有保障、乡村振兴有力量。

现在，明阳集团每年运用风能、太阳能、储能、氢能和循环再生能源等形式生产的新能源产业遍布全国，每年获得的绿色能源环境效益相当于每年减少二氧化碳排放约1.2亿吨，等于每年再造森林75万余公顷。由明阳集团发起并推动的"智慧能源，普惠全球"行动正在顺利推进，人人成为新能源制造者、使用者、受益者的清洁能源新时代正在到来。

创新、发展、涵养文化之魂

创新是能动文化之魂，明阳集团的创业发展本身就是一个研发、管理等一系列重大创新突破的过程。明阳集团尤其重视核心技术自主创新，张传卫董事长始终强调，只有持续不断加大研发创新投资力度，抓住核心技术创新的主动权和主导权，才能主宰公司发展的命运，才能成为中国陆上乃至全球海上风机技术创新的引领者和行业领军企业。

坚持核心技术自主创新。海上风电是全球趋势，但受制于抗台风重大技术这一世界性难题。中国东南沿海特别是广东沿海，台风频繁，欧洲风电专家认定要攻克这一世界性技术难题堪比新能源领域的"登月工程"。明阳集团以敢为人先、为国争光的责任，耐得寂寞，勇于攻坚，整合全球研发资源，历经十年，终于实现重大突破，先后推出了适用于近海浅水区的5-7兆瓦、9-12兆瓦、14-18兆瓦系列超大容量海上风电产品线，形成了适应全球海上各种风况、最齐全的产品线；创新开发全球独创的、容量最大的"双转子"16.6兆瓦深远海海上风电漂浮式风机岛，将海上施工作业变成岸边生产，极大减少海上作业时间和建设成本。明阳集团的自主创新使海上风电禁区在中国人手里变成了极具开发价值的巨大富矿。在美国著名咨询公司发布的《全球海上风电创新趋势报告》中，明阳集团位居全球海上风电创新排名第一位。

从"智能产品"到"智慧运营"。2014年，明阳集团完成了大数据平台的打造，将控制策略与互联网技术、大数据、云存储前沿技术融合，进行风电场优化、定制化设计、资源评估、智能风场管理，推进无人值守智慧风电场建设。明阳集团智慧风电场运营管理大数据分析应用平台是目前国内领先的风电数据平台，能够实现从气象预测到风机健康状态监测预警、到风电场优化运行，再到风电场群的协同调度。

助推三个"海上三峡"建设。集团董事长张传卫自担任第十二届、第十三届全国人大代表以来，认真履职，不辱使命，在绿色发展、新能源革命、振兴实体经济、"一带一路"建设、粤港澳大湾区规划、珠江西岸高端装备制造等关系国家发展重大战略等方面提出的有价值建议，均被国家有关部门采纳。张传卫董事长在全国首提在青藏高原打造"陆地三峡"，推进广东海洋经济与海上丝绸之路经济带的对接，打造三个"海上三峡"，改变我国能源布局和结构。明阳集团坚持以扎实的产业基础和科技创新积淀，积极担当和主导推进广东省委省政府对广东海上风电开发确立的重要使命和目标：一是推动广东经济高质量发展下的能源结构转型，从依靠外输和化石能源为主，向自主供应和绿色低碳能源转型；二是打造世界级高端海上风电装备及海上工程装备万亿级、世界级产业集群；三是为粤港澳大湾区打造世界一流绿色湾区和城市群建设，提供绿色能源和环境支撑；四是推进广东三个"海上三峡"建设，构建广东海上高端装备产业集群和海洋经济的世界级技术创新平台，推出占领全球制高点的工程技术、装备技术、海上程工技术。

品质文化，守正笃实

作为装备制造产业带建设的领头羊，明阳集团是全省唯一产值超百亿元的"工作母机"企业。明阳集团提供风能开发、建设、全生命周期价值创造及整体解决方案，是风电行业唯一具备发电机、齿轮箱、叶片、三大电气控制系统自主研发与生产能力的企业，走在世界新能源高端装备制造的前列。

守正笃实，久久为功。明阳集团守正笃实，以自我研发为基础，不急躁、不浮躁，坚持掌握核心技术、核心优势，实现了一次又一次的技术升级跨越。

专注精细，锻造精品。明阳集团不断完善风电产业的上下游产业链，现在已经实现了风机叶片、三大电控系统等关键部件全部自主研发生产，突出产业链优势，通过实施精准生产，坚持一丝不苟、一以贯之的制造工艺，激活对产品创新的动力源泉，产品得到业界高度认可。

党建引领企业文化建设

明阳集团党委自成立以来，紧密围绕"党建促发展"中心工作，及时宣传贯彻党的方针政策，树立企业的社会形象，推动企业的品牌建设，打造企业文化软环境，营造健康向上、能动作为的工作氛围，助力明阳集团打造国际知名、国内一流的千亿级新能源产业集团。

明阳集团建立了党群一体化工作机制，紧紧围绕企业生产经营开展党群工作，党委、工会、共青团、妇联同步联动，工作同安排、活动同开展、组织同运行，形成整体合力。

扎实做好非公经济"两个全覆盖"工作。明阳集团在远离总部的基层一线建立"党支部"，在技术、制造、工程运维等重要岗位设置"党员示范岗"，充分发挥党员的先锋模范作用，领导广大员工参加社会公益活动、文体娱乐活动、摄影征文活动，组织集团运动会、青年联谊、党员赴外交流、优秀员工代表宣传等丰富多彩的活动，倡导科学、高质量的发展理念，激发广大员工的学习热情和创业、创新斗志。

全面推进组织作风建设，提高党员发展质量。明阳集团党委全面推进组织作风建设，主导对干部职业精神、职业道德进行监督考核，定期开展巡查巡视，制定并实施《管理干部和管理人员廉洁从业规定》《高级管理人员责任追究办法》《全面整顿干部职业懈怠、职责贪腐16项不良作风的规定》《内部管理八项目规定》。党委突出强化政治纪律和组织纪律，带动廉洁纪律、工作纪律、生活纪律严起来。强化纪律执行，让党员、干部知敬畏、存戒惧、守底线，习惯在受监督和约束的环境中工作生活。

构建和谐融洽的环境。明阳集团党委着眼于真正成为职工群众的主心骨和贴心人，注重倾听、反映员工诉求，维护群众权益，加强人文关怀，解决实际困难，构建了和谐的企业内部环境。明阳集团建立和完善了制度化、经常性的员工反映意见、诉求的渠道，落实了职工代表大会制度，下发了《关于畅通员工反映情况渠道的公开信》，公开了集团党委书记、董事长和党委办公室、审计监察部等相关人员的联系方式；制定了《关于构建集团公司常态沟通机制的实施办法》，建立了面对面沟通、会议沟通、设立意见箱沟通、网络电话等沟通机制，在党委书记的领导下，每季度组织党群组织、总裁办、人资部、后勤服务部等部门，召开专题的员工代表座谈会，对员工提出的问题由集团党办协调相关部门进行答复和解决，通过及时消除矛盾隔阂，形成了上下通达、风正气顺的良好环境。

全球事业助推文化融合

作为上市的国际化公司，明阳集团扎根广东、面向全国、走向全球，在开拓国际市场的同时，广泛吸引国际顶级人才加盟，在产业国际化、人才国际化的同时，文化融合不断深入。

用清洁能源点亮"一带一路"。走出国门，输出中国创造，是明阳集团的既定目标和国际责任担当。明阳集团提出用新能源"点亮"丝绸之路，让清洁能源成为"一带一路"建设发展的主引擎；将"一带一路"建设成可以惠及沿线各国人民的生态路、环保路、宜居路、幸福路，已在亚洲、欧洲、美洲等地区30多个国家开展新能源技术合作和业务，与丹麦、德国、挪威、英国等国家的多所知名大学、国际认证测试机构开展技术合作、资源协同和供应链体系建设。作为中国首个向欧洲等地区出口海上风电机组的企业，明阳智造已走出国门，进入英国、意大利、挪威、西班牙、日本、韩国、越南、巴西、俄罗斯、印度、保加利亚和巴基斯坦等国家，分享"中国智慧与方案"，促使更多地区风、光资源得到高效开发和利用，明阳集团的新能源产品正源源不断地为世界提供可再生清洁能源。

布局一总部、五中心创新研发平台。在创新发展的过程中，明阳集团始终面向全球吸纳高端人才，先后引进四批海外高层次创新团队，拥有超过2000人的研发队伍，除了在中山建立研发总部外，在美国硅谷、德国汉堡和中国的北京、上海、深圳等地建立了研发中心：中山总部重在进行资源整合、技术孵化、产业化关键技术突破、核心零部件研发及产品的检测试验。美国硅谷、德国汉堡、中国的北京、上海、深圳五个研发中心，瞄准国际最前沿的发展动态，分别承担储能电池、太阳能发电技术、大功率海上风电整机技术、空间芯片、卫星能源系统和智慧能源系统等的研发工作。目前，明阳集团建立了博士后科研工作站、国家级企业技术中心、国家地方联合工程实验室，拥有专利2000多项，其中发明专利600多项，培养造就一大批具有国际水平的战略科技人才、科技领军人才、青年科技人才和高水平创新团队，承担了多项国家级和省级重大科技攻关项目，雄厚的创新实力使明阳集团始终走在行业的前列，保持着强大的竞争力。

主要创造人：张传卫

参与创造人：王金发　易菱娜　穆　瑞　胡　洋

人本文化激发创新动力，助力企业高质量发展

软控股份有限公司

企业简介

软控股份有限公司（以下简称软控）是全球橡胶机械领域的领航者，是橡胶与轮胎行业智能制造的引领者，橡胶机械业务规模世界第一。

软控成立于2000年，是依托青岛科技大学发展起来的国际化高科技企业集团，2006年在深圳证券交易所上市，2009年承建了国家橡胶与轮胎工程技术研究中心，2011年承建了轮胎先进装备与关键材料国家工程研究中心。

作为全球唯一"轮胎智能工厂整体解决方案"供应商，软控产品覆盖了轮胎生产80%的核心装备。软控主营业务和技术优势集中在橡胶机械行业，也涉足新材料、新能源、物联网、节能环保等领域。

实施背景

青岛科技大学（原青岛化工学院）是我国唯一拥有橡胶机械、橡胶工艺、橡胶自动化等专业门类最全、历史最早的院校，被誉为橡胶行业的"黄埔军校"。"让民族橡胶工业跻身世界前列"是青岛科技大学的历史责任，承接青科大的责任与使命，创始人袁仲雪带领47位教授、老师、科研人员创立了软控。

因"出身于大学"，软控有着得天独厚的条件，更重要的是创业者远大的抱负和深厚的家国情怀，致力于搭建行业最强的技术研发平台，让科研院所的技术成果不断应用到橡胶行业企业中。众多行业专家、学者及各类人才纷至沓来，成为软控发展源源不断的动力，极大推动了我国橡胶行业的快速发展。

橡胶与轮胎产业在国民经济中发挥着举足轻重的作用，橡胶装备的技术水平直接影响着轮胎和橡胶制品的质量，软控作为全球橡胶装备行业的引领者，责任重大，使命光荣。

随着智能技术的走实向深，橡胶轮胎制造全流程的智能化如何推进已成为行业共同的课题。软控基于橡胶装备领域的深厚积累，积极探索橡胶轮胎行业转型升级的难点、断点，为客户交付稳定可靠、简单易用、智能先进的橡胶行业专用装备及整体解决方案。

文化内涵

基于"中国橡胶工业2025"战略，软控搭建了以"让橡胶工业站上世界新高度"为使命，

"追求卓越·执着百年"为愿景的人本文化体系。确立了"信任、专业、担当"的价值观，以信任为基础，以专业为立足点，以担当为基本工作态度，广聚人才，共同为橡胶强国事业而努力。

软控结合工程师需要长期出差等业务实际，创立了独具特色的"软控人的私事是公司最大的事"人本理念。为了让团队不断推出新产品、新技术，软控提出了"为创新失败买单"的理念，让技术人员能够放下包袱、轻装上阵。

为了让员工有更多获得感、幸福感，软控提出"努力工作是为了更好地生活"，让努力工作的员工"在家庭中有地位、在朋友中有面子、在公司中有价值、在行业中有影响"。

主要做法

坚持党建引领，积极践行国家橡胶行业智能化战略

为进一步加强党的全面领导，发挥党在非公企业的政治核心和政治引领作用，软控党委坚定不移"跟党走"，积极弘扬"支部建在连上"的优良传统，大力夯实基层组织建设，在两个党总支和19个党支部的基础上，又在17个子公司、事业部同步设立了专职政委岗位，通过书记制、政委制的落地执行，有效实现了与总经理在业务、团队上的良性互补，管思想、管干部、管人才、管纪律、管生活，参与重大经营事项，为业务有效开展、为实现"中国2025橡胶强国"战略提供了强大的思想保障和组织保障。

党的十九大报告对加快发展先进制造业，推动互联网、大数据、人工智能和实体经济深度融合作了重要部署。软控率先在橡胶行业推出"智慧工厂"的理念，搭建了包括工艺装备、智能控制、人机界面、自动物流等在内的轮胎智能制造七层路线图，并于2016年在合肥总规划、总实施了全球轮胎行业首个轮胎智能制造示范工厂。

"为创新失败买单"，技术和管理创新之花盛开

企业效益是员工创造的，为了激发团队的创造性，软控提出了"为创新失败买单"，让技术人员放下思想包袱、轻装上阵，持续不断地探索和钻研。

碰到困难时，管理层对员工的理解和宽慰总是让员工心里暖暖的，面对挑战和克服困难的勇气陡增。在软控研发出三鼓成型机第一代产品时，从客户现场反馈的信息都是消极的，员工只能眼睁睁地看着一台台设备报废，这意味着项目投入的近千万元资金可能就此"打了水漂"，但公司领导的态度却是——"搞创新哪能没风险，成功不是必然的，失败是不可避免的。你们是在为公司犯错误，大家不用放到心里去，要继续大胆地去尝试"。结果，调整后的产品匹配了客户现场需求，成为行业热销的ZCX3轮胎成型机。

另一个革命性产品——轮胎用RFID（射频识别技术）电子标签的研发成功，同样得益于软控开放包容的氛围，8年才取得了技术突破。将RFID电子标签植入轮胎内部，使RFID标签与轮胎橡胶可靠黏合，成为一体，在不影响轮胎安全性的同时，确保电子标签在轮胎全生命周期使用过程中的可靠性和性能，是研发团队面临的核心难题。研发过程经历过很多失败，软控的领导一直强调"搞研发难免要经历挫折、失败，公司会支持你们继续做下去，只要能总结失败的原因，继续努力做好就行"。经过上万次测试，软控终于攻克了RFID技术与轮胎技术相结合的难题，取得了实质性的胜利。在该项技术的基础上，软控主起草的轮胎用RFID电子标签四项国际标准于2020

年发布。

按产品成立经营体，责任共担，利润共享

2016年，为了进一步激发团队的创业创新激情，软控进行机制创新。根据产品线，按照"自愿组合、自负盈亏"的原则，软控成立了45个产品经营体和子公司，每位负责人带领一个团队，一群人、一辈子、一条心，专心专注地做好一个产品，打造单项冠军，培养小企业家，培育优秀的小企业。

在经营体运作模式中，人人都是创业者，每个人的努力都与经营成果密切相关。按照业绩完成情况，根据软控的规则，30%的员工年度收入可以超过18个月工资。

为建立健全公司长效激励机制，吸引和留住核心管理人员与核心骨干，充分调动其积极性和创造性，有效地将股东、公司和核心团队三方利益结合在一起，使各方共同关注公司的长远发展，在保障股东利益的前提下，按照收益与贡献对等的原则，软控于2021年实施了限制性股票激励计划。

三通道晋升路径，让每个人都有最适合的奋斗舞台

软控倡导以人为本的理念，尊重人、吸引人、塑造人、激励人，为员工的成长提供广阔的发展空间。

软控讲究"价值观的志同道合，事业上的自愿组合""不求为我所有，但求为我所用"，建立了柔性的用人机制，汇聚国内外精英人才为共同的事业而奋斗。很多从事科研、技术、工艺的行业专家学者自愿加入软控事业，一些教授带着科研项目和团队来到软控，一起为行业发展贡献力量。

软控重视员工成长，搭建了"管理""专业技术"和"技师"三通道职业发展路径，并设置了研发、市场、运营等7大序列、12个层级、228种岗位，确保每位员工都能找到适合自己发展的平台。

深度人文关怀，专心"质智"，成就未来

软控倡导"先私事后公事"，管理干部的主要职责之一就是为员工服好务，为员工解决好私事。橡胶机械是工程化产品，软控的工程师需要长期出差，为了让专业的人干专业的事，尤其是不让技术人员被一些生活琐事拖累，心无旁骛地做好产品，软控建立了完善的后勤保障体系，优先把员工的私事安排好。比如，安排专人对接医疗专家为员工及直系亲属看病，子女入学、家属就业等由公司帮助解决，解除员工的后顾之忧。

软控坚持为职工"做实事、做细事、做具体事"。创立初期，软控坚持"按需分配"，将房子、车子等重要资源优先分给最需要的员工，让他们完成结婚、生子等人生大事。软控举行了10多届集体婚礼，共有300多对新人参加，婚礼全流程由公司党委工会全面统筹策划实施。

软控关心职工生活，精心安排职工福利，组织对生病员工、长期出差员工、特困职工家庭进行慰问和帮扶，每年慰问走访员工360人次；组织了"就地过年慰问活动""伟大的中国、伟大的党"合唱等活动，激发大家的爱国热情、生活热情，感受公司的温暖和党的伟大，增强了员工的凝聚力。

软控把员工的私事当成公司最大的事，员工则把公司的事当成自己的事，二者相辅相成，形成良性循环，公司在不同阶段实现最大程度的发展。

实施效果

近年来，持续的研发投入和全球研发团队的协同努力结出了累累硕果。自2017年以来，软控每年都发布新产品、新技术，轮胎生产系列智能装备赢得了市场的认可。其中，以PS2A为代表的智能成型装备频频亮相央视，六项专利技术填补行业空白，并荣获"制造业单项冠军产品"称号。MESIIC工业互联网平台则是全球首个全链条橡胶装备智能解决方案平台。

着眼于中国橡胶轮胎行业的发展需要，从密炼机上辅机开始，软控从小料称量系统到成型、压延、裁断、硫化、检测等下游环节，覆盖了轮胎生产80%的重大装备，打造了向行业实施"交钥匙"工程的商业模式，为行业企业提供智能制造整体解决方案。

近些年，软控持续推进的"高性能橡胶新材料循环经济绿色一体化"是橡胶工业史上首个大型产业链集成创新项目，实施过程中没有可借鉴的成熟技术、配套装备方案，属技术探索的"无人区"。借助国橡中心的产业链优势，软控组织整合各种技术资源，历经5年建成了世界首条万吨级化学炼胶生产线，实现了"液体黄金"新材料由技术发明到产业化落地。

基于软控在橡胶行业智能制造方面的实践积累，2017年，软控与全国轮胎轮辋标准化技术委员会发起，各大轮胎企业、相关科研院所共同成立了"中国轮胎智能制造与标准化联盟"，凝聚行业共识，发布了6项智能制造系列标准，并以此指引中国轮胎产业智能制造的发展。

软控是国家技术创新示范企业、国家工业品牌示范企业、国家知识产权示范企业、中国十大创新软件企业，拥有专利近2000项。软控获得国家科技进步奖一项、中国工业大奖一项，省部级科技奖励32项，起草国际标准4项、国家及行业标准85项，承担国家各部委科技项目60余项。

制造业高质量发展是我国经济高质量发展的重中之重，应以高端化、智能化、绿色化为方向，加快结构体系升级、技术路径创新、发展模式优化，促进制造业实现质的有效提升和量的合理增长。软控作为橡胶装备行业的领军企业，要胸怀"国之大者"，不忘初心、牢记使命，为民族橡胶工业的强国之路贡献力量。

主要创造人：袁仲雪　官炳政
参与创造人：刘　峰　武守涛　王志明　杨慧丽

以"自我管理"提升企业"文化力"

江苏黑松林粘合剂厂有限公司

企业简介

江苏黑松林粘合剂厂有限公司（以下简称黑松林）成立于1986年，坐落于革命老区——江苏省泰兴市黄桥镇。经1997年和2000年两轮改制，黑松林成长为一家以生产销售工业用、民用胶粘剂为主的民营高新技术企业。黑松林系中国胶粘剂和胶粘带工业协会常务理事单位，全国聚合物乳液胶粘剂专业委员会主任委员单位，与多家世界500强企业合作，与几十家国内知名企业形成稳固的合作关系，参与制定17项国家标准。在长期持续发展过程中，黑松林重视企业文化建设并务求实效，走出了一条"以软补硬"的发展之路；公司及主要负责人创造的"心力管理"模式被中国企业联合会、中国企业家协会表彰为"2013~2014年度全国企业文化优秀案例"，并入选哈佛案例库。

实施背景

随着时代的不断进步，员工与客户需求都发生了很大变化，企业需要创造良好的机制和环境来激发企业整体的创新能力和协同作用，赋能基层，激活员工，将"火车跑得快，全靠车头带"变成"火车跑得快，动车组来带"。

黑松林员工人数少、生产任务大、定制化任务较多且交付灵活，在这样的情况下，如何调动员工的自主性，激发其主人翁意识，释放其潜能，最大限度地发挥其积极性和创造性，持续提升工作效率，对于企业的持续、健康发展具有重要的现实意义。

"心力管理"倡导以文"化"人，是以"心力开发为核心，细节管理为手段，和谐管理为灵魂，文化管理为归宿"的文化管理模式，强调通过关注、关心、关爱员工，从而激发员工关心企业、积极与自发主动工作的热情，以"文化力"提升"生产力"，促进企业和员工共同成长。由此看，自我管理本来也是"心力管理"的"应有之义"，是"心力管理"自然延伸出来的落地路径和具体措施。

主要做法

人人都是管理者

黑松林激发员工个体或团队的创造性，从管理者的角度思考问题、解决问题，使企业能够不断适应商业变化和客户需求。

自我管理实现管理自治。自我管理需要减少自上而下的控制，通过消除横向阻碍，让员工自行表现，拥有更多的权力，持续拥有更多决策和行动的自主空间。

调整结构。黑松林将原有生产部、车间、班组等合并为经营与生产管理办公室。同时，根据生产工艺流程下设6个生产节点，每个节点授权一名点长。

充分赋能。经营与生产管理办公室统筹生产一线所有工作；点长为各节点第一责任人，将各自节点做到管理效能相对最大化；节点内员工对岗位工作负直接责任。

自我管理实现员工工作中的"身心完整"。"心力管理"的精髓是"管到心里"，强调"修路先修心，修心必修行"，让员工感受到信任与自由，把所有人的努力汇聚到一点，形成强大的企业精神力量。

完善制度。在自我管理机制下，黑松林自我管理团队合力编制了《自我管理体系》，体系内容既包括《自我管理实施细则》《自我管理绩效考核实施细则》《员工工作标准》《点长工作标准》等规范性制度，还包括《黑松林精神理念》《黑松林行为规范：六倡六戒》等指导性文件，让员工能够既有遵循纪律制度的修行，也能从技能、思想、道德等层面得到综合提升。

全身心投入。在传统组织中，员工受命行事，且无法提出自己关于工作的想法，只把部分的精力和体力交给了工作，自我管理则慢慢发展出了一套赋能和激励体系，激励员工展现内在完整性，用自己的"全身心"投入工作，带着激情投入工作，实现了员工的身心完整性。

自我管理实现工作宗旨的持续进化。黑松林重视员工工作的宗旨和追求，引导员工在个人成就感、社会责任感等方面追求精神价值。

价值引导。自我管理的基本价值诉求是"引导员工在工作与生活中善用其心，自净其心，消除恶心，增加爱心，发自内心，共同构建心心相印的和谐发展环境的过程"，通过"让员工把握自己的方向盘"，持续锤炼自己内在生长的能力。

资源共享。黑松林将公司和员工两者的根本关系予以颠倒，员工使用公司的公共服务，共享公司资源，而不是单纯的公司雇用了员工，员工在自我管理中做自己的主人。

人人都是传道师

黑松林让所有员工成长为自我管理的自我驱动者、弘扬者和倡导者。

倡导对员工的尊重、关爱与信任，签订自我管理的"心理契约"。黑松林管理者充分信任员工的能力和动机，节点成员充分信任点长，建立爱的关系、爱的管理，让员工从工作中找到归属，堪称与员工签订自我管理的"心灵契约"。

了解员工心思。黑松林要求管理者在工作和生活中要了解员工不同时期、不同年龄、不同职能的独特的物质和精神需求、行为习惯和思维方式，以及个性和理想追求等，把握人心特点，采用更富有人性化、亲情化、精细化的管理方法，创造条件时机，讲究方法艺术，与员工做知心朋友。

搭建沟通平台。黑松林通过设立员工情绪气象台、员工工作日记、点长晨会、信息反馈公开栏、黑松林先锋e家微信群等沟通平台，了解员工生活和工作中的所思所想，以及外在表现出来的情绪，密切把握员工的思想动态和各种需求，随时倾听员工心声，找到看点、原点甚至痛点，发自真心、诚心诚意地帮助员工解决问题，促进成长。

注重激励机制建设。实施自我管理更多是企业对员工的"赋能"和员工的"自我激励"。

物质激励。每个月经过简单的自我管理绩效考核，符合者都能享受到公司发放的10斤食用油、20斤大米、30个鸡蛋的实物补助。考核内容包括考勤情况、组织纪律、7S管理、质量成效、工作日记、安环质量等基本内容。考核结果优秀的，作为月度优秀员工当月享受100元的优秀员工津贴。考核结果同时也是年终评优、工资调整等的重要依据。

情感激励。黑松林着力培育一种和谐大家庭的氛围，用爱播种，让员工心灵愉悦，培育员工一种身在企业就是在家的归属感。母亲节、父亲节给员工放假，让他们回家孝敬父母；实行弹性退休制度，员工退休后可在企业同工同酬工作；员工子女中考、高考，送上一份礼物，祝福孩子金榜题名；设立洗衣房，安排人兼职为员工清洗工作服。

精神激励。黑松林将责、权、利结合，发挥其长，以点带面、以点促面，让员工基于自己的知识、技能与经验，自己把握、自己判断、自己决策、自己管理、自己负责，自己的事自己做主，更多地关注员工的心力发挥，满足员工精神层面需求，在自我管理过程中把员工的积极性、创造性、潜能量激发出来。在经营管理过程中将二把手推到一线指挥，努力引导、培养、教会下属做好事情，放手、放权、放心。在费用审批、财务借款、出差费用等方面，部门经理在费用审批单、借款单上审核签字即可到财务进行费用结算或借款，增加管理者的责任感和荣誉感，激发管理者的主动性、潜能力。

人人都是主人翁

黑松林倡导员工全身心地投入工作、全力以赴地完成任务，以"怎样才能更好，怎样才能更快"的标准处理每一个工作细节。

尊崇和执行制度，夯实自我管理的"基石"。黑松林从人人都是主人翁的角度，夯实自我管理的"基石"，注重教育、督促员工对制度的严格遵守，使员工自觉养成尊崇制度、各负其责的习惯，能够自觉维护企业制度的严肃性。

令行禁止。黑松林运用不同方法和管理工具，努力使制度规章人人参与制定，人人理解掌握，人人签字执行，做到令行禁止，让员工认识、理解和认同企业的自我管理相关规定和要求，改变自己的不当行为和思想，从主人翁的角度支持自我管理的创新实践。

习惯养成。在团队的率先示范和企业骨干的努力跟随下，黑松林风气像有一只无形的手，推着员工向前走。恰如春风化雨，润物细无声，为实施自我管理创造了融洽的软环境。

激发积极性与创造性，制定自我管理的"模板"。黑松林努力在人心上下功夫，制定自我管理的"模板"，进行心力开发，不断深入地、精细地激活个人和组织，使之成为自我驱动的源泉。

以工作日记引导自我管理。为帮助员工提高工作质量，锻炼工作思路，培养良好的学习习惯，不断提升员工个人素质和提高工作质量，黑松林在全公司推行员工下班后记录工作日记的做法取得了预期的效果，大多数员工养成了良好的习惯，工作日记的记载质量与员工素质普遍得到了提升，工作的条理性和主动性得到了加强。

以节点碰头会推进自我管理。经营与生产管理办公室每天上班前组织召开点长碰头会，对前天工作进行小结，计划当天工作，协调处理有关事务。碰头会非讨论会，注重解决问题的实质，实现各节点工作计划的"无缝"对接，自我管理在潜移默化中逐步推进。

人人都是责任人

黑松林实施自我管理主要体现在员工对自己的责任、对团队的责任、对客户的责任三个方面。

为自己负责。在考勤管理方面,黑松林实施弹性考勤管理、弹性上下班制度,员工有急事或特殊情况,可自我调节工作时间。在生产方面,黑松林以结果为导向,采取"以要货单为计件,以每釜为计时"工资制,月度工资按定额任务实际完成情况结算。在财务审批方面,一把手主动把财务借款、报销审批等权力下放,由经营与生产管理委员会审核签字,谁主管、谁负责。在对自己负责方面,点长每天的"日课"通常由想法、方法、做法三部分构成,通过多种管理渠道互相沟通、激励成员,真正实现"我的岗位我负责、我做主"。

为团队负责。黑松林明确规定各节点对所承担的工作任务实现"三自一包"。三自即"自我管理、自主考核、自己当家",一包即包任务(质量、消耗、安全、环保、节能、现场)。每个人都必须为团队负责。

为客户负责。黑松林让员工自己计划、自己决策、自己负责,自己的客户自己管,使员工的专长、兴趣和客户的问题有更好的匹配,用目标、愿景引领员工,用客户的需求拉动员工,在服务客户的过程中找回工作中的内在价值。

实施效果

自我管理进程中,黑松林员工在相对自主、自由的环境中充分施展自己的才能,活力和能力被进一步激活,创新动力得到激发,管理与运营效率得到较大幅度的提升。

随着自我管理的进展,黑松林员工可以在大部分工作中"当家作主",其工作满意度逐年上升、对企业的不良评价逐年下降,幸福指数普遍提升,骨干队伍稳定,2022年员工满意度为91.21%。近年,黑松林连续获得了"泰兴市幸福企业示范企业""中国石油和化学工业先进集体""全国企业文化建设示范单位""中国化工企业文化建设十佳示范单位""江苏省文明单位""江苏省企业管理创新示范企业"等荣誉。

在实施自我管理过程中,黑松林涌现出了不少新的优秀精神特质,总结提炼为黑松林员工的"六种精神":埋头苦干的黄牛精神、负重前行的骆驼精神、一岗多能的万能胶精神、精耕细作的务实精神、一丝不苟的工匠精神和永不褪色的标杆精神。这六种精神是自我管理的成果,也是全体员工进一步成长的动力,为企业发展和员工成长凝聚了向上向善的力量。

主要创造人:刘鹏凯　殷　萍
参与创造人:胡　宏　丁永柏　吕建兰　王向阳

"福"文化引领高质量发展

中国华电集团有限公司福建分公司

企业简介

中国华电集团有限公司（以下简称中国华电）福建分公司（以下简称华电福建公司）成立于2003年2月，是国家电力体制改革"厂网分开"时中国华电第一批设立的区域公司，负责中国华电在闽资产的运营管理和发展工作。目前和福建华电福瑞能源发展有限公司（以下简称华电福瑞公司）实行"两块牌子、一套人马"合署运营。

截至当前，华电福建公司共有管理单位33家，员工5400余人，资产总额495亿元，在运电源装机1000.8万千瓦，同时大比例（股比39%）参股福清核电，是福建省装机规模最大、电源种类最丰富的发电企业。拥有国内五大发电集团首座抽水蓄能电站、中国华电首座海上风电场、首个配售电一体化售电公司，电源种类涵盖水、火、风、光、气、核，形成"水火共进、风光气核并举"的多能互补电源布局，产业链涉及电力发、供、储、售，业务覆盖国内（福建）、国外（柬埔寨）。先后获得"全国文明单位""全国五一劳动奖状""全国五四红旗团委""全国能源化学地质系统产业工人队伍建设改革示范单位"等荣誉称号。

实施背景

华电福建公司自2003年成立以来，积累了深厚的企业文化思想基础和实践经验，凝聚形成了具有自身特色的精神理念，为公司发展壮大提供了强大的精神支撑。随着电力体制改革的不断深入、市场经营环境的深刻变化，华电福建公司面临着新的机遇和挑战。为了顺应形势和战略的变化，进一步推动公司高质量发展，华电福建公司传承发扬公司自成立以来的文化底蕴，吸收福建省地域名称和精神内涵，集中广大干部员工的意志和智慧，深入梳理、总结、融合，提炼出华电福建文化"福"元素，将华电福建公司企业文化体系定为"福"文化。这是华电福建公司的文化宣言、基本方略和行动纲领，集中体现了公司的责任担当、理想追求、价值取向和管理思想。

体系内涵

华电福建公司"福"文化体系主要包含五个方面的具体内容，称为"五福"，分别是：平安福、奋斗福、价值福、生态福、和谐福。其在文化传承上做到了五点。一是传承了中国梦、奋斗幸福观。实现中华民族伟大复兴是"中国梦"的深刻内涵，"奋斗幸福观"是以人民为中心的幸福观。华电福建公司勇毅担当、主动作为，服务经济社会发展，为人民美好生活奉献清洁能源。二是传承了传统文化。中国人自古就有崇福、尚福、祈福、盼福的传统，人们对福文化有着高度的心理认同和文化认同。"福文化"的寓意象征和文化内涵较好地契合、传导了中国传统文化的价值观。三是传承了"华电文化纲要"精神。秉承"华电文化纲要"精神，践行华电文化，彰显华电价值，展示华电形象，引领企业高质量发展，实现做强做优做大。四是传承了福建精神。传承了"爱国爱乡、海纳百川、乐善好施、敢拼会赢"的福建精神。五是传承了华电福建公司的文化底蕴。公司大部分基层企业地处革命老区，红色文化底蕴深厚。

主要做法

把握"天时"，文化引领有高度

党的二十大报告擘画了全面建设社会主义现代化国家的宏伟蓝图，指出高质量发展是全面建设社会主义现代化国家的首要任务，强调要激发全民族文化创新创造活力，增强实现中华民族伟大复兴的精神力量。华电福建公司全面贯彻落实党的二十大精神，完整、准确、全面贯彻新发展理念，全面加快高质量发展步伐。要想高质量发展，不仅要打造硬实力，也要打造软实力，特别要以文化塑造来打造一流的品牌影响力。面对国家能源安全新战略、"碳达峰、碳中和"重大战略部署，中国华电制订了"建设世界一流能源企业"的宏伟路线图，华电福建公司也与时俱进提出"加快建设集团公司一流示范企业"的奋斗目标。当前，华电福建公司装机规模历史性突破1000万千瓦，盈利水平保持区域公司前列，在华电系统和福建省的知名度、认可度持续提高，不断开创高质量发展新局面。

新时代、新征程、新使命。百舸争流千帆竞，机遇与挑战并存。一流企业迫切需要一流的企业文化来支撑，以文化心，凝聚发展之合力，把各方力量聚焦到公司的愿景使命上、统一到公司的价值导向上，勇立于发展潮头；以文铸魂，以一流的品牌影响力，筑牢兴企之根魂，引领华电福建公司走向卓越，屹立于强者之林。

厚植"地利"，文化"息壤"有深度

华电福建公司于2003年成立，承接了厂网分家时原福建电力系统发电老底子，拥有悠久历史和全省最大装机规模，是华电集团公司的传统"铁三角"之一，具有深厚的八闽红色文化基因。2020年，华电福建公司将企业文化理念体系提档升级工作列入重点工作任务，成立专项工作组问计于民，凝聚共识，充分借鉴行业单位优秀文化精髓、汲取数百份企业文献资料精华，全方位、多角度地挖掘优秀企业文化因子。历时6个月，企业文化理念体系在一次次思想碰撞中逐渐雕琢成型、升华成熟。"福"文化破土而出，并衍生出平安福、奋斗福、价值福、生态福、和谐福的"五福"文化内涵。为切实推动"福"文化在华电福建公司5000多名干部职工中落地深植，凝聚文化共识，华电福建公司于2020～2022创新组织开展了"文化铸魂、文化赋能、文化融入"三年专项提升行动"，取得良好成效。

汇聚"人和"，文化宣贯有广度

2020年，"福"文化体系的隆重发布拉开了"文化铸魂"帷幕，正式宣告了华电福建公司的文化宣言、基本方略和行动纲领，展示了责任担当、理想追求、价值取向和管理思想。同时制作

"福"文化手册、"福"文化宣传片,进一步丰富展示载体,推动"福"文化广泛凝聚干部职工共识,激发奋进新征程的精神动力。

"酒香更要勤吆喝"。为推进"福"文化落地生根,让每一家企业、每一名职工自觉成为文化的践行者和代言人,"文化赋能"接踵而来。企业文化理念上墙上网,网站、办公场所、生产一线处处有"福",部分单位还设置了专门的企业文化展厅。举办"文化赋能、福泽八闽"文学艺术作品大赛,开展"妙笔生福"书画、"福绘蓝图"海报设计、"福心雕龙"征文、"捕光逐福"摄影大赛。

启智增慧,文化融入有温度

文化是实干和远方。文化的精神和内涵要在企业生产经营、发展及党建等工作中充分体现。为此,华电福建公司深入实施"文化融入"行动,推动企业文化成果转化,将企业文化融入专业管理、融入基层工作、融入员工行为。通过"福"文化故事、优秀短视频征集集中展示华电福建公司各条战线干部职工深入践行文化理念,立足岗位为企业高质量发展贡献智慧和力量的生动画面。充分发挥党建引领作用,将"文化融入"专项行动与党建联建共建、"岗区队"创建等相结合,在推动文化与企业中心工作深度融合中充分发挥党支部战斗堡垒作用和党员先锋模范作用。注重日常工作资料的收集汇总,制作"福"文化三年专项行动总结回顾视频,筹备"福"文化企业文化节,旨在对"福"文化推广融合进一步总结提升,全面形成全体干部职工的理念共识。指导各基层单位在"福"文化统筹引领下,结合本单位所在地域特色和企业历史文化提炼基层单位子文化,以"一主多元"方式进一步丰富"福"文化内涵,为在高质量发展征程中奋勇前行的华电福建公司汇聚源源不断的文化力量。

实施效果

践行"平安福"——全面打造本质安全型企业。安全责任重于泰山,华电福建公司始终坚持"生命至上、平安是福"的安全理念抓好安全工作,所属27家发电企业中连续安全生产无事故超过10周年的达到20家,最高的超过11300天,创下集团公司、福建省工矿企业最高纪录,投产10年以下的发电企业全部实现全周期安全无事故。科学应对60年以来主汛期最强降雨,所属龙头水库拦洪减灾、防汛发电表现出色,得到福建省人民政府防汛抗旱指挥部高度肯定。聚焦"铸牢四足、问鼎安全"主题,围绕建设本质安全型企业"人、机、环、管"四个要素,提炼形成"鼎"安全文化,在提升红线意识、强化责任落实、紧抓素质建设、注重文化引领等方面精准发力,深入推进安全文化建设。以安全之"鼎"浸润企业"安全之魂",促进华电福建公司安全生产呈现"日日新,又日新;日日安,又日安"的良好状态。

践行"奋斗福"——争当一流能源企业的践行者和领跑者。华电福建公司以"汇聚能量、福泽八闽"为使命,立足新发展阶段、贯彻新发展理念、构建新发展格局,为实现国有资产保值增值、建设新福建创造更大价值。注重弘扬"同心同德、敢拼会赢"的企业精神,使企业在思想上同心同德、目标上同心同向、行动上同心同行。秉承"德才兼备、担当有为"的人才理念,倡导"奋斗幸福观",在接续奋斗中锻造队伍、培养人才,努力造就新时代忠诚、干净、有担当的好干部,使干部人才队伍成为推进高质量发展的"主引擎"。华电福建公司始终坚持以高质量发展为首要任务，以奋勇争先的姿态竞逐绿色发展"新赛道"，中国华电首座抽水蓄能电站4台机组提前5个月实现全容量投产发电，该新闻登上中央电视台《新闻联播》；中国华电首座海上风电场源源不断输送出清洁电能；所属可门发电公司三期两台100万千瓦煤电项目采用最先进的二次再热技术；国家级海上风电研究与试验基地项目发展加快推进。在推进中国式现代化国家新征程中，中华电福建全体干部职工追风逐光、激水聚能，不断为高质量发展注入持久动能。

践行"价值福"——着力构建"多轮驱动"盈利新格局。华电福建公司全面践行"精益高效、开拓共赢"的经营理念，苦练提质增效内功，完成利润目标长期位居集团区域公司前列。近年来，华电福建公司产业布局全面优化，业务领域从发电拓展到供热、售电、供电、储能及海外运维业务，利润支柱从传统水火"二人转"升级为水火风光气核"多轮驱动"。2022年，华电福建公司全年完成发电量354亿千瓦时，同比增长6.1%，占福建全省发电量的11.5%，充分发挥了主力电源支撑作用，圆满完成重要时段能源保供任务，树立了华电福建公司央企"顶梁柱、顶得住、信得过"的品牌形象。着力畅通创新发展"大动脉"，持续加大科技创新力度，获得省部级科技进步奖13项，取得授权专利93项，成功承办第五届"数字中国"峰会新能源论坛，"海上风电一体化监控系统"成功亮相中国工业软件发展大会。全面完成国企改革三年行动任务，109项改革台账全部实现完成销号，华电福建公司本部和所属可门发电公司、棉花滩水电公司获得集团公司"争创一流先进企业"。

践行"生态福"——勇做绿水青山的守护者和捍卫者。华电福建公司牢牢把控"清洁安全、适度多元"的发展理念，以加快绿色转型为主线，抢抓"碳达峰、碳中和"目标带来的新一轮发展机遇，不断提高清洁能源装机占比，加快构建"清洁主导、多能互补、产供储销一体化"产业新格局，筑牢高质量发展的根基。秉承基建与生态兼顾、发展与自然协同的宗旨，打造生态基建样板工程，实现工程建设经济效益与社会效益兼顾，"绿色能源"与"绿水青山"和谐共生发展，为生态文明建设做出更大贡献。

践行"和谐福"——大力营造"和衷共济、风清气正"的企业氛围。华电福建公司坚持和谐发展，坚持和加强党的建设，彰显央企担当，积极参与社会公益，致力回馈社会，助力乡村振兴，奋力朝着实现"行业一流，幸福家园"的公司愿景阔步前行。充分发挥福建地区"党史事件多、红色资源多、革命先辈多"的独特优势，深入推进"两学一做"学习教育、"不忘初心、牢记使命"主题教育，持续学懂、弄通、做实习近平新时代中国特色社会主义思想。坚持全面学习、全面把握、全面落实党的二十大精神。坚持党管干部、党管人才、树立注重苦干实干能干的导向，选拔任用敢于负责、勇于担当、善于作为、实绩突出的干部人才，注重青年人才的选拔培养，营造出和谐奋进的干事创业氛围。常态化开展"我为职工办实事"，建立清单，逐项推进，用心、用情、用力解决了许多职工急难愁盼问题。贯彻落实国家精准脱贫和乡村振兴战略，做好福建省宁化县等对口帮扶工作，采取"能源+扶贫"的"造血"方式，投资4.1亿元建成宁化鸡公紫风电场，派驻脱贫攻坚、乡村振兴干部6名，圆满完成脱贫攻坚任务，高质量助力乡村振兴全面推进。以"风清气正，清廉守福"为廉洁理念，塑造"干部清正、企业清廉、政治清明"的政治生态，让清廉"家"风徐徐吹进全体干部员工的心田。

主要创造人：林文彪　陈文新
参与创造人：林丽芳　连广宇　侯亚飞　邹小卿

以"三大特色实践"助推公司战略落地"示范窗口"建设

国网浙江省电力有限公司

企业简介

国网浙江省电力有限公司（以下简称国网浙江电力）是国家电网有限公司的全资子公司，以建设和运营电网为核心业务，是浙江省能源领域的核心企业。2022年年底，国网浙江电力下辖11家地市供电公司、20家直属单位和69家县级供电公司；拥有110千伏及以上输电线路7万千米、变电容量5亿千伏安；已建成1000千伏变电站3座、变电容量1800万千伏安，±800千伏直流换流站3座，换流容量2400万千瓦；供电服务人口超过6400万。公司荣获"全国文明单位""中国一流电力公司""全国五一劳动奖状""电力行业AAA级信用企业""全国电力供应行业排头兵企业"等称号。在建党百年之际，国网浙江电力党委获中共中央颁发的"全国先进基层党组织"荣誉称号。

实施背景

党的二十大报告指出，要"增强文化自信，围绕举旗帜、聚民心、育新人、兴文化、展形象建设社会主义文化强国"。国有企业是弘扬社会主义先进文化、建设文化强国的重要力量。近年来，国家电网有限公司党组以习近平新时代中国特色社会主义思想为指导，聚焦服务党和国家事业大局，确立了建设具有中国特色国际领先的能源互联网企业战略目标，明确"一体四翼"发展布局，并提出建设与"一体四翼"发展布局相适应的优秀企业文化，助力公司实现高质量发展。浙江省印发了《新时代浙江省企业文化建设五年行动计划纲要（2021～2025）》，要求企业文化建设主动服务重大战略，助推企业提升核心竞争力、行业引领力、全球影响力，实现企业文化为中心工作助力、为大局发展添彩。

在党的二十大精神指引下，为推进国家电网有限公司战略落地，国网浙江电力确定了全面建设新型电力系统省级示范区和具有中国特色国际领先的能源互联网企业示范窗口，为推动国家电网有限公司"一体四翼"高质量发展和我省"两个先行"，谱写中国式现代化浙江电力新篇章的战略目标定位，并秉承了国家电网有限公司价值理念体系，通过开展企业文化特色实践，深入挖掘企业文化的价值创造能力，服务"双碳"、乡村振兴等重大战略，助力新型电力系统省级示范区建设，为公司全力支持浙江高质量发展建设共同富裕示范区贡献文化力量。

主要做法

实施"红船精神、电力传承"文化特色实践，以文化促进战略共识

一是凝聚思想共识。深入贯彻中共中央印发关于认真学习宣传贯彻党的二十大精神的决定和上级通知要求，迅速兴起"大学习大宣讲大落实"热潮。积极组织3万余名党员参加国务院国资委、国网高培"学习宣传贯彻党的二十大精神公开班"网络培训，实现党员学习百分百全覆盖。邀请系统内外部专家教授举办"红船·光明论坛"，深度解读战略目标的时代背景和丰富内涵，有效引导员工深刻理解公司的战略部署，切实增强战略执行的责任感和主动性。在基层党支部建成"红船·光明书舟"234个，依托阵地开展主题党日、心理访谈、沙龙论坛等形式多样的活动，打造职工身边的思想教育大课堂。常态化组织开展"红船·光明读书会"，深入探讨本单位、本岗位在战略实施过程中的职责定位，强化党员的"主角意识"，切实把党支部建设成为学战略、强担当、促共识的坚强战斗堡垒。

二是强化行为共识。结合地方便民服务中心、园区服务大厅，因地制宜建成"红船·光明驿站"162个，提供个性化用电服务，在服务人民美好生活中推动战略落地。完善红船共产党员服务队"总队、支队、分队、实体化服务队"四级工作体系，常态化开展"人民电业为人民"专项行动，做精服务项目、做强人员队伍，在战略落地的实战中淬炼一批电网铁军，做到重大战役敢担当、重大保电当骨干、重大挑战冲在前、重大攻坚做先锋、重大工程挑大梁。

三是促进价值共识。建成6个"红船·光明学堂"，拓展公司党校校外教学点，逐步形成以习近平新时代中国特色社会主义思想为中心内容，覆盖政治理论、红船精神、党性教育、党建实务等模块的课程体系，并将战略宣贯、战略解读作为各类培训的"必修科目"，强化员工对战略目标的价值认同。以企业文化建设示范点、党建示范基地、地方红色教育资源等为支撑，创新打造18条"红船·光明之路"红色教育路线，灵活运用讲授式、研讨式、模拟式、互动式、观摩式、体验式等方式加强"四史教育"，引导员工知史爱党、知史爱国。

实施"勇于首创、勇立潮头"文化特色实践，以文化促进战略协同

一是建设安全文化，夯实战略落地安全之基。积极组织开展"电力安全文化建设年"主题活动，创新实施"争当安全守护者，做一名有高度责任心的浙电人"行动，深入开展"四个一"活动，即，每日一学，编制安全警示教育视频755个，作为基层生产单位各类会议的"第一议程"；每月一述，公司系统从事安全生产的员工原则上每月进行述职；每季一查，公司系统工区（车间）以上单位每季度开展一次安全检查；每年一评，年度评选"争当安全守护者，做一名有高度责任心的浙电人"优秀组织和个人，形成全员明责、全员履责的安全文化氛围。

二是建设法治文化，强化战略落地规则意识。大力弘扬"基业长青、法治先行"理念，建设主题鲜明、底蕴深厚、富有电网企业特色的法治文化示范阵地，充分发挥示范阵地辐射带动作用，积极构建与战略落地相匹配的法治文化保障体系。国网诸暨市供电公司与诸暨市人民检察院联合共建，打造电力综治中心枫桥分中心、诸暨市检察院刑事犯罪源头防治中心、枫桥供电所法治活动室"三位一体"的法治文化示范阵地。国网缙云县供电公司搭建360普法教学基地，自建短信微媒体"红色缙电"和"VR+法治"沉浸式共享平台等创新载体；国网义乌市供电公司以法治文化示范基地建设为契机，强化"小微权力"风险管控，开展体检式工程审计，编发《正风肃纪口袋书》。

三是建设廉洁文化，筑牢战略落地廉政防线。实施"三微"教育，即开展微电影、微廉剧、微廉课征集、评选、巡展活动；实施"四进"工程，即开展廉洁教育进班子、进部室、进班组、进家庭；实施"五廉"举措，即开展读书思廉、约谈促廉、党课讲廉、案例警廉、纪律督廉主题活动。并因地制宜建设廉洁长廊、廉洁墙、廉洁屏保等，建设各级反腐倡廉网和网上廉洁教育基地，创新"互联网+廉洁文化"新模式，为打造国家电网有限公司战略落地"示范窗口"构建风清气正的政治生态。

实施"战略引领、能源互联"文化特色实践，以文化促进战略管控

一是把新型电力系统省级示范区建设作为打造"示范窗口"的主阵地。围绕浙江"努力成为新时代全面展示中国特色社会主义制度优越性的重要窗口"的新目标、新定位，坚决扛起打造国家电网有限公司战略落地"示范窗口"的使命担当，开创性地提出把多元融合高弹性电网建设作为主阵地，加快建设新型电力系统省级示范区，统领战略落地实施全过程。举办能源互联网形态下多元融合高弹性电网高端研讨会，制定弹性指数、效能指数、互联指数三大维度构成的高弹性电网发展指标体系，从政策争取、市场机制建设、文化软实力打造等方面不断丰富多"元"内涵，努力为能源互联网发展提供浙江经验。

二是建设党建生态助推战略管控。充分履行各级党委职责，持续优化"党委坚强、支部管用、党员合格"的党建生态，强化党内政治文化引领，凝聚形成强大的合力。聚焦"党委坚强"，党组织书记带头讲战略、谈文化、话思想，打造"书记开讲"品牌，常态化开展"书记谈文化"活动；聚焦"支部管用"，做实做细思想政治工作，做到"善于管'闲事'""勤于听'闲话'""巧于察'闲情'"，确保"小事不出班组，矛盾不出支部"，打造凝心聚力助推战略管控的坚强战斗堡垒；聚焦"党员合格"，加强基层班组长、站所党支部书记和党员队伍建设，全面消除空白党员班组。把党员示范岗、责任区同步建成企业文化建设示范岗、示范区，打通战略管控"最后一公里"。建强党务干部队伍，创新建立党建员培养发展选用机制，2608余名党建员通过"持证上岗"资格认证。

三是牢牢抓住"人"这一战略管控的"第一要素"。连续九年评比表彰"感动浙电——最美员工年度人物"，挖掘"人格魅力感动人、道德力量感动人、敬业精神感动人、闪光行为感动人"的先进人物80余人，通过讲述身边人的故事，加强对战略目标的践行。

工作亮点

以文化促进战略共识，推动战略落地实现同心同德。深入挖掘"红船精神"的时代价值，引导员工从"红船精神"中汲取信仰的力量，通过擦亮"红船·光明"系列品牌，创新工作形式和载体，以国有企业独特的方式传承红色基因、凝聚奋进的力量。

以文化促进战略协同，营造全员思进的浓厚文化氛围。把专项文化建设作为推动战略协同的有效途径，统筹部署和有序推进安全文化、法治文化、廉洁文化等专项文化建设，在公司系统形成上下联动、专业互动的生动局面，让众人组局成为一种常态思维，努力锻造与世界一流企业相适应的文化软实力。

以文化促进战略管控，形成推动战略落地执行的强大合力。牢牢把握"能源互联网"这个方向，大力推动企业文化融入专业管理、融入员工行为，构建战略落地的关键路径和核心载体，以及发展指标体系和技术框架，统筹谋划了战略落地的顶层设计和系统推进，把战略目标细化落

实到每一个领域、每一项工作中,确保了全方位有效管控。将思想政治工作和企业文化建设有效融合,在思想上解惑、在精神上解忧、在文化上解渴、在心理上解压,为战略管控做好思想文化支撑。

实施效果

"文化铸魂"凝聚战略共识,在大战大考中彰显担当。国网浙江电力深入开展"红船精神、电力传承"文化特色实践,激发员工内在动力,凝聚向上向善力量,打赢了防汛抗台、援豫抢险等攻坚战,经受了中国共产党成立百年来重大保电和迎峰度夏负荷破亿、电力保供和能耗双控交织叠加的严峻考验,全面做好新冠疫情防控各项工作,全力保障电力安全可靠供应,全心投入杭州亚运保供电工作,展现了"顶梁柱、顶得住"的责任担当。

"文化赋能"实现战略协同,在"两区建设"中彰显示范。通过深入挖掘企业文化价值创造能力,为公司服务"双碳"、乡村振兴等战略提供了良好的支撑。开启建设新型电力系统省级示范区新征程,形成"个十百千"一体推进方案。全力支持浙江高质量发展建设共同富裕示范区,以主动有效的作为赢得各级党委政府的信任。

"文化融入"服务战略管控,在科学应变中彰显精彩。通过坚持业务承载和文化驱动相结合,全面服务企业战略管控,确保了战略目标的执行。广大干部职工攻克了诸多难关,办成了很多难事,为全年目标任务完成做出了决定性贡献。在中国共产党成立百年之际,国网浙江电力党委获得了"全国先进基层党组织"的荣誉称号。

主要创造人:吕　坚　段　军
参与创造人:张胜鹏　沈鸿雷　林　童　张　毅

核安全文化下的工程师文化建设及推广

中广核研究院有限公司

企业简介

中广核研究院有限公司（以下简称中广核研究院）是中国广核集团有限公司（以下简称中广核）最核心的科技创新平台，是国家级企业技术中心，也是国家能源核电站核级设备研发（实验）中心、国家能源先进核燃料元件研发（实验）中心的建设依托单位。中广核研究院的主要业务包括型号研发、技术及装备研发、成果转化，以及重大科技成果首台套示范项目建设。中广核研究院本部设在深圳，办公区域遍布深圳、上海、成都、阳江、中山等地；拥有各类专业科技人员1500余人，硕士、博士研究生占比63%，中高级职称占比69%，包括国家级领军人才6人，地方级领军人才19人，海外高层次人才11人，后备级人才13人；拥有国家级平台6个，先后承担100余项国家级及省市重点科研项目，专利授权1120项，国家标准编制163项，是践行核能科技创新的"国家队"之一。

实施背景

中广核研究院肩负多项国家核电技术战略研发任务，积极推动四代反应堆研发、"华龙一号"研发，却也面临诸多挑战：国际形势日益错综复杂，"走出去"面临挑战，科技创新能力有待提升，高端人才面临文化冲突，想要确保核安全、提升竞争力、掌握话语权，在"大变局"中脱颖而出，就需要有高超团队和核心能力作为支撑。因此，培育和弘扬适应发展需要的工程师文化，建设一支过硬的工程师团队，引领提升核心能力，就摆在了重中之重的位置。经济结构调整升级、创建创新型国家，呼唤可以建设大国重器的卓越工程师和各类工程技术人员，也需要培养工程师的文化沃土。

主要做法

编制《研究院企业文化"十四五"规划》，明确工程师文化建设关键举措分为构建工程师文化的系统工程、宣传工程师文化的价值理念、打造工程师文化的品牌活动、推进工程师文化的全面转化四个层面，并细化为六个阶段实施。

构建工程师文化的系统工程

2020年3月，启动工程师文化建设工作，在分析国际国内、行业单位、自身企业的核安全文化建设基础上，组织企业文化建设领导小组和推进小组多次研讨，并针对关键部门、员工进行访谈，通过多种方式征集全体员工意见，完成《研究院工程师文化特征》和《研究院工程师文化建设方案》的编制和发布。

聚焦核心价值，挖掘文化内核。结合在大国重器铸造过程中形成的共同认可的文化特质，在实践中不断丰富和完善文化的内涵和外延，调研分析青年科技工作者思想动态和价值观形成路径，及内外部影响条件，多维度分析青年在爱国奋斗精神、科学精神和工匠精神各方面的不足和认识误区，启动工程师文化建设项目，通过项目的实施和落地，不断适应经济新常态和企业转型升级的新要求。

诊断文化现状，明晰改进方向。组织项目团队系列学习研讨，系统剖析研究院发展的成功经验、问题差异、标杆启示及文化建设的路径办法和改进方向，厘清了文化传承、文化扬弃、文化融合的关键要素。

多维度分析文化建设关键因素和脉络。

理顺文化支撑大国重器铸造路径。核能领域工程师文化特征，与大国重器的特点结合分析推进。大国重器本身拥有三个显著的特征：致力开创领先，掌握核心技术，拥有高端人才。对照特征，中广核研究院邀请外部专业机构，通过权重指标排名法，对国内外一流的科研机构进行详细的分析及对标研究，找出企业的优势与差距，明确发展方向，作为工程师文化建设参考。

针对大国重器的三个特点，对应解析出致力提升的三大要素，据此实施三大落地工程。针对大国重器"致力领先、核心技术、高端人才"的三个特点，对应解析出"责任心和使命感、自主创新能力、人才的培育和支撑"三大要素，据此实施"思想引领工程、核心技术培育工程、高端人才培养工程"等三大落地工程。

深入开展研讨，形成文化体系。在前期充分调研、对标、研讨、诊断的基础上，通过四种渠道组织工程师文化专题研讨，确保工程师文化体现足够民意，更被员工认可。一是以关键业务领域、关键人物为重点，按管理层、总工、骨干员工、普通员工分别进行单人座谈；二是聚焦"安全质量文化""科技创新"等12个主题，组织"我看工程师文化"征文；三是通过正式发文和创意海报结合的形式，面向全体员工征集工程师文化意见和建议；四是以基层党支部为单位，要求所有支部对工程师文化进行研讨。

宣传工程师文化的价值理念

2020年工程师文化价值理念确定后，要想真正让管理者和工程师认同并落实到行动，必须建设企业文化传播网络，通过各种宣传途径、各种宣传方式进行传播教育。2021年，中广核研究院深入做好文化传播推广，持续塑造工程师文化，提升企业文化辐射力，形成鲜明的文化形象。

梳理构建文化传播网络。中广核研究院通过网络、纸质媒体、会议、教育实践活动、文体活动等形式，多层次、多渠道、多方式地向股东、员工、供应商、合作伙伴、顾客和其他利益相关方传递文化理念。

搭建文化培训活动。

文化学习教育活动。研究院总经理讲授《征途漫漫，唯有奋斗》党课，讲述党史和研究院发展史及目标及工程师文化；拍摄党委书记讲党史视频、《脚步》专题片，讲述研究院发展历程，传播工程师文化理念。

开发工程师文化课程。组织工程师文化故事征集活动，完成文化课程开发和上线、案例集编制、文化产品制作及主题视频制作，组织全体员工完成工程师文化培训，完成主题系列视频，创新开展"大锤职场记"系列短片制作，传播工程师文化理念。

开展践行工程师文化感悟讨论。各单位围绕践行工程师文化的正反面事例，组织全院进行工程师文化的讨论，谈感悟、谈体会，发布系列专题稿件。

做好工程师文化专题宣传。开设工程师文化专栏，发布工程师文化内容、故事、案例、评论共25篇，优选40名员工谈文化践行感悟，推动文化入脑入心。

组织文化传播活动。

研究院工程师卡通形象代言人。完成研究院工程师卡通形象代言人设计，将研究院工程师品质移植其上，组建由研仔、妍妮、JIUJIU组成的FAMILY卡通形象制作和发布，制作动画视频。通过科技展布置、展板海报布置等宣传方式，强化卡通形象影响力。

"我是研究院工程师"主题系列故事。从先进集体或个人中甄选先进典型，以身边人讲述身边事的方式，组织对亲历者进行访谈，将工程师文化内涵凝练于鲜活的故事里，已完成系列视频。

文化礼品传播及环境布置深化。结合中广核研究院卡通形象，制作手提袋、水杯、表情包、公仔等工程师文化礼品及周边产品，注重实用性和传播度，通过文化礼品流转和使用，移默化传递文化理念。设计制作宣传物料，在办公环境布置工程师文化核心理念，营造良好的文化氛围。

文化建设评估收效工作落地。通过收集员工对文化建设的反馈，对文化的实际效果进行检查和评估。经评估，98.29%的人认同研究院工程师文化，99.32%的人表示愿意工程师文化理念指导自己在企业的行为，97.95%的人认为工程师文化理念符合研究院的业务特点。

打造工程师文化的品牌活动

2022年，深入提升工程师文化的传播广度深度，将工程师文化要求广泛体现在各项管理活动中，打造文化品牌活动，强化"仪式感"氛围营造，讲好工程师文化践行故事，持续丰富和创新文化宣传产品，以广泛、深入、创新的传播方式，促进员工文化认同和行为自觉。

将工程师文化理念融入日常管理。各级管理者将工程师文化要求广泛落实在各项日常管理活动中，展示在管理中行为自觉和文化落地的成果。在选聘干部、各项技术和管理类评优评先、对外推送的各类荣誉、在各类组织及个人考核、安全质量管理中。

打造蓝色科技周活动。在"全国科技工作者日"前后，组织研究院"蓝色科技周"，固化属于中广核研究院的节日，策划落地系列独具科研特色、有趣亲民的工程师文化品牌活动，组织寻找身边的最美工程师、首个青科协工作室投运、2022年科学技术委员会全体会议暨优秀科技工作者表彰大会、研发质量文化研讨、核电科普、科研主题视频展播、联动活动、科技主题知识答题、文化周边传播等10余项活动。

组织工程师成长仪式。在新员工入职、科研标兵颁奖等员工个人职业发展过程中具有特殊意义的节点，设置独特仪式，颁发有工程师文化符号的宣传品，注重"意义赋予"和"身份绑定"，强化员工工程师身份认同，提升员工践行工程师文化的荣誉感、责任感和使命感。

出版工程师文化故事集。征集、选编《研究院"工程师文化"故事集》，以表现研发设计环节的鲜活故事、典型的人物具象化工程师文化，促进深刻理解工程师文化的核心内涵和行为要求，达成典型引路的效果。

深化工程师文化理念诠释。结合研究院改革发展阶段，丰富工程师文化内涵，以"技术驱动"作为基本属性，以"用技术手段解决技术问题"作为价值取向，以持续提升核心能力、攀登技术高峰的"长期主义者"作为锚定方位，融入工程师文化解析文件，进一步强化文化内涵的理解和认同。

推进工程师文化的全面转化

一是表现在企业的内在品质上。将工程师文化的特质铭刻在员工的心中，内化为员工的品质、思想，孕育出具有代表性的企业英雄，并在其影响下进一步扩大文化影响力，形成良性循环，表现为企业内在品质的不断提升。二是表现在企业的外部形象上。使企业文化外显出来，表现为员工在外的言行、公司对外的产品、厂房办公点等环境，体现为外部对公司特质的认可。三是表现在企业的习俗化上。将工程师文化价值观念及精神状态，外化为员工自发加以遵守的风俗、习惯、舆论、仪式等。

实施效果

在工程师文化"崇尚技术、专注技术、依靠技术"核心理念的引领下，研究院全力推动战略转型，搭建起"专业主建、项目主战、协同高效"的战略科研攻坚组织运作模式，以创新引领发展，研发投入强度高，经营收入和资产逐年增长，创造良好的经济效益和社会效益。

重大科研项目的牵头者。承担了华龙一号、四代堆、燃料组件研发等国之重器及其关键技术研发，拥有国家级平台6个，先后承担100余项国家级及省市重点科研项目，获得省部级以上及中广核科技成果奖170余项。

核电自主化的引领者。开展核电装备、核电燃料、核电软件自主化工作，助力解决核电领域"卡脖子"问题，保障国家核电产业链稳定可控，累计实现自主化替代产值约60亿元。

核电科研生态圈的领头者。坚持"政产学研用"的新发展模式，联合国内合作单位，打造"创新链"和科研朋友圈，牵头建立产业联盟，促进上下游产业链共享、协同发展。

核电行业标准的制定者。中广核研究院是近70个行业组织的重要成员单位，主持了60余项行业标准编写，专利授权1120项，参与承担国家和行业标准编制160余项，取得丰硕的成果。

央企社会责任的践行者。赠战疫物资、派人参加深圳市抗疫行动，获得深圳市科普基地、电力科普教育基地认定，入选2021年度电力企业社会责任优秀案例，打造系列品牌公益活动，志愿服务时长超20000小时。

主要创造人：王宇牛　王　超
参与创造人：邱　丹　陈旖旎　夏春雨　孙　黎

弘扬工匠精神，培育工匠文化，助推企业高质量发展

国投新疆罗布泊钾盐有限责任公司

企业简介

国投新疆罗布泊钾盐有限责任公司（以下简称国投罗钾公司），成立于2000年9月，2004年成为国家开发投资集团有限公司（以下简称国投）投资控股企业，以开发罗布泊天然卤水资源制取硫酸钾为主业，建有年产150万吨硫酸钾和年产10万吨硫酸钾镁肥生产装置，是世界最大的单体硫酸钾生产企业、国内钾肥行业的头部企业。先后获得"中国工业大奖""制造业单项冠军示范企业""中国钾盐钾肥工业功勋企业""全国创先争优先进基层党组织""中央企业先进基层党组织标杆""全国文明单位""全国模范劳动关系和谐企业""全国职工职业道德建设标兵单位""开发建设新疆奖状""自治区幸福企业试点单"等荣誉。

实施背景

经过20余年的接续奋斗，国投罗钾公司攻克了罗布泊盐湖卤水制取硫酸钾的世界难题，自主创新研究出了一批具有国际先进、国内领先、拥有自主知识产权的硫酸钾生产工艺技术和重大成果，有力地促进了我国钾肥产业结构升级，改变了中国钾资源供应格局和钾肥市场格局的世界最大的单体硫酸钾生产企业、国内钾肥行业的头部企业。作为资源型科技企业，强化科技研发、不断提升技术水平和资源利用效率，是实现企业可持续高质量发展的必然要求。当前，党和国家大力支持科技创新、鼓励弘扬工匠精神，与国投罗钾公司以科技自强立身，以科技创新图强，大力弘扬工匠精神，培育工匠文化，助力公司高质量发展的实际需要高度一致。

体系内涵

在国投罗钾公司艰苦创业、发展壮大和迈向建设世界一流钾肥企业的征程中逐渐形成了以"一流技术、永不止步的创新精神"为核心内容之一的"罗钾精神"，这是国投罗钾人弘扬精益求精的工匠精神、矢志科技报国的生动体现。追求卓越技术、强化科技创新和技术进步，是国投罗钾公司培育工匠文化、发扬工匠精神的内涵所在。以班组建设为抓手，着力培养爱岗敬业、技术精湛、水平一流的新时代产业工人也是国投罗钾公司打造新时代盐湖工业科技人才队伍、助力国投罗钾公司履行保障国家粮食安全职责使命、实现建设世界一流钾肥企业目标愿景的重要途径之一。

主要做法

加强班组建设，夯实工匠文化培育基础

一是强化理论武装。近年来，在集团党组、矿业党委、公司党委的坚强领导和上级工会的正确指导下，国投罗钾公司工会积极将工会工作和班组建设与党建工作深度融合，组织、引导广大员工、会员，以班组为基本单元，坚持以习近平新时代中国特色社会主义思想为指导，深入学习贯彻党的十九大和十九届历次全会和党的二十大精神，认真学习领会习近平总书记关于工人阶级、工会工作和弘扬工匠精神有关的重要论述，不断强化思想政治教育，筑牢理想信念根基，引导广大员工切实把党的坚强领导、党的意志主张和公司党委的各项决策部署落实到实际工作中，争做政治合格、素质过硬、业务精良的新时代产业工人。

二是加强组织建设。坚持把党小组建立在班组上，把技术能手和业务骨干吸收到党组织中，注重在党员中重点培养发展业务骨干、技术带头人，发挥党员先锋模范作用和技术能手带动促进作用，激励引导广大一线员工创新创效、建功立业。紧紧围绕国投集团及国投罗钾公司中心工作，以保障生产经营创效为导向，充分发挥工会组织优势，挖掘班组建设特色，以弘扬工匠精神促进班组建设取得新成效，以培育工匠文化促进技术人才培养取得新突破，以创新工作室为依托，以技能竞赛为载体、以"传帮带"和岗位练兵为途径，在精研技术、强化创新上持续用力，更好服务生产经营提质增效。

三是强化分级管控。根据国投集团有关要求，分级评选表彰"优秀班组""标杆班组""卓越班组"，结合实际研究制订、积极推进内训师培养计划，5名员工入选国投集团内训师队伍，积极营造了创先争优浓厚氛围。紧盯班组建设三年规划目标，进一步优化完善班组建设管理体系，将公司、厂级、车间三级管理模式常态化、制度化，针对班组建设不平衡、新成立班组建设质量不够高等问题，由劳模工匠、技术能手集体"会诊开方"研究对策，切实加强分类指导监督，推动差异化管理，确保班组建设接地气、讲实效、创高效。

四是不断巩固成果。及时对班组建设成果进行全面梳理、整理归类，对弘扬工匠精神、培育工匠文化、强化技术人才培养和科技创新具有明显积极作用的措施办法及时进行制度化、标准化转换，使好经验好做法可复制、可传承、可推广。注重发掘、选树生产一线、班组建设工作中涌现出的典型人物和先进事迹，大力培育品牌班组和明星员工；同时，及时梳理总结先进经验、先进典型、优秀案例。

竞赛磨砺尖兵，激发创新创效潜能

一是开展内部竞赛，营造创先争优氛围。国投罗钾公司实行"三年一轮"机制，持续开展劳动技能大赛，以行业特有工种为重心，坚持在生产中竞赛，在竞赛中考核生产的方式，形成了分工会组织岗位练兵、预赛选拔，公司工会组织开展决赛的规范化、制度化的竞赛机制。已累计4895人次参加了预赛，覆盖了全公司员工的95%，前六名获奖选手已累计达450名，占公司员工总数的17.86%。通过竞赛，培养、涌现出了一大批技术过硬、业务精干、专业能力强的一线技术能手。

二是角逐上级竞赛，在群雄争锋中锻炼队伍。公司工会积极组织员工参加自治区及集团各类比赛。2022年，公司组织员工参加自治区第一届劳动技能大赛哈密市选拔赛，最终公司13名选手入围代表哈密市参赛。

三是承办集团大赛,在主场氛围中检验水平。通过承办国投集团化学检验工种竞赛、国投矿业公司劳动技能大赛,进一步营造弘扬劳动精神、工匠精神的浓厚氛围。

依托创新工作室,推动劳模工匠人才培养

为更好地推进劳模工匠人才培养工作,国投罗钾公司积极探索创新工作的新途径、新方法,成功申报创建前锋创新工作室、孙斌劳模创新工作室2个自治区劳模创新工作室,其中,孙斌同志荣获国家技能人才培养突出贡献奖。

一是依托创新工作室,开展员工创新活动。国投罗钾公司连续5年举办工器具开发设计大赛,共收集创新发明180余件,申报自治区总工会"五小"群众性创新活动、劳模引领创新活动、"卡脖子"技术创新活动和优秀创新成果251项、劳模引领创新成果2项。

二是发挥创新室优势,针对工作"瓶颈"难题,成立攻关小组,专业分析、制定解决方案,力争做到问题发现一起解决一起。

三是建立师徒帮带机制,创新室成员参与"新型学徒制"项目中,各班组发扬传、帮、带的优良传统,推广老带青、青创新的模式,分享研究成果和经验,并推广覆盖到公司各岗位。

实施效果

弘扬工匠精神,班组建设成果显著提升。按照上级党委和工会组织关于班组建设的总体部署要求,国投罗钾公司不断夯实"安全精细在班组、提质增效在班组、创新创效在班组、人才培养在班组、文化生根在班组"的"五位一体+"班组建设基础,不断提升班组品牌化建设水平,并取得了丰硕的成果。

国投罗钾公司荣获"开发建设新疆奖状"、硫酸钾厂加工三班荣获"全国工人先锋号"称号、动力厂热控检修班荣获"自治区工人先锋号"称号;国投罗钾公司连续5年荣获"集团班组建设达标验收优秀企业"称号,成功创建国投集团品牌班组2个、国投集团品牌案例班组2个、国投集团卓越以上班组7个,优秀及以上班组达标率100%;张桥等5名员工荣获"国投集团班组建设内训师"称号。同时,国投罗钾公司硫酸钾厂生产技术室班组荣获国家专利1项,原料厂采输卤车间维修班荣获"全国质量信得过班组"称号,班组及员工荣获新疆维吾尔自治区相关奖励16项、国投集团各类奖励12项、国投矿业公司各类奖励11项、地市级各类奖励6项。

弘扬劳模精神,创先争优氛围更加浓厚。为进一步弘扬劳模精神、劳动精神,增强主人翁意识,国投罗钾公司积极组织宣传,引导、鼓励广大员工向榜样看齐,真抓实干、争相作为,以实实在在的业绩践行新时代的责任担当,打造了健康文明、昂扬向上的文化氛围,营造了劳动光荣的社会风尚和精益求精的敬业风气。近年来,立足公司实际,注重在员工中培养、挖掘先进典型。原料厂采输卤车间维修班获得"自治州工人先锋号",公司副总经理姚莫白同志被评为"中央企业劳动模范",原料厂厂长刘清旺同志被授予自治区劳动模范荣誉称号,原料厂文辉、动力厂王杰被授予"开发建设新疆奖章",硫酸钾厂孙斌、动力厂王杰被评为巴州劳模,硫酸钾厂王相水、原料厂宁波、生产管理部杜红忠获得"若羌县劳动模范"等荣誉称号。

弘扬工匠精神、劳模精神、劳动精神,学先进、比先进、做先进的浓厚氛围已在国投罗钾公司蔚然成风,这种精益求精、争先恐后、勇创一流的精神为国投罗钾公司这艘"钾肥航母"乘风破浪、勇往直前提供了无限、强大的精神力量。

今后，国投罗钾公司将坚持以习近平新时代中国特色社会主义思想为指导，深入学习宣传贯彻党的二十大精神，贯彻落实集团党组和矿业党委决策部署，全面加强党的建设，完整准确贯彻新发展理念，大力弘扬工匠精神、培育工匠文化，团结带领广大员工，锚定目标、真抓实干，以更大的力度推动生产经营提质增效，以更实的举措落实"保供稳价"任务，推动高质量发展再上新台阶，奋力开创建设世界一流钾肥企业新局面。

主要创造人：李守江　王忠东
参与创造人：高志勇　厚文君　马有良　谢春丽

以企业文化融合提升赋能企业高质量发展

北京建工集团有限责任公司

企业简介

北京建工集团有限责任公司（以下简称北京建工集团）成立于1953年，是北京市成立最早的大型国有建筑企业，2019年与北京市政路桥集团实施合并重组，成为千亿级的工程建设与综合服务集团，入选全球最大250家国际承包商、中国企业500强、中国承包商80强。

北京建工打造了长安街及两侧80%的现代建筑，累计建造各类建筑超过3亿平方米，业务覆盖全国32个省区市和境外28个国家及地区。在行业内获奖数量之多、级别之高，位居北京第一，中国前列。其中，获得中国建筑业最高奖鲁班奖109项，国家优质工程奖86项，詹天佑奖65项，国家科学技术奖58项，22项工程入选北京四次"十大建筑"评选，9项工程入选中华人民共和国成立70周年百项经典工程，7项工程入选中国百年杰出土木工程。北京建工依托集"投资、规划、设计、环保、研发、开发、建造、运营"于一体的全产业链，为全球客户提供绿色、智慧、协同、高效的工程建设与综合服务。

实施背景

北京建工集团作为中华人民共和国成立最早的首都建筑业国企之一，始终高度重视企业文化对企业发展的强大精神支撑和引领作用，坚持推动企业文化建设与企业战略发展、转型升级深度融合，在国家和首都建设中发挥了主力军作用。2019年11月，北京建工集团与原北京市政路桥集团合并重组，企业改革发展进入了新阶段，也为企业文化建设提出了全新课题。

开展企业文化融合提升，整合视觉形象识别体系，形成统一的行为规范和认知认同，是推进和深化集团在合并重组后实现融合发展提升的现实需要。北京建工集团"十四五"规划明确了"打造国内一流、国际知名的工程建设与城市综合服务商"的战略目标和"行业一流梯队"的远景目标，提出了"五年翻一番"的工作要求。要实现这一战略目标，需要更强有力的企业文化支撑，强化文化引领、文化赋能、文化驱动，激发干部职工为实现集团战略目标奋力拼搏，推动集团发展战略落地实施和目标达成。

2011年北京建工集团开展了专项文化整合提升工作，构建了完整的企业文化体系。但经过十多年的发展，企业不断深化改革升级转型，产业链更加完善，经营地域更加广阔，职工思想诉求呈现多元化趋势。集团企业文化建设的环境、方式、对象都发生了重大变化，需要与时俱进丰富企业文化的时代内涵，让企业文化建设与集团发展同向同行。

主要做法

北京建工集团将企业文化融合提升作为事关企业改革发展全局的一项战略性工作，聘请专业机构，成立领导小组，组建内部工作组，立足愿景目标认同、立足传承创新发展、立足文化落地共享，坚持"发扬传统、不断创新、一主多元、循序渐进"的原则，对企业文化开展了深入系统融合提升。

将立足自身与兼收并蓄相结合，深入调研诊断

一方面，坚持"眼睛向内"，加强内部调查研究，开展"一对一"访谈100余人次，发放调研问卷10899份，实地调研12家二级单位和15个在施项目，梳理企业相关文件、档案和资料共计约1200万字，开展企业文化影响因素分析，深入分析集团企业文化建设发展需求；另一方面，坚持吸收借鉴，分析研究和借鉴同行业央企、市属国企先进经验做法。在资料分析、问卷调查、内部访谈、现场观察、案例分析、同业调查的基础上，形成了《北京建工集团企业文化调研与诊断报告》。

将发扬传统与不断创新相结合，系统融合提升

一方面，坚持尊重传统，尊重原两大集团改革发展历史和悠久的文化传承，尊重和传承原有优秀文化，深入挖掘原两大集团文化的深层次联系，有机融合企业文化中的优秀基因，兼收并蓄形成共融互生的新文化体系。另一方面，坚持不断创新，着眼新时代文化建设新要求，着眼行业发展新趋势，着眼集团合并重组后的融合发展、创新发展、高质量发展新要求，与时俱进地吸收新思想、新理念，从企业文化理念、形象和行为三个层面深度分析梳理，建立一套系统的理念识别（MI）、视觉识别（VI）、行为识别（BI）相统一的企业识别系统（CI）。

搭建北京建工集团新版品牌理念MI体系。包括1个文化定位、5项核心理念和7项应用理念，以核心理念引领集团战略，以应用理念推动战略落地、指引经营生产管理实践，实现以企业文化提升经营管理效率。

其中，企业文化定位"建德立业、工于品质，和合共进、不断超越"融合了北京建工集团原企业文化定位和原北京市政路桥集团企业精神，强调，坚持发展以德为本，立业以德为先；坚持人品筑就精品，品质成就品牌；坚持以和谐谋发展，以合作求共赢；坚持敢于创新争先，勇于追求卓越。企业使命"强企报国、建筑幸福"，从企业、国家、个人不同维度回答了北京建工集团"要做什么、为何存在、为谁存在"，充分发挥城市建设主力军和高质量发展排头兵作用，努力实现做强做优做大，造福员工、造福人民、造福社会。

实现"北京建工"品牌VI体系提升。企业VI体系，即视觉识别系统，是最外在、最直接、最具有传播力和感染力的设计，是区别于其他行业和其他企业最明显的视觉符号系统。对VI体系的融合提升，坚持"一个集团，一个形象"，原则上北京建工集团和旗下使用"北京建工"品牌的成员单位全面执行集团VI体系。同时，遵循"一主多元"原则，实施"主品牌+特色子品牌"模式。对历史传承久、市场认可度高、品牌影响力大的成员单位（北京市政路桥、北京市政、北京养护、北京城乡），作为"北京建工"主品牌下的特色子品牌，结合行业特色和企业实际，在执行字体、标识、标准色等VI基础规范前提下，采用定制组合模式，实现品牌价值最大化。

完善北京建工品牌 BI 体系。提炼了"五项公约"和礼仪"十条守则",其中,行为"五项公约"为"至诚至信、专注专业、求新求变、善作善成、共创共赢",每项内容分别明确了"倡导行为"和"反对行为"。礼仪"十条守则"包括 4 条总则,分别为"平等尊重、真诚友善、自律慎行、适宜适度",6 条细则分别为"仪容仪表整洁得体、言谈举止稳重大方、待人接物谦和周到、人际交往诚信热情、会议活动有序规范、公共场合律己敬人",成为集团员工提高职业修养、提升人际沟通技能、全面树立个人和企业形象的礼仪遵循。"五项公约"和礼仪"十条守则",进一步将北京建工文化理念具体到行为规范,推动文化理念内化于心、外化于行。

将文化建设与企业战略相结合,健全完善机制

合并重组后,北京建工集团迈入千亿级企业行列,并提出了"打造国内一流、国际知名的工程建设与城市综合服务商"的"十四五"战略目标。在融合提升中,既立足当下,直面当前企业改革发展中的痛点、难点,又放眼长远,着眼引领企业战略方向、推动企业战略落地,就如何打造与企业战略相匹配、与转型发展相适应、与经营生产相融入的文化体系,如何将企业文化软性引导与制度硬性约束相结合,以文化软实力赋能企业高质量发展进行深度谋划,制定了《集团企业文化建设管理办法》,适用于集团所属全资公司、事业部、控股公司、参股公司等成员单位。《集团企业文化建设管理办法》明确了集团企业文化建设实行三级管理架构、企业文化建设的主要内容、保障措施和考核评价机制。

将系统宣贯和具体实践相结合,推动落地生根

发布系列融合提升成果。召开企业文化融合提升成果发布会,正式发布《北京建工集团企业文化调研与诊断报告》《北京建工集团新版企业文化手册(含企业文化理念和员工行为指引)》《北京建工集团新版 VI 手册》《北京建工集团企业文化建设管理办法》等系列成果。

全面深入宣贯落地。通过企业报、局域网、外网、新媒体、楼宇电视等载体开展全方位宣贯,面向集团、二级单位、项目部层层开展宣贯培训,推动企业文化理念"进头脑、进课堂、进现场、进媒介"的"四进"目标,实现了集团母子文化的有机融合,展现整齐划一的品牌形象。

实施效果

企业品牌价值得到了新提升

通过企业文化融合提升,以"建德立业、工于品质,和合共进、不断超越"为定位,北京建工集团核心文化理念得到了丰富和诠释,企业视觉形象识别体系有机整合,价值理念和行为规范进一步统一,集团企业文化管理体系进一步完善,打造了既尊重历史、又着眼未来,既追求共性、又保护个性,理念更加统一、步调更加一致、品牌更加响亮的北京建工企业文化规范体系。同时,完善后的企业文化体系既坚持"一元化"原则,维护了集团一元文化的权威地位,又允许成员单位在一元文化体系的大前提下,突出特色、注重内涵,丰富健全成员单位子文化,实现与集团文化一脉相承、融会贯通,对外展现了良好的品牌形象,提升了品牌传播力和影响力。

企业凝聚力得到了新增强

通过企业文化融合提升,进一步增进了广大党员干部职工的思想认同、文化认同、行为认同,有力提升了对企业的认同感、归属感和自豪感,并以文化融合推动全面融合,实现"思想融

合、工作融合、感情融合",产生从"物理整合"到"化学反应"的转化,引领广大党员干部职工把个人成长成才融入党和国家事业中,融入企业发展大局中,奋力推动北京建工高质量发展,在全面建设社会主义现代化国家、全面推进中华民族伟大复兴的新征程上书写北京建工新篇章。

企业高质量发展迈出了新步伐

北京建工与原市政路桥合并重组后,企业实力更加壮大、产业链条更加完善、市场空间更加广阔,通过企业文化融合提升,以文化变革驱动战略升级,进一步放大了合并重组优势,使企业具备了"两翼齐飞、展翅高飞"的条件,推动各项工作乘势而上,实现了"1+1>2"的效果。融合提升成果落地,推动了企业文化建设与企业战略有机结合,将企业文化优势与竞争优势有机结合起来,将企业文化建设融入企业管控模式、组织架构、管理流程、资源配置和绩效考核等环节和生产经营管理全过程之中,促进科学理念转化为企业行为,为企业跨越发展提供强大的文化支撑和品牌支持。北京建工集团2021年、2022年连续两年实现新签合同额突破2000亿元,年营业收入突破1000亿元,蝉联中国企业500强、全球最大250家承包商,圆满完成庆祝中国共产党成立100周年大会、北京冬奥会冬残奥会服务保障等政治任务和国家版本馆中央总馆、工人体育场改造复建等重点工程建设,坚决打赢新冠疫情防控阻击战、攻坚战,在服务国家战略和新时代首都发展中展现了首都国企担当。

主要创造人:彭　浩　刘林萍
参与创造人:李　琼　刘文飞

"家文化"引领，铸就绿色健康高质量发展

宁波家联科技股份有限公司

企业简介

宁波家联科技股份有限公司（以下简称家联科技）成立于2009年，现有员工2300余人，是从事高端塑料制品、生物全降解原料及制品研发、生产与销售的国家级高新技术企业。2021年在深圳证券交易所创业板成功上市，为中国健康环保餐饮具行业、全降解制品行业首家上市企业。

家联科技的主要产品包括餐饮用具、耐用性家居用品和全降解原料及制品，广泛应用于家居、快消、餐饮、航空等领域。客户遍布全球122个国家，且在北美设有海外直销仓，在北欧（挪威）建立设计及材料工程创新中心，凭借出色的产品，获得Amazon（亚马逊）、IKEA（宜家）、盒马鲜生、吉野家、蜜雪冰城、麦德龙、欧尚等众多国内外知名的高端顾客群体认可和青睐，形成相互加持的品牌生态。先后被评为"中国出口质量安全示范企业""国家知识产权优势企业""国家级绿色工厂""国家级绿色设计产品""国家级工业产品绿色设计示范企业"等荣誉。2022年，实现营业收入19.76亿元，增长率达到54.00%，利润总额增长158.58%。

实施背景

家联科技积极打造"家文化"为特色的文化体系，与全体员工共谋成长和发展，共创事业和价值，共享成果和利益。创始人坚持文化建设一把手工程，亲自参与文化建设，确立"开发和制造更环保、更安全、高性价比的新材料和家居产品，降低碳排放和碳足迹"的使命，将"成为世界一流的新材料和家居用品制造商"立为愿景，坚持"创新强家、诚信立家、情感聚家、学习兴家"十六字方针。家联科技通过文化先行，构建立体的文化传播矩阵，以文化人，将"家文化"融入经营发展，促进上下同欲，实现愿景和战略的同频共振。

以"创新强家"为核心，家联科技认为唯有持续创新方能实现自强自立，赢得尊重与认可。董事长王熊先生重视研发创新，潜心研究绿色全降解原料，带领团队实现了生物全降解原料的技术和产业化突破。坚守使命，开发绿色产品，打造绿色工厂，践行"双碳"目标。牵头起草1项国际标准、主持和参与起草15项国家标准和8项团队标准，成为全国生物基全降解日用塑料制品单项冠军产品的生产企业。

以"诚信立家"为根本，家联科技定位高端，建立完善的产品质量安全诚信体系，通过智能制造，打造数字化车间确保产品高标准。生物全降解产品通过美国BPI、欧盟OK Compost的可

降解产品认证,以质量诚信塑造品牌形象并赢得全球优质客户青睐,国际市场占有率高达21%。

以"情感聚家"为抓手,以情化人、凝聚力量,打造高归属感和使命感的员工队伍。建立员工权益保障体系,包括高标准的住宿条件、暑期小候鸟公益托管班、健康绿色的自助餐厅、丰富多彩的文体活动等一系列暖心举措的实施留住员工的心,并于2023年荣获"浙江省五一劳动奖状"。

以"学习兴家"为动能,家联科技成立商学院,开设文化大讲堂,走出去请进来,开展各类员工能力提升计划,赋能员工赋能组织,为绿色、健康高质量发展保驾护航。

未来,家联科技仍将在"家文化"的引领下,奋力践行降低碳排放和减少碳足迹的使命,积极履行社会责任,为消费者提供更绿色、更健康和高性价比的优质产品,为社会贡献绿色环保新力量。

体系内涵

家联科技成立之初,董事长王熊先生就赋予了家联"家"的内涵,积极打造"家文化"为特色的文化体系,以"家"为魂,确立新时代下家联的使命、愿景和价值观体系。以"开发和制造更环保、更安全、高性价比的新材料和家居产品,降低碳排放和减少碳足迹"为使命,将"成为世界一流的新材料和家居用品制造商"立为愿景,坚持"创新强家、诚信立家、情感聚家、学习兴家"十六字方针。家联科技将创新与诚信纳入核心价值观,并通过文化大讲堂与中国传统文化融合,借助每季一期的《家联文化》内刊和与文化契合的各类活动开展文化宣贯,持续性进行文化建设和解读,通过文化引领,凝心聚力,实现高质量发展。

主要做法和成效

创新强家,构建核心竞争力,实现文化与战略的同频共振

掌握行业领先的全降解材料改进技术,实现产品绿色发展。家联科技在"耐热聚乳酸复合材料的研究""高韧聚乳酸的研究""非粮淀粉基生物塑料制造关键技术研究""生物质塑料合金制备关键技术产业化""耐热聚乳酸(PLA)热成型及发泡技术研发与应用"等项目上取得关键技术突破,填补行业技术空白。家联科技深耕生物基全降解绿色产品领域,始终按照全生命周期理念推行产品绿色设计,引领生物基全降解塑料家居用品的绿色发展。利用自身技术优势,从绿色材料、绿色包装、绿色设计三个维度持续研发绿色产品,研制的生物基全降解材料具有无毒、环保,全降解可再生的特点,已经被广泛推广应用于一次性餐具、包装、婴童产品、日用品等产品的生产制造,实现传统塑料制品的替代,产品具有良好的耐热性,机械性能强,制造成本低等优点,受到全球客户的青睐。2022年绿色产品的产量达54384吨,占全部产品产量的93%。

绿色创新,践行"双碳"战略。家联科技坚持围绕绿色发展,持续改进创新,不断优化能源结构,打造绿色工厂,促进绿色健康发展。在"双碳"与禁塑令双重大环境趋势下,家联科技坚守绿色发展理念,早在2009年公司成立之初,就将"双碳"的理念纳入企业使命——开发和制造更环保、更安全、高性价比的新材料和家居产品,降低碳排放和减少碳足迹。家联科技通过节能减排、识别及应对气候风险、严格管控污染物排放等方面的一系列具体举措,减少环境污染,增进企业的环境友好性和可持续发展性。打造绿色工厂,造福人类,造福地球,这是家联科技对社会的承诺。

家联科技积极优化能源结构，努力提升再生能源在生产、运营等环节的结构占比，降低能源使用带来的碳排放。通过5G专网实现对水、电、气表数据的用能参数、尖峰平谷对比、报警统计、能耗统计、告警统计等数据实时采集。利用能源管理系统并结合节能控制规则，对采集数据的分析、预测，合理规划能源调度分配及用能环节优化、设备运行优化、峰谷用电优化、功率因素优化等，实现节能减排，落地双碳战略。

诚信立家，以高质量的产品和服务树立品牌形象

诚信立家，建立产品质量安全诚信体系。诚信是家联科技的核心价值观之一，通过开展"企业文化大纲及课程传播工程"，包括内部刊物《家联文化》、《家联产品》、《宁波家联五个一文化图册》、宣传栏、看板等方式积极宣传诚信文化。积极履行产品和服务质量安全职责，建立"首席质量官"制、"总经理直管质量"、"一把手工程下的全员负责制"等质量管控模式，确保产品性能通过全球最严格检测标准。

定位高端，以质量诚信塑造品牌形象并获得认可。品牌的内核是产品质量和服务，家联科技立足高端，与国内外一线品牌合作，打造相互加持的品牌生态，外销以"Homelink""HL"品牌，内销以"HOMELINK"和"泽米滋"品牌推向市场，凭借行业领先的改性PLA技术，成为星巴克、必胜客、肯德基、棒约翰、宜家、沃尔玛、麦德龙、Costco、Target等世界零售巨头的全球供应商，是百盛集团唯一全品类供应商。国际市场占有率达21%，成为全球最大的全降解全品类产品供应商之一。家联科技凭借优秀的质量表现，塑造优质品牌形象，先后被评为"浙江省出口名牌企业""浙江省著名商标"。公司的"生物基全降解日用品"被中国轻工业联合会评为"中国创新消费品"，"生物降解塑料餐具"获评"浙江名牌产品"。

智能制造，确保产品高标准。家联科技大力落实"中国制造2025"，推动智能制造，不断优化和改造生产线，已建有新材料、吸塑等多个数字化车间。以产品生命周期管理（PLM）为主线，制造执行管理系统（MES）为核心，企业资源计划（ERP）为支撑，系统之间互联互通，再通过自动输送线、自动印刷机、自动装箱、自动封箱、码垛机器人、自动导引运输车等实现全自动无人化。数字化车间多关节机器人覆盖率已超过76%，大大提升了生产效率。家联科技引入"5G+"技术，打造工业互联网平台，通过5G专网实现5G网关采集车间生产数据，5G专网收集水电气用量，AR可视化管控等功能，实现生产智能化、关键节点中的监控数字化与管理中的决策智能化，实现了传统产业与新技术、新产业的深度融合，提高生产效率的同时确保产品质量稳定可靠，满足国际一流顾客需求。

情感聚家，培育高使命感和归属感的员工队伍

党建引领，营造和谐氛围，为员工消除后顾之忧。家联科技深化"党建+文化"的模式，打造以"情感聚家"为党建品牌的职业文化。党支部书记每年为全体党员上三次党课，宣贯公司经营原则及文化理念。董事长参与党建活动，通过回顾党建工作成果、重温入党誓词、新老党员代表和入党积极分子代表发言等系列活动，鞭策团队不忘创业初心，牢记创新使命。党支部引领，工会参与，发起多样化的党建活动，参观红色革命基地，接受红色教育，参观优秀企业的党建文化成果；党支部牵头成立党员爱心服务队，组织举行献爱心、环保等活动，向镇海区康怡养老院、九龙湖敬老院的老人们捐款捐物等；组织环九龙湖秦山水库环保志愿活动，在秦山水库周边捡拾白色污染物品等。

家联科技在"家文化"的氛围中，视员工为家人，为员工谋福利。关注员工权益，建立员工保障体系，为员工消除后顾之忧。建立员工发展平台，给予核心团队股权激励，建立差异化的员工支持措施；自营食堂，为所有员工提供自助餐；提供全新免费的住宿环境、设有夫妻房、配备独立卫生间等设施；外住员工给予住房补贴，开通免费公交，解决员工上班交通问题；为所有员工提供一年一次的健康体检；关心关怀员工，发放劳保用品、生活福利和年节福利；帮助解决职工子女就学，举办家联"小候鸟"公益托管班，开设"小候鸟"书画、英语等兴趣课堂。一系列暖心举措的实施，为员工解决了后顾之忧，持续提升员工归属感、幸福感。

积极组织开展各类员工活动，丰富员工的精神文化生活，提升员工对家联大家庭的认同感。家联科技设立员工活动中心，每年开展观影、读书、娱乐等活动。近年来还在文化艺术，体育运动，传统民俗等方面开展活动，充分体现团结协作的家精神，打造浓厚的家氛围。

学习兴家，打造学习型组织和个人，为高质量发展保驾护航

高层领导率先垂范，营造组织学习氛围。董事长王熊先生率先垂范，开设文化大讲堂，实施文化一把手工程，以文化人上下同欲，学习兴家。将传统文化融入家联文化，结合对传统文化的解读和理解，更好地践行家联企业文化。2019年开始董事长参与读书活动，并分享读书心得体会，开展全员诵读《弟子规》，讲《论语》等活动。董事长讲《论语》，注重与经营管理实际相结合，深入浅出地解读，用真实的案例启迪员工做人做事的智慧，明确德性与德行修养的重要性，从而在生活和工作实践中，讲孝道，重诚信，乐于助人，乐于学习，乐于分享，爱岗敬业，遵纪守法，用真诚的服务、贴心的管理赢得客户和相关方的信赖与尊重。

赋能员工，积极打造后备人才梯队。家联科技把"学习兴家"——不断学习，锐意进取纳入公司文化的重要板块。始终认为员工是家庭成员的主体，只有赋能员工，不断提升员工能力，才能更好地实现学习兴家。成立家联商学院，设立培训中心，开展风采经理人训练营、生管训练营、班组长训练营、精益革新训练营、内训师训练营等各层次的员工培训活动。家联科技还打造了"家联大讲堂"品牌系列课程，助力家联快速、健康发展。

坚守初心，履行使命职责，回馈社会，逐绿前行

家联科技在"家文化"的引领带动下，外塑形象，内强素质。秉持"双碳"理念，坚守初心，全心打造绿色产业，履行使命职责，为人类的环保事业做出新的贡献。家联科技着力自身健康发展的同时，不忘回馈社会，积极投身公益事业。以"教育、环保、慈善、扶贫"为公益支持重点。积极开展环保宣传活动、贵州捐资助学、与临海市慈善总会合作，成立300万文化公益基金，开展传统文化回归活动。2021年企业向郑州红十字会捐赠20万元用于河南洪灾救助，2022年为镇海结对帮扶金阳县东山社区捐赠资金20万元等。

家联科技将根植生物全降解新材料领域，扎扎实实做好自身的经营和技术创新，促进绿色材料的不断迭代升级，为行业和社会带来绿色效益，以"质量变革、效率变革、动力变革"为驱动，通过"创新强家、诚信立家、情感聚家、学习兴家"，实现绿色、健康高质量发展。

主要创造人：王　熊　林慧勤
参与创造人：陈　林　冯立明

打造"富有竞争活力的共同体"文化，助推企业高质量发展的实践与探索

东华工程科技股份有限公司

企业简介

东华工程科技股份有限公司（以下简称东华科技），隶属于中国化学工程集团有限公司，源于1963年成立的原化工部第三设计院，位于安徽省合肥市，2001年完成股份制改造，2007年在深圳证券交易所成功上市，是工程勘察设计行业较早进行股份制改造并上市的现代科技型企业。东华科技拥有国家工程设计综合甲级、工程施工总承包一级等顶级资质，2013年被认定为"国家级技术中心"；2022年被认定为"国家技术创新示范企业"，拥有国家级博士后科研工作站和多个省级实验室等平台；2022年营业收入达62.34亿元。

实施背景

东华科技企业文化建设经历了培育整合（1997年以前）、全面推进（1997～2008年）、巩固提高（2008～2021年）、跨越发展（2021年至今）四个阶段的持续发展。为了适应企业绿色转型发展新需求，东华科技以2008版企业文化为基础，按照"八二原则"承继原有理念核心要义，推动企业文化建设升级。如今，结合高质量发展和现代企业治理体系要求，融入时代奋进精神和市场"狼性思维"形成的文化导向，东华科技的企业文化在原有"家文化""和谐文化"的主体内涵的基础上，进一步融入"共同体"文化内涵，特色文化理念进一步深化，企业文化引领力、凝聚力、辐射力不断增强，形成了更加成熟的文化理念体系、更系统的企业文化建设体系、一个文化与战略相互促进更良好的局面，为公司高质量发展提供了源源不断的精神动力和文化支撑。

体系内涵

企业文化主旨：富有竞争活力的共同体文化

"共同体"即人们在共同的条件、目标下所结成的组织团体。"共同"代表着共事、共情、共享、共担，"富有竞争活力"是高质量发展的内生动力，是东华科技价值创造能力和市场发展能力的内在保障。"共同体"延续了东华科技人"企业主人""人企合一"的发展思想，将员工

成长与企业发展融为一体，强调员工与企业利益一致、情感交融、休戚与共，强化员工是东华科技高质量发展推动者的主人翁意识。在企业发展目标引领之下，全体员工共事共情，共享共担，创造企业价值，实现个人价值。

核心价值观：勤奋工作，快乐生活

"勤奋工作，快乐生活"诠释了富有竞争活力的共同体文化的工作面貌和精神状态，将工作价值与个人发展融为一体，以勤奋工作赢得客户尊重、社会认可，进而实现人生价值，实现快乐生活，是东华科技企业获得长足发展，员工不断创新进步的价值准则，是"人企合一"的发展思想在工作状态和生活状态方面的呈现。"勤奋工作"是东华科技所倡导的工作状态，是时代奋进精神在工作层面的具体反映；"快乐生活"是源自对生活真心实意地参与和热爱，是明知世事好坏参半，却依然选择热爱。

企业精神：敢为人先，笃实力行

东华科技以技术为先导，以市场为中心，以价值为目标，以创新为驱动，不断突破已知，开创未知，提升市场竞争力和企业发展力，获得业务发展的先发优势。"敢为人先，笃实力行"既是对事业的笃定，又是对发展的执着。秉承东华科技务实肯干的文化基因，坚定信念，脚踏实地，奋力前行，持续推动各项工作标准化、规范化、精细化、精深化，夯实发展基础，蓄积发展力量，累计建设完成2000余个高质量工程项目，为高质量发展提供有力支撑。

企业愿景：高尚企业，卓越东华

东华科技秉承立企初心，胸怀家国理想，以中华民族伟大复兴为己任，对质量精益求精，对客户专业负责，对社会真诚奉献，成为具有高尚品格和高尚追求的企业。东华科技坚持长期主义，以专业过硬、品质过硬赢得行业尊重，获得社会认可，致力高质量发展，成就卓越企业，实现基业长青。

企业使命：交付价值，精彩人生

对外，东华科技全面落实国有企业的三大责任（政治责任、经济责任、社会责任），将企业发展融入国家发展、人民幸福、社会进步之中。对内，东华科技助力员工成就精彩人生，坚持人本理念，尊重员工、善待员工，重视员工发展，赋能员工成长，为员工提供干事创业的发展舞台，为员工创造和谐向上的发展环境，最大限度地调动员工的积极性、主动性和创造性，帮助员工成就个人价值，实现个人理想，焕发精彩人生。

主要做法

加强制度文化建设，夯实企业发展根基

企业制度文化是企业文化的规则层面和秩序系统，是企业精神文化、行为文化、物质文化得以有效推行和实现的根本保障。东华科技的企业制度文化主要包括组织机构、管控体制两个方面。

目前，东华科技形成了严密的组织机构，以全面精细化管理为依托，在党建工作、社会责任、财务管理、内部生产经营管理、协同设计及内部管理等各工作领域均全面建立了内部控制制度体系。现行有效的内控制度约340项，编有健全的《工作手册》和《全面精细化管理手册》，形成了以"项目经理负责制"和"工程项目精细化管理"为核心的项目管理体系，切实提高了各

项工作的标准化和规范化，企业的管控力和执行力也得到了有效提升。

制度规范流程，流程维系企业发展。目前，东华科技的各项企业生产经营管理制度，通过具体实践已经变成了规范的工作流程，依托公司信息化平台，持续推动企业各项具体工作的开展。同时加强制度学习宣贯，通过开展宣贯活动，引导干部职工进一步增强对企业文化的认同感和归属感，坚定信心、凝聚力量、团结奋进，为公司高质量发展提供坚强的思想保证和强大的精神动力。

强化行为文化建设，构建全员道德标准

东华科技的行为识别体系就是行为文化的具体体现，是东华科技及全体员工在经营活动中奉行与遵守的行为标准与处事风格，是贯彻企业经营理念和践行企业文化的具体行为约定，是全体员工共同遵循的职业规则与标准。东华科技的行为识别体系由"行为基本主张"和"职能行为规范"两部分内容构成，其中"行为基本主张"包括"强国利民、守正创新、安全高质"的企业行为基本主张和"诚实守信、爱岗敬业、工作一流"的员工行为基本主张两部分；"职能行为规范"参照公司职系设计相关规定，针对行政管理、商务营销、工程技术、项目管理、研究开发、实业运营等领域，提出相对应的行为标准。

夯实物质文化建设，保障企业发展基础

东华科技以中国化学"地球"标识统一企业形象识别系统，蓝色地球背景体现公司的全球化视野，加快建设具有国际竞争力的综合性工程公司；其主色调为深邃的蓝色，象征宽阔与高远；Logo轮廓、地球经纬线及公司简称为明亮的金色，象征活力与品质；中国化学简称四周的金色方框，象征方正与朴实。

同时，公司总部拥有A、B两栋办公大楼和一栋综合楼，园区环境优美，设有花园、水景、亭廊等景观设施，拥有专业的羽毛球、乒乓球、台球等运动场地，配备了阅览室、健身房、心理咨询室、母婴室等设施。东华科技从贯彻人本理念出发，积极营造温馨、向上的企业文化氛围，切实把解决基层员工"急难愁盼"问题，作为提升幸福感、增强凝聚力的暖心工程来抓。

重视精神文化建设，增强企业凝聚力

东华科技在多年的管理实践中逐步形成了以"四周联动"为主的管理创新活动，包括"思考周""文化周""质量周""创新周"。

以"人人都参与"为原则积极举办各类文艺体育活动，让企业文化在企业内部活跃起来。东华科技每年面向不同的职工群体开展丰富多彩的文体活动，每一位在东华科技工作生活的员工都能找到适合自己的活动，都能充分融入东华科技大家庭。

成立东华科技蓝鸽志愿服务队，统筹党员、团员和员工开展系列志愿服务，结合专业特色开展中国环境日、中国水周、安全用电等活动，持续开展99公益日等活动关注白血病患者、孤独症患者、聋哑儿童。通过开展丰富多彩的企业文体和志愿服务活动，东华科技形成外化于行的行为准则与工作作风，增强员工对团队的归属感、对工作的使命感、对企业的荣誉感，进而转化为企业的强大生产力，促进企业的健康长远发展。

突出正面典型宣传，发挥示范引领作用

东华科技推崇"诚实守信、爱岗敬业、工作一流"的员工行为基本主张，采用内部评选和外部报送相结合的形式选树先进典型。东华科技每年组织企业党员先锋岗、优秀共产党员、"巾帼

建功"先进集体及个人、"三八红旗手"、"十佳职工"等先进模范人物、集体评选,表彰并宣传他们的典型事迹,为企业员工选树了一批身边可以学习的榜样。

实施效果

公司业绩稳步提升,树立了企业品牌

在优秀的企业文化的影响下,东华科技经过多年的市场拼搏,在天然气化工、焦炉气化工、设计和建设市场长期占有主导性的竞争优势,企业营业收入和利润多年保持持续增长。东华科技自成立以来,主要经营指标一直高速增长,新签合同额、主营业务收入、净利润的年复合增长率均达到两位数;企业资产规模由成立初的8500万元增长到2022年年底的117.48亿元;公司先后完成各类工程设计、咨询和工程总承包项目2000多项,持有有效授权专利数量160多项,认定专有技术30多项,获得科技成果认定20多项,荣获国家科技进步奖、优秀工程咨询成果奖、优秀设计奖、总承包银钥匙奖等省部级以上奖项300多项,科技奖近60项;目前已在多个行业市场树立了东华品牌,为进一步做强做优做大打下了坚实的基础。

依托六十年的行业积淀和雄厚实力,东华科技综合实力在全国24000多家勘察设计企业中一直位居百强之列,在化工类勘察设计企业中名列前茅。早在2005年,东华科技就被评为"全国文明单位"称号,并连年被评为"AAA级信用企业";2021年,公司顺利取得信息化和工业化融合管理体系AAA认证;2022年,公司荣获"国家技术创新示范企业"称号。

形成了文化认同,增强内部凝聚力

东华科技企业文化和品牌建设工作起源很早,战略清晰、体系丰富、底蕴深厚、深得人心。随着企业发展,企业员工的薪酬福利待遇也得到了提升,人均薪酬处于行业与地方较高薪酬水平,不断提高的薪酬福利也在切实提升员工的幸福感、获得感。围绕"富有竞争活力的共同体文化",东华人践行"勤奋工作、快乐生活"的价值观念,通过开展丰富的文化落地活动,形成了员工心往一处想、劲往一处使的文化认同,创造了自我的精彩人生。

东华科技大力弘扬楷模精神、劳模精神,突出理想信念教育,鼓励员工践行社会主义核心价值观。多名干部职工获得省级"五一劳动奖状""巾帼建功标兵""省直机关无偿献血先进个人""环保产业先进个人"等称号。2021年,东华科技派驻甘肃省华池县扶贫干部邱军同志获得"全国脱贫攻坚先进个人""时代楷模"称号,并在中共中央宣传部、国务院国资委和中国化学工程集团有限公司的指导下深入开展了先进事迹重大典型宣传工作,参与组织策划先进事迹报告会,在合肥建成先进事迹陈列室。

主要创造人:李立新 郭贵和
参与创造人:桑艳军 刘良胤 王 颖 刘茜玥

以"四融"文化赋能企业高质量发展

开滦能源化工股份有限公司

企业简介

开滦能源化工股份有限公司（以下简称开滦股份公司）成立于2001年，是由开滦（集团）有限责任公司作为主发起人，联合中国信达资产管理股份有限公司、上海宝钢国际经济贸易有限公司、中国华融资产管理股份有限公司、煤炭科学技术研究院有限公司、西南交通大学共同发起设立的煤炭开采类上市公司。2004年6月2日，开滦股份公司股票在上海证券交易所挂牌上市。

开滦股份公司先后获得"河北省明星企业""河北省最具成长性企业""'十三五'中国企业文化建设优秀单位"等荣誉称号，连续12年入围中国上市公司500强，连续15年入选"上证公司治理板块"样本公司，2022年获评国务院国资委"国有企业公司治理示范企业"称号。

实施背景

全面建设社会主义现代化国家，必须坚持中国特色社会主义文化发展道路，增强文化自信，围绕举旗帜、聚民心、育新人、兴文化、展形象建设社会主义文化强国，发展面向现代化、面向世界、面向未来的，民族的、科学的、大众的社会主义文化，激发全民族文化创新创造活力，增强实现中华民族伟大复兴的精神力量。深刻认识和运用企业文化与经营管理发展深度融合的规律与方法，开展"四融"文化课题研究与创新实践，是深入贯彻党的二十大精神和习近平总书记关于文化建设的系列论述的必然选择，是深入落实"围绕经济抓党建"要求的重要体现，是推进文化强企、实现文化赋能、推动高质量发展的现实需要。

体系内涵

坚持从党的优良传统、红色基因、优秀文化中汲取精神养分，围绕凝聚力量推动发展，积极践行以源头融合、过程融入、责任融进、成果融汇为一体的"四融"文化，进一步找准文化要素融入经营管理工作的切入点、推动经营管理建设的落脚点、服务经营管理发展的着力点、展示经营管理形象的推介点，以文化指引"正确之向"、厚积"实践之功"、激活"奋进之源"、塑强"企业之形"，全面赋能企业高质量发展。

主要做法

坚持"源头融合"靶向跑，以文化指引"正确之向"

坚持党建铸魂、文化强企，切实把优秀的文化基因、先进的文化手段融入企业经营管理、经济建设的全过程，全面构建与经济形势相适应、与发展战略相匹配、与产业格局相契合、与管理升级相促进的先进导引型文化体系，引领企业在正确的方向、科学的轨道、全新的坐标加速发展。

高举文化引擎，用新思想引领新战略。坚持有利于战略实施的文化导向，通过调整优化企业文化引领系统，激励干部员工不断调高精神坐标、调优思想行动，把个人发展愿望转变成实现企业战略目标的共同愿景和生动实践。以建设"五个新股份"、打造"省内领先、行业一流"的现代新型能源化工强企为目标，围绕做精做强煤炭产业，稳固提升焦炭产业，优化壮大化工产业，培育发展新兴产业，深入开展对标提升行动，积极开辟制胜新赛道，用先进文化培育产业核心竞争力。

用好文化引擎，用新思维引领新思路。发挥文化领航作用，按照系统、科学、先进、实用的要求，找准发展定位，优化发展思路，创新发展路径，以新发展理念引领企业高质量发展。深入开展解放思想大讨论活动，以思想的大解放促进工作观念的转变、思维方式的进步、领导方法的改进、企业管理水平的提升。坚持文化赋能，把智能化矿井建设和煤化工扩能延链作为高质量发展的破冰之举，积极寻找新的经济增长点和效益增长源，实现因势而谋、乘势而上。

开启文化引擎，用新视角引领新理念。坚持把先进的文化理念贯穿企业发展任务目标制定和经营管理实施的全过程，结合核心企业定位，层层征集，系统总结，提炼形成体现行业特色、符合发展战略、传承开滦股份公司文化精髓的企业文化理念体系，并深入开展战略和理念的宣贯，激励和引导企业各级、各层、各类人员不断修正思想、锤炼境界、提高品质、凝聚力量，形成战略定力和工作合力。

坚持"过程融入"加速跑，以文化厚积"实践之功"

以建塑导引文化为方向，充分考虑股东文化、治理文化等多元主体的文化兼容性，用文化改造管理、提升管理、优化管理，积极开展文化融入经营管理、厚植经济建设的生动实践，全力打造具有鲜明股份特色的优秀企业文化。

加强文化传播，推动"五精"管理与生产经营的深度融合。围绕增强"五精"文化认同、提高"自主"文化自觉，结合经营管理实践，积极组织开展经营理念征集、讲述理念背后故事、企业文化案例解读活动，并采取启发式、感染式、互动式宣贯手段，加强理念的渗透固化，促进理念的深植落地。坚持专家讲座、文化专班、观摩学习、交流研讨多措并举，加强精细管理文化的学习培训。积极整合宣传阵地资源，坚持线上线下统筹发力，充分发挥企业文化阵地的辐射熏陶作用，营造浓厚文化氛围。

注重文化运用，推动政策制度订立与执行的高度统一。本着制度、机制、政策订立体现文化理念，现场贯彻、执行、落实彰显文化统领的原则，以制度巩固文化，以文化提升管理。按照加强节点控制、理顺工作流程、强化制度执行、促进管理创新的要求，系统梳理并形成利于规范管理的统一框架。加强内控建设，建立风险点清单，健全考核与评价体系，编制内部控制手册和内部评价手册,构建起权责明确、制衡有力、激励约束统一的现代企业管理制度体系,保证决策和管控行为的科学规范高效。

突出文化灌输,推动合作共赢思想与自主经营行为的全面形成。坚持"人人都是管理者,事事都在经营中"的导向,积极培育自主诚信、和谐共生、荣辱与共的价值观,打造守望相助的命运共同体。通过主题宣讲、道德讲堂、志愿服务等形式,推动文化进基层、进家庭、进岗位,筑牢共同的理想信念、价值理念、道德观念。把弘扬中华优秀传统文化、革命文化、社会主义先进文化与传承劳模精神、工匠精神、创新精神,以及"特别能战斗"的企业精神相结合,唱响"我与时代同进步、我与企业共发展"主旋律,根植主人翁思想。

坚持"责任融进"接力跑,以文化激活"奋进之源"

按照文化激活生产力、锻造执行力、提升管理力、增强竞争力的思路,积极做好文化融入经营管理大文章,推动企业文化建设与企业重点工作高度聚合、深度契合、有机结合。

以文化激活党建带动力,服务经营管理更有力。把企业文化作为党建工作服务生产经营建设的有效切入点,充分发挥党组织把方向、管大局、促落实作用。围绕促进企业整体形象、转型升级质效、企业发展活力、经济发展动力、风险防范能力、经济运行质量"六个进一步提升"专题,深入开展解放思想大讨论大提升活动,全面推动企业内涵发展、创新发展、绿色发展、协调发展和高质量发展。深入推进"52411"党建提质工程和"五强五促"党支部工作机制,兴张创先争优文化,推动企业党建工作更好适应改革、融入管理、服务发展。

以文化激活思政感染力,参与经营建设更自觉。积极找准企业文化与思想政治工作兼容互补的结合点,全面构建以思想导引、舆情控制、思想调适、应急处置为基本构架的员工思想管控体系,建立情理交融、时效凸显、闭合贯穿的思想疏导机制,充分调动员工支持改革、参与管理的积极性、主动性。突出文化感召,聚焦正确看待当前形势、正确看待改革创新、正确看待企业前景、正确看待共同发展"四个正确看待",深入开展理想信念、形势任务和利益共同体教育,实现思想政治文化与经营管理工作的交融互进。

以文化激活爱岗凝聚力,提升经营业绩更主动。积极倡导"如家"文化,唱响"岗位如手足、企业如家庭"主旋律,引领员工爱岗敬业,当好"主人翁",争做"红管家"。坚持以员工为中心,大力实施暖心聚力工程,健全完善民主管理、利益协调、诉求表达、矛盾调处和权益保障机制,并按照项目征集、项目分类、项目处置、项目督办、项目跟踪、项目总结"六步处置法",项目化清单式推进办实事工程,切实让经营发展成果更广泛、更直接地惠及员工,提高大众获得感、幸福感和归属感。

坚持"成果融汇"携手跑,以文化塑强"企业之形"

贯彻"建强企、提内涵、树形象、扩影响"总基调,加强文化塑造和辐射,全面展示经营进步、经济发展带来的新变化、新面貌,提升企业的社会知名度和外在影响力,塑强开滦股份公司新形象。

唱响文化,塑造"蓝筹"品牌。以"宣传精品、展示品牌"为方向,有效整合宣传资源,坚持报刊台网立体联动,实现宣传的同频共振、同向发力。深入挖掘提炼最能展示发展成就、最能体现股份经验、最能代表股份风格的外宣精品稿件,有计划、有目的、有步骤地推出内容丰富、亮点突出的重点文章、重头报道,为企业打造"蓝筹"品牌、推进高质量发展营造奋进舆论氛围。

点亮文化，塑造"文明"环境。以打造集约高效、布局优化、功能配套的精品工业园区为目标，将文明创建触角延伸到基层区科、生产班组和岗位员工，加强精品生产线创建，加大员工行为规范力度，着力建设安全生产管理规范、区域环境美化整洁、生产生活秩序文明的一线精品工程，实现环境建设提档升级。

内修文化，塑造"职业"队伍。以培育具有现代工业文明品格的员工队伍为落脚点，以培养员工强烈的职业意识、高尚的职业精神、规范的职业行为、过硬的职业技能为目标，大力实施员工素质品格提升行动，积极搭建学技术、练技能、长本领的平台，推动素质提升步入制度化、规范化和常态化轨道，全面塑造具备现代工业文明品格、主动担当作为的职业化员工队伍。

实施效果

通过开展"四融"文化课题研究实践，不断用文化的手段和力量推动要素融合、管理提级、活力形成、形象攀升，彰显了"三个进一步"。

围绕经济做功的价值进一步彰显

通过做实"四融"文化，积极搭建文化融入经营管理的平台载体，构建推广"文化＋融入＋服务＋赋能"的价值模式，充分发挥文化"打基础、练内功、强动能、管长远"的作用，实现了文化赋能、管理升级、发展蓄势，围绕经济抓党建的要求深刻体现，围绕经济做功的价值充分彰显，助力了股份公司效益最好年目标的实现。

企业的竞争实力进一步增强

围绕凝聚力量、增强实力、打造优势、促进发展，推动文化深度融入和精准落点，全面提高文化融入经济服务发展水平，加速建设安全、智能、高效、幸福的能源企业，加速打造质量过硬、品牌响亮、产业素质优良、国内领先的新材料头部企业。

企业的品牌形象进一步提升

聚焦打造上市公司"蓝筹"品牌，全面加强文化塑造和文化辐射，推动企业内提素质、外树形象、叫响品牌。充分挖掘开滦股份公司新时代"特别能战斗精神"新内涵，让特别能战斗、特别能担当、特别能创造的企业精神励志铸魂，全面塑强企业新形象。先后获得"'十三五'中国企业文化建设优秀单位""中国煤炭行业思想政治工作先进单位""中国石油和化学工业思想政治工作先进单位"等荣誉称号。

主要创造人：朱宏江　冯证国
参与创造人：王坤峰　黄立新　刘全顺　贾顺仓

红色基因凝聚高质量发展力量，开创世界一流企业建设新局面

红太阳集团有限公司

企业简介

红太阳集团有限公司（以下简称红太阳集团）于1989年靠借资5000元起家，创业者带着"为国、为民、为绿色三农"的情怀和使命，三十多年来秉承"听党的话，跟正确的人，走创新的路"的企业信仰不动摇，坚守"不图名、不图利、不怕牺牲"的创业奋斗精神和"帮助好人、成就自己"的经营理念不动摇，取得了助力国家解决两大历史痛点和实现企业自身三项目标的良好成果，为到2025年实现营业收入和市值双超千亿，进军世界500强，迈向世界一流企业打下了坚实基础。

助力国家解决的两大历史痛点。一是，"既要保证粮食安全，又要保证食品与生态安全"。二是，绿色农业发展的"三替"（替代高毒、进口、有毒有害中间体）。

红太阳集团实现的"三项目标"。创造了一家拥有中国制造、民营、品牌、现代服务业和石油化工等五项500强（其中主业绿色农药已位居"亚洲三甲、世界十强、中国十三连冠"）的全球化全产业链企业。创造了一家带动"千家"中小企业"十万人"就业和践行"构建人类命运共同体"战略思想，体现"大国担当"的世界绿色农业责任担当企业。创造了一家"世界唯一、自主可控"三大"数字绿色农药"产业生态圈，拥有"自主技术、市场、品牌、人才、模式、文化"六大国际核心竞争力企业。

2022年，红太阳集团全年实现主营业务收入337.22亿元，同比增长27.93%；净利润10.03亿元，同比增长232.12%；纳税3.76亿元，同比增长35.74%。

实施背景

自1989年创业以来，红太阳集团始终和时代休戚与共，与国家命运一脉相连，胸怀"两个大局"、心怀"国之大者"，自觉肩负起"服务三农"、助力"乡村振兴"的使命担当，挑起了中国农药工业高质量发展的大旗。自主攻关成功研发制造出吡啶碱系列产品，以一己之力打破了跨国公司对吡啶碱行业的垄断，助力国家在国际行业中树起了绿色农药的"民族自信"。与此同时，红太阳集团注重变革创新，绿色发展，围绕主业延链强链，激发链式发展效应，独创了"生物能源、生化农药、生物医药"产业链生态圈，为打造绿水青山，推动农业生态文明建设做出重大的贡献。

红太阳集团三十多年的高质量发展是中国改革开放和中国式现代化的一个缩影。三十多年来，红太阳人"走遍千山万水、说尽千言万语、想尽千方百计、吃尽千辛万苦"，是"四千精神"激励着红太阳人勇于变革、善于拼搏；是深植于骨血的红色基因让红太阳集团牢记使命、勇毅前行；是极具生命力和战斗力的企业文化让红太阳人披荆斩棘、砥砺前行。尤其是在当前百年未有之大变局的历史关键期，世界经济遭遇超预期的不利因素冲击下，坚定文化自信是红太阳人实现产业自信，再到发展自信的重要抓手。优秀的企业文化是社会主义先进文化建设和文化强国的重要组成部分，优秀的红太阳集团企业文化是带领全体红太阳人团结一心、众志成城，开创建成世界一流企业新局面，走向更大胜利的行动指南。

体系内涵

红色基因是烙印于红太阳人的心底、流淌在企业文化脉络中的遗传因子，成为驱动红太阳集团赓续奋斗、永葆初心的精神密码。这源于红太阳集团创始人杨寿海，他是一位有着超过45年党龄的全国劳动模范。一名优秀中国共产党人"践行初心、担当使命，不怕牺牲、英勇斗争，对党忠诚、不负人民"的高尚品质和崇高精神，在他的身上有着生动的体现，也完全投射到他所创办的企业身上。

红太阳集团注重传承红色基因，从红色文化里汲取力量，从优秀传统文化中汲取养分，依靠坚定的信念、创新的实践、超人的智慧，总结完善形成了红太阳集团企业文化核心理念36条：提炼了"听党的话，跟正确的人，走创新的路"的企业信仰；"敢创、敢拼、敢担当"的企业精神；"为他人创造心境，方能为自己创造环境"的行为理念；"灯笼法则""小铜钱法则""修己安人法则""兴市不可追，钝市不可丢法则""没有唯一性，必有差异化""合情合理合法合时法则"的企业长寿文化；以及"成功永远没有顺其自然，成功路上心态永远占99%"的心态文化；提炼出"企业四大宝：精神、文化、信仰、信誉""未来人的本钱：不是美貌和文凭，也不是金钱和权贵，而是众人心中的人品"等企业发展文化。同时，邀请作词作曲家创作了《红太阳之歌》，在企业内及社会上广泛传唱，以歌声传递企业正能量，弘扬社会正气。

红太阳人以高度的政治自觉和强烈政治担当，高站位、高标准、高质量、高要求，最终完成了一个符合时代要求、特色鲜明、内涵丰富的企业文化体系构建，为一代一代红太阳人奠定了共同的价值观，为企业创新创造和高质量可持续发展提供了普世的、可复制的传承样本。

主要做法

强化组织建设，为企业文化实施提供制度保障

为了使企业文化从"挂在墙上到刻在心上"，从"说在嘴上，写在纸上，到落实在行动上"，使企业文化真正成为推动企业发展和全面建设的强大动力，让广大员工做到思想自觉和行动自觉相统一，使思想自觉转化为行动自觉，红太阳集团将企业管理层定位于企业文化的率先垂范者，要求管理层须带头学习和落实企业文化。

从组织架构上，从集团公司总部到各分公司、子公司，统一设置了企业文化专职专岗；从制

度建设上，《企业员工手册》特别设置了企业文化板块，以及相应的企业文化管理条例等。通过组织强化、制度明确，着力将企业文化建设常态化、制度化。

多措并举，扎实推进企业文化宣贯工作

成立企业文化宣贯团队，组织编写《企业形象手册》《企业文化手册》和《员工行为手册》，拍摄专题宣传片、短视频等，使企业优秀文化成为内强素质，外树形象，推进企业发展的精神动力。

建立企业文化宣传平台。每年拨付数百万元专项资金，在各实体单位建立企业展厅、文化墙、文化走廊、文化灯箱、文化展板，让企业文化成为广大员工抬头能看到，有事能想到，做事能做到。

建立宣传阵地。依托传统和新兴媒介组建自媒体矩阵，多触角、多平台链接广大员工，让他们充分了解、感受、分享企业发展的成果和荣耀。

建立企业文体小组。创办图书室、举办展览、读书征文、演讲比赛、视频大赛等活动，以员工喜闻乐见的方式，鼓励员工展示工作和生活的多姿多彩，增强其参与感和获得感。

开展党群活动。红太阳集团是江苏省自主建立党史馆和党校的民营企业之一，而且下属各分公司、子公司也全部建立了党建工作园地、党员心吧；在党的二十大召开期间，红太阳集团党委组织各党支部一起观看实况，学习党的报告，分享学习心得，并应用到实际的生产生活中去，推进产业发展和企业文化双丰收。

以人为本，激励员工与企业同频成长

"若想成为一流企业，必先成为一流大学"的企业文化核心理念是红太阳集团关注员工成长成才，"爱才惜才、重才育才"的真实写照。多年来，红太阳集团践行着"用师者为王，用能者为霸，用徒者灭亡"的用人哲学，建立起以人为本、以文化为灵魂，制度创新，重智爱才的人力资源管理体系；秉承"团结能人做大事、团结好人做实事、团结小人不坏事"的聚人策略，红太阳集团为不同专长的人才提供了广阔的发展舞台，构建了"60后主控、70后主战、80后主峰、90后主攻"的核心人才梯队。

同时，红太阳集团坚守"成就能人、幸福好人、恩报贵人"的经营理念，设立亿元员工"爱心互助基金"、"尊老爱子自尊基金"、为全体员工免费提供富硒餐饮，为外地员工免费提供住宿、帮扶困难员工等，持续创新员工关怀举措，大力实施幸福红太阳计划，提升了员工对企业的满意度，让企业文化的种子在每一位员工的心里生根发芽。

使命担当，向社会播撒感恩文化

创立至今，红太阳人以高度的政治自觉和行动自觉，始终把企业发展同国家繁荣、民族兴盛、人民幸福紧密结合在一起，主动为国担当、为国分忧。

坚守乡村振兴共同富裕的初心。即利用红太阳集团产业优势，充分发挥产业扶贫在实施乡村振兴战略、实现共同富裕中的关键作用。先后在安徽、湖北、江西、海南、云南等相对落后的"老少边穷"地区，斥资数百亿元投资建厂，而所建企业无一例外都发展成为当地的明星企业和纳税大户，带动了当地实体经济，增加了当地就业水平，促进了当地农户增收致富，彻底"拔穷根、摘穷帽"，助力国家兑现"全面建成小康社会，一个也不能少；共同富裕路上，一个也不能掉队"的庄严承诺。

积极投身社会公益事业。近年红太阳集团在救灾济贫、助医助学、奖教奖学等公益方面累计捐赠2.69亿元。连续三十多年动态认养高淳区全部孤儿；向南京市癌友协会捐赠1000万元；捐资1亿元设立"红太阳高淳慈善基金"；出资与政府合作共建"红太阳乡村电子阅览室高淳村村通工程"；投资5000万元建设红太阳桠溪中学；在南京大学、南京农业大学等高等学府设立红太阳奖学金；关注民生、情系灾区，为灾区人民捐款捐物……未来五年，红太阳集团还将捐资10亿元设立"红太阳爱心慈善基金"。

实施效果

企业生产和企业文化两手抓、两手都要硬是红太阳在创立之初就制定的战略方针。以企业文化为抓手，将企业文化宣贯和学习工作贯穿企业的经营管理、品牌建设、创新发展、员工培训、社会责任的方方面面。实践证明，红色基因凝聚奋斗伟力，企业文化锻造发展之魂，红太阳的品牌影响力和综合实力不断增强，员工的整体素质和文化素养也有了很大提升，文化软实力在企业核心竞争力中表现出了强大优势和发展势能。

2022年，红太阳集团全年实现主营业务收入337.22亿元，同比增长27.93%；净利润10.03亿元，同比增长232.12%。这个成绩的获得实属不易，其背后是过去三年全球经济深陷不确定性旋涡无法自拔，疫情、加息、战争、通胀等各种不利因素满天飞，很多企业因经营乏力管理不善而致企业利润下滑，预期收益大减。

红太阳集团的出色表现生动体现了中国经济，尤其是中国民营经济的强大韧性和发展潜力。在行业运营压力空前的情况之下，红太阳集团依然敢于在研发上持续投入，2022年投入研发费用3.11亿元，非但没有减少，同比增长45.33%；在投资信心普遍不足的情况之下，红太阳集团的产业布局不仅没有收缩战线，反倒逆势斥资100亿元投资云南。以木薯产业化为抓手，引爆可再生能源的产业布局，延链补链强链，不断提升产业的含金量、含新量和含绿量，打造"生物能源、生化农药、生物医药"产业链生态圈，保证主业农药实现"吃干榨尽、绿色低碳、循环经济"的发展目标。这便是行业龙头企业的文化自信、战略自信、品牌自信和商业模式自信。

未来，红太阳集团将继续加强企业文化建设，传承红色基因，不忘初心，以优秀文化滋养企业发展，以高质量发展反哺社会和服务国家发展大局，携手全体员工共同为实现"进军世界500强，创造幸福红太阳"的世界一流企业而不断奋斗！

打造硬核工业母机品牌，赋能企业高质量发展

秦川机床工具集团股份公司

企业简介

秦川机床工具集团股份公司（以下简称秦川集团）是中国机床工具行业龙头骨干企业，中国精密数控机床与复杂工具研发制造基地，工业机器人减速器研发制造基地，国家级高新技术企业和创新型试点企业，有国家级制造业单项冠军产品和多家国家级专精特新"小巨人"企业，建有国家级企业技术中心、院士专家工作站、博士后科研工作站，先后获得"国家科技进步奖一等奖""国家科技进步奖二等奖""中国工业大奖项目表彰奖""中国机械行业百强企业"等荣誉。"秦川QINCHUAN"商标荣获"中国驰名商标"称号。

战略聚焦，塑造品牌形象

作为有着近60年机床制造史的国有企业，秦川集团始终致力于打造中国好机床，尤其是近年来，为抢占未来行业制高点，秦川集团重塑品牌形象。历时一年半，通过系统性重塑，整体性重构，围绕集团核心价值观，总结、概括、提炼出鲜明的企业精神和18项价值理念体系。推动产业协同发展和母子公司企业文化交流融合，不断增强企业文化自信，对标一流，用秦川文化引领事业发展。践行"5221"发展战略，以主机业务为引领，以高端制造与核心部件为支撑，以智能制造为新的突破口，立足机床工具行业，统筹经济效益和社会效益，践行市场化经营、差异化竞争、跨越式发展理念，在多变环境中主动求变，探求转型升级新路径，形成一体化发展模式，逐步打造"国内领先，国际知名"的高端装备制造领域的系统集成服务商和关键部件供应商。

在秦川新文化及发展战略引领下，秦川集团加速创新链和产业链融合，聚焦主业研发，产品向高端化迈进，相继开发了包括YKZ7236磨齿机、YK4615强力珩齿机、YK3126智能滚齿机、QVTM120五轴立式车铣复合加工中心、SAJO12000五轴卧式加工中心等机床主机产品。同时，秦川集团联合高端用户不断进行工艺研究与开发，使产品在技术、功能、性能等方面进入先进行列。YKS7225双工位蜗杆砂轮磨齿机、YKZ7230蜗杆砂轮磨齿机，部分性能指标已超越国外同类产品，数控复杂刀具稳定达到德标AA、AAA级水平，铣削刀具、螺纹刀具达到OSG水平。

文化重塑使秦川集团上下一心，以"匠心智造，用户先赢"的企业核心价值观为引领，在战略机会点上积聚力量，核心竞争力迅速增强，秦川品牌向高端化进军步伐更加强劲、更加自信。

管理创新，焕发秦川文化

面对前所未有的经济下行压力和内部持续亏损压力，秦川集团决定打破老国企的体制沉疴，全面启动内部机构机制改革。一是完善公司法人治理结构，顺利完成新一届董事会选举、集团党委换届、监事会换届工作，强化党的领导，建立健全决策监督制衡机制，加快团队年轻化、专业化建设。二是明晰发展战略。明确立了"坚持主机带动，打造以高端制造、核心零件为强力支撑，突破智能制造及数控关键技术，主动承担国家重大专项研发任务"的发展战略，到"十四五"末，形成"5221"发展格局。三是强力推进机构改革，组建了集团总部、秦川机床本部分设的全新高效组织机构，集团总部新设6部1室1院，秦川机床本部新设11部1室1中心1院，12个直属车间1个独立分厂。四是对集团总部和秦川机床本部管理干部进行了重新任免，同时破格提拔一名80后，充实集团高管团队。五是完成定编定岗定员工作，规范岗位设置和编制，80多名一般管理干部充实生产一线。六是对研发人员实行"宽带薪酬"，推进全员"星级员工"薪酬体系，打通员工薪酬晋升通道，充分调动广大员工工作积极性。七是积极开展"蓝海行动""高质量发展"等主题年系列活动，夯实各项工作基础，全面推进国企改革和管理改进、大力开展科技创新和人才战略等事项，形成积极、健康、向上的企业内部经营环境。八是构建基于KPI关键绩效指标的绩效考核体系。对各权属单位下达预算目标和KPI考核指标，传递经营压力，突出正激励，强化过程监督。九是全面推进各子公司内部管理改革，全集团统一部署，有序推进，进一步聚焦主业，机构精简高效。改革改制和管理创新，激发了管理层的经营活力，调动了员工积极性，使秦川品牌重焕生机。

质量为本，铸实品牌根基

质量是企业的命脉，是所有品牌走向成功的制胜法宝，要像爱护自己的眼睛一样爱护产品质量。用心做好每一件产品，让用户满意，让用户放心。秦川集团坚持"创新突破、质量为本、匠心智造、用户满意"的质量理念，狠抓严管，多措并举，保证市场对产品质量的高要求。

公司从ISO9001、GJB9001、ISO/TS16949、ISO14001等管理体系认证，到八大船级社产品认证和工厂认证，再到API美国石油协会质量体系认证和产品认证，每项质量认证或管理活动的开展，都经历了顾客驱动、市场调研、咨询了解、学习培训、体系文件编制、申请认证、运行监视、持续改进等环节。质量体系不但提高了公司的产品质量保证能力，培养了公司质量人才，而且逐步形成了富有秦川特色的质量文化。

为了在全集团扎实树牢"创新突破、质量为本、匠心智造、用户满意"这一理念，秦川集团先后开展"CTJ"（CTJ是指"创新突破、提高效率、降低成本"三句话首字汉语拼音的声母，即C、T、J）推进年活动、质量提升铁拳行动、"蓝海行动"、"高质量发展年"等主题年系列活动，刀刃向内，强化质量改进，重塑公司质量生态环境。

如今，秦川集团进一步实现了以品质打造品牌形象，以品质增强消费黏性，用户忠诚度逐年提升。秦川集团的精密数控齿轮磨床、数控螺杆磨床、数控加工中心等多款产品被评为省名牌产品及"中国名牌"，公司还被评为"质量标杆企业示范"。

文化重塑，厚植品牌内涵

立足战略引领，秦川集团建立以集团母品牌为核心、各板块子品牌相统一的大品牌文化体系。该文化体系不仅包含"叫响秦川品牌，擦亮秦川名片"的品牌理念、"持续改善、精益求精"的生产理念、"一切成本皆可控"的成本理念及"以用户满意为目标"的服务理念等，同时融合成员企业不同产业板块的历史及产业、产品属性特征，使秦川集团多元品牌文化在互动中融合，在融合中提升，构建形成了"一体多元"的企业文化理念体系，为秦川集团创新驱动发展提供有力的理念引领、舆论推动、精神激励和文化支撑。

扎实推进主题年活动，塑造装备制造高端品牌形象。2022～2023年为集团"高质量发展年"。"高质量发展年"是"蓝海行动年"的"升级版"，是对"蓝海行动年"系列成果进行"螺旋式提升"，即以"九大倍增行动"为抓手，持续聚焦产品、管理、品质、效益、综合实力，全面推进"三项突破""三个加强""三大提升"，聚力354项重点工作任务，全过程监督、考核、评价，固化成果。通过"强基、赋能、攀高"，提升集团七大职能战略效能和运营水平，为企业高质量发展强劲续航。

秉持"匠心智造，用户先赢"的企业核心价值观，秦川集团品牌影响力不断提级，荣获"中国齿轮行业最具影响力品牌"，旗下品牌"汉江机床""汉江工具"双双被认定为专精特新"小巨人"企业，沃克齿轮荣获省"瞪羚企业"称号。

创新驱动，彰显品牌价值

创新是"秦川"文化最亮丽的底色。为进一步加强企业技术创新与品牌工作的结合，秦川集团提出"战略引领、创新驱动，匠心智造、制度透明，以上率下、迈向高端"的经营方针，聚焦核心业务，突出战略引领，贯通产业链上下游，构建机床工具"黄金产业链"，依托"秦创原"创新驱动平台，构筑产业新生态，打造更多硬核秦川装备。

导入创新要素，肩负链主担当，打造原创策源能力。作为陕西省数控机床产业链"链主"企业，秦川集团面对产业链"痛点"和创新链"堵点"，结合国家04专项，积极寻求省内外强力合作伙伴，先后与西安交大、上海航发等实行战略合作，瞄准国家重大战略需求和高档数控机床装备研发，深度融合，联合攻关，全域协同、开放创新。同时，组建"陕西省智能机床创新中心"，成立"陕西秦川智能机床研究院公司"，聚焦智能机床，打造贯穿创新链、产业链的机床行业创新生态系统。联合西安交通大学、中国航空发动机集团等19家单位，以"牵头单位＋核心层＋紧密合作层＋一般协作"的合作模式和框架，组成"陕西省高档数控机床技术创新中心"。

推动产业链下游无缝连接，开辟创新纵深，布局原创策源体系。秦－法协同，搭建起我国高端装备制造（上下游）黄金产业链，为智能机床和核心零部件技术研发提供了丰富的应用场景和高端需求，开辟了高档工业母机科技自立自强、自主可控的创新纵深。同时，秦川集团通过各类创新平台和承担国家科技重大专项，顺利完成磨齿机、五轴卧式加工中心等32项工艺装备；成功研制数控螺杆转子磨床、立式车铣复合中心等16项高端产品；开发出了1米和4米两种规格的大型数控成形磨齿机，机床磨削精度分别达到GB/T 10095—2008 2级和3级，填补了国内空白；新开发的 YKZ7236 磨齿机，突破砂轮最大线速度 80 米/秒。近两年，秦川集团申请专利近 90 项，参与制定国际标准 1 项，制定行业标准 9 项。

人才聚集，锻造品牌高地

高起点打造人才生态。创新以人才为要，领跑以人才为先。着眼集团"十四五"规划发展目标，高标准制订人才规划，坚持自主培养与吸纳引进并举，激活人才发展的"源头活水"。完善技能人才自主评价机制，形成多层次的工匠梯队，培养"大国工匠"。加快人才引育，全年引进 400 名高素质人才。努力打造"人人渴望成才、人人努力成才、人人皆可成才、人人尽展其才"的创新生态。

深化人才机制创新。聚焦产业链、创新链，激活人才链，下大力引进"卡脖子"技术人才。深化"三项制度"改革，完善"项目制"，充分激励、充分赋能。探索推广"揭榜挂帅"，合理"设榜"、广泛"发榜"、有效"选帅"、大力"兑奖"，确保"引得来""留得住""用得上"，让创新成果竞相涌现。

干部自觉践行"五最"精神。"政治路线确定之后，干部就是决定的因素"。在秦川集团 24 字方针中，"以上率下"是对各级干部的集中要求。我国机床工业的创新发展，需要"秦川担当"，"秦川担当"就是要争做国家工业母机振兴的"新时代标杆"。各级干部要大力解放思想，敢于挑最重担子，善于啃最硬骨头，在难事上用劲，在要紧处使力，自觉践行"五最"精神，带出一支敢打硬仗、能打胜仗的"精锐之师"，以实际行动和良好业绩，印证自己无愧于秦川事业的中流砥柱和国家战略的忠实践行者。

改革加持，战略制胜，文化致远。企业文化是企业浴火重生、走向成功的核心逻辑和系统原则。重塑秦川集团企业文化，是集团重塑产业生态，重构创新体系，力推管理变革的应有之义和必然要求。秦川文化的重塑是秦川集团创新改革成果下的产物，是秦川品牌从活下来到站起来，再到火起来的有力见证，是企业凝心聚力、心无旁骛、智造中国好机床的生动写照，是企业万众一心、砥砺匠心、擦亮秦川新名片的共同心声，不断增强企业文化自信，敢于对标立标，奋勇争创一流，使秦川文化成为秦川集团事业高质量发展最深沉最持久的力量。力求在"十四五"期间让秦川文化走深走实，助力企业从"求生"到"图强"的华丽转变，奋力推进秦川集团"百亿"目标早日实现。

主要创造人：刘金勇　王宪文
参与创造人：苟晓东　路　扬

以"双向赋能"开展文化创新，为企业高质量发展注入"心"动力

中国航发南方工业有限公司

企业简介

中国航发南方工业有限公司（以下简称中国航发南方）始建于1951年，是国家"一五"期间156个重点建设项目之一、国家首批试点的57家企业集团之一和我国早期六大航空企业之一。主要从事军民用航空发动机、辅助动力、燃气轮机、光机电产品的研制、生产、维修和服务。中国航发南方于1954年8月研制出中华人民共和国第一台航空发动机，此后相继成功研制出我国第一枚空空导弹、第一台重型摩托车发动机、第一台地面燃气轮机、第一台涡桨发动机等产品，创造了10多个国内第一的辉煌业绩。多年来，中国航发南方先后研制生产了活塞、涡喷、涡桨、涡轴、涡扇和辅助动力装置产品，广泛配装于各类军民用飞机、直升机、中小型发电机组等，现已发展成为我国中小航空发动机研制生产基地，为我国国防武器装备建设和国民经济发展做出突出的贡献。

从"母子趋同"到"双向赋能"，理顺"心"与"人"的文化逻辑

作为一家有着72年历史的大型国有企业，中国航发南方在成立之初，就继承了"中国保尔"吴运铎等老一辈军工人的文化基因。在中国企业文化研究兴起的20世纪90年代初期，中国航发南方出版了企业文化专著《人与企业共振》，被评为"全国思想政治工作优秀论著一等奖"，并在全国推广。深厚的企业文化积淀为企业在改革浪潮中行稳致远打下了坚实的基础，但随着企业的不断发展壮大，原有的文化体系难以适应企业的内部发展及外部经营环境的变化。中国航发南方敏锐认识到，唯有与时俱进，推动企业文化变革和创新，才能打造出与企业硬实力适配的文化软实力。

2016年，面对新形势、新任务、新要求，中国航发南方深刻认识到，企业文化管理必须遵循企业文化建设和发展的内在规律，必须以组织行为和组织系统变革为核心，充分发挥企业员工作为企业文化主体的作用，让企业文化与公司战略、生产经营、人力资源、市场营销等管理活动相匹配，才会真正发挥出企业文化的效能，产生强大的推动力。

因此，中国航发南方将企业文化与国家重大战略部署、航空发动机事业发展和公司改革发展深度融合、相互促进，从"文化辐射力"和"员工向心力"两个相对的方向出发，探索了一条"双向赋能"的企业文化创新道路，使企业与职工的价值同步升华，推动人与企业"同频共振"，企业步入持续高质量健康发展的良好时期。从2016年到2022年，中国航发南方营业收

入从49.74亿元增长为76.65亿元；全员劳动生产率从16.5万元/（人·年）增长为30.47万元/（人·年），多次获评中国航空发动机集团有限公司（以下简称中国航发）年度经营业绩"优秀单位"，连续8年获评"湖南省企业100强"，并先后获得"第六届全国文明单位"、中国企业文化促进会"企业文化建设先进单位"、"湖南省创新企业文化建设先进单位"等荣誉称号。

2011年前后，中国航发南方吸收总结长期积淀的文化基因，提炼了具有航空特质、湖湘特性、中国航发南方特色的"三三一"文化理念体系，即三个层级、三个层面，每层三个支柱、一个基点。

精神层面
企业愿景：成为世界一流的中小航空发动机供应商。
核心价值观：国家至上、客户至尊、员工至重。
企业精神：务实、求精、创新、图强。

运营层面
发展理念：航空为本、军民融合、创新驱动、开放合作。
经营理念：人与企业共振。
管理理念：精益创造价值。

行为层面
团队观：雁阵飞行，协同奋进。
作为观：想为、敢为、善为、有为。
人际观：尊重、真诚、理解、信任。
一个基点：员工誓词。

2016年，新生的中国航发南方提出了"创新驱动、质量制胜、人才强企"的集团战略。战略的重构客观上要求必须进行企业文化创新，并改变一系列价值观念、行为规范及文化载体等，以适应新的战略要求，推动战略目标的实现。围绕战略目标，中国航发南方按照符合党和国家要求、体现军工特质、契合现代企业制度、具有航空发动机行业特色的思路，提出了以"国家利益至上"集团价值观、"动力强军、科技报国"集团使命、"务实创新、担当奉献"集团精神等内容为核心理念的"铸心文化"。"铸心"有三层含义，即倾心铸就航空装备之"心"、理想信念之"心"和干事创业之"心"。"母文化"的确立，对集团和成员单位的发展起到导向、指引、规范作用。作为成员单位，如何为新生的"母文化"接上地气，让固有的"子文化"保持与时俱进，成为中国航发南方所面临的重要课题。

对此，中国航发南方提出了"双向赋能"企业文化创新思路，就是以"母文化"为圆心，以航空发动机事业为半径，充分发挥"子文化"强有力的牵引力，通过科学理论武装人、以正确的舆论导向引导人、以高尚精神塑造人，实现"为人赋能"目标；同时，组织发动广大员工通过科研生产、精益管理、创新创造、文化活动、成果固化等实践，不断为企业文化"造血"，让文化活力得以充分激发，最终实现"为企业赋能"目的。因此，"双向赋能"的过程就是实现"文化同心"的过程，只有让"心"涵养员工的崇高使命感、时代紧迫感、文化自信感，充分实现员工与企业发展的"同频共振"，方能提升员工的文化觉悟，解决文化管理中"以人为本"的问题，以一流的企业文化助推实现创一流企业的长期愿景。

"双向赋能"企业文化创新的具体实践

在企业文化创新过程中，中国航发南方始终坚持审慎、持久、系统的原则。"双向赋能"的目标要实现，必须保持文化内核的稳定。中国航发南方始终认为，建设企业文化就是要致力于在提高人的觉悟上下功夫，坚持用企业文化启迪员工的爱国热情和责任感，提高从业的自信心和自豪感，增强完成党和国家赋予的光荣任务、推进国防现代化和科学技术现代化进程的历史使命感。

用价值引领为企业信仰赋能，持续培塑家国情怀

中国航发南方认为，企业的核心价值观是一切工作的出发点。"国家利益至上"是企业践行社会主义核心价值观的深刻表达，是航空发动机事业从业者的共同理想、信念和追求，是判断是非、衡量取舍，有所为有所不为的最核心、最基本价值准则。围绕"国家利益至上"，中国航发南方坚持把"动力强军，科技报国"集团使命作为担当初心使命的最佳践行，坚持以"动力"为主业，"强军"为首责；以"科技"为途径，"报国"为追求，为员工培塑深厚的家国情怀；坚持把学习贯彻习近平新时代中国特色社会主义思想作为首要政治任务；把贯彻落实习近平总书记对航空发动机事业的重要指示批示精神作为重要政治任务；把研制出独立自主、技术先进的中小航空发动机作为爱国主义、集体主义、奉献精神的生动体现；通过开展"铸牢理想信念之魂，铸牢强军报国之志"主题形势任务教育等活动，持续深化理论武装，让"为国铸心"成为广大员工共同的价值取向。

用战略定力为企业转型赋能，持续注入发展动力

"创新驱动、质量制胜、人才强企"的集团战略是中国航发站在新的历史起点上，根据使命、愿景所确立的全局性、方向性远景目标，是未来一段时期内开展各项科研生产工作的核心。中国航发南方在战略落地过程中高度注重思想保障作用，开展了丰富有效的战略沟通，充分发挥各职能部门的战略配置作用，明确职责分工、推进部门协同，扭转了专职部门在企业文化建设中"单打独斗"的尴尬局面。在创新驱动方面，积极开展各类技术攻关、创新创效活动，利用"创新基金""南方人改善、金点子合理化建议""青年创新创意大赛"等活动平台，鼓励技术人员自主立项，对前瞻性技术进行预研和开发，截至2022年年底，中国航发南方拥有有效专利1277项，其中发明专利910项，参与形成国家和行业标准435项。在质量制胜方面，厚植以"严"为核心的质量文化，扎实开展"一次成功"工程，将"一次把事做对"的理念全面贯彻到科研、生产和管理的方方面面，建立健全质量保证体系，全面提升航空发动机质量及可靠性。在人才强企方面，进一步完善人才引进、培养、激励政策与措施，开展"引才汇智""育才铸匠"工程，优化薪酬激励体系，加大人才保障条件建设，为企业营造了一个吸引人才、培养人才的"引力场"。2022年，中国航发南方获评"全国和谐劳动关系创建示范企业"。

用文化创新为企业精神赋能，持续优化文化基因

如果说中国航发南方的"务实、求精、创新、图强"的企业精神背后，注重的是搏击市场、图强求变的企业家精神内核，那么中国航发的"务实创新、担当奉献"集团精神背后，则更加侧重于"干惊天动地事，当隐姓埋名人"的科学家精神。对此，中国航发南方在企业文化创新过程中，坚持系统性思维，制定了企业文化建设"十四五"规划等指导性文件，对企业精神的建设思路进行了"系统升级"。首先，更新了文化管理理念，在注重对管理工作改造的基础上，深化了

对人的思想改造的要求。其次，优化了文化建设的思路，由过去的以视觉覆盖为主的显性文化建设，变为以入心入行为主的隐性文化建设。再次，重塑了企业精神载体，在持续打造高水平工匠队伍的基础上，通过"玉龙"创新基金等载体，提高了创新型人才队伍的待遇；精心打造"星耀中国航发南方"文化品牌，持续围绕"创新、铸心、质量、工匠、美德"开展立体化宣传，为"新时代航空发动机精神"树立了形象化载体。2022年，中国航发南方以全国五一劳动奖章获得者陈彬为原型创作的《手表》获得"第五届中央企业优秀故事一等奖"。

用特色文化为企业管理赋能，持续激发红色力量

企业文化由体系构建、理念宣贯进入管理层次，是显性化阶段进入隐性化进程的一个转折。中国航发南方以"3+N"职能文化建设为抓手，在质量、安全、成本、市场、型号、人才、执行、环境、廉洁、合规等业务管理领域开展专项文化建设，推动文化理念融入制度、融入流程、融入战略，形成了各职能部门齐抓共管，自觉推动企业文化与企业管理一体化建设良好局面的形成。中国航发南方深刻认识到，企业文化管理本质上是员工的自我管理，要突出员工的工作主体和管理主体地位，才能使企业文化所倡导的行为准则、道德规范等深深融入员工思想意识中。中国航发南方利用"铸心"新长征党员突击队和"一支部一品牌"基层党建品牌创建等活动平台，引导基层党支部推进文化深植落地，充分激发基层党组织的"红色力量"，营造了共同创造、共同诠释、共同遵循、共同维护的企业文化建设大局。其中，航轴加工中心党支部"承重精神、直线原则、虚心品格、精准作风"的文化品牌获评中央企业第二批基层示范党支部；航空发动机装配中心特色文化实践"航装三字经"在全集团推广。

用精神文明为企业品牌赋能，持续提升幸福指数

中国航发南方始终把学习宣传贯彻习近平新时代中国特色社会主义思想作为精神文明建设最根本的政治任务和第一位的政治责任，统筹推动文明培育、文明实践、文明创建。自2016年以来，中国航发南方积极承担社会责任，认真贯彻落实上级精准扶贫的总体部署，打造了"三帮扶"（即帮扶一个贫困村，帮扶一个贫困学校，帮扶一批贫困学子）社会责任品牌，选派2支驻村帮扶工作队，先后帮助坳头村、尧水村、留心村高标准通过国家脱贫攻坚验收。2021年，组建乡村振兴驻村帮扶工作队，对洞口县文昌街道平青村进行驻村帮扶，按照产业兴旺、生态宜居、乡风文明、治理有效、生活富裕的总要求，加快推进乡村治理体系和治理能力现代化，加快推进农业农村现代化。中国航发南方大力弘扬"奉献、友爱、互助、进步"志愿精神，打造了"吴大观志愿服务队""雷锋精神永传承·和美中国航发南方我先行""五个一文明行动"等活动品牌。持续实施"员工关爱计划"，落实企业年金制度，发放午餐补助、交通补助，确保职工收入持续稳定增长；持续开展困难职工帮扶，开设"职工心理咨询室"，做好了大重病救助、助学、慰问等工作；持续丰富职工业余文化生活，投资近1亿元建成中国航发南方职工文体中心，着力打造"文化艺术节""阳光体育节"活动品牌；持续推动社区提质改造，新建青年公寓222套，员工获得感、幸福感、安全感显著增强。2020年，中国航发南方顺利通过测评验收，荣获"第六届全国文明单位"称号。

主要创造人：杨先锋　唐宏伟

参与创造人：陈彩红　章玉洁　张　靓　段　蓉

构建"五位一体"先锋文化实践体系，强化文化引领，助推企业跨越发展

国网河北省电力有限公司正定县供电分公司

企业简介

国网河北省电力有限公司正定县供电分公司（以下简称国网正定县供电公司）是国有大型县级供电企业，距今有68年发展史，承担着正定县域486平方千米、50余万人口的供电保障任务，共有职工229人，35岁以下员工（98人）占比42.8%，是一支年轻富有活力的队伍。近年来正定电网发展迅速、网架结构日趋完善，尤其是正定新区是河北南网唯一的县级A类供电分区，设备情况优良，供电可靠性达到石家庄市区核心区域水平。2021年，国网正定县供电公司在建党百年历史性获得"全国先进基层党组织"荣誉称号。近年来，国网正定县供电公司先后获得"河北省文明单位""河北省学雷锋志愿服务先进组织""河北省工人先锋号""国网公司先进集体""国网公司优秀共产党员服务队"等荣誉称号。

实施背景

正定是习近平新时代中国特色社会主义思想的发源地、实践地、启航地。一直以来，国网正定县供电公司深刻学习和领会习近平新时代中国特色社会主义思想精髓要义，深入挖掘和践行"知爱精神"的深刻内涵，把"知爱精神"融入企业文化建设，始终以国家电网有限公司建设"具有中国特色国际领先的能源互联网企业"的战略目标为行动指引，强化文化引领，助推企业跨越发展。

为传承"知爱精神"，提升企业治理体系和治理能力现代化，推动国家电网有限公司战略目标落地实践，正定电力以高质量党建引领保障企业高质量发展，创新实施"先锋文化"建设，坚持文化铸魂、文化赋能、文化融入，营造争先、领先、率先氛围，持续强化国网文化品牌矩阵塑造，团结带领广大员工始终保持矢志不渝的坚定信念、争先率先的目标追求、风雨无阻的奋斗姿态，为建设具有中国特色国际领先的能源互联网企业提供坚强保证、文化支撑和队伍保障。

体系内涵

通过将"知爱精神"融入企业文化建设，国网正定县供电公司形成了以"知爱、争先、实干、创新"为基因的先锋文化，同时也是员工的价值导向。知爱是理想和信仰，领悟"知之深"

情怀，承载"爱之切"使命。在学习中升华，在实践中淬炼，通过知行合一，让"知爱"基因根植于每一名职工内心，不断筑牢理想信念的"根"和"魂"。争先是目标和追求，敢为天下先，勇于争第一。国网正定县供电公司以营造"知爱争先"浓厚氛围，全面增强广大员工争先的思想自觉和行动自觉，推动各项工作在系统内保持第一梯队行列。面对新形势、新任务、新要求，必须要以"三个新型建设"为突破，对标先进、拉高标杆，实现由"奋勇争先"到"持续领先"。实干是基础和保障，干在实处永无止境，走在前列要谋新篇。"实干"是企业改革发展、奋勇争先的土壤。职工把"人民电业为人民"记在心中、把"为美好生活充电，为美丽中国赋能"扛在肩上，为建成具有中国特色国际领先的能源互联网企业实干奋斗。创新是方法和路径，创新是引领发展的第一动力。一直以来国网正定县供电公司的各项辉煌成就都离不开创新，站在服务新格局、建功新伟业的新起点上，国网正定县供电公司将以积极昂扬的姿态继续抓住创新这个"牛鼻子"，在队伍建设、专业引领、技术突破、管理攻坚等方面，跻身省市公司前列。

主要做法

建立制度保障模式

强化制度机制对先锋文化建设的保障作用，注重绩效考核、选人用人、评优评先和试点先行的导向作用，进一步强化党建部门抓文化管理，业务部门抓文化承载，各基层党支部抓文化宣贯实践，全员共建先锋文化的工作体系，提升先锋文化的穿透力，深入根植落地。

注重选人用人导向。建立体现先锋导向的选人用人机制，对于立足岗位取得突出贡献，以及在创新项目团队、技能竞赛、急难险重等任务中有突出表现的优秀人才，符合人才评选基本条件的，纳入优秀人才库，进行重点培养。

体现绩效考核导向。将先锋文化目标体系细化为各部门年度、月度重点工作任务，发挥绩效考核"指挥棒"作用，优化绩效考核评价体系，体现争先的价值导向，加大对目标值完成与否的绩效奖罚力度，加强过程管控和奖励兑现，推进先锋文化在各业务领域、专业线条全面落地深植。

突出评优评先导向。在年度重点任务、重要指标完成情况中表现突出的个人和集体，享受各级各类评选条款免评待遇，优先参加进修学习、考察交流，营造"比学赶超"的浓厚氛围，激励员工不断追求能力素质全方位提升，起到带动作用，实现企业价值和个人价值同向同增。

打造示范阵地。加强先锋文化的项目化管理，发挥示范引领作用，创新打造党建实训基地、实体化运营共产党员服务队室和劳模技能提升站等示范阵地，并及时把实践经验上升为经验成果。

开发先锋实践模式

丰富文化实践载体，加强员工行为管理，引导员工行为养成，将先锋文化理念内化于心，外化于行。

设立"正电萤光人物"。凡是在各项工作、活动中，改革突破，实现从0到1，或从1到N突破的，可以由该项目或人员所在部门提出申报"正电萤光人物"，经先锋文化领导小组审定批准后纳入"正电萤光人物"榜，并予以绩效奖励。

设立"季度之星"。每季度选出各部门贡献突出、作风优良、表现优异的先进代表作为"季度之星",并开展"五个一"表彰活动,营造挑战自我、创新突破的浓厚氛围,激发广大职工争先领先意识和干事创业热情。

建立"明星库"。制订"明星"培育选树工作规划,挖掘储备德智体美劳等方面突出发展的"明星"人物,形成"明星库",进行动态更新管理,分层分级制订精准培养计划,形成后进争先进,先进更先进,百花齐绽放,百家齐争鸣的浓厚氛围。

开展综合测评。每年对管理技术人员、班组长及青年员工进行综合测评,测评形式分为个人述职和答辩两个环节,并由评委对被考核人员进行打分,全面激发队伍内生动力,建设数量充足、结构合理、充满活力的高素质专业化员工队伍。

开展夺魁行动。根据先锋文化目标体系和年度重点任务,在生产、营销、建设等专业设立"专业龙虎榜",开展夺魁行动,制订夺魁计划,设立阶段目标值,加强专业管理和节点考核,每月公布指标完成情况,对年底夺魁成功的单位进行绩效奖励,坚定业绩考核、同业对标第一的目标不动摇,确保专业夺魁成功。

开展登高行动。开展创新和竞赛登高行动,遴选优秀创新人才组建"雁领"创新团队,开展创新项目攻关,选派"精兵强将"参加省市公司组织的技能竞赛、岗位练兵等形式的竞赛活动,争取各级奖项,推动创新成果和竞赛成绩再创新高。通过创新和竞赛引导广大员工学习新技术、掌握新技能、取得新突破,争创新业绩,在员工中形成创先争优、干事创业的浓厚氛围,调动登高峰、更争先的工作热情。

建立争先互融模式

建立班组愿景和岗位行为信条。构建先锋文化理念与员工思想共识的"连接点",结合一线班组专业特点,确定先锋文化的班组愿景,征集员工岗位行为信条,引导员工将文化认知、文化养成和文化实践紧密结合起来,持续增强内生动力,形成时时、处处、事事争先的思想共识和行动自觉。

开展先锋文化宣讲调研。开展先锋文化基层调研、座谈交流和研究讨论等活动,组织调研分析、整合提炼,形成符合发展实际和员工广泛认同的先锋文化领导价值理念,将先锋精神延伸到各个层面。

专业工作和文化建设工作同部署、同落实。着力提升企业文化穿透力,编制企业文化通用讲稿,使先锋文化直达员工。引导先锋文化建设与专业工作同部署同落实,专业工作谋划中,写入争先的目标。

塑造文化传播模式

提升先锋文化的传播力和影响力,建立全过程文化传播形式,研究实施分层分众宣贯策略,针对各类群体的不同需求,制定差异化传播模式,实现全员、全方位、全领域覆盖。

讲好先锋故事。着力提升企业文化凝聚力,打造河北好人、国网公司先进人物,激发见贤思齐的内生动力,挖掘先进人物背后的故事,定期组织"分享会"活动,利用身边人讲述"小人物、大众化、正能量"的先锋故事,加强企业文化的人格化承载、故事化诠释,发挥好榜样的示范带动作用,激励全体员工见贤思齐、比学赶超。

构建宣传矩阵。着力提升企业文化影响力,利用党建活动阵地、职工文体活动阵地、实训基地等资源，依托门户网站、"国网正定县供电公司"官方微信公众号、"国网正定县供电公司"微博等媒介载体，以海报、视频等展现手段，广泛开展专题培训、宣讲辅导、网上课堂等形式的企业文化宣贯传播活动，为先锋文化建设营造良好宣传氛围。

扩大宣传队伍。充分利用"公司—部门—供电所"三级通讯员队伍，以点带面，以通信员带动部门，以部门带动企业，营造全体员工共同学习先锋文化、共同践行先锋文化、共同宣传先锋文化的良好局面。

营造氛围养成模式

通过开展各式各样的先锋文化活动，将先锋价值理念形象化、具体化、人格化，形成员工广泛的共识认知。

传递争先星火。通过张贴、发放条幅、手册、文创产品等营造浓厚的争先氛围，利用电力旅游地图将争先星火细化落实到各个领域、各项工作中，促进国网正定县供电公司上下形成共同的思想认识和一致的价值取向。

开展文艺创作。充分发挥职工书屋、篮球场、羽毛球场等职工活动阵地与职工文化优势和作用，繁荣职工文艺创作和职工文化生活，开展职工乐于参与、便于参与的活动，充分调动职工参与先锋文化建设的积极性、主动性。

开展趣味运动大联盟。充分利用包含篮球协会、羽毛球协会、文学协会、健身协会在内的八个兴趣协会，依托兴趣协会定期举办拔河、健身大比拼等群众广泛参与的娱乐运动，在大联盟的趣味运动中培养员工团队意识、实干意识和争先意识，以更加健康的体魄，更加饱满的精神投入工作，干事创业、奋勇争先。

实施效果

国网正定县供电公司以先锋文化为引领，紧密围绕发展各项任务，大力实施"五位一体"先锋文化实践体系，深化文化建设，将企业文化优势转化为科学发展的不竭动力。

一是职工干事创业热情有效激发。在"先锋文化"的引领下，国网正定县供电公司全体干部职工工作热情高涨，精神面貌蓬勃向上，内部文化氛围浓厚，职工凝聚力不断增强。2021年，在建党百年历史性获得"全国先进基层党组织"荣誉称号。近年来，先后荣获"河北省文明单位""全国安康杯竞赛优胜单位""全国电力行业企业文化品牌影响力企业""河北省文明单位""河北省工人先锋号"等称号。

二是公司生产经营业绩指标稳步提升。国网正定县供电公司党委及所属各级党组织紧密结合先锋目标、生产经营任务开展工作，持续激发员工工作热情，有力推动了企业生产经营工作扎实开展。成功应对负荷七创历史新高，打赢迎峰度夏、防汛"攻坚战"。石家庄地区首次开展低压带电作业，进一步实现居民用电"零感知"。圆满完成冬奥、冬残奥、数博会，以及党的二十大保电工作，受到各级领导充分肯定。电网建设更加坚强。加强政企沟通，促使110千伏滹沱河变电站、塔元庄新站启动建设，进一步满足区域用电增长需求，提供更充足、更可靠的用电保障。电网发展更加清洁。依托县、乡、村、园区四个典型示范场景，搭建光伏并网消纳、绿色低碳用电、综合能效管理等服务新模式。拓展河北出版创意中心4.3万平方米冷热供应项目，综合能源获得创收。

三是职工综合素质推动升级。深化文化赋能作用，激发员工动能，实施"四先一创"人才兴企计划，持续激发干部员工队伍干事创业本领，激发队伍活力动能。国网正定县供电公司青年员工获得"河北好人""河北省优秀团员""河北省青年岗位能手""河北省电力公司青年先锋"等荣誉称号。

四是品牌美誉度不断提升。营商环境明显改善。全国首次提出"一次都不跑"的供电服务新模式，获得全省最佳实践案例，优化电力营商环境服务举措被评为全省"获得电力"改革亮点。民生服务更加有力。创新搭建共产党员服务队数字化管理平台，建立"固定+流动"两级服务站点体系，延伸服务触角，拓展服务形式。

主要创造人：张颖琦　鲁　鹏

参与创造人：陈　阳　杨　菲　赵　优　王璞诗

以领先文化助力基层煤电转型发展

华能国际电力股份有限公司邯峰电厂

企业简介

华能国际电力股份有限公司邯峰电厂（以下简称邯峰电厂）属于华能集团在冀煤电企业，系国家"九五"重点项目，采用中外合资方式兴建。发电机、锅炉、汽轮机等主设备均为进口设备，单机容量为华北地区第一。工程总投资78.8亿元，厂区占地73.54公顷（1公顷=10000平方米），装机容量1320兆瓦，一期工程建成两台660兆瓦燃煤发电机组，位于河北省邯郸市峰峰矿区，于2001年3月26日、9月1日先后投入商业运营。自投运20多年来，有效解决了河北南网用电紧缺局面，并为消纳邯郸地区无烟煤及周边地区煤资源做出贡献。

进入新发展阶段，碳达峰、碳中和的提出标志着我国全面绿色转型已经进入新的加速期，能源结构调整刻不容缓。邯峰电厂作为华北地区单机容量最大的存量煤电，成为基础保障性和系统调节性电源，660兆瓦的发电机组最低负荷只有10%。

实施背景

紧跟新时代步伐，华能集团胸怀"两个大局"，站在为党和国家事业筑牢"两个基础"、发挥"六个力量"的高度，丰富和发展了三色公司新的时代内涵，即建设服务国家战略，保障能源安全，为中国特色社会主义服务的"红色"公司；践行能源革命，助力生态文明，为满足人民美好生活需要提供清洁能源电力的"绿色"公司；参与全球能源治理，服务"一带一路"建设，为构建人类命运共同体做出积极贡献的"蓝色"公司。华能集团公司的三色文化新内涵把能源作为主题。

多年的发展中，邯峰电厂在三色文化践行中，创造了具有邯峰特色的"领先、奋斗、创新"文化理念，成为企业良好运营的内生动力。在碳达峰、碳中和的战略推进中，邯峰电厂内有燃料价格上涨、利用小时下降，外有降碳催生的环保压力。对企业前途的未知，对个人发展的迷茫，对转型探索的困惑和恐惧，致使部分职工思想状态出现不同程度波动。在如此背景下，邯峰电厂加强领先文化建设重整奋斗士气，用创新驱动谋求企业可持续发展。通过开展领先文化基层调研、座谈交流，丰富了领先文化的理念核心，不断为增强企业竞争力提供文化滋养和精神动力。

体系内涵

邯峰电厂把社会主义核心价值观的"诚信"融入邯峰领先文化，作为提升企业综合竞争力的重要方法。把兴文化作为新时代提高企业管理水平的重要抓手，打造以"领先、奋斗、创新、诚信"为主要内涵，以环境氛围体系、规章导向体系、行为养成体系为支撑的实践模式，引导员工把领先的价值导向融入企业规章制度、融入生产生活，使之成为员工自觉践行的工作规范和行为准则。

领先是基因和目标，奋斗、创新是方法和路径，诚信是底线和保障。整个文化体系中领先极具核心地位，拥有丰富的内涵和外延。

领先。邯峰电厂建厂之初的领先内涵包括设备领先、技术领先、管理领先、效益领先。锅炉、汽轮机、发电机等主设备，具备20世纪90年代中后期的国际先进水平。控制系统采用当时国际先进的控制系统。历史文化名城邯郸，3000年的积淀洗礼孕育了女娲文化、磁山文化、建安文化等，是邯峰电厂领先文化的重要滋养。在多年的经营发展中，创作了厂歌《三色邯峰》，形成了积极向上、严格高效、勇于创新、追求卓越的邯峰精神。邯峰电厂的领先是个动态过程，是不同时空持续保持的精气神。

奋斗。因运作规范，管理先进，邯峰电厂一期工程总投资78.8亿元，比国家批准的概算降低6.43亿元，有效减少了融资成本，并获评"年度中国建筑工程鲁班奖"。作为一个资本密集型、知识密集型、设备密集型、管理密集型的连续生产流程性企业，唯有孜孜不倦地奋斗其中，才能创造出一个个体现时代特色、饱含历程特征的荣誉奖项。邯峰电厂的奋斗就是三色文化的深耕细作，与地域文化吻合又不失行业特色。

创新。创新包含在企业生产、经营、管理过程的每个环节。运用科学理论，在管理制度、管理理念、管理机制、管理方法和技术改进等方面，注重问题的发现和解决，提出、开展的具有改进、优化因素的种种劳动。邯峰电厂为不断增强创新引领力、价值创造力、行业竞争力，注重充分发挥文化的思想引领力、基层组织力、职工号召力和社会影响力等重大优势，力求最大限度激发全员创新、创效。

诚信。邯峰电厂深入贯彻华能集团"坚持诚信、注重合作，不断创新、积极进取，创造业绩、服务国家"的管理基调，坚持诚信为本的经营理念，提出通过资产的有效经营和管理活动，规避企业的技术风险、效益风险、竞争风险和员工的道德风险，实现企业的可持续发展。邯峰电厂大力弘扬诚信管理和诚信建设，连续获得河北省诚信企业称号，被中共邯郸市峰峰矿区委员会、邯郸市峰峰矿区人民政府联合授予"财税贡献先进企业"。

主要做法

环境氛围体系

领先需要富有创新精神的青年担当作为，更需要有情怀的过来人提供基础支撑和引领保障。

打造文化馆。2021年投建落成的邯峰文化馆，分设序厅，引领、发展、未来等展厅。党建引领与三色文化交相辉映。序厅，三色文化新内涵醒目庄重，金色大字铺满序厅墙面。字字句句提醒着邯峰人以能源革命为底色的央企担当和使命。引领厅，从磁山文化、磁州窑文化，一二九师红色精神开始叙述，陈列国家领导人出席的签字照片。发展厅，展示多年来企业安全生产、节能减排、文化建设、社会履责等发展过程中曾经感动彼此和砥砺意志的瞬间留影和荣誉奖章。未来厅，智慧电厂充满科技之光。

组建宣讲队。邯峰电厂邀请老领导、老党员、生产骨干等人，讲解华能和邯峰的前世今生，追忆生产经营中曾经创造的辉煌和书写的传奇。每位讲述者娓娓道来的故事场景那么熟悉，代入感极强，很容易让置身其中的年青一代感同身受。故事分享视频在邯峰电厂公众号发布，大家利用碎片化时间反复观看，故事以文化人。

铺设宣传阵。企业战略必须借助有形方式宣传、渗透。华能河北分公司为适应新时代发展要求，提出了"火电转型、结构转型、机制转型、理念转型"的"四个转型"。邯峰电厂及时修整改版内网主页、橱窗展板、文化廊道、灯杆广告。宣传载体立体多元，全方位、多维度。

规章导向体系

强化领先文化的制度建设，注重绩效考核、选人用人、评优评先和正向流动的导向作用。

发挥绩效考核导向。发挥绩效考核指挥棒作用，优化完善企业绩效考核评价体系，对比业绩贡献度、指标进步度和工作支撑度，推进横向比排名、纵向比贡献度的多维考核模式，聚焦管理瓶颈、急难险重任务，突出对突破性、创新性、创造性工作的奖励，对落后指标、滞后工作加大考核力度，实现多劳多得，绩优多得，提升企业上下对绩效考核的感知度，提高攻坚克难、敢于率先的工作热情。

注重成长培育导向。构建职工职级发展通道，实施动态管理机制。树立人才为先导向，集团公司技术能手、大国工匠破格评定高级工程师，优先提拔中层干部；对上级比赛中脱颖而出、日常工作中奇思妙想的青年人授予年度突出贡献奖。将领先的理念植入青年培养，构建青年成长赋能系统。围绕个人资历、工作评价、实绩担当、专业建树、创新贡献等维度进行综合评价，依托量化排名进行评价。

规范制度约束导向。优化工作流程，再造管理规范。2022年，建立管理制度19项、修订324项，优化管理流程148项，整编发布新版制度清册。2023年，规范组织机构95个。建立3个，调整41个，撤销15个，继续有效36个，推进工作有章可循，事项有人负责。

构建典型荣誉导向。文化建设有时琐碎不易感知。为增强职工领先文化自觉，坚定职工领先文化自信，不断挖掘和培育企业文化建设典型。建立多层级的劳模工匠类、创新创效类、竞赛调考类、党建类、综合类等荣誉体系。借助不同媒介，利用不同形式对先进典型进行表彰表扬，让不同领域的职工在对标中见贤思齐。

行为养成体系

行为养成需要丰富的实践载体，和强化的员工行为管理。通过有意识和无意识接受的行为教育，帮助员工将领先文化内化于心，外化于行。

搭建人才通道。设立新员工入门入行、成长成才、领军领航三阶人才培养模式。新员工进厂后，人资部组织为期一个月的集中培训，包括华能三色文化和邯峰精神，帮新员工上好入职第一课。在各部门集中轮岗期间，对新员工进行场景考验和综合测评，根据各自专业和性格特点进行岗位匹配。人资部和党建部对各专业的人才成长情况不定时摸底，厂党委随时掌握人才动态。让能干事的有平台，会干事的有机会，干成事的有席位。用晋升凭业绩的通道，提高大家主动领先的积极性。

实时安全体验。多次获得河北省和邯郸市"安全生产先进单位"荣誉称号，2014年、2021年、2022年，三次获评集团公司"安全生产先进单位"，积累了安全文化建设宝贵经验。为持续巩固安全生产局面，斥资打造安全文化体验馆，运用多媒体、VR事故体验、体感教学、安全文化图展、安全应急实训演练等手段，进行实训教育。安全体验馆随时向职工开放，成为开展安全培训的主要阵地。

注重劳动竞赛。设计覆盖检修、运行、燃料、党建、财务、物资、新能源、综合管理等领域的技能比武，通过不同形式的竞赛使大家立足专业精益求精，干中学、学中干。持续营造崇尚劳动、崇尚技能的工作氛围。

选育文化典型。长期选树、培育、建设一批领先文化示范点，比如全国工人先锋号、河北省职工文化优秀示范阵地、河北省优秀志愿服务组织、河北省劳动关系和谐先进单位。

实施效果

邯峰电厂以领先文化为引领，以荣誉激励为抓手，紧密围绕高质量发展各项任务，将企业文化工作优势转化为企业竞争优势、发展优势。

职工干事创业氛围更浓

邯峰电厂政治建设力、党建引领力更强，队伍凝聚力、工作向心力更高。良好的工作氛围促进了职工快乐工作，幸福生活，同时也乐于为命运共同体深入思考，提炼工作亮点。在持续的干部梯队建设中，竞争性选拔85后干部10人，中层干部45岁、40岁以下占比分别为56%、42%，干部年龄得到优化。双通道建设为各年龄段的职工搭设价值提升空间。2023年年初，聘任6位能力强的超45岁业务骨干为副主任工程师，聘任4位技术精湛的一线职工为不同等级技师，享受相应等级待遇。全厂职工的人均收入较前增长11%。7名青年员工纳入分公司、集团公司青马工程序列。1人被推选为邯郸好人，20人获评邯郸市文明市民。

经营业绩指标不断攀升

2022年，邯峰电厂积极应对新冠疫情冲击、煤价高企、新能源市场竞争激烈等严峻复杂局面，深入践行高严细实工作作风，不断巩固"四个转型"，经营业绩指标极富成效，各项工作成绩斐然。全口径发电量完成58.7亿千瓦时，火电利用小时超统调293小时，河北南网对标排名第三，是十几年来最好的利用小时数据。标煤采购单价对标排名第四，创历史最好成绩。综合供电煤耗、综合厂用电率、燃油耗量等多项能耗指标显著优化。新能源获取建设指标102.7万千瓦，12万千瓦集中式光分项目全容量并网。科技创新水平不断提升，获得专利授权91项，折算科技成果数41个。

主要创造人：刘　涛　王　宏
参与创造人：胡新亮　王　波　马智杰

"有温度的党建"引领人民电业／电网企业高质量发展

国网吉林省电力有限公司吉林供电公司

企业简介

国网吉林省电力有限公司吉林供电公司（以下简称国网吉林供电公司）是吉林省电力有限公司所属的国家大型一类供电企业，位于吉林省吉林市，成立于1948年，拥有电力供应、设计、施工、修造等所属单位44个，主要担负着吉林市区和五个县（市）190万用户的供电服务任务。近年，在国家电网有限公司、省公司的正确领导下，国网吉林供电公司先后获得"全国五一劳动奖状""全国先进基层党组织""全国精神文明建设先进单位""全国厂务公开工作先进单位""全国用户满意企业""全国诚信经营示范单位"等荣誉称号。2022年国网吉林供电公司完成销售电量134.27亿千瓦时，实现连续第18个安全年。

实施背景

党建文化是党组织的活力与灵魂，在建党一百周年与党的二十大背景下，各个领域各行各业都在大力推进党建文化建设，力求呈现有高度、有深度、有广度、有温度的党建风貌。党的二十大报告中提出，深入推进新时代党的建设新的伟大工程，加强党的全面领导。国网吉林供电公司坚持以习近平新时代中国特色社会主义思想为指导，全面贯彻落实党的二十大精神，深刻认识国有企业"六个力量"的历史定位，围绕企业生产经营开展工作，通过"有温度的党建"引领企业全面履行经济责任、政治责任、社会责任，做好电力先行官，架起党群连心桥，为经济社会发展提供安全、可靠、清洁、经济、可持续的电力供应，在服务党和国家工作大局中当排头、作表率，切实做到一切为了人民、一切依靠人民、一切服务人民，推动人民电业的高质量发展，真正做到为美好生活充电，为美丽中国赋能。

体系内涵

"有温度的党建"是国网吉林供电公司以党建为主导，党政工作为主线，各级党组织为主体，探索实践宗旨引领、政治引导、文化引路、服务引航、发展引擎、践行社责的企业文化体系。

国网吉林供电公司分析预判外部环境和内部需要的变化，结合新时代党建要求、营商环境、企业发展、员工期望等内容，建立文化载体动态数据库，不断创新、发展、丰富"有温度的党建",以适应"四情"变化需求（即省情、网情、企情和职工情），保持文化建设的生命力与活力。

企业党委始终牢记国家电网事业是党和人民的事业，始终坚持以人民为中心的发展思想，坚持"围绕发展抓党建、抓好党建促发展"的理念，探索构建党建与企业同频共振、党建与员工务实同行的文化。以强化党员思想意识建设为引领，瞄准宗旨温度、政治温度、文化温度、专业温度、服务温度、央企温度"六个温标"，实施初心、凝心、融心、贴心、暖心、连心的"六心工程"，倾力打造有温度的党建文化，充分发挥党建的引领作用，让党的温暖直抵人心，激发党员和职工群众干事担当，彰显电网企业价值，发挥电网企业特点和优势，在全面建设社会主义现代化国家、实现中华民族伟大复兴中国梦的历史进程中积极作为、奉献力量。

主要做法

初心点亮宗旨温度，强化引领牢记使命

打造"有温度的党建"，初心是总开关。国网吉林供电公司引领全体党员不忘初心，牢记使命，高扬党的旗帜，践行党的宗旨，争当先锋楷模。

加强党组织管理，强化党的建设基础。国网吉林供电公司党委以强化红线意识，坚持问题导向和底线思维，创新编制基层党组织行为负面清单，结合工作实际，开展梳理排查工作，严控基层党组织行为偏差，划出高压线，确保不碰线、不踩线、不越线。

强化党员管理，保障党组织先进性。党委研究制定《党员行为公约》，明确"跟党走、创佳绩、作表率、传美德"四方面内容，教育引导党员规范行为、牢记宗旨、争当模范。同时，将党员"政治生日"作为党员成长激励和情感、人文思想交流的有效载体，通过重温入党誓词、重读入党志愿书、谈心谈话、提意见建议等活动开展党性教育，让党员在党的温暖关怀中时刻警醒自己终生不忘本源、不忘本性、不忘本真、不忘初心。

凝心保障政治温度，正本筑牢政治立场

为发挥好思想建设正本清源、凝心铸魂的作用，党委建立"党员统一活动日"机制，按照"3+1"模式每月集中开展理论学习、组织生活、联建联创和专项活动，推动党内组织生活常态化、制度化。

创新支部管理，工作提质增效。为持续提升基层站所支部工作动力与效率，以蛟河市供电公司为试点，打破组织建设与行政机构设置同步的老规矩，突出组织建设的实用性，联合共建机关专业部室与基层供电所党员，形成机关与基层纵横交织的组织建设新模式，不仅解决了一线站所党支部党务工作做不好的难题，更把党的建设与行政专业工作紧密结合，让党的组织和党的工作从"有形覆盖"向"有效覆盖"转变。

全面宣讲《指引》，坚定政治立场。将宣贯工作作为年度企业文化建设工作的重中之重，聘请内外部专家人才组建宣讲专家团队，在县级公司、支撑机构开展巡回宣讲，应用统一设计制作的新时代企业文化宣讲图文作为宣讲标识，在电视新闻、网页新闻、微信公众号中加以应用，以"睹物思辨"提高宣讲工作实效。

融心铸造文化温度，培育优良文化氛围

推行文化育人，推进文化强企。营造人心思进、人心思齐的发展氛围是打造企业文化的核心，企业组织丰富的文化活动，春节搞联欢、送春联，妇女节举办女职工演出。通过开展新入职员工的教育培训、闪亮新星评比、十大青年先锋评选、退休员工座谈会，举办入职礼、成长礼、拜师礼、退休礼等系列活动，化无形为有形，增强了员工的归属感，发挥文化的凝聚力量。

创新管理方法，给予政治关爱。通过微信视频向新疆支边的党员传导红色能量；党委主动和相关街道社区党组织进行党务对接，搭建共同服务的新平台，让退休党员感受到党组织"老家"的温暖。

搭建四维平台，营造文化氛围。围绕党内先进政治文化引领企业文化建设，借助《企业文化工作指引》宣贯、红色教育、儒家思想建设的企业文化项目。以观看纪录片、示范点展示等视觉冲击弘扬传统文化，滋养员工心灵；以听取文化专家讲解、每日早读等听觉盛宴传播传统文化的现代价值，鼓励员工持正向美；以诗词朗诵会、"文化"演讲赛等言语交流互通传统文化认知，营造企业和谐氛围；以优化载体、打造亮点，推进弘扬传统文化实践检验文化建设工作成效，形成了外部行风廉洁友善、内部和谐稳定向上的文化氛围。

贴心塑造专业温度，党建引领人才队伍

坚持人才是第一生产力，有的放矢加强党建专业化导向和专业人才队伍建设，持续加大专业人才培养力度，培养一支忠诚党的事业热爱党务工作的专业化队伍，充分调动党员群众的积极性、主动性、创造性，激发推动专业发展的内生动力。

孵化转型书记，加速角色进入。围绕党委书记、支部书记两个层级，针对六项主题组织生活，全程跟踪开展业务转型书记"261"点对点辅导，推动书记快速进入角色。

鼓励党务人员，强化责任使命。提升党建部门的业务管理地位，备案现有从业人员，明确党务人员转岗须经上级党建部门批准，使党务工作队伍建设与管理有章可循。同时，提高兼职党务人员待遇，增强党务人员做好党建工作的责任感、使命感和荣誉感。

加强政治培训，推进成果转化。开展"书记讲、党员做"微课堂，定制提升业务知识、提高思维视角的"点对线培训"计划，录制支部书记的所学、所思、所悟微视频，结合支部党课、主题党日活动进行内部传阅学习，督促指导支部党员将学习成果转化为谋划工作的思路、干好工作的本领、推动发展的能力。

强化党建引领，引导人才发展。通过党建引领，聚焦骨干接续工作，推进青年职工五年成长规划，开展"新手→助手→成手→能手→高手"递进式培养，为专业可持续发展提供人才保障。搭建"60、70、80"样板，组织开展"向身边的张黎明学习"活动，鼓励党员群众学模范争当先，增强员工职业生涯发展的政治指导性。

暖心打造服务温度，关爱职工服务人民

把党的建设深深植根于人民群众，加强服务型党组织建设，摸清企业发展需要党组织做什么，了解职工群众在想什么、盼什么，真心实意为群众办实事、做好事、解难事，让群众感受到了党组织的温度与力量，增强基层党组织的政治领导力、群众组织力、社会号召力。

解决员工诉求，满足百姓需求。以"职工情"深化服务，实现"由静到动""由表及里""由企到家""由内到外"四个转变，通过走"基层"，查"民情"，看"实情"掌"企情"，主动寻需求；从主动服务和心理干预入手，把工作重心从"关心职工"转换到"办职工关心的事"；以

法律援助为着力点，拓展服务领域，创新服务方式，帮助职工依法维权；将诉求服务阵地前移，试点设立"百姓说事点"，在一定范围内帮助解决百姓对供电服务的利益诉求，做好营业窗口优质服务的补充剂，当好群众办理用电事项的流程讲解员和向导。

给予员工关爱，文化助力发展。"妈咪小屋""学龄儿童假期托管班""高考志愿填报辅导班"，为女员工提供备孕期、怀孕期和哺乳期私密、卫生、舒适的休息场所，解决学龄儿童假期看管教育问题，缓解家有高考子女的员工压力，彰显公司关爱，促进员工家庭和谐，推动企业健康发展。同时，组建书法、音乐、球类、文学创作等13个协会组织，积极开展有利于员工身心健康、参与性广泛的群众性文体活动，提升公司发展活力。

连心彰显央企温度，帮扶展现大爱担当

开展联建联创，双赢推动发展。联建联创是新形势下党建工作优势互补、互利双赢的有益尝试。党委积极拓展联建模式，搭建地企共建的"大党建"格局。2018年，舒兰市供电公司要在当地三梁村进行电网升级改造，天德供电所与三梁村开展支部联建工作，赢得了村民的拥护和信赖，和谐的供用电关系实现了企业与用户的双赢。

实施效果

"有温度的党建"有效提升企业经营业绩

"有温度的党建"通过加强思想政治教育、丰富员工文化生活、强化专业人才队伍建设、加强服务型党组织建设等方式统一思想，激发了职工干事担当的热情，调动了职工积极性、主动性、创造性，从而增强了企业的凝聚力和向心力，达到增强企业核心竞争力和提高经济效益的目的。2022公司售电量完成134.27亿千瓦时，同比增长4.69%。实现连续第18个安全年，业绩考核继续保持A级。

"有温度的党建"全面引领管理创新

"有温度的党建"以推动党建与企业同频共振、引领发展，党建与员工务实同行、追求卓越为目标，围绕企业经营和管理各个环节为主线，通过党内先进政治文化建设带动了企业管理创新。强化了基层党组织管理，使基层工作更扎实、更具体、更到位；抓实了基层工作，强化了党建引领和企业文化顶层设计，持续加强和改进管理方式方法，为企业高质量发展增添管理砝码；提升了基本能力，强化基本能力精准培训，使党务工作者的基本能力得到有效提升。

"有温度的党建"彰显电网企业品牌力量

"有温度的党建"发挥引领优势，强化责任落地，增强了企业发展软实力。通过党建引领采取多种形式开展活动，引导预期、激发士气、提振信心，增强了企业凝聚力和党员群众归属感。以宣传工作的时效性和吸引力，讲好党的二十大，宣贯国家电网发展故事，强化舆论的正面引导，彰显了电网企业的品牌力量。

主要创造人：宋宇辉　卢　泳

参与创造人：孙士博　肖智天　李　婷　宋　佳

以融合聚焦为核心的党建文化建设

中安华力建设集团有限公司

企业简介

中安华力建设集团有限公司（以下简称中安华力），创立于1979年，现有员工2000余人。拥有建筑工程施工总承包特级资质、建筑甲级设计资质，市政公用工程施工总承包一级资质及钢结构等专业承包11项国家一级资质。先后荣获"全国优秀施工企业""全国建筑业先进企业""国家高新技术企业"。通过实施"走出去"战略，在赞比亚设立中安华力海外总部基地，开拓海外市场，实现了"立足江淮、辐射华夏、走向海外"的经营格局。在建筑施工的基础上，已发展成为集建筑施工、设计咨询、项目管理、地产开发、海外发展于一体的大型企业集团，涵盖建筑、设计、房产、海外四大主营业务板块。

近年来，为顺应国家号召及建筑业的发展大势，中安华力在争做省内建筑行业转型升级、创新发展的先锋，在坚持房建、基建等建筑主业的基础上，持续发力新型业态市场。投资建设EPC（设计采购施工总承包）、投融建营一体化、轨道交通、市政路桥和污水处理厂等新型领域，加大新型建筑工业化进程，积极推动BIM（建筑信息化模型）深度应用，探索开发智慧工地、绿色建筑，推进企业转型升级、高质量发展。

实施背景

党的建设之必要

加强和改进非公有制企业党的建设工作，是坚持和完善我国基本经济制度、引导非公有制经济健康发展、推动经济社会发展的需要，是加强和创新社会管理、构建和谐劳动关系、促进社会和谐的需要，也是增强党的阶级基础、扩大党的群众基础、夯实党的执政基础的需要。加强民营企业党的建设，不仅是国家的要求，更应该成为企业的自觉追求。

初心使命之必需

中安华力是在党组织的领导下创立的，沐浴着改革开放的春风，踏着城市化进程的节拍，经过40多年的艰苦创业，从一家乡镇建筑队发展为大型企业集团。其先后经历4次重大跨越发展的实践检验、6次成长蜕变的成功洗礼，他们深刻认识到党的建设在企业发展中的作用不可或缺，企业发展与党的初心使命、奋斗目标必须合节拍、同方向，必须坚持听党话、跟党走、感党恩，始终坚定发展信心、凝聚奋斗动力，充分发挥党组织的政治核心引领作用，为企业发展提供强大的精神动力。

高质量发展之必然

建筑施工企业主要经营内容是承揽资质等级业务范围内的施工任务，生产经营业务不稳定，基层组织人员变动大，员工素质参差不齐，工程项目地点分散等，这些特点给企业发展带来诸多的矛盾和挑战，迫切要求企业重视和加强文化建设，发挥文化凝聚人心作用。

主要做法

中安华力着眼新时代非公企业党的建设新要求，坚持"围绕中心抓党建、抓好党建促发展"，确立"党建强、人才强、企业强"的发展理念，构建"3456（三同、四抓、五坚持、六载体）"协同大党建工作格局，把党建工作与企业发展同分析、同研究、同部署、同落实，贯彻落实党委书记、董事长"一肩挑"和党建工作入章程等要求，深化党的领导融入公司治理各环节，全面推进党建工作与生产经营深度融合，充分发挥党组织战斗堡垒和党员先锋模范作用，致力打造"融合聚焦"党建文化品牌，为企业转型升级高质量发展凝聚力量、保驾护航。

铸牢思想，凝心聚力

发挥党组织政治核心和政治引领作用，持续激发企业高质量发展的"内生力"。一是强化武装。坚持把政治建设摆在首位，以落实"三会一课"制度为抓手，充分运用"学习强国"App、微信公众号等平台载体，认真学习贯彻习近平新时代中国特色社会主义思想、党的十九大和二十大精神，提高党员和管理人员政治素养。对照党员标准，深入开展批评与自我批评，将党的新思想、新理念、新要求融入企业改革与转型发展各项工作中。二是深化效果。落实每季度交流学习、读书沙龙，每年开展"两优一先"评比表彰。先后组织井冈山、渡江战役纪念馆、大别山等革命老区主题教育，举办集中主题党日暨派驻检查官法务讲堂、"三个以案"警示教育、庆祝建党100周年系列活动；邀请劳模进工地讲党史，参加属地政府开展的重点工程项目党员干部宣誓承诺、党史学习竞赛、重温入党誓词、集体诵读党章等主题党日活动，丰富活动内容，深化学习效果。三是筑牢防线。按照"把方向、管大局、促落实"职责定位，持续强化党委主体责任和书记第一责任，规范组织生活、严格纪律规矩、提升党建水平。开展强基层、树标杆、推进党支部标准化建设专项活动，深入贯彻全面从严治党要求，完善企业党风廉政建设制度。组织项目党员廉洁自律承诺、关键岗位人员廉洁从业承诺，以各级领导人员和关键岗位人员为重点，进行集体谈话、个别约谈，掌握党员、高管人员思想动态。

融合中心，赋能发力

找准党的建设与促进企业发展的最大公约数，创新推动党建工作与企业管理、人才建设和生产经营互融共促，着力在党建引领发展、融入发展、保障发展的核心和主线上下功夫、做文章，提升高质量发展"创造力"。一是融合体系变革。坚持把党建作为深化体系变革的重要抓手和重点领域，推进企业管理由团队管理向组织管理转变。设立二级党委，股东会、董事会、监事会、经理层定期组织学习和进行思想交流，不断提高决策能力和领导水平。提升控股公司职能部门的监管和服务能力，强化对子公司的约束和激励。对标央企和国内优秀民营企业，通过观摩学习、研讨培训、建章立制，完善企业管理运行机制，实现由粗放式管理向组织精健化、管理精细化、经营精益化转变。二是融合人才建设。深入贯彻新时代党的组织路线，全力推进人才强企战略。

坚持党管人才原则，常态开展领导班子、高管团队履职尽责和各层次优秀管理人员等进行综合研判，坚持实干和业绩论英雄考核导向，逐步建立规范的人力资源、绩效和薪酬管理等激励约束制度。加强员工教育培训，倡导企业共同价值观，积极营造良好的用人、合作和竞争环境。坚持人才外引内培，着力为有能力、有智慧的才俊打造平台，让想干事、能干事的人脱颖而出。三是融合生产经营。从围绕生产经营向融入生产经营转变，坚持"把党支部建在项目部"，确保项目建在哪里，党的建设就跟进到哪里。在全体党员中开展"亮身份、见行动"承诺践诺活动，在公司总部设立"党员先锋岗"，在分公司和项目部设立"党员示范岗"。在项目部设立有业主单位、建设管理单位、监理单位、承建单位等几方参加的项目临时党支部，开展"红色工地"创建活动，变有形覆盖为有效覆盖、围绕发展为融合发展。以"质量月"、"安全生产月"、"工地开放日"、技能比武、应急救援演练等活动为牵引，调动激发党员模范带头积极性，实现以"党建红"助推"项目红"。

聚焦品牌，激发活力

坚持发扬"诚信、求实、创业、共进"的企业精神，由"品牌兴企"向"品牌强企"转变，通过内强管理、外树品牌，持续迸发企业高质量发展的新活力。一是聚焦科技创新。集团党委组织党员进行管理创新、技术创新，服务项目生产经营，优化管理创造价值。持续推进企业科研能力建设，提升新技术的运用与创新能力，在BIM技术、智能装配技术、智慧工地建设等方面取得重大进展。积极创建"绿色工地、智慧工地、平安工地"，加快科技成果向生产力转化，深入开展建造体系"产学研"一体化研究，探索拓展数字技术应用场景，建成PC构件和钢结构2座厂房，提升绿色建造水平。二是聚焦群团共建。坚持以党建带群建、以群建促党建。集团党委牵头与属地政府、社区党组织、银行等企事业单位开展党建共建联建，组织员工参加大建设工作者集体宣誓、青年突击队帮扶等活动，协办参与马拉松长跑比赛、城市健康乐跑等重大体育活动赛事，举办丰富多彩的女职工活动，提升职工幸福感和自豪感。选拔项目施工和技术人员参加全国建筑业职业技能大赛、安徽省住房城乡建设系统徽匠技能竞赛等活动，提升劳动技能，激发创新潜能。走访困难党员（职工）、患重病党员及老党员，提升党组织的凝聚力量和向心力。三是聚焦履行责任。积极导入卓越绩效管理，严把安全质量关，打造优质精品工程，以过硬的建筑质量和服务为企业赢得口碑。重视加强质量安全和环保等工作，严格执行国家的法律法规。主动参与"百企助百镇""千企帮千村"等精准扶贫活动，捐资兴建学校、医院等设施，在高校设立"中安华力奖学金"。持续开展献爱心活动，看望孤寡老人和留守儿童，向地方政府、红十字会、贫困地区和灾区捐赠抗疫物资和善款。组建应急力量和青年突击队，出色完成合肥市抗洪抢险及疫情志愿和援建等任务，受到各级党委政府的表彰和社会的广泛赞誉。

实施效果

企业管理日益规范

在党建工作引领下，大力推进"瘦身、减负、提质、增资"的深层次变革，企业法人治理结构和治理机制不断完善。在技术创新和管理创新方面取得新的进步，专利、工法等成果丰硕，公司团队在全国、省、市技术比赛中取得优异成绩，参与了合肥市市长质量奖的申报，导入卓越绩效管理体系成效明显，获批"国家高新技术企业"。先后培养选拔"两代表一委员"5人，1人荣获省级"五一劳动奖章"、4人荣获合肥市"五一劳动奖章"，涌现出"最美农民工""合肥市拔尖人才""合肥市金牌职工"等一大批优秀人才。

经济指标稳步增长

坚持党建引领发展，聚焦中心、服务中心，公司上下勠力同心、齐心协力，管理团队攻坚克难、勇于拼搏，实现年营业额从30亿元到100亿元，再到150亿元的三级跨越。2022年，全集团完成产值170亿元，实现利税近8亿元，新签合同额及年度产值均创历史新高，在EPC、建筑产业化、市政工程、海外市场、地产投资等方面均有新的突破。连续多年荣膺"安徽省企业百强""安徽民营企业百强""合肥企业50强"，跻身为安徽省民营建筑企业"排头兵"。

社会效益不断提升

集团党委带头坚持"创优争先"，形成大抓党建工作合力，以党建文化引领企业高质量发展。集团及集团党委先后荣获"全国工程建设行业党建工作示范单位"，省住建系统思想政治工作先进单位、工人先锋号；合肥市第十五届文明单位；合肥市五星级党组织，庐阳区"双强六好"非公企业党组织、"先进基层党组织"、非公企业党建工作示范点等荣誉。2022年集团8个在建项目被安徽省住建厅考察评比为"红色工地"。集团党委撰写的党建案例多次被评为全国优秀案例，集团党建群建经验做法在省非公党建网刊登转发。

主要创造人：常前仓　杜荣平　朱汉琴

守正创新文化助推企业生生不息

湖南电广传媒股份有限公司

企业简介

湖南电广传媒股份有限公司(以下简称电广传媒)成立于1998年,于1999年3月在深圳证券交易所挂牌上市,是全国首家文化传媒业上市公司,被誉为"中国传媒第一股"。控股股东为湖南广播影视集团有限公司(湖南广播电视台)。

公司主营业务涵盖文旅、投资、广告、游戏、艺术品、有线网络等,旗下拥有深圳达晨创投(含达晨财智)、芒果文旅、长沙世界之窗、圣爵菲斯大酒店、广州韵洪传播、上海久之润、北京中艺达晨、广电网络公司等一级子公司共20家。九次荣膺"全国文化企业30强",被中共中央宣传部授予"全国文化体制改革工作先进单位"。2020年,在湖南广播影视集团有限公司(湖南广播电视台)的统筹指导下,公司战略发生重大调整,明确了"文旅+投资"发展战略,承担了拓展湖南广电线下产业、打造湖南广电产业"第三极"的重任。

实施背景

2017~2020年,巡视整改后的电广传媒经历了管理层大调整。新的领导班子上任后,面对传统业务衰退、新媒体业务商誉暴雷等多年累积的问题,一方面,加快历史包袱出清,实现企业轻装上阵;另一方面,全力推动战略重构、战略聚焦,以"文旅+投资"为核心战略,发力打造文旅业务第二增长曲线,助力电广传媒二次创业、重塑腾飞。

战略转型发展的道路上必然充满荆棘与挑战,若要进一步凝聚战略共识、保持战略定力、坚定发展信心、提振员工士气,带领广大干部员工心无旁骛干事创业,让一个上市20余年的老牌国有文化企业焕发新生,迈入高质量发展的新阶段,企业文化的更新和重塑迫在眉睫。

主要做法及实施成效

电广传媒管理层坚持"守正创新"的文化建设理念,以党建引领为导向,以品牌重塑为突破,以文化浸润为重点,以凝心聚力为目标,将"变是不变的选择""泡在其中、乐在其中""把事情做到极致"作为共同价值观深度植入企业DNA,用文化支撑企业战略实施,用文化鼓舞和滋养每一个员工,将企业文化软实力转化为推动公司高质量发展的硬支撑。

党建引领，强根固魂走好思想上的长征路

经历巡视整改后的电广传媒，坚持把"守正"作为企业行稳致远的根基，全面加强党的建设，将党建文化中的价值观融入企业文化建设，国企姓党声量不断扩大，党的建设取得历史最好成绩。

以党史学习教育为契机，电广传媒持续深化理想信念教育，弘扬艰苦奋斗精神。党委班子成员带头走近党史发生地，在革命圣地西柏坡重温"两个务必"，坚定走好新时代赶考路的历史自信；在湘赣边界第一个红色政权诞生地茶陵县工农兵政府旧址，感悟共产党人在革命低潮时期敢闯新路，开创性提出"工农武装割据"的思想伟力；在精准扶贫首倡地湘西十八洞村体验新时代的山乡巨变，感受贫困乡村依靠自身力量摆脱贫困实现富裕的伟大成就。企业各党组织、工会群团组织同频共振，将"学史"与"力行"紧密结合，在历史的寻访与触摸中走好"思想上的长征路"，为开创二次创业新局面凝聚奋进共识。

电广传媒把党史学习教育同学习贯彻习近平新时代中国特色社会主义思想结合起来，创新党员干部员工学习教育形式，持续深化举办"党史夜校"。"党史夜校"突出针对性、生动化和年轻态，党建搭台，青年主唱，2021年采取集中宣讲、故事演讲、读书分享、影视配音、歌咏比赛等形式，不断提升广大青年员工学习党史的热情。电广传媒"党史夜校"成为湖南广播影视集团（湖南广播电视台）最有影响力的党建品牌之一，为企业高质量发展注入红色动能。

品牌焕新，强化认同传递企业价值主张

企业品牌是企业文化的载体，文化通过品牌，对内增强企业的凝聚力，对外增强企业的竞争力。

电广传媒早期是以传媒业务登陆中国资本市场的，很长一段时期里，广告和有线网络业务的营业收入占电广传媒整体营业收入比重达90%。近年来，传统媒体业务大幅下滑和收缩，电广传媒昔日"中国传媒第一股"的辉煌逐渐式微。为提升企业品牌形象、提振市场信心，电广传媒从2020年开始，将品牌焕新作为战略转型升级的重要内容，更新企业VI识别系统（视觉识别系统），传递企业新的愿景使命和品牌主张，增强员工价值认同感，提升企业品牌美誉度。

启用全新品牌标识。2020年9月17日，电广传媒"917一路有你"品牌日媒体分享会在旗下长沙世界之窗举行，宣布正式启用全新的品牌标识。新Logo的标志是一个热气球，第一层寓意"旅游"，第二层寓意"文化"，第三层寓意"投资"。三个部分的叠加，递进式地传达出公司聚焦"文旅+投资"的战略意图：既表达出公司开拓文旅业务的信心；也充分体现公司投资业务把握风向、紧贴风口的动力，彰显硬实力。新Logo的启用成为电广传媒加快推进"文旅+投资"战略的全新起点。

电广传媒在文旅赛道的愿景：成为湖南广电产业第三极，打造湖南省最大的文旅投资平台和文旅运营第一品牌，做中国领先的"年轻人及年轻家庭娱乐休闲内容供应商"。文旅战略确定伊始，电广传媒就下定决心要走一条专注于发展湖南广电IP转换的文旅产业"新路子"，凭借芒果IP、芒果基因创新打造"芒果味"的休闲度假产品，并形成可复制模式，已研发出芒果乐园、芒果海洋乐园、芒果冒险乐园、芒果萌宠乐园、芒果田园、芒果地球村等不断丰富的芒果IP文旅产品矩阵。

巩固提升行业地位。"新文旅"战略实施两年多以来，电广传媒在业内的话语权和市场的主

动权极大增强。旗下长沙世界之窗、圣爵菲斯大酒店持续保持业内领先优势。2022年电广传媒结合城市更新、乡村振兴的国家战略，抓住湖南省大力推进文化旅游深度融合实现高质量发展、加快建设世界旅游目的地的重大历史机遇，在全省范围内大力实施芒果文旅"三湘星光行动计划"，先后落地了安化茶马古道、汨罗屈子文化园、湘潭万楼·青年码头、衡阳南岳晨曦云居、芒果未来艺术中心5个文旅项目，实现了增量文旅的接连突围，联袂形成了电广传媒新的动能。

加强对外发声能力。围绕企业战略实施和业务创新的实践成果，电广传媒积极提升在行业、社会知名媒体的发声力度和频次，持续输出品牌影响力，资本市场对电广传媒的关注度不断提升，2021年券商机构发布了近几年对电广传媒的首份"买入"评级研究报告，2022年给予电广传媒股票"增持"评级。《中国证券报》《上海证券报》《证券日报》《证券时报》等资本市场权威媒体多次报道电广传媒"文旅+投资"新战略实施以来的亮点和成果，中央电视台财经频道以《创新业态促消费·酒店业渐回暖》为题报道电广传媒旗下酒店餐饮业务，旗下景区长沙世界之窗人气、热度多次跻身全国热门景区前三，主题活动常年稳居社交媒体全国热搜榜，电广传媒整体品牌声量不断扩大。

绝不凑合，创新创意持续激发组织活力

将文化深刻融入组织氛围是企业文化建设的重要目标。无论是团队建设还是企业经营，电广传媒都坚持将"不创新，毋宁死""绝不凑合"的企业精神贯穿其中，并推动其成为员工共同的价值追求和行为准则。

文化造节深化共同记忆。电广传媒将旅游业"文化造节"的理念应用于企业文化建设中，通过举办富有仪式感的活动凸显企业文化，让大家在尽情玩耍、绽放自我的同时，体会企业文化力量，赋能组织建设。

从2021年开始，每年的3月25日被确定为电广传媒的公司日。因为1999年的这一天，电广传媒在深交所敲钟上市，具有重大的意义。在电广传媒进入二次创业的关键时期，管理层专门将这一天确定为公司日，既能够共同追忆艰难而又光荣的创业历程，在老一辈建设者的奋斗故事中坚定二次创业的信心和决心，也有效促进了新老员工之间的沟通和了解，增强了团队的凝聚力和向心力。公司日这一天，电广传媒会举办丰富多彩的文化活动：竞走打卡、脱口秀、才艺展示等，紧密结合时代特征的同时又充分展示企业在新技术、新业务领域的探索成果，如2022年公司日活动上，电广传媒重磅发布了全体员工版本的愚公移山NFT（非同质化通证技术）数字藏品，正式开启艺术品投资业务转型升级的新尝试。

在公司日的基础上，2022年电广传媒企业文化建设又添新举措，举办了"521"走亲戚活动。"521"谐音我爱你，"亲戚"则形象地传递了总部和子公司之间既唇齿相依又相对独立的大家庭关系，利用总部与子公司分散办公的特点，组织了别出心裁的"找亲戚串门"活动，深入走进各子公司的办公区，了解其正在推进的业务，增进彼此的互信与了解。

拒绝躺平，展现发展韧性。一个企业的生命力是否顽强、是否有韧性，体现在能否穿越迷雾找到方向、能否穿越周期稳步前行。这一点，电广传媒做到了。新冠疫情三年对中国经济社会产生了深刻影响，面对疫情下的寒冬，电广传媒拒绝躺平、迎难而上、难中求成，文旅业绩逆势飘红，投资长期稳居行业第一阵营，展现出了强大的韧性和活力。

文旅融合助力行业复苏。党的二十大报告提出，坚持以文塑旅、以旅彰文，推进文化和旅游

深度融合发展。作为湖南广电建设主流新媒体集团生力军的电广传媒，一直秉持湖南广电"要么第一个做，要么做第一"的创新基因，充分发挥文化企业特色优势，坚持以文化产业经营旅游及酒店业，以旅游为载体，积极探索文化IP的活化实践，创新性地将文化资源转化为可观、可感、可接触的旅游资源，既有看点、亮点和热点，又能获得市场认可，叫好又叫座，让人们在丰富优质的旅游产品和服务中感悟文化魅力，增强文化自信。2022年，电广传媒与湘潭市政府联合投资运营万楼·青年码头，将传统码头文化与青春芒果文化结合，以市场化、可持续的方式盘活地方旅游闲置资源，运营首月客流量突破50余万人次，被视为文旅复苏大趋势下"开市即爆款、运营即出圈"的标杆，为全省文旅复苏打响头炮。2023年，万楼·青年码头项目"盘活存量资产＋市场开发"的模式得到了省领导和国务院督导组的高度肯定，已成为全省地方政府盘活闲置资产的典型案例。

融入管理，全面提升企业核心竞争力

文化作为推动企业发展的重要精神力量，必须实现从有形到有效的转变。电广传媒注重将文化与企业管理实践结合，推动企业的管理创新和制度创新，通过文化与制度"软""硬"结合，促进企业核心竞争力的持续提升，使企业的"文化力量"转化为企业管理的"生产力量"。

坚持人才强企。围绕新时期人才队伍建设目标，电广传媒拓宽选人用人渠道和人才成长平台，以"赛马会"形式引入了专业力量和新鲜血液，以"考试日"检阅干部，让"红红脸出出汗"成为常态，完善人力资源结构，把合适的人放到适合的岗位，全方位培养锻炼年轻人。

打造绩优文化。电广传媒积极打造"竞争、淘汰、激励"的高绩效文化，努力推动实现干部能上能下、员工能进能出、薪酬能升能降。2021年公司结合实际，制定出台了绩效考核管理办法，以全员KPI（关键绩效指标）考核为抓手，动真格与业绩挂钩、与个人待遇挂钩，既做大蛋糕，又分好蛋糕，干好干差一个样、多干少干一个样的状态得到扭转。自绩效考核制度推行以来，干部员工肩上有指标、结果有排名、奖罚有依据，目标导向和团队导向的绩效文化更加鲜明。

厚植合规理念。电广传媒深入推进廉洁教育常态化，每个季度定期组织开展党风党纪和廉洁从业教育活动。持续开展合规性检查、财务检查，全面推进风控体系建设，有效防范重大风险，确保企业高质量运行。

通过守正与创新两手抓，电广传媒的内生动力不断激发，为推动企业高质量发展提供了有力支撑。下一步，电广传媒将继续坚持以企业文化引领企业战略，以企业文化指导经营管理实践，凝共识聚合力，汇众智谋发展，鼓舞和引领广大干部员工在高质量发展征程上乘风破浪、奋楫争先！

主要创造人：刘　罡
参与创造人：姚　敏　张建青　陶诚超

"真不二价"打造诚信的金字招牌

日春股份公司

企业简介

　　日春股份公司（以下简称日春）是一家从茶叶基地科研、生产到"不二价销售+100%直营连锁销售体系"的全产业链"农业产业化国家重点龙头企业"。截至目前公司有自营店420多家，员工2500余人，日春不仅历史渊源悠久，拥有世代传承的铁观音制造技艺、优质的产品和服务，更具有鲜明闽南地域传统文化特色和深厚的历史底蕴。日春茶业长期坚持"匠心"精神，与时俱进，守正创新，不断推出新产品，其所打造的"日春"茶叶品牌，得到了社会的广泛认同，通过分布全国的直营品牌连锁专卖店、各种线上渠道，畅销全国，是茶文化、茶产业、茶科技融合发展的典范企业。日春先后获得了"中国驰名商标""中国茶叶行业百强企业""福建名牌农产品""铁观音安全质量十佳明星企业""非物质文化遗产传承人""福建老字号""茶产业纳税大户""襄教树人"等数百项荣誉。

案例背景

　　相传在东汉年间，有个叫韩康的高士，他既懂医道，又亲自上山采药，把药材采来之后就拿到市场上去卖。当时，市场上卖药的人常常以次充好、以假乱真，所以顾客也就常常讨价还价。可韩康卖的药货真价实，他不允许别人讨价还价。有的人就问他："为什么你的药价钱不能变？"韩康说："我的药值这个价，就卖这个价，这叫'真不二价'。"病人吃了他的药，疗效果然好。于是，"真不二价"这句话便在坊间传开了。

　　近代著名商人胡雪岩由此而发，认为商家的竞争不能通过简单的压价，而应"采办务真，修制务精"确保药效，才能赢得市场，遂将"真不二价"奉为他创办的胡庆余堂的经营原则。

　　日春在吸取中国传统商业文化精髓的基础上，根据行业特点和自身经营的经验教训，提出了"真不二价"的诚信企业文化，坚持贯彻实践近三十年并收到良好的效果。

　　日春创立伊始，就定下以"讲人情味、品质真实、让人买得放心、做百年店"为经营方向。

　　1995年，日春推出了一款铁观音，售价是每斤150元，受到很多顾客的喜欢。当时，公司认为对熟人（朋友）或买得多的就应该给予一定让利，这样才算讲人情味，就给出让利价145元；但没过半年，大多数顾客就认为这款产品的售价是145元。此后，公司还是延续对熟人（朋友）或买多就应给予一定让利的做法，给到让利价140元，没过多久大家也就认为售价变成140元；就这样周而复始，这款铁观音的价格在两年内从150元变成了120元。由于售价一再降低，很多顾客开始质疑产品的品质，慢慢地不再认同这款产品了。

日春经营者认识到不仅要"讲人情味"，更要将日春做成"放心店、百年店"，为达成这一目标，日春人必须坚持品质标准和价格标准的长期平衡，以赢得顾客对产品与品牌的信任。尽管当时那款铁观音销量还不错，公司还是忍痛撤销了这个产品，并一致决定，以"真品质，不二价"为日春经营原则。

多年后的今天，日春的"真品质，不二价"的诚信经营原则得到顾客广泛认可，茶叶品质标准也在整个行业起到示范的作用，"真不二价"也被其他茶企竞相效仿。

主要做法

企业文化的打造绝不是割裂开来的一招一式，更不是抖机灵的一个口号，而是有计划、有落实、有跟踪的系统行为。要有效地打造"真不二价"的诚信企业文化，必须改变传统茶商只关注终端销售而不在意前端质量把控和整体运营管理的营销方式，加强消费者的品牌意识，提升消费者的指名购买率，在做好将商户向消费者"推"的工作基础上，运用组合系统营销方式"拉"动消费者，从而形成对渠道的反向拉动、推拉有机结合。

建立管理架构，落实组织保障，直营保品质

日春长期坚持"直营保品质，真品不二价"的经营策略。为保证所销售的铁观音及其他茶产品的品质，自日春创立以来，与同行采取加盟连锁方式建立销售终端的通常做法不同，公司坚持销售终端由公司直营经营，杜绝因短期经营行为屈从于市场竞争压力而造成降价降品质的可能性，公司自设立起坚持"不二价"的定价策略，即同产品的销售价格不因时间、地段、客户关系、购买渠道、购买数量、制作成本变化等因素的差异而发生任何改变。

目前，日春已建立了以股东会、监事会、董事会、运营总部、销售区域、门店为主的垂直管理架构，并于2008年完成了股份制改制工作，确保按上市公司的管理制度来规范自己的经营行为，确保"真不二价"不沦为一句空话、笑话。建立了遍及福建、浙江、江苏、上海、广东、山东、山西、陕西、四川、重庆、北京、天津等地区重点城市的420多家直营连锁门店，为超过20万客户提供健康、高品质的天然茶饮及茶艺产品。在电子商务兴起的今天，日春亦在谋求业务模式创新和公司转型升级，在直营连锁销售体系之外，新建电子商务销售体系。日春股份公司是集茶叶种植、生产、销售为一体的公司，所有门店都按照统一的装修方案遵守统一的管理标准，并使用自建的物流系统满足福建省内门店的物流需求。

打造高效队伍，落实执行保障

为了让茶友享受更统一、更有人情味的服务，日春的选人、育人有较高标准。日春在2008年成立了日春管理学院，为公司各分店茶顾问进行标准化培训，在提升茶顾问茶叶专业知识和表达能力的同时，也使日春各门店服务更符合传统礼仪、更有人情味。日春培训出来的茶顾问往往成为同行竞相争取的人才，因此，日春管理学院也被同行称为"茶叶界的黄埔军校"。

建立原料基地，从源头控品质

铁观音以安溪铁观音为最负盛名。在日春的主要毛茶采购地——安溪县，建设推进安溪铁观音种植、制作、科研、推广一体化项目，建设用地位于安溪县虎邱镇尖山、蓬莱镇大明山和西坪

镇尧山村。该项目共有铁观音科研中心、铁观音制作中心和安溪铁观音文化体验中心。

通过对铁观音种植、制作过程进行大数据研究，对整个过程进行标准化提取，形成汇总数据，经分析步骤后，将研究成果在蓬莱镇大明山、武夷山肉桂茶园、福鼎白茶园的种植分中心加以中等规模的应用，利于更安全地对外推广，为日春未来大规模、科学种植各类茶原料的供应商进行信息化有效管理做保障，为消费者购买安全、优质的茶叶提供保证；建立各类茶文化推广体验分中心，如日春西施茶舍，进行中国各大名茶知识和文化的推广，提升日春品牌知名度。

建设现代化生产线，严抓生产环节和质控

日春早已通过质量管理体系认证、食品安全管理体系认证和环境管理体系认证，建立了完善的质量控制系统，并建立了茶叶安全可追溯系统。

日春与北京大学、武夷学院在安溪建立了3个铁观音标准化实验基地，从中提取了选土标准、选种标准、施肥标准、用药标准、采摘标准、做青标准、炒青标准、揉捻标准、烘干标准等，公司再把每道标准告知茶叶供应商，要求他们按照公司的标准来种植、制作茶叶，同时公司也会派标准管理人员到供应商的茶园进行定期检查，确保其所提供茶叶的优质与安全。

日春在管控茶叶源头的同时，也强化对生产加工过程的标准化管理：在泉州惠南工业园建立了国家级实验室，对每批茶叶在进厂和出厂时进行检测，同时也不定期送到外部单位复检和联检，确保产品符合食品安全标准，让顾客喝得放心。此外，日春还欢迎社会大众来监督产品生产：公司的生产车间是完全透明的，并在车间外设有参观通道，社会各界可以随时参观整个生产加工过程。

成立茶叶标准化实验种植基地。日春携手北京大学共建"铁观音研究基地"，与武夷学院共建"武夷岩茶与红茶研究基地"，并于虎邱、蓬莱两地分别建立高端生态铁观音实验基地，全面启动科研平台，推动茶叶标准化的建设。

以实验结果要求农业合作社或茶农种植与推广。日春的自有茶园严格执行国家的绿色标准和无公害标准来种植茶叶，积极推广使用农家肥和茶叶专用肥，全部使用生物分解农药，采用人工锄草，并引进无污染地区的生物肥料，最大限度确保茶叶的健康品质。

日春也在深化"自身生产+合作生产（散户合作、统一管理）+茶农指导（使用日春肥料及技术指导）+市场收购（通过日春仪器检测）"的发展模式，以中试结果来要求农业合作社，督促茶农种植和推广。

建立标准化储存系统。日春自备有专业、独立的冷冻库，以使公司的茶叶能够得到及时、妥善的保护，特别是清香型铁观音和绿茶。茶叶的储存需按照不同品类进行划分，并严格控制储存的温度、湿度等条件。

建立标准化生产线。日春采用无二次污染生产线，建立了严格的生产流程和卫生标准，员工统一着装，戴白色帽子和口罩，在进入加工区之前要先做好全身的清洁和消毒工作。每个加工区设有开放式参观通道，所有参观者从这里能一目了然地看到各个加工环节。

建立食品检验中心。日春拥有与市场监管局一致的国家级实验室，全面把控着每道茶叶的卫生安全，所有进厂的茶叶须通过检验才能进入下一轮加工环节；同时，每道茶叶在出厂前，须再次通过安全检验，才能最终面市。

实施效果

通过"真不二价"管理模式的探索和实践，诚信文化融合不断深入，文化自信得到彰显，为提升企业核心竞争力提供了强有力的文化支撑。

"真不二价"企业文化自开展以来，拉动了公司全系统、各模块的快速发展，因为"真不二价"四个字说起来容易，做起来比较困难。况且客户接受也需要时间，特别是在其他茶企大幅度打折、促销的情况下，"真不二价"对日春实际也是考验，甚至是一着险棋。

让顾客觉得性价比合适，这就对后台诸如采购、新品研发、品质管控、安全质量、物流效率、制造包装、库存管理、信息系统、人力资源等提出了较高要求，促使全公司不断提升管理和运营质量，否则就会成为一句空话，甚至沦为业界的"笑柄"。通过"真不二价"的长期坚持和全系统的支持，日春产品以稳定的质量和高性价比在广大客户中产生了良好口碑，日春的东西"一分钱一分货"，不但已在客户中产生共识，在行业中也成为一个标杆，不少茶企在给茶叶定价时，都要来买日春茶作为参考。

日春的"真不二价"诚信企业文化，在终端门店，要求有非常强有力的价格控制、服务划一、店堂装修和服务的一致性。在商业文化、契约意识方面还不是完善时，日春坚持"直营"模式，即终端门店100%直营，不接受加盟。这种模式，投入巨大，导致日春开店较慢，看起来放慢了发展速度，但放在一个长时期来看，并没有降低增速，日春业绩在稳步增长，碰到经济周期低迷或者突发情况时，如在2020年开始的新冠疫情期间，日春也能稳住阵脚，经受住考验，而不会大起大落。

日春茶"真不二价"诚信文化长期推行后，反过来有力地降低了库存和运营成本，形成稳定的购买群体后，茶叶供不应求，原料采购、精制、物流、库存等管理计划性加强，资金周转快，特别是到春、秋季，换季换茶时，几乎没有上季残留的库存茶，使整年成本降低了15%左右。

在互联网时代下，信息的传播更加快速，文化建设的载体和形式更加多样，员工主动学习宣传"真不二价"诚信文化，公司搭建网上"日春学堂"，明显提升员工参与度，通过强有力的文化管理，在培育创新生态、增强内生动力等方面发挥更加突出的驱动作用，强化文化对全体员工思想观念冲击和革新的引领，让员工对公司发展更有信心，更有荣誉感，增强了企业的凝聚力，为企业增强长期发展后劲提供有力的支撑。

"真不二价"诚信文化推动了日春标准化建设。日春的标准化经过近30年的建设，在员工凝聚力、产品质量标准、店面装修标准、员工服务标准、产品价格标准方面形成了一整套制度流程和培训体系，这构成了日春的一项重要的核心竞争力。

在日春管理团队的带领下，公司治理结构逐步完善、各项经营人才逐步汇集，在全球经济不够稳定、国内高端茶叶消费不旺的大背景下，日春业绩仍得到逐年提升。

主要创造人：王启灿

"党建+科创"三态融合下的能源型智库企业创新文化建设

国网浙江省电力有限公司经济技术研究院

企业简介

国网浙江省电力有限公司经济技术研究院（以下简称国网浙江经研院）是国网浙江电力有限公司下属的专业研究机构，定位为能源电力领域的一流新型智库，全面服务浙江新型电力系统省级示范区建设。

作为浙江省内唯一得到政府认可的企业智库，国网浙江经研院在新时代、新征程中全面强化支撑服务能力、即时响应能力、前瞻预判能力、科技创新能力、政策沟通能力，着力打造政府满意、行业领先、社会信赖的新型专业智库。近两年获得浙江省委、省政府和国家电网有限公司领导批示10余次，省部级科技奖项20余项，起草浙江省"十三五""十四五"的电网规划、电力规划、能源规划、储能规划等系列规划20余项，输出内参观点与政策分析解读30余项，为浙江"重要窗口"的建设汇聚能源智慧，为能源高质量发展输出浙江方略。

实施背景

坚持党的领导、加强党的建设，是国有企业的光荣传统，是国有企业赋能改革创新的"根"和"魂"。新时代新征程，科技创新在我国创新体系中处于重要地位，是国有企业高质量发展的"经"和"脉"。面对风险和挑战，国有企业要把加强党的领导和完善公司治理统一起来，通过科技的不断创新，为企业技术创新活动的组织实施和过程管理提供必要的支撑和保障，不断提振企业生命力；推动党组织和党员干部端正思想、勇于创新，锤炼党员干部塑造强大定力和创新力，破解改革发展中面临的新问题与新挑战。

具体做法

国网浙江经研院打造"党建+科创"三态融合的企业创新文化，通过发挥党的领导作用，加强国企科技创新力与创造力，建设对党忠诚、勇于创新、治企有方、兴企有为的高素质科技创新队伍，以高质量党建引领保障企业高质量发展，奋力建设能源领域具有全国影响力的一流新型智库，服务国家战略落地和浙江经济社会高质量发展。"党建+科创"三态融合企业创新文化框架如图1所示。

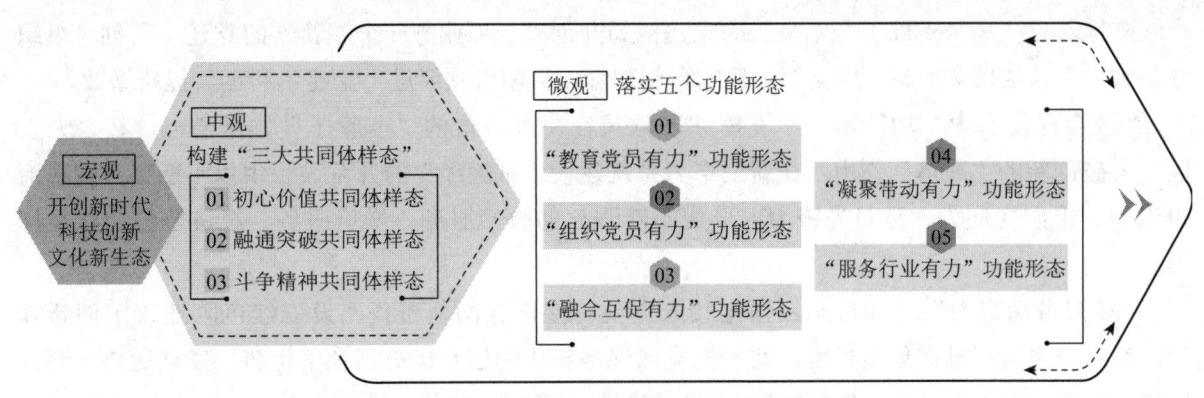

图1 "党建+科创"三态融合企业创新文化框架

宏观：开创新时代国企科技创新文化新生态

随着我国加快实施创新驱动发展战略，国有企业中科研群体占比逐渐增大，这样一个新兴庞大群体的党建工作如何更好引领本职科研业务，实现高效高质融合是一个普遍性课题，也是亟待探索并解决的现实性课题。

围绕科研团队特点，国网浙江经研院重点解决科技创新文化建设"四大问题"：如何保障党委领导科技创新正确方向，如何发挥部门治理科技创新的党建功能，如何开发基层组织开展科技创新的组织能力，如何激发党员投身于科技创新的初心使命。聚焦"三大融合"：党建与科创目标整体性融合、党建与科创机制组织化融合、党建与科创实践具体化融合。为新时代科研群体"党建+科创"构建"四化"新图景：强根固魂体系化、体系能力现代化、担当作为显性化、潜力开掘价值化，为新时代新征程智库科研群体做好科技创新文化建设探索一条切实可行的路径。

中观：构建"三大共同体样态"

初心价值共同体样态。初心价值共同体旨在把电网初心"人民电业为人民"和"坚持人民至上"的世界观方法论，与"以人民为中心"的社会主义现代化建设原则相结合，坚持"研""学"结合，聚焦党的最新思想，聚焦人民根本需求，不断强化理论武装，形成研究有立场、服务有导向的样态。

融通突破共同体样态。以习近平新时代中国特色社会主义思想为指导，在党委规划的顶层设计把"科创"作为国网浙江经研院的重心事业，把各部门的科技创新力量汇聚到"党建+科创"的工程实施中，在深化科研改革、打通制约创新创业堵点上实现融通突破样态。

斗争精神共同体样态。始终做到敢于斗争、善于斗争，注重在重大任务中磨砺干部，加强党员干部斗争精神和斗争本领养成。在电网发展的战略机遇叠加期，把"党建+科创"落实为平常时候看得出来、关键时刻站得出来、危难关头豁得出来的斗争精神共同体样态。

微观：落实五个功能形态

"教育党员有力"功能形态。把理论学习成果转化为干事创业、奋勇创新的强大动力，及时把新时代党和国家最新政策方向、改革步骤落实在推动能源高质量发展事业中，把政治理论素养与创新业务本领融合起来，促进研究工作者成为独立的思想者、终身的学习者，永远奋斗在能源互联网研究的最前沿，形成党建+科创"教育党员有力"功能聚焦形态。

"组织党员有力"功能形态。抓住基层组织堡垒，建强"党建+科创"智库企业创新文化的一线阵地,以"一个支部一个堡垒"的党建格局开创"一项业务一个革新"的党建+科创"组织党员有力"功能落实形态,以支部党建的科创理念、科创引领促进"党建+科创"提质增效。

"融合互促有力"功能形态。发挥共产党员在急难险重的"卡脖子"领域破冰,在"无人区"突破创新的"载体"作用,在新型电力系统建设"试验田"的开荒破土中以不断提升的政治担当力、组织兜底力、党员先锋力,形成不断强化的政治服务、增值服务、经济服务功能发挥形态。

"凝聚带动有力"功能形态。强化共产党员对接任务创新责任、设立红色阵地筑牢创新阵营、结成攻坚对子推进创新进度,切实把党建优势转化为创新优势、竞争优势、发展优势。通过党建+科创"凝聚带动有力"功能形态,汇聚科技示范引领先锋。

"服务行业有力"功能形态。国网浙江经研院科创群体是一支新时代党员队伍,完成的"党建+科创"任务对于电网行业发展具有举足轻重的作用,这一群年轻的队伍砥砺奋进、敢于创新,共同努力刻画了这个行业的时代画像,形成"服务行业有力"功能形态。

实施成效

教育党员有力,内涵式强化科技创新思想优势

养成"紧跟式"学习热情。创新学习载体,积极打造集"读、思、创、学"为一体的"红船·光明书舟"。丰富学习形式,开展寻访红色基地、重温入党誓词、先进典型面对面等主题党日活动,以共同的信仰凝聚人心,激发党员干事创业热情,涵养党建引领的向上新风气。

组建"培育型"学习模式。开展青年科技创新研究者"亮星工程"建设。通过"铸星计划"发现和培育支部中的青年研究骨干;通过"繁星计划"推进科研创新成果共享库的深化建设和数字化转型;通过"耀星计划"遴选和展示优秀科研成果,打造优秀党员青年智慧分享的展示窗口。

打造"立体化"学习场域。强化劳模工匠先锋引领作用,深化创新平台建设,开展技术交流合作,推动职工技术创新优秀成果培育。开展青年夜自修,通过团队学习、发挥青年党员带头作用,提振青年骨干的精神气,形成听党话、跟党走、立足岗位做奉献的思想自觉、政治自觉、行动自觉。

组织党员有力,使命型发挥科技创新执行优势

突出基础提质。在支部建设中,以科研小组、技术团队为单位开展研学讨论,以党建和科技创新融合的理念,发挥党支部在科研攻关方面的战斗堡垒作用;在作用发挥中,建设完备院数据库、成果库等数据平台工具,打造促进全院业务融合、数字技术融合的党建示范基地。

突出标杆提级。强化标杆引领。创特色、拓宽度,打造"拳头项目"。推进"一支部一特色一品牌"项目,提升关键领域核心竞争力,激励党员当能手、做标兵,辐射带动全体职工履职奉献、创先争优,推出一批领先的科技创新成果。

融合互促有力,全链条打通科技创新政治优势

目标相互融合。党建工作和业务工作高度融合、相互促进,势在开创新时代科研群体"党建+科创"新生态,建立在党建中精业务,在业务中促党建的融合理念,紧扣"保供电""促转型"

两大任务，智慧能源"底色"铺就城市发展"绿色"，守住电力人的"红色"。

机制相互融合。在"三大共同体样态"的建构过程中，有力强化科研党员群体初心价值，系统擘画服务行业需求的前瞻战略，主动调动科研党员群体多元社会责任感，刀刃向内打通制约创新创业现实堵点，激发催生科研党员群体"争"的精神、"抢"的劲头、"拼"的作风。

凝聚带动有力，多渠道汇聚科技创新队伍优势

红船精神凝聚攻坚队。成立红船共产党员攻关团队和科研专项红船青年突击队，凝聚新型电力系统攻关合力，保障公司重大工程、实验室转型等科研攻关任务落实和完成。

打造校企合作新典范。打造"党建科创朋友圈"，与浙江省工信院、浙江大学电气工程学院等开展战略合作，建立涵盖课题合作、人才培养、项目资源共享的全方位共享协同机制，实现在科技方面的优势互补，资源共享，形成多元、开放、动态、协作的科研组织模式。

创新人才孵化新沃土。大力实施青年科技创新人才"亮星工程"，建立健全师带徒机制，完善科研人才梯队建设。以党建为纽带，完善科技项目共享机制，提升交叉学科实验研究能力，不断增强科技创新集聚效应和规模效益。

服务行业有力，实质性打通科技创新担当优势

电网规划"树标杆"。借助科技创新研究成果，推动入浙第四直流、交流特高压环网前期工作，研究多主体积极参与、合作共享、互利共赢的源网荷储协调互济运营模式，先行探索"资源小省、消费大省"的高质量发展道路。

战略研究"挑大梁"。加强战略与业务管理的衔接，促进研究与示范应用的双向融合，锚定电网企业发展需求，统筹保供与稳价，政策与市场，精准破解经营转型难题，以战略管理为抓手促进重点工作任务落实落地。

经济研判"争先锋"。开展能源数据价值挖掘，跟踪电力能源动态，支撑政府"以电看发展，以电看转型"，辅助经济发展决策。以电力电量研判经济能源碳排综合发展趋势，服务政府能效碳效管理。

绿色低碳"做示范"。系统性构建碳监测、碳计量、碳评估业务技术体系，建设省级碳资产学术交流平台，推动碳排放、碳贡献、碳减排工作有效落地，多维度服务政府、企业拓展碳预算、碳普惠、碳交易新型业务场景，积极服务全社会协同降碳。

主要创造人：郑伟民　刘伟军
参与创造人：汪　鲁　张　锴　涂辰婧　冯　昊

传承铁军薪火，弘扬开拓精神

中建八局第三建设有限公司

企业简介

中建八局第三建设有限公司（以下简称中建八局三公司）是世界500强排名第9位的中国建筑集团下属三级法人公司，前身为中国人民解放军基本建设工程兵第22支队211大队。1983年9月集体转业改编，2007年12月整体改制为现单位，总部驻地江苏省南京市。公司拥有建筑工程总承包特级资质和建筑行业工程设计甲级资质、市政公用工程等7个专业承包一级资质。公司先后被评为"鲁班奖工程特别荣誉企业"，连续多年荣获"全国建筑业竞争力百强企业""全国优秀施工企业""全国建筑业AAA级信用企业""全国'安康杯'竞赛优胜单位"等。

铁军铸魂，以特色企业文化筑牢团队争先意识

追寻历史根脉，传承铁军基因。从1940年开始，经历兵改工、工改兵、兵又改工，从炮火硝烟、南征北战、建设西北、投身"三线"、会战辽化，到军企转型、改革开放、开拓经营、市场竞争、砥砺前行、奋进新时代，在长期的施工实践中，形成了富有中建八局三公司特色的企业精神谱系。从基建工程兵时期建设辽化历程为载体的硬骨头精神、以基建工程兵史最后一位烈士——"抗洪抢险英雄"杨太平为代表的抢险救灾精神，到转业后以南京新生圩港为载体的建港精神、以酒泉卫星发射中心总装测试厂房为载体的大漠精神、以南京南站为载体的南站精神、以"青奥"系列工程为载体的青奥精神、以2020年以来抗疫历程为载体的抗疫精神，以及综合各个历史阶段呈现的敢打必胜精神。

正是有对这一系列精神文化谱系的代代传承，才塑造出了中建八局三公司人身上独特的意志品格。脱胎于军旅历程的企业精神始终激励着中建八局三公司在改革开放的市场大潮中顽强拼搏、砥砺奋进，应对艰难险阻，中建八局三公司人果敢刚毅，敢于直面挑战、迎难而上，常怀不打胜仗决不收兵的坚定决心，这些独特品质的彰显是对公司长久积淀的铁军文化最真实的反映。

基于文化传承需求，中建八局三公司及时制定针对性举措，将中建集团"十典九章"、中建八局铁军文化，企业使命、愿景、价值观等企业文化三要素融入企业管理流程；在理论层面系统梳理公司企业文化孕育发展过程，丰富历史细节，打通文化之间的发展脉络，编写《铁军薪火》文化手册、梳理公司发展简史，在青年员工间构建有价值认同、有参与热情、有传播动力的企业形象共识；着力打造企业文化宣传队伍，成立青年员工公司简史宣讲团，使青年员工由接受者成为传播者，将宣传形式化被动为主动，宣传效果化"填鸭"为参与，进一步增强企业文化传承。

弘扬争先文化，推动创新创效。企业发展到一定阶段因组织规模必然增大、管理流程必然复杂，从而导致员工能动意识弱化，组织活力、效率降低，出现"大企业病"。中建八局三公司始终大力弘扬争先进位的工作价值观，坚持以"奋斗者为本"的高绩效文化，秉承"以业绩论英雄"的管理理念，使团队保持以上率下奋勇争先，积极对标先进，努力拼搏的精神状态，将企业发展过程中创造的，以中国建筑行业首个国家科技进步奖一等奖——酒泉卫星发射中心为代表的十五项历史性第一，系统总结为企业"开拓精神"，成为企业文化亮眼名片。

开拓进取、勇争第一成为中建八局三公司的企业文化烙印，激励着中建八局三公司人创造更多的历史性成就，取得更多的创新性突破。

构建品牌矩阵，扩大企业影响。一段时期以来，业内普遍存在企业文化品牌不够响亮，品牌推广效率不高等问题。面对难题，中建八局三公司以"建证·军魂匠心　星火先锋"党建品牌为核心，构建了公司、分公司、项目三级党建文化品牌矩阵，将各单位文化品牌与公司文化品牌进行广泛联动、有机融合。其中，公司纪委、团委联手打造的"青廉"党建品牌，积极倡导"青春·阳光·廉洁·有为"的品牌价值观，举办的各级各类"青廉"主题活动累计超280场次，"青廉"品牌受到青年员工普遍好评和社会各界广泛关注，获2021年江苏省建筑行业党建案例第一名，企业举办的第三届"青廉"嘉年华活动得到江苏卫视直播报道。

在项目层面打造了一批有中建八局三公司特色的项目文化示范点，以点带面，提升企业文化对基层员工影响力。2022年度中建八局项目文化示范点擂台赛中斩获第三名的南京地铁9号线项目就是非常鲜活的案例。该项目充分发挥项目文化建设优势，在公司铁军文化基础上结合自身项目特点，打造出专属于项目的"三同"文化，即思想同心、目标同向、行动同行。这一生动结合，不仅为公司企业文化做了深刻注解，同时更加丰富了公司企业文化的精神内涵，展现出属于项目本身的文化特色，同时项目还以文化平台建设为抓手，突出平台文化功能，以"学习培训、文化交流、文体竞技"为功能导向，通过建设党史学习教育基地、"铁军号"党性教育长廊，从点、线、面生动展示建党百年波澜壮阔的历史图景，也全方位呈现了中建八局三公司兵转工的发展历史及40年来的发展成就。

融入经营，以多维文化管理助推企业价值创造

夯实党建引领，增强主业动能。企业文化向基层延伸、渗透一直以来是文化管理工作的难点。中建八局三公司持续探索企业文化创效路径，拓展运用党建融入生产经营思路，通过发挥基层党支部政治功能和党员先锋模范作用，深入开展"五型五类"（保安全型、重质量型、强履约型、创效益型、促市场型）红旗示范党支部、"三讲三比"（讲安全、讲质量、讲节约，比创效、比奋斗、比业绩）优秀党员评比，将党建工作融入业务条线，通过现场打擂、专家评审，将基层党建成果固化，让党建引领生产经营有载体、有落实、有成效，打通基层党建最后一公里，使党建工作在生产经营领域发挥强大引领保障作用，真正为企业前行发展指明方向，为生产经营创新创效增添动能。

突出先模示范，激发创新潜能。如何将企业文化管理成效转化为主业创新创效动能，是衡量企业文化品牌价值的关键。中建八局三公司充分发挥先进模范示范作用，大力弘扬劳动精神、

劳模精神、工匠精神，广泛开展劳动竞赛、技能竞赛，深化劳模创新工作室创建，展示广大职工创新创造的成果。同时做到强化工会工作的过程管控：注重创新成果的转化和应用，自主研发的IABM装配式造桥机得到央视等政府部门及社会各界广泛肯定。常态化开展"五小"成果年度评选和青年创新创效大赛，充分激发青年员工创新创效活力和岗位建功热情。中建八局三公司已累计获得专利授权近2000项，发明专利超100项，青年员工成为企业创新驱动发展的主力军。

营造清正氛围，提升监督效能。保持廉洁、清朗的工作氛围是接续传承优良企业文化的基础，也是保证企业文化宣传效果的关键环节。中建八局三公司党委成立党风廉政宣传教育领导小组，大力开展党风廉政建设活动月、党风廉政建设宣教季"七个一"等活动。以支部为单位开展"建证清风"观影，组织重温公司党性教育基地，参观地方廉政教育展馆，与当地监狱、监委等开展党建联建、警示教育等，使廉政文化建设愈加深入人心；同时建立健全大监督体系，扩充巡察人才库、项目监督员人才库，大力开展巡察培训，通过体系建设的不断完善，着力提升公司的监督管理能力，释放大监督体系效能，持续推进营造风清气正的良好工作氛围。

服务社会，以主流意识形态树牢央企形象

守好宣传阵地，拓展品牌传播。以主流意识形态为基础的企业文化宣传面临在青年员工中影响力不强、传播面趋窄的困境。为应对特殊的宣传工作局面，中建八局三公司持续强化宣传阵地建设，在守牢意识形态防线的同时聚焦精细化报道与品牌传播渠道拓展。

着力从亲历者视角切入，提升宣传稿件说服力。在局庆司庆40周年的宣传窗口期，建立反映公司特点的专栏，召开"铁军薪火故事会"，让新老员工同参与、共讲述、促传承，对典型人物进行深度采访，做到延展历史背景，通过富有人文温度和企业特色的高质量报道赢得青年员工的认同感与支持度，营建企业文化记忆共同空间。同时运用各类自媒体平台，如微信公众号、微博等广泛进行企业文化方面的报道，使传统媒体与新媒体相互融合促进，形成融媒体矩阵式的宣传效果。

公司宣传紧跟"国家一带一路"倡议，践行央企使命，在中国国际电视台等核心对外媒体发声。及时总结泰国、柬埔寨等国别的跨文化融合的经验，注重渠道阵地的建设，持续夯实企业为"构建人类命运共同体"奋斗的海外形象，在国际舞台讲好铁军故事。这些宣传渠道的有力拓展，不仅扩大了公司企业文化的传播面，同时也大幅提升了企业品牌的影响力。

提高政研水准，深化理论指导。企业文化很多时候呈现固化的发展态势，不能从根本上做到与时俱进、丰富内涵，核心原因是理论指导没有跟上，政策研究不够深实。中建八局三公司始终坚持政策引领，保持政治站位，在中央级、省部级行业核心期刊、党报党刊刊发政研文章12篇。中建八局三公司还参评南京市基层理论宣讲先进集体，形成了理论学习研究的浓厚氛围。中建八局三公司政研水平的持续提升有效保障了企业在快速发展过程中不迷失、不偏航，为企业文化在新时代迭代演进提供了理论支撑，同时也为企业下一步高质量转型升级提供了新思路、新方法。

秉持家国情怀，彰显央企担当。中建八局三公司始终将践行企业社会责任作为国有企业践行"六个力量"、服务社会民生的重要依托。

中建八局三公司紧跟"乡村振兴""对口扶贫"等国家重点社会治理工作，坚持对口帮扶宁夏、新疆及甘肃卓尼县等中建集团定点扶贫点，淮安市淮阴区大刘村，淮安市涟水县大兴村，南京江宁区殷巷大陈村等，以企业发展红利为落实西部、乡村区域共享沿海经济发展成果增添注脚。

中建八局三公司常态化融入属地公益服务与基层治理，在出现突发灾害时积极组织员工捐款捐物，参与抗灾救灾；积极组织公司职工参与社会志愿服务，在新冠疫情期间，核酸检测点、疫苗注射点、社区隔离点都有公司职工的身影，植树、捡垃圾、献血、义卖等志愿服务已成为公司职工必不可少的活动。

服务员工，以精神文化关怀凝聚全员奋进共识

聚力团青工作，助力员工成长。中建八局三公司企业文化工作以人为本，针对青年员工从校园到职场的身份转变、阶段特点，针对他们在职业前景、属地生根等多层次共性迷茫与困惑，加大支撑引导。

中建八局三公司重点聚焦团青工作与员工思想价值引导结合方式，注重发掘先进典型，开展"百优十杰"青年评选，树立标杆形象，发挥榜样力量。

选树典型、对标先进。通过一系列创优表彰活动，公司对青年员工形成价值正向引导，青年员工在活动中筑牢了理想信念，确立了职业目标，明确了工作方向，为今后在职业道路上更加平稳发展提供了强大助力。

健全制度保障，强化精神归属。青年员工从异地他乡进入公司所在区域，需要公司在经济外提供更多人文关怀。面对员工在精神归属方面的需求，化迷茫为融入，化"打工人"为"大家庭"一员，中建八局三公司着力将企业关怀融入制度设计，公司工会从劳动报酬、安全卫生、职业培训、保险福利、工资正常增长机制等方面，切实维护员工权益；广泛开展青年员工交友联谊，对困难职工家庭建立困难档案，积极关怀海外员工及家属，针对各类员工不同需求，组织开展各类活动，从制度层面充分展现企业人文关怀。

完善基层服务，汇聚全员合力。企业发展到一定规模，文化向基层渗透的效果就成为企业能否形成团队凝聚力与战斗力的关键。中建八局三公司始终坚持面向基层，强化服务意识。大力开展示范"工友村"建设。为调动广大建筑产业工人的积极性、主动性和创造性，积极打造集居住、教育、文体、娱乐、互助、共享于一体，融合"村、站、校、家"四大功能定位，具有时代性服务农民工新模式的"工友村"。开展以"送祝福、送清凉、送温暖、送健康"为主题的"四送"活动，深入一线进行慰问。以服务暖人心、以服务促融合、以服务提效能，通过不断完善基层服务，公司凝聚起全体员工的强大合力，为公司高质量发展奠定坚实的群众基础。

主要创造人：张述坚　李　磊

参与创造人：蒋黎明　林　波　周　俊　王楚辞

以文化聚力赋能，筑牢企业发展基石

河南鑫安利安全科技股份有限公司

企业简介

河南鑫安利安全科技股份有限公司（以下简称鑫安利）成立于2003年，是行业领先的安全风险管理信息技术服务商，拥有安评、职评、工程咨询三甲资质和环评"原甲级"资质及军工涉密、工贸行业企业安全标准化评审单位等31项服务资质。

鑫安利成立以来，始终保持高度的行业使命感，本着"履安全使命，为生命护航"的宗旨，构建了国家工业互联网＋安全生产平台，构建安全生产风险管理的数字化能力，成为安全风险管理行业的先头兵，攻坚克难，誓做行业的领军者。2009年以来，鑫安利先后建立安评职业培训学校，成立安全风险管理研究院，与国内知名高校开展校企合作，于2016年获批行业首家博士后科研工作站。鑫安利在高端人才培育、服务能力提升、科技产品研发、业务模式创新等各方面不断加大力度，深度探索引领行业创新。鑫安利现有员工千余人，其中研发人员占20%，本科以上人员占70%，包括国家级安全生产专家2人，行业入站博士5人及合作博士50多人，行业内核心技术专家159人，国家注册安全工程师692人，国家注册安全评价师417人，国家职业卫生评价师278人，国家环境评价师56人，国家一级消防工程师46人。

鑫安利每年都投入大量经费用于产品研发，企业研发费用占营业收入8%，鑫安利每年都有新的研发成果产出。截至目前，鑫安利共申请专利82项，其中已授权48项，共有计算机软件著作权186项，已注册商标33项。鑫安利先后获得"国家高新技术企业""国家工业和信息化部新型信息消费示范项目""国家专精特新'小巨人'企业""郑州市数字化转型服务商"等80余项资质荣誉。

实施背景

企业安全文化是一种优秀的文化，它关乎人的生命、环境的保护，还关乎社会的发展。它是人文文化、科技文化和生态文化的统一体，表征着一个企业的安全文化水平。企业安全文化在企业的发展过程中发挥着重要的作用，它促进科技朝着向善的方向发展，创造了安全生产力，是企业健康持续发展之根、之魂。

安全是企业赖以生存的生命线，是家庭幸福的源泉，企业安全文化是安全管理经验的结晶，建设企业安全文化是近年来人们对安全管理方式与制度的创新，是一种新型的安全管理科学。目前，我们的社会各项事业都有了较大发展和进步，传统的安全管理方式已不能适应现代社会发展的需求。在这种情形下，我们需要认真研究、应用科学的管理方式方法，来提高安全管理水平，促进企业更好的发展。

主要做法

五落实五到位，细化安全责任

近年来，鑫安利成立安全委员会，由企业主要负责人、副总裁担任安委会主任、副主任，坚持安委会制度，每年年初制定安全责任目标，并与公司、各单位部门及个人签订《安全目标管理责任书》及综治、消防安全管理目标责任书，明确规定全年人身伤害事故、经济损失、责任性事故为零；严格按照"五落实五到位"规定，要求董事长、副总裁对本单位安全工作共同承担领导责任，部门负责人对本部门安全工作共同承担领导责任；建立安全管理网络，设置安全员，并于年底对安全管理工作展开绩效考核，实现了安全管理全员覆盖、责任到人。

安全理念内化于心，外化于行

鑫安利在实际工作中不断总结、完善，编制《安全目标管理制度》《安全责任制度》《企业信息安全管理制度》《企业信息系统安全管理制度》《企业网络安全管理制度》《企业数据安全管理制度》等十余项安全规章制度，让每名岗位员工熟记于心，按章操作，并在隐患排查、安全教育、绩效考核中以此为依据，加大奖惩力度，确保各类规章制度的执行落到实处。

加大安全投入，加快技改步伐

按照相关制度规范，鑫安利设置安全生产专项费用科目，制订安全管理费用的使用计划，建立安全管理费用台账，每月监督管理安全投入的有效使用，同时对往年安全专项经费认真分析总结，确保逐年增长。

定期教育培训，增强安全意识

鑫安利将安全教育培训作为员工教育培训的重要内容，更作为安全文化建设的重要组成部分。安排专人负责，年初制订计划方案，定期组织开展，平均每月至少一次。并自主研发安全教育培训平台——安环云教，助力企业员工自主学习。培训内容主要包括《安全标准化考评细则》《中华人民共和国安全生产法》《中华人民共和国反恐怖主义法》等内容，采取现场授课、座谈交流、邀请专家、外训、一线随机、问答竞赛等丰富多彩的形式，切实做到每次培训有计划、有方案、有记录、有图片、有签字、有评估，并结合实际，适时组织人员转岗培训，新员工三级培训，确保安全教育培训制度化、常态化、多样化，有效提升人员安全意识、法律意识，为安全管理工作树立了牢固的思想防线。

加强企业安全物质层文化建设，营造企业安全文化建设良好氛围

外化于行是企业安全物质层文化，包括企业安全文化教育的场所、设施、媒体和企业安全文化景观等，目的是营造企业安全文化建设良好的氛围，让无形的理念通过一定的载体外化为让员工看得见、摸得着、感受得到的物质的、具体的、实实在在的东西。

鑫安利在办公场所、会议室等悬挂安全标语，宣传安全理念、格言、警句等，通过企业官网、微信公众号、宣传栏、安全文化手册等传播企业文化。在每年的网络安全周、安全生产月等活动中，根据每年的主题开展调研，认真策划、广泛动员，征集安全故事、格言、警句，并编制

成册，使每一个安全生产月活动既轰轰烈烈，又扎扎实实，取得了实际效果。

实施效果

鑫安利自主研发建设了鑫安云平台，明确了企业各级人员职责，实现人人参与，日常安全管理台账电子化、安全管理流程化。对企业安全管理、信息管理等部门的员工进行安全管理流程、系统设置等培训，确保企业安全管理出现安全风险、突发问题时能够及时得到合适解决。减少了企业安全生产事故的发生，降低了企业安全生产损失，也在很大程度上提升了企业安全生产管理水平。

鑫安利自主研发建设了安环云教培训平台，实现安全教育培训工作线上化和实时化，不受时间与空间的限制，有效解决"工学矛盾"问题和新冠疫情防控期间人员聚集隐患。同时，通过实名认证＋人脸识别将培训落实到岗、责任到人；以考促学，以练代培，形成知识沉淀，杜绝安全教育培训"走过场"；实时掌握员工培训进展，培训档案自动生成，且与个人安全绩效模型对应。

鑫安利建立了完善的安全管理制度，确保安全管理的科学性和规范性；建立和完善安全生产标准化体系，确保安全生产的规范化和标准化；建立和完善了安全技术防范体系，提高安全技术防范水平；建立和完善企业质量体系，提高企业质量水平，建立和完善企业职业健康安全管理体系，增强员工健康安全意识；建立和完善企业环境管理体系，提升企业环境质量和预防控制质量。鑫安利开展多项安全文化及创建活动，使广大员工都有机会参与到安全活动当中，深化大家对安全文化的认识，强化员工的安全意识。

鑫安利建立了健全的管理体系，成为第一家实行"阿米巴＋平台化"改造的安全技术咨询服务机构。近年来，已将业务覆盖至除港澳台以外的所有省份和自治区，服务客户广泛分布于电力、化工、有色金属、冶金、机械、建材、轻工、烟草、非煤矿山等 84 个行业。2018 年集团营业收入 1.91 亿元，2019 年营业收入 2.16 亿元，2020 年营业收入 2.37 亿元，2021 年营业收入 2.4 亿元，年营业收入持续稳步增长，经济效益显著提升。

鑫安利积极响应国家"互联网＋"行动计划，鑫安利互联网研发团队开发完成了安全、健康、环保综合服务平台"安环家"项目并已投入市场应用。该平台聚集社会安全、环保、职业健康、消防、应急救援等领域的专业力量，为行业提供专业的信息化支持和新商业模式，为相关政府部门、工业园区、大中型企业等提供一站式安全风险管理服务，并为相关市场主体提供线上交易场所和保障机制。

鑫安利研发的项目"智慧 EHS 管理平台的研究与开发"获 2019 年度"中国职业安全健康协会科学技术奖二等奖"，"智慧风控平台建设项目"获"河南省第二届安全科技成果奖二等奖"，"智慧安全技术服务模式的构建与推广"项目获 2020 年"第二届中国安全生产协会安全科技进步奖三等奖"，"工矿粉尘作业环境下电气火灾安全风险管控关键技术创新及应用"项目荣获"第十二届中国消防协会科学技术创新奖一等奖"，在技术研发方面的持续技术攻关使鑫安利高新技术核心价值又上了一个新台阶。

鑫安利创造了安全技术咨询服务机构的多个"行业第一"：第一家在新三板挂牌的安全技

术咨询服务机构；第一家获得资本市场认可并获得 1.2 亿元投资的机构；第一家拥有获得安全评价、环境影响评价、职业卫生检测与评价、工程咨询四甲资质的机构；第一家结合国家"互联网+"战略，自主研发行业生态系统"安环家"的机构；第一家打通产业链，进军保险行业，自主研发企业全程风险管理的机构；第一家建立全国博士后科研工作站的机构。

未来，鑫安利将继续以"推动安环咨询升级，引领安环咨询跨界，示范服务模式再造，助力社会安环文明"为使命，带领鑫安利集团依托"一站式"安全服务理念，拓宽多领域合作发展，为社会贡献更多的价值。

主要创造人：杨耀党　赵金茹

参与创造人：孔庆端　杨海南　王治超　康　乐

以党旗红为核心的大型国有企业党建助推高质量发展探索与实践

山东海化集团有限公司

企业简介

山东海化集团有限公司（以下简称海化集团）是潍坊市属国有大型企业集团，下辖1家上市公司——山东海化股份有限公司及26家分公司、子公司，占地面积128平方千米，资产总额241.51亿元，员工9000多人，是世界最大的单一工厂纯碱生产企业、全国重要的海洋化工生产和出口基地、国内盐化工龙头企业、潍坊高端化工产业链海洋化工综合利用"链主"企业。公司位于渤海莱州湾南畔的潍坊滨海经济技术开发区，1995年8月由原潍坊纯碱厂和山东羊口盐场两个国有大型企业跨行业联合组建而成。海化集团党委持续打造"海化党旗红"党建品牌，企业呈现出生产平稳低耗、管理持续加强、项目建设发力、经济效益斐然、形象明显提升的良好局面。2022年实现利润14.08亿元，创下了历史最好水平，为新时代社会主义现代化强省强市建设提供了以高质量党建促进高质量发展的"海化方案"，推动将全面建设社会主义现代化国家的决策部署转化为国有企业高质量发展的生动实践。

实施背景

2019年1月31日，中央颁布《中共中央关于加强党的政治建设的意见》，对于深入贯彻落实习近平新时代中国特色社会主义思想和党的十九大精神，进一步加强国有企业政治建设具有重大战略意义和现实意义。海化集团作为大型国有企业，公司党委下设7个基层党委，10个党总支，107个党支部，共有党员2887人。随着国有企业改革进入持续深化阶段，企业发展不平衡不充分问题仍然突出，推进高质量发展还有许多卡点瓶颈，重点领域改革还有不少硬骨头要啃，中国特色现代企业制度仍需完善等，这些问题制约了企业的长足发展。基于此，海化集团以海化党旗红为核心的大型国有企业党建助推企业高质量发展。

体系内涵

作为国有企业，海化集团骨子里不服输的精神就一直深埋心中，海化人不断创新的红色旗帜已经在这片热土飘扬60余载。"海化党旗红"是海化集团孕育出的一个形象鲜明的党建品牌，

"海化党旗红"党建品牌体现了国有企业坚持全心全意依靠工人阶级的方针,代表了国有企业党建工作的价值追求和文化符号,彰显了国有企业党组织的领导核心作用和政治核心作用,激励了广大党员干部和职工群众以更加饱满的热情和昂扬的斗志投身于企业发展。"海化党旗红"党建品牌将国有企业党建优势转化为高质量发展优势,让党旗飘扬在海化的每一块土地上,让党建工作深入企业发展的每一个环节,打造出一支坚强有力、勇于担当的党员干部队伍,党组织的战斗堡垒作用和党员的先锋模范作用得到充分发挥,立志"海洋强国、海化先行",让企业在激烈的市场竞争中牢牢把握住主动权。

主要做法

海化集团党委围绕"海化党旗红""1124"党建提升新模式,不断提升集团公司党建工作的质量和水平,构筑"以党建促发展、以发展促党建"互动双赢的新机制,确保以高质量党建推动企业高质量发展。

聚焦"一个目标"

以"提升党建品牌,打造幸福海化"为党建工作目标。通过"全心全意依靠职工办企业",提升具有海化特色的党建品牌,为全力打造"国内领先、国际知名、行业一流、社会认可、员工幸福、令人尊敬"的现代化一流企业集团贡献党建力量,为实现人民群众的幸福生活提供强有力的海化保障。

坚持"一条主线"

以"五面先锋旗"构建起"五个一流阵地"为党建工作主线。

以"优良作风引领旗",打造思想教育的一流阵地。"艰苦奋斗,无私奉献"的"羊盐精神"是海化60多年来一直秉承的优良作风。羊口盐场制卤场党支部始终将弘扬"羊盐精神"为己任,沿"红色渤海走廊"融"红色血液"于企业发展,咬定工作目标,开展精细化管理,勇于苦干实干,创新"议、跑、责、优、实、效"六字党建融合工作法。在庆祝中国共产党成立100周年之际,建起了羊口盐场"淡水井"党建主题展馆、廉政教育展馆和五面先锋旗党建示范点,成为"传承海化历史印记,培育新员工海化情怀"的红色教育阵地。

以"降本增效标杆旗",打造创新创效的一流阵地。"在对标中不断成长,在降低成本中创造效益"的纯碱厂仪表车间党支部,不断对标学习,使自身始终走在创新创效的前列,为降本增效工作树立起"标杆"。在日常工作中,该党支部始终秉承"严、细、精、新"工作理念。

以"技改技措带队旗",打造品牌建设的一流阵地。海化集团技改技措的"金字招牌"——单立伟省级劳模创新工作室。该工作室被山东省总工会命名为"劳模和工匠人才创新工作室",列入"潍坊市大学生教育实习基地"。在日常工作中该工作室不断弘扬劳模精神、发挥劳模作用,总结出了"学、攻、创"三字劳模工作法。

以"员工关爱示范旗",打造和谐共建的一流阵地。热电分公司运行部党支部积极推行关注、关心、关爱、关怀、关切"五关工作法"的全新实践。注重以关爱民生为切入点,将温暖送到岗位、家庭、工作、学习和生活中,让员工切实感受到党组织的关怀。着力于强化管理人才、技术人才、操作人才"三支队伍"建设,实现员工队伍整体素质新提升,促进党建与生产经营深度融合，取得良好的工作业绩。

以"精细管理样板旗"，打造素质提升的一流阵地。铁运分公司党支部以军事化管理锤炼作风，以班组文化凝聚班魂，通过树牢"管理精细化""作业标准化""内务军事化"成为海化集团精细管理的样板。组织开展"人员素质、管理制度、设备管理、安全管理、整体效益"的"五个管理提升"特色党建活动，强化党支部战斗堡垒作用，把党支部优质资源转化为优质资本。

强化"两项保障"

以"'三亮'聚内核、'三创'释外能"为党建工作两项保障。

信仰点亮爱岗，奋楫照亮前路。一是亮身份。佩戴党员徽章和工作牌、建立公示栏、制作党员"身份卡"、设立"党员示范岗"，让党员的身影展现在各条战线上。二是亮技能。围绕创新技术、加强管理、提高质量、降低成本、安全生产、项目建设等方面，广泛开展竞赛活动，引导和鼓励每名党员在比武竞技中对标定位、唯旗是夺、勇争第一，带领广大员工立足岗位提升技能水平，加快建设知识型、技能型、创新型员工队伍。三是亮业绩。把工作业绩充分展示出来，特别在重点项目、重点工程、重点课题及生产经营中的难点突破方面，比成绩、比干劲、比奉献，形成比学赶帮超的浓厚氛围。

文化创建生态，一流创制品牌。一是创新。深入开展全员创新创效活动，发展"敢为人先、争创一流、崇尚创新、宽容失败"的创新文化，营造"人人皆可创新、全员开展创新、改善就是创新"的良好氛围。二是创效。围绕"作风建设提升年""降本增效提质年"活动树立"严真细实快"作风，聚焦中心任务，开展劳动竞赛。三是创品牌。积极培育实效优、影响大的先进党组织、优秀党员、劳模工匠等典型。从个人、团队和集团三个层面强化品牌意识，推进品牌创建。

组织造就典型，事业成就品牌。强化先进典型品牌创建：加大先进人物选树力度，让明星员工熠熠生辉——齐鲁文化之星、省企业文化建设先进个人、市优秀党务工作者、集团工会副主席、党群工作部部长孙志在潍坊市"喜迎党的二十大 身边榜样讲党课"大赛中获一等奖，展现了共产党员"创业盐碱滩、艰苦诚奉献"的壮美底色，被誉为"盐碱滩上的红柳"；铁运公司货运员孙焕明像是行走的工具箱，一句"我检的车，放心送"彰显着业务自信与爱岗情怀。大力宣传全国劳动模范刘怀盛、全国技术能手张永华等先进人物典型事迹，形成以实干、实绩、实效论英雄的鲜明导向。先后21人荣获国家、省、市级"五一劳动奖章"，29人被评为省、市级劳模，20个班组被评为国家、省、市级"工人先锋号"，9人被评为"潍坊好人、山东好人、中国好人"。

狠抓基层团队品牌创建：党群共建、一体推进，建有1个省示范性劳模和工匠人才创新工作室和3个市级工匠人才创新工作室。此外，羊口盐场开展"我是党员向我看"活动，先进班组带动落后班组共同提升；石化公司储运党支部以"供储保障、服务先锋"为品牌，成立党员技改技措攻关小组等。

深耕集团党委品牌创建：集团推进"1+5+25+N"党建体系建设——1个集团企业发展暨党建展馆、5面先锋旗党建展厅、25个党建示范点、N个独具特色的基层党建活动室，组成了党建工作的体系架构。

实施"四大抓手"

以"一联、二包、三带、四提升"工作为党建工作具体抓手。即：一联，一名处级干部联系一个车间；二包，一名科级干部包靠一个班组，一名骨干包靠一名新员工；三带，一名党员带动三名群众；四提升，提升亮点单位、提升重点单位、提升三星支部、实现整体提升。

实施效果

在潍坊市委、市政府的坚强领导下，海化集团党委以党建为统领，经过多年坚持不懈的奋进，"海化党旗红"已成为市委组织部、市国资委党委高度认可的党建品牌，工作经验做法已被列入潍坊市委《服务企业发展党建手册》，并分别在全市基层党建重点任务推进会和市国资委党建培训专题会上进行党建经验现场介绍，成为省市国有企业及全国石油和化工行业的党建标杆。荣获"2022年度山东省企业党建品牌示范单位""2023年度全国企业优秀党建品牌"称号。

打造了党员个体内生驱动力

通过开展"海化党旗红"活动，激发了党员履职尽责内在动力，强化了主人翁意识。较为亮眼的成果有：市国资委机关全体人员、市委市直机关工委、市委办公室有关领导来海化开展"学榜样、提标准、比奉献"主题党日活动；全市国有企业党建工作现场推进会在海化集团召开，海化集团党委书记、董事长、总经理孙令波以《长路风帆劲·海化党旗红》为主题作大会发言；"海化党旗红"课程获国务院国资委主办的"联盟杯"大赛一等奖，党建末梢管理成果获"中国政研会三等奖"，"一滴水"文化获"全国企业文化优秀成果奖（最高奖）"。

锻造了基层组织创先凝聚力

通过开展"海化党旗红"活动，激活了基层党组织的工作活力，引导党员在本职岗位上创造优秀业绩。其中，《海化集团：多维发力，奏响基层理论宣讲最强音》列入全市基层理论宣讲典型案例汇编；《海化党旗红——以高质量党建促进高质量发展》获"潍坊市社会科学优秀成果三等奖"；在潍坊市"中国梦·新时代·新征程"百姓宣讲大赛中获全市一等奖；在潍坊市廉洁主题戏曲小品大赛中获全市二等奖；在"用好'学习强国'""争做'学习达人'"知识竞赛中获全市三等奖；《先锋班的故事》参加潍坊市"潍心向党"宣讲团巡回宣讲5次。党组织以钢班子铁队伍汇聚发展合力，推动"两年打基础、三年大发展、五年新跨越"发展战略落地生根、开花结果，全力打造"活力海化、实力海化、魅力海化、责任海化、清廉海化"。

塑造了党建生产深度融合力

通过开展"海化党旗红"活动，使党建工作与生产经营工作有机结合起来，让外部环境保障有力，内部管理日臻完善，实现了集团公司高质量发展。2022年，海化集团获得"山东省全员创新企业""山东社会责任企业""山东省资源综合利用先进单位""山东省石化医药行业全员创新企业""潍坊市职工职业道德建设先进单位"等称号。

海化集团党建活动每年突出一个主题，今年已经升级为"海化党旗红"6.0版。海化集团党委决定，在全体党员中开展"比学习、拼落实，比作风、拼新高，比创新、拼融合，比担当、拼品牌"的"四比四拼"活动。将继续把学习贯彻党的二十大精神转化为推动改革发展的内生动力，持续做好"优存量"和"扩增量"，贯彻市委"紧盯前沿、打造生态、沿链聚合、集群发展"产业组织理念，坚定不移调结构，奋力开创高质量发展新局面。

主要创造人：孙令波　孙　志

参与创造人：王永志　李进军　田金彪

坚持企业文化赋能，助推白酒老字号高质量发展

江西李渡酒业有限公司

企业简介

江西李渡酒业有限公司（以下简称李渡酒业）位于驰名江南的历史古镇——李家渡，传承中国白酒古法匠艺，被誉为"中国白酒祖庭"的李渡元代烧酒作坊遗址被评为2002全国十大考古发现之一、被国务院核定为第六批全国重点文物保护单位、荣获"国家AAAA级旅游景区"称号、入选第二批国家工业遗产，李渡酒被国家市场监督管理总局正式批准为国家地理标志保护产品。

李渡高粱1955、李渡高粱1308接连摘得布鲁塞尔国际烈性酒大赛最高奖——大金牌奖之后，李渡酒业成为全国白酒行业唯一获得双料大金牌奖的企业，备受白酒行业关注。2022年上缴税收同比5年前增长4倍多，员工人均收入增长3倍多，员工就业人数增长了2倍多。

实施背景

李渡酒业发展至今，回头看看，一路辛酸苦辣尝了个遍。早年间，李渡酒业可以说是风雨飘摇，在行业下行、市场挤压的情况下，李渡酒业连年亏损，甚至面临着倒闭的风险。面对这种困境，汤向阳并没有退缩，反而静下心来思考，寻求企业的破局之道。

2002年，李渡酒业在改建老厂生产车间时，工人们在水泥路下发现了一口水井。自此，李渡元代烧酒作坊遗址呈现在世人眼前，首次将中国白酒的起始点正式拉到了元代。李渡元代烧酒作坊遗址，包括有宋、元、明、清至近现代六个时期的遗存，是我国发现的时代最早、遗址最全、遗物最多、延续时间最长的古代烧酒作坊遗址。李渡元代烧酒作坊遗址被评为2002年度中国文物考古十大发现之一；2006年，李渡元代烧酒作坊遗址被国务院核定为第六批全国重点文物保护单位，同年被中国国家文物局列入世界文化遗产预备名单。

在不断的探索中，李渡酒业以"让世界文化遗产飘香世界"为企业使命，将"做世界级的文物古法酿造者"作为企业愿景，以"心顶天、头拱地、多走一步，造稀缺品、结体验缘，谋长远事、做服务人，关注细节、制造感动"为企业文化核心价值观，打造了以"历史文化、品质文化、体验文化、组织文化"为内核的企业文化，坚定不移地致力于走出中国白酒的创新发展之路。

主要做法

坚定文化自信，以历史文化奠定企业基石

第一，建设知味轩，打造消费者"家门口"的白酒体验场。如果说李渡白酒作坊遗址让消费者看到了中国白酒的"前世今生"，那么李渡知味轩让消费者真正能够走近李渡、走近中国白酒文化魅力。李渡开创性地将白酒体验文化从酒厂复制到消费者家门口，将元明清古窖池复刻至知味轩，都是传递中国白酒之美的过程。全国30多个省份的知味轩正是渠道的一次变革，实现了商业模式的引领。

第二，打造李渡宋宴，为消费者呈上一场穿越千年的文化盛宴。国宝李渡宋宴源自人们对宋文化的向往。李渡酒业精心打造了一个精美的文化空间，在这里，一花一木皆有来历，一曲一菜皆有典故：视觉上，李渡酒业借助空间美学，营造静谧清雅的环境；听觉上，借助琴瑟、古笛、琵琶等古典器乐，触碰音律之和谐美好；味觉上，将李渡美酒入肴，摆盘精美，味道上佳。可以说，李渡宋宴是一场穿越了千年的极致美学体验。

第三，李渡酒业与知名白酒企业组成中国白酒七子联合申遗。2023年4月28日，李渡酒业联合茅台、五粮液等6家中国知名白酒组成"白酒七子"联袂发起申请进入《世界文化遗产预备名单》。此次申遗，不仅是对工业遗产和生产工艺的保护与传承，更是将中华民族乃至世界传统工业文化进行保护与传承的重要举措。

从李渡文化到文化李渡的国宝文化活起来不断升级；从自然科学技术复造高品质老酒到国际烈酒品质赋能高端产品矩阵；从沉浸式体验酒庄九个一的不断迭代到国宝宋宴持续升级；从知味轩在全国的推广模式到"万里挑一"超级知味轩打造；从线上线下五位一体融合打造到智慧酒庄建设，从最古老窖池申报世界文化遗产到成为参与申报世界文化遗产项目的全国七大名酒企业之一，公司企业文化创新不断产生新的源泉。

坚守品质底线，以品质文化构筑企业基因

第一，坚持文物古法酿造，以匠心酿好酒。在凡事讲求效率、工业化、速度的今天，李渡酒业却坚持以文物古法酿酒，至今已传承至42代，保证每一滴李渡酒都饱含穿越八百年的时光味道。延续使用至今的元明清古窖池，成就了李渡酒的"清香"；原料精选90%的富硒大米和10%的高粱，让李渡酒有丝丝甜味；采用母糟+母曲+高温的古法酿造，加以续糟混蒸工艺，让167个OTU（操作分类单元）焕发新的生机，如此这般，造就了李渡酒"一口四香"的独特风味。

第二，多方合作产学研用，以科技创未来。"科技是第一生产力"，李渡酒业以现代科技赋能，在高质量发展的征途上蹄疾步稳，不仅建设了国宝李渡酒庄，而且加大科技创新投入，与江南大学、中南林业科技大学、华为等院校名企合作，价款构建以企业为主体，产学研用深度融合的科技创新体系。同时，李渡酒业还成立了国宝技术研究院，用数字化手段感知文化价值，唤醒物质和非物质文化价值，在科技的助力下，李渡酒业打造了一批具有广泛辨识度的文化IP，用独具特色的形式提炼李渡酒业文化，后期将通过成立文化基金，让企业支持文化事业走向规范化、制度化，进一步实现更大价值。

第三，在经营理念上坚持走"ESG（环境、社会和公司治理）"可持续发展道路。在环境保护方面，李渡酒业的酒瓶设计通过最大限度利用环保包材、与供应商协作研发新型环保包材并对

现有产品进行包材减量化设计，进一步实现产品包装绿色环保化。

首创沉浸式体验，以体验文化激活企业势能

一根酒糟冰棒、一部中国白酒文化史、一场酒艺表演、一瓶自调酒、一场酒王争霸赛、一堂中国白酒品评课、一场李渡宋宴、一次个性化定制、一个国粉专区，这被称为李渡沉浸式互动的"九个一"，让消费者一次参与，终生难忘，正是凭借着这张"王牌"，李渡酒业实现了与消费者的有效沟通，玩出了"消费者的强认知"，玩出了"品牌的高传播"，更玩出了"差异化"。

第一，将消费者请进酒厂。李渡酒业开创了白酒行业"沉浸式体验"的先河，将沉浸式体验结合酒文化，建立由浅入深、覆盖全国的三级体验模式。李渡酒业大胆地为传统酒厂导入"五感酒厂""智慧酒厂""友好型酒厂"等设计理念，尝试打造"小而美"的社区商务型开放酒厂，从而提升李渡白酒工业旅游的趣味性，给游客带来丰富的体验价值和品牌归属感。吃一根酒糟冰棒、尝一只酒糟鸡蛋，调一瓶人生中的一瓶自调酒，体验传承了42代的古法酿造技艺，全身心去感受一粒粮到一滴酒的惊喜蜕变。

第二，用科技为文物白酒注入势能，在2018到2021的四年多时间中，李渡酒业一边推出国宝李渡商城、"国宝云店"、国粉之家、李渡微信社群、李渡社区等各种线上平台的逐步出现；同时，探索多年的"智慧酒厂"，数字化生产进展及"VR+酒厂"项目也给消费者带去了更多惊喜。2020年10月13日，李渡酒业在提出不久的"智慧李渡"战略推动下，与华为正式签署了合作协议。2021年1月20日，华为云副总裁一行到访李渡酒业，让"VR直播+5G技术、VR+沉浸式体验"成为李渡酒业的又一布局思路，这些项目目前都在探索、实验的阶段，但无疑科技文化对于老牌白酒行业的转型有着重要的助推作用。

第三，持续消费者培育。李渡国粉节作为沟通核心消费者和合作伙伴的重要IP，围绕"因为国粉，所以国宝"的价值核心，不断推进与国粉的共建共治、共创共享，延伸和升级与国粉的价值共创路径。同时，随着国粉价值共创的不断深入、"深度用户"的不断增长，围绕"超级国粉"，李渡酒业定制了七大权益，通过数值化手段升级与完善李渡会员制，为超级国粉提供更加精准、更加多样化的会员权益与品牌个性化服务，以满足国粉的需求与爱好，为会员创造更多价值。

贯行长期主义，以组织文化释放企业动能

人才是企业不断兴盛发展的源头活水。李渡酒业一直将"保持厚重的人才储备"和"只有人才辈出，才能业绩倍增"的理念作为企业持续攀登高峰的重要条件之一，通过全方位、多渠道、多角度的引人、用人、育人、留人等灵活机制，为企业可持续发展打造厚重的人才池。

第一，筑巢引凤，内外双驱动打造人才基地。近年来，一方面，李渡酒业与江南大学、中南林业科技大学等国内知名院校开展科研合作，建设一批尖端酿酒科研人才队伍，助力产品提质升级。另一方面，公司还联合江西财经大学、江西农业大学等高校，开设"李渡班"，全方位引进和培育营销管培生，构建长效的人才治理体系，以高质量人才保障高质量发展。

第二，广纳英才，优厚待遇构建人才磁场。李渡酒业为所有岗位员工同样提供了优厚的待遇，入职缴纳五险一金、用车房租补贴、各种过年过节福利、岗位星级津贴、专项奖励、年终奖等系列福利应有尽有，内部协调机制简单、开放、包容，透明的晋升渠道、明确的薪酬标准、丰富的展现机会，都是李渡酒业为了让更多人才能够突破自我、发掘潜力、实现梦想所提供的保

障，真正做到用事业留人，用情感留人。

第三，完善机制，创造共建共治新局面。李渡酒业已成立工会组织，工会主席代表工会与公司管理者签订集体合同，保障员工收入的增长和其他福利。李渡酒业将提高员工幸福度指数作为人才留存的重点，在保证员工各项基本福利的基础上为员工提供全方位的关怀。同时，李渡酒业积极承担企业责任和社会责任，对家庭困难的职工进行关怀，过年过节时为困难职工家庭送去米面粮油和慰问金。

实施效果

2023年，李渡酒业"三喜临门"。第一喜，2023年4月27日，珍酒李渡集团正式于香港交易所主板挂牌上市，成为港股白酒第一股，也是近7年来白酒行业唯一成功上市的企业。第二喜，李渡酒业与茅台、五粮液等6家中国白酒知名企业组成"白酒七子"参加中国白酒申遗仪式，合力推动中国白酒申报世界文化遗产。第三喜，在李渡酒业的推动下，中国酒类流通协会温暖遗产老酒专业委员会正式成立，李渡酒业总经理汤向阳担任常务副会长兼秘书长。

李渡酒业自找到适合自身的市场道路以来，企业经济效益成倍增长，仅以2022年为例，李渡酒业纳税3.98亿元，是中国白酒行业成长最快的企业之一。李渡酒业以李渡元代烧酒作坊遗址为酒文化旅游融合的切入点，凭借千年酒文化底蕴和江西白酒首家国家AAAA级旅游景区的优势，积极打造"中国白酒特色小镇"，仅2022年一年就吸引了中外游客12.7万人次前来参观体验。此外，李渡高粱酒1955、1308等主线产品价格近年来一直呈现上升趋势，市场状况良好，销售业绩稳步提升。2022年，李渡荣获"2022最受欢迎的江西十大企业消费品牌"，擦亮江西新名片；李渡酒业被评为"2022江西年度领军企业"。

"四个自信""两大科学"支撑创新文化结"公益慈善、精准扶贫、乡村振兴"硕果：到2022年年末，李渡酒业已累计用于抗疫防灾、公益慈善等捐款捐物超过了3000万元。李渡酒业提出同步打造"国宝李渡乡村振兴江西样板工程"，近年来，已累计拿出逾500个就业岗位，全部面向周边乡镇农村适龄农民，仅薪酬一项，可为本地农民增加收入2500余万元，目前，"李渡乡村振兴江西样板"打造正在持续推进中。李渡酒业一直以实际行动关爱员工、回馈社会，社会认可度显著提升，荣获"2021年南昌市劳动关系和谐十佳企业""2022江西年度领军企业""2022江西社会责任企业"等荣誉，为企业发展赢得好口碑。

一个人不可以没有灵魂，一个企业不可以没有文化。未来，李渡酒业也将以四大文化为安身立命之灵魂，坚持"选好路、酿好酒、做好人"的九字发展战略，不仅酿造高品质美酒，更酿文化、酿社会责任，为企业乃至行业发展留下厚重的优质基酒储备、厚重的消费者口碑、厚重的人才储备。如今，站在时代风云变幻的风口，李渡酒业也将继续贯彻长期主义，践行企业文化，牢筑企业高质量发展的根基。

主要创造人：汤向阳　汤华平
参与创造人：何　冰　吴立平　胡　雪　于凤婷

以"四化一体"工作格局提升"县所"企业文化质效的研究与实践

国网湖南省电力有限公司

企业简介

国网湖南省电力有限公司（以下简称国网湖南电力）成立于1993年10月，是国家电网有限公司（以下简称国网）的全资子公司，以建设和运营电网为核心业务，担负着保障湖南省电力可靠供应的重大责任。国网湖南电力下设14个市（州）供电公司、98个县供电公司，用工总量7.01万人。2022年，共完成售电量1836.94亿千瓦时，同比增长6%，营业收入1221.17亿元，增长18.61%，资产总额1597亿元，增长7.91%，全员劳动生产率67.6万元/（人·年）。完成电网基建投资212.82亿元，连续三年保持200亿元以上高规模。国网湖南电力作为唯一驻湘央企荣获湖南基层党建示范点，连续三年荣获"湖南服务50强企业第一名"，连续四届荣获"湖南省文明行业"称号。

实施背景

党中央对文化建设工作提出高要求

党的二十大报告中提出："推进文化自信自强，铸就社会主义文化新辉煌"。加强文化建设，是新形势下坚定推进全面从严治党、推进党的建设新的伟大工程的重要内容，是自觉增强"四个意识"、坚定"四个自信"、做到"两个维护"的必然要求。

国网党组高度重视文化建设

近年来，国网党组在以习近平同志为核心的党中央坚强领导下，坚持以党内政治文化引领企业文化建设，着眼强化党的创新理论武装深化文化铸魂，着眼服务国家重大战略实施深化文化赋能，着眼促进企业改革发展深化文化融入，坚持不懈地推进高质量发展，为超过11亿人口提供电力服务，铸就了全球最大的公用事业企业。作为国家电网全资子公司，需自觉扛起文化使命，以党内政治文化为统领，深入挖掘传统文化、革命文化、社会主义先进文化、国家电网新时代优秀企业文化之间耦合关系，把文化融入夯实基础、促推发展的各项工作，为服务经济社会发展、忠诚守卫能源电力安全提供强大精神力量。

县所发展是企业长治久安的重要基础

治国安邦，重在基层；管党治党，重在基础。县所始终是公司服务百姓民生的"形象窗口"，是推动县域经济发展的"能源引擎"，是企业跨越发展的"前沿阵地"，具有"县公司治、全公司安"的突出重要地位。近年来，国网湖南电力着力将文化优势转化为县所提质的创新优势、发展优势，推动县公司队伍活力不断迸发，县域电网大幅改善，服务质量不断优化，经营质效稳步提升，呈现出人心齐、人心稳、人思进、干劲足、成效好的浓厚氛围，在抗冰保网、抗洪救灾等各类挑战中，守住了电网安全生命线和民生用电底线，得到地方党委政府的高度肯定和社会各界的广泛赞誉。同时，仍然存在部分县所管理人员对文化建设认识不深、探索实践不够、凝心聚力不足等问题，仍然面临网架结构不强、依法治企水平不够等问题，急需通过文化理念持续植入，思想观念持续转变，从源头上推动县所发展质效提升。

体系内涵

国网湖南电力坚持以习近平新时代中国特色社会主义思想为指导，贯彻落实中央对文化强国建设的部署、国网企业文化的要求，践行社会主义核心价值观，大力弘扬党内政治文化，以深化"四化一体"建设为重点（中华优秀传统文化润心、革命文化铸魂、社会主义先进文化育德、国家电网优秀企业文化塑行），以"四进四同"（进基层、进班组、进站所、进企业管理全过程，思想同心、目标同向、行动同步、执行同力）为路径，推动广大员工职业情怀更加深厚、职业信仰更加坚定、职业道德更加充盈、职业素养更加优良，为公司实现"跨越赶超、争创一流"提供精神动力和文化滋养，为建设具有中国特色国际领先的能源互联网企业贡献力量。

主要做法

层层压实企业文化建设责任制

落实企业文化建设全员责任制，将企业文化建设作为"一把手"工程来部署，各级党组织研究部署企业文化工作形成常态，各二级单位党委至少研究部署深化"四化一体"文化落地措施1次，各党支部学习宣贯《企业文化建设工作指引》不少于1次，各县公司落实重点任务不少于50%，各供电所每年从12项重点任务中至少选择开展1~2项。达到企业文化建设五个100%，即党组织书记企业文化专题授课率达到100%，员工对国家电网战略目标认知率达到100%，员工对公司价值理念认同率达到100%，供电所"所规所约"覆盖率达到100%，班组"行为信条"覆盖率达到100%。通过企业文化建设推动广大员工职业情怀更加深厚、职业信仰更加坚定、职业道德更加充盈、职业素养更加扎实。

列出重点任务具体举措

以中华优秀传统文化润心，"崇德三礼"厚植职业情怀。开展"入职礼"：通过举行职业宣誓、经验分享、礼物赠送等仪式，推动新（岗位）员工尽快实现角色转换，感受到团队精神，体会大家庭的温暖，更好地融入工作团队。开展"拜师礼"：通过举行签订师徒协议、敬师茶、讲门规等仪式，讲述尊师重教、匠心传承之道，更好发挥"传帮带"作用。开展"退休礼"：通过叙真情、许善愿、送祝福等仪式，让老员工感到温暖，为年轻员工树立榜样。

以革命文化铸魂，"强根三红"筑牢职业信仰。用好"红书包"：用好《红色教育作业指导书》和《寻根与传承》等红色读本，结合"三会一课"、职工培训、求是讲堂等开展党史学习教育，综合运用本地区红色故事、红色遗迹，让红色基因、革命薪火代代传承。用好"红阵地"：根据实际情况，结合属地特色，用好"1+10+52"红色教育阵地，组织前往红色教育阵地开展红色教育活动。开展"红课堂"：围绕中心工作，开展"七个一"系列（组织一次学习研讨、举行一次政治仪式、接受一次红色洗礼、讲好一次专题党课、开展一次走访慰问、举办一次群众性主题活动、开展一次岗位特色实践）活动，进一步突出红色旗帜引领、建强红色战斗堡垒、凝聚红色奋进力量。

以社会主义先进文化育德，"文明三美"涵养职业道德。发掘传播最美故事：深入挖掘长期扎根在基层一线拼搏奋斗、建功立业的先进典型，组织团队提炼动人故事和感人情节，依托"湘电求是讲师团"讲好故事，传播正能量，提振精气神。展示宣传最美人物：持续组织开展"最美国网人"评选，通过"月寻找发现、季评选展示"的方式发掘一批候选人，纳入动态储备库，利用办公场所、新媒体开展宣传。推广弘扬最美风尚：大力弘扬共筑美好生活梦想的最美风尚，在引领文明乡风、传播淳朴民风、传递文明风尚中，不断提升公司员工思想觉悟、道德水准、文明素养。

以国家电网优秀企业文化塑行，"操守三建"提升职业素养。建设专项文化。落实安全、服务、廉洁、法治、创新等专项文化建设要求，探索制定专业行为公约、负面行为清单等。建设行为信条（班组部室）。各班组部室结合主营业务，梳理关键行为要素，形成契合工作的行为信条。员工个人结合本职岗位和工作短板难点，形成针对性的职业承诺，以个人桌签等形式进行公示。建设所规所约（供电所）。聚焦供电所地域特色和供电所在安全生产、巡视巡察及日常工作中存在的问题，制定情感共鸣、激发工作热情、凝聚一致行动的共同行为约定。

加强基层企业文化阵地建设

县公司层面。从自身实际出发，以"四化一体"为指引，找准地域文化中与公司价值理念相契合的优秀文化特质，聚焦上级政策在县公司落实落地、安全生产、供电服务等中心工作，充分将文化与中心工作融合，开展自身文化阵地建设，并指导班组站所开展阵地建设。设置"一厅（廊、栏）、一中心、一堂"宣传阵地，并以其为载体开展企业文化落地工作，根据实际情况选设"一路、一文创"进行打造，形成文化体系。一厅（廊、栏）：企业文化展厅（长廊、宣传栏）。三者都是企业文化展示、承载和传播企业品牌形象、展现经营管理丰硕成果的载体。各县公司应根据实际情况，从三者中至少选择一个作为企业文化的展示载体。有条件的县公司，也可以选两个及以上载体进行打造。一中心：新时代文明实践分中心。是履行央企责任、践行企业宗旨、基层党建创新的实践阵地，新时代文明实践分中心的建设结合企业文化展厅、党员活动室、服务队工作室、现有营业厅进行打造。一堂：求是讲堂。是宣传党的创新理论、公司最新制度、先进典型事迹，分享交流最近技术成果等的平台，应每年开展"求是讲堂""道德讲堂"等宣传分享活动。一路：奋斗路。奋斗路因地制宜，在合适场所的路面、台阶镶嵌催人奋进、温暖人心的语句或企业文化标语。一文创：文化创作产品。所在公司根据当地特色文化、企业文化、中心工作等设计PPT、视频、实物等文创产品，应充分展示公司形象、具有一定代表性，能在职工群众中起到一定反响，能随时随地融入职工的日常工作，能在公司上下营造良好的文化氛围。

供电所层面。应凸显所规所约建设，展示核心价值观与企业文化落地情况，结合核心业务及服务地方亮点工作，找准发展定位（含地方发展定位和供电所发展定位），展示身边典型人物与突出事迹，营造积极向上氛围，提高职工认同感、归属感、荣誉感，凝聚人心，开展文化阵地建设。供电所应设有"一站、一室、一栏"宣传阵地。一站：新时代文明实践站。结合供电营业厅、业务接待室设置，侧重互动性和功能性，建设新时代文明实践站，在供电所范围内学习实践科学理论，宣传宣讲党的政策，培育践行主流价值，丰富活跃文化生活，持续深入移风易俗，开展其他特色活动内容。一室：党员活动室。可结合会议室、荣誉室进行建设，可在此召开各类会议、培训和组织活动，进一步丰富党员活动室的功能。一栏：企业文化展示栏。供电所文化展示栏应放在供电所醒目位置，与其他文化阵地成体系打造。一廊：企业文化展示廊。企业文化展示廊的建设应具有实用性与可观性，应与整体文化氛围相呼应。

班组层面。班组应凸显固化行为信条建设，以规范化建设培养班组执行力，展示上级规章制度，提升职工服从管理的积极性和遵章守纪的自觉性，公示管理信息，打造职工风采展示阵地，发挥鼓舞士气、规范管理、推动工作的作用。班组应设有"一栏"宣传阵地，并以其为载体开展企业文化落地工作，可根据现场实际情况选设"一屏、一榜"。一栏：公示栏。班组公示栏是展示班组形象、时刻提醒职责、统一行为规范、坚定工作目标、公开透明管理、鼓舞员工士气的重要阵地。一屏：学习屏。学习屏是丰富职工群众学习党的最新政策、了解公司党委部署重点工作任务、展示电力企业形象的新媒体。可以结合会议室、党员活动室、走廊等区域灵活设置，在有限的空间环境下更加灵活丰富地展示相关内容。一榜：评比榜。评比榜是促进员工践行企业宗旨，保持昂扬工作状态的重要载体；是落实党建绩效考评与个人绩效考评深入融合，促进职工自觉遵循所规所约和行为信条的重要手段。可结合走廊、党员活动室、班组公示栏进行打造。

实施效果

国网湖南电力坚持旗帜领航"文化铸魂"，开展3600余次"七个一"主题党日活动，让战斗堡垒强起来；14种精神形成"精神图谱"、十大红色党课、十大红色教育基地，让红色基因活起来；坚持价值引导"文化赋能"，300多场"入职礼""拜师礼"，900多场"退休礼"，让企业归属感聚起来；连续12年的"最美国网人"评选，覃道周、周顺、谢厉冰等一大批模范涌现，让身边榜样立起来；坚持实践认同"文化融入"，1200多个班组部室的行为信条，2000多个党员责任区、党员示范岗亮出的个人职业承诺，让行为管理严起来；覆盖102个县公司和各供电所的新时代文明实践中心，"红色铸魂、绿色赋能、金色塑形"三大文明实践行动的广泛开展，让文化融入实起来。

通过"四化一体"实践路径，把企业文化这个"软件"变成"硬招"，实践路径从"模糊"到"具体"，落地模式由"单一"到"整体"，价值管理从"外驱"到"内驱"，进一步将党建优势和企业文化优势转化为企业的创新优势、竞争优势和发展优势。

主要创造人：明　煦　李　荣
参与创造人：覃君松　严竞翔　肖湘晨　刘莉莎

打造媒体传播平台，铸就大国重器品牌

中车青岛四方机车车辆股份有限公司

企业简介

中车青岛四方机车车辆股份有限公司（以下简称中车四方）位于山东青岛，拥有子公司17家，员工1.3万余人，是中国中车集团有限公司（以下简称中国中车）的核心企业，中国高速列车产业化基地，主营产品是轨道交通列车的研发制造和售后检修服务，承担着国家轨道交通行业的前瞻性研究任务。中车四方前身是始建于1900年的四方机车车辆厂，长期隶属于前国家铁道部，被誉为"新中国机车车辆的摇篮"。目前，中车四方的产品覆盖高速动车组、地铁、市域动车组等七大产品平台，中国铁路正在运营的高速动车组，有44%从该企业驶出。各类产品远销美国、阿根廷、新加坡、斯里兰卡等全球20多个国家和地区。

企业新媒体在品牌建设中的重要功能

作为中国中车的下属企业，中车四方在中国高铁腾飞的契机之下，品牌传播的需求十分强烈。"高铁四方"微信公众号作为中车四方的企业新媒体矩阵核心，塑造出企业的高端形象，让社会各界通过新媒体平台对企业有了深入了解。

企业新媒体是企业文化落地的重要平台

企业新媒体有助于中车四方的企业文化落地，提高企业内部运作效率。中车四方的内宣方面，需要传递企业的党建、行政，以及生产、经营、先模人物、文化活动等信息，以此来助推企业文化建设，提高员工对企业的了解、认同水平。通过企业新媒体平台开展企业文化教育、文化活动宣传、先模人物报道，不断加强员工对企业文化的记忆和理解，能够在长期熏陶中让员工认同文化、践行文化乃至发展企业文化。通过新媒体渠道开展文化建设，具有更强的公信力，符合员工的阅读特点，能够轻松实现企业文化的全员覆盖，提高信息传播效率，获得事半功倍的效果。

企业新媒体是企业品牌形象塑造和外宣的重要渠道

企业在新媒体平台注册账号，建立自主运营的企业新媒体，中车四方便可以根据实际需求，自主创作优质的传播内容，通过微信公众号等载体，实现对外宣传、品牌传播，这为企业的外宣工作带来极大改观：一是企业新媒体传播获得了主动权，内容、形式和新闻视角是以企业为主导的，企业从需求出发更加灵活多变地选用素材，语言可以更加活泼，满足各类受众；二是企业新媒体拓展了品牌传播和外宣的渠道，传统媒体时代依靠的是报纸、杂志、电视和广播，如今的受众群体数量已经明显下滑，企业新媒体则方兴未艾，包括微信、微博等一大批新兴网站和自媒体平台，中车四方的企业新媒体以"高铁四方"微信公众号为核心，点击量过万的推文屡见不鲜，还曾出现多篇"10万+"的推文；三是降低了企业外宣工作的成本，中车四方企业新媒体打通了品牌传播的渠道难题，扩大了外宣覆盖范围，与传统媒体需求难以契合的企业新闻，经包装后在新媒体平台发布后，依然能够成为热点，比如"大国重器"的日常宣传、企业先模人物报道、高铁科普等一系列比较"软"的新闻。

企业新媒体为市场营销搭建新平台

新媒体的发展为企业市场营销带来了渠道、理念、效率的整体变化，是企业发展的新机遇。企业新媒体通过植入营销类小程序，可以实现线上营销，但对于大多数企业而言，新媒体对市场营销的推动是间接的，通过形象提升、口碑改善、活动信息传播等方式，推动企业的营销工作。中车四方的产品主要是轨道交通产品及配套售后服务，合同标的动辄几千万元、上亿元，原则上来说很难依靠企业新媒体开展销售活动，但诸多配套工作需要企业新媒体的配合，比如产品下线的宣传、产品运营报道、技术亮点分析等，以及企业与客户之间的互动，如技术交流、技能比武、党建活动等，可以通过企业新媒体进一步拉近双方的距离。在良好的宣传策划之下，企业新媒体能让潜在客户更加立体地了解中车四方产品特点和企业文化，在中标之前获得一些印象加分，推动市场营销目标的实现。此外，中车四方的售后维保服务，更加需要企业新媒体的积极配合，将售后一线的员工风采、疑难技术攻关、互动活动在新媒体展现出来，营造出"一家人"的氛围，有利于形成良好的售后维保服务口碑，提升员工的积极性，加深企业与客户之间的认同感。

企业新媒体助力大国重器品牌建设策略

内容优化：明确新媒体定位，打造高质量内容

在"品牌共鸣金字塔"模型理论下，企业新媒体开展企业的品牌传播，首先要明确品牌标识和定位，这是品牌建设的基础。同样的，企业新媒体的运营也必须率先明确定位，必须有一个"纲领"，以此来明确核心任务，实现企业新媒体矩阵中不同平台的功能融合。

一是要通过优化运营理念，将"品牌传播"融入中车四方企业新媒体运营的全过程。以品牌传播为运营理念，则是要提升推送内容的层次感，要有企业的重磅新闻，还要有蕴含企业文化理念、品牌特征、企业责任、互动活动等方面的内容，传递企业的正面形象，在潜移默化中让受众更加青睐企业的品牌，维持粉丝群体的稳定性、忠诚度。

二是要加强新媒体的内容创新，打造"内容为王"的中车四方企业新媒体。围绕"大国重器"这一核心要素，从公众关心的高速动车组、磁悬浮列车、地铁等装备的技术创新和生产应用出发，将各种"黑科技"、研发历程、技术领先水平作为传播噱头，能够激发受众的爱国热情和民族自豪感；将晦涩的专业技术知识，以图片、表格的形式传递给读者，避免长篇大论的讲解分析，只有通俗易懂、表述简单才能引起阅读的兴趣，设计精美简洁的图片能够实现这一效果，但需要注意图片的设计水平，既能表达出本意，也要有美感。

三是"内容为王"与品牌形象要紧密衔接、相辅相成。中国中车的使命是"连接世界，造福

人类"，中车四方的企业精神是"追求卓越，诚信四方"，这也是企业的品牌理念，都是企业新媒体应该推广和传承的重点内容。精心创作出符合大众需求的内容，应与企业的品牌相结合，这是企业新媒体开展品牌传播的"本分"，创作出兼顾企业和受众需求的好文章，才能赢得市场口碑，成为客户消费的首选品牌。

矩阵同频：企业新媒体加强互动，形成矩阵规模效应

矩阵效应是指通过模块化的分工、集约化的协作，使各部分的功能得以充分利用，在实现最终效果上发挥出最大的作用。企业新媒体通过互动活动，增加企业品牌和信息的曝光率，引导各类受众群体参与到企业传播中，有助于提升社会大众的品牌认同感和企业认知度。

一是提高企业新媒体的推送频率，以"量变"获得"质变"。企业新媒体的运营中"宁缺毋滥"的观点固然重要，但新媒体运营本质上是一种社交行为，少言寡语必然会丧失更多的传播机会，单纯追求微信公众号的WCI指数（微信传播指数）并不可取。即便达不到海尔和滴滴出行每天都有推送的水平，中车四方企业新媒体的运营也应该在保证质量前提下，尽可能提高推送频率，从一周1~2次提高到一周3~4次，为受众提供更多阅读的选择。

二是精彩推文自下而上的采用式转载。以中国中车官微为例，近半数的推文来自下属子公司的微信公众号，这种采纳也成为子公司外宣和品牌传播的重要平台。在中车四方企业内部，各部门的微信公众号也应该成为稿件来源，"高铁四方"官微应不定期转载各部门的微信公众号推文，或以插入链接的方式将推文置于官微推文的末尾，并以物质、精神奖励手段引导矩阵成员出精品内容，让更贴近一线的内容推动企业整体的品牌传播。

三是企业新媒体矩阵内部的话题式互动。微信公众号的互动主要为留言和转发，微博则可通过设立"话题"，新媒体平台、粉丝、网友在参与过程中推动话题成为热点。企业新媒体矩阵的成员应该重视这种交流方式，"高铁四方"微信公众号运营人员要加强对粉丝留言的回复频率，重视每一名粉丝的赞美与质疑，创造新媒体账号与粉丝之间的聊天生态，在融洽的氛围中讨论各种话题，回应外界的质疑或咨询，有利于形成稳定的企业新媒体受众群体。

营销手段：善用KOL营销，增强企业新媒体号召力

KOL即关键意见领袖，对特定的企业新媒体而言，主要指能够被大众所认可，并具备该领域专业知识和见解的知名人物，对受众群体有较大的影响力。简单来说，在某个领域具有较大影响力的人物，比如海尔的张瑞敏、阿里巴巴的马云、中国中车著名高铁科学家梁建英，以及一些公益团队负责人、明星、网红等，都可以被称为KOL。KOL具备两个优势：一是有较高的粉丝基础，二是能够影响粉丝的行为。

中车四方采用KOL运营策略，要善于在内部挖掘和培养有价值的KOL，以行业代表人物为企业发声，参与互动活动，企业"自产"的KOL具有忠诚度高、熟悉企业、不易流失等特点，在他们的引导下，企业的文化活动、品牌传播、粉丝互动等都会有更强烈的反响。中车四方采用KOL运营策略，应邀请外部KOL参与企业新媒体的品牌传播。尽管有国家领导人在外事活动中"推销"中国高铁，但传统制造业缺少明星一类的KOL代言人，不利于企业新媒体运营提升和品牌传播。选择合适的KOL必须要对自身产品和品牌定位有深入了解，以"高铁四方"微信公众号为例，运用KOL策略的主要目的是互动活动和增加粉丝，因此，中车四方应结合企业品牌传播需求，在国内外展会、新产品发布、新媒体传播活动中邀请符合活动属性特点的自媒体、明星、网红等 KOL，协助企业提升活动影响力，并带来持续的话题热度。

策划活动：加强粉丝互动，打造企业新媒体社群生态

根据"品牌共鸣金字塔"模型理论，企业新媒体发挥作用的核心阶段是公众响应阶段，让受众目标对品牌形象产生正面记忆，并产生情感上的依赖，仅依靠内容传播是远远不够的，因为企业新媒体本质上是社交媒体，传播属性是建立在社交属性上的。

一是中车四方应设立企业新媒体运营的专项经费。滴滴出行定期为粉丝发放打车券等福利，海尔新媒体与粉丝互动时也福利不断，这一点值得学习。中车四方企业新媒体运营团队应在每年的经费预算报告中，单独列出一项经费，用于企业新媒体组织线上线下活动、购买纪念品或其他支出，保障每年能够组织10场左右的互动活动，为粉丝发福利。

二是中车四方企业新媒体要着力打造社群生态。可从以下几个方面推动此项工作：要靠高质量的内容和观点，形成传播吸引力和影响力；定期举办线上线下的互动活动，为粉丝提供纪念品或其他福利，让粉丝获得参与感和满足感，提高粉丝参与品牌传播的动力；通过开发更多渠道的企业新媒体，加强平台与粉丝的互动，比如微博便比微信公众号更加适合粉丝互动，但微信粉丝群的交流环境更自由、更稳定。

三是要增强企业新媒体的服务意识，综合运用各种手段提高粉丝黏性。通过线上活动保持企业新媒体热度，汲取不同行业的运营经验，比如中国移动为代表的企业新媒体，将客户服务作为重要内容，"高铁四方"可将铁路机车常识、不同车型图片视频等制作成固定栏目，达到服务粉丝的目的；再比如，以滴滴出行为代表的企业新媒体，将送福利作为人气活动，"高铁四方"可在各类投票、抽奖等互动活动中，以具有行业特色的纪念品为奖品，或举办"粉丝开放日"活动当做粉丝福利，邀请部分粉丝进厂参观，体验一线生产、技术研发、企业历史和企业文化，近距离了解公司的方方面面。

国际传播：加强海外品牌传播，传递"中国好声音"

通过企业新媒体开展品牌国际化传播，让企业形象在异国他乡扎根，海外新媒体平台的搭建是十分关键的一步。中车四方应在既有海外市场、目标市场的国家和地区，深入研究当地公众的新媒体使用特点，有针对性地选择新媒体平台注册账号，并结合 Twitter 和 Facebook 等国际上最火的社交平台，安排专门人员负责运营，在海外的新媒体环境中发布企业动态、产品特点、外籍员工故事等，让海外客户和受众更加了解中国中车和中车四方，增强其对企业产品的认同感。

基于以上的考虑，中车四方下属的海外事业部、海外子公司都应该开设新媒体账号，成为中车四方企业新媒体矩阵的一部分，并以符合目标市场的思维开展运营，从海外市场受众群体的视角，对企业品牌和企业产品加以宣传推广，在海外市场中赢得良好口碑。下一步，中车四方应该将海外新媒体宣传与海外子公司发展、国际展会、技术交流、产品出口等生产、经营、外事活动相结合，抓住机遇讲好"中国故事"，传递"中国好声音"，尤其在海外轨道交通行业展会期间及筹备期，更要主动开展新媒体传播，彰显"大国重器"走向海外的中国实力。通过海外新媒体平台的品牌传播，不仅充实了企业新媒体矩阵的内涵，也能填补企业品牌传播的空白，让国际化的企业获得国际化的声誉。

主要创造人：陈　珂　温亦韬
参与创造人：郭琳娜

和聚力、合创富，文化铸魂谱写高质量发展新篇章

西部证券股份有限公司

企业简介

西部证券股份有限公司（以下简称西部证券）成立于2001年，实际控制人为陕西投资集团有限公司。2012年5月3日，西部证券首发A股股票在深圳证券交易所上市，是全国第19家上市的证券公司。西部证券分别于2015年和2017年完成了定向增发和配股，共募集资金100亿元。2020年12月，西部证券成功完成非公开发行股票，募集资金75亿元。中国证券监督管理委员会公布的证券公司分类结果，西部证券连续三年获评A类A级。西部证券于2021年3月成为全国社保基金境内签约券商。

西部证券成立二十余年来，立足陕西，服务全国，充分发挥金融企业的桥梁作用，服务实体经济发展，助力国家脱贫攻坚，践行企业社会责任。在股东单位和社会各界大力支持下，西部证券各项业务取得了较快发展，西部证券的核心竞争力、资本实力、合规风控能力、客户服务能力、金融科技能力不断增强，取得了连续盈利的良好经营业绩，为国家经济建设和社会发展做出应有贡献。

"十四五"时期，西部证券将紧跟资本市场发展步伐，充分发挥战略引领作用，坚持以客户为中心，以平台为支撑，以"和合文化"理念体系为驱动，不断夯实资本实力，不断提升经营管理水平，不断增强金融科技实力，立足五大业务板块，依托全业务链的专业化服务，努力把西部证券建设成为"立足西部，服务全国，成为以专业化业务与客户共同成长的一流上市综合型投资银行"。

西部证券作为中国西北地区首家上市券商和国有控股企业，自成立以来始终坚持党的全面领导，服从、服务于党中央决策和国家战略，将党建引领和公司治理、战略发展、文化建设相融合，稳步推进各项业务发展，积极践行"合规、诚信、专业、稳健"的证券行业文化核心价值观，将"和合文化"理念融入企业发展，持续增强企业凝聚力、向心力和战斗力，提升了文化"软实力"，为高质量发展奠定了坚实的理论基础和文化驱动。

打造"和合文化"理念体系，形成文化建设成果

企业文化是企业的灵魂，是推动企业发展的不竭动力。长期以来，西部证券在传承发扬"和衷共济""锐意进取"优良作风的同时，以集团"君子文化"为基石，以"合规、诚信、专业、稳健"的证券行业核心价值观为指引，聚合中华优秀传统文化理念，通过理念征集、文化建设研

讨会、实地调研和在线访谈等形式，开展了持续长期的企业文化理念体系建设调研工作。广泛对高管、中层和核心员工开展访谈，累计发放问卷近1500份，收集资料3万余字，最终打造出以"和聚力，合创富"为文化沟通语，以四大核心理念、六大子理念为主线的"和合文化"理念体系。

"和合"一词出自《史记·循吏列传》，意为和睦同心。君子秉持贵和尚中、善解能容，厚德载物、和而不同的品格，既是中华优秀传统文化理念，也是君子人文品格的代表；西部证券发展壮大的二十年间，经历了由陕西证券、宝鸡证券、陕西信托证券类资产和西北信托证券类资产为基础的重组设立，收购健桥证券经纪业务资产，上市发行，以及一系列资本运作等重要事件，不同企业文化间相互碰撞、相互融合，与股东和合、与同业和合、与投资者和合、与员工和合，"和合文化"基因贯穿西部证券发展历程。"和合"也符合目前证券行业的发展理念，"和"代表和谐、共生；"合"可以理解为合规、稳健；"和合"谐音"荷"，代表着清正廉洁的从业文化。

"和合文化"的确定，既是西部证券长期以来稳健发展的经验总结，也是未来行稳致远，实现高质量发展的动力源泉。

"和合文化"形成高质量发展之柱，助力西部证券落实责任担当

"和合文化"是西部证券全体员工砥砺品格、凝聚力量的集体价值观。自2022年以来，西部证券以上市十周年为契机，策划开展了"西部证券和合文化十大传承官招募""感动西部·发光的平凡""卓越西部·奋进的力量"等以"和合文化"为主题的系列宣传活动，将西部证券发展历程中在平凡的岗位兢兢业业、甘于奉献、创造价值的员工请到台前，讲述他们的精彩故事。通过举办一系列有温度、有深度的活动，感染着广大干部员工，发挥榜样力量，形成践行"和合文化"的良好氛围，有力激发了西部证券文化认同，凝聚行动力量。

"和合文化"是西部证券践行使命，积极履行社会责任的思想助力。西部证券深入贯彻落实乡村振兴战略，充分发挥自身金融专业优势，动员西部证券力量，积极参与社会公益事业。分别与陕西省白水县、延长县和商洛一区六县等地区签订"一司一县"帮扶协议，截至目前，已累计对外进行慈善捐赠2000余万元；其中向陕西省慈善协会捐赠1000万元用于抗击新冠疫情，并由此荣获中华慈善总会"2020年度爱心企业"、陕西省委文明办"三秦善星"等荣誉称号；在此基础上，西部证券成立的"商洛教育扶贫计划"，已连续四年累计提供1200多万元，为商洛市4000多名贫困大学生提供经济支持。除此之外，西部证券成立"纵横有爱"志愿者服务队，以志愿者组织为载体，通过金融帮扶、教育帮扶、消费帮扶、公益帮扶、派驻村工作队等形式认真落实中央和地方，以及监管部门的各项部署和要求，深入脱贫一线，扎实开展工作，以实际行动进一步巩固脱贫成果，为全面推进乡村振兴战略做出应有的贡献。

"和合文化"是西部证券强化廉洁从业，持续推进廉洁文化建设的有力抓手。西部证券积极倡导"和合文化"中"以荷为镜，恪净扬清"的廉洁文化理念，把廉洁从业理念贯穿西部证券的各项工作。在西部证券营造以文化人、以文润德、以文养廉的浓厚氛围。为推进"合规、诚信、专业、稳健"为核心的证券行业文化发展及营造良好健康的金融环境做出贡献。2022年9月8日，首家证券期货行业廉洁从业教育基地落户西部证券，充分体现了监管部门及同业对于西部证券廉洁文化建设工作的高度认可，同时也为西部证券进一步以"和合文化"为核心，不断将廉洁

文化建设推向新高度提供了有力抓手。

文化引领业务，战略领航，推进金融科技与数字化转型，实现公司金融科技价值

在证券行业发展新形势下，良好的企业文化和正确的战略规划成为中小券商在危机中育先机、于变局中开新局的有利条件。西部证券结合自身资源禀赋，参考先进发展经验，制定了公司"十四五"战略规划。深化专业化、平台化、区域化及数字化能力建设，立足发展战略导向及服务实体经济本源，践行"金融报国"理念，设立"财富管理、投资银行、自营投资、资产管理、研究（机构）"五大业务板块。通过四家子公司开展公募基金、期货、私募股权投资及另类投资，扩大业务发展版图，为投资者提供全方位综合金融服务，努力把西部证券建设成为以专业化业务与客户共同成长为一体的一流上市综合性投资银行。西部证券全员秉着"和聚力，合创富"的文化理念，统一思想、步调一致，坚定不移地朝着战略目标迈步前进。

西部证券围绕"十四五"战略规划，加快构建数字化架构体系，公司财富、研发等重点业务板块的数字化核心平台正在稳步推进，打造高质量治理的数字化转型发展体系，推进金融科技与数字化转型，以数字化、智能化为主线，推动科技全面赋能。数字化新技术的应用和发展提升了西部证券业务的运营效能，将促使业务模式的不断变革与创新，经营的范围不断拓展，服务的挖掘深度增强，客户的需求定位更加准确，使得自身服务模式及治理架构逐步向高质量转变。西部证券顺应大势、积极作为，将探索出适合自身的数字化转型战略，培育技术先进、研发敏捷、渠道融合、决策精准、运营高效的创新发展动能，全面提升数字时代企业的核心竞争力。

2022年是西部证券上市10周年。10年来，西部证券积极把握行业发展机遇，紧跟市场发展趋势，不断提升西部证券经营策略的前瞻性、针对性、有效性，已逐步从区域性券商成长为具有一定全国影响力的券商。10年来，西部证券规模指标和效益指标大幅提升：总资产由2012年上市前的98.75亿元升至现在的969.94亿元，增长了8.82倍；净资产由上市前的31.69亿元升至现在的269.61亿元，增长了7.51倍；营业收入从2012年年末的7.9亿元升至2021年年末的67.5亿元，增长了7.54倍；利润总额从2012年年末的1.66亿元升至2021年年末的18.76亿元，增长了10.30倍。近年来，西部证券顺应行业趋势，上市后以定增和配股的方式完成了三次再融资，共计募集资金175亿元，西部证券资本实力显著增强，抗风险能力极大提升。长期以来，西部证券充分发挥资本市场中介功能，聚焦国家产业发展方向，为企业提供专业化金融服务，支持企业借助资本市场发展壮大，在服务实体经济、防控金融风险、推动绿色发展、提升客户和员工价值等方面取得了一系列成效，在融入经济社会发展大局中诠释了国有控股企业的使命担当，为促进经济、社会、生态的协调可持续发展贡献了西部力量。

西部证券成立22年来，始终坚持党的全面领导，坚持将企业文化融入思想建设、融入企业发展，有力增强了企业凝聚力、向心力和战斗力，为企业高质量发展奠定了强有力的思想基础和强大的文化驱动力。总体来说，"和合文化"是西部证券独有魅力的集中展示，是西部证券人独特品格的充分诠释，也是西部证券高质量发展的现实需要，更是指引和激励西部证券人锐意进取、奋勇向前的力量源泉。

主要创造人：徐朝晖　张　蕊

以"秉器执礼，时代包装"为使命引领民营制造企业高质量发展

奥瑞金科技股份有限公司

企业简介

奥瑞金科技股份有限公司（以下简称奥瑞金）于1994年在海南文昌创立，2012年在深交所上市，是首家在国内股票市场上市的金属包装企业，也是亚洲规模最大的金属包装企业之一。截至2021年年底，奥瑞金已经在全国16个省、市、自治区拥有50余家制造基地，近百条国际领先的生产线和配套检验检测设备，年产能超百亿罐，当年主营业务收入达123亿元，是国内唯一主营业务收入超过百亿的金属包装企业。目前可为客户提供以品牌策划、包装设计与制造、灌装服务、信息化辅助营销为核心的智能化综合包装解决方案，在全球包装领域极具竞争力与影响力。奥瑞金先后于2021年、2022年连续两年蝉联中国制造业民营企业500强及北京民营企业百强。在行业内，获中国包装联合会颁发的"2021年度包装行业优秀企业奖"，列2021年度中国包装企业百强榜第4位，2021年度中国包装企业百强金属包装企业首位。

以"秉器执礼，时代包装"为根本，厚植企业发展内生动力

"秉器执礼"传承中华优秀文化

包装的历史可以追溯数千年之久，包装不仅仅是内容物的承载，更是文化与时代特色的传播载体，一部包装的发展史就是一部人类文明史和科技进步史。器以藏礼，礼器相生，早已沉淀为中国人的文化潜意识。作为中国金属包装行业的探索者与先行者，奥瑞金将"秉器执礼，时代包装"作为企业使命，正是传承并发扬古人赋予包装求真、行善、扬美，兼以铭记当下、开启未来的历史使命，同时吸收了包容务实、勇于创新的包装精神。引领奥瑞金在历史的潮流中，与国同行，勇担使命。

以科技与生态打造"时代包装"

在以中国式现代化全面推进中华民族伟大复兴的大背景下，党的二十大报告明确提出，要把经济的着力点放在实体经济上，推进新型工业化，加快建设制造强国。奥瑞金作为民营制造业的一分子，响应国家高质量发展的号召，企业文化顺应时代发展，用"以科技为核，与生态共荣"的价值观打造"时代包装"，赋予企业文化新的生命力，助力中国由"包装大国"迈向"包装强国"。

塑民族品牌扬行业发展担当

历经30年的发展壮大，奥瑞金成为改革开放以来几代创业者"撸起袖子加油干"的民族底

色的见证者,中国企业在全球产业链中勇于拼搏、坚持不懈塑造民族品牌的创业精神的见证者,使奥瑞金沉淀了具有独特底蕴的企业精神;这样的企业精神也帮助奥瑞金不断发展为金属包装行业的领军企业,为助推金属包装行业发展,奥瑞金提出"包装服务生态链引领者"愿景,将企业文化融入战略发展,为行业可持续发展注入强劲原动力。

以"秉器执礼,时代包装"塑企,打造特色文化成长路径

构建企业文化是一项长期而系统的工程,需要有系统的体系规划作为支撑。奥瑞金为了构建明确而系统的文化体系进行了大量的内外部访谈和市场调研,分析了奥瑞金发展中的成功经验及启示,梳理了奥瑞金文化传承、文化扬弃和文化融合的关键要素,并将其作为企业发展的重要导航持续深入企业改革运营的每个环节之中。

将包装文化融入企业发展,奠定企业文化的坚实基础

奥瑞金始终将"文化塑企"放在与发展同等重要的战略地位。在奥瑞金不断成长的过程中,其特色企业文化随着时代发展特征逐渐发扬并显现其作用。在上市10周年之际,集团再次梳理并明确"秉器执礼,时代包装"的特色文化体系,将其贯穿至发展战略与转型创新当中。在"以科技为核,与生态共荣"的核心价值观引领下,奥瑞金全员形成以科技和绿色为核心打造"第二增长曲线",开辟高质量发展之路的共识;成为"包装服务生态链引领者"的愿景让奥瑞金在成为金属包装产业国际化企业、成为纵贯设计、制造、灌装、回收再利用整个产业链条的领先企业的道路上稳步前行;"奋进、创新、诚实、和睦"的企业精神将员工的个人命运与企业的兴衰紧密联系起来。"秉器执礼,时代包装"的特色文化已成为联系所有奥瑞金人的精神纽带、企业生存发展的内在动力。

开展立体式组合传播,建立企业文化认知

围绕"秉器执礼,时代包装"文化建设主题,奥瑞金通过多种文化传播载体让员工全面而深入地理解奥瑞金的文化体系,将企业文化内涵转化为全员共同的价值信念及利益追求,进而形成对企业的认同感和归属感。奥瑞金将金属包装博物馆与《奥瑞金人》杂志作为企业文化传播的两大主要阵地。在金属包装博物馆,奥瑞金将自身置于整个中国包装发展的时空脉络中,讲述奥瑞金发展与金属包装文化的故事。不仅让参观者亲身感受到源远流长的中国包装文化,了解了奥瑞金品牌的历史使命感与时代担当,同时也激发了员工们对于工作、事业的自豪感与责任感。《奥瑞金人》承担了启迪思想的作用,它不仅是简单的内宣外达,更是让奥瑞金员工了解奥瑞金战略、包装行业发展,打开工作思维的重要窗口。通过企业领导、行业专家、包装生态链合作伙伴等声音向员工传递奥瑞金的企业价值、赞同的价值观念及奉行的发展理念,使员工能更深入理解奥瑞金文化,认可奥瑞金价值观。

将文化深入企业运营日常,激发企业文化生机活力

奥瑞金在引导全员深入认知理解文化体系的基础上,将企业文化渗透到日常管理运营中,结合各企业实际问题和挑战推动对企业文化的再认识、再深化。奥瑞金从集团到各地分公司,以不同维度进行活动策划,形成品牌化、延续化的员工活动,通过丰富多彩的活动,如悦读读书会、员工运动会、分公司技能比赛等,营造"有吸引力的工作环境",提高员工的工作意义感、归属

感和忠诚度。为了凝聚更好的文化氛围，使员工能认可企业价值观并主动分享，奥瑞金建立起了一套适用于奥瑞金自己的人员能力培养系统——OJT体系（员工在训练体系）。OJT体系不仅旨在为员工提供岗位技能培训，让员工技术素质与工业素养双提高。同时通过OJT教练这一模块让"师徒"关系融入工作关系，让老员工通过平时的言传身教，潜移默化地加强员工对于奥瑞金文化的认同感，更好地完成对内的企业文化传承。

以"秉器执礼，时代包装"企业文化为指导，激活企业高质量发展

"秉器执礼，时代包装"助推奥瑞金成为包装领军品牌

在"秉器执礼，时代包装"为企业使命的要求下，奥瑞金坚守金属包装主业，通过包装传递价值。奥瑞金以助力中国金属包装产业发展为己任，从单一制罐供应商发展为综合包装解决方案提供商，逐步向国际化的金属包装企业迈进。2018年，奥瑞金跨国并购波尔亚太，一跃成为具有国际影响力的金属包装行业巨头，成为亚洲最大的金属包装企业之一。2021年奥瑞金主营业务收入达123亿元，是我国唯一主营业务收入超过百亿元的金属包装企业。

以"包装服务生态链引领者"为企业愿景，激发企业运营效率

以"包装服务生态链引领者"为企业愿景，让奥瑞金坚持以金属包装为核心不断整合升级，打造全产业链服务能力。目前已形成了集产品设计、包装设计与制造、灌装服务、信息化辅助营销于一体的综合包装解决方案，先后设立50余家子公司，产业覆盖湖北、山东、江苏、浙江、海南等16个省、自治区、直辖市。周云杰董事长曾表示，奥瑞金不仅要成为服务者，同时也要成为参与者，实现整个金属包装价值链的提升。奥瑞金始终坚持与客户共创价值，通过技术和模式创新、整合产业资源链帮助客户在市场终端实现价值最大化。

近十年来与飞鹤的合作，奥瑞金以"跟进式"的生产布局，在甘南县、克东县先后建设生产基地。如今，每年可为飞鹤生产近亿个奶粉罐，助力飞鹤成长为中国婴幼儿奶粉市场第一大品牌。2022年，奥瑞金为飞鹤启动在克东工厂内建立的第二个"厂中厂"项目，为飞鹤提供包括产品设计、制罐、产品检测等配套服务。通过优质、深度、无缝连接式的服务，降低双方运营成本，助推飞鹤乳业在中国婴幼儿奶粉市场发展壮大。

奥瑞金与林家铺子的合作始于2017年一个仅5万罐的覆膜铁罐订单。尽管订单不大，但奥瑞金团队没有丝毫怠慢，为客户尽心服务。经过5年合作，奥瑞金团队敬业、诚恳、解决问题的服务意识和态度给林家铺子留下了深刻印象，信任也由此建立，订单量也逐年激增，从2017年仅仅5万罐，到2022年供货量增长至6500余万套。与林家铺子的合作，见证了其从外销型企业迅速成长为国内水果罐头第一网红。通过与客户的同舟共济，奥瑞金的价值与品牌知名度不断提升，目前已与百余家知名食品饮料品牌形成长期稳定的战略伙伴关系。

绿色发展与科技创新筑就民族企业担当

"以科技为核，与生态共荣"是奥瑞金人全体认同的价值观，早在2006年周云杰董事长就提出了"金属包装行业的出路在再生利用，金属包装产品的出路在创新"的观点，时至今日科技创新与绿色发展早已成为奥瑞金发展与转型的主要动力。

30年的发展中奥瑞金一直在积极推进国内包装技术与国际水平接轨，从国内首家引进"粉末

补涂"工艺到研发成功国际最轻量化"0.12mmDR 材"三片罐，再到创新材料覆膜铁的自主研发使用及数字化包装，始终将科技创新作为企业发展动力。如今奥瑞金在包装技术领域已经成为国内行业的领军企业，始终保持在国际技术创新的第一梯队。

尤其是覆膜铁材料的自主研发与使用，为了使我国金属包装也能应用上覆膜铁这种更绿色环保的包材，与国际领先水平接轨，奥瑞金历时7年，累计研发投入近2亿元，突破了国外技术封锁，研发并成功量产了覆膜铁包装，填补了国内该领域的空白，推动了我国包装产业向更加绿色环保的方向升级。截至目前，该项目授权专利共40项，其中发明专利17项，荣获第十七届"中国专利优秀奖"，并且主导制定国家标准《食品容器用覆膜铁、覆膜铝》。

在创新精神的引领下，奥瑞金荣获科技创新类奖项百余项，截至2022年年底，累计拥有有效专利163项，拥有有效商标85件，软件著作权5件，作品著作权13件。

在绿色发展方面，奥瑞金不仅推动中国在绿色材料运用上达到国际领先水平，并积极开展"金属包装回收再利用技术"研究，牵头产业链各界在"无废城市"试点浙江绍兴设立了国内首家"包装物回收中心"，切实推进"循环经济"，助力行业绿色可持续发展。

传承企业精神，促奥瑞金企业公民责任彰显

"奋进、创新、诚实、和睦"的企业精神是一代代奥瑞金人传承的优良品质，是全体奥瑞金人的精神共识，将企业与职工融为共建、共享、共赢的"命运共同体"。在企业与员工的关系上，同见证并参与奥瑞金30年的员工不在少数，许多奥瑞金员工都用自己的青春与奥瑞金一同拼搏成长。同时，奥瑞金十分重视员工权益与个人生活，坚持维护职工合法权益，广泛开展困难职工及未成年子女关爱帮扶活动，做到"企业有温度、员工有干劲"。

作为上市企业，奥瑞金的企业精神也推动奥瑞金一直积极践行社会责任。在可持续发展方面，作为一家制造业企业，奥瑞金积极响应国家"双碳"目标，通过绿色科技创新、推广使用光伏发电等清洁能源的方式减少生产经营中碳排放，全面向绿色制造与智能制造转型。同时，可持续发展中的关键议题也成为奥瑞金与产业链上下游协同发展共同探索的重要方向，例如奥瑞金与百威在可持续发展方面进行着深入的合作与探索，奥瑞金佛山工厂承接了百威330#罐持续减重节材的项目，目前已经成功减重成为中国最轻的330#罐。同时，奥瑞金在浙江成立的有伴再生也很好地配合了百威的废旧易拉罐回收（UBC）项目，2022年已在若干百威工厂试点。另外，2023年奥瑞金发布了首份ESG（环境、社会和公司治理）报告，向公众披露了在可持续发展方面所做的工作与成果，未来公司将定期持续发布该报告并接受公众的监督与专业的指导，标志着奥瑞金正逐步走上规范化、透明化的可持续发展治理轨道。

在社会公益方面，奥瑞金连续多年携手全国防盲技术指导组、北京同仁医院、北京市眼科研究所为国家级贫困县白内障患者"送光明"；在汶川地震发生后，奥瑞金积极捐建希望小学；在南方雪灾、山西汛灾、雅安地震发生后，都有奥瑞金公司参与救助的身影。本轮新冠疫情发生后，奥瑞金通过北京、湖北、江苏、云南、广东等生产基地迅速开展捐款捐物。

在未来，奥瑞金将继续把"秉器执礼，时代包装"的特色文化贯穿融入企业发展、人才培养及社会责任担当；坚持创建中国产业品牌的战略，积极践行绿色发展理念，回馈社会，向成为金属包装产业的国际化企业目标继续大步前进。

主要创造人：陈　莹

"六位一体"打造"六好四高"企业文化管理创新实践

山东电力交易中心有限公司

企业简介

新一轮电力改革明确提出电力交易机构独立规范运作，山东电力交易中心有限公司（以下简称山东电力交易中心）营运而生，在7年的发展历程中，积极探索、勇于创新，始终坚持党建统领，坚持党的领导，以高质量的党建引领高质量的发展，在实践中总结形成了"六位一体"党建推动企业治理的新路子，并以"六好四高"为目标体系形成了成熟完备的企业治理文化，取得了较好的成效，有力推动了山东电力市场建设走在全国前列。

成立七年来，山东交易中心走过了初创探索、试点先行、争先走在前的发展历程。专业综合评价排名第一、电力市场服务满意度调查排名蝉联第一、新一代电力交易平台实用化验收排名第一，获"国网公司先进集体"称号。市场化改革获国家发展改革委、国家能源局的高度评价，得到各级媒体、市场主体充分肯定。

企业文化管理创新实践的思路

山东电力交易中心党委充分认识到企业文化管理创新实践是贯彻中央改革部署、推进电力市场发展建设的重要支撑，是服务经济社会发展、助力山东"三个走在前"的有力举措，是打造最好的交易中心，加强交易机构自身建设的有效路径。坚持文化先行，将企业文化融入公司治理的全过程，党委专题研究部署企业文化思路和建设路径，分别从三个维度进行了系统构建。

聚焦业务维度打造"六好"标杆

建设最好的市场。全力服务能源战略，全力服务能源企业，全面落实国网、省政府要求，全面落实监管要求，以"两个服务、两个落实"为抓手，建设让政府放心的电力市场。提供最好的服务。以入市快捷、结算智能、互动友好、全程无忧为目标，面向电网企业、发电企业、售电企业、电力用户等各类市场主体，提供让用户满意的电力市场服务。构建最好的体系。以建设理念超前、市场衔接有序、交易规则清晰、交易组织顺畅为目标，构建领跑电力行业的交易体系。搭建最好的平台。以架构合理、技术创新、数据安全、便捷高效为目标，以支撑最好的服务为出发点，搭建技术领先的交易平台。打造最好的运营。以股权明晰、制度健全、流程规范、品牌过硬为目标，以落实国家电力体制部署为根本，打造业绩优良的现代公司运营模式。建设最好的队伍。以政治坚定，业务精湛，成长有序，团队和谐为目标，建设能够支撑交易中心事业全面发展的人才队伍。

聚焦品牌维度争创"四高"评价

紧跟新型能源体系建设新要求,坚持守正创新,聚焦行业领域外部评价,突出交易机构专业属性、平台属性,发挥链长职责,夯实服务本职,梳理四个维度的评价标准,久久为功,持续用力,以"努力超越、追求卓越"为价值追求,努力打造"权威性高、话语权高、影响力高、美誉度高"的专业品牌和"金字招牌",在市场建设的各个领域发挥好龙头和纽带作用,将中央改革精神和地方政府关于能源转型发展、交易机构建设、电力市场发展的各项部署要求落到实处。

聚焦发展维度建设最好的省级电力交易中心

电力市场建设与发展是一项全新的事业,发展就意味着"没有先例、进入无人区",就需要有争先的精气神。山东电力交易中心始终坚持"扛就扛红旗、干就干最好"的理念,坚持"敢为人先、敢闯敢试"的作风,把"最好"作为全体干部员工的座右铭,事争第一、唯旗是夺,在新一轮电力体制改革与省级电力市场建设中,创造了一个个"首创、率先、领先",从"领先一步"到"领跑一路",将"努力超越、追求卓越"的企业精神写入企业文化、刻入思想灵魂。确定了建设最好的省级电力交易中心的发展目标,用卓越的业绩回答了属于电力交易人的时代之问。

企业文化管理创新实践的做法

坚持目标导向,建立企业文化愿景体系

基于企业文化作用于企业管理的三个维度,分别从思想层、实践层、目标层加以梳理。思想润心,突出思想铸魂,旨在通过常态化的思想教育,提升员工队伍的思想认识和修养境界,通过常态化的文化浸润达到教育人、引导人的目的。实践润行,突出实干担当,旨在通过场景化的载体设计,提升文化与业务的融合度,实现相融并进、相得益彰,以文化的自发自觉,推动高质量发展。愿景润梦,突出兴企有为,旨在确立企业长远发展的目标,用远大的目标激发干部员工强烈的责任感、紧迫感和与企业发展休戚与共的荣誉感、使命感。

创新"六位一体"方法,构建企业管理文化理论体系

围绕"六个最好"的发展目标,在工作方法路径、实施策略方面优选六个维度,作为六个最好的依托和助推,并以这六个维度作为工作抓手,构建层层推动、立体施策、久久为功的工作格局,解决"过河"的问题,形成"方法论",整合公司各个专业、发挥生态圈优势、汇聚全要素力量,培育形成具有交易中心特色的企业管理文化和管理哲学。

党建统领。牢固树立"党建不强、未来无望"的思想认识,始终牢记"没有脱离业务的政治也没有脱离政治的业务",坚持聚焦专业抓好党建融合,抓业务从党建出发、抓党建从业务入手。强化党支部创新创效攻坚堡垒作用,压实党支部书记先锋模范和党建融合带头人作用。深入实施"党建+亮旗赋能工程",牢牢把握国有企业的根和魂,全面巩固国有企业党建优势。

创新驱动。落实省委省政府"十大创新"要求,建设创新型企业,举全公司之力提升全员创新能力和创新习惯,把创新放到更加重要的位置、更高的高度抓紧、抓实。立足"新起点、新业态、新管理、新任务",在电力市场改革中,实现创新驱动赋能,持续深入推进"管理创新、政策创新、技术创新"。做好项目成果的规划和储备,实施品牌"选、育、树"攻坚行动。

人才支撑。深入实施人才强企行动、人才托举工程，打造国网交易专业人才高地。落实"响当当"干部标准，按照"持续选、重视育、从严管、大胆用"总体思路，健全完善人员选拔、培育、管理、使用全链条机制，坚持"使用就是最好的培养"，优化成长路径，构建行政职务、职员职级、专家人才三条通道并行互通、员工多元发展的职业成长体系，实现人才队伍专业化、梯队化。

作风保障。强化干部队伍"讲政治、精业务、敢斗争、勇担当"十二字精神特质，秉持家国情怀，在电力市场建设的壮阔事业中找到个人成长的坐标和方向。坚持问题导向，强化"有解思维"，把标准提高八度，强化工作"复盘"意识、"蓝图"意识，始终牢记职责使命，胸怀"国之大者"，在保供电促转型中走在前，做出交易贡献。

纪律护航。突出强化干部员工队伍组织性、纪律性，划定红线、底线，综合开展专业监督、支部日常监督、审计、财务协同监督、党内监督再监督，拒绝"内卷""躺平"，挤压"劣币"生存空间，激发"鲇鱼效应"，习惯于"在探照灯下"工作和生活，打造强有力的组织执行力和团队凝聚力。

文化润泽。坚持"有温度的企业"建设理念，用情、用力、用心做好职工队伍思想政治工作和企业文化建设。大力崇尚爱岗敬业、无私奉献、互相补位、成人之美的工作文化，以电力交易事业为统领，汇聚全员智慧力量，不断提升全员岗位自豪感、事业认可度、成长预期值。

深化"123456"实践，推进文化引领赋能改革发展

通过文化的融入融合，引领保障企业高质量发展。将文化理念嵌入企业治理实践，将文化追求融入常态化工作推进和管控，实现文化与业绩的双重驱动和双向赋能。在工作中确立并形成了"123456"实践推动体系，聚焦电力保供、能源转型、市场建设三个方面，全面完成"保供应、稳价格、促转型"的工作任务。

强化"一个目标"。以学习贯彻党的二十大精神为主线，扎实开展主题教育，推动党史学习教育常态化、长效化。夯实拓展"大思政文化润泽、生态圈汇聚合力"内外部两个党建融合阵地。坚持稳中求进为总基调，以全力建设"最好的省级电力交易中心"为目标，高质量完成全年各项工作任务。

用好"两个抓手"。以践行"12字"精神特质四大工程和建设电力交易新高地为抓手，全面强化"高地标准"，统筹推进"二十四节气表"、重点工作任务池各项工作，"清单式、项目化、销号制"管控，实现全年工作每个月一张清单落实，倒排工期、定期调度、确保实效，用数据做对比、用指标来说话、用业绩来衡量。

聚焦"三个维度"。一是集中力量补短板。梳理日常工作中的"难点"、与其他省级电力交易中心相比较的"弱点"，找准定位，精准发力，补短板、强弱项；二是全力以赴锻长板。将现有优势不断往前延伸，做到"人无我有、人有我优"，做强比较优势；三是创新打造新长板。时刻保持紧迫感和危机感，加强创新，由领先一步，到领跑一路，不断打造先发优势。

创优"四类评价"。一是确保双"第一"。补齐短板、扩大优势，实现交易专业综合评价与电力市场满意度调查双第一。二是"三唯"。（唯质量、唯成效、唯认同）评价创佳绩。通过"系统领先、卓越贡献、核心技术、创新发展、价值创造、风险防控"六个维度，对电力交易新高地、专业制高点、四大工程、"二十四节气表"进行评价。三是省级市场交易工作评价指标体

系得高分。追求最优值，对照评价标准，逐项整改提升，达到最好。四是"六好四高"争创体系求突破。滚动修编争创计划和实施方案，持续丰富争创的载体和实践。

深耕"五型市场"。一是构建安全市场，利用新技术，保障平台稳定，提升实用化水平，为交易组织、市场连续运行提供支撑。二是构建绿色市场，开展政策指导和交易规则宣贯，完善省内绿电绿证交易机制，超额完成绿电绿证目标任务。三是构建科技市场，以数字化转型引领创新发展，加强区块链、人工智能等新技术应用，持续深化数字员工、数字助手应用。四是构建法治市场，充分发挥法治的引领、规范、保障作用，在政府指导下、规则约束下开展市场运营。五是构建民生市场，完善现代化电力交易服务体系，做好市场主体培训，常态化开展"市场开放日"活动。

深化"六环聚力"。突出抓好党建统领，将"六位一体"工作方法应用于实践，将发展目标与实施路径有机融合，形成有序衔接、协同融合的体系，同时通过六个维度的分层分类，细分为六个层级，以六环层层扩展、覆盖全面，由内而外分别是核心环、驱动环、保障环、协同环、应用环、生态环。全面归纳了公司"党建统领、六位一体、六环聚力、永创最好"的发展战略，同时明确了战略实施维度和层次，逻辑条例清晰且图示明白易懂，便于宣贯与执行。

核心环：党的领导和党的建设是国有企业的"根"和"魂"，坚持在改革中巩固和加强党的领导，在发展中融合党的建设，在最好的交易中心建设中，不断做实、做强、做优党的领导核心地位。驱动环：以创新和人才作为战略实施的双轮驱动，坚持创新是企业发展的原动力，人才队伍是企业发展的依靠，充分发挥人才队伍的创新能力，打造创新型企业。保障环：任何战略的落地和执行都需要强有力的作风和纪律作为保障，大力倡树"凡事首重落实"的良好风尚，持续锤炼"讲政治、精业务、敢斗争、勇争先"的铁军队伍。协同环：发挥企业文化促进协同、凝聚人心的黏合浸润作用，消除"灰度空间"，增强配合意识、主人翁意识，发挥团队合力。应用环：通过内环的核心统领、驱动、保障、协同，与电力交易工作做好融合，分别在市场、服务、体系、平台、运营、队伍六个维度抓好结合、应用和实施，这是管理理论与管理实践的衔接落地层。生态环：充分发挥交易中心平台优势，坚持党建统领，实施"四个一"工作法，建立涵盖股东单位、市场主体、科研院校、金融机构的"党建＋电力交易生态圈"，搭建友好沟通桥梁，提升市场服务水平，营造良好市场氛围，推动和谐共赢发展，助力全国统一电力市场体系建设。

企业文化管理创新实践的成效

开辟了党建融合、价值创造的全新路径

党建引领作用得到持续彰显。深入学习宣传贯彻党的二十大精神，始终胸怀"国之大者"，坚决落实国家电网有限公司和省公司党委改革部署，年内完成13项重点工作任务。开展"12字"精神特质宣贯落实"八个一"行动，全员大讨论形成心得体会30篇5万余字。实施7个亮旗赋能专项工程，创新3个"党建＋"典型应用场景。系统梳理"六好四高"工作体系，编制宣贯手册，谋划"党建＋电力交易生态圈"，发挥交易中心"链长"职能，市场共同体理念得到进一步增强。

筑牢了旗帜领航、永创最好的坚强保障

近年来，山东电力市场规模不断扩大，市场主体数量由38家跃升至3万余家，市场化交易电量由60亿千瓦时增至3714亿千瓦时，年均增长53.5%，占公司售电量比例由5.9%跃升至76.1%。"外电入鲁"交易电量由529亿千瓦时增长到1346亿千瓦时，年均增长26%。目前，电力市场已经实现7×24小时连续运营，中长期市场每日开市，形成架构合理、品种齐全、稳定高效、主体满意的电力市场运行模式。

树立了国之大者、责任央企的良好形象

市场建设12个"率先领先"亮点纷呈，《中国电力报》头版刊发山东电力市场建设成效，在国务院发展研究中心电力体制改革实施情况评估中，山东市场建设成效位居第一序列，各级媒体、市场主体反映良好。

主要创造人：李　锋　林祥玉
参与创造人：薛　亮　姜　琳　赵　妍　董博超

以人为本的"中国结"企业文化建设

宏胜饮料集团有限公司

企业简介

宏胜饮料集团有限公司（以下简称宏胜）成立于2003年，是一家综合性饮料集团，总部坐落于杭州萧山。宏胜以饮料为主业，经营业务覆盖原料配料研发、高端装备制造、印刷包装、饮料生产、品牌营销、物流运输等全产业链，提供食品饮料生产的智能一站式解决方案。宏胜生态圈涵盖食品饮料全产业链一体化解决方案、自有新锐饮品品牌KELLYONE、"宏胜超链智造"数智化布局三大板块，目前在全国六大区域设有20个生产基地，40余家子公司，拥有100多条现代化生产线，深耕于饮食领域。宏胜以"忠于自然，始终如一"为理念，致力于引领中国食品行业共同发展进步。

宏胜重视员工成长，目前员工约3500名，一直以来积极推动优秀企业文化建设，先后获评"浙江省企业文化建设优秀成果""浙江省企业文化示范基地""2020～2021年度浙江省企业文化建设优秀成果"及"2021年浙江省企业管理现代化创新成果"等，多次上榜"中国民营企业500强""中国民营企业制造业500强""中国轻工业百强""中国食品行业50强"等。

实施背景

企业要保持生命力，在新的历史时期更具活力，实现企业的可持续发展，必须加强企业文化建设，进行制度改革和技术创新，提高员工的技能和自身素质。2020年，陪伴宏胜人17年的"激情、责任、专业、创新"企业文化，在带领宏胜一次次创造辉煌后，实现了新的蜕变，让宏胜从开放式的文化输出逐渐转变为目标明确的文化体验。

体系内涵

宏胜"中国结"企业文化中，重要的内核之一是"以人为本"，强调以人为中心的管理，承认人的价值，关心人的生活，爱护人的成长，尊重人的独立人格，使每个员工感受到企业经营中包含着自己的事业，自己为企业解决问题的过程也是自我价值实现过程，过去是企业"要我这么做"，现在是"我要这么做"，形成一个人人关心命运、共谋企业发展的良好氛围。

通过与员工共享企业的成长，实现员工与企业的共同发展，从而为顾客带来美味的乐趣，为合作伙伴获得发展的成功，彼此之间环环相扣，相互促进，共同组成了宏胜企业文化体系。

主要做法

价值引领：坚持以党建为引领，发挥先锋模范作用

坚持两新组织概念下的"三级联动"的文化建设。宏胜高度重视党建工作，将党建作为集团发展的导航标，以社会组织（含工会、团委、基金会）为助推器，创造多样的学习和实践活动，充分发挥党员的先锋模范带头作用。通过不断的摸索，宏胜形成了两新组织概念下"三级联动"的企业文化建设和管理体系，即"一核两翼、三级联动"，通过党工团的指引，联动人力、行政服务的配合，促进新生代非公企业员工关系建设，营造企业"学知识、学技术、比贡献"的良好氛围。

宏胜秉持"将支部建在业务线上"的建设思想，坚持"工厂建到哪里，党群组织就建到哪里"的原则，大力加强党群干部队伍建设，建立健全党群干部管理与激励机制。

建立"五位一体"的大党建体系。宏胜将党建工作作为企业文化建设与企业可持续发展的核心内容，积极贯彻党的大政方针，引导和监督企业始终遵守国家的法律法规，领导工会、团委等群团组织共同团结凝聚职工群众，维护各方的合法权益，促进企业安全、健康、和谐发展。经过二十多年的摸索、实践、论证，宏胜将党、政、工、团、纪融为一体，形成了一套思想学习、理论宣导、线下活动、线上集中宣传立体式全方位的"五位一体"企业文化建设和管理框架。

管理升级：改革人才培养模式，拓宽人才晋升渠道

宏胜以价值观为引领，完善自主培养体系，为员工提供多元化的成长舞台和清晰的发展路径，使每一名员工都能够充分发挥自己的潜能。

彩宏成长计划：以企业文化和管理制度为基石，围绕通识力和专业力两大模块，分类、分层制定与员工多元化发展通道相匹配的培训体系，以新青年管理学院为载体，配套内训师、E-learning、合作伙伴等培训资源，持续优化草莓计划、榴莲计划、橙才计划及牛油果计划等精品人才培养项目，制定科学的人才评估机制，打通人才职业发展壁垒，不断拓宽和畅通员工成长路径，构建人才发展体系，实现人才资源的可持续发展，助推企业战略落地。

宏胜根据员工发展通道，确定了各层级领导者的胜任力模型，形成了宏胜人才金字塔。结合横向轮岗、分公司挂职培育、业务骨干提升（专项培训）、高层领导培训（橙才计划）等培养政策，实现人才横向发展，形成"T字形"人才培养梯队，织成人才晋升"一张网"。

人才培养：着力倡导创先争优，贯彻工匠精神

宏胜鼓励全体员工向先进看齐，立足岗位，创先争优。创先争优活动已在宏胜内蓬勃开展，"宏胜三八红旗手"、"宏胜劳动模范"、技能竞赛等评选活动，引领企业员工改变思维方式和行为模式，同时为企业文化建设注入新的生机与活力。

技术创新：深化改革创新模式，激活员工创新活力

宏胜一直以来注重与高校、科研院所的合作交流。多年来与浙江大学、江南大学、上海交通大学等国内一流高校开展战略合作，采取高校企业双导师制，联合培养出融合科技创新思维与战略发展眼界的复合型人才。同时，宏胜于2017年被批准设立"浙江省博士后工作站"，现已围绕食品、机械、包装等研究领域，构建了多学科、高层次的研发人才培养模式，是集团重要的人才培养平台。

宏胜依托内部食品研究所平台，创新开展"饮品创新大赛"，通过内部创新，激发全体员工的创造力，为宏胜人发挥自身的创新能力提供了展示平台，也为宏胜做出特色饮品提供创意和思路，是推动宏胜创新的重要举措之一；在新员工中开展"管理创新大赛"，让年轻人为公司管理建言献策；在集团范围内开展"创新节能提案活动"，让一线员工在自己的专业范围内发挥自身优势，提出可行的降本增效方案，助力企业绿色发展。

质量服务：持续优化质量管控，筑牢产品质量关

宏胜深耕于食品饮料领域，深知产品品质是企业长远发展的关键。守好产品关，不仅是为客户负责，更是为消费者食品安全负责，也是企业履行社会责任的根本举措。

宏胜在质量管控方面，建立有全产业生命周期质量管理体系，其有效融合了食品安全体系认证（FSSC）22000食品安全管理体系及世界级制造中的质量改善理念和方法，贯彻了质量源于设计、关注过程、检查结果、持续改善的先进质量管理方法，最终形成更全面系统的质量管理要求，提供更有效且可操作性强的实施方法。

为持续保障宏胜产品质量，宏胜通过年度QCC（品管圈）活动、"质量月"、质量持续改进、产线及食品安全合规隐患排查与食品安全模拟飞检行动、分公司质量组织改进成果展示及奖励等，不断强化员工的食品安全和质量意识。历年国家各级监管部门抽检公示结果显示宏胜产品检测合格率均为100%。

安全生产：提高专业技术素养，夯实安全管理基础

宏胜作为制造业公司深知安全文化是企业健康发展的根基，始终把员工的健康和安全放在第一位，保障职业健康安全和应急管理工作的持续有效落实。宏胜重视员工的职业健康管理。在生产环境方面，每年委托第三方开展职业病危害因素检测，对工作场所危险源进行专门排查，并为特殊岗位员工配置劳动防护用品，由安全管理部门对劳动防护用品的保管、使用、更换等情况定期进行监督检查。在个人健康方面，组织员工进行年度体检，并为员工开设心理咨询服务，保障员工心理健康。

宏胜每年开展安全生产月活动，期间为员工普及安全知识，弘扬安全文化，敦促全集团每位员工"遵守《中华人民共和国安全生产法》，当好第一责任人"，活动形式多样，内容丰富，寓教于乐，注重实践。

和谐企业：倾听基层员工心声，架起沟通交流桥梁

宏胜通过定期开展职工谈心谈话、满意度调研及职工代表大会等收集并记录员工心声，将员工心声反馈对接到各主体部门进行协调解决，以"记"为手段，以"办"为目的，帮助员工群众解决问题，做员工群众的"贴心人"。加强企业与员工沟通是宏胜营造健康和谐氛围、化解劳资矛盾、促进集体团结的有效实践。

诚信建设：塑造诚信价值观，践行核心价值观

宏胜企业文化体系中包含了三个愿景：人人都能分享美味的乐趣、员工都能共享企业的成长、合作伙伴共获发展的成功。这涵盖了顾客、员工、合作伙伴三个维度，充分展示了企业对于各个群体的重视及对合作的向往。

道德行为的遵守主要有两方面，一是制度约束，二是思想引领。在制度约束方面，宏胜通过制定《员工手册》，规范员工在商业准则、行为守则、员工福利、组织与人才管理、保密规定、

竞业限制等方面的行为。为公司建立良好经营管理秩序奠定了基础，充分做到了奖惩有度，以制度鞭策鼓励员工。在思想引领方面，宏胜高管在践行企业文化方面起到"领头羊"模范作用。在推进企业文化宣贯时，高管牵头举办讨论会，与部门内员工进行分享探讨，以具体事例加深员工对企业文化的认知，自上而下地让企业文化、行为准则渗透到每一位员工心中。

实施效果

社会效益：稳企拓岗促就业，校企合作育人才

宏胜长期以来积极举办各类云招聘、直播带岗等活动，提供了大量就业机会。宏胜秉承"成为最好的自己，成就最好的公司"的价值观，为广大应届生及社会人才，提供多元化就业岗位及广阔发展平台。

2012年，以宏胜总裁宗馥莉作为发起人的"浙江馥莉慈善基金会"捐资7000万元，成立浙江大学馥莉食品研究院，希望通过对食品饮料的人才培养来改变食品行业的生态环境，推动行业发展，从而不断缩小中国食品饮料行业与国际水平的差距，以提升中国食品行业国际话语权。

经济效益：文化赋能助企业，凝聚力量促发展

宏胜树立"用文化管企业""以文化兴企业"的理念，积极推进文化强企战略，努力用先进的企业文化推动企业的改革发展，提高企业的创新力、形象力和核心竞争力，营造"企业有生气、产品有名气、领导有正气、员工有士气"的文化环境，实现企业跨越式发展的战略目标。

宏胜坚持"以人为本"的创新发展理念，靠品质做产品，靠口碑打市场，企业经济效益节节攀升，2022年营业收入突破100亿元，连续多年荣获"中国制造业民营企业500强""中国轻工业食品行业五十强企业""萧山区突出贡献企业""浙商全国500强"等。

主要创造人：宗馥莉

参与创造人：荣慧利　苟晓霞　严学峰　马佳瑶

企业文化赋能用电营商环境优化提升实践新范式

国网浙江省电力有限公司衢州供电公司

企业简介

国网浙江省电力有限公司衢州供电公司（以下简称国网衢州供电公司）成立于1986年，是浙江省电力公司所辖部属大型供电企业，主要从事投资建设运营电网业务，现有员工3000余人，为衢州地区提供安全、经济、清洁、可持续的坚强电力保障。2022年，国网衢州供电公司承载全社会用电量225.05亿千瓦时，售电量173.95亿千瓦时，营业收入115.09亿元，资产总额108.68亿元，年度同业对标夺得全省系统第六，荣获绩效进步奖。先后荣获"全国五一劳动奖状""全国文明单位"等十余项全国性荣誉，两次荣获"市政府集体三等功"，连年获"衢州市最佳满意单位""市政府特别奖（杰出贡献奖）"。

优秀企业文化是一个企业最具影响力的软实力，是企业实现基业长青的根本保障力量。国网衢州供电公司始终坚持以人民为中心的发展思想，深入践行"人民电业为人民"企业宗旨，以用电营商环境优化提升为契机，打造入眼、入脑、入心、入行"四入"文化落地路径，实现"文化融入"，推动融入专业管理、融入基层工作、融入员工行为，激发企业文化辐射导向和激励约束功能，让企业文化在实践过程中深入人心，引领公司在改革发展道路上行稳致远。公司先后首创房电水气联动过户"最多跑一次"改革，首创"绿能码"，全省率先落地电力接入工程费用分担机制，推出全省首个用能预算化管理数字化产品，打造浙江省"碳账户"建设的"衢州样本"。

实施背景

党的二十大报告提出，要"完善产权保护、市场准入、公平竞争、社会信用等市场经济基础制度，优化营商环境""营造市场化、法治化、国际化一流营商环境"。2023年浙江省政府工作报告把持续优化营商环境作为"一号改革工程"。国家电网有限公司和浙江省电力公司先后召开电力营商环境提升动员部署大会，制定发布用电营商环境专项提升方案。国网衢州供电公司迅速贯彻中央及各级党委政府关于优化营商环境的要求，把"全力打造国内一流、全省领先的电力营商环境"作为公司党委的重要政治任务和文化赋能企业发展的重要实践载体，以衢电之"进"实现营商环境之"优"，促经济发展之"能"。

2020年7月，国家电网有限公司启动"文化铸魂、文化赋能、文化融入"专项行动，旨在加快建设新时代优秀企业文化，以文化铸魂彰显中国特色、以文化赋能争创国际领先、以文化融入助力能源互联网企业建设，促进公司文化软实力不断提升，核心竞争力全面加强，不断增强广大干部职工贯彻落实公司战略、用电营商环境优化提升"一号改革工程"的自觉性和坚定性，为建设具有中国特色国际领先的能源互联网企业提供精神文化动力。

近年来，衢州深入实施"工业强市、产业兴市"战略，衢州各行业生产投资呈大干快上之势，经济社会发展朝着追赶跨越目标强势崛起。

主要做法

国家之魂，文以化之；企业之进，文以铸之。企业的价值观、信念、形象、仪式，对企业发展具有深刻的导向、约束和激励作用，企业文化是企业的精神灵魂。让企业组织行为和员工行为沿着企业愿景目标开展推进，是企业文化落地生根之道。国网衢州供电公司以电力营商环境优化提升实践为基础，创造了一条入眼、入脑、入行、入心"四入"文化落地路径，让企业文化深入人心，落实于行，融入思维，贯穿视野，探索全方位文化建设与发展实践协同路径。

从入眼到入脑，深耕厚植优化营商环境文化认同感

人心归聚，精神相依，文化认同是最深层次的认同。国网衢州供电公司以聚人心、兴文化、展形象三种方式，让员工从"一号改革工程"电力实践中感悟"人民电业为人民"企业宗旨，从目视到文化感召力、共识度和认同感的不断强化，以目标落地进一步丰富拓展公司价值理念内涵。

聚人心，榜样力量凝共识。君子之德风，小人之德草，草上之风必偃。国网衢州供电公司发挥先进典型表率作用，强化企业文化认同一致性。一是提升领导者的文化影响力。召开电力营商环境提升动员部署大会，在公司党委统一领导下分专业组建助力营商环境优化提升工作小组，大兴调查研究之风，领导人员分赴基层开展专题访谈、思想大讨论，搭建综合能源服务论坛、青年直通车、谈心谈话、党支部书记培训、中层干部培训等交流沟通平台，让领导干部多层次多维度传播解读企业文化核心价值观，促进员工对企业文化的认知认同。二是做好企业文化典型引领。国网衢州供电公司通过选树榜样人物、最美员工等形式发掘培育企业中的模范典型、骨干员工，重大项目建设工作专班、市场拓展团队、窗口服务五星员工等企业文化优秀践行者在多种场合受到表彰。同时，搭建劳模工作室、青年论坛等有效的沟通平台，增大模范、骨干员工和员工面对面接触机会，引导员工共同感受、践行企业文化。

兴文化，关键一招聚合力。博我以文，约我以礼，资政育人，循循然善诱人。通过多形式多层次的文化培训和导向性自我实现通道的搭建，让新时代国网企业文化在职工思想思维层面勾勒浓厚印记。一是开展企业文化培训。国网衢州供电公司将企业文化纳入培训体系。在党支部书记、中层干部、新员工等不同层面中开展企业文化培训，发放企业文化知识手册、开展知识竞赛，实现企业文化理念全覆盖。同时在企业文化骨干人员中组织开展价值观审计、文化自省等企业文化专题培训，使骨干人员掌握工作方法和技巧。二是突出选人用人的价值观导向。把价值观作为选人用人的重要标准，在人员招聘和提拔的过程中，将价值观一致性作为首先评价项，围绕核心价值观向员工释放出清晰的信号。

展形象，营造氛围助发展。蓬生麻中，不扶而直。耳濡目染，不学以能。文化环境、文化氛围的营造为指导员工行动提供柔性助力。一是企业文化视听系统建设。国网衢州供电公司在营

业厅、办公区、必经楼道、电子展示屏等公共场所全面展示国网企业文化,打造线上线下全媒体传播生态,形成抬头能见、耳熟能详的文化感染氛围。二是企业文化全景式呈现。通过"衢电有礼·光耀三衢"企业文化月等文化主题实践活动,开展思想文化理论学习、主题党日活动、文化传播社会实践活动等,引导员工将业务承载与文化驱动相结合,提高公司发展的文化内涵和职工的文明素养。通过发放营商服务"文化走亲"手册,制作优化营商环境宣传片及成果展示片,让企业文化融入工作生活日常,化作指导实践平常。

从入脑到入心,深刻浸润"以人民为中心"文化影响力

常学常明,常悟常进。国网衢州供电公司把文化浸润工作同服务型队伍建设结合起来,在电力营商环境优化提升道路,使企业文化时刻发挥潜移默化的作用,润泽心田打通思想堵点,振奋员工担当奉献的精神,提高员工责任意识,使公司上下认识到公司的立身之本和履责之要在于服务人民、服务国家。

文化检视,弘扬主题文化提振作风状态。文化检视是指员工以核心文化为校尺,聚焦问题导向,剖析思想根源,达成文化实践和文化内省的良性循环。国网衢州供电公司员工自发开展"聚焦问题找根源,解剖思想添动力"思想大讨论,设置问题导向—寻根溯源—闭环管理三个环节,提炼文化成果,统一文化认知,激发创造活力。国网衢州供电公司各基层党支部针对提升行动针对性召开作风大整顿工作会议,宣贯"五位一体"作风整顿工作目标和六项作风整顿工作任务,部署电力营商环境提升"一号改革工程"七个方面18项措施56条实施举措,凝聚亲清勤廉文化共识,护航营商环境提升工作取得实效。

文化支撑,构筑企业行稳致远无形基底。文化拥有致知力行的推动力,确保企业在运营过程中能够贯彻落实核心价值观,并为企业的可持续发展提供保障。国网衢州供电公司延续优良传统,通过"文化—业务—价值"对照开展"文化一致性体检",在对公司内部管理全面梳理的基础上,破除思维定式和制度壁垒,使生产经营活动与企业文化契合自洽。为解决衢州四省边际办电"多地跑""来回跑"问题,国网衢州供电公司推动建立浙闽赣皖四省边际城市电力业务"跨省通办"机制,实现17项电力业务线上线下"异地办理、一次办成"。全省率先实现"社会救助对象认定+免费用电基数申请""一件事"线上联办。

文化传播,对外交互共赢中扩大品牌效应。积极履行社会责任,参与行业交流互动,是企业扩大文化影响力的基本途径。国网衢州供电公司始终秉承"人民电业为人民"的企业宗旨,通过主动汇报、信息共享、人才交流等形式,与各部门共谋发展、共创价值。为服务企业在"获得电力"服务水平提升方面取得新突破,国网衢州供电公司主动向衢州市发展改革委等相关部门汇报沟通,经过多轮研讨,多方征求意见,推动形成《分担机制落地实施意见》,全省率先落地首批电力接入工程费用分担机制案例,上线电力分担机制数字化服务平台,为229个土地储备项目节约接电成本约1.51亿元,相关做法在国家发展改革委公众号刊发,纳入全省优化营商环境一季度最佳案例,获国家电网有限公司副总工程师李明和时任浙江省电力有限公司董事长尹积军的批示肯定。

从入心到入行,深情描绘"电等发展"文化新篇章

知为行之始,行为知之成,国网衢州供电公司电力营商环境优化提升实践秉承"为美好生活充电·为美丽中国赋能"的使命担当,围绕市委、市政府关于"打造全国一流全省领先营商环境新高地"的要求,把思想政治工作同重大项目推进和重点任务攻坚结合起来。

赓续为民服务初心，坚定高位求进信心。稳定可靠的电力保障是企业最重要的增长动力和百姓生活最基础的公共产品。国网衢州供电公司坚持"人民电业为人民"的企业宗旨，始终服务中心大局，在优化营商环境电力实践中保持领跑地位，秉承适应市场新格局和客户新需求的优良作风，持续发扬努力超越、追求卓越的企业精神，始终坚定持续擦亮最优电力营商环境"金名片"的先行示范信心。

拓宽文化赋能路径，贯通价值融创链条。知责方能有为，守正才能创新。在提升行动之初，国网衢州供电公司坚持价值观引领全局观，把"人民电业为人民"的价值理念融入行动部署、建章立制、目标追求全过程，紧紧围绕客户"快接电、用好电"需求，瞄准供电服务的痛点堵点，聚焦"三零""三省"服务巩固提升、投资延伸政策落地等重点任务，强化政企协同、行业协作，积极争取政策支持，优化内部管理流程，全力破解供电服务普遍性和个性化难题，切实提升客户服务体验。

开拓政策导航思路，迭代便民举措方案。国网衢州供电公司坚持工作思维转型促动工作效能升级，以增强文化认同感提升行动凝聚力，时刻强化专业专注、持续改善的工作理念。在提升行动中，国网衢州供电公司围绕持续提升办电便利度水平、全力服务大项目高效接电、持续推进中小微企业普遍服务再升级、提升小区居配工程服务水平、提升客户综合能效水平、持续提升供电可靠性水平、建立健全多元保障机制七个营商环境优化关键方面，推出22条专项攻坚举措，全力推动电力营商环境再优化、大提升。

实施效果

以文化人，员工工作作风更加务实。透过电力营商环境优化提升行动的持续实践，通过系列文化落地载体的实施，将企业文化与公司业务紧密融合起来，使员工发展需求与企业发展方向日趋一致。广泛的文化建设，培育了员工以文化为尺，校准目标找差距，牢固树立永不自满、与时俱进的事业观，全体员工思想理念再更新、眼界意识再提升、作风状态更务实。公司先后涌现了坚持在大山深处30多年的中国好人萧日法、"最美浙江人·浙江骄傲"和"最美衢州人"十大年度人物援藏帮扶团队等身边先进典型。

以文提质，企业发展水平更进一层。企业文化的有效落地增加了企业管理的内涵，拓展了业务运营的思路，打响了企业文化品牌。新形势新挑战下，国网衢州供电公司综合实力稳中有升的态势进一步巩固。国网衢州供电公司柔性管理与刚性制度的综合施策下，电网转型和管理升级加快推进，服务能力和队伍素质进一步提升，核心竞争力进一步增强。电力企业积极融入全市重点项目，在优化营商环境中勇挑重担，获得市委、市政府批示肯定共16次。服务重大项目保障体系建设、用能预算化、碳账户体系建设等工作获得政府的点赞和支持。

以文赋能，文化输出成效更加凸显。优化营商环境中的企业文化落地实现了企业体系机制完善更新，也利用电力企业服务生产一线、服务群众的优势实现了文化输出，使"人民电业为人民"的企业宗旨得到普遍认可。

主要创造人：沈　广　劳浙龙

参与创造人：祝倩龄　张　帆　卢奇正　房灵芝

发展全过程人民民主，实现共同幸福不断幸福

石家庄高新技术产业开发区供水排水公司

企业简介

石家庄高新技术产业开发区供水排水公司（以下简称石家庄高新区供水排水公司）创建于1994年，是一家性质全民，资金自筹的新型混合所有制企业。公司主要承担高新区供水、污水处理系统基础设施建设及经营和管理任务，是一家集供水、污水处理、纯净水生产、城市基础设施开发与建设、供排水管网工程建设、园林绿化、自动化设计与施工等产业为一体的综合型现代化水务企业。

长期以来，石家庄高新区供水排水公司以人为本，坚持全心全意依靠工人阶级的根本方针，发展全过程人民民主，以"共产主义远大理想就在身边"为企业核心价值观，以"用户放心满意，企业兴旺发达，个人心情舒畅，家庭幸福美满"为企业愿景，沿着"共同幸福不断幸福"道路不断前进，并在各个发展阶段始终坚定共产主义信念，坚持党的建设，坚守习近平新时代中国特色社会主义思想文化阵地，并不断探索社会主义企业发展的有效途径。加强厂务公开民主管理，建立健全职工代表大会制度，实施总经理信任度投票制度、全员工资公开制度，在企业发展建设进程中，全面、全过程地体现了以职工为本、相信职工、依靠职工、团结职工、发展成果与职工共享的发展理念，促进了企业高质量发展。

坚持以人民为中心的发展理念

石家庄高新区供水排水公司在发展全过程人民民主的进程中，坚持以人民为中心的根本立场，以共建共享共赢为根基，以职工群众满意不满意、幸福不幸福作为衡量各项工作的准绳和标尺，发展成果最终落实到"人"，把国家的"大战略"最终要落实到职工的"小日子"。

在公司的发展建设进程中，决策层要领着走，各级管理人员要团结带领广大职工，让他们跟着走。通过各种民主管理途径，让职工清楚公司的各项决策部署，明确前进方向。通过深入细致的思想政治教育和扎实的基础工作，让职工群众真正感受到浓厚的民主管理氛围，真正地成为企业的主人，真正参与到各项管理中来，真正分享到改革发展建设的各项成果。不断加强和改进党的建设，加强理想信念教育，加强职工的思想政治教育，加强企业文化建设，注重对职工群众政治的熏陶、文化的培养和信念的培育，为开展全过程人民民主奠定了坚实的思想基础。

发展全过程人民民主，要坚持全心全意依靠职工群众办企业的思想，充分体现职工的知情权、参与权、表达权、监督权，在打造企业精神，全面提高职工综合素质，凝聚职工精、气、神

等方面狠下功夫。把职工的思想和意志凝聚在一起，就能让全体职工心往一处想，劲往一处使，不断提升工作质量和工作效率，以高质量工作创造高品质生活。由于公司把职工当亲人，职工以厂为家、艰苦奋斗，在和谐融洽的良好氛围中获得了长足的发展，获得"全国模范劳动关系和谐企业""全国厂务公开民主管理示范单位"等荣誉，成为全国厂务公开民主管理的典范。

石家庄高新区供水排水公司发展全过程人民民主，让全体职工当家做主人，是推动企业高质量发展的强大引擎。通过强化企业民主管理，推行厂务公开制度，深化平等协商机制，打造独具特色的企业文化，创建劳动关系和谐企业，努力营造企业的民主和谐氛围，提升职工的幸福指数，提升成就感和获得感。"幸福之花"开在每位职工心里头，激发出职工高昂的激情和无穷的干劲。企业凝聚力和向心力不断增强，在全公司形成了人人爱岗、个个敬业的良好氛围，维护了企业的和谐稳定。

把加强厂务公开民主管理作为重要抓手

石家庄高新区供水排水公司坚持党的领导核心地位，长期以来，通过开展全过程人民民主，打造独具特色的企业文化，加强企业民主管理，推行厂务公开制度，深化平等协商机制等，把厂务公开民主管理常态化、程序化、制度化作为增强职工主人翁责任感的重要内容。

坚持党的领导，为开展全过程人民民主提供思想引领

石家庄高新区供水排水公司常年开展职工思想政治教育，每年组织职工进行政治素质培训，每年开展党员和管理人员培训，每周五进行党员集中学习，每周六开展中层以上管理人员思政教育。从社会科学院、中共中央宣传部请来专家教授授课，宣讲马克思主义、毛泽东思想和习近平新时代中国特色社会主义思想，要求人人写读书笔记，撰写心得体会。

石家庄高新区供水排水公司建立职工培训学校，开设了"共产主义理想大讲堂"，采取"请进来、走出去"的方法，请中央、省有关部委和大学院校的专家学者讲授马列主义理论和党的基本知识，通过大讲堂感悟马克思主义的真理力量，坚定全体职工矢志不渝为共产主义远大理想和中国特色社会主义共同理想而奋斗的信念。在公司比较重大的会议如职代会开始前，主持人就社会主义核心价值观、党建知识、企业发展理念等进行现场提问，参会职工进行抢答，在活跃气氛的同时灌输共产主义理想教育，使共产主义远大理想的总体思想在职工中入脑入心，并贯彻到工作、学习和生活中。

加强民主管理，拓展民管渠道，夯实企业高质量发展基础

石家庄高新区供水排水公司建立健全了以职代会制度为主要内容的民主管理制度，建立平等协商机制，重大事项尤其是涉及职工切身利益的重大问题必须经双方协商代表协商一致，达成共识后才能提交职代会审议通过，把全心全意依靠职工群众办企业的方针落在实处。

切实维护职工合法权益。1996年石家庄高新区供水排水公司成立正式工会，并按照民主程序建立了正式的工会组织，民主选举建立了公司职工代表大会。职工代表大会讨论通过的第一件重大事项就是签订公司第一轮《集体合同》，截至目前，集体合同已经签订到第九轮。石家庄高新区供水排水公司按政策上限为职工缴纳社会保险，在发放工资和缴纳社保上做到了一分不欠、一天不拖。石家庄高新区供水排水公司成立后不管遇到了什么坎坷和困境，从没让一名职工下岗失

业，履行了企业社会责任。

建立健全并不断完善职工代表大会制度。长期以来，石家庄高新区供水排水公司始终把职工代表大会作为民主管理的基本形式，并不断健全和完善职工代表大会制度，先后制定了《职工代表大会实施细则》《厂务公开、民主监督实施细则》《民主评议监督领导干部工作实施办法》《平等协商机制实施办法》等民主管理制度，全面落实职代会各项决议，从根本上维护了职工的民主权利和劳动权益，增强了职工的民主参与、民主管理、民主监督意识，营造出民主和谐的企业氛围，为强力打造现代化新型混合所有制企业提供了有力保障。

完善平等协商机制。公司积极推行平等协商制度，大力开展工资集体协商。建有职工方和行政方人数对等的集体协商委员会，有利于保障劳动关系双方的合法权益，真正让职工享受到了企业的发展成果，增强了主人翁责任感，激发出职工的工作热情，提高了劳动生产率。利用多种形式，通过各种途径公开工资平等协商相关信息，完善厂务公开民主管理控制程序，企业各项管理做到了全员参与，促进劳动关系的和谐稳定。

推行厂务公开，提升职工主人翁责任感

石家庄高新区供水排水公司自1998年开始推行厂务公开制度，建立了厂务公开管理体系，制定了《厂务公开民主监督实施细则》，成立了以总经理为组长的厂务公开小组，以工会主席为组长的民主监督小组，不断增强职工的话语权，维护职工知情权、参与权、表达权、监督权。近年来，又借助贯标认证的优势，运用ISO9000质量管理的科学原理，根据石家庄市《厂务公开管理体系》的具体规定，继续完善了厂务公开民主管理控制程序，做到了领导支持，全员参与，过程控制，监督检查，持续改进。

石家庄高新区供水排水公司始终秉持"各尽所能按劳分配"的社会主义分配原则，坚持公开、公正、公平，厂务公开工作在公司已经实现了规范化、常态化、程序化，真正落到了实处。近30年来，公司领导不拿年薪，理论根据出在马克思的《法兰西内战》一书："巴黎公社'其他各行政部门的官吏也是一样，从公社委员起，自上至下一切公职人员，都只应领取相当于工人工资的薪金。'"到目前，公司"一把手"的工资仍然不到职工平均工资的3倍。针对职工最关心和最想知道的工资奖金分配问题，公司把每名职工的收入情况及缴纳包括职工大病医疗保险、企业年金等在内的"六险二金"的情况装订成册，公示在企业文化展厅，供所有职工及到公司调研的领导随意翻看。全员工资公开公示制度的长期深入实施，不仅让职工打开心里的窗户，使每个人心里亮堂，更能亮出差距，亮出激情，亮出干劲。党委书记、总经理林自强对厂务公开工作非常支持。他说，在企业除了商业秘密，就没有什么不能公开的事情。厂务公开制度自实施以来，职工反应非常热烈，纷纷表示："公司把应该公开和能够公开的都向我们公开了，各项工作的透明度增强了，我们的信心更足了，工作热情更高了。"

为保证信息渠道畅通，除了采用沟通协调会、公开栏等传统的信息公开渠道以外，石家庄高新区供水排水公司配备了必要的资源，丰富了厂务公开的形式，如建立内部局域网，及时将公司重大事项、生产经营指标、干部任免、奖惩决定等信息发布到网上进行公开；通过企业报《源泉》、公司信息化平台将有关事项公开；在原有厂务公开栏的基础上，利用机关办公楼、供水厂、污水处理厂三个LED大屏幕，公开发布公司的重大事项、信息、决议、决定等内容，使职工及时掌握和了解公司情况。同时，针对厂务公开中职工反馈的意见和建议，认真分析评价，制

定出解决办法和改进措施，对厂务公开工作及时进行调整。

创新监督机制，各项管理处于民主监督之下

企业的健康有序发展要靠完善的监督机制来保证。在新时代新形势下，企业权力配置、权力的运行机制正在发生新的变化，这就要求企业各级领导，在权力监督方面必须与时俱进，在继承和完善的基础上，下大力气抓好各项监督体制和机制的创新。

企业的兴衰成败，很大程度上取决于领导班子。推行总经理信任度投票制度，是石家庄高新区供水排水公司发展全过程人民民主的重要措施和主要途径。为确保公司各项管理都置于职工的民主监督之下，石家庄高新区供水排水公司从2006年推行总经理信任度投票刚性制度，到今年已经实施了18个年头。这项既刚性又具体的制度，成为企业民主管理刚性、长效的管理机制，荣获河北省总工会授予的首届"民主管理创新奖"，公司被评为省"星级职代会"企业。

石家庄高新区供水排水公司工会于2006年出台了《民主评议监督领导干部工作实施办法》，在第二届十五次职代会上获得通过，规定每年由职工代表无记名投票，对总经理信任度进行表决，信任度低于80%时职代会即可罢免总经理，并启动民主程序重新选举总经理。此举在公司建立起长效的监督机制，加强了对公司领导班子尤其是总经理的监督制约，保证了公司持续稳定发展。为认真执行并长期坚持这项制度，公司职代会强化了落实《民主评议监督领导干部工作实施办法》的三个刚性：一是刚性的投票时间。每年1月底前工会必须召开职代会，对总经理进行信任度投票，如不能完成，工会主席引咎辞职，总经理主动辞职。二是刚性的程序和方法。职工代表对总经理的信任度投票必须用无记名方法，参加投票的职工代表必须达到应到人数的三分之二，当场发票、投票、画票、唱票，当场宣布投票结果。三是刚性的信任度指标。总经理的信任度不得低于80%，否则职代会即可罢免总经理。《民主评议监督领导干部工作实施办法》实施多年来，对推动企业民主管理，维护职工主人翁地位，加强对领导干部的监督制约，保证企业健康发展发挥了积极的作用。

石家庄高新区供水排水公司致力于创建劳动关系和谐企业，用信念教育职工，用理念凝聚职工，用文化引导职工，用制度激励职工，努力营造企业的民主和谐氛围。在铸造企业之魂、增强企业向心力、提高职工综合素质、凝聚职工精气神等方面狠下功夫，在全公司形成了人人爱岗、个个敬业的良好氛围，维护了企业的和谐稳定，促进了企业持续健康发展。

主要创造人：林自强
主要创造人：周　明　王　卿　刘新喜　刘　衡

坚守匠心打造五星服务，传承经典服务旅居生活

湖北文旅酒店集团有限公司

企业简介

湖北文旅酒店集团有限公司（以下简称湖北文旅酒店集团）是湖北文化旅游集团有限公司的全资子公司，是湖北文化旅游集团有限公司贯彻落实省委省政府的转型战略要求，依托湖北洪山宾馆集团有限公司（以下简称洪山宾馆），融合光谷金融中心优质资源成立的大型酒店管理集团，主营业务为酒店投资、酒店运营、酒店管理输出、项目开发与资产运营。现辖全资子公司7家、分公司5家，管理各类员工858人。洪山宾馆始建于1957年，是1958年党的八届六中全会会址，接待了毛泽东等老一辈党和国家领导人及大批外国政要，是省委、省政府重大接待活动的主要场所，进入21世纪后由事业单位逐步转企改制，服务文化深刻融入集团公司血脉，并在新时代市场竞争和发展中得到传承和发扬。

湖北文旅酒店集团在2022年新冠疫情反复的大环境下坚持服务全省防疫工作大局和市场化转型发展"两条腿走路"，实现综合营业收入1.7亿元。湖北文旅酒店集团及旗下酒店先后获得"全国模范职工之家""全国巾帼文明岗""湖北省五一劳动奖状""湖北省食品安全政府奖""省级文明旅游示范单位"等荣誉，旗下洪山宾馆入选"第四批中国20世纪建筑遗产名录"。

实施背景

企业文化是企业在长期生产经营活动中形成的并得到全体成员信奉和遵守的价值观、信念、行为规范、传统风俗和礼仪等内容组成的有机整体。文旅行业是服务人员与客户高度接触的服务业，因此，创造和坚守五心打造五星服务的企业文化就尤为重要。服务文化是基于服务价值链建立起来的一种企业文化，文旅企业的营销方式决定了服务文化成为文旅企业塑造企业文化的必然选择。

加强企业文化建设是推动文旅融合发展、履行国企担当的必然要求

服务业是做人的工作，作为直面广大游客的文化旅游行业，提高质量效益和核心竞争力的关键就是以服务质量为基础、彰显区域行业特色的服务文化。集团作为湖北省文旅行业酒店板块的"省队"，始终牢记国企使命，把展现魅力湖北新风采、满足人民文化旅游需求放在首位，通过细致周到的服务传播更多承载湖北文化、湖北精神的价值符号和服务产品，让广大游客在旅居过程中感悟文化之美、陶冶心灵之美。

加强企业文化建设是坚持以人为本、实现企业与员工共同发展的必然选择

以洪山宾馆优质服务为源头的服务文化，来自员工、体现在员工，最终的经济社会价值也将反馈于员工。服务文化的本质是建立在员工满意和客户满意基础上的企业文化，是真正体现人本管理思想的企业文化。湖北文旅酒店集团始终坚持客户、企业、员工三赢理念，以企业提高内部服务质量、员工提高外部服务价值、企业和员工同向激励增长为抓手，不断完善服务体系、提升服务能力。

经历湖北省国企改革三年行动后站在新时代新起点的湖北文旅酒店集团，既要传承发扬源自1958年的服务经典、为建设美丽湖北贡献力量，又要以更加市场化、专业化、品牌化的姿态面向市场并实现高质量发展。为充分凝聚全体员工的智慧和力量，集团对改革发展过程中如何坚持用立心、竞心、匠心、诚心、同心的"五心"核心价值观塑造员工、团结员工、激励员工进行深入探索。

体系内涵

集团以"传承经典，成就美好旅居生活"为使命，坚持立心、竞心、匠心、诚心、同心的"五心"核心价值观，即为使命立初心、为市场扬竞心、为专业守匠心、为客户递诚心、为团队筑同心，坚持"享你所想、趋时创新"的企业精神，为成为全国一流、华中领先的酒店而团结奋进。

立心：为使命立初心，体现了集团的使命和愿景，强调集团上下要始终坚守国企定位，为建设美丽湖北、服务旅居生活、成为全国一流酒店的目标而奋斗。

竞心：为市场扬竞心，体现了集团倡导的发展路径，强调集团始终落实国企改革要求，面向市场谋转型谋发展，在全省酒店行业激扬士气、带头营造公平竞争良好氛围。

匠心：为专业守匠心，体现了集团的专业特色和文化底蕴，强调始终立足六十余年服务省内大型会议与重要活动的专业基础，坚持至臻服务水平，打造酒店的卓越品质，在文旅行业展现湖北形象。

诚心：为客户递诚心，体现了集团的产品服务特质，强调始终以客户满意度为基础，用心服务，传递温暖。

同心：为团队筑同心，体现了集团的管理原则和文化塑造落脚点，强调集团内所有组织和全体员工共同奋进，实现集团和员工个人的成果共享、共同成长。

主要做法

立好坚定信念、向上而生的初心，以党建引领锚定服务文化的建设方向。一是强化理论武装。以政治建设为统领，认真落实党委会议"思想引领、学习在先"机制，把学习习近平新时代中国特色社会主义思想作为党委会第一议题，充分围绕习近平总书记重要讲话和指示批示精神、关于文化旅游的重要论述精神进行集中研学，2022年度开展党委理论学习中心组集体学习13次、专题交流研讨5次。组建党的二十大精神宣讲队到基层开展宣讲6次，及时下发支部主题党日通知，充分运用"三会一课""学习强国""国资e学""干部在线""智慧监察"等载体，组织广大员工深入学习习近平总书记关于文旅发展的重要论述精神，2022年度开展支部主题党日学习

88次，覆盖党员干部1500余人次。二是打好组织基础。压实基层党建责任，并大力推进党建活动与企业文化建设互融互促。积极创建选树"价值创造性"示范基层党组织、"党员+项目"带头人、党员先锋模范。强化支部标准化建设，推动所属支部活动室布置和企业文化墙相结合、支部活动和企业文化诠释展示相结合等，集团基层党组织标准化建设成果受到前来调研考察的中国融通集团领导一致认可。三是弘扬清廉文化。大力推进"清廉国企"建设，完善风险监督关口前移机制，切实保障重点领域和关键环节管理规范、关键岗位人员从业安全，为企业文化良性发展提供了良好氛围。

扬好百舸争流、奋楫者先的竞心，以改革转型激发服务文化的市场活力。围绕国企改革三年行动总体要求，以服务市场为导向深入推进湖北文旅酒店集团内部管理机制改革。进一步落实现代企业制度，建立健全法人治理结构，明晰"董、监、高"管理秩序和逻辑。成立以B2B模式为主的洪宾有礼文化服务公司，先后服务28场大中型活动，成功承办2022年全国星级饭店从业人员服务技能竞赛总决赛、第二届中国（武汉）文旅博览会的重要组成活动全国露营大会，受到中共中央宣传部、文化和旅游部肯定。加快"智慧酒店"建设，打造数字酒店"三个样板"（集团数字管理展示区、洪山宾馆样板店、景区酒店样板店），积极探索酒店管理的轻加盟、承包经营等合作方式，中标大别山干部学院后勤管理项目，为湖北省酒店行业走出湖北、输出品牌积累了宝贵经验。

守好专注品质、追求卓越的匠心，以精细服务彰显服务文化的湖北形象。发挥多年办展办会经验优势，通过承接一系列省级以上大型活动持续彰显文化特色。2019年被遴选为军运会接待酒店和开闭幕式礼宾服务单位后，湖北文旅酒店集团分4批次对全集团705人进行服务礼仪培训，从国际高端会议筹备、服务意识、涉外礼仪、服务沟通、实操演练等方面，对150余名军运会接待人员进行封闭式集中培训及现场演练，全面与国际接轨，最终成功地向全世界展示了湖北文旅系统奋发昂扬的精神风貌。2023年4月，第二届中国（武汉）文化旅游博览会盛大开幕，2023全国露营大会暨"钟情湖北"露营嘉年华作为其重要组成活动之一，由中国旅游车船协会和湖北省文旅厅共同主办、湖北文旅酒店集团具体执行。湖北文旅酒店集团坚持全员上阵、分类协同，从策展布展到现场接待再到媒体宣发，从董事长到普通员工，每人定点、定岗、定流程，有力保障活动顺利进行，全网曝光量达1.67亿次，《人民日报》、新华网等主流媒体报道，央视新闻网进行30分钟的直播，有效促进了湖北文旅消费热度和流量。

递好用心服务、传递温暖的诚心，以铁肩担当诠释服务文化的社会责任。一是全力以赴抗击新冠疫情。2020年1月下旬，举世瞩目的湖北省新冠疫情阻击战全面打响，湖北文旅酒店集团旗下洪山宾馆毅然承担起了省新冠疫情防控指挥部后勤服务保障任务。湖北文旅酒店集团在汉46名党员及146名核心岗位职工放弃了本该与家人团聚的春节假期，纷纷向湖北文旅酒店集团党委提交请战书。1月下旬保障省指挥部日常工作期间，洪山宾馆提供了全部客房共370间（其中拆改作为办公场所的80余间客房），大小宴会厅5间，每天为指挥部工作人员及宾馆员工提供用餐约2000人次，搬运物资重量近百吨。在封城初期物资紧缺情况下，集团党委尽全力拓宽供应渠道，多次赴仙桃、洪湖、浠水等地，累计采购物资600余吨。2月4日，由于防疫工作升级、工作人员增多，省指挥部需要将部分工作组搬移至农银大学培训中心，但新场所几乎没有专业服务人员和后勤保障物资，集团全体员工齐上阵，将几十吨的物资和设施设备搬运至指挥部新驻地，完成了24小时"复制"一座洪山宾馆的壮举。由于在疫情防控中提供的高效后勤保障服务，湖北文旅酒店集团时任党委书记、董事长在湖北省抗击疫情表彰大会上荣获"湖北省抗击新冠肺炎疫情先进个人"和"全省优秀共产党员"两项荣誉。2022年12月,根据省政府办公厅通知,湖北文旅酒店集团自2022年12月7日起接管省政府大院后勤保障工作,不计成本为大院提供安全高效的干部职工用餐和大楼物业管理服务。二是不折不扣保障民生。疫情无情人有情,三年疫情防控期间,湖北文旅酒店集团旗下酒店和托管项目多次被征用为隔离酒店。湖北文旅酒店集团在每年营业收入损失超过1.5亿元的困境下,不等不靠、不拿不要、主动奉献,团结一切力量共克时艰,在为持续保障省指挥部高效运转而多次于重要节点放弃散客市场的同时,认真落实国有资产租金减免政策,仅2022年度就减免租金1500万元,最大限度降低商户的资金压力,全力保障民生和社会稳定。

筑好携手奋进、共赴山海的同心,以共建共享凝聚服务文化的最大合力。一是解决基层难题。坚持服务文化融入主题教育,根据酒店行业特色积极开展党员干部下基层、察民情、解民忧、暖民心实践活动,仅2022年就有166人次到基层开展活动,解决问题26个;党员干部落实"双报到双报告"要求,960人次3100.5小时下沉社区参与基层党建、社区治理和疫情防控工作。通过面向群众服务,不断拓展完善服务文化内涵。二是强化员工关怀。重视对员工需求的调查,升级改造集团职工之家,最大限度满足了员工生活需要,被全国总工会评为"全国模范职工之家"。开展丰富多彩的团建活动,在2022年5月组织"520"绿色健康走活动,完成了一场激扬青春、表白未来的浪漫之旅。三是完善员工激励。着眼于未来五年内每人都有晋升通道,积极开展分类培训,开发线上培训系统,开展灵活用工改革。不断完善不同岗位的服务指标体系,强化服务意识和服务技能培训,并定期进行优秀员工风采展示,有效提升了员工的荣誉感。面向所有员工开展文化标语大调研大征集,鼓励每位员工为集团文化标语贡献智慧,充分激发员工主人翁意识、促进员工与集团的双向沟通。四是促进发展共享。制定集团层面的两个全民营销激励办法,方便全体员工打破身份限制、充分发挥自主营销优势并分享收益。进一步按照扁平化和合理授权原则调整集团架构,使集团本部后台机构由9个缩减为5个,充分释放了前台一线干事创业活力。

实施效果

从2010年9月,53岁的洪山宾馆五星改造结束正式营业,到完成改制、上五星、集团化"三步走"战略,开始对外管理输出,再到2015年以洪山宾馆为龙头,整合丽江饭店、武昌饭店、楚风接待培训中心等资产组建湖北洪山宾馆集团,建立了现代企业法人治理结构,再到2019年以洪山宾馆集团和光谷文旅投资为基础成立湖北文旅酒店集团,集团的服务文化始终坚持立心、竞心、匠心、诚心、同心,文化建设目前已形成横向到边、纵向到底、全员共建共享的新格局,取得了较好的经济社会效益。13年来,湖北文旅酒店集团资产从最初的3.6亿元扩大到如今的45亿元,从单体酒店到现在的多元业务布局,"洪宾"品牌区域影响力显著提升,综合实力持续增强。湖北文旅酒店集团及旗下酒店先后获得"全国模范职工之家""全国巾帼文明岗""湖北省五一劳动奖状""湖北省食品安全政府奖""省级文明旅游示范单位"等荣誉。

主要创造人:张 涵 刘克环

参与创造人:段旦晖 熊 芳 成伟才 钱 娟

突出"四个着力",打造党建引领下的中国式现代化企业文化

中车株洲电机有限公司

企业简介

中车株洲电机有限公司(以下简称中车株洲电机公司)是中车股份全资子公司,是我国唯一同时承担高速、重载铁路装备九大核心技术中牵引电机和牵引变压器两项核心技术的企业,是铁路牵引电机和变压器行业标准第一起草单位,业务涵盖轨道交通、风力发电装备、新能源汽车驱动、高速永磁电机、新型变压器等领域。近十年,销售收入由 25 亿元增长至 105 亿元,年均复合增长率达 15.43%。公司下辖 14 家分公司、子公司,已成为国内最具规模的机电产业集团,特别是牵引电机和风力发电机位居全球领先地位,成为细分行业的领跑者。

作为国家技术创新示范企业,中车株洲电机公司拥有国家级企业技术中心,建设了电机、变压器 CNAS 认证试验室,电力设备电气绝缘国家重点实验室,国家风电技术研究中心电机研究室,中国科学院物理所磁学国家重点实验室株洲基地,永磁电机技术湖南省重点实验室,新能源汽车电机湖南省工程技术中心,还建立了湖南省院士工作站,国家级博士后科研工作站,拥有国家授权专利 1200 余项(发明专利 223 项),国家标准 35 项、行业标准 37 项。

实施背景

中国式现代化道路的每一个关键阶段,都伴随着企业现代化的实践与探索。在百年未有之大变局下,国有企业在党的全面领导下,以坚韧不拔、坚不可摧的力量,推动着中国社会经济高质量发展。党建是国有企业的"根"和"魂",作为国家"金名片",中车株洲电机公司致力于全面建设世界一流机电企业,打造党建引领下的中国式现代化企业文化,为国有资本保值增值营造良好思想文化氛围。

主要做法

着力加强政治引领力,坚定高质量发展信心决心

中车株洲电机公司党委坚持把方向、管大局、保落实,实现加强党的领导和完善公司治理有

机统一，为企业点亮思想之灯，照亮奋进之路。

旗帜鲜明讲政治，把牢"方向盘"。中车株洲电机公司全面贯彻落实党的二十大精神，深入开展主题教育，始终在思想上、政治上、行动上同以习近平同志为核心的党中央保持高度一致，坚定不移地把党的政治建设摆在首位，严格落实"第一议题"制度，把学习贯彻习近平新时代中国特色社会主义思想作为党委会、党委理论学习中心组、总支（支部）"三会一课"和其他重要会议的"第一议题"，把学习融入日常、抓在经常。

思想保障筑堡垒，建强"主阵地"。中车株洲电机公司高度重视意识形态工作，深入学习贯彻习近平总书记关于意识形态工作的重要论述精神，牢牢把握意识形态工作领导权、话语权、主动权。坚决贯彻落实党中央和上级党委关于加强意识形态的决策部署，切实履行公司各基层党组织意识形态工作的主体责任、党组织书记的第一责任、分管领导的直接责任和其他领导的分管责任。建立形成党委统一领导、党政齐抓共管、党委宣传部门组织协调、有关部门分工负责的工作格局。与各基层单位签订《意识形态工作责任状》，严格落实意识形态工作的主体责任。编制《意识形态工作责任制负面清单》，坚持有错必究、有责必问，确保企业发展过程中意识形态平稳、可控，为建设世界一流机电企业构筑坚强的思想堡垒。

着力推进文化感召力，凝聚高质量发展共识共为

中车株洲电机公司通过全方位搭建"文化塑造、宣传思想、品牌推广"的企业文化矩阵，牢牢占据舆论引导、思想引领、文化传承、品牌传播的制高点，凝聚发展共识共为。

坚持全媒联动，唱响唱好主旋律。中车株洲电机公司聚焦"先进交通＋清洁能源＋低碳工业"三大产业，围绕"系统＋""产品＋"项目落地，以市场为导向，加强正向宣传，营造良好的内外部舆论环境。

以OA新闻端为原点，形成"一点生端，全平台发布"的传播格局，打通公司"报、网、微、端、云"，实现内宣聚人心、外宣展形象。公司牵引电机智能化组装产线被CCTV-1《新闻联播》专题报道；CCTV-2大型高分纪录片《大国重器》在"电驱加速度"主题中大篇幅介绍公司TQ-800永磁电机产品；"公司获得第七届省长质量奖"等受到新华社、人民网、湖南日报、湖南工人报等多家主流媒体关注和报道。

培育成事文化，用心用情讲故事。中车株洲电机公司积极培育用心想事、精心谋事、全力干事、奋力成事为核心的"成事"文化精神，提振发展信心，激发干事创业激情，通过讲好创业成事故事，营造充满正能量的组织氛围，让"四让四有"（让想干事的有机会、让能干事的有舞台、让干成事的有地位、让不干事的有危机）深入人心。通过提炼能激发员工使命感、增强员工责任感、赋予员工荣誉感的企业文化内涵，丰富文化实践机制，拓展文化传播渠道，活跃文化传播形式。

传承匠心文化，宣扬弘扬"高铁工人精神"。中车株洲电机公司大力弘扬以"高铁工人精神"为代表的工匠精神，始终坚持培养有理想守信念、懂技术会创新、敢担当讲奉献的技能人才队伍，依托"劳模工作室""金蓝领工作室"等平台，借助国家、省市等各级各类技能大赛，持续开展技能人才队伍建设，助力技能员工成长成才。

着力提升创新驱动力，推动科技自立自强

中车株洲电机公司坚持用党的创新理论引领企业正确发展方向，认真落实党的二十大加快实

现高水平科技自立自强要求，致力于建设科技电机、绿色电机，全面深化科技创新。

在党建引领下更加积极投身于科技创新。"十四五"期间，中车株洲电机公司聚焦"先进交通+清洁能源+低碳工业"三大产业多措并举，优化科技发展战略布局，打造原创技术策源地，坚定数字化转型，深化科技体制改革，以科技创新驱动企业发展。通过持续擦亮"国家知识产权示范企业"牌匾，新产品销售额收入占收入比均高于90%，共承担国家级重点研发计划子项目及课题16项，共完成专利申报550件。

在党建引领下更加主动追求绿色发展。中车株洲电机公司坚定不移地走好绿色发展之路，持续推进技术创新和低碳升级，加快创建以"低碳动力先锋"为特征的世界一流机电企业，用更加优良高效、绿色清洁产品与服务回馈客户与社会，实现"双碳"目标。中车株洲电机公司获得2022年度国家工业和信息化部发布的国家级"绿色工厂""绿色供应链管理示范企业"和"绿色设计产品"多项国家级绿色大奖。

中车株洲电机公司坚持绿色低碳发展，积极践行中车"6G"理念，主动在行业中履行减碳的责任，锚定高端化、智能化、绿色化发展方向，自主研制了一系列高效节能、绿色环保、高端舒适、行业领先的动力装备产品。

着力提升市场竞争力，深化机制体制改革

中车株洲电机公司自首批入选"双百行动"以来，结合自身"应用场景复杂、专业化程度高、行业竞争激烈"等特点，以"全面市场化"为核心，以"产业升级发展+体制机制改革"为目标，统筹推进"双百"改革、国企改革三年行动走深走实。2023年5月，中车株洲电机公司荣获全国国企改革"双百行动标杆企业"。

引资源，优治理。中车株洲电机公司围绕自身业务结构优化升级战略目标，聚焦主责主业，引入与业务高匹配度、高认同感、高协同性的"三高"投资者，部署风电电机、高速永磁电机、伺服驱动新兴产业板块"混改"。旗下湖南中车尚驱电气有限公司和浙江中车尚驰电气有限公司在大宗原材料价格暴涨情况下逆势而上，连续两年经营效益实现增长，2021年、2022年营业收入分别为6.07亿元、4.33亿元，较2020年同比增长了4倍和6倍。

在深化治理变革过程中，逐步健全了以党组织为领导核心、以董事会为决策中枢、以经理层为执行主体的治理结构，设计好"党、董、经"三大治理主体在治理运行中的神经脉络，决策执行充分落实"会前充分沟通，会中高效决策，会后狠抓落实"。探索参股控股企业差异化治理模式，从构建新型母子公司管控模式，到全级次企业建立"三会一层"决策事项清单，构建起充分对接市场、更趋灵活高效的治理能力，实现从职能管理向现代公司治理转变。

转机制，强激励。中车株洲电机公司以"三项制度"改革为市场化经营机制转换的重点，在"撤、下、出、减"上狠抓落实，在"优、平、简、去、活"上自我加压，重磅深化"五能"改革，坚定落实机构能增能减方针，从组织设计，到岗位管理，到人才培育，用市场的供求机制、竞争机制激活一池春水，战略呼唤的"组织+人才"新格局逐步形成。

紧扣"激励"改革，建立差异化战略型绩效考评体系，突出创业团队和科技人才两大群体，将价值创造理念融入激励机制，在激发企业内生动力征途上奋力打出"组合拳"。突出激励经理人"牛鼻子"和科技人才"核引擎"，落实职业经理人薪酬激励约束机制；实施灵活多元中长期激励，"存量重点用分红、增量重点用股权"，在本级对核心技术和经营骨干实施1000万元

岗位分红，人均差距最高达 8 倍；在旗下混改企业实施员工持股，经营团队在政策范围内出资 300 万~400 万元，拿出"真金白银"，"押上身家"，共同将"蛋糕"做大，共享增量收益。

实施效果

文化建设方面：2022 年公司荣获"全国五一劳动奖状"；连续 7 年获评"全国企业文化建设典范企业"称号；获评湖南省文明单位；公司牵引变压器车间党总支获评"中央企业先进基层党组织"；获评"国企改革'双百企业'标杆"。

公司党委注重优秀党建理论和实践成果的提炼和推广，形成了涵盖 17 个典型案例的党建成果库。其中 1 篇调研论文获评全国国企党建创新成果，1 个项目成果入选"国企党建创新优秀案例"，1 个党建成果荣获"企业党建实践创新成果二等奖"，1 个视频党课在新华网、《人民日报》客户端发布。

技术创新方面：由轨道交通和风力发电的跟随者，发展为业内的引领者、世界知名的产品提供商。成功研制出具有完全知识产权的中国标准动车组牵引电机、牵引变压器等系列高端产品，并获得中国专利最高奖——金奖；成功研制大型低速高效直驱永磁风力发电机关键技术及应用并获"国家技术发明二等奖"；获"中国生产力发展优秀企业"荣誉称号；获湖南省"省长质量奖"。

近年，先后成功研制完成 600km 高速磁悬浮列车核心部件，全球最大海上 16MW 半直驱、12MW 和 8.XMW 半直驱传动系等风电发电机产品，下线全球首套 55m³ 超大型电铲提升机永磁驱动电机、全球首套"电磁橇"直线电机，550kW 抱轴式永磁发电机打破国外垄断。公司已成为国内最具规模、最具实力的综合性机电企业之一。装载公司关键部件，开往 G20 峰会的雅万高铁和身披阳光的墨西哥地铁一号线荣登"2022 年度央企海外十大精彩瞬间"，全球单机容量最大 16MW 海上风电机组荣登"2022 年度央企十大国之重器"榜单。

深化改革方面：积极落实国企改革三年行动，旗下 4 家企业相继完成混改，并迅速扩大了新产业市场影响力。江苏公司连续三年稳居头部企业永磁直驱市场第一位；湖南中车尚驱电气有限公司高速永磁业务快速增长，永磁动力产业项目建设工程全面启动；浙江中车尚驰电气有限公司获工程机械主机厂龙头企业亿级批量订单；广州骏发电气有限公司实现了地铁领域动力变和整流变市场的零的突破。董事会应建尽建比例为 100%，实行任期制和契约化管理人数占比 100%，公开招聘比例 100%。

主要创造人：聂自强　罗崇甫　臧苗苗
参与创造人：姜尚昆　周　睿　曹书为　文轶洲

"宿电精神"引领基层发电企业绿色低碳智慧化发展

国家能源集团宿迁发电有限公司

单位简介

国家能源集团宿迁发电有限公司（以下简称宿迁公司）是江苏省宿迁市唯一的统调电源点和主力热源点，现有两台660MW超超临界二次再热燃煤机组，是江苏省首台采用超超临界二次再热技术的60万等级机组，被科技部列为"高效灵活二次再热发电机组研制及工程示范"科技项目，项目攻克煤电机组高效灵活、污染物超超低排放、智能化控制、机组快速启停、深度调峰等关键技术，为推动实现"双碳"目标做出突出贡献。

公司现有员工236人，党员111人，党员比例达47%。近年来，宿迁公司全体员工不惧挑战、主动作为，于2019年顺利完成原有一期两台135MW机组关停，二期两台660MW机组的双投产双运营，实现由小到大的规模跨越和由超高压向超超临界的技术跨越。进入"十四五"新征程，在传统的火电产业基础上，宿迁公司继而提出以"综合能源+""新能源+""智能智慧+"为载体，进一步跑出一条开创性的改革发展之路。

实施背景

2016年，宿迁公司启动建设二期工程伊始，就提出了"凝心聚力、苦干实干、攻坚克难、奋勇争先"的作战口号。国家能源集团企业文化核心价值理念体系发布后，宿迁公司紧紧传承集团"实干、奉献、创新、争先"的企业精神，在充分融汇集团公司企业精神和江苏公司"一个标杆、两个转变、三项使命、四型定位"治企策略的基础上，结合宿迁市的发展历程，将作战口号进一步凝练提升，确定为"团结奋进、敢试敢闯、务实苦干、自立自强"的宿电精神。进入"十四五"新征程，宿迁公司将企业自身摆在"探路者"和"改革者"的位置上，坚持领发展之责，担探路之任，在"抢"中促发展，在"拼"中寻先机，加快传统煤电转型升级，打造绿色低碳综合能源发展的"宿电样板"。

"团结奋进"就是要以奋斗者为本，以贡献者为荣，万众一心、奋发有为；"敢试敢闯"就是要涵养创新生态，攻坚克难、敢为人先，推陈出新、敢闯新路；"务实苦干"就是要保持"实干"劲头，推进转型升级、跨越发展、弯道取值、赶超进位；"自立自强"就是要锚定目标、争创一流，坚持以学为先、提升能力，提高标准、追求卓越。

主要做法

构建"宿电精神"企业文化的结构模型

宿迁公司党委将企业文化建设作为一个系统工程进行工作部署,明确企业文化核心层、制度层、行为层和物质层四个层次模型,通过强化教育引导和责任落实,逐步构成一个有机运行的体系,确保企业文化扎实、有效地深入人心,形成心理契约。

一是加强顶层设计。宿迁公司党委研究制定《2020～2024年国家能源集团宿迁发电有限公司企业文化建设工作规划》,根据企业不同时期的不同重点,进行目标任务分解并提出相应的实施方案。宿迁公司成立以党政主要负责人任组长的企业文化建设领导小组,明确党委宣传部、各党支部为主要责任主体,按照齐抓共管、分工负责的原则,将企业文化建设工作分解到公司的各个层面,与生产经营同规划、同部署、同实施、同检查、同考核,形成"横向到边、纵向到底"的文化建设推进网络。

二是建立文化模型。明确企业文化分为内核要素和外延要素,内核要素包括企业文化核心层,外延要素包括制度层、行为层和物质层。在核心层面,公司采取全员思想风暴、全员投票评选、全年研讨完善等形式,积极构建"宿电精神"企业文化核心理念,即团结奋进、敢试敢闯、务实苦干、自立自强,实现企业文化理念与生产经营发展机制达成共识,文化理念切实落实到每个员工的自觉行动中,成为员工的行为习惯。在制度层面,按照"管理标准化、工作流程化、执行表单化、过程信息化、节点责任化",建立涵盖党群建设、企业管理、安全生产、财务管理等领域的13类226项规章制度,努力形成靠制度管人,按程序办事的管理机制。在行为层面,公司以"宿电精神"核心理念为指导,进一步完善员工行为规范,把遵守社会公德、职业道德、家庭美德作为衡量员工思想品德的重要标准,结合精神文明创建活动和文明家庭、文明员工评比活动,提高企业和员工的文明素养,进一步丰富"宿电精神"的外延内涵。在物质层面,以企业"高效灵活二次再热发电机组工程示范"为基础,大力弘扬企业文化品牌形象,按照国家能源集团企业文化视觉识别系统统一要求,全方位定制各类文化艺术品,在企业文体活动、客户交流等工作上不断展现企业文化魅力。

三是发挥激励作用。宿迁公司将企业文化建设纳入党建考核,每年严格开展党组织书记抓党建述职评议考核,将述评结果与干部职务任免、薪酬、奖惩有效挂钩,党支部书记对述职评议落后者进行诫勉谈话,党建考核的严肃性、规范性持续增强。通过倡导"团结奋进、敢试敢闯、务实苦干、自立自强"的"宿电精神",选树积极践行"宿电精神"企业文化的先进集体、道德楷模和励志榜样,广泛传播典型案例和人物事迹,充分发挥示范引领作用,营造充满"正能量"的文化建设氛围。

推进"宿电精神"文化引领的生动实践

站在能源转型和"十四五"的历史新起点,持续深入贯彻新发展理念,发扬践行"宿电精神",不断提高融入新发展格局的能力水平,努力在新征程中书写高质量发展新篇章。

一是举旗奋进,汇聚"宿电力量"。坚持把党的政治建设摆在首位,强化政治忠诚、提升政治能力,健全落地"第一议题"机制,围绕"国之大者""企之要者"深度研读第一议题,以"四个三"的学习要求,深入全面贯彻落实习近平总书记重要讲话和指示批示精神,提高治理效能，引领企业高质量发展。坚持从党史学习教育中汲取经验智慧，找准自身定位，明确发展方向。持续开展夜校读书班，深学党史，强化理论武装；定期举办中心组研讨，研机析理，坚守政治引领；不断发扬宿电精神，领办实事，践行严实作风；努力开创发展新局，探赜索隐，奋勇担当作为。瞄准一流绿色智慧综合能源示范企业的目标，党委带队把稳舵、支部推动聚合力、党员挂牌添动能，引领全体职工勠力奋战创一流，切实把伟大建党精神转化为企业发展的强大动力。坚持以提升组织力和政治功能为重点，着力推进"党建+"工程与生产经营深度融合。实施"五必须、五禁止"，推动全体党员在能源保供攻坚战、安全生产持久战、减亏治亏阵地战、新能源发展突击战、疫情防控阻击战"五大战役"中听指挥、冲得上、打得赢，形成"党旗飘在一线、堡垒筑在一线、党员冲在一线"的生活动局面。推进"两创两争"，以党支部带党员创优，争当先锋；党员带领群众创效，争当表率，充分发挥党组织战斗堡垒作用和党员先锋模范作用，汇聚起抓党建促发展的强劲动能。

二是换挡谋进，打造"宿电样板"。深入贯彻习近平生态文明思想和"碳达峰、碳中和"目标要求，主动适应能源转型变革大势，积极参与构建清洁低碳安全高效的能源体系，推进多元化非化石能源发展和传统煤电机组清洁性研发改造。按照全域发展、一体布局、个性开发、多极合作、科技引领、智慧运营的"6L 路径"，坚持公司统筹、领导挂帅、全员发动、多点开花，力争完成光伏发展目标。宿迁公司全体干部员工主动斗争、主动进取，发扬"三铁、三千"精神，走遍千山万水、踏遍县乡镇村、寻遍政府企业、谈遍场景方案，通过与各种业态开展"新能源+"合作，巩固扩大"朋友圈"。坚持绿色技术创新，推动高能效、资源循环利用、零碳能源等关键共性技术、前沿引领性技术的研发创新，依托二期 2×660MW 超超临界二次再热机组，采用产、学、研、用相结合的方式开展基础理论、技术开发、装备制造及机组设计、调试、运行等方面内容研究。坚持科技成果转化，攻克汽电双驱引风机高效供热、高盐废水零排放等八大创新课题，为火电企业低碳发展贡献了"宿电方案"。紧跟电力市场化改革形式，在火电机组深度调峰、快速启停等方面争当先锋、争做示范、走在前列。积极推进热电联产项目，实现区域用电、热、水、气、冷等能源协同，生产、配送、销售、消费和源网荷储用协同运营，打造综合能源建设样板。加大力度推动城市治理协同化，应用成熟的煤泥掺烧技术经验，实现污泥耦合发电，成为城市固废的终结者，实现"能源产品供给+环境服务供给"统筹结合，与城市经济发展构成命运共同体，进一步提高在本地区经济发展中的分量和话语权。

三是与时俱进，贡献"宿电智慧"。围绕国企改革三年行动和"十四五"目标规划，持续实施三项制度改革，推进党的领导和企业治理有机融合，推进管理体系和管理能力现代化。坚持党管干部，完善选人用人机制，强化任期制和契约化管理，大力发现培养选拔优秀青年人才干部，健全能上能下的管理机制。坚持精干高效，严控用工总量，提高招聘质量，畅通退出渠道。坚持效益优先，发挥工资总额导向作用，完善薪酬分配激励机制，建立留住核心关键人才的薪酬机制，提升人工成本投入产出效率。通过三项制度改革，确保发展干将冲在前线、运维闯将勇上火线、热血小将沉到一线、攻坚老将再临战线，实现党建效能、企业效益、治理效果和组织效率全面提升。完善创新管理体制和创新激励机制，加大科技研发和管理创新投入，加强与高等院校、科研院所及地方政府的合作力度。引导发电运行、设备维护和燃料生产等部门劳模、工匠、青年人才，牵头开展创新创造，依托班组、标准实验室、仿真机房等场所，创建创新工作室，推进科创课题成果，获得"省电力行业协会QC（质量控制）成果一等奖""市十大先进操作法"等荣誉。推动成果转化，开展党员责任项目、职工创新成果评审及共建共享，充分发挥创新资源优势，努力实现职工创新成果（先进操作法）经济效益最大化。加快培育高端技术人才，依托"国家能源杯"智能建设技能大赛，积极搭建职工创新创效的平台、担当作为的舞台和展示水平的擂台，持续构建产学研深度融合的科技创新体系。围绕"数据准确、算法科学、信息灵动、管控闭环、平台友好"五个关键环节，将新一代信息技术、人工智能技术、检测和控制等技术与电力技术、现代企业管理技术深度融合，有步骤、分阶段建设智慧煤电示范企业。结合物联网、视频分析、智能传感器和无线专网等技术，建立设备/环境状态实时监测系统、人员定位系统、智能运行控制系统、智能预警及诊断系统等，大幅提升企业安全生产、运行精细化管理水平。开发固弃物智能管控系统、智能报表系统、燃料管理系统、智慧热网系统，实现管理智能化、规范化，减人增效。宿迁公司燃煤电厂智慧管控系统顺利通过中国电机工程学会鉴定，成为我国首套燃煤电厂智慧管控系统，整体水平达到国际领先。

实施成效

"宿电精神"自实践以来，公司以文化为依托，服务国家战略和企业发展需要，加大科技创新投入，深化跨行业合作，依托重大项目实施关键技术攻关，全面塑造发展新优势；克服高煤价低电价"两头挤压"经营困难，打通燃料低成本通道、扩大供热市场份额、探索多种经营模式，全面挖掘经营创效潜力，提升价值创造能力。实现年发电量超78亿千瓦时，年供热量190万吨，逐年打破历史纪录；在极端困难经营条件下完成经营利润过亿元，盈利能力区域领先，机组能效行业领先。

"宿电精神"自实践以来，引领企业先后获得中国电力科学技术进步奖、中国电力优质工程奖、中国安装协会科技创新成果一等奖和火电行业首个中国土木工程詹天佑奖，项目代表全国火电机组亮相国家"十三五"科技创新成就展，创建成为全国电力科普教育基地、电力行业示范智慧电厂、江苏省绿色发展领军企业、宿迁市首批"绿色标杆"示范企业、宿迁市重大项目建设先进单位。

2021年，"宿电精神"企业文化成果，在《当代电力文化》《中国电力报》《国家能源》《神华电力报》等媒体上刊登发表。2022年，该成果获得"中电联企业优秀文化建设典型成果"，国家能源宿迁公司以此为依托建成"国家能源集团企业文化示范基地"。

主要创造人：肖国振　袁电洪
参与创造人：刘冠军　朱　贺　李　艳　汪　利

构建企业安全"五维"智文化，助推平安地铁建设与美好同行

南昌轨道交通集团有限公司地铁项目管理分公司

企业简介

南昌轨道交通集团有限公司地铁项目管理分公司（以下简称南昌轨道交通集团项目管理分公司）成立于2009年，主要负责南昌城市轨道交通项目的工程投资、建设、咨询、设计、质量安全防范等工作。南昌轨道交通集团项目管理分公司以"缓解交通拥堵、方便市民出行、引领城市新概念、引领市民新生活"为发展定位，紧紧围绕"工程安全、资金安全、干部安全"安全理念，推行以"美好同行"为核心的品牌文化、亲情文化、争先文化、数据文化、创新文化的"五维"智文化，努力实现"平安地铁、活力地铁、生态地铁、效益地铁、满意地铁"五大目标，共同打造南昌地铁公交新时代。

实施背景

南昌轨道交通集团项目管理分公司当前已建成通车的地铁1～4号线，运营里程达128.4千米，1～4号线的通车对南昌市的城市发展、居民生活和环境保护等方面都具有重要的意义，是城市现代化建设的重要里程碑和标志。南昌地铁的不断完善和扩展，将进一步提升城市的交通便利和品质，为南昌市的可持续发展做出贡献。目前正在建设的1号线北延线、1号线东延线和2号线东延线3条延长线工程，预计于2025年年底通车，将为扎实推进南昌"东进、南延、西拓、北融、中兴"发展战略奠定坚实基础。

南昌轨道交通集团项目管理分公司传承了"与美好同行"的核心文化基因，积淀了丰厚的企业文化，形成以品牌文化、亲情文化、争先文化、数据文化和创新文化为核心的"五维"智文化并融入企业发展的全过程。南昌轨道交通集团项目管理分公司通过文化建设增强企业凝聚力和向心力，内强素质、外塑形象，形成了具有南昌地铁鲜明特色的企业文化核心价值体系，打造了《铁友》杂志、小鲜鹭公益、地铁福利哥、地铁大讲堂等文化品牌，创办了南昌地铁工人业余大学、职工之家，得到了业内外人士的一致好评。

主要做法

聚焦人才培养，打造专业团队，品牌文化助力队伍建设与美好同行

一是注重组织建设，努力打造一支专业团队。在地铁工程建设管理过程中，打造一支专业素质强、专业素养丰富的质量安全管理团队，代表集团履行质量安全管理职责，创新设置安全专管员，定期轮换管理各个在建标段；聘请第三方风险咨询单位、第三方环境监理单位实施过程分工管理、监督，实现在建项目环境、风险管理可控；对施工单位盾构施工人员、监理单位监督人员进行岗前考试考核，保证盾构施工过程中人员满足要求；通过招聘优秀人才、施工考核、培训提升、岗位分工和团队合作等方式，致力于构建具备专业能力的团队。

二是以品牌文化为核心，聚焦人才培养。南昌轨道交通集团项目管理分公司通过培养和传播品牌文化，引导员工树立正确的价值观和行为准则。鼓励员工塑造追求卓越、勇于创新、团结合作、诚信守法的企业品格，以此营造一个积极向上、和谐共赢的团队氛围。通过品牌文化的引领，我们相信员工将更加积极主动地投入工作，为企业的发展贡献自己的力量。

三是重视人才培养，为员工提供广阔的发展空间和锻炼机会。鼓励员工参加轮岗学习，提供职业发展规划和晋升机制，为员工搭建一个广阔的成长平台。注重发现和培养员工潜力，重视员工的个人发展和成长。通过不断提升员工的专业能力和管理水平，团队的整体素质和战斗力将得到进一步提升。

加强技术运用，提升安全意识，亲情文化护航安全生产与美好同行

一是要求施工现场配备 VR、多媒体教育工具箱等数字工具，强化全员安全意识。通过标准化、生动化、趣味化的培训内容，保证了培训管理便捷、高效，培训监管信息及时上传至数据中心。工人新进场实名制登记、入场教育、答题考试、一人一档、三级教育卡信息生成等管理活动都在此信息系统上完成。数字教育系统极大地提升了安全教育的实效，多维度强化了受教育人员的安全意识。

二是开展系列安全活动，增强全员安全意识和能力。举办安全生产知识竞赛活动，各部门各单位踊跃参与角逐，展示了员工坚守安全生产的决心和比赛信心，激发了员工争相学习安全知识的浓厚兴趣。多方联合开展年度综合应急演练，实现周边管线、高处作业、支架搭设、消防安全、涌水涌砂等多科目处置综合联动救援，提升地铁各参建单位的应急处置能力。

三是开展亲情在线活动，护航安全生产。提供视频通话设备，让工地上的员工与家人进行面对面的交流，分享彼此的生活和心情，增强了员工的家庭归属感，也能够为工地的安全生产护航。录制亲情视频表达对家人的思念和关怀，对工友起到警示和激励的作用，家人录制关于安全意识和安全知识的视频，提醒工人们注意安全，遵守规章制度。家人们的关心和鼓励，将成为员工们坚守安全规范和注意事项的动力，让每一个人都时刻保持警惕和责任心。

四是开展送温暖、送清凉活动，促进安全生产。通过冬送温暖、夏送清凉活动，让每一位建设者都感受到工地的关怀和支持，让他们能够更加专注地投入工作，不仅提升工作积极性和幸福感，也能够促进工地的安全生产。

严格考评督导，铸牢目标实效，争先文化保障建造品质与美好同行

一是创新开展质量安全专项履约考核。为强化日常管控考核，将参建单位奖罚处理、各级主管部门检查成果纳入季度履约考核，设置产值完成权重系数，跳出或减轻单次、单方检查决定考核结果及做得多、错得多对考核结果的决定性影响，将考核排名在所有在建工程范围内公开通报，将排名靠后标段工区列为重点监管对象，实施强化监管和高频检查，同时保留必要时向其上级单位通报及作为施工、监理单位申报标化工地和优质工程的重要依据等手段，充分调动参建单位主观争先能动性。

二是持之以恒，强化隐患分类考核。为深入贯彻安全风险分级管控与隐患排查治理双重预防机制，降低风险隐患屡改屡犯发生频次，对现场检查督查发现的问题，第一时间督促责任单位整改，要求严格按审批方案施工，落实"三检"制度，监理单位落实旁站和巡查职责。每周对问题类型、即知即改效率、个性共性问题等情况进行系统分析统计，建立问题整治跟进台账，对重点问题照片在公司办公例会通报，提高突出隐患问题曝光力度。对问题不重视、隐患不整改、效果不明显、责任不落实单位采取提醒、通报、处罚、约谈等手段严肃处理考核，倒逼形成长效管控机制，促进工程品质履约。

三是采用信用评价考核制度，强化考核要求。成立信用评价领导小组，制定评价工作机制，对信用评价工作实施指导和监督，对上报集团信用评价办公室的年度信用评价得分进行审核，对信用评价重大问题进行研究、决策。施工总承包企业信用行为评定表由投资和履约、质量安全、平安建设、获奖表扬四方面组成，分别由工程管理部、合约部、办公室、质量安全部按照细则要求进行打分，由信用评价办公室复核并汇总得分，报信用评价领导小组会议审核。信用评价评级结果应用到施工总承包企业投标评分环节，倒逼施工总承包企业提高施工管理水平，保证工程质量和施工安全。

搭建信息平台，提升响应效率，数据文化抓牢风险防控与美好同行

一是化解地铁建设信息化系统难题，集成办公，"搭"网络+地铁建设信息平台。通过开发适合南昌地铁的安全风险信息管理系统，将工程建设产生的各种预警信息通过信息平台及时发布，现场巡查发现的问题及时上传信息平台，点对点发送短信至相关管理人员督查并及时整改，根据施工进展情况及时发布风险提示；在单系统模块施行的基础上，完成了"风险管理（基坑、盾构、轨行区）、隐患排查、应急管理和环境管理"四大模块为一体的风险总控平台，实现监控画面、量测数据、盾构参数、隐患排查、应急物资等信息的实时上传，落实安全标准化体系的动态管理。

二是完善提升信息化管控手段，完成四位一体总控平台之"应急管理、环境保护"平台开发应用。通过动态跟踪、定期调度、约谈促进等方式，组织第三方环境（安全）监理完成了平台开发及投入使用，实现了各标段扬尘在线监测系统、应急物资储备管理信息接入平台，实时掌控所有项目环保监测数据、应急物资储备数量情况，提升应急响应效率。

创新智慧中心，引领智能建造，创新文化推进成效管理与美好同行

一是智慧中心建设引领智能建造。即创新推行智慧工地中心、视频监控中心和盾构监控中心为一体的智慧中心，作为风险管控智能化关键工具。现场设置监控中心，监控中心大屏将全线视频监控画面集中于此，对全线施工现场进行全覆盖全方位实时监控，通过智能管理系统有效地弥补施工现场安全管理中的不足与缺陷，可将所有监控数据作为追溯依据，协助管理人员及时掌握现场实时施工情况，保证工程质量和人员安全，发现隐患及时消除，极大地方便了现场的施工管理。设置盾构监控中心，将盾构施工各项数据，各个施工作业面视频画面集中在盾构中心实时监控盾构施工过程中，防范危险隐患发生。推行使用智慧工地系统，日常安全隐患排查、隐患整改与闭合、危大工程验收与旁站、每日班前喊话、危险作业审批申请5项安全基础工作实现信息化。

二是创新采用盾构基坑"图式管控"，解决了数千项安全风险及数万条问题隐患识别难题。地铁建设具有周期长、风险多、周边环境复杂等特点，工程建设面临了基坑和盾构施工工点数量逐年递增、重（较）大风险施工数量逐年增长的态势，南昌轨道交通集团项目管理分公司统筹各方力量积极完成了"图式管控"安全风险管控技术的构思、宣贯与实施，采用隐患排查和盾构施工参数信息化管控与现场风险巡查相结合的双控技术措施，形成两大全覆盖、全过程、系统型的关键防控体系，大大提高了安全风险管控工作效率并取得了良好效果。

三是探索盾构施工"396"标准化管理模式，即盾构施工前做好三项准备，管片生产准备、盾构机生产准备、盾构人员考核准备；盾构掘进过程中执行九项制度，即盾构交接班制度、盾构掘进令制度、"三类"计划通报制度、设备巡检制度、监测数据分析制度、操作手考核制度、环保制度、地面巡视制度、班后总结制度；盾构施工推行六项标化，即平面布置合理化、洞内布置合理化、监控量测标准化、门吊安全智能化、制浆工艺新型化、应急救援专业化。以"396"标准化管理模式打造五无（无超限、无破损、无渗漏、无错台、无污染）隧道，确保盾构区间施工安全可控，结构一次成优。

实施效果

近年来，南昌轨道交通集团项目管理分公司聚精会神钻业务，全心全意保平安，在构建企业安全"五维"智文化上取得了累累硕果。南昌轨道交通集团项目管理分公司认真贯彻"人民至上，生命至上"的安全发展理念，每天从"零"开始，用"归零"的心态，追求建设运营过程中的"零事故"和"零隐患"。近年来地面沉降预警次数、基坑支撑滞后及渗漏水起数、地面沉陷事件发生起数、盾构姿态超控次数等关键指标均出现大幅减少，2022年共发生5次预警，相比2021年的68次下降达92.6%，盾构姿态从2021年30次超控制值下降到2022年全年无超控制值，住建部资深专家给予高度评价——"图式管控是基坑盾构施工全生命周期安全管控具体化、精细化、可视化、标准化的安全技术，具备业内很高的推广应用价值"。

南昌轨道交通集团项目管理分公司始终积极创新项目管理模式，着力建设百年精品工程，先后荣获从国家到省、市级等多级别的一系列荣誉称号。其中，国家级质量荣誉1项、安全荣誉1项、管理创新类荣誉3项，省级管理创新类荣誉1项，协会级质量荣誉2项、科技荣誉6项。

主要创造人：詹　涛　吴招锋
参与创造人：李垂忝　李　亮　单生彪　邱文俊

以"四型一化"班组文化建设助力能源上市公司高质量发展

广西桂冠电力股份有限公司

企业简介

广西桂冠电力股份有限公司（以下简称桂冠电力）成立于1992年9月，2000年3月在上海证券交易所A股上市，是全国第一家以股份制形式筹集资金进行大中型水电站建设的企业，是中国大唐集团有限公司（以下简称中国大唐）五家上市公司之一。

桂冠电力以水电、风电、光伏、火电的生产运营、投资建设等为核心业务，同时开展综合能源服务、电站检修、技术咨询等业务。桂冠电力在役机组主要分布在广西、贵州、四川、云南、山东、湖北6个省区，员工总数3700人。截至2022年12月，在役装机容量1254.27万千瓦，清洁能源占比达89.39%，每年绿色发电量相当于减少消耗煤炭约1200万吨。

面向"十四五"及未来发展，桂冠电力立足新发展阶段，贯彻新发展理念，融入新发展格局，服务国家"碳达峰、碳中和"目标，在以中国式现代化全面推进中华民族伟大复兴的伟大进程中贡献力量。

实施背景

一直以来，桂冠电力坚决扛起能源央企的政治责任和社会责任，在中国大唐母文化的框架下，积极创新子文化，并推动专项文化建设取得成果，为奋力开创新时代壮美广西建设新局面和推动企业高质量发展注入了澎湃的精神动力。

作为广西市值最大的上市公司和装机规模最大的发电企业，桂冠电力在水电班组文化样板间建设中，进一步突出企业文化精准落地、有效落地，结合不同专业不同班组专业特点和实际工作，对应"务实、奉献、创新、奋进"的大唐精神，提出了安全型、学习型、效益型、和谐型、标准化的"四型一化"班组文化建设思路并加以实施。

桂冠电力班组文化建设开展范围涵盖了所属14家企业共335个班组，文化影响力辐射3700名员工。班组文化建设涵盖了水力发电企业大、中、小型三种不同规模等级的水电站，涵盖了运行、自动化、电气、检修等数十种不同的班组专业，让以"大唐精神"为内涵的企业文化在班组有了强大的"生命力"，为推动上市公司高质量发展注入了澎湃奋进动力和无限精神动能。

主要做法

抓载体建设

以"大唐精神"为引领,结合水电班组特点,创建、创新母文化落地的载体,提出安全型、效益型、学习型、和谐型、标准化"四型一化"班组文化建设载体,并提炼形成了"十个一"规定动作,以此把"务实、奉献、创新、奋进"的大唐精神深度融入"四型一化"班组建设。

务实——安全型班组,即要求班组员工真抓实干,谋实事、出实招,抓落实、求实绩,不断夯实班组安全基础;奉献——和谐型班组,即要求班组员工具有以企为"家"、勇于担当的责任意识。要保持高度的使命感与责任感、顾大局、做贡献,讲执行不讲困难,讲奉献不讲条件,团结互助,打造班组和谐家园;创新——学习型班组,即要求班组员工善于学习、勇于超越,主动接受新思想、探求新思路、发掘新方法,积极推进一切有利于桂冠电力发展进步的创新;奋进——效益型班组,即要求班组员工常怀忧患意识、危机意识,以只争朝夕、时不我待的紧迫感和责任感,以愚公移山的坚定信念,不断向着效益目标奋进;标准化——大唐精神在班组的落脚点,即把"让标准成为习惯"作为企业文化建设在水电班组的落脚点,作为班组管理追求的终极目标和最高境界。"让标准成为习惯"是每个班组共同遵守的准则和依据,让班组的一切工作都按照自身的标准有章可循。桂冠电力系统共有335个班组,虽然经历了来自企业内部的多次"改革"和"重组",但"让标准成为习惯"经历过一代代的传承,形成了水电班组的光荣传统。"让标准成为习惯",是企业文化在水电班组不断延伸、扎实落地的体现。

抓标准体现

桂冠电力把"标准"作为水电班组文化建设的托底性"保障",作为检验大唐精神在班组落地的"标尺",总结提炼出班组文化建设的两大标准与一大机制(班组文化建设评价机制),加深大唐精神的落地深度,让一个班员做1000遍和让1000个班员做一件事,结果都是一个样,让管理在大唐精神中升华,让大唐精神在管理中落地。

其中标准之一,即大唐精神在班组落地的标准,形成了水电班组统一的落地标准,不同班组专业的不同体现——落地生根、开花结果,让抽象的文化,切切实实转变为可量化操作的方法,达到整体和谐而不千篇一律,个体不同却能相辅相成。标准之二,即让班组的一切行为习惯符合标准,通过标准化建设,班组在一定范围内获得最佳秩序,对实际问题或潜在问题制定共同的和重复使用的规则,实现全业务覆盖的技术标准、全流程覆盖的管理标准、全岗位覆盖的工作标准,把企业放在抽屉里"视而不见"的标准,变成工作中真正"用得上"的标准。

抓落地动作

桂冠电力深入扩展班组内部文化载体和外部文化载体,确定大唐精神在班组落地的"十个一"规定动作。桂冠电力实施班组内部文化载体,其中物质文化载体有班组文化墙、"大唐精神"在班组故事集、班组文化景观、班志、创新工作室、大唐精神宣讲员;行为文化载体有周工作点评(榜样对标)会、"大唐精神"故事讲述、"大唐精神"宣言。桂冠电力实施班组外部文化载体,即班组文化活动:青年志愿活动、撰写新闻报道、组织或参与社会公益活动、参加行业展览、企业开放日接待社会公众和学习考察团体参观班组等。

桂冠电力总结提炼形成"十个一"规定动作:每班设置一面班组文化墙,即亮出"大唐精神"在本班组落地的标准和体现；每周一次工作点评（榜样对标）会，即在班组每周的周会上，开展榜样对标，即结合上周（本周）开展的实际工作，进行总结点评。集体点赞本班组践行"大唐精神"的榜样，分析优点，学习榜样事迹，并形成"大唐精神"小故事，发挥榜样带动作用、事迹激励作用；每班设置一名党建思政宣讲员，即"党建思政宣讲员"，实施党建思政宣讲制度，形成党建班建两促进两融和。党建思政宣讲员在做好党小组工作的同时，全程参与班组的安全生产管理，同班组长一起开展好班组安全生产工作，发挥其监督和保障作用，实现职能融合、任务融合、责任共担。同时把"大唐精神"宣讲作为班组的"标配"，作为宣传、传承班组文化的载体组成；每班一周开展一次大唐精神故事讲述，即在班组开展"大唐精神"故事讲述会，通过周讲、月讲，以"走心""动情"的方式，用身边的故事诠释文化内涵，通过讲好大唐故事、发挥文化传播优势，营造有利于理念传播的文化环境，让每一名班组员工在长期学习熏陶中更好地融入团队，投身实际工作；每班一个创新工作室，即每个班组都设置一间"创新工作室"，作为鼓励和推进班组技术创新活动的载体，充分调动员工积极性和创造性，让"创新工作室"成为开启效益之门的"金钥匙"。每月开展一次班组文化活动，即每月开展一次户外活动，放松身心、陶冶情操，营造轻松的工作氛围，增强班组的凝聚力。每名班员一句大唐精神宣言：每名班组成员提出一句"大唐精神"个人宣言，作为自己工作的座右铭，并将其展示在桌牌等位置，时刻自勉。每班一本"大唐精神"在班组故事集：开展"大唐精神"在班组周讲活动，并总结形成"大唐精神"故事集，不断丰富故事内容，以此激励班组学习榜样、不断赶超。每班一处"班组文化景观"：在每个班组挖掘并设置一处"班组文化景观"，一处文化景观、一段老一辈水电人的嘱托，一份"大唐精神"的传承。每班一本"班志"：对班组大事件进行记录，总结过去，传承文化。

抓落地保障

为进一步强化大唐精神在班组落地的保障体系建设，桂冠电力建立了自上而下、整体部署、全面推进的班组文化建设组织模式。首先是公司（高层）谋局。成立班组文化建设组织，明确职责分工；制定班组文化建设规划和方案；召开班组文化建设启动大会；宣贯班组文化建设的目的、意义。党群部、安全生产部联合制定印发《桂冠电力班组文化建设活动方案》（以下简称《方案》）和《桂冠电力关于加强班组建设工作指导意见》（以下简称《意见》）；成立了班组文化建设工作领导小组（下设办公室）；以《方案》《意见》和组织机构，统领每年班组文化建设全局工作的开展。其次是企业（中层）搭台。各基层企业为班组样板间建设搭建了广阔的平台，政工、工会、生产给予大力支持，全面参与到班组文化建设过程中。在公司的指导下，各企业对班组文化建设进展情况，实时检查、分析，及时发现问题，并予以攻关、纠正。最后是班组（基层）实践。各班组以"大唐精神"为引领，不断丰富企业文化在班组的内涵和外延，形成班组文化建设的特色和个性；按照桂冠电力每年对班组文化建设重点的顶层设计和策划，结合班组专业特点和具体实际，采取适合本班组的形式，抓好"十个一"规定动作的落地、抓好班组文化考评体系的实施，体现"大唐精神"在班组的落地、班组特色管理、优秀班风班貌等。

抓效果评价

桂冠电力构建了班组文化建设动态、系统、实用、全覆盖的四维评价体系，实现了班组文化建设的闭环效果反馈。评价原则，即突出动态评价、系统评价、实用评价、全覆盖评价，克服文化落地的层级衰减。评价目标,即任务落实到班组、经济核算到班组、量化考核到班组、民主管理到班组。评价内容,即班组文化落地情况(与"大唐精神"在班组的体现一一对应);"十个一"规定动作执行情况;"四型一化"班组建设情况(达标);班组各阶段指标完成情况。评价周期,即月度自评(班组内部自评);季度互评(企业内部互评);年度总评(公司系统总评)。同时配套"三级动态评价机制"。坚持"考",各班组结合自身专业特点和评价标准,负责本班组日常工作的内部考核,每月在班组内部开展自我总结考核,其中基本项为规定动作、基本要求,为考评第一要素,比例为60%,提高项为个性拓展部分,比例为40%。坚持"评"。各基层企业按照各自的评价标准,负责组织本企业内部所有班组的互评工作,每季度结合班组自评情况,开展一次互评,评选出本企业季度优秀班组。坚持"比"。桂冠电力按照统一的评价标准,组织总评机构,在各企业推荐的季度优秀班组中,以一定的比例,"比"出样板间班组,给予表彰奖励和推广。

实施效果

班组文化建设理论成果

近年来,桂冠电力每年坚持在公司全系统开展班组长培训,把班组文化建设作为培训中的重要一环,5年来累计参培近千人次,实现了班组长文化建设理论培训全覆盖,并形成诸多理论成果。

班组文化建设实践成果

桂冠电力在班组文化建设中,先后形成了"大唐精神在班组"系列之班组文化手册、"四型一化"班组工作案例、"大唐精神"在班组故事集、班组文化建设评价标准手册、班组文化活动锦集等诸多班组文化建设成果。

班组文化建设成绩显著

桂冠电力在最初建设的8家试点班组文化样板间建设中,所属大化电厂自动化1班获得广西电力行业协会"最有人气班组"第二名,所属龙滩电厂自控班创新开发了班组管理大数据云平台,以科技手段开创了现代化水电班组管理先河;8家班组文化样板间班组累计获得各级荣誉奖励共计100余项。

构建"聚能之道"文化体系，赋能企业高质量发展

天津能源投资集团有限公司

企业简介

天津能源投资集团有限公司（以下简称能源集团）由天津市津能投资公司和天津市燃气集团有限公司于2013年重组成立，是以电源、气源、热源、新能源为主营业务、承担保障天津市能源安全稳定供应和推动能源结构调整优化重任的大型集团化国有企业。截至2022年年末，资产总额为603.5亿元，营业收入为182.02亿元。

实施背景

2013年5月，能源集团担负起保障全市能源安全稳定供应、推动全市能源结构调整优化和服务民生的重任，切实推动既有相似又有差异的两个企业在文化、业务、管理、人才、资金、资源等各领域全方位深度融合，成为摆在能源集团面前必须解答好的命题。为此，能源集团把企业文化的融合作为推进调整重组，实现制度、思想、管理、体制机制统一的着力点，以"包容共鉴、超越差异、凝聚共识"为原则，通过挖掘梳理、调研访谈、研究论证、文化共识、职代会职工代表讨论等方式和管理流程，最终形成"聚能之道"企业文化体系，以文化融合为重组后的企业深度融合、健康发展提供了重要保证和强大动力。

主要做法

聚组织之能，形成企业文化构建合力

能源集团始终把企业文化建设作为企业战略发展的重要内容，作为"一把手"工程，加强顶层组织推动，成立由集团党委书记任组长、总经理任副组长的企业文化建设领导小组，全面负责企业文化建设的组织推动，明确牵头责任部室，构建领导有力、纵向贯通、横向协同的企业文化建设格局，形成工作合力。编制《聚能之道——天津能源企业文化手册》，导入VIS企业视觉识别系统，系统阐释企业文化理念，打造具有天津能源特色和独特品牌内涵的企业形象。制定《天津能源投资集团有限公司企业文化和品牌建设"十四五"规划》，纳入企业"十四五"规划战略体系，明确新时期企业文化建设的指导思想、建设原则、建设目标和主要任务、保障措施，指出建强彰显时代特征，突出集团特色，富有强大生命力、引导力、感召力、影响力的企业文化"软实力"，坚持"旗帜鲜明、导向正确""围绕中心、服务大局""与时俱进、守正创新""主题突出、特色彰显""上下贯通、深度融入"的建设原则，推动"担当、守正、有为、共进"企业价

值观进一步融入基层、深入人心,成为广大干部职工特别是基层一线干部职工的价值认同和行动自觉。

聚思想之能,形成企业文化建设共识

能源集团坚持把思想构筑作为企业文化体系建设的首要内容,开展多种形式的专业培训、专题培训,持续深化干部职工对"聚能之道"企业文化的价值认同、理念认同、情感认同。把企业文化培训纳入集团培训计划,作为领导干部和普通员工学习培训的重要内容,作为党员教育的重要内容,作为后备干部培养、新员工培训的必修课,以各级领导干部为重点,不断提高各级管理人员领导和推动企业文化建设的能力。印制天津能源视觉系统宣传手册,组织开展调研、访谈、企业文化共识营等活动,举办企业视觉标识系统培训、"让文化创造价值"主题培训、新入职大学生培训、新领导新员工培训等系列活动,在面向新入职员工开展的价值创造能力提升行动"雏鹰计划"集中培训中,将企业文化作为重要单元系统讲授,有效推动企业上下形成践行和弘扬企业文化的强大共识。

聚融媒之能,营造企业文化浓厚氛围

能源集团注重发挥企业文化视觉输出传播熏陶作用,通过营造线上线下浓厚环境氛围加强企业文化理念的宣传贯彻,推动企业文化理念入眼入脑入心。在官微封面、官网首页显著位置长期开设"企业文化"专栏,常态化刊发企业文化手册、视觉标识系统手册,介绍"聚能之道"企业文化体系内涵和企业视觉标识系统应用场景规范,把"担当、守正、有为、共进"的企业价值观固化在官微公众号每篇稿件模板中,通过网站和新媒体途径长期做好企业文化体系的宣传阐释推广。同时,通过展牌展板、宣传栏、宣传橱窗、电子显示屏、墙面展示等线下宣传形式,把企业使命、企业价值观、企业愿景等企业文化价值理念有机融入办公、会议、营业站厅、施工现场等场所环境,努力做到"抬眼可见",强化视觉传播导入,推动广大干部职工牢记初心使命,践行国企担当,自觉做企业文化的践行者、弘扬者。

聚载体之能,发挥企业文化感染效力

能源集团充分发挥各种载体功能,增强企业文化传播渗透效能,实现润物无声、温暖有情、感染有力,特别是用活用好职工文体活动这一有效载体,把企业使命、企业价值观、企业愿景、价值理念等与各项活动紧密结合、紧密融入,通过设置互动环节、植入视觉元素、丰富活动内涵、创新活动形式等途径,实现用活动凝聚人心、凝聚士气、凝聚力量、凝聚资源。结合庆祝改革开放40周年、庆祝新中国成立70周年、庆祝建党100周年、纪念"五四运动"100周年等一系列重要时间节点,以及每年常态化职工文体活动工作安排,组织开展了职工书画摄影比赛、"聚能共进"系列体育比赛、歌咏大赛、演讲朗诵竞赛、线上线下知识竞赛、综合文艺展演、技能比武竞赛和党务、法务、财会等专项活动,通过喜闻乐见、丰富多彩的群众性活动有力深化了干部职工对"聚能之道"企业文化的认知认同,大家在竞技比拼、才艺展示、素质提升和昂扬兴致中,显著提升了对企业的归属感、荣誉感,彰显了企业文化的感染力、影响力、凝聚力。

聚榜样之能,建立企业文化激励机制

能源集团在企业文化建设的过程中高度重视"人"的作用,充分发挥干部职工身边先进典型的示范引领作用,让"身边人"影响带动"身边人",推动企业文化弘扬践行。组织开展了全国劳模和天津市劳模宣讲报告会、"两优一先"先进典型事迹报告会、"新时代新气象新作为——

我的幸福奋斗故事"先进典型基层系列宣讲等诸多先进典型学习宣传活动，立体化展现他们身上所蕴含的企业文化力量。2022年，能源集团党委启动天津能源最美聚能之星、最美聚能团队评选表彰激励机制，组织评选表彰第一届天津能源10名最美聚能之星、10个最美聚能团队，在官网、官微开设"'最美'的身姿"专栏，对获奖个人和集体的典型事迹进行了深入全面宣传，并纳入能源集团2022年社会责任报告对外进行发布，用感人的事迹生动阐释"聚能之道"企业文化精神的内涵，用奋进的故事有力反映"担当、守正、有为、共进"的企业价值观的蓬勃生机，激励广大干部职工见贤思齐、拼搏向上、担当有为、勇争一流。

聚理念之能，推进企业文化落地落细

能源集团坚持将企业价值观指导下的管控理念、安全理念、环保理念、服务理念、人才理念、廉洁理念融入企业管理，促进企业改革发展和公司现代化治理。积极落实"价值协同、价值创造"的管控理念，建立"产业协同、功能完善、产融结合、控制有力"的科学高效管控体系，建设会计服务、创新服务、档案服务、审计、法务5个中心，形成以综合计划和全面预算管理为龙头、以财务管控为重点、以信息化为支撑、以绩效考核为手段、以法治合规体系为保障的特色管控模式。2021年获评"国务院国资委公司治理示范企业"，2022年在天津首家通过ISO 37301合规管理体系认证。积极落实"预防为主、重在落实"的安全理念，实施本质安全建设三年行动，实施覆盖全员的安全生产责任制；开展燃气和供热户外管网设施安全隐患群众举报奖励，已奖励金额34万余元；连年开展燃气和供热旧管网改造民心工程，累计完成近2000千米，积极消除户外管网隐患；在全国率先启动智能燃气表集中免费更换工程，已投入近11亿元，更换表具近300万块，让群众用气更安全、更便捷；实施户内燃气隐患整治攻坚工程，改造内容、规模及难度在天津和全国燃气行业均堪称史无前例，持续筑牢群众用气安全屏障。积极落实"环境友好、绿色排放"的环保理念，深入践行"四个革命、一个合作"能源安全新战略，落实"双碳"要求，大力实施绿色化转型，推动能源生产方式、供应方式、消费模式清洁化，探索能源综合解决方案、综合能源站、分布式能源等模式，优化全市能源布局、改善区域能源结构、提升能源利用效率，建立健全绿色能源供应链体系。积极落实"服务到位、真诚到心"的服务理念，在全国供热行业率先启用24小时可视化无人服务厅，在全市率先实行窗口延时服务至每晚八点举措，在全市试点推出气费、热费、水费一站式跨厅通办，推出燃气和供热智能服务终端进社区适老服务举措，全面推广党建引领"用户吹哨、管家报到，管家吹哨、部门报到、党员报到"零距离服务，全方位打造"网上窗口"实现全部服务事项"网上办""不用跑"，"96677"服务热线为用户提供365天7×24小时服务，实现"一号响应""接诉即办""未诉先办"，用户满意度在99.8%以上。积极落实"品德为本、能效为先"的人才理念，坚持正确选人用人导向，以企业发展需要和领导干部品行、能力相匹配为标准，深化"三项制度"改革，实现能者上、优者奖、庸者下、劣者汰，同时采取轮岗交流、挂职锻炼等形式培养锻炼干部，实行"助理制""试用期"，建设德才兼备、素质优秀的干部队伍。积极落实"阳光透明、慎独慎微"的廉洁理念，全面建设廉洁文化，制定加强新时代廉洁文化建设方案，涵养良好政治生态，突出"政治监督"，加强日常监督、定期督查、专项巡察，聚焦集团混改、隐患治理、经营投资、工程建设、招标采购等重点领域，紧盯权力集中、资金密集的单位、部门、关键岗位，补齐短板、堵塞漏洞、深化治理，推动形成不敢腐、不能腐、不想腐的有效机制，全面打造清廉国企。

聚产业之能，加快企业高质量发展步伐

作为天津市能源投资建设与运行管理主体，能源集团把"聚能"理念全面融入电源、气源、热源、新能源"四源"战略实施，整合四大产业优势，调整能源结构，发挥协同效应，增强保障能力。聚电源之能，大力推进电力清洁技术转化应用和火电机组节能降耗改造、供热改造、灵活性改造，积极拓宽电力产业链，加快储能调峰建设，投资参控股电厂发电装机总容量占全市主力装机容量80%以上，为天津高质量发展提供了强有力的电力保障。聚气源之能，新建高压管线756.91公里、中低压管线5534公里，新建高压场站127座、中低压场站304座，形成集规划设计、工程建设、管网输配、销售供应于一体的燃气供应保障体系，为全市430万燃气用户、200余座煤改燃锅炉房和重大会议活动安全稳定供气。聚热源之能，完成散煤治理补建139万平方米，补建用户达2.38万，占全市总量的62%；接收改造长芦海晶、大沽化等7个项目，接收供热面积70.35万平方米，惠及1.1万用户；并网13座锅炉房，全面完成我市燃煤锅炉房并网任务，有效改善老旧小区供热效果。聚新能源之能，不断扩大清洁能源发电装机规模，参控股清洁能源发电装机占比从2013年年底的不到1%提升至2022年年底的25.65%，能源集团控股企业发电装机已全部为清洁能源；积极开发利用地热资源，建设11座地热供热系统，地热累计供热规模达290万平方米；成功实现光能、热能、空气能等创新利用，建成综合能源项目5个，拓展能源托管项目4个，启用低碳示范项目5个，清洁能源不断汇聚。

实施效果

2022年2月5日，中方愿加快在塔吉克斯坦建成中亚首家鲁班工坊。能源集团快速行动，在所属天津城市建设管理职业技术学院（以下简称城建学院），与塔吉克斯坦技术大学之间开展塔吉克斯坦鲁班工坊（以下简称塔工坊）建设合作。为落实好两国元首重要共识，能源集团党委强化使命担当，全面加强组织推动，领导亲自挂帅，成立工作专班，选派精兵强将组建前方工作组，赴塔实地工作。2022年11月29日，"塔工坊"经10个多月建设正式启动运营，填补了中塔两国职教领域合作空白，为中塔全面战略合作伙伴关系注入了新活力。

自2020年以来，面对新冠疫情冲击、能源短缺和燃料价格飙升等严峻复杂形势，能源集团坚持"疫情要防住、经济要稳住、发展要安全"，立足全市大局，坚决扛起保供责任，得到社会各界的充分肯定和广泛赞誉。

能源集团扎实推进国企改革三年行动，以高质量党建为引领、以"事功"为导向、以"完善治理、强化激励、突出主业、提高效率"为原则，2022年年底高质量完成国企改革三年行动各项任务，在重点领域取得实质性突破。现代企业制度持续完善，产业布局和结构调整不断优化，市场化经营机制进一步健全，科技创新取得丰硕成果，先进典型大批涌现，彰显了"聚能之道"企业文化的引领和支撑。

主要创造人：王嘉惠　裴连军

参与创造人：齐晓巍　李　虹　彭　瑜　任　勇

以基于"一核心两坚持三维度五工程"的特色文化体系引领企业高质量发展

中国电子科技集团公司第五十三研究所

企业简介

中国电子科技集团公司第五十三研究所（以下简称五十三所）始建于1980年10月，现有员工1900余人，其中高、中级专业技术人员700余人，主要承担光电领域技术研究生产任务。建所40多年来，先后完成了多个开创"国内第一"的光电产品研制与交付任务，引领了光电领域技术创新发展和装备更新换代，制定了一系列国家标准，承担了80%以上的预研、型号和生产任务及一批代表国内领先水平的重大项目，在所从事的专业领域具有全面领先的竞争优势。先后取得科研成果700余项，其中国家级3项、省部级120余项，拥有专利300余项。

实施背景

五十三所始终坚持以习近平新时代中国特色社会主义思想为统领，以高质量发展为导向，以"集团统领，协同共建"为总要求，以服务中心工作为根本，按照中国电科文化体系、《中国电科企业文化对接规范》、《中国电科企业文化手册》等指导文件要求，在中国电子科技集团有限公司（以下简称中国电科）企业文化基础上，着力构建"一核心两坚持三维度五工程"的特色企业文化，形成了反映时代要求、具有军工特色、作用不断彰显的五十三所文化体系。

体系内涵

"一核心"即以"敢于攻关、能打胜仗"为精神内核。要以时不我待、只争朝夕的紧迫感，聚焦光电事业目标发展，紧盯科技之变、战争之变、对手之变，全身心向"能打仗、打胜仗"的目标迈进，真正做到不辱使命、不负重托。

"两坚持"即坚持党的领导和建章立制。充分发挥企业党委把方向、管大局、促落实的领导作用，在企业文化建设工作中坚持顶层谋划、整体推进的原则，突出党建引领，发挥主导作用。

"三维度"即通过企业文化阵地宣传、企业文化培训宣贯、企业文化活动开展三个维度进行企业文化深植落地，使企业文化真正深入人心。

"五工程"以"核心理念、经营文化、员工行为、视觉系统、品牌建设"五大工程为主体，紧扣企业发展实际，找准文化落地载体，推动企业文化落地深植，有效引领价值导向、规范员工行为、指导发展实践。

主要做法

坚持"一核心"，统一员工思想，凝聚发展力量

面向全所职工征集"五十三所精神内核"内容，在全所掀起企业文化精神内涵的讨论热潮，历时月余，共收集职工意见近千条，经所党委整理同类意见、分析研究，最终确定五十三所精神内核为"敢于攻关、能打胜仗"。围绕精神内核，五十三所每年举办企业文化系列活动，建设五十三所文化展厅，展示五十三所发展历程及改革发展过程中具有标志性意义的重要事件，展示五十三所从建所以来走过的不平凡的历程，制作《铸盾》文化宣传片、《逐梦四十载·扬帆新征程》建所四十周年主题画册、《传承》微电影等企业文化成果，举办《红色基因·电科传承》演讲比赛，选手们娓娓讲述一代代五十三所人砥砺奋进、无私奉献、忘我报国的感人故事，通过系列活动激励感召一代代五十三所员工报效国家、献身国防、投身伟大事业。发挥榜样引领作用，大力宣传"全国三八红旗手"张秋菊、"天津市劳动模范"孟凡斌等人的事迹。通过凝聚典型力量，展现五十三所人新时代的精神风貌，用文化凝心聚力，增强干部职工践行企业文化精神内核的思想自觉和行动自觉。

做到"两坚持"，突出党建引领，实施顶层谋划

坚持党建引领，把好文化建设的正确方向。五十三所以"三位一体"党建工作格局为引领，坚持用党建引领企业发展，让党建工作成为企业文化生根发芽的丰沃土壤，牢牢把握文化建设的正确方向，党委全面领导企业文化建设，压实主体责任，成立企业文化建设组织机构，明确五十三所企业文化建设领导小组及办公室成员及主要职责，有效推动党建工作与企业文化深度融合，确保企业文化建设方向紧扣国家战略与使命责任。

坚持建章立制，形成完善的文化制度体系。五十三所构建了完善的企业文化制度体系，结合集团公司要求和五十三所实际，制定发布《中国电科五十三所企业文化实施方案》，明确企业文化建设的指导思想与基本原则，为规范企业文化体系打下坚实基础，制定《企业文化年度工作方案》与《企业文化落地深植年度重点任务自查清单》，明确年度目标、实施原则与重点任务，制定《品牌管理制度》，明确品牌贯标规范，推动企业文化融入科研生产与经营管理各环节，以文化引领价值创造，以文化凝聚思想共识，以文化推动全面创新改革发展，在实际工作中体现文化价值理念。

运用"三维度"，丰富活动载体，提升文化内核

做好阵地建设，营造文化氛围。五十三所根据《中国电科企业文化对接规范》要求，结合《实际形成核心理念手册》《员工行为手册》及《VI手册》，明确企业文化执行标准；利用各类媒体、工作场景、宣传栏（屏）等载体，加强文化阵地建设，将宣传标语、文化内涵、企业发展历程等视觉系统配置到位，将企业文化理念、行为规范等编印成册，在宣传电子显示屏播放企业文化理念、着装规范等漫画宣传图、宣传片，在微信公众号及公众号等新媒体平台讲好五十三所故事，打造立体的企业文化宣传路径，做好新时代文化可视化传播、营造浓厚文化氛围；树立五十三所品牌形象，围绕所内改革发展、科研生产和文化建设进行全覆盖宣传，抓实重点项目，

统一形象展示，抓住天宫二号、珠海航展等公众关注度高的重大事件，结合所内中央工程任务，加强对外品牌宣传力度；抓好重要会议、重大展览展示活动、重大工程外场的企业文化统一展示与推广工作；建立文化长廊，多角度展示五十三所发展历程、获奖情况、党建情况、支部风采、职工活动；开展企业文化墙设计与展示工作，充分展现五十三所主责主业与文化品牌特色；充分利用党员活动室，形成浓厚的文化氛围。

开展培训宣贯，强化理念共识。通过举办培训、专题学习和宣讲辅导等形式，把文化宣贯与日常学习、教育培训结合起来，实现文化宣贯全员覆盖；选树文化典型，通过典型人物（团队）讲述文化故事，弘扬正能量，以身边人身边事诠释新时代五十三所文化内涵，营造干事创业的文化氛围；各党（总）支部利用"313"对标、支部学习等形式，开展员工行为规范教育培训，使各类岗位的人员熟悉本岗位的基本行为规范，并在工作过程中按要求践行，不出现违反员工行为规范的行为，做文明守礼五十三所人；做好新员工培训工作，利用团建培训活动向新员工宣传中国电科、五十三所文化理念，举办绘制纳斯卡巨画活动，让新员工切身感受五十三所文化氛围。

开展文化活动，践行核心理念。通过举办创作所歌、"最美电科人"评选、发布文化书籍等形式，弘扬新时代电科文化理念，引领广大干部职工全面了解，深入学习新时代电科文化的内涵和要义；积极践行社会主义核心价值观，深化文明单位创建，开展爱国主义、集体主义、社会主义教育主题活动，引导党员群众加强社会公德、职业道德、家庭美德、个人品德建设；结合所内学习型组织建设，开展"文化大讲堂"活动，有机融入五十三所企业文化精神，引导党员努力前行、奋发向上，为所快速发展、扬帆远航聚力；注重与党工团活动相联合，组织开展劳动竞赛、创新大赛、运动会、主题党日等职工群众喜闻乐见的活动，使五十三所文化与科研生产紧密结合，推动文化入脑入心；把志愿服务与履行社会责任结合起来，重点在扶贫援助、重大活动保障等方面推进"大爱电科"系列活动，实现志愿服务活动常态化、制度化，彰显责任央企形象。

落实"五工程"，全面落地深植，激发文化活力

抓好试点工作，系统推进五大工程。为抓实做好企业文化落地深植工作，按照"试点垂范、全面推进"的工作布局，在全面部署落地深植工作的基础上，五十三所以二部四代机项目和"五元薪酬"改革项目作为载体试点，开展以点带面的试点推进工作，确保核心理念、经营文化、行为规范、视觉规范及品牌落地方案融入具体项目，为项目提供具体操作流程和规范，形成文化落地深植的范本，为企业文化在全所总结推广打下了坚实基础。

开展主题活动，践行核心价值理念。策划"初心""传承"和"前行"等企业文化宣传主题，分期开展"主题征文""文化讲堂""讲小课""党支部主题党日"等符合自身实际的特色文化活动，有机融入中国电科核心价值观和五十三所精神，充分诠释企业文化核心理念，激发广大职工的主观能动性。

落实"经营文化纲要"要义，融入经营管理规章制度。通过组织开展《中国电科经营文化纲要》培训，进一步强化相关职能部门对纲要的理解；按照部门职责，分解任务，明确职责，将经营文化纲要四篇共20章分解给各部门，要求有关部门在新建、完善制度时要以中国电科经营文化纲要为指导，将其中规定的目标、理念、途径等落实到具体工作中。强化对制度的审核把关。各职能部门新建或完善制度的需经过所党委审核，符合经营文化纲要有关要求的，才能下发执行。

践行员工基本行为规范，营造文明和谐氛围。制定员工行为规范手册，明确通用行为规

范、职业行为规范和常用礼仪规范三部分内容；组织开展学习研讨和自查。各党（总）支部利用"313"对标、支部学习等形式，开展员工行为规范教育培训，使各类岗位的人员熟悉本岗位的基本行为规范，并在工作过程中按要求践行，不出现违反员工行为规范的行为，做文明守礼五十三所人。

做好视觉展示，规范标识应用。制定《五十三所视觉识别系统手册》，明确生产、经营、办公3个场景，名片、工作证、桌签等具体项目的贯标规范；分解贯标任务，结合日常使用，将贯标任务分解给各有关责任部门贯彻执行；各部门对本部门员工进行VI规范培训，确保每一位员工了解和掌握VI的基本使用规范；在可视条件好、传播效果好、可见程度高的场所环境展示核心理念，使文化理念外化于行，内化于心，真正理解企业文化的深刻内涵；参加外部展会，展出带有CETC（中国电子科技集团有限公司）品牌标识的产品，做好企业文化统一展示与推广工作。

强化品牌管理，打造优质产品。按照中国电科"统一品牌架构体系、统一品牌管理体系、统一品牌识别系统、统一品牌传播推广、统一危机管理机构"的"五统一"的品牌管理格局，五十三所在科研生产过程中有效推进军品品牌和民品品牌落地，制订军品CETC品牌落地计划，明确贯标重点内容和贯标基本原则；以五十三所质量管理部为牵头部门，研究制定军品CETC品牌视觉应用规范，明确产品和软件两方面，机箱、机柜、标牌等9类内容贯标的位置、大小、工艺等属性，推动军品CETC品牌在五十三所落地；强化军品CETC品牌落地的推动，组织科研生产部门召开会议，部署、研究和推动CETC品牌落地工作；发挥考核指挥棒作用，将科研、生产部门落实产品贯标情况列入部门质量考核内容。

实施效果

通过基于"一核心两坚持三维度五工程"的特色企业文化体系的构建，近年来，五十三所人发扬"团结拼搏、求实创新、敬业奉献、勇创一流"的精神，攻克了一个又一个难关，完成了一个又一个重点型号任务，为军队装备升级和战斗力提升发挥了重要作用，所承担的多个国家重点任务得到上级机关和军队的表彰。

在基于"一核心两坚持三维度五工程"的特色企业文化体系引领下，五十三所经营规模持续扩大，收入利润实现大幅增长。自2021年以来，获得集团公司经营业绩考核A级，2021年较上年营业收入增长24.8%，净利润增长21.9%；2022年各项经营指标再创历史最高水平，营业收入增长率达21.5%，净利润增长率达25.3%。

以基于"一核心两坚持三维度五工程"的特色企业文化，不断激励五十三所全体职工持续实现创新发展，科技创新成果不断涌现，取得了一大批重大科研成果，累计获得国家发明奖1项；科学技术奖35项；科技进步奖2项。管理水平显著提升，能力建设和供应链体系化建设持续做强做优，核心能力支撑不断夯实。职工获得感、幸福感显著提升，职工工资总额显著增长，各类福利补助足额发放，以人为本为职工做好各类服务保障，切实增强了广大职工的获得感、幸福感、安全感。

主要创造人：戴万田　万建军
参与创造人：张佳音　陈　妍

向上文化引领电梯制造企业实现业绩改善

日立电梯（天津）有限公司

企业简介

日立电梯（天津）有限公司（以下简称日立电梯天津公司）位于天津宝坻九园工业园区，总占地面积约17.8万平方米。2005年3月，由株式会社日立制作所、日立（中国）有限公司、日立电梯（中国）有限公司、广州广日股份有限公司四方共同投资建立。日立电梯天津公司坚持以高端化、智能化、绿色化为方向，以构筑中国一流智能制造电梯企业、打造北区卓越服务平台为目标，经过十几年的发展，现已成为日立电梯在东北地区、华北地区的综合服务平台，年产能达到36000台，持续为客户提供先进、优质、可靠的产品和服务。

实施背景

日立电梯天津公司通过不断完善管理机制，鼓励员工不断创新；丰富文化传播载体、提升文化宣贯力度、持续打造文化氛围、不断丰富完善文化体系的内容，创造了安全舒适的工作环境和积极向上的职场氛围，提高了全员的幸福感和归属感；以"加强企业文化建设、营造积极向上文化、扩大品牌效应"为文化工作事业目标，积极构建"生产经营＋文化建设＋社会责任"三位一体发展布局，全面有效支撑电梯制造业务的开展，勠力打造具有日立电梯天津公司特色的文化标杆，塑造向上文化，助力企业战略目标实现。

主要做法

向上文化引导汇智聚力全员创新

明确企业经营目标，统一思想形成共识。日立电梯天津公司基于"构筑中国一流智能制造电梯企业、打造北区卓越服务平台"的总体目标，围绕成本降低、管理改善、制造统括、成果及反省四大模块对年度经营情况制定规划，保证企业的业绩实现持续改善。

日立电梯天津公司制定了以价值贡献为导向的"经营目标责任制"体系，形成了以价值贡献为思想指导，以责任目标为核心内容，以工作评定为有效措施的体系框架。

组织制度有效支撑，打造朝气蓬勃团队。日立电梯天津公司采用直线职能制组织形式，由纵横两大系统组成，横向为专业分工管理系统，纵向为垂直指挥系统。围绕组织价值链条，构建了完备的流程体系，并通过完备的管理制度文件体系保障流程的顺畅及管理价值的实现。

建立专项管理机制，鼓励全员自主创新。日立电梯天津公司充分发挥向上文化引导力，发掘和鼓励创新。近两年累计开展了487个创新项目，维度涵盖设计成本、采购成本、制造成本、排产优化及能源优化五大模块，累计实现创新收益3200万元。

企业积极开展QC小组（质量控制小组）活动，调动广大员工质量创新和持续改进的积极性和创造性，增强员工的团队协作精神，创造和谐的工作环境。

向上文化营造人文关怀职业环境

舒适安全的工作环境，让员工更安心。贯彻日立集团"保障安全与健康优先于一切"的安全理念，落实S（安全）＞L（规章）＞Q（质量）＞D（交付）＞C（成本）安全方针，实现安全"零"事故的目标，日立电梯天津公司建立全员安全生产责任制，深化各项安全检查工作，组织安全生产专题培训，开展安全生产教育系列活动，贯彻落实杜邦十大安全理念，提高员工自主安全防范意识，保证员工职业健康。

用心贴心的福利保障，让员工更暖心。日立电梯天津公司一直致力于创建有"温度"的后勤服务保障工作。2021年引入智慧食堂系统，互联网+自助餐的模式大幅度提升了员工的后勤服务满意度；开通服务市区、宝坻的五条班车线路，满足90%以上员工上下班通勤需求；结合专业化物业保洁服务和园林绿化设计，打造花园式工厂环境；设有员工医务室，每年两次定期组织员工体检，每月开设健康知识讲座，全方位守护员工身心健康。这些福利机制不仅能让在职员工更加安心工作，还为企业吸引了更多优秀的人才，为企业注入更多活力。

三位一体的阵地建设，让员工更舒心。秉持"四融四促"的工作理念，日立电梯天津公司以党支部为中心，以工会、团委为两翼，确保"三驾马车"齐头并进。

"温馨家园"推进职工服务阵地建设；"妈咪哺乳室"减轻女职工的身心负担；"职工书屋"阵地开展职工读书沙龙分享会等活动，凝聚职工的精神力量。2019年，占地1483平方米的"职工体育活动中心"正式投入使用，各类兴趣小组活动开展有序，极大丰富了员工的业余文化生活。

企业工会还建立《员工紧急救助基金实施方案》，积极推进员工帮扶机制，落实员工慰问，服务好职工，让员工享受到关心和关爱。

2021年，对员工休息区进行改造，不仅让员工在工作之余对企业文化有了更强的认知与体验，也通过视觉传达彰显了日立电梯人向上的力量。

向上文化构建积极正向职场氛围

多元激励体系，塑造双赢文化。日立电梯天津公司推出HELC-TJ职业能力评定体系升级，建立专业技术人才发展机制，强化构建复合型人才。标准化人才模型的建立，充分发挥高层次、高专业技术人才在企业发展和人才队伍建设中的引领作用，培养了一批技艺精湛的高技能人才，一批综合素质高、开拓能力强的产业领军人才，践行了企业人才发展战略靶向目标。

丰富沟通途径，凝聚团队力量。企业实行厂务公开民主管理，每年召开职工代表大会，采取职工代表举手表决的方式审议通过公司规章制度、关于公司经营管理与发展方面的重要事项及与职工切身利益相关的各项内容。

每季度的总经理360沟通日形成了员工与管理层直接对话机制，管理层从员工视角吸取意见建议，改进工作，同时有助于员工了解企业发展战略、激发参与经营的热情，实现企业与员工共赢。

企业每年开展员工满意度调查，对员工综合、后勤服务、绩效考核体系等多维度进行摸底，最新调查结果员工整体满意度、敬业度等评分已超过91分，较上一年度上升超过2分。

企业建立合理化提案机制，更激发员工主人翁责任感，引导和鼓励员工积极主动提出并实施有利于改善企业经营活动的革新建议。

培养复合人才，倡导终身学。日立电梯天津公司拥有完善的职业培训体系，每年制订有针对性的培训计划，包含内训、外培、内培等培训形式，在企业内部不断沉淀优秀管理经验，并在组织内进行传播及内化。通过内外知识经验在企业内的循环，实现人才能力的不断提升。

在日立集团每年开展的技能竞赛中，日立电梯天津公司钣金、电气车间基本上实现了技能竞赛全员化，通过比赛练就过硬技术，岗位技能水平明显提升。

强化法律意识，塑造合规文化。企业将"诚信"作为核心价值观首位，合规文化深入人心。内部审计监察为管理层提供直接的治理价值，通过搭建并开展多位一体的监管机制，减少企业接受监管的成本，保证企业运营各环节的合规性，提高外部审计监察的效率。

向上文化助力企业品牌价值提升

加强环境管理，推动绿色可持续发展。基于日立集团的长期环境目标一直将"防止温室化效应""资源的循环利用""保护生态系统"作为三大重要环保支柱，制订中期具体执行计划，并提出长期环境目标。2019年至2020年公司从用地集约化、原料无害化、生产洁净化、废物资源化、能源低碳化五方面创建了绿色制造管理体系，获得天津市及国家级绿色工厂称号。

投身志愿服务，守护温暖实现共成长。日立电梯天津志愿服务队自2012年起开展志愿活动，活动范围涉及绿色环保、知识宣贯、扶困助农等方面，目前已开展服务活动百余场，有效履行企业社会责任。

携手合作伙伴，助推集群高质量发展。日立电梯天津公司供应商质量管理的方针是以扶持为主，帮扶供应商提高品质管理，共同向上成长，提高产品质量，达到顾客满意。

目前日立电梯天津公司所处的九园工业园区，超过8家供应商在此集聚，通过协同发展、机制创新、政府引导等方式，现已形成了以日立电梯为龙头的产业集群，覆盖电梯设计、制造、物流、营销、安装、维修、培训及保养等环节，年产值达到30亿元。

实施效果

企业经营业绩改善，高质量发展动能增强

攻坚保供重点项目，展示企业卓越实力再创新高。2022年日立电梯天津公司整机完工14788台，整机发货14819台，日产能由原来的90台提升至120台，日发货量也从1500箱增至3000箱。在数字化工厂强大的制造能力加持下，企业面对急梯生产所需部件协同制造网络快速调整技术方案，在资源本地化、替品高配化、满足原始设计要求的前提下，保证了诸多公建大项目的按时交付。

经营业绩稳中向好，建设一流电梯智能制造企业。近两年市场环境艰难，原材料波动较大，企业发展面临着极具挑战的局面。基于此，在向上文化引领下，各项工作举措围绕业绩改善展开，协助企业不断变革，保证经营业绩稳步发展。

日立电梯天津公司积极响应制造业高质量发展的号召，不断推进 HEDS、MES、ERP 等系统的集成部署、加强 5G+AI 技术运用能力，加快产线互联互通，提升智能制造水平；实现两化融合智能应用，逐步推进车间指引系统、智能派工项目、智能物流货位管理、综合移动 App 集成等项目，提升信息系统覆盖范围，利用数字化优势提升工作效率；信息化专业能力提升，逐步推进 BI 系统商业智能系统项目，高度实现数据战略和业务战略融合发展，提升企业的数智化竞争实力。

集群效益不断增强，积极发挥行业龙头企业作用。日立电梯天津公司在宝坻产业配套企业超过 15 家，天津其他区配套企业超过 21 家，形成了稳定发展的电梯装备制造产业集群。

企业创新能力激发，行业领导力不断强化

以技术赢发展优势，领跑行业助推产品升级。日立电梯天津公司在产品上不断向上追求，MCA 系列乘客电梯采用日立自主开发的 CA19 控制系统，融合新一代电梯电子安全控制技术及 CA2 变频器驱动系统，使控制系统运营更高效；在机械结构上配合电子安全系统，简化了井道检测器件，取消了井道隔磁板、极限开关打板，有效提升了后续维保安装的效率；在装饰方面，配置全新开发的 E-220 轿厢、LM-220 轿顶，首创一体式 LED 灯轿围，配上后壁的圆扶手，为客户营造舒适、节能的乘梯空间。

以诚相待、以质取胜，为客户提供更优良产品。日立电梯天津公司始终坚持品质向上，严格执行质量管理体系。以客户需求为导向，致力于提供安全、舒适、高效的电梯产品。采用全生命周期的质量管理体系，覆盖产品设计、生产制造、安装与调试、售后服务及产品回收等阶段。

打造 5G+ 智能工厂，助力电梯制造行业新发展。在向上文化的引领下，日立电梯天津公司率先将 5G 技术应用于电梯制造领域，成为天津首家"5G+"的电梯制造企业。

企业劳资关系和谐，打造具有战斗力团队。在 2021 年获得"天津市级劳动关系和谐企业"荣誉称号，进一步提高公司社会影响力，凝聚全员先锋力量，助力企业高质量发展。

主要创造人：易泽强　冯　冉

参与创造人：危建莲　王梦璐　张艳艳

构建"四六"安全文化体系，助推企业安全稳定发展

华能扎赉诺尔煤业有限责任公司

企业简介

华能扎赉诺尔煤业有限责任公司（以下简称扎煤公司）前身为扎赉诺尔煤矿，位于内蒙古满洲里市境内，西距满洲里市区18千米，东距海拉尔区170千米，南邻中国第五大淡水湖——呼伦湖，北距中俄边境10千米。扎煤公司为国有独资公司，是扎赉诺尔矿区的独家开发主体。始建于1902年，1958年设立扎赉诺尔矿务局，1999年改制为有限责任公司，2007年与中国华能集团公司重组，隶属于华能呼伦贝尔能源开发有限公司，2012年由华能煤业有限公司托管，是以煤炭产销为主营业务的煤炭企业。公司现有生产矿4座，核定生产能力1900万吨/年，下设生产辅助单位7个，后勤服务单位5个，本部设14个部门，资产总额106.94亿元，在岗职工7671人。经过多年发展，2022年达到煤炭产量1811万吨、销量1809万吨"双突破"，利润达到12亿元，取得了开采120年以来的生产经营历史最好成绩。

扎煤公司曾先后荣获"'信访工作'先进集体""全区思想政治工作优秀单位"，全区"五一劳动奖状""第二届全区最具社会责任感企业"，全国"五一劳动奖状""全国电力行业企业文化成果特等奖""全国'安康杯'竞赛优胜单位""全国电力行业思想政治工作优秀单位""国家高新技术企业""第六届全国文明单位"等荣誉。

近年来，扎煤公司认真贯彻落实习近平总书记关于安全生产重要指示批示和重要讲话精神，以及华能集团"安全就是效益、安全就是信誉、安全就是竞争力"的大安全观，始终坚持在安全生产过程中，着力强化"生命高于一切、时时如履薄冰"的理念，注重培育和建设具有扎煤特色的安全文化。在形式、内容、载体等方面进行大胆探索与实践，形成了自身特色的"四六"安全文化，提高了企业安全管理水平和员工安全素质，确保了企业安全发展。

实施背景

煤炭是我国的主要能源，煤炭企业是国民经济的基础产业。煤炭企业是特殊行业，既要奉献环保能源、服务国家、造福社会、回报员工，又要搞好安全生产，这就为安全文化建设提供了重要的思想起源。特别是党的十八大以来，习近平总书记统筹发展和安全两件大事，创造性提出总体国家安全观的系统思想。华能集团公司坚持内强素质、外塑形象，把加强安全文化、廉洁文化、责任文化作为提升核心竞争力的重要战略举措，模范履行企业政治责任、经济责任和社会责

任，着力塑造"三色文化"品牌。这就为安全文化建设提供了强有力的理论依据。

体系内涵

"四六"安全文化，是指以华能集团"安全就是效益、安全就是信誉、安全就是竞争力"的大安全观和公司"生命高于一切、时时如履薄冰"的安全理念为引领，围绕"实现平安扎煤"安全愿景，在安全文化建设中建立"四六"运行机制，构筑"四六"保障工程的简称。"四六"安全文化架构是公司在学习、借鉴及总结以往安全管理和安全实践的基础上，经过公司多年的实践提炼形成的。

建立"四六"运行机制

"四"即打造四个体系：着力打造安全理念体系、着力打造安全制度文化体系、着力打造安全行为文化体系、着力打造安全物态（环境）文化体系。

"六"就是围绕安全文化体系建设，抓好六方面工作：强力推进"三程"教育与执行力度及"两票"管理制度，完成岗位安全风险评估，实施和推广"岗位标准作业流程"工作法，做好全员的安全培训，加强隐患排查与治理，加强班组建设。

构筑"四六"保障工程

"四"即完善四个体系：以各级党组织为主体的安全思想教育体系，以行政管理（生产指挥）为主体的安全生产保障体系，以安全监察为主体的安全监督体系，以工会、共青团为主体的群众性安全共建体系。

"六"就是开展好六项活动：全面推行煤矿安全性评价工作和岗位安全风险预知活动，提升矿井本质安全水平和员工安全意识；规范班前会召开程序，提升班组管理效能；广泛开展安全宣誓活动，坚定员工"我要安全"的信念；规范安全教育，夯实基础工作；扎实推进"岗位标准作业流程"工作法，提高员工执行力和风险预控能力；大力推行集体升入井制度，进一步规范员工升入井行为。

主要做法

提高认识，形成"四六"安全文化认同

为有效推进"四六"安全文化在安全生产工作中的实践与应用，在广大员工中进行广泛宣传，使之成为全体员工的思想共识和自觉行为。扎煤公司以"四六"安全文化为主题，组织开展了座谈讨论、经验交流等安全文化活动，使各级管理人员逐步深化了对"四六"安全文化的认识，并通过交流过程中的思维碰撞和管理交流，将"四六"安全文化理念与安全生产实际有机结合起来，形成扎煤公司《关于推进"四六"安全文化建设向精细深实发展的意见》，丰富其内涵，增强"四六"安全文化的可操作性。同时，充分利用各种宣传阵地的作用，广泛宣传"四六"安全文化理念，通过多维渗透的宣传攻势强化员工对"四六"安全文化的认同。

突出重点，确保"四六"安全文化的有效运作

一是重教育，形成氛围。每年，我们坚持做到"四个一"，即公司党政联合下发的第一个文

件是"安全一号文",党政联合召开的第一个会议是安全会议,第一行动是与二级单位签订"安全责任状",开展的第一个活动是"零点安全起步"。二是抓引领,统一意志。形成了安全核心理念、安全愿景、安全目标、安全认识观、安全价值观、安全预防观、安全道德观、安全权益观、安全责任观、安全亲情观、安全执行观、安全作业观、安全培训观等系统安全理念。三是夯基础,抓实班组。制定了《关于加强班组建设的指导意见》,修改完善了《班组长聘用管理条例》,建立了班组长职业档案,开展了班组长"职业生涯"设计活动,积极为优秀班组长的脱颖而出创造条件。以"十个一""班前安全一题学习""安全四台"等安全教育活动为落脚点,建立"每日一题、每周一课、每月一考、绩效挂钩"的学习制度,推行"岗位标准作业流程"工作法,坚持在行为上抓规范、在过程中抓监督、在隐患上抓整改、在制度上抓落实,不断提高员工的安全素质和基层管理人员安全管理水平。四是强管理,完善制度。根据煤矿安全专项整治三年行动要求,结合安全工作实际,进一步完善和规范各类安全生产规章制度,并出台了《扎煤公司安全灾害信息发布管理办法》,修编了《扎煤公司事故应急救援预案》,建立了安全隐患排查治理信息平台,使安全管理制度建设走上了信息化的轨道。五是树典型,示范引领。为带动公司安全文化建设的顺利推进,把铁北矿作为安全文化建设的试点,该矿按照公司"四六"安全文化架构的要求,系统建立"四三"安全管理模式,打造安全文化建设平台,形成了员工不敢"三违"、不能"三违"、不想"三违"的机制。

以"四六"安全为主线,以实现安全生产为目标,健全和完善安全生产管理体制

一是构建安全生产齐抓共管的格局。在扎煤公司和各二级单位牢固树立安全生产"一盘棋"的思想,做到党政一把手全面抓、分管领导具体抓,党政工团各负其责,群策群力、齐抓共管,形成了从公司、矿(厂)、队(段)、班组一级抓一级,一级保一级的横向到边、纵向到底、纵横交错的安全管理合力,使安全管理始终贴近安全生产实际,避免出现管理"挂空档"的现象,营造了良好的安全环境。二是构建安全质量标准化工作上水平的模式。公司每月组织一次标准化动态抽查,每季度组织一次标准化静态大检查,实行检评后当场汇总通报,并将检查通报结果在公司办公系统上进行公布。各单位根据通报结果,逐条进行整改责任人、整改时间、整改措施、整改资金和复查人的"五落实"工作,并将"五落实"情况用"回执表"的形式上报公司安全监察部门进行"销号"处理。形成了检查、落实、整改、上报、复查和再检查的闭环式安全质量标准化管理模式,推动公司向本质安全型企业迈进。三是构建安全生产责任制落实的机制。健全和完善安全生产三级责任体系,落实各级安全生产责任主体,将责任层层分解到各责任主体,层层签订安全责任状,形成安全生产层层有人抓、事事有人管、责任有人负的工作局面。四是构建矿领导下井带班制度的机制。按照《国务院关于进一步加强安全生产工作的通知》文件精神及33号令,所属生产矿按上级要求,严格执行矿领导下井带班制度,每天深入生产一线,紧盯生产现场"人的不安全行为、设备的不安全状态、环境的不安全因素"进行安全监管、开展现场办公,对生产现场各项作业进行跟踪管理,及时解决生产过程出现的问题,提高安全生产管理的效率。

以追求人、机、环境和谐统一为重点,全面提升公司安全生产能力

一是提高员工安全素质,强化安全意识。公司从"学法规、抓落实、强管理"入手,建立健全安全教育培训长效机制,定期开展安全学习、安全培训和安规考试,提升员工安全生产的主观意识,扎实开展反违章工作,排查安全管理中存在的隐患和缺陷,强化措施,持续改进,不断加强广大员工的责任意识和工作意识。二是规范员工行为，增强正规操作能力。在各级管理人员中实施"十个必须"和"十个不准"安全行为准则，强化责任意识。在井下单位实施集体升入井制度，通过集体升入井，杜绝了员工在上下班过程中的违章违纪现象。为规范现场管理行为，推行了现场交接班和现场安全确认制度等，增强了员工的安全责任意识，进一步规范现场管理。在员工中推行了"白国周班组管理法""岗位标准作业流程"工作法等，促进了员工按章操作、按程序操作的自觉性和主动性，有效地杜绝了违章行为。三是规范"物"的行为，实现人机和谐、环境安全。为规范现场设备、物料、工具摆放，我们推行了定置和标识管理，重点在主要巷道、硐室、偏口、岗位设立永久性安全标识，严格使用标准字、标准色，规范了标识内容。对主要生产地区、运输大巷、机电设备、电缆线路、风水管路、安全设施、运输设备和物料等实施标识管理、定置管理，实现了"看得见、拿得准、易控制、好管理"，使责任更加明确，设备运行状况更加安全稳固。在主要大巷、偏口、重要岗位设立了安全视觉系统，实现了亲情提示、环境安全。

实施效果

广大员工的安全责任意识明显增强

"四六"安全文化建设工作的大力开展，使广大员工真切地认识和感受到企业抓安全的良苦用心，真正树立和强化了安全责任感和使命感，牢固树立了安全思想，由过去被动的"要我安全"升华为内在需求的"我要安全"。

安全管理水平明显提高

由于公司管理体系的建立健全并得到执行，做到"凡事有人负责、凡事有章可循、凡事有据可查、凡事有人监督"。

井下工作环境发生明显变化

生产矿井普遍把环境建设向井下延伸，安全文化通道、精品工作面、精品硐室等干净、整齐，不仅使员工有了舒适、安全的工作环境，更使员工的精神面貌焕然一新，工作质量和效率大幅度提高。

企业安全生产取得显著成效

激情奋斗必有回报，文化力激活了生产力。多年来，扎煤公司在强化安全文化建设的同时，进一步加大安全投入和矿井"四化"建设力度，企业安全生产形势总体保持稳定，努力达成"零事故""零死亡"双零目标，四个生产矿均通过国家一级安全生产标准化考核定级，安全工作处于全国同行业较好水平。

主要创造人：崔　义　谭志成

参与创造人：关　鑫

"活态双国宝"浓香国酒品牌文化塑造

泸州老窖股份有限公司

企业简介

泸州老窖股份有限公司（以下简称泸州老窖）是在明清36家酿酒作坊群的基础上发展起来的国有大型骨干企业，全国知名企业，也是四川省第一家上市的白酒企业；是浓香文化的缔造者、浓香标准的制定者和浓香技艺的传播者，被誉为"浓香鼻祖"。2013年，泸州老窖1619口百年以上酿酒窖池、16个明清酿酒作坊及三大天然藏酒洞，一并入选"全国重点文物保护单位"，其中百年以上老窖池占行业的90%以上。

"活态双国宝"是泸州老窖在行业内独有的核心文化资产，其中泸州老窖"活文物"酿酒窖池群和传统酿制"活技艺"，被并称为"活态双国宝"。"活态双国宝"浓香国酒品牌文化是以围绕塑造"活态双国宝"浓香国酒品牌为主要目标的文化管理方式，具体体现为泸州老窖核心竞争力要素、核心价值观、党建文化、历史文化、品牌文化、质量文化、营销文化、管理文化、行为文化、廉洁文化、安全文化等，紧扣企业文化体系之精神文化层、物质文化层、制度文化层、行为文化层、历史文化层等维度，构建泸州老窖"活态双国宝"浓香国酒品牌文化核心基因。

"活态双国宝"浓香国酒品牌文化的塑造

泸州老窖以优秀中华传统文化、悠久酿造文化为根。文化是一个国家、一个民族的灵魂。中国白酒有着数千年的历史文化积淀，是我国宝贵的文化遗产和重要的大国名片。蕴含深厚酒文化的老窖池、作坊等具有独特性、不可复制和不可再生性，是中华文化的重要组成部分。

自中华人民共和国成立以来，泸州老窖先后历经公私合营、八五技改、股份改革、集团运作、双轮驱动等重要时期。从作坊酿造发展到国有企业，由工厂发展为股份公司、集团公司，泸州老窖在时代的浪潮中始终重视对"活态双国宝"品牌文化的塑造，以自信务实之心、站高谋远之法、敢打必胜之志，为行业创新发展做出积极探索。

泸州老窖以卓越企业管理文化为干。党建强则企业强，党建兴则企业兴。作为国有企业的泸州老窖以创业奋斗的生动实践证明，要充分发挥党委把方向、管大局、促落实作用，切实以高质量党建工作引领企业高质量发展，成为推动泸州老窖高质量发展的"红色引擎"。

"十年品牌靠营销、百年品牌靠品质、千年品牌靠文化。"早在1999年，泸州老窖便在白酒行业中率先提出"统治酒类消费的是文化"这一理念。多年来，泸州老窖人不断提升白酒文化的内涵和品牌高度，努力将白酒打造成为具有代表性的文化符号。这是泸州老窖义不容辞的责任与担当。

基于这份责任与担当，泸州老窖在精细管理、队伍建设、品牌营销、质量管理、科研创新、社会责任等企业管理维度方面做出了表率。

一是管理筑基。泸州老窖坚持深化企业改革、机制创新、数字运营、风险防控、降本增效等方面工作，为企业长远发展积蓄充足管理优势，形成以"1中心2园区N基地"为核心，全国各地34个营销服务中心为外延的发展格局。二是队伍建设。坚持人才是第一资源，构建立体式人才成长体系和职工服务平台，培育国家级、省部级、行业级专家、高级专业人才、技术人才逾千人。三是市场为要。聚焦"双品牌、三品系、大单品"，前瞻市场先机、完善品牌矩阵、创新文化表达，成为"全面以消费者为中心"的新型酒类头部企业。四是品质为王。致力于"让中国白酒的质量看得见"，在行业率先打造"有机高粱种植基地"，是白酒行业首家农业产业化国家级重点龙头企业，建立并完善有机、质量、食品安全、诚信、环境、测量、能源七大管理体系，实施严于国家标准的200余项企业标准。曾获首届"四川质量奖"、第四届"四川质量奖""国家食品安全诚信示范单位""全国质量诚信标杆企业"等殊荣。五是科技为先。建设了国家博士后科研工作站、国家固态酿造工程技术研究中心、院士（专家）工作站等国家和省级科技创新平台，累计拥有科技平台15个，国家级非物质文化遗产代表性传承人3名、中国酿酒大师5名、中国白酒大师2名、中国白酒工艺大师3名、中国评酒大师2名；承担政府项目150余项，获得授权发明专利167件，实用新型专利237件，形成了"产、学、研、推、用"一体化合作机制。六是环保为民。在管理体系建设、绿色技术创新、资源能源节约、环境污染预防、资源综合利用、绿色产品研发和绿色供应链管理等方面持续加强攻关。七是安全为本。全年各类生产安全事故为零、职业病发生率为零，获评"安全生产标准化一级企业""省级健康企业"。获评"省级绿色供应链企业"，连续3年获评省级"企业环境信用评价环保诚信企业"。八是感恩为责。投身抗震救灾、捐资助学、志愿服务等活动，近年来，累计募集捐赠资金超20亿元。泸州老窖扶贫工作先后荣获全国社会扶贫先进集体、四川省脱贫攻坚"五个一"帮扶力量先进单位、全国慈善会爱心企业等荣誉。

以特色鲜明的产品文化为枝叶。泸州老窖打造"双品牌、三品系、大单品"品牌体系。品牌是泸州老窖的生命，也是泸州老窖决胜未来的核心竞争力。泸州老窖的品牌发展要从元代说起：1324年，泸州酿酒人郭怀玉首创"甘醇曲"，开创中国大曲蒸馏酒酿造史。"浓香鼻祖"泸州老窖目前拥有"泸州""国窖""泸州老窖"等全国驰名商标。从心怀感恩的"白塔牌"、时代烙印的"工农牌"，到改革开放以后，"泸州牌"商标正式登上历史舞台，于1981年被批准注册为商标，于1991年，荣膺首届中国十大驰名商标。

近年来，泸州老窖依托"活态双国宝"浓香国酒品牌文化，构建了"双品牌、三品系、大单品"品牌体系，"国窖1573"和"泸州老窖"双品牌共生共荣、相得益彰。"浓香国酒"国窖1573稳居中国三大高端白酒品牌序列；百年泸州老窖窖龄酒"窖龄酒品类开创者和领导者"及泸州老窖特曲"浓香正宗·中国味道"的地位深入人心；头曲和黑盖按照"大众消费第一品牌"的定位，正迅速将公司的品牌影响力向更深层次、更广范围市场传播；养生酒和创新酒品类不断满足多样化、细分化的市场需求；全新战略品牌"高光"开启公司高端光瓶酒和轻奢白酒品类新赛道。

打造一批泸州老窖品牌特色IP。泸州老窖致力于"让世界品味中国"。封藏大典连续举办16届；国际诗酒文化大会连续举办6届，"泸州老窖高粱红了"文化采风之旅，《孔子》《李白》《昭君出塞》《大河》等"为人民起舞"大型民族舞剧巡演反响热烈；泸州老窖·国窖1573与大洋网球公开赛、俄罗斯世界杯、卡塔尔世界杯、中国国家队等体育营销再掀高潮；国窖1573卡塔尔世界杯联名纪念酒引爆市场、一瓶难求。国窖1573·七星盛宴、国窖1573·冰JOYS、国窖1573·酒香堂、泸州老窖特曲中华美食群英榜、泸州老窖特曲群英荟、百年泸州老窖窖龄酒窖龄研酒所、百年泸州老窖窖龄酒精英俱乐部之夜、高光轻奢快闪店、高光星宴等品牌推广活动以时尚、潮流、时代的语言与消费者沟通，提升了消费者的体验感和满意度；跨界推出泸州老窖香水、酒心巧克力、"断片"雪糕、"醉步上道"奶茶等新潮产品，致力于中华优秀传统文化的传承创新。

多方位聚焦泸州老窖企业文化内涵构建。泸州老窖系统梳理了大量酒文化、企业文化知识内容，出版、制作30多部文化巨著，并制作系列精品课程和文创延伸品。打造《泸州老窖报》、官网、电视台、自媒体等系列矩阵传播平台，"泸州老窖蓝V""浓香鼻祖·泸州老窖""窖小二不二"等新媒体传播运营优化，构建起矩阵式传播平台，全网播放量达3.7亿次。开展全员企业文化知识竞赛，打造泸州老窖版"酒文化知识大会"。建立泸州老窖·国窖1573研究院，从党建文化、质量文化、企业文化等角度，策划开展精品项目。精心筹办"流动的博物馆"，"泸州老窖荣获中国名酒七十周年主题展览"全国巡展，推动中国酒文化生动呈现。积极开展中国世界文化遗产、中国浓香型白酒起源地、白酒生态保护区等申报工作，率先组织制定《泸州老窖酒传统酿制技艺传承人认定与管理办法》，发起建立中国非物质文化遗产保护协会白酒酿制技艺专业委员会。泸州老窖作为首届理事会主任单位，为白酒行业发展助力。国窖1573广场、泸州老窖博物馆、天然藏酒洞、乾坤酒堡、党群服务中心、企业文化展厅等文旅景点相继开放，构建浓香文化朝圣坐标，泸州老窖的金字招牌再度擦亮。

"活态双国宝"浓香国酒品牌文化塑造的主要成效

品牌影响深入人心

泸州老窖自开展"活态双国宝"浓香国酒品牌文化塑造以来，生产经营业绩逐年攀升，品牌影响力持续扩大，行业口碑、企业形象稳步提升。新冠疫情三年，中国名酒企业受到较大冲击，但泸州老窖顶住了重重压力，保持了良性快速发展。2022年，泸州老窖实现营业收入251.24亿元，同比增长21.71%；获得净利润103.65亿元，同比增长30.29%。泸州老窖净利润首次突破百亿元大关，创下历史新高。泸州老窖依托"活态双国宝"浓香国酒品牌文化底蕴，坚定回归中华名酒价值；塑造了清晰的"双品牌、三品系、大单品"；开展"品牌复兴"工程，确立了"浓香国酒""浓香正宗""窖龄品类的开创和引领者""大众消费第一品牌"等品牌站位。2022年，泸州老窖成为白酒行业中唯一双品牌上榜"凯度最具价值中国品牌100强"的中国企业；居"2022年度全球最具价值烈酒品牌50强"榜单第三位。

海外市场不断拓展

随着泸州老窖品牌文化影响力持续提升，泸州老窖积极拓展海外市场，并被越来越多的海外消费者青睐。近年来，泸州老窖频频亮相"一带一路"国际合作高峰论坛、金砖国家领导人会晤、夏季达沃斯论坛、中欧论坛等影响全球的大事件。泸州老窖产品销售网络从亚洲发展到了北美、南美及共建"一带一路"国家在内的70余个国家和地区，成为海外覆盖面最广、美誉度最高的中国白酒品牌之一。泸州老窖通过讲好浓香四溢的中国白酒文化故事，有效提升了中国白酒和中国文化在世界上的知晓度和影响力，为"让世界品味中国"贡献了白酒力量。

企业文化阵地日益壮大

以竞争型品牌营销为导向，泸州老窖进一步讲好、讲精、讲活白酒文化品牌故事，打造泸州老窖文化阵地，持续推动中国酒文化生动呈现。书籍、视频、文字、图片及培训，多手段、多平台为泸州老窖企业扩张、品牌升级、市场拓展和团队成长搭建起了传播交流的平台；"泸州老窖企业文化展厅""泸州老窖党建文化馆""国家级非遗传承基地"等参观基地每年接待游客超过10万人次，每年为经销商、销售品牌公司、品牌类活动演讲植入等开展文化培训数百场。泸州老窖·国窖1573研究院、中国非物质文化遗产保护协会白酒酿制技艺专业委员会，成为泸州老窖文化塑造的智库平台。

优秀人才不断涌现

泸州老窖不断夯实人才工作基础，持续构建选人、用人、育人的人才发展机制，培养了一支总量充足、素质优良、充满活力的人才队伍。销售一线打造了一支与市场规模相匹配的竞争型队伍，黄舣生态园区新增了一支与生产力发展相适应的技能型队伍，科研领域培养了一支与创新发展要求相符的知识型队伍，泸州老窖企业文化知识竞赛全员参与率达100%，培养起数万名企业文化推广大使，全面充实壮大了公司的人才梯队。泸州老窖入选全国轻工行业"产改"专项行动第一批重点推进企业，获评"全国五一劳动奖状""全国和谐劳动关系创建示范企业"。

一路走来，泸州老窖秉承"天地同酿，人间共生"的企业哲学，用精湛的匠心匠艺、精彩的"浓香鼻祖"故事，记录着中国酒业坚韧的成长之路，也书写着实现伟大中国梦的新篇章；坚持以"全心全意酿酒、一心一意奉献"为宗旨，敬人敬业，创新卓越，凝聚"不忘初心、坚守匠心、坚定信心、树立雄心、奉献爱心"的五心力量，共担中国白酒时代责任。如今，泸州老窖正以站高谋远之心、坚韧不拔之志，在打造"千亿泸州老窖"的征程中，奋力谱写更加壮美的时代华章。

主要创造人：刘 淼 林 锋

参与创造人：王洪波 任中榕 沈才洪 谢 红 何 诚 张宿义 熊娉婷 李 勇
杨 平 苏王辉 李 宾 姜 楠

厚植家国情怀，构建"五位一体"文化体系

中交四航局第二工程有限公司

企业简介

中交四航局第二工程有限公司（以下简称四航二）位于花城广州，隶属于中交第四航务工程局有限公司（以下简称中交四航局），是中国交通建设股份有限公司（简称中国交建或中交）的三级子公司。四航二成立于1951年9月，具有国家港口与航道工程施工总承包一级资质，主要从事航务、市政、路桥、轨道交通、水利水电等工程承包业务，国内业务遍布20多个省、市，境外业务涉及20多个国家和地区，营业额连续多年超百亿元，在中国交建基建板块三级子公司中位列前茅，先后参与了京沪高铁、港珠澳大桥、深中通道、巴基斯坦瓜达尔港、斯里兰卡科伦坡港口城等海内外重大基础设施建设，共获得100多项国家、省（部）级等工程奖项，其中"鲁班奖"15项、"詹天佑土木工程大奖"7项、"国家优质工程奖"16项，研发的大型嵌岩成套技术、深水防波堤、大型沉箱重力式码头及高性能混凝土四大品牌技术均已达到国际领先水平。四航二致力于发展为"业内优秀、受人尊敬的国际化工程承包商"，先后荣获"全国文明单位""全国五一劳动奖状""中央企业先进基层党组织""中国青年五四奖章"等荣誉。

实施背景

国有企业是中国特色社会主义的重要物质基础和政治基础，是我们党执政兴国的重要支柱和依靠力量，要以中国式现代化全面推进中华民族伟大复兴。四航二在中华人民共和国成立之初，肩负着祖国基础设施恢复与建设的重任应运而生，70余年来始终与祖国同行、与时代共进，有着一脉相承的精神追求、精神特质和精神根脉，在不断跨越式发展中一次次担当起国家交付的重任，在攻坚克难和服务奉献中展现企业存在的价值。新时代新征程，四航二以更高标准、更高要求推动高质量发展，奋力打造"业内优秀、受人尊敬的国际化工程承包商"，以高质量发展的步步推进促进中国式现代化的节节胜利。

主要做法

四航二以社会主义核心价值观为引领，以中交企业文化、中交四航局特色文化理念为基础，厚植家国情怀，传承"埋头苦干、敢为人先、敢闯敢试、精益求精"的优秀文化基因，发扬"务

实、创新、品质、共赢、稳健"的发展内涵,着力构建起"五位一体"的文化体系,凝聚起为服务国家经济社会发展、中华民族伟大复兴、构建人类命运共同体的磅礴力量。

厚植家国情怀,传承红色基因,永葆初心服务国家建设

栉风沐雨,党旗引领发展方向。一是坚持高举习近平新时代中国特色社会主义思想伟大旗帜。四航二旗帜鲜明加强政治建设,坚持高举习近平新时代中国特色社会主义思想伟大旗帜,制定了《二公司贯彻落实习近平总书记重要指示批示实施办法》,带头常态长效落实"第一议题"、理论学习中心组学习制度,坚持不懈用党的创新理论武装头脑、指导实践、推动工作。二是全面贯彻习近平新时代中国特色社会主义思想。四航二坚决贯彻落实党中央、习近平总书记决策部署及党的二十大关于国资国企重大部署,梳理完善党委在决策、执行、监督各环节权责和工作方式,切实将党的领导落实到经营生产各领域、各方面、各环节,进一步推动四航二高质量履行政治责任、经济责任和社会责任。三是始终坚持以人民为中心的发展思想。在方舱医院建设等方面积极履行央企担当,听从指挥,积极响应,圆满完成各项任务。深度参与乡村振兴。四是坚决落实党和国家帮扶政策,为推动乡村振兴提供助力。

强根铸魂,红色基因筑牢根基。坚定文化自信,传承优秀文化基因。一是系统梳理企业精神文化,在充分借鉴集团精神谱系的基础上,提炼总结出"埋头苦干、敢为人先、敢闯敢试、精益求精"的优秀文化基因。二是注重企业文化产品创建。发布了一系列文化产品,浓缩展示在党领导下不断发展壮大的荣耀历史,赓续红色力量、砥砺初心使命。三是持续巩固拓展党史学习教育成果。把党史学习教育成效转化为干事创业、解决难题的强大动力,推动党史学习教育成果深化、实化、转化。

守正创新,党建引领新征程。一是坚持党建工作与生产经营双向融合。把经营生产的重点、难点作为党建工作的着力点,着力将党的组织优势转化为企业高质量发展优势,通过"党建+"、互联共建等模式,推动提升党建与中心工作的融合度、紧密性。二是注重基层组织建设,坚持大抓基层的鲜明导向。深化"一支部一堡垒、一党员一旗帜"品牌创建,统筹推进片区党建、智慧党建、境外项目党建、互联共建、船舶党建等工作,为提升企业管理品质坚定组织保障。三是注重党风廉政建设。压实管党治党"两个责任",将党风廉政建设和反腐败工作与生产经营工作同研究、同部署、同实施、同考核。

构建文化体系,把握发展内涵,奋勇当先做强做优做大

以"务实"为前提,夯实高质量发展根基。坚持党管干部、党管人才原则。四航二严格执行新时代好干部"20字"标准,围绕"七种能力"建设,全面提升员工专业能力和专业素养,提升两级班子政治能力、科学决策及抓落实能力,打造一支政治强、专业精、作风优的高素质专业化人才队伍。严格干部选拔任用程序,加强干部选拔任用全程纪实,切实做到同步监督、全程把控。

以"创新"为动力,激发高质量发展活力。积极践行创新驱动发展战略。四航二树牢"技术创造价值"理念,着力突出服务主业的核心技术攻关,激发科技创新活力,聚焦重大工程与新兴业务领域,着力解决核心领域"卡脖子"技术难题,助力一系列重大项目的顺利实施,其中海南工程受到党和国家最高级别的表彰,参建的港珠澳大桥获得党中央高度认可。推进"党建+技术创新"等管理模式,将党建融合工作落实到科技创新全过程,有力打破技术壁垒,在沉管隧道施工、DCM（深层水泥搅拌）法水下软基加固、岛礁工程建造、城市河涌水环境综合治理等技术领域跻身世界前列。近三年来，四航二科技创新硕果累累，获得省部级工法24项，省部级科技进步奖51项，实用新型专利191项，发明专利45项。

以"品质"为根本，塑强高质量发展优势。四航二坚持筑牢"质量强企"意识。深入开展品质工程建设，以创优工作为抓手，扩大创优范围，加强质量策划，提高质量管理水平，夯实"品质四航"，打造"四航二"名片。探索质量管理人员委派制和双线控制，优化质量内控机制，筑牢质量红线。开展质量管理专项整治，加强工程分包商质量管控约束，规范业务流程，确保施工质量可控。完善试验检测管理，积极与第三方机构合作，加强检测工作规范性；提升质量控制水平，强化"事前控制"，加大监管力度，从源头有效控制质量风险。

以"共赢"为导向，开拓高质量发展路径。四航二突出稳中有进，强化市场经营开拓。树牢"市场为大、市场为先"理念，持续贯彻"三重两大两优"经营策略，做大国内现汇市场，守牢核心区域，紧盯优质项目，加强市场开拓，贯彻"围绕主业、有限相关多元"发展思路，优化业务布局，推进施工总承包特级或综合甲级资质获取；坚定不移践行"海外优先"，瞄准重大市场和主要业务，深耕中东等既有区域市场，持续聚焦重点市场，完善海外经营体系，加快属地化发展，做实海外风险防控；持续做优投资业务，健全投资开发体系，深化"大市场"经营理念，加快投资人才队伍建设。

以"稳健"为保障，筑牢高质量发展屏障。四航二坚持加强管理体系和管理能力建设，监管与放权并重，提升整体协同效能。在沙特阿拉伯、斯里兰卡等持续实施区域化改革，合理划分本部、区域管理的决策权限，实现"授权型管控"向"制度型管控"的转变，推动区域生产经营更加集约高效。全面加强安全环保管控。坚守"发展决不能以牺牲生命为代价"的底线，严格按照"党政同责、一岗双责、管业务必须管安全"的要求，逐层压紧压实安全生产责任，夯实安全管理基础，深入推进安全文化建设，打通安全生产"最后一公里"。持续提升质量管控能力。紧扣质量"双创"目标，全面梳理、完善质量监控体系，加强质量过程管控策划，抓好质量管理系统应用和实体工程质量检测，确保工程建设品质受控。抓细成本预算管理。加强经济数据收集分析，提高项目成本预算精准性，推动成本预算全周期闭环管理，及时发现异常情况，采取有针对性措施，降低项目实施成本。强化依法合规管理。坚持牢固树立依法治企观念，增强法治意识，提高运用法治思维和法治方式推动改革、解决问题的能力。

实施效果

企业文化建设推进政治站位不断提升

近年来，四航二始终认真执行党的路线方针政策，进一步把企业发展规划同国家重大战略紧密衔接起来，当好国家重大战略实施的主力军、排头兵，深度参与粤港澳大湾区建设、雄安新区建设、京津冀协同发展、长江经济带发展、长三角一体化发展、黄河流域生态保护和高质量发展、海南自贸区建设等国家战略，"四个意识"更加牢固，"四个自信"更加坚定，切实做到了"两个维护"，高质量建设了港珠澳大桥、海南工程等重大工程。2021年，四航二党委获评"中央企业先进基层党组织"；2022年，四航二党委、深中通道项目党支部获评"集团首批党建标杆",深中通道项目经理室、地铁十二号线项目经理室、三亚某船坞项目工程技术部获评"集团首批党员示范岗"。

企业文化建设推动高质量发展

近年来,四航二主动作为,通过深化改革、优化资源配置模式、提升科技创新水平,履行经济责任更加有力,总体指标稳中有升,为社会、客户、员工带来增量性的价值贡献,全力保障了国有资产保值增值,推动了国有资本做强做优做大,为中国式现代化建设做出了更大贡献。近三年来,四航二新签合同总额771.12亿元,营业收入总额344亿元,利润总额8.08亿元,三大经济指标连年创历史新高。2020年年底,四航二再次经过严格复查评审,继续保留全国文明单位荣誉称号;2022年,四航二成功入选集团头部三级工程公司、海外专业领航企业行列。

企业文化建设凝聚起发展合力

近年来,四航二干事创业氛围越加浓厚,两级领导班子勇于担当、善于作为,党员干部、工人群众、青年合力服务企业高质量发展。四航二领导班子被中交四航局党委评为"2019—2020优秀领导班子""2021—2022优秀领导班子"。2021年,四航二获"全国五一劳动奖状""全国模范职工小家"等荣誉,斯里兰卡项目获"全国一星级青年文明号"。2022年,四航二深中通道项目荣获"全国青年安全生产示范岗"。

企业文化建设坚定服务社会的价值追求

四航二高效履行社会责任,在突发事件应对过程中,主动担当、积极作为,受到政府、人民的广泛赞誉。四航二在生态文明建设中,始终秉持绿色发展理念,利用专业优势,深度投入水环境治理、水利设施、核电等领域基础设施建设,加快调整优化结构;在乡村振兴事业上,四航二落实集团"中交助梦"行动方案和广东省委、省政府、省国资委有关工作要求,做好巩固拓展脱贫攻坚成果同乡村振兴有效衔接工作,推进帮扶地区实现更加美好的生活。

主要创造人:贺朝晖　王兆忠

参与创造人:曾宪明　刘永丹　陈　远　于瑞莹

深耕红色沃土，展示"国家名片"实力

中车南京浦镇车辆有限公司

公司简介

中车南京浦镇车辆有限公司（以下简称中车浦镇公司）始建于1908年，为中车旗下一级子公司，是我国动车组、铁路客车和城市轨道交通装备专业化研制企业，以及系统集成供应商及城市轨道交通运行方案解决者。中车浦镇公司现有员工6900人，从事技术、技能人才占比78.9%。共有国务院政府特殊津贴专家7人、"詹天佑铁道科学技术奖"2人、"茅以升铁道工程师奖"6人，中车级核心人才201人、公司级核心人才691人。

中车浦镇公司拥有强大的研发平台，掌握动车组、城市轨道车辆、铁路客车设计制造、列车网络系统和车辆无人驾驶等关键核心技术。现有控股子公司12个，市场分布于非洲、亚洲、拉丁美洲等。先后荣获省部级及以上科技奖项18项，并荣获"中国精益普及大奖""江苏省绿色工厂""江苏省智能制造示范工厂""江苏省工业互联网发展示范企业和首批五星级上云企业""江苏省工业旅游示范区"等奖项和荣誉，成功入选"科改示范企业""中央企业先进基层党组织""中央企业爱国主义教育基地"，地铁车辆产品获评中华人民共和国工业和信息化部第七批制造业单项冠军（产品）。

实施背景

党的二十大报告提出"建设现代化产业体系"，要求坚持把发展经济的着力点放在实体经济上，推进新型工业化，加快建设制造强国。推进产业智能化、绿色化、融合化，建设具有完整性、先进性、安全性的现代化产业体系。世界一流企业是国家经济发展水平、科技创新实力和国际竞争力的重要体现，是引领全球经济发展、产业升级和技术变革的关键力量。

主要做法

红色文化培根铸魂，厚植创新发展底蕴

培根铸魂，强化文化溯源。汲取和发扬光大"百年浦镇、创新领先"优秀文化，发掘整理历史文化精髓。

中车浦镇公司（前身为浦镇机厂）于1908—1949年为先锋文化（曾叫革命文化），1949—1978年为责任文化（曾叫创业文化），1978至今为创新文化。其以红色文化衍生形成符合时代要

求和企业特色的先锋文化、责任文化、创新文化等文化主体。

激发时代精神，如"产业报国，勇于创新，为中国梦提速""为国家争光，为民族争气，一定要打造出中国品牌"的爱国精神，"融合全球，超越期待，中国高铁最可靠"的民族自信精神，"把标准刻进骨子里，把规则融进血液中"的精益精神，"永远在起点，永远在路上，在持续超越中前行"的创新精神，"用户第一，把客户需要当作前进动力"的服务精神。

打造"一场两馆三阵地"，江畔星火史耀金陵，以"王荷波纪念馆""先锋源"固化党史学习教育，开展主题教育实践，提升对文化理解认同，提高践行文化行动自觉。生动展示中车浦镇公司在党的领导下，不忘初心、牢记使命、赓续奋斗，取得一系列创新发展成果，为员工提供了学习教育阵地，成为员工精神家园。

出版红色教育读物，忠诚坚定跟党走

出版《浦镇公司志》、《光辉的历程》公司简史、《江畔怒涛》、《江畔红星》连环画等红色图书，配合中央电视台拍摄了反映王荷波事迹的专题片《热血忠诚》，与南京市党史办联合出版了《王荷波图文集》。

强化新时代思想领航，扛起新征程使命担当

把握历史主动，深入挖掘前人治理智慧，远眺过去、近观现实、预判未来，以历史思维和长远眼光看问题、观大势、定大局、谋大事。

一是找准理论学习与推动发展的结合点。中车浦镇公司党委班子深入学习贯彻习近平新时代中国特色社会主义思想，全面贯彻落实党的二十大精神，努力将学习成果转化形成推动建设"高优亮强"新浦镇、世界一流中车的强大推动力。

二是把握战略定位与紧扣高质量发展主题。胸怀"国之大者"，应对全球竞争，发挥国有企业对国有经济的战略支撑作用，围绕"十四五"战略规划，中车浦镇公司以"成为以轨道交通装备为核心，全球领先、跨国经营的一流企业集团"战略远景为引领，围绕"一核两商一流"战略目标，优化"一核三极多点"业务结构，制定"七个新突破"战略落地路径。

三是强化党建引领，科学筹划高质量强企目标。制定年度"11239"生产经营目标，围绕"高质量发展""一带一路""加快建设交通强国""推进高水平自立自强""人才强企""文化兴国"等重点课题领题对标。聚焦"产品+""系统+"战略布局，市域D、市域C产品推广和市场突破，国铁批量"160"项目筹备和生产交付，战略发展前沿新技术和"卡脖子"关键技术的突破，提质增效、降本节支，智能制造、智能物流、机电总包等新产业的拓展，数字化生产线建设、全生命周期智能维保能力建设、风险管控、合规化经营，人才强企战略实施和人才资源效能释放等工作，制定围绕28项主题攻关项目，形成实践探索专项调研50余项。破题解难，形成"大品牌"体系，自觉将"五大文化"融入"产品+""系统+"战略布局，全公司32个支部以"引领融合突破"为着力点，"四事三融合+"，形成"五位一体"责任链，补强短板，推动落实。

坚持科技为先创新驱动，做强做优民族品牌

始终坚持把科技创新作为第一动力，瞄准科技创新制高点，主动承接国家科技体制改革先行先试任务，主动承担多项国家级重点科技攻关项目。

一是不断丰富整车平台，聚焦中低运量产品，对时速250千米"复兴号"标准动车组、时速160千米动力集中动车组、高原双源动力集中动车组、市域（C、D）型车、B型标准地铁、导轨

式胶轮列车等产品进行研制，产品谱系更加高端多元。

二是重点系统研发，加强一体化智慧列车运行系统、多网融合、多系统融合技术研究，提升试验自主率，建设转向架构架焊接等5条智能化产线，新技术、新工艺持续赋能生产制造。

三是助力企业"上星上云"，梯度推进"智改数转"19个数字化项目，落实对设计工艺、仓储管理、物料配送等环节全过程的数字化改造，实现区域内制造业数字化、网络化、智能化水平显著提升。

丰富"中国制造"内涵，提升国际影响力

深度参与全球竞争，提升"中国制造""中国智造"国际影响力。

一是建立"大品牌"体系，融入技术、研发、制造、营销、售后等关键接触点岗位全寿命周期环节。持续推进"六位一体""先锋先行"六项工程竞赛（质量工程、精益工程、育人工程、党建工程、文化工程和服务工程），以七大任务为核心，实现生产制造准时化、节拍化、标准化、目视化，生产能力、管理效能取得突破。

二是建设一流人才队伍，支撑一流企业，倡导中车之品"正心正道、善为善成"，融入"由我来办、马上就办、办就办好"的行为，体现干事创业精神，形成"阳光和谐、简单坦诚、开放包容"的有利于成长成才的组织氛围。以人为本，服务员工，为员工建立科学的职业发展通道，储备中层后备干部，形成核心人才队伍，坚持党管干部、党管人才，有效释放人才活力。典型育化，成就价值。开设"责任文化论坛"、征集"小故事大理念"，选树"生产经营标兵""十佳文明员工""十佳青年"等先进典型，育化形成一批"全国劳模"、"江苏省劳模"、"大国工匠"、全国青联常委、南京首位"00后"劳模等先锋模范人物。此外，还对先锋示范团队和人物微电影进行展示和专题报道。

三是加大"一带一路"海外传播力度，确立登高目标，践行绿色发展理念，开展"新绿"标准化建设，中车浦镇公司20余个海内外售后服务站点全面提升。积极承担社会责任，以庆典、会展等为载体进行海外项目文化推广。开展"坐着火车看世界"品牌传播，加强与国际业主、政府部门及潜在客户参加文化交流，邀请国际友人共度佳节。传承传统"家文化"，固化"9·28"中车日作为司庆日，组织唱司歌、诵司赋、看宣传片等系列文化传承活动，植入新员工入职第一堂课，深度开展"文化寻根"之旅、与海外服务人员视频共话佳节，送上组织的温暖，感受"家"的温馨，树立同一个中车的荣誉感、自豪感、责任感。

实施效果

建设世界一流，企业实现转型升级。以责任意识和奉献精神为基调，产业报国，勇于创新，为中国梦提速。企业以不断超越创新争一流为底色，从一个小作坊发展成为现代化一流企业，从"跟跑"到"并跑"再到"领跑"，实现"只修不造—修造并举—创造智造"的转型升级，形成了"四大核心板块"（城轨城际动车、中长途含200千米客车、重大核心部件、高档客车修造）。建立自主高端研发平台，在牵引网络控制技术、转向架研制技术、车体制造技术及制动系统技术，以及在三维设计、计算机仿真、计算机验证等核心技术方面实现重大突破。密切跟踪城市轨道交通中低运量市场，以新产品平台优势为切入点，以新的服务模式开拓新兴市场，积极探

索创新数字化全寿命周期系统解决方案，形成完整的设计、制造、试验共享数字化平台、生产组织智能化管理平台，锻炼出一支观念新、技能高、守纪律的新时代产业工人队伍，成为产品结构齐全、核心竞争力强及能为全球用户提供全面解决方案并满足全球用户不同需求的解决方案供应商。先后主持参与了80多项国家、行业标准的制定。获省部级以上科技成果奖励58项，拥有有效专利1015件，其中发明专利426件。

建设世界一流，产品实现创新迭代。从晃晃悠悠的"绿皮车"到第一次创下时速292千米/小时的"先锋号"列车——"子弹头"，再到目前全球商业运营高铁最高时速350千米/小时的"复兴号"列车，中车浦镇公司始终秉承"连接世界、造福人类"的时代使命，从铁路客车到动车组，产品速度等级覆盖了时速120千米到250千米，形成较为全面的谱系。中车浦镇公司现已拥有A型地铁、B型地铁、市域车、数轨、低地板有轨电车、单轨及APM（自动旅客捷运系统）车辆等多样化的城轨车辆产品结构，其中"复兴号"系列动车组产品具备批量生产条件，产品结构不断丰富完善。进入新时代，在"和谐号""复兴号"系列轨道交通客运装备技术创新、城市轨道交通装备国产化、"一带一路"轨道装备国际化等重大项目攻关上，不断创新创造，在"一带一路"倡议和"走出去"战略中展示了"中国制造""中国创造"的浦镇力量。

建设世界一流，国际市场破局而出。坚持市场为王，紧跟全球轨道交通装备产业的发展，成功签约墨西哥、巴西、马来西亚等项目，其中墨西哥蒙特雷项目创有史以来海外市场最大订单。国铁市场稳步发展，新造、修理客车累计金额91亿元。城轨市场领先领跑，累计中标507亿元，连续两年拿下城轨市场份额全国第一，并成为胶轮行业领先者。维保市场快速发展，累计中标长周期维保、机电维保等项目订单145亿元。新产业多点开花，智慧物流、空气净化设备等项目订单15亿元。

主要创造人：李定南　宋雪松　韦　琳

参与创造人：叶　瑾

党建引领强文化，励精尚实创一流

青岛宏大纺织机械有限责任公司

企业简介

青岛宏大纺织机械有限责任公司（以下简称青岛宏大）隶属于中国机械工业集团有限公司，其历史可以追溯到1920年，是我国纺织机械工业重要骨干企业之一。青岛宏大三大主导产品梳棉机、清梳联合机、自动络筒机不仅装备了国内80%以上的纺织企业，还远销亚、非、欧、美等地区。青岛宏大拥有70年梳棉机研究生产历史，其清梳联合机入选"国家第六批制造业单项冠军产品"名录。20世纪80年代，青岛宏大开始自动络筒机的研发，目前已发展为世界四大络筒机供应商之一。

实施背景

百年基业，文化制胜。企业文化是企业的"根"和"魂"，是企业的生命基因。青岛宏大是我国企业文化较早的探索者、研究者和实践者，伴随百年栉风沐雨、跌宕起伏的发展历程，企业文化建设走过了一条"启动与初创—重塑与深化—创新与提升"的发展之路。企业文化早已成为支撑公司劈波斩浪、砥砺奋进的精神力量和基因密码。

2014年前后，受各种内外部因素影响，青岛宏大发展遭遇了巨大困难，企业发展举步维艰。为尽快破解当前发展困境，在上级集团的坚强领导下，青岛宏大坚持党建引领，本着"上下对应，传创结合"的原则，对企业文化进行了系统总结、提炼、整合与创新，并首创了"励精尚实"文化品牌，形成了企业新的精神文化成果。聚焦新版文化体系，青岛宏大坚定实施"七个一"工程（一种思想、一项机制、一套体系、一套理念、一个平台、一个特色和一种媒介），以转变工作作风为契机，以产品创新和质量提升为抓手，持续深化管理升级，坚决落实提质增效，实现了公司经济效益和管理水平的极大跃升。

"一子落"激活"全盘棋"，在公司文化体系的浸润引领下，在全体职工的共同努力下，青岛宏大扭亏脱困工作取得了决定性胜利，营业收入和经营利润连年攀升。2023年公司各项经营指标均创历史最高水平，企业高质量发展迈上新征程，百年企业再次焕发生机活力。

主要做法

一种思想统揽全局——夯实坚强政治保障

充分发挥党建对企业文化的引领作用，坚持用习近平新时代中国特色社会主义思想统揽全局，深入学习贯彻党中央、国务院及上级集团党委重大决策部署，用党的二十大精神培根铸魂，以党的政治建设统领企业文化建设。组织开展转变工作作风、加强干部队伍建设活动，把转作风和强能力结合起来，打造一支政治合格、业务过硬、作风优良、廉政高效的领导干部队伍，以高度的政治责任感、使命感及全新的面貌、优良的作风、昂扬的斗志，推动公司实现跨越式高质量发展。

一项机制系统推进——切实强化组织保障

文化是企业的生命基因，为更好确保企业文化落地见效，青岛宏大成立了"一把手"任组长的文化建设工作领导小组，全面加强文化工作的组织领导和统筹协调，企业文化建设工作与其他管理工作同部署、同检查、同考核。领导小组下设策划组、活动组、宣传组等活动小组，具体负责文化工作日常推进。目前，青岛宏大文化工作权责清晰，人员齐备，推进有序，规范运行，形成了"一把手亲自抓，分管领导具体抓，各部门齐抓共管"的常态长效工作机制。同时，制定企业文化管理制度和专项工作计划，为推进企业文化建设提供必要的资金和物资保障。

一套体系发挥效应——构建完备文化框架

在传承中创新，在创新中发展。为适应新时代高质量发展的需要，青岛宏大在吸收上级集团文化理念的基础上，结合自身百年发展历程和文化特色，组织开展多轮访谈和调研，文化工作领导小组和工作小组多次召开研讨会，汇集集体智慧，对企业文化进行系统总结提炼，本着"上下对应，传创结合"的原则，搭建了以"励精尚实"为文化品牌的新版文化体系。"励精尚实"文化品牌体现了公司的经营管理思想和使命愿景，要求广大员工既要树立严细认真、精益求精的工作态度和务实作风，又具有高瞻远瞩、深谋远虑的战略眼光和发展激情，体现了青岛宏大的文化特色，是企业文化的重要标志。

一套理念深入人心——做实做细文化宣贯

青岛宏大高度重视企业文化宣贯工作，并将其作为一项工程长期抓、重点抓、深入抓，对企业中层及以上领导干部进行集中宣贯。印制《企业文化手册》人手一册，制作文化看板，各部门利用班前会、报纸、宣传栏等开展灵活多样的宣贯活动，确保企业文化入眼、入脑、入心。各部门结合自身工作实际，开展各具特色的文化活动。质量部结合"心存敬畏，止于至善"的质量理念，明确"质量提升""强本固基"发展战略，创新开展"质量万里行"活动，助力产品质量稳步提升。服务部以"服务从心开始，满意从我做起"服务理念为基准，组织服务巡回工作，深入用户集中地区开展培训，不断提升服务满意度，践行对企业文化的认知。

一个平台筑牢阵地——创新开展文体活动

青岛宏大不断筑牢文化活动阵地，一是建立"党建活动室""阅读角""小蜜蜂志愿服务站""乒羽协会"，使广大职工学习有场所、文化活动有阵地。二是组织开展各具特色的文化活动，开展"迎百年健步跑接力赛"、"厂歌大赛"、"魅力百年·奔腾赛场"篮球比赛、"职工沙滩趣味运动会"、"职工健步跑"、"迎百年书画摄影"等丰富多彩的活动，广大职工在活动中汲取力量，凝聚合力。为喜迎企业百年华诞，青岛宏大职工自编自演了各具特色的文艺节目，"忠诚敬业、坚韧奉献"的企业精神已真正内化于心、外化于行。三是组织开展青岛宏大第一届企业文化节，创新开展文化活动，发布企业文化"代言人"，为坚决完成全年目标任务凝心聚力。四是广泛开展争先创优活动，选树一批身边的劳模典型，全公司上下迅速形成争先进、学先进、做先进的良好氛围，极大提高了广大职工的能力素质，见贤思齐的氛围已经形成。

一个特色提档升级——打造企业专属文化

一是打造一流文化。青岛宏大在致力企业科技创新、管理创新和机制创新的同时，十分重视企业文化的创新和提升。在各部门大力营造"比学赶超"工作氛围，全公司精神面貌焕然一新，勇争第一、相互比拼、励精尚实的作风进一步凸显。二是培育书香文化。青岛宏大倡导职工树立终身学习的理念，成立"悦读会"，筹建"职工书屋"，在全公司开展多读书、读好书、好读书活动，全体中层干部每季度写读书心得体会，以书香推动精益化企业转型升级，至今共撰写心得体会2300余篇，企业书香氛围蔚然成型，荣获全国总工会"职工书屋"荣誉称号。三是厚植诚信文化。青岛宏大重点以质量诚信、管理诚信、服务诚信为抓手，推动产品升级换代，逐步实现了产品从"工业品"向"精品""工艺品"迈进，品牌影响力进一步提升，成功入选2020年度山东省高端品牌培育企业名单。

一种媒介相得益彰——充分发挥宣传作用

青岛宏大立足自身宣传平台，打造形成了"一微一网一报一视频"的宣传阵地，充分利用好历史文化展厅、企业发展纪录片、宣传栏等加大文化宣传力度，特别是生产车间打造文化宣传标识牌，营造浓厚文化氛围。青岛宏大编印《寄情百年》系列文集，出版《百年宏大　励精尚实》文化宣传册，成为企业文化宣传的重要载体。同时，同行业权威媒体建立起良好的合作，线上线下同时发力，集中宣传报道青岛宏大最新成果，弘扬大国工匠精神，在行业的影响力与美誉度不断提升。

实施效果

企业高质量发展加速推进

青岛宏大注重发挥文化强大凝聚力作用，始终把文化融入生产经营全过程，坚决打赢新冠疫情防控和生产经营"双战役"，推动青岛宏大经营业绩实现连年攀升。2022年是党的二十大召开之年，也是青岛宏大奋进"十四五"承上启下的关键一年。面对行业运行放缓态势，青岛宏大保持战略定力，自我加压奋进，各项经营成果丰硕，达到近十年来最好水平，其中净利润和人均产值均创历史新高，高质量发展迈出新步伐、跨入新阶段。

百年品牌影响力进一步增强

青岛宏大不断加大研发投入，创新研发体制机制，三大主导产品实现了由"跟跑、并跑"向"领跑"的历史跨越。梳棉机产品已具备同国际一流水平产品同台竞争的实力，入选国家制造业单项冠军产品。VCRO自动络筒机产品品质更加完善，可靠性、稳定性更高，先后荣获"中国纺织工业联合会科技进步奖一等奖""青岛市科技进步奖一等奖"等行业大奖，在高端客户中遍地开花。近年，青岛宏大产品参与中华人民共和国工业和信息化部80%纺纱机械智能制造项目，成功入选山东省高端品牌培育企业名单。青岛宏大被授予"全国机械行业十三五企业文化建设示范基地""2021年度全国机械行业文化建设创新单位""全国纺织行业品牌文化建设创新企业"等荣誉称号。

企业员工成长步伐加快

企业文化建设重在提升员工队伍素质，通过持续不断的文化熏陶和思想道德建设，带动职工精神面貌焕然一新，整体素质大大提高，优秀人才不断涌现，公司先后有10人享受国务院政府特殊津贴，4人获"香港桑麻纺织科技奖"，多人荣获"全国五一劳动奖章""全国纺织工业劳动模范""山东省泰山产业领军人才""中国纺织大工匠""山东省五一劳动奖章""青岛大工匠"等省部级荣誉。青岛宏大坚持"请进来、走出去"，创新各类人才培养，推行"师带徒"机制，实行首席技师制，创建劳模工作室，实现素质技能的传帮带，高水平技能人才数量翻倍增长，专业技术职务数量突破增长，人才队伍培养硕果累累。

企业形象进一步提升

青岛宏大积极履行社会责任，成立职工生活服务中心，举全公司之力帮助职工解决上学难、看病难问题，确定每年12月19日为青岛宏大爱心奉献日，筹集款项全部用于困难家庭帮扶，打造更具人性化的企业。同时，创新安全管理方式，扎实开展风险分级管控和隐患排查治理工作，连续多年被集团评为安全生产管理优秀企业，员工满意度、幸福指数大幅提升。面对新冠疫情突袭，广大干部职工迎难而上，坚决落实党中央决策部署，按照集团要求，在最短时间内研发熔喷设备和热风设备并成功推向市场，为抗击疫情做出积极贡献，在关键时刻彰显了责任担当。

主要创造人：王丽霞　刘影飞

参与创造人：李　宁　时逢瑶　李颖博　王　妮

以四大"文化讲堂"为主体推动文化融入、文化润泽、文化赋能

国网山东省电力公司滨州供电公司

企业简介

国网山东省电力公司滨州供电公司（以下简称滨州供电）是国网山东省电力公司直属国有大型供电企业，成立于1991年6月，承担滨州一市两区四县及高新技术产业开发区、北海经济开发区的供电服务任务。滨州电网已形成以3座500千伏变电站为核心、27座220千伏变电站为支撑、各级电网协调发展的现代化电网。公司先后荣获"全国五一劳动奖状""全国精神文明建设工作先进单位""全国电力行业用户满意企业""全国五四红旗团委""全国实施用户满意服务工程先进单位""全国模范劳动关系和谐企业""山东省理论教育工作先进单位"等荣誉，连续六届保持全国文明单位。

优秀文化能够营造良好的企业环境，提高员工的文化素养和道德水准，让员工自然而然地形成一种凝聚力、向心力和约束力，形成企业发展不可或缺的精神力量，使员工万众一心、步调一致，为实现企业发展目标而努力奋斗。开展四大"文化讲堂"对提升公司综合价值创造力，以及实现公司高质量发展具有重要意义。

搭建四大"文化讲堂"平台，助力企业文化落地生花

以四大"文化讲堂"为途径推动文化融入，为更好服务地方经济社会发展、充分发挥责任央企表率作用提供重要保障。滨州供电作为驻滨央企，必须发挥好带头作用，积极融入全市社会建设的各个层面，教育引导广大干部职工始终做到"在滨州、知滨州、爱滨州、建滨州"，为经济社会发展贡献滨电力量。

以四大"文化讲堂"为载体推动文化润泽，为提升公司高质量现代化发展水平提供精神动力。立足新发展阶段，置身新发展格局，企业发展必须坚持以人为本的理念，紧紧依靠职工、为职工着想。滨州供电始终瞄准走前列做表率的追求，需要广大干部职工统一思想、凝心聚力，营造浓厚的文化氛围，以文化人、以文育人，凝聚起全体干部职工干事创业的精气神。

以四大"文化讲堂"为基石推动文化赋能，为塑造企业优秀文化品牌、形成强势品牌影响力提供桥梁纽带。国家电网有限公司战略提出，努力实现品牌价值领先，做到品牌美誉度和商业价值国际领先，具有广泛国际影响力。滨州供电通过文化赋能不断提升品牌价值的贡献度，打造具

有价值的品牌文化。多渠道讲好国网故事，传播国网声音，为提升国家电网品牌美誉度贡献滨电实践、滨电样板。

强化四大"文化讲堂"建设，拓展企业文化内涵外延

以习近平新时代中国特色社会主义思想为指导，增强"四个意识"、坚定"四个自信"、做到"两个维护"、捍卫"两个确立"，以文化融入、文化润泽、文化赋能为导向，以思想解放、价值创造、创新突破、队伍建设为目标，以"春风化雨、分享提升；全员全体、广泛参与；精神熏陶、润物无声"为工作理念，以法治讲堂、作风讲堂、道德讲堂、廉洁讲堂为主体，厚植企业文化根基，将企业的优良传统、精神特质、道德法治、作风廉洁、清风正气转化为广大干部职工的行为规范、工作标准和奋斗目标，以共同的价值追求凝聚团结奋斗的精神力量，教育引导广大职工以更加积极的思想和行动融入大局、融入实际、融入发展，为企业高质量发展、永攀上坡路提供精神动力和文化支撑。

多维度丰富讲堂内容，推动文化融入中心。四大"文化讲堂"主要包含法治讲堂、作风讲堂、道德讲堂、廉洁讲堂。法治讲堂是建设法治企业的重要组成部分，是发挥各级领导干部带头合规示范引领作用的重要手段。主要讲清楚什么是合规，为什么要合规，以及如何实现合规等合规管理关键问题，达到营造浓厚"合规立身、合规创造价值"的合规文化氛围目的，实现全体干部员工从"被动合规"向"主动合规"转变，全面提升合规管理能力，降低合规风险，杜绝违规事件发生。作风讲堂作为中层干部大讲堂的重要组成部分，纳入公司四级、五级领导人员及青年骨干、班组长等培训班，作为培训班的重要组成部分。主要讲清楚公司作风纪律建设有关规定，阐述"庸、懒、散、飘、虚、软"16种典型作风问题，让广大干部职工了解作风纪律建设的规范要求、典型问题。讲清楚公司"早快好""凡事提前五分钟""三条铁律"等工作理念，引导广大职工思考并总结提炼改善作风纪律的具体措施。道德讲堂，其涉及的道德是由一定的社会经济关系决定的特殊社会意识形态，依靠社会舆论、传统习惯和内心信念所维系的调整人们及个人与社会之间关系行为的总和。注重以身边的人，身边的事，讲述社会公德、职业道德、家庭美德和个人品德。通过身边看得见、学得到的"平民英雄"和"凡人善举"，大力弘扬社会主义核心价值观，用身边人讲身边事，身边人说自己事，身边事教身边人，不断提升广大干部职工的道德素养，构建崇德尚善的浓厚氛围。廉洁讲堂，以正面教育、示范教育、警示教育为主要方式，以全覆盖、集中性、多形式的廉洁教育宣讲活动为主要载体，对公司系统干部人员开展廉洁教育。重点讲述中央八项规定和实施细则及《中国共产党纪律处分条例》等党纪规定，明确各级党组织职责任务，通报分析系统内外曝光的违纪违法典型案例，达到筑牢干部员工思想防线，积极主动查摆工作中存在的苗头性问题，加强对规章制度落实的监督检查，促进专业管理提升，打造公司风清气正的政治生态的目的。

全方位拓宽宣讲范围，实现文化润泽全员。主要通过"三结合"方式进行宣讲，坚持"集中 + 分散"相结合，各责任部门通过市县一体周例会、中层干部大讲堂、专题大讲堂等形式开展集中宣讲。根据实际工作需求，各部门、各单位在自行研发课程并经各责任部门指导认可后，在各自党支部、班组等开展分散式宣讲活动。坚持"云宣讲 + 一线送"相结合，各责任部门根据新冠疫

情发展形势和工作实际，利用"i国网"、腾讯视频会议、"学习强国"等平台开展线上"文化讲堂"大宣讲活动。结合不同专业特点和需求，采取与职工面对面形式，组织宣讲人员将优秀课程送到基层一线、供电所、基层班组，做到讲堂宣讲全覆盖。坚持"现场讲＋视频学"相结合，各责任部门根据讲堂计划，率先开发优秀课程并在市县公司开展现场宣讲。同时，充分发挥市县一体作用，将县区公司开发的优秀课程纳入资源库，做好推广应用。针对职工学习需求，以视频形式共享至公司网站、楼宇电视、"网络大学"，便于查阅学习。

立体式做好过程管控，提升文化赋能深度。做实"一月一讲"。相关部门主要负责人要发挥带头作用，开展好"第一讲"。科学制定讲堂计划，开展广泛宣讲，四类讲堂原则上每月至少各开展一次，形成精品课程不少于10项，优秀课程不限。开展宣讲活动。选拔优秀讲师纳入"红旗·先锋"讲学团，开展"文化下基层"集中宣讲月活动，深入县区公司、基层单位开展巡回宣讲，各类讲堂至少选派2名优秀讲师参加。强化素质培训。开展集中培训、集中观摩和精品课程展演等活动，提升讲师课程开发、讲课面授、语言表达、思维逻辑等方面的能力，推荐综合表现优秀的讲师参加市宣讲团巡回宣讲。建立激励机制。各责任部门要根据讲堂积分管理办法对每位讲师参与课程开发和授课水平进行量化评价，建立积分档案，形成年度综合评价积分榜。同时，公司将积分情况纳入评先树优、人才托举、选人用人等的参考维度。

深化四大"文化讲堂"，厚植企业文化价值优势

文化融入，为企业助力社会经济发展提供动力。通过开展"四大文化"讲堂，全体干部职工对国家重大战略部署、地方经济社会发展需求更加清晰，推动企业积极践行"人民电业为人民"的企业宗旨，充分彰显了央企"顶梁柱、顶得住"的责任担当。全省率先发布助力复工复产和"电力促经济、同舟保发展"十项举措，"欠费不停电"惠及客户42万户，"支持性电价"节省企业电费695万元，服务89家企业融资4155万元，公司连续四年被授予"富强滨州"建设"金星奖"，荣获"山东省电力行业优秀企业""山东省厂务公开民主管理工作优秀单位"等荣誉称号。

文化润泽，为凝心聚力实现企业发展提供引擎。通过开展"四大文化"讲堂，推出宣讲视频35期，营造了奋发向上的浓厚氛围。干部员工牢固树立"扛红旗、干最好、争第一"的价值理念，精气神更加饱满，职工的法治意识、道德观念、工作作风、廉洁意识都有了明显提升，干事创业的热情和激情更加高涨，在攻坚克难、干事创业中锻炼队伍、锤炼思想、淬炼意志，队伍凝聚力、执行力、战斗力空前高涨，45项成果获省公司级以上表彰奖励，其中2项成果获国网科技进步奖一等奖，6项成果获山东省企业管理现代化创新一等奖，创历史最优。

文化赋能，为塑造企业文化闪亮名片奠定基础。滨州供电充分研究四大"文化讲堂"中蕴含的独特品质和对推动中心工作、提升职工思想高度的重要意义，挖掘其深层次"灵魂"，放大"一枝独秀"的效应，做到固化、制度化、品牌化。以四大"文化讲堂"为纽带，打造了"十分钟文化圈"，形成一种人人讲规矩、树新风、明德礼、知敬畏的干事创业浓厚氛围，建立了一套集法治、作风、道德、廉洁为一体的讲堂课件库和视频资源库，选培一批善研究、善策划、善讲授的"一专多能"人才。

主要创造人：林　洪　杜　颖

参与创造人：吕永权　盖凯凯　李春晓　宋炳茹

兴家和之风，建人本宁东

国家能源集团宁夏电力宁东电厂

企业简介

国家能源集团宁夏电力宁东电厂（以下简称宁东电厂）是国能宁东第一发电有限公司（宁东一期）和国能宁东第二发电有限公司（宁东二期）的统称，受国家能源集团宁夏电力有限公司统一管理。

先后荣获"安全生产标准化一级企业""全国安全文化建设示范企业""全国电力行业思想政治工作优秀单位""2019年度中国电力优质工程自治区工业龙头企业"称号。2020年，宁东电厂通过复审，再次被授予"全国安全文化建设示范企业"荣誉称号。2021年，通过安全生产标准化一级企业评审并取得西北能源监管局备案回执。

截至当前，宁东电厂实现连续长周期安全生产运行达5160天。

实施背景

"安全为天、风险预控"是宁东电厂的追求，安全生产是宁东电厂的生命与灵魂，是维系企业效益之基，职工幸福之源。安全是和谐的基础，是宁东电厂牵一发动全身的永恒主题。

多年来，宁东电厂始终牢记"安全第一、预防为主、综合治理"的安全生产指导方针，坚持从顶层设计入手，明确目标，制定措施，建立机制，落实责任，精心研究安全文化建设实施方案，构建特色安全文化体系，依靠安全文化的引领实现长治久安，使决策层、管理层和操作层形成"共同的价值取向"，把安全文化内化于心、固化于制、外化于行，形成浓厚的安全文化氛围，最终形成上下统一、任务明确、监督到位、扎实有效的安全文化建设格局，让管理成为文化，用文化管控安全。

宁东电厂把安全生产作为第一要务，坚持"以人为本、生命至上，风险预控、守土有责，文化引领、主动安全"的安全生产方针，始终坚信"所有风险皆可控制，所有意外皆可避免"，以"安全更可靠、管理更规范、效益更显著、发展更健康"为目标，以风险预控管理思想为核心，以安全生产标准化为形式，以闭环管理为过程，构建安全长效机制，将"人、机、环、管"各要素有机结合，做到"抓制度标准、严执行落实、重精细管理、强责任考核"，牢固树立生产安全、经营安全、环境安全的"大安全"理念，筑牢安全生产的"铜墙铁壁"，完成"零伤害、零事故、零火险、零非停"的既定目标。

主要做法

健全规章制度，形成科学有效的管理安全文化

2022年，全面推进全要素、全过程、全链条安全风险预控体系建设，全面夯实安全生产基础。宁东电厂审时度势，以高度的安全文化建设的责任感和使命感，吸收接纳先进企业的安全文化建设经验，按照"拿来"不照搬的思想，结合自身特点，从建立健全制度文化入手，实现标准化流程化管理，形成制度的刚性约束和普遍意义的文化认同，进而成为全员的共同意志。

组织识别有效的安全生产法律法规、标准规范并定期补充、整理。定期组织对管理制度进行整合修编，避免出现重复、烦琐、不利于执行的情况。目前涉及的安健环管理，如安全生产责任制、反违章管理、奖惩类本地制度等共112个，其他类管理制度198项，以规章制度的贯彻落实确保管理过程的可监督、可控制。

按照"党政同责、一岗双责、齐抓共管、失职追责"的原则，细化各层级的安全责任，优化组织流程，使部门之间职责更加清晰，杜绝管理真空，真正做到无缝链接。

按照"管理制度化、制度流程化、流程表单化"的原则，编制高危风险作业相关管理制度7个，并按照作业类型编制《受限空间作业标准化手册》《脚手架搭拆作业标准化手册》《安全技术交底》等五类标准化手册，规范高风险现场作业流程，将各项安全管理要求表单化，打通安全管理各环节的衔接流程，使各层级安全管理者专心致力于安全技术措施的研究和有效安全管控模式的探究，使安全制度真正成为规范决策层、管理层、操作层三层级职工的行为准则，真正体现出以人为本和对生命的尊重，实现由人治到法治，最终达到文治的根本转变。

加强安全教育，形成训练有素的行为安全文化

宁东电厂党委深入贯彻落实习近平生态文明思想和习近平总书记关于安全生产的重要论述，坚持经常性、系统性地开展学习贯彻和主题宣讲活动，坚持学深悟透、学以致用，自觉把"两个至上"作为一切工作的根本遵循。各部门紧紧围绕"建体系、强管理、树理念、造氛围"的安全文化建设总体目标，从思想认识、体制机制、能力作风等方面对标对表，把各项工作落到实处，切实解决安全环保存在的系统性问题和深层次症结，巩固安全环保根基，提升管理水平。

采用"多媒体安全教育培训工具箱"对人员进行安全培训，通过观看形象直观、通俗易懂的动画视频完成人员入厂三级安全教育、日常培训、持证上岗培训和专业培训，通过个性化安全培训方案和寓教于乐形式提高安全培训效果。

利用网络课堂、岗位交流学习、定期定岗培训、实操模拟培训等，持续开展全员考训、岗位练兵、技能大赛、练绝活、师徒结对"传帮带"等员工素质提升活动，不断增强员工安全意识。

重视关口前移，形成风险可控的预防安全文化

制定《宁东电厂领导干部下班组跟班管理实施办法》，即企业领导、部门负责人每月严格遵循"一学、两跟、三讲、四评价"的跟班流程与方法，参加班组班前、班后会、安全学习日活动、班组全天作业的全过程工作观察，通过严格执行"跟班"活动，不断夯实安全生产基础，在员工心中牢固筑起"工作态度严肃，工作作风严谨，工作制度严密，组织纪律严格"的安全防线，确保安全生产在最前沿的阵地中不流于形式。

结合安全生产典型问题每年开展警示教育活动，每年3月前组织对典型不安全事件案例、违章案例进行分类汇编并下发共享。充分利用年度工作会、月度安全会、三级安全网络会、生产早会、班组班前班后会和安全学习日等定期例会进行不同层次的安全学习、教育。适时开展全员安全大讨论活动，着力从思想意识、管理措施、危险源辨识、事故预防、过程控制和责任落实等方面入手，深入、务实地开展大讨论，形成有效的防范措施，使员工纠正麻痹思想、侥幸心理和冒险蛮干行为，养成良好的安全习惯。

制定《宁东电厂2022年安全风险预控工作实施方案》，组织编制安全风险预控管理体系定期工作任务清单并下发执行。创建风险评估数据库，每年定期组织开展危险源辨识及相关培训，并组织完善设备风险库、区域风险库、工作任务风险评估库、管理活动风险、人身安全风险、自然灾害风险、系统风险数据库。

完善安全管理信息系统。实现事件管理系统化、信息化，在系统内实现事件会议纪要及事件报告签发、防范措施的闭环验收，规范事件管理，提高不安全事件统计效率与准确率。升级"承包商管理系统"，实现入厂承包商人员动态统计、承包商档案管理和在线审查。严把承包商人员"技能"准入关。落实承包商项目经理持证上岗制度，提升自主管理能力；开发"安全积分"管理模块，安全监察人员将每日监察的违章行为录入安健环监察日志，系统自动按照部门、专业、个人及承包商进行分类统计，积分形成柱状图公示。将安全积分作为人员年终评级、评先选优的重要指标之一，最终形成部门自主、班组自治、员工自律的安全管理模式。

强化考核兑现，形成监管有力的执行安全文化

每年年初制定年度安全生产环保"一号文"，由董事长签发，这已成为企业多年惯例，明确安全生产目标和指标，以文件的形式下发。将重点工作融入安全目标责任书中，按照目标分级管控要求，全面落实各级安全责任，企业与部门、部门与班组、班组与个人逐级签订年度目标责任状，同时制定"零伤害、零事故、零火险、零非停"保障措施，确保年度目标实现。每年逐级签订《安全承诺书》，强调各级人员的安全意识和安全责任。同时，做好承包商作业人员、新入职员工、外委施工人员的安全教育工作，努力变安全事故的"易发群体"为"不发群体"，使这些人员受到应有的安全教育和熏陶，实现企业安全文化的有效延伸。

实施效果

建立完善的管理网络

宁东电厂成立以董事长为主任的安健环委员会，建立了安健环三级管理网络，对当前的安全形势、安全风险进行分析，部署下一阶段的安全工作。组织三级网络专责人进行"定区域的检查"，评价管理情况，多角度地发现区域内存在的问题并按照"五定"原则实施整改。

建立领导干部包保责任制

将生产区域划分成片区，作为领导承包联系片区，片区内的每个部门分别列为领导的联系点，要求每位联系人定期到联系点参加活动，及时落实整改联系点存在的问题或隐患，活动情况纳入年度考核兑现。

承包商管理"五个统一"，实现安全文化的有效延伸。宁东电厂始终注重承包商安全文化培育工作，致力于做好承包商作业人员、外委施工人员的安全教育工作，将安全文化教育作为入厂

教育的必要条件，统一开展安全宣教活动，努力变安全事故的"易发群体"为"不发群体"，使这些人员受到应有的安全教育和熏陶。同时，加强承包商施工作业的全过程监护；监督检查承包商自身安全管理体系建设，将其纳入宁东电厂的安全生产全过程体系统一管控；签订安健环协议，且明确承包商安全文明施工要求和奖罚规定，及时掌握承包商人员状态，严格执行承包商"黑名单"和清退机制。通过统一推行安全体系、统一推行安全质量标准化、统一推行班组建设、统一推行安全培训和教育、统一进行考核，让承包商队伍认同宁东电厂安全文化，使其与企业共建共享安全文化。

融合亲情氛围，形成家和安全文化

"家和"以忠诚担当来维系、以和谐共进为目的，员工与企业之间基于心理契约，构建生命共同体，只有"家和"才能内外顺，企业才能适应不断变化的内外部环境，提升企业经营业绩。宁东电厂定期开展"你平安，我幸福，温情宁东"国企开放日活动，邀请职工家属参观企业，对家人的安全环保工作"零距离"接触，厚植职工爱企情怀。

关心员工身心健康，建立健康工作室，党、工、团每月联合举办一个"健身主题活动"，提高员工健康生活意识，丰富员工业余生活，让员工感受企业的关爱。每年组织员工开展健康体检和职业健康体检，建立员工职业卫生工作档案，包括职业病危害因素监测结果、员工的职业史、职业病危害接触史、职业健康检查结果和处理情况等。

不断畅通沟通渠道，定期召开职代会，定期组织部门沟通交流会、民主互动会及班组民主管理会，听取员工在安全、生产、经营、管理等方面的建议和意见，激发员工的安全主人翁责任感。

定期举办安全讲座、安全主题演讲、开展安全征文活动，将亲人的安全嘱托、父母的安全忠告、妻子的安全企盼、孩子的安全祝福深刻到员工心中，强化安全意识入脑、入心。

宁东电厂正是通过这一系列的理念、载体和机制使员工的安全意识发生了根本转变，从"要我安全"向"我要安全""我会安全""我能让他人安全"转化，上岗之前想安全，行动过程要安全，行为规范保安全，已成为宁东电厂的一种良好的安全文化氛围，特有的企业安全文化也在悄无声息中逐步形成。当然，安全文化只是企业文化的一部分，是企业长年积淀而成的精髓。正因为如此，宁东电厂的安全文化仍处于发展和提高的过程。宁东电厂在国家、国家能源集团、宁夏电力公司的督导、指引和严格要求下，安全文化建设将更加充满活力，为企业高质量发展赋能。

主要创造人：于洪泽　王逢柱

参与创造人：杨振森　刘兴华　姜显军　涂娟

"红蕴"企业文化推动企业高质量发展

中国华电集团资本控股有限公司

企业简介

中国华电集团资本控股有限公司（以下简称华电资本）成立于2007年5月，负责中国华电集团公司主要金融产业的管理。华电资本资产总额1147亿元，净资产657亿元。华电资本管理华鑫国际信托有限公司、华信保险经纪公司、川财证券有限责任公司、华电融资租赁有限公司、华电商业保理有限公司，参股华电财务公司、建信基金公司、永诚财险公司、华电金泰基金公司、鼎和财产保险公司。华电资本现有员工893人，其中党员344人。

华电资本坚持全面贯彻习近平新时代中国特色社会主义思想，坚定文化自信，践行社会主义核心价值观，赓续国有企业"红色"基因，经过多年的探索实践，建立了"红领带"党建文化、"红莲"廉洁文化、"红盾"法治文化、"红心化一"团青文化，构建起以"红"字为特色及央企姓党的"红蕴"企业文化体系，引导员工坚决担当起为企业、社会创造更大价值的使命，推动企业实现高质量发展。

实施背景

华电资本作为一家由传统电力文化诞生的市场化运作的金融企业，呈现出"三多三高"的特点：一是股权多元化。2021年，华电资本引入南网资本、国投创益、太平人寿、光大永明、特变电工5家企业战略投资，完成混合所有制改革。所属机构不断通过社会融资增强企业的发展实力，国有资本、集体资本、民营资本使华电资本股东呈现多元化。二是员工身份多元化。华电资本作为多牌照的金融机构，由于专业需要，原发电系统干部员工占比不到10%，大多数为市场化招聘或者应届毕业生分配，这些金融、法务、风控等专业员工来自全国各地，其中来自民营企业的员工占比达40%，留学背景的占30%。三是员工思想意识形态多元化。金融企业的员工队伍整体年轻化，思想活跃，且许多人留学归来后就在外资和民营金融企业从业，对政策制度、职业规范、社会价值都有不同的解读。四是高市场业务性特点。华电资本70%以上的收入来自市场项目，在某种程度上企业发展、利润增长与业务人员团队多少成正比，为此华电资本近年来引进了大量市场业务人员，业务人员占员工总数近70%。同时，因为业务人员业绩导向强、出差多、工作地点分散，对日常管理、学习带来较多困难。五是员工高流动性特点。伴随着我国金融业发展，同类别、同资质的金融企业发展迅速，风险、法规等专业人才、业绩优秀人才竞争激烈，许多市场化员工由于岗位职级、薪酬待遇、工作理念的不同而频频跳槽，因此用文化事业留人尤为重要。六是高风险性特点。资本运作不同于实物交易看得见、摸得着,而且每个项目一般是上亿元、数亿元的合同额,对于行业发展、项目情况、交易对手如果判断不清、风险措施控制不严、员工廉洁从业管理不到位,可能给企业导致上亿元乃至数亿元的损失,甚至影响企业生存发展。

体系内涵和主要做法

强党建,着力打造"红领带"党建模式

华电资本党委认识到国有企业必须坚持和加强党的全面领导,不断加强自身建设,以高质量党建引领高质量发展。近年来,华电资本党委在不断探索实践中,逐步形成了"红领带"党建工作模式,即发挥党委"红旗导航"作用,推动公司高质量发展;发挥党支部"领雁成阵"作用,构建党建工作力量矩阵;发挥党群团"带头齐飞"的作用,激发公司发展活力。该成果荣获中电联政研课题二等奖、华电集团公司政研课题二等奖,在人民网、新华网发表。

华电资本党委制定了党建三年提升计划(2020~2023年),即通过巩固深化年、品牌建设年、现代一流年实现一年一个台阶、三年整体提升的目标。目前各阶段目标已基本实现,在中国华电系统2022年度党建考评48家单位中实现名列第6名的好成绩。印发了《关于加强公司基层党组织"五化"建设的意见》,实行党建要务手册和"五个清单"台账式管理、项目化推进、清单制销号,让一流的党建标准成为"常态化"。创新开展党建可视化建设,自主开发建设了华电资本党建可视化应用软件,设置了党建资讯、"四力四推"、党务管理、党建应用、学习教育、党建数据六大平台,有效提高了党建现代化管理水平。认真贯彻中国华电"四力四推"党建工程,针对事关公司发展的重点、难点问题,确定16个重点项目,由公司领导班子成员分别领衔实施。推动党建与经营发展深度融合,提出了具有华电资本特色的"双一流"目标深度融合模式,即打造党建"六个一流能力",实现现代一流的党建质量和具有能源特色的一流产业金融集团的"双一流"深度融合目标。开展党建联建共建、岗区队、书记挂帅、党员公约、党员接旗、五星党员、十分温暖工程等特色活动,形成党群团"带头齐飞"的局面。

强监督,着力打造"红莲"廉洁文化

金融业是一个特殊且高风险的行业,如何守住廉洁自律底线、防控金融风险,成为金融从业人员面临的重要课题。华电资本党委坚持全面从严治党,深入推进公司廉洁文化建设,结合金融企业特点提炼总结,形成"红莲"廉洁文化。"红"寓意传承红色基因,凸显国有企业的政治属性;"莲"与"廉"同音,蕴含洁身自好的高贵品行。"红莲"廉洁文化表达一以贯之坚持和加强党的全面领导"立根铸魂",为华电资本发展护航的政治觉悟和时刻坚守清正廉洁的底线意识。

华电资本党委注重强化党风廉政建设,营造风清气正的政治生态,强化监督执纪问责,每年签订党风廉政责任书,向所属机构派驻纪检专员,构建完善"三道防线"齐抓共管的大监督体系。坚持"严"的主基调,深化"三不"一体推进方略,开展"三清双引双建创一流"工作,在业务人员中广泛开展"三清"业务团队创建,直接与业务绩效挂钩。围绕华电资本"十四五"战略规划、创新驱动、绿色低碳重点任务跟进监督,开展绿色金融监督,加强对"第一议题"制度执行情况监督,加强对关键少数特别是一把手监督。运用监督执纪"四种形态",加强廉洁教

育，推进日常监督、约谈提醒、警示教育常态化。开展反腐倡廉宣传教育月、一课六廉警示教育、金融案例"近景"教育和精品党课等系列廉洁文化建设，营造廉洁氛围，引导全体党员干部员工绷紧纪律规矩之弦，华电资本多年来未发生一起违法违纪案件。

强内控，着力打造"红盾"法治文化

金融安全是国家安全的重要组成部分，防范化解金融风险是金融工作的根本性任务，也是金融工作永恒的主题。华电资本认真落实全面依法治国战略部署，打造依法决策、依法经营、依法管理的法治生态，根据公司经营金融特点，提炼形成了"红盾"法治文化。"红"体现了作为央企金融服务实体经济、产融结合的业务属性，确保国有资产保值增值的经营属性；"盾"体现了严守防线的风险控制功能与依法维权的支撑保障特质。"红盾"法治文化体现在风控、法律、内控、合规等方面坚实有力的保障作用，体现内控建设遵纪守法的严肃性和权威性。

华电资本坚持把防控金融风险放在突出位置，严格遵守国家法律法规和金融监管规定，增强忧患意识，坚持底线思维，压实各级风险责任，推进内控合规风险管理一体化建设。强化风控合规队伍建设，建立内控合规风险联席会议机制与合规联络员沟通机制，推进"合规管理强化年"和金融风险治理，合规研究成果获行业"电力企业合规管理成果特等奖"。建立"三横三纵"制度体系，推进制度全生命周期管理，加强制度计划管理、制度监督检查、制度宣贯及制度应建尽建自查，优化所属机构风险法律管控机制建设，形成全员崇尚法律、遵守法律、用好法律的良好氛围，构建诚信守法经营的企业法治文化，华电资本近年来未出现重大风险事件，近五年利润平均每年保持13%以上的增幅。

强活力，着力打造"红心化一"团青文化

青年兴则国家兴，青年强则国家强。华电资本员工平均年龄33.5岁，35岁以下的青年员工占60%，如何激发年轻人的活力，通过文化吸引留住人才，对金融企业来说尤为重要。华电资本坚持党旗所指就是团期所向，强化青年思想政治引领，根据团青工作特点，提炼形成了"红心化一"团青文化。"红心"即引导青年坚守"政治忠心"、坚定"发展信心"、展现"青春热心"；"化"即加强团组织"科学化、规范化、创新化、平台化"建设，不断提升团建质量；"一"即通过"四化"建设，化为统一推动企业发展的强大力量。

华电资本围绕"青年跟党走，青春建功"主线，深入实施"铸魂、育人、建功、治团"四大工程，突出素质提升、规范管理。开展"青年精神素养提升工程"，通过集中学习、专题团课、主题团日、专题宣讲、知识竞赛活动，提升青年队伍政治素养。服务青年职业发展，开展青马工程，深化推优入党，大力开展职业规划、专业培训等职业成长教育工作，引导青年健康成长、全面发展，涌现出一大批优秀青年才俊。通过开展"六个一"服务"双碳"劳动竞赛、青春建功、煤电保供等活动，助力中国华电打赢新能源发展"翻身仗"，超额完成与中国华电签订的绿色金融目标。

文化引领发展、文化凝聚意志、文化塑造品牌。华电资本正是经过上述文化多年的积淀、传承、提炼和升华，形成了"红蕴"企业文化体系。"红"具有赓续红色血脉之意，体现了华电资本作为中国华电的金融骨干企业，坚持党对国有企业的全面领导，牢记"国之大者"，以高质量党建引领高质量发展的央企特点。"蕴"具有积聚、蕴蓄之意，既体现了华电资本作为中国华电金融机构发展、产业管控之特点，又体现了华电资本实力蕴蓄、管理稳健的金融特点。"红蕴"

企业文化体现了华电资本作为央企金融坚决担当起助力集团公司能源产业发展，为股东、员工、社会创造更大价值的使命，其蕴蓄着坚忍不拔的信心决心，蕴蓄着源源不断的发展实力，笃定前行，建设具有能源特色的一流产业金融集团的高远志向。

华电资本明确提出了建设具有能源特色的一流产业金融集团的公司愿景和"四化三型创一流"的战略思路，以及建设一流企业的6个具体目标，为企业发展指明了方向，进一步统一和凝聚了全体干部员工的思想意志。助力集团公司能源产业发展，为股东、员工、社会创造更大的价值的公司使命，体现了央企金融的责任担当；求实、创新、和谐、奋进的核心价值，体现了华电资本的行动取向；马上就办、办就办好的工作作风，体现了华电资本务实高效；创新创效、专业稳健的经营理念，体现了华电资本的严谨风格；权责明晰、简单高效的管理理念，体现了华电资本的科学态度。制定了公司"员工十约"，从"德、能、勤、绩、廉"5个方面对员工行为进一步规范，字句朗朗上口、贴近实际，对展现新时代华电资本"质形俱佳、文化融合、比学赶超、竞相迸发"的企业员工风貌具有积极的作用。以上内容与党建文化、廉洁文化、法治文化、团青文化共同构筑起"红蕴"企业文化体系。

实施效果

近年来，华电资本"红蕴"企业文化体系不断深化，有力推动了高质量发展。华电资本坚持服务实体经济和中国华电主业发展，认真落实党中央政策方针，严格遵守法律法规，认真遵循金融发展规律，深化产融结合，积极发挥金融平台优势。深刻认识中国式现代化绿色发展的重要意义和现实意义，在绿色发展道路上展现华电资本的新担当，发展呈现良好态势。"十三五"期间实现净利润21.8亿元，较"十二五"增长151%；2022年，华电资本实现净利润29.6亿元，服务产融结合1000多亿元，绿色金融600亿元。在央企发电集团对标中，华电资本净资产规模、利润总额、净利润首次跃升至第二位、净资产收益率排名第一位。华电资本连续荣获中国华电集团先进企业、党建考评A级、绩效考核A级、提质增效一等奖，先后荣获"中国华电文明单位标兵"和"创一流先进企业""首都文明单位""中国电力行业优秀企业""全国电力行业企业文化建设最佳实践标兵单位""企业党建文化十强单位"等荣誉称号。

主要创造人：刘 雷 王志平
参与创造人：李扬建 聂 亮

打造"红帆正扬"特色党建品牌，以文化活水浇灌业务发展之花

中国工商银行辽宁省分行

企业简介

中国工商银行辽宁省分行（以下简称工行辽宁省分行）组建于1984年12月，以"您身边的银行，可信赖的银行"为宗旨，以推动辽宁省经济高质量发展为己任，真诚为客户提供卓越金融服务。工行辽宁省分行在全省13个地市（不含大连）辖13家二级分行，577个营业网点，从业人员1.4万人，以线上线下一体化客户服务体系，服务全省2000余万个人客户，近20万对公客户。对公客户服务范围覆盖全省各领域各行业，包括中央和省属重点企业，省市县区各级政府机构客户、重点企事业单位和大量小微企业等。

2022年，工行辽宁省分行个人客户突破2000万户大关，公司贷款突破2000亿元大关，实体贷款突破3000亿元大关，存款总量突破5000亿元大关。2022年，省行获得"辽宁省企业文化建设先进单位"荣誉称号。2023年3月5日，抚顺雷锋支行荣获"全国学雷锋活动示范点"荣誉称号，成为迄今为止唯一获得过此项荣誉的商业银行网点。

实施背景

展望辽宁振兴发展新征程，工行辽宁省分行心怀"国之大者"，做贯彻落实党中央决策部署的排头兵；坚持"客户至上"，做服务人民群众的主力军；聚力"服务本源"，做支持实体经济的国家队；统筹"发展安全"，做高质量发展的先锋队，以高质量服务支持辽宁全面振兴新突破三年行动。

2021年以来，面对新形势、新任务、新挑战，辽宁工行党委深刻贯彻"坚持党的领导、加强党的建设，是国有企业的根和魂"，聚焦主责主业，紧紧围绕金融工作三大任务，进一步提高政治站位，强化政治担当，不断加强党的建设，创新引入CIS（品牌形象识别系统），建立与党建工作相对应的工作体系，形成以"红帆正扬"为特色的党建文化品牌和以四梁八柱为架构的特色党建体系，努力推动党建文化引领企业文化、共同与经营管理同频共振、融合发展，在实践中不断铸就党建和业务深度融合的工作新格局，实现了两者相融合、双促进、双提升。

体系内涵

CIS 是品牌形象识别系统的缩写，系统主要包括理念识别、行为识别和视觉识别三大部分。工行辽宁省分行将 CIS 与党建重点工作相对应，从理念、行为、形象三个维度着手，总结提炼出"红帆正扬"特色党建体系。

建立理念识别系统。工行辽宁省分行党委顶层设计凝聚精神力量，筑牢思想根基，形成了以建党精神为统领，以国有企业"六个力量"为目标，以总行"48字"工作思路和"稳、进、改"工作要求为思路，以辽宁省"十四五"时期经济社会发展指导思想和必须遵循的原则为基本遵循，以工行辽宁省分行红色精神体系为引领，以工行辽宁省分行"三步走"发展目标和十字方针为根本路径在内的理念系统，形成"八柱"思想根基，在全行范围内形成了精神和思想共识，以此制定推动工作、谋划发展、解决问题的思路举措。

建立行为识别系统。聚焦双融双促探索方法路径，找准党建工作与业务工作的结合点和切入点，推出四项重点工作：一是坚持举旗定向，实施高质量党建引领工程。以政治建设为统领，全面推进党的思想建设、组织建设、作风建设、纪律建设、制度建设，着力打造基础党建夯实、红色基因传承、学习教育深化、赋能型本部建设、智慧党建创新、从严治党监督"六项子工程"。二是充分发挥好工行辽宁省分行丰富的雷锋文化资源优势，开展"向雷锋同志学习，做人民满意银行"主题活动。推进学雷锋活动制度化、常态化，以新时期雷锋精神的 5 个内涵结合主题教育的 5 个目标，对应开展争做 5 个"先锋"，以学雷锋活动的新进展、新成效续写工行辽宁省分行新时代雷锋故事。三是举办国企党建联盟共建活动。在省内央企、国企范围内发起国企党建联盟，建立上下联动、左右互通的党建交流机制，工行辽宁省分行相继与华能集团、中国农业发展银行、省水务集团等大型国企共同发起国企党建联盟共建活动，全省各级机构与省内 92 家大型国企和机构开展了 193 场共建活动。四是建立人力资源"五四"全新格局。坚持党的组织建设、队伍建设与经营发展同步规划、同步设置、同步调整、同步运转，在干部、员工、机构、本部、条线"五个维度"分别实现"四个定位"，即"四化"干部队伍、"四型"员工队伍、"四好"经营机构、"四讲"本部机关和"四强"业务条线，为全行振兴发展提供有力支持保障。

建立视觉识别系统。整体采取双帆设计，取意"风起扬帆正当时"，一个帆是红色党旗作帆在前引领，承载着工行辉煌的业绩和金色的未来。另一个帆是辽宁拼音的首字母，后面是工行的 Logo，寓意党旗红引领工行红，工行红映衬党旗红。暗含"天辽地宁，勇毅前行；党建引领，战鼓催征"，该 Logo 已获得国家版权局批准的版权证书。

与此同时，通过对品牌标识、氛围营造、员工服饰、对外宣传的综合构建，矩阵管理丰富视觉识别，多维触达提升品牌影响。强化氛围营造，立体交互渗透。

主要做法

建机制、促落地，推进"红帆正扬"特色党建体系有效实施

注重健全特色党建体系落地深植、高效运行的体制机制，促进"四柱"有效良性互动和统筹发展，提升党建工作整体质效。

一是制度建设固基，树牢"红色标准"。工行辽宁省分行党委坚持强化制度建设，抓好落实主体责任这个"牛鼻子"，为全行党建工作夯实制度基础。落实《中国工商银行党建工作考核办法（试行）》和《中国工商银行党委书记抓基层党建工作述职评议考核实施办法》要求，完善本单位党建工作考核评价体系，把推进党建与业务融合作为考核的重要内容。

二是组织建设强本，筑牢"红色堡垒"。坚持扩大覆盖和增强功能同步推进，以"阵地标准化、管理规范化、使用常态化"为目标，落实党建工作"明白纸"，省市行机关按照"七有、七上墙"标准设立党员活动室和党建文化墙。营业网点实施"七个一"标准化工程，实现网点党组织、网点党员、网点主要负责人党员全覆盖，全部实现了100%党员佩戴党员徽章、100%设立党员示范岗、100%悬挂或树立党旗。

三是队伍建设提质，凝聚"红色力量"。着眼结构调整，突出布局优化，深入推进组织机构体系变革。聚焦赋能提质，强化考核激励，加强员工专业履职能力建设，增强员工获得感和能动力。弘扬劳模精神、劳动精神、创新精神，组织"大行工匠""大行菁英""创新工行""最美退役军人"系列评选表彰，激励全行员工永远跟党走、奋进新征程。坚持用心用情关心关爱员工，举办集体婚礼、定制行服和四季工鞋，冬送温暖、夏送清凉，为员工办实事、做好事。构建队伍成长积分体系，通过荣誉积分、考核积分、履职积分和违规积分等，激励干部员工埋头苦干、攻坚克难。

四是机制创新增效，激发"红色动能"。建立健全党建和业务工作一起谋划、一起部署、一起落实、一起检查的运行机制。压实各级党委班子成员"一岗双责"，在各类考核中做到党建和业务工作同总结、同述职、同考核、同评价；在各类评选表彰中，既要看党建工作实际成效，又要看业务工作完成情况；在巡视巡察、专项督查中，把党建和业务工作融合成效作为检查的重要内容，形成完整的落地实施链条，有力地促进特色党建体系高效实施，真正形成党建、业务"一盘棋"。

创模式、搭平台，特色实践组合拳推进党建与业务双融双促

积极开展党建业务融合的特色实践，将党建和业务工作深度融合的措施与经营发展精准对接、与市场需求精准匹配，形成"党建+"的融合模式和工作格局，使中心工作在"党建+"生态体系中运行，推动党建深度赋能中心工作，实现同频共振、相融互促。

一是打造"党建+红色文化"，持续提升企业文化感染力和渗透力，以弘扬抗战精神、辽沈战役精神、抗美援朝精神、雷锋精神为重点，形成辽宁工行特色红色文化名片，制作《红色足迹 热土新征》系列纪录片。发挥红色金融文化对经营发展的促进作用。

二是打造"党建+思政引领"，进一步凝聚改革发展共识。组织劳模工匠巡回宣讲，通过"两优一先""'三牛'精神""感动工行""寻找身边最可爱的人"等评选表彰活动举办"永远跟党走"文艺会演，凝聚起全行的信心和力量。开展"学党史·忆行史·促振兴"思想大讨论，各级机构广泛开展宣讲、召开专题组织生活会。

三是打造"党建+联学联建"，深化党建赋能经营发展。依托红色金融样本店开展联学联建，2021年开展不同层级的共建活动近200场。2022年，联合人民银行沈阳分行、沈阳造币公司联建"东北红色金融史料馆"。2023年，以抚顺雷锋支行荣获"全国学雷锋活动示范点"荣誉称号为契机，在全省打造18家"辽宁工行学雷锋示范网点"，并开展结对共建，旨在以矩阵式扩大学雷锋示范效应。

四是打造"党建+科技赋能",贯彻数字经济发展战略。成立数字化发展委员会,2022年全行投产数字转型类项目200个,同比提升了46%,投产智慧党建云平台,通过"党建+互联网"的模式,实现"把支部建在网上""把党员连在线上"的目标,有效增强党建工作的吸引力、便捷化和时效性,陆续完善了"辽宁党建云平台"的场景化建设。组织开展工行辽宁省分行"创新工行"评选活动,承办总行第三届"创新工行"大赛复赛。

五是打造"党建+减负赋能",进一步树立转作风强服务的思想,建设机关"五星之家"和"四强"党支部。长效推进减负赋能,巩固拓展"我为群众办实事"实践活动,以"结对共建"赋能基层。

六是实施"党建+重大任务",为"稳住经济大盘,工助区域振兴",推出37条举措,独家承办全省银企对接会,获得省委、省政府高度评价。进一步找准党建和经营的契合点、切入点,创新红色服务,组织全行广泛开展"向锋而行"志愿服务活动,组建"红色金融服务队",举办"流动银行服务车"发车仪式,展示工行家国情怀和人民立场。

强宣传、重引导,品牌内涵不断深化,共振效应持续扩大

一是多维宣传树立形象。综合运用党报党媒、两微一端等外部媒体做好正面宣传,推出一系列富有感染力、具备传播力的宣传报道,持续提升红色属性、大行担当的品牌形象。

二是互动传播展示成果。以讲好工行故事为中心,运用融媒体和社交媒体的传播力、影响力,做好社交化、互动化宣传。以服务实体经济、发展普惠金融、助力乡村振兴、热心社会公益等为着力点,积极组织各类宣传稿件,在融媒体、公众号、视频号、微信群进行扩散式传播,有效展示良好的品牌形象。

三是汇聚合力有效引导。强化跨层级联动宣传,发动广大干部员工尤其是青年员工积极创新创作,运用微视频、音频、图文等大家喜闻乐见的宣传手段,采取专刊专栏、直播课堂、视频展播及故事会、情景演绎等形式,开展全方位、立体式的宣传教育。

实施效果

品牌催生文化效能,体系促进经营发展。自2021年以来,在工行辽宁省分行党委的坚强领导下,工行辽宁省分行践行国企党建的"六个力量",党建促经营工作取得了跨越式发展,各项工作均获得了从中央到地方、从总行到各界的高度认可、肯定与赞扬。2022年,工行辽宁省分行高质量发展的道路越走越宽,根植在国有银行血脉中的忠诚担当愈加鲜明。

主要创造人:吴迎春　周　波
参与创造人:鄢立峰　潘　玉　颜　琳

"丝路通途、美美与共"文化建设，实现中老铁路社会经济双效益

中国铁路昆明局集团有限公司

企业简介

中国铁路昆明局集团有限公司于2017年11月19日挂牌成立，是中国国家铁路集团有限公司下属和独立出资的铁路运输企业，注册资本811.64亿元，主要从事铁路客货运输服务和多元化经营业务。作为联通国内外的前沿铁路枢纽，管辖铁路线路主要分布于云南省境内，跨越四川省、贵州省、广西壮族自治区，是全国18个铁路局集团公司中唯一一个运维管理延伸到国外的集团公司，也是唯一一个与3个国家相邻，具有中老、中缅、中越3条国际大通道和多个国际铁路口岸的集团公司。截至2023年年底，管辖车站270个，管内线路营业里程5026千米，其中高铁线路占23.28%，开行的旅客列车直接联通了18个省会城市、4个直辖市、3个自治区及香港特区；机关设行政管理机构55个，下设基层单位44个，职工总数39955人；实现无责任一般A类及以上铁路交通事故5800余天，安全成绩稳居全路第二。

实施背景

铁路是国家战略性、先导性、关键性的重大基础设施。中国国家铁路集团有限公司加快推进"八出省五出境"的云南铁路网建设，中老铁路作为第一条国际铁路，着力建设文化标志性工程是中国铁路拉近与老挝铁路乃至东南亚地区各国人文交流和民心相通，以及体现中国铁路发展理念、价值理念、管理理念、环保理念、人文理念等的重要途径。

中国铁路昆明局集团有限公司找准在全国铁路发展大局中的坐标方位和使命担当，提出了"区域性国际枢纽、开放前沿、运营标杆"的发展目标，围绕这一发展目标，推进中老铁路"丝路通途、美美与共"文化创建，是集团公司紧跟时代步伐、乘势而上，守正创新、主动作为，实现高质量发展的行动使然。

体系内涵

创建主题和站区文化理念

创建主题：丝路通途、美美与共。

丝路通途：从古丝绸之路到今天的"一带一路"，高铁飞驰，"路"始终是中老的重要友谊桥梁、经济纽带。中老铁路有力促进中老政策沟通、贸易畅通、民心相通，"通"成为鲜明的文化标志。

美美与共：中老铁路开通运营，为两国和平合作、开放包容、互学互鉴、互利共赢提供了新的力量支撑，赋能双边经济社会发展，发展成果将更广泛惠及两国人民。

站区文化理念：共提炼形成站区文化理念11个，选取其中有代表性的普洱站区进行注解。

普洱站区：茶香普洱。普洱站区文化建设充分结合地域特点，以当地最负盛名的茶元素为内核，延伸拓展出绿色发展新理念，把中老铁路绿色生态线以文化形式立体展现出来。

文化愿景：山水同道、和合致远

山水：中老铁路沿线多山多水，生态资源丰富，山水延绵。中国与老挝山水相连、血脉相亲，友好关系源远流长。

同道：同一思想，同一原则，预示着中老两国人民志同道合、共同建设中老铁路的信心和决心。

和合：和睦同心。志合者不以山海为远，"和合"是多民族、多文化、多国家之间共商共建共享的理念基石。

致远：稳步前进才能到达远方。预示在"一带一路"倡议指引下，中老铁路能够延伸到更远的远方。

核心价值观：治理高效、以质取胜、服务一流、合作共赢

治理高效：从固定设备、移动设备、运输组织、安全管理、外部环境等方面入手，将中老铁路打造成为安全、优质、高效的运输服务新标杆。

以质取胜：突出国际运输特点，以"高一格、严一档"的要求，不断提升品质、创新方式，在国际运输中获得旅客、货主赞誉，赢得市场。

服务一流：确立"服务一流"的思想，增强国际服务意识，提升国际服务品质，确保旅客在中老铁路上享受"一流服务"的美好体验。

合作共赢：充分考虑沿线尤其是老挝的实际，认真履行好各种承诺，取信于国际社会，以合作赢得市场和效益，最终实现合作共赢。

主要做法

突出整体建设，创优文化环境

充分发挥环境的渗透力、影响力，加强职场环境文化建设，用有形的建设传递无形的理念。围绕站区一体化建设方向，站区标语展示统一布局，设置展示社会主义核心价值观、"交通强国、铁路先行""求真务实、守正创新"等核心价值理念；在职工宿舍、活动室、阅览室、餐厅、休闲场地等设置展示由职工自己提炼的车间、班组精神及安全警句等，强化文化熏陶，陶冶职业操守；重点选择普洱、西双版纳、磨憨3个大型客运站，在车站打造集咨询服务、应急处置、信息互递、形象展示为一体的特色服务台，设立学雷锋示范岗，推出流动岗、示范窗、服务队等；坚持职工走到哪，文化阵地建在哪，建好各站区文化环境、网上文化阵地等，努力实现文化传播润物无声、沁人心牌；用好中老铁路标识，拟定标识在站车各个环节运用和使用范围的指导性意见，使整条线路既有别于其他铁路，又使之处于中国铁路这个大家庭之中。

抓住文化要素，打造列车品牌

把中老铁路客运列车命名为"友谊号"文化列车，结合中华优秀传统文化、老挝文化等特点，对车厢内饰、服务流程、服务用语、列车广播等量身定制文化形象。为列车员专门设计"丝路花语"特色制服，在领口、腰部、袖口刺绣中国国花"牡丹花"纹饰，颜色则采用老挝国花"占芭花"的颜色；充分尊重老挝信仰习俗、风土人情及沿线少数民族节日、习惯禁忌等，形成境内、境外服务礼仪"双标准""高标准"；注重乘务员中、老、英三国语言和傣族语的日常培训，每个值乘班组分别配备英语、老挝语能手各1名，确保交流畅通；提供"差异化"精准服务，为特殊重点旅客提供手持呼叫器，为一般重点旅客提供五色中国结，分别代表老幼病残孕旅客，将中国结吸挂在重点旅客座位的上方，便于全列乘务员及时主动提供服务；组织乘务员开展民族歌舞、老挝舞蹈专项培训，结合沿线传统民俗重大节日，开展民族歌舞进车厢等互动活动，为旅客带来丰富乘车体验。

厚植文化理念，提升服务质量

突出服务是铁路的本质属性，找准铁路服务文化与地域文化、民族文化的契合点，围绕旅客和货主的个性化、差异化服务需求，以"基本服务为本，特色服务为先"的思路，深化"丝路·金花""云鹏·畅流国际""云鹏·澜湄快线"客货运服务文化品牌创建，推进服务品质全面提升。提炼"贴心服务，情暖傣乡"等班组精神，推出"热心、贴心、暖心、用心、舒心"的"五心"服务法，由职工自己编排"微笑礼仪操"，带动客运服务工作从一张笑脸、一个表情、一句温馨问候开始。组建以彝族、哈尼族、傣族等少数民族职工为主的服务队，进一步畅通站车服务"第一公里"。打造"丝路·金花"服务台，摆放多语种乘车服务提示卡片，满足不同旅客乘车需求。在货运受理服务大厅设立"云鹏"品牌理念墙、宣传栏，推出品牌服务用语、服务手册，展示专有工作标牌和服饰等，创新推出"云鹏"系列货运高品质运输产品，进一步提升昆铁货运品牌认知度、影响力。

挖掘文化资源，丰富文化表达

坚持创造性转化、创新性发展，中老铁路文化形态多元化呈现。创作推出11本"十线一平台"物化成果书籍，编印《中老铁路建设纪实》《中老铁路工程技术论文集》《中老铁路大型画册》等书册，切实扩大了文化建设成果展示；制作推出的专题片《和合之美》，在中国铁路等新媒体平台广泛传播；在磨憨站友谊隧道口打造的大型文化墙，以"丝路通途、美美与共"的建设长卷和"山水同道、和合致远"的友谊长卷形式，形象地体现了中老铁路建设的艰辛不易及中老两国人民的深情厚谊；由职工创作的歌曲《梦想的路上》在央视频、新华社客户端播出，产生较好社会反响；"坐着动车游昆万"桌游棋等文创产品得到广大旅客的赞誉，也吸引旅客深入了解和传播中老铁路文化；《人民日报》刊发的《争当传承中老友谊的"火车头"》、《工人日报》刊发的《钢轨联通万象，通向万象世界》等报道，讲述了有温度的中老铁路故事。

实施效果

客运服务品质进一步提升，精准满足出行需求

干部职工把践行服务理念变为自觉规范服务行为的习惯进一步养成。在各方高度关注中老铁路、新冠疫情防控形势严峻等压力下，干部职工积极应对、不畏艰难、上下一心，坚持落实作业标准，践行服务理念，统筹疫情防控和客运组织，较好满足了沿线民众求学、就医、旅游、商贸等出行需求。国内段，精准实施"一日一图"，动态增开动车组列车，日均开行客车42列，最高峰开行65列、发送旅客达5万人次，累计发送旅客720万人次。老挝段，办理客运业务的车站增至10个，日均开行客车6列，单日最高开行10列、发送旅客近8200人次，累计发送旅客130万人次。中老铁路国际旅客列车开行以来，出入境旅客逐步增长，日均通关旅客人数由开行第一周约370人，增加至日均约490人，对助推中国与东南亚地区文化旅游融合起到积极作用，也给云南旅游业的发展带来新的机遇。

国际物流通道进一步打造，助力外贸保稳提质

中老铁路在中国和东盟间构建起一条便捷的国际物流通道，运输时间大幅压缩，物流成本显著降低。随着《区域全面经济伙伴关系协定》正式生效，中老国际物流需求日益旺盛，"云鹏·澜湄快线"等物流文化品牌效应逐步凸显。"澜湄快线+中欧班列""澜湄快线+西部陆海新通道班列"等铁路国际运输新模式形成，增强了中老铁路辐射效应和跨境货运能力，让更多企业享受中老铁路带来的机遇和红利。中老铁路开通运营以来，全线累计发送货物1120万吨，其中跨境货物210.3万吨，口岸日交接国际货物列车常态化保持6对，国内21个省（区、市）先后开行了中老铁路跨境货运列车，运输货物的品类由开通初期的化肥、百货等10多种扩展至电子、光伏、冷链水果等1200多种，已覆盖泰国、缅甸、老挝、马来西亚、柬埔寨、新加坡等10余个国家。

运营维护管理进一步强化，保障运输安全畅通

干部职工"中老铁路无小事"的工作意识得到巩固，"确保高铁和旅客列车安全万无一失"，特别是确保中老铁路运行安全等重要理念入脑、入心。中老两国员工携手合作，加强铁路基础设施检修维护，开展防洪、防汛安全专项整治，确保设备设施状态稳定良好；广泛采用卫星地图、无人机等技术手段，加强线路巡查和隐患整治，中老铁路境内外"复兴号""澜沧号"动车组和普速旅客列车安全平稳运行。磨憨铁路口岸综合性指定监管场地建成投用，铁路与海关、边检、地方口岸管理等部门定期会商、联勤联动机制建立健全。与海关部门联合优化查验流程，推进运用铁路"快速通关"模式，火车出境前、入境后无须在口岸停留转关，海关查验在内地铁路场站完成，大幅提升了口岸通关效能，也避免了因长期滞留带来的安全隐患。严格按照中老两国政府要求，落实站车疫情防控措施，营造了健康安全的出行环境。

主要创造人：王耕捷　李洪明
参与创造人：马永鸿　朱　超　胡　媛

弘扬科学家精神，打造电力科研特色文化名片

中国电力科学研究院有限公司

企业简介

中国电力科学研究院有限公司（以下简称中国电科院）成立于1951年，是国家电网有限公司直属科研单位，是中国电力行业多学科、综合性的科研机构。共有正式员工2150人，院区分布在7个省、市及地区，重点开展电网共性关键应用技术研究和基础性、前瞻性、战略性研究，以及咨询服务、试验检测和技术标准制定，为国家电网有限公司核心业务提供技术解决系统方案，为电力行业高质量发展提供战略技术支撑。建院70多年来，形成了世界上功能最完整、试验能力最强、技术水平最高的特高压、大电网试验研究体系，全面掌握了特高压交直流输电核心技术，深化了大电网安全稳定运行理论基础，在特高压、大电网、新能源等领域取得了一批创新成果。两度获得"国家科学技术进步奖特等奖"，获得国家级科技奖励108项，当仁不让地成为我国电力科技领域的"领跑者"，创新发展的"顶梁柱"。

实施背景

中国电科院以践行科学家精神为落脚点，积极推动国家电网有限公司"建设具有中国特色国际领先的能源互联网企业"战略目标，紧密围绕提升公司科研创新硬实力，做好公司党组各项决策部署分层衔接，落实落细各项工作。作为公司直属科研单位，中国电科院主动担负起电力领域核心技术研发的重任，把科学家精神作为科技进步和创新的强大精神动力，建设科研单位特色企业文化，促进高尚的价值理念转化为广大员工的行为自觉，进一步统一思想、凝聚力量，为推动中国电科院快速健康发展、支撑公司战略目标实现注入不竭动力。

主要做法

坚持旗帜领航，构筑科研精神

坚持以习近平新时代中国特色社会主义思想为指导，以"大力弘扬科学家精神，着力推动公司战略目标落地落实"为主题，紧密结合《国家电网战略目标深化研究报告》，中国电科院各级党支部广泛开展支部书记讲党课活动，全院10个基层党委、5个党总支、145个基层党支部全面发动，各党委、总支、支部书记结合所在单位工作特色，紧扣公司战略目标，通过形式生动、内容充实的党课，把企业文化建设与科技创新、科研攻关工作同步研究、同步推进，引导基层党组

织和全体党员结合自身工作特点积极探索实现公司战略目标的新思路、新举措，精准定位公司战略落地着力点。积极拓展"三会一课"学习内容，将本单位科研特色系列宣传内容加入学习素材列表，将科学家精神的深刻内涵融入院党的建设，作为思想建设落地见效的有力抓手，全院基层党支部多次开展弘扬科学家精神主题党日活动，一同观看"科学家精神"宣传片三部曲，并组织党员结合科学家精神，围绕国家电网有限公司战略目标谈思想、谈认识、谈行动，将全体干部员工的思想意识、行动模式统一到公司战略目标上来，在本职工作中展现科学家的精神特质和共产党员的先锋模范作用，让人人奋斗有方向，前行有力量。常态化利用"三会一课"丰富文化传播形式，提升科学家精神文化价值创造力，同时强化了企业文化建设活动的纪律性和严肃性，筑牢服务公司战略的思想根基。

雕琢宣贯载体，树立科研榜样

先进典型是有形的正能量，也是鲜活的价值观。聚焦中国电科院在我国电力工业建设和发展关键节点所做出的突出贡献和在此期间不断涌现的一代代兢兢业业的电力科研人。2020年，中国电科院组织拍摄、发布科学家精神主题宣传片《科研之魂》，通过多位在电力工业发展道路上做出过卓越贡献的中国电科院老专家的讲述，总结了中国电科院70年风雨淬炼的科学家精神，展现了老一辈科研工作者服务大局、精诚奉献、扎根电网、尽忠报国的榜样风范。2021年，拍摄"科学家精神三部曲"第二部《科研之星》，聚焦青年一代科研排头兵全力服务"碳达峰、碳中和"目标，加快推进科技攻关，全方位展现他们勇攀高峰、创新前行的工作态度，营造中国电科院尊重人才、尊重创新的良好科研氛围。同年拍摄第三部《科研之光》，展现中国电科院为打造能源电力国家战略科技力量、服务公司战略目标砥砺奋进、锐意进取，创造一系列在国家电力工业发展史上具有里程碑意义的创新成就，突出重大科研成果的社会价值，传播以技术创新为导向的文化引领。系列宣传片以统一的价值观获得广大干部员工的情感认同，员工均表示深受鼓舞，将以榜样的力量充实自己，进一步明确奋斗的方向，竭诚服务公司改革发展工作大局。

培育文化基站，拉近传播距离

"从基层来，到基层去"的企业文化建设方能深入人心。2021～2022年，通过深入研究中国电科院的业务特点，选取覆盖系统调试、前沿热点、"卡脖子"关键技术攻关等符合中国电科院"打造能源电力国家战略科技力量"定位的业务方向，结合各一线单位实际情况，选取最具代表性的文化试点单位，分年度开展"文化传播师"培育工作，确保文化建设和传播工作精准发力。每年面试选拔能力素质优秀的文化建设工作者作为"文化传播师"，利用他们热爱文化传播、热爱一线工作，善于挖掘身边人、身边事的特质，鼓励他们用广大干部员工喜闻乐见的形式加以表述，力求人尽其才。通过共同挖掘发生在基层一线的特色文化故事，梳理典型故事线索，收集相关文字、图片、视频素材等资料，研究探讨并设计符合不同故事情节的展现形式。在工作过程中，注重培育和提升基层文化传播师的企业文化建设能力，做好文化传播工作储备，进一步开拓了文化传播思路，引导员工在增进文化认同中坚定文化自信。筹划"讲述中国电科院的故事"年度系列节目，精心设计舞台展现形式，邀请文化传播师们分别按照各自的文化传播主题和既定形式，对中国电科院的特色故事进行展示，充分发挥"文化传播师"效能，用身边人宣传身边事，积极弘扬身边的先进典型，展示一线卓越文化。2021年拍摄《热爱》《选择》《冰与火之歌》《水千条，山万座，我们曾走过》四期主题节目，2022年拍摄录制《前辈面对面》《开拓》《追寻》

《家珍》《使命》五期主题节目，并分别在全院展播，节目讲述了中国电科院人对电力科研工作的热爱，科研专家在研究道路上关键节点的选择，科研工作者攻克关键核心技术的漫漫长路，中国电科院武汉院区履行社会责任抗击新冠疫情的感人故事，在电力科研各个领域努力超越、追求卓越的精彩奋斗历程等。节目播出后，号召基层单位对视频进行宣传，鼓励其在"三会一课"开展学习，营造"比学赶超"氛围，激发员工创新奉献热情。利用根植基层的文化联系渠道拓展文化传播广度，拓展了科学家精神文化之源，为传递精神动能打通了"任督二脉"。

拓展传播渠道，搭建展示平台

打造中国电科院特有的文化传播热点，雕琢传播形式，以慢节奏、重品味的文字阅读和快节奏、重感观的视频展播两种形式，全方面、多角度展现中国电科院科研工作特色和科研人员品格，充分利用现有微信企业号"文化长廊"平台，按年度开展"原来你是这样的'科学家'"主题征文和"看见不一样的中国电科院"微视频征集、"讲述中国电科院的故事"视频展播活动，发动广大员工挖掘身边同事和所在团队敬业奉献的故事，真实展现中国电科院人在科技研发、工程调试、技术服务、专业管理方面的科学家精神，并精心制作可在微信分享传播的链接，分别在微信企业号"文化长廊"开辟专栏刊登优秀作品，鼓励员工转发点赞，以点带线、连线成面，为科研人员提供平台，满足其被发现、被认同的精神需要，同时以学习身边事迹激发一线员工的精神动能，以科学家精神带动员工全力以赴投身本职工作。活动开展三年来共收到主题征文作品92篇，发布70篇，收到微视频作品28个，发布26个，并在院内办公区电子媒体同步展播视频作品。同时，为了加强交流学习，以长时间尺度的载体形式传播榜样力量，编印《原来你是这样的"科学家"2020—2022文集》总共12万字并向基层发放，掀起基层学习身边科研榜样的新热潮，故事主角们深受鼓舞，为征文活动的长期开展增添动能。随着科研工作稳步推进和科研人才不断涌现，宣传内容持续更新与丰富，中国电科院弘扬科学家精神文化建设主题将获得源源不断的文化宣传素材，利用形式丰富的传播机制，构建中国电科院人先进事迹和优秀成果文化价值的常态化展示平台，形成畅通、成熟的文化发布机制，以科技创新文化蓬勃发展的繁荣景象激发广大干部员工的文化自信。

创新文化形式，提升文化活力

2023年年初，中国电科院为进一步深化以弘扬科学家精神为核心的电力科研单位特色企业文化建设成效，编发《创新之路·文化赋能——中国电力科学研究院有限公司企业文化手册2023》。充分考虑90后员工比例逐年攀升的实际情况，为了迎合年轻人文化品位，在全院范围内开展科学家精神主题企业文化形象IP征集活动，以创新思维激发基层参与文化活动的热情，用更加生动有趣的方式宣传中国电科院各个科研、管理领域的"科学家"形象，加强文化与专业工作融合，促进职工文化生活繁荣发展，提升青年员工归属感、荣誉感、获得感，并谋划、丰富新颖的企业文化形象IP展现形式，计划配合建院庆祝活动予以发布，活跃电力科研单位特色文化氛围。

开展问卷调查，把握工作质效

在全年分别围绕弘扬科学家精神主题开展各项文化实践活动后，2020～2022年，连续三年在12月初面向全体基层单位企业文化专责开展问卷调查，三次调研均精心设计问卷内容，覆盖2020～2022年围绕公司重点项目组织的各项活动的员工体验、实际效果、文化活动主导方偏好、最受欢迎的活动形式及存在的问题、意见、建议等 9 项内容，在调查问卷的问题设计上采取递进形式，每个问题设计 4 个以上选项，可全方位了解 2020～2022 年弘扬科学家精神文化实践的活动效果和员工评价。充分利用微信统计助手电子化工具，采用不记名方式通过中国电科院企业文化群开展，三次调研的问卷回收率均超过 75%，满足统计学抽样调查的要求，调查结果可靠。通过分析调研问卷的反馈结果，充分了解一线员工对围绕科学家精神开展文化建设活动过程中各项内容的真实看法，以总结成功经验，思考提高方向，在今后开展企业文化建设工作中进一步提升工作质效。调研分析使全年企业文化工作形成闭环，管理效能得到全面加强。

实施效果

一是构建了融入融合的文化建设基调。深入贯彻中央精神，落实公司战略部署，立足"一体四翼"发展布局，推动企业文化在经营管理、科技创新、支撑服务等各业务领域全面落地深植。在形式丰富、内容生动的活动中形成了一批工作扎实、成效显著、推广性强的成果和案例，展现了基层单位在各自专业领域彰显科学家精神的文化风范。紧密围绕科学家精神策划开展各类文化实践活动，有效调动基层单位推进专业工作与企业文化建设融入融合、相互促进，推动公司优秀文化融入专业管理、基层工作、员工行为。

二是提升了中国电科院管理工作质效。自 2020 年开展科学家精神主题文化建设以来，中国电科院的各项科研管理工作、提质增效工作、深化改革工作均将"科学家精神"文化培育纳入管理体系，"新跨越行动计划""科改示范行动计划""提质增效行动计划""国企三年改革行动计划"均将弘扬科学家精神作为文化支撑和精神保障。三年间，主题鲜明的文化建设成功激发了广大干部员工干事创业的信心和决心，营造了蓬勃向上的创新文化氛围，以文化环境培育提升科研管理、经营效率、机制改革方面质量的效能正越发凸显。

三是增强了中国电科院的品牌影响力。将弘扬科学家精神作为中国电科院创新文化的特色名片，围绕公司战略目标的文化建设活动有了抓手，活动设计的中心思想更加明确，参与者的情感认同更加清晰，实现了文化概念从抽象到具体，受众易于接受，从而得到更好的传播效应，文化建设连年取得优秀成绩：系列宣传片的第一部《科研之魂》荣获"中央企业践行社会主义核心价值观主题微电影优秀作品三等奖"，《打造科学家精神文化名片》成果入选中电联企业文化建设典型成果，《开展"启发式"文化建设，打造"科学家精神"文化名片》入选 2022 年度电力行业文化创新优秀案例，2021 年、2022 年弘扬科学家精神主题文化建设项目均荣获公司思想文化建设优秀成果二等奖，介绍科学家精神文化建设的报道《让科学家精神永远闪耀》在《国家电网报》发表。随着文化建设的进一步推进，科学家精神名片也将走出国家电网有限公司，逐渐被社会大众所熟知，对提升中国电科院的美誉度和增强品牌影响力有直接作用。

主要创造人：卢和平　陈小燕
参与创造人：王艺璇　刘佳易　王姝媛　张东岳

打造与时俱进的企业文化谱系，赋能国际一流企业建设新征程

牡丹江恒丰纸业集团有限责任公司

企业简介

牡丹江恒丰纸业集团有限责任公司（以下简称恒丰集团）始建于1952年，由国营牡丹江造纸厂改制组建而成，于2021年完成国有企业改革，隶属于黑龙江省国资委旗下黑龙江省新产业投资集团。

从1952年到2023年，从过去走向未来，恒丰集团这家"老字号"国有企业已踏过71载历史长河，发展为全球领先烟草工业用纸制造商、全球重要非烟用特种薄页纸制造商，中国汉麻产业发展及科技应用领航者。恒丰集团控股牡丹江恒丰纸业股份有限公司、黑龙江恒元汉麻科技有限公司两家子公司，现有2300余名员工。

在71载发展变迁中，恒丰集团逐渐形成了独具特色的企业文化体系，并将企业文化深度融入企业经营管理和员工生产生活，充分发挥文化引领和文化聚力功效，推动企业实现高质量跨越式发展。新时代下，企业不断丰富和延展企业文化，全力打造与时俱进的企业文化谱系，赋能国际一流企业建设新征程。

实施背景

国家之魂，文以化之，文以铸之。从建厂至20世纪80年代，恒丰集团企业文化是在企业诞生与成长过程中自发形成。自1990年，企业开始提炼"恒丰精神"，并开展相应的企业文化宣传教育活动。至2003年8月，"恒丰精神"最终演变为"创新、超越、强企、兴邦"，恒丰集团经营理念最终确立为"恒远兴业、诚信求丰"，成为恒丰集团企业文化谱系的雏形。

世纪之交，作为东北老字号国企，恒丰集团面临着前所未有的世纪挑战和机遇。2003年起，企业新一届领导班子上任，带来创新的管理思维，"文化先行"成为企业破局的"利器"。企业开始着手挖掘、提炼、整合恒丰集团企业文化。2004年年初，企业以业务流程重组为契机，将文化建设提升到战略高度，借助专业咨询公司，全力构筑以企业愿景、使命、精神、宗旨、经营理念等价值观为核心，以理念识别系统、视觉识别系统、行为识别系统为重点内容的恒丰集团企业文化体系，以文化变革引领管理变革，建设了恒丰集团特色文化体系，塑造了恒丰集团特色品牌形象，发挥了文化与战略的协同作用，助推企业实现高质量跨越式发展。

主要做法

随着市场竞争的日益激烈和经济的快速发展,企业文化建设已成为企业核心竞争力的重要组成部分。恒丰集团将企业文化建设贯穿企业的各个领域和各个环节,通过建立完善的企业文化体系,不断提升员工的归属感和责任感,助推企业实现可持续发展。

恒丰集团企业文化体系主要包括理念识别、视觉识别、行为识别三大系统。理念识别系统是企业文化建设中的"上层建筑"和"顶层设计",是恒丰企业文化谱系的核心。从2003~2023年,恒丰集团以企业核心价值理念铸就企业思想之魂和发展之基,深耕企业文化建设,不断凝聚思想共识,汇聚发展合力,使企业文化逐渐具备"与公司发展战略相统一、与员工个人成长相统一、与社会责任相统一"的时代特征。

以高质量党建引领企业文化建设,夯实企业文化发展之基

党建始终是国有企业高质量发展的根本遵循。新发展时代,恒丰集团党委始终坚持"抓党建就是抓发展,抓发展必须抓党建"的理念,充分发挥党委的领导核心和政治核心作用,把方向、管大局、保落实,为推动企业文化建设,推动企业高质量发展提供了有力的组织保障。企业严格落实党建工作总体要求、组织设置、地位作用、职责权限、机构设置、经费保障、运行机制等,遵循现代公司治理运行体系和治理结构,企业改革持续深化,发展质量效益显著提升,综合竞争实力全面增强。

在恒丰集团党委领导下,党委工作部负责企业党建和企业文化建设工作。近年来,面对外部环境的严峻形势,企业坚持"以效益为核心"思想,聚焦"增效益、稳增长、促发展",充分发挥党建引领作用及企业文化春风化雨、润物无声的感召作用,全力激发全体员工干事创业热情,以企业文化凝聚全体员工攻坚克难的坚定信心和必胜意志,助推企业实现持续高质量发展。

近20年,在企业荣获表彰的各级劳模中,党员占80%以上,涌现出全国劳模、五一劳动奖章10人,省市劳模、五一劳动奖章50余人。2011年,恒丰集团党委书记、董事长徐祥被中共中央组织部授予"全国优秀党务工作者"称号。2016年,恒丰集团党委被中共中央授予"全国先进基层党组织"称号。2018年,企业生产一线职工李建强当选第十三届全国人民代表大会代表,代表产业工人发声。2022年,企业工艺研究主任陈玉香当选中国共产党第二十次全国代表大会代表,讲述恒丰集团科技强企故事。

强化理念传播,推动企业文化入脑入心

2004年,恒丰集团初步建立企业文化体系,常态化开展企业文化宣教工作。通过发行内部刊物、宣传栏、网站新闻等形式,通过开展员工喜闻乐见的文体活动,将企业文化理念传递给每一位员工培育企业共同的价值观,发挥文化与战略的协同作用。

此外,企业积极参加各种社会公益活动,如捐赠教育基金、支持当地社区建设等,内强素质,外塑形象,积极传播企业核心价值观,提升企业的社会形象和影响力。

为推动企业文化入脑入心,形成员工对企业文化的高度认同,企业全方位多角度提升企业文化的感召力,持续增强企业凝聚力和向心力,推动企业实现跨越式发展。

2010年,企业荣获全国企业文化建设"百家重诚信单位"称号,党委书记、董事长徐祥荣获"企业文化建设领军人物"称号。2017年,企业获评"全国职工书屋示范点""黑龙江省文明单

位标兵"。2019年,企业获评"全国模范劳动关系和谐企业""黑龙江省思想政治工作示范点"。2023年,企业获评中华全国总工会第二批提升职工生活品质试点单位。

发挥文化管理能效,推动企业文化落地见效

恒丰集团党委工作部作为企业文化管理部门,负责制定和执行企业文化管理制度。通过印制发放《视觉识别系统》《员工手册》《融媒体中心宣传管理规定》《公司网站更新管理规定》等,明确企业文化管理目标和实施计划,将企业文化贯穿制度建设、员工培训、活动策划等方面,确保企业文化建设的系统性和全面性。

恒丰集团不断完善企业文化评价体系,按年度分解落实企业文化建设目标,按季度报送企业文化战略信息,定期开展企业发展与员工成长状况调查,及时了解员工思想动态和物质文化需求,及时发现和解决企业文化建设中存在的问题。

构建新时代融媒体矩阵,增强企业品牌竞争力

聚焦数字时代的快速发展,恒丰集团紧跟时代发展步伐,快速响应员工、客户及社会群体关切,以党委工作部为核心积极构建融媒体矩阵,整合企业线上线下宣传资源,强化企业网站、公众号、抖音号、视频号等宣传载体职能,形成相互联系、相互支撑的有机整体,以企业各部门兼职融媒体宣传员为主力军,实现信息传播的全方位覆盖和多角度呈现,搭建立体化、多维度企业宣传矩阵。

近年来,恒丰集团通过数字化传播,丰富展示企业品牌形象,实时传播企业资讯,多视角讲述恒丰故事,高效连接企业客户,不断向社会传递恒丰温度,提升企业品牌美誉度和竞争力。

当前,恒丰集团围绕党业融合,不断延伸和拓展党建和企业文化建设工作,通过精准的线上宣传和线下交流活动,以企业文化作为媒介连接客户,为企业生产经营及市场营销提供服务和保障。

动态化丰富企业文化谱系,让企业文化与时俱进动起来

企业文化建设工作是一项长期工程,必须与时俱进,常抓不懈。近20年来,恒丰集团聚焦时代主旋律,以推动文化和战略协同发展为工作出发点和立足点,不断完善、延伸、拓展企业文化,在企业改革发展的不同时期,相继提炼出恒丰"聚"文化,恒丰战略构想,恒丰人精神、恒丰工匠精神、恒丰抗疫精神、恒丰安全文化、恒丰数字文化等,动态化丰富企业文化谱系内容,为企业文化谱系不断增添新内涵,推动企业实现高质量跨越式的发展蝶变。

实施效果

企业文化助推恒丰集团实现从跟跑到领跑的倍速跨越

发展破题,文化先行。2006年,恒丰集团卷烟工业用纸产量、品种、销量、市场占有率实现了国内第一的目标,面临新的发展瓶颈,企业迫切需要走出国门、走向世界。企业领导班子通过对企业战略进行重新定位,提出"让世界了解恒丰,让恒丰走向世界"的战略构想,由此开启了恒丰集团迈向世界烟草版图的新征程,推动恒丰集团进入面向全球市场的新发展时期。

经过三年技术储备和市场孕育,2009年恒丰集团首次实现174吨的国际市场破冰之旅。2022年,恒丰集团机制纸出口销量达到52554吨,再创历史新高,较2009年增长约302倍,卷烟配套用纸出口销量位居国际同行业之首，推动恒丰集团向国际一流企业集团的目标不断迈进。

当前，恒丰集团在卷烟配套用纸领域的综合竞争力已跃居全球同行业第一位，已与全球181家客户成为合作伙伴，国际客户遍布五大洲60多个国家和地区。2022年，恒丰纸业居黑龙江省对外贸易企业50强榜单第34位，企业国际竞争力显著增强，行业引领优势进一步巩固。

企业文化汇聚高质量发展合力

文化的本质在于以"文"化人。2017年8月，恒丰集团党委书记、董事长徐祥提出"要培育和弘扬'敬业精艺，守正创新'的恒丰人精神"。当时，企业外部环境呈现经济新常态、烟草及造纸行业拐点等特征，企业做出转型发展的决策部署，推动发展重心由快速增长向稳定发展换挡、规模扩张向质量效益转型。

"恒丰人精神"是恒丰集团企业文化的延伸和拓展，诞生于企业特定发展阶段，既有历史特色，也反映了现实需要，从职业态度、岗位技能、观念准则、价值导向四个方面形成统一共识，内化于心，外化于行，汇聚全员的智慧和力量，助推企业高质量发展。2022年，恒丰纸业成功获批国家级制造业单项冠军和黑龙江省智能工厂。

企业文化赋能恒丰集团实现数字化转型升级新飞跃

当前，全球数字化高速发展，数据已经成为一种新型的生产要素。国家相关政策所带来的企业数字化转型升级机遇，以及企业推进"智能制造"战略，均为深化数字化转型和智能化建设奠定了坚实基础。让数据发挥效能、创造价值，是赋能企业高质量发展的重要手段，也是企业发展所面临的新课题、新机遇。

2023年，恒丰集团提出要积极培育"用数据分析、用数据判断、用数据管理"的恒丰集团数字文化，构建数字智能体系，提升企业管控能力。让"数据文化"成为全体员工的思想共识，让数字使用和数据分析成为一种内在的行为习惯，推动企业经营决策向数据驱动转型，赋能企业实现数字化转型升级新飞跃。恒丰纸业连续获得2021年、2022年"中国数字化创新评选典范案例奖"和"年度数字化贡献人物奖"。

2023年，恒丰集团在第七届职工代表大会第七次会议行政工作报告中提出"以70年历史厚积起来的文化自信和道路自信，敢于领先国际的能力自觉和素质自觉，振奋精神、勇担使命、继往开来、积厚成势，全面建设科技、智能、绿色的国际一流企业"。实践表明，恒丰集团文化是企业发展的灵魂和导向。恒丰集团文化谱系在发展中不断丰富和完善，文化元素更是在传承与创新中延伸拓展，企业战略与文化协同发展、相互促进，充分发挥用文化树立企业信誉，用文化传播企业形象，用文化打造企业品牌，用文化凝聚同心合力的功效，汇聚起万众一心促发展的强大力量，以新时代企业文化谱系建设高质量国际一流企业。

主要创造人：徐　祥　张　伟
参与创造人：刘　丹　郭莹莹　仇玉龙

以"卓悦"文化助推企业高质量发展

龙建路桥股份有限公司

企业简介

龙建路桥股份有限公司（以下简称龙建股份）作为黑龙江省属国有控股上市公司，是东北地区最具实力、最具规模的大型基础设施建设综合服务商之一，2002年在上海证券交易所挂牌上市，主要从事公路桥梁、隧道工程、市政工程、海绵城市、城市更新等领域建设，兼具新型城镇化建设、农业电商、文化旅游等业务，拥有公路总承包特级、公路设计甲级、市政总承包一级资质及对外援助成套总承包企业资格。公司现有职工6700余人，下属实体分公司、子公司达26家。

企业所承建的精品工程曾获各种荣誉百余项，其中获得"鲁班奖"7个、"国家优质工程奖"8个，多次荣获"詹天佑奖"和"平安工程奖"，公司及10户权属单位被认定为国家高新技术企业。公司荣获中华人民共和国成立70周年工程建设行业"功勋企业"殊荣，先后入选国务院国资委"双百企业"、管理标杆创建行动"标杆企业"、国有企业公司治理"示范企业"。

实施背景

企业文化系统的演变

在文化建设方面，龙建股份始终坚持走在创新的路上，"十三五"初期，其突破市场逆境，迎来经营订单超百亿元的历史新高。龙建股份党委在系统回顾历史和谋划未来的基础上，总结了"立足高远，卓尔不凡"的治企理念，提炼出"卓如日月，悦近来远"的文化理念，锻造了"有实力、能创新、重诚信、敢担当"的企业精神。在"十四五"初期，龙建股份改革发展迈向了新的历史高度，使命光荣、责任重大，在此重要时点，其高度凝练出"追求卓悦，善作善成"的企业价值观，至此龙建股份企业文化体系搭建基本完成，文化理念得到广泛传播，企业文化IP深入人心，文化创作实体——"卓悦文化发展中心"应运而生，以"卓悦文化"和"心悦公益"为代表的"悦"系列特色文化品牌得到了上级部门和业界的高度赞扬，企业文化得到了空前发展。龙建股份立足企业改革发展实际，不断将文化在传承中延续，在探索中创新，在实践中升华，切实把文化优势转化为助推企业高质量发展的不竭动力，使文化"软实力"真正成为企业发展的"硬支撑"。

体系及内涵

企业价值观：追求卓悦、善作善成。追求卓悦是指脚踏实地不断追求，在愉悦的进取中不断超越自我，成就卓越。"追求"与"卓悦"是相辅相成的关系，"追求"是动力、是进取，"卓悦"是目标、是境界；善作善成是做事以好的方式、方法、途径来取得好的成果，既要善于做事，更要善于把事做成，是将平凡的事做到极致，将简单的事做到完美。

"追求卓悦、善作善成"体现的是在迈向建设社会主义现代化国家的新征程中，引领企业向着品行卓越、创新卓越、能力卓越的方向发展，同时也是一种不断进取的状态，体现的是一种"日日新"的向上精神。

治企理念：立足高远、卓尔不凡。立足高远是以坚定本职为基础，以提升格局的高度，奠定事业前进之"远"，既是对治企兴企实践的总结提升，又体现了龙建人共同的意志品质和思想境界，反映了企业自强不息、坚韧不拔和锐意进取的奋斗精神。卓尔不凡意为只有文化、有思想的人才能真正形成独立的人格，更是一种指向未来的目标，体现的是一种为国家未来发展奠基的建设情怀。

"立足高远、卓尔不凡"不但体现了聚焦主责主业，践行中国特色社会主义的国有企业精神，更明确了龙建股份治企的精神特质、价值取向、社会责任和理想追求。龙建股份以高标准、高规格、高站位凝练的治企理念，继承了红色基因的使命与责任，在全面深化企业改革中积极作为，在担当作为中不断推动企业拓市场、提质量、增效益、惠民生。

文化理念：卓如日月、悦近来远。卓如日月是指如太阳和月亮一样超然独立、卓越优秀；悦近来远取自"近者悦，远者来"，要做超然优秀的企业，使近处的人愉悦，使远处的人奔赴而来。

"卓如日月、悦近来远"是龙建股份的文化理念也是发展担当，是把企业文化、品牌特色、发展定位、匠心致远等思想充分融入公司治理、顶层设计、生产经营、振兴发展的全过程之中。

企业精神：有实力、能创新、重诚信、敢担当。龙建股份坚持以逢山开路、遇水架桥的勇气和闯劲，励精图治、拼搏进取，不断增强企业发展核心优势，发挥行业示范带头作用。积极调动起干部职工与时俱进、创新创造的发展理念，真正实现企业安全发展、协调发展、创新发展、绿色发展、持续发展的精神风貌。始终坚持诚实守信、至诚至信，建一项工程拉动一方经济、提振一方动能、收获一方信赖，以"泽被天下"的使命感，不断彰显国有企业的政治责任、社会责任、经济责任和担当精神。

发展战略："1235"发展战略。"1"为实现一个总目标，即建成国内一流、行业领先、享誉海外的基础设施建设综合服务商。"2"为提升两大发展动能，即加速生产经营和资本运营深度融合，实现双轮驱动提升发展动能。"3"为建强三大业务单元体，即构建交通基础设施、市政公用基础设施和相关多元业务结构，推动三大业务单元体协同发展。"5"为统筹布局五大领域，即坚持"走出去"发展战略，推动实施"北企南移"，统筹省内省外海外区域市场，全面布局投资运营、传统基建、海外业务、路衍经济和战略新兴五大领域。

主要做法

打造卓悦文化品牌

卓悦文化是龙建股份通过传承、根植红色文化基因，紧抓时代脉搏，充分契合企业战略走向而发展起来的企业文化品牌,卓悦文化的实施载体为"卓悦文化发展中心"。"卓悦文化发展中心"是以深植文化理念、创建文化载体、搭建文化平台、创作文化作品、推广企业文化为主要任务,由龙建股份党委统一领导、职工群众广泛参与的文化组织。其工作方向一直坚持"从职工中来,到职工中去,讲身边的故事,创共同的未来",以思想站位有"高度"、内容品味有"深度"、传播范围有"广度"、受众回味有"温度"的"四度"理念,至今已吸纳200余名文化骨干参与企业文化建设工作中来。

"卓悦文化发展中心"多年来创作了许多具有较高文化和艺术水准的作品,其中有《你会来工地看我吗》《我来工地看你了》《不负此生》等,以及原创歌舞剧《女儿的大街母亲的河》、原创音乐舞蹈《不忘初心》等。龙建股份打造了百余个文化作品,始终以积极主动的姿态,向社会各界展示龙建股份的企业文化内涵。

"十四五"以来,围绕打造新时期最具鲜明特色"新龙建",进一步挖掘企业"追求卓悦、善作善成"的企业价值观,龙建股份制定了《"十四五"文化体系建设纲要》,持续深化"卓悦文化"品牌创建,精心策划并推出首部企业文化宣传片《每一步》,展示"新龙建"的新形象、新目标。为进一步增强对广大干部职工的精神引领,丰富职工群众精神文化生活,在重要时间节点开展特色活动,打造如"七一党建汇演"、"企业年会"、"体育活动周"、"心悦红娘"联谊会、新生入职培训等具有文化特色的企业工作IP。这些职工群众喜闻乐见的活动,不仅成为龙建股份特有的文化标志,更有效增强了企业文化的凝聚力、向心力和影响力。

打造心悦公益品牌

心悦公益将"用真心、悦天下"的理念厚植于企业文化内涵之中,努力打造行为规范、方法科学、效果显著的公益品牌,在履行国企社会责任中,成为关键时刻靠得住,危急关头顶得上的"龙建铁军"。龙建股份在公益实践中淬炼初心使命,不断擦亮心悦公益品牌,传播"心悦"文化,生动诠释国有企业的兼济天下与大爱无疆。

实施效果

企业文化让企业发展更有深度

龙建股份形成了以"追求卓悦,善作善成"为企业价值观的企业理念识别系统,有效契合了企业改革等重大历史发展过程中的治理理念,并成为治理策略实施过程中的重要推进载体和宣传凭条;形成了特有的行为识别系统,有效融入企业行为体系标准,延伸企业营销活动触角,推进工作标准不断提升;形成了具有企业鲜明特色的视觉文化识别系统,通过"卓悦文化发展中心"的实体化运营,用完整的视觉传达体系,将企业理念、文化特质、企业规范等抽象语意转换为具体符号的概念,塑造出独特的企业形象。

企业文化让企业发展更有高度

"十三五"以来,随着改革工作的不断深入,龙建股份坚持团结鼓劲和正面宣传,结合企业发展实际、生产实际,用文化的力量加强对改革政策、改革成绩、改革经验的宣传,激励全体干部职工切实将思想认识统一到企业的重大决策部署上来,统一到企业改革工作的各项要求上来,用文化沁润广大干部职工心田,使企业上下凝心聚力,共抓改革。从现代企业制度体系建设的立柱架梁，到治理体系的全方位优化，再到薪酬分配体系的系统集成，"双百行动"综合改革、三项制度改革和国企改革三年行动均实现阶段性圆满收官。企业薪酬分配向施工一线、关键岗位和突出贡献的人员明显倾斜，真正实现了改革成效、发展成果惠及民生，《龙建股份抢抓发展机遇期深入推动多项改革见实效》等多个改革典型案例先后入选国务院国资委案例集，龙建股份真正用文化助力了企业改革各项事业迈上新高度。

企业文化让企业发展更有广度

在深厚的企业历史底蕴和良好的企业发展成果的基础上，龙建股份准确把握机遇、不断创新载体和平台，广泛传递企业文化名片，坚持做到企业宣传工作比市场开发足迹"领先一步"，文化建设工作与企业发展布局"同步落地"，以亮丽的企业文化名片助力企业打开省外、海外市场大门。龙建股份承办北方八省建筑业协会联合会议，多次参加国际影响力强、社会覆盖面广的展会活动及各类宣传文化活动，用文化作品将龙建人的精神展现得淋漓尽致，"卓悦文化"品牌曾多次在大型平台上得到国家相关部门和各界同人的高度评价，龙建的实力和品牌形象大幅提升。在企业文化软实力的不断加持下，企业发展步伐更加稳健、笃定，在持续巩固省内市场龙头地位的同时，坚持深耕省外市场，实现多点开花，公司经营市场覆盖省内 13 个地市。迈入"十四五"，企业适时提出"北企南移"战略，全面构建省外市场"1+N+8"布局，工程项目遍及全国 31 个省、市、自治区，为高质量发展提供了有力支撑。

走出国门是企业谋求长远发展的"必然选择"，龙建股份将企业文化建设工作与海外市场开发同频共振，积极开展文化共建活动，持续加强与当地文化的融合，发挥文化润物无声的特点和作用，不断增加海外市场名片厚度和温度，助力企业更好地进入海外市场、扎根海外市场。企业多年耕耘海外市场，荣获了对外承包工程企业最高信用等级 AAA 级，连续入选全球最大 250 家国际承包商榜单。

企业文化让企业发展更有温度

龙建股份始终坚持胸怀"国之大者"，坚持将履行社会责任作为企业文化建设的应有之义，积极投身黑龙江交通和基础设施建设，将企业发展成效反哺当地、服务社会。高质量建好省普通国省干线公路质量提升项目、哈尔滨市政公路改造项目等重大民生工程，施工过程中关心关注项目沿线的民生动态，为居民办实事、解难题，各在建项目充分发挥地缘优势，因地制宜、因情施策，每年吸纳农民工就业数十万人。2020 年，面对新冠疫情，在省百大项目京哈高速、哈肇高速等项目建设中，预付农民工工资 1200 余万元，有效解决了务工农民春耕资金紧张的难题，使工程项目最大程度地惠及民生、贴近民心，"卓如日月、悦近来远"的企业文化理念得到最真切的体现。通过大力实施积极、开放、有效的人才政策，千方百计加大高校毕业生就业岗位供给，助力黑龙江稳定就业基本盘。"十三五"以来，龙建股份共计引进 3500 余名高校毕业生，为做好"六稳"工作，全面落实"六保"任务，发挥了国企力量。

龙建股份曾荣获"全国交通运输行业文明单位"荣誉称号，总部及权属六家单位连续多年获得黑龙江"省级文明单位标兵"荣誉称号。

主要创造人：田玉龙　朱九羿

参与创造人：赵树新　李　琳　郭雪妍　王紫乔

以"领·聚"文化推动国家科技
重大专项高质量建设

华能山东石岛湾核电有限公司

企业简介

华能山东石岛湾核电有限公司（以下简称华能石岛湾核电公司）为中国华能集团有限公司控股企业，2007年1月23日在山东省荣成市注册成立。负责建设、运营的20万千瓦高温气冷堆核电站示范工程（高温堆示范工程）是我国具有完全自主知识产权、世界首座具有第四代先进核能系统特征的球床模块式高温气冷堆项目，是我国核电自主创新重大标志性工程。华能石岛湾核电公司共有员工916人，其中领导班子成员13人、中层干部38人，党员504人。先后获得"中央企业爱国主义教育基地""全国电力行业思想政治工作优秀单位""山东省级文明单位""全国五一劳动奖状"等荣誉。

实施背景

高温气冷堆示范工程是典型的边设计、边制造、边施工、边验证的"四边工程"，作为全球首堆，没有可借鉴的先例和经验，在建设过程中重大方案变更多，工程进度未达到理想进度。

一是加强建设好示范工程的信心。2009年，示范工程具备开工条件后，先后受到国家政策调整、国外突发事件等一系列影响。

二是充分发挥党支部和党员作用。基层党支部应深入思考党建工作与中心工作的融合和支部品牌的建设，加强党员攻坚克难的斗争精神，以及领导干部在靠前指挥、身先士卒方面的示范作用。

三是使参建各方形成合力。华能石岛湾核电公司作为业主单位，主要以合同为约束推动工作，各单位党组织和党员应加强互动交流，遇到问题、碰到困难时使各方形成工作合力。

主要做法

针对以上情况，近年来，经过不断探索实践和经验总结，华能石岛湾核电公司提炼形成了以"政治引领·聚焦、思想引领·聚识、组织引领·聚势、示范引领·聚力、发展引领·聚才"为主要载体的"领·聚"文化。

坚持政治引领，聚焦重大专项务期必成

华能石岛湾核电公司牢记建好示范工程的政治使命，把建设示范工程作为"一号任务"，充

分发挥把方向、管大局、保落实的领导作用。一是胸怀"国之大者"，坚定信念信心。公司把建成建好示范工程作为党和国家交给华能集团和华能石岛湾核电公司的光荣任务，把落实中央关于示范工程的指示批示作为重要遵循，研究部署工作方案，分党建引领、工程攻坚、技术攻关三大领域，形成25项目标任务、37项落实措施，每月督办工作进展。组织各党支部宣贯落实方案要求，引导党员职工牢记"国之大者"，切实把思想和行动统一到党和国家关于核电工作的决策部署上来。二是坚持政治站位，锚定前进方向。公司不断提高把握方向、把握大势、把握全局的能力，构建起以党委中心组、党委会、党建工作领导小组为平台的"学、研、管、促"领导机制。党委中心组每月召开"主题班会"，聚焦重点难点问题，学理论、悟思想、谈思路、谋举措，共研解题破局之策；党委会落实"第一议题"制度，严格执行重大事项前置审议程序；党建工作领导小组每月召开专题会，统筹推进党建工作与业务工作，以"大党建"工作格局为示范工程务期必成提供坚强保障。三是压实党建责任，严守政治规矩。按照"党建责任清单化、党建目标具体化、党建考核精准化"的导向，公司每年结合实际制定党建工作重点任务，为各党支部量身订制个性化的党建绩效指标。强化"一岗双责"落实，班子成员每季度通过座谈、宣贯、调研等方式，到联系点检查指导党建工作。持续优化以"日常检查、年度兑现、述职评议、民主测评"为主要内容的"四位一体"党建工作考评体系。构建"大监督"格局，每月开展"一语一案"教育，建立了"六个一"廉洁文化。

坚持思想引领，凝聚使命必达共识

华能石岛湾核电公司坚持以习近平新时代中国特色社会主义思想为指导，围绕加快建成示范工程目标任务，加强思想武装，营造攻坚氛围。一是学深悟透党的科学理论。突出核安全的重要性，将安全文化学习作为公司各类会议的首个议程。党委中心组发挥领学作用，每月围绕思想上的困惑、工作中的难点开展集中学习研讨。公司每月结合上级决策部署和公司攻坚任务发布职工思想教育学习计划，引导党员干部通过"学习强国""智慧党建""华能e学"等互联网学习平台，利用碎片化时间开展"指尖学习"。搭建了"运行技能提升服务站""调试大讲堂""今日我来讲"等互学共进平台，做到在学习中提高认识，在感悟中坚定信念，在研讨中凝聚共识。二是"三堂课"让使命教育常态化。讲好"开年第一课"，年初召开公司工作会、党的建设工作会，站在全局的高度讲清楚任务目标，讲清楚思路举措，进一步凝聚全员共识。会后组织各党支部学习落实会议精神和工作部署，细化落实措施。讲好"攻坚动员课"，每当遇到急难险重任务，及时召开攻坚誓师大会、动员大会，通过手拉手叫响攻坚承诺、面对面交接攻坚队旗等富有仪式感、荣誉感的活动方式，引导大家认清形势、统一步调、提振精神。讲好"日常教育课"，通过党员大会、主题党日讲清楚建设示范工程的意义和使命。在攻坚示范工程并网发电的紧要关头，实行"攻坚日会+双周例会"形势任务部署模式，把问题研究透彻，把责任落实到位，做到日清日毕，及时总结提升。三是发挥宣传工作聚人心作用。聚焦言论开道、典型引路，坚持讲好华能石岛湾核电公司故事，发挥专题党课、主题党日、道德讲堂的载体优势，构建宣传栏、网站、微信公众号宣传网络，广泛宣传工程建设中涌现的先进典型和先进事迹，展示"每日攻坚掠影"3000余幅，悬挂"攻坚英雄榜"40余期、700多人光荣上榜。

坚持组织引领，积聚攻坚重大专项的势能

华能石岛湾核电公司以强化组织功能为重点，着力将党的组织优势转化为攻坚动力。一是在

建强组织上下功夫。公司以创建"红旗党支部"为契机，聚焦组织力提升，建立"三会一课"标准模板和支部工作台账规范要求。实施"一支部一品牌"建设，从中心工作、品牌定位、品牌载体入手，打造党建品牌矩阵。调试党支部针对示范工程首堆特点，发动党员争当"调试之星"，开创多个系统调试行业先例；运行党支部着眼电站安全稳定运行，加快培养核电站操作员，选树"三色工匠"；维修党支部着力破解技术难题，打造即时修、善于修的"蓝色铁军"；技术支持党支部为实现首堆装料临界提出了"核芯保障"品牌口号。二是在共建联建上下功夫。为更大范围、更大力度提升组织功能，公司发起了示范工程党建"联建共建"。在公司内部，工程生产领域和综合管理领域党支部自主结对，形成了重点任务联合攻坚、技术难题联合攻关、紧急事项联合协调、义务劳动联合行动的"协同攻坚"生动局面。在工程现场，业主、参建方、监管单位的党委、党支部广泛开展结对共建，构建起"政治理论联学、安全隐患联查、工程攻坚联动、经验反馈联通"的共建模式，提前攻克了核岛电缆敷设、非核冲转等难题，彰显了党建共建合力。三是在全面发动上下功夫。2020年6月，公司启动了"聚力攻坚杯"劳动竞赛，横跨示范工程"两堆冷试、单堆热试""首次并网发电""投产运行"三个阶段。聚焦工程建设和调试过程中的"卡脖子"问题，组建突击队、攻关组，细化分解任务、限时完成目标，极大激发了包括合作单位、承包商在内的全体参与示范工程建设人员的积极性、主动性和创造性，大力弘扬劳模精神、劳动精神、工匠精神，进一步统一了投产运行的三个阶段，核安全文化水平持续提升，各领域协同合作不断深化。

坚持示范引领，汇聚闯关夺隘的攻坚合力

华能石岛湾核电公司坚持引导领导干部和党员发挥示范表率作用，形成了"领导表率、干部带头、党员争先、群众看齐"的上下联动攻坚态势。一是"一把手"领衔示范。公司党政主要负责同志坚决扛起第一责任人职责，当好"火车头"和"风向标"，以效示范、以身示行，层层传递责任压力。他们亲自披挂上阵，永远站在攻坚的最前线，挑最重的担子、啃最硬的骨头、担最大的责任，内外沟通、上下协调，为示范工程建设保驾护航，力保"问题在一线解决、责任在一线落实、服务在一线到位"，有效发挥了"头雁效应"。二是党员干部率先垂范。在示范工程建设最艰难的时候，班子成员身先士卒，实行"24小时轮班值守"，每人挂帅一项或多项攻坚任务，张榜公示，滚动推进。三是广大党员发挥模范带头作用。公司把党旗插在攻坚最前沿，创新提出党员示范行动"四步工作法"和"串并联管理机制"，广泛组建"区岗队组"，设立"创新攻坚奖"，建立"攻坚英雄榜"。

坚持发展引领，集聚高水平专业化人才

华能石岛湾核电公司坚持把人才作为第一资源保护好、使用好，为推动公司发展提供坚强有力的人才支撑。一是搭台架梯，聚焦培养人才。广泛开展劳动竞赛、技能竞赛、技术比武、创新创效等活动，创建各类创新工作室，推行重大项目攻关"揭榜挂帅"和军令状制度，张榜求贤，凭本事揭榜，真正把想干事、能干事、干成事的优秀人才选出来、用起来，最大限度地释放人才潜能。二是立破并举，聚焦用好人才。研究制定了《员工职业发展管理》，畅通了经营管理、业务职能、专业技术、运行操作、技能作业的职业发展"五通道"，打破专业技术人才发展"天花板"，有效破解了制约员工职业发展的历史遗留难题，为各类人才鼓足了士气、给足了底气。三是用心用情，聚焦温暖人心。坚持夏送清凉、冬送温暖，持续开展节假日职工慰问、爱心互助帮

扶。在并网攻坚冲刺阶段，坚持服务阵地前移，在攻坚现场设立攻坚"加油站"和休息区，提供饮食、床铺等保障物资。关注职工精神文化需求，坚持支部月度分析、党委定期研究的职工思想动态分析处置机制，解决思想问题的同时解决实际困难。

实施效果

华能石岛湾核电公司"领·聚"文化彰显出党建工作的政治优势、组织优势和群众工作优势，有效转化为公司高质量发展的核心竞争力和文化软实力，推动公司守正创新、行稳致远。华能石岛湾核电公司勇担国家科技重大专项政治使命，成功发出了华能"第一度核电"。始终坚持科技自立自强，勇挑现代产业链"链主"和原创技术策源地重任，先后攻克了核电领域多项世界性、行业性"卡脖子"问题，使示范工程设备国产化率达到93.4%，仅首次使用的设备就多达2000余套，创新型设备600余套，累计申请高温气冷堆技术专利713项，获授权412项，发布主编团体标准18项，形成示范工程建设经验汇编文稿497篇，获省部级科技奖10项，对推动我国在第四代先进核能技术领域抢占全球领先优势具有重要意义。

一是攻坚信心更加坚定。通过培育"领·聚"文化，提升了公司上下勠力同心、攻坚克难的勇气和信心，坚定了建好示范工程的决心和干劲，党员干部职工的工作热情和攻坚势头空前高涨，各项攻坚任务全面提速，公司面貌焕然一新。

二是示范作用更加明显。通过有效开展党员示范行动，激发了党支部战斗堡垒和党员先锋模范作用，突显了组织优势，强化了党员意识，传递了责任压力，锻炼了党员队伍，激发了群众活力，攻克了一系列难点任务。

三是攻坚合力不断积聚。通过联合参建党组织开展结对共建，协同完成了电缆敷设攻坚、非核蒸汽冲转等多项攻坚任务，将参建各方从商业和技术层面的合作上升到党建和精神层面的共促、共进、共赢。

四是攻坚氛围更加浓厚。通过平台创建和氛围营造，一股肯吃苦、敢担当、善作为、讲奉献的风气不断壮大，主动在行业内外发声，为公司营造了良好发展环境，提升了员工的荣誉感和自豪感。

五是攻坚队伍得到锻炼。通过打造劳模工作室、创新工作室等载体，打通技术技能序列发展渠道，为公司技术、技能人才提供了展示才华的舞台，技术、技能带头人充分涌现，公司申请的各类专利从质量上和数量上均实现了"双超越"。

主要创造人：周　亮　　胡宇印
参与创造人：房崇强　艾大珩　孙文湛　李　昱

创新驱动发展，永葆中国速度，永创中国水平

沈阳新松机器人自动化股份有限公司

企业简介

沈阳新松机器人自动化股份有限公司（以下简称新松）成立于2000年，是一家以机器人技术和智能制造解决方案为核心的高科技上市公司。拥有自主知识产权的工业机器人、移动机器人、特种机器人三大类核心产品，以及焊接自动化、装配自动化、物流自动化三大应用技术方向，同时围绕国家战略方向持续孵化新兴业务，形成半导体装备、协作机器人、智慧城市、智慧康养等多个战略行业产业。新松本部位于沈阳，在沈阳、上海、青岛、天津、无锡等国内多个经济热点城市建有产业园区。同时积极布局国际市场，在韩国、新加坡、泰国、马来西亚、德国等设立海外分公司、子公司及区域中心，产品已累计出口全球40多个国家和地区。

作为国家机器人产业化基地，新松始终坚持自主创新，完成国家重要科技攻关800余项，主导或参与发布国家、行业及团队标准80余项，拥有发明专利1300余项，书写了中国机器人发展史上百余项"行业首创"。近年来，新松先后荣登中国名牌、中国驰名商标、中国最具创新力品牌、中国十大品牌、"中国品牌榜样100"、"2022中国新增长·敏捷领导力"等榜单，是推动中国机器人产业高质量发展的重要力量。

实施背景

要时不我待推进科技自立自强，只争朝夕突破"卡脖子"问题，努力掌握关键核心技术。新松敢为人先、敢闯敢试，自强不息、自主研发，走出了一条具有新松特色的自主创新之路，从默默无名的初创公司，一路成长为中国机器人行业龙头，如今已经成为全球机器人产品线最全的企业之一。创新驱动发展，是一代又一代新松人赓续传承的坚定信仰和使命担当。

主要做法

向新而生，铸就新松企业文化精神谱系，明确企业文化战略定位

2000年4月，沈阳自动化所30余名科研人员创建了新松，作为从科学院诞生的企业，新松有着天然的创新基因，取名"新松"是为了纪念"中国机器人之父"、沈阳自动化所原所长蒋新松。新松创业者传承了老一辈科学家的担当、责任和情怀，背负着"发展先进制造技术，引领现代产业文明"的使命，拉开中国机器人全面产业化序幕。在初创时期，新松就意识到要将中国科

学院的研究所文化转变为企业文化，充分发挥新松文化优势。2002年新松成功研发出点焊机器人，2003年研发出排爆机器人……在无数次破解难题中，迎来中国机器人从无到有重大突破的成长时期，汇聚形成了"追求卓越、创造完美、诚信敬业、报效祖国"的新松精神，并确立了"以先进制造技术为核心，发展成为具有国际竞争力的先进装备供应商和国家化高技术产业集团"的愿景，形成新松统一的核心价值观"责任、超越、共享"，新松文化V1.0体系初见雏形。

智能博弈，比肩世界，以文化引领新松开启国际化征程。2009年至2014年世界机器人进入快速发展期，特别是2013年中国成为全球第一大工业机器人市场，新松紧抓产业发展机遇，走上内强发展、外拓疆域的道路。2007年中标美国通用汽车全球采购，改写中国机器人只有进口没有出口的历史；2009年登陆创业板，成为中国机器人第一股；2014年推出数字化工厂；2017年新松走出国门，在新加坡设立子公司，整合东南亚优质资源……在这一发展阶段，新松业务模式和发展战略发生显著变化，以全球视野整合创新链、产业链、人才链资源，实现产业裂变式发展。创新驱动发展，文化驱动创新。2015年，新松优化升级形成了更为成熟、指向性更加明确的V2.0企业文化理念体系，以"引领行业发展，推动产业进步，提升生活品质"为企业使命，明确"缔造世界一流的高科技企业，发展成为具有国际影响力的智能产品及服务供应商"发展愿景。

与战略互相牵引，逐步形成"3151"新松文化建设基本思路。新松聚焦主业，加速智能化、高端化战略部署，以深化改革应对风险挑战，再次对企业文化进行全面凝练和升级，形成了"3151"新松文化V3.0体系："3"即三大战略指导体系，分别是"机器人让世界更美好"的企业使命、"中国速度、中国水平、行业领先、世界一流"的企业愿景和"守正创新、奋斗为本、价值导向、协力致远"的核心价值观；"1"即全体新松人，一个共同的"拼搏、进取、务实、担当"新松精神追求；"5"即打造"管理理念、创新理念、人才理念、市场理念和发展理念"五大文化子系统；"1"即统一传播口径，明确品牌口号"智慧新松，创领未来"。坚韧成长的新松文化V3.0凝聚力量、激发改变，形成支撑新松高速发展的动力，赋能全体新松人久久为功，突破"卡脖子"难题，为实现科技自立自强、赢得全球市场竞争能力水平蓄力前行。

向心而暖，打造全面立体企业文化实践，持续完善工作机制和运营机制

新松文化体系建设围绕精神文化、行为文化、物质文化和品牌文化四个方面层层深入，构建目标体系、保障体系、识别体系、培训体系、传播体系、激励体系、融入体系和评估体系八大体系建设，形成了有机运行的闭环式企业文化工作机制和运营机制，全力打造新松人精神家园。

搭建保障体系，提供文化落地全方位支撑。为高效执行企业文化战略，新松设立品牌与文化管理中心，专职负责新松文化建设工作；建立企业文化管理规定，在全集团层面成立企业文化推进小组，设置文化大使，完善工作对接机制，将企业文化建设和经营发展工作整体谋划、整体推进，确保文化建设触角延伸到各部门、各分公司、各子公司的每个角落。组建企业文化建设小组，充分发挥其覆盖面广、贴近员工、反馈效果快的特点，大力营造全员参与企业文化建设的良好氛围。打造全方位、立体化传播体系。对内持续宣贯，引发广泛认知和共鸣，开展企业文化培训、文化建设座谈交流会；在生产车间、走廊等处设置文化墙，增添企业文化元素；开展司庆日主题活动，开通企业微信设立"松之秀"板块、飞书端设立新松圈"企业文化"板块、录制内部电视节目等，打造内部宣传矩阵，让每一个新松人形成对企业文化理念的深度认知，使其"内化于心，外化于行"。对外强化传播，以新松人的精神彰显品牌价值，参与央视《大国重器》《航拍中国》等大型纪录片录制，多次亮相央视《新闻联播》《焦点访谈》《经济半小时》等新闻栏目，形成强有力的品牌宣传，实现新松文化在更高层次、更宽领域有效传播。做实文化共建，建立深度连接。新松始终把"人"放在推动文化落地第一位，以打造新松人精神家园作为文化建设核心。为此，积极开展建言献策、沟通交流会、"星星相惜"总裁见面会等形式多样的活动，鼓励员工积极响应、认真思考。创办文化内刊《新松人·新动力》、创建"新松圈"文化论坛，打造文化交流社区，让每一个员工所感、所想、所思都能够被看见，延续新松精神面貌，形成推动新松改革发展强大合力。

向远而行，与绩效捆绑实施企业文化考核，形成新松企业文化建设闭环

明确考核目标，发挥文化动力作用。在新松文化V3.0建设阶段，围绕理念认知度、员工行为表现、参与企业文化建设完成率等方面搭建考核体系，并且针对集团本部及分公司、子公司参与文化建设情况，对考核指标进行科学合理的量化，制定《新松集团企业文化共建积分规则》，作为评选企业文化共建标兵、先进集体考核依据，定期考核表彰，创新激励措施，切实调动员工积极性与创造性。融入绩效考核，使新松文化成为全体员工行动纲领。围绕核心价值观提出"13个提倡、13个反对"判断标准，指导员工规范行为，与新松文化准则保持一致。同时，将个人对文化理念认知、认同与践行纳入年度员工评优考核指标，对在文化理念考试中不及格的员工采取一票否决制，以软性导向与硬性约束相结合，推动新松文化战略执行落地，形成企业文化建设闭环。

实施效果

新松以习近平新时代中国特色社会主义思想为指引，不断增强"四个意识"、坚定"四个自信"、做到"两个维护"，服务国家大局，履行央企责任。坚持新松文化与企业发展战略同频，通过深入贯彻"守正创新、奋斗为本、价值导向、协力致远"核心价值观，推动全员坚定落实公司"3+3+N"发展战略，发挥企业文化对战略执行的支撑作用，形成文化建设与企业管理深度融合新局面。

文化驱动创新，实现科技自立自强

新松充分继承和发扬沈阳自动化所的优良传统，将科研工作者的创新基因深植骨髓。针对"卡脖子"技术、部件、产品开展联合研发攻关并取得丰硕成果，在实现核心技术自主可控、核心部件国产替代不断取得新突破，构筑了自主可控产业链。五大系列百余类机器人在国民经济重点领域广泛应用。目前，新松国内外规模化高端客户群体占比2/3，与众多世界500强企业建立长期合作伙伴关系，服务领域覆盖国民经济60余个行业大类。坚守自主创新的新松人，历经起步、追赶、比肩、领跑，从无到有，把"不可能"变成"可能"，书写了中国机器人产业科技自立自强的"新松答卷"。

文化牵引发展，企业核心竞争能力进一步突显

在"机器人让世界更美好"的神圣使命指引下，新松形成了"3+3+N"发展战略，聚焦主业，全力做强工业机器人、移动机器人和特种机器人3大核心产品和焊接、装配、物流3大应用技术，通过战略投资合作加速新兴业务发展，形成可持续、可循环的健康生态。

文化融入管理，营造积极向上文化氛围

从最初几十人的创业团队发展为拥有4000余人的创新团队，新松人牢记创新使命，饱含家国情怀，将自身发展目标融入国家和民族发展之中，形成了尊重知识、尊重人才的良好氛围，把人作为企业文化建设核心主题，全力营造让奋斗者有回报、有发展的管理氛围。构建表彰体系，发挥榜样力量，设立重大项目市场激励奖项，评选新松之星、最美新松人，举办"星星相惜"总裁见面会、"星光伴我行"主题文化沙龙，以及年度表彰做出突出贡献、表现优异的团队和个人，持续鼓励、激发内部创新动力。健全激励机制，增添发展活力，将员工与企业利益深度捆绑，实施股权激励，首期有800多名员工获得股权激励，共享发展红利。强化队伍建设，充分吸引高层次人才，满足人才需求，聘请专业顾问机构，建立全新岗位职级图谱，优化"多劳多得"的绩效管理体系，激发了企业活力，员工干劲十足，展现出积极向上、朝气蓬勃的新风貌。

文化铸就品牌，彰显中国品牌新力量

经过20多年的蜕变与升华，新松已经成为全世界产品线最全的机器人制造企业，品牌影响力享誉全球，成为中国智造品牌一张闪亮名片。

时间镌刻使命，创新成就未来。在接续奋斗、乘势而上的关键节点，永葆"中国速度"，永创"中国水平"，剑指行业领先，争创世界一流，是历史交给新松的又一接力棒。新松人将大力弘扬科技强国，产业报国的家国情怀，以创新驱动公司发展，以文化铸就品牌影响，做强、做大、做优中国机器人产业，让国家因新松的存在而自豪，让客户因新松的服务而自豪，让员工因在新松工作而自豪，为加快建设智造强国贡献新松力量！

主要创造人：张　进　哈恩晶
参与创造人：王　冬　高　爽　谭　双

构建特色文化体系，实现企业高质量发展

建华控股有限公司

公司简介

建华控股有限公司（以下简称建华），前身是建华管桩，1992年创建于中山小榄。集团经过30年的发展，旗下拥有建华建材集团及汤和控股集团。

建华建材集团（以下简称建华建材），主要以混凝土制品为核心，配套上下游产业构成，是国内混凝土制品与技术综合服务商、国家住宅产业化基地、制造业单项冠军示范企业（自1997年至今，蝉联国内管桩行业产销冠军）。目前有67家生产基地、300多个服务网点，共有员工30000余人。建华建材积极探索国外市场，通过海外生产基地及沿海沿江自建码头，产品销售足迹遍布越南、印度尼西亚、马来西亚、柬埔寨、泰国、文莱、菲律宾、斯里兰卡等国家。2022年，建华建材列"中国民营企业500强"第277位、"中国制造业企业500强"第280位。

汤和控股集团，以多元化产业为主，拥有汤和新材料、龙泉股份、索菱股份、建华地产和建华供应链等板块。其中，汤和新材料为客户提供专业的建筑周转材料租赁与综合服务。龙泉股份主营预应力钢筒混凝土管系列产品和石油化工和核电领域所需高端金属管件等产品。索菱股份是一家向客户提供专业车联网硬件及软件服务和自动驾驶开发的国家高新技术企业。

文化体系建设

以文化支持企业各职能业务工作开展，用文化来牵引企业管理与员工行为规范，持续推进企业文化落地。"走正道，负责任，心中有别人"是建华企业文化之魂，用以指导经营管理工作；持续发扬"求实、务实，提高办事效率，参与市场竞争"的企业精神；牢记"以人为本，无为而治"的管理理念，坚持执行"真诚、让利、尊重、包容、提升"五个善待人才的标准，充分发挥广大员工的主观能动性；坚持"制度第一，总裁第二"，不断健全规章制度。

文化体系建设推进，牵引企业发展

建华从2004年起，由创始人述著出版建华文化《为己杂谈》及《企业文化纲要》，以"走正道，负责任，心中有别人"为文化核心，定期针对不同入职年限及不同层级的员工开展线下培训课堂及视觉传播。通过线上与线下联动传播的方式，以四个载体（《建华人》报、《务实》内刊、"为己杂谈"公众号、建华学堂）广泛传播建华文化。为使文化更好地落到实处，把文化融合到工作中，通过"制度第一，总裁第二"的法治管理体系来管理企业。建华一直坚持要想经营

好一个企业，需认识到规章制度的重要，及法治和规矩的重要。在2008年提出以财务管理为中心进行制度建设；2011年开始用四大会计师事务所进行合规审计，内部成立独立审计监察部门，参与反舞弊联盟；内部法人治理，采取三年任期制等举措，有效地规范企业的经营管理。在集团产业板块越来越多及经营管理水平参差不齐的情况下，建华在2021年年初提出"严精细活"并分两个集团公司去进行经营管理，让建华真正走向法治的道路。

2004年，建华创始人许景新先生创办建华学堂，秉承"以人为本，无为而治"的管理理念，以教人者教己，在劳力上劳心。多年来，从新入职大学生、专业技术人才，到中高层经营管理者，在建华这所大学堂，"学习、学习、再学习，培训、培训、再培训"，提升管理能力，研习业务技能。2021年，建华被评为中国企业教育先进单位。

文化促进产品及企业转型升级

产品升级与绿色发展。在市场经济条件下，建华的产品质量和服务质量，是建华生存的基础，千方百计改进产品质量和服务质量已成为建华树立信誉形象，在竞争中取胜的最基本条件。"只有对用户负责，用户才会对你负责"。只有向用户提供优质的产品，用户才会购买建华的产品，建华才能发展。建华自成立以来，一直不停息地加强质量管理和追求技术进步。为确保产品质量，对公司员工进行岗位技能培训，要求员工严格按照工艺操作规程进行操作；从原材料进厂，每道工序制作到产品出产各个环节都严格控制产品质量。

建华创始人许景新先生提出"一个优秀的企业，对社会最大的负责就是创造出符合社会进步需求的好产品并经营好企业本身"，"做好产品就是对社会最大的回报"，对产品质量精益求精，要求各岗位人员严精细活，耕好自己一亩三分地。产品的品质高，适合社会需要，价格合理，售前售后服务到位，这样的产品才是有市场的产品。建华建材致力于绿色建材产品和装配式节能技术的研发与应用，为众多装配式建筑精品提供了绿色低碳解决方案。生产团队秉承精益求精的态度，在原材料筛选、材料配比确认、生产工序优化等环节钻研攻关，并通过样板试验、全过程质量管理等手段加强生产质量管控，确保生产进程有序推进。以精益求精、精雕细琢的"工匠精神"铸就更多绿色建筑品质工程，制造低碳、节能、可循环的绿色建材产品。

转型升级与多元化发展。建华始终以"求实，务实，提高办事效率，参与市场竞争"的企业精神指引企业不断向前发展。2014年前瞻性地提出二次创业，把建华管桩正式更名为建华建材，业务从单一生产销售预应力混凝土管桩转变为向客户提供专业的混凝土预制产品和技术解决方案，提供从地下基础工程到上部结构工程的全流程优质产品和服务。因集团长期专注混凝土制品研发与制造，积极推动行业创新发展，荣膺"制造业单项冠军示范企业"称号。

为更好地让建华立足社会，以助力企业转型升级，创始人提出"转变发展思路，提升产业竞争力，扎根实业，提升管理，持续发展"，同时也提到"公司发展的三大依靠：文化、制度与人才"。品牌为源，产业链为流，利用品牌效益，围绕产品建立全新生态系统。精控原材料、贸易、产品多元化、运输、客户服务等环节，环环相扣、相互支撑，充分发挥全产业链协同价值，实现集团多元化发展。

另外，建华将创新视作引领发展的第一动力，设立研发中心、北京技术研究院、智能制造研究院、工程技术中心多维联动，搭建由院士、大师、享有国务院政府特殊津贴专家、国家海外高层次引进人才领衔，涵盖勘察、设计、施工、工程管理、检测、造价、材料等各类专业技术人才的创新团队，造就高水平的研究和创新能力。拥有国家企业技术中心、预制混凝土绿色低碳研究中心、交通运输行业研发中心、院士工作站、博士后创新实践基地等高新技术创新平台，主持、参与多项国家级、省部级科研项目攻关。

文化创建和谐人文

结合"求实务实，提高办事效率，参与市场竞争"企业精神，建华一贯要求员工的服务以客户为焦点，一切工作的宗旨都是为了适应市场需求，提高顾客的满意度。建华的服务对象不只是包括销售和使用自己产品的用户和潜在用户，也包括生产设备、原材料供应商。保护供应商的正当利益，也是在保护建华的利益。建华始终坚持"阳光、简单、坦诚"的合作理念，诚信经营，尊重合作伙伴，遵守契约精神。建华提出"三不伤害"与"四个准时"，是建华从创办以来一直秉承的理念。"三不伤害"即不伤害员工利益，不伤害客户利益，不伤害供应商利益。"四个准时"即准时发放员工工资，准时向国家纳税，准时还银行贷款及付利息，准时支付供应商货款。

建华，坚定不移"听党的话、跟党走"。从2006年起，建华每年组织青年管理骨干，赴井冈山开展党史学习教育活动，先后有2000多名建华精英，循着革命先烈的足迹，体验创业之艰、锤炼奋斗意志。建党百年之际，建华组织集团高管再上延安，从"深反省"到"寻初心"，用伟大的"延安精神"，照亮建华发展新征程。建华，持之以恒开展党史学习教育，在生产经营一线充分发挥党员先锋模范作用、支部战斗堡垒作用，相关经验做法得到了省、市各级党委的充分肯定。

在建华，"家文化"的关怀无处不在。2006年起，建华每年为青年员工举办独具特色的集体婚礼，共同见证了300多对因爱结缘的建华新人步入幸福婚姻的殿堂。为丰富员工业余生活，增强了员工企业自豪感、认同感和归属感，每年开展多姿多彩的文化活动，如双节晚会、员工运动会、春秋游园拓展等；同时建华独有的中高层管理者太太（先生）会议以感谢在背后为建华默默付出的每个家庭，让"小家"连"大家"的温暖在建华不断延续、升温。

建华每年举办"薪火·传承"讲师节，表彰默默耕耘、传道授业的优秀讲师和辅导员，弘扬"传、帮、带"精神。

还有每年中高管的戈壁远征活动，对每位参与者而言都是一次心灵的历练，实现了自我的超越，助力企业转型升级及后续的发展。

实施效果

经营业绩方面

由最早年产值20多万元，到目前年产值达400多亿元的建华控股有限公司。由单一的产品生产制造商，发展为综合服务商及多元化产品服务体系。

社会责任

以"走正道，负责任，心中有别人"的文化之魂，努力实现企业高质量发展。走正道作为企业生存和发展的根本，是大原则，大方向。企业合法经营，做对社会有利的产品，适应社会需要。企业对员工、社会负责任，坚持规范经营，依法纳税，以"用户第一，信誉至上"为企业宗旨，服务社会，回馈社会。

负责任作为建华的核心思想，引导各级员工对工作、对家庭、对社会负责任。其中特别提到要做到负责任的五个条件，要有责任意识，要上下负责，彼此负责，要责任到位，要有知识与能力，要坚持不懈。

心中有别人就是学会站在别人的立场考虑问题，从另外的角度来说，也是为了更好地了解别人，知彼知己，百战不殆。工作开展过程中，反复强调主动协调配合，制定积极措施，利用团队力量，群策群力，发挥集体智慧去解决工作中的疑难问题，实现上下同心。

文化从实践中来，运用到实践中去。建华从1992年在小榄成立第一家公司，到1997年成为行业冠军；从2001年年底提出以"沿江西进，沿海北上"发展战略走出省外，发展至现在两大集团产业；从原有单一管桩生产制造商，发展为现在多元化产品企业。每个发展阶段，通过"三个不断"即不断学习、不断实践、不断总结，真正把建华文化运用到实践中，通过实践来考核检验文化对企业的引领，真正实现创始人提出的文化要从实践中来，运用到实践去，以不断促使企业健康良性成长。

在迈向高质量发展的新时期，建华将继续秉持"走正道，负责任，心中有别人"的企业文化和"求实务实，提高办事效率，参与市场竞争"的企业精神，立足建材主业，积极拓展上下游产业链，优化产业生态圈，实现企业高质量发展，永葆基业长青，为我国从"制造大国"向"制造强国"跃迁贡献力量，为实现中国梦，踔厉奋发，砥砺前行！

主要创造人：许景新

参与创造人：赵玉华　闫　雷

打造"刘三姐"服务文化品牌，提升国铁企业经营服务品质

中国铁路南宁局集团有限公司

企业简介

中国铁路南宁局集团有限公司（以下简称国铁南宁局）是中国国家铁路集团有限公司的全资子公司，管辖运营8条高速铁路、7条国铁普速干线，以及6条合资（支线）铁路，跨越广西、广东、湖南、贵州四地，并与越南铁路互联互通，营业里程5949千米，其中高铁里程1980千米，资产总额3076.2亿元，职工总量约6.2万人。主要从事铁路运输服务和多元化经营业务。先后荣获"全国模范劳动关系和谐企业""全国五一劳动奖状""5A级物流企业"等荣誉。

实施背景

打造"刘三姐"服务文化品牌是推动优秀传统文化创造性转化、创新性发展的需要

铁路作为国民经济大动脉、现代化的开路先锋、大众化的交通工具，在推动优秀民族文化创造性转化、创新性发展上有着得天独厚的优势，国铁南宁局作为面向东盟的区域性交通枢纽，管内旅客列车通达全国21个省区市和香港特别行政区，以及越南嘉林，肩负着传承和传播好"刘三姐"服务文化的重要使命。

打造"刘三姐"服务文化品牌是铁路服务和支撑广西文旅产业高质量发展的需要

广西山水秀丽雄奇，民族风情独特，文化多姿多彩，在发展旅游产业时要守护好八桂大地的山水之美，并推动广西文化旅游业健康可持续发展。国铁南宁局立足铁路实际，把打造"刘三姐"服务文化品牌纳入广西文化和旅游高品质服务体系建设中，建立布局完善、全民共享、实用便捷、富有特色的旅游公共文化服务体系。

打造"刘三姐"服务文化品牌是铁路服务文化与地域民族文化融合发展的需要

作为始终听党话、永远跟党走的国铁南宁局，需要把广西人民对舒适便捷、集约高效的客货服务新需求作为奋斗目标，把推动"刘三姐"服务文化创造性转化、创新性发展纳入集团公司"十四五"企业文化建设整体规划，为"服务与山水同美、旅途与文化相伴"核心理念赋予新时代铁路服务更加人性化、亲情化的时代内涵，引导宁铁人在思想上、行动上、工作上，像对待亲人一样善待旅客、服务旅客，通过"刘三姐"服务文化品牌影响和带动服务品质提升。

主要做法

以铁路车站为平台打造"刘三姐"服务文化品牌，让铁路车站成为宣传优秀民族文化的窗口

坚持以广西境内高铁车站为平台，通过提炼品牌服务承诺、设置品牌服务台、提供个性化品牌服务打造高铁车站"刘三姐"服务文化品牌。一是提出"一站一承诺"。精心选取广西境内南宁、柳州、桂林等22个高铁车站，深入挖掘车站所在城市的历史文化，总结车站长期服务旅客的成功经验，以及车站服务旅客中涌现出来的先进典型代表，结合"刘三姐"服务文化的时代精神和现实意义，提出体现车站城市文化和车站服务特色的服务承诺。例如，桂林车站结合桂林国际旅游胜地提出了"服务与山水同美"的服务承诺，柳州车站以全国巾帼建功标兵唐映梅为服务标杆提出了"有需要，找映梅"的服务承诺，来宾北车站围绕"天下来宾、来者上宾"提出"微笑在脸、服务在心"的服务承诺。二是设置"一站一服务台"。在22个高铁车站设置"刘三姐"服务台，集中受理咨询服务、重点旅客服务、失物招领、应急改签、投诉受理等服务业务。统一设计张贴既符合铁路服务文化特点，又能彰显刘三姐文化个性、气度、神采的品牌标识，并对标识赋予品牌内涵，让社会公众、职工群众快速识别和记住标识，主标识由汉语拼音"LIUSANJIE"组成飞速向前行驶的动车、"刘三姐"3个汉字、盛开的桂花和"刘三姐"剪影组成。整个标识将高铁元素和广西民族元素与现代设计结合，符合现代审美要求，受到旅客青睐。三是打造"一站一品牌"。按照有服务承诺、有服务平台、有管理办法、有服务措施的品牌创建思路，先后打造"刘三姐·漓江情""刘三姐·红城百色""刘三姐·临贺新韵"等车站"刘三姐"服务文化品牌22个。制定了《国铁南宁局"刘三姐"客运服务品牌管理办法》等特色制度35个，对品牌设置、服务项目和标准、日常管理等方面做出规定并提出要求。建设"刘三姐"服务文化品牌教育基地，组织各站车"刘三姐"服务队到国铁昆明局、广西机场集团、广西民族大学等单位院校学习服务礼仪、民族语言、民族舞蹈等，提升品牌服务水平。

以旅客列车为平台打造"刘三姐"服务文化品牌，让壮乡文化列车奔驰在祖国广袤的大地上

充分发挥旅客列车流动优势，通过列车冠名、提供个性化服务项目、举行文化宣传活动等形式，打造系列"刘三姐"服务文化列车品牌，让旅客列车成为宣传壮乡文化的流动窗口。一是打造"刘三姐"进京进港高铁精品示范线。践行"服务与山水同美、旅途与文化相伴"核心理念，根据南宁至北京西G422/1次和南宁东至香港西九龙G418/7次列车特点，从列车内外部设计、乘务员服饰、食品包装、广播提示等细节方面展示民族风情，传播壮乡民族文化，坚持安全经营与服务质量并重，将高铁文化、铁路服务文化和"刘三姐"服务文化融入动车服务质量体系，通过规范列车管理、创新服务模式、提升服务质量，以及开展具有地方和铁路特色的文化活动，打造"刘三姐"精品示范线。二是常态化开行"刘三姐"号旅客列车。秉承"乘上壮乡车 满意伴您行"服务承诺，将越南嘉林至中国北京的国际联运旅客列车打造成为展示壮乡文化、八桂美好形象、各族精神面貌、铁路亲情服务的四个窗口。通过推出"刘三姐"形象大使，打造城市主题车厢，设置民族餐车，运用"五色绣球服务"，开展"山歌唱响文明行""乘刘三姐号，游美丽广西""文明乘动车，服务上水平"等系列活动，将铁路服务文化与壮乡文化融合起来，推动"刘三姐"号列车成为移动文化宣传长廊。三是打造系列"刘三姐"主题文化列车。组建"向日葵爱心服务队",以开设为重点旅客送水、送餐、送温馨服务项目,开展争做"向日葵爱心小导游"评选和寻找"向日葵列车爱心医生"等品牌创建活动为抓手,打造了"刘三姐·向日葵爱心列车"。聚焦为旅客送上温馨和快乐,以列车员粟为乐开创的"笑脸多一些、嘴巴甜一些、热情足一些、手脚勤一些"的"四个一"服务法为标准,坚持在每趟列车上开展旅客满意车厢评比,打造"刘三姐·为乐车厢"。为了让旅客体验更美好,坚持开展"多问一声好、多提一句醒、多道一声谢"的"三个一"活动,打造了"刘三姐·动车组亲情服务驿站"。坚持开展爱国主义教育进车厢活动,通过发放宣传折页、讲述革命故事、传唱革命歌曲等方式,打造"刘三姐·红色文化列车"。

以文创旅居为平台传播"刘三姐"服务文化,让旅客感受服务与山水同美的壮乡文化。不断丰富壮乡优秀民族文化传播载体,通过打造文化创意品牌、养生旅居品牌、社交网红品牌,扩大"刘三姐"服务文化传播力和影响力。一是在打造"铁潮"文创品牌中传播"刘三姐"服务文化。聚焦推动铁路传承文化和"刘三姐"服务文化创造性转化、创新性发展,成立"铁潮—长鸣"文创联合孵化中心,围绕铁路历史文化和"刘三姐"民族文化等主题,运用"0"号机车、铁路制服、行业标识、"复兴号"动车等铁路文化核心元素,设计开发了工艺美术品、家居生活用品、旅行生活用品、办公文化用品、网络文化艺术产品等文创产品35类近300余种,运用"铁潮"文创品牌传播"刘三姐"服务文化。二是在打造"宁铁康养"养生旅居品牌中传播"刘三姐"服务文化。围绕广西打造"桂林山水、浪漫北部湾、长寿广西"等六大文旅品牌部署要求,坚持"全资产开发、全要素盘活、全方位创效"的经营思路,践行"以服务为宗旨,待宾客如亲人"的服务承诺,依托桂林国际旅游胜地、北部湾国际滨海旅游胜地、黔西南州避暑胜地优势,通过提供健康养生、健康咨询、旅游度假等服务,打造桂林康养、北海候鸟、兴义避暑等养生旅居品牌,并在全局连锁酒店服务员服饰、餐具、客房中融入壮锦等文化元素,播放刘三姐的电影、歌剧、山歌等,在品牌创建中传播"刘三姐"服务文化。三是用"动姐带你去旅游"新媒体品牌传播"刘三姐"服务文化。围绕更好推动文化与旅游融合,打造广西"高铁旅游+"全新旅游格局,拍摄《动姐带你去旅行·打卡最美广西》系列微视频,通过"动姐带你去旅行"抖音账号,传播"刘三姐"服务文化、三江侗族文化、贺州客家文化、梧州早茶文化等,将一条条铁路沿线的民族文化、美食、美景带入大众的视线中,带火了一批"藏在深闺"的广西小众景点。

实施效果

形成创先争优良好氛围

南宁客运段先后荣获"全路先进基层党组织""全国民族团结进步示范区示范单位""全国青年文明号",Z5/6次列车荣获"全国文明单位"荣誉称号。柳州车站培育了广西壮族自治区三八红旗手、全国巾帼建功标兵、广西壮族自治区民族团结进步模范个人、"广西五一劳动奖章"获得者唐映梅,中国好人、新时代·铁路榜样曾湘毅;桂林车务段培育了中国好人、自治区道德模范匡杰;南宁车站培育了广西最美铁路人张志坚,学习先进、争当先进的氛围更加浓厚,比学赶超、创先争优劲头更加强劲。

旅客满意度有效提升

南宁东至上海虹桥 G1501/1502 次旅客列车被评为 2020 年全国铁路客运窗口用户满意单位；南宁东站、南宁至北京西 Z5/6 次旅客列车被评为 2020 年、2021 年全国铁路客运窗口用户满意单位；南宁东至北京西 G422/421 次旅客列车、南宁客运段 Z5/6 次京快 2 组荣获 2021 年度全国铁道行业优秀质量信得过班组。2022 年，南宁客运段接转旅客表扬 2800 余件，Z6/5 次列车被评为"红旗列车"；G422/421 次列车被评为全国铁路客货运输窗口用户满意单位。

推动客运提质和经营创效

"刘三姐"服务文化品牌创建推动客运提质和经营创效。自 2009 年以来，广西南宁成为除首都北京之外首个开行国际联运旅客列车的城市。2017 年至 2019 年，国铁南宁局旅客发送量连续 3 年突破 1 亿人次。2017 至 2022 年，国铁南宁局货物发送量连续 6 年超 1 亿吨。2022 年，西部陆海新通道发送货物 75.6 万标箱，同比增长 18.5%。2022 年，路海连锁酒店实现收入 1.08 亿元，"铁潮"文创产品创收 120 万元。

主要创造人：欧阳勇泉　吴祖伍
参与创造人：唐一志

以诚信文化筑实企业高质量发展之基

海亮集团有限公司

企业简介

海亮集团有限公司（以下简称海亮集团）成立于1989年8月，创业以来秉持"既讲企业效益，更求社会功德"的发展理念，优化高质量发展的产业结构，聚焦教育事业、生态农业、有色材料智造三大核心领域，不仅是全球铜管棒加工行业的标杆和领袖级企业，更是中国民办基础教育的标杆。2022年，海亮集团实现营业收入2073.7亿元，连续4年上榜世界500强，连续19年上榜中国企业500强，列中国民营企业500强第30位。

实施背景

在全面建设社会主义现代化国家新征程中，民营企业在扎实推进共同富裕、强化物质文明和精神文明建设、实现国家高水平科技自立自强、推动经济全球化等方面发挥着重要作用。"量""质"并重的高质量发展要求企业做到产业布局优化、结构合理，不断实现转型升级，持续打造一流竞争力、品牌影响力。塑造优秀的企业文化已成为培育一流竞争力，进而实现高质量发展的关键要素之一。

"诚信"被称为企业文化的精髓、坐标和灵魂。在当前形势下，民营企业要在国际、国内竞争中立于不败之地，必须持之以恒地培育出独特竞争优势，并深入推进诚信文化建设、持续提升企业诚信度、打造良好的品牌形象，不失为一张提升企业市场竞争力的王牌和通行证。

海亮集团自创立以来，一直把诚信作为企业文化的第一要义和企业生存发展的根本，以自身发展实践为案例，从对企业诚信文化的认知与践行入手，在企业诚信建设中持续强化文化引领、制度体系、监督约束等要素保障，建立了独特的企业文化体系，为国内民营企业诚信建设提供了有益借鉴。

体系内涵

海亮集团始终认为，百年企业靠文化，而诚信是市场经济的必然要求，是企业的无形资产。在30多年的发展历程中，海亮企业文化不断与时俱进、完善更新，但"以人为本、诚信共赢"为始终不变的核心价值观，以诚信为基石，构筑起了独特的海亮诚信文化体系。

海亮集团在实践中有效将诚信世界观转化为方法论，以创始人与决策管理层的重视引领和强力推动为根本保证，以全体员工的认同尊重和坚定执行为重要基石，以完善的制度体系和监督机制为有力保障，构建了领导示范、全员参与、文化引领、制度为纲、监督保障于一体的诚信体系，持续完善打造极具海亮特色的"客户—合作伙伴—员工"诚信生态圈，自上而下、由外而内淬炼出持续稳定的诚信文化，构筑起企业的商誉之基、生存之道、文化之魂，由此赢得的市场与客户美誉度亦成了反哺企业持续发展的重要无形资产和独特竞争力。

主要做法

以创始人与决策管理层的重视引领和强力推动为根本保证，树立诚信共赢价值观

创始人的基因决定了企业文化。海亮集团创始人冯海良深知诚信是企业发展的生命，坚信失信只能得逞一时，守信才能得益一世，做任何事情都必须坚持诚信为本，不讲信用企业就没有出路。在海亮诚信体系建设中，集团决策管理层始终将诚信视为企业商业价值体系的基础，将之放在关系企业生死存亡的重要位置，一以贯之地作为底线与红线。

以诚信奠定共赢价值基石。美国著名管理学家沙因指出：大量而广泛的实践证明，在企业的不同发展阶段，企业文化再造是推动企业前进的原动力，但是企业诚信作为企业核心价值观是万古长存的，它是企业文化与企业核心竞争力的基石。海亮集团的决策管理层视诚信为企业生存命脉，坚定树立并推行"以人为本、诚信共赢"的核心价值观，将诚实守信作为核心理念，融入战略发展目标、企业文化建设、产业各板块和经营各环节，贯穿员工、客户、合作伙伴等商业关系建构中，使诚信成为企业最大的资本与财富。

企业决策管理团队坚定朝着"诚信共赢"价值理念和目标前进，倡导建立诚信生态圈，让"诚信共赢"成为自上而下、由内而外共同遵守的精神指引。员工、客户、合作伙伴是海亮集团的"三个上帝"：对待员工，海亮集团视为最宝贵的财富，让员工与企业共事业、共命运、共发展；对待客户，海亮集团坚持提供超越标准的产品和服务，赢得客户尊重与欣赏；对待合作伙伴，海亮集团倡导在商业互信的基础上共同做大、共谋发展。

"诚信者，天下之结也"。海亮集团以诚信为基联结商业生态，从而"以诚达信、以信生利、以利养义"，赢得各方认可与尊重。

率先推出"失信赔偿"制度。创业之初，作为一家乡镇小企业，资源、技术、管理等方面先天不足，海亮集团创始人和决策管理层基于一种朴实意识，要将诚信作为开拓市场的重要竞争力，以"信用立企"为方针，坚持做到"三个确保"：确保按时保质保量将产品和服务送达客户，确保按时归还银行到期贷款，确保按时支付各种应付款。海亮集团以"敢为天下先"的胆识和气魄，在全省民营企业中率先推出"失信赔偿"制度，在集团及所有子公司显著位置设立"诚信承诺牌"，公开向社会承诺"失信赔偿"："凡与本公司发生的各种经济往来，保证按合同约定或口头承诺的时间支付款项（节假日顺延），否则我们将按银行一年期存款利率的10倍给予赔偿。"2023年3月，海亮集团进一步将"诚信承诺牌"升级为"诚信廉正承诺"。

为保障"失信赔偿"落实到位，海亮集团建立了一套严格的内部制度，层层压实责任，确保"失信赔偿"无条件遵守。首先，全面认真清理2002年之前发生的所有应付款项，并推出《企业应付款项管理办法》，用制度规范付款管理。其次，明确规定凡因员工失职造成公司信誉受损而导致失信赔偿，责任人必须承担20%以上赔偿金额，紧绷员工诚信弦。曾有一位分公司负责人因工作疏忽，合同到期时没有按时付款，公司在及时支付客户合同款及赔偿款的同时，还严厉处罚了负责人及业务、财务相关人员。自此以后，"失信赔偿"在海亮集团上下成为必须遵守的行为准则。

海亮集团对诚信"一诺千金"，"诚信牌"设立至今，从未被砸过。2008年，作为铜加工产品主要原料的电解铜价格一度骤降40%以上，当时海亮集团已签订的货单只需不履行，退货即可赚取大额利润，但海亮集团仍坚定地对所有供应商按原合同价100%履约。海亮集团对诚信无条件乃至近乎苛刻的恪守，成为业内佳话，也赢得广阔发展空间。

制度体系硬约束与文化认同软约束融合，将诚信转化为全体员工的尊重认可与坚定执行

员工作为企业主体，其诚信度高低直接关系到企业所提供的产品、服务乃至企业命运。海亮集团注重将制度体系硬约束与文化认同软约束有机融合，将诚信内化于心、外化于行、固化于制，让诚信不再是空洞的概念，而是实实在在以"物"的形态存在着，看得见、摸得着，从而使企业普遍地渗透着诚信意识，并成为一种企业精神追求。

以体系化制度培育诚信文化和习惯养成。诚信是底线，失信要付出代价，这是海亮集团的传统。多年来，海亮集团积极构建诚信体系，建有诚信廉正管理制度、员工诚信廉正守则和职业信誉档案，签订员工诚信廉正协议，设立诚信曝光台，对不诚信行为"上纲上线"，对失信行为零容忍，将诚信印在员工脑子里，落实在行动中。

一直以来，海亮集团都把员工的诚信及人品看作比业务能力更为重要的素养，教育员工"要做事，先做人"，对人品不好的人才，不管业务水平多高，也不录用；对已经进入海亮集团的员工，一旦发现有诚信问题，将严厉处罚乃至清除出队伍。海亮集团与所有员工签订诚信廉正协议，所有员工既有恪守诚信的义务，又有对失信行为监督举报的责任。海亮集团制定并出台《诚信廉正管理制度》，明确规定种种有违诚信廉正的行为事项及处罚标准，并组织全体员工认真宣贯、严格遵守。在处理失信行为时，不管工龄多长、职务多高、贡献多大，一律按照集团相关诚信制度从严处理、绝不手软。建立员工职业信誉档案，动态跟踪员工诚信信息，在官网设立"诚信曝光台"，如有员工犯错不悔改，其失信行为将在网上公开曝光，让员工不敢失信、不能失信。

以文化认同赢得员工尊重认可与坚定执行。诚信的坚定执行需要员工发自内心的真诚拥护和认可。企业要求员工诚信，对员工也极其讲诚信。在海亮集团，有个不变的观念：集团给予员工的承诺必须兑现，集团的"三个上帝"中，员工是最重要的上帝。集团在员工薪酬福利、困难帮扶、医疗救助等方面形成系统契约，并百分百执行到位，赢得员工广泛尊重。

海亮集团视员工为事业与命运共同体，注重从点滴细微处关爱与善待员工。2004年，在企业发展刚具一定规模和实力时，海亮集团投入大额资金建设海亮花园，为员工打造安心舒适的生活环境。2008年，当许多企业靠裁员、降薪"过冬"时，海亮集团创始人致全体海亮人家书承诺"不裁员、不降薪"，共渡难关。2018年，这封家书作为浙江改革开放标志性历史文件之一，被浙江省档案馆永久收藏。

除此之外，在新冠疫情突袭时，海亮集团推出员工"幸福计划"，提高福利投入，将员工结婚、生子、生日、子女上大学等人生重要节点囊括其中，给予人文关怀，让员工与企业共命运、共发展、共受益。2023年1月，海亮集团光荣入选全国提升职工生活品质试点单位，员工从内心深处更加认可、认同集团文化，成为企业诚信的忠实崇尚者、自觉遵守者和坚定捍卫者。

建立健全"多位一体"监督机制，形成全过程、全覆盖诚信监督

建立全过程、全覆盖诚信监督体系。持续完善的有效监督是企业诚信体系构建中不可缺少的重要环节和保证，是推动企业诚信良性提升的外在动力。海亮集团构筑了各产业板块经营单位在诚信制度约束下开展业务管理，集团各职能部门开展业务条线监管，内控审计、诚信廉正、纪委等部门履行监督职责的"三驾马车"监督体系，实施"重大事项""重要岗位""关键环节""关键时刻"全过程、全覆盖诚信监督体系。对容易发生廉正诚信风险的采购环节，集团强力推行采购监督管理制度，内控审计、诚信廉正、纪检监察、采购管理等部门协同，对工程、物资设备等各采购活动关键节点进行常态化、全过程监督，并将监督结果每月通报、分级奖惩，有效控制采购过程中的廉正及诚信风险。

高层级专设诚信监察机构，常态化监督诚信行为。从简单的诚信牌到构建起成建制的制度化、规范化体系，海亮集团的企业诚信文化建设是一个不断发展和提升的过程，随着企业的发展一步步走向深入。集团总部设立诚信廉正部，作为诚信廉正监察专职机构，由董事局主席直接领导，代表董事局常态化监督检查各成员单位诚信廉正情况，对发现的问题直接上报董事局惩处。海亮集团层面召开诚信廉正大会，签订诚信廉正责任状，明确监管职责任务，将每年12月9日设立为"海亮诚信廉正日"，集中开展教育活动。在海亮集团及各子公司诚信承诺牌和官网上，均公布诚信廉正投诉、举报电话，在海亮集团微信公众号开设"员工意见箱"、集团所属公司对外经营性文件均附"海亮集团诚信廉正投诉"二维码，投诉、举报信息直达诚信廉正部，让企业及员工诚信行为广泛接受社会各界监督。高压态势下的诚信监管体系大大提高了失信者的成本，在全集团上下营造了诚信、自律、廉洁的浓厚氛围。

实施效果

在长期的持续探索与实践中，海亮集团构建了一套较为完善的诚信文化体系：创始人与决策管理层的重视引领与强力推动，使企业无论经历怎样的市场风雨和竞争局面，对诚信的坚守与笃行始终如一；全体员工的认同尊重和坚定执行，让诚信流淌在企业经营管理的各个神经末梢；深入的诚信教育和文化建设让不诚信行为在海亮集团"不想为"，系统规整的诚信管理制度让不诚信行为在海亮集团"不能为"，严格完善的监督机制让不诚信行为在海亮集团"不敢为"。在海亮集团，诚信是立体的，是烙印在员工心中最重要的价值观，是企业持续发展的生长基因。

海亮集团的企业诚信文化建设获得了社会各界广泛认可，先后荣获"全国重质量守信誉公众满意单位""全国十佳诚信企业""全国守合同重信用企业""浙江省工商企业信用AAA级'守合同重信用'"单位等荣誉，并连续多年获得资信评估机构认定的AAA级资信（信用）等级认证。

主要创造人：冯海良　王黎红

参与创造人：姚　慧　潘利民　潘金生

工作室机制助推企业文化破圈

江南造船（集团）有限责任公司

企业简介

江南造船（集团）有限责任公司（以下简称江南造船）是中国船舶集团旗下的大型现代化造船企业，其前身是创建于清朝同治四年（1865）的江南机器制造总局，20世纪50年代初改名为江南造船厂，1996年改制为公司制企业。

2008年6月，为支持世博会和自身发展的需要，江南造船整体搬迁至长兴岛，造船规模和能力实现了历史性飞跃，翻开了江南造船发展的新篇章。目前，江南造船能够建造全系列液化气船、LNG（液化天然气）运输船、化学品船、集装箱船及公务科考船、破冰船等其他特种船舶。

实施背景

随着信息社会的不断发展，5G、大数据、云计算、物联网、人工智能等技术不断涌现，以移动互联和社交网络为代表的新技术给传统媒体的发展带来巨大冲击。网络媒体影响力越来越大，移动互联网已经成为信息传播的主渠道，传统媒体向新媒体的转型势在必行。

在时代大潮下，一批企业宣传蜂拥而上，竞相登录微信、微博等平台，似乎只要开设了账号，传统宣传就实现了向新媒体的转型。但是，大部分企业宣传的新媒体平台往往徒具形式，甚至只是传统纸质文章内容搬运到了公众号上，形式上也仿照新媒体多加了一些图片，但在内容上甚至未做任何加工修改。

绝大多数传统制造企业中，企业管理层对宣传文化重视不够，对新媒体发展缺乏长期规划；宣传队伍以兼职人员为主，人才匮乏，让企业文化建设发展缺乏动力与创新。

主要做法

在企业文化宣传工作推进中，江南造船也曾同样面临着人才、资源不足，以及难以破局的尴尬局面。虽然早在2016年年初开设了主要对外宣传平台——江南造船微信公众号，但是其内容长期以文+图的新闻类文章为主，阅读量、影响力平平。

在经历了部分宣传工作人员调整，总结以往文化宣传不足与经验之后，2019年左右，江南造船提出了"产品宣传全寿期、形象塑造全方位、凝聚人心全过程"的目标，并提出"系统表达具体化，抽象理念故事化、无形文化可视化"的方法论。目标确定后，江南造船负责企业文化建设的团队决定以微信公众号为主要突破口，踏上企业文化宣传的创新之路，创新推出了工作室机制，以党委工作部宣传室成员为主要骨干及牵头人，挖掘公司内部各个业余爱好领域的"达人"，并成立工作室，汇集资源树立IP，目前已成立了蓝精灵工作室、小红帽工作室、江小南工作室，分别主攻短视频、科普人文、文创周边三个方向，经过两年左右的运营，逐渐形成了船舶行业企业文化宣传界的特有品牌。

系统表达具体化

随着哔哩哔哩、抖音、快手等自媒体视频网站的爆火，人们越来越适应从短视频中获取信息。江南造船尤其重视以视频形式对企业文化宣传带来的积极影响，因而将视频类作品作为了破圈的第一个突破口。

蓝精灵工作室成立之初面对的首要困难也是最大困难即是专业人才的缺乏：现有的专职宣传队伍中拍摄、剪辑人才缺失。因此，在确定牵头人物后，工作室首先开展了公司内部人才的挖掘，广发英雄帖，将公司内部摄影摄像室成员及摄影爱好者协会成员列为骨干力量。同时专职宣传人员在工作中，利用与央视、地方电视台等电视媒体合作的机会，深度配合公司内的取景拍摄工作，通过"偷师"、耳濡目染的方式，迅速入门，学习专业电视媒体的画面构图、拍摄模式、剪辑思路。

蓝精灵工作室最初的作品，也从本单位传统的船舶建造节点新闻切入，尝试性推出了"蓝精灵新闻频道"，通过类时事新闻的模式，拍摄制作了船舶交付节点报道。回顾该类作品，内容虽然简单，但是基础文案配上了动态视频，让关注江南造船动态的读者感觉到新鲜，引起了良好的反响。

在成功尝试之后，工作室不断深入挖掘事件新闻点，推出了人物采访、船舶建造纪事、船型特点科普等类型视频。通过实践尝试，不仅仅产出了多部观众喜闻乐见的视频，也大大提升了工作室成员的拍摄、后期制作水平，相关作品质量不断提升。同时还挖掘出了若干具有主持潜力的"人气"主持人，结合公司明星产品，打造出了"婷姐说船"栏目，借鉴网红车评人的视频风格，通过朗朗上口的解说词，硬核的船舶科普，收获了大量好评。

除了日常性的短视频"小制作"，工作室也与公司传统活动"感动江南"跨界联名，依托"感动江南"人物、团队事迹，拍摄制作了多部以江南精神为内核的人文宣传片，在相关视频评比活动中屡获大奖。

如今，蓝精灵工作室已细分出了"新闻频道""科教频道""人文频道""纪实频道"四个分类。

抽象理念故事化

小红帽工作室虽然以基础图文为主要展现形式，但成立之初，工作室就将宣传镜头瞄准一线基层，讲述江南造船人平凡的故事。有别于传统严肃刻板模式的宣传，小红帽工作室以可爱活泼的形象推出，行文排版轻松自然，并设置了专属卡通形象。

"小红帽比个心"，为一线好人好事点赞，通过各方的搜集，讲述平凡员工的奋斗故事，歌颂平凡的奋斗者；"小红帽带你看"，以丰富清爽的图文排版，传播公司员工喜闻乐见的各类文体活动、福利等；"小红帽帮你问"，直击每位员工息息相关的民生问题，通过自问自答形式，或对公司相关政策制度进行宣贯，或将公司各项计划安排进行解读等板块，用基层一线听得懂的方式，讲述基层一线的衣食住行。

工作室在运营过程中，也善于借力打力、抱团取暖，积极地开展跨界联合，工作室主要骨干中有公司厂史研究专员，在运营过程中以讲述江南历史故事为主题，推出了"小红帽讲故事"专题等。小红帽打破"次元壁"，与蓝精灵工作室合作推出了庆祝建党百年系列专题"红色故事汇"系列短视频，讲述江南造船与中国共产党的故事。

无形文化可视化

江小南工作室以"江南"为名，主攻江南特色的文化创意产品。工作室设计制作了江南造船人的专属卡通形象，不同颜色的安全帽及工作服颜色分别代表了各工种的员工形象，并以"江江""小小""南南"命名，同时以国产055型万吨大驱为模板设计了卡通形象"船船"，一同强势登场。

依托微信公众号平台，结合江南造船人日常工作生活特点及口头禅，工作室推出了"江小南的日常"微信表情包，其中代表出海试航的"出海打渔，失联几天"，代表开始生产工作的"上船啦"，代表日常管理要求的"禁止拍照"等，都来源于稀松平常的江南造船人生活。微信表情包一经推出，立即得到了江南造船员工们的疯狂下载，并占据了他们日常的聊天常用表情榜。

趁热打铁，同年春节前，工作室又迅速上线了"江小南"春节拜年表情包，以及"江小南"微信红包封面，因恰如其分的时机，均取得了极佳的宣传效果。截至目前，江小南系列表情包下载量即将突破3万大关，使用已超94万次。

不满足于活跃在手机中，江小南工作室同样也时刻在探索着新的作品，时刻在摸索着突破。首波探索与相关厂家合作，推出了"江小南"公仔、"船船"抱枕等文创产品，"江小南"也顺利走入了现实生活，成为江南造船人最爱的伴手礼物，甚至多次出现供不应求的局面。

除了江南造船专属卡通形象及其周边产品，江小南工作室一直擅长在平常的工作生活中挖掘创意。连续3年推出了海报类型的年度盘点，将一年中发生的真实事件、明星产品等照片，配合简洁明了的文字，让信息传递更为直接快速，更容易直达读者内心，并将公司企业精神及奋斗目标与"江小南"形象结合，制作了一批励志壁纸、海报，轻松活泼的同时，也在员工日常目之所及的地方感受到斗志与动力。

值得一提的是，受制于江南造船的企业性质与产品特点，江南造船企业文化宣传一直以来存在着一块"缺失"，无法展现最先进的现代化舰艇，成为公司宣传人及广大军迷的一大遗憾。江小南工作室成员发挥绘画特长，根据公司产品外观特点绘制了"深蓝小分队"系列船舶拟人卡通形象，不仅仅涉及了公司明星的民用船舶，还涵盖了一批先进的战斗舰艇，在此基础上推出了表情包、徽章等数字、实物文创产品，一定程度上弥补了以往的宣传"缺失"与遗憾。

实施效果

企业文化建设的目标是为整个公司发展服务。江南造船有深厚的文化底蕴，但如何激活这些文化底蕴，为促进企业的发展服务，是江南造船企业文化工作室机制创立的初衷。因此，我们提出"系统表达具体化、抽象理念故事化、无形文化可视化"的理念。经过一段时间的尝试与验证，工作室机制的确在企业发展中发挥了积极有效的作用。

营造良好的企业文化氛围。工作室创作内容虽多种多样，形式各异，但其内核始终紧紧围绕歌颂劳动者、展现大国重器。通过比心一线的平凡工人，播报最新型的国之重器，张贴江南造船精神的卡通海报，工作室始终牢记"守正创新"，努力营造良好的企业文化氛围。江南造船工作室机制如今也成为船舶企业文化宣传队伍中独树一帜的品牌。

打造江南造船制造品牌。2021年年底，江南造船建造的3600车汽车运输船交付，并荣登当年世界十大名船榜单。蓝精灵、小红帽等工作室均对该系列船建造进行了多次深度报道，制作了建造过程实录、船上探索等类型的视频，引起了广泛的关注。2022年年初，上汽集团旗下安吉物流向江南造船抛出合作橄榄枝，签订了7600车位LNG双燃料远洋汽车运输船订单。工作室机制，助力公司优质产品冲出航运圈，让更多的人了解江南造船，感受江南造船制造的品牌魅力。

助推工业旅游发展。作为全国爱国主义教育基地、上海市科普基地，江南造船还承担着红色教育、爱国教育、科普教育的职能。"红色故事汇""小红帽讲故事"等栏目，通过移动端将这些江南造船故事进一步推广，吸引越来越多的人关注江南造船，走进江南造船。

工作室机制的成功尝试，除了瞄准新媒体转型发展的契机，针对不同的形式，大胆探索与尝试外，也离不开企业管理层对企业文化宣传的高度重视与包容，才能够使得工作室不断地汲取进步的动力与突破的勇气。蓝精灵、小红帽、江小南工作室，也正是在这良好的企业文化宣传氛围中发芽与茁壮成长，如今助推公司宣传文化强势破圈。

主要创造人：蔡勤宏　余俊伟
参与创造人：梁　静　单镜源　韩　婷

以文化建设推动企业转型发展的探索实践

华能（浙江）能源开发有限公司

企业简介

华能（浙江）能源开发有限公司（以下简称华能浙江公司）是中国华能集团有限公司（以下简称华能集团）所属二级公司，是华能集团在浙江开发建设、生产经营活动的责任主体和利润实现中心，根据授权对华能集团在浙江的企业进行全面管理，履行对外协调、发展、营销、生产、经营和监督管理等职能，管理基层企业6家。华能浙江公司全面贯彻新发展理念，创新发展方式和发展模式，坚持做大增量与做优存量并重，规模容量与效益贡献并重，在开发新领域、发展新业态、创建新模式等方面做示范的先驱、领先的样板，推动生产、销售、服务一体化开发，打造横向"电热冷气水"多能集成互补、纵向"源网荷储调"多元能源保障体系，向提供综合能源解决方案供应商和服务商转型，加快打造拥有一流的创新引领力、一流的价值创造力、一流的品牌影响力，以及资产、管理、业绩等方面"竞争力一流"的江南能源创新示范窗口，为华能集团"领跑中国电力、争创世界一流"和地方经济社会发展做出新的贡献。

实施背景

企业文化作为中国特色社会主义文化的组成部分，在推动经济社会发展、履行企业社会责任、提升中国社会文明发展水平进程中，发挥着日益重要的作用。国有企业建设企业文化，是加强党的执政能力建设、大力发展社会主义先进文化、构建社会主义和谐社会的重要组成部分，是企业深化改革、加快发展、做强做优做大的迫切需要，是发挥党的政治优势、建设高素质员工队伍、促进人的全面发展的必然选择，是企业提高管理水平、增强凝聚力和打造核心竞争力的战略举措，是企业持续发展的精神支柱和动力源泉。党的十八大以来，华能浙江公司直面新形势、新任务、新目标，坚持以党建为引领，持续推进企业文化建设，构建独具特色的企业文化体系，全方位地彰显强劲的文化张力，使转型发展焕发出勃勃生机与活力，将文化建设优势转化为竞争优势和发展优势。

主要做法

党建引领，奠定文化建设的基因底色

我国国有企业发展史是一部坚持党的领导、加强党的建设的历史。党的十八大以来，华能

浙江公司党委深入学习贯彻习近平新时代中国特色社会主义思想，毫不动摇坚持党的领导，持续加强党的建设，将"赓续红色血脉、传承红色基因"作为企业文化的首位原则，在企业文化的建设过程中，始终坚持党建引领，确保文化建设沿着正确方向推进。一是党委把关定向。关于企业文化建设的重要事项，必须由党委研究决定，突出党建引领，高起点起步、高标准谋划，使其与国有企业"两个基础""六个力量"的战略使命相契合、相适应，解决好企业文化建设"从哪里来，到哪里去"的根本性问题。二是传承红色基因。在"不忘初心、牢记使命"主题教育、党史学习教育、学习贯彻习近平新时代中国特色社会主义思想主题教育中，组织、引导各级党组织和广大干部职工通过党委中心组、"三会一课"、主题党日、道德讲堂等，全面深入学习习近平新时代中国特色社会主义思想，学习国企创业史、改革史、发展史，注重发扬国企的光荣传统和红色基因，使红色成为华能浙江公司企业文化建设最鲜亮的基因底色。三是融入公司治理。以推进党建与公司治理融合为导向，以华能浙江公司"五个中心"建设（战略规划中心、资源配置中心、绩效管控中心、风险防控中心、服务保障中心）和党建"五个体系"（政治引领体系、考核评价体系、组织治理体系、优良作风养成体系、品牌文化建设体系）为基本构架，构建协同高效的组织体系。党建与公司治理深度融合的组织构架，形成推进企业文化建设的系统体系。与此同时，企业文化建设也成为该组织体系的管理风格和文化特色。四是营造浓厚氛围。华能浙江公司党委近年来，持续深入推进党建"五个体系"和党建"123"系统工程建设（"一条主线"——全面提高党的建设质量，"两项重点"——党建工作责任制、党建制度体系建设，"三大工程"——"品牌方阵""头雁计划""追梦行动"），在"大党建"格局下，品牌文化建设取得丰硕成果，"品牌方阵""头雁计划""追梦行动"等实践具有丰富的文化内涵和鲜明的品牌特色，成为华能浙江公司企业文化的前沿阵地和重要舞台。

个性化培育，塑造鲜明的文化品格

华能浙江公司党委坚持以习近平新时代中国特色社会主义思想为指导，从"回顾过去、立足现在、展望未来"的时间维度，充分汲取公司成立以来的发展经验，清醒研判当下面临的内外部发展环境，规划未来的发展道路，为企业文化理念体系的形成积蓄了宽广的时间价值。坚持"博采众长"的建设理念，连续多年召开"企业文化建设论坛"，邀请知名企业文化建设专家和华能浙江公司系统的党员领导干部、基层职工代表等进行专题研讨，拓展文化建设思路。每年的年度工作会议、党建工作会议深入研讨企业文化建设的方向和路径，明晰企业自身的发展目标和社会责任，回答好"建设什么样的企业、创造什么样的价值、承担什么样的社会责任、构建什么样的企业文化"等重大问题，并将文化的提炼和总结作为每年"两个报告"的重要内容，同时也作为职工代表研讨的重要内容，汇聚集体的智慧和力量。经过十余年的沉淀，华能浙江公司党委秉承华能"三色三强三优"的母文化，容纳管理各单位的子文化，向上学习、向下吸收，逐步形成了以企业愿景为核心，以战略定位、奋斗精神、管理理念、合作发展观为主体的文化体系，呈现了特质鲜明的文化品格。

分公司企业文化体系

彰显时代特色。华能浙江公司在文化建设过程中，始终秉持"与时俱进"的要求，把习近平新时代中国特色社会主义思想在央企的落地生根作为文化建设的最根本方向。经过系统梳理、深刻总结后,归纳形成自身的企业价值体系。时代性,也使企业文化自身拥有了生机勃勃的无穷活力。

彰显华能特色。华能浙江公司始终树立争当华能集团区域发展"排头兵"的思想自觉、行动自觉,将"做强做优做大"华能集团在浙江的事业作为责无旁贷的光荣使命。华能浙江公司将"竞争力一流""能源创新"作为企业愿景的关键词,既体现了将文化与企业治理相融合的时代要求,又对管理、业绩、资产等方面工作提出明确要求,充分体现华能集团的特色文化。

彰显浙江特色。华能浙江公司在企业愿景中,将"江南""示范窗口"作为企业愿景的关键词。在文化理念体系中,深度融入了"敢拼敢闯""敢想敢干""求真务实""开放图强"等省域文化特性和精神品质。

彰显自身特色。华能浙江公司成立十余年来,逐步积淀形成的文化均基于自身的发展实践而来,具有无可替代的自身特色。在文化提炼、文化塑造、文化展现的企业文化建设、落地的全过程中,充分展现华能浙江公司党委的集体智慧,充分发挥干部员工的能动作用,充分展现生动鲜活的现实实践,三者共同汇聚、形成"独一无二"的企业文化特质。向下有肥沃的文化土壤,向上有无限的成长空间,以开放的姿态,展现了"面向未来"的无限可能。

实施效果

文化的重要功能,就是通过"润物细无声"的潜移默化,形成强大的文化张力。企业文化的张力,既体现在文化自身的魅力扩张,又体现在文化对企业改革发展的影响,并催生了企业高质量发展的无穷活力。近年来,华能浙江公司全体干部员工坚持文化引领,直面极度困难的经营形势和复杂多变的市场、政策环境,开创了高质量发展的全新格局,保持连年盈利的佳绩,多次获得华能集团"先进企业"等荣誉称号。

发展有定力

华能浙江公司党委坚持从讲政治的高度研究谋划发展工作,以全面、辩证、长远的眼光分析当前发展形势,深化"五个中心"建设,布局新能源项目、新业态产业,推动、谋划华能浙江公司发展。创新建立"区域化分工、专业化管理、立体化对接、协同化攻坚""一把手带头抓发展、带领班子抓发展""谁开发、谁受益"的发展机制,明确华能浙江公司和各基层单位发展责任。推动形成清能分公司大风电、大光伏"整装式"开发与能销公司客户端、数字化"分散式"开发的发展"双核",推动实现战略发展"双轮驱动",打造高质量发展的"新引擎";推进玉环分公司新能源多种形式开发和火电改造升级发展,打造发展格局的"第三极"。

创新有动力

企业文化建设的推进,持续健全完善科技创新体制机制,推动"自上而下"顶层设计和"自下而上"需求引领相结合,既鼓励基层先行先试,又抓好体系架构设计,在华能浙江公司内部营造了"人人主动创新、主动应用创新"良好氛围。

变革有勇力

在华能浙江公司的价值观体系中,处处都蕴含着持续变革的内在文化因子。与此同时,组织体系的持续变革，又为文化建设注入了源源不断的外部发展因子。党委专题研究推进组织架构改革，重组成立财务与资产管理部、安全监督与生产环保部，组建科技中心、培训中心。坚持自主开发、股权合作、混合所有制和并购、重组等发展模式并重，推动增量海风项目以股权合作方式取得项目开发权，与地方能源国企以互利共赢保障项目资源获取、落地和有力推进。聚焦体制惯性、"小富即安""大锅饭"、缺乏担当精神等问题，深化薪酬分配、绩效考核制度改革，完善工资总额管理办法，制定前期发展、科技创新等方面激励政策，重奖团队和个人。建立突出贡献奖励基金，对超额完成年度绩效目标、较好完成华能浙江公司重大任务的单位和团队给予重奖。近两年对先进集体及个人的突出贡献奖励金额，均超过全年工资总额的2%，真正做到"奖得让人心动"。

人才有活力

以"八个力"为总体要求的管理理念，既是管理层面的要求，又是人才培养的方向，是华能浙江公司独特的人才观的集中体现。华能浙江公司坚持"人才是第一资源"，修改、完善干部人才管理、选拔、考核等有关制度，破除一线优秀年轻员工资历、学历等制度藩篱，着力培养各年龄段干部，人才结构进一步优化。

品牌有魅力

华能浙江公司党委深刻剖析品牌与文化的紧密关系，将"品牌文化传播体系"作为党建"五个体系"的有机组成部分，实现品牌与文化的整体性筹划和一体化推进。经过多年的深耕，华能浙江公司品牌文化建设历经品牌识别期、内涵期、反应期的磨炼，已步入成熟的品牌关系期，相继建成"有理念、有内涵、有载体、有成果"的品牌50余个。所属玉环电厂"三和三力"文化品牌，获全国企业文化成果一等奖；长兴电厂获"十三五"中国企业文化建设"优秀单位"称号。

主要创造人：沈　琦　何晓芬

参与创造人：曲　琳

思想铸魂，文化聚心，为成为世界一流的供应链服务企业注入精神动能

厦门象屿股份有限公司

企业简介

厦门象屿股份有限公司（以下简称象屿股份）由《财富》世界500强象屿集团旗下所有供应链服务相关子公司组成，2011年8月29日在上海证券交易所重组上市。象屿股份以"成为世界一流的供应链服务企业"为愿景，坚持"立足供应链、服务产业链、创造价值链"的战略思维，通过物流、商流、资金流、信息流四流合一的一体化流通服务平台，为客户提供从原辅材料与半成品的采购供应直至产成品的分拨配送之间的全价值链流通服务，已形成农产品、能源化工、金属矿产、新能源等大宗商品供应链服务体系，核心优势品种业务量名列行业前茅。

象屿股份旗下投资企业覆盖全国27个省、直辖市及特别行政区，并延伸至新加坡、印度尼西亚、美国、越南、新西兰等国家，合作客商遍布120多个国家。公司列中国物流企业50强第2位，是中国物流与采购联合会认定的中国5A级供应链服务企业和5A级物流企业。2022年，公司实现营业收入5381亿元，归母净利润26.37亿元。

实施背景

实现企业逐梦百年的需要。象屿文化是公司最珍贵的财富，也是打造百年老店的坚实保障。象屿股份在27年的发展过程中已经总结和凝练出了优秀的企业文化，在形势空前复杂的经济环境下，更需加强企业文化力量的有效传导。

增强员工归属感的需要。象屿股份自成立以来，历经从无到有、从小到大的发展过程，激励员工攻坚克难、开拓创新、建功立业，从"上无片瓦，下无寸地"到如今助力象屿集团跻身世界500强。在企业的快速发展壮大中，亟须通过凝心聚力的企业文化，实现以事业留人、情感留人、制度留人，增强员工的认同感、归属感，提升员工的获得感、幸福感，从而保证企业和员工心往一处想，劲往一处使。

发挥青年生力军作用的需要。随着象屿股份员工年龄结构的年轻化，年轻员工已逐步在企业发展中占据重要地位，青年成为象屿文化的重要传承人，亟须推出青年喜闻乐见、富有生机活力的企业文化，使青年员工成为企业文化的忠实践行者和传承者。

主要做法

象屿股份发源于福建厦门，依海而生的象屿人，血脉中自带深厚的海洋文化底蕴，也历练出应对市场变化和挑战的企业文化：以党建品牌"星火红帆"铸魂，以文化品牌"屿见美好""家文化"聚心，为象屿股份高质量发展提供正确的价值引领、坚强的思想保证和强大的精神动力。

以"星火红帆"为舵，企业文化凝聚力不断增强

27年来，象屿股份秉持传承红色基因，通过意识形态教育、文体活动、人才交流、慰问关怀等共建活动，实现经济效益和社会效益双促进、双发展、双丰收。2019年，象屿股份创立"星火红帆"党建品牌，使爱国拥军成为企业建立特色党建模式、推动企业科学发展的助推器。"星火红帆"党建品牌也从厦门市属国有企业党建品牌中脱颖而出，荣获"厦门市属国有企业优秀党建品牌"。同时，象屿股份积极引导下属党组织聚焦主责主业，深化40个党建品牌建设，创新开展党建品牌展演活动，营造崇德崇学、向上向善的文化氛围。

以"屿见美好"为帆，企业文化理念深入人心

立足于新时代党和国家对企业文化建设的新部署，围绕公司改革发展对企业文化建设的新要求，象屿股份打造"屿见美好"文化品牌，深入宣贯企业文化理念体系，推动象屿文化固化于制、内化于心、外化于行、凝聚人心。

在每年元旦、元宵、妇女节、儿童节、端午节、中秋节等特殊时间节点，象屿股份结合"爱拼才会赢"、元宵文化庙会、工悦领读等主题，2022年至今共组织了20余场特色鲜明、独树一帜的"屿见美好"文化活动，以文化人、凝聚力量。积极倡导"快乐工作 健康生活"文化理念，创建篮球、羽毛球、太极拳、足球、乒乓球、书法、英语等员工兴趣社团，切实提高员工幸福感、满足感和获得感，促进象屿文化深入每一位员工的心里。

在"屿见美好"文化活动中，象屿股份特别关注青年生力军作用，以"新时代新青年 新征程新未来"为主题，开展"青春向党 强国有我"百人健步走、党团素拓徒步、"青"骑兵宣讲辩论赛等主题活动，象屿文化在潜移默化地影响着青年员工。同时，积极推动新时代青年志愿者事业高质量发展，成立"象屿股份青年志愿者服务队"，有序组织青年志愿者参与植绿护绿、垃圾分类、文明出行、爱心助学、无偿献血等志愿服务活动，展现新时代青年良好形象。

一方面，在组织系列文化活动的同时，象屿股份将企业文化宣传平台建设结合主题策划，进一步提升"屿见美好"文化品牌影响力和企业文化宣传效果。2006年创设《家园》内刊，结合企业微信公众号、官方网站、内部平台"微社区"、抖音号、视频号，打造内外文化交流、文化宣贯的重要窗口和载体。坚持立言传声，将业务发展与时事热点有机结合，推出《读报告·共奋进》《象屿红献礼中国红》《"数"说我们的非凡十年》等宣传策划，并获新华社、中央广播电视总台、半月谈、中证报等媒体刊播，讲好象屿故事，传播象屿声音。同时，推出"象·知道"科普动漫专栏，以生动有趣、浅显易懂的表现形式输出公司主营业务大宗商品供应链价值，提升品牌的公益性、知晓度。另一方面，利用年报发布契机，克服时间紧、任务重、无参照的首创难题，率先在业内采用虚拟业绩发布会形式，并推出系列短视频，延长业绩说明会的传播周期，系列推送全网总点击量突破10万，进一步树立行业龙头形象，拓展证券市场影响力。

以"家文化"为桨,企业文化合力不断凝聚

象屿股份构建统一共享的"家文化价值逻辑",将企业价值观和员工共同行为整合起来。象屿股份始终坚持"以价值创造为本",通过持续不懈的努力,为客户增加价值,让员工实现价值,为企业创造价值,为社会奉献价值,每一位员工在每一个环节都是价值开发和价值创造者,以此为发展信条,更好地引领员工统一思想、凝聚共识。

构建温暖和谐的"家文化氛围",注重对员工的尊重和支持。象屿股份打造职工书屋阅读空间,拥有厦门市"十佳职工好食堂"的舌尖美味,免费提供新员工住宿的青年人才公寓,做好新冠疫情期间员工关怀工作,开展外派员工家访、端午家宴、爱心暑托班等活动。在工作、生活和成长的每个环节关爱和善待员工,成就幸福象屿人。

构建勇于自我批评的"家文化体系"。自2018年起,象屿股份每年坚持开展"批评与自我批评"活动,在自我批判中进步,在自我优化中成长,实现企业自我净化、自我革新、自我完善。

构建依法治理的"象屿家规"。象屿股份坚持"风险第一、利润第二、规模第三"的经营理念,在企业发展过程中提炼总结出"三个不等式、三个不做、三权分立、四方一致"等象屿家规,并构建了立体风控体系。

以企业文化为"锚",企业文化软实力不断提升

企业文化是确保企业成长发展"行稳致远"的灯塔与航标,决定了企业的高度和未来。在企业文化的引领下,象屿股份坚持两手抓、两手硬,推动企业文化与经营管理深度融合。

推动企业文化深入战略落地和人本管理中。象屿股份紧扣公司战略,通过共同价值观的培育,促进员工个人和组织行为变被动管理为自我约束、主动改进,实现企业文化的行为落地;将文化理念体系应用到管理实践中,落实成企业战略风险、人力资源风险、结构风险、制度风险管控的重要抓手;将文化考核纳入基层党组织书记年度考核指标中,促进企业文化落地评价体系的不断完善、持续改进;将文化品牌建设纳入企业发展"六五"规划,使企业文化更好地引领、服务、支撑战略,带动企业高质量发展。

将国际化思维融入企业文化。作为国内大宗供应链服务龙头企业,象屿股份将企业文化融入国际化项目建设全过程,通过出版英文版《象屿文化宪章》《象屿股份企业宣传册》、面向海外外派员工推出《家园》特刊、开展文化大讲堂海外专场等方式,构筑团队凝聚力、向心力,面对复杂多变的国际市场环境,象屿人以饱满激情持续奋斗,助力公司国际化道路布局。一方面,加快在"一带一路"沿线、"金砖"国家的布局,在美国、印度尼西亚、越南、新加坡等地设立供应链运营子公司,拓展属地化平台,深耕海外市场;另一方面,强化国际物流通道建设,中越、中泰、中非等国际航线实现规模化运营,中欧国际班列已开启双向循环线路。此外,象屿股份以服务厦门国企在海外的最大投资项目——"象屿集团印尼250万吨不锈钢冶炼一体化项目"为契机,整合当地仓库、清关、驳船等资源,为多家中资企业的印尼项目提供相关服务。

在数字化转型中凸显企业文化。象屿股份以企业文化为支撑和推动,建立数字化文化,强化数字化素养,培养数字化思维,以科技赋能产业发展。例如,通过引入外部金融生态,构建了"屿链通"数字供应链服务平台,致力于解决大宗供应链金融行业长期存在的信用鸿沟问题。截至2022年年底,"屿链通"已为客户取得专项授信近90亿元,客户累计用信超11亿元,并荣获中物联"2022中国物流与供应链金融优秀案例"称号。

赋能企业文化联结更广泛的利益共同体。象屿股份坚持以履责践行的方式让象屿文化"走出去"，传播象屿文化品牌。坚持"计利当计天下利"，坚持"搭平台，促共赢"，精耕供应链主业，整合资源、延伸链条，闯出了一条"立足供应链，服务产业链，创造价值链"的特色发展道路；服务国家粮食安全战略，在东北黑土地上践行农业全产业链综合服务平台的模式；与厦门当地村镇开展党建共建，深化落实挂钩帮扶工作……每一个平台都凝聚着象屿文化精神，也丰富了象屿文化内涵。

实施效果

通过坚持不懈地加强企业文化建设，象屿股份的企业凝聚力、激励力、导向力不断增强，为企业的改革发展提供了强有力的文化保障。

增强企业凝聚力

通过多措并举打造象屿股份企业文化，进一步统一员工思想，使广大员工进一步了解企业的历史和文化，加深对企业文化理念的认同。在实际工作中，广大员工能主动以企业文化理念为指导，用实际行动践行企业文化，全力以赴投入企业的经营工作中，团队凝聚力得到了空前的提升，为企业发展做出新的贡献。

产生良好经济效益

象屿股份通过企业文化建设，使文化理念深入人心，成为指导员工行动的指南，从而进一步统一思想、凝聚力量，激发和调动全体员工的积极性和创造性，竞争实力进一步增强，2022年经营业绩再创新高。2022年营业收入达5381亿元，同比增长16.35%。

提升企业知名度

通过企业文化建设，象屿股份品牌价值和知名度不断提高，成为中华人民共和国商务部认定的"全国商贸物流重点联系企业"，荣登"2023中国上市公司品牌价值榜Top100总榜单""2022金蜜蜂企业社会责任·中国榜"，获得"产业互联网数智化先锋奖""中国物流杰出企业""5A级供应链服务企业"等奖项和荣誉称号。

象屿股份将坚定企业文化自信，传承企业文化基因，在新发展实践中铸就精神文化高地，为建设世界一流的供应链服务企业持续提供强大的精神动力和文化支撑。

主要创造人：齐卫东

参与创造人：程益亮　范承扬　童晓青

以"五个一"传播工程推动国有军工企业文化建设

内蒙古北方重工业集团有限公司

企业简介

内蒙古北方重工业集团有限公司（以下简称北重集团）是中国兵器工业集团所属的国家特大型骨干企业和重点保军企业，始建于1954年，是国家"一五"期间156个重点建设项目之一。在近70年的发展历程中，北重集团形成了门类齐全的研发和工艺制造技术体系，为国家国防建设、国家经济发展做出重要贡献。旗下上市公司北方股份，其产品矿用车销往全球67个国家和地区，遍布国内外500多个大型矿山和重点水利水电等工程，销量居全球前三，连续10年入选"全球工业机械50强"。北重集团获得"全国文明单位""国家知识产权示范企业""全国五一劳动奖状""信用评价AAA级信用企业""'十三五'中国企业文化建设优秀单位"等荣誉称号和奖项。

实施背景

北重集团自1954年创建以来，坚持听党话跟党走的坚定理想信念、对党绝对忠诚的红色基因和"把一切献给党"的政治品格。作为我国国防建设重点单位、国家实施"一带一路"倡议和军民融合发展战略的积极参与者，北重集团面对新时代、新任务、新要求，传承和弘扬人民兵工精神优良传统，以"提高文化自信，服务发展需求"为总体目标，以"把一切献给党"和"国家利益高于一切"两大理念为根本支撑，全力推进以健全一套文化理念、打造一组文化载体、构建一个识别系统、锻塑一支传播团队、推出一批文化作品为主要内容的"五个一"传播工程，为新时代军工企业文化建设做出积极贡献。

主要做法

健全一套理念体系，提升企业文化引领力

文化是企业发展的灵魂。北重集团制定公司《"十四五"发展规划》，将企业文化纳入公司发展战略体系，加强与党的建设、经营管理等深度融合，按照公司、总部部门、成员单位三级管理模式，形成公司、专项、特色三个层级的文化理念体系，充分发挥文化定向导航作用。

一是突出经营管理的公司文化理念。以履行好强军首责、推动高质量发展为主线，为深入贯彻新发展理念、构建新发展格局，提出了打造主业突出、技术领先、数字强企、健康发展的北重集团新的企业愿景，恪守"忠诚、干净、担当"的工作信条，践行"善学习、有能力、受信任、

走在前、会团结"的领导准则，树立"争一流、高标准、创价值"的工作目标，弘扬"求实、务实、落实"的工作作风等13个文化理念。

二是突出军工属性的专项文化理念。根据军工企业行业特性和发展特点，突出体现在"国家利益至上"价值观指导下的质量文化、安全文化、保密文化、型号文化和创新文化5个方面。其中型号文化是军工行业特有的文化，是围绕某种产品型号的研制、生产和服务而产生的具有军工特色的文化现象。质量文化、安全文化、保密文化和创新文化体现军工文化建设的行业特色，是军工企业改革发展的精神支柱和动力源泉。

三是突出专业化经营的特色文化理念。特色文化是北重集团的"个性文化"，以各生产经营单位为主体，按照"从实践中来，到实践中去"的原则，结合各单位产品产业、生产经营特点，总结提炼了9个特色文化，融入各单位经营管理的各个环节，实现了企业文化理念创新和促进生产经营的有机融合。

打造一组文化载体，提升企业文化影响力

文化载体是企业文化的外在展现。作为一个拥有近70年光荣历史的老军工企业，北重集团不仅肩负着"服务国家国防建设、服务国家经济发展"的核心使命，还有用好红色资源，传承好红色基因的重要社会责任。北重集团充分发挥企业历史悠久、兵工资源富集等优势，大力加强企业文化的物质载体和精神载体建设，全面提升文化影响力。

一是建设北方兵器城，为企业文化"赋体"。2004年投资建成北方兵器城，以展示火炮发展历程的实物为主体，着力打造弘扬革命精神、开展国防教育和传播军工文化"三位一体"红色教育基地。2007年，北方兵器城被评为国防科技工业军工文化教育基地，2009年被评为国家国防教育示范基地，2021年被评为中央企业爱国主义教育基地和人民兵工精神教育基地。每年组织、承办当地政府机关、学校、社区、企事业单位开展爱国主义教育活动和军工文化研学活动3000余人次，年接待游客20余万人次。

二是建立吴运铎事迹展览馆，为企业文化"赋神"。北重集团延伸拓展文化教育功能，在北方兵器城建立吴运铎事迹展馆，成为面向兵器工业广大党员干部职工和社会面开展党史党性教育、爱国主义教育、科普教育和人民兵工史教育的"精神磁场"。

三是创作公司司歌，为企业文化"赋声"。《北重之歌》是公司司歌，为展现北重集团的历史传承和文化内涵，让社会公众了解北重集团的强军强国使命，邀请中国当代知名作曲家和公司广大职工共同创作《北重之歌》，讴歌了北重集团厚重的历史文化底蕴、强军报国的矢志追求和创新创造的生动实践，在公司年度工作会、职代会等重要会议和重大活动上进行播放和传唱。

构建一个识别系统，提升企业文化形象力

企业识别系统是企业的重要标识，也是企业文化和精神的集中体现。北重集团坚持"学、思、悟"相结合，"知、立、行"相统一的原则，以中国兵器工业集团核心价值理念为统领，构建了以理念识别、行为识别、视觉识别系统为主要元素的识别系统，全面提升企业文化与生产经营的聚合力。

一是理念识别系统。提炼形成了"主业突出、技术领先、数字强企、健康发展"的企业愿景及领导准则、责任文化、品牌文化等13个公司层面文化，创新文化、质量文化、安全文化、保密文化、型号文化等专项文化，以及9个单位的特色文化的文化理念系统，为全体员工的思想行

为提供统一的价值导向。

二是行为识别系统。以企业文化建设"物化于制"为目标，编印下发《企业文化管理办法》《员工手册》，形成了包括215个管理流程、298个岗位标准的《管理流程与管理标准》，7大类共285项管理制度，形成了制度、流程、标准"三位一体"行为规范体系，以发挥文化体系管理效能。

三是视觉识别系统。重点抓好标识设计和形象塑造两个方面，进行企业形象系统设计和企业标识推广应用，组织编印下发《企业文化手册》《视觉形象识别手册》，企业视觉形象识别标识应用在工作服、单位门牌、办公室门牌、宣传册、办公用品等企业目视化管理领域，展示传播北重集团统一规范、独具特色的视觉文化形象。

锻塑一支传播团队，提升企业文化凝聚力

引领带动广大职工践行企业文化，是企业文化建设的目的和归宿。北重集团坚持规模化组织与分众化施教相结合的原则，通过抓党员干部、青年职工、先进典型等群体，打造了一支带动广大职工践行企业文化的传播团队。

一是抓好"关键"群体，实现文化引领。发挥党员干部表率示范作用，带头做企业文化的传承者、弘扬者、实践者，带头把企业文化融入岗位履职、融入言谈举止、融入行为实践，带头以文化人、以文育人，引领职工形成用工作体现忠诚、用发展体现担当、用成效体现落实的新风尚。

二是育好"特殊"群体，实现精神引领。抓好青年知识积累"黄金期"、人生"雕琢期"，发挥好"青年志愿服务队""青年突击队"等组织作用，开展好劳动竞赛、技能比武、志愿服务活动，积极促进青年世界观、人生观及价值观的形成，铸强新时代青年的精神脊梁。

三是选好"重点"群体，实现实践引领。发挥先进人物的模范引领作用，坚持以先进模范传思想、教经验、带作风，组织全国优秀共产党员王士良、全国劳动模范郑贵有等利用技术竞赛、联合党日、文化活动等形式带领职工进行技术练兵，树立典型就在身边、人人都可以成为典型的新风尚。创新先进典型培育方式，探索成立吴运铎精神传承基地，组建金属切削等7个高层次人才创新工作室，加快推动和引领各专业、领域技术技能人员成长成才。

推出一批文化作品，提升企业文化传播力

一是编制文宣资料档案。北重集团编写的《北重集团厂史》以纵向的视角，对企业发展历史进行深入总结提炼，翔实记录了创业建设、深化改革、科技创新、管理实践、产品产业、企业文化、社会责任、党的建设等方面的发展历程、重要事件和成绩亮点。其编写的《企业文化作品集》则以横向的视角，梳理企业发展历史中的先进典型人物、团队的事迹，坚持用北重故事构筑"文化教材"，实现以北重事教化北重人。

二是构建文化传播平台。完善文化传播方式，构建融报、刊、网、微、屏于一体的全媒体传播体系，建立传播性高、实时消息互动、内容丰富、个性化强的"微平台"。

三是推出外宣精品力作。加大对外宣传力度，多方位、多角度展现文化精神内涵，以于正心、陈豪夫妇为原型创作的《爸爸妈妈的橡树》，获得"社会主义核心价值观主题微电影优秀作品一等奖"。专题片《寻炮敕勒川》《大国重器背后的中国军工》《强国基石》等先后在央视七套、二套播出，短视频《"挤"出中国创造》获"第五届中央企业优秀故事一等奖"，推出《白杨伴我献国防》等系列短视频、MV等作品。

实施效果

推动企业攻坚破难，强军报国的企业形象更加鲜明

通过实施"五个一"传播工程，探索出一条以文化集智慧、以文化解难题、以文化促发展的企业形象塑造之路。企业文化深度融入设计研发、生产经营、市场开拓等全过程、全方位、全领域，凝聚起企业"敢于逆势奋进、敢于破浪前行"的精气神，全员树立了"有解思维"，面对各岗位、各工种、各职级的难点、堵点、短板、窄口，大家心往一处想、劲往一处使，只为成功想办法、对标先进谋实招，通过劳动竞赛、合理化建议、"揭榜挂帅"攻坚、大师工匠工作室项目组、党组织引领行动、党员创新登高计划等方式，扎扎实实地把科研、生产、安全、质量、营销等方面的难题破解，履行好强军首责、推动高质量发展的步履更加坚实有力，企业的品牌影响力、客户忠诚度、社会美誉度与日俱增。

推动企业铸魂聚力，敬业爱国的职工形象更加鲜明

通过实施"五个一"传播工程，探索出一条以文化凝聚共识、以文化统一思想、以文化规范行为的职工形象塑造之路。"把一切献给党"的崇高信仰广泛传播，"国家利益高于一切"的价值观深入人心，"自力更生、艰苦奋斗、开拓进取、无私奉献"的优良传统传承赓续，有效适应了新时代军工企业履行好强军首责、推动高质量发展的要求，有力引导广大干部职工把"敬业""爱国"作为强军报国的思想基础，形成了"奋斗创造未来"的价值导向，干部职工的凝聚力、向心力、创造力显著增强。

推动企业提质增效，担当强国的品牌形象更加鲜明

通过实施"五个一"传播工程，探索出一条以文化彰显企业发展硬实力、无形资产软实力、社会责任暖实力的品牌形象塑造之路。近年来，北重集团NTE120AT无人驾驶矿用车、P92大口径无缝钢管、TP316H超纯耐热不锈钢核电用无缝钢管等一系列重大装备、高附加值产品、"卡脖子"产品等研制成功，进一步放大了特种钢"大国重器"、矿用车"国家名片"的品牌效应，为推动"一带一路"沿途国家、地区高质量发展做出积极贡献，也为企业推进国际化经营，以企业文化传播为窗口，展现可信、可爱、可敬的中国企业形象，推动企业文化"走出去"提供了样本。

主要创造人：李　军　高文海
参与创造人：李树清　王国锋　李　琦　贺占军

深耕文化建设，助推核工业企业实现"四个一流"

三门核电有限公司

公司简介

三门核电有限公司（以下简称三门核电）成立于 2005 年 4 月 17 日，隶属于中国核工业集团有限公司（以下简称中核集团），由中国核能电力股份有限公司控股，是国有大型核电营运单位，全面负责三门核电工程的建造、调试、运营和管理，全面履行核安全责任。三门核电一期工程 1、2 号机组分别于 2018 年 9 月 21 日和 2018 年 11 月 5 日商运。二期工程 3 号机组已于 2022 年 6 月 28 日正式开工，4 号机组于 2023 年 3 月 22 日开工。

在企业文化凝心聚力作用下，近年来，三门核电荣获"全国五一劳动奖状""国家优质工程金奖""全国和谐劳动关系创建示范企业""浙江省模范集体""中国企业安全文化建设示范单位""中国电力企业文化建设示范单位""全国科普教育基地""中核集团首批党性教育基地"等荣誉称号，基层涌现出一批荣获"全国技术能手""浙江工匠""浙江省劳动模范""中央企业技术能手"称号的优秀员工。

实施背景

中国核工业发展至今，从"两弹一艇"到"国之光荣"，再到全球首台三代核电机组成功商运，核工业人坚守以身许党报国的家国情怀和自主创新韧劲，为建设先进的核科技工业体系，推动我国从核大国向核强国跨越不懈奋斗。

为积极培育和践行社会主义核心价值观，全面落实新时代中核集团企业文化理念体系和企业文化建设要求，作为中核集团重要成员单位，三门核电企业文化体系全面吸收中核集团、中国核电文化价值理念，进一步引导全员把公司文化价值理念内化于心、固化于制、外化于行，促进公司管理战略、管理思想和价值导向落地生根，为公司安全发展、创新发展，以及培育持续竞争优势提供文化引领和精神动力。

从 2005 年成立之初，三门核电就提出了"四个一流"的期望，即"培育国际一流的人才、锤炼国际一流的技术、打造国际一流的管理、创造国际一流的业绩"。"四个一流"始终是三门核电成长历程上的追求目标和奋斗方向。

面对全球首台三代核电出现的设计、主设备进度未达到预期及外部环境的影响，三门核电一期工程进度及概算远超预期。面对挑战及压力，三门核电围绕"责任、安全、创新、协同"的企业核心价值观，用心用力建设企业文化，使之孕育、发展、蝶变、实践，在企业文化的引导下坚持做好工程项目建设及企业发展中的各方面工作，建成全球首台三代核电示范工程，助推三门核电实现"四个一流"。

体系内涵

企业核心价值观是企业和员工共同坚守的基本价值取向和价值判断标准，是企业价值理念体系的核心。三门核电的核心价值观是责任、安全、创新、协同。

责任是企业成就事业的基石，是三门核电人对国家、人民的庄重承诺。三门核电人始终牢记使命，主动作为，勇于担当，认真履行政治责任、经济责任、社会责任，竭尽全力为国家、民族和人类做出应有贡献。

安全是核工业的生命线，是三门核电生存和发展的根基。三门核电始终坚持安全第一，努力完善安全生产体系，将核安全文化融入生产经营各个环节；严格遵守规章制度，明确安全责任，重视识别和努力消除各种安全隐患，提高员工的安全防范能力，实现本质安全。

创新是企业进步的灵魂，是三门核电实现卓越的不竭动力。三门核电坚持创新求变，创造性开展工作，敢于挑战更高水平的目标；大力倡导自主创新意识，健全创新机制，努力营造开放包容的创新环境；重视基础创新，积极探索核科技领域的核心技术；坚持创新与实践应用相结合，努力把创新成果转化为实际的生产力。

协同是企业提高生产力的举措，是三门核电高质量发展的内在要求。三门核电积极倡导各单位之间、各部门之间相互配合与紧密协作；提倡员工把同事视为事业伙伴，在工作中相互支持、主动协作、相互补位；倡导个人融入集体、服从服务于大局，把公司利益置于个人利益、部门利益等一切局部利益之上。

主要做法

坚持责任在肩、勇于担当，以"四最一优"公司管理目标压实三门核电企业责任

三门核电党委始终坚持以习近平新时代中国特色社会主义思想为指引，贯彻落实全国国有企业党的建设工作会议精神，立足"三新一高"要求，全面落实中核集团"三位一体"的发展战略和中国核电"建设具有全球竞争力的世界一流清洁能源服务商"的发展目标，聚焦核电运营过程中的关键环节和"痛点"问题，结合公司文化理念，于2019年5月提出了以"最少的组织机构人数、最少的生产外委项目、最少的库存、最低的运行成本、最优的大修工期"为主要内容的"四最一优"管理目标，并于2020年5月正式发布总体实施方案和专项规划。通过对标国内外先进同行制定高标准目标、党委主导推进与各工作组专项实施相结合、建立科学的量化指标体系和看板平台、加强过程管控和定期成效评估等方式，持之以恒推进"四最一优"期望目标逐步落地。以敢为人先的锐气和自我加压的勇气，为建设"机构简单、能力高强、环境美丽、气氛和谐、业绩优秀"的三门核电奠定良好基础，也为核电行业探索出一条提质增效的全新路径。

坚持安全第一、追求卓越，以卓越核安全文化建设夯实三门核电安全根基

三门核电始终将安全作为工作中的重中之重，将核安全视为事业的生命线、企业的生存线、员工的幸福线，深入贯彻理性、协调、并进的核安全观，在公司内部形成了"党建引领、领导带头、全员参与"的核安全文化的工作氛围，不断培育"追求卓越"的核安全文化。一是党建引领，打造卓越核安全文化品牌。强化政治引领，将党的政策贯穿核安全文化顶层设计。发挥组织优势，把党的领导落实到核安全文化建设规划。二是领导带头，推动卓越核安全文化落地。强化精准研判抓落实，推动核安全文化专项提升。坚决落实"两个沉下去"（沉到现场解决问题，沉到基层解决诉求），强化人员行为安全管理。三是全员参与，打造卓越核安全文化建设基础。精细化人员绩效管理，全面提升人员行为安全水平。开展"6555"安全管理，有效指导工作人员安全履职。全员参与问题识别处理，建立和培育学习型组织。

坚持守正创新、超越自我，以创新文化建设助推三门核电高质量发展

三门核电以"营造创新氛围，打造创新文化"为导向，体系建设与资源保障并举、激励措施与容错机制并行，努力营造开放包容的创新环境。在创新文化的引领下，三门核电实施多项创新发展举措。一是健全创新体系。持续优化科研管理体系，简化科研管理流程，鼓励科技成果向产品和市场进行转化，促进高质量发展。二是强化知识产权策划。围绕重点科研攻关领域，打造核心知识产权。坚持创新与实践相结合，把创新成果转化为实际生产力。三是开展科研平台共建。借助优势资源，开展联合研发，加强与重要国际组织的互动交流与合作，提升公司的国际影响力。四是重视科技人才培养。优化人才评价和管理机制，建立以能力和业绩为导向，以科技创新潜力和预期成果产出为重点的人才遴选标准机制。五是以思维创新为导向，上下结合充分释放创新活力。公司领导层带头倡导创新文化，开展"科技创新大讲堂"等活动。六是打造"智慧电厂"。积极推进数智化转型进程，在核电站的数智化建设方面探索行动路线，全面推进"智慧电厂"建设，大胆尝试，拥抱创新，致力将三门核电建设成"智慧电厂"典范。

坚持大力协同、勇于登攀，以"六个一"一体化项目管理模式促进三门核电项目高效协同

三门核电在深刻总结一期工程"全面管理穿透"项目实践经验的基础上，以推动二期工程高质量建设为出发点，在二期工程建设实施以"六个一"即一个团队、一套指挥体系、一个目标、一份计划、一份报告、一张清单为核心理念的一体化项目管理，统筹协调资源，助力项目"六大控制七个零"卓越绩效目标实现，打造标准化、集约化、一体化、契约化项目典型，为中核集团标杆模式落地提供实践支撑和三门智慧。

实施效果

"四最一优"获评管理创新成果一等奖，为同行输出"三门智慧"

通过三年多的实施，三门核电坚持解放思想、对标国际，坚持系统谋划、狠抓落实，企业发展基础不断夯实，经营业绩持续提升，为实现成为业界创新领头羊和业绩排头兵的目标提供了有力保证。一是全员劳动生产率同口径保持年均6%以上增速，2022年全员劳动生产率达到351.03万元/（人·年）；二是生产外委人数和外委项目数量逐年递减，与2019年相比外委项目数量降低15%，常驻外委人数下降10%；三是有效遏制住建库初期库存增长趋势，实现库存逐年稳步下降，连续两年达到中国核电考核优秀值；四是近两年单位售电成本年均降幅4%，可比单电成本处于中国核电内最优水平；五是 101 大修工期 46.66 天，创同期国内压水堆核电机组最优首修工期纪录；201 大修工期 28.14 天，创造全球压水堆核电机组最优首修工期纪录；102 大修工期 20.51 天，创造中国核电 2021 年最优大修工期纪录。"四最一优"相关课题成果先后获评"中国核电管理创新成果一等奖"、电力行业企业文化建设典型成果，在 2022 年 3 月成功入选国务院国资委国企改革三年行动典型案例。

安全文化建设取得丰硕成果，输出卓越安全文化建设"三门方案"

自项目批准至今，三门核电实现连续 226 个月未发生重伤及以上安全生产事故的良好安全业绩纪录，在安全文化领域先后获得中核集团安全类奋进中核人、中核集团安全环保先进工作单位、中国企业安全生产新纪录、中国企业安全文化建设典型案例、中国企业安全文化建设示范单位、全国"安康杯"优胜集体、全国"安全生产月"活动先进单位等荣誉。三门核电不断总结经验，固化做法，形成了一系列安全管理良好实践，其中包括派驻式专职安全员管理机制、安全工作室运作机制、安全专家组运作机制、三级安全员网络运作机制、节假日公司领导带队现场安全检查制度、一线部门领导全职现场带班巡视制度等，均被中国核电、中核集团采纳为优秀安全管理案例，并在成员单位推广。核安全文化建设实践被中国电力设备管理协会评为 2022 年全国电力安全文化精品工程。两项核安全文化建设成果被中国核能行业协会选为 2022 年度优秀成果。

"智慧电厂"建设按下"加速键"，绘就高质量发展蓝图

三门核电构建多元化科研投资体系，科研投入逐年增长，创新氛围日趋浓厚，建立容错纠错机制，鼓励员工敢于创新，积极创新。科技创新活动持续产生关键技术核心专利，技术专利授权数量、质量同步得到提升。三门核电在"智慧电厂"建设走在了行业前列，数字员工相继上岗，实现了以"飞令"系统为代表的移动化系统全面应用，引入数据中台系统性开展数据综合治理。专职化科研队伍及充足的科研配套条件，护航重点科研项目顺序开展。科研工作不仅创造直接经济效益及社会效益，在集团内外实现了多项转化推广，科技成果"基于大数据的核电站典型关键设备（SPV）健康管理系统"为中国核电完成的第一个集团外成果转化项目。牢固树立"科技强企"理念，聚焦核心关键技术攻关，高质量技术专利及成果陆续获得突破，荣获"中核集团科技进步奖""中国核能行业协会科技进步奖""EPRI 成果转化奖"等重量级科技奖，荣获国家级高新技术企业资格，获评"国家创新型城市建设先进集体"。

"六个一"一体化项目管理体系全面落地，打造高质量精细化项目管理标杆工程

三门核电二期工程项目指挥中心（PCC）实施集中办公，建立矩阵式组织模式，工程安全联合办公室（SMO）、工程质量联合办公室（QMO）和项目指挥中心办公室（PMO）集中了各方安全、质量、进度和风险管理业务骨干，通过"一套指挥体系"统筹各方资源，提高资源共享度和利用率，成功打破公司和部门间壁垒，减少资源投入，提高管理效率。"六个一"一体化项目管理体系运行顺畅，安全质量可控，二期工程开工后各里程碑节点均按期实现，一级进度计划按期完成率 100%，取得了显著成效。

主要创造人：缪亚民　吴元明

参与创造人：项京锋　李　超　王　勋　陶春阳

以"精品"文化助推企业走向卓越的质量文化建设

中车时代电动汽车股份有限公司

企业简介

中车时代电动汽车股份有限公司（以下简称中车电动）是中国中车整合国内外优质资源，传承高铁基因，在2007年成立的国内第一家专门从事新能源商用车及其关键零部件研发、制造和销售的整车企业，立志成为"城市绿色交通高端装备制造商和全生命周期解决方案提供商"。公司总部位于湖南株洲国家高新技术开发区栗雨工业园，占地面积191808平方米。

中车电动拥有从电池系统关键零部件到动力系统平台和整车制造的新能源汽车的产业链条，具备"三智"及"三化"核心技术优势及客车行业领先水平的制造硬件能力。产品广泛应用于公交、公路、团体、旅游、城市物流、环卫等领域。产品服务于150余个城市，积累了多种多样的商用车电动系统能力，作为"三极多点"业务中的重要一极，承担着中车高质量发展的重任。中车电动先后承担了30项国家863计划节能与新能源汽车重大项目，主导和参与的国家和行业标准36项，获得电动汽车相关专利686项、软件著作权26项、科技进步奖励13项、管理创新成果13项，以及"全国汽车新能源行业质量领先品牌"等荣誉称号，并获得"第六届湖南省省长质量奖"。

实施背景

突破传统质量管理方式，引领行业发展的需要

随着经济社会的发展，全球资源日益稀缺甚至枯竭，国际环保要求也越来越高。可持续发展理念深入人心，新能源商用车以清洁能源优势日益受到青睐。国家相继出台"交通强国"、"实施新能源汽车"、"双碳"政策等政策文件，进一步加速了新能源企业的快速成长。企业要成为行业领先者，需要立足行业和企业特点，才能推动高质量发展。

企业内部对标高铁，制造"精品"，追求卓越的需要

中车电动是中国中车"一核三极"战略的重要一极，通过16年的探索和创新，在客车业务板块积累了一些优秀的质量管理经验，形成了相对完善的质量管理体系，但对标乘用车、高铁的质量标准与理念则在技术、质量标准的精细度，以及面对实物的质量意识上还有些差距。同时，随着中车电动的产品线从新能源客车发展到新能源专用车、物流车、智慧平台等更广泛的产品类别，其产品质量水平也出现了参差不齐的情况，质量关注的焦点仍倾向于事后问题处置，风险防控和事前预防不足。在此形势下，中车电动急迫的需要对原有质量文化进行融合和创新，创建更系统的、更强的质量文化来牵引全体员工确定共同的质量理想追求、价值观念和行为准则，运用个人和团队的智慧和合作精神持续为顾客提供"精品"。

体系内涵

中车电动基于"连接世界，造福人类"的企业使命，以及成为"城市绿色交通高端装备制造商、全生命周期解决方案提供商"的企业愿景，经过16年的沉淀积累与传承，逐渐形成了以"中车人为顾客提供精品"的质量核心价值观，确定了"坚持质量第一，追求科技创新，创造安全可靠、舒适环保的移动空间"的质量方针。

中车电动质量文化突出以顾客为关注焦点，践行"中车人为顾客提供精品"的质量核心价值观，突破传统新能源商用车质量认知，对标乘用车、高铁的质量标准与管控理念，强调产品的高可靠、高智能、低能耗，助推公司成为"城市绿色交通高端装备制造商、全生命周期解决方案提供商"的企业愿景的实现。

结合新能源商用车行业和产品特点，深度融合中车质量管理体系（中车Q）、汽车行业质量管理体系标准、卓越绩效模型等国内外先进管理理念，确定了质量管理的"9大基本原则"，确定了实物质量管理"6-3-1-4"行为准则，构建了基于"中车Q+"的新能源商用车质量管控模式"，将行业最佳实践与公司独特的价值观和目标相结合。确定了质量文化通过"认知与沟通、教育培训、制度建设、员工激励"的方法来推动质量的行为文化、制度文化、道德文化、物质文化的提升，构建中车电动浓郁的质量文化氛围，形成了中车电动"精品"质量文化体系。

"精品"质量文化，对顾客服务要求"精诚所至"。"质量是由顾客定义的"，公司每一个订单都以顾客为中心成立项目组，依据完整项目管理流程实施有序的项目制管理，实现顾客需求的完整识别及完美交付，建立大数据监控平台，维护产品全生命周期健康，享受"七星级"售后服务质量。

"精品"质量文化，对研发质量管控要求"专精覃思"。中车电动始终坚持技术领先战略，核心技术不断取得突破，是"国家高新技术企业"；建立完善的技术创新体系，实行"产学研"联合开发机制；对标高铁技术标准完善内部设计标准，实施软硬件开发质量管理，确保研发质量的可靠、安全与有效迭代升级。

"精品"质量文化，对工艺设计要求"研精静虑"。对标中车十二项工艺标准不断完善工艺基础管理机制，深度研究国际焊接、国际粘接、管线布置等先进轨交工艺并转换至客车工艺设计中；逐订单识别"三新变化点"确定作业标准，做到指示明确标准清晰，保障生产质量的一致性。

"精品"质量文化，对供应链体系建设要求"精耕细作"。整合上下游资源，深化端到端的合作模式，快速响应，紧密协同，保障供应链的安全稳定和快捷高效；实施供应商的协同融入，确保每个新供方、新产品都应得到验证和确认，所有质量问题都应督促供方进行改进，保障供应链质量的稳定与持续发展。

"精品"质量文化，对产品实现过程要求"精益求精"。合理制定工艺、质量及作业标准，严格执行工艺、质量及作业标准，做到指示明确标准清晰再作业；不局限于现状，对作业过程不断改善，精益求精，臻于至善；在实物质量管理上提出"6-3-1-4"行为准则，即为质量安全风险管理确定了"6大禁令"，对不合格强调"3不原则"，倡导事先的策划和规范的执行，保障"一次就把事情做对，追求零缺陷"，对事故强调"4不放过"。

主要做法

基于中车电动质量管理9大基本原则之"领导持续推动"，公司成立以总经理为组长的质量文化建设管理团队，明确职责权限，领导和指挥公司"精品"质量文化建设工作。

参照《企业质量文化建设指南》（GB/T 32230—2015），中车电动通过"认知与沟通、教育培训、制度建设、员工激励"4个方面进行质量文化氛围的构建，实现精神文化、行为文化、制度文化、物质文化层次的逐级提升。制定《质量文化活动策划方案》，确定不同层次不同的质量文化建设主线，并通过多样的活动载体来体现。

认识与沟通层面

以"精品"质量文化为牵引，建立共同的质量价值观、质量方针、质量目标、质量管理"9原则"及"6-3-1-4"行为准则，通过横幅、海报、看板、网络、问卷等传播方式及高管课堂、质量沙龙、质量演讲等活动将公司质量文化理念融入全体员工的思想意识，得到员工的充分理解和认可，在公司内部形成统一认识，将质量文化"内化于心"。

教育与培训层面

以员工能力矩阵为导向，按年度策划质量培训主题，利用各种质量培训载体和形式，开展系列质量教育培训课程，针对中、高层强化风险思维+过程方法+PDCA（计划、执行、检查、处理）循环的培养，强化质量体系要求的宣贯；针对质量从业人员，强化质量基础知识、质量工具运用、计量校准知识的培训；针对工艺、技术人员强化质量技术应用培训；针对内审员、二方审核员强化审核专业知识及审核能力的培训；针对作业人员强化质量意识、上岗技能的培训，实现全员质量技能"外化于行"。

制度建设层面

制度建设层面是质量文化的固化部分，是企业质量价值观的外在体现和落实手段之一。将质量价值观、质量方针及行为准则展开为对各岗位员工的具体要求，以制度形式持续地帮助员工做正确的事，更有效地完成工作任务，做到"行固于制"。

中车电动明确了质量管理体系构建方法，基于公司业务流程框架，将"中车Q"、汽车行业质量管理体系标准等体系要求嵌入、融合到业务流程中，并将轨道交通装备及汽车行业质量管理核心工具有机运用到相关业务活动中，形成高度融合的、基于业务流程的一体化质量管理体系。

员工激励层面

中车电动通过组织开展质量意识提升、素质建设、质量改善激励活动，将员工的认识转化为行动，促进企业与员工的共同发展，实现精神与物质的转化。主要方式包括树立标杆和典型案例、创新质量管理形成质量论文、鼓励质量技术应用探索、质量知识竞赛等方式，提高员工创新与改善的积极性和工作质量，提高追求"精品"的动力并让"行显于效"。

实施效果

通过"精品"质量文化的建设和推进，员工的质量意识和主人翁责任感得到明显提升。在实物质量控制层面实现了三个转变：事后把关向事前预防转变、被动检验向自主控制转变、满足合格向制造"精品"转变。这三个转变进一步体现在产品质量和工作质量的有效提升上，取得了显著成效。2020～2022年，公司客车产品首次检验合格率较2019年提高37.5%，平均首次故障里程提高31%，质量损失率逐年下降20%以上，产品竞争力得到显著提升。

在"精品"质量文化的推动下，中车电动始终以顾客感知为中心，通过不断实践和探索研究顾客旅程及触点，参与起草并发布了国家标准《质量管理 顾客体验管理指南》（GB/T 42509—2023）。顾客满意度及忠诚度逐年提高，公司从一个年产几台整车的初创企业发展到全国细分市场销售占比前三，并迅速得到海外市场的认可。

"精品"质量文化已成为中车电动企业文化的重要组成部分，通过逐年质量文化氛围的构建和质量文化活动的开展，公司已凝聚起浓厚的质量文化氛围，近三年共取得QC（质量管理）成果300余项、质量案例89项、管理创新项目50项。获得国家级、省级QC奖励20余项。质量文化建设也成功助力公司荣获"全国新能源汽车行业质量领先品牌""第六届湖南省省长质量奖"等荣誉。

主要创造人：易智琳　陈　凤
参与创造人：王海斌　谢燕兵　涂丽丽　龙中柱

培育先进航空文化，凝聚提质增效合力

中航西安飞机工业集团股份有限公司

企业简介

中航西安飞机工业集团股份有限公司（以下简称中航西飞）是科研、生产一体化的特大型航空工业企业及我国大中型军民用飞机的研制生产基地，隶属于中国航空工业集团有限责任公司（以下简称中国航空工业）。中航西飞占地面积400多万平方米，现有职工16000多名。在60多年的发展中，先后研制生产了30余种型号的军民用飞机。军用飞机主要有"中国飞豹"、轰六系列飞机、运-20飞机等，其中，空中加油机、飞豹飞机荣获"国家科技进步特等奖"。民用飞机主要有运七系列飞机和新舟60系列飞机等。中航西飞以产品创新带动产业升级，各项经营指标持续高速增长，2007年起营业收入连续16年超过100亿元。中航西飞以先进文化力建设实践体系为载体，结合企业特点，在制度建设和精益工厂建设的过程中，培育"守正创新"文化，为企业全面高质量发展提供保证，探索了当代国企文化实践的务实路径。

实施背景

长期以来，中航西飞在科技创新、产业发展不断推进中提炼出来的价值观念、道德规范、精神面貌、行为准则、经营哲学、审美取向等推动了增长方式的变革，提升了产品和服务的品质，这些都对企业发展乃至行业实力的提升起到至关重要的作用。

人类社会发展的历史表明，对一个民族、一个国家来说，最持久、最深层的力量是全社会共同认可的文化。对一家企业来说，同样如此。企业文化是驱动理念变革、习惯转变、管理创新等诸多战略的根本动力。当前，信息化与工业化日益深度融合，全球科技创新呈现出新的发展态势和特征，现代企业逐渐从传统的产品竞争、资源竞争转向战略竞争、人才竞争和文化竞争。围绕中国航空工业的战略部署，聚焦陕西省的航空发展要求，中航西飞必须持续强化先进文化力的作用，让文化成为全体航空员工的黏合剂、润滑剂、催化剂，从而让人心的"多"归于企业的"一"、战略的"合"，进而推进企业持续发展壮大。

主要做法

先进文化力要素及主体构成

通过对"力"和企业先进文化力的内涵及特性的研究分析，先进文化力的五大核心要素及主体构成明确为"思想引领力、价值支撑力、行为管控力、团队凝聚力、社会影响力",构建先进文化力培育要素模型的四梁八柱,用"栋、梁、斗、柱、基"夯实策略。

栋:思想引领力。文化通过树立崇高使命、愿景等,强化管理实力和战略定力,使一个组织不仅能够在预测未来的基础上制定发展战略,还能在实际运行中根据需要采取积极的行动,在遇到困难和挑战时始终不忘初心、牢记使命,朝着愿景目标奋勇前进。

梁:价值支撑力。文化通过价值观导向作用,确立企业和员工最根本的价值追求,明确最核心的选择、作为和坚持,以此激励员工立足岗位、聚焦主业,全身心投入企业价值创造中,实现企业价值增长和员工个人价值提升。

斗:行为管控力。文化通过明确行为规范、融入日常管理、落实规章制度,夯实管理基础,提升管理效能,发挥强化执行、约束行为的管控作用,把管理的效率和效益在更大程度上与人的自觉性和自我激励关联起来。

柱:团队凝聚力。文化通过确立共同价值理念和精神、树立典型人物和先进团队、沉淀具有感染力和传播力的文化成果,激励全员、鼓舞全员,把全体成员个体凝聚成整体,使其在思想上和行动上形成强大的合力。

基:社会影响力。企业文化通过不断地向整个社会发散和辐射价值理念、行为规范、载体形象、产品属性等文化信息,并担当社会责任,一方面,持续提升社会知名度和美誉度,反哺企业文化繁荣;另一方面,推动社会生产力不断向前发展。

先进文化力的培育路径

按照 PDCA 的管理闭环,结合"文—化—力—行"四位一体的总体方略,构建"文—化—力—行"先进文化力培育机制。文,即部署筹划;化,即实践推动;力,即评价能力;行,即态势与改进;分别对应 PDCA 管理闭环中的计划(Plan)、执行(Do)、检查(Check)、处理(Act)四要素,与以"航空报国、航空强国"为核心的理念体系、以素养为核心的行为体系、以品牌为核心的形象体系结合,与"报国·航空""责任·航空""创新·航空""风采·航空"等专项文化建设承接,共同形成先进文化力培育的总体框架。

文之有道,做好先进文化力培育的顶层设计。中航西飞通过文化励志铸魂,化战略为行动,变行动为价值,不断增强文化软实力,塑造特色航空文化,使先进文化力成为全面建设新时代航空强国伟大征程中更为基本、更为深沉、更为持久的力量。通过先进文化力的培育,促进形成领先创新力,提升卓越的竞争力。

明确先进文化力的精神内涵。中航西飞创建 60 多年以来,始终坚持以"航空报国"为初心,履行"强国、强军、创新"的历史使命,取得了辉煌的发展成就。中航西飞开展文化建设的根本方向,就是全力支撑世界一流军队建设,将军工航空文化融入现代商业文明,将商业精神植入公司基因,培育具有全球竞争力的一流企业,最终实现建设航空强国的战略愿景。

坚持先进文化力的培育原则。继承传统,不断创新。不忘本来才能开辟未来,善于继承才能更好创新。先进文化力的培育需继承中华优秀传统文化、中航西飞积淀的宝贵文化,始终做到不忘初心。面对新形势、新任务、新部署,先进文化力的培育必须在继承中发展,必须与时俱进,守正创新。

顶层策划,协同推进。先进文化力培育是一项具有全局性、综合性、系统性的工作,需要与企业战略高度匹配、一体化运行，贯穿企业经营管理和科研生产各个环节。中航西飞文化主管部门按照党委战略规划和先进文化建设要求，做好顶层架构设计。

突出共性，兼顾特色。统一规划、统一指挥、统一行动，形成统一的思想、打造统一的形象，凝聚"最大公约数"，培育"最大同心圆"。同时，鼓励各单位在宣传思想文化建设的总体架构下，开展富有特色的基础文化建设，培育与管理同步统一、同频共振的文化力。

领导示范，全员参与。各级管理者是先进文化力培育的重要推动力量，起到关键示范引领作用。各级管理者持续强化对先进文化力的理性思考，在实践中不断归纳总结、以高度的文化自觉身体力行、率先垂范。广大员工是先进文化力培育的主体和动力源泉，参与先进文化力培育的全过程，是文化的建设者、践行者和传播者，并共享先进文化力建设成果。

与战略互动，彰显思想引领。深入学习贯彻习近平新时代中国特色社会主义思想，中航西飞积极增强"四个意识"，坚定"四个自信"，坚决做到"两个维护"，以"守正创新"为实践文化体系，聚焦主业主责，从价值理念、制度体系、行为规范和形象责任各维度培育先进文化力，分层构建、分类施策。在价值理念层面，解读"守正创新"文化理念；在体系制度层面，推进"守正创新"管理实践；在员工行为层面，选树"守正创新"标杆典范；在企业形象层面，传播"守正创新"文化形象，先进文化力建设效果也在企业经营实力、科技实力、人才实力、思想政治工作等领域全面显现，探索了方法，形成了机制，促进了先进文化力与社会主义核心价值观的全面承接和充分实践。

与管理体系互促，形成行为规范力。中航西飞将先进文化所倡导的理念塑造为企业各项管理制度的"内核"，扎实开展质量、安全、环保、保密、廉洁等子文化建设，以此来推动管理创新和制度创新；归纳梳理管理人员科研、生产、营销、服务等不同岗位的行为规范特点和要求，制定各类员工行为规范。

与核心产业相融，凝聚价值支撑。在先进文化力培育中，大力倡导"型号成功，文化成型，员工成才"的型号文化，融入建设新时代航空强国、建设世界一流军队、强化国家战略科技力量等全局性规划培育先进文化力，以"第一棒"意识铸就航空强国之魂，坚定不移讲政治，正确的文化观、战略观、业绩观、客户观、质量观加速为国家装备现代化和智能化提供发展支撑。

与品牌张力共鸣，展现社会影响。中航西飞以"把握党建大方向，宣传航空主品牌，服务航空大产业，开拓文化新市场，打造精神新高度"为目标和遵循，不断强化航空人的文化自信、文化自觉，传播"航空报国"精神，倡导上下同举一面旗、同吹一个号，做到立体到达、全息反应，着力配合打造"一核三层四翼"的新闻舆论工作模式，形成中央主流报、刊、网等阵地资源，其中作为中航西飞的媒体中央厨房——"智慧西飞"微信影响力逐步扩大。

力之有恒，迭代先进文化力评价机制。在先进文化力培育机制充分实践的基础上，中航西飞健全先进文化力工作评价机制，进一步推动各级单位文化建设工作水平持续提升。

行之有效，常态化推进先进文化力培育。中航西飞在先进文化力培育中，着力策划推进闭环系统，通过计划、流程、资源、项目等关键要素，因地制宜，精准施策，实现先进文化力培育的常态化推进。

宣贯布局，精准施策。每年召开文化建设或宣传思想工作会，总结上一年度工作，明确下年度工作计划及年度重点工作要求。及时下发专项文化具体安排等，同时突出工作重点，避免眉毛胡子一把抓，发挥所属单位在文化建设上各自具有的优势。

流程管控，促进规范。对企业文化的精神层、制度层、行为层和物质层4个层进行横向分解和流程组装，构建文化建设主价值流程，演变成了流程中的4个业务域，即企业精神文化管理、企业制度管理、企业员工行为管理、企业产品与品牌建设管理，对4个业务域进行流程梳理，建立各业务域流程清单，形成企业文化建设流程库，规范流程，清晰管控。

资源保证，固本培元。做好人才支撑和资金支持。围绕增强"脚力、眼力、脑力、笔力"，增强文化建设人员的培训，重视文化建设优秀人才的引进及后备人才的培养，努力培育政治过硬、本领高强、求实创新、能打硬仗的先进文化力培育工作队伍，建立文化建设专家队伍、文化师队伍、新闻工作者队伍。将文化建设经费纳入年度预算，做好文化建设硬件、软件建设及改进提升的资金保障，确保文化实践活动充裕的资金投入。

精品工程，加力助推。在第十三届中国航展期间，集中展示了16项自主研制的航空装备；中国航空工业与空中客车A320机身系统装配项目首架、机翼项目第500架交付新闻发布，引发行业关注。

实施效果

企业管理效能提升，发展速度和质量持续改善加强。党的十九大以来，中航西飞坚持以"第一棒"的意识铸就航空强国之魂，坚定强军首责，进一步明确了建设世界一流军队、培育世界一流企业目标，实现了先进文化与战略相融相促、同步推进。

彰显先进文化合力，逐步建立了宣传文化新机制。党的十九大以来，中航西飞用先进文化力建设制度体系为航空文化"强基固本"，用"航空报国"精神为先进文化"夯基垒台"，用文化立体传播为形象塑造"立梁架柱"，配合形成了"一人一把号，同吹一个调，奏成交响乐"的新闻传播态势，凝聚了统一的社会形象，也壮大了主流舆论。

航空特色文化落地，为文化自信贡献了航空的历史答案。结合航空产业的发展要求，中航西飞大力弘扬航空报国精神，坚持贯彻新发展理念，一系列展示航空人风貌、展现中国共产党人时代风采的优秀航空文化作品为社会主义先进文化建设发出了航空声音、做出了航空贡献。

主要创造人：雷阁正

参与创造人：余晋萱　李　想　韩娜娜　石梦聪　雷俊强

基于创用户极致体验为中心的创新文化建设

青岛海尔洗涤电器有限公司

企业简介

青岛海尔洗涤电器有限公司（以下简称青岛海尔洗涤电器）位于青岛市自贸片区中德生态园内，是海尔集团（以下简称海尔）高端智能制造战略布局项目，是目前全球定制规模最大、智能化水平最高、柔性定制程度最强的智能家电产品制造基地。青岛海尔洗涤电器以柔性化、数字化、智能化能力为支撑，构建共创共赢生态圈平台，具备生产7大品牌400余种中高端产品的柔性制造能力。自2018年正式投产以来，连续3年实现跨越式发展，截止到2022年，青岛海尔洗涤电器有限公司主营业务收入达52.8亿元，创造税收1.31亿元，带动就业1481人。工厂内130项先进技术行业领先，12项技术全球领先，搭建与用户零距离的体系，通过用户与工厂全要素、智能产品、企业全流程资源的互联互通，并应用人工智能检测等多项行业领先技术，实现产品全生命周期数据链的贯通。

青岛海尔洗涤电器作为海尔全球"智能制造"的标杆工厂，在质量文化的驱动下在智能制造、5G场景应用方向先试先行，经中华人民共和国工业和信息化部评估达到智能制造成熟度四级、入围国家"智能制造示范工厂"，青岛海尔洗涤电器有限公司案例入选《中国智能制造发展研究报告》，部署的5G场景连续2批入选典型案例、获得行业首个5G+全连接互联工厂应用示范基地并成功通过国家工业互联网产业联盟测试床遴选。

实施背景

海尔创立于1984年，现已发展成为世界知名的白色家电品牌。在全球拥有6万多员工，共建有30个工业园区，10个研发中心。30多年的励精图治，始终贯彻创业和创新的经营之路，经历了6个战略发展阶段：名牌战略、多元化战略、国际化战略、全球化品牌战略、网络化战略和生态品牌战略。青岛海尔洗涤电器管理的创新首先源于海尔战略转型下文化建设的创新，从创业至今30多年来所秉承的一脉相承的思路就是：永远为用户创造价值。因此，唯有以创造用户极致体验为中心的创新文化建设来驱动内部的管理机制转型才能够更好地响应用户的需求，从而激发各节点员工的创新与活力，打造互联工厂，满足用户个性化定制需求，从而实现企业的创新与引领。

体系内涵

具备"创业创新"精神的企业员工代表"人",而"单"并非传统意义的订单,而是"用户和竞争力目标"的统称,其本质含义是有交互的用户资源而非一次购买的客户,即用户的需求、用户的价值及为实现目标而所需的资源,员工与用户一体化即是人单合一。青岛海尔洗涤电器将"人单合一"的企业文化融合到互联工厂建设体系中,真正实现"我的用户我创造,我的增值我分享",同时青岛海尔洗涤电器立足时代下的文化优势,结合发展实际,萃取形成"企业无边界、管理无领导、供应链无尺度"内涵理念,将其作为具体突破口和落地着眼点,提升文化感染力。

企业无边界,互联网时代是"他自循环"的价值观的选择结果,用户的需求实时影响创造价值网络的方法、企业资源界限、价值配置。首先,企业、用户、资源方三方协同创造替代过去以企业为主宰创造价值再传给用户的方式。其次,突破企业资源界限,实现资源共享互惠互利。最后,价值配置采用了正和博弈的共创共赢放弃了此起彼落的零和博弈,价值配置也涵盖了精神价值。随着企业边界扩大,企业、用户、资源方已组成新的价值活动创造的直接参与者,研究管理不再仅仅包括被管理者与管理者了。同时,企业从封闭走向开放,用户被置于生态圈的核心,以顶尖的用户资源引来顶尖的生态资源,两者进行有机整合,共创可实现用户体验升级的生态圈。

管理无领导,即员工从被雇用者走向合伙人,成为价值共享者,不再是与企业相互博弈的关系。以前的劳动雇用关系往往会形成管理注意力的漂移,现在则是为用户创造价值为核心,管理注意力聚焦在用户价值创造上,用户价值创造的过程也是员工自身价值实现的过程,实现了个人利益与企业利益趋同。

供应链无尺度,即按需设计、按需制造、按需配送。传统经济下的大规模制造的供应链是有尺度的,不够一定的数量不会生产。但是互联网使得用户个性化彰显,诉求的多样化把这个尺度打破了。

主要做法

青岛海尔洗涤电器创新实践是从卖产品到为用户提供最佳体验的转型,其目的是"从硬件到网器再到生态圈"的共创共赢,其本质是站在用户需求这一端,即用户与各资源方全方位深度交互,成为互联网时代创客们共赢、共享、共创的平台。

青岛海尔洗涤电器的快速发展始终坚持以用户为中心和以创新为核心价值观的企业文化,即以用户需求持续提升自身能力,而不是以自己的产品去改变用户,永远自以为非,不断挑战自我。各节点不再是封闭式的各自为政,而是共同开放,都听用户的,用户付薪。对内建立流程节点闭环的动态链群组织,形成自组织、自驱动、自增值、自进化的生态链群,以创新创业精神驱动物联网时代的引爆引领,产品与顾客的定义为此都随之改变,顾客也从过去的购买者升级为产品的设计者、体验者、创造者和口碑传播者,从而构建起洗护场景生态最佳体验。

文化融入时代,坚守文化坚守堡垒

引领奋进新时代。树牢"创新文化建设工作做实了就是生产力,做强了就是竞争力,做细了就是凝聚力"的企业文化理念，推动企业文化工作与业务工作同步谋划、同步部署、同步推进，着力固根基、扬优势、补短板、强弱项，积极转型引领引爆物联网时代，在智能制造强基见行见效。青岛海尔洗涤电器文化建设引领互联工厂建设，在方兴未艾的新园区上流星赶月，日新月异，历时两年半的项目建设，历经912个日日夜夜，10万平方米的厂房拔地而起，自此，一座引领全球制造能力的智慧洗涤大规模定制互联工厂成为中国智造闪光的灯塔。嬗变的背后，文化引领，功不可没，正是以用户为中心的创新文化理念与工厂建设深度融合，成为与企业精神和使命、价值观等相契合的高起点，首批入选中国标杆智能工厂榜单。时至今日，这座文化引领的灯塔工厂，通过自动化、数字化转型打造家电行业首个黑灯无人工厂释放出爆发性的核心生产力，已实现了年产300万台的高端洗衣机生产能力，制造竞争力显著提升，产能提升48%，效率提升130%，原材料库存降低76%，客户交付周期降低了40%，均达到行业领先水平。

文化融入科技，坚守自主创新

引领技术攻关促发展。牢固树立"以文化引领科技创新发展"的工作理念，将以用户为中心的创新文化和技术创新深度融合、同频共振，成为促进自主创新能力提升的"助推器"和"催化剂"，激活"自主创新引擎"。

在高端制造技术攻克方面，以链群思路整合一流资源打破束缚科技成果向现实生产力转化不畅的痼疾，不断推出引进新型技术工艺，通过自主创新打破行业壁垒，特别是在四新技术方面，迭代先进的行业领先技术1126项，行业领先的智能化新设备技术改造136项，实现了料片对缝间隙0.01毫米头发丝的1/10的高精度，打破了10秒/次1767个泄水孔和冲孔直径3毫米行业之最的高密度，攻克了激光焊接技术在拉伸强度方面的行业难题，平面焊缝达到了能够承受>7000N的高强度。同时聚焦物联网、区块链、5G+人工智能、新基建等前沿技术，深度融合、协同创新为场景找技术，为技术找场景，不断地进行技术的沉淀，向着以创新武装下支撑的"中国速度"发起冲刺。

文化融入基层，坚守一线工作法

引领群众活力口碑。以文化促人文关怀的温度，增强文化工作的群众性，把赋能基层作为检验文化工作成效的重要标尺激活基层文化宣传阵地作用，激发基层员工创新热情，做"业务和思想"的双导师，不断提高基层员工的组织归属感、事业获得感和生活幸福感。

鼓励全员创新，制定创新成果奖励办法及推广办法，对员工的创新成果进行优化、评估，经鉴定为创新成果后，给予职工奖励，并开展推广，实现创新成果的快速落地。员工作为创客，聚焦创新，进行价值共创、共享；企业致力于服务员工价值创造全过程，提供各项资源，维护和持续优化创新生态。目前共输出国家级高技能人才40人、高级技师13人、中级工27人，目前已完成512名技能型人才升级。培育山东省技术能手1人、青岛市技术能手9人、集团级首席技师16人，组建了一支高素质的创新型、知识型、技能型工人队伍，"全员创新、全员改善"的氛围蔚然成风，实现员工与企业同创新、共成长。真正体现了员工创客化，用户员工化，推进企业从传统的企业雇用制向创客所有制转型，从而激发人员价值最大化，企业不再是传统的企业，员工也不再是传统的员工，而是与用户融为一体的创客，企业成为创客创业，创客与企业共赢共享的开放式平台。

实施效果

文化创新驱动经营管理水平持续提升。创新已然成为青岛海尔洗涤电器发展的基因，以创造用户极致体验为中心的创新文化建设使得各节点与用户零距离，文化模式的创新实施全面提升了企业的价值定位、管理水平和经营模式，成为引领全球智能制造的中国样本，实现模式引领的灯塔发源地，成为全球引领的高端制造基地，打造用户最佳体验，不入库率85%，爆款占比＞70%，交付周期缩短7天，为用户提供全场景解决方案，真正做到设计一个家，建设一个家，服务一个家，彰显出品牌力量。

高起点宣传矩阵焕发文化建设生命力。青岛海尔洗涤电器始终聚焦以创造用户极致体验为中心的创新文化建设焕发全员创新实践的生命力，以及真正全员创新转化为企业"核心生产力"，营造新时代干事创业，争优创先的浓厚氛围，开拓形成崇德向善、见贤思齐的生动局面，先后荣获"青岛市西海岸新区全员创新企业""青岛市三八红旗集体""青岛市文明单位""青岛市五一劳动奖状"等荣誉称号和奖项。

深入搭建"多层级、多类型"典型引领体系，构建"文化＋典型""文化＋专业"等传播模型，深层次挖掘职工身边的先进事迹，把榜样的力量转化为职工的生动实践，对内形成内部公众号、视频号、自媒体等流量平台，累计关注量超10万，对外构建海内外高起点宣传全矩阵，在国内CCTV报道6次、山东电视台播报4次，并在《大众日报》、凤凰网、"学习强国"平台等渠道传播，形成流量媒体的聚焦点。

主要创造人：舒 海　柳晓波

参与创造人：王自强　荆力勇　滕 腾　曲 翔

先行文化引领企业转型升级

华电江苏能源有限公司

企业简介

华电江苏能源有限公司（以下简称华电江苏）成立于2003年4月，是中国华电集团有限公司（以下简称华电集团）在江苏区域的直属单位，2013年改制为中国华电全资子公司，2019年年底进行股权多元化改革，股权结构为华电控股80%、中石油持股20%。公司总资产410亿元，所辖18家企业中，在运发电企业10家，在建和前期发电企业3家，专业公司5家，在职员工4325人，在运装机1385万千瓦，其中煤机629万千瓦、燃机646万千瓦（燃机容量居江苏省第一）、新能源110万千瓦，年发电量约480亿千瓦时，供热量约3000万吉焦。业务涵盖煤机、燃机、光电、风电及燃机服务、电力销售、煤炭储运、天然气管线运营等。华电江苏连续保持"全国文明单位""江苏省文明单位"称号，先后获得"全国五一劳动奖状""中央企业先进集体""中央企业先进基层党组织""全国电力行业企业文化建设典型成果奖""全国电力行业党建品牌影响力企业""华电集团先进企业""华电集团十佳社会责任案例"等奖项和荣誉。

实施背景

优秀的国有企业文化是中国特色社会主义文化的重要组成部分，是推动先进生产力发展的重要因素。只有坚持以习近平新时代中国特色社会主义思想为指导，坚定文化自信，将社会主义核心价值观与企业发展实际相结合，用优秀的企业文化引领企业发展，才能使社会主义核心价值观在企业落地生根。电力行业发展多年的历程也表明，没有先进的文化，就不会有可持续发展的高水平电力产业。长期以来，电力企业在科技创新、产业发展中不断推进提炼出来的价值观念、精神面貌、行为准则等都为企业发展提供了精神动力，也推动了增长方式的变革。近年来，受绿色低碳转型政策、供给冲击、煤炭和天然气价格持续高位运行等因素影响，华电江苏面临着前所未有的严峻挑战。这既是对华电江苏攻坚克难能力的考验，也是对广大干部员工主人翁责任感和拼搏奉献精神的考验。用先行文化引领企业转型升级，对于坚定信心、共克时艰、凝心聚力、共渡难关，具有十分重要的意义。

体系内涵

《先行宣言》是华电江苏践行社会主义核心价值观和《华电文化纲要》的具体化，是华电江苏责任担当、理想追求、发展路径、管理思想的集中体现，是全体华电江苏人团结奋斗的思想基础和精神力量来源。"先行"体现了电力行业特点、融合了地方特色、彰显了华电江苏特质，"先行"文化理念包括"先行之道""先行之本""先行之尚"三大部分。"先行之道"反映企业的信仰和追求，是企业的灵魂，是形成制度文化和物质文化的思想基础；"先行之本"是具体物化的、对企业组织和企业员工的行为进行约束和规范的行为准则体系；"先行之尚"通过制度文化规范下的行为模式、标识特征等将理念形态文化展现出来。

主要做法

多年来，华电江苏始终坚持文化与发展战略互动、与管理体系互促、与中心工作相融，为企业转型升级注入了持续而强有力的动力和活力。

坚持文化与发展战略互动，提升思想引领力

突出文化引领，抓好顶层设计。华电江苏坚持把企业文化建设放到引领企业发展的高度去把握，以先进文化凝聚合力，把引领发展、实现一流作为企业文化建设的出发点和落脚点。"一把手"亲自过问，强势推动，相继制定《企业文化发展三年规划纲要》《企业文化建设指导意见》《企业文化建设"十四五"规划》等，明确企业文化建设的短期/长期目标、指导思想、工作思路和阶段性重点工作；明确到"十四五"末实现"2818"的目标，建成产品卓越、品牌卓著、创新领先、治理现代的一流区域公司。

聚焦先行特质，专注战略实施。华电江苏坚持以华电集团战略为统领，以创造价值、服务社会、成就员工为使命，以建设一流企业、幸福家园为目标，把质量效益作为发展的主要标准，做强做大华电"江苏板块"，实现资产规模与经济效益的同步提升。及时优化发展策略、调整发展布局、抬高发展标杆，以"风光并举、气煤互济、陆海统筹、水气联调、综合示范"为路径，高质量、最大化、可持续推进转型升级，2022年投资决策51万千瓦，开工35万千瓦，实现区域内各产业多元协调发展，全面推动集团各项决策部署在江苏落实落地。

培育先行精神，胸怀"国之大者"。华电江苏在先行文化的激励下，厚植为民情怀，勇担政治责任，把确保能源安全可靠供应作为最现实的"国之大者"、最重要的民生实事。2021年下半年以来，克服电煤、天然气价格高涨的困难，统筹保供与安全，迅速行动、精准部署、狠抓落实，坚决服从江苏省委、省政府统一部署，全力以赴实现所有机组稳发满发尽发。2022年，华电江苏完成自发电量476.99亿千瓦时，完成供热量2930万吉焦，煤机、调峰燃机、供热燃机利用小时均高于全省平均水平，创历史新高，公司所属煤机在四季度连续发电利用小时排名江苏省第一，燃机全年顶峰次数创历史最高纪录，以实际行动展现央企"顶梁柱、顶得住"的责任担当。

坚持文化与管理体系互促，提升行为规范力

依法合规，促进高效运转。华电江苏的管理理念是"依法治企、创建一流"。不断强化法治思维和规矩意识，把"从工作出发、按制度办事"作为公司一切管理行为的鲜明导向，陆续制定、发布包括管理标准、技术标准和工作标准在内的标准600余件，有效推进了各岗位、各专业、各环节工作的规范高效开展。

改革创新，提升企业竞争力。华电江苏持续发扬"创者先行"的改革先锋精神，深入落实

"双百企业"改革，高质量完成国企改革三年行动各项任务，以改革释放活力、创新驱动发展，进一步加快企业结构调整和优化的步伐。加大科技创新力度，围绕前瞻性强、"卡脖子"技术、绿色高效的科技创新项目开展攻关，完善重点领域知识产权布局，所属华瑞公司完成国内首台套V94.2 机型 NOx（氮氧化物）减排科技项目的自主研发、戚电公司 F 级燃机 TCS（牵引力控制系统）国产化顺利投运。科技创新项目在质量和数量上均实现了新的突破，充分彰显了华电江苏人"人人皆为创者，处处都要先行"的特质。

人尽其才，凝聚全员力量。华电江苏秉持人尽其才、人企共赢的人才理念，充分尊重员工的主体地位，为员工提供拓展能力的空间、施展才华的舞台。积极推行"公平竞争、任人唯贤、职适其能、人尽其才、合理流动、动态管理"为主要内容的"赛马机制"，为员工搭建阳光成长通道。建立了管理、技术、项目发展三条发展通道，完善了人才培养、选拔、使用机制，已有26名专业技术人才选聘为首席工程师、一级技师，系统9家单位延伸聘任专业人才173人。每年在岗技能培训14000余人次，华电江苏荣获"全国电力行业技能人才培育突出贡献单位"称号。

坚持文化与中心工作相融，提升价值支撑力

提炼典型精神，激发文化共鸣。华电江苏通过评选"最美创者"，为全体员工树立可信、可学的榜样，发动职工从身边人、身边事中，挖掘助人为乐、诚实守信、敬业奉献、创新创效等方面的典型案例，感受这些先进典型折射出的企业精神和文化力量。开展的"百年风华·奋斗先行"职工文艺汇演，平台观看超160万人次，提升了公司企业文化影响力。开展"学先模、见行动"座谈会、"鲜花送模范"、"道德讲堂"等系列活动，大力弘扬劳动模范、道德模范等典型人物的先进事迹，引导职工修身律己、崇德向善、礼让宽容。

履行社会责任，擦亮央企名片。"服务社会"是华电江苏使命之一。华电江苏助力乡村振兴，开展文明结对，通过援建项目，捐赠文化体育器材等，丰富村民文化生活；积极响应国家援疆号召，派员支援"疆电外送"第三通道配套电源项目建设。华电江苏系统10余支志愿服务团队常年开展结对助学、抗疫服务、扶贫济困、无偿献血、关爱残疾人等活动。组织开展公众开放日活动，参与世界环境日鱼类增殖放流行动，9年来累计放流鱼苗870万余尾，为维护长江流域生态平衡、持续改善自然生态系统质量提供了有力保障。

实施关爱行动，建设美好家园。"一流企业、幸福家园"是华电江苏的愿景。华电江苏从关心、关爱职工出发，精心谋划开展"健康食堂、快乐运动、美化环境"三项活动，扶持基层企业职工文体活动中心、职工书屋、妈妈小屋等阵地建设，满足职工群众日益增长的精神文化生活需求，增强员工的获得感、幸福感和自豪感。连续开展职工文化月活动，将每年的4月定为"职工文化月"，将4月20日定为"员工日"，组织开展升国旗、过集体生日、主题班会、职工文艺会演、"我为企业文化献一计"合理化建议等活动，从情感上关爱职工，营造浓浓的"家"的氛围，引导员工共建共享幸福家园。

实施效果

华电江苏通过持之以恒地开展和深化先行文化，充分发挥引领作用，公司上下创新奋进，攻坚克难，真抓实干，不断推动企业转型升级，共创公司高质量发展新局面。

核心竞争力不断增强

先行文化已成为广大员工的情感认同和行为习惯，化战略为行动，赣榆LNG（液化天然气）项目历经10年玉汝于成，天然气产业不断壮大，望亭两台66万千瓦煤机纳入江苏省第二批"先立后改"煤电支撑性电源项目规划，集中式光伏项目后程发力，市场化并网指标获取排名"五大"第二，实现各产业多元协调发展，企业核心竞争力不断增强。2022年被国务院国资委评为国有企业公司治理"示范企业""双百行动"优秀企业，成为华电集团唯一一家获此殊荣的直属单位。

品牌影响力大幅提升

随着企业的深入发展，先行文化也被不断赋予了新的内涵和底蕴，促使文化成为品牌形象中更为基本、更为深沉、更为持久的力量，通过开展的一系列文化传播活动，不同深度、不同侧重点互为补充，逐步深化外部环境对公司品牌的认知，华电江苏已经成为区域性电力企业名片和文化品牌。

经济、社会效益持续增加

华电江苏大力推动绿色高质量发展，确保能源安全可靠供应。近三年，累计发电1428亿千瓦时，供热量超8597万吉焦；利润总额累计超过36亿元，纳税超34亿元，国有资产保值增值率130%。公司系统主动担当、积极履职，开足马力应发尽发、多发满发，确保能源安全保供，彰显了央企责任担当，能源保供工作连续获得江苏省人民政府以及江苏省发展改革委、江苏省能源局等发函表扬。

主要创造人：杨惠新　刘扬志

参与创造人：周国忠　马欣驰　孙雨晨

聚力"四心融合",以优秀企业文化赋能高质量倍增发展

江苏省盐业集团有限责任公司

企业简介

江苏省盐业集团有限责任公司(以下简称苏盐集团)组建于1983年,为独立的经营实体和全省盐业主体,与盐务局合署办公,1998年初改制为有限责任公司,是江苏省政府投资设立的省属国有大型企业,总资产135亿元,净资产76.7亿元,资产负债率43.27%,从业人员5500人,是集科研、生产、销售于一体的全国最大的盐业企业集团之一。拥有国家企业技术中心、博士后科研工作站、江苏省盐化工循环经济技术研究院、江苏省军民融合盐化工循环经济研究中心、中国科学院杨春和院士工作站等技术研发平台,是全国制盐行业技术创新的领军企业,综合实力位居全国盐行业前列。打造了具有核心竞争优势的热电联产、盐碱钙循环产业链,年产各类盐化产品850万吨,年卤水消纳能力3500万立方米,生产规模、生产能耗、技术工艺均处于国内领先地位,保障了华东地区盐碱化工及下游产业链的安全稳定。建成全国规模最大的健康食盐研发生产基地,食盐年产能150万吨,是全国绿色食品示范企业、江苏省盐业动员中心。

近年来,苏盐集团始终坚持把企业文化建设纳入企业发展战略中,把企业文化建设作为企业软实力和核心竞争力,构建了具有苏盐特色的企业文化体系,增强了企业的凝聚力和向心力,塑造了企业良好的品牌形象,为驱动企业改革发展提供了强大的精神动力和强有力的文化支撑。在全国盐行业、省属企业率先荣获"全国质量奖""江苏省省长质量奖",实现质量奖项"大满贯"。名列中国调味品著名品牌企业100强第2位,荣获首批"国家级绿色示范工厂""中国食品安全示范单位""中国轻工业食品行业五十强企业""中国调味品产业最具国际影响力企业""中国调味品产业领军企业"等殊荣,主体信用等级为AA+,在全国食品行业和盐行业具有重要影响力。

实施背景

自2017年盐业体制改革起,食盐定点生产企业进入流通和销售领域,省级食盐批发企业跨省经营,盐行业内部竞争日趋激烈,苏盐集团经营利润逐年下降;苏盐集团干部队伍年龄老化、市场化改革偏软、市场开发拓展偏慢,选人用人公信度低、满意度不高,长期专营管理体制形成的传统工作思维、工作习惯和工作方法还没有根本改变,市场攻坚的动力不足;受长期专营管理

体制影响，对企业文化、品牌宣传的意识淡薄，集团品牌宣传力度不足。

主要做法

近年来，苏盐集团党委新班子深入贯彻落实习近平总书记关于宣传思想工作的重要论述，自觉扛起"举旗帜、聚民心、育新人、兴文化、展形象"的使命任务，以党史学习教育为契机，聚力"四心融合"，把红色基因融入企业文化，以红色信仰再造企业文化，让红色精神根植于心、实践于行，形成了富有时代精神、彰显苏盐特色的企业文化体系，为实现"十四五"发展高质量开局注入了强劲动力。

坚守初心使命，以明晰的企业愿景引领改革转型

苏盐集团有着光荣的红色血脉和优良的革命传统。苏盐集团党委新班子在深入开展党史学习教育中，立足苏盐红色资源优势，旗帜鲜明将"为国创利、为民造福"凝练成企业初心使命，提出了"建设国际一流全国盐业领军企业"的战略愿景，充分体现了"国之大者"的国企担当。在此基础上，集团党委进一步明确了"三个坚守"的发展定位，即坚守省委省政府赋予江苏盐业的职责定位，做食盐安全保供主渠道的"担当者"；坚守江苏盐业的红色基因，做"为国创利、为民造福"优良传统的"践行者"；坚守盐业体制改革的初心使命，做深化国企改革的"领跑者"。并强调要完整准确全面贯彻新发展理念做到"五个有"，即创新发展有硬招，促升级；协调发展有智慧，建机制；绿色发展有底线，促转型；开放发展有胸襟，建格局；共享发展有情怀，办实事。集团制订出台了《集团"十四五"发展规划》和"双碳"行动计划，明确了以绿色低碳转型"再造一个新苏盐"的奋斗目标，为集团"十四五"高质量倍增发展指明了方向。

围绕中心任务，以红色的精神谱系激励干事创业

苏盐集团党委充分挖掘苏盐红色资源，组织党员干部瞻仰"淮北盐场人民烈士纪念塔"，编撰《淮北盐场革命斗争故事汇编》，组织主题征文、演讲比赛和网络知识竞赛等活动，用心用情讲好苏盐红色故事，将老一辈苏盐人垦滩晒盐、支前援军的红色事迹，提炼成"创新创业、奋斗奋进、奉公奉献、为民惠民"的苏盐精神，并组织开展"庆百年、学模范、争先锋"主题实践活动，引导广大党员干部以实际行动践行苏盐精神，立足岗位争当"深化改革、市场营销、科技创新、管理服务、创优业绩"五个先锋。通过持续深入开展党史学习教育，苏盐人"听党话跟党走"的理想信念更加坚定，"为国创利、为民造福"成为全体职工高度认同的初心使命，迸发出创优增效的强大动力。

提振信心干劲，以系统的文化体系强化执行落实

苏盐集团坚持知行合一、与时俱进，致力推动企业文化在制度层面落实落地。一是持续打造宣教文化。坚持每年一个主题，组织开展全员解放思想大讨论和形势任务教育，党委成员带头深入基层宣讲形势任务，有效提振了全员发展信心，凝聚了发展合力；二是创新打造竞争文化。结合国企改革三年行动，全面推行干部公开选任、员工公开竞聘、末等调整、不胜任退出等机制，在全集团树立了"以德为先、注重实绩、群众公认、竞争择优"的鲜明导向，有效净化了选人用人的政治生态，2021年苏盐集团选人用人职工满意度提升了25个百分点；三是精心打造品牌文化。大力实施"增品种、提品质、塑品牌"三品战略，从严抓实产品质量安全全过程精细化管

理,"淮盐"成为首个荣获"全国质量奖"的食盐品牌。广泛开展品牌宣传进社区、进商超、进机关等"五进"活动,千年"淮盐"、健康安全的品牌文化深入人心;四是全面打造合规文化。以对标世界一流管理提升行动为抓手,着力推进企业合规体系建设,切实防范经营风险;五是从严打造廉洁文化。通过召开贤内助座谈会、发放廉洁自律公开信、寄廉政贺卡等形式,营造了"以廉为荣、以贪为耻"的廉洁从业氛围。

关爱民心福祉,以发展的创优成效回馈员工和社会

苏盐集团党委坚持以人民为中心的发展思想,着力构建奋发向上的文化氛围和团结和谐的发展环境。一是以为民情怀提升职工福祉。认真落实"我为群众办实事"的实践活动,着力改善职工劳动环境和生活设施,职工人均薪酬逐年增长;二是以国企担当积极履行社会责任。积极参加对口支援、精准帮扶和"万企联万村,共走振兴路"等活动工作,两个项目被省总工会评为"三促三联"助推乡村振兴优质项目;三是大力开展精神文明单位创建活动,倡导"快乐工作、健康生活"的理念,定期举办登山、环湖走等职工喜闻乐见的文体活动。

实施效果

企业综合实力逐年提高

苏盐集团坚持以习近平新时代中国特色社会主义思想为指导,把迎接党的二十大胜利召开、学习宣传贯彻党的二十大精神转化为强大动力,全面落实"疫情要防住、经济要稳住、发展要安全"的重大要求,坚持稳中求进工作总基调,2021年全年实现营业收入50亿元,同比增长12.38%,实现利润4.19亿元,同比增长166.72%。实现"三个根本转变":根本转变"盐改"以来经营利润逐年下降势头;根本转变"选人用人公信度低、满意度不高"的政治生态;根本转变企业转型方向不明的发展困局。2022年全年实现营业收入64.51亿元,同比增长25.70%,实现利润10.48亿元,同比增长225.82%,取得"五个重大突破",探索形成了引领苏盐绿色低碳转型和高质量倍增发展的"7+1"工作体系;年度利润总额首次冲破10亿元,为集团组建以来最好业绩的2.1倍;改革三年行动圆满收官,被国务院国企改革领导小组评为优秀"双百企业";全年内部挖潜近亿元,长周期安全稳定运行再创历史纪录;职工收入实现大幅增长,"快乐工作、健康生活"理念深入人心,干部职工队伍呈现"心齐、气顺、劲足、奋进"的大好局面。

企业核心理念深入人心

随着企业的深入发展,苏盐集团文化理念也不断赋予了新的内涵和底蕴,逐步形成了"为国创利·为民造福"的企业使命,"健康安全,让生活更美好"为引领的企业核心价值观,锻造了"创新创业、奋斗奋进、奉公奉献、为民惠民"的企业精神,打造了"创新驱动、品牌发展、数字化转型、人才兴企"的发展战略和"建设国际一流盐行业领军企业"的发展愿景和目标。这些企业核心价值理念已成为广大员工的文化共鸣、情感认同和价值认可。

幸福企业建设成效明显

苏盐集团积极发扬"有盐同咸、无盐同淡"的优良传统,持续深化企业文化建设,倡导"健康生活,快乐工作",改善职工工作环境,关注特殊困难群体,用心用情用力解决好职工"急难愁盼"的民生问题。关心关爱职工身心健康,广泛成立职工兴趣小组,定期开展健步走品牌宣传

活动。推动"我为群众办实事"实践活动常态化，开展职工食堂、职工书屋创建活动，2家单位获评省属企业"职工好食堂"，9家单位获评省部属企业"职工书屋示范点"，获评数列省属企业第三位。广泛开展困难帮扶、大病救助、"夏送清凉、冬送温暖"等关爱活动，筹集划拨慰问金210.14万元，发放大病救助资金15.9万元。完善职工收入稳定增长机制，职工人均收入实现大幅增长，幸福感、获得感、安全感不断提升。

品牌核心价值影响不断增强

苏盐集团秉承"为国创利、为民造福"红色基因和优良传统，深度参与"健康中国"行动，广泛开展"喜迎党的二十大、淮盐守护千万家"等形式多样的品牌宣传和产品营销活动，有效传递"淮盐"健康安全的品质理念与集团绿色低碳循环发展模式，充分发挥品牌建设的带动效应，加快技术创新和工艺创新，建成国内首套MVR（蒸汽机械再压缩）盐钙联产生产线，盐、碱、钙等主要产品产量位居全国制盐企业前列；食盐产能达到150万吨，是全国最大的食盐生产批发企业，研发生产天然、健康、惠民三个系列食用盐和生活用盐新品50多个，保障全省及周边省市近2亿人的食盐健康消费。"淮盐"被认定为国家驰名商标、中国名牌产品，"井神"荣获江苏省著名商标，"淮盐"系列产品获得首届"江苏精品"认证。不断拓展海外市场，"淮盐""井神"产品远销韩国、日本、越南等30多个国家和地区，品牌国际影响力持续扩大。

企业社会知名度大力提升

"淮盐"拥有2500年的悠久历史，"淮盐"文化源远流长，苏盐集团深入挖掘"淮盐"深厚的历史文化和光荣的红色血脉。从抗日战争盐场军民建设"华中金库"支持前线，到解放战争3万担"淮盐"支援"梅园新村"经费，再到抗美援朝捐献"淮北盐场"号战机；从中华人民共和国成立后垦滩晒盐、发展生产，到改革开放后落实食盐专营和全民补碘国策，再到发展海盐、井矿盐、"盐+储能"绿色循环经济的产业升级更迭，江苏盐业在党的领导下始终践行着"为国创利、为民造福"的初心使命，将红色元素融入"淮盐"品牌建设全过程，全力打造"绿色健康安全"的全国领先食盐品牌。建成涵盖"淮盐"生产、储运、销售、盐政、人文的淮盐文化博物馆，系统介绍"淮盐"2500余年物质文化与精神文化发展演变过程，实现品牌影响与市场实效的有机结合。依托会展、高铁、传统媒体、新媒体、户外媒体等宣传媒介，对企业品牌、产品品牌进行立体式传播，"淮盐"品牌在央视、江苏卫视频频亮相，《千年"淮盐"国之瑰宝》纪录片在央视播出，企业形象和产品形象不断提升。

主要创造人：许文军

参与创造人：王统锦

"红色引擎"推升服务文化

国网重庆市电力公司

企业简介

国网重庆市电力公司（以下简称国网重庆电力）于1997年6月6日随重庆市直辖成立，是国家电网有限公司的全资子公司，负责重庆电网规划建设、运行管理、电力销售和供电服务工作。经营区域覆盖全市38个区县，供电面积7.9万平方千米，服务人口约3000万人，用电客户1734.3万户。本部设22个部门，下设二级单位43个，其中供电公司31个，业务支撑和实施机构12个，员工约3.2万人。

国网重庆电力始终践行"人民电业为人民"企业宗旨。近年来，先后荣获"全国五一劳动奖状""全国文明单位""全国厂务公开民主管理示范单位""全国普法工作先进单位""重庆市脱贫攻坚先进集体""重庆市国企贡献奖"等多项荣誉，企业文化和精神文明建设取得明显成效。

实施背景

文化是一个国家、一个民族传承和发展的根本。推进中国式现代化建设，需要不断厚植现代化的物质基础，不断夯实人民幸福生活的物质条件，同时大力发展社会主义先进文化，加强理想信念教育，传承中华文明，促进物的全面丰富和人的全面发展。加强文化建设，增强文化自信，是社会主义核心价值体系实践的精神源泉。

随着国家成渝双城经济圈建设战略实施，"双碳"目标进一步推动能源加速转型，经济社会高质量发展需求对供电企业电力服务提出了更高要求。红岩精神是在巴渝大地孕育壮大的红色精神，也渗透在重庆电力护厂斗争、胡世合运动等历史中。国网重庆电力基于红岩精神传承，深化企业文化建设，将职工对老一辈革命家无私奉献的情感认同转化为积极服务社会发展的价值认同，通过对红岩精神的传承实践不断提升、优化电力服务质效，为经济社会发展赋能添彩。

体系内涵

国网重庆电力构建"一核、三驱、六行动"服务文化实践体系，"1"是始终坚持"红色基因、电力传承"，激发"人民电业为人民"的价值认同与情感认同；"3"是激活"队伍""机制""场所"三个驱动，为传承红岩精神、践行电力担当创造有利条件；"6"是实施六项行动，以红岩精神宣讲、重大政治保电、助力乡村振兴、优化营商环境、爱心志愿帮扶、能源增值服务为具体抓手，将传承红岩精神与电力服务有机融合，推升服务文化，用电力人的言行赋予红岩精神新的时代内涵。

主要做法

悟透一个精神，让"红岩精神"内化于心

在抗日战争和解放战争时期，革命先辈在歌乐山麓、嘉陵江畔与反动势力展开殊死搏斗，用热血和生命淬炼形成了红岩精神。对于肩负国计民生的中央企业，国网重庆电力必须准确把握新时代新征程中电力员工的角色定位，以更好地在新的赶考之路上传承好红岩精神、履行好电力担当。

每位电力员工在电力服务过程中，同时兼具三重身份：电力工作者，在红岩精神引领下更好践行电力工作，精心保障电力供应，持续提供优质高效的电力服务；志愿服务者，除本职工作外，能自发地、主动地提供用电隐患排查、客户故障处理以及爱心帮扶、热心捐赠等服务，为社会、为人民履行力所能及的责任和奉献；价值传播者，在与人交互服务过程中，进一步传播红岩精神和"人民电业为人民"等理念，让更多行业、更多群众认可红岩价值理念，以更多共产党员联合服务的方式，让红岩精神"星火燎原"。

激活三个驱动，使"红岩精神"外化于形

国网重庆电力将提升电力服务作为传承红岩精神的重要抓手，在探索实践中逐步建成一支信仰坚定、执行力强、作风优的服务队伍，建立一套科学严谨的管理机制，形成一批固定实体化的实践场所，推动电力服务文化建设持续提升。

建强员工队伍，激活人才驱动。编制《人才队伍建设纲要》，搭建干部"赛马"平台、"千人三库"、立岩学社和"黄葛树"成长平台，推进全员全职业生涯管理，实施人才"成蹊"行动，培育省部级高端人才56人，实施一线班组"千名骨干"培养计划，成立"梦想星汇"青年社团，开展创新创效"启发课堂"、技能提升"匠心讲堂"，建立"六维度"员工综合评价机制，激发基层人才队伍建设活力，专注培养有理想守信念、懂技术会创新、敢担当讲奉献新时代红岩电力铁军，为赓续红岩精神践行电力担当提供人才队伍保障。

健全管理机制，激活制度驱动。以服务"社会所需、百姓所盼"为落脚点，依托"电力公开日""政企信息共享"等举措收集基层、群众实际困难和需求，形成"办实事长效机制"需求库，制定解决措施与落实时限，并将完成情况作为评选金牌（优秀）共产党员服务队、电网先锋党支部等重要依据，形成"调研—分析—立项—实施—反馈—评价"闭环管理六步法，切实推动红岩电力服务文化建设扎实有效。

打造实践场所，激活载体驱动。在供电中心建立红岩共产党员服务队活动阵地，在城区设立网格化红岩为民服务站，在乡村建设红岩电力驿站，形成"一中心两延伸"的红岩精神实践平台，为传播、践行红岩精神创造地利条件。开发制作"移动电e站"红岩网格服务车，为客户提供业务办理"移动一站式"服务，促进对外服务真正实现由"坐商"向"行商"转变。

推进六项行动，把"红岩精神"实化于行

立足电力本职，塑造国网重庆电力"耀红岩"党建品牌，以六项行动为抓手，深入开展建设智能电网、优化营商环境、服务乡村振兴等文化实践，切实增强人民群众政治认同、思想认同、

情感认同，让红岩精神焕发时代光芒。

第一，悟精神，实施"耀红岩·电力宣讲"传承行动。电力人坚定精神信仰，以新时代文明实践中心（站）为阵地，大力传播党的创新理论，讲好红岩故事、电力故事，不断强化价值输出，巩固精神阵地。

2022年，国网重庆电力以学习宣传贯彻党的二十大精神为契机，持续深化党史学习教育，在"红岩加油站"微信公众号专栏，策划红岩人物、红岩故事分享推文，强化对职工的思想引领。同年5月，国网重庆电力举办建团百周年沉浸式主题团课"对话"红岩英烈，邀请老党员追忆践行红岩精神奋斗往事。组建"红岩联电"宣讲团，创编快板说唱讲述党的二十大精神，依托"悦读"行动组织广大职工分享红色书籍，提升员工对于红岩精神的认同感。以"红岩为民服务站"为平台，红岩党员服务队文化阵地为窗口，组织宣讲团进村社、到校企，广泛宣扬红岩英烈事迹，讲述电力人保电故事，不断彰显电力企业服务社会、履责担当的良好形象。

第二，保供电，实施"耀红岩·党员护航"先锋行动。国网重庆电力充分发挥党员先锋作用和干部"头雁"作用，深化"党员护航"保供电品牌，党员干部带头在党的二十大、高温山火等重要时期开展保供工作，用实际行动诠释红岩精神。

2022年8月，重庆北碚缙云山因高温极端天气发生山火，关系重庆市电网"主动脉"安全运行。国网重庆电力迅速成立由主要领导带队、党员干部组成的43支"战高温、防山火"党员突击队，深入辖区重要站线巡视，坚决执行公司山火防控24小时蹲守措施，组织8名线长、16名段长、132名塔长，在位值守，轮番检查，筑牢防山火安全屏障，展现电力人临难不苟的英雄气概。在"战高温、防山火"行动中，运用科技创新技术，首次采取无人机全程红外测温巡视，精准监测火源点分布，相比人工巡检效率提升8倍，确保关键输电通道安全运行。

第三，送服务，实施"耀红岩·乡村振兴"履责行动。国网重庆电力在电力服务过程中聚焦乡村发展，将电力服务送至乡村、红岩实践延伸村社，着力护航乡村产业发展，助力乡村经济水平提升。

2023年，国网重庆电力围绕成渝双城经济圈、乡村振兴战略，建立红岩电力驿站，开展供电服务、结对帮扶、消费帮扶等，切实服务好乡村群众需求，推进乡村电气化水平提升。促成政府出台安全用电示范镇街创建指导意见、落实政府专项建设资金900万元，并将创建成效纳入属地镇街年度安全考评，有效推进城乡用电服务一体化。同年10月，国网重庆电力开展"光暖万家"行动，加强农电薄弱环节治理，公司党团组织深入农村整改乡村客户表后线隐患整治；协调政府消除重庆市内18个旅游古镇电气火灾隐患，以高可靠供电质量带动乡村产业发展，助力乡村文明水平提升。

第四，惠民生，实施"耀红岩·网格之光"服务行动。结合公司网格化红岩为民服务站，通过问卷调查、现场访谈调研等方式，靠前掌握用户用电需求，以"小网格"实现大关爱，用细节传递红岩精神。

2022年7月，国网重庆电力打造首个红岩电管家移动"电e站"服务平台，通过整合物资智能移动微仓、移动营业厅、移动电源"e起充"以及抢修移动调度指挥功能，侧重解决客户侧差异化需求，为客户提供"四位一体"移动式用电服务新体验。建立1名党员带2名青年志愿者"1+2"作业模式，常态开展"电力公开日"便民服务，为困难用户和孤寡老人解决用电难题、隐患排查等志愿服务。2022年9月,公司聚焦数智赋能电力服务,开展"两优四控"智慧供服指挥体系建设,与社区签订共建协议,利用电力大数据提供孤寡老人生活轨迹监控、空置房屋隐患排查等服务,以无微不至的供电服务成为老百姓的贴心电保姆,兑现"用好电"的社会承诺。

第五,献爱心,实施"耀红岩·关爱有我"服务行动。国网重庆电力实施省心、暖心、舒心"关爱有我"三大服务行动,以"为人民贴心服务"描绘出电力人对红岩精神的传承。

2022年1月,国网重庆电力健全完善困难救助、大病救助机制,修订公司送温暖管理办法,持续加大对重大疾病及困难职工的帮扶救助力度,让困难职工舒心。国网重庆电力连续12年深化渝电"春苗之家"建设,大力开展"金秋助学""学雷锋"等献爱心活动,与偏远乡村小学开展一对一结对帮扶,向留守儿童传递关爱与温暖。2021年10月,国网重庆电力组建"渝电青松"志愿服务队,建成"渝电青松i家园"服务平台,利用"e电养老"小程序将老同志线上需求落地线下,更智能、更便捷服务老同志生活所需。

第六,传星火,推动"耀红岩·水电气讯"联合行动。通过成立"水电气讯"红岩共产党员服务队,合力打造攻坚克难突击队、为民服务先锋队,共同架起党群连心桥,高水平服务经济高质量发展和人民高品质生活。

2023年8月,国网重庆电力牵头开展红岩精神"同传承、同学习、同实践"活动,与水务、燃气以及移动公司开展党委中心组联学,前往重点企业进行党的二十大精神宣贯、节约用能以及安全用能宣传,进一步当好践行者、传播者。同年9月,公司"水电气讯"联合共产党员服务队走进医院、高校等场所开展用能隐患联合排查,解决人民群众急难愁盼问题,让红岩精神从电力行业向区域能源企业渗透。

实施效果

孕育了百花齐放文化氛围。"136"红岩电力服务文化实践体系,让红岩精神在传承中被不断赋予新的时代内涵,也塑造了独特且丰富的守正创新的企业文化。

锤炼了创先争优人才队伍。发动各业务条线充分参与"136"红岩电力服务文化实践体系建设,"党建+红岩先锋工程"广泛覆盖到生产经营各环节,"行动快一点、担当多一点、标准高一点"成为党员队伍行为准则。

锻造了坚如磐石的服务品质。坚持"人民电业为人民"企业宗旨,通过在电力网格服务工作中开展"红岩精神、电力传承"实践,把优质服务贯穿至电力客户全生命周期,不断提升诉求解决率与响应及时率。

创造了地利人和的发展环境。通过挖掘红色资源、传承红岩基因推动企业文化融入中心不断创造价值,国网重庆电力经营质效、服务品质、履责能力显著提升,政府出台全市电力统筹调度、分时电价、电力设施保护等一系列有利政策,各项工作得到省部级领导肯定表扬46次,《人民日报》等三大中央媒体报道公司工作320余次,入围重庆市2021～2022年度"富民兴渝贡献奖"特别奖,外部认同达到新高度。

主要创造人:汤雪松 李 黎

参与创造人:傅林梅 韦冬洪 何 娟 袁 野

以"智行者"文化软实力赋能企业高质量发展硬支撑

陕西陕煤榆北煤业有限公司

企业简介

陕西陕煤榆北煤业有限公司（以下简称榆北煤业）成立于2012年，隶属于陕西煤业化工集团有限责任公司（以下简称陕煤集团），目前在册员工1985人。公司机关下设27个部室（中心），受托管理陕西涌鑫矿业有限责任公司和陕西中能煤田有限公司，下辖尔林兔一号煤矿有限公司、榆林选煤分公司、榆林信息化运维分公司、榆神电力公司四家单位，肩负着袁大滩、安山、沙梁三对矿井（生产能力1100万吨/年）的安全生产，陕北榆神矿区尔林兔三对千万吨级矿井群建设（设计生产能力4200万吨/年）和晋陕蒙地区煤炭企业兼并重组的重任，配套建设新型能源产业、生态产业，提供煤炭洗选、智能化运维服务，投资参股陕西鑫博源煤焦化有限公司和榆林文化旅游产业投资有限公司。

榆北煤业先后被授予陕西省国有企业"文明单位"、煤炭行业两化深度融合优秀项目、陕煤集团突出贡献企业、陕煤集团企业文化建设先进单位等百余项荣誉，这份靓丽成绩单是公司以"智行者"文化在全员中内化于心、外化于行，十载光阴、只争朝夕的最好证明与实践。

实施背景

在陕煤集团实施"稳定渭北、壮大彬黄、做强陕北"战略目标的大背景下，为了统一协调陕北榆神矿区小保当一、二号及曹家滩矿井三个千万吨级矿井群的开发建设，2012年，榆北煤业成立。建设初期，这群来自八百里秦川的陕煤人将"北移精神"镌刻于心，从零开始、白手起家，住临建、抗风沙，斗酷暑、战严寒，以扎实内功扛起"战略北移先行者、能源保供排头兵"的重任，一个个凝聚发展梦想的崭新矿区徐徐崛起。榆北煤业在基建期就潜心锻造企业核心竞争力，用同一种精神、同一种气魄和同一种品格来引领、固化企业内生动力，"艰苦奋斗、敬业奉献"的企业精神应运而生。在此期间，榆北煤业努力克服产业政策收紧、手续办理停滞的困难，弘扬"尽职担当、追求卓越"的精神，北上南下，多方奔走，落实产能置换指标，推动项目建设走上了正轨。

"智行者"文化根植于十多年波澜壮阔的企业发展史，根植于几代榆北煤业人竞智追梦的心灵史，根植于艰苦创业、自主创新、开放包容的奋斗史。榆北煤业把高质量发展当成练兵场，一边创一流，一边立传统，以一张蓝图绘到底的务实精神，功成不必在我、功成必定有我的奉献与担当精神，追求卓越、创造一流的争先精神，锻造属于榆北煤业独有的气质品格和精神魂魄，这是近景目标；不仅建成拿得出、叫得响的文化品牌，更要致力于智慧领先、开拓争先、管理提质、文化铸魂，丰厚百花齐放、竞智领跑的土壤，切实将文化优势转化为竞争优势和发展优势，才是远景规划。

内涵与体系

"智行者"文化涵盖了北移伊始提出的"实现个人自我价值、创造矿工美好生活、引领煤炭行业发展"三个初心，具有"求真、卓越、创新、共生"鲜明内涵。可以从四个方面去理解：智行是一种对北移精神的传承与坚守；智行是一种变蓝图为美好现实的实践；智行是一种变危机为发展转机的能力；智行是一种变初心为担当作为的行动。

围绕"聚合一流文化生态"目标，榆北煤业建立了包括精神标识、核心理念、专项理念、行为规范、形象识别、品牌宣传语在内的企业文化体系。

精神标识：智行者。榆北煤业是陕煤集团"奋进者"队伍中的"智行者"，坚持以更宽的视野、更深的情怀、更新的理念支撑"新榆北"的梦想，慧心智造，创新开拓，用行动诠释"兴能强国、智领未来"的担当。

核心理念。包括企业使命、企业愿景、企业精神等。

企业使命为"兴能强国、智领未来"。与陕煤集团的企业使命传承一致，一方面是母子公司文化对接的需要，另一方面高度契合公司发展实践。榆北煤业在做的事情，就是发挥压舱石作用，为国家能源供应做贡献，坚持走智慧化之路引领行业发展。

企业愿景为"打造世界一流绿色智慧能源企业"。陕煤集团的愿景是"打造世界一流能源集团"。榆北煤业的愿景是对集团愿景的助力与支撑，根据自身特色，突出了绿色、智慧的特点，与公司未来发展方向相互匹配。

企业精神为"超越自我、奋楫争先"。陕煤集团的企业精神是"两勇"——勇立潮头、奋勇争先，榆北煤业的企业精神内核跟陕煤集团是一致的，就是以变不可能为可能的拼劲，不断突破自我，超越自我。打破常规，不断创新，向高质量发展不断迈进，就是奋楫争先。

专项理念。根据业务分类，重点提出了七个专项理念。包括经营理念"集约、智能、卓越"，管理理念"科学规范、协同高效"，安全理念"生命至上、安全第一"，创新理念"思危求变、敢想善创"，人才理念"给所有人跑道、为每个人加油"，环保理念"绿色开采、低碳发展"，廉洁理念"初心不渝、身正行远"。

行为准则。行为准则中分层分类对各层面员工的行为提出规范性要求。全员行为准则为"能担、能为、能安、能进"，卓越高层行为准则为"大胸怀、大智慧、大情怀"，实力中层行为准则为"重担当、重协同、重推进"。

主要做法

文化铸魂聚合和合共进的澎湃动力

入脑入心。构建"文化建设+文明创建"工作机制,围绕"企业形象树立"和"员工文明素质提升"两项重点,抓住"教育、弘扬、践行"三个环节,形成"智行者"文化与文明创建交汇互融、双向提升的工作格局。组建志愿服务队,开展文明餐饮、文明交通、文明上网、文明旅游四大文明实践活动,推动"传承雷锋精神,共建美丽榆北""为青山增绿,为青春添彩"等志愿服务常态化,在传播文明、引领风尚中起到示范带头作用。开展"我为青年办实事"主题实践活动,引导广大员工增强道德修养、培养敬业奉献的高尚情操。先后被评为"陕煤集团2021~2022年度文明单位""榆林市文明单位",并顺利通过陕西省国资委文明单位标兵现场考核验收。

鼓劲加油。坚持立言传声,在文化建设上做好党的声音、企业需求和员工心声的结合文章。以"一体策划、一次采集、多种生成、多元传播"为基础,搭建"中央厨房"式融媒体平台,推出一批深入人心的榆北好声音、好故事,高质量发展成绩多次被人民网、"学习强国"、《陕西日报》等主流媒体刊播,形成了有活力、有品质的企业文化宣传格局。

落地生根。注重完善体系建设,构建以"智行者"文化为核心,以经营、管理、安全等七大专项文化为支撑,以支部品牌、班组文化等N个基层特色文化为补充的"1+7+N"文化矩阵,进一步强化上层设计落地、中层理念支撑、基层枝繁叶茂。明确"创建以煤炭+新能源+生态园为'一主二辅''四新四专'的新型能源供应基地"的发展战略,为榆北煤业卓越发展提供爬坡过坎、攻坚克难的生命力。常态化开展"企业文化进基层",举办企业文化落地共创营暨"企业文化宣传大使"等选拔活动。

文化育人校正标准有序的本真之路

实施建功行动。坚持以"打造员工建功新时代精神高地、凝聚企业奋进新征程磅礴力量"作为企业文化建设的出发点和落脚点,实现文化"软实力"到发展"硬支撑"的非凡蜕变。将作风建设专项行动与生产运行、岗位建功等紧密结合,提振拼搏奋斗、锐意进取的工作状态,释放大抓效能的强烈信号,确保各项长短期目标任务全面落实。

推进文化助安。以创建安全文化建设示范企业为目标,紧紧抓住安全理念文化、安全制度文化和安全行为文化三个关键环节,提炼形成"同心智安"安全文化体系。按照"12558"安全工作思路要求,积极构建安全文化实践载体,通过安全生产标准化建设、"五优五强"班组评选、"1+1+n"安全检查等工作的推进,将安全文化建设融入安全生产管理的全过程。以意识引导、行为塑造为重点,充分发挥安全培训、班组建设等基础工作的作用,使"生命至上 安全第一"的理念根植于干部职工的思想观念中,作用于安全行为中。

文化提质管理。在"文化制胜"观念引领下,榆北煤业将文化建设渗透于企业管理体制、激励机制、经营策略之中,建立起完备的现代企业制度。开展文化与制度匹配性分析,专题讨论梳理制度,进一步优化企业管理制度和流程。围绕"管理改进",锁定关键管理问题,开展管理提升主题实践,研讨提升策略,确定行动计划。

文化塑形解锁卓越榆北的发展路径

打造"文化+创新"的发展格局。榆北煤业以"思维求变、敢想善创"创新文化为引领，坚持用创新文化激发创新精神、推动创新实践、激励创新事业。

常态化开展工器具革命和"五小"创新等技术创新活动，对优秀创新项目进行表彰奖励，激发全员创新活力。联合中国矿业大学、煤炭科学研究总院成立博士后培养基地，进一步深化"产、学、研、用"融合与协同创新机制，累计获得授权专利127项，软件著作权13项，出版《智能快掘工法》专著1部，发布实施团体标准2项，陕西省地方标准1项，科技论文864篇，"巨厚风积沙地层长距离斜井建设关键技术"荣获"陕西省科学进步奖"一等奖，"2～3米煤层千万吨级450米智能化综采工作面关键技术及成套装备"等3个项目获"中国煤炭工业科学技术奖"一等奖。

擦亮"文化+廉洁"的发展底色。持之以恒地以廉洁文化润泽企业、浸润心灵，"初心不渝、身正行远""知敬畏、明底线、守规矩"等理念在广大干部职工中已形成共识。推行"1+2+4+N"考核体系，有效落实"两个责任"，驰而不息纠治"四风"。构建作风建设专项行动"1335"和清廉国企建设"1+1+3"工作模式，深入开展党性教育、纪律教育、警示教育。实施"六个一批"廉洁文化工程，打造"清风榆北"特色廉洁文化品牌。组织拍摄《蚁穴》《舌尖上的廉政咖啡》等廉洁微电影，其中《蚁穴》在全国第四届"玉琮杯"清廉微电影微视频大赛获奖，荣获榆林市纪委廉洁文化微电影微视频征集展播活动一等奖。

树牢"文化+模范"的发展支撑。坚持把静态的"文本文化"转变为动态的"案例文化"，大力弘扬劳模精神、劳动精神、工匠精神，营造人人想当先进的良好企业文化氛围。近年来，70余人荣获国家级、省部级表彰奖励，被外界誉为群星璀璨、英雄辈出的"榆北现象"。

实施效果

党建领航行稳致远

按照陕煤集团党建工作"四化"要求，构建"13345"党建工作体系，以"党建基础规范化、党建管理系统化、党建工作融合化、党建成果实效化"为抓手，形成了一批叫得响、立得住、亮得出、可复制的党建工作成果。持续深化三基建设，实施"8+1"提质增效专项行动，以项目化方式推进基层党组织设置、党委会管理、选人用人流程等党建业务持续规范，完善120余项党建制度和流程体系。推进"1111"专项行动，选树10个党支部标准化规范化建设示范点，实现100%动态达标，并形成130项融入中心实效化案例。启动党务人才孵化工程，培育的20名党务人才和新竞聘的13名政工员已分散在基层党建工作岗位进行历练。

经营管理质效双优

聚焦凝聚共识、引领经营模式升级、促进管理提升作用发挥，将企业文化作为中心工作的"灵魂"和"主心骨"，实现了文化和经营管理的有机融合。遵循"智能矿井、智慧矿区、一流企业"建设路径，建成了集成系统最多、融合程度最强、劳动效率最高的智能矿井，创造8项行业第一。积极构建以煤为基、新能源协同发展的产业格局，煤炭智能化开采达到新高度，绿色新生态形成榆北实践。打造"洗选服务、智能运维、生态治理、电力服务"专业化品牌，保持生态效益、经济效益和社会效益相统一，着力建设综合能源供应基地。自成立以来，累计生产煤炭1.56亿吨，实现产值586亿元，利润256亿元，上缴税费180亿元，社会捐赠超过1.3亿元，创造社会价值475亿元，为区域经济社会发展做出应有的贡献。

国企担当愈发彰显

作为省属在榆重点煤炭企业，以保障地方能源为己任，圆满完成新冠疫情、党的二十大等特殊时期的电煤保供任务，发挥国民经济"稳定器""压舱石"作用。积极履行社会责任，承担省级乡村振兴帮扶任务，累计投入帮扶资金535万元，共购买扶贫产品1518.51万元，先后被陕煤集团和汉阴县委县政府授予"助力脱贫攻坚先进单位""汉阴县脱贫攻坚先进集体"等荣誉。累计向第十七届省运会筹委会赞助2500万元，并顺利成为陕西省第十七届运动会合作伙伴。持续开展"四季送"，年度共计发放慰问品价值530余万元。开展6场次职工健康讲座，为尘肺病患者送去2138次治疗补贴。一项项举措，形成了履行社会责任的企业价值观和企业文化，员工工作满意度、企业认同度稳步提升，社会责任与担当得到充分彰显。

文化塑人、历久弥新，文化聚心、久久为功。历史是一代又一代人艰苦奋斗、不懈努力的过程，也是文化传承沉淀、创新发展的过程。一代代榆北煤业建设者发展和延伸了独具特色的"智行者"文化，秉承务实的作风，坚持高效的运作，取得了瞩目的成绩。面对新征程，榆北煤业人将找准历史方位和坐标，更加自觉地承担起用先进文化引领企业高质量发展的历史重任，在"再造新榆北"，实现"打造世界一流绿色智慧能源企业"愿景的伟大征程中，以更深层次、更高境界的追求推动"智行者"文化发展和繁荣，续写榆北煤业新的辉煌。

主要创造人：石增武　张滢

参与创造人：马永奎　姚媛　杜鹏　高晓邦

"四维落地法"推动集团文化落地落实

贵州乌江水电开发有限责任公司

企业简介

贵州乌江水电开发有限责任公司（以下简称乌江公司）是我国借鉴国际水电开发成功经验，由国务院批准组建的国内第一家流域水电开发公司，负责按照"流域、梯级、滚动、综合"的开发方针，开发建设和经营管理乌江干流贵州境内河段梯级电站。经过近30年的发展，公司已圆满完成了乌江水电开发任务，并由单一水电企业发展成为集水电、火电、新能源和综合产业为一体的综合能源企业。2022年，乌江公司全年完成发电量412.3亿千瓦时，利润总额17.24亿元、净利润14.14亿元，取得新能源建设指标275.8万千瓦，核准（备案）183.7万千瓦，全面完成中国华电集团有限公司下达各项目标任务，并获得中国华电集团有限公司"先进企业""党建考评A级企业"等多项荣誉。

作为中国华电集团有限公司重要的直属企业，乌江公司坚持以《华电文化纲要》为主和"三统一"方针，探索实践出以"理念宣贯、价值倡导、素质提升、行动实践"为四个维度的立体化华电文化落地经验做法，推动华电文化"入脑、入心、入形、入行"，以高质量文化引领高质量发展，不断凝聚推动企业高质量发展的强大精神动力。

第一维度：强化理念宣贯，让文化入脑

乌江公司将《华电文化纲要》宣贯作为企业文化落地的首要步骤，加强顶层设计，通过全方位、立体化、多手段加强对华电文化的宣贯学习，培育浓厚的文化氛围，让文化入眼入耳入脑。

乌江公司相继印发《关于做好〈华电文化纲要〉宣贯工作的通知》和《关于进一步规范华电文化上墙相关要求的通知》，发放华电文化、乌江文化手册，制作发布"学习《华电文化纲要》十五问""华电文化纲要宣贯"，以优美图片和精准文字，帮助员工学习理解华电文化理念，做到文化可视化。

以"践行华电文化、彰显华电价值、展示华电形象"主题实践活动为抓手，组成由公司副总政工师带队的企业文化宣讲团巡回到各基层单位，系统、全面、深入浅出地阐述华电文化的内涵、意义，做到文化可听化。截至目前，已到水电、火电企业开展5次宣讲活动。

创新"华电文化+"模式，组织开展"520"公众开放日活动、"助力提质增效，弘扬劳模精神"系列活动、发布企业社会责任报告等企业文化主题活动；抓好新媒体平台与企业文化宣贯相

结合，制作发布"信仰信念信心""寻找最美劳动者""声临乌江""秋韵乌江"系列微信文章，以新颖的宣贯方式讲述身边人、身边事，以文化人，增强员工对华电文化的认同感和对企业的归属感，做到文化可感化。

第二维度：强化价值倡导，让文化入心

推动文化落地是一个渐进性、持续性的过程，不可能立竿见影，一蹴而就，要着眼长远，立足当前，通过强化文化价值倡导，使文化参与、渗透到企业管理当中，最终形成员工共同的价值观。

一是党建引领。充分发挥国有企业的独特优势，以党的建设引领企业文化建设。成立公司企业文化建设领导小组，公司党委书记既"挂帅"又"出征"，主持召开公司企业文化座谈会，明确公司文化发展方向。提高党员、职工的理论武装水平，通过"三会一课""主题党日""学习强国"平台等形式加强对党的创新理论学习，深刻理解华电文化在贯彻落实新发展理念，做强做优做大国有企业的丰富理论内涵。充分发挥基层党支部的战斗堡垒作用和党员的先锋模范作用，带动普通员工积极践行华电文化，将"马上就办、办就办好"内化于心，形成思想共识，外化于行，勇于担当作为。

二是制度固化。乌江公司印发《乌江公司员工行为准则规范》，出台《关于持续加强公司机关作风建设的实施方案》"15条硬举措"，修订岗位工作标准，将"马上就办、办就办好"的工作作风纳入制度条目，并对如何践行做出清晰规定，基层单位将工作作风纳入中层干部和员工绩效考评体系，指导干部、员工更好地约束个人行为，使华电文化更具操作性和执行性。

三是队伍建设。积极发挥文化导向作用，大力培养选拔认同和践行企业文化价值的员工。加强源头把控，将华电文化纳入公司社会化招聘考评内容，纳入新员工入职培训必学课程，加强新入职员工的文化认同，扣好第一颗"文化扣子"。做好过程控制，选拔、任用、宣传、选树积极践行华电文化的干部、员工，树立"何为工作积极""何为工作主动""何为敬业精神""何为积极高效"的文化理念践行榜样。目前，公司员工中级职称及以上人员占比接近30%，公司"80后"厂级干部18人，占比达到12.9%，"85后"科级干部71人，占比达到20.2%；举办"乌江公司劳模宣讲会暨乌江文化发布仪式"，表彰第三届公司劳模11人。

第三维度：强化素质提升，让文化入形

近年来，乌江公司高度重视员工的能力素质提升，以打造高素质、高技能干部人才队伍为抓手，达到企业文化"人格化"，为企业文化落地提供强大的人力资源保障。

在教育培训上下功夫。坚持"公司+基层企业+部门（班组）+个人"的"四级联动"培训机制，针对不同层级管理人员和不同岗位员工，开展政治素质培训、领导力培训、入职培训、企业文化培训、专业技能培训等，实现全员全覆盖多专业培训；强化"走出去+请进来"的培训模式，邀请专业讲师到基层党委书记培训班、领导人员培训班、青苗班培训授课，选派优秀员工参加中国华电集团有限公司学习岗交流锻炼，不断提升培训质量。

在实践锻炼上下功夫。不断提高技能竞赛和劳动竞赛的重视程度，搭建员工提升能力素质的

平台，以赛促训，以赛促练。2019年至今，乌江公司开展员工技能竞赛和劳动竞赛8场次，参与人员上千人；加强干部员工的岗位流动，运用好交流挂职、学习岗等培养平台和发挥好公司水、火、新能源多产业板块优势，把敢拼敢干的、有发展潜力的干部、员工放在企业改革发展的重点岗位、攻坚岗位去锻炼、去提升，明确基层企业生产部门负责人提拔必须具备班组长工作经验，通过在工作岗位上解决问题、解决矛盾，不断丰富干部、员工的实战经验，快速提升能力素质。今年，公司干部调整91人次，19名水电、火电企业技术骨干充实到新能源公司支持新能源项目建设。

第四维度：强化行动实践，让文化入行

"行胜于言"，文化不是高高在上的空中楼阁，更要服务于企业战略落地。通过文化的力量使企业战略更具理由，使员工行为更具活力，最终形成理念与实践的真正统一，行动与文化的真正合拍。作为中国华电集团有限公司重要的直属企业，乌江公司坚决抓好"五三六战略"的贯彻落实，推动公司实现"五个高质量"发展。

推动产业发展高质量，在乌江公司党委班子的带领下，全体员工逢山开路、遇水架桥，不断刷新公司新能源发展版图，完善企业多元供应、多能互补的产业结构。

推动效益提升高质量，锲而不舍做强水电存量保住效益"基本盘"，多措并举补齐火电短板止住效益"出血点"，不断推动国有资本保值增值。

推动科技创新高质量，近年来乌江公司积极推进传统生产运行系统优化升级，先后承担中国华电集团有限公司多项卡脖子关键技术攻坚项目，多项科技创新成果获集团公司、贵州省的科技进步奖和管理创新奖，"数字乌江"的蓝图正越描越清晰。

推动企业治理高质量，乌江公司深入贯彻落实十九届四中全会精神，坚持"两个一以贯之"，健全完善《乌江公司党委议事规则》，进一步明确党组织前置研究事项范围，制度化、规范化推动党的领导融入公司治理再上新水平；强化科学高效的决策、执行、监督体系建设，乌江公司现行有效制度共324件，涵盖公司生产经营管理各方面，"四梁八柱"的治理体系已经基本形成；深入开展反违章和反"微腐败"专项整治行动，不断提高企业抗风险能力。

推动品牌文化高质量，贯彻《华电文化纲要》，升华乌江文化内涵，总结提炼出"勇毅笃行、一往无前"的乌江精神，明确公司"国内领先、世界一流的能源企业"的愿景目标和"践行集团公司'五三六战略'实现公司发展'五个高质量'"的发展思路，为公司发展注入品牌文化的源头活水。立足"一网一微"，强化企业对内、对外宣传，在新华社、新华网、"学习强国"、《中国电力报》、《中国华电》、《当代贵州》等国家、行业、集团、省内媒体发布多篇新闻宣传，微信平台发布新闻推送600余条，树立了企业良好品牌形象。

文化兴则国运兴，文化强则企业强。乌江公司在新发展阶段的征程中，将继续以华电文化纲要为统领，将华电文化深植于心灵、融汇于战略、体现于制度、外化于行为，用文化引领发展，用文化凝聚意志，用文化塑造品牌，凝聚起实现公司高质量发展的强大软实力和核心竞争力。

主要创造人：何光宏　龚兰高

参与创造人：叶　莉　张　继　吴经纬　覃　媛

文化融合视野下高铁企业的海外形象建构

中车长春轨道客车股份有限公司

企业简介

中车长春轨道客车股份有限公司（以下简称中车长客）前身长春客车厂始建于1954年，是国家"一五"期间重点建设项目之一，2002年3月改制为股份公司。公司现有员工19000余人，总占地面积约400万平方米。中车长客是中国地铁、动车组的摇篮，也是我国核心的轨道客车研发、制造、检修及出口基地，是我国首批创新型企业和全国文明单位。

中车长客主要经营业务包括轨道交通客运装备研发试验、新造、检修运维服务和机电总包业务。研发试验业务主要依托国家工程技术中心和国家工程实验室，为供应商、客户、友商、合作伙伴提供各种试验、分析和测试服务；新造业务构建了动车组、高档客车、城际及市域车、地铁列车等7大产品线；检修及运维服务业务已具备全过程检修能力，正在积极拓展轨道客车全寿命周期服务和机电总包业务。

高铁企业海外形象建构中遇到的难题

作为中国制造的一张亮丽名片，高铁"走出去"不仅能够带动相关产业组成联合舰队抱团出海，助力我国经济发展和转型升级，同时能够提升中国制造业的整体形象，展现国家科技实力，有力支撑国内、国际双循环相互促进的发展格局。与此同时，高铁企业在海外形象的建构过程中经常会遇到跨文化融合阻力和困境，需要在实践探索和经验总结中不断增强跨文化沟通和交流的能力，提升企业在海外的影响力，塑造受人尊敬的国际化企业形象。

1995年，作为我国轨道交通装备龙头企业中国中车集团有限公司（以下简称中国中车）的核心子公司，中车长客率先在行业内开启了轨道交通装备制造领域的海外市场开拓工作。历经"代理出口—自营出口—跨国经营"三个阶段，到目前为止，已经累计有23个国家和地区。通过25年的国际化经营，实现了出口产品从中低端到高端的升级，出口市场从亚非拉到欧美澳的飞跃，出口形式从单一的产品出口到国际化经营的转换；出口理念从产品"走出去"到企业"走进去"、品牌"走上去"的转变。

尽管取得了令人瞩目的成就，中国高铁仍是一个相对年轻的产业。国际市场对于中国中车的技术、质量和服务等方面存有一定疑虑，缺少相对成熟的本地化经营模式和跨文化传播体系，这为企业的海外经营带来诸多的困难和阻碍。

风云变幻的国际形势为企业海外形象建设带来不确定性

世界政治格局错综复杂，全球秩序正在经历新一轮的大发展大变革大调整，国际形势充满了未知性和不确定性。以中美关系为代表的全球博弈对企业的国际化经营带来巨大的影响，世界经济仍处于国际金融危机后的深度调整期。如何通过对话、沟通，熟悉掌握不同国家的文化与规则，在融入的过程中不断提升自己的影响力，这对高铁企业来说是一个很大的挑战。

"中国制造"的刻板印象还需进一步转变

国际上对中国制造长期存在着"低端""靠低价取胜"等不良的刻板印象，而轨道交通产品具有科技含量高、系统综合性强、对安全可靠性要求极严等特点。相比以"创新""高端"作为品牌战略的西门子、阿尔斯通等国际竞争对手，中国中车的高端品牌形象仍有待提升。如何打消客户对中国制造高端产品的疑虑，树立智能、绿色、安全可靠的产品形象，转变客户对中国制造的刻板印象，是企业"走出去"面临的首要问题。

缺乏有效的沟通易导致文化冲突

文化差异在国际化经营中最直接的体现就是沟通阻碍。由于跨越不同国家、民族、地区的文化所表现出的价值观念、传统习俗、思维方式的不同，在沟通中很容易存在表达不清晰、理解偏差、行动偏离等现象。在多元文化的碰撞中，文化差异会进一步影响管理思想、经营理念、管理方法、管理制度等方面，为企业的本地化经营带来阻力。

品牌海外传播体系和影响力与竞争对手存在差距

企业品牌在海外传播的过程中，缺乏一套完整的传播体系，在与当地政府、社区百姓、媒体及意见领袖沟通上存在明显不足，企业的特色文化和经营理念缺乏持续的传播过程，大大降低了本地化经营的品牌影响力。中国中车相比海外竞争对手，在海外社交媒体的国际化运营、公关团队的运作以及海外智囊的聘用等方面还处于初尝阶段，海外传播的声量和效果距离企业的经营实际及预期仍存有较大落差。

企业跨文化融合实施路径

中车长客的跨文化融合伴随着企业"走出去"步伐开展，在不断地探索与发展中总结出一定的方法和思路。企业始终坚持以人为本，以客户需求为导向，贯彻"融合"与"共享"的核心思想，通过尊重差异，增进沟通，服务客户，承担责任、依法合规等有效途径，不断创新内容、丰富形式，推动产品"走出去"，企业"走进去"，品牌"走上去"。

增进文化交流，构建具有温度的企业形象

文化价值的差异是引发各种各样文化冲突的根源。建立沟通渠道，增进文化认同，是中车适应跨文化环境，应对文化差异的基础。部分海外当地员工的思维方式与国内有较大差异，如欧洲国家普遍十分注重个人隐私；伊斯兰国家特别注重宗教信仰。始终尊重和正视东道国习俗和文化差异，坚持"入乡随俗"，是中国中车跨文化融合的重要实施原则。

在文化融合的过程中还需要以互相尊重为基础，创造契机进行主动交流沟通。为了使美国员工能够进一步快速掌握中国轨道车辆维护和调试的先进技术，了解中国中车的企业文化，中车长客安排33名美国员工到长春总部进行为期3个月的培训。在培训的过程中，中车长客不仅安排

"大国工匠"罗昭强作为他们的技术导师,向他们传授先进的地铁调试技艺,还组织丰富多彩的文化活动。国内员工与他们一起打太极、练书法、包粽子、赛龙舟,奉献了精彩而丰富的中华文化大餐。100 年前詹天佑带着铁路梦到美国学习,100 年后,我们在美国建厂,修建美国地铁,培训美国工人。这不仅体现出中国轨道交通装备制造行业从零的突破到达到世界先进水平的跨越,也体现了中国中车从产品到文化全面"走出去"的开放包容共享的发展理念。

坚持服务客户,构建互利共赢的企业形象

在国际化的经营过程中,中车长客始终坚持以满足客户需求为导向,致力于为客户提供全寿命周期服务,通过专业、细致、优质的服务,推进与客户的价值融合,实现互利共赢。美国波士顿地铁项目是我国城市轨道交通产品进入美国市场的第一单。按照合同要求,波士顿地铁设计空载重量为 36 吨,细心的设计人员在现场勘测发现,列车途经一座"百年大桥",这座桥的承载能力对应空载重量也是 36 吨。为了更高的安全冗余性,中车长客经过潜心研究,反复试验,在多系统、分阶段减重上下功夫,运用 80 余项减重新举措,最终给车辆"瘦身",将车重控制在 33 吨左右。该数据在同类型美国重轨地铁列车中有明显优势。这一举措深得业主的满意,并且保护了当地历史文化资源。

造福当地社区,构建负责任的企业形象

突如其来的新冠疫情,不仅对企业海外经营造成严重影响,也对企业海外社会责任建设提出了考验。所谓患难见真情,在全面复工复产后,中国中车积极帮助所在社区和城市共同抗疫,与客户建立了深厚友谊。2020 年 4 月,正值美国疫情传播日益严重时期,马萨诸塞州中车公司董事长兼总经理贾波来到公司所在的春田市医疗中心,为前线医护人员捐赠了 10000 个 KN95 口罩、5000 件防护服和护目镜。在同样疫情肆虐的欧洲,中车长客代表中国中车向塞尔维亚交通部捐赠一批含有 10 万只口罩和其他防疫物资,助力塞尔维亚抗击新冠疫情。在每一个装满防疫物品的箱子中,都写有中塞双语的一句话:"铁杆兄弟,共克时艰"。

坚持合规经营,构建诚实守信的企业形象

依法合规经营是企业适应市场需求发展升级的内在需要,也是企业在国际化经营塑造良好企业形象的必然选择。为保障企业遵守当地法规,中车长客建立了合规管理体系,通过采取组建专门团队、聘请咨询机构等措施,深入研究国际法和项目所在国法律法规,有效化解法律政策风险;同时在日常经营行为方面,加强合规培训,培育合规文化,将合规培训作为境外业务人员任职上岗的必备条件,确保严格遵守东道国当地的风俗习惯、民族文化、项目合同及相关的强制性标准,遵守国际商会关于反对贿赂、索贿、影响力犯罪等行为的规定,确保企业安全、健康、平稳、高效运行。

2016 年 11 月,中车长客与澳大利亚维多利亚州政府签订了墨尔本地铁项目合同,该项目是中国中车在国际市场上首次尝试并参与竞标的 PPP(政府与社会资本合作)公私合营模式项目。考虑到新市场、新项目、新模式,中车长客在投标阶段就加大信息调研投入,与相关政府机构及行业协会、供应商等进行对接,确保项目团队充分理解当地相关政策和行业惯例,熟悉当地相关政策及产业配套和供应链发展情况,并确定与关键分包商的合作联盟关系,推动项目顺利实施。

企业海外形象建构中的经验总结

一是要充分发挥海纳百川的中华文化在跨文化融合中的优势。中国文化中"和而不同""兼容并包""海纳百川"等思想，充分体现了我们对待外来文化的智慧和胸怀。在企业跨文化融合过程中，通过继承和发扬中华文化中的优秀思想，可以使企业以宽广的胸怀包容不同的多元文化、观念和习俗，互相尊重，互相理解，与海外业主和民众和谐相处，同向而行，建构共赢、共享的企业形象。

二是从"引进来"到"走出去"的发展过程，为企业奠定跨文化融合的深厚基础。中国高铁的发展经历了从"引进来"到"走出去"的完整过程。中车长客在"引进来"的过程中，在学习技术的同时，耳濡目染中感知国际优秀企业的管理和文化，在此过程中，员工国际化意识逐渐增强，跨文化学习和适应能力不断提升，为企业的海外经营以及国际化品牌形象的建构提供了坚实基础。

三是坚持以客户为中心是解决跨文化问题的通用准则。坚持以客户为中心是企业发展的根本，也是我们应对文化冲突，克服跨文化融合问题最行之有效的法宝。在与海外客户沟通中，企业应始终坚持站在客户的角度去思考问题，不断提出更加人性化的解决方案，在促进文化融合的过程中加强情感的交流，增进信任，形成信赖。通过与业主、客户和当地民众构建共享、共赢的命运共同体，使企业在当地赢得由衷的赞誉和支持。

四是讲故事要用中国的语言，也要用世界的语言。在品牌传播过程中，我们既要讲出中国特色和企业特色，传播优秀的中华文化，传递企业理念和价值观，同时也要用符合当地文化特色的传播方式讲好企业故事。通过掌握当地的风土人情、文化理念、生活习惯、观念禁忌等具体情况，因地制宜地讲出地地道道的本土风味，将主动宣传化为具有温度的交流，将自说自话转变为换位思考的沟通，使企业文化被更多国家接受，让中国高铁成为连接世界、造福人类的纽带。

五是用"求同"来引领共识，用"存异"来创造价值。"求同"是企业实现共同经营理念和文化认同的基础，"存异"是企业保留本地个性文化进而创造价值的前提。我们在塑造企业海外形象的过程中，既要考虑到共性价值，又要满足个性文化，不断促进不同管理制度和文化的优势互补，实现集团管控和本地经营的有机结合，在"求同存异"的动态过程中，打造受人尊敬的国际化品牌形象。

主要创造人：宋　楠　王大勇

参与创造人：金万宝　解绍赫　王　阳　董禹含

以"五匠"质量文化助推企业高质量发展

贵州茅台酒股份有限公司

企业简介

贵州茅台酒股份有限公司（以下简称茅台）成立于1999年，2001年在上海证券交易所上市，位于贵州省仁怀市茅台镇，现有员工31413人（截至2022年12月31日）。主营贵州茅台酒及茅台酱香系列酒，主导产品贵州茅台酒是大曲酱香型白酒的鼻祖和典型代表，属国家地理标志产品、中欧互认地理标志产品、有机食品和国家级非物质文化遗产，是香飘世界的中国名片。

2022年，茅台国内白酒市场占有率18.68%、全球高端烈酒市场占有率25.08%、中国白酒出口占有率88.18%，均为行业第一；总资产达2543.65亿元，营业总收入1275.54亿元，净利润653.75亿元，均为行业首位；贵州茅台酒单品销售额达到1078亿元，为全球单一品牌销售额最大烈酒产品。连续8年蝉联"全球最具价值烈酒品牌50强"榜首，2023年，贵州茅台品牌价值达到497亿美元，居全球品牌价值排行榜第21位。

近十年，获"国家技术发明奖"二等奖、国务院国资委创新创意奖、"中华慈善奖"、"全国五一劳动奖状"、"全国质量奖"（2次）、贵州省"两山"基地等组织奖项300余项。

实施背景

党的二十大报告指出要加快建设质量强国，《质量强国建设纲要》明确提出先进质量文化蔚然成风的目标。茅台始终坚持党的领导，以新时期质量文化建设凝聚全员质量共识，筑牢品质根基，持续巩固扩大茅台核心竞争力，为质量强国、质量强省建设发挥茅台力量。

茅台经历经验管理时期、理性管理时期、主动管理时期，于2021年迈向高质量管理时期。为充分顺应人们对美好生活的需要，呼应高质量发展需求，应充分发挥质量文化在提升产品品质、扩大品牌影响力方面更持久更深层的力量，持续不断提供美产品、美服务。

体系内涵

自1951年建厂以来，茅台始终追求卓越质量，将其作为铭刻于心的"持家基因"，从"以质量求生存"的文化根源，再到"视质量为生命"的文化提升，2021年，"质量是生命之魂"升华为全体茅台人质量信仰，创新提炼形成独具茅台特色的"五匠"质量文化体系。"质量是生命之魂"信仰是一切工作的引领;"五匠"质量观是质量文化体系的核心。其中,永葆质量匠心在于始终坚持精益求精、品质为先的初心;铸牢质量匠魂要求一切生产工作贯彻"质量是生命之魂";练就质量匠术,必须落实全过程、全场景、全员工三大控制论,做到事事都要质量官、处处都有质量官、人人都是质量官;精制质量匠器要求推进生产质量管理的质量标准和质量技术提质升级,提升质量管理现代化水平;锻造质量匠人,就是着力培育打造一流的工匠队伍、一流的科研团队和一流的管理精英。"崇本守道、坚守工艺,贮足陈酿、不卖新酒"是生产经营的行为规范,将卓越质量文化通过严苛的标准执行、严格的过程控制,输出为美产品、美服务,成就美生活。

主要做法

构建茅台"365"质量战略,强化质量文化顶层设计。茅台以"酿造高品质生活"为使命,以"打造国际一流企业,塑造世界一流品牌"为愿景,坚定"质量是生命之魂"信仰,以"五匠"质量观为核心,研究制定茅台"365"质量战略。提出实现"质量管理体系更加完善、全域质量均衡发展、质量水平整体跃升"三大目标,全力实施"全员质量共治、全域质量协同、全生命周期质量管控、全员全面全过程质量监督、质量创新现代化和质量生态共生体"六大工程,做强"人才、制度、信息化、基础设施、经济投入"五大保障。实施"5+3+1"战略管理,动态优化质量战略。战略解码分解形成任务76项,量化式和看板制推进任务实施,截至2022年,战略KPI(关键绩效指标)指标达成率100%,已完成任务41项,任务完成及时率100%。

构建"五化融合"传播贯彻机制,凝聚全员质量共识。高层领导以身作则,率先垂范,深入总结、提炼质量文化内涵,成立企业文化领导小组,统筹构建"五化融合"贯彻机制。设置文化宣导员,开展质量文化培训教育,广泛开展"质量月"、QC(质量控制)小组、质量信得过班组等群众性质量管理活动。近五年,获得"国优"QC小组8个,"省(行)优"44个,各岗位诞生茅台工匠164人,茅台劳模15人。

构建"线上线下·一呼百应"传播矩阵,强化与媒体合作、圈层联系,供应链大会、股东大会、"茅粉节"、品宣会、圆桌会等,高效精准传播茅台质量文化。创新提出"五维"美学表达及"七度"美学新思考等号召,持续贡献"茅台标准""茅台方案",引领推动行业高质量发展。近年文化认同度稳步提升,2022年,员工、顾客、合作伙伴、股东认同度分别提升至94.7分、95.46分、99分和86.85分,均处于行业较高水平。

构建"矩阵式"质量管控体系,深度践行质量文化。以质量文化凝聚全员共识,由上而下形成多层级"纵向"质量责任体系,沿全产业链构建"横向"质量管控运行体系,强化"5+2"质量监督考核,形成"矩阵式"质量管控体系,实现全场景、全产业链、全生命周期质量严管控。

全场景质量责任落实,质量指标全贯穿。构建以质量领导小组、质量委员会、首席质量官、质量专员、质量督导员、质量检验员为主的多层级质量监督责任体系,各分公司、子公司、车间、单位承担辖区质量主体责任,层层分解责任至班组、岗位。构建形成包含质量管理成熟度、产品质量保障指数、产品品质评分三大综合指标,以及覆盖全产业链的108项质量指标的质量绩效指标体系。通过纵向质量责任分解,横向多领域质量指标测量分析改进,全场景质量权责相当、各司其职,质量管理水平逐年提升。2022年,质量管理成熟度达到828.5分(优秀水平),

产品质量保障指数达到95.9分（卓越水平），产品品质评分稳定在98.5分（卓越水平）。

全产业链质量严管控，确保产品品质。聚焦从"良种"到"美产品"的全过程，实施全产业链质量严管控。

原料端，实施"五个一"工程，推进原料基地管理能力和管理体系现代化，确保原料品质，原料抽检和验收合格率持续稳定在高位水平。

供应端，与531家供方协同打造"六大供应链"，以"供以质胜、应为伙伴、链接现代"凝聚共识，以"茅台标准"为质量导向进行绩效评价，以采购供应数字化管理推动供应链协同发展，构建形成茅台现代化供应网。2020～2022年，供应网保障能力由81.4分提升到86.7分。

生产端，深入解析"料精、器美、微生物群稳定"三大物质传承和"时节之律、时间之则、温度之法、结构之美"四大非物质传承，归纳形成30道工序165个环节的制曲、制酒、贮存、勾兑、包装五大工法体系，19条核心要义和22条工法要诀；构建制酒工程4个质量评价模型，支持数据+经验融合工艺管理；建立涵盖232个操作规范和110个工艺参数要求的生产操作标准体系和覆盖生产全过程包含80余项指标的产品质量保障评价体系，精益求精，追求极致。

产品全生命周期管理，打造美产品和美服务。秉承"五维美学"，构建"全矩阵+全场景+全渠道"的产品全生命周期管理体系。融合生肖文化、二十四节气等传统文化优化产品序列，创新开发茅台冰激凌，探索小茅IP等非酒类文创产品，引发消费者文化共鸣。通过"i茅台"数字营销平台、"茅粉节"等活动，丰富消费体验；常态化开展鉴真服务以及行业唯一产品全生命周期兑换服务，建立"0+3+3"为核心的投诉管理体系，快速响应和管理顾客查询、交易、投诉；基于"一码通管"平台，赋予重要实体数字身份，支撑全链路产品流通可信溯源。

坚持守正创新，阐释质量文化科学内涵。科技增能，持续提升科技创新综合实力。建成覆盖全产业链的"四良技术体系""五大核心技术体系""五维品质表达技术体系"，其中国内外领先及先进核心技术70项。近三年新产品累计销售457亿元，授权发明专利50个，发表科技论文200篇，SCI（科学引文索引）累计影响因子121.75。先后主持、参与制定44项国家、行业等标准，建立160项企业技术标准，获国家技术发明二等奖1项，贵州省科学技术进步三等奖1项，其他科技奖42项。

数字赋能，助力产业高质量发展。出台《"智慧茅台"建设实施方案》，建成"端、网、云、数、用、智、安"的茅台数字化框架。围绕产品交付，建成原料、供应、生产等系统20余套，构建高效协同的产业链生态。建成i茅台数字营销平台和巽风数字世界，为消费者提供公开、公平、公正的购酒和可信溯源服务，成为消费者了解、体验茅台文化的重要窗口。

实施效果

茅台以品质为基，文化为根，不断追求品质卓越、品牌卓著，取得良好的经济效益、生态效益和社会效益，主要指标行业领先。

经济效益持续增长。茅台营业收入保持快速增长。近五年，从736亿元增长到1241亿元，遥遥领先竞争对手，居行业第一。茅台净利润保持快速增长。从378.3亿元增长到653.8亿元，远高于行业平均水平，领先竞争对手，居行业第一。

积极践行社会责任。茅台践行"大品牌大担当"的社会责任观,连续15年对外发布社会责任报告,积极投身公益事业,以公司发展带动区域经济发展,与各方共享发展成果,荣获"第十二届人民企业社会责任奖年度案例奖""贵州省履行社会责任五星级企业""中华慈善奖——最具爱心捐赠企业"(两次)。

生态效益优势突显。近五年,累计投入14.92亿元用于污染防治、生态承载研究、植被生态修复、生态补偿、环境监测等项目,产区生态发展指数逐年上升,综合能耗、水耗和温室气体排放逐年下降,连续六年单位产值化学需氧量、氨氮、总磷、总氮和氮氧化物排放量均低于行业平均。2022年,被命名为贵州省"绿水青山就是金山银山"实践创新基地。生态效益指标如图1所示。

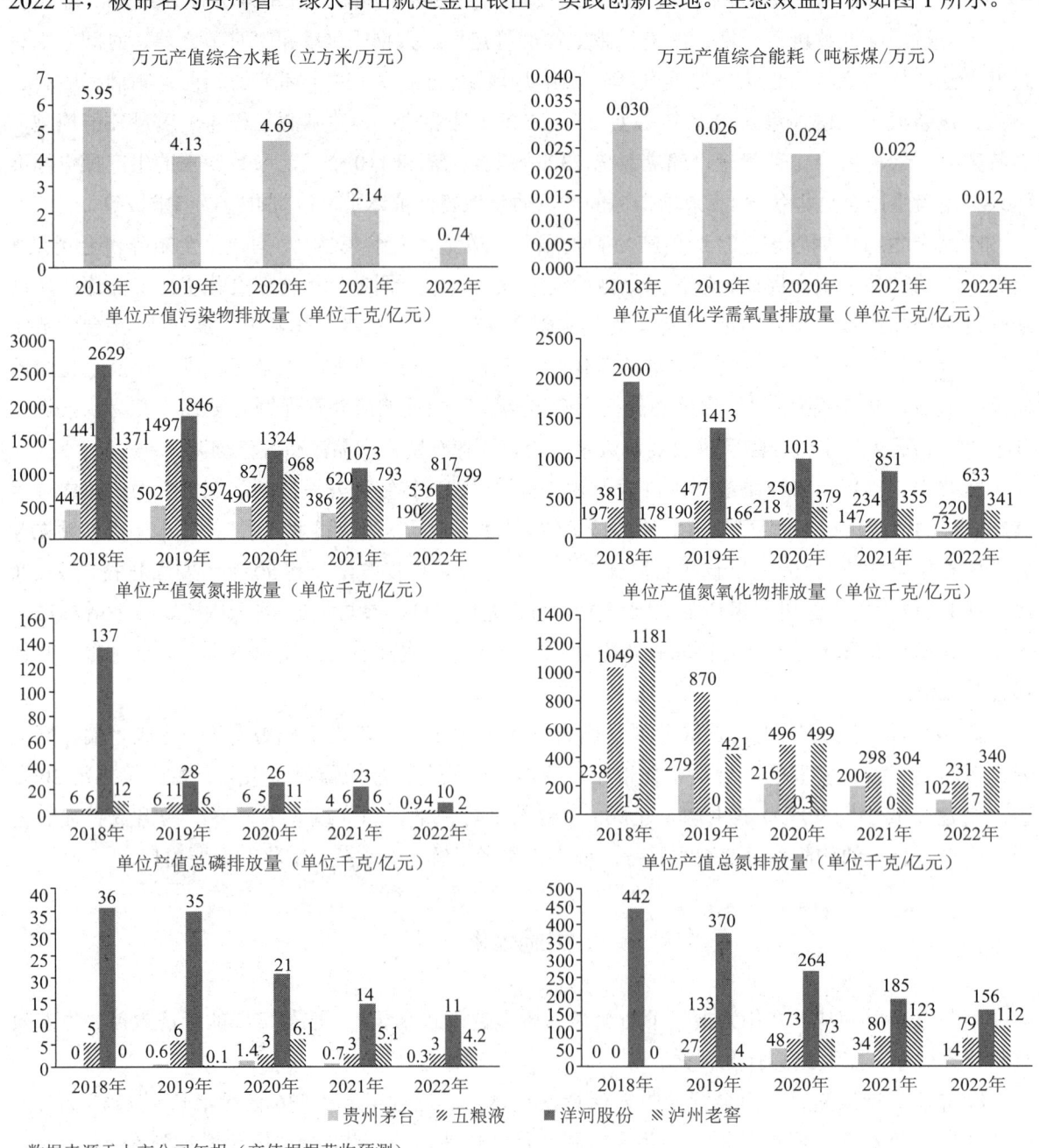

数据来源于上市公司年报(产值根据营收预测)。

图1 生态效益指标

人才队伍持续完善，员工满意度不断提升。深入实施人才发展"五项计划""四项工程"，全面贯彻"工匠八步"培养体系，人才队伍持续完善，员工满意度连续提升。2022年，技术技能人才当量密度达89，员工满意度达到86%。

品牌影响力持续提升。市场占有率稳居行业第一。公司国内市场占有率、全球高端烈酒市场占有率逐年提升，稳居行业第一。2022年，国内市场占有率18.68%，全球高端烈酒市场占有率25.08%，占中国白酒出口额88.18%。

品牌评价指标持续增长。品牌价值持续攀升，排位不断提升，远高于竞争对手。品牌力指数（C-BPI）、品牌知名度、品牌忠诚度、品牌美誉度、顾客满意度等各项指标持续增长，居行业领先。

主要创造人：丁雄军

参与创造人：王 莉 涂华彬 吴建霞 王幸韬

以党建文化为引领，推动企业高质量发展

中国邮政集团有限公司上饶市分公司

企业简介

中国邮政集团有限公司上饶市分公司（以下简称上饶邮政）现有员工1709名，下辖12个市（区、县）分公司，250多个营业网点，包含信函、印刷品、包裹寄递、汇兑、金融、集邮、报刊订阅、农村电商等业务。1998年邮电分营时，企业总收入只有7774.19万元，亏损4636.7万元，截至2022年年底，企业总收入达8.19亿元，利润达1.33亿元，较1998年的收入超10倍的增长。收入规模和利润稳居全省邮政前列，综合实力处于全省"第一方阵"。企业先后获得"全国邮政系统先进集体""全国邮政系统企业文化建设示范单位""全国邮政用户满意企业""江西省文明单位""江西省优秀企业"等荣誉。

实施背景

坚持党的领导、加强党的建设，是国有企业的光荣传统，是国有企业的"根"和"魂"；加强国有企业党的建设，要"坚持服务生产经营不偏离"；国有企业坚持党的领导、加强党的建设的出发点和落脚点是提高企业效益、增强企业竞争力、实现国有资产保值增值，这为全面加强国企党建工作指明了方向、提供了根本遵循。

上饶邮政坚持以习近平新时代中国特色社会主义思想为指导，全面贯彻落实党的二十大精神及全国国有企业党的建设工作会议精神，立足新发展阶段，贯彻新发展理念，坚守"人民邮政为人民"的企业宗旨，践行社会主义核心价值观，积极履行政治责任和社会责任，带头扛起行业"国家队"的责任与担当，致力于服务百姓、服务社会、服务地方经济发展，进一步推动企业文化建设与经营发展深度融合。

体系内涵

上饶邮政党建文化核心的内容包括企业宗旨、企业愿景、具体内涵三部分内容。

企业宗旨："人民邮政为人民"的企业宗旨既是毛泽东同志题词"人民邮电"的传承，也是"以人民为中心"的发展思想的体现，是企业文化的根本，必须长期坚持下去。

企业愿景："建成具有全球竞争力的世界一流企业"的企业愿景，是中国邮政集团有限公司党组确立的邮政"十四五"发展规划和2035年远景目标，也是上饶邮政为之努力奋斗的目标。

具体内涵：突出国有企业政治建设优势，传承红色基因，充分发挥党建文化对企业发展能力的提升，推进文化强企战略，提高企业的创新力、形象力和核心竞争力，以高质量党建引领上饶邮政高质量发展。

主要做法

一是强化政治建设，传承立场坚定的红色基因。坚持把党的政治建设摆在首位，严肃党内政治生活，严明政治纪律和政治规矩，党员干部的政治判断力、领悟力和执行力不断提高。发挥党委把方向、管大局、保落实的领导作用，修订完善了"三重一大"决策办法，进一步规范决策机制。严格落实意识形态工作责任制，开展员工思想动态调查问卷，建立"为员工办实事"清单，着力解决急难愁盼问题。

2020年年初，面对突如其来的新冠疫情，上饶邮政牢记国之大者，肩负起行业"国家队"的责任和担当，党委书记带领全市党员志愿者、青年突击队主动扛起运送防疫物资、百姓生产生活等物资，提供驰援湖北物资免费寄递服务，保障了人民群众用邮需求，做到了"四个不中断"（网点服务不中断，机要通信不中断，揽投服务不中断，在线服务不中断）。余干邮政寄递事业部，保证《人民日报》等党报党刊及时投送，其助力复工复产事迹被中央电视台《新闻联播》栏目报道，并获得"全国邮政抗击疫情先进集体"荣誉称号。

上饶邮政始终将电商扶贫和乡村振兴列入党委工作的重中之重，彰显央企的政治担当。2020年5月1日，上饶邮政联合市商务局等部门，举办了"饶品网上行"电商直播节，市长亲临现场带头购买农产品，副市长亲自"直播带货"。为鄱阳县、余干县、横峰县、信州区、广信区的人民政府提供了共计2.5亿元的消费券发放解决方案，助力地方消费升级，为拉动全市内需和构建国内大循环做出积极贡献。

通过惠农合作项目与"饶品网上行"工程的融合推进，与上饶农业农村部门联合推进"农民合作社质量提升"工程和"社企对接重点村"行动，建成10个"老俵情"产业基地，带动农品销售3497万元，"融资E"贷款净增9121万元，缓解了涉农经营主体融资难、销售难、物流难问题。企业助力乡村振兴工作获得中国邮政集团有限公司最佳实践奖，成为全国邮政样板。2022年，《中国邮政报》、《上饶日报》先后刊登《乡村振兴"邮"力量——上饶邮政扎实推进惠农综合服务助力乡村振兴纪实》报道，聚焦三级物流体系建设，加快农村物流网络布局，服务"快递进村"，构建了覆盖城乡、功能齐全、惠及民生、政府满意的邮政综合服务生态圈。

发挥物流、资金流、信息流、商流"四流合一"的优势，积极入驻上饶国际陆港的现代物流集散中心。2022年11月2日，国际陆港的上饶邮政综合处理中心正式投产，建设了邮政网运一体化中心、邮政仓配一体化中心和快递仓配三级共配中心，在上饶开放型经济建设大潮中积极贡献邮政力量。

二是强化理论武装，筑牢思想进步的红色根基。坚持把学习宣传贯彻党的二十大精神作为首要政治任务，第一时间组织党员、群众收听收看和组织学习研讨；制订印发学习方案和计划，召开中心组专题学习研讨和集中学习共12次，党委班子深入基层联系点上党课5次；市县两级领导班子深入基层宣讲180多次，完成对167个网点宣讲全覆盖；配发学习书籍1500余册，更新阵地30余处，带动党员员工学习2500余人次，进一步学懂弄通、学深悟透党的二十大精神。

落实理论学习跟踪问效机制，每月通报"学习强国""中邮先锋"学习积分排名，将学习积分纳入评先评优重要依据，营造"比学赶帮超"的浓厚氛围。抓实党员教育培训，定期举办党员领导干部党性修养培训班，完成对全体党员培训的全覆盖。党员干部将先进思想、先进经验融入实践、融入日常工作，为企业高质量发展提供强大的精神力量。

三是强化履职担当，夯实创先争优的红色使命。建立理论学习和重点工作清单提醒机制，指导党组织换届、"三会一课"、党费交纳等制度落实，规范党组织生活，提升党建"三化"质量。逐级细化并落实全面从严治党"一岗双责"责任清单，提高考核针对性，防止"上下一般粗"。开展基层党组织建设达标工程和创先争优活动，党组织的战斗堡垒作用和党员先锋模范带头作用明显强化；铅山、鄱阳、玉山等县分公司荣获全省邮政党支部建设示范点称号，34名党员荣获全省邮政党员先锋岗称号。在2022年上饶市党务技能大赛上，横峰县"快递车上党旗飘"案例和余干县"让党徽闪亮在邮政普服路上"案例获得三等奖。

四是强化队伍建设，赓续干事创业的红色血脉。优化党务干事考评办法，促进党务工作人员"责、权、利"的有效结合，调动基层党务工作者的积极性；定期举办党务工作培训班，成立党建指导员队伍，充实党建骨干队伍。按照"把党员培养成所长，把所长发展成党员"思路，推动党的工作从有形覆盖向有效覆盖转变。领导人员结构不断优化，市（区、县）分公司领导班子中35周岁以下年轻干部总体占比列全省邮政第一。有序推进领导人员任期制和契约化管理工作，对领导班子整体功能进行综合评价，规范班子成员分工。定期对专业领军人才队伍进行考评和动态调整，加大优秀年轻员工的培养力度。通过市县上下交流、县域和专业之间的横向交流、岗位轮换等途径，有计划地把政治素质好、有能力、有责任感的员工放到发展最前沿、经营第一线、项目主战场，提升党员干部队伍综合素质能力。

五是强化创新引领，擦亮党建融合的红色名片。发挥党员先锋模范作用，以党员为项目组长，成立项目运营中心和数据中心，构建"四大中心"一体化运营体系，实现"邮、银、寄"三大板块协同发展。深化"党建+帮扶"工作机制，开展"传承饶邮好基因，打造新时代上饶邮政接班人"活动，由党员领导与青年大学生进行结对帮扶，促进青年大学生成长成才。

深入推进党员联系基层网点工作，开展"党建+金融旺季生产""党建+跨赛帮扶"，党员带头到基层网点帮扶，与网点人员同吃同住同劳动。全面加强机关党的建设，《做"减法"以减负，做"加法"以赋能》和《聚力"三个过硬"保障高质量发展》等案例被市直机关刊登；企业获评"上饶市直机关党的建设工作优秀单位"。深化开展"领题破题""三亮三比三评"等活动，以创新思维探索项目建设，申报党建+经营项目20多个，其中"三亮三比三评"党建融合经营活动事迹被《中国邮政报》刊登报道；横峰县分公司"快递车上党旗飘"的"党建+"品牌，被央视财经频道栏目《乡村振兴中国行》报道。

坚持普服网点创新转型，提升人民群众用邮体验。围绕普遍服务打造"普服+"的服务模式，以综合网点为依托，充分利用纯邮务网点资源在"综合网点+纯邮务网点"进行叠加，强化服务平台建设。扎实推进县、乡、村三级物流体系建设，打造33个"金融+寄递+普服+邮快合作"精品示范点；开展交邮合作和邮快合作，年代收代运代投顺丰、圆通、申通、德邦、天猫等11家快递企业邮件200余万件，打通快递进村"最后一公里"，真正实现公共服务均等化，让农村老百姓在家门口就可收发快递。

六是强化文化宣传,打造品质发展的红色阵地。深入开展党建+文化品牌宣传活动,激发各单位抢生产、保经营、抓管理、创效益的强大动力和精神支撑。结合庆祝中国共产党成立100周年,组织拍摄《百年恰风华·饶邮正青春》快闪视频,深入嘉兴南湖、玉山怀玉山、横峰葛源等地,进行实地拍摄,近千名党员群众参与拍摄,生动展现企业党员员工风采。在企业生产场所实现党建文化全覆盖,升级党员活动阵地,投入专项资金采购学习教育必需的设备和图书资料,及时更新党的二十大精神宣传和学习阵地,做到场所布局合理、功能齐全、简朴实用;发放企业党建文化宣传手册2000余册,统一办公电脑使用企业文化主题壁纸;进一步推进党建文化视觉识别系统,更加具体全面地展示企业形象。

实施效果

一是党建引领创新转型,先行先试的效果显著提升。通过党建文化的持续熏陶,企业加强科技赋能,进一步整合企业内部资源,突破固有机制体制,实现以金融发展为主线的"邮政+寄递"的融合发展,申报的《以培养绿卡消费习惯为依托的"邮政+寄递"融合发展》先后荣获全国邮政"第十六届企业管理现代化创新成果一等成果奖"、通信行业"第十七届企业管理现代化创新一等成果奖",是全国唯一获此殊荣的市级邮政企业。

二是党建带动品质发展,典型示范的作用充分发挥。紧扣"党建促效",在强基中凝聚合力,党建实现创新引领发展,党员联系点制度进一步深化,基层党组织建设基础更加扎实,党内生活制度落实更加规范,全面从严治党成效持续夯实。紧扣"创新增效",先后开展了"123项目大会战""项目制三化""项目运营提升年""项目运营优化年"等活动,不断完善"三驱动""四小""五权下放""六要素"的核心机制。

三是党建融入幸福工程,和谐家园建设换挡升级。将党建引领的核心价值观融入发展中,做到发展为了员工,持续推进"双改善"工程。投入2510万元用于能力建设,其中改造提升网点形象30个、店招123个,建设职工之家、职工小家、羽毛球场等12个,揽投部站+邮快合作站点41个,办公及生产场地改造30个,企业面貌焕然一新,从"吃、住、行、乐、优"五个方面推进员工幸福工程。信州区带湖路寄递事业部揽投部被评为"全国邮政系统模范职工小家",上饶市邮政职工书屋、广信区邮政职工书屋分别被评为市级和县级"江西省邮政系统书屋示范点"。

上饶邮政将深入学习习近平新时代中国特色社会主义思想和党的二十大精神,坚持党建为引领,坚守"人民邮政为人民"的初心使命,充分发挥党建文化对企业发展能力的提升,推进文化强企战略,提高企业的创新力、形象力和核心竞争力,奋力谱写中国式现代化上饶邮政高质量发展新篇章。

主要创造人:吕茂华 杨跃兰

参与创造人:潘林峰 邹国高 苏小兰 查 传 黄騑鸿

"一体两翼四驱动"推动文化创新赋能

江苏核电有限公司

企业简介

江苏核电有限公司（以下简称江苏核电）隶属于中国核工业集团有限公司（以下简称中核），负责田湾核电站的建设管理和建成后的商业运行，以及核电新厂址开发和保护。田湾核电站位于江苏省连云港市连云区，规划建设8台百万千瓦级压水堆核电机组，是全球在运和在建总装机容量最大的核电基地。当前田湾1～6号机组在运，7、8号机组在建。田湾核电站一期工程（1、2号机组）是中俄核能合作标志性工程，二期工程（3、4号机组）是中俄深化能源领域合作重点项目，三期工程（5、6号机组）是"十二五"核电机组收官之作，四期工程（7、8号机组）是中俄两国核能领域迄今为止最大战略合作项目。

截至目前，江苏核电累计安全发电超过3700亿千瓦时，直接带动就业近2万人，减排效益相当于在江苏省种植超过10.2万公顷绿色森林，创造了良好的经济效益、社会效益和环境效益。8台机组全部建成后，装机总量913.8万千瓦，每年可提供清洁电力超过700亿千瓦时，有力推动江苏省产业结构和能源结构调整，维护华东电网安全和区域能源供应安全，为我国实现"碳达峰、碳中和"目标做出重要贡献。

"一体两翼四驱动"员工业务能力提升培训体系，形成了企业、员工之间双赢共进的良好局面，有效推动企业人才队伍建设迈上新台阶，促进了企业核心竞争力的高质量发展，打造了一支"工作专业化、执行效率化、管理精细化、业务标准化"的员工队伍，为核电企业提供了充足的人才储备。

"一体两翼四驱动"员工业务能力培训系统的推广为核电运营相关单位针对管理专业化人才的持续培养提供了一套科学有效的学习方法，打造了江苏核电文化落地"培训班"，锻造了江苏核电文化践行铁军队伍。一方面在提出"一体两翼四驱动"员工业务能力提升方法的基础上归纳总结形成了"考、学、讲、改"的具体操作方法；另一方面也根据"冰山原理"搭建了普适的、可推广、具备应用价值的员工业务能力模型，以及覆盖员工全周期业务能力提升的《岗位必读手册》培训材料，为核电企业提升员工业务能力精准赋能。

实施背景

现阶段大部分核电企业采用IAEA（国际原子能机构）推荐的系统化培训方法作为企业员工培训的指导思想，按照"培训—考核—授权—上岗"的工作模式开展员工岗位培训活动。岗位培训大纲作为SAT（系统化培训方法）的重要支撑，规定了各岗位取得授权所应具备的知识和技能，但员工工作成长中应具备的知识不仅包括专业岗位知识，还包括本岗位所涉的相关管理程序以及国家相关法规标准、行业准则，因此员工的业务知识是需要不断地培训，进行动态覆盖的全周期提升工程。

为实现"培训创造价值、人才赢得未来"的目标，以"主动优化、持续改善"为出发点，江苏核电创新性地提出了以员工业务能力提升为主体，以学习成长与持续改进为两翼，以员工自主学习、岗位培训实施、理论水平考核、业务讲堂授课为驱动的"一体两翼四驱动"员工业务能力提升培训管理体系，旨在为核电员工在业务能力提升方面探索出一套行之有效的科学实践方法，实现"胜任者上岗、上岗者胜任"的目标，有效推动人才队伍建设迈上新台阶。

体系内涵

江苏核电自1997年成立以来，至今已走过了25个光辉岁月。从东海畔的小渔村到全球在建+在运最大的核电基地，中核田湾人向世人展现了田湾速度。一路的奋斗和拼搏，"一定要搞好这个核电站，让党中央和全国人民都放心"的使命感已融入田湾人的精神和血脉，凝练形成田湾特有的文化特质，形成了"四步六维"文化建设方法论，更不断在传承中实践，在探索中创新，以"一体两翼四驱动"打造文化落地"培训班"，推动企业文化与生产经营同频共振，实现文化落地深植，为企业的健康持续发展提供精神动力。

主要做法

"考"为动力，切实推动员工学习劲头

考核的目的是对员工价值不断开发的再确认，是为了不断提高员工的职业能力和工作绩效，提高员工在工作执行中的主动性和有效性。为了形成员工业务能力水平提升的直观对比，按照"摸底+过程+结果"方式定期验证员工学习提升成果，致力于达到"通过考试找准短板、通过考试修正方向、通过考试提升能力"的最终目标。同时，要建立涵盖本岗位大纲课程、本岗位应知的管理程序、本岗位涉及的国家法规标准的三级试题库，实现"岗位端—试题端"的精准题库匹配机制，用以全面检测员工对于岗位应知部分知识的掌握情况，也为活动后续的目标导向考试、过程提升考试以及效果验证考试提供充足的检测资源。

"讲"为方式，扎实开展业务培训讲堂

岗位工作经验的有效分享和传承是员工业务能力提升的法宝。为了有效改进薄弱项，组织管理者以及岗位优秀骨干开展各类业务讲堂分享工作经验，讲解专业知识就显得十分重要，通过业务讲堂的开展也可在各处室中形成良好的学习氛围和持之以恒的学习习惯。一是率先垂范，领导带头讲。在实施业务讲堂的过程中组织中层领导干部率先垂范，主动分享管理者工作经验，在讲中学、学中讲，形成学习合力，营造"比、学、赶、超"的良好氛围。二是业务传承，齐头并进学。在开展管理人员业务讲堂的基础上，各岗位主要业务组织优秀员工、骨干员工也要开展一系列业务讲堂、述能分享，帮助处室员工掌握工作诀窍，从而大幅提升工作效率，营造浓厚的学习氛围。

"学"为根本，牢固铸造业务理论根基

考试是为了检验员工知识技能的掌握水平，讲堂是为了更好地进行方法经验的传授，而知识提升的基础则需要科学、有效的培训材料。通过优化各处室岗位培训大纲、推动各处室培训课程材料的不断更新，运用精细化管理工具，梳理编制各处室专业岗位主要业务流程标准化操作单，为整个员工业务能力提升培训体系提供了强有力的理论支撑。一是夯实基础、全面深入学。岗位培训大纲作为核电企业员工知识要求和岗位授权的基础门槛，是员工任职资格的必要条件，要不断提升岗位的培训大纲课程材料的有效性、丰富性，制订定期升版计划，不断丰富扩展、多角度地规划和构建各岗位员工的培训资源。二是萃取经验，联系实际学。为了更好地贯彻"精细化管理"的标准化提升思路，萃取业务开展经验，传承业务开展实际，制定岗位主要业务流程图以及操作细则，将极大地满足新入职员工、转岗员工对于岗位实际业务开展相关内容的培训需求，更解决了岗位骨干对于工作经验、工作诀窍的有效传承问题，帮助各岗位员工规范工作，规范执行，有效地夯实了业务流程的标准化管理水平。

"改"为抓手，狠抓落实反馈工作改进

作为PDCA（计划、执行、检查和行动）闭环管理的重要步骤，员工业务能力提升方法的执行需要闭环管控的方式。通过开展前期的各项培训活动，特别是数次考试后各岗位针对考试成绩进行有效分析，可以有效地识别薄弱并开发待改进项。一是狠抓落实，锚定目标改。通过开展不同阶段员工考试可以有效地获取各岗位员工应知应会的薄弱项，通过组织各岗位员工开展成绩分析，识别薄弱项、开发对应的整改行动并借助江苏核电管理行动平台，积极跟踪各处室的管理提升改进项，落实各处室进行整改提升，强化活动实效，促进培训成果的全面落地应用。二是积极推广，整体提升改。为了使体系可执行、可推广、可复制，采取"双向推进"模式，一方面自上而下搭建科学系统的员工业务能力提升模型，为管理者量身定制岗位人才培养方案，对人才的培养和可持续发展全面赋能。另一方面，编制《岗位必读手册》，帮助各岗位员工能够快速、精准地了解本岗位的相关知识技能要求，以实现成果落地，进而推动企业培训精细化管理水平再上新台阶，促进企业全员业务能力提升。

实施效果

管理效益显著增强

通过对构建与应用以提升员工业务能力为导向的"一体两翼四驱动"员工业务能力提升培训体系，形成了企业、员工之间双赢共进的良好局面，有效推动企业人才队伍建设迈上新台阶，促进了企业核心竞争力的高质量发展。

一是人才管理水平明显提升，创建"一体两翼四驱动"体系，标志着江苏核电建立了员工业务能力有效提升的"工具箱"，在江苏核电培养了一批工作专业化、执行效率化、管理精细化、业务标准化的优秀员工队伍为后续人才强企战略目标奠定了坚实的基础，也为建设一流员工队伍提供了更广阔的提升空间。

二是体系制度管理水平更加科学，通过制定各岗位业务流程标准化操作单，在梳理岗位主要业务的同时积极思考流程优化方向，有效推动了江苏核电管理程序的优化，保证了江苏核电体系

运行水平的持续高效。

三是员工人因管理问题有效下降，根据江苏核电体系运行监督管理月报显示，江苏核电体系评估及各监督处室监督检查发现管理类问题数量逐步减少，制度设计类问题以及制度执行类问题均明显降低。

四是人才队伍基础持续夯实，截至目前共为运行机组培养高级操纵员193人、操纵员170人；依托"核特有职业技能等级认定点"全面开展技能资格考评工作，截至目前37人获得高级技师资格、164人获得技师资格、221人获得高级工资格；在加强运行技术、维修技能人才培养的同时，江苏核电共聘任专职教员18名、兼职教员270名，多角度、全方面地夯实了江苏核电人才队伍建设的基础。

经济效益成效突出

"一体两翼四驱动"员工业务能力提升培训体系以成本控制为目标，通过培训体系基础夯实、优秀工作经验传承、业务流程标准制定、动态问题持续跟踪改进以及科学培训管理模型应用，以全员提升为目标，实现了员工劳动生产率的稳步提升，为全面完成企业年度目标做出较大贡献。充分调动企业内部丰富培训资源，大幅降低培训费用，结合2022年培训费用使用情况，预测后续将大幅节省几百万元人员培训开支，经济效益成效突出。

社会效益逐步显现

中央人才工作会议对新时代下人才工作提出了新的目标和要求，江苏核电通过构建以提升员工业务能力为导向的"一体两翼四驱动"员工业务能力提升管理体系，着眼于突破企业员工在岗提升培训这一管理盲区，一方面实现了江苏核电培训领域与各高校、企事业单位的合作发展，吸收并借鉴了一系列先进、科学的员工培养方式方法，为江苏核电后续人才培养奠定了良好的社会基础，也为后续推动板块内的同行电站，甚至板块外各大国有企事业单位在员工培养能力塑造方面的提升具有十分重要的推广应用价值。另一方面，提升员工业务能力水平培训体系的落地实践，致力于打造"国际一流人才培训高地"，树立"世界一流人才培训标杆"，为把田湾核电基地打造成为世界一流的核能多堆型综合利用产业集群和多能互补零碳示范能源基地提供重要的人才储备以及资源配置。

主要创造人：刘兆华　李连海
参与创造人：鲍振利　江　琳　孟祥泰　孙建业

以"正心正念"为指引的电网企业合规文化体系建设探索与实践

国网福建省电力有限公司

企业简介

国网福建省电力有限公司(以下简称国网福建电力)成立于1994年,是国家电网有限公司(以下简称国网)的全资子公司,以建设和运营福建电网为核心业务,承担着保障福建省清洁、安全、高效、可持续电力供应的重要使命。国网福建电力经营区域覆盖全省9个设区市及平潭综合实验区,管辖9个市供电公司、1个水电企业、19个直属单位、62个县供电企业,客户2121.9万户。

截至2022年年底,福建电网通过两路1000千伏浙北—福州特高压输电线路和两路500千伏输电线路与华东电网相连,通过闽粤联网直流换流站及两路500千伏输电线路与广东电网相连,省内形成"全省环网、沿海双廊"500千伏主干网架。国网福建电力"获得电力"指数跃升至相当于全球第14位,安全生产实现"六不发生",业绩考核处于国家电网公司系统A段,荣获2022福建百强企业第7名。国网福建电力本部连续六届获评"全国文明单位",所辖20家单位荣获"全国文明单位"。

实施背景

从世界范围看,合规潮流浩浩荡荡。从央企发展历程看,合规管理成为推动央企高质量发展的时代选择。《中央企业合规管理办法》更加突显合规文化建设在央企合规管理体系建设中的重要性。国网福建电力作为重要能源服务企业,既是重要守法者,也是法治社会和法治国家的重要建设者,培育合规文化是新形势下实现文化兴企与合规治企的必然要求。

合规文化是企业合规管理的"灵魂",只有形成浓厚的合规文化氛围,合规才能真正成为全员的行为准则和规范指引。为贯彻落实国务院国资委和国家电网有限公司合规管理工作要求,需要大力培育、践行时时事事人人讲合规文化,发挥合规文化引导、激励、辐射作用,为建设贯穿全级次、覆盖全领域的合规管理体系提供支撑和赋能,保障企业行稳致远。

体系内涵

国网福建电力以公司战略为导向,以企业文化为遵循,以"正心正念"为指引,通过"理念引领制度—制度规范行为—行为养成习惯—习惯塑造文化"循环转化的过程，逐步构建品牌识别清晰、传播形式丰富、转化效果显著、保障措施到位、评价方法科学的合规文化体系。

国网福建电力探索构建"12345"具有电网企业特色的合规文化体系。

坚定"一个信念"，即"正心正念"。"正心正念"源自"正心以为本，修身以为基""心正而后身正"的中华优秀传统文化，包含"立正心、持正念、促正行、走正道、修正果"五个方面内涵，其中立正心持正念是价值导向，促正行走正道是方法路径，修正果是格局境界，它们互为因果、紧密联系，引领全员坚定"正心正念"的合规文化信念，依法履职合规从业、筑牢违规防火墙。

推进"两个体系"，即合规文化理念体系和合规文化实施体系。第一，合规文化理念体系。国网福建电力的合规文化理念体系是由合规主旨、合规价值、合规愿景、合规使命、合规目标组成的"五位一体"的理念系统。其中，合规主旨是合规文化的基本立场与精神内核；合规价值诠释了合规文化的功能定位和价值作用；合规愿景描绘了合规建设的未来状态和理想追求；合规使命诠释了合规建设的重要意义与核心任务；合规目标阐述了合规建设的方向指引和目标导向。第二，合规文化实施体系。合规文化实施遵循文化创新理论，从精神文化、制度文化、行为文化、物质文化四个方面展开，结合企业实际情况，创造性地明确了"主攻精神文化，规范制度文化，推进行为文化，提升物质文化"的建设思路。其中，精神层面创新是基础，制度层面创新是保障，行为层面是关键，物质层面是外化表现。具体如下：一是合规精神文化。主要体现在精神理念层面，通过确立企业合规主旨、合规价值、合规愿景、合规使命等，引导企业上下不断提高合规意识。二是合规制度文化。主要体现在制度建设层面，通过合规管理制度、员工行为准则等，将合规管理涉及的各类规范、要求、标准等予以明确并制度化显示，以供全体员工执行。三是合规行为文化。主要体现在企业及员工的行为层面，通过企业领导依法合规的经营管理行为、先进模范主动守规的示范行为、全体员工自觉守规的履职行为，展示企业合规管理的成效。四是合规物质文化。主要体现在企业的物质层面，通过企业产品、宣传标语等向员工、客户及第三方传递合规管理目标、成果等信息。

把握"三个融合"。一是推动合规文化建设与企业改革发展中心任务紧密融合，发挥合规文化对贯彻落实"一体四翼"发展战略的支撑作用；二是推动合规文化建设与企业管理深度融合，通过制度转化、传导、表达合规文化核心价值理念，持续增强合规文化穿透力；三是推动合规文化建设与考核激励充分融合，构建合规文化评价标准化指标体系，通过考核指标和激励措施推进合规文化有效落地。

统筹"四个阶段"。合规文化建设是一个循序渐进的过程，推进合规文化建设要统筹好四个阶段的重点任务：一是文化策划，即总结提炼、完善丰富合规文化理念体系；二是文化传播，即多渠道、多形式营造浓厚的企业文化氛围；三是文化内化，即通过合规文化体制机制建设促进文化的固化内化；四是文化革新，即坚持与时俱进，推动文化创新，合规文化建设成效转化为企业高质量发展的优势。

突出"五个关键"。一是加强组织领导，党政领导齐抓共管，力求合规文化自上向下渗透，把合规文化建设纳入全局工作谋划推进。二是倡导全员参与，坚持把企业领导者的主导作用与全体员工的主体作用紧密结合全员共建，推动合规文化融入基层一线业务，人人都是遵规守纪的第一责任人，构建起全级次、全领域、全员一体的合规管理新生态。三是突出管理特色，在合规文化理念提炼、实践方式上体现出鲜明的电网企业特色，形成既具有时代特征又独具魅力的合规文化，强化合规文化认同度及自豪感。四是务求工作实效，围绕企业改革发展大局和重点工作，贴近企业发展方向和干部职工需求建设合规文化，避免管理"两张皮"。五是加强机制建设，坚持合规文化建设与合规管理并重原则，建立健全与合规文化建设相配套的运行制度、考评机制，推动合规文化传承具体化、长效化。

主要做法

国网福建电力坚持以习近平新时代中国特色社会主义思想为指引，秉承"正心正念"的合规文化信念，依托"C510"合规管理体系建设，统筹安排、多措并举推动合规文化体系落地实践。

厚植文化理念，提升合规意识

多措并举宣传合规文化理念，促进全员对品牌的理解、消化和吸收，形成内心认同。一是强化"正心正念"合规信念。编制"正心正念"合规文化宣传视频、宣传手册广泛开展宣传；制作"正心正念"系列培训材料，纳入各级党委中心组学习、政治理论学习以及各级管理人员培训教育的必修课程。二是培育合规文化理念体系。制作合规主旨、价值、愿景、使命、目标宣传海报，在公司系统办公场所、站所及员工必经场所等广为宣传。编制合规文化理念宣传视频在各单位楼宇广泛播放；向全体员工征集900多条合规宣传文案，择优制作"四季合规·员工心语"宣传视频，编发二十四节气合规宣传屏保向全员内网电脑推送宣传；连续六年组织全员签订合规承诺书，潜移默化树牢合规从业思维。三是统一合规文化宣传标识。设计合规文化IP卡通形象——"合规君"和"三色光"法治文化带标识，印发使用手册，编发节日宣传海报、表情包、书签、便签本、抱枕、徽章等文创产品并在福建省推广使用，以可视化合规标识强化全员合规意识。

健全融合机制，提高合规能力

强化业规融合，培养全员的合规思维，促进合规要求内化于心、外化于行、固化于制、融化于常。一是健全合法合规性审核后评估机制。印发重大决策合法合规性审核后评估工作机制指导意见，对2019～2022年2315个重大决策依法合规执行情况开展评估，对发现的问题督促完成闭环整改。二是完善法律合规风险提示机制。印发《法律合规风险提示工作指引》，规范合规风险提示全流程管控，2022年以来共出具法律合规风险提示书116份，合规风险得到有效管控。三是建立专业合规管理长效机制。印发《专业合规管理长效机制实施意见》，通过5个方面17个举措将合规管理要求全面嵌入生产经营管理活动，"管业务必须管合规"要求得到贯彻落实。

强化制度效能，成就合规习惯

强化制度全生命周期管理，持续推动制度体系优化升级，严格落实现代制度体系的合规要求。一是健全制度体系。建立健全以章程为统领，以合规基本制度、专业合规管理具体制度、重点领域合规指南、岗位权责清单为主体的现代制度体系。2022年梳理发布覆盖22个专业部门177个管理领域专业规范性文件1041个，2023年更新发布现行有效规章制度933项。二是规范制度审核。牵头编制《规章制度合法合规性审查（核）要点指南》，强化制度合法合规性审查（核）流程管控。三是强化制度执行。探索设定硬约束和软引导相统一的制度执行监督方式，开展制度建设问题梳理排查整治，闭环整改问题96项。创新建设数字化制度评价系统，强化制度从审核发布培训到执行评价的全流程数字化跟踪管控。

搭建宣传矩阵，营造合规环境

营造良好的合规环境，有利于形成浓郁的合规文化氛围，培育具有电网特色的合规文化。一是广泛开展"合规君开讲啦！"灵活运用线上线下载体，由IP卡通形象和现实真人"合规君"宣讲习近平法治思想、相关法律法规、典型案例等。二是常态开展"书记讲法"。自2022年以来641名党团书记为24177名员工宣讲法律（合规）知识。三是定期举办合规文化宣传周活动。举行"人人都是合规君"倡议签名、合规论坛等活动，拍摄并向全员播放《合规让我们更卓越》等视频，推动树立合规思维，实现合规立身。

推进主题活动，树立合规形象

开展电网企业"法律六进"宣传活动，增强合规文化社会影响力。一是创建"三色光"法治文化带。建成一个省级"三色光"法治文化馆和25个市县乡村级法治阵地，开展"法律六进"395场，传播电网守法诚信故事。二是构建"六强六化"电力纠纷人民调解体系。协同市县人民法院、司法局、工业和信息化局等，在全省联合共建53个电力人民调解机构，源头排查、化解涉电矛盾纠纷247件，通过无讼方式收回用户拖欠电费等1100余万元，助力地区社会法治治理。三是树立一批合规示范标杆。积极参与全国文明单位、纳税信用A级纳税人、"守合同重信用企业"等评审活动，培育、树立一批诚信经营、遵章守法的合规标杆，发挥正向"场化效应"，实现合规文化的共享和传续。

聚合关键资源，提供合规保障

合规文化建设是一个长期的过程，需要从组织、人才、制度和经费等方面持续保障建设工作的顺利开展。一是加强顶层推动。建立健全层次清晰的一体化合规管理组织架构体系，党委、董事会、经理层、合规管理委员、合规负责人等在合规文化建设中履职尽责。各级单位党委高度重视法治合规文化建设，主要负责人认真履行法治建设第一责任人职责。二是建强人才队伍。在省、市、县配置合规审查人1349人，合规联络人1344人，合规专兼职人员占比8.8%，逐步实现以全体管理人员为主体向全员传播合规文化。三是落实经费保障。把合规文化建设经费列入财务经常性专项预算管理，保障合规文化建设持久深入开展。

实施效果

经实践，国网福建电力合规文化建设基本实现横向协同到边、纵向贯通到底、全员共建共享新格局。一是全员合规意识显著增强。广大党员干部时刻以合规为标尺丈量自身行为，真正成为依法合规治企的自觉遵守者、坚定捍卫者，争做合规风尚的引领者、合规理念的传播者、合规文化的践行者。二是合规管理能力稳步提升。领导人员主动承担起构建企业良好合规生态的首要责任，"管业务必须管合规"要求得到贯彻落实，各部门、各单位运用合规工具应对改革发展的能力明显加强，合规管理为企业发展蓄势赋能、保驾护航的作用得到充分发挥。三是合规风险有效管控。合规风险管理水平得到明显提升，连续多年未发生重大合规风险事件。

主要创造人：叶继宏　阎晓天

参与创造人：黄英铝　林　新　余丽英　林昶咏

以本质安全为目标的"六安工程"企业文化建设

北京京能高安屯燃气热电有限责任公司

企业简介

北京京能高安屯燃气热电有限责任公司（以下简称高安屯热电）成立于2010年12月30日，根据北京市"十二五"期间加快构建安全、高效、低碳、城市供热体系，持续改善环境质量、加速能源清洁化进程的有关精神，按照"一个中心、统一规划、两个电厂、共同协作"的原则，由京能集团投资建设的北京市重点工程。机组于2014年12月10日顺利通过168小时满负荷试运，转入商业运营。

工程新建一套9F级燃气—蒸汽联合循环"二拖一"发电供热机组，总装机容量845兆瓦，供热能力596兆瓦，年发电量38亿千瓦时，供热面积约1200万平方米。工程采用先进的SSS离合器技术和烟气余热深度利用技术，同期建设烟气脱硝装置，可最大程度地提高机组的供热能力，符合国家节能、高效、环保政策。工程将先进的"一键启停"技术及现场总线技术应用于联合循环机组，构建现场设备、工业控制系统、企业管理体系一体化的智能化管控平台。通过对现场总线设备管理功能的二次开发，并结合SIS（安全仪表系统）系统及ERP（企业资源计划）系统建设，已建成基于现场总线技术的数字化电厂，成为北京能源集团有限责任公司（以下简称京能集团）数字化电厂的示范项目。

实施背景

结合发电企业特点与生产实际，安全管理工作仍存在很多难点，制约了安全工作取得更大成绩。高安屯热电牢固树立安全发展理念，推进具有企业特色的文化体系，以"六安工程"赋能本质安全，为保障企业高质量发展与长治久安打下坚实基础。

人是本质安全的核心。把以人为本落实到安全管理上，首先是要尊重人的生命和健康。作为实践的主体，人是安全生产效益的创造者，是操作设备的劳动者，是制度的执行者。人通过制度和规程作用于设备，人同时还受到不同环境和条件变化的影响。技术条件、安全制度、质量标准、作业环境等原因都能影响人的安全。必须以先进的安全理念为指导，以强烈的安全意识作保证，以严格的制度和规程为约束，保证人的行为正确、规范、安全，从根本上掌握防范安全事故的主动权。

设备是本质安全的基础。设备要素涵盖生产和施工设备、各种劳动工具，以及劳动对象。人通过制度作用于设备，设备状态也影响着人和环境的变化。在电力生产和施工建设实践中，诸如金属材料内部缺陷、原始地质条件复杂等原因，目前的科技手段还无法完全规避所有的安全风险。因此，要充分发挥人的主观能动性，通过实施状态检修和日常的精心维护，通过对制度、预案的充分执行和完善，确保设备要素的可控在控，实现本质安全。

管理是本质安全的关键。安全生产管理是针对人们在生产过程中的安全问题，运用有效的资源，发挥人们的智慧，通过人们的努力，进行有关决策、计划、组织和控制等活动，实现生产过程中人与机器设备、物料、环境的和谐，达到安全生产的目标。制度是加强安全生产管理的重要举措，是长期实践经验和教训的总结，每一条制度都是用血的教训换来的。制度的科学性直接对其他要素的安全状态产生影响，人和物的安全要靠制度来保障。

环境是本质安全的外部条件。时间和空间的变化，工作与生活环境，季节与气象条件变化，突发的自然灾害，乃至于社会舆论、员工家庭氛围的影响，都属于环境要素的范畴。人和设备始终处于环境之中，环境要素的变化不仅会改变设备的运行条件，而且也会造成作业人员的身体和情绪变化。随着环境的变化，人要及时适应，设备要调整状态，制度要延伸修订，通过有效应对来避免操作失误和设备失控。

主要做法

高安屯热电建立"六安工程"企业文化体系，创新推进本质安全型企业的创建。"六安工程"，旨在树立高凝聚力的安全文化理念，创建高驱动力的安全管理模式，打造高执行力的安全生产团队，铸造高影响力的安全文化品牌。高安屯热电通过不断深入推进"六安工程"建设，大力弘扬京能集团"生命至上，平安京能"以及清洁能源"明理、思危、慎行、善省"的安全理念，凝聚安全文化力量，提升全体员工的安全文化素养，营造和谐守规的安全文化氛围。

树立和落实"党政保安"的安全责任观

高安屯热电党总支牵头，组织各支部发挥党建在安全管理中的组织、宣传、教育、协调、服务、监督功能，中心组按时开展安全生产专题学习；组织党员开展以"党徽在闪耀，防疫安全生产两不误"为主题的党员活动，将党建工作与安全生产管理工作有机融合，推动党员在安全生产中发挥先锋模范作用，实现党政工团齐抓共管。

树立和落实"依法治安"的安全法治观

全面落实"安全第一，预防为主，综合治理"的安全生产方针，每年发布公司安全生产一号文件，明确安全生产目标和责任状，为安全生产工作提供依据和遵循。建立健全全员安全生产责任制和安全生产规章制度、操作规程，保证公司各级人员做到"党政同责，一岗双责"，同时确保安全生产工作有章可依，使安全生产工作规范化、制度化。按照各项规章制度开展工作时，将安全工资"表格化、清单化"，以表单为载体落实各项工作，可以系统、完整地开展工作，避免遗漏关键节点，保证工作完成的质量，同时便于员工执行。

依法依规设置安全生产管理机构，配足配强安全生产管理人员，足额提取安全生产经费，加大安全生产投入力度，加强应急救援体系建设、安全隐患治理和安全生产宣传教育培训等，持续提升安全生产保障能力。

树立和落实"管理强安"的安全管理观

持续开展危险源辨识、风险分级管控工作。对安全风险分级、分层、分类、分专业进行管控；对隐患排查登记建档，对隐患治理实行闭环管理，明确整改负责部门、责任人和验收人，规定整改期限，定期盘点整改情况，对整改不力的部门和个人采取问责机制。

深入开展安全隐患大排查、大清理、大整治专项行动；扎实开展迎峰度夏、危化品、特种作业等系列专项检查，消灭隐患，防患未然。近三年来进行各类专项检查100次，综合检查15次，排查出隐患700余条，全部整改或制定防范措施，实现公司范围"违章指挥、违章作业、违反劳动纪律"现象趋近于零，职工职业健康状况持续改善。

加强设备缺陷分析，对于频发性缺陷要组织专业人员深入分析，从根本上解决问题；对于偶然出现的缺陷和故障，要给予更多关注，摸清设备特性，分析故障规律，找出根本原因，彻底消除缺陷；从而减少并杜绝各类设备缺陷引发的设备故障，提高设备的可靠性和经济性，实现设备的本质安全。

作业前，辨识并消除作业环境中存在的各类危险因素，如高处作业、有限空间作业等，作业场所布置安全警示标识；作业场所地面保证平整、无杂物；作业区域内及其临近的井、坑、孔、洞、沟道上设置牢固且与地面平齐的盖板；如果盖板被暂时移除，应在其四周装设坚固的临时防护栏杆，并设置"当心坠落"警示牌；承重盖板上设有明显的承载标识；生产现场入口对现场存在的危险有害因素进行告知，告知作业场所的噪声、有毒有害气体含量限值及实际测量值。

安全承诺内容具有时代性和先进性理念，符合安全生产实际，得到高度认同。高安屯热电开展各级人员安全承诺，主要负责人对安全承诺做出有形的表率，各级管理者对安全承诺起到示范和推进作用，企业员工要充分理解和接受安全承诺，并结合岗位工作任务实践安全承诺。

树立和落实"基础固安"的安全基础观

牢固树立"培训不到位就是重大隐患"的理念，把扎实有效的教育培训作为提高全员安全素养的重要手段。年度培训计划细分到不同人群，针对性地开展不同形式的教育。建立从入场安全培训，到部门以及班组培训，班前会"三交三查"的安全生产培训常态化的工作机制，结合实际工作强化安全理念教育，安排工作首先要考虑安全问题，既要考虑作业安全，也要考虑设备安全，不断营造浓厚的安全生产氛围，提高员工的技术素质、安全技能和安全意识，促使员工由"要我安全"向"我要安全"转变。

创新班组建设工作方法，全面加强班组管理。开展本质安全班组建设，提高班组管理的科学化、制度化、规范化水平。以班组为单位，开展技能水平提升专项培训，全面提升作业人员安全技能、安全意识以及安全素质，班组培训主要针对所辖设备的工作原理、性能参数、运行特点和维护要求及相关专业知识、设备的检修工艺等方面入手。同时推行"师傅带徒弟"的培训方式，师傅带徒弟了解所辖设备的工作原理等基础知识，徒弟以高涨的学习热情同师傅一起学习新技术、新材料、新工艺、新设备，互相查缺补漏。

树立和落实"科技兴安"的安全科技观

安全技术是安全生产保障体系的重要组成部分，作为国内首家数字化电厂，高安屯热电持续探索深化科技手段在安全领域发挥的作用，积极推动人工智能、大数据、信息化等手段在生产管理中的应用。"人员定位""高风险作业远程监控系统""应急管理系统""手机考试系统"等一批科技项目的建设与推广应用，实现科技保安全、促提升。

树立和落实"文化创安"的安全文化观

把握正确的舆论和创作导向，提高全体员工的安全意识与技能。利用高安屯热电官方微信公众号、网站、视频号、手机客户端等新媒体平台，结合主题宣传教育活动，形成安全文化矩阵体系，让安全培训、教育、宣贯活起来，用起来。

大力开展安全文化建设，安全管理中应着重于人的管理，坚持"以人为本"、提倡对员工的"爱"与"护"，以人的"灵性管理"为中心，以员工安全文化素质为基础，所形成的安全价值观和安全行为规范，通过开展心系岗位安全承诺、安全祝福、安全短信等活动，使职工感受到来自家属浓浓关爱和家庭幸福的同时，也时时感悟到"安全"二字的深刻含义，使他们充分认识到自己的安全责任，从而在工作中提高安全意识，自觉执行规章制度，在部门内营造出人人讲安全的文化氛围，保证每一项工作安全高效地完成。

赋能，安全寄语打造厂区安全文化。遴选职工微信接力安全寄语100条，制作成安全宣传旗，布置在厂区灯杆上，用自己的话诠释安全、保证安全；收集员工"爱的寄语"，制作成展板，布置在集控室，时刻用家人的嘱托、同事的关心提醒员工，安全是第一位的。

实施效果

在"六安工程"企业文化体系建设下，以教育培训为手段，以"六安工程"为抓手，培育本质安全型员工；坚持问题导向，补强短板，弥补漏洞，消除设备重大缺陷、环境设施隐患，打造本质安全型设备；以安全理念为指导，转变和创新安全管理方法，努力提升安全管理水平；以人为本、构建和谐，创造本质安全型环境。从人、物、环、管四方面实现本质安全。高安屯热电投产9年来未发生人身轻伤及以上事故，未受到北京市各级安全监管监察机构的行政处罚，截至2023年6月30日，实现安全生产3125天，安全生产形势保持良好态势。

2022年高安屯热电认真贯彻落实国家能源局、国家能源局华北监管局和上级单位"党的二十大保电"有关工作部署，积极践行"四个安全"治理理念，不断完善双重预防机制，并在华北区域"党的二十大保电"工作中表现突出，获得国家能源局华北监管局表扬信；"京能杯"（清洁能源企业）安全知识竞赛中，高安屯热电代表队勇夺一等奖，荣获竞赛优秀组织奖；荣获2022年北京市安全宣传"五进"最佳实践活动奖项；以"六安工程"安全文化体系建设及本质安全型企业建设助力安全管理效能提升——荣获2022年度全国电力安全文化优秀工程及第四届企业安全文化论文三等奖。

主要创造人：杨　翀

参与创造人：王志强　刘德林　王　斌　颜　涵

以文化与管理深度融合为重点，以软硬实力系统提升为目标的"实"文化建设

泰安市烟草专卖局（公司）

企业简介

泰安市烟草专卖局、山东泰安烟草有限公司分别成立于1983年9月和1984年2月，二者合署办公，简称泰安市烟草专卖局（公司）（以下简称泰安烟草），负责全市的卷烟批发和专卖管理等工作。内设15个部门，辖泰山区、岱岳区、新泰市、肥城市、宁阳县、东平县局（营销部）和卷烟物流配送中心、泰安泰山壹伍叁贰物联商贸有限公司，在岗职工775人，服务全市19000余卷烟零售客户。下设8个直属单位，服务全市19000余卷烟零售客户。

在国家烟草专卖局、山东省烟草专卖局（公司）和市委、市政府的坚强领导下，泰安市烟草专卖局（公司）以习近平新时代中国特色社会主义思想为指导，深入贯彻落实党的二十大精神，自觉践行烟草行业"国家利益至上、消费者利益至上"的共同价值观。坚持"总量控制、稍紧平衡、增速合理、贵在持续"方针，以"观念为先、作风为本、担当为要、落实为魂"为总要求，登高望远、奋力争先，建设"定力泰烟、活力泰烟、实力泰烟、魅力泰烟"。坚持"实真细精严新快"工作作风和标准，久久为功抓基层、打基础、强管理、重创新、补短板、强弱项、激活力、严考核、快落实，为全系统和地方经济社会高质量发展做出应有贡献。2022年，全市共销售卷烟15.3万箱，销售额42.7亿元，实现税利9亿元，其中，上缴税金8.3亿元，税金上缴额跃居全市第一。

实施背景

国有企业作为社会主义市场经济的重要组成部分，只有坚持以习近平新时代中国特色社会主义思想和党的二十大精神为指导，用优秀的企业文化引领企业发展，才能使社会主义核心价值观在企业落地生根。因此，我们必须从提高国家文化软实力、提升企业核心竞争力的高度，把加强企业文化建设，作为一项长期的重要任务，融入企业改革发展的全过程，推动企业文化落地生根。

2020年7月，国家烟草专卖局党组《关于提升烟草行业软实力的指导意见》提出，把深化文化建设，突出价值引领作为提升烟草行业软实力建设一项首要举措。要求加快建设具有时代特征、丰富内涵、鲜明特色的烟草文化，实现烟草文化自信高度自觉，政治文明、物质文明、精神文明和谐统一，为行业改革发展稳定提供强有力的文化支撑。

伴随着烟草行业的快速发展，泰安烟草的经营模式和管理模式也在不断转变，企业文化新特

质不断增加，原来的文化体系已不能有效凝聚发展共识，需要结合新的发展要求进行迭代升级，以文化升级引领企业高质量发展。市局（公司）党委因势而变，提出以文化强企业，着力提升企业"软实力"，以进一步建设企业文化来促进工作实现新突破，为泰安烟草高质量发展第二次转型升级提供新动力。

体系内涵

泰安烟草"实"文化体系建设概述

泰安烟草秉持"最好的传承是发展，最好的发展是创新"的理念，企业文化建设经历了三个主要阶段，从1.0阶段的文化体系构建，到2.0阶段的文化资源优化，目前已进入文化软实力提升的3.0阶段。

2007年，泰安烟草构建了"实"文化体系，自2020年以来，泰安烟草进一步丰富了"实"文化的内涵，完善相应的理念体系，将"软硬实力齐头并进，做人做事实字当先"作为"实"文化的核心要求，并将文化理念与企业经营管理各层面有机结合，构建了系统而务实的文化体系。

"四维十二力"泰安烟草软实力建设模型

将企业文化与软实力紧密结合，同步推进，系统提升是泰安烟草企业文化建设的一大特色。通过比较软实力和企业文化的核心内涵、结构维度及其作用机理，厘清了企业文化和软实力的关系，将软实力提升作为文化价值实现的重要路径，将文化建设作为软实力提升的重要手段，将二者有机结合，探索出了一条烟草商业企业软实力提升之道，实现了软硬实力齐头并进的良好局面。

"四维十二力"软实力建设模型从纵向（战略和执行）和横向（内部和外部）两个方面，形成四个维度：战略统筹、运营管控、价值创造、品牌传播。进而根据四个维度的重点工作，形成了十二个方面的软实力作为提升重点。其中十二个方面软实力分别指党建引领力、战略领导力、文化凝聚力、学习创新力、贯彻执行力、风险防控力、生态优化力、市场营销力、渠道掌控力、品牌影响力、社会信任力、舆情引导力。

"四维十二力"软实力建设模型明确了软实力建设的重点，厘清了其主要的组成部分、内在的逻辑关系和彼此的相互作用，为泰安烟草软实力建设提供了方向指引和行动指南。

主要做法

泰安烟草在企业文化及软实力提升过程中，始终坚持系统、务实、高效的原则，加强对相关理论的学习研究，根据行业的战略部署，结合自身的发展实际，通过对企业文化及软实力的核心内涵、本质特征、落地路径及价值创造方式的深入研究，综合运用党建、战略、文化、制度、营销、品牌、传播等无形资源，形成了具有泰安烟草特色的方法论、技术体系和落地路径，全方位推进软硬实力同频共振、系统提升、齐头并进，具体做法如下。

以"金字塔模型"作为文化和软实力提升的方法论指引

基于企业文化内在结构及运行规律，泰安烟草构建了文化提升金字塔模型，深入思想深处和问题根源，从观念和思维变革入手，树立鲜明的价值导向；通过对企业运行机制和制度流程的优化提升管理效能；通过持续的能力素质提升，激发队伍活力，员工的工作作风和精神面貌大为改观；通过开展人文关怀，营造内亲外和的文化氛围，员工的幸福感、归属感持续提升，企业的向心力、凝聚力不断强化。

泰安烟草的文化提升涵盖了从战略到执行、从组织到个人、从内部到外部的方方面面，打通部门壁垒和条块分割，构建了与战略相辅相成、与经营管理深度融合、与品牌形象相互促进的文化管理模式。

在企业管理体系的构建上，泰安烟草以全局视野，高点站位，从更高格局统筹管理工作，树立"一盘棋"思想，整合内部资源、打破部门壁垒，构建大督办、大监督、大考核、大督查"四位一体"的运行机制，明确干事创业"风向标"，用好真评实考"指挥棒"，拿出追责问效"撒手锏"，全面提升工作的整体性、系统性和协调性，让所有决策部署事事有着落、件件有回音，进一步提高工作效能，带动工作模式、机制和干部职工队伍转型升级。

以"四位一体"的考督运行机制为基础，持续推进规范管理体系建设，促进全员、全过程、全方位合法合规，构建"大规范"格局；牢固树立总体国家安全观，抓实抓细常态化防控措施，持续构建"大安全"格局；聚焦企业软实力建设，运用多元思维把传统媒体与新媒体融为一体，构建全媒体宣传矩阵，坚持全员共同参与，从系统的、战略的角度把宣传工作和实际工作结合起来，充分调动全体干部职工的积极性、主动性、创造性，共同参与到宣传思想工作中来，构建"大宣传"格局；树立全员服务意识，通过不断健全完善相关工作制度、流程、标准，提升基层服务水平。进一步扩大市场"监督员"队伍，探索"线上+线下"市场调研方式，不断改进服务质量，构建高质量"大服务"新格局。

以全方位的内外协同一体化推进，让文化和软实力提升落地见效

泰安烟草软实力与企业文化提升纵向根据"金字塔模型"，横向构建"大"管理格局，将文化理念与各项工作深度融合，各项工作之间紧密配合，由点及线，由线成面，内外协同，一体推进文化与软实力提升。

党建引领：通过"四联八提"、数字党建、党群业绩对比、党建品牌建设等充分发挥党建的六大引领与六大作用。

战略统筹：确立"12224"工作思路，明确一个目标，实施两大战略，提升两种能力，确保两个明显，坚持四个把握，一张蓝图绘到底，以上率下，狠抓落实。

文化聚力：不断优化实文化核心内涵，持续升级文化管理工作，将文化理念与各项工作深度融合，营造内亲外和的文化氛围，为企业发展凝心聚力。

素质提升：始终秉持成就每一名员工的工作理念，锚定"六能干部、六能员工"队伍建设目标，全面激发队伍活力。

管理创新：深化流程建设，减少管理浪费，实施创新积分制考核，激发全员创新热情，推动创新成果落地应用，不断提升管理效能。

风险防控：借助"泰好用"平台，进一步完善"724风险识别控制体系"，实现等级自动测算、防控措施自动选择、风险自动提醒，精准监管效能和风险防控能力持续增强。

专销协同：建立"六连六通"专销协同机制，依托"泰慧管"平台研究分析模型，提升线索提前发现和精准锁定能力。

市场净化：深化APCD（分析、计划、检查、处理）工作法2.0版应用，与公安、检察院建立联席会议和信息化协同办案机制，并与食药环侦支队联合搭建全省首家"数字警烟工作室"，进一步强化数据研判分析能力。

零售赋能：通过企业微信和"泰e购"小程序提高零售客户盈利水平；运用"泰享用"客我成长平台，指导零售客户提高经营能力；建立零售商研修中心，借助泰烟平台链接高校师资，为零售客户赋能，着力打造"六能"零售客户。

责任担当：将经营工作积极融入乡村振兴大局，积极履行社会责任，助力地方经济社会发展，企业纳税逐年递增，被山东省文明办授予"省级文明单位"称号。

形象传播：依托"大宣传"格局，搭建"泰百科"综合宣传平台，开设"泰百科"公众号、视频号、抖音号，积极探索"新闻+"运行模式，构建全媒体思维，传播烟草好声音，企业形象"破圈"而出。

以立体化、多维度的平台建设，让文化与管理深度融合，高效运行，全方位展现企业软实力

文化与软实力的不只是理念引领和管理举措的落实，更需要硬件系统的支撑，只有将其融入企业运营的每个细节才能真正发挥其力量，充分实现其价值，为此，泰安烟草构建立体化、多维度的平台，涵盖了综合管理、专项管控和客户服务，涉及企业内部运营和外部服务的各个层面，构建了企业文化和软实力落地的有效路径。

实施效果

泰安烟草通过连续三年开展解放思想大讨论和作风纪律突出问题集中整治，队伍整体精气神逐年提升。"实"文化理念体系已成为各项工作的指导原则，"定力泰烟、活力泰烟、实力泰烟、魅力泰烟"已经成为泰安烟草上下共同追求的目标，"实真细精严新快"成为每名泰烟人秉承的工作作风；"六个一"行为准则已成为广大员工的情感认同和行为习惯。

秉持"成就每一个名员工"的理念和"六能干部""六能员工"的人才标准，举办"登高望远、奋力争先"党务、营销、专卖和宣传队伍素质能力提升系列培训班，全面锻造各业务岗位"中坚力量"，累计培训1100余人次。联合市总工会选树"泰烟工匠"38名，开展"泰烟达人"带徒培养活动，在全省系统专卖和物流岗位技能竞赛中，分获团体第6名和第4名的成绩。融合推进"两个红色IP"，选树新时代泰安烟草最美"挑山工"和"石敢当"典型事迹，形成"党员就要干得比群众好、党员就要带着群众一起干好"的生动局面，进一步树立了"事争一流、唯旗是夺"的鲜明导向。在2022年举办的市局（公司）系统三个片区观摩会中，七家单位好的经验做法不断涌现，争先恐后比发展、争先进位创一流的氛围日益浓厚，"埋头苦干、勇挑重担、永不懈怠、一往无前"的优秀品格，已成为融入泰安烟草血脉灵魂的软实力之源。

企业"软实力"的建设与实施，促进了企业的"硬发展"。2022年全市系统实现税利9.0亿元，同比增幅5.05%，税金上缴额居全市第一。

依托"大宣传"格局，搭建"泰百科"综合宣传平台，开设"泰百科"公众号、视频号、抖音号，截至 2023 年 4 月 4 日，累计发布图文稿件和短视频 700 余个，被各大央媒平台转载稿件 100 余篇次，地方媒体转载稿件 420 余篇次，浏览量累计达 1700 余万人次，在《人民日报》、新华网等央媒发布稿件 80 篇。短视频作品《彩虹》获行业"奥斯卡"评选一等奖。

在取得经济效益的同时，积极履行社会责任，助力地方经济社会发展。持续推进"山上山下、线上线下"旅游市场开发新模式，以"明知山有虎、偏向虎山行"的勇气，争取市委、市政府超常规支持，在市委书记、市长的关心推动下，将"泰山尊客"店建在了中天门，把吸烟舱搬上了南天门，在行业内首家突破 5A 级景点"禁区"，取得文明吸烟环境建设历史性突破，深受社会各界好评。先后获得"全国模范职工之家""全国烟草行业企业文化建设先进单位""全国总工会职工书屋示范点""山东省富民兴鲁劳动奖状""山东省劳动关系和谐企业""山东省学习型先进单位""山东省模范职工之家""山东省文明单位"等荣誉称号。

主要创造人：靳　新
参与创造人：许　鹏　邢　燕　邱丽丽　朱奥博　彭　霄　李升祥

以创新文化赋能碳纤维产业发展

中国石化上海石油化工股份有限公司

企业简介

中国石化上海石油化工股份有限公司（以下简称上海石化）是中国石油化工股份有限公司（以下简称中国石化）的控股子公司，创建于1972年，位于上海市金山区，是中国最大的炼油化工一体化企业之一，也是国内重要的成品油、中间石化产品、合成树脂和合成纤维生产基地。2022年，加工原油1044.53万吨，生产成品油590.80万吨，营业收入825.18亿元，利税总额64.84亿元。近年来，连续六届获得"全国文明单位"，先后获得"全国绿化先进单位""全国思想政治工作优秀企业""全国用户满意企业""全国爱国拥军模范单位""中华环境友好企业""智能制造试点示范企业""北京冬奥会、冬残奥会突出贡献集体"等一系列荣誉称号。

实施背景

创新文化犹如肥沃的土壤，是科技创新事业的根基。创新文化是科技创新的内在动力，是国家科技竞争的软实力，对创新具有导向和牵引的作用。当前，我国正处于创新力勃发的黄金时代，也面临打压遏制随时可能升级的现实压力，只有大力培育创新文化，才能为推动科技创新、建设世界科技强国提供良好的文化氛围和社会环境。

当今世界正处于百年未有之大变局，培育和发展创新文化是企业适应新一轮科技革命和产业变革新趋势的必然选择。在激烈的国际竞争中，唯创新者进，唯创新者强，唯创新者胜。企业只有把发展基点放在创新上，才能实现依靠创新驱动、发挥先发优势的引领型发展。近年来，上海石化持续推进转型升级，新动能快速成长，但高端化、智能化、绿色化的发展要求还未完全落地，加快建设创新文化，推进自主创新，成为上海石化发挥自身优势、破解发展难题，实现高质量发展的一条有效途径。

主要做法

创新文化是与创新实践相关的，以追求变革、崇尚创新为基本理念和价值取向的文化形态的总和，包括与创新相关的理念、制度、人才和环境等层面。建设创新文化是一项系统工程，上海石化整体谋划、协同推进，从思想引领、体制机制、人才引育、氛围营造四方面，加快创新文化落实落地，推动创新发展。

破局：强化思想引领，以创新文化为指引找准"坐标系"

思想是行动的先导，建设创新文化，首先要树立与创新相适应的一系列思想观念。一是强化政治意识。服务国家重大战略需求是央企的"家国情怀"和历史使命，上海石化把碳纤维攻关作为重要政治任务，牢固树立"在经济领域为党工作"理念，面对国外对碳纤维关键核心技术的"卡脖子"局面，实施领导班子成员交叉任职、科研人员双向进入、课题研究联合推进机制，形成了以"最好的资源、最强的力量"投入碳纤维产业发展的生动局面。二是强化责任意识。充分发挥党组织和党员作用，创建党员责任区、党员示范岗，引导全体党员干部知形势、领任务、抓落实，用思想引领提高全体科研工作者的思想政治修养，用作风引领提高科研工作者的职业道德水平，用创新引领增强全体科研工作者的创先争优意识，做到在科研攻关一线，哪里有困难，党员先上；哪里有瓶颈，党员突击队先上，形成了干有方向、做有目标、党员示范、全员争先的良好氛围。比如，2022年北京冬奥火炬团队全体党员充分发挥"一名党员、一面旗帜"的积极作用，逐一解决了火炬外壳耐高温、耐燃烧等技术难关，使党旗在服务保障冬奥一线高高飘扬。三是大力推进知识产权文化建设。围绕"尊重知识、崇尚创新、诚信守法"核心理念，举办知识产权讲座、微信答题、公众号宣传等一系列知识产权保护宣传活动。

立势：完善体制机制，以创新文化为导向绘制"路线图"

创新文化的建设离不开政策的引导和体制机制的保证。一是建立科技创新资源整合机制。碳纤维技术有着森严的技术壁垒，迄今为止只有日本、美国等少数发达国家拥有并掌握。上海石化作为产业链"链长"，联合上海石油化工研究院、上海工程公司、复旦大学等数十家科研院所、高校、企业等协同攻关，将科研院所和高校强大的基础理论研究，与企业的工程化技术开发进行无缝对接，成功试制出48K大丝束碳纤维，并贯通工艺全流程，走出了一条"产、学、研、用"相结合的创新之路，为跨越鸿沟吹响了冲锋号。二是建立创新成果评价激励机制。为进一步激发源头创新的动力和活力，鼓励科研人员沉下心来久久为功，努力实现更多"0到1"的突破，上海石化通过制订和实施具有市场竞争力的薪酬体系，将科研人员的年薪分为基本薪酬、课题激励和项目提成三部分，实行薪酬动态调整、能增能减机制，大力推进联合体攻关专项考核激励和科研开发、科技成果转化激励，切实提高科研人员成就感、获得感。积极营造科技"领军人"文化，探索实行"揭榜挂帅"项目组织管理方式，通过征集需求、发布榜单，鼓励企业范围内科技人员开展技术攻关，首批5项课题于2022年6月揭榜实施。三是建立人人关心创新、投身创新的全民参与机制。开展"讲理想、比贡献"活动，2022年下属单位申请立项总数为52项，参与竞赛活动的科技人员374人，取得经济效益17063万元；组织3期科技分论坛，内容涉及学会工作、新闻、科技论文写作等相关知识，100余人次参与；举办以"走进科技·你我同行"为主题的2022年上海石化科技活动周暨金山科技节系列活动，内容涵盖科技进军营赠书活动、科普知识竞赛、冬奥火炬艺术展、冬奥火炬研发团队参与访谈节目等，共吸引社区居民、科技工作者、学生等200名观众参与。

蓄能：突出人才引育，以创新文化为支撑激活"动力源"

创新的根本是"人"的创新，"人"才是创新的活水源头，是建设企业创新文化、提升企业创新实力的关键，是必须放在第一位重视的主体和核心。一是突破思维桎梏，因地制宜引进人才。上海石化坚持高起点、高标准、宁缺毋滥原则，通过"双百计划"、成熟高层次人才引进、碳纤维领域专家职数单列等措施，加强科技领军人才、骨干人才的使用和储备，聚天下英才而用之，以人才高地建设助推中国石化碳纤维重大项目和"十条龙"攻关项目。同时，充分利用1号碳纤维工厂现有生产线，将其作为培养新进技术人才和操作人员的"孵化器"，采取"沉浸式"全流程管理，提升专业技术水平和实操技能。二是激发创新活力，不拘一格用好人才。推进科技创新"放管服"，推行"项目长"和"揭榜挂帅"责任制，在关键核心技术和新领域项目培育中打破部门和专业壁垒，建立以项目为主体的攻关团队。同时，为加快青年科技人才的成长，分"起步阶段""登高阶段""跨越阶段"三个阶段，针对性制订个人专属职业生涯规划，打破原有二级单位的内循环模式，充分发掘内部导师资源，探索开展个性化的导师带徒，由首席专家、高级专家、专家等专业精英担任青年科技人员的导师，迅速提升青年科技人员的专业水平。在2022年"青年创新创效"竞赛中，"中压加氢装置节能降耗"等8个项目从41个立项中脱颖而出，评为"年度卓越成果"。

扬帆：注重氛围营造，以创新文化为载体吹响"集结号"

"孤举者难起，众行者易趋。"创新文化的建设是一个潜移默化的过程。一是营造尊崇创新、追求创新的舆论氛围。上海石化科协通过举办科技沙龙、青年科技精英赛、科技论文发表，评选科技创新团队、优秀科技骨干等。利用好上海石化企业展示馆（上海市石油化工科技馆、碳纤维展示馆）平台和"公众开放日"活动，组织内外部各界人士观摩，使"创新合作、担当奉献、开放包容、务实诚信"的文化理念落地生根，真正成为全体干部员工的文化追求、价值标准和行为规范。连续八届开展企业文化故事征集评选活动，通过讲好职工身边的企业文化故事，挖掘和形成《不要轻易说"NO"》《匠心打造，与冬奥火炬一起飞扬》等故事，用榜样的力量激励职工、用先进典型事迹感染职工，让全体党员和职工群众在企业核心价值理念的落地过程中自觉行动、自发奋斗，弘扬正能量、提升精气神。二是营造正视挫折、宽容失败的积极氛围。科技创新是探索未知的过程，走别人没有走过的路，难免有走岔路走弯路的时候。科技创新不能"只许成功不许失败"，要以宽容的态度对待这些错误和失败。上海石化深入学习领会习近平总书记关于"三个区分开来"的重要要求，落实《中国石化领导人员容错纠错实施办法》，旗帜鲜明地为敢于担当、踏实做事、不谋私利的干部撑腰鼓劲，树立起保护创新者、支持担当者的鲜明导向，在企业上下形成改革创新的良好氛围，让解放思想、敢闯敢试、大胆创新成为自觉追求，使科研团队能够心无旁骛地展现"敢为人先、事争第一"的勇气和担当。

实施效果

一路走来，上海石化碳纤维产业发展从摸着石头过河，到建成国内首套大丝束碳纤维生产线，充分发挥创新文化的导向、推动和辐射作用，有效推动企业高质量发展，收到明显成效。

为国家高水平科技自立自强注入创新动力

在创新文化的感召下，上海石化扛稳"担当国家战略科技力量"核心职责，全力攻克大丝束碳纤维关键核心技术，48K大丝束碳纤维工业化试制产品性能与国际主流水平相当，万吨级大丝束碳纤维装置、百吨级高性能碳纤维装置建设进展顺利，氧化炉、碳化炉等核心工艺装备实现国产设计制造。碳纤维复合材料在轨道交通领域实现装车示范与商业应用，大丝束碳纤维风电叶片挂机投用，碳纤维筋、索等工程型材在海堤、桥梁、公路等土木工程领域实现规模化示范应用。

为企业高质量发展打造引领优势

在科技攻关过程中孕育、发展的创新文化，让全体干部员工更加易于接受和认同。在此过程中，员工的思想境界、精神状态得到升华，形成心往一处想、劲往一处使、拧成一股绳事往一处干的氛围，激发出团结、拼搏、进取的内生动力，企业实力显著增强。目前，上海石化拥有申请碳纤维相关专利274项、授权165项，碳纤维相关专利申请数排名全国第一、全球第三，逐步形成了碳纤维研发、生产制造、材料设计、推广应用的全产业链和原创技术策源地。

为企业可持续发展筑牢人才根基

创新文化激荡起广大干部员工攻坚克难的勇气、开拓创新的士气和不断进取的志气，在攻克碳纤维"卡脖子"难题中，上海石化干部员工以奋力攻关、敢为人先的创新精神，执着专注、追求卓越的工匠品质，打造出一支"善打大仗、敢打硬仗、能打胜仗"的"铁军"，成为企业的宝贵资产和最强劲的综合竞争力。近年来，上海石化在碳纤维及其复合材料领域已有首席专家2名、高级专家1名、专家2名、博士12人，其中引进3名博士进入企业博士后工作站。碳纤维联合装置获评"中央企业先进集体"，碳纤维产研青年团队获"上海市青年五四奖章"集体荣誉称号。

为"金山精神"赋予新的时代内涵

地处杭州湾畔的上海石化，在建厂后成功孕育了"金山精神"：艰苦创业、科学求实、团结进取、忘我献身。进入新时代，对"金山精神"的内涵作进一步地诠释，也是企业文化守正创新的需要。作为先进社会生产力的代表，工人阶级的先进性怎么体现、工人阶级的优秀品质精神怎么弘扬，上海石化以创新文化引领保障碳纤维产业高质量发展是生动的实践证明，也为"金山精神"赋予了新的时代内涵：丰衣天下、产业报国的家国情怀，善打硬仗、敢为天下先的责任担当，向先进水平挑战、向最高标准看齐的工作理念，精细严谨、苦干实干的作风本色，以及产城融合、基业长青的共同追求。

主要创造人：万　涛　黄翔宇
参与创造人：吕向荣　袁丹林　杨祖寿

党建引领聚力助残，微光汇成"仁爱天下"的阳光

重庆市远大印务有限公司

企业简介

"重庆雄峙，巴渝形胜，两江之滨，人杰地灵。远大印务肇基壬申，蹑群英荟萃之渝州。志存高远，溯黄帝造字伟绩，慕毕昇承文运振兴华夏；有容乃大，怀民族复兴愿景，扶弱庶乐慈善奉献国家。……"一曲《远大赋》，将重庆的地理优势、历史文化底蕴和重庆市远大印务有限公司（以下简称远大印务）的企业精神完美融合，展现了重庆这座城市的独特魅力和远大印务的崇高使命。远大印务在重庆这片热土上诞生和发展，作为中国四大发明之一的活字印刷术的传承者和重庆市民政局批准的社会福利企业，远大印务秉承着中华优秀传统文化的精神，致力于振兴中华文明，同时也关注民生福祉，积极参与慈善事业，为国家的繁荣和民族的复兴贡献力量。

远大印务的董事长张爽先生担任重庆中华传统文化研究会会长，一直秉持着"不忘初心、向善而行"的理念。他将中华优秀传统文化融入企业文化之中，不仅引领着企业全体职工，而且用自己的实际行动服务于社会，展现了儒家文化中"仁爱天下"的精神。

远大印务由六个人在防空洞中起家，经过七次厂房搬迁和五次扩大兼并，经过30多年的发展积淀，形成了以优秀中华传统文化为内核，在党建统领下，以助残文化为主线，构建了"修身齐家治企利天下"的企业文化价值观。

助残文化升华企业社会责任

"不断提升残障员工的进取精神"是远大印务践行社会责任的重要方式，残障员工是这个生命体组成的重要部分，我们不仅要让残障员工通过劳动获得尊严，还要让我们所有的残障员工在远大印务获得幸福感。32年来，远大印务每年为残障人士提供100余个工作岗位，残障员工占比年均40%以上，其中最长工龄有29年。

"偏心"的薪酬福利待遇

曾经有健全的员工笑着"抱怨"说："张总对残障员工的'偏心'程度，有时让我们都有些嫉妒了。"玩笑话的背后，真真切切地反映着残障员工在远大印务的幸福、快乐和无忧。

在远大印务，每一位残障员工都是被"偏爱"和尊重的，不仅同工同酬，每月还能享受额外发放的300元残疾津贴。不仅薪酬倾斜，福利方面也非常优厚。除此以外，残障员工家属就业享有优先录用权，符合条件的残障员工子女还能享受千元助学金计划。现在，远大印务事业蒸蒸日

上，但这份"偏爱"却没有终止。

用人之长，细微之中表关怀

"明主之任人，如巧匠之制木，直者以为辕，曲者以为轮，长者以为栋梁，短者以为拱角，无曲直长短，各有所施。"远大印务在残障员工的使用上正是依据这一用人理论，从设定工作岗位开始，远大印务就颇费心思，结合岗位需要和残障员工身体状况安排工作岗位。比如将听力言语残员工安排从事涉密载体印制工作，更好地保证了试卷类印刷的保密安全性。针对残障员工的优势定岗、按岗选人机制，使原来这些员工身上看似各种的"不足"与岗位需求实现了最优匹配。

专业防护，用心之处见责任

远大印务通过为残障员工设置无障碍通道、无障碍手环、无障碍电梯、无障碍卫生间等无障碍设施，以灯光报警装置、警示反光条、语音翻译软件等无障碍设计，保障残障员工的正常工作与生活，让他们能放心工作。

坚强后盾，"小事"之中显担当

"古之欲明明德于天下者，先治其国；欲治其国者，先齐其家；欲齐其家者，先修其身"。家是每一个员工的根，也是企业发展的根源，远大印务党支部深入贯彻落实党的十九大精神，开展"爱他、也爱他的家人"系列活动，新冠疫情期间，远大印务不裁员、停工不停薪的举措，赢得了员工由衷的称赞，用实际行动关爱残障员工及其家人，进一步提升了企业残障员工的归属感和幸福感。

2021年10月25日，远大印务管理层干部及员工代表一行人乘车来到涪陵区新妙镇，走进一个特殊的家庭，看望并慰问这个家庭的五位远大印务残障员工，他们都是先天性聋哑残障人士。当年，其中三兄妹因没上过学，加上自身存在的身体障碍，一直无法就业。上过学的弟弟夫妻二人也连找了好多单位，都没有遇到满意的。有着共同"不幸"的他们，却遇到了相同的"幸运"。2007年，通过当地残联老师的介绍，他们五人一起来到远大印务就业。15年来，他们都十分珍惜这来之不易的工作机会，用他们勤劳的双手为公司默默做出贡献。

体面就业，实现自我价值

自远大印务成立以来，就特别重视残障员工助扶工作，不仅为他们提供适合自身发展的工作机会，培养残障员工岗位技能和管理能力，至今在管理岗位和核心技术上的残障员工有30多名；还十分重视帮助他们掌握谋生的手艺，发展培养专长，让他们也能发光发热，实现人生的梦想。在远大印务，有许多员工或许只是普通岗位，但是在远大印务组建幸福小家的不在少数，公司有17对双职工，其中残障员工夫妻12对。远大印务成立残疾人艺术团和冰壶运动队，组织开展丰富多彩的文体活动，丰富残障员工精神文化生活，从教育培训、无障碍设施、心理关爱等方面着手为残障员工创造融合就业条件。

在远大印务这个平台，有普通装订岗位上的技术能手登上央视舞台"五一"特别节目《相聚中国节》，她是无声世界的精灵，用"工匠精神"和舞姿演绎花样人生；也有视力残障的白案厨师参加重庆市残疾人运动会获得男子400米组和800米组第一名，年近50岁的他，因对跑步的热爱和坚持成为远大印务"跑跑团"的一名活跃分子，用奔跑传递生命的价值和意义。

在远大印务，像这样不断进取的残障员工还有很多很多，对于他们来说，个人的所有荣誉并不是简单的一张张奖状、一个个奖牌，更是来自如"家人"般的远大印务多年来精心的培养和不抛弃、不放弃的无私大爱。公司创造机会，员工自强不息，正是这样的双向奔赴，不仅让残障员工在岗位上充分发挥自身优势，兢兢业业地工作，圆满地完成了党和国家交给的保密印制任务，而且也让企业的经济效益逐年攀升，高标准、严要求地完成了党和政府托付的重要使命。

走近公益事业，让爱之"光"熠熠生辉

"慈心为人，善举济世"。愿意做慈善，学会做慈善，是远大印务承担社会责任的具体体现。

"远大爱心基金"——让爱之"光"更亮。作为一个年产值过亿元的民营企业家，董事长张爽先生一直抱着对社会讲责任，对客户讲诚信，对职工讲良心的信念。30多年来，从不吝惜向有需要的人伸出援手，时时刻刻用爱心向社会传递着温暖、希望和责任，远大印务日益成为行业内公益慈善事业的引领标杆。2011年，远大印务拨款10万元，张爽个人捐款10万元，设立了"远大爱心基金"，主要对因医疗、自然灾害、突发事故等造成的特殊困难以及困难残障员工子女的学费等情况进行资助，搭建起了一个"互帮互助爱心传递"的平台，培养员工之间互助互爱的精神，增强企业凝聚力。截至2022年，远大爱心基金共募集近50万元资金，支出近30万元捐款用于帮扶企业困难员工。

企业残疾人联合会——让爱之"光"更热。作为一家民政福利企业，远大印务在做大做强的同时，从未忘记肩上的另一份责任，热心公益慈善事业的脚步从未停歇。2012年，重庆首家由企业组织成立的重庆市远大印务有限公司残疾人联合会（以下简称远大残联）正式挂牌成立，为履行扶残助残的社会责任提供更强有力的组织保障。

远大残联为进一步加大扶残助残的服务力度和深度，每年都会以不同的主题，让残障员工们过一个特殊的节日——助残日。在助残日这一天，远大残联组织开展针对残障员工的技能培训、心理疏导、趣味运动以及文艺表演等丰富多彩的助残活动和文体活动，帮助他们发展培养兴趣爱好，为他们搭建展示自我的舞台。

荣获全国助残先进个人——让爱之"光"更久。远大印务董事长张爽先生获得全国助残先进个人的荣誉，在董事长张爽先生的领导和推动下，远大印务积极参与社会公益事业，尤其是针对残障人士的关爱和帮助。通过各种渠道和方式，为残障人士提供就业机会、技能培训、心理关爱等方面的支持，让他们能够更好地融入社会，实现自我价值。

加入国际劳工组织——让爱之"光"更远。2018年7月31日，国际劳工组织全球商业与残障网络中国分支（GBDN—中国）在中国北京正式成立，旨在推动中国建立一个尊重、欢迎和包容残障人士的职场环境。远大印务成为该网络中国分支的14家创始成员之一，通过所有成员企业的共同努力，分享经验和知识，为残障人士融入中国商业社会而减少障碍、提高效率。

保密文化筑起安全屏障

远大印务是重庆市唯一同时具有多项国家级涉密载体印制资质的单位，具备处理敏感信息和重要文件的高水平能力。

"保密是防御敌人的盾牌，泄密是刺向自己的利剑。"这是远大印务保密人员的座右铭。远

大印务非常注重保密安全工作，在公司党组织的领导下，成功完成了党和政府交办的各项保密印制任务，向党和人民交出了一份满意的答卷。

远大印务历年来接受上级主管部门领导的视察，并获得了高度评价，进一步证实了公司在保密安全方面严谨的专业态度和能力。值得一提的是，远大印务已成为重庆市最大的国家级综合性涉密载体印刷企业，连续30年为重庆市财政局、国家税务总局重庆市税务局等单位提供涉密载体印制服务，并且连续20年承接国家涉密载体印制工作，为全国10余个省市的相关部门提供"安全、保密、准确、按时"的印制服务。2022年，在新冠疫情常态化防控的特殊背景下，为保障重庆市五届人大第五次会议顺利召开，远大印务严格落实疫情防控管理规定，通勤轮转、规范有序、严密细致、周到周全开展服务保障工作，远大员工的认真热情和恪尽职守，设计排版、文件印制的精细、优质、高效，受到与会代表一致好评，为大会圆满成功做出了积极贡献。

远大印务的保密安全渗透在每一项工作和行为中。远大印务"诚信经营、客户至上、精印快捷、保密安全"的企业精神，凸显了对保密工作的高度重视。在各级党组织的领导下，全体员工严守职责，以不辱使命的决心，圆满完成了各项保密印制任务，他们以实际行动维护了国家的安全和利益，展示了远大印务对保密工作的坚定承诺和卓越能力。这种保密安全文化的持续弘扬，使得公司在业界树立了良好的形象，也赢得了广大客户的信任和赞誉。

凝聚微光，共享阳光

面对社会日新月异的发展，远大印务始终不忘初心、牢记使命，将社会责任深深融入企业发展的血脉之中。不仅积极承担社会责任，更肩负起了推动社会进步、和谐发展的崇高使命。哪怕只是一点点的改变，远大印务也要积极投身其中，努力为社会做出贡献。

远大印务的点点付出，得到了社会各界的充分肯定。爱出者爱返，远大印务多次获得重庆市残疾人福利基金会"爱心助残单位""助残之星"等荣誉称号。2018年，作为国际劳工组织全球商业与残障网络中国分支创始成员之一，重庆远大印务残障人士融合就业的事迹成为体面就业的典型案例；2019年7月，董事长张爽获评重庆市企业联合会（企业家协会）"2018年重庆市优秀企业家"称号；2023年，远大印务获得重庆市社会福利企业联合会"优秀副会长单位"称号、公司企业文化与社会责任实践成为重庆理工大学MBA教材案例、成为重庆市"残疾人大学生实习（见习）基地"、成都市青羊区"多元融合就业伙伴企业"和北京科印传媒"实践研学教育创新示范基地"。

未来，远大印务将始终坚守"为客户提供安全、精确、高品质的个性化印品服务"的使命和"诚信、专业、创新"的核心价值观。在这片充满激情和梦想的创业热土上，远大印务将勇往直前，向着"成为客户信赖、员工自豪、西南最具影响力的印刷企业"的目标愿景大步迈进！让这些点滴的爱融汇成一股暖流，让这些许微光凝聚成"仁爱天下"的阳光，温暖这个世界的每一个角落，让每一份关怀和温暖在这个世界上传递，让我们的生活充满希望和力量。

主要创造人：张　爽　雷雪敏

打造党建与企业文化建设相结合的长效运行机制

上海印钞有限公司

企业简介

上海印钞有限公司（以下简称上钞公司）是隶属中国人民银行（以下简称央行）、中国印钞造币集团有限公司（以下简称集团公司）的大型国有印钞企业，是国家法定货币的设计者、制造者和维护者，先后参与设计、印制了五套人民币及多种纪念钞券，为多个国家和地区设计、印制法定货币，并从事护照、港澳通行证、金融票据等高端防伪产品的生产与经营活动。

上钞公司前身为中央信托局重庆印制厂，始建于1941年2月1日。八十多年的发展历程中，始终是国家最重要的印钞企业之一，中华人民共和国成立以来更是积极充当印制行业转型升级的排头兵、先行者，以出色的综合设计能力、技术研发能力、生产制造能力、管理运营能力，为保障货币发行、维护社会经济秩序、促进国家金融事业发展做出重要贡献。近年来，在央行和集团公司统一部署和安排下，上钞公司大力拓展现金制造、货币文化和特种印务，积极履行国有企业的社会担当与责任，进一步加快企业转型发展步伐。

上钞公司曾获"全国文明单位""全国五一劳动奖状""全国工人先锋号""全国五一巾帼标兵岗""全国青年安全生产示范岗""全国模范职工小家"等荣誉，多名职工曾获得"全国劳动模范""全国五一劳动奖章""全国先进生产者""全国五一巾帼标兵""全国创先争优优秀共产党员""全国技术能手""全国民族团结进步模范""中华技能大奖"等荣誉称号。

实施背景

党建与企业文化建设齐抓共建是提升凝聚力和竞争力的倍增器。坚持党的领导、加强党的建设，是我国国有企业的光荣传统，是国有企业的"根"和"魂"，是我国国有企业的独特优势。党的二十大报告将"全面从严治党"的重要性提到了一个新高度。中国印钞造币集团有限公司在印制行业"十四五"规划中明确指出，要"深化党的建设与企业文化建设有机结合"。

本项目从2018年开始酝酿，2019年正式立项，2020年结题。项目成果运营至今，并根据实际需要不断调整升级。

体系内涵

项目以上钞公司为例,通过对党建和企业文化建设的共性及现有模式的分析,解读公司党建与企业文化建设的结合点,寻找合适的载体,力求让党的思想主张、方针政策通过企业文化的途径得以宣贯落地;让企业文化通过党的思想主张、方针政策得以全面提升。并归纳出适应当下国有企业形势任务的长效机制:通过制度创新夯实基础,通过职工思想动态的分析研判做好舆情监督,通过党建和企业文化主题活动的评价体系来打造落地抓手,确保党建与企业文化建设工作能够达到预期目标。

对于党建与企业文化建设相结合的长效运行机制的研究,推进了理论的新突破,制度完善的新进展,舆情监督反馈的新规范,为开展企业党建和企业文化建设提供了有力保障。长效机制的稳定运行,将强化党的理论和社会主义核心价值理念对企业文化的引领导向作用,推进企业文化导入管理,促进党建成果转化,发挥最大的效率,为企业高质量发展提供更加强大的精神力量。本项目的成果大多为可量化、易操作的,既方便对标对表执行,又方便更大范围推广。

主要做法

分析企业党建和企业文化建设的共性及现有模式

作为承担人民币印制这一神圣使命的国有企业,上钞公司的企业党建和企业文化建设,在长期以来相互联系、相互作用,天然具有一定的共性。企业党建与企业文化建设的共性,是二者有机结合、相互促进、共同升级的前提与基础,也是项目进一步探索研究的前提与基础。

企业党建和企业文化建设具有共性,但也具有差异化优势亮点。对于印制行业而言,党建在牢牢把握意识形态,增强政治敏感度和对党忠诚等方面表现突出,党建能够高屋建瓴地提升党员干部的责任意识;公司企业文化建设则在文化活动的多样性、创新性、群众性方面更具优势,企业文化活动受到广泛欢迎,参与度高、效果好,能够有效提升职工的归属感。

明确企业党建与企业文化建设的结合点

多年来,上钞公司在党建和企业文化建设方面做了大量的工作,积累了丰富的经验,取得了比较突出的成果;并且已经有意识地将二者在各自领域中成功的经验相互借鉴、相互促进。项目在分析总结过去经验的同时,引入当下主流管理学、心理学理念,成功寻找到了符合印制企业需求的、党建和企业文化建设的结合点。即,榜样——党员先锋模范作用与树立典型传承文化,形式——丰富组织生活方式与开发新媒体阵地,组织——特色支部活动与部门子文化。

寻找载体,打造全新企业党建与企业文化建设流程

在明确三个结合点的基础上,打造企业党建与企业文化建设相结合的长效机制,需要从多个角度进行巩固,以达到预期目标:通过制度建设夯实基础,通过职工思想动态的分析研判做好舆情监督,在通过党建和企业文化活动的评价体系来打造落地抓手。

制度创新:夯实基础建设。完善的制度是企业各项工作正常有效开展的基础,是企业健康有序发展的有力保障。为了形成企业党建与企业文化建设相结合的长效机制,坚实有力且科学可行的制度是必要的。为此,项目研发过程中,上钞公司制定了《上钞公司党员积分管理实施方案

（试行）》《公司文明职工、文明部门评价办法》两个制度，夯实长效机制运行的基础建设。

这两个制度充分体现了企业党建与企业文化建设相结合的理念，既在评价标准中体现出二者的特色和共性，更能将评价落到实处，与职工、部门的切身利益挂钩，从而保障长效机制为大家所重视，并能够量化执行。

思想动态：做好舆情监督反馈。企业党建与企业文化建设相结合的长效机制是否取得良好的效果，需要做好监督、分析、反思工作。做好舆情监督，分析掌握职工思想动态，并在此基础上做出反馈调整，就是判断公司企业党建与企业文化建设相结合工作开展是否达到预期目标，非常有效的方法。

职工思想动态的每个月分析报告不仅要"搞清楚怎么回事"，更要"说明白如何解决"。并且增加了因特殊时期需要的非常规性收集与研判。有效拓宽了职工情绪、想法、意见的征集途径，第一时间获取政策、制度等的执行落地过程的职工意见和诉求，监控职工意识形态领域的波动趋势。

主题活动评价：寻找落地抓手。完善企业党建与企业文化相结合并形成长效机制，在制度保障和舆情监督的基础上，还需要寻找合适的宣贯抓手和载体。通过基层走访和观察调研发现，相对于单方面发声且互动性较弱的新闻报道、环境布置等途径，职工更喜欢也更容易接受"主题活动"这种宣贯方式，其覆盖面更广、参与度更高、容量更大、形式更灵活，也为党建与企业文化建设的升级，提供了更大的空间。

为此，本项目专门研发了"2+3+1"活动评价体系，形成策划环节和总结环节的两个考量评价表（略），为企业党建和企业文化建设活动的策划、实施、评价提供可量化、易操作的参照指标。体系从活动申请到反思总结再到下一次活动申请，最终形成一个完整的流程闭环。

其中，"2"是最基本的两个原则，即党性和文化性；"3"是对活动的三个要求，包括全面性、针对性和创新性；"1"是针对以上三个要求的评估标准，即参与度。

实施效果

项目有效提升了上钞公司党建和企业文化建设工作的水平和成效，让党的思想主张、方针政策通过企业文化的途径得以宣贯落地；让企业文化通过党的思想主张、方针政策得以全面提升，为企业发展提供更加强大的精神力量。

理论研究的新突破，被有效运用于指导公司宣传思想文化日常工作，为上钞公司近年来重要思想政治理论研究和政工类管理创新项目奠定坚实基础。

如理论研究课题《高质量党建引领企业高质量发展》《以仪式助推文化落地的实践与探索》，管理创新项目《基于助力上钞高质量发展的"品"文化提升》等。

制度完善的新进展，进一步强化了"深化党的建设与企业文化建设有机结合"的价值导向。《上钞公司党员积分管理实施方案（试行）》《公司文明职工、文明部门评价办法》制度运行良好，并成为上钞公司所有荣誉的基础，有效引导职工积极践行社会主义核心价值观，营造文明、和谐、团结、奋进的企业氛围。

舆情监督反馈的新规范，成为企业全方位、科学有效了解职工所思所想的新工具。能够第一时间获取政策、制度等执行落地过程的职工意见和诉求，并及时跟进、解决问题。

2022年上海封控期间，上钞公司组织职工复工复产思想动态调研，收到1345份有效问卷，为日后有针对性地调整复工复产的具体工作安排奠定基础。

全新的评价工具效果突出，在其作用下，"爱企日"活动、庆祝建党百年活动、党史学习教育的主题活动等系列活动，均达到预期效果。

2021年，上钞公司将党史学习教育与企业历史文化相结合，开展了"回眸八十厂史，喜迎建党百年"系列活动。充分应用了课题成果，在党建与企业文化建设的结合的三大载体上做足文章，通过多媒体渠道和丰富多彩的活动，厘清了上钞公司的红色历史脉络，充分教育职工，统一思想，凝聚力量。

2022年上海封控期间，上钞公司又通过上钞解放日的升旗仪式、线上"爱企日"活动、"红色家风传承"和"身边的感动"等丰富多彩的党建和企业文化建设活动，给予了上钞人无限自豪与勇气，有效地坚定理想信念，凝聚强大共识。

上钞公司为企业发展提供更加强大的精神力量，充分涵养广大职工责任担当、干事创业的精神，有效刺激广大职工的主观能动性，提升劳动效率。

如2021年上钞公司以党建和企业文化建设相结合的仪式启动"军令状"工程，在短时间帮助职工快速完成角色的转变与认同，快速统一思想、提振士气，激发出强大精神力量，按时优质确保冬奥钞的发行。

又如上钞公司在开展护照等证卡高端防伪业务的时候，党建和企业文化先行。设计、制版人员进一步提高政治站位，突出政治性与艺术性相结合，从设计阶段就考虑后续生产的自主可控，有效地提升了高端防伪作品的深度和广度。

再如异地解缴任务中，不断深化的理想信念教育和爱岗敬业精神培养，发挥了广大职工"特别能奉献、特别能吃苦"的精气神。面对来自环境、天气、新冠疫情等重重困难，上钞党员身先士卒，职工群众全力以赴，以实际行动践行优质安全保发行，圆满完成任务。

主要创造人：颜　腾　唐艺多

参与创造人：杨晓鸣　李　娜　祁韵欧　郑　臻

深化宣传思想文化大格局，建设特色宣传文化，增强企业软实力

北京首钢股份有限公司

企业简介

北京首钢股份有限公司（以下简称首钢股份），是世界500强首钢集团在中国境内的钢铁及上游铁矿资源产业发展、整合的上市公司。首钢股份定位于全球一流的高端材料综合服务商，秉承"建设成为具有世界竞争力和影响力的钢铁上市公司"的发展目标，拥有首钢股份迁安钢铁公司、首钢京唐公司，控股首钢智新迁安电磁材料公司、北京首钢冷轧薄板公司等钢铁实体单位，拥有国际一流装备和工艺水平，是国内重要的汽车板、电工钢、镀锡板等高端板材基地，"高精尖"产品市场占有率行业领先。

首钢股份积极履行社会责任，实现绿色发展。积极探索"碳交易"新方式，整体环保水平优于国家及河北省最新标准要求，成为全国首家实现污染物超低排放的工业企业，是"环境友好绿色制造"的示范者和领跑者。

实施背景

宣传思想文化工作是我党的优良传统与政治优势。新时代里，首钢股份以建设世界一流企业为奋斗目标，不仅在更高质量、效益、更强创新能力、更广阔世界舞台上深耕厚植，更是在打造特色文化，提升企业文化软实力上努力探索。面对当前严峻复杂的市场环境，高效有力的宣传思想文化是凝聚干部职工奋斗合力，战胜困难取得胜利的关键因素。因此，越是环境复杂、越是困难挑战，越是要动员并团结职工群众，越是要重视宣传思想工作，越是要通过特色化的工作达到更有影响力的宣传效果。

体系内涵

首钢股份以习近平新时代中国特色社会主义思想为指引，紧扣"建设具有世界竞争力和影响力的钢铁上市公司"的发展愿景，以实现宣传思想工作规范化、标准化、特色化为目的，提出"六字"特色文化理念，即："严、细、深、实、快、新"。

"严"，做好一切的保障。"严"要体现在严肃的政治性。始终将政治性摆在宣传工作的首位，高举"习近平新时代中国特色社会主义思想"的光辉旗帜。"严"要体现在高标准、严要求

上。要跳出"还可以""过得去""能交差"的舒适圈，要主动自我加压，向更高的标准看齐。

"细"，彰显创作过程用心，精益求精。"细"字用心，贵在坚守匠心，打造精品。对宣传作品、内容、方式精深研究、精耕细作。"细"字用心，贵在肯于付出精力，静心"绣花"。用时间和精力研究"一针一线"，在飞针走线中造就"银针翩翩舞、彩线绣古今"的传奇。

"深"，锤炼工作的"质感"，让观者能看得见思想的深度、知识的广度、情感的厚度。"深"是理论学习中的"顿悟"。通过深学深悟，汲取营养、解放思想、更新观念，转化为指导实践、推动工作的能量。"深"是对问题情况的深刻把握。俯下身、沉下去，亲身到生产经营一线、到最苦最累的地方去获取第一手资料。抱有对问题一追到底的精神，敢于把握规律、了解真相。"深"是对思想内容为王的坚持。深度结合生产经营，更好地把握思想内容，把理论讲透彻，把道理说明白，把问题弄清楚，深入浅出地引导帮助职工透过现象看清本质，提升认识。"深"是知行合一，深入实践。

"实"，是宣传思想文化工作中最"真"的部分，最"坚"的基础。"实"，要围绕中心，服务发展。目标明确，实实在在，精准谋划，高效协同，增强宣传效果。"实"，要脚踩大地，双腿带泥，贴近一线。镜头对准一线，报道聚焦基层，讲职工爱听的故事，写一线感人的事迹，激发职工在企爱企的深厚情怀。

"快"，把握工作的时效性。"快"，是基于"准"的速度。缺少准确性，再快也不能达到理想效果。"快"，是抓住"恰到好处"的时机。抓住新闻发布的最佳时间，才能实现有效地引导舆论，引起读者的兴趣和关注。

"新"，非新无以为进。唯有创新，才有源源不断的动力，才能打好应对挑战的"主动仗"，才能满足职工精神文明建设需要，才能肩负起"围绕中心，服务发展"的使命任务。

主要做法

"严"字当头提实效

"一堂课"把好政治关。宣传思想工作就是政治工作。以党委理论学习中心组为带动，以每月"理论讲堂"为依托，多种形式加强政治理论学习，不断提升党员干部职工的政治素养。

"一张网"把好舆论关。以"三维六制"大宣传体系为基础，构建舆情监督管控"一张网"，实施"网格化"管理，引入舆情监测系统，补充优化监督效果。近年来，首钢股份创新改进网上宣传，弘扬主旋律，激发正能量，网络空间更加清朗，职工士气得到激励。

"一支笔"把好发布审核关。建立较为完善的新闻信息发布管理体系，实行新闻稿件审批和备案制度，各级单位一把手落实宣传发布"一岗双责"，强化发布前的审核签批，确保发布内容安全准确。

"一体系"把好工作质量关。制定完善宣传思想工作考核评价体系，纳入公司党建考核体系，每月汇总点评。修订《首钢股份新闻作品奖励办法》，细化激励标准，增强激励效果。

"细"字用心见真章

甘于付出时间、精力去"绣花"，要"胸有成花"，更要做到"细绣好花"。编写制作过程实施"一人负责，多人'找碴儿'"，让每个细节都暴露在更多人的关注里，提升准确性；开展"头脑风暴"，加强整体策划和过程管控，抓住特别日子，用心做好事件宣传、情感传递，增强职工共鸣。在对新能源专线顺利投产的宣传工作中通过周密部署、细化分工、细心运作，实现投产仪式当天，现场直播观看人数超过60万人，央视新闻、新华社等十余家重量级主流媒体争相报道，仅新华社客户端浏览量就超过110万人次。

"深"字发力求突破

进一步强化"深"的理念和行动，在解决实际问题上下真功夫、硬功夫。

围绕问题深调研。坚持问题导向，开展"一月一题"活动，设立专项调研题目，深入现场、走近市场、靠近职工听意见、听需求、找路子、寻方法。围绕"品牌建设""企业文化体系提升"等问题开展调研和问卷调查，为解决基层文化建设和提升宣传质量打下坚实基础。

围绕中心深报道。开设"两会评论""部长访谈""评论员文章"等系列专栏，为职工讲政策、明道理、传思想，引导干部职工快速统一思想，落实行动。2022～2023年撰写发布的评论类文章30余篇。以"侧记"形式对热点进行深度挖掘报道，吸引更多关注。内部发行《首钢示范工程背后的故事》，将工程建设中体现出的首钢精神在干部职工中大力弘扬。

围绕使命深践行。着力在实践工作中提升"四力"，推动"记者走基层"向深向实。新冠疫情驻厂期间，开展"午夜行动"，深入凌晨的餐厅准备间采访拍摄，以最快的速度将后勤服务保障人员的无畏风险、甘于奉献的精神面貌展示给干部职工，引发了职工们的强烈反响。一周一次的"评评讲讲"，宣传员在交流碰撞中提升业务技能，练硬"笔杆"。

"实"字落地见成效

聚焦中心，精心组织重大主题宣传，推出重点栏目、精品报道，生动展现首钢股份高质量发展实践成果。紧扣形势需要，扎实做好形势政策宣传，在回应关切、解疑释惑中增进职工理解，使"稳"的基础更牢、"进"的信心更足。

让宣传力转为竞争力。紧扣经营生产主线，开设"勇毅前行""争创一流"等专栏，围绕重点攻关项目，开设"降本行动""检修一线"等栏目，进一步鼓足攻坚士气，提振发展信心。

让宣传力提升影响力。拓宽宣传渠道，积极搭建媒体"朋友圈"，做好"借力宣传"，扩大影响。自2022年以来，首钢股份高质量发展形象和成果9次登上央视，刊于主流媒体平台的各类报道230余篇（件），企业形象得到有力塑造，品牌价值充分彰显。首钢股份被评为"十大卓越钢铁企业""京津冀钢厂领导品牌"。

让宣传力汇聚凝聚力。坚持以人为本，大力弘扬劳动精神、劳模精神、工匠精神。多年来坚持举办"首钢人的故事"宣讲活动，且其已成为首钢股份的文化品牌。开设"先锋榜样""最美巾帼"等专栏，精心制作视频栏目"风采"，获得职工的一致好评。以新冠疫情保产为题材，用心策划创作了20余部短视频，系列视频的累计阅览量突破50余万人次。

在宣传思想文化工作的推动下，首钢股份上下形成了以人为本、人和气顺的和谐氛围，职工素养持续提升，争先创优形成风气。相继涌现出3名"全国五一劳动奖章"获得者，1名"首都市民学习之星""北京青年榜样"，1名"北京大工匠"等一大批先进典型。首钢股份获得"全国五一劳动奖状"、"全国和谐劳动关系创建示范企业"、北京市"书香企业"等荣誉。

"快"字提速抓机遇

敏锐捕捉热点重点，结合受众心理、事件、环境，做好时效分析，抓住时机，实现信息的快速响应、快速发布、快速收效。

超前策划、选题发布。每周组织选题会，确定发布渠道、时间、形式，力争做到宣传的精准到位。实行"区域包干"，加强与包干单位的对接沟通，及时捕捉新闻动态。

重点统筹、精准投放。针对重大事件、重要新闻，强化整体策划、统筹安排，按照发布时间精准投放，努力做到宣传效果的最大化。

集中采编、组合出击。采取"一条内容、一手采写、多元化编辑、多平台发布"，形成全媒体宣传攻势，实现不同媒介，从内容到风格的差异化传播。

"新"字引领促提升

因时而变、因事而制是适应新时代企业文化建设的需要。

紧跟时代步伐，推进体系创新。以"大宣传"工作理念为引领，构建以"三维六制"为框架的大宣传工作格局，完善评价考核制度，促进宣传工作的高效协同。《"三维六制"一体推进，构建宣传大格局，激活企业无形生产力》获得"首钢集团管理创新二等奖"。

聚焦发展蓝图，加快文化创新。以服务公司战略规划为目标，加快企业文化体系建设，启动企业文化提升项目，《自信自觉，创造企业文化最大价值》获得中国企业文化研究会典型经验推广。

挖掘基层潜力，强化媒体创新。组建首钢股份新媒体协会，培养建立一支创新能力强、技术过硬的新媒体团队。目前，在"一网一端一窗一屏一厅"的多媒体矩阵圈内又增加了微信公众号、微信视频号，关注订阅量和影响力不断提升，在北京国企微信影响力中保持前三排名。

实施效果

发挥特色宣传优势，首钢股份在科技创新、高端制造、绿色发展等方面的良好形象得到进一步展示，多次登上央视新闻联播、朝闻天下、东方时空等国家级媒体平台，企业知名度、美誉度大幅提升，品牌影响力持续增强。首钢股份管线钢批量供应西气东输等重点工程，乌东德、白鹤滩等"大国重器"上熔铸首钢力量，镀锡板进入国内知名制罐企业，汽车板出口欧洲著名车企，超2.2亿台变频空调搭载首钢电工钢走进千家万户，"首钢芯"搭载新能源汽车驶向未来。优质的品牌声誉让首钢股份入选中华人民共和国工业和信息化部"绿色工厂"，获"天马奖——中国上市公司投资者关系最佳董事会奖""绿色发展标杆企业""战略合作奖""真心伙伴奖"等荣誉。

春风化雨，润物无声。首钢股份深耕宣传思想政治工作责任田，于点滴中汇聚职工强大精神合力，助力公司生产经营不断迈上新台阶。2021年，首钢股份经营业绩创历史最佳，2022年和2023年，以技术创新为驱动，两条战略性专业化产线全球首创，5款新产品全球首发。

首钢股份绿色发展不仅成为钢铁行业的典型示范，也成为迁安水城这座资源型城市的绿色名片。首钢股份绿色高质量发展的宣传片、欣欣向荣的企业文化、丰富多彩的企业微信已成为影响周边的重要阵地，其自身发展的同时，也引领、带动着城市更加兴旺、更加健康、更加和谐。

主要创造人：刘建辉　张丙龙

参与创造人：王雪冬　武　煜　赵成龙　蔡香君

以"实干文化"助推企业多元跨界发展

陕西建材科技集团股份有限公司

企业简介

陕西建材科技集团股份有限公司（以下简称建材科技集团）原名陕西生态水泥股份有限公司，成立于2011年3月，由陕西煤业化工集团有限责任公司（以下简称陕煤）、陕西钢铁集团有限公司和陕西德龙循环经济投资有限公司三方出资组建。主要从事水泥、矿渣超细粉、砂石骨料、固废综合利用、5G工业智能等产品的研发、生产和销售。下设水泥砂石骨料生产、工业固废循环综合利用、5G工业智能制造和物流贸易企业11个，在建重庆万盛经开区"五位一体"绿色建材产业园，正在筹建综合实验研究科技产业园。2022年年末在职员工1400人，生产产品1455.55万吨，营业收入70.6亿元，利润2.51亿元，职工人均工资11.27万元。先后获得全国"绿色典范企业""环保突出贡献奖"，陕西省"先进集体"、陕西省"抗击疫情·希望同行"突出贡献奖、陕西省国资委系统"先进基层党组织"等荣誉称号30余项，列中国建材企业100强榜单第50位。所属富平公司获批陕西省环保A级绩效企业，智引公司、汉中公司、黄陵公司荣获"国家高新技术企业"认定。2022年10月企业更名为陕西建材科技集团股份有限公司。

实施背景

企业文化是企业的灵魂，是企业生存发展的原动力。建材科技集团成立伊始就把企业文化建设作为推动管理升级的主要工作之一，积极付诸实践，形成了企业文化的基本架构、理念体系和符合发展要求的精神世界，在企业整合组建和改革发展进程中发挥了重要的聚合融合和推动作用。

进入新时代，面对新形势新任务新要求，企业以更高远的战略眼光、更宽广的发展视野、更精深的路径思维，着眼建设与时代要求相一致、与企业实际相匹配、与发展目标相统一、更具自身特色的企业文化，着眼厚植发展根基、不断激发内在动力，在持续加强企业管理、优化产业布局、推进产业升级、奋力推进改革发展的实践中，持续加强企业文化建设，在建设中探索，在探索中实践，在实践中加强，在加强中升华，不断凝练、打磨具有自身特色的企业文化，为企业高质量发展提供了强大动力，助力企业改革发展取得根本性突破，形成了绿色生态发展、低碳循环发展、智能智慧发展、跨界多元发展的崭新发展格局和全新产业架构——绿色发展树立了行业标杆，工业智能开创了企业先河，固废利用引领了产业方向，产业结构发生了深刻变革，管理质效得到了全面提升，经营业绩实现了快速增长。

体系内涵

2021～2023年，在全面回顾发展历程、深入探究高质量发展基因的基础上，对进一步加强企业文化建设进行了深入调研，精准研判，重新提炼了企业文化理念体系，广泛征求意见建议，充分研讨论证，结合"十四五"规划确立的战略目标，确立了"实干文化"为核心的企业文化标识。较为全面阐释了企业不断开创事业发展新局面的成功密码，明确标示了新时代实现发展目标的文化管理路径、要件和标准。形成了"党建引领、文化铸魂，六维强基、固本培元，四轮驱动、一体推进"的企业文化建设体系。

实干文化是煤炭工业"三特"精神的继承和发扬，是陕煤"奋进者"文化的实践和生发。十二年砥砺奋进，建材科技集团秉承实干精神，志存高远、锐意创新，求真务实、苦干实干，实现了从无到有、由小到大、由弱到强的迭代嬗变，生动展示了实干文化的强大精神力量，展示了建材科技集团攻坚克难、一往无前的黄河胸襟、华山风骨和山容海纳、岳峙渊渟的品格形象。

实干文化的核心是：精诚勇进，鼎正奋新。

实干文化的品质特征是：志存高远，锐意创新；笃实务实，善谋善断；鉴危励志，永不懈息；团结奋斗，争创一流。

实干文化具体内涵为"六实"，即：战略策略唯实，经营管理严实，担当任事笃实，作风素养务实，价值观念崇实，合作共赢信实。

主要做法

积极践行"实干"理念，扎实推进企业文化与中心工作深度融合

战略策略唯实：始终牢记国之大者，紧密结合国家产业政策、行业特点、企业实际，遵循发展规律，科学研判决策，确立了构建"绿色建材与循环经济双核联动、新材料与5G智能制造两极支撑、跨界发展、打造一流企业"目标愿景和"十四五""152232"战略目标、固废综合利用"5933"规划，坚持以材为基、技材双驱、智能引领、循环发展，致力于打造中国固废综合利用的示范企业，陕西省绿色环保生态示范企业，陕西地面工业矿山、工厂管理、环境过程控制智能化管理标杆企业。战略指引与国家战略深度契合，目标明确，布局科学，路径清晰，策略得当。

经营管理严实：坚持把强化管理、提质增效作为第一要务，围绕兼并重组扩增量、砂石骨料提产能、固废利用全链条、5G智能新引领、物流贸易增动能五大发展路径，坚持全面预算经营、全面目标成本、全面绩效考核、全面指标控制和全面内部市场的"五全管理"，着力推动经营指标提升、管理水平提升、过程管控提升、科技创新提升和党的建设提升，为推动高质量发展提供了有力保障。

担当任事笃实：忠实践行企业精神，聚力建设本质安全型、质量效益型、科技创新型、生态环保型、和谐发展型现代化企业和原料采购透明化、车间无尘化、生产智能化、排放超低化、固废利用化、工厂园林化"六化工厂"，坚定不移在全国建材行业争一流、创一流、做一流；坚定不移走固废综合利用之路；坚定不移走智能化工业发展模式，汇聚了可持续发展的硬核能量。

作风素养务实：深入开展"双想、三听、四个一"和"两强三讲四比"主题实践，持续加强

"双树、双标、三加"管理，积极推行"2335"工作标准和职业技能提升及其行为规范养成，用居安思危、居安思进、诸事弗懈、尽责尽忠的职业精神、职业态度、职业品格，精准诠释和进一步培养弘扬精诚勇进、鼎正奋新的企业精神，黄河胸襟、华山风骨的企业品格，奠定了基业长青的坚实基础。

价值观念崇实：始终奉行务实、卓越、感恩、共享的价值理念。求真务实，脚踏实地，既不好高骛远，也不急功近利；追求卓越，奋楫笃行，始终朝着最高远目标、最完美结果努力；富有情怀，心怀感恩，与职工诚挚相待，共同成长，共建共享发展成果，职工的归属感、幸福感、满意度、信任度、凝聚力、创造力不断提升。形成了符合社会主义核心价值观、符合企业高质量发展要求的价值评价体系和共同追求。

合作共赢信实：坚持产业多样化、产品集成化、质量上上、价格中上的市场理念，坚持用心灵渗透、用智慧浇灌的营销理念，坚持稳质、增量、控价，诚信经营，与客户坦诚合作，互利共赢，积极担当社会责任，受到政府和社会的一致赞誉，得到用户深度信赖和广泛好评。树立了企业良好的品牌形象、社会形象和人格魅力。

全面实施"六大工程"，助力"实干文化"落地生根、开花结果

一是以提升企业文化引领力为核心，持之以恒做好企业文化建设宣传引导。着眼对企业文化理念的深刻理解，采取多种方式，着力抓好企业文化理念宣贯，不断增强文化认同感；大力宣传各类先进典型，编印《华山风骨》先进典型和创新创造成果集，广泛开展职业格言征集，促进了理念落实落地，培育了符合时代要求、企业风范的群体价值观念，进一步凝聚了推动高质量发展的强大内生动力，企业高质量发展蹄疾步稳。

二是以践行企业精神为核心，着力凝练推动发展核心动力。以充分激发职工奋发有为、争创一流的活力和潜能为重点，深入持久开展多种形式的创新创造竞赛和各种形式的工艺技术革新、研发活动；定期开展"夺旗竞标"和"职工科学家""职业形象大使"推评和评审表彰，着力培养职业精神、工匠精神，为高质量发展添薪续力。干部职工先后完成革新改造、工艺优化和产品研发120余项。

三是以提升职业能力素养为核心，坚持不懈做好职业"三述"。每年有计划地组织开展岗位描述、手指口述、案例讲述，制定激励政策，定期组织"三述"测试和不同形式的岗位练兵、职业技能竞赛，职工履行岗位职责的能力普遍提高。10多位同志先后在全国或行业组织的技能大赛中斩获前三名，200多人次受到不同形式奖励，40多名80后、90后干部走上管理岗位。

四是以践行新发展理念为核心，持续深化"六化工厂"建设。全面实施"超低排放"，大力推进"近零排放"，持续推进生产工艺技术升级改造，建成了原料采购透明化、车间无尘化、生产智能化、排放超低化、固废利用化、厂区园林化工厂。持续强化环境形象管理，更加注重绿化美化，注入更多人文元素，强化了环境对群体观念的影响，用良好直观形象展示了企业价值理念。

五是以提升企业整体文明程度为核心，抓好职工行为养成。着眼形成良好职业行为习惯，制定员工行为准则，从品德修养、职业操守、言行举止、待人接物、仪容仪表等方面对职工进行全方位规范，充分展示了企业人格魅力。4个下属企业获得文明单位称号。

六是以提升企业知名度、美誉度、影响力为核心，全面加强品牌建设。围绕不断扩大企业影响力，强力推进"三品建设"，全方位展示企业风采。编印产品宣传册，定制系列产品宣传用

品，统一物流车体 Logo，开展"华山杯"抖音大赛，完善视觉识别系统，实现所属各标识标志"华山"全覆盖，品牌影响力不断提升。积极履行社会责任，彰显了国有企业的担当情怀，受到政府和社会广泛赞誉。大力开展多种健康向上的文体活动，职工幸福感、获得感、归属感大幅提升，企业凝聚力、向心力、发展力空前增强。

实施效果

一是强标增效、发展提速。明确"十五五"（产值 300 亿元、利润 30 亿元、打造 2 个上市公司，创建中国一流固废循环利用企业）"3321"奋斗目标，紧紧围绕"一增一保四提升"（产值利润增加、保障国有资产增值保值、净资产收益率提升、研发经费投入提升、全员劳动效率提升、现金流提升）和品牌建设、科技创新、法人治理最新要求，聚焦竞争力、创新力、控制力、影响力、抗风险能力等，全面建立与一流企业标准相匹配的"三层九类"的对标体系，深化"公司统筹、基层争先、行业创标、示范引领"的对标三级联动机制，开展"一企一策、一厂一特色、一车间一亮点"对标实践，公司 18 项对标数据中，6 项达到行业优秀值，3 项达到行业良好值，2 项超过行业平均水平。2022 年营业收入同比增收 11.04 亿元。

二是战略优化，循环赋能。全面推动危固废产业升级提档，积极探索"危固废协同、无害化利用、跨领域创新、智能化建设"的危固废产业循环发展模式。按照"补链、延链、强链"发展思路，布局固废综合利用战略，形成"谋划论证一批、前期储备一批、重点建设一批、建成投产一批"，接替有序、梯次推进的项目建设工作格局。高效推进陕渝（重庆）建材科技有限公司项目一期落地。全面建设黄陵年产 40 万立方米煤矸石陶粒项目、韩城煤矸石绿色无害化综合处置示范线项目、韩城昇隆年产 150 万吨钢铁渣粉项目、神木固废资源综合利用项目建成投产并实现市场化销售，形成韩城、黄陵、蒲城三大固废工业园区引领拓展。

三是"三品"建设，提质增效，以"提品质、增品种、创品牌"为着力点，全面建设具有华山品牌特色的产品序列体系。在提品质上，加强产品质量管理数字化应用，提升过程控制智能化水平，建设产品质量追溯机制。在增品种上，开展质量标杆创建活动，着重突出品种体系化发展，在高性能水泥、混凝土外加剂、建筑用陶瓷绝热系统等方面不断提升传统产品竞争优势和竞争效率。在品牌创建上，坚持从技术、质量、服务、文化等方面切入，以市场为导向，不断优化品牌结构，通过适应市场、匹配市场、开拓市场，积极参与相关机构企业价值品牌评选活动，不断提升企业商誉价值。

四是技融双驱，两极支撑，严格按照全年研发费用投入比率不低于 1.5%，对科研人员职务科技成果所有权和长期使用权进行改革试点，实现研究成果和专利与经济效益和收入比例挂钩，极大激发了创新创造积极性。

五是党建融入，强根固魂，持续深入学习贯彻习近平新时代中国特色社会主义思想，深化思想理论武装，营造奋进新征程的浓厚氛围。

主要创造人：张超晖

参与创造人：周　红　王利民　王　琦　郭正亮　时启林
　　　　　　杜永康　姜晓芹　郝忠云　王　静

传承"带电精神",守护万家灯火

国网辽宁省电力有限公司鞍山供电公司

企业简介

国网辽宁省电力有限公司鞍山供电公司(以下简称鞍山公司)隶属于国网辽宁省电力有限公司,担负着"三市(县)四区"(海城市、台安县、岫岩满族自治县和铁东区、铁西区、立山区、高新区)和鞍钢集团的供电任务。鞍山地区有电始于1917年,鞍山公司成立于1948年,1954年因率先在全国研究带电作业并取得重大突破,被誉为"全国带电作业的发祥地"。鞍山公司根植"带电精神",通过实施"平台带动、创新带动、品牌创建、示范创建"的"双带双创"项目化推进,着力推进"四个转型"深化升级,从领先向卓越的跨越提升,努力打造具有卓越视野、卓越业绩、卓越形象、卓越文化的"卓越鞍电"。鞍山公司先后获得"全国五一劳动奖状""全国电力行业优秀企业""国家电网公司先进集体""国家电网公司文明单位""辽宁省文明单位标兵"等多项荣誉。

实施背景

随着经济社会发展,电力客户对提升供电可靠率、缩短业扩报装时限的需要日益高涨,推广全域不停电作业是顺应这一美好生活需要的必然要求,是国网电力有限公司作为责任央企的使命担当。鞍山是带电作业发祥地,有着带电作业"始于鞍山、兴于辽宁"的深厚历史底蕴,发挥企业文化引领作用,激励公司干部员工全力践行"人民电业为人民"的企业宗旨和国网电力有限公司核心价值体系,更好地服务经济社会发展,是鞍山公司实施"带电"企业文化打造"卓越鞍电"的初心和使命。

作为中国带电作业的先行者、首创者,鞍山公司带电作业不仅创造了一条中国特色的带电作业新路,还创造出影响深远的"带电精神",这一精神,激励着一代又一代鞍电人砥砺前行。

体系内涵

"带电精神"是鞍山公司企业文化建设的传家宝。在不同时代都涌现出其时代价值。在20世纪五六十年代"带电精神"能够把团队的精神动力转化为巨大的物质力量,创造出共和国奇迹,主要表现为一不怕苦、二不怕死、一心为革命、一心为人民的团队追求。在20世纪70年代,围绕带电作业大力开展技术革新运动,经过十几年的发展,进入相对成熟阶段,"带电精神"体现为"敢想敢干,勇于实践"的精神特质。进入20世纪90年代后,带电作业技术快速发展,"带电精神"的传承重点放在"为国分忧、为国增光"的奉献精神,"勇于开拓进取"的创新精神上。2004 年,"带电精神"在传承中前进,重点放在艰苦开拓、勇于实践、顽强拼搏、不畏艰险、勇攀高峰精神的弘扬上。2014 年,全面总结带电作业 60 年所形成的精神财富,把"带电精神"的内涵定义为责任、创新、奉献、争先、共赢。2019 年,鞍山公司党委通过在全公司范围内开展全员征集活动,最终确定新时代"带电精神"的概括为:忠诚担当、精益求精,创新实干,敢为人先。

鞍山供电公司"带电精神"与国家电网有限公司企业精神高度契合,形成了"母子文化"水乳交融般的有机结合。

主要做法

在"铸魂赋能"中传承,担当"新使命"

用精神铸魂。忠诚担当作为组成新时代"带电精神"的核心要义之一,其内涵是爱党、爱国、爱人民、爱企业;是勇挑重担,爱工作、爱专研、不使绊子、不撂挑子。鞍山公司以实际行动诠释忠诚担当的责任和使命。2022 年 7 月 20 日,河南郑州等地遭遇特大暴雨,城市发生严重内涝,造成重大人员伤亡和财产损失。鞍山公司输电工区响应国网电力有限公司的号召,连夜组织队员赶赴救灾一线。每次国家有号召,社会有需要,鞍山公司总会第一时间赶赴现场,以实际行动践行着忠诚担当的使命初心。

为精神赋能。党建为"带电精神"充电,开展"党建 + 带电"活动。优化完善中国带电作业展览馆软硬件设施建设,在带电展馆开展实践党课活动,组织公司全体职工参观学习,充分发挥党性教育基地和带电作业创新工作室的双创示范作用,持续教育熏陶,凝聚价值共识。开展党支部书记讲新时代"带电精神"精品党课系列活动,固化"不忘初心、牢记使命"主题教育成果,大力弘扬新时代"带电精神",教育党员争做"带电精神"传人。

以精神融合。坚持"少停多供,能带不停"的原则,牢固树立"不停电就是最好的服务"的理念,营造良好的创新实干工作氛围。进一步深化带电技能竞赛,以"比学习、比技能、长才干、提素质"为带电作业进步的新动力,鞍山公司通过竞赛探索"创新 + 实训"的人才培养模式,发挥聚合效应,加强队伍建设,提高员工技能素质,为鞍电发展贡献不竭动力。

在"双带双创"中传承,激活"新基因"

鞍山公司探索实施"平台带动、创新带动、品牌创建、示范创建"的"双带双创"项目化推进,通过"四叶草"模型实践,以"国家电网核心价值体系"为土壤,以"人民电业为人民"为主干,以"文化铸魂、文化赋能、文化融合"为茎脉,以"平台带动、创新带动、品牌创建、示范创建"为叶瓣,以"凝聚'公约数'、建树'新航标'、点亮'启明灯'、注入'催化剂'"为雨露,形成了独具鞍电特色的"双带双创"企业文化传承模式,激活"带电作业"新基因,进一步促进国家电网核心价值体系落地生根,提升供电服务保障能力,持续优化营商环境,推动地方经济持续发展。

在"平台带动"中传承,凝聚"公约数"

更新文化地标,助力智慧党建。鞍山公司在中国带电作业展览馆内 VR 互动体验区新增 VR 党史馆,利用 3D 技术将党建发展历程转移到线上展示、宣传,为参观者提供一个沉浸式、不受场地限制且内容极其丰富的优质学习体验。

结合主题活动，融入教育实践。一是以"安全生产万里行""安全生产月"等活动为抓手，强化安全知识宣传教育，强化"百分之一百二十"安全理念。二是以"我是党员向我看""党员身边无违章""班组作业无违章"等主题活动为契机，组织现场党课、主题党日等活动，进一步提高党员的红色信仰和党性修养，坚定理想信念，立足岗位创先争优。

完善培育体系，打造一流队伍。一是深化带电技能竞赛，通过竞赛探索"创新+实训"的人才培养模式，坚持以赛促培、以赛促练，实现"劳模身边出劳模，能手身边出能手"。二是扎实推进"师带徒、老带新"带电作业人才培养工作。开展"传承带电精神，争做鞍电尖兵"专项培训，实施职业导师和实习导师"双导师"制，为新入职员工全程制订培训方案计划。

在"创新带动"中传承，建树"新航标"

打造创新团队，坚持载体做实。鞍山公司以示范区建设为抓手，深化配网生产业务与营销业务、主业与产业单位融合，打破高低压业务界面，打造出"一专多能"的复合型创新团队。引领青年员工以创新团队为载体，深化"研产一体、供销循环"成果转化创新模式，加速推进成果的转化应用。

深化技能竞赛，坚持岗位创优。鞍安公司通过竞赛探索"创新+实训"的人才培养模式，发挥聚合效应，提高员工技能素质，推广应用"单人独梯进行10千伏～66千伏回路间隔带电直联""一种带电处理66千伏耐热型母线断股、发热的专用卡具"等项目，促进带电作业整体水平提升，为鞍电发展贡献不竭动力。

践行社会责任，坚持实践谋活。鞍山公司党委发挥带电作业故乡优势，对内提质增效，推进全时段、全区域、全类型不停电作业；对外提升供电可靠性、服务企业复工复产，以实际行动体现央企"大国重器"和"顶梁柱"的责任担当。以集体企业属地化为契机，加快组织建立集体企业带电作业班组，以0.4千伏不停电作业为靶标，全面提升鞍山地区不停电作业能力。

在"品牌创建"中传承，点亮"启明灯"

立足道德养成，培育"最美土壤"。鞍山公司做好品牌创建，发挥聚合效应，以企业文化为引领开展工作，将文化无形的力量转化为有效的生产力。一是开展弘扬劳模精神、工匠精神集中学习活动，鼓励青年员工在本职岗位上建功立业。二是举办员工大讲堂活动，组织国网劳模讲述自己立足岗位建功的成长历程和奋斗故事，鼓舞全员争当时代先锋。三是开展先进典型代表交流座谈会，帮助新员工扣好职业生涯第一粒扣子。

围绕示范效应，畅通"最美渠道"。鞍山公司实施青工职业导师和实习导师"双导师"制，用"忠诚担当、精益求精、创新实干、敢为人先"的精神鼓励员工勇争先，让广大党员和新入职员工坚定"守初心、担使命"的理想信念。

运用多种媒介，彰显"最美形象"。一是拍摄专题片"60心声"。传承国网电力有限公司技能专家身上的红色基因，以榜样的力量，激励青年员工快速成长。二是举办带电实用化创新工器具成果展览，激发自我创新的能力，增强员工的创新自信。三是制作带电文化展墙，鞍山公司系统梳理带电专业文化内涵，挖掘带电专业企业文化亮点，全方位展现鞍山带电作业的发展之路和前进方向。

在"示范创建"中传承，注入"催化剂"

优化工作效能，让服务"活"起来。鞍山公司坚持"能带不停"的原则，以乡村振兴为抓手，以带电作业为引领，以服务百姓为根本，深化共产党员示范岗建设，在为民服务第一线设立共产党员示范岗。实施精细化管理，坚持"能带不停"原则，开展"零点检修+不停电作业应用"等有效举措，推动了电力服务再升级，营商环境再优化，不断提升了百姓用电的便利性、满意度和获得感，持续提升了供电可靠性，有效推动了公司提质增效。

推进班组建设，让基层"好"起来。鞍山公司以示范区建设为抓手，深挖创新队伍文化潜力，提高班组服务水平，强化各环节监督机制，组织运转高效，全面推广示范区建设经验，全面收集全年各专业相关指标数据，总结电缆不停电作业创新方法和管理方式，固化标准流程，为今后的工作夯实基础。

实施效果

根植精益理念，激发了追求卓越的员工潜力

鞍山公司注重在急难险重任务中淬炼出精干而有担当的复合型人才队伍。员工在一次次"带电"作业中迅速成长，综合能力素质提升明显，以实际行动展现鞍电人"顶梁柱、顶得住"的责任担当。以全国劳动模范、鞍山公司带电作业中心副主任王家峰为带头人的王家峰劳模创新工作室，共获得国家发明专利授权21项、国家实用新型专利授权31项。这些创新成果全部成功转化为实际应用。

落地基层党建，凝聚了忠诚担当的团队活力

鞍山公司党组织在带电作业、零点作业现场，按照"把问题留给支部、重任交给党员"的党建文化理念，在作业现场开展"党建+安全生产"、党员"三亮三比"活动，现场所有党员都承担了重要作业任务，凝聚团队活力，带头保安全、高质量地完成了现场改造作业。鞍山公司铁东示范区在建设过程中首创了零点作业法整体更换新亚开闭所，制定运维提升、抢修作业、工程施工等工作的全新管理模式和相应考核办法，圆满完成了全部四类典型作业。

融合中心工作，提升了创新实干的组织动力

鞍山公司以打造全省首个"供电不间断、用户无感知"示范区建设为抓手，加快不停电作业技术的广泛应用，全面落实"不停电就是最好的服务"文化理念。鞍山公司顺利完成了东北地区首例高低压综合不停电更换配电环网箱作业。2022年共实施配网不停电作业共1261次，供电可靠率同比提升0.042个百分点，客户平均停电时间同比下降51%，多供电量达1203万千瓦时，业扩带电接火率实现100%。鞍山公司在2021年辽宁省职工技能大赛暨全省配网不停电作业技能大赛中，荣获团体项目一等奖，实现了辽宁省配网不停电作业技能竞赛的"五连冠"。

渗透优质服务，增强了众口交赞的品牌推力

鞍山公司持续为群众做好事、办实事，争当电力卫士、争做护网先锋，为电网安全运行打造了"防护堤"。目前，示范区建设已在辽宁全域展开，为城区供电可靠性全面提升奠定坚实基础。来自河北、吉林、黑龙江等9个省和地区的100余名带电作业技术骨干观摩作业，为国内老旧电缆设备不停电检修作业提供了技术参考，进一步提高了配电网供电可靠性，打造"辽·亮"供电服务品牌。"供电不间断，用户无感知"示范区建设也得到了鞍山市政府的高度认可与支持。

主要创造人：洪　鹤　付　东

参与创造人：李　颖　夏雨萌　王　硕　满格尔　于　婷

以人为本，昂扬奋进，自我革新，追求卓越
——市政建设企业的"家"文化体系构建

南昌市政建设集团有限公司

企业简介

南昌市政建设集团有限公司（以下简称南昌市政建设集团）成立于1981年，为中国500强南昌市政公用集团控股的国有企业。南昌市政建设集团集建筑施工、装配式建筑、建筑垃圾资源化利用以及工程检测四大业务板块为一体，拥有市政公用工程施工总承包一级、建筑工程施工总承包一级、建筑装修装饰工程专业承包一级等资质。2022年实现总资产52.11亿元，营业收入34.57亿元。南昌市政建设集团还先后被评为国企改革"江西样板""江西省优秀企业""南昌市建筑业龙头企业""省级企业技术中心""博士科研创新中心"等，拥有国家级专利10余项，省级工法数10项。

体系内涵

"十四五"期间，南昌市政建设集团着力以"智慧市政、创新市政、活力市政、阳光市政、平安市政"五大建设任务为支撑，打造独具特色的千亿级百年企业。南昌市政建设集团作为"混改"先锋企业，着力将"家"文化与"五个市政"相融合，充分把握时代机遇与自身优势，打造既符合集团整体发展战略，又具有独特自身文化符号的市政建设文化品牌，为公司实现高质量转型发展奠定坚实基础。

建设智慧之家，聚焦智慧赋能。南昌市政建设集团牢牢抓住新一代信息技术革命带来的机遇，加快学习人工智能、大数据等新兴技术，在广大职工中培养智慧化管理思维，促进新兴技术与生产经营、安全管控相融合。通过智慧赋能，助力推动公司管控标准化、生产经营可视化等，全面构建各项管控精细化、动态化、高效率的"智慧之家"。

建设创新之家，聚焦创新发展。坚持将创新摆在南昌市政建设集团高质量发展首要位置，在全体职工中培养创新意识，大力弘扬创新文化和科学精神、劳模精神、工匠精神，提升公司创新活力，营造崇尚创新的文化氛围。同时继续聚焦创新管理，加快完善创新体系，着力构建创新生态，全面建设管理一流、技术先进、要素活跃的"创新之家"。

建设活力之家，聚焦深化改革。继续擦亮南昌市政建设集团改革先锋的品牌，在全体职工中贯彻解放思想、锐意进取的改革精神，落实国资国企改革创新三年行动方案，加快改革步伐，提高国企改革质效。同时顺势而为，不断推动经营机制、用人机制、市场机制等内部改革，着力构

建内部效率高、市场效益好、社会影响大的"活力之家"。

建设阳光之家，聚焦社会价值。南昌市政建设集团不断强化广大职工阳光服务理念，为公司合作伙伴提供优质服务，打造阳光政策、阳光工程、阳光企业，主动接受社会监督，不断践行"为人民服务"的初心和使命，努力让城乡居民感受到市政服务温暖和责任担当。着力构建政府信赖、市场认可、职工热爱、居民满意的"阳光之家"。

建设平安之家，聚焦和谐稳定。南昌市政建设集团坚持安全发展理念，在广大职工中牢固树立底线思维和红线意识，以安全文化建设为引领，加强公司安全体系和能力建设，防范和化解影响公司发展的各种风险，筑牢安全稳定屏障。着力构建有规矩、有标准、有队伍、有保障的"平安之家"。

主要做法

以"家"文化为依托，实施青年职工关爱工程

南昌市政建设集团是一支年轻且具有活力的队伍，35周岁以下人员占总人数70%左右，南昌市政建设集团确立"家"文化后，大力实施青年职工关爱工程，充分发挥党联系职工群众的桥梁纽带作用，为青年职工做好事、办实事、解难事，团结引领青年职工坚定理想信念，勇于担当实干，不断提升青年职工队伍的凝聚力、战斗力、创新力，在推动企业高质量发展中书写青春华章。

南昌市政建设集团工会认真落实新时代党的建设总要求，不断增强"四个意识"、坚定"四个自信"、做到"两个维护"，深入开展习近平新时代中国特色社会主义思想和党的二十大精神，切实增强青年职工对党的基本理论、基本路线、基本方略的政治认同、思想认同、情感认同，不断提高运用马克思主义立场、观点、方法分析解决问题的能力和水平。近年来，南昌市政建设集团工会与团委联合开展了"追根溯源学党史·继往开来闯新路""青春奋斗正当时·我与公司共成长""树新风·建新功·立足岗位做先锋"等主题教育实践活动，"庆七一·促党建·谋发展"联合主题党日活动，教育引导广大青年职工把个人价值追求与实现国家繁荣富强、推动企业改革发展结合起来，自觉听党话、感党恩、跟党走，知形势、明任务、勇担当，进一步坚定广大青年职工爱党爱国、忠企为企、建功立业的信心和决心。

近年来，南昌市政建设集团党委按照"控数量、提质量、重实绩"的思路，做好做实各类先进评比表彰工作，吸引激励更多青年职工实干创效。涌现出南昌市五一劳动奖章、南昌市三八红旗手、南昌市工人先锋号等一批先进劳模典型。同时，加大对青年劳动模范和先进工作者的宣传力度，采用开办"市政建设青年说"专栏的方式，用心用情用力讲好劳模故事、讲好劳动故事、讲好工匠故事。扎实做好青年模范职工的服务保障工作，为他们更好施展才华、展现精神品格提供全方位支持，使他们的劳动技能、创新方法、管理经验广泛传播，充分发挥示范带动作用。

以"家"文化为依托，实施技能提升工程

南昌市政建设集团将"家"文化贯穿生产经营全过程，实施覆盖各层级、各年龄段的技能提升工程，主要有以下几点做法。一是建立三级培训体系。通过线上与线下、请进来与送出去相结合的方式搭建了公司三级培训体系，出台了《公司培训管理办法》。一级培训为通用技能培训，

由公司组织开展；二级培训为专业培训，由各部门自主开展并报公司备案；三级培训为个性需求，由员工自主安排实施后报部门负责人备案。年初人力资源部根据公司发展和员工职业规划收集培训需求，整理汇总形成公司三级培训计划，并分配培训资源。年底对三级培训计划落实情况进行总结评估并纳入年度综合绩效。二是开展劳动技能竞赛。南昌市政建设集团制定各类技能竞赛方案，先后开展了安全生产技能竞赛、龙虎榜大比武、党务技能竞赛、钢筋工技能大赛等技能竞赛，广大职工在"干中学、学中练、练中比"，形成了比学赶超的浓厚氛围。南昌市政建设集团把技能竞赛与年终评优、职业晋升、薪酬增长相挂钩，不断提升员工参与热情。通过技能竞赛，员工的技能水平得到显著提升。三是开展师带徒一对一定制化内训。为帮助新员工尽快适应工作岗位，熟悉工作内容，南昌市政建设集团在每个新员工入职时为他们指定一名师傅，负责为新员工传道授业解惑。师傅要为自己的徒弟制订培训内容和培训计划，并根据新员工个人接受能力动态调整。在师徒结对期满，公司对新员工进行知识技能的考核，考核合格的师傅除每月固定的200元培训补贴外还能额外获得一次性培训补贴2000元。

四是开展内训师选拔培养。南昌市政建设集团实行内训师培养模式，把内部工作有热情、业务技能精湛，语言表达能力强的员工选拔培养成企业内训师，给予课时补贴和设立职业晋升通道，有效增强企业自主培训能力，充分挖掘和锻炼了内部人才，同时降低企业培训成本。

以"家"文化为依托，开展各类走访慰问

南昌市政建设集团作为一家主业从事建筑施工的企业，常年有职工驻外工作，尤其是青年员工会面临夫妻两地分离，老人小孩难以顾及等情况，公司为充分落实家文化，积极开展各类走访慰问活动，在春节前夕走访离退休老职工、驻外职工家属，在"七一"走访离退休老职工、在"八一"开展退伍军人座谈等活动，在各类传统佳节开展走访慰问一线工人、在高温天气开展慰问施工现场等活动，极大地体现了公司的人文关怀，为广大职工全身心投入工作解决了后顾之忧。

以"家"文化为依托，积极开展帮扶活动

南昌市政建设集团以"家"文化为依托，积极开展各类帮扶救助活动，广大干部职工在"家"文化的感召下纷纷自觉行动起来，搭平台，作表率，结对子，送爱心，把公司的温暖和关怀送到困难同事的心坎上。公司先后开展了多轮爱心一日捐、关爱困难退休职工等活动，充分解决好员工最关心最直接最现实的利益问题，最困难最操心最忧虑的实际问题，让广大干部职工充分享受到了企业改革发展的成果。一线员工感慨地说："看到身边员工在家庭最困难的时候得到真金白银的帮扶，切实解决员工的燃眉之急，心里别提有多感动。在得知职工家中所种植的橘子面临滞销时，公司工会第一时间发动广大职工主动购买包销，员工生活的家事，却牵挂在公司各级领导和每一名市政建设人心里，能在这样的团队里工作感到骄傲和自豪。"

实施效果

企业文化建设与企业中心工作相融合，企业发展动能得到增强

近年来，南昌市政建设集团经受住了新冠疫情、高温、干旱等超预期因素的多重冲击，在"家"文化的引领下，广大干部职工以非凡的定力、坚定的毅力、强大的合力，迎难而上、急

流勇进、逆境突围，保持了大局稳定和平稳发展态势。截至2022年年末，集团经济指标全年营业额同比增长14.69%，利润总额同比增长1.41%，归母净利润同比增长14.19%，彰显了公司"家"文化的强大生命力和企业活力。

企业文化建设与企业党的建设相融合，干部职工凝聚力进一步增强

一方面，公司党委坚持把企业文化的触角，延伸到党建工作的各个层面和各项工作之中，不断深化和推动开展党内"创先争优""党务公开"活动，不断拓展企业文化在党建领域的新空间；另一方面，努力将企业文化建设融汇到员工思想政治工作之中，把企业文化转化为关心人、凝聚人、激励人的具体行动，广大干部职工凝聚力得到进一步提升。

企业文化建设与社会责任相融合，国有企业责任担当进一步凸显

南昌市政建设集团在推进自身发展中，始终牢记"于家为国"的责任，积极承担社会责任。2022年3月，面对来势汹汹的新冠疫情，南昌市政建设集团按照市委、市政府和集团党委的部署要求，紧急抢建昌北国际机场旅检方舱项目，仅用9天的时间就如期完成了施工任务。7月份，正是南昌天气最炎热的时候，面对频繁"吃人"的窨井盖，南昌市政建设集团积极履行社会责任，以实际行动守护市民的脚下安全，仅用1个月时间就完成了全市窨井盖专项整治项目的全部施工任务，彰显了市政建设人的战斗力，凝聚力。

企业文化建设与业务发展相融合，企业市场竞争力得到进一步增强

在"家"文化的引领下，南昌市政建设集团的市场竞争能力得到进一步提升。一方面市场拓展实力跃上了新台阶。近年来，在奖项、标准化创建、工法、业绩等方面持续发力，推动市场拓展实力跃上了新台阶。在奖项方面，先后荣获多项"国家市政金杯奖""江西省杜鹃花奖""华东地区优质工程奖及省市级优良工程奖"；在标准化创建方面，先后获得省级工程质量管理标准化观摩工地1项，市级工程质量、安全标准化示范工地5项，市级质量、安全管理标准化观摩工地3项；在工法方面，南昌市政建设集团先后取得江西省省级工法5项，江西省级QC成果奖2项；另一方面科技研发成果丰硕。南昌市政建设集团以企业技术中心为载体，加大研发资金投入，加强研发队伍配备，推动公司在项目评优、科技创新、标准化创建等方面取得丰硕的成果。2022年，南昌市政建设集团在研课题18个，获得发明专利1项、实用新型专利4项、江西省省级工法1项，省级装配式示范项目1个，省级新技术应用示范工地获得立项1个，为公司业绩积累、资质升级、管理提升、转型发展提供了强有力的技术支撑。

主要创造人：涂　旭　肖长华

参与创造人：王海龙　张世东　李　勋　熊陟峰

以奋斗者文化带动企业持续成长

江西赣锋锂业集团股份有限公司

企业简介

江西赣锋锂业集团股份有限公司（以下简称赣锋）成立于2000年，是世界领先的锂生态企业，业务贯穿上游锂资源开发、中游锂盐深加工及金属锂冶炼、下游锂电池制造及废旧电池综合回收利用等价值链的各重要环节，产品被广泛应用于电动汽车、储能、3C产品、化学品及制药等领域。已分别于2010年、2018年在A股及H股上市。

实施背景

赣锋创立之初，便面临着资金紧张，人员不足等问题，全集团自创始人李良彬到基层操作人员，均是身兼数职；而生产过程中面临的各类挑战，也只能通过一股韧劲儿坚持下去。

车间内劳保等装备不足，员工便自制简易防毒面具，或一件工具数人轮流使用；生产设备较为原始，导致效率及品质难以提升，李良彬及技术人员便开始寻找行业专家，并通过多次拜访将其从千里之外的新疆请至江西。

赣锋奋斗者精神便诞生于这最为艰苦、恶劣的初始创业阶段，它代表着不畏艰难、吃苦耐劳的良好品质。

随着企业的不断成长与进步，赣锋逐渐在市场上站稳脚跟，并开始了"全球化""上下游一体化"等一系列战略的布局。在这一阶段，赣锋所面临的挑战，已经演变成了波诡云谲的市场变化，以及日新月异的行业技术迭代。

金融危机到来时，赣锋快速研发新产品弥补市场空白；受益于国家新能源战略，中国锂电产业链高速发展，赣锋快速向上游锂资源布局，实现原材料保障。经历数次危机，赣锋也实现了快速成长，锂资源及客户遍及全球，产品产能居世界前列，完成了从家族企业到国际化企业的蜕变。

这一阶段，赣锋奋斗者精神不再拘泥于艰苦环境下的坚守，而是将员工长期的自我成长、技术积累也纳入其中。

体系内涵

赣锋奋斗者文化始于创业之初，并随着企业的发展，而不断被赋予新的含义。当下的赣锋奋斗者精神主要包括进取、坚守、激情与动力，以及自我成长。

主要做法

创业 22 年，赣锋始终将人才战略放在企业发展的第一位，通过持续地投入，吸纳、留住优秀人才，为其提供培训及施展能力的平台。

赣锋坚持唯才是举，让优秀人才获得更大的晋升空间、更多利益回报。赣锋通过股权激励等一系列形式，让每一位奋斗者都能享受到企业成长而带来的回馈；赣锋每年组织先进表彰大会等活动，为获奖者带来物质与精神的双重奖励；倾斜更多资源，让优秀员工能获得更合理的晋升通道。赣锋会不断吸纳更多奋斗者进入经营管理班子，使人员年轻化、视野现代化和国际化。

薪酬激励。针对不同的人才能力、岗位、地域等元素，赣锋设计了科学合理的津贴构成，将回报融入薪资中，作为最核心的激励构成。

股权激励。为健全公司长效激励机制，吸引和留住优秀人才，赣锋定期推出股权激励计划。目前赣锋已分别在 2021 年、2022 年推出两期股票期权激励。

优先晋升。赣锋设立了严格的评价体系，评价与薪酬、晋升直接挂钩。考核将根据技术级别评定、理论＋实操＋答辩的公平评分，根据业绩贡献、勤奋程度、专业知识、思维学习、创新能力、团队协作等维度全面展示人才素质——以人才能力，决定人才发展。

特别贡献奖励。赣锋对有特殊贡献的人才进行专项奖励，金额直接与创收、节流的资金数额挂钩。特别贡献奖励包含但不限于技术／管理创新、项目建设、市场开拓、生产管理等方向。

多种激励方案的实施，不仅为奋斗者提供了更多的资源和机会，也彰显企业对创造力、积极性和努力的认可和鼓励。赣锋通过持续不断地推动激励机制的完善和落地，已经为更多的奋斗者打开通往成功的大门，赣锋高管团队绝大多数来自内部培养，中层管理团队中拥有大量年轻骨干。

大型活动助推，形成奋斗者精神的扩散器。每一年，赣锋都会通过工会、企业文化、人事行政等部门共同组织多项线下活动，包括但不限于年度表彰大会、劳动技能竞赛、"锂想远航"系列培训等。活动的意义并不限于其自身，更深远处在于通过良好的组织和宣传，将优秀的奋斗者和他们努力的故事展示给更广大的员工群体。

通过各类活动，鼓励先进人员发挥模范带头作用，一方面让广大员工能够进行横向的比较，发现自身的不足并弥补；另一方面能够发掘企业中的优秀人才，为其提供更大的平台，使赣锋技术能够薪火相传，使奋斗者精神能够不断传承，打造媒体阵地，潜移默化传播奋斗者精神。目前，赣锋已形成视频号＋公众号＋企业微信＋内部网络的媒体矩阵，作为使命、愿景、核心价值观的延续，可全面触达公司员工。宣传平台以线下活动深化报道、奋斗者采访、高管演讲等素材作为主要内容，以投稿、邀约、企业文化部门撰写等形式，始终维持较高的更新频率。

仅 2023 年 1～7 月，系列媒体平台已推出"先进人物""红动赣锋""活力女性"等内容专题，总体稿件数量逾百篇。发布内容中，突出描写个人与团队的努力、克服困难和取得的成绩，展示奋斗者精神的魅力和意义。

通过宣传渠道与内容，赣锋能更好地向全员传递企业文化和价值观，激发员工的积极性和创造力，营造良好的团队氛围，增强员工对企业的认同感和归属感，弘扬赣锋奋斗者精神。

发挥平台价值，为奋斗者提供良好成长环境。作为全球领先的锂生态企业，赣锋有着国际化的业务，有着覆盖上、中、下游的产品矩阵，一流的客户资源……人才能够借助平台的优势，去获得行业最新的动态与方向——甚至把控行业的未来方向。

赣锋为广大奋斗者提供充分的实战与试错的机会，知其错，方知其所以错，在实操环节中成长。此外，赣锋也愿意为员工提供在新领域自由发展或者从零创业的平台，如自动化智能化管理、ESG（环境、社会和公司治理）管理、海外项目建设等领域。

同时，赣锋也在为提升全体员工的工作幸福感而不断改进。赣锋下设的工会组织与员工深度沟通，并定期收集员工提案，来帮助员工解决工作、生活中遇到的各类问题。赣锋人事部门定期发布员工满意度匿名调查，根据问卷结果，针对客观存在的问题进行改善、调整，最大限度满足员工需求。为优化全体员工的办公、生活环境，过去数年间，赣锋总部及多家子公司，已完成了包括食堂、宿舍、生活区域的升级改造。

新能源是一个蓬勃发展的产业，所有参与者的努力与奋斗会被无限放大，每一滴汗水都可能换来十倍乃至百倍的收获。多年来，赣锋持续发挥成长平台的作用，通过师徒制、传帮带等方式，为新晋人才提供充分全面的学习空间与上升通道。

实施效果

创业 23 年来，赣锋及全体员工奉行"利用有限资源，创造无限价值"的经营理念，在"诚信透明、责任担当、专业高效、创新驱动、合作共赢"的核心价值观推动下，传承赣锋精神，为实现"打造全球锂行业上下游一体化的国际一流企业"的愿景而不断奋进。

行业标杆，树立稳健务实的品牌形象。赣锋自成立以来，以卓越的产品品质为基石，良好的服务态度做推手，通过研发的持续投入和制造流程的不断创新与改进，赢得了客户、合作者、投资人的尊重和赞誉。赣锋速度、赣锋品质、赣锋服务都已成为行业标杆。

以全球资源布局为例，自 2011 年，赣锋通过上市募集资金开始了全球范围的资源布局，在一系列投资案例中，赣锋大多是通过小额资金入股、持续投资提升股权占比的稳健投资方式，在确保企业负债率的前提下，不断加大上游资源供给类别。目前，赣锋已在爱尔兰、澳大利亚、阿根廷、墨西哥、马里、中国等国家持有多处矿产资源，成为全球拥有最大锂资源储量的企业，达到风险、效率、利益之间的平衡。

持续增长，打造企业发展的核心驱动力。赣锋的发展规划则是围绕"打造全球锂行业上下游一体化的国际一流企业"的愿景展开。如持续获取全球上游锂资源、提高处理加工设施的产能、发展锂电池及回收业务、全面提升研发及创新能力等补全上下游。

2022 年，赣锋营业收入达到 418.23 亿元，同比增长 274.68%；净利润 205.04 亿元，同比增长 292.16%。赣锋董事长李良彬提出打造"技术赣锋"战略，继续加强赣锋的人才梯队建设，传承赣锋奋斗者精神，塑造企业核心驱动力。

合作共赢，助力锂电产业高质量发展。合作共赢是赣锋的核心价值观之一。为全力支持本土锂电产业发展，近年来赣锋在江西新余、赣州、宜春等地建设了马洪万吨锂盐锂工厂三期、四期（锂化合物），赣锋锂电动力工厂二期、三期（动力、储能锂电池），赣锋新锂源（消费电池）、循环再生基地（电池回收）等子公司，业务覆盖全锂电产业链的多个重要环节。

锂电产业是江西省支柱产业之一，已建成新余、宜春、赣州三大锂电产业集群，培养出多家具有行业影响力的龙头企业，涉及业务贯穿整个锂电产业链。2022年7月，由赣锋牵头，联合江西省锂产业上下游企业、华东理工大学等高校、中国科学院过程工程研究所等研究机构共同成立江西省锂产业科技创新联合体，致力于推动江西锂产业转型升级和创新发展。

　　绿色发展，为国家"双碳"目标贡献力量。赣锋以"利用有限的锂资源，为人类的发展和进步，创造绿色、清洁、健康的生活"为使命，不断通过对行业的深入，来助力全球能源转型，以应对日趋严重的气候问题。同时，赣锋也会在生产过程中强调绿色属性，如自建光伏发电站、循环用水、优化工艺设备降低排放等，致力于以最绿色的产品，打造清洁、健康的生活。

　　2015～2022年，搭载赣锋锂产品的新能源汽车行驶超过1290亿千米，相当于减少二氧化碳排放量3226万吨。2023年，赣锋入选《财富》中国ESG影响力榜，并获得《华尔街见闻》"环境保护创新案例奖"；MSCI（摩根士丹利资本国际）评级持续上升。

主要创造人：李良彬　王晓申

以质量凝聚企业发展命脉

云南曲靖呈钢钢铁（集团）有限公司

集团简介

云南曲靖呈钢钢铁（集团）有限公司（以下简称呈钢集团）成立于2004年。在各级党委政府的关心关怀及各部门的大力支持下，呈钢人上下齐心、抢抓机遇、努力拼搏，企业实现了从小到大、从弱到强的发展。自2009年至2015年，短短6年的时间，集团工业年产值从25亿元达到65亿元以上，2019年产值突破百亿元大关，实现了跨越式发展。迄今已发展成集钢铁、煤矿、焦化、建材、能源资源回收利用、现代物流、供应链7个产业板块，职工超万人，16家子公司组成的大型综合企业集团。目前已完成总投资超200亿元，2022年集团实现产值、销售收入超300亿元。呈钢集团主业钢铁板块多年入围中国民营企业制造业500强，在云南百强企业中排在前列。

呈钢集团先后获得"全国钢铁工业先进集体""高新技术企业""白鹤滩水电站钢筋质量检测比对试验竞赛一等奖""绿色设计产品""绿色工厂"等荣誉称号。"呈钢牌"产品广泛应用于世界第二大水电站——白鹤滩水电站289米高主坝体、长水国际机场、沪昆高铁、渝昆高铁、昆明南站等国家、省（市）重点工程项目。

实施背景

多年来，呈钢集团以习近平新时代中国特色社会主义思想为引领，彰显高质量党建引领企业高质量发展理念，秉承"以安全为高压线、以环保为底线、以质量为生命线、以担当为主线"的原则，全面贯彻新发展理念，构建新发展格局，落实国家"碳达峰、碳中和"决策部署，积极响应钢铁行业供给侧结构性改革政策，科学谋划、超前布局、精益管理、创新增效、延伸产业链，通过转型升级实现了生产清洁化、装备智能化、工艺现代化、节能低碳化、管理精益化，率先实现了企业超低排放目标。

十九年砥砺奋进，十九载春华秋实。呈钢集团扎根七彩云南，聚珠源灵气，汲爨乡文化，以厚重朴实、诚信为先的品质，用担当有为、精益求精的精神，把质量当作呈钢集团赖以生存的生命线，将质量视为呈钢集团发展的压舱石，形成了一批以"万众一心创精品、千锤百炼出呈钢""质量就是生命线"为主，极具呈钢特色的质量文化。

主要做法

多措并举，在文化熏陶上持续发力

从默默无闻到一鸣惊人，从作坊生产到知名企业，质量就是生命线的意识自始至终存在于每一个呈钢人的心中。多年来，在呈钢集团主要领导的带领下，在全体员工万众一心的支持下，"万众一心创精品、千锤百炼出呈钢"的质量文化已深入人心，镌入灵魂。一是突出质量抓思想，质量文化入心入脑。呈钢集团主要领导始终坚持"思想是行动先导"的思想意识，不断将质量文化贯穿员工工作、学习、生活的始终。多年来，呈钢集团坚持利用《员工手册》、微信公众号、集团简报以及广播宣传等形式，持续开展质量宣传。通过开展"质量文化大家讲""生产质量我来抓"等主题演讲及"先进质量工作单位"评选活动，不断树牢员工抓质量的思想意识，促进公司质量文化入心入脑，全力形成了人人抓质量、个个重质量的良好局面。二是突出质量抓管理，质量管理见行见效。为深入贯彻"质量就是生命线"的理念，呈钢集团牢固树立"通过管理工具去加强、通过规章制度去固化、通过质量管理机构去贯彻"的工作方法，由小见大、由浅入深，从员工日常小事入手，教育员工认认真真过好每一天，仔仔细细做好每件事，以实际行动传播质量意识，同时通过师带徒、老带新的模式，让员工把遵守质量管理规范变成自觉行动。此外，为使"人人重质量、人人抓质量"的局面形成一种常态，呈钢集团配合出台了《呈钢员工日常行为规范》《呈钢质量提升奖励措施》《呈钢质量管理办法》等21条相关措施，通过"部门自查、集团抽查"等监督手段使质量理念深入人心，融入血脉。多年来，呈钢集团产品质量持续提升，无一起安全事故、无一起重大质量事故发生。三是突出质量抓服务，服务品质走深走实。多年来，不管市场如何变化，竞争如何激烈，呈钢集团始终本着"追求高品质，满意众客户"的理念，坚持以客户满意为第一标准，始终做好"售前、售中、售后"全流程服务。根据客户施工计划编制《供应计划》《运输及中转方案》《应急预案》《质量问题的处理措施》《质量保证承诺书》等，确保项目施工万无一失。同时，保证货到质保书到、送货单到、有关技术文件到。此外，呈钢集团还设置了专门的服务机构，跟踪研究客户需求和产品使用效果，保持与客户的密切沟通、交流，及时将顾客反馈的信息转化为工作要求，并郑重承诺，云南省省内客户的意见和要求在12小时内回复，云南省省外客户在24小时内回复，竭尽全力为客户提供流程化、专业化的服务。

精益求精，在产品质量上精雕细琢

多年来，呈钢集团始终秉承"质量就是生命线"的理念，坚持在提质增效上下功夫、出实招，不断创新质量技术，改进技术方法，完善质量体系，凝聚出了"质量就是价值"的质量观，并据此不断在产品质量上精雕细琢，提高产品质量。一是守正创新，在工艺技术上改造升级。呈钢集团自创建以来始终坚守"求真务实严管理，持续改进促发展，诚信守约重质量，客户满意拓市场"的质量方针。紧紧围绕"提质增效"这个关键点，着力在生产工序、节能降耗、冶金固废回收利用、高效低耗等方面不断进行技术改造，截至2022年，共完成技术改造400余项。申报了10千伏备用电源无扰动切换技术、钢厂反渗透浓水综合利用技术、热轧带肋钢筋低温多切分精轧工艺等科技项目的研发，获得了"一种可有效回用含铁废弃资源的高炉炼铁工艺"发明专利以及"一种轧钢加热炉的烟气回收利用系统""一种低温不凝气回收装置""一种用于变频室的降温冷却系统"等52项实用新型专利。仅2023年，申报发明专利20余项，实用新型专利40项。

成功研发了HRB600高强度钢筋，并成功取得产品生产许可证。呈钢集团自2018年至今被评为"高新技术企业"，是云南省唯一获得"全国钢铁工业先进集体"荣誉称号的钢铁企业。二是顺势而为，在设备转型上改造升级。近年来，呈钢集团坚决贯彻新发展理念，落实国家"碳达峰、碳中和"决策部署，积极响应钢铁行业供给侧结构性改革政策，与冶金规划院、中冶长天、陕鼓集团、上海电气集团、德国西门子、意大利达涅利等国内外知名企业、顶尖公司进行深度合作，主要对烧结、炼铁、炼钢、轧钢、发电等实施升级改造。其中，由中冶长天EPC（工程、采购、建设）总承包的240平方米烧结机采用了当今烧结领域最先进的工艺和技术，650双高棒生产线为中国首条意大利进口生产线，机械部分由意大利达涅利制造，电气自动化控制系统采用德国西门子技术，该生产线集成了达涅利当今世界最先进科技成果，属目前最先进水平。截至2022年年底，投资86亿元的260万吨钢铁转型升级项目已全部建成投产。三是从严从难，在质量管理上改造升级。"质量就是生命、质量就是价值、质量就是我们赖以生存的根本"这是呈钢集团创始人——刘炜董事长一直以来秉承的信念。长期以来，呈钢集团始终以产品出厂合格率100%、钢坯合格率≥99%、钢材合格率≥99%、顾客满意度≥98.5%的质量标准，在云南省钢铁企业中率先通过了质量管理体系认证、MC冶金产品认证，以一流的产品品质、良好的用户口碑、严于国家的标准（GB/T 1499.2—2018和GB/T 1499.1—2017）对产品质量进行控制，按照直条钢筋HRB400 E、HRB500E碳元素含量优于国家标准0.03%、HRB400 E钢筋屈服强度高于国家标准30兆帕斯卡的产品执行标准进行生产，为客户提供更加优质稳定的产品。2017年，"呈钢牌"产品在白鹤滩水电站钢筋质量检测比对试验竞赛中荣获一等奖，成为白鹤滩水电站289米高主坝体钢材主供单位，同时也是钢材供应单位中唯一一家高强度建筑钢供应企业。此外，"呈钢牌"产品还广泛应用于长水国际机场（一、二期项目）、沪昆高铁、渝昆高铁、昆明南站等重点工程建设项目，并与中铁、中交、中建和云南交投、建投等大型企业达成长期战略合作。

层层管控，在质量体系上严格把关

呈钢集团坚持按照"事前预防控制、事中过程控制、事后检验把关"的原则，着力抓好过程质量管控，不断在生产过程、管理过程等方面抓好落实，确保生产过程高效有序、管理过程科学有效。一是抓生产流程，确保生产高效有序。多年来，呈钢集团始终从源头出发，形成了全员参与、全面控制、持续改进的综合性质量管理体系，使体系内各个环节环环相扣、互相督导、互相促进。出台了《呈钢质量管理标准》《呈钢化学检验标准》等10余项质量管理标准以及《呈钢集团质量事故处理办法》《呈钢集团技术创新办法》等20余项质量管理制度，从产品设计、工艺流程到车间生产，从矿石取样到成品检验，再到运输和销售，呈钢集团始终以"有缺陷的产品就是废品"的质量理念，秉承"宁缺毋滥"的标准，每个环节都制定详细、可控的管理标准，坚持全过程监督，全过程管控，全过程检验。对于不合格的原材料及产品及时回炉，确保产品合格率100%。二是抓精益管理，确保管理科学有效。为进一步提高管理效益，促进全面质量管理，自2021年，呈钢集团与北京唯实管理咨询有限公司合作，以6S现场管理为重点，在全公司开展精益管理，着力推进生产现场、现物、安全等可视范围的标准化、规范化、高效化，为推行6S、TPM（全员生产维护）夯实基础。在此基础上，呈钢集团于2023年3月开始与国内知名企业管理咨询服务公司合作，开展精益二期（人力资源管理提升）项目，重点在重塑组织机构、明确职责分工、优化队伍结构、完善管理机制、强化人才梯队等方面下功夫，通过提升人力资源管理水平，不断优化生产流程、打通各部门生产壁垒、提高员工队伍素质，最大限度地减少错误问题发生的概率，减少安全事故的发生，为保证生产质量，提升产品品质提供了强有力的保障。

三是抓人才建设，确保队伍精明强干。"人才是企业发展的核心竞争力"。呈钢集团设立了呈钢技师工作站、呈钢技术中心、王世立劳模工匠创新工作室等职工创新平台，以省级技师王世立等为领军人物，以生产厂、职能部门为阵地，以车间班组为网络，形成了人才招聘、培训、使用、晋升等全方位人力资源管理体系。同时依托优质的人才体系，通过技术比赛、技术培训等手段，不断提升员工能力素质。多年来，呈钢集团10余名员工被评为省级技师、50余名员工被市、区评为技术能手，3000余名员工获得了中高级证书。2022年9月，呈钢集团执行董事兼总经理林炳生被评为2021～2022年度"全国优秀企业家"。员工素质的提升带来的是整体质量的提升，近年来，呈钢集团产品质量稳步提升，博得了三峡集团、中铁、中交、中建等一大批知名企业的肯定。

质量即生命，质量即利润。未来，呈钢集团将持续秉承"质量就是生命线"的理念，以高端的产品质量、高效的过程质量、高质的服务质量，开拓进取、守正创新，全力开创呈钢质量发展新局面！

主要创造人：林炳生　薛钟谦
参与创造人：刘文建　涂华瀚

承担企业社会责任，助力企业高质量发展

上海海怡建设（集团）有限公司

企业简介

上海海怡建设（集团）有限公司（以下简称海怡集团）建立于1992年。经过30年的发展，形成了拥有8家子公司，集施工总承包、建筑装饰装修、餐饮旅游、仓储劳务、商务广场等多元化、专业化经营的综合性民营企业集团。

自海怡集团成立伊始，公司领导层就十分重视企业文化建设，在长期的工作实践中，不断深化、完善对企业文化的认识，逐步构建起了包括企业社会责任在内的较为完整的企业文化体系。近年来，海怡集团正确处理企业、社会、环境的关系，在注重环境的保护同时，为企业创造价值，为客户提供优质的建筑产品，为职工提供更好的劳动、生活条件，以及实现个人价值的机会，使企业始终保持着健康、良好、稳步、持续的发展势头，为经济社会发展做出应有的贡献。

扎实推进建筑绿色化管理，持续开展"创优创杯"活动

随着国家加速推进建筑绿色化，装配式建筑成为推动建筑产业现代化、转型升级发展的有力抓手，我们把绿色发展理念融入企业发展中，下大力气推进建筑工程绿色围护，注重新技术、新材料、新装备、新工艺的推广和应用。

一是编制了《上海海怡建设（集团）有限公司技术创新规划》，提出了采用BIM（建筑信息模型）技术模拟的数字虚拟实验室进行工程管理，初步显现了节约资源减少能耗，提高企业与社会的契合度，提高企业的竞争优势。

二是通过了"三标一体"贯标认证，规范管理细节，改进管理质量，促进监督常态化。

三是严格落实安全生产责任制，制定印发《应急预案管理办法》，利用每年6月的安全月和11月的质量月，组织培训讲座，开展消防演练，提高全员安全生产意识和应急能力，多年来未发生重伤及以上人身事故。

四是按照"预防为主、防治结合、综合治理"的原则，对海怡集团属下所有工程项目，都建立污染预防制度，开展可持续资源利用，在施工过程中有效利用建筑垃圾，实现绿色循环发展。积极创建"文明工地""绿色工地"，创优创杯取得了丰硕成果，荣获"国家优质工程奖""中国建筑工程装饰奖"，荣获"中国土木工程詹天佑奖""鲁班参建奖"，以及各类奖项500多个。

扎实推进员工利益保障机制，增强认同感和主人翁意识

海怡集团始终把人力资源放在企业发展的首要位置，细致深入地做好人力资源工作，形成了既符合行业特点又体现企业个性要求的文化形象，为增强企业凝聚力、向心力、竞争力起到重要的作用。

一是制订了《海怡集团企业文化发展规划》，全面打造和谐共进企业文化环境。坚持每月一次中高管理层团队的企业文化思想及理念学习，打造党建展厅、企业展厅和书画展厅；完善宣传栏、及时更新网页，丰富月刊内容。

二是坚持"以人为本"的原则，积极构建和谐的劳动关系。海怡集团认真落实国家政策，与职工签订劳动合同率达到100%，并为所有职工办理五险一金。完善《员工薪酬善绩效管理制度》，让企业经济效益与职工收入紧密结合，每年福利待遇都有提高。丰富员工业余生活，在中国传统节日期间举办闹元宵、迎端午活动，以及开展摄影比赛、职工运动会，组织外出旅游等。关爱员工身体健康，组织体检，看望生病职工，送去党组织的关怀和祝福。发挥工会、妇联等群团组织的维稳作用，职工及亲属去世工会都要前去慰问，形成工作制度，真正把企业的关怀送达职工。

三是优化人才素质结构，打造企业各类专业技术人才团队。为了适应"打造百年海怡"和市场竞争的人才需求，海怡集团制订了《人才引进及培训计划》，通过以创新绩效为核心的人才评价激励机制，形成人尽其才、才尽其用、用有所成的良性发展局面，每年分别对中高层管理者和员工进行针对性培训，并通过实施继续教育计划，多形式、多层次地开展教育培训、岗位练兵、技能竞赛等活动，建立了"师带徒"工作机制，推动了"学习型团队"建设。接下来，海怡集团将积极探索与专业院校合作，采取定向培养的方法来充实管理力量。

四是重视员工的想法、建议。海怡集团每年开展《员工满意度调查》、员工述职大会等活动，通过"我为公司发展献一计"等，让员工从自身的角度上看企业的发展，谋划自己的职业规划，增强了员工对企业的认同感和主人翁意识。

五是每两年进行一次精神文明建设表彰活动，通过推荐、评选，产生了一批先进党支部、优秀党员、优秀员工、优秀部门、优秀分公司、优秀项目部、优秀项目经理等，此项活动促成了以身边的优秀共产党员、优秀员工为榜样，做优质服务的示范者，敢于担当，乐于奉献的实践者，遵纪守法的促进者和守住行为底线的实践者的工作氛围。

扎实推进诚信理念教育，增强依法治企责任意识

结合企业发展经验教训，海怡集团提炼归纳了以诚信为主要内容的企业价值观、市场理念、服务宗旨和员工格言，如"诚信缔造伟业、创新成就未来""诚信经营、客户至上""重合同、守信誉、讲质量""以诚信换真心、以热情换真情"等，并将这些内容制成精致的宣传页，张贴在海怡集团各部门和工地项目部的墙上，形成了浓厚的企业诚信文化的氛围，让每一位员工熟知企业文化的精神内涵，使之潜移默化于日常言行之中，潜移默化于项目管理之中。

海怡集团在制定、修订、完善企业规章制度上下了很大的功夫，推进企业向着制度和管理流

程转变，目前海怡集团共有规章制度15类130项，通过制度的实施，促进了员工廉洁从业意识和守法经营意识的提高，形成"凡事有章可循、凡事有据可查、凡事有人负责、凡事有人监督"的工作局面。由此，海怡集团被评为"上海市金属结构行业诚信企业""上海市守合同重信用企业""上海市建筑业诚信企业""中国建筑业协会企业信用AAA级"。

扎实推荐慈善公益事业，致富不忘回馈社会

海怡集团积极参与慈善、捐助等社会公益事业，关心支持教育、文化、卫生等公共福利事业，将企业高质量发展、和谐发展、回报大众、贡献社会的社会责任理念融入企业文化和企业发展战略之中，在企业内部形成积极履行企业社会责任的共识与氛围。

一是积极鼓励职工志愿服务社会，建立一支102人的志愿者队伍，积极参与了爱心义卖、重阳敬老、惠南小学运动装捐赠、帮困扶贫、无偿献血、疫苗接种咨询服务工作。去年，又与惠南镇园中社区签订了慈善公益协议，联合开展了"党建领航·爱满重阳"敬老活动，与建行南汇支行联合开展施工现场惠民生、送温暖活动，向大理州宾川县捐赠55万元用于宾川县城镇初级中学足球场建设项目。

二是成功承办（中国书法家协会主办）全国第十一届书学讨论会，主动承办"庆祝中华人民共和国成立七十周年·长三角百位书法名家精品展——暨长三角书法发展联盟成立仪式"，为弘扬中华优秀传统文化贡献绵薄之力。

三是在2022年抗击新冠疫情中，引导全体党员发挥"一名党员一面旗"的先锋模范作用，47名党员干部下沉社区做志愿者，用实际行为诠释了共产党员的使命担当和海怡人的社会责任，让群众切身感受到"党员就在身边"。海怡集团党委迅速响应市委、市政府号召，践行企业的社会责任，向浦东新区惠南镇、老港镇、上海交通大学等防疫捐款捐物计20余万元。多年来，海怡集团累计向社会捐款1300余万元。

近年来，海怡集团连续四届被命名为"全国文明单位"，连续多年被评为上海市文明单位、上海市志愿服务先进集体、浦东新区光彩事业贡献奖、"幸福金桥"员工关爱优秀企业。上海市企业文化优秀成果优胜奖、中国工程建设企业党建工作优秀案例、工程建设企业文化作品竞赛优秀报纸。

孔子说："君子喻于义，小人喻于利"。一个企业要想长久生存，不但要讲求"利"，"义"其实更为重要，"小成凭智，大成凭德"，要取得事业的巨大成功，高尚的德行是必不可少的，德即诚信、公平、慈善、正义等的高尚品德，而这些高尚的品德彰显出的价值是企业社会责任的真谛。多年的企业文化实践，使海怡集团越来越认识到将企业社会责任与企业发展战略相融合，从长远角度来看，企业积极承担社会责任，不但可以提高生产效率、提升产品质量、增强企业凝聚力，而且可以吸引责任投资，提高企业竞争力，帮助企业规避风险，促进企业的持续发展。今后，海怡集团将继续把企业社会责任内化为企业发展的需要，通过实施社会责任战略，提高企业的竞争能力，实现企业高质量发展。

主要创造人：姚　华　吴国桢

参与创造人：金　英

"物智仓实·凤起潮越"企业文化品牌的创新与实践

国网浙江省电力有限公司物资分公司

企业简介

国网浙江省电力有限公司物资分公司（以下简称物资公司）成立于1991年10月，作为国网浙江省电力有限公司直属单位，承担着国网浙江省电力有限公司集中招标采购和电网工程物资供应工作。物资公司现有职工109人，下设4个职能部门、6个业务部室，下辖10个党支部、党员83名。2022年，物资公司累计完成招标采购金额527.35亿元，物资供应金额289.68亿元，实现净利润1.73亿元。物资公司多次被授予"税收贡献奖""钱江杯"突出贡献奖，被中华人民共和国工业和信息化部评为"2022年度国家中小企业公共服务示范平台"，相继获得"全国文明单位"、"浙江省五一劳动奖状"、"浙江省模范集体"、"浙江省企业文化建设示范单位"、浙江省AAA级"守合同重信用"企业和招标代理机构诚信创优5A级等荣誉称号。

实施背景

企业文化是企业的灵魂，是推动企业发展的不竭动力。物资公司作为服务浙江省电网物资供应的国有重点骨干企业，是弘扬社会主义先进文化、支撑文化强国的重要力量。物资公司坚持以习近平新时代中国特色社会主义思想为指导，建设符合国情、符合党情、符合企情的优秀企业文化，不断提升企业文化的感染力、凝聚力、辐射力，把企业文化建设成果转化为推进现代绿色智慧供应链建设和企业高质量发展的不竭动力，切实用优秀的企业文化和生动的具体实践，积极践行社会主义核心价值观，统一思想、凝聚共识，为建设具有中国特色国际领先的现代绿色智慧供应链提供强大的精神力量。

体系内涵

"物智仓实，凤起潮越"企业文化品牌内涵

"物智仓实，凤起潮越"企业文化品牌内涵集中华传统文化特质、物资行业文化特性、之江地域文化特征于一体。

"物智"，智慧物资、数智全链。贯彻落实党的二十大关于"提升产业链供应链韧性和安全水平"的决策部署，围绕国家电网"一体四翼"发展布局，走在前、作示范，全力打造现代绿色智慧供应链，为建设具有中国特色国际领先的能源互联网企业的示范窗口夯实物资供应基础。

"仓实"，储备殷实、求真务实。出自《管子》"仓廪实而知礼节"。做强做实电力物资储备和供应工作，着力树立员工队伍"诚实""务实""廉实"价值观，勇当物资保障先行官，争做供应服务排头兵。

"凤起"，凤鸣于天、志存高远。凤起，寓意贤德之人兴起。物资公司人紧跟时代发展前沿，以高站位、广视野、大格局的战略定力，昂首向前争创一流企业的"奋起"姿态。

"潮越"，登潮逐越、锐意进取。萃取浙江"干在实处、走在前列、勇立潮头"的浙江精神和国家电网有限公司"努力超越、追求卓越"企业精神，象征物资公司人敢于登高、不断攀峰的蓬勃生命力。

"12345"物资公司企业文化体系建设

聚焦"1"个理念：物智仓实·凤起潮越。

弘扬"2"种精神："努力超越·追求卓越""红船精神·电力传承"。

锚定"3"条路径：文化铸魂、文化赋能、文化融入。

着力"4"个抓手：党建引领举旗帜、群团共建聚人心、队伍锻造育新人、品牌铸就展形象。

实现"5"大目标：打造卓越的红色教育阵地、一流的优质服务窗口、多元的素养提升基地、丰富的文化实践平台、温馨的和谐美好家园。

"看、学、听、说、践"五位一体企业文化中心

本着因地制宜、节约高效、方便员工的原则，以公司"物智仓实·凤起潮越"企业文化展厅为圆心，整合、重组、优化公司现有企业文化阵地，按照"科学布局、以点带面、共建共享、特色鲜明"的思路，串点成圆，建设形成以"厅、廊、点、站、室、屋"等为载体的企业文化中心，实现"看、学、听、说、践"五位一体的企业文化落地实践。

主要做法

文化铸魂，在思政教育中彰显党建引领

坚持政治统领、守正创新，深入学习贯彻习近平新时代中国特色社会主义思想，始终将旗帜鲜明讲政治贯穿"物智仓实·凤起潮越"企业文化落地实践全过程，推动思想政治工作与企业文化建设有机统一。

高扬党的旗帜，领航文化方向。坚持党管企业文化工作格局，建立贯通党委、党支部、党员三个层面的企业文化建设责任体系。以党内政治文化引领"物智仓实·凤起潮越"企业文化落地，实施"党建引航、廉政护航、文化扬航、群团助航、队伍续航"五项航程。打造"三强三先三优[①]"党建格局，将企业文化建设工作纳入党建评价体系。实施"党建＋文化"工程，党建引领，文化铸魂。

传承红色基因，夯实思想根基。弘扬伟大建党精神和红船精神，上好干部员工"思政课"，将理想信念教育和社会主义核心价值观教育作为企业文化建设的重要任务。

建强组织堡垒，筑牢文化阵地。发挥"支部建在供应链上"的组织优势，深化"一支部一

---

① 三强三先三优：三强党委，方向意识强、大局意识强、落实力度强；三先支部，组织作用领先、组织生活创先、支部战斗争先；三优党员，政治素质优、作风形象优、发挥作用优。

特色"企业文化示范点创建工作,把党员责任区、党员示范岗同步建设为企业文化责任区、示范岗,创建形成"红智物联[①]·阳光招标""四智四心[②]·助企纾困""三色三真[③]·久久保供"等特色子文化。

文化赋能,在队伍锻造中强化素质提升

坚持立德树人、知行合一,通过"入眼、入心、入行"文化植入模式,使"物智仓实·凤起潮越"理念内化于心、外化于行,打造一支德才兼备的干部员工队伍,将奋进、担当、实干的精神品质在润物细无声中成为全员价值共识、行为共识。

"五位一体"熏陶人。以企业文化展厅为圆心,建设形成以"厅、廊、点、站、室、屋"等为载体的企业文化中心,借助文字、图片、色彩、影像、标识等元素,全方位展现"物智仓实·凤起潮越"文化体系和具体内容,并将企业文化中心作为新员工入职培训、党性教育、文化交流、业务研讨等一站式平台,使企业文化可看、可学、可听、可说、可践。

先进价值感召人。常态化开展劳模、最美员工、岗位能手等先进典型选树工作,示范激励员工爱党爱国、爱岗爱企、爱人爱己。搭建"凤鸣讲坛""凤起378"抖音号等特色宣传载体,传播先进工作经验、历史文化知识、电力奋斗故事、员工善行义举。组织开展"科学保供""清廉物资"文化金点子征集,围绕"优良作风""绿色低碳""数智安全"等主题开展读书会、思想大讨论,营造争当浙电物资特色文化先行者、"四德"示范践行者的浓厚氛围。

和谐家园凝聚人。深化"物智6+1'链'接你我心"工会品牌建设,着力开展文体场所品质、职工技能素质、美好生活需要、关心关爱服务"四项提升工程",持续推进为职工办实事。传递"快乐工作·健康生活"理念,完善文体设施,组建体育、书法、摄影等文化兴趣小组,开展丰富多彩的文体活动。

技能擂台培育人。深化"物智"劳模创新工作室建设、师带徒结对等工作,联合内外部单位成立"钱江潮"劳模工作室联盟,持续推动"师带徒"培养。组织开展全员"岗位大练兵、业务大比武"专项行动,大力开展管理创新和技术创新,"干一行、爱一行、钻一行、精一行"的优秀人才不断涌现。

践行责任成就人。丰富文化实践载体,促进员工在"人民电业为人民"的实际行动中升华精神境界。以红船共产党员服务队为供应服务载体,推行"三化三全"服务[④],全力保障电网物资高效供应。与属地天水街道皇亲苑社区进行服务共建,以设立"红船·光明驿站"为志愿服务载体,向社会推出电力科普、文明创建等7项便民举措。以"凤鸣侗乡"爱心助学行动为公益扶贫载体,推动全员连续12年与贵州省黎平县黄岗小学爱心结对,助力共同富裕目标实现。

文化融入,在企业发展中实现价值创造

坚持融入中心、服务发展,通过"两个结合"将"物智仓实·凤起潮越"企业文化落地实践转化为主动融入国家电网现代绿色智慧供应链体系建设、数字化牵引新型电力系统建设的动能,以文化力量全面推动电力物资供应链高质量发展。

---

① 红智物联:红心砥砺、树实风;智效合一、展实干;物行其道、亮实绩;联动贯通、链实业。
② 四智四心:智汇、智慧、智惠、智绘;贴心、省心、暖心、放心。
③ 三色三真:红色、蓝色、绿色;真心、真干、真效。
④ "三化三全"服务:标准化+全方位的物资供应服务、便捷化+全景式的数智服务、个性化+全覆盖的云端服务。

与现代公司治理相结合。开展"夯基础、精管理、强合规、提三效"专项行动和"绿色低碳数智安全"现代供应链建设专项行动，聚焦主责主业"强基固本提三效"，现代绿色智慧供应链建设走在前、作示范。

与现代供应链管理高质量发展相结合。聚焦数字化牵引新型电力系统建设，在供应链管理中根植"数智文化"。以数智驱动效率提升，打造数据底座，形成全链、专业、数据三维"业务数据地图"。以数智驱动流程优化，实现全域物资"全链可视""库仓贯通"。以数智驱动管理升级，全国首创了"供应链关键指标监测工具""供应链风险管家""智慧采购开标查"等智慧应用，实现以绿色采购、绿色制造、绿色物流、绿色仓储引领电网供应链绿色低碳转型。

实施效果

打造政通人和的文化示范样板

在"物智仓实·凤起潮越"企业文化价值引领作用下，企业文化和精神文明建设取得丰硕成果，物资公司被授予"全国文明单位""国家电网公司文明单位""浙江省企业文化建设示范单位"，并形成了先进带头示范、党员先锋模范、员工广泛参与的文化示范效应，培育出省电力公司劳模、省部属企业标杆党员、国网公司优秀共产党员、省级青年岗位能手等先进典型，获得"浙江省五一劳动奖状""浙江省模范集体"等荣誉称号。

构建风生水起的高质量发展格局

企业文化建设优势不断转化为专业优势、创新优势、发展优势。物资公司忠实履行电网"粮草先行官"职责，实现各类物资"精准供应"，应急物资"超前供应"，优质高效完成"白鹤滩·浙江"特高压配套工程、亚运电网工程等重点电网工程物资供应，为浙江电网高质量发展提供不竭动力。全力推进绿链省域示范区建设，构建起"阳光、绿色、智慧、共赢"的供应链新生态，相关成果入选中国物流和采购联合会"2022年度全球产业链供应链数字经济杰出案例"；2023年6月，物资公司现代绿色智慧供应链特色实践获得国务院国资委2023年度央企采购管理对标评估组高度肯定，有力支撑国家电网有限公司供应链和采购管理工作在央企系统中蝉联"双项第一"。

树立共享共赢的国企担当形象

坚持文化塑形，自觉将履行社会责任作为践行企业文化理念的重要途径，以高度的责任感和使命感，为政府分忧、为企业纾困、为群众解难。截至2023年6月，物资公司累计为产业链上下游企业提供产品服务规模达228亿元，荣获中华人民共和国工业和信息化部"2022年度国家中小企业公共服务示范平台"；"电e金服——破解供应链中小微企业融资难题项目"获得由商务部主办的"金钥匙——面向SDG（可持续发展目标）的中国行动"冠军组"优胜奖"；"凤鸣侗乡"爱心助学行动累计资助贵州留守儿童324人次，获得当地县委、县政府"携手精准扶贫、种德收福暖心"的好评；"红船·光明驿站"累计服务群众2505人次，获得"杭州武林商圈党建联盟"共建模范单位、先进党组织等称号。

主要创造人：黄宏和　陈　枫
参与创造人：竺志斌　王克平　吴　波　竺昕珂

务实创新文化助推企业转型升级高质发展

中铁四局集团安装工程有限公司

企业简介

中铁四局集团安装工程有限公司（以下简称公司）是世界五百强企业中国中铁股份有限公司的三级成员单位。总部位于江西南昌，从事建筑安装的专业施工，企业年营销额55亿元，年施工能力30亿元以上。自2005年10月成立以来，先后在国内26个省市参与铁路、地铁、市政等200余项重点工程建设，屡获殊荣。先后获得"全国优秀施工企业""全国AAA信用企业""江西省优秀企业""江西省守合同重信用企业""江西省文明单位""贵州省五一劳动奖状"等荣誉。

实施背景

企业爬坡过坎实现转型升级基于务实精进

企业文化是引领企业战胜一切困难与险阻，成就百年基业的重要法宝。公司创建之初，无项目、无资金，只有破旧的三栋旧房和几十杆枪。在几乎是白手起家的艰难探索中，公司从企业发展实际出发，积极面向市场，恪守"诚实守信"的发展信念，精益求精，创新创效，全面满足了客户"重环保、保质量、快推进、按时交验、准时开通"等需求，赢得了广泛信誉，一路爬坡过坎，转型升级，成就了持续做强做大的现实和全面领军行业的宏伟梦想。

挖掘管理潜能实现高质发展需要实践赋能

生产力中最积极的因素是人，挖掘管理潜能就是挖掘人的潜能。多年以来，公司坚持以问题为导向，问实情、出实招、办实事、求实效，提出"人本、合规、高效"6字管理理念，不断提升现场管理和系统管理效能，始终把企业快速转型和高质量发展的重心落实到强根固基之上。

打造坚强团队培育优秀员工追求实干兴业

员工是企业的宝贵财富，优秀的员工团队既是管理体系指引的结果，更是企业文化熏陶的结果。面对激烈的市场竞争，公司始终问计于心，坚守根植于朝鲜战场的红色底蕴，传承"打不断、炸不烂的钢铁运输线"的顽强意志，不断提炼公司安装人忠企爱岗、务实奋进、勇于争先、永不满足的精气神，养成半军事化的团队作风，使员工得到成长、团队颇有建树。

体系内涵

公司的务实创新文化体系是以实际需求为导向，注重实践和效果，鼓励创新创效的一种文化体系，由理念体系、视觉体系、制度体系、行为体系等基本要素组成。它与中国中铁股份有限公司开路先锋理念和中铁四局集团有限公司争先文化一脉相承，是引领公司发展的根本动力和精神源泉。该文化体系的重点是"实"，核心是"进"，寓意联系实际、注重实践、努力奋斗、务求实效。它要求员工注重工作实际，不追求表面上的浮华和形式上的完美。它鼓励员工在工作中发挥创造力和想象力，全力创新奋进，努力追求价值和贡献。

务实创新文化体系的核心价值观包括务实奋进、求效创誉。

务实奋进：在岗位工作中，员工时刻保持踏石留印的优良作风，保持积极进取的奋斗精神，秉承不达目标不放弃的执着信念，用个人的努力行动、工作成就和岗位贡献推动企业高质量发展。

求效创誉：效益是企业生存的物质基础，信誉是企业的生存价值。员工要围绕效益与品牌，不断开拓创效，努力提升工作效率和工作质量，用每个人、每一天、每件事上前进的一小步，推动企业在转型升级高质量发展征程中迈出一大步。

主要做法

多年来，公司持续深入推进务实创新文化建设与党建引领、经营目标、项目建设、企业管理、绩效考核等方面融合发展，有效增强了企业文化建设的亲和力与穿透力。

传承与创新相结合，构建务实创新文化理念体系

系统成熟的理念系统。公司坚持从做强管理、做优口碑出发，不断总结提炼公司独有的企业文化理念，形成了"务实奋进、求效创誉"的核心价值观、"发展自我、造福社会"的企业使命、"建设专业一流、行业领先、员工幸福的全国优秀安装企业"的发展愿景、"勇于争先、永不满足"的企业精神及具有建筑施工行业鲜明特色的配套理念元素和富含个性因素的项目子文化元素，使务实创新文化理念体系系统化、实效化。

理念一致的制度体系。高度重视文化理念在企业制度建设中的深度融合，保持文化建设与企业制度建设同设计同规划同修订，在推进依法治企与决策问法的前提下，落实"制度文化"，增强柔化效果和人文关怀，确保现行249个管理文件均符合企业愿景规划、"十四五"发展战略和务实创新文化建设方向，正确指导17个系统有机融合运转。

以文化人的行为规范。通过建设员工职业道德准则、员工共同行为准则、管理层共同行为准则、中层管理人员行为准则以及高层管理人员行为准则，规范不同层级员工行为，将务实奋进、求效创誉的价值理念根植于员工思想，并通过制度约束，养成自觉行为，培养公司安装人人文品格。

有效接地的宣贯方法。为了便于理解与准确传达，公司专门印发了5000余字的《弘扬务实创新文化·提升企业发展质量》宣传提纲，将务实创新文化的形成过程、提炼升华以及如何践行进行了详细解读。公司领导亲临各区域集中宣讲，确保全员覆盖。为增强内生动力，各单位还总结提炼出自己的项目子文化，丰富了1+N的务实创新文化内涵，促进了文化落地生根。

务虚与实干相结合，发挥党建引领文化建设作用

公司党委始终坚持发挥政治和领导核心作用，立足"把方向、管大局、保落实"的职责定位，坚持每月定期召开党委会，集体研究决策"三重一大"事项，务实、严谨地确立企业发展方

向和总体目标。公司各级党组织结合项目实际，围绕项目抓党建，抓好党建促发展，创造性地开展了"蓉城地铁党旗红，党员争先保开通""党旗飘扬前海湾，建功立业新时代"等系列党建活动，并先后在郑州、南昌等8个地区与业主单位成立党建联盟，签订《联建协议》，为施工生产保驾护航，得到各级党委高度肯定。

目标与过程相协调，夯实务实创新文化内功

多年来，公司坚持"安装为主、相关为辅"的专业发展方向不动摇，以钉钉子的精神，坚守专业施工领域扎根发展，久久为功，立志做安装专业施工细分领域的领头羊。经过近20年的不懈努力和追求，公司业务已遍布全国26个省市，在建拟建任务32项产值近30亿元，主业占比达到63%。城轨安装市场滚动率维持在85%高位以上，项目体量和主责区域集中度明显提升，"四局安装"品牌广受全国各地好评。

重点与一般有侧重，打造项目典型样板工程

公司严格落实"一切工作到项目"的工作理念，围绕"保安全、保质量、保节点、保信誉"的整体要求，狠抓工程管理和现场管理，不断夯实企业发展根基。一是推行品质工程建设。从2016年起，公司相继打造了54个城轨机电、装饰装修、智慧公路等施工领域的标准化项目，深得业界认可。二是确保完美履约。公司聚焦合同约定和投标承诺，面对土建滞后的新常态，坚持刀刃向内，苦练生产组织内功，千方百计满足业主各项要求。2019年，公司承建了武汉军运会轨道交通"头字号"工程——2号线光谷综合体下穿通道工程，仅用48天圆满完成了5个专业、16大系统、167道工序、98个作业点、18万米电线敷设、28万米型钢、79万个螺栓等艰巨施工任务，刷新了"四局安装"加速度，确保了军运会如期举办。

控制与效率同兼顾，文化赋能企业管理科学性

为增强制度管理效力，公司一贯坚持"重执行、严奖罚、保目标"9字工作方针，在制度建设中保持了有立有破的辩证统一。重执行重在行。就是制度一旦制定，一律先按现行制度执行，对事不对人。即使稍感不妥，也要先执行，然后再修改制度；严奖罚重在严。就是严格奖罚，做到有奖有罚、奖罚分明、权责对等；保目标强调保。管理手段是解决问题的，必须服从管理目标。2022年，在绍兴地铁2号线工程施工中，由于原施工队伍施工组织和现场进度均不能满足施工要求，为了保证工期节点，项目部通过集体决策和向公司请示汇报同意后，最终采用竞争性谈判模式快速引进了新的施工队伍，有效克服了工期紧和正常劳务招标流程多时间长的显著矛盾，保障了现场施工生产的顺利进行。

激励与问责同发力，明确务实创新文化价值导向

绩效考核事关每个员工的工作评价与切身利益，倍受员工关注。为了客观反映工作强度、难度与业绩，体现核心价值导向，公司在项目绩效考核中，按照纺锤形结构模型，将考核结果分成A、B、C、D四档，并明确了优秀占比30%，优良加称职占比67%，基本称职（或不称职）占比3%，确保了考核真刀实枪不搞平均主义。为体现科学，要求针对考核对象的有效沟通、技术水平等12种能力做出识别，再根据工作业绩、业务能力、组织纪律和团结协作4大项的15个子目打分。为体现公平，采取同事（权重30%）、部门领导与分管领导（权重40%）和项目主要领导（权重30%）三层级加权综合评定，使考核结果更加真实。在2022～2023连续两个年度41个项目经理部的全员考核结果公示中，没有一人对考核结果提出任何异议。

理念与行动求一致，强化员工务实创新文化行为养成

公司倡导"诚信守约"理念，提倡做老实事，做实在人，努力干好工程，用真诚赢得客户口碑。公司领导长期坚守项目一线，与基层员工一道，冬迎三九、夏战三伏。18年来，公司从年产值5000万元发展到2022年产值23亿元的奋斗史册。2022年，郑州遭遇"7·20"特大暴雨洪灾，深受国人关切。紧急关头，公司积极投入587人次救援抢险力量，携带几十台抽排水设备连夜奔赴洪灾一线，连续6天6夜拼抢，高效完成了郑州地铁2号线、4号线、5号线多处抢险任务，为失联人员搜寻、设备排查抢修、线路抢通创造了有利条件。公司先后参与武汉、广州方舱建设，多次参与南宁地铁、深圳地铁等处的防洪防汛紧急抢险任务，充分展示了央企的社会责任担当。

实施效果

推动了企业转型发展

一是助推企业战略转型。企业坚持因地制宜发展，确立了"安装为本，适当多元"的战略发展格局。着力巩固提升主业主体地位，大力推进第二曲线和新基建建设，坚持向大业主、大项目、大标段靠拢，强化集中度考量与属地化发展，企业发展实现了由数量型、速度型、粗放型向质量型、效益型、集约型转变。目前，公司已进入雄安智慧城市和天津华为等新基建领域，深度布局国内17个城市的地铁安装与装修市场，长期驻守大湾区和京津冀市场，辐射拓展多个区域管廊市场，完成了亚洲规模最大的深圳轨道交通数据中心NOCC（网络运营控制中心）和长度190千米的玉楚交安项目。二是推动企业效益提升。坚持以价值创造为先导，以大商务管理为契机，积极构建全员、全要素、全方位、全周期创效新模式，项目平均盈利率提升1.6个百分点。三是推进科技创新发展。广泛开展各项科研活动，推动技术创新11项，获得省、局级科研共32项，授权发明和实用新型专利67项。

打造了闪亮品牌形象

坚持修订《地铁常规设备风、水、电安装图文指南》《公用工程装饰装修专业标准化指导手册》等企业文本，提高技术工作标准，推动企业品质建造水平同步提升。做好品质工程创建与施工标准化融合，不断提炼有特色、可复制的工艺工法，18次接受业主单位组织全线观摩，累计获得鲁班奖、詹天佑及国家优质工程26项，省部级优质工程与安全文明工地17项。加强常见质量通病的精细控制和传统主机主控设备的智能化改造，努力赋予"四局安装"高效运维的崭新品牌内涵。

提高了员工的幸福指数

坚持幸福企业建设，深化各项人文关怀，全力提升幸福之家建设内涵。落实项目部标准化建设和"十大家园"的创建要求，着力提升各种"软"实力，努力营造舒心工作、快乐生活、健康成长的良好氛围，推动"以项目为家庭，视员工为亲人"的幸福企业建设目标落地，"会员评家"平均满意度达到98%。落实"1357"人才成长计划和导师带徒计划，强化6类人才培养，完善"1院+N校"人才培训基地建设，累计办班352期培训人次过万。投入近千万元，全面落实"普惠三策"，积极实施重大疾病保障等多项暖心工程，持续推进健康体检等关爱工程，全面保障广大员工的合法权益。2022年，公司人均年收入实现大幅提升，员工的获得感、幸福感爆棚。

主要创造人：杨方明　伏正喜

参与创造人：张培林　郑　璇　鄢茂新

奋斗文化铸就钢铁领军企业

湘潭钢铁集团有限公司

企业简介

湘潭钢铁集团有限公司（以下简称湘钢），始建于1958年，坐落于湖南省湘潭市，是中华人民共和国钢铁工业"三大五中十八小"战略布局中，5个年产钢50万～100万吨中型钢铁企业之一。湘钢是中华人民共和国成立初期国家工业化大潮中诞生的"红色基业"，经过60多年建设发展，现已成为全球产能规模最大的宽厚板生产基地、中国南方千万吨级精品钢材制造基地，湖南省单体规模最大、综合实力最强的国有企业，具备年产钢1600万吨的综合生产能力，产品涵盖宽厚板、线材和棒材三大类1000多个品种。作为世界500强湖南钢铁集团有限公司旗下核心骨干企业，在全球钢铁企业中厚板品种能力排名中，湘钢位列A+，具备与日本制铁、韩国浦项等国际钢铁巨头同台竞争的实力。在做强做优钢铁主业的同时，适度发展多元产业，目前湘钢拥有全资、控股、参股公司47家，形成了钢材深加工、资源开发与加工、循环经济、仓储物流、金融贸易、检修工程、机电制造、现代生活服务八大产业板块。2022年，在钢铁行业大面积亏损的情况下，湘钢取得了产量效率破纪录、营业收入超"千亿"元、利润排名行业前三等一系列极为不易的成绩，全年实现销售收入1094亿元、利润50.9亿元，钢铁主业利润排名位列行业第二。

实施背景

艰苦奋斗是湘钢60多年发展的宝贵传承，奋斗文化源远流长。2013年以来，湘钢提出并大力培育"以奋斗者为本"的核心价值观，奋斗文化进一步落地生根。

面对当今世界百年未有之大变局，面对加快建设制造强国的新机遇，面对钢铁行业绿色低碳转型的重大挑战，湘钢以弘扬新时代奋斗精神为指引，致力于用奋斗文化铸就钢铁领军企业。这是湘钢的使命所在：作为湖南省国有企业"排头兵"，湘钢肩负着"做强做优做大国有企业"要求的历史使命、践行湖南"三高四新"战略的政治使命，必须更好地发挥奋斗文化的引领作用，推动国有资产保值增值，推动中国走向钢铁强国。这是湘钢的必然选择：2022年召开的湘钢第十四次党代会，擘画了打造品质品牌高端化、生产制造绿色化、装备流程智能化、运营管理服务化，党建工作国企领先、综合实力行业领先的"四化两先"钢铁领军企业发展蓝图，必须以奋斗文化凝聚奋进力量，推动企业强筋壮骨，实现长周期健康稳定发展。

体系内涵

湘钢的奋斗文化是"以奋斗者为本"的文化，是湘钢土生土长的文化，源自实践、与时俱进，具有强大的生命力。湘钢构建了完备的奋斗文化体系，在国内企业中独树一帜。《湘钢企业文化大纲》共有23条理念，紧密围绕"以奋斗者为本"的核心价值观衍生发展，既包括企业愿景、企业使命、核心价值观、企业精神等核心价值理念，也涵盖安全、环保、研发、生产、营销、人才等企业管理方面，为企业健康发展提供全面指导。

"以奋斗者为本"的核心价值观，是湘钢奋斗文化的"灵魂"。"以奋斗者为本"，是在遵循"以人为本"原则的基础上，进一步突出员工中奋斗者的地位和作用，把奋斗者作为企业发展的根本依靠力量，通过培育奋斗者、依靠奋斗者、激励奋斗者，让奋斗者充分发挥自身价值，凝聚促进企业发展的正能量，实现奋斗者与企业共同成长。

主要做法

抓好全面宣贯，奋斗文化内化于心

奋斗旋律分外"红"。湘钢采取报纸、电视、网络、微信四大平台联动，党政例会、班前班后会宣讲的方式，全面宣贯奋斗文化，讲企业的红色传承，讲奋斗的内涵意义，讲身边的奋斗故事，引导职工赓续艰苦奋斗的红色基因，激发打造"四化两先"钢铁领军企业的内生动力。

特色阵地格外"靓"。湘钢文化节是企业的特色文化品牌，至今已经举办十五届。近年湘钢文化节紧密围绕"奋斗有你更精彩""奋斗舞台展风采""奋斗争先创绩效""争当受人尊敬的奋斗者"等主题展开，组织"最美奋斗者"评选、"奋斗格言"征集、奋斗故事讲述、英模事迹报告会、"永远跟党走"钢城健步行等一系列参与面广、寓教于乐的文化活动，形成传播奋斗文化的浩大声势。此外，湘钢编印了《大国工匠——艾爱国先进事迹报道汇编》《湘钢故事》系列丛书，建成设有初心广场、奋斗者主题园等13个景点的"湘钢文化园"，成功创建国家AAA级旅游景区和湖南省工业旅游示范点。这些特色阵地，营造出无处不在的奋斗文化氛围，让职工时时浸润其中，达到了春风化雨、润物无声的效果。

搭建多维平台，奋斗文化外化于行

"赛马"比拼出实效。弘扬奋斗文化，重在认真践行。湘钢党政工团齐发力，通过创建"党员先锋岗"、开展"献礼党的二十大"劳动竞赛、建设"奋斗者之家"等活动，搭建起践行奋斗文化的多维平台，让职工干有舞台、干有目标。开展内部"赛马"就是其中的一项重要举措。2022年，通过推行内部"赛马"，各单位和广大职工奋进突破的热情高涨，工序成本较2021年降低17.8亿元，11项主要经济技术指标有8项进入行业前五。

职业发展"路路宽"。人人有舞台、个个有机会，是湘钢鼓励职工奋斗成才的宗旨。湘钢拓宽职工职业发展道路，打破"唯学历""唯资历"倾向，建立了经营管理、专业技术、技能操作三条人才通道。在这里"搞技术"和"搞管理"一样有前途，除行政管理岗位外，设有首席工程师、首席技师、主任工程师等职位，贯通技术与管理序列职工任职交流，引导技术、技能人才向专业领域发展。湘钢与浙大、华为等名校名企合作开展素质提升培训，推行销研产项目攻关，举办"科技周"活动，表彰"科技之星"，管理、技术人才队伍实力越来越雄厚。围绕生产信息化、智能化、大型化要求，湘钢致力于打造知识型、技能型、创新型职工队伍，制订实施"千名技能人员大培训"计划。

夯实激励体系，奋斗文化固化于制

能上能下激活力。湘钢以深化"三项制度"改革为抓手，将奋斗文化融入"干部能上能下、职工能进能出、收入能增能减"的制度体系，夯实铸就钢铁领军企业的制度体系。以奋斗标准选人用人，坚持"能者上、庸者下"，绝不搞"吃大锅饭""坐大船"，是湘钢近年来保持健康快速发展的"法宝"。2013～2022年，有53名中层管理人员因业绩不佳、排名尾数被免职，同时选拔了一批政治过硬、敢于担当、扎实工作的年轻干部走上中层管理岗位。湘钢将奋斗导向落实到绩效薪酬体系当中，职工工资收入与企业效益、个人绩效紧密挂钩，企业实现盈利，职工工资按比例整体上浮，而一旦出现亏损则相应下浮。从等着企业给自己"发工资"，到自己给自己"挣工资"，奋斗导向的制度体系有效激活了队伍。

重奖机制增动力。以绩效、贡献评价奋斗者，让为企业创造价值的奋斗者有面子、得实惠，是湘钢凝聚奋进力量、铸就钢铁领军企业的重要机制。每年新春佳节，湘钢都要组织"向奋斗者致敬"走访慰问活动，公司领导登门慰问奋斗者及其家庭，成为企业一项优良传统。除评选表彰劳动模范、"三八红旗手"、"十佳青年"等有代表性的先进人物外，湘钢在基层车间、班组广泛开展"岗位奋斗之星"评比活动，引导职工围绕生产运行、挖潜创效、品种研发等工作比技能、比指标、比贡献，奋斗争先机制落地落实。湘钢设置了"重奖科技创新成果""重奖挖潜创效明星"机制，每年拿出600多万元奖励科技创新成果和科技人才、拿出100多万元奖励挖潜创效先进集体和个人。在这样的机制制度激励下，"把工作做到极致、把能力发挥到极限"成为全员的共同追求。

实施效果

综合实力实现大跨越

2013年以来，湘钢从"战危机、保生存"到"三年振兴发展"，再到"三年高质量发展"，走过了跌宕起伏、波澜壮阔的艰辛历程。正是奋斗文化软实力作用不断发挥，公司一路闯关夺隘、攻坚克难，效率效益实现量质齐升。十年间，湘钢累计实现利润309亿元、上缴税金187亿元，资产负债率从78%降至47%。立足钢铁产业强链延链，打造了以28家单位为核心、"年产值400亿元、利润10亿元"的产业集群。下属子公司华菱线缆于2021年成功上市，成为湘潭市13年来首家新增上市企业；中冶湘重、洪盛物流、国贸公司等5家单位年产值超20亿元，成为湖南省乃至中南地区的"明星企业""龙头企业"。

党建工作实现大提升

湘钢始终高举党的旗帜，创新求变，砥砺奋进，奋力打造"钢铁行业领跑者、湖南国企排头兵"。承办全省国企基层党建工作现场推进会，推介推广湘钢奋斗文化、"党政合种一块田，奋斗争先创绩效"的党委工作理念和"三个四"党建工程，获评"全省国有企业基层党建工作示范点"。2021年，作为湖南省和钢铁行业唯一代表，湘钢焊接顾问艾爱国获得党内最高荣誉"七一勋章",受到习近平总书记亲切接见和肯定,被誉为"大国工匠",塑造了新时代产业工人的光辉形象。

运营效率实现大突破

湘钢把奋斗文化融入企业改革发展全过程、生产经营管理各个环节,推动企业运营效率大幅提升。构建了面向客户的销研产一体化攻关体系,产品创效能力持续增强,吨材利润从2013年的8.8元升至2022年的280元。打造了具有湘钢特色的"项目制"对标挖潜机制,大幅降低了生产制造成本,十年间累计挖潜降本64亿元。深入开展群众性创新创效活动,组织系列劳动竞赛,实施"三创新"、青年"五小"等特色活动,充分调动广大职工积极性、创造性,促进了公司技术经济指标持续改善,十年间申报各类项目3.8万个,累计创效54.6亿元。坚定不移推进"三项制度"改革,开展两级机关改革和减员压编,十年间企业劳动生产率提升了205%,达到钢铁行业领先水平。

品质品牌实现大跃升

战略性提出并践行"板材国际一流、线棒材国内一流"的"双一流"目标。自2013年来,新开发高端品种276个,8个品种实现进口替代,8个品种填补国内空白,2022年重点品种销量较2013年增加了520.8%。湘钢产品供货中船集团、卡特彼勒等100余家世界500强企业,800多个重点项目和标志性工程。参建了全球最长——港珠澳大桥、全球最大——俄罗斯亚马尔项目、全球最奢华——阿布扎比国际机场等"超级工程",助力"神宁炉"、超级LNG(液化天然气)船、海上巨型风机等"大国重器"。特种线缆伴随神舟飞船"上九天揽月",海工用钢携手远洋船舶"下五洋捉鳖",轴承齿轮钢伴随高端乘用车"行遍神州大地",桥梁钢飞架江河湖海助"天堑变通途",工程机械、压力容器、风电水电钢享誉八方,"湘钢品牌"成为湖南工业制造的闪亮名片。

队伍面貌实现大转变

广大职工深入践行奋斗文化,形成了争当奋斗者的良好氛围,有效提升了全员政治素养、道德水平和综合素质,队伍思想观念、能力作风、行为面貌实现大转变。自2013年以来,湘钢涌现了"全国五一巾帼标兵"杨艳、"全国三八红旗集体"金属分析班、"全国工人先锋号"炼钢厂精炼大班、"全国五一巾帼标兵岗"动力厂化水班等一大批践行落实"奋斗文化"的先进典型,营造了崇尚奋斗、争当模范的良好氛围。

文化是民族之魂,做强做优做大国有企业离不开强大的文化支撑。新时代国有企业文化建设使命光荣、责任重大,湘钢将坚持以习近平新时代中国特色社会主义思想为指引,切实增强文化自觉,坚定文化自信,持续推进奋斗文化的传承与创新,以文化育品牌,以文化带发展,以文化促改革,以文化聚人才,努力建设"四化两先"钢铁领军企业,为谱写中国式现代化湖南新篇章、实现中华民族伟大复兴的中国梦贡献湘钢力量。

主要创造人:杨建华 张志钢 何 展
参与创造人:邓华丽 彭 韵 周雪鸥

中国优秀企业文化

（2022~2023）

下 册

朱宏任 主编

企业管理出版社
ENTERPRISE MANAGEMENT PUBLISHING HOUSE

图书在版编目（CIP）数据

中国优秀企业文化：2022~2023年.下/朱宏任主编.—北京：企业管理出版社，2023.12

ISBN 978-7-5164-3029-3

Ⅰ.①中… Ⅱ.①朱… Ⅲ.①企业文化－中国－2022-2023 Ⅳ.①F279.23

中国国家版本馆CIP数据核字（2024）第027448号

书　　名	中国优秀企业文化（2022~2023）下册
书　　号	ISBN 978-7-5164-3029-3
作　　者	朱宏任
责任编辑	张　羿　赵　琳
出版发行	企业管理出版社
经　　销	新华书店
地　　址	北京市海淀区紫竹院南路17号　邮　编：100048
网　　址	http://www.emph.cn　电子信箱：emph001@163.com
电　　话	编辑部（010）68701638　发行部（010）68414644
印　　刷	河北宝昌佳彩印刷有限公司
版　　次	2023年12月第1版
印　　次	2023年12月第1次印刷
开　　本	880mm×1230mm　1/16
印　　张	43.5
字　　数	1088千字
定　　价	350.00元（全两册）

版权所有　翻印必究 · 印装有误　负责调换

目 录

下册

二等奖

大型船企基于广泛群众基础的质量文化建设
　　沪东中华造船（集团）有限公司 3

尽责、融容、创新，将文化力转化为生产力
　　国电电力发展股份有限公司 7

文化领航发展，创新驱动跨越
　　青岛澳柯玛控股集团有限公司 11

"天堑通途"特色桥文化赋能"建桥国家队"品牌提升
　　中铁大桥局集团有限公司 15

"文化三板斧"，助力组织凝聚，强化组织战力
　　协鑫集团有限公司 19

"四红"党建文化为企业"聚势赋能"
　　沈鼓集团股份有限公司 23

以先进文化力建设引领企业奋进航空强国建设新征程
　　江西洪都航空工业集团有限责任公司 27

以"家国文化"彰显产业报国担当
　　上海临港经济发展（集团）有限公司 31

致力极致服务的"皖美"文化建设
　　安徽皖信人力资源管理有限公司 35

以创新发展为目标的企业文化建设
　　娲石水泥集团有限公司 39

胜利者文化助力企业高质量发展
　　山东福牌阿胶股份有限公司 43

以文化融合培基铸魂，铸就企业高质量发展"硬实力"
　　青岛城运控股集团有限公司 47

"三信合一"，党建引领非公企业时尚文化特色发展
　　搜于特集团股份有限公司 51

以"多元"特色文化助推企业迈向现代一流企业
　　陕西中能煤田有限公司 55

以"四精"模式打造特色"质量文化"
　　江西铜业集团银山矿业有限责任公司 58

坚忍执着、实干担当，以"坚实文化"引领"双百亿"气区高质量发展
　　西南油气田公司川西北气矿 62

打造"双航"文化，引领企业发展
　　玲珑集团有限公司 66

"老变"电力文化遗产挖掘与保护样本构建及实践拓展
　　国网吉林省电力有限公司 69

深化"三融三创"党建经验，推动冶金运营服务转型升级
　　中冶宝钢技术服务有限公司 73

以企业基层文化建设推动分散式项目管理与基层部门管理的有机融合
　　神华工程技术有限公司 77

以"同心同行，Do Best"行为准则建设推动企业高质量发展
　　南方电网广东佛山供电局 81

文化"三步走"为企业发展增添新动力
　　华电煤业集团有限公司 85

"家文化"护航轨道交通民生事业
　　无锡地铁集团有限公司 89

办好企业文化节，打响企业金招牌
　　中铁四局集团有限公司 93

"八融八聚"党建品牌引领企业高质量发展
　　中材科技股份有限公司 97

构建理论宣讲的"xin"模式
　　中国华电集团有限公司浙江公司 101

以四个"致力"为核心的企业文化建设
　　宁波申洲针织有限公司 105

以红色党建引领企业文化体系构建，赋能打造数字化定制服装企业集团
　　大杨集团有限责任公司 109

构建"1154"创业文化体系，助推企业高质量发展
　　开滦集团矿业工程有限责任公司 113

以"苦干实干加巧干"为核心的新时期二连精神培育与践行
　　中国石油华北油田公司二连分公司 117

以核心价值观助推新时期企业高质量发展
　　风帆有限责任公司 121

企业文化推动新旧思想转变，引领企业战略转型
　　河北鑫达钢铁集团有限公司 125

以"家文化"建设探索企业文化建设
　　福建黄金码头珠宝集团有限公司 129

以合规文化引领公司持续健康发展
　　博亿达保险销售有限公司 133

厚植诚信文化，推动企业绿色低碳高质量发展
　　河南豫联能源集团有限责任公司 137

国有企业向民营企业为主导的混合所有制企业转型中的文化融合研究
　　北方重工集团有限公司 141

以匠心文化引领有机微量发展，助力建设质量强国，彰显龙头担当
　　湖南德邦生物科技股份有限公司 145

以快乐品牌文化助推业务高质量发展
　　长沙银行股份有限公司 148

建筑企业文化落地体系建设的探索与实践
　　中国水利水电第八工程局有限公司 152

构建创新文化体系，助推行业技术创新，擦亮轮轨上的"国家名片"
　　株洲国创轨道科技有限公司 156

以"登山文化"引领企业向上向好
　　广厦控股集团有限公司 159

"三园共建"推动企业文化落地班组
　　国网山东省电力公司枣庄供电公司 162

坚定文化自信，打造"四色"名片，赋能企业高质量发展
　　上海梅山钢铁股份有限公司 165

以"青岛能源"品牌文化体系引领企业高质量转型发展
　　青岛能源集团有限公司 169

"正统·正规·正道"企业文化
　　南京证券股份有限公司 173

以奋斗者文化激发企业改革发展活力
　　中铁工程装备集团隧道设备制造有限公司 177

用诚信文化助推企业高质量发展
　　郑州一建集团有限公司 180

以"好故事"凝聚高质量发展强大合力
　　大唐四川发电有限公司新能源分公司 183

以"金雁"品牌文化建设提升企业科学发展力
　　国网新疆电力有限公司经济技术研究院 186

"一二三四五"文化体系助推企业高质量发展
　　特变电工衡阳变压器有限公司 190

以和谐文化建设引领矿井高质量发展
　　郑州磴槽企业集团金岭煤业有限公司 194

以党建引领人才培养，助推企业创新发展
　　贵州机电（集团）有限公司 198

以"双精"企业文化打造企业高质量发展"最硬"软实力
　　中国水利水电第九工程局有限公司 201

"三好一快"质量文化助推企业高质量发展
　　无锡市华美电缆有限公司 205

以镜泊湖红色教育基地为依托，打造企业红色文化品牌
　　国网黑龙江省电力有限公司 209

大型轮胎企业以核心竞争力提升为目标的创新聚合管理
　　贵州轮胎股份有限公司 213

建设"一路争先"文化，助力企业高质量发展
　　中铁一局集团有限公司 217

以"改突重"文化建设助推企业转型发展
　　安徽国风新材料股份有限公司 221

以"智诚"文化为引领，努力打造国内现代化一流矿井
　　陕西能源凉水井矿业有限责任公司 225

坚持"创者先行"，聚焦"以文化人"，加快推动企业实现高质量发展
　　广西北投环保水务集团有限公司 229

文化体系升级助力战略落地
　　绿城中国控股有限公司 233

以"四库"为基础促进党建与生产经营深度融合的特色党建文化建设
　　国网浙江省电力有限公司舟山供电公司 237

"筑红色交建，拓绿色发展"党建品牌提升工程，赋能企业新发展
　　邢台市交通建设集团有限公司 241

五大工程涵养"文化高地"，助力企业行稳致远
　　湖北省航道工程有限公司 245

打造创新文化，开启跨越发展新征程
　　河南省安装集团有限责任公司 249

传承红色基因，培育以"三江精神"为核心的航天特色军工文化体系
　　中国航天三江集团有限公司 253

红色文化筑就企业奋进之魂
　　华电青岛发电有限公司 257

"文化引领"助推企业转型发展
　　中国化学工程第十六建设有限公司 261

同心党建文化赋能老矿基业长青
　　枣庄矿业（集团）有限责任公司柴里煤矿 264

构建企业文化，激发企业活力
　　高安市清河油脂有限公司 267

以"红帆"力量集聚企业发展新动能
  中建筑港集团有限公司 **270**

打造共生型组织的创新实践
  上海医药集团青岛国风药业股份有限公司 **273**

构建以"善"为核心的感恩文化，塑造企业核心竞争力
  青岛琅琊台集团股份有限公司 **276**

以美丽苏热文化建设助推高质量发展
  大唐苏州热电有限责任公司 **280**

以文化创新引领能源商贸物流企业转型发展
  中国水利电力物资集团有限公司 **284**

以"让资源智慧再生"的品牌文化助推企业高质量发展
  天津拾起卖科技集团有限公司 **288**

构建"同心圆"文化体系，助力建筑央企转型发展
  中铁十八局集团第五工程有限公司 **291**

用伟大建党精神激活电力红色基因
  国网辽宁省电力有限公司 **295**

创新安全文化，助推企业高质量发展
  广西梧州中恒集团股份有限公司 **298**

以客户友好型市场管理文化助推企业多元发展
  河南森源鸿马电动汽车有限公司 **302**

以安全文化铸牢安全之魂，推动企业发展行稳致远
  广西广投桥巩能源发展有限公司 **305**

培育特色"融"文化，打造"一流财务公司"
  中国华能财务有限责任公司 **309**

弘扬"两弹一星"精神，推进新型电力系统省级示范区建设
  国网青海省电力公司 **313**

创新"五入"工作法，打造企业文化浸润落地系统
  中信银行股份有限公司信用卡中心 **317**

党建强根铸魂，文化凝心聚力，以党建文化引领促进企业高质量发展
  深圳市东部公共交通有限公司 **321**

目录

以红色精神助推企业高质量发展
　　晶龙实业集团有限公司 325

"智汇"引领助推企业创新创效高质量发展
　　广西交科集团有限公司 328

文化聚力构建"环绕式"思政教育新阵地
　　华能重庆珞璜发电有限责任公司 331

打造创新文化"一核三心三平台"，推动企业迈向高水平科技自立自强
　　中交四航工程研究院有限公司 334

向善而建，助推企业高质量发展
　　陕西建工控股集团有限公司 337

践行"全面守护，全程放心"品牌文化，全方位共促高质量品牌建设
　　卡斯柯信号有限公司 340

以绿色文化创新柔性施工，守护脆弱生态
　　国网新疆电力有限公司建设分公司 343

以"排头兵"文化凝聚企业发展内生动力
　　中铁十一局集团第二工程有限公司 347

培育"人本"文化，汇聚企业发展合力
　　国能宁夏石嘴山发电有限责任公司 350

以"一甲先锋"党建品牌赋能企业高质量发展
　　山东中烟工业有限责任公司青州卷烟厂 354

构建宜居健康美好生活文化品牌，加速提升企业核心竞争力
　　中交（肇庆）投资发展有限公司 357

以"大文化"理念赋能企业高质量发展
　　国家能源集团湖北能源有限公司（长源电力股份有限公司） 360

以"家"文化建设推动企业高质量发展
　　中铁七局集团有限公司 363

点亮"朝阳之光"文化品牌，温暖万家，赋能百业
　　国网辽宁省电力有限公司朝阳供电公司 366

以"红领建工，精益党建"为引擎，推动企业党建与经营发展换挡提速
　　宁波建工股份有限公司 369

以"文化的力量"短视频故事大赛为主线的创新文化建设
  中车株洲电力机车研究所有限公司 373

以跨文化融合助推境外企业"落地生根"
  国华能源投资有限公司 376

军工企业以"文化力"催生"战斗力"
  航空工业沈阳飞机设计研究所 379

媒体融合环境下的首都高速公路"窗口"文化
  北京市首都公路发展集团有限公司京开高速公路管理分公司 383

"责任·领跑"激活铁路运输高质量发展
  中国铁路武汉局集团有限公司襄州运营维修段 387

深耕"家"文化，厚植基业长青之根
  通号工程局集团城建工程有限公司 391

以"四维四美·亭满意"传播落地模式推动企业文化在基层根植
  国网安徽省电力有限公司滁州供电公司 395

以"阳光文化""奉献文化"推动国企高质量发展
  青岛经济技术开发区投资控股集团有限公司 399

以企业文化激活企业高质量发展新动能
  三宝集团股份有限公司 402

以文化为引领，谱写企业高质量发展新篇章
  华能桐乡燃机热电有限责任公司 405

以专家文化建设推动企业创新发展
  国网河北省电力有限公司经济技术研究院 407

建设百盈特色企业文化
  江西百盈高新技术股份有限公司 410

以"五心点亮"行动打造电力央企雪域党建品牌
  中国华电集团有限公司西藏分公司 413

以"奋斗文化"赋能数字农业发展
  北大荒信息有限公司 416

以特色文化推进企业再造式变革
  广西北部湾银行股份有限公司 420

目录

践行社会责任文化，以公益帮扶助力东西部协作
　　兴业证券股份有限公司 424

以安全文化建设提升本质安全水平
　　浙江大唐国际绍兴江滨热电有限责任公司 427

厚植奋斗文化沃土，赋能民族企业发展
　　九三粮油工业集团有限公司 430

共建家文化，凝聚"信"动力
　　立达信物联科技股份有限公司 433

"红石榴"品牌赋能企业高质量发展
　　华电伊犁煤电有限公司 436

立足于传统文化的企业子文化——"三聚"文化促进和谐班组建设
　　国能榆林化工有限公司 440

培育文化沃土，坚定不移向科技型企业迈进
　　建龙阿城钢铁有限公司 443

以"朴诚"为核心，构建底蕴深厚的企业红色文化体系
　　湖北中烟工业有限责任公司红安卷烟厂 446

"抱一至永"文化理念体系
　　黑龙江省建设投资集团有限公司 449

以团结奋斗为核心的特色企业文化体系建设
　　广西广路实业投资集团有限公司 452

以党建引领文化建设，助推企业高质量发展
　　华北制药集团有限责任公司 456

工业遗产保护视域下，"摇篮"文化的传承与弘扬
　　中车大连机车车辆有限公司 460

建设海岛电力能源变迁类博物馆，发挥文化遗产时代价值
　　国网浙江省电力有限公司台州供电公司 463

以"合和同生"文化解锁高质量发展密码
　　中国华电集团贵港发电有限公司 467

新时代盾构铁军文化
　　中铁十一局集团城市轨道工程有限公司 471

以"先锋先行"品牌文化提振企业发展质效
　　鲁班工业品（天津）有限公司 475

以责任落实为核心的安全文化建设
　　泸州北方化学工业有限公司 478

深耕细作，以文化人，以安全文化建设助推企业高质量发展
　　中国铁路呼和浩特局集团有限公司包头车辆段 482

文脉赓续，以文化引领凝聚高质量发展强大合力
　　荆门宏图特种飞行器制造有限公司 486

以奋斗文化润心建魂，助推企业高质量发展
　　润建股份有限公司 490

文化铸魂，启智润心，赋能企业高质量发展
　　南宁威宁投资集团有限责任公司 493

守正创新铸品牌，文化引领促发展
　　国家能源投资集团有限责任公司煤炭经营分公司（销售集团） 496

弘扬"开路先锋"文化，助推企业高质量发展
　　中铁北京工程局集团有限公司 499

以品牌建设为契机，助力文化体系建设
　　山东能源集团新材料有限公司 502

以"超燃"文化激发企业高质量发展内生动力
　　华能重庆两江燃机发电有限责任公司 505

实践"一家亲"文化创新路径，助力实现民族品牌振兴
　　广州立白企业集团有限公司 508

以自主创新为企业特色文化，助推民族制造业转型升级
　　科华数据股份有限公司 511

守正创新，以文兴企，以文化建设推动企业高质量发展
　　北京金隅天坛家具股份有限公司 514

"追求卓越绩效，尽心奉献社会"，赓续弘扬特区精神，勇当改革开放尖兵
　　厦门翔业集团有限公司 517

以"雁宝文化"品牌赋能企业高质量发展
　　内蒙古大雁矿业集团有限责任公司（国能宝日希勒能源有限公司） 520

目 录

以"红色铸魂"行动赋能文化润疆工程在基层一线落地
　　国网新疆电力有限公司喀什供电公司 524

知之·信之·行之，当好文化"笃行者"、产业"助推器"
　　厦门象屿产业发展集团有限公司 527

以"文化五力提升"模式持续打造先进文化力实践与研究
　　航空工业庆安集团有限公司 530

基于系统观念的境外矿山企业"浸润式"大安全文化构建实践探索
　　北方矿业有限责任公司 534

以"三层次文化体系"为核心，打造企业品牌文化
　　重庆华宇集团有限公司 537

以品牌建设提升企业服务质效
　　国能宁夏供热有限公司 540

以"六同四创"打造中国核电"走出去"的国家名片
　　福建福清核电有限公司 543

以工业文旅打造企业品牌"新名片"
　　中车戚墅堰机车有限公司 547

以"三个储粮"为主线的创新文化建设
　　山东鲁粮集团有限公司 550

建设"安全红警"文化体系，护航企业行稳致远
　　国网山东省电力公司日照供电公司 554

以"强垦信条"助推企业高质量发展
　　呼伦贝尔农垦集团有限公司 557

"融·进之道"：用文化的力量引领高质量融合发展
　　厦门象屿金象控股集团有限公司 560

工匠文化赋能企业高质量发展
　　广州珠江钢琴集团股份有限公司 563

以党建工作方式的创新为抓手，助推企业健康高质量发展
　　成都彩虹电器（集团）股份有限公司 567

依靠企业文化的聚合力推动企业高质量发展
　　圣奥科技股份有限公司 570

同心筑梦，文化铸魂
　　福建巨岸建设工程有限公司 573

创新"实"文化，助推企业提质增效
　　陕西陕化煤化工集团有限公司 576

知行合一，贵在超越
　　中国南方电网有限责任公司超高压输电公司贵阳局 579

以文化重塑赋能企业蝶变重生
　　陕西宝成航空仪表有限责任公司 582

文化传承为国企高质量发展注入新活力
　　中车永济电机有限公司 585

打造企业人本文化，助推企业高质量发展
　　江西台鑫钢铁有限公司 588

牢记嘱托，文化赋能，助推项目"创标杆、树典范"
　　中核辽宁核电有限公司 591

以创业文化引领企业高质量发展
　　鹏盛建设集团有限公司 595

文化"重塑"与"融合"激活发展新动能
　　北大医药股份有限公司 598

以文化深度融合推动国企重组质效倍增
　　唐山冀东水泥股份有限公司 601

文化引领，创新求变，"赛美"更美，打造世界一流绿色智能供应链物流科技公司
　　重庆长安民生物流股份有限公司 604

实施"三项工程"，建设优秀企业文化
　　国网山东省电力公司莒南县供电公司 607

以专题形势任务教育机制加强员工的目标责任及融入意识
　　中车成都机车车辆有限公司 610

以文化建设助推新时代城市公共交通高质量发展
　　重庆城市交通开发投资（集团）有限公司 613

以"蒙古马精神"涵育优秀特高压企业文化
　　国网内蒙古东部电力有限公司内蒙古超特高压分公司 616

目 录

"实效执行"文化落地"三部曲"的实践与探索
  安徽华电六安电厂有限公司 620

构建创新开放的企业文化，助推企业快速发展
  池州港远航控股有限公司 623

"狼群战争文化"赋能企业高质量发展
  永荣控股集团有限公司 627

"五度五性"赓续红色薪火，党的二十大精神赋能高质量发展矩阵
  中建四局建设发展有限公司福州分公司 631

以质量文化引领企业高质量发展
  沧州市市政工程股份有限公司 634

创新"初心系列工程"，助推企业高质量发展
  厦门市江平生物基质技术股份有限公司 638

企业文化引领企业绿色高质量发展
  中国石化上海高桥石油化工有限公司 641

创新文化促进传统企业转型升级
  江西婺源红酒业有限公司 644

党建领航，融合赋能，以"四先两创"先锋行动推动企业高质量发展
  中铁二十四局集团有限公司 648

用"上上下下的安全"推动企业安全文化建设
  上海三菱电梯有限公司 651

品牌、管理、服务"三位一体"打造"细微真情"企业文化，推动城市客运出行服务
高质量发展
  北京公共交通控股（集团）有限公司（第一客运分公司） 654

"奋斗者文化"引领百年企业高质量发展
  重庆通用工业（集团）有限责任公司 657

房地产企业安全文化建设探索与实践
  京能置业股份有限公司 660

厚植文化底蕴，功到自然"渠·成"
  华电渠东发电有限公司 663

打造"实干铁电·勇担责任"企业文化的实践
  国网辽宁省电力有限公司铁岭供电公司 666

以党建文化创新为核心，以管理创新、技术创新为抓手，增量发展企业的创新文化建设

  昆明电缆集团昆电工电缆有限公司 670

以"加减乘除"党建文化保障千万千瓦机组安全稳定运行的实践研究

  国能大渡河检修安装有限公司 673

深耕企业文化建设，厚植企业发展底蕴

  科海电子股份有限公司 676

二等奖

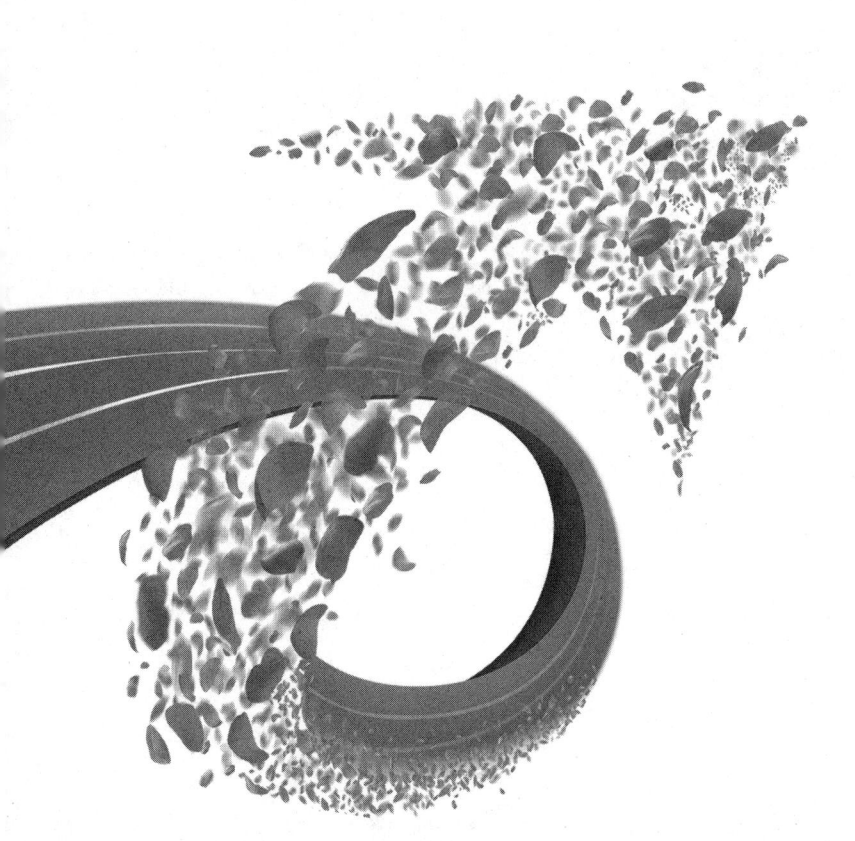

大型船企基于广泛群众基础的质量文化建设

沪东中华造船（集团）有限公司

企业简介

沪东中华造船（集团）有限公司（以下简称沪东中华）是中国船舶集团有限公司旗下核心造船企业，是中国综合实力最强的民用船舶制造企业之一，秉承"为客户创造最大价值"的理念，矢志服务国家战略，成功摘取世界造船"皇冠上的明珠"，成为中国唯一的大型LNG运输船建造企业，已经交付和在建的大型LNG船超过30艘，实现了国家重大能源运输装备的自主可靠生产。8000箱位以上超大型集装箱船建造业绩超过50艘，建造的23000箱集装箱船是当今世界上载箱量最大、技术性能最先进、全球首个应用LNG为主要动力燃料的"超级工程"。沪东中华拥有国家级企业技术中心、国家能源LNG海上储运装备重点实验室，在国内船厂中唯一设有LNG技术研究所，建立了企业博士后科研工作站和船体、轮机、信息化博士工作室。先后承担了国家一系列装备研制、技术创新、能力建设等重大科研项目，拥有70多项国家级奖励和700多项发明专利。

实施背景

建设基于广泛群众基础的质量文化的重要意义

沪东中华为大型劳动密集型制造企业，生产现场以焊接、装配、涂装等为主体工种，劳务工人众多。因此，酝酿一种基于广泛群众基础的质量文化，在凝聚职工思想、推动企业改革创新、实现沪东中华高质量发展的道路上发挥着重要的引领作用。

企业质量文化建设必要性及目标

沪东中华作为军工央企，必须贯彻"质量就是生命、质量就是胜算"的理念，坚决贯彻落实党中央关于建设海洋强国、制造强国、科技强国和建成世界一流军队、培育世界一流企业的战略部署，推动集团高质量发展战略纲要在沪东中华落地生根，提升效率效益，提高技术创新能力，增强企业核心竞争力。文化凝聚力量，开辟一条文化创新之路，扎实推进基于广泛群众基础的质量文化，调动全员参与质量管理在当前形势下显得尤为迫切和重要。

主要做法

调整质量方针，增添环保理念

沪东中华深刻认识企业生产活动对人类生存环境的影响，大力推行"绿色造船"理念，顺应形势，将公司质量方针调整为：开发、设计节能环保智能的高端产品，精心施工，优质服务，向用户提供按国际标准建造的一流舰船，持续满足客户要求。

推广诚信文化，建立诚信体系

关注诚信管理，建立员工诚信档案。建立诚信管理制度，确保组织的质量诚信。《质量诚信管理办法》将质量诚信行为分为奖励行为和失信行为两类，失信行为根据失信程度又分为重大质量失信行为、严重质量失信行为和一般质量失信行为，描述了各类行为的归类和对应的加分减分分值。

实施质量实名制，让产品质量可追溯。质量实名制工作是现场诚信管理的具体落脚点。为将好的成果固化，便于班组间互相借鉴，整理印刷《质量实名制标杆班组成果汇编》。沪东中华将借助信息化手段深化实名制工作，筹备质量实名制工作手册的编制，逐步完善实名制评价体系。

完善质量信息系统，提高质量工作响应速度。为提高质量信息收集、传递能力，大力推进质量信息平台管理工作。目前的船舶质量管理系统情况：实时、准确、全面地采集、管理质量信息，及时掌控质量状态为目标开发的信息化管理系统。该系统目前由设计质量管理、采购质量管理、检验项目管理、焊接质量管理模块组成。

调动群团力量，厚植群众土壤

推行全面质量教育，筑牢质量工作基础。充分借助船东、船检等资源，开展各类质量相关工作培训、交流，先后与CCS崇明检验处、中国水产科学研究院东海水产研究所、上海渔业机械仪器研究所、上海渔港监督局等多家行业内具有领先水准的单位开展质量共建，让自身好的质量管理方法走出去，将外部好的质量管理理念引进来。

开展质量月活动，提高全员质量意识。为营造良好质量氛围，每年9月开展质量月活动，围绕年度质量目标确定活动主题，策划丰富多彩的专题活动，如活动宣传、质量教育、质量专项巡查、质量结对、质量改进建议、顾客访问、群众性质量活动交流等，做到了全员参与质量管理。

宣传质量品牌，增强员工认同感。质量品牌故事演讲是沪东中华打造优秀质量文化、提高全员质量意识、营造良好质量氛围的有效手段。沪东中华连续多年参加全国质量品牌故事演讲比赛，彰显沪东中华深厚的企业文化底蕴，展现员工不畏困难、不断奋进的精神品格。

设计微信表情包，活跃质量文化氛围。

开展质量讲坛，让青年在质量平台上迅速成长。开展以"质量提素质，质量保交船，质量迎信誉"为主题的青年职工素质论坛，活动邀请公司领导、船东船检参加，为广大员工提供向企业发展、管理提升建言献策的言论平台，提升员工对公司制度的认同感，营造人人重视质量、人人参与质量管理的良好氛围。

召开军民融合质量论坛，促进企业高质量发展。军民融合质量论坛分析国内外宏观经济形势，分享可靠性技术和防差错案例，对造船质量提升具有指导性意义。沪东中华加快推进装备质量提升和中船集团质量提升"两项工程"建设，以重点产品为载体，助力开展全员、全业务、全流程的质量管控机制建设。

开展班组长质量知识竞赛，让质量文化扎根基层。沪东中华开展主题为"培养管理型优秀班组长，提升班组战斗力"的班组长质量管理能力知识竞赛。活动前期，组织开展"群众性质量活动实施要点""质量工具运用""质量管理体系"系列培训，下发学习资料供各部门班组管理人员学习。班组长质量知识竞赛是沪东中华质量管理提升向班组延伸的初步尝试，提升了基层班组长对班组管理的重视程度。

成立创新工作室，提升检验效率。沪东中华成立无损检测创新工作室，该工作室在 FSRU 厚壁管项目上创新采用相控阵超声检测技术，利用脉冲反射式原理进行检测和评判，相比常用伽马射线照相法具有无辐射污染、易于评判、数据采集效率高、电子数据储存空间小等特点。由无损检测创新工作室牵头，举办无损检测质量比武（超声）活动，各部门"探伤"人员切磋技艺、提高技能，为沪东中华高质量发展助力。

推广群众性质量活动，实现全员、全过程质量管理

开展质量管理小组活动，树立行业标杆。质量管理小组作为群众性活动及质量改进活动的基础，得到了沪东中华广大员工的认可，成为沪东中华开展时间最长、参与人数最多的群众性质量管理活动，得到蓬勃发展，对于推动全员参与的质量文化建设有着不可估量的作用。目前，沪东中华共有 15 名员工拥有 QC 成果诊断师资质。沪东中华技术能手等先进代表指导现场开展 QC 小组活动。

创建质量信得过班组，激发班组战斗力。创建质量信得过班组是提升班组战斗力的一项有力举措，其核心理念是质量为顾客和其他相关方创造价值，基本理念是关注顾客、诚信守诺、有效学习和创新改进。近年来，沪东中华通过质量信得过班组的创建，选树典型，涌现出了一批以提升产品、服务质量为目标，以顾客（外部顾客及上下道工序）为关注焦点，注重现场管理的优秀班组。

组织现场管理星级评价，实现"一心""二效""三节"。企业现场管理准则的核心，是用全面管理的思想和方法提升现场管理活动的整体运行质量，实现以顾客为中心，提升效率和效能，优化节拍、节省时间、节约资源。现场管理星级评价活动依据标准，对组织的现场管理推进要素、过程管理系统及结果进行条款评价，引导企业实施有效和持续的现场管理，建立优质、高效、安全、规范的管理系统，提高企业在产品和服务的质量、成本、交付能力等各方面的绩效水平，增强企业的核心竞争力。

实施效果

直接经济效益

质量管理小组活动获得效益。2020 年 12 月，沪东中华"踏浪而来 QC 小组"申报的《降低中组立精细化派工正差异率》课题荣获大会最高奖项"PLATINUM AWARD"（国际质量管理小组大会铂金奖）。

沪东中华质量管理小组自 1979 年的 6 个 QC 小组 26 人发展到 2021 年的 186 个 QC 小组 1509 人。2014—2020 年，获得全国优秀质量管理小组活动成果奖 11 个，获得上海市优秀质量管理小组活动成果奖 34 个，除去购书及培训等投入的 20.41 万元及活动奖励 158.8 万元，QC 小组活动直接创造经济效益约 1620.29 万元。

检测技术创新创效。借助无损检测创新工作室的平台，拓宽承接投资企业无损检测的业务范围，发挥无损检测人员工作主动性，2020 年共计为沪东中华减少"探伤"外协费用支出 805.02

万元，以能力工作量为基础计算共超产828.07万元（含相应消耗材料费用），除去消耗材料费用后，为沪东中华创造利润764.77万元。

管理效果提升

沪东中华建立并运行了经ABS船级社认证的ISO9001的质量管理体系，同时和CCS船级社、ABS船级社、LR船级社、GL船级社、DNV船级社等世界主要船级社建立了长期友好合作关系。始终关注客户需求，以"提供有竞争力的船舶产品，持续为客户创造最大价值"为企业使命，在全球拥有100多家优质客户，与多家国际著名航运公司结为友好合作伙伴，产品遍及世界各地。

质量文化建设成果共享。依据内外部环境变化，对沪东中华质量文化手册进行修订，总结好的做法，分享成功经验，筑牢公司高质量发展基础。

顾客满意情况逐年提升。2016—2020年，沪东中华对军品、民品及军贸产品进行用户走访和顾客满意度调查活动，围绕船舶产品性能、可靠性、维修性、外观及服务5个方面进行综合评价，各个用户都给出了较高的评价，平均满意度值超过95。

主要创造人：蒋　凯　韦　静
参与创造人：李　华　王　飞　申长英　胡江平

尽责、融容、创新，将文化力转化为生产力

国电电力发展股份有限公司

公司简介

国电电力发展股份有限公司（以下简称国电电力）是国家能源集团控股的核心电力上市公司和常规能源发电业务的整合平台，主要经营业务为电力、热力生产及销售，产业涉及火电、水电、风电、光伏发电及煤炭等领域，分布在国内的28个省、自治区、直辖市。截至2022年年底，资产总额4128.52亿元，控股装机容量9738.10万千瓦，控制煤炭资源储量26.81亿吨，总股本178.36亿股。截至2022年年底，国电电力火电装机7183.5万千瓦，其中60万千瓦及以上机组容量占比69.99%，100万千瓦及以上机组容量占比26.58%；水电装机1495.66万千瓦，占总装机的15.4%；新能源装机容量1058.94万千瓦，占总装机的10.9%。主要经济技术指标居于可比企业前列。

实施背景

文化自信是最基本、最深沉、最持久的力量。党的二十大报告中提出，推进文化自信自强，铸就社会主义文化新辉煌。国家如此，企业亦如此。国电电力坚持"文化强企"，始终坚持与负担新的文化使命、建设中华民族现代文明相统一，始终坚持与国有企业高质量发展要求相符合，始终坚持与企业战略目标相匹配，守正创新，真抓实干，以文化引领价值取向、凝聚发展共识，推动国电电力在高质量发展道路上行稳致远、在行业内树立上市公司文化建设标杆，努力实现公司发展质量更优、保供能力更强、效益效率更好、创新引领更广、员工干劲更足、品牌形象更佳，坚定不移推进公司高质量发展，奋力开创世界一流企业建设新局面。

主要做法

锚定目标加强顶层设计，做强文化引领力

注重传承创新，服务战略定位。国电电力深入贯彻国家能源集团企业文化核心价值理念体系和RISE品牌战略，践行"绿色发展，追求卓越"的核心价值观，秉承"实干、奉献、创新、争先"的企业精神，坚持打造集团公司"常规电力能源转型排头兵、新能源发展主力军、世界一流企业建设引领者"的战略定位，追求"建设具有全球竞争力的世界一流电力公司"的战略目标。注重优秀文化基因的传承与发展，强化文化体系的升级与拓展，突出尽责、融容、创新的文化导向，构建与战略相适应的特色文化体系。其中，尽责重在忠诚践诺，心怀"国之大者"和"企之

要者"，牢记"人民电业为人民"，践行"两个维护"和"两个一以贯之"，履行安全、经济、环境、员工和社会全面责任，以绿色低碳为发展方向，努力成为"常规电力能源转型排头兵"；以融容实现共创共赢，推进不同板块、地域之间，以及跨国文化的交流互鉴，注重文化与战略和文化建设与党建、精神文明建设的相融互促，以新发展理念为引领，广交合作伙伴，凝聚最大公约数，画出最大同心圆，发力新发展阶段的主战场，努力成为"新能源发展主力军"；以创新驱动领先领跑，强化"五个思维"，加快"四个转型"，提升"六个能力"，加大科技创新、管理创新和商业模式创新力度，实干笃行、善作善成，着力高质量发展，彰显一流业绩，努力成为"世界一流企业建设引领者"。

坚持党建引领，实现深度融入。国电电力建立健全"双乘数"大党建考评体系，全面实施党建"领航"计划，滚动制订企业文化建设规划，动态修订企业文化建设管理办法和考核评价办法，保证文化建设成体系、有规范、能落地。将企业文化融入制度建设，用文化赋予制度内涵，让制度体现企业精神，注重制度导向与理念导向一致，凡是企业文化提倡的，必在制度中有所解码和体现；凡是与企业文化理念相背离的内容，必修正或废弃。将企业文化建设融入发展战略、融入生产经营管理、纳入年度目标责任书。加强安全文化、合规文化、廉洁文化、班组文化等专项文化建设。设立企业文化月，强化文化养成，使文化赋能改革发展全过程、生产管理各环节。

坚持"一主多元"型文化建设模式，做强文化凝聚力

多元文化纷呈，展现央企魅力。在宣贯落实集团公司企业文化核心价值理念体系的基础上，建设具有国电电力特色的"一流文化"，形成以集团文化核心理念体系谋篇、国电电力专项文化布局、基层单位特色子文化为支撑节点的企业文化系统。积极有序建设专项文化，构建了以安全文化为引领，以风险预控为核心，以安全生产标准化为抓手，以"人、机、环、管"4M屏障为途径，最终达到"安、健、环、管""四零"目标的安全文化；创建了"诚信、规范、责任、价值"的合规文化体系及"四合"合规品牌。鼓励基层单位开展特色子文化建设，如京燃热电的"GAT创新文化"、津能热电的"融合文化"、绥中公司的"党建文化"、舟山海上风电的"舟海文化"、秦皇岛公司的"实干文化"、内蒙古综合能源的"奋斗文化"，被员工烙印在脑海中、渗透到骨子里、表现在行动上，成为有辨识度的团队气质，打造了各具特色、百花齐放、精彩纷呈的基层文化品牌。作为最小细胞的基层班组也建设了班组文化，着力打造"精神的高地、情感的家园、协作的集体、学习的课堂、创效的作坊、安全的港湾"，员工享受着导向统一、形式多元的文化滋养。

共商、共建、共享，跨国文化融合。驻印度尼西亚的3个企业充分理解和尊重所在国文化、宗教信仰和风俗习惯。2022年，代表国家能源集团推出"光明同享、未来同行——国家能源集团印度尼西亚事业绿色发展之路"系列报道，在印度尼西亚纸媒、通讯社及国际社交平台多角度、全方位展示了国家能源集团深耕印度尼西亚电力市场16年、助力当地经济发展、改善当地能源供应、提升当地百姓生活水平的卓越实践和发展成果。其中，中英文主题宣传片覆盖人群1.25亿，总观看量实现262万次，社交媒体发布海外观看量962.8万次，引发国际社会广泛关注。

打造宣传思想"新高地"，做强文化感召力

建强文宣队伍，丰富载体阵地。持续深化新闻宣传供给侧结构性改革，在文化展厅、文化长廊、文化墙等传统载体基础上，构建由内外网、微信公众号、抖音号、快手号组成的全方位立体化宣传阵地，开设"末读""艺苑风景线"等文化专栏，创立虚拟有线电视系统"国电电力云视听"，组建新闻中心，培养一批热爱文宣事业的专业化青年骨干队伍，构建线上线下相融合的全媒体运营体系。连续3年报送影视作品荣获"能源奥斯卡"奖项，"创新新闻宣传模式，探索思政育人途径"案例在国资系统交流推广。建立企业文化标识地图数据库，促进基层文化标识、文化产品底数清、位置明、使用准，通过编码做到快速查询、直观呈现、统一管理，实现企业文化目视化管理的信息化、数字化。加强与社会公众的联系，开展"国企开放日"活动，邀请公众走入"美丽电厂"感受绿色低碳发展成果。与"国资小新"联合举办直播带货活动，实现传播效果最大化。文宣条线策划大量专题报道，展现员工精神风貌，在主流媒体引起极大反响。

讲好央企故事，唱响奋斗之歌。围绕建党百年、喜迎和喜庆党的二十大，举办党史知识竞赛、情境式党课、青年演讲比赛、职工文化艺术节等活动；组织宣讲团，用员工喜闻乐见的方式开展爱党爱国爱社会主义教育。开展"高扬红色旗帜、共铸国电梦想"系列宣讲、"社会主义是干出来的"岗位建功行动，举办"最美国电电力人"故事会，采取"现场+直播"的方式，诠释新时期的巾帼力量、劳模精神、劳动精神、工匠精神，开展"巾帼说""劳模访谈""与榜样对话，与青春同行"等一系列文化实践活动。积极培育和践行社会主义核心价值观，倡导员工做社会好公民、企业好职工、家庭好成员。开展"争做大国顶梁柱"等主题道德讲座活动，由员工发现、评选、宣传身边的"平民英雄"和"凡人善举"，致敬奋斗者，弘扬真善美，激发正能量，塑造了张涛、张玉川、彭发荣等一批典型人物。

在创新发展中强化社会责任，做强文化影响力

激发创新热情，增强创造活力。强调"所有能为企业带来价值创造的改变都是创新"，鼓励全员创新。加强科技攻关，解决行业"卡脖子"难题，"十三五"期间累计投入科研资金近14.5亿元，牵头承担国家重点研发计划项目6项，参与实施3项。涵盖火电、新能源、水电、煤矿四大板块的《智慧企业建设技术规范》填补了行业空白。建成投运国内首个火电物联网发电5G宏基站，率先进入5G+智慧企业建设新时代。多项关键核心技术攻关实现突破，多个世界首例、国内"首套""首个""最大"科技项目成功落地。28纳米物联网智能芯片、智能巡检机器人、无人值守斗轮机、风电场远程集控、流域水情预测装置、智能检修平台、火电厂二氧化碳化学链矿化利用CCUS技术研究与示范项目……企业智能智慧与员工自豪感形成良性循环和互动，促进了文化力向生产力转变，提升了企业核心竞争力。

践行大爱担当，履行社会责任。重视企业的"社会公民"角色，践行"两山理论"，注重依法合规。面对民生需求和"煤价上涨，发电就亏损"的现实抉择，所有机组随调随启、满发尽发，尽显"长子"情怀，彰显央企担当。深化国企改革三年行动，积极治亏扭亏，防范化解重大风险。助力脱贫攻坚和乡村振兴，向青海曲麻莱县、新疆库车县派出挂职干部和驻村工作队，形成青海刚察县"八对八"对口支援帮扶模式，开展"民族团结一家亲"专题活动和"心连心·山海情"志愿服务，多年来精准扶贫资金支出超亿元。本部扶贫项目被评为电力企业社会责任优秀案例。建立"1+N"志愿服务体系，深入推进"青·起航"志愿暖心工程，成立在京单位志愿者联盟，基层学雷锋活动和志愿服务制度化、常态化。

关心关爱员工，建设幸福国电。坚持以人为本，深化民主管理，尊重员工创意和智慧，积极采纳员工合理化建议。关心员工成长成才，畅通职业发展通道，助力员工自我价值实现。深入开

展"我为群众办实事"实践活动，建立"五四七六"办实事清单，投入资金 2.24 亿元，惠及职工和人民群众 74 万人次。国电电力职工"云"上健身活动，有效实现"互联网＋体育＋文化"落实落地。锦界公司"码上办"、舟山海上风电"心灵驿站"、毛尖山水电新井开凿、怀安公司职工食堂升级改造，以及劳模疗休养、职工重疾险，一项项惠民举措相继出台并造福员工。基层单位积极完善职工书屋、健身房等文体活动设施，创建健康小屋，成立各类协会，组织文体赛事，员工快乐工作、健康生活，获得感、幸福感、安全感不断提升。

实施效果

国电电力充分发挥企业文化的导向、约束、凝聚、激励、调试、辐射功能，引导员工自觉将个人愿望融入企业发展，积极投身建设世界一流电力公司的伟大实践，企业文化的软实力通过员工的实干转化为企业高质量发展的硬实力，企业经济技术指标不断提升，产业结构持续优化，水电、风电、光伏等新能源发展快速布局，在能源保供、提质增效、改革发展、安全稳定、成本管控、精益管理等工作中表现突出，在行业、社会和资本市场赢得极高美誉度。海外企业捷报频传，爪哇电厂 1 号机组高水平投产入选"中国能源十大新闻"，南苏电厂 1 号机组创煤电机组连续运行最长世界纪录。国电电力始终保持国内 A 股绩优蓝筹股地位，荣获中国上市公司百强、金牛上市公司百强、新财富最佳上市公司、金牛基业长青奖、全景投资者关系金奖、最受投资者尊重的上市公司等资本市场重要奖项，被评为"法律风险指数最低央企上市公司"，荣获"全国'五一'劳动奖状"，连续 10 年荣登《财富》中国 500 强，入选《福布斯》首批世界最受信赖公司榜单。文化软实力持续提升，获"改革开放四十年中国企业文化四十标杆企业""'十三五'中国企业文化建设典范组织""电力行业企业文化建设典型实践单位""全国电力行业企业文化品牌影响力企业""全国电力行业党建品牌影响力企业""全国电力行业思想政治工作优秀单位"等多项高含金量荣誉，连续 9 届保持"全国文明单位"称号，基层单位摘金夺银，多项案例及成果获奖。国电电力以 44 亿美元的品牌价值位列 2023 年度中国品牌价值 500 强榜单第 84 位，入选"中国 ESG 上市公司先锋 100"榜单。

主要创造人：罗梅健　刘　焱
参与创造人：王　颖　曹媛媛

文化领航发展，创新驱动跨越

青岛澳柯玛控股集团有限公司

企业简介

青岛澳柯玛控股集团有限公司（以下简称澳柯玛）创建于1987年，是青岛市培育发展起来的"五朵金花"之一。36年来，企业从"中国电冰柜大王"发展成为一家以智慧家电和智慧全冷链产品研发、生产和销售为主业的科技型综合性现代化企业集团，业务范围覆盖全球100多个国家和地区。近年来，澳柯玛实施"互联网+全冷链"发展战略，致力于为有温度需求的客户提供从"最先一公里"到"最后一公里"、从"田间"到"餐桌"的全冷链系统解决方案，其中冷柜产品产销量处于行业领先水平、商用冷链产品荣获制造业单项冠军、生物样本低温存储技术处于世界领先水平，疫苗冷链系统遍布非洲、亚洲地区，是世界卫生组织（WHO）认证的医用产品供应商。企业连续多年入选中国制造业500强企业、中国轻工业百强企业、亚洲品牌500强、中国500最具价值品牌。

实施背景

近年来，澳柯玛制订并开始实施"十四五"发展规划和"三年倍增"计划。第一个"三年倍增"计划已于2022年顺利实现，企业随即制订了新的"三年倍增"目标，即到2025年年末，企业收入和利润额在2022年的基础上再翻一番，实现新一轮倍增。

为推动实现企业战略发展目标，促进企业文化与时俱进、守正创新，更好地发挥企业文化思想引领、价值引导、凝心铸魂的作用，澳柯玛启动了企业文化升级项目。2022年，在澳柯玛成立35周年的关键历史节点和重要发展阶段，澳柯玛企业文化升级项目正式启动，这对于推动实现企业战略目标和持续高质量发展具有十分重大而深远的意义。

传承企业原有优秀文化

澳柯玛自1987年创立以来，以冰柜产品起家，在一个濒临倒闭的小企业基础上，经过开拓创新、艰苦创业，发展成为一家以智慧家电和智慧全冷链等产品的研发、生产和销售为主业的大型综合性现代化企业集团。通过回顾澳柯玛每个历史阶段所面临的机遇和挑战，探究各个阶段的关键经营活动和背后的文化表现，从而清晰地把握澳柯玛的文化发展脉络。

澳柯玛发展历程大体可以分为4个阶段，如图1所示。

```
第一个阶段,              第二个阶段,              第三个阶段,              第四个阶段,
1987—1995年,            1996—2005年,            2006—2014年,            2015年至今,
专注冷柜,名扬四海         多元发展,历经波折         聚焦主业,涅槃重生         战略引领,创赢未来

    1987年                  1996年                  2006年                  2015年
```

图1 澳柯玛的发展历程

澳柯玛在发展历程中孕育了深厚的文化积淀。

准确定位澳柯玛的文化核心基因

定位澳柯玛核心基因。利用"三元锁定"原理确立澳柯玛价值导向,清晰澳柯玛赖以持续生存的核心基因,进而确立文化核心,为升级文化体系、指导文化落地奠定坚实基础。

确立澳柯玛价值导向。从历史、现在、未来3个维度推导出澳柯玛的11条核心价值:以客户为中心的外向型思维,敢为人先的创新精神,"没有最好、只有更好"的信念,有温度的人性化管理理念,自强不息、追求卓越、永不言弃的精神,变革意识,重视人才,效率意识,协同协作,忠诚敬业、务实踏实,诚实守信、义利共生。

科学构建澳柯玛文化理念体系

基于澳柯玛核心价值,进一步升华企业文化理念,完善企业文化体系,形成符合新时期澳柯玛企业发展战略和经营管理特色的文化理念体系《创新宣言》,使创新成为澳柯玛企业文化的核心与灵魂,成为企业适应未来环境变化与市场竞争的制胜法宝,成为企业高质量发展、倍增式增长的动力之源。

主要做法

围绕澳柯玛文化理念《创新宣言》,以加快文化共享、文化融入为目标,结合澳柯玛经营管理具体实际,实施文化管理,推进文化落地实施。

明确文化管理路径

以发挥企业文化管理功能为目标,从集团、股份公司和基层单位各个层面对文化管理边界统一界定,建立健全文化建设管控办法,建立和形成高效展开、有序推进、循环提升的企业文化建设管控模式和管理体系。

明确文化关系。集团、股份公司负责总体文化的落地深植,相关职能部门负责相应经营管理理念的落地深植,基层单位围绕澳柯玛文化核心内容进行深化、延展。

实施文化管理。确立基本指标,建立文化建设标准体系;遵循建设标准,进行各层级文化工作考核;依照考核结果,确立各单位企业文化建设工作成果。

深化特色文化。结合自身生产管理实际,寻找特色文化建设方向;探索具有自身特色的基层文化,丰富特色文化建设载体;体现总体文化价值倡导,满足自身文化发展需求。

开设文化大讲堂

文化理念形成以后,全面深入地讲解和阐释文化内涵,使广大员工理解和认同企业文化,成为文化实践的关键。

专家领导讲文化。企业邀请企业文化专家和集团高层领导宣讲文化,开办有声有色的企业文化大讲堂。专家和高层领导的培训课件均上传至企业"E"学堂，供广大员工学习。之后，各单位（部门）进行传承宣贯、各职能部门进行主导宣贯，形成了分层级、分模块、分单位有序推进的宣贯工作局面。

全面深入阐述文化理念。为保证文化大讲堂授课内容的规范精准，让澳柯玛文化成为全体员工的共同信念与行动指南，由企业大学——澳柯玛学院牵头，分别开发了《澳柯玛企业文化》《澳柯玛品牌理念》《澳柯玛人才理念》《澳柯玛安全理念》《澳柯玛质量理念》《研发理念》《营销理念》《服务理念》《廉洁理念》等系列宣贯课件，对企业文化内涵进行充分诠释，辅以实际工作案例，最终形成主题鲜明、逻辑清晰、案例丰富的企业文化系列课件。

开展企业文化践行活动

围绕文化理念《创新宣言》的核心倡导，组织开展丰富多样的文化践行活动。

丰富是活动形式。综合采用文化案例故事征集与汇编、摄影征集、格言征集、创意比赛、经验交流会、撰写心得体会等多种形式。

深化活动立意。立足澳柯玛实际，针对现实问题，提出各主题活动的主题，围绕创新文化、安全文化、质量文化、品牌文化等开展主题活动。

强化活动组织。增强活动的趣味性、激励性、竞争性，采用员工方便参加、喜闻乐见的方式，引导、鼓励员工参加，激发全员参与热情。

企业文化理念的行为转化与落实

确立单位、部门行为准则。澳柯玛下属各单位、各部门根据各自工作性质及实际情况，结合文化理念《创新宣言》的核心价值倡导展开研讨，解析并确定本单位、本部门的关键行为准则，并形成本单位、本部门有针对性、可执行、易操作的文化践行行为细则。

关键行为准则与工作进行有效对接。单位、部门依照自身关键行为准则，确定本单位、本部门的行动关键点，直面最迫切需要解决的问题，营造行为转变提升的良好氛围，依据行为提升重点锁定改进的具体工作事项，查找自身行为上存在的与企业文化不相符的地方，工作中影响工作品质、阻碍工作效率等方面的内容，依次进行落实，进行行为转变。

建立评价激励机制

由企业文化建设工作小组对各单位、各部门企业文化培训宣贯工作进行综合评价，评价结果纳入年度业绩考核，作为年度评优评先的重要参考。同时，对表现突出的单位进行宣传报道和经验推广，发挥示范带动作用。

实施效果

在新文化的引领带动下，澳柯玛企业经营发展和员工精神面貌焕然一新，取得了经营业绩稳步增长、品牌形象有效提升、创新能力显著增强的良好效果。

推动实现"三年倍增"计划目标

在新的文化理念的引领和感召下，"澳柯玛人"进一步加大企业体制和机制改革，加快家电产业转型升级，加大新动能项目培育和重点项目建设，提升企业创新能力和品牌影响力，顺利实现了"三年倍增"计划和2022年度经营目标任务。

全面推进澳柯玛品牌形象和营销模式升级

澳柯玛以文化升级为契机，高标准建成科技展示馆，全面展示企业"温度科技专家"新形象；推动企业营销模式创新，打造具有澳柯玛特色的零售体系、营销渠道和终端形象；推动品牌年轻化、时尚化、高端化。2022年，澳柯玛品牌价值达到422.15亿元，入选中国500最具价值品牌和亚洲品牌500强，入选"青岛老字号"。

企业创新能力得到显著提升

在企业创新文化的引领下，企业建立创新机制，推动各项工作创新，形成浓厚的创新工作氛围。2022年，申请专利696项，其中发明专利207项；参与制订、修订国家标准32项，组织申报各类科技创新及政策扶持专项204项。旗下企业分别荣获国家级服务型制造示范企业、国家级制造业单项冠军企业、山东省科技领军企业、山东省科技"小巨人"企业等称号。

主要创造人：朱　江　林本伟

参与创造人：孙　兵　赵彦春　王晓证　孔范波

"天堑通途"特色桥文化赋能"建桥国家队"品牌提升

中铁大桥局集团有限公司

企业简介

中铁大桥局集团有限公司（以下简称中铁大桥局）是1953年4月为修建万里长江第一桥武汉长江大桥而成立的，且是中国唯一一家集桥梁科学研究、工程设计、土建施工、装备研发四位于一体的承包商兼投资商，具备在江、河、湖、海及各种恶劣地质、水文等环境下修建各类型桥梁的能力。70多年来，中铁大桥局在国内外设计、建造了4000座大桥，总里程超过4000千米。长江大桥参建率88%，黄河大桥参建率25%，跨海大桥参建率78%，大型公铁两用大桥参建率97%，超千米跨度大桥参建率80%，创造了百项中国第一、世界之最。荣获第三届中国质量奖。在大跨度公路桥、铁路桥、公铁两用特大桥、超长跨海大桥、高速铁路桥、大跨峡谷桥等桥梁建设方面形成了独特的技术优势，达到世界领先水平。

实施背景

中铁大桥局打造的"天堑通途"特色桥文化是在汲取古代桥梁传统文化养分的基础上培育的独具行业特色、富含企业特点的企业文化，是来源于历史、创新于实践、贯通于未来的企业文化。历经70多年的发展和积淀、传承与创新，公司始终牢记"建桥铺路、造福人类"这一神圣使命，历经"建成学会、奋发图强、融入市场、追赶世界、领先世界"5个发展阶段，形成了"坚守质量、传承创新"的优良传统和"不忘初心、奋发图强、传承创新、坚守质量、逐梦速度"的五大桥梁里程碑精神，铺就了中国桥梁建设从学习、追赶到领先世界的腾飞之路。公司通过打造"天堑通途"特色桥文化，用文化力助推发展力，推动企业文化建设与执行力建设、作风建设、制度建设深度融合，推动企业管理水平"内涵式"提升，借力繁荣桥文化事业、壮大桥文化产业，对内增底气、对外扬士气，精心打造了"世界一流建桥国家队"企业品牌和"中国桥梁"产品品牌。"天堑通途"特色桥文化已成为中铁大桥局参与市场竞争的重要核心资源。

加快建设中国桥梁强国的需要

中国拥有超过100万座公路和铁路桥梁，世界最大跨径的前十座悬索桥、斜拉桥、钢拱桥和最长的跨海大桥，中国均占据一半以上。但是，在桥梁工程技术的基础理论研究、结构的耐久性和安全性、成套施工技术等方面，与发达国家相比还有一定距离。

强化中国桥梁品牌形象的需要

中国古代桥梁建造技术曾长期领先世界，但西方工业革命后，远远落后于西方。武汉长江大桥建成，中国现代化桥梁建造技术才重返世界舞台。由于起步较晚，中国桥梁的品牌形象在国际舞台上不够深刻明晰，传播稍显乏力。

提升中国桥梁国际话语权的需要

在世界竞争舞台上，欧美国家的技术、装备及科研实力仍领先国际市场，日本则深耕亚洲市场多年，影响力深厚。国际桥梁行业普遍认可的协会组织和合同条款、标准规范、建设理念等仍受国外同行左右。

推动中国桥梁企业转型升级的需要

受"金桥银路"观念驱使，大批建筑企业涌向桥梁市场，导致市场竞争日趋白热化，中铁大桥局的传统桥梁市场地位受到冲击，项目盈利能力减弱，企业发展中存在"大而不强、大而不优"等问题。经济新常态下，文化产业为经济转型发展提供了新动力，走出文化生产的"内部小循环"、融入市场经济的"外部大循环"，也是企业文化建设的内在需求。

主要做法

升级桥文化体系，厚植桥文化建设根基

理念先行，重塑文化价值观念。结合中铁大桥局企业历史和现状，深挖桥梁文化的特点、特质，梳理总结企业的5个发展阶段和优良传统、五大桥梁里程碑精神，培育以"建桥铺路、造福人类"为使命、"打造世界一流建桥国家队"为企业愿景、"以人为本、诚信经营、精益求精、持续创新"为核心价值观、"跨越天堑，超越自我"为企业精神、"精雕细琢，百年品质"为质量理念、"安全建桥，建安全桥"为安全理念、"绿色建桥，建绿色桥"为环保理念等在内的"天堑通途"特色桥文化理念体系，为企业高质量发展筑牢深厚根基、提供肥沃土壤。

战略引领，规范文化行为准则。坚持与"企业发展五年规划"同步，每五年发布一次"企业文化建设五年规划"。迈进"十四五"，同步发布了中铁大桥局历史上首个"五年品牌发展规划"。以中国中铁"爱国爱党，诚信守法；忠诚担当，感恩奉献；勤于学习，持续提升；创新创造，业绩突出；团结协作，品德优良；勤俭节约，廉洁自律""六条基本行为准则"为制度文化建设的基础，出台制订并不断更新完善《员工手册》《工程项目塑形标准化操作指南》《"示范道德"讲堂选树实施办法》等制度性文件，用以规范、引导员工行为符合企业健康可持续发展的需求。

"铸魂""育人"，推动文化落地生根。以重点工程项目为阵地，深入推进"铸魂""育人""塑形"三大工程，持续开展工程项目"塑形"标准化建设，不断探索创新企业文化落地生根的新载体，巩固"天堑通途"特色桥文化建设的根基。近年来，实施了川藏铁路大渡河特大桥、巢马铁路马鞍山长江公铁大桥、G3铜陵公铁大桥等新上项目的"三个一"工程（建造一个会展厅、摄制一部宣传片、制作一个桥梁模型）；完成了武汉杨泗港长江大桥、京张高铁官厅水库大桥、宜昌秭归长江大桥等完工项目"五个一"工程（一本画册、一本文集、一批新闻稿件、

一部录像片、一本技术总结)。

盘活桥文化资源，增添桥文化产业动力

创造文化生产"一个动力源"。借助国家加快文化产业发展政策，将具有全国统一刊号的"一报两刊"(《桥梁建设报》《桥梁建设》《世界桥梁》)及时申请非时政类报刊转企改制，成立桥梁传媒公司这一独立法人市场主体。桥梁传媒公司坚持"把社会效益放在首位、社会效益和经济效益相统一"的原则，发挥桥梁文化底蕴深厚、资源丰富的优势，在实践中摸索培育新型桥文化业态和桥文化消费模式，为社会提供满足人民精神文化生活需求的高质量产品，已在桥梁文创、影视动画、融媒运营、会议展览等方面形成十大板块业务，成为国家高新技术企业、湖北省最具成长性文化企业，拥有文化相关专利技术9项、计算机软件著作权25项。

搭建国内国外"两个文化场"。打造了粉丝量超过40万的"中铁大桥局"企业官方微信；同时拥有面向行业、面向社会大众不同群体，传播桥梁资讯、普及桥梁文化的"桥梁建设报""最美桥工""武汉桥梁传媒""乔公子""桥梁博物馆"等微信公众号(短视频号)。利用不同媒体平台促进桥文化互动，引导大众理性思考。在参与南亚、非洲等地区的海外桥梁建设中开展跨文化融合研究，倡导严格执行合同条款且确保安全、质量、工期的文化氛围，用卓越的工程品质成就"中国桥梁"的海外口碑。结合摩洛哥穆罕默德六世大桥、孟加拉国帕德玛大桥及连接线工程、马来西亚鲁巴跨海大桥等海外桥梁项目所在国家的鲜明文化习俗和桥梁本体的结构特点，设计研发桥梁模型、丝绸卷轴、瓷器水杯等个性文化创意产品，架起中国与海外国家友好沟通交流的"文化桥梁"。

串起文化交流"三个层次圈"。推动桥梁文化从企业走向行业、从行业走进大众是发展桥文化产业的中心目的。在企业内，发挥文化凝聚人心的作用，精心培育打造"凤凰山讲坛""桥工道德讲堂""建桥楷模"等自有品牌活动；在行业内，开展"万里长江大桥行"活动、创办国际桥梁盛会"中国桥博会"行业品牌活动；面向大众，与央视联合开展大型文化文艺活动进工地，在平潭海峡大桥、武汉鹦鹉洲大桥、沪苏通公铁大桥等录制国庆专题节目《我和我的祖国》《唱响新时代》《我爱你中国》等，实现文化传播的口口相传、有口皆碑。

释放桥文化创意，激发桥文化市场活力

自主研发原创文创产品。立足"文化创效、设计创意、产品创新"的文化市场观，深挖桥文化资源的经济价值，激发创意灵感，将桥梁精神融入实物产品，自主创意研发木质及金属桥梁模型、桥梁丝绸、桥梁瓷器、桥梁扑克牌、大桥日历等桥梁主题文创产品700余款，培育了桥文化"IP"和"乔公子"文创品牌，成为中国唯一一家以桥梁为主题的文创设计研发、生产制作中心，为数十家桥梁行业内外企业提供数百种创意产品。

创新桥梁影视动画作品。以重大桥梁工程项目中标、开工、建设、报奖为契机，每年制作桥梁影视动画、宣传片百余部。近年来，制作的宣传片《中国桥·世界梦》《中国企业架起孟加拉国"梦想之桥"》在中国中铁"三个转变"与高质量发展研讨会暨第三届中国品牌战略发展论坛、2021中国国际服务贸易交易会上展映。以市场化招投标的形式参与制作中国高速铁路建设动画，成为行业内外学习交流的重要教材。

做好文旅融合"大文章"。在公司原有企业业绩展馆"桥文化"展示厅的基础上，站在桥梁行业的视角，运用现代化博物馆理念建造了国内首家综合性桥梁博物馆。通过实物、模型、图

片、5D电影、VR技术等丰富的展陈方式，全方位展示中国桥梁建设成果和世界桥梁建设的发展历程。运营两年多来，线下接待了来自50多个国家6万多人次的观众，线上"云游"参观突破500万人次，被列为"全国科普教育基地""湖北省爱国主义教育基地"等，在"建桥之都"武汉开通了一条桥梁文化精品旅游线。积极参与深圳文博会、武汉设计双年展、香港创科博览会等大型文化交流展会，推动桥文化向大众普及，不断提升企业的社会影响力。

实施效果

市场品牌优势持续加固

卓越的品牌塑造为企业发展营造了良好的舆论环境，企业各项经营指标逐年攀升。"十三五"期间，建成国内12座跨长江大桥、2座跨黄河特大桥、3座跨海大桥。孟加拉国帕德玛大桥等一批重点海外工程建成通车，75项技术成果经评审达到国际先进及以上水平，在行业内继续保持较好先发优势，"建桥国家队"的实力进一步彰显。

"中国桥梁"与公司关联度高度契合

结合"最长、最高、最大、最快"的"世界级"桥梁建设的重要节点、重大活动，创新性开展品牌提升活动，塑造"中铁大桥局"成为桥梁建设行业的领导品牌。借助世界交通运输大会、香港创科博览会、中国世贸会等大型展会，全面展示中国桥梁建设成就。在国务院国资委发起的"国家名片"征集活动中，"中国桥梁"跻身"国家名片"阵列。新华网评选中国大桥十宗"最"，中铁大桥局成为世界"最牛"建桥企业。"中国桥梁"与"建桥国家队""中铁大桥局"等在网络媒体中关联度高度契合，公司的品牌形象得以全面推广。

主要创造人：舒智明　冀传辉

"文化三板斧"，助力组织凝聚，强化组织战力

协鑫集团有限公司

企业简介

协鑫学堂（以下简称学堂）作为协鑫集团有限公司（以下简称协鑫集团）人才培养的重要平台，其前身可追溯到2008年协鑫集团与南京大学共同组建的协鑫商学院。协鑫学堂2009年正式成立，成立以来，始终秉承"明德厚学、勤思敏行"的校训，承担集团战略实施、文化传承、人才培养、知识创享的重要职责。建立了以胜任能力模型为基础，员工职业生涯发展为主线的学习地图，充分利用企业大学、产业板块、集团职能部门的培训资源，建立了覆盖全员的人才培养体系，培养了大批具有创业创新、争先领先精神的高忠诚、高绩效、高潜力专业人才和管理人才，通过线上学习系统为集团4万名员工提供全方位的学习服务。通过不断地开拓与进取，学堂在发展的轨道上取得了一系列骄人的成绩，获得了2014年度中国企业最佳企业学习项目、最具成长性企业大学、江苏省示范企业大学、2015年度中国企业大学百强、2015年度中国最佳企业大学、2016年第十二届中国最具价值企业大学、2016年度中国人力资源先锋团队奖、2016年中国企业大学卓越成就奖、2017年优秀学习型组织奖、2017年领导力培养发展创新实践奖、2017年优秀项目运营方案奖、2018年学习创新型组织、2019年江苏省产业人才培训示范基地、2019年第十五届中国最具价值企业大学、2021年度亚洲光伏产业协会人才培育奖、2022年度GHR最佳人力资源实践奖等殊荣。

推动新人文化认同，构建"有温度"的文化融入平台

在协鑫集团"十四五"总体发展战略和"双碳"目标的市场新机遇下，新兴技术人才成为增添企业活力、引入高新技术的重要原动力。在此背景下，如何帮助新员工快速了解企业、融入企业，企业大学需要重塑新员工培养方式并不断更迭，双轮滚动，针对社招与校招新员工持续优化培养方案。2020年至今实施"鑫之鹰""鑫之星""星光计划"等新人文化融入项目以来，共计1700余人参训。

社招新员工"玩转"混合式学习

社招新员工本身拥有一定的工作经验，往往带有浓厚的既往企业文化痕迹，习惯用过去的标准看问题，因此最需要将企业的文化、行事及思维方式注入。根据社招新员工的这一特点与需求，学堂设计了"鑫之鹰"新员工培养项目。根据马斯洛需求层次理论设计该项目，通过线上、线下混合式学习，帮助新员工尽快融入；同时，灵活运用在线学习平台，打造了充满"温度"的

培训体验。

文化平台：传播文化，提高企业认同感。为避免新员工在初始阶段行为失当，在新员工培训上加强内容深化与文化形式的创新落地，建立科学的文化宣贯培养体系，传播文化。比如，在知识考核上，形成"线上以考促学＋小鑫入职记通关＋线下集中考试"为主的考核模式。

学习平台：碎片化时间，系统化学习——"鑫知海"。在线学习设计方面，自主开发学习平台，设计全生态培养方案。在新员工入职第二天，线上学习平台——"鑫知海"会自动生成新员工学习账号，线上学习任务——"新员工系列课"同步自动推送，员工在电脑端或手机端均可以随时随地登录学习。

讲师平台：高标准、严要求，传承内部经验。好的培训离不开好的课程，好的课程更需要好的讲师来传承。为此，开发了标准化课程，希望将项目共享化、产品化。首先，在前期新员工培训的基础上，系统地设计开发标准化培训产品，包括线上和线下标准化培训流程、标准化课件、讲师手册、学员手册等。其次，从职级、工作经验、授课经验等维度出发，设定了严格的讲师筛选条件。

校招新员工全流程闭环式辅导，从此告别"校园人"

校招新员工与社招新员工的最大区别在于，校招大学生更有梦想、闯劲，也更容易烙上企业烙印。但是，因其工作经验不足，除了宣贯企业文化，还要帮助其从"校园人"转化为"职场人"。对此，学堂的"鑫之星"大学生训练营安排了更多和职场、转变相关的课程。

职业化，提高自我认知。在"鑫之星"之旅开始之初，每位新员工都进行了职业兴趣、职业性格、职业锚3个维度的综合职业测评。通过测评，新员工可以增加自我认知，并在此基础上接受自我，在集团的价值链上快速实现自我定位，明确未来的职业发展方向。

边学边实践，提升软实力。在训练营期间，针对新员工在企业文化、职场软技能、职业生涯规划3个方面认知缺乏的问题，召集内部讲师，设计了对口课程，让其原汁原味地了解企业发展历程的同时也提升了自身的软实力。

协作互助，练就职场"必杀技"。企业的持续发展需依靠优秀的团队合作，即使能力再强的个人也需要团队成员的配合。"鑫之星"采用小组合作模式，用对抗式、实战式、激励式3种方式催化小组内成员交流沟通，取长补短、相互协作，从而加强团队意识。

树立职场价值观。调研结果显示，"95后"新员工的价值归属感来源于企业给予他们的职业发展机会。为此，项目组围绕职业化人才的自我工作意愿、自我工作能力、胜任力匹配度，设计了"大学生职业化素养提升"课程。这些举措帮他们树立"职场人"应有的职场价值观、职业素养与危机意识，同时也让他们能够明确自己的职业规划、掌握正确的工作方法、提升专业技能。

聚焦业务，构建文化穿透路径

穿透一线，文化入基层，推动组织文化大融合。2022年至今，在合肥、徐州等重要产业基地送教50余场，1407名企业骨干参训。

持续开展文化渗透路径建设

随着集团产业版图的不断扩张，新业务、新项目的不断启动，集团的组织文化宣贯难度升级，企业文化正面临着被稀释的风险。为此，学堂启动"赋能BP"角色，与业务单位建立强连接。此外，根据集团业态分布成立能科、新能源、科技、集成四大产业分校，按区域分布成立西南、西北、徐州三大区域分校，以此构建三级网络宣贯体系。在此基础上策划并开展文化大融合计划。该行动计划紧贴业务发展需求，以产业重镇为辐射中心，以产业分校为落地抓手，构建出有效的文化渗透路径。

持续增强组织价值认同

基于员工企业文化认同维度及其各维度间的作用关系，同时参考员工企业文化认同影响因素，进行企业文化认同的全路径提升，尤其是通过集团旗下核心产业区域文化授课，形成有效的产业一线文化辐射，提升产业关键岗位员工认知层面的文化认同，以关键人群带动效应增进员工的情感归属。

持续优化文化价值内容

由于集团产业布局地域广阔，员工分布不均，2022年至今，随着内蒙古、四川、北京等区域的新产业布局，员工人数同比增长超过20%，快速提升产业员工对企业文化的认知是提升组织企业文化认同的基础，因此，提升企业文化的有效性可以深化员工对企业文化内容层面的理解，从而提升员工对企业文化的认识。基于企业在文化内容及上述企业文化建设中存在的缺失，凝练修订文化课件。基于员工视角及企业视角，从企业文化内容和企业文化宣传途径两个方面优化入手，提升员工对企业文化内容层面的认知，在企业日常工作中建立长期有效的企业文化宣传机制。

学堂通过"三个持续"，在认知、情感认同的基础上提升员工行为层面的认同，提升员工价值观与企业价值观有效契合，形成员工对企业文化内化于心、外化于行的全路径提升。

快速沉淀组织智慧与文化，形成文化传播长效机制

文化的落地，离不开组织的优秀实践与经验的沉淀，以此形成学习资源，构筑组织内部学习活动的坚实基础。学习活动及培训工作的开展离不开三大保障——师资、课程和平台。讲师是运转培训体系的核心成员，课程是企业培训的"心脏"，知识管理平台和在线学习/管理平台是企业大学运营的基础载体，三者缺一不可。2022年至今，学堂认证讲师90余位，对接高管授课30位，挖掘种子讲师近33位。与近80家外部机构建立连接，圈定高端讲师17位。完善课程资源建设：内部入库线上课程129门，面授课程350门；引入外部面授课程36门。强化"鑫知海"平台建设：完成部分功能模块优化升级及页面改版，精选880门在线课程，链接外部优质内容平台。

产业专业类课程聚焦核心岗位

产业专业类课程主要满足业务迅速发展对专业人才的需求，让"老人"的经验与工作方法转移到"新人"身上，让"新人"快速融入组织。

企业文化类课程持续迭代更新

根据集团管理层提出的"重塑文化精神，艰苦奋斗再出发"指导意见，在集团掀起企业精神

学习热潮，结合企业文化精神定义及诠释、企业历史时期的案例及当时的各类档案，对企业文化标准课件进行了更新，编写了企业文化课程包，包括 PPT 课件、讲师手册、学员手册，快速培养种子文化宣导师 74 名。

为业务单位开发自主课程提供有力支持

学堂一直致力于推进各业务单位对于培训课程的自主开发。在业务单位、内部讲师个人开发课程的过程中，学堂提供工具方法、模板及修改建议，从而为课程的顺利产出及课程使用效果提供一定的保障。

学堂一直以讲师培养和课程开发为工作重点，每年都会对内部讲师进行课程开发或是讲师技巧相关的赋能。2022 年 8 月，第 8 届好讲师与好课程大赛正式启动，大赛持续到当年 9 月 10 日教师节。从 2015 年开始，一年一届的大赛以比赛形式挖掘并赋能更多的讲师，沉淀打磨精品课程。大赛分为好讲师、面授好课程和线上好微课 3 个分项，最终评选出优秀讲师和优秀课程。为了帮助内部认证讲师更好地消化课程，减轻备课压力，同时也考虑到版权课程在协鑫集团内部的适用性，学堂还组织了对版权课程的研讨和内化，带领内部认证讲师高效阅读、学习教学材料，对课程层层剖析，理解教学活动背后的原理，快速演练，加入协鑫集团的元素，使之适应性更强。

在线学习平台的日臻完善

除了面授培训，线上学习也是企业学习中的一种常见形式。2022 年至今，学堂与业务专家共同搭建了海外油气专业课程体系，考虑到油气板块员工的工作形式及课程性质，所有课程均以快速在线课程形式呈现，于 2022 年完成所有课程的开发工作。

"鑫知海"平台是面向集团全体员工的在线学习平台，也是集团唯一的培训管理系统，目前在用课程 1516 门，面授项目 48761 个，在线考试项目 17310 个。在"鑫梯队"的学习及过程管理中，学堂通过"鑫知海"平台进行知识导入、训后考核、过程管理及数据整合，作为人才大数据分析的重要依据。

企业培训课程开发都是业务导向，学堂成体系地萃取知识与实践，逐步完善有企业特色的课程体系，在企业战略转型飞速发展的今天，为组织的知识沉淀、为员工的快速融入组织并与组织共同发展、为员工的行为一致性有效辅导带来了更高的价值。

主要创造人：朱钰峰

参与创造人：魏正加　涂成忠　官同良

"四红"党建文化为企业"聚势赋能"

沈鼓集团股份有限公司

企业简介

沈鼓集团股份有限公司（以下简称沈鼓）是我国装备制造业的战略型、领军型企业。长期以来，为我国石油、化工、天然气、电力、冶金、环保、国防等涉及国计民生的重要工程提供了几千套国产重大技术装备，实现了年产150万吨乙烯、2000万吨炼油、11万空分、天然气长输管线、大型风洞、三代核电等装置用离心压缩机、往复式压缩机、泵、汽轮机等100多项重大装备的国产化突破，累计为国家节省投资100多亿美元，国内没有备份、不可替代，成为维护国家战略安全的"大国重器"。2023年3月，沈鼓入选国务院国资委创建世界一流专精特新示范企业，开启建设世界一流企业新征程。

以政治建设为引领，树立指引沈鼓发展的红色灯塔

沈鼓党委曾获全国先进基层党组织、全国文明单位等荣誉称号。在长期的党建工作创新实践中，沈鼓党委打造了以"红色灯塔、红色堡垒、红色引擎、红色护网"为核心的"四红"党建文化，有力推动了企业党建的科学化、规范化、制度化水平，为企业改革创新发展提供了强大精神动力和政治引领。

沈鼓党委始终将党的领导内嵌到企业运营管理的各个环节中，使党的领导体制与混改后的公司治理体制紧密衔接，通过把方向、管大局、保落实，把党的领导落到实处。

在把方向上，把好3个方向。一是把牢政治方向，集团党委深入贯彻习近平新时代中国特色社会主义思想和党的二十大精神，用党的创新理论凝心铸魂，将党的领导和党的建设写入公司章程，明确集团党委在企业的领导核心地位。集团党委积极将党的价值信仰与企业核心价值观有机融合，将党的人民至上、与时俱进、不懈奋斗等价值理念与企业发展实际相结合，形成"成就客户、专注品质、持续创新、追求卓越"的企业核心价值观，实现用党的理念信仰引领企业发展。二是把稳思想方向，集团党委成立了沈鼓党校，建设了"新三堂"（即理论课堂、信念讲堂和党建学堂），举办各类讲座、专题培训班、党课擂台赛，实现全体干部、全体党员和全体党务工作者培训全覆盖。建设了"两号两刊一报"（"今日沈鼓"微信公众号、"沈鼓之声"视频号、企业内刊《沈鼓之窗》、企业内刊《蓝风学习》、企业内部报纸《沈鼓信息》）思想引领新平台，牢牢把握党对意识形态工作的领导权，积极开展思想政治工作，及时向员工传达党的理论方针路线和企业经营形势及重点工作任务，引领广大党员、员工听党话、跟党走。三是把正发展方向，在思想上政治上行动上与党中央保持高度一致，坚决贯彻党的理论和方针路线政策，积极投身国家

科技自立自强、振兴实体经济和能源革命的主战场，确保企业坚持改革发展的正确方向。

在管大局上，管好3个大局。一是管好经营发展大局，进一步完善了集团党委发挥领导作用的机制方式，根据党委会、董事会、经理层各自权限，聚焦"能不能干"这个核心原则，根据企业混改新形势、新特点，厘清党委会研究重大事项的职能边界，分类制订党委会决策清单和研究清单，围绕决策事项是否符合党的理论方针路线，是否符合党和国家的战略部署，是否有利于提高企业效益、增强企业竞争力、实现国有资产保值增值，是否符合社会公共利益和职工合法权益4个方面开展前置研究。实现党委会与董事会、经理层的议事范围和程序边界清晰、衔接高效、决策科学。二是管好全面从严治党大局，集团党委坚持每年两次研究集团全面从严治党工作，每月听取一次集团党建工作汇报，党委书记每月安排一批党建重点工作，将党建工作列入集团绩效考核体系，始终做到党建工作与经营工作同步谋划、同步推进、同步考核。三是管好选人、用人大局，坚持党管干部、党管人才原则，加快建立、健全市场化干部使用管理机制。混改后，所有中层干部全体"起立"，重新竞聘上岗，共有41名中层管理人员退出原有岗位，9人通过竞聘上岗，中层管理人员数量由190人精简至158人。大胆使用优秀年轻干部，营造竞争向上、活力迸发、人才辈出的良好局面。将科技专家也纳入组织部门考核管理，不断创新科技人才管理机制，为科技人才减负松绑、打通职业发展通道，让创造活力竞相迸发、聪明才智充分涌流。

在保落实上，抓好两个抓手。党委会发挥保落实作用主要通过两个抓手实现。一是通过管理好干部保落实。加强对干部执行集团重要决策任务和干事创业作风的考核管理，牢牢抓住保证重大任务落实的"关键少数"，激发干部的主动性、创造性，推动重大部署落实。二是通过发挥党员的先锋模范作用保落实。通过实施共产党员工程，推动党建工作与生产经营紧密结合，在"急、难、新、重"任务中发挥党员的先锋模范作用，让党员在关键时刻站得出来、重要关头顶得上去，成为保证重大任务落实的主力军、先锋队。

完善和创新基层党组织建设，构筑攻坚克难的红色堡垒

集团党委将基层党组织建设作为集团党建工作的聚焦点，着力在"三个基本"上下功夫，不断推进基层党组织设置和活动方式创新，将基层党组织打造成攻坚克难的战斗堡垒。

强化党的基本组织建设。集团党委构建了立体化的基层党组织管理体系，纵向上到底，实现集团党委－直属党组织－基层党支部的垂直管理；横向上到边，建设了子公司、管理机关、生产车间3个片区，各个片区内的党组织相互开展交流共建。开展月度党组织绩效考核并纳入集团整体绩效考核体系，有效提升了基层党组织建设的科学化水平。

强化党的基本队伍建设。集团党委将党员发展向生产一线、研发一线倾斜，将优秀人才发展为党员。深入推进各项主题教育活动常态化、制度化，切实增强党员队伍的政治意识和责任意识，将党员队伍打造成企业发展的中坚力量。将"双向进入，交叉任职"落实到位，24名直属基层党组织书记全部由部门一把手兼任，副书记全部兼任行政职务，同时还在集团机关、透平机关和技术机关设置专职党委副书记，确保集团党建工作的各项部署落实到位。

强化党的基本制度建设。集团党委认为党建工作与经营工作一样，也需要明确的流程制度。因此，集团党委大力加强党建制度化建设，从政治建设、思想建设、组织建设、作风建

设、纪律建设、党委机关工作、群团工作等7个方面建立了37项党建工作制度，编印成《沈鼓党建工作制度汇编》，形成了较为完善的党建制度体系，使基层党组织清晰地了解党建工作流程怎样遵循、工作标准怎样把握、工作效果怎样评价，集团党建工作的质量和水平得到显著提升。

坚持围绕经营生产不偏离，打造推动高质量发展的红色引擎

紧密围绕经营生产中心开展党建工作是沈鼓党委的优良传统。集团党委建设了3个党组织参与经营生产工作的平台载体。

坚持开展共产党员工程，全面推动企业重大项目落实。集团党委找准党建工作服务生产经营的着力点，扎实开展以共产党员工程为核心的先锋示范工程，把党员组织起来、把人才凝聚起来、把职工动员起来，围绕"急、难、新、重"任务开展立项攻关。一是突出重点立项，全力攻破难题瓶颈。集团党委坚持常规性工作不立共产党员工程，要立就立重大项目中的难点、重点、关键点，确保立一个成一个、立一个管用一个。近年来，集团围绕重大装备技术研发、重大产品生产服务、紧急生产任务、企业现代化管理等方面设立共产党员工程项目560余项。在国产首台年产150万吨乙烯三机研制过程中，集团将其立为重大共产党员工程，组织党员先后攻克机组抽加气复杂结构、大尺寸、宽三元叶轮整体铣制、转子横向振动失稳等世界级难题，实现我国乙烯工业核心设备重大历史性突破。二是科学管控评价，确保取得扎实成效。集团党委打造了制度管理、项目推进、科学评价、视觉识别4个管理体系，按照制度化、流程化、标准化建设各项制度流程，采用层级化设立、项目化管理、工程化推进方式实施有效管控，确保共产党员工程优质、高效运转，使共产党员工程成为彰显鲜明政治底色、具备现代管理特点、解决"急、难、新、重"任务的党建品牌。三是架起沟通桥梁，实现横向协同配合。针对需要多个部门协同推进的重大项目，党组织发挥统筹协调作用，开展跨支部联合立项，有效整合资源力量，攻克难题瓶颈，如将国产首台10万空分压缩机研制列为共产党员工程时，集团15个部门的27个党支部参与其中。2022年，集团党委设立各级共产党员工程77项，创造价值30亿元，共产党员工程被中组部誉为企业创新发展的"沈鼓密码"。

及时成立共产党员突击队，有力攻克各项紧急任务。沈鼓在10万空分、大风洞等项目上都设立了党员突击队，及时解决现场突发问题，有力攻克了难关瓶颈。

广泛设立共产党员机台、岗，有效发挥先锋模范作用。集团党委设立了1350个党员机台、先锋岗和1450块党员责任区，覆盖全体党员。党员在岗位上亮出身份，做出承诺，叫响"我是共产党员"，对自己责任区内的和谐稳定、现场安全、设备维护等工作起到监督协调作用。这样就使党员在重大工程上、紧急任务中、日常工作中都时刻发挥党员的先锋模范作用，真正成为一名"全天候"的党员。

坚持全面从严治党不动摇，织密保障沈鼓发展的红色护网

坚持全面从严治党，是党中央做出的重大战略部署，也是沈鼓在激烈的国内外竞争中行稳致

远、建设世界一流企业的根本保证。集团党委坚决落实全面从严治党主体责任，大力推动监察力量整合和监察手段创新，有效改善企业政治生态，为企业高质量发展提供坚强保障。

在不敢腐上持续加压。开展关键领域专项巡察，严查信访举报线索、审计移交线索和巡察发现线索，杜绝靠企吃企现象，斩断利益输送链条，始终保持零容忍震慑不变、高压惩治力量常在。沈鼓纪委还组织建设了知识产权保护和外购件价格两个大数据监督模型，通过对涉密文件查阅下载、涉密信息系统异常登录、采购价格异常波动等行为进行大数据分析比对，及时发现异常问题，发出预警，从而实现对违规违纪行为的查处。

在不能腐上拓展深化。建设由党委领导、纪委牵头，整合纪检监察、组织人事、绩效考核、财务审计、法律事务、大数据监督等六方力量的"六位一体"联合监督体系，搭建职责明确、职能互补、信息共享、协调联动的全方位监督网络，实现企业纪检监察体制机制的重大创新。加强廉政制度建设。建立沈鼓纪律审查工作制度、沈鼓礼品礼金上交登记及处置暂行规定、沈鼓领导人员和关键岗位人员及其家属廉洁从业若干规定等13个纪委工作制度，将全体领导干部、关键岗位人员和家属的廉洁从业纳入监管范围，定期申报重要事项。全面捋顺纪检监察工作流程，不断织密不能腐的制度体系，有效将权力关进制度的笼子。

在不想腐上巩固提升。集团纪委聚焦"关键少数"，加强对各级干部和重点岗位人员的廉洁教育，定期举办廉洁培训、警示教育和参观学习，创新廉洁学习宣传的阵地和形式，切实使干部爱看爱学、学深学透。全面升级廉洁文化，建设清正企风、清廉作风、清白家风的"三清"廉洁文化，涵养清正廉洁、团结奋斗的优良作风。沈鼓还高度关注年轻干部的廉洁教育，年轻干部学历高、业务强，但缺少重大斗争的考验锻炼，在大是大非面前的政治判断力、政治领悟力、政治执行力都有待提高，集团纪委将廉政教育作为新员工入职培训和每期青年干部培训班的第一课，为他们扣好职业生涯第一粒扣子，确保年轻干部都健康成长、成才。

"四红"党建文化是沈鼓党的建设和企业文化建设的重要组成部分，是沈鼓在长期的国有企业党的建设探索实践中培育形成的，在信仰、组织、制度、实践、形象等方面形成了鲜明特征，引领着企业的健康持续发展。沈鼓的实践表明，国有企业党建文化只有坚持融入中心工作，与企业的知识创新、技术创新、管理创新等有机融合，才能不断完善党建文化的体系、机制、功能，有效提高党建文化的领导发展能力、攻坚克难能力，实现党建文化与企业发展互促共进。

主要创造人：刘沛华

参与创造人：马健淞

以先进文化力建设引领企业
奋进航空强国建设新征程

江西洪都航空工业集团有限责任公司

企业简介

江西洪都航空工业集团有限责任公司（以下简称洪都公司）隶属中国航空工业集团有限公司（以下简称航空工业集团），创建于1951年，是我国第一架飞机、第一枚海防导弹的诞生地。洪都公司集科研、生产和经营为一体，是拥有完备的飞机、导弹研制生产能力的专业航空研发制造企业，兼具"厂所合一、机弹合一、战训合一"特点，拥有一个国家级企业技术中心和博士后工作站，特别是强五飞机总设计师陆孝彭、K8飞机总设计师石屏先后当选中国工程院院士，为我国航空事业发展做出了杰出贡献，培养造就了大批优秀人才。建厂以来，洪都公司先后研制生产了五大系列多种型号飞机，交付飞机架次众多。经过70多年的深耕细作，洪都公司已经拥有以初教六、K8、L15等为代表的初、中、高级全谱系教练机产品。

实施背景

洪都公司结合航空工业集团先进文化力建设新要求及企业发展面临的新形势，着力构建"一个目标、两翼齐飞、五力并举、一套保障体系"的"1251"先进文化力建设体系。

构建"1251"先进文化力建设体系是推动航空强国建设的根本需要。构建先进文化力建设体系是深入学习贯彻落实党的二十大精神、推进文化自信自强、铸就社会主义文化新辉煌的具体实践，目的是在理想信念、价值理念、道德观念上让企业全体职工更加团结，凝聚起"航空人"共同奋斗的磅礴力量。这种力量是进一步提升洪都公司高质量跨越式发展的重要支点，是航空强国建设征程上战胜各种风险挑战的重要力量源泉，是建设世界一流企业的坚强思想保证、舆论支持和精神动力。

构建"1251"先进文化力建设体系是加快航空产业振兴的现实需求。洪都公司诞生于抗美援朝的烽火硝烟之中，深深扎根于江西这片红色土地，从放飞我国第一架飞机初教5开始，洪都公司从修理、仿制开始，自主研发、锐意创新，先后研制生产了教练机、运输机、强击机、农林机、海防导弹等多型号产品，其中包括五大系列20多种型号飞机5000余架，积极进入民用领域，在独特发展过程中形成的具有自身特色的"洪都精神""强五精神"，无论对企业还是社会都具有强大影响力。作为江西航空产业的重要组成部分，以先进文化力建设助推航空产业发展，对加快教练机与大飞机部件的研发制造、打造世界一流飞行训练系统研发制造和服务基地具有重要的现实意义。

主要做法和实施效果

洪都公司先进文化力建设主要依托"五力"实施路径开展工作。

举旗帜，进一步彰显思想引领力

思想是行动的先导，理论是实践的指南。洪都公司坚持以习近平新时代中国特色社会主义思想为指导，不忘初心、牢记使命，努力建设新时代航空强国。

持续抓好理论武装，坚持不懈用习近平新时代中国特色社会主义思想凝心铸魂。创新学习形式，与南昌航空大学开展党委理论学习中心组联学，深化校企双方合作，组织公司两级党委理论学习中心组专题联学。强化制度建设，修订《洪都公司党委理论学习中心组学习实施办法》，持续对基层党委理论学习中心组开展巡听、旁听，强化对基层理论学习规范性指导。

牢牢掌握党对意识形态工作领导权。全面落实意识形态工作责任制，增强意识形态领域主导权和话语权，巩固壮大奋进新时代的思想舆论，突出落实好网络意识形态工作责任制；以"3D模式"（即Diagnose——问题诊断、Define——问题界定、Develop——整改落地）开展职工思想动态调查分析，每半年形成一次职工思想动态分析报告，为洪都公司党委决策提供服务和支撑。积极推动理论研究，连续3年荣获航空工业集团宣传思想工作课题一等奖，广大干部职工思想上的团结统一更加巩固，汇聚起建设新时代航空强国的磅礴力量。

聚民心，进一步增强团队凝聚力

团队奋斗的精气神始终是洪都公司的发展之基、立业之本。凝聚团队，聚焦目标，共谋发展，才能为实现宏伟梦想创造无限可能。

开展建功行动，激发职工获得感。广泛开展"喜迎党的二十大，建功'十四五'"劳动竞赛，每个季度开展攻关授旗，从实现"开门红"到"喜迎党的二十大，冲刺四季度"，以贯穿全年始终的攻关授旗，结合发布劳模倡议书、召开"协同攻坚、全力冲刺"助力科研生产动员会和企业经营沙盘模拟实操岗位练兵，多措并举，在全公司掀起大干热潮；开展厂际联合攻关竞赛，与兄弟单位开展联合攻关，推动组建外场及质量攻关罗阳青年突击队，为洪都公司科研生产任务提供强力保障。

选树先进典型，激发职工荣誉感。完善洪都公司荣誉表彰奖励体系，修订《洪都公司表彰奖励管理办法》，将公司荣誉奖项分为航空报国功勋奖、航空报国先锋奖、航空报国立功奖和航空报国专项奖四大类28小项，统筹规范管理；将航空报国精神转化为先进人物评选标准，常态化开展卓越团队、"航空之鹰"、优秀领导干部、"猎鹰之星"等的评选，强化先进典型人物的引领作用，团结奋斗的战斗力进一步强化。

繁荣文化生活，激发职工幸福感。坚持"自己演、演自己"，组织拍摄制作MV作品《大国工匠》和职工摄影大赛作品《注梦》，分别获得航空工业金奖；承办航空工业集团职工合唱节华东协作区预赛，洪都公司代表队以第一名的成绩参加航空工业集团决赛，斩获银奖；举办"感动洪都"2021年度人物／团队颁奖典礼，讲述"洪都人"为航空事业默默奉献的感人故事，传承

"洪都精神"，系列活动持续提升了全体"洪都人"的获得感、荣誉感、幸福感、归属感。

育新人，进一步激发行为导向力

洪都公司从思想和精神入手，让航空报国精神成为洪都公司的文化气质，航空强国成为全体洪都人的使命担当。

加强和改进思想政治工作。修订《洪都公司思想政治工作规定》，制订思想政治工作清单，对洪都公司思想政治工作给予全面规范和指导；举办工会干部、内训师、培训师心理健康指导培训，5名职工获取心理健康指导专业资格证书；深化拓展群众性主题实践，创新开展"强国复兴有我"群众性主题宣传教育活动，2022年，洪都公司打造"四大思政课堂"——开展一堂文化课，展现"航空人"使命担当的忠诚精神；开展现场主题思政课，展现"航空人"坚韧执着的奉献精神；开展创新专题课，展现"航空人"敢于突破的创新精神；开展青年素养提升课，展现"航空人"接续奋斗的逐梦精神。

弘扬航空报国精神。经过多轮研讨，2017年，航空工业集团提炼出"忠诚奉献、逐梦蓝天"的航空报国精神，洪都公司贯彻落实集团要求，常态化开展航空报国精神系列活动。2021年，策划"向党旗致敬，忆七十载航空奋斗史"主题系列实践活动，在全厂范围内开展创建"先模林""青年林""党史一小时"微团课和建厂70年70件大事等10项特色活动，活动覆盖老、中、青三代人。2021年以来，深入提炼型号精神，挖掘特色故事，出版"报国·航空"系列型号创新文化故事丛书，"忠诚奉献、逐梦蓝天"的航空报国精神得到广泛弘扬。

兴文化，进一步提升价值创造力

洪都公司不断丰富和发展更具价值创造作用的先进文化力，以保持长期竞争优势。

以全域创新推动先进文化力价值创造作用。持续深化组织开展好公司自上而下的"上好一堂文化课"活动，帮助公司全员准确把握先进文化力的深刻内涵、重要意义和价值创造属性。召开公司创新科技大会、AOS工作会，组织科技创新、管理创新先进评选表彰，更好营造创新氛围，鼓励广大干部职工奋勇创新。

推进先进文化力建设贯穿全业务域制度流程。探索文化落地路径，全面开展以"文化+业务域""文化+型号""文化+专业厂（所）"等为子文化主的"文化+"创建活动。组织编印《公司文化建设工作手册》，侧重对文化建设的规范性统一指导，强调统而不同，鼓励特色打造，致力于实现各美其美、美美与共的文化建设新局面。例如，在业务域，制订并发布《质量文化实施细则》，建立质量文化建设长效机制；开展"一出、二进、三建、五廉"的廉洁文化创建活动。在专业厂（所）方面，660设计所打造"索迹铸剑风采"型号文化，用故事分享、戏剧小品、短视频等生动的形式讲好科研型号故事；制造工程部推动文化建设与中心工作相融合，规划实施建设工艺文化长廊、打造工艺领军人物阵列、构建"党建+工艺3.0T"文化品牌体系、建立员工入职"培训套餐"、开展富含高知特征的职工文化建设等五大文化建设项目。

展形象，进一步扩大社会影响力

洪都公司始终牢记党和人民嘱托，传播航空文化、展现航空风采、担当道义责任，不断树立洪都公司的良好形象，持续扩大社会影响，传播央企好声音。

扩大传播效应，构筑立体多元、融合发展的传播体系。2022年，洪都公司完成融媒体站点建设，制订《融媒体工作站运营管理办法》及广播系统管理制度，成立"融媒体工作站效能提升"

党员攻关队，推进"策、采、编、播"一体化流程制度建设，宣传维度更多元，覆盖更立体。围绕"奋进新征程，建功新时代"主题，在《中国航空报》刊登公司科技创新、国企改革三年行动、党的建设工作等系列文章，展现企业近年来在党的领导下取得的改革发展成果。2022年，借助融媒传播优势，先后开展高教机首飞16周年、"921"主题航空日、珠海航展等重要节点的融合宣传，南昌飞行大会期间首次采用云直播方式直播飞行大会现场，吸引近4万人次观看，点赞量约17万，传播"放大器"效应更加凸显。

履行社会责任，心系"国之大者"，自觉承担央企使命，积极对外传播航空文化。2021年，向韶山毛泽东同志纪念馆捐赠初教5飞机。开展向南昌航空大学捐赠强五飞机22周年暨修复工程竣工揭牌仪式。通过全国政协委员提案、全国人大代表建议推动中国航空工业博物馆建设。积极开展乡村振兴工作，2021年以来，选优派强驻村工作队，多措并举压实帮扶部署，组织开展党建共建、"乡村振兴，健康同行"送医下乡、航空科普进校园等帮扶活动；推动产业帮扶项目，组织光伏产业厂家两次走访调研帮扶村，引入资金帮扶30万元，援建"乡村振兴加油站"活动场所，落实捐赠款5万元，加强帮扶村村容村貌改造，推动乡村文明建设取得新成效。

自"1251"先进文化力建设工作体系运行实施以来，洪都公司干部职工凝聚起更磅礴的奋进力量，深耕战训等三大主业，装备科研预研取得重大进展，科技自立自强取得实质突破。L15飞机获国家科技进步一等奖；贯彻落实国企改革三年行动，入选全国百户"科改示范行动"企业，超额完成国企改革三年行动的目标任务；对标世界一流企业加强管理，扎实推进AOS管理体系，管理创效成果显著；员工面貌焕然一新，员工更加乐观、更加自信，对公司未来发展满怀憧憬；品牌形象大幅提升，以洪都公司为龙头带动企业的江西航空产业发展势头强劲，干部职工的航空强国风采和文化自信不断彰显，为洪都公司在航空强国新征程上高质量跨越式发展提供坚强思想保障、舆论支撑和精神动力。

主要创造人：王卫华　余新荣
参与创造人：尤建平　许　珊　龚喻慧　马奔超

以"家国文化"彰显产业报国担当

上海临港经济发展（集团）有限公司

企业简介

上海临港经济发展（集团）有限公司（以下简称临港集团）是以园区开发、企业服务和产业投资为主业的上海市属大型国有企业集团，作为上海自贸试验区临港新片区开发建设的主力军和上海市重点区域转型发展的生力军，以"科技创新和产业发展的推动者，区域转型和城市更新的建设者"为使命，以"卓越科创园区，卓越开发企业"为愿景，以提升产业能级、构建现代产业体系为重点，经过近40年的园区开发实践，培育了"临港""漕河泾""新业坊"三大品牌，形成了"统一品牌、跨区布局、多点联动、协同发展"的企业战略布局和"深耕临港、立足上海、融入长三角、服务全国、走向海外"的园区发展格局。目前，临港集团旗下园区汇聚中外高科技企业 11000 余家，其中上市公司及分支机构 200 余家、世界 500 强及相关企业 200 余家。临港集团系统涌现出"全国文明单位""全国青年文明号""全国模范职工之家""全国劳动模范""全国优秀企业家""全国三八红旗手""全国巾帼建功标兵"等先进集体和个人。

体系内涵

临港集团"家国文化"以"情怀家国、俯首耕耘、拥抱创新、共筑成功"的核心价值观和"一张蓝图干到底、咬定青山不放松的愚公精神；精益求精、追求卓越的工匠精神；敢于担当、勇于任事的拓荒牛精神；风雨同舟、和衷共济的团队精神；慎始敬终、慎独慎微的自律精神"的企业精神，激励干部员工守初心、担使命，将个人的发展与企业、国家的发展紧密相连，以耕耘精神推动企业不断深化改革发展，以创新追求打造卓越科创园区，以合作共赢彰显集团服务产业发展的责任意识，发展高质量产业、打造高品质园区、强化高效能经营、做强高水平服务、建设高素质队伍，实现"园区，让城市更美丽"，增强城市经济的品牌、品质和品位；以"选择临港就是选择成功"为文化宣言，与园区企业坚定"在一起，向未来"的信心，不断打造产业高地、创新福地、创业宝地，成就园区企业的成功。

主要做法及实施效果

2003 年暖冬，一支 21 人的团队从上海市漕河泾开发区挥师南下，来到潮来一片汪洋、潮去一片滩涂的临港。20 年弹指一挥间，距上海市中心人民广场 70 千米的昔日盐碱地上，一座产业新城拔地而起，上海电气、上海汽车、中国航发商发、中船三井、三一重工、外高桥海工、中国电子、特斯拉等一批重点企业、重大项目相继落地，人工智能、集成电路、生物医药、民用航空、智能新能源汽车、高端装备制造、绿色再制造、氢能"4+2+2"前沿产业集群加速集聚，这片热土破茧成蝶，从东海之滨低洼的盐碱地一跃成为中国改革开放的前沿阵地……一颗"家国文化"的种子在这里生根发芽、开花结果！

平地兴产，滩涂造城

2003年，上海市政府确立了将临港产业区建成集先进重大装备、民用航空制造、现代物流、海洋科技、研发服务、出口加工、教育培训等功能为一体的国家新型工业化产业示范基地的战略部署。在241平方千米广袤的土地上，如何打好第一仗，在哪吹响冲锋号，成为开发主体——临港集团亟须做出的最重要的决策。当时，中船、沪东重工、上海汽车和上海电气几家大型企业有意落户临港，而它们最大的共性是：产品体型大、分量重，对专用码头依赖度极高。通过对周边环境一系列的前期调研，临港集团果断决策重装备产业区落户临港南滩，7.8千米的大堤、圈围近3平方千米——芦潮港西侧滩涂圈围工程规划方案很快跃然纸上，该工程既可抵御自然灾害，又能为产业区后续利用岸线建设码头奠定基础。2004年6月，工程于汛期开工。一天傍晚，20多名工人乘船在作业现场进行放排铺设，忽然季风突袭，海风之大让岸上的人都站立不稳，施工船在海上若隐若现，情况十分危急，20多条生命在惊涛骇浪中亟待救援。工程指挥部立即启动应急预案，海事部门派出营救船只，指挥部所有车辆迅速抵达离现场最近的海岸。由于风浪过大，营救船多次尝试却始终无法靠近，只能通过喊话增强工人们的求生欲望。直至深夜退潮时风力开始减弱，营救船只立即施救，工人们成功脱险，无一伤亡。

2005年2月，经过几百个不眠之夜，临港集团积极协调水利、港务、渔政、海事、边防、气象、海洋等部门，克服沙石、船只、物资匮乏等众多困难，大堤全线合龙完成土方结构，沪东重工和上海电气工程用地按时交付。芦潮港西侧滩涂圈围工程还实现了众多目标：上海市首个-2米低滩筑堤工程；首个汛期开工建设工程；工期内没有发生任何伤亡事故；成本严格控制在预算以内；整体工程质量等级被评为优良。

吹沙、填海、筑堤、修路、造地、港开、桥通、城用……初创时的艰辛镌刻在临港发展的历史中。"党赋予临港机遇，我投身临港发展"的共识，成为临港集团拓荒前行重要的思想基石。在2016年"七一"大会上，集团党委回顾创业史，将多年来形成的文化元素提炼成为临港集团的"五种精神"，即：一张蓝图干到底、咬定青山不放松的愚公精神，精益求精、追求卓越的工匠精神，敢于担当、勇于任事的拓荒牛精神，风雨同舟、和衷共济的团队精神，慎始敬终、慎独慎微的自律精神。

初心如炬，使命如磐

2012年3月，《人民日报》头版刊登《让"中国制造"扬眉吐气——从临港产业区看上海先进制造业的崛起》专题报道，全面呈现了临港集团十年磨一剑、辛勤耕耘取得的成就。

2007年的临港松江科技城，周边还是别墅加农田，典型的城乡接合部风貌。10年后，临港松江科技城里夜晚不打烊、周末有人气，随时都能看到、感受到这里的科创气息、产业氛围。今天，临港松江科技城典型地标G60科创云廊入镜上海电视台航拍大片《日出东方，科技追光》（2023年元旦版）……一座城在崛起，因为有一群人在奋斗。这群人不只是临港集团的员工，还有与临港集团紧密相连的当地居民和园区企业的员工。

临港集团以"科技创新和产业发展的推动者，区域转型和城市更新的建设者"为使命，以"卓越科创园区，卓越开发企业"为愿景，和松江区精诚合作，开创性地创造了产业园区开发的"新桥模式"——临港集团代表国有资产，当地政府代表集体资产，千万个小"家"共同出资、合作开发，形成了紧密的"利益共同体"，合力将园区企业团结在一起，在加速产业集聚的同时推动区域经济发展，将园区开发建设的成果最直接地惠及当地居民，以实际行动践行"为中国人民谋幸福，为中华民族谋复兴"的初心使命。这种既不同于以往政府主导、也不同于产业园区唱独角戏的"新桥模式"，得到上海市委市政府和松江区各方面的大力支持、推动，成为上海市首个"区区合作，品牌联动"的示范基地。如今仅在松江区，这一模式又相继被复制推广到了中山街道、佘山镇、洞泾镇等松江区主要街镇。继而，临港集团积极拓展的步伐稳步推进，走进奉贤区、浦东新区、金山区、宝山区、崇明区等区，至今与上海市12个市辖区有合作园区，旗下拥有14家特色产业园区——占上海全市的四分之一。

文化领航，融合致远

20年久久为功，临港产业区已经成为上海市打造全球动力之城的核心承载区和全国智能新能源汽车产业高地。

2018年某天凌晨一点，临港集团的办公室内灯火通明，所有人都在焦急地等待一份要提交特斯拉美国总部的"临港方案"的修改意见。时差关系，对方在前一天的下午4点才发来诉求，却要求第二天凌晨就看到方案结果，这意味着临港集团必须在短短七八个小时里精心准备好这份内容复杂、涵盖面广的材料。特斯拉美国总部希望在这个方案里看到这些重要的内容：上海市的优势，临港集团的优势，上海市新能源汽车的基础条件，长三角新能源基础配套情况，等等。方案操作起来，远比想象复杂。如果预先没有相应的储备，任谁也做不出"无米之炊"，而临港集团恰恰就是那个"有准备的人"。在近年的发展中，临港集团关注产业、研究产业，对地区的资源禀赋也是了如指掌。最终，通过大量的文字、图表分析，足足20页的报告把4个问题阐释得明白透彻。仅仅数小时的准备，一份翔实完整的甚至还颇有些人情味的"临港方案"出炉了。从2018年正式拿地到2019年特斯拉上海超级工厂"当年开工、当年投产、当年交付"，再到2020年特斯拉Model 3实现量产并整车出口欧洲，"三级跳"的背后是临港集团"深耕区域、深耕产业、深耕专业"点燃了特斯拉迅猛发展的引擎。特斯拉超级工厂在临港开工时，埃隆·马斯克曾留下一句著名的称赞："令人惊叹的上海速度。"

临港集团弘扬"家国文化"，践行国家战略，发挥品牌园区影响力和辐射带动作用，在深耕临港的同时，走遍上海市，融入长三角，走向全国，走过了从无到有、从小到大、从弱到强的发展历程。在上海科创中心国家战略中，临港集团尽管不直接从事科学研究和技术攻关，但始终把"发展高科技、实现产业化"作为工作出发点和落脚点，发挥国有企业使命担当和园区平台主体作用，把科技创新放到推动产业发展更加突出的地位，"围绕产业链部署创新链、围绕创新链布局产业链"，加大科创资源投入，参与上海市"四梁八柱"科创功能平台建设，围绕"国家亟须、战略必需"关键领域核心环节布局，推动产业基础高级化，提升产业链现代化水平。在长三角一体化国家战略中，临港集团负责沪苏大丰产业集聚区和漕河泾海宁科技绿洲建设，两个园区作为重点项目已纳入长三角一体化发展纲要。在中部崛起、西部大开发两大国家战略中，临港集团落实上海市委市政府的要求,承担贵州遵义、云南昆明和海南海口的园区援建和产业帮扶任务。

　　临港集团的发展史,就是一部情怀家国、俯首耕耘的创业史。20年间,临港集团将"家国文化"融入自己的日常行动中,将论文写在临港的大地上,用实干扛起产业报国担当。2022年,临港集团资产规模为1828.3亿元,净资产为570.99亿元,营收为126.8亿元,利润总额为23.3亿元。临港集团旗下园区企业量增质升,国家专精特新"小巨人"企业78家,上海市专精特新企业702家,集团园区四至范围内高新技术企业总数达3000家——约占上海市的十分之一。园区2022年度工业总产值4550亿元,同比增长23%;全社会固定资产投资960亿元,同比增长20%;企业营收16000亿元,同比增长18%;上缴税金总额460亿元,同比增长1%。

　　立足新发展阶段、贯彻新发展理念、构建新发展格局、推动高质量发展,新时代的考题已经列出。临港集团将继续服从、服务国家战略,弘扬"家国文化"和"五种精神",以更加昂扬的斗志、更加饱满的精神、更加扎实的作风,砥砺奋进,攻坚克难,为推动上海科创中心建设和重点区域转型升级做出新贡献、创造新奇迹、展现新气象,谱写高质量发展新的辉煌篇章!

主要创造人:袁国华　翁恺宁
参与创造人:刘　伟　孙　萌　黄　强

致力极致服务的"皖美"文化建设

安徽皖信人力资源管理有限公司

企业简介

安徽皖信人力资源管理有限公司（以下简称皖信）成立于2006年11月，注册资本1亿元。公司以灵活用工、高端人才寻猎、管理咨询服务、人力资源数字化平台研发、档案管理服务、人力资源定制化解决方案六大板块为主业，创新"咨询＋专业＋技术"人力资源服务新模式，致力于成为人力资源服务领域的专注者与耕耘者，立足安徽、辐射华东、面向全国。截至2022年底，公司主营业务服务对象超过2000家，服务员工8万多人，客户覆盖国企、行政事业单位、上市公司、外企、民企等多类实体，横跨通信、电力、邮政、石化、金融、保险、电子、IT、汽车、医药、地产、建筑、物流、制造、商贸、传媒、教育、环境、餐饮、快速消费品等诸多领域，规模效益领先于安徽省同行业企业。

实施背景

就业是民生之本，也是经济发展的"晴雨表"、社会稳定的"压舱石"。随着经济全球化和信息技术的快速发展，人力资源服务行业已经成为推动就业的重要引擎，同时也是实施就业优先战略、新时代人才强国战略、乡村振兴战略的重要力量，对于促进社会化就业、更好发挥我国人力资源优势、服务经济社会发展具有重要意义。

当前，人力资源服务行业的发展还面临着诸多挑战。一方面，随着市场竞争的加剧，公司需要提高服务质量和创新能力，以赢得市场的认可和客户的信任；另一方面，随着法律法规的完善和监管政策的调整，公司需要加强合规意识和风险管理能力，确保业务的合法性和稳定性。

面对日益激烈的市场竞争与发展机遇，皖信不断提高自身的服务水平和品牌形象，紧握客户信任和业务机会，提高公司综合竞争力，不断迭代升级公司企业文化，明确提出建设皖信特有的企业文化。

主要做法

安徽独有的徽商文化精神孕育出优秀的新时代安徽企业家文化，皖信在这深沉而丰富的文化背景下结合企业的发展，明确了"诚实做人、诚信做事"的企业精神和"睿、信、勤、博"的企业核心价值观，为公司的高质量发展提供了强有力的精神支撑。

"睿"，代表皖信倡导和鼓励员工成为所在专业领域的专家，从而能够不断为客户提供更加专业的服务，乐于和敢于创新，勇于走出舒适区开拓新的领域，始终秉持更高的目标，不断追求超越自己，坚定终身学习信念。

"信"，是皖信多年来坚守的经营理念，"以诚待人、以信安身"。这是全体皖信员工共同的理想信仰，皖信员工不仅对待客户以一颗诚实守信的心，戒欺守信、戒虚务实，赢得皖信与客户共同价值的实现；同时，对待同事伙伴同样以真诚相待，不唯上，不欺下，只唯真，进而能够在皖信实现个人价值，给予最爱的家人以责任和担当。

"勤"，作为一个倡导高效与合作的团队，皖信员工始终保持创业心态，始终以战斗姿态迎接挑战。皖信员工在所有工作场景追求高效率、高质量地完成工作，全力以赴保证工作交付的保质、守时，同时给予协作团队充分信任，推崇团队协作、勠力同心，面对挫折和失败也不会丧失再战的信心。

"博"，皖信发展至今始终保持开放的竞争心态，对外，勇于接受不同发展阶段不同形态的竞争挑战，珍视合作伙伴生态的建设；对内，鼓励开放良性的内部竞争，将最合适的人放到最合适的战场去发挥才能，保持组织旺盛的战斗力。为此，皖信鼓励并包容不同意见的发声，保护创新意识，不拘一格广纳贤才，吸纳不同领域和行业的人才进入。引导员工用更高维度的视角思考和决策，以公司整体利益为先。

强化党建引领作用，发挥"赋能助航"效果，坚定"极致服务"理念

在明确"睿、信、勤、博"的企业文化核心价值观后，皖信的企业文化发展更加聚焦。作为一家民营企业，皖信不同于其他公司只注重经济发展这一目标。皖信重视公司内的思想文化建设，党群建设工作始终与公司的发展紧密相连。公司党总支紧跟国家大方向，积极组织丰富多彩的职工活动，充分发挥党建引领作用，有困难党员上，志愿服务积极向前。

皖信党总支在2021年荣获荷叶地街道"先进基层党组织"称号、蜀山区"双强六好"非公企业党组织称号，在2022年荣获荷叶地街道"先进基层党组织"称号、蜀山区"五星级党支部"称号、合肥市"双强六好"非公企业党组织称号等称号。高质量党建工作为企业发展注入了澎湃动力。

跟随企业文化的引领与皖信党总支的带领，皖信积极参与社会公益事业，在教育、环保、慈善等方面积极贡献企业的一分力量。在教育公益方面，皖信积极参与到教学楼改造、贫困学生资助、助残儿童资助、农村留守儿童社会工作等项目中，助力地区教育；在环保公益方面，公司组织员工植树、参加垃圾分类活动、参加义务献血活动；在慈善公益方面，皖信参与社会楷模奖励、组织公益性招聘会、面对灾情积极捐款捐物，勇于承担社会责任，为社会公益事业添砖加瓦。企业文化与党建工作的有效融合，实现了从不同角度激发全体党员干部员工爱岗、爱公司、爱国的热情，让"极致服务"的"皖美"理念更好地落实在岗位和服务中。

深入解析企业文化，实现理论与实践并行

2022年，皖信战略小组就企业下一阶段的发展战略进行分析梳理，明确企业战略发展方向的同时对企业文化在战略解码下再次进行升级，在原有价值观"睿、信、勤、博"的基础上提出了"让劳动因专业而备受尊重"的企业使命和"成为基础服务行业的再造者"的企业愿景。

皖信希望通过实现"让劳动因专业而备受尊重"的企业使命，帮助广大劳动者的劳动价值获

得认可和尊重。它强调了专业技能在劳动中的重要性，倡导将专业和劳动相结合，从而提升劳动和劳动者的社会地位和社会价值，同时实现经济价值对劳动者的正向反馈，建立专业劳动－贡献价值－获得反馈的积极循环。

为此，皖信从自身出发，为公司所服务的8万多名员工提供全面的职业培训和技能提升机会，实行导师学员制，为每一位员工保驾护航，保障他们在职场顺畅起步。皖信通过为员工提供多样化的培训课程和机会，帮助劳动者不断提升自己的专业技能水平，希望他们能够更好地适应市场需求、增强自身竞争力、获得更多的就业机会和发展空间。

"成为基础服务行业的再造者"这一长期企业愿景代表着皖信希望在人力资源基础服务领域中扮演领导者和创新者的角色，通过引领行业变革与创新，重新塑造和推动整个行业的发展。

发挥文化优势，助力员工发展

皖信自创始就将"以人为本，尽善尽美"作为企业文化的重要来源，坚定人才是第一要义，不断加强对人才的孵化与提升，帮助人才全方位发展。为更好地助力员工发展，皖信制订相应的员工学习与发展的主要测量指标，对员工当前水平和发展趋势进行分析测评，从而实现"让劳动因专业而备受尊重"的企业使命。一方面，公司通过不断健全的人力资源开发与培训管理制度，有计划地组织员工参加培训，提高员工的职业化水平与岗位技能，满足企业经营发展的需要；另一方面，公司通过培训需求的分析、培训计划的制订、培训活动的开展、培训效果的评价、员工奖励等过程的实施，采取内、外部培训相结合的系统培训方法开展员工教育和培训，既满足了员工自身发展的需要，又提高了公司的整体竞争力。与此同时，公司针对不同培训模块采用不同评估方式，对培训效果进行记录与测评，形成《培训效果评估表》予以存档，对员工的成长发展进行智慧化记录。

为宣扬企业文化，公司创办了《皖信视角》这一企业内刊。对内，《皖信视角》为员工提供一个表达自己意见和建议的渠道，让他们更好地参与到企业文化的建设中，而且，公司通过《皖信视角》传递企业的价值观、理念和文化，使员工更加了解企业的核心价值和目标；对外，公司企业文化以《皖信视角》为载体，有效地展示自身的形象和品牌，提高公司声誉和知名度，拓宽宣传渠道，实现了多方共赢、"皖美"发展的局面。

以文化做牵引，打造企业品牌，实现地区引领

筑牢企业文化意识，坚定企业文化引领，为更好地提供优质服务，实现"极致服务"的工作理念，皖信重视创新、创造，以此为核心建立起以研发部为主体、以安徽易服智享信息科技有限公司为主要技术研发联合体的创新平台。通过不断加强人力资源信息化、管理系统平台数字化的技术投入，自2020年起，先后获得软件著作权16项，开发的人事考试服务平台荣获"数字贸易创新应用优秀案例奖"。

实施效果

在企业文化的引领下，皖信充分发挥企业文化优势，服务质量不断升级，客户满意度不断提高。为8万多名员工提供服务并实现专业赋能与技术赋能，通过专业培训、导师引领，帮助他们在企业中更好地发挥自己的能力，实现就业发展。

当前，皖信已先后获得安徽省现代服务业企业30强、2022年度安徽省人力资源服务"骨干企业"和"10强机构"、第十五届合肥市文明单位、中国数字服务暨服务外包领军企业百强企业等荣誉，蝉联安徽省服务业企业百强（位居第39位）、进入合肥市服务业企业20强榜单（位居第18位），以及获得2022年度人力资源外包赛道上榜企业等荣誉，是安徽省人力资源服务行业的引领性企业。

公司深耕人力资源信息化建设的技术创新，重视科技、软件和智能化、标准化等技术手段在服务领域的应用，通过服务技术的创新形成计算机软件著作权16项。公司在持续推进卓越过程中积累管理经验，为进一步提升公司全面质量管理水平、加快向高质量发展迈进奠定基础。

作为一家以人为本、追求极致的企业，皖信一直坚持不懈地推进企业文化建设，不断提高服务质量和客户满意度。未来，皖信将继续秉承"让劳动因专业而备受尊重"的企业使命和"成为基础服务行业的再造者"的企业愿景，推动企业文化在公司内、外部的树立和传播，助力公司在竞争激烈的市场中保持领先地位，为员工、客户和社会创造更大的价值，在公司的发展中更好地展现安徽风采。

主要创造人：柯幼巍　汪　泓

参与创造人：余甜甜　张　希　魏　恺　袁昕迪

以创新发展为目标的企业文化建设

娲石水泥集团有限公司

企业简介

娲石水泥集团有限公司（以下简称娲石集团）成立于1970年，2006年改制为民营企业，2014年组建成集团公司。历经多年改革发展，从一个濒临倒闭、年产能不足30万吨的小水泥厂涅槃新生：旗下现有40个母子公司，分布在黄石阳新绿色建材产业园、阳逻绿能新材智慧物流产业园、武汉光谷物联港产业园、四川攀枝花钒钛产业园等4个产业园区。主营产业涉及绿色建材、钒钛新型耐磨材料的制造，科技产业园区和新能源产业投资、开发、运营，港口物流贸易及智能化系统研发应用、教育、医疗等。现有员工2000人。拥有厂房和写字楼60万平方米，拥有8个深水专用码头，已获取石灰石矿可开采储量1.3亿吨，获取探矿权3亿吨。集团拥有发明和实用型专利204个。集团累计上缴税金40亿元，参与精准扶贫、社会公益累计捐赠1亿多元。娲石集团荣获多项殊荣：中国民营建材10强（第10位），湖北民营企业100强（第63位）、制造业企业100强（第29位），武汉民营企业100强（第40位）、民营制造业企业50强（第11位）；全国能效领跑者入围企业、绿色工厂、花园式工厂、全国建材企业文化建设示范基地；国家级高新技术企业、湖北省"专精特新中小企业"、武汉名品。集团还被工业和信息化部等部委评为全国能效领跑者企业、绿色工厂、花园式工厂，是湖北省碳交易唯一出售企业。集团创始人、党委书记、董事长魏华山被中国建材协会授予全国企业文化建设突出贡献人物、全国建材行业优秀企业家，被评为湖北省优秀企业家、武汉市卓越企业家。

实施背景

20世纪60年代末，湖北省基于农田水利基础设施建设的紧迫需要，湖北省水利厅在黄冈地区新洲县新建了鄂东水泥厂新洲分厂，新洲县划归武汉市后更名为新洲阳逻水泥厂，后改为武汉市阳逻水泥厂。1996年，阳逻水泥厂改为湖北娲石股份有限公司，2004年改制为民营企业，2006年进行第二次股改，2008年淘汰落后产能拆除老旧生产线后又进行了第三次股改，新组建阳逻水泥公司及新建水泥粉磨生产线，2014年组建娲石水泥集团有限公司。在半个多世纪的发展建设中，娲石集团初步形成了"精诚团结、艰苦奋斗、勤俭建厂、锐意进取、大胆创新、奉献社会"的企业文化。自我设计了"娲石水泥"商标并获取国家商标注册，"娲石水泥"商标借用流传几千年的女娲补天美丽传说，喻义女娲福泽苍生的精神，薪火相传，造福人类。

主要做法

作为国家中心城市、长江经济带核心城市，武汉市正以迅猛的基础建设和科技腾飞之势，跑出发展加速度，而娲石集团正是其中的参与者。集团把臻于至善、追求卓越的文化延伸落脚到企业发展建设中的决策、质量、设备、安全、环保、成本、利润等各项管理上，收到显著成效，实现快速发展。

以科技创新为引领，不断转型升级，推动企业发展壮大

立足于前瞻性的战略眼光，集团以打造行业标杆为追求，遵循生态优先、智能化、高质量的绿色发展路线，以传统建材产业为依托，整合优势资源，不断延伸产业链，扩大发展规模，实现企业质的飞跃。

以淘汰落后产能为突破口，推动转型发展。2008年底起，集团瞄准前沿发展战略，坚持高科技、高附加值、低能耗、低排放原则，引进技术装备，采取小步快跑方式转变生产模式。先后投入20亿元，在新洲阳逻新建150万吨绿色水泥粉磨生产线配套120万吨矿渣立磨微粉生产线；在黄石阳新县新建日产6000吨水泥熟料生产线，配套9兆瓦余热发电。此后不断进行选粉机、辊压机等技术装备优化升级，以及窑头窑尾、脱硫脱硝等30项技术改造，水泥、熟料生产能力达到500万吨。集团从传统粗放型的生产企业转变为高新技术生产型企业，其核心技术、产品质量、节能环保均达到国内领先水平，成为行业标杆企业。

延伸产业链，发展进入快车道。2010年，组建武汉娲石商砼有限公司，新建年产60万立方米的商砼生产线；2012年，在阳新县新建年产60万立方米的商砼生产线，形成商砼年产120万立方米的生产能力。2013年，吸纳兼并阳新富池建材公司，在阳新拥有了5400亩矿山资源，成立阳新娲石建材公司，新建1000万吨绿色矿山生产线。重组武汉市通达运输公司，船舶制造能力达到10万吨，内河运输能力扩大到500万吨。至此，形成跨地区的规模化生产。

立足于长远战略，发展新型产业。2014年，通过兼并吸收武汉拇指秀软件研发有限公司，成立武汉万世科技有限公司，研发办公软件、智能印章。2018年，通过资本重组，成立华三科技智联公司，进行交通、智能办公软件开发利用、ERP管理系统应用。2018年，集团资源整合，吸收兼并武汉天研科技开发有限公司，在武汉光谷建成占地25万平方米的互联网物联港基地，形成了科技园投资、管理、运行、科技研发、服务为一体产业孵化基地。2019年，吸收湖北生态公司，进入生态治理行业；创办武汉固康口腔门诊部有限公司，进入医疗服务行列。

抢抓发展机遇，做大做强支柱产业。2020年，与阳新县政府再次达成战略合作，成立阳新娲石矿投新材料有限公司，投资4亿元，建成年产1000万吨骨料的生产线。2021年，与四棵水泥厂、雷山水泥厂、葛洲坝钟祥水泥公司进行资源整合，通过产能减量置换，在阳新投资38亿元共同建设日产6200吨水泥熟料的生产线，项目经国家相关部门核准立项，历经21个月建设施工后已投产运行，至此，水泥、熟料生产产能达到1000万吨；同时动工新建年产2000万吨机制砂的生产线，项目竣工投产后，新型建材骨料生产线产能将达到年产3000万吨。两个重点项目建成后，集团年可上缴税款6亿元，带动相关产业就业1千人。在阳逻成立港务公司，新建3个万吨级码头，打造港口物流贸易一体化产业园区。2022年，在四川攀枝花投资设立美利林钒钛新材料股份公司，开发钒钛耐磨材料项目，集团形成多业并举的经营格局。

以"两化"融合为契机,推进智能化全面发展。借助专业化的数字管理系统,各条生产线实现中央数字系统在线指挥控制,多岗位实现无人操作值守。

践行环境友好及能源节约型发展,建设花园式工厂,被工业和信息化部授予绿色工厂、花园式工厂、资源综合利用示范企业称号。

打造行业标杆,铸就百年品牌。思路决定出路,人品铸就产品,这是企业的经营理念。水泥熟料生产线引进世界最先进的新型干法生产工艺技术,被国家列入水泥工业发展目录;水泥采用辊压机半终粉磨生产工艺,被行业推广应用;建材骨料生产线按国家千万吨绿色矿山示范基地标准建设。娲石集团始终奉行"质量是生命"的市场定律,追求高端、高品质产品,使"娲石"牌水泥质量跻身行业一线品牌,产品质量出厂合格率100%,主导品牌水泥获得国家级优等品认证。产品应用于国内国际100多个知名重点工程项目。

诚信经营,与客户建立友好合作关系。"一握娲石手,永远是朋友",企业经营要"以诚信赢天下"。对客户讲诚信、重合同、守信誉,娲石集团以真诚赢得了客户信任和长久合作。娲石集团有500多个销售网点,开展"店小二"一站式销售服务,始终把客户的利益摆在至高无上的地位,产品覆盖武汉地区,远销江西、湖南、安徽、江苏、上海、河南,参与湖北省内外100多个重点工程建设,多项工程被评为国家级、省级示范工程。与多家大型企业建立了互信共赢的开发机制,达成了战略合作协议。

以员工为本,创建"企业一家亲"

建立员工归属感。集团建立了完善的激励机制,各公司均实行股份制经营,年终有红利分配和年终奖、月有绩效考核奖励等。对于特殊人才,集团配股、配车、配房,高薪聘用,以事业留人、感情留人、待遇留人。2010年,以70万元原始股聘请两位设备管理、质量管理行业专家,成为集团科技带头人。

提升员工安全感。在职工保障体系方面,集团全员参加社保统筹,为全体员工购买商业保险,每年组织干部员工进行体检或职业病体检;企业内部还制订了住院差额报费制度,报费金额可达95%;成立爱心基金会,对特困家庭和员工家属重大意外伤害、大病等进行爱心帮助,年帮扶金额100万元以上。

增强员工存在感。集团制订了人才梯队建设规划,注重员工培养,弘扬"传帮带"。集团与国内知名院校如武汉大学、武汉理工大学等建立校企战略合作关系,联合开展人才培养,年委培人才30余名。各公司每月举办各类培训,不断提高员工整体素质。目前,娲石集团各类中高级人才200余人,全员具有专科、本科学历。

丰实员工幸福感。集团各产业园区都建立了党员职工文化活动中心、室内体育馆。逢节假日,举办趣味、文艺、体育活动,参加各种演出、宣教活动,多次获奖;每年分批组织劳动模范、优秀共产党员、管理人员外出参观学习,分批组织党员干部进行红色主题教育。全员实行年休假制度,全员定制春夏、秋冬工装,逢传统节日全员发放慰问物资。通过一系列的文化创新,形成了"娲石一家亲"的企业特色文化,增强企业凝聚力。

共同富裕,回报社会。娲石集团每年积极参与精准扶贫,支持乡村振兴和新农村建设,捐资助学、捐款支援抗洪救灾等,赞助社会公益活动,对社会弱势群体献爱心。娲石集团被湖北省评为"千企帮千村"先进企业,董事长魏华山被评为"慈善之星"。

实施效果

经济效益

娲石集团自 2006 年改制成民营企业、2014 年组建集团公司以来，在企业文化建设中转型发展，不断升级改造设备，扩大生产规模，经济发展一年一个新台阶，效益呈现逐年增长趋势。

社会效益

娲石集团在业绩大幅度提升的同时，始终承担着企业应尽的社会责任。未来，娲石集团将继续为当地经济社会做出更大的贡献。

生态效益评价

"绿水青山就是金山银山"，娲石集团深入挖掘绿色发展之道，加快嵌入低碳绿色核心技术改造，年投入 5000 万元，引进国内先进的节能环保装备技术，生产线实现全封闭式生产；生产用水循环利用，确保污染零排放；对污泥、工业废弃物及矿山开采余料等综合利用，年综合利用工业废弃物 160 万吨。年投入 3000 万元，进行矿山复垦复绿治理，对生产车间进行"家装式"装修。

未来，娲石集团仍将以"臻于至善，追求卓越、超越自我"为企业核心文化，在集团党委、董事会的领导下，勇毅前行，大胆创新，为国家富强、民族复兴、人民幸福、共同富裕创造坚实基础。

主要创造人：魏华山　张可桥
参与创造人：柳学忠　周　凯　杨凤雏　王建新

胜利者文化助力企业高质量发展

山东福牌阿胶股份有限公司

企业简介

山东福牌阿胶股份有限公司（以下简称福牌阿胶），坐落于世界阿胶之源、中国阿胶之乡、中国阿胶祖源地——山东省济南市东阿镇，始建于1950年。公司主导品牌"福牌阿胶"拥有200年品牌传承。公司经过73年创新发展，成为以阿胶产业为核心，涵盖医药制造、中药饮片和中药颗粒生产、中药材种植加工、康养器械研发制造、旅游、文化、康养协同发展的康养产业集群。公司建有中国福阿胶祖源地等四大园区，建有博士后科研工作站等七大科研中心，拥有"胶剂、气血双补、中成药、医疗器械、保健食品、食品、特效产品、全球甄选"八大产品线，产品覆盖七大剂型100多个品种，在行业内剂型最全、品种最多，市场占有率、覆盖率均居行业首位。福牌阿胶是首批中华老字号企业、行业内唯一拥有八大国字号荣誉企业、农业产业化国家级龙头企业、山东省"十强"产业"雁阵形"产业集群领军企业。

实施背景

胜利者文化是福牌阿胶最宝贵的精神财富、最丰沛的精神力量。实现打造百亿元健康产业集团的目标，必须大力弘扬胜利者文化，以实际行动建功新时代，以不懈奋斗创造美好生活。"十四五"以来，福牌阿胶革故鼎新、自强不息，建设四大园区，运营五大产业，搭建康养平台，推动福牌阿胶大健康产业蒸蒸日上。福牌阿胶经济发展和精神文明建设的成果都是靠奋斗取得的胜利。福牌阿胶遵循"厚德载福"的祖训，是传统阿胶的继承者、现代阿胶的奠基者、未来阿胶的开拓者，归根结底在于"福胶人"都是胜利者，胜利者文化是福牌阿胶发展成为行业龙头企业的精神密钥。

新时代，需要"福胶人"挑战新的、更高远的奋斗目标，需要有为之奋斗的精神状态，以及使命必达、参战必胜的决心和信心，需要始终保持昂扬向上的斗志。在新时代，事业一定会越来越美好，"福胶人"也会越来越自信。

作为传统阿胶继承者、现代阿胶奠基者、未来阿胶开拓者、阿胶行业首批中华老字号企业，福牌阿胶重点围绕"福进万家，康乐生活"的使命，扎实开展福牌阿胶企业文化新实践，以振兴民族品牌、做大做强大健康养生产业为己任，弘扬敬业求是、勤俭诚信、严谨高效、创新图强的企业精神，通过制订胜利者标准让组织中的每一个人都有参照学习的标准，都可以成为胜利者；通过建立以胜利者为本的人才机制，激励胜利者不断开发潜能，持续创造高绩效，使胜利者受到真正的尊重，使胜利者人才脱颖而出；通过构建胜利者文化落地系统，实施"15步战略落地法"和"管理干部9步工作法"，助力战略目标达成，持续保持高质量发展态势，从阿胶大单品时代走向大滋补时代。

主要做法

制订胜利者标准

有使命感，有持续艰苦奋斗的精神。胜利者一定有信念、有追求，一定是使命驱动者、公司核心价值观的践行者。使命驱动者一定是自我驱动、自我负责、自我管理，自身就是一台发动机，而不是被动工作。

共享价值观，团队合作、团队奋斗。胜利者绝不是单打独斗者，而是善于团队合作、乐于集体奋斗的人。基于共享的价值观，既发挥个人优势，敢于担责，又善于融入组织与团队，协同合作。

讲奉献，多付出，提出挑战性绩效目标，终生奋斗。胜利者对于回报不是应得心态，而是先讲奉献、多付出。胜利者不是小富即安、未富先贵，而是能不断提出挑战性的目标。胜利者不是奋斗一阵子，而是奋斗一辈子。

做有意愿、有能力、有业绩、有贡献的持续价值创造者。胜利者不是懒人，而是有强烈的工作意愿，想干事者；胜利者不是庸人，而是在不同的岗位上有能力担当职责的能干事者；胜利者不是占着位子不作为的人，而是有业绩且干了活并能出活的人；胜利者不是靠老本吃饭，而是能跳出历史贡献舒适区，持续成为价值创造者。

不断接受挑战，勇于自我批判，实现自我超越。胜利者不是安于现状者，而是愿意接受挑战、勇于自我批判、高标准要求自己、不断实现自我超越的人。胜利者敢于面对问题与不足，听得了批评、受得了委屈、扛得了压力、放得下面子、经得住表扬。

独立，务实。工作独立，需要专业，需要身心投入，做到两耳不闻窗外事、一心只在工作上，没有什么杂念。工作积极主动，不依赖、不依靠。哪些工作归自己做，哪些工作由下属做，哪些工作需要获得支持，很清晰。把精力聚焦于务实工作，而不是频繁汇报请示。每天解决一个问题，每天进步一点点，用务实工作保障战略落地。

建立以胜利者为本的人才机制

胜利者文化牵引机制。一是向员工清晰地表达组织的愿景与共同的奋斗目标。企业每年都定期召开年度工作会议，总裁做工作报告，在其中，总裁都会以不同形式明晰组织愿景和共同的奋斗目标。会后组织全员学习，从思想层面对组织愿景和奋斗目标达成共识，精选认识深刻的心得体会在公司内部刊物发表。二是弘扬胜利者精神，形成胜利者文化正能量场。每年都组织总结表彰颁奖活动，表彰奖励达成年度目标的优秀集体和个人，总结推广其事迹，形成做胜利者的正能量场。2022年，福牌阿胶主要指标显著增长，利税再创新高，行业影响力和品牌影响力持续提升，涌现出大批先进，充分体现了"福胶人"的胜利者精神。

胜利者激励与动力机制。坚持以胜利者为本的分配导向，构建胜利者全面回报系统，通过工资、奖金、股权、荣誉、机会、职权、晋升、成长等多元的激励要素及全面的薪酬体系激发胜利者的潜能，驱动胜利者不断挑战新目标，不断突破资源与能力局限创造高绩效。引入并创新合伙机制，与胜利者共识、共担、共创、共享，真正与企业形成利益共同体与事业命运共同体，让胜利者有归属感、幸福感、成就感，从"要我干"到"我要干，我们一起干"。优先从成功团队中选拔胜利者，从主攻战场、一线选拔胜利者，从影响公司长远发展的关键事件中考察、选拔胜利者。优先选拔那些具有自我批判精神的、培养出接班人的胜利者。机会和资源向胜利者倾斜和压强，让胜利者得到更多资源与机会、登上更具量级的舞台；让胜利者承担更大的责任，创造更大的价值，最大限度地激发组织活力。

胜利者评价约束机制。建立以胜利者为导向的评价选拔机制，识别和区分真正的胜利者，给胜利者客观、公正的价值评价，促进胜利者的脱颖而出，让胜利者不断涌现。制订胜利者行为规范与"军规"，划定奋斗行为红线。

胜利者竞争淘汰机制。引入竞争和淘汰机制，使胜利者脱颖而出，使懒人、庸人、占着位子不作为、不创造价值的人出局，真正使"能者上，庸者下"。建立胜利者退出机制，探索多种退出途径，做到无情淘汰、有情退出。

胜利者自我批判、团队学习与人才发展机制。使胜利者正确认识自我，不断完善自我，使胜利者在团队中学习、在群策群力中共同研讨，协同合作解决问题。为胜利者开辟多种职业发展通道，使各有所长的胜利者能够极尽所能，发挥优势。

"15步战略落地法"

战略引领预算。为此，配套制订有预算方案、预算运营方案、预算分解责任书及考核体系、预算执行情况定期分析制度。

用预算分配资源。为此，财务部组织开展了预算方案编制培训、预算方案研讨、费用管控目标责任书签订等工作，多措并举确保预算制订的可行、执行的到位，能够及时做出分析判断，为经营决策提供高质量服务。

用资源明确责任。为此，以承接战略规划为目的，为有效配置资源、落实战略目标、保障战略目标达成重构了矩阵式组织架构，打破传统的层级管理和上下级管理模式，打破组织边界、沟通边界和预算边界。一切以解决战略问题为最高指挥，以高效解决战略问题为导向，建立了矩阵式组织架构，明确了相应的各级职责，健全了计划目标管理体系，从分解目标、制订确保方案、月计划执行、季度述职、督察考核等方面形成闭环的卓越管理体系。

责任清晰后需要做计划。近年，在原有计划管理体系基础上加强了高层领导的计划管理，制订和执行周联席会议制度。通过这个会议平台，整合发挥高层领导的组织调度协调指挥职能，协同解决市场、生产、采购、研发、管理等诸多难题，有力地推进了战略目标落地。

用计划指导行动。实行计划管理以来，80%的工作都能够按照先急后缓的原则有条不紊地开展，目标达成率提高了，生产经营管理中的问题一个个被逐一攻克。

行动用经营数据分析。近年，建立了数字化管理体系，授权不同层级的人员了解和运营不同数据指标，通过定期分析来检视行动过程。

分析、发现问题。历次数据分析，都能发现问题，随即形成待办事项，纳入计划管理体系，有落实、有调度、有督办、有考核、有复盘、有改进。

问题要用方案来解决。为此，编发了《方案管理办法及模板》《项目管理制度》并有效落实。

方案通过流程和会议决策。为此，理顺了方案审批流程和会议决策流程，制订并实施相关制度，组织召开各种会议，以解决问题为导向，有效地推进了工作落地和目标的达成。

决策后统一行动。决策涉及项目管理，一旦决策就意味着项目启动。行动中遇到困难，困难用调度的办法解决。每周的联席办公会议有效地解决了每周需要协同解决的问题。解决困难要有结果，这涉及待办事项的管理办法。结果运用于绩效，结果要用绩效进行评价。结果和绩效、考核都要挂钩。绩效和岗位晋升挂钩。要配套绩效管理办法。绩效决定岗位和收入，岗位和收入支撑业绩。用业绩校正战略，定期进行战略回顾，结果不理想可以微调战略。

"管理干部9步工作法"

会干还会说。成果实施后，原来的"哑葫芦"干部由不爱说、不会说变得愿意说、能说到点子上了。会说要会写。成果实施后，一些干部由原来的靠说汇报工作改变为写方案、写汇报请示汇报工作，思考更加缜密，方案更加可行，为领导决策提供了更可靠的依据。会写要会管。由会写到会管，解决了工作从字面到实际的问题，工作进一步落地。会管要会分析。学会分析，对事物的认识更加客观，干部解决问题的能力得到锻炼提升，激发了主观能动性和创造性。分析发现问题，发现问题解决问题，解决问题举一反三，举一反三后要整合资源。通过以上环节，干部学会了从主观找原因，从自身找问题，深刻认识到"我是一切的根源"。这样做的结果是问题背后的原因找的更准，问题更容易解决。通过制订制度、流程，规避相同或类似问题反复发生；成功经验及时总结、复制、积累下来，推广出去，应用开来。

实施效果

因为胜利者文化助力，福牌阿胶连续13年产销量全国第一，连续8年荣登中国制药工业百强，连续8年荣登中国中药20强，是中华民族医药10强，是行业内入选首批"好品山东"产品最多的企业。2022年，其中华老字号品牌价值达54.25亿元。在高质量发展道路上，阔步由阿胶大单品时代迈向大滋补时代。

主要创造人：杨　铧　黄长勇
参与创造人：杨韶亭　刘红军　刘　静　没晓文

以文化融合培基铸魂，铸就企业高质量发展"硬实力"

青岛城运控股集团有限公司

集团简介

青岛城运控股集团有限公司（以下简称青岛城运集团）的成立是青岛市委市政府推进国企改革攻势、打造"大交通"格局的重要决策部署，由交运集团和公交集团两家市属交通骨干企业整合重组而成并于2020年11月1日挂牌成立，是集城市交通运输服务、交通基础设施投资建设、交通产业资本投资于一体的城市交通综合运营服务企业集团。集团注册资本金50亿元，下属各级子企业87户，职工总数近3万人，运营各类车辆1.5万余辆，公交网络覆盖青岛全域，长途及城际客运线路辐射12个省份，运营山东省首条现代有轨电车线路——城阳现代有轨电车示范线。在中国道路运输协会发布的《中国城市地面公交服务评价报告》中，青岛城运集团位居全国新一线城市类第一位。青岛城运集团获评全国道路运输特级企业资质，拥有"交运""情满旅途""温馨巴士"3个中国驰名商标，以及"青岛巴士"等诸多行业知名品牌。青岛城运集团以"现代物流及城乡公共交通运输服务、汽车后市场服务、交通场站资源开发运营与服务民生配套设施建设有关业务"为主业，以"国内一流的交通产业生态运营服务商"为发展愿景，运用"市场化、专业化、生态化、数字化、资本化"的发展思维，围绕1个公共出行主业，精准绘制各板块上下游关键环节的"业务图谱"，对原有产业板块通过延链、补链、强链，打造了现代物流、广告传媒、汽车服务、文化旅游、能源科技、医养健康6条相关产业链，形成了1个服务市民生活的城运产业生态，构建起了"1+6+1"的产业生态体系。

实施背景

青岛城运集团的文化初心可追溯至百余年前。从1907年中国第一条城市公交客运线路在青岛市开通，再到1910年中国最早汽车站在馆陶路落成，现代意义交通运输业的发展序幕由此开端，这也成为青岛城运集团"勇当行业先锋"的文化源头。青岛城运集团前身的公交集团和交运集团，在服务群众和城市发展中成长壮大，两家企业独有的红色文化、劳模文化、情感文化、品牌文化等基因底色凝聚形成青岛城运集团优良的文化传统和宝贵的精神财富。调整重组后，青岛城运集团经历了平稳过渡和产业重塑，在进入全面发力见效的发展过程中，出现了发展不均衡、协同不到位、资源利用不充分、内生增长动力不足等问题。为更好地推动多业态之间的聚合共生、协同发展，在确定"交通强市的主力、产城融合的标杆、公共交通的示范、城市文明的窗口、国企改革的先锋、城运员工的家园"6个定位后，青岛城运集团围绕文化培基铸魂，以文化融合凝聚思想共识，以文化建设汇聚改革合力的内生需求，全面升级企业文化理念体系，对两个企业的文化进行传承、融合、创新、升华，凝聚形成具有青岛城运集团特色的文化谱系。

主要做法

追溯精神根脉，推进文化升级

青岛城运集团在加速推进企业结构调整和增长方式转变的过程中，面对两家大型国有企业的理念差异与文化碰撞，充分发掘集团企业文化特质，通过追溯精神根源，推进文化升级凝练价值理念，为近3万名员工构筑起共同的文化谱系和精神家园，更为青岛城运集团加快一体化改革和高质量发展提供强有力的文化支撑和价值引领。

1953年，"青岛城运人"的前辈们勇担使命、不负重托、排除万难，将重达300余吨的人民英雄纪念碑碑心石成功运抵北京。这一史诗般运输任务的完成，为青岛城运集团铸就忠党为民、艰苦奋斗的"红色基因"底色并升华成为"行必速，做必成，战必胜"的企业作风。

自1950年青岛交通公司成立，70多年发展历程中，青岛城运集团先后涌现出了张德香、赖双玲、苏学芬、王艳等全国劳模9人，市级以上劳模、工匠208人。青岛城运集团始终把弘扬劳模精神、传承劳模文化作为职工岗位建功、推动企业发展的重要形式和有效途径，由此生发"以实干奋斗者为荣，以价值创造者为本"的人才理念。

在传承优秀文化，吸纳时代精神的发展进程中，青岛城运集团立足顾客需求，不断推动特色服务创新升级，推进服务标准化建设，打造形成"青岛巴士""情满旅途""温馨巴士""温馨校车"等极具行业影响力的品牌集群，发展成为"专业专注，用心用情"的服务理念。

确定"诚载美好"文化品牌，构建"1561"企业文化理念体系

在明确企业文化升级的内在需求和价值导向后，青岛城运集团确定"诚载美好"文化品牌，构建了"1561"企业文化理念体系。

"诚载美好"文化品牌是青岛城运集团的文化旗帜。以"诚"作为企业立身之本和兴业之道，以"载"体现主责主业与使命担当，聚焦"美好"发展主题，以"城市"为舞台，以"城运"为平台，全体员工"道相通、情相贯、心相融"，一路奋战升级、一路真情奉献，不断满足人民对美好生活的向往，让人民出行更美好，让城市发展更美好，让企业和员工更美好。以"赋能城市发展，服务美好出行"为企业使命，致力于打造"国内一流的交通产业生态运营服务商"，坚持"惠利客户，成就员工，创新领先，合力致远"的核心价值观，提炼形成以实干精神、奋斗精神、创新精神和先锋精神为内涵的"与梦想同行，与时代同步，与城市同进"的企业精神，形成"行必速，做必成，战必胜"的企业作风。这5条核心理念凝聚价值共识，构成青岛城运集团的企业之道和发展之魂，成为支撑企业持续发展的内在动力。

聚焦"美好"发展主题，用文化铸就发展之魂

青岛城运集团成立之初，就明确"进一步提升国有资本在青岛交通运输行业的竞争力、创新力、控制力、影响力和抗风险能力，带动全市城乡交通运输行业实现产业升级和高质量发展"的战略要求。在新发展思路的指引下，青岛城运集团聚焦"美好"发展主题，立足顾客需求，不断

推动特色服务创新升级，推进标准化安全服务建设，打造形成"青岛巴士""情满旅途""温馨巴士""温馨校车"等极具行业影响力的品牌集群，在融合、创新、升华中全力构筑起优势互补、协同发展的新格局。

用心、用情，推动特色服务创新升级。青岛城运集团立足于顾客不断提升的服务需求推进特色服务创新，在汽车站为旅客提供"女士专属化妆室""哺乳室""'邮寄'儿童""出行指南""免费 Wi-Fi"等贴心服务；在公交车内提供纸巾帕、爱心伞、报纸袋、医药箱等便利服务用品，让人民出行便捷舒心。青岛城运集团还通过开展"服务赋能美好出行"活动，打造"有温度"的车厢，不断促进服务品质提升，将"美好出行"延伸至"美好生活"。近两年来，责任投诉总量同比下降40%，乘客满意率提升到96%，集团整体服务质量的提升得到了社会的广泛赞誉。

专业、专注，推进安全服务标准化。围绕安全管理"人、车、路、现场"4个重点，积极推进"一人一档、一车一账、一线一策、一场一册"的"四个一"工程落地实施，实现"暖行"叮嘱系统与智能调度系统联网，构建"360"安全管理体系，建设两级安全生产指挥中心，配套营运客车"七个一"安全工程，实现了对车辆、场站和驾驶员的实时监管，让人民出行安心放心。正式发布《校车运营服务管理》团体标准，填补全国行业空白，"温馨校车"项目案例入选国务院国资委《国资国企社会责任蓝皮书》，近2000辆"温馨校车"打造主题丰富、内容多样的"流动课堂"，为12.5万名学子提供亲情服务、精准服务。

"数智城运"，助力城市高效运行。应用物联网+5G，打造智慧场站。青岛城运集团结合市民出行需求，打造智慧运营，通过对场站进行数字化改造，增强场站数据收集能力，实时掌握场站停车位的使用效率、维修工位空余数、充电桩充电效率，提高场站运行效率、公交发车准点率等。通过加快数字产业化转型发展，围绕一个公交出行主业，打造了现代物流、广告传媒、汽车服务、文化旅游、能源科技、医养健康等6条相关产业链，将城运服务由"美好出行"向"美好生活"延伸，打造形成服务城市发展与市民美好生活的"1+6+1"产业生态体系。"美好"这一关键词贯穿青岛城运集团发展始终。

建章立制，推进企业文化宣导落地。将社会主义核心价值观融入企业文化建设，将以情感文化为核心的文化基因融入员工的共同信仰和价值判断之中。青岛城运集团通过发挥领导推动作用、健全管理制度体系、完善员工行为规范和统一员工工装，完善办公、经营场所视觉识别系统，建立日常管理准则、搭建文化落地平台，构建企业文化运行机制，推动员工将情感文化内化于心、固化于制、外化于行，提升员工认知和实践文化价值的积极性和主动性。

实施效果

青岛城运集团通过理念融合推动情感融合，进而实现行动融合，将发展共识植根员工思想深处，使理念向实践落地，通过制度支撑和机制支持，实现文化与管理的有机融合，使文化理念转化成为支撑集团可持续、高质量发展的内在动力与核心灵魂。

优化公交出行网络，擦亮为民服务名片

青岛城运集团持续优化公交线网体系，调整公交线路189条、站点171处，实现188条公交线路与地铁无缝换乘，构建"公交＋地铁"的出行新格局；深入开展"服务赋能美好出行"活

动，编制发布公交、客运通用服务标准，完成《城市公共交通美好出行评价准则》立项，不断丰富"美好出行"服务内涵，将乘客满意率由集团组建前的91%提升至96%，公交业务综合发展水平跃升全国公交行业新一线城市首位。

打造清洁公交体系，让绿色出行更美好

青岛城运集团践行"智慧+绿色"的出行理念，不断加强新能源车辆配套设施建设。目前，运营公交专用充电站96座和充电终端1495个，最大可同时为近4500辆新能源公交车提供充电服务。为彰显国企担当，对社会开放充电站60座，充电总功率达27840kW，为市民带来了舒适、绿色、便捷的出行体验。

激励机制，激发践行企业文化动力

青岛城运集团通过实施争创百个"星级班组"、百名"星级员工"的"双百"争创工作和"城运之星"评选作为凝聚员工思想、激发员工干事创业激情的平台载体。经济上建立"双百"奖励基金，政治上为表现突出、特别优秀的员工设立职业发展通道，体制上开展"全员大培训、岗位大练兵、技能大比武、素质大提升"劳动技能竞赛，形成了物质、精神、事业"三位一体"的"双百"创建机制，培养和选树了一大批技术过硬、服务优秀、能担重任、爱岗敬业的"星级班组"和"星级员工"。这些优秀员工用自己的行动忠实代表并实践着企业文化，凝聚全体员工力量，助推新时期企业发展。仅2021—2022年，"城运人"在车厢内外的典型事迹、暖心故事就15次登上央视栏目，生动展现了"城运人"的良好形象，丰富了"城运"品牌的内涵，提升了品牌的知名度和美誉度。

"1561"企业文化理念体系是对"城运"文化厚重历史积淀的传承与发展，是对多种文化基因的融合与创新，更是在青岛城运集团全体员工共创共建基础上凝聚形成的宝贵发展智慧。在集团加速推进"大城运"走向"强城运"、"暖心交通"走向"美好交通"、规模增长走向价值增长、精细运营走向数智运营、传统企业走向现代企业、融合发展走向生态重塑的发展进程中，"诚载美好"文化品牌成为集团战略判断、选择、行动的价值观，成为集团高质量跨越式发展的行动指南。

主要创造人：刘学亮　彭丽华
参与创造人：钟　山　范喜慧　陈　艳

"三信合一"，党建引领非公企业时尚文化特色发展

搜于特集团股份有限公司

企业简介

搜于特集团股份有限公司（以下简称搜于特）成立于2005年，是以"潮流前线"休闲服饰品牌运营、纺织服装供应链管理、品牌管理和对外投资等众多领域的中国时尚产业集团化公司。搜于特连续多年被评为东莞市纳税大户，获得了东莞市委市政府颁发的"2017年度税收突出贡献奖"等荣誉称号。公司成立以来，截至2022年，搜于特累计上缴国家税收达30多亿元。

实施背景

百年奋斗，赓续共产党人的精神血脉

伟大的中国共产党，在百年坎坷的奋斗历程中构建起中国共产党人的精神谱系，给搜于特带来巨大的震撼力、感召力和影响力，凝聚了强大的信仰力量和奋发图强的前进动力，这正是搜于特全体员工从信任、信心到信仰的"三信合一"和坚定必胜信念的巨大源泉。

党建引领，履行社会责任与担当

作为社会和谐之水的非公企业，其党建引领工作尤为重要，它可以解决企业家精神和团队战斗堡垒建设，以及转型升级和创新发展的思想境界、奋进格局和责任担当。这也是决定了非公企业的奋斗目标、奋斗精神和智慧发挥，能够走向更高层次的强大内因。

"三信合一"，坚定踏上新长征之路

搜于特坚持不忘初心，深刻理解应尽的社会责任与担当，将党建工作融入企业文化中，不断强化党组织的领导作用和党员的先锋模范作用。通过党建工作引领企业时尚文化建设，提升员工凝聚力和团队合作的战斗力，更加坚定信念，坚守信仰，永远跟党走，坚持以信任、信心和信仰的"三信合一"为坚定意志和精神动力，持续秉持着"相信的力量"为驱动力，充分发挥出党建引领非公企业文化强大的凝聚力量，继续坚定地走在党建引领非公企业时尚文化特色发展的新长征路上。

主要做法

搜于特凭借信任、信心、信仰"三信合一"的巨大能动性，积极努力打造学习型、标准型、人文型的"三型"党组织，提高党员干部和员工综合素质，切实发挥企业党组织战斗堡垒作用和

党员先锋模范作用，增强社会责任感与使命感。

党建引领，人文关怀，建立信任

关爱员工，推动企业文化认同感。初入职场的"00后"张雯欣，走进搜于特温暖大家庭之时，面对园区优美环境和全天免费供应的员工餐厅、免费拎包入住的员工公寓，深深感受到搜于特关爱员工的大爱情怀；参加"新心相惜"新老员工互助活动，让张雯欣产生了美好的认同感；独具特色的企业"家文化"，以及搜于特服装博物馆展示中华服饰精彩的文化底蕴和搜于特企业内刊记载的企业成长历程等也令张雯欣感受深刻，促使她勤奋学习并积极向企业内刊投稿，最终，她还被评为企业内刊的"年度最佳通讯员"。

树立正确价值观，打造优秀团队。搜于特创新总结了员工工作行为十大细则，定为搜于特团队特色发展的思想灵魂，它指导员工树立正确的工作价值观和行为规范。

开展有益活动。"90后"员工刘浩宇，多才多艺，踊跃参加搜于特党组织举办的各种活动，荣获各种荣誉，也体会到社会责任感与担当，形成坚定信念。

党建引领，赋能提升，增强信心

培训形式丰富多样，赋能员工成长提升。刘浩宇积极参加搜于特组织的各项专业技能培训，不断成长进步，工作业绩连年评比第一，成为部门业务骨干。在搜于特党组织的关心指导和支持帮助下，刘浩宇光荣地加入中国共产党，肩负起更大责任与光荣使命。

参观学习，"党建+业务"双融共促。"85后"新党员王一琳严于律己，除了出色完成本职工作外，还积极跟随公司组织的到东莞华为终端总部、中山大学管理学院、广东唯美集团等优秀企事业单位和院校的参观学习活动，借鉴"党建+业务"双融共促的工作经验，令她眼界大开。

党建引领，标准建设，坚定信仰

搜于特党组织加强"党建之家"的标准化阵地建设，为党员干部和员工提供良好的交流学习平台；加强标准化队伍管理，注重落实"双向进入，交叉任职"的工作岗位布局。

吸收业务骨干入党，培养党员成为业务骨干

搜于特将"业务骨干吸收入党+党员培养成为业务骨干"导入企业人才激励文化机制，以此有效巩固党组织的战斗堡垒作用、加强党员的先锋模范作用。

正因为搜于特积极搭建党建引领的良好平台，以信任、信心和信仰的"三信合一"凝聚成一股"相信的力量"，让张雯欣因互助的信任而奋发努力，最终因表现优异而收获晋升喜悦；让刘浩宇因坚强的信心而展现风采，最终因不断的成长进步而光荣入党，实现人生梦想；让王一琳因坚定的信念而孜孜不倦，敢于挑战和超越自我，最终因坚守的信仰而更上一台阶，不但发展成支部委员，还被提拔为行政副经理而成为业务骨干，实现可喜的工作价值。这正是"三信合一"、党建引领企业文化带来特色发展的光彩展现。

破局求生存，创新谋发展

因信任，顺应大变局，转变新角色。百年大党伟大的红色革命精神，不断激励着搜于特对党无比忠诚、对国家无比信任，激发出不畏艰难、敢于挑战、敢于胜利的坚强意志。搜于特旗下的"潮流前线"时尚服饰品牌，顺势大变局，转变新角色，转型为"线上线下品牌授权综合服务"经营新模式，积极努力打造"时尚服饰产业综合服务提供商"的新平台。

因信心，迎接新挑战，破局求生存。党的二十大以来，搜于特顺应市场渠道和消费需求新变化，调整业务发展战略，整合众多上游品牌供应链体系和下游终端门店，继续传承和发扬"不断提供时尚超值性价比人文服务"核心价值与品牌理念，提出独具品牌特色的"整合服务"+"传播文化"双轮驱动的线上线下品牌授权的新商业模式。

搜于特还将行业内众多优秀的品牌供应链企业，一一请来共同研讨、学习交流，抱团取暖，优势互补，互惠互利，创新变革，破局求生存。

因信仰，把握新机遇，创新谋发展。在党建引领下，搜于特务实创新，共同构建崇高的信仰，创办潮流智汇学堂。

搜于特还积极走出去深入众多品牌供应链企业，优势互补，导入时尚童装超值性价比产品整合服务。将积极对接服装行业内众多商会、协会，积极汇集各家所长的经营文化与管理哲学等实战新智慧，结对共建共赢合作战略联盟，协同合作，深入开展"潮流前线"时尚服饰品牌共融共享的新文化运动，共同构建"服装新型服务+新文化传播"新生态营商平台。

实施效果

党建引领，企业价值观统一强化

搜于特通过党建引领企业时尚文化，统一强化企业的价值观念，明确员工的行为准则。员工在共同企业文化价值观引领下，形成积极向上的精神风貌，团队凝聚力和向心力大大增强。

党建引领，推动企业创新发展

搜于特通过党建引领，打造人才新机制，巩固党组织战斗堡垒作用，提升团队的合作能力，使团队成员之间形成良好的学习互动和协作推动机制，激发公司的创造能力和解决问题的能力，进一步提升企业应对市场的竞争能力，促进企业破局求生存、创新求发展。

党建引领，提升双融共促工作

搜于特党组织多方联动，推进结对共建，先后分别与中国纺织建设规划院企管协会、中山大学管理学院市场学系、广东唯美集团、东莞市技师学院等结为党建共建单位。在相互学习交流过程中，有力推动了搜于特党建与业务双融共促工作的进一步提升。

党建引领，企业文化成效凸现

搜于特获得中国纺织工业联合会授予的"2021年中国纺织服装品牌竞争力优势企"、中国服装协会授予的"中国服装行业优势企业"等荣誉称号。

搜于特党总支部撰写的《打造"三型"党组织，引领党企共融发展》文章被东莞市道滘镇党委收入《道滘镇加强基层党组织建设工作会议交流学习材料》，供当地企事业单位基层党组织学习交流。

2023年6月，中国纺织工业联合会授予搜于特"全国纺织行业党建工作先进单位"光荣称号。

不忘初心，坚持履行社会责任与担当

搜于特连续多年被评为东莞市纳税大户，获得了东莞市委市政府颁发的"2017年度税收突出贡献奖"等荣誉称号。

公司成立以来,截至 2022 年,搜于特累计上缴国家税收达 30 多亿元。

搜于特积极履行社会责任与担当,积极捐款捐物,获得了政府颁发的荣誉证书,获得了社会的广泛赞誉。

主要创造人:林朝强　王　环
参与创造人:张碧云　吴伟明

以"多元"特色文化助推企业迈向现代一流企业

陕西中能煤田有限公司

企业简介

陕西中能煤田有限公司（以下简称中能）地处革命老区榆林，成立于2001年，是由陕煤集团、华电集团、江苏悦达及自然人组成的国有混合所有制煤炭企业，现有职工1800余人。企业经过20多年的发展，从一个年产15万吨的小煤窑逐步成长为控股或参股煤炭开采、托管运营、文化创意、铁路运销、绿色能源、信息科技等产业链条的投资管理公司。企业聚焦项目转型升级，实现了跨界增值。公司注册资本金16亿元，现已实现安全生产6700余天。

实施背景

中能在高质量发展过程中历经矿井政策性关闭、厚积砂井筒冻结施工、对外生产托管举步维艰、异地矿井重建资金短缺窘迫、项目推进异常艰难的窘况。面对现实，中能在转型升级的道路上搏击求索，以优中培新、优中育新、无中生新的"春文化"核心价值观，秉承以职工为中心的"免费文化"价值导向为支撑，积极践行只有争第一、做唯一、做极致才能在未来赢得生存空间的"忠诚文化"为助力，全力以赴坚持"努力建设新时代中国特色社会主义混合所有制示范企业"道路自信，锚定"556101"价值引领体系不动摇，企业前瞻布局未来产业、抢滩占先新兴产业、高位嫁接传统产业，为再造强大新中能提供品牌支持和文化支撑。

主要做法

中能始终坚持以"闯"的精神、"创"的劲头、"干"的作风培育、塑造企业文化，打造具有中能特色的企业文化建设体系，营造了"让中能鸟语花香，让'中能人'万家灯火"的浓厚氛围。

中能将"春文化"和"免费文化"纳入企业文化体系，实现专项文化与核心多元文化相互联动协同，促进企业文化功能提升。一是厘清企业多元特色文化品牌建设的构架原则。按照企业自身行业特色，突出多元核心品牌理念、多元特色文化愿景、多元特色文化形象、多元特色文化品牌精神等基本内容，构筑起多元特色文化品牌基本构架，保障多元特色文化品牌建设的合理性和科学性。二是坚持和传承各阶段优秀的特色文化。总结提炼出"春文化"和"免费文化""家文化"，结合新发展阶段，核心理念与时俱进，适应企业的发展特征。三是坚持以实践多元文化为主体的文化建设根基。企业在生存发展的重大问题上创新思维、形成共识，才能提高企业的凝聚力、创造力和战斗力，真正形成上下同欲、政通人和的良好氛围，保证企业各项改革工作顺利实施。要把围绕中心、服务大局作为推进特色企业文化建设的根本职责，加强文化引领，按照战略发展需要，提炼丰富理念内涵，作为企业推进多元文化不断取得实效的新根基。四是企业文化要融入中心工作，以共同核心价值为引领，结合行业特色，主动适应新常态、引领新常态，加强多元文化和专项文化内外联动，创新企业文化内容形式、方法手段，才能更好地体现时代性，推动企业转型升级、高质量发展。

突出企业国有混合所有制特点，塑造"多元"特色文化品牌新模型。坚持以"556101"价值引领理念体系为核心，依据战略目标和行动实践，全力推动公司"一体多元"高质量发展。赋予"多元"特色品牌文化深刻内涵，形成混合所有制示范企业最新版本，引领企业朝着"三个示范、两个引领"高质量发展奋勇争先。

从发展角度强化"多元"特色文化品牌支撑。坚持用"五新中能"统领全局，"五个中能"一体推进，"六个一流"着力打造，"十大战略"全面实施，"一个目标"奋力实现。企业实施换道领跑战略，优中培新、有中育新、无中生新，在未来产业上前瞻布局，在新兴产业上抢滩占先，在传统产业上高位嫁接，全面丰富特色文化内涵、强化专项文化品牌支撑。

创新"多元"特色文化品牌展示传播路径方式。围绕企业文化品牌定位，形成新的文化产品形态。吸纳优秀传统文化元素，形成产品为核心的品牌自信。提炼"多元"特色文化内涵，创新传播方式、方法，构筑品牌传播故事，提升专项文化建设。

实施效果

通过打造"多元"特色文化品牌，系统规划实践"多元"特色文化，有效提高了企业的社会形象，推动企业安全生产、多元产业链发展业绩提升，彰显了企业管理之道，为混合所有制企业闯出一条新路，为企业努力建设"三个示范、两个引领"的现代一流企业注入新动能。

助推企业产能核增，建设千万吨级矿井。通过以文兴企，打造"多元"特色文化品牌，实现了理念到行动、群体意识到共同目标实践的转变，彰显了企业管理之道。一是抓住"双碳"窗口期，积极推进矿区规划调整，两次核增产能至800万吨级，实现千万吨级核增配套，为矿井广开"煤源"；二是安全实现新跨越，出版图书，强化安全风险管控，切实提升本质安全水平，提高矿井竞争力；三是精细化生产接续实现采掘平衡，对照千万吨级矿井、智慧化矿井建设，超长工作面开采实效运行，加快增设煤泥棚子及煤泥浮选系统，确保原煤全入洗状态；四是管理效能有效提升，深化融合安全文化，发挥好"四员、两长"现场安全监管作用，强化现场安全管理，现场管理实现动态达标。

文化与品牌融合，先进典型成为引领。连续多年开展企业文化品牌创建工作，在抓实"多元"特色文化品牌塑造的同时，指导各基层单位、部门做好子文化的创建和典型的选树。一是将经营管理品牌、创新管理品牌等品牌的塑造抓实抓细，相继获得中国煤炭行业畅销品牌、全国质量信得过产品等荣誉称号；二是深度融合精神文明建设和廉政教育，通过各类活动开展，展现"中能人"的文明素养和遵纪守法的品质，相继获得榆林市文明单位标兵、榆林市廉政教育基地等荣誉称号,彰显了新时期"中能人"勇做依法治企的先行者、精神文明实践的先行者;三是深挖企业文化故事,拓展载体和途径,相继建成两个开放式企业文化展厅,出版了10部企业文化系列丛书,用传统文化影响、引领职工,让中能"多元"特色企业文化品牌更响亮。

文化与管理相融合,提升企业管理竞争力。公司聚焦文化管理与企业管理实践的相融合,不断助推企业高效能治理创新和制度、管理的创新,通过文化软实力和制度管理的硬实力,确保了企业核心竞争力的持续增强。一是加大科技创新力度,围绕矿井开凿、绿色开采的科研新项目开展技术攻关,先后获得陕西省科技进步一等奖、行业最高奖"太阳杯"等,充分彰显了中能"人人创客、时时创优、事事创新"的本质;二是人尽其才,建立"四化五一批"用人机制,打破用人条条框框限制,建立4条晋升通道,已有近30名专业技术人才选聘为工程师、技师,享受企业中层管理待遇,每年在岗培训3000多人次,公司与陕西工商学院首次开展硕士定制班合作办学,公司技术工人首获中国煤炭行业一等奖。

文化与中心工作融合,提升价值支撑力。公司通过"多元"特色企业文化品牌打造,将文化与中心工作相融合,形成个人价值与企业价值有机统一,迭代升级。一是履行社会责任,擦亮国有混合企业新名片,相继开展了捐资助学榆林市一中、扶贫助困梅家畔村等活动,建成榆林市最大煤矿自建制建材项目,多方位履行企业的社会责任;二是精心谋划环境美化活动,建设美好家园,建成了智慧书屋,为一线职工提供热水、热饭、热咖啡,上涨500元餐补,国家法定假日24小时免费就餐,邀请全国知名艺术家举办高品质的"诗歌朗诵晚会",营造浓浓"家"的氛围,让"中能人"有了诗与远方的憧憬。

文化与宣传载体融合,打造思想文化新高地。一是创新传播载体,形成了"一报、一播、一微、一网、一音"各有侧重的媒体矩阵,努力打造新型媒体传播矩阵,展现传播内容的多样化,把大道理变为小故事,微信公众号"中能煤田"挺进全国煤企微信影响力榜单前15名;二是讲好中能故事,提升企业核心价值,以"网上+网下"为重要载体,充分利用好主流媒体的传播力和影响力,扩大宣传效应,建设好"6支宣讲队伍",以积极向上的文化故事向职工群众传递好企业发展正能量的好声音;三是抓好中心组学习,提升领导干部理论水平,塑造公司"五员六进"宣贯品牌,推动领导班子注重交流研讨、调查研究,切实做到发言有质量、讨论有重点、学习有专题,不断提升学习效果和应知应会知晓率,促进工作和理论创新上见实效。

主要创造人:党亚明　王惠武
参与创造人:高海军　马　翔　刘　鑫　蔡海涛

以"四精"模式打造特色"质量文化"

江西铜业集团银山矿业有限责任公司

企业简介

江西铜业集团银山矿业有限责任公司（以下简称江铜银山）成立于2003年，注册资本金4.82亿元，紧邻江西省德兴市市区，交通生活便利。现有从业人员1068人，设计综合采选能力13500吨/日，是江西省有色金属行业最大的井下矿山。主产品为铜，伴生产品为铅、锌、金、银、硫，是以采矿、选矿为一体的大型有色金属矿山。2021年，获得江西省"工人先锋号"荣誉称号；2022年，获得江西省"两化"融合示范企业荣誉称号，获得全国"五四"红旗团委荣誉称号。江铜银山矿产资源丰富，采矿权证内（-850米以上）铜矿石量1.27亿吨，铜金属量85.5万吨；铅锌（银）矿石量1126万吨，铅+锌金属量40.3万吨。

实施背景

贯彻党中央质量强国的要求。要以提高发展质量和效益为中心，树立质量第一的强烈意识，下最大气力提高质量，深入开展质量提升行动，促进质量变革创新，推动中国制造向中国创造转变、中国速度向中国质量转变、中国产品向中国品牌转变，加快建设质量强国。

落实江西省委质量提升行动的要求。要牢固树立质量第一意识，全面实施质量强省战略，深入开展质量提升行动，不断夯实质量发展基础，着力推动品牌建设，以贯彻落实《质量强国建设纲要》为契机，全面开启质量强省新征程。

执行江铜质量品牌战略的需要。江铜银山始终坚持党的领导、加强党的建设，积极落实党中央质量强国、江西省委质量强省、江铜质量强企的要求，主动担负国有资产保值增值的责任使命，秉持"品质源于细节"的质量管理主张，聚焦主责主业，推动大质量观念全员认同，带来生产工艺优化升级，不断以品牌价值的创造提升核心竞争力，以"四精"模式（即精神、精细、精彩、精品）打造具有江铜特色的质量文化，在精神中凝聚共识、在精细中发挥作用、在精彩中形成合力、在精品中实现价值，实现了质量变革、效率变革、动力变革。

主要做法

经过16年的创业成长，江铜银山已进入高速发展阶段，始终把握住企业文化建设的方向、目标和任务，确保了企业文化建设在正确的轨道上前行，为企业高质量发展提供了源源动力。结合企业的发展定位，将精神、精细、精彩和精品融入"精矿做精"的质量文化建设中，逐步形成了"一理念、一系统、一标准、四阵地"的质量文化工作体系，通过推进质量宣贯、强化质量标准、增强质量意识、铸就质量品牌，实现了效率和效益的"双升"。

推进质量宣贯，在精神中凝聚共识

质量宣贯是推进企业质量文化建设的重要手段，只有宣贯工作做到位了，才能促进全员对"理念标语"的高度认同。同时，以"小场所"为单元，打造冲击力强的视觉识别系统，获得员工的认同感、归属感和幸福感。

用理念之匙打开记忆之门。将难记的工艺术语转化为好记的理念标语，用简短精辟、朗朗上口的语言发挥"理念标语"的聚力融合作用，如"三度一准"即指磨矿细度、浮选浓度、矿浆酸碱度、浮选药剂。

大力开展"质量知识竞赛""质量故事演讲"等活动，有意识将质量文化理念及价值观与员工行为有机结合，正确解读质量文化的真正内涵，催生出文化与工作的同频共振、思想与行为的相互激荡。例如，因老员工习惯于凭借经验操作，以致浮选指标波动较为频繁，通过持续不断地教育引导，实现了经验操作向规范操作的转化。

用指标之匙打开思想之门。质量文化推行初期，很多员工不能理解，潜意识认为此举会增加工作量、影响收入等，面对不同的群众声音，充分利用"质量思想讲堂""质量技术讲堂""质量激励讲堂"三大讲堂，做好员工的释疑解惑工作，以便达到以心换"新"的目的。例如，选矿厂党支部班子成员到现场了解磨矿功率并动态调整相关参数，用"指标数据"赢得了员工的信任。针对员工存在的技术短板、知识盲区等问题，录制了不同类别的网络教材，帮助员工正确掌握知识要点。例如，录制的网络教材《吴云志教你判定钢球配比的方法》，教会了员工正确掌握加球配比的方法。

强化质量标准，在精细中发挥作用

质量标准是推进企业质量文化建设的重要基石，建立一套与工艺相配套的质量管理制度，是抓好过程控制的有效保障，更是推进企业高质量发展的主要推手。

用制度之匙打开发展之门。按照矿山质量管理标准，编制了1本有采选特色的《质量文化建设手册》，修订了工序质量、指标管理、能源消耗等七大类制度，形成了一套"1+7+N"的质量管理标准，为质量文化的顺利推进迈出了重要一步。同步建立了质量管理责任体系和组织绩效考核体系，逐步构建"靠制度管理质量，靠绩效保证质量，靠责任提升质量"的质量管理新格局。此外，通过"废、留、改、立"的方式，全面系统地梳理了237项企业管理制度，留存191项，修改22项，新立24项，以健全、规范、统一的管理制度体系为质量文化建设提供坚强的制度保证。

用管理之匙打开效益之门。全面开展"质量创新展览""质量合理化建议"等活动，形成了"晒指标、争第一，比管理、创优秀"的浓厚氛围，为全面开展质量文化建设创造了有利条件，大部分员工尝到了指标提升带来的各种甜头，尤其是收入的大幅增长。不仅要管得好，还要算得好。将质量文化建设与"数字银山"建设相互结合，利用"质量日报"和"质量月报"，做好生产指标动态信息更新与分析。借助大数据、人工智能等先进技术，精准做好原因分析、问题查找、整改落实等工作，始终做到标准在手中、质量在心中。

增强质量意识，在精彩中形成合力

质量意识是推进企业质量文化建设的重要内涵，是贯穿质量文化建设的核心所在，在企业发展建设进程中，人人都要成为"质量第一"思想的认同者、传播者和践行者。

用服务之钥打开工作之门。在质量文化理念的长期影响下，全体员工的质量意识不断增强，已由原来的"强硬考核"转变为现在的"行为自觉"，采矿、选矿异常指标波动的情况越来越少，质量创新水平越来越高。在生产上，以"行"促学、以"改"促效的意识逐渐成为一种日常行为习惯，广大员工摒弃了"做了再说""错了再改"等错误性思想认识，为企业高质量发展注入了强劲的"思想动能"。

用创新之钥打开制胜之门。发挥劳模创新工作室的示范作用，带动"微创新""QC小组""明星员工""质量管理"等平台，围绕质量改进，推广应用先进的质量管理理论和统计方法，不断解决制约和困扰日常工作的疑难杂症，助力质量提升、降本增效、技术革新。例如，选矿厂技术人员主动解决磨矿分级过程中的"卡脖子"难题，形成了以创新驱动引领高质量发展的"典型案例"。

铸就质量品牌，在精品中实现价值

质量品牌是企业质量文化建设的重要标志，反映了一个企业由内到外的形象集合，要在培植"亮点"、推广"经验"、谋划"长远"上发力，才能形成推动铜产业链"采选"链条高质量发展的品牌力量。

用科研之钥打开未来之门。要树立集百家之长打造质量品牌建设的系统观念，通过向内外界学习的方式来提升质量文化的品牌价值。江铜银山重点抓好科研创新平台，依托双联共建，选定了"江铜银山矿区基于伴生金研究的当量铜矿体边界优化"等6个科研项目开展攻关。依托高校合作，开展了"超细尾砂胶结充填关键技术研究与示范"等5个科研项目攻关。目前，已有2个项目取得了阶段性成果。

用品质之钥打开品牌之门。经过理念的渗透、制度的约束、意识的提高，逐步形成了下道工序向上道工序要质量的竞争氛围，通过分析原因、制订措施、整改提升的循环优化，整个采选工艺流程越发稳定，异常指标大幅减少，每道工序、每个工艺正朝着"点对点对接、面对面服务"的大方向进行转变，凭借工艺上产生的"连锁反应"、释放的"最大效能"，逐步打造成铜产业链"采选"链条上的质量品牌。

实施效果

结出"四项"文化成果

形成了母、子公司的"四融"关系。明确了江铜集团与江铜银山的母子文化之缘，确定了以"融景""融脑""融制""融行"来继承母文化的优秀基因与发挥子文化的创造性，从而实现母、子文化之间的良性互动。

形成了质量文化手册和质量文化工作体系。江铜银山通过持续推进质量文化建设，全体员工在潜移默化中接受了江铜"品质源于细节"的质量文化主张和江铜银山"以精立业、以标为尺、以行促效、以质取胜"的质量文化价值观，形成了以"质量理念、质量制度、质量载体、质量行为"为一体的质量文化手册和以"一理念、一系统、一标准、四阵地"为一体的质量文化工作体系。

形成了质量文化的创新品牌。经过两年多的潜心打造，江铜银山的质量文化氛围已然形成，小改小革、自主创新等项目层出不穷，试点单位选矿厂创造的"五个第一"填补了国内或有色金属行业的技术空白。例如，"橡胶复合衬板"在国内半自磨机上首次运用、"闪速淘金"在中国有色行业铜硫分离作业上首次运用等。

形成了质量文化特色故事。随着质量文化的深入人心，涌现出很多有深刻意义的经典故事，他们始终在平凡中追求卓越、在奋进中绽放精彩，如"消失的三十年""错过了36次的陪伴""有困难、找江姐""迭代的密码"等。

产出"三项"一流指标

通过"四精"模式的运行，进一步增强了全体员工的质量意识。2021—2022年，黄金回收率分别为58.11%、58.5%，钢球单耗分别为0.866千克/吨、0.764千克/吨，达到国内一流水平；铜、金矿水分分别为9.32%、9.38%，达到世界一流水平。

主要创造人：程新平　张建华

参与创造人：洪　静　陈秀兰　刘　昌　黄信有

坚忍执着、实干担当，
以"坚实文化"引领"双百亿"气区高质量发展

西南油气田公司川西北气矿

企业简介

西南油气田公司川西北气矿（以下简称川西北气矿）位于四川盆地西北部，机关位于诗仙李白故里——四川省江油市。现隶属中国石油西南油气田公司，在册员工2100余人，主要负责北起广元，南至雅安、乐山地区的油气勘探开发、管道运输、油气产品和天然气化工产品加工、销售，为广元至成都沿线及川西地区的28个市（县）提供工业、民用和商业天然气。做百年企业、建百亿气矿。川西北气矿始终将文化建设作为强基固本、立根铸魂和培育核心竞争力的战略工程。在"坚实文化"浸润下，先后获得全国模范职工之家、全国守合同重信用企业、全总工人先锋号、全国厂务公开民主管理先进单位等多项荣誉；从2009年起，连续5届蝉联全国文明单位荣誉。

凝练熔铸："坚实文化"的内涵与特色

半个多世纪积淀传承，从坚忍执着、实干稳健到坚忍执着、实干担当，文化根脉和精神根基升华凝炼，成为石油精神在川西北油气勘探开发中的具体实践。

"坚实文化"的内涵

坚韧是意志品格，是"坚实文化"的基本特质，是长期身处艰苦环境的自强不息，是迂回曲折探索复杂地层时的锲而不舍，是面对困难挑战永不言败的不屈不挠。越是艰险越向前，深耕世界罕见"一超、两高、六复杂"勘探禁区，打造复杂有水气藏开发典范。

执着是奋斗信念，是"坚实文化"的持续动力，是咬定青山不放松，百折不挠、久久为功。怀揣为国找气崇高理想和满腔热血，四上海棠铺、三上厚坝、二上龙泉山，从艰难创业到发展壮大，彰显"绿色发展，奉献能源"的企业价值追求和"和合共生，气美家国"的石油情怀。

实干是行动作风，是"坚实文化"的关键保障。始终保持干事创业的精气神，立足岗位、埋头苦干，脚踏实地、求真务实，成为推进高质量发展的坚实保障。

担当是使命责任，是"坚实文化"的精神内核，是坚定"我为祖国献石油"的价值导向，是保障国家能源安全的责任担当。奋发有为、敬业履职，以书写历史的信心气魄和不辱使命的担当作为，坚定不移扛起经济、政治、社会三大责任。

"坚实文化"的特色

濡染巴蜀文化自由豁达、自强坚忍的地域特征。巴蜀文化包含雄奇血性的爱国情怀、敢为天下先的进取精神、自由豁达的人文理念、自强坚忍的可贵品质。地域环境对"坚实文化"产生、发展和演变有着深远影响，"川西北石油人"艰苦创业、默默奉献，为保障能源安全矢志不渝、信守承诺，展现出艰难困苦中的耐受力。

赓续军队文化忠诚无畏、攻坚克难的红色基因。川西北油气奠基者来源于石油师战士，以"指导员"为基层政工干部的组织架构脱胎于军队，在没有硝烟的会战中，在铁与火的熔炼洗礼中，铸就了血脉里的红色基因，爱岗敬业，艰苦奋斗，拼搏奉献。

传承李白文化自信浪漫、大胆创新的情感内蕴。江油是伟大诗人李白的故里，"川西北石油人"深受诗人昂扬乐观的精神和豪迈自信的气概影响，半个多世纪与地层反复较量，解放思想、打破宿命论，敢于挑战传统油气勘探理论"禁区"。领域持续拓展，技术不断迭代。锐意进取、敢为人先，在新时代新征程上出大气、造大美、献大爱。

璀璨升华："坚实文化"的实践与做法

温润而泽、日新其德，在品牌塑造上注重内涵挖掘，打造形象新名片

加强新时代石油文化建设，实施文化引领战略，深挖坚实文化内涵和外延，将文化内化外显，成为价值追求和行动自觉。让"坚实文化"人知人晓，形成价值取向和行为规范，文化品牌逐步形成。

外向开拓，"文化+"打造传播矩阵。丰富"文化+"载体、平台、物件的融合形式，成功创建"四川省企业文化最佳实践企业""四川省企业文化建设先进单位"。高标准建成企业文化暨科技展厅，打造为企业精神教育和科技成果展示基地，接待内外部参观交流2800余人次。提炼总结江油采气作业区"建立健全文化聚力机制，建设基层特色站队文化"，成为公司融合工程试点"名片"。加大历史文化发掘保护，编纂川西北大事记；探索企、地文化融合建设新途径，建成西南油气田公司首个企、地文化融合共建项目——"征气驿道"，成为地方爱国主义教育基地和公司党员教育基地。

内向发掘，潜心修炼"文化内功"。深挖文化资源，凝聚高质量发展集体意识，增强企业软实力和核心竞争力。形成"四心、四精、四力""深耕世界复杂气田，打造'四新'标杆场站"等特色班站文化，以点带面辐射带动，文化浸润人心、滋养精神。探索"三上三下"党史学习教育模式，成为西南油气田公司典型案例。开展"建产50亿"新会战主题教育和"书记微党课""矿长云宣讲""爱岗、知岗、讲岗""安全大讲堂"等主题活动。建劳模走廊，营造尊重劳模、崇尚先进的氛围。创作出一批"有油味、有张力、有格局"的文艺作品和原创歌曲，获集团公司、西南油气田公司、地方各类文体奖项46个。

文以化人，践善于行，在宣传教育上着力融合创新，铸魂育人树形象

文化守正创新，飞入"寻常百姓家"。建立"领导班子带头讲、专家学者辅导讲、宣讲成员重点讲、支部书记拓展讲"的四级宣讲体系。坚持传统媒体和新兴媒体融合发力，"报、视、网、微"整体协同，延伸文化触觉。

彰显志愿精神，滋养人文情怀。推行岗位学雷锋、关爱孤寡老人及留守儿童、贫困助学计划等志愿服务。深化"五心六点"服务，开展"以邻为亲，守望相助"的关爱活动。川西北气矿员工以"青"字号品牌打造阳光文化平台，"宝石花志愿服务队"17年不间断到江油特殊教育学校献爱心，开展上产地特殊困难学生助学241人次。始终秉承"企地共建、服务共行、文化共享、和谐共融"的理念，做好"小社区"里的"大民生"，举办道德讲堂、老年大学，职工群众获得感、幸福感不断提升。

扩大"朋友圈"，履责担当塑形象。组织召开四川省企业文化最佳实践企业（川西北气矿）现场会，与省内大型国企、民营企业交流互鉴，文化搭台提升美誉度。深度助力乡村振兴，做好对苍溪、剑阁县乡村振兴捐赠，完成69名困难学生结对帮扶，树立企业良好形象。基层党组织结队帮扶甘孜州九龙县，开展"情系九龙，与爱同行"活动，投入基础设施修复资金30万元，参与"央企消费帮扶兴农周"，累计采购扶贫产品297.4万元，捐赠图书1000余册。在广元市东溪镇修建希望小学，20余年为近6000名大山深处孩子点亮"希望之光"。

崇德尚美、弦歌不辍，在核心理念上秉承企业宗旨，生动实践激活力

以员工群众为中心，价值认同绵绵用力。搭建联系纽带聚气树人，建立三级员工思想动态分析及月报制度，精准把脉思想状况；建立"员工留言板"，打造下情上传的"千里眼""顺风耳"和和谐氛围的"小树洞"。实施建功立业、扶贫帮困、文化体育等"七大工程"。高效建成剑阁、九龙山倒班公寓，完善文化阵地。修缮周转房86套，解决异地调动员工"租房难"。全力打造四川省级健康企业，食堂标准化建设、员工健康小屋等民生行动落实落地。为一线员工购置按摩椅，增设"唱吧""幸福影院"，惠及员工12000余人次。

以提素培优为引擎，文化赋能久久为功。打造企业发展与员工成长共同体，发挥基层领导"传帮带"和技术技能专家领衔作用，60名基层干部与75名30岁以下年轻大学生结对。修订《高技能人才管理实施细则及岗位设置方案》，成立高技能人才工作室和一级工程师工作室，认领揭榜挂帅项目12个，提报成熟人才或团队研究项目11个。健全"外挂""内靠"人才交流机制，11人到西南油气田公司机关、外部科研院所等跟班学习，外送6人到地方跟班挂职。建立年轻干部成长档案，落实英才培养计划，成立首批青年讲师团，选拔4人推送至集团公司"青年科技人才培养计划"。先后涌现出全国最美志愿者邓启志、四川省"五一"劳动奖章获得者董敏、中国石油劳动模范庞成、四川省国资委优秀共产党员朱霞等先进典型，鲁大勇工作室被四川省总工会命名为"四川省劳模和工匠人才创新工作室"。

以全员执行为圭臬，砥砺前行驰而不息。以"不让事情在我手中耽误、不让执行因我而打折扣、不让气矿快速发展因我而受影响"的原则，发挥"全员全业务执行力建设"主引擎及过程考核引导、激励功能，唱响实干担当主旋律。大兴调查研究和开拓务实之风，提振干事创业精气神。孵化数字化气田，推进新型作业区转型升级，搭建"两室、一中心"架构，推行生产一线"中心站+无人值守"管理模式。重温石油会战文化，开展石油精神和大庆精神、铁人精神再教育再实践再传播。将红色教育基地、条件艰苦的一线场站作为党性教育和文化建设载体，把优秀传统文化转化为立足实际、创新实干的行动力。

源头活水:"坚实文化"的成效与启示

七十载实干精神薪火相传,一甲子辛勤耕耘硕果飘香。奋进在高质量发展征途上,川西北气矿始终坚持以文化谋企业之道、固企业之本、聚企业之力,源源不断地将文化力转化为生产力,从而形成推动发展的强劲动力。

成效一:"坚实文化"培根,共筑高质量发展同心圆

文化弘扬聚同心汇合力。川西北气矿始终把企业文化繁荣兴盛置于党和国家层面大背景大格局中去思考去谋划去推动,突出党的中国石油、国家的中国石油、人民的中国石油的责任担当,以坚实文化培育价值共识,契合石油精神、浸润"合气文化",不断赋予新时代的意义,"我为祖国献石油"的主旋律更加嘹亮,干部员工共创美好未来的信心更加坚定,把能源的饭碗牢牢端在自己手里的行动更加自觉。

成效二:"坚实文化"赋能,筑牢高质量发展压舱石

文化实践促发展见实效。面对国内油气体制改革加速,川西北气矿始终步履"坚实",用令人鼓舞的成就演绎从"有没有"到"好不好"的生动实践,从西南油气田公司"后备战场"转入"主力战场"。2019年,提出"4251"战略发展目标,2021年产能突破20亿立方米新高。2022年初,凭借资源底气和勘探开发的进展,川西北气矿确定"三步走"发展战略:到2023年,建成年产能50亿立方米;到2025年,探明储量5000亿立方米,年产量50亿立方米;到2030年,年产能达100亿立方米,建成库容100亿立方米储气库,建设最美气矿。

成效三:"坚实文化"脉动,奏响高质量发展最强音

文化传播福乡邻扬美名。聚焦央企责任使命,全面贯彻新发展理念,融入新发展格局,从加速上产到践行"双碳"承诺,从实施精准扶贫到投身乡村振兴……"十三五"累计供气88.72亿立方米,替代1200万吨煤炭,减排1100万吨二氧化碳,九龙山气田入选国家绿色矿山名录。着眼民生福祉,"开发一个气田,带动一方经济,造福一方百姓",近3年每年缴纳税金逾1亿元,在生产建设中统筹推进乡村道路、供水、供电等基础设施建设,得到地方高度认可,让每一立方气充满温度,石油精神的旗帜在新时代高高飘扬。

新时代呼唤新担当,新时代需要新作为,川西北气矿将秉承初心、砥砺前行,深挖文化内涵,凝聚思想共识,围绕加快上产、科技创新、"油公司"模式改革、数字化转型,以高质量党建引领高质量发展,以"坚实文化"赋能"双百亿"气区建设,为全面建设社会主义现代化四川做出新的、更大的贡献。

主要创造人:蒋 彬 张 莉
参与创造人:刘永柯 张丽耘 胡文英 廖光明

打造"双航"文化，引领企业发展

玲珑集团有限公司

企业简介

玲珑集团有限公司（以下简称玲珑集团）是一家以轮胎为主业且主辅并举、多元发展的民营企业，是世界轮胎13强和中国轮胎前3强。集团党委下设2个党总支、17个党支部，党员近500名。近年来，玲珑集团积极打造党建"双航"文化模式，引领企业取得经济效益和精神文明的双丰收，集团党委先后被授予"全国先进基层党组织""山东省先进基层党组织"和"山东省个体私营企业非公党建工作先进单位"等荣誉称号。

非公企业与"双航"文化的背景

非公企业作为我国社会主义市场经济的重要组成部分，是安置群众就业、增加群众收入的重要渠道，也是全面建成社会主义现代化强国的重要力量，因而，也必然是党组织建设的重要领域和党员发挥作用的重要阵地。玲珑集团根据国家的政策统一调整，2001年由集体企业整体改制为民营企业；2016年，子公司山东玲珑轮胎股份有限公司成为上市企业。虽然企业所有权发生了改变，但企业决策层仍然决定保留并强化党组织的作用，旗帜鲜明地跟党走。如何既实现企业追求成本最小化和利润最大化，又落实员工追求自身福利最大化和更好地履行企业的社会责任，目标只有一个，那就是加快企业发展，创造更多利润。这就需要各方面齐心协力，共同把企业做大做强。而党组织要响应党的号召、实现党的工作目标，其落脚点和最终目的也是推动企业又好又快发展。因此，企业的和谐与发展是企业、员工和党组织三方共同的价值基础。

如何发挥党组织的作用，更好地为企业的发展和稳定服务，就是要发挥党支部的堡垒作用和党员的先锋模范作用，一是要让企业员工的创造性得到充分调动，企业发展充满活力，发挥出最大的整体效益；二是让企业内部关系融洽，企业与员工、员工与员工之间平等友爱，互助合作，和谐融洽；三是让企业实现经济效益与社会效益的有机统一。经过大胆设想，小心求证，玲珑集团决定探索"双航"模式，促进企业发展。

坚持党建先行理念，构建党建工作新格局

集团党委始终把加强党的领导作为企业党建工作的生命线，坚持党建先行，突出政治引领，确保政治方向。一是"四个同步"谋划工作，即：企业在登记注册新的子公司时，同步组建新的企业党支部；在制订业务工作计划时，同步制订党建工作计划；在安排资金计划时，同步安排党

建工作经费；在开展总结表彰时，同步表彰先进党组织和优秀共产党员。通过"四个同步"制度的执行，努力强化党委对企业的政治引领作用。二是搭建网格，全面覆盖。为发挥党建工作在企业重点岗位、关键环节的引领作用，玲珑集团把党支部建在分公司、把党小组建在车间和处（室），党委成员全部在基层建立党建联系点，形成了"集团党委－分公司党支部－生产车间（处、室）党小组"的网格化组织体系，使党的组织网络覆盖每条生产线、每个角落。对于因生产经营需要而调整的车间班组，同步优化设置党组织，确保党组织对生产线的无缝覆盖。三是严格党内政治生活。把严格党内政治生活作为培养与党同心同向企业精神的重要举措，即使在企业生产旺季，也不允许每一个党支部、党小组把党内生活落下、走过场。一些车间班组把组织生活会开到了流水线、把党课上到了生产车间，第一时间传达党的声音、第一时间贯彻党委决策、第一时间统一思想认识，进一步增强了党组织的感召力、党员的归属感，确保党委始终占领党员职工的思想高地和政治阵地。

打造党建"双航"模式，引领企业发展新方向

着力打造"党组织为企业发展引航、党员在一线岗位领航"为内容的"双航"文化模式，为集团的持续快速发展提供了强有力的组织保证。一方面，党组织为企业发展引航。建立健全"党企联席共议共决"制度，让党委班子成员参加企业发展决策，让董事会成员参与党的活动。目前，玲珑集团党委班子成员全部交叉任职，切实以党的方针政策引领企业发展决策，以党建工作助推企业生产经营。近年来，党委提出的"大品牌、大宣传"、移师北京"借脑发展"、"7+5"国际化发展战略等构想得到董事会一致通过，企业先后冠名赞助了"中国女排"和尤文图斯足球队等国内外影响力大的赛事和体育组织，建成了"北京玲珑研究中心"和第一个海外工厂——"泰国玲珑"，向国际品牌建设迈出了关键一步。集团党委积极搭建丰富的活动载体，践行企业社会责任，先后投入1500多万元援建"希望工程"，接收安置破产企业职工2500人，切实增强了党组织的凝聚力、影响力。另一方面，党员在一线岗位领航。根据企业实际设置了创新增效、技术攻关、安全生产、精细管理等12类"党员领航"岗位，开展了"我为企业献一策""岗位大比拼"等活动，240名优秀党员职工脱颖而出被评选为"领航员"，发挥了示范带头作用。开展"党员质量"工程，在企业最艰苦、最前沿、最核心的技术岗位，提高党员职工比例，由党员带头搞质量、搞科研。坚持以人为本，建立党员职工"1+1"关爱机制，组建爱心服务队，每名党员联系1名重点人员、1个重点车间班组，提供结对关爱，捐款90万元帮助386名困难职工解决实际困难。

做足党建保障文章，蓄足企业发展新动力

近年来，玲珑集团持续加大党建保障力度，有效解决有人管事、有钱办事、有章理事的问题。一是深化"双向培养"活动。坚持把优秀员工培养成党员，把党员培养成生产管理骨干，企业85%以上的党员成为中层干部和生产骨干，以此为导向，不断地聚集企业中的先进分子。二是强化经费和场所保障。建立了逐年增长的经费保障机制，每年党建工作专项经费上百万元。在党

建活动中心的基础上，增加新投资建成了集多媒体电教中心、党建文化长廊、党群活动阵地于一体的综合性党群服务中心，拓展和提升了服务功能。三是细化党建工作制度。修订了《党建制度汇编》，建立健全创先争优绩效管理、困难职工帮扶等制度，特别是把党建制度与企业管理制度统筹考虑、相互结合，形成了覆盖面广、操作性强的制度体系。四是优化考核评比体系。实行党员岗位同岗同考、专岗专考，把考核与党内政治生活挂钩、与车间生产效益挂钩，以党建考核成效激发车间生产力。广泛开展"党员责任区""五好党员"评比等活动，先后有52名党员登上了企业光荣墙，有效激发了党员生产工作活力和服务奉献动力。

发挥"两个作用"，实现党建过程与企业经营"共发展"

发挥党组织的"两个作用"，即在职工群众中发挥政治核心作用、在企业发展中发挥政治引领作用。集团党员职工在平常工作中能够以身作则，严守党章党规。坚持把一名党员一面旗帜活动贯穿于生产经营的全过程，积极开展党员带头活动，在党员队伍中树立典型、以点带面，充分发挥了党员的先锋模范作用，加强看齐意识，坚定正确的政治方向。

通过强化党员管理，推行提升服务效能，创新服务的方式和手段，大量引进高精尖人才，完善党员直接联系员工的制度，培育"服务型""创造型"党员。集团通过将企业基层党组织关系上收，加强企业党组织与行政系统关系的紧密性、相容性，强化了企业基层党组织服务职能的系统管理。企业基层党建工作通过公开服务原则、办事流程、办理时效等，对员工公开服务标准。设立党员责任服务区并发放服务卡，亮出党员身份。通过设置企业党建平台、意见箱、网上投票等方式，让党员接受员工服务对象的即时评价、在线评估，汲取意见，整改问题。结合基层党建的工作特点和岗位实际，开展党员批评和自我批评，取长补短。采取企业员工党员大会、党支部大会、党小组会议等多种形式对工作进行评估，实事求是地肯定成绩并指出存在的问题，提出改进建议，在企业生产工作中起到模范带动作用，打造党建工作与企业经营的"共发展"。

主要创造人：王　琳　张　琦
参与创造人：黄双杰　刘纯宝

"老变"电力文化遗产挖掘与保护样本构建及实践拓展

国网吉林省电力有限公司

企业简介

国网吉林省电力有限公司（以下简称吉林电力）是国家电网有限公司的全资子公司，以经营、管理、建设电网为主营业务。公司本部设置22个部门，省级公司层面支撑直属单位15家，合资公司3家，地市供电公司9家，县公司49家。2022年，公司资产总额592.46亿元，资产负债率61.05%，售电量694.58亿千瓦时，用工总量30568人，连续实现第17个安全年。吉林电网位于东北电网的中部，北连黑龙江电网，南接辽宁电网，西临内蒙古东部电网，在满足吉林省电力供应的同时，还是东北电网"北电南送"的重要通道。经过多年建设，吉林省500千伏电网已形成以合心、包家、东丰、梨树为支撑的"两横两纵"井字形电网结构，"北电南送、东西互济"的能力得到大幅提高；各地区220千伏电网以500千伏变电站为依托形成环网结构，长春、吉林、延边已经形成城市双环网。近年来，吉林电力先后获得全国文明单位、全国"五一"劳动奖状、吉林省文明行业、模范集体、营商环境建设优秀单位等荣誉称号。

实施背景

吉林电力深入实施"百年电力"文化遗产保护工程，通过挖掘其80载厚重历史印迹，深度总结宣传"坚韧、精益、争先、奉献"的"老变"文化基因丰富内涵，持续推进党史学习教育走深、走实，在系统内外产生了深度影响，积淀了大量实践成果和丰富经验，为吉林电力文化遗产保护传承打造了示范样本。

主要做法

系统化征集，构建活态保护管理模式

盘点造册，让遗产"立得住"。遵循地域性、多样性、专业性、科学性原则，广泛发动各级党组织通过实地摸排、调研采访、资料查阅等方式，全面盘点、摸清电力文化遗产现存状况，通过修缮、馆藏、修复，将电力文化遗产留存保护、在册登记并发布首批电力文化遗产目录，使遗产一册全明、有据可循。

一物一品，让遗产"叫得响"。以党史、吉林工业发展史为切入点，开展"吉电记忆"口述历史采集，组织各单位探访吉林电力史上重大事件、重要活动的历史亲历者，挖掘最突出、最具代表性的典型人物事迹、重要节点关键事件。通过走访近百名离退休老职工，挖掘出了电网历史故事83篇，以标签形式烙印，总结提炼吉林宝华电灯股份有限公司历史资料"承先者开创之路启后人光明未来"、吉送"506"之魂、"送变电行业的摇篮"等重大遗产价值。

动态管理，让遗产"传得久"。按照多层、多维的评选方式，通过专业打分、基层单位自评、项目发布、专家评审层层推选，评选出"老变"、吴允修巡线法、带电作业班发展历史资料等10个首批电力文化遗产及22个储备项目，按照"首批项目重点推进、储备项目属地管理"的思路分级动态开展挖掘保护与转化利用工作。

品格化转化，创新与时俱进传承路径

共性转化，凝练基因。以"百年吉电"始终服务于党和国家工作大局且不变初心为原点，以特定历史阶段、事件为研究素材，以文化故事和典型方法为支撑，完整准确全面贯彻新发展理念，围绕共有基因、职业操守、进取意识、优秀品质4个要素，研究提炼遗产价值，构建形成了"老变"文化基因、吉送"506之魂"等吉林电力的优良作风。尤其是在"老变"文化基因总结挖掘中，通过"老变人"克服一无图纸、二无技术人员、三缺乏检修变压器经验等阻碍，在炮火摧残后的废墟之上重建"老变"的事迹，提炼出"坚韧"的共有基因；一代代"老变人"创新"老变"工作法，建成变电标准化操作管理系统、编制变电站巡视口袋书等，提炼出"精益"的职业操守；"老变"在80载奋进历程中实现电压等级从154千伏到220千伏、变电容量从3万千伏安到48万千伏安、供电范围从7万余户达到26.7万户的"三大飞跃"，在吉林省内首建智能化变电站，提炼出"争先"的进取意识；新一代"老变人"放弃休息，做到央视春晚长春分会场保电实现"三零"，从建站至今14任所长使命在肩、砥砺前行，接续守护电网安全，提炼出"奉献"的优秀品质，进一步凝练形成了"坚韧、精益、争先、奉献"的"老变"文化基因。

具象展示，沉浸体验。坚持"以情动人、以事服人、以物感人"，组织动员各方力量和专家学者，对电力文化遗产的历史、现状、人物、事件、成就、经验等进行系统再总结再提炼，一体推进内涵研究、宣传策划、基地建设等方面工作，先后建成"老变"文化基因传承教育基地和吉送"506"之魂教育基地，展出实物、影像等重要史料251件，深度还原吉林电力发展脉络，生动纪实吉林电力优良作风，全面展示吉林电力事业百事、百物、百人风采，实现电力文化遗产可看、可听、可传、可感。

多维构建，彰显全景。按照专业覆盖、时空延伸、价值传承3个维度统筹考虑，依托10个首批电力文化遗产，以小见大展现吉林电力事业历史全景和作风全貌。在专业覆盖维度上，通过10个项目充分体现吉林电力在电网建设、科研攻关、人才培养、文化传承等方面为中国电力事业发展做出的突出贡献。在时空延伸维度，通过10个项目展示吉林电力贯穿百年的文化遗产鲜活样本，生动见证党领导下的吉林电力事业革命史、创业史、发展史。在文化传承维度，依托10个项目串起百年电力征程中"吉林电力人"披荆斩棘、保家卫国、传送光明的为国情怀。

嵌入化应用，拓展实用实效开发手段

"遗产+教育"，开发精品红色路线。将电力文化遗产呈现的奋斗历史与赓续东北抗联精神紧密联系起来，以"重走抗联路、再看百年电"为主题，同步将各地电力文化遗产传承保护地建设

成为党性教育基地、职工思想政治工作实践阵地,绘制红色教育路线图,开发了16条精品红色路线、45个现场教学点。

"遗产+创优",打造示范传承项目。紧密对接国家"双碳"目标、乡村振兴、优化营商环境等重点工作,以服务吉林全面振兴、全方位振兴为首要责任,按照"同部署、同推进、同考评"的思路,编制《基层班组企业文化建设工作指导手册》,将遗产价值、红色基因传承充分融入国网一流班组、企业文化示范点、劳模创新工作室、文明单位、国网楷模、传承人队伍等创建工作中,推动优秀文化基因融入一线、代代相传。已创建国网级示范点2个、省级示范点7个、地市级示范点4个,覆盖服务、管理、安全、法治等专项文化类。培育孵化了"老变"9任站长、送变电"四代传承人"、吉林电力("老变")共产党员服务队等遗产传承人队伍。

"遗产+品牌",定制文化创意产品。将遗产承载的旧址、场景、物件,通过微电影、漫画、沙画、表情包等生动形式构建"电耀吉林"电力文化遗产文化标识,植入党员服务连心卡、台区经理联系卡、安全用电宣传卡等服务载体,展示公司品牌形象,拓展电力文化遗产生命力。

全域化传播,彰显百年电力担当形象

传承人队伍广泛发声。组建电力文化遗产文化信使宣讲队伍,通过录制宣讲故事小视频、汇编"电耀吉林"电力文化遗产故事汇,推动遗产故事深入人心;进一步发挥传承人群体及先进个人的表率作用,开展"国网楷模"——"老变"文化基因传承人群体报告会,"老变"代表、全国劳动模范刘洋在《人民日报》等媒体表达在党的培养下产业工人奋进新时代的决心和斗志,树立了文化遗产传承人良好形象。

精品化成果全线推广。深入总结提炼电力文化遗产在爱国主义教育、理想信念教育等方面的价值,将电力文化遗产融入企业仪式活动、职工学习培训、网络媒体阵地,形成传播效应。以实景、实例为载体,把"讲道理"和"讲故事"结合起来,展演《一座站一群人守护一城光明》《火红年代》等文化遗产情景剧,真正实现了让电力文化遗产"动"起来、"活"起来。将文化遗产价值传承与"青马工程""青年素养提升工程"等紧密结合,开发《百年电力风华,赓续红色血脉》系列课程,纳入培训教学内容,引导广大职工在实践中追寻电力记忆、感悟电力文化。

新地标建设"吸睛""打卡"。在建设"老变"文化基因传承教育基地基础上,立足争创吉林省爱国主义教育基地的定位,面向吉林省开展文化遗产保护工作深化研究,吸纳专业策划及设计团队,邀请吉林省社会科学院、东北抗联研究会相关专家,深入研究电力文化遗产挖掘保护与传承工作举措,多方学习长春水文化公园、拖拉机遗址修复现场、上海红色展馆等地遗产修复经验和建设思路,着力将文化遗产传承保护地打造成为充分还原同时期社会风貌、工业风格的历史展馆和展现高科技的电力展馆,强化可参与、可体验、可交互功能,形成新的"网红打卡地"。

品牌化赋能,建立长效增值运营机制

打造品牌阵地。将电力文化遗产所在地同步建设成为党史学习教育基地、党性教育基地、电力科普基地、社会责任根植基地、新时代文明实践基地,邀请主流媒体和学校学生、社会大众感受遗产独特魅力,让责任央企的"大国重器"形象广泛传播。

出版专题画册。收录整理首批电力文化遗产老建筑、老照片、老故事,出版发行《"百年电力"文化遗产保护工程2022年工作成果实录》,全面展示首批电力文化遗产的历史价值、文化价

值、科技价值和社会价值。

推动遗产联动。主动与地方政府联动，力争将"老变"文化基因传承教育基地及相关电力文化遗产纳入吉林省红色资源普查范围，纳入地方遗产保护名录，与地方其他文化遗产保护地联动，建立遗产保护传承"朋友圈"，常态组织观摩学习，促进经验共享、成果互动。

赋能价值创造。以品牌创建、运作为抓手，将精神传承转化为践行国有企业"三大责任"、服务党和国家事业大局的生动实践。聚焦城市楼道灯快修，打造"春城e哥"电力服务队等文化品牌。聚焦服务"双碳"目标、区域协调发展、乡村振兴等国家重大战略任务，创新开展"大美长白山，绿电百日行"及"白山松水四季行，争做电力吉先锋"等系列主题活动，按照"省－市－县"三级联动的组织职责划分，凝心聚力实干实效，努力在新时代展现新作为。

实施效果

经过近两年的电力文化遗产挖掘保护工作实践，吉林电力有效保护了珍贵的电力文化遗产，还原了吉林电网发展脉络，激活了其中蕴含的强大价值引导力和文化凝聚力。利用多种形式和载体全面展示电力文化遗产的历史价值、文化价值、科技价值和社会价值，为党性教育、"四史"教育和企情教育提供了鲜活教材，为推进党史学习教育常态化、长效化及加强思想政治工作注入了新的活力，广大党员干部职工的精神世界在传承"老变"文化基因中得到深化，书写了一个个精彩纷呈的"吉电"故事。

在助力"双碳"目标中取得了能源转型的突破进展。在"红"与"绿"的使命接力中，助力新型能源体系建设，推动"吉电南送"特高压通道和"陆上风光三峡""山水蓄能三峡""全域地热三峡"等工程建设，实现了新能源创新发展。创新开展的"大美长白山，绿电百日行"活动，实现长白山周边11个县（区）连续100天全绿电安全稳定供应，绿电实践在东北地区率先迈出关键第一步，为吉林省打造清洁能源生产大省、外送大省做出了积极贡献。

在担当复兴大任中彰显责任担当。以各单位属地化传承实践为支撑，汇聚了强大力量，为吉林省振兴发展提供坚强有力的电网支撑。

在推进创新发展中凝聚了争先创优的队伍态势。基于传承百年电力文化基因，继承前辈们的优良传统，进一步激发广大党员干部职工同先辈先烈对标的激情斗志，为助力吉林电力推进"一体四翼"、实现"五新吉电"崭新愿景汇聚了团结奋进力量。首次以第一名的成绩荣获国网及电力行业QC成果一等奖，科技获奖层级、数量均创"十三五"以来新高，实现牵头"国重""省重"项目"从0到1"的双重破冰。涌现出了党的二十大代表贾春贺、全国劳动模范刘洋、"中国好人"姜维峰等一大批先进典型。

主要创造人：孙士博　夏　博
参与创造人：韩　哲　杜月仙　由广翔　李月圆

深化"三融三创"党建经验，推动冶金运营服务转型升级

中冶宝钢技术服务有限公司

企业简介

中冶宝钢技术服务有限公司（以下简称中冶宝钢）是国务院国资委直属中国五矿中冶集团旗下的重要骨干子企业，是中国五矿中冶集团冶金建设运营"国家队"中无可替代、不可或缺的重要一环。中冶宝钢的历史可以追溯到20世纪50年代，先后参加武钢建设、攀钢建设及宝钢建设，是我国钢铁工业发展的建设者、见证者和守护者。中冶宝钢坐落于上海市宝山区，企业注册资本金12亿元，资产总额超过70亿元，从业人员近3万人，拥有各类专业技术及管理人员2000余人，高中级职称700余人，连续3届通过国家高新技术企业认证，先后获得全国"守合同、重信用企业"称号和全国设备管理优秀单位、全国优秀施工企业、中国施工企业技术创新先进企业、上海市"五一"劳动奖状、上海市文明单位、上海市百强企业、上海市设备维修行业企业五十强、上海市五星级诚信创建企业等荣誉称号，致力于打造国内产业规模大、综合实力强、服务水平优、行业影响力大的冶金运营服务商。

实施背景

全国国有企业党建工作会议召开以来，中冶宝钢党建进入了力度最大、范围最广、幅度最深、措施最硬的阶段。中冶宝钢党委深入学习全国国有企业党建工作会议精神，把抓好贯彻落实摆在突出位置，回归企业管理本质抓实党建工作，牢牢把握高质量发展主题，旗帜鲜明地推进党建与生产经营深度融合，脚踏实地谋划产业升级，确保国有企业在党的领导下稳健经营、持续做强做优做大，不断增强企业活力、影响力、抗风险能力，以改革发展成果检验党组织的工作和战斗力。

主要做法和实施效果

在中国五矿党组和中冶集团党委统一领导下，中冶宝钢党委立足企业实际，逐步构建了党建与生产经营各环节同步对接、全流程深度融合的"三融三创"工作机制，即：始终坚持党的全面领导，在治理体系上融合，促治理效能创优，发挥国有企业党组织的领导作用；在改革发展上融合，促工作质量创优，实现国有资产保值增值；在思想文化上融合，促企业品牌创优，为做强做优做大国有企业提供坚强组织保证。

坚持服务国家战略，增强企业治理能级，打造冶金运营服务整体方案供应商

中冶宝钢党委坚决贯彻执行党的理论路线和方针政策，深入学习贯彻党的二十大精神，认真落实中央经济工作部署和国企改革行动要求，坚持用党的创新理论武装头脑、指导实践、推动工作，确保党的路线方针政策在企业落地落实。

坚决把加强党的领导与完善公司治理有机统一。贯彻落实全国国有企业党建工作会议精神，构建坚持党的领导与完善公司治理体系相统一的体制机制，落实党建工作进公司章程，巩固党组织在企业治理结构中的法定地位。明确"三重一大"事项决策内容和程序，在深化企业改革、加强队伍建设、引领保障各项任务圆满完成的基础上更好地发挥党委的领导作用。

坚决保持战略定力，打造"国内第一、国际一流"冶金运营服务商。中冶宝钢传承红色基因，坚决服务国家战略，在中国五矿建设"世界一流企业"的愿景目标和中冶集团"一创两最五强"奋斗目标引领下，牢牢把握高质量发展主题，稳步实施"聚焦主业、做强一业，相关多元、科学补充"发展战略，制订"围绕'一条主线'、优化'两个布局'、推动'三个创新'、培育'四个优势'、实现'五个提升'"的"十四五"目标定位，持续提升企业核心竞争力，引领冶金运营服务高质量发展。

坚持效率优先原则，增强资源配置能级，持续优化冶金运营服务产业布局

构建"1+N+S"组织架构模式。为提高产业规模、优化市场布局、提升发展潜力、抵御经营风险，中冶宝钢按照"适度授权、高效运行、有效管控"的原则，在全国和东南亚地区设立"一总部、八基地"，构建"1+N+S"组织架构模式，实施"总部管总、区域主攻、专业支撑"的管理机制，形成"一总部、多基地、专业群"的管理格局，进一步提高企业管理优势、资源优势、技术优势、区域性市场优势。

优化"1+3"产业布局。统筹推进检修协力核心主业和技改工程、装备制造及新型材料、钢渣综合利用等相关多元产业有序发展，围绕钢铁八大部位、19个业务单元，做细做实做优冶金运营服务，着力打造全天候、全流程、全产业链、全生命周期冶金运营服务能力，深度嵌入钢铁生产全领域、全过程，形成可复制、可推广、可借鉴的优质服务经验。

打造特色新型业务体系。为推动冶金运营服务核心主业再拔尖、再拔高、再创业，中冶宝钢紧跟钢铁行业转型升级步伐，针对钢企生产特点，针对性培育了行车"管用养修"、工程机械BOO、新能源冶金大物流装备、工业包装、港口码头专业运维服务、废钢一体化运营等特色品牌业务，为钢企提供专业性、系统性、高效性整体服务方案。

坚持价值创造导向，增强产业发展能级，培育极致专业化冶金运营服务能力

加快科技创新，迈向数字化发展历程。中冶宝钢抢抓数字经济和实体经济融合发展机遇，聚焦钢铁行业智慧制造要求，将人工智能、5G、大数据技术植入冶金运营服务产业，发布实施"产业数字化转型五年规划"，建成国内首个全流程、全产业链冶金智能运营平台，实施智能检修、智能诊断、远程指挥等新功能。平台上线运行至今，已高效执行检修任务250余万项，积累设备缺陷数据30余万条，累计形成科技成果1700余项。中冶宝钢智能检修系统先后获评2022年软件行业典型示范案例、中国信通院企业数字化治理最具价值应用案例、上海市宝山区十大工业元宇宙应用场景等多项荣誉。

瞄准节能环保，开拓绿色化服务方向。中冶宝钢将绿色发展理念融入冶金运营服务，从节能减排、绿色冶炼、资源循环3个方面入手，坚定走好生态优先、绿色低碳发展之路。打响超低排放改造攻坚战，助推宝钢、湛钢、梅钢、重钢等钢企创造环保A级企业；推行清洁运输，以"投资＋运营＋管理"模式为宝钢股份宝山基地、东山基地湛江钢铁、青山基地武钢提供"绿色、低碳、节能、高效"的个性化运输方案；以创新为基，通过对海量工程机械运营案例的全面分析和总结，攻克动力转型、动能回收、结构优化等难题，研发出低能耗、低排放、机动性强的新能源冶金大物流装备，根据公开数据测算，与相同载重量的传统能源车相比，中冶宝钢新能源物流装备每100千米减少直接碳排放约50千克。

推进管理变革，提高一体化服务能力。中冶宝钢响应核心客户工作要求，以"全面对标找差、追求极致专业、追求极致效率"为目标导向，大力推行伙伴式专业协作，抓好体系完善、机构优化、资源配置、技术储备、队伍建设，先后在宝钢股份宝山基地推行原料皮带、炼钢精整、烟气净化等44个一体化、专业化示范项目，推动产业向"管用养修"一体化、"资产备件"一体化、"操检维调"一体化方向转变，深度融入高质量钢铁"生态圈"。

坚持人才第一资源，增强团队竞争能级，锻造高素质高技能创新型人才队伍

攻坚克难，发挥基层党组织战斗堡垒作用。在机构整合和改革过程中，中冶宝钢严格落实"四同步、四对接"要求，做到业务拓展到哪里，党的组织就覆盖到哪里。开展"党旗飘扬、党徽闪光"行动，累计创建党员示范岗、责任区、突击队、服务队460个，在攻坚克难中发挥基层党组织战斗堡垒作用和党员先锋模范作用。

以上率下，打造实干担当干部队伍。坚持党管干部、党管人才原则，在选人用人上掌好舵，把"国企二十字干部标准"落到实处，大力选拔在条件艰苦、急难险重岗位上经过历练并得到成长的年轻干部，给想干事、能干事、干成事的干部提供平台，为企业发展提供强力支撑。加大工作力度，实现干部队伍年轻化，目前培养使用"80后"干部21人，大量"80后"干部近两年充实到各分（子）公司、总部职能部门重要岗位上。

多措并举，加快人才队伍建设。中冶宝钢不断完善高技能人才和工匠培育力度，畅通发展通道，挖掘个人潜能，发挥人才价值，努力建设一支规模宏大、结构合理、素质优良的人才队伍。坚持问题导向，扎实推进"工匠人才培养计划""技能人才'千人计划'"，累计评定领军人才354人，不断壮大注册安全工程师、建造师、造价工程师等队伍规模。以高技能人才培养基地、全国职工教育培训示范点、上海市职工学堂中冶宝钢培训中心为依托，组织开展技能培训、技能比武、劳动竞赛等，提升员工技能水平。目前，中冶宝钢中级及以上技能员工有10210人。先后设立耿会良劳模创新工作室、李伟伟技能大师工作室等劳模工匠工作室12个，覆盖中冶宝钢主要业务领域，搭建关键技术突破、人才队伍培养、行业转型发展的主阵地。

坚持思想文化引领，增强品牌传播能级，擦亮冶金运营服务"国家队"金字招牌

厚植班组文化，凝心聚力，攻坚克难。中冶宝钢始终践行以人民为中心的发展思想，聚焦班组这个企业最基层的一线组织、生产经营最前沿的基本单元，以落实岗位责任制为核心，以安全高效完成生产经营任务为目标，不断强化班组建设，培育班组文化。定期组织开展"标杆班组""工人先锋号""优秀班组长"评选，树立先进典型，形成带动效应；以"中冶宝钢党委机关报、通向班组一线直通车"为办报宗旨创办企业内部报纸《中冶宝钢报》，设置"我的班组""我的班长"等专栏，为优秀班组提供展示风采、交流学习、共同进步的平台，促进班组文化落地生根、深入人心。

塑造工匠文化，精益求精，追求卓越。大力弘扬劳模精神、劳动精神、工匠精神，启动工匠人才培养计划，培育具有"创新、领军、学习、专注、克难、团队、坚持、超群、团结、有爱"丰富内涵的中冶宝钢工匠文化；以劳模工作室、创新工作室建设为抓手，总结"一线工人带着问题进创新工作室，工作室解答问题回到生产一线"的经验做法，使工匠文化成为企业改革发展的重要推动力量；先后选树全国劳模李伟伟、全国劳模彭军、全国"五一"劳动奖章获得者赵小龙、两次远赴南极完成科研基地建设的陈忠等工匠代表作为"中冶宝钢品牌人物"，树立榜样，讲好中冶宝钢奋斗故事。

打造执行力文化，严谨严细，雷厉风行。中冶宝钢党委将执行力文化融入企业文化，发挥正向示范作用，促进良好生态形成。从钢铁"护工"到钢铁"护士"再到钢铁"医生"的蜕变转型过程中，中冶宝钢形成了"认真负责、严谨严细、雷厉风行、令行禁止"的行为习惯和"马上就办、办就办好"的工作作风，以精准果断的决策力、笃行务实的领悟力、快速响应的行动力、能打胜仗的战斗力，凝聚出坚强有力的执行力文化，在服务业主、服务基层、服务员工的过程中发挥作用。

托举安全文化，铁腕管控责任如山。中冶宝钢坚持人民至上、生命至上，正确处理安全和发展的关系，强化底线思维，始终把安全发展理念深植于生产经营的方方面面，形成铁腕管控的安全文化。编制26万字的《中冶宝钢安全生产法规汇编》，在领导班子、管理人员、作业长、班组长范围内开展测试，累计参与考试人员近6000人，促进安全法规学习教育，时刻绷紧安全弦；坚持"三管三必须"原则，将系统安全履职纳入日常业务管理，深化推进管理者"结对子"，组织1407名管理人员与2515个班组进行"一对一"的"结对子"带教；聚焦安全生产主题，中冶宝钢与所服务的宝钢股份两家党委每年开展党组织共建，所属的146个党组织和3000多名党员全面对接，累计完成共建项目205个，推动党的建设和安全生产"双促进、双提高"；创新安全文化培训、传播手段，以广大员工尤其是青年员工喜闻乐见的海报、短视频、安全漫画等形式传播安全意识、安全理念、安全知识、典型案例等，让安全文化入脑、入心。

推进廉洁文化，崇尚廉洁恪守底线。中冶宝钢以"一融五进"为主题，将廉洁文化建设融入中心工作，开展廉洁党课、建设廉洁窗口、加强廉洁教育、组织党组织书记接待日活动，扎实推进廉洁文化进班子、进部门、进基层、进岗位、进家庭，发挥良好廉洁文化建设舆论导向作用、生成教化作用、行为规范作用，筑牢思想道德防线，增强拒腐防变能力，营造风清气正、干事干净的良好企业文化氛围。

主要创造人：王振智　刘　欣
参与创造人：齐冬平　付佳伟　常云琪

以企业基层文化建设推动分散式项目管理与基层部门管理的有机融合

神华工程技术有限公司

企业简介

2017年，原中国神华煤制油化工有限公司北京工程分公司并购重组安徽省化工设计院，成立神华工程技术有限公司（以下简称神华公司），属于国家能源集团二级管理子公司，注册资本金2亿元，中国神华煤制油化工有限公司为唯一股东。公司现有工程技术人员500余人，下设1个设计院、8个业务部门（中心）和6个职能部室。拥有化工、石化、医药行业甲级设计资质和环境工程甲级设计资质、建筑行业（建筑工程）甲级设计资质及咨询行业甲级资格证书与化工石油工程监理、房屋建筑工程监理甲级资质，以及新能源（乙级设计资质为最高等级）、市政、环境等多项乙级设计资质，是全集团唯一集化工、石化、医药、建筑、咨询、监理、环境工程等甲级（设计）资质为一体的综合性工程公司，为客户提供工程咨询、工程总包、工程设计、工程采购、施工管理、代建管理、项目管理、技术开发、工程监理、安全评价、数字交付及智能化等方面的服务。

实施背景

2017年，神华公司面临发展转型，从原来"旱涝保收"的单一项目代建模式走向了市场，变为业主代建、总包管理和监理服务等多种业务并存的新格局，要求自负盈亏、逐步盈利，公司内外变革剧烈，承揽项目变动剧烈，剧烈变动带来的影响深远，压力沉重，人心浮动。公司的呼吁、部门的要求，有时很难完整抵达项目建设的第一线，分散式项目管理与基层部门管理之间存在着隔阂与界限。

面对艰难困苦的局面，作为神华公司一线阵营的施工管理部（监理中心），如何始终与公司保持高度一致且不掉色、不掉队，如何及时转变作风、转变角色、亮出风采、干出业绩，如何动员部门全体员工在疾风暴雨中显坚劲，如何带动部门全体员工在竞争激烈的市场中凝人心、聚人气且树价值导向、立工作榜样，成为企业基层管理首先考虑的第一要务。

主要做法

紧跟党中央和集团、公司的发展战略，安排部门的年度工作任务

面对公司改革重组爬坡过坎的压力，积极响应党中央提出的"高质量发展"要求，紧跟集团要求和公司步伐，相继提出了"三位一体""三提两转"和"三战三捷"的要求。

"三位一体"。施工管理人员必然是综合性管理人才，具备独立作战和带队伍、一专多能的能力，可以统管一个项目组、一个监理部、一个监管组，在新形势下，需要员工拥有自己专长的同时还能兼任其他岗位的多角色转换，适应PMC、EPC和监理各项业务需求。这是部门一直在推进实施的"三位一体"，也是部门一直努力将员工推向各个关键岗位的初衷和苦心。

"三提两转"。为了解决部门承担任务和自身能力之间的矛盾，配合公司项目管控能力提升活动，部门持续开展和阶段完成"三提两转"工作，通过组织学习培训，提高个人业务能力，提高部门PMC、EPC和监理业务管控和执行能力，提高合同、服务、成本、标准等意识，转变思想，转变作风。

"三战三捷"。持续改进施工管理体系建设，科学策划和统筹调配人员，实现"三战三捷"，即PMC项目兵团战、EPC项目攻坚战、监理项目阵地战的胜利。PMC项目兵团战是指在矩阵式管理模式下项目施工管控；EPC项目攻坚战是指公司首次执行EPC项目的现场管控；监理项目阵地战指的是不但执行监理效果好，更重要的是通过监理项目管控，达到规范工作、锻炼队伍、培育资源库的目标。

以传承理念来创办部门的刊物，凝聚公司精神和特色的基层部门文化

神华公司从毛乌苏沙漠里的鄂尔多斯煤液化项目，到黄河边上的包头煤制烯烃项目，再到陕北大地的榆林甲醇下游项目……风风雨雨走过了17年，培养了公司精神，凝练了基层文化。为使这些基层文化和精神得到不断积淀和传承，服务于公司、激励于项目，部门创建了双月《砥砺》电子企业内刊。通过刊物的坚持发行，进一步凝练了文化和精神，让这些企业基层文化不仅在部门创建的企业内刊《砥砺》上得到了淋漓尽致的展现，更是通过宣讲、引导、耳濡目染、潜移默化，逐渐反馈体现到了所有员工的一言一行上。

以党建力量来推动项目的进展，促进党建和业务融合

部门党支部根据部门工作相对分散、党员比重相对较高的特点，根据各个分散式项目工作地点、工作性质、工作进展等的不同组建了各项目党小组，每个细分的组织如同毛细血管般均分在各项目上。先后组建了5个党小组，分别为北京党小组、榆林EPC党小组、榆林PMC第一党小组、榆林PMC第二党小组和广西华谊党小组。各党小组紧密围绕党支部要求，具体组织、推动、指导党员的日常活动和学习，进一步加强党性教育，有组织地开展主题党日活动，开展党史学习，不断增强"四个意识"，时刻坚定"四个自信"，自觉做到"两个维护"，服从上级安排，坚决贯彻党委各项决定，同时紧密联系群众，分别组织座谈、约谈，时刻了解反馈一线员工动态，推动了施工管理工作开展，服务群众、凝聚人心，起到桥梁作用和最后100米思想政治教育工作的推动作用，充分发挥了党建的组织力量。

创办读书交流学习会，以学习态度提升团队的能力

创办了读书交流学习会，多频次、多方式开展读书交流活动，鼓励员工利用好业余时间多读书、多学习，带动团队学习氛围。提出了 5 个提升的要求：建立健全组织机构，不断完善 PMC、EPC 和监理管理体系及部门管理制度，提升项目施工管控和部门治理能力；以培养专业组专家和专业经理为抓手，鼓励个人学习获取执业资格证书、专业技术职称，全面提升个人专业水平和综合素质、部门业务能力；强化责任落实，以落实业务保安为重点，以质量控制为重心，以施工费用控制为核心，以进度控制为中心，以安全、技术管理为保证，推进安全、质量和文明施工标准化，全面提升项目施工管理执行能力；以创新和提质增效为突破口，全面提升施工管理水平；以标准化五星支部建设标准为切入点，党建和中心工作双入手，持续抓好政治思想、作风、廉洁、群众、部门文化、服务工作，提升党建工作引领和保障作用。

开创培养先进、树立标杆的先河，以价值导向来引领部门的作风

谱出部门之歌。结合部门自身特点和工作任务，以电视剧《亮剑》的主题歌为蓝本，创作了《施工之魂》。在公司多个联欢场合或远程录制节目中，部门按项目或小组演唱了该曲目，用音乐鼓舞了大家的干劲。

设立先进栏目。在企业内刊筹备阶段，即拟定了"先进代表"专栏，为的是讲述项目建设过程中涌现出的先进事迹和代表。他们有的是能上能下的监理员及项目经理，有的是奋战在一线的共产党员，有的是年过 60 岁的老专家，有的是杰出的第三方技术服务人员……或集体先进，或个人代表，无论哪种，都是部门精神和文化的最好诠释，是有血有肉的生动案例。通过不断地培养和不断地展现，让更多人切身感受到了周边先进同志的模范带头作用，让先进同志的事迹始终成为一面鲜艳的红旗，飘扬在前！

评先宁缺毋滥。企业基层部门每个人都是熟悉的同事，每个人的工作作风和工作成效，周边人都看得很清楚，每次集团或公司开展评先评优活动时，群众都会有一杆自己的秤，某个人什么条件、够不够得上资格、能不能评先，群众眼睛是雪亮的。即便某个人在某个项目中做得最好、表现得最出色，也不一定够得上评先的基准线，为此，部门坚持宁缺毋滥的原则，部分名额空白或推选踏踏实实做事的人。

部门通过培养先进、树立标杆的做法，引领了员工的价值导向，培养了砥砺实干作风，涌现了一大批砥砺、实干、奉献、担当、符合部门文化精神的先进集体和个人。

实施效果

助力项目建设"三战三捷"

连续多年的企业基层文化建设，多方位、多渠道、多角度进行提炼、宣贯和践行，着眼于部门的协作能力、团队的合作水平和个人的工作能力，整个部门的工作氛围和成效有了长足变化和明显提升，最为突出的是在榆林 SYCTC-1 项目上实现了"三战三捷"，出色地解决了项目总承包、业主管理和监理服务 3 个层面的各项问题，该项目于 2020 年 11 月全面建成，于 2020 年 12 月 28 日凌晨成功打通全流程，产出合格甲醇，收到来自各方的多份贺信。

显著提升部门劳动生产率

通过部门年度工作任务的适时细化和认真落实，部门每年都紧贴公司要求和形势，超额完成公司交代的各项任务，部门除一名综合管理人员留守北京本部外，其他所有人员都派到了项目

上，常年派驻在外，部门全员劳动生产率超过110%。

展现基层文化风采与自信

通过企业内刊连续多年的持续发行，内容愈发丰富多彩，逐渐成为员工业余生活的重要一部分。企业内刊将项目动态和部门管理有机结合在一起，实现了部门管理在分散式项目上的落地生根，将部门文化和精神表现得淋漓尽致，成为文化传承的有效载体，更是文化自信的舆论阵地。

促进党建工作融合与发展

通过设立各项目党小组的做法，有效推进了党建和业务的双向融合，进而通过党建的力量助力项目平稳发展，在没有额外增加员工工作量的同时，将党建工作做得有声有色并在项目上展现出来，党支部连续多次被评为五星党支部。

把员工培养成中流骨干

通过打造学习型团队，不断提高个人能力、提升部门管理水平、提升各方面的管理意识，进一步锻炼了队伍，部门走出来一大批中流骨干，开始独立带团队，带领专业人员开展各项技术的研究和探索。

为部门树立砥砺实干风向

通过培养先进，规范价值导向，整个部门呈现出砥砺实干的作风，展现着务实、高效、担当和奉献精神，无论在哪个项目上，施工管理部的同志都能得到大家的一致认可。

为公司超额创造产值

经初步测算，2022年施工管理部所有员工（含第三方技术人员）累计创造产值9800万元，人均产值70万元，超额完成产值290万元；同时，节省管理工时20%，节约人工成本390万元，总计额外创造产值680万元。

主要创造人：孙树涛　娄兴敏
参与创造人：张先松　谢舜敏　王　俊　冯　伟

以"同心同行，Do Best"行为准则建设推动企业高质量发展

南方电网广东佛山供电局

企业简介

南方电网广东佛山供电局（以下简称佛山供电局）是南方电网广东电网公司直属的管制业务一类企业，负责佛山全市的安全供电、电网建设和供用电服务。现有职工5798人，供电客户405.92万户。2022年最大负荷1416.6万千瓦，供电量747.59亿千瓦时。近年来，该局紧密围绕社会、经济发展需求，全力做好电力供应保障。曾获全国"五一"劳动奖状、全国安全文化建设示范企业、"全国工人先锋号"、全国"七五"普法先进集体等多项荣誉称号。

实施背景

一是统一思想激发活力的必然要求。面对复杂多变的外部环境、改革发展稳定的内部挑战，需要充分发挥企业文化引领力。二是助力企业高质量发展的坚实保障。党中央提出立足新发展阶段、贯彻新发展理念、构建新发展格局、推进高质量发展的战略部署，作为中央企业，企业文化建设是新形势下打造核心竞争力、迈向世界一流的坚实保障。三是大抓支部、大抓基层的有力举措。大抓支部、大抓基层是党要管党、全面从严治党的必然要求。只有结合企业改革发展过程中的工作主线，破解企业文化推动问题、活力问题、实效问题，才能强基固本。

党的十八大以来，佛山供电局全面承接南方电网企业文化理念，围绕"当好排头兵"的企业定位，在生产经营管理等六大业务领域开展"同心同行+专业理念"的行为准则建设，在五区供电局和大集体企业实施"同心同行+目标导向"行为准则建设，构建起"6+6"全方位、全覆盖的"同心同行，Do Best"行为准则建设工作模式，以"做到最好"为目标，推动社会主义核心价值观在基层供电企业落实落地。

主要做法

聚焦"文化落地"，真心追求共同愿景

健全组织架构，夯实机制保障。一是夯实组织建设。设置精神文明、企业文化与品牌建设委员会及委员会办公室，负责企业文化工作的统筹规划、组织落实、督促检查和总结推广。二是健

全机制保障。通过党建工作领导小组会议机制,在该局党委层面做好指导,研讨企业文化建设的重点难点问题。结合党支部综合研判工作机制,每季度对党支部的企业文化建设情况进行指导,着力提升基层企业文化建设质量。三是做好统筹规划。将企业文化建设纳入年度工作要点和党建责任制考核重点内容,将企业文化建设职责纳入各部门职责,有力保障企业文化建设任务落实到位。

用心用情,建设有温度的党组织。一是充分激发干部"头雁"效应。抓实政治建设,实施政治要件"一本台账"管,决策部署"一事两问"抓。聚焦企业发展重点难点问题实施书记项目,发挥支部书记在攻坚克难中的"头雁"作用。选优配强党支部书记队伍,构建党支部委员履职能力提升体系,编制支委履职到位标准量化清单,用过硬党务干部队伍凝聚人心。二是充分发挥党员示范作用。开展"学禁令,守底线,加强执行力建设""强国复兴有我"等主题党日,提升党员党性修养。建设党员责任区、党员示范岗,在重大工程、重要项目等业务前沿成立党员突击队,实现"重要岗位有党员、关键时刻见党员"。

深入融合,创新实施专业文化建设。在安全文化建设方面,通过完善理念引领、制度规范、物态保障、行为养成四大系统推动安全文化建设,构建形成了既有南方电网鲜亮底色又富有佛山特色的"同心同行·精益求精"安全行为准则,该局获评全国安全文化建设示范企业。在服务文化建设方面,将温度、速度、精度、深度、裕度、广度贯穿营销服务各个专业,实施"同心同行·度度精彩"行为准则建设,打造"佛山E(易)来电"用电营商环境品牌,持续提升"获得电力"水平。在廉洁文化建设方面,实施"同心同行·永葆清廉"行为准则建设,大力推进"六廉行动",引导广大干部员工"本分做人、干净做事",为企业高质量发展保驾护航。在法治文化建设方面,打造"看得见的法治"品牌,建成南方电网首个地市级数字化法治运行展示中心。持续加大法治教育,打造"共享普法"资源库,营造良好法治文化氛围。

聚焦"文化传播",用心传递共同价值

围绕"想员工知道的"和"员工想知道的",系统实施文化传播。建立"632"工作机制,统一思想,凝聚共识。

凝聚发展合力。一是强化重大制度、重点工作、重大成效宣贯。针对重大制度、重点工作等,策划宣传内容,解读工作背景、目标和举措,帮助员工及时了解大政方针和最新工作要求。在自有媒体平台打造"e+"系列栏目,2022年累计推出展播76期,在全局营造良好干事创业氛围。二是加强"三支队伍"建设。瞄准宣传委员、专业解读人、文化传播员三支队伍,组建"业务部门-直属单位-党支部"三级宣传人才矩阵,打造"带不走的宣传队",将社会主义核心价值观和企业文化理念生动传播、根植人心。

抓好宣传教育。一是大力拓展宣传阵地。持续完善企业文化展示中心、企业历史展馆、党建馆等学习教育实践阵地建设,营造浓厚学习宣教氛围。综合利用公共办公空间、楼宇电视、文化长廊、班组文化墙、营业厅、配电房等载体,形成立体式宣传阵地。重点整合PC端、电视端和移动端,形成宣传工作矩阵效应,频道化、栏目化改版楼宇电视,提升传播实效。二是着重加强核心价值观和南方电网企业文化宣教。将公民道德讲堂作为核心价值观教育的活动品牌载体,引导员工围绕敬业精神、职业道德、创新能力、个人发展等立足岗位践行核心价值观。多形式宣贯南方电网企业文化理念,将其纳入新员工和党支部书记培训必修课程。三是推行文化仪式活动。

办好"文化四礼",强化覆盖先进典型发掘、培育、申报、宣传、展示全流程的"致敬榜样"工作机制。举办"荣誉殿堂"入选礼,推动"榜样面对面"活动下沉一线,增强员工荣誉感和归属感。

讲好企业故事。一是提升舆论导向力。深化媒体咨询委工作机制,加入佛山网络辟谣联盟,积极参加佛山市网络安全和信息化协会活动,争取政府部门及属地媒体支持。开展国企开放日活动,策划新型电力系统建设、优化营商环境、供电可靠性等主题报道,多渠道、多角度展现央企的责任担当和员工的良好风貌。二是提升典型示范效应。利用"有声有色"的音视频及平面海报宣传模式,开辟"平凡之路""光影故事"等专栏,深挖先进经验和事迹,举办"致敬佛电榜样""榜样面对面""青年公开课"等系列活动,讲好典型故事,让典型出彩、为企业争光。

聚焦"文化筑家",全心凝聚共同力量

用情关爱员工,关切员工需求,着力提升职工生活品质,努力营造健康生活、快乐工作良好氛围。一是密切关注员工思想。深入推动落实党员领导干部"上下联动"工作机制,及时了解掌握、研究解决基层党支部的痛点、难点问题。深入推进"同心聚力"密切联系群众工作,定期分析研判员工思想状态。编制重点关注人员"一人一册",提高基层党组织谈心谈话工作实效。持续推进"一对一"谈心谈话全覆盖,建立支委月度分析、党委季度研究机制,动态掌握员工思想、工作状况。建立"思享汇"平台,持续完善问题研究、处理、答复、监督的闭环管控机制,全方位收集并解决员工实际需求,2022年共计征集答复问题(建议)350余条。二是有效落实减负提效。全面梳理上级各项要求和局年度党建工作重点,制定党建工作"一张蓝图",让基层党支部一看就知道干什么、怎么干。编制党支部"一月一清单",将每月主题党日的内容、形式、要求以清单方式呈现,通过共享平台将学习文件、视频资源、红色基地等信息传递给基层,有效减少基层重复搜索、整理资料的时间和精力。三是幸福"e家"凝聚人心。深化"暖心工程"建设,为员工提供高质量"医食住行"服务。努力提升职工生活品质,打造6个亮点名片和22个优化项目,获评广东省"健康企业"称号。用活资源为职工办实事,打造员工活动场所,办好员工喜闻乐见的活动,提升员工获得感、幸福感。

实施效果

文化驱动力从"无形"到"有形"的深层转化

牢牢把握融入管理实践、融入业务流程、推进业务发展这一方向,注重企业文化与业务深度融合,企业文化得到员工认同,在工作中自觉践行文化要求,将文化软实力转化为企业的感召力、引领力和带动力。2022年,该局职工创新工作和技能竞赛成绩保持广东省前列,获国家行业级职工技术成果奖17项。斩获国际质量管理小组发表赛特等金奖,夺取全国质量奖卓越团队奖。该局累计有效发明专利拥有数达到727件,成为全国首个获评"国家知识产权示范企业"的电网企业。

文化凝聚力从"有形"到"有力"的深刻转变

通过不断增强企业文化的渗透力和带动力,实现以文化带动发展、赋能发展,企业经营业绩获得全面进步,收获多方赞誉。一是政府评价高。该局积极促进地方社会经济高质量发展,获得

佛山市委市政府高度肯定。供电可靠性连续12年排名全国前10。建成现代供电服务体系"集大成"之作，佛山市入选全国优化营商环境"获得电力"标杆城市。二是上级评价好。南方电网公司、广东电网公司领导多次到该局调研，高度肯定数字化转型、智能电网建设等成果。该局关键指标全面过硬，在系统内年度绩效考核中多个领域考核排名位居广东省第一。三是社会评价优。2022年，该局多措并举助力中小企业纾困解难，惠及0.8万用户。全面服务乡村振兴，启动6项产业帮扶项目，建成9间"南网知行书屋"。第三方客户满意度保持南方电网范围内地市供电局最高分。

文化影响力从"有力"到"有效"的深远辐射

该局把满足人民对美好生活的电力需要作为一切工作的出发点和落脚点，发挥电网企业联系千家万户的基础服务作用，连续多年获评佛山公共服务最佳口碑单位。企业文化建设成果荣获中电联2022年度电力行业企业文化建设典型成果。《"声入人心"：企业思想政治工作模式的探索与实践》作为南方电网唯一入选案例获评中宣部中国政研会基层思想政治工作优秀案例。该局相关工作获《人民日报》等媒体报道，2022年累计在外部媒体发稿230余篇次，在全社会和企业内部形成良好反响，进一步彰显责任央企形象。

主要创造人：谢文景　刘安琪
参与创造人：华　枫　郑　华　马　磊　李　豪

文化"三步走"为企业发展增添新动力

华电煤业集团有限公司

单位简介

华电煤业集团有限公司（以下简称华电煤业）成立于2005年8月，是中国华电集团有限公司（以下简称中国华电）专门从事煤炭及相关产业开发、运营的专业公司。注册资本36.57亿元，现有股东8家，其中中国华电控股76.37%、华电国际等中国华电系统内7家单位合计参股23.63%。控制煤炭资源213亿吨，煤矿产能5860万吨/年，投产电力装机规模192万千瓦，参股铁路运营里程2800千米，投运和在建港口吞吐能力6800万吨，自有船队运力34.7万载重吨，总体形成以煤炭产业为核心，集煤、电、路、港、航为一体的产业链，跨入5000万吨级特大型煤炭企业集团行列，在2022中国煤炭企业50强中营业收入排名第20位、中国煤炭企业煤炭产量千万吨以上企业排名第14位。

实施背景

党的二十大报告中明确了新时代文化建设的方针原则和发展路径，指明了发展中国特色社会主义文化、建设社会主义文化强国的正确方向。中国华电在《关于加快建设世界一流企业的意见》中提出了"将文化建设成果转化为推动企业改革发展竞争优势"的要求。落实党中央对文化建设的部署及中国华电党组的要求，迫切需要进一步加强文化体系建设。随着华电煤业近年来的高速发展，原有的企业文化体系已经不能满足发展的需要，迫切需要建立与发展战略相匹配的企业文化体系，为企业高质量发展提供强有力的文化支撑，营造"创新奋进、奋勇争先"的企业文化氛围。

华电煤业准确把握国家经济发展新形势，主动适应新变化，以实现企业高质量发展为目标，坚持战略引领、文化聚力和管理提效，提炼形成了具有鲜明特征的"创合"文化。该文化是对华电煤业企业文化体系内涵的高度概括，体现了"创业有为、创新奋进、合作共赢、和谐发展"的文化特质和品格。该体系包含企业标识、企业使命、企业愿景、发展方针等14条理念，以及全员行为规范和礼仪。

主要做法

华电煤业党委始终坚持把企业文化作为创新党建思想政治工作的重要载体，着力推进文化落地、文化实践、文化引领"三步走",实现以文化促进管理、提升效能的目的,为推动企业高质量发展、建设一流煤炭企业提供文化动力和精神支撑。

文化落地——让"创合"文化根深蒂固

华电煤业认清当前发展形势,推动企业文化深入人心、融入管理、融入行为,为企业健康快速发展提供了有力的思想文化支撑。

健全组织,加强领导。成立了由党委书记为组长、党委副书记为副组长、各部门负责人为成员的企业文化领导小组,制订了《企业文化建设管理办法》等规章制度,按照齐抓共管、分工负责的原则,将企业文化建设纳入考核体系并将其作为年度党建责任制考评、先进基层党组织和文明单位评选等各类先进表彰的重要内容。

立足实际,完善体系。按照《华电文化纲要》"三统一"方针,准确把握自身发展定位,坚持战略引领、文化聚力和管理提效,提炼形成了"创合"文化体系,倾力打造"最具竞争力的煤、电、路、港、航一体化企业集团"。制订了《员工行为规范》,细化和延伸了企业文化理念,实现了文化的内化与固化结合、柔性管理与刚性约束的互补。华电煤业企业文化建设管理成果荣获2022年度全国电力行业企业文化建设典型成果奖。

强化培训,深入宣贯。将学习宣贯企业文化作为一项重要任务,指导系统各单位通过中心组学习、主题党日、班前会开展学习,建立和完善了包括网站、微信公众号、抖音、微博等在内的企业文化传播体系,有效促进了干部员工对企业文化的高度认同。本部举行了"作风能力建设我先行"承诺践诺签字仪式,福建储运和华远星海运等基层单位则通过开展企业文化测试和征文等方式开展企业文化宣贯工作,进一步激励了干部员工爱岗敬业、勤奋工作的热情。

文化实践——让"创合"文化枝繁叶茂

华电煤业根据实际,不断挖掘和塑造企业的亮点,通过多维度的塑造,将企业文化的品牌形象逐步呈现,不仅扩大了企业的知名度,也为员工干事创业加油鼓劲,为企业发展提供坚强政治保证。

提高政治站位,品牌建设的成色更足。积极开展"喜迎党的二十大、党建亮品牌"活动,围绕企业中心工作,与企业文化相融合,构建具有华电煤业特色的党建文化。一是建立党建品牌体系。构建了以"强链·创合"党建品牌为统领,"智链·创合"人才品牌和"清链·创合"廉洁文化品牌为专业子品牌的"1+N"党建品牌体系,指导基层企业打造各具特色的支部品牌,提炼形成党建实践案例和党建工作方法。积极推动党建文化阵地建设,建成了3个首批"全国煤炭行业红色教育基地"。二是作风能力持续提升。开展"作风能力提升年"活动,提炼形成了"大、高、实、快、拼、廉"的"六字诀",各级党员干部在笃行践躬"六字诀"上做表率,比、学、赶、超的创先争优氛围日益深厚、充盈。三是积极开展党建思政课题研究。"党建引领阳光销售"荣获2021年煤炭行业党建工作品牌最佳案例、现代化管理创新成果(党建类)一等奖,"党建引领班组建设"荣获全国电力行业优秀研究成果一类奖项,"混合所有制企业党建工作研究"荣获2022年煤炭企业现代化管理创新成果(党建类)一等奖,"党建联建共建"和"党建品牌创建"两项课题分别荣获中国华电"揭榜挂帅"课题优秀成果、重点研究课题优秀成果一等奖。

坚持植根铸魂,企业发展的质量更高。认真落实"科学规范,精益高效"的管理理念,坚持科技创新自立自强。与中移物联网等10余家单位签订创新联合体协议,5G+智慧矿山、矿山物联网与工业互联网、矿用无人驾驶、煤矿数据孪生4个实验室建设初见成效。不连沟、小纪汗煤矿新增5套智能快掘工艺成套设备，井下固定场所实现无人值守，减员36人/班，华电力拓在5G技术、"一张图"、电液控研发、地质保障系统开发等方面取得突破性进展。2022年，华电煤业研发投入4.89亿元，完成科技项目13项。获得省部级、行业科技奖12项，集团科技奖7项。专利授权125项。

勇担央企责任，煤炭保供的本色更亮。充分发扬"煤炭人"的"特别能战斗"精神，克服2022年疫情因素的不利影响，提高政治站位，突出"量的压舱石""价的稳定器""运的抢险队"功能定位，用攻坚克难的干劲"稳产、稳价、稳预期""保供、保暖、保民生"。针对局部区域电煤紧张情况，迅速组织港航运销物流企业联手打通保供绿色通道，驰援山东、贵州等15个区域38家电厂，有效化解了燃"煤"之急。2022年，收到感谢信函50多封，8个集体、6名个人荣登第五届CCTD煤炭运销系列品牌榜。

落实安全文化，安全环保的底色更浓。为全面贯彻落实党中央、国务院关于生态环保工作的重大部署，提出了"安全与健康并重，生产与生态相容"的安全环保理念。2022年，深入推进绿色矿山建设，小纪汗、肖家洼、石泉煤矿通过5A级、甜水堡二矿通过4A级等级认证。持续推动环保手续办理和污染防治，甜水堡二矿按期完成竣工环保、水保验收，肖家洼煤矿取得建设规模调整环境影响后评价报告备案，不连沟煤矿产能核增环评报告通过生态环境部环评中心专家审查。强化生态环保合规管理，完成采煤塌陷区及排矸场生态综合治理7120亩。

加强合规管理，改革发展的质色更正。落实"依法合规，诚信厚德"的经营理念，深入开展"合规管理强化年"工作，2022年按期完成64项工作任务、36项整改任务，获得电力企业合规管理成果一等奖。健全完善法律风险防范机制，完成8家基层企业法律"体检"。高质量完成审计署迎审配合工作，紧盯煤炭产、运、销重要领域和关键环节，统筹实施54个审计项目，扎实做好审计"后半篇"文章，年度整改完成率100%，推动建立长效机制，促进增收节支和挽回损失2.13亿元，审计工作综合评价在中国华电直属单位名列前茅。

文化引领——高质量文化引领企业高质量发展

"创合"文化理念如同一池春水，为华电煤业带来了生机与活力，系统上下呈现出全员创效的生动局面。

创新发展理念，市场竞争力持续提升。认真贯彻落实习近平新时代中国特色社会主义思想，在企业文化理念引领下，以推动高质量发展为根本要求，着力抓重点、补短板、强弱项、增优势，打造了"采洗销互动、路港航协同、产运需衔接"的煤炭供应链，推动生产装备更新改造、安全生产标准化、煤矿智能化建设、绿色矿山建设取得了长足进步，在成功跨入5000万吨级特大型煤炭企业集团行列的基础上，2022年，华电煤业抢抓政策机遇，加快煤矿产能核增和建设规模调整手续办理，累计增加产能1140万吨/年，为实现企业高质量发展提供强劲动力。

搭建成长平台，奋勇争先氛围浓厚。近年来共建成16个职工创新工作室，承办了中国华电技能大赛4次，举办了技能大赛13届，激励员工敬业爱岗、奋发有为、不断成长，涌现出地市级以上技术能手62人。积极开展"创新奋进、奋勇争先"企业文化建设实践活动和"作风能力提升""再提升"活动，激发广大干部职工的工作热情，营造了你追我赶、比学赶超、真抓实干、奋发有为的工作氛围。华电煤业在2022年全国煤炭行业大赛中取得个人一金、两铜及团体第一名的优异成绩，创新创效、班组建设成果在行业内和中国华电系统内获奖18项，获得中国华电产业工人队伍建设改革示范单位荣誉称号。

履行社会责任，企业形象全面提升。坚持"企业发展与反哺社会同步"的方针，持续为乡村振兴战略做出贡献。2022年，实施帮扶项目15项，全年共计投入帮扶资金2600余万元。2个基层单位获得地方政府表彰表扬，充分展现央企的责任与担当。编制发布《2021年度可持续发展报告》，首次获中国企业社会责任报告评级专家委员会"五星级"评价。

坚持一主多元，企业文化百花齐放。在"创合"文化的引领下，系统各单位坚持将社会主义核心价值观、行业文化融入企业文化建设中，华电煤业本部荣获了2018—2020年首都精神文明单位。曹妃甸储运、华远星海运等8家单位建立了企业文化体系，形成了"一主多元、各具特色"的文化体系格局。其中不连沟煤矿因"安馨"文化连续3年被中国企业文化管理协会评为企业文化建设优秀单位、先进单位和标杆单位。

实施效果

企业文化是企业发展的灵魂。华电煤业坚持目标导向、问题导向、结果导向，通过推进文化落地、文化实践、文化引领"三步走"，有力推动了企业文化"入脑、入心、入形、入行"，最大限度地激发了员工的凝聚力和向心力，提升了管理水平和核心竞争力。近年来，华电煤业主要经营指标稳居同类型企业前列，利润总额连续5年位居中国华电直属单位前列。华电煤业充分发挥产业链协同优势，持续深化煤炭供应链建设，全力以赴增产、稳价、保供，交出了能源保供亮丽答卷。下一步，华电煤业将在先进文化的引领下，抢抓机遇，锚定目标，对标一流，力争"十四五"末再造一个华电煤业，跨入行业领先行列，确保朝着成为最具竞争力的煤、电、路、港、航一体化企业集团持续奋斗。

主要创造人：杜将武　刘书德

参与创造人：郑　鑫　刘吉平　刘英威

"家文化"护航轨道交通民生事业

无锡地铁集团有限公司

企业简介

无锡地铁集团有限公司（以下简称无锡地铁集团）前身为无锡市轨道交通发展有限公司，成立于2008年，2012年组建为集团公司并转入无锡市国资委监管，主要承担轨道交通工程建设、运营、开发和投融资等任务，目前已完成无锡市第一轮、第二轮地铁建设规划，建成通车4条地铁线，开通里程112千米。无锡地铁集团坚持工程创优的传统，开展技术研究与创新，斩获国家优质工程金质奖、江苏省优质工程奖"扬子杯"等国家、省市级重量级荣誉45项。

实施背景

在2009年启动地铁建设之初，面对来自经验、技术、人才等多方位的挑战，无锡地铁集团提出了"我爱我家、我家爱我"的"家文化"口号，使大家心往一处想，劲往一处使，在2014年搭建了基本理论框架。2018年，面对集团发展规模快速扩张，新理念、新技术与新兴人才的不断涌入，为了更好地统一思想、凝聚共识，明确了"我爱我家、我家爱我、家在责在、责在家兴"的"家、责"理论体系，为无锡地铁集团未来的生存与发展、改革与创新指明了方向。

主要做法

践行文化强企战略定位，厚植"家文化"发展沃土

无锡地铁集团坚持文化强企战略，通过提升"家文化"软实力，增强企业综合发展能力及核心竞争力。在此过程中，主要遵循实用、共识、创新三大原则。

坚持实用原则。地铁建设初期，"家文化"是为了凝聚和融合来自五湖四海、各行各业的员工，弥合差异、求同存异、凝心聚力地把地铁工程建起来，随后经历了从项目建设公司到建设、经营并行再到多元化集团公司，"家文化"的内涵也从单纯的合作共赢向责任共担转型，着重体现了打造地铁"百年工程"的责任感与使命感，实现了"从有到优"的价值取向转变。

坚持共识原则。在创建"家文化"的过程中，坚持"从群众中来，到群众中去"的工作方法，确保既符合集团整体发展规划，又能呼应基层员工心声诉求、贴近实际。一方面，借助问卷调查、一对一访问等，对企业文化进行"回头看"，充分了解"家文化"的群众基础，及时掌握企业文化实际效用；另一方面，由领导班子重点把关、集体决策，引导企业文化从自发的无意识

向自觉的工作准则转变，凝聚成集体共识。

坚持创新原则。"家文化"是具有开放性的文化，不断吸收工作、生活中的正能量。一方面，将"家文化"拓展至地铁建设工人，在工地打造"幸福项目部""和谐项目部""廉洁项目部"，培养政治意识强、技能水平高、生活环境优的现代产业工人队伍；另一方面，鼓励下属企业在集团"家文化"基础上创建具有个性化的文化体系。目前，下属运营公司已系统创建了个性化的企业文化体系。

完善工作机制与保障措施，筑牢"家文化"建设堡垒

无锡地铁集团通过建章立制，把文化建设纳入企业的日常管理之中，并且采用"领导小组+工作专班"、考核挂钩等方式实现强管控。

建立企业文化建设领导小组，由集团党委书记、董事局主席任组长，集团党委副书记、总裁任副组长，集团其他高层领导任组员。领导小组下设工作小组，由集团企业管理部负责日常联络，集团各部门及下属公司安排专人参与建设，搭建起覆盖全集团的文化建设网络。

通过制度、标准等规范企业文化建设工作，发布了《企业文化管理办法》《无锡地铁集团企业文化手册》等，明确企业文化理念内涵、管理机构、理念层管理、制度行为层管理、文化器物管理、宣传推广管理、评估考核管理等，相关具体工作纳入企业管控。

在集团设置企业文化专岗，常态化评估集团及各下属企业的文化建设和管理情况，纳入年度考核之中，通过考核保障文化建设的推进力度。加强对下属企业文化建设工作的事前指导与事后审核，保障集团与各下属公司在关键理念上的统一一致，确保企业文化符合各级经营管理实际，形成文化合力。

落实八大应用理念系统，助推"家文化"落地生根

为更加务实、有效地指导一线员工践行"家文化"理念，系统搭建了八大应用理念，覆盖管理、服务、安全、品质、经营、人才、党建、廉洁等，以提高企业文化指导业务开展的可行度。

一是按照"坚持发展导向、创新机制体制、提升管理效能"的管理理念，探索了对标管理、集团管控、"回头看"、"放管服"等实践；稳步推进数字化企业建设，实现云上招采、数字管理等；加快法治企业建设，健全法务和内审机制，为依法依规、稳健发展提供了坚实基础。二是持续推进"温情锡铁、贴心相伴"的地铁运营服务理念，推出"母婴护理服务""冷暖车厢"等举措，打造了"最干净地铁""畅行畅心"等服务品牌。聚焦运营一线员工"脏、苦、累"问题，推动智能运维、智能客服等24个智能项目落地。三是按照"质量为基、体系为核、意识为纲、责任为重"的安全理念，构建了全面安全和全面质量"双全体系"，开展安全生产3年专项整治行动，建立标准化三级安全教育体系；积极应对特殊天气灾害等突发情况，搭建了平战结合的安全生产和突发应急体系，为地铁事业发展打造平稳基座。四是践行"精益求精、至臻致远"的品质理念，持续开展技术创新，在国内首次实践顶管法联络通道和装配式轨顶风道等施工工艺，多次承担全国、行业规范编制。五是针对"挖掘资源潜力、强化成本控制、提升经营效益、构建产业平台"的经营理念，广泛涉足传统产业，有力推动轨道交通产业本地化发展。六是按照"为敬业者提供舞台、为创造者构建平台"的人才理念，实施"789"人才培养工程，打造"行业英才"社会招聘和"锡铁士计划"校园招聘等人才工作品牌，瞄准"双一流"高校引进高端人才，设置"双通道"晋升机制，搭建人才梯队，提供成才舞台。七是坚持"党旗引方向、党建促

发展、联盟谋共赢"的党建理念，推动"一支部一特色"，打造"五型"党组织，擦亮高质量党建特色品牌。八是秉持"敬畏在心、坦诚于怀"的廉洁理念，创新"五位一体"全过程监督模式，实现廉政风险分级分类管控。塑造"清风地铁，你我同行"的廉洁文化品牌，打造"两栏一报一专列"，启动"一企一特色 廉洁促发展"纪检监察创新工作品牌建设，营造风清气正的创业环境。

创新打造"1+N"工作方法，激发"家文化"潜能活力

无锡地铁集团将地铁覆盖面广、影响力大等行业禀赋转化为推进企业文化发展的动力，通过"1+N"工作方法，促进"家文化"与党建、工会、青年、宣传等工作有机结合，激发文化活力。

"家文化+党建"，打造无锡地铁城际党建联盟。2015年，无锡地铁集团党委联合地铁沿线各区委组织部、街道党工委等相关单位及地铁工程参建单位，成立无锡地铁城际党建联盟，架设了跨行业、跨地区的合作平台，现已有130余家成员单位。打造了党建"铁三角""同心圆"等特色品牌，常态化开展关爱地铁建设者，"送关爱、送法律、送文化"进工地，在一线创新设立了劳模工作室、党代表工作室等，为工程建设提供有力支撑，无锡地铁城际党建联盟入选了"全国城市基层党建创新优秀案例"，是"家文化"在基层党建中的生动实践。

"家文化+工会"，全方位融入特色人文导向。一方面，将企业文化与劳模标杆相结合，积极弘扬新时代"大国工匠"精神，持续开展"我心中的巾帼标兵"等活动，打造了"孙毅劳模工作室"和"施超职工创新工作室"，开展工匠培育选树；另一方面，关心员工身心健康，成立无锡首个市属国企关工委组织，建立活跃的文体活动机制，包括户外运动俱乐部、乒羽俱乐部等，加强与大院大所、头部央企的文体活动交流，形成具有无锡地铁特色的人文氛围。

"家文化+青年"，多层次激发青年骨干活力。无锡地铁集团高度重视青年成才，持续推广新型学徒制，组织青年技术骨干与劳模先进结对，发挥高技能人才"传帮带"作用，用好实习实践基地、无锡市青年就业创业见习基地、无锡市科普教育基地等平台，在重大项目中让青年挑大梁、担重责，激发青年创造性和能动性。通过主题团日、青年技术沙龙、共青团示范品牌创建等工作，让青年骨干在无锡特色地铁高质量发展的舞台上释放更多青春文化影响力。

"家文化+宣传"，建好多样化文化宣传阵地。无锡地铁集团通过不断创新宣传模式、拓展宣传阵地，逐渐构建起具有无锡地铁特色的企业文化宣传工作体系。一方面，发挥领导干部带头作用，通过"领导干部下基层"等形式，从党委层层往下宣贯执行；另一方面，建立"文化宣讲团"，在大学生训练营、新员工入职时进行宣讲，2023年已有超过600人次接受培训，形成了"以学优宣，以宣促学"的文化宣讲机制。

"家文化+书香地铁"，营造浓厚学习文化氛围。无锡地铁一方面联合无锡市图书馆打造了无锡市图书馆无锡地铁分馆——畅心书屋，兼具公共图书馆分馆和"职工书屋"双重职能，2021年获"全国工会职工书屋示范点"荣誉称号；另一方面，在地铁空间内打造"文化客"音阅空间、"书香号"地铁专列，放大无锡地铁畅心书屋公共文化空间的社会影响效应，营造浓厚的公共阅读氛围。

实施效果

截至 2022 年，无锡地铁集团的营业收入从 2018 年的 5 亿元增长至 2022 年的 22 亿元，资产总额由 505 亿元增长至 840 亿元，利润和所有者权益增幅位列无锡十大国企前列，为打造百年企业奠定坚实基础。

在工程建设方面，完成无锡市 2 轮城市轨道交通、4 条线路建设任务，累计完成建设投资 726 亿元，在全国开创了首轮规划即实现"一年通双线"的先河。在运营服务方面，列车正点率、运行图兑现率等关键指标均在 99.9% 以上，保持了一般及以上责任事故零发生的良好纪录，地铁运营服务质量评价 967 分、线网服务质量评价 960 分，排名江苏省内第二，获得江苏省用户满意服务企业和无锡市"微幸福"民生工程金奖等殊荣。

无锡地铁集团全面参与轨道交通产业本地化发展，"十四五"初期，新基建、智能交通、列车制造等关联产业年产值规模超过 500 亿元，投资新基建、生态置业、类金融等领域企业超过 50 家，打开了高质量经营开发的良好局面。

无锡地铁集团全力参与城市基础设施和民生事业建设，承建保障房、市政工程、水利设施等 10 余个项目，项目产值累计 30 亿元。常态化参与爱心捐款、无偿献血、"经济薄弱村"结对帮扶等公益事业，围绕就业保障、扶贫慰问、青年结对、产业帮扶等多维度开展社会救助。

主要创造人：张 军
参与创造人：段永强 王钢飚 陈梦佩

办好企业文化节，打响企业金招牌

中铁四局集团有限公司

企业简介

中铁四局集团有限公司（以下简称中铁四局）成立于1950年，是具有综合施工能力的大型建筑企业，是世界500强企业——中国中铁股份有限公司的"标杆"成员单位。持有铁路、公路、房屋建筑、市政公用工程4项施工总承包特级资质和铁道行业甲（Ⅱ）级、公路行业甲级、市政行业甲级、建筑行业甲级、风景园林专项甲级、土工程（勘察）甲级、测绘甲级等7项设计、勘察、测绘甲级资质，是全国建筑行业为数不多、安徽省唯一一家"四特七甲"施工企业。中铁四局业务范围涵盖建筑安装业绝大部分领域，以及新材料研发生产、工程设计与监理、物流贸易与服务业、房地产、基础设施BT和PPP等投资项目。目前，业务范围分布在全国31个省、自治区、直辖市，以及海外安哥拉、委内瑞拉、埃塞俄比亚、蒙古、印度尼西亚、巴拿马、斯里兰卡、马达加斯加、孟加拉、哥斯达黎加、莫桑比克等30多个国家和地区，连续3年新签合同额超过2000亿元、营业收入超过1000亿元。累计荣获"詹天佑奖"42项、"鲁班奖"39项、"李春奖"16项，以及国家优质工程奖74项、全国用户满意工程40项、全国优秀焊接工程59项。在全国铁路施工信用评价中，中铁四局共有32次位居A类企业，成为全国获此殊荣最多的单位。

实施背景

开展企业文化节是回溯源头、传承红色基因的现实需要。中铁四局的源头是中国人民志愿军铁道工程总队，自成立以来就肩负着国家经济建设、民族振兴的历史责任，广大员工满怀报国之心，艰苦奋斗，顽强拼搏，在创造巨大物质财富的同时也形成了优良的传统，创造出了丰富的精神文化。这些巨大的精神财富都成了企业可持续发展的强大动力。举办企业文化节，正是企业赓续红色血脉、传承文化基因的有力举措。

开展企业文化节是与时俱进、弘扬时代精神的现实需要。伴随着时代的发展，中铁四局始终与国家的发展建设同频共振。举办企业文化节，就是以服务企业改革发展大局、弘扬社会主义精神文明建设为主旋律，不断发现和挖掘发展过程中的好故事、好榜样、好典型，及时总结和提炼企业发展过程中的好文化、好作风、好精神，集中展示全局企业文化建设的成果和员工追求幸福生活的文化风貌。

开展企业文化节是面向未来、凝聚奋进力量的现实需要。发展为了员工，发展依靠员工。

建筑企业的在建工程项目遍布全国，绝大部分项目分布在山林田野、荒滩戈壁，海外项目更是在不远万里的异国他乡。项目的分散性和员工的流动性，注定了企业文化建设有集中度不高的特点。而通过定期举办全局性的企业文化节，一是可以解决各项目相对分散独立的问题；二是可以凝聚全体员工的向心力和集体荣誉感，推动"理想信念情怀，爱党爱国爱企"等思想教育落实落地。

主要做法

坚持聚焦主题，常态化开展，把企业文化节打造成为企业文化建设的品牌项目。2002年以来，历时20年，中铁四局已经连续举办了10届企业文化节。举办企业文化节，已经成为中铁四局传承企业精神、凝聚员工力量、推进文化建设、提升企业核心竞争力的有效载体，成为业主和同行广为赞誉、社会广泛认可的企业文化品牌。

2002年10月，中铁四局以"喜迎党的十六大，万人抒情怀"为主题，举办了首届企业文化节。为期半个月，先后组织开展了群众性文艺表演和歌舞晚会及摄影、书画、邮品等艺术作品展览，以及知识讲座、司歌征集、先进模范表彰大会等16项活动。2004年9月，第二届企业文化节如期举行。为期半个月，组织开展活动12项，在上一届的基础上，增加了管理创新研讨会和高层管理者企业文化倡导等活动内容。2006年9月，举办了为期20天的第三届企业文化节。该届文化节将集团公司集中性活动与各基层单位和工点分散性活动相结合，上下互动，形成整体效应。2008年10月，在"百日文化"活动的基础上，以"面向基层、面向员工，集中活动与分散活动相结合"为原则，在企业文化节集中性活动后，在重点工程工地开展了员工优秀摄影作品展等活动，组织文艺宣传队进行了慰问演出。2010年9月，结合庆祝建局60周年和改制10周年的活动，以"传承、弘扬、超越"为主题，隆重举办了第五届企业文化节。在全局各单位结合实际广泛开展分散性活动的基础上，开展了庆典、展示、表演、表彰等六大类22个集中性企业文化"子"活动。2012年9月20日至29日，以"喜迎党的十八大，转型促发展"为主题，成功举办了第六届企业文化节。文化节期间，局及局属各单位文化活动上下互动，7家子公司相继举办了本单位的企业文化节。2014年10月，以"一流企业，一流文化"为主题的第七届企业文化节历时10天，按照"隆重、热烈、节俭、有序"的八字方针，全局上下互动，集中性活动与分散性活动有机结合……

坚持共建共享，广泛性参与，把企业文化节打造成为员工文化生活的中心舞台。一是全面调动全员参与热情。按照"上下互动，广泛参与"的原则，每届企业文化节均紧扣一个主题，坚持"全员共享"原则。组委会在精心组织全局集中性活动的同时，指导各子（分）公司立足实际，开展了富有特色的系列活动，实现了全局上下互动；下属各单位，在启动本单位企业文化节的同时，积极在基层项目开展分散性活动，实现了机关基层互动，充分彰显了企业文化的强大凝聚力和向心力。还引入了网络直播系统，通过央视新闻移动网等直播平台，实现全球直播，身处异国他乡的海外项目员工也能和国内的员工及家属一样适时观看文化节的重点活动项目。二是紧扣施工管理中心工作。每届企业文化节均紧扣企业生产管理、转型改革主线，组织安全质量知识竞赛、全面预算管理知识竞赛、海外项目专题座谈会、财务人员演讲比赛、全局十佳红旗项目部评选表彰、优秀青年员工座谈会、创新论坛和微课大赛颁奖典礼等一系列子项目,将管理工作全面融入企业管理工作之中,极大丰富了企业文化的内涵。三是全面打造企业文化盛会。每届企业文化节聚焦中心主题,都会适时举办国学讲座、企业文化理念宣贯、党建文化展、廉洁文化展、员工优秀摄影作品展、"我身边的共产党员"DV作品展播、青年微电影展播、健身活动表演、老年专场文艺演出、歌咏比赛等文化子项目,通过开展一系列形式多样、内容丰富、员工喜闻乐见的集中性文化活动,全面展示了近年来企业发展和文化建设的丰硕成果。

坚持自我突破,艺术性呈现,把企业文化节打造成为企业文化的金字招牌。尤其是在第八届至第十届企业文化节上,中铁四局在传统节目的基础上,通过艺术手法,自编自导自演了反映中铁四局发展历史、企业精神和典型榜样的《奋斗》三部曲:《舞动山河》《薪火相传》《奋斗之路》。2016年,在第八届企业文化节首次自创自编自演了大型情景组歌《舞动山河》,分"铿锵""砥砺""驰骋"3个篇章,全景式回望了中铁四局的诞生、成长和发展历程,展望了企业的美好未来,传承了厚重的企业文化,荣获了中央企业第三届精神文明建设"五个一工程"优秀作品奖。2018年,在第九届企业文化节自创自编自演了大型(原创)场景歌舞剧《薪火相传》,全景式地反映中铁四局在不同历史时期、不同阶段创造的企业精神在推动企业发展过程中的巨大作用。2020年,在第十届企业文化节自创自编自演了企业奋进史诗三部曲的收官之作——情景歌舞剧《奋斗之路》,以70年来中铁四局涌现出的典型人物和时代群像为素材,讲述几代"四局追梦人"自强不息、风云激荡的创业故事,展现以中铁四局为代表的国有企业70年来接续奋斗的家国情怀。组歌和歌舞剧均借助视频直播、DV传播等多种方式传播至一线项目和社会各界,观看人数超过300万人次,收到各类点赞、留言上万条。不仅在员工中产生强烈共鸣,而且在社会上赢得广泛赞誉。中铁四局企业文化节被中国企业文化管理协会收录为"企业文化建设优秀案例",被中国交通报社评为首届"全国交通运输行业优秀文化品牌",还被安徽省文明委评为安徽省精神文明创建十大品牌,已经成为中铁四局文化建设的金字招牌。

实施效果

助力了企业持续高质量发展。企业总资产由22.9亿元增长到1060亿元,相当于再造了45个中铁四局;企业各项主要经济指标连续多年位居中国中铁系统前列,并被中国中铁股份公司选树为系统标杆企业,各项主要经济指标连续多年在两大铁路建设总公司乃至五大中央建筑企业的二级企业中位居前列。2022年,中铁四局完成企业营业额1526亿元、新签合同额2766亿元,生产营销再创历史新高。

营造了企业高品质的发展环境。企业文化节全面展示中铁四局文化建设成果,大大增强了广大员工的自豪感和归属感,有效地营造了团结和谐、健康向上的文化氛围,企业凝聚力和社会影响力进一步提高。

建成了企业高水平的文化阵地。每两年举办一次的企业文化节,集中展示了企业改革发展的辉煌业绩和企业文化建设的累累硕果,企业的社会知名度大幅提升,对内凝聚了员工之心,对外传播了企业文化。每届企业文化节均备受各级领导和社会各界的重视。安徽省委省政府、中国中铁党委和合肥市委市政府有关部门、部分业主单位、安徽省摄影家协会、安徽省美术家协会负责人、中央驻皖及安徽省内主流媒体经常性参加企业文化节有关活动,给予了高度评价和充分肯定。依托企业文化节这个阵地,中铁四局持续推进企业文化建设,相继编纂多部书籍,完成中铁四局党建文化馆、企业展览馆和中国人民志愿军铁道工程总队纪念馆建设,尤其是提炼形成的、具有中铁四局特色的"争先"文化成为中国中铁"开路先锋"文化的重要内涵。中铁四局先后被授予"中国企业形象管理典范单位""全国企业文化建设工作先进单位""中国文化管理先进单位""中国文化管理百强企业""改革开放40年中国企业文化四十标杆单位"等称号。

主要创造人:路　辉　黄爱国
参与创造人:宋　恒　康　宁　朱　旭　赵　杨

"八融八聚"党建品牌引领企业高质量发展

中材科技股份有限公司

企业简介

中材科技股份有限公司（以下简称中材科技）于 2001 年注册设立。2006 年，中材科技 A 股股票在深圳证券交易所上市。2016 年，"两材重组"后，隶属于中国建材集团有限公司。中材科技是科研院所转制企业，承继了原南京玻璃纤维研究设计院、北京玻璃钢研究设计院和苏州非金属矿工业设计研究院 3 个国家级科研院所 60 多年的核心技术资源和人才优势，拥有完整的非金属矿物材料、玻璃纤维、纤维复合材料技术产业链，是我国特种纤维复合材料的技术发源地，是我国国防工业特种纤维复合材料配套研制基地，也是我国特种纤维复合材料领域集研发、设计、产品制造与销售、技术装备集成于一体的高新技术企业。荣获全国"五一"劳动奖状，是全国首批国家"创新型企业"。

实施背景

中材科技成立之初，面临研发资源分散、产业规模小、资金紧缺和发展后劲不足等问题，总资产 2.8 亿元，营业收入 2 亿元，归母净利润仅为 2000 万元。20 多年来，中材科技以战略为引领、以技术为支撑、以资本为纽带，通过改制设立、上市发展、培育产业龙头，内生外延，力破并举，守正创新，实现了远超当年愿景的成绩，走出了一条科研院所探索实践产业化发展的成功之路。

新起点标注新方向，新时代呼唤新业绩。为更好促进党建工作与经营发展深度融合，早日建成世界一流新材料领军企业，中材科技积极组织，结合公司发展实际，潜力研究党建工作与生产经营互融互促的底层逻辑，通过增强党组织自身建设，结合国有企业党建价值创造实践，最终形成了中材科技"八融八聚"党建品牌，进一步助力公司实现高质量发展。

主要做法

中材科技潜力研究党建工作与生产经营互融互促的底层逻辑，通过增强党组织自身建设，结合国有企业党建价值创造实践，着力构建"八融八聚"党建经营融合工作体系，以"卓越党建"领航定向，落实到企业的中心工作、公司治理、科技创新、国企改革、人才队伍、文化建设、安全环保、廉洁风控等各项工作中，努力将高质量党建引领保障企业高质量发展具象为现实可行的行为规范。

融进红色基因，汇聚发展号召力

中材科技党委充分发挥党组织核心领航功能，发挥党员先锋模范作用，用鲜明的政治属性引领公司高质量发展。夯实基层党建基础，深入贯彻落实中国建材集团有限公司"1234"党建工作法，积极推进"三基"建设，落实"两个1%"要求，形成党建管理制度48项、基层党支部管理制度108项。健全党的领导机制，加强党建工作对标管理，印发《中材科技股份有限公司党委党建工作指引》，积极探索党委和法人党支部（党总支）的不同定位与落实重大事项集体研究把关的机制。强化政治思想引领，贯彻落实党中央重大决策部署。深入开展各时期主题教育，不断提高学习自觉、思想自觉和行动自觉。

融入中心工作，汇聚发展生产力

中材科技党委始终把党建工作的着眼点和落脚点放在提高企业效益、增强企业竞争实力、实现国有资产保值增值上。坚持战略引领，确立了"3461"战略目标体系，推进内部产业整合，落实国企改革三年行动方案，总体业绩再创新高。2022年，公司实现营业收入221.1亿元、净利润37.3亿元，营业收入达到成立之初的105倍，净利润达到177倍，市值一度突破750亿元。优化产业格局，专注新材料、新能源和节能环保等国家战略性新兴产业，主导产业、优势产品市场占有率位列行业前列。泰山玻纤全球市占率达到13%，首次超过OCV成为全球第二；中材叶片全球市占率达到15.2%，继续保持行业第一；中材锂膜全球市占率达到8%，保持行业前三；复合高压容器国内市占率达到24%，保持行业第一。

融进公司治理，汇聚发展引领力

中材科技党委积极探索加强党的领导与完善公司治理有机统一的实现途径，汇聚发展引领力。融入顶层设计，把党建工作总体要求纳入公司章程，明确了党组织在企业法人治理结构中的法定地位，中材科技全级次45家企业全部完成党建入章。融入体制机制，全级次企业实现党委书记、董事长"一肩挑"，形成了党委统一领导、党政齐抓共管、纪委组织协调、部门各司其职的管党治企新格局。融入治理结构，不断完善执行党委会议事规则等决策制度，建立党委会议题实施情况跟踪制度并贯彻落实，保障党委"把管保"作用有效发挥。

融汇科技创新，汇聚发展新动力

中材科技党委始终牢记初心使命，以科技创新汇聚企业发展的新动力。完善科技创新机制，提升自主创新能力，打造高效的联合创新机制，培养具有国际竞争力的创新团队，承担的6项关键核心技术取得新突破。秉承红色创新基因，承继3个科研院所60多年的核心技术资源和人才优势，打造产业平台，搭建创新驱动体系，硕果累累。目前，拥有有效专利1647项，荣获国家级科技奖励10项，拥有制造业单项冠军示范企业2家、制造业单项冠军产品3项、技术创新示范企业1家、专精特新"小巨人"10家、高新技术企业24家。

融通国企改革，汇聚发展竞争力

中材科技党委始终把改革作为推动企业高质量发展的根本动力，企业在改革中得到发展，员工得到成长。持续完善企业制度，积极探索机制改革配套公司发展。持续推进企业改革，包括总部在内6家企业实现了混合所有制改革，对持股50%以下的成员企业探索实施差异化管控。国企改革三年行动任务圆满收官，公司改革实践成果获评首届国有企业深化改革实践成果推介一等奖，多项改革成果入选国务院国资委改革案例集。第一批"科改示范企业"北玻有限2021年度专项考核评估结果为"优秀"，第二批"科改示范企业"南玻有限、苏菲有限2022年入选国务院国资委"科改示范企业"名单。

融建人才队伍，汇聚发展战斗力

中材科技党委加快构建党建与人才工作新模式，扎实把人才队伍建设工作做实做细。坚持人才引领，建立健全领导干部管理、考核评价等制度。聚焦国家重点领域，依托国家重大工程，着力锻造一支勇于创新创造的科技人才主力军。坚持人才培育，拓展人才引进新模式，建立双通道职业发展模式，深化产业工人队伍建设改革。坚持人才激励，实施"揭榜挂帅""赛马"机制，薪酬分配向关键核心技术攻关、基础研究等领域倾斜，用足中长期激励"制度包""工具箱"，现有员工持股平台2家、超额利润分享平台4家、股权激励平台2家，形成核心骨干与公司利益紧密联系的机制。

融合文化建设，汇聚发展凝聚力

中材科技党委着力推进党建与企业文化建设有机结合，强化文化引领，开展"四合一"大宣传提升年主题活动。通过参加《焦点访谈》《对话》等节目录制，在《人民日报》《中国建材报》等媒体发表文章51篇，与中国建材报社联合开展砥砺奋进20年主题采访活动，讲好"国之大材"故事，讲好中材科技故事。发挥群团优势，建立青年突击队、青年创新工作室等26个。中材科技总部团支部荣获中央企业团工委"五四"红旗团支部，公司及所属企业团组织获得中国建材集团有限公司"五四"红旗团委等集体荣誉5项，获得优秀团干部等荣誉12人。履行央企责任，积极践行乡村振兴战略，累计派出扶贫干部、乡村振兴干部8人次，购买消费扶贫产品283万元，向善建公益基金捐款1805万元。

融实廉洁建设，汇聚发展保障力

中材科技党委始终坚持全面从严治党战略方针，营造风清气正的干事创业环境。把党风廉政建设纳入企业发展总体布局，对照"三项清单"，落实党委主体责任、纪委监督责任、领导班子成员"一岗双责"，层层签订责任书、承诺书，压紧压实政治责任。强化监督执纪问责，深入推进政治监督具体化、精准化、常态化，深化运用监督执纪"四种形态"，坚决查办违纪违法行为。不敢腐、不能腐、不想腐一体推进，推动中央八项规定精神成风化俗，驰而不息整治"四风"。深入开展各类专项整治，梳理主要业务领域廉洁风险点88项，大力开展廉洁文化建设。

实施效果

站上了跨越发展的新高地

中材科技以战略规划为引领、以科技创新为先导、以机制改革为动力，大力发展主导产业，孵化培育新兴产业，形成产业发展布局和梯队。截至2022年，与2001年公司成立时对比，总资产增加166倍、净资产增加109倍、营业收入增加105倍、净利润增加177倍，有效实现国有资产的保值增值。2022年，营业收入实现221.1亿元，同比增长8.94%，利润总额实现40.7亿元，净资产收益率达23.14%。

走出了产业领先的新道路

中材科技在纤维复合材料行业的龙头地位稳步提高，百亿元级优势主业梯次成长。泰山玻纤综合实力全球前三，被工业和信息化部认定为智能制造新模式示范企业；中材叶片国内市占率连续11年保持第一，成为中国制造业单项冠军示范企业；锂膜产业年内新增萍乡、宜宾两大10亿平方米级基地，成功进入国内外龙头客户供应商体系；苏州有限高压复合气瓶产品持续占据国内整车市场最高份额，收入站上10亿元平台。

走出了创新驱动的新步伐

中材科技依托三大国家级院所，搭建起覆盖基础研究、工程化研究、产业化研究的创新驱动体系。"十三五"期间，累计投入科研经费30亿元，开展国家与地方政府科研项目75项，获得授权发明专利211项，成果转化14项。发挥11个国家级创新平台作用，承担"卡脖子"关键技术攻关5项，建设国家新材料测试评价平台复合材料行业中心，建设中央产业研究院。党和国家领导人在军民融合发展高技术成果展上专门参观了南玻有限展台，听取工作汇报。

走出了改革发展的新面貌

中材科技不断完善激励机制建设，是集团第一家以上市公司为平台实施员工持股计划的企业。面向经营实体实行的超额利润分享办法取得良好效果，获得全国建材企业管理现代化创新成果一等奖。引入战略投资、实施管理层与骨干持股，在锂电池隔膜、电力复合材料、高性能矿物材料等项目探索产业孵化培育新机制。努力用足用好改革工具箱，现有员工持股平台2家、超额利润分享平台4家、股权激励平台2家，构建员工、企业共同成长的良好氛围。

走出了党群共建的新气象

中材科技对标对表，全面提升，形成自己的党建工作特色。近年来，共计29个基层党组织和74名同志荣获集团"两优一先"称号。2个项目荣获集团首批"十佳党建工作品牌"，4个项目荣获"优秀党建品牌"。北玻有限大型复合材料模具制造车间获全国"工人先锋号"，南玻有限荣获全国"模范职工之家"。所属企业泰山玻纤温广勇、酒泉叶片刘锦帆获评全国劳动模范，当选第十四届全国人大代表。赵谦等5名同志获得全国"五一"劳动奖章荣誉。

主要创造人：薛忠民　黄再满

参与创造人：郭　伟　刘　熠　解珏茜　刘珊珊　崔　博
　　　　　　赵江峰　朱　昊　邵碧莹　朱景森

构建理论宣讲的"xin"模式

中国华电集团有限公司浙江公司

企业简介

中国华电集团有限公司浙江公司（以下简称浙江公司）成立于2003年，负责华电在浙江区域的发展规划、能源项目开发、生产运营管理、电力市场营销、统一对外协调等工作。现管理7家企业，资产总额139.33亿元，在职员工1400余人，发电总装规模超过500万千瓦，清洁能源占比100%，是一家以天然气发电为主，"气、水、风、光"共同发展的清洁能源企业。公司先后获得集团公司"先进企业""文明单位标兵""先进基层党组织""安全生产先进单位""模范职工之家"和浙江省"忠实践行'八八战略'、奋力打造'重要窗口'立功竞赛先进集体""企业文化品牌建设优秀单位""G20优秀志愿服务集体"等多项荣誉。

实施背景

针对一些国企存在的宣讲题材老旧、宣讲形式老套、宣讲需求脱节等问题，浙江公司从理论学习的主题定位、形式内容、听讲主体、实践效能等多方面进行明确、扩充和升华，在宣讲题材"时效性"、形式"新颖性"、需求"指导性"等方面有的放矢、加以提升，进而达到了加强政治理论学习、适应文化传播新变化、呼应职工群众理论渴求、打造企业文化品牌等成效。

浙江公司党委立足浙江独特红色优势，从理论宣讲的创新实施、传播推广、成效检验等维度，聚焦党课"谁来讲""讲什么""怎么讲""怎么传播"等关键环节，构建了理论宣讲"xin"模式，探索形成了基于"信-新-心"的"三维"工作路径。明确各环节的基本关系、逻辑层级、推进方式，致力打造有特色内涵、有创新载体、有推广价值的理论宣讲品牌，进一步丰富浙江公司"潮·立"文化体系和内涵，为新形势下国企红色文化传播提供具体化、个性化的解决方案，开辟了国企企业文化建设新高地。

主要做法

浙江公司结合近年来理论研学的实践探索，以传播思想理论文化为中心，深化"信-新-心"的"三维"工作路径，拓展理论学习阵地，锻造理论宣讲队伍，创新理论传播手段，焕发出思想内在生命力，打造"潮·音"青年理论宣讲品牌，让思想传播更潮、更靓、更富穿透力。

以"信"为本，深学细悟精修内功

坚定信仰，凸显马克思主义思想的指导地位。领导带头示范学。聚力打造党课宣讲导师团，各级领导干部积极发挥"头雁效应"，以点带面推动党内"带头讲党课、人人讲党课"的风气，将马列主义的基本原理和方法论列为必修科目。结合党史融合学。定期举办培训班、读书班、讲座沙龙，不断深化对我党执政规律、社会主义建设规律、人类社会发展规律的认识，持续提升党员干部的理论宣讲水平。党员跟进全面学。通过"党史夜读""一月一党课""青马工程"等形式，引导广大干部职工强化理论思维、历史思维，深刻理解掌握党的相关理论的新提法、新解读，两年来共开展党课宣讲397场次。其中，副厂级以上党员领导干部讲党课142场次。

坚守信念，贯穿习近平新时代中国特色社会主义思想脉络。学深悟透"第一议题"。浙江公司始终把学习贯彻习近平新时代中国特色社会主义思想作为党委会、党委中心组、主题党日"第一议题"。守好浙江"红色根脉"。配备《之江新语》等学习辅导用书5000余册，开展"我在之江读新语"等专题宣讲活动。各单位邀请专家讲座、组织专题研讨等共120余次，举办各类"学习强国"竞赛评比20余场。

永葆信心，承载民族复兴、社会进步、人民富强的光荣使命。选材内容"聚人气"。注重把党的理论与基层的典型事例结合起来，把上级精神与地区实践经验结合起来，充分考虑党员群众的文化程度、行业差别，分类分层设置内容。选题策划"接地气"。在策划党课选材上，以小切口展现大主题、小舞台释放大能量，勤积累、巧行文、抠细节，锻造高质量宣讲文稿。宣讲内核"扬正气"。结合浙江打造"共同富裕示范区"，讲好扶贫故事；学习劳模先进，讲好实干故事；结合"十四五"规划，讲好发展故事；挖掘企业资源，讲好文化故事。

立"新"破局，聚焦质量匠造精品

宣讲主体扩"新军"。组建多元化队伍。公司组建"领导干部、业务精英、劳模工匠、青年骨干"4支红色队伍，党员干部发挥"领头雁"作用带头宣讲，业务骨干、央企工匠、扶贫书记等先进代表走上讲台分享初心故事。培养青年生力军。成立"潮·音"青年理论宣讲团、"80、90"党史宣讲团，组织青年宣讲队走进党支部、团支部、基层一线，走入社区、集市、田间地头经风雨、见世面。累计开展青年宣讲90余次，受众5000余人次。

宣讲模式更"新潮"。"文创风""田园风""舌尖体"……浙江公司在宣讲模式突出"新潮"，主打"时间短、形式活、接地气、效果好"的体验式、讲座式、访谈式、情景式、融媒体式党课。突出宣讲内容接地气、有温度，宣讲团成员下基层、进班组、入现场，走入社区、集市、田间地头经风雨、见世面。现有宣讲导师20人，宣讲团成员90余人。

多维传播有"新意"。拓展新媒体阵地。发挥"融媒体+理论宣讲"矩阵优势，依托"学习强国"、抖音、快手、"两微一端"等新媒体平台，灵活运用微视频、漫画等喜闻乐见的宣讲载体。构筑"云党课"阵地。自主开发"PC+手机App"的"浙先锋"党建文化信息化平台，截至2023年3月底，已上线影音学习材料160余期，收听收看超过3万人次，累计学习时间超过10万个小时。创新传统阵地。将"融媒体"创意融入"潮·音"青年理论宣讲，设计青年宣讲赛、微视频制作赛、微信推文现场竞速赛等环节，用说、唱、演等形式讲好企业文化故事。

从"心"出发，学用结合彰显担当

聚人心，打造党课"浙品牌"。文化传播注重以文化人、以文育人。构建学用长效机制。按照学习研讨、贯彻措施、督导推动、跟踪问效联动机制，精准落实"第一议题"制度，实现学习和实践的良性互动，共形成工作表单480余份。培育"xin"党课品牌。公司立足打造国企党建新高地，不断拓展党建文化"浙品牌"内涵，探索国企党课理论宣讲新路径，聚力打造以"xin"党课为内核的理论宣讲品牌。

暖民心，用心用情，为民解忧。主题策划用心。深化"我为群众办实事"活动，组织"征集一批金点子、开展一次大调研、实施一次承诺践诺活动、进行一次深度融入实践"的"四个一"活动，将急难愁盼逐一清单化、精准化、目标化。深入调研走心。各级党委班子成员深入基层一线，既聚焦企业改革发展难题，也关注职工"住、食、行、健、娱"问题。为民服务暖心。制订落实措施化"问题清单"为"服务清单"，确保"服务清单"变为"满意清单"，分批次滚动落实，定期通报进度、销号管理，目前全部整改完成。

践初心，激发干事创业动能。聚焦项目拓展。邀请"工地一线"的优秀党员上台宣讲，以情景党课形式现身说法，口述从陆上风电到海上风电的创业历程。各单位"党员项目攻坚队"以先进为榜样，加快构建"水燃一体、风光并举、燃电协同、储能抽蓄"一流综合能源企业。聚能改革创新。举办"浙"里青年说、"青年榜YOUNG分享会"，激励青年党员在电力市场改革中冲在一线，持续改善燃机经济运行管控能力，提升计划发电模式的边际贡献度。聚力科技攻坚。"80、90"理论宣讲团下基层、进班组、入现场，讲好"国家事""企业事""身边事"，激发广大职工创新实干热情。

实施效果

亮品牌，激发"潮·音"澎湃

充分发挥浙江"红色根脉"独特优势，聚力打造了多个理论宣讲品牌。以学促做、以研践行、以赛促讲，擦亮"潮·音"青年理论宣讲品牌，衍生出"80、90"新时代理论宣讲团、"xin"党课等特色子品牌。浙江公司优秀案例荣获2022年度全国电力行业企业文化建设典型成果奖，宣讲团成员先后获得浙江省国资委微党课二等奖、青年理论宣讲大赛二等奖、"优秀组织奖"等多项荣誉称号。

强媒介，打造"融媒"矩阵

浙江公司将视频媒介作为宣传工作的重要窗口，扎实做好"互联网+"融合文章，成立了"潮立方"融媒体工作室，主打"时间短、形式活、接地气、效果好"的融媒体式理论载体。培养、选拔、造就了一支有理想守信念、懂技术会创新、敢担当讲奉献的"融媒体"理论宣传队伍，以影音媒介为传播载体，不断提升区域理论宣传工作的特色和水平。区域共有融媒体工作室7个，有专兼职人员40余人，近3年在各类网络平台发布作品150余个。

练内功，培育"爆款"课程

浙江公司勤练内功，让理论"开花结果"，形成了一批有成效、可复制、易推广的实践范例，将"小而美""短而精"的理论产品加工成文、成册、成档、成片。《金家山的提篮书记》获得浙江省国资委微党课大赛二等奖，获推登上了国务院国资委和集团等展播平台；《中国亮堂堂》先后被省、市、县等多级政府"点单"赴基层宣讲。在中央级网媒发文6篇，在"学习强国"等平台发布视频30余个。获得集团政研成果"揭榜挂帅"优秀奖1项,以及一等奖3项、二等奖3项。

促转化,破题"知行"合一

浙江公司将安全生产、项目发展、科技创新、提质增效等"难题"转化为"课题",领导班子成员"揭榜挂帅"带头解题,交出亮眼"融合答卷"。科技创新"攀高峰",成为国内首家重型燃机控制系统全站国产化改造企业,国内首款基于国产锐华安全可信嵌入式操作系统的风电主控系统成功投运。项目发展"再提速",全年清洁能源项目核准备案859MW,完成项目收购111MW,玉环南区海上风电项目完成核准,乌溪江混合式抽水蓄能电站项目经浙江省发改委批复核准。近两年,燃机电量占有率在浙江省统调燃机集团中位列第一,利润总额连创历史新高,蝉联集团公司"先进企业"。

育文化,解码"基因"赋能

浙江公司立足"浙江味""红船味",让理论传播与企业文化深入融合、同频发声。下属乌溪江公司深入挖掘红色基因,实施电站文化遗产"微改造",打造"口述历史""红色文物"等特色案例,推出"沉浸式"红色教学课堂,近3年累计参观学习110场次、2300余人次,入选省级爱国主义教育基地、省级产业工人思想教育阵地;下属半山公司被命名为浙江首批省级"企业文化中心"。浙江公司先后获得浙江省企业文化建设协会十佳企业文化品牌建设优秀单位、电力行业文化品牌影响力企业等荣誉称号,企业文化故事获第四届中央企业优秀故事优秀奖。

主要创造人:范琴红　费　建
参与创造人:唐志军　项怡冰

以四个"致力"为核心的企业文化建设

宁波申洲针织有限公司

企业简介

申洲国际集团控股有限公司（以下简称申洲集团）成立于1988年，是全球规模最大的纵向一体化针织服装制造商和销售商，长期专注并深耕针织服装产业链，产品涵盖运动服、休闲服、内衣等所有的针织服装，生产工序在行业中最为完整，包括织布、染色、后整理、印绣花、成衣等。在宁波北仑、安徽安庆和柬埔寨、越南等海外国家建立了生产基地，客户包括耐克、优衣库、阿迪达斯、彪马、安踏、李宁等国内外知名品牌。在制造业市值排名前列，是中国纺织服装行业的龙头企业，先后获评2021年度浙江省百强企业、2021年度浙江省制造业百强企业、中国制造业500强企业。中国针织工业协会于2011年10月授予申洲集团"中国针织行业领军企业"荣誉称号；2012年，公司股票入选"港股100强"企业，于2013年6月1日起纳入MSCI明晟指数，于2018年9月正式纳入恒生指数成分股，是纺织服装制造业中唯一的大蓝筹上市公司。宁波申洲针织有限公司是申洲集团旗下核心子企业。

致力于"体面劳动、尊严生活"，实现企业发展惠及全体员工

"体面劳动、尊严生活"，不仅是申洲集团的企业文化，也是对每个员工始终如一、关心关怀的郑重承诺，建强党委、工会、团委、妇联组织，多途径听取员工诉求，维护员工权益，提升员工归属感、幸福感。多年来，申洲集团坚持从员工技能提升、学习发展到吃、住、行多方面着手，持续投资改善员工生活环境。

投资1亿元在宁波基地建立"中央厨房"，17个餐厅保障4万多名员工的餐饮，打造成为浙江省最大的员工食堂。这个"中央厨房"所有食材集中采购、集中配送，确保食品安全，每天可以配送大米7.5吨，日制作馒头25000个，可同时供应4万多名员工用餐。

投资7.2亿元，改造建设新的员工公寓3000套。在宁波基地，共建成员工生活区14个，公寓楼生活区3个，共有集体宿舍3600间，夫妻房和单身公寓1600间，还有公寓2500间在建，将原来的8人一间的上下铺床的集体宿舍改成了单人床的2~3人一间的员工公寓，有效改善了员工的居住环境。

员工最大的烦恼是春节回家，不仅费时费力，而且费用较高。对此，申洲集团花费2亿多元，每年免费接送1.5万名员工春节返乡，目前已连续11年组织春运包车，已累计接送12.5万名员工春节按时返乡、返厂，每年带回10%的新员工。

保持员工收入稳定增长，宁波区域的员工人均工资上涨16%。申洲集团重视人才培养，搭建员工成长发展平台，常态化开展员工职业教育。根据职业领域不同，为员工设置专业技术与行政管理两条线并进、双向转换的H型职业发展道路。于2011年成立企业大学——申洲管理学院，作为实施管理培训和技能培训的综合性企业内部培训机构，为员工提供提升和发展的有效平台。此外，为保障公司子女教育，投入2000多万元成立幼儿园，方便公司员工子女入学，真正让员工在申洲集团稳定发展、幸福生活。

致力于"节能减排、科技创新"，实现企业高质量发展

织布工艺：总投资3.6亿元开展织布设备升级，100%安装变频马达高效设备，电机平均效能由87%升至92%，2020年单位耗电相较2016年下降4.68%。染整工艺：总投资约10亿元开展染色设备升级、水管明管改造、电机升级，相比2016年，2020年电耗下降9%、蒸汽消耗下降26%、水耗下降46%。清洁能源使用：改变了能源的消耗结构，加大对太阳能、风电等清洁能源的利用，2021年在北仑新增了5.9万平方米屋顶光伏发电项目，自发自用的太阳能电力达460万度，2021年还通过市场交易方式购买了1500万度的绿电用于生产。

通过选购环保原料、工艺控制等来实现产品的环保性。申洲集团在宁波总部建成1.5万吨/天的中水回用设施，中水回用率达到40%。投资1.28亿元获得20年水库使用权，水域面积1100平方米，与当地自来水公司签订处理协议。取用当地最大淡水湖的水，水域面积270平方千米。在北仑建有15000吨/天的中水回用设施，部分废水经处理后再次循环使用。宁波公司中水回用比例达到30%以上；越南公司正在建设RO中水回用系统，投入运行后可再节水15%。申洲集团还具有完善的绿色处理污水尾气、生态池、污水管道改明管、定型机尾气处理等体系，严格处理废弃物，淤泥处理200吨/天，经环保部门牵头与北仑电厂合作，淤泥脱水后焚烧制成轻质砖。处理一般固废10吨/天，经由光大焚烧发电，科学推进可持续发展。

申洲集团始终聚焦针织服装主业，始终以扩产能、提服务、强质量、促创新、优管理为抓手，大力推进企业高质量发展。多年来，申洲集团的供应链一直秉承着纵向一体化整合的制造理念，织布、染整、印绣花、裁剪、缝制等数百道工序通过数字化工厂控制仓的统一调度，在同一工业园区内实现高效协作，形成了业内少有的纵向垂直一体化产业链模式，不仅在物理层面实现了"无缝对接"，也提升了面料使用率和产品良品率，能够更好地应对全球服装市场的"快时尚"趋势。目前，申洲集团从面料接单到成衣交货最快只需10天，交货期60天以内的订单已占总订单量的4成以上，也因如此，申洲集团成了优衣库、耐克、阿迪达斯、彪马等全球知名服装品牌的主要代工厂。申洲集团年产各类服装超过5亿件，年营收规模近300亿元，多年来的净利润率保持在20%左右，出口额、利润、税收连续多年位居国内服装行业首位，凭借近30倍的市盈率，成为国内唯一一家跻身港股大蓝筹的纺织企业。

致力于"回报社会、扶危济困"，实现企业助力脱贫攻坚

申洲集团热心教育事业，集团老董事长一直以来都在资助贫困学生上学，他不仅在经济上

关心困难学生，还坚持每年暑假让受助学生到申洲集团参观，平时还通过书信与学生交流学习、生活情况。作为一家劳动密集型企业，申洲有很多外地员工，孩子的教育是一个问题。为此，从 2011 年起，10 年期间每年捐赠 100 万元，成立 1000 万元的北仑教育发展基金，用于发展教育事业，此举既在北仑起到了很好的示范和表率作用，又为外来员工解决了后顾之忧。另外，申洲集团高度重视对体育、医学、环保等事业的发展，捐赠国际女排北仑主场、中国女排协会等资金 1550 万元，促进我国女排的健康发展；捐赠上海颜德馨中医医学会 120 万元，促进我国中医事业的发展；捐赠森林北仑建设 700 万元，促进北仑区的生态环境建设。此外，还投入巨资建设公司中水回用处理系统，成立环保基金，保持企业的可持续发展，促进社会的和谐稳定。

大力推进精准扶贫。首先，开展教育援建。关注贫困地区的孩子们，关心他们的学习和生活，在贵州省台江县援建希望学校，捐建教学楼和学生食堂，努力为他们创造良好的学习生活环境，把梦想的力量传承给下一代。其次，开展物资援助。先后向贵州省台江县扶贫办捐赠 105 万元，助力当地的脱贫帮扶工作。2013 年，又向贵州省黔西南州贫困地区捐赠衣服 18 万件，改善当地贫困农户的生活条件。再次，帮助贫困人口就业。针对贫困地区就业难、收入低的实际情况，由贵州省黔西南州和四川省凉山州、阿坝州等地政府搭台，与当地企业、学校建立长期的合作关系。一方面为当地企业无偿提供机器设备和辅料，派遣技术人员指导或帮助当地企业培训员工，增加当地的就业机会；另一方面，开展校企合作，吸引贫困地区学生来申洲集团就业。比如，与北仑区对口帮扶的贵州兴仁县职业高级中学达成有关劳务输出合作协议，通过赠送机器设备、派遣技术人员等方式开展培训，培训结束经考试合格后，由申洲集团负责吸纳进厂工作。申洲集团累计吸纳贵州、四川、安徽、江西、云南等相对贫困地区的员工 5 万人次。在安徽设立分公司，吸纳当地员工近 1.7 万人。目前，申洲集团在职的贫困地区员工有近 3 万人，建档立卡的贫困户有 7000 人，取得较好的社会和经济效益，使双方共同得到发展。此外，积极参与抗险救灾。先后为四川、云南等省抗震救灾捐款 1456 万元、捐赠物资 3192 万元。2013 年 4 月 20 日，四川省雅安市发生 7.0 级地震，申洲集团迅速行动，为地震灾区捐赠衣服 13.8 万件，价值 1600 多万元，解决了灾民的燃眉之急。2014 年 8 月，云南省发生 6.5 级地震，申洲集团又及时捐赠了 3500 件羽绒服，价值 1000 多万元。

为解决贫困员工的实际困难，申洲集团工会建立了特困员工档案，不定期开展走访，每年 11 月进行集中排摸，确保在建档案的真实性和准确性，及时给予救助资金，帮助他们渡过难关，至今已累计发放困难员工补助金 965 万元。为帮扶到更多的贫困群体，申洲集团先后捐赠了近 1000 万元建立了扶贫基金、宁波慈善总会帮困基金和申洲助医帮困基金等，累计帮扶 138 人次，资助金额达 36.86 万元。还专门捐款 100 万元建立重度残疾基金，用于资助身残智不残的残疾人，帮助他们解决日常生活、康复训练中的经济困难，让他们能更加勇敢地面对生活，努力学习，实现自身价值。每年节假日还向北仑区多家老年协会捐钱捐物，共计 637.87 万元，其中现金 626.2 万元、物资 16.67 万元。2019 年，捐赠北仑青年广场 1 亿元。

围绕"统筹城乡发展、推进城乡一体化"的战略目标，2007 年起，申洲集团结对帮扶北仑九峰山片区新农村建设，积极探索创新，打破原有的村村各自为政、粗放建设、封闭发展的模式，实行成片连线城乡联动发展的理念，先后出资 1600 多万元，结合区域的资源优势和经济文化特色，坚持政府、企业、行政村共同推进，把新农村建设和城市化、工业化有机结合起来，坚持产业联动，全力推进当地农村经济可持续发展，实现共建共享，优化了当地农村人居环境，走出了一条政府主导、社会参与、成片规划、连线推进的新路子，形成了具有先导性、创新性和推广性的"九峰山模式"新农村建设经验。

致力于"全球布局、海外战略"，实现企业助力"一带一路"

创新、开放是企业发展的动力和活力，申洲集团也将此作为企业文化的核心之一，坚持创新开放、坚持走出去战略，坚决响应"一带一路"号召。申洲集团是全球化的大型制造业企业，海外员工已超过4万人。2005年，在柬埔寨建立了第一家成衣工厂。全力投身"一带一路"，实行全球化布局，以开放、创新的理念推进海外合作。

目前，申洲集团的核心基地位于宁波北仑，在中国上海、香港及日本的大阪均设有办事处，以国内基地为依托，主动布局海外。在越南南部建有东南亚最具规模的面料工厂及配套的成衣工厂，员工总数约3万人。2022年，越南工厂的出口额约为16亿美元。在柬埔寨金边市建有两个服装制造工业区，员工总数约2万人。2022年，柬埔寨工厂的出口额约为8亿美元。在东南亚累计投资金额超过14.5亿美元。

申洲集团在柬埔寨和越南的投资，带动了供应链上下游企业同步到海外投资，在当地形成较大规模的产业园区，有力带动了当地经济发展，几万人的就业改善了厂区周边群众的生活水平，大额的投资、持续的税收加速了东南亚发展，同时将先进的管理理念、生产技术带到了当地，推进"一带一路"创新发展，实现共同繁荣。

主要创造人：马建荣　黄关林
参与创造人：陈忠静

以红色党建引领企业文化体系构建，赋能打造数字化定制服装企业集团

大杨集团有限责任公司

企业简介

大杨集团有限责任公司（以下简称大杨集团）创建于1979年9月，以西装的匠心缝制和精良品质而享誉全球。现有企业20家，员工4500人，年服装综合生产加工能力为1100万件（套），年西服出口量600万件（套），连续10多年排名全国第一。2022年，大杨集团单量单裁定制服装实际生产数量为214万件（套），成为全球最大单量单裁服装企业集团。40多年来，大杨集团始终坚持把企业文化建设作为提升企业核心竞争力的重要路径，不断厚植企业文化，培育弘扬了独具特色的"一群人、一辈子、一件事"的核心价值观和"以人为本、科学发展、团结奋斗、回报社会"的企业精神，在构建企业文化体系、赋能企业数字化转型并打造世界最强服装定制平台方面取得了明显成效。

抓党建、兴文化、促发展是大杨集团企业文化建设的鲜明特色

大杨集团从1979年成立时的一个党支部、5名党员，发展到现在集团党委下属12个支部、309名党员，党的组织和队伍生根、开花、结果，党组织的战斗堡垒作用和每名党员的先锋模范作用在企业的每一次转型升级调结构的蝶变中、在每一次集团生产经营面临的考验中都得到了完美的诠释和发挥。作为一名有60多年党龄的李桂莲董事长从建厂初始的最初信念就是听党话、跟党走，带领当地农民共同致富。

目前，大杨集团共设立党员责任区19个及党员示范岗35个，形成一个个战斗堡垒，成为党建和企业文化建设的桥头堡和根据地，全方位、多层次、常态化开展党的组织建设和理想信念教育，引导广大职工坚定理想信念，真正做到了以党建为引领，营造企业文化的良好氛围。

企业百年基业的传承靠的就是文化的力量，而在文化当中，最首要的就是党建的政治引领作用，大杨集团深刻认识到：党建引领是大杨集团企业文化建设的生命线和主旋律，必须将这一生命线和主旋律始终贯穿于打造世界最强服装定制平台的全过程。

全方位赋能企业打造世界最强服装定制平台的战略目标

大杨集团把企业文化放在重要的战略地位和重要的决策议程，把企业文化在企业生产经营全局中的"灵魂"定位以集团文件形式加以固化和推进。

大杨集团在2021年下发了《大杨集团"十四五"（2021—2025）规划纲要》，作为未来5年推动大杨集团高质量创新发展的风向标与指南针，"十四五"期间主要目标是努力打造"五个大杨"，即品牌大杨、定制大杨、数字大杨、质量大杨、文化大杨，而文化大杨是"五个大杨"中的"灵魂"。

突出党建的红色引领，选择7月1日这一有特殊意义的时间节点，以"揭榜授旗"和"誓师大会"的隆重形式，邀请当地党委、政府班子成员现场见证指导，把企业文化的建设从内涵到仪式都提升到一个新高度。

文化大杨是"五个大杨"的灵魂，将文化大杨升级到空前的企业战略高度，是企业高度文化自信和管理升华一种表现，也是大杨集团区别于国内乃至世界上任何一家服装企业的核心优势和独特基因。

构建企业文化"七有"格局体系

大杨集团"七有"格局体系是有体系、有特色、有组织、有制度、有阵地、有活动、有成效。

有体系。大杨集团按照"十四五"规划的总体要求，制订了企业文化建设的具体实施规划，构建大杨集团企业文化体系。在长期的生产经营实践中，集团总结、提炼出了使命、精神、核心价值观和愿景，构成了具有大杨集团特色的企业文化体系，概括为"一区、两馆、三媒、四书、五行"。

"一区"：一个国家级大杨集团服装文化产业园景区。

"两馆"：一个服装博物馆，一个时尚艺术馆。

"三媒"：一个纸媒——企业内刊《大杨风采报》，一个6种新媒体搭建的融媒体矩阵，一个《企业文化手册》。

"四书"：《大杨记忆——大杨集团创业历程纪实》4册图书，共260万字。

"五行"：厂庆日活动、党建日活动、大杨文化讲堂、服装品牌节、技能大赛。

有特色。突出"家文化"的特色，构筑"三大共同体"的建设与执行，以全方位、多层次文化体系彰显企业管理之道。大杨集团以朴实纯真的"家文化"为总基调，以"命运共同体、生命共同体、价值共同体"为纽带，把企业文化春风化雨般地渗透到生产经营中，对凝聚人心、增强员工归属感、提升员工幸福感起到了润物细无声的神奇功效，彰显出企业文化管理的崭新境界。大杨集团投入巨资开发建设了近20万平方米的福利房、廉租房、食堂、商业街、超市、洗浴、文化娱乐中心、幼儿园、学校、医院、商场等福利设施，令来自全国各地的数千名外地员工在大杨集团享受到幸福大家庭的美好生活。正如李桂莲董事长所说："我们要与默默奉献的一线员工共同分享这块巨大的蛋糕，让大家在大杨集团安居乐业，感受大杨集团的'家文化'，感受大杨集团大家庭的温暖。"

有组织。大杨集团非常重视企业文化建设，企业文化建设是有组织的"一把手工程"。大杨集团创建了党政合一的企业文化领导小组，由集团总经理胡冬梅主抓企业文化建设，由集团副总经理吴江直接分管企业文化建设的执行和落实工作。把创建企业文化示范单位作为重要任务纳入企业党建和日常经营的重要考核指标，切实将创建工作任务量化到岗、到人，做到企业党建、企业文化与生产经营紧密结合，统筹推进，一体落实。

有制度。大杨集团自成立以来，逐步梳理建立了一套符合企业实际情况的较完善的企业文化建设制度。这些制度，高度浓缩在《大杨集团文化宣传手册》和《大杨集团员工手册》之中，高度体现在"大杨人"的言谈举止、行走坐卧之间，高度展现在集团决策和贯彻落实的每一个细节和环节之上。

有阵地。大杨文化中心是大杨集团发展历史的缩影、传承文化的载体、企业精神的殿堂，开馆以来，已接待观众5万人次以上，得到海内外嘉宾的一致首肯。文化中心获得了2019年度全国"研学基地"、辽宁省文化产业"教育培训基地"、大连市"企业家研学实践基地"等多项重量级殊荣。目前，文化中心已经成为传承传播"一群人、一辈子、一件事"的大杨文化和大杨精神最重要的阵地，通过申报国家级、省级企业文化建设示范基地、国家级工业旅游景区等活动，将赋予文化中心更多、更新的时代内涵和社会价值。

有活动。大杨集团以文化建设为支撑点，通过党日活动、读书会、技能竞赛、研学、参观等开展各种企业文化活动，最大限度地发挥文化中心的展览、教育、学习、会议、培训、研究等方面的功能。每年定期召开七一党员大会、职工代表大会、读书会、企业文化研学培训会，参与省、市总工会和纺织服装协会的高层次技能竞赛，开展技能大赛、演讲比赛、文艺会演等活动，做到立体化、全方位、多层次、常态化开展企业文化教育。集团设立了融媒体中心为主体的传播体系，以企业内刊及微信公众号、视频号等"7+1"融媒体矩阵为抓手，讲好大杨故事、传递大杨声音、弘扬大杨文化、展示大杨形象，打造特色品牌文化，真正实现文化理念"内化于心、外化于行、见之于效"。

有成效。融党建引领的企业文化于经营管理之中，将企业文化建设活动紧密结合生产经营管理实际，优化提升经营业绩。推动企业文化赋能生产经营，是企业高质量发展的红色动能。

大杨集团以党建为引领的企业文化工作，始终与生产经营同频共振。在关键时刻、困难时期，党员能站出来、冲上去，成为企业发展的助推器、压舱石，让大杨集团在风雨中稳健前行。2020年，面对前所未有的挑战，大杨集团党委以"党员先锋岗"为引领，在300多名党员的带动下，集团5000多名员工奋发图强，最终在年底取得了经营利润1.5亿元的骄人业绩。大杨集团现任党委书记胡冬梅说："党建为引领的企业文化真能给企业发展注入动力，成为企业发展的助推器。"

此外，大杨集团企业文化赋能打造世界最强服装定制平台的成效还表现在以下3个方面。一是持续开展"大学习、大培训"的主题教育活动，开展业务技能、素质培训等活动，在2019年度全国纺织行业劳动竞赛中，集团员工杨志强荣获全国十佳制版师称号；2023年，集团员工王成双、李忠刚获得全国服装制版师大赛"十佳"桂冠；集团旗下洋尔特公司技术科长张继凯荣获2023年全国"五一"劳动奖章。二是开展创先争优活动，发挥党委、工会、团委等组织的作用，组织有大杨集团特色的文体团建活动。三是实施关爱职工行动，2020年春节，集团为831名选择留在大连过春节的外地员工送上慰问物资。

　　正是得益于大杨集团40多年来一以贯之的探索践行企业文化与生产经营的全方位融合，与时俱进赋予了企业发展新内涵，在赋能推动大杨集团打造世界最强服装定制平台方面取得了明显成效。先后获得全国"五一"劳动奖状和"全国文明单位""全国纺织行业先进集体"等殊荣，连续多年跻身"世界服装行业500强""全国服装行业十强／百强企业""中国最大工业企业（1000）家""国家重点扶持的中国名牌出口企业""国家级重合同守信誉单位"行列。集团自主研发的"智能悬挂式高速分拣与存储系统"，荣获2019年"中国服装行业科技进步一等奖"。"支持深度定制与即时体验的服装行业工业互联网平台"项目，入选工业和信息化部2020年度新型信息消费示范项目。

主要创造人：吴　江

构建"1154"创业文化体系，助推企业高质量发展

开滦集团矿业工程有限责任公司

企业简介

开滦集团矿业工程有限责任公司（以下简称矿业工程公司）是开滦（集团）有限责任公司的全资子公司，成立于2014年，注册资金4.9499亿元。现有专业技术人员883人，操作技术员工1478人，业务范围涵盖煤矿托管及技术服务、矿山工程施工、制冷工程、工业与民用建筑设计及施工、工程勘察设计、工程监理等诸多领域。公司下设矿山运营分公司、陕西铜川矿业分公司、唐山开滦建设（集团）有限责任公司、唐山开滦勘察设计有限公司、唐山开滦工程建设监理有限公司、新疆开滦能源投资有限公司、西乌珠穆沁旗分公司、中开矿业投资公司8家子（分）公司。公司拥有矿山工程施工总承包壹级、建筑工程施工总承包壹级、地质钻探甲级等各类资质40余项，具备从工程前期勘察设计到中期施工管理、监理服务，再到后期运营维保的全产业链施工服务能力，在国内同行业中处于领先地位。截至2022年，公司拥有整体托管及技术服务矿井6个，产能近1250万吨，营业收入16.2亿元，荣获2021年度"河北省诚信品牌企业"。

实施背景

党的二十大报告中明确指出，全面建设社会主义现代化国家，必须坚持中国特色社会主义文化发展道路，增强文化自信，围绕举旗帜、聚民心、育新人、兴文化、展形象建设社会主义文化强国。文化之于企业，是引领员工形成共同价值观、增强企业凝聚力、提升企业核心竞争力、推动企业发展的强大动力和无尽源泉，是企业经营思想、治企方略的集中体现。近年来，矿业工程公司认真贯彻落实开滦集团"三柱一新"产业布局，积极做实、做优现代服务业，主动践行煤炭资源型企业转型发展使命任务，大力实施"走出去"发展战略，在中国内蒙古、新疆、陕西及印度等国内外矿山服务市场迅速崛起，现代生产服务业加速发展壮大。在"走出去"发展过程中，矿业工程公司继承和发扬开滦集团"特别能战斗"的企业精神，积极构建培育"1154"创业文化体系，不断将先进的文化力转化成企业快速发展的澎湃动力。

矿业工程公司"1154"创业文化体系，第一个"1"是明确一个发展定位，即全力打造高标准现代化生产服务型公司。明确的企业发展定位既是企业发展战略目标，又是凝聚人心、团结奋斗的强大思想武器。矿业工程公司通过做大做强设计监理、建筑施工、托管运营三大产业，打造全产业链现代生产服务体系，实现由单兵作战到信息畅通、资源共享、产业联动、协同作战的转

变，不断加快企业转型升级和发展壮大。第二个"1"是一个"核心"，即干事创业文化这个核心。干事创业文化是开滦集团百年历史文化底蕴在矿业工程服务领域的新发展，是新时期开滦集团"特别能战斗"企业精神在矿业工程服务领域的新注脚，是"开滦人"精神品格和光荣传统在矿业工程服务领域的新体现。"5"即构建创业文化体系五大路径，为创业文化铸魂固本。通过核心精神铸魂、创业理念培育、外埠文化融合、管理模式固基、亲情文化助力等5个方面打造干事创业文化基本框架体系。"4"即持续实施四大工程（即外部塑形工程、行为培塑工程、思想锻造工程、党建引领工程），为干事创业文化塑形聚力。

主要做法

矿业工程公司高度重视干事创业文化培育，结合企业对外矿业工程服务相关业务开展，积极践行干事创业文化理念，促进了公司发展战略的实施。

五大路径协同发力，为创业文化铸魂固本

核心精神铸魂。矿业工程公司成立以来，不等不靠、敢为人先，凭着新时代"特别能战斗"精神和一流的技术服务团队，勇敢"走出去"闯市场，同时不断加强"特别能战斗"企业精神的教育传承，通过常态化宣传灌输，教育员工勇担使命、爱岗敬业、艰苦奋斗，传承红色基因，赓续精神血脉，保持了外埠企业团队的"开滦文化"底色。

创业文化培育。矿业工程公司启动"走出去"发展战略伊始，干事创业的思想就成为企业文化的主流。随着生产服务业的不断发展壮大及外埠服务项目团队的成长成熟，矿业工程公司进一步明确了干事理念、创业理念、团队理念、市场理念、服务理念、融合理念、品牌理念、责任理念、人才理念、廉洁理念等"十大理念体系"。"十大理念体系"既是企业开拓市场、服务客户的行为标准，也是对客户的服务承诺，深度融入生产经营管理全过程、各环节，引领企业及各所属团队不断攀登高峰、创造优秀业绩。

外埠文化融合。近年来，随着业务不断扩展，与甲方的交流合作越来越多，不同的甲方都有自己独特的地域文化和企业文化。个别合作的甲方部分员工也会纳入公司外埠团队管理，这部分员工有其自身固有的价值观念和风俗习惯。尊重每名员工，汲取他们身上优秀的企业文化基因，开展好文化融合、融入是双方合作发展的基础和团结聚力的需要。矿业工程公司高度重视与合作企业的文化交流，将文化融合作为外埠企业文化建设的重中之重，注重学习把握合作企业的文化理念，在汲取精华、兼容整合的基础上为自己所用，从而实现了合作共赢的局面。

管理模式固基。矿业工程公司在做大做优生产服务业的同时，积累了一整套具有自身特色的、先进的管理制度体系、模式和经验，如市场化精细化管理模式、远程数字化信息管理系统、"334"人才培育模式等。特别是以安全风险分级管控和事故隐患排查治理为核心的"双控"管理信息系统平台建设和安全自主管理模式，以创建精品作业线、精品工作面和召开现场会为抓手的常态化安全生产质量标准化检查验收制度等先进安全管理理念机制，极大地提高了外埠项目安全管理管控水平，保持了外埠项目持续安全稳定。

亲情文化助力。结合各外埠项目团队大多背井离乡、远离家人和繁华城镇的现实，矿业工程公司坚持打造亲情文化，以情感人、以情暖心，着力关心关爱外埠员工，解决员工实际困难和合

理诉求。在认真落实外埠员工定期休假制度的基础上，推行"一制九法"思想政治工作机制，成立外埠员工志愿服务队，常态化开展帮扶服务，为员工办实事，同时定期开展有针对性的文娱活动，突出亲情文化理念，员工的归属感、幸福感和企业的凝聚力、战斗力极大增强。

持续实施四大工程，为创业文化塑形聚力

外部塑形工程。为彰显企业生产服务业品牌形象，矿业工程公司统一视觉标识。特别是外埠团队员工必须统一着装，衣服上有明显的开滦LOGO标识；厂区办公区明显位置地标及办公用品等统一定制，均含开滦LOGO标识和"开滦集团矿业工程有限责任公司"等字样，形成办公场地装饰模块化。规范宣传思想及企业文化阵地建设，高标准高质量开展企业文化理念宣传，规范"规定内容"、凸显"自选内容"，在内容和形式上充分传承、展示开滦集团企业文化特色，让开滦品牌和精神力量在外埠战场大放光彩。

行为培塑工程。大力实施以员工素质提升工程为核心的行为培塑工程。利用"互联网+"建立健全素质提升工作长效机制，通过采取员工自学与常规培训相结合、理论考试与现场实操相结合、手机答题与上机考试相结合的方式，开展安全法律法规、岗位应知应会、操作规程、安全业务知识等学习。一体化推进"3+X"区科安全文化建设，常态化开展岗位描述、行为纠偏活动，以班前会演练、季度竞赛、年度决赛的形式持续深入推进。推行轮值班组长管理模式，营造全员参与安全管理的氛围，培养员工自主安全管理意识，提升安全自主管理新境界。

思想锻造工程。突出政治建设，不断用党的创新理论武装头脑，坚持用社会主义核心价值观和开滦集团"特别能战斗"的企业精神铸魂育人。突出思想引领，坚持开展形势任务教育不断线，重点围绕公司发展战略、发展目标、年度目标任务，在重要时间节点和特殊时期，结合不同员工思想特点开展多种形式的形势任务教育。突出安全思想教育，牢固树立"人民至上、生命至上"的理念和红线底线思维，依托公司"两微一端"和"线上+线下"平台常态化开展安全思想教育，筑牢、织密安全思想教育防线。

党建引领工程。坚持"外埠团队走到哪里，党组织就建在哪里"的原则，创新"三融一创"党建品牌建设模式，打造党委层面"矿山托管""工程服务"两大品牌、基层党支部层面"一个项目、一个品牌、一个特色、一面旗帜"的生产服务业"2+4"党建品牌体系，切实将党建工作融入经济工作全过程。做实党建引领和创新引领，通过开展基层党支部规范化标准化建设、党内创新争优实践活动等，实现外埠企业团队在安全管理、项目运营、改革攻坚、经营管理、队伍建设5个方面取得突破，把党建品牌创建成果转化为企业发展动力和实效。

实施效果

近年来，矿业工程公司在"1154"创业文化体系的加持下，全体员工的干事创业文化理念不断深入人心，矿业工程服务业不断做强、做优、做大，开创了企业高质量发展新局面。矿业工程公司现拥有整体托管及技术服务矿井6个，总产能近1250万吨，矿建、制冷、建筑等建设项目产值达10多亿元。2022年，公司营业收入16.2亿元。2021年，公司成功整体托管华润电力西一矿项目（产能800万吨），开启了与央企合作的先河。2022年，新疆兴陶大北煤矿、东沟煤矿等一批重点托管项目成功落地。印度江基拉煤矿技术服务项目团队，克服语言、文化及气候不适等困难，短时间内使江基拉煤矿成为印度井工煤矿产量最高的矿井，被印度井工煤矿大学列为"参观学习指定矿井"。矿业工程公司安全生产持续稳定发展，2022年全年共有16个精品工程通过验收，连续多年实现安全生产自然年目标，整体托管的陕西崔家煤沟矿在2022年被陕西省政府评为2020—2021年度"煤炭特级安全高效矿井"和"陕西省安全生产先进企业"。

主要创造人：周艳国　刘晓光

参与创造人：蒋存战　李红军　张银龙　何　炜

以"苦干实干加巧干"为核心的新时期二连精神培育与践行

中国石油华北油田公司二连分公司

企业简介

中国石油华北油田公司二连分公司（以下简称二连分公司）于1984年正式成立，隶属于中国石油天然气股份有限公司华北油田分公司，属大型国有采矿企业，位于内蒙古自治区锡林郭勒盟，主要从事二连油田勘探开发和油气生产、集输及销售业务，登记油气勘探区域22个，预测原油资源量10.9亿吨，在册员工2400余人，目前原油年产量规模65万吨左右，累计生产原油超过2900万吨，缴纳税费超过百亿元，是华北油田油气勘探开发的主战场之一，曾先后荣获"河北省明星企业""内蒙古自治区A级信用纳税人""内蒙古自治区诚信企业""内蒙古最具社会责任感企业""全国民族团结进步创建示范企业"等多项荣誉，于2005年起连续3届荣膺"全国文明单位"并连年通过复审，始终保持这一殊荣至今。

实施背景

二连油田地处塞外高寒地区，全年无霜期仅两个月，最低气温零下40多度，沙尘暴、雪尘暴肆虐频繁；所辖区域东西跨度约700千米、南北跨度约300千米，点多线长面广，管理难度极大；"二连石油人"常年驻守在边疆草原，远离冀中总部基地、城市社会依托和家中亲朋好友。这样的客观实际，使"二连石油人"对精神文化的需求更加迫切。近年来，无论是党中央还是上级都已将创新摆在了突出位置，二连分公司在常规油气生产的基础上又面临着煤层气和新能源开发的全新使命、深化改革的艰巨任务，加之成本愈发紧张、人员逐年减少、队伍老龄化日趋严重，单纯依靠加班加点的人海战术、不计代价的资金投入难以为继，唯有在苦干实干的基础上做到巧干才能有所作为。为此，二连分公司坚持守正创新，瞄准油田的开发历史、所处环境和队伍特点，对历代精神文化体系进行整合梳理，不断拓展外延、丰富内涵，培育形成了以"苦干实干加巧干"为核心的新时期二连精神。

以"苦干实干加巧干"为核心的新时期二连精神是继承创新、丰富发展、逐渐成形的成果，是深入贯彻落实习近平新时代中国特色社会主义思想、党的二十大精神的生动实践，是对以"苦干实干""三老四严"为核心的石油精神的进一步巩固发扬和对二连油田历代精神文化精髓的进一步沿袭拓展，是中国石油华北油田文化建设的重要子品牌之一。

"苦干"是责任、是担当，更是一种价值导向。面对恶劣的自然条件，必须笑对艰苦、埋头苦干，做到在位谋其政、在岗履其责，才能排除杂念、扎根二连，直面风沙严寒、克服困难挑战，在塞外热土中始终保持"二连石油人"的底色。

"实干"是基础、是保障，更是一种目标导向。面对繁重的工作任务，必须锁定目标、闭环管理，做到谋必定目标、行必求实效，才能脚踏实地、转变作风，拿出实招实策、强化落实执行，在平凡岗位上努力做出不平凡的贡献。

"巧干"是智慧、是方法，更是一种问题导向。面对突出的矛盾问题，必须解放思想、转变观念，做到拓宽新思路、谋求新突破，才能与时俱进、守正创新，敢闯敢拼敢试、提升效率效益，在新的形势下全力构建新发展的格局。

主要做法

新时期二连精神内涵确定后，二连分公司加强顶层设计、细化具体措施，以增强"六力"为载体，将新时期二连精神的理念、导向渗透到生产经营各环节、贯穿于企业管理全过程。

拓展宣教阵地，增强精神影响力

用足传统宣传媒介。在门户网站开设"苦干·坚守""实干·求效""巧干·创新"报道专栏，以此为主要内容，坚持每月印制一期《草原油情报》企业内刊，辅以在员工集散地悬挂条幅、制作展板等方式，使新时期二连精神随处可见。

用好二连油田展室。建设二连油田展室，集中展示二连油田的发展历程、特色亮点、主要成就及历代精神文化沿袭发展过程，用艰辛的创业历程、厚重的发展成就和深沉的精神积淀，使广大干部员工进一步加深石油精神烙印和二连精神感悟。

用活微信公众号平台阵地。征集梳理二连油田勘探开发历史过程中的珍贵老照片2000余张，依托二连分公司微信公众号平台开展"朝花夕拾·寻迹"二连历史照片巡展，引领广大干部员工在浏览照片中回忆峥嵘岁月、在谈论照片中感悟二连精神。

深化创新创效，增强精神创造力

建立创新团队。支持鼓励所属各单位员工成立创新工作室、技师协会等创新团队，针对生产过程中的难点堵点问题积极开展创新攻关、发明创造、小改小革，平均每年完成创新项目30余项、创造经济效益数百万元。

完善制度机制。印发《二连分公司员工技术创新管理办法》，明确责任主体、提供经费保障、规范创新流程、细化推广要求、设置年度奖项，将创新创效成效纳入年度业绩考核兑现，掀起全员创新热潮。

开展主题活动。围绕主业主责、面向基层一线，每年度进行一次油水井、工艺流程、成本效益分析比赛，每季度开展一次合理化建议、"我为油水井管理献一策"金点子征集评奖活动，最大限度激发员工群众的创新动能。

转变工作作风，增强精神保障力

建立双周例会"九汇报"机制。坚持每两周召开一次领导班子双周例会，全面听取近期安全监督、生态环保、质量监督、项目进展、产能建设、措施进度、煤层气开发、工作督办及领导班子成员履职情况等9项汇报，为推动高质量发展形成工作合力。

开设"执行力曝光台"。组织机关部门统计基层单位落实执行不力情况，基层单位反映机关部门不作为、慢作为、乱作为现象，每两周在门户网站公开曝光，以此倒逼各部门各单位严格履职尽责、按时提速保质，不断提升作风建设成效。

实行"一线工作法"。以打通干部与员工之间"最后一千米"为总体思路，明确二连分公司领导、中层管理人员、基层班组3个层面共12项具体措施，做到直抵一线、靠前指挥，在生产区域最前沿增加了多层生产协调"指挥所"和安全监管"防控墙"。

助推员工成才，增强精神支撑力

树立正确选任导向。坚持新时代好干部标准，深化专业序列改革，认真谋划部署、兼顾各类群体、畅通发展渠道，既为年轻人搭建平台、又让老同志看到希望，以正确鲜明的干部人才选任导向强化企业发展支撑，赢得广大干部员工的广泛认可。

壮大塞外英模群体。建立实施"基层海选、密网细筛、量身定制、跟踪校正、评议检验"的"五步走"机制，推动典型成长从自发性、随机性向计划性、制度性转变，开展"二连精神代言人""奉献二连油田30年模范职工"等典型选树表彰活动。

助推青年成长成才。坚持不限学历、不限专业、不限岗位，以及政治素质过硬者优先、有意扎根二连者优先、工作态度积极者优先、综合素养优秀者优先的"三不限、四优先"原则，广泛开展基层青年赴机关部门轮训代培工作，为高质量发展储备人才。

突出以人为本，增强精神凝聚力

搭建"员工服务110平台"。以征集热点民生问题为主，及时准确了解员工诉求，配套建立"收集、办理、督办、反馈"分级分类办理机制，成立志愿服务亲情社，义务为在岗员工家属提供生活帮扶、解决燃眉之急。

创建"五小示范园区"。坚持因地制宜、灵活多样、示范引领，组织各外围基层单位和边远站点选题创建"健康小诊室、绿色小菜园、文化小展厅、幸福小家园、快乐小团队"，成立组织机构、印发创建方案，以此惠及员工、营造家园氛围。

丰富员工业余文化生活。每年夏季举办"草原油情"文化节、冬季开展"快乐之冬"室内赛会，大力加强业余协会、社团建设，定期深入一线开展"送欢乐、送文化到井站"的慰问演出，让员工动起来、让队伍活起来、让人心聚起来。

提升监督实效，增强精神约束力

构建"1+3"监督工作机制。"监督+服务"，推进"调研式"监督机制常态化、长效化，以监督促落实、以服务解民忧；"监督+培训"，把培训提升贯穿监督检查工作全过程，进一步强化各级管理人员合规管理意识和能力；"监督+问责"，坚持惩前毖后、治病救人，用好问责"利剑"，充分发挥监督保障执行作用。

建立"两表一平台"。结合历年典型共性问题及监督检查重点，编制《监督部门合规管理风险问题检查表》《基层单位合规管理风险问题自查表》，在门户网站设立监督工作平台，发布制度文件、监督月报，进一步压紧压实各部门单位监管责任。

实行"专职+"派出监督工作机制。将生产工作区域划分为东部、中部、西部3个片区，向每个片区派出1名专职纪检干部，选调1~2名片区单位基层党支部纪检委员，共同对片区单位进行日常监督，使监督的触角延伸至"神经末梢"。

实施效果

队伍精神风貌极大转变

在新时期二连精神引领下，干部员工自觉扎根塞外、建功草原，对企业的归属感、认同感和投身各项工作的积极性、主动性明显提升，各级领导干部带头转变工作作风，履职尽责、担当作为，广大员工群众提振精神士气、笑对艰苦、爱岗敬业，面对增储上产艰难、运行成本紧张的被动局面，大家乐观积极、求真务实、热情勃发，精神面貌焕然一新。

团结和谐氛围持续巩固

在新时期二连精神影响下，各级组织用真诚感动员工、用亲情凝聚人心，力所能及为员工办实事、办好事，干部员工工作有奔头、前途有盼头、收入有甜头。工作上"乐业"，沟通配合更为默契；生活上"安居"，满意度持续提升。在员工代表历年提交的提案立案和意见建议中，生活福利方面占比持续下降、生产经营方面占比明显提高，主人翁意识明显增强，互帮互助、互动互补氛围更加浓厚。

企业管理水平显著提高

在新时期二连精神作用下，求新、求变、求主动成了干部员工的共同座右铭，干部员工创新探索水平井开发方式，取得了水平井平均单井日产油超传统直井4倍的可喜成效；启动国内首个低阶煤层气开发示范区建设，在二连油田勘探开发史上书写了全新篇章；高效实施砾岩火驱先导试验，成为国内初期见效最好的火驱建设项目；试点建设能源管控平台，推进无人机巡检、抽油机状态监测等数字化技术应用，辅助年均节电400余万度、提升采油时率0.5%以上；提炼形成单井罐维温光热替代、风光互补绿电替代等"降碳替碳"技术，投运清洁能源利用站场4座，成为华北油田第一家获取地方风电指标的单位。近3年来，二连分公司累计产油200余万吨、纳税12.9亿元，顺利完成了各项任务指标。

主要创造人：王海涛　郭志强
参与创造人：王大进　张默迟　安　岐　李文婷

以核心价值观助推新时期企业高质量发展

风帆有限责任公司

企业简介

风帆有限责任公司（以下简称风帆）隶属中国船舶集团有限公司，始建于1958年，是国家"一五"期间156个重点建设项目之一，承担着国防特种电池的研发、生产和保障任务。风帆大力推进"风帆""火炬"双品牌战略，生产基地分布于保定、唐山、淄博和扬州等地。风帆是国家高新技术企业，拥有博士后科研工作站和国家认定的企业技术中心，是国内各大汽车、叉车主机厂常年合作伙伴，是国内唯一一家同时为奔驰、宝马、奥迪配套电池的供应商。风帆拥有3万多家销售网点，产品出口30多个国家和地区，荣获"中国驰名商标""国有重点企业管理标杆企业""中央企业先进集体"等称号。风帆从诞生之日起就具有明显的红色基因和革命特色，伴随着国家的快速发展，经历了辉煌的发展过程，取得了一系列骄人的成绩。风帆为我国的发展提供源源不断的"动力"，是国家"大国重器"的重要组成部分，也是国家"强军计划"的重要支撑和保障，被历次阅兵联合指挥部和解放军原总装备部多次授予"阅兵保障先进单位"荣誉称号。风帆以行业发展为己任，是中国电池工业协会、中国化学与物理电源行业协会副理事长单位，是中国电池工业协会铅酸蓄电池分会、中国化学与物理电源行业协会酸性蓄电池分会理事长单位。风帆文化紧紧跟随中国船舶集团有限公司文化发展的步伐，积极贯彻落实"构建产业结构合理、质量效益领先、军工核心突出、国际竞争力强的世界一流船舶集团"的集团公司战略目标，牢牢树立"诚信务实，协作高效，创新超越"的企业价值观，以"科技风帆，绿色发展，军工报国，奉献社会"为使命，推动风帆高端化、智能化、绿色化发展，建设新型现代工业化企业。

坚持以价值观为核心，助推企业高质量发展

创新开展价值观升级活动

党的二十大报告中指出，全面建设社会主义现代化国家，必须坚持中国特色社会主义文化发展道路，增强文化自信，围绕举旗帜、聚民心、育新人、兴文化、展形象建设社会主义文化强国。新时代新征程，风帆企业文化核心工作要展现新作为、实现新发展，就必须在党建工作领导下，以高度的文化自信铸就企业新的辉煌。风帆深入学习贯彻习近平新时代中国特色社会主义思想，坚定不移推进高质量发展，聚焦主业实业和创新提升，落实集团公司高质量发展战略，顶层设计，积极谋划，开展价值观升级活动。全公司范围内开展核心文化理念征集活动，员工提交数

千条文化理念，经过广泛聚智，汇总整理，公司党委深入讨论研究，确定了新的企业使命、价值观、愿景，成为风帆新时期高质量发展的行动纲领和指南。

全力营造企业文化氛围

为贯彻落实核心理念，风帆广泛引导员工学习，在党委会、年度工作会等一系列重要会议中，组织对高中级管理人员和骨干人员进行理念学习与讨论，以班组学习、员工培训、企业文化宣传片和幻灯片等有效方式对全体员工进行宣贯教育。开展知识竞赛、演讲会、漫画、知识问卷、条幅、电子屏、联欢会、灯谜、网站等多种形式的宣传活动，使广大员工能够从多角度接触、感知、认知企业价值观。风帆注重新理念的实践和应用，将其纳入每年年度企业文化考评中，落实到实际生产经营和职能管理中，全力营造企业与员工共同追求的企业文化氛围。

坚持以价值观为宗旨，支撑企业战略平稳落地

确保"十三五"完美收官

风帆积极倡导核心价值观要符合企业发展战略和经营理念的要求。公司党委高度重视企业文化建设，贯彻新时期"做精做专，做大做强"的战略发展理念，进一步突出市场导向、结果导向和效率、效益导向，有效应对复杂的经济形势和严峻的市场竞争。凭借敏锐的市场研判、精准的战略举措、高效的执行力，勇于拼搏，砥砺前行，全面加强管理体系和管理能力建设，领先于同行业完成结构调整与产品升级，经济体量持续放大。"十三五"期间，营业收入较"十二五"末增长65.53%，利润总额增长81.78%。主要经济指标稳步增长，创历史最好水平，实现经济发展质量效益双提升，出色完成"十三五"任务目标，多次荣获集团公司年度经营业绩考评A级单位。

奋力迈进"十四五"新征程

"十四五"期间，风帆制订了"145"的企业"十四五"规划，即"1"个核心，坚持以新发展理念引领风帆高质量发展为核心；"4"个聚焦，高度聚焦产业结构优化、科技创新引领、绿色智能发展和质量效益提升；"5"大市场，积极做强拓展军品业务、巩固壮大汽车电池业务、转型升级工业（储能）电池业务、做实电池回收业务、做优船用电池业务。风帆将以"中国第一、世界前列"愿景为指引，将"十四五"作为新的起点，稳步推进国有企业改革三年行动及"特优专项行动"等重点工作，力争到2045年全面建成世界一流的科技创新型电源领军企业。

坚持以价值观为引领，促进企业亚文化水平全面提升

风帆以价值观为核心，根据产品行业和职能管理的特点，确立既全面又有特色的亚文化，以质量文化、研发文化、营销文化等方面的亚文化对核心文化形成强有力的支撑。风帆亚文化又称为职能文化，每一条理念都对应相关职能单位并由其负责专项文化的推广和应用。秉承质量是企业之本的宗旨，质量管理部努力增强全员质量意识，牢固树立"产品就是人品，质量就是饭碗"的质量理念，制作下发《风帆质量文化手册》，使质量文化内化于心、外化于形，持续提升质量管控能力和质量体系水平。坚持科技是第一生产力，研究院探索科研引领思路，引导科研人员以

"创造需求，领先一步"的研发理念，着力增强技术创新能力，积极研发设计新型锂电、风光储能、家庭储能、小核电等高端电池产品，满足市场客户新需求。始终以市场为导向，销售公司以把握市场主动权为牵引，以"发现需求、引领需求、满足需求"的营销理念，积极应对汽车市场的结构转型，培育开拓新市场，探索创新营销新模式，持续推行保姆式服务。

坚持以价值观为导向，打造企业员工良好精神风貌

充分发挥行为文化作用

风帆制订了高级、中级、员工 3 个层次的员工行为规范，作为全体员工的行为指南。精心策划"喜迎党的二十大，红歌献给党""迎接党的二十大，强国有我""厉害了我的风帆——60周年回顾展""风帆故事'风帆人'说""风帆前辈讲传统、讲经验""风帆与谁，美美与共摄影比赛""风帆好声音电影配音"等一系列活动，把丰富多彩的演出和精彩的节目送到生产一线，提振士气、凝聚人心。通过行为文化丰富员工对文化理念的理解和认知，展示了员工的才艺，进而转化为岗位实际行动，真正实现了理念到员工心中去、行为从员工身边来。

注重提升工作效率

风帆强化专业技能与工作应用的转化，在"诚信务实，协作高效，创新超越"价值观中体现行为文化内涵，开展"合理化建议""拜师学艺""劳动竞赛""技能比武""职业教育培训""工匠人才创新工作室""青马工程"等活动建设高素质人才队伍，促进员工职业行为、纪律观念、责任意识、敬业奉献精神不断增强，以及素质能力和工作效率持续提升。

树立典型事迹和人物

近年来，风帆持续开展"理念故事化"活动，持续增强核心价值观建设，及时宣传典型事例和人物，树立一批扎根基层、长期奉献的先进集体和模范代表，制作了 10 余部风帆文化故事系列小视频，在生产现场电子屏、OA 办公系统、微信公众号和展厅等平台大力宣传，形成了积极向上、轻松健康的工作氛围。

坚持以价值观为准则，推动企业文化体系快速建设

搭建企业文化工作架构

风帆制订了《风帆企业文化实施纲要》，为了保证文化建设工作有效落地，每年分别制订《年度企业文化建设工作要点》，推动理念文化、制度文化、物质文化和形象塑造活动有计划、全方位地蓬勃开展。公司成立以高中级管理人员组成的企业文化建设委员会，专门设置公司企业文化建设办公室，各职能部门和分（子）公司成立企业文化建设小组，由业务熟练、经验丰富的骨干负责。组织机构的设立为企业文化顺利、有效地开展提供了基本保障，风帆文化实现了由零散型向系统化的转变、由平时随机性工作向纳入公司方针目标体系的转变，企业文化建设步入了标准化、专业化、系统化的新阶段。

完善考核评价体系

为了提升文化建设管理水平，促进各单位文化建设工作共同提高，风帆量化企业文化的工作

内容及评价标准，研究制订了《企业文化建设考核评价实施办法》，考评内容分为精神、制度、行为、物质文化4个层面，对每个层面的考核标准进行细化，根据职能部门和分（子）公司不同特点分别开展公司级考核评价工作，按总分排出名次并对优秀单位进行表彰。2010—2022年，风帆先后对企业文化建设中表现优秀的50余个集体进行表彰，授予"企业文化建设先进单位"，通过评比推优搭建了对标学习交流的平台，各单位之间对标先进单位的方法和经验，促进公司企业文化整体水平进一步提升。

击鼓催征，奋楫扬帆。近年来，风帆以"建设成为中国第一，世界前列的创新型电源企业"为愿景，在核心价值观的引领下，经历了继承创建、规范提炼阶段、创新发展3个时期，形成了理念统一、内容全面、与时俱进、特色鲜明的风帆文化体系，内容包括主体文化、亚文化在内的20条理念及行为规范和形象识别系统，不断取得阶段性成果，为风帆扩大生产规模、优化管理模式、提升品牌效益创造出新的契机。风帆连续多年获得"中国机械工业百强企业""中国轻工业百强""汽车工业零部件百强企业""全国电子信息百强企业""国家技术创新示范企业""中国工业大奖提名奖""全国用户满意企业""全国名优产品售后服务先进单位""全国产品和服务质量诚信示范企业"等荣誉称号，多次荣获"全国文明单位""第十九届全国质量奖提名奖""中国企业文化建设优秀成果奖""中国百佳企业文化建设先进单位""中国企业文化建设优秀单位""全国企业文化建设工作贡献奖""河北省企业文化建设示范单位"等称号。

"长风破浪会有时，直挂云帆济沧海"，伴随着企业的发展，风帆文化也从当初朴素、传统的工作作风发展成为当今以成熟的价值观为核心的现代化企业文化管理体系。在习近平新时代中国特色社会主义思想和党的二十大精神指引下，风帆将继续围绕贯彻新发展理念，构建新发展格局，深入开展体制机制改革，强化管理体系和管理能力建设，努力实现构建核心技术突出、产业协同发展、质量效益领先、军民深度融合、综合竞争力强的世界一流科技创新型电源企业。

主要创造人：李　森　刘　娜
参与创造人：侯丽娜　姜鸿杰

企业文化推动新旧思想转变，引领企业战略转型

河北鑫达钢铁集团有限公司

企业简介

河北鑫达钢铁集团有限公司（以下简称鑫达）成立于1992年，位于河北迁安经济开发区，历经30多年的创业与革新，在"以实业报国，创百年强企"的愿景指引下，业已成为矿产采选、地产开发、钢铁冶金及上下游产业链实体贸易为一体的全国大型综合性民营企业。连续跻身"中国制造业企业500强""中国民营企业500强""中国制造业民营企业500强""全国钢铁A级竞争力特强企业""中国钢铁工业20强""中国钢铁企业高质量发展A企业"榜单，荣膺"全国钢铁工业先进集体""河北省民营企业百强""河北省先进集体"等称号。

30多年勇毅前行，波澜壮阔的发展浪潮铸就鑫达思想谱系

因铁而生，实业报国，在成长中涵养鑫达文化

2002年春，鑫达机装队伍、电装队伍、筑炉队伍等全部到位，鑫达钢铁1号128立方米炼铁高炉开始施工，以"诚信办企，实在做人"为企业精神的文化基因逐渐孕育而生。2006年，鑫达60吨转炉正式生产，实现了由铁到钢的转变，生产经营、科技创新、管理提升等各方面工作日新月异。这一阶段，鑫达人勇于担当、艰苦奋斗、忠诚奉献的优秀品质沉淀于岁月，逐渐汇聚成"换位，沟通，担当，责任"的工作准则。

因钢而兴，钢铁强国，鑫达企业文化体系初见雏形

随着鑫达开始走上发展的快车道，企业发展迎来了内涵式增长和外延式扩张的成长期。鑫达形成集烧结、炼铁、炼钢、轧钢为钢铁主业，以及制氧、发电、污水处理等辅助业务综合一体的大型民营钢铁集团，在产能规模、生产经营、资源控制等方面有了较大提升。与此同时，鑫达更加重视文化的传承与创新，企业文化理念体系逐渐完善，确立了"鑫达制造，鑫达创造，走向全世界"的企业目标，明确了"绿色建材，鑫达品牌"的品牌理念，使企业拥有了清晰的战略路径。在目标和理念的灌输和指导下，鑫达人以"人无我有、人有我优、人优我新"为追求，以优质、高端、领先的产品和服务获取市场、赢得客户，系列产品热轧带肋钢筋、圆钢、H型钢、带钢产品先后通过并取得了全国工业产品生产许可证、ISO10144体系认证、韩国KS认证、国家冶金产品MC认证等证书，荣获全国钢铁行业质量领先品牌、全国质量诚信标杆企业等称号，鑫达商标被评为"河北优品牌"（5A级）。

因钢而强，凤凰涅槃，文化引领开创发展新境界

2015年，正值钢铁行业跌入低谷的关键时刻，企业陷入亏损严重、资金链面临断裂的危机，生产处于半停滞状态。董事长采取果断措施，多方筹借资金，妥善解决员工工资和社保基金问题，稳住了管理团队和员工队伍。积极寻求外部合作伙伴，与中航国际、辽宁成大、中铁物流等大型央企达成长期战略合作协议，使企业迅速走出低谷，恢复生产。经过一年多的艰苦努力，到2016年底扭亏为盈，使鑫达所属企业步入良性发展的轨道。这一阶段，"鑫达人"进一步解放思想，坚持走精益化管理之路。针对企业困难时期的粗放化管理现实状况，不断创新管理模式。实施了主题化管理，从2015年开始，提出了"管理提升年""改革创效年""合作共赢年"等主题，以前瞻性思维思考全局，牢固树立改革意识、发展意识、创新意识和协作意识，全员工作积极性、创造性得到极大发挥，"鑫达人"敢为人先、协同高效、求真务实、诚实守信等精神特质逐渐凸显。

因钢而盛，创新领先，文化建设与转型发展相得益彰

2021年，鑫达提出"五五战略发展三步规划"，进入了高质量发展阶段。这一阶段，鑫达全面推进创新发展，补"链"强"链"，集"链"成"群"，形成了全集团多点发力、多极增长、多元发展的新格局。除钢铁主业外，进一步壮大了迁安鑫达物流有限公司、东丰华运物流有限公司，掌控钢铁主业原料供应及产品销售环节而成立的货物运营平台拥有电动重卡和LNG各类工程机械2000余台（辆），综合日运量达100000余吨。矿产事业部共有16家直属公司，已探明铁矿石总储量5亿吨、白云石9000万吨、石灰石6000万吨。地产事业部唐山隆鑫房地产开发有限公司帝都花苑、帝都旺府小区已竣工入住，王府大厦竣工投用，荣茂大厦汇聚商界精英。唐山天宏物业服务有限公司在管面积128.7万平方米，已成为地区物业行业规模和品质的标杆示范企业。贸易事业部拥有天津天道金属集团有限公司、河北励骏文化发展集团有限公司、河北钢谷物联科技股份有限公司等多家企业。

紧扣发展脉搏，答好时代问卷，鑫达文化助推高质量转型发展

以发展理念为指导，坚持思想统一，打造符合新时代特色的科学文化体系

鑫达始终秉持"创新，绿色，开放，共赢"的发展理念，与时代同进步，不断丰富和提升鑫达文化内涵，着力打造科学的、适应新时代的文化体系，以科学文化体系突破发展的边界。

"创新"：一直以来，鑫达瞄准精品钢科技前沿，先后建成1个国家CNAS认可质量检测中心、2个省级企业技术中心、2个市级科技研发平台、3家河北省专精特新企业、4个市级企业技术中心、6个工业企业研发机构、13家国家高新技术企业。在环保装备制造、数字化智能制造、互联网电商平台等领域拥有自主知识产权1600余项，跻身"全球钢铁行业技术竞争三大新进入者"之列，荣膺"国家知识产权优势企业""中国钢铁行业专利创新潜力企业""民营企业研发投入500家榜单"。

"绿色"：鑫达始终秉承"绿水青山就是金山银山"的新发展理念，积极响应国家产业政策，着力进行转型升级、技术创新、精益管理和绿色发展，系全国首家跨入绿电市场的大型钢铁企业，拥有1家环保绩效A级企业、3家国家AAA级工业旅游景区、3家河北省绿色工厂、3家河

北省绿色矿山。

"开放"：坚持开放发展，深化横纵对标学习，积极参与国际国内行业发展竞争，致力推动行业进步，让鑫达走出国门、面向世界。

"共赢"：坚持企业发展成果与员工共享，积极为干事创业的干部职工撑腰鼓劲，设定董事长特别奖、先进单位奖、劳动模范奖、各类小指标奖励、常规月度绩效奖、技术比武奖、铁水倒运奖、人人献一计奖、降本增效指标竞赛奖等十几个奖项。出台员工旅游、免费体检计划、固定文体活动日、免费观影、励骏俱乐部健身、定期团队建设及员工困难补助基金计划等奖励与关怀项目，最大限度地满足员工物质方面与精神方面的需求，让干事者大有可为。

以各类载体为重要抓手，坚持上下联动，在全面立体的文化实践中形成合力

为使企业文化与员工思想教育相融合，凝聚思想共识力量，鑫达每年编印下发2万多册《河北鑫达集团企业文化手册》《河北鑫达集团宣传册》《河北鑫达集团绿色高质量发展画册》，激发大家心往一处想、劲往一处使。制作企业文化海报及电脑壁纸、屏保，融入并规范企业VI系统，实现企业文化贴近员工。

创新传播方式，企业文化走深走实。鑫达从"聚人心""展形象"实际出发，坚持内宣、外宣同步推、同频进。搭建了"一个中心，两个阵地，全媒体矩阵平台"体系和"一刊两网多平台"的高端阵地。"一刊"是指企业内部刊物《鑫达报》（半月刊），"两网"是指OA办公平台的"鑫达之家"App新闻中心和"官方网站"，通过高端阵地建设，厘清员工思想认识上的种种误区，增强了员工的凝聚力、向心力，促进员工对企业文化价值观的认同和融入。新媒体矩阵平台以微信公众号为主，创新使用微信视频号、抖音号、快手号，以及新浪微博、今日头条等主流媒介全方位、立体化扩大企业宣传面。对内宣传注重目标引领、典型带路，通过做精主题宣传，抓实特色品牌活动载体，多维立体推介企业典型，讲好民营企业发展故事，高频次宣传典型经验、典型事迹、典型人物，塑造了企业的良好形象，为鑫达的提速发展营造了有利的社会舆论环境。目前，鑫达微信公众号粉丝5.8万，在《全国钢铁企业微信公众号综合影响力排行榜》连续登榜前十，被评为"钢铁企业最具影响力新媒体""河北省优秀宣传账号"，各新媒体平台年度总浏览量超过1000万次。

搭建展示阵地，立体呈现企业内涵。斥巨资投建鑫达企业文化展厅、文创产品展厅。企业文化展厅主要建设沙盘、合作伙伴、四大事业部、智能制造、产品展示和社会责任、企业文化、党建及展望未来与其他部分，共计417平方米，以"光"为核心理念，运用光影动态、环状结构、流水屏及环形幕等高科技展示手段和各种声光电多媒体展项呈现企业发展历程和品牌形象。文创产品展厅规划空间为两层，共237平方米，设置文创产品区、创意摆件区、迁安特产区等。以文创产品作为桥梁，链接合作者、员工和社会，不断向员工与合作伙伴或消费者传播鑫达文化价值。自主设计吉祥物"小鑫"并申请专利，在唐山市文创和旅游商品创意设计大赛上获得金奖，还被评为"唐山市十大礼物"称号。大力推进党建文化品牌党群服务中心暨企业文化俱乐部建设，增强文化建设的活力与实效，获评迁安市非公企业党建文化示范基地。

做实特色活动，推进文化与精神文明建设协同并进。鑫达始终坚持将培育企业核心理念、精神文明建设与"育新人"要求相统一，积极开展企业文化活动，如新春联欢晚会、"幸福生活爱在鑫达"女神节专题活动、篮球比赛、"缘定今生，永结同'鑫'"集体婚礼活动、端午节创意旗袍秀等，陶冶员工的思想情操，增强企业的凝聚力和向心力。与作家协会联办采风活动，不断增强员工对企业文化的直观体验和感受。成立鑫达文化艺术团，为广大舞蹈、声乐爱好者建立起展示交流的平台，实现鑫达文化在更高层次、更宽领域有效传播。

以共创共享为价值信仰，坚持文化强企，打造独具特色的鑫达品牌文化

积极构建和谐发展生态圈。鑫达践行"德才并举，人尽其才，尚贤用能，同享成功"的人才理念，打造多元化成才平台，积极与华北理工大学、东北大学、东北师范大学、辽宁科技大学等各大院校联系，探索校企合作的新模式，同时不断加大学历员工招聘力度，累计接收毕业生600余名，提高学历员工的薪酬水平，推行师带徒定向培养、推荐后备干部等形式，使广大学历员工招得进、育得好、用得上、留得住，使之成为企业的宝贵资源。为解决退役军人的就业问题，鑫达牵头成立迁安市退役军人就业创业促进会，列规划、腾岗位、留位置、降门槛，在同等条件下，尽全力帮助社会解决退役军人就业并免费向退役军人进行就业前初级职业技能培训。近年来，鑫达共接收安置退役军人1200余人，提供就业机会3000余个。

构建价值共同体。紧密围绕"产业兴旺、生态宜居、乡风文明、治理有效、生活富裕"的总体要求，董事长将自己创业所得奉献家乡，决定每生产一吨钢就要提取两元钱用于慈善事业。坚持开展"传承助梦计划""情暖春蕾活动"，与城乡低保户、特困供养人员、建档立卡户等生活困难家庭进行结对子帮扶、医疗救助等活动，捐款已超过1亿元，帮助困难群众万余人。为沙河驿镇政府、派出所、卫生院、中心小区及管路沿线周边居民区提供集中供热服务，总供热面积已达40余万平方米，解决20000多人的冬季供暖问题。安全保障方面，组建鑫达应急管理中心消防队，配有专业抢险救援车、消防车、高喷车等多台联防装备，响应迁安市消防部门应急任务，先后参与沙河驿镇大桥芦苇起火、上炉村西山火灾等近百场救援、防汛任务，保障了人民群众的财产安全。

积极开展产业兴农行动，解决群众急难愁盼。鑫达充分利用新媒体优势，开设"帮助需要帮助的迁安人"及"暖冬行动"栏目，为困难家庭献上爱心；搭建电子商务帮扶平台——爱心商城，帮助贫困户销售农产品，助力他们增收致富。

主要创造人：王松伟

参与创造人：王爱军　刘军辉

以"家文化"建设探索企业文化建设

福建黄金码头珠宝集团有限公司

企业简介

　　福建黄金码头珠宝集团有限公司（以下简称黄金码头集团）是一家集黄金珠宝研发、生产、批发、零售、配货、电子商务等业务于一体的集团企业。集团在香港注册自主品牌——"黄金码头"，自设 3D 硬金工厂、5G 工厂，在深圳拥有 5000 平方米珠宝全品类大型批发展厅，产品涵盖 3D 硬金、5G 足金、5D 无氰硬金、素金、古法金、金镶玉、彩宝、钻石等相关珠宝产品的设计研发、生产，开展黄金板料兑换、旧料回收与提纯、珠宝配货等业务，是众多珠宝品牌的指定供货商。集团在香港、福建、上海、江苏、浙江、江西、山东、四川、湖南、广东、新疆、内蒙古等地拥有数百家线下珠宝实体店。集团依托珠宝领域丰厚的运营经验，自营及优选一线著名珠宝品牌进行加盟经营，运营管理，深化珠宝行业垂直服务；逐步形成以福建、深圳为核心且全国遍地开花的局面，致力于打造黄金珠宝领域龙头企业。

实施背景

　　黄金码头集团自 2009 年创建以来，始终坚持"以人为本、员工至上、客户优先、用'心'服务"的企业方针。14 年的锐意进取，今已结成累累硕果，从单一的金融服务发展成为一家集黄金珠宝研发、生产、批发、零售、配货、电子商务等业务于一体的集团企业，其华丽转身离不开企业文化的滋养。"黄金码头"品牌的缔造和公司长期着力建设"家文化"提升企业管理的温度密不可分，黄金码头集团的腾飞史也是黄金码头集团打造"家文化"的发展史。

　　企业文化是公司的灵魂，也是公司发展的动力。从品牌理念到制度建设，黄金码头集团始终把企业文化作为企业管理的重要内容，坚持用文化力提升企业核心竞争力、用愿景鼓舞人、用思想提高人、用理念引领人、用文化培育人、用制度规范人，将企业文化有机地融入公司经营管理各项工作，使企业文化在推动全方位高质量发展、提升企业品牌形象方面发挥了重要作用。

　　在长期的实践中，黄金码头集团逐步培育与企业发展战略相适应、相吻合且独具特色的"家文化"建设体系，以"五家"建设打造魅力"家文化"为内核主线，以"一条心、一家人、一件事"家文化核心理念及相应专业理念、管理价值观为理念识别系统，以领导行为为标准、员工行为规范、职业道德规范及相应管理制度为行为识别系统，以公司名称、标识、标牌、形象等内涵及外延的规范化、制度化为视觉识别系统，以科学高效的经营管理实践为践行载体携手的企业文化体系。

主要做法

丰富内涵，巩固深化，实现企业文化创新发展。黄金码头集团每年组织企业文化建设推进活动，通过交流、研讨等形式，深入挖掘丰富企业文化，通过集团官方网站、微信公众号、抖音号、集团内部OA系统等宣传载体，加强对企业文化建设动态的宣传。通过理念宣讲、知识讲座等浅显易懂的方式，对企业文化理念的基本内容和深刻内涵进行解释和宣传，使公司员工在潜移默化中加深对企业文化的认知和认同。

注重实践、塑造品牌，推动企业管理水平提升。黄金码头集团致力于"做一个受人尊重、员工自豪的企业"，以"缔造幸福人生、创造社会价值、做商业文明的引领者"为己任，本着"诚信、好学、责任、感恩、共赢"的企业价值观，以"五家"建设为抓手，以实际行动为员工办实事、解难事，打造魅力"家文化"，有力增强了员工凝聚力和向心力，为各项业务持续稳健发展提供了坚强保障。一是保障员工基本权益，建设"自豪之家"。员工是企业的核心。黄金码头集团始终秉承"做一个受人尊重、员工自豪的企业"的企业愿景，严格遵守国家各项法律法规，维护员工基本权益，实现企业与员工共同成长。建立人才平等竞争的激励制度，不定期召开储备管理干部公开竞聘选拔，通过业绩、同事评价和员工个人述职汇报3个方面对竞聘员工进行全方位的考核，考核坚持以人为本、注重实绩的方针，以提升广大员工职业素质和职业技能为根本，激发员工的积极性、主动性、创造性，增强员工的荣誉感、自豪感、获得感，促进员工的全面、快速成长；建立健全岗位考核体系，集团人事行政中心不断完善绩效考核工作，针对各部门工作特点、不同层级和不同岗位的性质和职责，设置不同的考核指标，将考核的结果通过薪酬得以体现。高度重视和鼓励员工参与管理，集团行政中心不定期召开员工座谈会，通过了解各部门员工的心声，邀请员工参与公司10S管理制度制订与修改，创新提出以"看、闻、摸、找、拍、发、改"等为主要内容的检查方法，扎实推进了10S管理的稳健实施，改善了员工的工作环境和生活环境，提升了员工的幸福感。鼓励员工积极参与公司的各项管理改善活动，主动发挥主人翁的精神，为公司管理水平不断提升而献计献策，让员工有强烈的参与感和认同感，增加员工对集团的支持，加深员工对管理者的信任。二是抓好职工素质工程，建设"学习之家"。黄金码头集团积极推进员工素质工程建设，努力为员工搭建学习平台。集团成立黄金码头商学院，通过商学院开展各种知识讲座、专题培训，鼓励员工努力学习新理论、新知识，努力为员工不断提高业务素质创造优良的条件，让全体员工热爱企业、热爱岗位，勤勉务实地工作。在做好常规技能培训的基础上，本着"缺什么补什么"的原则，利用商学院等载体，通过举办培训交流会、经验座谈会等就业务操作和技能提升开展深入沟通交流，学用结合，提升了职工学习的兴趣和参与积极性，推动了"要我学"向"我要学"的转变，有效增强了培训的实用性和实效性。三是开展文体活动，建设"文体之家"。企业文化是企业的灵魂，黄金码头集团用文化凝聚人心、用愿景振奋精神、鼓舞士气。围绕企业中心工作，针对员工不同兴趣爱好，创新活动方式，组织和举办形式多样的活动，如开展了首届职工3V3篮球比赛、首届"青春无限·谁羽争锋"夏季羽毛球赛，鼓励大家踊跃参加体育竞技活动，在提高自身身体素质的同时弘扬企业文化精神；举办"携手互助·共创未来"冬季徒步活动、"春风十里·一路惊喜"秋季徒步活动，让大家充分感受团队的力量，发挥运动"广泛参与、团结向上"的效果，体现黄金码头员工"一群人，一条心，一定赢"的做事决心；组织员工前往福清龙翔素质拓展培训基地进行为期两天的素质拓展培训，挖掘团队潜力，激发员工向心力，促进组织活性化。一系列的文体活动鼓舞、激发了集团员工的工作斗志，丰富了员工的业余生活，展现了员工拼搏奋进的精神面貌和昂扬向上的团队风采。四是关心员工，建设"温暖之家"。黄金码头集团始终把员工对美好生活的向往作为目标，以员工为中心，坚持以人为本，让广大员工快乐工作、健康生活。除按规定发放节日福利外，历年来多次举办各种各样的活动，助力员工身心健康发展。开展健康体检活动，帮助员工及早发现健康隐患，及时预防疾病，如与美年大健康合作，不定期组织集团员工参加健康体检。定期举办健康知识讲座，邀请专业医师讲授日常保健知识和预防职业病注意事项，满足员工的健康保障需求，如邀请莆田市红十字万康应急救护培训中心李圆婷老师为员工们做"健康莆田，急救有我在"的应急知识讲座。注重人文关怀，定期邀请专业老师开展教育辅导和心理疏导讲座，及时排解工作、生活压力，如联合上海胜者教育并诚邀国家二级心理咨询师、胜者父母学院核心导师、中国科学院儿童心理学研究生、睿智教育创始人陈世飞老师为集团员工开展主题为"现代父母的角色定位"的分享讲座，助力员工正确认识现代家庭教育。举办员工集体生日会、员工观影活动、员工母亲节活动等，体现黄金码头集团对员工的关心，如由林国春董事长提议的员工集体生日会最能体现"家文化"的核心理念，给员工家人般的温暖关怀。黄金码头集团每年每个季度都会举行员工集体生日会，让员工真切地感受到公司的企业文化，增强员工对公司的归属感和幸福感。五是积极回馈社会，建设"爱心之家"。责任是良心企业的底色，更是驱动企业前行的力量。一个成功的企业必定具有极强的主人翁意识。黄金码头集团以一颗感恩的心，回报社会，关爱他人。积极向红十字会捐款捐物，用实际行动支持公益事业；开展关爱老人活动，实际践行尊老、敬老美德，弘扬中华孝文化；走访慰问贫困户，确定帮扶对象，实施精准扶；设立"莆田市育苗奖奖金"，奖励优秀学子，激励优秀老师；开展"一捡美""关爱退伍军人""关爱儿童""守护母亲河""拥军慰问活动"等系列公益活动，用实际行动助力城市文明建设，为推动美丽莆田和谐发展尽一分力量。

　　健全机制，加大投入，夯实企业文化保障基础。黄金码头集团坚持企业文化建设内外兼修，将企业文化建设的组织体制、管理机制、外围保障和激励措施落实到位，做到"一级带一级、层层抓落实"。打造多维度企业文化阵地，一是大力推行廉洁文化。组织员工观看反腐倡廉警示片、召开廉政教育专题会、参观警示教育基地、运用案例以案说法，向员工发送廉洁提醒短信，让廉洁文化与企业文化深度融合，进一步加强员工对企业的认同感与责任心。要求全体成员签订廉洁责任书、承诺书，要求全体成员遵纪守法、诚信廉洁、拒绝腐败。二是持续深化合规管理。在集团本身完整的企业管理制度上进一步深化合规管理。第一，坚持权责清晰。明确三道防线监督，落实各部门职责。第二，完善合规体系。制订合规岗位职责清单、风险识别清单、流程管控清单，把每个合规环节都嵌入企业经营过程中。第三，开展合规评价。将合规体系建设作为企业的重要考核评价内容，依据相关规定对违规行为开展追责工作，做到零容忍，杜绝腐败。三是丰富企业文化内容。针对不同岗位、不同层次、不同区域的员工编写、下发各具特色的内部读物，修订完善《福建黄金码头珠宝集团有限公司员工手册》《黄金码头画册》、企业形象宣传片等文化载体，展示企业良好形象，增强文化感染力。

实施效果

"家文化"并不是黄金码头集团企业文化的全部,但却最具独特性,是黄金码头集团企业文化的底色和基石。把员工像家人一样看待并将"家人"般的温暖关怀扩散、传递给客户乃至社会,用贴心服务的温度打造"黄金码头"品牌的高度。

在"家文化"的影响下,黄金码头集团逐渐激活生产力、增强凝聚力、激发创造力、提升执行力,进而提高了企业核心竞争力,收获了累累硕果。成立至今,集团获得了"全国黄金行业新闻宣传先进单位""2022中国黄金珠宝行业全产业链最佳服务商""中国改革开放40周年珠宝行业先进企业奖""中国改革开放40周年中国影响力品牌""信用中国·行业诚信示范单位""中国珠宝电商最具影响力领先平台"等众多荣誉,被授予"中国中小商业企业协会副会长单位"称号。

主要创造人:林国春

以合规文化引领公司持续健康发展

博亿达保险销售有限公司

公司简介

博亿达保险销售有限公司（以下简称博亿达保险）成立于2004年，是经（原）中国保监会批准设立的全国性保险销售公司，注册资本金5000万元，注册地吉林省长春市，在全国已拥有11家省级分公司和80家市、县级分支机构，从业人员近5000人，业务范围基本实现全国重点区域覆盖。公司成立以来，始终坚持"诚信合规经营、稳健科学发展"的经营原则，在日常经营管理活动中遵从保险行业发展规律，积极培育践行合规文化，用合规文化引领公司持续健康发展，成立至今连续19年没有受过行政监管部门的任何处罚，取得了优异成绩，受到了当地党委、政府及监管部门和广大客户一致好评。目前，公司与20余家财险、寿险保险公司建立了深层次、多领域、全方位的合作关系，为上百家大中型企业代理承保企业财产、建筑工程、团体人身等保险项目1000余项，累计实现代理保费收入150多亿元，服务客户数千万人次。曾先后获得吉林省"最佳保险中介机构"和省、市级"五一"劳动奖状，以及省级"AAAAA级诚信企业"、市级"先进基层党组织"、"党建工作五星级非公企业"等多项荣誉称号，公司总经理先后获得市级"五一"劳动奖章、"创新标兵"和绿园区"巾帼建功标兵"、绿园区"优秀共产党员"等殊荣。

实施背景

鉴于保险的特殊属性和保险销售公司的职能定位，依法合规经营在保险销售公司经营管理活动过程中就显得尤为重要。只有依法合规，才能确保诚信服务理念落地，才能准确把握风险管理规律，充分发挥保险保障作用，它直接关乎保险人、投保人及代理人的切身利益，这也就为公司孕育践行合规文化提供了生存土壤和迫切需求。

博亿达保险在近20年的经营发展过程中，不断探索和实践合规文化，总结出了"建章立制、教育为先、预防为主、评估考核、反馈整改"的合规文化体系，通过三级机构（总公司、省级公司、市县级公司）联动、管理与销售活动无缝对接、全员上下积极参与等形式，使合规文化融入公司经营管理活动的全过程，根植于全体员工的思想意识中，引领和保障了公司持续、健康、快速发展，成为行业的佼佼者，为保险中介市场的发展做出了自己贡献。博亿达保险通过合规文化立司，执行合规文化强司，运用合规文化育人，切实把企业文化建设视为公司发展的根与魂，保证了公司正确的发展方向。

博亿达保险在近 20 年的发展历程中，建立了以"诚信合规经营、稳健科学发展"为核心的企业文化理念，从"建章立制、教育为先、预防为主、评估考核、反馈整改"等 5 个层面形成了公司的合规文化体系，让合规文化思想在实际经营管理活动中践行落地，从而保证公司经营管理活动符合保险监管部门的要求、满足公司稳健发展的需要，服务广大保险客户，实现了客户价值、公司价值、社会价值三位一体的统一。以"建章立制"为组织保障体系，制订完善各项规章制度，为合规文化建设提供坚强组织制度保障；以"教育为先"为培训教育体系，学习保险方面的法律法规和公司各项规章制度，为合规文化建设提供思想认识保证；以"预防为主"为警示督导体系，在工作中做到事先提醒、事中督导、事后总结，为合规文化建设提供全流程、经常化跟踪督导；以"评估考核"为问责奖罚体系，对合规管理活动过程和结果进行评估和考核，肯定成绩、查找不足，表扬先进、鞭策后进，为合规文化建设提供权威性和威慑力；以"反馈整改"为纠偏完善体系，针对合规管理过程中存在的问题和可能发生的风险因素及时纠偏、马上完善，为合规文化建设不断提供丰富新鲜的营养液。

合规文化是博亿达保险前进的指南针，是其稳定健康发展的定盘星，是其保持优质服务的防护栏。严格落实合规文化理念，遵从保险经营规律，预防控制风险，发挥保险保障作用，博亿达保险必将在合规文化的引领下与广大客户共同创造美好生活。

主要做法

保险行业合规风险管理是风险管理体系的基础，也是保险经营机构内部控制机制的核心。有效的合规文化建设，对提高保险经营机构的管理效率、完善保险经营机构管理体系、推动保险经营机构持续健康发展具有十分重要的作用。

以制度建设为抓手，做好合规文化基础体系建设

合规文化基础体系，包括建立完整准确的合规监管法律法规资料库和完善的内部制度体系。建设公司合规管理制度体系要以保险监管法律法规为基础，公司指定内控合规部门收集整理保险监管部门编制发布的法律法规或文件要求，搭建比较完备的法律法规及监管政策资料库。对照法律法规和监管政策要求，结合公司经营管理实际情况，博亿达保险在建设合规文化的具体实践中不断建立并完善自己的内部制度体系，共分四大类（分别是一般管理类、财务管理类、业务管理类和分支机构经营管理类）19 项制度，使公司内部合规管理做到了有章可循。

以培训教育为手段，做好统一合规文化思想认识工作

合规文化体系建设中，系统规范的培训教育是重点。博亿达保险在实施合规管理的过程中，始终把做好培训教育作为突破口，在思想上统一各级管理干部和全体员工对合规管理重要性的认识，打牢合规经营思想基础。强化培训教育手段：一是强化对公司各部门法律法规理论学习及典型案例警示教育；二是开展职能部门及分支机构兼职合规管理人员的专业化培训教育；三是及时整理保险监管法律法规要求及案例，制作培训课件，进行内部宣传培训教育，提升全员合规意识；四是坚持以"走出去、请进来"的原则开展培训教育，加强与行业内合规管理先进单位学习交流，提升自己的合规管理水平。通过这几方面的培训教育，将合规文化理念贯穿在公司经营管理活动的全过程中，提升了合规管理的严肃性、普及性，增强了公司全员合规文化的自信心。

树立防患于未然思想，发挥合规文化警示作用

合规管理从制度延伸到执行的具体实践是公司合规文化建设出实效、见真章的关键，合规管理到底好不好，最后要看合规管理运行体系是否得到有效执行。事先对合规风险进行识别和控制是合规管理极其重要的手段之一。博亿达保险在抓好预防为主的合规管理工作中，一是坚持每月召开一次全系统各分支机构内控合规情况通报会，对每月经营活动中可能出现的合规风险进行警示，督促各分支机构将合规风险消灭在萌芽状态；二是根据需要开展定期和不定期合规风险检查，采取事先不打招呼、不预设检查题目且以随机抽查为主的方式，检查分支机构实际合规管理水平；三是坚持审计工作制度，通过审计检验公司内控管理水平，公司坚持每季内审一次，每半年外审一次，把审计结果作为分支机构重要考核指标，列入评先争优重要权重指标。

深化合规管理事前审查是预防为主的一项主要工作，博亿达保险还在日常工作容易出现风险点上下功夫，如围绕日常合同、重点制度、保险产品等设置事前全面审查重点，进行重点审查，不让任何风险逃过事前审查这一防火墙。

采取有效考核方法，保证合规管理在实际工作中有效果

博亿达保险在合规管理实践中认识到，要想把合规管理工作真正落到实处，必须建立科学的考核体系，形成合规管理考核指标，强化合规管理问责机制，加强事中事后合规管理检查工作。根据公司运行特征，设置公司合规管理重点领域，紧抓检查重点，制作检查模板，开展检查工作。在实施考核工作中，一是逐步形成完整的合规考核指标，注重员工的日常业务操作行为，关注全员风险责任意识，注重合规风险在整体考核指标中的权重；二是完善公司问责机制，逐步在公司销售环节、运营环节、案件责任追究环节形成完善的问责制度；三是通过考核树立合规管理先进典型，以点带面，形成合规管理良好氛围。

及时纠偏整改，确保合规管理活动与时俱进

合规管理过程中对发现问题进行及时纠偏和整改，是不断丰富完善合规管理工作的最有效手段。博亿达保险十分重视这项工作，一是由公司审计部门组织开展内控评估工作，形成内控评估反馈报告；二是形成整改台账，部署纠偏整改重点内容；三是形成整改反馈材料，开展整改工作；四是对整改工作成果进行验收，保证整改工作的质量和效率，形成闭环管理。

实施效果

博亿达保险通过合规文化建设，有力地促进了公司持续稳定发展，公司的经营管理活动始终能够沿着正确方向开展，赢得了当地党委、政府和广大客户的赞誉和认可。

提升了公司经营管理水平

博亿达保险合规文化体系的践行落地、合规管理制度的有效实施，极大地促进了公司经营管理水平的提升，也较好地增强了公司全体员工的合规管理意识和自觉性。公司的经营管理在监管部门连续多年的例行检查和随机抽查中都符合监管要求，得到了高度认可和好评。通过长期不懈地抓合规文化建设，公司培养了一批思想正、业务精、服务好、效率高且能适应保险市场快速发展的经营管理人才，为公司持续健康发展奠定了扎实的基础。

促进了公司业务快速发展

由于公司长期狠抓合规管理工作，公司经营管理水平不断提升，赢得了合作保险公司的高度认可，从而使合作的主体公司、渠道和保险产品越来越丰富，极大地满足了广大客户的保险需求，真正做到了"保险超市博亿达，服务客户千万家"的庄严承诺，代理保费收入每年都以同比20%左右的速度增长，领跑吉林省保险中介市场。

树立了良好公司品牌形象

博亿达保险不忘初心、牢记使命，始终坚持依法合规经营，用合规文化引领公司持续健康发展，用合规文化规范公司经营管理活动，用合规文化培育全体员工思想情操，用合规文化提升保险服务水平，使公司在社会上树立了良好形象，在保险市场上拥有了巨大品牌影响力，为广大客户享受保险保障做出了贡献。

总之，合规文化建设是保险行业实施全面风险管理战略的有机组成部分，在保险行业高速发展的今天起着引领促进和规范作用。博亿达保险将不断加强公司合规文化建设，在新的发展征程上抢抓新机遇、迎接新挑战、再创新辉煌。

主要创造人：高　屹　陈东静
参与创造人：李洪军　杜　晓

厚植诚信文化，推动企业绿色低碳高质量发展

河南豫联能源集团有限责任公司

企业简介

河南豫联能源集团有限责任公司（以下简称豫联集团）位于河南省巩义市，1975年建厂至今，秉承"诚信为本"的核心理念，以"专注实业、奉献社会"为企业使命，历经48年创新发展，已成长为拥有绿色水电铝及煤电铝一体化的国际化高端铝合金新材料企业，2008年起多次入围中国企业500强。公司现有总资产238亿元，员工10000余名，拥有年产70万吨铝精深加工、75万吨电解铝、15万吨炭素、90万千瓦电力、422万吨原煤的产能规模。控股子公司河南中孚实业股份有限公司（以下简称中孚实业）于2002年在上海证券交易所挂牌上市。2022年，豫联集团绿色转型再攀高峰，经营业绩创历史最优，实现销售收入460亿元、利润58亿元、纳税10亿元、出口创汇12亿美元，位列"中国制造业企业500强"第305位，绿色低碳高质量发展迎来崭新开局。

历届领导薪火相传，全员共建共享，诚信文化历久弥新

资源是会枯竭的，唯有文化生生不息。在企业数十年的发展历程中，豫联集团历届领导薪火相传，以诚信作为全体"豫联人"的核心价值观，从企业发展战略、管理顶层设计、员工思想行为等各个方面同心打造诚信文化。一代代"豫联人"以诚信文化为指引，无论遇到多少困难和挫折从未动摇，奋斗不息，将豫联事业推向一个又一个高峰，奋力实现"企业基业长青、员工安居乐业"的发展目标。

战略、文化相辅相成，互相渗透共同发展

豫联集团决策层坚持内生文化与外延战略相互呼应、互为表里，以诚信文化推动发展战略实现，同时利用发展战略倒逼文化变革。

"信发于中，谓之中孚"，豫联集团上市公司以"中孚实业"命名，由此表明企业循天道、说真话、做实事的信心和决心。2022年，在中孚实业上市20周年庆典仪式上，豫联集团重新梳理并向社会各界郑重发布《企业文化纲要》，重申"专注实业、奉献社会"的企业使命，以"诚信、团结、敬业、创新、开放、共享"作为企业价值观，以"绿色化、智能化、数字化"指明企业发展方向，明确了"做强、做优、做精、做久"的长远发展理念，将企业发展战略融入《企业文化纲要》之中，更好地指导企业的经营决策和行为。在世界面临百年未有之大变局的大环境下，诸多不确定因素相互交织，豫联集团进一步丰富诚信文化内涵，以诚信文化作为全员思想定

盘星，锚定绿色低碳高质量发展目标，激励全体"豫联人"不懈奋斗，增强了社会各界对豫联集团实现诚信共赢的信心。

加强诚信文化组织体系建设，完善全员参与机制

豫联集团成立了以董事长、党委书记为组长及党委委员和各单位党总支书记为成员的文化建设领导组。为更好地服务于企业战略和生产经营管理，豫联集团明确了文化建设总体责任部门及第一责任人，从组织上保障了文化建设的常态化开展。

产业发展到哪里，诚信文化就传播到哪里。豫联集团出台了企业文化落地方案，形成了集团公司、分（子）公司、车间、班组等全覆盖的文化建设网络。豫联集团因地制宜，在四川中孚、安阳高晶、登封豫联煤业等外地主要生产基地传承发扬诚信文化，结合当地优秀文化，形成了"豫联精神"与四川广元"红军精神"、安阳林州"红旗渠精神"的相互融合，以文化统领全员的思想行动，提高战略决策的执行力。

文化落地多措并举，企业全员深度参与

豫联集团推进企业文化示范点建设，以点带面促进企业文化建设水平整体提升。在生产、经营、科技创新、技术质量等领域，近3年来先后从广大干部员工中评选出与企业核心价值观高度契合的16名"豫联集团时代楷模"和一线"企业文化之星"，运用各种宣传载体，深化对典型人物的学习和宣传，增强行为引领效果。建设了企业厂史展览馆，成为传播诚信文化的重要窗口基地，编写了48年来的企业发展史，整理了企业文化经典案例集，让更多的员工去学习并践行企业文化。无论是新进厂的大学生还是外聘高端人才，豫联集团都把认同诚信文化理念作为人才招聘的首要条件，新进人员都必须接受集团、公司、车间、班组四级文化培训，经考试合格后方可上岗。集团公司班子成员、各单位总经理、总支书记参与"高管文化大讲堂"活动，完成对相关人员的授课，让企业文化成为广大员工的行为准则，促进对高质量发展的良性补给。

将诚信文化与生产经营紧密结合，为推动企业绿色发展提供强大的文化支撑

豫联集团将诚信文化与生产经营相结合，聚焦主业、做精产品，坚持核心产业的发展方向，为推动企业绿色发展、实现强劲增长提供强有力的精神动力和文化支撑。

深耕铝精深加工领域，以诚信打造核心竞争优势

自2010年开始，豫联集团积极响应国家政策，加快企业向铝精深加工领域转型，按照"国际一流、国内领先"的目标，采用德国西马克、西门子等国际一流装备及技术，全力建设了年产60万吨高精铝材项目，2016年建成投产。2022年，豫联集团投资扩建的第三台冷轧机项目达产创效，6年左右的时间，加工业务收入增长了5倍，铝加工核心业务能力初步形成，逐步从传统铝冶炼企业转型为以罐体料、罐盖料等核心产品为主的铝精深加工企业。为进一步扩大市场优势，豫联集团又启动了第四台、第五台冷轧机建设项目。目前，第四台冷轧机生产线已达产创效，第五台冷轧机项目于2023年6月底前全面转入生产。豫联集团的铝精深加工竞争优势将更加突出，为实现在全球罐料市场占有率达到10%以上的目标奠定基础。

坚持科技创新，积极开发新技术、新工艺、新产品

豫联集团依托"国家认定企业技术中心""河南省高效能铝基新材料创新中心""河南省铝基

轻量化材料工程技术中心""河南省高新技术企业"等平台，坚持科技创新，围绕科技前沿不断开发铝精深加工新材料、新技术和新产品，掌握了批量化生产0.208毫米超薄罐盖料技术，开发了0.235毫米超薄罐体料，参与起草国家罐料标准GB/T 40319-2021《拉深罐用铝合金板、带、箔材》并获得"全国有色金属技术标准优秀奖三等奖"。2022年，豫联集团下属高精铝公司被认定为国家级"绿色工厂"、国家级专精特新"小巨人"企业，入围郑州市高新技术企业"百强""百快"榜单，为企业高质量发展提供了强大的科技支撑。

加快绿色化、智能化、数字化发展，走绿色低碳高质量发展之路

按照国家提出的"双碳"目标，豫联集团将诚信文化融入企业长远发展战略中，加快绿色化、智能化、数字化发展，坚定不移走绿色低碳高质量发展之路。

完成产能转移，实现能源结构绿色化。随着电解铝供给侧结构性改革的深入，2018年，豫联集团按照国家政策要求，将位于河南省内的50万吨电解铝产能转移至水电资源丰富的四川省广元市，仅用不到两年时间就完成了从签约到投产的艰巨任务。目前，整体产能全部达产创效，实现了由传统火电铝向绿色水电铝的用能结构调整，使公司绿色水电铝产能占比达到60%以上，每年可减少碳排放约500万吨。2023年，豫联集团下属子公司广元林丰铝电成为全国电解铝行业唯一一家入选能效"领跑者"榜单的企业，被科技部列为全国铝行业节能减排示范基地。豫联集团积极引进新能源企业，利用厂房屋顶建设分布式光伏项目，为实现"双碳"目标做出贡献。

改善生产模式，实现原材料的绿色化。豫联集团一方面采用四川省广元市的优质水电铝作为加工产品原材料，另一方面不断提高再生铝使用比例，实现加工产品全过程的绿色化、低碳化。在严格确保质量的前提下，再生铝使用比例不断提升，同时整体规划了再生铝保级利用项目，为原材料结构的优化提供保障。

依托数智化，实现生产过程绿色化。豫联集团加快推进产学研用深度融合，加强与行业专家和知名企业、高等院校合作，围绕生产经营管理持续发力。利用"智慧豫联指挥中心"数字化管理平台逐步消除"脏、苦、累、危"岗位，不断提高劳动生产率，实现对生产经营的可视化精细管控；根据铝冶炼、加工、煤电等主要业务板块生产过程，梳理出重大科技攻关项目10多个、智能化改造项目90多个，正按计划落实推进，着力打造绿色矿山、智能工厂、零排放园区。

坚持诚信为本，积极承担"专注实业、奉献社会"的企业使命

豫联集团以诚信文化涵养家国情怀，用"豫联担当"为国家经济发展、社会进步创造价值，着力打造有实力、有社会责任感、员工幸福、受人尊重、声誉良好的社会公众形象。

诚信对待员工，让员工感到幸福、受人尊重

打造百年长青企业、实现员工安居乐业是豫联集团孜孜以求的梦想。2008年，淘汰落后产能时近3000名员工内部平稳转岗；2020年，产能转移后内部安置近1000名富余员工实现再就业，同时为社会提供新就业岗位300余个。自2022年起，豫联集团计划3年引进600余名优秀人才，配套人才职业培养计划，为公司发展注入活力。继2012年、2015年普涨工资后，2022年，豫联集团实施薪酬制度改革，人均工资增长12.8%，让全员充分享受到发展成果。近年来，豫联集团领导班子带头捐款献爱心，建立了员工关爱互助基金，切实解决内部员工的大病救助等难题，同时对每年考上重点大学的员工子女进行表彰奖励，形成互帮互助的良好风尚。2022年，

又投巨资对员工公寓、婚房住宿条件进行改善，对员工餐厅进行升级改造，不断提高员工的幸福感。

诚信对待社会，坚持企业行为与社会要求契合统一

诚信为本，实现发展共赢。2002年中孚实业上市以来，公司累计安排就业1.2万人，发放职工薪酬59亿元，缴纳税金65亿元，支付利息115亿元，仅此3项支出就比中孚2021年底资产总额还多21亿元；此外，缴纳社保基金约10亿元，中孚实业的总股本从上市前0.85亿股增加到39亿股。多年耕耘，豫联集团的发展带动了周边区域及上下游企业发展，实现了员工、投资者、合作伙伴、金融机构多方互利共赢，为社会、为地方经济发展做出了应有的贡献。

诚信为本，迎来涅槃重生。2018—2020年，金融大环境收紧、行业周期性波动叠加快速扩张等问题，豫联集团陷入经营困境。但是，在品牌公信力和诚信文化的感召下，企业得到了各级政府和社会各界的理解支持，通过市场化、法治化途径，完成了司法重整工作，财务结构得到优化调整，企业重回低负债经营、利润增长的健康发展轨道，成为有价值、有前景的企业。在2023年"两会"期间，中孚实业重整案例在最高法院工作报告中被作为正面典型予以充分肯定。

诚信为本，创新提质树品牌。豫联集团严格产品全过程质量管控，坚持以诚信打造高端品牌和服务。企业产品销售至欧美等20多个国家和地区，与百威、皇冠、可口可乐等国际知名企业建立了长期战略合作关系，得到客户的广泛认可。豫联集团坚守诚信，千方百计保订单、保履约，实现如期、高品质交付，诸多国际知名客户纷纷发来感谢信给予高度赞赏。

诚信为本，积极担当社会责任。多年来，豫联集团累计为河南省巩义市供热、供气、城市供水等民生工程投入5亿多元。积极投身社会慈善公益事业，在郑州"7·20"特大暴雨灾害中，捐赠防汛资金300万元。此外，还捐赠美丽乡村建设帮扶资金100余万元。多年来共支持社会公益事业4000多万元，累计捐款近2000万元。豫联集团先后获得2020年第五届郑州慈善"精准扶贫慈善先进单位""巩义市2021最具爱心捐赠企业"等荣誉，2022年被命名为河南省乡村振兴劳模出彩"十面红旗单位"。

追溯过往，诚信之光熠熠生辉。一代代"豫联人"传承诚信文化，用坚持、坚定践行每份承诺。展望未来，发展之路光明灿烂。在诚信文化引领下，豫联集团将继续以绿色化、智能化、数字化为方向，向社会提供更多品类、更好品质、更能满足发展需求的产品和服务，奋力打造全球领先的铝包装材料供应商新形象，为促进中国铝工业高质量发展做出新的、更大的贡献。

主要创造人：张洪恩
参与创造人：贺怀钦　崔红松

国有企业向民营企业为主导的混合所有制企业转型中的文化融合研究

北方重工集团有限公司

企业简介

北方重工集团有限公司（以下简称北方重工）位于辽宁省沈阳市，是辽宁方大集团实业有限公司（以下简称方大集团）旗下一家大型跨国重型机械制造公司。北方重工始建于1921年，历史悠久、底蕴深厚，在国际、国内重型机械制造行业有着重要地位，素有"中国重机工业摇篮"的美誉，产品辐射全球市场。北方重工主导产品包括隧道工程装备、矿山装备、冶金装备、散料输送与装卸装备、煤炭机械、电力装备、建材装备、石油压裂装备、环保装备、现代建筑装备、锻造装备、传动机械、汽车电器及工程总包项目装备。北方重工占地面积101万平方米，注册资本35.71亿元，资产规模100多亿元，拥有完整的设计、试验、检测和计量手段，拥有140余项专利和专有技术、200余台（套）新产品填补国家空白，100余项产品和技术获国家各级科技奖励。北方重工是国家技术创新示范企业，拥有国家认定企业技术中心、全断面掘进机国家重点实验室、博士后工作站，是我国重型装备制造领域的骨干企业。

实施背景

2019年4月，北方重工实施混合所有制改革以后，员工身份角色、企业价值、使命、责任等都相应发生转变，无论企业还是员工，都需要时间去调整和适应这些变化，矛盾主要集中在以下几个方面。一是体制发生变化，导致企业的经营理念、主导思想等相应变化。国企体制下，更关注企业规模、员工人数，以此来评价企业所承担的社会责任多少。混合所有制体制下，更强调企业的追求和员工的个人发展，强调通过企业发展壮大、员工不断提升去增加效益，以此来回馈社会。二是体制发生变化，导致员工行为导向发生变化。国企体制下，员工相对安逸，在自我发展和个人创新上表现较少。混合所有制体制下，对于员工激励更注重实效，干部能上能下、员工能进能出、收入能增能减，员工之间竞争明显。三是体制发生变化，方大集团作为北方重工母公司与北方重工之间形成了共同的文化体系，需要帮助员工顺利度过改革的"阵痛"并迅速融入。做好母、子企业文化的构建和推广是企业重组中非常重要的一环，方大集团是秉持"党建为魂"的企业文化，而北方重工作为国内具有悠久历史的重型装备制造业企业具有其行业的特殊性，因此，企业文化在服务于集团文化的基础上，还应保持北方重工自身的文化特性。北方重工需要针对集团和企业之间不同的文化特征，制订相应的文化标准和推广措施，以实现文化价值的一致性。

在此背景下，北方重工迅速建立具有北方重工特色的企业文化，形成企业文化建设的内在机制，使其在企业经营管理中发挥导向、激励、凝聚、协调、辐射、约束、规范等功能，引导员工在短时间内适应新的文化，增强员工凝聚力和企业核心竞争力，从而促进企业持续、高效、健康、快速的发展。

主要做法

国企体制向混合所有制体制转型过程中的企业文化融合是一个复杂的过程，需要企业领导和全体员工共同努力。实施混合所有制改革以来，北方重工在企业文化建设方面做了大量卓有成效的工作，主要体现在以下几个方面。

建立共同的价值观和目标

企业文化的核心是价值观和目标，因此，建立一个共同的价值观和目标是实现两种文化融合的关键。首先要明确新旧文化的差异，以确保所有员工都能理解和接受新的文化。北方重工在国有企业时期，通常更注重社会责任，而改制后则是在社会责任和经济效益并举的同时更侧重经济效益。在考核目标方面，国企时期的北方重工通常会更加注重企业的社会责任和公益性，而改制后则更加注重企业的经济效益和市场竞争力。因此，北方重工改制后首先制订及修订了明确的企业中长期业务目标、组织结构和管理目标、人才培养和发展目标、企业要履行的社会责任目标，以确保员工都朝着相同的方向努力。

加强沟通和培训

改制后，北方重工组建了120人的宣讲团队，分组深入一线，与基层员工开展座谈，了解基层员工对新制度、新文化的意见建议，把制订新制度的背景和初衷向广大员工宣传到位。通过兄弟企业员工分享切身经历，绝大多数员工逐渐认同了新的企业文化内涵。

为了进一步巩固宣传沟通带来的良好效果，北方重工制订了完善的培训制度和培训计划。通过构建党建培训、技能培训、安全培训、质量培训、新产品培训等一系列培训体系，多角度植入企业文化和价值观，把概念性的文化口号与实际工作相结合，融入员工的一言一行。仅2022年，北方重工就完成一、二级培训332次，总培训人数达9809人次，使企业文化理念根植在员工日常活动当中。

建立共同的工作环境和文化氛围

工作环境和文化氛围可以影响员工的行为和态度。为了顺利实现文化融合，北方重工致力于建立一个共同的工作环境和文化氛围，以确保员工感受到新旧文化的融合。

为建立共同的文化信标，北方重工在主干道两侧设立宣传条幅悬挂点位，定期更换企业文化宣传语；在车间参观通道设置党建和企业文化宣传墙；建设标准化班组，在标准化班组内设置劳模宣传展板。

通过文化环境的建设和烘托，把国企时期与改制后的党建文化进行串联，从时间和空间两个维度构建共同的工作环境和文化环境，有效降低了文化融合过程中的思想对冲。

激励员工参与文化融合

企业文化融合需要员工的积极参与。改制后，北方重工融入"企业发展为了员工，企业发展依靠员工，企业发展成果由员工共享"的理念。首先从理念上重新确立企业与员工的关系，提升全体员工的自我管理水平和参与企业管理的积极性。在员工参与企业管理的过程中，熟悉、讨论、接纳不同发展背景下的企业文化，通过生动事例，引导员工不断适应新的文化节奏。

实施效果

企业文化融合引发员工行为和态度的改变

改制后，北方重工经历的不仅仅是"混"，还有"合"的过程，不同企业间的文化碰撞、融合，给员工的行为和态度带来了极大改变。首先，员工更加积极主动地参与企业决策和管理，表现出更高的工作热情和责任心。由于混合所有制改革带来了新的管理模式和理念，员工在接受新思想的同时也更加注重自身的职业发展和个人成长，积极参与企业的学习和培训活动，提升自身的专业技能和管理能力。其次，员工对企业的归属感和认同感增强，更加关注企业的发展和利益。混合所有制改革使得企业更具市场化和竞争性，员工感受到了企业的变化和发展，更加珍惜自己的工作机会和福利待遇，同时也更加关注企业的形象和声誉，愿意为企业做出更多的贡献。最后，员工对企业的创新和发展充满信心和期待，更加注重团队合作和协作精神。混合所有制改革为员工提供了更多的发展机会和空间，同时也要求员工具备更强的团队意识和协作能力，员工通过相互合作和支持，共同推动企业的发展和进步。

混合所有制改革对北方重工员工的行为和态度产生了积极的影响，员工更加积极主动、关注企业发展，在注重团队合作等方面表现出了更好的状态和素质。

企业文化融合促进企业业绩提升

改制为北方重工带来了更多的资源和资金支持，进一步推动了企业发展，使北方重工更加市场化、现代化和国际化。北方重工通过引进先进的管理理念和技术，不断提高生产效率和管理水平，扩大了市场份额。

改制后，北方重工通过文化融合，经营理念发生变化，从追求规模效应、做大做全到精细化管理，注重项目自身的成本和时间控制，产品在市场的口碑越来越好。以塔磨机产品为例，改制后因为引入了新的管理理念，制造过程更追求高效和成本控制，从而激发了员工的自主创新动力。通过一系列技术创新，该产品目前的制造周期和成本下降了约40%，在国外的市场占有率上升至70%左右。而且，新类型、轻量化的产品不断涌现，有望持续保持市场领先。

企业文化融合为企业形象和声誉带来积极影响

改制后，经过企业文化融合，北方重工更加注重科技创新和产品研发，提高了企业的核心竞争力。

在整合企业发展各阶段文化特点过程中，北方重工逐渐凝聚出"以创新突破困境"的集体共识，每逢企业遇到重大发展困境，都是通过技术创新完成涅槃重生。吸纳和继承创新精神，是改制后企业迅速摆脱经营困境的主要手段，也正是改制后一系列新产品的问世，打开了市场，赢得了社会和市场对北方重工的尊重。

《人民日报》、新华社等国家主流媒体曾先后多次报道北方重工技术创新的累累硕果，国内知名影视制作公司主动联系以北方重工为原型拍摄"大国重器"题材电视剧。2023年上半年，北方重工新增订货同比增长56.86%、销售收入同比增长41.38%，创新发展的业绩得到广泛认可，社会影响力显著提升。

主要创造人：王洪伟　梁　秀
参与创造人：王　丹　高尔歆　魏晓琳　白　威

以匠心文化引领有机微量发展，助力建设质量强国，彰显龙头担当

湖南德邦生物科技股份有限公司

企业简介

湖南德邦生物科技股份有限公司（以下简称德邦生物），始终专注于有机微量。1996年，秉承国家"八五""九五"科技攻关课题，由实验室制法进行工业化生产，成为国内前沿的饲料有机微量生产企业。2004年，上海德邦成立，创业再出发。2017年，德邦生物正式落户湖南衡阳，以打造"动植物营养添加剂全产业链智能化企业"为目标，持续深耕有机微量。现今，德邦生物已发展成为工业和信息化部颁发的专精特新"小巨人"企业及湖南省农业产业化省级龙头企业。2023年，成功入选中国科学院上海有机化学研究所博士后创新实践基地。依托先进的智能化工厂与强大的自主研发实力，德邦生物生产和销售近乎全品类的有机微量元素，生产产能占中国有机微量元素产能的33%。以专业赢得信赖，不仅服务于全国80%的饲料上市生产企业，也深入推动着在饲料与养殖业以有机微量替代无机微量，产品远销15个国家和地区，以守护优质农牧产品的社会责任让人类更健康。

实施背景

德邦生物作为占国内产能33%以上的有机微量龙头企业，多年来肩负着推进全球用有机微量替代无机微量元素的可持续发展的社会责任。积极探索助力质量强国的事业，融入守护国民"舌尖上的安全"、促进国民健康的行动中。以匠心文化创造高质量为突破口，积极探索品牌经营之道，形成了以坚守高质量信条为核心的特色匠心文化。多措并举持续提升自身核心竞争力，用高质量产品和利他之心赢得好口碑。

为完善品牌培育发展机制，实施匠心品牌战略，德邦生物将紧盯"打造受人尊敬的全球有机微量领军品牌"目标，企业迫切需要建立全面深入统一的企业文化，迫切需要站在更高的战略高度上推动文化融合再造和创新变革。这也是德邦生物提升管理水平、提升行业竞争能力的需要，是统一员工价值理念、满足员工的物质文化和精神文化需求、最大限度地激发员工的积极性和创造性的需要。

主要做法

创新赋能匠心文化，制造高质量有机微量，强化"国民品牌"核心竞争力

德邦生物目前已发展成为国内有机微量企业生产线自动化、智能化、可视化、数据化、透明化程度最高的工厂之一，企业在匠心文化的滴灌下创下累累的高品质硕果。2020年，公司被评为"衡阳市智能制造示范企业"。2021年，公司承担的"动植物营养添加剂综合提取智能制造"项目入选湖南省制造业数字化转型"三化"重点项目。2022年，获得工业和信息化部颁发的专精特新"小巨人"企业；同年，获得湖南省级农业产业化龙头企业。

数字升级潜心高品质制造，德邦生物用科技重塑品牌价值

借助数字化升级，提升客户体验。以高度数字化、智能化技术，推动德邦生物不断提升产品质量控制能力、降本增效及自身管理水平。

以客户为核心，德邦生物用科技重塑品牌价值。德邦生物始终坚定价值追求"让客户更成功"，搭建数字化追溯系统，覆盖原料、生产、质量、仓储、流通等全链条，让客户见证了有机微量产品的精准制造过程，满足客户对有机微量安全和品质的高期待。

在管理创新方面，德邦生物率先推进全面数字化升级，确立了"3+2+2"的发展战略，通过中台连接起供应链、生产端、客户端流动循环，从更深层次驱动有机微量定制产品的核心技术研发。具体来说，就是以智能制造、ERP系统、精益管理"3"个具体项目为依托，以数据中台和业务中台"2"个中台为统一支撑，支持配方定制和智慧供应链"2"个核心业务目标的实现。

文化赋能，秉承"以客户为中心"，提供"全员式增值服务"

秉承"以客户为中心"的企业文化，一切行动围绕公司的战略布局全面落实开展，凝聚"团队为王"的特色合力落地执行，打造了一支"007"的服务团队，每天0点到0点，每周7天，24小时在线待命，5分钟应答，第一时间为客户带来售前、售中、售后的服务。强调从方案、管理、技术、品控、销售等各个环节，提供"全员式增值服务"。始终在与客户的共同成长中，实现可持续创新的社会价值，引领德邦生物不断高速发展。

品牌服务经受匠心文化的沁润，通过实际行动践行文化制度

多年来，德邦生物之所以能够心无旁骛地投入到高质量的制造中，源于积极践行"让客户更成功，让员工更幸福"的价值观，不断完善员工福利保障制度，不断创新建立分享机制、激励方式、关怀体系，使得德邦生物的员工更加幸福。此外，在吸纳就业的同时，德邦生物成立"员工互助基金"，进一步建立健全公司内部互助济困机制，在员工遇到困难时及时伸出援手。德邦生物积极投身公益事业，为贫困山区学校捐赠物资，先后向河南兰考县胡砦小学等学校捐赠物资。通过公益机构组织的社会活动来承担社会责任，近5年累计出资捐赠200余万元。德邦生物认真贯彻落实安全工作方针，提高全员安全工作意识，制定了安全工作制度来引导、规范员工的行为。2020年，被评为"衡阳市青年安全生产示范岗"，强化员工关爱的举措也受到权威认可。

品牌矩阵合力铸匠心文化，持续不断地给予客户高质量品牌的服务保证

宣传矩阵包括线上"一圈一微一视频，两网一刊一手册"6种自媒体建设，即内部主推朋友圈、微信公众号、视频号和官网、微官网、《品德》企业内刊、《企业文化手册》等展示渠道；外部择优合作直播、广告等宣传形式；线下参与行业展会、论坛，策划开展新品发布会、区域营销会等活动。着重在讲案例、造舆论、证实力等内容方向提炼品牌故事，向员工传播匠心文化，作为员工必学的教材，使之成为员工的行动指南。建设并开放德邦文化展厅，成为企业匠心文化宣传中心，多层次、全方位地展现企业形象、产品优势、企业文化、技术实力及服务理念的升级情况，加强企宣团队打造，采用"第一视角"最直观、最具代入感的宣传，提升德邦生物的品牌影响力和市场竞争力。

实施效果

经过多年的实践，德邦生物的匠心文化融合取得实效。

一是凝聚力和向心力进一步增强。通过广泛宣传，公司匠心文化内化于心的效果日趋显现，倡导的价值观越来越被全员认同，广大干部员工的思想越来越统一、团队凝聚力越来越强。

二是促进了团队的融合、协同。在企业文化融合的过程中，德邦生物也同步营造了全员激情工作、愉快生活的文化氛围，锻造了思想融合、行动协同、交流通畅的干部员工队伍。

三是提升了德邦生物的声誉和品牌形象。企业匠心文化融合后，形成了一个拳头、表达了一个声音、打出了一个品牌、铸造了一个团队，有效展现了新时代德邦生物焕然一新的良好形象。

主要创造人：邓志刚　吴亚斌
参与创造人：冯一凡

以快乐品牌文化助推业务高质量发展

长沙银行股份有限公司

企业简介

长沙银行股份有限公司（以下简称长沙银行）成立于1997年，是湖南省首家区域性股份制商业银行、湖南省最大的法人金融企业、湖南省首家上市银行。下辖包括广州分行在内的30家分行（直属支行），营业网点和服务网络辐射湘、粤两地，实现了湖南省地市州及所有县域的全覆盖。控股湘西长行村镇银行、祁阳村镇银行、宜章长行村镇银行、长银五八消费金融公司，成立湖南长银数科有限公司，为客户提供365天×24小时手机银行、网上银行、微信银行和电话银行服务。长沙银行始终秉承"正道而行、信泽大众"的发展使命，坚持"聚焦客户、实干为本、快乐同行"的核心价值观，坚持深耕湘、粤，服务地方发展、服务中小企业、服务人民，不断提升服务实体经济的能力。展望未来，长沙银行将坚持"客户中心、价值导向"，着力打造区域领先的现代生态银行。

实施背景

快乐品牌文化萌芽发展期（1997—2004年）

1997年前后，在组建多家城市信用社基础上诞生的长沙城市合作银行应运成立。1998年，长沙城市合作银行更名为长沙市商业银行，企业形象设计和企业文化建设由此正式进入萌芽期。这个阶段，长沙银行率先推出24小时银行服务，资产规模快速增长，长沙银行芙蓉卡走进千家万户，率先推出芙蓉卡全国跨行取款零手续费，长沙地区布放的ATM机同业位列第一，开通96511电话银行，业务规模实现了质的飞跃。尝试跨区域发展，2000年启动"千心工程"，提出"千心为你跳动"，将"千心工程"打造成为带有企业特色的文化标签。

快乐品牌文化变革期（2004—2014年）

这一时期，长沙银行是参与市政重点工程建设的先行者和排头兵，"金芙蓉"逐渐成为长沙银行服务的标签，对公、零售、资管业务迅猛发展，推进"人才强行"和"人本关怀"，提炼员工手册、员工行为和制度文化3本小册子。"千心工程"为品牌战略成功推广奠定良好基础，推进企业文化向各个领域、各个环节扩展。通过对LOGO进行深化设计，打造一整套VI体系。2010年，启动首届企业文化节，获得省市文明单位、文明窗口示范点、文明标兵单位、国家级青年文明号、共产党员示范岗等荣誉若干。

快乐品牌文化提升期（2014年至今）

伴随着业务纵深发展和网点布局的全域覆盖不断深化，2018年，长沙银行成为湖南首家上市银行。2014年在全国率先提出"做中国最快乐的银行"的愿景，为此举办快乐讲堂，推出一系列快乐主题产品，如快乐秒贷、快乐e贷、快乐分期、快乐房抵贷，打造了快乐商城，推出了快乐积分。对员工，推出了"快乐+"员工关怀机制，成立了快乐兴趣团，比如快乐跑团等。正是这个阶段企业文化的纵深延展和深化，让快乐文化逐渐为社会各界感知、认同，成为长沙银行独一无二的企业文化。

长沙银行坚守正直和仁义的道德标准，与客户、员工、股东、社会共同发展、共享快乐。坚持"正道而行、信泽大众"的使命；坚持"做中国最快乐的银行"的愿景；坚持"聚焦客户，实干为本，快乐同行"的价值观。日常的经营、服务、管理都孕育和滋养着长沙银行的文化基因，理念识别、视觉识别、行为识别系统都当作重点工程培养和锻造。深刻挖掘"快乐银行"的真谛，探寻努力奋斗、用心服务、创造价值、携手前行带来的更深层次的快乐。2023年，全面升级以快乐、担当、服务、合规、创新、清廉6个因子为内涵的长沙银行企业文化体系（见图1）。

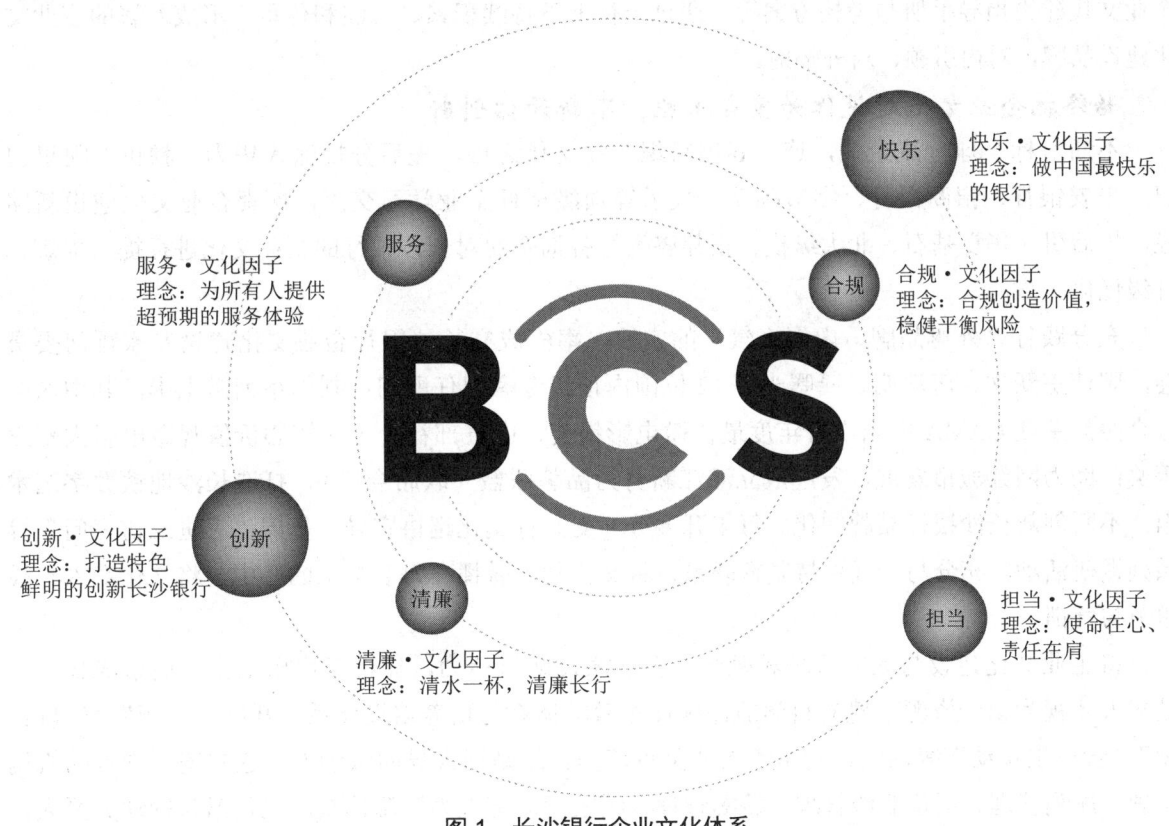

图 1　长沙银行企业文化体系

主要做法

始终把企业文化建设作为灵魂工程，以战略为导向

长沙银行立足快乐品牌文化，坚持经营管理和企业文化建设相融合，有计划、有组织、有步骤地层层推进。长沙银行成立了企业文化建设委员会，由党委书记、董事长担任委员会主任，全

体行领导及中层正职均纳入委员会，共同负责企业文化建设的顶层设计、考核评估、推广实施。

始终把企业文化建设作为团队工程，重在落地实施

长沙银行秉持两个理念："企业文化+"和"企业文化建设品牌化"。

"企业文化+"，长沙银行从两个方面做好规划和设计，一是行为规范方面，明确领导干部及员工的行为规范，创新开辟青椒社区，让全员自由发声交流，不定期开展董事长午餐、家属开放日和"TALK长行""大咖讲文化"系列品牌活动，全行上下积极参与、主动参与、创新参与；二是视觉体系方面，建立规范统一的VI视觉体系与系列文创产品，集中全行智慧、全行创意、全行力量。

"企业文化建设品牌化"，建立起长沙银行微信公众号、视频号、抖音、快手、B站等宣传矩阵，总粉丝量近500万，位列城商行第一梯队。将企业文化建设工作形成一套成熟的理念和方法，在总行大楼内建立企业文化中心展示窗口，建设1400平方米企业文化展厅，年接待量达2000人（次），出版《乐行其事》《乐在其中》《乐见其成》"乐"字号系列企业文化书籍，设计企业文化建设指导手册与考核方案等。通过全行上下持续积累、沉淀和传承，形成专属的企业文化建设品牌，对内引领、对外辐射。

始终把企业文化建设作为重点工程，不断开拓创新

不断对标全球一流企业，连续6年组织企业文化之旅，先后分批深入华为、腾讯、阿里巴巴、平安银行、招商银行、字节跳动、快手等顶级标杆企业学习交流，探索企业文化建设新路径。先后引入华夏基石、北大纵横、正邦咨询等咨询企业对长沙银行的企业文化进行提质提炼、升级优化。

充分践行"外树品牌、内聚人气"的宗旨，率先成立长沙银行企业文化建设专家顾问委员会，聘请王跃文、唐浩明、龚曙光等12位国内顶级专家担任顾问；制作系列微电影，其中《两张合照》荣获CAMA中国广告年度最佳微电影银奖、中宣部社会主义核心价值观微电影大赛三等奖；助力网红城市发展，发起成立湘江新势力品牌联盟（联席会议），打造长沙地铁数字艺术馆，不断创新长沙银行品牌文化。每年开展分（支）行文化巡讲宣导、基层"三进三访三问"等系列调研活动，充分与一线保持紧密联系，将文化种子撒播在每名员工的心中，将文化融入一线服务与营销。

将企业文化建设与人才管理相融合，全面激发队伍活力，让员工快乐工作、快乐成长。一是把人才视为第一资源，建立科学的评优评先激励体系与培养培训体系，开展"三狮""淬炼计划""管培生行动"等活动，对重点人才重点培养。二是用人导向激励人，建立统一规范的机构管理、序列管理、岗位职级管理、薪酬管理、绩效管理等人力资源体系。三是温暖行动关爱人，从快乐+"福利、健康、成长、生活、活动"5个方面，建立成体系的员工关怀机制，提升员工快乐指数，做好春节慰问、受灾慰问、爱心救助、员工家庭财产保险和"快乐车票""金榜题名奖"等工作，让全行共享发展的成果。

实施效果

形成独特的团队风格

长沙银行快乐品牌文化的引领，形成一支强硬的队伍，一是忠诚，就是对待事业敬业、爱岗、有信仰；二是干净，就是恪守法纪，清正廉洁干事业；三是担当，就是面对矛盾，迎难而上担其责；四是简单，就是直面问题，以简驭繁高效率。全行上下都能适时洞悉客户需求，创新为客户提供简单、快捷、方便、贴心的金融服务。

打造快乐文化"名片"

长沙银行以快乐为风向标，充当社会快乐的传递者，独特的快乐品牌文化吸引着每年超50批次的同业及相关企业的到访交流，长沙银行也获得了中国企业文化建设峰会组委会颁发的企业文化建设优秀企业奖。让客户快乐，让员工快乐，让股东快乐，长沙银行充当着一个社会快乐的演绎者、践行者、传递者。长沙银行不仅将快乐的品牌文化"名片"打造成为全国范围内行业的知名品牌，更是做成被客户喜欢和被选择的产品品牌，突出业务赋能，形成独特的业务品牌，将快乐传递出去，形成自身的文化品牌，最终成为所有湖南人民的快乐银行。

有力推动业务生产力

在快乐品牌文化的感召力下，激发了长沙银行全员的营销力、战斗力、创造力，为客户创造价值、给客户带来温暖，推动了长沙银行持续高质量发展。截至2022年，长沙银行资产规模达到9047亿元，机构网点布局湘、粤两地。在麦肯锡发布的中国40大银行价值创造排行中，高居经济资本回报率第10位；在中银协发布的中国银行百强榜单中，位列第36位；在英国《银行家》杂志公布的"2022全球银行1000强"中，位列第191位；在英国《银行家》杂志公布的"2022年全球银行品牌价值500强"中，位列163名；在2022（第五届）"铁马"中小银行评选中荣获"铁马——知名品牌中小银行"奖项。

主要创造人：吴四龙　刘　琳

参与创造人：潘　敏　阳　瑜　张宴翠　李思远

建筑企业文化落地体系建设的探索与实践

中国水利水电第八工程局有限公司

企业简介

中国水利水电第八工程局有限公司（以下简称水电八局）成立于1952年荆江分洪工地，是世界500强企业——中国电力建设集团公司（以下简称电建集团）旗下的骨干企业，是湖南省首家、电建集团唯一拥有国家"三特级"资质（水利水电工程施工总承包、建筑工程施工总承包、市政公用工程施工总承包）的企业，是国家高新技术企业。水电八局顺势勇为，积极推进企业转型升级，不断优化产业结构，现已形成国内水利电力、国际基础设施、国内基础设施、轨道交通、投资五大业务板块竞相发展的良好态势，全力打造以工程建造为主体、绿色建材和绿色能源为两翼的"一体两翼"产业新格局。2022年，完成营业收入275.91亿元，新签合同金额438亿元，利润1.9亿元，纳税12.95亿元。

起始江河，文化沉淀

水电八局自1952年荆江分洪工程走来，因水而生，驭水而强，携水而进。从诞生到成长再到壮大，水的印记深深融入"水电八局人"的血脉中。新时代，新挑战，在企业转型升级过程中，集聚"上善若水，顺势勇为"的文化内涵，在市场竞争中求生存、谋发展。通过深刻总结70年企业奋斗历程，设立企业文化部，制订企业文化建设规划，面向全体员工征集企业文化理念表述语和企业文化故事，深入建筑项目基层开展文化调研活动，召开文化理念评审会议，最终探索、提炼、设计出符合自身特色的"尚水"文化体系。

"尚水"文化具有以下8种品德与特性：随物赋形——顺势，融通四海——开放，海纳百川——包容，勇往直前——进取，水滴石穿——坚韧，泽被万物——担当，静水流深——谦逊，激浊扬清——清正。"尚水"文化继承了中国优秀传统文化的精髓，与现代文明高度契合，承载了电建集团的价值理念，体现了"水电八局人"的精神风貌。

起跑当下，文化落地

在精神层面上，通过文化立根思想铸魂、筑牢基层战斗堡垒、凝聚群团发展合力，以党的建设为引领提升精神层文化建设；在表达层，通过坚定不移深化改革、持续强化风险防控、促进文化知行合一，以问题导向为原则规范表达层文化建设；在表象层，通过深度服务国家战略、持续推进转型升级，以业绩增长为支撑加快表象层文化建设。

以党的建设为引领提升精神层文化建设

红色基因，蓝色梦想，水电八局始终牢记毛泽东同志在荆江分洪工程"为广大人民的利益"的殷殷嘱托，不更弦，不动摇。

文化立根思想铸魂。作为建筑央企，必须坚持以习近平新时代中国特色社会主义思想为指导，推动党的创新理论在企业文化建设中落地见效。通过实施"文化强企"战略，以推动高质量发展为主题，以改革创新为根本动力，以强化企业文化落地为重点任务，把企业发展的阶段性特征作为企业文化建设的现实依据，把培育员工共同价值观作为核心任务，把推动企业可持续发展作为根本目标，紧紧围绕企业改革发展党建工作，促进企业文化与生产经营紧密结合，持续完善企业文化体系，丰富文化内涵，统一员工行为规范，增强文化认同，增强企业凝聚力、向心力和员工的荣誉感、获得感、幸福感，以文化进步引领企业本质进步，为实现企业愿景目标提供强大的思想保证、精神动力和文化支撑。

筑牢基层战斗堡垒。促进企业党建和企业文化融合发展的基础在基层，主要力量来自基层党组织，通过强化党的组织建设示范带动企业文化建设。通过抓好党组织书记、党务及企业文化专干和党员三支队伍建设，推动领导干部参加双重组织生活会，开展党员示范岗、责任区创建，组建党员突击队、技术攻关小组，发挥其在企业建设过程中的先锋模范作用；通过打造党员活动室、职工书屋样板，制订工作模板，系统梳理企业管理制度，以流程化、信息化手段固化优化，系统提升基层工作标准化、规范化水平。运用"互联网+"模式，创办"云党校"，借助读书会、网络知识答题、"学习强国"平台等形式拓展学习，丰富员工精神文明。通过将红色基因注入企业文化价值体系之中，准确反映和体现企业在新时代的发展方式、产业趋势和服务模式等内容，以"党建+"活动开展重点打造企业子文化，如诚信文化、执行文化、英雄文化、市场文化、创新文化、合规文化和廉洁文化。

凝聚群团发展合力。企业文化建设的目的就是打造企业与员工的命运共同体，共同促进企业发展，共享改革发展成果。通过规范项目职代会制度，深入开展群众性经济技术创新，建立"员工创新工作室"，取得国家专利，发挥员工价值创造力。通过深化"我为群众办实事"实践活动，切实解决职工群众急难愁盼问题。通过服务青年成长，引领广大青年围绕企业发展建功立业。通过凝心聚力共克时艰，逆行海外坚守岗位，全力保障海外员工安全健康。通过投身乡村振兴、抗洪救灾、应急救援、志愿服务等任务，展示建筑央企履行社会责任的品牌形象。

以问题导向为原则规范表达层文化建设

坚定不移深化改革。近年来，建筑央企深入实施国企改革三年行动。水电八局通过"创新驱动""国际双优""投资发展""经营城市""数字化转型""文化引领"战略，致力打造最具行业特色的一流国际工程公司；坚持"两个一以贯之"，厘清党委与董事会、经理层等治理主体的权责边界，推进董事会规范化运作，强化董事会配套制度建设，落实董事会职权，推行经理层成员任期制和契约化管理，提升现代企业治理能力。推行公开招聘、竞争上岗、末等调整和不胜任退出等制度，控制总量，盘活存量，清理冗员，瘦身健体；加大业绩考核效益指标权重，引导分（子）公司创利、创效；推动薪酬向高绩效团队、关键岗位、业务骨干和基层一线倾斜，纵深推进三项制度改革。

持续强化风险防控。通过规范设立首席合规官和海外合规官，落实项目法务经理制度。推进公司律师制度，提高依法治企、依法经营能力。构建大监督格局，发挥纪检、巡察、审计、法律等监督联动协同作用。提升审计效能，强化审计结果运用，实施内部审计质量控制管理规范，提升审计工作质量。推行法律风险管理与经营管理深度融合，实现法律风险管控关口前移、职责前移、任务前移。

促进文化知行合一。围绕举旗帜、聚民心、育新人、兴文化、展形象，不断提升企业文化工作的传播力、引导力、影响力。通过打造"三微一网"宣传矩阵充分发挥融媒体优势。加大文化宣贯推广力度，创新作品形式和内容，精心策划推出原创歌曲、微电影等。利用线上主流及地方媒体、内部网站微信、朋友圈、微信群，线下各种交流调研考核现场、地方会展、形象展示室，推介企业文化，开展立体式品牌营销，获得员工和社会各界的广泛认同。推出企业文化员工行为规范系列短视频，引导员工由"知"转"行"。

以业绩增长为支撑加快表象层文化建设

坚持抓文化建设从生产经营出发，抓生产经营从文化建设入手，以生产经营业绩、科技创新成果检验企业文化建设工作成效。水电八局从荆江分洪到三峡工程再到雅万高铁，始终坚持"敬业、专业、人品、精品"的企业准则，带领员工奋进在"急难险重新"的关头，闪耀在战胜"急难险重新"的瞬间。

深度服务国家战略。建筑央企须准确把握新发展阶段、深入贯彻新发展理念、服务构建新发展格局，匠心筑造"大国重器"，服务于国计民生。水电八局在水利电力行业内拥有领先的科技优势和施工生产能力，建设300余项大型水利水电工程，中国十大水电站参建前九，是三峡工程建设主力军和第一度电的生产者，创造了单个企业年总装机容量1000万千瓦的世界纪录。以共建美好服务城市，在湖南等中部地区和粤港澳大湾区、雄安新区及长三角、长江经济带承建市政、房建、公路、铁路等工程近300项。深入践行"两山"理论，投资建设全球最大绿色建筑骨料生产基地——安徽长九，华中区域"千万吨级"大型绿色矿山典范——湖北浠水，国家级装配式建筑产业示范基地——长智建工。积极服务"双碳"，在湖南、浙江、福建、辽宁、云南、新疆等地建设具有世界先进水平的抽水蓄能电站20余座，参建光伏、风电等新能源项目50余个，总装机超过5200兆瓦。

转型升级持续推进。面对内外形势变化，须深刻审视自身禀赋，理性把握历史方位。以思想进步服务客户，坚持"市场引领，价值导向"的工作理念，在企业各项经营管理活动中充分发挥市场引领作用，始终以谦逊的姿态对待客户，致力为客户提供"投建营"全产业链一体化服务的方案。以科技进步服务客户，发挥国家级博士后科研工作站作用，利用在建项目开展科研攻关，水电八局获国家和省部级科技进步奖励322项、发明专利54项、实用新型专利785项；国家级工法16项，省部级工法446项，17项中国施工企业新纪录。以优质产品服务客户，大力实施优质工程战略，水电八局共有170余项工程获国家和省部级优质工程奖，获国家优质工程金奖8项、国家优质工程奖15项，获所在国国家优质工程奖2项，获"鲁班奖"10项、"詹天佑奖"7项、"大禹奖"3项、国际里程碑工程奖7项。

近年来，水电八局企业文化建设取得了显著成效，"八局之声"微信公众平台粉丝超过10万，获中国施工企业"十佳公众号"、全国建筑行业"最具影响力微信公众号""全国最美企业之声";作品获国务院国资委"央企品牌故事大赛"一等奖、"一带一路"百国印记"文化传播大使"奖、首届全国职工微电影节一等奖。企业文化与企业发展同频共振,获"全国青年文明号""全国模范职工之家""全国普法先进单位""全国用户满意施工企业""全国最佳施工企业""全国建筑业科技领先百强企业""全国企业文化建设典范企业"等荣誉。

主要创造人:姜清华　强　嵘
参与创造人:邓　凯　易　溢

构建创新文化体系，助推行业技术创新，擦亮轮轨上的"国家名片"

株洲国创轨道科技有限公司

企业简介

株洲国创轨道科技有限公司（以下简称国创轨道）始创于2017年，系中车株机等12家单位投资成立的混合所有制企业，是国家先进轨道交通装备创新中心（以下简称国创中心）的运营载体。国创轨道成立以来，先后获评国家高新技术企业、国家铁路局新型能源系统铁路行业工程研究中心、国家市场监管技术创新中心（轨道交通装备质量与安全）、国家级工业设计研究院培育试点单位、中国管理创新先进单位、湖南省专精特新中小企业、湖南省首批新型研发机构、湖南省文明单位等。

主要做法

以"技术创新"为中心，构建创新文化工作体系

国创轨道聚焦关键共性技术、现代工程技术、前沿引领技术，围绕新能源技术、新材料技术、新工艺技术、新技术平台的"四新"方向和核心基础零部件、关键基础材料、先进基础工艺、产业技术基础的"四基"方向，开展技术创新研究。通过建立专家委员会，充分发挥股东单位和创新联盟资源优势，制订安全可靠、先进成熟、节能环保、互联互通的"绿色智能"谱系化的总体技术发展规划，确定七大关键共性技术路线图。按照"研发-工艺-孵化"一体化精益研发方法，依托PDM系统实现职能组和产品项目组两种管理模式同步开展，以产品结构BOM为中心组建产品设计数据库，打通工艺文件与产品零部件之间的数据关联，实现PDM与CAD、CAPP、ERP软件系统无缝集成。在NX6和UG的基础上开展三维产品设计和三维工艺工装设计，建立研发、工艺、孵化部门协调统一的三维工程化研发系统，形成标准件模型数据库，逐步实现产品、装备、工艺工装及重要零部件之间研发数据的互联互通，疏通关键共性技术研发的难点和堵点。

关键共性技术研发项目从立项开始，科研技术人员在技术研发中心进行技术或工艺研发，形成样机，完成中试和试验验证，到成果转化中心进行专利申报和质量检测，在获得可靠的产品后，再通过公共服务中心将技术成果共享到产业集群中的企业，与产业链相关联企业达成批量生产合作意向，经产业孵化中心拓展出研发成果的应用场景，实现研发端与应用端的结合，完成实验室到市场的转变。在这个过程中，人才培育中心把项目中成长起来的人才和团队进行培养和裂

变,用来支撑更多的科研项目发展;同时,依托国际合作中心对外开展合作,吸引更多的行业人才进入到技术研发中心参与关键共性技术研发,进而形成一个完整的闭环,建成良性循环机制,机制内各职能之间相互支撑,搭建起技术创新文化工作体系,支撑实现样品－产品－商品的快速转变、价值共建共享、自我造血的创新生态体系。

以"运营保障"为中心,构建创新文化考核体系

建立六大运营机制。国创轨道构建了市场化运营机制、协同与共享机制、知识产权运用机制、技术研发攻关机制、人才激励机制、责任考核机制六大运营机制,确保创新文化工作体系平稳运营。一是在市场化运营方面,初期以股东出资和政府财政扶持资金作为启动资金,培育创新中心经营能力;中期依托创新平台资源提供相关服务,实现自我造血;远期通过科技成果转化,孵化高新技术企业,实现可持续发展。二是在协同与共享机制方面,通过股东单位内部协同和联盟单位外部协同,科学制订发展战略和技术研发规划、共同组织技术研发、建设协同创新网络平台,按照"统一规划、统一组织、统一管理"的要求,协同开展技术研发、成果转化、行业服务、人才培养和国际合作。三是在知识产权运用机制方面,建立湖南省知识产权分中心,实现国创中心成员单位联合保护、风险分担、开放共享的知识产权协同运用。四是在技术研发攻关机制方面,重点通过研发机构建设、创新团队引进、高技术产业化、科技成果集成应用等方式,提升新技术、新工艺、新产品创新研发力度。五是在人才激励机制方面,推行"平台＋创客"的模式,实施核心骨干持股、超额利润分红等薪酬激励体制,让每一个"创客"都能成为平台的"股东",将激励层次从"生存权利""利益分享"上升到"事业成就"层次,实现"创客"与"平台"的价值共生,充分激发人才在创新创业中的热情和积极性。六是在责任考核机制方面,以关键共性技术研发目标为导向,从关键绩效指标(KPI)、重点工作指标(GS)、责任指标及执规指标等4个维度对组织绩效进行评价。通过对关键共性技术研发目标进行层层分解、量化、传递,建立KPI指标库、GS标准库及责任、执规考核细则,构建全方位、立体式的评价激励系统,通过典型案例发布、定期召开绩效发布会等形式推动研发项目逐步达成目标。

建立资本管控模式。一是建立"平台＋项目"的管理模式。通过"孵化＋创投"的形式,投资组建项目子公司,充分发挥资本效益,进行基础科研项目研究,实现独立运营。二是实施全面预算管理。以实现业财融合为目标,将全面预算管理理念与研发项目具体业务实践相结合,建立以科研项目为主体,以项目代号、资金代号、部门代号为主的多维度核算的科研项目财务管控体系,厘清资金之间的关系,不仅实现专款专用的财务核算要求,也有效管控研发项目资金风险。在科研项目执行过程中强化事前、事中管理,对预算实行系统化、规范化管控,利用预算与执行情况的对比控制,建立全程预警管理模式,对整个研发项目的工作进行全盘梳理与总结,实现财务管控上的PDCA循环。三是建立轻资产创新网络。坚持做行业关键共性技术、不做具体产品技术,做技术转移扩散和首次商业化、不做产品生产,做企业创新服务平台、不做企业的竞争对手的"三做三不做"原则定位。以"轻资产＋高效益"为目标,通过共享股东、联盟单位厂房、设备等科研资源,打造行业技术研发协同网络;与外部企业、高校、科研院所等建立战略合作关系,实现行业科研人才整合;将互联网等现代技术和轨道交通装备结合,打造以轨道交通装备工业云平台为核心的研发网络,构建满足关键共性技术研发需求的技术供给体系,实现先进轨道交通装备关键共性技术的研发。

实施效果

技术创新能力初步形成

国创轨道先后孵化出工业智能研究所、先进激光制造研究所、新能源系统研究所、基础器件研究所、新材料研究所，建设了轨旁检测试验线、自复位液磁断路器组装试验线、氢燃料电池系统检测平台、声学实验室，完成6500平方米中试基地和3000平方米的研发办公场所的建设，购置增材制造设备、激光复合焊接设备、激光清洗设备、工业智能设备、芯片封装设备等产线和设备，累计投资超过5亿元。2021—2022年，国创中心连续两年被工业和信息化部年度考评为"优秀"。

技术创新成果显著

国创轨道在国内率先突破绿色节能、智能控制、运维服务等三大关键共性技术；攻克智能感知无线无源声表面波MEMS传感器封装测试、机车自动驾驶控制核心器件自复位液磁断路器、牵引传动系统自主可控核心开关器件等5项"卡脖子"技术，实现进口替代；具备自主知识产权的智能运维系统成功在南宁地铁5号线、广州18&22号线示范应用；新型开关器件63*35D2型、70*35D型阀缸机构成功应用于神八、神二十四轴等机车，自主研发的自复位液磁断路器完成上海18号线试装车；系统解决了车轴与牵引电机激光清洗、车体激光复合焊接、激光增材制造、宽禁带先进降噪材料等10余项关键共性技术；碳纤维复合材料受电弓、转向架附属装置、广佛线地铁列车大修及技术改造与工艺设计、智慧能源管理系统等4项新产品成功实现上线运行；完成2款机车车辆牵引系统用接触器产品研发并投入生产；完成无人驾驶系统中的液磁断路器及远程断路器重置器研发并量产，实现"智慧列车＋智慧检修＋智慧监测"一体智慧运维；累计申请国际PCT发明专利10项、国家发明专利和实用新型专利共147项、计算机软件著作权35项，在行业相关核心期刊发表论文58篇，参与制订了1项国际标准、3项团体标准和5项行业标准。

主要创造人：李　林　吴正辉
参与创造人：刘玉宗　肖月丽　张晶福　陈　皓

以"登山文化"引领企业向上向好

广厦控股集团有限公司

企业简介

广厦控股集团有限公司（以下简称广厦）成立于1984年，是在中国改革开放大潮中成长发展起来的大型现代化企业集团，主要经营范围涉及建筑、房地产、能源、金融、文化传媒、体育、制造、宾馆旅游等领域。现有成员企业100多家，员工总数12万人，企业总资产突破400亿元，是浙江省人民政府重点培育的26家大型企业之一，被浙江省民营企业发展联合会认定为"浙江省转型升级引领示范企业"。广厦在近40年的发展中尤其注重企业文化的培育和打造，以"不畏艰险、顽强拼搏、团结协作、勇攀高峰"为内涵的"登山精神"已成为广厦企业文化的核心，为推进公司实现新跨越、新发展提供了强大的精神动力和文化支撑。

主要做法

在企业价值理念中确立"登山文化"的核心地位

首先，在顶层设计中凸显"登山文化"。广厦在制订企业发展战略之初便将"登山文化"有机地融入了企业顶层设计之中，把打造一流"登山文化"品牌作为公司的重要发展战略，确立了"服务经营、引领发展，与时俱进、勇于创新，以人为本、全员参与"的建设原则，制订了"登山文化"建设实施方案，成立"登山文化"建设领导小组，建立健全了"登山文化"建设制度规范，有权有责、权责结合，形成了上下互通、横向联合、齐抓共管的工作格局，形成了完善的工作网络，使"登山文化"建设有了制度和组织保障。

其次，在员工思想文化教育工作中凝练"登山文化"理念。"来到广厦，你一辈子都得登山，而且心中一定要有座更高的山，它使你不断向上攀登、使你抬起头就能看到前进的方向。"这是广厦创始人关于"登山文化"的经典论述。依托近40年发展建设的历史积淀，广厦在职工思想教育工作中努力营造"登山文化"氛围，采取多种形式、通过各种渠道广泛宣贯"登山文化"核心理念，使广大职工对广厦"登山文化"做到了认知、认同。

最后，在体系建设中彰显"登山文化"要义。广厦在"登山文化"建设中牢牢把握集团公司"拼搏创新、敢为人先"的企业核心价值观和"创造和建设人类美好生活"的企业宗旨，全面规范"登山文化"视觉识别系统的导入和企业标识使用，制作了"登山文化"形象宣传画册、形象宣传片，搜集整理了"登山文化"故事，编纂广厦"登山文化"手册。广厦拥有企业内刊《广厦报》和《广厦人》杂志，先后推出3部《中国广厦集团志》和《中国力量》《智者天行》等专著，全景记录了广厦在改革开放大潮中的奋斗故事和发展历程，这些报刊和书籍中均融入了"登山文化"要义。近年来，广厦还加强融媒体运作力度，先后开设了头条号、抖音号、网易号、百度号等新媒体账号，尤其是强化视频化宣传，让企业的"登山文化"得以生动呈现。广厦还加大了对重大节日平面海报的策划宣传力度，通过借势热点内容，输出广厦"登山文化"品牌。

在企业管理中融入"登山文化"内涵

生产经营是企业发展的中心工作，更是广厦"登山文化"的直观反映。广厦一方面紧密围绕企业战略部署，坚持把"登山文化"纳入生产经营工作全过程，纳入年度工作计划，建立长效机制，以"登山文化"助推企业生产经营不断取得新突破；一方面积极利用"登山文化"教育广大员工，树立正确的价值观，把职工群众的工作热情和干劲激发起来，用文化价值理念指导和约束企业的各项经营管理活动。

广厦致力于构建多姿多彩的文化宣贯载体，营造浓厚的文化氛围，其中的"登山文化"是企业宣传的重点。2022年，广厦在《中国共青团》《建筑时报》等省级以上媒体发表署名文章30余篇，其中不少与广厦的"登山文化"有关，进一步提升了广厦"登山文化"品牌的知名度和美誉度。为了深度挖掘基层一线弘扬"登山文化"的亮点，广厦按计划组织宣传人员赴各下属企业进行采访、调研，发掘有价值的新闻线索，先后重点宣传报道了广厦杭州建工斩获国家优质工程奖等内容，在外树形象方面取得了较好成效。

广厦在党建管理工作中积极融入"登山文化"内涵，集团各级党组织积极推进"登山文化"宣传、践行工作。近年来，广厦创建了"红色匠心"党建品牌，以高质量党建为"登山文化"建设提供坚强的组织保障。广厦还在"红色匠心"党建品牌中植入创新文化，让"登山精神"的内涵更加丰富。广厦实施的"党员创星""党员先锋岗""党员责任区"等举措，充分体现了党组织的战斗堡垒和党员先锋模范作用，不断促进党员拼搏奋进、向上攀登，让"登山文化"铭刻进每名党员的心中。

丰富多彩的企业活动是贯彻落实"登山文化"的有效载体，广厦在企业团建等方面积极突出"登山文化"特色，开展了各类丰富多彩的活动。如"弘扬登山精神，坚定发展信心"登山接力赛、"相约春暖再出发"妇女节主题活动、"传广厦精神，聚青春力量"迎"五四"登山活动、"迎建团百年，展青春风采"抖音短视频大赛、"迎亚运，游好运"毅行活动、"重温红色记忆，强化责任担当"主题活动、"'声'情告白心向党"视频征集活动等有特色、针对性强的活动，营造了团结向上、积极进取的企业氛围，进一步传播和弘扬了"登山精神"。

在履行社会责任中共享"登山文化"理念

履行好社会责任彰显企业担当。广厦在弘扬"登山精神"、推动企业发展的同时，积极投身社会公益、慈善事业，向全社会共享"登山文化"理念，持续传递正能量。造公园、办学校、建医院、设立慈善基金、捐建希望小学……多年来，广厦累计捐助、投入社会公益事业和慈善事业超过17亿元。

广厦员工积极践行初心使命，开展了各类志愿服务活动和扶贫攻坚行动，将博爱融入"登山文化"内涵。病魔无情人有情，每当各下属企业职工罹患重病时，广大员工纷纷响应，伸出援助之手，第一时间筹集爱心款送到患病职工家属手中，希望其早日康复。爱心的涓涓细流，汇聚成磅礴力量，托起生命的太阳，也充分展现了员工之间团结友爱、互帮互助的优良风范。

实施效果

"登山文化"极大激发了广大员工的拼搏奋斗意识，凝聚了团队合力，激发广大员工投身集团改革发展的责任感和积极性。2022年，广厦位列中国民营企业500强174位、浙江百强企业43位、浙商全国500强40位。广厦在积极投身社会公益和慈善事业方面先后获得"中国优秀企业公民""中华慈善突出贡献奖""浙商社会责任大奖"等荣誉称号。

在"登山文化"的引领下，广厦近年来在企业文化建设方面成效显著。《织好"三张网"，推动企业文化落地落实》被中国施工企业管理协会评为全国工程建设企业文化最佳案例，广厦"红色匠心"党建品牌和"在中心中显示核心"两项党建做法获评"全国企业党建创新优秀案例"。此外，企业内刊《广厦报》被中国施工企业管理协会评为全国工程建设企业文化作品竞赛"精品报纸"，被浙江省企业联合会评为浙江省企业文化建设优秀成果，被浙江省建筑业协会评为全省建筑业"精品报纸"；"广厦控股集团"微信公众号连续3年获评全国建筑业"最具影响力"微信公众号。这些荣誉的获得，既是对广厦在宣传"登山文化"等方面工作的充分肯定，也彰显了广厦"登山文化"的生命力。

"登山文化"对广厦青年科技工作者开展科研攻关也发挥了重要作用，促进他们大胆进行科技创新，勇攀科技高峰。近年来，广厦共获得400多项国家专利，有力提升了企业的创新能力。目前，广厦拥有两家国家级高新技术企业、3家浙江省建筑业先进企业、4个省级企业技术中心、一个博士后科研工作站和一大批技能大师工作室，多名员工先后被评为劳动模范和"浙江工匠"。

值得一提的是，广厦举办的各类践行"登山文化"的活动不仅推进了"登山文化"落地，更进一步发挥了"登山文化"的管理功能，成为提升企业管理水平的一次次文化盛宴。

目前，广大员工尤其是青年员工以主人翁的姿态，在继承和弘扬"登山文化"的基础上，不断提升自我，在创造中不断学习先进的文化和先进的科学成果、理念、方法，结合广厦实际大胆创新、勇于实践，不断丰富和发展广厦"登山文化"的内涵和外延，使广厦"登山文化"历久弥新，成为引领企业面向未来、拥抱明天的不竭精神源泉。

"登山精神"闪耀时代光芒。广厦将"登山文化"之源引入星辰大海，以高度的文化自觉、坚定的文化自信，不断激发"登山文化"的创新力、创造力、推动力，用新时代"登山文化"繁荣发展的伟大实践，为企业转型发展注入更基本、更深沉、更持久的力量。

面向新时代，广厦将继续弘扬"登山精神"，让"登山文化"入脑入心、走深走实；同时，不断守正创新、推陈出新，让"登山文化"的内涵更丰富，真正让"登山文化"成为企业发展的强劲引擎和澎湃动力。

主要创造人：周骥鹏　班艳民

参与创造人：赵　艳

"三园共建"推动企业文化落地班组

国网山东省电力公司枣庄供电公司

企业简介

国网山东省电力公司枣庄供电公司（以下简称国网枣庄供电公司）成立于1962年，是国网山东省电力公司所属市级供电企业，下设13个职能部门、15个业务机构、48个供电所、132个基层班组、4家省管产业单位。现有职工4422人，用电营业户数198.8万户。经过多年的快速发展，截至2022年，枣庄电网拥有35千伏及以上变电站116座，变电容量1561.8万千伏安，输电线路3914千米，10千伏及以下配网线路3.6万千米。该公司先后获得"全国'五一'劳动奖状"和"全国文明单位""全国模范劳动关系和谐企业""全国厂务公开民主管理先进单位""国家电网有限公司先进集体"等荣誉称号。

实施背景

班组是企业最基本的单元，是生产、服务、管理等工作落实和完成的最终环节，决定着企业发展战略的实施、经营目标的实现、生产任务的完成，也是企业文化建设得以落实的最终环节、关键所在。国网枣庄供电公司作为国网山东省电力公司所属市级供电企业，近年来扎实推进企业深化改革和争先发展，也坚持同步建塑符合自身实际的企业文化落地路径，在实践—总结—实践的螺旋进程中，逐渐形成基于"三微书屋"铸魂、"四型团队"赋能、"五项行动"融入的"三园共建"企业文化建设成果。

国网枣庄供电公司以习近平新时代中国特色社会主义思想为指导，积极践行社会主义核心价值观，全面贯彻落实国家电网有限公司《企业文化建设工作指引》，强化政治引领、思想引领、价值引领、组织引领，紧密结合国网枣庄供电公司生产、经营、服务、管理等工作实际，聚焦企业最基本的组成单元——班组，深耕厚植班组"家"文化，实施"三微书屋"铸魂、"四型团队"赋能、"五项行动"融入，构建"精神家园""成长家园""和谐家园"，推动新时代优秀企业文化进基层、进班组、进站所，持续发挥企业文化引导、激励、辐射作用，真正将企业文化转化为广大职工的情感认同和行为自觉，内化于心、外化于行、固化于制，实现职工思想上解惑、精神上解忧、文化上解渴、心理上解压，为建设具有中国特色国际领先的能源互联网企业提供精神动力和文化支撑。

主要做法

"三微书屋"强信心,建设"精神家园"。坚持小书屋、大能量,充分运用"微课堂""微故事""微亮点"引导广大职工树立正确的价值导向和精神追求。一是开设"微课堂"。组建企业文化宣讲团,围绕战略目标、价值理念、文化建设,定期深入班组、供电所开展巡回宣讲,增强广大职工学习教育的针对性和实效性。以车间、班所为单位,搭建"文化讲台""班组谈话角"和交流"微信群",实时沟通思想认识、发布文化信息、传达重要精神,形成以车间(单位)为中心,辐射132个班组、48个供电所的企业文化教育微矩阵。累计开展谈心谈话300余人次,组织集中学习600余次、撰写学习体会1320篇。二是讲述"微故事"。以基层职工幸福之家、一线班组职工小家、劳模先进奉献大家为主题,开展"我爱我家""共话电力变迁""讲个故事给党听""思想导师传帮带"等故事征集和座谈讲述活动,引导职工爱党、爱企、爱岗、爱家,为企业尽心尽力,在企业发展中实现人生价值。组建公司和车间(单位)两级典型案例库和支部书记、优秀党员、先进典型三类人员库,开展"我身边的微典型"评选,深入挖掘身边人的闪光言行和感动瞬间,有效发挥案例教育和先进帮带作用。三是传播"微亮点"。依托门户网站、班组文化长廊、微信公众号等交流平台,全方位开展文化实践传播,先后形成"彩虹天使"志愿服务、"鲁班在行动"创新创效、"三四五"安全工作法和"红石榴"团结奋斗共同体等"微亮点"。固化集中策划、信息采编、发布机制,及时宣传展示活动成效和一线先进风采,在亮点传播中激发广大干部职工干事创业、永创最好的工作热情,起到了带队伍、促发展作用。

"四型团队"聚人心,构筑"成长家园"。坚持相信人、培养人、激励人,以先进典型为纽带,积极搭建多维度平台,在班组、供电所开展"四型团队"建设,以党员带全员、以先进带后进、以点带面促进全员素质提升,使职工与企业共同成长、共同进步。一是培育"自主型团队"。实施党员先进典型"一带一""一带二"工程,制订职工"攀登计划",导入"人人参与、个个担责、全员监督"的自主管理模式,每月从工作任务是否执行到位、班组管理是否规范有序、工作态度是否积极主动等方面进行评价,评选产生"自主团队"和"岗位明星",引导全员自动自发地将基础做实、业务做精。实施"轮值管理法",定期组织一线职工轮值班组管理岗位,全面激发职工工作主动性。二是培育"创新型团队"。设立创新攻关项目,建设创新课题摘牌机制,组织"主题创新月""成果交流周""创新攻关日"等活动,每月从合理化建议、群众性创新成果、创新工作室应用等方面进行评价,评选产生"创新团队"和"创新能手",激励全员主动思考、主动创新。三是培育"效能型团队"。各车间、单位以党员责任区为基本单元,围绕国家电网有限公司战略目标和本单位实际制订重点任务清单,根据专业特点将党员责任区工作逐项分解到班所、落实到岗位、具体到个人。推行工作计划进度和质量管理看板,每月从任务完成率、指标晋位率、协同配合等方面进行评价,评选产生"效能团队"和"业务标兵",形成党员带头、全员争先的工作格局。四是培育"快乐型团队"。以"春暖、夏沁、秋悦、冬藏"为主线,按照"小型、多样、自愿"原则,统筹为基层班所制订休闲计划,设计活动载体,每月从活动参与度、工作满意度、团队凝聚力等方面进行评价,评选"快乐团队"和"活力职工",营造快乐工作、健康生活的良好氛围。

"五项行动"筑同心,创建"和谐家园"。坚持建功与建家相统一,密切干群关系,关心关爱职工，凝聚团队合力，全力打造和谐温馨的工作家园。一是实施党团联建行动。充分发挥先锋引领作用，在日常工作中开展"党员先锋岗"与"团员示范岗"业务比拼，在重大任务中实施"党员服务队"与"青年突击队"合力攻坚；在课题攻关中组织"技术专家"与"岗位能手"互帮互助，促进党团建设共同提升。二是实施牵手共赢行动。启动开展"手拉手，心连心"结对创建，建立党员与群众、劳模与职工、标杆班组与薄弱班组常态结对机制，制订"结对连心本"，定期组织交流互访，以先进带后进，以帮促学、共同进步。三是实施班风传承行动。开展"厚班风，亮班风，传班风"主题活动，总结提炼班组、站所文化实践，依托班组故事展评、10分钟文化讲堂等载体，促进班风养成和传播，使优秀企业文化在班组落地生根。深入推进"设备主题公园""鲁班创新成果孵化园"等文化阵地实体化运作，充分利用实景熏陶、导师带徒、业务比拼、创新竞赛等载体，凝聚力量、激励创新、促进管理。四是实施健康关爱行动。设置公开意见箱和工作"午餐会"，打造支部书记"十必谈"热线，主动征求意见建议，解决实际问题，让班组更有温度、职工更有获得感。五是实施爱心互助行动。坚持面对面、心贴心、实打实服务职工，建立困难职工帮扶档案和家访谈心机制，积极开展"送温暖""慈心一日捐"等活动，不断提高职工幸福指数和心灵归属感。

实施效果

"三园共建"特色实践将国家电网有限公司优秀企业文化融入到广大职工的工作生活，转化为全体职工的情感认同和行为自觉，激发了职工干事创业积极性、主动性、创造性，促进该公司文化软实力不断提升，核心竞争力全面增强。

文化认同更加深入。通过搭建"三微书屋"，发布企业文化信息，传播正能量，广大职工学习丰富性、生动性显著增强，队伍凝聚力、战斗力明显提升。"人民电业为人民""为美好生活充电"等理念深入人心，成了全员的行动自觉。公司先后涌现出"中央企业技术能手"唐晓光、山东省党代表和"中国好人"刘苹、山东省人大代表和齐鲁工匠刘广辉、"山东省道德模范"邱丙霞、"研究生所长"吴艳超等先进典型。公司"红石榴计划"青年志愿服务队获评第十三届中国青年志愿者优秀组织奖。

职工队伍更加优秀。通过培育"四型团队"，积分制评价学做效能，充分调动了广大职工积极性，队伍主动作为、争做最好的氛围空前高涨。公司连续3年获得"服务枣庄发展突出贡献奖"，"第一书记"扶贫连续5年获枣庄市优秀评价。

公司发展更加和谐。通过实施"五项行动"，较好发挥了企业文化建设在凝聚力量、激励创新、促进管理、推动发展上的重要作用，队伍的凝聚力、向心力、战斗力显著增强，营造了和谐发展、争先发展的浓厚氛围。公司连续12年保留"全国文明单位"称号，先后获得"全国'五一'劳动奖状"和"全国模范职工之家""全国用户满意企业""中国电力行业最具社会责任感企业""山东省劳动关系和谐企业"等荣誉称号。

主要创造人：曹　凯

参与创造人：孙守川　郝　琨　张智瑜

坚定文化自信，打造"四色"名片，赋能企业高质量发展

上海梅山钢铁股份有限公司

企业简介

上海梅山钢铁股份有限公司（以下简称梅钢）是中国宝武旗下钢铁旗舰公司宝钢股份四大精品制造基地之一。目前，梅钢拥有国内一流的炼铁、炼钢、热轧、冷轧生产装备和高端制造水平，具备硅钢、汽车板、高等级酸洗板、高等级镀锡板等高精尖产品制造能力，形成了以酸洗搪瓷钢和精冲钢为代表的"高市占"、以镀铝锌和酸洗汽车产品为代表的"全覆盖"、以镀锡产品为代表的"双绿色"。

打造红色名片，为高质量发展注入红色动能

突出党建引领，夯实发展根基。党的十八大以来，梅钢党委在中国宝武和宝钢股份党委的坚强领导下，牢固遵循党的领导重大政治原则不动摇，持续巩固组织优势，把加强党的领导和完善公司治理统一起来，切实发挥党委"把方向、管大局、保落实"的领导作用、基层党支部的战斗堡垒作用和党员先锋模范作用。坚持从做"人"的工作为出发点，坚守"强基础、树品牌、促一流"党建工作主线，固化了"规范、简便、有效"党建工作原则，形成了"凝聚、发动、发现、弘扬"党建工作方法，打造了富有鲜明梅钢特色的"三张清单"促党建工作责任制落地、"三动三心"激活党支部建设等8个党建工作品牌。通过创新党建工作方法、拓展工作载体、打造工作品牌，确保抓党建责任落地落实落细、组织体系更加严密、组织保障力持续增强，用党建工作的广度和深度彰显为公司高质量发展强根铸魂的力度和态度。

传承双创精神，赓续文化基因。在梅钢半个多世纪的发展历程中，一代代"梅钢人"挥洒青春、贡献智慧、接续奋斗，凝练出了"艰苦创业，奋发创新"的企业精神，以及流淌在每一位"梅钢人"血脉里的"快"的基因、"团结协作"的基因、"创奇迹"的基因。近年来，梅钢持续探索并固化企业文化落细落小落实的方法和举措，形成了一系列富有特色并行之有效的梅钢实践。例如，以宝钢股份《"宝钢人"的知与行》为蓝本，相继编写了《安全知与行》《环保知与行》《成本知与行》《质量知与行》手册，促使专业管理的相关知识和理念深入全体员工的内心，以知促行，助推专业管理的落地和员工行为习惯的养成；以基层党支部为单位，以点带面提高基层思想文化建设水平，发布《党支部思想文化建设工作指南》，固化"管理者说""文化一人一讲""我为知与行代言"等颇具实效的文化落地载体；以"美化文化"现场为抓手，营造企

业精神、钢铁文化触目可观、触手可及的文化氛围，建设梅钢厂史陈列馆、钢铁文化长廊、钢铁博物馆、滨江工业生态走廊等企业精神和钢铁文化宣传展示阵地，打造完成"炉火正红""百炼成钢""厚积薄发""智慧制造"主题文化场景和生产现场；定期组织开展"感知梅钢""健步走""9424厂庆日""梅钢年度人物"等文化品牌活动，推动企业文化可视、可听、可感、可参与，提振广大干部员工干事创业的精气神。

挖掘红色资源，提供文化滋养。2020年，梅钢成功创建江苏省工业旅游区。2021年，梅钢厂史陈列馆入选中国宝武首批爱国主义教育基地，梅钢工业文化旅游区成为南京市第一批五大主题十大精品线路及学习教育基地。2022年，入选"喜迎党的二十大，见证新江苏"红色旅游精品线路、南京市党史学习教育"金课堂"。2023年，成为江苏省党史教育基地。自党史学习教育开展以来，梅钢以"钢铁是怎样炼成的"为主题，依托厂史陈列馆、钢铁文化长廊，免费向社会大众提供近千场现场教学，涵养红色情怀。从国家部委到周边社区，从大学教授到中小学生，从大型央企到小微企业，从重工业"同圈层"到鲜有交集的其他行业，越来越多的朋友慕名到访梅钢、了解梅钢，为梅钢高质量发展提供了强大外部动力。

打造绿色名片，为高质量发展提供绿色保障

理念先行，增亮绿的底色。按照中国宝武"两于一入"（两于，高于标准、优于城区；一入，融入城市）、"三治四化"（三治，废气超低排、废水零排放、固废不出厂；四化，洁化、绿化、美化、文化）的要求，梅钢坚定"环保第一管理"理念，积极践行长江大保护战略，坚决扛起区域环境保护责任。编制下发《环保知与行》口袋书，通过平实、易懂的叙述，让全体员工了解和掌握公司环保管理的相关知识，使相关理念深入全体员工的内心，以知促行，助推专业管理的落地和员工绿色行为养成。

项目加持，提升绿的成色。"十三五"期间，累计投入约45亿元，推进环保项目建设，显著改善区域环境质量。SO_2排放量、NOx排放量、厂区降尘量等主要指标逐年创历史最优水平。2021年，全面开启环保绩效达A工作，投资约53亿元，锁定72个项目，全面开展有组织排放、无组织排放治理改造。凭借着长期以来在环境提升和文化挖掘方面的不懈努力，近年来梅钢先后获评"国家AAA级旅游景区""上海市花园单位""江苏省工业旅游区""江苏省水效领跑者""南京市级园林式单位"等，成为江苏省首家厂区变景区的钢铁企业，打造形成了"厂在林中、路在绿中、人在景中"的和谐景观，使"盆景"变"风景"、"规划图"变"实景图"。

全员行动，永葆绿的本色。制订《环境管理办法》，明确各单位各部门管理责任，下发《环境检查考核标准》《厂容环境责任划分图》等，细化检查评价标准，体系化推进环境管理，专业化开展环境检查，通过自查自纠不断夯实管理基础，提高环境环保管理水平。固化形成"主题党日"环境清扫、"党团绿色行动""我的区域我负责、我的环境我爱护"等机制，开展"绿动梅钢，寻找护绿使者、节能达人""擦亮我的岗位""消除'最差'区域"等系列活动，带动、发动更多员工从小事做起、从细节做起，共同维护环境、共同爱护环境。

打造蓝色名片，为高质量发展增添澎湃动力

以创新驱动发展。梅钢坚持创新不问"出身"，力推技术创新进步与升级，在支撑公司生产制造高质量发展上迈出更大步伐，成就辉煌业绩。党的十八大以来，公司获得巴黎发明展金银铜奖 6 项、冶金行业科技进步奖 12 项、省市科技进步奖 7 项、宝武科技进步重大成果奖 15 项。继 2019 年首次被认定国家高新技术企业以来，2021 年再次被认定为国家高新技术企业。2022 年，公司有效专利授权 956 件，其中发明专利 568 件，位居全球钢铁行业专利申请数量 TOP10。近年来主动承担国家重点研发计划"高温熔融金属储运容器防泄漏技术与装备研发"课题，参与"扁平材全流程智能化制备关键技术"等国家重点研发计划；建成"江苏省镀锡板工程技术研究中心"与"江苏省示范智能车间"。

用数转赋能发展。建设完成炼钢厂"三化五中心"，实现了二炼钢车间的数字化转型，大量首创技术投入应用：自动倒罐、鱼雷罐自动插接电、基于自动判渣的远程扒渣、在一键炼钢的基础上基于零速悬停的自动出钢、连铸浇铸无人化及出坯无人化、基于 5G+ 工业互联网的铸造起重机的远程操控及自动巡航。"热轧智慧平台"以数字钢卷、实时诊断、运维一体、绩效导航为 4 个着眼点，以生产、质量、设备、能源、成本、人员、安环等应用板块为基础，打造物理车间的数字孪生体；平台以绩效导航驱动工厂指标，指引数字钢卷监测工艺、设备、质量、成本等 10 万个数据，继而有力支撑过程预警、远程运维、一键分析等功能的精准诊断，持续推动工艺规则迭代上线。积极打造数字化管理经营平台，实现全生产体系成本可视化、全工序全流程质量数据可视化、铁后工序排程智慧化。

用智能引领发展。梅钢全力推进以"智能装备、智能工厂、智能互联、IT 基础变革"为主要方向的智慧制造建设。其中，"5G+ 数字炼钢"项目获得 2022 年工业和信息化部举办的"绽放杯"5G 应用大赛工业赛道一等奖。截至 2022 年，梅钢共完成智能制造项目 83 个，投用机器人 51 套、无人化行车 14 台、无人化堆取料 7 台，形成了"智能炼钢""智慧原料""无人化成品码头"等一批智能制造成果。为响应宝武"万名宝罗"计划，梅钢加快跨人机界面融合，积极推进"宝罗"机器人"上岗"，聚焦缩短检测周期、提高劳动效率、减少质量风险、降低劳动强度、消除安全隐患等工作重点，陆续在关键检测业务环节以机器人替代人工作业。目前，仅梅钢检测中心，便有 28 台"宝罗"机器人"上岗"，分别应用于铁钢过程检验、冷热轧产品检验、原料进厂检验等环节，在"提高检测检验速度、保证检测质量、降低劳动强度与确保人身安全"等诸多方面成效显著。

打造金色名片，为高质量发展树立强大信心

始终坚持"质量第一"的理念。梅钢扎实推动产品质量与服务质量并驾齐驱，与宝钢股份产品同品质指数已达 97 分。体系化的质量管理赢得了用户信赖与市场认可，近 5 年来，用户满意度在宝钢股份四大基地持续排名前列。从 1994 年推进质量体系贯标，到 1999 年热轧通过 ISO9002 认证与 2002 年炼钢通过 ISO9001 认证，到 2003 年公司获得上海市质量管理奖；从 2007 年实施一贯质量管理，到 2010 年再获上海市质量管理奖；从 2012 年通过 ISO/TS16949 质量体系

认证，到2018通过IATF16949认证，以及2020年发布《质量知与行》手册，全员质量管理意识空前提升。目前，梅钢铁前原燃料及炼钢、热轧、冷轧三大工序质量管理均实现体系化运行，为公司高质量发展夯实了基础。

始终坚持"产品为先"的理念。党的十八大以来，梅钢产品类别从普通大梁与箱板等6类拓展到精冲钢与汽车钢等10余类，产品档次实现升级换代。党的十九大之后，开始推行"321+X"差异化精品战略，仅3年就开发出行业标杆与进口替代尖端产品10余个。2022年，共开发新产品59个，其中高强高耐候光伏支架用钢——"丹霞钢"引领行业"升级换代"，已经在云南曲靖、内蒙古乌海、宁夏固原等地成功应用。高强智慧灯杆、高强货架、环保耐酸钢等多个产品实现"高强减薄、耐蚀长寿"。梅钢超薄镀铝锌家电用钢带、汽车发动机弹簧用热轧钢带、搪瓷用热轧钢带（酸洗）被中国钢铁工业协会审定冠名为"金杯优质产品"。此外，梅钢是国内唯一能助力用户实现"热轧合金工具钢X32从热轧宽卷直接开卷进行酸洗加工"目标的钢企；是唯一具备冷成形齿毂用钢全系列供货能力的钢企。同时，实现全球首发无铬超低铅"双绿色"镀锡产品，行业首发超宽超厚超高强度产品60Si2MnA酸洗弹簧钢……

始终坚持"以人为本"的理念。梅钢大力弘扬劳模精神、劳动精神和工匠精神，高度重视培育劳模工匠。近年来，相继培育"中央企业劳模""上海市劳模""江苏省'五一'劳动奖章""江苏省机冶石化系统'十佳行业工匠'"等一大批来自不同岗位"站得稳、立得住、叫得响"的先进典型。

广泛开展社会公德、职业道德、家庭美德、个人品德教育，持续开展"最美'梅钢人'"专题宣传展示，评选"最美女职工"，细节中彰显道德高度；积极开展移风易俗、文明用餐、文明交通等教育，垃圾分类、"不文明行为整治"等专项行动，具体中凸显文明程度。

广泛开展岗位培训和职业教育，积极搭建创新平台、提升员工本领，创新工作室、创新小组、创新"小牛"在基层班组生根发芽、开花结果；以"五有"班组建设着力培植"家"文化，让员工有归属感，从而激发主人翁的责任感。

结合企业大任务、紧扣职工主需求，形成"体育活动年、文艺活动年、主题活动年"3年一个周期的良性循环，17个文体协会日常喜闻乐见的文化体育活动极大丰富了员工的业余文化生活。

打造励志书屋，建设"书香梅钢"，成为南京"世界文学之都地标网络"。成立励志读书会，依托江苏广电荔枝读书会打造"励志书屋"阅读空间，传承企业精神，定期开展读书交流分享活动，成为"梅钢人"的精神家园；设立党团读书角，在钢铁厂区，能够闻到书香、听得安静、看得从容。

高度重视志愿服务，建立"小雨点"梅钢青年志愿者服务站等志愿品牌，从"一个人带动一群人"开展各类志愿服务。连续33年在学雷锋日、建党节、重阳节等重要节点组织开展为民服务活动，为社区提供义务理发、纱窗更换、家电维修等20余项公益活动。

主要创造人：祁卫东　张　勇

参与创造人：褚俊威　朱　梅　李在喜　梁　冰

以"青岛能源"品牌文化体系引领企业高质量转型发展

青岛能源集团有限公司

企业简介

青岛能源集团有限公司(以下简称集团)成立于2012年,作为青岛市属大型国资能源供应服务企业,以热力燃气生产与供应、能源产业运营与配套设施资源开发综合利用为主业,总资产达212亿元,职工5500余人,服务燃气供热用户292万余户,年供应天然气8.6亿立方米,供热面积1.42亿平方米,承担着青岛市主城区全部供气业务、85%以上供热业务和主城区以外区域一半以上的供气、供热业务,能耗指标在国内同行业处于先进水平。集团先后获得中国供热行业能效领跑者、山东省文明单位、山东省"厚道鲁商"品牌企业、青岛市社会责任示范企业等称号,供热子品牌"暖到家"获评全国驰名商标,燃气子品牌"泰能"获评山东省服务名牌、山东省著名商标,"能源先锋"获评青岛市属企业党建品牌。

实施背景

在2020年集团召开的半年工作会议上,集团党委书记、董事长赵海滨首次提出"要坚持以文化促融合,形成具有能源特色的企业文化和核心价值观,进一步提升职工对企业的认同感、归属感,更好地构筑起能源精神、能源价值和能源力量"的企业文化概念。

伴随着"十四五"时期"双碳"时间表下国家新的能源战略布局,集团在青岛市能源产业发展中寻求坐标,科学研析稳基本盘与增新动能的关系,深度融入并高度匹配城市发展战略,研究提出了"大能源"战略构想,全面开启了"敢想敢干,二次创业"新征程,确定了"4个3年"奋斗目标(用3年时间实现集团整体扭亏为盈——落实国有资产保值增值责任;用3年时间完成董家口LNG码头及配套工程建设,加快把青岛市由"西气东输"管输天然气的末端变为液化天然气气源的首端,奠定能源结构转型基础;用3年时间完成三大主业结构调整,建成三大产业集团,实现整体协同发展;用3年时间全面完成"煤改气"战略,压减煤炭消耗量,助力青岛能源结构转型和"双碳"目标)。

在制订集团"十四五"发展规划的过程中,集团把凝练打造新战略下的企业文化作为重要内容纳入其中,围绕聚焦新战略、新目标,突出品牌文化建设,努力打造具有较强社会影响力和行业知名度的能源品牌,以品牌文化凝聚人心、应对当前挑战、推动企业改革和长久发展。

"青岛能源"品牌文化体系以"青岛能源"为主品牌,以供热板块"暖到家"、燃气板块"泰能"及党建品牌"能源先锋"为子品牌,涵盖企业核心价值观、企业愿景、企业使命、企业精神、企业发展理念、企业广告语等内容。

"让政府放心,让用户暖心,让职工安心"的企业核心价值观,寓意着国企担当,将青岛能源事业的高质量发展、能源供应保障安全及民生保障的责任牢牢扛在肩上,"三个心"形象展示了对政府、用户、职工3个层面的真挚承诺。"成为国内综合能源利用的引领者"的愿景既承载了"能源人"的希冀,也展现了集团立足青岛、放眼全国且实现未来目标的坚定决心。"履行社会责任,提升品质生活"的使命诠释了集团坚决履行党和人民赋予的责任,不断为提升人民群众生活品质而努力拼搏。"忠诚、责任、协同、创新"的精神,忠诚即对党忠诚、对国家忠诚、对企业忠诚,责任即对政府、人民、职工负好责任,协同即团结一心、同频共振,创新即创造提升,助推能源事业不断实现发展突破。"气热一体、多能互补,产业融合、绿色发展"的发展理念展现了集团围绕供气供热一体化优势,打造多产业链融合发展体系,以绿色低碳发展构建现代能源生态。广告语"青岛能源,让生活更美好"代表着集团贯彻落实以人民为中心的发展思想,全面提升服务质量,致力于提高企业在满足人民日益增长美好生活需要上的保障能力和服务水平,以高品质能源供给助力宜居城市建设。

主要做法

构建现代化品牌文化战略体系

在构建"青岛能源"品牌文化战略体系的进程中,集团首先确定了品牌文化的构建思路、战略定位及目标,即"围绕'大能源'主题打造核心文化,创新文化载体、鼓励文化活动,持续性地丰富职工文化生活,对内形成文化凝聚力,对外提高文化影响力,以能源文化引领能源发展,在全国打响'青岛能源'品牌"。

为确保文化体系建设的顺利开展,集团在组织人事部架设了专门负责文化建设的机构——文宣中心,配备了熟悉集团发展进程、具有专业水平的专职人员牵头落实,奠定了坚实的组织保障和人员保障基础,平均每年投入专项资金100余万元,用于打造、完善文化建设工作。在推进过程中,文宣中心深入所属各单位、各部门开展了全方位调研,在深度凝练、传承能源文化的基础上,充分融入中心工作,结合新理念、新思路、新目标进行深化提升。文宣中心落实好集团党委"打造职工广泛认同的企业文化"的部署要求,组织开展了企业文化征集活动,从干部职工提报的内容中进一步了解职工对能源文化的认知。体系初具雏形后,集团广泛征求了干部职工的意见建议,最终形成了"青岛能源"品牌文化战略体系。品牌文化战略体系建成的同时,集团及时开展了"青岛能源"等相关商标的注册工作,目前已有20类商标成功完成注册。

打造立体化品牌文化宣贯载体

品牌文化战略体系建立后,集团召开专题会议进行了层层宣贯,同步实施"文化载体建设工程",实现文化宣贯"全覆盖、广知晓"。

围绕"宣传载体"建设,完善建立了"一刊、一网、两号、两平台"文宣载体群,即《青岛能源》期刊(企业内刊)、官方网站、"青岛能源""能源先锋"微信公众号、OA办公平台、各单位文化宣传墙面,通过载体群的宣传作用对能源文化进行充分宣贯,充分营造浓厚的文化氛围,确保文化入眼、入脑、入心的同时,实现内部各单位企业文化的统一与更新。集团充分发挥媒体资源优势，近3年来在市级以上新闻媒体宣传报道新闻信息1400余篇次，尤其是《光明日报》等中央级媒体的宣传报道使"青岛能源"品牌文化在全国打响。

围绕"形象载体"建设，邀请中国音乐家协会会员、青岛市音乐家协会副主席康建东教授创作了集团首支企业歌《美好能源》，在组织"庆祝建党100周年合唱比赛"时，将其作为必唱曲目发动全体职工学唱展示；围绕"集团成立10周年"主题开展"青岛能源·10年有我"系列文化活动，面向全集团征集10周年主题LOGO、征文、书画摄影等文化作品，职工创作的LOGO作品在集团10周年庆典活动中得到了实际应用，文化作品的展览从职工视角诠释了"能源人"对能源文化内涵的理解和感受。同期，集团还组织摄制了专题宣传片，展现了青岛能源辉煌10年的发展历程和斐然成绩。

丰富全平台品牌文化展示形式

为呈现"青岛能源"品牌文化形象，集团统筹内外资源，畅通网上、网下各平台渠道，以丰富形式进行多方位展示。

依托大型活动展示品牌文化形象。集团以第三届山东省城市建设博览会为契机，搭建了富含能源文化元素的"青岛能源"展台。通过参加"一带一路"国际能源会议、承办第八届中国智慧燃气发展论坛、举办青岛市燃气热力协会成立大会等，向山东省乃至全国立体呈现企业文化形象。

依托实体区域展示品牌文化形象。集团充分利用"一体化"服务大厅、"美好能源"便利店、餐厅、供热厂区、供气站点、党员教育实践基地、"劳模创新工作室"、"党代表工作室"等线下实体区域，在建设更新时，将品牌文化有机融入，打造了形象统一的线下企业文化展示窗口。

依托职工形象展示品牌文化形象。为职工配备了统一的四季全套工装，利用职工与用户群众经常接触的优势，以"能源管家"等机制落实文化展示机制，使每一名能源职工都是品牌文化展示的"移动形象大使"，在服务中传递能源文化，提升能源品牌的美誉度。

依托微信表情包展示品牌文化形象。发动"青年创客团队"围绕企业文化，设计了"能能""源源"人物形象，以此为基底制作了包括"您好""谢谢""收到"等常用的微信表情包，发动职工广泛使用表情包，由此充分展示企业文化元素，使能源形象在线上广为传播。

实施效果

崭新的品牌文化不仅塑造了"青岛能源"的新形象，更进一步推动了能源事业的高质量转型发展，向全社会展示了新时代国有企业的蓬勃生机。

品牌文化推动企业巨变

主业发展实现突破。集团燃气用户增至165万户，燃气年销售量增至8.6亿立方米，能源燃气业务实现主城区全覆盖，供热用户增至120万户，供热面积增至1.42亿平方米。

扛牢主责，守卫安全。以国企担当扛牢民生保障责任，坚决守牢安全发展底线，落实全员安全生产责任制，累计完成近千千米燃气灰口铸铁管网升级改造和1500千米老旧管网更换，扎实履行保暖保供职责，让安全始终与用户相伴。

用心服务，守护温暖。倾心打造了半小时"能源服务圈"，58个"一站式"综合服务大厅实现"一窗通办"，1880名"能源管家"为1000个社区提供零距离服务，"暖到家"96556服务热线全天候倾听用户诉求，累计接听用户来电320万个，问题处结率始终保持100%，服务满意度始终保持在99.6%以上。

夯基铸魂，融合发展。构建"党建+"融合发展体系，100个基层党组织全部完成标准化建设，1800名党员初心如磐，"两会"代表、党代表积极建言献策，一大批青岛市、青岛市国资系统"两优一先"及全国、省市各级劳模、工匠凝聚榜样力量，"红色矩阵"护航企业健康发展。

品牌文化助力发展创新

聚焦能源产业转型发展，确立了"三大主业"，加速构建"1+3+10"全产业链发展新格局，持续提升对青岛市"能源安全保障""能源转型发展""能源战略合作"三大战略功能的承载力。聚焦国企改革三年行动，搭建了现代企业治理的四梁八柱，完成体制机制重大改革，董事会、经理层制度与时创新；年营业收入突破50亿元大关，能源上下游产业链进一步打通，燃气供销差率创历史最低水平，供热板块蝉联"中国供热行业能效领跑者"称号，多产业集群综合发展势头更加强劲，区域资源持续优化，"美好物业"增进职工福祉，改革成果全员共享。

聚焦城市建设和城市更新三年行动，勇担3件"市办实事"，十年磨一剑，建成开创"3项全国之首"的城燃管线——青岛市胶州湾海底天然气管线项目，36亿立方米输气量的能源动脉贯穿东西，为青岛市能源结构转型提供十足底气；启动青岛史上最大规模"煤改气"工程，关停燃煤锅炉44台，建设燃气锅炉28台，每年减少煤炭消耗100万吨、减少二氧化碳排放85万吨，引领划时代能源变革；办好群众心头事，完成135万居民用户天然气橡胶软管免费更换，燃气用户端安全保障更加有力。

聚焦智慧能源建设，创建"气热一体智慧能源协同平台"，建成行业领先的智慧能耗管理体系，智慧能源赋能产业升级。

聚焦能源绿色转型，以全国首个零碳社区——"奥帆中心零碳社区"为代表的清洁能源项目相继落地，建设分布式供能项目30个、光伏项目7个，分布式清洁能源综合供能规模达120万平方米，向全国展示了绿色低碳先行示范的"青岛样板"。

主要创造人：赵海滨　林　萍

参与创造人：吕泽浩

"正统·正规·正道"企业文化

南京证券股份有限公司

企业简介

南京证券股份有限公司（以下简称南京证券）创建于1990年，由中国人民银行南京分行发起设立。历经30多年的风雨洗礼和岁月磨炼，南京证券逐步成长为一家总部在南京的全国性、综合类上市证券公司。截至2022年，南京证券注册资本36.86亿元，业务范围涵盖证券经纪、证券承销与保荐、证券自营、证券资产管理、信用交易、金融衍生品、证券投资基金托管、互联网证券等诸多领域，在全国设有124家分支机构，拥有宁证期货、富安达基金、巨石创投、宁夏股权托管交易中心、蓝天投资等成员企业，形成了覆盖证券、期货、基金、私募股权投资、股权托管交易、另类投资等较为完整的证券金融产业链。南京证券坚持稳健与创新并重的经营之道，创造了自成立以来持续盈利、从未亏损、稳定回报的优良业绩。南京证券先后成为证券行业首家"全国文明单位"、首家"全国'五一'劳动奖状"获得单位，先后获得"全国金融系统文化建设标兵单位、先进单位、优秀单位""全国金融系统思想政治工作优秀单位""江苏慈善奖"等荣誉称号，形成并彰显"正统、正规、正道"的企业文化。

积淀深厚文化底蕴，打造南京证券特色品牌

作为一家国有控股金融企业，南京证券历来注重企业文化的建设和培育，在栉风沐雨的奋斗历程中，主动践行行业使命担当，塑造了"正统·正规·正道"的特色企业文化品牌。近年来，围绕贯彻落实加快建设"合规、诚信、专业、稳健"证券行业文化的要求，南京证券不断丰富和完善"三正"企业文化，形成了"三正统领、五轮驱动、八柱支撑"的特色企业文化建设体系（见图1），为南京证券建设"国内一流的现代投资银行"提供坚实的文化保障。

图1 南京证券"三正统领、五轮驱动、八柱支撑"特色企业文化体系

多措并举，久久为功，推动文化落地生根

南京证券始终坚持站在政治高度、战略高度谋划推动文化建设，研究制订符合公司特点的《企业文化建设纲要（2020—2025年）》，明确了企业文化建设的指导思想、基本原则、主要内容、实施阶段、落实方案等，多措并举推动文化建设落到实处。

一是坚持党建统领，不断培根铸魂。坚持不懈用习近平新时代中国特色社会主义思想凝心铸魂，全面落实党中央和江苏省委、南京市委各项决策部署，推进党要管党、全面从严治党，首位首抓政治建设，强化思想理论武装，深入实施"红色引擎工程"，持续构建"1+21""宁证先锋"党建品牌矩阵，夯实基层组织建设，紧抓人才队伍建设，涵养清正廉洁生态，推动公司上下深刻领悟"两个确立"的决定性意义，增强"四个意识"，坚定"四个自信"，坚决做到"两个维护"，不断提升政治判断力、政治领悟力、政治执行力，不断把党的政治优势、组织优势转化为企业文化优势、发展优势，保证公司始终沿着正确的方向发展。

二是坚持理念引领，推动健康发展。完整把握、准确理解、全面落实新发展理念，锚定主责主业，坚持以创新、协调、绿色、开放、共享的内在统一来把握发展、衡量发展、推动发展。健全完善公司治理，推进大监督体系建设。深化精益运营与长效激励，积极鼓励业务及管理创新，强化绩效考核管理，激发干事创业内生动力。塑造专业精神与职业操守，加强员工专业胜任能力和职业道德水平，努力提升客户服务质量。专注业务转型和科技创新，持续推动财富管理转型、科技赋能提高服务质效。坚持开放包容与协同共赢，对内健全分工协作机制，对外协同各方优势共促发展。倡导绿色低碳与勤俭新风，发展绿色金融，深化绿色研究，弘扬低碳环保新风尚。坚守风险防范和安全保障，守牢合规风控底线红线，抓实抓牢安全生产，保证安全稳健发展。

三是坚持用活载体，凝聚文化共识。完善线上学习平台建设与管理，开设各类业务、职业素养等全方位有针对性的培训。建成江苏省首家证券历史陈列馆，展示行业和公司艰苦创业的奋斗历程，教育广大干部员工不忘初心、接续奋斗；建设"蓝天阁"员工文化艺术展厅，用于展出员工书法、绘画、摄影等作品，推动干部员工不断陶冶高尚的道德情操。注重强化意识形态阵地建设，开通党建微信公众号，拍摄企业文化和志愿服务宣传片，在官网开辟企业文化专题网页，加强在媒体平台的正面宣传，提升文化影响力和美誉度。积极开展评优评先，选树典型，宣扬社会主义核心价值观，引导员工践行行业文化和公司企业文化，营造干事创业、比学赶超的良好氛围。

四是坚持深化研究，发挥智库作用。不断加强理论研究，提升研究服务质量，积极为资本市场发展建言献策，为行业文化建设提供理论支持和实践指导。2022年，南京证券通过开展文化建设问卷调查，了解广大员工对证券行业文化和公司企业文化的认知，梳理文化建设成效与不足，征集提升文化建设水平的有效建议，在此基础上形成的课题《"三正统领"夯实文化基础，以文化人，提升品牌建设》被中国证券业协会评为2022年优秀重点课题报告。此外，4篇调研课题在"2022年全国金融系统思想政治工作和文化建设优秀调研成果"中获奖；向中证协报送创新课题7项，其中4个项目成为证监会资本市场金融科技创新试点，有关研究课题顺利通过全国金融标准化技术委员会证券分技术委员会评审，参与行业标准制订。

五是坚持以人为本，激发组织活力。始终坚持"以人为本"的发展理念，规范用工管理、保障员工利益，尊重并公平对待员工的多元化背景，在员工入职、年度考核、教育培训、职级晋升

等方面给予员工平等的竞争机会。在严格考核管理的同时，关心员工诉求，坚持"五必访、五必谈"制度，以征集合理化建议为抓手开展"我为群众办实事"实践活动。加强培养培训，畅通员工职业发展通道，举办微视频大赛、演讲比赛、文艺会演、运动会、职工家庭教育、参观非遗传统文化馆、亲子活动、手工制作等丰富多彩的文体活动，为员工成长成才提供广阔的舞台。连续举办10届"职工读书节"、9届"职工摄影书画展"，把员工读书心得、摄影书画优秀作品集结成册，形成系列企业文化丛书，记录了员工的故事和风采，也让广大员工从公司发展历史中、从企业文化中汲取着前行的磅礴力量。

六是坚持齐抓共管，强化工作保障。成立公司文化建设工作领导小组，健全工作推进机制，形成公司党委牵头抓总、主管部门协调推进和各职能部门、分支机构及群团组织分工落实的良好工作格局。坚持将文化理念融入管理制度和业务流程，通过全方位有针对性的培训宣导，专项重点工作定期跟踪督导，帮助员工深入理解、贯彻执行企业文化内涵要义。专门设立企业文化部，在各部门单位配备专兼职工作人员，安排专项经费预算，为文化建设落地落实提供了有力保证。为巩固文化建设阶段性成果，南京证券研究制订了《关于落实〈进一步巩固推进证券行业文化建设工作安排〉的工作方案》，方案中明确了"力争用3年左右的时间，以更高标准、更大力度、更实举措促进文化认同、增强文化赋能"的工作目标，提出了推动文化建设与经营发展深度融合、促成专业能力与职业操守共同提升、紧抓品牌传播与形象塑造持续升级、增强文化自信与文化自觉坚定底色等方面的工作举措。

文化建设成效显著，充分彰显品牌影响力

南京证券始终坚持金融服务人民美好生活向往的初心使命，让公司改革发展成果惠及全体员工、广大投资者和社会各界，不断营造奋发向上、团结和谐的发展环境，文化品牌得到了公司内部员工、上级主管部门和社会各界的广泛认可。

一是聚焦主责主业，企业发展质效不断提升。在"三正"文化的引领下，南京证券坚持稳健与创新并重，始终围绕战略目标全面推进深化管理、全力以赴创收增效，创造了自成立以来持续盈利、从未亏损、稳定回报的优良业绩。近年来，绩效和运营管理持续优化，人才队伍不断壮大，科技赋能不断增强，高水平内控更加有效，高质量发展蹄疾步稳，连续保持了快速增长的势头，同时业务结构、盈利能力得到持续提升，呈现出"多点开花"的良好发展格局。二是坚持以文化人，员工幸福感进一步增强。南京证券一直注重文化传承与创新，构筑创新文化宣导载体，坚持以文化人、以文育人，荣获南京市"劳动关系和谐企业"称号。通过培训教育不断提升员工专业技能，通过创造条件不断畅通员工发展路径，通过文体活动不断丰富员工业余生活，通过福利保障不断提高员工幸福指数，营造了和谐融洽、团结向上的氛围，极大增强了员工对企业的认同感和归属感。三是坚持专业服务，客户满意度进一步提升。南京证券坚持以客户为中心、以市场为导向，紧跟行业发展趋势，努力向财富管理转型，不断满足客户多元化的需求，加快数字化转型战略布局，致力为客户提供更优质、更便捷的服务。搭建互联网投资者教育基地，建成宁夏地区首个省级投资者教育基地，大力推进投资者教育纳入国民教育体系，深入开展投资者教育进学校、进社区、进乡村的"三进"行动，帮助客户理性投资，助力居民财富保值增值。南京证券

在首次证券公司投资者教育工作评估中荣获 A 等次，在江苏省证券业协会组织的 2022 年度投资者教育作品评选活动中荣获多个奖项。四是坚持勇担使命，社会贡献度进一步提高。南京证券坚定落实国家战略，发挥资本中介和投资银行功能，努力做好政府的财务顾问、企业的融资助手，完成全国首批科创板上市企业等一批具有影响力、开创性的直接融资项目，为地方实体经济发展和资本市场建设积极贡献力量。设立"南京证券慈善基金"，积极开展扶贫帮困、捐资助学、敬老爱老等公益活动；扎实推进"村企结对、文明共建"，与南京市浦口区十里村等结对共建，以实际行动助力宁夏、贵州、甘肃等西部少数民族地区乡村振兴；开展消费帮扶公益活动月、学雷锋主题活动、无偿献血活动、关爱城市夏季户外工作者爱心接力行动等，充分展现了国有金融企业在新时代社会发展中的担当与责任，为资本市场长期健康发展贡献应有力量。先后获得江苏金融业"普惠金融服务奖""产融结合示范奖"、金融支持南京经济高质量发展优秀项目、"上市公司优秀服务机构""中国企业慈善公益500强""资本市场服务贵州脱贫攻坚突出贡献奖""江苏慈善奖""南京慈善奖"等荣誉。

在"正统、正规、正道"特色企业文化的引领下，南京证券始终保持团结向上、奋发有为的蓬勃朝气、昂扬锐气、浩然正气。下一步，南京证券将紧紧围绕服务实体经济、防控金融风险、深化金融改革等重要任务，进一步丰富"三正"企业文化内涵，以文化建设的深入开展打牢长远发展的根基，紧密围绕"建设国内一流的现代投资银行"的企业愿景，推动文化建设取得新成效，激发和凝聚干部员工奋进新征程、建功新时代的强大力量。

主要创造人：李剑锋　夏宏建
参与创造人：秦　雁

以奋斗者文化激发企业改革发展活力

中铁工程装备集团隧道设备制造有限公司

企业简介

中铁工程装备集团隧道设备制造有限公司（以下简称设备公司），成立于2013年，是世界最大盾构/TBM研发制造和综合服务企业——中国中铁工程装备集团有限公司的全资子公司，主要从事隧道施工专用设备研发制造和综合服务。目前，主营产品有凿岩台车、悬臂掘进机、湿喷台车等20余种隧道施工装备和盾构/TBM刀具、水平运输编组等，有员工820人，部分产品市场占有率达60%以上，在河南郑州、新乡两地建设有3个生产基地，具备年产百台专用设备的生产能力，已服务全国上百个隧道工程建设，核心产品出口全球14个国家和地区，是中国隧道专用设备产业创新领导者。设备公司的智能湿喷台车入选全国人工智能优秀产品名录，2项科技成果斩获我国机械工业领域最高的行业科学技术奖——中国机械工业科学技术奖。设备公司先后荣获中国施工管理协会科技进步奖、河南省科技进步奖、河南省"五一"劳动奖状、新乡市市长质量奖，是国家高新技术企业、河南省制造业重点培育头雁企业、河南省首批专精特新优质中小企业、河南省工业设计中心、河南省智能车间。

奋斗者文化综述

奋斗者文化的产生

设备公司自2013年成立至今，10年来踔厉奋发，从见证国产盾构发展，到攻坚刀具产业、奋战专用设备研制；从"单一附加值的盾构后配套产业"，到高附加值的智能化、信息化隧道专用设备，再到"两大成熟型支柱产业"（隧道专用设备、盾构配套产品），全体员工大力弘扬习近平总书记倡导的奋斗者精神和中国中铁"勇于跨越、追求卓越"的企业精神，围绕建设世界一流隧道专用设备研发制造和综合服务企业的发展目标，在攻坚克难中砥砺前行，积极建设符合现代企业发展方向、具有鲜明时代特征、富有公司特色的企业文化，凝练、形成了新时代隧道专用设备事业发展的奋斗者文化。

奋斗者文化的内涵

奋斗者文化是设备公司在深入贯彻习近平总书记关于奋斗的论述和社会主义核心价值观的基础上，紧密结合新时代、新要求、新形势，解决隧道专用设备事业发展面临的新问题，用以凝聚公司广大党员和全体干部职工同心同向、干事创业的精神指针。

设备公司坚持以习近平新时代中国特色社会主义思想和社会主义核心价值观引领企业文化

建设，秉承中国中铁"守正创新，行稳致远，向上向善，勇争一流"的核心价值观，弘扬国有企业优良传统和作风，结合企业改革发展实际和未来发展需要，提炼形成了独具特色的奋斗者价值观——创新、开放、团结、奋斗、沟通、自信。

特色做法

立足国家发展需求，扎根企业发展历程，奋斗者文化应运而生

设备公司自成立之初便紧扣国家发展需要，坚持创新驱动发展战略，聚焦隧道设备核心技术，勇攀技术高峰，敢于攻坚克难，牢牢掌握隧道设备创新主动权，见证了国产盾构机从无到有、从初创到领先的跨越，孕育发展了隧道施工专用设备产业，其中"奋斗"二字始终贯穿整个发展历程。

10年间，设备公司深入践行"三个转变"重要指示，加速实现隧道专用设备全产业链发展，产品阵容不断扩充，用一系列发展成就交出了优异答卷。2022年4月，面对国家一系列重大铁路工程上马及国外市场的开拓局面，对富有隧道专用设备事业特色的文化理念的需求也更加迫切，设备公司审时度势，深挖奋斗精神及其价值，建设了奋斗者文化体系，以此培育家国情怀，增强应对挑战的斗志，提升产业兴国、实业报国的精气神，让奋斗成为设备公司和所有员工最亮丽的底色。

制订《奋斗者文化建设纲要》，开展系列文化活动，实现内化于心、外化于行

制订《奋斗者文化建设纲要》。设备公司在一年多的调研和凝练中，逐步形成了奋斗者文化体系，于2022年正式发布《奋斗者文化建设纲要》，明确了文化建设原则、形成、核心要素、主要载体和组织机构，明确每年2月为奋斗者文化月，开展2023年奋斗者文艺晚会，组织奋斗者文化宣讲活动，积极推进奋斗者文化的落地，确保内化于心、外化于行。还创新地将企业发展历程中涌现出的六大精神整理提炼形成了独特的奋斗者精神谱系，融入奋斗者文化建设中，丰富文化内涵，增强企业文化自信。

加强奋斗者文化建设组织领导。设备公司成立了奋斗者文化建设领导小组和办公室，由设备公司党委书记和总经理担任组长，其他领导班子成员任小组成员，全面负责奋斗者文化建设工作。还成立了领导小组办公室，企业文化部长担任办公室主任，团委书记担任办公室副主任，各部门负责人全部纳入办公室成员，负责奋斗者文化建设工作的日常工作推进，确保责任到人，层层压实责任，共同做好奋斗者文化建设工作。

设计制作奋斗者手册和文创产品。设备公司根据文化建设需要，设计了奋斗者文化标识和宣传海报，制作了奋斗者文化手册，原创制作了《光荣啊！奋斗者》专题MV一部，在微信、抖音、网站、厂区音响系统等平台上刊播，引导员工在思想上高度认同，在行动上自觉践行。奋斗者文化成果在中国中铁党校期刊《学习与探索》上发表，《光荣啊！奋斗者》文化MV在"学习强国"和《河南日报》客户端发布推广。

开展系列文体活动，打造奋斗者文化特色品牌。依托企业内部的篮球协会、读书协会、文学书法协会等12个协会，开展了趣味运动会、协会活动、亲子趣味运动、先进模范宣讲等奋斗者文化主题活动，在文艺晚会上演绎了奋斗者故事情景剧，表彰"三牛式"好干部、好员工，在寓教于乐中弘扬奋斗者文化。全年，各个协会举办各类活动12场次，400余人次参加。开展冬送温暖、夏送清凉、困难慰问及福利发放活动，涉及3700人次，共计发放137万元。

以奋斗者文化为引导，做好形势任务教育和员工关怀。奋斗者文化建设最终的落脚点在于更好地实现"发展为了员工、发展需要员工、发展成果由员工共享"。为此，设备公司开办了职工夜校和设备大讲堂，持续为职工赋能；开展了川藏铁路建设形势任务教育、研发组织机构调整专题形势任务教育等，共唱《光荣啊！奋斗者》文化歌曲，统一员工思想，激发干事热情。设备公司还通过"送慰问""三不让""过节福利""待遇提升""光荣退休""公开竞聘""竞争上岗"等多项关怀与改革举措实施，让奋斗者有为，让奋斗者有位，让奋斗者幸福。

坚持文化统领，全面推进企业改革，各项事业发展迸发强大活力

创新体制机制，活化组织机能。在奋斗者文化统领下，设备公司先后制订发布《"拓荒牛、孺子牛、老黄牛"式好干部、好员工评选管理办法》《中层干部聘期制管理办法》《奋斗者光荣退休制度》等文件，大力倡导"三牛"精神。首次试点"揭榜挂帅"，市场化选聘营销经理，实行中层干部契约化管理，建立复盘反思机制，搞活设备大讲堂，创建"先锋服务"品牌，启动人力资源内循环，全面导入IPD（集成产品开发）体系，建立和完善"直线职能制+事业部制+产品线PDT团队"结合的"三大组织"管理模式，一系列改革举措相继落地实施，企业管理变革持续开展，在全公司形成褒扬奋斗者、激励奋斗者的良好氛围，企业迸发强大活力，管理效能逐步释放。

探索"党纪工团+企业文化"共建新格局。文化是一切的底层支撑。在人人争当奋斗者的浓厚氛围中，设备公司党建、纪检、工会、共青团建设工作也开展一系列改革举措。"聚是一团火、散是满天星"，设备公司发挥中铁装备"蜂巢式"党建的发源地优势，学习贯彻党的二十大精神，实施"蜂巢式"党建星火工程，实行"一三六三三"工作模式，形成独具隧道专用设备特色的党建品牌。设备公司还构建"大监督"格局，启动"纪检蜂"工作机制，实现廉洁教育、监督再监督工作全覆盖，拍摄录制的原创MV《我们是光荣的"纪检蜂"》在"学习强国"和《河南日报》客户端发布；实施打造价值创造型三年行动、共青团改革后浪行动等群团改革。"党纪工团+企业文化"共建新格局已经形成，实现党建工作与企业中心工作、文化建设相融合，全面推进企业各项工作再创新佳绩。

全面实施奋斗者文化，企业精神面貌为之一新，发展成绩再创新高

设备公司心怀愿景，牢记使命，高擎奋斗者文化旗帜，各项事业发展达到新高度，向社会交出了一份满意答卷。企业效益迈上新台阶。2022年，全年完成新签合同额16.98亿元，同比增长11.42%，其中海外新签同比增长176.36%；实现营业收入8.02亿元，同比增长23.2%；完成净利润5500万元，同比增长106.26%；缴纳税金1525万元，同比增长155.53%。高质量发展进入新时代。世界首台全断面矩形硬岩盾构机"掘进号"、世界首创U盾架管机"雄安号"，以及超强爬坡、超大吨位、智能化系列水平运输新产品等相继问世，企业科研实力与日俱增。改革管理取得新成效。设备公司先后入选河南省制造业重点培育头雁企业，获评河南省工业设计中心，荣获河南省科学技术进步二等奖、河南省"五一"劳动奖状等，员工在奋斗者文化的鼓舞下更加干劲十足，奋斗氛围更加浓厚。

主要创造人：桑应豪　刘学飞

参与创造人：孙凯笛　张一霆　丁丹丹　陈宏萍

用诚信文化助推企业高质量发展

郑州一建集团有限公司

企业简介

郑州一建集团有限公司（以下简称郑州一建集团）始创于1951年，现为房建和市政"双特、双甲"企业，以房屋建筑、市政桥梁、轨道交通三大业务板块为主，同时具有机电工程总承包壹级、钢结构工程专业承包壹级、建筑装修装饰壹级等25项施工资质及境外承包经营资格。1951年成立至今，郑州一建集团完成了从建筑业改革、推行项目法管理、企业改制到全面进军地铁建设领域、全面布置装配式建筑的跨越，实现了从年产值几千万元到近百亿元的发展规模。70多年来，公司紧紧围绕企业精神及生产经营目标，努力抓紧、抓好企业文化建设，着重把企业文化建设融汇在精神文明建设和思想政治工作之中，把创建企业文化列入到企业发展的重要工作内容之中，提高员工对企业文化品牌内涵的了解，培养"四有"员工队伍。秉持"以人为本、诚信经营、开拓进取、和谐发展"的经营理念，郑州一建集团构建起以诚信为核心价值观的企业文化体系，并且从员工层面、生产层面、经营层面、社会责任层面不断丰富诚信文化内涵，努力打造出具有郑州一建集团特色的企业文化品牌。

理念确立：发布诚信文化手册

2019年，郑州一建集团发布企业文化手册，经过长期积累、沉淀、凝炼，以诚信为核心的企业文化体系正式形成。秉持"严谨务实、卓越高效"的企业精神，坚守"为人诚信、经营诚信、生产诚信、社会诚信"，把"成为国内最具竞争力的建筑综合服务商"作为企业愿景，将"构建完美空间，共享幸福生活"奉为企业使命，用品格、品质、品牌将郑州一建集团打造为行业标杆，用诚信观、事业观、发展观助推郑州一建集团的持续创新发展，用质量意识、安全意识、人才意识、市场意识巩固其朝着百年企业奋进的基石。

制度保障：建立诚信信用体系

为进一步提升诚信意识，弘扬诚信文化，完善信用体系，发挥"为人诚信、经营诚信、生产诚信、社会诚信"4个诚信维度对企业工程质量、科技创新、生产经营等方面的积极作用，郑州一建集团制订了《企业信用评价管理办法》及评价标准，涵盖五大类优良信息、五大类不良信息，涉及工程质量、安全、技术创新、劳务、经营产值、财务核算、资金收支、法律诉讼等多方面内容。每年度由主管部门进行考核汇总，发布年度排名，对企业内部各单位进行实时监督及差异化管理。

组织保障：发动全员参与诚信文化建设

成立项目文化建设组织机构

要求所有在建项目围绕集团企业文化体系，根据项目实际情况，因地制宜开展项目文化建设，成立项目文化建设组织机构，安排专（兼）职人员或部门负责策划、组织、协调、实施文化建设工作，为文化建设提供有力的保障。

开展全员企业文化培训，发动全员参与项目文化建设

每年深入所有在建项目，开展"企业文化进项目"活动，从公司发展大事记、精品项目、企业荣誉、企业文化、社会责任、员工活动等方面进行分享，增强员工对公司历史发展和企业文化的了解。

考核企业文化知识掌握情况，确保全体员工熟记企业理念精神、熟唱企业歌曲。

广泛开展企业文化畅谈活动，以每位员工的视角，结合日常实际工作，畅谈大家心中的诚信文化，引导员工进一步理解到底什么是企业精神、企业文化，以及企业文化与工作的关系。

开展每位员工都是公司形象的宣传教育，全面展示"郑州一建人"的精神风貌

郑州一建集团在2006年就提出了每位员工都是公司形象的宣传教育的倡议，要求树立"每个生产现场和办公地点都是企业对外的窗口"的意识，从而实现"干一个工程，树一座丰碑；交一方朋友，占一片市场"，打造企业在行业中的品牌标杆效应。

以员工为本，组织形式多样的员工活动

在企业文化的引领下，坚持以人为本的员工关怀制度。每年不定期地对各施工现场的安全法规、安全制度、劳动防护用品、食品卫生安全等落实情况进行检查与监督，督促各单位确保安全、卫生设施投入，保证一线员工的生产、生活安全；坚持开展"冬送温暖、夏送清凉"活动，积极为员工排忧解难，让一线员工感受企业的关爱；每年组织在岗员工到市级医院体检身体；组织青年开展员工联谊、诚信"乐跑"、篮球赛、户外拓展、文化征文等活动，极大地丰富了员工文化生活。

品牌宣传：打造郑州一建集团的行业形象

重视宣传，树立员工典型事迹

弘扬劳模精神、劳动精神、工匠精神、创新精神，营造"尊重劳动、尊重知识、尊重人才，学习先进、崇尚先进、争做先进"良好氛围，每年在公司内部开展"企业工匠""优秀员工"评选活动，广泛宣传员工的优秀事迹，促进员工之间的相互交流学习；持续连载专栏《讲我们的故事》，及时发掘一线员工和项目部的故事，到项目现场进行采编报道，充分发挥先进典型人物的示范引领和正向激励作用。

诚信立本，勇于承担社会责任

社会诚信，铸就价值。郑州一建集团勇担社会责任，响应郑州市委市政府的号召，积极投入于社会公益活动当中，在基础设施捐助、社区服务、教育事业、医疗卫生、抗震救灾、精准扶贫等方面不断作为。

2021年7月20日，郑州市遭遇特大暴雨，郑州一建集团作为本地企业，遭受了重大损失，在自救复工复产的同时仍然积极响应，组织救援队伍65支、人员8300余人；出动大型机械设备109台、抽水泵229台；参与居民小区排水等救灾23处、大型公建基础设施抢险21处，累计帮助10.3万余户居民恢复正常生活。救援工作得到了河南省委省政府的表彰及肯定，彰显了本地企业的社会担当。

文化建设，硕果累累

郑州一建集团以诚信为核心价值观的企业文化，始终在工程质量、技术创新、品牌宣传、员工关怀、企业社会责任等活动中践行。

不忘初心，以诚信打造匠心品质。公司相继通过了ISO9002质量管理体系、ISO9001质量管理体系和ISO14001环境管理体系及GB/T2800职业健康安全管理体系的认证。承建工程一次交验合格率连续多年保持100%、顾客满意率90%以上，累计荣获国家级、省部级优质工程奖近百项。特别是2020年以来，新增"青海－河南±800千伏高压直流输电及其配套工程""武陟县人民医院""利丰国际大厦""南三环东延工程"等4项工程荣获"鲁班奖"，"郑州市南四环至郑州南站城郊铁路一期工程"荣获"詹天佑奖"，"地铁四号线""农业快速路通道工程"两项工程荣获国家优质工程奖。

以技术驱动创新，全力打造企业数字化发展。充分发挥公司"四中心、一基地"的研发平台优势，结合政策导向与企业需求，在房屋建筑、道路桥梁、轨道交通等领域持续开展重、难点研究。以国家首批绿色施工示范工程为契机，开展绿色施工、建筑业10项新技术的推广应用，开展节能技术研究，参与主编相关国家、行业标准；建立集团公司、项目部、项目技术小组三级BIM管理体系，以"岗位+BIM技能"模式进行人才培养，先后在百余个项目上完成施工阶段BIM深度应用。目前，累计申报、获得百余项专利、工法，形成了企业各专业技术领先优势。

通过加强诚信文化建设，郑州一建集团的综合管理能力也在不断提升。近年来，先后获得全国"五一"劳动奖状和"全国建筑业先进企业""全国优秀施工企业""全国工程建设质量管理优秀企业""河南省省长质量奖""郑州市市长质量奖"等数百项国家、省、市级荣誉；连续数年保持国家级、省级"守合同重信用企业""全国建筑业AAA级信用企业""中国工程建设AAA级信用企业""中国工程建设诚信典型企业"等荣誉称号。

郑州一建集团的诚信文化在实践中形成，引领企业快速发展；在传承中创新，助推企业持续跨越；在融合中升华，提升企业内在品质。它是企业坚信并奉行的价值核心，是统领企业行为的核心文化，更是企业发展的稳固根基。诚信文化作为新时期引领郑州一建集团转型升级的精神旗帜、灵魂支柱，将持续助力企业的蓬勃发展，努力为建筑行业做出新的成绩、贡献新的力量。

主要创造人：刘福国　邵艳菊

参与创造人：陈安然

以"好故事"凝聚高质量发展强大合力

大唐四川发电有限公司新能源分公司

企业简介

2019年5月，按照中国大唐集团有限公司（以下简称中国大唐）集中发挥专业优势管理的部署，大唐四川公司发电有限公司新能源分公司（以下简称公司）成立（以大唐凉山新能源有限公司、大唐广元风电开发有限公司、大唐国际甘孜新能源有限公司3家公司为基点），负责中国大唐在川区域的风电、光伏、抽蓄等新能源的开发、建设和运营。已投产运营风电场10个，装机规模82.811万千瓦（广元5个风电场，装机规模32万千瓦；凉山5个风电场，装机规模50.811万千瓦），甘孜1个光伏电站（装机规模5万千瓦）；在建风电项目装机规模23.82万千瓦，投产运营与在建项目总装机容量111.631万千瓦。

实施背景

对于企业而言，讲好品牌故事在提升企业形象、提升企业凝聚力和竞争力等方面作用日趋明显，讲好企业品牌故事对于企业的发展起到至关重要的作用，积极的、健康的企业品牌故事有利于增加职工的凝聚力和工作积极性，保证公司安全生产、工程建设、提质增效、规划发展等中心工作的顺利开展。

公司项目大多分布在凉山、甘孜、广元，所辖13个项目呈现"偏远散高"特点，大多在3500米以上的高海拔山地甚至"无人区"，生产生活条件特别艰苦。公司自成立以来坚持把重心、爱心、关心放在场站一线，讲好"大唐在川的艰苦创业、企业对职工的关心关爱、职工与企业休戚与共奋进"3个品牌故事，凝聚职工奋发图强、开拓进取的奋进精神，让公司能够在中国大唐建设美丽中国领军企业、践行"双碳"目标的过程中做出更大贡献。

利用积极、得当、高效的党建宣传工作讲好公司品牌故事，有利于促进企业文化建设。讲好品牌故事的核心是职工，用职工的语言讲好身边故事是关键，根据公司实际情况，党委通过建立完整的媒介宣传体系，明确宣传目的，明确受众定位，树立正确的舆论引导观念，加强新闻宣传工作者和通讯员队伍的建设，促进企业宣传工作的开展，形成故事从职工工作生活中来、融入企业中心工作当中去且提振职工队伍士气的良性循环，促进企业文化繁荣。

主要做法

几年来,公司深耕讲好品牌故事的源泉、动力、方向,抓牢敬业奉献的职工队伍,"二次创业"激发干事创业精气神,对标新时代党建宣传要求,在创新工作方式方法的同时,坚持镜头向下,坚持把重心、爱心、关心放在场站一线,深挖职工身边事,用鲜活、贴近一线、富有生命力的真实故事感染职工心灵,力求"接地气"又不失"艺术感",努力讲好职工在企业的创业故事,讲好企业对职工的关爱故事,讲好职工与企业休戚与共的群体奋斗故事。

分享职工喜怒哀乐,讲好职工爱岗敬业的创业故事

公司35岁及以下青年占公司职工总数的61%。他们常年驻守于荒无人烟的山顶,远离繁华城市和父母妻儿,每天在缺氧的环境、极端的气候、单调的生活中苦中作乐。火古龙电站的8名年轻人,每天把自己在场站生活工作的点点滴滴与心路成长历程通过微博、朋友圈、短视频等方式记录下来,在工余时间相互分享。在他们的笔下,面临野狼出没的危险变成了与哈士奇共舞的快乐;操作着无人机巡检光伏区时,变成了拥有"千里眼"的齐天大圣;帮助光伏区养殖的"羊妈妈"生产时,变成了"专业接生婆";被强紫外线晒伤了皮肤,都被轻描淡写地变成了享受"日光浴"……单调枯燥的生活在他们的笔下妙笔生花,变得精彩纷呈,就连工余时在场区种种蔬菜,都在挥汗如雨间憧憬着农民伯伯喜获丰收的快乐。公司成立至今,职工辞职率仅为1.5%,团结和谐的创业氛围、奋发有为的职工队伍、爱岗敬业的工作精神,在这里犹如多米诺骨牌效应由点到面不断传递,让职工在有温度、有爱心的企业中努力创业、积极工作。

解决职工的急难愁盼,讲好大唐以人为本的关爱故事

为缓解场站职工心理压力,解决急难愁盼问题,公司党委研究制订"幸福大唐"建设行动落实措施,制订了涵盖思想文化、安全健康、权益维护、成长成才、关心关爱、服务保障等6项共31条行动措施,正在逐条推动落实。通过配备血压仪、血氧仪、制氧机、加湿器、常用药品等,关心关爱职工身体状况;根据场站海拔分布情况配备运动器械、投影仪、图书等,丰富职工业余文化生活;通过开展心理健康辅导、座谈交流、主题活动等方式,纾解紧张工作压力;打通职工职业发展多通道,通过"师带徒""走出去"培训、开展各类知识竞赛和技术比武、创新工作室技术课题研究、"90后"后备中层干部培养选拔等方式,帮助青年职工成长成才;建设了四川省首家新能源集控中心,场站运行人员正逐步走出深山,切实扭转了只能与山林为伴的生活工作状态。

激发职工热情和活力,讲好新时代"大唐新能源人"奋斗故事

公司瞄准年轻人喜好"靶心",守正创新搭建展示平台,通过制作微电影、拍摄微视频、编排情景剧表演等方式让坚守高原、远离城市喧嚣的青年人也能放大自己的个性,看到自己的奉献价值和优秀闪光点,为他们奋斗高原的枯燥生活增添一缕光亮的色彩,释放干事创业活力。近年来,通过广泛深入地宣传报道展示,把不起眼变成大价值,以小切口展示大能量,通过奋斗故事的讲述和展演让职工更加清晰认识自身价值和本职工作,更加坚定继续奋斗大唐新能源事业的决心,同时也用他们多年如一日坚守高原、忍受孤寂苦寒、爱岗敬业、艰苦奋斗、奋发有为的精神感染并激发公司上下勇于担当、甘于奉献的干事创业激情和积极投身"二次创业"的内生动力,在大唐四川公司干部职工中引发了强烈的共情、共鸣。

实施效果

公司近年来围绕企业品牌文化建设，讲好企业品牌故事，深入挖掘展示党风廉政建设、安全运营生产、规划发展建设、社会责任担当等方面的优秀故事，弘扬奋进精神，干部职工铆足干劲，形成了"上下联动、全员参与"格局，取得良好成效，企业形象、企业凝聚力和竞争力得到了明显提升。

永葆"红色底色"，党委领导作用有效发挥

党委坚强有力，积极探索以党建统领企业文化、实现两者合力发展模式，在企业文化建设中发挥出党建工作的思想引导作用，为企业文化建设奠定良好的思想基础；在党建工作中发挥出企业文化建设的氛围影响作用，为党建工作的顺利开展创建良好氛围，实现企业文化同党建文化融合发展，确保了企业文化的"红色"基础色，通过卓有成效的党建引领，增强企业的凝聚力和竞争力。

弘扬"奋进文化"，凝聚积极力量

公司通过品牌故事的讲述，不断激励着职工争先创效的奋进斗志。近年来，公司职工坚守高原、抢占优质风电资源，奋力建设大唐凉山普格则洛日和马洪两个风电项目（共23.82万千瓦）；圆满实现四川省首个试验性高原山地风电场全容量建成投产，公司在役在建总装机规模突破110万千瓦；公司积极探索、勇于创新建成的四川省首个新能源集控中心已实现11个风电、光伏场站全部接入，持续创新矢志建成全国一流新能源集控中心。近年来，每年为社会提供超过20亿千瓦时的清洁能源电力，成立以来未发生安全环保事故。

打造"廉洁文化"，风清气正干事

每一个故事都是一堂思想政治课，公司挖掘梳理优秀党员事迹、历史优良家风故事等，总结提炼部门廉洁理念，制作廉政文化手册，通过开展领导干部讲廉政党课、为关键岗位赠送廉洁礼包、开展反面典型案例警示教育、开展廉洁谈话活动、举办党规党纪知识竞赛等活动，结合"家风家训"教育，构建"廉洁文化"体系，筑牢干部职工"不敢腐、不能腐、不想腐"的思想堤坝，未发生干部职工违纪违规行为。

努力守护"家文化"，树一线典型

公司落实"幸福大唐"建设和"六最"项目具体措施，定期开展思想动态分析、走访座谈、节日慰问、文体娱乐等活动，深入推动"为职工办实事"。深入挖掘地处高原高海拔的火古龙光伏电站青年职工艰苦的工作生活，据实创作的文字作品《追光的新时代大唐"牧羊人"》在第五届中央企业优秀故事创作展示活动中荣获了一等奖，故事先后被《中国青年报》、"学习强国"等重要媒体转载刊发，并且以情景剧的形式在国务院国资委展演，引发了强烈反响，让职工真正在企业的"大家庭"里感受到被重视、被需要、被关怀。

彰显"责任文化"，树立良好品牌形象

公司积极参与"央企消费帮扶兴农"活动，积极主动购买助农产品；向四川泸定地震灾区捐款救灾；向四川省未成年人保护爱心基金捐款；为甘孜火古龙小学捐赠了书包文具等物品，以实际行动奉献"大唐爱心"；公司职工扎根藏区保发电服务民生的故事《大山深处的"90后"电力工人："追光逐日"点亮藏区千家万户》于2022年国庆节在中央纪委监委的"奋斗中国人"栏目展播，充分展示新时代电力工人风采，彰显央企担当，用实际行动擦亮央企名片。

主要创造人：杨　斌　韩　勇
参与创造人：赵　霞　杨晓炜　雷　菲

以"金雁"品牌文化建设提升企业科学发展力

国网新疆电力有限公司经济技术研究院

企业简介

国网新疆电力有限公司经济技术研究院（以下简称国网新疆经研院）于2012年挂牌成立，为国网新疆电力有限公司分公司，接受国网经研院、国网能源院的相关业务指导，对地（市）公司经研所提供技术指导。内设职能部门4个、专业机构6个，代管新疆经研电力设计院，与项目评审管理中心合署办公。国网新疆经研院全面贯彻党的二十大精神，坚持"研究为本，创新为魂"的建院之本和"创造价值，才有价值"的工作理念，锚定服务新疆维吾尔自治区能源生产和消费革命示范区建设的"智慧大脑"这一目标定位，努力打造国网系统一流经研院。建院11年以来，获得国网系统、行业、新疆维吾尔自治区、市、区级集体荣誉17项，获得国网新疆电力有限公司级集体荣誉27项，获得公司级个人荣誉27人次。

实施背景

文化是企业的灵魂，是企业竞争的"软实力"，文化强则企业强。品牌是一个企业生存与发展的灵魂，没有品牌的企业是没有生命力和延续性的，品牌文化是一个企业全体员工精神气质、使命追求的外化体现。国网新疆经研院践行社会主义核心价值观，积极培育企业文化，通过创建"金雁"文化，打造文化名片，以文化为载体，以品牌为主体，以融合为桥梁，以激发员工创造活力为抓手，将文化、健康、公平和知识等送到基层，营造"心齐、气顺、想干事"的氛围，丰富职工文化生活，以品牌文化融合发展提升企业科学发展力。

主要做法

国网新疆经研院创建"金雁"企业文化品牌体系，从专业追求、专业特质、专业作风、专业品质4个方面进行"金雁"品牌内涵诠释。为了具化品牌形象，将"胡杨精神+雪莲品格"作为品牌形象植入点，融入大雁的外形主体，突出"努力超越、追求卓越"的精神品质，展现出向上冲锋的姿态，展翅高飞的金色大雁寓意着国网新疆经研院经过砥砺奋进的10多年后将以更加昂扬的姿态冲向更具辉煌的未来。

激发内生动力，培养员工使命感

"二维"推进形势任务教育。抓实"关键少数"，严格落实"第一议题"制度，把重点发言和研讨交流、集中研学和个人自学结合起来,形成"理论学习+研讨实践"的常态化机制。抓牢"党员群众",实施全员使命感教育,运用会议、微信、宣传栏、墙报、多媒体等载体,强化形势任务教育,建立"党委示范引领学、专题培训交流学、网上课堂指尖学"的"三学模式",推动使命感教育走深、走实。

"畅谈"达成目标愿景共识。开展"我与经研院"文化沙龙活动,邀请各级领导干部、党员群众,畅言发展愿景,聚焦共同的建设目标、发展共识,达成愿景共识。开展"我的未来我来谈"活动,畅谈自身技术、技能、管理等领域的长处和短处,帮助员工建立自己的职业发展目标、职业愿景,明确职业规划,增强员工职业信心。

铸魂固本,增强员工凝聚力。坚持"自下而上"的原则,广泛征集意见建议,循序渐进培养职工与企业同呼吸、共命运的价值观,增强企业员工的主人翁意识,唤起员工对企业的归属感、责任感和使命感。以构建提升员工"四感一度"模式为抓手,将文化与工作生活相融合,激发员工创造活力,打造出一支极具贡献度的"想干事、能干事、干成事"的员工队伍。

形成共同价值观,增强员工责任感

搭建"金雁"文化体系。基于"金雁"文化内涵,从多个维度提炼行为公约,形成整体行为公约。开展"三轮式"发言机制,通过深入各部门、机构调研,形成团队行为信条体系,进一步规范约束职工行为,形成风清气正的工作氛围。以"金雁"品牌内涵、定位、品牌形象、行为公约、体系框架、目标愿景、实践风采、行为信条践行故事"八大方面"为主线,形成专业文化手册,全方位展示"金雁"品牌文化。

讲好"金雁"文化故事。建立"金雁"课堂,开展"金雁"系列行动,组织员工参观历史博物馆、举办民族团结联谊活动、制作"金雁庆典"文创系列产品,绘制"金雁"归来漫画、举办"情暖金雁"实景党课大赛,讲好职业故事、人物故事、风土故事,以身边人、身边事引导职工争做文明文化的践行者、守护者和传播者。

强化典型选树,增进员工荣誉感

建立先进典型选树体系。构建"院层面+各党支部层面"的二维选树模式,开展先进典型"全周期"选树培养机制。在"选"的方面,确保真实性、群众性、特色性、先进性;在"育"的方面,把握思想动态、构建目标体系、打造培育摇篮;在"树"的方面,贴近基层、贴近一线、贴近实际;在"学"的方面,体现政治高度、拓展实践深度、强化道德培育;在"管"的方面,做好工作上支持、利益上保障、生活上关心,形成滚动调整的"老典型不倒、新典型辈出、上下级联动"的动态培育选树计划。

搭建员工建功展示平台。通过线下劳模事迹分享会及线上新媒体,多视角生动呈现各级劳动模范和先进员工的事迹和故事,宣扬先进典型、表达崇敬重视、弘扬价值理念,在员工中形成见贤思齐、崇德向善的良好氛围。通过技能比武、QC活动、文体活动、读书会等活动,为员工搭建展示平台,对活动中表现优秀的员工进行表彰,打造一批"金雁"先锋团队,优选"金雁"先锋进入"天山雪莲"党员服务队,在改革攻坚主战场、优质服务最前沿和"急难险重"第一线中展现自我,在职业通道、劳模选树、评先评优等方面向优秀队员倾斜,激励广大员工建功立业。

加强人文感染力，凝聚员工归属感

实施凝聚员工归属感的仪式庆典。传承传统文化，结合电网元素，党委层面建立"四季四礼"机制（即一季度入职礼，二季度拜师礼，三季度成长礼，四季度退休礼），从应用场景、基础流程、注意事项搭建起文化仪式体系，对应职工职业生涯的全过程，以四季体现着职工职业生涯的发展过程；党支部层面建立"送你一只小金雁"选树体系，以"小家庭"式温暖方式对职工进入岗位、成长、退休开展"小而巧"的礼仪仪式，流程和形式根据各党支部的特点进行设置，给职工"娘家人"式的温暖，最终提炼总结形成《国网新疆经研院文化仪式手册》。

建立凝聚员工归属感的工作机制。秉承"一个总体要求"（党委负总责、党支部为主体、工青妇协同），注重"双向沟通"（组织主动"问"、员工主动"讲"），畅通"3个渠道"（党组织、工会组织、团组织），突出"4个方面"（政治上关怀、思想上关心、工作上支持、生活上关爱）的要求，从政治建设、思想教育、畅通渠道、组织保障4个方面建立"情暖'金雁'、解忧微站"工作机制，定期收集分析员工的情感诉求、价值诉求，对于员工的实际困难，给予员工鼓励、支持和力所能及的帮助。

调动主观能动性，提升员工贡献度

调动员工主动性。开展"入企感知"培训，助力新员工尽快熟悉公司、融入企业、适应岗位，为职业生涯发展的选择奠定基础。发布缺员岗位，开展公开招聘活动，搭建公平竞争平台，拓宽员工职业生涯广度。通过显性化、及时化、常态化的方式开展正面激励，以师带徒、适岗培训、岗位轮换、交叉挂职锻炼等措施，让职工队伍活跃起来，增强技能水平。

提升员工贡献度。对存在困难、职业倦怠的员工，开展党员"一带一"帮扶，加强工作协助与辅导，提升工作业绩。依托"送你一只小金雁"工作载体，表彰表现突出的个人、部门，在各党支部内部开展"说业绩、比贡献"活动，强化员工个人贡献与集体业绩的关系，在院内外营造干在实处、走在前列、见贤思齐、比学赶超的良好氛围，促进员工积极改进业绩水平。

实施效果

队伍面貌呈现新气象

在开展"金雁"文化建设过程中，国网新疆经研院"明强促"功能定位更加明确，把"四感一度"融入到实际工作中，既关注重点工程、重大项目，也关注凡人善举、身边感动，先进典型示范效应和辐射作用得以充分发挥，人才储备库日臻完善，专家人才数量、质量实现"双提升"，队伍面貌呈现新气象。

文化工作迈上新台阶

在开展"金雁"文化建设过程中，充分整合组织资源、学习资源、阵地资源、载体资源，实现了文化工作在空间上延伸、在力量上整合、在内容上拓展、在优势上互补、在工作中联动，有力推动了"人心凝聚"，助力思想文化工作从"小循环"向"大融合"转变，构建了"大思政"工作体系，文化浸润到工作中的每个细节，员工获得感、幸福感、安全感持续提升，文化工作得到了质的提升。

企业发展实现新跨越

在开展"金雁"文化建设过程中,坚持"以人为本"的原则,通过多种途径实现组织价值、员工个人价值,企业人心凝聚,员工心齐气顺想干事,党建、业务等多方面多项工作获得国家级、自治区级荣誉,不断提升国网新疆经研院支撑服务的"贡献度""含金量""附加值",为推动国网新疆经研院高质量发展提供强大的精神动力和文化支撑。

主要创造人:王晓斌　韩　刚
参与创造人:孙建江　李静雅　陈芳云　郭铧仪

"一二三四五"文化体系助推企业高质量发展

特变电工衡阳变压器有限公司

企业简介

特变电工是为全球能源事业提供绿色清洁解决方案的服务商，致力于"绿色发展、低碳发展"，已成为我国输变电行业核心骨干企业、多晶硅新材料研制及大型铝电子出口基地和大型太阳能光伏、风电系统集成商，培育了以能源为基础、"输变电高端制造、新能源、新材料"的"一高两新"国家三大战略性新兴产业。特变电工衡阳变压器有限公司（以下简称衡变公司）是特变电工的全资子公司，始建于1951年，2001年1月由特变电工兼并重组，现已发展成为世界输变电行业超特高压、大容量变压器类产品的核心骨干企业，是全球变压器产能最大和我国输变电领域产业链最齐全、配套集成最完善的单个工厂。公司先后获得了全国"五一"劳动奖状、全国机械工业先进集体、全国机械行业文明单位、全国机械行业思想政治工作先进单位、全国精神文明创建工作先进单位、湖南省先进基层党组织、湖南省"两新领域"标杆党组织、湖南省创新企业文化建设先进单位等多项殊荣。

实施背景

衡变公司自改制重组以来，坚持创新引领开放崛起，着力深化供给侧结构性改革，不仅实现了各项经济指标连年高速增长，更创造了输变电领域的多项世界第一，有效推动了高端输变电重大装备的国产化进程。

衡变公司持续推动"延链""补链""强链"，实现了企业规模不断扩张、技术不断提高、综合实力不断增强。与此同时，管理幅度越来越大导致的管理难题持续显现，一些经营风险愈发显著，需要及时破解、有效防范。其中，跨地域、各产业文化融合问题是企业面临的深层次、影响较为长远的问题，需要充分认知、深入研究、长远规划、系统解决。

主要做法

实践形成"一二三四五"文化体系，与企业经营双融双促

衡变公司把企业文化视为基业长青的根和魂，不断强化文化与制度、绩效考核、荣誉评选、员工行为规范的联动融合，抓质量有质量文化和品牌文化，抓效益有效益文化、成本文化，抓和谐有互助文化、安全文化、物质生活精神文化，抓技术有创新文化，抓思想有如何做事、如何做

人文化，在多年发展中不断总结、创新，延伸企业文化内涵，建成了一套完善的"一二三四五"企业文化体系，在企业经营过程中互融互促，助力企业在高质量发展的同时培养造就员工，履行社会责任。

用一个"可靠"的核心价值观塑造员工思想，形成共识，提高企业文化软实力。"可靠"是衡变公司的核心价值观，是公司全体员工的基本思想认同和价值认同。公司把打造"可靠"文化提升到企业发展战略高度，建立"大可靠"概念，始终做到员工诚实可靠、产品安全可靠、企业诚信可靠，为客户提供可靠高效、高技术和高附加值的产品和服务。在"可靠"文化的熏陶下，公司先后参与27项国家特高压交、直流输电工程建设，承担了世界首条商业运行的1000千伏特高压交流示范工程产品研制，圆满完成了代表世界节能输电技术创新领跑能力的"西电东送""皖电东送""三峡工程"等核心产品的自主研制，实现了百万千瓦大型火电、水电、核电主变、海上风电一次设备等世界输变电领域的重大突破，为"煤从空中走、电送全中国"战略实施、中国东西部地区均衡可持续发展提供了坚强保障。

用"装备中国、装备世界"的两个目标集聚人才，凝聚力量，推动企业转型升级。衡变公司高举产业报国伟大旗帜，坚持国际化第一战略，长期以来紧紧围绕"一带一路"，将中国先进的电力产品、技术、标准送往全世界。公司目前在手国际工程及单机出口订单超过60亿美元，并且正在有序开发数十亿美元的新项目，有效缓解了项目所在国电力需求增长与基础设施不足之间的矛盾，给当地带来更加稳定的光明与动能，真正践行打造全球信赖的服务商的理想和信念。

以为客户创造价值为核心，坚持"客户称心、员工安心、股东放心"的"三心"宗旨，实现和谐共赢发展。衡变公司把为客户创造价值、帮助客户成功、为客户提供满意的产品和超值的服务作为所有工作的出发点和落脚点；秉承"发展为了员工，发展依靠员工，发展成果与员工共享"的人企共赢和谐发展理念，通过企业的持续发展来满足员工不断增长的物质和精神文化需求；追求可持续发展，为股东创造价值，坚持规范经营，追求卓越业绩给予股东长期的回报。截至2022年，公司实现汇总销售收入102.79亿元，同比增长13.1%；利润5.01亿元，同比增长10.42%；上缴税金2.96亿元，同比增长4.26%。衡变公司是衡阳市属第一家上缴税金过亿元、营收规模过百亿元的企业。

弘扬"四特"精神，永葆创业本色，为企业的发展注入持久活力。在衡变公司的发展历程中，凝练和积淀了社会主义核心价值观、被广大员工充分认可和大力践行的特别能吃苦、特别能战斗、特别能奉献、特别能学习的"四特"精神，引领公司迎难而上，实现了企业由小到大，由弱到强的蜕变。

坚持诚则立、变则通、康则荣、简则明、和则兴的"五则"世界观，追求人企共赢，建设和谐企业。衡变公司多种形式开展比安全、比进度、比质量、比创新、比贡献的"金驼杯"劳动竞赛，不断完善组织管理办法、丰富活动内涵，将竞赛结果、创新成果与个人绩效、岗位晋级、外派培训、评优评先充分结合，培养造就了一批岗位能手、创新人才和"大国工匠"。公司努力建设育人、留人的软环境，让员工共享公司更多发展成果，从薪酬管理体制上逐步畅通了上升通道，从以往单一的晋升"管理者"向包括高级技术人才和管理人才在内的多条通道成长转变；投入巨资建设一流的花园式工厂和星级员工宿舍，建立了涵盖足球场、篮球场、羽毛球场、网球场、图书室、健身房在内的职工之家；围绕员工最紧急、最迫切、最关心的问题，务实开展年度"十大民心工程"；坚持每年举办文艺汇演、青年联谊、集体婚礼、趣味运动会、员工心理疏导、健康知识讲座、书画摄影展、职工技能大赛、革新命名、创新创效、先进人物进班组宣讲、销售状元、服务之星、质量标兵、品牌班组等丰富的文化活动，生动诠释了"五则"世界观内涵，达到了潜移默化、润物细无声的效果。衡变公司第一时间与衡阳市慈善总会、国家电网有限公司对接，紧急无偿捐赠20套电力设备解决河南省防汛救灾期间电力设备短缺难题，为抗洪重建、稳定居民用电提供坚强保障；定点帮扶常宁市谭井村6年来，通过新修公路、引水到户、捐资助学、产业兴农等方式累计投入100多万元，帮助谭井村发展成为名副其实的"衡阳市人居环境整治示范创建村"；在多哥、老挝、贝宁、尼日利亚等国家新建教室，捐赠电脑、药品、教学器材，帮助失学儿童重返校园，被当地民众誉为"光明的使者"。

打造德才兼备的企业文化内训师队伍，推进企业文化创新和思想道德建设

衡变公司坚持思想就是生产力，文化就是发展的内部驱动力。公司组建了以特变电工创业30周年功勋人物、10年以上特变电工工龄老员工、股份公司级劳模先进、公司党委书记、各党支部书记为主体的企业文化内训师队伍，其中不乏全国劳动模范、全国"五一"劳动奖章、全国"五一"巾帼标兵、全国总工会代表、全国团中央代表、全国优秀共青团干部等国家、省、市级荣誉获得者。内训师团队围绕培育和践行社会主义核心价值观、推进思想道德建设、特变电工文化落地，探索企业党工团组织建设、企业文化建设、思想政治工作全面融入经营工作的路径和方案，使"围绕年度目标任务这一中心，服务于公司可持续发展战略这一大局"成为各级党工团组织创新实践的大舞台，让奋斗改变命运、攻坚克难、永不言败的奋斗文化，科技立企、人才强企的职业文化，创造与分享的命运共同体文化，深深根植于3000多名员工的心田，成为干事立业的强大精神动力。

深化理想信念教育、形势任务教育，让党建之根深植于企业文化的沃土

衡变公司通过组织党员过政治生日、参观红色教育基地、重走长征路、重温入党誓词、党建知识竞赛等方式加强党员理想信念教育。在"不忘初心、牢记使命"主题教育、党史学习教育过程中，各级党工团组织在读原著、学原文、悟原理的基础上，围绕公司经济工作会议精神、重要文件，以及经营指标、市场开拓、质量安全等方面进一步加强形势任务教育。

实施效果

形成了"一体两翼"产业布局和"双轮驱动"发展战略

衡变公司以为我国经济建设和发展提供可靠的电力能源装备及集成技术解决方案和向世界输送中国产品、技术及服务为目标，形成了以制造业产业链为"主体"，以国内、国际制造服务业为"两翼"，由主体带动两翼、两翼为主体赋能的"一体两翼"产业布局，以及制造业、制造服务业"双轮驱动"的发展战略。截至2022年，企业年销售收入由重组时的1.12亿元增长到102.79亿元，增长92倍；总资产由重组时的2亿元增长到100.41亿元，增长50倍；净资产由重组时的159.6万元增长到50.24亿元，增长3148倍；重组以来，累计上缴各种税金近40亿元，连续10多年成为衡阳市属企业第一纳税大户、湖南省纳税50强企业，实现了各产业的协同、高质量发展。

打造了特高压输变电高端装备制造走向世界的"中国名片"

衡变公司秉承产品人品、专业专注、诚信可靠、值得信赖的"可靠"理念，共承担国家、省、市科技攻关项目55项，完成国家级新产品鉴定130种；申请专利及软件著作权630项，参与及主持制订国家和行业标准140余项；获得包括国家科技进步特等奖1项、一等奖2项等近百项技术创新荣誉。公司特高压1000kV交流变压器电抗器研制水平国际领先，特高压±800kV换流变研制水平行业前三，在超高压、特高压领域创造36项世界第一、104项全国第一。

有力推动了湖南高端制造和输变电产业联盟的快速发展

衡变公司坚持"一花独放不是春，百花齐放春满园"的和谐共赢文化，发挥自身在中国高端输变电的市场优势和平台，努力培养供应链上下游制造单位，现已带动金杯电工、国能电气、中钢衡重、长宏锅炉、华南制造、湖南中电物流、邵阳广信、长沙泰时等一批湖南省重点工业企业的发展，为打造湖南省第一大产业（电工电器）做出了重大贡献，提升了湖南输变电装备制造业在全国乃至世界的地位，有效推动了湖南省输变电产业集群形成。当前，湖南正着力培育以特变电工输变电产业为核心的国家先进制造业产业集群。

物质资源终会枯竭，唯有文化才能生生不息，它会成为支撑企业可持续成长的支柱。面对错综复杂的国内外经济形势和激烈的市场竞争，衡变公司将在产业报国的道路上坚持党建引领、文化铸魂，力争在"十四五"建设成为规模超过200亿元的国际化、现代化高新技术企业集团，把公司打造成为具有国际竞争力和品牌影响力的全球系统集成商和电气服务商。

主要创造人：尹翔宇　刘俊宏
参与创造人：马松伟　李松儒　首安倩　姚俊涛

以和谐文化建设引领矿井高质量发展

郑州磴槽企业集团金岭煤业有限公司

企业简介

郑州磴槽企业集团金岭煤业有限公司（以下简称金岭煤业）系一家股份制民营煤矿企业，位于河南省郑州市登封市君召乡石坡爻村。2000年3月建矿，2004年5月正式投产，设计生产能力120万吨/年，井田面积10.01平方千米。现有职工1500余人，其中高级工程师10人、专业技术人员180人、拥有大中专学历的职工1200余人，拥有一支专家顾问团队。在20多年的发展历程中，金岭煤业始终坚持以文化铸造人、以人为本提升精细化管理和安全生产水平。

实施背景

煤炭是一次性能源，是不可再生资源。经过长期的开采，必将造成矿井衰老、资源枯竭、自然环境破坏、企地关系紧张等问题。金岭煤业从2000年建矿就充分认识到：自然开采条件复杂、矿井资源逐步减少等一些客观因素是人力无法扭转的，但提高资源综合利用率、建设生态文明矿井和幸福企业等是可以通过加强企业管理、技术创新、制度创新等手段实现的。所以，金岭煤业在日常生产过程中把开展以资源合理利用、节能减排、保护生态环境、共建和谐社区作为主要目标，以开采方式科学化、资源利用高效化、企业管理规范化、生态工艺环保化、矿山环境生态化为要求，追求循环发展模式，注重资源效益、生态效益、经济效益和社会效益的相互统一，既促进经济发展，又保留青山绿水，以实现企业、社会的共同和谐发展。

主要做法

金岭煤业和谐文化建设的基本内涵是：以科学发展观为引领，以生态文明建设、促进企业发展方式转变为目标，以建设资源节约型、环境友好型企业为目的，坚持资源开发与环境保护相结合，坚持矿井本质安全与员工职业健康相统一，坚持企业发展与履行社会责任相兼顾，使企业在发展中促转变、在转变中谋发展，从而不断提升企业的可持续发展能力，实现企业与社会、企业与员工的和谐健康发展。

明确核心理念，以和谐文化建设为企业高质量发展树立目标导向

首先，金岭煤业建立完善了企业愿景、企业使命、企业精神、企业信念、企业宗旨、企业客户观、企业产品观、企业人才观、企业作风、企业工作准则等核心文化内容。其次，结合企业管理实际，先后出台了《好干部二十要》《干部十多十少管理法》《员工行为规则》《"33688"管理工作法》等工作指南，促进干部职工素养整体大提升。另外，注重企业文化宣传工作，相继建立了广播站、电视台、网站、文化展厅、安全警示教育展厅、文化走廊，创办了企业内部报纸《金岭晨光》。先后有40多篇宣传作品分别被《中国企业报》《中国煤炭报》《河南工人报》评为一、二、三等奖优秀作品。其中，《培育安全文化，创建本质安全型矿井》在首届全国安全文化优秀论文评比中被评为二等奖，《以生态文明为导向的绿色矿山建设与管理》被评为河南省管理创新成果一等奖。编印了《企业文化手册》《安全文化手册》。目前，企业宣传工作已构成"图说金岭""金岭之声"为代表的"两微一端"新媒体矩阵，用镜头、声音、文字记录金岭煤业发展历史，对外展示企业形象。

完善党群组织机构，以和谐文化建设为企业高质量发展提供组织保障

金岭煤业党总支在坚持"三会一课"的同时，坚持每月开展"党员活动日"活动，狠抓党员和职工干部的思想政治教育工作，发挥党员干部的先锋模范作用和基层党组织的战斗堡垒作用，多次被上级党委评为先进基层党组织。

金岭煤业于2012年成立了工会组织。一是积极发挥工会纽带作用，坚持每年开展春送培训、夏送清凉、秋送助学、冬送温暖活动。二是积极开展群众性安全工作，以女工协管会为依托，积极开展"三违"帮教活动、安全"零"理念宣贯、夫妻同心保安全、职工安全大签名、安全演讲、安全知识竞赛、工作无违章安全摸大奖、文明伴我行、写一封安全家书、照一张安全全家福、送生日贺卡等活动，从而增强企业凝聚力、向心力和创造力。三是搭建文化娱乐平台，陶冶员工情操。坚持每年举办元旦职工文艺晚会、"安康杯"竞赛、"五一"职工运动会、"庆三八"文体活动等，丰富职工的业余生活。多年来，金岭煤业连续获得河南省煤炭工会"安康杯"竞赛优胜单位和河南省总工会授予的"安康杯"竞赛优胜单位、"模范职工小家"及"基层工会建设示范点单位"等荣誉称号。20多年来，受表彰的劳动模范、先进个人、优秀管理干部、优秀通讯员和亮点工程、科技项目等有3000多人（次），营造了比、学、赶、超的良好创业氛围。

追求互利共赢模式，以和谐文化建设为企业高质量发展营造和谐氛围

金岭煤业始终牢记"办企一地，福祉一方"的社会责任担当，确保每一位职工都能享受到企业发展红利。2003年，根据参加工作时间长短和贡献大小给干部职工配发每股3000元的股份，从2004年开始，每年根据企业效益情况按比例进行分红。在建矿10周年、20周年之际，按工龄长短，分别对3年以上工龄的职工给予工龄奖励，共发放矿庆奖励金1500多万元。2007年，建设了一栋有90套房的家属楼，解决双职工和在矿区结婚的大学生住房问题。2019年，实行职工免费就餐。2020年，开通职工免费通勤车。在工资分配方面始终坚持多劳多得的原则，坚持每月20日准时发放工资，每年还额外发放福利奖；同时，注重劳动保护，定期进行健康体检，坚持发放劳保用品。

2016年，提出建设幸福企业愿景，以建设"3个家"提升文明企业创建能力：建民主之家，做到矿务公开、队伍公开，切实保障职工的知情权、参与权、监督权；建帮扶之家，为职工解困解难，解除后顾之忧；建宜居之家，矿区职工实行住宿旅馆化、洗澡淋浴化、吃饭餐馆化、环境矿区园林化。矿区文化娱乐设施一应俱全，建有俱乐部、阅览室、医务室、理发店、军乐团、歌舞厅、文化宫、公园、游泳池、钓鱼塘。全矿绿化面积占可绿化面积的100%，亭台楼榭、灯光辉煌，四季常青、鸟语花香，使职工身在矿区如同生活在现代化城市。

依靠科学技术创新，以和谐文化建设为企业高质量发展赋能助力

广招人才，博采众长。金岭煤业是煤与瓦斯突出矿井，面对"瓦斯大、成本高、管理难"的问题，早在2003年就从高等院校、各大矿务局请来了一批专家、教授和工程师做技术顾问。在这些高级技术人才的指导帮助下解决了瓦斯治理、寒系底板高承压水治理、滑移支架的应用等一系列问题。建矿以来，据不完全统计，先后组织外出参观学习5000多人（次）。

生态文明，绿色发展。金岭煤业积极开展以生态文明为导向的绿色矿山建设与管理。投资6000多万元用于绿色开采、节能降耗，用开采的瓦斯发电、做饭，实现了瓦斯"零"排放。先后投资1200多万元用于修复生态、污水处理、地质保护。已连续3轮通过国家绿色矿山验收组考核。

智能建设，高质发展。金岭煤业围绕"管理信息化、生产自动化、办公移动化、决策智能化"发展目标，先后投资重金建成了千兆环网，使主供电、主排水、主运输及视频监控等均实现了无人值守。2021年，建成智能选煤车间；2022年，建成智能化掘进工作面，实现了河南省地方煤矿智能化掘进工作面"零"的突破；2023年，建成一个智能化采煤工作面。

加强构建本质安全体系，以和谐文化建设为企业高质量发展提供安全保障

金岭煤业严格贯彻"安全第一、预防为主、综合治理"的安全生产方针，坚持"持续改善、确保安康"的职业健康理念。树立"安全干部以100%精力抓安全，生产干部以60%精力抓安全"的安全理念，狠抓"三违"，狠抓安全培训，先后投入600多万元建成占地3000平方米的培训大楼，内含电教室、瓦斯爆炸模拟试验室等；成立了矿山救护队，建成了实操训练基地；完成了井下监测监控、人员定位、压风自救、供水施救、通讯联络、紧急避险"六大系统"建设工作，从硬件上改善了安全环境，实现了人、机、物、环境相融合，有效地推进了企业安全文化建设。同时，金岭煤业认真按照国家和省、市关于加强安全生产工作的要求，细化标准、抬高标杆，以点带面、精品引路，严格考核、动态达标，加大投入、筑牢基础，有效推进了安全生产标准化建设。实现了管理体系由"粗放型"转变为"精细型"；实现了现场管理由"静态达标"转变为"动态达标"；实现了安全生产由"人力型"转变为"科技型"；实现了培训理念由"要我学"转变为"我要学"；实现了考核机制由"被动约束"转变为"综合激励"。

注重精细化管理提升，以和谐文化建设为企业高质量发展夯实经营管理基础

建章立制，规范管理。建矿之时，金岭煤业就推行制度化管理，在发展中逐步完善健全，先后4次修订管理制度，2022年版管理制度分编为《管理制度汇编》《岗位职责汇编》两册，共62万字，主要包括安全生产管理制度、安全生产责任制、操作规程、工作流程等，逐步建立起按制度办事、靠制度管人、用制度规范管理的长效运行机制，实现了各项工作管理制度化、规范化、程序化，促进企业管理升级。

增强干部能力，强化队伍建设。金岭煤业采取"内培外训方法"，着力打造复合型人才和产业化职工队伍。一是对中、基层管理人员和专业技术人员开展民主评议活动，虚心听取员工的不同意见，做到自我素养提升。二是以职工、企业的利益为重，不断改进工作作风，克服长官意识，推行阳光管理。三是正确理解"领导"和"管理"的内涵，做到人下班、脑子不下班，要善于思考、勤于思考。四是推行干部竞聘上岗制度，唯才是用，唯德重用，实现了人岗最优匹配。

深化精细管理，提升经营水平。建矿以来，为促进管理上台阶，实行精细化管理，围绕年度经营管理的重点，每年开展一个经营管理主题活动，如2005年开展了安全质量标准化、内部管理市场化、矿风矿貌文明化、创建本质安全型矿井为主题的"三化一创建"活动；2010年开展了"抓质量、查隐患、提建议"活动；2019年开展了"明确岗位职责，注重工作方法，理顺工作程序，实现理想结果"活动；2021年开展了"抓清理，严整顿，促管理"活动；2022年开展了"抓制度，推智能，精管理"活动；2023年开展了"管理提升年"活动。以活动为载体，有效地促进了企业经营管理水平的提高。

实施效果

金岭煤业和谐文化与企业的发展相生相伴，金岭煤业的发展历程孕育了金岭煤业和谐文化，金岭煤业和谐文化又促进了金岭煤业的发展。这种先进文化力深深地熔铸在企业的生命力、凝聚力和创造力之中，成为引领员工朝着共同方向前进的引航标，"金岭人"的凝聚力、向心力、战斗力得到显著增强，企业知名度、美誉度和社会影响力得到大幅提升，生产经营屡创佳绩，累计上缴税收12.83亿元，支持社会公益事业捐赠2000多万元，走出了一条从无到有、从小到大、由弱到强的健康持续发展之路。金岭煤业先后获得河南省安全生产示范单位、河南省水土保持生态文明工程先进单位、河南省十佳科技型最具创新力企业、河南省园林式单位、河南省瓦斯防治工作先进集体、河南省资源综合利用企业、河南省双十佳煤矿、河南省一级"五优"矿井、中国煤炭工业AAA级信用企业、中国煤炭工业一级安全高效矿井、全国依法依规生产先进企业、国家一级安全高效矿井、国家二级清洁生产先进单位、首批国家级绿色矿山等80多项荣誉称号，一系列成绩得到社会的广泛认可，社会地位逐步攀升。这些成绩的取得是干部职工的智慧、心血和汗水浇灌而成，是一部创业发展、发展创业交织而成的文化篇章。

主要创造人：袁占欣　高同栓
参与创造人：李百涛　吴海年　王庆林　王灵珊

以党建引领人才培养，助推企业创新发展

贵州机电（集团）有限公司

企业简介

贵州机电（集团）有限公司（以下简称机电集团）是经贵阳市委市政府批准成立的国有法人独资公司。机电集团注册时间为1997年，注册资本为1.95亿元，工商注册地为贵阳市经济技术开发区开发大道818号。现有职工1226人，资产总额12.76亿元。机电集团形成了以数控精密磨床、高效节能电机、电力变压器、柴油发动机、精密轴承等产品为代表的产业体系，产品先后为南极科考站、长江三峡工程、国防军工、冶金、地铁、轻轨、电网改造等一系列国家重点工程和建设项目提供产品和服务，为钢铁、轴承、轻工、船舶、机电、汽车、基建等国民经济基础产业的发展做出重要的支撑，是贵州省装备制造业主力军。在20多年的发展历程中，机电集团成功甩掉沉重的历史包袱，在改革创新、实现跨越式发展的征程中，不断沉淀形成了底蕴深厚、与时俱进、不断创新、有效融合机电集团的以党建引领人才培养的人本文化，将机电集团推入了高质量创新发展的快车道。

实施背景

机电集团党委高度重视人才建设工作，以党建为引领，强化顶层设计，从"引得进人、留得住人、能将人培育成才、不拘一格用人才"的选人、育人、用人、留人系统高度着手，大力实施人才"引、育、用、留"四大工程，"聚天下英才而用之"，助推机电集团高质量创新发展。

主要做法

机电集团致力于以党建引领人才培养的人本文化建设，力图建设一支专业化团队助推企业实现高质量创新发展。随着企业的不断发展，企业文化也在不断的创新、发展，最终形成了在党建引领下以人才培养为核心的人本文化，涵盖了严管型、赶超型、育人型、过程型、革新型、感恩型等方面。

强化制度建设，高标准、严要求，形成以制度约束的严管型文化

正所谓"无规矩不成方圆"，近年来，机电集团不断强化制度建设，研究制订了规章制度管理办法，提倡以制度管人、以制度约束人，提倡全体员工以制度为工作开展的依据，做到有法可依、有章可循，做到工作按照流程、考核有章法，上级指导下级卓有成效地开展各项工作，克服人为因素、人情因素对工作的影响。通过制度的建立、宣贯并有效地落地实施，确保各项工作都按照制度

开展，保证了良好的工作秩序，形成了依制度办事、靠制度管理的良好氛围。截至目前，机电集团建立规章制度10类，包括党建管理类、经营决策类、经营管理类、财务管理类、人事管理类、安全环保类、综合行政类、风控合规类、内部审计管理类、纪检监察类等各项制度共计160余个。

营造"你追我赶"的争先氛围，打造比学赶超文化

机电集团近年来不断开展创优争先活动，培养、树立先进典型，营造比学赶超的良好学习氛围。注重树立员工的社会主义核心价值观，每年不定期更新宣传栏，近5年内，梳理"贵州省劳动模范""贵州省'五一'劳动奖章""党员先锋""工人先锋""巾帼先锋""优秀共产党员"等先进事迹材料80余人（次），最终获评达70余人（次）。例如，2022年12月，机电集团党委书记、董事长、总经理谭卫获"2021—2022年贵州省优秀企业家"荣誉称号；2021年7月，机电集团党委书记、董事长、总经理谭卫获贵阳市"全市优秀共产党员"荣誉称号，下属子公司贵阳险峰党委委员、工会副主席龙涛获贵阳市"优秀党务工作者"荣誉称号，贵阳险峰铸锻党支部获贵阳市"先进基层党组织"荣誉称号；2020年12月，机电集团党委书记、董事长、总经理谭卫获"贵州省劳动模范""2019—2020年贵州省优秀企业家"荣誉称号；2019年4月，机电集团党委书记、董事长、总经理谭卫获"贵州省'五一'劳动奖章"荣誉称号。

上下交叉锻炼学习，培养"传帮带教"的育人文化

为建设复合型人才队伍，有针对性地开展各级管理人员及重要岗位员工的多岗位交流培养，机电集团建立完善了内部员工交流锻炼、干部挂职锻炼机制、体制，在机电集团各部门、各子公司之间开展人员交流、锻炼，同时向上级主管部门输送人才进行挂职锻炼。目前，机电集团共向系统内同级单位输送主要负责人及重要岗位人员6人（次），总部向子公司主要负责人及重要岗位输送人才3人（次），各子公司之间输送人才10余人（次），子公司向总部输送人才2人（次），向上级主管部门输送人才6人（次）。通过多方式的交流、锻炼，相关人员均得到了全方位的锻炼、学习，提高了各岗位人员的履职能力，锻炼了各岗位人员"传帮带教"的能力。

将闭环管理贯穿始终，强化过程管理文化

机电集团一直以来将管理的本质定义为过程的管理，要求广大干部职工在开展生产经营过程中必须深刻领悟管理的本质是过程的管理，做好管理工作必须掌握管理工作的"三要素"（目标、路径及时限），只有掌握好了这3个要素，才能使管理工作形成闭环，达到管理工作的效果。目前，机电集团各部门、各子公司形成了长效的监督管理机制，对生产经营、基础管理工作等各环节开展"穿透式"的监督管理工作，强化过程管理，让所有的管理工作形成闭环。目前，机电集团系统形成了以纪检监督部门牵头、各职能部门协同的联合月度督查组，对各部门、各子公司的日常生产经营工作开展过程监督，防止执行过程偏差。

敢于打破常规，塑造"敢闯、敢拼、敢为人先"的革新文化

作为传统的老国有企业，机电集团敢于打破常规，敢闯、敢拼、敢为人先，领导班子率先垂范，积极团结带领机电集团广大干部职工攻坚克难，解决历史遗留问题，竭尽全力化解债务风险，探索谋划企业升级发展，不等不靠，主动作为，实现了国有资本保值增值，为机电集团各级子公司迎来了再发展的转机，为企业良性循环发展奠定了坚实的基础。以2019年、2020年、2021年分别作为机电集团改革创新、实现跨越式发展的转折年、起步年、关键年，以"一核心、两助推"发展战略规划为引领，引领广大干部职工凝心聚力、群策群力将机电集团做优、做精、

做强、做大。目前，机电集团深入推进国有企业改革，按照"国企改革三年行动"要求，完善公司治理结构，完成社会职能的剥离，清除低效无效、僵尸企业等，进一步聚焦主责主业、健全市场化经营机制，提高企业的核心竞争力。机电集团甩掉历史包袱，瞄准智能制造，借助数字化、网络化等信息技术实现产业升级改造，开展数字化工厂建设，积极探索可行性项目，力图培育下属子公司贵阳险峰等有实力、有前途的产业板块改制重组上市进入资本市场，助力机电集团高质量发展，贵阳险峰的上市推进工作正有序进行中。

勇担社会责任，尽显国企担当，缔造感恩文化

作为大型国有企业，机电集团在谋求自身经济发展的同时，勇担社会责任，时刻把履行社会责任融入企业日常运营管理的全过程。近3年，机电集团未发生重大群体性事件、重大环境污染事故或重大安全生产事故、产品质量事故等。机电集团通过积极开展线上线下主题宣传、公益及培训等活动，为企业缔造感恩文化。为支持扶贫帮困和乡村振兴工作，机电集团先后投入15万元帮扶贫困村谋发展；为援助关爱慰问退役军人和支持退役军人就业创业，机电集团先后组织捐款近12万余元。机电集团高度关注就业问题，按照"目标不变，任务不减"的要求，千方百计做好企业生产经营工作，确保不裁任何一员。不仅如此，机电集团根据企业自身发展需要，积极探索校企合作，每年组织人才引进工作，为贵州省"保就业"做出应有的贡献。

实施效果

机电集团以党建为统领、以人才为支撑、以创新为动力，以"十四五"发展战略规划为引领，形成的涵盖严管型、赶超型、育人型、过程型、革新型、感恩型等在内的多层次的且以人才培养为核心的人本文化，助推了机电集团改革创新、实现跨越式发展。

机电集团内抓管理、外拓市场，经营业绩逐年攀升，经营效益持续改善。2022年营业收入同比2021年、2020年、2019年分别增长42.22%、111.15%、331.42%；2022年实现利润总额同比2021年、2020年、2019年分别增长14.59%、130.69%、273.80%。

2020—2022年，连续3年均获"贵州省制造业企业100强"荣誉称号；2021年，获"2021年贵州省优秀企业"荣誉称号；2022年，公司创造的"实施一核心、两助推发展战略规划 助推企业高质量发展"成果获第22届贵州省企业管理现代化创新成果"一等奖"；2022年，获"企业信用评价AAA级企业""爱国拥军企业"等荣誉称号。下属子企业贵阳险峰先后被列入贵州省政府上市挂牌后备企业、国家级专精特新重点"小巨人"企业、贵州省第一批制造业单项冠军企业、贵州省高新技术企业等，目前正在推进上市工作；贵阳险峰物流有限公司获评为国家级3A物流企业，国家级4A物流企业的现场评审已通过。

在以党建引领人才培养的人本文化的熏陶下，机电集团将打造出一支专业化的队伍，带领全体干部职工凝心聚力、砥砺前进，助推企业成为装备制造业的主力军，为机电集团再创辉煌续写华彩篇章。

主要创造人：谭 卫
参与创造人：肖邦勇 李 俊 易亚祥 付恒勋

以"双精"企业文化打造企业高质量发展"最硬"软实力

中国水利水电第九工程局有限公司

企业简介

中国水利水电第九工程局有限公司（以下简称水电九局）成立于1958年，注册资本金10亿元，是国务院国资委直属央企中国电力建设集团（世界500强企业第100位）的重要成员企业。总部在贵州省贵阳市，职工近5000人，是中央驻黔唯一特级建筑企业。作为投资、建造、运营"三商合一"的大型建筑央企，水电九局集施工、设计、科研、投资于一体，具备两项（水利水电工程、建筑工程）施工总承包特级、3项（电力工程、矿山工程、市政工程）施工总承包壹级、4项行业工程设计甲级资质，以及对外承包工程资格和对外援助成套项目总承包资质，资质能力位居建筑行业领先水平。水电九局聚焦"能源电力、水资源与环境治理、绿色砂石矿山及建材、城市建设与基础设施"四大主业，业务分布在全国近30个省份和全球20多个国家，拥有全产业链集成、整体解决方案服务能力。水电九局先后获全国"守合同重信用"单位、全国优秀施工单位、全国党建和企业文化典范企业、全国诚信建设示范单位等荣誉。

实施背景

水电九局发展几经风雨、几度辉煌，是传统水电施工企业的写照，也是老牌国有企业发展的缩影。当前，建筑市场"马太效应"日益凸显，必须加快发展、做强做大。与此同时，水电九局着力推进改革转型与开放合作，从顶层设计、提升管理、文化凝聚上发力，品牌形象与市场认可度大幅提升，已进入上升通道。在这样的背景下，原企业文化与发展实践不相适宜，急需要一套先进的、完整的、符合企业改革升级的企业文化体系来支撑，为做强做大企业凝心聚力，也为同类型企业提供借鉴。

经过深入调研、积极实践和总结提炼，2018年，水电九局形成了主要由"精工善建，精彩九局"主旨文化、企业文化核心理念和"三识九上"新观念组成的企业文化核心体系。后经过不断完善，现已形成"核心体系"和"子文化"为一体的"双精"文化体系，在促进企业改革发展、凝聚员工智慧力量、统一员工思想行为、彰显企业品牌价值等方面都发挥了积极作用，成为企业的软实力品牌。

主要做法

"双精"文化体系与社会主义核心价值观相匹配，适应先进生产力发展要求，通过融入到改革发展、生产经营的方方面面，在高质量发展的过程中发挥着独特作用。

文化主旨融入"再创业，让九局强大"全过程。文化主旨倡导精工者进、善建者赢、创新者强，在技术上打造非凡品质、在经营上追求效益优先、在管理上显现精彩构思，全面贯彻高质量发展新理念，用新动能推动新发展，以新发展创造新辉煌。运用系统化思维推进工作，善于用"十个手指头弹琴"，具体来说就是融入到高质量发展的改革发展全过程中，嵌入到战略规划、体系升级、管理提升、市场拓展、项目履约等方面，潜移默化到干部员工观念转变、思想解放、行为规范、性格重塑等方面。

企业愿景催生战略升级。水电九局企业愿景为建一流企业、创一流品牌。水电九局发展要依托自身积累和经验，抢抓贵州追赶、国家发展和"一带一路"的战略机遇，走专业化、多元化、国际化路线，在效益、技术、人才、管理等方面达到行业领先水平，为社会提供一流产品和服务，创造行业一流品牌，引领行业健康发展。

水电九局党委以战略思维的高度审时度势，重点部署发布企业"十四五"发展规划，将"十三五"时期的"12345"战略升级为"十四五"时期的"16458"战略，以建设电建集团内发展速度快、经营质量优、品牌特色显著的专业型骨干企业为目标，聚焦"做优能源电力、做强水资源与环境、做强绿色环保节能智能砂石矿山及建材、做大城市建设与基础设施"四大主业，明确了未来发展的"路线图"，规划更加科学、措施更加明确。

企业使命推动深化改革。水电九局的使命为奉献精品，绿色发展；九局富强，员工安康。奉献精品工程，既是重合同、守信誉的体现，也是履行经济责任、政治责任、社会责任的体现，要努力成为集团乃至国内外专业技术领域的领军企业，构建绿色创新体系，建设富强企业，推进发展成果员工共享的发展格局。

经过实践，水电九局"四梁八柱"领域的基础性改革全面完成，不断向改革要动力、向改革要效益。研究出台《模拟集团化管控、二级单位模拟独立法人经营及领导体制改革框架方案》，两级总部机关改革向着"精简、高效"的目标进发，薪酬机制和晋升通道上向项目一线倾斜的导向作用越发明显，"三大管控体系"改革将大营销、大经营、支撑保障体系内部资源进行深度整合，二级经营单位管控模式和市场营销机构管理模式改革打破"大锅饭"思想。

企业精神孕育思想解放。水电九局的企业精神为自强不息，勇于超越。水电九局坚持与时俱进、开拓创新，以强烈的事业心、责任感继承和发扬优良传统，以刚毅坚韧的性格、永往直前的气魄敢为人先、超越自我，永无止境地向更高标准、更高目标迈进。

事业发展，关键在人。通过推出的系列举措，水电九局各个领域有了崭新的变化，但受限于传统的思维模式，部分干部职工还存在"身子进入了新时代、脑子还停留在过去时"的现象，这与现代企业的管理极不匹配。自强不息，勇于超越，就是要与时俱进。水电九局党委从解放思想转变观念入手，开展"再创业，让九局强大"的解放思想大讨论活动，推动观念转变，针对分包、财务、采购、履约、市场、国际业务、党的建设等重点领域进行梳理，形成12项高质量发展专题报告。

核心价值观促进人的全面发展。水电九局的核心价值观为责任、创新、诚信、共赢。核心价值观最关键的是在生产要素上体现，而在所有生产要素中，人是最活跃的因素，也是最根本的因素，通过影响人来实现影响所有生产要素。随着企业的转型升级、开放合作步入新阶段，企业急需建立一支高素质、高境界和高度专业化的人才队伍。水电九局党委将核心价值观运用到人才升级的方方面面，在班子配备上，依照"人岗相适"的原则，稳步推进二级单位行政班子和党委班子换届工作，实现干部流动，实行末尾淘汰制，逐步破解"只上不下"的难题。为破解干部队伍老化、人才断层问题，启动"培青计划"和"导师带徒"等"育苗工程"，出台极富吸引力的市场营销奖励机制，大胆引进和选用外来高端人才，合理压缩和控制两级总部机关人员，鼓励支持机关人员到"现场"和"市场"一线干事创业，干部人才队伍结构不断优化。

开拓意识打造"营销2.0"版本。开拓意识是水电九局在新时代承前启后、继往开来、争创一流的力量源泉和强大动力。在建筑业产能过剩、行业竞争加剧的大环境下，传统的营销模式对市场变化敏锐度严重滞后，难以满足新的市场需求，水电九局党委深入推进"大营销体系工程"，用发展眼光和发展思维大力推崇开拓意识，打造市场"营销2.0"版本。"营销2.0"版本聚焦刀刃向内，推出战略营销、高端营销、区域营销、全员营销和品牌营销为一体的"大营销"体系。创新推出独具特色的"蟥·狼"文化，在大营销体系内弘扬"蚂蟥""听不得水响"的市场意识和"绳锯木断、水滴石穿"的执着精神，弘扬"狼"的团队精神、创新精神和拼搏精神。"营销2.0"版本突出视野向外，水电九局党委引领市场开发体制机制升级，引领和鼓励二级单位积极开拓贵州省外市场，加大国际市场开发力度，建立薪酬待遇、职级晋升与市场开发业绩相匹配的激励机制。

效益意识深化"以收益为核心"的经营理念。效益意识是水电九局追求的关键目标和崇尚的职业态度，作为市场经济的一员，企业要实现长久发展，就必须坚守效益意识，一切工作都要围绕"收益"这个核心开展，一切工作成果最终都要体现在"收益"这个核心上。

水电九局提出"1234"管控要求，即：坚持"以收益为核心"这"1"理念，严把市场营销、项目签约的"进口关"和工程分包、对下结算支付的"出口关""2"个关口，狠抓三级管理费用的"3"项费用管控指标，突出"导向明确、研判到位、风险可控、收益可期"的"4"项管控要点。在"1234"管控要求的推动下，水电九局相继推出了工程分包与设备物资采购立项、招标、定标"三权分立"改革，全面推进新开工项目自营模式和项目管理策划，实施企业直接与新开工项目经理签订"保底"经营责任书考核机制，实行超利润分配激励机制等多项改革举措。

风险意识推进制度完善、流程再造。风险意识是水电九局必须始终保持的清醒态度和把握主动权的重要因素。解决改革转型中遇到的制度问题不能简单地"头疼医头，脚疼医脚"，而应该从大局出发，进行系统化改造，多做一些打基础、利长远的工作。水电九局从大局出发，突出底线思维，强化风险意识，深度聚焦"制度管人、流程管事"，推进制度化管理与流程化运作改造升级工程。

水电九局党委全面推进管理制度"废、改、立"工作，围绕决策、营销、分包、履约、"两金"压降、党的建设等重点领域，修订及出台重大管理制度200余项。针对企业信息化流程设计效率低下、标准化与管理脱节等突出问题，研究部署开展管理体系流程再造、信息系统更新优化工作，逐步废止了原有职能管理标准，建立财务、商务、市场等重点领域信息化模块，与管理制度有效衔接，编制操作简易、流程明晰的总部部门管理手册，形成范本并持续推进分级简政授权。

实施效果

推动发展战略落地。"双精"文化融合到企业发展的方方面面,实现了新签合同和营业收入连续3年稳定增长、不断创新高,保持稳中有进的良好发展态势。在效益意识和"以收益为核心"的经营理念不断深化中,提质增效成效显现,经营活动净现金流创历史新高,高质量发展态势初见成效。"建设管理先进、具有持续成长性、较强竞争力、品牌特色显著的质量效益型集团专业一流子企业"战略目标正在实现。

激发组织内生动力。"双精"文化深度融合到改革发展实践中,水电九局总部模拟集团化管控,三大管控体系在资源整合上成效明显。二级经营市场意识、创新意识显著增强。干部人才队伍内生动力逐步增强,核心价值观逐步推动人才的全面发展,进而推进生产经营管理工作向高质量发展。经过思想解放,广大干部职工特别是领导干部的精神面貌、务实作风和工作状态有了明显转变。

提升企业发展后劲。"双精"文化深度融合到"生命工程",企业市场布局、业务结构不断完善,两级自主营销意识、市场竞争意识、创新意识明显增强。营销质量不断提升,重点区域营销成果和品牌效应持续显现,中标项目质量、单标合同金额及优质大项目运作能力显著提升,国内基础设施业务增幅接近翻番,国别市场填补了多项市场空白。

提供文化融合方案。在实践中,水电九局深刻认识到,企业文化建设必须与生产经营管理工作高度融合,不是"各干各的",而是"你侬我侬",不是"独角戏",而是"大合奏",绝不能"就文化抓文化",要杜绝"两张皮"现象。该成果为国有企业构建企业文化与生产经营管理高度融合工作体系提供了方案,将企业文化内涵理念融入到生产经营工作遇到的难点、痛点、焦点问题上,从而解决实际问题,真正发挥文化软实力特有作用。

主要创造人:周正荣 肖进城
参与创造人:姚德文 张志远

"三好一快"质量文化助推企业高质量发展

无锡市华美电缆有限公司

企业简介

无锡市华美电缆有限公司（以下简称华美电缆）成立于1998年，位于宜兴市官林电缆城，是一家专业从事电线电缆研发、制造和服务的民营企业。华美电缆注册资金3.508亿元，拥有2个制造基地和3个分公司。在长期的企业发展过程中，华美电缆形成了自己特有的"三好一快"的朴素质量文化模式，推动企业高质量发展。企业生产制造110 kV及以下全系列电力电缆及各类特种电缆，范围涉及新能源、输配电、海工及船舶、建筑工程、矿用、工业制造、轨道交通、机场建设等领域，年生产能力超过100亿元，是中国电线电缆行业百强企业及线缆行业十大品牌之一，"华美电缆"品牌为国家知识产权局予以驰名商标扩大保护的注册商标。

实施背景

扎根本土，从实践中来。企业创立初期，对企业文化认识还比较粗浅，主要提倡走不怕苦不怕累的艰苦创业之路。2008年以后，华美电缆抓住国家产业发展的历史机遇，在传承艰苦创业和结合创新发展的文化基因基础上，在加快企业变革调整和国际化进程中，逐步意识到需要确立一套企业文化来指引企业的正确发展。

2003年前后，全国各地的大小电缆厂如雨后春笋般成立，面对国内外电缆行业的迅速发展和同行的崛起，以及激烈的竞争环境，华美电缆认识到创品牌的重要性，提出要"质量兴企，效益兴企"。这也直接要求必须要有一套成熟的文化体系引导员工，规范行为。

企业在发展壮大的过程中，为全体股东创造价值，对国家和社会的全面发展、自然环境和资源的保护，以及股东、员工、客户、消费者、供应商等利益相关方主动承担责任，实现公司与社会的可持续发展。要做到可持续发展，也必然要有一套文化体系来保障。

通过多年的积淀，华美电缆对自己的企业文化进行了拓展和深化，2010年，企业第一次引进国外全新进口设备和技术，提升和完善现有技术能力及装备能力。这种情况下，华美电缆在消化、吸收并引进国外的先进管理方法、管理文化的基础上，提炼出"做精品电缆、开百年老店"的远大使命，提出了"三好一快"的发展思路，即"品质好、服务好、口碑好和交货快"，进一步丰富了企业文化内涵。

主要做法

领导重视引导

在完成企业的第一个五年计划后，华美电缆经过市场调研和内部大数据分析，更加鲜明地提出"品质好，交货快"的发展定位，将"品质好，交货快"提升到了企业发展的战略高度。为实现这一战略，华美电缆成立了以高层领导为核心的精品工程领导小组，由董事长、总经理担任正、副组长，对质量负全责，分管领导对质量负直接责任，生产主管为企业内部产品质量的第一责任人，营造全员参与、层层推进的"交货快"的质量文化。

强化质量责任制

产品质量是企业的生命线。华美电缆确立了"以客户需求为中心，以生产管理为基础，持续改进质量体系，提高用户满意度"的质量方针，以国家标准和用户要求为导向，以工艺文件为基准，着重源头，狠抓质量过程控制，制订一系列质量管控文件及程序、规程。产品按照型号和规格不同分多个车间生产，每个车间都定岗，每个工人都定机台，生产的型号规格也定机台，大大减少了出错率，同时也明显提高了产品质量的稳定性；检验人员岗位固定，巡检、测试分工明确，质检、巡检和工艺员也固定分管各车间和各工序，提高了专检技能；借助于ISO9001认证及6S管理、精益生产等一系列管理方法，分工明确责任到人，从而提高员工质量改进和创新的主动性，促进质量提升，营造全员参与质量活动的氛围和动力。企业在实施定岗定责的同时，强化质量责任，把质量责任做为人人业绩考核的重要内容，使人人头脑里都有质量意识，让每一位员工在企业强化质量意识的大氛围中习惯起来，从而形成了企业的"大质量"意识，让质量意识深植于员工心中，确保电缆抽检100%合格，真正做到"品质好"。

推行"四个定位、两大管理"

华美电缆积极开展技术创新和管理创新的同时，推动经营理念的创新，采用"四个定位、两大管理"的发展战略，使企业走出困境，走上发展的快车道。

四个定位，即市场、产品、品牌和客户定位。市场：既要做国家电网等央企大单位的订单，又要做零星小订单，先区域内大发展，后扩展至全国范围。产品：以生产110 kV及以下电力电缆电气装备用电缆和特种电缆为主，不做光缆、通讯缆、数据缆，交货要快，入市要早。品牌：与大企业比，华美电缆交货快、价格低；与小企业比，华美品牌好、价格适中；不做最大的品牌，但行业综合排名要进前10名。客户：根据客户特性，将客户分为优质、良好、普通3类，根据这3种分类，在华美电缆内部管理中，根据企业的规范化管理要求，进行着不同的业务流程；同时，通过服务认证体系，规范售后服务程序和行为。

两大管理：人和资金。一是严格控制人数，坚决杜绝人浮于事的现象，严格执行岗位不养闲人的要求，做到事事有人做、人人有事做。二是保持并鼓励多设优质专卖店，带动更多的流动资金支撑企业的运营，同时将客户和营销经理进行分类管理，将风险控制在一定的范围内。

加强制度建设

企业管理，制度先行。华美电缆有完善的规章制度，其中，对企业行政人员实行评星制、对车间一线员工实行定级制的办法，给员工打通上升通道，提高大家的工作积极性。在各个岗位倡导"华美工匠"精神，助推企业进行高质量的发展。企业推行管理改革并实行打分制，通过6S

现场管理分、定额分、创新分、合理化建议分、质量考核分及岗位培训考试分等指标,量化考核,把初级技工、高级技工、高级技师和首席技师,以及最高荣誉的"华美工匠"的工资待遇进行分档,拉开差距,让员工看到自己努力的方向和工作上追求的目标。华美电缆完善企业使命、愿景、核心价值观、公司宗旨、企业精神、企业信仰、企业作风、经营理念、管理理念、员工意识等内容,加强对员工企业文化培训,积极营造宣传氛围,让围绕"三好一快"的企业文化不仅能看到、听到还要深入人心。

树立学习标杆

华美电缆在大力推行工匠精神的同时,也号召大家学习英雄人物和榜样人物,除了在企业内部每年评选优秀干部和十佳员工外,还鼓励员工参加无锡市的"青年工匠"等的竞选,对获得"五一"劳模、"五一"劳动奖章等荣誉称号的员工,在企业的公众号等媒体进行大力宣传,号召大家学习他们的优点和闪光点,从榜样身上汲取力量,不忘初心,履行职责,坚定员工为企业更高更快更好发展而共同努力的信心和决心。

关爱员工生活,履行社会责任

华美电缆设有"华美基金会",用于家庭困难员工的子女教育和重大疾病等,员工子女考取大学及在中学或小学被评为三好学生,华美电缆都将进行奖励;为让员工在企业全身心地工作,华美电缆还另外设立有"公婆奖",解决员工的后顾之忧,这个奖带来的是员工家庭和睦了、员工上班时的质量问题和安全问题变得更少了,虽然企业投入了部分资金,但实际上的隐形成本反而降低了,同时又大大提升了企业员工的凝聚力和忠诚度,进一步促进员工与企业同频共振,朝着"三好一快"方向一起努力。

实施效果

质量效益大幅提升,竞争实力进一步提高

"三好一快"质量文化被确立并实施后,华美电缆的产品质量指标提升显著,质量效益明显增长。据统计,近3年的营业收入年均增长率超过12%、利润总额年均增长率11%,位于无锡百强民营企业第36位。

市场营销优势突出,市场占有率大大提高

"华美电缆交货快"已经占据了客户的心智,同样的订单,同行交货需要20天,华美电缆只要7天。交货快已经成为华美电缆的核心竞争力。目前,华美电缆为国家电网等国内多家大型央企和重点工程提供优质产品和服务;响应"一带一路",产品大量远销国外70多个国家并获多个奖项。

品牌优势彰显,综合实力稳步提升

华美电缆入选中国机械500强第119位、中国能源(集团)500强第278位、线缆行业百强企业第26位、江苏制造业百强企业第96位、中国电线电缆行业十大品牌及十大诚信投标企业,获得2021年度宜兴市市长质量奖。此外,华美电缆通过了9项管理体系认证和5项国内外产品认证。

社会责任得到显著强化，企业影响力进一步增强

华美电缆全力成为"持续、健康、稳定发展、倍受尊敬"的负责任企业，不断塑造完美的企业形象，给员工留下关怀的形象，给客户留下诚信的形象，给投资者留下可信赖的形象，给竞争者留下敬佩的形象，给社会留下负责任的形象。

节能减排改善生态环境，生态效益立竿见影

华美电缆积极响应"双碳"目标，号召全体员工从自身做起，从小事做起，身体力行，为减排减污做出力所能及的事情，顺利通过了能源管理体系认证。

主要创造人：华　健

参与创造人：华洪彬　张林锐　王益国

以镜泊湖红色教育基地为依托，打造企业红色文化品牌

国网黑龙江省电力有限公司

企业简介

国网黑龙江省电力有限公司（以下简称黑龙江电力）是国家电网有限公司（以下简称国网公司）的全资子公司，是特大型国有骨干企业，承担着建设、运行维护黑龙江电网和全供电区安全可靠供电的任务。公司供电面积47万平方千米，占东北供电区域总面积的58.3%，服务各类客户1920万户，供电人口3185万。直接管理单位33个，其中地（市）级供电企业18个，合资公司4个，全口径用工5.1万人。黑龙江电网共有500千伏变电站19座、220千伏变电站152座。500千伏线路53回，总长7188.1千米；220千伏线路543回，总长16891.9千米。发电装机总容量4070万千瓦，系统最大负荷1721万千瓦。近年来，坚决贯彻落实国网公司党组和黑龙江省委省政府的决策部署，统筹发展和安全，统筹保供和转型，攻坚克难、开拓进取，为黑龙江经济社会发展做出积极贡献。

实施背景

黑龙江省红色资源丰富，牡丹江地区是东北抗联精神的发源地，也是我党在解放战争时期重要的大后方战略根据地。在这片红色热土上，始建于1937年日伪时期的镜泊湖发电厂尤为特殊，它既是日寇侵华、掠夺东北资源的重要见证，也是在我党领导下成功修复且第一座为人民政权发电的水电厂，为朱瑞领导的中国人民解放军第一支炮兵部队修复大炮提供了急需电能，为支援解放战争、抗美援朝战争胜利和社会主义建设立下不朽功勋。黑龙江电力充分利用镜泊湖发电厂这座老电厂宝贵的红色资源，因地制宜创建红色教育基地，高标准打造国网龙江特色的红色教育文化品牌，为国有企业传承红色基因、发挥党建独特优势提供了重要实践课堂，为推动企业高质量发展和服务地方经济建设发挥了重要作用。

国有企业是弘扬社会主义先进文化、建设文化强国的重要力量。黑龙江电力聚焦服务党和国家事业发展大局，坚持国网战略引领，强化文化驱动作用，立足自身红色资源，坚持以党内政治文化引领、以创建镜泊湖红色教育基地为依托，大力实施企业文化传播工程，弘扬电力红色文化，为企业"十四五"高质量发展铸魂赋能，为龙江经济社会发展注入红色动能。

国有企业党的建设工作会议以来，黑龙江电力在国网公司统一部署下，深入实施"旗帜领航•提质登高"行动计划，紧紧围绕"基层党建创新拓展年""能力作风建设"等任务，大力推

进新时代企业文化建设，镜泊湖红色教育基地成功创建、企业红色文化的培育壮大，为迎峰度夏等提供了强大精神动力和制胜法宝，成为企业重要的核心竞争力和宝贵的成长基因。

健全工作机制，强化创建推进保障

建立党委统一领导、党政工团齐抓共管、党委党建部组织协调、有关部门分工负责、干部职工共同参与的企业文化建设工作格局，将创建镜泊湖红色教育基地纳入党建工作重点任务，纳入"旗帜领航"党建工程重点内容，把创建工作与业务工作有机结合，推动教育基地创建与企业基层思想政治工作示范点创建、企业文化传播工程及生产经营工作同部署、同谋划、同开展、同落实，在规划设计、方案制订、启用运营、评估检查等方面加强统筹协调。

依托主题教育，强化创建工作合力

充分认识企业文化建设凝心铸魂、推动发展的重要作用，以开展庆祝建党100周年、庆祝建团100周年、喜迎党的二十大等主题活动和党史学习教育为契机，加快完善镜泊湖红色教育基地展览、教育、体验功能，与黑龙江电力管培中心对接，积极承办黑龙江电力系统党组织书记培训班，与地方政府、企事业单位、院校加强合作，承接地方团体主题党日、参观学习等活动，实行班主任负责制+培训"点餐"制，以实地参观、专题培训、致敬先烈等形式，打造地方和公司系统开展党史学习教育的生动课堂、学习阵地。举办党史赛讲、"学习强国"竞赛、主题团日等系列活动，巩固深化党史学习教育成果。

聚焦主责主业，强化创建任务落实

以保障电网安全、繁荣地方经济为目标，聚焦国网公司和地方政府发展战略，从强化政治引领、思想引领、组织引领、价值引领4个方面推动创建红色基地与企业文化建设有机统一，将文化优势转化为企业创新优势、竞争优势和发展优势。充分发挥各级党组织优势，依托"党建+"工程，强化党员示范岗、党员责任区等实践载体建设，在防洪度汛、迎峰度冬、工程建设等重大任务中发挥示范作用。加强黑龙江电网青年志愿服务队建设，打造履行责任、服务社会、引领风尚的企业文化名片。

主要做法

黑龙江电力深入挖掘镜泊湖发电厂自身红色资源，从"工业性""教育性""体验性"三大特性出发，通过活化历史、优化布局、深化合作，创建启用镜泊湖红色教育基地，打造弘扬红色精神、传播红色文化的特色品牌，发挥央企"传承红色基因、服务地方经济"的积极作用，提升国网品牌在社会公众中的知名度和影响力。

活化历史，挖掘红色资源

探寻红色历史：举办红色回忆座谈会，邀请1946年参加镜泊湖发电厂修复工作的钱玉君、关志福等老工人前辈，回顾电厂修复发电、支援解放战争和抗美援朝的红色历史，向他们印证水电光辉历史和革命传统。搜集红色史料：开展以老奖章、老证书、老工具、老设备为主的老物件征集活动，征集老物件800多件；查阅复印抗战时期修建镜泊湖发电厂的重要档案资料2000余份；赴京采访以镜泊湖发电厂修复为原型创作小说《原动力》的女作家草明的后人、领导修复镜泊湖发电厂的何纯渤的后人，搜集到1948年出版的《原动力》及英文版《原动力》等珍贵实物和重要史料。提炼红色故事：整理镜泊湖发电厂红色历史，收入牡丹江市委宣传部编印的《红色牡丹江》，牡丹江水电总厂党委负责人参加《红色牡丹江》教育读本首发式座谈会并发言，为牡丹江创建红色文化之城贡献央企力量。探寻"原动力"精神内涵，提炼概括为"坚守本色、无私无畏、勇担使命、逐梦光明"的十六字精神。

优化布局，创建红色基地。优化基地设计

成立领导小组和办公室，制订"金牌企业·绿色能源·红色基地"实施方案，明确"红色基因立魂、绿色能源立本、金牌企业立标"的创建理念。赴佳木斯热电厂、大庆铁人纪念馆等学习借鉴布局布展经验，对外聘请专业设计团队总体设计，对内组建青创团队参与设计，邀请牡丹江市博物馆专家现场指导。以原动力为主题，利用镜泊湖发电厂拆旧换新改造契机，打造兼具红色经典传承、爱国主义色彩、清洁能源构想的教育基地。优化红色内涵，明确以原动力为主题的创建思路，规划为A区教育功能区和B区服务功能区，总占地面积140多万平方米。其中，A区教育功能包括原动力主题展示馆、党史学习馆、科普体验馆、原动力广场、提戈公园5个主要部分，另有书法碑林、发电纪念碑、工人雕像纪念碑等景观。不断完善布局，突出红色元素，运用科技投影和立体影音技术，增建"沉浸式"党史学习馆，筹建廉政教育基地。以整体环境升级、经营业态整合、闲置资产盘活为抓手，增加教育基地红色景观带，打造红色文化、纪念遗址、宜业宜游于一体的教育基地，全方位展示镜泊湖发电厂红色历史内涵。优化遗存保护：积极申报实施"百年电力"文化工业遗产保护工程，明确工作思路和具体措施，开展遗产项目保护工作。将文化遗产保护与实施"旗帜领航·提质登高"行动计划结合起来，作为"红色基因、电力传承"的具体举措，挖掘整理遗产历史价值、文化价值、科技价值、社会价值，充实国网精神文化家园。

深化合作，发挥红色功能。拓展教育培训体验模式

在展示馆、党史学习馆等主体布局基础上，配套建设培训中心、电教室等培训场所和服务设施，依托数字多媒体技术，打造视、听、触于一体的体验模式，更好满足社会不同群体多层次、多样化参观体验需求。作为落实国网公司建设具有中国特色国际领先的能源互联网企业创新实践，搭建党员干部教育培训新阵地。探索教育培训合作模式：本着"资源共享、优势互补、互利共赢、共同发展"的原则，积极与当地政府机关、学校院校、企事业单位建立共建共享机制，以参观、研学等形式为单位、团体、院校提供培训场所和实践阵地。与牡丹江市委党校建立培训合作关系，围绕中国共产党红色精神谱系和龙江"四大精神"，建立"原动力特色课程"三大类、17门课程体系，把课堂教学与现场教学、情景教学、体验教学、实践教学相结合，开发设计"研学一日行""研学两日行""研学三日行""研学五日行"精品课程，发挥红色资源熏陶、铸魂、教育、引领作用。创新工旅融合模式：加强与地方政府合作，积极融入地方旅游发展格局，探索"红色文化+工业旅游"新模式，依托镜泊湖自然生态环境，实施绿化、美化、亮化工程，开发生态果园、菜园、花海景观，与镜泊湖区域内的吊水楼瀑布、地下森林、大峡谷等景区连点成线，打造红色文化深厚、绿色生态良好的教育基地名片，拓展镜泊湖文旅产业与红色传承融合的新路径。

实施效果

一是提升了企业品牌形象和社会影响力。以教育基地启用为契机，加强企业对外宣传，中央、省、市各级媒体采访报道教育基地启用仪式，原创排演献礼建党百年红色教育舞台剧《原动力》，通过新华社现场云平台直播和各级媒体报道，受到社会广泛关注，反响热烈，树立了良好品牌形象。承办第三届新时代中俄全面战略协作高层论坛，接待政府机关、院校团体、黑龙江电力系统参观、培训、主题党日等活动，为地方和公司系统开展党史学习教育和爱国主义教育提供了重要场所，获得党史学习教育中央第二指导组充分肯定。镜泊湖红色教育基地入选"百年峥嵘，初心见证"中央企业100个红色资源之一，先后被命名为"牡丹江市爱国主义教育基地""牡丹江产业工人思想教育基地""牡丹江党史教育基地""黑龙江中小学研学旅行基地""黑龙江省爱国主义教育基地"等。镜泊湖发电厂被纳入"百年电力"首批文化遗产名录。

二是提高了企业经济效益和社会效益。以教育基地创建为平台，加强政企合作，拓展了企业对外发展渠道。盘活了镜泊湖电力疗养院闲置资产，为周边村镇提供了就业渠道和岗位。加强校企合作，与牡丹江师范学院、牡丹江医学院等地方院校建立合作关系，提供参观实训基地，发挥了铸魂育人功能。累计接待团队400多批次1万多人次。发挥红色文化教育优势，2022年荣获"黑龙江省基层思想政治工作示范点"。红色文化为企业创新发展赋能，荣获国网公司"对标世界一流管理提升示范基地"。企业呈现高质量发展良好态势：2022年，售电量865.1亿千瓦时，同比增长4.5%；资产总额683.23亿元。

三是促进了地方红色文化旅游产业发展。以教育基地资源为优势，主动对接地方政府发展规划，与镜泊湖旅游管理局加强合作，积极融入"一江看两湖"旅游发展布局，与镜泊湖区域内的吊水楼瀑布、地下森林、大峡谷等景区连点成线，探索文旅融合的红色旅游、生态旅游的新形式、新路径，为地方经济发展注入新动能。在牡丹江市承办黑龙江省第四届旅游产业发展大会中发挥积极作用，统筹调度镜泊湖水库水位，在保障电网安全调峰的前提下满足瀑布景观用水需要，确保水上开幕式表演顺利举行，全方位提供开幕式接待服务，接待嘉宾和工作人员300多人。

主要创造人：许志宁　杜伟华
参与创造人：江明智　贾永超　孙　齐　张　瑞

大型轮胎企业以核心竞争力提升为目标的创新聚合管理

贵州轮胎股份有限公司

企业简介

贵州轮胎股份有限公司（以下简称贵州轮胎）前身为贵州轮胎厂，始建于1958年，1996年改制为上市公司。目前，贵州轮胎总股本为7.75亿股，其中国有股占比为25.33%，是贵阳市规模最大的生产制造型企业，也是贵阳市唯一一家上市的生产制造性企业，已被列入贵阳市首批"百亿元企业"名单。现有贵阳扎佐基地和越南前江基地两个生产基地。贵州轮胎主要生产并销售卡（客）车轮胎、工程轮胎、农业轮胎、工业轮胎、矿用轮胎、实心轮胎和特种轮胎，规格品种有3000多个，其中特品轮胎配套量占比已占特品市场70%以上的市场份额，是国内特品轮胎规格最全的生产研发企业。

实施背景

实现轮胎制造强国的战略需要

贵州轮胎秉承"一个做精、两个补齐"的市场战略布局，大力推进产品升级换代，通过调结构、转方式、增品种、提品质、创品牌，持续与行业优秀企业及国际一流企业对标，坚持把创新作为企业发展的核心推动力，以智能技术、"互联网+"技术、节能环保技术等为创新方向，更加关注品质、注重细节，助推贵州轮胎转型升级，为实现轮胎制造强国注入基因内涵。

追求可持续高质量发展的经营需要

一直以来，贵州轮胎的内部创新意识相对薄弱。一是创新管理方面往往谈得多、做得少，让创新变成实事求是的企业常态化行为并同时具备管理制度化、程序化、合理化一直是一个悬而未决的问题。二是职工对日趋激烈的竞争认识不足，满足于原有经营环境下的业绩，缺乏持续创新的动力和压力。三是缺乏明确的创新思路和规划，不能为全员提供清晰的创新方向，创新激励机制不健全，创新工作和创新资源难以整体协调。四是缺乏创新工作效果评价机制，没有形成创新的闭环管理。五是缺乏创新培训，职工没有掌握创新方法，创新潜能没有得到发挥。六是创新活动比较单一，职工参与的积极性相对较低。

建设创新型企业的客观需要

贵州轮胎作为轮胎行业发展历史较长的企业，在创新工作范围上局限于技术部门，在手段上也没有完整配套的激励措施，在管理流程、管理机制上还存在较多不适应的问题，在创新活动中还存在"创新与我无关"的认识误区。

主要做法

大型轮胎企业以核心竞争力提升为目标的创新聚合管理的内涵是：在贵州轮胎"绿色化、国际化、智能化"发展战略的统领下，以变革质量、成本、服务三大核心竞争力为核心，通过树立全员创新理念，培育创新基因，构建创新型企业文化，加强创新组织领导，制订企业创新活动规划，再造创新体系管理流程，加强员工业务技术素质和管理理论培训，创新实践活动和创新成果，确保全体员工长期参与企业经营活动有创造热情、创新激情，精益求精、持续改进，进而推动企业在转型升级发展过程中实现高质量、健康、可持续发展的良性循环创新管理机制。

顶层设计创新机制，树理念、培基因，加强组织领导

加大宣传引导，培育创新文化理念。一是树立系统的创新理念。要求各级管理者在创新活动中树立系统观念，从创新的整体性出发去处理活动中的各项事务，把全公司各类创新活动看成一个有机联系的整体系统。二是树立持续、全员的创新理念。让创新在企业内部全员持续推进成为一种常态行为，成为一种基因文化，鼓励员工持之以恒、积极参与创新实践。三是树立按照科学规律进行创新的观念。掌握创新的方法和思维方式，顺应创新活动科学规律，提高创新效率和创新创造性。四是聚焦重点，聚合发力。以聚焦提升产品市场竞争力、聚焦"双碳"可持续发展、聚焦创新人才培养与成长为着力点，强化自主创新，突破关键核心技术，纵深推进贵州轮胎国际化、智能化、绿色化新发展格局。为使创新基因在员工中入脑入心，贵州轮胎充分利用企业内刊《前进报》《贵轮宣传》和OA协同办公系统、宣传栏等多种载体宣传创新理论和创新文化，将创新理念通过绩效设计融入到战略规划、日常工作和各项规章制度中，将创新意识和改进能力作为干部队伍选拔的重要依据，为创新工作有效开展奠定坚实的思想基础。

加强创新文化活动的组织领导。公司成立了创新管理委员会，由公司党委书记、董事长任主任，公司其他领导班子成员任副主任，负责对创新管理的关键环节和重大资源进行指导和决策，负责创新成果的评审、实施决策和协调及成果经济效益的评估鉴定、创新总结与奖励。在领导小组下，各有关部门单位各负其责，在各自领域开展创新管理活动。

创新活动的部门职责和管理制度。一是加强创新工作的主动性引导，按各部门工作性质，明确各部门创新工作的重点。职能部室着重机制创新，生产单元及班组着重合理化建议和技术创新，服务部门着重提高服务能力、提升服务水平，党建工作部门着重企业文化建设和开展增强凝聚力、服务大局的党建工作创新，从而使创新工作由过去的分散性向系统性转变，创新活动覆盖了企业的方方面面。二是加强创新活动的制度建设，制订、修订《贵州轮胎股份有限公司关于优化公司创新管理流程的通知》《贵州轮胎股份有限公司QC小组活动管理办法》《贵州轮胎股份有限公司技术奖励办法》《贵州轮胎股份有限公司党建＋合理化建议App运行通知》等，把企业管理创新活动纳入日常管理，进一步加强创新工作的管理力度，使之成为企业持续进行的日常重点工作。

明确创新文化体系构建原则，制订企业创新文化发展规划

确定创新体系构建的原则。创新活动坚持以下原则：一是坚持系统性原则，不孤立评价单项的创新活动，把每个提案、建议、实施方案、实施效果放到企业投入产出的价值链中衡量取舍，目的是综合有效解决公司生产经营中的全局性、关键性、制约性问题。二是坚持实干实效的原则，创新必须紧紧围绕公司生产经营的关键实际问题，讲求实用，注重实效，真正成为企业发展的助推器。三是坚持基层基础和全员参与的原则，要求从大量的、可操作的基层工作和基层岗位做起，夯实企业创新活动的基础。四是坚持精神奖励和物质奖励相结合的原则，制订奖励制度标准，大力宣传表彰创新实践的先进人物和事迹，全面激发员工创新热情、创造热情，养成精益求精、创新不止、持续改进、尽职尽责、争先创优的创新文化氛围。

制订引领企业和员工发展的创新规划。以创建善于学习、勤于思考的创新型企业为最终实现目标，设计创新思路，明确现阶段创新发展方向和重点，形成系统的创新规划；整合现有创新资源，设计、更新创新要素及管理流程，建立和完善创新管理体系，建立创新长效机制，建立相应的保障和激励机制，推动贵州轮胎创新工作规范、有序、健康发展；大力推进新理念、新技术、新工艺和新设备的推广和应用，从创新平台的搭建、创新机制的设计、创新目标的确定、保障机制的建立等方面明确规划，促进企业现有资源得到有效整合和优化，提升创新管理能力。

再造三大流程，促进创新文化活动有序开展

构建合理化建议管理流程，促进全员合理化建议活动有序开展。贵州轮胎推出了党建＋合理化建议 App 管理平台，吸引全员参与合理化建议活动。

构建技术创新管理流程，促进企业可持续发展。为使技术创新工作落地，认真分析了企业的特点，重新梳理技术改进、技术革新流程，创建了创新知识库，充分发挥知识资源的利用效率，方便员工学习、消化、吸收，提高知识资源的反复利用效率，有效促进企业的可持续发展。

构建企业管理创新活动的管理流程，提升企业现代化管理水平。贵州轮胎构建了企业管理创新成果审定领导小组，党委书记、董事长任组长，各有关专业管理部门负责人为评委，每年定期对各部门上报的管理创新成果进行评定，对优秀管理创新成果进行表彰奖励并推荐申报行业级、省级和国家级企业管理现代化创新成果奖。各部门根据公司经营实际和部门工作短板，提出创新改进方案并组织实施，促进企业管理水平不断提升。

成立多层级创新成果评估小组，定期表彰效益型创新成果

为引导广大员工进行科学有效创新、提高创新成果的转化率，贵州轮胎结合实际建立了一套行之有效的多层级创新成果评价体系。一是成立部门内部评价小组，由部门"一把手"、技术人员组成，负责对内部员工提出的合理化建议的合理性、QC 小组活动课题的代表性、创新成果的创新性，以及技术创新领域或成果的前瞻性、先进性等进行初步评价。二是成立公司专业评价小组，由专业管理部门"一把手"、专业技术人员组成，负责对各部门上报的合理化建议、QC 成果、管理创新和技术创新成果按照评价办法进行再次评价。三是成立创新领导小组评价，由公司领导、各专业部门领导、各专业领先人才组成，负责对重大合理化建议、前瞻性管理理论及突破性技术创新成果进行终审评定，确定奖励等级及成果转化推广。四是建立物质奖励和精神奖励相结合的激励机制。贵州轮胎每年都会召开表彰总结大会，对优秀 QC 成果、技术和管理创新成果按照获奖等级进行专项奖励。此外，对获得较高经济效益的创新创造成果按照"个人拿小头、公司拿大头"的原则按比例进行重磅奖励，以鼓励全员积极参与创新，每年创新奖励资金高达 300 万元。

开展业务技能培训，营造创新文化氛围

开展创新培训，提升员工创新技能水平。现代管理创新方法有很多种，其中被人们普遍认

同和推广应用的创新方法和技巧却不多。为此，公司企业管理部、人力资源部每年通过各种形式组织各级员工进行各种类型的培训。通过培训，员工对创新活动规律和原理有了较深入和系统的了解，为更好地创新提供了坚实的理论和方法基础，对推进贵州轮胎创新工作起到了积极有效的作用。

以多种形式营造尊重创新、鼓励创造的创新文化氛围。激励企业的创新活力和提高自主创新能力是一项复杂的系统化工程，需要全体员工的大力协同和积极参与。近些年，贵州轮胎每年都会定期举行QC小组活动、创新成果交流发布会，为大家提供更多的、展示自我价值的创新平台，逐渐让自发、自觉、自主的创新基因在企业内部落地生根、开花结果。

实施效果

2021年，贵州轮胎各部门共申报管理创新类、工艺进步类、设备类创新项目397项；2022年，共申报各类创新项目619项，创新成果效益凸显。经济效益持续改善，2022年实现营业收入84.39亿元，同比增长15%；实现利润总额4.2亿元，同比增长15.97%。

贵州轮胎积极参与行业协会、贵阳市、贵州省和国家的各项创新评比活动，取得了较好成绩的同时也学习到很多先进的管理方法和管理理念。近年申报的《大型轮胎企业以新型经营体为中心的利润目标管理》分别荣获贵州省一等创新成果奖和国家二等创新成果奖。

企业创新力度增强，创新带动企业各项工作超前布置，资源配置效率显著提高。贵州轮胎多次被评为"贵州省企业100强""贵州省优秀诚信企业""贵州省企业全民素质100强""中国石油和化工行业质量管理优秀企业"等荣誉称号。

主要创造人：黄舸舸　王　鹍

参与创造人：王卫忠　张国翔　赵正红　蔡庸猛　衡　侃　何　红　陈清美

建设"一路争先"文化，助力企业高质量发展

中铁一局集团有限公司

企业简介

中铁一局集团有限公司（以下简称中铁一局）于1950年成立于甘肃天水，拥有铁路、公路、市政、建筑等7项工程施工总承包特级资质，是城市轨道交通、隧道与地下空间、城市更新、城市运营管理服务商；承接并拓展水利水电、生态环保、数字智能、绿色低碳、矿产资源、新能源基础设施、机场航道等业务，正在向"投资商＋承包商＋运营商"的投建营一体化迈进。参建干、支线铁路150多条，铁路运营线路铺轨4.6万余千米，约占国内铁路铺轨总量的五分之一；修建公路9000余千米、房屋建筑4400余万平方米。共获得国家级科技奖19项、省部级科技奖428项，获"鲁班奖"27项、"詹天佑奖"27项、国家优质工程奖103项（其中金质奖11项），获中华人民共和国成立70周年"功勋企业"等上百项国家级荣誉。共有25人获"全国劳动模范"、545人获"省部级劳动模范"称号，产生了党的十八大、党的十九大一线工人代表窦铁成、白芝勇。

弘扬传统，建设"一路争先"文化的实施背景

中铁一局在70多年的征程中创造了几十项世界第一和国内第一，奠定了中铁一局培育、提炼、完善"一路争先"文化的优良传统和深厚基础。"中铁一局人"不仅用智慧的大脑和勤劳的双手构建了不胜枚举的建筑工程，更培育了光荣的传统、积淀了厚重的文化，铸就了具有鲜明时代特征、行业特色、企业印记的中铁一局"一路争先"文化。

中铁一局"一路争先"文化建设围绕建设国内领先、行业一流企业，不断创新，深入发展，成为广大员工的精神家园，是对"中铁一局人"在施工领域争第一、创一流和建不朽工程、创核心技术，以及干就干最好、争就争第一的最好诠释。

融入实践，建设"一路争先"文化的重要意义

实现企业高质量发展的精神支柱

建设"一路争先"文化，就是着力建设符合企业特点、具有时代特色、富有竞争力和创新活力的企业文化，对内凝心聚力、构筑企业精神、创造企业价值、为职工提供精神指引，对外树立企业形象、强化企业品牌、彰显企业力量，能够为企业高质量发展提供精神支持和政治保障。作

为企业管理的重要组成部分，可以有效反映出企业的价值观和职工的行为习惯，对企业发展具有强大的导向、规范、凝聚和激励作用，有利于塑造企业的良好形象，扩大影响力，增强吸引力，使职工凝聚在企业周围并产生强烈的归属感，为实现个人价值而努力奋斗。

增强企业核心竞争力的文化优势

建设"一路争先"文化，加强文化融入企业管理，是企业应对内外部环境变化，保增长、保稳定，提升市场竞争力和抗风险能力的重要抓手；是提升发展质量、走高质量发展之路的重要举措，在企业生产经营中决定着企业的生产和发展，是中铁一局不可模仿的独特优势。积极践行"一路争先"文化体系，有利于提升员工的思想意识，使职工的人生价值观和个人行为受到感染，自觉将个人奋斗目标更加深入地融入到企业的发展中，激发创新精神，塑造企业整体形象，从而增强文化软实力与核心竞争力，促进企业与职工的共同进步和发展。

建设高素质员工队伍的必然要求

"一路争先"文化是70多年来"中铁一局人"在投身国家铁路等基础设施建设、筑路报国的特定工作环境中长期积累形成的精神成果，融合了时代的精神和优良的传统，使企业发展焕发生机与活力。以文化铸魂、塑形、育人，让企业核心价值观和企业精神成为每一个员工的自觉行动，使员工自觉把个人职业规划和实现个人价值融入到企业发展、企业愿景中来，成为凝聚干部职工共识和信仰的思想引领，建设一支高素质员工队伍，为企业高质量发展奉献建功。

文化引领，导航赋能，助力企业高质量发展

不忘初心，企业精神薪火相传

70多年炼就了"中铁一局人"胸怀祖国、心系人民、向上向善、勤劳勇敢、自强不息、坚韧不拔、百折不挠、低调朴实等鲜明的性格气质，成为"中铁一局人"最宝贵的精神财富。"中铁一局人"从中汲取丰富的精神营养，获取巨大的精神动力，不断提升企业的软实力，从兰新精神、西延精神、青藏铁路铺架精神、新愚公穿山精神、窦铁成五种精神到抗震抢险七种精神无一不印刻着"中铁一局人"的激情和状态，展现着整个企业的生机与活力。就是因为这样的精神传承，在全面建设中铁一局核心价值体系的过程中，营造团结、和谐、向上的良好氛围，培育和激发广大基层员工锐意进取、攻坚克难、顽强拼搏的精神，激发基层员工的创造力和战斗力，使企业综合实力和发展品质得以不断提升。

砥砺奋进，文化规范提升形象

"一路争先"文化由自然形成向积极构建转变，由表层建设向内涵建设渗透，由形象建设向理念建设深化，随着时代前进的步伐和社会环境的变化不断地吐故纳新、扬长避短。"一路争先"文化，以诚信文化、责任文化、安全文化、创新文化、廉洁文化、和谐文化为主要支撑点，以项目文化建设示范点活动为载体，围绕项目工期、安全、质量、环保、效益、管理、创新等目标，重在项目落地生根，推动工程项目管理水平不断提升，为实现企业高质量发展提供了文化支撑和精神动力。"十四五"期间，印发"十四五"企业文化建设规划，发布"一路争先"新版企业文化理念体系，文化建设的"四梁八柱"得到夯实，文化建设形神兼备。国道109项目"四不"项目文化理念在中国中铁系统内大力推广。

围绕建设国内领先、行业一流企业，从载体、手段着手，大力宣贯"一路争先"文化，解决文化落地及文化入心、入脑的问题，满足广大员工的精神文化需求，为企业发展注入源源不断的内生动力。注重发挥企业文化建设引领机制作用，把"一路争先"文化建设纳入企业发展战略规划，紧贴生产经营目标任务，推进企业管理模式由制度管理向文化管理逐步转变，企业发展动力向文化引领、创新驱动转变。发布了企业 VI 手册，规范了企业标识和形象展示。着力加强项目文化建设，充分发挥了企业文化凝聚广大员工和促进生产创造的积极作用。

典型引路，员工精神昂扬奋进

在中铁一局的历史上，各类英模人物层出不穷，共涌现出 25 位全国劳模、545 位省部级劳模。2007 年以来，通过优化企业典型选树培养和表彰机制，选树宣传了一批以专家型技术工人、全国劳模窦铁成和工匠技师、全国劳模白芝勇与全国"五一"劳动奖章、全国劳模获得者梁西军等为杰出代表的先进典型。2022 年，《人民日报》围绕共产党人的精神谱系刊发了专题《劳模精神，光耀神州》，新华社专题《爱岗敬业，争创一流》聚焦中铁一局重大典型窦铁成、白芝勇事迹报道。白芝勇参加中宣部举行的"央企楷模，责任担当"中外记者见面会，中央主流媒体进行了重点报道。特别是 2022 年全国"最美退役军人"发布仪式中，央视《新闻联播》等对中铁一局郝铎先进事迹进行了宣传报道。

"一个铁成站起来，千万个铁成跟上来"，学先进、赶先进、争当先进在中铁一局蔚然成风。中铁一局每年都从生产一线推选几十名先进典型在全局进行宣传，从中进一步挖掘具有代表性和时代特征的优秀员工，为他们搭建更高层次、更广阔的发展平台。一批批生产一线先进典型的事迹被广泛宣传，各大主流媒体纷纷报道他们的先进事迹，在社会上引起很大反响，在企业内部营造了昂扬向上、奋发进取的文化氛围。

持续创新，文化活动提质增效

针对企业转型升级、提质增效的核心要求，坚定文化自信、推进文化创新，通过制订文化建设规划指导年度文化工作持续、有序、稳步进行，重点推动基层文化建设向纵深发展，加深了职工对企业文化的认同感，使企业的文化理念根植于每位职工心中，融入职工血脉。不断探索新途径和新方法，坚持把工程项目作为企业文化建设的主阵地、落脚点，按照"上下同步、内外兼修、点面结合"的要求，深入扎实地开展项目文化建设达标活动，在建项目文化建设达标率已经达到 80% 以上。

在重点工程项目开展"铁成式班组""幸福家园"和道德讲堂建设、安全标准化工地及文明工地建设、企地共建等活动，建立了有中铁一局特色的班组文化，展现了"中铁一局人"的文化底蕴、文化品位和文化追求。通过报纸、网站、宣传栏、文化墙等宣传阵地，深入基层宣贯企业文化理念体系，使企业文化体系为广大干部职工所熟知。

主动担当，社会责任提升美誉

中铁一局始终以高度的政治责任感，全面履行中央企业的社会责任。在 1976 年的唐山大地震中救灾重建，在 1981 年宝成铁路抗洪抢险中突击冲锋，在 1996 年南疆铁路抗洪抢险中拼搏奋战，在汶川地震抗震抢险中圆满完成了宝成铁路 109 隧道抢险等 10 多项急难险重任务。2022 年，积极参与抢险救援工作。积极参与四川泸定地震抢险救援。特别是磨西古镇道路抢修救援、二号安置点建设，多次被央视《新闻联播》等媒体深入报道。曾荣获"全国抗震救灾英雄集体""中央企业抗震救灾先进集体"等荣誉称号。

2021年，中铁一局被党中央、国务院授予"全国脱贫攻坚先进集体"称号。2022年，中铁一局又被授予第十六届中国品牌助力乡村振兴优秀案例。

"一路争先"文化建设的成效

一是抓住了精髓，文化建设蓄力赋能。把"一路争先"文化融入企业科学发展的全过程。积极探索实践，不断改进创新，有效促进了企业的政治优势、文化优势转化为企业的科学决策能力、可持续发展能力、高质量发展能力，为企业生产经营、改革发展注入了强大精神动力和文化支撑。2022年，中铁一局新签合同额2560亿元，营业额1322亿元，企业各项生产经营指标再创新高。

二是抓住了根本，文化建设凝心聚力。就是以人为本，通过把"一路争先"文化的深刻内涵具体化、形象化、实践化，从而扎根于中铁一局广大干部职工的内心深处，表现为干部职工发自内心地由衷认可和普遍接受，深刻有力、实实在在地影响"中铁一局人"的生产经营实践。在内容上贴近生活、打动人心、融入血脉，在形式上喜闻乐见，夯实"一路争先"文化的亲和力和心理认同基础，内化为职工的习惯、思维方式、工作实践等，转化为职工的自觉行动。16个子（分）公司、39个四级单位、332个工程项目完成"一路争先"文化理念体系宣贯展示，从理念系统、视觉系统、行为系统等三大方面深入践行。

三是抓住了灵魂，文化建设助力发展。创造了中铁一局先进的企业文化，形成了独具特色的中铁一局"一路争先"文化体系。"诚信创新、永争一流"的企业精神和"追求卓越是我们的人生品格"的核心价值观是中铁一局企业文化的标志，体现了社会主义核心价值观宣贯在国有大型建筑企业的成功实践。中铁一局以文化的引导力、凝聚力和提升力打造企业核心竞争力，推动企业不断跨越发展。

主要创造人：王新年　刘绥安
参与创造人：张实宏　曾广懿　杨　坤

以"改突重"文化建设助推企业转型发展

安徽国风新材料股份有限公司

企业简介

安徽国风新材料股份有限公司（以下简称国风新材）为合肥市属上市新材料企业，成立于1998年，同年在深圳证券交易所上市。公司现有7个分厂、2个分公司、5个子公司，现有员工1770人。经过20多年发展和产业调整，形成了高分子功能膜材料、光电新材料、新型绿色建材、新能源汽车轻量化材料四大产业格局。国风新材始终秉持绿色发展理念，实施创新驱动发展战略，大力推进产业转型升级，公司被认定为国家高新技术企业、国家级企业技术中心、安徽省技术创新示范企业、安徽省技术创新百强企业、安徽省知识产权优势培育企业、"亩均效益评价"A类企业。国风新材多次受邀参展世界制造业大会、国际新材料产业大会。2022年，国风新材入选安徽上市公司ESG绩效10强、安徽省制造业百强企业、合肥制造业企业30强等荣誉榜单。

实施背景

响应国企改革三年行动的需要

2020年，国务院国资委大力推进国企改革三年行动，从顶层设计起步，对企业法人治理、体制机制、产业发展、党的建设等多方面提出要求。国风新材意识到这是一次借东风、促发展、补短板、强弱项、向世界一流新材料企业迈进的大好时机，积极响应号召，按照相关要求，对管理理念、发展战略、组织结构、规章制度、行为方式等进行完善和定型，以期给转型中的国风新材注入崭新的文化力量。

应对变局、实现高质量发展的需要

为适应日新月异的技术进步和不断变化的外界环境，促进公司转型升级，国风新材需要将长期以来未形成体系的理念进行整合加工、提炼升华，形成科学规范系统的企业文化理念，再进行全方位宣贯深植，让全体员工认知、认同和践行，形成高度文化自觉和自信，把文化的精神力量转化为促进发展的物质力量，演变成一个个生动的创新实践和行动结果，用以引领企业高质量发展。

企业并购后振奋精神、创新突破的需要

国风新材吸收合并日资企业合肥金菱里克塑料有限公司后，并购双方的理念差异导致管理思想有分歧、制度不完善，员工对企业认同感不强，部分人员思维方式僵化、精神状态欠佳，甚至有"躺平""佛系"思想，企业一度进入持续低潮期。以黄琼宜董事长为首的新一届领导班子清

醒地认识到，要改变现状，必须从改变员工的思想状况和精神面貌开始，打破旧观念，建立新思维。2018年，国风新材首次发出"改变思维、突破自我、重塑精彩"为主题的"改突重"思想改造行动，旨在以改变、突破、创新为主题，实现思想观念和思维方式突破、工作方法和工作作风转变、工作效能和工作业绩提升，至今已出台专题文件5份，持续实施践行6年。

主要做法

国风新材经过20多年艰苦创业、成长壮大，进入转型发展的关键时期。国风新材党委从战略高度加强文化建设，发起以"改变思维、突破自我、重塑精彩"为核心的主题实践活动。经过"五次方案"迭代升级，通过"四项行动"（宣传发动、座谈交流、查找反思、案例分享）和"N次叩问"，实现"三维推动"（以文化建设推动理念变革、以改变思维推动机制创新、以突破自我推动产业转型），最终达成重塑精彩的目标，促进企业高质量发展。

"五个版本"让"改突重"持续发力

"改突重1.0"版，吹响改进突破号角。2018年，国风新材制定了《"改变思维、突破自我、重塑精彩"主题实践活动实施方案》，首次发出"改突重"的号召。"改突重2.0"版，寻找差距，促进提升。2020年，国风新材将深化"改突重"行动列为年度重点工作之一，围绕查问题、补短板、促提升制订实施方案，要求围绕"上道工序为下道服务，下道工序的痛点就是改进的着力点"的服务理念，查找服务过程中存在的问题和短板，靶向施策、动真碰硬、补缺补差。"改突重3.0"版，刀刃向内，补短、强弱。2021年，结合党史学习教育和"三个以案"警示教育，制订了《关于开展"补短板、强弱项"专项行动实施方案》，要求从责任意识、创新意识、大局意识、管理能力等方面进行全面检视，发扬刀刃向内的自我革命精神，找差距、补短板、强弱项。"改突重4.0"版，典型案例，见仁见智。2022年，结合安徽省委"一改、两为、五做到"的要求，开展"寻找改突重案例"专项行动，着眼于改进工作作风，要求"以正面案例为标杆，见贤思齐；以反面案例为镜鉴，见庸自省"，勇于自我革命，推动管理思路创新、工作模式创新。"改突重5.0"版，叩问心灵，奋起追赶。2023年，为让"改突重"文化进一步深入人心，贯彻到实际工作的方方面面，公司党委决定开展"改突重有问必答"专项行动，从"抱残守缺、固步自封""得过且过、不思进取"等6个方面列出30个问题，要求对照"30问"检视反思、扪心自问，直击心灵。

"四项行动"让"改突重"落地生根

宣传发动，营造氛围。组织召开"改突重"动员大会，向全体员工发出"改变思维、突破自我、重塑精彩"的号召，吹响"改突重"文化塑造的号角。制作宣传栏，张贴宣传标语，在公共活动区域播放宣传视频，实行多媒体立体式宣传渲染。一场"解放思想、转变思维"的主题实践活动在公司上下热烈开展，"突破自我、重塑精彩"的良好氛围悄然形成。

座谈讨论，凝聚共识。围绕多个问题，结合实际工作，分门别类组织专题讨论、员工座谈。员工座谈会上自我剖析、集体讨论、畅所欲言、气氛热烈，主持人点评、深化认识、凝聚共识。

问题查找，反思整改。坚持问题导向，结合本职工作，联系自身实际，查摆思想观念、责任意识、思维方式、工作方法、执行能力、团队协作等方面存在的问题和不足。用新的理念、新的思维、新的眼光重新审视思想观念、重新反思工作思路、重新梳理工作方法。针对查摆的问题和差距，剖析主观原因、追溯思想根源、思索如何改变，形成自查报告和问题整改清单。

案例分享，直击人心。案例分享是"寻找改突重案例"行动的重要一环，活动开展以来共计征集工作案例159个，公开分享43人次，公司董事长、总经理带头开展案例分享。案例分享过程中采取现场扫码打分的方式，实时对每位案例分享者进行评价，更加调动了分享者的积极性。正面案例让人见贤思齐，反面案例使人见庸自省，推动思想破冰、行动破壁。

"N次叩问"让"改突重"直击灵魂

叩问一之"21问"。2021年，专门针对领导班子成员开展"补短板、强弱项"专项行动，围绕思维固化、安于现状、工作激情减退、缺乏"本领恐慌"危机感等21个问题进行检视查摆、补缺补差，进一步引导领导干部增强改进作风的思想自觉、增强干事创业的责任担当，保持奋发向上的进取精神。

叩问二之"20问"。在2022年的"寻找改突重案例"行动中，围绕担当精神不足、执行力不强、不作为慢作为、工作缺乏前瞻性等20个问题，征集正反两方面案例，对典型案例进行公开分享。

叩问三之"30问"。2023年，推出"改突重有问必答"行动，要求领导班子、中层及管理团队成员逐条对照检查、列出事例，提出改进目标、具体措施和完成时限。经核对、统计，共收到对照检查表86份，查找问题451个。

"三维推动"让"改突重"开花结果

以文化落地推动理念变革。在对前期"改突重"主题活动进行全面总结的基础上，坚定按下文化重塑"快进键"，出台《加强企业文化建设实施方案》，成立企业文化建设领导小组和工作专班，提炼形成了新阶段企业愿景、使命、价值观等文化理念体系，编制了文化理念手册，完善了CIS企业视觉识别系统，建造了公司史馆，创作了司歌，拍摄了企业文化专题宣传片，举办了企业文化发布会，分期分批开展全员企业文化轮训，在企业内刊《今日国风》上开辟文化建设专栏，实行全方位立体式宣贯措施，让国风新材的"改突重"文化可感可知、可见可触。

在推动文化落地过程中，将文化建设成果考核纳入党建目标责任状同部署、同落实、同考核、同奖惩，将对"改突重"文化价值观的认同与践行作为选拔考核干部的重要指标，建立以"改突重"为核心的绩效评价体系，着力打造一支"改突重"型管理团队，做到"改与否不一样、突破与否不一样"，对"改突重"执行不力的实施末等调整和不胜任退出。通过多年实践，国风新材文化理念中的"全球竞争力""世界一流新""奋斗为本""进取"等字眼得到充分彰显，"国风新材人"敢于改变思维、突破自我、勇毅前行、重塑精彩的价值理念已内化于心、外化于行。

以改变思维推动机制创新。国风新材打破传统固化思维模式，按照国企改革三年行动的要求，强力推进体制机制改革。通过一系列的改革举措，固有的管理模式和思维方式得到较大突破，在企业内部形成"业绩导向""奋斗为本""有为者有得"的良好氛围，成为合肥市国企改革三年行动的标杆迎接国务院国资委和安徽省国资委检查，作为唯一一家企业代表在合肥市组织部长会议上做经验交流。

以突破自我推动产业转型。面对传统产业产能过剩、竞争激烈的市场格局，如何抓住新一轮科技革命和产业革命的机遇破局蝶变，是摆在"国风新材人"面前的艰难课题。国风新材以"改突重"主题活动为抓手，主动求变、大胆突破，围绕合肥市产业布局和"芯屏汽合""急终生智"产业战略，确定将三大"卡脖子"关键高分子材料之一的聚酰亚胺膜作为主攻方向，由传统制造业向战略新材料方向转型发展。

实施效果

经营效益持续增长。国风新材在先进文化引领下，迈入转型发展的快车道，产业结构不断优化，规模效应逐步显现，经营效益稳步增长。2021年，实现营业收入19.1亿元，同比增长28%；2022年，实现营业收入24.6亿元，同比增长28.81%，各项指标创历史新高。

产业转型跨越升级。公司聚焦战略新材料，以项目建设推动产业转型升级。合肥高新区国风新材料产业园全面建成，年产高分子功能膜材料16万吨，成为该领域最具影响力和竞争力的企业之一。木塑新材料、新能源汽车轻量化新材料项目大显身手，电子级聚酰亚胺膜项目投产打破了国外企业"卡脖子"垄断，实现进口替代，企业成功由传统制造业转型为战略新材料产业。

技术创新硕果累累。"安徽省先进聚酰亚胺材料工程研究中心"落户国风新材，连续5次荣获安徽省科学技术奖，获得国家重点新产品2项、安徽省工业精品2项、安徽省新产品（高新技术产品）86项；主持制订国家标准4项、行业标准7项、团体标准2项；涌现出劳模工匠创新工作室领头人、"合肥工匠"、"国风名匠"等一大批创新人才，为"改突重"文化建设和企业高质量发展提供智力支撑。

主要创造人：黄琼宜　张家安
参与创造人：朱亦斌　杨应林　阮遐椿　钱小秀

以"智诚"文化为引领，努力打造国内现代化一流矿井

陕西能源凉水井矿业有限责任公司

企业简介

陕西能源凉水井矿业有限责任公司（以下简称凉水井矿业公司）是由陕西能源投资股份有限公司（占股53%）、中国神华煤制油化工有限公司（占股30%）和神木市国有资本投资运营集团有限公司（占股17%）共同投资组建而成。公司注册资金3.95亿元，全井田煤炭地质储量6.65亿吨，可采储量4.07亿吨，矿井核定年生产能力800万吨。2009年4月，通过国家能源局组织的建设项目竣工验收并正式投入生产。"十三五"以来，公司累计生产原煤5041万吨，实现利润总额88亿元。公司先后荣获"陕西廉政文化建设示范点""全国安全文化建设示范企业""中国煤炭工业协会先进煤矿""全国煤炭工业特级安全高效矿井""全国煤炭工业先进集体"等称号。

实施背景

统一公司文化发展理念的需要。建矿以来，凉水井矿业公司在安全生产、经营管理、党的建设等方面取得了较为突出的成绩，探索积累了较为丰富的管理经验，形成了一批文化成果，但尚未在此基础上总结提炼出成体系的、具有明确框架结构的企业文化理念体系，导致公司企业文化在以文育人、以文化人、凝聚人心、汇聚合力方面没有达到应有的效果，迫切需要总结提炼十几年来的管理经验和文化发展成果，形成统一的文化发展理念，指导企业健康长远发展。

推动企业实现高质量发展的需要。随着国家安全环保政策日趋严格，煤炭行业智能化、信息化高速发展，以及公司生产接续、管理成本、人员素质等压力持续加大，使公司步入发展转型期、管理变革期与文化重塑期三期叠加的重要发展阶段，亟待通过企业文化的融合创新，全力激发全体干部员工干事创业的热情和干劲，着力提升企业管理水平和核心竞争力，助力公司转型发展和深化改革。

深入践行集团"君子文化"的需要。作为集团煤炭板块的重点企业，凉水井矿业公司在"君子文化"范畴下，结合"十四五"发展新要求，从"君子文化"中提取了"智"字，寓意智慧化、智能化，符合新时代煤矿高质量发展要求；选取了"君子文化"里的"诚"字，寓意公司致力于打造诚信企业，锻造忠诚干部队伍。"智诚"文化体系以"六智六诚"为基，由四大核心理念和十大管理理念共同组成，为公司加快建成国内现代化一流矿井提供了内生动力。

主要做法

聚焦党建领航，加强文化建设的力度

公司党委始终把坚持党的领导和建设贯穿于改革发展全过程，筑牢企业发展的"根"和"魂"，总结形成了"355"党委工作机制（即健全制度体系、责任体系、考评体系"三个体系"，推行党建工作制度化、日常管理信息化、支部建设标准化、党员教育经常化、服务职工常态化"五化运行"，促进思想融合、职责融合、工作融合、载体融合、考核融合"五个融合"），从文化提炼初始阶段就注重党建引领，把公司党建工作体现到企业文化的核心理念中；优化调整支部设置，探索形成了"333"党支部工作机制（即打造关爱服务员工阵地、支部党员活动阵地、师徒帮带阵地"三个阵地"，构建党员突击队、党员示范岗、关爱互助组"三个载体"，实施岗位练兵、业务培训、技术比武"三项练兵"），加强支部日常教育中的"思想文化渗透"，深入挖掘、及时总结沉淀于生产一线的文化成果，依托"党委＋支部"的模式，加强企业文化建设的力度。

坚持安全为基，夯实文化落地的深度

公司始终把安全生产作为第一责任，树立了"安全第一，预防预控，超前管理，注重细节，执行到位"的安全理念，主动适应安全工作的新形势新要求，狠抓企业安全生产主体责任落实，推行了现场精细化管理"七法"和岗位精细化管理"八法"，构建了"12478"安全管理模式，形成了富有凉水井特色的安全理念，通过广泛宣传教育，狠抓员工安全行为养成，引导干部职工在思想深处筑牢安全防线，自觉用安全理念来规范行为举止，自觉把安全理念纵深融入安全生产管理，自觉用安全理念来引领矿井安全稳定健康发展。

锐意改革创新，提升文化发展的高度

公司积极践行"打破思维定式，勇于挑战未来理念"的创新文化。推进管理制度创新：从公司的发展战略和整体利益出发，以提升企业治"未病、初病、大病"的能力为目的，以创新思维为切入点，坚持问题导向，厘清业务归口职责边界，通过管理流程再造，实现用制度流程管人、管权、管事，确保各项制度流程能够相互衔接、定位准确、高效实用、合法合规、覆盖到位，持续提高企业整体运行效率。推进薪酬制度改革：深化拓展岗位价值精细管理，在各部门推行目标分解到岗、考核到岗，在各区队全面推行"一队一策"考核机制，严格考核兑现，推动薪酬分配由平均主义向安全、效率、绩效转变，实现职工由被动等活干向主动要活干转变。推进人事制度改革：科学制订人力资源发展规划，合理设置管理人员职级、职务，完成岗位主管评聘工作，建立职称聘任机制，真正打通职务调整和职称晋升"双通道"，形成富有生机和活力的"选用育留"机制。推进创新成果转化：严格落实集团公司《科研经费投入与使用管理办法》，保证科技创新投入占营业收入的比例不小于1.8%，为科技创新活动提供有力的资金保障。对已取得的授权专利和有实用价值的"五小"作品，提高转化和应用效率；与科研院所就智能掘进、煤矿机器人等技术开展攻关行动，将先进技术成果应用于实际工作、服务于安全生产。

推动"铁三角"融合创新，拓宽文化助力的广度

优秀的企业文化是管理水平提升的融合剂。近年来，公司以推动管理"铁三角"深度融合创新为抓手，遵循"精细化管控，市场化运作，集约化经营"的经营理念，由点到面逐步发挥文化赋能作用，着力提高企业管理效能和经济效益。全面预算管理方面，充分发挥财务数字化优势，将全面预算管理落实分解到公司安全生产、经营管理、绩效考核等各项工作中，促进经营管理水平不断提升。全面风险管理方面，修订全面风险管理办法，动态开展风险评估与隐患排查整改，启动了内控体系诊断，推动规章制度建设，优化了风险管控措施，确保风险管理体系形成管理合力。全面精细化管理方面，推进精细化管理基础要素全落地，将岗位价值精细管理工作由"操作岗"延伸至"管理岗"，大力开展"三述两清"和"三功两素"训练，全面推行"五星示范岗"建设；加强成本管控，严格内部市场化结算，加大修旧利废、回收复用力度，依托智能库房管理系统，实现仓储物资的信息化、自动化、数字化管理。

围绕"智能化"矿井建设，增强文化赋能的速度

当前，煤矿行业信息化、智能化建设风起云涌，进入数字化转型新阶段。公司秉持"打造国内一流现代化煤炭企业"的发展愿景，坚定"科技引领未来，智能创造精彩"的科技理念，持续提高智能化矿井建设水平，不断提升经济产出速度。"十三五"期间，公司组织实施各类创新项目40余项，完成科技投入近3亿元，先后获得省部级奖项1项、行业级奖项2项、集团级奖项3项，取得国家专利授权25项，发表论文140余篇，"五小"竞赛优秀成果240余项。全矿机械化、自动化、信息化、智能化水平大幅提升，为推动行业发展贡献出凉水井的"智慧担当"。

融入精神文明建设，提升文化育人的温度

公司遵循"为企业谋发展、为职工谋幸福"的企业使命，坚持将"君子文化"倡导工程与"文明单位"创建工程相结合，新建企业展厅，打造"君子文化"和"智诚"文化长廊，通过多种活动形式，在潜移默化中促进员工"君子"行为的养成。大力开展道德讲堂，夯实全体员工思想基础，先后涌现出"陕投好人""最美员工"等先进模范。大力弘扬"劳模"精神，以电焊工、瓦检员、驾驶员等"安康杯"技术比武为载体，一批专业能手在各类竞赛中脱颖而出，多人多次荣获集团岗位描述竞赛一等奖。成立了关爱服务指挥中心，建成了公司"关爱服务网格"，围绕"职工居住环境、停车、健康、业余文化活动设施、福利薪酬待遇"等5个方面，解决了职工急难愁盼问题300余个，不断提升职工的获得感、幸福感和归属感。

加强党风廉政建设，丰富文化滋养的厚度

近年来，公司积极践行君子清廉观，秉持"慎初守志，廉洁修身"的廉政理念，始终坚持严的主基调不动摇，坚持不懈把全面从严治党向纵深推进。认真落实党委主体责任和纪委监督责任，推动"两个责任"贯通联动一体落实。创新"君子文化"和"智诚"文化宣贯方式，编印企业文创产品，建成企业文化展柜，通过篆刻、书法、诗词等生动展示文化魅力。围绕"一个中心、两个区块、三条长廊"，不断丰富廉政文化活动载体，创新廉政教育手段，完善廉政风险排查机制，巩固提升廉政文化示范点建设成果。以集团党委巡察为契机，持续强化政治监督，加强重点领域和关键环节监督，集中整治巡察存在的突出问题，促进领导干部廉洁从业、廉洁用权、廉洁修身、廉洁齐家，营造了良好的政治生态环境。

实施效果

初步形成了具有凉水井特色"智诚"文化体系成果。坚持以集团"君子文化"为引领，传承集团长期坚持和发展的优秀文化基因，结合公司新时代公司高质量发展要求，通过创造性总结提

炼，在广大员工的积极践行和广泛参与下，打造了以"凝聚众智，诚挚奉献"为核心的"六智六诚"，凝练了包含企业使命、发展理念、共同愿景、企业价值观的四大核心理念，以及安全、环保、科技、创新、质量、人才、经营、执行、工匠、廉政十大管理理念，建成了企业文化和廉政教育综合展厅和企业文化展柜，制作了"君子文化"和"智诚"文化十米长卷，编印了践行"君子文化"成果的书籍，形成了"君子文化"引领下的"智诚"文化子体系。

提高了公司治理水平和价值创造能力。经过近年来的大力弘扬和践行，"君子文化"引领下的"智诚"文化已经全面融入公司改革发展、生产经营、制度建设等企业治理的各个方面，深深扎根到凉水井矿业公司广大干部职工的心灵深处，文化作用力不断彰显。2016年，"集团公司精细化管理现场推进会"在凉水井矿业公司成功举办，标志着公司由相对粗放管理逐步向精细化管理转变。积极推行企业内部市场化管理，努力提质增效，原煤生产成本由最高116.99元/吨降至最低89.68元/吨。规范物资采购和合同管理流程，提高煤炭产品质量，畅通地销、铁运绿色销售"双通道"，发挥智能调运系统优势，煤炭销量屡创新高。在精细化取得成绩的基础上，凉水井矿业公司积极落实集团公司管理"铁三角"，不断创新管理制度，将岗位价值精细管理作为管理"铁三角"融合创新的切入点和有效抓手，建成了岗位价值精细管理体系和"五星"示范岗，形成了富有"凉水井"特色的经营管理模式、管理文化。

全面提升了员工的综合素质。大力开展"君子文化""智诚"文化宣贯培训，通过各种活动，在潜移默化中促进员工"君子"行为的养成。大力开展道德讲堂，夯实全体员工共同思想基础和价值遵循，先后涌现出"陕投好人""最美员工"等先进模范。选拔了一批政治素质高、业务能力强、工作作风硬的中层管理干部，形成了科学合理的干部梯次配备。大力弘扬"劳模"精神，强化"三功两素"训练，大力开展各类劳动竞赛。出台了《员工行为规范与管理办法》《员工奖惩暂行管理办法》等制度，制订了行为准则及考核办法，员工行为规范意识不断提高。

主要创造人：惠武功

参与创造人：赵永平　胡　龙　张在强

坚持"创者先行"，聚焦"以文化人"，加快推动企业实现高质量发展

广西北投环保水务集团有限公司

企业简介

广西北投环保水务集团有限公司（以下简称环保水务集团）成立于2020年，注册资本50亿元，是中国500强广西北部湾投资集团有限公司（以下简称北投集团）重点打造的自治区级国有专业环保水务投资运营平台。主要以水务业务投资建设及运营管理、环保业务投资建设及运营管理、环保水务设备生产制造为三大主营业务，以"引领广西环保水务产业发展的城乡环境提升综合服务运营商"为发展目标，经营范围覆盖南宁、钦州、北海、防城港、桂林等城市及自治区级重点产业园，在资产规模、涉及领域、社会影响力等各方面位于自治区级国有环保水务类公司前列。

实施背景

环保水务集团前身是2005年创办的广西水利供水有限公司，历经15年的创业、成长和战略发展时期，2020年再次重组改革，环保水务集团正式成立。彼时，环保水务集团业务从北部湾地区辐射到整个广西，团队也壮大到1500多人。重组改革初期，面对残酷的市场环境，如何让这支大军步调一致、同心同德、快速行进？如何让这些分散多地的队伍牢记使命、坚定目标？如何让这群征战沙场的将士斗志不减、锐气不降？环保水务集团解决这一系列问题的答案就是开展企业文化建设。环保水务集团生在壮乡大地，长在北部湾，凭借着"守护生命之源，创造最美生态"的企业使命，在环保水务行业一路高歌，抢占一席之地。成立以来，环保水务集团坚持"创者先行"，聚焦"以文化人"，对企业文化进行总结复盘、系统梳理、提炼升华，结合"环水红势能"党建品牌建设，打造具有环保水务特色的"一形五品十观"企业文化价值理念体系。

创新是引领发展的第一动力，面对快速变化的发展环境，企业只有谋创新，才能有发展。企业文化必须要随着时代的需求和企业的进步与时俱进。环保水务集团以"绿动环水，和合共生"为主题，目标在"激发活力"，通过找准"党建+文化"的融合点，在方向引领上深度融入，以"环水红势能"党建品牌创建为实施主体，遵循"融合、创新、赋能"的思路，创新提出了六大工程（即先锋、生态、人才、文化、民生、廉洁等六大工程），以"塑造六个力"为循环动力（即政治引领力、工作覆盖力、组织凝聚力、廉洁自律力、发展推动力、对标示范力），冠以品

牌把舵定调，构建"一形五品十观"（"一形"即企业使命、愿景、核心价值观，"五品"即企业战略、管理、制度、经营、执行力，"十观"即生态观、人才观、团队观、廉洁观、绩效观、品牌观、科技观、市场观、质量观、安全观）的文化理念体系，树立"新、信、勇、德"的企业价值观，形成"区域领先，国内一流的环保水务综合服务商"的企业愿景，两者既一脉相承，又彰显公司发展战略和行业特色的品牌架构，助力公司上下树立强烈创新意识，打破思维定势，勇于自我革新，通过持续开展管理创新、业务创新与技术创新，完善管理体制与运营机制，顺应行业发展潮流，调整优化产品结构，提升企业竞争力。

主要做法和实施成果

创新党建工作新机制，构筑企业文化"坚实堡垒"

环保水务集团选准发力点，推进党建品牌建设与企业文化建设"相融并进"，作为一项经常性、基础性工作，下真功、求实效。环保水务集团党委牢固树立"全党党建、全员党建、全面党建"的"三全"工作理念，积极探索"党建+企业文化"融合的新理念、新思路、新举措，构建了一体化、一盘棋、一张网的党建企业文化立体架构，助推企业行稳致远。积极创新党建工作"七个一"落地实践模式，即"一个工作规则、一本实操手册、一套培训教材、一批示范案例、一套评价体系、一个教育阵地、一对标活动"，细化了示范表率、组织提升、轮值分享、创新引领、互帮互助"五项要求"，切实推动解决"能力不足"、"认识不足"等问题；编印党建工作实操手册，明确了基层党组织建设中的组织设置、队伍建设、组织生活等10个篇章、35项工作的标准化要求，辅以各类实操模板，指导基层党组织做实"规定动作"。在基层党支部全面推行"5+X"主题党日模式，有效解决了主题党日活动主题不鲜明、形式单一、内容乏味、参与度不高等问题。2021年12月，"环水红势能"党建品牌入选广西壮族自治区国资委党建品牌创建成果"最佳案例"。2022年7月，6个党建品牌案例入选2022年全国企业党建优秀品牌；两年来，企业文化建设共获自治区级以上荣誉20项。

创新红色教育新载体，打造队伍建设"初心课堂"

打造"党建+文化"特色活动模式，发挥组织领导作用、党员的先锋模范作用及党工团合力的作用，充分利用每年的5月4日、7月1日、10月1日等重要的节庆日，组织开展学习培训、志愿服务、关爱帮扶等各类活动。重组改革3年多以来，环保水务集团积极组织开展各类专题学习、党课、宣讲近80次，购买发放各类红色读物5000多本，积极打造党建文化长廊，开展"线上+线下"学党史、"线上+线下"重走长征路活动，召开"线上+线下"专题党课、"线上+线下"宣讲会，在微信公众号开展"云走长征路"活动，先后组织280多名党员到兴安、全州、百色等地开展"打卡红色教育基地"活动，追寻红色记忆，弘扬长征精神。结合"世界水日""世界读书日""三月雷锋月"等节点，组织开展"悦享书香，阅见未来"读书沙龙、"律动环水，悦享健康"工间操比赛、"悦享健康，活力环水"职工运动会暨气排球比赛等活动；组织开展"红心永向党，奋斗正青春"沉浸式音乐思政课活动。在北投集团工会牵头下，由环保水务集团组织的足球参赛队在2022年第三届广西壮族自治区职工足球超级联赛中荣获亚军；成功举办"喜迎党的二十大，奋进新征程"音乐情景党课，以讲党史、颂党恩、跟党走为主题，创新融入了唱、演、说、舞等多种艺术表现形式，引导党员职工在红色旋律中汲取党史营养、激发奋进力量，取得了良好反响。

创新先锋引领新路径，搭建担当作为"示范样板"

注重从基层发掘"先锋事迹"，积极开展各类选树典型活动，如"百佳人物""优秀案例""两优一先"表彰等。目前，共收集直属党组织党建工作案例及典型人物100多个，结集出版《红势能》一书；开展评先评优工作，3年来表彰了先进集体及先进个人160多人次，进一步促使广大党员在生产经营中发挥自身优势竞业绩、争先锋，最大限度激发党员职工生机活力。积极彰显先锋服务强意识，2021年，在中央生态环境保护督察迎检期间，环保水务集团号召200多名党员职工主动放弃休息，同时调集吸污车、挖掘机、吊车等合计24台大型设备参与工作，出动车辆400多台次，清淤1.2万余立方米，37个入海入河直排口无反复无污水溢流，助力防城港市顺利完成了中央环保督察迎检工作。积极履行国企责任，开展水表免费更换改造工作，3年多来，共为防城港、钦州、北海及东兴等北部湾经济区城市免费更换水表近25000套。目前，环保水务集团获广西壮族自治区模范职工之家、广西壮族自治区住房城乡建设系统先进职工之家等省级荣誉20余项；6名"北投环水人"被广西壮族自治区评为"最美给排水工人"；环保水务集团陈钦良劳模创新工匠工作室被评为2022年度"广西壮族自治区住房城乡建设系统劳模和工匠人才创新工作室"。

创新文化共识新形态，书写凝心聚力"绿色篇章"

有效利用办公场地，因地制宜构建了"两号两屏一站一室一所一廊"党建文化阵地，实现立体化、形式多、覆盖广的效果，其中"两号"为微信公众号、视频号，"两屏"为公司办公区域两个宣传屏，"一站"为公司官方网站，"一室"为党员活动室，"一所"为公司新时代文明实践所，"一廊"为公司党建文化长廊。巧妙地将企业VI标识元素融入党建长廊的形状、色彩等方面，形成了具有国企特色、行业特点、主题鲜明的党建文化长廊。积极推动宣传思想和精神文明建设"出彩出新"，3年多来聚焦聚力公司改革发展主线，结合各类党建特色活动、经营管理、企业文化落地成效等工作亮点，精心策划了一批有影响、有分量的新闻报道。目前，在北投集团微信公众号、OA等平台累计发表新闻300多条，在本级微信公众号推送信息1700多条、视频40多个，累计阅读量突破100万次；在"学习强国"、《广西日报》等主流媒体累计发表新闻稿件80多篇。向上级推送党建理论文章、党建实践成果案例近60篇，在各兄弟单位中报送数量、质量均处首位。

创新人才队伍新高地，激活企业发展"动力之源"

坚持"海纳百川，广纳贤才"，给员工以最好的施展舞台。出台了《人才发展五年规划（2021—2025年）》《专业技术人才管理办法》等人力资源管理制度；建立了"雄鹰""飞鹰""雏鹰"管理职系后备人才库，实行"梯队化"精准管理，强化"导师带徒"，助力公司构建完备的人才梯次结构。2020年以来，通过校园招聘、社会招聘、内部商调等多种方式引进各类专业技术人才400余人，均为本科及以上学历，其中硕士研究生学历占比24.38%，双一流大学毕业生占比24.12%；引进持有一级建造师证20人、持有高级及以上职称的20余人。创新运用大数据分析选拔中层干部，建立了"启航""领航""远航"中层干部人才库，形成了职务能上能下、收入能增能减、人员能进能出的用人机制；全面推行任期制及契约化管理改革工作，推动经理层实现身份管理到岗位管理的转变；实行"六级九档"绩优薪优的差异化工资分配，建立起员工薪资晋级机制，让每位员工都能分享到企业发展的成果和改革的红利。

创新文化融合新模式，发挥战略"导向功能"

环保水务集团充分发挥企业文化凝聚导向、规范功能、服务作用，融入到市场开拓、项目落地、工程建设、安全生产等方面。作为广西壮族自治区国企改革"双百行动"企业之一，环保水务集团制订改革任务43项，截至2022年，已全部完成改革任务。加强内控合规体系与全面风险管理建设，制订了《内部控制与合规管理手册》等，设置党员责任区，强化"介入式、穿透式、下沉式"服务管理。2022年6月，由北投环保水务集团投资建设的上林县城乡一体化供水网工程PPP项目作为广西壮族自治区水利建设行业代表之一接受检阅并获水利部肯定。坚持文化融入市场开拓，积极构建三位一体的水务一体化模式，相继落地PPP项目、水务一体化项目将近10个，总投资近70亿元。坚持把"创标创先"作为行动指南，自上而下推进科研创新及信息化标准化建设。2021年，成立不到两年，环保水务集团就获得国家高新技术企业认定。目前，环保水务集团拥有国家专利（软件著作）合计143项。自主研发的智慧水务平台、供排水运营一体化平台获评广西壮族自治区标杆引领重点示范项目，全面实现了ISO"三标一体"管理体系认证范围全覆盖。主持或参与制订标准16项，其中含4项国家标准。截至2023年6月，环保水务集团资产总额突破百亿元大关，2022年全年完成投资13.1亿元，新签合同金额31.4亿元。2021年营业收入同2020年相比增长606.94%，2021年利润总额较2020年增长328.57%。环保水务集团的市场竞争意识、市场竞争能力，以及品牌效应不断增强。

主要创造人：袁　霞

参与创造人：龙红霞　刘宇阳

文化体系升级助力战略落地

绿城中国控股有限公司

企业简介

绿城中国控股有限公司（以下简称绿城），1995年成立于杭州，是中国领先的优质房产品开发及生活综合服务供应商，以优质的产品品质和服务品质引领行业。绿城坚持"品质为先"的理念，先后引入九龙仓集团、中交集团作为战略性股东，以打造"TOP10中的品质标杆"为核心目标，布局三大板块和九大业务。历经28年的发展，绿城总资产规模超过5300亿元，净资产规模超过1100亿元，"绿城"品牌价值达1053亿元，连续19年荣获"中国房地产百强企业综合实力TOP10"，连续11年荣获"中国房地产顾客满意度领先品牌"，多年获得"社会责任感企业"等殊荣。

统一思想，高度重视企业文化的体系化升级

近年来，伴随我国房地产行业进入深度调整期，市场格局进一步重塑，行业洗牌进一步加速。积极主动探索新发展模式，不断优化运营管理逻辑，进一步加强企业文化体系建设，对新形势下任何一家房企的生存发展而言都尤为重要且迫在眉睫。

2022年，是绿城全面推进"战略2025"的第二年。面临行业的挑战，"聚焦"是绿城发展的关键词。首先便是理念聚焦，在不确定环境下，全公司上下更需要凝心聚力，目标一致。在绿城，产品品质是"一号工程"，客户满意度是"一号标准"，文化价值观是"一号准则"。文化为魂，品质为根。在急剧变化的市场环境下，行业迎来"向管理要价值"的时代。而文化是管理的最高境界，只有让文化内显于品行、外显于品牌，做到知行合一，企业才能长久、健康地持续发展。为适应市场形势变化，巩固企业可持续发展内核，助力企业加快迈向"高质量发展"，绿城经过深度调研、认真梳理和优化升级，于2022年开发全场景"文化行为准则"，推出了"绿城双塔文化体系"。通过不断夯实文化价值观，持续践行"品质为先"战略，即便在行业深度调整期，绿城也实现了稳健发展，交出了一份优秀的答卷。

绿城28年的发展，表面上是经营行为，背后是制度管理，核心是文化价值观的支撑。绿城凭借对产品的极致追求，赢得行业和客户尊重，由产品理念衍生出企业核心价值观。大到战略选择，小到待人接物，绿城"真诚、善意、精致、完美"的价值观在绿城和"绿城人"心中形成信仰并成为公司的文化竞争力。但是，在日常管理和文化调研中，尤其是绿城加速发展后引进的优秀骨干、新鲜血液占比越来越高，绿城文化存在落地难的问题。文化面临融合创新的挑战，理念不能仅止于书上和墙上，还要落到实处，指导员工的日常行为。根据外部变化与内部需要，绿城

既要不断进行经营策略调整，适应政策要求，同时要进行文化与观念的调适与升级。

为把企业文化做实，以更好服务于日常经营管理，2021年，绿城在内部开展了广泛的企业文化调研。绿城开展《企业文化50问》调研，覆盖13996人（回收有效问卷8628份）。调研结果显示，绿城的企业文化现状存在4个优势，即企业文化认知度高、企业文化认同度高、企业文化适应度高、企业文化氛围感强，但同时也存在4个不足，即知易行难、落地不够、缺乏系统建设、示范不足，以及存在1个挑战——企业文化有被稀释的风险。

文化的体系化升级成为绿城全体员工都要高度重视和付诸行动的核心工作。它既是绿城20多年的企业文化不断生长的必然，也是当下巩固经营成果、凝聚人心的需要，更是绿城"全品质、高质量、可持续"发展的保障。

务实高效，鼓励全员参与行为准则的开发

企业文化说到底是公司全体成员共同认可和遵守的价值观。知易行难，如何贯穿到全体员工的行为中，核心就是必须以务实高效的工作态度发挥"绿城人"的积极性和聪明才智，参与到文化的体系化升级中来。

2022年，根据调研结果获得的大数据，承接绿城的"真诚、善意、精致、完美"的核心价值观及"品相、品质、品位、品牌、品行、品格"的要求，绿城内部进行了多轮研讨后，详细梳理出了企业文化的八大行为导向：品质为先、客户至上、真诚守信、包容协同、价值创造、开放创新、学习自省、艰苦奋斗，每一条行为导向也赋予了具体的行为内涵解析。将文化行为导向进一步落地到系统工作场景中，形成N组具体可感的文化行为准则。

"火车开得快，全靠车头带。"绿城总部品牌文化部牵头，成立以子公司和条线负责人为班底的专项小组，有效推进文化行为准则的开发。经过17个单位、20次集中研讨、14次评审和6轮修订，文化行为准则顺利面世，并与已有的文化理念体系进行融合。

以"全品质、高质量、可持续"的发展战略为引领，2022年，绿城文化体系升级发布，在原有的单塔"理念体系塔"基础上，新增"行为体系塔"——"1（核心价值观）6（六品）8（行为导向）24（行为内涵）N（行为准则）"。

全面升级为"双塔"模型后，除了继续强调长远的价值追求外，绿城更加强调基于核心价值观的解码和落地，同时更加注重引导员工在新形势下主动践行"知行合一，融合发展"。

传承创新，全力推进文化体系入脑、入心、入行

如何让文化内显于品行、外显为品牌？首要，便是让文化入眼、入脑、入心。2022年起，"绿城双塔文化体系开始"进行全集团宣贯，此后各类内容丰富、形式多彩的活动纷纷落地。

根据绿城文化行为准则专项工作小组安排，企业大学——绿城大学组织了全员文化行为准则考试。应考人数12600人，实考人数12573人，参考率99.97%，通过率99.99%。在绿城全集团自上而下、自下而上的宣贯和推广中，除了培训讲课、文化竞赛、上墙展示的传统做法，还涌现了很多让文化传播"有声有色"的创意呈现。

2022年下半年，绿城品牌文化部组织创作形成操作性强的文化行为准则手册——《画说绿城》，该口袋版文化体系读本通过漫画生动地演绎文化行为准则。子公司开展"我在绿城"短视频征集活动，围绕文化行为准则，深度挖掘绿城工作日常、工作感受，体现文化精神；策划落地《声入人心》广播栏目，由员工结合"八大导向"讲述相关真实故事，让文化有血有肉、声声入耳；还邀请著名书法家以墨香传递文化行为准则，书法苍劲有力，吸引大家驻足品鉴、学习。

文化行为准则，最终要服务于经营、贴近一线、明确指向实际工作，行为准则要"接地气"，要有"场景感"。答案在现场，不讲空话，不喊口号，不隔靴搔痒，让文化理念落地。

创新成果：重塑文化格局，向管理要价值

房地产的"下半场"，是综合实力的全面较量。在坚守产品品质的同时，绿城将持之以恒提升组织品质、队伍品质、经营品质、管理品质，努力成为"有特长且全面发展的优等生"。尊重客户，敬畏市场，持续改革、改变、改进，这将是绿城未来高质量发展的主旋律。而这个过程需要强大的凝聚力和柔韧度，攻坚克难的过程一定是需要文化价值观发挥作用。当公司发展到新的阶段，不能依赖既有的经验，拘泥于原有的模式、产品和文化，必须懂得自我进化。公司的商业模式、组织结构、文化底蕴等都需要根据环境的变化而不断校准，以实现长期发展。

凝心聚力，稳健笃行

"双塔"文化体系背后站立的是绿城的"品质文化"。绿城以品质为底，以理念体系为指导，力促文化落地，品牌知名度、美誉度、忠诚度继续保持行业高位。

投拓方面，聚焦高能级核心城市，土储结构合理；财务表现稳定，融资成本行业低位；组织架构及时优化，落地两级架构，强化精细管理、提高决策效率、提升人均效能。

凭借稳健的经营和财务表现，绿城获多家国际评级机构和券商肯定——持续看好未来发展潜力；得到监管机构及主流银行的充分认可和信赖，于2022年底获得超过4000亿元的综合授信额度支持。

精研产品，品质交付

文化内显于品行、外显于品牌，绿城的文化落地最终体现在产品上。追求"最懂产品"和"最懂客户"是绿城的品牌内核，也是绿城品牌建设的核心抓手。通过不断提升产品力和服务力，绿城的品牌强度日益坚固。

2022年，绿城揽获三大机构产品力测评大满贯，背后是一群秉承文化理念、奋斗不止的"产品人"；2022年，绿城全年总体交付涉及197个项目，点亮超过14万户家庭的灯火，完善的品控体系保驾护航，绿城交出"零延迟+高品质"的高分交付答卷。

2022年，归家动线、餐厨优化、园区景观、全屋收纳、新青年画像等专项课题已收获成果；"春知学堂""如意盒子""生活街角"等创新成果已在项目落地，收获客户和市场的好评。

绿城构建大客服体系，持续提升客户满意度。2022中国房地产顾客满意度发布，绿城以90.2分持续领跑行业。

"绿城双塔文化体系"、文化行为准则的输出，为战略落地提供支撑，为目标的达成统一共识、凝聚力量；从理念到践行，助推企业经营，为实现全品质、高质量、可持续发展夯实根基。

主要创造人：宋卫平　张亚东

参与创造人：李　森　杜　平　尚书臣　刘仲晖

以"四库"为基础促进党建与生产经营深度融合的特色党建文化建设

国网浙江省电力有限公司舟山供电公司

企业简介

国网浙江省电力有限公司舟山供电公司（以下简称国网舟山供电公司）是国家电网有限公司下属的唯一地市级海岛供电企业，前身为成立于1977年的舟山市电力公司，2008年正式划入浙江省电力公司，主要负责舟山群岛地区电网的建设、运行、管理和经营工作。2022年，舟山市全社会用电量182.6亿千瓦时，售电量173.42亿千瓦时。国网舟山供电公司先后获得全国文明单位、全国"五一"劳动奖状、全国模范职工之家、全国"五四"红旗团委、全国厂务公开民主管理先进单位等荣誉称号。近年来，国网舟山供电公司秉承公司"走在前、做示范"的理念，坚持围绕中心抓党建文化建设，以新思路、新机制、新手段谋划和推进党建工作与中心工作的有机融合，把党建优势转化为发展优势，把党建资源转化为发展资源，把党建成果转化为发展成果，为建设具有中国特色国际领先的能源互联网企业定标立尺，为高质量发展注入强大的"红色动力"。

实施背景

开展党建文化体系建设，是高品质文化供给赋能高价值的动力源泉。党建引领文化是企业文化的"根"和"魂"，必须将党建文化蕴藏的精神动力、价值导向和智力支持转化为优秀企业文化的核心要素。面对企业文化需要解决的"靠什么指导""以什么姿态""用什么引领"3个基本问题，发挥党建全方位引领作用，丰富引导载体，推动党建文化与生产经营的深度融合，实现管理效率、经营效益、全员素养的持续提升。

国网舟山供电公司以习近平新时代中国特色社会主义思想和党的二十大精神为统领，坚持高目标引领、高标准建设、高层次统筹，紧密围绕中心抓党建文化，形成"一个核心、两端发力、三阶贯通、四步总结、多元评价"的创新实施思路。

"一个核心"，是运用党建文化创新指导业务发展实践、推动业务中心工作高质量发展，使党建文化与企业生产经营工作达到目标相融、过程相融、结果相融。

"两端发力"，是瞄准党建文化与生产经营工作在哪里融合的问题，聚焦于能够提前谋划、提前部署常态型中心工作，实施"党建文化+"融合路径；聚焦于无法提前预测、发生突发状况的紧急型中心工作，实施"+党建文化"融合路径。

"三阶贯通",是将双向融合贯穿于前期部署、过程实施、总结提升3个阶段,构建行动库,丰富融合内容,细化融合举措。

"四步总结",是按照情景、任务、行动和结果四步法总结典型融合案例,构建案例库,确保双向融合有参照。

"多元评价",是将通用指标、专业指标等多个维度内容进行融合,构建指标库,形成全覆盖的评价体系,精准反馈基层党支部双向融合成果成效。

成果实施以来,国网舟山供电公司把融合要求贯穿到了推动事业高质量发展的全领域、全过程,推动党建文化和中心工作同向同行、相互促进,做到制度规范化、沟通立体化、活动常态化、作用实质化。

主要做法

明确"一个核心"基本点,理顺双向融合实施思路

明确双向融合实施目标。坚持"党建文化融入生产经营实践,生产经营注入党建文化使命"的双向融合实施目标,坚持"运用党建文化创新指导业务发展实践,推动业务中心工作细化到支部、落实到党员,实现高质量发展"这个核心不动摇,树立互融互促的理念,坚持党建文化与生产经营工作的融入融合发展,把党建工作内容和载体融入到企业发展的每个方面、每个领域、每个层次,以党建工作凝聚的智慧和勇气破解中心工作发展中遇到的困难,用党建工作成效引导队伍理解支持,破解"抓党建等于立项目""抓党建等于抓党务"等认知误区。通过双向融入,落实党组织在企业治理体系中的法定地位,夯实党的领导,让党建工作更加务实高效,把企业建设得更加强大和具有竞争力。

筑牢双向融合思想根基。坚持传承和赓续以伟大建党精神为源头的精神谱系,把红色基因融入企业文化,丰富和拓展企业文化内涵。撷取电力行业、高塔等典型元素,精心挑选工作沟通的常用语、喜闻乐见的俗语、原汁原味的方言,设计漫画形象,加强可视化传播;通过党建主题活动与核心业务发展相结合,一年一主题、年年有特色,开展"不忘初心、牢记使命""党史学习教育"等主题教育,加强沉浸式体验,做到人人有信仰、有担当,凝聚思想根基。

构建"两端发力"场景库,明确双向融合实施路径

"党建文化+常态型中心工作"融合路径,聚焦于能够提前谋划"作战图"、提前部署"路线图"的常态型中心工作,识别出安全生产、电网建设、提质增效、优质服务、科技创新5类专业24种双向融合场景。在明确阶段性任务和目标要求的基础上,理顺各级党组织应承担的具体责任、应实施的具体方法、应采取的具体行动,依照"逐层分解、逐项落实"的思路,转化为支部书记和党员的先锋表现,充分运用党建理论和方法处理业务难题,更加规范、更加科学、更加高效地推动中心工作落到实处。

"党建+紧急型中心工作"融合路径,聚焦于无法提前预测、发生突发状况的紧急型中心工作,识别出处置生产事故、处置通信故障、建设运维、营销服务、后勤综合等5类情境24种双向融合场景。在精准辨识各类"急难险重"和"黑天鹅"事件、"灰犀牛"事件等风险的基础上,建立一套责任实、响应快、措施准的组织运作流程,在关键时刻看得见党旗、找得到组织、信得过党

员,在第一时间、第一阵线为中心工作保驾护航。

打造"三阶贯通"行动库,明确双向融合具体举措

"三阶贯通",党建融入业务全领域、全时段。融合行动是在融合场景的基础上形成的融合举措和实施指南,解决相关场景中如何具体实现双向融合的问题。国网舟山供电公司立足细分场景,在明确责任的前提下,梳理形成一系列看得懂、可执行、有实用的行动清单。按照全流程分解、全方位贯通、全要素规范的思路,将每个细分场景都划分为前期部署、过程实施、总结提升3个阶段,详细规定融入时机、主要行动、主要目的、具体实施流程、介入专业,充分发挥党委政治核心作用、支部战斗堡垒作用和党员先锋模范作用,使党建贯穿业务全时段。

实践验证,细化形成双向融合行动指南。在典型融合行动的基础上,结合单位实际,针对场景库中的每个细分场景,按照前期部署、过程实施、总结提升3个阶段对行动库中具体举措进行细化,形成具有海岛特色的48类场景行动库,成为指导党建与生产经营工作双向融合的行动指南。

建立"四步总结"案例库,树立双向融合行动标杆

按照4个步骤总结提炼融合案例。利用STAR模型,分4步精心编制典型案例,即分别从Situation(情景)、Task(任务)、Action(行动)和Result(结果)4个维度对适合"党建文化+常态型中心工作""紧急型中心工作+党建文化"细分场景的真实案例进行系统总结,讲好真人真事,详细描述实施流程,点明案例精髓,精准评估成果成效,提炼形成特色做法,以生动鲜活的案例帮助各级党组织了解党建双向融合的背后理念、作用途径,引领党建价值创造再上新台阶。

基于融合场景构建形成典型案例库。对提炼总结的案例进行细分,分别按照场景库中"党建文化+常态型中心工作""紧急型中心工作+党建文化"10类场景,从理想信念教育创新、严肃组织生活创新、党支部功能创新、党员教育管理创新、"互联网+党建"创新、党员先锋服务创新、支部文化建设创新、党建融入业务创新、党建工作综合创新等模块进行归纳,分别建立特色实践案例,形成具有行动指导意义的融合案例。实施期间,国网舟山供电公司依据10类场景48项细分场景,以及行动库中89项具体行动指南,分类梳理,构建囊括76项典型融合案例的案例库,为后续相关单位开展融合实践提供了行动标杆。

创建"多元评价"指标库,全面评价双向融合成效

明确评价目的,科学设置评价指标。指标库具体解决如何评价融合成效的问题。"党建文化+"工程评价包含通用指标和专业指标两部分,其中,"通用指标"30分,"专业指标"70分。"通用指标"重点考评党建引领情况,包括政治引领、思想引领、组织引领、作风引领和使命引领5个部分;"专业指标"由各专业行动方案、专项行动计划中分别制订、明确。各级专业部门党组织履行抓融合、促落实的主体责任,牵头推进本专业"党建+"工程行动方案,加强过程管控和督导评价,确保业务工作与党建工作同部署、同检查。各级党建部门负责协调推进,与专业部门党组织加强联动,强化对"党建文化+"工程的指导督促。

依托已有全景智慧党建云窗管理平台,与智慧配电物联网等平台的内嵌融合,自动获取业务指标数据,依据分层分类的评价得分对基层党支部进行评级,可视化展现基层党支部与生产经营工作融合成效。

实施效果

坚定政治方向，推动中心工作高质量发展。通过开展党建文化与生产经营工作的双向融合实践，国网舟山供电公司进一步坚定了政治方向。开辟了首个党建与生产经营工作深度融合融入全息化路径。出版《电力企业党建双向融合全覆盖读本》，相关成果代表国家电网有限公司入选由人民日报社、中共中央党校主办的献礼建党百年"基层党建与民生发展"优秀案例。

践行价值引领，党建业务融合实现全覆盖。通过深度融合的创新实践，进一步践行党建价值引领作用，推动党建工作实现全覆盖。在500千伏联网工程、鱼山绿色基地随桥电缆敷设工程、宁波舟山港主通道项目工程、宁波舟山港主通道项目工程等16个重大工程上，国网舟山供电公司充分发挥党建与业务深度融合作用，500千伏联网工程获国家金奖工程，1个项目获中国企业联合会管理创新二等奖。

打造示范样板，党建双向融合氛围更浓厚。项目开展以来，通过党建引领，国网舟山供电公司党建工作实现全面进步、全面过硬，国网舟山供电公司获评全国文明单位、全国"五四"红旗团委、全国电力行业党建品牌影响力企业、全国电力行业企业文化品牌影响力企业，2个项目获得全国品牌故事大赛一等奖，2个项目分获中国青年志愿服务项目大赛金、银奖，以优异成绩打造了党建与生产经营活动的融合示范样本，营造了企业内开展特色党建文化的良好氛围。

主要创造人：汪宇怀　黄　炯
参与创造人：虞攀峰　刘小渊　杨　兰　黄佳佳

"筑红色交建，拓绿色发展"
党建品牌提升工程，赋能企业新发展

邢台市交通建设集团有限公司

企业简介

邢台市交通建设集团有限公司（以下简称交建集团）成立于2020年，注册资本20亿元。为邢台市属多元化大型国有企业集团公司，中诚信、联合资信AA+主体信用评级企业，总资产规模达380亿元，有员工7000余人。下设邢台路桥建设集团有限公司、邢台华嬴公交集团有限公司、邢台市交通建设集团投资有限公司、河北路航实业集团有限公司、邢台机场建设有限公司、邢台丰乐园农林开发有限公司、邢台市交通建设集团农业机械有限公司、邢台机场有限公司、邢台市房投房地产开发集团有限公司等10余家子公司。

实施背景

交建集团"围绕中心抓党建、抓好党建促发展"的工作原则，明确党建品牌建设"跟着需求走、追着问题去、奔着效果干"的工作方法，注重品牌阵地与创新载体建设，持续提升集团整体党建工作水平，着力将党建工作与生产经营深度融合、同频共振、互融互进，加快集团高质量发展。

主要做法

党建品牌提升工程以塑造交建精神、激发内生力量、提高生产经营效率效益为对内目标，以树立企业良好形象、扩大企业影响、促进合作共赢为对外目标。定量要求是力争干好一两项能在邢台市乃至河北省叫得响的典型工作，定性要求是能实实在在解决几件工作中的矛盾与问题。以党建品牌提升工程为契机，动员广大党员干部职工主动参与，树立"交建兴、必有我"的理念，真正动起来、跑起来，围绕集团目标，紧盯本职工作，把自身的优势、能力、资源发挥到极致，激励每个"交建人"的责任担当，为集团做强做优做大提供强大的精神动力和组织保障。

打造"四融"阵地

党建品牌融入组织建设阵地。针对不同单位的工作任务、目标定位、党员结构特点等实际情况，因地制宜开展党建工作，把党建品牌提升的过程贯穿于破解党建工作难题、加强基层组织建设的全过程，铸就高效基层党组织，不断增强企业的影响力、战斗力与核心竞争力。一是强化理论学习。认真学习宣传贯彻党的二十大精神，统一思想、凝聚共识，明晰企业发展战略，明确集团政治方向为"围绕中心抓党建、抓好党建促发展"的工作原则，国企党组织的凝聚力和战斗力持续增强。二是高度重视领导干部培训。突出对关键岗位、重要人员特别是"一把手"的教育，形成决策科学、执行坚决、监督有力的运行机制，强化"关键少数"的示范引领作用。在集团高层正副职培训班、中层及后备干部培训班中专门设置党性教育、警示教育学习模块，邀请权威师资进行专题授课，强化各单位领导干部相关意识。三是党建工作进公司章程。集团章程规定党组织在公司法人治理结构中的法定地位，制订各项规范，细化规则，积极推动企业党建工作制度化、规范化，保证党组织在企业决策、执行、监督等环节的重要作用，为深化国资国企改革发展奠定制度基础。四是履行主体责任。集团把学习党的民主集中制原则作为党员干部的必修课，纳入党性教育和领导干部任职培训的必学内容。严格落实党内规章制度和邢台市国资委党委各项安排部署，按规定召开"三会一课"、民主生活会、民主评议党员等会议，党委把方向、管大局、保落实的领导作用充分发挥。

党建品牌融入业务管理阵地。党建品牌提升工程从本单位党建实际、业务实际、管理实际出发，创新特色党建内容，用党建的思路分析研判业务问题，以品牌提升工程的实施来促进业务管理、内部管理，促进党员干部职工着力提高工作效率，推动业务能力高质化、管理工作标准化。一是提升能力、强本领。开展内部能力提升专项行动，以学习调研培训为方式，提升项目投资、财务审计、资本运营等的能力，促进党员职工之间相互欣赏、密切合作，拉近了关系距离。二是亮明身份、树标杆。为各党支部配发党旗，为全体党员配发党徽，支持基层党支部设立"党员示范岗"，开展"我为群众办实事"主题活动，发扬事不拖、话不多、人不作、争当成事者的"三不一争"工作精神。三是排查风险、强防控。从党建基本制度入手，制定出台企业管理、党风廉政等相关文件，着力打造"清廉交建"。四是畅通职工诉求渠道。坚持以"服务社会、幸福员工"为初心使命，建立职工诉求服务工作机制，成立职工诉求服务工作办公室，利用党委会、支委会认真查摆工作中存在的问题，深入剖析问题产生的原因，研究切实可行的整改措施和方案。

党建品牌融入经营发展阵地。党建品牌提升工程紧密结合企业中心工作，将基层党组织嵌入到企业的经营发展环节，引导党员干部职工争先创优、提质增效，着力解决效益问题，实现经济效益最大化。广泛开展党建工作创新实践，改变党建与业务"两张皮"的现象，保证党建与业务全面融合，成为企业发展的生产力。一是抓好经济指标。认真贯彻落实党的二十大精神，编制《邢台交建集团"十四五"发展规划》，坚守城乡建设与民生服务主力军定位，实施"2253"发展战略和"五指合拳"业务布局，保证国有资产保值增值。二是抓牢项目建设。结合实际情况，党员发展坚持向重点岗位、年轻员工、一线人员倾斜的原则，坚持党员当先锋、做表率，将市场开发走在前列，按区域和业务板块梳理甄别、筛选确定项目，组建专班团队，结合专业咨询机构，有计划、有目标地包装项目，积极主动对接洽谈、投标竞标、谋划推进。三是抓实投融资。通过"学比赶超""内部审计工作""投融资模式创新与城市更新"培训等活动，职工谈思路、讲想法，深入挖掘投融资重点难点问题，用党建工作来解决问题，转难题为课题，化压力为动力，明确任务、执行措施。四是深化改革创新。实施能力提升行动，铸就高品质党组织。建立"一任务一清单"机制，全力推进各项任务目标，完成6部分、32大项、92小项工作任务，国企改革三年行动顺利收官，改革成效不断显现，质量效益大幅提升。五是大兴调查研究之风。聚焦2023年集团发展的重点问题，聚焦基层员工最关心的热点难点问题，开展高质量研究活动。通过组织一次专题学习、谋划一批重点课题、安排一次蹲点调研、撰写一份精品报告、参加一场研讨交流、转化一批优秀成果等活动，提升企业的管理和业务水平，为基层服务、为基层赋能，进一步思想统一、凝聚共识、形成合力，全力推动集团高质量发展。

党建品牌融入企业文化阵地。党建品牌对内起到文化育人、塑造精神的作用，对外则体现党的组织力和引领力，达到凝心聚力、团结进取的效果。通过党建品牌文化阵地，打造"党建品牌风景线"，搭建党建品牌平台载体，形成富有特色的集团党建文化体系。一是创新党员教育形式。着力将党的路线方针、政治教育融入工作一线，积极打造"学雷锋服务专线""冬奥志愿服务专线""文明城市创建示范线""拥军专线"等公交特色专线。二是注重企业文化建设。制订《"筑红色交建，拓绿色发展"党建品牌提升工程实施方案》，推进党建品牌向基层党组织延伸。创新"党建＋活动"新模式，企业内刊《遇建》专门印制"喜迎党的二十大"专刊，展现党员干部职工风采。开展"重读经典·溯源初心读书征集"等系列活动，建立义工服务站，实施志愿者服务、树木保护等行动，开设"马克思主义系列谈"栏目，采取音频＋文字＋图片的形式，通过轻松愉快讲述故事、深入浅出解读经典，将党的声音入脑、入心。省级重要网站媒体刊登经验做法，党建品牌成效显著。精心打造"一刊两宣三网"的"1+2+3新媒体阵地"，创新推出微播报，拍摄短视频，制作专题片，精彩讲述一线职工故事，激发内生动力，强化责任使命，《邢台－天津港铁海联运首发》、交建版《孤勇者》等多篇稿件被"学习强国"、人民网等多家央级媒体相继报道。三是主动承担社会责任。扎实推动稳经济各项政策落实，2022年至今分两批次对27户个体工商户减免门市租金46.5万元。累计为65周岁以上老年人及无偿献血荣誉人员等人员办理近7万张免费公交卡。组织开展"博爱邢襄，圆梦行动"等多项公益活动，积极服务社会，贡献国企力量。

开展提升工程，强化示范引领

深入基层调研讨论。调查研究是谋事之基、成事之道。是掌握情况、解决问题的有利途径。一是继续深入一线、深入群众开展调研，与党员群众座谈交流，把真实情况汇起来、把特色做法理出来、把先进代表树起来，为党建品牌提升工程注入最易接受、最接地气的能量和元素。二是立足本单位的业务板块特点、资源优势及党建需求，充分征求党员群众的意见建议，集思广益，明确品牌提升工程的主攻点。三是对通过调研、座谈等形式获取的情况进行分析论证，针对党建中的重点难点热点问题列出单子、拉出条目，点对点、面对面、块对块，明确解决途径和方法措施，确保品牌提升工程更有针对性和操作性。

认真制订提升方案。工作方案是调查研究结果的体现，是党建品牌提升工程的路线图、时间表、任务书。一方面，要在集团发展战略框架下结合本单位重要任务目标和年度计划，明确品牌提升工程的推进节奏、关键节点和阶段任务，确保党建品牌建设有部署、有推进、有反馈、有进步；另一方面，品牌提升工程要统筹考虑本单位所处发展阶段、改革任务、党的建设等因素，制订方案，厚植党建工作的根基与底蕴，形成强大合力推动党建品牌建设落地生根。

拓宽品牌提升载体。党建品牌提升工程的推进要找准恰当的实施载体。一方面，开展品牌提升工程，要将其融入生产经营中，要与本单位实际相符合，开展贴近自身的主题实践活动；另一方面，不断梳理活动思路，调整活动程序，充实活动内容，采集活动信息。在形式、方法、内容等方面抓实多项活动载体，力求人无我有、人有我精，捕捉亮点，形成特色。

坚持品牌动态管理。科学动态管理是党建品牌提升工程的重要保障。一方面，党建品牌建设是一项长期工作，要久久为功、坚持不懈，在品牌提升工程中要围绕中心、服务大局、与时俱进，将科学管理、实时跟踪贯穿于品牌提升工程的全过程、各环节；另一方面，要遵守党建工作要求，遵循品牌管理的一般规律，创新工作思路，改进方式方法，及时吸收先进经验、特色做法，融入党建品牌建设，促进品牌提升富有生机、充满活力。

定期评估品牌效果。在党建品牌提升工程中及时回顾、总结和评估党建品牌建设质量是不可或缺的。一是品牌提升工程必须围绕服务企业改革发展需要而展开，做到接地气、可执行、真管用。坚持问题导向，自查自评与集团评估双结合，对发现的问题制订可行的改进和优化措施。二是品牌效果评估采取调研、访谈、讨论等多种形式，广泛听取党员群众及服务对象各方面的意见建议，准确把握品牌提升建设的实际状况，进而指明努力方向。三是品牌提升工程的评估要与党建工作总结、党建工作考核和党建工作述职结合。

实施效果

近年来，在党建品牌提升工作的影响下，交建集团的凝聚力、向心力、战斗力得到显著增强，知名度、美誉度和社会影响力得到大幅提升，生产经营屡创佳绩，硕果累累。截至 2022 年 12 月，企业总资产 384.38 亿元，营业收入 84.84 亿元，同期增长 26.96%，商业类企业实现利润总额 0.89 亿元，纳税总额 1.96 亿元。集团及下属公司先后获得"2021 年度全国交通运输文化建设成果优秀单位""2022 年度河北省建筑业信用 AAA 级企业""河北省'五一'劳动奖状""邢台市青年文明号"等多项荣誉。

主要创造人：马　骅　郑小刚
参与创造人：魏　涛　计志杰　王　旭　张　芳

五大工程涵养"文化高地"，助力企业行稳致远

湖北省航道工程有限公司

企业简介

湖北省航道工程有限公司（以下简称湖北航道）成立于1952年，现为湖北联投集团有限公司（中国企业500强）旗下的全资子公司，是集港口与航道工程、市政公用工程、环保工程、水利水电工程、房建工程及公路工程于一体的大型综合施工企业，拥有港口与航道工程、市政公用工程、水利水电工程、建筑工程4项施工总承包资质，同时具有航道、通航建筑、公路路基、环保、地基基础、桥梁、隧道、钢结构、城市及道路照明、建筑装修装饰等10余项专业承包资质，注册资本6亿元。湖北航道以优秀的人才队伍、雄厚的技术力量、精良的装备设施，始终恪守"重合同、守信用"和"质量第一、用户至上"的服务宗旨，先后承建了引江济汉通航工程高石碑船闸工程、长江汉江航道整治工程、长沙霞凝港码头工程、江西吉水高铁小镇市政工程、安徽灵璧水环境治理工程、武汉市娲石码头工程（长江武汉段首个万吨级码头）等一批国家、省、市重点工程。先后荣获省部级优质工程奖、青年文明号、科技进步三等奖、优秀成果二等奖，主编参编各级工法3项，实用新型专利31项。湖北航道连续多年被评为"湖北水运工程施工AA级企业"，先后获得"湖北省国资委文明单位""湖北省优秀建筑企业""建筑业综合实力百强企业""全国堤坝电站码头建筑业（湖北）排头企业""全国水运工程建设优秀施工企业"等称号。

实施背景

企业文化是企业的灵魂和支柱，是推动企业品牌形象不断提升和发展竞争力持续增强的重要因素。近年来，湖北航道牢牢把握先进文化的发展方向，大力弘扬"攻坚进取、忠诚奉献"的企业精神，把完善品牌建设、企业形象建设与企业文化建设紧密结合，进一步统一员工的价值取向和行为准则，开展形式多样的企业文化建设活动，让湖北航道文化被广大员工认知认同，使企业的愿景、使命、目标和任务真正成为员工的自觉行动，提升企业发展的软实力，展示企业发展新形象。尤其是2022年开展的庆祝建企70周年系列主题活动，充分展示了70年来广大干部职工顾全大局、履职尽责、躬身发展的生动实践和新作为，进一步增强了全体干部职工的自豪感、责任感、荣誉感、归属感，在公司上下广泛凝聚起以史为鉴、开创未来、埋头苦干、勇毅前行的思想共识，汇聚起推进企业高质量发展的磅礴伟力。

主要做法

着眼培根铸魂，实施"文明创建"工程，让职工精神面貌"靓起来"

把准政治方向，注重夯实思想根基，引导广大职工坚定不移听党话、跟党走，员工的政治信仰坚定、精神面貌饱满。一是加强思想政治教育，夯实理想信念根基。扎实开展主题教育、党史学习教育、"主题党日"活动、中心组学习等，借助钉钉群、微信群、"学习强国"App等引导党员干部主动学习。公司领导到基层联系点讲专题教育课，还成立了理论学习宣讲小组，深入一线进行宣讲。不定期组织员工集体观看爱国主义影片和警示教育片。为增强政治学习效果，还组织干部职工赴红安、大悟等地参观见学。二是加强企业文化宣传，打造舆论阵地。办好《湖北航道要闻》企业内刊，加强"湖北航道"企业微信公众号和公司网站运营，拍摄企业宣传片，制作宣传册，举办企业成就展，等等。充分运用新媒体平台，大力推进"文化引领＋人人参与"的宣传模式，打造了"无时不宣传、无处不宣传、无人不宣传"的企业文化宣传大格局，传递前沿动态，传播正能量。三是加强精神文明创建，树立良好形象。开展"做文明人、办文明事"及文明处室、文明家庭评选等活动，宣传普及文明礼仪知识。持续开展道德讲堂活动。定期举办法制讲座，大力弘扬法治精神，打造良好法治文化环境。

着眼人文关怀，实施"暖心关爱"工程，让爱企为家激情"燃起来"

真心实意关爱职工，想职工之所想、解职工之所难，让职工深切感受企业"大家庭"温暖。一是强化人文关怀，做好职工群众的"暖心人"。积极为建档在册困难职工申报各类补贴补助，制订职工重大疾病互助保障制度，为重症职工组织"线上＋线下"募捐活动，对困难职工家庭及子女上学等实施精准帮扶，开展春送岗位、夏送清凉、秋送助学、冬送温暖的"四送"活动，常态化开展重点工程慰问、节日一线慰问、扶贫助困慰问、红白事关怀慰问，把各类关怀慰问和福利落到实处。二是心系职工所想所需，做好职工群众的"有心人"。参照部队官兵退役的做法，为退休职工举办光荣退休仪式，充分肯定他们为公司的创造和奉献。在项目中广泛开展创建"六美项目部"活动，切实打造员工"幸福工程"。聚焦职工关心的热点和困难问题，开展好"我为职工办实事"实践活动。组织"'医'路有你·相约航道"青年交友联谊活动，帮助公司单身青年解决相亲交友问题。联合部分医疗单位为职工进行义诊。三是创新工作方式，做好职工群众的"贴心人"。为职工定制工作服时，考虑到项目部点多、线长、面广的实际情况，积极协调量体师前往项目驻地进行集中量体，既不耽误施工进度，又省去职工来回奔波的麻烦和辛劳。员工生日当天，都会收到温馨的贺卡祝福和生日蛋糕券。"三八"妇女节期间，工会积极策划系列活动，为女职工送上最暖心的祝福；关心女职工身心健康，每年为女职工购买防癌保险，落实女职工劳动保护权益。公司荣获全国模范职工之家荣誉。

着眼修心养性，实施"文娱惠民"工程，让职工文化生活"富起来"

根据不同兴趣爱好建立不同文体活动小组，开展健步走、"我健康我快乐"健身、瑜伽、歌颂会、攻坚之声朗诵比赛、摄影与书法展、乒乓球比赛、趣味运动会、庆"三八"T台秀、春游拓展等丰富多彩的文体活动，愉悦身心健康，释放工作压力。组织"爱祖国、唱红歌、颂成就、展风采"迎国庆系列活动、"唱支红歌给党听，喜迎建党100年"红歌传唱活动、"劳动创造价值，青年改变未来"演讲比赛等活动。因地制宜建设职工活动室、职工书屋、读书角、职工健身吧。举办"悦读"分享会，引导职工好读书、读好书。在集团举办的各类文艺会演活动中，航道公司均荣获奖项。

着眼挖掘利用，实施"基因传承"工程，让企业历史文化"活起来"

把"革命传统"与"时代精神"相结合，深入开展企业红色文化资源调查，厘清企业文化的历史脉络，对企业文化资源进行历史研究。以口述历史方式寻访亲历者和见证者，采访了公司92岁高龄的退休老党员、抗美援朝老战士金克明，撰写采访录。2022年是公司成立70周年，邀请退休老干部、老劳模代表、劳动技术能手代表等人员座谈，赓续历史文脉，展望美好未来；举办建企70周年征文比赛，干部职工纷纷撰写通讯、回忆录、散文、诗歌等，回忆峥嵘岁月，讴歌发展成就；举办抖音、短视频征集活动，集中展现公司和广大干部职工的新形象、新担当、新作为；举办专题书画、摄影等创作展览，展示干部职工忠诚企业、乐业向上、美好生活的精神风貌；编纂《湖北省航道工程有限公司70年发展史》；拍摄公司成立70周年宣传片《雄关漫道70载，逐浪扬帆再远航》；定制纪念优盘；组织各项目开展以向建企70周年献礼为主题的劳动竞赛活动。

着眼风清气正，实施"清廉护航"工程，让廉洁从业之风"兴起来"

每年通过层层签订责任书，压紧压实廉洁文化建设任务链、责任链。加强法律法规学习，领导干部带头讲授廉政党课，参观警示教育基地，观看廉政教育片，组织党纪法规测试，发送节日廉洁提示，开展家庭助廉和廉洁好书分享活动，组织党员领导干部进行廉洁宣誓并签署《从业人员廉洁承诺书》等，营造浓厚的廉政教育氛围。在公司和各项目部悬挂纪检监察监督举报牌，编印了《第十九个党风廉政宣教月廉政书目读后感汇编》《廉洁小故事——不忘初心，廉洁奉公》，设计制作了廉洁文化的鼠标垫、"清廉航道"定制笔，开展"清廉项目部"评选活动，创作了企业廉洁文化微电影、微视频8部，开展了"清风问廉"问卷调查工作，研究制订了公司廉洁风险防控手册，营造了崇廉尚洁、风清气正的工作环境和文化氛围。

实施效果

员工队伍整体素质得到提升

围绕企业使命、企业愿景、企业精神、核心价值观、职业道德，完善与之相适应的员工价值理念体系，实现企业价值观与员工价值观的统一。不断引导职工树立全员、全过程的学习理念、快速反应的速度理念、持续改进的创新理念、讲求公德的诚信理念、适应挑战和竞争的团队理念，建立了一支有大局意识、服务意识且能团结协作、吃苦耐劳的优秀团队，员工学历、职称和各类证书逐步提档升级。

内部关系更加和谐稳定

通过企业文化营造了尊重人、关心人、帮助人的浓厚氛围。决策者和管理者从言行上尊重和关心职工，在工作上理解和信任职工，倾听职工的呼声、关心职工的疾苦、解决职工困难，体现亲和力，释放感召力。在制订、实施生产经营考核方案和人事劳资分配制度时体现公平、公正、公开的原则，给每位员工以希冀和动力，有效促进了党员干部和普通职工之间形成团结、友善、合作、互助的良好关系。

企业品牌形象得到良好塑造

通过规范品牌标识的使用管理,进一步推进品牌形象建设。着力加强企业网站和微信公众号建设,加强与主流媒体的深入联系,充分发挥新兴媒体的传播作用,提升湖北航道品牌形象的宣传高度和推介力度。先后在《中国建设报》《湖北日报》等媒体宣传企业亮点,有力彰显了"湖北航道"品牌,获得广泛关注和宣传,进一步提升了企业形象,入选湖北省2022年度建筑业重点培育企业,连续多年荣获湖北省水运工程施工企业信用评价AA级。

有效助推企业经济发展

把湖北航道文化贯穿到生产经营的全过程,运用先进文化力对企业进行全方位的规范整合,打造强大的核心竞争力,注册资本金从3亿元增加到6亿元,多项资质增项、升级,公司逐渐被捶打成为湖北水运行业界的金字招牌。

主要创造人:李求生　李继军

打造创新文化，开启跨越发展新征程

河南省安装集团有限责任公司

企业简介

　　河南省安装集团有限责任公司（以下简称河南安装）始建于1954年，公司注册资本15亿元，年生产能力200亿元，业务涵盖工业设备安装、房建市政路桥、国际工程、地产开发、生物科技、清洁能源等多个板块。在做好国内市场的同时，紧跟"一带一路"，在海外成立6个分支机构，在建12个工程项目。现拥有建筑工程、电力工程、石油化工工程等6项施工总承包壹级资质，钢结构、消防设施、起重设备安装、建筑装饰装修、防水防腐保温等8项工程专业承包壹级资质，拥有化工装置拆除施工企业安全服务能力等级甲级证书，拥有博士后科研工作站、省级企业技术中心等研发平台，是河南省建筑安装行业资质最全、专业结构最齐、经营范围最广、产业链最丰富、整体实力最强的领军企业。

创新公司文化理念，引领高质量发展

　　世纪之初，曾经的河南建筑业翘楚——河南安装，在外部因素等的冲击下，未能跟上时代发展的步伐，陷入了发展的低谷，人心涣散、信心丧失、前路迷茫。

　　2014年，公司新一届领导班子上任，建设新的河南安装的千斤重担责无旁贷地落在了以新任董事长黄克政为首的领导层身上，河南安装开启了披荆斩棘、再创辉煌的新征程。

　　天不负有心人，有志者事竟成。河南安装创新公司企业文化、发展战略、管理理念，提出了建设"综合性、多元化、国际化、现代化企业集团"的发展愿景，带领公司广大职工走出低谷。如今的河南安装已经发生了翻天覆地、脱胎换骨的变化，整体走上了良性发展的快车道。

　　河南安装始终坚持文化兴司、文化管司、文化育才理念，不断完善顶层规划和布局，努力培育特色鲜明的文化氛围，精心打造河南安装的文化品牌，明确提出了公司核心价值观：坚持传递好一个声音，即统一思想、达成共识、形成合力、令行禁止；提出了"树信心、转作风、塑形象、重信用、扬诚信、促发展"的"十八字工作方针"。

创新公司发展战略，唱响转型主旋律

　　河南安装从宏观上、全局上进行经营筹划，创造性提出调整经营战略的关键任务就是促转型，其战略路径就是通过加快实现"三个转变"，打造"工业安装、建筑市政、国际板块、多元化发展四大板块"作为经营转型的主旋律，作为推进经营战略的主战场。把践行"十八字工作方针"、发扬"三讲三苦"的创业精神作为公司当前爬坡过坎、转型发展、蓄势崛起的精神力量，作为把公司做大做强做优的源泉和动力。

坚持全员经营、全员入市理念，强化经营信息管理，把经营信息管理上升为情报管理的高度。建立健全经营管理激励机制，经营成果与绩效考核挂钩和实践，为经营目标实现提供有效执行的工作方法，使"活得好"经营理念进一步落地生根。坚持完善资质，突破市场门槛。集团施工总承包壹级资质由3项增加到6项，新增加工程专业承包壹级资质8项，完成了承装（修、试）电力设施许可证升级工作，取得中国电力建设企业联合会颁发的电源类乙级调试资质，取得了化工装置拆除甲级证书和设计乙级资质，丰富完善了工程承包范围，为公司业务转型奠定了资质优势。

创新公司管理理念，打造执行力文化

随着建筑业供给侧结构性改革的逐步深化，市场竞争逐步转向以质量型、差异化为主的实力竞争，以信息化、标准化、工业化、专业化等为代表的建筑产业现代化已经成为建筑业企业高质量发展的新引擎，也正在改变建筑业的思维模式和发展模式。河南安装敏锐地捕捉行业发展趋势，提出以信息化、标准化、精细化、工业化、专业化建设进一步完善公司治理结构，打造集团管控新优势。

目前，集团已经打造了包括OA办公管理系统、NC财务管理系统、项目成本信息系统、BIM应用平台、物资集采平台、智慧工地及劳务实名制为主要工具的立体交叉融合型信息化管理系统集群。把企业内部定额、企业族库、BIM优化等企业资源，以及可视化数据分析等理念、虚拟化服务存储环境等融入到企业信息化管理系统中。工程项目实现了常态化做好月度"一费承包两费控制"处理与分析，量入为出，及时止损，保证过程可控。

对于青年人才的选拔和任用，河南安装创造性提出了"赛马不相马"的新人才理念，开启了集团人才战略实施新篇章。例如，在校园招聘领域，把人才招聘工作当作经营工作对待，分配基层单位直接对接，提高招聘效率。在人才考核与服务方面要转变思想、简化程序，坚持"宽进人、严考核"和"赛马不相马"的基本原则；要改变社招人员重招聘轻培养、重使用轻服务的现状，采用线上、线下培训相结合的方式加大对社招人员培训，缩短其与公司的磨合期。实行"'一把手'抓第一资源"制度，各分（子）公司"一把手"要将留人纳入重要议事日程，要在集团人才战略基础上出台相应的细化方案或措施，加强对人才的人文关怀与业务能力上的指导教育，督促其成长和进步，进一步打好"待遇留人、事业留人、情感留人"的组合拳。

建立健全了全方位、全覆盖的绩效考核体系，以绩效考核为抓手，坚持定量考核与定性考核相结合，按照"抓住那些不落实的人，盯住那些不落实的事，查找那些不落实的原因，追究那些不落实的责任"的考核要求，客观评价基层单位、机关职能部门和员工的工作成果，以考核提升执行力，以考核结果论奖惩，充分体现"多劳多得、优先发展"的理念，以绩效拉开不同单位间薪酬待遇，促进员工能进能出、收入能高能低、干部能上能下的用人机制进一步完善，激发被考核单位发展、部门发展和员工发展的内生动力。

提高自主创新能力，打造科技型企业

河南安装正在从"劳动密集"向"建筑安装工业化"、技术密集型的转型升级，高度重视技术创新对发展的支撑作用，真正把科技兴企战略落到实处，把技术创新作为推进高质量发展、提高竞争力的中心环节来抓。要求持续围绕电力施工、玻璃玻纤施工、石油化工施工等领域提炼总结一批关键技术，持续围绕以中医院、儿童医院、阳光大厦、伊洛河大桥等项目建设提炼总结一批模块化集成施工关键技术，持续围绕具有自主知识产权的核心技术申报国家级工法、发明专利，为企业发展提供技术支撑。星汉公司、结构公司等围绕"高精新特"建设，开展科技创新，建立核心竞争力，着力打造行业明星企业。

河南安装与西安交通大学、郑州大学、沈阳建筑大学、河南大学、沈阳工业大学等高等院校开展校企合作，已建有省级企业技术中心、博士后科研工作站、省级重点生物实验室、中心实验室、设计院等科研平台，科技创新和成果转化平台已经具备，每年做好工法编制、专利开发、科技奖项申报和专利维护工作。组织做好科研立项工作，确保研发费用比例不小于营业收入的3%。

河南安装在公司范围内大力挖掘和推广应用"四新"技术和"五小"活动，进一步降低施工成本。制订"四新"技术和"五小"活动实施方案，全年收集和发布"四新"和"五小"活动成果有效信息200余条。全年应用"四新"技术和"五小"活动直接降低施工成本不低于400万元。大力开展"安康杯""六比一创""六型示范班组""三比两降"等劳动竞赛活动。做好劳动模范工作室、焊接和装配式创新工作室创建工作，举办好公司职工职业技能大赛，推选优秀技能人才参加国家级、省级、市级劳动技能大赛，挖掘培育出了一批高技能人才和工匠带头人。

坚持高质量发展道路，成果显著

准确把握新发展阶段、深入贯彻新发展理念，坚持总部引领、战略引领、文化引领，锚定打造"洛阳市建筑业名片、国际化品牌、知名现代综合服务商"愿景，以提高效益为目的，以创新为发展动力，完善制度体系，强化考核管理，持续优化产业结构，推进全产业链发展，打造经济增长新引擎，促进整体运行质量和规模效应得到显著提高。2018年，企业产值为18亿元；2022年，企业总产值为94亿元，整体翻了五番。河南安装现有职工3900余人，年生产能力200亿元。河南安装从2014年的7个分（子）公司达到如今的34个分（子）公司。其中，拥有玻璃玻纤工程事业部、电力工程事业部、化工工程事业部、建筑工程事业部、市政工程事业部等5个专业工程事业部；有郑州分公司等7个专业分公司；国内有星汉生物科技、豫安房地产开发、豫安金属结构公司、盛馨热力公司、安泰居物业管理公司、海南祯祺贸易有限公司、珠海横琴豫能贸易有限公司等7个子公司；与国有平台公司洛阳城投集团、洛阳国展公司合作成立2家混改公司；拥有河南省建筑企业唯一的安装类技工学校——河南省建筑安装技工学校，特色专业有筑炉工、管道工、安装电工等；国外在哈萨克斯坦、巴基斯坦、马来西亚及北非地区设有分（子）公司、经营部12家。

河南安装先后获全国安装行业先进企业、全国安装行业50强、河南省企业100强、河南省建筑业 20 强、河南省 10 佳施工企业、河南省建筑业先进企业、河南省技术创新先进企业等荣誉称号，被评为全国 AAA 级诚信企业、河南省建设系统信用评价优秀建筑业企业。编制了国家标准《水泥工厂余热发电工程施工与质量验收规范》《建材工业设备安装工程施工及验收规范》，主编了《生活垃圾焚烧系统施工及验收规范》。荣获全国科学大会成果奖、"鲁班奖"、国家优质工程、中国安装之星等国家级奖项 30 余项，获省部级优质工程奖 80 余项，获得国家发明及实用新型专利 130 余项。子公司星汉生物科技、豫安金属结构公司被认定为国家级高新技术企业，大大提升了企业形象，受到各方的好评。

主要创造人：黄克政

参与创造人：闫从耘　王致祥　郭长琦　廖红盈

传承红色基因，培育以"三江精神"为核心的航天特色军工文化体系

中国航天三江集团有限公司

企业简介

中国航天三江集团有限公司（以下简称航天三江）隶属于中国航天科工集团有限公司，是我国固体运载火箭研制生产的主体与技术抓总单位、特种越野车及底盘研发生产的主要单位，是国防科技工业的骨干力量。航天三江由原航天科工四院和原航天科工九院于2011年合并重组而成。航天三江本部注册在湖北省武汉市，拥有的总资产超过1294亿元，2022年销售收入480.5亿元，控股上市公司1个，成员单位28个，主要分布在湖北省武汉市、孝感市、宜昌市和北京市、南京市、成都市，形成"六地十二区"布局。

实施背景

培育航天特色军工文化体系是传承红色基因、打造中华民族现代文明航天样板的实践要求。航天三江作为有着深厚红色印记的国资央企，只有从中华优秀传统文化中汲取营养，从航天先进文化中凝聚智慧力量，深入推进"红色三江、奋进三江、活力三江、文化三江、清廉三江、幸福三江"建设，才能行稳致远，打造中华民族现代文明的航天样板。

培育航天特色军工文化体系是企业提高管理水平、增强凝聚力、打造竞争力的迫切需求。随着市场经济快速发展，越来越多的企业家认识到企业文化的建设对于企业发展的重要性。企业文化可以说是企业的核心竞争力，对企业管理具有十分重要的作用，能够为企业管理的建设与发展提供导向。企业文化实质上是一种管理形式，管理瓶颈的突破依赖于文化的冲击。优秀的企业文化对企业发展有着重要的推动作用，优良的企业文化能保障企业行稳致远。企业文化是企业全体成员的价值理念、行为方式，是企业展现出来的社会形象、团队氛围。一个企业的核心竞争力就在于它的企业文化。企业要做大、做强、做久，必然要有属于自己的特色鲜明、科学先进的企业文化；同时，良好的企业文化也能引领企业员工积极向上。它作为一种极强的"黏合剂"，可以把广大员工紧紧地"黏合"、团结在一起，能够在员工之间形成强大的向心力，使员工明确工作目标、保持步调一致。

体系内涵

"三江精神"是航天三江企业文化中最核心的精神基因,也是其艰苦奋斗的历史写照、奋发图强的动力源泉、高质量发展的精神保障。

以"三江精神"为核心的企业文化体系

50多年来,航天三江在系统、有步骤地实施企业文化战略中初步建立起具有航天军工特色的企业文化体系。从1986年正式提出"团结争气、艰苦创业、求实自强、改革创新"的"三江精神",到新时期通过明确共同价值观、推进文化载体和品牌建设、拓展专项文化建设、积极开展文化实践活动,逐步形成了以"全面建成世界一流运载技术研究院"为企业愿景,"国家利益高于一切"为企业核心价值观,"科技强军、航天报国"为企业使命,"三江精神"为核心内容的体现企业战略需要、时代要求、特色鲜明的航天军工企业文化建设体系。

构筑以"三江精神"为核心的航天特色军工文化体系建设路径

围绕航天三江"全面建成世界一流运载技术研究院"愿景,创新构建以新的企业价值理念体系为核心、与企业高质量发展相适应、与发展战略相符合、与企业和职工共同发展需求相一致的企业文化体系,把传承红色基因作为铸魂之基、兴业之本、聚力之源来抓,在不断传承弘扬红色基因中探索出"健全完善组织机制、舆论引导坚定有力、理想信念常抓不懈、'先模人物'典型引路、专项文化特色鲜明"的企业文化建设路径,形成了"五个一"军工文化建设成果(保护一批三线军工建筑遗存、推广一条军工文化研学经典线路、打造一张三线军工文化红色名片、建好一批"精神讲堂"、形成一系列军工文化成果),以此来提升企业核心竞争力,以企业文化建设助推高质量发展,加快建设世界一流企业。

主要做法

健全完善组织机制,增强企业文化的向心力

航天三江着力于"党建、企业、文化"三者深度融合、良性互动、共同发力,成立了由公司党委书记、董事长为组长,党委副书记、总经理和专职党委副书记为副组长,本部各部部长为成员的企业文化建设工作领导小组,领导小组办公室设在党群工作部(党委宣传部),同时专门设立军工文化处,统筹军工文化体系建设。严格执行中国航天科工新版《形象识别执行手册》,深入推进企业文化及专项文化建设,增强全员价值认同和自觉践行。把企业文化建设纳入企业发展战略一同研究部署,除在总体发展规划中对企业文化建设提出工作目标之外,宣传部门还出台了企业文化建设工作规划,系统地提出建设目标、工作载体、落实举措。此外,航天三江制订了党建工作量化考评体系,将企业文化建设工作纳入其中,考评结果与各单位的年度经营业绩挂钩,从制度体系上保证了推进企业文化建设的力度。航天三江拥有一支企业文化建设队伍,除本部配备专职工作人员外,所属成员单位均设立了企业文化部或相应的工作机构,根据需要配备专兼职工作人员。每年举办一次企业文化建设工作专题培训班,邀请行业内外的专家现场讲授和专题辅导,适时组织学员外出参观见学,拓宽视野,增强交流,有效提升全系统的业务水平。

加强意识形态工作，筑牢思想引领力

航天三江注重发挥传统优势，加强思想政治教育，在广大干部职工中广泛开展理想信念教育、航天精神教育和典型教育，引导广大干部职工坚守"国家利益高于一切"的企业核心价值观，践行"科技强军、航天报国"的历史使命。充分发挥党支部的战斗堡垒作用和党员的先锋模范作用，加强正面宣传力度和树立正确舆论导向，为企业高质量发展广泛汇聚合力。以"国家利益高于一切"的企业价值观为核心，积淀提炼具有自身特色的企业文化理念体系（企业愿景、企业传统、发展战略、企业管理、产业战略、质量方针、党建思想政治工作总体思路等），构建企业形象识别系统、员工行为规范，通过文化理念阐释、形势任务教育、主题实践活动、现场宣传鼓动等推动航天特色文化到一线、进车间、到班组，以先进文化启智润心、引领使命。把航天三江倡导的先进性的思想与理念同企业可持续发展相结合，坚持"三个不能变"（思想政治工作在党的全部工作中的地位不能变、任务不能变、提高党员干部的思想政治工作的质效不能变），不断在持续深化社会主义核心价值观、航天传统文化、形势任务和主流舆论宣传教育的同时，开展好"四德"（社会公德、职业道德、家庭美德、个人品德）、"四科"（科学思想、科学精神、科学知识、科学方法）的先进意识教育和培养。航天三江党委将"红色百年，建功航天"同传承红色基因、弘扬航天优良传统相结合，组织对黄纬禄院士、王振华总师的先进事迹和三江精神进行系统梳理，赋予新的时代内涵，打造3个"精神讲堂"（三江精神讲堂、黄纬禄精神讲堂、王振华精神讲堂），凝聚起投身航天报国主战场、争当科技强军排头兵的磅礴伟力。

赓续红色基因，持续提升企业竞争软实力

积极从企业红色资源中挖掘、整理、提炼素材，编好"红色教材"，激活"学习细胞"，点燃传承动力。

深入挖掘红色资源背后的思想内涵，航天三江党委书记冯杰鸿发表题为《让三江精神放射出新的时代光芒》的署名文章，进一步丰富三线军工文化的时代内涵；联合国防科工局新闻宣传中心制作《峥嵘岁月》三线建设纪录片；与三线基地所在地远安县政协合编出版图书《激情岁月》并被国家图书馆收藏，受到社会广泛关注；编辑出版《三江情怀》《三线迹忆》等系列丛书，浓墨重彩地反映企业筚路蓝缕奠基立业、创造辉煌开辟未来的奋斗岁月……让红色资源"活"起来，让红色基因"动"起来。党史学习教育期间，"三江精神"还被列为湖北省国有企业传承红色企业精神的典型案例，在湖北省推广交流。

促进党建与科研生产深度融合，融入文化原动力

航天三江通过基础党组织在企业发展中的政治引领力，不断扩展党建工作融入科研生产工作的载体，从"型号线""任务线"的维度开展企业文化教育，经党委研究制订《航天三江党建"铸剑"品牌行动方案》，铸牢党建"铸剑"品牌之魂、巩固党建"铸剑"品牌之本、夯实党建"铸剑"品牌之基、丰富党建"铸剑"品牌之源、激活党建"铸剑"品牌之能。开展"党旗在航天一线高高飘扬""红色百年、建功航天"等活动，以"党建+文化"凝心聚力增强发展新动能，全面锻造基层战斗堡垒，将党建工作融入重大专项工程、融入科研生产全过程，党的组织延伸到产业链、项目组、一线车间。围绕"急难险重新"任务深入推进党员突击队建设，引导党员在创新的重要领域、关键时刻、"卡脖子"项目中亮身份、当先锋。基层党组织围绕科研生产目标任务，深入开展创先争优、小主题项目攻关、双培养、红领工程、党员示范岗、党员责任区、

党员承诺践诺等，做到关键任务有党员引领、关键技术有党员攻关、关键工序有党员盯守、关键时刻有党员冲锋，充分发挥基层党组织战斗堡垒作用和党员先锋模范作用，组建305个党员攻坚团队、373个党员责任区、616个党员示范岗，聚焦"急难险重新"任务、"卡脖子"关键技术、"三保一提"重点目标克难攻坚、担当作为。

加强先进示范引领，增强企业文化凝聚力

航天三江以推树典型为助推器，深入挖掘感人故事，示范引领，更加注重以文化人、以文育人。以开展岗位有模范等活动为载体，实现党建统领企业文化合力发展，促进企业向高目标、高标准冲刺与发展。其主要是以"用户满意为最高质量标准"目标，推树质量标兵、职业道德标兵，提升党员的社会责任意识；以谋求航天三江科技进步为目标，推树"大国总师""能工巧匠"及企业各条战线领军人物，提升企业的核心竞争力；以强化企业以人为本为目标，推树职工明星及优秀党组织，以提升航天三江的凝聚力。

主要创造人：刘　博　刘　春
参与创造人：钟江国　谭青海　陈　飞　冯晓康

红色文化筑就企业奋进之魂

华电青岛发电有限公司

企业简介

华电青岛发电有限公司（以下简称青岛公司）始建于1903年，1935年迁至现厂址，现有4台30万千瓦热电联产机组，已全部完成超低排放和供热技术改造，最大供热能力超过1800兆瓦，是山东省第一家采用30万千瓦机组供热的发电企业，也是青岛市最大的热力生产基地。青岛公司以坚定的政治担当坚决履行能源保供民生责任，年发电量超过50亿千瓦时，以华电为热源的供热面积突破3800万平方米，约占青岛市区集中供热的38%。目前，青岛公司连续安全生产突破8800天，开展供热以来实现安全供热15年"零事故"。在建2套F级燃气－蒸汽联合循环热电联产机组，作为山东省首个开工建设的F级重型燃机项目，计划于2023年投产发电，项目建成后可进一步提升区域电网可靠性、提高青岛市清洁能源供热比重、促进新能源"绿电"消纳。青岛公司先后获得全国"五一"劳动奖状、全国文明单位、中央企业爱国主义教育基地、山东省节能先进企业、资源节约型优秀企业、优秀循环经济企业等荣誉称号，成功入选"中国美丽电厂"。

"红"强引领，科学谋划，构建红色文化矩阵

青岛公司深入挖掘企业"护厂运动"等红色基因，拓展丰富新时代"护厂精神"内涵，精心培育"青电档案"红色文化矩阵，结合红色文化特点，整合企业内外部文化资源，精心打造以"传承红色基因、牢记初心使命"为主题的红色教育展厅、拍摄企业红色宣传片《电心密码》、收藏传承珍贵"传家宝"……让青电的红色基因融入血脉、薪火相传、世代永续，进一步推动了企业"煤气互补、风光协同，清洁高效、绿色低碳"战略的实现，着力打造适应市场发展要求、遵循文化发展规律、符合企业发展战略、富有时代精神、反映行业特点的企业红色文化品牌，激发工作动力，凝聚思想共识，助力文化强企升级。

加强红色文化矩阵建设的组织领导

青岛公司从战略高度充分认识红色文化建设的重要性，将集团公司和华电山东公司文化品牌引领作为企业红色文化建设工作的重要内容。健全企业各级工作机构，针对红色文化建设制订《企业文化建设管理奖惩办法》；建立党政"一把手"同为第一责任者且党委领导主抓宣传普及、行政领导主抓创新实践的工作责任制；同时，将企业红色文化矩阵建设和红色文化品牌创建工作任务纳入各部室、车间（公司）年度经济承包责任书，企业文化中心加强红色品牌建设的过

程指导考评，自上而下实现红色文化建设与企业年度重点工作同部署、同检查、同考核。

制订红色文化矩阵建设规划

坚持"三贴近"原则，即坚持贴近红色文化矩阵建设总要求、坚持贴近企业发展新需要、坚持贴近职工生活和精神追求，加强红色文化建设的顶层设计和过程管理。发挥集团公司文化品牌和华电山东文化品牌的统领作用，结合企业不同时期红色文化矩阵建设工作面临的新课题，多次召开公司党委会，客观分析红色文化品牌建设现状、存在问题，明确工作思路、目标和主要任务，围绕红色文化矩阵打造、落地和推广，对企业文化建设"十四五"规划进行了滚动修订，形成了以打造红色文化矩阵促进企业文化创新、以企业文化创新提升红色文化矩阵形象的良好局面。

完善企业文化品牌评估诊断

加强企业文化 PDCA 循环管理，以企业文化研究会对公司企业红色文化建设评估诊断结果为依据，下发年度企业文化建设工作计划、调整组织领导机构、设立企业文化建设专项经费，为企业红色文化矩阵的普及推广提供了机制保障和资金支持。本着"全面推进，重点突破"的原则，在全体员工中常态化开展"一个普及，六项活动"，通过举办企业文化节，组织专题培训、企业文化征文、知识答卷、知识竞赛、演讲比赛、企业文化经验交流会等活动，促进企业红色文化战略的普及和运用，强化了从集团公司文化母品牌、华电山东公司文化品牌到企业红色文化品牌元素的宣贯，加速了干部员工对企业红色文化从熟悉到遵从、从领悟到内化的落地进程。

"红"重融合，多维运用，化无形为有形

青岛公司经过对深植红色文化引领、助力企业高质量发展的不断探索和实践，借助"中国华电""华电山东"的品牌引导力及企业红色文化价值影响力，通过打造企业红色教育基地、创新党史学习教育载体、抓好我为群众办实事等方面，将构建企业红色文化品牌与生产经营深度融合，企业红色文化品牌激励作用不断显现，最终将铸造红色文化、传承红色基因、赓续红色血脉转化为推动企业高质量发展的"助推器"。

以打造企业红色教育基地为契机，让红色文化"火"起来

青岛公司深入挖掘企业 80 多年红色基因和红色故事，用身边的、亲历的红色故事强化传承教育，深化企业红色文化品牌创建。2021 年，青岛公司以庆祝建党 100 周年为契机，精心打造红色教育展厅，同年被国务院国资委授予中央企业爱国主义教育基地。通过峥嵘岁月、红色基因、激扬时代三大板块，讲述了企业 80 多年不平凡的发展历程，见证我国电力事业从小到大、由弱到强发展之路的红色历史，具有很强的爱国主义教育意义。展厅设置丰富的呈现载体，通过布展图片、实物、沙盘，让其既有历史纪实，也有故事描述，配备投影和显示屏循环播放红色故事视频，设置阅读交流区，使参观者可以全方位立体获得红色教育。

青岛公司红色教育展厅内容丰富，可开展沉浸式爱国主义教育，参观时长在 2 小时左右，同时配套大会议室可安排讲座、党课，也可进行重温入党誓词等仪式，满足全方位教育要求。展厅内设有阅读交流区，有大型投影幕，可开展读书沙龙，环境严肃中不失现代，可对红色历史进行深入探讨学习。开馆以来，已顺利接待 50 余个团队，参观人数累计达 3000 余人次，让青电红色

资源成了开展爱国主义教育最生动的教材,也成了红色教育的"打卡"新地标。

以创新党史学习教育载体为依托,让红色文化"新"起来

青岛公司创新开展党史学习"三个一"活动,传承企业红色文化,引导广大党员不忘初心、牢记使命,将学习动力转化为推动党建工作与生产经营发展深度融合的内生动力。将参观企业红色教育展厅作为公司各级党组织开展主题教育活动的必修课,13个党支部分别来到红色教育展厅进行"沉浸式"学习,开展主题党日、进行党团共建、观看红色视频、组织红色经典读书交流等活动的同时,"零距离"观看珍贵的历史照片和青电"传家宝",使全体党员深刻感受青电先辈不屈的精神和高尚的爱厂情怀,接受深刻的党性教育和思想灵魂洗礼,进一步让企业红色文化在全体干部职工心中"生根发芽"。

"线上"+"线下"多维创新,不断深化党史学习教育。线上通过微信公众号、视频号和抖音等新媒体策划编发"青电红色故事""青电传家宝""学党史,践初心,'支部讲堂'进行时""我和我的支部"系列微信文章和视频,线下利用主题党日、"三会一课"等平台开展党史学习"三个一""听老党员讲那过去的故事""党史学习教育·青年说""探寻红色历史、传承红色基因"联合党团共建、观看红色电影等活动,进一步传承弘扬企业红色基因和党的优良传统。

青岛公司还进一步结合先进典型宣传,通过多种形式,大力弘扬红色精神,进一步增强红色文化的影响力和辐射力。综合运用企业内部报刊、网站、微信公众平台、宣传栏等开展线上线下教育,全方位、多层次、立体化地宣传典型事迹,广泛传递正能量。向公司全体干部职工发出《传承新时代"护厂精神",攻坚克难勇担当,为打造一流综合能源供应商而努力奋斗》的倡议,举行"道德模范"评选,开展"青电好传统"征集评选,摄制"红色基因的传承与发扬"访谈式微党课视频,通过网站等进行播放,积极传播典型事迹,激发党员"五争先""挂牌攻坚"及职工岗位建功的积极性、主动性,助力破解生产经营发展难题。

开展"红色故事和企业好传统"征文、微电影大赛,用"微文化"形式讲述红色故事,展现在企业发展历程、生产经营等方面涌现出来的先进人物和优秀品质,让红色基因和优秀传统成为助力公司加快建设一流综合能源供应商的强大精神原动力。《青电档案》荣获全国经济科技档案工作创新有一定推广价值案例奖;《永不忘却的记忆——解放前的"护厂运动"》荣获国务院国资委第四届中央企业优秀故事优秀奖;《赓续红色血脉,升级企业文化》成果荣获山东省首届企业文化优秀成果一等奖;《胶州湾畔的温暖守护》荣获国务院国资委第五届中央企业优秀故事一等奖。

以开展"我为群众办实事"实践活动为抓手,让红色文化"活"起来

把深化企业红色文化创建、党史学习教育同总结经验、推动工作结合起来,弘扬党的光荣传统,践行初心使命,强化企业文化实践运用。青岛公司聚焦"五个服务",用心用情推进"我为群众办实事"实践活动走深走实,让企业红色文化的影响力"活"起来,彰显青电温度,叫响青电红色文化品牌,推动我为群众办实事"走实"又"走心"。青岛公司弘扬党的光荣传统,践行初心使命,发挥党支部战斗堡垒和党员先锋模范作用,做到服务发展、服务群众、服务社会、服务基层、服务职工。2022年,各级党组织先后解决职工反映强烈的热点难点问题43项,春节前夕完成走访看望生活困难党员、老党员共39余人次,职工群众的获得感、幸福感、安全感不断增强。

青岛市历年来都是山东省供热期最长的城市，作为市区唯一大型清洁热源，青岛公司承担了市区三分之一以上的供热面积。面对供热民生，青岛公司坚持以用户需求为导向，探索企业服务、融入城市发展的新路径，用优质的服务让温暖延续，在用户心中树立了值得信赖的供热品牌。每当供热季来临前，青岛公司按照"客户少跑腿，信息多跑路"的政务服务要求，创新服务模式，采用微信公众号在线办理业务和缴纳热费。2022—2023年供热季前，青岛公司累计办结开通事务1952件、停热事务1345件、更名事务492件、散户新装事务100件，以实际行动践行"您只需动动手指，其余的工作由我们来做"的工作理念，用"智慧供热"为岛城人民开启新一年的青电专属"温暖"服务。

青岛公司号召广大党员传承红色基因和优秀传统文化，立足本职、转变思想、勇于担当、真抓实干，以"挂牌攻坚"项目化管理为抓手，围绕转型发展、指标优化、消除设备"顽疾"、管理创新、提升服务水平等5个方面确定攻坚项目24个，持续破解企业生产经营发展难题，在夯实安全根基、深化设备治理、提升能效水平中推动公司高质量发展。

主要创造人：王　超　李珊珊
参与创造人：王　锴　刘乃华　耿　悦

"文化引领"助推企业转型发展

中国化学工程第十六建设有限公司

企业简介

中国化学工程第十六建设有限公司（以下简称十六化建）是国务院国资委管理的中国化学工程股份有限公司的全资子公司，是一家大型综合性施工企业，注册资本金20亿元。公司始建于1965年，是集工程建造、建设管理、技术研发、投资运营、工程设计、设备制造、物资材料供应、检维修及生产试车保运服务为一体的中央企业，主营石油化工、煤化工、基础化工、新材料新能源、医药、环保、食品、军工、市政、建筑、电力、防腐保温、土石方工程、机械运输、大型吊装、压力容器制造、长输管道、房地产、园林绿化等领域的业务。公司先后荣获国家优质工程金质奖、中国建筑工程"鲁班奖"、化学工业境外优质工程等各类奖项，获得全国建筑业诚信企业、全国"守合同、重信用"企业、全国建筑业AAA信用企业、全国优秀施工企业、科技创新先进企业等荣誉。

实施背景

近年来，十六化建坚持政治、战略、文化"三大引领"，怀揣"打造专业化、多元化、国际化工程建设公司——一家充满活力、具有价值、受人尊重的优秀企业"的企业愿景，坚守"创新技术和管理，为客户提供期望的工程和服务，为利益相关方创造价值"的企业使命，秉承"创新、尽责、诚信、善为"的企业精神，聚焦主责主业，加速转型升级，在汲取十六化建传统文化精髓的基础上，通过对企业发展、经营策略、规章制度、人文环境等方面的调研分析，构建起具有时代特色、符合发展战略、能够凝聚人心的文化理念体系，将"六个特别"新时代铁军精神融会贯通到企业改革发展和生产经营各环节，努力将无形的文化力转化为有形的生产力与核心竞争力，实现主要经济指标年均增幅超过30%，3年翻一番，6年翻两番，历史性迈上"双百亿元"新台阶。2023年，十六化建高标准建成总部办公大厦，彻底改善职工办公环境，为企业发展提供全新引擎；占地110亩的十六化建智能建造基地建成投用，成为公司"工程+实业"两翼发展的重要支撑。

主要做法

文化铸魂，厚植高质量发展底蕴

十六化建坚持文化铸魂，深入学习贯彻落实党的二十大精神和主题教育安排部署，围绕工作实际先后总结提炼了"六个讲政治"等特色企业文化理念，切实将学习成果转化为推动企业发展的生动实践。

以"六个讲政治"提升判断力。十六化建党委始终将做到"六个讲政治"摆在第一位，即：讲政治，就是要深刻领悟"两个确立"的决定性意义，增强"四个意识"，坚定"四个自信"，做到"两个维护"；讲政治，就是要以高质量党建引领保障高质量发展，以经营工作的成果检验党建工作的成效；讲政治，就是要将公司做强做优做大，确保国有资产保值增值；讲政治，就是党员领导干部要做到忠诚、干净、担当；讲政治，就是各级领导干部要认真落实"一岗双责"；讲政治，就是要以员工为中心，把员工对美好生活的向往作为奋斗方向，让员工有安全感、获得感和幸福感。

文化兴业，助推企业转型发展

持续践行"特别能吃苦、特别能战斗"，让十六化建因时而进、因势而新，持续助推企业转型发展，通过统筹化工、非化工两个领域，拓展国际、国内两个市场，突出创新驱动推动关键领域锻长板、补短板，在赛道转换中实现超越。

坚持"合作共赢、竞争进取"的市场经营理念。十六化建坚持"合作共赢"的理念，坚持与利益相关方共担责任、共创价值、共达目标、共享利益，追求可持续合作。在合作的同时，企业内部也讲求"竞争进取"，树立"上岗靠竞争，收入比贡献，业绩论英雄"的价值导向。近年来，十六化建着眼长远，提出创新发展、转型发展、安全发展的三大发展思路，谋求传统化工向工业与民用建筑、市政、环保和新能源市场突破，国内市场向国际市场突破，传统工程承包经营模式向投融资经营模式突破的三大突破战略，实现化工、非化工、国际工程三大板块业务协同发展格局。贯彻"属地经营"思想，以总部宜昌为中心、辐射湖北全域，围绕长江沿线城市群，深耕属地市场，实现"做项目"向"做市场"转变，通过"造势"实现"造市"，陆续与属地政府、企事业单位等关联方签订战略合作协议，在属地承建了多个重点项目，包括亚洲最大内陆湖武汉汤逊湖综合整治项目、华中区域最大算力中心项目，打造了政企合作典范。

坚持"开放包容、对标学习"的文化自信体现。建立"联建联创"机制，牵头40余家单位签订共建协议，开展联学联建，十六化建作为唯一一家在宜央企被评为"宜昌市筑堡工程先进集体"。国家先进计算产业创新（宜昌）中心项目高质量承办了湖北省智慧工地现场观摩会，充分展示项目智慧协同管理、BIM技术应用等智慧化应用，为湖北省住建领域工地项目赋能。在田家河化工园区举办"舞动青春，乐享未来"工地音乐会，联合宜昌市委宣传部、高新区管委会等多个相关部门，共同举办青年联谊活动，为未婚青年搭建起交友互动平台。与宜昌市住建局、应急管理局、消防大队联合开展高层建筑消防应急实战演练，着眼于"人人讲安全、个个会应急"，推动安全意识提升。

坚持"铁军精神、风清气正"的红色基因传承。十六化建身体里流淌着工程兵的血液、肩上扛着党和国家赋予的使命，从它诞生的那一刻起就植入了红色基因。这是十六化建近年来取得出色业绩的重要内因，也是担当央企责任使命、报国为党的根本动力。十六化建紧跟中央脱贫攻坚和乡村振兴部署，连续8年派驻专职书记驻村开展帮扶工作，结对帮扶、就业扶贫多措并举推动曾经的"省级贫困村"变成"省级生态村""市级美丽乡村示范村"。在实现高速发展的同时，十六化建也努力营造良好的政治生态和干事创业氛围，让全体员工共享发展成果，员工收入年均增速超过10%，不断提升职工的幸福感、获得感和安全感。

文化传声，擦亮十六化建品牌

企业因文化而兴，文化因创新而盛，十六化建始终坚持"特别能团结、特别能奉献"，团结一切可调动的资源，努力塑造好十六化建品牌形象、讲好十六化建发展故事，为助推企业高质量发展汇聚了社会正能量。

传播十六化建声音，展现改革发展成果。大力推进自有媒体平台建设，在官方网站、微信公众号、企业内部报刊、内网OA的基础上，开设十六化建抖音号、微信视频号、今日头条号等新媒体账号，围绕重大事件、重大项目、重要节点，统筹开展宣传策划，传播力感染力不断增强，粉丝群不断扩容。聚焦宜昌田家河项目群建设、兴山高铁站投入运营等重大节点加强与主流媒体沟通交流，新华社、中新网、《中国化工报》和《湖北日报》等主流媒体多次刊登公司改革发展成果。加强与属地媒体的沟通，借势发力，邀请主流媒体走进企业、参与宣传、联合发声。地方媒体对公司发展予以高度关注和大力支持，公司与属地主要媒体《湖北日报》《三峡日报》《三峡晚报》《三峡商报》建立了良好关系，多次开展"媒体开放日""记者进现场"等活动，充分利用媒体资源强化属地宣传，进一步提升企业知名度、美誉度。加强与属地企业的沟通，借风扬名，在宜昌市委组织部的指导下，与属地单位共同开展了乡村振兴、筑堡工程、社区包联、联户结亲助困等特色活动，取得了良好社会效应，有利于进一步扩大"朋友圈"、增强影响力、拓展新市场。

搭建沟通桥梁，展现十六化建文化内核。充分发挥文化建设媒介桥梁作用，积极开展文化交流活动。自上而下、自下而上，经过反复推敲讨论，从歌词征集到歌曲谱曲，高质量完成十六化建厂歌《活力飞扬》并正式对外发布，增强职工文化认同；连续3年参加长江·三峡建筑产业博览会，集中交流展示了企业践行创新发展战略和智慧建造方面的成果与特色；制作发布两版"十六化建铁军日常"企业文化专题表情包，将企业文化融入工作日常；以重点活动为契机，编写《十六化建志》，制作《青山巍峨勇求索》纪录片，评选表彰建企55周年最具影响力人物，加强文化传承；"化建小如、小愿"IP形象成为宜昌市建博会"打卡网红"。十六化建党委书记、董事长获评工业企业品牌建设领军人物；《这公司有那么多人》MV获评中国企业文化管理协会"最美企业之声金奖"代言作品；自主拍摄的《雅思敏眼中的中国》获中国驻埃及大使馆短视频大赛一等奖。

主要创造人：刘佑锟　张鸿峰
参与创造人：何义波　郝玉洁　丁　兰

同心党建文化赋能老矿基业长青

枣庄矿业（集团）有限责任公司柴里煤矿

企业简介

枣庄矿业（集团）有限责任公司柴里煤矿（以下简称柴里煤矿）1964年建成投产，历经3次改扩建，现核定生产能力240万吨/年。除煤炭主业外，还建有一座年入洗能力300万吨的现代化选煤厂，拥有盛源荣达公司、贝斯特公司等非煤炭实体公司，现已发展成为集煤炭生产洗选、机械修造、精密铸造等多产业于一体的大型综合国有企业。先后获得国家级安全质量标准化煤矿、中国煤炭工业协会先进煤矿、全国煤炭工业一级安全高效矿井、山东省职业危害防治示范煤矿、山东省煤矿安全与职业卫生评估A级矿井、山东省安全质量标准化一级矿井、山东省煤矿安全程度评估A级矿井、安全生产"双基"建设先进单位、山东煤矿安全生产诚信建设示范矿井等多项荣誉称号。

实施背景

柴里煤矿始建于1960年，1964年建成投产，截止到2022年已历经58年开采，煤炭资源濒临枯竭，历史遗留包袱沉重，非煤炭产业后劲不足，尤其是2022年以来，矿井两个工作面同时过断层，生产组织举步维艰，经营压力异常沉重，职工士气消极低迷。通过建设同心党建文化，教育引导干部职工涵养爱企情怀、激发使命担当，形成共识共知共为的生动局面，助推矿井基业长青、行稳致远。

主要做法

机制全融合，优化顶层设计，画好"同心圆"开新局。聚焦矿井改革发展目标，打造更加紧密的责任、利益和命运共同体，形成同心同向的思想共识。一是坚持目标化引领，打造蓝图，共绘政治生态。围绕"确保矿井服务年限达到10年以上、力争15年"的目标定位，坚持党建工作与生产经营一体谋划、一体推进、一体部署，开展民主讨论、集体研究，形成改革共识，共绘发展蓝图，重新修订《柴里煤矿"十四五"发展规划》，指导矿井长远可持续发展。二是坚持嵌入式融合，构建要事共商工作机制。坚持党对国有企业的领导不动摇，修订完善党委会、规范"三重一大"决策程序，健全以职代会为基本形式的企业民主管理制度，推动形成以和谋事、以和共事、以和成事、以和兴事的良好生态。三是坚持课题制认领，形成发展共谋良好局面。围绕安全生产、经营管控、改革发展、和谐稳定的焦点难点，科学系统设计党建工作主题及攻坚课题，成立党建课题研讨、职工思想动态分析及舆情研判、和谐劳动关系创建等8个党建工作组，创新推行党建项目化管理，构建了"党委命题、支部选题、党员破题"长效工作机制。

手段全运用，开展主题教育，汇聚"同心行"意识流。准确把握形势变化、改革发展及职工思想脉搏，与时俱进地开展有内涵、有特色的主题教育、形势任务教育，汇聚同心同行的整体合力。一是创新"三小两微"形势任务教育。开设"小专栏"，开辟形势任务教育专题专栏，让职工随时随地接受教育。编制"小读本"，通过撰写调研报告和解读材料，引导职工群众客观真实掌握行情、矿情。撰写"小传单"，采取撰写评论文章、宣传提纲等方式，及时做好释疑解惑。做活"微动态"，做精做优微信平台，及时向职工发布行业信息。创新"微视频"，探索"融媒体+"宣讲模式，制作系列微视频，提振精气神、传播正能量。二是实施"三到三进"沟通交流。组建矿山文艺"轻骑兵"，推动宣传宣讲到基层、进区队，做好职工形势任务教育引导。成立女工协管"帮扶团"，推动亲情帮教到班组、进岗点，做好职工释疑解惑。成立"点亮心灯·爱心接力"志愿队，推动爱心救助进家庭、到个人。加大对"先模人物"、异地员工、空巢老人等特殊群体帮扶力度，进一步增强职工群众爱企爱岗的思想自觉。三是开展"百家讲坛"。常态化开展支部书记上讲台、政工干部开讲堂、党委书记上大课、专业人才传技能交流研学活动。支部书记上讲台，坚持每季度召开党建现场交流观摩会，变一人讲为大家谈，促进业务能力共同提升。政工干部开讲堂，由党群科室负责人自主选题，利用每月党支部书记例会时间，集中开展党建业务知识培训。党委书记上大课，每年7月1日由矿党委书记集中上专题党课，推进党员群众受教育。专业人才传技能，采取内聘外请方式，邀请厂家工程技术人员或聘请矿区技术领军人物开展"技术党课"，推动全员业务技能提升。

文化全渗透，突出政治引领，厚植"同心兴"价值观。坚持以文化人、以德树人，深度植入山东能源集团企业文化新理念，培养形成"矿兴我荣、矿衰我耻"的价值观。一是坚持政治统领。深入开展学习贯彻习近平新时代中国特色社会主义思想主题教育，坚持以中心组学习、专题培训、民主生活会、组织生活会等为抓手，创新党群科室列席基层党组织"三会一课"制度，教育引导广大党员干部深刻把握新时代国有企业的战略定位和历史使命。二是坚持文化引领。围绕"加快建设清洁能源供应商和世界一流企业"的愿景，编印企业文化宣传手册、折页等资料，阐释解读能源集团、集团公司企业文化理念，深入挖掘柴里煤矿59年深厚文化底蕴，厚植"和衷共济、荣辱与共"的爱矿情结，激发全员勇毅前行的内生动力。三是坚持典型带领。大力弘扬劳模精神、劳动精神、工匠精神，坚持每年开展劳动模范、安全典范、功勋人物评选，每季度开展"柴里榜样"团队（人物）选树，常态化开展道德模范、感动典范、最美系列"感动柴里"团队（人物）评选活动，全面营造争先进位的浓厚氛围。

考核全流程，夯实机制保障，构筑"同心干"共同体。坚持全面从严治党和全面从严管理"双轨"并行，建立党建工作与生产经营深度融合的运行、保障、考核机制，构筑守土有责、守土负责、守土尽责的责任共担体系。一是建立责任共担体系。二是畅通能上能下渠道。三是涵养风清气正生态。四是推进共建共享发展。

阵地全覆盖，强化党建引领，打造"同心红"新高地。坚持一个支部一座堡垒、一个党员一面旗帜、一个干部一个标杆，全面构建上下联动、横向协同的党建阵地，汇聚同频共振的磅礴伟力。一是实施"一线管理"工作法，提升干部引领力。持续深化"1+1+N"党员联系服务职工群众工作机制，严格落实领导干部调研、党建联系点等制度，推广"民情日记"，要求党员干部情况到一线掌握、决策到一线形成、感情到一线培养、能力到一线锤炼、形象到一线树立，畅通职工群众表达意愿的渠道，提高服务基层和服务职工群众的能力，发挥党员领导干部"风向标"引领作用。二是实施"星级晋升"考核法，提升支部战斗力。坚持把过硬党支部党建工作责任制细化分解为加强党的政治建设、基层基础、意识形态和宣传思想、党风廉政建设、党管干部人才、和谐稳定6个一级指标、20个二级指标，实施量化考评、分类定级、动态管理、晋位升级，聚力打造政治坚定、团结有力、担当尽责、群众信任的过硬支部，提高基层党组织攻坚克难的能力。三是实施"推先树优"评议法，提升党员创效力。健全完善定期表彰、党内表彰的评比机制，制订党员量化积分管理办法和考核标准，针对制约安全生产、经营创效的难题，运用工程制管理、项目制、领衔制模式，凝聚党员技术骨干力量，提升党内攻关质量。深入开展党员"三比三晒三创"主题实践活动，要求党员集体佩戴党员徽章，挂牌上岗，亮明身份，公开承诺践诺，推动党员干部在工作落实、提质增效、晋位升级上创业绩、创品牌、创标杆。

实施效果

汇聚了老矿可持续发展的凝聚力。通过建设同心党建文化，打造了企业与员工更加紧密的责任、利益和命运共同体，提升了全体员工的政治、思想、情感认同，增强了职工的责任感和归属感，提振了全矿干部职工家属齐心协力、共谋发展的信心，汇聚了老矿可持续发展的正能量。

提高了老矿可持续发展的战斗力。通过建设同心党建文化，推动党建与中心工作深度融合，解决了党建与中心工作"两张皮"的问题，各级党组织和党员执行力、战斗力明显增强。2022年，面对西翼3606②工作面大倾角薄基岩下开采顶板严重破碎、煤壁大面积折帮的困难局面，全矿干群同心同向、同力同行，打赢了原煤生产攻坚仗，确保了矿井各项生产经营指标圆满完成。

激发了老矿可持续发展的创新力。通过建设同心党建文化，激发了各层级人员变革求新的内生动力。圆满完成能源集团机构改革试点任务，机构数量压减44%，机关人员压减71%；清退劳务派遣工250人，转招劳务派遣工为合同制303人，妥善分流安置电厂关停职工202人。探索实施了充填开采新工艺，顺利完成压煤村庄搬迁，解放压覆资源600多万吨，延长了矿井服务年限。推行支护材料等非煤炭产业模拟项目职业经理人，为资源枯竭型矿井可持续发展提供了经验模式。

主要创造人：焦太记　杨　明
参与创造人：张慎友　王德宏　周国梁　马洪庆　张同辉　张　震　宋治国

构建企业文化，激发企业活力

高安市清河油脂有限公司

企业简介

高安市清河油脂有限公司（以下简称清河油脂）成立于2009年，前身为高安市清河油脂加工厂，是一家集生产、加工、研发、销售为一体的专业化、现代化的大型稻米油脂企业。经过20多年艰辛创业与滚动发展，现已成为国内米糠油生产规模最大的油脂企业之一，在行业内具有重要影响力和地位。清河油脂主营业务：食用植物油（半精炼、全精炼）加工、包装、销售；稻米油、饲料油、饲料原料加工销售；山茶种植与加工，自营进出口业务，生物质颗粒制造。其中，"谷晶"和"祥露"牌稻米油为公司的主导产品。近年来，经科研人员的不断努力，公司已拥有34项实用新型专利、8项发明专利。清河油脂拥有33辆专用载重40吨油罐车、3.6万吨容量的储油罐、两条日生产300吨油脂的现代化植物食用油脂生产线，有效地保证了油脂产品的生产、储存、运输。清河油脂先后通过了知识产权管理体系认证、HACCP体系认证、食品安全管理体系认证、质量管理体系认证、环境管理体系认证、企业信用等级（AAA）、"两化"融合管理体系A级认证、有机产品认证、绿色食品认证、富硒产品认证。清河油脂先后获得全国放心粮油示范加工企业、全国放心粮油示范仓储企业、江西省放心粮油示范加工企业、江西省农业产业化省级龙头企业、全国稻米油加工十强企业、中国粮食行业协会第六届理事会理事单位、江西省粮食行业协会第五届理事会副会长单位、"中国好粮油"企业、专精特新生产企业、江西省省级粮食应急保障企业、宜春市市级粮食应急保障企业、高新技术企业、江西省稻米油精制技术创新中心等荣誉。

以人为本的企业文化

2009年以来，清河油脂管理层达成共识，因时、因地、因势而为，打造出清河油脂独有的企业文化，制订了企业文化建设战略。将公司企业文化建设融入企业管理、思想政治工作和精神文明建设的全过程，使企业文化在推动公司持续健康发展、提升企业品质形象上起到了越来越重要的作用。清河油脂以企业发展为先导，以精神文化为基石，反复论证，反复推敲，反复提炼，确立企业使命、企业核心价值观等5个文化理念。

企业文化是通过人与人之间的相互作用积聚而成的，它需要植根于企业内部。人的因素又是生产力中最活跃的一部分，所以不能离开人的因素去建立企业文化。众心齐，泰山移。清河油脂员工齐心协力，创造了20多年的荣耀，建立了一支有大局意识、服务意识且能团结协作、吃苦耐劳的优秀团队。在团队建设方面，可以说是多管齐下。第一，强化党在企业的核心领导地位，成立了党支部，建立了对党员干部职工的优秀评选考核系统，创立党员示范岗。第二，健全群团组织，清河油脂成立了工会，设立了职工之家，开展健康有益的文娱体育活动，建起了卡拉OK活动室，配备了台球桌、乒乓球桌、跑步机、动感单车等健身器材，丰富员工的业余生活，增强了干部职工间的沟通与交流。第三，利用短信平台加强与员工间的沟通是清河油脂企业文化的特色之一。清河油脂的的短信平台在每位员工生日时都会发布祝福短信，在重大节假日期间也会给全体员工发送祝福和慰问短信。员工在生日时还会收到工会的生日礼物，每年的礼物不尽相同。在中秋节和端午节等中国传统节日，清河油脂会为员工送去节日慰问品，这种做法实施多年，已经成为惯例。第四，建立规范化管理体制，实行办公自动化流程等系列制度管理，创造了有章法、有纪律、有顺畅的工作流程，从而构建了严谨的工作环境。第五，立足本地、面向全国，不拘一格招聘人才。

安全文化

构建安全文化理念体系，提高职工安全文化素质

结合行业特点、实际、岗位状况及清河油脂的文化传统，形成以"构建和谐安全清河、促进企业稳健发展"为目标的企业安全文化体系。开展多种形式的安全文化活动，通过电视、网络等多种媒体及举办培训班、开研讨会等多种方法，将企业安全文化理念灌输并根植于全体员工。

构建安全文化制度体系，把安全文化融入企业管理全过程

建设安全制度文化，一是按照"一岗双责"的要求，制订了岗位安全职责，做到全员、全过程、全方位安全责任化，建立和完善横向到边、纵向到底的安全责任体系，打造各司其职、合力监管的安全监管体系，构建反应及时、保障有力的安全预防体系，建立以人为本、保障安全和健康的管理体系；二是抓好有关劳动安全卫生方面的法律法规的贯彻、执行；三是根据法律法规的要求，结合清河油脂实际，制订好各类安全制度；四是抓好安全标准化体系的建设，按照各行业标准化要求，开展标准化达标活动；五是抓好制度的执行，不断强化制度的执行力。

构建安全文化行为体系，培养良好的安全行为规范

清河油脂从实际出发，从提高教育效果入手，不断探索喜闻乐见的安全教育新模式，使安全教育工作落实到全体员工。通过决策层和管理层的行为教育，引导全体员工树立"安全问题人人有责"的思想，不断提高他们在生产过程中的安全文化素质和技术素质，增强对隐患的判断技能和分析能力。

构建安全文化物质体系，创造良好的工作环境

清河油脂加大安全投入，坚持科技兴安，解决安全技术难题，加强现场管理，积极改善工作环境和条件，建立科学的预警和救援体系，努力追求人、机、环境的和谐统一，实现系统无缺陷、管理无漏洞、设备无障碍。依托企业自身文化建设系统，建立安全文化的理念识别系统、视觉识别系统和行为识别系统，营造良好的工作环境氛围，为安全生产工作提供有力支撑。

质量文化

清河油脂的企业愿景是"成为具有影响力的稻米油生产企业",企业目标是"让中国人都能吃到绿色健康的稻米油",为达成"高效、高质"的竞争优势,清河油脂全面推进质量安全责任制,全面落实精益化管理,全面宣讲"民以食为天,食以安为先",全面树立"信誉是保障,品质是生命"。

清河油脂提倡站在客户角度,及时提供符合要求的一流产品和服务。提倡工作中实事求是、信守承诺、勇担责任、恪尽职守、认真对待工作质量和产品质量。清河鼓励员工立足工作岗位进行改善,为实现公司年度方针目标及愿景做出贡献。公司为充分激发企业内部和员工队伍活力,提升管理效率和企业绩效,积极建立物质激励和精神激励相结合的绩效激励机制,分别设立了"创新基金""质量基金",用于奖励在技术创新和质量改善活动中做出重大贡献的人员、团队,极大地鼓舞了员工创新和改善的积极性,为企业的技术创新和质量改善奠定了坚实的群众智慧基础。

为保证质量责任落实到质量的每一个业务领域,公司组织制订了质量保证责任业务大纲。在质量责任落实方面,清河油脂每年把质量责任目标纳入公司年度绩效并逐级分解,实现了人人有指标、人人有考核。

企业文化,是企业综合实力的体现,是一个企业文明程度的反映,也是知识形态的生产力转化为物质形态生产力的源泉。现代企业的竞争,也是企业文化的竞争。企业面临新的形势、新的任务、新的机遇、新的挑战,清河油脂要想在激烈的市场竞争中取胜、把企业做大做强,就必须树立"用文化管企业""以文化兴企业"的理念,营造培育先进的企业文化,积极推进文化强企战略,努力用先进的企业文化推动企业的发展,提高企业的创新力、形象力和核心竞争力,营造"企业有生气、产品有名气、领导有正气、职工有士气"的发展环境,提高企业经济和社会双重效益。

主要创造人:章立平　章文翰
参与创造人:卢后明　胡　晨　刘　侃　胡保华

以"红帆"力量集聚企业发展新动能

中建筑港集团有限公司

企业简介

中建筑港集团有限公司（以下简称中建筑港）是全球最大综合投资建设集团——中国建筑股份有限公司（世界500强企业）旗下集设计、投资、建设、运营于一体的骨干集团。公司是国家高新技术企业，拥有山东省省级企业技术中心。中建筑港主营业务分布在国内30多个重点城市和国外印度尼西亚、马来西亚、巴基斯坦、文莱、孟加拉国等多个国家和地区的市场。先后承建"蛟龙号"母港国家深海基地、"科学号"母港国家科学考察基地、奥帆中心基地、施桥三线船闸、前黄船闸、太行山高速、京沪高速、清华大学美术学院、山东省最大单体人防工程——菏泽曹州牡丹园人防工程、世界级综合材料创新平台——中国钢研"一院一园"、百年建党献礼工程——天然气水合物钻采船建设北部码头等一大批国家级、省市级重大基础设施工程。

实施背景

企业文化作为企业的精神支柱和经营管理的灵魂，是企业发展的原动力。中建筑港党委以"红帆工程"党建品牌为依托，深入贯彻"党建引领、共建搭台、经济唱戏、品牌传播"的工作思路，积淀发展品格、塑强品质品牌，在服务国家重大基础设施的建设征程中形成独具特色的"红帆"文化，以"红帆"力量集聚企业发展新动能。

优秀的企业文化得益于强硬实力的支撑。中建筑港在近些年的发展历程中，拼搏奋斗勇担当，危局之中上格局，经济指标全面跨越、综合实力全面增强、企业改革全面深化、发展质量全面提升，全体员工始终保持坚定信心和必胜信念，向着实现高质量跨越发展的宏伟目标迈进。这来之不易的成绩充分体现央企本色、充分检验发展成色、充分历练奋斗底色。随着企业规模、地位的不断提升，企业文化的作用也越来越突出，"红帆"文化和"红帆"力量也成为中建筑港乘势而上的精神根基和企业名片。

主要做法和实施效果

凝心聚力强品牌，"红帆"力量助推多向发力

优秀的企业文化引领企业高质量发展。中建筑港始终以实现"企业有社会地位、品牌有社会声誉、员工有社会尊严"为发展目标，牢记央企的政治属性，坚持党的全面领导，自觉当好中国

特色社会主义经济的"顶梁柱"，当好服务重大战略的"国家队"。积极推进"红帆"文化建设，千锤百炼狼性精神，以狼性精神激活集体奋斗激情。精心培育幸福理念，以拓展幸福空间增强全员获得感、认同感、归属感。始终通过企业文化建设凝神、聚心、塑型，让企业文化成为企业新征程上最强劲、最持久的精神力量。

2017年6月，中建筑港党建品牌"红帆工程"正式揭牌。"红帆工程"党建品牌发布实施以来，公司党委持续探索党建工作与生产经营互促互融的路径方法，深入贯彻"党建引领、共建搭台、经济唱戏、品牌传播"的工作思路，以"党建636举措"为统领，以"奋进、匠心、活力、温暖"为主线，紧抓"四个一"要求，形成"1+3"制度体系，构筑"1+4+2"品牌谱系，结合企业发展实际探索出行之有效、独具特色的党建品牌。党建工作有效服务公司经济指标全面跨越、综合实力全面增强、企业改革全面深化、发展质量全面提升。2021年度，中建筑港党委获评"山东省先进基层党组织"，"红帆工程"党建品牌相继获评"工程建设企业党建工作百项最佳案例""首届山东省企业文化成果一等奖""新时代企业文化建设优秀案例"等荣誉。公司党建品牌建设经验受到山东省委和青岛市委主办的党报党刊《支部生活》和《青岛通讯》关注并刊发。

打造"奋进之帆"，多形式理论学习稳固队伍根基

中建筑港党委毫不动摇坚持党的领导、加强党的建设，形成增强"四个意识"、坚定"四个自信"、坚决做到"两个维护"的高度自觉，围绕"奋进之帆"，打造线上、线下沉浸式、开放式"红帆课堂"，推出"红帆党员讲党史"专栏，相继开展"不忘初心、牢记使命"、党史学习教育等重大主题教育，常态化组织年度党支部书记轮训暨党群系统培训，以"431"工作原则贯彻落实基层党建联系点机制。创新中心组理论学习模式，紧抓公司发展难点、痛点，开展"靶向式"专题研讨，理论学习与企业发展齐头并进。积极学习党的二十大精神，制订党的二十大精神宣贯实施方案，发动各级党组织开展共学联建、知识竞赛等实践活动。班子成员分赴基层联系点宣讲党的二十大精神，同步解决业务难点。公司劳模代表、青年代表相继在中建集团微信平台、主流媒体畅谈党的二十大学习感悟，基层特色做法获中国施工企业管理协会刊发。

打造"匠心之帆"，多角度匠心选树塑强企业形象

中建筑港始终坚持"经营一座城"的理念，着力区域建设，确定2022年为"市场营销、区域建设双深化"主题年，建设多处城市新地标，助力城市更新和城市建设。公司党委围绕"匠心之帆"，以众多品质工程为支撑，挖掘匠心品质故事，相继利用改革开放40周年、国庆70周年、建党百年时点，策划系列性、主题式品牌传播活动，每年在国家媒体、省级主流媒体发稿3000多篇。原创视频《蛟龙号的家是如何建成的》获"国资小新"发布，新华社主动转载，首登中建B站平台；原创视频《建团百年，有我建证》入选中建青年"云团课"并获中央、地方媒体转发。《两代港航人、一系中建蓝》长篇书信获《中国建筑报》和《信·建证》专刊、《山东工人报》刊发。组建"青年宣讲团"，到10多个城市讲述"筑港人"在工程建设中咬定青山不放松的执着与坚毅故事。为服务好区域市场开拓工作，公司党委确立了"四融四联"的工作导向：坚持关系融入当地，群众工作联做；活动融入平台，特色活动联动；工作融入项目，社会公益联办；宣传融入新闻，品牌建设联播。近3年，各级党组织以"红帆工程"党建品牌为名片，联合多方，打造政企、校企、检企、媒企多种"共享式"共建交流模式。

打造"活力之帆",多方位成长模式积淀发展动能

"活力之帆"主要着眼于青年群体,孵化形成"青春三色光"青年品牌,以特色团建、青年大学习、技能比武、集体婚礼、志愿活动等主题实践活动为依托,持续丰富拓宽青年成长、成才舞台。在素质拓展的同时,注重青年业务提升。结合"三年人才再造计划",加大"号手岗队"选树,相继推出项目经理竞聘、"青蓝工程——'双导师'培育及"金牌讲师"选树等机制。建团百年,组织开展线上青年大学习活动并冲上微博热搜第二名,阅读量达39多万次,入选中建集团组建40年工作周报。

打造"温暖之帆",全周期关爱尽展央企形象

中建筑港坚持"源于诚、始于心、融于情、现于行"的理念,围绕"温暖之帆",建设"筑爱之港"关爱品牌,深化推进为职工解难题、暖人心的机制体制,实现"职工有所需,企业有所帮;职工有所呼,企业有所应"。以凝聚力、生产力、创新力工程为载体,确立35项行政福利、32项工会福利普惠干部职工,打造职工从入职到退休的全周期关爱机制。相继开展"海岛儿童圆梦直通车"、"中建小海军"夏令营、"高校师生观摩交流实践"等特色社会志愿服务活动。

主要创造人:李洪平　于建勇
参与创造人:邱延芳　于如意

打造共生型组织的创新实践

上海医药集团青岛国风药业股份有限公司

企业简介

上海医药集团青岛国风药业股份有限公司（以下简称上药国风）是青岛市唯一一家以中成药制造为主业的国有大型医药企业。前身是青岛中药厂，溯源于北京乐家老铺，从1956年青岛中药零售商业公私合营而来。1994年，实施股份制改造。1998年，转制中更名国风药业，一举成为齐鲁知名品牌。2000年，选址西海岸建造国风工业园，为青岛市最大的医药产业园。2003年，在青岛市政府的推动下，加盟上海医药（集团）有限公司。2010年，成为A+H股上市公司"上海医药"的核心成员企业。上药国风构筑了集制造、分销和零售于一体的完整产业链，恪守"弘扬国药雄风、创造健康生活"的企业使命，打造了五大系列77个品种的产品和国风大药房等3家商业子公司，养心氏片、红源达等核心产品在国内市场拥有较高的知名度和市场竞争力。国风大药房旗下"宏仁堂"药店是中华老字号。上药国风先后获评全国中成药企业TOP100、中国化学制药行业优秀企业、全国绿色工厂、山东省科技领军企业、山东省"品质鲁药"建设示范企业、山东省制造业高端品牌培育企业、全国新时代企业党建实践创新典范、全国厂务公开民主管理工作先进单位、全国医药企业文化建设示范单位、山东省全员创新企业、山东省文明单位等荣誉称号。

构建"32863"组织发展保障

2020年以来，上药国风领导班子保持战略定力，坚持文化引领，明确了"十四五"的"1345"战略布局，做出了一系列重要决策和行动，特别是将打造"打开边界、驾驭变化、互相成长、共创价值"的共生型组织作为应对诸多不确定性的利器，党政同心、聚力向实，推进系统创新，破解发展难题，以共生型组织理念打造"应对变化、聚合力量、创新效能"的高绩效组织。

市场竞争考验的是体系能力，需要的是内部协同、外部共生。2020年8月，上海医药集团对国风领导班子进行了调整。新班子到位后，围绕企业核心价值观，通过党委中心组学习研讨等方式逐步构建了"32863"的组织发展理念体系，旨在重塑组织能力，让组织更加高效、灵活。与此同时，公司丰富发展了愿景"做中国优秀的医药企业"的内涵，即"发展迅速，品质优异，员工自豪，社会认同"，成为全体"国风人"奋进的"灯塔"。

2021年，公司对组织管理体系进行变革，将23个业务单元整合成六大体系。随后，公司党委书记、总经理多次带队到市场调研，推动解决大营销体系内部协同上的突出问题和"营销一盘棋"建设，要求全员强化支持营销、服务市场的意识，做到"营销出题、制造答卷、管理支撑、体系协同"，真正实现"国风一盘棋"。领导班子成员在各种场合带头宣讲解读共生组织理念，不断赋予新内涵、提出新要求、发现新案例，领衔6个战略级大项目，有效推动了跨板块协同、跨领域合作。

2022年，公司启动了凌雁计划二期·商业模式创新培训，领导班子带领63名干部骨干一起探寻新时期的国风共生体空间。

机制创活引导，推动共生理念落地

3年来，公司围绕共生组织理念，着力构建更加市场化、更富有竞争力的机制，引导员工打破思维定式、走出职场舒适区，创新开展工作，努力把"不可能"变为"可能"，为公司的超常规发展创造价值。

实施职能条线首席责任制和跨界协同大项目制。通过31个大项目、70个精益项目，有效助力年度目标达成和战略规划落地。公司先后在一年时间内立项解决了"修改红源达说明书"等3个难题，建成了3000平方米的新质量检验中心、青岛中医药文化博物馆，更新了36台（套）关键技术装备，推出了4个功能食品，"养心氏片HEARTRIP研究"提前9个月完成全部入组任务，四川市场引入"共生小伙伴"模式，"红源达"广东联盟集采压哨中标首战告捷……

创设领跑者机制和"即时激励"机制。通过多岗位PK赛、联合立项攻关及季度金牛奖、孺子牛奖等激励勇挑重担者、敢于创新者，重奖领跑者、首创者和揭榜者。

关注继任者和人才迭代。通过跨体系青年轮岗锻炼、跨板块双导师培养及"未来之星"计划，大胆赋能和启用年轻人。

汇聚红色力量，推动组织变革发展

3年来，公司坚持依靠成熟的党工团组织层级推进、立体导入共生组织发展理念体系，使理念在短时间深入人心，得到高度认同、积极实践。

开展规划宣贯暨形势教育。集中宣贯41场次1826人次，让广大员工深刻认识到在企业的"十四五"超常规发展赛场上，需要每一名员工与企业合心、合力、合拍，共同背负企业高质量发展的重任。

开展"赢在心动力"文化之旅。走进生产、市场、门店一线，挖掘29个"共生"文化案例，切实推动共生组织理念深入人心、生动践行，有效激发了员工的自驱力。

汇聚起协同奋进的红色力量。通过37个党建项目、11个支部结对项目、5个外部党建共建项目和284个劳动竞赛项目、824项五小攻关成果，加速推进体系内高效畅通，重点推进体系间共建共赢，协同推进管理体系赋能一线，促进公司内外建立新型合作关系。

共生型组织的力量最终体现在企业的经营发展上。3年来，"六大体系"组织模式有效运行，资源整合利用能力显著提高；"大体系导向，小切口突破"成为团队解决问题的共识和标准，组织绩效和打胜仗能力明显提升；以体系协同聚合力量、应对变化，有效推动了重点工作目标达成，企业规模和盈利能力持续创新高，员工获得感、幸福感、安全感进一步提升。2020—2022年，主营业务收入、净利润、上缴利税分别实现年复合增长11.16%、14.39%、13.65%。2022年，主营业务收入同比增长8.42%，其中工业销售收入历史性突破10亿元，同比增长12.59%，创造企业发展史的里程碑。

进入2023年，上药国风坚定"目标必达"的信念，持续深化共生型组织打造，培育向上而生的组织生长力，形成更加和谐互利的组织氛围，创新推动个人独创向团队共创努力、相互竞争向跨界协同努力，超常规整合资源，在发展速度、品种打造、降本增效等方面再寻突破，实现全员高绩效、价值共生最大化，助力公司挑战新的历史高点。

主要创造人：孟庆敏　虞江灏
参与创造人：张　泓　孙燕凌

构建以"善"为核心的感恩文化，塑造企业核心竞争力

青岛琅琊台集团股份有限公司

企业简介

青岛琅琊台集团股份有限公司（以下简称琅琊台集团），首批"全国制造业单项冠军示范企业""中国工业大奖""国家绿色工厂"获得者，连续19年蝉联全球衣康酸产销量第一，唯一一家中国海洋生态白酒酿造基地，也是全国最大的海洋活性肽、海洋微藻、功能糖研发、生产基地。创立于1958年的琅琊台集团位于第九个国家级新区——青岛西海岸新区，深耕"菌""酶"技术核心60余载，全面构建起以中国海洋生态白酒、果酒果饮、精酿啤酒、海洋微藻、海洋活性肽、功能糖、有机酸、有机肥、有机饲料等为代表的健康美丽产业体系。公司先后获得"国家技术创新示范企业""国家重点高新技术企业""国家循环化改造示范试点企业"等多项国家、省市荣誉，产品市场遍布美、日、韩、澳和欧洲等众多国家和地区，在国际市场上展现出了强劲生命力。

实施背景

一直以来，琅琊台集团高度重视企业文化建设，立足企业改革发展实际，在继承中发展、在发展中创新，注重企业文化作用发挥，以实际行动践行"感恩、责任、诚信、奉献"的企业价值观和"团结、拼搏、务实、创新"的企业精神，形成了以"善"为核心的感恩文化体系。

琅琊台集团紧随时代脚步，以创新驱动引领企业转型升级，创造了琅琊台酒"中国海洋生态白酒·一地三香"的行业典范，成功打造现代化健康美丽产业集群，高品质满足人民对"喝好""吃好""住好""用好""游好"的健康美好生活向往。

主要做法

弘仁善之爱，以人为本，激发内动力

用力培养人。一是搭建"全国模范院士专家工作站""博士后科研工作站"等多层次人才平台，建设青岛市金蓝领培训基地、鲁酒大师工作站，以理论实践提升专业技能、综合素质。二是引进孙宝国、管华诗等院士团队，强化高端人才带动作用。三是完善人才成长机制，完善企业自主评价、拔尖人才选育、新型学徒制、师带徒等制度，构建起线下线上融合、专业技能提升与综

合素质培养、理论学习与工作实践结合的复合型人才培养机制，先后培养国务院特殊津贴专家、泰山产业领军人才、行业拔尖人才、技术工匠等数百人。

用心教化人。一是突出党建引领，组织全体员工每天班前班后会"唱红歌"，在歌声中回顾党的峥嵘历史，歌颂美好生活，坚定爱党爱国的理想信念，同时通过歌声提振全体员工的精神，全体员工心怀感恩与热情，投入到每一天的工作中。二是每周开办"健康大讲堂"，同步开发"健康大讲堂"App，覆盖全体职工，实现企业文化教育培训常态化，全员培训率达到100%。三是每年表彰"感恩奉献"奖员工，发挥典型作用，有效引导员工积极主动践行"善"文化。

用情关心人。一是举办丰富多样的文化活动，开展妇女节、母亲节、重阳节、端午节等主题关爱实践活动，给员工老人提供生日蛋糕，发扬传承孝善文化，弘扬美德，营造懂得感恩、敬老爱亲的浓厚氛围。二是注重员工的幸福感、获得感，实行"九步管理法"，建立健全"六险三金一互助"的多层次保障体系，定期开展困难职工摸底排查工作，切实帮助员工解决实际困难，全面兜牢员工的幸福生活。三是每年定期组织职工参与"慈善一日捐""关爱募捐""慰问帮扶弱势群体""员工查体"等项目，在员工心中形成强烈共鸣，在工作和生活中力行"善"举。

成至善之美，以质为根，赋能高质量

注重产品服务供给。琅琊台集团坚持以科技创新为驱动、以市场需求为导向，依托国家级企业技术中心、国家地方联合工程研究中心等八大"国字号"研发平台，协同中国科学院、中国海洋大学、北京工商大学等搭建起多层次科技创新体系和创新平台，为质量提升和工艺改进奠定了坚实的科技基础；依托大型展会、论坛等，以琅琊开排文化节、传统节日义卖、青少年研学游等活动载体融合创新，广交八方来客；围绕不同消费者健康美丽升级需要，细分产品提高供给质量，打造精酿生活、非遗之旅、田园风光等各类健康美好体验。

强化质量生命意识。大力弘扬工匠精神，建立完善产品质量管控体系，结合卓越绩效管理模式，实施全链条、全产业、全员参与的质量管理体系。为持续改进产品工艺质量，琅琊台集团已连续9年开展"质量月"活动，每年质量月期间，各部门登台摆问题、亮举措、评先进，真正把质量放在首位，真抓真改问题，以优秀的产品质量传递"善"的理念，让高质量深植每个"琅琊台人"的心中和手中。

融入企业科学治理。"善"体现了公司开放包容、共赢共享、追求进步的品质，以及聚焦提升工作作风的能力。公司创新实施"标杆管理法"，立足研发、生产、管理、营销、服务等具体工作，结合岗位重点，提升解决难点问题能力，开展"争创标杆生产线""深入落实三项管理法、提升工作作风能力、推进精细化服务""争先进·立标杆大比武"等系列活动，实现了工作质量、产品质量、精细化服务质量的持续提高和不断完善，为服务好广大消费者提供了强大保证。

立大善之德，不忘初心，彰显真担当

推动公益慈善走深走实。做大做强的同时，琅琊台集团不忘回馈社会，通过慈善捐款、参与"1+3"社会责任关怀等方式，助力公益慈善事业。一是捐资助学，关注教育事业。设立"琅琊台集团德育基金"，表彰在教育教学工作中取得优秀成果的教师、在校期间勤奋学习努力进取

的学生，为教育事业发展做出了积极贡献。为支持学习体育事业发展，开展了向多所学校捐赠"爱心书包""爱心运动服"等活动。二是就业扶持，实现共同发展。在快速发展的同时，公司积极响应国家"大众创业、万众创新"号召，坚持进行社会就业扶持，先后与中国石油大学、青岛大学、青岛科技大学、军民融合学院等联手共建学生实习、就业与创业基地，不仅强化了在校师生与应用实践的对接，也为学生创造了更多就业机会，实现了合作共赢。三是扶贫济困，促进社会和谐。创建"琅琊台集团爱心基金"，鼓励全体员工进行爱心捐赠，所收全部款项都用于对因病、因灾、因意外等情况造成的困难员工救助。每年定期举行"慈善一日捐""人口关爱募捐""慰问帮扶弱势群体"等活动，帮助社会困难人士。公司创新导入"德育银行"系统，从工作、家庭、生活等方面，引导员工行善举、做好事，争做企业好员工、社会好公民，为文明城市创建做出了积极贡献。公司先后获评"山东省履行社会责任示范企业""慈善捐赠先进单位""慈善事业突出贡献奖"等荣誉称号。

推动安全生产抓紧抓实。在"善"文化思想指引下，公司建立了完善的安全生产管理体系，健全各级各岗位安全生产责任制，加强安全生产教育，通过"开工第一课""安全晨会""大学习、大培训、大考试"专项活动和"安全隐患排查大比武"活动等方式，学习、贯彻各项安全生产法律法规。设立了"安全生产月"，建立"三级安全隐患排查制度"，实现了集中排查整治与常态化安全管理的有效结合，形成"无死角发现－立即公示－限期整改－检查测试"的闭环管理。每年邀请安全管理专家、上级职能部门出谋划策，确定应急预案演练计划，组织消防、应急疏散、防汛、防爆等各方面应急演练，增强员工应对突发事件的防范意识和处置能力。公司先后荣获青岛市依法治理示范单位、安全生产基层先进单位、安全生产标准化三级企业等。

推动绿色发展落地见效。以"善"的心态，尊重自然、尊重环境，是琅琊台集团实现高质量发展的前提。公司发挥微生物发酵技术优势，积极进行废弃物资源化开发，产生的酒糟、蛋白渣、菌丝体等应用于有机饲料、有机肥料等下游产品，连年被国家、省、市、区评为环保工作先进单位。公司坚持使用节能技术自主研发和引进消化吸收再创新，发展低能耗、低排放、高附加值的产品，促进节能新技术、新工艺、新设备的广泛应用，实现了微生物产业园"资源－产品－再生资源"循环流动过程，打造出园区高值化循环经济产业链，为生物发酵行业的绿色低碳发展开辟了一条新路，在国内同行业发挥重要的示范作用。公司先后获得"国家绿色工厂""国家节能环保领军企业"等荣誉称号。

实施效果

在企业文化的影响下，公司掀开产业多元、融合发展的新篇章，由单一的白酒产业迈向健康美丽产业集群。全体"琅琊台人"锚定"人民对美好生活的向往"这一奋斗目标，以不忘初心、滚石上山的顽强意志，跨越发展谋蝶变，"喝好""吃好""用好""住好""游好"的健康美丽产业体系夯基垒台，团结奋进的琅琊台集团每一天都在呈现新的面貌。

近年来，公司深化"自主创新＋产学研用"平台体系建设，不断突破"菌""酶"生物关键核心技术，成为行业唯一实现国家级企业技术中心、模范院士专家工作站等八大国家级科研平台全覆盖的企业，集团先后培育出 8 家高新技术、专精特新企业，主持起草多项国家、行业标准，中国海洋生态白酒、微藻 DHA、小球藻、海洋活性肽、异麦芽酮糖等多项科技成果达到国际领先水平……一项项科技创新成果在行业内乃至国内外取得了可喜成绩，创新创造活力充分涌流，企业实现了从"追赶者"到"引领者"的伟大飞跃。

在以"善"为核心的感恩文化带动下，爱厂如家、感恩善良、团结互助、坚强奉献的"琅琊台人"，坚定文化自信，不断深化对"善"为核心的感恩文化的认知和践行，保持奋发向上的精神面貌，为推动公司健康美丽产业和经济社会实现高质量发展贡献更多智慧、更大力量。

主要创造人：李悦明
参与创造人：朱云峰　杨珊珊　刘　洋

以美丽苏热文化建设助推高质量发展

大唐苏州热电有限责任公司

单位简介

大唐苏州热电有限责任公司（以下简称苏州公司）位于长三角一体化示范先行启动区，建有 2×180MW E 级燃气-蒸汽联合循环热电联产机组，是集团公司第一个自建燃机项目，承担着为区域内 100 多家企业供热的职责使命。该公司主动服务"双碳"目标，在建新能源项目有大唐吴江屋顶分布式光伏（一期）50MW 工程项目、宜兴杨巷（一期）80MW 渔光互补复合型光伏发电项目，正在推进的项目有吴江汾湖梅湾荡 30MW 水上光伏项目、宜兴杨巷（二期）光伏项目、苏热二期重型燃机项目、苏州南站高铁科创新城综合能源服务项目等，形成了建设一批、开发一批、储备一批的高质量发展格局。该公司相继获评中央企业法治宣传教育先进单位、全国思想政治工作先进单位、江苏省模范职工之家、苏州市文明单位和中国大唐集团公司先进单位、文明单位、先进基层党组织等荣誉称号。

实施背景

外部环境上，苏州公司面临经营压力大、安全环保风险大、转型发展难等挑战，也蕴含着地处长三角一体化示范先行区及"双碳"带来的能源变革发展机遇；内部环境上，作为集团公司燃机事业的先行者，员工对美好的工作生活环境和自我价值实现的需求愈发迫切。基于此，苏州公司确立了以"环境美、素质高、管理精、后劲足"为主要内容的美丽苏热文化品牌建设，同步谋划了"四化四促"提升党建效能、党支部"党建+N"助力中心工作、"心"型工会、"智慧+"大监督体系、智慧热网、安全生产智慧化管控等子品牌，通过美丽苏热企业文化建设赋能高质量发展，以"高颜值苏热"鼓舞广大员工攻坚克难，砥砺前行；以"高内涵苏热"实现高效能管理，推动企业创新发展。

主要做法

环境美——提升美丽苏热颜值和气质

建设整洁优美的工作生活环境。一是美化厂区环境。重新规划厂区分布，通过植树节、学雷锋日等开展厂区绿化美化工作，在江南长三角邻水岸边，"水立方"厂房耸立，树木郁郁葱葱，厂区环境整洁干净。二是美化办公环境。全面推进部门 6S 标准化管理，制订实施方案和管理办法，进一步统一办公用品标准，提高工作效率，对各办公室逐一进行验收检查，展现"苏热人"良好的办公风貌。三是美化生活环境。通过在线表格及时受理职工宿舍修缮问题，对冷热水管统一进行更换，确保员工喝上"放心水"，开展"月度优秀宿舍"评选活动，督促员工自觉整理内务，养成良好的生活习惯。

打造和谐幸福的苏热家园。谋划了思想上"聚心"、生活上"关心"、安全上"挂心"、成长上"倾心"的"心"型工会子品牌，以此为抓手，努力当好职工的娘家人。"心"型工会成果获评中国企业联合会健康企业优秀案例、江苏省电力行协管理创新成果二等奖、苏州市职工思想政治工作优秀成果。

贯彻"争先创优"的精神谱系。一是选树先进典型。2021年以来选树苏州市劳动模范、集团公司十佳党务工作者、集团公司先锋班组长等地市级以上先进典型80余人次，通过劳模座谈会、事迹宣讲会、荣誉进家庭等活动营造崇尚先进、争当先进的干事创业氛围。二是抓好舆论引导。组织策划"喜迎党的二十大""二次创业""能源保供"等宣传专栏，2021年以来在国家级媒体发稿30余篇，在集团公司发稿140余篇，起到外树形象、内鼓干劲的作用。三是营造风清气正的干事创业氛围。将"一把手"监督作为重点，下发领导干部廉情提示单，更新"两个责任"清单，全体党员干部、关键岗位人员分级签订了廉洁自律承诺书和"8小时以外"行为规范承诺书，组织学习了系统内外典型案例200多个。四是服务地方社会，叫响大唐品牌。向农民工子弟学校捐资挂牌了"大唐黎里爱心学校"，被集团公司列为"为民办实事"典型案例，在地方产生了强烈反响。

管理精——构建美丽苏热科学管理体系

构建全业务精细化管理体系。大力培育营造精细化管理的意识，将管理精的文化贯穿工作始终。对全业务工作提高工作标准，落实管理责任，通过创新提升精细化管理水平，1项管理创新成果获省级表彰，20余项创新成果获行业表彰，创历史最好成绩。

构建全流程智慧化管控体系。以"企业事项网上办、个人事项掌上办"为目标，全面推进外包队伍智慧化管理、智慧热网、智慧仓储、违章智慧识别等智慧化管控项目。

构建全面风险防控体系。利用纪检、风控、法务、党群合署办公的优势，构建以"智慧+"大监督为基础的全面风险管控体系，创新"一库两源四清单"监督工具，形成了跨专业横向联动预防机制和全过程纵向到底监督机制。"智慧+"大监督建设案例获评江苏省企业联合会优秀管理创新成果。

"四化四促"形成"党建引领+"格局。严格按照集团公司"两年强基、三年提升"的要求推进示范党委、标准化党支部创建。经江苏公司第一次现场检查认定，苏州公司党委、各党支部均达到集团公司规范化、标准化验收标准。"四化四促"获评中国能源研究会电力能源党建创新好成果、集团公司党建研究课题成果三等奖。

后劲足——注入美丽苏热不竭动力

提升盈利能力，增强职工信心。深入落实提质增效要求，以边际效益为核心，每日开展日利润测算，动态调整发电策略。2020—2022年，通过赚取"两个细则"奖励、码头租赁、政策红利争取等举措累计增加非电业务收入6000余万元；热价整体上调了45元/吨，累计增收1649万元。2023年以来，"两个细则"收入1100万元。融资成本率创历史新低，是江苏公司首家完成长、短期借款利率压降工作的基层企业。企业投产以来连续9年实现盈利，职工归属感、幸福感不断提升。

打开发展空间，实现企业与员工的共同发展。一是在建项目方面，吴江屋顶分布式光伏项目陆续实现并网，目前第一批开工的12个单体项目（12.87MW）已全部并网发电。积极开发渔光互补项目，宜兴光伏一期80MW渔光互补项目已正式开工，汾湖梅湾荡30MW水上光伏复合发电项目成功纳入江苏省2022年光伏发电市场化并网项目名单。二是长远规划方面，以"十四五"期间装机容量破2000MW为目标，苏州公司重型燃机调峰项目（2×9H级）、二期扩建项目（2×9F级）列入苏州市能源发展"十四五"规划，与汾湖高新区管委会签订苏州南站高铁科创新城综合能源项目合作框架协议，进一步拓展企业供热空间。项目开发的丰硕成果增强了职工对未来发展的信心和决心，美丽苏热的蓝图从满足职工物质生活需要向满足自我价值实现需要迈出了坚实的一步。

实施效果

思想聚心工作取得显著进展。一是广大职工群众坚持以习近平新时代中国特色社会主义思想为指导，"四个意识"进一步增强，"四个自信"进一步坚定。二是深入贯彻党中央、国务院国资委和集团公司各项决策部署，认真执行企业制订的各项经营发展策略，执行力得到显著提升。三是职工队伍更加团结，企业归属感和一荣俱荣、一损俱损的观念更加深入人心，能够主动为企业发展建言献策，营造了"我为企业、企业为我"、与企业共同发展的良好氛围。

围绕提升职工幸福感，苏州公司多措并举开展多项创新性工作。一是累计慰问帮扶困难职工近30人次，"直通车"收集、解决职工反映问题50余项，党群例会帮助职工解决困难30余项。2021年以来，"十件实事"累计高质量完成20余项，职工所思所盼的急事难事得到有效解决。二是职工的工作生活环境得到有效改善。近两年来，苏州公司开展了办公环境改造提升，建设了健身步道、文体活动中心、篮球场、足球场等活动场所，让职工工作舒心、生活顺心。三是形成了"月度有活动，季度有比赛，年度有歌声"的文体活动机制，常态化开展职工喜闻乐见的文体活动，丰富职工的业余文化生活，职工群众获得感、幸福感、安全感显著增强，在职工满意度测评中，满意率超过95%。

在美丽苏热文化氛围感召下，苏州公司干部职工呈现出人人要学习、个个要进步的良好状态，终身学习理念进一步树牢。近两年来，共有35人通过中、高级职称评定；61人通过中、高级工、技师、高级技师鉴定。2023年，中层管理人员中级及以上职称持证率90.5%，较上年提升4.1%。苏州公司做强做优燃机培训基地，2023年举办各类系统内外培训4次，培训学员187人次。2022年，苏州公司获得省部级荣誉12项、地市级荣誉25项，有12项管理创新成果、QC论文获奖，创近年来新高。2023年以来，苏州公司获得2021—2022年度集团公司文明单位等省部级荣誉7项、地市级荣誉12项。

在积极向上的企业文化氛围感召下，苏州公司职工队伍保持稳定、团结有力，助力苏州公司保持又好又快发展态势。安全生产方面，连续3年实现"零事故、零非停、零限热"，刷新长周期安全运行纪录。2022年，机组启停调峰200余次，全部一次成功。2023年以来，苏州公司机组顺利调峰 41 次，未发生异常及以上设备障碍，设备可靠性创同期历史最佳。经营管理方面，2022 年，苏州公司"两个细则"盈利 2000 余万元，创历史新高；完成 2 轮汽价调整，增收 4000 余万元；融资成本率降至 3.185%，领跑江苏公司。

主要创造人：杨苏亮　蔡洪武

参与创造人：朱子清　付　山　尹信子　冯雪婷

以文化创新引领能源商贸物流企业转型发展

中国水利电力物资集团有限公司

企业简介

中国水利电力物资集团有限公司（以下简称中水物资）是电力行业历史最为悠久的能源商贸物流企业，隶属中国大唐集团有限公司（以下简称中国大唐）。作为中国大唐的采购成本控制中心和采购质量控制中心，按照中国大唐董事长"建设政治生态清正廉洁好公司"的要求，为了转作风、树新风，激发全体职工对企业的归属感、认同感，在68年的发展历程中寻求支撑企业数次涅槃重生的力量。中水物资以服务集团发展为第一要务，以文化建设推动形成高质量发展内生驱动力，基于服务型企业业务特点及业务廉洁工作属性要求，因需而立，倡导开展服务文化和廉洁文化。久久为功，确保文化成为全体职工的行动指南；外化于行，文化认同营造干事创业良好氛围，全力打造成为能源行业领先的供应链集成服务商。

实施背景

第一，公司服务型企业业务属性决定了服务是企业生存之本、廉洁企业发展的根基。中水物资为中国大唐内外部客户提供供应链全过程服务（采购咨询、采购执行、履约管理、集中采购等），服务的质量、效率、成本等关系到企业的生存，是公司存在的核心使命和价值；同时，服务过程中由于招标采购等业务属于廉洁风险较高的关键领域，因此需要强化廉洁文化建设。第二，业务市场由内部市场向内外部市场兼顾转变，需要唤醒服务意识。第三，管理变革、技术变革催生企业文化理念转变，促进文化与管理融合走深走实。在此背景下，中水物资立足服务业务的本质特征，坚守廉洁底线红线，以服务文化和廉洁文化为突破口，传承、创新文化精神，营造风清气正企业氛围，全面打造极致专业化服务，走向真正市场化，为新时期中水物资转型发展提供动能。

中水物资以"服务是生存之本，廉洁是发展之基"文化理念为基础，坚持"极致专业化，真正市场化"，梳理细化形成服务文化理念体系和廉洁文化理念体系，陈述和诠释了企业在经营发展中需要秉持的一系列基本理念、基本原则与基本方针，梳理形成核心价值理念和行为理念。核心价值理念包括愿景、宗旨、精神、理念、品牌，行为理念包括承诺、行为准则等。

主要做法

理念引领，内化于心

文化传承，寻找文化建设支撑。作为一个拥有68年厚重发展历程的企业，中水物资发展历史时期分为3个阶段：1955—1988年，隶属国家部委时期，顺应改革、不断探索的开拓之路；1988—2002年，进入市场竞争时期；2002年归属中国大唐后，走上了砥砺前行的奋进之路，中水物资在发展的浪潮中积蓄了特有的精神品格。通过全面梳理公司辉煌发展史，面向公司系统单位、在职职工和离退休职工征集公司发展历程故事、重要文件、影像资料和历史老物件，在发展过程中寻找服务和廉洁对于公司发展取得关键性突破和遭受重大挫折所产生的深远影响，作为服务文化和廉洁文化建设的实践支撑。

文化共创，构建文化理念体系。一是全面开展文化理念征集活动。面向系统各级党组织和全体职工开展文化核心理念意见征集，各级党组织召开座谈会确定推荐意见，系统内1440名职工通过网络问卷对7条核心理念进行投票，最终"服务是生存之本，廉洁是发展之基"获得1111票，文化核心理念得到职工广泛认可和支持。二是开展文化建设访谈。面向公司全体职工，特别是离退休老职工，开展一对一的文化访谈，从访谈过程中挖掘企业发展历程故事。访谈的重点是企业在遭遇重大挫折时"中水物资人"是如何渡过难关的，而这其中又体现了"中水物资人"怎样的精神品格。三是组织文化建设大讨论。形成服务文化征集意见稿，在全系统以党支部为单位组织全体职工针对整个文化理念体系进行大讨论，打破部门壁垒，转换岗位角色，多维度地提出完善意见，在讨论的过程中让全体职工更加明确和坚信文化的正面引导作用，最终形成服务和廉洁文化理念体系成果。

制度固本，固化于制

以"极致的专业化"和"真正的市场化"全面规范服务标准、推进管理精益化、提高价值创造能力、打造核心竞争力。

加强服务集团战略能力。以服务集团公司为第一要务，立足"功能服务型"企业定位，稳住基本盘，做好物资保供服务，做实做细采购代理服务工作的标准化、规范化，在降本增效、质量把控的主责主业上下苦功。

推动服务管理精益化。坚持"解剖麻雀"和系统施策并举，围绕全方位、全过程、全要素、全流程，健全工作体系、制度体系、监督体系、考核体系。实现"三级四类"指标体系不断迭代升级，着力完善现代企业制度，提高企业活力和效率，推进高质量发展体制机制改革落地见效。

提高价值创造能力。关注行业动向，加深对未来能源电力行业的发展趋势的研究，成立商业模式创新工作领导小组，将"三新+N"计划与市场需求、客户需求结合起来，关注新技术、新产品、新模式，细分赛道，不断尝试。对内，各业务平台共享信息、整合资源；对外，对标先进企业，不断扩大"朋友圈"，推进业务范围向产业链、供应链的上下游延伸。

融情客户，外化于行

健全用户服务机制。提出"两沟通、两汇报、两加强"，建立用户服务网络，从管理体制上搭建服务网络，从管理机制上强化客户服务，从企业文化上提升服务理念。开展长协管家服务，加强顶层设计，优化运行机制，实现服务全流程实时监控、跟踪、评估。创新商业模式，公司本部、区域公司和项目部三级联动，实现采购、合同、履约、配送等供应链业务无缝对接。强化用户反馈意见处理，扩展用户反馈渠道，完善意见处理流程，建立健全激励机制。

着力拓展外部市场。以外部市场需求为导向，增加高附加值产品和服务的有效供给，全面建成规范严谨、高效便捷的采购与物资供应集成化服务体系。

打造智慧供应链服务商。以信息技术为牵引，以业务模式+新技术融合为驱动，以数字化应用为核心，以数据运营中心为依托，推进数字化供应链服务体系建设，打造"采购全过程监管、实时数据在线分析、项目数据可视跟踪、大数据智能评标"四位一体的"数智大脑"。

廉洁筑基，行稳致远

提升廉洁文化意识。一是常态化、制度化开展理想信念教育，以精神文明创建为载体弘扬民族精神和时代精神，公司持续保持首都文明单位标兵和全国文明单位称号。二是开展作风建设专项整治行动。公司党委、纪委与各级班子进行"深化全面从严治党，营造风清气正的政治生态"集体政治谈话，旗帜鲜明与不良风气坚决斗争。三是发挥先进典型示范引领作用。发动职工通过网络投票选出业绩突出、作风优良、群众信服的先进典型。坚持聚焦一线、镜头向下，宣传选树在平凡岗位兢兢业业、默默奉献的最美"中水物资人"，中水物资保供故事在央视频展播，公司学习先进、崇尚先进、成为先进的氛围愈加浓厚。四是以文化倡导涵养政治生态。推动形成适应新时代要求的思想观念、精神风貌、文明风尚、行为规范。通过服务文化和廉洁文化，让全体职工深刻了解公司推崇什么、摒弃什么，形成行动指南和行为纲要，激发全体职工对企业的归属感、认同感。

健全廉洁文化建设机制。一是持续构建"大监督"工作格局。不断完善权力运行和监督制约机制，纪委办公室（巡察办公室）、审计部、人力资源部、党建工作部等部门协作配合，依托多方监督范围、监督对象、监督方式的互补性，加强沟通配合，综合运用监督成果，构建全方位协同监督工作体制机制，下好监督"一盘棋"。二是构建巡视巡察上下联动格局。以持续深化中央巡视"应招标未招标问题"整改工作为契机，特别是持续深化"靠企吃企"在采购领域的专项整治工作，结合实际认真研究整改措施，下大决心、用大力气推进整改，举一反三，在建立长效机制上下功夫，对标集团内部巡视发现问题，着眼巡察监督长远发展，对巡察全覆盖后发现的问题进行梳理、归纳、提炼，总结经验，查找不足，为谋划和推动党委巡察全覆盖提供借鉴、做好准备。

强化廉洁文化传播。一是加强宣传引导。将公司文化核心理念宣贯在公众号、网站等媒体平台的醒目位置。利用企业网站、微信公众号等媒体平台宣传企业服务之星，深挖业务重要突破背后所做出的精准、高效服务故事，宣传先进典型，营造学习氛围。开展"廉洁中水"教育，设置"明规学纪""纠四风树新风""采购警示案例"等专题教育栏目。二是丰富文化活动。通过组织文化座谈会、文化精神宣讲、文化主题活动等多种活动方式丰富廉洁文化传播。深挖"中水物资人"践行廉洁文化的典型案例，组织全体职工到红色教育阵地、廉洁教育基地等接受思想洗礼，通过主动走近服刑人员、观看廉洁教育警示片等，以案为戒，警示员工。

机制保障，源远流长

实现文化建设与党建群团工作融合。激发党工团组织活力，教育引导职工将个人发展融入企业发展大局，通过"金点子"创新创效大赛、推优荐才"揭榜攻坚"项目等，引导职工关心关注企业发展，积极参与企业献言建策，年度内围绕企业发展难点痛点形成创新创效成果 118 项，营造通过干事创业实现自身价值的企业氛围，进一步增强公司的凝聚力和向心力。

建立文化培训机制。文化建设最终是为了实现全体职工价值取向与企业核心价值观相一致，需要具有大众性和覆盖性，但同时要把党员干部、关键岗位人员和青年职工确定为重点对象，有针对性强化教育引导。中水物资面向新入党、新入职、新岗位的"三新"人员，将文化培训作为新入职职工第一课、召开"三新"文化专题座谈会、将文化践行作为新提拔干部谈话必谈内容，从"新"入手，做好文化推广。

建立文化宣传平台。通过处处可见的视觉建设将文化核心理念植入每名职工心中，宣传先进典型，营造学习氛围，把企业文化教育贯穿始终。潜移默化促使职工形成文化记忆，自发自觉的以实际行动践行和推动文化建设，强化文化对于企业和职工个人发展至关重要的作用，使文化理念厚植于心、深耕于行，成为全体职工的行动指南。将文化核心理念宣贯在公众号、网站等媒体平台的醒目位置。利用企业网站、微信公众号等媒体平台宣传企业文化践行之星、宣传先进典型，营造学习氛围。通过组织文化座谈会、文化精神宣讲、文化主题活动等多种活动方式丰富文化传播，深挖"中水物资人"践行服务文化和廉洁文化的典型案例，强化正向宣传。

实施效果

中水物资以文化建设推动形成高质量发展内生驱动力，得到全体干部职工的高度认可，全体职工对公司未来发展的信心和认可高达 95.54%，为企业在竞争过程中创造了有利的发展环境，形成了企业砥砺前行的动力和底气，在激烈的市场竞争中赢得客户的信赖，进一步增强企业的综合竞争实力。公司总资产达 303 亿元，业务范围覆盖全国，连续 6 年获得中国大唐党建责任制和经营业绩考核"双 A"级，荣获全国普法工作先进单位，持续保持首都文明单位标兵和全国文明单位称号。中水物资将致力于构建富有时代精神和企业特色的企业文化，以文化引领赋能企业高质量发展，为全面建成社会主义现代化强国贡献中水物资力量。

主要创造人：陈 智 王 杰
参与创造人：鲁治淮 杨 玥 张 丽 张 静

以"让资源智慧再生"的品牌文化助推企业高质量发展

天津拾起卖科技集团有限公司

企业简介

　　天津拾起卖科技集团有限公司（以下简称拾起卖）是一家资源循环产业高科技企业，总部坐落在天津，建有城市矿山交易等多个平台，拥有再生资源逆向物流网络、再生资源加工基地、互联网研发中心、循环产业技术研究院及传媒、物流、金融等多个业务板块。拾起卖以"双碳"为发展导向，持续建设绿色低碳循环发展体系，实施科技赋能。围绕再生资源回收利用及综合服务，以"一城市一矿山"为战略目标，倾力打造从废弃物产生源头到资源循环利用者之间的完整供应链和多元化的配套服务体系，提供再生资源产业"向前一千米"和"向后一千米"闭环解决方案，致力于打造切实可行的产业＋互联网新业态。拾起卖连续两年蝉联中国服务业企业500强企业、天津市百强企业，在全国再生资源行业百强企业中排名第10位。

实施背景

　　在绿色低碳发展背景下，再生资源回收利用行业将迎来良好的发展机遇期；同时，行业也面临着突破传统模式、实现产业升级的挑战。拾起卖扎根再生资源行业，面对行业现状和生产经营过程中遇到的问题，意识到传统的再生资源经营模式已经无法满足公司的发展需求，通过对"循环产业＋互联网"新模式的探索，将传统的再生资源回收行业与先进的互联网、物联网、人工智能、大数据等技术有机结合，打造循环经济供应链，形成新型再生资源行业供应链管理模式。

　　拾起卖以"让资源智慧再生"为企业使命，努力实现"一城市一矿山、一群人一梦想"的企业愿景。"智"代表专业、技能、科技，"慧"代表慧根、思想、理念，"再生"是对环境、社会及人类的回报，企业勇于承担社会责任，让"有限资源，无限再生"。

　　拾起卖在践行企业文化的过程中，引导全体员工牢固树立创新、速度、共享、勤俭、激情、干净的核心价值观，坚持以"创新"为驱动力，用产业互联网思维、数字化运营方式与传统产业相结合，应用产业服务平台推动传统产业数字化转型升级，建树再生资源行业品牌文化，助力企业高质量发展。

主要做法

注重品牌维护，明确品牌内涵

　　在"让资源智慧再生"的使命下，拾起卖成立知识产权管理部门，通过多年努力，成功注册商标60项，以"拾起卖"和"城市矿山"作为主要品牌。"拾起卖"的品牌含义为废品不落地、城市更美丽，主要用于城市回收业务，打造城市回收业务是垃圾分类的重要环节，有助于改善人居环境、促进社会文明。"城市矿山"品牌含义为每一座城市都是取之不尽用之不竭的矿山资源，主要用于大宗商品、废弃物综合回收利用项目建设，致力为成为资源友好型城市做出贡献。

为了完善品牌管理，建立并维护多品牌体系，塑造良好形象，拾起卖制订《品牌管理制度》，加强品牌管理，促进品牌发展；成立品牌部，专门负责企业品牌管理，开展品牌管理现状调查，理清品牌管理职责，确定品牌战略目标和战略措施。

拾起卖通过不断完善组织架构和运行机制，形成了对内严谨、对外规范的内部管理和外部服务体系。及时对客户的意见及投诉进行记录、反馈，及时解决客户纠纷并对客户进行回访，提高客户的满意度，提升品牌形象。

加强品牌宣传，提升品牌知名度

拾起卖注重品牌宣传，创建"拾起卖""拾起卖大收场"等多个微信公众号和视频号，创建"拾起卖"微博账号，通过互联网进行品牌宣传；同时，参加电视台、报纸、杂志等各类主流媒体的采访，提升品牌知名度。

拾起卖践行生态文明理念传播，聚焦环保领域在公益、科技、民生、资本等方面的实时动态。拾起卖成立一家基于践行生态文明理念转播的专业机构——裕靓传媒，定位为产业互联网传媒，聚焦环保领域实时动态，致力于传播推广垃圾分类、节能环保、绿色公益、循环理念，是国内为数不多的环保领域专业传媒机构，以建立人与环保公益链接为核心，为政府及各企事业单位提供环保公益营销、环保公益内容整合支持、环保宣教培训等整体解决方案。

每年"全国科普日""天津市科技周""世界环境日""节能周""地球日"等活动期间，围绕活动主题，配合相关主管部门，开展资源再生基地工厂参观、城市废弃物大数据屏展示、资源循环领域专家讲座等活动。开展再生资源科普宣讲活动，普及垃圾分类知识。结合各社区、街道、学校情况，开展废弃物换绿植、换再生产品等活动。

拾起卖联合天津多家学校、社区，共同打造无废校园、无废社区。在无废校园建设中践行"科学求真，人文求善，生态平衡，环境育人"的环保宣教理念，提升学生环保素养，促进学校和谐持续发展；联合多家社区开展绿色公益活动，为居民普及垃圾分类知识和环保理念，提高居民环保意识，让环保真正走进社区，走入人们生活。通过多种活动形式，提高群众环保意识，推行分类回收，鼓励大家积极加入到无废城市的建设中来。

联合津云新媒体集团共同发起"美丽中国，我是行动者"天津市垃圾分类线上知识竞赛活动，在天津市范围普及垃圾分类的意义与知识，了解可回收物、厨余垃圾和有害垃圾等如何鉴别，从而引导全民从自身做起重视环境保护、注意节约资源。

举办"垃圾分类·无废低碳公益科普宣传活动""'We爱循环'爱心环保公益""'垃圾分类小课堂'科普进校园""垃圾分类公益课堂进社区"等活动，参与人次达1500人次；举办"'以废换绿'环保活动"等特色活动，参与人次达1000，宣传绿色环保理念，带动公众关注环保公益，践行垃圾分类，共建美丽天津。承办天津市公共机构节能周活动，通过组织公共机构各单位学习生活垃圾分类新理念、新知识，切实提高垃圾分类意识，为天津市公共机构节能环保和生活垃圾分类工作的深入开展打下了坚实的基础。

建设城市时代记忆馆，促进品牌推广。城市时代记忆馆是一个以回收的各类具有收藏价值的旧物为展品的展厅。目前，该展厅展品约1000余件，展馆将以相对比较齐全的物品种类反映天津市近现代的社会风貌。城市时代记忆馆以"记忆"为主题，收藏的品类涵盖书画、乐器、电子设备、家用工具、仪器及动植物和矿石标本。展厅分为六大区域，每个区域都有符合它名字的物品，旨在让人们回想起以往有过的那些珍贵回忆。通过旧物展品进行文明、文化传播，让全社会都了解资源回收再利用的重要性。城市时代记忆馆本着"一城市一矿山"的战略、"让资源智慧再生"的文化内涵，努力为社会创造正面、积极的社会价值。

实施效果

2018年，拾起卖再生资源工厂虚拟仿真系统于天津市高新技术成果转化中心组织专家进行成果鉴定，综合评价为国际先进水平，先后在世界智能大会、"世界环境日"宣传活动、公共机构节能工作推广活动、天津滨海新区"创业创新"科技成果展示、天津市环保局"绿书架进校园"暨绿色市集、银行系统"金融企业服务月"等活动中展出应用，受到广泛好评。拾起卖再生资源工厂虚拟仿真系统被南开大学、武汉纺织大学、福建师范大学等高校采用，用于资源循环科学与工程专业人才培养及教学科研等工作。通过这些活动，为推广环保理念、辅助环保教学科研、传达贯彻节能环保政策等发挥了一定的支撑作用，应用人次达到6000以上，充分提升了拾起卖的品牌形象和社会影响力。

拾起卖拥有有效知识产权270项，其中发明专利6项、实用新型专利93项、外观设计专利2项、计算机软件著作权99项、商标59项、美术著作权11项，多项知识产权正在申请中。

拾起卖深度参与行业内相关共性关键技术创新和标准制订工作，围绕废钢铁、废纸、废塑料、废弃电器电子产品等再生资源回收利用，以技术创新能力为核心竞争力，积极参与国家及行业标准制订，积极推动技术标准提升。目前，参与标准制订共计15项，其中有4项国家标准、3项行业标准、6项团体标准、2项地方标准。企业创新能力的增强，积聚了"让资源智慧再生"的企业发展实力。

拾起卖积极践行企业社会责任，热心公益环保事业。多次组织开展环保公益进养老院、进社区、进学校等活动。为天津10多所学校捐赠环保教育"绿书架"，积极参与"世界环境日"等环保公益宣传活动，组织开展旧物兑换、环保知识讲座等，宣传环保理念，倡导绿色行为，助推全社会环保事业蓬勃发展。被中国环境教育文化专家委员会评选为"支持环保教育事业先进单位"，被天津市授予"热心环保公益活动先进单位"。

主要创造人：陈 奕 王 璇
参与创造人：于晓杰 魏巳祥 陈榕基 薄红蕾

构建"同心圆"文化体系，助力建筑央企转型发展

中铁十八局集团第五工程有限公司

企业简介

中铁十八局集团第五工程有限公司（以下简称中铁十八局五公司）隶属于世界500强企业——中国铁建股份有限公司，于2001年改制成立，注册资本金19.25亿元，资产总额106亿元。具备公路工程施工总承包特级资质、建筑和市政公用工程施工总承包壹级资质等施工资质，是集施工总承包、工程技术、测绘、试验检测服务、商品混凝土、沥青混凝土生产、销售等相关业务于一体的国家高新技术施工企业。中铁十八局五公司经营区域遍布全国20多个省、自治区、直辖市，年承揽额250亿元以上，年完成产值150亿元以上。在公路、铁路、市政、建筑、沉管隧道、城市轨道交通和复杂条件下桥梁建设领域处于行业领先地位，在工程创优和项目管理上获得了诸多国家级荣誉，累计荣获"鲁班奖"12项、"詹天佑奖"11项、"李春奖"1项、国家优质工程奖72项、省部级优质工程奖145项。先后荣获全国先进基层党组织、全国"五一"劳动奖状，获评全国建筑业AAA级信用企业，连续13年被评为天津市优秀诚信施工企业，连续13年进入中国铁建工程公司20强，荣获"中国铁建卓越工程公司"称号。

实施背景

中铁十八局五公司是兵改工企业，特别能吃苦、特别能战斗、特别能奉献的"铁道兵"精神是其基因和血脉。在改革开放和市场运行中，企业秉承"铁道兵"精神逐渐形成了具有企业特色的以"开战必胜、团结奋进、吃苦奉献、科学创新"为核心的"老虎团"精神，并在引滦入津等重大工程中充分体现了"开战必胜"有魄力、"团结奋进"有合力、"吃苦奉献"有定力、"科学创新"有活力的文化内涵。近年来，随着国内建筑施工行业的竞争日益激烈，在机遇与挑战并存的市场环境中，企业亟须进一步扩大品牌感召力，牢固树立已被市场认可的"金字招牌"，让"老虎团"品牌成为支撑企业在市场竞争中抢占先机的亮丽"名片"。为此，在企业已有文化理念的基础上，结合企业自身发展实际，经过系统的梳理和提炼，中铁十八局五公司构建了与企业转型发展相适应的以"开战必胜、团结奋进、吃苦奉献、科学创新"16字精神为核心的集"核心文化、制度文化、行为文化、表象文化"四位于一体的"同心圆"文化体系。将企业文化渗透到企业质量、安全、生产和经营全方位管理中，融入员工工作、生活、文体活动中，更进一步强化了企业文化对企业转型发展的推动作用。

主要做法

夯实企业精神理论根基，构建"同心圆"文化体系

对企业精神进行溯源。中铁十八局五公司聚焦企业发展历程，通过史料研究、实地调查、人物采访等方式，先将历史各个时期的文化故事进行归纳整理，然后按照时间顺序进行整理和归纳，参照地方建筑史志、企业《简史》、纪录片、影像资料及老职工、老领导访谈等对第一手资料进行系统梳理。

对固有文化进行系统提升。中铁十八局五公司着手构建适应新时代发展的企业文化体系。在广泛调研和学习同行业先进单位经验的基础上，通过引进来和走出去相结合的方式，吸收先进的文化理念，构建了以16字精神为核心的"同心圆"文化体系。该体系既传承了"铁道兵"精神，又与时俱进总结了特色文化、文化优势等，既融入了中心工作，又为党建与中心工作深度融合打下了文化基础。

构建"同心圆"制度文化，抓好执行监督

围绕制度文化，中铁十八局五公司始终坚持"三部曲"，一是坚持"立规矩"为先，抓好制度建设；二是坚持"守规矩"为本，践行制度要求；三是坚持"严规矩"为要，抓好问责程序。

为贯彻落实企业发展战略，推动企业文化建设深入持续开展，充分发挥企业文化在引领企业高品质发展中的作用，中铁十八局五公司制订了《中铁十八局集团第五工程有限公司企业文化建设管理办法》，从企业文化规划管理、内容标准、培训共享、传播展示、考核评估等层面督促企业文化的落地和践行。该制度以打造具有先进性、包容性和独特性的企业文化为着眼点，以员工全面发展为核心，以打造核心竞争力为重点，内聚动力、外塑形象，为企业全面、协调、可持续发展提供强有力的文化支撑。从管理职责、管理内容、管理措施、考核评价、保障措施等方面强化指导，为企业文化战略实施提供坚强保障。

在制度执行中，着力解决好3个方面的问题。一是解决制度是什么的问题。利用培训、辅导和学习平台，做好制度的宣贯。二是解决制度如何执行的问题。总部各职能部门对基层实行"扶上马、送一程"，每一项新的制度出台，都要在总部理论课堂上教会制度流程，都要去现场培训，教会实地操作。三是解决制度如何落地的问题。企业总部各职能部门通过培训、辅导解决"知"，用制度流程指导"行"，再用定期督导和不定期检查来解决"果"。对基层各单位实行了岗位清单式管理，上下联动、多项措施并举，确保制度落地。

精心培育示范，强化行为养成

为实现企业文化从价值观场层面转化为员工行为规范，中铁十八局五公司多措并举，助力员工自我约束、自觉践行。

中铁十八局五公司从员工共同行为规范、管理人员行为规范、岗位行为规范等方面入手，修订和完善企业员工行为规范，使行为规范成为规范员工行为、塑造企业形象的重要载体。通过制作《企业文化手册——行为篇》等明确提倡行为和反对行为，进一步规范企业员工行为。还从日常文明行为规范、公关礼仪规范、旅游观光文明礼仪、交通文明礼仪、公民道德建设等方面入手，提升员工综合素质，展示企业良好形象。领导人员高度重视行为规范，带头抓好行为文化。通过专题研究企业员工行为规范、划拨专项资金开展文化活动、领导人员带头与属地单位开展文化共建活动等，强化企业文化的执行力；同时，领导人员带头宣贯、带头遵守，通过领导人员宣讲文化"第一课"、举办"国学讲堂"等促进企业文化深入人心。此外，领导人员还带头践行，知行合一，发挥领导者和管理者的示范效应，营造领导干部带头干、率先干的良好氛围。围绕行业特点，加大对典型人物的事迹的挖掘和宣传，先后选树出全国劳模、天津市道德模范郑卫红，以及天津好人毕树兵、卓凌华等先进典型。利用职工喜闻乐见的方式，制作先进人物小人书，以图文并茂的形式宣传企业典型人物、传递企业正能量，激励干部职工奋斗拼搏、担当作为。

做强表象文化，讲好企业故事

中铁十八局五公司聚焦表象文化，从传播载体、传播渠道及主题活动入手，进一步丰富表象文化。

为使文化更加立体化、形象化和可视化，企业广泛征求意见和建议，设计出代表企业形象的卡通人物——"虎娃"，在主形象的基础上，又设计出了表情包和周边产品，以鲜活的文化符号传承弘扬企业精神。此外，又先后设计出"老虎团"文化产品，"老虎团"文化小册子、微视频、宣传片等，从企业简介、发展历程、文化演变、文化符号、精品工程和文化故事等方面展示企业形象、丰富文化传播载体。利用报纸、橱窗、宣传栏、画册、书籍、纪录片、视频、"道德讲堂"活动等线下有形载体，利用网站、微信公众号、微博、抖音等媒体平台加强企业文化传播，弘扬主旋律、传递正能量，让职工在企业文化熏陶下凝聚干事创业的奋进力量。近年来，中铁十八局五公司开展了一系列以"老虎团"命名的活动，如唱响"老虎团"之歌、举办"老虎团"篮球赛、"我与'老虎团'共成长"演讲比赛等；利用劳动竞赛、技能比武、知识竞赛、传统节日活动等载体进一步弘扬企业文化；通过企史课件、企业荣誉室、内部刊物、企业宣传片、党建专题片等传播企业文化理念，进一步用好"老虎团"符号、发出"老虎团"声音、讲好"老虎团"故事。

实施效果

随着企业文化的不断与时俱进，"同心圆"文化品牌已成为一张靓丽"名片"，在中国铁建系统内外叫响，主要体现在以下3个方面。一是成为广大员工的行动指南。企业文化对内凝聚思想、对外树立形象，在广大职工身上处处彰显企业精神，"有排名争第一，无排名争一流"。在急难险重的工程中，广大干部职工攻坚克难、永争第一，把企业精神体现在行动中，以"铁的意志""铁的精神"和"铁的作风"攻坚克难、无往不胜。二是成为中国铁建系统内兄弟单位争先学习的榜样。自2018年1月评为"中国铁建企业文化示范基地"以来，"同心圆"文化在中国铁建系统内进行巡回宣讲，15家集团公司2000余名管理者参与，成为中国铁建系统内学习榜样。三是成为建设单位和政府可信赖的合作伙伴。"老虎团"品牌已成为一个"免检"符号，"以业主需求为中心，24小时为业主提供服务，为业主提供满意工程"，通过打造先进的项目文化和建筑"三心"（政府放心、业主宽心、市民舒心）工程来提高客户黏性。

多年来，企业始终传承和发扬"同心圆"文化，秉承着"干一项工程，树一座丰碑，交一帮朋友，拓一方市场"的滚动发展理念，在对外交往、商业谈判和实务操作上始终保留着诚实厚道和吃苦守信的本分，保留着一份敢担当、善作为的"虎劲"，以客户需求为目标，靠实干赢口碑，靠信誉树形象，靠质量赢得社会认可。企业每年承揽工程金额从1987年的2000多万元发展到2022年249亿元，承揽金额增长了1245倍；每年完成产值从1987年的8000万元、人均完成产值1.5万元增长到2022年的155亿元、人均完成产值421万元，分别增长了193.75倍和280倍；利润从1987年的200万元增长到如今的2.4亿元，增长了120倍。企业连续13年进入中国铁建工程公司20强，2019年获评"中国铁建卓越工程公司"称号。

凭借企业文化的进一步积淀，企业管理能力得到不断提升，企业各项经济指标逐年攀升，施工产值从2015年的53亿元上升到2022年的155亿元，利润也由2015年的8260万元增长到2022年的2.4亿元。另外，各种社会荣誉也纷至沓来，先后荣获全国先进基层党组织、全国"五一"劳动奖状、全国职工职业道德建设先进单位，以及中国铁建企业文化建设示范基地、天津市精神文明先进单位、中国铁建"五四"红旗团委和天津市建委系统思想政治工作先进单位等称号，先后获得全国建筑业AAA级信用企业、全国市政工程质量优秀企业、全国质量管理活动先进企业和国家科技成果进步奖等诸多荣誉，连续12年被评为天津市优秀诚信施工企业，连续6年被评为天津市建筑施工总承包A级企业。

主要创造人：曹文权　郝永杰
参与创造人：李振勇　李学彬　彭　琦

用伟大建党精神激活电力红色基因

国网辽宁省电力有限公司

企业简介

国网辽宁省电力有限公司（以下简称辽宁公司）成立于1999年，公司本部设21个部门，下属34家单位。截至2022年，公司资产总额1192亿元。2022年，营业收入1311.71亿元，利润2.67亿元。

实施背景

辽宁公司聚焦深化"红色基因、电力传承"特色主题实践，充分发挥红色文化育人育心、铸魂固本的功能优势，坚持历史和现实相统一、理论与实践相统一、继承和发展相统一，以伟大建党精神激活电力红色基因，组织发动广大党员干部和职工群众求学"标识地"、问需"标识地"、共建"标识地"，用伟大建党精神的历史穿透力、文化感染力和精神感召力筑牢许党报国强企的思想基础和行动根基，对内凝聚发展力量、对外展现良好形象，推动企业文化软实力不断提升、文化影响力显著增强、核心竞争力充分彰显。

主要做法

注重理念牵引，强化顶层设计。辽宁公司先后召开2次党委会专题研究部署贯通"六地红色标识"与公司发展相关工作，纳入董事长重点关注督办事项，形成月度工作任务推进清单，全过程管控项目进展。统筹部署开展3万余名干部职工参与的专项问卷调研，深度掌握不同专业、不同层级干部员工对"六地红色标识"的认知度和认可度，为结合辽宁公司实际传承弘扬伟大建党精神进行了宣贯预热。

探源红色足迹，激活红色基因。项目实施过程中，分类指导所属单位结合地域特色、优势资源和中心工作，从百年党史中汲取团结奋进力量，着力构建弘扬伟大建党精神的"辽电"红色文化矩阵。

筑牢红色阵地，提升教育质效。辽宁公司统筹布局企业文化阵地建设，在本部开辟"企业文化廊道"，分区展示国网优秀文化、"辽电"精神家园、电力百年历程；在辽宁省14个地市建成规模以上企业文化展馆、展厅、展室17处及一线文化微阵地300余处，形成企业文化宣教展示集群效应。编印《辽宁省红色资源图册》，精选辽宁省内100个红色地标形成红色研学导航图，各级党组织依图组织红色集体学习研讨2.06万余次。充分吸取丹东220千伏变电站被成功认定为国网公司"百年电力"首批文化遗产经验，遴选辽宁省内11处电力遗迹旧址做好第二批文化遗产认定筹备工作，同步组织"奋斗百年路，启航新征程""百年电力，初心不改"等系列宣教活动，主动对接主流社会媒体，打造红色教育示范高地。将红色文化与属地旅游发展产业相结合，策划红色旅游及周边文化创意作品，开发3条区域红色教育线路（抗美援朝战争红色线路、杨靖宇东北抗联红色线路、甲午战争古战场红色线路），与延安文旅集团红色培训中心合作开发"走进革命圣地，传承延安精神"辽宁省外红色教育线路，全方位满足系统内外对红色教育基地和红色文化价值内涵等方面的深层次需求。

创新承载路径，推进以点带面。锚定企业文化建设示范点"百千万"工程系统优化和流程再造，对公司现有国网公司级、辽宁公司级、地市公司级三级426个企业文化示范点进行基因重组、资源整合，聚焦"红色精神传承"，打造企业文化示范矩阵，编制《承建示范点名录》《联合体宣介手册》，配套推出6个建设子方案，让红色基因传承"亮"起来、"活"起来、"热"起来。认真落实《企业文化建设工作指引（2022）》要求，深化应用党支部企业文化标准化建设体系，滚动优化《标准体系表》《指导流程表》《工作流程表》，围绕"文化铸魂、文化赋能、文化融入"专项行动在支部的实践落地，发挥基层首创精神抓牢管理、传播、落地、创新4个维度，编印《支部企业文化标准体系图册》，为一线班组、站所提供企业文化建设参考。结合"践行电力精神、汲取六地营养、重振'辽电'雄风、打造精神高地"做目标要求，开展"弘扬电力精神，强国复兴有我"主题文化月活动，分阶段部署"电力精神有我、文化强企有我、奉献光明有我"三大内容6项子工作，编印活动简报3期，累计开展学习宣贯1816场次、文化培训857期次、岗位实践10800多人次，得到广大干部员工的积极响应和广泛好评。

实施效果

锻造成坚持真理、坚守理想的"辽电风骨"。始终把政治建设摆在首位，以"五个一"工作机制刚性执行党委会"第一议题"制度。以"五学九个有"全闭环管理模式推进各级中心组学习质量不断提升，坚持边学习、边研讨、边决策、边落实，示范带动广大党员干部进一步将所学、所见、所思、所想转化为指导实践、解决问题、推动发展的能力和水平。创新推行党支部"主题党日"月历模式，全面抓好党员、书记队伍经常性学习教育，实施计划培训106项，培训近2万人次。教育基地融合建设模式主要做法在《国网工作动态》第3137期刊载，作为辽宁省国资委典型案例推荐至辽宁省委组织部。

刻画出践行初心、牢记使命的"辽电印象"。促成辽宁省政府与国网公司签署"十四五"战略合作框架协议，高规格举办辽宁省重大电网工程攻坚动员大会，持续深化与地市政府、有关厅局、高校名企签约共建，全面构建"政企、企企、校企"合作新格局。主动对接辽宁"清洁能源强省"建设，提出"1+6"电力发展建议方案，"辽电观点"不断得到各方认可和赞扬。

肩负起不怕牺牲、英勇斗争的"辽电担当"。有力应对70年一遇特大汛情，联合辽宁省住建厅开展住宅小区供用电设施防水淹隐患排查治理，科学组织盘锦500千伏阜鹤线塔基抢修，安全处置220千伏曙光变进水险情，以最快速度完成负荷转移和复电投运，民生用电未受汛情影响，为辽河油田避免损失2.5亿元。把握党员占比65%（位列国网系统首位）的独特优势，开展"党建引领·党员攻坚"专项行动，细化党支部战斗堡垒和党员先锋模范作用，发挥8项务实举措，重点加强党员无违章、无投诉对标考核，联合安监、营销部门联合约谈党员546人次，大幅压降党员现场违章率、属实投诉率，主要做法在国网公司培训会议进行交流。

展现了对党忠诚、不负人民的"辽电作为"。以"五个最"工作标准，高质量完成各项重大保电任务，实现"万无一失"目标。全面落实稳增长一揽子政策措施，实施22项具体举措，对小微企业和个体工商户实行"欠费不停供"，多措并举助企纾困解难，为企业节省电费3.71亿元。加快老旧小区改造，推进农村电网巩固提升工程，配网频繁停电投诉同比压降95%。全面深化"岗位学雷锋"实践，郑献春同志获"全国岗位学雷锋标兵"称号，2支服务队获评辽宁省雷锋志愿服务最佳组织，1支服务队参评全国百佳志愿服务组织。

构建起弘扬伟大建党精神的"辽电体系"。辽宁"六地红色标识"分别对应沈阳、锦州、本溪、丹东、鞍山、抚顺六座城市，六地供电单位具有深厚的中国共产党人精神谱系传承底蕴和实践基础。项目实施以此为基本脉络，推动六地供电单位强化顶层设计、用好红色资源、细化功能定位，引领带动辽宁公司上下从以伟大建党精神为源头的中国共产党人精神谱系中汲取强大精神力量，着力构建起信仰有承载、心灵有归宿、落地有抓手的"辽电传承实践体系"。

形成了模范践行国网文化的"辽电路径"。以《企业文化建设工作指引（2022）》为根本遵循，着眼于提升"文化铸魂、文化赋能、文化融入"专项行动的深度、广度、亲和度，把红色血脉融入立德、立言、立行的要求上，把红色基因融入用心、用情、用力解决人民群众急难愁盼问题的行动中，推动安全、服务、法治、廉洁等专项文化深耕厚植，不断巩固深化与"一体四翼"发展布局相适应的特色实践，发挥既有优势、拓宽落地路径，辐射带动广大干部员工务实笃行、砥砺奋进、锐意攻坚。

打造出以文培元、以文弘业的"辽电模式"。坚持把弘扬伟大建党精神作为培育党内政治文化的核心内容，作为践行社会主义核心价值观的重要抓手，通过多种多样"养初心、接地气、有温度"的革命传统教育、党的光荣传统和优良作风教育、形势政策教育和斗争精神教育，让广大党员干部员工走进红色第二课堂，追溯历史、反观现实，全面激活久蕴其心的红色基因，接受精神再洗礼、实现思想再升华、重整行装再出发，凝聚起奋进新征程建功新时代的强大动能。

主要创造人：刘先晶　孙峰烈

参与创造人：李　莉　王梓旭　杨凯淇　岳鑫涛

创新安全文化，助推企业高质量发展

广西梧州中恒集团股份有限公司

企业简介

广西梧州中恒集团股份有限公司（以下简称中恒集团）成立于 1993 年，2000 年在上交所上市，是世界 500 强企业广西投资集团控股的上市公司，是国家高新技术企业、国家知识产权示范企业，位居中国医药工业百强、中华民族医药百强，入选国家第二批先进制造业和现代服务业融合发展试点企业、国企改革"广西双百行动"企业。入围"2020 年度中国中药企业 TOP100 排行榜"，排名第 19 位。中恒集团以医药制造、健康消费为主线，深化拓展医药研发、中药资源、日化美妆、医药流通业务，组成六大主营业务板块。拥有 528 个药品生产批准文号和 354 项专利，全国独家生产品种 25 个，《中国药典》收载品种 106 个。主打产品血栓通是中恒集团最早原研和独家生产的国家专利产品，注射用血栓通（冻干）入选医保和基药目录，在治疗心脑血管疾病用药中稳居首位，曾获国家科技进步奖二等奖，"中华"系列产品在我国医药领域唯一获准使用"中华"商标。近年来，中恒集团先后获得"全国脱贫攻坚先进集体""全国'五一'劳动奖章""全国就业先进单位""全国巾帼文明岗""全国'五一'巾帼标兵岗""中华慈善突出贡献（企业）奖""中国儿童慈善杰出贡献奖""八桂慈善奖"等多项荣誉。

企业安全文化建设的目的与意义

安全文化作为企业文化的基础与核心部分，与企业管理密切相关，其目的是使企业全体员工养成共同的价值观，养成正确的安全意识和思维习惯，约束个人不良行为，按照安全文化的原则行事，规范操作，为员工创造更加安全健康的工作、生活环境和条件，最终实现安全、健康和效益创优的业绩。中恒集团深入学习贯彻党的二十大精神，时刻绷紧安全生产这根弦，坚决扛起安全生产政治责任，统筹处理好安全与发展、发展与效益的关系，坚持发展和安全"两件大事"并重，通过将安全文化渗透到企业生产经营的全过程，从而营造企业良好的安全风气，建立良好的群体安全意识。

安全管理措施

高度重视，加强领导

企业高层对安全生产的关注直接影响员工的安全思维与实际管理效果。高层领导一系列以身作则的导向，有助于促使员工在工作时特别注重安全。中恒集团高层领导在思想上高度重视，以大决心和强力度抓好落实，积极动员全体员工参与安全体系建设工作，落实工作职责，密切配合，形成合力，共同推进。

深化体系建设，强化安全管理水平

中恒集团着重推动完善"两大体系"。一是完善风险分级管控和隐患排查治理体系（简称"双重预防体系"），切实把客观存在的风险管控好，把生产中出现的隐患治理好，做到自查自改自报，做好常态化管理，防止漏管失控。通过认真梳理分析排查暴露出来的短板、弱项，推动安全工作重心向事前预防转移，真正做到从被动防范向管住源头转变，进一步提升企业安全生产方面整体的软实力，使安全生产管理更加规范化和标准化。二是开展安全生产标准化建设体系，多年的实践证明，安全生产标准化的创建是企业行之有效的管理体系，是生产活动行为的规范。把标准和标准化融入安全生产领域，对安全生产工作做出管理上、技术上的规定要求，即可健全安全生产"排查有标可量""救援有标可循""执法有标可依"的全方位工作格局，也可加快推动形成"统一指挥、专常兼备、反应灵敏、上下联动"的特色应急管理体制。

深化整治力度，强化安全监督

中恒集团以"强监管、严把关、查漏洞、补短板"的要求，从系统安全、本质化安全入手，坚持全面整治和重点整治有机结合，既拿出"当下改"的举措，又形成"长久立"的机制，切实发挥标本兼治作用，着力从根源上堵塞漏洞、解决问题，结合"双重预防体系"及安全标准化建设，以整改推动制度的建立和完善，确保问题清零见底、长效机制建立。

全员参与，建立绩效激励策略

中恒集团为加强安全生产、职业健康、环境保护、节能减排、消防安全的工作，督促各企业、各部门落实安全生产责任制，强化全员安全生产目标责任意识，充分调动全体员工参与安全生产的工作积极性，确保完成安全环保和节能减排责任目标，建立有效的激励和约束机制，设置安全环保和节能减排目标责任考核基金。

推动安全人才建设，组建安全专业队伍

中恒集团全面推进安全领域人才队伍建设，紧紧围绕安全中心任务和奋斗目标，建立一支专、精、尖的安全队伍。注重高端引领，以解决制约安全发展的主要障碍和重大安全生产难题为突破口，加大高层次安全科技人才培养和引进力度，集聚创新人才、造就领军人才、打造高端人才队伍，充分发挥管理型、科技型安全人才的聚集效应。鼓励安全管理人员积极考取如安全工程师、消防工程师、环境评价师等执业资格，全面提升安全管理人员素质，为安全生产工作跨越式发展提供坚实的人力资源保障。

推行7S管理，提升企业形象

中恒集团全面推行7S管理方式，利用展板、海报、图册等方式宣传7S管理工作，通过不断夯实管理基础、提高设备健康水平、改善生产办公环境、强化班组安全建设，提升员工素养，打造干净整洁、井然有序、安全文明的作业现场，全面提升公司安全管理水平。

安全管理过程中的工作抓手

建立安全履责清单，量化责任目标

中恒集团针对企业安全氛围提出不断改进的计划与方案，以硬性激励为首选，制订可量化的安全目标，将目标落实到企业各级人员身上。进一步强化安全生产目标责任管理，细化指标任务，严格实施考核，以"一企一策"的形式明确企业安全主体责任。建立健全从主要负责人到一线岗位员工的、覆盖所有管理和操作岗位的安全责任履责清单为抓手，明确企业所有人员承担的安全生产责任，形成"千斤重担大家挑、人人肩上有指标"的氛围，推动各岗位安全生产措施落实到位、责任到人。

强化班组建设，高效利用班前会

班组作为企业的最基层组织，是企业安全管理的出发点和落脚点，同时也是企业安全、生产、质量、效益的"第一责任者"。作为企业安全管理的前沿阵地，规范班前会、开好班前会是增强职工安全意识最直接有效的主课堂，也是压实安全生产责任、使职工的安全意识和自身素质得到提高、加强班组建设的重要举措。中恒集团将常态化分析查找和防范化解安全隐患融入日常工作，督促企业职工绷紧安全弦，通过规范班前会、开好班前会，使职工的安全意识和自身素质得到提高，进一步强化生产、安全建设，预防事故的发生。

"流动红黄旗"，筑牢安全网

中恒集团坚持以"零事故"为目标，以事故防控为重点，以建设特色安全文化为抓手，积极推广先进管理经验和做法，全力以赴抓好安全生产工作，通过开展安全"流动红旗"及"流动黄旗"评比活动，全方位检查各部门、各车间安全主体责任落实、隐患排查治理、员工教育培训、作业安全及特色安全文化建设等重点工作的开展情况，引导员工安全文化的价值导向，促进班组级和部门之间的成员交流以营造良好氛围。

全员排查隐患，人人争做"吹哨人"

中恒集团为做好安全生产工作，广泛开展推进隐患排查治理活动，针对一线员工的日常工作及班组成员遵循"隐患买卖"的激励启发原则，建立合理化建议沟通渠道，制订有效的奖惩措施，充分调动全体员工参与安全生产的工作积极性，增强职工安全技能、安全知识和安全意识，全方位消除事故隐患，有效遏制事故。

开展特色安全活动，营造良好企业氛围

中恒集团创新安全文化建设，定时发布安全工作月报、安全班组看板、能耗排行榜、厂区安全告知二维码，大力建设企业特色安全文化，使之渗透到企业生产经营的全过程，从而营造企业良好的安全风气，建立良好的群体安全意识。安全生产月期间，组织开展"安全生产公众开放日""安全知识竞赛"等多样化的安全文化活动，引导、激励职工积极参与，增强职工安全技能、安全知识和安全意识，全方位消除事故隐患，有效遏制事故。

企业安全文化建设成效

中恒集团坚持将安全生产贯穿到各项工作全过程，以高度的责任感和极端负责的精神抓好安全生产工作，使之内化于心、外化于行，确保安全生产责任"不悬空""真落地"。

2020年至今，中恒集团实现：生产性工伤死亡事故为零、重伤人数为零；火灾责任事故为零；环境污染事故为零；负主要责任的重大交通事故或公共安全事故为零；一般及以上职业病危害事故为零、一般及以上食品安全事故和药品安全事故为零；对中恒集团市场形象、社会形象造成重大负面影响的安全生产事故为零；不发生因安全问题被政府相关部门责令停工或停产的情况。中恒集团结合双重预防体系及安全标准化建设，定期开展危险源辨识、风险分级管控、隐患排查治理工作，共计排查各类隐患问题1986项、一般安全隐患1977项、较大安全隐患9项。安全生产事故总起数同比降低75%，损失工作日同比降低90%，企业安全生产事故得到有效控制。

2020年、2021、2022年，中恒集团先后荣获广西"安康杯"竞赛优胜单位和全国"安康杯"竞赛活动优胜单位称号；其所属企业梧州制药、双钱实业、田七家化生产班组连续多年取得梧州市"安康杯"竞赛先进集体和优秀个人荣誉并多次荣获上级单位嘉奖，获评安环先进集体；梧州制药被列入"国家级绿色工厂"名单，获得50万元补贴，被列入"广西壮族自治区绿色制造示范（第四批）"名单，荣获梧州市职业健康企业称号；梧州制药、双钱实业分别获"广西壮族自治区安全文化示范性企业"称号；双钱实业、梧州制药、田七家化分别取得安全生产标准化评审二级企业（轻工食品生产）证书、安全生产标准化评审三级企业（医药）证书、安全生产标准化评审三级企业（工贸）证书。中恒集团刘永刚、方伟忠、石小伟入选广西壮族自治区应急管理专家库、梧州市应急管理专家库、广西壮族自治区应急管理协会安全生产专家库。一项项在安全生产管理方面取得的卓越成效，都是全社会对中恒集团安全生产管理水平的权威认证和充分肯定。

主要创造人：莫桂坚　覃　鑫
参与创造人：刘永刚　许建明　蓝彬文

以客户友好型市场管理文化助推企业多元发展

河南森源鸿马电动汽车有限公司

企业简介

河南森源鸿马电动汽车有限公司（以下简称公司）成立于2011年，位于河南省郑州市，属于民营资本控股企业，公司主营业务是特种专用车研发、制造、销售及服务，是国家高新技术企业、河南省知识产权优势企业、河南省企业技术中心、河南省安全应急示范企业。公司连续10多年被列入公安部警采中心集中采购目录，先后与公安部第一研究所、应急管理部上海消防研究所等国家部委科研机构进行联合研发工作，支撑特种车辆装备研发、产业化和实战推广应用，公司现已完成了军警执法、消防应急、医疗疾控三大核心领域的产品布局，累计获得国家授权专利410项、"国Ⅵ公告"80项，相继通过了公安部特种警用装备质量监督检验中心认证、国家工程机械质量监督检验中心认证、ISO质量环境健康安全管理体系认证、"两化"融合管理体系认证、售后服务五星级认证和知识产权管理体系认证。公司先后被评选为公安部警用装备定型研发单位、全国警标委委员单位、移动警务室行业标准起草单位、中国消防协会常务理事单位。

实施背景

在全球资源危机且注重低碳环保的情况下，汽车行业积极倡导节能减排，强调了对新能源汽车的研究和生产工作。电动汽车的研究是其中的重点研究项目，用环保节能的电力能源代替传统的内燃机是汽车行业发展的必然趋势。如何才能紧跟时代局势的发展是公司关注的重点，客户友好型企业文化管理是一个全新的企业文化管理理念，也是助推公司多元文化持续发展道路的正确途径。

主要做法

为打破传统的管理模式，打造一套适合企业发展的文化体系。公司成立了专项调查小组，一方面，对各电动汽车生产厂家、销售厂家和客户进行走访调查，了解企业与客户之间存在的问题；另一方面，针对目前成功企业的先进理念进行了对比分析，学习其中科学的管理办法，透彻分析企业管理上存在的薄弱环节。通过不断地总结和探索，形成了客户友好型市场管理文化的文化理念。通过与客户有效结为一体，形成友好的合作关系，实行以客户需求为研发方向、以订单带动生产的全新文化模式。

转变观念，形成思想共识

坚持"诚信为本、真诚相待、合作共赢"的原则，增强研发能力、优化服务水平、加强内部管理，形成客户友好的合作氛围，不断提升客户的满意度和友好度。针对长期传统生产管理理念的影响，企业以开阔眼界、更新观念为指导，通过演讲、讨论等方式，促进大家积极响应；每年邀请著名的专家、教授来公司进行专业知识讲座。树立市场意识和服务意识，重点解决传统思想定势问题，实现全体员工观念转变，达成思想共识。

以准确的市场定位奠定客户友好型市场管理文化的前提

只有明确客户需求，才能更好地为客户服务，为企业创造更大的发展空间。为此，公司进行了系统的市场调查，以此来了解客户需求，明确生产目标。根据市场调查结果，对市场有了充分的了解后，公司根据公安警务部门"警力下沉、警务前移、便民服务"的政策，把公司的研发生产定为警务用车。针对广场、社区、繁华的街道、居民区等人员密集区的治安防控、监控检查、巡逻普查、现场执勤等问题的车型是市场上的急需产品，什么样的车型才能够低成本、高质量地完成上述要求是公司考虑的重点，根据公司的现有生产和研发能力，公司将产品定位为移动警务室。

以完善的技术储备夯实客户友好型市场管理文化的基础

根据市场调查结果，根据公安部"科技强警"的要求，公司制订了移动警务室的研发计划。因为地区不同、地理和人文环境不同、各地的治安条件不同等因素，对产品的功能要求也各不相同。公司秉承让客户百分之百满意的理念，为满足客户的特殊需求，实行了定制研发计划。随着科学技术研究的不断发展，各个技术学科和领域之间的相互补充日益重要。公司实施合作研发，使合作各方发挥各自优势，共同完成技术创新并把新产品推向新市场，共同分享利益。

以优质的服务水平提升客户的满意度和友好度

建立严格的质量管理体系。产品的质量决定了产品的生命力，公司的质量管理水平决定了产品在市场上的竞争力。为保证公司的质量管理工作顺利开展并能及时发现问题、迅速处理问题，以确保及提高产品质量，使之符合管理及市场的需要，公司制订了《质量检验管理规定》《整车质量检验验收细则》《质量管理处罚细节》《不合格品控制管理办法》等一系列的质量管理制度，实行全员质量管理模式。

打造优质的服务流程。公司拥有一套完善的售后服务体系，为客户提供强有力的服务保障。根据客户感觉售后服务时间漫长的问题，公司实行将销售网络与售后服务网络通过 ERP 系统连接在一起的策略，全国各地的销售服务站点同时也提供售后服务，遍布全国的售后服务维修站点也可以方便地为客户进行售后服务。定期对产品各项性能进行检测，消除产品可能存在的潜在隐患，及时地进行改进；也可以加强客户的使用安全保证，使客户满意放心，促进客户再次回购的欲望。

实施友好的企业合作战略。针对目前的市场情况，公司制订了互利互惠、互助互补、抱团生存、合作共赢的友好型企业合作战略。根据市场的需求，及时地对产品进行改进，新的产品不断研发上市，保证公司产品走在市场需求的最前沿，通过产品的销售带动产业链的发展壮大。

建立便捷的客户投诉平台。投诉即是信任，而信任正是企业追求的最高价值。在客户投诉管理制度中，公司强调过程监控，环环相扣，提出了投诉处理的五大原则：快速响应、以诚相待、有效处理、及时沟通、杜绝推诿。

实施效果

随着客户友好型市场管理文化策略的实施，客户的满意度大幅度提升，公司的各部门工作效率不断提升。根据对客户满意度的调查显示，93%以上的客户表示满意度同比增长21%；68%的客户表示非常满意，非常愿意再次购买公司的产品；还有3%的客户认为公司的产品仍有可以改进的余地并为公司提出了宝贵的建议，公司采纳了部分客户的良好建议，对产品进行了进一步的完善。

自公司实行客户友好型市场管理文化策略以来，产品市场占有率不断提升。目前，公司的移动警务室系列产品在全国的市场占有率已达到70%以上，并且保持持续升高的趋势。目前，公司的产品已经覆盖了全国，在全国各地几乎都能看到公司生产的移动警务室在协助公安民警办公，维持治安。

秉承"以客户为中心，真诚合作到永远"的服务理念，公司坚持以质量创造品牌、以服务创造品牌的方针，被河南省评为"重合同、守信用"企业，被郑州市政府授予"AAA"企业、"无假冒、无欺诈、无不正当竞争"企业，被郑州市银行同业公会评为"银行信得过企业"。

"把员工培养成骨干，把骨干培养成党员"是公司紧跟党走的指导方针。在公司办公环境上：入眼进入公司的那一刻，映入眼帘的是大大的文化标语"把员工培养成骨干，把骨干培养成党员"，简单却又不简单的一句话，是公司对党坚定不移的跟随决心；一路来到各个部门的办公室，每个门口墙壁上均有励志人心的党建标语，真正做到了党建文化渗入到公司环境的方方面面。在员工思想辅导上：公司每个月至少一次学习党的思想，紧跟党的步伐，在任何时间、任何地点都积极承担起社会责任，听党话、跟党走。

工匠精神落在个人层面，就是认真、敬业、钻研的精神。没有对职业的敬畏、对工作的执着、对品牌文化的负责态度，没有精益求精、追求完美的创新活力，就不可能在工作上有所突破，在创新领域推陈出新。公司上下积极践行工匠精神，在产品打造上精益求精，赢得了客户的赞誉。

公司树立了"满足客户1000个要求，越信赖服务就越信赖鸿马"的零距离服务理念，建立了"2小时响应、8小时售后服务到位"的零距离服务机制。公司面向客户推出的一对一、点对点的一站式上门服务大幅度提高了客户满意度，成为公司在国内市场的核心竞争力，树立起了国内军警装备领域优秀服务品牌的形象。

主要创造人：马鸿军　樊纵峰

参与创造人：杨卫东　芦喜苹　李　超　王盼盼

以安全文化铸牢安全之魂，推动企业发展行稳致远

广西广投桥巩能源发展有限公司

企业简介

广西广投桥巩能源发展有限公司（以下简称广投桥巩能源公司）位于广西壮族自治区来宾市迁江镇，为红水河十级梯级水电站中的第九级，是广西投资集团有限公司（以下简称广投集团）的下属企业，是由广西壮族自治区本地力量自主设计、建造和运营的水电站。水电站安装了8台单机容量为5.7万千瓦和1台2.4万千瓦的灯泡贯流式发电机组，总装机容量48万千瓦。投产至2022年，累计完成发电量319.23亿千瓦时，上网电量315.71亿千瓦时，营业收入76.09亿元，利润总额22.04亿元，上缴税费14.65亿元，是一座以发电为主兼有航运、防洪、改善红水河流域水环境等综合利用效益的大（Ⅱ）型水电站。该水电站工程于2005年3月开工建设，2009年12月实现8台5.7万千瓦的机组投产发电，创造了当时多项"世界一流"和"全国第一"；2020年6月，单机容量2.4万千瓦的机组完成72小时试运行工作后正式投运。

实施背景

文化是企业的软实力，也是发展的新动力，一直以来，作为国有企业，广投桥巩能源公司始终高度重视企业文化建设，坚持以习近平新时代中国特色社会主义思想为指导，以党的科学理论为指引，不断加强企业文化建设，努力培育和构建具有企业自身特色的企业文化核心理念体系，以文化推动企业高质量迈向"行业领先国内一流的标杆水电企业"。2020年，在"海文化"的基础上，广投集团提炼出新广投文化核心理念，广投桥巩能源公司结合广投文化核心理念体系结构，围绕发展战略与中心工作，进一步巩固文化成果，推进企业"子文化"与广投集团"母文化"融合统一，着力打造出极具企业特色的专项文化。其中，以"安健环""7S管理"为主要抓手的安全文化作为独具特色的专项文化，深入渗透到企业生产管理，使全体员工形成安全价值的共识和安全目标的认同，从思想文化层面、组织管理层面、制度管理层面入手，在实践中不断总结提升，面向全体员工深入推广，加强先进引领和工作落实，保障了企业安全生产水平持续提高，安全生产工作不断迈上新台阶。截至2023年5月31日，广投桥巩能源公司实现连续安全生产超过5424天，刷新了世界超大型灯泡贯流式机组安全运行天数最高纪录。

主要做法和实施效果

在实践中总结，筑牢安全文化体系基础

广投桥巩能源公司致力于安全文化体系建设。文化体系建设之初，邀请专家在企业内部开展安全文化建设调研工作，通过沟通访谈、资料查阅、意见收集、问卷调查、人员访谈、现场观察等方法，对企业文化基础及构建安全文化体系的各层级结构展开调研，对安全文化水平与企业战略目标要求的匹配程度进行重点评估，明确当前的安全文化水平和站位高度，将安全文化列入企业文化建设的重要环节。开展调研后，根据安全文化情况进行了科学的统计分析，成立组织机构，制订《安全文化建设项目方案》，明确安全文化建设工作方案、实施内容、预期成果及项目进度，为推进安全文化建设提高了可执行性。

广投桥巩能源公司不断提升安全文化成长空间，持续深入开展体系建设。以安健环建设为基础，积极将安全文化融于安全标准化和双重预防机制，通过工作自查、安全检查等方式，在整改过程中不断完善、总结。经过长期积淀，不断总结，安全生产管理水平得以提升，进一步筑牢安全文化体系，促进安全生产管理工作不断迈上新台阶。2016年，广投桥巩能源公司安健环管理体系达到"四钻"等级，成为广投集团系统内首个获得钻石安健环管理体系"四钻"认证的生产企业，多年来接连荣获"全国安全文化建设示范企业""广西壮族自治区安全文化建设示范企业""全国电力系统企业文化建设先进单位"称号。

在员工中推广，推动安全文化深入人心

安全文化落地重在改善人员思维、提升人员素质、改变人员习惯、凝聚全员共识，引导形成"我要安全"的行动自觉，推动安全工作规范管理，形成安全和谐的良好生产氛围。广投桥巩能源公司深入贯彻"以人为本、生命至上"安全核心理念，多年来，结合工作实际，以文化建设推动安全生产为目的，持续开展形式多样、寓教于乐、易于接受的活动，加强对安全文化的宣传推广，厚植安全文化底蕴，在潜移默化中提高全体员工的安全文化素养，树牢安全的核心理念、管理理念、方法理念与行为理念。

广投桥巩能源公司提炼形成企业安全文化理念体系，印制成册，组织各部门进行学习讨论，制作宣传板报，通过系统内网、微信公众号平台常态化传播企业安全文化理念体系，潜移默化影响员工的认知与思维，令安全文化入脑入心。不断加强"班组建设"，班组是企业安全生产的前沿阵地，通过搭建班组学习平台，鼓励班组开展各类业务技能培训，在班组内营造出"勤钻研、善学习、常思考、讲奉献"的良好氛围，各个班组安全、高效、优质地完成班组各项工作，确保了企业安全生产形势平稳有序。扎实有效开展风险行为干预行动，组织生产部门及班组常态化开展"破冰行动"，根据自身特点分别制订"破冰行动"方案，识别关键行为，分析风险行为，开展行为观察和沟通，利用数据分析指导解决问题，对安全生产风险进行干预和管控，有效化解了安全风险。自2009年首次举办安全知识竞赛开始，至今已连续开展14年安全知识竞赛，以赛促学，以赛促教，"安康杯"安全知识竞赛成为广投桥巩能源公司的一项传统"节目"，旨在加强安全文化建设、强化安全知识宣传教育、提升全员安全防范意识，在企业内形成"人人懂安全、人人管安全"的良好文化氛围。由于广投桥巩能源公司位于乡镇，员工离家较远，公司结合自身实际，组织开展形式多样的亲情助力安全活动，发挥亲属"监督员"和"宣传员"的作用，向员工传递安全是幸福的理念，用亲情赋予安全能量，筑牢"安全堡垒"。

广投桥巩能源公司多措并举，通过形式多样的活动在全体员工中大力宣传推广安全文化，充分发挥安全文化对企业安全生产的引领、保障作用，令安全文化深入人心，营造浓厚的企业安全文化氛围，确保本质安全。2017年，电气班获"广西工人先锋号"；船闸班获2022年"来宾市工人先锋号"；发电运行部运行三值、运行七值获广西电力行业2019年"最有人气班组"称号。2022年，广投桥巩能源公司顺利通过2022年"全国安全文化建设示范企业"复审，荣获2020—2021年度全国"安康杯"竞赛活动优胜单位称号，成为唯一一家获广西电网推荐为南方电网2022年发电先进集体的水力发电企业。

以先进为引领，形成争先创优良好氛围

在推进安全文化建设过程中，广投桥巩能源公司注重发挥先进榜样引领作用，激发全体员工向上向善力量。"一个党员就是一面旗帜，一个支部就是一个堡垒"，一直以来，广投桥巩能源公司大力弘扬劳模精神、劳动精神、工匠精神，开展党建品牌建设，选树标杆典范，打造"星级党支部"，发挥支部与党员的先锋模范作用，在本职岗位和安全生产工作上起到引领和表率作用，不断推动安全文化建设、护航安全生产。期间，涌现出了"全国劳模""全国青年岗位能手""广西'五一'劳动奖章""广西青年岗位能手""广西壮族自治区直属企业优秀共产党员""来宾工匠""广投工匠"等一批先进个人。

广投桥巩能源公司的一名"工匠"在一次排查机组设备情况时发现故障，经过细致入微的检查后找到故障原因。他举一反三，考虑到其他机组也可能会有此类问题，立即组织人员对其他同类型机组进行排查并主持对设备进行改造，消除了会导致设备非正常停运的风险。这样的"工匠"和事例在广投桥巩能源公司还有许多，通过每年开展技能培训、竞赛，培育、选拔技术能手，开展评优评先，树立"工匠"先进典范，加强内外宣传，充分发挥推广先进榜样和优秀典型的链式效应，对全体员工的行为、态度、素质、作风起到极佳的示范引领作用，激发全体员工工作热情，在各部门各班组形成比学赶超、争优创先的良好氛围，不断推动安全文化建设，助推企业本质安全水平提升。近年来，广投桥巩能源公司员工的技术技能得到显著提升，在广西交通运输行业、电力行业、市级及上级公司举办的职业技能大赛中均获佳绩。

在工作中落实，提升安全管理水平

将安全文化"内化于心，外化于物，固化于制，强化于行"，广投桥巩能源公司多举措强化安全生产工作落地执行，夯实安全生产责任，推动企业安全管理水平不断提升。落实开展安全生产专项整治三年行动，根据上级总体方案指引，编制并发布安全生产专项整治三年行动集中攻坚工作方案，不断细化专项行动目标、时间、责任，强化方案执行力度，进一步提高隐患排查整治的效能，确保企业安全生产形势稳定。

广投桥巩能源公司制订各类专项应急预案培训及演练计划，定时开展应急预案培训和演练，提升现场应急处置能力。组织应急能力建设评估，借鉴《企业生产安全事故应急预案优化范本》，结合实际，组织修编优化应急预案，提高应急预案质量，切实增强应急预案的实用性，组织落实应急值守和信息报送要求，有效应对各类突发事件。2023年5月，与来宾市兴宾区政府联合举办2023年桥巩水电站水库防汛抢险应急演练，各有关单位共100余人参加演练，通过演练检验《桥巩水电站水库防洪抢险应急预案》的科学性、实用性和可操作性，强化桥巩水电站防洪

抢险指挥部各成员单位间的防洪抢险联动联防应急处置能力，为遭遇特大暴雨、超标洪水时开展抢险工作做好准备工作。

全力推进7S，即"整理、整顿、清扫、清洁、素养、安全、节约"的管理建设，在原有安全管理和安全文化建设的基础上，结合实际与行业特点，将党建引领、精益管理、班组建设融入7S管理，形成具有企业特色的"1234567"创新管理模式，将7S管理贯穿于生产经营全过程。目前，已完成7个样板间、31个创建区达标建设，取得"生产现场相应优化、工作效率有所提高、人员素质得以提升"的阶段性成果，荣获"广西投资集团2022年度7S管理标杆企业"称号。结合7S管理，大力推进"智慧电厂"项目建设，致力于运用安全管理信息化手段，对人的不安全行为、物的不安全状态、环境的不安全条件进行有效监控。通过安全管理基础化和安全管控信息化，进一步提高企业的本质安全水平和事故防范能力。

严格实施安全生产风险分级管控和隐患排查治理双重预防机制。全面策划双重预防管理机制的落地建设，开展全区域风险隐患统计分析、级别分析，划分风险等级，落实风险管控责任部门、责任人，修编完善风险分级管控清单，实现安全风险分级双向管控。根据双重预防管理机制分级管控要求开展风险巡视，关注并管控范围内的风险，基本实现双重预防管理机制建设落地。

主要创造人：潘雪梅　谢大成
参与创造人：何能镇　杨启东　陈海全　卢旅东

培育特色"融"文化，打造"一流财务公司"

中国华能财务有限责任公司

企业简介

中国华能财务有限责任公司（以下简称华能财务公司）属非银行金融机构，前身是1987年经中国人民银行批准成立的华能金融公司，2000年规范重组为有限责任公司。华能财务公司具有结算、存款、贷款及中间服务等财务公司可拥有的全部业务资质，另外还具备跨境人民币、外汇业务运营资质。华能财务公司坚持服务集团公司资金集中管理"一个基本定位"，做优协同服务、创新发展"两个工作主线"，奋力实现资金运营效率、风险防控水平和党的建设质量"三个更大提升"，全面提升干部职工政策领悟力、持续创新力、工作执行力、自我提升力"四个能力"，加快建设成为行业"一流财务公司"。

实施背景

适应华能集团加快战略转型的发展需要

华能集团明确提出了全面开启"领跑中国电力、争创世界一流"新征程的战略愿景，作为金融支持单位，华能财务公司要在服务和融入新发展格局上展现新作为，培育特色"融"文化，以一流文化引领企业高质量发展愈加重要。

提升金融产业服务效能的客观需要

华能集团多次强调，要进一步完善华能金融产业管理体系，优化管理界面，华能财务公司要切实发挥效益、功能、服务3个稳定支撑作用，不断深化金融服务主业实业领域，推动"产融结合、以融强产"各项工作，奋力开创"一流财务公司"建设新局面。

发挥企业文化育人铸魂作用的现实需要

企业文化是企业的灵魂，是推动企业发展的不竭动力。华能财务公司坚持以华能"三色文化"为引领，培育具有自身特色的"融"文化，用文化统一思想、凝聚力量，增强广大员工的归属感、责任感、使命感，持续推动公司高质量发展迈上新台阶。

华能财务公司"融"文化的内涵是"坚持金融属性、产融协同、党建融入、队伍融和，加快建设服务一流、业绩一流、管理一流、队伍一流的'一流财务公司'"。

主要做法

坚持金融属性，强化辅助集团资金集中管理功能

坚持财务公司金融属性。做实服务集团资金集中管理的"一个基本定位"，发挥金融服务和辅助集团管理职能的辅助管理"两个属性"，发挥资金归集、结算、监控和金融服务4个平台功能，促进集团优化资源配置、节约财务成本、保障资金安全、提升资金运行效率。

打牢资源信息优势地位基础。华能财务公司作为集团内部资金池，深入了解集团及成员单位发展战略、产业特征、资源优势、经营周期和经营效益等情况，不断巩固在金融服务方面的优势，为成员单位提供量身打造的产品和贴近需求的服务，充分释放特色金融牌照的综合服务能力。

完善资金管理平台。华能财务公司助力集团公司司库体系建设，建成资金收支预测填报系统，持续完善资金集中管理平台、资金账户监控系统等平台建设，稳固资金结算中心地位，为集团公司提供有效管理手段和资金管理信息，为巩固并拓展资金集中管理职能奠定了坚实基础。

夯实风险管控能力。华能财务公司认真落实监管要求，坚守底线、不碰红线，加强资金风险的穿透监控，建立完善的风险控制体系、内控管理体系和制度建设体系，充分发挥风险、审计和纪检的"三道防线"作用，确保公司经营资产的本质安全和风险可控。

坚持产融协同，服务华能集团"三六六"战略任务

在精准服务上下功夫。坚持"一企一策"，实施差异化的信贷价格策略，着力在"扩量稳价"上下功夫，实现价的有效稳定和量的合理增长。进一步固化精准服务、定向帮扶信贷制度，持续落实集团公司绿色低碳转型升级战略要求。助力能源保供，确保用好可再生能源补贴专项资金，用足能源保供票据再贴现政策，动态调整信贷价格，助力煤电企业解决"燃煤之急"。

在高效服务上下功夫。深耕服务品牌，完成网银助手升级，全面推广"云客服"专线，探索智能语音机器人和系统操作智能短片，及时响应客户需求。全面开展客户走访、座谈和培训工作，着力提升客户满意度和黏合度。对接集团公司和成员企业，搭建集团内部资金沟通交流的桥梁，逐步实现业财信息的统一集中、实时监控和智能处理。

在创新发展上下功夫。不断提升创新意识，全力打造票据池集约化服务模式，圆满完成票交所首批新一代票据系统上线单位验收，持续致力构建以华能财务公司为核心的"1+N"票据管理体系。科技赋能助推业务发展，进一步完善RPA流程自动化平台，深入挖掘业务处理场景，将人工智能应用到更多工作岗位中，努力提升自动化操作覆盖率；打通外部商业查询平台，推动跨系统数据整合，提高业务处理效率。

坚持党建融入，推动党建与中心工作深度融合

坚持落实"三个结合"，强化理论武装高度。集中学习与个人自学相结合，深入学习贯彻党的二十大精神，扎实开展学习贯彻习近平新时代中国特色社会主义思想主题教育，落实党委会"第一议题"制度，开展轮训班、读书班、线上培训班等，党支部规范开展"三会一课"，切实提高理论学习的深度和广度。参观学习与课堂学习相结合，组织参观展览馆、纪念馆、红色歌剧演出等活动，党员干部到古田等红色教育基地开展沉浸式学习。专题研讨与调查研究相结合。按照主题教育部署要求，集中开展7个专题学习研讨，部署10余项专题调研任务，从协同服务、

创新发展、管理提升等方面提出解决问题的新理念、新思路、新办法，真正把学习落实到做好企业中心工作、完成年度目标任务上。

坚持做实"三个抓好"，加强组织保障力度。抓好统筹谋划，建立"1+N+1"党建工作模式，制订1个总体工作方案、配套N项载体措施、攻坚全年目标任务，实现党委统领全局、党支部统筹实施、党员分工落实、干部职工奋勇争先的良好态势。抓好基础工作，系统推进"党建基础提升""党建巩固深化"专项行动，持续夯实党建工作基础，深化"红旗党支部"创建；修订完善党建工作责任制考核实施办法，细化29个评价标准。抓好推动落实，建立健全"三项机制"，每季度党委会专门研究党建和经营管理工作机制、定期研究金融风险防控工作机制、党支部工作月度提醒机制，推进党建融入中心工作。

坚持开展"三个活动"，提升党建融入深度。开展主题实践活动，推进"党建引领体制年""党建引领深化年"专项行动，以"党建+"工作模式，围绕年度重点工作，成立党员突击队、示范岗，落实责任制、清单制、节点制、销号制。开展党建结对共建活动，走出去与成员单位、行业企业开展结对共建，通过座谈交流、主题党日等形式，促进了业务交流拓展、人员交流互动，提高了服务成员单位质效。开展优秀攻坚项目评选活动，坚持业绩导向，组织开展推荐优秀履职项目、党员突击队、攻关组等的评选推荐工作，进一步激励党员干部职工当先锋、做表率。

坚持队伍融和，营造干事创业良好氛围

注重队伍融入企业发展。加强"四个能力"建设，实施"红帆·领航·精英"培训行动，通过内外部专家授课、业务骨干上讲台系列培训，建立完善培训机制。健全考核激励机制，突出效益导向，优化部门季度考核奖二次分配机制，设立创新奖和效益奖，激发干部员工履职尽责、担当作为。

注重营造和谐奋进氛围。提炼形成华能财务公司特色"融"文化内涵和"四大理念"，发挥文化聚人心、促发展作用。常态化开展道德讲堂、义务植树、青年联谊等活动，大力倡导干部员工热爱财务公司工作、珍惜财务公司美誉，增强员工满意度和获得感。加大典型选树宣传，开展"新征程上的奋进者"主题宣传活动，营造学习先进、争当先进的良好氛围。

注重清廉文化融入队伍建设。深入推进清廉文化建设，持续做好"纪律之窗"常态化教育，大力推进作风建设，组织开展党风廉政建设课、观看警示教育片、廉政教育基地实地参观等活动，引导广大干部职工知敬畏、存戒惧、守底线，做政治信念坚定、遵规守纪的明白人。

实施效果

华能财务公司"融"文化创建过程中，紧紧围绕华能财务公司"一个基本定位""两个工作主线""三个更大提升""四个能力建设"总体要求，坚持文化建设服务公司高质量发展，全面推进各项工作。重大目标全面丰收，华能财务公司连续8年荣获集团公司综合绩效考核A级，连续7年荣获集团公司"先进企业"荣誉称号和监管机构监管评级A级（1B级），连续3年获评集团公司党建绩效考核A级，"融"文化获评中国电力企业联合会企业文化优秀成果、华能集团企业文化建设优秀案例。重要指标再创新高，2022年，华能财务公司结算量、日均存款、日均贷款等

业务指标均达到历史最高水平，全年累计结算额 4.6 万亿元，同比增长近 24%，结算笔数 88 万笔，同比增长近 3.9%；日均存款 574 亿元，同比增长 36%；日均贷款 424 亿元，同比增长超过 14%。重点工作积极有为，"协同服务年"活动取得实效，票据池建设、"一头在外"保理、跨境资金池业务实现突破；燃料保供展现责任担当，发放能源保供专项贷款，完成行业首单能源保供再贴现融资业务，缓解煤电企业资金压力，助力集团成员单位电热保供；落实集团公司绿色低碳转型战略要求，加大清洁能源贷款发放，发放清洁能源贷款同比增长 38.17%；做大"1+N"票据管理体系，引入 3 家试点单位开展单体质押入池工作，积极开展全方位票据服务，2022 年票据交易额同比增长 4 倍以上。

主要创造人：曹世光　蒋奕斌
参与创造人：李金杰　米　瑞　赵梦迪　成　鹏

弘扬"两弹一星"精神，
推进新型电力系统省级示范区建设

国网青海省电力公司

企业简介

国网青海省电力公司（以下简称青海电力）成立于2002年，是国家电网有限公司全额出资的有限责任公司，以建设运营电网为核心业务，承担着保障安全、经济、清洁、可持续电力供应的基本使命，青海电力供电面积72万平方千米。青海电力注册资本155.91亿元，资产总额569.11亿元，下属20个职能部门、14家业务单位、8家地市供电公司、42家县供电公司（含增量配售电公司1家）及2家合资公司，共有职工8620人。公司连续10年保持"青海企业50强"前三名。青海电网位于西北电网中西部，南北跨距800千米，东西跨距1200千米，是东接甘肃、南联西藏、西引新疆和直通中原的交直流混联电网，是西北电网骨干网架的重要组成部分。

体系内涵

青海是"两弹一星"精神的孕育诞生地，青海电力义不容辞承担着传承弘扬"两弹一星"精神的光荣使命。面对新型电力系统省级示范区建设的重大使命和艰巨挑战，青海电力弘扬伟大建党精神，贯彻落实《国家电网有限公司企业文化建设工作指引》，遵循"文化铸魂、文化赋能、文化融入"实践路径，析取"两弹一星"工程和新型电力系统建设"不同的时代、共同的使命，不同的高峰、共同的精神，不同的建功、共同的担当"的特征，大力弘扬"热爱祖国、无私奉献、自力更生、艰苦奋斗、大力协同、勇于登攀"的精神，将新型电力系统省级示范区建设坚定地作为新时代电力"两弹一星"工程，通过形成建设指引"一本通"、打造工程实践"一平台"、上好精神传承"一堂课"、编织内外传播"一张网"的"四个一"体系，推动"两弹一星"精神传承融入新型电力系统建设全过程、各环节，为新型电力系统省级示范区建设提供了强有力的精神支撑与思想保障，全力加快新型电力系统省级示范区建设，让新型电力系统建设攀升"新海拔"。

主要做法

形成建设指引"一本通"。围绕"为什么新型电力系统省级示范区建设是新时代电力'两弹一星'工程、建设新时代电力'两弹一星'工程面临哪些艰巨任务和困难、新时代电力'两弹一星'工程怎么建"3个关键问题，编制形成《新时代电力"两弹一星"工程建设指引》，成为全体干部员工推进新时代电力"两弹一星"工程的精神和行动指引。一是创新"红色基因、电力传承"特色实践介质。坚持守正创新、融入中心，赓续百年电力文化基因，推动红色基因传承实践从"浅层"走向"深入"、从"务虚"走向"务实"，创新性地将"两弹一星、电力传承"主要着力点聚焦到新型电力系统省级示范区建设上，提出了新型电力系统省级示范区建设就是新时代电力"两弹一星"工程，在国家电网系统首次将"红色基因、电力传承"特色实践与重大战略工程进行一体化融合推进，推动红色基因传承与中心工作开展的"全面并网"。二是研究新时代电力"两弹一星"工程实践路径。成立涵括新型电力系统建设专家、青海省委党校、重点项目课题组等组成的新时代电力"两弹一星"工程建设专题攻关团队，从新能源特性和红色基因内涵的共通性入手，以国家电网有限公司（以下简称国网公司）"文化铸魂、文化赋能、文化融入"的实践路径为基准，汲取清洁能源"接入－转化－输送－消纳"流程载点，创新了红色基因"精神接入－精神转化－精神输送－精神消纳－精神蓄能"的新时代电力"两弹一星"工程实践路径，巧妙地将"老与新、红与绿"融会贯通，实现了新型电力系统省级示范区建设与新时代电力"两弹一星"工程"画上等号"。三是凝聚新时代电力"两弹一星"工程建设实践共识。将《新时代电力"两弹一星"工程建设精神指引》作为《国家电网企业文化建设工作指引》宣贯的子模块、小任务，融入"文化铸魂、文化赋能、文化融入"的实践路径，特别是融入"百年电力文化遗产保护工程"和"企业文化建设示范点'百千万'工程"中去，让全体干部员工认识到新时代电力"两弹一星"工程是青海电力推动国网公司优秀企业文化落地、实施企业文化建设"六大工程"的特色举措，促进全体员工思想觉悟同步、奋斗激情同步、协同创新同步。

打造工程实践"一平台"。以"建设一个传承阵地、开展一项主题行动、输出一批精品成果、培植一批典型示范"为主线，着力打造新时代电力"两弹一星"工程建设实践平台，实现精神全面弘扬、任务快速传导、过程精准对接，为新型电力系统省级示范区建设提供精神支撑。一是建设一个传承阵地。扛起央企担当，传承保护百年电力文化遗产，深入采访"两弹一星"工程电力支撑——四分厂和原青海省电力工业局的离退休老同志，形成近2000分钟的音视频资料，系统整理挖掘了老一辈电力人为"两弹一星"事业奋斗的光辉历程，全景展现了电力人许党许国的精彩故事，填补"两弹一星、电力传承"国内专业史料史实空白。以此素材为基础，深挖汲取青海电力各族员工在传承"两弹一星"精神上的典型做法，按照"对照过去、立足现在、面向未来"，以各族员工坚守三江源头、守护高原之光为"镜像"，以新型电力系统省级示范区建设为主要传承"承载"，在海北公司建成集培训、教育、展示、实践、研究等功能于一体的"两弹一星、电力传承"党性教育基地暨新时代电力"两弹一星"工程传承教育阵地，与原子城、四分厂等阵地共同构建传承弘扬"两弹一星"精神的立体教育矩阵，形成面向党员干部、职工群众、社会公众的党性教育新格局，获得青海省委组织部、宣传部高度认可评价，成为青海省党员教育教学点，打响"红色基因、电力传承"招牌。二是开展一项主题行动。结合青海省新型电力系统省级示范区建设方案任务，以"两弹一星"精神凝聚构建新型电力系统省级示范区的磅礴力量，开展"从东方巨响到绿色交响"的主题行动，以"听得懂、看得清、做得到"为要求，按照"化整为零、化难为易"的思路，推动各专业和基层单位生动实践新时代电力"两弹一星"工程，海东公司、海南公司分别实施零碳产业园"鼓足绿劲、驿起零跑"主题实践和"大湖之南、绿色交响"示范行动，在青海零碳产业园成功打造数字孪生智慧变电站，建成世界最大规模新能源分布式调相机群，促进形成更多"首台首套"示范。三是输出一批精品成果。以提升认知认同为目标，利用线上线下平台，以微视频、动漫、线上指引书、广播随身听等方式，输出"三江源头，只此青绿""一度绿电的'园'梦之旅""绿电宝藏图""新时代电力'两弹一星'工程专题片"等丰富成果，面向全员普及新型电力系统建设背景、要义任务、初步成果，推进新时代电力"两弹一星"工程进基层、进一线。四是培植一批典型示范。发挥党的二十大代表钱建华、全国劳动模范王琳、全国青年岗位能手于宗波等典型人物的作用。在新型电力系统重大工程项目中，2687个党员示范岗、116支党员突击队融入新型电力系统建设，深入实施"能源转型示范先行"跨越提升行动，激发党员在持续深化电网规划、储能发展、可调节负荷等领域的研究，当排头、当先锋，加快构建新型电力系统省级示范区。

上好精神传承"一堂课"。按照国网公司对青海电力"两弹一星、电力传承"党性教育基地部署的要求，把青海电力采访出版的报告文学《解码四分厂》及采访中录制的访谈视频等作为国网公司党校的教材，编制新时代电力"两弹一星"工程专题党课并推动党课走向基层党组织和国网公司党校。一是高层级推动，编制《新时代"两弹一星"精神的电力传承》系列党课。二是高规格组织，推动主题党课在国网公司党校成功开讲，得到了国网公司党校的高度评价和全体学员的一致好评，系列党课纳入国网公司党校课程体系。

编织内外传播"一张网"。突破以往"红色基因、电力传承"特色实践局限在内部的瓶颈，推动校企合作、政企合作，拓展传播渠道，突出"全域全媒体"，构建了面向系统内外的传播矩阵，织密内外宣传"一张网"。一是推动新时代电力"两弹一星"工程成为多方协作工程。二是推动《解码四分厂》成为行业内外精神传承教材。深度还原"221"四分厂老职工为"两弹一星"事业做好电力先行保障的史实，全面解读老一辈电力人热爱祖国、无私奉献的精神境界，约20万字的长篇报告文学《解码四分厂》由海北藏族自治州委、青海省作家协会、"两弹一星"理想信念教育学院、青海省文艺评论家协会、青海人民出版社、青海电力在"两弹一星"理想信念教育学院联合召开发布会暨作品研讨会，面向全国推介《解码四分厂》，被《人民日报》、新华网、青海电视台等主流媒体专题报道，取得了强烈的社会反响，《解码四分厂》获评"五个一工程奖"，成为青海省和国网公司党校党员教育教材。

实施效果

凝聚了共同登攀新型电力系统省级示范区高峰的共同信念力量。面对新型电力系统建设这一巨大挑战和重大机遇，切实将新型电力系统建设作为新时代电力"两弹一星"工程，为青海新型电力系统省级示范区建设提供强大精神动力，形成了《新时代电力"两弹一星"工程建设指引》《解码四分厂》报告文学、《新时代"两弹一星"精神的电力传承》党课等成果，建成"从东方巨响到绿色交响"新时代电力"两弹一星"工程党性教育基地。

加快了新型电力系统省级示范区先行建设。推动青海电力八大类17项重点工程纳入国网公司示范项目，为全国建设新型电力系统提供理念先进、技术领先、示范性强的"青海样板"，推动国网公司与青海省委省政府签署《加快新型电力系统建设，打造国家清洁能源产业高地》战略合作协议。

构建了具有电力特色的红色基因传承实践模式。立足电力行业传承高度，推动"红色基因、电力传承"实践取得重大突破，受到青海省委组织部、宣传部高度认可，获得社会各界高度关注，青海电力与"两弹一星"理想信念教育学院签订框架合作协议，"两弹一星、电力传承"学习实践基地、"两弹一星"精神学习实践教学点顺利揭牌。

主要创造人：杨道勋　史　瑛
参与创造人：马海轶　马慧清　曾　雪

创新"五入"工作法，打造企业文化浸润落地系统

中信银行股份有限公司信用卡中心

企业简介

中信银行股份有限公司信用卡中心（以下简称卡中心）2002年成立于深圳，隶属于世界知名500强企业中信集团旗下的中信银行，是中信银行对信用卡业务进行统一管理、集中操作、独立核算的专营机构。历经21年发展沉淀，目前已成长为拥有员工1.5万人、业务覆盖全国77个城市、服务客户超过5000万、国内领先迈入"亿元级"规模的股份制发卡行。卡中心始终秉承"以客户为中心"的经营理念，努力发挥信用卡作为金融支付工具的特色优势，致力为广大消费者提供消费金融、财富管理等综合金融服务，目前已跻身国内领先的信用卡中心行列。截至2022年，累计发卡量突破1.1亿张，全年交易金额2.8万亿元，贷款余额5105亿元，收入总额598亿元，综合实力位居股份制银行前列。在自身取得快速发展的同时，也为深圳特区经济发展做出了应有贡献，截至2022年，信用卡中心在深圳累计缴纳税款309.9亿元。卡中心凭借基于优秀创新文化底色孕育的强大经营管理实力，曾被广东省、深圳市政府授予"广东省企业文化建设优秀单位""深圳市企业文化研究会理事单位""深圳市百强企业""深圳市金融创新奖"等荣誉称号，同时获得哈佛《商业评论》"管理行动奖金奖"和《亚洲银行家》杂志"最佳客户关系管理奖""中国最佳信用风险管理银行"等权威奖项。近年来，又相继获得"全国金融'五一'劳动奖状""全国金融先锋号"和中信集团"'五四'红旗团委"荣誉称号。

实施背景

卡中心文化核心理念与中信集团、中信银行的核心价值理念一脉相承，从2010年建立以"自信"为核心的文化体系开始，卡中心文化体系建设随着卡中心战略转型持续动态升级。在多年的创新实践与不懈努力中，卡中心传承中信风格，形成了具有自身特色的子文化体系，组建了上至卡中心党委班子、下至部门和分中心作业小组的多层级企业文化执行团队，创新研发"五入"文化建设工作法（以下简称"五入"工作法），打造360度无死角企业文化浸润落地系统，为卡中心的茁壮成长提供了强大的信念基础和精神动力。

主要做法

研发"五入"工作法，让文化浸润落地生根

卡中心创新研发"五入"工作法，从文化入眼、文化入脑、文化入心、文化入行、文化入制五大方面打造360度文化导入系统。"五入"工作法按照文化影响程度由浅入深做浸润式梯度传导，满足员工全生命周期文化管理的不同需求，帮助卡中心的每一位员工都能把企业倡导的理念转化为一个个创新的行为和结果。

文化入眼：打造8小时工作时间多渠道文化传导。卡中心整合职场墙面、电子多媒体、文化刊物、形象宣传片等多种内外宣传渠道，以文字、图片、视频、线上活动等形式，建立360度文化传播渠道及载体，在"润物细无声"中将企业文化内化于心、外化于行。围绕"8小时、多渠道、不断档"文化理念输出目标开展企业文化宣导工作，旨在让员工在8小时工作时间内能够通过多渠道接触和感受文化影响力，让文化理念不间断输出。卡中心主要通过创新体验中心、办公场所布置、网络平台及多媒体等多个文化传播渠道，将文化理念及核心精神故事化、视觉化呈现。

文化入脑：贯穿员工全生命周期多维度文化理念导入。为帮助员工深入理解企业文化内涵，卡中心主要通过文化培训及企业电子内刊等方式多维度持续推动文化理念入脑。卡中心文化培训采用案例教学传播优秀经验的培训方式，构建员工"入职－上岗－在职－升职"全生命周期式的企业文化浸润培训体系，搭建不同层级、不同职能的培训系统，分层培养和浸润。卡中心党委书记作为企业文化第一责任人，每年会面向卡中心全员讲授企业文化课，帮助员工理解企业文化精神内涵。卡中心借助电子内刊形式导入企业文化建设，充分调动和利用企业内部的资源，营造企业文化建设的舆论氛围，传播文化价值理念，推动组织发展。通过"文化有态度、文化有故事、文化有活动、文化有视野"4个专栏，有效传导文化信息。

文化入心：用精品文化活动凝聚人心，强化文化品牌。具备鲜明主题的卡中心文化活动是企业文化理念传导的具体实践，是理念落地的重要形式，与企业使命愿景价值观强关联。活动的策划和组织会结合卡中心自身的文化特点和现阶段战略发展需求，聚焦"关注人和团队"，强调及时解决团队痛点，提升团队凝聚力，营造使命感氛围。卡中心文化活动分为主题性文化活动和庆典性文化活动两大类型，经过多年运营，卡中心文化活动已形成文化品牌效应，受到全员尤其是年轻员工的高度认可，实现对内进行文化浸润、对外提升企业形象，达到"用文化凝聚人心，用文化传播品牌"的示范效果。

文化入行：将文化理念转化为团队行动力。卡中心用文化管理工具提升团队战斗力，用工作作风改进细化基础管理。在文化管理方面，开展了组织氛围提升项目，规范分中心文化落地标准，在标准化落地工具基础上，同时为总部100人以上的大团队进行企业文化建设个性化方案设计与执行支持。项目标准化与个性化并举，为部门、分中心负责人及企业文化工作者提供有力的支持，降低操作门槛，达成快速有效的团队提升与业务助力目标。在工作作风改进方面，卡中心从文化层面开出防治"企业病"的处方，从改进工作作风的角度细化基础管理，从恢复机体活力的视角对症下药，帮助卡中心净化组织氛围，改进工作作风。"新雨行动公约"从企业文化角度进行员工行为优化，以贴近员工的表达方式展现"新雨行动公约"内容，采用群众性讨论的形

式，深刻理解作风改进的意义，号召广大干部员工立足本职岗位谈认识、找差距、挖根源、寻对策，瞄准自身思想观念误区、素质能力弱项、制度机制短板，提出有针对性的改进措施和意见建议，让文化理念转化为员工行为，落地生效。

文化入制：加强文化建设标准规范化，落地文化管理。卡中心细化文化工作机制，将文化工作管理触达到卡中心部门与全国77家分中心，使卡中心文化建设工作制度化、规范化。通过《中信银行信用卡中心企业文化建设管理办法》《中信银行信用卡中心内部宣传渠道管理办法》等制度明确企业文化建设领导机制、管理办法，包含文化建设工作组机制、文化工作小组工作要求及企业文化建设考核及奖惩等。卡中心将企业文化嵌入卡中心的管理机制中，例如在评优及干部竞聘上嵌入文化价值观考核、在管理者晋升的案例复盘中嵌入文化价值观践行举证等，进一步强化企业成员的规范行为，引导和教育员工树立企业所倡导的统一价值观念，自觉地服从于企业整体利益。

基于"五入"工作法，文化浸润特色化实践

创新文化工作载体，激活组织活力。随着业务快速发展，卡中心组织体系不断完善，人员规模不断扩大，员工呈现年轻化、知识化的特点，卡中心企业文化建设围绕丰富文化活动及网络多媒体传播两个方面来实现。在丰富文化活动上，卡中心结合青年员工的喜好，实现对于活动内容的多样化创新，开展"中信朗读者"企业文化故事宣讲项目，挖掘和宣传一线员工的优秀故事，总结提炼工作背后的价值，分享经验，提升员工荣誉感；结合卡中心第一张信用卡发卡时间（2002年12月8日），设立12月8日为文化纪念日，策划和组织具有鲜明文化主题的庆典性员工欢庆活动，提升团队凝聚力，营造使命感氛围，切实做到关注人和团队。在网络多媒体文化宣传上，卡中心运用创新式互联网传播方式，用接地气的宣传内容传递卡中心主流价值观。

研发文化建设工具包，助力分中心文化建设。卡中心以"五入"工作法为方法论，结合卡中心组织结构分布全国且在77个城市设有分中心的实际情况，自主研发了组织氛围测评工具及一套企业文化管理标准化落地工具包，工具包包含5套团队文化自测诊断工具、6项团队文化建设操作工具及7类团队文化建设素材，有理论、有方法、有案例、有实操流程，拿来即可用，满足分中心管理者、分中心文化建设工作者及分中心员工各类人群使用需求。通过具体操作工具和素材规范分中心企业文化建设流程，统一卡中心及分中心的文化品牌，提升分中心企业文化工作质量，帮助更换新场地的分中心高效、快速地搭建文化建设基础，节约设计成本的同时，使分中心员工更好地感受组织的力量和关怀，提升内部客户体验，提升内部客户满意度。卡中心通过文化体系模板化建设，文化层次的品牌化宣传，形成模板化复制与组织能力裂变，发挥文化导向力、纽带力、凝聚力作用，用组织文化促进组织发展，将文化理念落地到文化行为，通过文化行为转化成文化战斗力，充分发挥员工价值，进而提升组织能力。

提升文化软实力，推动战略发展及员工价值实现。卡中心通过"五入"工作法进行战略宣导，实现战略"人人知晓、人人认同、人人践行"，营造新战略发展所需的文化氛围，通过文化导向助力战略发展，帮助员工理解战略理念，明确卡中心重点发展方向，更好、更有效地开展业务工作，发挥员工的主观能动性。

实施效果

成立以来，卡中心坚持以客为尊，不断推进产品和场景融合创新，努力培育特色和管理优势，沉淀形成日益成熟的业务体系和经营模式，持续提升自身价值：2003—2022年，累计营业净收入为2628亿元、税前利润为604亿元，其中2022年营业净收入为399亿元，全行占比达20%。

卡中心企业文化建设以"激发员工的凝聚力、创造力和群体智慧"为动力，围绕"有利于协同战略、有利于文化传承、有利于员工价值发挥"的"三个有利于"作为着力点开展企业文化建设工作，充分发挥企业文化的导向作用和凝聚作用。21年来，面对日趋激烈的同业竞争、瞬息万变的市场环境，在卡中心上下齐心协力求生存、求发展的艰苦奋斗中，企业文化发挥了不可替代的巨大作用。在上级公司的关心指导下，在卡中心党委的高度重视下，造就了一支优秀的员工队伍，创造了令人瞩目的出色业绩，卡中心先后获得"全国金融系统思想政治工作先进单位""中信银行总行先进基层党组织""中信银行企业文化建设特色单位"等多项荣誉称号，获得业内外关注，接待众多企事业单位前来参观交流企业文化工作，成为改革开放先行示范地深圳市乃至全国中信银行系统企业文化建设的一面旗帜。

主要创造人：李志涛　迟　鲲
参与创造人：刘文博　恩　炜　姜　帆　陈　涛

党建强根铸魂，文化凝心聚力，以党建文化引领促进企业高质量发展

深圳市东部公共交通有限公司

企业简介

深圳市东部公共交通有限公司（以下简称东部公交）是经深圳市政府授权、于2007年正式挂牌成立的公交特许经营企业，是深圳市三大特许经营企业之一，为深圳市国资委直管企业，注册资本金为3亿元。截至2023年6月，东部公交共有员工1.3万余人，下辖5个分公司、47个车队，有营运车辆5526台，共开行线路923条（常规线路302条，"e巴士"品质公交线路621条）。

实施背景

东部公交通过探索，不断形成并完善了企业文化，形成了"以人民为中心"的全新核心价值观理念体系，明确了"让出行更美好"的企业宗旨，明确了"务实善为、安全有序"的核心价值观，明确了"以需求为导向，以品质为追求"的经营理念，明确了"打造更具吸引力的公交企业"的企业目标。这个企业文化符合新时代发展要求，符合公司高质量发展需求，有效将市民需求延伸到员工需求，将企业发展延伸到员工发展，将企业责任延伸到员工态度，企业、员工和市民融为一体，是富有鲜明价值观的东部公交特色企业文化，为企业高质量发展奠定了坚实的文化根基。

主要做法及实施效果

坚守初心使命，党建引领把牢方向，深化文化内涵

2019年，东部公交党委紧紧抓住企业文化凝心聚魂的特征，从企业文化入手规范行为，内化于心，心行一致，推动员工工作理念和管理理念进一步规范，引领了企业健康持续发展。

一是党建引领文化建设。东部公交党委在推动企业文化构建过程中坚持党建引领，通过党建＋文化的深度结合，实现党建为文化建设指引方向，为文化建设提供强大的后盾支撑。在党建引领下，东部公交企业文化始终坚持"以人民为中心"的理念，坚持公交服务的公益性，着力于为市民提供更满意的公交服务。

二是党建融入文化品格。坚持党建与企业文化深度融合，让企业文化更加生动、丰富。东部

公交通过党建＋文化模式，充分发挥各车队基层党组织的战斗堡垒作用，为引导员工树立正确的价值观、培养员工责任意识等方面提供强有力的执行保障，为建设企业文化提供了良好的政治环境氛围，是推动企业文化建设的重要手段和有效途径。

三是党建丰富文化内涵。东部公交通过党建品牌活动，进一步丰富了企业文化的内涵。以员工为中心，建立有设施、有标志、有党旗、有资料、有制度、有台账的"六有"标准，建有集学习、服务、办公、娱乐为一体的党群活动室42间，以及党群活动中心4处、党群服务中心1处，让企业文化建设有了具体的落地处。创建"基层书记开讲"党建品牌，在推动党建和业务融合的过程中，把公司的好作风、好经验、重要事项等以视频形式展现出来，让员工通过通俗易懂的形式感知企业文化的力量，让企业文化落地有了具体的手段。

坚持安全发展，聚焦公交发展主题，实现文化深植

东部公交作为深圳三大公交企业之一，始终坚持聚焦公交发展主题，把安全发展的文化融入企业文化中，让企业文化带动公司安全发展更上一层楼。

以"市民"为中心，让文化更有"心"。东部公交持续优化线网结构，精准匹配客流需求，构建高融合、高质量出行环境。在线网整体规划调整上，强化优势突出、线路互补、高效运营等特点，以"降重复、减低效、提效率"为目标，整体推动线网结构运营更高效，仅2023年上半年就优化调整线路40条、新开线路7条、取消线路4条。在双网融合上，强化地铁线网、公交线网深度融合，通过梳理14号、16号地铁线路配套接驳线，以强化接驳为中心，对地铁接驳线路进行优化调整，实现了地铁接驳线路优化后单车客运量整体增幅8%的效果。

以"安全"为核心，让文化更有"魂"。公交出行，最重要的是安全，安全是东部公交不可逾越的红线、底线，是公司发展的根基，这也是东部公交"务实善为、安全有序"核心价值观的重要体现。一是树立"源头管理、现场管控"的管理思路。牢牢把握车队管理终端的重点，把安全管理的关口前移，从源头上预防和减少问题的发生。把问题的风险前置，通过现场管控来遏制和杜绝问题的再次发生，做到问题的源头在那里，工作现场就在那里。二是全国行业首创"6、2、11、1"营运单双班结合防疲劳驾驶排班模式，即驾驶员连续上班不能超过6天、连续休息不能超过2天、每天上班不能超过11个小时、中午休息要至少1个小时。在保证驾驶员薪酬水平不降低的情况下，从营运组织排班开始，最大限度地杜绝驾驶员疲劳驾驶。三是固化"两个看"管理机制，持续推动看得见的现场管理标准化、看不见的情绪管理精细化，梳理固化13项看得见的现场管理制度措施和8项看不见的情绪管理制度措施，以表格形式列明工作要点，使基层车队对"两个看"管理机制和重点更加明细，推动基层管理更加规范精细化，推动良好管理和良好驾驶习惯的养成。四是全国行业首创"东部公交驾驶员个人重大事项报告制度"。旨在通过驾驶员个人自主申报，掌握驾驶员的健康状况、家庭状况、经济生活状况及其他个人情况，让身体状况不佳、思想负担重、负面情绪大的驾驶员及时调休和调班，杜绝带病（伤）、带情绪出车，把好安全运营关。五是全国首创"一线路一方案"，有效优化运营环境，提升安全运营质量。对公交线路乘车重点人员变化、线路管控措施、行车风险和隐患等进行重点排查，再通过问询告知形成"全链条"的现场管理，构建起看得见的人、车、环境动态管理机制，提升车辆安全行车系数。2022年，共计开展"一线路一方案"跟车3.14万次，发现道路隐患1.2万个。

通过对安全的强化，安全意识实现了"要我安全"向"我要安全"的根本性转变，安全管理指标再创历史新低。对比 2019 年，2022 年，五项顶格违章从 47 宗下降到 15 宗（与 2021 年持平），百万车公里责任伤人率从 0.05 下降到 0.03，普通违章宗数从 224 宗下降到 30 宗，交通违法率从 0.52 下降到 0.11，全部达到历史最低水平。继 2019 年之后，2022 年再次实现全年"零亡人事故"。

以"发展"为重心，让文化更有"根"。一是"进四区"让市民出行服务更加精准化。将需求准确定位为社区、园区、校区、景区"四区"出行需求，明确"进四区"重点措施。二是"提效益"让运营保障服务更加高效化。聚焦营运组织提效益，通过区间线、大战快线等灵活的营运组织模式，重点提高高峰期班次占比，抢抓早晚高峰期营收，实现营运组织效率、效益双提升。2023 年，实现千公里营收 2284 元，同比上涨 11%。聚焦成本管控提效益，破解机构臃肿，以减员增效为重点，整合分公司、车队资源，推动人员效率提升，相比 2019 年实现员工人数减少 2700 人左右。推动营业成本下降，以控成本为重点，2020—2022 年累计实现营业成本节省 1.3 亿元，营运里程单位成本逐年下降，始终处于深圳市公交行业最低水平。三是"创品牌"让公交品质服务更加个性化。针对地铁和网约车冲击，东部公交党委始终坚持发展为中心，锚定公交未来发展方向，推出中国智慧公交"头等舱"第一品牌——"e 巴士"品质公交。2023 年，"e 巴士"品质公交以进校区、进园区、进社区、进景区为目标，推动服务品质升级，目前实现客运量 223.3 万人次（同比增幅 43.9%），营收 1894 万元（同比增幅 46%）。

坚持共建共享，突出企业和谐发展，推动文化发展

企业文化的最终落脚点在员工，不仅在于对员工行为的规范，更在于通过与员工的互动，达到共建、共治、共享的状态，实现企业文化提升员工归属感和获得感的目标。

科学、规范、可靠的环境是企业文化孕育发展壮大的载体。东部公交以现代化管理理念为指导，通过行业趋势发展、资源统筹、管理赋能、优化流程等构建了安全运营大环境。安全运营大环境旨在通过"零违章"目标的实现，让管理人员自觉的安全管理习惯、驾驶员良好的驾驶习惯真正养成，以扎实的安全根基推动公司社会效益与经济效益的全面提升，让公交出行更具吸引力，增强企业的竞争力。

建立公平、公正、有序的工作环境，形成"人尽其事，人人为安全运营"的工作氛围。一是通过构建公正的工作环境，实现"你信任我管理，我管理你信任"的员工与管理人员互信互尊。二是通过建立公平的工作环境，做到"人尽其才、才尽其用、用有所成"。三是通过建立有序的工作环境，实现安全运营"点、线、网"有机融合。

制订"青鸟计划"，储备 111 人；开展"展翅计划"，打破行政壁垒，推动公司内部人员交流。对《司乘人员绩效考核规定》进行重大调整优化，制订《驾驶员容错机制管理暂行办法》等 6 个重大改革的系统性配套制度文件，在牢牢坚守安全生产红线的基础上，通过更科学的管控手段，确保安全管理不以牺牲驾驶员薪酬为代价。

建立健康愉悦的生活环境，形成"我爱我家"的和谐氛围。公司将党建与生产经营深度融合，时刻关注员工的生活、了解员工的生活、改善员工的生活，不断提升员工的幸福感和归属感，形成"我爱我家"的和谐氛围。一是以增强员工关爱深度、发挥基层阵地作用为手段，构建让员工满意的情感环境。二是在保障有力的生活环境中坚持"把场站最好的位置、最佳的配置、最舒适的环境给一线员工"的原则，以安全功能为先，推动场站布局合理、人车分流、动静分区、形象统一，着力推进场站标准化建设，让员工住得舒心、工作安心，有家的归属感。

建立安全文化环境，形成"要我安全"转变成"我要安全、我会安全、我能安全"的积极氛围。在推进企业文化建设时，公司准确地把企业的安全愿景和价值观层层分解到行为规范中，进而产生文化的内生动力，让员工自觉一致地恪守安全。一是搭建激发安全行为规范的平台，通过开展"端好平安碗、开好平稳车"平稳驾驶工匠评比活动、策划"三维四级公交文化品牌项目"等，让员工将安全意识铭于心、践于行。二是搭建激励安全行为规范的平台，通过各种先进活动表彰、宣传等对员工进行正向激励，让员工记于心、乐于行。

建立优质高效的服务环境，形成齐抓共管的共建氛围。系统推进安全运营环境的构建，通过各业务线的优质高效服务保障，形成齐抓共管的共建氛围，推动"他管"和"自管"的有机结合，实现安全管理系统统一，构筑安全发展合力。一是打造高质量的安全管理和技术服务体系，形成安全、技术等齐抓共管的局面，提升安全保障效率。二是打造高质量的协同服务体系，提升安全服务质量。

建立与管理相适应的制度环境，形成"令行禁止、企令畅通"的高效氛围。以适应于管理的制度环境为制度建设为切入点，通过提升制度的制订、执行等水平，提高制度规范企业行为的能力，提升制度服务企业科学决策的能力，将制度转变为实际的治理效能，打造执行落实体系。通过对制度进行全面的梳理，在制度的"留、废、改、立"的基础上，不断强化制度的适用性和指导性建设。强化制度建设合规性，强化法务把关作用。梳理出公司管理制度630项，其中废止制度近230项、留用制度290余项、修订制度80余项、新增制度近30项，进一步健全形成了科学、合理、适应于构建安全运营大环境的制度体系。

通过对以上5个环境的建设，最终实现了企业与员工共建、共治、共享的局面。员工通过奋斗赢得公司和市民的信赖，公司通过共享成果让员工得到应有的尊重和回报，进一步增强了企业文化的凝聚力和感召力，开创了让奋斗者有动力、让担当者有舞台、让贡献者有收入的生动局面。员工的精神面貌也从"无精打采"向"精神抖擞"自发性的转变，各层级员工与公司的隔阂不断消除，信任和支撑一步步增强，员工也会积极主动地参与到公司的业务中，彻底转变了以前被动管理的局面。

主要创造人：陈　炜　卢荣远

参与创造人：贾　涛　陈显玲　孔国强　龚志雄　张锦旺　饶清和

以红色精神助推企业高质量发展

晶龙实业集团有限公司

企业简介

晶龙实业集团有限公司（以下简称晶龙集团）始建于1996年，是国内最早的光伏企业之一。自2009年起入围中国企业500强，连年位居全球新能源企业500强和中国民营企业500强前列，累计纳税80多亿元，提供3万个就业岗位。2018年，晶龙集团产业结构调整，在地产、物业、餐饮、物流、酒店等产业有所建树，业务遍布沪、苏、皖、浙、滇和内蒙古等地，依靠企业文化软实力推动了企业文化建设与企业战略及管理的深度融合。先后获得"全国'五一'劳动奖状""中国十大慈善企业""中华慈善突出贡献奖""全国模范职工之家""河北省模范劳动关系和谐企业""河北省企业文化建设示范单位"等多项荣誉称号。

打造红色企业文化，与时代同频共振

晶龙集团坚持从中华文化和红色文化中积极汲取养分，传承红色基因，打造红色企业文化，实现了企业高质量发展。

坚持开展红色精神文化教育

晶龙集团自诞生之日起就植入了红色基因，率先开展"红色大课堂"企业文化活动，20多年坚持"红色企业、绿色产业"的发展定位不动摇。同时，晶龙集团还加强艰苦奋斗作风教育的内容，组织党员和优秀干部员工到革命圣地西柏坡、吕玉兰纪念馆等地参观学习，大大提升了员工践行红色企业文化的热情。为增强教育效果，晶龙集团采取制作展板、运用电子屏等方式宣传贯彻企业文化，营造健康向上的企业氛围。

坚持党的领导地位不动摇

晶龙集团成立伊始，就提出"企业发展到哪里，党的工作就推进到哪里，把支部建在每个基地，让党旗飘扬在每个厂房车间"，熔铸全体"晶龙人"共克时艰、共推发展的"红色灵魂"。晶龙集团创新引领，提出了"专家科研+党员骨干攻关+群众性创造"的创新模式，实现了企业不断提升核心竞争力的目标，成为企业发展的"红色引擎"。晶龙集团把服务作为发展的出发点和落脚点，将服务发展、服务社会、服务员工、服务党员作为"红色责任"。晶龙集团始终用党的先进理念引领企业文化建设。

构建和谐劳动关系，搭建先进文化平台，提升企业软实力与核心竞争力

加大投入，改善员工生活环境

晶龙集团先后投资 2.4 亿元建设员工公寓楼、食堂、图书室、医疗室、体育场、博物馆、企业文化活动中心等设施，保障员工日常生活的同时满足员工的精神文化需求，晶龙博物馆入选邢台市百家少先队校外实践教育基地，成为一张浓缩宁晋地域文化精神的名片。晶龙集团妇委会、团委和工会还善当"红娘"，联合组织青年联谊会，使员工扎根晶龙集团。晶龙集团还开展新春联欢会、妇女节插花艺术沙龙、"智慧团队、快乐比拼"团建拓展活动、"感恩遇见、共筑未来"新员工主题团建活动、爱国主义教育活动、读书活动、献血活动等，培养员工积极向上的心态，提升其归属感和幸福感。

强化培训，形成共同价值理念

2023 年，晶龙集团人力资源部系统性开展企业文化宣传活动，组织不同层级员工充分学习并面向全体"晶龙人"分享企业文化理念，真正做到企业文化培训全员覆盖。晶龙集团征集员工践行企业文化理念的真实案例或生动故事，通过分享的形式，使员工发自内心地接受和认同晶龙集团的企业文化，把生硬说教变成生动感化。晶龙集团出台了《鼓励员工学习提升专业技能及学历激励办法》，明确规定并报销员工学习的学费，每月发放职称补贴，外出考试期间还报销全部差旅费，对学习成绩优秀者予以奖励。晶龙集团斥资数百万元邀请大学教授进行专项技术培训，选送多名年轻干部到大学带薪学习进修，选派 30 多名技术员工到日本、意大利、瑞士等国家访问学习；投入近百万元将清华大学等名校课堂"搬到"员工中，进行系统培训，努力营造员工学习成长的宽松环境。晶龙集团转型第三产业后，仍坚持构建学习型企业，组织集团高管团队奔赴深圳华为调研，组织中基层管理干部对标先进企业，特邀北京中新和普咨询公司讲师就管理干部技能提升给予系统授课，进一步提升企业各层级管理者及骨干员工的胜任能力，建立可持续性人才发展体系。

颁奖表彰，选树模范

晶龙集团坚持每年隆重表彰为企业发展做出突出贡献的优秀人员，建立劳模档案，奖励先进典型。2016 年，晶龙集团在成立 20 周年之际，开展了金牌员工和劳动模范的选树活动，为获奖人员颁发价值近万元的纪念奖章。2022 年 6 月，以成立 26 周年为契机，晶龙集团开展"长期服务奖"评选活动，为获奖人员发放纪念奖章和奖品，以此激励广大员工，鼓舞干劲，增强斗志，同时将该奖项列为每年固定活动。经过晶龙集团的培养和推荐，4 名员工获河北省"能工巧匠"、1 人获得河北省"金牌工人"荣誉称号，同时还培养出了 5 位省级劳模、5 位市级"五一"劳动奖章获得者等一批模范先进。

业兴企富不忘国家，感恩社会，勇于承担社会责任

晶龙集团始终以"造福全人类"为己任，将为社会经济做贡献作为企业发展的根本点和出发点，上缴税金总额已超过 80 亿元。多年来，晶龙集团还自觉承担社会责任，先后为城市建设、环境治理、抗震抗洪、捐资助教等累计投入超过 2 亿元。2021 年 7 月，在宁晋县防汛抢险的关

键时刻，晶龙集团集结 100 多名党员干部组成突击队奔赴抢险一线，高效完成了封堵任务，捐款 1000 万元支援家乡防汛抢险，体现了晶龙集团一贯的责任与担当。2022 年 3 月，晶龙集团将投资 220 余万元建设的崔官庄小学无偿向宁晋县教育局移交。2022 年 8 月，晶龙集团将投资近 1 亿元建设的晶龙学校移交给宁晋县政府，转为公立小学，进一步缓解县域学位的紧张局面，助力家乡教育资源的优化配置。至今，晶龙集团安排实施了捐建希望小学的助教工程（已捐建 74 所）、救治贫困白内障患者的光明工程（已救治 1900 多人）、资助万名贫困学子的圆梦工程（已资助 1000 多名学生），持续不断地为弱势群体送去光明与温暖，受到了社会各界的一致好评与赞许。

"人民对美好生活的向往就是我们的奋斗目标"。创业创新的"晶龙人"将不忘初心、牢记使命，坚定信念，拼搏奋进，为实现中华民族伟大复兴做出新的、更大的贡献。

主要创造人：靳保芳
参与创造人：曹瑞英

"智汇"引领助推企业创新创效高质量发展

广西交科集团有限公司

企业简介

广西交科集团有限公司（以下简称交科集团）于1984年成立，前身是广西壮族自治区交通运输厅下属二级事业单位，2003年改制为企业，现在是北投集团直属科技型子公司。公司下设19个生产研发部门、7个子公司，目前有1600余名员工，其中党员500余名；拥有国家级企业技术中心等33个国家级和省部级科技平台，实验室设备价值超过2亿元。经营业务主要包括勘察设计、智能交通、咨询检测、市政环保、信息化服务和战略性新兴产业，形成以交通基础设施建设投资为主轴、"六核"业务协同发展的布局，是广西壮族自治区唯一一家集科研、设计、施工、检测、监理、信息化服务于一体的AA级单位，在广西壮族自治区乃至全国交通运输系统中具有重要影响力。在"智汇交科"品牌引领下，近年来荣获"全国创新争先奖牌""全国青年文明号""全国交通运输文化建设优秀单位"等多项国家级、省部级荣誉，跃居全国省级交通科研院所（企业）前茅，多次位列广西壮族自治区高新技术企业百强榜首、创新活力十强榜首。

"智汇交科"涵义

交科集团历经多年创业、立业的艰辛洗礼，以"智汇"党建为引领，深耕"智汇"文化建设，不断挖掘企业文化丰富内涵，持续拓展"智汇交科"品牌的广度和深度，将文化建设与生产经营深度融合，用文化力激活生产力，企业核心竞争力不断提升。

"智汇交科"以"112356"为着力点，即：打造1个品牌——"智汇交科"；完善1套文化理念体系——形成企业文化9大理念体系；依托两大支撑——高精尖人才多、科研平台（实验室）多，拥有33个国家级和省部级科技平台；围绕3个目标——打造国企科技型企业党建新标杆、打造成为交通科创领航企业、为建设交通强国贡献智慧解决方案；聚焦5个行动——交科先创攻坚队、交科先锋"1+N"、交科先锐大讲堂、党员亮牌示范、一支部一品牌；引领六核发展——"一轴六核"产业融合发展，以交通基础设施建设投资为主轴，打造勘察设计、智能交通、咨询检测、信息化（大数据）服务、市政环保、战略性新兴产业。

"智汇"做引领，丰富品牌红色基因

党建文化是企业文化的基础、底色。交科集团在企业文化建设过程中，始终坚持"智汇"

党建引领，通过创新创造，不断丰富"智汇交科"品牌内涵，筑牢企业的"根"和"魂"。一是"智汇"+科创，打造交科先创攻坚队。交科集团党委以科研课题研究集体、技术难题攻克小组、专利发明团队为单位，组建近50支交科先创攻坚队，打造了交科"红色智库"，以党员为带领人，按"队长名字+研究方向（课题）+攻坚队"的方式命名团队名称。二是"智汇"+人才，开展交科先锋"1+N"活动。三是"智汇"+产研学，开创交科先锐大讲堂。交科集团党委围绕企业专家人才多、经营业务广和产学研优势明显的特点，通过交科先锐大讲堂整合专家人才的智慧，集结科学管理、技术创新、勘察设计、智能交通、咨询检测等领域具有丰富经验的党员50余名组成先锐讲师团，先后开展了500余场先锐大讲堂活动，共计5000余人次参与，通过技能比武、人才培养、团队建设等系列"智汇"学习方式，有力推动企业培训、素质拓展、职业技能提升，实现"软实力"转化为企业生产经营"硬实力"。四是"智汇"+业务，推动子品牌开花结果。以"智汇"党建为统领，培育打造一批有特色、有内涵、有层次的子品牌，通过行动学习、经验分享、联建共建等形式，助推"智汇"文化形成更大的影响力、更高的知名度和美誉度。

"智汇"加持，提高创新发展加速度

多年来，交科集团以"智汇交科"品牌推动科技创新，持续加快生产经营、项目科研、平台建设等工作升级步伐，使"智汇"文化在人才资源强企、科技创新强企、经营管理强企中落地生根。一是以人才为中心，汇聚创新力量"智慧泉"。交科集团通过人文关怀、职业生涯规划等方式吸引人才，多方位充实企业科研人员力量，通过交科先锋"1+N"导师带徒等形式，为广大员工提供发展平台，为企业创新发展提供智创之泉。二是做足"研"的文章，丰富交科智汇"引水渠"。交科集团充分发挥交通科研领域多、产业涉及广的优势，建设了一系列科研平台及创新载体，为技术创新打造崭新的"引水渠"。特别是近5年来，交科集团11个科研平台增至33个，增幅3倍。其中，获得广西壮族自治区交通运输行业第一个国家级企业技术中心，成立全国首个"人车路网"5G智慧交通联合创新实验室和广西壮族自治区首个智慧交通AI联合创新实验室，形成了"4室4站13中心12载体"的科研平台，在道路结构与新材料、桥梁检测监测及加固、智慧交通信息化建设等方面彰显交科"智汇"活力。三是扩大业务链，走好交科创造"智汇路"。

经过这几年的探索创新，"智汇"文化引领效应将"交科舞台、人尽其才、人皆人才"的行为规范落到实处，合力推动企业各项业务协同发展，近5年实现资产总额翻两番、营业收入同比增长三倍、利润总额增长275%，在全国同类企业中处于领先行列，市场拓展至国内的20个省、自治区、直辖市及东盟各国，"智汇交科"品牌越发闪亮。2023年5月，交科集团荣获广西壮族自治区企业科技最高荣誉——企业科技创新奖。

"智汇"为抓手，推动企业文化上台阶

一是"智汇交科"硬件打造上档次。整体搬迁入驻高新技术产业园，打造"智汇"文化园区和智能、大气、舒适办公环境，设置员工"打卡点"文化角，建成"智汇交科"展示厅、"智汇廉诚"党建廉洁文化展厅及党群活动中心，推进智慧园区管理，让党建+文化建设阵地智慧、舒

适、优雅，接待了 50 场次 5000 余人次的技术交流和科普参观。每个党支部配备党员活动室、党建走廊文化墙，使党建+企业文化活动有阵地。积极弘扬社会主义核心价值观，在公司园区 LED 显示屏、电梯灯牌、食堂、办公楼走廊等公共场所，以及公司官网、OA、微信公众号、抖音号等线上平台，设置社会主义核心价值观宣传栏、宣传口号等，标准化打造文明创建氛围，使精神文明建设有标识、有场地、有氛围、有形象。二是交科智美形象建设有章法。交科集团着力打造"创新交科、活力交科、先锋交科、情满（幸福）交科、文化交科、责任交科"等系列"智汇"文化活动。打造创新交科工程，培育"智汇"文化新思潮。多次承办广西壮族自治区直属企业土工试验大赛、测量大赛、BIM 技术大赛，连续 3 年获得广西壮族自治区信息模型（BIM）技术应用职工技能大赛一等奖，培育创新交科新思潮和新动能。实施活力交科工程，释放"智汇"文化创造力。每年举办员工运动会、各球类比赛等活动，积极组织员工参加行业内外系列文体活动，展现交科活力新气象。打造先锋交科工程，树立"智汇"文化新风尚。开展了工匠创新工作室、交科先锋选树、"为党旗增辉""智汇名星&新星"等一系列宣传纪实活动，深度报道一批科技创新领军人物，累计在各大媒体宣传 500 余次，讲好交科美故事，共谱交科新篇章，成为"智汇"文化品牌不可或缺的重要支撑。实施情满（幸福）交科工程，输送"智汇"文化正能量。开展"尽孝感恩""重大疾病医疗互助基金"，建好人才公寓并落实送清凉、慰问等活动，打造"交科健身中心""智慧食堂""健康体检"和"职业讲台""职工书屋"等场所（服务），将"家"的温暖送给每一位"交科人"，提升员工幸福感与获得感。实施文化交科工程，突出"智汇"内涵美。举办文化汇演、交科好声音歌唱比赛、宣讲员大赛、读书分享会、党员心声大家谈、清廉交科微课堂等系列活动，唱响交科好声音，贡献交科新"智汇"。成功举办了"启航新征程"红色文化沉浸式展演活动，职工自编自导自演 15 个精彩纷呈的节目，直播平台在线观看点击率达 120 万人次。实施责任交科工程，"智汇"担当社会责任。在"东航 321 飞行事故救援""桥梁卫士让人民群众走放心桥"等为群众办实事过程中，凝聚"智汇"合力，承担社会责任，彰显交科担当。10 年间派驻 10 余名驻村第一书记、工作队员到河池市环江毛南族自治县参与脱贫攻坚工作，2019 年完成帮扶的 2 个村整村脱贫任务，助推毛南族实现整族脱贫。此外，交科集团党委《"智汇"党建领航，集"智"创新发展》获评广西壮族自治区国资委 2021 年度优秀案例，《新时代新青年新担当》党课视频获得广西壮族自治区"党课开讲啦"优秀作品二等奖及"百佳党课"称号；红色作品《桥何名欤？》获得广西壮族自治区红色故事大赛一等奖；参加团区委 2022 年"青年大学习"知识挑战赛获得二等奖。近 5 年来，承办了广西壮族自治区企业人才工作会议活动，向社会各界展示了公司智美形象。三是推动交科智能管理上台阶。交科集团通过实施国企改革三年行动及科改示范企业改革，推动公司质量变革、效率变革、动力变革。以信息化和智慧园区建设为抓手，建立信息数据管理交科云平台，实施智能化办公园区建设和财务报账线上审批制度等，推动办公自动化、人力资源、智慧党建云平台等 120 项业务再优化、再升级，实现交科"智能"管理。全面实施"数字化"经营管理，推进科技管理系统、网上试验检测和"悦"监理等工作，实现多个科研项目资源共享，材料送检网上一键办理，工程监理掌上监控，项目管理模式再创新，提高工作效率，实现交科"智慧"服务。

主要创造人：罗　静
参与创造人：王　靖　郑振兴　李　阳

文化聚力构建"环绕式"思政教育新阵地

华能重庆珞璜发电有限责任公司

企业简介

华能重庆珞璜发电有限责任公司（以下简称珞璜电厂）位于重庆市江津区珞璜镇，1988年由华能集团与重庆市政府合作兴建，共有6台总装机容量为264万千瓦的燃煤发电机组，全部达到超低排放水平，是目前我国西南地区装机容量最大的环保型火力发电厂。珞璜电厂深入贯彻新发展理念，坚持走绿色环保发展之路，发挥重庆市内重要电源支撑点的作用，投产至今已累计发电超过2000亿千瓦时，为地方社会经济发展提供了源源不断的电力支撑。先后获得了"全国文明单位""全国企业文化示范基地""企业文化建设示范单位""全国电力行业思想政治工作先进单位""全国精神文明建设工作先进单位"等荣誉。

实施背景

国务院印发的《关于新时代加强和改进思想政治工作的意见》为新时代加强和改进思想政治工作提供了重要遵循，珞璜电厂以建设爱国主义教育基地为抓手，打造思想政治教育新阵地，建设职工美好精神家园，文化聚力企业高质量发展。

珞璜电厂企业文化展厅创建于2011年，2016年进行一次扩容改造，2021年获评华能集团首批爱国主义教育基地。2022年，为进一步拓展基地文化辐射面，在展厅的基础上另建文化长廊、红岩路和文苑大道，形成"一厅一廊两路"的环绕式格局，沿途覆盖电厂主要步行区域，人流辐射面积约为4178平方米。阵地的创建及管理坚持以习近平新时代中国特色社会主义思想为指导，高举爱国主义旗帜，强化红色教育功能，融入珞璜电厂历史文化，是珞璜电厂开展爱国主义教育活动的重要载体，同时也是展示珞璜电厂企业文化、历史积淀、品牌形象及职工精神风貌的重要场所。

主要做法

坚持党的领导，牢牢把握阵地建设方向

珞璜电厂坚持党的领导，始终把思想政治工作贯穿于阵地建设全过程。珞璜电厂党委始终坚持利用好思想政治这个"传家宝"，在国有企业改革纵深推进的大背景下，积极应对新形势，解决新问题，不断加强社会主义核心价值观、形势任务等教育，在打造爱国主义教育基地中筑牢思

想政治工作这条"生命线"。珞璜电厂党委通过制订方案、成立机构、明确职责等方法确保创建工作责任到人、落实到位。积极探索共建投入机制，由党建部联合办公室、生产部共同落实专项经费为阵地建设提供资金支持；发动全厂各部门积极建言献策，丰富阵地内容，形成齐抓共管的局面；立足电厂实际，在电厂《宣传工作管理办法》中纳入阵地日常管理制度，配备多名兼职管理员，制订滚动管理机制，为阵地的管理提供了有力保障。

突出价值引领，着力打造"一厅一廊两路"

企业文化展厅呈现历史发展精神脉络。珞璜电厂从动工兴建至今经历3次扩容跨越，始终伴随着重庆市经济社会的科学发展，在30多年的发展历程中积淀了深厚的文化底蕴，打造企业文化展厅更好地展现了电厂建设发展的波澜壮阔，真实记录了西部明珠的熠熠光辉，以红色教育、大江抒怀、中流砥柱、掌灯巴渝、珞电之歌5个板块，运用图文、实物、声光电和艺术装置等载体全方位呈现电厂建设和企业文化的发展历程。

文化长廊呈现企业文化精神特质。珞璜电厂的企业文化源于对华能集团"三色文化"的传承践行、对重庆"巴渝文化"的消化吸收、对国企基因传统的继承发扬，企业文化步步升华、纵深发展，逐步发展形成以"三为愿景""三业理念""三坚品质"为核心的"三为文化"体系。打造文化长廊是企业文化培育和实践的重要组成部分，充分体现了企业精神特质，更成为职工共同的价值认同和使命追求，驱动电厂向效益效率领先的综合能源服务企业转型发展。

红岩路和文苑大道呈现职工群众精神追求。珞璜电厂充分利用重庆丰富的红色资源，贯彻落实华能重庆分公司打造党史学习教育"四大红岩"的具体部署，大力弘扬工匠劳模的示范引领作用，打造红岩路和文苑大道是弘扬爱国主义教育、提升精神文明建设的有力举措。

创新形式载体，营造干事创业浓厚氛围

上好"政治课"，引导干部职工群众听党话、跟党走。在阵地的创建过程中，珞璜电厂党委始终将学习贯彻习近平新时代中国特色社会主义思想作为首要政治任务，贯彻落实全国国有企业党的建设工作会议，坚决落实上级公司的部署要求，坚持党的全面领导不动摇，加强党的建设不放松。依托阵地常态化开展形式多样的主题党日活动、廉洁警示教育，着力引导干部职工强化"四个意识"，坚定"四个自信"，捍卫"两个确立"，做到"两个维护"。

上好"历史课"，筑牢敬业乐业团结奋进的思想基础。充分利用阵地的多渠道展示方式，推动党史学习教育扎实开展。展示党的光辉历程，传承红色基因，让广大党员干部和群众在阵地建设中重温党的历史。

上好"文化课"，繁荣企业文化，满足职工精神文化需求。以阵地为平台，在职工群众中广泛开展道德讲堂、知识竞赛、主题阅读、劳模宣讲等活动，形式多样、寓教于乐。

实施效果

在国企改革背景下，珞璜电厂积极凝聚职工力量，取得了良好成效。一是凝聚职工共识，阵地建设展现了珞璜电厂对于和谐文明的孜孜以求，"快乐工作，幸福生活"的职工文化在阵地建设中展现的淋漓尽致。二是促进生产经营，阵地建设凝聚集体智慧和力量，促进企业生产经营工作。安全生产保持平稳，能源保供作用明显，经营绩效区域领先，转型发展稳步推进。三是塑

造企业形象，落实企业安全生产主体责任，坚持走保护环境的绿色发展之路，助力打赢脱贫攻坚战，在保煤保供等大战大考中彰显央企责任。

主要创造人：郝杰勇　王　淳
参与创造人：张　晨　单　战　许灏雯　刘永胜

打造创新文化"一核三心三平台"，推动企业迈向高水平科技自立自强

中交四航工程研究院有限公司

公司简介

中交四航工程研究院有限公司（以下简称四航研究院）创建于1965年，隶属于中交第四航务工程局有限公司（以下简称中交四航局），是世界500强企业中国交通建设股份有限公司的三级子公司，是一家为港航、公路、铁路、水利、市政、工民建等基础设施和工程提供科技研发、技术服务、工程质量检测的高新技术企业。四航研究院科技力量雄厚，在软基处理技术、高性能混凝土及耐久性技术、工程腐蚀与防护、桩基工程承载特性及施工质量控制、海上施工的水动力分析等多个领域成果瞩目，多项成果处于国际先进或国内领先水平。拥有多个国家级、省部级科研平台，主编和参编近60项国家行业规范，是行业内知名科技型企业。依托创新文化体系建设，近年来，四航研究院先后被授予"全国文明单位""广东省先进集体""中央企业先进集体""中央企业先进基层党组织""全国交通运输企业文化建设优秀单位""全国诚信企业""广东省'五一'劳动奖状""广东省自主创新标杆企业"等荣誉称号。

主要做法

四航研究院以中交集团和中交四航局的企业文化理念为基础，围绕四航研究院发展定位和目标，结合行业特色，不断提炼总结，逐步构建"一核三心三平台"的创新文化建设体系。"一核"——"创新'智造'价值"是创新文化的核心理念。"三心三平台"：坚守央企"初心"，强化"铸魂赋能"思想引领平台建设；锻造科研"匠心"，强化"淬火成钢"创新培育平台建设；提升发展"信心"，强化"价值创造"岗位建功平台建设。

坚守央企"初心"，"铸魂赋能"政治引领平台凝聚奋进合力

党建引领，筑牢"初心使命"思想根基。始终坚持以习近平新时代中国特色社会主义思想为指导，以高质量党建引领保障高水平科技创新。扎实开展"不忘初心、牢记使命"主题教育、党史学习教育、学习贯彻习近平新时代中国特色社会主义思想主题教育，引领全体党员和干部职工深刻领悟"两个确立"的决定性意义，增强"四个意识"、坚定"四个自信"、做到"两个维护"。

廉洁自律，永葆"忠诚干净担当"政治本色。全面营造风清气正的企业干事创业氛围，常态

化开展"党风廉政宣教月"系列活动,通过组织开展勤廉专题党课、廉洁道德讲堂等活动大力宣贯"心至廉,路致远"的廉洁文化理念;深化"不忘初心、牢记使命"主题教育和党史学习教育长效机制,促进党员干部提升党性修养,为创新文化建设涵养清朗文化生态。

创新活动载体,激发"同心笃行"奋进合力。高度重视员工队伍的身心健康和全面发展,紧扣员工需求,开展"身心健康,快乐阳光"全员健身活动,组织篮球赛、羽毛球赛等体育竞赛,组织"健步走""趣味运动会",参加中交集团"健康中交,你我同行"惠运动活动等文体活动。深入开展"心系职工月""职工安全健康卫生讲座""冬送温暖、夏送清凉"、重大节日慰问、扶贫帮困等活动,着眼于广大员工的现实需求,提升员工的幸福感和归属感,引导全体员工为建设创新型科技企业同心笃行、踔厉奋发。

锻造科研"匠心","淬火成钢"创新培育平台磨砺科研精锐

言传身教创新文化,传承匠心精神。通过劳模(工匠人才)创新工作室建设,四航研究院找到了"固巢留凤"和传承匠心的答案。自2019年起,"张宝兰劳模创新工作室""熊建波工匠人才创新工作室"和"桑登峰工匠人才创新工作室"等4个创新工作室陆续成立,通过劳模(工匠人才)的带动,科技人才坚定科研初心,将创新文化基因厚植心中。

深入践行创新文化,培育创新人才。四航研究院搭建起"梯队式"人才培养模式,聚焦核心技术方向,组建起建材、岩土和结构3个中交四航局一级技术梯队,积极举办各项学术交流、技术培训、专题讲座等梯队活动,以"搭平台、促交流、谋发展"的目标开展联合攻关和协同创新,让职工在实践中获得成长,推动核心技术迭代发展。四航研究院共主参编国家行业规范近60项,已发布主编标准11项、参编标准21项,其中与西安建筑科技大学联合主编的《既有混凝土结构耐久性评定标准》已正式实施,该标准填补了现有国家标准对建筑物的耐久性评估方面无相应标准的空白。

博采众长创新文化,拓宽发展视野。积极开展各项学术交流活动,近两年邀请专家来院做学术报告百余人次,组织技术人员参加国内外大型技术交流会500余人次。为拓宽科技人才的国际视野,加入国际材料与结构研究实验联合会(RILEM),并作为主要发起单位联合组建成立了RILRM下属的海洋暴露条件下结构混凝土长期耐久性技术委员会;作为国内第二家合作单位加入国际土力学与岩土工程学会。通过主办承办各项学术交流会,为人才搭建学习课堂,引导人才"汲彼所长"。鼓励人才"走出去"再"引回来",持续选拔后备人才干部到广州市住建局等单位挂职锻炼,持续向中交四航局输送专家型科技人才,选拔优秀科技骨干借调至其他兄弟单位重要工程项目交流。人才交流机制成效显著,多人获省部级科技人才称号。

提升发展"信心","价值创造"岗位建功平台共创科技强企

科技平台实体化,打造技术创新策源地。四航研究院目前拥有11个国家级、省部级科技平台,实体化组建了中交建筑材料重点实验室(水工构造物耐久性技术交通行业重点实验室)、中交交通基础工程环保与安全重点实验室、技术研发中心三大科技平台,进一步统筹科技创新资源。依托科技平台建设,在交通基础设施耐久性、交通基础工程环保与安全技术、近岸工程和海洋工程结构及水动力分析技术等领域保持国内领先,多项科技成果达到国际领先水平。科技引领支撑作用彰显成效,进一步奠定中交四航局在沉管、港口建造领域的优势地位。

科技导向价值化,提升科技创新支撑力。坚持科研和工程实践紧密结合,深化技术先导,强

化技术支撑，为主业工程高质量建设提供技术支撑。参与港珠澳大桥建设的前期研究及建设全过程，针对港珠澳大桥多种结构形式、复杂严酷海洋环境下混凝土结构的耐久性保障问题，建立了一套完善的耐久性保障技术体系，攻克港珠澳大桥120年寿命世界级难题，为世纪工程建成通车发挥了关键作用。多项科研成果成功应用于海内外众多重大工程，进一步提升科技创新的价值。

科技管理体系化，强化科技创新制度保障。四航研究院稳步推进科技管理体系建设工作，根据发展情况制订和修订了《科研工作管理办法》《知识产权管理规定》《科技平台建设管理办法》《自筹科技研发项目管理办法》《科技投入管理办法》等一系列相关管理制度，逐步完善科技创新工作体系，完善知识（成果）管理系统，有力地保障了四航研究院科技工作有序开展。

实施效果

创新文化建设提升了科技创新源动力

政治引领平台赋能，创新发展的"主心骨"和"压舱石"更加稳固，科技创新源动力全面提升。党的建设与科技创新、技术支持主业深度融合，聚焦党和国家关于科技创新的重大决策部署，结合中交四航局科技发展任务，制订四航研究院"十四五"发展规划和"十四五"科技发展专项规划，统筹部署了关键核心技术攻关、重点研发方向和成果转化应用等重点工作，企业科技创新工作迈上新台阶。

创新文化建设提升了科技创新保障力

创新培育平台赋能，人才素质持续提升，创新活力充分激发，为科技创新提供持续的人才保障。四航研究院现有博士研究生31人，占总人数的11.3%；硕士研究生121人，占总人数的44%。正高级职称22人，占总人数的8%；高级职称61人，占总人数的22.2%。人才个人、团队和企业荣誉层出不穷。1名职工荣获"全国'五一'巾帼标兵"，1名职工荣获"中交集团暨中国交建劳动模范"，1名职工荣获广东省"向上向善好青年"，3名职工荣获"广东省土木建筑优秀科技工作者"；1个团队荣获"全国工人先锋号"，1个团队荣获中国航海学会"科技突出贡献团队"。

创新文化建设提升了科技创新硬实力

岗位建功平台赋能，科技创新资源进一步整合，创新潜能充分释放，创新硬实力显著增强。2022年，科技成果蓬勃涌现，主持完成了11项科技成果鉴定，其中2项为国际领先水平，8项为国际先进水平；获得各级科技进步奖共50项，省部级奖15项（其中一等奖6项），获批90项专利（其中发明专利18项），10项软件著作权。科技引领支撑作用彰显成效，开展的"沉管隧道管节集约化工业智造及运输、安装成套技术研究与应用"与"DCM法加固水下软基全过程大数据分析与智慧施工决策关键技术研究"进一步奠定中交四航局在沉管、港口建造领域的优势地位，不断推动企业迈向高水平科技自立自强。

主要创造人：董志良　任德杨
参与创造人：段书华　曾令凯

向善而建，助推企业高质量发展

陕西建工控股集团有限公司

企业简介

陕西建工控股集团有限公司（以下简称陕建控股）成立于1950年，旗下拥有国际工程承包、建筑产业投资、城市轨道交通、钢构制作安装、工程装饰装修、古建园林绿化、地产开发建设、石化设计施工、电商物流供应、智慧城市运营、教育科研培育等产业。所属的核心企业陕西建工集团股份有限公司是A股上市公司，是集设计、投资、建造、运营为一体的建筑综合服务商。2022年，陕建控股荣列ENR全球承包商250强第14位、中国企业500强第146位、中国上市公司500强第88位。近年来，陕建控股构筑起17个特级资质体系，特级资质数量居全国省级建工集团之首。承建的重点工程和民生工程屡获殊荣。其中，获中国建设工程质量最高奖——"鲁班奖"83项，获"国家优质工程奖"112项，获奖总数保持行业领先地位，规模占比全国第一。国内市场覆盖31个省、自治区、直辖市，国际业务拓展到32个国家。

实施背景

企业文化是企业适应外部市场竞争和整合思想行为的一种共享基本假设和认知系统，是企业核心竞争力的重要体现。按照"对标世界500强做文化，立足千亿上市公司做品牌"的总目标，陕建控股主动向系统先进单位学习借鉴，向行业标杆单位和世界500强企业看齐。

2020年，陕建控股以成立70年为契机，全面回顾企业发展历程，历时8个月，创建了以向善而建为核心的企业文化体系。该文化体系以"善"为核心，以向善而建为根本价值主张，将陕建控股员工"善良诚信的品质""善战善成的铁军作风""追求至善的匠心执守""友善合作的共赢理念""善待自然的绿色发展"及"济善社会的责任担当"融合在一起，形成陕建控股核心价值定位。

主要做法

推动文化落地生根

2020年12月，陕建控股企业文化理念体系面向社会公开发布。2021年3月，集团召开企业文化宣贯大会，开始全面宣贯落地，将2021年确定为集团企业文化宣贯年，将2022年确定为企业文化落地年。制订印发《企业文化宣贯落地方案》，编辑出版《企业文化手册》。指导督促所属

50多个单位按照陕建控股企业文化"五个一致"（企业哲学、核心价值观、企业精神、行为规范和文化传播语）的要求，梳理完善子公司文化体系，子母文化既有联系，又有区别，所属单位企业文化既有各自特色，核心文化又趋于统一。

强化文化阵地建设

陕建控股博物馆、各级总部、施工现场是企业文化建设的阵地，也是传播窗口。充分利用陕建控股博物馆这个窗口，将企业文化理念通过图文、音视频等方式传递给受众，做到静态展示和动态展示相结合；在陕建控股总部、所属单位各级机关驻地，充分利用企业文化墙、各类展板、阅报栏、党员活动室、职工餐厅等公共场所，张贴企业文化海报、悬挂标语，以及运用各类LED电子屏反复轮播企业文化理念；充分利用施工项目遍布大街小巷的优势，在项目施工一线的公共区域悬挂企业精神标语等，营造浓厚的文化氛围，使广大职工置身其中，耳濡目染感受企业文化的魅力和影响力。

完善企业标识系统

编制了两级企业《品牌视觉识别手册》，严格规范了企业标志标准色及两级企业、驻外企业LOGO等，对企业档案袋、名片、信封、手提袋、胸牌、笔筒、司旗、服装、门牌、安全帽等数十种日常用品进行了统一规范，对办公室、会议室、休息室会等场所的布置也进行了明确要求，将向善而建的企业文化元素嵌入其中，丰富了企业文化视觉元素。特别是在工程外立面、塔吊、各类围墙等显著位置，突出"陕建"企业标识，突出向善而建的文化元素，有效提高了向善而建企业文化的社会影响力，成为陕建控股显著的文化标签。

开展文化落地宣讲

为有效实施企业文化宣贯，陕建控股聘请"企业文化"形象大使，开展企业文化内训师选拔大赛，经过系统培训后，分赴基层单位宣讲，仅2021年一年就在基层一线和项目部开展宣贯100余场次，覆盖职工两万多人。2022年，继续开展了企业文化百场宣讲活动，培训基层100多名员工为企业文化内训师，挖掘陕建控股故事和身边故事，进一步强化职工的文化认知。陕建控股企业文化部经理杨英龙精心准备，赴基层宣讲50余次，听讲人数超过8000余人。这些活动的开展，不仅让企业文化内化于心，提高了员工素质和文化认知，也在社会上引起较大反响，有力塑造了企业品牌。

举办文化系列活动

自2021年起，每年开展一次向善而建文化演讲大赛。目前，一共举办了两届企业文化演讲大赛，共有220余名选手参加。2022年第二届企业文化演讲大赛，在各基层组织举行演讲比赛的基础上，共有来自陕建控股44个单位的107名选手参加，分别在4个赛区进行预赛，在2023年3月进行了总决赛，这是该集团近年来参加单位最广、参与人数最多、演讲水平最高、影响范围最大的一次演讲比赛，特别是挖掘了一大批弘扬向善而建文化的陕建控股故事，有力地宣传了企业文化，促进了企业文化的宣贯落地。此外，还开展了企业文化海报大赛、企业文化故事短视频大赛，完成了企业文化故事征集，拍摄了《向善而建》企业文化专题片。

加强文化制度建设

陕建控股把制度建设作为企业文化建设的重中之重，积极探索工作业务流程化、标准化、模板化管理，把企业文化建设融入到制度建设之中，用制度推进企业文化建设。通过强化学习制度和流程，员工形成了学习制度、执行制度、规范操作的良好习惯。制订了《企业文化制度》，指导陕建控股企业文化建设工作。制订发展规划，保障科学推进；组建领导机构，发挥领导班子力量，保障企业文化建设；成立企业文化部，专责企业文化建设；建立管理制度，强化文化执行；每5年对所属企业进行文化审计。完善考核、评价和奖励机制，出台《企业文化建设考核评估标准》，每年对主动申请创建"企业文化示范单位""企业文化示范项目"的所属企业及施工项目进行综合评比，授予相关荣誉并予以通报表彰。

实施效果

陕建控股通过塑造企业的价值体系、行为规范和视觉品牌形象，以向善而建为核心的企业文化得到广大职工的高度认可和践行，形成企业凝聚力，激发职工对企业的认同感和归属感。为企业高质量发展提供了强劲动力，企业保持了持续快速发展，2022年新签合同额4590.04亿元，营业收入2336.56亿元，银行综合授信额度1967亿元，享有AAA级银行信用等级。

凝聚了人心

共同的价值、信念及利益追求，是企业形成凝聚力的基石。对陕建控股来说，共同的目标促使了企业产生极强的向心力；共同的价值追求，形成了企业员工坚强的精神支柱，激发了员工的工作热情，使他们的积极性和潜能得到最大限度的发挥。

展示了形象

优秀的企业文化，可以向外界展示企业优秀的价值观念、良好的精神风貌和品牌形象。陕建控股企业文化建设紧紧围绕企业中心工作，为企业提高了营收、树立了信誉、扩大了影响，擦亮了品牌，提升了企业在建筑行业的话语权和整体影响力。

近两年来，陕建控股被中国文化管理协会分别评为"2020年度新时代企业文化实践创新典范单位""2021年度文化强企优秀案例二等奖"等荣誉，企业文化专题片《向善而建》被评为"第八届最美企业之声"金奖。

主要创造人：杨英龙
参与创造人：叶小乾

践行"全面守护,全程放心"品牌文化,全方位共促高质量品牌建设

卡斯柯信号有限公司

企业简介

卡斯柯信号有限公司(以下简称卡斯柯)成立于1986年,是中国铁路通信信号股份有限公司控股管理的、与阿尔斯通共同出资成立的一家专注于轨道交通的控制系统集成商。卡斯柯总部位于上海,下设6个子公司、8个分公司、21个项目部,共有员工2000余人。作为行业领先的全方位轨道交通控制系统集成商,卡斯柯地铁项目覆盖国内28个城市100条CBTC线路,其中已交付74条,开通里程超过2500千米,CBTC市场占有率及开通里程均居行业之首;在铁路领域,卡斯柯拥有完整的产品线,业绩覆盖18个铁路局,参与建设160余条高铁和客运专线,其中CTC更是成为全路标准统一软件,市场占有率第一。卡斯柯长期坚持自主创新的技术发展战略,接连获评"国家技术创新示范企业""国家企业技术中心""国家知识产权示范企业""创建世界一流专精特新示范企业""制造业单项冠军示范企业"等诸多重量级荣誉资质,连续10年入选中国软件百强企业。系统产品荣获国家科技进步特等奖1次,省部级科技特等奖3次、一等奖16次。

实施背景

适应发展战略,推动企业不断发展的需要

随着卡斯柯陆续成立了多个子公司、分公司、项目部,公司布局、市场版图不断开拓,以及产品业务从单一的信号系统到轨道交通控制系统的不断扩展,原有的企业理念已无法满足公司的发展需求及市场定位;同时,原有的文化理念不成体系,缺乏全面深层思考和详细清晰的行为准则,无法系统地引领公司前进发展。因此,及时调整企业文化理念、系统梳理构建品牌文化体系势在必行。

凸出品牌特质,提升企业核心竞争力的需要

作为国内领先的轨道交通控制系统集成商,卡斯柯的城轨及铁路业务在行业内均占主导地位,随着产业领域的拓展、市场范围的扩大、海外建设的扩充,卡斯柯势必面临更多的市场挑战和竞争对手。与此同时,众多竞争对手也在奋起直追,努力缩小与卡斯柯的差距。因此,卡斯柯必须树立独特的品牌形象,形成不同于竞争对手的差异化形象,始终保持企业的市场领先地位。为此,卡斯柯从多个维度进行调研,致力于找出与竞争对手相比的显著差异和特有属性,形成独

有的品牌定位和差异化品牌特性，以此统领、贯彻至研发、市场、运营、售后等各个环节，不断提升企业的核心竞争力。

发挥品牌效应，塑造企业品牌形象的需要

卡斯柯在构建品牌文化体系的同时，致力于加大品牌建设力度，借助各种有效载体，充分发挥整体品牌效应，对外不断强化卡斯柯的"守护者"品牌形象，积极履行企业社会责任，塑造负责任的企业形象，提高企业的品牌声誉和认知度。进一步增强团队的凝聚力和归属感，激发广大员工将"守护"文化落实到项目建设乃至一言一行中，持续提升公司的企业形象，保持竞争优势。

主要做法

卡斯柯在品牌文化建设和落地的过程中，通过发布品牌体系、出台品牌手册和品牌形象片、更新VI视觉识别规范并参与制订产品形象识别PI手册、软件产品界面UI规范和改版公司官网、企业及产品宣传册等举措，不断完善品牌建设体系规范，通过多种途径加强品牌导入与宣贯，以开放的态度、发展的观点和创新的思维开展工作，在探索中创新，在创新中探索，持续推进品牌文化建设，提升品牌认同感和影响力，为公司发展提供精神动力和文化支撑。

强化品牌识别

随着卡斯柯品牌体系的建立和发布，为了让品牌文化和理念的传递更加生动活泼，卡斯柯推出了品牌吉祥物IP"小卡"，成为品牌与员工及公众之间的沟通桥梁，持续推出了"小卡"玩偶、午休套装、盲盒、电脑壁纸等多种线上线下周边，获得了广大员工的喜爱，拉近了品牌与员工之间的距离。在对外的品牌传播中，"小卡"也通过表情包、互动游戏、动画视频等形式"出圈"，提高了品牌的好感度。此外，随着品牌内容不断丰富，为了方便广大员工快速获取品牌相关内容、正确应用和传播品牌知识、加深对品牌内涵的理解和认识，卡斯柯上线了品牌工具库，涵盖品牌策略、品牌视觉、品牌图片、下载中心、学习中心、视频中心几大板块，随后新增积分商城，以激励员工访问。

拓展品牌外延

卡斯柯围绕"全面守护，全程放心"，先后策划了一系列形式丰富、类型多样的品牌活动，如品牌故事征集、"由心，守护"主题绘画比赛、品牌知识竞赛、35周年系列活动等，得到了广大员工的广泛参与和积极响应。通过这些活动，一方面，将品牌理念以"润物细无声"的方式渗透到员工心中，提升他们的品牌认同；另一方面，通过活动成果将卡斯柯的企业文化和品牌理念通过文字、书画、影像等形式保存下来，推动卡斯柯品牌的永续发展。与此同时，卡斯柯一直在探索着发展品牌文化的突破口，秉承着高度的企业社会责任，卡斯柯将目光投向了公益领域，以期为企业品牌注入更多内涵，提升品牌资产、差异化竞争力，以及公众和媒体对于品牌的好感度和信任度。围绕"守护"品牌理念，卡斯柯推出了"守护蓝色星球"和"将守护健行到底"两大主题系列公益活动，联手地铁集团、公益组织、公益基金会、西北地区项目地等社会各界共同守护祖国绿色青山。目前，"守护蓝色星球"公益净滩活动已在上海、深圳、武汉、成都多地成功举办，近400名志愿者共同清理内陆江河和海洋垃圾累计超过800千克，为河海滩涂垃圾治理做出积极贡献。"将守护健行到底"系列公益捐步活动利用"运动＋公益""线上捐步＋线

下路跑""部门团队比拼+个人赛"等多种形式,让卡斯柯全国各地的员工共同参与到环保公益中来。自活动开启以来,卡斯柯员工共捐步9亿7000万步,有力增强了员工凝聚力和品牌认同感。通过捐步,卡斯柯在西北植树共计3万多棵,为土地荒漠化治理、防治水土流失、乡村振兴贡献了力量,在行业乃至社会上起到了优秀的先锋示范作用。

传播品牌内涵

基于"全面守护,全程放心"的品牌理念,卡斯柯相继推出品牌形象片、品牌宣传片和国铁宣传片,从多个维度深化了卡斯柯致力于与客户共同打造全方位的系统解决方案,全面守护公众的出行生活与安全,为客户和公众创造全程放心的体验。

围绕"全面守护,全程放心"的品牌理念,卡斯柯持续开展品牌故事的策划与传播,以文字和视频等组合拳的形式讲好卡斯柯故事。

实施效果

品牌文化服务公司发展,效益稳步提高

近年来,卡斯柯不断加强自身建设,加快改革步伐,提升管理效能,实现了企业的稳步发展。各项经营指标连年实现稳健增长,发展形势企稳向好。2022年,卡斯柯位列上海市静安区纳税排名第23名,多年蝉联前30名。卡斯柯相继获得"国家服务型制造示范企业"等荣誉。

品牌文化助力打造精品,广受业主好评

以"全面守护,全程放心"为核心的品牌文化深入人心,获得全体员工的广泛共识并将这一理念付诸实际行动,实现从产品设计、开发、集成、测试到项目运营、工程实施、售后服务全过程的安全可控,为客户提供安心的全生命周期保障,打造了多个精品标杆工程。凭借先进的技术、精湛的工艺、勇于担当的精神,卡斯柯项目广受业主好评。武汉机场线荣获国家优质工程奖,参建的多个项目获得国铁集团、太原局集团、济南局集团、杭州地铁、北京地铁、兰州轨道交通等业主的表扬与感谢,进一步增强了企业品牌影响力,为市场开拓打下了良好的基础。

品牌形象传播效果显著,声誉不断扩大

近年来,央视、东方卫视、人民网、《文汇报》等媒体先后报道了卡斯柯上海地铁2号线双套系统改造、上海地铁18号线等重点项目和产品,展示了卡斯柯雄厚的综合实力,营造了良好的品牌口碑。

面向专业市场,参展多届北京国际城市轨道交通展览会、成都国际工业博览会轨道交通展览会、丝绸之路国际博览会等行业展会;同时,走出国门,参加了中东和非洲智能交通展,进一步扩大了卡斯柯的品牌影响力,为公司海外的业务拓展起到了促进作用。

卡斯柯推动"全面守护,全程放心"理念向公益活动延伸,经过数年积累,卡斯柯公益已成为一张亮眼的企业名片,得到了媒体的认可和关注,受到社会各界的较高赞誉。

主要创造人:王 印 庄 弘 张 怡
参与创造人:冷文建 张程贻 陈 璐 吴怡萱

以绿色文化创新柔性施工，守护脆弱生态

国网新疆电力有限公司建设分公司

企业简介

国网新疆电力有限公司建设分公司（以下简称国网新疆建设分公司）是国网新疆电力有限公司（以下简称新疆电力）的重要业务支撑机构，主要承担国家电网有限公司（以下简称国网公司）和新疆电力直接管理工程项目的管理任务，负责工程项目建设过程安全、质量、进度、造价管理等工作。成立以来，始终坚持"人民电业为人民"的企业宗旨，践行"安全、优质、经济、绿色、高效"的电网发展理念，忠诚拥护"两个确立"，坚决做到"两个维护"，充分发挥国有企业"六个力量"的作用，通过不懈努力，实现了新疆电网"直流电压、交流电压和输送容量"的全面提升，形成了"内供四环网，外送四通道"的电网网架格局，为新疆经济社会发展和社会稳定长治久安做出了突出贡献，于2022年荣获"开发建设新疆奖状"。

实施背景

电网不仅是重要的能源基础设施，也是践行生态文明理念的重要载体。作为新疆超特高压电网建设的主力军，国网新疆建设分公司以国企的担当和责任，肩负起建设新疆大电网的光荣使命。电网建设属于工程建设类项目，施工路径内的植被面临砍伐、草地面临开挖碾压，容易出现电网建设与自然环境不协调的问题。由于工程项目的参建单位较多，部分施工人员环保意识不强，监管难度增大，如何在工程建设中保护好生态环境，更是工程建设管理中面临的棘手的任务。"绿水青山就是金山银山"，如何确保新生电网与生态环境和谐，保护当地的生态资源平衡，是工程建设中一个重大的难题。基于此，国网新疆建设分公司坚持"四节一环保"目标，最大限度节约资源并减少对环境负面影响的电网建设施工，秉持绿色柔性施工，坚守责任央企品牌形象。

主要做法

始终坚持思想引领

坚决扛起生态文明建设的政治责任。国网新疆建设分公司提高政治站位，深化思想认识，成立了总经理为"第一责任人"、各专业负责人齐抓共管的环评自验收工作领导小组，积极践行绿色柔性施工。

始终坚持对标管理

制订公司绿色施工全过程管理制度、流程体系。坚持节约资源和保护环境的基本国策，坚持节约优先、保护优先、自然恢复为主的方针，严格遵循相关法律法规，严格遵守《文明施工和环境保护》施工标准，有步骤、分阶段地在工作中用制度保护生态环境，推进生态文明建设各项任务落到实处。

始终坚持规划先行

深入贯彻绿色文化理念，超前介入方案论证。国网新疆建设分公司坚持以绿色开发建设为目标，始终秉持绿色柔性施工要求，最大限度节约资源并减少对环境的负面影响，针对利益相关方提前开展意愿调研，多维度采集信息，对现实问题进行深入探讨，为顺利完成电网建设并保护生态环境提供更多可行性建议。

积极践行绿色文化理念，合理规划电网建设工程。从工程前期规划、可研、设计到建设合理制订规划，始终围绕生态文明建设，做到生态敏感区应避尽避，通过选址、避让更换线路等方式减少施工对生态环境的破坏，促进工程建设生态环保措施落实到位。

将绿色文化融入规划，让绿色文化落地落实。把绿色文化宣贯工作贯穿于电网建设和生态环境保护工程之中，通过培训、宣传、监管，推广绿色文化，使电网建设参与者成为生态环境的保护者，让电网建设与当地生态和谐相处。

始终坚持以人为本

积极开展企业价值观推广活动。组织参建企业与关联机构共同参与生态文明教育活动，举办绿色文化宣贯培训，普及工程建设与生态环境和谐共处的知识，讲述坚守绿色企业文化的重要性，让参建人员深刻认识生态环境是关系民生的重大社会问题。加强相关专业人才培养，提高作业人员环保意识，让所有参与者形成共同的价值观。充分调动起各方的积极性、主动性、创造性，不断推动生态文明建设共建、共治、共享新格局。

始终突出文化宣传

强化绿色导向，不断加强正面宣传。在施工前对施工人员进行环境保护、生物多样性保护及相关法律法规的宣传，让施工人员明确知道云杉及野生动植物是受国家法律保护的，乱捕滥猎野生动物、乱采滥挖野生植物要承担相应的法律责任。在工程现场开展社会责任知识宣贯及共同守护超特高压电网建设云杉签字活动，强化参建人员生态环保意识，筑牢参建人员保护环境的思想。在工程建设过程中，充分发挥党员突击队作用，设计制作有关环境保护宣传单200余份，为绿色文化建设营造良好氛围，将绿色文化与环境保护宣传到位，增强作业人员对绿色施工环境的保护意识，为共同守护生态环境奠定基础。

始终坚持全过程管控

建立绿色文化制度并植入管理全过程。工程施工是电网建设的核心环节，输变电工程是否具备生态保护能力与施工方式密切相关。通过加大绿色建造管控，将绿色文化与环境友好理念充分融入工程施工，把生态文明建设纳入施工考核管理指标，确保了网线与生态的和谐共生。

精准布控，保护自然生态和动植物生存环境。工程施工穿越过程中，对于电网建设所需的大型机器、器械、塔材进场工作时，严格限制车辆行驶路线，临时道路要有效规避动植物生存重点区域，对部分森林内施工道路采取铺设草垫等措施，保护植被。加强消防设备的配备、人员消防知识培训及交底。施工过程中创新柔性施工，堆放塔材时地面铺设彩条布，铁塔下方垫方木，确保动物栖息、植物生长的地面环境不被破坏。

减少大型设备使用，规避生态破坏风险。工程施工开展铁塔组立作业时，为减少大型设备使用过程中对公益林和林地占用地面的破坏，均采取"内悬浮、外拉线"抱杆组塔方式开展施工作业。这种组塔方式虽然延长了工期，但减少了施工占地面积及机械设备作业对环境带来的破坏，有效保护植物生长环境。

升高铁塔高度，避让云杉、胡杨林、国营草场、自然、人文文物，推动了电网与自然生态的和谐发展，以最大化保护超高压电网建设和保护生态环境为核心，实现综合价值最大化。

减少场地占用，铺设棕垫保护植被。国网新疆建设分公司电网建设导线展放作业时，最大限度地减少对于场地的占用，穿越林地、草地时更是采用对工艺要求更高的、只在场内设置两处牵引场（将其余牵引场都设置在生态保护区之外）的施工工艺；同时，最大限度减少大型设备使用，对于设备占用地面的铺设棕垫，防止植被的破坏。

因地制宜，精准施策

施工过程中加强绿色安全文明施工策划，对每基铁塔分别制订塔基绿植个性化修复方案，实现单基础小环境的再造。要求现场的塔材按照设计好的环保方式摆放，施工过程中避免塔材及设备对林地造成破坏。党员先锋服务队在对现场安全工器具进行全面检查时不断宣传绿色文化，将每处细节落实到人，将规范标准贯穿到实际。

实施效果

国网新疆建设分公司将绿色文化理念全面融入电网建设管理和生态文明建设。通过创新柔性施工，有效解决了施工作业过程中人为破坏、损坏生态环境的隐患，为创建绿色电网发展与生态环境和谐相处探索出一条相得益彰的和谐之路、创新之路。

守护自然之绿，珍惜植被得到有效保护

国网新疆建设分公司在各类输变电工程建设过程中，积极组织工程业主单位、施工单位、监理单位、供货厂家及森林管理局等密切合作，凝聚绿色文化力量共同发力，成功保护了工程线路路径内的生态环境和动植物栖息地。据统计，其中单是通过线路路径优化和现场实地核查，就能相较路径优化前减少90%树木的砍伐，有效保护了生态植被。

坚守管理之绿，环保施工规范得以持续应用

通过电网建设与生态环境和谐相处理念的宣贯及开展的相关守护超特高压电网建设现场云杉的系列活动，各施工单位在工程铁塔基础浇筑的过程中严格规范环保措施，保护施工现场的环境，确保基础浇筑过程中周围环境及公益林不受人为破坏。

传播理念之绿，参建各方环保意识得到大幅提升

近年来，国网新疆建设分公司坚持推广绿色文化，在施工过程中用实际行动保护了公益林周边的环境，确保电网建设与环境和谐相处；同时，各利益相关方人员的环保意识得到了提升，绿色施工文化的理念与做法也植入到各参建单位的企业文化之中，随着工程建设的步伐广泛传播。

秉承文化之绿，柔性施工理念得到传承推广

国网新疆建设分公司始终推行绿色管理，将环境保护与电网建设共谋划、共管控，推动多方合作共建、共享，组织各参建相关方参与到共同解决电网建设与环境和谐共处的过程当中，逐步提高各方参与的广度和深度，改变社会大众以往"建电网就会破坏环境"的负面认知，以绿色企业文化持续为电网建设的绿色施工持续助力。截止2022年，在国网新疆建设分公司的电网建设中，工程区域林草植被恢复率达到94.58%，植被覆盖率达到41.65%，水土流失治理度达到99.75%，扰动土地整治率达99.74%，各类数据均创新高。新疆超特高压电网建设近10年来累计投资1000多万元用于平衡电网发展与自然保护，新开工电网建设项目环评率连续保持100%，为新疆电网与生态环境和谐发展做出应有贡献。

国网新疆建设分公司通过一系列专项行动，使绿色文化理念深度贯穿电网建设全过程。国网新疆建设分公司的绿色施工理念和电网建设中保护生态的典型经验做法，多次被新华社等各层级媒体传播。在传播柔性施工理念的同时，也对网线共生和绿色企业文化起到了宣传推广的作用，各类环境保护成效获得社会各界好评。

主要创造人：张　健　阿不都·沙拉木

参与创造人：胥　巍　高晓炎　刘　维　杨世江

以"排头兵"文化凝聚企业发展内生动力

中铁十一局集团第二工程有限公司

企业简介

中铁十一局集团第二工程有限公司（以下简称中铁十一局二公司）是世界500强、全球最大建筑承包商——中国铁建股份有限公司旗下的中铁十一局集团有限公司在湖北省的全资子公司，其前身为铁道兵一师二团。目前，已发展成为专业门类齐全且隧道、桥梁、路面等特色施工能力突出的著名大型建筑企业。具有公路工程、市政公用工程施工总承包壹级，铁路工程、水利水电工程施工总承包贰级，桥梁工程、隧道工程、公路路基工程、公路路面工程4项专业承包壹级资质。注册资本金10.01亿元，年施工能力100亿元以上。

实施背景

中铁十一局二公司是一支有着优秀企业文化传统的队伍，不论市场风云如何变幻，始终勇立潮头，保持了持续健康稳定的发展势头，先后获得全国优秀施工企业、全国守合同重信用企业、全国"五一"劳动奖状等100余项国家级、省部级荣誉。成绩的背后，优秀的企业文化无疑是决定性的因素，但特色文化的核心是什么、内涵有哪些，始终没有明确的表述。为此，从2019年开始，中铁十一局二公司采取内部广泛调研、外部充分整合等方式，形成了初步调研的成果。在此基础上，他们还邀请国内文化咨询行业的著名企业对企业文化提炼总结工作进行了总体策划，先后组织老领导、离退休老铁道兵、企业员工等主体，通过座谈讨论、交流发言、投票评选等方式，对企业文化理念进行了梳理总结。先后发放调查问卷3000余份，组织座谈交流讨论15场，参与人员超过1000人。经过多轮调研和征求意见，普遍认为"排头兵"文化阐述了中铁十一局二公司过去的辉煌成绩、体现了中铁十一局二公司现在的奋斗目标、彰显了中铁十一局二公司未来的美好愿景。集群体智慧，最终将特色企业文化命名为"排头兵"文化，文化内涵确定为：忠诚、担当、实干、争先。

主要做法

打造国内领先、行业一流的"排头兵"企业是中铁十一局二公司的追求和愿景，要实现这一愿景目标，就必须加快企业文化软实力建设，让优秀的企业文化源源不断为企业管理与生产经营注入新的生机和活力。

筑牢文化根基，汇聚企业发展动能。一是加强组织领导。企业文化建设涉及企业的方方面面，是一项综合性、全局性的系统工程，中铁十一局二公司建立了党委领导、行政保障、人人参与的企业文化建设工作机制，形成了领导层带头、管理层推进、全体员工参与的工作格局，为企业文化的顺利推进和落地生根提供坚强的组织保证。二是强化顶层设计。结合实际，出台了《"十四五"企业文化建设规划暨"排头兵"文化实施纲要》《标识标牌管理办法》《基层企业文化建设指南》，进一步规范了文化与品牌建设的要求，提升了文化与品牌建设的质量和水平。三是抓好文化传播共享。中铁十一局二公司在中国铁建股份有限公司2021版VIS手册和视觉识别系统的基础上，充分总结、提炼，形成中铁十一局二公司的文化体系和视觉识别体系，编制并下发了《企业文化建设指导手册》，通过微课堂和反向培训机制开展宣贯培训，统一了企业经营思想、员工行为纲领和项目生产规范。

塑造文化品牌，打造企业特色名片。一是及时总结提炼并发布"排头兵"文化。在确定企业文化名称和内涵后，2021年6月，中铁十一局二公司在江西井冈山召开了"排头兵"文化发布会，正式向全体员工和社会各界发布了"排头兵"文化，开创了中铁十一局集团子公司对外发布特色企业文化的先河。二是多维度打造"排头兵"文化。结合实际制订了"排头兵"文化战略实施方案和三年推进计划，确定了打造"排头兵"文化的目标、载体、方式、途径。不断加强"排头兵"文化的学习宣贯，牵头设计、制作了"排头兵"文化卡片、文化屏保，印发了《"排头兵"文化手册》《"排头兵"文化故事集》，拍摄了"排头兵"文化动漫视频、"排头兵"文化主题宣传片，成立了企业文化宣讲队伍，聘任了"排头兵"文化传播使者，开展"排头兵"文化巡回宣讲工作，大力推动"排头兵"文化建设与企业发展高度融合、相互促进。三是持续唱响"排头兵"文化力量。创新开展"我眼中的'排头兵'""话初心、担使命，我与企业共成长"等活动，让广大员工始终浸润在文化滋养中。积极开展企业文化知识竞赛、演讲比赛、"排头兵"主题道德讲堂等活动，激活员工文化建设的积极性。围绕特色文化内涵策划推出了多期评论性报道，在微信公众号开辟了"'排头兵'文化、'排头兵'风采、'排头兵'视界"3项主题专栏，对践行"排头兵"文化的典型进行持续展播。制作企业宣传片、电子名片、企业画册并融入最新的"排头兵"文化要素。此外，还在2023年初建成了"排头兵"文化展厅，打造"排头兵"文化对外展示的新名片、新载体，累计接待人员已超过2000人次，更好地推介了"排头兵"文化品牌。

繁荣文化生态，让企业文化植于心、践于行。一是积极打造和谐文化。在"排头兵"文化的引领下，中铁十一局二公司坚持以人为本，因地制宜地开展丰富多彩的文体活动，坚持企业发展成果惠及职工；高度关注职工生活和工作，从身心健康、劳动保护、节日福利、文体活动等方面入手，更好地保障职工的各项福利落实，进一步提高了职工的凝聚力和归属感；高度关心弱势群体，建立困难职工档案，推进送暖心工程的制度化、经常化。二是培育责任文化。作为驻鄂央企，中铁十一局二公司在追求高质量发展的同时，还积极履行社会责任、践行央企担当，大力开展巩固脱贫攻坚成果、助力乡村振兴战略、抗洪抢险、志愿服务等活动，以实际行动为群众解忧纾困，多次获得当地政府发文表扬。三是弘扬创新文化。中铁十一局二公司积极依托工程建设开展科技创新攻关活动，不断更新和完善制度体系，认真总结提炼技术创新亮点，持续推进技术创新亮点向工法和专利的转化，先后荣获国家授权专利108项，30余项工程荣获省部级及以上科技进步奖。

实施效果

自中铁十一局二公司对外发布"排头兵"文化以来,始终坚持多维度打造"排头兵"文化,有效激发了企业活力、增强了队伍素质、改进了综合管理、提升了品牌形象,实现了企业文化建设与企业发展战略的和谐统一。

特色文化深入人心。中铁十一局二公司开展多种形式的文化推广传播活动,有效推动了"排头兵"文化到车间、部室、项目班组、施工一线,全体员工对"排头兵"文化的熟悉、认知和认同感不断攀升,成了中铁十一局二公司的价值引领,极大地凝聚了全体中铁十一局二公司人人争当"排头兵"、争做"排头兵"的合力。此外,各级领导、外部单位、合作伙伴及社会各界对"排头兵"文化的认同感也不断得到增强。

发展品质更高、更好。面对复杂严峻的国内外形势,面对更趋多变的市场态势和竞争激烈的行业趋势,全体中铁十一局二公司员工践行"忠诚、担当、实干、争先"为主要内涵的"排头兵"文化,守正创新、勇毅前行,百折不挠、迎难而上,公司连续5年实现"双百亿元"目标,产值收益率、经营性现金流大幅提升,管理费压降明显,项目管理升级全面达标,各项经济指标全面攀升,以"排头兵"文化助推"排头兵"企业建设目标得以实现。

品牌形象不断彰显。在"排头兵"文化的引领下,全体员工积极争当"排头兵"文化的示范者、传播者和践行者,深入贯彻公司发展战略,积极践行企业核心价值观,大力弘扬企业精神,让企业品牌和形象不断彰显。目前,中铁十一局二公司获得"詹天佑奖"3项、"鲁班奖"2项、国家优质工程金奖2项、国家优质工程奖17项、"李春奖"3项、省部级优质工程34项,先后塑造了徐浩然、陈武林等20余名先进典型,增强了企业的品牌效应。

主要创造人:刘守成

参与创造人:尚云功　王国毅　唐业堡

培育"人本"文化，汇聚企业发展合力

国能宁夏石嘴山发电有限责任公司

企业简介

国能宁夏石嘴山发电有限责任公司（以下简称石嘴山电厂）始建于1958年，位于石嘴山市惠农区河滨工业园区，与宁夏回族自治区同年成立，是宁夏回族自治区第一个火力发电企业。现为国家能源集团宁夏电力有限公司所属企业，企业由国能宁夏石嘴山发电有限责任公司、国能石嘴山第一发电有限公司、国能石嘴山电厂经管理整合而成，总装机容量200万千瓦，是石嘴山市总装机容量最大的火力发电企业。现有在岗职工822人，党员243人。

实施背景

培育"人本"文化是继承我国传统文化的现实体现

中国传统文化的核心价值观念"仁爱、自然、和谐"，充分体现了我国古文明的人道主义情怀和人本主义精神。当前，站在新的历史起点上，企业应该承认并尊重职工彼此的差异性，充分重视人的管理，调动人的积极性，发挥职工的聪明才智和创造力，实现职工身心和谐、内外统一、精神与物质均衡发展，进而提高劳动生产率，促进企业发展。

培育"人本"文化是落实国家能源集团战略的现实需要

国家能源集团公司"创建具有全球竞争力的世界一流示范企业"的战略目标及宁夏电力公司"建设世界一流区域发电企业"的战略目标都需要最大程度与职工达成共识，进而达到上下同欲的制胜之道。要想在社会主义市场经济的大潮中立于不败之地，就必须保障职工的合法权益，尊重职工的主体地位和首创精神，引导职工热爱企业，为推动企业发展献计献策，自觉把思想和行动统一到企业一流建设上来，才能实现自身发展壮大，为完成国家能源集团公司和宁夏电力公司的目标任务做出贡献。

主要做法

拓宽"三条通道"，激发职工敬业源动力

拓宽职工建言献策通道。当前，新职工比较注重"尊重"和实现"自我价值"，不愿被动地接受所谓的"管教"。石嘴山电厂结合时下职工需求，采取寓教于乐、张扬个性、突出特色、生动活泼的"人本"文化，常态化开展合理化建议等活动，广泛倾听职工心声，了解职工情绪，及

时汇聚职工的聪明才智，达到换位思考、增进理解、消除误会的目的。在制订企业规章制度、重点工作方案过程中，征求和听取相关专业部门、职工代表等的意见建议，确保管理制度、工作措施更加符合企业实际。

拓宽职工民主管理通道。持续推进民主管理体系建设，将职工代表大会作为职工参与企业管理的重要平台，不断强化"党组织领导、企业支持、工会主导、职工参与"的民主管理工作机制。健全厂务公开机制，高标准多载体推行厂务公开，将厂务公开与生产经营全过程有机融合，从结果公开向过程公开延伸，从后勤服务向招投标、职务晋升、评先选优等方面延伸，保证职工的知情权、表达权、参与权和监督权。健全劳动法律监督，做好劳动争议预防和调节，切实维护职工合法权益。

拓宽职工人文关怀通道。在企业努力营造尊重人、关心人、爱护人的良好氛围，加强后勤保障、规范职工食堂管理、为职工提供集体公寓，每年开展职工体检、健康知识讲座等活动。组织开展青年职工交流会、慰问困难党员、职工等活动，从经济上给予最大帮扶。鼓励职工带薪参加会计职称考试、法律资格证、注册安全工程师等各类职业技术资格认证和职称考试，开设考前培训班和辅导讲座，为职工取证提供各类服务。深化职工法制宣传教育和法律服务，建立职工心理咨询室和职工书屋，时刻关注职工心理健康。关注职工安全保障，重视安全培训教育，制订严格操作规程，防止出现安全危害，不断增强职工的幸福感、安全感和获得感。

打造"三项活动"，激励职工创业新活力

开展主题实践活动，鼓舞干劲。持续深化巩固党史学习教育成果，开展党史学习教育"十大行动"，组织开展六盘山重走长征路、"党课开讲啦"、红歌大合唱、书画摄影作品展、红色基地教育等多种特色鲜明的主题活动。发挥专题党课、主题党日、道德讲堂等载体作用，积极选树"安全文明之星""道德模范""和谐家庭"。在职工中广泛弘扬劳模精神、爱国爱企爱家情怀，构建宣传栏、网站、微信公众号宣传网络，大张旗鼓宣传工程攻坚、技术攻关中涌现出的先进人物和优秀事迹。开展以德育为主基调的社会调查、生产劳动、志愿服务、公益活动和发明创造等主题实践活动，积极开展固原市五岔村脱贫攻坚驻村帮扶和石嘴山市惠西社区乡村振兴工作，开展关注留守儿童、社区"三老"等"小红帽"志愿服务活动。

开展文体活动，融洽氛围。围绕践行社会主义核心价值观，汲取中华优秀传统文化和当代先进文化精粹，依托企业文化展室、安全文化长廊和劳模路等文化实践基地，开展丰富多彩的书法绘画展示、摄影作品竞赛、主题征文、演讲故事大赛等文化文体共建活动，让职工群众有更多文化获得感。举办年度职业健康管理专项培训班，邀请专家讲师现场授课。推进"健康企业"建设，坚持开展"树立健康小目标，争做职业健康达人"活动，广泛举办职工围棋、象棋、乒乓球及气排球、篮球赛和职工环厂跑、户外拓展训练等文体活动，极大丰富了职工的精神文化生活。坚持以"文化认同"为导向，传承优秀文化传统，开展道德讲堂，落地崇德"三礼"，举办新职工"入职礼"，固化"拜师礼"，开展"退休礼"，不断增强职工的凝聚力和向心力。

开展"暖心"活动，凝聚力量。持续开展"我为群众办实事"实践活动，按照"贴近企业、贴近实际、贴近职工"的原则，每年确定办实事清单，推动清单落实落地，积极开展理论宣讲、义诊义检、心理疏导等志愿服务，让文明实践活动更接地气、更聚人气。2020年以来，累计投入资金1000多万元，在厂区内外增植绿色植物、对职工生活区西山公园进行美化装扮、修缮更

新职工活动中心、增购职工图书等。突出关怀"节点性",依托二十四节气制订慰问活动表,常态化开展春送健康、夏送清凉、金秋助学、冬送温暖、一线送关爱、"两节"送温暖等活动。落实职工全员疗休养工作,做好困难职工帮扶、大病救助和困难职工子女助学申报工作,大力实施"女职工关爱行动",组织女职工"两癌"筛查和特殊体检,全时段、全方位体现企业温暖。

推动"三个深化",激增职工兴业驱动力

深化职工职业规划。随着社会生产力的发展,职工就业观念也在变化,除了获得较高报酬福利之外,更期待有更多个人发展机会,探索"人本"文化就是要关注这些问题。石嘴山电厂聚焦职工需求,加大人才投资培养力度,最大限度调动职工与企业实现共同目标的积极性、主动性和创造性。

深化选人、用人机制。树立鲜明选人、用人导向,大力推进人才队伍梯队化建设,在职工中进行职业精神、职业素养、家风家庭、传统文化、社会新风尚和法治等教育,培育健康文明、昂扬向上的职工文化。选树张玉川、李建斌、刘威等先进典型,大力弘扬劳模、工匠精神,引导职工树立正确岗位价值观。积极探索打破职工职业发展"天花板",畅通生产一线职工发展通道,推动建立首席工程师、首席技师等职业技能型人才的培养和晋升制度,促进培养、考核、使用、待遇各环节相统一。将技能人才评价结果与岗位竞聘、薪酬待遇、导师带徒挂钩,每年完成人才评价考核,实现职务晋升。

深化岗位建功行动。引入"赛马"机制,广泛开展"社会主义是干出来的"主题技能竞赛、技术比武等活动,通过活动提升职工实践操作技能,让优秀职工脱颖而出。

实施效果

提升了职工价值观

遵循以人为本的企业文化理念,为职工建家、为职工排难,为企业聚力,把解决思想问题与解决实际问题相结合,建立全体职工高度认同的价值观,凝聚思想共识,使全体职工受到文化层面、精神层面的滋养,全面锻造"有理想信念、有道德素养、有责任担当、有健康心魄"的职工队伍。企业连续3届荣获宁夏回族自治区文明单位称号,被命名为第四批全国学雷锋示范点,获评国家能源集团公司首届文明单位、优秀志愿服务组织,获评宁夏回族自治区石嘴山市道德讲堂最高荣誉五星级道德讲堂称号等多项荣誉。

提高人才价值创造力

以人为本的企业文化实施以来,为职工搭建了施展才华、实现价值的舞台,激发了职工学习的积极性和主动性,最大程度发挥了人才在企业生产经营的价值创造力。锅炉本体检修首席技师伍锦志致力于解决锅炉"四管"难题,连续6年未发生锅炉尾部泄漏情况;职工李强针对火力发电厂汽轮机在运行时危急遮断系统容易出现异常的问题,研发了一种新型隔离装置,解决了困扰国内火电厂的难题;首届中国电力楷模、2022年"大国工匠年度人物"提名人选张玉川30年的工作生涯中完成急难险重工作上千次,高质量完成焊接工作上万次。2022年,由企业职工自行研制的技术创新成果5项获得全国实用新型专利、2项获得创新型专利,2项QC成果分别荣获宁夏回族自治区电力行业一等奖和二等奖。

增强了企业竞争力

以人为本的企业文化实施以来，有效促使了职工队伍整体素质提升，增强了企业发展后劲。先后涌现出全国电力行业唯一一名中华大奖获得者彭发荣、全国电力行业"雷锋式先进个人"李洪海、宁夏回族自治区"十大孝女"李秀芳、"百孝之星"曹卫兵、"塞上技能大师"李建斌、宁夏回族自治区安全生产先进个人吴志刚、石嘴山市道德模范王强、银川市见义勇为先进个人金保国、最美惠农人陈彬虎等143名获得地市级以上荣誉的榜样人物。在先进人物的引领下，职工凝聚起了干事创业的激情，也做出了扎扎实实的业绩。

主要创造人：禹红杰　安　波
参与创造人：张　欣　宗柚镁　全　瑞

以"一甲先锋"党建品牌赋能企业高质量发展

山东中烟工业有限责任公司青州卷烟厂

企业简介

山东中烟工业有限责任公司青州卷烟厂（以下简称青州卷烟厂）始建于1948年，前身为华东野战军随军卷烟社，是一家具有光荣革命传统的军籍企业，年生产能力50万箱，主要生产泰山等牌号卷烟。企业以党建引领建强厂，以精益管理增效益，以人才为本求突破，以文化铸魂强根基，持续提升核心竞争力，为地方经济高质量发展做出了突出贡献，先后荣获全国文明单位、全国"五一"劳动奖状、全国"五四"红旗团委、全国守合同重信用企业、全国质量效益型先进企业、全国工业旅游示范点、全国模范职工之家、全国内部审计先进集体、"十三五"中国企业文化建设优秀单位、山东省企业文化建设示范基地、山东省文明单位等称号。

实施背景

落实党中央和行业上级部署要求的新路径

坚持党的领导、加强党的建设，是国有企业的"根"和"魂"，是我国国有企业的光荣传统和独特优势。国家烟草专卖局党组明确要求，以提升组织力为重点，全面加强基层组织建设，推进党的基层组织设置和活动方式创新。青州卷烟厂党委打造"一甲先锋"党建品牌，以党建为引领，深入推进党建文化创新，构建工作机制，激发企业活力，推动高质量发展。

推动企业高质量发展的新载体

在企业中，党的建设和文化建设是两个尤为重要的因素：党的建设为企业提供坚强政治保障、思想保障和组织保障，发挥引领作用；企业文化是全体职工的共识，是企业增强凝聚力、提升软实力和竞争力、实现稳定长远发展的核心要素。作为同时具有党建和文化属性的新载体，党建品牌能够将党的优势和文化的优势融合起来，更好地发挥作用，助推企业实现高质量发展目标。

激发企业内生动力的新引擎

近年来，青州卷烟厂党委立足企业高质量发展，先后提出了一系列新思路、新部署和新要求，大力推进企业软实力建设，全力推动企业干在实处、走在前列。作为企业党委工作的重要载体，党建品牌以服务中心工作为切入点，将品牌理念融入生产经营，充分发挥引导、约束、凝聚和激励作用，全面激发全员干事创业活力，为推动企业高质量发展提供内生动力。

主要做法

实施头雁领航工程，持续提升党委领导力

一是打造规划引领的战略目标体系。紧贴行业实际，提出"1+483"的工作思路，认真规划工厂"十四五"发展蓝图，以"五个一流"工厂为导向，引领带动广大职工全力建设功能多元、开放共享、气质独特的现代化工业园区。二是打造党建引领的工厂治理体系。探索实践"332"高质量发展模式，坚持党建、规范、安全"三件大事"不放松，坚持发展工厂、成就职工、回报社会"三项要务"不动摇，建设软实力、硬实力"两个指标体系"不停步，推动工厂在高质量发展中行稳致远。三是打造协调高效的党建运行体系。建立党委会、党建工作领导小组会、党建思想政治工作例会"三级联动"工作运行机制和"清单化"责任落实机制，构建以党建工作考核、党支部书记述职评议考核、党风廉政建设考核为主体的考评机制，推动全面从严治党向纵深发展。四是打造问题导向的调研决策机制。完善"点对点"联系机制，党员领导干部基层联系点从党支部延伸到班组。探索建立"我为群众办实事"实践活动长效机制，大兴调查研究，开展"大走访、大调研"活动，推行"一线工作法"，在一线发现问题、解决问题、推动发展。

实施固本强基工程，持续提升支部战斗力

一是支部建设标准化。明确政治建设和思想建设、组织体系建设等8个类别、53个具体指标，开展梯次创建，推动基层党组织全面进步、全面过硬。二是组织生活规范化。推行"4+X"主题党日模式，固化重温入党誓词、学习党员权利义务、交纳党费、过"政治生日"4项规定动作，围绕每月主题开展X项自选动作，推动组织生活更严、更实、更活。三是党员教育常态化。探索构建"1+3+3"党员教育体系，以理论学习中心组学习为引领，以"三会一课"、主题党日及业务学习等为载体，以厂党委、党支部、党员三级培训平台为依托，推进全覆盖党性锤炼成常态。四是党务工作制度化。编印《基层党建工作常用文件选编》《基层党务工作实用指南》，细化党务工作流程及规范化管理要求，推动工作行有依据、做有规范。

实施人才托举工程，持续提升核心竞争力

一是树立鲜明人才导向。注重顶层设计，制订三年规划，大力弘扬劳模精神、劳动精神和工匠精神，将每年的5月18日设为厂"工匠日"、5月设为厂"工匠月"，营造尊重劳动、崇尚创造、争创"一甲"的浓厚氛围。二是搭建人才培养平台。搭建后备人才培养平台，依托技师工作站、劳模（工匠）创新工作室、专业协会，积极推进技能领军人才队伍、工匠队伍建设。搭建校企合作育人平台，与高校、培训机构签订战略合作协议，打造烟机实训基地，多领域加强人才培养。三是创新人才培养模式。构建涵盖专业管理、专业技术、技师系列、工匠系列的"纵向畅通、横向贯通"的4条人才成长通道，建立"5831"青年工作体系，成立青年工作委员会，推进青年发展友好型企业建设。

实施"党业融合"工程，持续提升发展推动力

一是建立"1+3+N""党业融合"模式。将党小组、工会小组和团小组建在班组上，把党建、质量、现场、创新等N项指标与各小组职责有机融合，深化党建带班建、带群建，推动党建与业务在最基层融合落地。二是推行党支部"1+1+N"结对共建模式。推进党支部与本单位、本地区、行业内外先进单位党支部结对共建，通过党建联学、活动联办、资源共享、志愿共汇等方式，推动党建融入业务、引领业务。三是丰富和拓展党员创先争优实践载体。推行"一甲先锋"党员积分制管理，将学习、工作、纪律等纳入考核范围，引导党员带头开展技术创新、项目攻关。四是搭建"一季度一主题"活动机制。发挥党建引领作用，基层党支部负责组织实施，推动在基础管理、工艺质量、智能制造等领域破除瓶颈、合力攻关。

实施文化聚力工程，持续提升文化软实力

一是打造"一甲"文化。将"一甲"作为目标追求，突出文化驱动，教育引导职工把推动工厂高质量发展与实现自我价值结合起来，树立"一甲品质"，用"一甲人品"铸造"一甲产品"。二是深化文化实践。聚焦培育职工"一甲人品"，用好、用活、用实文化阵地，凝聚崇德向上的正能量。根据《关于提升烟草行业软实力的指导意见》，借鉴卓越绩效评价思路，制订文化软实力评价指标体系，推进文化软实力持续提升。三是营造争先氛围。将发掘宣传职工优秀"人格基因"作为打造文化品质的重要手段，广泛宣传干事创业先进事迹，持续讲好"青州·青烟"故事，营造学习先进、崇尚先进、争当先进的良好氛围。

实施"一甲"关爱工程，持续提升社会影响力

一是建强志愿服务组织。坚持"党建+公益"，创建"一甲先锋"志愿服务队，建立起党委领导、党支部实施、党员示范带动、职工积极参与的服务机制，持续推进关爱帮扶、弘扬新风等活动，获评潍坊市"最佳志愿服务组织"。二是创新志愿服务项目。创新开展"'一甲'关爱，助学圆梦"志愿服务项目，以"扶困""扶心""扶志"为主要内容，采取一对一、多对一等结对帮扶方式，助力义务教育阶段困境学生健康成长，获评潍坊市"最佳志愿服务项目"。三是助力美丽乡村建设。助力帮扶乡村发展蜜桃产业，组织专家指导生产，联系地方主流媒体宣传推广，建设乡村文化广场、公交车站、照明系统，改善村民生活品质，为乡村振兴注入动力、活力。

实施效果

通过实施"一甲先锋"党建品牌，推动了党建与业务理念同行、行动同向、同频共振，企业先后获得全国"五一"劳动奖状、全国"五四"红旗团委、全国模范职工之家、全国内部审计先进集体、"十三五"中国企业文化建设优秀单位、省级文明单位、山东省企业文化建设示范基地、青州市高质量发展杰出企业等荣誉。

主要创造人：孟庆华　李兴才
参与创造人：房　强　董志燕　李　威　闫　帅

构建宜居健康美好生活文化品牌，加速提升企业核心竞争力

中交（肇庆）投资发展有限公司

企业简介

中交（肇庆）投资发展有限公司（以下简称中交肇庆投资公司）为世界500强中国交建第四航务工程局有限公司直属项目公司，主要业务为房地产项目投资及开发、商品房销售、房屋租赁及中介服务、物业服务等。成立以来，中交肇庆投资公司始终坚持"让世界更畅通、让城市更宜居、让生活更美好"的企业愿景，一直在为实现人民对美好生活的向往而不懈努力，投资建设的中交·滨湖雅郡项目致力打造全国首个数字化健康管理社区解决方案，在第19届住博会上受到了国家住建部科技司领导的赞扬和肯定，在北京举行的"2020（第三届）行业信息化技术创新发展峰会"上荣获"2020泛建筑行业最佳解决方案"，在深圳举行的"首届智慧空间产业创新峰会"荣获"年度最佳数字化健康社区项目奖"。企业先后被中交四航局评为"先进基层党组织"，连续3年被肇庆高新区表彰为"扶贫济困爱心企业"，由员工原创的音乐微电影《伟大的七月》获得中国工程建设企业文化作品竞赛二等奖。缅怀袁隆平院士出品的歌曲《美丽的田野》成为国家大型纪录片、湖南卫视播出的《袁隆平院士》片尾曲。

人性化经营，做实群众满意的放心工程

麒麟湖位于广东省肇庆高新区规划CBD核心，围湖造城、建设宜居健康核心区是肇庆高新区提升城市品质的重要突破口。中交肇庆投资公司注重把党建工作、属地特色与企业文化建设有机地统一起来，在企业发展建设中以服务群众美好生活的人性化经营理念打造宜居健康生活文化品牌。

注重融合转化，做到文化建设与业务工作两不误、两促进。中交肇庆投资公司深入贯彻落实新发展理念，明确"完成一个项目、培养一支队伍，形成一套体系，树立一个品牌"的工作方向，推动各项业务工作顺利开展。一是责任文化催生人才成长。突出党管干部原则，制订《中层管理人员管理暂行规定》，完善干部管理、考核、竞聘和任用机制。严格按照中层人员试任期要求和履职情况，建立能者上、庸者下的硬性标准，及时对不能胜任岗位的2名中层人员进行了调整，强化以履职尽责能力开展选人、用人导向。目前，该公司共引进社会人才16人，提拔中层干部2人，3名员工被提拔到其他项目担任领导职务。二是责任传导推动业务发展。在责任文化理念感召下，党

员干部带头"抢时间",报规报建、营销中心开放、内部员工认筹、首开上市销售等关键节点均较预期提前或如期完成,特别是在中交·滨湖雅郡启动内部认筹及首开上市蓄客后,积极发动领导班子和党员干部带头"带货",不到一周时间,就完成200套商品房内部认筹工作,首开1栋开盘即售罄。

提升策划质量,做好企业形象升级。在企业文化建设中,中交肇庆投资公司充分发挥工、团组织在企业文化建设的作用,积极探索片区各项目党、团和工会组织联动模式,建立统一协调联动机制,推动片区项目共同组织学雷锋、妇女节共建和植树节相关活动。联动区总工会在片区各项目开展"送清凉"活动;牵头片区项目参加肇庆市建筑信息模型技术员职业技能竞赛,推荐上报的参赛人员获得竞赛金奖,在肇庆高新区进一步擦亮四航品牌。结合公司青年员工多的实际,先后联合区总工会、区党群工作部、区团委开展青年联谊活动,促进交流互动。定期策划组织员工生日会、不定期开展徒步、漂流等户外拓展等活动,丰富了员工业余文化生活。

牢牢把握正确舆论导向,加强宣传阵地建设,紧紧围绕企业中心工作,注重主题策划,加强新媒体运用,讲好中交肇庆投资故事,不断提升宣传文化工作质量。这些成果在展现了企业发展新成果、员工奋斗新风貌的同时,进一步增强了员工热爱本职岗位、建设好项目、管理好企业的内驱力。

勇于担当作为,做精创新创造的精品工程

持续提升公司治理体系。将业务体系的规范建立融入以企业文化精神提炼为载体的实践活动中,发挥企业文化建设凝心聚力的作用,通过组织员工"岗位责任和责任内涵拓展"大讨论,扎实推进设计规范化管理体系、工程监督管理体系、营销策划体系建设。本着对企业负责的精神,启动对已发生服务的供应商进行系统梳理建档工作,从2021年开始,对所有供应商开展定期考核评价,积累沉淀房地产项目优质供应商和服务商,为公司高质量发展提供支撑。

突出抓好"数字中国"建设和中交智慧城市数字化管理落地。积极践行"数字中国"战略和全面实施应对人口老龄化战略,打造国内首个落地的数字化健康管理住宅解决方案,推动方案中基于自主可控技术打造的BOS智慧空间操作系统运用于项目。

大力倡导自我提升、自我革命。健全优化房地产项目干部选拔和考核评价、完善"干部能上能下、员工能进能出、收入能增能减"的机制,调整人才结构,促进人才流动,激发人才活力。进一步改进完善公司的薪酬绩效考核,特别是对营销团队的考核,建立适应房地产市场化的激励机制,严格中层管理人员管理,全面坚持和加强中层管理人员提升选拔标准。全面加强人才培训的力度,引入百锐专业讲堂,持续开展员工"青年大讲堂",通过"请进来、走出来、内部讲"等方式不断优化培训设置,培养业务素质和管理水平高的房地产专业复合型人才。认真分析房地产行业特点,建立健全预防腐败机制,修订完善60余个各类规章制度和管理办法,形成《公司部门规章制度汇编》;创新开展廉洁从业"五个一"活动,进一步厘清了廉洁责任;组织党员参加廉洁道德讲堂,赴包公祠开展廉洁教育;组织全员签订廉洁从业责任书和承诺书。进一步健全物资采购和招投标的跟踪监督,探索建立销售人员廉洁评价制度,确保在积极融入市场环境的同时使廉洁文化建设融入责任文化体系,自我革命、自我提升的劲头进一步夯实。

激发主人翁意识，做强践行社会责任的引领工程

履行社会责任，播撒企业大爱。一是积极参与驻地脱贫攻坚。先后捐款近10万元，助力乡村振兴，被肇庆高新区表彰为"扶贫济困爱心企业"，积极参与属地"圆梦助学"行动，帮助困难学生完成学业，展现了国有企业的责任担当。二是将关爱一线农民工健康作为办实事的重要抓手，先后为施工一线480名农民工进行了健康体检，采购150箱消暑饮料开展"送清凉"活动，尽力为群众办实事、办好事。三是竭力帮助业主实现安居乐业。公司党支部积极加强与驻地医疗、教育相关机构的沟通，先后与高新区人民医院签订战略合作协议，致力打造全国首个落地的数字健康管理社区；与肇庆华附签订战略合作协议，业主子女可优先入读肇庆华附；主动协调高新区政府，加快麒麟湖片区综合提升项目进度和地块附近育才中学教育配套落地，超前考虑业主子女教育、医疗等急难愁盼现实问题，以"家"的理念为人民创造幸福生活。

传播文化理念，力求同频共振。在开展共建交流活动中，中交肇庆投资公司自觉以央企标准规范行为，通过共同组织联谊、共建、主题党日等活动，力求与公司倡导的宜居健康生活文化品牌同频共振。组织项目管理团队多批次与属地政府开展共建活动、赴优秀房地产企业开展对标学习，通过开展政企互动交流，在达到维护政企关系、促进投资经营业务开展的同时还进一步传播了作为负责任企业的社会责任履行情况，树立了良好的企业形象。中交肇庆投资公司逐步探索出了"党建引领、业务跟进、整合资源、协同发展"的房地产项目公司党建工作新模式的同时，也彰显了"敢为人先、服务于民"的宜居健康生活文化品质。

主要创造人：张　烽　张木森
参与创造人：陈　杰　谢思兰

以"大文化"理念赋能企业高质量发展

国家能源集团湖北能源有限公司（长源电力股份有限公司）

企业简介

国家能源集团湖北能源有限公司是国家能源集团的全资省级子公司，国家能源集团长源电力股份有限公司是国家能源集团控股的上市公司，两家公司（以下统称湖北公司）实行"一套班子、两块牌子"的管理模式。湖北公司主营电力、热力和新能源开发，业务涵盖火电、水电、新能源、生物质耦合发电、售电等，是湖北区域骨干发电企业。湖北公司管理的在运装机容量为852.57万千瓦，在建火电项目为402万千瓦，在建新能源项目137万千瓦，资产总额335亿元，员工5303人。"十三五"期间，湖北公司发电1517亿千瓦时，售热5264万吉焦。湖北公司2022年连续10年荣获国家能源集团考核A级，连续2年获得深交所信息披露考核最高评级A级，"长源电力"品牌价值在2022年中国品牌价值年度评价中排名47位（能源化工类排行榜）。湖北公司先后获得"全国模范职工之家""中央企业青年文明号""湖北省'五一'劳动奖状"等荣誉称号。湖北公司系统有3家"全国文明单位"、1家"中央企业先进集体"、3家"全国工人先锋号"。

立足行业特点，用先进的文化理念引领企业发展

突出思想理论武装

将职工思想政治工作活动融入国企党建与文化建设之中，推动思想政治工作"润物式"走近职工、贴近群众，增强职工群众认同感、归属感、责任感。以政治文化增强思想原动力。坚持用共产主义远大理想和中国特色社会主义共同理想筑牢精神支柱，滋养政治灵魂，提升思想引导实效，做到思想认同、行动自觉、信心坚定。

彰显企业责任担当

深入学习贯彻习近平新时代中国特色社会主义思想，深刻领悟"两个确立"的决定性意义，增强"四个意识"，坚定"四个自信"，做到"两个维护"。从发电企业持续安全稳定运行、基建项目强化管理、新能源项目地企融合、安全可靠供电供热等方面的工作举措和积极成效入手，大力传播央企职责使命。积极践行"社会主义是干出来的"伟大号召，着眼于打造"四一法则"对内挖潜工作法，开展社会责任体系建设，形成了符合电力行业特点又契合社会主义核心价值观的品牌主题策划新路径。

立足科技创新引领

充分展示科技创新取得的重大成绩、加快科研团队建设和科技成果的成功应用。重点围绕技术研究成果，加快科技人才和科技创新体系建设，通过"企业开放日"等活动进行传播，展现加快转变创新发展的企业形象。围绕智慧电厂技术优势和实践价值及在清洁能源利用方面的成效，对科技创新项目和示范工程进行传播，展现出智慧电厂服务地方经济社会发展和提升民生方面的巨大成效，进一步突出了科技创新对企业发展的驱动引领作用。

围绕持续协调发展

围绕实施清洁能源，强化分布式光伏、风电等新能源建设和管理，挖掘电采暖、碳交易等低碳转型案例主动发声，全方位宣传，吸引社会公众对"长源电力"品牌的持续关注。聚焦安全生产、绿色转型、科技创新、提质增效等重点领域，按照国家能源集团 RISE 品牌战略部署，深度挖掘"四一法则""工匠精神"等特色主题和创新案例，培育一批经验做法和先进典型，打造契合企业发展和地方特色的宣传文化阵地，为企业健康协调可持续发展提供了思想保障。

找准切入点，积极构建和谐良好的企业发展氛围

以阵地文化增强党建影响力

高标准打造职工书屋、党员活动室、争 A 创优荣誉墙、道德讲堂等党群文化阵地，使党的方针政策和政治主张能得到党员、职工群众的理解和支持。充分利用局域网、电子显示屏、互联网新媒体等设施，开展智慧党建平台建设，智能化、科学化营造浓郁"党建带群团"文化氛围，激励党员、职工群众心中有信仰、脚下有力量，实现了企业思想政治工作"从键对键到心对心"的转变。

用文化温度提升职工凝聚力

大力开展"我为群众办实事"活动，关注职工群众需求，搭建职工互动交流平台，在党团建设活动、技能比拼活动、企业文化活动中注重发挥职工作用，展现新时代工人风采，倡导职工群众通过志愿服务、公益服务、群众服务提升思想境界。充分发挥党群阵地作用，积极开展贴近职工的志愿者服务社团、职工文体团建活动，推动形成崇尚实干、担当作为的干事创业氛围，以图文与实物相结合，集中展示优秀党员、职工群众创新成果。

汲取信仰力量，激发青年奋斗力

深耕"青"字品牌建设，以引领青年思想、凝聚青年力量、服务青年发展为目标，开展丰富的活动。结合不同主题，连续 4 届开展"青年营"活动，通过集中宣讲、专题党课、座谈交流等方式带领青年铸魂增智；持续开展"青年马克思主义者培养工程"学习培训，扎实推进青年精神素养提升；大力开展青年创新成果展示大赛，通过"亮成绩、晒亮点、比贡献"引领团结青年在党的建设、绿色转型、创新驱动、提质增效等方面发挥生力军和突击队的作用。

加强品牌建设，为企业发展注入生机与活力

积极构建自主品牌矩阵

探索形成了"1+8+N+N"的品牌创建模式，即创建"长源电力"1 个公司品牌；打造文化品

牌、实干品牌、人本品牌、经营品牌、安全品牌、制度品牌、科技品牌、廉洁品牌 8 个管理品牌；搭建以所属火电、新能源、水电龙头优秀企业的 N 个项目品牌；以"国能湖北""长源幸福 e 家""长源电力蒲公英志愿服务队"等为代表的 N 个文化和公益责任品牌架构网络。将 8 个管理品牌分解到具体业务部门、贯穿到日常工作中、传递到基层各单位，形成领导者引领、执行者组织、实践者参与的"三位一体"互动体系，促进企业文化建设不断深入。

主动聚焦企业宣传重点

持续强化"互联网+"宣传形式，广泛传播用电安全、电力设施保护、电力安全理念和低碳能源转型等前沿信息，拓展网络舆论场影响力。围绕智能电厂、绿色发展、群众性活动等重大主题和经营管理、安全生产、科技创新等重要工作开展密集性宣传，吸引社会公众对"长源电力"品牌的持续关注，展示健康向上的企业形象。尝试多运用故事、图画、动漫等阐释观点立场、展现发展成就，结合新兴媒体的传播特点，多生产精准短小、鲜活快捷、吸引力强的信息，抢占传播先机、争夺话语空间。

努力发挥品牌社会价值

以用户为核心，围绕营销服务、涉电政策、用电常识等方面的内容，在官方微信公众号开展针对性、精准化传播，提升品牌对外表达价值。自主开发"售电运营与用户能效管理平台"，为客户提供优质的电力交易咨询服务；在黄冈市蕲春县狮子镇枫树榜村开展驻点帮扶，顺利完成当地脱贫攻坚任务；围绕农村留守儿童特殊群体，以定向捐赠、智力扶贫、精神疏导等方式开展志愿服务活动，在履行央企肩负的政治责任和社会责任过程中创造出了更大的品牌价值。

全力提升品牌品质形象

探索地企融合的综合能源服务体系，不断对标对表，主动转型升级，挖掘优质热用户、储备新能源项目、培育中长期电力交易用户等主题，持续服务地方营商环境优化，提升区域品牌影响力和认可度。围绕企业经营管理中的重点领域，深度挖掘特色主题和创新案例，培育一批经验做法和先进典型，打造具有特色宣传文化阵地，形成健康可持续的全媒体传播模式。积极参与地方创文创卫和精神文明建设，各项电力保供的做法与经验获得政府部门及重要客户的充分肯定与支持，实现企业经济和社会效益双丰收。

党建铸心，文化引领。下一步，湖北公司将坚持问题导向与结果导向并举，在抓基层、强品牌中不断发现、梳理、解决问题，不断拉近党建引领、文化建设、企业发展与解决职工群众现实问题之间的距离。通过全面系统提升党建引领力，整合赋能"大文化"品牌，进一步完善"党建铸心"的形成机制，不断创建企业文化新标杆，为实现"十四五"战略目标提供坚强保证，为建设世界一流综合能源示范企业凝聚强大力量。

主要创造人：王　冬　涂　帆　李艳珍
参与创造人：张　胜　宫贵朝　李　晖　窦鸿斌

以"家"文化建设推动企业高质量发展

中铁七局集团有限公司

企业简介

中铁七局集团有限公司（以下简称中铁七局）是世界500强企业——中国中铁股份有限公司旗下骨干成员，注册地在河南省郑州市。具有铁路、建筑、公路工程施工总承包四项特级资质，具有市政、机电安装工程施工总承包壹级等160余项施工、设计等资质。业务范围覆盖铁路、公路、市政、城市轨道、房建及房地产开发、物资贸易、投融资、勘察设计、水利水电等业务，足迹遍布全国并辐射海外近20个国家和地区。企业年新签合同额超过1500亿元以上、营业额超过630亿元以上。中铁七局下辖12个全资子公司、3个分公司和1个国家企业技术中心。现有员工16000余人，其中有专业技术人员11000余人、一级建造师等各类执业资格人员1700余人。拥有各类机械设备8100余台（套），资产原值超过42亿元，施工技术及装备实力居行业领先地位。多次被评为"全国优秀施工企业""全国守合同重信用企业""铁路建设项目施工企业信用评价A级""公路综合信用评价AA级""全国'五一'劳动奖状""河南省省长质量奖""全国交通运输行业精神文明建设先进集体"。先后获得"鲁班奖""詹天佑奖""李春奖"和国家优质工程奖103项、省部级优质工程奖277项。

实施背景

"家"文化的形成是促进重组企业发展的重要举措。中铁七局自2003年在河南、陕西、湖北3个区域分布的各子公司基础上组建以来，中铁七局党委高度重视让文化融合成为重组企业的发展驱动力，努力做到有形资源整合与理念整合同步、理念整合目标与经营目标相融共促，2013年探索形成了以"关爱小家、共建大家、报效国家"为宗旨的"家"文化体系，大力弘扬具有鲜明行业特点和团队个性的企业精神，培育出符合市场经济要求的企业共同价值观和经营理念，推进企业步入发展快车道。

"家"文化的推广是促进提升精神动力的有效途径。中铁七局组建以来，经历了资产整合与机构重组，完成了管理体系和管理制度的建立完善，实现了企业经营和生产规模的快速扩张，整体实力不断提升，市场影响力不断扩大。通过全面建设和推广"家"文化，积极推动铸魂、育人、塑形3项工程，用企业文化铸造企业灵魂，把"家"文化熔铸于企业的生命力、创造力和凝聚力之中，用文化培养和造就高素质的员工队伍，用文化塑造优秀企业形象，大幅度提高企业软实力和核心竞争力。

"家"文化的升级是促进企业创新驱动的必然要求。2021年以来，中铁七局党委全面推动"家"文化提质升级，形成了以"开路先锋"精神为引领、以"民族复兴，企业兴旺，员工幸福"为宗旨的崭新的"家"文化体系，赋予了"家"文化更多的时代元素、时代风格和时代气息，使广大员工继续体会到"以企业为家庭、视员工为亲人"的文化传承，同时也大力倡导拼搏奋进、勇创一流的时代精神，引领企业发展取得了全面进步。

主要做法

以凝心聚魂坚定发展信心。中铁七局党委坚持将凝心聚魂、聚心聚力作为企业建设的重要抓手，不断创新"家"文化内涵，从构建和谐企业出发，尊重人的人格、承认人的价值、挖掘人的潜力、启迪人的智慧、激发人的活力，最大限度地调动员工的积极性。坚决用习近平新时代中国特色社会主义思想教育引导广大干部职工深刻领悟"两个确立"的决定性意义，不断增强"四个意识"、坚定"四个自信"、做到"两个维护"；运用展板、视频、画册等职工群众易于接受的形式和喜闻乐见的方式方法，持续加强政治理论宣传普及；通过形势任务教育、道德讲堂等形式将职业道德建设作为重点，积极宣传先进典型，激励职工立足岗位，争当先锋；开展"理想信念教育、爱党爱国爱企"主题活动，编发《我与时代同奋进》理想信念教育读本和各类宣传教育提纲，大力弘扬以"在安全上不放松一时一刻，在进度上不拖延一分一秒，在质量上不让步一丝一毫，在效益上不浪费一分一厘"为主要内容的新时代中国中铁主人翁精神；持续丰富企业网站、微信公众号等传播载体和途径，不断引导全体员工坚定企业发展信心。

以行为规范强化各项管理。中铁七局党委坚持将"家"文化的具体工作理念融入企业改革管理和生产经营全过程，谋划思路、制订制度、推进工作、管理队伍、开展考评，指导各业务系统落实配套的行为准则。

以品牌建设树立企业形象。中铁七局党委充分利用各类商务活动、社会公益、扶贫救灾、合作交流等平台，大力传播企业"家"文化，塑造中铁七局忠诚担当、守法诚信、品牌卓越的社会形象。例如，深度参与2021年郑州"7·20"暴雨抢险救灾和各地防汛救灾，总计投入6300余人、1000余台（套）设备，相继完成陇海铁路、京广铁路、郑州地铁、郑州市政和焦作、巩义、新乡、卫辉、安阳、山西晋城等各地100多处应急抢险任务，完成太焦铁路抢通任务，7天完成郑州调度楼和郑州地铁抢险工作，受到各级政府、建设单位及当地人民群众的充分认可，河南省委省政府向中铁七局授予锦旗并致感谢信。

以国际传播展现大国风范。中铁七局党委主动融入国家外宣大格局和"一带一路"，探索形成了以提升质量、科技创新、精神传承和责任担当为核心内涵的文化传播模式，开创互利共赢的国际合作新模式。相继涉及铁路、公路、市政、矿山、港口码头、电力等多个领域，施工足迹遍布20个国家和地区，先后获得境外项目国家优质工程奖、"鲁班奖"9项，企业信誉得到国际社会各界的广泛认可。

以党建引领坚定文化自信。中铁七局党委坚持把"家"文化建设作为加强企业党建思想政治工作、以优秀企业文化引领企业高质量发展的重要体现，做到党建工作与文化工作同部署、同落实，用党建工作引领文化工作开展，全面推广建设"经纬党建、引领发展"的党建理念，积极探索新时代国企党建与企业文化的深度融合，围绕"坚持党的领导、基层党建工作、干部队伍建设、思想政治工作、党风廉政建设、和谐企业建设"6项重点工作和"公司党建、区域党建、指挥部党建、项目党建、机关党建"5个层级责任，形成了具有中原文化特色的"经纬党建"工作体系。通过开展项目党建现场会及"一融入两经营""党员身边无违章""党建+N""廉洁文化月"等具体活动，探索出一条党建引领企业文化新路径，不断激发党员群众的聪明才智和昂扬斗志，激发各级党组织的号召力、凝聚力和顽强的战斗力，为企业高质量发展注入强大动力，进一步发挥了党建工作的政治导向作用和企业文化的凝心聚力作用，助力企业跑出高质量发展"加速度"。

实施效果

综合实力显著增强。2022年完成新签合同额1537.23亿元，完成营业收入631.1亿元，分别同比2021年增长了8.8%和15.4%；铁路信用评价3次为A，公路信用评价持续"双A"；中国中铁系统内连续3年党建考核获评优秀，连续两年荣获"四好"班子称号，业绩考核连续两年位列第三名，2家子公司连续多次荣获中国中铁三级综合工程公司20强，1家分公司荣获中国中铁专业工程公司20强。

经营范围稳步拓展。全面融入国家发展战略，经营范围向全产业链延伸，铁路、公路、市政、城轨等传统市场齐头并进，综合管廊、棚户区改造等新兴业务不断拓展，EPC、PPP等投资经营稳步推进，特别是房建业务取得了快速增长，成功迈入"四特四甲"资质行列，中铁七局海外板块各项经济指标连续多年在中国中铁系统内名列前茅。

科技创新再结硕果。2022年，中铁七局5项成果达到国际先进水平，11项成果达到国内领先水平，再添国家级、省部级各类优质工程奖53项；参与编制国家标准2项，修订企业标准1项，完成编制地方标准3项，企业在行业领域的话语权进一步扩大，搏击市场的科技实力不断增强。

企业品牌更加响亮。近年来，中铁七局先后有37人当选属地政协委员、人大代表、青联委员或党代表，涌现出"超级英雄"姜春平、"河南最美职工"王光辉、"三秦工匠"李国强、"中原大工匠"罗浩、"见义勇为"万惟清等一批典型人物。2022年，中铁七局及两家子公司首次荣获"郑州市文明单位"称号，获评"全国交通运输行业文明单位"；建设中铁七局"初心使命"馆，获评中国中铁"'开路先锋'文化教育基地"称号……

主要创造人：白松培　张　军

参与创造人：马丰红　贾迎峰　毛三华　席生长

点亮"朝阳之光"文化品牌，温暖万家，赋能百业

国网辽宁省电力有限公司朝阳供电公司

企业简介

国网辽宁省电力有限公司朝阳供电公司（以下简称朝阳公司）成立于1960年，是国网辽宁省电力有限公司（以下简称辽宁电力）所属的国家大二型企业，以建设和运营电网为核心业务，担负着保障安全、经济、清洁、可持续电力供应的基本使命，为朝阳市经济社会发展提供重要的动力支持。公司下设14个职能部室、12个业务实施机构和北票、建平、凌源、喀左、朝阳县、双塔、龙城、开发区8个县区供电分公司，负责177.82万户客户的供电任务，经营区域覆盖朝阳市。截至2022年，公司全口径用工总量4106人。公司固定资产原值158亿元。管辖220千伏变电站21座，线路83条；66千伏变电站146座，线路149条；10千伏配电变压器18365台，线路839条。2022年，公司完成售电量113.59亿千瓦时，首次排名辽宁省第5；营业收入63.4亿元；电费实收率、上缴率100%；综合线损率3.89%；全口径电网建设投资16.68亿元，建设总规模79.3万千伏安，总里程1097.8千米，辽宁省排名第1；供电可靠率99.84%，停电时户数同比降低20%，经营状况持续向好。

实施背景

朝阳公司高度重视文化建设，提出将企业文化融入党建和业务工作当中，建立党建工作、生产经营业务与企业文化建设一体化运作的"一体双加"党建融合工作模式。

朝阳市民风较为淳朴、实在，朝阳公司在辽宁电力系统内素有踏实肯干、执行力强、勇于争先的标签。朝阳公司大力弘扬电力精神，将优良传统和标签化特征汇聚为企业文化的土壤，充分整合、重新定义，打造"朝阳之光"文化品牌。以品牌的理念传播、落地和实践树立鲜明的导向，以党员带动职工深入践行，使全体职工在意识形态上形成思想共识、认识共识，进而转化成"践行'朝电'精神、展示'朝电'形象"的行为自觉，打通"党员与群众"的融合点，推动各项工作优质高效完成。

主要做法

朝阳公司深度挖掘朝阳市地域特色、朝阳供电文化底蕴和员工精神风貌，提炼出与弘扬电力精神相适应的特色文化。通过优化顶层设计、丰富文化内涵、贯通传播通道，打造点亮"朝阳之

光"文化品牌，构筑"朝电"精神，凝聚"朝电"力量，将价值理念转化为广大干部员工的情感认同和行为自觉，为企业改革发展提供强大的价值引导力、文化感召力和精神推动力。

优化顶层设计，全员民主集智。一是公司党委高度重视。朝阳公司党委高度重视企业文化品牌建设工作，对公司发展实际和文化建设工作进行了全面调研了解和深度思考。认为当前是朝阳公司高质量发展的重要时期，随着电力体制改革的不断深化，社会各界对于电力保障、供电服务的需求已趋向更高的层次。企业文化品牌建设，作为一个"高层次的管理手段"应该被提到企业发展的战略高度，经过反复思考提出了创建"朝阳之光"文化品牌的工作思路。二是成立品牌创建团队。朝阳公司成立由总经理、党委书记为首的品牌创建团队领导小组，下设品牌建设工作办公室，共同攻克"朝阳之光"文化品牌创建工作课题。品牌创建团队从文化和现实两个维度对"朝阳之光"文化品牌的理念、内涵、LOGO和卡通形象进行了提炼、设计和释义，提出了品牌建设目标、原则，描绘了思维逻辑构图，搭建了品牌建设体系框架，编制了"朝阳之光"文化品牌建设传播、落地两年行动方案，开展工作卓有成效。三是充分调动集体智慧。朝阳公司面向全体干部员工先后开展了两次大规模"朝阳之光"文化品牌理念、内涵和LOGO设计征集、评选活动，广大干部员工积极参与品牌创建工作，提出了若干思路、想法和创意。朝阳公司召开了两次研讨会，组织与入围作品的8名创作者开展座谈交流，认真听取意见和建议，将好的思路和想法进行了采纳。

丰富文化内涵，展示积极形象。一是不断优化品牌理念价值。朝阳公司大力弘扬"忠诚担当、求实创新，追求卓越、奉献光明"的电力精神，提炼了"朝阳之光"的文化品牌、"朝阳供电点亮朝阳，'朝阳之光'温暖朝阳"的品牌宣言和"忠诚、诚信、实干、奉献、争先"的品牌内涵。二是不断完善品牌推广标识。朝阳公司结合品牌理念价值，历经广泛征集、全员设计、集中评选、交流座谈、意见采纳等多个环节，确定了品牌LOGO。标识由凤凰、铁塔、光线、朝阳首字母CY等代表朝阳、电力的图形创意组合，体现了元素特性；凤凰羽翼以红、橙、黄、绿、蓝五色填充，与五色内涵相对应，体现了颜色特性；"十六"字电力精神和朝阳供电字母全拼环绕在LOGO周围，体现了行业特性。三是不断提升品牌展示形象。朝阳公司将电力工人形象演化成卡通形象，头戴安全帽、身着蓝色工装和代表雷锋共产党员服务队的红马甲，色彩布局与LOGO遥相呼应。卡通形象上的品牌LOGO和"朝阳之光"字样强化了企业属性，应用在微信表情等场景，展示了"朝电人"朝气蓬勃、阳光积极的精神风貌。

贯通传播通道，开展专项行动。一是明确品牌建设传播思路。朝阳公司明确"朝阳之光"文化品牌建设传播思路，制订了企业文化建设"知、信、行"三步走的规划。通过培训、宣讲广泛传播"朝阳之光"文化品牌，做到让广大干部员工了解、知晓"朝阳之光"的理念价值体系内容。通过系列专题活动营造建设"朝阳之光"品牌的意识和行动自觉，做到让干部员工信服"朝阳之光"品牌理念和价值观。通过朝阳公司各专业工作与"朝阳之光"品牌融合融入，全方位推进干部员工实践"朝阳之光"的理念和价值观。二是构筑品牌建设传播体系。朝阳公司建立了"朝阳之光"文化品牌建设传播体系，以"构筑'朝电'精神、'朝电'力量，为公司改革发展提供强大的价值引导力、文化凝聚力、精神推动力"为建设目标，以"坚持党建引领，弘扬电力精神，做优'朝电'品牌，实现价值追求"为建设原则，以"朝阳供电点亮朝阳，'朝阳之光'温暖朝阳"为品牌宣言。提出"4415"品牌传播工作思路，即：实施品牌铸魂、凝心、聚力、增值四大工程，开展光源、光线、光刻、光环四大重点行动和15项具体行动举措，大力推动电力精神在"朝阳之光"品牌建设上有效落地、取得实效。三是打通品牌建设传播路径。朝阳公司将传播"朝阳之光"与弘扬电力精神充分结合，创新开展了"弘扬电力精神，点亮'朝阳之光'"专题活动，提出了"党建引领、部门协同、基层联动、党员当先"的品牌传播落地新路径。在坚持党建引领上，通过实施多"点"布局、两"线"并重、全"面"覆盖的工作思路，将"朝阳之光"品牌理念深植深入干部员工心中。在坚持部门协同上，通过多部门合力推进，形成了各司其职、各负其责、齐抓共进的工作格局。在坚持基层联动上，指导基层单位与公司机关同部署、同要求、同落实。

实施效果

开展专项文化建设，推动品牌与专业融合。推进党建、经营、文化三位一体，以安全、营销、运维、基建等专业为主体，将"朝阳之光"文化理念体系深度融入专业管理当中，形成"一体双加"党建融合工作方案，推动专项文化形成。2023年，朝阳公司被辽宁电力命名为"党建+助力乡村振兴"样板工程示范单位，5项子工程被命名为"党建+"党支部百佳精品项目。

推进文化根植浸润，实现文化场景展示。建设"朝阳之光"电力主题公园，围绕奇妙电之旅探寻供电奥秘、一度电可以做什么、智能电网科技巡线等内容，面向社会各界打造国网电学堂。由朝阳公司职工作词作曲，制作了"朝阳之光"主题MV。朝阳公司累计开展文化活动100余次，学习覆盖3800人次。文化建设获得了员工的情感认同、价值认同，促进员工行为、工作成效、管理质效不断提升。

深化志愿服务实施，展现企业责任担当。朝阳公司建强雷锋共产党员服务队和"朝阳之光"志愿服务队，组织开展"学习雷锋精神·点亮万家灯火"雷锋共产党员服务队"一队伍一品牌"项目发布会。11支队伍聚焦人民群众急难愁盼问题，积极开展志愿服务，围绕"双碳"目标落地、优化营商环境、助力乡村振兴等方面开展特色服务，做实做优"一队伍一品牌"建设，用实际行动展现企业的责任担当。朝阳公司先后获得国网公司"电网先锋党支部"和辽宁电力"五星级党支部""红旗党委""电网先锋党支部"，3个雷锋共产党员服务队获得辽宁电力优秀（金牌）雷锋共产党员服务队。

主要创造人：吴　猛　潘　娟
参与创造人：高巾越　于日强　张宏强　翟明霞

以"红领建工,精益党建"为引擎,推动企业党建与经营发展换挡提速

宁波建工股份有限公司

企业简介

宁波建工股份有限公司(以下简称宁波建工)的前身是成立于1951年的宁波市第一建筑工程公司,迄今已有70多年发展历史。2001年,公司在浙江省同类国有建筑企业中率先完成国企改制。2011年,宁波建工在上海证券交易所上市,现有党员数量897名。2019年,宁波交投收购宁波建工29.92%的股权,成为宁波建工的控股股东,宁波市国资委成为宁波建工的实际控制人。至此,宁波建工实现混合所有制改革,企业牢牢把握新时代混改企业的战略定位,主动适应发展形势变化,立足新发展阶段、贯彻新发展理念、服务构建新发展格局,毫不动摇做实做强做优做大建筑主业,在践行"两个维护"、贯彻党中央决策部署、落实省市发展战略中,实现了企业自身的高质量发展。

实施背景

企业党委符合在"国有体制、民营机制"的混合所有制模式下统筹推进党的建设经常性工作,创立"红领建工,精益党建"品牌。党建品牌创建以党建为引领,以精益管理促发展,紧扣党建领航助力中心工作再提升的核心任务,把国有企业独特的政治优势和民营企业鲜明的活力特色相融入,共同形成企业核心竞争力,帮助企业积极应对复杂内外环境,助推企业持续稳定发展。

"红领建工"代表坚持党的领导,围绕政治引领、发展成效、劳动关系、文化建设、履行社会责任、党组织自身建设等方面做好各项工作,象征着党群一家亲、干群心连心的大党建"一盘棋"格局、"不忘初心、牢记使命"推进干事创业的精神。"精益党建"是指围绕企业改革发展中心工作,把党建工作融入企业管理、生产经营全过程,运用精益管理手段,全面提升党建工作质量和效益,更好地推动企业发展。

主要做法

红色基因融入企业"精神血脉"

传承"红色文化"。宁波建工从传统的建筑建造到如今的数字化智能化建筑,历经72年的发

展，公司的发展壮大过程就是传承红色基因、党建引领发展的历史，宁波建工把红色基因聚火淬炼成钢，不断做强做优做大，就必须发挥国企的"根""魂"作用——坚持党的领导、加强党的建设。

汲取"红色力量"。宁波建工把党建嵌入到企业治理的各个环节，高标准开展党史学习教育，研究制订下发了《宁波建工股份有限公司党委关于开展党史学习教育的工作方案》，创新提出了"1421"的目标任务，即"坚持一个主题、围绕四大目标任务、实现两个转化、交出一张成绩单"的学习内容。党委积极开展"红领建工·有声图书馆"、"码上学党史"和公司党建阵地建设，集中展示公司党建历史沿革、党建特色等内容。

激活"红色细胞"。宁波建工党委开展创新争优强化基层党组织建设，有针对性地制订党委会议理论学习、党员干部民主生活会、"三会一课"等制度，明确民主评议党员、新党员发展、组织关系转接相关工作程序，对党员教育管理、档案管理等各个方面工作统一规范，细化每个环节、每个流程，实现党建工作标准化建设。强化党群干部专业素质和能力建设，定期给基层党组织成员"充电"，解读党的最新政策，讲解党务工作的程序和要求，交流党建活动心得体会，增强基层党组织工作人员的政治意识和组织观念，提高服务职工群众的能力。

党建引领，助推项目"乘风破浪"

从"围绕项目抓党建，抓好党建促发展"到"市场开拓到哪里，党的建设就跟进到哪里、党支部的战斗堡垒作用就体现在哪里"，宁波建工的在建工地已全面建立党支部，积极构建党组织策划、项目部党组织实施、党员参与的组织工作格局，以党建促基建，将"红色工地"打造成为团结项目一线干部职工、高质量推进工程建设的坚强战斗堡垒。

"党建+安全生产"。项目党支部坚决落实安全生产责任制，切实做到党政同责、一岗双责、失职追责。针对项目安全管理上遇到的特殊情况和难点，项目党员突击队进行分析研讨，提出合理化意见建议，为项目顺利推进保驾护航。制订宣传教育计划，以基层一线施工队伍为主要宣贯对象，就施工过程中容易出现安全隐患的环节如何预防安全事故的发生加强宣贯，助推提升人员安全意识，强化安全生产理念，以点带面推动项目工程质量和施工安全生产监管水平的提升。

"党建+廉政文化"。坚持把纪律挺在前面，强化监督执纪问责，强化源头治理，深化"一岗双责"，组织项目管理人员签订《廉洁承诺书》《党风廉政建设主体责任书》，落实廉洁自律公约行为，全面推进项目及人员廉洁从业的制度化、常态化，保证常态化的警示教育和监督检查不间断。坚持集中教育、专题教育与日常教育相结合，通过现场宣传栏、宣传标语等，强化廉洁从业意识。多个红色工地开展"午学半小时""观看纪录影片""清廉文化进一线"等活动，提升项目工人党性修养和能力素质，带动项目建设。

"党建+项目增速"。宁波建工各项目努力发挥党建工作助推项目建设发展的"向心力"，促进施工生产"加速度"。项目党支部充分发挥党支部战斗堡垒和党员先锋队前沿阵地作用，克服工期紧、任务重的挑战，紧紧围绕"抓质量、重安全、提进度"的目标，积极开展"质量专项提升行动""安全文明提升行动""党员安全互检"等系列活动，有效发挥党员和现场管理人员的专业优势，助力项目增速，使"红色工地"的创建工作更接地气、更有实际意义。

比学赶超，党员争当"红色先锋"

严格管理，强化教育。优化培训内容，必修课程包括党性教育、基层党建等，开展方式是集中授课、现场观摩、座谈研讨；选修课程包括市场经济知识、建筑前沿知识、技术质量攻关等。拓宽培训渠道，利用企业官方公众号线上平台、视频号等载体，定期发布党课专栏，供党员职工学习。

丰富形式，以赛促学。为进一步强化党员学习的自主性，党委把"学习强国"作为自我提升的"指南针"、干事创业的"加油站"、衣兜里的"红色课堂"，组织开展"学习强国"季度积分赛、年度知识竞赛活动，季度积分赛采用线上形式开展，每季度末从后台统计学员上月学习积分，选出季度学习之星。年度知识竞赛则是通过举办竞赛活动促进各党支部之间的比学赶超，通过党员的学习示范从而带动企业内部的职工群众学习的新热潮。

精益管理，推动经营"蹄疾步稳"

与考核指标共联。加强顶层设计，在子公司企业经营责任指标考核的基础上，制订《宁波建工股份有限公司党群考核办法》，涵盖党建四大模块55项清单式任务，通过"定量＋定性"的方式进行考核，直接与领导班子绩效薪酬挂钩，坚持把党建工作考核同领导班子综合考评、经营业绩考核衔接起来，建立党建工作考核结果与干部任免、薪酬、奖惩相挂钩的机制，既报经济账又报政治账。

与企业文化共建。宁波建工各级党组织大力开展特色党建文化活动，以重大节日为契机，组织党员群众开展形式多样的主题党建活动，让党的"细胞"动起来、党员身份"亮"起来，在企业文化活动中，坚持党建带工建、带团建，统筹资源，创新载体，以活动为纽带，进一步提振公司广大员工干事创业的精神面貌。党委相继开展了线上厨艺大赛、职工文艺会演、趣味运动会及台球、篮球、羽毛球、拔河比赛等系列文体活动。

与生产经营共促。党建工作融入企业发展各方面、全过程，实行"双向进入、交叉任职"的领导体制，党委会多次讨论企业如何打破瓶颈、谋求发展新路、怎样落地实施等事项，把具体业务和改革发展中遇到的难点、焦点问题作为党建工作的重点来抓，提高党建工作与经营管理的整体性、关联性和契合性。

实施效果

以"红领建工，精益党建"为引擎，推动企业党建与经营发展的深度融合，克服了党建与发展"两张皮"的现象，通过把党建资源转化为发展资源、把党建活力转化为发展活力，促进党建工作更好地融入中心工作，促使抓党建"第一责任"与抓发展"第一要务"融合得更加紧密、相得益彰。

一是经营业绩持续提升。近几年，宁波建工党委把党建品牌培育工作的着眼点和落脚点放在提高企业效益、增强企业竞争实力上，努力把党建工作成效转化为企业改革发展的独特优势，在充分竞争的建筑业市场中走在了浙江省建筑业企业前列。2022年，宁波建工全年累计产值为298.61亿元，实现营业收入为218.67亿元；实现合并净利润4.43亿元，同比增长49.16%，各项指标再创历史新高。

二是竞争力不断提高。依托"红色工地"载体，项目管理成效显著，年度内获国家级工程奖项18项、省级奖项34项、市级奖项50项。企业荣获《财富》中国500强第475位，较上年提升了6位,获宁波市综合企业百强第22位、宁波市房地产建筑业纳税20强第11位、鄞州区"标杆企业"等诸多荣誉,经济规模质量效益快速提升,公司治理水平和股东回报获资本市场认可。

三是党建水平明显进步。在坚持党的领导、加强党建的过程中,宁波建工把全面从严治党的要求落实到党建的各个方面,使管党治党的责任更清晰、主体更明确、制度更管用、落实更有效,党的自身建设取得明显进步,连续5年获评宁波市五星级基层党组织,2021年获评宁波先进基层党组织。

四是年轻干部培养成效显著。党委在"急难险重"任务中考验和培养年轻干部,为想干事、能干事、干成事的年轻干部开辟快速成长通道。近年来,已有40余名年轻干部在管理岗培养锻炼,干部队伍的年龄结构进一步得到优化,初步打造了一支心存责任、勇于创新、务实清廉的年轻干部队伍,有效助推了企业经营业务稳健发展。

主要创造人:沈 杰 杜 赛

以"文化的力量"短视频故事大赛为主线的创新文化建设

中车株洲电力机车研究所有限公司

企业简介

中车株洲电力机车研究所有限公司（以下简称中车株洲所）始创于1959年，现为中国中车股份有限公司一级全资子公司。中车株洲所下属十大主体，拥有两家上市公司、11个国家级科研创新平台、3个企业博士后科研工作站、5个海外技术研发中心、11家境外分（子）公司。公司拥有近7000名研发人员，有1名中国工程院院士、240余名博士、3000余名硕士。中车株洲所坚持创新驱动发展，积极贯彻"科技强国""交通强国""双碳""海洋强国"等国家战略，立足交通和能源领域，积淀了器件、材料、算法三大内核技术，打造了轨道交通、新材料、新能源、电力电子器件、汽车电驱、海工装备、工业电气、智轨快运系统等八大产业板块。中车株洲所全面深化国企改革，改革实践入选国务院国资委《改革样本：国企改革"双百行动"案例集》。通过不断改革创新，企业发展活力、动力不断增强，近两年公司年均营收400亿元，利税贡献近50亿元，创造了显著的经济社会效益。

实施背景

在知识要素快速更新的今天，不少企业开始借助新的技术手段，融合新兴知识要素和情感关注点，从关注企业到关注人的情感，将品牌传播和思想建设融合，寻找到了企业文化建设中的新路径和新思路。中车株洲所基于"唯实、尊重、创新、成事"准则，从2018年开始，连续4年开展"文化的力量"短视频故事大赛。"文化的力量"以企业年度重大工作任务为背景，取材重大创新攻关过程中团队或个人的故事，充分展现出时代背景下的个人奉献、集体力量和社会担当。通过搭建赛事这个载体，以活动任务为驱动力，借助技术优势和新媒体的传播优势，在4年时间内不断创新改进，在活动中融合新兴知识要素和情感关注点，强调品牌传播和思想建设的相辅相成，逐渐形成了科学、系统、高效的创新融合型模式，擦亮中车株洲所文化传播的新名片。

主要做法

价值导向寓于故事内容

见微知著,推动精神内涵的故事化。"文化的力量"从具体故事入手,见微知著,用小故事讲述企业"大故事";由点及面,在讲故事的同时更深入探索员工的精神内核。

以人为本,寻找情感的共生原点。"文化的力量"的每一个故事都在宏大的叙事背景下聚焦于个人,讲"人"的故事,关注个人的梦想和情感,故事中的"人"成为绝对核心。

依托差异,丰富故事的表达维度。企业文化的丰富性和层次感是企业文化不断更新、保持持续生命力的关键,为避免内容高度同质化,"文化的力量"强调内容差异,从选题阶段开始,依据中车株洲所不同企业部门的不同特点进行故事征集。"文化的力量"短视频故事大赛由中车株洲所党委宣传部(企业文化部)主办,向各个企业部门征集作品。从不同部门的不同工作重点和工作氛围入手,实现故事的个性化和差异化。除了创作主体,"文化的力量"也避免了内容选材上的单一化。这些措施使得大赛有看点、有泪点、有落点,立体化地呈现一个个情感真挚、有血有肉的故事,极大地丰富了故事的维度,提高了活动质量。

"泛文化"内容流通平台搭建共享桥梁

"泛文化"是对文化IP的深度开发,也是对文化内容产业链及价值链的延伸。借助共享经济的理念培育共享的"泛文化",实现UGC(用户生成的内容)、PGC(企业生成的内容)与EGC(员工生成的内容)3种生产模式的创意组合,以剔除价值链条上的薄弱环节和淘汰落后文化产能为导向赢得集体认同,降低变现成本,完成内容衍生价值的延伸。

作为一种媒介载体,短视频只能通过视听形式展现故事。为了避免载体单一带来的弊端,"文化的力量"花了很多心思,从策划到执行,从初赛到决赛,在活动中尝试表现形式的创新。这些创新策略极大地丰富了文化的表现形式,打造出了人与故事、企业与故事的连接桥梁,实现PGC与EGC的融合,赢得集体认同,充分感受和理解故事里的文化内涵。

巧设情境,让故事创作真实发生。场景的搭建往往是决定观者是否能够身临其境的最直接因素。"文化的力量"短视频故事大赛搭建出一个"赛季性"的比赛情境,将活动分为优秀剧本创作和优秀短视频拍摄评选两个阶段。优秀剧本创作阶段,为了更好地提升作品的创作质量,中车株洲所党委宣传部还组织"故事的力量"专题讲座,帮助各单位更好地深入挖掘、提炼剧本故事。最终的评选阶段,一方面,通过海报、预告等方式强化竞赛情境;另一方面,制订科学有效的评选方式,包括网络评比和现场打分。在决赛现场搭建视觉冲击力的比赛场面,综合运用了恢弘磅礴的舞美、动画、音乐等视听手段,巧妙地为内容和细节的展现助力,也为观众带来视觉上的享受。在活动现场还为故事里的主角提供与现场受众的交流机会,设置有奖竞猜环节,加强互动性和现场感。

多角度叙事视角呈现故事内容。在叙事分析中,叙述者是讲故事的人,故事往往从叙述者的视角展开陈述。"文化的力量"提供了多角度的叙述者,在故事内容的呈现上有自己鲜明的方式。其一,基于真实经历创作剧本,以演员演绎的形式第一视角还原故事原貌。其二,选定特定的叙述者,通过第一人称独白的方式讲自己的所见所闻。其三,以科普的方式,运用旁白对纪实内容进行解说诠释。其四,借助访谈讲故事,拉近叙述者和受述者之间的距离。

戏剧化语言加持。"文化的力量"高质量剧本式的创作和影视化的表达，可谓是企业文化的别样创新。在戏剧化的基础上，巧妙添加影视剧的表现元素，既迎合了今天受众的审美要求，又增添了视频的观赏性。镜头语言、场景切换用于塑造时代背景、勾勒人物群像、转换叙事时空过渡情节发展，人物语言交代故事情节背景、人物心理活动，背景音乐、影视特效用于营造故事氛围、烘托人物情感。通过戏剧化的语言加持，更好地服务于故事表达，打造超越时空的观看体验。

实施效果

"互联网+"拓宽了边界

作为先锋，"文化的力量"在传播形式上与时俱进，没有局限于内部传播，而是向更广域的渠道拓展。首先，每一届比赛都通过现场直播的方式呈现决赛和颁奖现场。其次，提供直播网络实时投票、微信投票和社交媒体浏览点赞量等多平台选拔方式。最后，依托中车株洲所的多媒体矩阵，大赛根据时下最流行的传播途径，将作品推向微信、微博、抖音、B站等各类社交媒体，打破传播场域边界，将故事传播给广大的互联网用户。这一系列结合时代的立体化、沉浸式互动传播方式，将文学场和新媒体场等多场域紧紧联合在一起，实现了故事的跨时代融合，在故事内容和精神情感传播的同时展现了优秀的企业形象和精神风貌，收获了更多受众的关注。

系统专业的评价标准打造了口碑

为了避免评价方式的单一性，保证评价标准的公平公正，"文化的力量"短视频故事大赛从创办伊始，每一年的选拔和评价方式都由网络评选和现场打分两部分构成，逐渐形成了系统化专业化的评价标准。评审人员的构成，除来自中车内部党委宣传部外，还邀请外部专家评选优秀编剧和优秀作品并在评选现场进行实时点评，实现了竞技比赛的快节奏与互动点评的慢节奏的相对平衡。

评价标准的专业化、高要求注定造就高质量高水平的故事作品，涌现了一批又一批的优秀作品。2022年9月，由国务院国资委宣传局、人民网联合主办的"砥砺辉煌十年，强国复兴有我"第五届中央企业优秀故事发布活动上，中车株洲所从"文化的力量"中选送的4部作品喜获殊荣。其中，《所爱跨山海》《八百里加急》《想要的礼物》分别荣获一、二、三等奖，《风少年》获优秀奖。"文化的力量"凭借优势的传播渠道，打造了质量口碑，实现了影响力的扩大化，而在无形之中让企业获得更大的市场认同。

头部作品引发"多米诺效应"

在一个相互联系的系统中，一个很小的初始能量很可能会引起并产生一系列的连锁反应，这种现象被称为"多米诺效应"。比如《所爱跨山海》，从中车株洲所到中车再到国务院国资委，最后进入社会传播层面，引发各方关注，中车内部甚至掀起了一股模仿潮流，这样的传播效果就属于"多米诺效应"的一种。

主要创造人：刘亚鹏　欧　丹

以跨文化融合助推境外企业"落地生根"

国华能源投资有限公司

企业简介

国华能源投资有限公司（以下简称国华投资公司）是国家能源集团旗下集风电、光伏、氢能、综合智慧能源、产业基金投资、碳资产交易于一体的综合性清洁能源企业。现拥有全资、控股子公司161家，管理总资产超过千亿元，在我国28个省（自治区、直辖市）和澳大利亚、希腊先后运营、在建新能源总装机量超过2500万千瓦，相当于每年减排二氧化碳2800多万吨。公司先后获得"全国文明单位""中国十佳绿色责任企业""全国电力行业优秀企业"等荣誉，所建设项目获得"国家优质工程金奖""中国电力优质工程奖"等多项荣誉。

扎根希腊，共谋清洁能源发展新篇

2018年，中国政府和希腊政府签署共建"一带一路"合作谅解备忘录，希腊成为与中国签订此类备忘录的首个欧洲发达国家。与此同时，国华投资欧洲新能源公司在雅典注册成立，在中希共同推进"一带一路"共建中应运而生。

作为综合性清洁能源企业，国华投资公司将"绿色"植入企业发展因子，扎实推进以希腊为代表的新能源海外投资项目，争做清洁能源国际合作的参与者、贡献者、引领者。

绿色低碳理念贯穿了希腊色雷斯项目的开发、建设、运营等全生命周期。在项目开发建设阶段，聘请专业机构深入研究新能源项目对动植物、土地、水资源等的影响，撰写《环境影响评估报告》；在运营过程中，加强风场鸟类保护、开展植被恢复、无人机检查火灾隐患、修复项目周边堤坝等，最大限度降低工程对生态环境的影响。

成立伊始，国华投资欧洲新能源公司便启动"零碳计划"，通过改进和优化工艺不断降低单位能耗水平，身体力行地践行减塑、减少废弃物、打造零碳风场样板、倡导低碳办公与低碳出行等举措，减少全价值链碳足迹。

为保护当地野生鸟类，国华投资公司在风机上安装DTbird鸟类防撞保护系统，最大限度减少对鸟类活动的影响。聘请鸟类专家定期到风场观察鸟类种群变化情况，为当地环保部门提供第一手资料，积极探索工业生产与自然环境和谐共处新模式。

作为国华投资公司在欧洲投资兴业的"桥头堡"，希腊色雷斯项目每年生产绿色电能约1.6亿千瓦时，可满足希腊3万户家庭的年用电需求，相当于减少二氧化碳排放约15万吨、节约标煤5.3万吨，为改善希腊能源结构优化做出了突出贡献。与此同时，国华投资公司坚持"为社会赋能，为经济助力"的企业宗旨，在为希腊千家万户提供清洁能源的同时，主动履行企业社会责任，每年将在希腊收入的2%捐赠给地方政府用于市政建设，将收入的1%补贴当地居民用电。

国华投资公司还高度关注项目所在地社区，陆续向当地穆斯林少数民族小学、科莫蒂尼第八小学、科莫蒂尼第十一小学捐赠了平板电脑、投影仪等教学物资和学习用品，向科莫蒂尼应急救灾队捐赠了一批救灾物资，聘请专业团队修复当地破损河堤，用中国企业的善意和担当推动"人类命运共同体"理念在希腊落地生根。

兼容并蓄，共促跨国企业持续发展

收购希腊色雷斯项目之初，国华投资公司就秉承以人为本、诚信包容的宗旨，认真落实国家能源集团"国际化发展"战略，与合作方、外籍员工、中方员工一道精诚团结、推动工作，逐渐形成了诚信包容、兼容并蓄的企业文化理念。

2017年，国华投资公司组成境外工作组，与合作方希腊科佩鲁佐斯集团开展了多轮谈判并签署了收购协议。2018年4月，国华投资欧洲新能源公司注册成立，在随后的一年半时间内，双方通力合作，妥善解决了担保替换、欧盟第三能源包法案等问题，顺利完成色雷斯4个项目的交割。

色雷斯风电项目原股东为私营企业，管理理念以成本最低为主，前期已形成固定的思维方式、行为方式和作业方式。项目交割后，双方面临的第一个分歧是风场运营理念不同，对国华投资公司先进的生产运营理念、管理体系执行力不足。面对问题，国华投资欧洲新能源公司深入分析国内外行业差异，综合考量国别、文化、宗教信仰等因素后，多次会同合作方、希腊籍员工讨论解决方案，经过不断努力，逐步得到了合作方的认可。风电场逐步引入中国优秀管理思路，结合当地习惯优化生产运营机制和设备治理举措，设置运营物资采购审批流程，增加生产报表、设备预试等项目，逐步拓展管理维度，构建了以中方为主的管理模式。目前，4座风电场运行指标良好，基本扭转了收购前粗放的管理模式。

在企业运营中，国华投资公司坚定践行国家能源集团"实干、奉献、创新、争先"的企业精神，打造以诚信包容为核心的企业文化。根据每位员工不同特点、优势，合理分配中方员工和外方员工的工作内容，做到高效协同。每逢春节、中秋节等中国传统佳节，邀请外籍员工共度节日，分享中国传统文化，增进外籍员工对中国文化的了解。日常工作中，除为外籍员工购买商业保险、定期体检等保障措施外，还特别重视与外籍员工建立情感连接，项目负责人带头与外籍员工交流，谈工作、谈生活，增进彼此了解、相互学习经验，中方员工专业、务实、勤奋、友善的工作态度和作风带动外籍员工共同成长，企业凝聚力、向心力逐步增强。在此过程中，外派员工不断加深对希腊文化及生活方式的了解，对希腊当地晚餐时间过迟、希腊人不是特别守时等习惯也逐渐尊重与理解，为境外企业融入当地奠定了坚实基础。

目前，国华投资欧洲新能源公司已从成立时的3名外派员工、2名希腊籍员工发展成为6名外派员工、5名希腊籍员工的专业化团队。

热情开放，共筑中希文化交流桥梁

2022年以来，国华投资公司先后组织了"新能源、新希望、新未来"新能源进校园、"携手清洁能源、共享美好生活"企业开放日、"全球青年多维对话"之"青春梦想·共同成长"中国－希腊专场活动及一系列富有特色的活动，成为中希文化交流的"名片"。

2022年是中希建交50周年，国华投资公司以企业自发行为、自主之力积极邀请两国政府领导参与活动，中国驻希腊大使、东马其顿－色雷斯省省长等领导出席在格拉玛提卡奇风电场举办的"携手清洁能源、共享美好生活"企业开放日活动；中希两国大使对中希青年多维对话活动全程指导、共同出席并纳入庆祝两国建交50周年系列活动。

"促文化交融、让民心相通"是我国开展国际传播工作的初衷。国华投资公司在活动中精彩讲述中国甲骨文和古希腊线形文字的起源，设置甲骨文、线性文字竞猜，中国舞龙、希腊传统舞蹈，以及京剧＋芭蕾、古筝＋小提琴合奏的中西融合表演，生动展现了世界两大古老文明的魅力与交融。

为贴近受众、增强共情，中希青年多维对话活动邀请中国银行、华为、中兴等驻希企业的外籍青年讲述企业精神和中国同事故事；"新能源进校园"活动中，小学生自发创作并现场演唱《风之歌》《我的色雷斯》等歌曲，学生代表向国华投资欧洲新能源公司热情赠送风车画册……

主要创造人：王广群　许立新
参与创造人：李亚辉　李　早　范毓蓉

军工企业以"文化力"催生"战斗力"

航空工业沈阳飞机设计研究所

企业简介

航空工业沈阳飞机设计研究所（以下简称沈阳所）成立于1961年，是中华人民共和国成立后组建的第一个飞机设计研究所，主要从事战斗机总体设计与研究工作，被誉为中国"战斗机设计研究的基地、航空英才的摇篮"。建所以来，先后承担了五大系列多个航空武器装备重点型号的研制任务，实现了从二代机、三代机向四代机的延伸，从陆基飞机向舰载机的跨越，从有人机向无人机的拓展，创造了中国航空工业发展史的多个第一。先后荣获国家和省部级以上成果奖约600项。其中，五型飞机荣获国家科学技术进步最高奖，曾获得高技术武器装备发展建设工程重大贡献奖、航母工程建设重大贡献奖和全国文明单位、全国"五一"劳动奖状、中央企业先进基层党组织、辽宁省先进基层党组织等多项荣誉。

以"文化力"催生"战斗力"的背景

践行国家战略的使命要求。党的二十大报告中指出，"推进文化自信自强，铸就社会主义文化新辉煌"。加强企业文化建设，以"文化力"催生"战斗力"，对于建设新时代社会主义文化强国具有十分重要的意义。

落实强军首责的内在要求。为"实现建军一百年奋斗目标，开创国防和军队现代化新局面"，党和国家给军工企业提出了更高的要求，"文化力"强劲的加力对于促进型号任务的圆满完成、核心技术的重大突破都具有重要作用。

加速企业发展的现实要求。对于企业来说，"文化力"还可以成为黏合剂、润滑剂、催化剂，让人心的"多"归于企业的"一"，提升感召力、增强牵引力、扩大影响力，促进企业高质量发展。

构建"文化力"生成的"四大系统"

沈阳所以习近平新时代中国特色社会主义思想为指导，把文化建设作为治企兴企的有力举措，通过对战机系统进行抽象与转化，构建了"文化力"生成的"四大系统"，以"文化力"催生"战斗力"。"四大系统"包括导航系统（提炼文化理念，引领发展方向）、控制系统（开展落地实践，做到润物无声）、推进系统（涵养高能人才，凝聚强大力量）、保障系统（坚持闭环管理，促进高质高效发展）。

导航系统：提炼文化理念，引领发展方向

文化理念是企业核心竞争力的灵魂，它折射着企业对自身"定位"的认知和对前进"道路"的选择，发挥着"导航"作用，为"战斗力"生成提供根本指向。

随着时代的发展，沈阳所的文化理念不断迭代升级，在具有个性特征的同时又符合发展需要。近年来，沈阳所通过深挖60多年的文化积淀，剖析现实发展需求，思考未来前进方向，提炼了新时代沈阳所理念文化体系。该体系包括"航空报国、航空强国"的使命，"成为世界一流的航空武器装备研发机构"的愿景，"因战机而生、为奋斗者圆梦、协同成就未来"的核心理念，"团结拼搏、严谨求实、艰苦创新、献身航空"的精神。其中，"使命"回答了"我是谁"的问题，"愿景"回答了"到哪去"的问题，"核心理念"与"精神"回答了"怎么走"的问题，这些共同构成了沈阳所的基本价值判断。

60多年来，沈阳所高度重视"愿景引领"，员工朝着共同的目标同心协力、所向披靡，攻克了一道道难关，也形成了自己的文化特色。面向未来，在"成为世界一流的航空武器装备研发机构"愿景的指引下，员工也会一起面向那座"灯塔"团结奋斗、乘风破浪，通过对内集聚凝聚力、对外产生影响力，持续增强创新力，提升价值创造力，最终形成"战斗力"。此外，沈阳所还围绕型号文化、创新文化、设计文化、质量文化、安全文化、保密文化、廉洁文化、合规文化、成本管理文化9个专项文化，提出了"质量观——不输出缺陷""安全观——成在预防""保密观——一切秘密止于我"等9条专项文化理念。在高度凝练概括的基础上，进行深入浅出解读，通过发布会、培训课、短视频等一系列举措，提升干部职工对理念的认知度和认同度，激发"战斗力"生成的主观能动性。

控制系统：开展落地实践，做到润物无声

战机通过控制舵面能实现飞行姿态的改变，企业通过一项项文化落地的实践能进一步统一干部职工的思想和行动，全力打赢前进道路上的每场"战役"。沈阳所积极开展文化传播与浸润，在延展广度和深度上做文章，使航空报国的信念根植于心、付之于行，形成奋进航空梦、强国梦的强大"战斗力"。

文化传播推动内化于心。文化传播从文化入眼出发，规范文化视觉识别系统，营造浓厚氛围。举办所史实物展、飞鲨图片展、主题成就展等专题展览，建设丰碑广场、逐梦广场、浮雕墙等文化景观，充分发挥科学家精神教育基地——顾诵芬图书馆的作用，增强员工的认同感和归属感。此外，还在中国航展、巴黎航展上积极展现航空自信、彰显华夏担当。

增强文化产品的多样性。撰写《心有大我，航空报国》等故事，编著《技术发展历程》等书籍，制作《飞鲨》等画册，制播《中国战机》等纪录片、《逐梦长空》等广播剧、《创业年代》等短视频、《一所姑娘》等MV，开发飞机模型等文创产品，多部作品荣获国家级、省市级、集团级奖项，彰显沈阳所干部职工的文化自信与精神意志。

提升文化宣传的系统性。推进"一核两域三层四翼"多维新闻宣传格局落地，《我们的舞台是天空和大海》等多篇新闻被《人民日报》、央视、《辽宁日报》、辽宁卫视、《中国航空报》等媒体广泛报道。成立融媒体中心，整合微信、OA网、楼宇屏媒等资源，开展针对性策划、精细化传播，充分发挥正面宣传鼓励激励作用，为发展营造良好的舆论环境。

提高文化活动的针对性。针对在职员工开展创新大赛、文艺演出、运动会等活动，针对职工家属开展座谈会、亲子日、慰问等活动，针对在校大学生开展夏令营、宣讲会等活动，针对中小学生开展"飞鲨助学"、航空科普等活动，针对社会大众开展航空科技文化节、国企开放日等活动，通过系列品牌活动实现内聚人心、外塑形象。

文化浸润促进外化于行。文化浸润从文化入制出发，在制度编制、流程设计时开展文化符合性审查，打通文化管理"最后一千米"。制订员工行为规范、核心理念行为标准，定期发布不守规矩行为检查通报，实现行有所向、行有所为、行有所止。规范开展升旗、入党、纪念航空英烈、荣誉表彰等仪式，通过礼仪成风化人，促进员工习惯养成与素养提升。

文化与党建互促。创新提出以"1346N"党建工作模式构建"筑梦蓝天"价值党建品牌，高度关注文化价值创造能力提高，将文化力生成工程列为重点工作之一。实施基层党建"三步走"工程和党员队伍建设"三年行动计划"，建立党建共建新机制，启用智慧党建系统，以党建引领文化发展，以文化建设激发党建活力，为高质量发展赋能。

文化与型号铸魂相生。聚焦主责主业，推动文化建设与型号研制同部署、同推进、同展现。通过报告文学、诗词、照片、绘画、宣传片等形式，使型号文化既有"筋骨"又有"血肉"，激活团队干事创业的价值感。

文化与典型引领相融。积极发现、培养、塑造具有代表性的先进典型，深入挖掘可信、可亲、可学的事迹故事，充分发挥典型示范引领作用，让文化具有人格化和形象化的魅力。顾诵芬事迹宣讲团获全国基层理论宣讲先进集体，举办3场李天院士先进事迹报告会，落成罗阳铜像和黄志千塑像，使广大员工真正由"感动"转化为"心动"和"行动"。

推进系统：涵养高能人才，凝聚强大力量

企业文化作用于人，也体现于人。一支高认同、高能量、高贡献的人才队伍，是企业文化的金牌"代言"，更是企业发展的强劲"动力"。沈阳所牢固树立"人才是第一资源"的理念，始终坚持高层次、高质量、新生态目标，着力打造一支高素质专业化航空科技英才队伍，为研究所发展提供强大支撑。

做好人才引聚。建立基于型号研制周期的人才需求模型，开展人才盘点，掌握大数据；成立扬州协同创新研究院，打造人才联盟，开辟新渠道；严守招聘门槛，强化对文化认同的前期识别，把好入口关，聚天下英才而用之。

做强人才管理。建立本地化的职（岗）位体系，突破人才成长天花板；制订以能力提升和价值创造为导向的薪酬制度，激励人才不断进取；实施项目主战、部门主建的强项目管理模式，增强人才干事动能，为航空报国贡献更大"战斗力"。

做优人才培育。以所党校为主阵地深化党性教育全覆盖，筑牢思想根基；建立全周期岗位学习机制，提升履职能力；实施"三航人才""四百工程"等计划，搭建劳模创新工作室、博士工作室等平台，加强队伍建设，大力推动发展。

保障系统：坚持闭环管理，促进高质高效发展

不管是文化建设，还是企业发展，都不可能一蹴而就，需要久久为功、抓铁有痕的耐力和韧劲。开展一流管理有利于形成强劲保障，对于企业质效提升具有很大促进作用。沈阳所在深入分析文化落地底层逻辑、认真总结文化实践长期经验的基础上，提出打造文化闭环管理机制，以文

化建设的有机循环推动研究所"战斗力"的螺旋式上升。

开展文化建构。积极提炼理念文化，适时进行文化升级，持续为文化建设注入"源头活水"。制订文化建设的管理制度与总体规划，明晰文化建设的目标任务与责任分工，加强顶层设计。

进行文化解码。对文化建设的规划与任务进行分解，落实到年度工作要点和专项工作安排中，强化计划管理。着力打造一支优秀的文化建设工作队伍，做好资金保障，优化资源配置。

实施文化干预。以组织行为和员工行为为线索，及时开展指导干预，形成研究所独特的文化场。不断夯实拓展传播平台、培训平台、活动平台、展示平台等，促进文化的无形浸润转化为可知可感的有形力量。

组织文化评估。定期围绕认知度、认同度、满意度、敬业度、符合度、忠诚度、美誉度等开展文化建设成效评估并有针对性地改进。持续做好沈阳所文化建设的督导、考核、表彰等工作。

提升航空报国"战斗力"的显著成效

在"四大系统"的共同作用下，沈阳所"文化力"显著增强，干部职工心往一处想、劲往一处使，在铸就大国重器、守护碧海蓝天过程中迸发了强大"战斗力"。

研制先进战机。承担了40余个航空武器装备重点型号的研制任务，实现了从二代机、三代机向四代机的延伸，从陆基飞机向舰载机的跨越，从有人机向无人机的拓展，用航空梦托起强军梦、中国梦。

促进科技创新。在一系列前沿领域取得重大突破，把关键核心技术牢牢掌握在自己手里，某型飞机荣获国家科学技术进步最高奖。创新和产业联盟成员单位众多，发挥主机所技术策源地作用，助力航空科技自立自强。

培养人才队伍。培养出了一支以7位院士和"航空工业英模"罗阳为杰出代表的高素质航空科技人才队伍，现有众多省部级以上专家，荣获全国专业技术人才先进集体，获评国务院国资委深化人才发展体制机制改革示范企业。

获得荣誉成果。荣获国家和省部级以上成果奖近600项。获得高技术武器装备发展建设工程重大贡献奖和全国文明单位、全国"五一"劳动奖状、全国"五四"红旗团委、中央企业先进基层党组织、辽宁省先进基层党组织等荣誉。

主要创造人：奚继兴　宋婉宁
参与创造人：陆　华　王　赟　周荣堂　陈　赛

媒体融合环境下的首都高速公路"窗口"文化

北京市首都公路发展集团有限公司京开高速公路管理分公司

企业简介

北京市首都公路发展集团有限公司京开高速公路管理分公司（以下简称京开分公司）于2003年成立，是北京市国有大型企业北京市首都公路发展集团有限公司（以下简称首发集团）的下属分公司，是从事高速公路收费运营管理的专业化公司。现负责京港澳高速、京开高速、六环路、京津高速、京昆高速、京台高速的收费运营工作，管辖高速公路里程共266.436千米。管辖范围内连接京津冀，毗邻雄安新区，服务新机场，是北京南部的公路交通大门。京开分公司站在新的历史发展阶段，立足服务首都四个中心建设，着眼高速公路运营模式调整，不断提升道路通行保障能力和窗口服务水平，为推进首都高速公路建设、服务首都经济发展贡献积极的力量。

实施背景

适应媒体融合发展趋势的客观要求

2019年，交通运输部关于进一步提升交通运输发展软实力的意见中提出：加强传播手段建设和创新，发展各类新媒体，建设并管好行业媒体阵地，推动行业媒体融合发展。在此背景下，京开分公司作为高速公路行业的国有企业在宣传工作中必须把握好时代传播环境变化，借助融媒体平台建设打造高速公路"窗口"文化，此举是顺应时代发展、响应国家号召的需要。

实现高速公路行业转型升级的需要

新媒体时代的来临和媒体融合的发展给高速公路企业文化的宣传工作带来挑战的同时也带来了巨大的机遇和动力。传统的企业文化宣传方式对内多以文件传达、会议部署、绩效考核等为主，对外开展宣传工作载体主要以纸质报刊和网站宣传报道为主，套路都比较传统固化，在经过层层传达后其时效性和真实性都有所降低。面对新时期高速公路转型升级的新要求，如何借助传统服务平台实现高速公路企业文化传播的实时化、数字化，将融媒体手段与企业文化相融合，对实现高速公路行业转型升级有着非常重要的示范意义。

搭建与员工沟通交流平台的需要

作为首都运营高速公路管理行业中的青春力量，京开分公司现有11个管理区，3000余名员工，"90后"员工占比47.5%，原有"单向说教，普遍灌输"的传统宣传形式已难以满足年轻员工的需求。因此，转变传统的宣传方式、开辟宣传新阵地就尤为重要。当前，现代信息传播技术的发展迅速，媒体融合成为新态势，新媒体的裂变式传播模式让人人都掌握话语权，借助新兴技术手段，构建"传统+新媒体技术"的多元沟通平台，让传统媒体与新兴媒体融合互补，推动新旧媒体取长补短、融合发展，打通与员工交流和内外宣传的壁垒，就成为搭建与员工沟通交流平台的需要。

主要做法

重塑理念，创新媒体融合思维

规范品牌宣传推广。导入理念识别（MI）系统，开展视觉识别（VI）系统升级，建立行为表示（BI）系统，制订品牌管理办法、融媒体平台建设管理办法，从制度上维护品牌形象。

搭建京开融媒体平台。在融媒体构建的过程中坚守传统宣传阵地，印发企业内刊《我们在路上》。顺应时代发展，打造"一微一抖"宣传平台，形成主打对外服务的服务号——"京开红窗口"、主打对内宣传的订阅号——"文化京开"及各收费所各自运行的11个订阅号组成的微信矩阵；释放短视频魅力，充分利用抖音平台，用"京开带您走高速""京开带您看高速"科普视频和员工镜头记录下的点滴日常为用户传递高速声音。

内部聚力，打造沟通平台

建立"文化京开"为核心的微信矩阵。按照"一个平台、多点突破"的理念，形成以"文化京开"为核心、管理所公众号为支撑的"1+N"互动传播矩阵，在"文化京开"就可以进入11个所级和部室的订阅号，重要时间节点鼓励同期发声，两级宣传全覆盖，一目了然，互成掎角之势，相辅相承。

加强互动，畅通上下交流渠道。相较于传统宣传"单行输出"模式，融媒体形式下的交互特征更能着眼于实现员工有来有往的沟通期待。发挥媒体矩阵优势，实现线上线下信息联动，设立京开客服微信号"京开小二"，打造京开员工私域领域，利用微信朋友圈、视频号发布京开分公司动态等，通过聊天功能对话员工，了解掌握员工动态；通过京开12345平台，进一步畅通员工诉求表达渠道，不断满足员工诉求，真正做到员工有所呼、公司有所应；根据行业工作特点，依托岗亭广播，打造"京开夜听"广播电台；利用"文化京开"订阅号作为互动平台，收集整理员工留言，倾听员工心声，不断完善员工发声窗口和交流互动的有效渠道。

形式创新，提升服务效能

打造"路与未来文化探索中心"。在线下平台建设中，推出"实操+媒体"融合教学文化探索中心，借助大数据技术，针对不同人群生成情景再现模拟、大数据题库，依托智能化系统提升执行力和业务规范性，进而规范不同岗位员工的服务行为。

推出"京开微课堂"。线上平台应用中，为巩固学习效果，扩大教学范围，依托"文化京开"微信公众平台，开通"京开微课堂"板块，梳理出工作中出现的问题，通过录制线上视频，组织员工学习，以视听形式强化理解。通过线上线下相结合，有效提升培训效率，增强员工服务能力。

建设良好舆论生态，人人都成为信息源

树立人人都是信息源意识。融媒体时代，人人都有麦克风，人人都是信息源，公众是信息的接受者，也是信息的创造者及传播者。宣传中如何把握"人"关，具有必要性。鼓励人人都成为

信息源，在员工范围内广泛开展征集活动，让每位京开员工都成为自媒体进行正向宣传，打开社会知名度，出现舆情时上下同步反馈、降低风险。

打造专业化宣传队伍。京开分公司加强与各部室所联合联动，组织开展"融媒体业务培训"，打造专业化运营队伍，实现京开分公司范围内的同步联动，"京开同期声"专题由此而生，形成立体交叉、点面结合的宣传格局。

外部对标，用企业文化塑造行业形象

紧抓短视频潮流，打造京开影视图谱。用真实的故事、以镜头记录的方式推出5部高速公路公益系列宣传片《10秒的温度》，让更多人了解高速公路服务窗口，了解高速公路服务行业，也传达出高速员工设身处地服务客户、奉献社会的积极态度。目前，5部高速公路公益系列宣传片的点击量已超过千万次，彻底将"10秒的温度"打造成京开IP，获得同行业和社会各界的认可。京开分公司相继拍摄、制作了多部宣传短片，目前，京开分公司全平台短视频发布数量500余部，以全新的文化理念输出方式保持持续的正面曝光率、树立良好的品牌形象。

结合企业发展，展开多维宣传。加强对传统纸媒、广播及电视等媒体资源的整合，密切联系北京电视台、《首都建设报》、《劳动午报》等平台，掌握主流媒体舆论场，同时加强对微信公众号、今日头条、抖音等平台的开发联动，建立多元平台的传播机制，形成强大的传播合力。

持续做好舆情管理和危机应对工作

京开分公司实施舆情巡查制度，通过舆情监测系统，提升舆情预警技术，通过信息的搜集、突发公共事件的警告，密切关注行业、社会的舆论重点，有的放矢的调整宣传方向，如针对京开高速五环路改造，拍摄通行指南短视频通过抖音平台发布。充分利用融媒体平台传播便利、及时的特点，把握舆论战场主动权。

实施效果

员工内部凝聚力显著增强

干事创业热情持续提升。企业文化的建设调动了员工的积极性、主动性和创造性，在"窗口"文化的影响下，员工干事创业热情持续提升，实现文化价值社会反哺，如定期组织志愿者到老年公寓等社会福利机构开展慰问活动；每年开展"暖心伴考"志愿服务，在高考考点外设立"高考服务站"，进一步展现首都国企的服务形象。

涌现大批先进典型。通过实施"窗口"文化，京开分公司涌现出一批先进典型。王争当选为第十四届全国人大代表、李永凤荣获"全国交通技术能手"、巾帼示范班荣获"最美中国路姐团队"称号，众多榜样释放出的无形感染力最大限度地激发了员工的责任感、使命感、自豪感。

行业内文化影响力持续提升

融媒体平台影响力持续提升。通过多手段的文化建设，在京开分公司内部形成良好的企业文化氛围。企业宣传册《我们在路上》发布10期，"文化京开"订阅号发布推送文章1578篇，关注量6440人，总阅读受众量突破350万人次；"京开红窗口"服务号发布推送文章180篇，关注量4410人；京开夜听已播出249期，收到留言反馈6000条；抖音短视频平台发布视频500余部，关注量1.1万人。

行业内知名度显著增强。随着文化建设的持续深入，京开分公司陆续获得首都文明单位、全国交通运输系统先进集体、全国交通运输文化建设卓越单位、优秀文化品牌等一系列荣誉。

服务首都功能成绩显著

运营保障能力稳步提升。持续开展运营主题活动，梳理解读车型划分、绿通保障、称重检测等影响运营业务的相关措施，开展综合业务能力提升培训，完善特情处置、应急处突、勤务保障等业务流程，现场服务保障能力进一步提升。

高效服务首都交通运行。京开分公司时刻牢记首都国企的责任担当，有效落实企业社会责任。2022年，全年保障鲜活农产品运输车辆102.57万辆次，节假日小型客车免费通行839.07万辆次，实现了收费站区"好收快走"，货运物流保通保畅政策有效落实。圆满完成冬奥会、建党百年、党的二十大、全国两会等重大活动保障任务，在服务首都社会功能方面取得显著成效。

主要创造人：冯　雷　袁春国
参与创造人：王峰鹏　谢海荣　刘　畅　张亦涵

"责任·领跑"激活铁路运输高质量发展

中国铁路武汉局集团有限公司襄州运营维修段

企业简介

中国铁路武汉局集团有限公司襄州运营维修段（以下简称襄州运营维修段）成立于2019年，主要担当国家"北煤南运"大通道浩吉铁路河南、湖北、湖南、江西段852千米的设备设施养护维修和运输组织工作，管理运营区段辐射4省9市26县（区），管辖49个车站。段内组织机构为"段－车间（中心站）－班组"三级管理，是全国铁路首个融合工务、电务、供电、车务、房建5个专业为一体的改革示范段。2019年9月29日，首次开行5000吨运煤列车。截至2023年4月底，实现安全生产1350天，累计开行煤炭列车4万列，发运煤炭2.06亿吨。

实施背景

"责任·领跑"文化是服务国家经济社会发展的迫切需要

全长1813.5千米的浩吉铁路，北连煤炭主产地，南接煤炭需求地区，开通运营以来，煤炭发运量持续翻番。浩吉铁路煤炭发运量由2019年的500万吨跃升至2022年的9000万吨，滚滚流淌的"煤龙"源源不断地通过浩吉铁路输送到鄂、湘、赣的电力、化工、冶金等企业，为华中地区经济社会发展提供能源支撑、注入强劲动力。襄州运营维修段衔接的货场、港口、电厂多达18个，煤炭从主产区经浩吉铁路运输到华中地区仅需20小时，保障鄂、湘、赣能源运输安全事关国计民生，不仅需要一支团结、高效的队伍，更需要一支始终听党话、永远跟党走的"铁军"，"责任·领跑"文化应运而生，强基蓄力、铸魂赋能。

"责任·领跑"文化是推动铁路事业改革创新的迫切需要

为提升浩吉线运营效率，国铁集团党组借鉴发达国家铁路人力资源管理经验，以浩吉铁路为试点，对铁路企业体制机制大胆改革创新，打破原来车务、电务、工务、供电、房建等各系统、单位分头管理的现状，大力推进综合维修生产一体化管理，襄州运营维修段作为全国铁路改革试点，首次尝试将车务、工务、电务、供电、房建5个专业整合为一体，成立综合性站段。作为全国铁路改革的试点，承载着巨大的挑战和压力，人少设备多，不改革没有出路，改革没有现成经验可以借鉴，矛盾、困难、挑战交织叠加，迫切需要"责任·领跑"文化领航定向、开拓新局，坚定"不破不立"的勇气，拿出"有破有立"的智慧，打破桎梏，激发活力。

"责任·领跑"文化是推动襄州运营维修段高质量发展的迫切需要

作为改革"试验田"，襄州运营维修段在改革摸索中先行先试，破浪前行。按照稳字当头、稳中求进的主基调，扎实推进"一体化"改革，促使专业融合更紧密、结合部管理更顺畅、职工综合素质更强，取得了人员更加精简、安全更加可靠、工作效率更高的成效。然而，随着改革发展步入深水区，深层次矛盾愈发凸显，专业与专业之间既要坚守专业底线，又要推进更深层次融合；工种与工种之间既要实现人员更精减，又要保证作业任务不减、标准不降；安全与效益之间既要应对设备劣化风险，又要实现运输上量，最终实现运量2亿吨的目标，矛盾重重、困难重重、挑战重重。因此，襄州运维段迫切需要"责任·领跑"文化笃定信念、坚定信心，实现专业管理与改革发展一体推进，以改革激发高质量发展活力。

主要做法

以"责任·领跑"文化为指引，凝聚思想共识

聚焦高质量发展主线，襄州运营维修段党政工团各级组织串点成带、以带促面，同频共振、同向共为，推动中心工作全面提升。一是政治引领把方向。坚持把政治建设摆在首位，落实"第一议题"制度，用"看视频、诵经典、学精神、讲规章、谈体会"加强班子理论学习，将学习讨论的落脚点聚焦于改革发展、安全生产上，通过"学悟辩"，运用辩证唯物法指导实践工作，找准发展面临的主要矛盾，明确了锚定"三个定位"的发展思路，坚定了班子"力争上游、赶超一流、勇立潮头"的工作思路，班子沟通协调、相互补位、工作合力持续提升，党委把方向、管大局、保落实作用更加凸显。二是组织建设筑堡垒。坚定不移深化全面从严治党，用重点工作落实和中心工作推动检验党建工作成效，破解党建与安全生产"两张皮"。用"清单+写实+问责+整改"的方法整治党建工作不严不实问题，实现党支部分类定级、晋位升级管理。紧盯"五大关键"，抓实党内安全"五项制度"，设置"党员安全监督岗"，党员实现"零两违"。开办武汉局首家青马学校，创建青年之家，为500余名青年成长成才搭建平台、提供舞台，260名青工递交了入党申请书。三是思想建设聚共识。每月分层、分级、分类抓实职工政治学习，推动学习入脑入心、走深走实、见行见效。每周通过"襄州大讲堂"常态化开展形势任务宣讲，重点讲清铁路国际国内劳效对比，以及讲清当前货运、客运上量存在的压力等，进一步坚定职工拥护改革、投身改革的信心和决心。

以"责任·领跑"文化为指引，守牢安全底线

围绕人防、物防、技防"三位一体"安全保障体系，深入实施"强基达标、提质增效"工程，从源头入手高起点推进安全管理工作。一是树牢安全发展理念。深入学习铁路安全工作要求，筑牢干部职工"轮子不落地""人员无伤亡"的政治责任感，厚植"共保安全、共享平安"意识，推动安全理念在全段干部职工中入耳入脑入心，形成保安全的思想和行动自觉性。常态化开展安全形势教育，明确各级管理者贯标检查的要求和责任，压实"把精力投入到一线，把问题解决在现场"的工作作风，持续提高职工安全行为能力。二是构筑安全管理体系。结合国铁集团和武汉局安全体系建设要求，同步搭建"1+10+47"的安全治理体系，完善制订219项规章制度，将安全制度融入专业管理，向可视化、信息化、智能化转变，引导干部职工敬畏尽责。按照"关键"和"一般"等级编制396条控制措施，落实段、科室车间、班组分层分级安全风险管控职责，确保安全万无一失。三是筑牢安全保障体系。坚持强基达标、从严务实、综合治理。以标准化、规范化体系建设为抓手，紧扣岗位职责，规范作业流程，梳理作业和设备清单298项、管

理岗位清单 56 项，公布段级安全风险及管控措施 95 项，明确安全科监督检查责任，专业中心专业安全管理责任，车间、中心站安全生产主体责任，做到分工清晰、责任明确，实现管理有章可循、作业有章可依。

以"责任·领跑"文化为指引，推动改革创新

在继承和发扬好的传统上守住"正"，在深化体制机制改革上求创新，持续变革突破，以多专业融合发展凝聚改革发展强大合力。一是高站位推进专业融合。用"精干模式"求变，面对专业多而杂的实际，不断丰富完善专业融合，以不同工种同吃、同住、同作业模式循序渐进破除专业边界，进而有序推动专业、岗位、生产组织为主要内容的一体化改革。贯彻"精一门、干两门、会三门"的融合练兵理念，以欧庙综合工区试点改革为带动，培养"工、电、供"一体化作业"多面手"，设备检查、应急处置能力有效提升。二是高标准推进兼职并岗。将车、工、供、电等系统工作量不足的岗位实施兼职并岗。在 482 千米单线区段推行车站值班员担当驻站防护，实行调车员和列尾作业员、货运员与车号员兼职并岗，节约车务专业 30 人。因地制宜设置 12 个有人站和工、电、供专业分析检测工班，实现多岗位兼职并岗，推行兼职汽车司机、兼职材料员、兼职信息员，节省各岗位近 60 人。三是高效率提升劳动效能。用"高效原则"创新，推行电务设备管家、供电 6C 检测、智能浩吉系统、挖机上砟、车载设备检测等新举措，推行轨道车打药除草、高压水枪除鸟害等新方法，提高劳动效率近 5 倍。推行一体化生产组织，线下检查项目同步开展，综合利用交通工具，减少人员派工，最大化释放劳动效能，综合劳效排名全国铁路系统第一。

以"责任·领跑"文化为指引，护航高效畅通

始终把保障"北煤南运"大动脉畅通作为最大的政治。筑牢干部职工"全国铁路一盘棋"的意识，为确保枢纽畅通提供精神合力。一是畅通枢纽节点。全面落实"四补"经营策略，充分发挥襄州北站的心脏枢纽功能，持续优化万吨列车分解、空车大列组合作业环节。通过固化形成"续行接车""同线同道""中岔调车""反向开车"等 26 种高效运输组织办法，实现了接发列车"一分钟动车、三分钟压红、五分钟出清"，极大提升接发列车效率，日均办理车 1.6 万辆，同比增长 220%。二是打通疏运堵点。按照"以卸保畅"原则，统筹推进管内 18 个货场专用卸车线建设，相继开通荆门国际内陆港等 5 条专用线，大大提升煤炭疏运能力。加强与管内电厂、煤港等企业的沟通对接，重点做好浩吉线最大卸车站江陵站"江、铁联运""公、铁联运"接洽对接。持续加强重点企业卸车盯控，加大卸车组织力度，最大限度消除积压，日均卸车突破 1100 辆，较开通初期增长 10 倍。三是实现敞口交接。主动对接国铁集团调度中心、武汉局、西安局调度所，组织开展构林南红旗局界口联创活动，解决促进浩吉货运上量和分界口交接等运输生产中的瓶颈问题，制订可行性建议方案，全力挖掘运输潜能。构林南口图定列车从开通初期的 10 列增至 160 列，日均接入重车 80 列，同比增长 700%；日均交出空车 76 列，同比增长 660%，浩吉线货运大通道作用愈发凸显。

实施效果

设备质量高效优质

统筹处理运输组织与设备质量的关系，以标准化创建提升设备质量、促进货运上量持续翻

番。截至 2023 年 4 月底，累计开行煤炭列车 4 万列，发运煤炭 2.06 亿吨。贯彻"22431"施工管理理念，全面优化一体化生产组织，推进修程修制改革，动态优化检查周期，用"全面监测、重点检查、精准维修"提升设备质量，屡次在国铁集团综合平推检查中保持设备优良率 100%。

安全成绩持续稳定

以深化安全管理、双重预防机制体系建设为抓手，安全管理基础全面夯实，安全生产天数与日俱增，连续 3 年被武汉局评为"安全优质示范段"。成功应对 19 轮强降雨，实现全年防洪安全，被国铁集团评为"铁路防汛救灾先进单位"。充分发挥"双段长"工作机制作用，完成 4 省 9 市 26 个县（区）铁路沿线环境安全综合治理，开展联合巡查 600 余次，为设备运行创造良好外部环境，被湖北省评为"普铁整治先进集体"。

文化成果枝繁叶茂

创建了襄州北"万吨大列"、江陵"铁、水联运"等享誉路内外的文化品牌，被武汉局命名为安全文化建设示范点。总结提炼"奋勇担当"精神文化，荣获 2022 年度铁道行业"企业文化优秀成果一等奖"。职工自导、自演拍摄的《永远跟党走》等多部文化作品荣获全国"书香三八"读书活动优秀奖，《因人而异、因事而化、因时而进》等思想政治工作实践文章被国铁集团评为优秀论文，《开行万吨列车保障能源供应》《电煤保供助力春运》《浩吉铁路雪中送炭忙》等多部短视频点击量突破 100 万，获武汉局年度优秀新媒体作品。

社会效益日益凸显

煤炭运量逐年翻番，2019 年运量 500 万吨，2020 年运量 2200 万吨，2021 年运量 5100 万吨，2022 年运量 9000 万吨。2023 年以来，日均煤炭发运量保持在 28 万吨以上，襄州北站 68 次刷新日办理车纪录，56 次受到国铁集团通报嘉奖，被全国铁路总工会授予"火车头奖杯"。8 次登上央视，200 余次登上新华社、《人民日报》等中央级主流媒体，300 余次登上《湖北卫视》《湖北日报》等省部级媒体，展示了良好的企业形象和社会担当。涌现出李运超、陈长义等 30 余名技术骨干，16 人次在全国铁路系统及武汉局的技能竞赛中名列前茅。

主要创造人：袁中华　易　欣

参与创造人：赵　杰　梁小全　全广学　彭正权

深耕"家"文化，厚植基业长青之根

通号工程局集团城建工程有限公司

企业简介

通号工程局集团城建工程有限公司（以下简称城建公司）是中国通号工程局集团有限公司的全资子公司，是国务院国资委监管的中央三级企业，下设2家分公司、5个工程建设指挥部、11个职能部门，有员工310名。先后参建了以石济客专三电迁改项目为代表的国家重点工程，以及石衡沧、京雄商铁路三电迁改项目等多个轨道交通项目和山西综改示范区新能源汽车厂房项目、郑万高铁平顶山站东广场及配套设施工程项目等一系列省、市重点工程，积累了丰富的施工管理经验。曾先后被评为全国3A诚信企业、高新技术企业、山西省优秀骨干建筑业企业、安全文化建设示范企业、优秀施工企业，所属工程项目获得全国安全标准化工地2项、省部级标准化工地11项、省部级质量标准化工地1项、省部级优质工程6项。先后荣获国家级、省部级优秀QC成果53项，荣获国际、国家和省部级BIM大赛各类奖项24项。

实施背景

城建公司自2014年成立以来，深耕企业文化建设，以打造职工温馨的第二个"家"为核心要义，充分结合工程企业职工四海为家的行业特色，发挥"家"文化增强企业凝聚力的作用，有效激发职工队伍活力，不断增强公司市场美誉度，促进了企业安全稳定发展和管理水平提升。

建设"家"文化是凝聚职工思想、构建企业和谐氛围的重要法宝。城建公司成立伊始就以"团结、务实、高效、致远"的企业精神领航企业发展。组建初期就牢固树立了"众人拾柴火焰高"的思想导向，不断提升企业在工程建设中的核心竞争力，真正做好企业文化助推企业发展，为公司新时代起航之路加好油、把好舵。

建设"家"文化是打造一个具有竞争力和影响力的工程建设公司的内在要求。城建公司时刻谨记责任和使命，努力探索企业文化如何与生产经营深度融合，努力实现从理论成果到实践的完美转变。

主要做法

发动职工白手起家，教育职工勤俭持家

2018年，城建公司在太原分公司的人员基础上组建成立。在建党百年、党的二十大胜利召开

的背景下，伴随着国企改革三年行动，城建公司多年以来沉淀的优秀企业文化逐渐显现，一步步凝聚成城建公司全体职工尊崇的企业核心价值观念——"家"文化。站在新时代、冲刺新目标，城建公司将精神文明建设当作公司发展不可或缺的重要助力，把"家"文化建设贯穿工作全过程，为筑牢企业健康发展做贡献。

坚持思想政治引领。党的二十大召开以来，城建公司始终把学习宣传贯彻党的二十大精神作为当前和今后工作的主要政治任务，不断把党的二十大精神融入"家"文化成果建设之中。公司党委充分发挥领导作用，依托中心组理论学习等方式，及时跟进学习党的二十大新部署、新观点、新论断、新思想及对党建工作的重要论述精神；以习近平新时代中国特色社会主义思想主题教育为契机，持续深化党员教育。

依托党风廉政建设树家风。城建公司注重廉洁文化建设，切实以廉洁文化为"家"文化建设保驾护航，坚持全面从严、持续正风肃纪，依托党风廉政建设树立家风、持续强化教育管理监督。一系列的廉洁文化建设实践筑牢城建公司大家庭健康发展，勾勒出城建公司"家"文化建设的方方面面。

组织职工当家作主

城建公司把"以人为本，创新发展"作为企业核心价值观，精准把握"党政所需、职工所盼、工会所能"的需求导向，充分发挥工会服务职能和桥梁纽带作用，不断增强企业职工归属感，努力将公司建设为职工的第二个"家"。

开展帮扶慰问。城建公司为让广大职工充分感受到"娘家人"的关怀，历年来始终聚焦于一线职工的需求，切实开展夏季送清凉、冬季送温暖等慰问活动，增强职工获得感；以中秋、端午、职工生日等为契机，相继开展如DIY月饼、猜灯谜、集体生日会等各类活动，有效提升企业职工幸福感；密切关注职工及家属的生活动态，在职工亲属去世、职工生育、职工子女升学等方面广泛开展慰问活动，致力于帮助职工顺利渡过难关，对困难党员、群众定期慰问关怀，切实提升职工归属感。

致力为"家人"办实事。城建公司突出学用结合、突出惠及群众、突出担当作为，依托"创岗建区"，以党员干部为主力，以职工群众为根本落脚点，广泛开展"我为群众办实事"实践活动，用力解决基层的困难事、群众的烦心事，用心用力履行好央企职责。打造暖心食堂，增设早餐、丰富菜品，为"一线"职工打造"家"的温度；优化办事流程，构建管理系统平台提升工作效率；翻修办公、居住区域，改善办公、居住环境，营造企业温馨氛围。

引导职工安家立业

志愿服务、劳动竞赛塑氛围。党的十八大以来，城建公司深刻认识到团员青年在企业高质量发展中肩负的重要职责和光荣使命。党委书记、企业先辈楷模为青年讲授主题团课，引导青年从国企先进精神丰富内涵中感悟初心使命，进一步激发赓续红色血脉、做强做优做大企业的信心决心；以主题教育实践活动为抓手，利用"号手岗队"品牌、技能大赛、练兵比武等青年建功载体平台，引领青年工作强力推进。以"学、思、践、悟"弘扬志愿精神，充分发挥志愿群体引领社会新风的示范作用，展现城建公司"奉献爱心、服务企业、服务社会"的良好精神风貌。因地制宜创新群众工作思路方法和形式，利用劳动竞赛营造"比学赶超帮"的浓厚氛围，充分调动全体干部职工主人翁责任感和投身改革发展、合力攻坚克难的工作主动性、积极性、创造性。增强跟党奋斗与企同行的信念，切实助力企业高质量发展。

学习培训再提升。城建公司践行人才兴企战略，以不断提高"家人"整体素质为根本目标，以"1年定职、5年成长、10年成才"为培养目标，根据不同阶段制订不同的发展方向，逐步完善高校毕业生培养体系，为城建公司高质量发展提供坚强的人才保障。坚持以建筑岗位取证、BIM科研、执业资格证书培训等多形式相结合的方式，开展全员教育培训。从操作技能、执行能力、知识结构、创新意识、工作理念等方面入手，逐步形成规范、高效、运行良好的教育培训机制。

科技、资质双管齐下。自城建公司成立以来迅速进入改革发展的新时期，先后参建了以石济客专三电迁改项目为代表的国家重点工程和一系列省、市重点工程，曾先后被评为全国安全标准化工地、全国3A诚信企业、高新技术企业、山西省优秀骨干建筑业企业、安全文化建设示范企业、优秀施工企业，荣获国家级、省部级优秀QC成果53项。

坚持以科技引领企业发展战略，培养了一批自主创新、科研、生产的骨干力量，不断加大科研经费投入，先后荣获国际、国家和省部级BIM大赛各类奖项24项，形成省部级工法3项、软著成果10项、发明专利成果10项。历年来，各项指标逐年攀升，2022年取得了新签合同额50.82亿元、实现利润总额7602万元的傲人成绩。项目覆盖山西、河南、河北、广西、浙江等地。

随着企业发展的不断壮大，企业资等级不高、业绩积累不足等制约企业高质量快速发展的主要短板不断显露。目前，公司共有各类资质18项，其中总包类资质5项、专业承包类资质11项、施工劳务资质1项、电力承装承修承试资质1项。面对短板，城建公司各部门、各单位充分发挥"家"文化建设凝聚作用，上下齐心，持续推动解决企业面临的卡脖子问题。目前，包含钢结构壹级在内的各类资质正在有序升级、申报中，计划在2025年顺利完成房建、市政、电力、机电工程总承包达到甲级资质。

企业品牌家喻户晓

城建公司多年来坚持"家"文化引领，紧紧围绕"团结、务实、高效、致远"的企业精神，秉承"以人为本，创新发展"的核心价值观，努力为促进区域经济发展、保障服务民生展现央企力量，履行央企担当。曾先后承建了陵川县菊巘山公园、叶县城雕公园等民生工程，对进一步提升城市品位，改善居民生活环境具有重要意义；在郑州特大水灾发生后，号召全体员工捐款捐物，相继承担了二七区102中学和淇县安置房等省属灾后项目建设任务，在豫打响通号品牌力量，彰显央企担当；党政工团齐发力，针对重点区域开展扶贫产品采购，为打赢脱贫攻坚战贡献城建力量。

实施效果

"家"文化实施以来，尤其是近几年，城建公司市场开发呈现良好态势，安全生产稳步推进。现已初步形成以山西、河南、河北、广西为核心的四大主营区域，成立华中、华南、华北和直属4个区域经营指挥部，进一步完推动了属地化经营、滚动开发工作的高效运行。先后参建了以石济客专三电迁改、石港城际迁改项目为代表的国家重点工程，相继中标雄商高铁三电迁改工程、阳涉铁路电气化改造工程、津潍三电迁改工程等国家重点铁路工程项目，壮大了主业发展规模。紧跟国家政策导向，积极拓展新型市场，中标济源市人民医院东院区项目，在大体量、综合型三甲医院施工方面取得了全新的突破，刷新了房建板块市场经营新高度。

主要创造人：杨连好　王宝山
参与创造人：杨　凯　涂　芹　张　彬　武海潮

以"四维四美·亭满意"传播落地模式推动企业文化在基层根植

国网安徽省电力有限公司滁州供电公司

企业简介

国网安徽省电力有限公司滁州供电公司（以下简称滁州供电公司）是国家电网有限公司所属供电企业，供电区域为滁州市（除凤阳县）的三县、两市、两区，营业面积1.145万平方千米，服务人口约377万人、客户198.2万户。管辖6个县级供电公司，设有41个乡镇供电所，现有职工1721人。先后获得全国文明单位、全国"五一"劳动奖状、全国模范职工之家、全国敬老文明号、全国厂务公开民主管理先进单位、全国"安康杯"竞赛优胜企业、全国电力行业优秀企业、5A级电力企业标准化良好行为企业、安徽省文明单位、安徽省诚信单位、国家电网有限公司文明单位、国家电网有限公司先进集体、国家电网有限公司"红旗党委"等荣誉称号。

实施背景

弘扬新时代中国特色社会主义文化的需要

国有企业是弘扬中国特色社会主义文化的重要力量，国家电网有限公司作为国有重点骨干企业，更要自觉扛起文化使命，把文化工作融入建设世界一流企业具体实践，为服务经济社会发展、忠诚守卫国家能源电力安全提供强大精神力量。

推动国家电网有限公司企业文化落地的需要

国家电网有限公司始终坚持以人民为中心的发展思想，从加快建设具有中国特色的国际领先的能源互联网企业战略目标高度出发，全力推动企业文化建设，将公司战略转化为广大职工的情感认同和行为自觉，积淀形成"人民电业为人民"的企业宗旨、"为美好生活充电、为美丽中国赋能"的公司使命、"国民经济保障者、能源革命践行者、美好生活服务者"的公司定位、"努力超越、追求卓越"的企业精神，既立足于国家电网有限公司职能定位，又符合基层生产经营实际，需要各级单位共同努力，把公司价值理念融入企业管理全过程，推动企业文化在各业务领域、专业条线全面落地根植，增强员工文化认同，提升文化自觉。

加强乡镇供电所企业文化建设的需要

乡镇供电所作为国家电网有限公司的最基层作业单元，处于服务广大乡村电力客户的最前沿，普遍存在企业文化实践能力薄弱、企业文化落地难等问题，如何推动企业文化在供电所内落地深植,让企业文化内涵融入中心工作、渗透专业实践、植入行为习惯,需要充分挖掘县域特色与基层工作实际,探索符合乡镇供电所需求、契合地方发展方向的特色文化实践模式,既能把基层员工的主观能动性调动起来,也为更好地联动地方资源提供了有力抓手。

体系内涵

"四维四美·亭满意","四维"即环境、管理、队伍、思想4个维度,"四美"即安全美、服务美、众创美、和谐美,通过"四维"的同向发力,"四美"的同向聚合,以"所里有亭、墙上有画、廊上有图、身边有影、屏幕有形"的方式展示,打造全方位、多层面、立体化的企业文化传播和落地模式,形成具有滁州亭城特色的"亭满意"品牌。

乡镇供电所通过"四维四美"特色模式的构建与实施,使党的声音、先进文化占据员工的思想高地,让思想文化浸润站所、浸润员工、浸润人心,进而激发员工对企业、对家人的责任感和使命感,员工心态健康,干事创业氛围浓厚,业绩成效持续提升,公司持续高质量发展。

主要做法

思想维度,根植"亭满意"的意识

坚持从思想维度提升文化认同,推动企业文化内化于心,筑牢基层员工信仰信念的理论根基,巩固共同奋斗的思想基础,加速"亭满意"品牌在基层员工的浸润渗透。

政治文化引领。以服务型供电所党支部建设为抓手,把贴近时代、贴近实际、贴近职工作为文化根植出发点和立足点。加强党的二十大精神学习宣贯,强化职业道德建设,突出人文关怀和谈心疏导,帮助职工树立正确的人生观、世界观、价值观,努力提高全员政治思想觉悟和综合素质。

先进文化驱动。挖掘供电所区位所在的地缘文化、革命文化和红色基因,传承和发扬先进文化精髓,以文化人、以德树人,开展"清明走镜园""端午树新风""重阳敬老""邻里守望温馨年"等传统节日活动,引导职工在先进文化实践中弘扬精神、传承美德。

企业文化融入。基于所内布局,因地制宜打造企业文化墙、建设企业文化长廊,展出社会主义核心价值观等内容,让国网战略、企业使命入脑入心;开展"亲情寄语话安全""家庭助廉、清风满家"活动,设立共享书吧,温馨的空间让工作、"充电"两不误。

管理维度,坚实"亭满意"的基础

坚持从管理维度促进文化融合,推动企业文化固化于制。将企业文化建设纳入乡镇供电所对标管理,提升基层管理质效,推动"亭满意"品牌根深本固。

工作模式创新创优。建立供电所"3356"工作模型,即:营销管理"三规范",规范抄表、规范核查、规范奖惩;优质服务"三部曲",研究方案腿要勤、用心沟通嘴要勤、善于学习脑要勤;工作标准"五法则",安全管理要细心、设备管理要用心、服务客户要热心、营业收费要公心、班组建设要同心;安全生产"六举措",抓治理、除隐患,抓管控、强安全,抓服务、建机制。

制度流程细化优化。以台区为单位,设立"每户一经理",确保客户经理"全覆盖";做到

"每台区一公示",实现客户联系"无死角";坚持"每周一例会",助推重点任务"全落实";完成"每日一记录",成为健全客户经理工作考评的重要依据。

党建业务双向融入。深化党支部标准化建设,提升党支部战斗力和凝聚力。聚焦业务工作中的难点弱项,实施"党建+"项目化管理,开展"党员1带1"帮带互动、党员责任区、党员示范岗创建等活动,突出党员示范引领,带动全体职工建功立业。

内部市场建设应用。坚持效益优先,在供电所内部搭建以"经营效益、管理效率、发展质量"等多维度的内部四级、五级市场体系,在传统"目标式"指标考核的基础上增加供电所内部"效益"考核,形成客户经理良性竞争氛围,持续激发职工责任感、使命感。

队伍维度,培育"亭满意"的沃土

坚持从队伍维度培育文化自觉,推动企业文化实化于行。强化基层员工素质建设,打造一流基层员工队伍,促进员工自身能力水平与"亭满意"品牌影响力共同提升。

"先、模"选树立标杆。培育供电所层面的服务基层"先、模"人物,如"皖美连心人物"的敬业奉献典型、"星级服务标兵"的优质服务典型、"突出贡献个人"的安全生产典型,以身边事育身边人,提升职工队伍干事创业精神。

导师带徒显成效。加大技能人才培养力度,持续开展导师带徒活动。无报酬,用真情实感全心教导徒弟;纯自愿,尊重师徒双方个人意愿,不下指标、不定任务、不拘内容;无时限,师徒合同不约定期限,互相学习,互相提高。

实训实操练技能。建立室内实训室,现场培训员工装表接线、下户线工艺和光伏板并网接入等日常业务。按照农网台区标准建设室外实训场地,培训员工登杆、登高作业,打造一支专业技能过硬的队伍。

环境维度,铸就"亭满意"的阵地

坚持从环境维度传播文化价值,推动企业文化外化于形。在乡镇供电所打造小而精的"亭满意"阵地,开展新时代文明实践,传播文化品牌。

匠心致初心。突出供电所建筑特色、地缘特色,建设党建文化微阵地,如初心亭、廉洁文化墙、思鉴书屋等。依托供电所新时代文明实践站点创建,开展"微学习、微讨论、微行动、微承诺、微感悟、微愿景"等活动。

文化沁人心。充分利用所内办公、营业厅、廊道、院落等嵌入式方式强化文化传播,建立"四个一"(一个宣传栏,一个文化长廊,一个微信群组,一个平面媒体)的文化传播平台,以"墙上有画、廊上有图、身边有影、屏幕有形"的方式生动展示企业文化。

传播电力情。制订二十四节气工作表,按时按节推进,把常态工作干出精彩。组建"电磁波"宣传小组,开展特色亮点工作宣传报道,《开学检修进校园》在央视播出,《电力安全课搬到田野》在新华社等媒体刊发,不断增强"讲出来"的能力。

实施效果

滁州供电公司坚持"四维"同向发力,推动"四美"同向聚合,"亭满意"的理念在乡镇供电所根植,管理质效显著提升。2022年,基层供电所关键业绩指标同比提升10.6%,"供电所管理指数"位列安徽省第一,四星级以上供电所比例超过88%,位居安徽省前列,秦栏供电所荣获国家电网有限公司年度综合类"百强供电所"称号,新区供电所安徽省独家入围国网数字化示范"成效突出单位"候选。

主要创造人:魏倩霓
参与创造人:裴 雯 苏雪娟 张 璇 何金鑫

以"阳光文化""奉献文化"推动国企高质量发展

青岛经济技术开发区投资控股集团有限公司

企业简介

青岛经济技术开发区投资控股集团有限公司（以下简称青岛经控集团）是全国第九个国家级新区青岛西海岸新区的国有投资平台，注册资本50亿元，主营开发建设、靠前保障、金融投资、双招双引、园区运营、国际贸易、高端能源化工等业务，承担青岛西海岸新区重大项目投资建设、招商引资、资本运作等任务，致力于市场化、专业化发展，打造全国一流国有资本投资公司。下设融发集团、开投集团、招商集团、园区运营管理集团、国际贸易集团、金融投资集团、中石大控股等7个子集团，拥有胜华新材、台海核电2家A股上市公司。截至2023年2月，有员工1827人，总资产超过1000亿元。

实施背景

青岛经控集团近年来抢抓青岛西海岸新区实施经略海洋、融合创新、自贸试验区建设和体制机制创新四大国家战略机遇，打造"阳光经控、奉献有我"党建品牌，弘扬"激情、高效、创新、共赢"企业精神，建设符合先进文化前进方向、具有时代特征和自身特点的"阳光文化""奉献文化"，将公司的使命和员工的价值追求有机结合起来，为承接国家战略和企业改革发展汇聚了强大而持久的正能量，走出了一条文化兴企、治企、强企的国企高质量发展道路。不到6年时间，推动总投资1300多亿元的400余个城市更新建设与产业投资项目取得重大突破，累计完成固定投资700多亿元，企业总资产从5000万元增加至1000多亿元，年营业收入从2亿元增加至264亿元，年利税从1000万元增加至11亿元，成为山东地方国企裂变式发展典型样板。实控胜华新材、台海核电2家A股上市公司，被誉为青岛国资国企并购上市公司最成功的案例。获评2022中国服务业企业500强、2022中国企业改革发展优秀成果奖、2022全国企业管理现代化创新成果奖、全国诚信经营示范单位、全国首批大思政课实践教学基地、2022山东社会责任企业、第二届山东省企业文化优秀成果奖、青岛最具影响力企业、青岛市最佳雇主等荣誉百余项。企业主要负责人2022年山东省委省政府表彰为山东省优秀企业家。

主要做法

以党建引领为核心，为企业文化塑魂

青岛经控集团党委始终把党建摆在首位，结合"不忘初心、牢记使命"主题教育、党史学习

教育，持续抓好理论武装，持之以恒推进习近平新时代中国特色社会主义思想大学习、大普及、大实践。发挥党建在文化管理、文化创新和文化展示中的引领带动作用，有力地促进企业更好地经营和发展，有效提升企业文化软实力与核心竞争力。2017年以来，集团党委旗下党支部从2个增加到26个；2021年以来，新发展党员110余名，党员数量从7名增加到504名，中层以上管理人员中党员占比约为90%。红色基因不断增加，成为推动文化建设和改革发展的中坚力量。成立青岛西海岸新区首个楼宇党建联盟经控大厦党建联盟，精准赋能楼宇经济高质量发展，打造青岛西海岸新区首个税收过10亿元楼宇。

以品牌打造为关键，为企业文化塑形

青岛经控集团强化文化塑形，办好企业内刊《阳光经控》、微信公众号、官方网站，打造"阳光经控、奉献有我"党建品牌，编印《企业文化大纲》，将公司使命和员工价值追求有机结合起来，形成了比学赶超、大干快上的生动局面。打造"支部建在连上"项目攻坚品牌，与项目参建单位合作成立联合党支部，组建68个党员先锋岗、42个青年突击队，开展党建联建共建，发挥一线党员先锋模范作用，为打造精品工程提供坚强保障。

以红色资源为优势，为企业文化提质

青岛经控集团立足古镇口核心区，发挥青岛西海岸新区红色资源、海洋资源、军事资源优势，结合党史学习教育，打造了战略思想宣讲基地、营房旧址见学基地、海军历史博览基地、国家安全培训基地、海洋科普教育基地等五大基地，打造"海洋教育＋红色研学"新名片。海军公园、古镇口国防教育基地、海军军史展览馆等项目入选党史学习教育基地，2021年以来，累计接待参观学习场次近千场，人数达40万人次。

以人才建设为保障，为企业文化赋能

青岛经控集团变"伯乐相马"为"阳光赛马"，凭业绩用干部，全面推行公开招聘，管理人员竞争上岗。率先推行市场化薪酬改革试点，建立完善考核激励制度，实施"创新、创业、创造"劳动竞赛、"每月之星"评选和动态考核，及时奖励，有效激励，确保"有为者有位"、人尽其才。首先，强化评优评先机制，选树典型立标杆。在项目一线、重点岗位设立党员先锋岗、青年突击队，一系列评先树优让更多工作骨干、攻坚先锋脱颖而出，近80%的职工获得不同层次荣誉。其次，强化日常考核机制，提升"实战"能力。建立健全30多项人力资源规章制度，加强干部职工队伍动态考核。对项目经理和资产租赁、税源引进、招商引资等实施月度和阶段性项目考核，激励大家主动攻关、主动创新。集团因获得上级各类荣誉突出晋级的人数占晋级总人数的40%以上，年轻人才占中层干部总人数的30%以上，吸纳金融、投资、招商、工程、船舶、核电等专业技术人才100余人，人才数量和质量不断提升。

实施效果

以"激情"创业推动企业裂变式发展

集团2017年组建以来，承担的重大项目从总投资20亿元增加到1300多亿元，累计完成投资700亿元；在建面积约800万平方米，省市重点项目25个，排在山东省地方国企前列。企业总资产从创业之初的5000万元增加到目前的1000多亿元。2022年，实现营业收入264亿元，较

2021年增长40%，是创业之初2亿元的132倍；利税11亿元，较2021年增长79%，是创业之初1000万元的110倍。

以"高效"落实推动企业领跑式发展

仅用不到半年时间，把原处于停工状态的中国科学院海洋大科学研究中心项目干成市重点项目和省重点项目；仅用55天就确保中日韩消费专区电商体验中心项目完工交付使用；仅用45天实现中国（北方）特种装备维保基地完工……得到社会各界一致好评。

以"创新"突破推动企业集聚式发展

发起总规模约350亿元的15支产业投资基金，返投山东比例超过1.3倍。在投股权投资项目69个，投后最新估值是初始投资的3倍，确保国资保值增值。抢抓自贸区建设机遇，在青岛自贸片区打造北方木材交易中心，成为我国规模最大的木材进口贸易园区。牵手阿里巴巴、亚马逊等全球电商巨头，建设青云通跨境电商综合服务平台，助力300家本土企业"品牌出海"，2022年拉动外贸进出口额近百亿元，成为山东省第一大跨境电商综服平台。建设运营经控科创园、MAX科技园等五大园区，已累计签约人工智能、海洋科技、智慧交通、生物医药、先进制造等高新技术企业132家。联合社会资本组建制造业转型升级研究院，拥有专家及合作专家智库成员80余名，取得软件著作权、专利、标准等技术成果50余项，成功实施30多项新旧动能转化工程案例。培育拟上市公司9家、国家高新技术企业20家、全球独角兽企业500强4家、国家和省市专精特新企业23家、省级瞪羚企业5家、青岛市人工智能产业链链主企业2家。

以"共赢"合作推动企业市场化发展

以企业并购、股权投资、战略重组等方式，累计与50多家央企、国企、行业领军企业和机构战略合作，加快市场化发展。出资人工智能独角兽企业极视角，推动公司总部迁至山东，打造全国领先的人工智能发展高地。联合中国科学院工程热物理研究所设立中科航星、中科国晟等4家中科系企业，保障航空发动机、燃气轮机、高端无人机等多项国家重大技术攻关项目。通过战略重组方式并购大唐集团旗下华欧集团和京鲁船业等经营困难实体企业，利用集团资本运作等优势，迅速带动上述老企业焕发新生机。顺利完成实控胜华新材和台海核电两家上市公司，为集团新增总资产140亿元、净资产90亿元，被誉为近年来青岛国资国企并购上市公司最成功的案例。胜华新材在全球碳酸酯高端溶剂市场份额已超过40%。海华生物自2018年12月投资以来，估值已由5000万元增至15亿元，成为集生物医药研发和技术服务于一体的国家高新技术企业。

主要创造人：张金楼

参与创造人：陈　腾　王志远

以企业文化激活企业高质量发展新动能

三宝集团股份有限公司

企业简介

三宝集团股份有限公司（以下简称三宝集团）创始于1999年，经过20多年的发展，成为一家拥有国内外先进装备的综合性钢铁龙头企业。三宝集团现有员工5000余人，固定资产100多亿元，多年蝉联"中国制造业企业500强""中国民营企业500强""福建省百强"，获得"国家高新技术企业""国家绿色工厂""中国驰名商标"等殊荣，是符合工业和信息化部行业准入的规范企业。2022年，三宝集团实现产值592亿元、税收7.3亿元，被漳州市政府评为"纳税大户"和"经济建设功臣单位"。近年来，在各级党委、政府和相关部门的关心支持下，三宝集团坚持高质量发展，积极融入新发展格局，坚持发展高端、绿色产品，不断推进管理智能化和技术创新，拥有国家发明专利39项、实用新型专利136项，获得"省级知识产权优势企业"称号，三宝集团董事长还荣获了"中国标准创新贡献奖三等奖"。产品广泛用于海底隧道、特大桥、机场、核电工程、海洋工程、高铁等国家重点工程，被中国核工业集团评为"优秀合作伙伴"，是全国首家可生产全系列耐腐蚀钢筋的厂家，产品被福建省纳入"十四五"海洋战略的新材料。

实施背景

以企业文化激活企业高质量发展，是贯彻落实党的二十大精神的重要举措，是引领企业前行的新动能，是企业凝心聚力、共克时艰的强大精神力量。

主要做法

20多年的发展历程中，三宝集团始终把企业文化建设纳入企业发展战略中，以企业文化激活企业高质量发展新动能，打造了具有三宝特色的企业文化体系，打造了优秀的企业文化建设平台，增强了企业的凝聚力和向心力，塑造了企业良好的品牌形象，为驱动企业高质量发展提供了强大的精神动力和强有力的文化支撑，为实现"树行业标杆，铸百年三宝"宏伟梦想奠定了坚实的基础。

坚持文化引领，在传承中淬炼三宝特色文化体系

三宝集团成立以来，根据其钢铁制造业的属性、行业发展趋势、企业实际情况，对长期生

产经营过程中沉淀下来的精神进行总结提炼，在保持核心价值观不变的情况下，随内外部环境的变化及公司发展战略的调整进行适当的更新，建立健全了先进企业制度文化，构建了企业理念识别系统、视觉识别系统、行为识别系统等。形成了先进文化与先进生产力相辅相成的企业核心价值理念，秉承"品质决定发展，诚信铸就大业"的经营理念，孕育"团结拼搏，追求卓越"的企业精神，树牢"做强三宝，富裕你我"的企业使命，绘就"树行业标杆，铸百年三宝"的企业愿景，推行了"八提倡、八反对"的员工行为准则，发布了《三宝集团企业文化手册》，每季度刊发企业内刊《三宝人》，出版了《三宝钢魂》一书。集团以现代化管理手段为抓手，制订了详细的三级管理制度，赋予企业文化新的内涵，构建了具有鲜明时代特征和自身特色的企业文化体系，实现了理念渗透、行为养成、视觉达标的既定目标。

实施文化赋能，在实践中激活高质量发展新动能

文化赋能党建工作，打造"四季党建"文化新标杆。三宝集团以文化赋能党建工作，提出"围绕经济抓党建，抓好党建促发展"的党建工作理念，在实践集团"一核两翼"发展战略和"打造千亿钢铁产业集群"的奋斗目标中，充分发挥基层党支部的战斗堡垒和党员的先锋模范作用，将党建工作与发展经济的中心工作高度融合、互促互补，打造"四季党建"文化新标杆，以党建赋能企业高质量发展。"四季党建"品牌的做法，被《人民日报》作为福建省开展第二批"不忘初心、牢记使命"主题教育活动的典型推向全国，由中宣部在"学习强国"平台进行刊登和推广。

文化赋能生态建设，绘就绿色低碳发展新画卷。近年来，三宝集团坚持以"精品高效、绿色低碳、生态三宝"的文化理念为引领，围绕实现"双碳"目标，坚持从管理层到基层全员行动，深入践行绿色低碳发展理念。集团以"共建美好家园"的信念齐抓共管，开展厂区环境美化活动，组织全员进行清洁生产、节能减排方面的技术培训，不断增强广大员工参与企业低碳生产和循环经济活动的自觉性和主动性；在广大员工中倡导低碳办公、低碳生活、低碳生产新观念。目前，三宝全厂绿化率达到40%，成为高颜值的绿色工厂。

文化赋能科技创新，激活传统产业发展新引擎。三宝集团始终把科技创新置于发展全局的核心位置，长期与科研院所、高校进行产学研合作，成立精品钢技术研发中心、院士专家工作站。通过多年努力，大力开发新产品，成功开发了高强抗震耐蚀钢系列产品，参与国家标准制订，取得全国第一本耐蚀钢生产许可证。从推进钢铁基础研究和关键核心技术攻关到全方位推动科技成果转化和智能制造，三宝集团切实以文化赋能发挥出了科技创新的战略支撑作用。

文化赋能人才强企，奋进铸就百年企业新征程。三宝集团以文化赋能人才强企战略，建设思想统一、行为统一、忠诚度高且能助力集团发展的核心精干团队。

实施效果

弘扬企业核心价值观，深入人心

三宝集团企业文化在长期企业经营实践中沉淀传承下来，董事长王光文带领广大员工共同创造并逐步形成了"品质决定发展，诚信铸就大业"的经营理念，凝结了"团结拼搏，追求卓越"的员工精神，树立了"做强三宝，富裕你我"的企业使命，绘就了"树行业标杆，铸百年三宝"

的企业愿景。

助推主业做强做优，综合实力逐年提升

在优秀企业文化的引领下，三宝集团秉持"品质决定发展、诚信铸就大业"的经营理念，继续坚持绿色低碳发展转型升级，增强"巩固一核、拓展两翼"战略发展，重点发展核电建材用钢、耐腐蚀钢筋、热轧特殊钢卷板等核心产品，助推钢铁主业做优做强。2022年，集团实现产值592亿元，同比上涨30%，税收7.3亿元，被漳州市政府评为"纳税大户"和"经济建设功臣单位"，多年蝉联"中国制造业企业500强""中国民营企业500强""福建省企业100强"等众多殊荣，综合实力逐年提升。

持续提升员工获得感、幸福感、安全感

三宝集团始终坚持发展为了员工、发展依靠员工、发展成果由员工共享，深入开展"职工之家"创建工程，持续提升员工获得感、幸福感、安全感。先后建成科技楼、行政大楼、三宝家园、职工公寓等；开设"三宝健康服务中心"，每年组织员工年度体检；为员工创造一个安全、明亮、舒适的食堂用餐环境，每天享有2餐的用餐补贴；逢年过节发放丰盛礼品；员工收入逐年提升8%以上，在漳州市薪资水平名列前茅，践行"做强三宝，富裕你我"的企业使命。

积极履行社会责任，为产业报国贡献力量

三宝集团始终将增进社会福祉作为践行企业文化、承担社会责任的重要组成部分。多年来，在实现企业经营稳健发展的同时，王光文董事长带领三宝集团员工积极投身于社会公益事业，在乡村振兴、教育发展、文体事业、医疗卫生等多领域累计投入近2亿元，持续为社会公益贡献力量。例如，三宝集团积极响应政府优先发展教育事业的战略方针，捐资3000万元用于建设金峰经济开发区实验小学、捐资300万元支持芗城教育发展基金会。于2022年7月正式启动"福建省玉妹教育慈善基金会"，首批投入2000万元至教育慈善基金池用以奖优奖教、扶困助学，助力漳州市教育事业发展。

此外，三宝集团在节能降碳、产品质量、环境保护和安全生产等方面承担应有的社会责任，先后获得"全国绿色工厂""中国钢铁企业A级竞争力特强企业""全国守合同重信用企业""AAA级信用等级单位"等众多殊荣。

主要创造人：王光文　王小清
参与创造人：林　军　蒋丽虹

以文化为引领，谱写企业高质量发展新篇章

华能桐乡燃机热电有限责任公司

企业简介

华能桐乡燃机热电有限责任公司（以下简称桐乡燃机热电）位于桐乡市临杭经济区，总投资17.43亿元，配2套200MW级燃气－蒸汽联合循环机组，装机总容量45.8万千瓦；配套热网工程主干线3条、支线27条，总长70千米，供热覆盖面积176平方千米。建厂以来，桐乡燃机热电硕果累累。2015年，荣获2014年度浙江省重点建设立功竞赛先进集体；2016年，荣获浙江省先进基层党组织、2016年度浙江省建设工程钱江奖一等奖、国家重点环境保护实用技术；2017年，荣获第四届中国燃气机轮聚焦2017燃机电厂卓越贡献奖；2019年，荣获"浙江省创建和谐劳动关系暨双爱活动先进企业"称号；2020年，荣获中华全国总工会职工书屋、桐乡市诚信守法示范企业；2021年，荣获"浙江省模范职工之家"称号；2022年，荣获浙江省环境监测协会理事单位；等等。

实施背景

受外部政策环境等不利因素的影响，投产至2019年，桐乡燃机热电连年亏损。2020年，热电联产政策、天然气代输推进仍有较大困难，桐乡燃机热电实现扭亏增盈目标面临严峻的考验。在扭亏增盈的合力攻关期，为进一步提升广大干部职工勇往直前、砥砺奋进的士气，桐乡燃机热电迫切需要企业文化迭代升级，使之与企业发展战略目标保持一致，以企业文化建设引领企业转型发展。在此背景下，桐乡燃机热电深入一线职工群众开展访谈调研，确立了以"三立三先三乐"为内涵的核心价值要素，助力企业可持续高质量发展。三立：担当立身、实干立行、守正立魂。三先：安全为先、效益为先、发展为先。三乐：勤学为乐、奋斗为乐、成长为乐。在企业文化的引领下，广大干部职工团结奋斗、勇毅前行，推动企业生产经营取得显著成效，实现了扭亏增盈的阶段性目标，企业转型发展迈出坚实步伐。

主要做法

始终坚持党的领导，把对党忠诚铸入企业文化建设灵魂

坚持党的领导、加强党的建设，是国有企业的"根"和"魂"。加强企业文化建设，要以政治建设为统领，坚持以习近平新时代中国特色社会主义思想为指导，全面贯彻落实党的二十大精神，持续深化党史学习教育，教育引导广大干部职工把对党忠诚作为首要政治原则来坚持、作为

首要政治本色来坚守、作为首要政治品质来锻造，更加深刻领悟"两个确立"的决定性意义，增强"四个意识"、坚定"四个自信"、做到"两个维护"。

始终坚持战略导向，把价值体系视为企业文化建设之基

企业战略和企业文化是相互依存的关系，企业文化应该不断促进企业的创新发展，企业的创新也成就了企业文化的价值，因此，要保持企业文化与战略的一致性。在企业发展战略调整不可避免时及时创建支持企业转型发展的文化，是企业可持续高质量发展的根本因素。企业的转型发展要围绕战略重新构筑共同的愿景，在企业文化中注入转型发展的元素，形成与战略发展相匹配的价值观。桐乡燃机热电构建了与转型发展战略相适应的企业文化理念体系，使企业文化成为全体员工的共同价值取向和自觉精神追求。

始终坚持价值导向，把经营成果作为企业文化建设之尺

在华能"绿色"文化理念引领下，桐乡燃机热电确立"三先"为企业文化核心价值要素之关键。优秀的业绩才能保证企业基业长青，桐乡燃机热电要以卓越绩效支撑企业持续发展。桐乡燃机热电坚持"撸起袖子加油干"的理念，切实以企业文化建设引领企业可持续高质量发展。2021年，累计完成发电量10.63亿千瓦时，售热量49.16万吨，完成税前利润107万元——同比增加70万元，实现了企业持续盈利目标。2022年，累计完成发电量10.19亿千瓦时，售热量49.4万吨，剔除容量电费退坡以及投产以来首次A修合同费用后，完成税前利润105万元。

始终坚持发展导向，把营造转型氛围作为企业文化建设重点

企业文化建设要通过不断传播企业文化理念引导广大职工思想行为，最终形成一个能够鼓励职工追求绩效目标和认同企业转型发展的组织氛围。桐乡燃机热电在开展企业文化传播时进行了多种有意义的尝试。一是打造多层次的企业文化平台，以党建、工建、团建为载体，组织开展研讨会、趣味运动会、"国企开放日"等形式多样、内容丰富的企业文化宣讲展示活动，多平台打造润物细无声的企业文化。二是构建全方位的企业文化宣讲网络。三是坚持树立先进典型，弘扬企业精神，把学习宣传先进典型作为推动企业文化建设的有力抓手，定期开展评先评优活动。四是搭建员工合理化建议征集平台。多点突破，多点开花，为实现企业利益最大化营造良好氛围建立了有效渠道。2020年，取得5万千瓦分散式风电项目开发权。2021年，取得15.1万千瓦新能源项目开发权，核准8.5万千瓦光伏项目，取得2个分布式燃机项目开发权。2022年，核准6.237万千瓦光伏项目，开工分布式光伏项目0.737万千瓦，投产0.038万千瓦，获取固废资源6.7万吨。

实施效果

桐乡燃机热电通过开展多层次、多平台、多角度的企业文化建设活动，不断创新文体活动形式，丰富文化活动载体，满足了广大职工的精神文化需求，营造了"快乐工作、幸福生活"的浓厚氛围；广泛听取一线员工意见建议，形成人人参与、人人建议的企业文化，营造了团结和谐的民主氛围；在精神层面注重思想引领、在制度层面加强激励支撑、在行为层面强化引导约束，推动企业生产经营取得显著成效，实现了扭亏增盈的阶段性目标，企业转型发展迈出坚实步伐。

主要创造人：洪道文　周广珍
参与创造人：范　文　周　斌　王立军　黎　祥

以专家文化建设推动企业创新发展

国网河北省电力有限公司经济技术研究院

企业简介

国网河北省电力有限公司经济技术研究院（以下简称国网河北经研院）成立于2012年，主要业务范围包含电网规划、工程设计、项目评审、工程技术经济、战略智库和能源互联网研究等领域，具备工程设计、咨询"双甲"和工程勘测乙级资质，2019年入选河北省高新技术企业。近年来，国网河北经研院先后获得全国和谐劳动关系创建示范单位、全国工人先锋号、河北省"五一"劳动奖状、河北省文明单位、河北省诚信企业、河北省知识产权优势企业、国家电网有限公司"五四"红旗团委等荣誉称号。河北省能源局、河北省社科院先后在国网河北经研院挂牌成立了河北省能源互联网研究中心、河北省能源发展研究中心。

实施背景

国网河北经研院是研究型、技术型单位，专家人才队伍是经研院成事之基、力量之源和立身之本。近年来，国网河北经研院深入开展争先文化建设、作风建设和人才队伍建设，创建"334"争先文化体系，开展"锤炼'三实三进'过硬作风，出实绩求实效"专项行动，大力实施"321"人才培养计划。在此基础上，国网河北经研院进一步深入开展专家文化建设，广泛开展实践活动，弘扬追求真理、崇尚技术、团结协作、识才育人的专家精神，传授专家经验技巧，营造礼敬专家、争当专家的文化氛围，为高质量发展凝聚磅礴力量。

主要做法

开展思想引领工程，学习宣贯发挥文化引领作用

深入宣贯党的创新理论。开展习近平新时代中国特色社会主义思想主题教育，用党的创新理论武装头脑、指导实践。分层分级开展专题学习，发挥支部教育管理党员、联系群众的作用，开展各具特色的政治理论学习，切实将上级的各项部署要求落实到专业工作的各个方面。深化"双讲"机制，院领导班子成员主动到联系点讲理论、带队伍、提士气，党支部书记到党委理论学习中心组讲理论、讲专业、促交流，全年累计开展"双讲"13次。发挥好"经研论坛"机制作用，开展先锋论坛等各类活动8次，传播党的理论、搭建交流平台、凝聚思想共识。

开展攀峰登高工程，创新示范培育争先作风

不断增强创新争先示范力度。围绕国网河北电力"三高六强"深耕计划和30项精品示范任务，突出任务目标引领和时间节点管控，开展年度重点任务分解和亮点工作策划，明确重点任务65项、亮点工作14项。深入开展重点任务推进情况专项督导，注重从政治站位、业绩争先、贡献程度、人才培养等维度进行诊断指导督促，让争先进、当排头、走在前成为全体职工思想、行为共识。坚持问题导向、发扬斗争精神，以敢为人先的勇气胆略攻难关、解难题，以精益求精的作风态度铸精品、创一流，取得了"裕翔标杆""保西速度"等一系列标志性的突破，打造了"全国首个防汛防涝标准""国网首个配网评审平台"等一系列领先成果，有力彰显了冀电经研奋斗风采。

定期举办"经研先锋"发布活动，增加文化建设的仪式感和感染力，组织各部门、中心每季度挖掘取得重大突破的工作事项或先进个人，提炼典型经验做法，累计评选9项优秀"经研先锋"案例进行发布，重点对创新做法、担当精神、争先劲头进行了宣传展示，大力弘扬了求实绩务实效、敢斗争勇担当的实干作风，凝聚了干事创业、勇攀高峰的精神力量。

开展精准培养工程，健全机制打造人才队伍

全员开展"大学习"活动。组织开展"大学习"活动，培养持续学习、热爱学习的良好风气。依托专家人才"三书两表""大讲堂"，建立专家授课任务和考核评价体系，压实专家指导、部门培养责任，选拔院级专家人才2名、青年先锋6名，4人入选国网河北电力高级专家和青年先锋。各级各类专家人才、青年先锋制订详细授课计划，为新进员工分配专家人才导师，充分发挥"传帮带"作用。各部门、中心根据年度培训需求，明确"大学习"活动目标，制订学习计划，除了完成"规定任务"以外，重点突出"自选内容"，营造了全员学习的浓厚氛围，树立了终身学习的文化理念。

持续完善专家人才培育机制。大力实施"321"人才培养计划，夯实专业中心人才培养责任，组织各专业中心制订专业人才培养计划书，明确本专业人才队伍结构，引导各中心对不同群体进行分类施策、差异化培养，推荐参与关键任务攻坚、重大项目攻关，提升人才培养的精准度和实效性。梳理专业人才队伍情况，常态化开展内外部实践锻炼，加强员工交流锻炼期间全过程管理，加速学习成果转化落地。

开展专家领衔工程，集智攻关驱动创新发展

多渠道强化高端专家引领作用。强化高端专家引领作用，积极为其干事创业搭平台、找渠道，重点对学术带头人给予资源支持，坚持"揭榜挂帅"和"领头羊"机制，带头开展重大科技创新项目研发，积累科技创新成果等荣誉，加快培育科技创新人才专家。优化完善科技创新攻关团队建设机制，明确团队攻关方向及人员配置，围绕科技创新攻关团队主攻方向开展项目立项储备、成果培育储备，进一步发挥团队合力和创造力。创新举办"聚力经研创新争先"活动，坚持每季度召开成果发布会，全员创新意识更加深入人心。强化创新项目院级统筹和全过程管控，2022年荣获行业级以上科技奖5项，取得国网科技创新和国家级管理创新"双突破"，QC成果首次取得全国"示范级"评价，职工技术创新连续3年获得全国能源化学地质工会一等奖。

开展礼敬专家工程，关心关怀营造浓厚氛围

精准构建专家人才荣誉渠道。将各等级专家人才、骨干职工纳入先进典型动态库，对入库人员分类梳理，将专家人才和各类荣誉匹配，结合专家人才的等级、专业等特点，分级分类开展典型培养，制订专属培育计划，明确专属培育路径。通过荣誉推选和事迹宣传，对专家人才形成精神激励，为高等级专家人才评选奠定荣誉积累，经过全面梳理，17人入选国网河北经研院先进典型库，分层分类建立了先进典型培育梯队。两年来，2名员工先后获得河北省"五一"劳动奖章、1名员工获得国网公司巾帼建功标兵、1名员工获评"河北好人"荣誉称号。

全力营造礼敬专家浓厚氛围。在符合政策要求的前提下，给予专家充分的礼敬待遇和关爱措施，在职工疗养、职工体检、资源配置等方面，突出对专家人才的关心和支持，形成了礼敬专家的鲜明文化氛围，院领导每年通过座谈等形式对专家人才、先进典型进行慰问。加强对专家人才，尤其是高级别专家人才的心理关怀，及时关注由于身份变化、责任压力增大等情况引起的思想波动，创新实施EAP职工心理援助计划，全年举办线上培训、驻场咨询和主题沙龙活动20余次，将各类专家人才、先进典型纳入关怀对象，确保专业人才、先进典型的价值贡献和引领作用充分实现。

实施效果

国网河北经研院坚持将"创新、求实、协同、育人"的专家精神融入工作的方方面面，创新创效亮点纷呈，人才活力有效激发，企业的凝聚力有力增强、管理更加完善、业绩显著提升。

一是专家文化引领凝聚奋进力量。通过持续努力、广泛的宣传和深入的实践，国网河北经研院专家文化建设取得了良好成效，专家文化价值理念深入人心并自觉转化为职工的行为习惯。广大职工坚持"崇尚技术、注重实干"理念，立足专业、潜心钻研，甘坐"冷板凳"、肯下"苦功夫"，不断在干事中长本事、在攻坚中变中坚；敢于挑战专业技术最前沿、勇于破解制约发展的瓶颈问题，争当各专业的行家里手、"一锤定音"的权威专家，全力营造了"专家引领专业发展、员工和企业齐步登高"的良好生态，助力企业高质量发展。

二是专家文化激励助力人才队伍成长。在敢为人先、专业专注、团结协作、甘为人梯的专家精神激励下，通过"五项工程"实践活动的扎实锤炼，一批批专家人才不断涌现。完善培养、选拔、使用、评价全流程机制，创新开展新入职员工跨单位联合培养，选派6名业务骨干分赴江浙沪及雄安公司实践锻炼，开启了人才成长的加速度。1人获评国网河北电力十大工匠，2人分别入选国网青年托举人才和河北勘察设计领军人才，2人当选国网河北电力高级专家，数量位居直属单位第一。

三是专家价值彰显。专家文化全面融入各项专业工作中，依托工作专报、主流媒体、学术论坛等载体，紧密围绕公司和电网发展新需要，持续输出展现经研特质和思考的专家观点，持续扩大支撑范畴、提升价值贡献。智库研究成果丰硕，加强研究课题统筹调配，"电力看经济""电力看环保"等5项数据产品入选国网公司大数据优秀成果，1项案例获得"2022数字中国创新大赛"优秀奖。

主要创造人：陈志永　李宏博
参与创造人：马　明　丁　荣　张欣悦　吕　芳

建设百盈特色企业文化

江西百盈高新技术股份有限公司

企业简介

江西百盈高新技术股份有限公司（以下简称江西百盈）是一家以智能逆变器、智能高频充电器、太阳能储能系统为主业且集研发、生产、销售为一体的现代化高新技术企业，擅长工业设计、结构、软硬件开发，拥有全球化的市场营销、渠道销售及售后服务。江西百盈成立于2011年，位于江西省鹰潭市余江县工业园区，于2017年在"新三板"正式挂牌，成功登陆全国公开资本市场。江西百盈成立以来，业务快速发展，综合实力不断提升，有多条先进生产线，拥有成熟的技术优势和先进的生产设备和检测仪器。江西百盈先后获得"国家高新技术企业"和国家级专精特新"小巨人"企业与"江西省管理创新示范企业""江西省瞪羚企业""全国'五一'巾帼标兵岗""江西省光伏应用推荐产品""江西省电子商务示范企业""江西省优秀企业""江西省服务业龙头企业"等荣誉称号。目前，产品已获得国内实用新型和外观专利共计160余项，申请发明专利40余项、国外专利10余项。

江西百盈企业文化背景及内容

从2011年创立之初，江西百盈董事长吴凤明就提出了"爱岗敬业、精益求精、认真专注、敢于试错"的企业精神——百盈精神。10多年来，百盈精神引领公司取得了一项又一项的成绩，其内涵不断丰富、提升和发展。2021年，江西百盈提出：必须在继承、发扬百盈精神的基础上，从精神文化、制度文化、行为文化、物质文化4个层面着手，塑造优秀、独特的江西百盈企业文化，将企业文化建设作为推进公司实现主板上市的不竭动力来源。

江西百盈企业文化的优势和特点

江西百盈企业文化具有优良的传统

经过10多年坚持不懈的企业文化建设，企业文化已经深入每一位员工的内心，深刻影响了员工的思想和行为，激励员工顽强实践、奋力进取，促使江西百盈实现转型升级和跨越发展。江西百盈领导层有高度的文化自觉，他们既是企业文化的设计者，也是企业文化的传播者和实践者。在不同时期，他们主动推动文化的变革，使文化适应时代、适应市场、适应战略，为企业发展打下坚实的基础。各级管理者和基层员工以百盈文化为荣，为百盈文化添彩，积极接受和主动践行百盈文化，形成良好的企业文化氛围。

企业文化建设活动有序开展

不断强化企业文化内外部宣传、渗透和应用，厘清员工思想认识上的种种误区，增强了员工的凝聚力、向心力，促进员工对企业文化价值观的认同和融入。在加强企业文化宣贯的同时，组织开展了丰富多彩的文化活动。通过开展丰富多彩、积极向上、有益于身心健康的活动，充分展示职工积极、健康、向上的精神风貌。每月定期举行劳动模范（优秀员工）评比活动，组织全体职工参与，选出10位劳模先进（优秀员工）人物进行表彰，激励引导职工始终保持昂扬向上的热情和忘我工作的精神，为企业发展聚力，为职工成长搭桥。

企业文化与员工进一步融合

2020年，为了加强公司员工的素养，江西百盈成立企业大学——百盈学院，定期为新进员工、管理干部及全体职工进行培训，开设了"新兵连""少将营""将帅营"等不同的培训班。"新兵连"每个月开班一次，主要是让新员工了解公司的企业文化、流程制度，帮助他们快速融入公司。"少将营"的主要目的是把平时工作表现突出的员工作为后续储备干部培养，给更多的人才以晋升空间。"将帅营"的主要目的是加强公司部门负责人的培训，提升他们的管理能力。

积极践行感恩文化

感恩文化是一种基于人自身需要的文化自觉和行动自觉，意味着平等与尊重、付出与回报。职工是企业创造价值的主体，企业应对职工怀有感恩之心并通过有效途径和制度保障对职工进行人文关怀，让所有职工共享企业发展成果，激发他们强烈的主人翁意识和责任感，让企业和职工之间真正的相互了解、相互融合，从而形成源自内心深处的爱，而这样的爱会让员工将一生的心血和智慧与青春献给企业，企业同时也能够给予职工以丰厚的回报和荣誉。

江西百盈企业文化建设成果

企业文化建设的关键在于让文化理念落地，内化为企业和员工的经营管理行为。因此，江西百盈从机构组织建设、战略制订、培训到理念识别渗透、子公司文化调研指导等成系统地推进企业文化建设，从精神文化、制度文化、行为文化、物质文化等4个层面构建完善理念体系，通过组织领导、机制条件、传播渗透、培训教育、评价考核等5个方面予以支持保障，确保企业文化建设的顺利开展。形成了以文化为支撑、以品牌建设为出路、以培育传播为重点，自下而上、自上而下的循环渐进式文化建设格局。

建设完善的文化建设组织网络。江西百盈设有负责企业文化建设的工作部，有专职的企业文化工作人员主责推进企业文化建设工作。将经费纳入年度预算，从经费上保证企业文化活动的开展。

把企业文化建设纳入公司的发展战略。将企业文化建设列入企业的年度方针目标中，在企业发展中不断推进企业文化建设，从战略和战术上予以高度重视。

做好理念文化渗透工作。江西百盈董事长等高管人员每年都要对企业文化理念进行宣讲，撰文对企业文化进行解读，进一步挖掘、提炼和丰富企业文化内容，统一员工的思想和认知。企业文化工作部组织开展丰富的企业文化活动，使企业文化渗透进职工的日常生活中。此外，还在工厂工作和生产场所制作理念文化标识牌，推进企业文化落地、上墙工作。

优秀企业文化助推企业发展

得益于企业文化产生的智力支持、文化支撑和精神动力，在以艰苦奋斗为核心的百盈精神和以客户第一为核心的企业价值观的推动下，江西百盈取得一项又一项辉煌的业绩，公司经营效益持续创优。未来，江西百盈将利用原有储电、逆变技术，大力开发汽车充电桩产品，提高国内市场占有率；与时俱进，响应国家号召，开发储能电源等产品，带动整个上下游产业链的发展。以上战略达成后，公司将成为国内行业领头企业，实现年产值 10 亿元以上，公司市值将超过 50 亿元以上，成为鹰潭制造业的一面旗帜。

主要创造人：吴凤明　闫丛丛
参与创造人：吴炜峰　乐伊羽帆　刘　静　夏梦梦

以"五心点亮"行动打造电力央企雪域党建品牌

中国华电集团有限公司西藏分公司

企业简介

中国华电集团有限公司西藏分公司（以下简称西藏公司）是中国华电集团有限公司（以下简称华电集团）于2008年3月在西藏设立的分支机构，主要负责华电集团在藏清洁能源发展和助力乡村振兴、服务西藏经济社会高质量发展。公司在册员工208人，资产总额83.77亿元，建成投产西藏最大水电站——大古水电站和西藏最大光伏保供项目——那曲色尼光伏项目，总投产装机80万千瓦（水电66万千瓦、光伏14万千瓦），正在开展巴玉水电项目（86万千瓦）、罗布沙光伏项目（65千瓦）等的前期工作，全力参与西藏其他清洁能源资源开发。先后获得"全国脱贫攻坚先进集体""全国脱贫攻坚组织创新奖""全国'五一'劳动奖状""全国文明单位"等荣誉称号，涌现出"全国劳动模范""全国道德模范提名奖""全国'五一'劳动奖章""全国'五一'巾帼标兵""中央企业优秀共产党员""华电集团2022年度十大奋进者"等先进典型。

实施背景

尼玛县地处平均海拔4500米以上的藏北高原，县城海拔4588米，年平均气温-4℃，最低温度达-30℃，条件异常恶劣，是全国少有的电力孤网运行缺电县。2017年以前，县城主要由2010年投运的尼玛水电站（2×630千瓦）间歇性供电，9000余名群众长期承受缺电困扰，对光明和温暖有着强烈期盼。2016年，华电集团积极响应"央企助力富民兴藏"号召，由西藏公司具体负责，捐赠1.5亿元资金援建尼玛光伏储能项目，用短短100天时间实现项目一期投产发电，提前一年向尼玛群众兑现了"光明暖冬"的承诺，以项目中控室海拔高度命名成立华电4588党支部，切实承担起保电保民生的政治责任。

2022年6月，为进一步填补那曲市电力缺口，让各族群众用上清洁电、放心电，西藏公司勇担能源保供政治责任，承担西藏最大光伏保供项目——那曲色尼光伏项目开发建设任务。同样是在艰苦的那曲，同样面临能源保供的重担，如何交出一份令群众满意的答卷，发挥电力央企党建引领优势是关键。西藏公司坚持大抓基层鲜明导向，在华电4588党支部创新实施点亮初心、点亮细心、点亮用心、点亮联心、点亮爱心的"五心点亮"行动，其目的就是切实把党组织的领导力、创造力、战斗力、凝聚力转化为推动能源保供的生动实践，引导全员弘扬"创新奋进、奋勇争先"的奋斗精神，以高质量开发清洁能源、保障民生用电的实际行动彰显电力央企责任担当，树牢"华电雪域先锋党支部"的品牌形象。

主要做法

点亮初心，以人民情怀夯实思想根基。"远在阿里，苦在那曲"，如果没有强烈的人民情怀和奉献精神，员工很难长期坚守并以积极的精神状态工作。针对这一实际，华电4588党支部把思想政治工作放在突出位置，结合"不忘初心、牢记使命"主题教育、党史学习教育和学习宣传贯彻党的二十大精神，组织开展"践行初心使命、守护尼玛光明""联建学党史、服务暖人心""宣贯党的二十大，保供显担当"等实践活动。通过主题党日、全员学习等方式，大力宣传西藏"四个创建""四个走在前列"战略部署和华电集团"五三六战略"，让党员和员工深刻认识推动藏北高原清洁能源资源开发的重大意义，不断增强责任感、使命感，增强能力、锤炼作风。开展"奋斗幸福观""信仰、信念、信心""庆华诞、谱新篇、筑梦想""我与时代同奋进"主题教育，大力弘扬"老西藏"精神、"两路"精神、"藏牦牛"精神。

点亮细心，以"五个基本"规范党支部管理。党支部凝聚力、战斗力强不强，工作推动给力不给力，党支部建设的质量起着决定性因素。华电4588党支部全面落实华电集团"示范党支部"和"岗区队"创建要求，抓实"五个基本"，提升党支部组织力。党支部成立之初，虽然仅有3名党员，但有关重大事项均严格按程序通过会议研究审议；党支部书记认真履行第一责任人职责，积极参加上级党委集中轮训。着眼西藏特殊环境，严格落实意识形态工作责任制，教育党员树牢"涉藏无小事"理念，有效防范化解风险，筑牢维护稳定的铜墙铁壁。抓实"三会一课"，严格规范党内政治生活，严格执行党务公开等制度。扎实开展主题党日、承诺践诺等主题活动，定期组织红色教育、合理化建议活动。按照"九有"要求，设立党员活动室，规范党支部台账管理。经过长期严格的组织生活，党员个个表现突出，第一任党支部书记胡纯卿荣获"中央企业优秀共产党员"，第二任党支部书记姜佳保荣获"华电集团2022年度十大奋进者"……这些都是点亮细心的真实写照。

点亮用心，以认真精神投入电力保供。西藏是特殊边疆民族地区，保供电就是保民生、保民族团结。在推动尼玛电力援建项目建设和运维过程中，华电4588党支部发扬认真精神，每到紧要关头和重大节点，党员都冲锋在前，用短短100天时间，于2016年底实现投产发电，提前一年向尼玛县城9000余名群众兑现"光明暖冬"承诺。项目投运后，党员们带头执行24小时值班制度，以用心的态度和严细的措施保证电力正常供应，特别是在尼玛县城接入电力主网前，圆满完成了2018年12月至2019年8月的县城供电任务，有力维护了社会和谐稳定，促进了民族团结进步。在推动那曲色尼光伏项目建设过程中，华电4588党支部"围绕项目抓党建，抓好党建促发展"，狠抓"岗区队"创建和"五维一体"党建联建，组建党委书记领衔的"那曲新能源发展党员突击队"，全面学习宣传贯彻党的二十大精神，让团结奋斗的号角引领参建各方斗严寒、战风雪，克服高寒缺氧、雨雪天气、冻土施工、设备降效等诸多困难，仅用72天完成项目首批组件并网发电，89天实现全容量投产。党建引领项目建设的事迹先后受到新华社、《人民日报》、央视新闻、《西藏日报》等媒体宣传报道。

点亮联心，以支部联建提升支部作用。那曲色尼光伏项目的建设和运行管理涉及方方面面，协调面广、协调难度大。针对这一实际，华电4588党支部大力推进与各方支部联建机制，将各方管理职能有机融合，画出保电最大"同心圆"。在加强支部联建、确保尼玛供电的同时，还扩大范围，致力于让更多群众受益。在得知离县城100多千米的文部乡北村、南村缺电困难后，2019年5月，华电4588党支部与两村党支部建立联建机制，充分发挥项目的管理和技术优势，为两村电站提供故障支援、定期巡检、设备升级改造等服务。联建以来，先后到两村服务20余次并捐资8万元更换光伏板等设备，实实在在解了2100多名群众的缺电之忧，得到地方政府和群众高度评价。在那曲色尼光伏项目建设中，华电4588党支部秉持"建设一个项目、凝聚一片人心、维护一方稳定、造福一方百姓"的理念，发挥党建联建优势，组织参建各方采购价值1900多万元的当地建材，解决当地1100多名群众就业，为群众增收850余万元，进一步扩大了党支部的影响力。

点亮爱心，以履责行动树立华电品牌。"中国华电、度度关爱"是华电集团致力打造的社会责任品牌。华电4588党支部认真践行和宣传"度度关爱"理念，始终以心系群众冷暖的情怀，切实抓好尼玛县城群众民生用电保障工作，用心用情为文部乡北村、南村和阿索乡群众提供电力技术帮扶，在此基础上因地制宜开展帮助地方培训电力技术人员、走村入户宣传安全用电知识和排查电气线路隐患、为当地供热厂提供技术服务等公益行动，帮助地方政府培训电力技术人员40余名，走村入户开展安全用电知识宣传10余次，为40余户村民处理了用电隐患。按照"四个不摘"的要求和"地方所需，企业所能"的原则，捐赠13万余元帮助文部乡解决当地群众用水难和卫生院供暖等问题。针对那曲极端艰苦环境，华电4588党支部把关心关爱内部员工放在突出位置，出台完善员工关爱系列措施，从思想疏导、物资保障、帮助联系就医、提供拉萨周转住宿、节日慰问、推优入党等方面综合施策，促进员工身心健康，维护队伍稳定。"4588，高原之家"成了党支部党员和员工的"心声"。

实施效果

"五心点亮"造福藏北群众。截至2023年3月，尼玛水电站项目累计供电超过3900万千瓦时，为促进当地经济社会发展和长治久安做出了重要贡献；那曲色尼光伏项目高质量建成投产，有效扭转了那曲市长期面临的"有序用电"局面，累计发电超过4800万千瓦时，成为海拔4500米以上践行西藏"光伏+储能"能源保供的先行先试者。

"五心点亮"打造坚强战斗堡垒。通过实施"五心点亮"行动，华电4588党支部标准化、规范化建设扎实推进，政治功能和组织力不断提升，支部战斗堡垒作用和党员先锋模范作用进一步发挥，在藏北高原把鲜红的党旗插在了为民服务、为民解忧的第一线，以责任和担当兑现了"立最高海拔、树最强精神、创最优支部"的庄重承诺。

"五心点亮"擦亮央企品牌形象。"五心点亮"行动成效得到广泛赞誉，受到央视、新华网、《人民日报》、《西藏日报》等权威媒体的持续关注和报道，不断擦亮了"中国华电，度度关爱"品牌形象。华电4588党支部创建成华电集团"示范党支部"，尼玛水电站项目、那曲色尼光伏项目分别获"西藏自治区民族团结进步模范集体""西藏工人先锋号""西藏青年'五四'奖章集体""西藏'五一'劳动奖状"等荣誉称号，党员中涌现出"中央企业优秀共产党员"、中国企业社会责任百人论坛"最美扶贫人"等先进典型。

主要创造人：汪　良　陆康辉

参与创造人：姜佳保　胡纯卿　杨佳伟

以"奋斗文化"赋能数字农业发展

北大荒信息有限公司

企业简介

北大荒信息有限公司（以下简称信息公司）是国务院授权财政部作为出资人的北大荒农垦集团的全资子公司，成立于2021年1月，注册资本2亿元，是一家从事农业领域计算机软硬件产品开发和销售、数据处理、大数据产品研发与服务等信息技术类的高科技公司，主营业务为"经营管理数字化、农服数字化、数字农场数字化，建设数字化底座、打造大数据中心、构建农业智慧大脑"。信息公司核心产品之一北大荒农服App，包含土地承包、农贷助手、阳光保险、农业补贴、农机服务、精准气象、农产品电商、农地托管、投入品运营、成本效益分析等线上功能服务。平台现有用户55万余人，土地承包两年累计线上收费突破400亿元，农贷助手贷款突破100亿元，农业补贴发放25亿余元，补贴受众29万余人次，农机调度作业6000万亩次。

实施背景

挺进数字经济更广阔"新蓝海"的迫切需要

发展数字经济是把握新一轮科技革命和产业变革新机遇的战略选择。信息公司作为北大荒集团旗下深耕数字蓝海的新兴企业，迫切需要练好数字经济发展的"内功"，提升"奋斗文化"在发展战略实施过程中的凝聚作用。加强企业文化建设，赋予"奋斗文化"新内涵，有助于涵养先进企业文化的精神支柱和动力源泉，凝聚力量、提振士气、鼓舞斗志、增强信心，提升信息公司在发展建设中从容应对各种风险挑战的能力，从而抓住机遇、赢得主动、奋勇搏击，打造世界一流的、具有农业科技创新优势和持续发展能力的科创企业，占领数字农业"新高地"，挺进更大范围、更高层次、更深程度的数字经济"新蓝海"。

增强高质量发展核心竞争力的迫切需要

对于信息公司来说，由于成立时间短，发展任务重，企业的整体实力和抵御风险的能力还不够强大，要生存、要发展，就必须增强自身的核心竞争力，而核心竞争力的提升离不开企业文化建设。打造"奋斗文化"，可以充分发挥企业文化的引导作用、约束作用、凝聚作用和激励作用，推动信息公司在发展过程中明确方向、合理布局，建立符合现代化企业制度的高效运行机制，加快提升高质量发展的硬实力；可以树立公司良好的企业形象，增强社会公众对信息公司的美誉度，进一步提升公司的社会价值，增强企业核心竞争力，构建起高质量发展的新模式。

激发干事创业内生动力的迫切需要

企业的发展靠员工，建设一支高素质的员工队伍是任何企业都期望达到的目标。随着信息公司的发展，员工构成越来越复杂多元，来自农业、计算机等各专业领域人员具有不同的专业背景和文化差异，要将他们打造成一支年轻化、知识化、专业化的团队，企业文化是最好的"统一教材"和"聚合神器"。打造"奋斗文化"，既能凝聚企业员工的归属感，又能激发员工的积极性、主动性和创造性，帮助和引导员工树立正确的世界观、人生观、价值观，强化共同价值取向和行为规范，强化为数字农业贡献科技力量的使命感、责任感和光荣感，增强员工的竞争意识、效率意识、创新意识和执行能力，让劳动、科技和创新的活力在企业发展的新征程上竞相迸发，以坚定不移的意志和精神努力实现企业的宏伟愿景和光荣使命。

主要做法

构建企业文化体系

"奋斗文化"是信息公司企业文化建设的总体目标和中心内核。"奋斗文化"的理念为"忠诚敬业、永葆激情，聚力创新、勇于冲锋"，分为精神层面和行为层面两个方面。精神层面是忠诚敬业、永葆激情，其内涵是要热爱北大荒，对企业忠诚，对事业执着，钻研业务，奉献岗位，勤勉敬业；要有雄心梦想，要永远朝气蓬勃，永远一腔热血，永葆工作热情，永葆奋斗激情；行为层面是聚力创新、勇于冲锋，其内涵是既要发挥个人的智慧，更要凝聚集体的力量，要勇于探索，不断进取，大胆创新，要有胆识，不怕困难，不怕挑战，敢于冲锋、善于冲锋、勇于冲锋，敢打硬仗，敢打胜仗，要有战斗决心，要让胜利成为一种信仰，要让打赢成为一种习惯。

强化企业文化组织机构

信息公司着力构建"党委统一领导、党政共同负责、各部门齐抓共管、全体员工共同参与"的工作格局，成立了以党委书记、董事长为组长，党委副书记、工会主席为执行副组长，其他班子成员为副组长，各部门负责人为成员的企业文化建设领导小组，下设办公室于党委工作部，公司各部门设有企业文化小组，负责企业文化的具体宣贯、推进和落实。企业文化组织机构重点围绕公司发展战略定位和要求，制订企业文化建设方案和文化活动计划，对企业理念体系、产业融合、推广宣贯、阶段目标等进行全盘谋划、系统设计、统筹考虑，大力培育、发展、繁荣公司企业文化，全面推进企业文化在全公司的传播落地。

编制《奋斗文化》手册

企业文化手册是传播企业文化的重要载体。信息公司将"奋斗文化"理念形成文字化、系统化、形象化的教材，以丰富、新颖的图文形式对文化理念和内涵进行了生动诠释，对企业标志、标准色彩、专用字体等进行统一规范，形成一本文字化、系统化、形象化的企业文化建设指导书和工具书，举行了《奋斗文化》手册首发式。

企业文化核心理念上墙

结合公司"奋斗文化"特点，在办公区域、会议室、职工之家、智慧党建工作室、劳模工匠创新工作室等场所打造企业文化形象墙，将奋斗文化理念和独具特色的"数字＋党建＋文化"工作法以立体的形象充分展现，通过视觉的冲击促进员工产生心灵的共鸣，使"奋斗文化"精髓在潜移默化中深植全体员工的内心深处，使员工在耳濡目染中接受企业文化的熏陶，切实将"奋斗文化"在信息公司上下落地生根、入脑入心。

开展企业文化宣讲活动

信息公司通过广泛开展自上而下的企业文化宣讲活动，促进员工理解并掌握企业文化对公司发展的重要性，提高员工对公司"奋斗文化"的认知感、认同感，增强员工的主人翁意识，切实将企业文化理念融入员工的思想"血脉"，打造出一支思想素养高、业务能力强、善于学习、勤奋敬业的企业文化人才队伍和高素质的员工队伍。

深化企业文化宣贯工作

依托传统媒体、新媒体等平台，利用线上线下相结合的方式，大力宣贯企业文化，构建多层次、立体化、传播快捷、覆盖广泛的传播体系，讲好公司文化故事，传递公司声音，展示公司形象，推进"奋斗文化"理念转化为干部员工的行动自觉，促进企业文化落地。

组织开展团队文化拓展活动

紧紧围绕"奋斗文化"这条主线，以"户外+拓展+文化+游戏"等形式，多次组织开展企业文化建设团队拓展活动，进一步丰富员工的业余文化生活，加强了跨部门的沟通交流和协作配合，着力打造团队文化、共赢文化，增强团队的凝聚力和战斗力，营造团结进取、积极向上的企业文化氛围。

开展员工企业文化测试活动

公司组织员工不定期开展企业战略和奋斗文化知识测试活动，通过测试准确研判在岗员工对企业战略和文化理念的掌握情况，推动员工了解公司战略、主动学习企业文化，主动践行企业文化，进一步加深员工对企业战略和文化知识的理解和认识，实现"奋斗文化"理念入脑、入心、入行，为推进企业战略实施和"奋斗文化"落地奠定坚实基础。

表彰企业文化使者

通过民主推荐、资格审查、党委评议等程序，在信息公司全体员工中评选出一批优秀企业文化使者，树立和宣扬企业文化建设先进典型，进一步发挥典型示范带动作用，激励广大员工积极投身到企业文化建设工作中，将强大的文化力转化为推动公司快速发展的不竭动力。

实施效果

实现企业文化与企业战略的和谐统一，公司发展实力显著提升

信息公司站在时代发展的最前沿，坚持将企业文化建设纳入企业发展战略，促进了信息公司在成长超越中实现文化的不断进步，在文化不断进步中实现经济的持续增长。2022年，公司收入较2021年同比增长148%，收入目标完成率151%；利润总额较2021年同比增长270%，利润目标完成率676%。

实现企业发展与员工发展的和谐统一，员工整体素质显著提升

信息公司坚持将员工个人成长融入企业发展，将员工理想与企业梦想紧密结合，用优秀健康的企业文化影响和推动企业发展，用敬业奋斗的企业文化改变和塑造员工的职业生涯。目前，信息公司已成为北大荒数字化人才聚集的高地，拥有来自中国邮电大学、中国人民大学、哈尔滨工业大学等各大高校的专业化人才 150 余人，其中有博士研究生 2 人、硕士研究生 40 人、本科生 114 人，平均年龄 34 岁。

实现企业文化优势与竞争优势的和谐统一，企业核心竞争力显著提升

信息公司将大胆解放思想嵌入企业发展内核，坚持在解放思想中打开思路，在更新观念中推动发展，树立"六种思维"（即数字化思维、国际化思维、现代企业思维、科技创新思维、利润导向思维、共同梦想思维），探究数字农业和智慧农业发展先机，用优秀的企业文化完善企业管理体系，用独特的企业文化塑造公司良好形象，用卓越的企业文化创新企业核心技术，使公司以产品服务为主的"硬件"和以企业文化为主的"软件"实现持续升级，有效提升企业的市场竞争力和影响力。成立两年多以来，累计开发建设了 17 个主要平台、35 套系统、768 种功能模块，与华为、浪潮、腾讯、联适导航等近 50 家头部企业及哈工大、哈工程、东北农大、中国科学院等 10 余所高校科研院所共建合作生态，整合优势资源，聚合合作伙伴，数字化建设能力显著增强。

主要创造人：张允海　牟欣伦
参与创造人：王丽娇　朱嘉琪　司树洋　范琳琳

以特色文化推进企业再造式变革

广西北部湾银行股份有限公司

企业简介

广西北部湾银行股份有限公司（以下简称北行）是2008年由南宁市商业银行改制设立的国有省级商业银行，现有员工5000多人，营业网点超过310家，在广西13个设区市及65个县域设立分支机构，广西县域机构覆盖率93%。与世界30多个主要国家和地区的215家银行建立代理行关系，形成"业务覆盖全广西、同业合作辐射全国、境内外代理延伸全球"的综合服务格局。目前总资产4000多亿元，各项存款、贷款、营业收入、拨备前利润等主要指标3年复合增速（即平均增速）均接近或超过25%，资产质量显著优于行业平均水平，是广西首家主体长期信用评级AAA的城商行。在2022年英国《银行家》杂志全球银行1000强排名升至第358位，先后获得"金融机构支持地方经济发展突出贡献奖""全国十佳城商行""全国普法工作先进单位""全国'五四'红旗团委""新时代企业文化实践创新典范单位""新时代企业文化建设优秀单位""广西企业文化建设示范基地"等荣誉。

把握时代性，打造"与时俱进"新文化体系

2019年，历经为期5年强化管理、风险化解攻坚战的北行，从重大风险事件冲击中获得恢复，迈入轻装上阵新时期，但市场定位不准、运转效率不高、创新驱动不足、体系化精细化管理欠缺等痼疾如一个个"山头"横亘在北行的前行路上，全方位自我革命攻坚战逼近眼前。为此，北行刀刃向内开展全行解放思想大讨论，对标国内外同业先进经验，确立了指引全行未来发展的重要纲领"336新发展战略"和企业文化理念体系"3.0版"。新战略文化提出"支持地方经济发展的主力军、金融创新平台、地方金融人才培养平台"的"三大新定位"，树立"围绕产业做银行、围绕客户做银行、跳出银行做银行"的新发展思路，着力构建以客户为中心的企业文化和以员工为中心的家园文化。北行吹响了新时期改革攻坚战的冲锋号，大刀阔斧实施改革转型，向多年来经营管理上未被攻克的荆棘宣战。

把握精准性，构建"文化四融"新管理格局

文化融入党的建设

坚持以习近平新时代中国特色社会主义思想指导实践，全面落实党的二十大精神，推进基本

组织、基本队伍、基本活动、基本制度、基本保障和标准化、规范化、信息化建设"五基三化"建设,"党建入章程"工作走在全国城商行和广西直属国企前列。探索"党建+"模式,以"联建共建+业务营销""党员先锋+队伍建设""党史学习+清廉文化"开展"OK先锋"特色党建品牌创建,促进党建、文化、业务融合共生。

文化融入内控管理

以企业文化为准绳不断完善内控合规管理机制,形成文化引领、尊崇制度、执行有力的管理生态。开展"流程银行"建设,按照"管理制度化、制度流程化、流程表单化、表单电子化"的目标,完成419个制度"废改立",明确工作流程252个,落实配套风险点及控制措施200余项。建立以党内监督为主导,审计监督、风控监督、监事会监督等协同发力的监督体系,扎实推进"清廉文化"建设,有力增强监督效能。积极培育"阳光北行"法治合规文化,举办"三长"讲授合规课,设立合规文化长廊,开展法治合规服务礼仪大赛等20多项活动,引导员工增强合规意识,让知法、守法、尊法蔚然成风。

文化融入组织架构

围绕新战略文化全面开展组织架构再造。创造性在重点业务板块内嵌或派驻科技敏捷开发团队、审批中心,形成快响应、快迭代的"敏态+稳态"数字化组织模式;成立交易银行部,服务好"一带一路"、面向东盟的金融开放门户建设;挂牌乡村振兴部,加力服务乡村振兴;挂牌绿色金融部,助力擦亮广西绿水青山金字招牌;增设供应链金融中心,加快提升产业链、供应链综合服务能力。围绕新架构重新定义绩效考核评价指标、配套人财物资源、细化发展规划等,让进化的组织架构真正落地转化为"组织力"、释放"生产力"和"战斗力"。

文化融入队伍建设

以"德能并举、人尽其才"的理念全面实施人力资源改革,强调文化导向"选用育留"。开展近10年来规模最大、覆盖范围最广、跨度最长的公开竞聘,打通员工轮岗流动和双向选择通道。引入岗位价值体系和等级行管理机制,打破"大锅饭",实行"以岗定薪、按绩取酬"的薪酬体系,建立起"位子能上能下、人员能进能出、收入能增能减"的市场化用人机制,"80后"中层管理人员、"90后"经理级管理人员占比分别提高至37.88%、11.82%。将企业文化课程作为员工培训"第一课"常态化开展,完善具有北行特色的"鹰雁"人才培养体系,设立培训中心、金融研究院等"线上+线下"的学习培训体系,3年共培养内训师近400人,打造课程6000多门,举办培训2946期,培训人数为17万多人次,连续7年荣获"中国年度最佳雇主"南宁十强。

把握人民性,搭建"五位一体"新宣传体系

打造了一套全新形象识别体系

焕新升级视觉识别系统和企业终端形象识别系统,启用全新企业标志,打造让地方党委政府、监管部门、股东、客户、合作伙伴和员工六方高兴(满意)的"OK银行""高兴银行"的新形象。基于零售品牌创新设计IP形象"北北"和"贝贝",让企业文化传播有标志、有规范、有特色。

打造了一批优质传播载体

建成北行企业形象展示中心，全面总结呈现历史上"广西银行"及北行发展历史精神谱系，将其打造成为北行重要品牌宣传平台、企业文化宣导新课堂、团队建设培训新阵地。新闻宣传、社会责任等工作获得中国银行业协会2022年"中国银行业好新闻"等多项荣誉。

形成了系列北行家园文化活动

积极构建"以员工为中心"的家园文化，提升员工获得感、幸福感、归属感。将文化仪式作为企业文化内化于心、固化于行的重要载体之一，推广实施入行宣誓仪式，固化会议管理、商务礼仪管理、公文管理、员工行为管理等群体活动规则及开业庆典、厅堂服务礼仪等规范。连年举办企业文化月活动，开展包括文化嘉年华、读书会、才艺大赛、红色运动会、企业文化理念表情包设计征集等多种主题文化活动，鼓励员工秀才艺、秀风采；组织集体生日会、困难职工慰问等员工关心关爱活动，帮助员工解决困难问题。年均举办各类文化活动380多场，营造凝聚同心、开放包容、共创共进的文化氛围。

固化了一套文化建设考评规则

对标《广西企业文化示范基地建设指南》文化内容体系、运行体系、效果体系等64项指标要求，初步搭建企业文化体系"四梁八柱"，形成"宣传、培训、研讨、考核、评优"五位一体、"总-分-支"上下联动、"计划-检查-考核-奖惩-优化"闭环管理的企业文化建设实施路径。每年印发企业文化建设实施方案，构建"周期考评"的评估体系，将企业文化与部门绩效考核挂钩，年度考核结果与薪酬强挂钩，及时对企业文化建设效果进行后评价及考核评优，通过党建及意识形态专项督查等手段推动偏离单位整改，始终保持文化与战略一致、与时代发展同频共振。

打造了一个精品文化品牌

创新推出"北斗星计划"公益活动品牌，组成"银行发起、政府机关指导、爱心企业个人和客户参与、媒体跟进宣传"的四位一体"北斗星公益联盟"，围绕党中央和广西壮族自治区关心关注的重点领域和热点问题，采用创新方式开展"益企助企践初心，金融服务显担当"等活动，获行内外广泛参与及主管监管部门肯定，形成服务企业高质量发展、服务社会进步、共建壮美广西的良好氛围。

打造了一批久久为功的优质社会责任项目

连年持续开展学雷锋献血、植树等慈善行动。连续11年派出400多位扶贫第一书记、工作队队员和乡村振兴工作队队员对口帮扶贫困户，成功实现邕宁区及3个帮扶村脱贫摘帽。捐资为百色市第七中学等学校设立"文秀班"，帮助困难学生完成学业。先后获评"全国'五四'红旗团委""广西青年'五四'奖章"，连续6年蝉联广西银行业协会"年度服务八桂综合贡献奖"。

文化变革有效助推管理变革，实现"三年再造新北行"

经营效益跃升发展

北行资产质量迈入改制设立以来最好时期，在响应国务院号召向企业减费让利的同时，不良贷款率仍实现从1.47%到1.3%再到1.25%的"三连降"，在中国银行业协会2022商业银行稳健发展能力"陀螺"评价体系中风险管控能力位列全国130多家城商行的26位、综合能力得分位列广西城商行系统首位，交出了资产质量优于全国银行业平均水平的优异答卷。各项指标跑赢北行"十四五"规划序时进度，资产、营业收入复合增速位居全国2000亿元以上城商行第一，存款、净利润复合增速位居第二，贷款复合增幅位居第三，资产3年连跨3000亿元、4000亿元大关，主要指标3年翻番，效益指标高于规模指标增速，监管指标全面达标、持续向好，省级金融平台作用日益发挥。

服务经济提质增效

近3年投放表内外各类资金9000亿元支持广西经济发展；推出小微企业特色贷款"方案制"产品129个，小微企业贷款投放量3年复合增速29.77%；涉农贷款余额3年复合增速达44.67%；县域网点在广西的覆盖率为93%，提高近40个百分点，全力保市场主体、促乡村振兴。绿色信贷3年复合增速高达57.6%，助广西"生态美"的优势持续厚植。助力高水平开放开发，贸易融资投放量、国际结算量、结售汇量、跨境人民币收付量3年复合增速分别高达52.83%、48.13%、24.03%、61.63%，成效显著。

人才活力全面迸发

3年来，北行员工数量成倍增长，年均增长率22.71%；人才质量升档进阶，具有中高级职称和CFA等重点职业资格的员工为491人，成为首家获批建设广西壮族自治区级博士后创新实践基地的地方法人银行，持续引进博士及博士后；人才效用持续发挥，人均创收提升11.12%，县域员工占比达30%，涌现许多支撑乡村振兴等全行重大任务的"先锋闯将"。

创新动能显著增强

3年来，接连落地全国城商行首单"碳中和"主题绿色金融债、广西首笔碳排放配额质押贷款、落地华南地区首笔"绿色担保品池"债券质押式同业存款，在广西法人银行中首家支持数字人民币业务等30多项金融创新业务，"绿色电能补贴融资新模式"获评中国（广西）自由贸易试验区第四批制度创新成果最佳实践案例并在广西推广。金融科技发展获国家部委、主管部门、权威机构认可，数据中心获得工业和信息化部等六部委评定的2021年度"国家绿色数据中心"，成为广西全行业唯一的绿色数据中心；在使用分布式计算、云平台、PAAS技术、全栈信创化应用等多个方面实现广西金融机构领先，通过金融科技手段服务客户、提升管理的能力显著提高。

主要创造人：王　能　纪志顺

参与创造人：莫升红　邓　璐　覃莹莹

践行社会责任文化，以公益帮扶助力东西部协作

兴业证券股份有限公司

企业简介

兴业证券股份有限公司（以下简称兴业证券）是中国证监会核准的全国性、综合类、创新型、集团化、国际化证券公司，成立于1991年，2010年在上海证券交易所首次公开发行股票并上市。兴业证券主要经营证券经纪、承销与保荐、投资咨询、证券自营、财务顾问、融资融券、基金与金融产品代销、基金托管、期货介绍等业务。在全国31个省、自治区、直辖市共设有278个分支机构。截至2022年，兴业证券总资产为2459亿元，净资产为568亿元，境内外员工有1万多人，综合实力和核心业务位居行业前列，已发展成为涵盖证券、基金、期货、资产管理、股权投资、另类投资、产业金融、境外业务、区域股权市场等专业领域的证券金融集团。

实施背景

兴业证券成立30多年来，文化始终作为引领企业发展的灵魂，润物细无声，持之以恒，久久为功，以无形的力量长久地伴随着公司的成长，以先进文化融入战略和经营管理的方方面面，积极践行"合规、诚信、专业、稳健"的证券行业文化，持续打造"专业、责任、创新、协同"的特色文化，引领公司高质量发展。

文化是理念渗透到行为的过程，责任文化在兴业证券深入人心，公司一直以来厚植"责任"情怀，坚持倡导责任文化。党的二十大报告指出，要"巩固拓展脱贫攻坚成果""全面推进乡村振兴"。福建自1994年起对口支援西藏，1996年起对口协作帮扶宁夏。作为福建省属国有金融机构，兴业证券主动融入福建省委关于闽宁协作和对口援藏的工作部署，积极作为，依托集团践行社会责任和公益慈善的专业化运作平台——兴业证券慈善基金会（以下简称兴证慈善），自2017年起设立兴证慈善闽宁、闽藏东西部协作对口支援帮扶计划（以下简称帮扶计划），紧紧围绕脱贫攻坚与乡村振兴实际需求，充分发挥国有金融机构的独特优势，践行社会责任文化，整合集团专业实力，链接外部各方资源，助力当地农业、产业、教育、民生，推动东西部协作向纵深发展。

主要做法

金融助农：立足创新驱动，探索"投入"向"撬动"转型

兴业证券以"责任"为基石、"创新"为特色，积极整合集团的金融禀赋、专业能力和公益

资源，依托资本市场优势，撬动政府、保险公司、交易所等多方外部资源，为传统公益注入金融新动能，实现"资金投入型"公益向"资源撬动性"公益转变，创新落地全国首单闽宁协作"公益＋保险＋期货"项目等具有金融特色的慈善项目，助力"三农"，服务农业，向社会传递证券行业寓意于利的金融温度。

在帮扶初期，在西藏对口地区实施帮扶计划过程中，针对农户反馈的农产品价格波动导致的农业生产经营风险问题，启动金融助农子计划对接，由兴证慈善联动兴业证券成员单位兴证风险管理有限公司、兴证西藏分公司在林芝落地猪饲料指数"保险＋期货"项目，涉及保险金额近2400万元，赔付率48.5%，共计赔付40多万元，为当地"保险＋期货"项目中最高。2021年，在宁夏对口帮扶地区实施帮扶"三农"过程中，针对当地大宗农产品少、农民保费来源缺乏的问题，兴业证券整合资源，联合中国人保财险，创新设计马铃薯挂钩玉米"保险＋期货"并引入公益资金，在国家乡村振兴重点帮扶县西吉县成功落地全国首单闽宁协作马铃薯"公益＋保险＋期货"项目，这也是全国首例在闽宁协作助农样本中创新引入公益资金，从而更有效运用金融工具促进当地主要农产品稳增收。项目落地后，西吉县3家农业合作社和蒙集乡43户种植农户获得保障，辐射带动当地近300户种植农户，覆盖马铃薯种植面积3750亩，总保额达1225万元，切实解决当地特色优势产业马铃薯产销价格波动风险，得到当地政府和宁夏证监局的高度好评。围绕"保险＋期货"面临的最大挑战——保费资金来源问题，2022年，兴业证券再次升级帮扶方式，进一步发展"公益＋保险＋期货"的助农模式，持续引入公益资金并撬动大连商品交易所专项帮扶资金50万元为西藏自治区八宿县牦牛养殖户提供风险保障，联合多方力量在更大范围内通过多种创新模式助力帮扶"三农"，丰富助农富农工具箱，促进乡村振兴、共同富裕。

产业振兴：激发内生动力，实现"输血"向"造血"转变

证券行业作为连通实体经济与资本市场的核心中介，始终坚持服务实体经济这一根本宗旨并在服务实体经济的实践中汲取前进的不竭动力。兴业证券在践行社会责任、打造责任文化的过程中，坚持回归证券经营机构本源，聚焦当地特色优势产业，对当地的帮扶通过提升农产品附加值、延伸农业产业链、搭建电商平台等，用产业带动就业，用就业保障民生，不断增强产业发展的内生动力，实现从"输血"到"造血"的提档升级。

教育夯基：突出交互融合，助推"扶智"向"提质"转向

兴业证券提出"完善硬设施，提升软服务"的"两手抓"帮扶思路，构建"两点一面、一奖一助"等教育帮扶项目体系，在不断深化拓展教育"扶智扶志"的过程中，打破"东部所能、西部所需"旧格局，更加突出帮扶资源从"量"的积累向"质"的提升，从而以资源聚合促情感融合，实现了互帮互助、互惠共赢的新局面。

补齐教育基础设施短板。在实地调研西藏自治区八宿县教育情况的基础上，兴业证券制订了个性化的帮扶方案，联合其子公司兴证期货投入近250万元，发起设立郭庆乡小学食堂供暖设施建设、吉中乡中心小学学生洗漱房和饮水工程建设、八宿县幼儿园阳光棚援建等项目，着力解决当地学生和教职工食堂供暖、洗漱、饮水等问题，为孩子们援建户外阳光棚，抵御高原紫外线的伤害，2400多名师生受益。

开展闽藏青少年研学实践交流活动。为满足藏区孩子"走出来、看祖国、学历史、同交流"的愿望，投入100多万元，兴业证券与福建省直机关党工委、福建省第九批援藏工作队等单位连续3年共同开展闽藏青少年研学实践交流活动，邀请昌都市、八宿县近100名藏族青少年到福建与福建地区的青少年展开交流互动，引导闽藏两地青少年深切感受民族团结一家亲的生动内涵。

搭建"两点一面"关爱体系。结合帮扶地区留守儿童数量多的实际情况，先后在宁夏投入帮扶资金近300万元，援建了一批留守儿童研学基地、教育扶贫基地；同时，投入帮扶资金85万元，在隆德县留守儿童较为集中的乡村捐建了20个留守儿童"乡村妈妈"爱心驿站，提供基础的学业辅导、心理疏导、亲情陪护、安全教育自护等关爱服务，将留守儿童服务辐射拓展到乡村一线。这些联合共青团隆德县委重点构建的以留守儿童研学基地、教育扶贫基地为"两点"，以20个"乡村妈妈"爱心驿站为"一面"的教育关爱体系，成效实、影响深，能够满足当地青少年儿童成长发展的精神和物质需要。

坚持"一奖一助"激励机制。围绕宁夏、西藏部分农牧民家庭供子女上学负担仍较沉重的问题，共计投入200万元帮扶资金，近200名农村易返贫致贫户家庭困难大学生得到有效帮扶，上万名中小学生受益。

实施效果

为国为民是金融机构在文化建设过程中的精神内核，兴业证券在打造责任文化的过程中始终保持初心，报效国家、服务人民。实施东西部帮扶协作5年多来，兴业证券累计投入专项帮扶公益资金1700多万元，落地实施各类精准帮扶子项目60多个，惠及帮扶数万人，助力宁夏回族自治区隆德县、西藏自治区八宿县圆满完成脱贫攻坚任务，持续推动宁夏回族自治区隆德县、海原县、西吉县，以及西藏自治区八宿县等地实现巩固拓展脱贫攻坚成果同乡村振兴有效衔接。兴业证券以过往帮扶成果为契机，持续发力，不断拓展帮扶领域、更新帮扶内容、迭代帮扶项目、深化帮扶内涵，提升帮扶成效。截至2022年12月，兴业证券及其子公司和员工、客户等捐赠各类公益资金累计超过4.6亿元，目前在全国28个省、自治区、直辖市开展各类公益项目近800个，始终位居行业前列。先后获得"国务院扶贫办2019年社会组织扶贫50佳案例""全国红十字模范单位""2022中国企业慈善公益500强""福建省首届慈善奖"等多项荣誉。

主要创造人：杨华辉　林　朵
参与创造人：陈德强　梁　谦　黄筠菲

以安全文化建设提升本质安全水平

浙江大唐国际绍兴江滨热电有限责任公司

企业简介

浙江大唐国际绍兴江滨热电有限责任公司（以下简称大唐绍兴江滨热电公司）成立于2012年，由大唐国际发电股份有限公司（占股90%）和绍兴市热电有限公司（占股10%）共同出资设立，注册资本金为6亿元，工程竣工决算总投资额为27.32亿元，总装机容量为90.4万千瓦。大唐绍兴江滨热电公司共设置9个部门，现有员工148人，平均年龄33岁，其中本科及以上学历135人。作为浙江省14个天然气热电联产抢建项目之一，同时也是大唐集团公司首批自主建设的大型燃机项目，大唐绍兴江滨热电公司一期工程装备两台452兆瓦三菱9F级单轴燃气机组，于2011年12月20日核准，于2012年1月开工建设，两台机组分别在2013年3月和9月相继投产并实现"四即"目标。大唐绍兴江滨热电公司投产至今先后获得"鲁班奖""大唐集团公司文明单位""大唐集团公司十佳先进基层党组织""全国安全文化建设示范企业""AAAA标准化良好行为企业"等荣誉，获得国家发明专利5项、实用新型专利35项、地市级以上创新成果55项。

实施背景

大唐绍兴江滨热电公司坚持"安全第一、预防为主、综合治理"的安全生产方针，严格落实国家和地方政府、上级公司及行业的有关管理规章和标准，以践行"负责任、有实力、可信赖"的中国大唐品牌形象为己任，严格安全生产管理，着力探索、创建出一套富有燃气发电企业安全管理特色的安全文化建设模式，提炼并结合"以人为本、安全发展"等安全价值观和先进理念，总结出具有公司特色的"生命至上、安全第一"等易于传诵的安全文化理念，以文化促管理、以管理促安全、以安全促发展，为全力打造本质安全型企业保驾护航。

主要做法

准确诠释安全文化内涵，为安全生产提供保障

加强安全文化建设，树立安全生产理念。为充分发挥安全文化对安全生产的引领、保障作用，大唐绍兴江滨热电公司根据安全文化创建各阶段的不同特点，及时修订《安全文化建设规划纲要》，不断完善"生命至上，安全第一"的安全理念，用生动、深刻、简洁的语言诠释理念内涵。通过视频、讲座、事故案例警示教育等活动，将理念以展板和视频等形式进行展示，借助班

组安全文化活动为载体，开展安全征文、演讲，让员工讲身边的人、写身边的事，不断由浅入深阐释安全理念。在推进安全文化建设的过程中，大唐绍兴江滨热电公司各级管理人员转变了原有粗糙、拖沓的管理理念，养成了"细心、耐心、细致"的习惯。通过不断丰富安全文化内涵，创新安全文化的载体和形式，大唐绍兴江滨热电公司将时刻保持安全文化建设的新鲜与活力，满足科学发展、安全发展的时代要求。

营造安全文化氛围，形成文化创建合力。大唐绍兴江滨热电公司在门户网站、微信互动群定期发布有关安全文化建设的信息，党委定期研究部署安全文化建设工作，工会组织开展安全文化宣传、安全管理合理化建议征集等工作，形成了全员关注、全面动员的安全文化创建氛围。以环境规范行为，良好的安全文化环境使麻痹、大意等违章行为无处遁形，提高企业安全管控能力并从中见到效益、看到成果。开展安全文化创建工作以来，取得了绍兴市安全生产诚信等级企业A级（最高级）的评价。大唐绍兴江滨热电公司党政工团在安全文化创建工作上形成合力，严格落实"党政同责、一岗双责"的管理要求，适应新形势，创新开展"五清楚、五必访、五必谈"活动，为每名员工建立思想动态信息档案，及时了解和获取员工的思想动态，防患于未然，将不安全的因素及时遏制在萌芽状态，有效提升安全生产管控能力。

强化安全生产培训，增强管理防范意识。为了更大程度的提高员工的安全素质，大唐绍兴江滨热电公司针对不同员工和不同的安全需求，利用信息化手段编制微课视频，便于员工随时获取和学习，采取人机互动、专题讲座、集中讨论等形式开展丰富多样的安全培训。公司级培训将理论与实践相结合，通过观看安全案例、现场观摩等形式使之形成安全的感性认识；部门级培训的重点是安全理念的灌输、岗位应知应会、规程措施宣贯、规章制度学习；班组级培训重点是突出实训，强化操作规程的掌握和实际运用能力的检验。日常培训根据员工安全技能程度分层次、分工种有的放矢进行，利用每周四安全日活动组织学习事故案例和安全规程，让违章人员以身说"法"，员工上台讲安全规程、分析事故案例、进行违章模拟事故分析，鼓励员工多动手、动口、动脑，使员工在安全教育中成为主导、在安全文化创建工作中成为中心。

发挥安全文化引领作用，围绕安全生产开展各项工作

安全文化建设与基础工作相结合。大唐绍兴江滨热电公司始终坚持"安全第一、预防为主、综合治理"的安全生产方针，以加强安全生产管控能力建设为核心，强化安全生产红线意识，深化安全生产长效机制建设，强化四个到位，坚持"三基"建设，编制《燃气机组反事故措施实施细则》《天然气发电安全管理规定》，通过规范管理程序，确保安全生产各环节可控、在控。为做好安全生产基础管理工作，摄制"天然气电厂应急疏散""天然气电厂安全培训"等宣传片，编印《天然气安全知识手册》《企业员工安全文化手册》，确保安全文化建设不脱离基础工作。

安全文化建设与双重预防相结合。大唐绍兴江滨热电公司建立问题库、专家库，推行安全生产督办制和结案制，形成发现问题有机制、管理问题有平台、解决问题有专家、整改落实有专人、督办监督有人管、结案处理有章程的闭环管理机制，建立以安全风险控制、重大危险源评估为主体的安全风险评估体系。从天然气危险介质特性入手，全面做好天然气重大危险源的管控，从危险识别、风险评价、控制措施等方面开展针对性预防。通过强化基础管理、规范人员现场行为、狠抓作业规范流程，投产至今未发生不安全事件。

安全文化与班组建设相结合。大唐绍兴江滨热电公司在安全文化的创建过程中，注重并强

化班组安全文化建设。结合班前班后会、班组安全活动、"三讲一落实"等工作，将安全文化理念转化为具体的工作流程和任务，在千万次的执行中形成良好的安全文化素养。在安全文化示范企业的号召和推动下，机务班组全力打造以"安全管理六部曲"工作法为核心的特色安全文化建设，将安全文化建设融入班组建设。2018年，机务班组荣获全国安全文化示范班组称号，成了区域内响当当的班组品牌。

安全文化建设与标准化工作结合。大唐绍兴江滨热电公司强调安全管理的高标准，不断加大安全设备设施投入、提升安全管理水平、完善生产现场安全条件。每年制订安全技术保护措施与反事故措施计划，定期对安全生产费用使用情况和投入效果评估。注重职业安全健康管理体系建设，将职业安全健康防治管理工作的责任和目标细化、量化，制订实施方案，加强现场职业安全健康设施建设，从源头上和过程中抑制主要污染源的产生。

安全文化建设与安全管理机制相结合。大唐绍兴江滨热电公司研究并部署了安全文化创建的长效机制，将安全文化的创建工作纳入绩效管理体系，体系横向到边，覆盖各部门；纵向到底，延伸触及各岗位员工。量化安全文化工作的考核标准和工作任务，确保安全精神文化、行为文化、制度文化、物态文化创建工作符合实际与当前社会的迫切要求。构建可持续改进的安全文化环境，不断丰富安全文化内涵，让员工明确安全文化创建不是一时任务，而是长期持续、不断丰富、伴随公司全寿命周期的永恒追求。

实施效果

取得可观的经济效益

通过安全文化的引领和示范作用，大唐绍兴江滨热电公司安全生产、经营管理、可持续发展等各项工作取得突破。2022年，两台机组在中电联组织的机组指标竞赛中分获同类型机组5A级、4A级评级，运行、经济节能指标在国内同类型燃气机组全面领先。在燃气机组昼启夜停、利用小时低迷的形势下，大唐绍兴江滨热电公司依然保持了安全生产长周期纪录，实现连续10年盈利，投产至今累计总产值近120亿元、累计利税7.9亿元。

取得良好的社会效益

正是得益于卓有成效的企业安全文化建设工作，先后有广东高要燃机、北京高井燃机、浙能常山燃机、浙江华龙电力、重庆两江燃机、杭州华电江东燃机、江苏戚墅堰燃机、广东粤电中山电厂等20个批次的电力企业到大唐绍兴江滨热电公司进行燃气机组运行与安全管理的中长期培训；先后有中储粮浙江分公司、绍兴滨海新城企业家联合代表团、浙江医药集团昌海医药等10多家企业到公司专题调研企业安全文化建设工作，对安全文化建设促进安全生产和经营发展的作用表示赞赏；受到地方政府的高度认可，作为区域优秀典型企业在绍兴市宣传推广经验做法。

主要创造人：李 黎　王滤仓
参与创造人：吴东亮　刘忠杰　董 坤　王 超

厚植奋斗文化沃土，赋能民族企业发展

九三粮油工业集团有限公司

企业简介

九三粮油工业集团有限公司（以下简称九三集团）是北大荒集团的全资子公司，是中国粮油行业唯一获得中国工业领域最高奖"中国工业大奖"的企业。九三集团以大豆加工为主营业务，作为首批国家级农业产业化重点龙头企业，拥有种植、收储、物流、加工、营销全线资源。总部位于哈尔滨经济技术开发区，现有10余个生产工厂、3个贸易公司、12个涉足物流和农产品贸易及投资等领域的专业化公司、4个参股公司。九三集团连续多次入围中国企业500强和中国制造业500强，被授予"大豆系列国家标准制（修）订基地""中国工业行业排头兵企业""国家级文明单位""中国粮油最受尊敬企业"。九三集团党委荣获"全国先进基层党组织"称号。

实施背景

回首过去，奋斗是九三集团发展壮大的遗传基因

九三集团以奋斗为核心，传承和发扬"自力更生、艰苦创业、勇于开拓、甘于奉献"的北大荒精神，面对错综复杂的经济环境，坚持创新驱动，推动转型升级，实现了走出垦区、走出龙江、走向沿海、融入世界的完美蜕变。

立足当前，奋斗是九三集团开拓进取的精神密码

九三集团充分发挥规模、布局、资金、资源、品牌、渠道和科技等优势，积极探寻新的运营模式和奋斗路径，找寻新的奋斗方法，积极应对各种困难和挑战，扎实推进各项改革措施有效落地，取得了较好的发展成果。

放眼未来，奋斗是九三集团砥砺前行的根本遵循

新时期的伟大目标为九三集团的未来发展指明了方向，面对新的历史时期，九三集团要通过奋斗，也惟有通过奋斗，研判新趋势、分析新挑战、寻找新机遇、打造新动能，持续构建"3+3+N"的高质量发展体系，大力推进"十大战略"和"12345678战略"落地，推进"12345"工程任务体系实施，努力实现打造具有话语权和影响力的粮油食品领军企业的奋斗目标。

打造团队，奋斗是九三集团员工鲜明的群体品格

作为中国粮油行业领军企业，九三集团拥有一支"有朝气、有正气，有活力、有能力，有热情、有激情，有思想、有理想，有领导力、有执行力，年轻化、专业化"的优秀团队，这支团队

在实事求是、敢于突破的"创新精神"和勇于应变、不断开辟新天地的"变革精神"的指引下，以高效执行为企业高质量发展赋能。

主要做法

优化顶层设计，构建文化体系

九三集团把企业文化作为战略规划的重要篇章，列入"十大战略"，列入"十四五"发展规划，列入国企改革三年行动，列入对标世界一流管理提升行动。从顶层设计入手，全面构建大文化体系，以奋斗文化为总体目标和中心内核，搭建文化的"四梁八柱"，包含企业核心价值观、发展愿景、企业使命、企业精神、执行文化、团队文化、用人文化、工作文化、成长文化、"十提倡十反对"等文化理念。在文化理念体系的打造中特别注意以人为本，大大激发了员工工作的积极性，营造了简简单单、干干净净、清清爽爽的干事创业氛围，为企业改革发展汇聚无形力量。

强化组织机构，设立领导小组

九三集团高度重视企业文化建设工作，为全面推进奋斗文化建设，成立以党委书记为组长的企业文化建设领导小组，在总部办公室设立企业文化科，集中负责九三集团企业文化体系的建设、推广和落地工作。设置由集团总部、板块平台、二级公司、基层单位组成的企业文化建设四级组织机构，确立为"一把手"工程，板块平台要成立企业文化领导小组，二级公司要成立企业文化推进小组，车间、销区、科室等基层单位分别设置1名兼职企业文化专员。

突出精准落地，深化培育践行

针对九三集团奋斗文化的推进和落地，编写了《九三集团企业文化系统建设方案》，对建设奋斗文化的必要性进行了分析，明确奋斗文化体系建设的总体目标，全面分解奋斗文化体系的具体内容。结合企业实际，从理念层面对奋斗文化的内涵进行充分解释；从行为层面对奋斗文化在企业经营管理、制度执行、氛围营造、个人行为标准等方面的执行做出细化分工并具体到责任单位。为更好地推进方案执行，自2011年起连续12年坚持每年年初印发《企业文化建设工作要点》，对企业文化建设的年度目标、重点项目、实施方法、保障措施进行全面布置。

坚持特色实践，加速文化融合

在奋斗文化的推进中，九三集团根据企业实际，不断摸索方法，总结出"六是法"，即管理者示范是关键、培训宣贯是基础、典型模范是旗帜、案例故事是载体、仪式活动是抓手、行为养成是目的，有针对性地采取有效的操作方法，以实现全员对企业文化的感知、感悟和感化。

搭建融媒矩阵，注重立体传播

近年来，九三集团在企业文化传播方面不断加大资金和人员的投入，逐步形成了以"文化九三""九三粮油工业集团"微信公众号为基础，以企业内刊《九三集团报》《高尚九三》为两翼，以官网、抖音、微博、微视频为支撑的立体式宣传格局。其中，《九三集团报》现已出刊444期；《高尚九三》目前已经出刊38期，累计编写98万字；"文化九三""九三粮油工业集团"微信公众号迄今推送图文消息4000余条，单篇文章最高阅读量达到上万次，转发量达到20多万次；抖音、视频号累计浏览量超过3万次，点赞数破5000。

实施效果

培育文化底蕴，扩大品牌影响力

在文化自信中坚守初心。作为民族企业，九三集团坚守着北大荒"自力更生、勇于开拓"的文化特质，以"中国粮食、中国饭碗"为己任，以"粮头食尾、农头工尾"为抓手，主动制订高于行业标准的企业标准，守护国人舌尖安全。2015年，企业被确定为"大豆系列国家标准制（修）订基地"。

在文化自强中勇担责任。作为中国大豆产业的一面旗帜，九三集团为捍卫中国企业的国际地位，主动申请中美双边预约定价会谈，这是中国大豆企业首次向美国争取税收平等地位的谈判，为中国"走出去"企业获得国际上的合理纳税认可度和平等的纳税环境提供了支持。完成APA协议的签署，使中美首例预约定价项目圆满结束，提升了集团在国际上的话语权。与此同时，九三集团充分发挥龙头企业对基地和农户的带动作用，成为"龙头+基地"模式带动农民增收的典范。在多次食用油价格大幅上涨时主动承担市场风险，稳定食用油价格，保证产品如需供应，承担了国有企业应尽的社会责任，成为维护国家粮食安全最有力的"压舱石"。

聚焦文化转化，提升整体竞争力

以文化引领推进持续性变革。九三集团以奋斗文化为出发点，实施内部"市场化"机制，推动各经营单位独立核算、自负盈亏，彻底打破了企业内部存在的机构臃肿、人浮于事等落后现象，以及"大锅饭""等靠要""铁饭碗"和脱离市场等落后思维。2017年，九三集团大力推进"变革文化"，完成了企业发展史上里程碑性质的战略转型，引进战略投资者，实施混合所有制改造，建立了"九三食品""九三压榨""九三供应链"三大支柱板块，形成了"北中南"战略，为集团今后发展明确了战略方向。

以文化创新助力高质量发展。近年来，企业在奋斗文化的引领下，深入贯彻落实"粮头食尾""农头工尾"要求，在北大荒集团"三大一航母"战略和"1213"工程体系的指引下，围绕打造大豆全产业链"十大战略"规划，运营能力不断提升，内控管理、风险防范能力显著增强，实现了利润、规模、业务拓展"三丰收"。

主要创造人：罗永根　缪国玺
参与创造人：王文霞　王唯俊

共建家文化，凝聚"信"动力

立达信物联科技股份有限公司

企业概况

立达信物联科技股份有限公司（以下简称立达信）成立于2000年，总部位于厦门，是专注于智慧管理和智慧生活领域的物联网产品和解决方案的提供商，是一家集光电照明、物联网产品、智能家电等的研发、生产、销售为一体的大型民营企业，有厦门、漳州和四川及泰国四大基地，建筑面积达到70万平方米以上。立达信是国家重点高新技术企业，是工业和信息化部认定的国家制造业单项冠军示范企业、新一代人工智能重点任务揭榜单位，已连续11年获评中国照明电器行业十强企业，连续10年获评中国轻工业百强企业，LED照明产品6年出口排名全国第一，连续7年获评中国民营外贸500强企业，也是国家智能制造试点示范项目企业、国家"两化"融合管理体系贯标试点企业、国家知识产权示范企业、国家工业产品生态设计示范企业、中国照明电器行业品牌效益型企业、国家火炬计划重点高新技术企业、国家半导体照明产业化基地骨干企业、国家节能照明高新技术产业化基地骨干企业。立达信拥有20多年的制造经验，在职员工近1万人，于2021年在上交所主板上市，2022年实现营收75.57亿元。

家文化理念要素

家文化来源及发展

立达信创立至今20余载，始终秉持"立己达人，信以致远"的文化基石和创业初心，把企业使命和社会责任相结合，用诚信正直、仁爱宽厚的品格，使"立己终为利人"的思维文化深植于整个企业组织的人心，企业名称也由此而来。通过传播家文化，立达信先后获评"漳州市先进职工之家""福建省模范职工之家""全国工会优秀职工书屋""全国模范职工之家"等荣誉称号。

家文化核心价值观

倡导家文化，把企业构建成和谐的大家庭，就是要使企业与员工实现和谐的平衡。家文化可以把职工个人的奋斗目标引导到企业的总体目标上来，能够在企业具体的历史环境及条件下将职工的事业心转化为具体的奋斗目标和行为准则，为企业的共同奋斗目标持续努力。家文化有非常强的凝聚作用，对于一个企业而言，人心聚合关系到企业的兴衰，使职工自觉地把个人的成长与企业的发展紧密联系起来，与企业同甘苦、共命运。优秀的家文化可以创造一种人人受重视、受尊重的文化氛围，而良好的文化氛围往往能产生一种无形的激励约束作用，职工就会从主观上产生责任感，具备极强的驱动力和内化性，职工无论遇到什么样的矛盾和困难，都会以企业这个"家"的利益为出发点，为"家"尽职尽责。立达信构建家文化，把"家"的思想融于企业和员工的心中，即"凝聚小家、发展大家、报效国家"。为将家文化润物无声的融入到公司管理的方方面面，立达信以建设统一的优秀企业文化为目标，以家文化为主要抓手，营造家文化氛围，加强理念导入，促进行为规范，引导团队学习，深化管理创新，打造和谐高效企业，为公司科学发展与和谐发展奠定坚实的基础。

家文化的输出方式

家文化融入员工心中，画好"同心圆"

为建立有效的谈话互动机制，公司搭建多渠道的信息沟通平台，如设立心理访谈室、总经理信箱和公司投诉＆建议渠道、定期开展职工大会、职工茶话会等，通过公司管理干部和员工定期不定期的谈话，从关爱员工入手，及时了解员工思想动态，发现问题并及时疏导，让员工能真正感受到"家"的温暖。谈话的形式不拘泥于地点或方式，有时是一对一的单独谈话，有时是座谈会。谈话的内容以工作生活中出现的问题和难题为主，把解决员工的思想问题与解决生活中的实际困难结合起来，切实做好排忧解难工作，最大限度地减少引起员工心理失衡的外部因素。谈话过程在遵循员工意愿的基础上做好谈话记录，对员工提出的建议、问题或困难及时向公司汇报，相关部门尽快落实帮扶措施并给予反馈。员工关系部通过查看谈话记录、向其他员工了解情况、出调查问卷等方式进行后续跟踪，努力培育员工平和、健康、和谐的心态，促进公司持续稳定发展。

着力营造家文化建设的物质环境，加强硬件基础建设，统一外部整体形象，开展走廊文化建设，增设各类文体设施（健身房、篮球场、阅读小屋、妈咪小屋等），使职工在潜移默化中增强对于家文化的认识，提升纵深发展空间，让员工能真正感受到"家"的温暖

家文化融入生产管理，助推生产力

立达信将家文化与经营开发、效益提升及安全管理等重点工作相结合，通过开展员工技能大赛、安全知识竞赛、集团创新大赛、精益大赛等活动，鼓励干部职工真正参与到企业管理、效益提升、价值创造的具体行动中，进一步强化"家本位"思想，增强整体凝聚力和向心力。

家文化融入文化活动，打好"感情牌"

公司工会、文化部、员工关系部通过丰富多样的员工关怀活动，以家文化为活动纲领，坚持把家文化建设融入精品文化活动的策划和执行中，探索"精品活动＋家文化"的互动模式，如金秋助学活动等。在推进职工以企为家、以厂区为家的基础上，通过与地方政府及企事业单位共同开展共建联建活动，进一步拓宽家文化理念辐射范围。

为增强职工家属对职工工作的理解和支持，公司精心组织了一系列员工家属走入企业的文化活动，通过亲身体验、交流分享增强职工家属对公司的熟悉和认识，充分发挥好职工"娘家人"的作用，让职工切切实实感受到"娘家人"带来的关心和温暖。

关爱每一位职工的生活、家庭，保障职工的小家，才能让职工心无旁骛在企业这个大家庭创造价值。为解决双职工家庭寒暑假"带娃难"的问题，由工会统筹，联合外部机构开设公司特色

的"暑托班"等，多方面培养孩子们的动手能力、思维能力、演讲能力等。为保障活动效果，公司工会、企业文化部、员工关系部结合员工需求和公司经营要求做好活动计划安排和费用预算，将各类活动和生产经营工作穿插安排，尽可能地创造"努力工作，愉快生活"的"家"氛围。

家文化融入公益行动，成为"筑梦人"

从2015年起，为充分发挥企业优势且更好地回报社会，企业成立专属基金会——立达信泉水慈善基金会，在过去几年中做了很多温暖人心的事情，不知不觉改善了很多孩子的人生轨迹。未来，该基金会将更加系统、高效地发挥作用，聚焦在教育支持与社会关怀两大领域，以及"点亮中国偏乡"面向全国、"敬老助学"扎根福建、"彩虹计划"温暖玉树3个核心的工作方向，倾力打造一个"把爱传出去"的公益平台。该基金会现为5A级非公募基金会，2021年被福建省委省政府评为"福建省脱贫攻坚先进集体"。目前，该基金会核心公益项目"点亮中国偏乡"已走进全国271个县（区）的1552所乡村学校，"点亮"教室16736间，让上百万名乡村学生在明亮舒适的健康光环境下学习，捐赠全护眼教育照明灯具超过10万盏。该项目获得国务院原扶贫办"2020年中国社会组织扶贫案例50佳"和新浪教育"2018年度教育公益杰出项目"等荣誉称号。

主要创造人：陈丽璇　李　琳　吴小娟
参与创造人：郑连勇　陈泽宇　林艳垠　黄　蕾

"红石榴"品牌赋能企业高质量发展

华电伊犁煤电有限公司

单位简介

华电伊犁煤电有限公司（以下简称伊犁煤电公司）位于新疆维吾尔自治区伊犁哈萨克自治州伊宁市，始建于1996年，原2×25MW机组是新疆维吾尔自治区"九五"重点工程，2015年关停；现运营的两台超临界2×350MW热电联产机组于2017年开工建设，2020年投产运营。企业现有职工285人，少数民族职工77人。2020年，按照国务院国资委区域煤电整合要求，伊犁煤电公司归属中国华电集团，隶属华电新疆发电有限公司。

实施背景

伊犁煤电公司是一个由汉族、哈萨克族、维吾尔族、回族、锡伯族、乌孜别克族、俄罗斯族、满族等8个民族组成的大家庭，是典型的边疆地区多民族国有企业，民族团结为企业发展提供稳定的环境，企业发展为民族团结提供坚实的物质基础。

2018年10月，伊犁煤电公司党委提出创建"红石榴"文化特色品牌的思路，希望通过党建引领、文化铸魂，让基层党组织战斗堡垒作用发挥得更充分，让党员先锋模范带动作用发挥得更充分，让各族干部职工更凝聚。2020年划转后，在原有"红石榴"品牌基础上，深入学习宣贯《华电文化纲要》，突出"一家人、一盘棋、一条心"理念，进一步延伸团结内涵，推进资产、战略、管控、人员、文化融合，助力区域协同发展的优势初步显现。"红石榴"品牌案例先后被"学习强国"等宣传报道，被评为第五届全国基层党建创新典型案例，2020年入选中共中央党校出版社出版的图书《基层党建的故事》。2022年，"红石榴"品牌典型案例荣获全国电力行业企业文化建设典型成果奖。

主要做法

强化思想引领，以文铸魂，坚定信仰、信念、信心

2015年4月，伊犁煤电公司运行18年的两台25MW机组关停。2015年6月，扩建项目获得核准。企业转型过渡期，职工面临着下岗再上岗的压力。针对这种情况，伊犁煤电公司党委班子、党员坚持"我们都是一家人"的理念，深入职工群众，面对面解疑释惑，了解职工思想动态，研究制订应对措施，引导职工正确认识企业发展的初心，增强共渡难关的信心，坚定学业

务、再上岗的决心。

为了让职工树立信心、增长才干，加快具备大机组生产运营能力，伊犁煤电公司党委坚持"一个都不落下"，想方设法为职工提供培训学习机会，先后成批次派出职工180余人次，到兄弟单位和同行业企业开展"半工半读"培训。在所有驻外培训点，成立临时党支部或党小组，以党组织为战斗堡垒，以党员为先锋带动，强化文化引领和员工关心关爱，在驻外培训点奏响自强奋进的乐章。在长达5年的培训中，驻外员工队伍思想稳定、学习积极向上，逐渐成长为能够胜任现代企业管理体系和掌握高参数发电机组技术的主力军和拓荒者。

构建"六化"机制，以文化人，凝聚奋进力量

组织措施"制度化"。伊犁煤电公司党委结合实际，召开动员会，成立以党委书记为组长、总经理为副组长，以及班子成员、部门负责人为成员的"民族团结一家亲"活动领导小组，研究制订《"民族团结一家亲暨党员结对帮带"活动实施方案》，明确职责任务，将活动纳入党建工作目标管理考核，形成"党政负责，各有关部门齐抓共管，各族员工共同参与"的长效机制，确保"民族团结一家亲暨党员结对帮带"活动有力、有序、有效地推进。

结对程序"规范化"。在全面调查核实的基础上，明确党员领导干部结对帮带对象，形成厂领导与伤病职工、中层干部与重点困难职工、普通党员与部门员工结对的帮带机制。通过面对面签订协议，以"五带五促"为主线，即带着诚心做好服务，促进党群关系和谐；带着耐心破解难题，促进企业安全稳定；带着恒心学习业务，促进素质能力提升；带着热心沟通交流，促进责任意识提高；带着匠心干好工作，促进业绩成果突出。承担起"第一知情人、第一报告人、第一帮助人"的职责，通过建立家庭成长册，定期完善帮带工作档案，详细记载结对帮带家庭活动情况，共创和谐稳定氛围。

结对帮带"多元化"。充分利用重大节日、工程节点，组织开展"红色经典诵读""节日寄语""我的工程我负责"等内容丰富、主题鲜明的文化活动。经常性地组织开展"同升国旗共唱国歌"、同学习同劳动、"发声亮剑"等活动，搭建起增进各族员工感情的桥梁。采取面对面交流、发放宣传资料等方式，进一步增强各族员工"五个认同"的意识，提升感恩伟大祖国、建设美好家园的动力。大力宣传和挖掘民族团结先进模范人物的事迹，充分发挥先进典型的示范引领作用。结合实际，开展民族团结大宣讲、做承诺、大讨论等活动，让全体干部员工在潜移默化中增进认同，推动各民族和睦相处、和衷共济、和谐发展。各部门围绕工程建设、安全生产、管理提升，开展"书香满工地"赠书活动、"比学习、比安全、比技能"大比武活动、"与你结伴，共读一本书"活动，通过系列结对活动的有力推进，全员争先创优的意识不断增强，爱岗敬业的风气日渐正浓。

增进感情"日常化"。与结对员工建立微信群、QQ群，有效克服空间限制，畅通沟通交流渠道，通过聊天谈心，随时了解掌握结对员工的基本情况、工作和生活状态等，共同学习党的方针、政策，及时传达公司会议精神，让结对员工共享企业发展成果，感受大家庭温暖。

扶贫帮困"常态化"。结合各结对员工实际，开展"一对一、点对点"送温暖活动，虚心听取结对员工的意见建议，排查解决各种可能影响民族团结的热点问题，解惑释疑，提升员工幸福感。通过共照全家福、家庭聚餐等活动，让各族干部职工像石榴籽一样紧紧抱在一起，形成你中有我、我中有你、相互扶助、亲如一家的和谐氛围。

品牌创建"质量化"。把群众满意作为检验文化建设的考量标准，把成效评价权交给党员群众。每季度召开"民族团结一家亲暨党员结对"活动部署会，各支部、各部门对活动开展情况进行现场汇报，总结推广活动中的好经验、好做法，对活动中存在的问题和不足进行讨论，力求活动取得实效。定期编印党建工作满意度测评表下发到各部门、各党支部，从班子建设、阵地建设、队伍建设、品牌创建等方面进行了民意测评。

激发红色引擎，以文导行，助推深度融合

伊犁煤电公司党委积极探索企业党建融入中心工作的新方法、新途径，在全面总结"红石榴"党员结对家庭取得成果的基础上，秉承"求实、创新、和谐、奋进"的核心价值，充分发扬"马上就办，办就办好"的工作作风，结合"四比四下沉"主题实践活动，持续推动党建融入公司治理、融入企业管理、融入价值创造、融入改革创新，充分发挥党组织的政治领导力、思想引领力、组织执行力、群众号召力，让"红石榴"成为企业发展最亮丽的底色。

对标"红色头雁"，推动文化建设与生产经营相融合。充分发挥国有企业党委"把方向、管大局、保落实"作用，根据领导班子成员个人分工，量身定制"任务清单"，相关部门根据节点跟踪督查各项任务进展，于每月25日在企业内网公布任务清单完成情况，接受职工群众监督。强化示范引领，领导班子成员每天带头参加班组站班会、早调会，坚持重大操作到岗到位监护和联系点制度，指导推动基层治理和组织建设，形成团结协作、分线做战抓落实的良好局面。认真践行"社会主义是干出来的"伟大号召，持续开展"岗位建功亮业绩，攻坚克难勇担当"攻坚行动，以党委、党支部为层级，成立"红石榴"攻坚小组，公司领导列席各攻坚小组，对各项攻坚任务进行监督指导和统筹协调，保障攻坚任务按期完成。通过辐射带动，成立"红石榴"党员突击队、"先、范"岗、责任区等，引导党员干部职工在岗位上建功立业。发挥"红石榴"的种子效应，聚焦中心工作、爱心服务、困难帮扶、环境保护等方面，成立"红石榴"青年志愿服务队，开展爱心献血、义务植树、物品捐赠等公益活动，积极践行央企社会责任，"红石榴"志愿服务30余次。成立"红石榴"创新工作室，鼓励团员青年把技术创新的着力点放在支撑企业发展的基础性、前沿性课题上，倡导团员青年在安全生产、经营管理、提质增效等方面进行技术革新与发明创造，进一步激发青年员工创新热情，提升企业创新驱动能力。

培育"红色细胞"，推动文化建设与队伍建设相融合。伊犁煤电公司党委改进党员帮带形式和内容，把原有的"一带二、一带三"形式延伸为"红石榴"党员结对家庭。每个家庭有2~3名党员、5~6名来自生产一线和管理岗位的职工，由一名党员担任家庭当家人、一名业务骨干担任家庭辅导员。当家人把方向，传递党的声音，保证党的领导和政治建设；辅导员管业务，保证业务帮带和技能提升。通过带思想、带业务，强化思想引领，助推业务能力提升。

汇聚"红色力量"，推动文化建设与幸福企业建设相融合。为加强与地方各民族交往交流交融，促进各民族像石榴籽一样紧紧抱在一起，共同团结奋斗、共同繁荣发展，伊犁煤电公司每月深入距该公司约200千米的昭苏县萨尔阔布乡库尔克勒德克村开展对口帮扶工作，并为他们申请政策扶持，为对口帮扶户改善居住条件提供资金帮助。为实现地方劳动力稳定转移就业，组织召开专项招聘会，招聘伊宁市周边乡镇的20名少数民族贫困人员进入企业生产一线工作，同时还将他们纳入"红石榴"家庭，共同为企业发展贡献力量。加大帮扶力度，通过"以购代捐""以买代帮"的形式，持续推进巩固拓展脱贫攻坚成果同乡村振兴有效衔接，消费帮扶农副产品采

购，为社区家庭困难学生捐款助学，累计 80 余万元，捐赠 400 余件爱心物品，真正把帮扶工作做实、做细、做精。扎实推进"我为群众办实事"活动，成功承办华电新疆发电有限公司青年集体婚礼暨联谊交友会，建成"红石榴"职工活动中心、职工书屋、多功能教室，职工获得感、幸福感、荣誉感不断增强。

实施效果

伊犁煤电公司 2×350MW 热电联产项目，设计能耗指标全国领先，是新疆维吾尔自治区首个看不见烟囱、烟气的电厂，是伊犁哈萨克自治州直规模最大、单机容量最高、设备参数最优的火力发电厂。项目投产后极大缓解了伊宁市和察布查尔县的供热缺口，为伊犁哈萨克自治州打赢污染防治攻坚战和促进区域经济发展发挥了重要作用。在 2019 年国际行政学院年会上，伊犁煤电公司 2×350MW 机组绿色发展案例被列入年会第十三研讨组课题，新机项目创新驱动的现代发展理念、绿色驱动的生态管理模式作为"可持续发展联合国千年目标"的典型经验被讨论、推广。

伊犁煤电公司先后获得新疆维吾尔自治区"开发建设新疆奖"，以及伊犁哈萨克自治州"文明单位""民族团结进步模范单位""劳动关系和谐企业""模范职工之家"和伊犁哈萨克自治州国资委"先进基层党组织"与华电系统"先进单位""基建单位 S 级企业"等荣誉。

主要创造人：赵 洁　尚 学
参与创造人：陈东朝　宋 波　康浩宇　姚红星

立足于传统文化的企业子文化——"三聚"文化促进和谐班组建设

国能榆林化工有限公司

企业简介

国能榆林化工有限公司（以下简称榆林化工）是国家能源集团下属企业中国神华煤制油化工有限公司的全资子公司，主要从事煤化工相关业务，成立于2012年，注册资本金98亿元，有员工1510人，有享受国务院特殊津贴专家1人，入选为国务院国资委创建世界一流专业领军示范企业。榆林化工按照分期建设策略合理布局产业链，实现延链、补链、强链高质量创新发展，形成了从煤炭到甲醇再到聚烯烃及各种化工产品"煤头化尾，由黑到白"的完整产业链条。

实施背景

借助国家产业西移、建设陕北国家级能源化工基地的历史机遇，榆林化工落地榆林。作为首批入驻国家级煤化工园区的企业，虽然创业者们发扬了以厂为家的精神，但榆林化工离市区较远，项目周边社会依托差、沙漠性气候环境差等客观问题依旧存在。如何留住人、如何更好调动人的积极性，成为榆林化工发展面临的突出矛盾。为此，榆林化工在完善硬件设施的基础上，提出了建设"家园"文化理念的总体布局，人性化的管理理念开始奠定发展的基调，丰富多彩的群众性活动开始大规模的组织，员工的业余文化生活开始逐步丰富。随着困难员工帮扶、优秀人才激励等措施不断完善，榆林化工人与人之间的互助友爱，组织对员工生活和工作的关心照顾，逐渐形成自觉自发的企业文化。在这样的氛围下，水处理装置构建起了榆林化工的第一个子文化——"水滴文化"，其"2015"八步法交接班、"226"巡检法等，因行之有效、独具特色，在其他班组上得到了创新推行。"三聚"文化便是在这场班组文化建设中应运而生的。

"三聚"文化即聚情、聚力、聚心。聚情：以"感情"为纽带，相互关心，让每一位员工感受到家的温暖和家人般的亲情。聚心：引导员心往一处想、劲往一处使，实现团队战斗力。聚力：号召员工群策群力、攻坚克难、消除生产瓶颈、实现长周期运行。"三聚"文化的具体内容是辩证统一的，即：聚情，提供精神支撑；聚心，提供创新源泉；聚力，提供技术引擎。

主要做法

"三聚"文化着重通过对员工个体的关注和团队意识的培养，塑造团队的凝聚力、执行力，达到聚是一团火的目标。员工个体方面，坚持政治与业务并重的原则，以提升个人能力；团队塑造方面，通过强化思想认同、共同攻坚克难等方式提升集体的战斗力。员工个体与团队建设之间通过组织关怀、定向帮助等方式搭建共同促进的平台。

强化政治素质，实现思想转变

一是通过"三会一课"、主题党日活动，强化对党的二十大精神的学习和宣贯，引导广大员工深刻认识党的思想、路线、方针、政策。二是开展重走习近平总书记视察路线等系列活动，使广大员工在实地走、亲身看、现场听的过程中，加强对煤化工产业发展和青年同志承担历史重任的再认识和再思考。三是党支部注重从青年、业务骨干中发展党员，近2年已有6名政治素质过硬、专业技术突出的优秀青年光荣入党，为全体员工树立了榜样。四是积极向党员、员工推送应知应会知识，通过会前、会中、会后提问方式，不断提升员工的政治修养和理论水平。五是组织党员、团员赴周边红色教育基地进行现场学习，开展党史、团史知识竞赛等，营造传承红色基因、争做时代新人的政治风气。

强化业务能力，实现素质提升

一是针对员工个体的差异，建立差异化的培养模式。为新入企业、业务能力未达预期的员工指定师傅，通过一对一、传帮带方式提升员工岗位胜任力；为熟练工制订更高一级岗位的培训内容，通过定期辅导、定期培训等方式，提升员工的业务深度和广度；广泛开展轮岗换岗、岗位练兵、月度小考、季度大考、每日一题等活动，审视员工培训环节存在的问题，及时进行纠偏和整改。二是开展技能大赛，营造"比、学、赶、帮、超"的学习氛围和竞争氛围，1名员工获得全国行业技术能手称号。三是持续开展"金点子"评选、合理化意见征集、技改技措等活动，提升组织创新创效能力。

强化关心关怀，实现员工对组织的认同

以"情"为基础，关怀每一位员工的生活和工作诉求，解决群众问题，让每一位员工感受到家的温暖，自觉将个人发展融入企业发展。一是通过党支部书记包整体、管理人员包班组的形式，落实谈心谈话工作，逢员工思想波动、生病住院、岗位变动、受到奖惩、季度考试不理想、家庭添丁减员等情况，分片负责人必须与员工本人进行谈话，帮助疏导思想、解决困难。二是针对家庭遭受重大变故或员工遭受重大疾病的，党支部书记要在第一时间了解情况并给予慰问，员工面临经济困难的，积极申请慰问金，必要时及时为困难员工募集爱心基金。三是管理中注重民主与公平，员工提出的合理意见要改正、合理诉求要解决、合理建议要接纳，旨在提升员工参与管理的意识。四是注重诉求的解决，建立起榆林化工第一个集阅读、餐饮、休憩为一体的"三味轩"职工小家，为员工配备了400册图书，配置了各种厨用电器，配备了餐饮恒温加热系统，整体优化员工就餐环境。

强化团队意识，提升员工凝聚力

一是强化项目攻关，将管理人员、青年骨干吸纳其中成立攻关小组，全面展开难杂技术攻关，对攻关效果好的团队进行表彰。二是通过党员安全环保示范岗、党员包机包保、员工身边无

违章等活动,充分发挥党员的引领示范作用,激发大家的创业干事热情。三是以"六型五星"班组建设为标准,在班组间开展月度竞赛,通过评估班组"学习型、创新型、环保型、效益型、和谐型、安康型"的任务完成情况,评比出优秀班组长、星级操作员,达到提升班组管理水平、提高班组成员凝聚力的目标。四是合理开展羽毛球比赛、仿宋字比赛、摄影比赛、撕名牌、爱心献血、义务捐衣等青工文体和志愿服务活动,丰富员工业余生活,提升组织凝聚力和向心力。

实施效果

聚情,增强团队凝聚力

通过谈心谈话活动,疏导了员工的思想;通过困难帮扶、爱心基金募捐,培养员工同理心,员工间建立亲人般的感情;通过各类集体活动,培养员工的集体荣誉感和归属感。日常工作中,员工积极向组织靠拢,主动参与到"党员突击队""党员服务队"和"青年突击队"等组织中,投入到项目攻关、安全生产、降本增效的具体工作中,以实际行动展示了组织的凝聚力。

聚心,提升团队战斗力

项目建设期间,面对技术难度大、施工环境恶劣、人员紧缺的困境,双聚装置全体员工同心同德、共同攻坚,创造了高压聚乙烯888道高压接口无一泄漏、高压管道振动全部合格、仅用4.5天便产出合格聚乙烯产品等多项国内外纪录,被在驻专利商称为"堪称奇迹、不可超越"。进入商业化运营期后,双聚装置全体员工求实创新、踔厉奋发,成功解决反应器粘壁、产品色粒、压缩机运行周期短等多项技术难题;先后开发出2426K、2220H、1846H、S1003、K8003、K9928H等多个新型聚烯烃牌号,目前已成功转产25个聚烯烃牌号产品,助力聚烯烃产品差异化生产,为企业开拓巨大利润空间。

聚力,实现高质量发展

一是通过群策群力的攻关,先后解决反应器结块停车、循环气压缩机振动高、产品色粒、压缩机运行周期短等难题,更新了膜回收系统连续运行时间最长的纪录,成功产出K4912无规聚丙烯产品,填补了国内市场的空白。二是通过加强工艺参数研究,强化与设计院所沟通,实现了大型机组气阀、滤芯、挤压机切刀等备件的国产化。三是骨干员工撰写的《降低高压聚乙烯装置停车次数延长运行周期》课题荣获国家能源集团QC活动二等奖、《高附加值聚烯烃产品开发生产与创效》获得国家能源集团奖励基金二等奖。四是双聚装置PE单元通过成立长周期攻关队,开展与行业运行先进的装置交流对标,坚持每月定期召开攻关小组会议,分析解决影响装置稳定运行的因素,通过调整温度、增加排蜡频率、调整技术气注入量等措施,有效减少了压缩机处粉尘积聚,PE装置实现连续运转84天,创历史最好水平。以上重点项目的攻关中,一大批"80后""90后"青年骨干主动担当、主动作为,在项目实施中发挥了关键作用,一定程度上也验证了人才建设成效。

主要创造人:孙爱光

参与创造人:常 佳 赵艳华 齐 飞 杨惠心 刘晓勇

培育文化沃土，坚定不移向科技型企业迈进

建龙阿城钢铁有限公司

企业简介

建龙阿城钢铁有限公司（以下简称建龙阿钢）是世界500强企业北京建龙重工集团有限公司（以下简称建龙集团）的全资子公司。注册资本14亿元，占地面积141万平方米；资产总额68亿元；在册员工3000余人。是哈尔滨市民营制造业百强企业；通过了国家高新技术企业认定和黑龙江省企业技术中心认定；2021年，被工业和信息化部纳入国家绿色工厂名录。建龙阿钢主要产品有850mm热轧特殊带钢、镀锌焊管、热镀锌焊管、热镀锌商品卷、退火商品卷。产品广泛应用于建筑安装、工程机械、汽车装备、油气输送、装备制造、矿山安全等领域，产品技术先进、质量可靠，深受用户好评和信赖。企业质量、环境、能源和职业健康管理体系规范，通过了ISO9001质量管理体系、ISO14001环境管理体系、ISO50001能源管理体系、ISO45001职业健康安全管理体系的认证。被中国企业联合会、中国企业家协会授予"AAA级信用评价企业"。

实施背景

早在2003年，建龙集团就已经形成了完整的企业文化体系。多年来，集团经历了国家宏观调控、市场大幅波动、公司高速购并扩张和内部管理强化，建龙文化已在多方考验中百炼成钢、日趋成熟。

建龙阿钢作为建龙集团的全资子公司，大力弘扬"只争第一、点滴做起"的企业精神，加大企业文化宣贯力度，把完善品牌建设、企业形象建设紧密结合，进一步统一员工的价值取向和行为准则，开展形式多样的企业文化建设活动，让建龙文化被广大员工认知认同，使企业的愿景、使命、价值观真正成为员工的自觉行动，提升企业发展的软实力，展示企业发展新形象。建龙阿钢把建龙文化贯穿到生产经营的全过程，运用先进文化对企业进行全方位的规范整合，组织广大员工认真学习贯彻理念，全面提升员工的综合素质，树立鲜明的企业形象，打造强大的核心竞争力，对企业发展起到了至关重要的推动作用。

主要做法

发挥企业文化的凝聚力作用，完善科技创新体系建设，高质量谋划科技创新工作

建龙阿钢用企业文化把员工紧紧地团结在一起，形成强大的向心力，使员工万众一心、步调

一致,通过构建牢固的科技创新体系,聚焦科技创新"三个来源",科研合作勠力同心,创新活力持续迸发,科技创新工作取得亮眼成绩。以"谋方向、定目标、分责任、建机制"的方针,制订了《建龙阿钢科技创新管理要点》,规范了科技创新项目立项、实施、验收、成果转化推广、奖励兑现等各环节的工作流程。依据"节能、能效提升""制造流程结构性优化""推动绿色布局""构建循环产业链""突破性技术应用"五大科技创新维度,梳理出133个科研项目,根据实际经营、生产情况,经过研讨,对其中的43个项目进行合并,最终确定了90个科技创新项目。截止2022年,顺利开展科技创新项目59项,结题38项,结题率64%。结题项目投资6938.8万元,形成创效能力27542.84万元,主体工序专业人员参与率达到82%。

发挥企业文化的导向作用,引导全员通过科技创新为公司降本增效做出贡献

建龙阿钢充分发挥企业文化的无形指挥棒作用,用文化强大的引导力引导员工通过科技创新为公司降本增效做出贡献。2022年,建龙阿钢与北京科技大学、东北大学、哈尔滨工业大学、哈尔滨工程大学、燕山大学等高校合作开展创新项目10个,其中"熔剂型球团矿的竖炉生产与高炉高球比冶炼的技术开发项目"和"含锌冶金粉尘资源化利用关键技术基础研究"被集团总部选为"青年学者基金项目"。2022年,建龙阿钢共有24个项目纳入降本增效专案当中的科技创新项目,创效7253.6万元,通过科技创新手段实现岗位融合98人。承接集团研究所10项课题,其中"基于无副枪模式的一键炼钢系统及技术研究项目""全流程工艺质量智能管控系统研发(QMS)项目""烧结烟气CO催化净化工艺技术及成套装备开发""环保精益管理平台"等4项课题被列为重点攻关项目。

发挥企业文化的激励作用,助推智能制造一枝独秀

建龙阿钢充分发挥企业文化对员工的激励和鼓舞作用,调动员工积极参与数字化转型和智能制造项目建设,实现数字赋能员工,提高员工个人和企业的经营绩效。

建龙阿钢智能制造团队在"只争第一、点滴做起"的企业精神引领下,推动实施了"智能工厂"和"数字化企业"建设,共实施智能制造项目69个,完成投资2亿元。其中,核心项目智能控制中心仅用134天就完成了庞大的基础设施、网络、应用软件等的建设,再次展现了"建龙速度",实现了国内首家真正意义的冶金全流程远程智能控制。该项目建成后合计创效约9043.96万元,优化劳动定员36人,全年提高自发电量3.1亿千瓦时,全年减少煤气排放量约1.0936亿立方米,折合减少碳排放3.13万吨,全年增加社会供热面积60万平方米。获得了27项专利及软件著作权利,获得黑龙江省科技奖项3项,入围黑龙江省智能工厂名录,修订行业技术标准1项,开发应用系统12项,培养锻炼了大批工程技术人才,为建龙阿钢人才梯队建设及高端人才引进搭建了平台。

发挥企业文化的引力作用,拓展高端科技生态圈,夯实品牌建设

建龙阿钢充分发挥企业文化的强大引力作用,与各方面专业人才、合作伙伴、供应商共同拓展高端科技生态圈。

建龙阿钢广泛搭建协同创新科研合作平台,拓展产学研合作,积极推进有价值、高质量、有推广应用前景的科研项目,品牌影响力得到大幅提升。"建龙阿钢绿色冶金制造工程技术研究中心"在黑龙江省科技厅成功备案,为公司搭建引进、消化、吸收和转化先进技术提供支撑;建龙阿钢与黑龙江省工业技术研究院签署"战略合作伙伴协议",依托其帮助企业协调政府资源,规

划、辅导和推荐申报各类科技计划、人才计划及研发平台……

建龙阿钢在科技成果认定方面斩获多项行业荣誉。热轧带钢获得黑龙江省制造业单项冠军产品称号，建龙阿钢被评为哈尔滨市制造业单项冠军企业，"数字化精益管控平台"被评为黑龙江省质量标杆。科技奖项硕果累累，申报的"基于全热物料的转炉高效低碳与智能炼钢技术创新开发项目"已获中国钢铁协会公示，此项目成果经中国金属学会鉴定属国际先进水平，已申报国家冶金奖。科研基础管理更加规范，2022年共申报专利64项（发明专利11项、实用新型专利53项）。已获授权专利合计41项，其中《一种高温炉加工用监控防护机构》获得发明专利授权、其余40项均为实用新型专利。2022年，参与标准修订共5项。

实施效果

在建龙文化的影响下，建龙阿钢的凝聚力、向心力、战斗力显著增强，知名度、美誉度和社会影响力大幅提升，生产经营屡创佳绩、硕果累累。自2017年复产以来，先后建成了140万吨热轧特殊钢、35兆瓦余热发电、冲渣水余热供暖、100万吨废钢加工、50万吨新材料、100万吨制管、10万吨金属制品和全流程智能制造等重点项目；被授予国家高新技术企业和国家绿色工厂。2022年，建龙阿钢产钢156万吨、带钢145.41万吨、焊管39.6万吨，同比分别提高30.3%、24.8%和68.4%；实现工业产值97.67亿元，同比增长24.16%；上缴税金1.34亿元，同比增长7.4%。

主要创造人：杨乃辉
参与创造人：马新路

以"朴诚"为核心，构建底蕴深厚的企业红色文化体系

湖北中烟工业有限责任公司红安卷烟厂

企业简介

湖北中烟工业有限责任公司红安卷烟厂（以下简称红安卷烟厂）始建于1980年，建厂40多年来，工厂由小变大、由弱变强，成为支撑老区经济和社会建设的脊梁。红安卷烟厂先后获得全国模范职工之家、烟草行业质量管理达标合格企业、烟草行业安全工作先进单位、烟草行业扶贫先进集体、湖北省"五一"劳动奖状、湖北省最佳文明单位、湖北省先进基层党组织、湖北省安全生产红旗单位等荣誉。

实施背景

红安是全国闻名的"将军县"，从1927年到1949年，共有14万英雄儿女为民族解放和独立做出了重大牺牲和卓越贡献。在这块红色土地上，铸就了"万众一心、紧跟党走，朴诚勇毅、不胜不休"的红安精神。红安卷烟厂将历史传承作为企业文化的"根"和"魂"，从红安精神中提炼出"朴诚"文化品牌，全厂员工赓续艰苦朴素、团结进取、开拓创新的红色基因，以思想力引领行动力，各方面工作取得出色成效，为工厂发展壮大、助力革命老区经济建设做出了巨大贡献。

主要做法

红安卷烟厂深耕企业文化的目的，旨在为工厂改革发展提供强大的精神推动力，为工厂重点工作提供良好的智力支持、思想保证和舆论环境。为此，红安卷烟厂持续升华"朴诚"文化铸魂、塑形、赋能的强大力量，在"朴诚"文化框架下，拓展"朴诚"文化外延，挖掘重点条线文化，构建其文化理念、行为准则、文化口号，形成以"朴诚"文化为内核，意蕴深刻、外延丰富的"1+5"企业红色文化体系。下面以"红廉"廉洁文化为例阐述红安卷烟厂的主要做法。

红安卷烟厂"红廉"廉洁文化以中共中央办公厅印发的《关于加强新时代廉洁文化建设的意见》为指导，以科学的廉洁理念为统领，以红安红色的廉洁文化为底蕴，以规范的廉洁行为为核心，以完备的廉洁制度为基础，以丰富的廉洁活动为载体，是工厂廉洁思想、制度、行为及其物化的总和。

以"零容忍"的从严基调释放"不敢腐"的震慑作用。强化警示教育，算好"人生的七笔账"。工厂各党支部将警示教育抓在经常，久久为功，用好用活用足"反面教材"，精准选取工作性质相同、廉政风险点类似的违法违纪事实，使党员干部有更好的代入感，引起心灵上的震撼，从典型案例中算清"得失账"。加大惩处力度，提高案件查办的震慑作用。不折不扣落实《中国共产党纪律处分条例》，对腐败行为采取高压态势，提高腐败成本，消除腐败欲念。充分发挥纪委、新闻舆论和群众的监督作用，拓宽群众举报渠道，及时披露各种与职工群众利益相关的反腐信息，让他们有更多的知情权和表达权。通过明确党的纪律要求，把纪律当作工作和生活中的"紧箍咒"，把各项规定和要求落实到实际行动上、落实到具体工作中。

以"零缝隙"的钢铁机制扎紧"不能腐"的制度牢笼。落实主体责任，完善监督体系。着力构建"党委全面监督、纪委专责监督、党的工作部门职能监督、党支部日常监督、党员民主监督"的党内监督体系，推动纪检监察、内部巡察、财务、审计、统计、人力资源、规范管理等内部监督工作贯通协同，增强监督严肃性、协同性、有效性。推动监督向基层延伸，整合监督资源，发挥党支部的"四员"作用，与党支部纪检委员、监督员形成对接，重点解决不敢监督、不会监督的问题，用精准监督、有效监督推动各项工作在基层落实落地。优化制度体系，强化制度落实。优化完善党风廉政建设制度体系，坚持用制度管权、管事、管人，制订《红安卷烟厂岗位廉洁风险防控管理办法》，建立问题线索受理和处置通道，结合工程投资、物资采购、宣传促销相关制度，形成相互制约、相互监督、同向发力、运行高效的制度体系。建立廉政档案，促进廉洁从政。通过建立健全工厂中层领导干部廉政档案，及时了解干部廉洁自律情况，把廉政档案当作组织衡量干部的一把"尺子"，有助于党员干部时刻警示自己、对照自己，做到自省自励、廉政勤政。

以"零偏差"的坚定信念筑牢"不想腐"的思想堤坝。开展廉洁宣传用语征集活动，提高全员参与的积极性。在全厂范围内广泛征集富有企业特色的"红廉"文化宣传用语，大力营造文化创建氛围。员工作品经廉洁文化建设推进小组初评后，由廉洁文化建设领导小组认定，在全厂范围内宣传推广。开展廉洁文化阵地建设，营造"红廉"文化氛围。以"智慧红"讲堂学习交流平台为载体，不断探索新颖活泼的宣教形式和内容，充分发挥线上媒体优势，强化廉洁知识的输入。开展"建设优良家风"主题教育，弘扬优秀家风家教。工厂充分发挥党支部、共青团作用，广泛开展"廉政故事我来讲"活动，以红安红色廉洁故事为主要内容、古今清廉人物为原型素材，在尊重事实的基础上，讲述廉洁故事，诵读廉政经典，从故事中继承先烈之志、点燃信仰之火、赓续精神之力。

实施效果

"红烟红"党建品牌持续擦亮。红安卷烟厂以"传承红色基因，践行烟草使命，奉献红色事业"作为品牌内涵，提炼设计工厂"红烟红"党建品牌和"朴诚"文化品牌LOGO，强化视觉传播效果；通过"红烟红"宣讲队、"红烟红"8+1微党课、"红烟红"志愿服务队等传播载体，让"红烟红"成为红安卷烟厂的品牌形象。在品牌力的感召下，党支部的战斗堡垒作用、党员的先锋模范作用充分发挥，全员深化党的创新理论学习，理想信念更加坚定，履职尽责更加有为，政治素质、工作能力明显提高。

全员文化自信日益增强。"朴诚"文化引领5个条线分文化，形成一个互为作用的企业文化体，企业价值观更加入心入行，潜移默化、润物无声地影响着企业战略管理的诸多方面；系统规划工厂宣传展示区，建立"红旗下的红安卷烟厂"主题厂史陈列室、开辟"我们走在红色大道上"参观线路；创办《最红烟》企业内刊，成立新视野摄制、新图文设计、新探索创新、新写作传播等"四新"兴趣小组，打造强有力宣传队伍，将红色文化化为员工内在精神追求，文化软实力成为企业发展的硬支撑。

企业形象整体提升。红安卷烟厂文化建设与党建活动、文化活动、职工思想政治工作相结合，探索能量强劲、多元灵活的文化引领方式，推进文化强企建设，取得了物质文明和精神文明建设的丰硕成果。工厂先后产生3位全国劳动模范和6位省、市劳动模范，获得湖北省委省政府、国家烟草专卖局、黄冈市委市政府、湖北中烟工业有限责任公司等颁发的多项荣誉。

工厂发展提质增速。红安卷烟厂树立"流程端到端，职责全覆盖"的管理理念，修订《红安卷烟厂部门职能职责规范》，工厂标准体系日臻完善；科技创新、管理创新、群众性创新等亮点频出，立项作品、获奖作品数量屡创新高；能源三级计量、云MES生产管理数字化平台、物流数字化管控平台等项目开发使用，有效提升生产精细化管理、过程物料保障和产品质量稳控能力；"财、审、法、纪"贯通协调，"大监督"体系防范化解各类风险，为工厂营造了平安稳定的发展环境。"朴诚"文化融合在企业生产经营的方方面面，员工精神气质、团队综合素养有了快速提升和发展，生产经营目标指标持续向好，实现了人的全面进步和工厂全面发展的目标。

主要创造人：陈　实　姚永东
参与创造人：彭时珍　祝慧萍　石竹梅　吴吉锐

"抱一至永"文化理念体系

黑龙江省建设投资集团有限公司

企业简介

黑龙江省建设投资集团有限公司（以下简称龙江建投）是经黑龙江省政府批准，于2019年在原黑龙江省建设集团基础上重组成立的以建筑业为主的综合性产业投资集团，是具有基础设施"谋、融、投、建、管、营"全产业链竞争力的集成商、服务商。龙江建投在黑龙江省率先"走出去"、融入新发展格局，区域市场覆盖国内31个省（自治区、直辖市）和国（境）外24个国家及地区，2家权属企业荣获中华人民共和国成立70周年工程建设行业"功勋企业"称号，承建工程屡获"鲁班奖"、中国安装之星奖、"大禹奖"，荣获国家和省部级优质工程奖千余项，已经成为黑龙江省属最大经营规模企业，位列中国承包商80强企业第30位、黑龙江百强企业第8位。

实施背景

龙江建投以社会主义核心价值观体系理论为根基，构建了包含价值体系、战略体系、精神谱系、治理理念体系和视觉识别系统"五大体系"在内的"抱一至永"文化理念体系。

伴随企业发展逐步迈向成熟，"抱一至永"文化理念体系经历了一个从概念提出到丰富完善再到系统凝练的过程。

主要做法

纵深推进文化立根强企工程。龙江建投把坚持党的领导、加强党的建设作为企业的"根"和"魂"，把文化立根强企工程作为改革发展的"1号"战略工程。谋划确立宣传思想文化立心、立传、立德、立制、立言的"五立"工程，确立了落实意识形态工作责任制、加强理念学习和理想信念宗旨教育、加强新闻舆论工作、强化精神激励、加强企业文化建设工作、加强宣传阵地和载体建设、加强思想政治工作和精神文明建设、加强宣传队伍建设并把制度建设贯穿始终的"8+1"工作布局，使企业文化厚植于广大党员干部职工内心深处，自觉外化与干事创业实践之中，淬炼党性意识，升华思想境界，练就过硬本领，凝神聚力，统一思想，推动企业高质量发展。

整合企业文化建设资源。集团党委组建"抱一至永"文化实践中心，引领权属企业建立二级融媒体中心，集成集团文化资源，捋顺体制、完善机制，搭建企业文化建设平台，实现协同优化高效，打造文化精品，增强文化传播力，通过团拜会、表彰会、知识竞赛、书画大赛等活动，制作企业宣传片、文化专刊、歌曲MV等文化产品，激励和鼓舞广大职工，企业文化建设的组织力、影响力得到增强，特色文化品牌优势更加突出。

加强企业文化传播力度。龙江建投坚持"内容为王""移动优先"策略，推进媒体融合，打造建投播报、建投云听、建投图景、建投微视四大宣传品牌。利用微信公众号、官方网站、企业内刊——《龙江建投报》、"抱一至永"文化实践中心、融媒体平台构建了"一微一网一报一中心一平台"的对外宣传媒体矩阵。集团总部与各权属企业融媒体中心形成宣传资源协同共享网络，围绕企业重大会议、发展业绩、重大奖项、改革任务、重点工程，制作图文、音频、视频宣传产品，统筹自有媒体平台及主流媒体，"一稿多发"，全媒发力，加强宣传报道和舆论引导。扩大了企业的宣传影响力，凝聚起职工为实现集团战略目标的奋进力量，激发职工奋发向上、拼搏奋斗的工作状态。

践行社会主义核心价值观。依托实施黑龙江省委省政府重大政治任务和承担龙江全面振兴、全方位振兴的时代责任，深植"最有使命感、最有打赢能力"的强企目标。结合集团实际广泛参与民生事务和社会治理，展现负责任大型国企的使命担当。教育职工崇德向善，建立志愿者队伍，参与公益事业，擦亮龙江建投"名片"。广泛开展学习交流，推进企业文化升级创新。编制《"抱一至永"文化理念体系大纲（2020版）》等，不断融合龙江建投优良传统、改革发展现实需求和面向未来的战略安排，坚持补充完善重点领域的"子理念"；补充完善道德、行为等方面的规范守则，完善巩固系统完备、科学规范、独具特色的理念体系。鼓励权属企业在龙江建投框架下建立完善具有自身特色的文化体系。

实施效果

深化了对龙江建投企业本质和价值的认识。龙江建投既是市场主体、经济实体，也是完成党的政治任务和实现龙江全面振兴、全方位振兴的主力军，更是学习贯彻习近平新时代中国特色社会主义思想、贯彻党中央和黑龙江省委省政府决策部署、坚持中国特色现代企业制度、践行社会主义核心价值观、落实新发展理念、全面深化企业改革、全面从严治党的实践主体。

有助于凝魂聚气、凝聚共识促改革。"抱一至永"文化理念体系的凝练提出，为正值进入改革攻坚期和深水期的龙江建投提供了系统的思想引导和价值引领，统摄思想意识、整合价值秩序，形成全面深化改革的精神动力，不断推动完善战略体系。龙江建投党委在提高政治站位中谋划改革顶层设计，相继组建设计集团、水投集团、生态环保集团，吸纳旅投集团，构建形成了"1+4+1+1"的产业布局，工程建设板块传统主业的"压舱石"作用突出，新兴企业板块创新发展动能强劲，国宾馆及会展板块"第一窗口"形象有力打造，旅游开发板块业绩倍增创历史最好水平。高质量完成国企改革重点任务，围绕国企改革三年行动任务全面完成，为推动高质量发展释放更大动力和活力。

增强文化自信，提升企业文化软实力。龙江建投企业文化核心价值观、企业精神融入中华传统文化精髓，潜移默化地提升干部职工对传统文化的自觉自信；能够彰显大型国有企业的价值认同和文化自信，昭示着跻身强企行列的自信和豪情；能够体现企业文化的科学性和价值性，理念彼此之间有机衔接、融会贯通、相辅相成，既贯穿观点和方法，也明确目标和举措。

践行国企担当，实现企业高质量发展与社会效益双提升。龙江建投党委坚定做强做优做大的信心，担当大型国有企业经济责任、政治责任、社会责任，使企业成为"六个重要力量"。龙江建投自2019年组建以来，企业发展的质量、速度、规模和效益逐年向好，主要经济指标实现逆势增长、历史性突破，开创了高质量发展新局面。2022年，实现营收入482亿元，在手合同订单超过1000亿元。预计"十四五"末期可实现综合营业收入1000亿元的既定目标。

龙江建投的发展始终葆有为民造福的温度、担当国企责任的态度。担当脱贫攻坚国企责任，帮扶海伦市完善交通等基础设施建设、加快扶贫产业和县域经济发展，海伦市如期脱贫摘帽；在黑龙江省老旧小区改造、城市更新等公共服务项目中，展现了专心专注、精益求精的建投工匠精神，体现了正心诚意、刚健自强的建投精神，得到了百姓的信赖与认可；在海外，龙江建投秉承最有使命感、最有打赢能力强企目标，如期交付孟加拉国派拉桥（勒布卡里桥）项目等，让世界看到"中国速度""中国品质""中国信誉"，建投特色企业文化凝聚力、感召力和影响力得到了充分彰显。

主要创造人：黄　华

以团结奋斗为核心的特色企业文化体系建设

广西广路实业投资集团有限公司

企业简介

广西广路实业投资集团有限公司（以下简称广路集团）重组成立于2016年，是中国500强企业、广西壮族自治区政府直属大型国有独资企业广西北部湾投资集团有限公司的二级子集团公司，是广西壮族自治区国资委出资企业重要子企业。广路集团主要从事钢材、水泥、成品油等大宗物资贸易和标识标牌等交安设施产品的生产制造，以及网络货运平台、电商集采等战略性新兴产业。重组以来，突出加快转型升级主线，走多元化发展道路，逐步形成物资贸易、生产制造、物流及供应链服务三大主业协调发展、优势互补的良好发展格局。2022年，广路集团实现营业收入50多亿元，近5年年均营业收入达66亿元，位居2022年广西服务业企业50强、2021年南宁企业50强，为广西交通强区建设和经济社会发展做出积极贡献。

实施背景

企业文化是企业发展的基因。广路集团打造"聚广力，行路远"企业文化体系，既有历史原因，也是现实需要。一是企业整合发展的迫切需要。作为重组型企业，广路集团成立之初组成企业和业务板块众多，各直属企业间业务关联度不高，制度、管理、核心价值观也存在差异，亟需构建员工共同认可的企业文化，推动企业整合发展。二是企业改革转型的必由之路。广路集团是以从事交通物资贸易为主的企业，随着广西交通固定资产投资增速明显下降，广路集团发展面临严峻市场压力，转型升级势在必行。推进转型升级，打造一流企业，必须有强有力的企业文化做支撑。

主要做法

"四度"凝聚广泛合力

聚焦客户美誉度，以高品质服务占领行业市场。作为贸易型企业，客户是广路集团生存的根本。广路集团推动构建"零距离"高效服务体系，广泛开展"零距离"高效优质服务理念宣贯活动，着力打造感情"零距离"、联系沟通"零距离"、工作服务"零距离"，开展业务团队下沉项目、服务一线行动，严控材料质量、完善售后管理机制，提高议价能力、降低客户采购成本，让客户享受到快速反应、优质高效的服务，从而提升客户美誉度，创建良好口碑。广路集团成立6

年多来，服务广西壮族自治区内外基础设施项目（标段）1000余个。

聚焦政府信任度，以全方位互信深耕区域经济。广路集团坚持扎根城区、服务城区，与南宁市兴宁区政府在商贸服务、生产制造、城市更新、资产管理等开展多领域、多渠道、多模式合作，构建企业与政府的经常性沟通机制，在党建联建共建等方面积极互动，合力打造政企互信、政企合作样板，共同开创互惠合作新局面。

聚焦供方认可度，以共同目标理念推动价值创造。以信任、开放沟通和互利共赢为基础，与供应商共同成长和创造价值，提升为供应商、客户和企业自身创造价值的能力，为供应商提供稳定订单，诚信履约，与华润水泥、中国石化、柳钢等150多家供应商建立战略合作伙伴关系，多次获颁柳钢"战略直供户"、华润水泥广西大区"十大卓越客户奖"、鱼峰集团"五星级经销商"等荣誉，赢得供应商深度认可。

聚焦群众满意度，以为民办实事增进民生福祉。广路集团将履行社会责任作为企业文化建设的重要导向，深度参与城区城市更新，努力创造社会效益，以实际行动展现国企担当。广泛开展"学雷锋"志愿服务和公益活动，积极投身脱贫攻坚和乡村振兴事业，脱贫攻坚期间派出扶贫"第一书记"和工作队员，助力564户3412人脱贫，荣获北投集团"脱贫攻坚先进后援单位"。打造"青苗行动"志愿服务品牌，常态化组织赴乡村小学开展"青苗行动"共建帮扶活动，开展"青苗课堂"、爱心捐赠等活动。

"五感"推动行稳致远

提升干部职工使命感，激活不懈奋斗的动力源泉。一是确立"打造'区内领先、国内一流'产商投创新型标杆企业"的企业愿景和"创建和谐企业，为社会创造财富，为员工谋求发展机会"的企业使命，加强企业愿景、企业使命的宣贯，引导干部职工将企业愿景、企业使命与个人发展结合起来，激励干部职工朝着企业愿景奋勇拼搏。二是树立"输不起的政治感、等不起的紧迫感、坐不住的压力感、慢不得的危机感"的责任观，加强员工责任心教育培训，通过会议、讲座、谈心谈话等方式，经常性对员工进行责任心教育和培训，增强员工责任意识。三是建立有效的内部竞争机制。推行内部竞争上岗，实行经理层任期制和契约化管理，形成能上能下、能进能出的干事创业氛围。四是加强干部职工作风建设。围绕北投集团"正风、协同、拓展、增效"八字工作方针，大力弘扬清正廉洁之风、干事创业之风、求真务实之风、创先争优之风，深化形式主义、官僚主义突出问题整治，整顿"推、拖、浮、虚"不良工作作风。

提升干部职工紧迫感，保持不懈奋斗的精神状态。结合企业发展形势，采取系列行动、举措，增强干部职工在生产经营、改革创新、转型升级等方面的紧迫感。一是坚持党建引领生产经营，创建"创质·力行"党建品牌，实施"十百先锋行动"，组织10支党员突击队，树立100个党员先锋岗，推动党建与生产经营深度融合。二是推进深化改革提升行动。开展新一轮国企改革深化提升行动要求，优化调整直属企业管理模式和业务范围，淘汰清理盈利不高、风险过大及不具备成长性的业务和企业，成立资产运营分公司，进一步消除同质化竞争，推动构建"大贸易"工作格局，增强企业核心竞争力。调整总部机构设置，成立科技信息中心，推进信息化建设。三是加快企业转型升级步伐。围绕北投集团"转型升级深化年"目标任务，成立"转型升级深化年"工作方针推进落实领导小组，确定6个转型升级重点项目，定期召开转型项目工作推进会。四是加大外拓市场工作力度。召开"拓市场、强管理"工作会议和"拓展"工作专项会议，明确公司经理层成员市场开发职责重点拓展范围，建立市场开发激励制度，设立云南、广东2个广西壮族自治区外办事处，推动实现新的业务增量。

提升干部职工获得感，打牢不懈奋斗的现实基础。从物质、精神层面激励鼓舞干部职工，不断提升干部职工的技能水平，帮助他们持续获得工作价值感，为拼搏奋斗创造现实条件。一是在物质层面激励人。坚持"发展依靠员工，发展为了员工，发展成果与员工共享"的企业价值观，为职工创造舒适良好的工作环境，解决职工急难愁盼问题，以企业经济效益提升促进职工收入增长，据统计，广路集团近3年职工年均收入增幅超过10%。二是在精神层面鼓舞人。常态化开展创先争优活动，评比十佳员工、先进工作者、"两优一先"等先进个人和先进集体，推出"广路先锋""广路之光"宣传专栏，大力宣传典型先进事迹。三是增强职工工作价值感。深入开展技能培训、岗位练兵和技能比武活动，打造"广路星讲师"内训团队，开展系列业务培训，不断提高职工知识面和专业水平，提升个人成就感。实施科学绩效考核激励制度，客观公正评价员工，合理拉大员工收入差距，提升员工对企业的认可度、向心力。

提升干部职工幸福感，激发不懈奋斗的精神支撑。一是开展系列丰富多彩的文体活动，丰富职工精神文化生活，提升员工幸福感、归属感。组织开展集体生日、金秋游、"家企联动"亲子文化活动及"广路杯"职工运动会、健步走等系列企业文化建设活动，打造"幸福广路""和谐广路"。二是打造团青工作"三品牌""四平台"。打造"广路青年说""广聚青年力""广路青年行"三大"青"字品牌；锻造"青春向党，奋进强企"主题团日活动、"书记有约"青年交流座谈会、"悦享书香"读书分享会、"青言青语"四大平台，团结引领青年职工融入企业文化、践行企业文化，凝聚青年力量、激发青年活力。

提升干部职工安全感，构筑不懈奋斗的有力保障。开展廉洁观、安全观宣传教育，引导干部职工恪守廉洁底线，筑牢安全防线。一是深化"广学明纪，路正风清"廉洁从业文化品牌建设。每年度组织开展以警示教育、廉政家访、廉政知识测试等为内容的廉洁从业文化建设"十个一"活动，大力弘扬廉洁精神、培育廉洁理念、倡导廉洁风尚。二是构建"安全强基，行稳致远"安全文化。广泛开展安全警示教育、"一把手"讲安全、"查找身边的隐患"等活动，将安全文化渗透到每位员工。三是加强各类风险防范与管控。出台《全面风险管理办法》等各类风险防控制度60余项，构建风险、内控、合规一体化管理体系。加强风险防范培训教育，建立"以案说法，以案促管"典型案例库，开设法律合规微课堂，增强员工风险防控意识，护航企业高质量发展。

实施效果

推动综合实力稳步提升

在"聚广力，行路远"企业文化的感召下，广大干部职工想在一起、干在一起，与客户、供应商、政府建立长期良好关系，企业实现共赢发展，"稳"的基础持续巩固、"进"的势头不断提升，2022年营业收入达50亿元、资产总额为26亿元，相较成立之初有大幅提升，位居2022广西服务业企业50强、2021年南宁市企业50强，入选广西壮族自治区国资委出资企业重要子企业。

推动企业加快改革转型

聚焦企业改革的重要领域和关键环节，公司上下协调联动，全面完成"国企改革三年行动"目标任务，管理模式由传统管理模式向现代企业制度转型。围绕公司主业和转型升级重点方向，推动高速网络货运平台、电商平台等新兴战略性产业取得成效；推进广西北投交通科技产业园（五塘基地）二期产业导入，加强与上市公司合作引入新技术新产线，加快从生产制造向"智造"转变。

推动企业社会知名度持续提高

广路集团聚力打造"北投设施""北投商贸""广路科技"等系列品牌。"北投设施""北投商贸"为"一带一路""交通强国""西部陆海新通道"等提供强有力的物资、材料保障。6年来，先后获得"全国交通运输系统先进集体""全国'五一'巾帼标兵岗"等多项重要荣誉。

推动企业文化品牌影响力不断攀升

"聚广力，行路远"企业文化体系的实施，使团结奋斗成为全体员工最鲜明的精神标识，企业精神、企业人才理念等企业核心价值理念得到弘扬壮大，成为广路集团干部职工的情感认同和行为习惯。企业文化建设成效获权威认可，成功入选广西国企党建＋企业文化研究实践教学站，企业文化建设成果获评"全国交通运输文化建设论文一等奖"、第十九届全国交通企业管理现代化创新成果"三等奖"等荣誉，品牌对外影响力不断提高。

主要创造人：卢杰梅　卢　历　覃丽梅
参与创造人：杜子禄　韦　宇

以党建引领文化建设，助推企业高质量发展

华北制药集团有限责任公司

企业简介

华北制药集团有限责任公司（以下简称华药）是目前我国最大的化学制药企业之一。其前身华北制药厂是"一五"计划期间的重点建设项目，1953年6月开始筹建，1958年6月建成投产，结束了青霉素、链霉素依赖进口的历史，开创了我国大规模生产抗生素的新纪元，我国人民缺医少药局面得到显著改善。华药建成后，积极承担全国40多个抗生素厂的援建工作，向多家制药企业无偿提供技术、菌种、人员等各方面的支援和支持，并且先后援建朝鲜、越南、蒙古、罗马尼亚、非洲马里等国家的药厂建设，为推动我国制药工业发展和国际关系做出了巨大贡献。被誉为"共和国医药工业长子"。华药始终秉承"人类健康至上，质量永远第一"的企业宗旨，经营范围不断拓展，发展业绩保持优良，主要经济技术指标始终处于国内同行业前列。目前，华药资产总额逾200亿元，有职工1.2万余人。主要产品涉及化学制药、现代生物技术药物、维生素及营养保健品、现代中药、生物农兽药等领域近千个品规，治疗领域涵盖抗感染类、心脑血管类、肾病、抗肿瘤及免疫调节类等，产品远销100多个国家和地区。几代"华药人"坚守"一切为了人类健康"的初心使命，为广大人民提供了质量优、疗效好、安全可靠的药品。"华北"品牌价值达273.72亿元。

实施背景

华药建成投产以来，为国家医药健康事业做出了突出贡献，也奉献着弥足珍贵的精神文化财富。这其中，以"人类健康至上，质量永远第一"的企业宗旨和"一切为了人类健康"的企业使命为重要内涵的"品质文化"传承质量文化内核，更加注重产品品质、运营品质和人文品质的提升，成为华药企业文化的标志和象征。进入新时代，华药高举习近平新时代中国特色社会主义思想伟大旗帜，积极落实新发展理念，确定了"打造国内领先、国际一流的医药健康产业集团，建设美丽新华药"的企业愿景，大力实施企业战略再造、管理再造和文化再造，进一步明确了企业宗旨、使命、愿景及核心价值观，着力打造"品质文化"升级版。但是，面对改革、发展和稳定中出现的大量新情况和新问题，企业党建工作任务加重，创新管理机制方面还存在着诸多的问题和不足，党建引领企业文化建设的有效途径还需进一步探索。因此，企业党组织要在推动企业文化建设中有效地发挥政治核心作用，就必须坚持把发展作为第一要务，以推动企业发展为出发点和落脚点，建立党建引领企业文化建设的长效机制，真正实现企业文化与经营管理的全面深度融合。

主要做法

强化政治引领，充分发挥各级党组织坚强领导对企业文化建设的定向把关作用

华药党委对企业文化建设高度重视，深入研究，将其放在企业发展全局谋划，纳入"十四五"规划，精心安排，加强领导，充分发挥导向作用。坚持党对企业文化建设的领导，进一步明确和强化对企业文化建设工作的领导责任，确保企业文化建设工作机构、人员、经费等保障措施落实到位。基层党组织突出抓企业文化建设的政治责任，压实各级党组织书记、领导班子成员和专业部门、党务部门负责人的企业文化建设岗位责任。党组织书记是企业文化建设的第一责任人，各级领导干部是分管领域企业文化建设的直接责任人。各级党组织把企业文化建设纳入党建工作责任制，坚持与党建工作同部署、同落实、同检查、同考核，定期谋划推动、统筹协调、督导检查企业文化建设重点工作，有力推动了企业文化建设各项任务落地落实。

强化价值引领，推进企业核心理念培育与转化

从推进企业核心理念培育与转化入手，以"品质文化"核心理念落实落地为目标，着力培育养成机制和构建传播系统，突出价值观的导向作用。一是着力培育企业核心理念的养成机制。不断深化党委理论学习中心组学习、华药大讲堂、中青年干部培训班"三大学习平台"建设，广泛组织集训轮训、专题学习、宣讲辅导、竞赛征文等多种形式的宣贯活动，推动了"品质文化"核心理念落实落地。大力开展"弘扬新时代华药精神"主题宣传活动，从加强领导、创新举措、完善机制、营造氛围入手，通过教育引导、典型引领、环境熏陶、艺术感染、实践养成等形式，丰富拓展"华药精神"践行转化的载体路径，为企业发展提供了强大的精神动力和文化合力。二是积极构建企业核心理念的传播系统。充分利用各类媒体和办公场所、文化长廊、宣传展板等载体开展可视化传播，加强文化阵地、环境和氛围建设。按照华药"品质文化"核心元素"正、精、搏、和"的要求征集精选了100个故事，精炼了100则点评，精制了100幅图画，辑印《华药故事》4册，旨在展现企业完整的发展脉络、丰富的管理思想、鲜明的文化理念和优秀的品牌形象，成为传递文化理念、展示员工风采、彰显企业形象的重要工具。

强化组织引领，打造"五位一体"企业文化战略体系框架

通过发挥党的组织优势、组织功能、组织力量，围绕企业发展战略，调动各方面积极性，将打造"五位一体"企业文化战略体系融入工作中、体现在行动上。"五位一体"即统一的价值理念、发展战略、行为规范、制度标准、品牌形象。一是党组织引领"五位一体"企业文化战略体系构建。各级党组织着力强化党的建设"四同步、四对接"，撬动企业文化"五大体系"协调发展、互融共促。在构建理念文化体系方面，优化设计企业核心理念转化的活动载体，推动核心理念融入企业各环节全过程；在构建视觉文化体系方面，优化完善卡通形象"华小康"，监督指导"华北制药"标识的规范使用，持续优化形象识别系统；在构建制度文化体系方面，用企业核心理念指导各项规章制度的完善和修订，寓文化理念于制度之中；在构建行为文化体系方面，把核心价值理念内化为开展生产经营活动和处理内外关系的各类职业道德规范和员工规范行为；在构建品牌文化体系方面，积极建立以融媒体平台和舆情监测为一体的宣传舆论工作阵地，大力强化品牌形象传播。二是党员践行企业文化建设示范带头作用。各级党组织广泛开展党组织奉献工程、党员先锋岗创建活动，大力实施党员先锋指数考核评价，深入开展"堡垒党支部"创建和

"双达标"等特色党建活动,党员在生产经营和企业文化建设中发挥先锋模范作用,成为工作的标杆、自觉自律的典范。广大干部深入到基层一线帮助基层解决生产生活实际困难,为企业文化的实践做出贡献,树立了党组织的良好形象。三是充分发挥党组织的教育引导作用。各级党组织传承华药红色基因,探索用党建红色文化塑造企业文化,把党性教育与企业文化活动有机结合,持续开展形势任务教育活动,选树代表"华药精神"的先进典型,用深入细致的思想政治工作统一思想、凝聚力量,为企业文化建立打牢了思想基础,使党的领导始终为企业文化建设和企业持续健康发展指引正确航向。

强化制度引领,构建"一主多元"企业文化生态体系

"一主多元"企业文化生态体系是以"党建引领文化、文化提升管理"为主线、以"品质文化"为依托,以及由子文化、专项文化建设为补充的企业文化生态体系,具体实施过程从以下几方面着手。一是积极探索专项文化及子文化和班组文化建设的有效途径。建立企业文化主管部门与相关职能部门协调联动机制,统筹部署和有序推进质量文化、安全文化、环保文化、法治文化、服务文化、廉洁文化和绩效文化等专项文化建设,形成较为完善的专项文化理念体系和考核管理办法。积极推进子文化建设,制订了《关于开展企业文化建设示范点创建工作的实施意见》,优化完善基层企业文化示范点和示范班组创建评价标准,加大了推广力度。二是强化企业文化建设责任落实。修订完善了《企业文化建设考核管理办法》,明确和细化考核标准及评价体系,突出企业文化建设核心内容,找准与企业经营结合的关键点,建立了既能够定性、定量又便于操作的主要评价指标、考核标准和实施方法,结合年度企业意识形态工作和党建工作考核开展企业文化建设考评。

强化宣传引领,建立融媒体企业文化传播格局

一是积极发挥全媒体优势培育和践行品质文化。一方面,紧紧围绕企业中心工作,充分发挥"报、刊、台、网、端"等内部媒体的不同优势,重点挖掘"品质文化"理念中能够打动人心的时代亮点,提升华北制药品牌内涵;另一方面,注重上下媒体联动,完善子(分)公司网站链接,形成"华药网群",拓展微信功能,组建"华药矩阵",实现了重要新闻的上下贯通、统一推送,提升了企业文化和品牌传播的吸引力和影响力。主动加强与国内主流媒体的沟通协调,重大题材依托影响力广泛的中央及省、市媒体进行宣传。二是加强文化阵地建设,开展形式多样的文化活动。华药依托自身历史和发展特色,逐步建成了展览馆、党员政治生活馆及老工业区医药工业展陈等文化阵地,从不同角度、用不同方法讲述华药发展史、红色建设史、医药工业史,诠释华药"品质文化"的内涵。各级党组织以培育和践行社会主义核心价值观为根本,以群众性精神文明创建活动为抓手,以创建文明单位、争先创优、典型选树活动为载体,吸引更多的职工参与到"品质文化"建设活动中,激发广大职工的创业热情和创新精神,持续提升职工的获得感和幸福感。

实施效果

企业综合实力大幅提升

华药始终秉承"人类健康至上,质量永远第一"的企业宗旨,经营范围不断拓展,发展业绩

保持优良，主要经济技术指标始终处于国内同行业前列。主要产品由投产时单一的抗生素发展到涉及化学制药、现代生物技术药物、维生素及营养保健品、现代中药、生物农兽药等领域的近千个品规，治疗领域涵盖抗感染类、心脑血管类、肾病、抗肿瘤及免疫调节类等，产品远销100多个国家和地区。

集团产业布局更加宏大

形成了化学药制剂、生物生化药、原料药、农兽药、健康消费品五大产业领域，推动了产品结构由原料药为主向以制剂为主转变、由抗生素为主向新治疗领域转变。建成了具有国际高端质量水平和生产能力的产业化平台，实现了从产业链低端向高端的转型升级，华药踏上了以智能制造和绿色制造为双擎的高质量发展之路。

企业创新驱动加速形成

实现了生物技术产业率先突破，已初步建立起3个生物药产业化基地，是目前国内拥有生物药品种较多的企业之一。华药自主研发的重组乙型肝炎疫苗、重组人源抗狂犬病毒单克隆抗体注射液等运用基因工程技术研发的生物技术产品，满足了国家重大疾病临床需求。华药有两家公司入围国家"科改示范企业"，将在体制机制上进一步释放国企改革和科技创新活力。

开放合作持续扩大

主动融入国家发展战略，以市场化、资本化、国际化为战略导向，在产业转型、产品升级、研发创新、市场营销、资本运营等多层次、多领域开展战略合作，实现共赢发展。"华药人"正用共同的奋斗实现"打造国内领先、国际一流的医药健康产业集团，建设美丽新华药"的蓝图愿景。

主要创造人：王亚楼　乔　晖
参与创造人：杨俊谊　娄　婧　李庆辉　常　青　井　毅

工业遗产保护视域下，"摇篮"文化的传承与弘扬

中车大连机车车辆有限公司

企业简介

中车大连机车车辆有限公司（以下简称中车大连公司）始建于1899年，是中国中车旗下核心子企业，是中国重要的机车车辆和城市轨道交通车辆研发、制造、出口基地。目前，中车大连公司资产总额为200多亿元，员工总数为9000多人，具备年新造机车400台、检修机车400台、新造城轨车辆1000辆、大功率发动机700台的产能。现有国内外子公司12家，形成了国内辐射六省七地、国际横跨五大洲31个国家和地区的生产、营销和服务网络。中车大连公司作为国家高新技术企业，先后通过国家级企业技术中心、国家级工业设计中心、交通运输部交通运输行业研发中心等认定。公司构建了涵盖机车、动车组、城轨车辆、发动机的产品体系，致力为客户提供系统解决方案。

"正本溯源"，把握工业遗产保护总要求

工业遗产是历史文化遗产的重要组成部分，见证着我国近现代工业不同寻常的发展历程，蕴藏着丰富的历史文化价值。作为与大连市同龄、享有"机车摇篮"美誉的中车大连公司，目前正值搬迁建设的关键阶段。中车大连公司坚持前瞻性思考、全局性谋划、整体性推进，切实增强工业遗产保护工作的系统性、整体性、协同性。在尊重工业遗产基本内涵且做好老设备、老物件保护利用的同时，进一步展示"机车摇篮"发展历程、阐释"摇篮精神"时代价值。

坚持"稳"字当头，统筹用好工业遗产资源

从某种意义上讲，工业遗产具有历史符号和工业文物的属性，其保护与利用也是文物保护的有机组成部分。中车大连公司不断加强顶层设计系统谋划，不断增强文化自信，致力于通过统筹利用工业遗产宝贵资源，稳步推进工业遗产挖掘与保护。

坚持"深"处挖掘，传承"机车摇篮"百年历史

中车大连公司与大连市同龄，建成之初，便是当时东北地区规模最大的工厂，也是亚洲为数不多的大工厂之一，其生产布局仿照德国埃森克虏伯工厂设计，代表了当时工业建造与生产技术的最高水平。

中华人民共和国成立后，经历6次大规模技术改造，生产能力逐步提升，产品结构重大转变，由一个只能修理蒸汽机车的老厂逐步发展成为能够独立设计制造具有世界先进水平机车车辆的现代化企业。进入新世纪以来，同时承担内燃、电力两大机车产品引进消化吸收再创新项目，成功搭建起世界领先水平的大功率交流传动机车产品技术平台，和谐型、复兴型机车已累计交付

4700余台，机车、城轨地铁、柴油机产品出口30多个国家和地区，"机车摇篮"美名享誉海内外。这一系列悠久历史，铸就了"大机车人"的根和魂，练就了"大机车人"坚韧不屈的品格，为公司今后的成长壮大积蓄了精神力量，也成为公司文化基因的源头，赓续至今，延绵不绝。

坚持"细"处着力，展现企业文化厚重内涵

承担国家使命、振兴民族工业、争当时代先锋的主旋律始终奔涌在中车大连公司的基因和血脉中。1988年，时任国家主席李先念为中车大连公司题词"机车摇篮"，其中蕴含着3个层面的含义。一是产品层面。时至今日，公司新造机车总量达到12800台，占全路机车保有总量的一半，堪称"机车的摇篮"。二是技术层面。公司服从国家需要，不讲条件，不计代价，要技术给技术，要设备给设备，积极支援兄弟工厂建设，装用240柴油机的东风系列内燃机车的技术、图纸输出到多家工厂，可谓"技术的摇篮"。三是人才层面。公司历史上曾向兄弟企业援助大批人员，据不完全统计，1949年以来，公司抽调到祖国各地支援建设的干部和工人近5000人，成为"人才的摇篮"。

"融会贯通"，确定工业遗产保护主基调

以高标准实施为统揽，促进工业遗产保护工作科学化

公司搬迁工作委员会下设企业文化组，由企业文化部协调各成员单位和相关单位，逐步开展并有效落实老厂区工业遗产保护工作。积极配合大连市工业和信息化局、文旅局及文物专家到公司实地考察调研，对保护范围、保护措施、利用方案、后期规划等进行了科学论证。占地面积13.78万平方米的土地被列为大连市工业遗产保护范围，其中18处核心遗产物项被列入第一批《大连工业遗产保护名录》。一批批工业遗产保护项目的落地，不断增强了工作的有效性和可持续性。

以系统化方案为引领，体现工业遗产保护工作规范化

依据《国家工业遗产管理暂行办法》《大连市工业遗产管理暂行办法》，印发《公司工业文化遗产保护工作方案》，结合公司实际，明确工作原则，提出职责要求，规范具体流程，谋划相关任务举措。新修订的《固定资产处置管理办法》规定：各使用单位提报不搬迁的设备，必须经过工业遗产的甄别判定。企业文化部派人员到国内20余座工业展馆和文化创意园区学习考察，初步形成旅顺基地文化展厅、机车工业文化园区建设方案，不断完善"百年伟业，红色中车"社会主义革命和建设时期教育基地建设方案，为项目后期筹备和施工提供依据、打好基础，力争打造具有"机车摇篮"特色的重点工业遗产保护示范项目。

以精细化落实为导向，保持工业遗产保护工作常态化

按照老厂区搬迁进度，深入各生产车间作业现场，进行工业遗产全面普查。拍摄了18处工业遗产、老厂区主要建筑和景观的影像资料，跟踪拍摄记录部分单位的搬迁过程。按照"应保尽保、应报尽报、应用尽用"的原则，加强对各单位工业遗产保护工作的指导，做好老设备、老物件及相关资料的搜集和整理并按程序申报，企业文化部及时汇总并公示。目前，已经确定保留的老设备120余台、老物件近百件。此外，还通过公司微信公众号、抖音号广泛宣传，充分调动各单位和广大员工参与工业遗产保护工作的积极性和主动性。

"多维互动"，打造工业遗产保护大舞台

一是"能保则保"让遗产"留得住"。对即将搬迁单位的老设备、老物件及各种史料，继续进行实地调研和情况梳理，收集整理各个发展时期、各种工艺环节的重要实物和资料，强化对传统生产工艺流程、"人、工、技、艺"等非物质文化遗产的保护，最大限度增加工业遗存"保有量"，分门别类建立工业遗存管理档案库并妥善加以保管。注重发掘提炼其蕴含的历史背景、文化意义和企业精神，让老旧厂房、过旧设备、陈旧资料能够默默"诉说"着它们当年的芳华。

二是"修旧如旧"让遗址"有魅力"。严守18处工业遗产地域保护"红线"，在保持历史原真性的前提下，对区域内的建筑物、构筑物及景观区进行提升改造。在保持特有的建筑风格和内部结构的基础上，拓展以"机车工业"为主要元素的公益、商业、休闲等新功能空间。学习借鉴国内外工业遗产保护领域的有益实践和经典理论，开发特定工业遗产保护和再利用模式，精心打造所在市区的必游题材、"打卡"之地、黄金项目，成为知识经济时代工业遗产保护利用的新载体。

三是"匠心改造"让老厂"变地标"。以"机车是怎样制成的"为主题，从"机车文化传承、工业遗产保护、科技技术展示"3个方面着力打造机车工业遗址公园和机车工业博物馆，从时间"隧道"和空间"廊道"上构建中国机车工业的多层次展示体系。承接大连老工业城市发展转型、品质提升等相关任务，留住历史记忆，扮靓城市形象，履行央企责任，打造工业遗产保护利用示范区、新型生态工业园区和工业遗产旅游中心，形成具有影响力的特色工业遗产文化品牌。

四是"红色赋能"让信物"焕容颜"。工业遗产保护不仅要"护其貌、显其颜"，更应"铸其魂，扬其韵"。中车大连公司在坚持党的领导、振兴民族工业的发展历程中，结合自制设备和机车产品为代表的"红色信物"，总结提炼中国中车在创业发展各个时期呈现出的红色文化特点，绘制形成中国中车红色文化精神图谱。公司持续推进爱国主义教育基地建设，坚持以工业遗产为"红色"教材，诠释中国中车文化，展示时代精神，建设中国中车爱国主义教育基地和"四史"学习教育课堂，感受几代员工勇于创业、善于创造、敢于创新的革命精神，多层次、立体化呈现红色文化。

不负韶华争朝夕，勇立潮头开新局。在工业遗产保护背景下，在承上启下的新实践中、在继往开来的新征程上，"摇篮精神"薪火相传、发扬光大，也将感召激励着每一位"大机车人"，在追逐"机车梦"的道路上，以更加高昂的斗志、更加扎实的作风、更加有力的举措，凝聚起奋进新征程的动力，淬炼好奋进新征程的毅力，锻造出奋进新征程的能力。中车大连公司也将切实保护好、传承好、利用好工业遗产宝贵财富，让一流党建"强根基"、一流主业"提效益"、一流文化"增活力"，以开放共生为成长之道，为延续中国工业红色血脉、弘扬中华优秀传统文化、涵养社会公民家国情怀不断提供中国中车文化力量。

主要创造人：卢　杰　张博洋
参与创造人：王柄成　王棠芳　富　笛　韩云翔

建设海岛电力能源变迁类博物馆，发挥文化遗产时代价值

国网浙江省电力有限公司台州供电公司

企业简介

国网浙江省电力有限公司台州供电公司（以下简称台州公司）成立于1981年，本部设置14个职能部门、11个业务支撑和实施机构，下辖9家县级供电企业和1家城区供电分公司（台州湾新区供电分公司），供电户数320余万户，现有500千伏变电站5座、220千伏变电站39座（用户站6座）、110千伏变电站144座（用户站8座）。近年来，该公司获得了"全国文明单位""全国学雷锋活动示范点""浙江省模范集体""浙江省重点建设立功竞赛先进集体""国家电网有限公司先进集体"等荣誉称号，连续8年获评"台州市级单位工作目标责任制考核优秀单位"。

实施背景

多年来，台州公司以"大陈岛垦荒精神"为核心，深挖海岛丰富的文化遗产和传奇历史，建设海岛电力能源变迁类博物馆，展现大陈岛能源开发"从无到有、从有到优、从优到强"60多年的电力垦荒之路和其中折射的精神力量。其中，大陈发电厂在2021年成功入选国家电网有限公司（以下简称国网公司）首批文化遗产。

作为我国海岛能源发展的缩影，海岛电力能源变迁类博物馆具备一定的代表性、科学性、典型性，不仅守护了珍贵的红色文化资源，更为新时代文化精神注入了新的内涵。

主要做法

围绕垦荒文化，打造"电力垦荒红色历史分馆"

"电力垦荒红色历史分馆"是从1956年开始讲述海岛能源从无到有的历史变迁。20世纪50年代，467名温台青年响应团中央"建设伟大祖国的大陈岛"号召垦荒创业。从1958年1台德国产18千瓦炭气发电机点亮大陈岛的第一盏灯，到20世纪70年代限时供电、1988年全天供电、2009年陆岛联网，再到2018年建成能抵御17级台风的特色海岛电网，该馆通过挖掘老物件背后的电力故事和历史意义，研究提炼蕴藏在文化遗产中的价值和精神，成系列构造电力垦荒展示、党性研究学习及电力文化推广的多功能空间。

垦荒步道，打造红色文化复合区。电力垦荒文化步道讲述了1956年以来的电力垦荒宏伟历程，步道采用梯田式设计，通过史料信息、老物件展示、模型仿真还原等方式，沉浸式代入老电力垦荒者生产生活的艰苦场景，述说大陈岛电力从无到有的奋斗足迹。

活化遗产，打造红色历史遗址区。大陈发电厂遗产于1979年建成，是国网公司首批历史文化遗产。按照遗产景观公园框架进行整体开发，使大陈发电厂等历史遗迹重焕生命，以"一物一品，具象内化"展现中国电力发展史一道亮丽的风景线。

特化基地，打造红色垦荒思践区。增强各大文化资源点位联动，设立"红船·光明学堂"，研发"重走垦荒路"沉浸式模拟沙盘课程，创新植入记忆"打卡"式、文旅体验式类博物馆教育模式，开发多样化的"垦荒学思践"红色教育路线，纳入省级红色主题精品旅游线路，将类博物馆打造成为锤炼党性修养、培育爱国精神、前瞻能源发展的电力垦荒精神文化品牌。

围绕"双碳"目标，打造"电力'双碳'绿色示范分馆"

"电力'双碳'绿色示范馆"讲述2018年大陈岛全电海岛到"零碳"海岛"从有到优"的蜕变。融入智能化互动、全景化教育等体验，通过"沉浸感化－实践孵化－智能转化"步骤，面向行业内外、系统内外广泛传播绿色能源发展先进技术、先进理念、先进成果，力求凝聚绿色共识，呈现大陈岛绿色能源地图和"双碳"路径。该馆主打线下互动，通过数字化科技赋能，以多重方式智慧化呈现海岛"绿色版图"。

沉浸感化，打造大陈全电海岛。贯彻"创新、协调、绿色、开放、共享"的新发展理念，推进景区、民宿、家庭、交通、养殖等全域化电能替代及电气化特色项目探索实践。通过电力垦荒吉祥物、纪念品、彩绘墙等多样化设计，创意重构具有审美价值、文化价值和实用价值的文创产品，在沿线设置绿色打卡点和指示牌，全面部署大陈岛重要点位电力垦荒元素，扩展文化展示空间。

实践孵化，打造氢柔示范基地。以图文结合、动态影像、沙盘模拟、设备展示等方式依次呈现大陈岛新型电力系统发展历程及绿色能源系统的综合展示。通过"现场＋云游"参观世界首个35千伏柔性低频输电示范工程全套的"首台首套"设备和全国首个海岛氢能综合利用示范工程的氢能供能体系，生动传达海岛绿色能源技术变革。

信息互动，打造"数智驾驶舱"。为展现大陈岛新型电力系统"碳中和"示范岛建设成果，建设大陈岛新型电力系统"数智驾驶舱"展厅。通过数字化应用场景集成7套多端能源管理系统于一体，动态监控大陈岛全景能源地理图，展示"绿能应用"实景画面，增强获取信息的真实性和趣味性。

围绕共同富裕，打造"电力赋能蓝色未来分馆"

"电力赋能蓝色未来分馆"展示大陈岛能源"从优到强"的未来裂变，准确把握共同富裕是精神富裕和物质富裕相统一的内涵，着力发挥能源变迁类博物馆在促进"红旅＋绿能"融合发展的思想引导、文化熏陶等作用。该馆展示大陈岛能源"从优到强"的跨越裂变，普及光伏、风电发电原理和碳减排原理，打造绿色能源社交资源池，呈现可交互、可体验的"零碳"海岛未来空间。

未来科技展示区。通过智慧交互，模型实地展示大陈岛各地绿能技术场景，普及"荷－源－网－储"系统原理和碳减排原理。跟随"碳索长廊"足迹，采用智能应用、绿能"打卡"等多种形式科普碳知识。

未来生活互动区。汇聚高端、专业资源，可预约申请开展能源技术在线论坛、线下课堂等交流活动，打造绿色能源社交资源池。基于电力客户ID大数据系统，将客户绿电积分与展馆互动积分打通，以绿电积分在全电场景应用中抵扣消费，构建绿色能源消费新业态，引导全社会形成绿色电力的共识。

未来能源描绘区。构建"风光互补微电网"展示，实现展厅建筑"零能耗"的功能。设置投影沉浸式空间，呈现一个可互动、可体验的"零碳"海岛未来空间，展示面向可持续未来的概念性、引领性的绿色能源科技。

建立基于能源变迁类博物馆的电力文化遗产管理保护机制

管理战略：多元协作，共治共管。凝聚社会各方力量，完善电力能源类博物馆管理架构，实现人才培养、学术研究、文物保护、展览展示、宣讲教育、文创开发、公益便民7个方面的资源功能多元化，以内外协同有序推进的工作原则形成属地化管理模式。

科学管理：明晰规范，完善体系。成立项目专项团队，有效识别电力遗产类别，对资料进行分析，因地制宜制订改造措施，规范化、差异化开展文化遗产保护利用工作，以红色垦荒历史文化和绿色遗产管理为切入点，综合工业文化遗产"点要素、线要素、面要素"，保护好、传承好、利用好电力文化遗产。

传承路径：遗产转化，形式多样。在电力文化遗产的"挖掘-利用-提炼-传导-深植"传承链条上下功夫，围绕传承垦荒精神、助推新型电力系统建设、服务乡村振兴等方面，以"品格化转化、具象化内涵、有形化传播、创意化应用、品牌化价值"为路径，全面推动电力微型文化遗产传承落地。

未来逻辑：智能运营，赋能发展。在老物件实物展陈、图文说明的基础上，运用数字化、智能化手段，植入多元展示互动展台、多功能弹性空间、"智能驾驶舱"等生动载体，主动打破行业壁垒，实现传播内容由专业化、学术化向通俗化、大众化、具象化转变。

实施效果

注重在保护中发展、挖掘中利用、传承中创新，融合"空间拓展、功能多元、互联共营"思维，创新文化遗产保护机制，形成集科普、教育、研学、旅游等要素为一体的系统化运行模式，打造出具有开放性、可变性和容纳度的复合化类博物馆。

促进电力垦荒文化渗透，树立国网公司责任央企品牌形象。以电力能源变迁类博物馆为切入点，以传承弘扬垦荒精神为内核，深入推进电力垦荒史学习教育，积极对外交流推进电力垦荒文化传播广度，类博物馆建设过程中累计接待活动百余场次，开展"电力光明义讲"服务143批次5285人次，百余篇相关报道在央视、《人民日报》等媒体刊登，传播覆盖量1亿多人次。坚持以文化多元创作推进电力垦荒文化传播，4部电力垦荒文化作品在亚洲微电影艺术节、"金风筝"国际微电影节等活动中屡获佳绩，累计播放量均达到上亿人次。

充分发挥电力文化遗产时代价值，守护珍贵红色资源。依托全国爱国主义教育基地、中央团校党性教育基地等红色资源，整合红色文化、电力文化与自然景观资源，运用"点-线-面"模式集中打造以电力垦荒文化、绿色能源工业文化为内核的类博物馆教育景观带，共建设8个基地，收集散落的电力生产老物件 55 件、老照片 51 件和文献资料 9 篇、相关影像 7 部。

深入传播"双碳"知识。充分发挥类博物馆"以史育人、以文化人"的作用，宣教引导和传播展示绿色发展理念，为实现绿水青山向金山银山的价值转化提供强有力的文化支撑。推动大陈岛"碳中和"示范岛新型电力系统实践基地建设，实现每年可消纳富余风电 36.5 万千瓦时、节能约 40.2 吨标准煤、减排 100.2 吨二氧化碳的目标，树立起大陈岛在海岛能源利用领域的标杆地位。

主要创造人：斯建东　罗进圣
参与创造人：蒋君萍　张学鹏　陶嘉婧　许雨佳

以"合和同生"文化解锁高质量发展密码

中国华电集团贵港发电有限公司

单位简介

中国华电集团贵港发电有限公司（以下简称贵港公司）位于广西壮族自治区贵港市，于2003年注册成立，工程建设2×630MW超临界燃煤机组，分别于2007年2月和6月投产发电，是广西壮族自治区第一座超临界百万千瓦级火力发电厂和第一座环保"三同时"电厂，作为"西电东送"主通道上的电源支撑点，为确保电网安全稳定运行和供电可靠性发挥了积极作用。多年来，公司荣获全国"文明单位""全国安全文化建设示范企业""'安康杯'劳动竞赛优胜企业""模范职工之家"，广西壮族自治区"文明单位""优秀企业""劳动关系和谐单位""清洁生产企业"，华电集团"五星级发电企业""最佳聚善公益奖""最佳绿色家园奖""三清企业创建先进单位"，贵港市"民族团结示范企业"等称号。

实施背景

当前，面对世界百年未有之大变局和企业转型升级发展的新形势，贵港公司党委全面加强企业文化的引领作用，加快构建新发展阶段企业文化建设新格局，以企业文化凝聚人心，为企业铸魂、为员工立范、为发展助力，促进依法经营、以德强企，为加快建设精神风貌良好、经营业绩突出的"综合能源服务供应企业"提供不竭动力。

主要做法

以"合和同生"文化打造党建特色品牌

固根基、促融合、展作为，贵港公司以企业文化为引领，推动基层党组织建设全面进步、全面提升、全面过硬。

以企业文化筑牢思想根基。通过持续开展"两学一做"学习教育、"不忘初心、牢记使命"主题教育、党史学习教育、习近平新时代中国特色社会主义思想主题教育，深化爱国主义、集体主义、社会主义教育，引导员工树立正确的历史观、民族观、国家观、文化观，筑牢信仰之基、激发奋进动力。

以企业文化助力人才队伍建设。坚持"共建大舞台、尽责尽人才"的人才理念，着力建设高素质专业化干部人才队伍。一是锻造过硬干部队伍。二是强化干部培养锻炼。三是加快推进人才梯队建设。四是选优配强党支部力量。

以企业文化为引领"三清"企业创建。在企业文化基础上，突出特色与融入，总结提炼"荷城廉韵"廉洁文化体系，丰富了企业文化内涵，以实际行动落实党中央加强新时代廉洁文化建设要求，为"三清"企业创建提供思想指引和有力抓手。一是坚持党管干部和全员监督，推动实现"干部清正"；二是加强党员干部廉洁教育，推动实现"企业清廉"；三是突出政治站位，以纯洁关系为重点，推动实现"政治清明"。作为华电集团最高政治荣誉，贵港公司已连续4年获得该集团"三清"企业创建先进单位，不断推进清廉华电建设。

以"合和同生"文化铸就文明和谐企业

能源保供彰显责任担当。面对异常严峻的电力供需形势，贵港公司将"合和"效应同央企"顶梁柱""压舱石"作用相结合，内外通力合作，积极协调争取山西长协煤，到各大银行争取增量授信。

"道德讲堂"成传统，汇聚发展正能量。以"道德讲堂"为载体，宣讲社会公德、职业道德、家庭美德、个人品德，融入历史及身边涌现的先进典型，体现全面从严治党、廉洁奉公、提质增效、勇于担当等优秀品德事迹。

"和谐家"文化，奏响新乐章。一直以来，贵港公司全力构建和谐劳动关系，保持企业和谐稳定发展局面，严格落实职工代表大会制度，广大职工充分参与企业治理，职工向心力不断增强。

科学策划铸品牌，让一年四季刮起"志愿风"。秉承"中国华电，度度关爱"理念，策划形式多样的志愿服务活动，形成独具特色的活动品牌，使雷锋精神日日常驻、敬老服务9年不休。

以"合和同生"文化筑牢安全环保根基

本质安全不断提升。将企业文化理念同安全生产有机融合，深入贯彻相关法律法规，以春秋检、安全生产月、能源保供等为契机，扎实开展隐患专项排查治理，有效降低安全风险。持续开展心肺复苏急救法、消防灭火、防汛抢险、安保反恐、液氨泄漏等应急演练和技能培训，不断提升应急处置能力。截至2022年，贵港公司已连续6年蝉联华电集团"本质安全型五星级企业"。

污染防治深入推进。深入打好污染防治攻坚战，完成两台机组超低排放改造，主要大气污染物排放量持续下降；持续开展深度优化用水，实现废水零排放；固体废物有效治理，粉煤灰、炉渣、石膏100%综合利用，实现资源利用最大化。

以"合和同生"文化助力高质量发展

加快构建以新能源为主体的新型电力系统。根据"双碳"目标，围绕再造一个"新能源贵港电厂"的目标，加快新能源发展建设步伐。成立了两个新项目发展小组，将工作触角延伸到广西壮族自治区内14个地市，千方百计寻求项目开发资源。

不断深化产业协同，打造绿色低碳"循环经济"。结合当地政府打造以"糖浆纸"产业为特色的循环经济集聚区，贵港公司致力满足园区企业对综合能源的需求——坚持利用造纸过程中产生的固废物白泥作为脱硫剂使用；电厂低压乏汽、循环水排水为园区制糖、造纸企业供汽供水；将屋顶光伏发电让利给园区企业，不断为园区各企业提供电、热、水、冷等综合能源服务，共同打造绿色环保的示范性产业园。

全面打好提质增效攻坚战。深挖利润增长点，创造企业逆势上扬的支点。一是自建码头进一步打破成本桎梏。针对公司煤炭高额运输成本的"心病",已建成专用码头,大大降低燃料运输成本,同时着手拓展的码头物流运输、仓储等服务将不断营造新的经济增长点。二是攻坚项目啃下"硬骨头"。在煤炭价格高企、发电产销严重倒挂的情况下,精准研判电量转让交易窗口期,共转让市场电量5.03亿千瓦时。三是加大科技创新。打造数字化、智能化电厂,切实将科技成果转化为生产力和经济效益;健全创新奖励办法,设立职工创新创效专项资金,鼓励"小发明""小创造",让大众创新、全员创效在公司蔚然成风。

以"合和同生"文化融入海外项目建设

海外基础建设贡献"华电智慧"。坚持以华电集团文化软实力硬核输出"华电智慧"。2016年,印度尼西亚阿贡项目实现"一刀切"的接机成果,该项目整个团队核心均来自贵港公司,向业主证明了华电集团的专业精神。该项目致感谢信称,贵港公司员工将一个生产面几乎全是新手的团队培养成一支可以保障电厂长周期安全稳定运行且充满激情的员工队伍。如此高度的褒奖,是实力彰显"华电智慧"在海外影响力的一个缩影。

高质量项目驰援引出"华电标准"。2018年,贵港公司以一支6人的高效团队5天内为海外兄弟单位完成抢修支援,驰援项目的技术团队专业精神和高超技能得到了业主单位的高度赞扬。近年来已多次完成类似的海外驰援,无论是短期驰援、还是长期"技术驻守",高标准一直是贵港公司的"名片",成为华电集团"加快建设具有全球竞争力的世界一流能源企业"的生动写照。

实施效果

经济效益

依法纳税助力地方经济发展。截至2023年4月,贵港公司累计缴纳税金15.4亿元,充分发挥央企"稳定器""压舱石"作用,全面履行央企责任,不断融入地方经济发展。

专项攻坚项目落地见效。2021年,通过精准研判开展市场电量交易,增加收益3282万元;成功将第四季度电价提升29%,实现增收3.3亿元。2022年,供热工业生产总值达到5879万元,同比增加5036万元,供热收益大幅提升,实现量价齐升,不仅历史性地超额完成该项攻坚目标,而且有效地缓解了公司经营压力。

实现"从要素驱动向创新驱动"的转变。坚持将造纸固废物白泥作为脱硫剂使用,相应减少石灰石使用量约5万余吨,节约采购成本298万元,开创了固废清洁利用的新局面。开展优化用水及水污染防治改造工程,实现全厂污水及废水循环利用,年度节水126万立方米。

绿色指标为转型升级"加码"。持续加强碳排放管理,截至2022年,累计碳排放量节约19.5万吨,实现销售指标收入977.7万元。

社会效益

企业内外"和谐共生"。贵港公司在"合和同生"文化的指引下,企业内,全体员工上下一心,干事创业氛围浓厚;企业外,在助力脱贫攻坚、志愿服务等过程中营造了和谐发展、合作共赢的"政企""园企""村企"关系。

文化"走出去"到"走进去"。在国内,"合和同生"文化的输出,贵港公司和谐、绿色、担当的形象深入人心,"华电好故事"得到口口相传;在国外,作为华电集团 600MW 煤机海外运营基地,贵港公司走出国门 10 多年,先后运营或参与运营印度阿达尼等海外项目 10 多个,与项目当地人民和谐共生,受到当地人民的高度认同,"合和文化"实现了从"走出去"到"走进去"的巨大转变。

主要创造人:梅玉占　龙　阳
参与创造人:武玉超　李学成

新时代盾构铁军文化

中铁十一局集团城市轨道工程有限公司

企业简介

中铁十一局集团城市轨道工程有限公司（以下简称中铁十一局城轨公司）是中铁十一局集团有限公司（以下简称中铁十一局）的全资子公司，于2007年改制成立，总部设在武汉市东湖开发区，注册资本10.1亿元，共有员工1888人，施工领域覆盖地铁车站、盾构、土建、管片预制、应急维保和盾构机维修再制造、电力隧道、城市综合管廊、城市供水管道、顶管施工等业务板块，形成了以地铁施工为主业、市政环保等"相关多元并举"的市场格局。公司9次位列中国铁建股份公司工程公司20强，11项盾构施工技术被评为国际领先或先进。先后获得全国"五一"劳动奖状、全国工人先锋号、湖北省最佳文明单位等百余项国家和省部级荣誉，被誉为新时代的盾构铁军。

实施背景

中铁十一局城轨公司改制成立于2007年，发展历史较短，人才队伍年轻化、多元化。作为地铁市场的后来者，面对激烈的市场竞争和高风险的现场施工，更加需要形成统一的价值观增强企业凝聚力和向心力。近年来，公司从适应现代企业制度和地铁市场规律出发，在铁道兵精神文化的指引下，大力加强企业文化建设，创新打造新时代盾构铁军文化，以"盾构精神"及其7种子文化为核心的"1+7"特色文化积淀了丰厚的文化底蕴，探索出了一条以文化促生产、以文化促发展的新路。

主要做法

"上下"呼应，以企业文化引领管理

上至企业战略，谋篇布局引方向。在企业初创期，公司党委经过认真调研，提出"做最优秀的地铁施工企业"的宏伟发展目标。经过5年的快速规模扩张，2012年，结合盾构专业特色，公司党委组织开展"盾构精神"总结提炼活动，把企业文化建设上升到战略发展的高度，形成了"攻坚克难、勇往直前、团结协作、追求卓越"的"盾构精神"。2015年，公司党委又在"盾构精神"的基础上提出7种子文化，即忠诚、团队、责任、争先、精管、廉洁、创新文化。至此，公司初步形成了"1+7"的特色企业文化体系。近两年，公司党委在全公司范围内征集盾构机品牌名称及理念，设计专利标志申报"盾构铁军"文化商标，在企业文化体系中完善"盾驰山海，

构启通途"的大盾构企业文化理念,让战略引领成为企业文化的奠基石。

下至一线冲锋,落地生根促发展。公司自有25支盾构队,3支大盾构队、3支TBM队,在培育塑造盾构铁军文化的同时,积极在基层盾构队开展"忆队史、敬队旗、齐宣誓"活动。2021年,公司以"企业品牌文化建设年"为依托,将企业文化建设经验在中铁十一局党建思想政治现场会上加以推广,被中施企协评为企业文化优秀案例。此外,公司在基层单位中倡导回报社会,勇担央企社会责任理念,扎实做好扶贫攻坚、应急抢险、志愿服务和扶危济困工作。

"内外"并重,以企业文化创新管理

内化于心,大力弘扬盾构精神。一是抓好宣传教育,营造氛围。组织开展"我心中的盾构精神"主题座谈活动、"城轨梦·盾构精神在闪光"主题演讲比赛、"感恩组织,敬畏职责,甘于奉献,忠诚企业"主题宣传教育活动,增强员工对企业"盾构精神"的认同。组织员工走进铁道兵纪念馆、走进企业文化展厅,让青年员工了解企业发展历史,增强责任感、使命感。此外,公司党委还以党支部为单位,积极构建党支部品牌创建长效机制,形成了以公司"盾构铁军"文化品牌为总揽、所属各党组织的支部文化品牌为支点,通过"以点带面、示范引领",推动企业高质量发展。二是突出精神物质,双重关爱。公司在职工住宿、食堂、工作、休闲环境上加大投入,创造舒适的职工生产生活环境。从精神上关怀,善待职工,不拖欠职工福利待遇,给予精神关怀。从活动上关爱,落实交心谈心制度,主动关爱、关心职工。开展经理、书记和总工竞聘活动,开展各序列技能比武,激发员工潜力,给优秀员工创造培训机会和晋升空间。公司基层项目创新开展"家文化"建设,有效解决了项目职工思想懒散、消极怠惰等现象,实现了由人管人、制度管人向文化管人的转变。三是做好有效引导,理念提升。积极营造浓厚的文化氛围,充分利用会议、讲座、宣传栏、文化手册、网络、报刊等媒介,采取交流学习、现场参观、典型引导、主题演讲等形式,让员工把自己对企业的认识、感受讲出来、唱出来、写出来,让企业文化入心入脑,努力将企业理念转化为员工的价值取向和自觉行为。

外化于形,精心打造企业品牌。一是坚持系统筹划,统一标准。对新上场的项目,公司党委坚持把标准化的视觉识别系统融入其中,形成企业专门的视觉、理念、行为手册,安排专人到项目开展企业文化策划,重点打造了广花城际项目、上海嘉闵线项目、甬舟铁路项目等标准化、特色化企业文化布置,推出盾构铁军文化,全方位塑造项目形象亮点。二是加强对外宣传,提升形象。针对"法人管项目"、标准化建设、项目管理提升、信息化建设等热点,进行跟踪报道,传播企业价值理念。多次组织重点项目采风活动,深入基层项目,重点宣传报道,对于项目的技术创新、工程评优、典型人物事迹等进行专门采写报道,有效提升了企业的品牌形象。三是实施精品塑形,彰显品牌。公司着力把重点工程作为展示企业实力、彰显企业文化的窗口,大力实施精品工程战略,不断巩固和扩大复杂地质条件下的盾构施工、暗挖地铁车站施工、地铁管片预制等领域的领先地位,以卓越的文化、先进的技术、创新的管理,引领企业向技术前沿迈进。

点面结合,以企业文化提升管理

文化建设重在激发活力、提升能力、形成合力。公司坚持点面结合,以点示范引导,以面深化拓展,不断推动企业文化与企业管理的有机融合,以文化管理提升项目管理。

一是选树典型,示范引领。公司先后宣传了一大批叫得响、过得硬、推得开的先进典型。先

后开展5届"十大杰出青年"评选活动并进行系列宣传。全面推进"项目管理升级、党员青年先锋行动、党建联建"三大示范引领工程，持续深化"三重一大、劳动竞赛、员工休假"三项重点工作，努力把"盾构精神"及其子文化融入项目管理的各个层次、各个环节，形成文化与管理一体、刚性约束与柔性导向互补的良好局面。

二是立足于面，深化拓展。公司坚持党政纪工团充分联动，以"做最优秀的地铁施工企业"为目标愿景，把企业文化建设的内容分解到各项工作目标当中。公司党委重点培育忠诚、争先文化，行政狠抓精管、责任文化，工会力推团队文化，团委主抓创新文化，纪检突出廉洁文化。在此基础上，把企业文化建设与人才队伍建设紧密结合，积极选树和推广"盾构精神"的践行者和代言人，推崇具有"忠诚、团队、责任、争先、精管、廉洁、创新"等品质的优秀代表，推动建设高素质的职工队伍。

三是创新手段，数字传播。公司85%以上的员工都是35岁以下的青年员工，公司党委非常注重新媒体等数字化传播载体的建设，目前拥有企业内刊、官网等平台，在新媒体传播方面取得很好的效果。公司微信公众号共推送千余个专题，成为企业文化传播的重要载体。2022年，公司将既有微信、抖音账号认证升级，开辟企业文化、新闻周刊、安全警示教育、项目管理升级等板块。网络直播探秘盾构机维修再制造、企业文化展厅讲解、原创延时视频《首义门平移》等获得几十万的关注量，有力地促进了盾构铁军企业文化的渗透与传播。

实施效果

中铁十一局城轨公司始终坚持"地铁为主，相关多元发展"市场经营理念，不断巩固地铁市场、延伸相关产业，发展装备制造、促进转型升级，拓展市政、铁路、公路、地下空间领域，逐步构建起国内大盾构施工领域新格局。10多年来，公司由小到大、由弱变强，做优专业，现已成为中国轨道交通施工的领军者。

综合实力稳步提升。结合企业"十四五"战略规划，公司总结凝练出在传统常规盾构、大盾构、TBM、地下空间、维修再制造等领域的亮点，打造了独具特色的企业精神，取得了丰硕的成果。

大盾构领域滚动发展。进军大盾构领域是中铁十一局的重要战略部署，也是完善产业链走可持续发展的必由之路。2022年1月，中铁十一局城轨公司承建的长株潭轨道交通西环线一期工程12米级大直径盾构顺利贯通，实现了企业历史突破。随后，广花城际、深江铁路、甬舟铁路、成渝中线等多个大盾构项目接连中标，实现了跨越式滚动发展。面对方兴未艾的建设领域，企业建立了大盾构市场开发专项组织和研发机构，全面加强对大盾构市场开发的顶层设计、科技攻关、方案策划、市场开发、内外沟通、任务分解等。近年来，围绕着"做强大盾构，行业争一流；围绕高质量，经济稳增长"的目标，公司不断拓展了大盾构施工领域。

用"软实力"助推企业发展。近年以来，公司不断探索创新，推动企业文化建设逐步深化发展，公司多个基层项目先后获得了省级文明标准化工地建设称号。2019年，公司进一步升级打造新时代盾构铁军文化理念，2023年由公司自主原创的企业歌曲《盾构铁军之歌》正式发布，在公司内外传唱，为企业生产经营积蓄了强劲动能。在文化理念的引导下，公司承建的沈阳地铁一号线、成都地铁二号线、无锡地铁一号线、武汉地铁六号线、武汉机场线等 10 多项工程获"鲁班奖""詹天佑奖"和国优金奖等国家级奖项，另有近百项工程收获省部级以上荣誉，彰显了中铁十一局继铺轨、"四电"后的"盾构铁军"第三张名片。

主要创造人：彭　刚　王建国
参与创造人：桑胜文　何　赟　刘昌银　张　玺

以"先锋先行"品牌文化提振企业发展质效

鲁班工业品（天津）有限公司

企业简介

鲁班工业品（天津）有限公司（以下简称鲁班工业品公司）是世界双500强企业中国中铁股份有限公司大家庭的重要一员，是中国中铁物贸集团全资子公司，是中国中铁鲁班商城和中铁物贸鲁班工业品平台的运营单位，肩负着探索企业"数平化"转型、支撑降本增效、开拓市场品牌、守护发展安全、引领融合创新，以及推动高质量发展先行者的使命任务，始终致力于打造建筑业工业品领军企业。鲁班工业品公司成立于2011年，注册资本金1亿元，主要以基建主业、推进开展工业品集中采购及电商平台经营为主要职能，同时大力开展国内外大型央企、上市公司等市场业务。先后承担了数千项铁路、公路、市政、水利、房建和城轨等工程的辅料集采服务，着力打造建筑业MRO工业品的"京东商城"平台体系。

实施背景

鲁班工业品公司"先锋先行"企业文化品牌是中国中铁"开路先锋"文化体系有机组成部分。一直以来，公司坚持文化兴企、文化强企，全面围绕"铸魂、育人、塑形"三项工程，积极构建"命运、责任、利益、情感"四个共同体意识，努力打造"学习型、创新型、进取型、赋能型、廉洁型"五型机关，开展实施党建引领行动、创新创效行动、品牌铸造行动、选贤任能行动、纪律保证行动及幸福创建行动等六项行动，不断根植企业使命、企业愿景、核心价值观等企业文化十大理念，逐步形成以"三四五六十"为核心内容的"先锋先行"企业文化体系。经过接续奋斗，企业文化理念不断深入人心，企业形象大幅提升，发展共识充分凝聚，企业面貌焕然一新。

主要做法及实施效果

坚持思想引领、与时俱进，不断丰富企业文化深刻内涵和时代特征

以"三阶段十举措"学习贯彻党的二十大精神。鲁班工业品公司立足"五个牢牢把握"，在原原本本、逐字逐句学习党的二十大报告的基础上，策划"喜迎党的二十大、'津采'向未来""学习党的二十大、领悟新思想""践行党的二十大、发展高质量"3个阶段的10项举措。一是组织召开公司党建工作会等年度系列会议，制订2022年全年党建工作要点、党委中心组学

习计划，做出喜迎党的二十大胜利召开等安排部署。二是制订《党的二十大精神学习贯彻工作方案》，成立党的二十大精神学习贯彻工作领导小组。三是发挥党委中心组学习指导引领作用，开展党的二十大精神等多次专题学习。四是制作"津"文创系列党员学习包，精选党史学习书、蓝图笔记本、初心铭记笔、饮水思源杯等。五是发挥"一线二维N组"架构作用，围绕迎接党的二十大精神，组织线上VR参观"习近平谈治国理政"主题展馆等活动10余次。六是以强化党员政治身份认同、强化党员理想信念教育、强化"第二生命"意识和提升党员党性修养等"三强化一提升"过好党员政治生日。七是发挥党支部对党员的日常教育职能，印发《搭建"742"党员教育管理框架》的通知，按照"一支部一特色"的要求，在党支部打造"工"学前沿、"业"绩嘉讲、"品"质课堂等学习阵地。八是利用"津采"读书会、"班前充电半小时"等自有微信公众号，开设"青年党员讲党课""党的二十大精神学习""党的二十大知识问答"等专栏，广泛营造热烈学习氛围。九是策划开展"88天学完成语大词典"活动，按照党的二十大精神指引，深入学习领会中国古语中蕴含的丰富思想智慧和先进价值主张。十是加强与属地党建联盟交流学习，发挥资源联享、实践联动优势，共同开展"红帆领航，学海竞渡"学习贯彻党的二十大精神答题活动。

以"十个一"推进党史学习教育走深走实。创新开展包含讲授一堂专题党课、阅读一本健康好书、观看一场红色电影、开展一次警示教育、为员工办一件实事、重温一次入党誓词、进行一次集中表彰、举办一次知识竞赛等"十个一"内容，助推党史学习教育系统化、具体化、实效化。以录制微视频、领读红色家书、朗诵红色诗歌、主题征文比赛、廉洁党史故事等形式引领员工深刻领悟"从哪来"的思想密码，启迪"到哪去"的精神路标。

创新开展党员过政治生日、会员过集体生日、团员过主题团日活动，深入推进理想信念、法纪法规、宗旨意识、思想道德、职业道德教育。

坚持以人为本、文化化育，一体推进广大职工对企业文化的认知认同

鲁班工业品公司全心全意依靠员工办企业，用发展的目标鼓舞人，用共同的事业凝聚人，用科学的机制激励人，真诚关心关爱员工，不断提高员工素质，调动员工的主动性、积极性、创造性，实现员工与企业共同发展。坚持以职工为中心的建设思路，着眼于广大职工对美好生活的向往，尊重职工群众首创精神，发挥职工主体作用，开展和风细雨、润物无声的思想引导，不断增强职工对企业文化的认知认同，努力提升职工获得感、幸福感和安全感。

牢固树立人才是第一资源、第一资本、第一推动力的理念，加强企业文化人才队伍建设，提升队伍整体素质，推动"十四五"企业文化规划实施落地。健全和完善学习培训机制，有针对性地开展专题培训，制订"津采培优"计划，两年来组织培训班46期，培训计划完成率100%，不断提高企业文化人才队伍思想政治水平和业务能力，增强执行力和创新力。进一步建立健全干部担当作为的激励机制，完善薪酬分配机制，修订完善了员工薪酬管理办法、区域经营中心员工薪酬管理办法、经营开发奖励管理规定、评比表彰活动管理暂行办法等，为鼓励先进、选树典型、调动广大员工的积极性和创造性，提供了制度保障。制订《企业员工职业道德和行为规范》，不断提升员工工作作风，努力打造政治过硬、本领高强、求实创新、担当奉献的人才队伍。

以"三基建设"为重点，以"晋位升级"为契机，创新开展"党员先锋岗"考评工作，按"先锋岗、合格岗、一般岗、较差岗"4个层级对每名党员做出客观评价。在区域经营中心"铁三角"建设中，将基层党支部书记列入"铁三角"角色建立工作专班。创新开展"开路先锋心连心"主题活动,与系统内兄弟单位加强党建共建。组织开展"学党史聚力前行,迎国庆青春筑梦"沙滩团建、"画党史,童心启梦;开新局,执手同行""巾帼心向党,建功正当时"等活动,员工获得感、幸福感、归属感不断提升。

充分发挥群团组织的桥梁纽带作用,积极营造家文化氛围。扎实开展"津采"创效杯等劳动竞赛,打造职工创新工作室,开展我有"津"点子征集,围绕区域打造幸福之家,积极开展 EAP 心理健康辅导、读书会、足球赛等各类活动。落实"三让三不让"要求和"六送"活动,开展夏送清凉、冬送温暖、组织年度体检、女工检查,做到为员工办好事、解难事。深化民主管理,注重员工人文关怀,积极推动职工提案办理,维护职工合法权益。

坚持正本清源、涵养新风,坚持不懈打造企业文化纯洁底色

鲁班工业品公司纪委以党的政治建设为统领,落实"3+3"举措,通过"专项活动+教育阵地+警示提醒"3个途径,在公司党委、党支部、党员3个层面,两年内相继开展了廉洁教育"七个一""一十百千万"廉洁教育等贯穿全年的廉洁教育专项活动;打造"心廉驿站"教育阵地、编创廉洁教育数字歌等,创新廉洁教育载体;坚持抓早抓小、防微杜渐,精准有效运用"第一种形态",对党员干部思想、作风、纪律等方面的苗头性倾向性问题,早发现、早提醒、早处理,不断筑牢广大员工拒腐防变思想意识。

坚持品牌塑造,久久为功,持之以恒打造多元化企业文化载体

鲁班工业公司坚持内聚人心、铸魂育人,深入宣贯理念系统,全面加强职业道德建设,推进学习型企业建设,规范员工执业行为,激发员工工作热情,构筑企业共同精神家园和文明行为范式;坚持外塑形象、展示品牌,规范品牌标识管理,开展形象展示活动,提升企业品牌影响,防控品牌和舆情风险,为企业发展营造良好的外部环境,形成内外兼顾、相互促进的工作格局。

围绕企业发展和主营业务,积极创作企业需要、员工喜欢的文化产品。积极宣贯落实"开路先锋"文化,秉承"专业专注、共创共赢"的核心价值观,近两年陆续创作《青春1919》话剧、拍摄"开路先锋"短视频和《草原上升起不落的太阳》《高飞》等正能量 MV 及《保密故事大家讲》等,部分视频登上"学习强国"、天津市总工会官网。打造企业文化阵地,创新工作方法。精心筹划建设了"津采五色"党员活动室、"津采"园地、职工创新工作室、立式展板长廊等 8 个企业文化阵地。大力开展文化宣传,近两年在"学习强国"、新华网、人民网、天津市总工会官网、国企网等各大平台发稿 300 余篇,自主编发公司官方微信推文 300 余期,连续两年获《国企》杂志优秀通讯员单位称号。多次开展通讯员培训、通讯员影像专题培训、道德讲堂、形势任务宣贯等学习宣贯活动。积极参与抢险救灾、扶贫帮困等社会公益事业,构建和谐劳动关系,促进企业可持续发展。

主要创造人:张 飞 赵 飞
参与创造人:王皓璇 王文鑫

以责任落实为核心的安全文化建设

泸州北方化学工业有限公司

企业简介

泸州北方化学工业有限公司（以下简称泸州北方公司）是中国兵器工业集团北化研究院集团下属核心保军企业，1933年始建于河南巩县，1938年迁建至四川泸州。泸州北方公司军品主要从事发射药、推进剂、含能及功能材料的科研生产，在发射药领域处于国内领先水平，具备与各军兵种武器配套的能力；民品以纤维素醚和汽车金属燃油箱为主，是目前国内最大的纤维素醚产品和微车金属油箱研发生产供应商。泸州北方公司先后获得"全国'五一'劳动奖状""全国文明单位""全国模范职工之家""中央企业先进集体"等荣誉称号，连续13年获得全国"安康杯"竞赛优胜企业称号和"安全生产标准化一级企业"称号。

实施背景

泸州北方公司是我国主要的火炸药科研生产企业之一，军品在生产过程中，主辅原材料、半成品、成品、过程废品都具有易燃易爆的特性，其危险性高、危害性大。近年来，行业安全形势严峻，泸州北方公司在安全生产方面也面临较大的压力，存在诸多不足，主要体现为安全生产条件不均衡、员工安全技能水平还需持续强化、安全工作落实落细不足。泸州北方公司为解决以上几点安全管理上的缺陷，按流程化管理的"全层级、全流程、全要素、全员参与"的要求，根据企业的生产安全管控模式，构建了以责任落实为核心的安全文化体系。通过层层落实安全责任，提高员工安全素质、强化员工安全意识，使全体员工树立"生命至上、安全第一"的安全观念；进一步推动员工对安全工作的积极性、主动性，为实现本质安全提供动力和支撑，从而遏制事故发生，实现企业的健康持续发展，确保企业的长治久安。

主要做法

立制度、建清单，确保全员明责知责

坚持统筹抓总，建立全员安全生产责任制度。按照"三管三必须""一岗双责"要求，建立了公司领导、中层领导、全员岗位安全生产责任制，从总体上全面系统明确了所有岗位的安全职责。

坚持细化落实，形成具体明确的全员安全生产责任体系。各职能部门和二级单位遵照公司安全生产责任制度要求，按岗位类别制订本单位全员安全生产责任制，从而保证每一名员工有明确

的岗位职责。

坚持全员参与，实行安全责任清单制度。为进一步明确责任，建立了公司安全生产法定主体责任清单（涉及41个法律法规339项条款），确保依法履责。每一名员工结合岗位安全责任制订本人的岗位安全责任清单，清单内容经本人签字、单位审核，保证人人肩上有责任。

坚持分类分级，落实重点领域安全责任。按照"突出重点、兼顾一般"的原则，制订了生产线安全生产流程化管理工作责任制、易燃易爆危险点分级管理制、重大危险源安全包保责任制、3~9人危险作业场所所长制等制度，明确了各级领导在重点领域、重大风险部位的安全责任。

坚持教育培训，促进全员安全责任入脑入心。通过安委会、安全生产领导小组会、列队班前会、班组周安全活动及员工安全承诺、安全教育考试等多种形式，加大全员安全责任内容宣贯力度，确保每一名员工熟练掌握在岗位上要做到什么、不能做什么，确保知责于心。

强监管、抓执行，推动全员履责尽责

提高站位，坚持从政治上看安全问题。泸州北方公司党委始终把保护人民生命安全作为"国之大者"，作为践行"两个维护"的具体体现，用政治标准抓好安全工作。

领导带头，发挥引领示范作用。秉持着领导既是管理者，更是引领者的观念，充分发挥和保持各级领导的引领者作用。领导带头参与各项安全活动，起到了良好的示范作用，为营造良好的企业安全文化氛围打造坚实的基础，更好地带领全员参与安全管理工作。坚持开展公司领导每日"带班值班"检查，由公司领导带队、专业部门管理人员参与，深入基层了解生产现场安全情况，指导帮助基层解决问题，保证安全生产条件平稳有序。实行军、民品生产线两级领导分线负责制度。在危险点安全检查、安全隐患排查整治等专项工作中，由公司领导带队，分线包干。各级领导人员、管理人员按职责开展日常检查。

全员参与，强化隐患排查治理。按照"问题在现场、隐患在现场、解决在现场、根源在管理"的工作思路，关口前移，充分发挥一线员工的积极性、主动性，多角度、多层次、多时点开展隐患排查治理工作。一是按照"全层级、全要素、全流程、全员参与"的原则，制订"四图四表"，开展生产线日常安全生产状态确认和隐患排查，把"不安全不生产"落到实处。二是加强重点环节的安全检查。组织开展了在建涉火军工核心能力建设项目安全检查、电气火灾专项检查、涉火生产线控制系统检查、特殊时期安全检查、节前专项检查等，及时发现和消除事故隐患。三是加强特殊作业管理，实行特殊作业抽查制度，2022年，泸州北方公司特殊作业共4956处，抽查4431处，抽查率为89%，发现并整改隐患问题75项，保证了特殊作业安全。四是组织对生产线、科研线和分析测试环节逐工序开展"20防"风险隐患排查，形成泸州北方公司《安全生产"20防"风险隐患排查图》《安全生产"20防"管控措施落实表》及风险隐患排查清单和管控措施落实清单。

群众路线，发挥各层级安全生产主体作用。一是发挥基层单位主体作用。每季度对各单位隐患排查治理情况进行评比，对前三名的单位进行表彰。持续推进"自主安全检查"，各基层单位结合本单位实际，每季度开展专项隐患自查，2022年各单位开展自主安全检查45次，检查发现问题144项。二是发挥一线班组员工的主体作用。按照"员工发现问题，单位解决问题"的原则，开展"安全啄木鸟"隐患排查专项活动，增强员工排查隐患的积极性，引导员工从"要我安全"向"我要安全"转变。活动开展以来，共排查出隐患7906条，下发奖励资金19.87万元。持

续推行一线员工安全值日制度，班组员工轮流佩戴红袖章进行安全值日，加强安全事项提醒及当班安全监督检查，努力做到"四不伤害"。

抓教育、重激励，坚持动态考核问责

深入开展安全教育培训，持续提升全员安全意识和安全素养。一是抓安全培训。以员工入职"三级培训"、每年全员教育培训、生产线停工后"先教育培训后复工复产"等制度为载体，以集中培训与班组分散教学相结合的培训方式，以日常学习与典型事故案例警示为主要内容，以闭卷考试与现场实际操作验证相结合的考核方式，体系化抓实员工安全培训教育。建立了火炸药安全知识考试题库及考试系统，每季度开展安全员、班组长安全知识考试。二是抓案例警示。开展安全"再反思、再认识、再分析、再评估、再强基固本"工作，全面梳理近10年生产安全隐患事件，从技术归零、管理归零两个方面形成了《再反思、再认识、再分析、再评估问题清单》。针对行业内安全事故，制作警示教育片，全体员工观看后结合岗位实际撰写事故反思材料2986份。三是抓安全活动。鼓励员工积极参与各项安全知识竞赛，2022年在泸州市"青安智霸排位赛"中，泸州北方公司取得团体第一、获得优秀组织单位奖，201人获得先进个人。

树立正面示范引领导向。一是深化典型示范，表彰先进树立榜样。加大对安全工作中履职尽责、爱岗敬业的优秀员工进行表彰，每月评选明星员工，每季度评选安全隐患排查先进单位和个人，每年评选安全合理化建议"金点子王"。二是充分发挥党员示范带头作用，设立"党员安全生产责任区"，在涉火生产线实现全覆盖；根据实际成立"党员突击队""党员创新工程""党员示范岗"，通过"党建＋安全"，促进党旗在基层安全生产一线高高飘扬。三是突出先进班组长的带动作用。针对安全生产基础好、管理水平高、安全效果好、群众认可高的班组，以班组长姓名进行命名，进一步增强班组长的责任感、荣誉感。四是深化"青年安全生产示范岗"创建工作。制订安全学习、隐患排查治理等10个方面考评内容和具体考评指标，形成"青年安全生产示范岗"创建方案，坚持每年申报评比、每年授牌表彰，打造形成安全管理的"青"字品牌。

发挥考核问责的威慑作用。一是完善安全激励考核制度，先后制订《安全生产工作责任追究办法》等制度，明确奖惩标准，推动员工个人安全行为、安全结果与绩效收入挂钩，确保公司安全管理要求有效落实。2022年，安全生产工作共考核101人，考核金额10.2万元，对相关方单位下达处罚通知单37份（共计金额2.595万元）。二是推进员工安全履职自我评价。每季度开展全员安全述职，重温安全责任内容，牢记安全责任要求，全面审视作业过程，规范员工作业行为，增强员工安全责任感和安全意识。2022年，安全生产述职8237人次，履职到位8209人次。对履职基本到位和不到位的人员进行了安全谈话、考核、待岗处理，实现安全责任落实考评率100%。

实施效果

员工安全意识不断增强。通过落实全员责任，有效传导了安全生产压力和动力，有力促进员工由"要我安全"向"我要安全"的转变。

员工安全素养不断增强。员工保持"责任在肩、安全在我"的状态，在参与风险识别和隐患

排查等工作过程中不断提升认识、提高安全能力,实现了"我能安全"的提升。

企业保持了安全生产稳定局面。在全体员工共同努力下,人人做到"三不伤害",在行业严峻的安全形势下,泸州北方公司持续保持了"零事故"的状态,保证了安全平稳局面。

主要创造人:周　晴　夏宝军
参与创造人:张远珍　梁　洪　王　佼　胡垚东

深耕细作，以文化人，
以安全文化建设助推企业高质量发展

中国铁路呼和浩特局集团有限公司包头车辆段

企业简介

中国铁路呼和浩特局集团有限公司包头车辆段（以下简称包头车辆段）始建于1958年，位于内蒙古自治区包头市。全段配备机械设备1256（台）套，配属CRH5型动车组17个标准组、动力集中动车组7组、普速客车2278辆，主要担负着配属客车的段修、辅修、空调发电车中修，运用客车整备、检车乘务，呼和浩特站检通过修，临客、旅游列车整备，动车组检车乘务及一、二级修，动力集中动车组检车乘务及D1、D2等任务。现有职工2658人。近年来，包头车辆段坚持把安全文化建设作为夯实安全基础、强化安全保障的"利器"，不懈推动安全文化与安全管理相融并进，在构建体系、丰富载体、嵌入管理等方面取得了较好成效，连续实现第九个安全年。先后获得全国文明单位、全国铁路模范职工之家、内蒙古自治区民族团结进步模范集体，以及集团公司先进单位和先进党委、标准化规范化建设优秀站段、安全管理优秀单位等荣誉。

实施背景

加强安全文化建设是确保动客车安全的内在需求

近年来，包头车辆段面临着车型多、数量大且检修设备、技术不断升级换代等新特点、新挑战、新要求，需要始终牢固树立动客车安全红线意识和底线思维。加强安全文化建设，大力弘扬"把标准养成习惯、让习惯符合标准"的安全理念，有利于引导干部职工正确把握铁路安全管理的本质、内涵和要求，有利于推动现场作业标准化、安全管理规范化，为动客车发展提供有力的"硬支撑"，为企业高质量发展提供坚强可靠的安全基础。

加强安全文化建设是推进动客车人才发展的客观要求

近年来，包头车辆段青工比例不断提高，全段35岁及以下干部职工达到1510人，占比56.8%。由于青工思想活跃，在信息多元化的影响下，很容易出现安全意识淡化、工作动力不足等问题。加强安全文化建设，开展安全警示教育、营造安全氛围、选树安全先进典型等一系列举措，能够循序渐进引导青工正确认识和处理好个人和集体、标准与安全的关系，增强青工对单位的认同感、归属感，有利于激励青工岗位成才、带动铁路技能人才梯次发展，实现由"要我安全"到"我要安全"的转变，对推动企业高质量发展具有重要意义。

加强安全文化建设是推进企业高质量发展的有效途径

近几年，车辆设备的更新换代越来越快，动车增开、绿动开行，高新技术大量投入使用，现场设备、规章制度和生产组织、作业方式都发生了深刻的变化。如何对标企业高质量发展的新要求，积极适应车型设备变化，深入推进机制创新，强化生产组织管理，需要立足新发展阶段，充分发挥安全文化的导向作用、育人作用和塑形作用，助力安全管理迈上新的台阶，夯实安全根基，持续推动企业高质量发展，在勇当服务和支撑中国式现代化建设"火车头"中展现新作为。

主要做法

从基础做起，构建科学文化体系

一是抓好顶层设计。出台包头车辆段企业文化建设三年基础工程实施方案和"十四五"企业文化建设发展规划，坚持每年细化分解推进任务。成立由党政正职为组长的领导小组，党委副书记和安全主管副职牵头具体推进，下设理念征集、制度建设、环境治理、亮化美化、财务预算5个工作小组并利用年度工作会议、季度工作例会、一线调研等时机勤强调、多督促，形成合力共建的工作格局。确定以企业愿景、企业精神、企业使命为引领，以安全、高铁、经营、服务、廉洁、家园、人才、用人、团队工作理念为支撑的"3+9"文化理念体系，整合规范全段9个生产车间、242个班组的工作理念，编写职工行为规范，构建起上下贯通、一脉相承的文化理念和行为规范体系。

二是开展理念宣贯。广泛开展企业文化理念普及教育和文化理念宣贯活动，编发《企业文化暨标准化规范化建设宣传册》，拍摄安全文化专题片，创作《包辆赋》《呼动赋》，建设段史馆，绘制"八德"漫画德育墙，运用多种方式让文化理念广泛传播。定期邀请老党员、老先进回段进行座谈讲座，与青工一起讲安全、话变迁。将文化理念宣传纳入每年形势任务宣讲、新职工入职培训，在"五四""七一""十一"及每年"学孙奇活动月"等重要时间节点开展"文化理念我践行"大讨论、"安全在我心中"主题征文及诗歌朗诵、演讲比赛、知识竞赛等活动，以丰富多彩的文化活动增强职工对安全文化理念的认知、认同。

三是打造特色阵地。坚持"一阵地一主题、一阵地一特点"，分区块建成安全、文化、科技、党员、青年、工匠、文体七大主题广场，定期开展主题观摩、形势宣讲等活动，切实增强文化仪式感。建设安全警示教育室，不定期组织重点班组、关键岗位人员观看警示片，开展安全反思，提升职工安全意识。充分发挥干部职工的首创精神，利用报废配件创作"责任""标准""凝聚"等17座雕塑，设计绘制安全文化墙、标准化作业浮雕墙等。建成以建段以来70名省部级劳模和安全标兵的先进事迹为主要内容的工匠大道，在职工作业场所规划设计"十大铁路精神谱系""安全大道""安全风险长廊"，悬挂职工自己总结的安全格言，营造敬畏安全、共保安全的浓厚氛围。

从管理入手，培育强劲文化势能

一是融入制度建设，以标准"塑形"。立足打造标准化规范化车辆段，把安全文化贯穿制度建设始终，融入"立标、学标、落标、达标"全过程。梳理修订920项标准化体系文件、7个主要行车岗位的1524项作业指导书，确定了30项创建重点。建立班组每日、车间每月、段每季开展一次警示教育和每季开展全段安全宣讲的"3+1"教育机制,为"学标、落标"奠定基础。扎实推进段、科室、车间、班组创建项目,坚持对标创建、依标管理,常态评估、持续改进,被国铁集团授予"2019年度全路标准化车辆段",呼东动车所连续两年被授予全路示范标准化动车所称号,6个标准化"库、站、乘"车间通过复核,K89/90次、K573/4次被国铁集团命名为标准化客车。

二是融入班组管理,以细节"立形"。将安全文化建设的触角延伸到一线班组,实行班前安全警示教育、开工前安全宣誓、重点问题案例分析3项举措,用职工对安全的责任感、敬畏感和仪式感持续提升安全品质。为车间班组针对性设计理念文化墙、集体荣誉墙、职工风采栏等宣传园地,设置健康小屋、党团阵地、职工书屋等文化阵地,先后打造了以动物属相命名班组精神的呼东动车所、以植物特性命名班组精神的二连车间、凝练"班组作业一口清"的检修轮轴间班组3个特色安全文化项目,不断增强班组凝聚力。

三是融入学习培训,以提素"固形"。建立新入路职工安全首课制度,坚持每年由段主要领导为新入路职工上第一节安全课。创新"周学、月练、季检、年评"4项教育考评模式,全年分车间、分岗位完成差异化、精准化实作技能培训17128次,有效提升职工实作水平。建成普通客车组、动车组4个综合性、单元化职工实训基地,坚持举办"以赛促学"全员岗位技能竞赛。2022年,包头车辆段被评为集团公司春季职工职业技能竞赛优秀组织单位,动车机械师刘文强荣获全路动车组随车机械师技能竞赛第二名,5T维修工巩晓鸣获得集团公司背规大赛第二名。

四是融入具体项点,以品牌"显形"。以品牌的打造和创建为载体,努力将安全文化建设转化为精准服务安全生产的具体成果。以铁路工匠高云峰为带头人,成立"技能大师工作室",年节约生产成本近200万元。成立"动车创新工作室",完成攻关课题9项,多次获集团公司科研项目奖励,被集团公司党委评为"党内优质品牌"。持续推进老品牌"辆故110"提质升级,优化完善20人应急专家库,累计处置动客车途中突发故障200余起。

从引导抓起,规范职工安全行为

一是强化过程管理,增强担当作为的责任感。强化现场安全管控责任,常态化实施"班子成员带队,专业干部包基地、综合干部包车上"的干部跟班包保制度,优化10类2751项现场安全检查量化任务。实行重点工作计划管理,强化过程督办和结果考核,全年督察督办重点事项754项,切实提升各层级的执行力和落实力。

二是严格考核激励,提升依标落标的执行力。打造标准化规范化示范单元,总结推广车辆预检预修、源头质量追溯、班前酒精测试、现场定置管理等现场落责管理经验,以及"精、细、严、实"的作业标准化经验,提升职工"依标、落标"的执行力。突出"有奖有罚、奖罚分明",2022年追责考核玩忽和严重漏检漏修等问题行政处分4人,奖励防止事故、发现突出隐患人员18.61万元,有效调动了全员保安全的积极性。

三是加强示范引领,发挥学做典型的源动力。将培育先进典型作为安全文化建设的重要抓手,常态化开展"包辆好人"、安全标兵等典型评选活动,去年评选出209名安全标兵、18名"包辆好人",共奖励20余万元。组织品德优良、技术过硬的先进典型与新职工签订师徒合同,定期组织典型事迹报告会,先后涌现出全国"五一"劳动奖章获得者杨玉鹏、铁路工匠高云峰等一大批先进典型。

四是注重关心关爱，凝聚爱企如家的归属感。将安全文化建设融入思想政治工作，畅通职工诉求反馈渠道，做好"一人一事"思想工作，对连续发生违章和出现甲类问题的职工及困难职工、家中遇到特殊情况的职工，及时了解情况，解决实际问题，全年精准处理安全生产、职工健康、信访类问题1837件；建立职工思想动态倾向性苗头性问题月度分析制度，全年研究解决职工提出的实际诉求事项37件。

实施效果

在凝心聚力上取得了新突破

通过将安全文化显性化、有形化、具体化，干部职工在潜移默化的安全文化引领下，逐步实现了"把标准养成习惯、让习惯符合标准"的质变，巩固了对确保动客车安全万无一失的政治红线和职业底线的意识，筑牢了安全为先为重、动客车安全人命关天的责任感和使命感，形成了共保安全的强大思想基础。截至2023年5月21日，全段实现安全生产3677天，顺利实现第九个安全年。

在规范管理上取得了新突破

通过找准安全文化与中心工作的结合点，将安全文化理念延伸扩展到环境、置场、标准化建设、职工职业道德行为规范等各个方面，营造了和谐稳定、心齐气顺的文化氛围和内外部环境。2021年，被集团公司评为标准化规范化建设优秀站段，连续4年被集团公司评为安全管理优秀单位。

在建设人文环境上取得了新突破

坚持逐年投入，全段车间班组生产生活环境大幅度改善，各车间班组文化理念逐步形成，各项管理和作业制度进一步规范，提升了职工的文明素养。每年集中为职工办10件好事、实事，不断提高职工的物质文化生活水平，使广大职工得到了实惠、增强了归属感、提高了参与支持文化建设的积极性。2020年，获得全国文明单位称号，安全文化被评为全国铁道企业文化建设优秀成果一等奖；2021年，获得集团公司企业文化建设先进单位称号，呼和浩特东动车所"班组文化属相"被命名为集团公司企业文化优秀品牌；2022年，被集团公司命名为局级安全文化示范点。

主要创造人：权绍春　闫优俊
参与创造人：白世平　吕晓红　刘天一　霍冠璋

文脉赓续，以文化引领凝聚高质量发展强大合力

荆门宏图特种飞行器制造有限公司

企业简介

荆门宏图特种飞行器制造有限公司（以下简称荆门宏图）始建于1971年，前身为中国航空工业第二集团公司宏图飞机制造厂，2006年完成改制，2008年加入中国国际海运集装箱（集团）股份有限公司（以下简称中集集团）。主营业务为能源化工及压力容器储运装备制造，业务涉及液化石油气及化工储运过程装备、液化天然气及冷冻液化气体储运过程装备和大型石油化工、天然气储配EPC工程装备三大领域，产品远销欧洲、中东、南美、东南亚、非洲等50多个国家和地区。宏图液化气体罐车连续41年市场占有率全国第一，球罐工程业务连续7年市场占有率第一，液化气体罐车、球形储罐获得细分领域隐形冠军称号。

实施背景

近年来，荆门宏图对公司的企业文化不断拓展升华，将宏图品牌文化优势转化为企业竞争优势、发展优势，不断丰富和完善文化体系建设，打造了"六维一体"的宏图特色文化体系，围绕"党建、文化、工匠精神、绿色发展、员工关怀及社会责任"开展系列行动举措，助推"六力"实现，将文化引领上升到企业发展重要战略举措的高度。

主要做法

坚持党建引领，凝聚企业发展强大合力

公司党委以"把握党建大方向、宣传宏图主品牌、开拓板块新市场、打造文化新高度"为方针，强化文化的价值引领，弘扬制造强国精神。结合企业自身特点为员工的职业发展设置专业序列、管理序列双通道，通过提供培训、加强员工绩效管理、工作实践等措施对员工进行职业发展管理，为"想做事、能做事、做成事"的员工提供实现自身价值的事业平台，对创造业绩的员工给予评优、晋升等方式进行认可和激励。

通过开展"重走长征路"红色行动、联合地方党政机关开展党史学习、党员表彰大会、支部党员大会，以及在公司树立党建文化宣传栏、定期组织党员活动主题日等多种形式积极宣传倡导社会主义核心价值观，丰富员工精神文化生活，增强立足岗位做贡献、砥砺奋进新时代的使命感、归属感、自豪感。

坚持文化引领，增强员工认同感和内驱力

坚持文化引领，积极发挥好领导干部的主导作用和员工的主体作用，促进全员参与文化建设，以文化人、以文育人。高管团队充分发挥企业领头羊的作用统领大局，以技术创新、绿色制造和智能制造为核心，以业务改善为目标，以项目研发为载体，坚守安全、质量红线不动摇，围绕公司重点发展方向不断深入，夯实发展基础，形成了企业文化、质量文化、品牌文化、创新文化、安全文化、绿色文化"六维一体"的特色主题文化。领导干部当好文化先行官，凝聚聪明才智，加强文化互动，促进企业发展与员工发展相协调。大力开展专项文化建设，狠抓质量、品牌、安全、创新、绿色文化建设，推进企业高质量发展。

弘扬工匠精神，发挥基层文化阵地引领力

结合公司"持续改善、永无止境"的精益理念和员工思想行为表现，提炼出"精益求精、专注敬业、守正创新、追求卓越"的工匠精神并将其的传承导入"大师工作室"的日常管理、考核评价、行为规范和制度建设等工作中，使工匠精神深化为企业的文化管理工作。

在公司层面，营造劳动最光荣、最美丽的浓厚氛围，健全培育和践行工匠精神的评选、评定、评价等机制；在基层一线，紧密结合生产经营实际，打造个性化、多样性的车间班组文化，推动文化引领与基层管理实践有效融合、相互促进，先后培育了多个基层车间（区域）文化示范点，带动了基层文化建设整体水平提升，让工匠精神植入具体的产品研制和生产服务中。

坚持绿色发展，提升企业核心竞争力

凭借行业领先的研发平台和研发团队，公司完成了丙烷分布式能源供气系统关键核心装备和商业化应用领域的快速突破。丙烷分布式能源供气系统带泵罐车，顺利通过了国家"三新"技术评审，完成中国首台LPG（商品丙烷）带泵罐车顺利交付并成功上牌投入运营。

公司承接的"广东省内河航运绿色发展示范工程船舶LNG动力改造"项目76艘LNG动力船及"气化长江"项目19艘LNG动力船顺利完成改造、交付任务，成功开辟了中国水上清洁能源的批量化应用，打造了内河船舶LNG应用示范工程，推动了国家内河航运的绿色发展。

承接工业和信息化部高锰钢技术研发，公司联合CCS、725所、舞钢等国内知名单位成立了高锰钢联合开发项目组，顺利攻克了高锰钢的材料性能调控、焊材研发匹配、储罐成型制备等一系列技术瓶颈，完成了工业和信息化部船用LNG储罐高锰奥氏体低温钢应用研究的设备建造技术研究与应用验证，获批国内首个"高锰奥氏低温钢船用燃料储罐产品的工厂认证"。

中压罐车智能化生产线建设，围绕钢板下料刨边自动化、筒体焊接流水化和工艺流程的革新及平衡匹配，产线分段智能化、自动化流水作业改造，生产效率提升了60%。

球皮压制智能化生产线建设，引进智能化压机冷压技术，实现球壳板自动横移压制，实现智能数控划线定位、自动切割，自主开发球壳板自动翻转技术，实现自动化、流水化制造生产线。首次在球罐现场全位置焊接上应用无轨道爬行机器人智能焊接创新技术，焊接效率提升100%～200%。

以精益管理为指引，建设以SAP系统为核心的统一运营平台，支撑产品线管理，实现控股、企业、产品多维度的经营分析，构建起基于大数据下的运营管理能力。利用CRM、SAP、SRM、各设备的接口与信息整合，实现真正的商机管理、客户管理、生产计划、生产订单的一体化跟踪管理。将计划准备、调度、编制工作量降低50%，物流效率提升至少20%，库存下降至少10%；基于关键工序BOM、过点跟踪等，通过作业成本法实现车间成本核算精细化，进而推动成本改

善工作，助力企业降本增效。

关爱企业员工，提升队伍凝聚力和战斗力

公司始终把解决员工困难放在工作的重要位置，认真做好"冬送温暖""夏送清凉"，提升员工的幸福指数。

每逢节假日，公司高管都会慰问一线员工，发放节日物资。每年举办"三八"评优年度表彰活动，节日当天为女职工准备承载着公司关怀和爱护的节日礼物，提供女性关爱保险和每年度体检。为感恩在炎炎夏日仍然坚守岗位辛勤工作的各位员工，为全体员工发放风油精、防暑颗粒等，给奋战车间的工人每日发放西瓜、绿豆沙等防暑降温物品。

针对公司单身青年，公司精心策划联谊活动，搭建畅谈理想、结交友谊交流平台，激发了广大青年的工作热情，体现了公司的人文关怀，更提升了青年员工的幸福感，使他们在工作之余也能收获丰硕的友谊和浪漫的爱情。针对外地员工，公司免费提供单身宿舍、福利房及人才房，给予公司员工购房补贴和福利待遇。对家庭贫困的员工，公司给予生活上的补助，以实际行动践行"社会职责"，做有温度的企业。

践行社会责任，打造品牌影响力

建立了环境和职业健康安全管理体系，以确保公司对保护环境、员工职业健康安全和履行社会责任的承诺。为给企业发展营造和谐的外部环境，公司确立"成就事业，回馈社会，以人为本，共同发展"的社会责任理念，依据公司的发展方向和战略重点，将周边发展环境、行业发展和慈善事业等作为公益支持的重点方向。在支持关键社区和履行社会责任方面勇于担责，公司被湖北省市场监管局授予"湖北省移动式压力容器应急救援基地"，多次为地方应急、消防等部门进行移动式压力容器罐车结构、应急处置方面的培训，指导客户并共同举办应急演练等活动。

为了保护漳河水源地的绿色可持续发展，公司积极响应当地政府的城市建设工作，开展厂区搬迁工作。在新厂区实施新技术改造和产能提升，增加就业岗位，提高本地就业率，聘用部分残疾人，安排力所能及的工作岗位。老区搬迁后，又将公司原有的羽毛球馆、健身器材等设施免费提供给社区，不仅完善了社区的基础设施建设，同时也丰富了社区人民的文化生活。公司将所在驻地社区规划为地理关键社区。每年向对口帮扶的荆门市泉洼村捐赠10万元用于村基础设施建设及改造。公司每年于相应节庆时前往宏图社区医院、宏图学校等进行慰问工作。多渠道开展社会扶贫、走访慰问困境儿童、社区福利院、志愿者服务等公益事业。

实施效果

公司核心产品成为"国家制造业单项冠军"，入选"中国制造2025重大项目库"，公司获评"国家绿色工厂""国家高新技术企业""国家知识产权优势企业""国家工业产品绿色示范企业"等多项荣誉。

荆门宏图以产品品质向社会传递信任，获得"湖北省省长质量奖""荆门市市长质量奖"等荣誉。

多年来，公司坚持回报社会、感恩社区，自觉履行社会责任，荣获"荆门市高质量发展突出

贡献企业"称号。

荆门宏图秉承"以人为本、共同事业"的人才理念，获得"全国模范劳动关系和谐企业""湖北'五一'劳动奖状"等多项荣誉。

主要创造人：郑志军　涂小红
参与创造人：范　程　匡　君　刘　鑫

以奋斗文化润心建魂，助推企业高质量发展

润建股份有限公司

公司简介

润建股份有限公司（以下简润建）成立于2003年，2018年在深交所上市，注册资本2.2亿元。在万物互联的时代，润建以"做万物互联的管维者，让天下没有难用的网络"为愿景，定位为通信信息网络与能源网络的管维者，管维业务涵盖通信网络、信息网络、能源网络三大基础网络。其中，在通信网络管维领域，公司是中国移动A级优秀供应商、中国铁塔五星级服务商。目前，公司已在全球设立了六大研发基地、15个研发中心，拥有1000多位专业研发人员，是国家高新技术企业、国家知识产权优势企业、中国软件百强企业，拥有3个博士后创新实践基地。

实施背景

润建创始人自幼受齐鲁大地儒家文化滋养，历经数十载军旅生涯，深受红色革命精神的熏陶，坚定中国共产党人的奋斗信仰，厚植践行爱国、奋斗、情义、利他的企业家精神，将奋斗的理念深深地融入到润建的企业文化当中，润建的奋斗文化体系由此孕育而生。万物互联时代下，润建将围绕"通信信息网络与能源网络的管维者"的战略定位，扎实以奋斗文化为核心的润建企业文化体系，明确未来10年高速增长战略目标，为公司实现高速增长注入精神动能。

主要做法

广覆盖、深触达，依托文化传播工程提升文化感知力

在文化数字化管理上，2020年12月，润建首度打造文化传播阵地"润建企业文化平台"；2023年5月，文化传播阵地升级为"润建家园"，集文化传播展示、关怀互动、积分激励功能于一体，提升文化数字化管理能力。文化传播阵地迄今发布报道超过500篇，阅读浏览超过109万人次，关怀互动近180万人次，文化积分累计超过50万分，深受广大员工的喜爱和欢迎。在语言符号上，润建自主设计"润建奋斗者"主题的企业专属表情，将文化有形化和趣味化，潜移默化间强化员工对奋斗文化的认知和理解。在视觉形象上，润建发布了企业文化VI手册，在全国200多个地市办公驻点建设企业文化墙，丰富文化展示内容与展示途径，提高奋斗文化的触达率。在培训教育上，通过多种方式对企业文化进行会议宣贯和培训，通过高频宣讲强化员工的理解和印象，最终实现奋斗文化传播的广覆盖、多场景、强互动、深触达，提升奋斗文化感知氛围

和认知践行。

树标杆、展风采，依托文化示范工程锤炼奋斗力量

润建贯彻"能者上、平者让、庸者下"的干部任用准则和"多劳动、多贡献、多荣誉、多收入"的员工激励准则，制订人才池管理办法，建立荣誉激励体系，将奋斗价值观作为人才选、用、育、励过程的评估标准，有效选拔和培养优秀人才，激励表现突出的奋斗者。润建开展了"珠峰计划""黄埔计划"和"启航计划"等干部人才选拔培养计划，选拔培养精于业务、善于管理、乐于奋斗的高潜奋斗者。设有市场/交付分享、专项奖金、年度分享等中长期激励，对业绩表现和内部管理突出的员工及时提供激励并在年度表彰大会颁发特色奖项荣誉，增强奋斗者的获得感和归属感。依托文化传播阵地强大的覆盖网络和触达效应，润建重点打造"业绩王者""青年骨干""技术尖兵"等系列专题，宣传报道在公司各岗位上创造佳绩的奋斗者，通过文化传播阵地高频宣传，由榜样发声，同时作为奋斗者的精神激励反馈。

凝心意、暖人心，依托文化体验工程给予奋斗者关怀

润建坚持以人为本，关注员工的精神和心理需求，小处着眼，实处着手，开展"享"系列节日庆祝活动、"RUN"系列趣味文体活动，营造节日氛围，增强文化互动，给员工充分的仪式感和温暖感，用人文关怀增强奋斗者对企业的归属感。在春节、端午、中秋等传统佳节之际，润建各级领导干部带着节日慰问品前往各项目部慰问坚守岗位的员工，向节日期间奋斗在一线员工表达了节日的问候；各省驻地组织开展节日庆祝活动和团建活动，共同享受来自组织的关怀和温暖。润建成立了羽毛球、篮球、气排球、足球等运动协会，定期开展各类文体活动和联谊活动，丰富员工业余生活，舒缓工作压力，帮助员工全面发展兴趣爱好，为跨部门、跨组织沟通提供了交流平台，促进组织的凝聚力，提升员工的归属感和团队意识。

强赋能、共提升，依托文化深植工程加速奋斗型组织进化

润建支持员工的成长与发展，通过内外部的各类技能竞赛、演练培训相关活动，提升员工专业能力，推动奋斗文化与业务发展融合，助力奋斗型组织进化。积极开展内部"名师带高徒"活动，由岗位的老师傅将探索出来的优秀工作经验传承给新员工，着力提供员工的业务技能。每年组织市场、交付、安全等专题培训，为员工获取系统、专业的业务能力提升资源，赋能奋斗者能力提升。围绕企业的生产、经营、技术和智能研发等问题，由企业倡导或员工自发组织技术革新、管理咨询、劳动竞赛等活动。积极参与外部行业竞赛和活动，激发员工的创造欲和成就感，使员工看到自己的价值和责任。

实施效果

红色引擎赋能文化，奋斗汇聚磅礴力量

在红色引擎的带领下，润建的党员队伍更具活力、战斗力，党员队伍的红色力量持续赋能奋斗文化。目前，公司开展的"以奋斗之志永远跟党走"核心举措成果显著，各项党建工作模式得到创新。奋斗文化持续锻造润建的党员队伍的创新性、先进性、示范性和党组织的凝聚力、战斗力，推动党建引领安全生产、项目运营、人才培育、文化建设实现新突破、新成效。

文化吸纳优秀人才，奋斗引领科技创新

润建深厚的奋斗文化基因、完善的薪酬激励机制和人才发展体系，吸纳一批批创新人才和技术人才，创新研发高效，创新成果丰硕。润建股份在全球设有六大研发基地、15个研发中心，有研发工程师1000多人；拥有软件著作权及专利600多项；拥有各级创新平台10余项，其中省级创新平台6项。2020年、2021年连续两年获得广西壮族自治区科技进步奖；2022年获评国家知识产权优势企业，获评中国软件企业百强第53位，成为广西壮族自治区内唯一上榜企业。

文化驱动企业成长，奋斗成就高速发展

在奋斗文化的驱动之下，润建内生动力强劲，全体员工拼搏奋斗、永争第一的精神赢得客户及行业尊重，展现出强大的战斗力。2013年，润建获评高新技术企业；2016年，突破浙江、江苏、河北、陕西、甘肃、青海、云南市场，走向全国；2018年，润建成功在深交所上市。2022年，润建实现营业收入81.6亿元，同比增长23.6%；净利润4.24亿元，同比增长20.5%。润建近4年累计本土纳税超过6亿元，其中2022年同比增长45.99%；近3年响应"企业吸纳就业"政策，累计带动就业近万人次。

文化映照企业初心，奋斗书写社会责任

面向高速发展的新周期，润建始终以德为先，向善驱使，持续落实社会责任，让企业与社会相融合、共发展。在慈善公益事业上响应国家号召，开展精准扶贫和乡村振兴工作，向新疆、海南、内蒙古、黑龙江等地的公益组织、贫困地区村委进行捐赠，助力脱贫攻坚。向中山大学岭南学院、广东省华南师大附中教育基金会、北京师范大学附属实验中学教育基金会进行教育捐赠，支持其教育事业发展。向广西壮族自治区来宾市禄新镇新学村捐款并成立"润建助学基金"，积极成为有使命感与责任感的优质企业，为国家和社会的高质量发展接续奋斗。

主要创造人：梁晓晴
参与创造人：庄晓冰

文化铸魂，启智润心，赋能企业高质量发展

南宁威宁投资集团有限责任公司

企业简介

南宁威宁投资集团有限责任公司（以下简称南宁威宁集团）成立于2013年，注册资本86.56亿元，是资产规模超过500亿元的国有独资企业。公司以服务民生为定位，主要经营供应链、房地产开发、资产管理、商文旅等业态，下辖威宁供应链集团、威宁资产经营集团、威宁房地产开发集团、威邕城市运营集团、威泰创投公司、大地飞歌集团、南宁百货、南宁学院8家一级监管单位，在职员工约4300人。

以文化铸魂，企业文化体系创新升级

内化于心，升级完善企业文化理念体系

在传承优秀文化基因的基础上，南宁威宁集团守正创新，持续优化企业文化核心理念体系，进一步坚定文化自信，提高文化与战略协同度。新理念体系明确以"打造国有服务民生品牌，共创都市美好幸福生活"为企业使命，以"成为城市美好生活的综合服务运营商"为企业愿景，始终秉承"敢为人先，追求卓越"的企业精神、"持正鼎新，利他立人"的企业核心价值观。新的企业文化核心理念，契合新发展理念，践行社会主义核心价值观，赋予企业丰富的时代价值和旺盛的生命力，成为南宁威宁集团"十四五"战略规划的重要篇章，为南宁威宁集团高质量发展夯实共同思想基础。

外化于形，全面推进视觉识别体系落地

南宁威宁集团近3年从优化视觉识别体系、优化办公环境、完善企业文化制品等不同角度出发，提升员工和企业形象，促进精神文明和物质文明协调发展，在丰富视觉识别体系的基础上严格遵循视觉识别应用规范，规范办公环境形象一致性、标准化，充分利用目视化物料完成企业文化可视化，充分发挥南宁威宁集团的影响力和辐射力，不断提升品牌价值。

实化于行，有效推动行为体系建设

南宁威宁集团行为体系主要包括全员行为规范、高层管理人员行为规范、中层管理人员行为规范、基层人员行为规范4个方面。通过印发《员工手册》，全方位、立体化地规范干部职工行为，最大限度地统一大家的思想行动。针对管理干部开展核心价值观考评，针对员工开展行为规范考评，及时进行文化纠偏，推动企业文化嵌入员工日常行为、融入作风建设，让员工从被动接受转化为自觉践行，营造风清气正、干事创业、敢于担当、真抓实干的良好氛围。

以文化融心，企业文化深植落地

实施文化保障工程，完善文化机制建设

强有力的组织保障。按照"高站位统筹、高起点谋划、高标准推进"的思路，成立了由公司党委书记、董事长担任组长及公司领导班子成员任组员的企业文化建设委员会；下设企业文化建设办公室，由集团分管领导任主任；设立企业文化建设职能部门（设在党委宣传部），负责实施企业文化战略、组织各部门开展企业文化建设工作；设置企业文化专治岗位，确保企业文化落得下、推得稳。组建公司企业文化内训师、企业文化联络员、通讯员队伍等，广泛调动员工参与企业文化建设的积极性，形成上下联动、左右协同、同心协力、全员参与的企业文化建设良好氛围。

强有力的制度保障。搭建层级清晰、职责分明的制度体系，将文化建设的总体要求纳入公司章程，保证公司各项管理制度与文化理念的一致性。制订《南宁威宁集团企业文化管理制度》，明确文化与公司治理的融合、文化与战略业务的融合、文化与合规风控的融合、文化与人才管理的融合4个方面的原则，将文化理念贯穿于公司用人制度、考核制度、员工行为规范手册、职业道德培训中，实现制度与文化的同频共振、同向发力。

强有力的物质保障。始终坚持文化建设资金投入不动摇，每年编制企业文化建设经费预算，用于企业文化协会会费、文化基础设施建设与完善、传播载体建设、文化宣传、开展员工文化体育活动等，为企业文化建设工作高质量落地保驾护航。

实施文化宣贯工程，推进文化建设入脑入心入行

宣贯内容多样化，突出"四个结合"。一是与开展社会主义核心价值观宣传教育相结合。二是与持续做好文明单位创建工作相结合。获得"第三十一批南宁市文明单位"荣誉称号。三是与开展公司形势教育、思想政治教育、战略宣贯相结合。四是与员工全生命周期的培训相结合。

宣贯阵地立体化，构建"五大矩阵"。一是加强融媒体建设。二是打磨文化产品。三是打造文化品牌活动。四是建设文化宣贯场所。五是讲好威宁故事。

宣贯活动品牌化，打造"六大精品活动"。一是开展党建促脱贫攻坚、乡村振兴活动，多年投入并推动脱贫攻坚相关资金到位约965万元，共派出7批20位驻村"第一书记"。二是开展南宁威宁集团成立20周年系列活动，激励一代代员工接续奋斗、再创辉煌。三是开展先进典型选树活动，开展先进集体、优秀员工等评优评先，树立典型、带动担当。四是开展新时代文明实践志愿服务活动，推动志愿服务向高质量、内涵化发展。五是开展内部帮扶活动，为生活困难、患病党员群众提供多种形式的帮助和慰问。六是开展人文关怀活动，提升广大员工的忠诚度、归属感和幸福指数，让员工在活动中感受到企业文化的力量。

实施文化融入工程，实现文化建设向文化管理迈进

党建与企业文化共融共进，注入发展"活水源"。坚持党建引领，找准党建工作与企业文化建设融合的切入点，形成"党建+文化"模式，共同为企业发展提供动力。大力推进特色党建品牌打造工程，创新打造"威光""威资·管+""威链·安选""威匠·筑品""威心·邕韵"党建品牌集群，开展特色鲜明的党建活动。严格落实党风廉政建设责任制，突出落实"两个责任"，强化履行"一岗双责"，打造廉洁文化品牌。党员发挥中坚力量、起到先锋模范带头作用，为企业文化发展提供动力。媒体平台对党建工作有推动作用，党建学习从传统纸媒延伸至手机软件、企业培训平台，融入各类团体活动中，通过知识问答竞赛、收听收看音频等方式吸引更多党员切身参与到党建和管理中来，尤其对加强青年党员教育、充实党员队伍起到了双向推动作用。

经营管理与企业文化共融共促，释放发展"新动能"。将企业文化融入企业管理制度和管理行为，运用企业文化建设改善企业管理的薄弱环节，通过企业文化建设把员工的价值观统一到企业管理的目标上来，增强企业管理制度的执行力。将企业文化建设融入企业管理的空当，如在员工情绪变化、思想道德素质差异、自我约束差异等企业管理涉及不到的地方，通过谈心谈话、文化活动等深入到员工的思想意识中，深入到员工八小时之外，进一步用文化陶冶员工的情操，夯实企业管理的基础工作，为企业经营发展战略目标的实现提供强大文化支撑、舆论支持和精神动力。

以文化赋能，企业发展结出硕果

集团高质量发展迈上新台阶

综合实力大幅提升。南宁威宁集团把企业文化融入公司经营管理中，走出了一条新时期企业文化建设之路，铸就公司高质量发展内驱力。南宁威宁集团综合实力不断增强，截至2023年5月，公司累计实现营业收入689.07亿元，利润总额23.83亿元，上缴税费40.58亿元，融资到位金额604.02亿元，有力保证国有资产保值增值。

员工快速成长成才。南宁威宁集团着力构建良好的人才生态，将文化价值观纳入选人、用人标准，融入管理人员选拔任用、招聘录用等管理制度，将价值观作为衡量人才的重要基准，嵌入员工职业生涯发展的各个关键点，鲜明传导公司文化和价值追求，从而实现员工发展和企业发展的有机统一。

集团发展成果获得外部高度认可

品牌形象大幅升级。南宁威宁集团始终牢记国资使命，紧密围绕人民需求、上级要求和区域经济发展实际，谋划储备一批打基础、利长远、惠民生的重大项目。持续推动国有资本进一步向民生领域、制造业、优势产业和战略性新兴产业转移，着力发挥国资和国企的作用。

各项荣誉硕果累累。近年来，南宁威宁集团先后获得"广西'五一'劳动奖状""2018—2019年度中国企业全媒体传播体系构建与品牌传播三十标杆单位""广西优秀企业文化建设单位""广西优秀企业""广西廉政文化建设示范点"等荣誉称号，连续7年入围中国服务业企业500强、广西企业100强和广西服务业企业50强，是南宁市属企业中唯一一家连续7年入围中国服务业企业500强的企业，收获了广西唯一一家获得国家级服务业标准化试点（商贸流通专项）企业、"老南宁·三街两巷"入选第一批国家级夜间文化和旅游消费集聚区等骄人的成绩。

主要创造人：黎 军 刘巧瑛

参与创造人：马超毅 李爱金 黄冬玲

守正创新铸品牌，文化引领促发展

国家能源投资集团有限责任公司煤炭经营分公司（销售集团）

企业简介

国家能源投资集团有限责任公司煤炭经营分公司（销售集团）——以下简称煤炭经营公司，由原神华销售集团和原国电燃料公司重组整合设立，负责国家能源集团65%以上的煤炭销售业务和外购煤业务、全部进口煤业务，年销售煤炭5亿吨左右、采购煤炭1亿吨左右，业务目前涉及全国27个省（自治区、直辖市）和南非、印度尼西亚、日本、韩国等国。作为国家能源集团旗下以煤炭营销为主业的专业化公司，煤炭经营公司立足国家能源集团煤炭产运销一体化运营枢纽地位，充分依托"矿、电、路、港、航"形成的一体化高效物流体系，形成了以国家能源集团自产煤为基础，以及铁路沿线外购煤、港口贸易煤和进口煤为重要补充的煤炭供应保障体系，拥有六大种类40多个一级煤炭品种的产品体系，服务电厂、化工、建材等终端用户超过1000家，在行业内具有重要影响力。负责运营管理的国家能源集团电子商务平台，服务保障该集团"煤炭、化品、运输"三大主营业务产品线上交易，注册商户超过29000家，现货年交易量超过4亿吨。

贯穿好"三个坚持"，提升企业向心力、凝聚力

一是坚持企业文化建设的政治引领，唱响主旋律。坚持企业文化自上而下、一以贯之的宣贯落实原则，以加强党建引领为先导，成立企业文化建设领导小组并下设办公室，明确党政主要负责人是企业文化的第一责任人，负责企业文化的宣贯，督导各所属单位做好企业文化宣贯落实工作。围绕学习贯彻习近平新时代中国特色社会主义思想和党的二十大精神，弘扬伟大建党精神，结合"点多、线长、面广"的实际特点，聚合各基层单位优质资源，开展"建功新时代、喜迎党的二十大"主题活动，引导干部职工深刻领悟"两个确立"的决定性意义，切实增强"四个意识"、坚定"四个自信"、做到"两个维护"。

二是坚持以职工为中心的工作导向，奏最美和声。坚持党的全面领导与尊重员工主体地位紧密结合，是做好企业文化宣贯落实进而推进企业高质量发展的根本保障。煤炭经营公司始终把职工期盼作为抓在手上、放在心上的事，筑牢职工与企业命运共同体意识，让更多双向奔赴的生动实践成为主流。开展"健康国能"工程，着力打造健康服务品牌，有针对性开展健康教育。组织健康竞赛，加强职工心理疏导，让职工心无旁骛地投入到转型发展攻坚克难的任务之中。挂牌成立的30个"奋进十四五"党员先锋队、50个"奋进十四五"党员示范岗，广泛分布在煤源采购、销售、中转各条战线，打造了一支关键时刻听指挥、拉得出且危急关头冲得上、打得赢的煤

炭购销"铁军"。

三是坚持做优宣传主阵地，传播好声音。做好宣传工作是守牢意识形态阵地的主要方式，也是凝聚人心、助力企业文化发展的重要途径。

运用"四抓四促"工作法，统筹推进文化体系建设

抓好安全文化，促班组基础牢固。始终把安全放在首位，统筹发展和安全，守住安全生产红线，守牢意识形态底线，大力营造关心安全生产、参与安全发展、落实安全责任的浓厚氛围，筑牢事事讲安全、处处要安全、人人保安全的思想自觉和行动自觉。夯实班组安全生产基础，把班组工作和公司组织架构结合起来，扩大班组概念，放大班组效能。有针对性地开展"安康杯"竞赛活动，推动群众性安全生产活动和企业安全文化建设，开展安全签名、安全宣誓、安全演讲、安全生产知识竞赛等职工安全教育活动，大力营造安全文化氛围，促进本质安全。

抓好合规文化，促企业健康发展。合规是企业行稳致远的前提。公司牢固树立依法合规的价值理念，厚植合规文化，把依法合规、诚信守约要求融入企业发展战略和生产运营管理各方面，坚持一切行为始于合规、一切工作终于合规，确保凡事有章可循、有据可查，推动全体职工养成合规习惯，在法治轨道上推进公司治理体系和治理能力现代化。建立健全全面、全员、全过程、全体系的风险防控机制，实现"强内控、防风险、促合规"的管控目标，为公司高质量发展构筑一道坚实的风险屏障。开展"合规管理强化年"行动，打好"一企一策"扭亏治亏攻坚战，企业治理水平迈上新台阶。

抓好廉洁文化，促队伍强筋壮骨。在学深悟透力行中扎实推进纪律作风建设，主动适应新时代的新任务、新要求，持续加强思想淬炼、政治历练、实践锻炼、专业训练，不断提升党员领导干部的履职水平。创建"廉洁购销"纪检品牌，强化全员学制度、守制度、用制度的规矩意识，举办"纪检大讲堂""纪检微课堂"，开展"喜庆党的二十大"纪检知识竞赛、纪检系统融智平台线上培训，持续提升干部队伍的遵纪守法意识、思维、素养。

抓好创新文化，促企业转型升级。践行"人人参与创新、时时都在创新、处处体现创新"的创新理念，构建"人人能创新、想创新、谋创新"的工作体系。大力弘扬科学家、实干家精神，让每名职工成为创新的主体、每个岗位成为创新的平台。加快推进新电商平台建设和数字化转型发展，以实现从传统煤炭经销商向数字平台型综合能源贸易商转变为主要目标，对重点场景智能化项目的推广应用、信息化系统的互联互通等工作任务清单化、节点化，深化平台化发展、数字化运营和生态化协作发展。

实现"三个助力"，凸显企业文化价值引领

一是助力企业卓越发展。立足以煤为主的基本国情，以煤炭保能源安全，持续增强常态化保供能力，能源供应"压舱石"作用更加凸显。严格执行国家煤炭价格政策，带头签约履行电煤中长期合同"3个100%"，为煤电供热企业大幅让利，履约保供工作得到国家相关部委高度评价。密切关注客户的价值需求，努力将客户需求落实到生产运营的各个环节，为客户提供更优质、高

效、安全、绿色的产品及服务,持续为客户创造更高的价值。深入推进创一流企业建设,从业务规模、运营管理、创新驱动、队伍建设4个维度构建具有公司特色的BOIT工作体系,努力建设产品质量优、服务能力强、管理水平高、品牌形象好的世界一流综合能源贸易商。

　　二是助力绿色发展战略。努力在清洁能源供应、雾霾治理、"公转铁"、储煤场装车站及中转基地的防尘抑尘等方面积极作为,为京津冀等重点地区持续供应清洁煤。持续大力研发煤炭燃用技术,助力客户提升煤炭高效清洁利用效率,切实将绿色发展意识融入到工作的各个领域、环节。在山区荒漠开展义务植树,着力培养员工保护环境、改善生态的意识,为环保事业贡献力量。

　　三是助力精神文明建设。将文明创建工作纳入企业整体发展战略规划、任期目标责任制和年度考核内容,形成完善的党政工团齐抓共管,以及精神文明与物质文明、政治文明、社会文明、生态文明建设统一部署、统一实施、统一考核、统一奖惩的激励约束机制。所属多家单位获文明单位标兵、文明单位等称号,1名员工家庭被评选为"全国五好家庭"。常态化组织志愿活动,在社会上树立了良好的企业形象。

　　在"2023中国品牌价值评价信息"发布榜单中,煤炭经营公司在能源化工领域,以172.98亿元的品牌价值在"能源化工"板块排名第17位。先后获得"中国煤炭保供突出贡献企业""煤炭工业社会责任报告发布优秀企业""中国企业改革与发展研究会守信践诺标杆企业""首都文明单位""首都文明单位标兵""中国煤炭运销企业30强""中电联企业文化建设典型成果"等荣誉。

主要创造人:刘小奇　张　伟
参与创造人:王少磊　李银飞　刘恺伦　董　悦

弘扬"开路先锋"文化,助推企业高质量发展

中铁北京工程局集团有限公司

企业简介

中铁北京工程局集团有限公司(以下简称中铁北京局)是世界双500强企业——中国中铁股份有限公司(以下简称中国中铁)的全资子公司,注册资本32亿元。公司下辖11个施工类公司、3个非施工类公司、9个区域指挥部,是一家集工程设计、施工、科研、开发、投资于一体的综合性大型建筑集团。公司在册员工8400人。公司拥有"四特"资质,其中集团公司本级拥有建筑工程施工总承包特级、铁路工程施工总承包特级、公路工程施工总承包特级资质,所属一公司拥有公路工程施工总承包特级资质,多次被评为"全国重质量守信用企业""全国用户满意企业""全国设备管理优秀单位""全国工程建设质量管理优秀单位""全国安全文化建设示范企业"。此外,公司拥有200余项工程荣获国家和省部级大奖,其中"鲁班奖"11项、"詹天佑奖"3项、国家优质工程奖19项、国家钢结构工程金奖3项。

实施背景

"开路先锋"文化是中国中铁企业文化的基础与源头,是"勇于跨越,追求卓越"企业精神的统领与核心。建设"开路先锋"企业文化是增强"四个意识"、坚定"四个自信"、做到"两个维护"的具体体现,是落实社会主义核心价值体系、建设社会主义先进文化和文化强国的根本要求;是守初心、担使命,弘扬"开路先锋"精神和"勇于跨越,追求卓越"企业精神的重要内容;是加强企业党建思想政治工作,以优秀企业文化引领企业高质量发展的重要体现;是发挥中国中铁特有文化优势,提升企业软实力,加快建设具有全球竞争力的世界一流综合性建筑产业集团的现实需要。

主要做法和实施效果

搭建文化体系,熔铸发展之魂

为确保"开路先锋"文化更好落地生根,中铁北京局党委结合企业实际,在认真开展调研的基础上,将企业愿景、核心价值观、员工基本行为准则分别提炼为"打造以机场建设为特色的交通基础设施、城市建设、生态环保领域的一流建筑企业集团""抓效益,创信誉""三个是否价值标准、三个敢于实干精神"。制订印发《"十四五"企业文化建设规划》,以实现文化"三个统

一、五个一流"为目标，以"完善一套理念、打造两大品牌、夯实三大系统、推进四项重点、培育五大优势"为主要任务，抓好规划的学习宣贯。通过官方微信对企业文化理念进行解读，作为各类培训和新员工入职教育的必修课，各级领导干部带头到基层宣讲，所属各单位、各项目部通过召开宣贯会、培训会、专题学习会等形式，推进规划落实、落地。在召开重大会议、开展重要活动时播放《开路先锋》司歌，促使文化理念覆盖到每个岗位、每名员工。加强对新开工项目文化建设的指导，完成对西十、成达万、襄荆、昆明长水机场等新开工重点项目的文化交底工作，确保文化建设标准统一规范。

打造两大品牌，彰显文化特色

着力打造"开路先锋"和"道德讲堂"两大品牌，彰显企业文化特色和亮点。在近几年的5月10日"中国品牌日"，通过企业官方微信连续推出《践行"三个转变"塑造发展品牌》《品牌建设推动高质量发展》《品牌建设擦亮企业名片》《打造机场建设特色品牌，汇聚高质量发展新动能》报道，展示企业在"开路先锋"品牌打造过程中所取得的成果成效，为企业改革发展营造良好舆论环境。在"道德讲堂"品牌打造中，坚持把"道德讲堂"开展情况纳入企业年度党建工作责任制考核，以加强员工职业道德建设为重点，深入推进以"爱岗敬业"为主题的"道德讲堂"品牌建设，引导员工敢于直面问题、担当作为、奋勇争先。紧密围绕"抓效益、创信誉"发展主线和"三大系统、三大支撑"重点工作，不断丰富和创新"道德讲堂"形式，深入挖掘和宣传企业先进典型，讲述企业不同时期、不同层级、各专业系统先进人物的感人故事和宝贵经验，《光明日报》以《央企道德讲堂聚焦"开路先锋"感人故事》为题对中铁北京局2022年开展道德讲堂活动进行报道，充分激发广大员工爱党爱国爱企热情。

注重以文育人，坚定理想信念

坚持把"理想信念教育"作为入职教育的第一课，以基层项目部为主阵地，以理想信念教育为切入点，以"四史"及企业史、"开路先锋"精神为基本内容的教育。扎实开展弘扬新时代中国中铁主人翁精神，持续深化"理想信念情怀，爱党爱国爱企"主题活动，做好"五个有我"和"四不精神"主题海报的张贴学习，引导广大干部员工心怀"国之大者"，围绕国家战略、企业部署、中心任务，以企为家、同心同德、团结奋斗，进一步展现新时代"开路先锋"形象。传承弘扬党和人民在各个历史时期奋斗形成的伟大精神，激励广大员工高擎"开路先锋"大旗，在全面建设社会主义现代化国家的征程上争当开路先锋。举办首届"开路先锋"企业文化节，组织开展"道德讲堂"、劳模报告会等"十个一"活动，制作发布文化理念视频片《旗帜》，推动"开路先锋"企业文化深入人心。一公司历史文化展览馆被命名为首批中国中铁"开路先锋"文化教育基地，接待职工参观教育达5500人次，发挥爱党爱国爱企教育功能。

丰富文化产品，满足精神需求

推出一批满足职工多层次文化需求的文化产品，以高质量文化供给探索特色文化服务供给新模式，丰富职工群众获得感品质。一是构建立体式传播矩阵，坚持多途径宣贯中国中铁"开路先锋"文化，持续丰富企业网站、微信平台、视频号、抖音、文化展厅、项目现场等立体式传播矩阵，推动传统媒体与新兴媒体深度融合，推动全媒体宣传、全业态传播、全平台覆盖。二是打造高品质文创产品，对企业展厅进行更新升级，近两年先后制作了发展成就回顾片《攻坚》《争先》，先进典型事迹展播片《先锋》《领先》，编印了《员工行为手册》，发布了新版宣传片《先锋之路》，制作了劳模专题片《榜样》，编印了典型事迹《领先》，教育引导广大员工坚守"三个是否价值标准"、发扬"三个敢于实干精神"。三是建好常态化教育阵地，积极打造有特色、有品牌的"研讨课堂""流动课堂""指尖课堂""实践课堂"，筑牢常态化教育阵地，以典型引路、以榜样开道，扎实开展先进典型、形势任务、企业品牌系列宣传活动，展现企业改革发展成果和员工崭新风貌，积极营造崇尚先进、争当先进、争先创优的浓厚氛围。

强化文明建设，彰显企业形象

认真落实各项精神文明建设要求，制订工作办法，明确组织机构，形成党政工团齐抓共管的创建工作机制。坚持"一把手亲自抓"，成立领导小组，"一把手"为组长，层层传导压力，每年有重点、有计划、有步骤开展创建工作，荣获2018—2020年度首都文明单位称号。坚持以职业道德建设为重点，以"道德讲堂"为主要载体，教育引导广大干部职工把自觉宣贯好、传承好、践行好"开路先锋"精神作为责任和义务，转化为情感认同和行为习惯。加强与门头沟区宣传部的沟通对接，参加门头沟区2022年精神文明建设工作大会并在会上做经验交流；组织开展"我认领＋我服务"路口志愿服务活动，营造文明出行的良好氛围；2022年"门头沟道德模范"先进事迹宣讲报告团第一站走进中铁北京局，传递和弘扬正能量。加强文化成果创作，中铁北京局申报的两项文化成果分别荣获2020—2021年度全国企业文化优秀成果一等奖、二等奖。积极参与扶贫帮困、抢险救灾、爱心助考等社会公益活动，彰显央企责任担当。

主要创造人：李慧敏　钟小良

以品牌建设为契机，助力文化体系建设

山东能源集团新材料有限公司

企业简介

山东能源集团新材料有限公司（以下简称新材料公司）成立于2022年，总部位于淄博市张店区，注册资本金30亿元。公司旗下目前拥有8家子公司，其中上市公司2家、"新三板"挂牌公司2家，经营领域分布在淄博、济南、临沂、济宁等4个城市，从业人员5000余人。主营业务涉及高端化工、玻璃纤维及复合新材料、钙基新材料、尼龙新材料、阻燃新材料、光电晶体材料、复合新材料等板块。公司成立以来，聚焦延链补链强链优存量、产业并购重组扩增量，组建百亿元级新材料产业基金，启动建设国内一流、山东省内首个钙基新材料循环经济产业示范园，石化产品顺酐产销量居世界首位，甲乙酮国内市场占有率达到45%，玻璃纤维产能位居全国前四，自主研发的高性能长碳链尼龙系列产品填补国内空白，是国内领先的互联网+产业综合服务商。公司先后荣获8个国家级高新技术企业称号，有21个省级科研创新平台、3个造业单项冠军企业，有9个市级以上"瞪羚"企业、9个专精特新企业。近年来，新材料公司聚焦"打造世界一流新材料产业集团"的发展定位，谋篇布局"存量优化、增量跨越"两篇文章，致力打造钙基新材料、高端化工新材料、纤维及复合新材料、光电新材料"四大产业集群"，建设盈利能力、创新能力、管理水平、党建品牌、服务职工"五个一流"企业，力争"十四五"末产值达到千亿元，主导产业国内一流、世界领先。

实施背景

新材料公司成立以来，牢牢把握品牌建设的发展方向，在"双创双入"党建品牌文化的思想指引下，以发展眼光和战略思维认真贯彻集团品牌建设方针，承载国企的责任与担当，务实发展，持续创新，为企业的未来战略提供坚实的文化支撑，引领企业持续、快速、稳健发展。大力弘扬"产品卓越、品牌卓著、创新领先、治理现代"的企业精神，把完善品牌建设、企业形象建设紧密结合，统一员工的价值取向与行为准则，开展形式多样的品牌建设活动，让品牌文化被广大员工认知、认同，提升企业发展的软实力，展示企业发展新形象。把品牌理念贯穿到企业生产经营的全过程，运用先进的品牌建设理念对企业进行全方位的规范整合，组织广大员工认真学习贯彻，内化于心、外塑于形，全面提升全员价值愿景，树立鲜明企业形象，把品牌文化的影响力转化为企业的核心竞争力，锻造成引领员工前进、企业发展的灯塔。

主要做法

借力集团资源，在补链、延链上蓄势发力

在品牌建设和发展上，新材料公司依托集团的社会影响力和资源优势，实施了"对标一流，提升质效，实现高质量发展"的行动。公司统筹协调，创新突破，在集团和淄博市战略协作大框架下，参与整合淄博市范围内石灰石资源，谋划投资 5.2 亿元，建设了绿色智能矿山"柳泉石矿及资源综合利用项目"。在规模扩张、突破发展上，公司主动出击、担当作为，在山东省国资委、集团和地方政府等的领导支持下，顺利实施"齐国项目"，依法并购了淄博齐翔腾达化工公司，进一步丰富了集团新材料产业谱系，在实现公司"千亿元产值"目标上迈出具有里程碑意义的关键一步。积极调研新项目，在并购鑫亚钙业、推进纳米碳酸钙项目、调研钙钛矿电池、气凝胶等工作上，对接集团发展新材料产业的思路和构架，充分调研论证，科学斟酌取舍，坚持有所为、有所不为，为壮大新材料产业规模谋势布局，蓄势延链，在实操层面充分彰显了集团品牌的实力和影响。

借力科创资源，在完善工作机制上激发动力

坚持打造以"高质量创造、高效益运用、高品质服务"为核心的企业品牌，积极构建纵向到底、横向到边的创新工作机制。一是进一步完善创新机制。二是深入推进"产学研"合作。三是保障科技创新投入。四是强化创新成果应用。

借力平台资源，在发挥品牌优势上保持活力

在集团指导下，公司大力实施品牌战略，持续提升品牌管理水平。一是用好政策机制，丰富品牌序列。二是把握会展时机，扩大市场影响力。三是发挥协会优势，地企共谋发展。

实施效果

以发展为驱动，品牌价值显著提升

新材料公司自主推动品牌建设工作体系的不断完善，品牌管理能力明显提高，品牌创新路径持续优化，品牌国际化水平大幅提升，形成了高端化工、纤维及复合材料、光电新材料等一批具有自主知识产权的产品名片，培育了"山能新材料"这一具有新材料行业话语权和美誉度的企业母品牌，打造了建材类企业子品牌、玻璃纤维及制品类企业子品牌、化工类企业子品牌、光电新材料及生物医药类子品牌、供应链服务类子品牌等具有广泛知名度和影响力的品牌体系，提升了广大企业和消费者对国有企业的品牌认同。据权威数据显示，在 2022 年中国品牌价值评价榜单中，齐翔腾达名列其中，品牌价值达 70.27 亿元。

以科技创新为突破，品牌驱动力显著提升

一是深入实施创新驱动发展战略，建立"筑巢引凤"机制，探索实施科研人才保障机制，配套完善科研人才引进措施，实现人力资源最大盘活和最优配置，创造人尽其才、才尽其用的良好局面，持续推进专业技术人才接替成长，形成专家领衔、梯次合理的专业技术人才队伍。二是立足科技前沿、关键技术攻关，完善科创平台建设。目前，共获批省级以上科研平台 21 个、市级科研平台 11 个。2023 年组织科研项目计划立项 73 项（含省重点科研计划 1 项、集团重大科技计划3项），获省部级科技奖励2项、省行业科技奖励8项，通过科技成果鉴定（评价）40项，均达到了国内先进以上水平；近两年共获国家专利授权228项，其中国家发明专利授权103项，发布国家技术标准2项、团体技术标准2项、企业技术标准22项，知识产权授权质量取得新突破。三是加强基层创新建设。2023年4月，东华科技《水泥行业生产制造环节能源精细化管控》项目荣获国务院国资委首届国企数字场景创新专业赛二等奖。山东玻纤"数字化生产车间"、"八万吨C-CR玻纤工业互联网应用场景"、东华科技"水泥熟料生产智能控制"、齐鲁云商"数字化供应链应用场景"入选山东省2022年新一代信息技术与制造业融合发展试点示范项目。

以政策为引领，品牌形象显著提升

新材料公司坚持需求导向，研究政府的政策，积极对接相关专业机构，组织权属单位申报各项荣誉，提高品牌形象，稳步推进品牌及商标建设。近年来，先后有5个权属单位被认定为国家高新技术企业，4个单位获评山东省"瞪羚"企业，5个单位获评山东省专精特新企业，3个单位获批山东省制造业单项冠军，参与制订了《建筑外墙保温用玻璃纤维网格布耐久性检测与评价方法》等国家标准1项、行业标准3项、团体标准2项、企业标准6项。齐翔腾达荣登2023中国品牌价值评价信息榜；山东玻纤进阶中国玻纤十大品牌榜第5位，品牌指数88.7；新升实业东辰瑞森公司2021年获评山东新材料产业特种尼龙产业链"链主"单位、中国知名品牌重点保护单位。

主要创造人：李庆文　赵明军
参与创造人：师明军　李　琼　瞿林青

以"超燃"文化激发企业高质量发展内生动力

华能重庆两江燃机发电有限责任公司

单位简介

华能重庆两江燃机发电有限责任公司（以下简称华能两江燃机）位于重庆市两江新区水土高新技术产业园，是重庆市主城区内唯一的大型电源支撑点，也是西南地区首座燃气－蒸汽联合循环冷热电三联供综合清洁能源站，先期两台机组（2×467.34兆瓦）于2014年建成投产，同步建设了81.7千米的天然气长输管道，在水土园区建成了冷、热管网和集中制冷站，可满足周边10余千米区域内的用热需求和用冷需求。2021年，作为川、渝地区双城经济圈"双碳"联合行动之一，两江燃机二期项目（2×700兆瓦）启动了建设，预计2024年建成投产。华能两江燃机有力地降低了地区单位产值能耗，对改善重庆市能源结构、提高清洁能源比重、缓解重庆市电力供需矛盾、增强电网深度应急调峰能力、推进地区节能减排和经济、社会发展起到了积极作用。

实施背景

脱胎于华能"三色"文化

华能两江燃机是在中国华能集团"三色"使命召唤下打造的清洁能源企业，"三色"自然也是华能两江燃机自带基因。华能的"红色"基因激发出华能两江燃机进取、奉献的"超燃"力量。

根植于重庆市两江新区发展

华能两江燃机根植重庆市两江新区，兼收并蓄巴渝大地的文化涵养，传承红岩革命精神的红色基因，形成了超越领先、引燃未来的"超燃"进取精神和燃烧自我、点亮生命的"超燃"奉献精神。

繁盛于企业发展历程

华能两江燃机在建好项目的基础上运营好项目的企业发展历程中，采用"后工业化"设计，屹立潮头逐浪前沿；自带绿色基因，助力生态文明建设；快速启停、综合供能，川渝地区独占鳌头；多能互补联供，能源集约高效利用。在这些鲜明品质的基础上，持续凝练升华形成了符合自身特质的"超燃"文化，激发企业内生动力和外在活力。

主要做法

坚持党建引领，保持"超燃"的鲜红底色

华能两江燃机自成立以来，持续建强基层党组织，加强党委对企业文化建设的领导，将党的

理论创新成果根植到企业文化建设之中。党委书记对企业文化建设进行把关，确保企业文化建设方向正确，在润物细无声中对企业的各项工作发挥了有力的促进作用。2021年，华能两江燃机被中国华能集团评为"先进企业"，华能两江燃机党委被中国华能集团评为"先进党组织"。

坚持服务中心，迸发"超燃"的生命活力

自带绿色基因。以天然气作为燃烧介质，采用干式低氮氧化物燃烧器技术，同步建设SCR脱硝装置，机组正常运行时二氧化硫、氮氧化物等污染物排放远低于国家标准，烟尘"零排放"，实现清洁生产工艺，践行了绿色发展的产业安全发展价值理念。

设计理念前沿。采用"后工业化"设计理念，主要建构筑物与周边环境相融共存，与自然环境和谐共生。机力通风塔一改传统双曲线冷却塔造型，打造成洁白的写字楼外观；烟囱外观采用酒店式设计，增添现代工业的科技时尚感；主要转机设备罩上外壳，兼具美观和隔音功效。结合厂区环境打造"微景观"，一步一景美轮美奂，百花争艳四季如春，改观了传统厂区形象，引领现代工厂方向，奠定了"超越领先、引燃未来"进取精神的客观基础。

技术工艺先进。自动化程度高、启停迅速、调峰能力强，热态启动可在一小时内完成并网到满负荷运行。投产以来，积极参与电网调峰，机组安全稳定运行，连续6年"零非停"，连续安全生产两千余天，被誉为"开得起、顶得上、信得过"的电厂，成为重庆市乃至川渝电网各重要时段保电供电、顶峰调峰的重要能源支撑站点，为地区经济建设和民生保障提供了电力应急调峰的可靠保障，展现了华能两江燃机"燃烧自我、点亮生命"的奉献与担当。

契合国家能源战略。用尾气生产蒸汽对外供热、供冷，实现能源梯级利用，联合循环热效率可以达到75.87%。积极发掘园区能源潜在需求，开发了冷却水供应、天然气代输等其他能源服务，"电热冷气水"一体发展，与国家能源集约高效利用理念相契合，有效降低了企业用能成本和园区单位产值能耗，印证了"信誉至上、科学精准、创造价值"的企业安全创效理念。

坚持阵地建设，肥沃"超燃"的文化土壤

搭建文化承载平台。推进企业文化室建设，将职工身边的感人故事进行影像资料收集和整理，深度发掘好人好事，形成有形的文化成果进行固化，在企业文化室的导入区、光辉历程、党的建设、职工风采等板块进行展示。搭建"德馨两江"道德讲堂、"星耀两江"迎春晚会等文化子品牌，围绕担当、创新、敬业等开展主题活动，将职工的先进事迹进行艺术加工搬上舞台，传播社会主义核心价值观，让华能两江燃机的企业文化在不停地实践和摸索中获得职工的广泛认同。

丰富"超燃"品牌体系。结合企业的实际，打造"超燃两江"宣传子品牌，将华能两江燃机践行新发展理念、展示央企担当、服务国家、服务社会的故事向社会传播，主动向社会发声；打造"超燃先锋"党建子品牌，宣传党的大政方针政策，传播党的创新理论成果，展示党的建设成果，讲述党员先锋模范先进事迹；打造"超燃一线"安全子品牌，发掘职工扎根一线、在生产运行检修现场的无私奉献动人故事，形成"人人抓安全、人人讲安全"的全员参与浓厚氛围；打造"超燃青春"团青子品牌，引导青年职工听党话、跟党走，立足岗位、建功新时代，展示青年昂扬向上的风采。

抓好"超燃"阵地建设。聚焦文化群团共力，引导群团组织积极参与文化建设，同频共振大力宣贯营造浓厚氛围。通过顶层设计统筹好各党支部、各分工会活动阵地、宣传展板的设计制

作，确保了企业文化建设在模式化、系统化的同时又不失个性化。融入产业工人队伍建设改革，将班组文化阵地纳入公司企业文化阵地体系，为班组添置电子相册、文化书籍等。成立"超小燃"宣讲团，通过视频、语音等融媒体手段，对"超燃"文化进行广泛的宣传，让"超燃"理念在职工的心里扎根。

坚持全员参与，持续形成"超燃"广泛认同

形成广泛参与的阵线。在"超燃"企业文化建设过程中，广泛开展了企业文化问卷调查活动，由党委书记带队，深入到一线部门班组进行座谈调研，了解职工对企业的认识、对美好生活的向往，既让职工参与到了企业文化建设中，也在活动过程中达到了宣贯企业文化的目的。在部门班组文化建设过程中，将"超燃"文化融入其中、将"超燃"理念根植其中，让"超燃"在职工小家扎根。

借助活动，传播文化理念。结合安全生产月活动开展"家属开放日"活动，让职工向家人分享自己对"超燃"文化的理解，将"超燃"延伸到工作8小时之外。打造品牌文化活动，已经开展了4届职工运动会和3届"我爱我家"职工厨艺比赛，在活动的策划和宣传中植入"超燃"文化。在"三八"妇女节、植树节、中秋、国庆等特殊节点，开展应景的文娱活动，让"超燃"的绿色元素、家元素得到职工认同并成为自觉的工作和生活习惯。

助力职工成长成才。引导职工积极践行"严、细、实、快、好"的"超燃"工作作风，通过不断地强化职工的作风建设，提升职工的综合素质，让职工与企业共同成长。根据华能两江燃机职工真实故事创作的《我的搭档》微视频，在中国华能集团举办的第一届微电影、微视频创作大赛中获特等奖和"能源中国"微电影大赛一等奖。

实施效果

自华能两江燃机企业文化建设行动实施以来，职工干事创业的精神得到了提振，企业的各项工作不断向好发展，展现了华能两江燃机的"超燃"担当。一是牢记"国之大者"，坚决扛起保民生、保供应的政治责任，圆满完成庆祝中国共产党成立100周年等重大节点保电任务，获得重庆市政府高度认可。二是坚持"生命至上"，筑牢安全基础，2014年投产以来一直延续连续安全运行纪录，连续5年被中国华能集团评为"安全生产先进单位"。三是践行新发展理念，助力成、渝地区双城经济圈建设，作为成、渝地区双城经济圈"双碳"联合行动之一，2021年，华能两江燃机二期项目（2×700兆瓦）正式启动。

经过近两年的探索和实践，《"超燃"文化凝聚两江燃机"超燃"力量》获得了2021年工业企业文化建设创新成果一等奖，华能两江燃机先后获得了"重庆市民主管理示范单位""重庆市'五一'劳动奖状"和重庆市国资委授予的"文明单位"称号，以及"中国电力优质工程奖""全国安全文化建设示范企业"等荣誉。

主要创造人：张　铮　张　杰
参与创造人：徐　柯　周　刚　罗　勇　刘昕玥

实践"一家亲"文化创新路径，助力实现民族品牌振兴

广州立白企业集团有限公司

企业简介

广州立白企业集团有限公司（以下简称立白）创建于1994年，总部位于广州市，在全国拥有八大生产基地，主要经营立白、立白御品、立白大师香氛、好爸爸、洁多芬、蜜丝、立白小白白、香维娅、蓝天六必治、泉爽、所研肌事等织物洗护、餐具清洁、口腔护理、个人护理等领域的优质产品品牌，是中国日化行业的民族领军企业。企业先后获得全国先进基层党组织、全国"五一"劳动奖状、全国文明单位、中华慈善奖等荣誉。

实施背景

立白的"一家亲"文化植根在中华文明生生不息的历史长河中，和民族精神的内核一脉相承，也顺应了时代发展的要求，反映了社会民生的意愿，体现了企业员工的精神境界和价值追求。"一家亲"文化是立白企业文化的核心，是立白文化的传统、特色与核心竞争力，融合了中国传统文化、粤商文化、潮汕文化的多种特点，积累了良好的传统和文化，是企业长远发展的传家宝，是员工做人做事的行为准则，是员工共同的语言、共同的思想、共同的行动，激励着员工成就自己的同时，共同致力于实现"健康幸福每一家"的伟大使命。

主要做法

立信于行：坚持党建引领不动摇，以信凝聚立白力量

从成立之日起，立白便把诚信放在企业信条的第一位。在30年的发展历程中，立白一如既往地讲诚信、重信誉，对消费者讲诚信，对客户讲诚信，对员工讲诚信，对社会讲诚信，对政府讲诚信，对企业讲诚信。立白重视党建工作，坚持党的引导，始终铭记党的精神，以党的责任感和使命感要求自身，党建发展与文化创新一脉相承。

立白的党建，与时代共生长，以高质量党建工作引领和赋能企业高质量发展，其中以创新为灵魂，创造了多个亮点：搭建全国首个党建活动网络直播平台，受到广东省委组织部、宣传部表彰并获广东省2016年度基层理论宣讲创新奖；建设全国首个省会城市非公党建工作展览馆，立白无偿提供场地和服务人员，这一展馆既是全国首创，也是迄今全国规模最大、资料最多的非公党建工作主题展馆；与红旗杂志社合作出版全国首部非公企业党建创新理论专著——《中国非公企业党建创新研究》……

立责于行：引领绿色低碳发展，承担民族企业责任

立白创立之初，就秉承绿色可持续发展理念，"绿色""健康""可持续"深深根植于企业文化的脉络中。立白为积极响应国家"双碳"目标，将绿色创新的文化思想在企业内部充分酝酿，积极发挥行业示范标杆作用，引领企业绿色低碳发展。立白始终坚持"健康幸福每一家"的文化使命，2016年于行业内率先发布绿色健康战略，在绿色低碳的文化理念影响下，2019年率先获得行业首张产品"碳足迹"证书。2022年，成立集团"双碳"目标委员会，充分调动集团各业务部门制订计划并快速推进。在内部，广泛开展"地球一小时""'双碳'文化传播周"等系列绿色文化活动，号召全体员工养成绿色低碳的办公理念并将绿色文化实践深入人心；在外部，积极开展与消费者的绿色概念沟通，在产品开发、营销等全链路环节中注入绿色可持续发展理念。绿色创新成为立白与时俱进的文化要义，深化企业绿色改革目标，赋能业务平台可持续发展，"双碳"行动成为行业内首家内部"双碳"治理典范，为民族日化企业贯彻国家"双碳"目标提供了可借鉴的成功模式。

立质于行：坚定推动高质量发展，筑牢民族日化品牌基础

在高质量发展的时代征程下，质量创新成为立白坚持打造的文化要求。质量管理作为企业经营管理的第一要务，是品牌的立质之本，是企业的立足之根。立白积极开展产品质量安全标准体系的建设，多层次、多维度推进全员质量管理，组织开展富有创新、富有活力的质量文化特色活动；全面开展线上线下质量宣传，提升全员质量意识，营造重视质量氛围。凭借出色的高质量文化精神指导，立白在2022年荣获"全国质量诚信标杆企业"称号，连续8年荣获全国质量管理小组活动优秀企业，质量创新能力处于日化行业领先水平。

立真于行：打造丰富文化多元载体，激活家的生命力

立白通过创新活力文化活动、文化宣传、文化项目、文化体验，不断激活企业内部成员对家的感知，以及对企业使命的担当。推进创新活力文化落地和企业氛围营造，开展各类内容丰富、寓教于乐、形式多样的文化活动，包括手游竞赛、篮球赛等活动，打造多种文化场景，激发员工协作活力，对内凝聚积极性和归属感，助力经营战略的实现。延伸打造立白员工从工作到生活仪式感专属幸福，助力员工敬业度提升并树立企业雇主品牌形象。

立先于行：以数字驱动引领转型发展，赋能业务新突破

立白作为国内民族日化品牌领军企业，早在2015年就构建集团层面的数字化沟通矩阵，在集团内外部大力创新发展数字化文化理念，强化内部员工通过数字化工具建立品牌与消费者的沟通，利用数字文化、数据思维建设业务高速发展路径。通过近年来的数字化成果打造，企业内部逐步构建起数字化文化意识，深度开展"1024数智节"、数字可视化分析大赛等文化活动。在长期数字文化的大力浸润下，集团上下一心，规范培育"用数据引导思维方式、用数据指导科学决策、用数据赋能经营治理"的数字文化并深度应用于全领域的工作场景中，取得了一系列亮眼的工作成果。立白成功打造统一且唯一的数字化工作平台，实现组织在线、沟通在线、协同在线、业务在线、生态在线的"五个在线"模式，高效赋能企业发展。

实施效果

激活企业内部向心力，赋能集团经营管理突破增长。在"一家亲"企业文化的引领下，全体员工开拓创新，成就了中国日化行业的民族品牌领军地位，跻身中国民营企业500强企业、中国制造业企业500强企业。立白过去3年均保持较快增长速度，连年荣登"中国私营企业纳税百强"排行榜，在振兴产业高质量发展道路上迈出了坚实的步伐。

凝聚企业发展创新力，提升集团社会知名度和美誉度。近年来，立白紧抓消费者细分领域不断变化的需求，坚持科技创新，先后推出了高端香氛洗衣液品牌立白大师香氛、高端有孩家庭洗护品牌好爸爸、专注女士内衣洗护品牌蜜丝、针对白衣洗护品牌立白小白白等，打造了丰富的品牌集群。集团品牌致力于守护每个家庭的健康幸福，社会美誉度和影响力连年攀升。

践行企业社会责任力，彰显民族日化品牌的大企风范。在"健康幸福每一家"的企业使命号召下，立白积极承担社会责任，不断践行企业使命担当，用实际行动感恩社会、回报社会，切实履行实业报国的美好初心。至今累计捐款超过5亿元，帮助群众员工超过10万人次。

主要创造人：陈凯旋　陈泽滨

以自主创新为企业特色文化，助推民族制造业转型升级

科华数据股份有限公司

企业简介

科华数据股份有限公司（以下简称科华）创立于1988年，1999年总部迁至厦门，2010年在深圳上市。公司主营业务为数据中心（基础设施、云服务）、高端电源（模块化UPS、核级UPS、云动力预制式电力模组）、新能源（光伏逆变器、储能变流器、微网解决方案）三大领域智慧电能综合解决方案，服务全球100多个国家和地区客户。成立以来，先后获国家及省部级科学进步奖40余次，承担40余项国家级火炬计划、国家863课题、国家重大专项课题，参与200多项国家、行业和团体标准的制订，获得国家专利、软件著作权等知识产权1900余项。

实施背景

在管理思想上，坚守主业和持续创新是科华从未改变的两个特性，是科华发展的立命之根、核心驱动力。35年来，科华立足电力电子核心技术，融合创新数字科技，沿着发电侧–电力保护侧–储能侧–用电侧进行产业链上下游布局，提供数据中心、高端电源、清洁能源综合解决方案，依靠自主创新驱动民族制造业升级发展。

主要做法

创新文化引领企业高质量发展的三大落地实践

战略创新为科华发展精准导航。从单一UPS的设备提供商到基于技术同源打造了智慧电能+新能源+云基础的一体两翼业务布局，科华经历了一次较为成功的转型升级，业务板块与国家发展战略深度契合。随着"十四五"规划的开局和"双碳"目标的提出，科华再一次走上二次创业、转型升级的道路。科华陆续剥离部分业务，例如科华技术和深圳科华，将新能源业务成立数能集团，打造以科华数据、科华数能为主体的双子星战略。

管理创新推动公司不断向前发展。在面临发展转型的各个关键时期，公司果断做出变革的决策，如1996年公司制度化建设、1998年的公司改制、2007到2010年的上市准备、2009年成立事业部制矩阵架构管理模式、2011年至今的营销转型、2014成立云集团进入数据中心云服务拓展IDC、2015年的"四驾马车"发展战略、2017年"一体两翼"发展战略……这些变革推动了公司不断向前发展。

供应链创新构筑科华的护城河。1993年在漳州前锋工业园建设了1万平方米标准厂房，实现规模化生产；1995年，国内业界首家获得了ISO9001国际标准质量管理体系……供应链创新是科华的重要竞争力，是30多年来科华在激烈的市场竞争中具有竞争优势的法宝。

用价值观引领员工奋斗，实现多方共赢。企业文化最终要通过员工的行为体现出来。在科华，每个员工都是创新的主角，科华用价值观引领员工奋斗，一起推动企业持续稳定健康发展，最终实现科华与客户、股东、员工、社会、合作伙伴共赢。科华不断完善创新激励机制，让创新者得到相应的回报，激励他们持续不断地创新，同时做好知识产权保护。目前，创新文化在科华内部蔚然成风，员工以创新为荣，积极参与创新，创新文化大大激发员工创新活力，引领科华实现高质量发展，实现持续稳定快速增长。

开展了"6个一"文化行为落地工程

一套文化认知理论工具，统一企业文化认知。提炼发布《科华文化手册》《科华干部行为准则》《科华员工行为规范》《科华员工廉洁行为准则》《员工手册》等文化读本及规章制度，作为全体员工共同遵守的行为规范，为文化落地提供理论依据。

一支文化落地队伍，确保全员参与文化落地。主要领导担任文化建设总负责人，总体部署推进。高管率先垂范，及时总结检查。各子公司、各部门负责人作为文化一把手，齐抓共管，共同扛起企业文化建设责任。各子公司的"文化官"、人力专员及各员工兴趣协会会长是文化落地的核心业务骨干。子公司的"一把手"、"文化官"、人力专员组成科华文化落地的"文化铁三角"。

一个个文化赋能班，加强员工的"文化入模"教育。一个个文化赋能班的开办等举措进一步提高了员工理念认同和文化融合。开展科华全体员工的价值观考试，让价值观深入员工的内心。

一群群标杆人物，起到榜样的作用。科华共有8名全国各级劳动模范，其中全国劳模2名；有2个劳模工作室、1个职工技术创新工作室。除了劳模外，人数众多、分布广泛的公司核心骨干队伍、科华导师队伍，通过"传帮带"，为科华培养大量的优秀人才，让科华的创新事业薪火相传。

一场场独具特色的文化仪式、文化活动，让科华文化理念深入员工的内心。科华组织形式多样、丰富多彩的文化活动，包括厂庆、年会、文体活动、讲座、升旗等，持续推进科华文化的落地和传承，激励员工更加奋力拼搏、开拓创新。

一套完善的文化正负向行为奖惩机制，激发员工创新热情。奖惩是企业文化建设落地深植的有效措施。科华将把创新文化建设纳入年度考评之中，与薪酬待遇、提拔重用挂钩，形成竞争择优、奖勤罚懒机制。

把文化融入管理和业务，进行多渠道传播

在公司的管理和业务中，融入科华的文化理念和管理思想，让企业文化在科华落地、生根、成长。科华一直高度重视对外文化传播和推广，通过多种沟通渠道，向客户、供应商、渠道商、股东、社会、学校等传播科华的企业文化。

精心建设创新文化传播载体

创建多种形式的文化传播载体，构成了科华文化落地的强大传播网络。"科华数据官网""科华数据""科华数能""科华数据党委""科华人"等微信公众号及时发布企业的创新活动、重要信息等。利用科华文化故事读本《使命》和每年发行的科华年度画册促进企业文化的传承与创新。

实施效果

经营业绩
2022年，科华营业收入超过56亿元，同比增长16.09%。在创新文化的驱动下，近10年来，科华业绩增长了9倍。2023年第一季度同比增长50%，各项指标均实现大幅度增长。

管理提升
科华每年都会制订清晰的战略目标并进行层层解码，确保每年有计划、有步骤地开展工作。多年来，科华在由产品转向方案的营销变革、聚焦大项目和大客户、大项目运作、项目风险管控、精细化管理、战略布局、业财一体化融合、科华精益生产体系、工业化和信息化融合、供应链降本增效、产品生命周期管理、组织建设能力提升、流程变革、信息化建设等方面创新管理，提高了企业的管理水平和经营效率。

竞争能力
科华通过高管讲课、导师带徒弟、内部培训、与科研院所和高校合作、引进外部"大脑"、同行交流等方式，打造学习型组织，提高组织的竞争力；依靠自主创新，引领了智慧电能行业的技术转型升级，为民族产业的发展做出了巨大贡献。由于打破国外众多技术垄断，实现国产替代，既保证了技术的安全，又促使国外品牌大幅降价。

员工素质
公司把"与员工共同成长、共同受益"作为长期目标，精心为员工创造良好的学习和成长环境，提高员工整体素质与能力，为员工发展强劲赋能，让员工在科华的平台上尽情施展才能，与科华共创共赢，实现自己的人生价值。

品牌影响力
公司坚持产品创新，注重产品质量，多年来获得了行业与市场的一致认可。公司获2022年国家绿色数据中心、2022中国第三方数据中心运营商影响力Top10、全球新能源企业500强、2022年度影响力光伏逆变器品牌、2022年度影响力分布式光伏品牌、2022年中国储能PCS企业创新力Top2、2022中国储能企业创新力Top4、2022年中国储能系统集成企业创新力Top6、最具影响力光储解决方案企业、太阳能发电行业领跑者、2022福建省制造业民营企业50强、2022福建省创新型民营企业100强、2022福建制造业企业100强等若干行业排名与荣誉。

社会效益
1996年，科华设立"科华老区育才奖学金"。实施28年来，科华公司共捐资近1000万元，奖励老区学子5000多人次，无数受到资助的寒门学子因此得到继续受教育的机会，数十人考上硕士、博士。"科华老区育才奖学金"助力发展革命老区教育事业，已经成为福建省捐资助学典范，受到福建省政府两次表彰，授予"襄教树人"牌匾和奖章。

2021年河南水灾爆发后，第一时间通过红十字会捐赠现金100万元，支持河南灾后重建。先后获得"福建省千企帮千村精准扶贫行动先进民营企业"、中国红十字奉献奖章、福建省红十字人道金质奖章等荣誉。

主要创造人：陈成辉　林绍扬

守正创新，以文兴企，
以文化建设推动企业高质量发展

北京金隅天坛家具股份有限公司

企业简介

  北京金隅天坛家具股份有限公司（以下简称天坛家具）创建于1956年，是金隅集团旗下的核心公司之一，也是家居行业唯一一家规模以上国有企业。天坛家具以北京为营销中心，拥有河北大厂、唐山曹妃甸、北京西三旗等制造基地和上海、天津、沈阳、西安等多家分公司，为广大客户提供强大的服务保障。天坛家具旗下包括以现代家具为主的"天坛"品牌、以家装服务为主的"天坛整装"、以人造板为主的"天坛木业"、百年京作非遗老字号"龙顺成"、专业影剧院座椅生产者"天坛玛金莎"、欧洲精品门窗制造商"爱乐屋"。现有产品体系涵盖政务、商务办公家具，适老、医养、教育类家具，实木、板式、定制、软体、金属等民用家具，木、铝门窗产品，红木家具及文创产品，一站式智慧家装服务，是行业内产品种类丰富、服务体系完善、业务类型多元化、产业链条完备的专业家居企业。

企业文化建设的背景

企业文化是所有员工共同遵循的价值观，是企业的灵魂和精神支柱，对企业发展起到多方面积极作用。多年来，天坛家具一直坚持守正创新，以文兴企，于2019年正式开启企业文化建设。经过几年的发展，企业文化对于企业转型、管理升级、企业党建、品牌建设、社会责任、文化融合、绿色发展等方面起到的积极作用已逐步显现。

企业文化建设的案例

梳理天坛发展历史，形成企业核心文化

2019年，由董事长张金中带头成立企业文化建设工作小组，有序推进厂史挖掘和文化梳理工作。通过翻阅档案、访谈退休老干部等形式梳理公司发展脉络，之后层层开展企业文化大讨论，深入探究不同历史阶段的发展情况，重新定义天坛家具的使命、愿景、核心价值观，人才、廉洁、安全等理念，形成独具特色的核心文化体系。后成立企业文化宣贯小组，组织宣讲队伍到各系统进行文化宣讲，进一步统一全员思想和价值。此外，天坛家具还全面梳理各子公司的企业历

史，深度挖掘各品牌的文化特点，最终形成整体协调统一的母子文化体系。

品牌战略升级，完美服务冬奥

2021年4月，天坛家具在金隅喜来登大酒店举办品牌战略升级发布会，在北京冬奥组委、金隅集团、新材集团及行业协会、新闻媒体的共同见证下，天坛家具成为"北京2022年冬奥会和冬残奥会官方生活家具供应商"。冬奥标准是最严苛的标准，在服务冬奥过程中，天坛家具以高标准、高品质、高效率完成冬奥服务保障工作，向世界展示中国速度与国企担当。

举行65周年厂庆暨博物馆开馆仪式活动

2021年，天坛家具举行65周年庆暨博物馆开馆剪彩仪式，现场邀约25家媒体一同见证这一光辉时刻，天坛家具博物馆同天正式对外开放。博物馆采用了情景化氛围还原、历史实物陈列、影音交互的方式，以"物"为载体，以时间为线索，共设序、诞生、荣耀、蝶变、展望5个部分、10个单元、33个展项，全面细致地展现天坛家具从1956年创立以来的重要历史物件和重大历史事件。

不忘初心使命，编辑《厂史精编》

天坛家具花费近半年时间整理了从1956年北郊木材厂成立到2021年所有的历史事件和经典事迹，编辑了一本七章38节的《厂史精编》，全面精准地概括了天坛家具的发展历史，生动鲜活地再现了65年的企业历史，时刻激励着员工不忘初心、牢记使命。

传承京作非遗技艺，擦亮金隅"龙顺成"金字招牌

天坛家具加快传统企业的文化转型升级，建设完成金隅"龙顺成"文化创意产业园，形成了以金隅天坛"龙顺成"京作非遗博物馆为核心，集京作、京韵文化展示与体验，红木家具及文创销售，"大师工坊"、"鲁班学堂"、文物鉴定和修复于一体的文创集群，积极推进非遗文化进校园、进社区。

企业文化建设的效果

坚持战略引领，改革走深入实

近年来，天坛家具深刻践行以创新驱动改革深入，以改革激发创新活力，发展势头加速积聚；总结提炼、丰富完善改革调整成果经验，形成"三个全面"发展战略，明主体、分阶段、按重点实施，在企业运行机制模式调整、组织活力激发、全面预算管理重心转换、责任主体前移、全面数字化转型组织赋能、资源链接、人才培引等方面取得里程碑式进展。

搭建人才成长平台，建设企业人本文化

重视人在企业发展中的重要作用，打造独具特色的企业人本文化，对增强向心力和凝聚力具有十分重要的意义。为解决企业人才结构断层的重点问题，天坛家具紧紧围绕"吸人才、重培养、搭平台、圆梦想"的人才理念，大力弘扬金隅干事文化，加大对年轻高素质人才的选拔任用，积极提供干事创业平台和发展机会。通过营造良好的学习氛围，搭建人才成长的平台，使他们把个人目标同企业发展目标紧密结合在一起，自觉参与到企业的各项工作中。

加强学习型组织建设，增强企业创新活力

天坛家具坚持推进学习型组织打造，当前初步建立学习组织、基本形成运行机制，后续持

续体系化推进、分级化管理，不断完善学习数据库、丰富学习形式、拓展学习空间、加强学习督导、注重成效激励。建立三级培训体系，培训教育对象全面覆盖企业中高层、后备管理干部和生产技术及营销全板块；培训形式丰富，涵盖沙盘模拟演练、实操技能教学、现场授课等创新方式；创建"天坛之家"线上学习平台，配置体系化学习内容、个性化学习地图，全面打通知识入口，不断加强思想淬炼和专业训练。

重视文化建设，加强党建引领

天坛家具党委在重视文化建设的同时不断加强党建引领，在集团党委的坚强领导下，坚持以习近平新时代中国特色社会主义思想为引领，深入学习贯彻党的二十大精神，深化党史学习教育，发挥首都国企特有的政治、思想、组织优势，坚持以人为本，大力开展企业党建活动，以"创新求变"总基调推进各项精神文明建设工作深入开展并取得明显成效。天坛家具获得"全国'五一'劳动奖状""全国工人先锋号""首都劳动奖状""专精特新企业""全国建材行业品牌建设示范企业""北京市'五四'红旗团委"等多项荣誉，展现首都国企风采。

加强技术创新，实现绿色高质量发展

天坛家具成立天坛家居技术研究院，负责公司整体技术创新、绿色发展、产学融合等工作。先后建设板式定制"工业4.0"数字生产线和实木家具数字化生产线，实现板式定制全流程信息化管理，实现了实木家具生产过程的智能化数字加工、零部件自动化生产、物料智能转运，实现了技术的升级创新。

天坛与清华大学、北京林业大学、南京林业大学、东北林业大学、林科院等展开合作，2023年成为"林木生物质低碳高效利用国家工程研究中心共建单位""木质材料循环利用工程技术研究中心共建单位"，在共建过程中，天坛家具积极探索实践木质材料的循环高效利用，助推天坛家具绿色转型升级和高质量发展。

天坛家具勇于承担社会责任，积极响应政府号召，建设低碳、环保型企业，参与行业环保标准的制订，多次获得"绿色工厂""工业产品绿色设计示范企业"等荣誉称号，坚持走绿色可持续发展路线。

强化文化建设，助推企业发展

"客户为本、诚信经营、拼搏奋斗、创新发展"是天坛家具的核心价值观。长期以来，天坛家具坚持"客户为本"的核心价值观，以满足消费者需求为目标，持续探索，创新服务模式，开辟整装新业态，为消费者提供放心、省心、安心的一站式整装服务；优化购物场景，在家居生活馆中引入咖啡吧，将家居购物与休闲放松相融合，升级购物体验；坚守初心，通过技术升级、产品优化、场景改造为消费者带来价格优惠、品类丰富、质量有保障的家居产品，获得广大消费者的一致好评。

通过持续不断地进行文化宣传工作和文化传承活动，天坛家具的企业文化逐渐得到所有员工的认可与坚持，文化发展蔚然成风，先进榜样人物不断涌现，全体员工勇于探索、不断实践、持续改进、坚持创新，把挑战和压力变为机遇和动力，不断提升天坛家具的核心竞争力，实现技术引领。

主要创造人：张金中　李　鹤

参与创造人：王志君　石　蕊　贺　彪　马世洪

"追求卓越绩效，尽心奉献社会"，赓续弘扬特区精神，勇当改革开放尖兵

厦门翔业集团有限公司

公司介绍

　　1983年10月，厦门机场正式通航，厦门翔业集团有限公司（以下简称翔业集团）从这里起步，秉持敢闯敢试、敢为人先的特区精神，追求卓越绩效，尽心奉献社会，从一个小航站发展成跨地域、多元化发展的大型国有企业集团，是中国服务业500强企业，连续多年入围"中国500最具价值品牌榜"，蝉联"全国文明单位"荣誉称号。翔业集团定位现代化、国际化、综合性国有资本投资公司，布局机场业、物流与供应链、旅游酒店、临港经济片区开发运营管理等四大板块，拥有40多家成员企业，其中元翔厦门空港为国内第一家上市的机场公司。

塑造"追求卓越绩效，尽心奉献社会"的文化核心

　　翔业集团以"追求卓越绩效，尽心奉献社会"为企业宗旨，以"市场机会转化为企业效益，合理运作保持稳健发展"为经营方针，以健全的制度引导人，以充足的空间发展人，长期保持"危急时刻存在"的危机意识，这些都成为集团永续经营的力量源泉。

　　翔业集团始终秉持"精诚、敬业、进取、奉献"的企业精神，将创新作为企业发展的不竭动力，为客户提供超越期望的欣喜体验，全力以赴，做到最好。集团及成员企业以集团企业文化理念为本，围绕各自产业特色和经营发展特点，打造特色子文化体系，开展如翔业艺术节、职工运动会、新春欢乐夜等丰富多样的企业文化活动，将企业文化深深根植在员工心中和行动中。

　　在新时期、新定位、新战略的背景下，翔业集团着眼未来的谋篇布局，从党建引领、青干培养、员工关爱、平安创建、品质提升、产业培育等6个维度聚力实施"六大工程"，不断提升组织效能，提高管理效率，提增经营效益，进一步筑牢夯实高质量可持续发展的根基，勇立潮头、勇毅前行。

"改革开放，转型提升"，文化全方位激发发展内生动力

　　翔业集团从厦门机场起步，开启了发展的征程。在不断体制创新、稳健经营的过程中，翔业集团先后经历了"以主带辅、以辅养主""主业做大、辅业做强""主业做精、辅业做大""核心

竞争力探索期""核心竞争力构建期"5个战略发展阶段。随着集团国有资本投资公司改组方案获批，进入全面实施阶段，翔业集团迈入发展新征程。集团围绕"产业运营"与"投资发展"双轮驱动，加快产业、资本布局优化和结构调整，提升企业核心竞争力，实现集团高质量发展。

改革创新是集团勇毅前行的不竭动力。集团一直以来都在努力建立一套更能适应市场环境的企业运行机制，敢闯、敢冒、敢试、敢为天下先，在实践、探索和发展中，锻造企业在市场下生存的能力。提高集团适应能力有3个要素：灵动的思维、嬗变的组织和自我提升的技能。集团坚持以新思维创新举措，打通体制机制阻梗，发挥制度的价值驱动和战略牵引作用，激发企业内生动力，努力成为新时代构建新发展格局、建设现代化经济体系、推动高质量发展的生力军。

翔业集团在党建工作与中心工作相结合上不断探索、实践、总结、优化，找出一条符合企业产业特点和行业特性、真正务实高效的党建工作方法。创新构建"248"党建工作机制，搭建"服务型党组织、服务型党员"的"两服务"党建工作模式，明确4条主线和8个体系，在完善公司治理中不断加强党的领导，努力推动制度优势转化为治理效能，打造新时代服务型基层党组织，切实推进党建引领经营发展取得成效，促进集团改革开放、转型提升。

翔业集团1992年创办企业内刊，刊名历经《厦门高崎国际机场报》《厦门航空港报》《空港联合报》《翔业周报》的变迁，目前已经发布1237期。企业内刊以"镜显企业，薪传文化"为办报原则，像镜子一样真实展现企业发展动态，搭建企业和员工的沟通桥梁，成为员工了解企业战略及动态信息的窗口和渠道；像火把一样薪薪相传企业文化，围绕企业核心价值理念，营造坦诚、包容、激情、开放的文化氛围，持续传承优秀文化基因。2013年，集团在企业内刊的基础上开通微信公众号、企业微博等新媒体传播平台，进一步提升传播时效、扩大传播范围、丰富传播形式。集团汇集多年来涌现的先进事迹，先后出版《出彩！"翔业人"——身边榜样微故事集》《身边的榜样故事》，为全体员工树立学习榜样，引导他们见贤思齐、向善向上。

"追求卓越绩效"，推动企业高质量可持续发展

在市场竞争的搏击中，在体制机制改革创新的摸索中，翔业集团的企业文化也不断孕育夯实。淡化关系导向，强化业务导向；淡化产品导向，强化客户导向；淡化行政思维，强化企业创新思维。"追求卓越绩效，尽心奉献社会"的企业宗旨，"精诚、敬业、进取、奉献"的企业精神，以及对诚信、创新的不懈追求，对变革的强大承受力，这些都是翔业集团员工奋力推动企业高质量发展的精神动力。

经过多年的拼搏发展，翔业集团资产呈百倍增长，非航业务占比超过90%。集团连续多年蝉联"全国文明单位"、中国服务业500强。2023年，"翔业"品牌价值达到465.56亿元，位于"中国500最具价值品牌榜"196位。集团为厦门经济特区发展做出巨大贡献，2006年获得"厦门经济特区建设25周年突出贡献企业"荣誉。集团旗下拥有厦门、福州、武夷山、龙岩四地机场，在福建区域形成机场业务四足鼎立的局面。佰翔酒店集团跻身中国饭店集团60强、中国最佳酒店管理集团10强，拥有佰翔酒店、佰翔度假、佰翔琨烁、佰翔花园、佰翔家5个品牌系列，在福建、上海、江苏及西藏等地投资建设和签约管理酒店项目，客房总数超过7000间。物流与供应链业务范围涵盖供应链服务、冷链物流、电商物流、跨境电商等。临港经济片区开发运

营管理以"港产城一体化"为模式,开发运营管理工业园区、物流园区、商务园区及城市生活和商业配套设施。厦门翔安机场和福州机场二期扩建两个工程项目总投资超过600亿元,近期规划年旅客吞吐量分别为4500万人次和3600万人次。

"尽心奉献社会",坚定服务国家及区域发展战略

以高品质服务打造城市形象名片

翔业集团秉持"追求卓越绩效,尽心奉献社会"的企业宗旨,致力于"以更优的产品服务社会,以更多的财富回馈社会,以更好的形象展示社会"的目标,为维护经济发展和社会稳定大局、全面建成小康社会做出应有的贡献。集团旗下机场、码头、酒店、快线等窗口单位,构建海陆空立体交通网络,打通区域发展脉络,品质服务提供舒适商旅食宿体验,全链条助力优化营商环境,打造区域交通枢纽,推动文旅产业发展,为属地打造烫金的城市形象名片。

勇担国企使命,高质量完成重要会议保障工作

2017年,第九次金砖国家领导人会晤在厦门举行,翔业集团以"零差错""零失误"圆满完成此次保障工作,得到了各级政府和行业主管部门的高度评价。

践行企业社会责任,搭建爱心公益平台

翔业集团始终坚持铁肩担道义原则,长期以来热心公益事业,在帮扶共建、捐资助学、爱老助老、赈灾救济等多方面、广渠道不断践行企业社会责任。1995年至今,翔业集团已投入慈善公益事业7000多万元。

2013年,翔业集团出资成立福建第一家由国有企业自行运营的非公募慈善基金——厦门市翔业爱心基金会,打造社会捐助青少年教育事业的公益平台与爱心通道。目前,翔业爱心基金会已捐赠爱心图书室398间、图书55万多册,开展爱心入校活动200余场,超过10万名乡村师生受益。

翔业集团深入贯彻落实党中央、国务院关于乡村振兴战略的决策部署,根据省、市各级政府及主管部门的工作安排,务实开展集团各项挂钩帮扶工作。持续优化集团对外捐赠管理机制和体系,完善对外捐赠、对口帮扶管理平台。

结合党群、志愿者服务工作,深化企业社会责任文化建设

翔业集团在内外部打造"爱心文化",成立"翔业手牵手"志愿服务队伍,以集团广大党员、团员为基础,拥有注册志愿者1000余人,不断提升组织力,开展系列志愿服务活动,成为集团各项公益活动的行动主力军,树立了集团富有责任感的企业形象。

主要创造人:王倜傥

参与创造人:陈 斌 王良睦 苏玉荣

以"雁宝文化"品牌赋能企业高质量发展

内蒙古大雁矿业集团有限责任公司（国能宝日希勒能源有限公司）

企业简介

内蒙古大雁矿业集团有限责任公司（国能宝日希勒能源有限公司）是两家企业整合而成的，以下简称雁宝能源。雁宝能源是国家能源集团下属的一家全资子公司，企业总资产174.61亿元，是国家能源集团在蒙东地区规模最大、产量最高、效益最好的现代化大型能源企业，于2020年10月由同处于呼伦贝尔的内蒙古大雁矿业集团有限责任公司（以下简称大雁公司）和国能宝日希勒能源有限公司（以下简称宝日希勒能源）两家煤炭企业区域整合而成。设14个机关部门、3个直属中心和15个基层单位，职工总数6215人。企业运作实施"一套人马，两块牌子"的管理模式，日常生产经营作为两个法人单位运行，财务独立核算。大雁公司和宝日希勒能源自开发建设以来累计生产煤炭近6亿吨，完成利税251亿元，为区域经济建设发展做出了突出贡献。曾荣获"全国煤炭工业优秀企业""全国企业文化建设先进单位""全国精神文明建设工作先进单位""全国第四届绿色矿山突出贡献单位"等多项殊荣，宝日希勒露天矿、雁南煤矿入选国家级绿色矿山名录。

实施背景

构建"雁宝文化"品牌是企业整合融合的需要。2020年10月，经国家能源集团党组批准，大雁公司和宝日希勒能源实施管理整合。整合后为加快形成管理耦合、思想融合、文化整合、人心聚合的企业发展模式，雁宝能源党委积极推进企业文化建设和文化融合工作，着力打造"雁宝文化"品牌，发挥以文弘业、以文培元、以文立心、以文铸魂的文化引擎作用。

构建"雁宝文化"品牌是企业文化建设的需要。雁宝能源作为国家能源集团的全资子公司之一，结合集团企业文化核心价值理念，构建了雁宝能源专项子文化体系，完善"雁宝文化"理念及内涵。结合国家能源集团RISE品牌理念体系，实施RISE品牌行动，制订"113"品牌战略，即：建立"绿色矿山、智慧雁宝"公司品牌；做好"国能宝日希勒能源有限公司露天煤矿"这个集团要素项目品牌；打造"绿色、智慧、公益"三大要素品牌，推进理念立品、管理树品、融合铸品、传播响品、保障促品，以更高站位、更大力度、更实举措推动文化品牌建设工作。

主要做法

聚焦思想赋能，全面实施"领航"工程。深入学习贯彻习近平新时代中国特色社会主义思想,大力宣贯党的二十大精神。一是列入党委"第一议题",从"学、研、讲、融、宣"5个方面,以"四支队伍七课联讲"为总抓手,举办集中读书班和专题研讨班;二是强化党的理论武装,扎实开展"党课开讲啦"活动,处级领导及党支部书记深入基层讲授党课;三是传承红色基因,常态长效开展党史学习教育,开办"红色课堂",举办"红色精神谱系"和党的二十大精神巡回宣讲,推动党内学习教育集中性向经常性延伸;四是突出激发爱国热情和深化实践活动相结合,深入实施"社会主义是干出来的"的岗位建功行动,激励全体职工团结拼搏、奋勇争先,为企业高质量发展助力增辉。

聚焦组织赋能,全面实施"夯基"工程。健全"党建+文化创建"机制,充分发挥党组织在文化建设中的领导作用和党员的先锋模范作用。加强"三基"建设,推行"五规范五提升"专项行动,开展标准化示范党支部经验交流会,以点带面、互学共进;推行"一支部一品牌"建设,持之以恒打造党建品牌风景线;开展奋进"十四五"党员示范岗、党员先锋队创建工作和"喜迎党的二十大,建功新时代"等主题党日活动,形成以党建带创建、以创建促党建的良好局面。

聚焦文化赋能,全面实施"铸魂"工程。为推进文化融合工作,雁宝能源党委于2020年和2021年先后创建了"砥砺奋进五十年"和"神宝征程四十年"企业云展馆,全方位呈现大雁公司开发建设50年和宝日希勒能源开发建设40年的发展历程,真实还原企业发展历史、客观反映公司前行步伐、系统总结企业工作成就、全面展示特有文化精神,内含文字记录10余万字、历史照片近万张和视频、电子相册、电子书等资料600余个,对外提升了雁宝能源的知名度和美誉度,对内也是职工了解企业发展史及提升职工使命感、责任感的重要平台。公司认真推进企业文化理念宣贯,规范使用品牌视觉识别系统,构建雁宝能源专项子文化,适时开展文化宣贯、主题宣讲、文艺会演、道德讲堂、运动竞技、棋牌竞赛等文化体育活动,营造良好的文化氛围。

聚焦生态赋能,全面实施"绿色"工程。截至2023年初,累计投入生态建设资金5.91亿元,完成绿化面积21.5平方千米,排土场复垦绿化率98%,复垦绿化面积达到可复垦绿化面积的100%。进一步落实国家"双碳"目标,扎尼河露天矿和宝日希勒露天矿厂区6MWp分布式光伏项目陆续并网发电,为两个露天矿注入绿色能源,吹响了新能源产业加速快跑的"冲锋号"。

聚焦科技赋能,全面实施"智慧"工程。雁宝能源贯彻落实新发展理念,2022年投资3.28亿元,全力推进智能化、信息化、数字化矿山建设,打造"智慧雁宝"。科学合理调整生产布局,应用空间一体化、矿山监测、地面生产集中控制等智能系统,全方位、无死角对两个露天煤矿安全生产进行精准化管控,重点发挥宝日希勒露天矿极寒5G无人驾驶矿卡、极寒带式巡检机器人等智能矿山项目优势,在无人驾驶调度系统管理下与电铲、推土机、平路机等设备协同编组作业,形成了一套完整的露天矿无人运输作业系统,研究成果填补了极寒地区矿山设备无人化技术领域的多项空白。雁南煤矿2022年12月安装完成首个"自主移架+记忆割煤+跟机干预+集控"的1013304智能化工作面,从"破装运支处"等各生产环节均实现自动化。扎尼河露天矿疏干集中控制、变电所无人值守等系统完成搭建,智能化水平进一步提升。

聚焦责任赋能,全面实施"公益"工程。积极履行央企社会责任,按照内蒙古自治区和呼伦贝尔市决战决胜脱贫攻坚工作会议部署,及时成立扶贫工作领导小组,通过制订帮扶方案、开展实地调研、派遣驻村干部等多项措施,为"精准扶贫"工作提供坚实保障。2022年投入资金1568万元,通过投资兴业、定点扶贫、消费帮扶、基础设施建设等多种途径积极参与支持地方政府实施乡村振兴战略，其中向陈巴尔虎旗人民政府捐赠扶持资金568万元、向鄂伦春自治旗人民政府捐赠扶持资金700万元等。2023年，加大对陈巴尔虎旗和鄂伦春自治旗人民政府乡村振兴资金扶持力度，计划捐赠扶持资金2000万元。

聚焦管理赋能，全面实施"合规"工程。雁宝能源注重合规文化建设，成立合规管理委员会，完善领导班子、干部职工依法合规决策机制，落实法治合规建设第一责任人职责；以制度立改废为着力点，强化权力制约，修订完善各类制度202项；将具体管控措施和要求嵌入业务制度及全流程，依据公司章程修订《子（分）公司章程管理办法》《合规管理办法》等，形成系统完备、科学规范的管理制度体系；充分发挥法律顾问、公司律师、专职法务人员在公司科学决策、依法决策的法律审核中的作用，涉及"三重一大"等重大决策事项总法律顾问均严格审核把关，实现重要决策法律审核率100%。

聚焦廉洁赋能，全面实施"阳光"工程。全面落实党风廉政建设党委主体责任，召开落实全面从严治党两个责任工作会议和警示教育大会，制订落实主体责任工作措施，深入推进党风廉政建设和反腐败斗争；强化反腐倡廉宣传教育，邀请地方纪检委、检察院专业人士讲授反腐倡廉专业知识；依托"廉政经纬"专栏开展系列廉洁教育活动，引导党员干部学习廉政纪律规定；全方位一体化打造法治文化阵地——"阳光雁宝"，以阳光公开的方式强化重点领域和关键环节的合规运行，促进企业依法合规管理水平提升，推进全面从严治党走深走实。

聚焦典型赋能，全面实施"先锋"工程。坚持用不同层面的先进典型带动影响员工，激发创业热情，举办"双先"表彰会，开展"劳动模范""青年标兵"等评比表彰活动。通过"报台网微"媒体宣传全方位、深层次宣传先进事迹、弘扬劳模精神。组织开展"劳模事迹宣讲会"，遴选优秀党员、大国工匠、劳动模范、巾帼标兵、优秀青年等杰出代表开展"矿山轻骑兵"宣讲团进车间、进班组巡回宣讲活动，组织180名职工及劳模一线职工疗休养活动，营造学习先进、尊重典型、崇尚劳模、争当示范的良好气氛。

聚焦帮扶赋能，全面实施"暖心"工程。雁宝能源党委、工会、团委通过政治上关怀、思想上关心、精神上激励、物质上帮扶，推出"十大硬核""十大暖心"举措。制订"我为群众办实事"清单，落实"15+90"项措施；开发"互联网+"帮扶平台，常态化做好"送温暖""金秋助学""消费扶贫"等工作，国家扶贫日捐款51.4万元；常态化、制度化开展元旦春节慰问、中秋送温暖、大病救助、金秋助学等活动，解决职工的燃眉之急；落实"健康国能"工作，推动健康食堂、职工书屋建设，开展职工心理服务活动，打造"健康雁宝"。

实施效果

文化铸魂聚合力，政治效应明显提升。雁宝能源党委注重把党建工作与文化建设有机结合，坚持以文化承载党建工作职能，以党建推动文化建设，进一步加强企业党建，压实管党治党责任，风清气正的良好环境正在全面形成。坚持将理想信念和企业文化融为一体，切实增强党员思想政治工作的针对性，引领党员干部深刻领悟"两个确立"的决定性意义，增强做到"两个维护"的高度自觉，干部职工进一步鼓足了想干事、肯干事、敢干事的劲头，干事创业、担当作为的良好导向在企业更加鲜明地树立起来，为企业发展提供持久的内生动力。

文化助力促发展，经济效益明显提升。雁宝能源 2022 年主要指标连续刷新纪录，创历史最佳。煤炭产量 3616.44 万吨，同比增加 271.94 万吨；营业收入 105.26 亿元，首次突破百亿元大关，同比增加 29.1 亿元；利润总额 34.36 亿元，再创历史新高，同比增加 12.69 亿元；净利润 32.61 亿元，同比增加 15.03 亿元。宝日希勒能源创历史最好经营业绩，大雁公司首度实现经营性扭亏。2023 年一季度实现首季开门红，雁宝能源煤炭产销量完成 1005.93 万吨，是公司自整合融合以来首次季度突破千万吨，创历史同期最好水平；创下煤炭产销日均 10 万吨以上好成绩，为东北地区及蒙东区域能源安全保障提供了强有力的支撑。

文化筑梦树形象，社会效益明显提升。雁宝能源年煤炭产量达到呼伦贝尔市总产量的 31.8%，煤炭稳定供应东北地区 2503 万吨、呼伦贝尔市 1062 万吨，外送商品煤占比达到黑龙江省消费总额的 13%，中长协履约兑现率达到 101%，有力保障了蒙东区域及东北地区 28 家重点发电企业的燃煤需求，获得国家能源集团、地方政府和市场用户的高度认可。央视两次报道雁宝能源坚守极寒、迎峰度夏保供新闻，塑造了公司良好社会形象。公司还积极响应集团和政府的号召，彰显央企责任担当，结对帮扶的呼伦贝尔市鄂伦春自治旗乌鲁布铁镇等已全部实现脱贫，全面推进乡村振兴取得新进展，构建地企共建聚合力、携手并进促发展的良好局面。

主要创造人：彭　魏　曾庆钧
参与创造人：杨　柳　刘洪灵　王洪波

以"红色铸魂"行动赋能文化润疆工程在基层一线落地

国网新疆电力有限公司喀什供电公司

企业简介

国网新疆电力有限公司喀什供电公司（以下简称喀什公司）成立于1998年，担负着13个县（市）16.2万平方千米的500多万人口的供电任务。公司现有职工4014人，其中少数民族职工2529人——占比63%。公司先后获得新疆维吾尔自治区文明单位、新疆维吾尔自治区开发建设新疆奖状、新疆维吾尔自治区脱贫攻坚先进企业、全国文明单位、全国民族团结进步模范集体等荣誉。

实施背景

"红色铸魂"行动实践是党的优良传统的继承发扬

党的二十大报告中指出，"全面建设社会主义现代化国家，必须坚持中国特色社会主义文化发展道路，增强文化自信"。"红色铸魂"行动的实施不仅传承了党的优良传统和优势，更是实现思想理论学习的需要。

"红色铸魂"行动实践是推进喀什公司发展战略在疆落地的内在要求

在努力建设具有中国特色国际领先的能源互联网企业新征程中，落实国家电网有限公司（以下简称国网公司）"55686"战略总体要求和电力保供"3334"关键之要，必须充分发挥国有企业党的领导这一优势，统一思想、凝聚共识。建设"红色宣讲团"，正是坚持把政治建设放在首位，通过强化理论引导、文化引领、典型引路，推动文化润疆工程与党建核心业务、重点工作相融合，引领各级党组织和广大党员学懂、弄通、悟透习近平新时代中国特色社会主义思想和党的二十大精神，岗位建功、创先争优。

"红色铸魂"行动实践是喀什公司在宣传思想领域的有益尝试

喀什公司党委实施"胡杨宣讲团"等系列"红色铸魂"行动，通过学习型组织理论在构建宣讲体系中的深化应用，推动宣讲工作"从分散到集约、从随意到规范、从零散到系统"，通过"从量变到质变"作用于员工思想领域，使主旋律更响亮、正能量更强劲。

主要做法

喀什公司的"红色铸魂"行动创意源于2019年搭建的"青马宣讲"先进典型传播平台，在此基础上，培育了一批优秀宣讲员，形成了"电力小喇叭"传播效应。2021年，在建党百年之际，将其拓展为"红色宣讲团"，运用专题讲、巡回宣讲等形式，开讲25次，受众3000余人。为促进"红色宣讲团"更加科学化、规范化，运用学习型组织理论创新建立宣讲模型，形成以"三大"红色情怀为核心的思想政治教育体系。

在组织管控规则上，订立"三大制度"

编制实施方案，实行分级管理。编发《"红色铸魂"行动方案》，组建地市、县、班组三级宣讲团，地市公司宣讲团发挥示范和引领作用，县公司宣讲团在上级宣讲团指导下开展活动，班组级宣讲团由县公司结合实际，以支部为单元组建，以"红色宣讲团"名义开展全覆盖的宣讲活动。

制定标准流程，实行规范管理。建立公司宣讲工作领导机制，形成党委统一管理，党建工作部为归口管理部门的领导体制，建立宣讲团成员考核评价机制，及时对宣讲团宣讲效果、宣讲内容进行评价，便于及时调整宣讲内容，对宣讲员实行激励积分管理。

完善管控手段，实行清单管理。引入"清单式"管控工具，制订宣讲工作任务清单，明确宣讲团成员的准入条件、履行职责、宣讲任务。通过月度任务清单对县公司宣讲团建设进行督办考核，同时将不定期对各单位宣讲工作进行抽测，对于测试平均分不足80分的单位，纳入年度绩效考核，确保三级宣讲体系有效落地。

在教育宣讲内容上，确立"三大定位"

围绕形势政策讲理论。依托公司党委理论学习中心组、基层党支部书记讲党课、专题讲座、巡回宣讲等载体，公司中层干部利用下基层调研时机，在基层班组宣讲党的政策、民族团结，坚持以青年员工为本，以开展"石榴籽，疆电情"民族团结进步思政课堂、讲好爱国主义教育"入职第一课""青马"文化交流研学活动等为主题，形成宣讲圈。

围绕价值导向讲文化。围绕传播社会主义核心价值观、宣传阐释公司价值理念体系和发展战略体系的时代内涵，结合公司"红五心"（责任心、同理心、感恩心、敬畏心、忠诚心）等文化落地实施，制作宣讲精品课件，在新员工培训、党员轮训等工作中开展文化导航，凝聚文化共识。用好用足"家门口"的红色资源，以宣讲为主线，实现传播内容与传播对象的无缝对接。

围绕先进模范讲典型。充分发挥先进典型坐标引领作用，选树"时代楷模张黎明、钱海军"等典型群体，开展"身边人讲身边事"典型巡讲，组织公司各级劳模先进，利用晨会在全员中分享典型学习成果，同时把获得国网公司劳动模范的杨旭成作为公司核心宣传典型，持续开展劳模宣讲进基层，引导各族员工模范践行核心价值观。

在常态授课方式上，设立"三大课堂"

设立"固定课堂"，统一宣讲形式。设立"党员课堂"，充实活动载体。设立"流动课堂"，实现全员覆盖。

在宣讲基础支撑上，建立"三大智库"

建立学习资料库，做精内容支撑。建立教案备选库，做优学习模式。建立专家储备库，做强宣讲团队。

在团队学习载体上，开辟"三大平台"

开辟网络媒体平台，搭建学习载体。开辟典型交流平台，促进合作共赢。开辟寓教于乐平台，丰富宣讲形式。

在营造浓厚氛围上，实施"三大技法"

开展领导"领讲"，形成示范效应。开展专家"精讲"，增强宣讲效果。开展员工"竞讲"，激发宣讲活力。

实施效果

有效激扬了主流意识形态引领力

"红色铸魂"行动坚持讲好新疆故事、传播国网公司声音，将宣讲实效放大。2020年以来，广泛开展理论宣讲、文化宣讲、典型宣讲活动86次，4800余人次现场参与活动。

深度激发了基层组织建设创新力

构建了地市、县、班组三级宣讲体系，将宣讲嵌入党建工作整体安排，抓住基层党支部书记这一群体，赋予宣讲工作职责，培养党员群众身边的宣讲员，发挥党支部堡垒作用，有力确保了宣讲工作的常抓、常效、常行。近年来，公司有效保障生产生活正常供用电，得到新疆维吾尔自治区党委、国网公司主要领导、喀什地委主要领导的肯定和表扬。

充分激活了企业发展的内生动力

通过宣讲活动的实施，凝聚了广大员工共识，公司业绩指标稳中有进。各级干部员工拼搏进取、担当作为，公司2022年企业负责人年度考核全疆排名第7——同比提升2名，1名员工获得国网公司劳动模范、疆电楷模等荣誉称号，3个品牌故事获得新疆维吾尔自治区质量协会一等奖，1个品牌故事荣获第十届全国品牌故事一等奖，创历来最好成绩。1个"访惠聚"驻村工作队获新疆维吾尔自治区驻村工作先进集体荣誉称号，3名驻村队员获新疆维吾尔自治区先进个人荣誉称号。

主要创造人：庄红山　张崇峰
参与创造人：梁树红　赵一芳

知之·信之·行之，当好文化"笃行者"、产业"助推器"

厦门象屿产业发展集团有限公司

企业简介

厦门象屿产业发展集团有限公司（以下简称象屿产发）是世界500强企业厦门象屿集团有限公司的全资子公司，成立于2019年。象屿产发承担着省市重点平台的开发运营任务，围绕"一园一链"发展模式，发挥国企担当，深耕产业领域，整合政府、社会、行业资源，以产业园和供应链平台服务为抓手，延伸产业链条，以专业能力、高效服务为利益相关方创造价值，引领行业发展。

实施背景

象屿产发结合象屿产发业务和员工的精神特质，浓缩、提炼、总结文化行动纲领"聚·创之道"并在2022年1月正式发布。1367字的"聚·创之道"体现了象屿产发不甘平庸、敢于挑战的精神特质，也代表了员工围绕价值共创而付出的每一滴汗水。秉持"知之愈深、信之愈笃、行之愈实"的逻辑模式，象屿产发搭建了"聚·创之道"的"知信行"模式。

主要做法及实施效果

以需求融合为基，传承接续，"因地制宜"

促进地方经济发展方面，象屿产发以"聚·创之道"为行动纲领，发挥国企担当，深耕产业领域，发掘市场机会，创造产业价值。在五金项目、福州江阴项目、30号厂房、保税一期项目持续保持100%满租运营。机电平台发挥集群效应、筑巢引凤，累计注册企业400多家，累计注册资本100多亿元，共签约入驻400多个国内外知名企业，累计服务工业企业5000多家，已成为自贸区开放与创新的窗口之一。厦门跨境电商产业园区作为厦门自贸片区特色产业平台，先后入选国家电子商务示范基地、国家小型微型企业创业创新示范基地，是福建省内跨境电商要素聚集度高、服务要素齐全的跨境电商全产业链综合服务平台，跨境生态圈及公共服务体系位于全国前列，已成功吸引亚马逊全球开店项目、Shopee跨境电商孵化中心、阿里速卖通福建商家运营服务中心等平台入驻，累计注册企业800多家，累计引进注册资本近40亿元。

保障地方民生工作方面，象屿产发以"聚·创之道"为行动纲领，坚持价值共创，整合社会资源，搭建优质平台。旗下象屿智慧供应链产业园是马銮湾新城携手象屿集团面向民生物资、智能制造、高端商贸产业打造的现代物流产业新地标，承担快递快运分拨、城市民生消费品类配送、供应链物流、电商新零售等多项功能，全面达产后有望解决3000多人的就业需求。厦门闽台中心渔港冷链物流中心致力于提供民生食品保障，其中超低温冷库为目前福建省唯一具规模的规范超低温库，可满足不同客户群体的仓储需求，为高端水产品进入厦门奠定基础，致力健全冻品城市服务功能，为客户提供涵盖冷链物流、仓储、加工、配送、供应链金融、集采贸易等一站式服务。

保护开发城市更新方面，象屿产发以"聚·创之道"为行动纲领，坚持"守正出新，追求卓越"，以创新追求更好的结果。后江IN象作为象屿产发城市更新板块开篇之作，以顺应肌理、循序渐进的方式对厦门这座充满历史底蕴和未来潜力的城市进行更新，在更新中延续城市文脉，交融传统与现代元素，以厦门记忆的触点、国潮风范的爆点成功换装，打造融合公共空间与商业生态复合场景的不夜社区，获得央视栏目报道。

促进文商旅融合发展方面，象屿产发以"聚·创之道"为行动纲领，坚持"勤勉专精、坚韧有恒"，自我挑战，自我超越。旗下东坪山发展提升项目作为厦门市重点旅游开发项目，2019年为落实厦门市委市政府"岛内大提升、岛外大发展"的决策部署，在时间紧、任务重的情况下，克服困难在2周内完成项目策划并汇报，得到高度赞赏。目前，山屿屿岚、屿岁山谷里等项目的流量和品牌效益日益提升，成为厦门市民节假日"打卡"热点。怀揣事业情怀和责任担当，在国家级中心渔港闽台中心渔港项目中敢于打破思维、多方争取，充分发挥岸线优势，积极盘活港区资源，提升推动休闲渔业旅游项目开发建设和运营，推动文旅商业与夜经济多元结合新体验，打造具有影响力的"渔业+文旅"新热点。

以方法融合为本，入脑入心，"学懂弄通"

围绕"宣传固化"，将一线宣讲与文化深度融合。2021年，象屿产发按照"系统思维、把握大局、严肃认真、注重细节"的工作要求，围绕象屿文化宣贯路线图，创新策划四"象"限文化宣贯活动。

围绕"巩固提升"，将党性修养与文化深度融合。2022年，象屿产发组织党员干部参与象屿集团"轻骑兵宣讲活动"，"文化大使"及"轻骑兵"深入业务所在地送文化、讲文化，从鹭岛东坪到湖州织里，从鹭岛西滨到北国冰城，文化宣贯联动三地。

围绕"常态深化"，将人才培育与文化深度融合。2023年，象屿产发聚焦巩固文化建设长效机制、强化文化建设成果转化和夯实文化人才队伍培育机制，常态化开展文化宣贯活动，前往漳州长泰组织开展2023年度文化拓展活动，举办2023年主持人大赛暨党建理论宣讲"轻骑兵"宣讲海选赛，召开MTP学员训战结合导师辅导汇报会。此外，还举办新员工培训活动，进行文化空间参观及文化培训授课，深入学习并领会象屿文化内涵，号召新员工积极学习身边优秀同事的精神品格，真正把象屿文化内化于心、外化于行。持续发挥象屿产发通讯员队伍传播企业文化的作用，搭建企业文化学习传播体系，通过通讯员培训强化"传帮带"机制强化队伍建设，推动文化建设走深走实走远。

以实践融合为要，知行合一，"学以致用"

文化走出去，提升软实力。象屿产发将文化宣贯落实到意识形态工作中，以文化视角强化品牌建设，多渠道对外发声，实现文化共建共享。

依托阵地，推广文化。积极规划和打造富有个性的"一山一水一园一链"系列党建品牌，品牌创建根植于项目实际，立足于文化脉络，与党建实践载体相结合，3家公司入选厦门党员教育实训基地（综合拓展）。作为"国家电子商务示范基地""国家小型微型企业创业创新示范基地"双国家级基地的厦门跨境电商产业园，以及作为省级重点项目的厦门机电设备展示交易中心，不仅在物理空间上融合文化氛围，而且在接待解说中融入文化因子。3个基地充分发挥文化阵地、宣传载体作用，在潜移默化中打造"客户信赖、员工自豪、股东满意、社会尊重"的优秀企业形象。

依托队伍，践行文化。成立象屿产发志愿者服务队作为企业文化宣贯实践、新时代文明实践的重要载体，积极践行"价值共创"、履行社会责任。2022年2月15日，象屿产发举行志愿者服务队成立暨志愿服务基地揭牌仪式，吸纳跨境电商产业园、五金机电城、东坪山项目、智慧物流园等多个项目志愿者197人，开展志愿活动71场，实现志愿服务有序化、周期化、可持续化发展。依托党组织、团组织，建立党员先锋志愿服务队、青年志愿服务队等组织体系，充分融合象屿文化及象屿产发子文化，用实际行动践行阳光简单、开放包容的五星行为，诠释"奉献、友爱、互助、进步"的志愿服务精神。推动东坪山党群服务中心作为厦门特殊教育学校"研学实践活动基地"，面向特教群体，为"星星的孩子"提供场地、实习岗位等相关支持，开展共同观影等系列关爱特殊群体志愿服务活动。跨境电商产业园免费提供园区墙面、护栏等关键广告位进行公益活动宣传；开放园区党群活动服务中心作为学习、活动场所；开放园区夜间停车服务，解决停车的痛点问题；围绕提升周边居民和园区客户健身、生活的需求，打造以健身为主题的共享职工之家。

依托共建，贯穿文化。积极践行"聚产业资源，创平台价值"的企业责任，根据开展挂钩帮扶村级集体经济收入相对薄弱村工作的要求，与厦门市科技局、集美区工业和信息化局开启挂钩帮扶顶许村工作，助推成立村全资运营管理公司，将帮扶共建融入企业文化实践。紧紧围绕"如何以公司为载体进行市场化运作，让产业帮扶焕发出活力"进行探讨，聚焦"坚持产业驱动，导入产业资源"，凝聚各方力量，整合顶许村独特资源，以统一规划带动标准形成，从以点带面培育产业形成，用产业"造血"取代补助"输血"。象屿产发在"三个第一时间"中充分凸显国企担当："第一时间"召开碰头会议，对挂钩帮扶文件进行认知解读，摸底顶许村既有资源情况，达成对接工作初步思路；"第一时间"对接共同帮扶单位，及时建立共识及签订四方共建协议，明确产业带动帮扶思路；"第一时间"建立定期推进制度，通过定期调研、定期座谈，探索"请进来""走出去""沉下去"等方式，分析研究和解决结对推进中出现的困难和问题，凝聚挂钩帮扶力量。

主要创造人：刘志宏　刘宝全
参与创造人：肖智磊　周远新　张国文　陈　韵　梁佳泉

以"文化五力提升"模式持续打造先进文化力实践与研究

航空工业庆安集团有限公司

企业简介

航空工业庆安集团有限公司（以下简称庆安）隶属于中国航空工业集团有限公司，创建于1955年，是国家"一五"计划中156项重点建设项目之一。公司全口径所属单位共计14家，分布于西安、汉中、沈阳及日本熊谷。公司拥有2个博士后工作站和国家级技术中心及国家级、省市级技能大师工作室。公司荣获部级以上科技奖148项，其中国家级特等奖1项、一等奖1项。

实施背景

近年来，庆安大力弘扬航空报国精神，笃行航空强国使命，在实践中不断探索，创新性提出"文化五力提升"先进文化力推进模式，将先进文化力建设不断引向深入，持续提升文化软实力，为庆安高质量发展提供精神动力。

打造先进文化力是发展社会主义先进文化的必然要求

党的二十大报告中提出，"中国式现代化是物质文明和精神文明相协调的现代化。大力发展社会主义先进文化，推进文化自信自强，铸就社会主义文化新辉煌"。这是着眼全面建设社会主义现代化国家、全面推进中华民族伟大复兴提出的重要论断和重要任务，凸显了文化建设在中国特色社会主义事业全局的重要地位，同时也为全国各级党政部门、企事业单位开展文化力建设指明了前进方向和根本遵循。

打造先进文化力是支撑航空工业集团战略落地的核心内容

先进文化力建设是航空工业集团深入学习贯彻党的二十大精神、进一步坚定文化自信自强、铸就社会主义文化新辉煌的具体实践，航空工业集团党组坚持以习近平新时代中国特色社会主义思想为指导，高度重视先进文化力建设，提出了"一心、两融、三力、五化"的集团战略，其中"三力"之一就是先进文化力，将打造先进文化力作为航空工业集团持续提升领先创新力和卓越竞争力的重要支撑。

打造先进文化力是推动庆安迈向高质量发展道路的重要举措

在影响企业发展的诸多要素中，先进文化力是影响企业竞争力消长的长期性、基础性和战略性的要素。在当前实施企业战略目标的新征程中，庆安迫切需要通过筑牢先进文化力建设，在全体职工中形成强大凝聚力和感召力，逐步推动企业高质量发展。

主要做法

为系统推进先进文化力建设，庆安提出"文化五力提升"模式，即通过持续提升文化向心力、文化管控力、文化塑造力、文化传播力，文化品牌力，从5个维度对先进文化力建设给予有力支撑，实现统一部署、系统推进。

探根溯源、传承基因，持续提升文化向心力

积极培育与践行社会主义核心价值观，巩固全国文明单位创建成果。庆安作为全国文明单位，长期以来积极培育和践行社会主义核心价值观，引导广大党员干部职工准确把握社会主义核心价值观深刻内涵，自觉践行社会主义核心价值观。运用多种宣传载体平台广泛宣贯，结合道德讲堂活动、文化类主题活动、文明科室（团队）创建等形式，引导全体员工以积极向上的精神面貌投入到日常工作生活中，进一步巩固全国文明单位的创建成果。

大力弘扬航空报国精神，筑牢广大职工思想之基。为深入践行航空报国精神这一航空人实质精神内涵，庆安在分厂所、厂区主干道文化长廊设计制作航空报国精神专题展板和海报，对航空报国精神进行深入解读与诠释，加深广大员工的理解与掌握。要求各单位、子公司通过集中学习、党政主要领导专题宣讲、专题研讨、班前会等形式系统宣贯，大力推进。充分利用各类传播载体广泛传播，结合各类主题文化活动，讲好航空报国故事，持续营造浓厚氛围，在全体职工中牢固树立航空报国精神。

提炼庆安核心理念，构建企业文化理念体系。庆安以航空报国精神为牵引，确立了内涵为"以党建为引领，以客户为中心，聚焦价值创造，点燃员工心中之火，为航空强国不懈奋斗"的庆安核心理念，提炼了内涵为"打造三家精神、坚持灵魂三问、做到三个凡是、实现三个起来、达到三活目的"的"5个3"文化因子，进一步将文化价值导向转化为员工共同的工作标准和行为指引，打造企业文化与员工成长同频共振的文化建设新局面，文化自信更加坚定，文化自觉更加凸显。

系统高效、融会贯通，持续提升文化管控力

建立企业文化管理体系，提升公司文化管理能力。庆安运用企业文化理论和ISO9000标准科学的质量管理模式，对先进文化力建设实施系统化、标准化、过程化管理，确立相关标准和流程，将文化理念细化、分解、渗透到企业运行的各个业务、流程中，成为具体行为指标。通过定期对各单位开展年度企业文化管理体系内审，查找存在问题，下发《不符合项报告》，做到及时发现、及时整改，有效提升基层文化建设水平。

持续完善企业文化制度建设，确保先进文化力落地生根。庆安持续完善企业文化顶层设计、更新完善文化建设相关制度，将企业大力倡导的价值观融入各项制度、流程，引导和固化员工的行为。将文化建设考核纳入各单位年度考核中，考核结果与各单位绩效挂钩，进一步健全公司企业文化评优机制。在岗位招聘、员工晋升的重要标准中纳入文化认同度和价值观一致性考核项。

开展星级管理考核认证，持续做好示范引领。通过编写《庆安先进文化力建设工作手册》，指导各单位规范化、标准化开展工作。出台《先进文化力建设星级管理考核认证实施细则》，通

过3年时间，对各单位开展先进文化力建设星级管理考核现场认证审核，在不断深化基层文化建设质量的同时，树立星级标杆单位，进一步发挥示范引领作用。

文化育人、化之于行，持续提升文化塑造力

扎实开展集团文化建设，注重子文化协同。庆安深入开展集团专项文化建设，组织开展"上好一堂文化课"等文化活动，以增强仪式感和提升体验感为亮点，吸纳更多的职工参与其中，持续推动文化理念在广大干部职工中入脑入心。通过多种载体平台大力宣贯子文化内涵，结合专题活动深度传播，充分发挥子文化之间的协同作用及对航空报国精神等核心文化理念的支撑作用。

培育提升员工综合素养，塑造新时代航空人良好形象。庆安大力倡导从管理、技术和技能3个维度打造"三家精神"，即为管理人员树立企业家精神、为技术人员注入科学家精神、为技能人员培育大国工匠精神，激发人才潜能和活力，为庆安高质量发展提供坚强有力的人才支撑和保证。

不断深化企业文化领导小组和企业文化师队伍建设。庆安建立两级企业文化建设领导小组，打造企业文化师队伍，针对企业文化师队伍能力提升，每年编制《企业文化师培训教材》，定期举办企业文化师培训班并组织开展对外交流活动，有效提升企业文化师实操技能和专业化水平，努力打造既能从事文化建设又能开展文化评审的复合型人才，进一步强化人才保障。

广泛传播、营造氛围，持续提升文化传播力

不断拓宽传播渠道，增强宣传效果。始终坚持内容为王，打造文化精品。拍摄制作了一批有深度、有内涵、催人泪下、感染力强的影视作品，在广大干部职工中引起强烈反响。丰富文化主题活动，营造良好文化氛围，丰富职工精神生活，增强职工凝聚力与自豪感。

打造品牌、提升影响，持续提升文化影响力

深入开展文化理论研究，打下坚实理论基础。积极开展对外交流活动，扩大品牌影响力。自觉主动履行社会责任，提升庆安的美誉度。

实施效果

发挥思想引领作用，推动科研生产业绩提升

随着庆安"文化五力提升"模式的不断深入推进，"航空报国，航空强国"逐渐成为广大干部职工的使命担当和价值追求。庆安近年来的科研生产经营业绩稳步提升，全面完成国家重点型号、新品研制和批量生产任务。

发挥管理支撑作用，促进经营管理能力提升

先进文化力管理支撑作用显现，助推经营管理能力提升。近年来，庆安被航空工业机载授予"创新创效""市场开拓""年度效益贡献"先进单位称号，同时荣获成都飞机设计研究所"金牌供应商"称号。

发挥行为导向作用，带动员工成长

广大员工的责任意识、大局意识普遍得到提升，为庆安的持续发展贡献出更大力量，实现了"人企合一"的科学化、生态化、协同化发展。近年来，收获"全国'五一'劳动奖章"、"全国技术能手"、航空工业首席技能专家等多项殊荣。

发挥团队凝聚作用，增强团队凝聚力

持续深入开展先进文化力建设，进一步汇集了团队凝聚力，收获了"国庆阅兵装备保障集体二等功""民机国际转包生产突出贡献集体""全国工人先锋号"等多项殊荣，获得了陕西省"青年文明号"等荣誉。

发挥社会影响作用，提升企业形象

树立了良好的企业社会形象，赢得信誉和商机。庆安连续多年获得陕西省"守合同、重信用"企业荣誉称号，多次出色完成部队的跟飞保障任务，受到部队和上级单位的好评。

主要创造人：安　刚　刘旭东
参与创造人：侯宏兴　薛　毅　侯杰钦　冀海兰

基于系统观念的境外矿山企业"浸润式"大安全文化构建实践探索

北方矿业有限责任公司

企业简介

北方矿业有限责任公司（以下简称北方矿业）是中国兵器工业集团有限公司所属中国北方工业有限公司的全资子公司，主要致力于海外矿产资源开发运营、矿产品贸易及相关产业投资等，在刚果（金）、苏丹、津巴布韦等地拥有多个大型矿山项目。北方矿业坚持专业化开展大宗矿产品贸易，围绕铜、钴等金属，统筹国内外市场，积极培育上下游产业链竞争力，是中国铜产品重要供应商、钴产品主要供应商。2022年，公司实现营业收入400多亿元，利润总额超过21亿元。

实施背景

在实现经济效益的同时，北方矿业还面临着来自传统矿企生产安全风险与地缘政治风险的双重挑战，在实践探索中逐步形成了集"理念文化、制度文化、行为文化、环境文化"为一体的"浸润式"大安全文化体系及特色实践。

北方矿业的"浸润式"大安全文化具有较丰富的内涵，始终牢固树立"生命至上、安全第一"的理念，坚持把职业健康安全放在优先位置，预防为主、系统实施，建立健全安全管理体系、持续提升安全治理能力，真正实现总部与境外项目现场"统一理念、统一体系、统一标准、统一文化"，为中外员工、当地社区、承包商等利益相关方营造安全的环境。"浸润式"是指通过理念上的宣贯、制度上的约束、行为上的塑造、环境上的营造等综合手段和系统方式，在北方矿业总部办公室、境外矿山项目全面打造可感、可知、可思、可为的安全文化氛围，推动全员、全程、全面融入公司的安全管理工作中，加速推动公司上下从被动安全向主动安全转变、固化。大安全是以境外矿山项目设计和生产运营期间的"生产安全+社会安全"为主体，同时兼顾"走出去"企业可持续发展面临的诸多非传统风险因素，采用更严格的标准、更严谨的制度、更先进的工艺、更科学的管理，努力追求"零隐患、零违章、零伤害、零事故"的目标，助力北方矿业成为中外员工和全球合作伙伴信赖的优秀企业。

主要做法

北方矿业将"浸润式"大安全文化建设与行业特点、企业实际相结合，细化标准、优化做法，在实践探索中取得了积极成效，形成了包含理念文化、制度文化、环境文化、行为文化等4个要素的具体实践内涵。

一是牢固树立安全发展理念，构建理念文化

筑牢安全红线意识。牢固树立"发展决不能以牺牲人的生命为代价"的红线意识，北方矿业党委理论学习中心组每年坚持开展1次安全生产专题研讨，要求各级党组织负责人每年至少讲1次安全生产专题党课。各党支部、团委、工会采取多种形式开展专题学习，积极策划"安全生产专题讲座""领导人员谈安全""员工话安全"等系列活动。

增强本质安全观念。准确认识和把握本质安全规律，通过技术、工艺、管理、设计等手段不断提升生产系统安全性。坚持"科技兴安"，组建智能矿山所并推进"智慧矿山"建设、"人机隔离、机器换人、黑灯工厂"专项任务。紧密结合ESG体系建设，切实制订安全、环保和职业健康管理制度，在多场景中运用多种方式持续进行全员宣贯。

培育安全道德规范。在"安全生产月"等重要节点，认真策划"不伤害自己、不伤害他人、不被别人伤害、不使他人受到伤害"的安全生产道德教育，营造"遵章光荣、违章可耻""不让自己后悔、不让亲人痛心"的氛围，形成人人重视安全、人人保证安全的生动局面。

二是强化安全制度基础保障，培育制度文化

"全面压责"，北方矿业各级党组织切实扛起安全生产领导责任，各单位"一把手"严格履行第一责任人责任，班子成员各司其职、齐抓共管，落实"三管三必须"原则，推动各级领导干部知责、担责、履责。将履行安全生产责任情况纳入领导班子民主生活会、领导班子成员（特别是"一把手"）述职评议考核、巡视巡察、政治监督重要内容，织紧扣牢安全责任网络。"立体宣贯"，健全完善安全生产制度体系，打造涵盖责任制、教育培训、劳动防护、奖惩、双重预防机制、相关方管理、安全投入保障、应急管理等基础要素的制度体系；推进制度流程化，将制度融入具体规程和作业流程，纳入各级员工培训体系；评估高危作业SOP，编制班前会培训材料，着力打造"我的安全我负责、别人的安全我有责、单位的安全我尽责"的文化风尚。"重行重效"，坚持"四铁"作风，把不折不扣遵守安全生产规章制度作为生产经营铁律，确保执行刚性。狠抓危险作业现场管理，零容忍处理"三违"。坚持"四不放过"原则，做到制度执行不走样、不跑偏、不搞变通、不打折扣。"双向激励"，通过多样化的正向激励手段，激活大安全"人才池"，将安全生产绩效作为重要因子纳入子公司经营业绩考核，设立安全生产专项奖励基金、注册安全工程师补贴和危险岗位、有毒有害岗位一线补贴。与相关方签署安全协议，明确责任边界并严格考核。

三是推动安全文化多维宣传，营造环境文化

区域分级化、风险可视化。将安全风险分级情况进行标识管控，在境外项目推进"四色"等级风险分布图绘制，对禁止进入、审批进入、允许进入区域予以分类着色；依据厂区管道介质特性进行分类涂色、标定流向。设置岗位责任卡、安全风险提示卡、应急处置卡，根据统一形式、统一尺寸、统一语言、位置醒目原则，完善重点作业场所和危险作业区域永久性安全标志标识，

帮助员工时刻了解作业现场危险因素和安全要求。在生产作业场所出入口设立安全电子牌和环境电子屏，安全记录牌包括连续无事故天数、连续无损失工时事故天数等，环境监测电子屏包括温度、湿度、风向、风速、噪声等。

宣传内容通俗化、宣传活动多元化。鼓励境外项目结合生产特点和工艺流程，组织车间班组设计符合本单元的安全环保宣传栏或安环角，以中文及当地通用语言为主，通过符合时下潮流的动漫、海报等形式，通俗易懂的展示主要有害因素及控制措施、安全风险提示、安全事迹，实现安全文化处处能看见、事事有提醒。利用"世界环境日""职业病防治法宣传周""消防宣传月"等节点，开展答题、演讲、摄影、征文等活动，设计制作文创产品，营造人人关注安全、人人参与安全、人人监督安全的氛围。

四是着力推进安全文明行为，塑造行为文化

专业培训到位。建立职工安全素养提升和安全行为养成长效机制，将安全环保领域法律法规、中方骨干跨文化交流和职工安全技能作为重要内容，采取岗位培训与脱产学习、"走出去"和"请进来"相结合方式，为每名职工从"要我安全""我要安全"到"我会安全""我能安全"的转变提供技能保证。

警示教育入心。定期分析外部生产安全典型事故，总结反思事故直接原因和间接原因，系统回顾拟定的改进措施或应急处置措施的针对性和有效性，及时开展事故警示教育、深刻汲取教训，举一反三，防控风险。

荣誉机制奏效。定期开展优秀安全班组、先进安全生产个人、环保工作先进者等荣誉称号评选和表彰。建立安全隐患"吹哨人"奖励机制，鼓励广大职工积极发现隐患、提出整改建议。每年组织安全生产合理化建议征集活动，收集听取一线职工对安全工作的要求和建议。开展多渠道多层次的安全文化建设交流，及时总结工作成效和特色亮点。

实施效果

春风化雨，润物无声。北方矿业"浸润式"大安全文化建设打造出企业发展的软实力，收获了安全工作的新成果。

自 2020 年"浸润式"大安全文化建设工作启动以来，北方矿业先后举办了两届"安全环保摄影比赛"，创造性开展"AHA"心肺复苏取证培训和北方矿业安全生产专班，组织青年员工赴北京公共安全体验馆参观交流，策划组织"知安、思安、筑安"安全生产月、世界环境日活动，开展涵盖总部应急办、项目现场、当地安保人员和国际 SOS 等联合实战应急演练，自主设计制作安全宣传展板 200 余块，打造可感可知的"浸润式"大安全文化氛围，切实提高了员工安全意识。据统计，北方矿业"三违行为"总数较 2019 年下降 46.28%，全员安全意识和能力显著提升，有力促进了公司安全生产治理水平和治理能力的提升。

主要创造人：刘云峰　宋洪勇

参与创造人：周　旭　蔡　垚　张佳熙

以"三层次文化体系"为核心，打造企业品牌文化

重庆华宇集团有限公司

企业简介

重庆华宇集团有限公司（以下简称华宇集团）始创于1983年，发展至今已成为一家集地产开发、物业管理、商业运营、建筑装饰、投资等为一体的多元化城市运营集团。目前，集团业务覆盖国内30个城市及海外市场，累计开发楼盘280余个，整体开发规模3200多万平方米，商业运营面积200多万平方米，服务业主80多万户，提供金融投资及服务100多亿元，累计社会慈善捐赠超过4.4亿元。历年来，华宇集团获得了中国驰名商标、中国企业500强、中国民营企业500强、中国房地产100强、中国服务业企业500强、中国建设银行AAA级信用企业、中国房地产诚信企业等多项荣誉，系唯一连续12届（24年）蝉联重庆市房地产开发企业50强前三甲的企业。

实施背景

企业文化是一个组织由其价值观、信念、仪式、符号、处事方式等组成的其特有的文化形象。企业文化建设既是企业在市场经济条件下生存发展的内在需要，又是实现管理现代化的重要途径。在这样的背景下，华宇集团选择集中力量构建"三层次文化体系"，打造企业品牌文化，进而支持业务战略的实现。

主要做法

层次一：以战略定位引领企业文化的"上路"

战略定位是企业基于战略形成的基本理念，阐释的是企业存在的根本目的和追求的远大目标，是企业文化体系中必不可少的基础部分，也是管理与执行的方向指引。战略定位主要包括企业的愿景、使命与价值观。

华宇集团的愿景是：全球多元化运营集团。华宇集团的企业使命是：责任筑造理想家。华宇集团的企业价值观是：对社会负责、对企业负责、对自己负责。在愿景、使命、价值观的引导下，华宇集团提炼出了五大企业文化内涵：责任文化，协力同心，共谋发展，敢于担当，使命必达；品质文化，苛求品质，臻于至善，争创行业标杆；创新文化，颠覆陈旧，发现更多可能性，让企业时刻焕新；法制文化，诚信守法，重视契约，让企业稳定健康；人本文化，善待员工，凝聚员工的归属感、积极性、创造性。

层次二：以机制管理压实企业文化的"中路"

机制管理涉及的是在企业愿景、使命、价值观引领之下，必须持久坚持的制度机制、人员能力标准、企业准则等，是战略和执行之间的有力支撑，往往以各类标准、规范的形式提出要求并予以指导。

制度与平台管理。华宇集团以集团官网、视频号、微信公众号、OA新闻等四大渠道为主要宣传平台，以会议手册等为支持材料，以完善的制度体系、多方的宣传平台做实企业文化的宣传保障。

人员能力标准。华宇集团将人员按职级划分为4个等级，分别在战略推进、变革创新、使命必达、合作共赢、学习发展5个维度进行要求，而同一方向的素质要求，针对不同职级却有不同的评价标准，看似微小的差别，却展现出了文化导向上的显著不同。

企业管理准则。华宇集团在日常经营管理中，对多年来高质量实践、经验、教训进行总结和提炼，将企业一以贯之的行为提炼为应当持续践行的8项要点，为各项日常经营管理活动提供指引，即"八大经营原则"。"五大客户意识"则强调了与客户沟通过程中应当注意的要点，同时也提出了客户服务不论内外，对于员工、合作方等都应当一视同仁。

层次三：以执行策略丰富企业文化的"下路"

执行策略是企业文化体系的落地部分，以战略定位为引领、以机制管理为支撑，具体落实到企业经营管理上。缺少执行策略或执行策略不完整，企业文化就无法落地。华宇集团的执行策略主要包括以下所述的4个方面。

品牌可视化。华宇集团提出了企业文化战略标识"&"符号，"&"是"和、与"的意思，形成了华宇集团独特的相伴文化。"&"符号以红、黄、蓝三色构成。其中，红色代表热情，如华宇集团对业主温暖的关怀，幸福相伴；黄色代表信任，如华宇集团与合作商携手共赢，合作相伴；蓝色代表蓝图，如华宇集团与员工共赴成长，责任相伴。

榜样故事化。华宇集团持续进行榜样故事、标杆力量的输出。有聚焦在营销团队的业绩达成，有各个职能部门的坚守或突破，也有通过企业内刊讲述的文化故事……这一系列内容让员工直观感受到企业文化倡导的内容。

理念行为化。华宇集团通过"5S"管理理念（规范家、节约家、自律家、安全家、满意家）倡导更多规范行为，给员工带来温馨顺畅的工作体验，提升员工的感知、修养和工作效率。华宇集团让"5S"管理理念成为员工日常工作的行为要求，营造了环境优美、舒适安全、整洁高效、人人满意的工作氛围。

活动仪式化。华宇集团多种多样的企业文化和员工关怀活动形成WELL企业文化地图——"悦工作（Work）、悦健康（Exercise）、悦生活（Live）、悦向学（Learn）"。

实施效果

华宇集团持续优化构建科学、完善的企业文化体系，让企业文化激发人才活力，不断推动企业、部门与员工提能增效，提升员工整体的敬业度，成为企业稳健发展的推动力和基业长青的根本保障。

经营绩效稳中求进，品牌实力不断增强

企业发展凸显韧性。面对社会经济、市场环境带来的多重压力，集团各项财务指标依然表现优异，继续成为百强房企中"三道红线"指标全为绿档的少数企业之一。地产集团继续保持"无一房延期交付、无一户延期办证"的优良纪录，正式进军代建领域，开启轻资产管理新篇章。产商集团积极发挥华宇城区位优势，与沙区政府联合打造华宇城·生命健康科技园，大健康产业新赛道正式启航。金控集团坚守价值投资，消费、健康股权类基金利好不断释放。物业集团的2022年集团服务客户整体满意度为86分，排名前列。建设集团持续获得高新技术企业及省部级研发中心认定，持续提升产品品质。

集团品牌实力不断增强，荣获中国企业500强、中国民营企业500强、中国民营企业服务业100强。地产集团获中国房地产企业100强、中国房地产企业品牌价值50强、中国房地产最佳雇主企业，产商集团获年度产商创新融合项目、优秀商业地产运营项目奖，金控集团获评重庆年度卓越资产管理机构，物业集团获中国物业服务企业100强及成长性领先企业、中国住宅物业服务力优秀企业，建设集团获"三峡杯"优质结构工程奖、重庆市优质结构奖、重庆市装饰优质工程奖等荣誉。

激发员工创业精神，造就最佳人才企业

华宇集团以"三层次文化体系"为核心打造企业品牌文化。一方面，以员工共同价值观念为出发点，增强了企业的凝聚力、向心力，激发了员工的创业精神，有效地推动了企业的稳健发展；另一方面，也以无形的约束力，潜移默化形成群体规范和行为准则，实现外部约束和自我约束的统一。

2022年，华宇集团敬业度得分80.8分，组织敬业度高于行业80分位，位于"最佳人才企业地带"，而高认可度集中在企业愿景、声誉、文化等方面，反映出对企业的高度认同。

主要创造人：王　琴　罗　婷
参与创造人：张兰心　漆小娟　王　凌　蓝　翊

以品牌建设提升企业服务质效

国能宁夏供热有限公司

企业简介

国能宁夏供热有限公司（以下简称供热公司）成立于2017年，负责宁夏回族自治区银川市"东热西送"项目建设、运营工作。目前，已经发展为宁夏回族自治区最大的集中供热公司。"东热西送"项目的建设投产彻底改变了银川市区长期以来分散式燃煤锅炉的供热方式，对于助力银川打赢"蓝天保卫战"、造福民生做出积极贡献。公司成立以来，连续5年获得银川市供热质量A级绿牌企业，累计收到政府机关、物业社区、居民代表赠送的锦旗和感谢信上百件。供热公司获评"2020年度全国电力行业文化品牌影响力企业"称号，获宁夏回族自治区党委"先进基层党组织"称号，供热公司工会获得宁夏能源化工冶金通信工会"先进职工之家"荣誉称号。

实施背景

供热公司党委高度重视党建及企业文化建设工作，成立企业文化建设领导小组，公司党委主要负责人任组长，领导小组下设办公室，建立健全企业文化建设领导体制和管理机制，开展安全、法治、廉洁等专项子文化建设，形成协同推进机制，使文化管理有效融入企业治理。

主要做法及实施效果

聚焦党建引领，政治理论凝共识

供热公司立足实际，围绕中心工作，形成常态化党史学习教育机制，持续开展"我为群众办实事"实践活动。系统谋划、精准实施"一党委一品牌、一支部一特色、一党员一旗帜"的三级联动品牌建设工作，打造公司"初心永固"党建品牌并形成5个特色支部品牌。以"星级支部创建"为抓手，大力推动党建与生产经营深度融合，积极践行"社会主义是干出来的"岗位建功行动，围绕公司中心工作，开展党员责任区、党员示范岗、党员突击队创建等主题实践活动，充分调动党员干部、团员青年围绕公司中心工作贡献力量，各党支部发挥战斗堡垒作用，为保障银川市安全稳定供暖做出重要贡献。

聚焦榜样选树，先进典范添动力

供热公司党委大力弘扬伟大建党精神，大力发掘公司安全生产、工程建设、经营管理、创新创效等重要工作中的先进典型，通过公司网站等宣传载体，深入一线挖掘无私奉献、勇于创新的

"最美供热人",撰写人物通讯、拍摄专题片、短视频、微电影等,激励干部职工以"实干、奉献、创新、争先"的企业精神展现新时代国企员工精神,形成学有榜样、行有示范、见贤思齐、争当先进的局面。

聚焦服务提升,优化体系树形象

供热公司大力推行"供暖管家"服务模式,编制下发《"供暖管家"标准化服务手册》《"供暖管家"手册》,构建起规范的服务管理体系,筛选业务能力出色、责任心强的供暖服务人员,组建32个"供暖管家"网格化服务团队,将以往粗放的服务模式转变为"一对一""管家式"的服务,服务水平进一步提升。联合街道党工委及社区党委对特困低保户、孤寡老人等开展志愿服务,通过召开供热质量监督座谈会活动、电话回访、入户走访、社区"访民问暖"、小区驻点服务等多种方式,提升服务质量,树立良好的社会形象。

聚焦供热质量提升,改造老旧管网担使命

供热公司按照管网老旧程度,连续4年先后5次实施技改工程,累计投资近2亿元,对近300个小区的老旧管网和末级站设备进行改造优化,通过管网布局重新设计和更换锈蚀、堵塞管道及适当增大部分管径、增设改造换热站与站内设备等,有效解决居民长期用热不暖的顽症痼疾,树立央企为民办实事的良好社会形象,营造健康和谐的供用热环境。

聚焦科技创新,探索智慧供热提品质

供热公司大力推行智慧化供热,结合实际对智慧化供热平台和"零跑腿"App在原有基础上进行优化升级,将客服、收费、生产通过云平台互联互通,实现手机缴费、报修、停复暖等操作和热计量智能控制功能,使用户足不出户办理业务;为所辖区域的热用户安装远程室温采集装置,利用大数据准确掌握室温情况,精准调控设备,实现按需供热、提升供热服务质量。开发完善智慧供热平台,建成国内首个穿黄隧道5G+物联网智能巡检系统,搭建试点完成智慧供热庭院网荷一体化按需精准输配系统,建成数字孪生及水力仿真模型,59栋楼的3348户家庭的43.25万平方米供暖面积实现精准调控,公司全面向智慧科技型企业迈进。

聚焦项目开发,积极抢抓机遇促发展

供热公司准确把握"双碳"发展要求,积极开发银川市及周边新能源项目市场,充分利用自有泵站场地资源和供热设备用电量大的优势,积极拓展新能源市场,发挥自身在供热领域的优势,开拓思路,将多种清洁能源供应方式相结合,以光伏所发电力接带新能源供暖设备,大力发展新能源项目。

聚焦队伍建设,淬火成钢提素质

选拔内训师团队,以"交叉式"式培训的方式实现技术互补和专业融合,达到共同提高的目的。实行"轮岗"交流培训制度,通过生产岗位与管理岗位互换,提升员工综合素质。围绕管网查漏、入户消缺等中心工作开展全员培训,通过理论讲解、实操演练等形式进一步丰富员工知识体系,提升业务技能水平,营造全员学习、主动学习、虚心学习的氛围。

聚焦和谐企业建设,人文关怀筑同心

坚持推进和谐企业建设,突出人文关怀,设立职工阅读书屋、妈咪小屋、职工健身角,进一步提升员工幸福感、获得感。大力开展"全民阅读"活动,为干部职工个性化购置"读书礼包",以各党支部为单位定期举办读书分享会,营造爱读书、读好书的良好阅读氛围,为干部职

工补足"精神食粮"。持续开展端午节、中秋节及困难职工关怀慰问活动，使员工感受到"娘家人"的关爱。坚持每年举办职工文化节系列活动，通过召开读书分享会、歌唱比赛、各种球类活动比赛等，在丰富职工业余生活的同时增强团队凝聚力，调节员工身心健康，创造积极向上、健康活泼的工作氛围，保障职工队伍稳定，推动和谐企业建设。

聚焦宣传引导，传播形象铸品牌

策划开展企业文化和社会主义核心价值观宣贯月系列活动，拍摄《国家能源集团企业文化核心价值理念体系快问快答》短视频、编制印发企业文化和社会主义核心价值观手册，为各管理处及泵站制作企业文化、社会主义核心价值观宣贯展板，组织公司全体干部职工开展网络答题和现场抽考，通过"焦点式"宣传，营造浓厚的文化氛围，加强干部职工对公司企业文化的理解和认同，为创建国内标杆供热企业凝聚思想共识。策划开展"回望奋斗路，奋进新征程"文化建设暨"国能供热"品牌宣传系列活动，制作企业发展回望录、职工艺术作品集、企业歌曲，拍摄微电影、举办品牌宣传会演，邀请用户代表共同唱响国能供热好声音，进一步激发职工干事创业激情，凝聚发展合力。连续3年策划开展企业职工文化节系列活动，通过组织员工开展"我与公司共成长"主题征文比赛、劳动事迹宣讲、职工诵读比赛等形式多样的文化活动，进一步激发和坚定广大员工与企业共进步、同发展的热情和信心，努力营造积极向上、健康和谐的企业文化。

聚焦志愿服务，履行社会责任

成立"小太阳"志愿服务队，制订年度活动方案，通过与银川市慈善机构、社区等单位联系，开展爱心献血、义务植树、社区重点热用户帮扶等长效志愿服务项目，积极履行央企社会责任，切实提升品牌影响力和公司美誉度。

主要创造人：牛玥凝

参与创造人：魏钰妍

以"六同四创"打造中国核电"走出去"的国家名片

福建福清核电有限公司

企业简介

福建福清核电有限公司（以下简称福清核电）成立于 2006 年，现有 6 台百万千瓦级压水堆核电机组在运行，总装机容量 667.8 万千瓦。1~4 号机组采用二代改进型成熟技术，5~6 号机组采用拥有完全自主知识产权的三代核电技术华龙一号。2015 年，华龙一号示范工程落户福清核电开工建设，入选《中华人民共和国大事记》。2021 年 1 月 30 日，华龙一号全球首堆福清核电 5 号机组正式投入商业运行，创造了全球第三代核电首堆建设的最佳业绩，标志着我国正式进入核电技术先进国家行列，入选《中国共产党一百年大事记》；2022 年 3 月 25 日，6 号机组投入商业运行，华龙一号示范工程全面建成投产，入选《党的十九大以来大事记》；党的二十大前夕，福清核电和华龙一号受邀亮相"奋进新时代"主题成就展。2023 年 5 月 5 日，华龙一号示范工程顺利通过竣工验收，全面推动华龙一号批量化建设和我国自主核电品牌"走出去"，被党和国家领导人寄予厚望，被誉为国家名片，连续两年入选央企十大"国之重器"。福清核电在运机组始终保持安全稳定高效运行，持续稳定供应清洁电力 2500 多亿千瓦时，相当于减少消耗标准煤约 7800 万吨、减少二氧化碳排放 2 亿吨、植树造林 17 亿棵，社会经济效益和环保效益显著，为国家实现"双碳"目标做出积极贡献。福清核电先后获得全国"五一"劳动奖状、全国质量奖、国家优质工程金奖、中国工业大奖提名奖、全国爱国主义教育示范基地、全国科学家精神教育基地、全国科普教育基地等荣誉称号。

实施背景

福清核电作为华龙一号示范工程基地，承担着推动核工业产业链升级优化的艰巨任务，肩负着"铸国之重器"的光荣使命。如何推动实现华龙一号高质量建成投产、安全可靠运行，打造"华龙一号标杆"，是福清核电面临的一项艰巨任务，也是一个重大的时代课题。福清核电坚持弘扬中华民族团结奋斗精神，赓续核工业大力协同、勇于登攀的优良传统，大力弘扬"两弹一星"精神、"四个一切"核工业精神和"强核报国、创新奉献"的新时代核工业精神，以"同一事业、同一项目、同一团队、同一目标、同一文化、同一行动"的"六同"理念引领，聚焦"关键技术协同创造、工程建设协同创优、项目管理协同创新、机组运行协同创效"的"四创"行动，推进国家重大工程建设和华龙一号高效运行稳步向前，打造三代核电首堆建设最佳业绩，实现核电机组优异运行成绩，持续推动我国核电批量化建设和走向世界。

主要做法

作为华龙一号重大工程的业主及运营方，福清核电团结各设计方、参建方、设备制造供应方、日常协作方等协同奋进，践行"六同"理念，实施"四创"行动，踏出一条国产化核电建设发展的成功之路，为打造"华龙一号标杆"不懈奋斗。

聚焦关键技术协同创造，为国家科技自立自强提供有效支撑

华龙一号研发团队坚守国产化路线，致力于推动我国核电技术真正独立自主、不受国外制约，在30多年核电科研、设计、制造、建设和运行经验的基础上，充分借鉴国际三代核电非能动安全的先进理念，系统谋划、超前布局，从基础性应用技术研究、反应堆、先进核燃料、安全系统设计到装备研制，历时20余载，协同国内17家高校、科研机构联合58家国有企业与140余家民营企业共同突破了包括反应堆压力容器、蒸汽发生器、堆内构件等核心设备在内的411台设备的国产化，共获得700余件专利和120余项软件著作权，掌握了大量关键核心技术，满足核电"走出去"要求，将"自主"这颗"中国芯"牢牢把握在手中，不断提升民族自信心和全球竞争力。作为我国高端制造业走向世界的国家名片，华龙一号带动上下游产业链5300多家企业，为我国高端装备制造业带来了巨大的经济效益和转型升级机遇。

聚焦工程建设协同创优，集中优势力量确保工程稳步推进

华龙一号示范工程建设现场有近万名建设者，如何挖掘千万建设者的力量是项目成功建设的关键因素。福清核电坚持以党建凝聚合力，充分发挥党建在国家重大工程项目建设中的组织引领保障作用，组建跨领域、跨行业、跨地区的党建联合工作机构，由6家参建单位和1家监管部门成立华龙一号示范工程党建联合委员会，以"委员进支部""党员进班组"的"传帮带"机制、"示范区""先锋队"形式，牵引900多名党员进驻600多个班组连接近万名建设者，由点及面交织成行动网，打通党建工作"最后一千米"，将思想和行动统一到国家重大工程建设中来，让现场工人真切感受到"我不只是在捆钢筋，是在干国家富强、民族复兴的事业"，推动实现由思想向行动的转变。通过大事共议、实事共办、要事共决、急事共商、难事共解，推动党建工作与重大项目建设融为一体，推动工程建设高质、高效、稳步推进。

聚焦项目管理协同创新，形成可推广的核电项目管理方法标准

华龙一号是我国自主研发、设计、建造的核电项目，首台机组的项目控制不能和成熟的机组建设相比拟，大量的不可控因素需要协调推动。面对全新堆型，福清核电协同项目管理机制，以专项推进为主，形成现场决策管理的高效机制，统筹设计、采购、建安、调试、生产等相关方，6家单位领导、14个部门相关负责人集中办公，实行24小时不间断值班制，全面提升各单位、各专业之间的沟通质效，减少不必要的接口，打破管理壁垒，做到"今日事今日毕，发现问题立即上报、上报问题立即解决"。创新实施沙盘推演机制、Top10管理机制、多级协调机制、安全网格化等管理手段，提高项目质量和安全管控整体水平，形成一套与建设、运营华龙一号核电厂相适应的、国际先进的建设运行管理体系，为华龙一号推向国际市场提供项目管理经验方法和标准。

聚焦机组运行协同创效，打造安全稳定高效的核电优秀运行业绩

党的二十大报告明确提出"积极安全有序发展核电"。华龙一号作为我国自己的核电技术，是未来国内外核电主流技术之一，打造安全、稳定、高效的华龙一号机组运行优异业绩，是发展新起点的重要使命任务。华龙一号机组运维各领域、各单位、各部门协同创效，形成具有华龙特色的机组高效协同运行模式。坚持推动华龙机组流程精细化管理，确保关键工作顺利实施。坚持实施作风系统化转变、能力系统化提升，建立"对标-引进-提升"等良好工作法、一线工作法，推动及时发现问题、解决问题。实施电站数字化建设，推进生产管理流程数字化管理、大数据设备可靠性分析提升、全景驾驶舱全方位掌控机组运营业绩指标，打造"数字员工"智能决策和运营，有效保障机组安全、稳定、高效运行，打造优秀运行业绩。

实施效果

打造全球三代核电首堆建设最佳业绩

2021年1月30日，我国自主三代核电技术华龙一号全球首堆福清核电5号机组正式投入商业运行，工期67.8个月，远优于国际已建三代核电首堆建设90个月的最佳工期，标志着我国正式进入核电技术先进国家行列，对我国实现由核电大国向核电强国的跨越具有重要意义，对我国加快能源结构调整和产业转型升级具有重要推动作用。

打造国家名片，推动自主三代核电批量化建设和"走出去"

华龙一号示范工程福清核电5号、6号机组均已完成首个燃料循环的运行考验，充分验证了其安全性、先进性，有力支撑华龙一号走向世界。目前，华龙一号海外示范工程卡拉奇核电K2、K3机组已投入商业运行，我国已与阿根廷等多个国家达成了华龙一号核电技术合作意向。2020年10月16日，中核集团建设的第五台华龙一号机组在福建漳州开工建设，标志着自主三代核电批量化建设正式开启，现国内已规划建设华龙一号机组23台。

促进制造业转型升级，带动全产业链发展，拉动国民经济增长

华龙一号对核电装备制造业实现技术和装备创新升级、推动产业结构升级、转变工业发展方式、促进产业科技人才培育具有重大意义，对提升制造业品质产生深远影响，带动全产业链发展。核电项目投资大、建设周期长、技术含量高、涉及产业多，对国民经济发展具有很强的拉动作用。按目前国际出口核电机组计算，每台华龙一号机组直接带动的产值在300亿元左右，可创造15万多个就业岗位，带动相关机电产品和材料出口近200亿元，相当于30万辆汽车的出口价值。

突破核电"卡脖子"技术，实现核心设备国产化

华龙一号首堆的装备国产化率达88%，批量化建设后国产化率可达95%以上，福清核电在华龙一号首堆建设上形成了一整套的管理经验和管理成果，编制发布华龙一号运行规程共11类4885份，包含英文版标准化管理手册等一系列管理创新成果，带动上下游产业链5300多家企业，共同突破了411台核心装备的国产化，极大带动国内核电装备制造行业技术能力的提升，为面向全球市场推广华龙一号积累了宝贵经验，具备批量化建设能力。

持续奉献高效清洁能源，助力"双碳"目标实现

核电是绿色清洁能源，可以实现二氧化碳、二氧化硫、烟尘和氮氧化物的"零排放"，发展核电是国家调整能源结构、改善大气环境的现实途径，是电力工业减排污染的有效途径，也是缓

解地球温室效应的重要措施，可有效替代部分煤电并承担基荷电力。华龙一号机组设计寿命60年，较现有核电机组发电寿期更长、效率更高、环保效益更优。华龙一号示范工程两台机组年发电能力200亿千瓦时，相当于减少标准煤消耗624万吨，减排二氧化碳1632万吨，相当于植树1.4亿棵，有效助力"双碳"目标实现。

主要创造人：赵 皓 朱鸿伟
参与创造人：成 利 方胜杰 张 涛

以工业文旅打造企业品牌"新名片"

中车戚墅堰机车有限公司

企业简介

中车戚墅堰机车有限公司（以下简称中车戚墅堰公司）隶属于中国中车集团。公司创建于 1898 年，前身是上海吴淞机厂，1936 年迁至常州戚墅堰并改名为戚墅堰机厂，为常州第一个近代化大型工厂。公司地处江苏常州经济开发区，占地面积约 98 万平方米。公司主要从事铁路客货运内燃机车的研发、制造和维修，业务涉及内燃机车、电力机车、城轨车辆、工程机械等轨道交通装备多个领域。在 120 多年的发展历程中，一代代员工用执着和坚韧、智慧和汗水为我国铁路事业发展做出了积极贡献。公司研制的东风 11、东风 11G 和东风 8B 等机车担当了我国铁路提速重载的动力先锋，机车、配件出口至全球 20 多个国家和地区。

实施背景

中车戚墅堰公司地处运河之滨，是常州第一个近代化的大型工厂，历经百年发展依然生机勃勃，是工业文化与运河文化交相融合的典范。2021 年，常州经济开发区政府将全国首个以工业遗产为主题的大运河工业遗产展览馆建在了公司厂区内，这为公司利用自身工业文化资源、探索开展工业文旅、打造企业文化"软实力"、塑造企业品牌"新名片"提供了得天独厚的优势。

主要做法

抓住机遇，融入区域文旅规划

按照常州工业文旅规划，运河工业文旅将是城市全域旅游发展的重点之一，运河沿线的工业资源将被有机串接。公司以此为契机，牢牢抓住机遇，发挥区位优势，坚定地融入区域整体发展中。公司紧扣"工业文化"主体，立足轨道交通工业，发挥国家工业遗产的效应，讲好发展故事，形成独特的文化符号，与周边资源融合互补，共同构筑多元生动的工业文旅格局。努力融入场景形态、商业形态，打破围墙隔离，与周边主题公园、"网红"道路等进行风格呼应、景致呼应，融入周边休闲业态，为游客带来游览、用餐、购物等多层次体验，激活区域文化消费活力。

对照标准，设计旅游空间格局

公司现有的厂区以满足办公管理、生产制造为主，开展工业文旅需要建立"旅游区"的概念。2022 年，公司对照省级工业旅游区建设标准，完成《中车戚墅堰公司申请培育省级工业旅游区的报告》并上报常州市文化广电和旅游局；组织开展调研，学习省级工业旅游区建设的相关经验和做法；由经济开发区牵头，联合展馆设计、建造、质量监造等单位查找问题并做好常州大运河工业遗产展览馆硬件完善整改工作；编撰《江苏省工业旅游区申报准备工作方案》，对公司旅游资源进行梳理，科学规划，提出以参观线路为基础，建设规模适宜的游客中心，设置文创产品售卖区，配套厕所、休息区、停车场等设施，提供讲解、咨询、物品存放、轮椅和婴儿车租赁、旅游导览等各种服务，努力向专业旅游景区靠拢，给游客以舒畅、安全、专业、规范的游览体验。尝试建立软性隔离，通过标识标牌、隔离带等方式明确边界，让游客在规定的区域内活动，能够近距离感受但却不影响公司的正常生产经营，力争获得省级工业旅游区认定。

挖掘资源，开发特色旅游线路

常州大运河工业遗产展览馆给公司带来了更加丰富的旅游资源。公司坚定不移在内容丰度上下功夫，从单纯的工厂参观不断向工业科普游、党建文化游等方面拓展，参观主题向研学游、党建游、亲子游和专题游等拓展。2022 年，公司不断打破思维局限，从游客视角出发，挖掘游客关注的、好奇的内容，注重工业文化资源"全要素"利用。公司开发了"参观研学"和"党建文化"两条标准化线路，参观机车制造过程，观看工匠绝技绝活展示，与劳模面对面交流，进行动手加工和登车体验等；根据客户需求开发了中小学劳动实践课程、青年学习社等个性化定制线路；录制抗美援朝老战士的口述史、"280 柴油机"研制老专家口述视频、劳模口述史等，梳理工厂发展历史、人物传记、信物故事、员工回忆等珍贵史料，丰富工业旅游内涵。不仅引导游客看展览馆、老设备、老建筑等硬性资源的价值，还引导游客关注精神资源、历史资源、文化资源、人才资源、管理资源等价值，将这些资源深度融合，提升旅游线路内涵，形成独特优势，增强对游客的吸引力。此外，公司推动工业文旅与其他企业、其他业务的融合，尝试"+旅游"和"旅游+"服务组合。例如，"工业文旅 + 教育培训"丰富教育培训内涵，"工业文旅 + 读书活动"打造企业工会文化活动特色品牌，"工业文旅 + 科技创新"激活团队创新思维，"工业文旅 + 红色教育"增强党员干部红色教育体验等。

内外循环，形成基础管理模式

为推动工业文旅常态化运营，公司从提高运营管理水平和服务质量入手，对项目运营进行规范化管理。设置专门接待台账，对参观人员、到访日期、接待人员、解说员等进行登记，从接团开始到收账回款，每个环节均设置了规范化表单。这些表单环环相扣、互为印证，最大限度节省了管理成本。不断挖掘人才，保证团队整体规模稳定，配备兼职管理人员、解说员，组织开展解说员培训班，邀请专业老师授课，公司各单位 50 余人报名参加培训。组织部分解说员到常州大运河工业遗产展览馆开展现场解说实操学习、试讲，提升解说能力。下一步，公司将建立专门的团队进行业务对接和运营，重点做好工业文旅与现有主业的平衡，评估资源开放范围，进行工业文化挖掘，逐步建立与项目相配套的规章制度，培养人才队伍，规范管理流程，减轻公司的投资负担和运营风险，为工业文旅持续运营加速经验积累。

实施效果

成为工业文化"新地标"

常州大运河工业遗产展览馆在公司的顺利落户，为公司工业文旅解锁了新的"流量密码"。在还未完全对外开放的情况下，展览馆已受到了媒体和公众的广泛关注并广受好评。展览馆为公司增加了更加突出的优势，使公司工业文旅在格局和内涵上有了质的飞跃，成为运河文化的"新地标"，让更多的人感受到工业制造之美。据统计，2022年至今，已经接待10000余人次参观，更多受众通过工业文旅活动认识了企业、了解了中车品牌。

拓展文化传播"新通道"

中车戚墅堰公司百年发展过程中积淀了丰富的工业文化资源，发展工业文旅的目的不仅是让公司的工业文化资源创造经济价值，更是要发挥品牌价值、社会价值、文化价值。通过推进工业文旅活动，向社会公众充分展示和宣传公司发展历史、企业精神、技术实力、品牌理念等企业文化，提升了中车品牌的知名度，也带动公司方方面面潜在效益的提升。公司的开放性、包容性和亲和力等形象指数显著提升。公司获评国家工业遗产，入选中央企业工业文化遗产名录（机械制造业）、江苏省100个红色地名，加入江苏（常州）西太湖影视产业基地影视拍摄场景联盟，公司被认定为江苏省"大思政课"实践教学基地、常州市爱国主义教育基地、常州市中小学生劳动教育实践基地、常州市科普教育基地。

开创文旅管理"新模式"

工业文旅是一个新兴产业，也是新型的旅游业态。对于公司来说，在运营和管理方面没有任何经验和可参照的样本。一方面，公司通过管理实践，建立了基本运营管理模式，积极打造自身工业文旅品牌，为企业多元化或转型发展奠定基础；另一方面，开展工业文旅，鞭策了公司不断追求先进的管理方法，美化厂区和生产车间，改善生产条件，提升员工素养。

工业文旅对于中车戚墅堰公司来说是一个全新的领域，也是从另一个维度对企业文化塑造、品牌形象传播的一次探索实践，开创了文旅管理"新模式"。

主要创造人：袁彩霞　刘　璇
参与创造人：莫　姣　秦依丽　翁佳斌

以"三个储粮"为主线的创新文化建设

山东鲁粮集团有限公司

企业简介

山东鲁粮集团有限公司（以下简称鲁粮集团）是山东省委省政府于2017年整合省属粮食企业组建成立的省管一级、"商业二类"企业。集团承担着山东省级储备粮油管理、政策性粮油交易等政策性任务，肩负着服务粮食宏观调控、保障粮食安全的重要政治责任。集团注册资本5亿元，资产总额约46亿元。近年来，鲁粮集团先后荣获"中国十佳粮油集团""中国百佳粮油企业"及"山东省农业产业化头部企业"和"农业产业化省级重点龙头企业"等称号，品牌建设案例入选国务院国资委"2020年度国有企业品牌建设100个典型案例"名单，2021、2022连续两年获评"山东社会责任企业"。

直面困难挑战，确立"文化塑企、兴企"战略

鲁粮集团组建成立之初，既肩负着维护山东省粮食安全的重要政治责任，也面临着整合划转的企业中"僵厂"企业多、历史包袱沉重、盈利能力差、亏损企业多（纳入集团汇总财务报表的44户企业中，正常运营并保持稳定盈利的仅有10余户，亏损面达52%，资产负债率高达98.19%）等诸多困难。面对企业发展面临的诸多问题，面对粮食企业改革面临的新形势、新机遇、新挑战，2019年4月，鲁粮集团党委新任领导班子清醒地认识到：要想在激烈的市场竞争中赢得主动、争取先机、始终确保企业正确发展方向、实现集团做强做优做大目标，就必须树立"文化塑企""文化兴企"理念。

开展文化建设，凝聚汇集发展共识合力

成立专门机构，明确专人负责

集团党委召开专题会议研究部署企业文化建设工作，成立了以集团党委书记、董事长为组长的企业文化建设领导小组，明确由党委专职副书记担任企业文化领导小组办公室主任，负责企业文化建设工作的总体调度部署推进；从权属单位选调文字水平和综合素质较高的同志组成企业文化工作专班，负责企业文化建设各项具体工作，确保工作顺利开展。

做好调研规划，建立文化体系

为保证企业文化建设质量，集团企业文化建设领导小组办公室经多方考察比选，选聘了一支具有多项企业文化咨询服务成功案例的专业团队协助开展相关工作。2020年4月，通过对集团

各权属单位3个多月的广泛调研，摸清了集团企业文化历史脉络和现状，起草了2万余字的"鲁粮之道"企业文化纲领和"鲁粮之规"员工行为规范，确立了"为国家担当责任、为社会创造价值、为员工成就梦想"的企业使命、"守正求新、砺行致远"的核心价值观、"担当作为、求实创新"的鲁粮精神，制订了"五要四反对"员工行为准则和"四做到五必须"管理规则，形成了具有鲁粮特色的企业文化价值理念和行为规则体系。

建立先导队伍，加强宣贯落实

为保证企业文化核心价值观念和行为与管理规范的宣贯及时有效、深入基层，集团组织各权属单位选派抽调具备相关宣讲组织能力的班子成员和中层骨干组成集团企业文化先导师队伍，由集团企业文化专家团队对先导师进行集中培训后，先导师回到各单位结合各自实际，开展企业文化纲领内容的宣贯落实，有效促进了集团企业文化各项精神理念和行为规范的学习宣贯落实。

健全组织保障，确保落地深植

集团企业文化建设领导小组负责整体协调督导，各权属企业成立专门机构负责本单位企业文化建设各项具体工作的推进落实，集团将企业文化建设开展情况纳入了年度工作考核范围，定期对各单位企业文化建设工作进行考评。自2020年起，集团编制年度经费预算每年都单列不低于30万元的企业文化建设专项经费，权属单位也根据各自实际在年度经费预算中预留开展企业文化阵地建设及宣传教育培训经费，确保了企业文化建设各项培训宣贯活动顺利开展。

建好载体阵地，构建长效机制

集团坚持党建与企业文化融合一体化推进，根据企业文化建设实施规划，确立集团和各权属企业同步建立与企业文化建设配套的愿景系统、学习组织、创新体系和党建融合"四大系统"建设。集团党委以党建品牌创建为抓手，把企业独特文化元素与党建工作特色有机融合，围绕保障国家粮食安全的使命职责，凝练建立了"兴粮争锋"党建品牌，各权属企业党组织结合本单位实际和行业、地域特色共建立"满仓红"等特色党建品牌20余个，实现"一支部一品牌"全覆盖，形成了与企业文化理念紧密融合、各具特色、亮点突出、成效显著的党建品牌矩阵，普遍建立了与各自主业紧密结合的学习组织和创新机制。

创新"三个储粮"，打造主业核心竞争优势

针对集团组建以来存在的储备规模小、主业核心竞争不强等短板弱项。2019年，鲁粮集团提出"储备粮不得不选我"工作定位和"责任储粮、科技储粮、廉洁储粮"储备粮管理理论指导体系，结合企业文化建设推进，导入"6S"管理，开展对标世界一流管理提升行动，着力提升储备粮主业核心竞争力。

坚持责任储粮，扛牢职责使命

围绕落实粮食安全政治责任、社会责任、经济责任、安全责任和民生保障责任，集团先后制订和完善《粮油仓储管理制度》等30余项制度办法，形成了涵盖储备粮管理全环节的标准化管理和考核体系，领导带头履责，压实各级安全储粮责任，确保了104万吨省级储备粮油数量真实、质量良好、储存安全。中央纪委专项检查组在对集团权属企业储备粮进行抽查后，对集团储备粮管理水平给予了高度评价。

实施科技储粮，打造竞争优势

2019年，集团鲁西粮库创新团队设计制作的现代化智能粮库模型登上庆祝中华人民共和国成立70周年大型成就展国家展台。集团近年先后取得科技储粮技术革新和发明创造成果30余项，鲁北粮库研发并获国家发明专利的粮仓智能投药装置，有效解决了熏蒸作业难点，填补了行业空白。2022年，集团参与2项粮食行业国家重点项目研究和4项国家标准制订，引领行业发展。集团储备粮保管损耗率持续下降，2022年仅为0.38%，远低于全行业1%的平均水平。加快信息化数字化技术应用和智慧粮库建设，集团12个储备库全部达到数字粮库标准，2个储备库达到智能化粮库标准，"齐鲁粮仓"科学化、信息化、智能化水平走在全国前列。

抓好廉洁储粮，筑牢粮安堤坝

集团每年都逐层逐级签订《党风廉政建设责任制"一岗双责"责任书》，强化"两个责任"落实，全员签订《廉洁从业承诺书》。倡导"职工都是监督员，党员都是纪检员"，营造形成全员监督廉洁履职、确保廉洁储粮的浓厚氛围。推进20余个省级储备库点信息化系统升级，完成40余项数据接口对接，打通了数据交互、监督预警等平台，消除信息孤岛，储备粮实现全过程透明监管。按照"全覆盖、无遗漏"原则，围绕"人、责、粮、库"等重点内容，全面排查廉洁风险，梳理制订、修订完善储备粮管理、财务、内控、审计等方面的34项制度措施，严格强化落实，形成了廉洁储粮的长效机制。集团在涉粮问题专项巡视整改中构筑廉洁储粮防线、确保国家粮食安全的经验做法，被中央纪委国家监委网站和《中国纪检监察报》刊载。

致力改革创新，引领推动实现高质量发展

全力"处僵治亏"，破解发展难题

2020年7月，紧紧把握"国企改革三年行动"重要机遇，建立集团最高层级组织调度机构，成立"处僵"攻坚专班，党委书记、董事长统筹指挥，总经理和一名分管副总担任攻坚组长，分别带领两个攻坚小组，通过80余天连续奋战，提前2个月完成了山东省国资委确定的12户"僵尸企业"处置任务，成功化解了30多亿元历史不良债务，盘活10多亿元有效资产。特别是主动谋划提出将权属企业划拨土地作价出资注入集团优化资产结构的创新举措，通过争取多方支持，集团6宗共492亩国有划拨土地全部完成确权，开创了行业先河。集团成立之初的资产负债率是98.19%，至2022年末按上年度同口径剔除储备粮油政府指令性任务等因素后已降至52.74%，所有者权益5年增长近12倍，打造了山东省国资国企"处僵治亏"的鲁粮样板。2022年，集团银行授信贷款利率降至基准利率以下，彻底破解了"融资难、融资贵"问题，为重塑再造"新鲁粮"打下了坚实基础、创造了良好条件。

深化三项制度改革，激发活力动力

积极践行企业使命，不断深化完善干部能上能下、员工能进能出、收入能增能减的"三能"机制，严格考核奖惩、抓好执行落实。2021年度，权属企业主要负责人绩效收入"高低"差距达8.3倍，管理人员"下"的比例达到3.8%。坚持推动成果发展共享，基层一线职工收入实现3年翻倍，职工获得感、幸福感和对企业的忠诚度大幅提升改善。集团近5年营业收入和利润总额年均增幅分别达23.65%、25.48%，企业发展质效实现持续改进提升。

优化产业布局，打造产业珍珠链

按照集团"种产购储销"全产业链发展战略，积极构建"大产业、大粮食、大市场、大流通"格局。确立了重点打造"粮油储备、现代农业、粮油工业、贸易流通"四大板块，着力建设"品牌运营、粮油交易、科技创新、资产运营"四大平台，规划建设鲁粮现代粮农产业示范园区、日照临港物流园区等产业园区的实施路径。坚持高端、高质、高效差异化发展理念，通过重点项目建设着力补强集团粮农产业链短板弱项，进一步提升粮食安全综合保障能力。

主要创造人：孔祥云

参与创造人：姜敏涛　滕卫东　杨月海

建设"安全红警"文化体系，护航企业行稳致远

国网山东省电力公司日照供电公司

企业简介

国网山东省电力公司日照供电公司（以下简称日照公司）于1991年组建，属国有大型企业，是国网山东省电力公司下属分公司，担负着日照市电网建设和供电服务工作。有员工3555人，市县党支部109个，党员1552名，服务电力客户166万余户。2022年，完成售电量135.85亿千瓦时，荣膺中央企业先进基层党组织、山东社会责任企业、山东电力行业安全生产先进单位、日照市先进基层党组织、党风政风行风评议先进单位等称号。

实施背景

党和政府对保障安全生产提出更严要求。党中央高度重视安全生产工作，要求把安全发展贯穿国家发展各领域和全过程。深入推进安全文化建设，是落实党中央、国务院决策部署的有效手段。

国企属性对打造安全文化给予更高定位。建设"和谐守规"的安全文化是践行"两个至上"的重要途径。通过实施"文化铸魂、文化赋能、文化融入"专项行动，建立安全文化长效机制，为电力安全保供、有序转型提供坚实保障。

企业发展对加强文化融合提供更强动力。安全是推动企业高质量发展的基础，党建是护航企业现代化发展的保障。通过建设、践行"安全红警"文化，党员带动全员"要安全、会安全、能安全、保安全"。

复杂形势对建设安全文化提出迫切需求。日照电网作业现场数量长期位居山东省前列，尤其是春秋检期间日均作业达79个，现场点多面广与安全管理能力不足矛盾突出，违章行为依然存在，部分管理人员、作业人员安全责任意识淡薄，亟待建立安全文化体系，营造和谐守规的文化氛围。

主要做法

安心筑业，构建并践行"责任警心"履职机制

坚持以人为本，突出人的主观能动性，将安全责任外化于行、内化于心，全面拧紧明责知责、履责尽责、追责问责链条，规范各级人员行为。开展领导干部安全述职、管理人员安全履

职、作业人员安全能力评价，连续3年安全管理业绩考核山东省第一段位，荣获全国安全管理标准化班组等称号。2022年，实现"三杜绝三防范四不发生"安全目标，"两有六全"智慧安全管控平台试点工作以山东省最高分通过国家电网有限公司验收。

安定兴业，构建并践行"风险警示"管控机制

突出"风险可控、前置管理"理念，全面落实"公司、部门、车间、班组、现场"五级责任，科学开展风险分级管控，构建事故防范防火墙。

安谐守业，构建并践行"违章警醒"对标机制

突出"违章就是事故"理念，从深从实查处违章，从严从重落实考核，确保"四个管住"有效落地，营造"和谐守规"氛围。

安身敬业，构建并践行"本领警觉"提升机制

突出"饭碗意识、生存大计"，开展"压责任、保饭碗、促安全"专项行动，多形式加强安全培训教育，促进安全文化入眼、入脑、入心、入行、入果。

安泰立业，构建并践行"使命警行"长效机制

基层是安全生产的落脚点、发力点，是安全管理要求的执行者、践行者。创新实施安全生产"五热法"，解决安全生产"上热中温下冷"问题，让基层安全生产"热起来"。"自热"是根本，激发基层"内源热"，以自主意识促进行为养成。"导热"是重点，打造管理"超导体"，以重心下移强化现场管控。"加热"是抓手，搭建违章"加热台"，以高压态势保障担当尽责。"保热"是保障，织密风险"防寒衣"，以科技手段筑牢安全底线。"共热"是目的，贯通外包"冰原地"，以一体管理推动全员安全。

实施效果

以凝聚安全共识推进"个人安全与企业发展同频共振"，实现了思想上想安全

公司掀起"同频共振保安全"思想热潮，各级党委引领学、支部书记上台讲、基层党员用心悟，"两个至上"入脑入心。组织召开7次安委会、安全生产专题党委会，开展"五问三问"大讨论，干部职工主动查摆，形成反思材料3千余份。组织"强意识、严履责、保安全"等系列学习活动、安全日活动1.5万人次，坚定了全员"安全第一"思想共识。

以强化安全培训推进"安全学习与实际工作同频共振"，实现了能力上会安全

通过主产外"培训"统一管理，提高了生产管理人员明责履责能力、三级安全网人员安全监督能力、"四种人"规范执行能力、一线人员标准作业能力、外包队伍遵章作业能力。公司安规调考连续3年排名山东省第一，获评山东省安全生产月优秀组织单位，夺得全国应急普法知识竞赛央企赛区团体第一名。

以消除违章行为推进"监督体系与保证体系同频共振"，实现了行动上管安全

发挥保证体系专业优势、监督体系督查优势，联合实施"歼灭违章""四维三级两步走"，2022年创建"无违章班组"403班次、"无违章个人"2470人次，奖励金额145.41万元，实现党员零违章，全员违章数量同比下降26%，获得全国安全管理标准化班组、国家电网有限公司无违章班组等多项荣誉。

以安全作业标准化推进"班组长与班组成员同频共振",实现了执行上能安全

坚持班组自主安全,从"作业项目、作业工序"两个维度发力,推进安全作业标准化。作业项目方面,输变电检修现场严格执行《输变电检修现场标准化作业导则(修订)》,基建、配电、营销、运行、通信、业扩、居配现场制订、实施了安全作业标准化流程;作业工序方面,制订、实施了登杆、起重安全作业标准化流程。公司连续安全生产突破8500天。

以加大人文关怀推进"党建工作与安全文化同频共振",实现了本质上要安全

构建"党委统领、党支部推动、党员落实"三级"安全生产+党建"工作机制,加强人文关怀,大力改善基层安全生产设施条件。开展"安全文化·筑梦电力"宣讲、"职工家属进现场"等活动,打造班组安全生产"家文化",特色做法在央视、"学习强国"等刊发16条次,党员带全员,共同保障了公司安全生产稳定局面。

主要创造人:张　萌　颜廷峰
参与创造人:刘　昊　路　军　焦　健　柴庆朋

以"强垦信条"助推企业高质量发展

呼伦贝尔农垦集团有限公司

企业简介

呼伦贝尔农垦事业开发建设始于1954年,为发展畜牧业、确保粮食安全,经党中央、国务院批准,原农垦部王震部长从黑龙江生产建设兵团抽调大批官兵及农机具,在呼伦贝尔地区开发建设国有农牧场并成立了地师级国有农牧场管理局,初步形成了垦区目前的产业基础和规模。2012年,在海拉尔农垦集团和大兴安岭农垦集团基础上改制组建呼伦贝尔农垦集团有限公司(以下简称农垦集团)。目前,垦区拥有耕地600万亩、草原1000万亩、林地40万亩、水面13万亩,耕地规模位居全国农垦系统第三位;拥有24个现代化农牧场公司、17个经营单位和3家控股参股企业,在职员工1.6万人;累计为国家提供粮豆油3750多万吨、肉90多万吨、奶670多万吨,成为"中国粮食、中国饭碗"的坚实农垦力量。

实施背景

文化是激发前行动力的重要源泉,也是在激烈竞争中站稳脚跟的坚实根基。几十年来,几代农垦人秉承"艰苦奋斗、勇于开拓、无私奉献、自力更生"的农垦精神,在奋斗与实践中沉淀了深厚的文化底蕴,鼓舞着一代代农垦人奋发图强。新时代有新要求,新时代有新目标,农垦集团进入了新的发展阶段,面临新的形势、新的机遇、新的挑战,要想在激烈的竞争中脱颖而出,实现企业的跨越式发展,需要用文化强企、文化铸魂,用先进的企业文化推动企业的发展,提高企业核心竞争力。经过总结、提炼和继承优秀文化基因,农垦集团基于未来的战略要求,对企业文化进行重塑,形成了新的文化体系——"强垦信条"。新的企业文化体系赋予农垦集团新的活力与内涵,提升了农垦集团适应环境变化的能力、满足了改革发展的要求、筑牢了企业发展的根基。近年来,在企业文化的引领带动下,农垦集团以人才为基础、以科技为支撑、以绿色为导向、以管理为手段,趟出了一条转型发展的新路子,着力提升内部凝聚力和外部影响力,助推高质量发展。

主要做法和实施效果

营造和谐企业氛围,凝聚强大精神合力

通过不断丰富文化内涵、打造传播阵地、落实员工关怀,促进员工形成共同的价值观和共同

的行为规范，推动企业文化融合，调动员工积极性和创造性，企业凝聚力不断增强。创新文化载体，丰富企业文化内涵，让农垦文化真正走进职工群众心中。开展文化活动，为发展凝心聚力，切实增强干部职工使命感、责任感。

用心用情，践行强垦惠民使命，员工归属感、荣誉感不断提升。实现国家、企业、员工利益最大化，是农垦集团所有工作的出发点和落脚点，通过实实在在地为全体员工谋福利、促成长、关爱离退休老同志、增强员工幸福感等一系列的举措，切实让全体员工共享集团改革发展成果，在实践实干中赢得了民心民意，凝聚起了强大的精神动力。

企业文化驱动管理创新，激发组织发展新活力

勇担守土安粮、保障国家粮食安全使命，围绕"创国际一流品质、铸百年农垦品牌"的愿景，农垦集团在管理机制改革中不断探索迈进，将企业文化融入企业管理中，刚性管理和人性化的柔性教育相结合，形成科学规范的管理体系，使每个员工都有方向、有动力、有激励、有约束。强化人才管理顶层设计，科学系统推进人才建设工作。内培、外引，构建多层次人才队伍，为企业发展提供源源不断的后备专业技术人才。多措并举激发人才创新创造活力，发挥典型的示范带动作用，推动人才培养与产业发展深度融合。建立科学有效的薪酬激励体系，极大地调动了干部人才的工作积极性。经过不懈努力，农垦集团获得了内蒙古自治区"草原英才"高层次人才创新创业基地、内蒙古自治区优秀院士工作站、呼伦贝尔草牧业创新人才团队、呼伦贝尔市"十佳英才"创新创业团队、"呼伦贝尔英才"团队等多项荣誉称号。2人入选"西部之光"访问学者、2人入选内蒙古自治区"草原英才"，"十百千"人才库已初步建成，成为公司高质量发展的持久动力。

企业文化赋能绿色发展，构建产业新格局

农垦集团作为农业经济的"国家队"，始终坚持"生态优先、绿色发展"的理念，秉承在发展中保护、在保护中发展的生态文明理念，实现生态农业建设从数量到质量、从稳产到增产的转变，处处演绎生态文明建设的绿色佳话。开展黑土地治理工程，守护好"耕地中的大熊猫"。到2022年，农垦集团免耕播种面积240万亩，已完成高标准农田黑土地面积168.78万亩。打造现代草牧业示范区，探索生态草牧业发展新模式。农垦集团通过开展人工草地种植和天然草场改良等工作，改良天然草场64万亩，种植人工草地32万亩，试验区内草牧业生产力水平大幅度提升，企业效益显著增加，退化草原生态系统明显恢复和改良，生物多样性得到有效保护。推进秸秆综合利用，"生态包袱"转变为"绿色财富"。科技赋能，释放农业绿色发展活力。农垦集团全面推广绿色植保、精量播种、精准用药、精准施肥、精准收割等先进技术，分别与中国科学院、中国农科院、中国农大等30多家高校与科研院所开展科技合作，通过科技助力现代农业高产高效，为传统农业装上了高科技"翅膀"，更为垦区开辟了一条科技稳粮丰粮、生态环保的新途径。农垦集团不断开辟垦区绿色崛起的新模式，百万亩全国绿色食品原料标准化生产基地让绿色有机产业蓬勃发展，27种产品获得绿色和有机食品证书，16家企业成为农业农村部农垦农产品质量追溯系统建设单位，草牧业示范区建设走在全国前列。2022年，农垦集团获得"中国绿色生态十大影响力品牌"荣誉称号。

企业文化引领品牌建设，塑造企业新形象

品牌已成为农牧业综合竞争力的显著标志，优质农畜产品必须通过品牌建设才能更好地走

向优质市场并赢得消费者的青睐。农垦集团以"铸百年农垦品牌"为目标方向，积极推动品牌培育塑造能力，全面提升集团品牌知名度和影响力，擦亮"呼伦贝尔农垦"金字招牌，叫响品牌农业，叫响农垦品牌，向品牌强企迈进。实施品牌战略工程，打响"呼伦贝尔农垦"品牌。全新品牌形象助力农垦集团成功入选中国农垦品牌目录，被认定为"内蒙古老字号"品牌。农垦集团将生态优势转化为产品优势，培育了"苍茫谣"芥花油、"三河牛"乳肉、"夏日"矿泉水、"北一季"米面杂粮等10多个名优产品品牌。"苍茫谣"品牌价值评估达7亿元；"呼伦贝尔农垦"芥花油和"三河牛"均已被全国名特优新农产品名录收录；"呼伦贝尔"油菜籽、"三河牛"获国家农产品地理标志保护登记并列入国家农产品地理标志保护工程项目；"夏日"矿泉水水源地被中国矿产联合会天然矿泉水专业委员会评为"中国优质矿泉水源"。"线上＋线下"创新品牌营销模式，荣登央视《天气预报》栏目黄金时段，依托央视强大的媒体资源，抢占品牌传播制高点，"呼伦贝尔农垦"金字招牌被越来越多的消费者熟知和喜欢。

在"强垦信条"的引领、带动下，农垦集团在企业凝聚力提升、管理水平提升、绿色发展及品牌建设等方面取得了丰硕成果，推动了企业高质量发展。2022年，农垦集团总资产破百亿元大关，总产值、总营收、资产总额等指标再创1954年垦区成立以来历史新高，品牌价值评估达66.29亿元，成功挺进中国农业企业500强。

主要创造人：郭　平

参与创造人：张宝祥　韩玉军　王明明　赵鹏飞

"融·进之道"：用文化的力量引领高质量融合发展

厦门象屿金象控股集团有限公司

企业简介

厦门象屿金象控股集团有限公司（以下简称象屿金象）于2015年成立，是《财富》世界500强企业厦门象屿集团有限公司（以下简称象屿集团）的全资子公司。公司围绕"助力产业成长·焕发资产活力·支持人生梦想"的企业责任，致力于打造综合金融服务体系和立体金融圈投融资平台，聚焦产业金融、资产管理、消费金融三大业务领域，一方面，服务集团各产业发展，推动集团产资结合、产融结合并为产业链上下游客户提供多样化的金融解决方案和增值服务；另一方面，通过合资、合作、引进、嫁接等多种形式，为服务自贸区金融创新、对接国内外两个金融市场创造条件，努力实现"构筑产融领先的生态金融版图"的未来发展目标。

立足发展实际，构筑"融·进"文化

2019年，在转型升级步入高质量发展的关键时期，象屿金象适时启动了企业文化建设，总结提炼了发展实践中形成的文化特质、文化内涵，展望高质量发展的时代要求、行业要求，发布了"融·进之道"企业文化大纲，通过统一价值观、构建使命愿景、规范行为等，形成具有特色的文化理念体系。

"融·进之道"既是象屿金象生存与发展智慧的总结之道，也是象屿金象未来发展的指引之道，"融、进"二字蕴含"四融四进"，是融合之道，更是前进之道。"融·进之道"对象屿金象的愿景目标进行了清晰的阐述，明确了"构筑产融领先的生态金融版图"的未来发展目标及"助力产业成长，焕发资产活力，支持人生梦想"的企业责任，指引高、中、基各层级统一了战略愿景、达成发展共识；规范了全体员工应该遵循的统一行为准则，制订了倡导行为"六项基本原则"与禁止行为"七诫"，引导员工争做倡导行为的践行者，对禁止行为坚决不踩红线。将"信德为本，能绩于行"的用人之道写入其中，明确了人才标准和用人理念，为人才发展工作指明方向。

开展文化深植，凝聚共同价值

"融·进之道"的构筑，旨在通过建立匹配战略、引领发展、凝聚人心的企业文化理念，用文化的力量引领高质量融合发展。而理念转化为实践、让文化真正发挥力量，离不开一系列文化深植行动。以"融·进之道"文化成果发布会为起点，象屿金象向全员发出深入开展企业文化深植实施活动的信号。由"一把手"带头发表《从我做起，共融共进》的文化践行宣言；由7位文化代表带领全体人员共同进行了铿锵有力的企业文化宣誓；随即开展企业文化培训，进一步统一认知、凝聚共识。自此，象屿金象文化建设踏出坚实的一步，一系列文化宣贯、文化洗礼、专项突破、组织提升行动也紧锣密鼓地接续开展。在共同的使命引领下，象屿金象全体员工凝聚起了共同的信仰，激发出全体员工为象屿金象高质量发展贡献力量的内生动力。

文化融入管理，引领高质量融合发展

近年来，象屿金象坚持将文化与经营管理深度捆绑，以解决实际问题为目标系统化构建文化践行环境，推动文化建设向文化管理迈进，努力实现"铁板一块"的文化新局面，为企业的快速发展凝心聚力。

一是文化融入战略，驱动创新发展。"融·进之道"对象屿金象的愿景目标进行了清晰的阐述，解决了创业初期"战略意图的清晰度不够且向下传导不畅、战略目标缺乏"的问题，形成更强的发展意愿和更多的发展共识，让文化力量和战略力量更加正向协同。在象屿金象的文化理念中，充分展现出现阶段的战略思维。"构筑产融领先的生态金融版图"，既体现了产业金融在象屿金象整体战略中的主体性地位，又为象屿金象未来发展勾勒出了完整的图景；"助力产业成长，焕发资产活力，支持人生梦想"的企业责任，与产业金融、资产管理、消费金融三大业态的战略目标交相呼应；文化所涵盖的愿景、使命等理念，是象屿金象"六五"战略制订的指南针，也是战略落地的加速器。在文化的支撑和驱动下，象屿金象基于对能力的自我认知及对市场的理解和对行业趋势的研判，通过公司顶层设计、基层首创，不断创新"产融结合"产品和业务模式，实现了顺应市场的变革。

二是文化融进管理，解决发展瓶颈。象屿金象坚持解决问题原则，从日常工作和企业经营管理实际出发，从最迫切需要改善的问题着手，通过一系列针对性的改变行动，提升管理质量，改善组织氛围，以企业文化管理带来的现实性改变支撑象屿金象持续发展。近几年，针对"正向氛围弱""跨层级传导及沟通存在障碍"等问题，通过"董事长邮箱""百人谈话""自我批评与批评""我为金控献一策"等多种形式，建立沟通通道；常态化开展谈心谈话、赴一线调查研究等工作，营造"知无不言，言无不尽"的沟通环境，引导员工自发自觉地发现问题、解决问题，了解员工所思所想；广泛征集各类意见数百条，对其中可行性建议落实整改责任人，形成整改闭环，解决员工所求所盼，打造和谐氛围。

三是文化融合党建，夯实组织保障。象屿金象通过发挥党组织的政治核心作用，不断贯彻党的新思想、新理念，丰富企业文化基石。坚持党建引领、文化赋能，树立员工正确的价值观，调动工作积极性。组织开展多样的党工团活动，组织实施三八妇女节等活动；承办关爱自闭症儿童的爱心活动；开展爱心结对、爱心帮扶，开展困难党员慰问和座谈交流；组织开展"学习贯彻党的二十大精神"团总支团员青年活动，激发青年活力。顺欣支部持续向合作伙伴宣导合作共赢的文化理念增强彼此合作黏性，开设"蒲公英"广播站并定期组织管理干部、核心骨干分享文化成长故事；盈信支部组织"文化宣贯进直营"活动，在福州、成都和重庆等地广泛开展座谈会，围绕党建学习和文化宣贯与一线员工谈心谈话;资产支部注重加强与客户在文化与党建方面的交流,与外部多个党组织开展共建交流活动;保理支部积极开展群众工作,深化"家"文化品牌,针对公司员工来自五湖四海的现状,通过开展文体活动、工会慰问、续签公租房等举措,温暖员工内心。

　　四是文化融汇人才,助力梯队建设。象屿金象坚持为价值创造者的成长搭建发展平台、畅通晋升渠道,倡导"为担当者担当,让有为者有位",倡导"容人之所短,用人之所长",支持干部主动创新,也容许创新过程中的小失误、小偏差。良好的用人理念驱使下,人才来了留得住、有干劲,也因此成了象屿金象发展的驱动力。象屿金象着力培养忠诚担当的高素质干部,对认同企业文化且想干事、敢干事、会干事、能干成事的干部进行大力提拔,给予更好的位置施展才华;以干部年轻化为抓手,推动后备梯队的建设与发展,优化干部队伍结构,畅通员工职业发展通道;围绕"信德为本,能绩于行"的用人理念,提升人才"引入"质量;同时,结合人才盘点工作,全面了解人员的适岗情况,及时做出调整;配套完善选、育、管、用常态化工作机制。一方面,采取职能下沉一线、工作职责扩大化、跨部门任务合作、轮岗等形式,打造复合型管理人才;另一方面,建立人才培养计划,利用好企业大学——象屿商学院的资源,办好"金控专班",做实导师培养机制,推动人才顶层设计和人才发展战略谋划。对关键岗位人员的年度重点工作设立浮动绩效考核机制,充分调动工作积极性。在共同的文化理念触动下,很多管理干部在象屿金象扎下根来做业务、沉下心来干事业,随象屿金象共同成长,实现人生梦想。

主要创造人:廖世泽　陈伟滨

参与创造人:苏主权　吴晓佳　许建修　范宏立

工匠文化赋能企业高质量发展

广州珠江钢琴集团股份有限公司

企业简介

广州珠江钢琴集团股份有限公司（以下简称珠江钢琴），始建于1956年，是一家集钢琴、数码乐器、文化产业协同发展的综合乐器文化企业，是A股整体上市的乐器文化集团，具有国际化水平的产品创新能力和全球化规模的钢琴产销能力，荣获"首批制造业单项冠军示范企业""国家文化产业示范基地"，是行业内唯一拥有国家级企业技术中心的企业，钢琴产品及零部件的国家和行业标准主要起草单位，卫冕国家级"制造业单项冠军示范企业"。具有全球六大产业基地，营销和服务网络覆盖全球112个国家和地区。

实施背景

创立之初，珠江钢琴就把执着专注、精益求精、一丝不苟、追求卓越的工匠精神镌刻在血液里。砥砺奋进60多年，珠江钢琴从国内最小的钢琴制造企业成长为拥有国际一流产品创新能力、全球规模最大钢琴产销能力的乐器文化服务集团，珠江钢琴对工匠文化的执着从未停歇，始终将工匠文化建设作为企业发展进程中的重大工程，以弘扬执着专注、精益求精、一丝不苟、追求卓越的工匠精神为发展之本，不断创新，追求卓越，培养了包括钢琴行业唯一获评"大国工匠"荣誉称号的陈德然在内的一大批能工巧匠，积累了深厚工匠文化底蕴，是凝聚员工共识、集合员工力量、促进科学管理、实现高质量发展的不竭动力，逐步形成了和谐、专注、开放、创新的企业文化，助力企业始终保持昂扬向上的精神状态，不断巩固钢琴行业龙头地位，连续20多年蝉联全球钢琴产销量冠军。

主要做法

坚持党建领航，"红色工匠"凝心聚力

珠江钢琴坚持党建引领，助力企业高质量发展。融合企业工匠文化，提炼形成"红色基因""红色力量""红色担当"为核心的"红色工匠"党建品牌，促进党建与生产经营深度融合，把党组织作为和谐、专注、开放、创新企业文化的阵地堡垒，把党员工匠作为承载企业文化的先锋模范。深化"一支部一品牌"建设，打造特色鲜明、成效显著的党建子品牌，形成"红色工匠"党建品牌矩阵。开展"匠心领航"支部项目，党员干部带头，带动职工群众踊跃参与，围绕

企业改革发展痛点、难点，找准党建引领着力点，将党建工作融入技术研发、营销创新等生产经营工作，为公司高质量发展提供持续动力。企业文化和党建文化同频共振、融合发展，以高质量党建引领企业高质量发展。

坚持匠心品质，锻造核心竞争力

一是加强自主创新，引领乐器行业发展。珠江钢琴攻关钢琴核心零部件关键技术，攻克国产钢琴"卡脖子"问题，成功研发并投产恺撒堡PR2.0高端弦槌，广泛应用于高端钢琴系列，打破高端弦槌被外国企业垄断的局面，提升自主可控能力。大力推进三角琴击弦机等高端钢琴零部件研发项目，为高端零部件实现国产替代、提升自主可控能力奠定坚实基础。恺撒堡系列高档钢琴、里特米勒RS系列高端钢琴均获2022年"广东省名优高新技术产品"荣誉称号。立式钢琴KX系列入选中国轻工联2022年度升级和创新消费品，键盘上、下孔热熔胶呢和自动粘呢技术入围2022年中国轻工联科技进步二等奖。

二是创新驱动提质增效，增强发展新动力。针对乐器行业面临木材原材料进口受限、环保要求趋严等挑战，珠江钢琴前瞻布局，加强新材料、新技术、新工艺的研发，开发绿色低碳产品，创造引领乐器行业绿色环保新需求。成功推出免漆钢琴产品，成为国内第一个通过欧盟Rohs认证的钢琴产品。使用水性亚光涂料，大大降低工业废物的产生。创新性运用绿色、可再生、可降解的竹料替代木材，开发专业、环保、美观兼具的钢琴产品，为消费者提供更多的选择，让绿色健康理念深入人心，引领行业绿色环保新风尚，树立行业绿色生产标杆。

传承弘扬工匠精神，培养大国工匠

一是制度保障，厚植成才沃土。制订并实施《高技能人才培训大纲》，通过师带徒、新入职员工培训、高技能人才培训等实现"育才"到"成才"的转变，打通工匠的成长通道。畅通工人到管理层的提升，注重从一线选拔优秀工匠，重视对技术突破的奖励，尊重工匠的职业地位，壮大工匠成长空间。

二是以赛促学，锻造过硬技能。珠江钢琴积极组织职工参加全国和广东省的职工职业技能大赛，为职工提供良好的赛事支持服务，提供优质的师资力量，打造杰出的工匠人才队伍。参赛职工取得了令人欣喜的成绩，连续获得历届广东省钢琴调律大赛和全国钢琴调律大赛冠军，累计17人在赛事中摘金夺银，充分彰显珠江钢琴工匠的坚韧实力。积极申报全国技术能手、行业工匠、行业"科技之星"等重要项目，先后有5名员工被授予"全国技术能手"，8名员工被中国乐器协会授予"行业工匠"称号、8名员工被中国乐器协会授予"科技之星"称号，7名员工被授予广东省"五一"劳动奖章，3名员工被授予"南粤工匠"，9名员工被广东省乐器协会授予"广东省乐器（钢琴）制作名匠"等荣誉称号。在中国轻工业联合会主办的2020年第二届轻工"大国工匠"评选中，珠江钢琴"70后"优秀工匠代表陈德然被选树为第二届轻工行业"大国工匠"，成为中国钢琴制造业唯一的"大国工匠"。

三是解放思想，激发创新活力。珠江钢琴大力开展QC质量小组活动，有效提高班组生产效率和经济效益。2002年以来，珠江钢琴累计注册QC小组819个，累计有238个QC小组分别获得全国和省、市优秀QC小组称号，为企业技术创新、管理优化注入了源源不断的强大动力。

以文化人，讲好中国故事

一是文化活动出新、出彩。积极响应文化强国建设的重要举措部署，积极举办"花城音乐节"系列活动,涵盖"珠江钢琴杯"首届花城幼儿合唱节、"珠江·恺撒堡"国际青少年钢琴大赛、全国乐龄钢琴大赛等国际国内重大文艺活动,为繁荣我国音乐教育发挥工匠担当。

二是亮相国内外重大活动,擦亮中国企业的民族品牌。珠江钢琴旗下产品屡次在多个国际、国家重要活动中亮相,不断提升公司品牌的国内外影响力,高端、高质的产品不仅体现了工匠的精湛技艺,也树立了珠江钢琴国际乐器文化品牌的形象,成为中国企业民族品牌展现中国文化的代表。

三是构建音乐产业新业态,助力文化事业繁荣发展。原芳村渔尾桥旧厂区通过微改造,华丽转为文化科技产业孵化平台珠江钢琴创梦园,集聚近百家音乐文化企业,吸引"叶小钢工作室""金铁林、马秋华工作室"等文化艺术名家工作室落户园区,引入"三雕一彩一绣一窑"等一大批非遗项目工作室,共同搭建国际化音乐文化交流融合开放创新平台,打造独具岭南特色的音乐文化重地。

实施效果

工匠人才队伍建设迈上新台阶

目前,珠江钢琴先后有308名员工获得技能等级认定5级证书;254名员工持有专业技术职称证书,54名员工获评高级(含副高级)职称。在工匠人才队伍的强势加持下,2022年,广东省总工会开展的省级劳模和工匠人才创新工作室考核中,珠江钢琴陈德然劳模创新工作室位列地市级工会榜首。2019年至今,珠江钢琴先后荣获全国行业职业技能竞赛"轻工技能人才培育突出贡献奖"、中国轻工业数字化转型先进单位奖等各类奖项497个,其中省、市级以上获奖项目374个。

行业龙头地位进一步巩固

珠江钢琴国内市场占有率超过40%,全球市场占有率超过30%,产销量连续20多年位居全球第一。数码乐器板块在国产数码乐器品牌中产销量位居前列,营收突破亿元。围绕钢琴主业,推出珠江吉他、珠江提琴、珠江数码钢琴、珠江文创产品,精心打造珠江乐器产品。珠江钢琴已成为文化产业最具国际竞争力的骨干企业、最具国际影响力的民族品牌,连续多年荣获"制造业全国单项冠军示范企业",先后获得"全国质量奖"、国际音乐制品协会"里程碑奖"、"中国轻工业乐器行业十强企业(第一名)"、"广东企业500强"等多项荣誉。

实现关键核心技术自主可控

珠江钢琴是乐器行业唯一拥有国家级企业技术中心的高新技术企业,是钢琴产品及零部件的国家和行业标准、钢琴制造技能标准和培训教材的主要起草单位,先后起草了1800多项企业技术标准,拥有技术专利312项,其中发明专利42项。拥有国家和省、市认定品牌、驰名商标等企业自有商标300多个。

树立世界级高端乐器文化品牌

珠江钢琴品牌覆盖专业高档钢琴、高档钢琴、中档钢琴和普及钢琴等细分市场,通过实施精准营销,满足各类顾客消费需求,高端产品销量占比高达50%。聚焦产品提质升级,不断斩获产品创新奖,旗下恺撒堡系列高档钢琴、里特米勒RS系列高档钢琴、艾茉森智能数码钢琴三大品牌同时荣登"2021年广东省名优高新技术产品名单"榜单。珠江钢琴品牌营销网络不断健全，辐射范围不断扩大，全国有1000余家销售网点，营销和服务网络覆盖全球114个国家和地区；品牌价值不断提升，品牌价值同比2020年增长11.13%。

主要创造人：李建宁　肖　巍
参与创造人：华　静　吴淑智　赖金凤　卢思敏

以党建工作方式的创新为抓手，
助推企业健康高质量发展

成都彩虹电器（集团）股份有限公司

企业简介

成都彩虹电器（集团）股份有限公司（以下简称公司）是以原成都电热器厂为主体发起创立的股份制企业集团。公司先后推出电热毯、电热蚊香等家用小产品，引领市场消费，为消费者创造优质新生活。2020年12月，在深交所挂牌上市，成为主要生产"彩虹"牌电热毯、电热垫、暖手宝、电热敷等柔性电热取暖器具和"彩虹"牌电热蚊香片、电热液体蚊香、天然植物精油驱蚊贴、杀虫剂、盘式蚊香、电蚊拍等家庭卫生防疫用品的上市公司。公司现有员工1400余人，2022年实现销售收入11.76亿元、利润1.1亿元。公司曾先后获得"五一"劳动奖状、全国质量管理先进企业、全国模范劳动关系和谐企业、全国助残先进集体、全国企业文化建设先进企业等40多项荣誉称号。

实施背景

公司党组织创建于1956年，1998年建立党委。现公司党委下设12个党支部，有在职员工党员193人。党委办公室有专职党务干部4人。公司党委先后被评为"成都市先进基层党组织""四川省先进基层党组织"。2003年，公司改制为民营企业后，党委的地位和作用发生了根本性变化，由过去的党委领导下的总经理负责制，改变为民营经济体制下的党委工作制。新体制下如何开展和做好党建工作？公司党委在继承原集体所有制传统党建工作做法的基础上，按照党中央关于民营企业党建工作的指示和有关要求，结合公司发展进行了不断的探索，努力创新党建工作方式，将公司党建与公司改革发展、生产经营、人才培养和企业文化等相结合，较好地解决了民营企业管理体制下如何开展党建工作的迫切问题，团结员工，凝心聚力，砥砺奋斗，开创了一条党建工作与企业发展互促共赢的新路子。

主要做法

坚持党建工作与企业改革和生产经营相结合，为公司发展保驾护航

党组织为企业改革保驾护航。20世纪80年代初期，公司党支部在成都市二轻局党组的支持下，开展经营承包试点。在经营体制改革过程中，党支部坚决支持经营承包班子的一系列改革措施。当经营承包班子在工作中遇到困难、遭受误解时，时任党支部负责人深入车间班组，对职工做耐心细致的思想工作。当承包组负责人受到不公正的评价时，党支部负责人主动向上级有关部门汇报解释、承担责任，为承包组分忧解难。党支部在企业生死存亡的关键时刻发挥政治核心作用，稳定了人心，为经营承包班子推进改革、发展经济提供了思想保证。

党建引领企业健康发展。公司改制为民营企业后，但公司的党建工作不但没有削弱，而是继续坚持以彩虹事业的发展为载体，着力为企业的改革发展保驾护航。在公司发展的关键时刻，如深化企业体制改革、分配住房、绩效考核方案的制订与推进、公司搬迁等，公司党组织都利用政治优势和在职工中的威信及时化解矛盾、协助解决工作中的问题。

坚持党建工作与干部队伍建设相结合，为公司发展提供人才支撑

党政领导交叉任职一岗双责。20多年来，公司党委以抓班子、带队伍为切入点，将建设一支讲政治、懂经营、会管理、愿干事、能干成事的党员干部队伍作为党建工作的一项重要内容。公司实行党政领导交叉任职领导体制，公司董事长兼任党委书记，同时设专职党委副书记。党委委员、纪委委员均由行政、工会、共青团的主要负责人兼任。基层党支部书记也由部门或分公司行政领导兼任。

实行"双向培养"制度。在干部的培养选拔上，公司实行"双向培养"制度，即把一般岗位党员培养成行政骨干，把行政骨干中的群众培养成党员。公司倡导和践行在一般干部和优秀工人党员中选拔公司骨干，重视把生产管理工作岗位中的优秀群众骨干培养成党员的党建组织工作方针，使公司拥有一支有理想、讲政治、守纪律且能传承彩虹事业和彩虹企业文化的骨干队伍。

公司党委每年要制订两个工作计划，一个是优秀党员骨干培养计划，另一个是在管理干部和一线工人中发展党员的计划。

重视在生产一线发展党员。近几年，公司党委还根据员工队伍人数增多且一线工人党员较少的情况，将组织发展工作重点转向车间和营销一线。一线工人中党员人数的增多，增强了党组织与基层员工的联系，加强了基层党建工作的力度，为普通员工政治上进步树立了榜样。

坚持党建工作与群团建设工作相结合，为公司发展夯实职工团结奋斗的基础

将党建带群建列入党委工作目标。公司党委长期坚持对公司工会、团委的领导，指导其班子建设、思想建设和制度建设。将党建带工建、团建列入公司的方针目标管理。每年公司制订方针目标时，党委都将工会、团委的工作列为党委的方针目标管理，一同考核，一同奖惩。根据工会、团委工作实际情况，在工会干部中推行"老、中、青干部三结合"制度，在团委干部中推行"党员、团员身份共存"制度。

指导工会创建"职工之家"。在公司党委领导下，工会坚持以推行厂务公开和民主管理为导向，组织职工参与公司管理工作，开展工资集体协商，代表职工与公司签订《工资集体协商协议》。定期听取职工的意见和建议，维护职工的合法权益。指导团委开展"建功立业"和"七彩青年突击队"活动。

公司党委的党建带群建工作得到上级党委和有关部门的肯定和好评。2022年，被四川省委组织部、四川省总工会、共青团四川省委确定为"四川省两新组织党建带群建示范单位"。

坚持党建工作与企业文化建设相结合，为公司发展夯实职工团结的基础

创立彩虹企业文化体系。公司创立和丰富了以"家"文化为核心的彩虹企业文化体系，核心理

念为"以人为本,以奋斗者为根本,实现员工和企业共同发展,共创和谐企业,共享发展成果",公司党委将其作为公司发展、员工思想教育和人才培养的重要内容。

公司党委负责公司的企业文化建设,在公司发展和党建工作中,利用广播等形式,培育社会主义核心价值观,努力提高员工的综合素质。

开展"共创共建"活动。汶川大地震后,公司党委在组织党员向灾区人民捐款捐物时意识到灾区人民自强不息、艰苦奋斗的精神是对党员和干部进行思想教育的重要内容,于2009年起与北川县陈家坝乡平沟村党支部结对子,共建先进党组织。公司党委组织支部各资助1~2名平沟村困难家庭学生学习的生活费,目前已经有10余名困难学生毕业后参加了工作。公司党委还资助平沟村党支部建立党员活动室,向其捐赠电视机和图书,丰富活动室学习资料。公司党委每年组织党员和入党积极分子到平沟村学习交流党建工作经验。营销中心党支部则与冕宁县沙坝镇二村沟小学党支部共创先进党支部,互相学习、共同进步。营销中心党支部将学校作为党建工作基地,每年组织新党员和入党积极分子到学校结对帮扶,接受教育。行政党支部与武侯科技园小学党支部共创先进党支部,为年轻党员提供学习交流平台。

开展党建主题活动。公司党委每年都要结合国内重大政治活动举行1~2次主题活动,旨在使党员和入党积极分子接受党史和革命传统教育,各分公司党支部也结合自己的实际工作情况分别开展各具特色的主题活动。

利用网络平台拓宽组织生活渠道。公司营销中心的党员分散在全国17个省级经营分公司。过去,党支部开展组织生活难度较大。2009年,营销中心党支部利用公司网络平台,将实体活动与网络平台党务工作结合起来,通过网络传达信息、传递学习资料、开展党课教育、发展新党员、推选优秀党员等,实现了省级公司党员与总公司党员学习同步、教育同时,党务工作生动活泼。公司党委将营销中心党支部的经验在全公司范围内推广,取得了很好的效果。公司通过网络平台开展党建工作的经验得到成都市委组织部和四川省委组织部的肯定,在四川省民营企业中推广。

"创先争优"树立典型。公司党委坚持在各支部中开展"党员责任区""党员示范岗""党员服务队"活动,党员在践行社会主义核心价值观中发挥模范带头作用。党委还结合生产经营目标管理工作,在党员中开展争当"营销先进""生产标兵""技术能手""质量标兵"和"管理先进"等活动,带动员工为公司生产经营和企业管理做贡献。

实施效果

公司改制为民营企业以来,始终坚持党的领导,不断探索党建引领企业发展的新模式;始终围绕企业发展和生产经营开展党建工作,实现了党建工作和公司发展互促共赢。公司党委从3个支部的100余名党员发展到如今的12个支部共220多名党员。公司的年产值销售从2002年的1亿多元发展到现在的11亿多元,年均增长10%以上,始终处于同行业领先地位。

主要创造人:刘 斌 高德华

参与创造人:许 静

依靠企业文化的聚合力推动企业高质量发展

圣奥科技股份有限公司

企业简介

圣奥科技股份有限公司（以下简称圣奥）创立于 1991 年，位于杭州市萧山经济开发区，以办公、商用家具为主营业务，产品覆盖办公商用全场景，致力于为全球用户提供健康、环保、舒适、智能的办公商用空间整体解决方案。公司综合实力连续多年位列国内办公家具行业第一位。用地 120 亩的圣奥科创园建有目前亚洲最大的健康办公体验中心。圣奥始终坚持自主创新发展战略，以本土研究院为核心，组建院士创新研究院，先后在德国柏林、美国洛杉矶设立研发中心，与浙江大学成立智慧家具联合研究中心，累计获得授权专利 1400 余项，荣获 35 项欧美设计大奖。圣奥在浙江萧山、海宁、钱塘和河北深州及墨西哥等地拥有五大生产基地，引进德国、意大利等欧洲先进自动化生产线，以德国工艺标准赋能产品，探索以数字化、智能化升级工厂制造，生产从大规模制造向个性化定制延伸。圣奥产品远销全球 122 个国家和地区，海外展厅和网点基本覆盖全球各国的首都、经济中心，服务了 170 余家世界 500 强企业和 300 余家中国 500 强企业。

实施背景

圣奥创业之初，创始人倪良正就把诚信经营和精益求精作为企业发展的信条和金规铁律，推崇"重信守诺"的经商之道，遵循"创新求变"的发展之道。经过 30 多年的发展，圣奥从当初的家具加工场逐步发展成国内办公家具行业的头部企业。圣奥在企业的发展经营中越来越感受到企业文化的重要性，将企业文化建设作为经营发展中的一项重要工作来抓。在新时代高质量发展的背景下，随着企业不断发展壮大，圣奥进一步提炼企业文化纲领，逐步建立以"木匠精神"为底色的圣奥文化。为了践行企业文化纲领并形成合力，圣奥不断将文化力渗透到各项经营管理中，化为企业和员工的行为习惯，走出一条具有圣奥特色的"以木起家，以匠兴业"的文化兴企之路。

主要做法

加强管理，培育企业文化的种子。圣奥成立了企业文化建设领导小组和企业文化项目小组，保障企业文化建设的顺利进行。在企业文化纲领梳理阶段，由品牌中心、人力资源中心、新闻办联合组建的项目小组通过线上有奖征集及线下深入车间访问等方式，收到了3000余份反馈意见。企业文化领导小组和项目小组等多次针对反馈意见进行沟通，提炼圣奥企业文化纲领。董事长倪良正参与《圣奥企业文化大纲》的编制和修订，邀请有关专家参与企业文化纲领的讨论。自上而下建立起一套完整的企业文化建设组织体系，为企业文化的落地提供了组织保障。

强化传播，深耕企业文化生长的沃土。《圣奥企业文化大纲》确定后，圣奥利用企业内刊《圣奥报》等第一时间进行发布，广泛宣传。编撰《解读圣奥企业文化与价值观》内部培训教材，充分运用教育培训的方式，进行企业文化的理念培训。销售、生产、研发、后勤支撑等"全面覆盖"，形成了"逢会必学"的氛围。在了解企业文化纲领的同时，圣奥还要求全员以企业文化纲领中的任意一条作为切入点，加深理解，输出企业文化领悟案例。通过持续的宣传，圣奥企业文化纲领已烂熟于圣奥每一位员工心中。

丰富载体，扩展企业文化发展通道。圣奥依托党工妇团活动为企业文化建设搭建了多种载体，组织了各种各样符合员工需求的互动活动。通过员工座谈会，为员工与企业之间搭建了一个良好的沟通交流平台；通过员工团建活动、办公生活节、篮球赛、棋艺大赛、趣味比赛等，锻炼了员工健康的身体，丰富员工的精神生活；通过举办技能比武，切实提高员工的技能；通过举行"过关斩将""项目铁三角"等活动，提升了员工的服务意识；通过消防演习、全国安全日知识竞赛等，增强员工的安全意识；通过开展优秀班组评选活动，激励员工比学赶超，树立先进意识和榜样意识；通过"圣友荟""全球设计师之旅"等互动，加强了员工与外界的交流，拓展员工的知识结构；通过开展慈善捐赠、员工互助和志愿者活动，培养了员工社会责任感和爱心……这些活动进一步陶冶了员工的情操，激发了员工的活力，保障了员工健康的体魄，提高了员工的主动性、积极性和创造性，增强了企业的凝聚力、向心力和战斗力。

完善保障，确保企业文化的可持续性。圣奥通过不断完善投入保障机制，确保企业文化体系的持续运行。人员方面，设立了企业文化专员，定期组织开展培训、文娱活动、技能比武、知识竞赛、摄影比赛等。传播渠道上，以企业内刊等为主要阵地，同时组织人员编写企业发展史、企业文化手册、员工手册、宣传画册、员工故事、企业案例、商务礼仪指南等，制作企业宣传片，全方位宣传公司的企业文化。制度上，公司将对企业文化的学习、推进等写入《绩效薪酬管理办法》，确保企业文化与企业发展及员工行为吻合，在继承的基础上创新、扎实推进企业文化建设。资金上，圣奥根据企业的实际情况，统筹安排，为企业文化建设提供必要的资金和物质保障。

实施效果

激发创业创新热情，推动公司综合实力国内同行领先。经过企业文化建设的熏陶，公司形成了同心、同向、同行的创业创新氛围，助推公司各项工作不断攀登新高峰。近10年来，公司保持了5%以上的复合增长率，连续多年综合实力位列国内办公家具行业第一位。产品畅销120多个国家，已主导或参与了38项国际、国家、行业标准的制订、修订。圣奥获得的中国家具行业领军企业、全国售后服务行业十佳单位、中国著名品牌、浙江省AAA级守合同重信用企业等荣誉有力地推动了企业的高质量发展，有效助推行业技术的转型和升级。

凝心聚力促发展，实现传统管理向现代化管理的转型升级。围绕"为客户创造价值"经营理念，开创了阿米巴自主经营的创新管理，让员工真切地感受到主人翁的地位。实施管理与技术7级双通道晋升机制，实现"技高者多得"的分配理念。确立"做好每一件事情，追求零缺陷管理"的质量观，开展"质量月"活动，形成了"人人都是质量员，人人都是检验员，人人都是内审员"的质量把关机制。在质量体系方面，圣奥获得了全国办公家具行业质量领先品牌、全国产品和服务质量诚信示范企业、全国质量诚信标杆典型企业、浙江省家具行业质量奖、杭州市政府质量奖等荣誉，促进圣奥质量变革，增强核心竞争力。建立"铁三角"营销服务长效机制，形成团队共同作战的合力，自建立以来已累积实施近500个客户服务项目，大幅提升了服务客户的效率和质量，为企业实现可持续发展奠定良好基础。

　　履行社会责任，助力共同富裕。在"公益为本、慈心为怀、扶贫济困、赈灾救灾"宗旨的引领下，圣奥积极履行社会责任，回馈社会。2011年，成立圣奥慈善基金会，实施助学助老、扶贫济困。捐赠1亿元支持西湖大学筹建，资助浙江大学等多所院校寒门学子完成学业。捐资1250万元，捐建圣奥老年之家45个。在首届世界浙商大会暨光彩事业丽水行活动上，捐资1000万元。2016年出资1200万元，改造浦江县塘家会乡村面貌。响应"千企结千村，消除薄弱村"的号召，帮扶武义县柘坑村提高村集体经济收入。汶川地震捐赠300万元，建青川县圣奥幼儿园，帮助7位受灾员工重建家园。目前，累计捐赠超过1.85亿元，实施公益慈善项目317个，受益人数超过20万。圣奥的慈善事迹受到社会各界肯定，获得了第十一届"中华慈善奖"等荣誉称号。

主要创造人：尹志远　冯春燕

参与创造人：马　纪　陶亦然

同心筑梦，文化铸魂

福建巨岸建设工程有限公司

企业简介

福建巨岸建设工程有限公司（以下简称巨岸）于2006年在莆田市荔城区注册成立，是一家以建设工程施工为主业的民营建筑企业。企业注册资本金30518万元，具有独立法人资格，以其全部财产对企业的债务承担责任。目前，拥有建筑工程施工总承包特级资质、市政公用工程施工总承包壹级资质，建筑行业（建筑工程、人防工程）设计甲级资质，兼有地基基础工程、消防设施工程、城市及道路照明工程、建筑机电安装工程、防水防腐保温工程、建筑幕墙工程专业承包壹级和建筑装修装饰工程、钢结构工程专业承包贰级及电力工程施工总承包叁级施工资质。企业通过ISO9001和GB/T50430质量、ISO14001环境和OHSMS18001职业健康安全管理体系认证。

实施背景

巨岸始终在传承工匠精神中不断寻求创新，构建出独具行业特色的企业文化体系。从行业变革中明确和调整巨岸战略发展方向和战略目标，构建出巨岸完善的组织架构，营造出良好的工作氛围和外部环境，推动巨岸不断追求卓越、做大做强、跨越式发展，实现巨岸长远规划和基业长青。在多年的企业发展过程中，巨岸先后经历创业奠基、探索发展和创新突破3个阶段，在不断探索与总结经营管理的经验与规律中逐渐剖析出建立一套行之有效的企业文化体系是使企业成为受人尊敬的百年企业的基因密码。

主要做法

党建引领企业文化建设，提升企业软实力

党建文化是企业文化的基础和底色，企业文化是党建文化的具体体现。巨岸于2017年成立流动党员委员会，积极探索将现代化企业管理体系全面导入非公企业党建，以党建标准化建设提升党建科学化水平，创造性地探索出了巨岸党建"流动不流心"的模式，为巨岸弘扬工匠精神、创新经营发展、加强企业文化建设提供了坚强有力的组织保证。

设立流动党支部，支部建在项目中。巨岸党委根据企业项目分布情况，在广西和福建的厦门、福州、泉州、莆田等地分别设立6个流动党支部，做到支部建在项目中、党旗飘在工地上，让流动党员离家不离党，使他们有"家"的感觉，增强流动党员的归属感和责任感。

定期开展"七个一"工作，让巨岸流动党员牢记初心使命。一是每月开展一个主题党日活动，二是每月给党员过一个政治生日，三是每季度开展一次公益活动，四是每季度给党员上一堂党课，五是每年培养一批入党积极分子，六是每年树立一批先进典型，七是建立一套流动党员服务管理制度。

全力推进"党建为魂"的企业文化建设。巨岸积极发挥党组织的政治核心和政治引领作用，将党建思想政治优势与民营企业机制体制优势充分融合，全力营造"爱党、爱家、爱岗、爱自己"的良好企业氛围。

设立引领岗发挥模范作用。巨岸党委在6个党支部中分别设立了6个引领岗，充分发挥党员先锋模范作用，在企业内部产生正能量效应，号召全体员工以榜样的力量引领企业再创辉煌。

精心打造四大组织满足员工四大需求

打造"信仰组织"——解决企业价值观及信仰的问题。巨岸通过党建工作、授旗仪式、宣誓仪式、祭祀先师鲁班仪式和表彰先进、企业文化传承等活动，让员工信仰组织、忠诚组织、追随组织。

打造"家庭组织"——解决企业员工凝聚力问题。家庭是世界上最有凝聚力的组织，巨岸建立"家庭组织"，实行股份制机制，入职半年以上员工均可享受投资参股的权利，让员工真正共同分享企业盈利成果，员工以"巨岸家人"自居，亲如一家人。

打造"学校组织"——解决企业持续发展的问题。设立"践行初心"价值观小组，践行企业文化。巨岸以部门、项目部为单位成立"践行初心"价值观小组，每一位员工围绕诚信、务实、品质、勤学的企业核心价值观，结合各自岗位，在质量、安全、管理等方面，每周在企业钉钉平台发表一篇不少于300字的工作体会和感悟。强化培训教育，打造优质团队。巨岸还先后与福建工程学院、莆田学院和湄洲湾职业技术学院建立产学研用与合作教学实习基地，在人才培养、技术创新等方面进行合作，共同培养技术人才和产业工人。健全项目联谊会，相互学习提高。

打造"军队组织"——解决企业执行力和行动力的问题。通过制订规章制度、工艺标准和进行军事训练，提高员工的工作作风和斗志，培养一支作风过硬、战斗力强、执行力快、雷厉风行、能吃苦、能打胜仗的团队。

重义尚利，心怀大爱

感恩回报也是巨岸义不容辞的社会责任。近年来，企业工会多次开展扶贫济困、回报桑梓、筑桥修路、金秋助学、奉献爱心等活动。2016年10月，巨岸切实贯彻精准扶贫战略思想，将埭头镇汀港村列为公司定点帮扶村落，承诺该村贫困户可投资公司的实体经济，再给予贫困户翻倍的分红收益。2017年6月，巨岸发起以"建设美丽莆田，我们在行动"为主题的公益环保活动，把支持环保、参与环保视为公司义不容辞的责任。2018年7月，为响应莆田市委市政府的号召，捐助1000万元奖教基金并率先一次性资金到位。自2018年开始，连续5年在莆田市建筑业协会与湄洲湾职业技术学院共同举办的"筑梦"奖助学金发放仪式上为品学兼优的学子捐赠助学金、为爱岗敬业的教师捐赠资助金。2022年，为莆田学院捐赠助学基金50万元，助力优秀学子点亮梦想；无偿为福建省住建厅编制乡村自建房质量安全宣传视频，助力福建省做到自建房规划、建设、管理等全流程科学管理。

实施效果

成立10多年来，在一系列创新高效的经营管理模式下，巨岸不断创造出良好业绩。连续8年获"莆田市纳税大户"荣誉称号，累计纳税达16.67亿元，在莆田市建筑行业内连年纳税排名第一；获得国家级守合同重信用企业、全国优秀施工企业、福建省百强企业、福建省省级文明单位、福建省建筑业龙头企业、福建省施工企业信用综合评价分排名前十的建筑工程施工总承包特级企业等荣誉。

巨岸成立以来无重大安全生产事故发生，企业在承建工程的同时积极参与工程创优活动，成立以来承建的工程总计65项工程获国家优质工程奖、国家金奖、"天府杯"奖、"闽江杯"奖、"壶山杯"奖、"妈祖杯"奖等优质工程奖；375项工程获省、市级文明工地示范工地等奖项。

主要创造人：陈文豹　陈俊宇
参与创造人：黄国忠　郑　炜　张金林　曾海东

创新"实"文化，助推企业提质增效

陕西陕化煤化工集团有限公司

企业简介

陕西陕化煤化工集团有限公司（以下简称陕化集团）位于陕西省渭南市华州区，1967年建厂，2006年成为陕煤集团全资子公司。陕化集团设备先进、技术领先，氨压缩机组、合成气压缩机组、二氧化碳压缩机组三大核心关键设备均达到国际先进水平，多元料浆煤气化、荷兰斯塔米卡邦二氧化碳汽提主要装置技术均达到行业领先水平，是集现代煤化工、磷化工、精细化工为一体的大型综合型国有化工企业。装置年产合成氨60万吨、尿素100万吨、磷铵30万吨和1，4-丁二醇13万吨、聚四氢呋喃4.6万吨。陕化集团国企改革三年行动入围陕西省国资委典型改革案例。合成氨综合能耗名列工业和信息化部重点用能行业能效"领跑者"第二名。2022年，公司营业收入77.15亿元、利润10.54亿元。先后荣获"全国和谐企业劳动关系创建示范企业""陕西省国资委文明单位""国家能效领跑者入围企业""中国化肥企业100强企业""全国氮肥行业先进企业""全国氮肥企业合成氨产量20强""合成氨行业节能先进企业""陕西好商标"等称号。

愿景引领，赋予企业文化新内涵

近年来，陕化集团把准政治方向不偏离、把准社会主义核心价值观不偏离、把准新时代精神文明建设总要求不偏离、把准新时代高质量发展总目标不偏离，以打造"员工幸福、同行尊重"一流化工企业愿景目标为引领，坚持融入中心、服务大局，用文化铸魂，重整发展要素、重建管理战略、重构创新动力、重塑企业精神，用文化之光照亮一流企业创建之路。现阶段的陕化集团，迎来了历史上发展最快、经营效果最佳、员工满意度最高的时期。

在举步维艰的严峻时期，陕化集团依靠新的愿景目标引领，赋予企业文化新的内涵，实施"销售体制改革""薪酬结构改革""追赶超越""员工收入三连涨、一年涨一万元"等一系列重要战略部署，过急流、闯险滩，迎来了高质量发展的机遇期。在企业改革中，陕化集团传承"特别能吃苦、特别能战斗、特别能奉献"的"三特"精神，形成了以"说实话、办实事、出实招、求实效""实干精神"为主的陕化集团"实"文化。陕化集团面对艰难困苦，展现出了队伍不乱、人心不散、众志成城、共渡难关的精神风貌。在改革阵痛中，广大干部员工以大局为重，不屈不挠，凭着才华和努力不懈追求、不断进取、不断创新，战胜了一次次危机与挑战，发展到今天的规模和实力，迎来了越来越好的发展局面。随着效益提升，工资年年涨，福利年年增，敢干、肯干、实干的员工获得感越来越强，幸福感越来越高。

融入实践，催生管理改革新格局

陕化集团用系统思维持续改进不合时宜的发展方式，转变陈旧僵化的管理理念，破除狭隘局限的工作路径，用改革在"深水区"凝聚共识、破解难题、推动创新，将文化融入管理。一是融入管理战略。公司党委审时度势，结合发展实际，依托产品质量、地理区位、人才队伍等优势，提出了"立足煤化、壮肥精化、技融双驱、绿色低碳，矢志成为国内一流化工企业"的发展战略，确立了实现以2000名员工、200亿元资产、200万吨尿素主导支撑200亿元收入、20亿元利润的"五个二"发展目标。二是融入制度建设。以管理体系为统领，用文化价值追求指导制度设计，系统梳理整合党建管理、安全生产、经营管理、员工绩效等制度，形成员工普遍认同的具有时代气息、健康向上的基本遵循。三是融入现场。以开展"管理大提升、隐患大排查"、"6S"管理等活动和实施员工行为规范等一系列标准及要求，将文化要素落地现场。四是融入流程。推行"首问负责制"，实行管理制度化、工作流程化、业务清单化，通过定性、定量手段，检视工作流程是否高效化、规范化。五是融入评价。建立科学高效的党建及生产经营目标责任考核体系、全员绩效评价体系，以刚性的绩效来评价工作质量的优劣，狠抓各项制度的落实，使每个员工都有方向、有动力、有激励、有约束。不断完善专项奖励的评价项目、奖励标准，引导全员形成争先创优的工作状态。

在企业文化引领下，公司各项管理制度得到健全、完善，制度更适合企业实际，形成了企业文化与管理实践相融合、制度管理向文化管理迈进的持续健康发展模式。2018年，陕化集团首次盈利，利润502万元；2019年，盈利2037万元；2020年，盈利2537万元；2021年，盈利达7亿元；2022年，盈利10.54亿元，盈利水平一举升至化工集团第一名，利润总额占到化工集团总盈利的三分之一。陕化集团员工人均收入增幅48%。整体工作一年一台阶、一年一突破，从"保"到"稳"再到"超"，始终保持化工板块"优秀"名次，被评为"陕煤集团2021年国企改革先锋"，成为工业和信息化部在化肥保供粮食安全方面通报表扬的"全国55家、陕西2家"企业中的一家。

刚柔并济，倡导实干有为新风尚

为确保愿景引领发展方向，实现文化融入管理战略，公司领导、分管领导、各单位"一把手"及企业文化宣讲师在2019年"不忘初心、牢记使命"主题教育、"变革2020"解放思想大讨论、2020年薪酬结构改革宣讲、2021年"员工幸福、同行尊重"价值体系宣讲、2022年全员绩效改革宣讲等各种会议、专题党课、基层调研、大讨论中，通过导师带徒培训班、演讲赛、支部包联、组织活动等多种方式，全面系统地诠释愿景目标、发展战略及"五个二"发展目标的内涵和意义，将愿景目标渗透在每位员工的思想言行中，使企业文化内化于心、固化于制、外化于行。

在陕化集团，管理人才、技能人才、操作人才3支队伍成长通道齐头并进，每名员工都能在其中找到自己的努力方向。管理干部、班组长、技术员要靠能力、靠贡献，通过公开竞聘选拔。首席技师、优秀班组长、技术员可以拿到和管理干部相同甚至更高的待遇水平。评定"星级员工"，每月基层评选兑现绩效，每季度、年度集团评定进行表彰，让20%的员工成为"陕化之星"，大力选树执着专注、精益求精、一丝不苟、追求卓越的先进典型，不断培育榜样文化，厚植人才发展沃土。2023年，陕化集团结合陕西省委省政府及陕煤集团"三个年"活动相关部署和安排，制订下发了《干部作风能力提升年落实方案》，部署了全员"提素"系列工程，提升干部的"素质+修养"、员工的"素质+技能"，形成了追赶超越的竞争合力，建立起了公平公正、风清气正的良好工作环境。

共谋共建，巩固陕化发展新担当

在推进企业文化落地过程中，陕化集团坚持员工与企业共赢发展，初步形成了党建文化、廉洁文化、安全文化、班组文化、员工文化等企业子文化，不断创新、丰富和支撑企业文化，促进企业健康发展。一是探索建立党建文化。二是初步完善廉洁文化。三是系统建立安全文化。四是逐步优化班组文化。五是不断繁荣员工文化。

近年来，在文化引领发展的道路上，陕化集团以打造"员工幸福、同行尊重"一流化工企业愿景目标为引领的企业文化，在传承弘扬、借鉴包容、大力实施、提升创新中不断发展，为陕化集团乘势而上、实现高质量发展提供强大的精神动力和文化支撑，企业在自身获得发展、取得良好经济效益的同时，始终努力践行国有企业的政治担当和社会责任，深化文明志愿创建活动，开创了"5·12"义务献血、关爱特殊儿童、关爱老人、消费扶贫等志愿服务品牌，连续3年获评陕煤集团助力脱贫攻坚消费扶贫先进集体。集团1500多名员工注册志愿服务信息，6000多人次参与志愿服务，进行爱心帮扶和困难救助，陕化集团和员工的善举赢得了社会的广泛赞誉。

主要创造人：屈战成　贾健喜

参与创造人：丁　菲

知行合一，贵在超越

中国南方电网有限责任公司超高压输电公司贵阳局

企业简介

中国南方电网有限责任公司超高压输电公司贵阳局（以下简称贵阳局）成立于1996年，前身最早为中国南方电力联营公司超高压输变电管理局贵阳分局。目前，贵阳局负责"4交3直""西电东送"通道运行维护，具体包含500千伏变电（换流）站4座、500千伏输电线路15回共计2404千米，管辖设备送电能力共计1240万千瓦，设备资产原值约87亿元。成立以来，贵阳局累计向粤、桂输送电量超过4245亿千瓦时，向贵州省送电超过930亿千瓦时，在构建清洁低碳安全高效的能源体系、服务经济社会发展等方面发挥了积极作用。先后获得全国"中央企业青年文明号""工人先锋号""模范职工之家"和贵州省"精神文明单位"及南方电网"'五一'劳动奖状"（3次）、2016—2018年文明单位、安全生产先进集体（4次）、企业文化示范单位（2018—2020年度）等50项省部级集体荣誉，获得"贵州省劳动模范""'五一'劳动奖章""贵州工匠""巾帼标兵"等40项省部级个人荣誉。

文化内涵

贵阳局坚持"人民电业为人民"的企业宗旨，打造了"知行合一，贵在超越"企业文化实践主题。"知行合一"是方法、是品格，以执行力建设为核心，倡导"知为行始、行为知成、以知促行、知行合一"。"贵在超越"是目标、是动力，体现了贵阳局干部职工追求进步的决心和锲而不舍的意志，不断"超越自我，追求卓越"的精神和状态。持续以创建"知行合一，贵在超越"企业文化实践主题为抓手，以"明指标、善策划、遵规范、控风险、解难题、改作风"为主要内容，不断提高人员责任意识和创先意识，促进企业管理水平的全面提升。其实施路径有三：思想超越，筑牢共有精神家园；管理超越，筑牢安全生产基础；自我超越，筑牢一流企业实力。

机制与亮点

思想超越，筑牢共有精神家园

打造红色宣传阵地。建立党史学习教育"12345"工作机制，推送"党史百年天天读"200余条次，印发简报17期，举办专题宣讲5期，做到"五个结合""四个体现"。构建"一中心两阵地六班组"的矩阵式文化阵地：打造了多功能员工文化活动中心，搭建了"贵在超越"核心价值观教育基地、"贵在安全"体验式警示教育基地两个文化活动阵地，建成了6个班组文化墙，常态化开展浸润式、体验式教育活动。打造特色文化之家：在"支部建在站上"的基础上，统筹党工团活动阵地，建成了具有主责主业特色的系列文化之家——"初心驿站""知行书屋""职工小家"，开展"我为组织献一计"、文化宣讲、辅导谈心、文体活动等。通过"支部建在站上"全覆盖，急难险重任务中组建"党员突击队"，夯实基层党支部战斗堡垒作用。高坡换流站被评为贵州省"先进基层党支部"。

组建多元文化队伍。组建企业文化宣贯队伍：强化政治引领。坚持以习近平新时代中国特色社会主义思想为指引，组建精英宣讲团，推动党的二十大精神等进机关、下班组、见实效。形成三级覆盖全局的文化宣讲队伍，深入开展14期宣讲，班组培训覆盖率达100%。建立企业文化人才梯队：成立摄影、书画、文学等7个群众性文化团体，开展各类职工文化活动，多形式发掘文化骨干（如心理辅导员、工会小组长、廉政监督员等），培育了一批文化使者。

管理超越，筑牢安全生产基础

"贵在安全"，打造本质安全型企业。围绕实现人、物、环境、管理各要素的本质安全目标，系统深化"夯基础、健机制、强体系、育文化"工作模式，深植安全理念，打造贵阳局"贵在安全"的特色安全文化实践主题。强"三种意识"，安我认知。秉承"风险可控，事故可防"的安全观念，为从认知层面提高员工的风险预防和控制意识，重点提升3个方面的安全意识：风险意识、责任意识、创优意识。施"四四要求"，安我设备。设备管理做到"四必、四及时"。行"三三三制"，安我流程。作业管理必须做到"三先、三不、三到位"。通过量化安全奖励及考核等手段，提升制度执行的刚性。

"法贵于行"，提升治理能力现代化。将"依法治企"管理理念融入"法贵于行"的法治文化实践主题，通过4个维度使法治文化建设从行为"约束性"向权益"保护性"转变。推动全员学法，为践行法治提供人员支持。贵阳局不断加强全员学法，分层分级开展普法宣传和法治教育工作。领导干部带头学、统筹全局全员学、专职人员重点学，以法治"六进"为载体丰富宣传载体、创新活动形式。

"筑廉正心"，共建千里廉洁线。承接领导人员"清正廉洁"、员工队伍"廉洁从业"的团队理念，聚焦4个维度，深入推进"筑廉正心"廉洁文化建设。获得南方电网纪检工作先进集体等荣誉称号。

班组文化释放基层内生动力。承接"爱岗敬业、精益求精、协作共进、创业创效、廉洁从业"的员工队伍团队理念，各班组结合自身业务特点、工作实际和文化底蕴，形成了各具特色的班组文化：输电班组形成"先知后行，四步登高"的登高文化，从4个维度进行"登高"、实现超越，争做输电运维排头兵；安顺换流站以"安心"文化建设为实践主题，"四心"促"四安"，着力打造"安全顺心之家"，凝聚"四个心"，强化"四个安"，实现"四个零"，获评全国总工会"工人先锋号"；黎平班组以"奉献不止，追求卓越"为文化内涵，着力打造"意识给力、技能给力、执行给力、创新给力、安全给力"，形成了"不忘初心，继续给力"的"知行·给力"文化实践主题，黎平站获"贵州省国资委先进基层党组织"称号。输电管理所一项QC成果《输电线路地线融冰远程控制自动接线装置研制》脱颖而出，获得了2023年国际质量管理小组大赛的"优胜级"参赛资格。安顺换流站"安心"文化获得南方电网示范点荣誉称号。

自我超越，筑牢一流企业实力

伴随着"西电东送"主网架规模显著扩大、输送电量持续增长，贵阳局持续积淀丰富着"知行合一，贵在超越"文化的成果和内涵，切实履行着"主责主业""主业脊梁"的职责使命。

持续超越自我，在改革发展征程中拼搏突破。紧密围绕南方电网建设具有全球竞争力的世界一流企业的战略目标和路径，扎实做好战略落地。一是队伍素质显著提高。人才发展指数从30%提高到74.48%，中级及以上职称人数从69人增加到284人，技师及以上技能等级员工从63人增加到131人，技术技能专家从12人增加到25人，员工队伍数量、质量、结构持续优化。二是大力推进科技创新。近5年累计实施科技项目40个，投入科技资金5200余万元，专利有效拥有数达171项，牵头编制的《输电线路钢结构腐蚀安全评估导则》等行业标准填补了国内外行业空白。三是攻克线路融冰技术难题。贵阳局研发从第一代手动融冰接线装置到第四代基于OPGW光缆传输的地线融冰一键顺控系统，成功应用于±500千伏禄高段直流线路，综合技术性能达到国际领先水平。四是管理创新成绩斐然。率先实施部门管理规范化、班组工作规范化、量化绩效等管理工具和方法，为企业健康发展注入了强大动力，获评超高压公司首批一流标杆单位。

主动承担责任，在急难险重任务中践行使命。始终用行动坚定不移实践"勇于变革、乐于奉献"的南方电网精神。提前完成国内首个两端改三端直流工程建设。实现"生产指挥中心＋站点"一体化设备运维模式。通过LAN网延伸＋远动直采技术，在全国率先实现交直流集中监控正式运行，成为南方电网首个实现交直流集中监控的区域控制中心。通过综合防误及多源数据校验等方式，累计实现"一键顺控"准确率100%，操作效率提升50%。构建平时负责生产运行、战时负责指挥协调的三级机构生产指挥中心的实体化运作新模式。

秉持初心，在为民服务中彰显央企担当。自党史学习教育开展以来，贵阳局党委积极落实公司"五个专项实践活动"安排，结合实际，以"五张工作表单"部署推进各项任务，推动党史学习教育深入一线、深入基层。一是走廊换种，确保线路安全。积极探索、开展输电线路走廊通道换种经果林工作，结合地方政府脱贫攻坚、生态建设计划，在贵州省多个地方开展22处通道植被换种6623棵低矮果树、茶树，总面积约210亩，为沿线群众创造经济效益，形成了多方共赢的局面。二是多措并举，助力乡村振兴。贵阳局党委认真贯彻落实贵州省委省政府结对帮扶与红色美丽村庄建设的相关部署，充分利用自身优势，在帮扶红色美丽村庄建设工作中多措并举，助力乡村振兴，推动帮扶村跑出致富奔小康的"加速度"。

主要创造人：胡运重　冯艳萍
参与创造人：邓　钢　邓　茜　刘巧巧　张　杰

以文化重塑赋能企业蝶变重生

陕西宝成航空仪表有限责任公司

企业简介

陕西宝成航空仪表有限责任公司（以下简称宝成）隶属于航空工业集团，始建于1955年，是国家"一五"期间156项重点项目之一，是国内集研发、制造、检测、试验和保障为一体的机载设备骨干企业。主要研制生产机载（车载）导航系统、光纤陀螺、机电陀螺、加速度计、伺服电机、精密传感器及导电滑环等关键器件和飞行环境监视系统、民机客舱管理设备、特种制冷设备及列车轴温报警设备等，产品广泛应用于航空、航天、兵器、船舶、高端装备等领域，以航姿为代表的航空仪表类产品配套于几乎所有在役、在研飞机和其他军工领域，为国家武器装备和经济建设做出了重要贡献。

实施背景

作为中国航空机载设备研发和制造骨干，宝成研制生产的产品曾创造了我国航空史上多项第一的纪录，也先后援建包建了31家企业。因种种原因，宝成从2016年起经营业绩直线下滑，到2018年已连续3年亏损，军品订单极度不足、生产效率低下、交付严重滞后，集团供应商排名近乎垫底。2019年，宝成被国务院国资委列为16家挂牌督导的重点亏损企业之一，员工收入低、怨气重、人心惶惶、队伍不稳。在宝成生死攸关之际，上级党委于2018年底对宝成主要领导进行了调整，刘智勇临危受命任宝成党委书记、董事长。在上级党组织的关怀支持下，宝成党委坚持和加强党的全面领导，坚持党建引领举旗定向，文化重塑凝神聚气，全方位强化思想政治工作和企业文化重塑工作，使其成为推动企业扭亏脱困逆境奋起的政治保证、精神支撑和内在动力。以文化的力量引领干部员工增强打赢扭亏脱困攻坚战的必胜信心。宝成党委在带领干部员工打响三年扭亏脱困攻坚战的征程中，以航空报国精神为统领，于2021年完善形成了个性鲜明的宝成"13458"新文化理念体系。

主要做法

宝成"13458"新文化理念体系的提出

按照宝成党委的要求，文化建设主责部门对2019年以来宝成主要领导反复倡导、员工高度认同且在日常管理实践中发挥突出作用的宝成文化理念进行了系统梳理，进行了多轮的筛选迭代后形成了"13458"新文化理念体系。

诠释宝成"13458"新文化理念体系内涵

组织人员对宝成"13458"新文化理念体系中每一项理念的表述进行更为具体、精准的阐释，不仅就词语的本意解释，更做到对社会主义核心价值观的有力承接，有助于航空报国精神的有效落地。注重精神文化的挖掘，找寻企业成功蝶变的文化密码，丰富与发展宝成文化。

宣贯宝成"13458"新文化理念体系

召开宝成"13458"新文化理念体系发布会，有仪式感地隆重发布，通过微信公众号等媒体进行广泛宣传。制作《铸魂》声像专题片，更生动、更形象地阐释宝成"13458"新文化理念体系的深刻内涵，在厂区内的LED大屏幕等载体重复播放，使宝成文化理念体系入耳入脑入心。将文化理念与员工的工作生活联系起来，制作成相关文化产品，促进文化落地。在企业内刊开辟专栏"我的文化我力行"专栏，寻找宝成文化的践行案例，以文图并茂的形式讲好宝成文化落地故事。深入基层深度挖掘反映科研生产一线最有代表性、最有宝成文化精神的典型事例。编辑《蝶变》一书并发放给在职员工，人手一册。《蝶变》讲述了企业员工践行宝成文化理念的鲜活故事，从不同维度解码宝成蝶变重生背后的文化成因，在员工中引起强烈反响。主动将航空工业先进文化积极融入现代化城市格局，打造城市工业记忆，于2022年在沿街西四路建成了宝鸡市首个航空文化主题街区。充分发挥宝成思想政治工作研究会的理论研究作用，在研究会课题立项中，将宝成"13458"新文化理念体系作为企业文化课题研究立项，组织人员从理论与实践出发，着眼于宝成文化理念落地与深植的思考，进行文化研究，课题成果有理论高度和思想高度，取得了预期的文化效果。

实施效果

企业凝聚力大幅增强，提前扭亏脱困，步入高质量发展快车道

正是"13458"新文化理念体系中"创造业绩、创造价值、创造奇迹"的"三创"追求在干部员工心中生根开花，以及"五大基本理念"中"团结协作、拼搏进取、奋勇争先"工作作风的蔚然成风，使得企业凝聚力大幅增强，员工士气高涨、干劲倍增，宝成在干部很少调整、人员大幅压降的情况下，于2021年5月提前8个月完成三年扭亏脱困任务，运营质量持续大幅改善。企业依靠创新发展在带息负债规模持续下降的情况下，缴清了截至2018年底历史欠缴的9184万元养老保险，解决了职工关心的现实难题。不仅将原先经常迟发、欠发的员工误餐补助按期发放，补助金额大幅提高，并且施行了"基于盈利的增资激励"。2022年，宝成提前45天从容完成年度军品生产目标任务。公司100%完成国企三年改革任务举措，三年改革行动如期高质量收官，并且以"科研生产高效率、经营运行高质量、经营成果高效益"和"奋勇争先"的"三高一先"喜人态势步入高质量发展快车道。

"航空蓝"融入"中国红"，全面履行央企社会责任

宝成坚决履行好中国特色军工央企的社会责任，通过乡村振兴、航空科普进校园等"中国红"+"航空蓝"方式，奉献爱心，担当尽责，在地方赢得了广泛赞誉。疫情期间，宝成坚决落实中央减免租金的要求，仅2022年就为门面房租户减免了352万元租金，彰显了国企的责任和担当。多年来，宝成把吴大观青年志愿服务品牌作为传承航空报国精神的鲜活载体，持续开展志

愿服务，先后开展了"保护母亲河、关爱大秦岭"植绿护绿、"爱心义诊"、"十四运服务"、"青年安全交通岗"、"暖冬行动"、"共享单车治理"、"卫生清洁"等多项志愿服务。公司坚持开展无偿献血活动，3名员工分别被授予"全国无偿献血奉献"金、银、铜奖。组织员工参与"助力乡村振兴""共建幸福家园""关爱退役军人"等公益项目。连续开展消费扶贫，彰显航空大爱。践行绿色发展观，落实"双碳"要求，积极开展绿色达标企业（行业级）创建工作，走绿色发展之路。

企业形象全面刷新，社会影响力显著提升

自从"13458"新文化理念体系运行以来，宝成以踔厉奋发、创新变革、奋勇争先的新形象和亮眼的新业绩吸引了行业内外的高度关注。全国公开发行的《中国航空报》2021年刊发宣传宝成特色亮点的各类稿件75篇、2022年刊发83篇，在全行业同类企业中名列前茅。2022年12月26日，中航机载系统有限公司工作简报（总第134期）专题推介宝成"三年蝶变"创新举措和成功经验的综合信息《励精图治扭亏脱困、变革创新三年蝶变——宝成从国务院国资委重点亏损企业改革脱困的举措》一文，把宝成扭亏脱困改革的经验和举措及创新变革的成效在全行业作为典型进行推广，该信息受到了上级机关的认可，被中国航空工业集团公司采用并上报国务院国资委。与此同时，省市地方领导多批次前来参观调研，均对宝成的发展变化表示赞赏。宝成主动融入当地经济，积极融入区域发展，高端智能传感器研制课题获批陕西省科技厅厅市联动宝鸡市3个重大项目之一，获得专项资金支持，进一步确立了宝成对宝鸡传感器产业的引领作用。宝成"基于深组合算法的光纤导航设备项目"入选陕西省秦创原"科学家+工程师"队伍建设名单。2022年，宝成创建了新研产品兑现销售收入提成机制，出台了宝成加强科技创新的11条硬核措施，努力开辟企业高质量发展新领域、新赛道，不断塑造高质量发展新动能、新优势。《航空工业宝成百万元重奖科技创新团队》的报道在《宝鸡日报》2022年10月15日头版头条刊发，在当地引起了强烈反响。2022年，宝成获得授权发明专利12项、实用新型专利17项。获集团公司科技进步一等奖1项，获国防科技进步二等奖、三等奖各1项。负责任、有担当的央企形象进一步展现，社会关注、市场认可、员工自豪的新宝成蒸蒸日上。2022年，宝成荣获"陕西省劳动关系和谐企业""宝鸡市渭滨区经济发展奖"，公司董事长、党委书记刘智勇被授予"第九届陕西省优秀企业家"称号。

主要创造人：刘智勇
参与创造人：曾飞龙　王红霞　涂小淙　王显扬

文化传承为国企高质量发展注入新活力

中车永济电机有限公司

企业简介

中车永济电机有限公司（以下简称永济电机公司）隶属于中国中车股份有限公司，是为全球用户提供绿色和智能化电气系统的国家级创新型企业。公司坚持轨道交通电气核心技术的纵深研究和技术应用的横向拓展，让领先的电气核心技术更多地惠及社会，形成了轨道交通、风力发电为核心，工程机械装备、工业电驱业务为支柱，电力电子等多个新业务为支撑的业务结构和以西安、永济、大连为主加国内外分（子）公司的经营布局。公司是国家认定企业技术中心、国家高新技术企业、国家级创新型企业，拥有一支专业知识领衔本行业的、富有创新精神的科研人员队伍，建有国内一流的机车、动车、地铁、风电产品试验台（站），具备各种功率等级的交直流电机和变流器、功率模块及IGBT试验验证和系统联调试验能力，形成电气系统集成、新型材料应用、变流及网络控制、智能运维等技术为核心的自主化系统科技创新体系，产品出口六大洲近50个国家和地区。

实施背景

实施企业文化传承工程，有利于国有企业厚植历史底蕴，把"根"培得更茁壮，把"魂"铸得更牢固，从而增强文化自信，答好时代课题。百年中车的文化是基于共同的历史、共同的责任、共同的未来提炼而成的，红色是其最厚重的底色，服务国家重大战略是与生俱来的基因。诞生于国家"三线建设"时期的永济电机公司作为中车核心重点子公司，在"同一个中车"的文化引领下，坚持文化传承是强"根"铸"魂"、保持国有企业政治本色的必然要求，是履行央企责任担当、走好新时代长征路必然要求的高度认知，聚焦制造强国、交通强国、质量强国和美丽中国等国家重大战略，锚定"产业报国、装备强国"的时代责任，坚持"为民族铸品牌、为国家塑名片"的初心使命，持续领先、领跑，铸就大国重器，擦亮国家名片。

主要做法

永济电机公司历经半个多世纪的发展历程，是坚持党的领导、加强党建的光辉历程。2020年以来，公司在集团领导下实施"六位一体"文化传承工程，将推进司节、司书、司歌、司赋、司史、司馆"六位一体"文化传承工程列入"十四五"文化建设重点工作，通过宣贯全员性、创作文艺化、落地制度化，拓展知、信、行、恒企业文化载体和路径，构建完善特色文化建设体系。按照"讲政治不肤浅，传理念不死板，展文化不生硬，溯源流可传承"的总体思路，充分展现企业波澜壮阔的发展历史，增强历史自信；强化统一使命、愿景、价值观，以有形载体推动无形文化深入人心、释放能量，增强文化自信，强化价值创造，引导员工实现"同心、同向、同行"，激发创新活力，推进改革发展。

党建品牌＋红色文化，传承精神促发展

公司党委坚持将"党建＋"理念融合于生产经营各环节，推进党建品牌创建在基层党组织百花齐放，围绕文化传承、主题建功、提质增效等专项工作，着力打造凸显深度融合的党建品牌，建强根植生产经营的战斗堡垒，涌现出了国铁先锋、风向标、聚力领航、试金石、创新港等一系列党建子品牌。公司重点将红色文化融入党建工作，形成红色文化为基层党建工作提供思想支持和价值信仰，促进党建工作成为改革发展的"红色引擎"。一是节日固化成经典。固化以"中车日"为重要节点的品牌文化月系列活动，让唱司歌、诵司赋、学司书、观司展、学司史成为"节庆"的规定动作。二是阵地固化建体系。建立系统化的红色文化传播载体，构建"4+"文化宣传物料体系，使"六位一体"文化传承工程与时代进步合拍、与业务发展同步。三是制度固化有章法。严格落实《司歌管理办法》及《关于进一步加强中车之歌学习和使用规定》，推进司歌、司赋全员宣贯制度化。将司书、司歌、司赋、司史作为新员工入职"必修课"，将司史展览作为"青少年教育基地"的"公开课"。

思想引领＋文化供给，"六位一体"蔚然成"风"

司书、司歌、司赋一经发布，永济电机公司"一把手"带头，上下联动，多平台宣贯培训推广。一是"报、网、微、屏"融媒体平台全方位展示。二是党工团活动平台全级次联动。三是海内外延伸平台全过程融入。

传播提效＋内容提质，博采众长集"雅"意

一是线上线下相结合，广大干部员工共同参与创作，共抒奋斗之志。二是企业发动和员工自创相结合，呈现出百花齐放、百家争鸣的传播态势。三是目视物化和情感活化相结合，广泛发动管理骨干、青年员工爱好者、文艺爱好者组成义务宣传团，让文化走进一线、走进班组、走进职工小家，在寓教于乐中引导员工了解司史、共谋未来。

实施效果

一是以红色基因统一思想、昂扬斗志，提升"凝聚力"。在中车"六位一体"文化传承工程的引领下，红色文化基因在永济电机公司迸发着勃勃生机。进入新时代，永济电机公司以增强民生福祉、增强社会和谐稳定为己任，满足人民对美好生活的需求和向往，不断提供更高效、更便捷、更舒适、更绿色的生活方式。在党的坚强领导下做大做强企业，以卓越品质为轨道交通和清洁能源提供高端装备，成为国民经济发展的产业引擎，成为人民美好生活的缔造者。红色基因和特色企业文化在公司发展中提供了有形和无形的精神力量和核心价值取向，为经营发展提供了精神动力。广大干部员工凝聚成一股磅礴的红色力量，在打造"百亿元企业"上当先锋，在实现高质量发展中打头阵，在开启"十四五"发展新征程上开新局，在提质增效等重点工作中出实招，

以高质量党建引领和保障高质量发展。

二是聚焦自立、自强，加快创新驱动发展，提升"驱动力"。"复兴号"是中国向世界展示发展成就的闪亮名片，它不仅寄托着中华民族伟大复兴的梦想，也镌刻着中车深厚的红色基因和由此迸发出来的科技自立、自强的强大活力。永济电机公司始终保持昂扬的精神状态，扛起了交通强国、制造强国和建设美丽中国的重任。公司不断完善电气系统集成、新型材料应用、变流及网络控制、智能运维等技术为核心的自主化系统科技创新体系。从以轨道交通装备为核心的5个技术平台增加到以轨道交通和清洁能源装备"双赛道双集群"的39个科技创新平台。进入"十四五"以来，公司广大科技工作者坚守初心，自觉履行使命担当，不断在关键核心技术上奋力攻坚，逐步实现企业科技创新实力从量的积累迈向质的飞跃，从点的突破迈向系统能力提升，科技自立、自强基础日益厚实。其自主研制的轨道交通永磁牵引系统在动车、机车、地铁等领域实现新突破：基于永磁牵引系统的高速动车组，整车功率提升约15%，效率提升达3%；基于大功率永磁直驱牵引系统的电力机车，整车效率全速范围内提升3%以上；基于永磁直驱牵引系统的地铁列车，整车效率提升5%，节能可达30%以上。

三是聚力固"根"铸"魂"，全员同心、同行，提升"战斗力"。百年中车的文化是基于共同的历史、共同的责任、共同的未来提炼而成的。公司把企业文化传承工程同立足服务业主、立足推动高质量发展结合起来，推进企业文化建设与生产经营中心工作深度融合。坚持以凝聚人心为根本要务，顺应时代，结合实际，理念、内容、方法、手段和机制不断创新，推动改革再出发、创新再突破、发展再提升。近3年来，公司以"六位一体"文化传承工程为抓手，在精神价值引领下，不断激发出全员奋进新时代的奋斗力量。公司党建全面加强，经营发展稳中有进，改革步伐蹄疾步稳。入选科改示范企业，上榜国家级制造业单项冠军。各项深化改革举措落地，深化改革三年行动高质量收官。创新成果实现突破，"永济电机"牵引时速400千米跨国互联互通高速动车组下线；牵引"绿巨人"驶入雪域高原；牵引京张智能高铁服务北京冬奥会；牵引"复兴号"和"澜沧号"动车组联通中老铁路，助力中老铁路成为沟通世界、开放合作、互利共赢、文化融合的"友谊之路""幸福之路"……全员踔厉奋发，书写"贯彻党的二十大精神、奋进新征程"的新篇章。

主要创造人：王　娟　李　宁
参与创造人：邢晓东　郭永安　吴国庆　关国华

打造企业人本文化，助推企业高质量发展

江西台鑫钢铁有限公司

企业简介

江西台鑫钢铁有限公司（以下简称台鑫）成立于2003年，经过多年的发展，现已成为一家以生产、销售建筑螺纹钢和部分优钢为主导产品的绿色环保钢铁企业。公司坐落在赣、浙、闽三省交界的江西省上饶市广丰区湖丰镇，紧邻沪昆高速，沪昆、京福高铁在此交会，规划建设中全国南北运河干线网络"浙赣粤运河"由此穿过，地理环境优越，交通便利。公司总投资20多亿元，年产值达60亿元，年上缴税收达6亿多元。

实施背景

企业党建的引领。2021年6月，在湖丰镇党委的关心和支持下，公司党支部正式成立，公司党支部党员思想教育等工作迈上正式轨道。公司党支部成立后将在职的所有党员全部进行统计并纳入公司党支部党员花名册中。为了提高党员的政治素养，同步开始定量、定性的党员学习培训，同时还开展了"学党史、树新风"党史教育工作等。目前，公司党支部有在职党员25名，成立后培育入党积极分子6名，新发展党员向一线优秀职工倾斜。

企业高层的重视。台鑫自2003年建成到2021年完全达产的十几年来，在没有借助任何第三方金融机构资金支持的情况下，依靠企业自力更生、自身赢利、自我发展支撑运行，成为一个年产值达60亿元、年上缴税收达6亿多元且员工达1000余名的钢铁企业，究其原因，就是企业高层给这个企业注入了文化基因并形成了稳固的企业文化定势。

企业发展的需求。信息经济时代赋予了台鑫企业文化建设新的内涵，更给以人为本的企业文化建设提出了许多新的要求，企业也只有与时俱进、不断创新企业文化建设，才能建设出具有符合自身特色的企业文化，让职工的工作状态化被动为主动，提高企业的凝聚力，为实现企业的生产经营目标和持续健康发展提供强大的思想政治保障和准则支持，以此推动企业高质量的发展。

主要做法

以人为本，化企为家。台鑫将员工视为公司最为宝贵的财富，把维护好广大员工的根本利益作为一切工作的出发点和落脚点。坚持尊重人、塑造人、培养人，为人才发展提供广阔空间。积极鼓励员工有追求、有作为，解放思想，与时俱进，对事业和人生满怀信心和希望；以知难而上的勇气攻坚克难；立足岗位，脚踏实地，认真履职，建功立业，岗位成才；以开拓创新的精神

不断挑战自我，永葆匠心，投身创新，勇于超越。为此，台鑫一直聚焦企业发展和员工关心的热点、难点问题，完善企业福利待遇，倡导"创新创业、共同经营、利益共享"的企业人文文化，为职工特意打造集健身、娱乐于一体的"职工之家"，有室内篮球场、羽毛球场、乒乓球场、棋牌室、健身房、卡拉OK、休闲吧、阅读区等场地及设施，极大丰富了员工的娱乐生活。国家法定节日为职工发放礼包；职工过生日时为其发放蛋糕券，统一安排聚餐活动；组织每年一度的"台鑫运动会""台鑫好声音歌唱比赛""台鑫篮球联赛"等一系列的文体活动；建设一流的职工公寓，房间生活设施一应俱全，极大提高了职工的住宿生活品质，还为夫妻职工开设有专门的"夫妻住宿房"等。建立了包括中高层管理、党员干部、工会干部在内的党群系统各级人员下基层制度，每周拿出专门的时间走进基层第一线，了解员工所需、所想，与员工面对面、心贴心交流，切实掌握员工思想动态。针对员工提出的疑问和困难，现场能解决的问题现场答复，对不能解决的问题进行记录并与相关部门进行沟通，协调解决，积极为员工办好事、办实事。为生活困难的职工和职工家属建档，通过台鑫工会的帮扶基金进行扶持；面对职工突发的重大疾病，发动大病捐助和救助等。台鑫通过落实一系列的人本文化制度，奠定了企业文化的基石。

提质赋能，练兵铸匠。台鑫通过推进学习型组织建设，塑造产业跨界和职能整合的认知模式。以专题培训为载体，形成多层级的能力提升体系。围绕培训课题，打造学习、变革、转型三位一体的学习型组织。构建"知行合一"的学习模式，让员工改变不良的行为习惯。以"员工大讲堂"、职工书屋、网上课堂等为载体，为广大员工交流学习、提高技能搭建学习平台，完善培训体系。紧贴生产经营及转型发展的新要求，综合采取内部和外部、理论与技能、短期与长期相结合的形式，提高培训的实效性，开办各种形式的培训班，不断提高员工的技能素养。在企业内部构建工匠文化氛围，通过学习、培训、岗位练兵、技能竞赛来夯实企业工匠文化，拓宽职工的能力素养，提质赋能，助力企业发展。

实施效果

近年来，台鑫以企业文化的引领充分调动和发挥职工的潜力和管理的优势，企业效益逐年提高。2019年、2020年、2021年的销售收入分别为26164万元、151347万元、563866万元，利润分别为527万元、2088万元、14187万元，税金分别为2311万元、8283万元、58699万元。台鑫年年被评为"上饶市纳税大户"，尽力为地方经济发展注入源源不断的动力。

台鑫携手湖丰中学，共建校外实践教学基地。积极参与当地政府的新农村建设，投资约120多万元。为广丰区"一老一幼"阳光慈善捐资200万元。为助学教育捐资，捐资给广丰中学500万元，第一期300万元已到位。会同湖丰镇政府，开展"台鑫钢铁不忘初心，公益捐赠情暖校园"主题捐赠助学活动，捐赠金额约15万元。捐助支持玉山县怀玉山乡扶贫工作，金额约30万元。捐助贵州省仁怀市高家小学和福建省福州市长乐区文岭小学，金额约60万元。

开展"产、学、研"相结合，2021年3月，同上海大学签订了战略合作协议，共同成立"稀土钢铁新材料技术研发中心"；2021年12月，与北京科技大学合作致力于"电弧炉低碳智能化冶炼技术研究"（列为上饶市2021年"揭榜挂帅"项目）。2022年，台鑫开展了13个项目的研发工作，促进了台鑫的技术进步和效益的提高。

目前，台鑫拥有20项专利，另有3项发明专利处于实审阶段。此外，台鑫也是《钢筋混凝土用热轧耐火钢筋》国家标准主要起草单位之一。

主要创造人：董建霖
参与创造人：刘 桑 邓柯令 董 伟

牢记嘱托，文化赋能，
助推项目"创标杆、树典范"

中核辽宁核电有限公司

企业简介

中核辽宁核电有限公司（以下简称辽宁核电）成立于2009年，负责徐大堡核电项目的前期开发、建设和运营，由中国核能电力股份有限公司、中国大唐集团核电有限公司、江苏省国信集团有限公司、浙江浙能电力股份有限公司分别按54%、24%、12%、10%的比例共同出资组建，是中核集团和中国核电的重要成员单位。作为高新技术企业，对葫芦岛市乃至辽宁省的经济和社会发展具有重要意义。徐大堡核电项目规划建设6台百万千瓦级核电机组，总投资超过1400亿元。作为地质条件最好的核电厂址之一，辽宁核电正全力打造北方生态核电基地，其中非核心区域光伏、分散式风电分别于2016年12月和2018年5月并网发电。

以"三个培育"系统回答企业文化从哪里来

从传承红色基因中培育企业文化

辽宁核电大力宣贯新中核集团企业文化理念，探索形成了独具特色的企业文化理念，这些流淌在核工业人血脉中的红色基因传承成为辽宁核电文化之根和立业之本，全体员工因核而和、核聚使命，为成就核能和平利用和清洁能源建设的梦想而协力奋斗。

从守牢核安全底线中培育企业文化

习近平总书记对核工业、中核集团的重要指示批示精神，为辽宁核电指明了从守牢核安全底线中培育企业文化的方向，成为辽宁核电企业文化建设的思想武装。公司党委以企业发展战略为导向，以核安全文化建设为首要核心内容，从经营管理、安全质量、廉政建设、守正创新和人文关怀等子文化方面入手，积极探索企业文化落地路径及方法，以企业文化增强凝聚力、提高执行力。

从牢记嘱托使命中培育高质量企业文化

辽宁核电全体员工因核而聚，以"不求所有、但求所用、更求所为"的引智理念集聚多类型核电建设及运行人才，建立了五湖四海、缘聚一家的人才观。特别是自2021年5月19日项目开工建设以来，更是形成了以牢记总书记嘱托为初心使命、以"创标杆、树典范"为目标任务的干事创业良好氛围，其中最为坚实的基础便是随着项目阶段实际需求而不断发展的企业文化。企业文化已成为引领提升企业高质量发展、推动核电项目高标准建设，以及凝聚员工智慧力量的重要动力和源泉。

以"四个功能"系统回答企业文化是什么

辽宁核电紧密围绕企业文化凝神、聚合、赋能、塑形"四个功能"作用的发挥，在项目不同发展阶段，形成了一系列特色文化理念体系。

在企业创建时期和前期项目筹备阶段，在传承新中核企业文化理念和中国核电卓越文化理念的基础上，结合企业创建实际并围绕项目落地目标，提炼形成以"安全、唯实、创新、高效、廉政、爱心、学习、勤俭、和谐、健康"为核心的辽宁核电十大企业文化理念，为项目申请和筹备推进及厂址保护发挥了凝聚精神力量的独特作用。

在徐大堡核电项目3号、4号机组核准落地阶段，公司党委适时提出了"把本职工作做到位，把既定事情干成功，做担当尽责的辽核人"的行为理念，发出了"起步就是冲刺，开局就是决战"的项目建设号令，汇聚起全体项目建设者团结一心建设好精品标杆工程的强大合力；在项目开工建设初期，公司党委及时提炼形成六"不"六"要"特色文化理念及其行为转化清单，以文化的力量为项目命运共同体建设持续赋能。

2023年以来，徐大堡核电项目全面进入建设高峰期，迎来了3号、4号机组建安转段和1号、2号机组接续开工建设的新阶段，面临着两种堆型4台机组交叉施工的新挑战。公司党委紧密结合项目实际，提炼出"重安全、强协同、善创新、铸精品"的新文化理念，突出了坚持"安全第一、预防为主、责任明确、严格管理、纵深防御、独立监管、全面保障"的核安全管理原则，确保项目安全质量全面受控。

以"八个一"系统落实企业文化怎么建

一个顶层策划夯实企业文化体制机制

持续完善组织机构，健全完善工作机制。成立由党委书记担任组长的企业文化建设领导小组，统筹负责企业文化体系建设的研究、规划和指导工作，建立并不断完善企业文化管理体系。成立企业文化建设办公室，配备专职人员具体负责企业文化建设的协调与督促、推进和落实。建立了完整的企业文化建设网络，高效组织实施企业文化理念宣贯工作，形成了领导率先垂范、骨干配备得力、员工参与广泛的企业文化良好氛围。

系统优化领导体制。通过党建引领，建立了"党委为主导、行政为主体、各方齐抓共管"的工作体系。各党支部书记作为支部企业文化负责人，宣传委员作为支部文化联络员，高效组织实施企业文化理念宣贯工作。将宣贯落实情况纳入党建工作考核，运用内外部评价机制，通过开展企业文化建设内部自评工作，认真落实中国核电企业文化评估组对辽宁核电企业文化建设的评估指导，不断提高企业文化建设管理水平。

一个思想"领航"，持续筑牢文化根基

全面系统学。以党委中心组集体学习为牵引，学习党的二十大精神，严格落实"第一议题"

制度，引导党员干部把学习认识内化到高度自觉的政治信仰中、学习成果体现到重大工程高质量建设的生动实践中。

深入思考学。党委理论学习中心组安排集体学习研讨，密切联系项目建设实际，围绕安全生产、风险管控和创新发展等内容形成"学习贯彻－融入中心－监督检查"的闭环管控模式。

常态长效学。各党支部通过参加上级宣讲活动和讲授党课、开展专题研讨、主题党日、联学联建、进班组宣讲等多种形式，实现学习研讨常态化。

一体联建协同，文化认同助力打造命运共同体

一是按照集团公司和中国核电的指导要求，建立了以党建联建助力重大工程建设的体系机制，创新构建党建联建"大协同"网格化责任管理体制，组织联委会委员及各参建单位签订网格化管理目标责任书，不断将党建责任管理的"网格"织密织紧。二是组建"一横八纵"精品工程联合党员突击队，聚焦急难险重任务开展攻关，推动解决现场冬季施工和模块化、车间化、数字化施工及关键路径设计优化等难题。三是积极落实"一线吹哨，党员报到"工作机制，先后选派104名党员进驻现场53个作业班组，发现并解决班组安全质量隐患400余处。推进党员进项目部及委员进支部活动，取得较好成效。四是融媒体团队坚持内容为主、创新为要，优化整合现场宣传领域的人力物力资源，联合编制系列文化产品，助力实现文化认同，激发项目命运共同体的热情和干劲。

"五个一"推进企业文化宣贯落地

辽宁核电以一个展览中心、一套宣传形象片、一个微信公众号、一套文化读本、一个评优选树流程推进企业文化宣贯落地。

以"八个字"系统回答企业文化走向何方

凝神——持续点燃心中那团火。辽宁核电组织承办各种活动，教育引导广大党员干部职工传承核工业红色基因，坚定不移走好辽宁核电高质量发展之路。

聚合——持续打造公众沟通特色品牌。辽宁核电通过线上＋线下的文化沟通方式，持续营造项目建设良好氛围。派员参加中国核能行业协会第二届核能公众沟通明星演说员大赛，在央视分享公众沟通的故事，荣获"明星演说员"称号；积极申报国家级科普教育基地，宣传展览中心被中国科协评为2021—2025年全国科普教育基地……

赋能——持续助力项目"创标杆、树典范"。辽宁核电党委团结带领项目全体干部职工，以勇于探索的创新文化、风雨同舟的"命运共同体"理念、精雕细琢的工匠作风，保障徐大堡核电项目3号、4号机组建设顺利推进，开展"1+7+N"大安全管理，多渠道提升固有安全和本质安全。徐大堡核电项目3号、4号机组顺利实现安全生产标准化一级达标，QES管理体系认证成功通过。辽宁核电系统推进横纵穿透质量管理，有力促进项目高质量建设，荣获中国核电安全生产专项整治三年行动优秀单位。

塑形——不断塑造企业良好形象。辽宁核电党委引导员工积极践行社会主义核心价值观，每年捐赠资金支持定点帮扶村发展建设，支持地方乡村振兴工作；在厂址周边进行增殖放流，支持地方开展生态环境和生物多样性保护工作；公司领导每年带队走访地方福利院及光荣院，向自闭

症儿童及老红军老战士送去衣物、生活用品等物资。辽宁核电工程管理处被辽宁省总工会、辽宁省人力资源和社会保障厅授予"辽宁工人先锋号"荣誉称号。孙佳鹏先后获葫芦岛市劳动模范、中国核电前期先进个人及辽宁省"五一"劳动奖章等荣誉称号。王骥先后获辽宁省优秀科技工作者、辽宁省优秀班组长等荣誉称号。辽宁核电"王骥创新工作室"获评"市级创新工作室"荣誉称号,正式被命名为"王骥高技能人才创新工作室"。

主要创造人:陈　劲　李伟航
参与创造人:马　静　家喜荣　刘扬名

以创业文化引领企业高质量发展

鹏盛建设集团有限公司

企业简介

鹏盛建设集团有限公司（以下简称鹏盛公司）成立于2008年，注册资本50188万元。公司拥有建筑工程施工总承包壹级、市政公用工程施工总承包壹级、机电工程施工总承包壹级、建筑装修装饰工程壹级、环保工程壹级、电子与智能化工程壹级，以及矿山工程、水利水电工程、公路工程、电力工程施工、河湖整治工程、城市及道路照明、钢结构工程、桥梁工程、隧道工程等资质。公司依托"中国建筑之乡""全国劳务输出基地"江西省上饶市广丰区的资源优势，专业技术力量雄厚，施工机械设备配套齐全，是一家面向全国承接房建、机电、市政、装饰装修、环保、矿山、水利、公路、电力、地基基础、古建筑等各类工程的建筑施工企业。

实施背景

鹏盛公司总部所在的上饶市广丰区，创业文化具有深厚的历史渊源和鲜明的时代特征。鹏盛公司正是在广丰创业精神的熏陶和鼓舞下将创业文化贯穿于企业经营管理、质量控制、市场营销等各个环节，推动公司科学化、规模化、市场化高效率运行及高质量发展。

主要做法

创新企业管理，赢得效率，增强企业凝聚力

强化责任分解。明确每位管理人员应负的管理责任，每一项任务的部署、实施、完成都有具体的时间要求，保证各项工作按计划、有步骤地进行，有针对性地研究、制订切实可行的措施。

强化责任考核。在实际工作中，上级对所辖部门的下属执行责任制的情况进行认真考核，责任考核纳入总体目标并进行综合考核。

强化责任追究。谁负责，谁主导，谁担责，严格落实督促机制，坚决追究责任。

强化目标管理。每个部门制订自己部门的年度目标、季度目标，然后不断分解目标，以目标为导向，强化相关人员的责任心，达成目标、超额完成目标、未完成目标都有相对应的奖惩制度。

强化和谐氛围。创造和谐、轻松、愉快的工作环境，让每一位员工都能在工作中收获快乐和成长。推出生日会、节假日福利、季度聚餐等员工福利制度及活动，劳逸结合，通过不同形式的

活动活跃公司氛围，加强部门之间、人员之间的沟通与合作。

推行企业管理责任制和营造和谐办公氛围的同时，公司对员工进行系统的知识、技能和态度、职业道德的培训，通过举办各种技能竞赛、知识竞赛等活动，建立起全员比、赶、帮、超的学习工作氛围，打造学习型、创新型企业组织。

创新品牌建设，赢得市场，增强企业竞争力

注重品牌意识。公司不断强化建筑品牌意识，勇做提质增效的领跑者。争取做一项工程，赢一方口碑。公司承建的南京宇龙通信研发中心项目获"国家优质工程奖"，龙翔·蓝泊湾二期项目获江西省优质建设工程"杜鹃花奖"，宋城明月山千古情项目获江西省优质建设工程"杜鹃花奖"，长春市旧城改造项目获"中国市政工程优质金杯奖"，六盘水月照休闲养生谷风情街工程获"中国建筑行业优质金奖工程"，江西和烁丰项目获评2021年度江西省"质量管理标准化工程"、上饶市"建筑安全生产标准化示范工地"……

注重合作意识。公司大力推行横向联合、纵向合作，整合配置资源，先后与中铁四局、中铁二十四局、中铁十六局、中国一冶、中铁隧道、中交隧道、中铁交通、中国水利水电、中铁建工、中铁十局、中铁十八局、中国建筑、中铁四局、中铁建工、中铁二十五局、中国建筑、中铁二十二局、中铁北京工程局、中建三局等多家知名央企构建了长期密切的业务合作关系，获得了中铁隧道授予的"优秀合作方"荣誉及其他合作单位的广泛好评。

注重市场意识。公司先后在江西、黑龙江、吉林、山东、江苏、上海、浙江、安徽、福建、广东、深圳、海南、广西、云南、四川、重庆、贵州、湖南、湖北、河南、河北、新疆、陕西、内蒙古等地建立了30多家分部运营中心，承建投资17亿元的珠海斗门演艺文化中心、投资6亿余元的宋城明月千古情景区项目、投资5亿元的阳朔旅游区项目等工程，业务遍及大江南北。

创新形象塑造，赢得口碑，增强企业美誉度

鹏盛公司持之以恒地参与慈善公益活动，用实际行动回馈社会、服务民生，多年来累计为社会公益事业捐款800余万元。

助力乡村振兴。2022年2月，为洋口镇秀美乡村建设捐款100万元；2022年7月，为余干县乡村振兴捐助建设资金20万元。

助力慈善事业。通过上饶红十字会捐赠总价值200多万元的物资，荣获2021年度江西省、上饶市红十字基金会"人道博爱奉献奖"；2022年8月，为广丰区"一老一幼"阳光慈善机构捐赠10万元；2022年教师节，捐赠10万元；在全国第三十五个环卫工人节，为广丰区环卫工人捐赠物资礼品等。

助力公益事业。冠名赞助2022年广丰区全民健身"鹏盛杯"篮球赛；挖掘建筑文化，组织了2022—2023跨年度鹏盛杯"建筑的故事"主题全国征文评选活动，收到稿件950余篇，在全国范围内营造了保护建筑文化、传承建筑文化、传播建筑文化的良好氛围。

实施效果

企业品牌价值进一步彰显

先后荣获"国家高新技术企业"、"国家优质工程奖"、全国"建筑AAA级信用企业"、江西省"杜鹃花奖"、江西省"优秀企业"、2019年"江西省企业100强"、2019—2021年江西省"民营企业100强"、2021年度江西省"名牌企业"、江西省"省级企业技术中心"、江西省"守合同重信用单位"、2020年度苏浙赣皖沪（五省）"质量月"质量品牌故事演讲大赛三等奖、第四届"上饶市市长质量奖"、2021年度上饶市"骨干企业"、2022年度上饶市"民营企业100强"、上饶市"优秀企业"、上饶市"文明单位"等称号。先后获得了江西省第六届全面健身运动会足球赛上饶赛区亚军、2022"迎冬奥暨上饶卫校附属医院杯"篮球赛冠军、"上饶市第五届运动会热心支持单位"等荣誉。

企业人才队伍进一步壮大

现有建造师107人，其中一级注册建造师57人、二级注册建造师50人。具有工程技术和经济管理职称人员187人，其中高级职称26人、工程师120人、助理工程师41人。

企业经营效益进一步提升

企业连年中标项目总金额达30亿元以上，从江西省民营企业100强跃升至江西省民营企业50强。

主要创造人：陈武崇　陈　晟
参与创造人：苏承文　吕李晔　叶　欣　刘小琳

文化"重塑"与"融合"激活发展新动能

北大医药股份有限公司

企业简介

北大医药股份有限公司（以下简称北大医药）是新北大医疗产业集团核心成员企业，2021年1月，平安集团通过平安人寿控股新方正集团，北大医药成为旗下成员企业。公司拥有近60年医药制造历史，主营业务为药品研发、生产及销售，目前拥有药品批文多达145个，拥有全国独家原料药产品2个、首仿药13个及多个优势批文。重点产品涵盖抗感染类、镇痛类、精神类等多个重点领域，构建起从药品销售、医药流通、医院集采到供应链托管等覆盖全国的医药销售网络和高效的医药流通体系，是国家创新型试点企业、国家火炬计划重点高新技术企业、国家"两化"融合示范企业、重庆市技术创新示范企业、重庆市专精特新企业。

实施背景

2018年，公司新的经营领导班子重新确立企业战略方向，确立北大医药为"具有国际化能力的仿创型医药科技企业"的战略定位，紧密围绕"重医药工业战略，优化调整医药商业"工作基调，带领全员集中力量打赢"扭亏为盈"攻坚战。公司将企业文化内涵进行重大调整，提出"创新、责任、信任、努力"的核心文化理念，实现与企业战略匹配协同，融入技术研发、战略引进、生产扩能、安全生产、品牌打造等各项业务，以此破除企业"僵、散、弱"等不利局面，凝聚全员思想共识，提升工作效率，为企业发展提供有力软实力支撑，推动企业发展脚步稳扎稳打。在新股东平安集团进驻以后，充分吸纳其新价值文化体系，将"价值最大化""一荣俱荣、一损俱损""专业创造价值""以结果为导向"等诸多优秀文化理念融合于现有文化，为公司创新发展提供源源不断的精神动力。

主要做法

加强文化体系顶层设计，确保文化"重塑"关键要素落地

加强组织保障。成立以公司"一把手"带头的企业文化领导小组，明确企业文化建设各项职责，组织、部署企业文化"重塑"及"融合"工作，领导小组下设办公室，由专人负责开展工作。

建立文化载体。公司内部创建"文化视界"企业文化传播载体和平台，展示员工"好故

事",正向传播企业文化,传递企业文化"好声音",增强企业文化氛围,提升员工归属感。

强化文化课程。在内部平台推出线上培训课程,通过"线上线下相结合、内训外训相结合"等多种渠道为员工提供各类业务、制度、文化等学习课程。通过打造学习型组织,建立一支高素质的员工队伍,为公司改革和发展提供不竭动力。

打造文化 IP。打造北大医药特色企业文化 IP,推出官方吉祥物,打造小北加油站、小北表情包、小北文化礼品等文化 IP,深受员工喜爱,成为维系员工情感的重要载体。

通过文化"重塑",推动技术创新结新果

一是发挥创新精神,持续挖掘老产品内生潜力,拒绝普通仿制药复制,加强项目布局从立项到验收的研发管理体系建设,建立高效、以结果为导向的成果评价机制;二是打造创新研发平台,依托公司"重庆市精神药物工程技术中心平台"开展新产品研发,掌握关键核心技术,完成了一线精神类药物新品种奥氮平片的自主研发;三是将公司的"创新、责任、信任、努力"文化融入研发管理制度,持续完善激励机制,激发人才创新活力,打造具有信任感、责任感、使命感的研发团队。通过企业文化的践行,真正将"创新"融入研发实际,务实拼搏,攻坚克难,从最紧迫的药品一致性评价到普通仿制药的创新开发,逐渐过渡到挑战高难度制剂,有效实现了创新研发、团队协同、高效沟通的业绩输出,让公司研发团队决策更高效、合作更默契,激发出研发创新活力。

通过文化"重塑",激发生产管理新效能

近年来,北大医药深入推进文化"重塑"工作,以企业优秀内核文化为引领,有的放矢引进新鲜文化因子,在原有企业文化的基础上,对现有文化体系进行整合,逐步塑造有利于实现企业管理现代化的新文化体系。围绕各项经营业绩指标,逐层分解针对性制订考核办法。积极通过管理模式创新、提升员工业务技能素质、降本增效节能降耗等多层面举措建立有力保障体系,实现绩效考核全覆盖,进一步释放职工创新活力,激发企业新效能。通过把文化"重塑"与生产经营工作紧密结合,公司实现了企业文化的精准落地,提升了内、外软实力,干部职工的精神面貌和思想作风有了根本性的转变,进一步促进企业生产经营工作取得良好效果,逐年完成公司各项生产经营年度指标,企业活力及员工潜能得到进一步提升。

在安全文化方面,北大医药高度重视安全文化理念建设,大力推进"全员安全生产责任制"建立,坚持"安全第一、预防为主、综合治理"的安全生产方针,明确所有层级、各类岗位人员的安全生产责任,开展安全风险分级管控和隐患排查治理双体系建设,推进"两单两卡"及班组安全建设活动,覆盖率达 100%。通过制订一系列安全规章制度、强化安全文化教育培训、推进安全隐患排查、构筑安全管理责任体系等相关措施及方法,将安全意识和安全文化扎根于企业发展之中,积极推动员工思想从"要我安全"到"我要安全""我会安全"的转变,为企业高质量发展创造平稳有序、健康活力的安全环境。

通过文化"重塑",焕发品牌内、外新活力

文化"重塑"离不开员工的参与,员工是企业文化建设的见证者、参与者与推动者。通过文化活动、践行社会责任等促使文化与品牌相辅相成,增强了企业内聚力和品牌影响力。

品牌文化活动。公司每年至少开展一项与业务融合的企业文化品牌活动,激发组织活力。2018 年,北大医药开展"持续创新,创造价值"活动;2019 年,组织"我为产品 show"活动;

2020年，聚焦22项项目全员降本增效，将降本理念深入到每位员工心中，取得近500万元的经济成效；2021年起，通过文化融合系列活动讲述每名员工在每个岗位的动人故事，文化精髓深植员工内心……系列品牌文化活动生动诠释了公司与员工的积极形象。

践行社会责任。责任是北大医药企业文化的重要组成部分，公司将"做有高度责任感的中国医药企业"作为责任文化塑造的重点，在创造企业价值的同时积极践行着医药人的初心。2021年，捐赠药品物资驰援河南抗洪救灾，帮助灾区人民共渡难关；2022年，捐赠资金助力北碚水土街道乡村振兴，积极组织志愿者看望乡村留守老人与儿童……

和谐企业正能量。困难时期，公司承诺不降薪、不裁员，传递企业人文关怀；每年走访慰问困难员工，带去组织关爱和问候，落实企业员工子女升学奖励……在温暖与关爱中构建和谐企业，点滴之中尽显北大医药卓越的文化品质。

文化融合促效益。2022年，随着平安集团入驻公司成为新的股东，文化"融合"成为公司核心重点工作之一，北大医药切实将相关优秀文化融入公司各条线，通过"文化'融合'+学习、文化'融合'+活动、文化'融合'+践行"的形式，多管齐下，从思想到行为深入践行文化"融合"，引领全员深植文化内核。文化"融合"的精髓悄然渗透到每名职工，公司上下一心，发展呈现新活力，实现了企业价值与员工价值的良性循环与统一。

多媒体联合传播。着力搭建多维度、多方位的企业传播载体，利用官网、微信公众号等多个宣传平台，让品牌宣传与文化传播互为依托、共生共响，每年发布稿件150余篇，积极做好公司舆论引导。

实施效果

北大医药"创新、责任、信任、努力"文化的"重塑"深耕与践行价值最大化等文化"融合"的精粹内涵，根植在企业发展的血脉之中，促使优秀文化与经营管理相互交织、相互驱动，为公司健康高质量发展提供有力支撑，助力公司生产经营逆势而上，业绩大幅增长。在全体员工的共同响应与实施下，产生了和谐统一、休戚与共的经济效应、社会效应和品牌效应。

北大医药自2016改制以来，营业收入从2亿元增长到10亿元，利润从亏损增长到盈利近5000万元，公司实现扭亏为盈并使得盈利指标持续攀升。随着公司综合经营业绩、品牌文化影响力的不断提升，连续获得了2020中国化学制药行业成长型优秀企业品牌、2020中国化学制药行业"两化"融合推进优秀企业品牌、2020中国化学制药行业抗感染类优秀产品品牌（注射用头孢曲松钠）、2021中国化学制药行业精神系统类优秀产品品牌（奇比特®盐酸丁螺环酮片）、2021年重庆市专精特新企业、2022重庆制造业百强等多项殊荣。

主要创造人：袁平东

参与创造人：袁艺元　何溟昊　曹露月

以文化深度融合推动国企重组质效倍增

唐山冀东水泥股份有限公司

企业简介

唐山冀东水泥股份有限公司（以下简称冀东水泥），成立于1994年，1996年在深圳证券交易所挂牌上市。公司被誉为"中国水泥工业的摇篮"。业务范围涵盖水泥制造、环保处置、技术服务、砂石骨料、矿粉、外加剂等业务。熟料产能1.1亿吨，水泥产能1.7亿吨，位列全国第三、世界第四。布局国内13个省（自治区、直辖市）和南非。公司产品广泛应用于人民大会堂、奥运场馆、中国尊等标志性建筑及京港澳高速、京沪高铁、大兴机场、"南水北调"等国家重点工程，为水泥工业进步积累了宝贵经验，为民族工业发展和国家经济建设做出了突出贡献。曾获"全国'五一'劳动奖状""河北省文明单位"等多项荣誉。

实施背景

2016年，为深入落实京津冀协同发展国家战略和供给侧结构性改革要求，北京金隅集团和河北冀东发展集团成功进行战略重组，组建了全新的冀东水泥。重组初期，面临一系列亟待解决的问题：管理机制上的差异、企业文化上的冲突、员工心态上的疑虑等。如何迅速统一员工思想、形成发展合力成为保障重组效果的关键，成为检验企业改革发展成败的关键。重组以来，冀东水泥党委认真分析研究这一重大课题，坚持以习近平新时代中国特色社会主义思想为指导，以党建为引领，以文化融合为先导，凝聚了推动企业发展的思想基础和精神力量，保障了改革发展各项工作的平稳有序进行，实现了国有企业保值增值，为建材行业高质量发展和经济社会建设做出了积极贡献。

主要做法

坚持党的全面领导，系统推进文化深度融合

冀东水泥党委深入贯彻全国国有企业党建工作会议精神，坚持将加强党的领导和完善公司治理体系有机统一，所有全资、控股企业第一时间全面完成党建入章程工作，明确了党组织在公司治理结构中的法定地位。坚持"双向进入、交叉任职"体制，基层企业基本实现了党组织书记、董事长（执行董事）"一肩挑"。迅速实现党的组织全覆盖，党组织工作机构和党务人员配备到位。将党组织的政治优势、组织优势有效转化为公司治理优势，为各项工作的顺利推进奠定了坚

实基础。在推进文化融合过程中，冀东水泥建立了党委领导下的文化建设机构，公司党委每年两次专题研究企业文化建设，明确年度工作重点和建设方案，制订了完善的考核评价保障、制度保障、人才保障及物质保障措施，形成了党委统一领导、宣传部门牵头、各部门配合、人人参与的工作格局。冀东水泥及所属各企业党组织书记为企业文化建设的第一责任人，承担企业文化工作各方面的责任，为文化融合的顺利推进提供了坚强保证。

聚焦文化共通点，增强文化融合同心力

北京金隅集团和冀东水泥都是建材行业有历史、有影响力的国有企业，在各自发展历程中都形成了深厚的文化积淀。要实现融合，必须最大限度地挖掘两者之间的共通之处，发掘内在相连的血脉。北京金隅集团和冀东水泥在文化理念上有很多相通之处，为此，冀东水泥提出了"关键在继承、重点在融合、核心在发展"的推进思路，把两大集团的优秀文化进行组合、调整、优化，使之更能适应企业发展需要。重组之初即在北京金隅集团核心文化体系的引领下，结合发展历史和未来需要，建立了子文化体系，提出了"创享美好生活"的价值使命，"建设国际一流的科技型、环保型、服务型建材产业集团"的愿景目标。组织开展了"文化融合年"系列活动，凝聚思想共识，推动两大集团文化快速融合。近年来，持续做好文化融合提升工作，大力宣贯整合发展、契合发展、创新发展、高质量发展战略理念，引导广大职工从思想深处增强了身份认同、价值认同、情感认同。

选准融合切入点，激发文化融合驱动力

推动企业高质量发展是文化融合的核心要义。冀东水泥在加强集团化管理过程中，将企业文化有机融入生产经营管理全流程，建立了符合社会主义核心价值观、契合公司价值理念和经营实际的管理制度和工作标准，促进两大集团生产、经营、管理各环节的深度融合。

统一管理体制。规范了组织机构、职务职级和管理方式，统一营销管理、统一品牌管理，提高了集团的管控力度。

统一文化标识。冀东水泥在北京金隅集团的文化手册和视觉识别系统的基础上，充分总结、提炼，编制了《冀东水泥视觉识别手册》，全面统一了企业标识、标准色等元素及包括这些元素的建筑物、设备设施、宣传栏、文化用品、交通工具、代理商门楣和对外宣传、广告等介质上的应用，统一了基层企业工装制式，实现企业内、外部形象的高度统一，提高了企业的文化辨识度。

规范行为习惯。冀东水泥围绕文化的导向、凝聚、约束、激励、协调功能，建立了与北京金隅集团核心价值观有机统一的行为规范体系，贯穿于安全生产、经营管理、客户服务、社会责任等各方面，使企业文化更好地服务于企业发展。不断丰富和完善《员工行为手册》，深入开展员工行为规范教育活动，形成了想干事、会干事、干成事、不出事、好共事的鲜明行为风格。通过统一行为规范，增强了企业的凝聚力、向心力，打造了有追求、活力的职工队伍。

把握宣传节奏点，汇聚文化融合向心力

企业文化建设是具体的、实践的系统性工程，冀东水泥注重构建良好的传播机制，不断丰富传播形式、传播手段，逐步形成传播快捷、覆盖广泛的文化传播体系。《人民日报》、新华社、央视等国家级媒体对公司重组经验、绿色发展成就、国际产能合作等工作进行了报道，提高了冀东水泥的文化软实力和影响力。

通过重大社会活动传播企业文化。积极参与脱贫攻坚，常年派驻驻村第一书记，通过教育、就业、消费、捐赠等多种手段助力打赢脱贫攻坚战，被评为北京市扶贫协作先进集体。通过参与重大社会活动，在传播企业价值理念的同时提升了干部职工的自豪感和荣誉感。利用"国企开放日"等契机，邀请市民走进企业厂区，展示了公司绿色、环保、现代的气质形象，改变了水泥企业在大众心中的传统形象，有力提升了公司的知名度和美誉度。

注重文化动情点，增强文化融合渗透力

冀东水泥深入贯彻以人为本的发展理念，把增强员工归属感、获得感、幸福感作为企业文化建设的出发点和落脚点，打破传统企业文化建设过度聚焦文化理念重构的窠臼，注重激发员工的积极性、主动性和创造性。

改善环境振奋人。按照北京金隅集团专项管理达标的要求，指导各企业不断改善职工工作、生活环境，通过身边环境的变化，坚定了员工对企业发展的信心。

素质提升培育人。将文化理念融入人才引进培养全过程，树立重实干、重实绩、重创新的用人导向。加大人才教育培训力度，近两年，通过轮训班、专题研讨会、行业论坛等多种形式，累计培训1.6万人次。仅过去一年，就有31名优秀年轻人才走上重要岗位。

安心工程温暖人。各基层党支部普遍建立了沟通帮扶机制，注重加强与一线员工的经常性沟通，倾听员工的呼声，尽力为员工排忧解难，把企业文化理念落实到业务工作的方方面面。从员工身心健康、劳动保护、节日福利等方面入手，更好地保障员工的合法权益。高度关心弱势群体，建立困难员工档案，坚持送温暖工作的制度化、常态化，增强了企业的向心力，提升了员工的归属感。

文体活动凝聚人。组织参加北京金隅集团"金隅冀东一家亲"文艺会演节目排练和选拔3052人次，指导各企业因地制宜开展寓教于乐的文体活动，持续开展以担当、敬业等为主题的篮球、羽毛球、乒乓球、"乐跑"、插花、书画等文化体育活动，既增进了企业文化的传播，也丰富了员工的精神文化生活，提升了员工的幸福指数。

实施效果

冀东水泥通过扎实有效的企业文化建设，充分发挥生产经营建设的"助推器"、凝聚职工行动的"导航器"、创建和谐企业的"减震器"、维护员工稳定的"稳压器"等4个作用，为企业改革发展提供了坚强的保障。冀东水泥保持稳健发展，为"十四五"高质量发展奠定了坚实基础。

主要创造人：孔庆辉　李　沂
参与创造人：田大春　王海滨　涂志刚　董　宁

文化引领，创新求变，"赛美"更美，
打造世界一流绿色智能供应链物流科技公司

重庆长安民生物流股份有限公司

企业简介

重庆长安民生物流股份有限公司（以下简称长安民生物流）是专业的智慧物流与供应链平台服务商。公司成立于2001年，注册资本1.62亿元，主要股东为中国长安汽车集团有限公司、民生实业（集团）有限公司、美集物流有限公司。

统一思想，打造一家"有灵魂"的世界一流供应链物流科技公司

把企业文化建设提到战略高度。2016年，长安民生物流在股权调整后，第一时间组织召开愿景发布暨战略实施启动大会，发起了一场文化再造行动。经新一届公司管理层反复研讨，从无到有搭建了长安民生物流首套文化体系——"CM1615"领先文化体系。

增强企业文化覆盖面的广度。"CM1615"领先文化体系中明确了1个文化定位、6个核心理念和15个经营管理理念，将公司领先文化的核心理念融入经营管理的各个环节，旨在用领先超越的精神助推长安民生物流事业领先。

加深全员文化认同的深度。几年来，长安民生物流的"CM1615"领先文化理念体系逐渐深入人心，越来越多的员工主动学习文化，为文化所感染，不断转变思想观念，提升职业素养，成为"给我一个舞台，还你一个精彩"的代言人。

与时俱进，不断更新迭代。新时代催生新思想，新征程呼唤新文化，长安民生物流与时俱进，结合当前发展实际，修订完善了"以客户为中心、以结果为导向、以贡献者为本"的CM1710"赛美"文化理念体系，对企业文化的落地实践进行了丰富和完善。发布CMAL1515"赛美"文化五力模型，成为文化落地的有力抓手。"赛"是"激情与创新"，"美"是"专业与高效"。"赛美"既是CMAL的谐音，又体现了长安民生物流"创新物流服务、创造美好生活"的初心与追求。"赛美"文化就是赛"执行"之美、赛"创新"之美。近年来，长安民生物流的"赛美"文化不断得到客户、合作伙伴及社会各界的认可，连续两年荣获中国企业文化管理协会"党建＋企业文化先进单位"称号。

化无形为有形，让企业文化看得见、摸得着、觉得好

科学管理，全面落地"四个现场文化"。在"赛美"文化的牵引下，长安民生物流构建党建、安全、精益、服务"四个现场文化"，通过战略图、卡、表等方式科学管理文化，推动公司48个单位全面落地。一是以平衡记分卡、"两板一图"等为抓手落地党建现场文化。二是以三年专项整治行动计划为抓手落地安全现场文化。三是夯实生产班组及职能科室基础建设，促进精益改善文化有效落地。四是以服务领先大整顿、大提升为抓手落地服务现场文化。

人人参与，全员践行"赛美"文化。一是党委班子带头践行，通过参与企业文化考试，结合自身经历宣讲文化等，争作"赛美"文化的第一执行者。二是全员身体力行，彰显员工的责任与担当。三是彰显社会责任。认真贯彻落实中央乡村振兴精神，严格按照上级单位消费帮扶工作要求，采取多种方式，加大帮扶力度，顺利完成全年帮扶计划，2022年直接资金帮扶60万元，定点消费帮扶20.64万元。2022年8月重庆山火期间，所属企业长足飞党员先锋队及公司党工团志愿者10余人接力支援重庆山火灭火、捐赠物资等工作。四是与合作伙伴同行，将"赛美"文化融入合作伙伴当中。组建两江物流产业联盟（现已注册为两江物流协会），吸纳汽车产业链上下游企业共计约40家，有效促进政企沟通。积极响应国家"双碳"号召，率先在汽车物流行业研究构建碳足迹数字管理平台，二氧化碳排放总量同比降低6%。参与制订绿色物流行业标准2项，成为中物联绿色物流分会副会长单位。

处处"赛美"，选树标杆汇聚合力。一是加强劳模引领。创建李想劳模工作室并获两江新区授牌，充分发挥先进典型在业务领域的骨干作用。二是拓宽先进覆盖面。通过设置"'赛美'之星""CMAL最美志愿者""'赛美'青年"等奖项评选，形成以全局性榜样带动区域性榜样的宣传氛围。三是发动全员发现"美"。在公司内部连续开展五届"'赛美'秀"文化故事活动，打造出长安民生物流特有的"'赛美'秀"故事品牌，形成了"先进更先进，后进赶先进"的浓厚文化氛围。同时将写故事、讲故事特色活动在集团内推广，组织承办了兵器装备集团公司第一届文化故事暨演讲比赛并积极组织参加历届文化故事活动，荣获"讲好兵装故事创作基地"和"优秀组织单位"等集体奖。

久久为功，文化氛围日益浓厚。一是党委牵头抓落地。二是群团共振添活力。三是宣传引导氛围浓。几年来，长安民生物流"赛美"文化品牌愈发响亮，500余次被央视新闻、《人民日报》、新华网、《重庆日报》等权威媒体关注。

文化也是生产力，以文化企，助推公司"五高"发展

长安民生物流积极探索以"客户为中心、以结果为导向、以贡献者为本"的"赛美"文化，创造价值，分享价值，助推公司朝着"高技术、高活力、高效率、高品牌、高质量"发展。

文化统一思想，战略方向一致。以"赛美"文化为引领，在公司内形成了"一致目标、一个声音、一个方向"的文化认同感。一是发布"十四五"规划，为长安民生物流的发展明确了方向，确保"1136敢创事业计划"全面落实。二是以文化凝心聚力助推改革，全面推进公司布局优化和结构调整、混合所有制改革、股权激励等改革工作，为公司改革发展提供强大的思想保障和

文化驱动力。三是发布"服务领先"战略，以省心、省时、省钱、增值的"三省一增"服务目标为基准，践行"放心托付、及时响应、精准交付、总体最优、定制服务"五大承诺，为客户提供更加贴心、真心、诚心、亲心、倾心的服务体验。

发展高速推进，转型升级中新生。以"持续改善，精益高效"的精益与运营理念为引领，实现物流系统服务价值最大化。一是坚持以客户为中心的端到端流程建设，以汽车产业链的订单到交付端到端流程为顶层输入，构建有效贯通全价值链的业务流程，实现整体效率最优。二是把科技强企作为长安民生物流发展的战略支撑和"头号工程"，成功探索无人仓储、立体库、无人牵引车、智慧物流实验室等。立足核心技术自主可控，发布自主开发平台CUDP1.0，自主开发5个应用系统。全年数字经济实现收入6亿元，成功通过国家高新技术企业认定。三是全面打造精益体系运营管理、全程信息化、多式联运无缝链接、全产业链运营的"四大核心能力"，为客户量身定制一体化物流解决方案，坚定不移由传统物流向智慧化物流升级。成立3个研究院、设立两个博士后工作站，累计申请知识产权155项，拥有有效专利89项，拥有软件著作权66项，位居行业领先地位，成为国家知识产权优势企业。

全员信心满满，汇聚强大合力。以"给我一个舞台，还你一个精彩"为引领，激发全员为"爱"付出，为"家"奋斗。一是建立市场化机制，推进任期制和契约化管理，建立正向激励为主的"6+3"干部激励约束机制，建立灵活反应和高效运营的敏捷型组织。二是开展"四支队伍"建设和"四百"人才工程，实施"灯塔计划""领航计划"等，大力培养、选拔优秀年轻干部。三是抓好智慧物流学院建设，不断强化"3+X"大培训、大认证，全员综合素质大幅提升。

主要创造人：谢世康　陈虹余

参与创造人：邓　刚　林　静　袁　媛　官钰柔

实施"三项工程"，建设优秀企业文化

国网山东省电力公司莒南县供电公司

公司简介

国网山东省电力公司莒南县供电公司（以下简称莒南县公司）隶属于国网山东省电力公司，现有员工919名，担负着莒南县47万户客户供电服务工作。至2022年底，有500千伏、1000千伏变电站各1座，管辖35千伏~220千伏变电站20座，变电总容量2718兆伏安，配变4000余台；10千伏及以上供电线路209条，全长3218千米。总资产10.1亿元，营业收入12.6亿元，2022年售电量20.66亿千瓦时。

实施背景

近年来，莒南县公司以"建设具有中国特色的国际领先的能源互联网企业"为战略目标，践行"人民电业为人民"的企业宗旨，不断继承和传承国网优秀企业文化，实施文化铸魂、文化赋能、文化融入"三项工程"，守正创新，建设优秀企业文化，不断提升职工的创造力、凝聚力、战斗力，推动各项工作创先争优。

主要做法

实施文化铸魂工程，筑牢引领之根

国有企业文化的最大优势在于党的领导，在于企业文化发展根植于党建全过程。莒南县公司实施文化铸魂工程，坚持用党的最新理论、最新思想引领企业文化，在文化学习、传承中彰显文化力量。

政治文化引领企业文化。公司党委坚持不懈用习近平新时代中国特色社会主义思想凝心铸魂，严格落实"第一议题"制度。成立中共莒南县委党校供电公司分校，分批对党员培训，提升党性修养，坚定理想信念。弘扬沂蒙精神，传承红色基因，开展"沂蒙红·颂光明"宣讲，到山东省人民政府旧址等爱国主义教育基地开展红色教育，不断强化"第一身份""第一职责"意识。自拍微电影《铁血渊子崖》《第一团支部》，传播红色文化，引领党员坚定政治信仰，激发干事创业热情。

弘扬中华优秀传统文化。建设道德讲堂，分讲学区、实践区、学习区等5个区域，按照唱歌曲、讲故事等5个规定环节，定期开展道德讲堂，传播道德文化，弘扬道德风尚。加强职业道德建设，正心修身、立德树人。建成史艳霞剪纸工作室，传播非遗文化。坚持以史育人，建设"万家灯火"教育室。大力宣传20世纪80年代全国闻名的山东莒南筵宾供电站"万家灯火"做法，赓续电力红色基因，增强员工文化自信，激发爱党爱国爱企热情。

推动思想政治工作与文化建设有机统一。用好思想政治工作"传家宝"，建设思想政治教育中心，包含党性教育馆、党建创新工作室、精神长廊、文化长廊等，列入临沂供电红色地图，组织员工学习交流，迎接内外部交流人员上千人次，成为全员党性教育学习场所。开展"思政润心"行动，在党支部设立思想导师，建立"三级思想充电站"，构建"三级谈话体系"，开展全员谈心谈话活动，采取"一对一""到现场""家访"谈心谈话方式，倾听员工心声、贴心答疑解惑，帮助有困难的员工解决实际困难，引导干部群众不断增强政治认同、思想认同、情感认同。

实施文化赋能工程，凝聚发展之力

企业文化影响企业精神面貌，渗透于企业经营发展的方方面面，是企业凝聚力和创造力的重要源泉。

传播时代新风，提升文明素养。建设新时代文明实践站，定期开展新时代文明大讲堂，常年开展新时代文明实践活动，培育和践行社会主义核心价值观，传播新思想、新政策、新文化、新技能，发挥凝聚员工、引领群众的载体作用。

做好电力先行官，架起党群连心桥。公司成立彩虹共产党员服务队和13支分队，明确职责和服务内容，深化"五项"服务，常态开展"彩虹连心·先锋先行"行动，开展"宜商三电·四进大走访"活动，走访客户40余万户，总结应用"一电、二册、三快、四勤、五心"工作法，广大队员主动服务，用心用情当好客户"电管家"，彰显共产党员先锋本色。

弘扬主旋律，传播正能量。大力选树一线先进典型，每年开展"我身边的好青年""我身边的劳模""我身边的好人"等评选活动，涌现出山东省劳模滕立学、山东好人之星纪磊等先进模范人物。建设百米文化长廊，包含党建、安全、服务、创新、道德、传统文化等内容，拓展员工风采展、阅读角、荣誉角等区域内容，以文育人，处处充满正能量，员工在春风化雨、润物无声中接受文化洗礼。

实施文化融入工程，奠定争先之基

实施文化融入工程，将企业文化融入生产经营工作中，增强文化认同，提升文化自觉，激发企业内生发展动力。

将企业文化融入中心工作。立足生产经营各专业，开展"文化+安全、文化+创新"等工程，实现企业文化与生产经营同频共振。组建文化创新柔性团队，常年开展文化创新活动，结合工作实际，推进安全文化、服务文化、廉洁文化等专业文化建设，建设党建文化创新工作室、好人工作室、创新实训工作室、班组文化角、廉洁文化墙等文化阵地60多个，以文化创新带动思维创新、实践创新，破解生产经营难题，促进中心工作高质量发展。

将企业文化融入班组建设。开展企业文化进基层、进班组、进站所活动，聚焦电力保供、优质服务等工作，坚持以点带面、整体推进，开展"亲情助安"、文化进家庭等活动，先后建设文疃供电所等4个基层企业文化示范点、营销部"四室一长廊"文化亮点工程、坊前供电所等班组的6个10分钟文化课堂成果，发挥示范辐射作用，推动企业文化深入基层、深入人心。

将企业文化融入创新管理。建立起党委、支部、班组三级文化工作体系，建设公司、单位、班组三层文化阵地，建立起文化创新工作"五个一"机制，将文化创新团队并入公司创新联盟，激发员工首创精神和创造潜能。

实施效果

管理效益

文化建设成为企业发展动力源泉，文化创新工作室孵化成果22项，筵宾供电所"万家灯火"红色文化、变电检修班"五常"实践安全文化、坊前供电所"善小"文化被广泛传播。五星级供电所通过国网公司复验，7个供电所完成数字化改造，4个基层单位荣获临沂市供电系统企业文化示范点，2项10分钟文化课堂成果被国网山东省电力公司下发通知交流学习，1项文化成果荣获山东省企业文化优秀成果一等奖，1项思政成果荣获山东省思政研究成果一类研究成果，1项案例获电力行业文化创新优秀案例。公司荣获"山东省思想政治工作先进单位""电力行业文化品牌影响力企业"，连续19年保持"山东省文明单位"。

经济效益

全员践行"努力超越、追求卓越"的企业精神，将企业文化建设和中心工作紧密融合。指标不断提升，移动作业终端应用率、线上办电率实现100%，电能表轮换率100%，变电设备保持零故障，配网智能化联络率、标准化配置率均提升至100%。实施带电作业2600次，增供电量705万千瓦时，推广"无证明"极简办、"物流式"透明办，7个供电所20次入选国网公司同期线损建设百强供电所。公司荣获"国网公司先进集体"。

社会效益

圆满完成冬奥会、春节、党的二十大等重大政治经济活动保电29次，连续10年实现除夕夜台区不停电，连续安全生产4000多天。高压业扩送电245户、11万千伏安。"三省""三零""三免"减少客户投资540万元。光伏装机容量24.3万千瓦，结算光伏扶贫补贴421万元。500千伏沭河变电站顺利投运。新时代文明实践站被临沂市授予全市首批新时代文明实践站先进典型。承办交流会26次，受到了各级领导和社会各界的好评。公司荣获"富民兴鲁劳动奖状""全国电力行业党建品牌影响力企业"。

主要创造人：杨金伟　刘　松
参与创造人：唐　军　张峻寓　朱　健　朱亚楠

以专题形势任务教育机制加强员工的目标责任及融入意识

中车成都机车车辆有限公司

企业简介

中车成都机车车辆有限公司（以下简称成都公司）始建于1934年，现为中国中车股份有限公司（以下简称中国中车）与其下属的中车青岛四方机车车辆股份有限公司（以下简称四方股份）的合资公司。主营业务为高速动车组高级修、城际动车组造修、市域列车造修、城轨地铁车辆造修、中低运量轨道交通车辆（现代有轨电车、悬挂式单轨、跨座式单轨等）造修、铁路客车检修和精品专列改造等。公司位于成都市新都现代交通产业功能区，占地面积72万平方米，注册资本9亿元，资产总额58.50亿元，现有员工1800余人。

实施背景

为扎实推进公司形势任务教育工作，为进一步将宣传思想工作与公司改革发展、主营业务深度融合，成都公司构建专项形势任务教育机制，使形势任务教育真正做到"入脑入心入行"，达到教育员工统一思想、明确目标、凝心聚力、发挥作用的目的。

主要做法

内容梳理分类。党委宣传部整合各专业归口管理部门的形势任务教育资料。一是从"党建""经营""生产""安全环保""质量"5个方面整理分类，避免形势任务教育内容的重复。二是使用通俗易懂、贴近员工的文字描述"形势"与"任务"，严禁提报"高大上"的理论及"高不可及"的目标，要从"命令式"指标分解转变为从分析实情出发，注重责任的传递。加强员工对形势任务教育的理解与"入脑入心入行"。三是宣传内容要求与员工的生产、生活息息相关，以员工"想了解""感兴趣"为突破口，进行形势任务教育内容梳理，如本季度公司总体生产任务、员工职业发展通道、目前铁路行业的社会大环境等内容，提升员工自行学习了解的氛围，提高形势任务教育的感染力。

宣贯方式多变。规定各党支部、各单位宣贯形式的多元化与区别化。一是结合实际分层级、多方式地宣传教育到位。分层级是指通过召开部门领导专题会、业务室会议、班组级会议（班前讲话）、部门级全员会议进行宣贯，多方式是指通过党支部"三会一课"、党工团活动等形式进行宣贯并做好记录。二是针对公司技管人员、技能员工，明确指出需要了解的范围与内容，对本身工作、生活无关的内容可了解，但不做任何强制性要求。三是宣贯人员不特定为各单位形势任务宣传员，应根据不同场合、不同会议由会议、活动的第一组织者结合会议及活动主题宣讲相关内容，避免"填鸭式"宣贯方式。

专项教育突破。各专业归口管理部门要根据国家、集团、公司的相关要求实时开展专题形势任务教育。在开展形势任务教育前，要根据专项形势任务教育方案做好顶层设计，在公司特殊时期、特殊事件过程中要开展及时性形势任务教育。

"六种质量文化"专项形势任务教育。为强化全员质量意识，深化"质量优先"经营理念，进一步促进"六种质量文化"的"入脑入心入行"，成都公司有序开展"六种质量文化"形势任务教育，制订专项方案，通过质量文化宣传、实施人员培训、完善工作机制、优化激励方法、开展质量文化主题活动等，发挥"文化带动意识、意识带动行为、行为带动质量"的引领作用，通过"身边的事教育身边的人"，强化"以案促改"效果，增强员工熟悉"六种质量文化"、公司"质量优先"的经营理念，为公司高质量发展夯实基础。2022年，《"六种质量文化"的践行者》员工故事获评成都市优秀奖。

"用匠心雕琢精品"专项形势任务教育。结合四方股份《关于开展"用匠心雕琢精品"主题宣传教育活动的通知》要求，为进一步落实公司党建"引领促进年"和工作会议要求，深化践行"勇于担当、追求卓越"企业精神，深入培育"用匠心雕琢精品"共识与行动，深入打造党建"金名片"，全面助力企业生产经营各项工作扎实推进。公司以"匠人说——大师主题宣讲""员工说——全员主题分享""产品说——精品样件展示""案例说——质量意识提升""故事说——故事征集展评""行为说——全员行为提升""业绩说——赋能企业发展"共"七说"多形式、多样化开展"用匠心雕琢精品"主题形势任务教育，以小见大，引导员工思想统一。

公司发展和经营成果专项形势任务教育。公司宣传册和宣传片是记录公司发展和经营成果精华的重要载体，是对外展示良好形象和综合实力的重要载体。党委宣传部经过前期调研，同时联动各职能部门，围绕公司发展、产品特色、技术创新、产业带动、售后服务等方面，集思广益商讨改版升级思路：以"轨道交通高端客运装备全生命周期系统解决方案提供商"为主题，围绕产品链、技术链、制造链、供应链、服务链为核心部分，穿插公司历史、荣誉认可、体系保障、未来发展等内容。宣传册以简洁直接、主次清晰、精炼提升为设计风格，以"中车红"为主色系，以工业灰为辅助色，塑造制造业硬朗感；宣传片运用气势恢宏的产品外观和厂区风貌与特效动画穿插植入，展现顽强拼搏的创业精神和硕果累累的发展成果，塑造行业领先的企业形象，彰显企业奋发前行的气势，以极具特色和感染力的视觉效果和鲜活内容引导职工统一思想、凝聚力量。

员工故事专项形势任务教育。持续弘扬"勇于担当、追求卓越"的精神，结合公司深度融合、市场开拓、提质增效、质量优先、精益管理等重点工作，将员工故事征集与典型选树相结合，从优秀员工、劳模和标杆中输出一批具有代表性、典型性的员工故事，诠释"中车之道"，为推动公司高质量发展提供支撑。"人在哪儿，宣传思想工作的重点就在哪儿"，充分利用各级新闻媒体和宣传平台，全面展示一线干部员工在工作中的务实作风和责任担当。制作共产党员标杆、公司劳动模范、先进女职工、杰出青年、致敬劳动者等海报，利用通勤车站台、LED屏展示。编制、发布专题报道，展示一线员工奋勇向前、坚守岗位、精益求精、努力奋斗的工作画面，引导广大员工向劳模典范学习。

公司经营重点专项形势任务教育。编制下发《2022年公司宣传关键点工作计划》，结合公司主营业务新突破等情况，围绕公司制度、员工福利等内容进行宣传。围绕公司动车、城轨市场需求、发展方向、对促进"建圈强链"和省、市经济发展的意义等，宣传报道CRH6型城际动车组资质获取、成都地铁19号线亮相，在人民网、中国经济网、《四川日报》、四川电视台、《成都日报》、《成都商报》等30余家新闻媒体进行刊登。

实施效果

对公司形势任务的关注度逐渐提高。员工逐渐增加了对于形势和任务的关注度，形成了员工知形势任务、员工聊形势任务、员工懂形势任务的良好氛围，员工对目前公司的形势与任务的掌握程度显著提高。

对公司高质量工作要求的达成度逐渐适应。"六种质量文化"在公司全范围、全员"入脑入心入行"。2022年，无一般C类及以上质量责任事故、城轨车辆运营服务事故等，12项质量指标全部完成设定目标；城轨业务全年开行列车实现兑现率100%、准点率99.99%；客车检修业务综合排名全国第一，顾客满意度排名行业第二；质量损失率持续低于0.2%，处于行业领先水平。

主要创造人：刘佳薇　王子禾
参与创造人：魏雨昕　李唱畅　同晓阳　王　傲

以文化建设助推
新时代城市公共交通高质量发展

重庆城市交通开发投资（集团）有限公司

企业简介

重庆城市交通开发投资（集团）有限公司（以下简称集团）于2009年组建，主要负责重庆市中心城区公交、轨道、枢纽、铁路等交通基础设施投融资建设、运营管理和资源开发，是全国首家集公交、轨道、铁路、出租、索道等多种交通出行方式为一体的公益性、服务型市属国有重点企业，受到交通运输部的高度肯定。集团整合组建以来，在重庆市委市政府的坚强领导下，坚持解放思想、改革创新、转型发展的工作思路，全面贯彻落实公交优先发展理念，以"建设人民满意的城市交通"为目标，推动"创新城市智慧交通，提供最佳出行服务"建设，着力打造便捷、安全、舒适、高效的公共交通系统，公共交通基础设施建设取得了快速发展，安全运营服务水平显著提高，综合实力明显提升。截至2022年12月，集团拥有公交集团、轨道集团、枢纽集团、铁路集团4家骨干子企业，全资、控股企业48户，参股企业45户，员工51078名，基层党组织584个，党员9533名，资产总额超过3500亿元。集团一体化成效越发显著，拥有地面公交、出租等常规公共交通营运车辆10000多辆，开行公交线路780余条，其中社区巴士线路214条、小巷巴士线路28条；轨道交通运营里程478千米，运营里程全国排名第八；已投用公交站场144处，进场率为51.9%；升级改造公交轨道一体化换乘站点130个，轨道站点100米内换乘公交基本实现全覆盖。集团形成了以轨道交通为骨干、地面公交为主体、站场节点为支撑、其他交通运输方式为补充的城市公共交通综合运输体系，每天为567万人次市民提供出行服务，是重庆城市公共交通建设和运营管理的主力军。

强化思想引领，用习近平新时代中国特色社会主义思想凝心铸魂

一是在加强理论学习的制度化上下功夫。集团坚持把学习、宣传、贯彻习近平新时代中国特色社会主义思想作为首要政治任务，建立健全科学合理、具体实在、切实可行的制度，不断优化党委会"第一议题"、党委理论学习中心组、"三会一课"制度，用好用活定期通报、列席旁听工作机制，落实"八有"要求。严格落实《党委理论学习中心组学习计划》《意识形态工作要点》等工作计划，推动集团理论学习制度化。

二是在加强理论学习的规范化上下功夫。按照"学习要精，学有所用"的要求，集团党委围绕党的重大方针、重大政策等，精心确定学习主题，狠抓学习内容落实。切实在学习中统一思想、统一行动，不断增强班子凝聚力、战斗力。

三是在加强理论学习的多样化上下功夫。集团党委坚持把理论学习与特色宣讲相促、相融，先后邀请重庆市委宣讲团成员等专家教授党课、做专题辅导20余次。精心组建集团党委书记为组长的"党的二十大精神"宣讲队，创新打造"劳模、工匠、技能大师"大讲坛宣讲品牌，推动"党的二十大精神"进企业、进班组、进工地、进学校，累计开展宣讲500余场，"青年大学习"网上主题团课取得实效，切实在边学边讲中推动党的创新理论走深走实。

强化文化赋能，汇聚推动新时代国企高质量发展的强大动力

一是强化内部治理能力。集团始终以"建设人民满意的城市交通"为目标，深入开展企业文化创建工作，将企业文化创建工作与集团中心工作同频共振，把企业文化创建工作列入集团工作报告，纳入党建工作要点、宣传思想文化工作要点、党委理论学习中心组学习计划等，将精神文明创建纳入党建考核，发挥考核的指挥棒作用，强化创建工作落地，切实提升集团软实力、影响力，不断提高城市公共交通文明程度，努力为新时代新征程新重庆建设做出更大贡献。

二是强化人才队伍建设。集团始终坚持党管干部原则，树立选人用人的正确导向，不断选优配强各级企业领导班子，推动干部能上能下、能进能出，形成能者上、优者奖、庸者下、劣者汰的良好局面。牢固树立人才是第一资源的发展理念，积极弘扬企业家精神，大力选拔培养优秀年轻干部，不断构建人才"引育留用"全链条机制。加快推进全员素质提升工程，充分发挥群团组织优势，常态化开设岗位练兵、技能比武、继续教育等专题培训，持续培养锻造适应城市交通发展新形势新要求的高水平战略科技人才、青年科技人才和高水平创新团队，切实提高素质干部人才队伍支撑高质量发展。

三是强化改革成效落地。国企改革三年行动圆满收官，对标世界一流管理提升行动成果丰硕。大力推动隐性债务化解，多渠道开展融资工作，加强金融风险监测预警处置机制。提升企业治理效能，深化子企业业务分类管理机制，加强参股企业日常管理，推动合规管理体系建设。全面深化数字化转型，推进轨道智慧车站标准研究及编制，完成轨道集团COCC投用和数据接入，应急联动指挥中心成功投运，实现决策分析、应急指挥、便民服务功能一体化运行。成功获评交通运输部"全国交通运输行业文明示范窗口"和"重庆市文明单位""重庆市乡村振兴示范企业""全国'五一'劳动奖章""重庆'五一'劳动奖章""重庆市最美产业工人"等荣誉奖项。

强化文化融合，加力推进企业文化工作与业务发展深度融合

一是营造"一主多元、百花齐放"的文化氛围。集团注重发挥所属单位文化创建的积极性，鼓励和支持基层单位探索创新符合自身实际的企业文化体系，激活各层面文化活力，加快建设"轨道上的都市圈"，优化打造"公交上的生活圈"，T198红岩巴士、单轨2号线"列车穿楼而过""开往春天的列车"等"网红景点"已成为重庆一张张靓丽的城市名片，形成百花齐放、百

家争鸣新格局，丰富提升集团企业文化创建体系。

二是企业文化与思想政治相融合。坚持以社会主义核心价值观引领企业文化建设，积极推进企业核心价值体系构建，运用各种有效载体和多种形式，传承弘扬国有企业优良传统和作风，加强企业文化宣贯，培育家国情怀，增强应对挑战的斗志，不断丰富具有集团特色的企业核心价值理念，形成以城市交通一体化为使命和"创新城市智慧交通，提供最佳出行服务"的美好愿景。干部员工对企业的认同感和归属感不断增强，团结奋进、干事创业的氛围愈加浓厚。

三是企业文化与党建品牌创建相融合。集团以提升组织力为重点，将企业文化与党建品牌创建深度融合，构建党建品牌矩阵，所属企业"铁"字号、"生态岛·智慧行"等一批党建品牌发挥作用，持续推进"攻坚克难突击队"实践锻炼机制，以重点项目、重点工程、重点岗位和"急难险重"任务为依托，大力开展党建品牌创建活动。各级党组织战斗堡垒不断筑牢，党员先锋模范作用得到有效发挥，打造基层党建示范点4个，创建党员先锋岗416个、党员责任区1656个，基层党组织、党员干部的创造力、凝聚力、战斗力显著提升，为集团文化建设提供了有力的组织保障。

四是企业文化与精神文明建设相融合。以文化活动为抓手，充分利用重要传统节日、重大节庆纪念日，广泛开展文体活动、文明志愿服务等干部员工乐于参与、便于参与的群众性主题实践活动，让员工都参与进来，共同成长、共同进步，增强沿着中国特色社会主义道路实现中华民族伟大复兴的坚定信心。所属轨道集团联合成都轨道集团开展"成渝双城记，交通向未来"青春票卡设计大赛，以青春之名助力成渝地区双城经济圈建设、城市轨道交通事业高质量发展。引导组织开展短视频原创比赛、书法摄影比赛、篮球比赛、拔河比赛、职工运动会、女职工"新重庆，新气象"摄影比赛等文体活动近200场，丰富职工精神文化生活，全面增强职工归属感、获得感、幸福感。

主要创造人：吴家宏　赵学建
参与创造人：林永盛　陈伟红　王建勋

以"蒙古马精神"涵育优秀特高压企业文化

国网内蒙古东部电力有限公司内蒙古超特高压分公司

企业简介

国网内蒙古东部电力有限公司内蒙古超特高压分公司（以下简称内蒙古超特高压公司）本部位于"中国马都"锡林郭勒盟，成立于2012年，主要负责内蒙古"四交四直"超特高压（锡林郭勒盟－山东、蒙西－天津南、锡林郭勒盟－胜利、蒙西－晋中交流，锡林郭勒盟－泰州、上海庙－临沂、扎鲁特－青州、伊敏－穆家直流）及新能源配套站（线）的运维检修工作，运维区域分布于内蒙古自治区的呼伦贝尔市、通辽市、锡林郭勒盟、鄂尔多斯市4个（盟）市地区。所辖变电站（换流站）12座，其中1000千伏变电站3座、±800千伏换流站3座、±500千伏换流站1座、500千伏风电汇集站5座，变电总容量6864.32万千伏安；所辖输电线路共73回，回长3159.258千米。特高压设备规模在国家电网系统排名第二。现有员工681人，平均年龄29.5岁，30岁以下青年员工443人，占比65%。

实施背景

把握根本遵循，贯彻党的二十大精神的必然要求

党的二十大报告中强调，弘扬以伟大建党精神为源头的中国共产党人精神谱系。"蒙古马精神"扎根于深厚的草原文化，形成于中国特色社会主义新时代，是以爱国主义为核心的民族精神和以改革创新为核心的时代精神深度融合的智慧结晶，是中国共产党人精神谱系的重要组成部分。作为关系国计民生和国家能源安全的国有重点骨干企业，大力弘扬"蒙古马精神"，涵育优秀的特高压企业文化，在新时代新征程中更好满足经济社会发展用电需要，是内蒙古超特高压公司的使命所在、职责所在、价值所在。

勇于攻坚克难，保障企业高质量发展的内生动力

处在新的发展阶段，内蒙古超特高压公司面临新职责、新城市、新班子、新机关等一系列重大变化，踏上新时代、新征程，大力弘扬"蒙古马精神"，在企业改革发展进程中展现忠于职守、甘于奉献、吃苦耐劳、一往无前的精神状态，发挥强大的号召力和感染力，以优秀企业文化引导广大干部职工积极担当作为、勇于攻坚克难，对于推动企业高质量发展具有十分重要的意义。

绘就美好蓝图，创建一流超特高压公司的现实需要

内蒙古超特高压公司作为内蒙古自治区重要的能源安全保障企业，立足自身实际，提出创建国内一流超特高压公司的奋斗目标。有了奋斗目标，就要一往无前、善作善成，需要广大干部职

工像蒙古马一样，保持昂扬向上的精神状态和百折不挠的奋斗精神，拿出无所畏惧、勇往直前的冲劲闯劲，通过驰而不息的艰苦奋斗，把发展蓝图变为美好现实，助力把内蒙古自治区建设成为我国北方重要生态安全屏障、国家重要能源和战略资源基地。

主要做法

以舍我其谁的头马担当打造一马当先、引领冲锋的第一方阵

强化政治统领、凝心铸魂。内蒙古超特高压公司把学习好、贯彻好、落实好习近平新时代中国特色社会主义思想和党的二十大精神作为首要政治任务，以党建引领保障企业文化建设，成立企业文化领导小组，压紧压实各级党组织企业文化建设责任，形成党委统领顶层设计、党建责任部门统筹管理、业务部门专业承载、基层组织细化落地的企业文化建设工作格局。

强化干部示范、引领带动。在机构优化过程中以"伯乐相马"的眼光和胸怀，坚持新时代好干部标准和国有企业领导人员20字要求，把通过"急难险重"任务、关键吃劲岗位和重点工程项目磨砺锻炼的优秀年轻干部，特别是有思路有激情有办法、善于育新机开新局的"千里马"选配到关键岗位上。前移党建阵地，建立班子成员"五必去、一常去"常态化下基层督导调研机制，领导班子带头上一线，基层党支部书记常驻一线，将"给我上"变为"跟我上"，带着职工干，做给职工看，确保党中央的大政方针和上级决策部署不折不扣贯彻落实到基层，确保不偏移、不延迟。

强化全员教育、入脑入心。不断拓展思想教育的深度和广度，将学习传承"蒙古马精神"纳入党员及员工教育培训计划。在系统开展培训的基础上采取内外结合、理论夜校的形式开办"党员先锋大讲堂"，由优秀党员干部、基层业务骨干代表、国家电网系统党的二十大代表、行业安全生产技术专家进行授课，宣讲政治理论、专业创新体会、行业前沿发展、专业技术技能等主要内容，通过不同层级、不同角度、不同专业的宣讲，赋予"蒙古马精神"更丰富的时代内涵和在企业落地践行的现实意义。

以一往无前的奋斗姿态彰显不达目的、绝不罢休的决心意志

内蒙古自治区新建多项特高压交直流工程，加快建设以特高压为骨干网架的坚强智能电网。作为内蒙古自治区特高压送出通道的运营者，内蒙古超特高压公司深刻认识、准确把握自身在内蒙古自治区发展大局中的使命任务，不待扬鞭自奋蹄，主动走在前、扛大旗，提出建设国内一流超特高压公司目标，加快建设安全管理体系和现代设备管理体系，全面打造政治功能强、设备管理强、运维技术强、创新发展强的超特高压公司，将"蒙古马精神"一往无前、革故鼎新、锐意进取的精神特质融入公司发展目标。

久久为功，争创"五个一流"。内蒙古超特高压公司明确"创建一流"的发展目标、主要任务和实施路径，对2022—2035年工作目标进行长期规划，每年动态修订落地实施方案，每月通报任务完成成效，以日拱一卒的韧劲努力在安全管理上创一流、在设备管理上创一流、在人才培养上创一流、在科技创新上创一流、在经营管理上创一流。

驽马十驾，不达目的决不罢休。紧紧围绕"创一流"目标，狠抓工作落实，加强纵向和横向沟通交流，关注任务节点完成进度、质量与目标计划的偏差度，分析原因，及时协调解决遇到的

问题。修订完善专业管理办法，强化精准投资，科学安排项目内容及投资计划，加强项目执行情况和效率效益的跟踪检查、分析评估，提高资金投入产出效率。加强过程管控，定期总结成效，持续改进提升，一步一个脚印、一年一个台阶，努力把宏伟蓝图转化为现实成效。

以吃苦耐劳的坚强韧劲锤炼快马加鞭、真抓实干的能力本领

以"蒙古马精神"锤炼队伍品质。在内蒙古超特高压公司电网大发展大跨越、践行使命大担当大作为、精益管理大变革大突破、旗帜领航大融合大跃升的10多年历程中，"蒙古马精神"的丰富内涵已成为广大干部职工吃苦耐劳、顽强斗争、艰苦创业的真实写照，也逐步内化为干部员工的精神特质。

以"蒙古马精神"创造优秀业绩。在世界上首次实施1000千伏高抗整体移位，大幅缩短消缺检修时间，调相机热工保护迁移成为国家电网系统首批试点。2022年，在国家电网系统27家超高压公司评比中，内蒙古超特高压公司全业务核心班组建设成效与北京检修公司并列第一名。成立以来，先后获评中央企业先进集体、国网公司文明单位、国网公司红旗党委、内蒙古自治区"五一"劳动奖状、内蒙古自治区先进基层党组织等荣誉。培养出全国工人先锋号、全国"五一"劳动奖章、中央企业最美职工、国网公司劳动模范、内蒙古自治区北疆工匠等240多个先进集体和个人，广大先进典型以实际行动传承"蒙古马精神"，取得良好的工作业绩。

以万马奔腾的争先氛围凝聚努力超越、追求卓越的奋进力量

注重典型培养和选树。把选树宣传先进典型作为锻造员工队伍、创造一流业绩的重要抓手，确立"培养范围有广度、重点选树有高度、持续培养有深度"的选树培育思路，将安全生产工作作为硬性条件，加强先进基层党组织、党员服务队、企业文化建设示范点、青年安全生产示范岗建设和先进典型人物的培养和选树。

注重凝聚群团力量。立足公司生产经营特点，制订年度文体活动计划，组织开展演讲比赛、乒乓球比赛等活动，因地制宜开展"电力那达慕"职工趣味运动会，将体能训练、专业技能提升与文体活动充分融合，扩大参与范围，切实提升青年职工体能水平、业务能力和团队意识。

注重"内质、外形"建设。总结提炼公司成立以来广大干部员工在特高压建设投运、运维检修保电、"五站五线"投运消缺、"迁址入锡"等不同关键时间节点和急难险重任务中践行"蒙古马精神"的生动实践，着力培育优秀企业文化。围绕公司"创一流"安全管理、设备管理、人才培养、科技创新、经营管理、党建引领等方面的工作亮点，统筹开展主题传播，全面强化"内质、外形"建设，以优秀企业文化引领广大干部员工围绕"创一流"目标接续奋斗。

实施效果

发扬了地域特色，地方与企业认同感持续提升

内蒙古超特高压公司将"蒙古马精神"在企业文化中形象化、具体化，推动了中心工作任务高质量完成，得到广大干部员工及发电企业、锡林郭勒盟行政公署等相关方的全面支持与认同。公司强化内蒙古自治区特高压外送通道建设运维和广大员工担当作为的先进事迹被中央权威媒体多次报道，地方和企业认同感持续增强。

塑造了良好形象，企业文化内涵底蕴显著增强

以内蒙古超特高压公司成立10周年为契机，总结提炼企业文化内涵，文化底蕴持续增强。积极开展媒体走进特高压、媒体蒙东行等主题宣传活动，深入宣传内蒙古超特高压公司干部员工践行"蒙古马精神"的生动实践，塑造了责任央企的良好品牌形象。

促进了提质增效，有力保障了企业高质量发展

内蒙古超特高压公司通过以"蒙古马精神"涵育优秀特高压企业文化，将企业文化建设融入生产经营各个环节，取得明显成效。锡林郭勒盟特高压及新能源配套站线成为全球首个交直流混联、风火打捆系统，公司连续10年高质量完成特高压站年度检修任务，直流能量可用率97.89%，高于目标值2.89个百分点，特高压交直流线路持续保持"零跳闸"和"零闭锁"，累计外送电量5736亿千瓦时。圆满完成冬奥会、党的二十大等重大保电任务。

主要创造人：毛光辉　晁岱峰
参与创造人：陈远东　崔士刚　李广杰　朱文佳

"实效执行"文化落地"三部曲"的实践与探索

安徽华电六安电厂有限公司

单位简介

安徽华电六安电厂有限公司（以下简称六安公司）隶属于中国华电集团有限公司，位于六安市裕安区高新技术开发区内，是安徽省西部电网的重要支撑电源，也是目前在皖西规模投资最大、最早且唯一的煤电能源央企。六安公司二期项目为两台660兆瓦超超临界燃煤机组，由华电国际电力股份有限公司控股、六安市产业投资发展有限公司参股建设，分别于2014年5月17日和2014年7月31日正式投产发电。

实施背景

六安公司"同心"文化自2005年提出以来，"思想同心、目标同向、管理同步、价值同创"的"同心"文化理念伴随着企业不断发展壮大，对提升职工队伍士气起到了积极作用，"同心"文化倡导全体职工心往一处想、劲往一处使的思想已深入人心。随着企业生产经营逐步稳定、管理逐步完善、机构人员逐步健全，作风不实、执行不力等"大企业病"逐渐浮现。为此，六安公司通过建立"实效执行"文化，最大限度地提升企业的向心力、凝聚力和创造力，提升企业的相对竞争力，使工作效率提升、经济效益上升、企业稳定发展。

主要做法

践行"实效执行"文化与宣传引领相结合，提升思想认同，让大家想在一起

方法1：宣传引领法。利用公司网站、OA通知公告栏、各类工作群和微信公众号四大新闻舆论宣传阵地，把"实效执行"的理念向生产经营中贯彻，使员工认知、认同。已组织开展38期"企业发展大家谈"和33期"大家每周谈安全"活动，引导职工主动思考、主动表达，营造干事创业与和谐奋进的企业氛围。召开5场"我为群众办实事"座谈会，党委班子与一线职工面对面交流谈心，搭建党组织与职工的"直通车""同心桥"。

方法2：典型案例法。积极宣传大抓执行、大抓落实的价值主张，通过在企业内部媒体开设抓执行的专栏，宣传企业关于提高执行力的相关要求、各部门抓执行的经验做法，树立典型人物、典型事件等方式，营造良好的实效执行氛围。通过讲好发生在职工身边的事作为宣传点，以故事案例教育职工、感召职工、带动职工，从而凝聚干事创业的正能量。

方法3：能力模型法。六安公司针对党员干部，总结提炼"十六字要求"和"十四种能力"。要求党员干部对内做到"自律、担当、作为、公正",对外做到"共赢、合规、长久、清爽";加强"引领动员、组织落实、总结评价、'抓班子、带队伍'、'想干事、能干事、干成事、不出事'、营造氛围、沟通协调、团结共事、标准转化、示范表率、调研查缺、汇报事项、推动工作、牵头配合"的"十四种能力"锤炼,推动干部切实履行"抓班子、带队伍"责任,提高"想""能""韧""守"的能力,切实做到"想干事、能干事、干成事、不出事"。针对运行人员,总结提炼"四不伤害、四不损坏、安全意识、规范两票、三制执行、岗位分析、案例解读、参数对比、异常汇报、巡检查缺"10种技能。针对维护人员,总结提炼"四不伤害、四不损坏、安全意识、安全交底、安全监护"5种技能,用好"安全交底和安全监护"两个清单,打造"作业和设备"两个环境,最终实现设备"零缺陷"。针对综合管理人员,总结提炼"风险防控、规范合规、归集坚守、协调沟通、归纳纪要;解读宣贯、配合公正、分析研判、律己维护、准确快报"10种技能。持续在中心组学习、公司年度会、调度会、专题会等各种场合对能力素质进行讲解,把党员干部这支推动企业各项工作的中坚力量引领好、打造好,使党员干部队伍整体素质能力有较大提升。

践行"实效执行"文化与企业管理相结合,方法措施科学,让大家聚在一起

方法1:全员协作法。通过"人人有事干、事事有人管,人人有指标、岗岗有责任",提升全员责任意识,避免"有人干、有人看、有人扯"的形象,为"政治生态优"打基础。发挥绩效考核的引领激励作用,杜绝"让步管理",践行"实效执行"文化。

方法2:对标管控法。六安公司立足《制度建设提升年活动方案》,结合实际,将"星级企业创建"与"创一流"工作有机结合,以"7+2"(即7个专项"创一流"方案、2个覆盖全面的对标表)的创建管控模式扎实开展工作。从同一区域、同一设备型号、集团最优3个维度选取了6家同类型电厂、21项指标建立了一、二级对标体系,在区域3个厂选取了48项指标建立了3级对标体系,实现了"创一流"对标管理提升的指标全覆盖。以"对标工作清单"为抓手,深化落实"创一流"行动方案,创建工作要实现按月梳理、按月分析、按月通报。立足已建成的对标管控体系,加大对电量、负荷率、供电煤耗、综合厂用电率等关键指标的对标管理力度,加强指标过程监测,确保对标发现的问题立查立改。加强关键性指标的对比分析,对偏差较大的数据及时组织相关责任部门认真分析,优化节能措施,杜绝只通报、不分析、不跟踪等现象的发生。

方法3:智能科技法。利用物联网、工业互联网、大数据、人工智能、工业机器人、虚拟现实等高新技术加强信息管理和服务、清楚地掌握生产流程、提高生产过程的可控性、减少人工干预、及时正确地采集生产过程数据,从而科学地制订生产计划。物资管理平台荣获集团公司2021年管理创新成果二等奖,是区域各基层单位唯一获奖项目。

践行"实效执行"文化与干事创业相结合,增强事业认同,让大家干在一起

第一步:提高认识。接到一项复杂的任务,需要别的部门或人员配合时,首先分析一下大家对这项工作的认识程度。只有认识到位了,才有行动上的自觉。第二步:措施精准。一份好的方案措施有3个标准:可执行、全过程、面面俱到。可执行就是能执行下去;全过程就是从任务的一开始到最终结束都要考虑到,就像一个完整的电影剧本。第三步:引领交底。方案措施做好了,牵头部门或负责人要按照任务分工表,对需要别的部门或人员配合的工作进行引领交底。引领交底务必做到两个明确,即任务标准和完成时间要明确。第四步:保障落实。践行"马上就

办、办就办好"的工作作风。破除惯性思维，克服陈规陋习，摒弃低水平思考、低质量做事、低效率执行，坚持高标准严要求，立说立行，说到做到，在迅速落实中早见成效。第五步：监督评价。以"风气正不正、工作实不实、完成好不好、标准高不高、问题多不多、是否可持续"6个方面为检验一切工作的标准。用好监督评价，用考核激励机制倒逼各级领导干部干起来、实起来。

实施效果

干部能力素质全面提升

以深化"三项制度"改革为重点，持续推进人才优化配置，坚持"业绩导向、同岗竞比、一线历练"的原则，公平、公正、公开选聘人才。在"青年英才""5421"等人才培养和岗位晋升基础上，制订《职位职级、岗位序列管理办法》办法，建立以职位价值和员工业绩为导向的职位职级、岗位管理体系，畅通人才发展通道，促进人才快速成长。开展干部考察和部门主管推荐考察工作，选拔任用5名中层干部和3名部门主管，进一步加强了干部队伍建设和人才梯队建设。

企业氛围和谐，人心思进

广大党员从党史学习教育中汲取奋进力量，以高度的政治责任感和强烈的历史使命感，细化安全生产各项工作，确保了中国共产党成立100周年期间安全生产稳定和电热可靠供应。公司精心准备的4个节目在安徽公司"百年党旗红，追梦新时代"职工文艺会演中受到一致好评，展现了公司职工的激情活力和昂扬风采。公司党委首次荣获六安市先进基层党组织，受到六安市电视台专题采访。1个党支部获集团公司"示范党支部"，3个党支部获安徽公司"示范党支部"，党组织建设全面进步、全面过硬。实施"三清"企业创建"六进六查六提升"工程，积极构建"四位一体"信访监督渠道和"四个一"廉洁教育平台，企业氛围持续和谐向好。

企业文化得到繁荣丰富

在"同心"文化的引领下，六安公司的"实效执行"文化得到繁荣加强。4个分支文化和子文化如同向外延伸的树叶和枝头，不断吸收阳光和雨露，让"同心"母文化成长成为一棵参天大树，构建了富有六安公司特色、系统规范的企业文化体系。

主要创造人：周　海　曾　毅

参与创造人：陈石磊

构建创新开放的企业文化，助推企业快速发展

池州港远航控股有限公司

企业简介

池州港远航控股有限公司（以下简称池州远航）成立于 2007 年，是香港远航集团与安徽省港口运营集团共同出资设立的合资企业。主要从事港口码头建设和货物装卸、存储、保管、中转、运输及发展现代物流产业业务，是交通运输部长江重点港口、国家一类开放口岸、国家 4A 级物流企业、国家高新技术企业和安徽省重点交通运输企业。企业现有江口、牛头山和梅龙 3 个港区，已投入运营码头泊位 12 座，年货运综合通过能力 6000 万吨，年集装箱通过能力 10 万 TEU。2018 年 7 月在香港交易所上市。经过 10 多年的建设和发展，实现了年吞吐量由不足 100 万吨到 2900 多万吨的跨越，年均增长 25.3%，成为长江上发展最快的港口企业之一。其多项经济技术指标已连续多年位于长江重点港口前列，被业界誉为长江上的"人均强港、文化名港"。企业先后荣获全国、安徽省优秀外资企业，全国交通运输系统企业文化建设优秀单位，全国信用最高等级 AAA 级信用企业，长江航运文化建设品牌单位、长江诚信港航企业，安徽省 A 级纳税信用单位，省、市"双强六好"企业党组织等。企业主要负责人先后被授予"全国物流行业劳动模范"、第六届长航系统"十大杰出人物"和"长航系统文化建设十大领军人物"称号。

实施背景

池州远航深谙"企业一年获利靠机遇，三年不败靠领导，五年成功靠制度，百年发展靠文化"，积极培育构建符合港口企业发展特质的、创新开放的企业文化，大力推行文化管理。

池州远航成立之初，就坚持"用理念文化铸魂，用制度文化固本，用行为文化塑行"，努力创建文化牵引、优胜劣汰、正向激励和评价约束"四项机制"，着力营造创新氛围，形成创新文化，以创新开放的企业文化走出一条"文化兴企"之路，有力推动了企业快速发展。

主要做法

创新理念，构建创新开放的企业文化理论体系

在改革重组中起步。池州远航改制初期，机构臃肿、效率低下，转换经营机制尤为迫切。"设备是企业的骨骼，资金是企业的血肉，文化是企业的灵魂"，塑造好"灵魂"，才能使"骨

骼""血肉"运转自如。为此，池州远航抓整顿、换思想、活机制，积极培育与企业制度、发展目标相接轨的企业文化。以香港远航集团的"以人为本、以诚取信、以义生利、以商报国"为宗旨，总结挖掘池州远航作为港口企业的个性特质，整合提炼出"诚信、敬业、追求卓越"的企业精神并不断延伸填充，将这8个字融入企业规章制度、员工行为规范，看得见、易操作、见实效，虚事实做，加速企业改革顺利推进。

在快速发展中创新。根据文化兴港战略，制订了不同阶段的企业文化建设目标。第一个阶段，企业在吸收传统文化的基础上不断创新，着力打造"家"文化。结合行业特点、生产实际、服务需求和员工诉求，提出了"尊重每个人的人格，理解每个人的感受，维护每个人的权利，保障每个人的利益"的价值观和"以'卓越的品牌、卓越的服务、卓越的效益'创建可持续发展的综合物流型港口"的目标等，建立了包括企业作风、服务理念、经营理念、学习理念、安全理念、创新理念、质量理念、人才理念等企业文化体系，培养员工认同感、归属感，增强企业凝聚力。第二个阶段，池州远航将文化管理提升到企业发展战略的高度，丰富升华内涵，注重执行落实，真正发挥其引领作用。结合港口实际，精心设计了以10多个基础理念为核心的理念识别系统，包括企业愿景、使命、管理理念、廉洁理念、发展理念等，还建立了"企规十二条""五破除、五树立标准"等行为识别系统，统一了企业标准色、文件标签、服装、胸章等视觉识别系统，企业文化体系进一步完善。

创新制度，建立创新开放的企业文化运行机制

机制创新上，以"机构最简、人员最精、机制最活、效率最高、服务最优、效益最好"为管理目标，优化人力资源配置，改革管理体制和内部运行机制。贯彻"高效、创新、简单、务实"的管理理念，企业效率不断提升。

内部管理上，大力实施开源节流，十措并举，降本增效。不断发展完善资产、成本、设备、生产、安全、薪酬考核等管理制度和工作标准，推动管理制度化、规范化、标准化，寻求内部管理"扁平、精干、高效"的同时，促进管理制度向员工自觉行为的转变。

市场拓展上，按照"做市场，不是等市场"的理念，巩固现有客户，挖掘潜在客户，开发新客户，坚持不断创新，依托港口做物流，延伸服务链，提高市场占有率。按照"一切工作让位于市场、服务于市场"的要求，强化客户服务，将客户满意率纳入考核。建立激励约束机制，加大考核和奖励力度，推动全员营销。

绩效考核上，坚持"领薪必考核"，采取内部模拟市场核算，制定了各分（子）公司工资总额考核标准和部室"一人一表"二次分配绩效考核办法，打破平均主义，使考核工作横向到边、纵向到底，人人头上有指标。

人才使用上，坚持"观其德，重其果，适用就是人才"的用人理念，树立"结果导向"，拓宽选人、用人视野，打破论资排辈，真正做到"能者上、平者让、庸者下"，以事业留人，打造一支想干事、会干事、能干成事的管理队伍、技术队伍和营销队伍。

党建工作上，以党建引领文化，用文化浸润管理，把党建、文化和管理深度融合，将企业文化"软实力"转化为生产经营"硬动力"，形成了党政目标同向、优势叠加、合力共为的工作格局。按照"把党员培养成骨干、把骨干培养成党员"的思路发展培养党员；每年评选优秀党员，设立"党员示范岗"并享受总经理津贴，集聚创先争优正能量。企业党委作为安徽省非公企业党

建典型在安徽省非公企业党建工作会议上介绍经验,还参加了中组部非公企业党建座谈会并介绍经验。

廉洁建设上,强化工程建设和采购管理的监督和约束,每年都对所有业务单位发出《反腐公函》,公开企业经营行为。

创新方法,推动创新开放的企业文化落地生根

抓宣贯导入。企业按照"党政主抓,各方配合,全员参与"的原则,构建了"主要领导负责、党政工团共抓、全体员工参与"的领导体系和运行机制,推进企业文化宣贯工作。建立完善传播载体,宣传企业文化理念。先后开展了企业文化建设年、管理年、深化年活动及降本增效年活动,通过交流研讨、企业文化演讲比赛等形式,加深员工理解体会。将文化理念培训、各类管理和专业技能培训有机结合,对员工进行系统培训,建立长效学习机制。每年分批次组织员工外出学习,定期开展内部培训。

抓示范带动。坚持开展"优秀员工"、"优秀管理者"、"技术标兵"、"公司劳模"、践行文化"示范单位"、"远航文化标兵"、"五小"成果评选、"远航工匠"、星级班组暨金牌班组长等争先创优活动,对先进员工除给予一次性奖励外还享受总经理津贴。企业每年度表彰优秀员工、优秀党员、优秀管理者等各类先进人物,先后有多人获得过省(市)级以上表彰。通过宣传栏、企业网站等途径大力宣传优秀员工先进事迹,使先进典型走进了员工、影响了员工、带动了员工,成为企业文化的示范者。

抓激励鞭策。企业提倡"让能干事、会干事、能干成事的人得到应有的报酬,取得一流业绩的人获得一流的报酬",基于此建立了薪酬考核方案等激励约束制度。企业成立以来,先后有多位优秀员工上调岗位工资,部分后进员工下调岗位工资,有效地起到了激励先进、鞭策后进的作用,将企业文化理念落到员工看得见的实处。

抓人文关怀。企业把员工所想、所求作为决策的第一信号,把企业文化寓于为员工办好事、办实事之中。持续开展节日慰问、"冬送温暖,夏送清凉"、员工生日祝福、"金秋送暖、爱心助学"等活动,帮助困难员工排忧解难,不断改善员工福利。有机地将企业文化融入活动之中,使企业文化转化为一种情怀、一种温暖、一种力量,增强了企业凝聚力。

实施效果

企业文化已成为企业快速发展的助推器

企业成立10多年来,港口通过能力扩大了36倍。江口港区二期项目两个万吨级码头建设仅用了9个多月,三期项目实现当年建成投产并达产、达标、达效;牛头山港区一期项目3个码头建设仅用了279天便投入运营,均创造了"远航速度",被长江港协称为"创造了长江内河港口建设史上的奇迹"。至2022年,港口吞吐量增长超过29倍,集装箱量增长了12倍,员工收入增长了3倍多。

企业文化已成为转换经营机制的奠基石

池州远航将建立科学规范的企业制度和运作模式放在重中之重,在管理体制、运营机制、定员定岗、薪酬考核等方面做出有益探索,精简了机构,减少了管理层级,优化了劳动组合,提

高了运行效率和执行力，打造出具有鲜明特色的企业运作模式。2022年，公司人均吞吐量13.7万吨、亩均吞吐量3.25万吨、米均岸线吞吐量1.97万吨，已连续6年位居交通运输部长江重点港口前列，被交通运输部长江航务管理局授予"优秀港口企业"，被誉为是长航系统的"人均强港"。

企业文化已成为强化内部管理的指导书

10多年来，企业成本费用逐年下降，工作流程更加顺畅，内部管理更加规范，被誉为长航系统的"文化名港"。

企业文化已成为提升员工活力的发动机

池州远航始终以科学的机制激励人、以健康的环境陶冶人、以温情的关怀感召人、以优秀的文化塑造人，把标准化、制度化管理的硬性和强制性与文化管理的柔性、牵引性相结合，建立了宽严并举、刚柔并济、情理交融的文化管理模式，激励着员工争先创优、奋发有为。

主要创造人：黄学良

"狼群战争文化"赋能企业高质量发展

永荣控股集团有限公司

企业简介

永荣控股集团有限公司（以下简称永荣）是一家以石化尼龙新材料为主业、集供应链服务为一体、依托现代"工业4.0"和工业互联网技术、绿色可持续发展的大型产业集团，下辖永荣股份、芳烃事业部、新材料事业部、港务事业部、化销事业部、金融服务事业部等板块，拥有全资、控股企业60多家，有员工近10000人。永荣荣获国家高新技术企业、国家技术创新示范企业、国家级企业技术中心、工业和信息化部"两化"融合试点单位、工业和信息化部制造业单项冠军。永荣的尼龙产能全球第一。2022年，荣膺中国企业500强第350位、福建省民营企业100强第6位，产值超过700亿元。

永荣"狼群战争文化"的构建与完善

"头狼"引领，破浪前行

创业初期，永荣主要从事原料与设备进出口贸易。当时，由于原材料和设备极为紧张，于是永荣董事长吴华新就自己到全国各地收购经编企业，拆卸设备装车运回。经编机的拆解和安装技术含量高，吴华新经常带领团队研究到深夜，直到对设备的构造了如指掌，出现故障能够迅速解决。这种自己动手掌握主动、不达目的不罢休的精神在永荣之后的项目建设方面体现得尤为明显，早期项目的设计规划、施工、安装、投产，甚至水电都是自己的团队成员来做，从不懂到学习研究再到行业领先。

"狼性精神"不断丰富，助力永荣高质量发展

通过贸易业务，永荣接触到纺织业，敏锐地发现了锦纶行业的巨大市场前景。2001年，福建创造者锦纶实业有限公司注册成立，永荣迈出了实业报国的第一步。实业起步的前两年，由于缺乏技术人才、设备不够先进等原因，产品质量不稳定，市场认可度差，企业基本处于半停产状态。面对困境，吴华新带领数名技术骨干驻扎车间一线，着力解决技术难题。为了能够实时关注设备运行状态，他们索性睡在车间。功夫不负有心人，企业成功生产出高品质的锦纶产品。从此，永荣的事业步入高质量发展的快车道，于2006年注册成立福建永荣锦江科技有限公司，全部采用全新巴马格等进口设备，生产尼龙切片及尼龙纤维。公司连续多年排名中国锦纶民用长丝产量第一。

永荣"狼群战争文化"的宣贯与落地

成立企业大学——标杆学院

永荣成立企业大学——标杆学院,由董事长担任院长,学院采用矩阵式设计,下设领导力分院、成长力分院、专业力分院、客户赋能分院、培训资源建设5个教学分院,致力于将永荣打造成学习型组织。

企业大学——标杆学院开设"雄鹰班""头狼班""雄狮班",注重文化的宣讲及团队的打造,采用素质拓展、课程讲授、专题学习、研讨共创、导师引领等多种方式加强员工对文化的学习、对企业战略的理解;定期组织开展"高管大讲堂"系列活动,由董事长及集团高管分享对永荣文化的理解与感悟,为员工提升工作能力给予指导和建议;结合集团人才发展战略,打造"职行力"学习平台,设置企业文化、发展规划等专题板块,成为员工融入企业发展且持续学习、成长的充电站。

"司令讲堂",厉兵秣马

永荣的总部及各事业部都开设了"司令讲堂",课程内容包含对全球及国内经济形势的分析、对当前集团内部经营情况进行解读、对文化践行等方面的经验分享、战略目标达成的方案规划等。通过"司令讲堂",永荣时刻保持危机意识、战斗意识、竞争意识,永不懈怠、永不言败。

季度表彰,荣耀"铁军"

永荣的"荣军"就是给予团队、个人荣誉,让荣誉激发员工的内驱力,强化高绩效"铁军"的内在力量。永荣建立了完善的激励机制激发员工活力,促使"铁军"高效、出色达成目标。

每个季度,永荣会组织召开表彰会,勉励在季度工作中表现突出的团队和个人,共享他们的宝贵经验。

强化宣传攻势,营造"战斗"氛围

为营造浓厚的"战斗"氛围,永荣多方位展开宣传工作,除网站、公众号、视频号之外,开办了企业内刊、开发了"掌上永荣"App,设置文化宣传专栏,对文化活动等方面的内容开展宣传,凝聚"铁军"力量,激发"铁军"斗志。

永荣"狼群战争文化"的践行与成果

人才队伍持续壮大

永荣秉承人力资源驱动战略的理念,持续引进及培养认同"以客户为中心、以奋斗者为本、与合作者共享"核心价值观的人才,以科学的人才培养体系和评价体系,让每一位爱学习、有激情、持续创造价值的奋斗者在永荣成就梦想,实现个人与企业共同成长。集团现有员工近万名,经理级以上管理骨干300余人,专业技术骨干1000余人,持续引进国内外500强知名企业管理、技术人才加盟,同步建立起科学完善的人才发展通道,人才队伍持续壮大。

项目建设提速增效

永荣坚持走实业报国的发展路线,以"狼群战争文化"为先导,凝心聚力推进项目建设攻坚。积极发挥"国企的实力、民企的活力、混合的魅力"，永荣与同样是中国500强企业的山东东明石化集团在莆田合作建设200万吨丙烷制丙烯及下游新材料项目；与莆田市国投、福建省投共同投资建设总投资近80亿元的CPL二期项目；与四川省南充市政府、四川省能源投资集团签订投资协议，永盈项目正式落户南充市。

2020年以来，永荣共开工、启动及投产项目12个，估算总投资500多亿元。开工项目6个，分别是四川BDO项目、锦逸一期项目、景丰纺丝二期项目、景丰110千伏变电站项目、己内酰胺二期项目和石门澳码头项目；投产项目4个，分别是CPL一期项目、景丰加弹四期项目、锦江纺丝五期项目、锦江聚合三期项目；增资项目2个，分别是PDH项目、东荣仓储项目。

产业布局拓展延伸

近几年，永荣积极朝着绿色能源、医疗保健、食品包装、户外家居等应用领域拓展，开创永荣高质发展"新局面"；不断向化工新材料终端需求延伸，布局天然气产业链、乙烯产业链、丙烯产业链、丁二烯产业链、PA6等5条产业链，助力集团延链、强链、补链，构建符合产业发展规律的现代产业体系，实现永荣高质发展全覆盖；坚持通过"终端化、一体化、科创化、全球化、数智化"的"五化战略"，确立永荣高质量发展"主航道"，坚定"走出去"，开拓国际市场，产品覆盖全球45个国家和地区，是中国锦纶出口量最多的公司，占比超过30%。

经营管理稳步提升

近几年来，永荣践行"狼群战争文化"，贯彻落实高质发展战略，经营持续稳健发展。一是降本增效实现新突破。2022年实现降本增效1亿多元，完成提案改善3000多件。在行情下滑、人工费用不断上升的各种不利情况下，降本增效为经营目标达成提供了有力的支撑。二是流程效率提升新高度。持续推进以客户为导向、扁平高效的流程型组织变革，共新建及优化完善了1173项制度、891个流程，整体流程成熟度达到3.06，流程运行效率同比提升49%。三是人力效能达到新水平。制造板块人均产量处于行业前列水平，聚合、纺丝、CPL人均产量同比提升平均20%。四是干部管理呈现新局面。坚持运用最优秀的人培养更优秀的人的理念，制订干部"200人计划"及"三年干部转型升级方案"，持续推动后备干部建设和干部年轻化建设。五是数智启航开启新征程。在福建省工业和信息化厅的见证下，永荣携手IBM开启永荣数字化转型变革，通过新一代信息技术与化纤制造业的深度融合，打造石化尼龙产业链智能制造标杆。六是组织整合发挥高效率。对尼龙事业部、己内酰胺事业部进行整合，充分发挥产业链规模优势，打造尼龙产业链"航母"。七是研发创新助力高质量发展。永荣坚持科技创新、实业报国，高度重视技术创新工作的开展。成立科创中心，围绕一体化全产业链，在上下游协同开展基础研究项目和工程应用研究项目，建立起高效的科研成果转化平台。目前，永荣申请专利829项，授权574项。近几年，永荣坚决贯彻"锁定高端，聚焦转型"战略，持续推出高端差异化新品，为企业高质量发展增添了巨大的活力。以上的举措，让永荣的实力不断攀升，2022年营业收入超过700亿元；综合实力再上新台阶，2022年，荣膺中国企业500强第350位；行业地位稳步提升，连续5年蝉联中国锦纶民用长丝产量排名第一。

勇担使命，回馈桑梓

在企业不断发展壮大的过程中，永荣也形成了浓厚的公益氛围。2018年，经福建省民政厅批准，福建省永荣公益基金会正式成立，在敬老扶贫、环保公益、文体公益、教育发展、专项救灾等项目方面不遗余力地开展公益资助，践行着永荣的企业社会责任。积极响应落实国家乡村振兴战略，捐资500余万元助力脱贫攻坚、乡村振兴。出资1000万元设立助学教育基金，资助福建省教育事业发展。向长江商学院教育基金会等机构累计捐赠800万元，用于教育科研及教育培训。

2022年，永荣公益基金会与福建省光彩事业促进会合作开辟新板块，成立1亿元的"永荣·共同富裕光彩基金"。

主要创造人：郑　薇　郝洪洲
参与创造人：朱胜先　党万忠

"五度五性"赓续红色薪火，党的二十大精神赋能高质量发展矩阵

中建四局建设发展有限公司福州分公司

企业简介

中建四局建设发展有限公司福州分公司（以下简称福州分公司）是世界500强中国建筑集团的直属主力工程局——中国建筑第四工程局有限公司旗下重要骨干公司，作为2019年福建省百强企业（第54强）、福建省建筑业前三甲龙头企业，拥有建筑工程施工总承包特级、市政公用工程施工总承包壹级、工程设计建筑行业甲级及10个工程专业承包壹级资质。业务覆盖福建、浙江、海南、湖北等区域，涉及市政交通、装饰园林、电子厂房等领域，以全产业链模式运营。

实施背景

党的二十大胜利召开以来，福州分公司党委聚焦新时代党建工作新特点、新任务、新要求，把学习、宣传、贯彻党的二十大精神同中心工作有机结合，以高度的责任感、使命感和积极的主动性、创造性，引导干部职工唱响主旋律、谱好连心曲、传递正能量、共绘同心圆，充分彰显党建工作价值创造力。福州分公司党委结合工作实际，持续深化在党史学习教育中提炼出的"五度工作法"，全面优化升级为"有高度、拓广度、加速度、提温度、显深度"提振学习"方向性、广泛性、灵活性、群众性、实践性"的"五度五性"工作法，切实推动党的二十大精神入脑入心、落地生根。

主要做法

把握宣传教育的高度，增强学习方向性

一是在氛围营造上下功夫。党的二十大召开前，福州分公司党委统筹线上线下各类媒体阵地，创新宣教方式，营造风清气正的企业氛围迎接党的二十大。二是在顶层设计上下功夫。坚持把学习、宣传、贯彻党的二十大精神作为"第一议题"，围绕集中学习与个人自学、系统学习与专家辅导、自我研读与讨论交流、理论学习与融入实践"四个结合"，抓好领导班子的学习研讨。三是在学懂弄通上下功夫。党的二十大召开当天，分公司党委组织广大党员干部职工在生产一线、项目现场，通过各种形式收听、收看开幕盛况，深刻领悟"两个确立"的决定性意义。

拓展阵地建设的广度，增强载体广泛性

一是常学常新，激活党支部全覆盖教育。通过线上"充电"、线下"蓄能"双学双促模式，不断丰富学习、宣传、贯彻党的二十大精神的阵地和载体。二是高频浸润，压茬式开展主题活动。组织各党支部走进闽侯县上街镇、罗源县礤石村、霞浦县牙城镇、赤溪村等党史学习教育基地，举办基层党组织书记讲党课7场，覆盖200余人次。全年发放学习书籍1500余册。

助推宣教落地的速度，增强宣讲灵活性

在全面宣传上下"深功"，让党的二十大精神生根发芽，茁壮成长。党的二十大召开后，快速行动，加强策划，专题推送，讲述学习、宣传、贯彻党的二十大精神生动实践。重点从工程建设一线挖掘先进典型，在公司官网、OA平台、微信平台的专题专栏，通过视频、文字、图片，集中优势力量推出一批立得住、叫得响、传得开的"好人""达人""能人"群体，形成线上、线下有机联动的宣传矩阵，把榜样的力量转化为广大干部职工的生动实践，营造新时代干事创业、争先创优的浓厚氛围。联合福州市总工会、福州市妇联组建"巾帼之声"宣讲团，在国际劳动妇女节前走进地铁项目，用本地方言＋畲族客家话向福州市总工会、福州市妇联主要领导及项目工友"双语"宣讲党的二十大精神。

提升人文关怀的温度，增强学习、实践的群众性

一是在突出"学"上辟蹊径。举办"学习、宣传、贯彻党的二十大"主题元宵喜乐会，推动党的二十大精神入脑入心。二是在突出"说"上有特色。联动福州市总工会、福州地铁集团等合作单位组织"青年宣讲团"，聚焦6个宣讲主题，向员工和工友分层分类开展8轮次互动式宣讲。三是在突出"做"上抓落实。与苍霞街道党工委签订党建共建合作协议，开展结对帮扶、联建联学，通过慰问街道困难党员、"清洁家园"等活动，形成协同效应，促进学习成果向实际行动的转化。

秉承服务中心的态度，增强贯彻实践性

一是挂图作战，谋全局精准靶向发力。将学习、宣传、贯彻党的二十大精神与"十四五"规划落地相结合、与冲刺完成全年目标任务相结合，不断推动企业高质量发展取得新成效。二是结对共建，聚合力共谋高质量发展。开展党建指导员"一联系一帮扶"活动，从总部机关选派党性强、业务精、素质高的业务骨干，实现一名党建指导员联系一个支部、帮扶一项业务，推动党建与生产经营从"两张皮"到"一盘棋"，真正把党组织政治优势转化为企业的发展优势。三是规范提质，全链条推动学用转化。聚焦高质量发展主题，广泛开展贯彻新发展理念、国企改革三年行动、"六个专项"行动等提质增效专题，着力挖掘在贯彻新发展理念、服务构建新发展格局中的举措成效，凝聚改革攻坚的强大合力，绘就共建海西区域最具竞争力的投资建设集团的"同心圆"。

实施效果

"三联"增强凝聚力

通过"党委委员联系基层党支部、党支部书记联系项目、项目党员联系群众"的模式，点对点联系全公司800余名群众，以"全员参加、全面覆盖、适宜适当、长期联系"为原则，组织党

员干部每个月至少利用 2 天时间深入走访联系群众，收集矛盾并解决具体问题。

2022 年以来，福州分公司汇总涉及古建筑保护、道路整治、职工子女托管等民生实事 20 余项，组织专项行动清理漳港海滩 500 平方米，修缮下董自然村主干道 2 千米，台风防汛出动巡查和应急抢险人员 148 人（车）次，定点帮扶长汀县采销农产品 5 万元。协助松溪县抗洪抢险，收到当地政府颁发锦旗 1 面。2022 年，获省级"安康杯"先进单位、先进班组，省级"五小"创新二等奖，福州市工人先锋号、"五四"红旗团委、青年文明号等省、市级荣誉 10 多项。

"三单"增强战斗力

作为中央企业，福州分公司勇担使命，在"稳增长、保交楼"过程中创新"一线三单四办结"工作模式，以"学习、宣传、贯彻党的二十大精神"为主线，建好问题清单、任务清单、重点事项推进清单，用好"巡检问诊、支部接诊、联建会诊、书记终诊"四级办结制度，结合"价值创造与争先进位"年度目标，根据企业发展实际在科技创新、深化改革、产业升级方面持续发力，全体党员干部致力把党的二十大精神转化为加快建成海峡两岸行业优势头部企业的磅礴动力，更好肩负起"做强、做优、做大国有资本和国有企业"的职责使命。一是聚焦科技创新增动力。成立科技创新工作室，研发省部级工法 6 项、发明专利 1 项、实用新型专利 12 项，发表论文 7 篇，获全国 BIM 奖 11 项、省级 BIM 奖 1 项。先后与中国科学院物质研究所、福州大学等科研机构及高校签订产学研合作协议，共同立项课题，获省级科技二等奖。此外，工作室牵头制订地方行业标准 4 项，地铁二次上盖、温泉井、深大异形基坑分期施工等配套技术达到国内领先水平，获全国技术创新奖 1 项、省级科学进步奖 3 项。二是聚焦深化改革添活力。深入推进国企改革三年行动及"深化改革专项课题"，突出问题导向、目标导向、效果导向，锁定并高质量完成各项重点工作任务，全面激发企业发展活力。2022 年，福州分公司新签合同额突破 100 亿元，完成产值 48 亿元，累计收获表彰 29 份，业主满意度达 100%。位列中建四局"十强分公司"第二名，连续两年被评为中建四局优秀分公司。2013 年成立至今，企业人员规模翻 5 倍，产值涨幅达 12 倍。响应"一带一路"，向柬埔寨、马来西亚等海外市场进发，连续两年捧回海外"鲁班奖"，让"中国质量"的名片更加闪耀。三是聚焦产业升级强实力。坚持品质提升，推动法人单位正式注册落地，实现福建全省深耕，逐步形成"一核心两侧翼"的发展格局，接连获得大型城市更新项目、首个轨道交通项目、首个产业园项目。获国际安全奖（ISA）1 项，获国家级 QC、AAA 安全生产标准化工地及省优等各级质量创优奖项 45 项，参与编制福建省安全管理标准 2 项、福建省住房和城乡建设厅行业导则 1 项。

主要创造人：王晓钰

以质量文化引领企业高质量发展

沧州市市政工程股份有限公司

企业简介

沧州市市政工程股份有限公司（以下简称沧州市政）始建于1957年，于2014年完成企业改制，是一家产权清晰、权责明确、架构合理的股份制企业，主要从事市政、建筑、公路、机电、园林绿化、非开挖、冷再生等工程的设计和施工，以及房地产开发和建材生产等。现有职工1000余人，各种大型先进设备400余台（套），年施工能力50亿元。在同行业中率先通过了质量、环境、职业健康安全管理体系认证，是国家认定的"高新技术企业"，荣获2019—2021年度"中国市政工程行业民营企业16强"称号。

实施背景

质量文化的培育和建设是个艰难的、长期的过程，沧州市政坚持以客户为中心，以质量创品牌的理念，持续建设人人重视质量、人人追求质量、人人关注质量的质量文化。全面落实质量责任制，以市场为导向，以提质增效为目标，采用全面质量管理（TQM）模式、PDCA循环等科学、有效的质量管理工具，践行精品工程及优质产品战略，持之以恒地开展质量攻关和技术创新，提升市场竞争力和客户满意度。沧州市政坚持质量至上，在基础管理、人员素质提升及持续改进方面积累了质量管理典型经验做法，助力企业高质量发展。

主要做法

夯实基础管理，压实质量责任

强化体系建设，实现质量管理标准化。沧州市政根据自身的组织机构和实际情况，不断加强体系建设，建立了三级总工程师质量管理体系，形成了以总工程师为第一责任人，总公司-分公司（基层单位）-项目部（生产、施工班组）的三级总工程师质量管理控制体系。各级总工程师按照岗位职责逐级落实责任，逐层发挥作用，对质量、技术、生产等环节进行分类、分项对口管理，提高了质量管控能力。制订《质量管控"十四五"战略规划》《质量管理及奖惩制度》等相关管理制度8项，不断完善管理体系工作要求，使质量管理工作有章可循、有据可依。充分发挥质量管理人员的作用，调动全员参与质量管理的积极性。树立敬畏质量法规的规矩意识，推行深入现场、靠前指挥的精细管理意识，加强敢于负责和勇于担当的质量责任意识和质量无小事的严慎意识。将"质量至上"的思想贯穿于管理的全过程，落实到制造交付的产品和工程上，赢得用户的信任。

依据管控全覆盖的原则，沧州市政建立了技术标准体系，有效指导了生产施工各项工作。在国家经济进入高质量发展新阶段和数字化技术快速发展的背景下，先后进行了两次技术标准体系换版工作。将技术标准体系结构图扩充为十大类45小类1715项技术标准，其中包括自主编制各类设备安全技术及维修保养操作规程、施工作业指导书、工程质量通病及预防、交底视频等标准208项。将技术标准体系与信息化技术融合，实现了体系中所有标准全部可以即时查阅和下载，提升了技术标准体系的信息化水平，可以更好地服务工程生产、施工等活动。

强化现场管理，实现全要素精细化管控。始终坚持以"重视事前预控、强化过程管理、注重事后分析"的全过程质量管理思路，按照全面质量管理理念，从人、机、料、法、环、测等方面做好施工现场质量管控。

抓好质量问题归零，做到"3个三"，即："三自"，自检、自查、自纠，控制一次交检合格率；"三检"，自检、公司检、监理检；"三工序"，复查上工序、保证本工序、服务下工序。通过"3个三"，抓好质量问题归零工作，如果问题不能在短期内归零，就意味着该问题存在再次发生的隐患。归零不是终点，归零到位方可重新起航。

机械、设备的管理做到"三好、四会、五纪律"。"三好"：管好、用好、维修好。定期校验设备的关键参数，对工序质量控制点的关键设备进行重点控制。"四会"：会使用、会维护、会检查、会排除故障。"五纪律"：遵守操作规程、保持设备整洁、发现异常立即处理、遵守交接班制度、管好工具和附件。

对于进场原材料、半成品、构配件等材料的质量控制，关键抓好材料的采购、验收及贮存3个环节。严把材料进场关，按照"四不采购"原则在采购合同中明确规定质量要求；严把材料验收关，坚决杜绝复检不合格的材料进场；加强材料的贮存管理，避免材料在贮存中受损。

采用"四化法"对工程质量进行全过程管控。交底形式多样化：针对工程中的难点、关键部位，采用纸质、视频、3D模拟动画等多种形式进行技术交底，强化交底效果。施工过程标准化：建设各分项工程的样板展示，坚持样板引路，为质量检查和验收提供统一标准。狠抓过程控制，落实三检制度，严格工序控制。项目管理信息化：开发综合管理信息系统，设定质量板块，项目质量员每日检查施工质量情况并将检查情况、施工照片上传至系统，依靠信息化手段实现质量检查日清日结；自主研发沥青路面智能化管理系统，对沥青混合料生产、施工进行实时动态监控和全过程智慧化管控；制作质量控制点信息二维码，施工人员在现场随时可扫码学习，快速掌握工序施工方法及要求。监督检查刚性化：以零缺陷为抓手，制订严格的质量奖罚措施；严格落实隐蔽工程挂牌验收制度，确保各分项工程一次验收合格率100%；编制各分项工程质量控制点清单300余项，实现质量管理的日常清单式点检。

扎实开展培训，建设高素质质量人才队伍

沧州市政高度重视技术人才培养，为提高技术人员综合素质和专业技术能力，坚持"按需施教、务求实效"的原则，分层次、分类别开展内容丰富、形式灵活多样的技术培训。每年制订培训计划并严格落实。

上好质量第一课。每年初工程开工前，组织工程技术人员召开"质量第一课"，总结上一年度的亮点与经验、缺陷与不足，策划新一年度质量管理重点，强化质量理念，让质量意识、质量

目标深入人心。

重基础、练内功。积极组织多样化的内部培训学习，坚持每季度组织技术人员进行基础知识强化、施工经验交流、现场检验操作、"四新技术"应用、质量管理工具及方法等方面的技术培训，全面提高技术人员专业技术水平。施工期间，公司坚持组织召开工程项目管理总结会，深度挖掘质量管理中的亮点和问题，研讨改进措施，搭建交流平台，实现经验共享。对于重点工程、难点项目，有针对性的组织开展专项施工方案编制、细化施工交底、辨识质量控制点等专项培训，补齐短板，提高现场技术质量管控能力。

跟形势、走出去。沧州市政紧跟行业发展需求，积极组织技术骨干参加外出培训学习，参加由中国建筑业协会、中国施工企业协会、中国市政工程协会等组织的创精品工程、QC 小组培训和实体工程观摩学习等，对标先进，解放思想，开阔视野，有效提升了质量管理理念和水平。

重视"质量月"和"质量开放日"活动。沧州市政设定每年 9 月为"质量月"，通过组织开展主题宣传、自查自纠、专项检查、质量标杆评比、岗位技能大练兵等一系列形式多样、内容丰富的专项活动，促进技术人员学技术、练本领、展技能、提素质，树立了人人关注质量、人人崇尚质量的强烈意识和比、学、赶、帮、超的良好氛围，为工程质量提升打下良好基础。积极与相关政府部门对接，组织"质量开放日"活动，接受行业及群众的监督，促进持续改进和提高。

实施持续改进，不断提升质量管控水平

沧州市政在质量管理工作中以确保企业质量管理体系有效控制运行为主线，多措并举，实现持续改进。

竞技比拼促改进。坚持开展月度流动红旗评比、半年质量评比、技术资料评比、年度优秀工程质量人员评比活动，在年终总评表彰大会上为先进个人、优秀质量管理人员披绶带、发奖金。通过营造竞技氛围，促进技术人员主动持续改进。

创新赋能添动力。以重点工程项目为载体，联合技术骨干、研发人员、试验人员组成项目组，有力整合各方面资源，针对项目的关键技术开展联合攻关，明确目标和方向，制订技术路线和实施方案，以技术创新赋能工程项目高标准建设。

6S 管理见成效。将精益 6S 管理理念贯彻落实到质量管理工作中，规范原材料标识、技术资料整理等质量行为，促进绿色施工和安全文明生产，为打造优质工程奠定坚实基础。

QC 活动提效益。针对工程施工过程中的关键节点、重难点问题及新技术、新工艺应用等，积极成立 QC 小组开展技术攻关，群策群力，通过 PDCA 循环，运用科学方法，持续提高施工质量和管理水平。

班组建设助发展。质量信得过班组是实现全员参与质量改进的有效方法，也是自主开展质量改进和创新、推动质量提升的重要方式。通过加强质量班组建设，能进一步充分发挥员工的积极性、创造性，促进企业生产经营目标实现，助力企业高质量发展。

实施效果

沧州市政以质量文化促进企业高质量发展，通过科学的管理和严格的质量控制，在质量提升行动与质量文化建设方面取得了丰硕成果。

沧州市政承建的大型工程获奖 117 余项，其中国家优质工程奖 1 项、全国市政工程最高质量水平评价 1 项、全国市政金杯示范奖 3 项、省优工程 68 项、科技创新工程奖 5 项、"狮城杯"奖项 26 项、科技示范工程奖项 11 项。

沧州市政积极开展 QC 小组活动，共获全国奖项 46 项、省级奖项 39 项。其中，渤海 QC 小组于 2019 年荣获中国质量协会、中华全国总工会、中华全国妇女联合会联合颁发的"全国优秀质量管理小组"称号。注重班组建设，共荣获中国施工企业管理协会工程建设质量信得过班组建设活动一等奖 1 项、全国市政工程质量信得过班组称号 4 项、河北省市政工程质量信得过班组称号 4 项。

主要创造人：吴英彪　石津金
参与创造人：董文红　王春香　刘金艳

创新"初心系列工程"，助推企业高质量发展

厦门市江平生物基质技术股份有限公司

企业简介

厦门市江平生物基质技术股份有限公司（以下简称江平生物）成立于2003年，是一家集研发、生产、销售、运营、技术服务于一体的新三板挂牌科技型企业。主营业务为：有机废弃物资源化利用、开发并生产各种生物基质、生物有机肥、微生物菌剂等产品；提供农业绿色种植、土壤改良、生态修复等整体解决方案服务。江平生物在西藏自治区和福建省的厦门、漳州、福清、南平等地建立了4个工厂、1个农业产业园、6个种植示范基地、1个研发中心、1个中试基地。江平生物先后获评国家高新技术企业、工业和信息化部专精特新重点"小巨人"企业、国家林业重点龙头企业、福建省农业重点龙头企业、福建省科技"小巨人"领军企业、福建省知识产权优势企业、厦门市现代农业领军企业、厦门市"三高企业"等。江平生物系统总结思考公司的创业历程，创新打造了"初心堡垒""初心使者""初心企业"3个"初心系列工程"，将党建优势转化为推动企业发展的不竭动力，实现"党建强、发展强"的双赢局面。

打造"初心堡垒"，夯实红色根基

完善"初心组织"架构

一是选好"领头羊"，做好支部建设。按照"讲政治、守初心、肯奉献、重品行、懂经营、会管理、善协调"的标准，推选公司副总裁吴凯为公司党支部书记。进一步规范"三会一课"、主题党日等活动建设。二是拓展"红色点"，延伸组织网络。江平生物党组织注重在重大项目建设、紧急困难任务中发挥党员的先锋模范作用，通过成立项目临时党小组，推动企业高效运转。三是完善"主阵地"，夯实红色保障。公司先后推动党建室、"初心墙"、"初心学苑"等阵地建设，着力夯实"红色"保障。

注重"初心人才"培养

一是深入推动"双培"工程。坚持把党员培养成业务骨干、把业务骨干培养成党员的原则，进一步优化党员队伍结构，提高党员队伍素质。二是强化人才教育培训。江平生物通过量子大学自主研发的线上学习平台，建立专属"云大学"，根据各岗位员工发展需要，针对性选购和上传课程，通过学时排行榜及培训奖惩制度激励员工自主学习。专门开辟"红色课堂"，助力公司党员不断学习、自我启发、自我提升、自我超越。三是加强后备力量储备。公司创新开通"党员求职"通道，广纳贤才，为企业发展储备后备军力量，重点招募党员和学生会干部。

激活"初心文化"基因

江平生物倡导以"初心文化"为主导思想的企业文化建设，围绕"讲初心、守初心、践初心"3个层面，通过文艺会演、团队建设等活动形式，帮助员工寻找干事创业的初心。

争做"初心使者"，提升核心竞争

"红色管理层"引领初心

目前，公司21名党员中有12名都担任高级经理以上职位，尤其是公司高管7人中有5人就是党员，由此确保了公司从上到下所有重大决策、重点工作均有党组织和党员参与，重要岗位都有党员，使"一岗双责"得到有效落实。公司高管时时刻刻牢记初心使命，吹响了公司"初心行动"的冲锋号。

"红色骨干层"践行初心

组织开展"岗位创新"活动，激励全体党员立足本职，在技术革新、市场拓展等方面创先争优，有力地推动了公司精细化管理和提质、降本、增效。党员积极作为，带头开展技术创新，用实际行动践行初心。公司急难险重任务面前，都有党员参与其中。江平生物党支部书记、江平生物副总裁吴凯主动要求带队进藏落实项目前期工作，从项目部选址到土地招标，牵头带领团队共同完成，由于责任在肩，山高路远，整整62天未回家；支部党员、研发先锋林明月带头攻坚克难，参与多项专利发明和项目研发工作，带动员工积极投身企业创新建设。林明月参与的"土壤污染原位修复与风险控制技术与应用"荣获厦门市科学技术进步奖二等奖。在党员先锋的带领下，多项科技技术获得神农中华农业科技奖二等奖、教育部科技进步一等奖、福建省科技进步一等奖、福建省科技进步二等奖（3项）等诸多荣誉。

"红色研发层"滋养初心

江平生物作为"三高企业"，非常重视研发力量储备，采取联合办站等形式打造江平生物自己的"红色研发层"，设立了院士合作站，与中国农业科学院、中国农业大学、福建省农业科学院等多所科研院校联合打造"红色院士团队"，成立了战略发展专家委员会，聘请多名行业院士为企业发展提供理论指导与技术支持，有效组织和动用社会资源为企业技术创新发展服务。现江平生物拥有60余项专利，其中发明专利14项、实用新型专利36项、外观专利3项、在审专利7项。2018年，江平生物与中国农业大学、西藏自治区山南市扎囊县政府三方共建扎囊县教授工作站，这也是中国农业大学在西藏自治区设立的唯一一个教授工作站。

成就"初心企业"，引领绿色发展

初心情怀，凝聚奋进力量

江平生物自创立起，始终将"致力于生物基质的研究与创新，让土壤重回活力，让绿色先行"当作自己的使命。江平生物对于农业的热情和对生物基质的信心从未有丝毫改变，坚持以恒心守初心、践责任，推动国内生物基质事业的发展。

初心担当，践行社会责任

江平生物在自身发展同时始终坚持初心不改并回馈社会，彰显了企业担当。一是助力公益活动。江平生物党支部组织员工积极参加洁净园区志愿服务、健步行、公益募捐等公益活动，同时响应园区党工委号召，以感恩之心回馈社会，组织员工慰问社区老人、贫困群体。2017年10月，江平生物党支部组织员工到湖里坂尚社区关爱社区孤寡老人，为老人送去粮油等慰问品。2019年新春，江平生物董事长、湖里区人大代表夏江平及党员代表走访达嘉馨园小区，向困难居民送去粮油慰问品。二是助力脱贫攻坚。江平生物的西藏自治区扎囊县现代农业示范园和翔安江平生物基质产业园等项目推动农业全面升级，大力促进农民增收。目前，现代牧草示范园通过土地流转带动增收480.23万元，累计支付当地务工人员工资等费用1980余万元、物流运输费用575万元，采购当地生产原料近4800万元；带动各项目所在村组就业870人次，其中女性为400多人次；另外，解决了28名大学生就业，每年还提供30个实习生岗位；助力36户建档立卡贫困家庭稳定脱贫，开展农业技术培训，培养人才，为当地人增收、促进地方经济的内循环做出了实实在在的贡献。三是助力乡村振兴。江平生物在西藏自治区充分发挥产业援藏、技术援藏作用，通过发挥自身专业优势及产学研合作等方式在西藏自治区"扶贫、扶志、扶智"，以科技助力当地乡村振兴。全资子公司西藏江平农业有限责任公司曾被当地党委、政府授予"最美扶贫企业"称号。

初心梦想，助推绿色发展

一直以来，江平生物将企业发展与绿色发展紧密结合，切实扛起生态文明建设的责任和使命，以企业管理层为重点、以企业员工为基础、以社会宣传教育为抓手，多头并进，不断传播绿色发展新理念，进一步厚植绿色发展文化内涵。

主要创造人：夏江平　吴　凯
参与创造人：戴燕芳　林明月　廖正萍　陈慧娟

企业文化引领企业绿色高质量发展

中国石化上海高桥石油化工有限公司

企业简介

中国石化上海高桥石油化工有限公司（以下简称高桥石化）成立于1981年，是我国经济体制改革、国有企业联合重组的第一个重大成果。公司所属的上海炼油厂成立于1945年，是我国最早的炼油企业之一；高桥化工厂成立于1957年，是国内第一个石油化工厂，被誉为"中国化学工业的摇篮"。公司占地面积3.12平方千米，高桥炼油区域原油综合加工能力1300万吨/年，是自贸区最大的实体企业。漕泾区域化工生产能力50万吨/年，公司是第一批进驻化工园区的企业，打下了化工园区建设的第一桩。公司与德国巴斯夫、美国雪佛龙、日本三井等企业合作，现有合资企业13家。公司承担着上海市50%以上的汽油和55%以上的柴油市场供应，具有航煤专用管道直供浦东和虹桥两大机场。公司累计加工原油30121万吨，上缴利税1269亿元，先后获得国家级科技奖项18项、上海市级科技奖项102项，其中获得"上海市优质新产品奖"30项、"上海市重点产品质量攻关成果奖"32项。先后获得"高新技术企业""文明单位""安全生产先进单位"和"绿色企业"等荣誉称号，6年获评中国石化党建考核A档，连续两年蝉联浦东新区经济突出贡献奖第一名。

文化聚心，激发高质量发展奋进力量

经酝酿、提炼、宣贯、融合4个阶段的精心培育，目前，高桥石化的企业文化价值理念已深入人心，职工的精神和干劲全方位被调动，在各自岗位以实际行动投身到公司"二次创业"的浪潮中。

创新宣贯方式，深入理念传播。一是形成宣传网，多渠道将企业的核心价值观传递到每位职工。二是开展广泛宣讲。三是与传统文化相结合，鼓励职工参与企业文化的解读。四是以活动为载体，多角度诠释企业价值理念，丰富了企业文化内涵。五是重建企业文化展示馆，打造企业文化教育基地，展现企业文化底蕴，展示企业"安全、绿色、领先的城市型工厂"的形象。

创新融合路径，提升经营管理。一是将文化建设与组织建设相融合，提升文化建设保障力。二是将文化建设与"三基"管理相融合，夯实基础管理工作。"三基"工作是石油石化行业的优良传统和管理基因，是推动企业发展的"传家宝"。高桥石化各基层单位均制订了基层文化落地实施方案，将文化建设融入"三基"管理，通过文化软性的引领，让基层队伍建设更具凝聚力，基本功训练更有导向性，从而使基础工作更加扎实。三是将文化建设与制度体系建设相融合，让企业管理刚柔并济。四是将文化建设与创先争优评选相融合，明确价值导向引领，在宣传中突出先进典型身上展现的企业价值理念，体现先进典型的文化引领作用。

文化强企，推动企业绿色高质量发展

在"安全、绿色、领先的城市型工厂"愿景目标的引领下，高桥石化坚定不移走绿色低碳转型发展之路，大力实施绿色洁净战略，深入推进环保整治、节能降碳改造、产品结构调整等工作，持续刷新企业绿色低碳发展"成绩单"，让绿色成为公司高质量发展的亮丽底色和企业名片。

当好先行先试"排头兵"。在碳交易市场，高桥石化始终走在同行的前列，当好先行先试的"排头兵"。2013年11月26日，上海市碳交易正式启动。高桥石化作为试点企业，在碳交易启动后，是当时碳交易市场首次成交的企业，为顺利完成上海市碳市场首单交易提供了保证。之后，高桥石化不断创新优化碳交易工作，制订碳配额交易及CCER置换方案。2019年3月，高桥石化CCER交易账户正式开通；同年5月9日，首次置换交易成功，积极利用结余的减排配额进行市场交易，高桥石化至今通过碳交易为公司增效。2021年，高桥石化又率先完成全国碳交易市场第一个履约期的配额清缴工作，成为中国石化首个完成全国碳市场履约的企业，也是全国首批、上海市首个完成履约的企业。

勇做绿色低碳践行者。高桥石化不断加大绿色低碳投入。通过建设投用光伏发电、供电煤耗机组改造、催化裂化脱硫脱硝改造、加热炉低氮改造等项目使各项主要大气污染物排放指标实现了质的提升，达到先进水平。连续3年荣获中国石化"绿色企业"称号，多年获得"中国石化环保先进单位"称号。中国石化首套拥有自主产权技术、能生产燃料电池级高纯氢气设施在高桥石化开车一次成功，能生产满足燃料电池车用氢气纯度为99.999%的高纯氢气，运行结果显示出其具有投资少、占地小、能耗低等优势，解决了燃料电池车用高品质氢气的成本瓶颈。

争做产品升级领路人。作为上海市成品油供应的骨干企业，高桥石化以质量求生存、求发展，以质量创信誉、争效益，始终坚持"质量永远领先一步"的质量方针，追求"质优量足、客户满意"的质量目标，坚守"每一滴油都是承诺"的经营宗旨。一是坚持生产"绿色产品"，实现质量升级，为改善上海城市空气质量做贡献。二是坚持生产"洁净如水"的高档润滑油融入日常生活，满足社会需求。三是大力推进环保低硫船燃生产，作为环保型燃料的低硫船燃占中国石化直供上海港55%以上的份额，为上海市打造成为亚洲乃至全球的航运经济中心提供保障。四是不断丰富"绿色产品"种类，更新社会公众对石化产品原有的认知和体验。

文化塑形，打造绿色低碳企业名片

高桥石化借助企业文化渗透，通过不断探索和实践，架起企业与社会公众的沟通桥梁，建立起传播企业核心价值理念、提升企业品牌形象的平台，以"安全、绿色、领先"的企业形象赢得社会尊重。

坚持开门开放办企业，展现绿色企业形象。多年来，高桥石化始终坚持开门开放办企业，公众开放日活动从未间断,接纳来自社会各界公众走进高桥石化、了解高桥石化。目前,累计接待公众代表38095人次,产生良好社会效应。活动注重企业文化体验,公众通过实地参观装置智能化、绿色化生产过程,了解企业"绿色转变",感受安全文化、绿色文化。

提供绿色服务体验,促进企地和谐。作为长期扎根高桥镇谋求高质量发展的中央在沪企业,高桥石化始终致力于推动高桥镇和公司共同发展、联动发展、融合发展。公司为周边地区提供各类应急服务,多次参与社会火灾事故处置,保一方平安。为社区居民提供形式多样、新颖的志愿服务,目前,累计服务企业周边居民8000余人次。公司志愿服务总队经上海市志愿者协会批准,成为上海市第一家市级直属的企业志愿服务队。通过参与社会公益、促进党建共融、加强综合治理、开展形象宣传、共谋经济发展等多渠道切入,实现与周边社区的共创、共建、共治、共享,促进企业与社区的感情,树立企业良好的社会形象,努力提升周边居民的认同感、安全感、获得感和幸福感。

高桥石化将持续推进企业文化建设,进一步凝聚思想共识,激发内生动力,推动"二次创业"高质量发展迈上新台阶,为谱写中国式现代化石化新篇章做出新的更大贡献。

主要创造人:王净依 孙敏杰
参与创造人:王 霞 赵 丹 冉依禾

创新文化促进传统企业转型升级

江西婺源红酒业有限公司

企业简介

江西婺源红酒业有限公司（以下简称婺源红酒业）成立于1992年，传承婺源县国营珍珠山综合垦殖场酒厂百年历史文化，是省级酿酒骨干企业、江西省工业旅游示范基地。公司地处中国最美的乡村婺源，总投资1.2亿元。占地面积50亩，总建筑面积3.4万平方米，具有年产清酱特香型原酒1000吨、储酒能力近10000吨的规模。是集研发、生产、销售白酒、其他酒（配制酒）的区域龙头企业。有员工百余人，其中有高级工程师和高级酿酒师3人、国家一级品酒委员3人、省级评酒委员3人、中级以上技术职称人员10人。公司先后获得了国家"守合同重信用"企业、"江西老字号"、"中南地区六省一市白酒检评金奖产品"、"江西省消费者信得过单位"、"全国食品工业优秀食品企业"、"中国食品行业百年传承品牌"、"中国食品工业协会科学技术奖"等荣誉。

技术和产品创新：研发清酱特香型白酒酿造技术

婺源红酒业自1992年创立以来，始终以"传承百年婺酒品牌，引领白酒创新发展"为使命，秉承"产品至上、以人为本、创造高效"的企业宗旨，塑造"爱国敬业、实干兴邦"的企业精神，推崇"诚信守则、客户至上、团结创新、追求完美"的企业价值观，构建了完善的婺源红文化体系，创新的理念贯穿企业的整个发展历程。

白酒香型的创新是社会发展的需要，是人们物质享受与精神享受的体现。2017年10月，婺源红酒业向婺源县工业和信息化委提出了《年产1000吨白酒生产线异地搬迁暨清酱特香型白酒研发酿造基地建设项目》，项目立项，相继投资1.2亿元打造中国清酱特香型白酒研发酿造基地，整体总建筑面积3.4万平方米，包含酿酒车间、陶坛储酒库、包装成品车间、大罐储酒仓库、勾调车间、研发中心综合大楼、酒文化展示区、婺酒庄园及附属工程设施，拥有机械化酿酒设备、储酒设备、过滤设备、水处理设备、灌装设备、检测设备、消防设备等，形成具有年产清酱特香型原酒1000吨、储酒能力近10000吨的规模。成为集研发、生产、销售于一体，酒庄全景体验、生态旅游的区域性龙头企业。婺源红酒业聘请高端人才，组织专家团队成立清酱特香型白酒研究所，开展"清酱特香型白酒香型及酿造技术"的研究。7年来，专家团队不断创新传统酿造技术，攻克了多香融合酿造技术难关；完成了"纯大米为原料、续糟配料、混蒸混烧、经红砖窖池分层堆积、固态发酵、固态蒸馏、分级储存、年份勾调成型"的酿酒工艺；制订了"清酱特香型白酒质量技术企业标准",在转型创新的道路上扬帆远航。

品牌创新：创新婺酒品牌

婺源红酒业同胞兄弟公司——江西婺酒酒业有限公司于2021年成立，创立了婺酒品牌——婺，迅速组建了品牌策划和电商运营团队。加强对婺酒品牌价值的提升，在婺酒品牌内涵上下功夫，通过讲婺酒品牌的故事并与婺源书乡文化相结合，深入地挖掘自身的文化底蕴，将文化与品牌观念相结合，有效地融入企业理念中，做到古为今用。

为更好地宣传、推广产品的品牌形象，提高知名度，婺源红酒业进行了层层推进式的全方位新闻报告，积极搭建文化展示融媒体平台，巩固传统媒体的优势，通过媒体平台进行强有力的宣传推广活动迅速提升婺酒知名度，从而带动婺酒销售，进行具有极高经济回报的品牌输出。2021年5月，婺源红酒业成功举办了"乡村振兴，中国白酒品类创新高峰论坛"的全国性论坛活动，经国内著名白酒界泰斗、白酒专家和白酒国家品委组成的专家组产品鉴评，给予婺酒高度评价和肯定。

行业创新：创立清酱特香型白酒

目前，白酒行业发展仍然存在两大问题：传统酿造过程的高消耗和污染问题影响大规模工业化发展的增长模式，产业制造技术急需升级换代；传统白酒香型难以满足人们生活改善提高后对多香融合白酒品质的需求。因此，在工艺上、技术上、香型上的创新是企业发展的必由之路，是适应市场发展与需求的必然。婺源红酒业组织专家团队不断创新传统酿造技术，自主研发创立了清酱特香型白酒新香型，主要涉及酿造清酱特香型白酒的发酵容器（窖池）的创新、独特的发酵工艺，使产品兼具焦酱风味与清香醇纯。清酱特香型集清香、酱香、特香型白酒的主体风格于一体，区别于目前国内十二大香型白酒。清酱特香型白酒的创立，具有国内行业领先水平，其工艺的独创性为传统的行业振兴及推动其实现产品高端化、生产智能化、生态绿色化具有典型的示范作用。

营销创新：线上线下融合发展

面对激烈的市场竞争，婺源红酒业坚持继承和发展的原则，经营方式和服务方式与时俱进，经营销售模式创新，采取"线上线下"融合发展，招商引资抢占市场，为消费者提供更多的优质产品并保持了经济持续增长。大力开展各类营销活动并在电商短视频平台大展拳脚。市场部专职人员负责全力以赴服务于广大客户群体，使企业更加准确了解消费者的需求，为企业提供更为精准的营销方案。为了不让"清酱特香型白酒开创者"沦为传播概念，婺酒不断推出系列新品，在产品包装增加设计感的同时重点展示婺酒文化，分别获得了国家专利与缪斯国际设计金奖。在传播上，婺酒与众多媒体合作，打造新媒体矩阵，让婺酒形象、婺酒成果多平台展示，参与各类公关活动，让婺酒多渠道传播。

管理创新：建立有效机制，培养专业化的企业队伍

婺源红酒业细化每个部门的工作职责，权责明确，管理科学。设立了以考核为主的分配机制，重新激活广大员工的积极性，形成人人敬岗爱业、争当优秀员工的新局面。设立了业务奖罚机制，提高业务人员的业务水平能力。完善了公司员工培训机制，按部门为员工进行相关知识的培训，定期辅导、学习、交流，培养出一批复合型科研人才和管理人员。

文化创新：注重企业文化建设，回馈社会

婺源红酒业在发展成长的过程中特别注重企业文化建设和回馈社会。婺源红酒业成立30多年来，解决就业百余人，连带解决就业几百余人，每月准时发放员工工资，积极提升员工的福利待遇，让员工更有归属感、获得感、幸福感。

婺源红酒业党支部共有党员12名，党建工作的开展有力促进了企业的思想政治工作和企业文化建设工作的开展，形成了以党建主题活动带动企业文化建设的工作机制，充分发挥了企业党组织的战斗堡垒作用和党员的先锋模范作用。每月一次党支部会议，党员建言献策、交心谈心，有力促进了企业各项工作的开展，荣获"上饶4A党支部"称号。

回报社会是每家企业应有的责任，企业与社会是唇齿相依、互惠互利的共同体。婺源红酒业在救灾、扶贫、教育等方面以积极行动回馈社会，履行社会责任，多次踊跃捐款捐物，多次受到相关部门的表彰。

创新文化成果显著

成果一：创新文化提升企业科技实力

婺源红酒业始终坚持产品和技术创新不放松，打造出"中国清酱特香型白酒研发酿造基地"，成立了"中国清酱特香型白酒研究所"，研发出"清酱特香型白酒酿造技术"，制订了"清酱特香型白酒质量技术企业标准"，其香型产品达几十款，拥有一项国家专利和两项外观专利，荣获"中国食品工业协会科学技术奖"。企业创始人被命名为非物质文化遗产代表性项目"婺牌老酒酿造技艺"县级代表性传承人，被授予"全国食品工业科技创新杰出人才"荣誉称号。

成果二：创新文化提升企业经营业绩

工业旅游、电商庞大的游客群体、用户群体和传播快速的特点，让婺酒十分注重营销方式的创新。2022年起，婺酒全渠道铺开，各类平台全线开花，被评为江西省工业旅游示范基地。

成果三：创新文化提升企业品牌形象

婺源红酒业自推出婺酒品牌以来，就十分注重品牌和塑造，着力布局品牌战略，获得了"中国食品行业百年传承品牌"荣誉。2021年5月，举办"乡村振兴，中国白酒品类创新高峰论坛"，各大新闻网及媒体相继报道；2021年12月，当地电视台报道婺源红酒业及创始人的故事；2022年1月，《上饶晚报》报道婺源红酒业及创始人的故事；2022年8月，登录上饶高铁站各显示屏

及闹市区显示屏；2022年9月，举办"秋酿祭酒祖"活动，弘扬非物质遗产文化，被当地电视台直播报道。此外，婺源红酒业还参加农耕运动会、美食节、学术研讨会、摩旅嘉年华、越野赛等活动，采用活动赞助的形式，助力婺酒品牌传播创意升级，加速提升了品牌的知名度。

主要创造人：王立新
参与创造人：朱　莉

党建领航，融合赋能，
以"四先两创"先锋行动推动企业高质量发展

中铁二十四局集团有限公司

企业简介

中铁二十四局集团有限公司（以下简称中铁二十四局）是中国铁建股份有限公司的全资子公司，重组成立于2004年，是国家特大型基建承包商。中铁二十四局本部设在上海市，下辖7家综合工程公司、4家专业工程公司、4家分公司，分布在安徽、江苏、浙江、福建、江西、四川、上海、北京并设有华北、华东、西南、西北、东南、华南、中原等区域指挥部。中铁二十四局及下属单位拥有"五特五甲"资质。拥有国家企业技术中心、博士后科研工作站，是国家高新技术企业。现有员工10000余人，各类专业技术人员7000余人，各级注册执业资格人员1800余人，其中一级注册建造师1000余人。拥有国内外先进的大型机械设备9500余台（套），年施工能力800亿元以上。

实施背景

中铁二十四局党委早在"党员先进性教育"时就提出以体现党员先进性为要义，按照"紧贴中心抓党建，融入管理显作为"的工作思路，在全体党员中深入开展"思想观念领先、岗位技能率先、攻坚克难抢先、工作业绩争先，创业主满意工程、创企业最佳效益"（以下简称"四先两创"）的主题实践活动。经过10多年的丰富和完善，逐步发展成为"四先两创"先锋行动"2.0版"。中铁二十四局各级党组织和全体党员深入践行"四先两创"先锋行动工作理念，把技术创新、创誉创效、安全管理、和谐稳定、人才培养等"热点""难点"作为党建工作的融入点，实现项目党建与中心任务的有效衔接、深度融合，有效发挥了基层党组织的政治核心作用、党支部的战斗堡垒作用和广大党员的先锋模范作用。

主要做法

在思想观念上聚焦领先，拧紧"总开关"

强化思想引领。定期开展主题党日活动，利用驻地红色资源，开展现场研学、瞻仰红色教育基地、观看红色题材影片、重温入党誓词等活动，提升学习兴趣、增强学习效果、强化思想引领。

凝聚思想共识。 积极开展形势任务教育，深入学习、宣贯党的二十大精神和上级党委各项工作部署，举办"品质发展、担当有我"巡回宣讲，向广大职工讲透发展机遇与挑战、讲明发展目标与任务、讲清发展部署与措施，引导广大职工爱党、爱国、爱企、爱岗。充分发挥思想政治工作优势，项目党组织书记用好谈心谈话这一法宝，让思想政治工作进宿舍、进工点，以春风化雨的思想政治工作搭建党组织与职工群众沟通的桥梁，为服务项目中心工作奠定坚实的思想基础。

在岗位技能上突出率先，练就"金刚钻"

强化学技练兵。 将培训课堂放在项目一线，按照"有固定场所、有组织机构、有师资力量、有教学计划"的"四有"原则，创办"工地大学"、建设"职工书屋"，开展"人人都是主讲者""送课进工地""以教促学"等培训活动，做到现场干、现场教、现场学，每年培训职工和劳务工近2万人次。项目党组织大力开展导师带徒活动，持续推进"雏鹰行动"，为青年员工规划发展方向，持续跟踪培养。建立把骨干培养成党员、把党员培养成骨干、把党员骨干输送到重要岗位的"双培养一输送"机制，为企业改革发展提供强劲动力。

丰富劳动竞赛。 大力开展各类劳动竞赛和技术比武，不断提升干部职工业务素质、业务能力。机制上，建立集团公司、工程公司、项目部三级竞赛网络，为竞赛开展提供组织保障；方案上，确定竞赛目标，制订考核办法，加强过程考核，提升竞赛效果。

推动创新创效。 注重发挥高技能人才在企业创新发展中的示范引领作用，积极组织党员、青年学习"四新"技术，秉承工匠精神，专注匠心匠艺，带头开展技术攻关和工艺改进等工作。发挥劳模（工匠）领衔作用，在桥梁施工、试验检测、轨道交通等方面创建36个创新工作室，促进党员在掌握和运用"四新"技术方面走在前列。成立以桥梁施工技术创新为主题的"彩虹创新工作室"联盟，在装配式桥梁施工关键技术研究与应用、紧邻营业线桥梁施工等领域开展课题攻关，定期开展交流研讨、现场观摩、成果推广活动。

在攻坚克难上注重抢先，争当"领头雁"

坚持"先"字为纲。 针对急难险重任务和关键节点设立党员突击队、包保责任区、党员先锋岗三级包保组织，做到大事难事党内先研议、党员先知道、组织先行动。

坚持"深"字为要。 坚持把党内创先争优与施工生产目标同规划、同推进、同检查、同考核。集团公司党委组织力量深入到武宜铁路等重点项目一线，按"一项目一策划"原则，因地制宜与项目党组织共同制订创先争优方案和活动规划，提出"三聚焦、三确保"（聚焦重点难点，确保节点目标全面实现；聚焦团队建设，确保作风优良队伍稳定；聚焦文明信用，确保各项考核指标兑现）具体指标。项目党组织结合实际制订节点目标，在项目驻地悬挂包保进度图，在施工现场设置包保责任牌，让党员心中有数，使攻坚克难进度一目了然。

坚持"实"字为本。 各包保责任区负责人签订包保责任状，党员公开岗位承诺，接受群众监督。项目党组织每月（季度）对党员突击队、包保责任区、先锋岗完成任务情况进行评比，分析存在问题，公示评比结果，落实"三挂钩"奖惩机制（即与党员月度奖金、评议评先、岗位调整挂钩），推动党员主动履职、优质履职。

丰富双向融入载体平台。 坚持"抓党建要从工作出发，抓工作要从党建入手"的理念，找准服务生产经营的"作用点"、凝聚职工群众的"关键点"、参与基层管理的"着力点"，搭建"小、精、实"的党建主题活动载体，引导各级组织、党员在重点工程建设中展现作为。

在创誉创效上持续发力，打造"助推器"

开展联建共建促发展。通过外引内联、结对共建，推动党建工作上水平、施工生产创佳绩。对内，构建区域性党建大格局；对外，打造外向型党建新模式。

强化考核问效添动力。深化"四同步、四对接"工作机制和"双向进入、交叉任职"领导体制，党员项目经理兼任党组织副书记、党组织书记兼任项目副经理，经理、书记"一肩挑"的设置专职副书记。牢牢抓住党建工作责任制这个"牛鼻子"，逐级签订《党建工作责任书》，出台党建工作责任制考核评价办法，把安全质量、创誉创效等项目管控重点作为党建工作考核的重要内容，建立经营业绩、党建工作、民主测评"三把尺子一起量"的考评机制，实现"身份"与"权责"互融互通，形成党建工作与生产经营同抓同管、共同促进的良好局面。

实施效果

中铁二十四局党委在中国铁建党建责任制考核中5年四获"优秀"，先后涌现出一大批"两优一先"代表和"生产标兵""创新能手""安全卫士""创效先锋"，13个党组织被上海市建设交通工作党委命名为"建设先锋示范点"。先后有7人在全国中央企业职业技能大赛中摘3金夺4银，百余名青年人才分获"全国青年岗位能手""中央企业技术能手""上海领军人才""上海工匠""茅以升科学技术奖"等称号。创办的"平安二十四超市"获上海市"安康杯"竞赛典型案例唯一特等奖。

在"四先两创"先锋行动的助推下，中铁二十四局不仅打造了许多精品工程、示范项目，还实现了企业发展规模、发展质量的长足进步，各项人均经济指标在中国铁建工程板块位居前列，2022年国铁集团上半年铁路信用评价再获A级。获得第二届中国质量奖提名奖、全国优秀施工企业、全国建筑业诚信企业、全国守合同重信用企业、全国文明单位、上海企业100强等荣誉80余项；荣膺"鲁班奖"、国家优质工程奖、"詹天佑奖"奖项等40余项，获中国市政工程金杯奖和省部级优质工程奖100余项。

主要创造人：支卫清　叶建国
参与创造人：郑克川　李雪芬　白　雪　刘昊程

用"上上下下的安全"推动企业安全文化建设

上海三菱电梯有限公司

公司概况

上海三菱电梯有限公司（以下简称上海三菱电梯）成立于1987年，由上海机电股份有限公司和日本三菱电机株式会社等四方合资组成，公司投资比为中方60%、外方40%，是一家以中方为主管理的电梯制造企业。公司投资总额2亿美元，占地面积39.23万平方米。2022年，销售电梯近10万台，营业收入约220亿元，保持行业领先地位。合资以来，已累计制造和销售电梯120万台，累计出口电梯近3万台，遍及100多个国家和地区。现有总部员工约2000人、分公司员工10000余人。

安全文化建设举措

党政齐抓共管，夯实安全文化领导力

上海三菱电梯全面落实安全管理"党政同责、一岗双责、失职追责"的要求。通过安全责任目标进行分解，纳入各职能部门主要负责人签订的安全责任承诺书，实施个性化签约；组织各车间部门逐级开展覆盖全员的岗位安全承诺签约。通过领导干部联系班组活动，加强安全文化的引导和宣贯。借助党政领导安全倡议签名、带队检查、现场指导、座谈交流等多样的形式，营造良好的安全文化氛围，夯实各级领导的职责，引导职工养成良好的安全习惯，做到"要安全、懂安全、会安全"。

优化系统管理，提高安全文化平衡力

在安全文化建设中，上海三菱电梯将《上海电气安全文化建设导则》作为企业文化建设的文件标准；与此同时，公司依据安全管理体系运行中的法律法规获取、识别和评价，结合生产经营实际情况，对内部的各项安全活动以管理程序的形式加以规范和明确并动态更新。上海三菱电梯共建立安全管理程序文件46个、岗位安全作业指导书160个，应急预案28个，通过完善管理制度来规范员工的安全行为。上海三菱电梯坚持以职业健康安全管理体系为核心，以安全生产标准化为支撑，以卓越绩效评价准则为管理标准，推动安全管理的整体优化。在此基础上，通过安全信息化建设、安全技术创新和设施设备本质安全化等多种管理方法，持续提高安全管理能力。

提升本质安全，推进安全文化保障力

上海三菱电梯在落实国家安全生产费用提取使用的基础上，每年持续有效地进行安全投入。始终把引进先进的生产设备和建立完善的安全技术支撑体系作为持续提高企业本质安全的一项重

要工作，近 3 年在安全生产上累计投入 7000 余万元。目前，上海三菱电梯的设备智能化程度已超过德国、韩国等国家的平均水平。上海三菱电梯通过实施工业机器人作业、电梯无脚手架安装、安全监测预警集成技术、行车授权操作系统等的创新和应用，对源头安全风险预控产生了积极的推动作用。

深化创新培训，提高安全文化学习力

安全教育视听做。可视化：按照标准化要求，持续开展车间安全标识、安全宣贯看板等目视化管理工作，为员工营造安全视觉氛围的同时传递正向信息；将安全课件与案例制作成视频，组织员工观看、学习、讨论，增强安全意识。体感化：建立了安全体感教室，利用安全体感教具，使员工对事故的危险性和引发的后果有更深入的了解，从体感上加深对生产安全重要性的认识。每位参加安全体感实训的学员均需进行安全墙宣誓和签名，增强安全责任意识。技能化：开展有针对性的比武练兵，如叉车操作、电梯安装维保等，提高员工安全技能，更加有效地防范现场事故发生。

工程服务全覆盖。结合项目创建工作，上海三菱电梯以培训准入为核心，提升工程服务人员的安全能力。近 3 年，累计进行安装培训 71125 人次、维保培训 32546 人次。

实施平台准入制度。具备上岗资质并通过公司培训考核的安装人员统一纳入委托安装单位申报平台进行管理，对进场施工进行授权。

持续开展"节后开工检查教育"活动，在年后复工前进行全面安全检查和收心教育，检查和整改全部完成并经确认无误后方可开工。近 3 年，节后开工检查 25144 次，整改隐患 4857 条，收心教育 82821 人次。

安全文化带回家。上海三菱电梯将对员工的安全关怀和文化引导从厂内一直延伸到家庭。

畅通参与反馈机制，共享安全文化

上海三菱电梯通过员工意见征询会、安全合理化建议、安全技术创新活动等多重渠道，建立了安全事务反馈机制。公司员工主动参与安全改进，积极为公司的安全发展献计献策。对于员工提出的安全改进意见和建议，公司都制订时间计划表一一予以落实。2 年来，共有 80 余条涉及安全的合理化建议得到采纳实施。

通过安全生产月活动等载体开展安全文化理念宣传。2017 年，公司发布了安全文化理念体系。近年来，公司充分利用入司安全教育、安全体感教室宣传墙、安全生产月安全文化竞答、班组安全台账和安全文化手册等手段，大力开展安全文化理念的宣传，推进理念的深入人心。公司每年根据安全生产月主题，开展"六个一"活动（党政践行活动、警示教育活动、知识宣贯活动、规程学习活动、隐患排查活动、应急演练活动），让员工在活动中长知识、增意识、提能力。通过安全文化的熏陶，使员工的安全素养得到提高。

开展安全"绿十字"活动。上海三菱电梯车间各班组每天将安全状况通过安全"绿十字"看板予以公示，用绿色进行激励，用红色进行警示，各个班组的安全绩效一目了然。活动结果作为示范班组评比和表彰的依据。安全"绿十字"活动不仅激发了班组员工安全生产的积极性和荣誉感，同时将"四不伤害"深深根植于班组成员的心中。

广泛传播安全文化，积极履行社会责任

作为特种设备制造企业，上海三菱电梯始终坚持以用户安全为中心的社会责任担当，结合项

目创建工作,通过安全文化的传播,不断增强其获得感和安全感。

安全是可以信赖的。通过上海三菱电梯的网站、产品样本和产品展示馆对客户及参观者宣传电梯产品的设计安全。告知客户,公司依托"人无我有、人有我优"的品控准则,通过对高于行业标准的设计、安全技术的创新使用和制造过程中的严格质控,达到产品的本质安全,从而消除客户对电梯安全的质疑和担心,逐步让用户建立安全是可以信赖的意识。

安全是可以传递的。上海三菱电梯自行开发设计了电梯安全使用动漫宣传片,每年利用安全生产月等活动,组织文明乘梯志愿者队、安全宣传小组等深入社区、学校,开展安全文明乘梯宣传公益活动。

安全是可以选择的。通过组织电梯产品使用的物业单位进行电梯安全操作与运营专项培训,让其学会安全操作和运营。将为政府、地铁项目的优质可靠服务结果进行宣传,让更多的物业管理单位和用户意识到安全是可以选择的,促使用户选择专业人员管理电梯并主动选择厂家进行维保。近3年,累计组织物业单位开展专项培训32次。

服务平台守护公共安全。上海三菱电梯积极参与了上海市110电梯应急救援网络,通过用户服务中心110电梯应急救援网络的应急响应模块开展舆情监测和快速响应,解决广大乘客日常生活中遭遇电梯困人后迅速解困的现实问题,已成功运用于上海进博会等多个重大保障项目。

智慧电梯助力城市公共安全。2019年,上海三菱电梯推出了Smart K-II智能自动扶梯及自动扶梯"慧眼"监控系统,应用了25项创新的智能技术,为轨道交通及其他客流密集的公共场所带来"上上下下的安全"和享受。智能自动扶梯可以聪明地判断出乘客的不规范用梯甚至危险性动作并予以报警,预防事故的发生。

为了防止电动自行车自燃可能引起的电梯火灾及电动自行车进出轿厢碰撞造成的事故,2019年,上海三菱电梯推出了电动自行车自动识别系统,无须居民、乘客间互相劝阻,"红脸"由产品来唱,保证邻里关系和睦的同时确保电梯的正常安全使用。

安全文化建设成果

上海三菱电梯两次荣获全国质量奖(2002年、2011年)、两次荣获上海市市长质量奖(2009年、2015年),连续多年被评为上海电气安全生产履职考核优胜单位,多次荣获全国"安康杯"竞赛优胜集体和个人称号。2020年,荣获上海市安全文化建设示范企业,进一步促进了公司安全文化品牌建设。

主要创造人:阮为民 来文风
参与创造人:苏 骏 罗 刚 乔 强

品牌、管理、服务"三位一体"打造"细微真情"企业文化，推动城市客运出行服务高质量发展

北京公共交通控股（集团）有限公司（第一客运分公司）

企业简介

北京公共交通控股（集团）有限公司（第一客运分公司）——以下简称客一分公司，隶属于北京公共交通控股（集团）有限公司。2016年，由原第一客运分公司和原第八客运分公司重组成立，主要经营范围为北京市内公共汽车客运业务。曾先后获得全国交通行业文明单位、全国"安康杯"竞赛优胜单位、全国交通运输优秀文化品牌优秀奖、首都劳动奖状、经济技术创新企业、北京市安全行车示范单位、"书香北京系列评选"优秀企业等荣誉；拥有全国工人先锋号线路3条、全国青年文明号线路1条，拥有北京市工人先锋号线路9条、北京市青年文明号线路3条。

实施背景

客一分公司着眼"'回天'地区三年行动计划"，践行"以乘客为中心"的服务理念，投身实践活动，加强与属地交通运输局、社区的协调联动，积极开展"回天"区域内线路调研和分析，根据市民意见、客流调查，优化区域线网布局，取得了良好的社会反响。北京市委主要领导在集团公司报送的"公交集团不断优化公交线路方便居民出行"信息中批示表扬客一分公司开展"回天"地区线网优化调整方便居民出行的典型做法。为进一步深化批示精神，客一分公司党委提出，要结合集团公司赋予分公司的职责定位，立足首都北部地区，努力打造"细微真情"城市客运出行服务品牌，提出"人人讲精细，处处见真情"的口号。客一分公司在集团公司"同行"文化的统领下，广泛调研，深入挖掘，最终提炼萃取出符合管理逻辑、具有现实管理意义的客一分公司独有的企业文化主张——"细微真情"文化，进一步深化"细微真情"内涵，具体化文化建设的目标，聚焦集团"真情公交、精益公交、品质公交"的"同行"共识，决心努力实现"真情客一、精细客一、品质客一"。

主要做法

优化线网，提升多样化服务能力

紧盯乘客对美好公共出行的需求与不平衡、不充分的线网覆盖之间差距的主要矛盾，围绕地

面功能性建筑建设和乘客出行需求变化，持续优化线网、调整运营服务，努力使线网布局和运营计划能够紧密贴合实际。

将"细微真情"融汇到服务设计之初，从线网优化源头入手践行"从真情出发，精细设计每一个环节"。根据乘客需求及时调整运营时间，增加夜班运营覆盖区域。紧盯地理变化，及时增加运营覆盖区域，解决居民出行"最后一千米"问题。精准投入，在撤销低效站位的同时开通流转速度更快的微循环线路，配备舒适车型，增强体验感，焕发吸引力，用更高效、更优质替代低效。

将"真情服务"体现在主动引领公共出行服务上。组织员工走进社区，开设"绿色出行大讲堂"宣导文明出行，向居民介绍公交线路"开通、调整、延伸"工作，让居民了解线网规划的依据、条件、程序，加深社会融合。

将"精准精细服务"视为"让乘客深度参与运营服务设计"。秉持乘客的需求是线路调整的最大依据，邀请乘客参与到线路调整全过程，精细至"以米丈量"确定站位地理坐标，使线路调整真正做到"由乘客发起，纳乘客建议，邀乘客体验，听乘客反馈，促乘客满意"。

以诉求为切入点，提升整体服务满意率与优质服务比重

立足"接诉即办"，掌握乘客个性需求及运营服务中的普遍性问题。从问题入手，进行服务诊断，在服务规范、服务流程、服务技能上找差距，着眼于服务流程再造和员工服务技能提高，提升整体服务满意率与优质服务比重。

以"零事故"为目标，构建完备的行车安全管理体系

乘客满意安全先行。客一分公司视安全为服务的基础，坚持把安全行车"零事故"作为公共出行服务的永恒追求目标，以安全塑文化，靠文化保安全，引领全体员工筑牢安全堡垒。一是精细教育培训，多渠道提升员工安全素养。二是构建责任体系，高标准落实安全主体责任。三是应用科学技术，跨领域推动安全科技创新。四是坚持文化育安，塑造安全行为文化和仪式文化。每年开展安全文化论坛，搭建安全管理交流平台。召开"金、银方向盘"颁奖典礼，表彰安全行驶100万千米和50万千米的驾驶员。

强化员工关怀，输出"有温度"的关爱行动

努力营造"人人受重视、个个被尊敬"的文化氛围，将"精细"体现于关心、关爱每一位员工，将"真情"体现在"有温度"的员工帮助"三暖行动"中。一是将"真情"融入员工家庭，感恩员工家庭对公交工作的理解与支持。二是让"真情"沉浸在工作场所。积极建设"花园式"公交场站，开辟花园区，修建凉亭，配备健身器材，打造舒适休息区，将"暖心驿站"下沉职工休息室，配备按摩椅、读书角、阅报栏、触摸屏、绿植装点，让员工在短暂的停站时间充分得到身心放松。三是让"真情"传递至员工心中。坚持落实驾驶员定期体检制度，掌握心脑血管疾病检查结果，及时采取有效预防措施。开展驾驶员心理适宜性测评，培养EAP专员队伍覆盖各车队，为公交驾驶员及时提供心理咨询、疏导减压帮助。

建立复盘机制，定期总结"细微真情"践行情况

通过定期复盘总结经验和教训，巩固好做法，提出新思路，落脚于能够"将好的做得更好""将一次的失败转化为下一次的成功"，着眼于今后为乘客提供更好的服务。

实施效果

实现了内统思想、外塑形象的目的

培育了企业的共同价值观,提升了广大员工奋斗贡献的精神力量,企业社会效益、持续提升,客一分公司圆满完成了中华人民共和国成立70周年庆祝活动、中国共产党成立100周年庆祝活动、北京冬奥会和冬残奥会、北京世园会等的运输保障任务。积极参与"回天工程"建设,得到社会各界的广泛赞誉。3年来,国家级、市级主流媒体宣传报道客一分公司700多次,塑造了国企良好形象。

为企业战略发展提供价值引领

深化了创新驱动发展的价值引领,激发企业内生活力,形成以文化为引领、具有客一分公司特色的企业文化创新驱动。深化了分公司以人民为中心的价值引领,把企业文化建设融入坚守初心使命,不断提高干部员工的思想素质、政治素质、文化素质和职业素养,在共同意识、价值观念、职业道德、行为规范和准则上形成了有效遵循。

引领了管理创新,深化企业高质量发展

增强了企业文化的导向功能和融合作用,推进了内部控制体系、质量管理体系建设,加强绩效管理、预算管理,完善并执行了标准化管理规范,企业治理体系和治理能力建设得到持续提升。3年来,持续完善运营服务质量,共实施常规化优化调整线路147条,多样化线路新开35条。持续深化乘客满意度调查,主动发现问题,坚持"提质降诉、善办增分"的总要求,积极解决乘客"急、难、愁、盼"问题,"接诉即办"水平持续提升。

增强了员工文化自信和职业自豪

通过积极将"细微真情"文化向基层渗透,使"细微真情"文化内涵转化为了员工的自我认同和行动实践。3年来,涌现出大批优秀干部骨干和工人领军人物,其中有"平安交通奋斗者·北京榜样"1名、"北京市劳动模范"2名、"2022年冬奥会、冬残奥会北京市先进个人"1名,多名干部荣获"北京市交通行业先进个人"称号。

在经营管理、服务提升、精神文明建设方面,客一分公司取得了长足的进步。2020年,被交通运输部授予2018—2019年度全国交通行业文明单位;2021年,被中华全国总工会授予"全国模范职工之家";2021年,被书香中国·北京阅读季领导小组办公室授予"书香北京系列评选"优秀企业;2022年,获北京市安全行车示范单位;2022年,获"交通强国,品牌力量"第四届交通运输优秀文化品牌评选优秀奖等荣誉称号。

主要创造人:阎振林
参与创造人:王际菲 王红艳

"奋斗者文化"引领百年企业高质量发展

重庆通用工业（集团）有限责任公司

企业简介

重庆通用工业（集团）有限责任公司（以下简称重通集团）具有百年发展历史，是以透平机械技术及产品为核心、具有行业一流的技术创新能力和独立自主知识产权的大型国有高端装备制造企业。公司拥有国家认定企业技术中心，是国家第三批工业产品绿色设计示范企业、国家级专精特新"小巨人"企业、国家技术创新示范企业、国家知识产权示范企业、全国工业品牌培育示范企业，建有重庆市高效离心压缩机智能化技术工业和信息化重点实验室、重庆市透平机械工程技术中心、博士后科研工作站。公司荣获全国"五一"劳动奖状。

为什么要提倡"奋斗者文化"

重通集团结合"十四五"发展战略规划及未来发展趋势，进一步丰富百年重通企业文化内涵，持续打造特色企业文化品牌优势，凝聚员工的智慧和力量，形成了"以奋斗者为本"的具有重通特色的企业文化。

"奋斗者文化"是贯彻落实党的二十大精神的必然要求，党的二十大报告中反复提及"奋斗"。企业文化是企业的核心竞争力，企业文化是关系企业前途命运的大事，企业文化的发展状况很大程度上决定着企业的发展状况，构建"奋斗者文化"将有利于企业处于正确的发展方向和道路上。

"奋斗者文化"是继承百年重通历史的必然要求。重通集团作为具有百年发展历史的国有企业，在历史长河中积淀形成了具有自身特色的愿景信念、优良传统、行为准则、历史人物、历史文物及历史故事等文化遗产。通过"奋斗者文化"，广大员工形成百年重通的高度认同感和内在信仰。

"奋斗者文化"是企业实现高质量发展的必然要求。优秀的企业文化基因是引领企业高质量发展的必要条件，能够为企业的长远发展提供坚韧的精神支撑，使企业焕发出独特的品质和魅力。当前，重通集团正处于再创业、再出发的新阶段，企业还存在发展的良好态势还不够坚挺、产品的核心竞争力还不足、现代化企业管理基础还很薄弱等一系列问题，而实践"奋斗者文化"有利于凝聚广大员工的精神、聚拢强大的向心力、解决发展中遇到的矛盾问题，使大家朝着既定目标不断努力奋斗。

什么是"奋斗者文化"

"奋斗者文化"的内涵。以客户目标为导向,为客户创造价值的任何微小活动,以及在劳动的准备过程中为充实提高自己而做的努力均是奋斗,在这个过程中形成的理念、机制及管理体系等就是"奋斗者文化"。

"奋斗者文化"的本质要求。一是奋斗者必须坚持以忠诚企业为最高原则,从内心深处热爱重通集团且能为企业带来较好的价值贡献。二是奋斗者必须坚持以自我创新为重要原则,对自身工作有着前瞻性、战略性的预判和思考,不拘泥于传统思维,能站在企业发展需要和自身岗位实际勇于变革。三是奋斗者必须坚持以持续创造价值为重要原则,做一个批判主义者,敢于正视、批判企业发展面临的问题和矛盾,同时能为解决这些问题和矛盾持续奋斗,持续为企业发展创造价值。四是"奋斗者文化"必须坚持以人为本的基本原则,人才是企业第一资源,要将最优秀的奋斗者放到合适的岗位锤炼成长,要从生活、工作、学习等方面关心、关爱每一名奋斗者。

"奋斗者文化"实施路径

追溯奋斗之源。百年重通发展历史积淀了丰厚的文化遗产,这些都是重通集团不断壮大向前的力量之源。一是继承以爱国主义为核心的血脉基因,集中挖掘一批具有鲜明时代特征、历史传承价值及经久不息的红色故事和人物。二是弘扬以创新创造为核心的精神品质。在重通集团的发展历史上,创造出了无数个第一。"中国第一台抽油机""中国第一台离心式制冷机""中国第一台低温离心式制冷机""中国第一台防腐高温风机""中国第一台船用离心式制冷机""国内单机容量最大的氨低温离心式制冷机""中国第一台核电站专用离心式冷水机组""国内首台船用大型离心式冷水机组""国内首台百万吨级CCUS项目丙烯压缩机"等均在重通集团诞生。成绩的取得均是一代代员工用自己的双手奋斗而来,真正彰显了成绩是奋斗出来的、是干出来的。

构筑奋斗之制。逐步建立奋斗者激励机制,集中企业有限资源,向为企业发展创造价值和做出贡献的奋斗者倾斜,让奋斗者多享企业发展成果和红利。一是以绩效考核为核心的基本激励机制。逐步建立和完善绩效考核体系,制订《中层管理人员绩效考核管理办法》《全员绩效考核管理办法》,实现绩效考核全覆盖,将公司经营目标、重点工作与薪酬绩效深度挂钩,实现薪资、效益奖励、职位升降与考核结果紧密结合。二是以经营要素为核心的专项激励机制。在创新成果转化、市场开拓、管理提升等方面制订了《营销考核激励方案》《创新研发项目激励管理办法》《员工奖惩管理办法》等制度,按照员工所做贡献进行分配,实现多劳多得,形成对绩效考核的有效补充。此外,还逐步搭建了专业序列和管理序列的"双序列"晋升通道,畅通了员工实现自我价值的通道,真正做到了事得其人、人尽其才、人尽其用。

凝聚奋斗之魂。奋斗的精神内核在于对员工的人文关怀。一是持续开展关爱工程。逐步优化"温暖基金、帮扶基金、成长基金、助学(励学)基金"运行机制。开展"节日温暖行动",坚持在每年元旦、春节等节日开展"送温暖"活动,重点关注困难职工。开展"职工健康行动",坚持每年组织员工健康体检,为员工提供"重大疾病互助保险"、为女职工购买特殊疾病险等。二是持续开展人文关怀工程。常态化开展员工生日送祝福、荣休员工欢送仪式、员工座谈、定期团建等"人文关怀行动"。

追求奋斗之本。企业奋斗的根本在于为广大职工创造高品质生活，实现企业高质量发展。一是创造高品质生活。近年来，重通集团员工收入稳步增长，员工幸福感、安全感和获得感不断增强，爱厂、护厂、兴厂情感不断凝聚。二是实现高质量发展。近年来，重通集团紧盯低碳绿色新能源市场开拓，坚持技术创新投入，释放有效产能，企业营业收入不断攀升，创下了历史最好业绩。

没有一代代员工的接续奋斗，就没有百年重通的今天。未来，重通集团将继续丰富深化"奋斗者文化"内涵，完善优化奋斗者激励机制，切实用"奋斗者文化"引领企业高质量发展。

房地产企业安全文化建设探索与实践

京能置业股份有限公司

企业简介

京能置业股份有限公司（以下简称京能置业）是北京能源集团有限责任公司房地产板块二级平台公司，于1997年在上海证券交易所挂牌上市，是一家集房地产开发、物业管理、建筑施工3种业态为一体的综合企业，具备房地产开发和物业管理双一级资质、建筑工程施工总承包特级资质及建筑行业（建筑工程、人防工程）甲级设计资质和多项施工总承包资质。

实施背景

京能置业所属房地产开发企业承担建设工程质量安全的首要责任，开发建设过程中相关方多，劳务队伍人员流动性大，安全管理复杂。京能置业所属建筑施工企业具备建筑工程施工总承包特级资质，承揽的工程广、领域宽、规模大，管理难度和风险高。京能置业所属物业企业管理难度越来越大，尤其是伴随着新的《高层民用建筑消防安全管理规定》等法律法规的出台对物业消防安全提出了更高要求。因此，企业需要建设统一的安全文化体系，推动安全管理提升。

主要做法

京能置业围绕安全文化建设七要素（即理念体系、行为规范及程序、安全行为激励、安全信息传播与沟通、自主学习与改进、安全事务参与、审核与评估），结合企业实际，从安全理念文化、安全制度文化、安全环境文化、安全行为文化4个维度开展企业安全文化创建工作。

京能置业成立以企业主要负责人为组长的安全文化建设领导小组，围绕企业安全管理现状，结合安全文化创建9种推进方法，从安全理念文化、安全制度文化、安全环境文化、安全行为文化4个维度69项重点工作入手制订"安全文化建设三年规划"、年度实施方案及工作计划，明确安全文化建设目标，将安全文化建设纳入安全生产整体规划和年度计划，将安全文化建设工作职责纳入企业全员安全生产责任制。

安全理念文化建设。一是安全理念的植入。京能置业结合企业发展规划和安全发展实际，经过全员征集和安全文化领导小组、安委会集体讨论，形成了京能置业的安全文化理念体系，充分体现企业社会责任和追求卓越安全绩效的精神。二是安全理念的传播。为凸显"文化引领"效能，京能置业开展了"安全文化建设年"系列活动，印发了安全文化手册，先后组织开展了安全文化宣教、安全巡回宣讲、安全文化专题培训等系列活动，使安全理念走脑入心、见诸行动。在施工现场、物业园区、办公场所、员工食堂等显著位置悬挂安全理念横幅、张贴安全理念海报、摆放安全理念知识展架和台卡等，营造浓厚的舆论氛围，广泛传播安全理念。

安全制度文化建设。一是建立清晰、明确的安全管理组织架构和安全责任体系及制度体系。坚持"以人为本"，制订者和执行者共同参与制度制订，从安全文化的角度进一步梳理完善从主要负责人到基层员工的全员安全岗位责任、范围和考核标准，建立健全责任制清单，形成"层层负责、人人有责、各负其责"的安全工作格局，做到事事有方案、有流程、有标准、有依据、有考核，强化执行到位，逐级压实责任。安全责任融入企业整体管理体系当中，覆盖到每一个岗位并逐级签订责任书。定期识别、获取、评估和适用的安全生产法律法规和标准规范，及时修订完善制度，保证制度的执行效力。二是建立安全风险分级管控和隐患排查治理双重预防体系。强化事前管控，下大力气管风险、治隐患。建立健全安全风险管控清单，明确安全风险分级管控原则和责任主体，分级、分类、分专业管控安全风险，定期组织开展全员、全方位、全过程安全风险辨识，根据安全风险管控条件变化，及时开展动态评估，调整风险等级和管控措施。安全风险告知细化到岗，通过"安全风险告知卡"和"应急处置卡"，明确每个岗位员工的安全风险和应急处置流程，确保全员告知并开展每日班前会安全风险提示、安全技术交底、设置安全责任牌和警示标志等，提前做好预控措施。坚持问题导向，强化闭环管理，推动企业全员参与自主排查隐患，编制并持续完善隐患排查治理清单，制订安全生产隐患排查和治理管理制度，确保责任、措施、资金、时限和预案"五到位"，定期总结分析，根据条件变化情况及时调整安全隐患治理措施，确保安全。针对施工现场特点，制作《施工现场安全隐患管理图集》，有效地指导施工现场隐患的排查和治理工作，保障公司安全生产。三是建立统一、规范、科学、高效的应急处置体系。坚持"安全第一，预防为主，综合治理"的安全生产方针，结合京能置业及所属企业、项目实际危险源状况、危险性分析情况和可能发生的事故特点，构建"公司级综合应急预案－公司级专项应急预案－所属企业级应急预案－项目公司应急预案－现场处置方案"五级应急预案体系并持续完善，不断夯实应急基础。建立应急救援队伍，设立微型消防站、防汛物资库等应急物资库，制订年度演练计划，结合施工现场、物业园区、办公场所实际及安全生产月、汛期、消防月等重要时点，高效开展系列专题应急演练活动，不断提高应急处置水平。

安全环境文化建设。安全生产环境氛围影响人的安全行为习惯。公司通过做好作业环境、生活工作环境建设，开展经常性的安全生产宣教活动，畅通安全生产信息沟通和反馈，提高员工自主保安意识。

安全行为文化建设。一是明确各层级行为准则。规范员工行为，搭建京能置业三级安全行为准则，即决策层行为准则、管理层行为准则、执行层行为准则。二是开展教育培训促行为提升。建立科学完善的安全教育培训体系，结合各层级、各岗位实际，开展具有针对性的安全教育分级、分类培训，确保全体员工熟知安全规定，充分胜任所承担的工作。三是积极践行安全诚信。京能置业注重社会责任的履行，建立安全诚信制度和安全承诺制度，定期开展安全承诺宣读仪式、安全承诺书公示、设立微信公众号"安全动态"频道等，主动公开、公示风险、事故、事件、隐患、缺陷、职业危害等信息，积极与属地合作开展安全咨询日、消防应急演练等各类安全活动，积极践行安全诚信。四是建立激励机制。建立安全文化建设绩效考核体系，设置明确的安全绩效考核指标，制订奖惩办法并把安全绩效考核纳入企业绩效考核，将安全绩效作为员工晋升的重要依据、作为企业评优评先的必要考察内容和组成部分，提拔重用安全业绩优异的员工，奖励促进安全绩效改善的行为与成绩。积极开展典型选树活动，组织报名参加属地组织的"安康杯"竞赛、"应急先锋"、"应急先锋号"、"青年安全生产管理大师赛"、"青年安全生产先锋岗"、"安监之星"、"最美安监巾帼"、"青年安监卫士"等典型选树活动。

实施效果

安全文化创建营造了"人人管安全"的和谐氛围。京能置业通过多方式、多渠道传播"以人为本、幸福置业"的安全文化理念，营造了"处处讲安全、事事为安全"的浓厚氛围，形成了全员的安全发展共识。依靠安全文化的潜移默化作用，逐步影响全体员工的思想和行为，提高了全员安全意识和整体安全文化素质，推动了安全管理从被动管理到主动作为的转变，真正实现了"要我安全"到"我要安全""我能安全""我会安全"的转变，使员工真正做到了"四不伤害"。

安全文化创建提升了本质安全水平。京能置业通过安全文化有效的传导、落实，实现了"安全零事故"目标。通过创建安全文化示范企业集团，所属企业获得绿色安全工地、结构"长城杯"等多项安全生产奖励。目前，公司共有1家安全文化示范企业集团、8家安全文化示范企业。近3年，新增5家市级绿色安全文明工地、16个市级"优质结构评价"工程、8个结构"长城杯"奖、1个钢结构金奖，同时在行业内领先一步获得安全文化示范企业集团称号，提升了安全诚信企业形象。

安全文化创建助力企业高质量可持续发展。京能置业在安全文化建设过程中，充分考虑自身内部和外部的文化特征，引导全体员工的安全态度和安全行为，通过全员参与，实现了企业安全管理水平的持续进步。随着近几年安全文化的沉淀，提高了全体员工在安全工作中的高度自觉和自律性，提升了企业管理软实力。创建工作激发了全体员工对安全工作新的认识，将安全生产工作提高到安全文化高度去认识。2022年，公司效益创成立以来最好水平，推动了企业高质量发展、可持续发展。

主要创造人：王海平　王禄民
参与创造人：董亚军　杨　霄　曹秀丽　杨硕珅

厚植文化底蕴，功到自然"渠·成"

华电渠东发电有限公司

企业简介

华电渠东发电有限公司（以下简称渠东公司）位于河南省新乡市，紧靠山西煤炭基地，处于华中、华北和西北三大电网交汇处，是全国形成联网的重要电源支撑点。2×33万千瓦发电机组由华电国际电力股份有限公司和新乡投资集团有限公司按照9∶1的出资比例共同组建，是河南省"十一五"规划建设的重要电源项目，是新乡市的城市热电联产项目，配套建设城市热网采暖1165万平方米，是新乡市区卫河以南的主要热源点。

实施背景

渠东公司成立以来，经历了叫停缓建、投产革新等历程，一路发展至今，积淀了深厚的文化底蕴。为了传承和发展公司创业以来的文化，从2016年起，渠东公司开始提炼企业文化品牌、丰富企业文化内涵，积极践行社会主义核心价值观，秉持高质量可持续发展理念，高度重视企业文化建设，注重对华电文化的学习、宣贯和传承，以《华电文化纲要》为基本内核，紧密结合企业实际，构建了"渠·成"企业文化理念体系，持续推动文化融合，"文化"逐步走向成熟、完善。

主要做法

精准提炼、多源融合，深化特色企业文化建设

渠东公司位于河南新乡市，背负牧野文化之厚重、依托孔孟文化之底蕴、吸纳母亲黄河之文明、采撷太行山之灵秀，通过总结提炼，将企业文化与地方文化相融合，确定了"渠·成"文化理念体系，以厚德、务实、高效、卓越为企业精神，在此基础上确定了企业使命、企业愿景、管理理念、经营理念、人才理念、廉洁理念、安全理念，形成完整的企业文化理念体系。该文化理念体系坚持"三统一"原则，"企业标识、核心价值、工作作风"与华电集团保持统一原则，充分汲取"母文化"养分，继承和发扬"母文化"的精神实质，确保渠东公司企业文化成为集团公司文化的涓涓支流。"渠·成"文化在融合和发展中不断追求人企合一，有着强大的生命力、创造力和凝聚力，注重职工与企业同呼吸、共命运、齐发展，在发展中为职工创造机会、为企业创造效益、为社会创造价值。

建章立制，规范管理，构建和谐企业文化体系

渠东公司以"渠·成"文化品牌内涵为指导，建立完善的组织机构。成立了以党委书记、董事长为组长的企业文化建设工作领导小组，党建工作部负责企业文化建设工作，各党支部、各部门分工协作，共同推进企业文化建设，形成齐抓共管的工作格局。提供强有力的制度保障及物质保障，制订《企业文化建设手册》《2020—2025年企业文化发展规划》，以科学的制度体系规范员工行为，积极倡导良好的企业作风。不断健全完善公司各类制度，健强党工团组织，统一企业标识、服装、工号牌等视觉识别要素，为企业文化建设提供坚强的人力、物力保障。

搭建平台、创新载体，丰富企业文化建设内容

突出党建引领。渠东公司不断强化舆论导向，寓无形文化于有形实践活动中，增强职工文化意识和参与文化建设的热情。把《华电文化纲要》学习列入党委理论学习中心组学习计划、政工学习要点、主题党日活动、班组学习计划等，掀起全员学习热潮，使华电文化入脑入心见行动。以"党建+"创新实践为抓手，发挥全面发挥党委把关定向作用、党支部战斗堡垒作用、党员先锋模范作用、党团突击队应急处突作用，以高质量党建筑牢企业文化的精神之基。坚持"以人为本"理念，广泛开展形势任务教育、劳动竞赛及职工喜闻乐见的文体活动，把文化元素融入协会活动主题、宣传等全过程，使企业文化根基实、枝叶茂，企业内部精神显著体现。连续5年荣获华电河南分公司党建查评A级。

建强宣传阵地。企业文化要成功落地，重点是让全体员工均对文化理念保持足够的认知和了解。渠东公司以"万物皆媒"思维，强化企业文化宣传工作，通过组织编纂企业发展历史书籍、在网站界面开设"企业文化"专栏及利用微信群、公众号新媒体宣贯企业文化，开展厂区标志牌、宣传语、文化墙整改整顿，以员工经常接触的媒介传播企业文化。2022年，在公司投产发电10周年之际开展"渠电这10年"企业文化作品展，通过书法、绘画、摄影等作品集中展示企业发展历程，展现广大员工艰苦奋斗、无私奉献的精神。2023年，成立品牌与宣传中心，加强企业文化与品牌建设，提升企业知名度、影响力。

选树先进典型。渠东公司坚持选树、培育、宣传、表扬先优人物作为企业文化宣贯的一部分，将典型选树工作与精神文明建设有机结合，彰显榜样力量，培育和践行社会主义核心价值观，进一步引导干部员工向先进学习、向先进看齐，营造人人争先进、人人当先进的良好氛围。

内聚人心、外树形象，打造特色品牌文化

渠东公司贯彻华电集团"一主多元"的理念，以"渠·成"文化为依托，打造特色品牌文化。

打造安全文化品牌。渠东公司践行"以人为本，安全发展"的理念，2020年7月，经过10个月的反复酝酿、研讨，与"渠·成"文化一脉相承的安全文化体系成功发布。该体系贯彻"以人民为中心的发展思想"，吸收了"安全生产发展历程"的优秀思想成果，融合了全面从严治党的思维，强化了"严管就是厚爱"的监管意识和"把法规和制度挺在前面"的法治意识，把打造"安全命运共同体"作为共同愿景，具有鲜明的企业特征和时代烙印。将安全文化逐步植入各级管理行为、植入各项活动，让安全文化多维度浸润。开展安全知识竞赛、分发《安全文化手册》、开展安全生产"三亮三比"活动，充分发挥文化的引领作用、导向作用、约束作用和辐射作用，推动安全文化理念深度融入员工工作和生活日常，切实把践行安全文化体现在机组长周期

安全稳定运行上。截至 2023 年 4 月初，渠东公司实现连续安全生产 2500 天。

深化一支部一品牌。渠东公司 5 个党支部深挖自身特色，进一步建设党建品牌，总结提炼出符合自身特色的党支部品牌文化。各党支部通过党建联建共建、"岗区队"创建等党建提质增效行动，不断取得新成效，全部通过华电河南分公司示范党支部验收。2021 年，渠东公司荣获华电集团、华电河南分公司、新乡市先进基层党组织称号。

擦亮社会责任品牌。渠东公司充分发挥企业文化引领作用，积极宣传"中国华电，度度关爱"的社会责任品牌。热力暖阳志愿服务队连续 10 年走进新乡市卫滨区养老公寓，关爱孤残老人，累计慰问 300 余人次，用实际行动弘扬中华民族尊老爱老的传统美德。2021 年新乡"7·21"特大暴雨灾情后，渠东公司时刻关注受灾群众情况，组织员工开展抗洪救灾献爱心活动，共计捐赠衣物 757 件、生活用品 432 件。

守正创新、融入管理，发挥企业文化内生动力

把企业文化融合于企业发展战略、经营策略中，凝聚公司管理者和员工的集体智慧及向心力，把文化治企、文化兴企作为企业管理的最高追求。将"依法合规、精益管理、开拓创新"的经营理念融入生产经营，进一步完善企业治理，防范化解风险，突出创新创效，激发企业活力。2022 年，渠东公司结合"能力作风建设年"活动，实施"六个一"工程（一个支部一个课题、一个专业一项专利、一个部门一项创新、一个班组一项 QC 成果、一个干部一次讲课、一名管理人员一篇论文），自主创新能力取得突破，完成各类课题 31 项、QC 成果 17 项，开展专题讲课 47 次，员工在国家级刊物发表论文 57 篇，取得 20 项专利授权。

实施效果

在"渠·成"文化的引领下，渠东公司安全生产稳定，经营管理有条不紊，党建工作亮点纷呈。截至 2023 年 4 月初，累计完成发电量 260 亿千瓦时、供热量 3670 万吉焦，供暖面积突破 1000 万平方米。先后获得全国安全文化建设示范企业、河南省电力安全生产先进单位、河南省节水型企业、华电集团先进基层党组织、华电集团本质安全型五星级企业、华电集团四星级发电企业、华电集团"三清"企业创建先进单位、新乡市"五一"劳动奖状等荣誉称号。

主要创造人：孙国强　亓显涛
参与创造人：冯浩然　张晓正　房佳欣　郝　冬

打造"实干铁电·勇担责任"企业文化的实践

国网辽宁省电力有限公司铁岭供电公司

企业简介

国网辽宁省电力有限公司铁岭供电公司（以下简称铁岭公司）成立于1971年，属国家大二型企业，以建设运营铁岭电网为核心业务，营业区域覆盖铁岭市，员工总数为3799人。铁岭公司下设县（市、区）供电公司8个、供电所51个、供电营业厅37个，有各类用电客户146万户。2022年，铁岭公司售电量完成62.89亿千瓦时，同比增长3.33%。

实施背景

近年来，铁岭公司立足党对国有企业职责定位，聚焦"三大责任"，把握"实干"要求，以党内政治文化引领企业文化建设，着力打造"实干铁电·勇担责任"企业文化，从"实"处着眼、从"干"上发力，以"坚持政治统领、加强融合实践、锻造先锋队伍、营造和谐氛围、凝聚奋进合力"为工作主线，在坚持国企政治本色、助力经济社会发展、服务人民美好生活中履行国企责任、彰显电网价值。为持续深入推动"实干铁电·勇担责任"企业文化根植员工内心，打造一支关键时刻拉得出、顶得上、打得赢的强大队伍，铁岭公司将培育优秀企业文化作为战胜一切困难的精神动力和制胜法宝，在公司内大力培育弘扬"忠诚、担当、尽责、和谐、奋进"的卓越精神，切实提升企业文化引领力、战斗力、向心力、凝聚力、影响力，为服务经济社会发展、守卫辽北能源安全提供坚强思想保证和实践力量。

主要做法

坚持对党忠诚，加强政治建设，切实提升政治文化引领力

铁岭公司把贯彻落实中央大政方针和上级公司决策部署作为践行"两个维护"的实际行动，严格执行"第一议题"制度，实现党委会"第一议题"全覆盖，建立健全重大任务清单立项、督办考核、落地销号、成效反馈全过程管控机制。推进党的领导和公司治理有机融合，制订《铁岭公司工作规则》等制度，规范执行"三重一大"决策制度和党委会前置研究讨论重大经营管理事项程序，切实把中国特色现代企业制度优势转化为治理效能。坚持以习近平新时代中国特色社会主义思想武装头脑，建立党委理论学习中心组"专题深学、重点领学、专家讲学、红色研学、上下联学、巡听督学"全过程闭环管理机制。从严从实开展"不忘初心、牢记使命"主题教育和党

史学习教育等党内集中教育，党员干部进一步增强"四个意识"、坚定"四个自信"、做到"两个维护"。连续 5 年深入实施"旗帜领航"党建工程，压茬实施"三年登高""提质登高""品质争先"计划，全面构建基础扎实、融合深入、队伍稳定、担当实干、精诚团结的大党建工作格局，以高质量党建引领保障企业高质量发展。加强党建工作督办考核，制订党建工作绩效考核评价方案，按期发布任务清单，明确考核评价指标，逐月督导推进落实，实现党建工作干有方向、行有目标、做有标尺。坚决扛起电力保供政治责任，高质量完成党的二十大、北京冬奥会等重大保供电任务，让党旗在保供一线高高飘扬。

坚持务实担当，推进文化融合，切实提升文化兴企战斗力

推动企业文化与生产经营深度融合，将文化"软实力"转化为发展"硬实力"，以高品质文化建设赋能企业改革发展。牢固树立"深度融合、引领发展"工作理念，以提升关键业绩指标、提高经营管理质效、推动公司高质量发展为立足点和出发点，精准实施基建管理、应急保电、优质服务等 13 个专项"文化+"工程，以抓实项目运作、强化精细管理、打造文化品牌为抓手，持续推进优秀文化向公司各领域延伸拓展。持续强化企业文化阵地建设，大力实施企业文化示范工程，精选一批工作业绩优、示范作用强、群众评价好的基层单位、班组、站所，打造具有地域特色、行业特色和服务特色的企业文化长廊 18 处、示范点 62 个，促进专业成线、地域成面，有效发挥优秀文化辐射带动作用。依托铁岭是雷锋的"第二故乡"的红色资源优势，着力打造 10 支"铁岭雷锋"共产党员服务队，实施统一建设管理、统一工作标准、统一行为规范、统一品牌形象的"四统一"管理模式，在政治服务、抢修服务、营销服务、志愿服务、增值服务方面持续深化，累计参与重大保电 110 次、抢险抢修 380 余次、志愿帮扶 700 余次，惠及客户 1.2 万人次。组织共产党员立足岗位树立"让我来、跟我上"信念，广泛开展党员示范岗、责任区等创先争优活动，完善设岗定责、承诺践诺等机制，引导党员高质量完成本职工作，让每名党员都成为一面鲜红的旗帜，干在实处、走在前列、屡创佳绩。

坚持履职尽责，锻造青年先锋，切实提升文化强企向心力

加强党对群团工作的领导，以青年队伍建设激励青年爱企如家、岗位建功，汇聚上下同欲、同向发力的战略执行力、企业向心力。依托"青年大学习"开展"家风培养"，弘扬中国传统文化，传递思想精华和道德精髓，引导团员青年争做优秀家风家训的执行者和传承者。开展"青言青语"系列活动，举办庆祝建团 100 周年"青春三部曲"系列活动，创新学习教育模式，引导青年员工说初心、话成长，为公司高质量发展提供坚强的后备支撑力量。深入实施青年精神素养提升工程，举办"家课堂"系列培训，开展"阳光书影汇"读书活动，制作《星·光》青年成长手册，打造"能策、能算、能写、能说、能干"的高素质青年人才队伍，精准助推青年员工成长、成才。推行"双师带徒"家庭培养模式，为新入职青年配备实习导师和职业导师，在能力提升和职业规划上共同辅导，带出传承、带出思想、带出习惯。立足"爱家、建家"这一主题加强典型选树宣传力度，广泛开展创新创效活动，在辽宁省"创青春"青创大赛中，公司 2 个参赛项目"新时代电力工人冬季智慧套装"和"起重设备近电报警布控球"分获铜奖和优秀奖，取得历史性突破。

筑牢和谐基石，营造向上氛围，切实提升文化铸企凝聚力

画好党同人民群众的"同心圆"，推动形成"人心齐、泰山移"的浓厚氛围，为企业高质量发展创造良好的内部发展环境。架起党心民心"连心桥",常态化开展基层党组织"听民声、察民情、顺民心"谈心、谈话主题活动,公司所属各级党组织党委委员、支委委员与职工群众开展面对面谈心交流,累计解决基层难事17项。持续推进"我为群众办实事"实践活动常态化、制度化,实施"为基层办实事""为职工送温暖"等6个专项行动,打造为民办实事特色品牌。常态开展职工"三必贺、三必访"、疗休养、困难帮扶、女职工体检等工作,提升职工的归属感、获得感、幸福感。加强统战工作,持续深化"我为公司发展添动力"活动成果,制作《凝聚"最大公约数",画好"发展同心圆"》宣传片,普及统战知识,汇聚统战合力。

集聚奋进合力,构建实干格局,切实提升文化树企影响力

发扬精耕实干的老黄牛精神,以精耕责任田的恒心和韧劲履行央企社会责任。公司领导班子成员主动适应当前内外部经营形势,结合班子成员分管工作的内容和责任,主动服务对接地方重点工程项目,协调铁岭市政府主要及分管领导多次组织召开专题会议,共同梳理新能源送出、风电开发、抽蓄电站规划等一系列合作项目,高质量起草并落实上级公司与铁岭市的务实合作协议。持续深化能源低碳转型,推动500千伏新能源汇集站系列工程成功纳入市、县领导包扶重点项目清单,实现5座风电场成功并网,持续提升新能源送出能力。持续优化电力营商环境,开展"三零"(零上门、零审批、零投资)"三省"(省心、省力、省钱)报装服务7110户,节约客户办电成本1.2亿元。通过"电e金服"为59个小微企业办理信用贷款1528.53万元,主动为客户积分奖励兑换电费92万元。积极推进"一网通办",与政务服务平台数据良好对接,实现"房产+供电"联合过户。助力乡村振兴战略落地实施,实施乡村畜牧养殖电气化项目7项,圆满完成东三堡村"电力爱心超市"建设。

实施效果

担当政治责任,政治本色充分彰显

公司广大党员干部员工坚决捍卫"两个确立"、做到"两个维护",坚持不懈用习近平新时代中国特色社会主义思想武装头脑、指导实践、推动工作,政治判断力、政治领悟力、政治执行力不断提升。公司坚定扛牢电力保供首要责任,积极对接地方党委政府和相关能源企业,保障"政府主导、政企协同、企业实施"的电力保供机制高效运行。扎实做好重大项目用电服务和重大活动电力保供,圆满完成党的二十大、冬奥会等保供电任务,全力以赴稳经济、助增长、保民生,有力展现央企的责任担当,实践成果多次在行业级期刊、省级以上媒体推广交流。公司荣获辽宁省文明单位、辽宁省"思想政治工作"先进单位、辽宁省(中)直企业先进基层党组织称号。

担当经济责任,发展动能高效集聚

公司广大党员干部员工自觉把"实干铁电·勇担责任"企业文化转化为奋进新征程、建功新时代的实际行动,不断唱响聚精会神干事业、攻坚克难谋发展的主旋律。有力有序应对极端天气等风险挑战,售电量和营业收入均实现逆势增长,各项生产经营目标任务顺利实现,资产总额突破40亿元。"十三五"期间,累计投资30余亿元推动铁岭电网全方位升级,促进电网建设与经济社会协同发展。积极对接地方党委政府和重点企业,拓展政企协作深度和广度,与各县(区)政府签署合作协议,荣获铁岭市"千人帮千企"专项行动先进单位、支持地方经济高质量发展特

殊贡献单位等称号。牢固树立"人人都是营商环境,人人都是铁岭公司"的服务理念,电力营商环境持续优化,连续3年以铁岭市第一名的成绩获得营商环境建设先进单位荣誉称号。

担当社会责任,品牌形象持续优化

公司广大党员干部员工进一步增强了"人民电业为人民"的宗旨意识,在"实干铁电·勇担责任"的生动实践中当先锋、做表率。各级党组织和全体党员在服务铁岭市振兴中发挥"两个作用",实现铁岭市首个500千伏变电站提前4个月建成投运,创造了辽宁电网同类型工程建设最快速度,打通了辽北地区新能源外送通道,获得辽宁省委省政府高度肯定。充分发挥行业带动和要素保障功能,在助力三大攻坚战、服务"双碳"目标等一系列工作中,各级党组织和广大党员干部攻坚克难,高质量完成各项任务。《"满格电"助力"菜篮子"增收》等新闻报道在《人民日报》客户端等平台刊发,公司品牌美誉度有效提升。

主要创造人:王世成　赵　毅
参与创造人:党贺奎　吴迪迪　杨　春　曹　睿

以党建文化创新为核心，以管理创新、技术创新为抓手，增量发展企业的创新文化建设

昆明电缆集团昆电工电缆有限公司

企业简介

昆明电缆集团公司（以下简称昆缆集团）始建于1936年，前身是中央电工器材厂，是中国第一根导线的诞生地，享有"中国电线电缆工业摇篮"之美誉。2019年，昆明电缆集团昆电工电缆有限公司（以下简称昆电工）注册成立，注册资本1.5亿元。昆电工是昆缆集团控股的全资子公司，承接昆缆集团电线电缆主要业务。昆电工现有员工545人，具有中高级职称的员工65人，具有高级职称的员工16人，中高级技能工人有110人，有国家电线电缆标准委员会委员2人。昆电工拥有国内外先进的1000多台生产、检测设备，具备年产值100亿元（其中昆明基地60亿元、酒泉基地30亿元、曲靖基地10亿元）以上的生产能力，可按GB、IEC、BS及其他先进标准和用户特殊要求设计、制造产品，公司具有稳定的研发队伍，技术中心为省级企业技术中心，具有较强研发实力。

以党建文化为核心，引领促进企业全面发展

党建强，则企业兴。多年来，昆电工党委始终把加强党建工作作为重中之重，常抓不懈，充分发挥党建工作的引领作用，将党建工作同生产经营工作同研究、同部署、同落实，形成党建融合、双向共促的良好工作格局，为企业的建设和发展保驾护航。

把基层组织建设作为保持战斗力的基础，党委与行政有机统一，及时根据公司组织机构设立的变动对基层党组织进行调整。

通过实施党建目标责任制管理，加强党支部阵地建设，探索新机制下党建工作的新思路。以再创"党员先锋岗"和"党员责任区"活动为契机，实行党务工作与生产经营管理工作的联动机制，坚持以榜样带动全体职工不断进取、努力工作，使公司上下在思想建设、组织建设、作风建设和制度建设等方面大大提升了工作效率。

积极开展主题学习教育活动，强化思想引领。在日常考核中督促各党支部充分利用"三会一课"、主题党日、党小组会、部门（车间）班组会、行政办公会等时机开展各项主题学习教育活动。创新活动的实施方法途径，以党支部为单位开展"党课开讲啦"、安排党员观看爱国主义影片等系列形式多样、内容丰富的主题党日活动，有效提升了党员教育的实际效果。

关心关爱员工，积极落实"我为群众办实事"，情暖人心促和谐。深入基层，通过多种渠道关注职工思想动态，积极为职工排忧解难，凝聚了职工的心、汇聚了发展的动力。

大力提倡和推进"互联网+党建"工作，为助力党建工作与行政工作的有机融合提供方便快捷的平台。党委在基层党支部积极推广"云岭先锋"App的使用和电子台账框架搭建及运用展示，动员和组织党员、职工使用"学习强国"和"云岭先锋"App，充分调动了广大党员干部和职工的学习积极性，有力促进了党员队伍整体素质提高，以党员的先锋模范作用动员和团结广大职工坚定信心、共同努力，确保了各项工作的有序开展和生产经营任务的圆满完成。

打造党建文化长廊，把党的建设融入企业发展的历史脉络，二者相互辉映，从中映射出昆电工员工生生不息、勇于奋进的精神风貌。有效优化党建工作布局，积极推进党建资源整合，夯实企业核心优势，发挥推动促进作用，推进党建工作纵向一体化、协同共赢多元化，打造党建工作平台高地，以党建文化品牌助力企业发展，将党建文化长廊打造成企业的一道靓丽风景线。

加强管理创新文化举措，提高企业经营效率

昆电工针对行业发展，找准市场需求进行技术研发，以市场、客户的需要为导向，以管理创新作为重要的驱动方式，不断推出满足客户需求的产品和服务；同时，围绕营销、生产、采购等关键环节加大管理创新，建立以目标为导向、与关键指标紧密挂钩的绩效考核机制，优化流程，加大信息化与工业化融合力度，强化人才队伍和基层团队建设，驱动企业改进、转型，实现增量产出，促进企业发展。

昆电工以目标管理为基本方法，建立以目标为导向的高效绩效管控和分配机制，利用完善的数字化、智能化系统管理推动产、购、销联动，形成销售和生产系统良性互动，确保昆电工战略目标的实现和战略措施的落地。

昆电工有运行多年的IMS一体化管理体系，质量基础良好，为进一步提升经营质量，公司又引进卓越绩效模式，用前瞻的战略统领全局，将目标、实施、考核、改进的过程方法贯彻到生产、技术、相关方管理等方面，保障经营管理系统过程的有效开展，获得了员工的尊重信任、市场顾客合作方的赞誉，实现了真正的合作共赢。

加强技术创新文化体系建设，增强产品的综合竞争力，增量发展企业

保障技术创新文化体系持续进行。技术创新文化体系是推动企业技术创新、提高核心竞争力和促进经营发展的重要保障。因此，昆电工规范研发活动，保证研发工作的合理、高效开展，从人才培养、激励措施、科研经费保障、创新机制等方面建立健全岗位责任，建立激励机制，鼓励加强与高校、科研院所及社会科技力量等开展多种形式的合作，达到提高质量、技术、效率、效益水平的目的。结合公司的实际情况，制订了以《技术创新条例》为核心的管理制度。

组织架构：昆电工技术中心实行管理委员会领导下的主任负责制，设管理委员会、学术委员会。

制度保障：以《技术创新条例》等制度的制订和实施来提高研发效率，确保研发活动有序进

行，减少资源浪费和时间延迟，激发技术研发人员的创新潜力，促进创新思想的产生，增强知识产权保护，吸引优秀人才，提升企业竞争力。

研发资金保障：根据公司的"十四五"发展规划，未来3年将投入研发费用2.5亿元，实现销售年收入40亿元，新产品年均占比达到75%。

建立完善的创新平台。昆电工是国家专精特新"小巨人"企业、云南省技术创新企业、云南省科技"小巨人"企业、知识产权优势企业、电器工业标准化示范企业、国家高新技术企业。公司拥有云南省企业技术中心、云南省电缆技术工程研究中心、云南省工业产品质量控制和技术评价实验室、昆明市电缆工程技术中心、云南省技术创新中心五大技术创新平台，利用创新研发平台，对外加强技术合作交流，承担省、市重大科技专项的研究，提升了企业技术研发的能力，研发团队在产品工艺创新、产品结构创新、新材料创新运用方面夯实了基础，为产品在激烈市场竞争中提供强有力的保障。

核心技术、成果和专利。阻燃耐火电缆设计制造、高电压电缆设计制造、大长度电缆设计制造、特种电缆设计制造、高强度耐热架空导线、大截面架空导线、移动橡套软电缆都是昆电工的核心技术。近年来，多项技术评估达到国际领先水平或达到国内领先水平，获得多项技术成果，其中省级科研项目4项、公司级项目28项。2019年，导入运行了知识产权管理体系，对公司的核心技术及其转化成的技术专利严格按照体系要求规范管理。目前，昆电工共计有23个发明专利，其中3个是发明专利、13个是实用新型专利，7个发明专利受理中。

主要创造人：高洪昆　沈立兴
参与创造人：段　勇

以"加减乘除"党建文化保障千万千瓦机组安全稳定运行的实践研究

国能大渡河检修安装有限公司

企业简介

国能大渡河检修安装有限公司（以下简称检修公司）于2005年成立，是国家能源集团唯一的区域化、专业化水电检修公司，主要承担大渡河流域1100余万千瓦机组检修维护及重大技术改造，项目化、分散化、流域化的生产特点给安全生产、质量管理、党建工作等带来许多难题。检修公司以"加减乘除"党建文化为抓手，着力把基层党支部的政治优势、组织优势和密切联系群众优势转化为企业的发展优势、竞争优势，推动了企业高质量发展。2022年，大渡河流域修后设备缺陷总数同比下降36%，连续安全生产天数跨越4400天，连续17年实现"零非停"，5台检修机组获评"2022年度全国可靠性标杆机组"称号，在行业内树立了"大渡河检修"品牌。检修公司先后荣获中央企业先进基层党组织、四川省先进基层党组织、国家能源集团先进基层党组织、四川省国资委先进基层党组织、全国工人先锋号、四川省"五一"劳动奖状等称号。

党建文化引领企业优秀文化建设的意义

党建文化引领是企业文化建设的方向指引

党建引领是企业文化必须坚持的正确方向，是企业文化可持续推进的战略引擎。只有始终坚持政治道路不偏移、政治立场不动摇，坚持企业党建和企业文化创新相结合，把党在新时期的基本路线与中心任务贯穿到企业文化建设的各个方面，才能充分发挥党组织的政治核心作用，确保企业文化在党建工作指导下健康发展，推进企业在高质量发展的道路上前行。

党建文化引领是企业文化建设的现实需要

用党建引领企业文化建设是现代企业制度下党建工作与企业文化建设同向融合发展的创新。企业党组织在企业管理中处于领导地位，具有政治优势、组织优势等诸多优势，可以通过统筹党政工团齐抓共管推动企业文化落地，能为企业文化明确方向，领导着企业文化的发展。党建工作是随着经济社会的发展而不断创新的，能为企业文化建设提供有益的经验和参考，丰富企业文化建设的内容与内涵。

党建文化引领是检修公司高质量发展的重要抓手

党建工作作为凝聚人心的基础工作，是打造企业文化灵魂的必由之路。要实现高质量发展，需要党组织加强把方向、管大局、保落实中的政治引领，需要把党的政治领导力、思想引领力、群众组织力和社会号召力转化成引领和带动企业高质量发展的核心竞争力，就要从生产经营实际出发，把党建引领文化的构建作为企业高质量发展的出发点和落脚点，突出政治站位，不断提升党组织的领导力和战斗力，为加快建设世界一流企业保驾护航。

"加减乘除"党建文化建设的具体做法

做实"加法"，提升党建文化引领力

在班子力量上做累加，增强牵引能力。一是充实班子实力。二是发挥班子合力。三是提升班子能力。在组织建设上做递加，夯实管理基础。一是狠抓党建基础规范化。二是狠抓任务执行高效化。三是狠抓机制建设长效化。在党员示范上做叠加，一是激发干事热情。激发党员"想作为"的意识。二是丰富党员"有作为"的平台。三是营造党员"敢作为"的氛围。

做活"减法"，提升党建文化向心力

密切现场服务，在工作上减负。组织党员青年建立创新工作室，引进激光测量、水下无人机等新技术，攻坚智慧电厂、智慧检修、智慧调度、智慧工程建设，将职工从繁重的工作中解放出来。出台《服务型党组织建设实施细则》，深入推进"双创双促""五保一创"劳动竞赛，坚持季度开展评先推优活动，推进现场服务落到实处。建立"我为群众办实事"长效机制，组织"服务基层、服务职工"活动，完善志愿服务体系和管理办法，帮助职工解决实际困难。

落实惠民工程，在生活上减困。搭建职工交流平台，组织开展"会员评家"活动，通过线上测评、线下座谈、现场调研的方式，征集意见建议，丰富惠民清单。每年组织实施安全健康工程、素质提升、职工医疗互助、青年职工恋爱交友等十大惠民工程，加大对生产一线、艰苦边远、生活困难、特殊群体职工的关心关爱和具体帮扶。坚持分级开展"春送祝福、夏送清凉、金秋助学、冬送温暖"四季送活动，不定期组织慰问一线、患病职工。

做好沟通疏导，在精神上减压。制订新时代加强和改进思想政治工作清单，推行职工思想动态分级管理机制，党支部在班组建立信息采集点，根据职工思想问题的影响程度，分绿、黄、红3个层次进行管理，提高思想工作的准确性和及时性。推行重大、关键、重要作业领导干部到现场机制，党支部书记、党小组组长每月与职工开展1次谈心、谈话，不定期组织互动交流。定期举办心理健康、阳光心态与职业素养等讲座，开展系列文体竞赛，组织"奋斗百年路、唱响新征程"齐唱红歌、欢乐跑等大型活动，丰富职工文化生活。

做细"乘法"，提升党建文化战斗力

党建融入生产，在融合上做"乘法"。一是聚焦组织融合。二是聚焦资源融合。三是聚焦文化融合。支部助力项目，在引领上做"乘法"。一是做强党建引领项目生产。二是专项行动引领品牌建设。检修公司龚站党支部"加减法"案例获第四届全国基层党建创新优秀案例。三是"四个共同体"引领班组建设。探索推行党小组建在生产班组上，开展党小组与班组"组织、文化、生产、安全"的"四个共同体"建设，一体推进党员活动室与劳模创新工作室、青年创新工作室建设。党员带动群众，在示范上做"乘法"。一是党员"比学先进"，在思想上做示范。二是党员"三亮三比"，在行动上做示范。组织全体党员开展"亮身份、比作风，亮承诺、比提升，亮业

绩、比贡献"主题实践，以实际行动带动职工群众岗位建功。三是党员"导师带徒"，在学习上做示范。

做严"除法"，提升党建文化号召力

着力建章立制，消除机制障碍。突出问题导向，深入一线调研，征求党员意见建议，及时修订《党支部委员履行"一岗双责"抓党建工作实施办法》等党建制度54个，提升党支部工作制度化、规范化、科学化水平。吸收优秀青年党员进入支委，坚持民主集中制，实行集体领导和个人分工负责相结合，增强支委解决问题的能力。加大兼职党务人员补贴力度，推行党支部书记助理、党务人员月度考核、定期补贴机制。加大党政干部交流，强化党支部书记目标责任制，推行党支部书记年度述职，将优秀的党支部书记纳入后备干部培养对象。

助力成长成才，破除隐性壁垒。一是加强培训，促进能力提升。二是开展技能竞赛，练就过硬本领。三是建章立制，拓宽人才成长通道。

坚持风清气正，扫除作风积弊。印发"十讲十重"工作理念，组织党支部开展"讲案例、学法规、划底线"学习教育活动，学习典型违纪案例和《警示录》，观看警示片，组织党员参观教育警示基地，营造党支部廉洁文化氛围。严把党支部纪检委员入口关，聚焦部门材料员、综合员、项目经理等关键岗位，开展关键岗位人员、项目经理任前廉洁谈话，签订廉洁从业承诺书，教育引导党员绷紧纪律之弦。建立党支部工作督查制度，定期到党支部一线开展调研，制订日常监督"两清单一台账一手册"，组织年度党组织工作经费、党费使用专项检查，党支部书记、纪检委员在春节、端午等节点开展廉洁提醒，扫除日常监管盲区。

取得的成效

党建品牌更有活力。检修公司党委始终坚持和加强党的全面领导，着力打造"加减乘除"党建文化，激发了党建引领基层治理新活力，形成了党建创品牌的新格局。所属龚电检修项目部荣获全国"工人先锋号"，1名职工家庭获评"四川省五好家庭"。2名职工被授予国家能源集团工匠、技术能手称号，1名职工获得国家能源集团青年"五四"奖章。1项课题选获全国电力能源优秀党建典型案例。

企业发展更有引力。检修公司将项目开发、工程建设、安全生产等行政工作作为党支部"工作业绩"的考核内容，引入对标管理理念进行落实，党建文化在推动改革发展中发挥了战斗堡垒作用。规模效益实现了跨越式发展，装机容量突破1100万千瓦，在保障四川电网中发挥了骨干支撑作用。

安全生产更有动力。党支部围绕安全生产、设备检修等重点难点问题，创新党建工作实践载体，提升了党支部对企业中心工作的结合度、保障度和贡献度。

主要创造人：侯远航　马建军

参与创造人：王兴林　朱昌鑫　张　强　王钰博

深耕企业文化建设，厚植企业发展底蕴

科海电子股份有限公司

企业简介

科海电子股份有限公司（以下简称科海电子）创建于1998年，是国内集投资、设计、建设、运营为一体的城市数字化整体解决方案提供商。公司成立以来专注于物联网、大数据、云计算、人工智能的推广和应用，为客户提供规范、集约、高效的产品和服务。2017年，科海电子在全国中小企业股份转让系统正式挂牌并公开转让，逐步成为一家管理规范、制度完善、拥有核心竞争力的企业。借助资本的翅膀，扩大同业和跨界融合的竞争优势，为保持行业地位奠定坚实基础。

实施背景

企业文化是科海电子生存和发展的根基，文化建设是一项整体性、全员性、系统性、长期性工程。从品牌理念到制度建设，科海电子始终坚持站在战略高度谋划推进企业文化，又以文化支撑战略，把企业文化作为企业管理的重要内容，坚持用文化力提升企业核心竞争力，用理念引领人，用文化培育人，用制度规范人，用责任引导人，形成企业文化强大的凝聚力和引领力。经过长期积淀打造而成的企业文化工程，将企业文化有机地融入科海电子经营管理各项工作全过程，使企业文化在推动科海电子实施新战略、全方位高质量发展、提升企业品牌形象等方面发挥了重要作用，使企业文化更好地引领、服务、支撑战略，带动企业高质量发展。

主要做法

守正创新，加快创新型人才培养。近年来，科海电子高度重视人才培养，搭建了多学科交流平台，积极营造尊重人才、爱护人才、服务人才的良好环境。建立了完善的组织架构及人才培养机制，下设研发、技术、市场、职能四大中心，实施人才兴企战略，创建学习型企业。拥有高级工程师、国家一级注册建造师、注册造价工程师、高级信息系统集成项目经理、高级信息系统项目管理师、PMP项目管理师等各类专业型技术型人才，成为推动公司稳健发展的强劲动力。科海电子持续加大研发投入，不断突破创新，现已成为高新技术企业、专精特新中小企业、省市级企业技术中心、省科技型中小企业、城市综合监控技术研发中心、智慧新警务联合创新中心、市重点科技服务机构。科海电子荣获了中国安防智能管理平台类最具影响力十大品牌、优秀安防系统集成商、中国智能交通最具匠心精神十大优秀企业、"平安建设"推荐优秀安防工程企业等众多称号，2015—2017年连续3年荣膺中国智慧城市建设推荐品牌。凭借"智慧养老服务平台"被工业和信息化部、民政部、国家卫生健康委三部委联合认定为智慧健康养老应用示范企业。

匠心"质造"，精雕细琢，追求卓越。科海电子高度重视企业文化建设，坚持把企业文化作为打造企业的核心竞争力之一来培育和塑造。在长期的实践中，对产品品质不懈坚持，沉淀了科海电子企业文化的核心内容。在"以提供顾客满意的服务为己任"的思想引领下，建立起完善的"匠心文化"理念体系。匠心是科海电子不断提升、不断发展、实现梦想的内在驱动，科海电子的品牌生命力来自于对产品品质的不懈坚持。公司上下秉持"求实、开拓、创新、奉献"的企业精神，投身于行业精深研究，持续提高项目品质标准。严格按照标准执行，严格把控质量过程。明确责任，层层把关，严格监督，确保品质，为科海电子高质量发展注入不竭动力。

加强党建引领，丰富文化活动。党建工作就是企业的"红色引擎"，党建引领文化创新，是贯彻落实党的创新理论的根本要求。立足于新时代党和国家对企业文化建设的新部署，科海电子党支部于2017年成立，在上级党委的正确领导下，科海电子全体党员及员工坚持以习近平新时代中国特色社会主义思想为指引，坚决贯彻上级党委的决策部署，扎实推进党史学习教育，充分发挥党委领导作用，把方向、管大局、保落实，着力提升党建工作质量，积极打造有企业特色的"文化墙""青春党建墙"。基于传统又不拘泥于传统的宣传方式，丰富基层党建工作形式。积极开展每月的主题党日活动，建立红色书籍文化角；每月定期或不定期地开展读书会活动，与员工面对面的谈话，让员工为科海电子的发展建言献策。2018年，科海电子党支部被昆明市工商局授予"非公党建示范点"；2019年，被中共昆明市委组织部授予"北京路党建示范走廊示范点"。科海电子积极倡导"请进来、走出去"的管理理念，进一步整合党建资源，加强共驻共建。邀请云南省智慧城市集成服务商协会联合党支部来公司共同开展"学思践悟党的二十大·踔力奋发谱新篇"主题党日活动。科海电子与昆明官渡农村合作银行金马支行党支部共同开展"同盟共建，银企互促"活动，以党建共建为纽带，加强银企合作。定期组织党员、群众通过重走长征路、重温红色经典、体验红色文化等形式赓续红色精神，以初心守匠心，以创新促发展。在科海电子党支部的带领下，全体党员、员工把党的二十大精神转化为谋划各项工作的具体思路、推动企业发展的具体举措，形成了科海电子特色的党建文化，实现党建与业务双融合、双提升，实现科海电子高质量发展。

初心使命记心间，爱心捐赠勇担当。20多年来，科海电子始终高度重视企业文化软实力对企业发展的柔性支撑，打造有科海电子特色的企业文化，构建了以红色文化为引领的文化体系，内容涵盖核心价值、发展战略、市场策略、企业管理、员工品德等方方面面。科海电子常怀感恩之心，将公益事业视为初心和归宿。多年来，积极投身于抗旱救灾、捐资助学、新农村建设、精准扶贫、创业指导等公益行动中，用一点一滴的善举践行回报社会的责任。

实施效果

企业管理日益规范。科海电子已通过ISO9001、ISO14001等七大管理体系认证，彰显了科海电子追求卓越的管理理念，以及提供规范、集约、高效产品和服务的实力。科海电子坚持"以人为本、客户至上"的原则并始终贯穿于质量理念、安全理念、服务理念、经营理念之中，立志为客户提供最完善的服务方案。在生产经营管理活动中，追求质量追溯把控、环境职业健康安全和谐发展、信息安全贯穿始终、IT服务标准高效。科海电子注重企业文化宣传平台建设，充分发挥了兴文化、展形象的作用，有力提升了科海电子文化品牌的影响力。

完成工程数百项，屡次荣获优质工程奖。自深耕智慧城市产业以来，科海电子时刻围绕质量方针、质量目标，精心组织、科学管理，遵循"铸优强企业、树知名品牌、主业优强、多元发展"的多元营销发展战略，在通信运营、智慧教育、交通能源、智慧医疗等领域已完成工程数百项，屡次荣获优质工程奖，铸就了持续领先的行业地位，充分彰显了科海电子以品质铸品牌、以品牌树标杆的高质量发展文化成效。随着新一代信息技术和产业变革的加速演进，科海电子将继续以高质量发展为目标，以技术和人才为驱动，秉承"求实、开拓、创新、奉献"的企业精神，拓展智慧城市业务生态产业链，推动新型智慧城市服务创新模式，促进智慧城市产业健康发展。

创新能力不断加强。科海电子在获得一系列专利及创新奖项后，从核心业务专业化、企业管理精细化、质量管理体系化、研发技术新颖化等方面继续聚焦主业，精耕细作，充分发挥专业能力开拓创新，加强成果转化，围绕"市场+技术+服务"全面发力，推动行业技术进步，为行业客户提供更多数字化解决方案，助力区域经济高质量发展。

主要创造人：王　博　王建平
参与创造人：王科平　汤晓瞳　李云鹏　郭迎春